Daniel Amorim Assumpção Neves

Mestre e doutor em Direito Processual Civil pela USP.

Professor de Processo Civil do curso Forum (Rio de Janeiro), professor exclusivo no satelitário dos cursos LFG e Praetorium.

Professor convidado de Processo Civil em cursos de especialização em São Paulo, Brasília, Cuiabá, Salvador, Belém, Aracaju, Joinville, Natal, Ribeirão Preto, Sorocaba, Jundiaí e Vitória.

Advogado em São Paulo e Natal.

Site pessoal: www.professordanielneves.com.br.

Twitter: www.twitter.com/danielnevescpc.

MANUAL DE DIREITO PROCESSUAL CIVIL

VOLUME ÚNICO

Grupo Editorial Nacional

O GEN | Grupo Editorial Nacional reúne as editoras Guanabara Koogan, Santos, Roca, AC Farmacêutica, Forense, Método, LTC, E.P.U. e Forense Universitária, que publicam nas áreas científica, técnica e profissional.

Essas empresas, respeitadas no mercado editorial, construíram catálogos inigualáveis, com obras que têm sido decisivas na formação acadêmica e no aperfeiçoamento de várias gerações de profissionais e de estudantes de Administração, Direito, Enfermagem, Engenharia, Fisioterapia, Medicina, Odontologia, Educação Física e muitas outras ciências, tendo se tornado sinônimo de seriedade e respeito.

Nossa missão é prover o melhor conteúdo científico e distribuí-lo de maneira flexível e conveniente, a preços justos, gerando benefícios e servindo a autores, docentes, livreiros, funcionários, colaboradores e acionistas.

Nosso comportamento ético incondicional e nossa responsabilidade social e ambiental são reforçados pela natureza educacional de nossa atividade, sem comprometer o crescimento contínuo e a rentabilidade do grupo.

Daniel Amorim Assumpção Neves

MANUAL DE DIREITO PROCESSUAL CIVIL

VOLUME ÚNICO

4.ª edição

revista, atualizada e ampliada

EDITORA MÉTODO

SÃO PAULO

EDITORA MÉTODO LTDA.
Uma editora integrante do GEN | Grupo Editorial Nacional
Rua Dona Brígida, 701, Vila Mariana – 04111-081 – São Paulo – SP
Tel.: (11) 5080-0770 / (21) 3543-0770 – Fax: (11) 5080-0714
metodo@grupogen.com.br | www.editorametodo.com.br

■ Capa: Rafael Molotievschi

■ CIP – Brasil. Catalogação na fonte.
Sindicato Nacional dos Editores de Livros, RJ.

Neves, Daniel Amorim Assumpção

Manual de direito processual civil / Daniel Amorim Assumpção Neves. – 4. ed. rev., atual. e ampl. – Rio de Janeiro: Forense; São Paulo: MÉTODO, 2012.

ISBN 978-85-309-3984-7
Inclui bibliografia

1. Processo civil - Brasil. 2. Direito processual - Brasil. I. Título.

09-2719 CDU: 347.91/.95(81)

Como é possível uma pessoa fazer sua vida melhorar tanto?

Como é possível uma pessoa ser tão compreensiva?

Como é possível uma pessoa ser tão companheira?

Como é possível uma pessoa te dar sempre mais,
mesmo quando você acha que já recebeu tudo?

Como é possível gostar até dos defeitos de uma pessoa?
Como é possível se sentir tão seguro só porque ela existe?
Como é possível amar tanto uma pessoa?

Aline, você me ensinou que tudo isso é possível.

Com amor,

Daniel

AGRADECIMENTOS

Costuma-se dizer que a tarefa de escrever um livro é sempre um trabalho solitário. Confirmo a tradicional afirmação, lembrando-me das tardes sozinho nos quartos de hotel em Belo Horizonte, Brasília, Vitória ou outras cidades do Brasil; do isolamento no escritório nas manhãs de domingo, na solidão do quarto-escritório em casa enquanto Aline dormia um pouco mais (como gosta de dormir essa menina...); nos aviões e aeroportos, esperando a ida ou a volta.

Escrevi o livro de forma totalmente solitária, de forma que todos os equívocos só podem ser creditados a mim mesmo. A pesquisa jurisprudencial e doutrinária, inclusive. Após o término contei com a inestimável ajuda de Adão, Adriana, Adriano, Anderson, André, Brandão, Carla, Cláudia, Daniela, Eunice, Patrícia, Paula, Rafael, Renata, Roseli e Cláudia Miranda, profissionais da Editora Método. A todos eles, muito obrigado.

Ao Vauledir o agradecimento é óbvio e natural, por ter confiado, muito tempo atrás, em minha capacidade. E também ao fraterno amigo Flávio Tartuce e ao cunhado Felipe Gonzales, maiores incentivadores da elaboração do presente Manual; pela amizade e pela força, muito obrigado.

Ainda que a solidão tenha realmente sido a tônica da elaboração do presente Manual, sua preparação se deu de forma bem mais participativa. Se hoje escrevo e lanço um Manual (lembra, Vauledir, quando você bancou o lançamento de minha tese de mestrado, após sucessivas rejeições de editoras à época maiores e mais famosas, e eu te disse: um dia ainda lanço um Manual pela Método...) é porque vivi os últimos 10 anos em um ambiente francamente favorável para a realização dessa empreitada.

Agradeço ao Professor Antonio Carlos Marcato pela oportunidade da vaga no mestrado e no doutorado, sem o que não teria conseguido construir a base teórica necessária para o desenvolvimento de qualquer raciocínio jurídico. Da pós-graduação da USP agradeço também aos professores, funcionários e colegas. Nominá-los seria correr um risco desnecessário de involuntário esquecimento.

Agradeço a todos aqueles que em algum momento desses 10 anos me deram a oportunidade de ministrar aulas. Lembro-me vivamente da primeira aula sobre prisão civil para uma turma de contabilidade na Unicsul, a convite do Professor Akira Chinen, pai de meu grande amigo de classe na faculdade, Emerson Chinen, hoje competente magistrado do Judiciário paulista. O mesmo Professor Akira Chinen me concedeu a oportunidade de ministrar aulas de prática civil e processo civil na Universidade São Marcos, onde, acreditem se quiserem, já tinha ministrado um semestre de direito comercial (assim era chamado à época).

Guardo na lembrança as experiências maravilhosas vividas na UNIP, onde tive minha primeira turma formada no Campus Paz; ficamos quatro anos juntos e ao final me agraciaram com o paraninfato, honraria maior que um professor pode receber. Ali aprendi a ser professor e melhorei como ser humano, ao participar da vida dos alunos e eles da minha. O mesmo ocorreu com a turma do Campus Vergueiro, novamente com quatro anos de convivência e com o paraninfato, em discurso no qual fiz justa homenagem à minha mãe, pela formação sólida e pelo carinho incondicional, e ao meu pai, pelo apoio profissional e lições de vida.

Também tive momentos de extrema felicidade e satisfação na Universidade Mackenzie, onde fiz colégio até a quinta série. Comecei por aulas na pós-graduação em Brasília e Recife, depois em São Paulo, e finalmente o que mais queria, a graduação. Na única turma de processo civil que tive a oportunidade de ministrar aulas conheci a Cristiane, hoje capaz e competente advogada de meu escritório. Só por isso já teria valido a pena. Gostaria de agradecer ao Prof. José Horácio Cintra Pereira, pela sua constante ajuda, companheirismo e cavalheirismo; é a única pessoa que conheço de quem nunca ouvi alguém fazer sequer um comentário levemente negativo.

O primeiro curso preparatório em que ministrei aulas foi o Exord, em São Paulo, em aulas de processo civil na preparação de alunos para a OAB. Marcos Fernandes, Marco Aurélio e Dânia eram os sócios do curso, e a eles ofereço meus sinceros agradecimentos. Lembro-me de que foi a Orlene (minha antiga, competente e querida assistente na UNIP) quem me indicou à Dânia, e ali ganhei considerável experiência. Pude perceber pela primeira vez o prazer verdadeiro de um professor quando um aluno seu alcança seu sonho e lhe diz que foi parcialmente responsável por isso.

Como esquecer do Curso Robortella, na pessoa da querida Lucélia, com suas aulas marcadas no maço de cigarro? Ou da Ana ligando e perguntando: "Tá vindo, professor?" Tempos de grande alegria, tínhamos turmas com alunos extremamente preparados para as carreiras jurídicas trabalhistas: Mexicano, Flávia, Elisa, Henrique (hoje no Ministério Público do Trabalho e ministrando aulas comigo no Curso Praetorium), e todos os outros que não menciono nominalmente pela perda do contato mais direto daquele tempo.

Participei do Curso IELF, logo no começo de sua existência, pelo que agradeço ao Professor Luiz Flávio Gomes, e na divisão ocorrida fiquei no DIEX. Apesar de seu final triste e melancólico, guardo a época de DIEX com extremo carinho. Pela primeira vez ministrava aulas em sistema satelitário, e passava a enfrentar a estranha situação de cruzar com alguém na rua que te conhece sendo que você nunca a viu antes em sua vida. As brincadeiras com o pessoal da técnica (Jornal Nacional bizarro), o excelente relacionamento com os funcionários, o companheirismo dos alunos. Boa época, apesar do triste fim.

No Curso FMB agradeço sinceramente ao Professor Flávio Monteiro de Barros, que me deu a oportunidade de participar desde o início de um projeto que inegavelmente deu certo. Regina, Cris, Marly, Tânia, Tamashiro, tantas histórias, tantos momentos agradáveis, tantos alunos aprovados. Só guardo boas lembranças, e ainda hoje penso triste nos amigos que fiz no curso, e com os quais infelizmente tenho contato apenas esporádico.

Em razão das aulas ministradas no Curso Praetorium adotei a cidade de Belo Horizonte como minha segunda casa. Tantas turmas, tantas aprovações, tantos amigos. Agradeço pelo convívio sempre muito agradável com todos os funcionários do Praetorium, na pessoa do Léo, Eugler, Cristiano, Solange e Marcelo Zampier. Aos invejosos, mentirosos e incapazes, meu profundo desprezo.

Um agradecimento ao pessoal do Curso Forum (Pedro Barreto, Sheila, Habib, Marcos Paulo, Rafael Oliveira, Bruno Zampier e Carlinhos) pela oportunidade de ministrar aulas no Rio de Janeiro. Confesso que no início estava apreensivo, sabe como é: paulista dando aula no Rio de Janeiro... Mas é óbvio que essa suposta rivalidade é ilusória, tendo sido estupenda a experiência de ministrar aulas no Curso Forum; dos funcionários e dos alunos só recebi carinho e aceitação, pelo que agradeço imensamente. Também deixo um abraço para os sócios, atuais e passados do Curso Cejus, pela oportunidade e pela camaradagem.

Os agradecimentos foram direcionados aos cursos ou faculdades nas quais ministrei ou ainda ministro aulas regularmente. Durante todo esse tempo também não poderia deixar de agradecer a todos aqueles que me deram a oportunidade de viajar por este nosso imenso país para ministrar aulas de pós-graduação e palestras. Certa feita, conversando com o Professor Alexandre Freitas Câmara, ele me confidenciou que só não havia estado em três estados brasileiros ministrando aulas (quem sabe atualmente até já tenha completado todos eles); para mim falta bem mais, mas confesso que um de meus sonhos ainda não realizados é ter a oportunidade de conhecer todos os estados do Brasil ministrando aulas de processo civil. Tomara que eu consiga.

Como se nota, tive intensa vida acadêmica nos dez anos seguintes à minha graduação, e sem essa experiência adquirida nunca conseguiria escrever o presente Manual. Dessa forma, ainda que se trate de um trabalho final solitário, toda a ajuda que recebi nesses dez anos, de sócios de cursos, diretores de faculdades, professores, funcionários e alunos, serviram para tornar possível a elaboração da presente obra.

Gostaria também de mais uma vez agradecer aos meus sócios do escritório Assumpção Neves, De Rosso e Fonseca Advogados Associados: Carlos (Santos), Carolina (São Paulo) e Rossana (Natal). Sei que minhas frequentes ausências para ministrar aulas e escrever o Manual exigem de vocês mais trabalho e infinita compreensão. Sinceramente agradeço por tudo.

Ainda tenho um objetivo; com mais experiência de vida e de direito, escrever um Curso de Direito Processual Civil, provavelmente com seis ou sete volumes, mas esse é um projeto de vida para um momento de mais maturidade. Por hora, me senti preparado para a elaboração de um Manual, suficientemente completo e aprofundado para auxiliar os alunos de concursos preparatórios, de graduação e mesmo como fonte de consulta rápida aos profissionais do direito. Espero sinceramente que agrade ao leitor.

NOTA DO AUTOR À 4.ª EDIÇÃO

O ano de 2011 passou e o Projeto de Lei do Novo Código de Processo Civil, apesar de ter tramitado, ainda se encontra longe de se tornar realidade. Aprovado o Substitutivo no Senado, o projeto está na Câmara aguardando os próximos passos. Quem sabe no próximo ano, quem sabe não. Como havia afirmado na Apresentação, ainda é cedo para o operador e o estudante se preocuparem com o tema, que, pelo momento, deve ser objeto de dedicação dos estudiosos do processo. De qualquer forma, sem alterações, mantive os comentários em apartado ao Substitutivo aprovado no Senado Federal.

Na realidade, o evento mais importante do ano não se deu no plano jurídico, tampouco no plano processual, mas sim no esportivo. Quem pensou na conquista da Copa Libertadores pelo Santos, ou no vareio tomado pelo Barcelona na final do campeonato mundial, errou. Como também errou quem pensou nos insossos amistosos da Seleção Brasileira sob a batuta de Mano Menezes. Tampouco estará certo aquele que pensou no Campeonato Brasileiro conquistado pelo Corinthians. O maior e mais importante acontecimento esportivo foi a conquista da Série B pela gloriosa Portuguesa, com o ataque mais positivo da história da competição, time justamente apelidado por quem gosta de futebol como “Barcelusa”.

Para esta 4.ª edição houve apenas o costumeiro acerto de algumas imprecisões e a atualização doutrinária, com a inclusão de importantes julgados dos Tribunais Superiores, alguns, inclusive, com mudança de posicionamento das Cortes Superiores.

Desejo a todos boa leitura.

APRESENTAÇÃO

Gostaria de iniciar esta apresentação agradecendo aos compradores que adquiriram este Manual. Se parar para pensar, são pessoas que confiaram em meu trabalho e gastaram seu suado dinheiro para adquirir a obra. Espero, sinceramente, que haja poucos arrependidos.

A obra traz, em formato diferenciado para facilitar a localização pelo leitor, os comentários ao Projeto de Lei do Novo Código de Processo Civil. Formada uma comissão para elaborar o novo diploma legal, presidida pelo Ministro Luiz Fux, foi apresentado ao Congresso Nacional, mais precisamente ao Senado Federal, um projeto originário que, além de novidades, consagrava muito do que já existe atualmente no Código de Processo Civil de 1973, trazendo apenas uma nova organização temática. No Senado, foi votado e aprovado um Substitutivo apresentado pelo Senador Valter Pereira, que modificou pontos fundamentais do projeto originário, ainda que, surpreendentemente, tais mudanças não tenham gerado a repercussão merecida. De qualquer forma, é o texto que seguiu para a Câmara.

Não tenho palpite quanto à data de aprovação, e muito menos com relação ao teor final do texto. É natural que um Código de aproximadamente mil artigos ainda sofra modificações na Câmara, restando então ao Senado a análise de tais mudanças. Por fim, há também a possibilidade de veto presidencial de alguns dispositivos. O que pretendo afirmar é que tudo que se disser atualmente sobre o Projeto de Lei do Novo Código de Processo Civil é divagação a respeito do que pode vir a ser realidade em algum tempo – próximo ou distante.

Diante dessa situação, resolvi separar os comentários relativos ao Projeto do restante do texto, com aplicabilidade atual. Ao final de cada capítulo ou item que verse sobre matéria modificada pelo Projeto, faço breves ponderações sobre o panorama possível diante da aprovação do texto como hoje se encontra. Nada muito aprofundado, mas o suficiente para se ter uma boa ideia das principais modificações referentes aos temas tratados neste Manual.

Por fim, gostaria de fazer um alerta voltado ao concursando: nos momentos de estudo, recomendo que não leia os textos relacionados ao Projeto. Lembre-se que existe muito o que estudar e que texto de Projeto não cai em provas de concursos públicos. Ademais, não há segurança de que a proposta seja aprovada nos moldes em que se encontra hoje, o que pode resultar em estudo desnecessário de meras suposições.

A todos, uma boa leitura.

O Autor

Nota da Editora: o Acordo Ortográfico foi aplicado integralmente nesta obra.

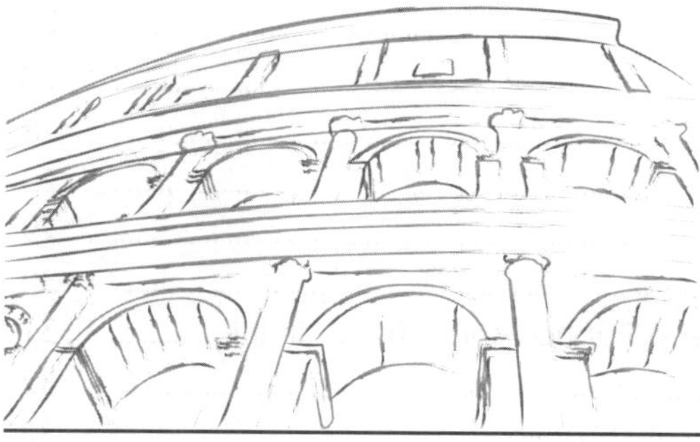

SUMÁRIO

LIVRO I

TEORIA GERAL DO PROCESSO

LIVRO II

CONHECIMENTO

LIVRO III

MEIOS DE IMPUGNAÇÃO DAS DECISÕES JUDICIAIS

LIVRO IV

EXECUÇÃO

LIVRO V

TUTELA DE URGÊNCIA

LIVRO VI

PROCEDIMENTOS ESPECIAIS DE JURISDIÇÃO CONTENCIOSA

LIVRO I

TEORIA GERAL DO PROCESSO

1

JURISDIÇÃO

1.1. CONCEITO

A jurisdição pode ser entendida como a **atuação estatal** visando a **aplicação do direito** objetivo ao caso concreto, resolvendo-se com **definitividade** uma situação de **crise jurídica** e gerando com tal solução a **pacificação social**. Note-se que neste conceito não consta o tradicional entendimento de que a jurisdição se presta a resolver um conflito de interesses entre as partes, substituindo suas vontades pela vontade da lei. Primeiro porque nem sempre haverá conflito de interesses a ser resolvido, e segundo porque nem sempre a atividade jurisdicional substituirá a vontade das partes, conforme será devidamente analisado em momento oportuno.

Há doutrina que prefere analisar a jurisdição sob três aspectos distintos: poder, função e atividade[1]. O poder jurisdicional é o que permite o exercício da função juris-

1 Cintra-Grinover-Dinamarco, *Teoria*, 2008.

dicional que se materializa no caso concreto por meio da atividade jurisdicional. Essa intersecção é natural e explicável por tratar-se de um mesmo fenômeno processual, mas, ainda assim, é interessante a análise conforme sugerido porque com isso tem-se uma apuração terminológica sempre bem-vinda. É importante não confundir as expressões "poder jurisdicional", "função jurisdicional" e "atividade jurisdicional".

Entendida como **poder**, a jurisdição representa o poder estatal de interferir na esfera jurídica dos jurisdicionados, aplicando o direito objetivo ao caso concreto e resolvendo a crise jurídica que os envolve. Há tempos se compreende que o poder jurisdicional não se limita a dizer o direito (*juris-dicção*), mas também de impor o direito (*juris-satisfação*). Realmente de nada adiantaria a jurisdição dizer o direito, mas não reunir condições para fazer valer esse direito concretamente. Note-se que a jurisdição como poder é algo que depende essencialmente de um Estado organizado e forte o suficiente para interferir concretamente na esfera jurídica de seus cidadãos.

Tradicionalmente a jurisdição (*juris-dicção*) era entendida como a **atuação da vontade concreta do direito objetivo** (Chiovenda), sendo que a doutrina se dividia entre aqueles que entendiam que essa atuação derivava da sentença fazer concreta a norma geral (Carnelutti) ou criar uma norma individual com base na regra geral (Kelsen). Contemporaneamente, notou-se que tais formas de enxergar a jurisdição estavam fundadas em um positivismo acrítico e no princípio da supremacia da lei, o que não mais atendia as exigências de justiça do mundo atual. Dessa forma, autorizada doutrina passa a afirmar que a jurisdição deveria se ocupar da criação no caso concreto da norma jurídica, resultado da aplicação da norma legal à luz dos **direitos fundamentais** e dos **princípios constitucionais de justiça**. Reconhece ainda essa nova visão da jurisdição que não adianta somente a edição da norma jurídica (*juris-dicção*), sendo necessário tutelar concretamente o direito material, o que se fará pela execução (*juris-satisfação*)[2].

Como função, a jurisdição é o encargo atribuído pela Constituição Federal, em regra, ao Poder Judiciário – **função típica** – e, excepcionalmente, a outros Poderes – função atípica – de exercer concretamente o poder jurisdicional. A função jurisdicional não é privativa do Poder Judiciário, como se constata nos processos de *impeachment* do Presidente da República realizados pelo Poder Legislativo (arts. 49, IX, e 52, I, da CF), ou nas sindicâncias e processos administrativos conduzidos pelo Poder Executivo (art. 41, § 1.º, II, da CF), ainda que nesses casos não haja definitividade. Também o Poder Judiciário não se limita ao exercício da função jurisdicional, exercendo de forma atípica – e bem por isso excepcional – função administrativa (p. ex., organização de concursos públicos) e legislativa (p. ex. elaboração de Regimentos Internos de tribunais)[3].

Como **atividade**, a jurisdição é o complexo de atos praticados pelo agente estatal investido de jurisdição no processo. A função jurisdicional se concretiza por

---

[2] Na doutrina nacional, confira-se a exposição do tema de forma consideravelmente aprofundada em Marinoni, *Teoria*, p. 21-139.

[3] Scarpinella Bueno, *Curso*, v. 1, p. 241-243.

meio do processo, forma que a lei criou para que tal exercício se fizesse possível. Na condução do processo, o Estado, ser inanimado que é, investe determinados sujeitos do poder jurisdicional para que possa, por meio da prática de atos processuais, exercerem concretamente tal poder. Esse sujeito é o juiz de direito, que por representar o Estado no processo é chamado de "Estado-juiz".

1.2. EQUIVALENTES JURISDICIONAIS

O Estado não tem, por meio da jurisdição, o monopólio da solução dos conflitos, sendo admitidas pelo Direito outras maneiras pelas quais as partes possam buscar uma solução do conflito em que estão envolvidas. São chamadas de **equivalentes jurisdicionais** ou de **formas alternativas de solução dos conflitos**. Há três espécies reconhecidas por nosso direito: autotutela, autocomposição e arbitragem.

1.2.1. Autotutela

É a forma mais antiga de solução dos conflitos, constituindo-se fundamentalmente pelo **sacrifício integral** do interesse de uma das partes envolvida no conflito em razão do exercício da força pela parte vencedora. Por "força" deve-se entender qualquer poder que a parte vencedora tenha condições de exercer sobre a parte derrotada, resultando na imposição de sua vontade. O fundamento dessa força não se limita ao aspecto físico, podendo-se verificar nos aspectos afetivo, econômico, religioso etc.

É evidente que uma solução de conflitos resultante do exercício da força não é a forma de solução de conflitos que se procura prestigiar num Estado democrático de direito. Aliás, pelo contrário, a autotutela lembra as sociedades mais rudimentares, nas quais a força era sempre determinante para a solução dos conflitos, pouco importando de quem era o direito objetivo no caso concreto. Como, então, a autotutela continua a desempenhar papel de equivalente jurisdicional ainda nos tempos atuais?

Primeiro, é preciso observar que a autotutela é consideravelmente **excepcional**, sendo raras as previsões legais que a admitem. Como exemplos, é possível lembrar a legítima defesa (art. 188, I, do CC); apreensão do bem com penhor legal (art. 1.467, I, do CC); desforço imediato no esbulho (art. 1.210, § 1.º, do CC). A justificativa é de que o Estado não é onipresente, sendo impossível estar em todo lugar e a todo momento para solucionar violações ou ameaças ao direito objetivo, de forma que em algumas situações excepcionais é mais interessante ao sistema jurídico, diante da ausência do Estado naquele momento, a solução pelo exercício da força de um dos envolvidos no conflito.

Segundo, e mais importante, a autotutela é a única forma de solução alternativa de conflitos que pode ser amplamente **revista pelo Poder Judiciá-**

rio, de modo que o derrotado sempre poderá judicialmente reverter eventuais prejuízos advindos da solução do conflito pelo exercício da força de seu adversário. Trata-se, portanto, de uma forma imediata de solução de conflitos, mas que não recebe os atributos da definitividade, sempre podendo ser revista jurisdicionalmente.

1.2.2. Autocomposição

A autocomposição é uma interessante e cada vez mais popular forma de solução dos conflitos sem a interferência da jurisdição, estando fundada no **sacrifício integral ou parcial** do interesse das partes envolvidas no conflito mediante a **vontade** unilateral ou bilateral de tais sujeitos. O que determina a solução do conflito não é o exercício da força, como ocorre na autotutela, mas a vontade das partes, o que é muito mais condizente com o Estado democrático de direito em que vivemos. Inclusive é considerado atualmente um excelente meio de pacificação social porque inexiste no caso concreto uma decisão impositiva, como ocorre na jurisdição, valorizando-se a autonomia da vontade das partes na solução dos conflitos.

A autocomposição é um gênero, do qual são espécies a transação – a mais comum –, a submissão e a renúncia. Na **transação** há um sacrifício recíproco de interesses, sendo que cada parte abdica parcialmente de sua pretensão para que se atinja a solução do conflito. Trata-se do exercício de vontade bilateral das partes, visto que quando um não quer dois não fazem a transação. Na **renúncia** e na **submissão** o exercício de vontade é unilateral, podendo até mesmo ser consideradas soluções altruístas do conflito, levando em conta que a solução decorre de ato da parte que abre mão do exercício de um direito que teoricamente seria legítimo. Na renúncia, o titular do pretenso direito simplesmente abdica de tal direito, fazendo-o desaparecer juntamente com o conflito gerado por sua ofensa, enquanto na submissão o sujeito se submete à pretensão contrária, ainda que fosse legítima sua resistência.

> Marina pretende obter 10, mas Aline só está disposta a pagar 5. Havendo um sacrifício recíproco, as partes podem se autocompor por qualquer valor entre 5 e 10 (transação). Marina, por outro lado, pode abdicar do direito de crédito de 10 (renúncia). Finalmente, Aline poderia, mesmo acreditando ser devedora de apenas 5, pagar a Marina os 10 cobrados (submissão).

Cumpre observar que, embora sejam espécies de autocomposição, e por tal razão formas de equivalentes jurisdicionais, a transação, a renúncia e a submissão podem ocorrer também durante um processo judicial, sendo que a submissão nesse caso é chamada de reconhecimento jurídico do pedido, enquanto a transação e a renúncia mantêm a mesma nomenclatura. Verificando-se durante um processo judicial, o juiz homologará por sentença de mérito a autocomposição (art. 269,

II, III, V, do CPC), com formação de coisa julgada material. Nesse caso, é importante perceber que a solução do conflito deu-se por autocomposição, derivada da manifestação da vontade das partes, e não da aplicação do direito objetivo ao caso concreto (ou ainda da criação da norma jurídica), ainda que a participação homologatória do juiz tenha produzido uma decisão apta a gerar a coisa julgada material. Dessa forma, tem-se certa hibridez: substancialmente o conflito foi resolvido por **autocomposição**, mas formalmente, em razão da sentença judicial homologatória, há o **exercício de jurisdição**.

Atualmente nota-se um incremento na autocomposição, em especial na transação, o que segundo parcela significativa da doutrina representa a busca pela solução de conflitos que mais gera a pacificação social, uma vez que as partes, por sua própria vontade, resolvem o conflito e dele saem sempre satisfeitas. Ainda que tal conclusão seja bastante discutível, por desconsiderar no caso concreto as condições concretas que levaram as partes, ou uma delas, à autocomposição, é inegável que a matéria "está na moda". Nesse tocante, é imprescindível que se tenha a exata noção de qual papel desempenham na autocomposição a negociação, a conciliação e a mediação.

Pela negociação as partes transacionam sem a intervenção de um terceiro. Tanto a conciliação – bem mais popular – quanto a mediação são formas pelas quais se busca concretamente a autocomposição, consubstanciadas na interferência de um terceiro entre as partes, que funcionará como um **intermediário** entre elas. Não tem o poder de decidir o conflito, mas pode desarmar os espíritos e levar as partes a exercer suas vontades no caso concreto para resolver o conflito de interesse. A diferença fundamental entre a conciliação e a mediação é a postura do terceiro; na conciliação o terceiro oferece soluções que são fundadas no sacrifício recíproco dos interesses das partes, enquanto na mediação o terceiro não faz propostas, apenas constrói um diálogo entre as partes de forma que elas mesmas resolvam seu conflito, sem que necessariamente tenham que abdicar de parcela de seu interesse.

Numa ação de indenização por dano moral em razão de policial militar armado ser barrado no ingresso à agência bancária, o autor pretende obter R$ 10.000,00 e a instituição financeira não pretende pagar qualquer valor. O conciliador tentará convencer a instituição financeira a pagar algum valor e o policial a receber menos do que pretendia originariamente. Já o mediador oferecerá outras soluções como um pedido oficial de desculpas, a fixação de aviso em todas as portas de agências bancárias de como deve proceder o policial que pretenda ingressar armado etc.

O PLNCPC prestigiou a conciliação e a mediação de forma significativa, com seção própria com nove artigos (arts. 144-153). Deixando claro seu objetivo de incentivar essas formas alternativas de conflito, o art. 145, *caput*, determina que os magistrados, advogados, defensores públicos e membros do Ministério Público devem estimular a realização da conciliação e da mediação, inclusive no curso do processo.

Interessante notar que o legislador reconheceu importante diferença entre conciliação e mediação ao prever que o conciliador poderá sugerir soluções para o litígio, enquanto o segundo auxiliará as pessoas a identificarem, por si mesmas, alternativas de benefício comum. Também elogiável a exclusão da regra existente no art. 137, § 1.º, do PLNCPC original, que exigia que os conciliadores e mediadores fossem necessariamente inscritos na OAB. Não sendo soluções do conflito fundadas na aplicação do direito ao caso concreto, realmente não existe necessidade da presença de advogado como conciliador ou mediador.

1.2.3. Arbitragem

A arbitragem é antiga forma de solução de conflitos fundada, no passado, na vontade das partes de submeterem a decisão a um determinado sujeito que, de algum modo, exercia forte influência sobre elas, sendo, por isso, extremamente valorizadas suas decisões. Assim, surge a arbitragem, figurando como árbitro o ancião ou o líder religioso da comunidade, que intervinha no conflito para resolvê-lo imperativamente.

Atualmente, a arbitragem mantém as principais características de seus primeiros tempos, sendo uma forma alternativa de solução de conflitos fundada basicamente em dois elementos:

(i) as partes escolhem um terceiro de sua confiança que será responsável pela solução do conflito de interesses e,

(ii) a decisão desse terceiro é impositiva, o que significa que resolve o conflito independentemente da vontade das partes.

A Lei de Arbitragem (Lei 9.307/1996) disciplina essa forma de solução de conflitos, privativa dos direitos disponíveis. Registre-se posicionamento do Superior Tribunal de Justiça que admite a arbitragem em contratos administrativos envolvendo o Estado, tomando-se por base a distinção entre direito público primário e secundário. Nesse entendimento para a proteção do interesse público primário (bem da coletividade), o Estado pratica atos patrimoniais, pragmáticos, cuja disponibilidade em prol da coletividade admite a solução por meio da arbitragem[4].

Após alguma vacilação na doutrina e jurisprudência, venceu a tese mais correta de que a arbitragem **não afronta o princípio da inafastabilidade da jurisdição**, previsto no art. 5.º, XXXV, da CF. O Supremo Tribunal Federal corretamente entendeu que a escolha entre a arbitragem e a jurisdição é absolutamente constitucional, afirmando que a aplicação da garantia constitucional da inafastabilidade

[4] STJ, 1.ª Seção, MS 11.308/DF, rel. Min. Luiz Fux, j. 09.04.2008, *DJe* 19.05.2008.

é naturalmente condicionada à vontade das partes[5]. Se o próprio direito de ação é disponível, dependendo da vontade do interessado para se concretizar por meio da propositura da demanda judicial, também o será o exercício da jurisdição na solução do conflito de interesse.

Nesse sentido é elogiável o art. 3.º do PLNCPC ao prever que não se excluirá da apreciação jurisdicional a ameaça ou lesão a direito, salvo os conflitos de interesses voluntariamente submetidos à solução arbitral. Ainda que seja apenas a consagração de uma realidade atualmente incontestável, é interessante o dispositivo explicitar tal realidade.

Questão interessante a respeito da arbitragem diz respeito a sua genuína natureza de equivalente jurisdicional. Ainda que a doutrina majoritária defenda tal entendimento[6], é preciso lembrar que importante parcela doutrinária defende a natureza jurisdicional da arbitragem, afirmando que atualmente a jurisdição se divide em **jurisdição estatal**, por meio da jurisdição, e **jurisdição privada**, por meio da arbitragem[7]. Para se ter uma ideia da confusão nesse tocante, bem como da pouca importância prática, registre-se julgado do Superior Tribunal de Justiça que ora trata a arbitragem como equivalente jurisdicional e ora como espécie de jurisdição privada[8].

Para a corrente doutrinária que entende ser a arbitragem uma espécie de jurisdição privada, existem dois argumentos principais:

(i) a decisão que resolve a arbitragem é atualmente uma sentença arbitral, não mais necessitando de homologação pelo juiz para ser um título executivo judicial (art. 475-N, IV, do CPC), o que significa a sua equiparação com a sentença judicial;
(ii) a sentença arbitral torna-se imutável e indiscutível, fazendo coisa julgada material, considerando-se a impossibilidade de o Poder Judiciário reavaliar seu conteúdo, ficando tal revisão jurisdicional limitada a vícios formais da arbitragem e/ou da sentença arbitral, por meio da ação anulatória prevista pelos arts. 32 e 33 da Lei 9.307/1996.

Não concordo com tal entendimento, a princípio porque nem toda imutabilidade da decisão deriva da coisa julgada material, bastando para confirmar a alegação a lembrança do art. 55 do CPC, que prevê a imutabilidade da justiça da decisão, ou seja, dos fundamentos da decisão, para o assistente que efetivamente atua no processo. Depois porque não há como confundir o juiz e o árbitro. O primeiro, agente estatal, concursado, preocupado com os diversos escopos do processo, enquanto o segundo, particular contratado pelas partes, preocupado exclusivamente

---

5 Houve declaração incidental do STF no julgamento da homologação de sentença estrangeira SE 5.206-7, em 12.12.2001.

6 Theodoro Jr., *Curso*, v. 1, p. 45; Greco Filho, *Direito*, v. 1, p. 178; Marinoni, *Teoria*, p. 148-153. Scarpinella Bueno, *Curso*, p. 12-13.

7 Carmona, *Arbitragem*, p. 69; Figueira Jr., *Arbitragem*, p. 151-158.

8 STJ, 1.ª Seção, MS 11.308/DF, rel. Min. Luiz Fux, j. 09.04.2008, *DJe* 19.05.2008.

em resolver o conflito que lhe foi levado, por vezes até mesmo sem a necessidade de se ater a legalidade. Isso sem entrar na polêmica questão que envolve a possibilidade de o árbitro resolver conflito fundado em ilegalidade de ambas as partes envolvidas, o que, naturalmente, não seria feito pelo juiz de direito.

O já mencionado art. 3.º do PLNCPC parece ter consagrado o entendimento de que a arbitragem não é jurisdição, porque ao prever a inafastabilidade da jurisdição, salvo a arbitragem, fica claro que essa forma de solução de conflitos não é jurisdicional.

1.3. ESCOPOS DA JURISDIÇÃO

Por escopos da jurisdição deve-se entender os principais objetivos perseguidos com o exercício da função jurisdicional. Numa visão moderna de jurisdição, amparada no princípio da instrumentalidade das formas, é possível verificar a existência de ao menos três, e no máximo quatro, escopos da jurisdição: jurídico, social, educacional (que parcela doutrinária estuda como aspecto do escopo social) e político.

O **escopo jurídico** consiste na aplicação concreta da vontade do direito (por meio da criação da norma jurídica), resolvendo-se a chamada "**lide jurídica**". Note-se que, diante de uma afronta ou ameaça ao direito objetivo, a jurisdição, sempre que afasta essa violação concreta ou iminente, faz valer o direito objetivo no caso concreto, resolvendo do ponto de vista jurídico o conflito existente entre as partes. Durante muito tempo imaginou-se que seria esse o único escopo da jurisdição, entendendo-se que a jurisdição cumpria a sua missão toda vez que se aplicasse a vontade concreta do direito objetivo. Ocorre, entretanto, que no estágio atual da ciência processual seria de uma pobreza indesejável limitar os objetivos da jurisdição somente ao escopo jurídico. Não que ele não seja importante, pelo contrário, mas certamente não é o único.

O **escopo social** da jurisdição consiste em resolver o conflito de interesses proporcionando às partes envolvidas a pacificação social, ou em outras palavras, resolver a "lide sociológica"[9]. De nada adianta resolver o conflito no aspecto jurídico se no aspecto fático persiste a insatisfação das partes, o que naturalmente contribui para a manutenção do estado beligerante entre elas. A solução jurídica da demanda deve necessariamente gerar a pacificação no plano fático, em que os efeitos da jurisdição são suportados pelos jurisdicionados. Daí a visão de que a transação é uma excelente forma de resolver a "lide sociológica", porque o conflito se resolve sem a necessidade de decisão impositiva de um terceiro[10].

---

[9] Marinoni, *Novas*, p. 189-190.

[10] Dinamarco, *Instituições*, v. 1, p. 128.

Mas mesmo a decisão impositiva é capaz de gerar a pacificação social, desde que seja dada em processo rápido, barato, com amplo acesso de participação e com decisão justa.

O **escopo educacional** diz respeito à função da jurisdição de ensinar aos jurisdicionados – e não somente às partes envolvidas no processo – seus direitos e deveres. É interessante notar que, com a popularização do Poder Judiciário, aumentou significativamente o contato entre ele e o jurisdicionado, de forma a serem importantes os ensinamentos transmitidos por suas decisões a respeito dos deveres e direitos de todos[11]. Os principais julgamentos são acompanhados por diversos meios de comunicação, ampliando o acesso do cidadão comum a informações derivadas de tais julgamentos. A clareza e a utilização de linguagem simples nas decisões, rejeitando-se o rebuscamento pedante, também contribuem significativamente para a consecução do escopo educacional.

Por fim, o **escopo político** é analisado sob três diferentes vertentes:

(i) *se presta a fortalecer o Estado.* É claro que, funcionando a contento a jurisdição, o Estado aumenta a sua credibilidade perante seus cidadãos, fortalecendo-se junto a eles. Politicamente, portanto, é importante uma jurisdição em pleno e eficaz funcionamento como forma de afirmar o poder estatal;

(ii) *a jurisdição é o último recurso em termos de proteção às liberdades públicas e aos direitos fundamentais,* valores essencialmente políticos de nossa sociedade[12]. Na realidade, o Estado, como um todo, deve se preocupar com tais valores, mas, quando ocorre a concreta agressão ou ameaça, mesmo provenientes do próprio Estado, é a jurisdição que garante o respeito a tais valores;

(iii) *incentivar a participação democrática por meio do processo,* de forma que o autor de uma demanda judicial, ou ainda o titular do direito debatido, mesmo que não seja o autor (por exemplo, os direitos transindividuais), possa participar, por meio do processo, dos destinos da nação e do Estado. O exemplo mais claro do que se afirma é a ação popular, por meio da qual qualquer cidadão pode desfazer ato administrativo lesivo ao Erário Público, bem como condenar os responsáveis ao ressarcimento. É o cidadão, por meio do processo, interferindo na administração pública[13]. Por outro lado, nas ações coletivas, em especial nas que tutelam direitos difusos, determina-se a espécie de sociedade em que estaremos vivendo.

1.4. CARACTERÍSTICAS PRINCIPAIS

1.4.1. Caráter substitutivo

Por caráter substituto entende-se a característica da **substitutividade** da jurisdição, ou seja, a jurisdição substitui a vontade das partes pela vontade da lei no caso concreto, resolvendo o conflito existente entre elas e proporcionando a

[11] Dinamarco, *Instituições*, v. 1, p. 128-129; Marinoni, *Novas*, p. 192.

[12] Dinamarco, *Instituições*, v. 1, p. 130-131.

[13] Marinoni, *Novas*, p. 193-194.

pacificação social. Dessa forma, havendo um contrato de empréstimo inadimplido, e sendo a vontade da lei o pagamento de tal dívida, a jurisdição terá condições de substituir a vontade do devedor (de não pagar) pela vontade da lei (realização do pagamento).

Ainda que se admita que tal característica se encontra em número considerável de atuações jurisdicionais, não é correto afirmar ser essencial à existência da jurisdição. O próprio Chiovenda, responsável maior pela inclusão do caráter substitutivo entre as características da jurisdição, já apontava para hipóteses nas quais a substitutividade não estaria presente. Duas situações demonstram claramente a existência de jurisdição sem a presença do caráter substitutivo.

Nas **ações constitutivas necessárias** se busca a criação de uma nova situação jurídica que não poderia ser criada sem a intervenção do Poder Judiciário. Significa dizer que, ainda que as partes não estejam em conflito, precisam obrigatoriamente da jurisdição para que tal situação seja criada. É possível, portanto, existir uma situação na qual as partes que buscam o Poder Judiciário não estejam em conflito; pelo contrário, que a vontade de ambas seja convergente, dado que ambas pretendem criar a nova situação jurídica buscada no processo. Nessa hipótese, não se pode falar em caráter substitutivo da jurisdição, porque não haverá a substituição da vontade das partes pela vontade da lei, servindo a atuação jurisdicional tão somente para atribuir eficácia jurídica ao acordo de vontade entre as partes, única forma de criar a nova situação jurídica pretendida.

Dois cônjuges pretendem se divorciar, não havendo qualquer conflito entre eles no tocante a essa pretensão. Ocorre, entretanto, que ambos têm um filho menor de idade (incapaz), de forma que serão obrigados a buscar o Poder Judiciário para a obtenção do bem da vida desejado, nos termos do art. 982 do CPC (Lei 11.441/2007).

Também não há caráter substitutivo da jurisdição na **execução indireta**, por meio da qual a obrigação será satisfeita em razão da vontade do devedor, não havendo uma substituição dessa vontade pela vontade da lei. Nesse caso, a vontade originária do devedor é não cumprir a obrigação, enquanto a vontade da lei é que a obrigação seja cumprida. Por meio da execução indireta exerce-se uma pressão psicológica sobre o devedor na esperança de convencê-lo de que o melhor a fazer é mudar sua vontade originária, adequando-se a vontade da lei e, por consequência, cumprindo a obrigação. Sempre que a execução indireta funciona, o cumprimento decorrerá de ato do devedor, que obviamente não será espontâneo, mas nem por isso deixará de ser voluntário, sem qualquer caráter substitutivo da jurisdição[14].

O tema da execução indireta é tratado de forma exauriente no Capítulo 34, item 34.3, mas já é importante não confundir essa forma de execução com a submissão (forma de autocomposição), considerando-se que o cumprimento voluntário por meio de execução indireta é resultado da pressão psicológica, enquanto a

[14] Lima Guerra, *Execução*, p. 33.

submissão é ato voluntário sem qualquer ingerência do Poder Judiciário. É essa distinção que faz a execução indireta ser atividade jurisdicional e a submissão, ato de autocomposição.

1.4.2. Lide

Segundo a concepção clássica de Carnelutti, a lide é o **conflito de interesses** qualificado por uma **pretensão resistida**. A ideia, portanto, é de um sujeito que pretende obter um bem da vida, no que é impedido por outro, que lhe cria uma resistência a tal pretensão, surgindo desse choque de interesses (obter o bem da vida e impedir a sua obtenção) o conflito de interesse entre as partes. Afirma o doutrinador italiano que a jurisdição se presta à composição justa da lide, de forma que a provocação ao Poder Judiciário estaria condicionada à necessidade do pretendente ao bem da vida de afastar a resistência criada por outrem.

Como se pode notar da própria definição clássica de lide, trata-se de um fenômeno não processual, mas fático-jurídico (ou ainda sociológico), anterior ao processo. A lide não é criada no processo, mas antes dele, e também não é tecnicamente correto afirmar que será solucionada no processo, considerando-se que o juiz resolve o pedido do autor e não a lide em si. A solução da lide pelo processo é uma mera consequência dessa solução do pedido, dependendo de sua abrangência para ser total ou parcialmente resolvida. É curioso notar que a desconsideração dessa realidade leva o legislador a utilizar diversas vezes o termo "lide" de forma equivocada no Código de Processo Civil, como em "denunciação da lide" (arts. 70 a 76 do CPC); "julgamento antecipado da lide" (art. 330 do CPC), "lide e seus fundamentos" (art. 801, III do CPC).

Ainda que se admita a presença da lide em grande número de demandas judiciais, não parece correto afirmar que a lide é essencial à jurisdição, sendo corrente na doutrina o entendimento de que é possível a existência desta sem aquela. E nem é preciso falar em jurisdição voluntária, porque nessa existe polêmica quanto à sua natureza jurisdicional, tema que será enfrentado em capítulo próprio. Existem exemplos de demandas de jurisdição contenciosa nas quais não se verifica a existência da lide, ao menos não em seu conceito clássico.

Nas **ações constitutivas necessárias**, já comentadas anteriormente, mesmo que as partes tenham vontades convergentes será indispensável a procura da jurisdição para a obtenção do bem da vida desejado por ambas. Embora nesse caso não exista um conflito de interesse entre as partes, existe uma resistência à pretensão de obtenção de bem da vida, criada pela própria lei ao exigir a intervenção jurisdicional para a obtenção do bem da vida. Parece claro que um sujeito que tem sua pretensão resistida por outro sujeito está tão insatisfeito juridicamente como aquele que sofre tal resistência pela obrigatoriedade legal de buscar a atuação jurisdicional. Dos dois elementos do conceito tradicional da lide, nas ações constitutivas necessárias, não existe o conflito de interesses, mas há a pretensão resistida e, certamente, a insatisfação jurídica que leva os sujeitos insatisfeitos a procurar a jurisdição[15].

Outras duas hipóteses lembradas pela melhor doutrina de jurisdição sem lide são os processos objetivos (controles concentrados de constitucionalidade)[16] e a tutela inibitória, que, buscando evitar a prática, continuação ou repetição de ato ilícito, volta-se para ato futuro[17].

1.4.3. Inércia

O princípio da inércia da jurisdição é tradicional ("*ne procedat iudex ex officio*"), ainda que exista certa polêmica a respeito de sua extensão. O mais correto é limitar o princípio da inércia da jurisdição ao **princípio da demanda** (ação), pelo qual fica a movimentação inicial da jurisdição condicionada à provocação do interessado. Significa dizer que o juiz – representante jurisdicional – não poderá iniciar um processo de ofício, sendo tal tarefa exclusiva do interessado. Esse princípio decorre da constatação inequívoca de que o direito de ação, sendo o direito de provocar a jurisdição por meio do processo, é disponível, cabendo somente ao interessado decidir se o exercerá no caso concreto.

Mesmo reconhecendo-se a disponibilidade do direito de ação, excepcionalmente há permissão legal expressa para o início do processo de ofício, como é o caso do art. 989 do CPC, que permite ao juiz dar início de ofício ao processo de inventário e partilha, desde que preenchidos os requisitos legais, e do art. 878 da CLT. Conforme será analisado no Capítulo 1, item 1.7.1.2, também na jurisdição voluntária o processo será iniciado de ofício.

Existem três motivos que justificam a inércia da jurisdição:

(a) o juiz não deve transformar um conflito jurídico em um **conflito social**, ou seja, ainda que exista uma lide jurídica, as partes envolvidas, em especial a titular do direito material, pode não pretender, ao menos por hora, jurisdicionalizar tal conflito, mantendo uma convivência social pacífica com o outro sujeito. Tudo isso, naturalmente, poderá deixar de existir na hipótese de demanda instaurada de ofício pelo juiz[18];

(b) seriam sacrificados os **meios alternativos de solução dos conflitos**, porque a ausência de demanda judicial pode significar que o interessado, apesar de pretender resolver o conflito em que está envolvido, prefere fazê-lo longe da jurisdição. Com a propositura da demanda de ofício, haveria automaticamente sua vinculação à jurisdição;

(c) perda da indispensável **imparcialidade do juiz**, considerando-se que um juiz que dá início a um processo de ofício tem a percepção, ainda que aparente, de existência

[15] Tesheiner, *Jurisdição*, p. 22, afirma que nesse caso existe uma presunção absoluta de lide, independentemente da efetiva resistência do réu. Seria possível nesse raciocínio falar em "lide presumida".

[16] Barroso, *O controle*, p. 145-146; Cunha Junior, *Controle*, p. 168-169.

[17] Didier, *Curso*, p. 73.

[18] Bedaque, *Código*, p. 38.

do direito, o que o fará pender em favor de uma das partes. É natural que, se o juiz, desde o início, desacreditasse na existência de direito material violado ou ameaçado, não ingressaria com a demanda de ofício[19].

Segundo previsão dos arts. 2.º e 262 do CPC, se confirma legislativamente o princípio da inércia da jurisdição. Pela previsão contida no art. 460 do CPC, que consagra o princípio da congruência (correlação/adstrição), nota-se que não só a jurisdição depende de provocação para se movimentar, como o fará nos estritos limites definidos pelo objeto da demanda, que em regra é determinado pelo autor e excepcionalmente também pelo réu (reconvenção/pedido contraposto). Quanto ao que ficar fora do objeto da demanda, a jurisdição continuará inerte, não podendo haver prestação de tutela jurisdicional, salvo nas excepcionais hipóteses de "pedidos implícitos" e de aplicação da regra da "fungibilidade", circunstâncias previstas por lei que autorizam a concessão de tutela não pedida.

A inércia da jurisdição diz respeito tão somente ao ato de iniciar o processo, porque, uma vez provocada pelo interessado com a propositura da demanda, a jurisdição já não mais será inerte, pelo contrário, passará a caminhar independentemente de provocação, exatamente como determina o art. 262 do CPC. Uma vez provocada a jurisdição, aplica-se a regra do impulso oficial, de maneira que o desenvolvimento do processo estará garantido, até certo ponto, independentemente de vontade ou provocação das partes[20]. Afirma-se que tal desenvolvimento está garantido pela atuação oficiosa do juiz até certo ponto porque existem situações nas quais, sem a indispensável participação das partes, não haverá como aplicar o impulso oficial[21]. Há interessante lição doutrinária a apontar que o impulso oficial pode depender da colaboração das partes em dois aspectos: econômico e prestação de informações[22]. Tome-se como exemplo o entendimento consagrado na Súmula 631 do STF, que determina a extinção do processo de mandado de segurança se o impetrante não promover, no prazo determinado pelo juiz, a citação do litisconsorte passivo necessário.

Fernanda ingressa com demanda contra um órgão da administração indireta, requerendo sua citação por oficial de justiça, nos termos do art. 222, "c", do CPC. Ocorre, entretanto, que não recolhe as devidas custas para a diligência do oficial de justiça. Nesse caso, é natural que se depende de um ato de Fernanda para que a demanda prossiga, não havendo como aplicar o impulso oficial. O mesmo ocorre se Fernanda, derrotada nessa demanda, apelar recolhendo como preparo um valor menor do que o devido. O máximo que o juiz poderá fazer é intimá-la para que em cinco dias complemente o valor do preparo (art. 511, § 2.º, do CPC), dependendo exclusivamente de ato a ser praticado por ela para a continuidade do procedimento. Ou, ainda, Fernanda ingressar com petição inicial sem qualquer qualificação do réu, o que impossibilitará o prosseguimento do processo por meio da realização da citação.

---

19 Greco, *Instituições*, p. 538; Cintra-Grinover-Dinamarco, *Teoria*, p. 150-151.

20 Scarpinella Bueno, *Curso*, p. 248.

21 Arruda Alvim, *Manual*, v. 1, p. 200.

22 Greco, *Instituições*, p. 559-560.

No tocante às chamadas "**ações sincréticas**", fundamentadas na ideia de um mesmo processo se desenvolver em duas fases procedimentais sucessivas, sendo a primeira de conhecimento e a segunda de execução (satisfação), surge interessante questão a respeito da necessidade de provocação do autor para o início da fase de satisfação. Aplicando-se a regra do art. 262 do CPC, não resta dúvida de que, no confronto entre os princípios da inércia e do impulso oficial, aplica-se o segundo. Para tal conclusão basta a verificação de que não se está iniciando um novo processo e que justamente por isso a continuação procedimental – ainda que seja com a instauração de uma nova fase – pode se realizar de ofício pelo juiz.

Esse raciocínio, entretanto, pode ser excepcionado por expressa previsão legal, porque, mesmo sendo o desenvolvimento do processo tarefa a cargo do juiz, pode o legislador criar situações nas quais tal desenvolvimento dependa de uma expressa manifestação da parte interessada. E é justamente isso o que ocorre no cumprimento de sentença condenatória de pagar quantia certa, fase satisfativa que depende, para o seu início, da provocação do autor, segundo previsão expressa do art. 475-J, *caput*, do CPC. Cumpre salientar, entretanto, que tal dispositivo legal, segundo previsão do art. 475-I do CPC, só se aplica às demandas que tenham como objeto uma obrigação de pagar quantia certa. Na hipótese de obrigação de fazer ou não fazer aplica-se o art. 461 do CPC e na hipótese de obrigação de entregar coisa o art. 461-A do CPC, sendo que em nenhum desses dois dispositivos existe uma expressa exigência de provocação da parte, de forma que aplicável a regra geral, qual seja, a do impulso oficial[23].

> Interessante notar que no PLNCPC originário restava expressa a aplicação do princípio do impulso oficial para o início do cumprimento de sentença, independentemente da natureza da obrigação da sentença. No texto do art. 490, § 3.º, constava o poder do juiz de dar início ao cumprimento de sentença de ofício, salvo se o credor justificasse a impossibilidade ou inconveniência de sua realização. No Substitutivo apresentado no Senado Federal, entretanto, a regra foi modificada, fazendo-se constar do art. 500, § 1.º, que o cumprimento da sentença, provisório ou definitivo, far-se-á a requerimento do credor.

1.4.4. Definitividade

Afirma-se que a solução do conflito por meio jurisdicional é a única que se torna definitiva e imutável, sendo considerada a derradeira e incontestável solução do caso concreto. Essa definitividade significa que a decisão que solucionou o conflito deverá ser respeitada por todos: partes, juiz do processo, Poder Judiciário e até mesmo por outros Poderes. Em razão do desenvolvimento desse raciocínio, a coisa julgada material é fenômeno privativo das decisões jurisdicionais.

23 Theodoro Jr., *Processo*, n. 469, p. 550.

Ainda que se possa concluir que somente na jurisdição existe **coisa julgada material**, não é possível condicionar o exercício da jurisdição a tal fenômeno processual. Existem hipóteses nas quais a doutrina tradicional entende não existir coisa julgada material, ainda que seja evidente a existência de jurisdição, como ocorre no processo cautelar. Havendo decisão de conflito tornada imutável e indiscutível pela coisa julgada material, estar-se-á diante de atividade jurisdicional. Por outro lado, a mera ausência de coisa julgada material não é o suficiente para concluir que a atividade não tem natureza jurisdicional[24].

Como é exposto no Capítulo 17, a existência de coisa julgada material é resultado de uma opção político-legislativa, sendo inviável condicionar o exercício de atividade jurisdicional a essa opção. Se existe coisa julgada quando e como o legislador pretender, condicionar a jurisdição à sua existência seria dizer que o legislador pode determinar o que é e o que não é jurisdição, conclusão evidentemente absurda.

1.5. PRINCÍPIOS DA JURISDIÇÃO

1.5.1. Investidura

É natural que o Poder Judiciário, ser inanimado que é, tenha a necessidade de escolher determinados sujeitos, investindo-os do poder jurisdicional para que representem o Estado no exercício concreto da atividade jurisdicional. Esse agente público, investido de tal poder, é o juiz de direito, sendo por vezes chamado de Estado-juiz porque é justamente ele o sujeito responsável por representar o Estado na busca de uma solução para o caso concreto.

Existem diversas maneiras de obtenção da investidura, algumas delas distantes de nossa realidade como a eleição direta e a escolha dos novos membros da magistratura pelos atuais. No Brasil, são duas as formas admitidas: **concurso público** (art. 93, I, da CF) e indicação pelo Poder Executivo, por meio do **quinto constitucional** (art. 94 da CF).

1.5.2. Territorialidade (aderência ao território)

O princípio da aderência ao território diz respeito a uma forma de limitação do **exercício legítimo da jurisdição**. O juiz devidamente investido de jurisdição só pode exercê-la dentro do território nacional, como consequência da limitação da soberania do Estado brasileiro ao seu próprio território. Significa dizer que todo juiz terá jurisdição em todo o território nacional. Ocorre, entretanto, que, por uma questão de funcionalidade, considerando-se o elevado número de juízes e a colossal extensão do território nacional, normas jurídicas limitam o exercício

---

24 Marinoni, *Teoria*, p. 143-144; Tesheiner, *Jurisdição*, p. 18.

legítimo da jurisdição a um determinado território. Conforme será analisado em capítulo específico, trata-se de regras de **competência territorial**.

As regras de competência territorial definirão um determinado território, ou seja, um determinado foro (na Justiça Estadual uma comarca, e na Justiça Federal uma seção judiciária), e pelo princípio da aderência ao território, a atuação jurisdicional só será legítima dentro desses limites territoriais. Em razão da aplicação desse princípio, sempre que for necessária a prática de ato processual fora de tais limites, o juízo deverá se utilizar da carta precatória (dentro do território nacional) e de carta rogatória (fora do território nacional); no primeiro caso por lhe faltar competência, e no segundo caso por lhe faltar jurisdição para a prática do ato.

O princípio ora analisado tem diversas exceções previstas em lei, havendo diversas hipóteses nas quais o juízo tem permissão legal para a prática de atos fora de sua comarca ou de sua seção judiciária. Sem pretensão de exaurimento da matéria, indico as principais exceções a esse princípio.

A citação pelo correio (regra no sistema atual) pode ser feita para qualquer comarca ou seção judiciária do País (art. 222, *caput*, do CPC); a citação ou intimação por oficial de justiça pode ser feita em comarca ou seção judiciária contígua, de fácil comunicação, ou nas que se situem na mesma região metropolitana (art. 230 do CPC); na ação de direito real imobiliário de imóvel situado em dois ou mais foros, o autor escolherá qualquer um deles, que será o competente por prevenção, passando o juiz desse foro a atuar também relativamente à parte do imóvel que vai além de sua comarca ou seção judiciária (art. 107 do CPC); na penhora de bem imóvel, apresentada nos autos do processo a sua matrícula atualizada, o juiz poderá realizar a penhora de imóvel situado em qualquer local no Brasil (art. 659, §§ 4.º e 5.º, do CPC).

Finalmente, e esse aspecto ainda não despertou o devido interesse da doutrina, a adoção do chamado "processo eletrônico" certamente afetará o princípio da territorialidade, considerando-se que a própria ideia de "mundo virtual" não se compatibiliza com limitações territoriais. Atualmente, inclusive, já é possível apontar exceções ao princípio na citação por meio eletrônico (art. 221, IV, do CPC) e na penhora *on-line* (art. 655-A do CPC). É impressionante que se tenha que fazer constar de enunciado do FONAJE a permissão de penhora *on-line* ainda que conta corrente da parte não seja de agência bancária situada no foro em que tramita o processo. O simples fato de tal questão ser objeto de discussão já é mostra suficiente da dificuldade de compreensão dos atos processuais praticados no mundo virtual[25].

Essa realidade é reafirmada no PLNCPC, com a previsão de diversos atos processuais a serem praticados de forma eletrônica, o que naturalmente afasta o princípio da territorialidade conforme sua configuração clássica. No art. 801, § 1.º, é mantida a penhora de imóvel por mera apresentação de ma-

[25] Enunciado 100, aprovado no XIX Encontro em Aracaju/SE.

trícula, incluindo-se a possibilidade de penhora de automóvel localizado em qualquer foro mediante a apresentação de certidão de sua existência. No art. 853 encontra-se a preferência pela forma eletrônica de hasta pública, sendo realizada de forma presencial apenas se não houver alternativa.

1.5.3. Indelegabilidade

O princípio da indelegabilidade pode ser analisado sob duas diferentes perspectivas: externo e interno. No aspecto externo significa que o Poder Judiciário, tendo recebido da Constituição Federal a função jurisdicional – ao menos como regra –, não poderá delegar tal função a outros Poderes ou outros órgãos que não pertencem ao Poder Judiciário. No aspecto interno significa que, determinada concretamente a competência para uma demanda, o que se faz com a aplicação de regras gerais, abstratas e impessoais, o órgão jurisdicional não poderá delegar sua função para outro órgão jurisdicional.

No tocante à indelegabilidade externa, a própria Constituição Federal pode prever, ainda que excepcionalmente, função jurisdicional a outro poder que não seja o Poder Judiciário, criando-se a chamada "função estatal atípica". A indelegabilidade, nesse caso, parte da impossibilidade de transferência da função determinada na Constituição Federal, sendo que a função jurisdicional é majoritariamente atribuída ao Poder Judiciário.

A impossibilidade de delegação de função jurisdicional entre diferentes órgãos jurisdicionais é excepcionada em ao menos duas hipóteses:

(a) na expedição de **carta de ordem** pelo Tribunal, que delega sua função de produzir provas orais e periciais ao juízo de primeiro grau (por exemplo, na ação rescisória, nos termos do art. 492 do CPC). A falta de estrutura dos tribunais para a prática de tais atos justifica a delegação;

(b) o art. 102, I, "m", da CF prevê que o Supremo Tribunal Federal delegue a **função executiva de seus julgados** ao juízo de primeiro grau, também com a justificativa de que falta a esse tribunal a estrutura para a prática de tais atos. Justamente em razão dessa justificativa, a doutrina é tranquila em interpretar a regra de forma ampla, aplicando-a não só ao Supremo Tribunal Federal, mas a todos os tribunais. Por outro lado, a delegação não é completa, porque atinge somente os atos materiais de execução, mantendo-se o tribunal o único órgão competente para proferir decisões que digam respeito ao mérito da execução, única forma de afastar o perigo de uma decisão de grau inferior modificar uma decisão de tribunal[26]. Eventuais embargos de terceiro são de competência do juízo de 1.º grau que em atuação delegada foi o órgão competente pela constrição judicial impugnada.

Entendo que a carta precatória e a carta rogatória não são exceções ao princípio da indelegabilidade[27], porque nesses casos o juiz deprecante não tem competência ou jurisdição

[26] Neves, *Competência*, p. 237-238.

[27] Contra: Greco, *Instituições*, p. 121.

para a prática do ato, de forma que ao pedir a colaboração de outro foro nacional ou estrangeiro, nada estará delegando, afinal não se pode delegar poder que não se tenha originariamente. As cartas precatória e rogatória, na realidade, são a confirmação do princípio da indelegabilidade, determinando que o juízo competente pratique os atos processuais para os quais tenha competência, independente de onde tramita o processo.

1.5.4. Inevitabilidade

O princípio da inevitabilidade é aplicado em dois momentos distintos. O primeiro diz respeito à **vinculação obrigatória** dos sujeitos ao processo judicial. Ainda que se reconheça que ninguém será obrigado a ingressar com demanda contra a sua vontade e que existem formas de se tornar parte dependentes da vontade do sujeito (por exemplo, assistência, recurso de terceiro prejudicado), o certo é que, uma vez integrado à relação jurídica processual, ninguém poderá, por sua própria vontade, se negar a esse "chamado jurisdicional". A vinculação é automática, não dependendo de qualquer concordância do sujeito, ou mesmo de acordo entre as partes para se vincularem ao processo e se sujeitarem à decisão, como ocorria no direito romano ("*litiscontestatio*").

Essa integração obrigatória à relação jurídica processual coloca os sujeitos que dela participam num **estado de sujeição**, o que significa dizer que suportarão os efeitos da decisão jurisdicional ainda que não gostem, não acreditem, ou não concordem com ela. O estado de sujeição das partes torna a geração dos efeitos jurisdicionais inevitável, inclusive não havendo qualquer necessidade de colaboração no sentido de aceitar em suas esferas jurídicas a geração de tais efeitos. Na realidade, mesmo diante de resistência, a jurisdição terá total condição de afastá-las e, consequentemente, de fazer valer suas decisões (os meios executivos bem demonstram tal fenômeno).

Esse princípio da inevitabilidade, entretanto, e por incrível que possa parecer, tem uma exceção. Trata-se da previsão contida no art. 67 do CPC, que permite ao terceiro, quando citado em razão de sua nomeação à autoria, simplesmente recusar a sua qualidade de parte, negando-se pura e simplesmente, por sua própria vontade, a integrar a relação jurídica processual. Ao rejeitar a sua integração ao processo, mesmo tendo sido citado, o nomeado à autoria, por sua própria opção, se exclui dos efeitos da jurisdição a serem gerados pela decisão judicial em processo do qual não participará. É caso isolado, e de duvidosa constitucionalidade, de não aplicação do princípio da inevitabilidade da jurisdição[28].

1.5.5. Inafastabilidade

Consagrado pelo art. 5.º, XXXV, da CF ("a lei não excluirá da apreciação do Poder Judiciário lesão ou ameaça de lesão a direito"), o princípio da inafastabili-

[28] Dinamarco, *Instituições*, v. 2, p. 394.

dade tem dois aspectos: a relação entre a jurisdição e a solução administrativa de conflitos e o acesso à ordem jurídica justa, que dá novos contornos ao princípio, firme no entendimento de que a inafastabilidade somente existirá concretamente por meio do oferecimento de um processo que efetivamente tutele o interesse da parte titular do direito material.

No primeiro aspecto, é entendimento tranquilo que o interessado em provocar o Poder Judiciário em razão de lesão ou ameaça de lesão a direito não é obrigado a procurar antes disso os possíveis mecanismos administrativos de solução de conflito. Ainda que seja possível a instauração de um processo administrativo, isso não será impedimento para a procura do Poder Judiciário. E mais. O interessado também não precisa esgotar a via administrativa de solução de conflitos, podendo perfeitamente procurá-las e, a qualquer momento, buscar o Poder Judiciário[29]. Nesse tocante, duas observações são importantes.

A regra é expressamente excepcionada pela Constituição Federal em seu art. 217, § 1.º, que prevê a necessidade de esgotamento das vias de solução da Justiça Desportiva como condição de buscar a tutela jurisdicional. Como o próprio texto da norma constitucional disciplina, o Poder Judiciário tem competência para resolver conflitos que envolvam **questões desportivas**, exigindo-se tão somente o exaurimento prévio do processo administrativo na Justiça Desportiva.

Por outro lado, havendo um processo administrativo, com decisão desfavorável à parte e com recurso recebido com efeito suspensivo, é preciso analisar – como em qualquer outra demanda – se o sujeito que provoca o Poder Judiciário tem interesse de agir, o que deverá ser demonstrado no caso concreto. Ainda que aparentemente a suspensão da decisão em razão do recurso impeça a alegação de qualquer violação ou ameaça de violação a direito, essa análise deverá ser feita no caso concreto. Não se trata de exceção ao princípio da inafastabilidade, mas tão somente de exigência de preenchimento das condições da ação no caso concreto. É nesse sentido que deve ser interpretado o art. 5.º, I, da Lei 12.016/2009, que prevê o não cabimento do mandado de segurança enquanto pendente de julgamento recurso administrativo com efeito suspensivo, independentemente de caução.

Conforme entendimento pacificado no STJ, o *habeas data* só é cabível se houver recusa de informações por parte da autoridade administrativa[30]. Note-se que a exigência de recusa nesse caso é indispensável para o surgimento da lide, sem o que não há interesse de agir, não representando qualquer espécie de abrandamento do princípio ora analisado.

Por outro lado, não parece que a exigência de esgotamento da via administrativa para o ingresso de determinada ação judicial represente ofensa ao princípio ora analisado, tal como ocorre com o art. 7.º, § 1.º, da Lei 11.417/2006. Segundo o dispositivo legal, diante de ato administrativo que ofenda súmula vinculante,

---

[29] Súmula 89/STJ: "A ação acidentária prescinde do exaurimento da via administrativa".

[30] Súmula 02/STJ: "Não cabe *habeas data* (CF, art. 5.º, LXXII, letra 'a') se não houve recusa de informações por parte da autoridade administrativa".

a parte só poderá se valer da reclamação constitucional após o esgotamento das vias administrativas de solução do conflito.

A regra legal não impede o acesso da parte ao Poder Judiciário, mas somente não habilita o ingresso de uma espécie de ação, a reclamação constitucional. Não consigo compreender como essa previsão pode ofender o princípio da inafastabilidade da tutela jurisdicional, porque se a limitação a certa forma procedimental de provocar a jurisdição for inconstitucional será complicado, por exemplo, explicar porque não se admite produção de prova oral em sede de mandado de segurança, ou porque a ação coletiva não se presta, ao menos em regra, para a defesa de interesses individuais.

Entendo, portanto, que o acesso à jurisdição está garantido, não pelo caminho mais fácil da reclamação constitucional, mas por meio de qualquer ação impugnativa da decisão ou ato administrativo, seguindo-se as regras regulares de competência para fixar o órgão ao qual caberá o julgamento de tal ação. Caso a parte pretenda se valer do caminho mais fácil e rápido, terá de esperar o esgotamento das vias administrativas, conforme prevê o artigo ora comentado, não sendo possível se apontar qualquer inconstitucionalidade.

O princípio também serve para confirmar a inexistência de coisa julgada material em decisão proferida no processo administrativo, de forma que, mesmo após o esgotamento das vias administrativas de solução de conflitos, a parte que se sentir prejudicada poderá buscar o Poder Judiciário alegando lesão a seu direito. A eventual limitação da atuação jurisdicional respeitante à discricionariedade administrativa, naturalmente não se presta a excepcionar o princípio da inafastabilidade.

Registre-se nesse tocante interessante discussão a respeito das decisões favoráveis ao contribuinte proferidas de forma definitiva no âmbito do Conselho Administrativo de Recursos Fiscais (CARF) – antigo Conselho de Contribuintes. Os defensores da Fazenda Pública em juízo se valem do princípio ora analisado para afirmar a possibilidade de se levar decisões administrativas que lesarem o patrimônio público à apreciação do Poder Judiciário para apreciação de sua legalidade, juridicidade ou hipotético erro de fato, o que se dará por meio de ação de conhecimento, mandado de segurança, ação civil pública ou ação popular[31].

Entendo que tal entendimento se vale de importante princípio constitucional para contrariar de forma flagrante previsões legais, gerando uma situação de perplexidade e grave injustiça ao contribuinte. Segundo o art. 156, IX, do CTN, a decisão administrativa irreformável extingue o crédito tributário, de forma que eventual cobrança posterior de crédito já declarado inexistente pela própria Fazenda Pública não encontraria amparo legal. No mesmo sentido é a única interpretação possível do art. 45 do Decreto 70.235/1972.

Como ensina a melhor doutrina, admitir a propositura de ação judicial para discutir crédito tributário já declarado inexistente por decisão administrativa ir-

[31] Parecer PGFN/CRJ 1.087 de 19.07.2004.

reformável viola de maneira grosseira e inadmissível o princípio da segurança jurídica, de nada valendo para o contribuinte a decisão favorável no âmbito administrativo[32]. Na realidade, ao se admitir o entendimento ora criticado, a própria função do órgão administrativo desapareceria, porque sempre a decisão final seria aquela proferida pelo Poder Judiciário[33]. O controle, portanto, deve se limitar aos vícios formais do processo administrativo.

Em importante julgamento a respeito de tema correlato ao ora enfrentado, o Superior Tribunal de Justiça teve a oportunidade de decidir incidentalmente que as decisões do Conselho de Contribuintes (atualmente CARF), quando não recorridas, tornam-se definitivas, cumprindo à Administração, de ofício, "exonerar o sujeito passivo" dos gravames decorrentes do litígio, nos termos do art. 45 do Decreto 70.235/1972[34]. Ainda que a decisão não seja definitiva, aguardando-se o julgamento do RExt 535.077/DF, de relatoria do Ministro Carlos Britto, a decisão já gerou uma consequência positiva: o Procurador-Geral da Fazenda Nacional suspendeu todos os atos anteriores referentes ao tema, aguardando a decisão definitiva do Supremo Tribunal Federal[35].

A visão moderna do princípio, entretanto, não se importa tanto com a relação da jurisdição com as decisões administrativas, mas com a concreta efetivação da promessa constitucional. O que realmente significa dizer que nenhuma lesão ou ameaça a direito deixará de ser tutelada jurisdicionalmente? Trata-se da ideia de "**acesso à ordem jurídica justa**", ou, como preferem alguns, "acesso à tutela jurisdicional adequada". Segundo lição corrente na doutrina, essa nova visão do princípio da inafastabilidade encontra-se fundada em quatro ideais principais, verdadeiras vigas mestras do entendimento[36].

Em primeiro lugar, deve-se ampliar o máximo possível o **acesso ao processo**, permitindo-se que eventuais obstáculos sejam mínimos, senão inexistentes. Esse amplo acesso cresce em importância quando referente ao aspecto econômico[37] da demanda e aos direitos transindividuais.

No tocante ao acesso dos **necessitados econômicos**, que não têm condição econômica de acessar o Poder Judiciário, o sistema pátrio vale-se da assistência judiciária ampla para os "pobres" na acepção jurídica do termo e os Juizados Especiais, que com seu princípio de gratuidade (art. 1.º da Lei 9.099/1995), ao menos até a sentença, facilitam o acesso de muitos. Isso sem falar na nobre disposição de alguns Tribunais na instalação de Juizados itinerantes, permitindo o maior acesso de pessoas que não encontram viabilidade em se locomover até a sede do juízo e na ainda incipiente atuação da Defensoria Pública.

Por outro lado, a criação da **tutela jurisdicional coletiva**, com seus diplomas legais específicos, em especial a Lei de Ação Civil Pública e o Código de Defesa

[32] Ives Gandra da Silva Martins. *Processo*, p. 80.

[33] Neder e Martínez Lopes. *Processo*, p. 365.

[34] STJ, 1.ª Seção, MS 8.810, rel. Min. Humberto Gomes de Barros, j. 13.08.2003, *DJ* 06.10.2003, p. 197.

[35] Nota PGFN/PGA/n.o 74, de 06.02.2007.

[36] Cintra-Grinover-Dinamarco, *Teoria*, p. 39-41.

[37] Marinoni, *Novas*, p. 29-32.

do Consumidor, permitiu que os direitos difusos e coletivos finalmente pudessem ser tutelados pelo Poder Judiciário. Com a estrutura da tutela individual, em especial no tocante às regras de legitimação e coisa julgada, é impossível a tutela jurisdicional desses direitos, naturalmente frustrando a promessa de inafastabilidade. Esse acesso também atinge os direitos individuais homogêneos, ainda que de forma diferente. Estes até encontram guarida nas regras da tutela individual, mas são tantas e de tão diversas naturezas os obstáculos para a demanda individual, que naturalmente a tutela coletiva desses direitos auxilia na ampliação do acesso ao processo.

Uma vez ampliado o acesso, deve-se observar o respeito ao devido processo legal, em especial a efetivação do contraditório real e do princípio da cooperação. Significa dizer que as partes devem desempenhar um papel fundamental durante o processo, com **ampla participação** e **efetiva influência** no convencimento do juiz. De nada adiantará a ampliação do acesso se tal participação não for incentivada e respeitada no caso concreto. Essa ampla participação pode ser obtida por intermédio de um contraditório participativo, mediante o qual o juiz mantenha um diálogo permanente e intenso com as partes, bem como por meio do contraditório efetivo, sendo as participações das partes aptas a influenciar a formação do convencimento do juiz.

A mencionada participação das partes acarreta ao menos duas evidentes vantagens: a) quanto mais ampla tiver sido a participação das partes, maiores serão as chances de obtenção de pacificação social, considerando-se que a parte derrotada que entende ter feito tudo que havia a fazer para defender seu interesse em juízo tende a se conformar mais facilmente com sua derrota; b) sendo a participação das partes ampla, o juiz terá mais elementos para valorar e proferir uma decisão de melhor qualidade.

Amplia-se o acesso, permite-se a ampla participação, mas profere-se uma decisão injusta. É fácil perceber que nesse caso tanto o acesso como a ampla participação não levaram as partes a lugar nenhum. Em razão disso, a terceira "viga mestra" é a **decisão com justiça**, ainda que o conceito de justiça seja indeterminado, suscetível de certa dose de subjetivismo. O que se pode afirmar, com segurança, é que a missão de decidir com justiça não significa a permissão de julgamento por equidade, espécie de julgamento reservado a situações excepcionais, expressamente prevista em lei (art. 127 do CPC). Trata-se de preferir a interpretação mais justa diante de várias possíveis, ou, ainda, de aplicar a lei sempre levando-se em consideração os princípios constitucionais de justiça e os direitos fundamentais.

Por fim, de nada adiantará ampliar o acesso, permitir a ampla participação e proferir decisão com justiça, se tal decisão se mostrar, no caso concreto, ineficaz. O famoso "ganhou, mas não levou" é inadmissível dentro do ideal de acesso à ordem jurídica justa. A **eficácia da decisão**, portanto, é essencial para se concretizar a promessa constitucional de inafastabilidade da jurisdição. A questão da eficácia pode ser enfrentada por três diferentes perspectivas.

Na primeira, a necessidade de tutela de urgência ampla, de forma a afastar concretamente o perigo de ineficácia representado pelo tempo necessário à concessão da tutela definitiva[38]. Nesse tocante, o direito brasileiro encontra-se excepcionalmente servido, contando com a tutela cautelar, garantidora, e a tutela antecipada, satisfativa, ambas amplas e genéricas, cabíveis em qualquer hipótese e a qualquer momento desde que preenchidos os requisitos legais para sua concessão.

Em segundo lugar, a necessidade de aumentar os poderes do juiz na efetivação de suas decisões, o que se pode fazer – como o direito brasileiro vem fazendo – por dois caminhos distintos:

(a) disponibilizar ao juiz mecanismos de execução indireta, por meio dos quais poderá convencer o devedor que o melhor a fazer é cumprir a obrigação. A execução indireta pode ocorrer de duas formas: ameaça de piora na situação atual (*astreintes*, prisão civil) ou oferecimento de melhora na situação atual (arts. 652-A, parágrafo único, e 1.102-C, § 1.º, do CPC);
(b) aumentar as sanções processuais a serem aplicadas pelo juiz na hipótese de não cumprimento ou criação de obstáculos à efetivação da decisão judicial, com especial ênfase ao ato atentatório à dignidade da jurisdição (*contempt of court*), previsto no art. 14, V, parágrafo único, do CPC[39].

Em terceiro lugar, cumprir a promessa constitucional prevista no art. 5.º, LXXVIII, que garante às partes uma **razoável duração do processo** por meio da adoção de técnicas procedimentais que permitam uma maior celeridade, naturalmente sem afastar as garantias constitucionais do processo. O raciocínio é bastante simples: quanto mais demore uma demanda judicial, menores são as chances de o resultado final ser eficaz, devendo-se atentar para essa realidade no momento da estruturação procedimental e da fixação das regras para a condução do processo.

1.5.6. Juiz natural

Pelo princípio do juiz natural entende-se que ninguém será processado senão pela autoridade competente (art. 5.º, LIII, da CF). O princípio pode ser entendido de duas formas distintas. A primeira delas diz respeito à **impossibilidade de escolha do juiz** para o julgamento de determinada demanda, escolha essa que deverá ser sempre aleatória em virtude de aplicação de regras gerais, abstratas e impessoais de competência. Essa proibição de escolha do juiz atinge a todos; as partes, os juízes, o Poder Judiciário etc.

Interessante notar que o legislador tenta evitar a escolha do juiz pelo autor com a previsão do art. 253, II, do CPC[40], ao criar uma regra de competência absoluta do juízo que extingue o processo sem resolução do mérito (art. 267 do

[38] Dinamarco, *Instituições*, p. 116; Bedaque, *Código*, p. 39.
[39] Para análise mais aprofundada, consultar Neves, *Nova*, p. 21-67.
[40] Para análise mais aprofundada, consultar Neves, *Nova*, p. 69-92.

CPC) quando essa demanda é novamente proposta. Ainda que essa repropositura seja admissível, considerando-se a ausência de coisa julgada material, não pode servir para o autor escolher o juiz que melhor lhe aproveita, situação vedada pelo princípio do juiz natural. O mesmo ocorre com a proibição de formação de litisconsórcio facultativo ativo ulterior, quando já se sabe quem é o juiz para o caso concreto[41].

Por incrível que pareça, a previsão no art. 253, II, do CPC que mantém a competência do juízo do primeiro processo passou a ser utilizada justamente contra seus propósitos: para burlar o princípio do juiz natural. O autor ingressa com ação judicial, obtém tutela de urgência e desiste do processo. Posteriormente, em litisconsórcio com outros sujeitos na mesma situação fático-jurídica, volta a ingressar com o mesmo processo – salvo a pluralidade de autores – e pede a aplicação do dispositivo legal ora comentado. Fica claro que nesse caso os sujeitos que não eram autores no primeiro processo estão escolhendo o juiz, o que viola o princípio do juiz natural, cabendo ao juiz no caso concreto determinar o desmembramento do processo, para que a petição inicial referente aos "novos autores" seja distribuída livremente.

Cumpre observar que regras gerais, abstratas e impessoais não agridem o princípio do juiz natural, de forma que a criação de varas especializadas, câmaras especializadas nos tribunais, foros distritais e as regras de competência por prerrogativa da função são absolutamente admissíveis.

Por outro lado, o princípio do juiz natural proíbe a criação de **tribunais de exceção**, conforme previsão expressa do art. 5.º, XXXVII, da CF. Significa que não se poderá criar um juízo após o acontecimento de determinados fatos jurídicos com a exclusiva tarefa de julgá-los, sendo que à época em que tais fatos ocorreram já existia um órgão jurisdicional competente para o exercício de tal tarefa. O tribunal de exceção mais famoso da história foi o Tribunal de Nuremberg, criado com a função exclusiva de julgar os crimes nazistas praticados por militares do 3.º Reich após o final da 2.ª Grande Guerra Mundial.

1.5.7. Promotor natural

Paralelamente ao princípio do juiz natural, parcela da doutrina indica a existência do princípio do promotor natural, que impede que o Procurador-Geral de Justiça faça designações discricionárias de promotores *ad hoc*, o que elimina a figura do acusador público de encomenda[42], que poderia em tese tanto ser indicado para perseguir o acusado como para assegurar a impunidade de alguém. Registre-se que a restrição aos poderes do Procurador-Geral de Justiça de efetuar substituições, designações e delegações não atinge as hipóteses expressamente previstas em lei, em especial na Lei 8.625/1993 (Lei Orgânica Nacional do Ministério Público).

---

[41] *Informativo STJ* 279: REsp 769.884-RJ, rel. Min. João Otávio de Noronha, j. 28.03.2006.

[42] Nery, *Princípios*, p. 168.

Há decisões do Supremo Tribunal Federal que delimitam de forma interessante a abrangência do princípio do promotor natural. A indicação de promotor assistente, para atuar em conjunto com o promotor da causa, não ofende o princípio do promotor natural[43], o mesmo ocorrendo com as equipes especializadas de promotores de justiça ou formação de forças-tarefas para determinada área de atividade[44]. Interessante entendimento afirma que a violação do princípio está condicionada à existência do acusador de exceção, decorrente de manifesta lesão ao pleno e independente exercício das atribuições do Ministério Público, manipulação casuística ou designação seletiva por parte do Procurador-Geral de Justiça[45].

No âmbito do Supremo Tribunal Federal, existem várias decisões que tratam do princípio do promotor natural, reconhecendo sua aplicabilidade no sistema processual brasileiro. Registre-se decisão contraditória de relatoria da Ministra Ellen Gracie que afirma que aquele tribunal não reconhece o postulado do promotor natural como inerente ao direito brasileiro, citando julgado do Tribunal Pleno de 2003 (HC 67.759) que teria consagrado esse entendimento[46]. Ocorre, entretanto, que tal julgamento diz exatamente o contrário, restando clara a contradição ao constar da decisão mencionada a conclusão de não ter existido no caso concreto a figura do acusador de exceção.

1.6. ESPÉCIES DE JURISDIÇÃO

Ao se tratar do tema do presente capítulo é essencial um alerta inicial: a jurisdição é **una e indivisível**[47]. Portanto, a única forma de conceber a "divisão" da jurisdição em diferentes espécies é adotando-se determinados critérios com a finalidade meramente acadêmica, sob pena de aceitar a ideia de várias jurisdições e, por consequência, de várias soberanias dentro do mesmo território. De qualquer modo, para fins didáticos, é interessante conhecer as "divisões" sugeridas pela doutrina.

1.6.1. Jurisdição penal ou civil

Esse critério de classificação leva em conta a natureza do objeto da demanda judicial. Tratando-se de matéria penal, naturalmente haverá jurisdição penal, e, de forma subsidiária, não sendo o **direito material** discutido na demanda de natureza penal, a jurisdição será civil. Como se pode notar, a jurisdição civil é bastante ampla, pois abrange, ao menos em tese, todas as matérias que não sejam penais. Fala-se em tese porque parece absolutamente procedente a crítica de parcela da doutrina à limitação da divisão da jurisdição entre penal e civil. Se o critério é

[43] *Informativo* 390/STJ: 6.ª Turma, HC 40.394/MG, rel. Min. Og Fernandes, j. 14.04.2009, *DJe* 04.05.2009.

[44] STF, 2.ª Turma, HC 96.700/PE, rel. Min. Eros Grau, j. 17.03.2009, *DJe* 142; STJ, 5.ª Turma, HC 40.394/MG, rel. Min. Felix Fischer, j. 04.12.2008, *DJe* 16.02.2009.

[45] *Informativo* 384/STJ: 5.ª Turma, HC 102.466-SP, rel. Min. Arnaldo Esteves Lima, j. 17.02.2009.

[46] STF, 2.ª Turma, HC 90.277/DF, rel. Min. Ellen Gracie, j. 17.06.2008, *DJe* 142.

[47] Barbosa Moreira, *Direito II*, p. 47-48.

a natureza do direito material, por que não se falar também em jurisdição trabalhista, jurisdição eleitoral, jurisdição penal militar[48]?

1.6.2. Jurisdição superior ou inferior

A jurisdição inferior é exercida pelo órgão jurisdicional que enfrenta o processo desde o início, ou seja, aquele que tem **competência originária** para a demanda, enquanto a jurisdição superior é exercida em hipótese de **atuação recursal** dos tribunais. No tocante aos tribunais é interessante consignar que podem tanto exercer jurisdição superior como inferior, tudo a depender do caso concreto. Todos os tribunais têm ações de sua competência originária, e nesses casos exercem a jurisdição inferior. Da mesma forma, todos os tribunais têm competência recursal, quando então exercerão jurisdição superior.

1.6.3. Jurisdição comum e especial

A jurisdição especial é exercida pelas chamadas "Justiças especiais", que tem a fixação constitucional de sua competência em virtude da **matéria** que será objeto da demanda judicial. A Constituição Federal reconhece três: Justiça do Trabalho (arts. 111 a 116), Justiça Eleitoral (arts. 118 a 121); Justiça Militar (arts. 122 a 125, §§ 3.º a 5.º). Residualmente, ou seja, tudo o que não for de competência dessas justiças especiais será de competência da Justiça Comum, falando-se nesse caso de jurisdição comum. A Justiça Comum é composta pela Justiça Federal, cuja competência vem prevista nos arts. 108 e 109 da CF, e pela Justiça Estadual, que tem competência residual dentro do âmbito da Justiça Comum.

1.7. JURISDIÇÃO VOLUNTÁRIA

A mais tradicional das "divisões" da jurisdição é aquela estabelecida entre jurisdição contenciosa e jurisdição voluntária, inclusive sendo a única expressamente consagrada no Código de Processo Civil. A jurisdição tradicional é a contenciosa, sendo excepcional a voluntária, de forma que cabe nesse momento a análise dos elementos que tornam tal espécie de jurisdição excepcional, tão excepcional que para parcela considerável da doutrina nem de jurisdição se trata.

1.7.1. Características

1.7.1.1. *Obrigatoriedade*

Apesar do nome "jurisdição voluntária", a doutrina entende que, ao menos em regra, essa jurisdição nada tem de voluntária. Pelo contrário, o que se nota

[48] Scarpinella Bueno, *Curso*, v. 1, p. 252.

na maioria das demandas de jurisdição voluntária é a obrigatoriedade, exigindo-se das partes a intervenção do Poder Judiciário para que obtenham o bem da vida pretendido. Na jurisdição voluntária está concentrada a maioria das **ações constitutivas necessárias**, nas quais, conforme já analisado anteriormente, existe uma obrigatoriedade legal de atuação da jurisdição.

É interessante notar que essa obrigatoriedade é decorrência exclusiva da previsão legal, significando uma opção do legislador de condicionar o efeito jurídico de determinadas relações jurídicas, em razão de seu objeto e/ou de seus sujeitos, à intervenção do juiz, provavelmente em razão do *status* de imparcialidade, retidão de conduta e compromisso com a justiça que supostamente todos os juízes deveriam ter. Aquilo que torna obrigatório e exige uma demanda de jurisdição voluntária é fruto de uma **opção político-legislativa**, como fica claramente demonstrado com a Lei 11.441/2007, que passou a permitir o inventário, partilha, separação[49] e divórcio pela via administrativa, desde que preenchidos os requisitos da lei. Atualmente as partes poderão optar por obter o inventário, partilha, separação e divórcio perante o cartório de registro civil das pessoas naturais ou o Poder Judiciário[50]. Ainda que se continue a admitir a demanda judicial por jurisdição voluntária, nesses casos não são mais ações constitutivas necessárias e, portanto, não há que falar em obrigatoriedade.

1.7.1.2. *Princípio inquisitivo*

O sistema processual na jurisdição contenciosa é um misto de sistema dispositivo e de sistema inquisitivo, com preponderância do primeiro. É um sistema dispositivo "temperado" com certas regras que lembram o sistema inquisitivo, ao menos no tocante à maior liberdade do juiz em tomar providências não requeridas pelas partes. Na jurisdição voluntária parece que o mesmo fenômeno se repete, não sendo correto imaginar um sistema puramente dispositivo ou inquisitivo. A grande diferença encontra-se na maior carga de inquisitoriedade atribuída ao juiz na formação, condução e decisão da demanda.

Essa maior carga de inquisitoriedade, ainda que não seja o suficiente para afastar de todo o princípio dispositivo, é significativa, podendo ser percebida em determinadas realidades da jurisdição voluntária que não existem na jurisdição contenciosa:

(a) o juiz poderá **dar início de ofício** a determinadas demandas de jurisdição voluntária, afastando-se o rigorismo do princípio da demanda (inércia da jurisdição)[51];

---

49 A PEC 28/2009, ao alterar a redação do art. 226, § 6.º, da CF, retira a separação do sistema jurídico, inclusive a extrajudicial.

50 Nesse sentido Resolução 35/2007 do Conselho Nacional de Justiça. Na doutrina, Cassetari, *Separação*, p. 33-37.

51 Greco (*Jurisdição*, p. 39-40) defende que o princípio da inércia vigora na jurisdição voluntária, somente sendo legítimo o seu afastamento nas hipóteses expressamente previstas em lei.

(b) maiores **poderes instrutórios do juiz**, que poderá produzir provas mesmo contra a vontade das partes[52];

(c) o juiz poderá **decidir contra a vontade de ambas as partes**, o que é impossível na jurisdição contenciosa, na qual alguma das partes deverá ter a sua pretensão acolhida, ainda que parcialmente;

(d) o juiz pode julgar utilizando-se de **juízo de equidade**, o que será analisado no tópico seguinte.

O PLNCPC mantém o julgamento por equidade no art. 689, parágrafo único, mas expressamente passa a prever no art. 686 que o procedimento de jurisdição voluntária terá início por provocação do interessado, do Ministério Público ou da Defensoria Pública, parecendo consagrar também para essa espécie de jurisdição o princípio da demanda, ainda que o dispositivo legal seja praticamente cópia do art. 1.104 do atual CPC, com o acréscimo da Defensoria Pública entre os legitimados ativos.

1.7.1.3. *Juízo de equidade*

Segundo previsão expressa do art. 1.109 do CPC, o juiz não é obrigado a observar o critério da legalidade estrita, podendo adotar em cada caso concreto a solução que reputar **mais conveniente ou oportuna**. A doutrina entende que tal dispositivo consagra a possibilidade de o juiz se valer de um juízo de equidade na solução das demandas de jurisdição voluntária, reconhecendo-se a presença de certa discricionariedade do juiz.

A questão relevante nesse ponto é a definição exata do que seja *juízo de equidade*, em especial quando comparado com o *juízo de legalidade*. Para os defensores da teoria da jurisdição voluntária como uma atividade administrativa exercida pelo juiz, a previsão ora analisada afasta o princípio da legalidade, permitindo que o juiz resolva inclusive contra a letra da lei, desde que entenda ser sua decisão mais oportuna e conveniente[53]. A fundamentação da decisão é relevante nessa situação como forma de justificar a não aplicação da lei. Minoritariamente existe doutrina que defende visão mais restritiva de aplicação do art. 1.109 do CPC, entendendo que o juiz não está totalmente liberado da observância da legalidade, devendo levar em conta a oportunidade e conveniência tão somente na hipótese de a legalidade permitir mais de uma conclusão[54].

Com razão a primeira e majoritária corrente doutrinária, ao menos em sua premissa. O dispositivo legal ora analisado é suficientemente claro ao **afastar o juízo de legalidade estrita**, dando ao juiz discricionariedade para resolver a

[52] Arruda Alvim, *Manual*, p. 253.

[53] Arruda Alvim, *Manual*, p. 255, Theodoro Jr., *Curso*, p. 44-45.

[54] Greco, *Jurisdição*, p. 56.

demanda da forma mais oportuna e conveniente, ainda que contrariamente à lei, sempre observando o que será melhor para as partes e para o bem comum. Isso, entretanto, não significa dizer que tal característica leva à conclusão da natureza administrativa da jurisdição voluntária, porque tanto o juiz de legalidade quanto o de equidade fazem parte da jurisdição, conforme expressa previsão do art. 127 do CPC.

1.7.1.4. *Participação do Ministério Público como fiscal da lei*

Pela previsão do art. 1.105 do CPC, o Ministério Público deverá ser citado, com todos os interessados, em toda e qualquer demanda de jurisdição voluntária. É evidente o equívoco do dispositivo legal ao determinar a citação do Ministério Público, que, não sendo demandado, será intimado para participar do processo. De qualquer forma, o equívoco não causa grandes reflexos práticos. O mais interessante a respeito do art. 1.105 do CPC concerne a seu alcance.

> O art. 687 do PLNCPC corrige o equívoco, prevendo que os interessados serão citados e o Ministério Público intimado, abrindo-lhes prazo para manifestação de dez dias. Infelizmente, o dispositivo continua a não deixar claro se essa intimação se dará nos casos em que a intervenção do Ministério Público decorre de sua função como fiscal da lei ou se a intimação é sempre obrigatória, exclusivamente por se tratar de processo de jurisdição voluntária. A polêmica sobre a amplitude da intervenção, portanto, deve continuar.

A corrente restritiva entende que a participação do Ministério Público nos processos de jurisdição voluntária tem as mesmas justificativas de sua participação na jurisdição contenciosa, sendo a previsão legal ora analisada uma mera repetição e reafirmação do art. 82 do CPC. Para essa corrente doutrinária, portanto, não se justifica um tratamento diferenciado da necessidade de presença do Ministério Público como fiscal da lei, devendo ser o art. 1.105 do CPC aplicado à luz do art. 82 do CPC[55].

No entendimento dos adeptos da visão ampliativa, o dispositivo legal deve ser aplicado em sua interpretação literal, sendo exigida a presença do Ministério Público na jurisdição voluntária em toda e qualquer demanda, sem a necessidade do preenchimento de qualquer requisito ou condição no caso concreto. Essa corrente doutrinária faz o seguinte questionamento: sendo aplicável à jurisdição voluntária a regra do art. 82 do CPC, por qual razão existiria a previsão do art. 1.105 do CPC? Nessa visão, portanto, o art. 82 do CPC disciplina a intervenção do Ministério Público na jurisdição contenciosa, o que dependerá do caso concreto, enquanto o art. 1.105 do CPC disciplina a matéria na jurisdição

[55] Dinamarco, *Ministério*, p. 399-406; Marinoni-Mitidiero, *Código*, p. 935.

voluntária, sendo a intervenção do Ministério Público obrigatória em toda e qualquer demanda[56].

O Superior Tribunal de Justiça se inclina a adotar a corrente restritiva, exigindo a **comprovação concreta de uma das causas do art. 82 do CPC** para permitir a intervenção do Ministério Público nas demandas de jurisdição voluntária[57]. Parece ser o entendimento mais correto, porque realmente existem demandas de jurisdição voluntária em que a mera presença do juiz já é um exagero, mas, de qualquer forma, suficiente para a regularidade do procedimento. A presença do Ministério Público nessa espécie de demanda é absolutamente desnecessária. Sempre é possível dizer que o entendimento torna letra morta a previsão do art. 1.105 do CPC e que, se a lei não contém palavras inúteis, quiçá um inteiro dispositivo. Mas esse entendimento mostra-se fruto de um positivismo acrítico, contrário às modernas tendências processuais.

1.7.2. Natureza jurídica

É antigo e disseminado em diversos países o debate a respeito da natureza jurídica da jurisdição voluntária. Para a teoria clássica, também chamada de **teoria administrativista**, apesar do nome que o fenômeno jurídico recebe, o juiz não exerce atividade jurisdicional na jurisdição voluntária[58]. Trata-se, na visão dessa corrente, de mera administração pública de interesses privados, exercendo o juiz, portanto, uma atividade administrativa. Pela **teoria revisionista**, também chamada de jurisdicionalista, apesar de contar com peculiaridades que a distinguem da jurisdição contenciosa, na jurisdição voluntária o juiz efetivamente exerce a atividade jurisdicional[59].

O debate que mais interessa ao plano acadêmico do que ao plano prático é fundado em determinadas particularidades da jurisdição voluntária, que seriam para uma parcela da doutrina o suficiente para afastá-la da natureza jurisdicional, enquanto para a outra seria apenas uma consequência natural da existência de duas diferentes espécies de jurisdição. Cumpre analisar os tradicionais argumentos utilizados pela teoria administrativista e o modo pelo qual a teoria jurisdicionalista os examina.

1.7.2.1. *Inexistência de caráter substitutivo*

Na jurisdição voluntária não há caráter substitutivo considerando-se que o juiz não substitui a vontade das partes pela vontade da lei quando profere sua decisão, tão somente **integrando o acordo de vontade** entre as partes para que

56 Nery-Nery, *Código*, 2003.
57 STJ, 4.ª Turma, REsp 46.770/RJ, rel. Min. Sálvio Figueiredo Teixeira, *DJ* 17.03.1997, p. 7.505.
58 Arruda Alvim, Manual, *Manual*, p. 251-257; Nery Jr., *Intervenção*, p. 11.
59 Dinamarco, *Procedimentos*, p. 380-386; Marinoni, *Teoria*, p. 142-143.

possa gerar seus regulares efeitos jurídicos. Para os administrativistas, a ausência de substituição seria um dos indicativos da natureza administrativa da atividade exercida pelo juiz[60]. Ocorre, porém, e tal ponto já foi abordado no Capítulo 1, item 1.4.1, a substitutividade, ainda que possa ser considerada uma característica da jurisdição, não é imprescindível à sua existência, como resta cabalmente demonstrado na execução indireta. A ausência de substitutividade, portanto, não é suficiente para afastar a natureza jurisdicional da atividade desenvolvida pelo juiz.

1.7.2.2. *Inexistência de aplicação do direito ao caso concreto*

Na jurisdição voluntária não há propriamente a aplicação do direito material ao caso concreto para resolver um conflito existente entre as partes, até mesmo porque esse conflito não existe. A sentença proferida pelo juiz apenas integra juridicamente o acordo de vontades das partes homologando-o, autorizando-o ou aprovando-o, o que permite que sejam produzidos os efeitos jurídicos previstos em lei e pretendidos pelas partes. Essa realidade é indiscutível, sendo ponto de contato entre as duas correntes que tentam explicar a natureza jurídica da jurisdição voluntária. A divergência encontra-se nas conclusões a respeito de tal realidade.

Para a corrente clássica, a ausência de aplicação do direito material ao caso concreto evidencia a natureza administrativa da atividade judicial, considerando-se que, desde a clássica lição de Chiovenda, a jurisdição é entendida como a atuação da vontade concreta do direito objetivo[61]. Para a corrente revisionista, trata-se tão somente do **escopo jurídico da jurisdição**, que de fato não se faz presente na jurisdição voluntária. Como a jurisdição não se limita a tal escopo, existindo ainda o educacional, social e político, e sendo todos eles plenamente alcançáveis na jurisdição voluntária, não haverá como excluí-la da jurisdição[62]. A doutrina lembra em especial a questão da pacificação social, inegavelmente obtida com a sentença proferida em jurisdição voluntária[63].

1.7.2.3. *Ausência de lide*

Não existe na jurisdição voluntária um conflito de interesse entre as partes, porque as **vontades são convergentes**. Ambas as partes pretendem obter o mesmo bem da vida; têm a mesma pretensão, mas precisam da intervenção do Poder Judiciário para que esse acordo de vontades produza os efeitos jurídicos almejados. Sem esse conflito de interesses não há lide, e sem lide não há jurisdição, conforme concluem os defensores da corrente administrativista. Apesar de concordar parcialmente com a ausência da lide na jurisdição voluntária, não parece correto,

[60] Arruda Alvim, *Manual*, p. 254; Bedaque, *Código*, p. 36.

[61] Nery Jr., *Intervenção*, p. 11.

[62] Dinamarco, *Instituições*, v. 1, p. 316.

[63] Marinoni, *Teoria*, p. 142, fala em "proteção de um direito socialmente relevante".

conforme já analisado, condicionar a existência de jurisdição à existência da lide. Existe jurisdição sem lide, ao menos sem a lide imaginada por Carnelutti. Tal afirmação já seria suficiente para afastar a natureza administrativa da jurisdição voluntária somente em razão da ausência da lide. Há mais, entretanto.

Mesmo que se admita a inexistência da lide clássica – conflito de interesses qualificado por uma pretensão resistida –, é evidente que há uma insatisfação das partes, que por expressa previsão legal não podem obter o bem da vida desejado sem a intervenção do Poder Judiciário. Significa dizer que, se não existe um conflito de interesses, porque as partes têm vontades convergentes, não resta dúvida de que há uma pretensão resistida, justamente pela previsão da lei que condiciona a obtenção do bem da vida à atuação do juiz. O mais importante não é o conflito em si, mas o estado de insatisfação das partes por terem sua pretensão resistida por uma exigência legal. Essa insatisfação jurídica é exatamente a mesma na jurisdição contenciosa e na voluntária, e, por uma razão ou outra – resistência da parte contrária ou exigência legal de intervenção do juiz –, a parte, ou partes, que pretende(m) obter o bem da vida é(são) obrigada(s) a buscar o Poder Judiciário.

Por outro lado, parcela da doutrina lembra que a inexistência da lide não é absoluta na jurisdição voluntária, bastando recordar as demandas de interdição, nas quais é possível que o interditando esteja em conflito com o interditado, o que fica evidente na comum controvérsia verificável entre ambos no tocante às razões da interdição[64]. A jurisdição voluntária, portanto, mais do que se afastar da lide, não a utiliza como condição de sua atuação, significando dizer que, havendo ou não a lide, existirá necessidade de atuação judicial por meio da jurisdição voluntária.

1.7.2.4. *Não há partes, mas meros interessados*

Segundo a corrente clássica, na jurisdição voluntária não há partes, somente interessados, porque nela só existem sujeitos, que pretendem obter um mesmo bem da vida e, portanto, não estão em situação antagônica na demanda judicial[65]. Corrobora o entendimento a expressa previsão dos termos "parte" e "interessado" no art. 2.º do CPC. Apesar de se tratar de uma questão meramente semântica, não trazendo relevância prática chamar os sujeitos que participam de demanda de jurisdição voluntária de partes ou interessados, cumpre observar que em nenhum conceito de *parte* é possível encontrar a necessidade de que estejam os sujeitos em conflito, em posições antagônicas[66]. O tema é abordado no Capítulo 3, item 3.3.2, percebendo-se estranho ao conceito de parte tal requisito. É natural que parte contrária só exista se houver parte, até porque não é possível ser contrário

64 Didier, *Curso*, v. 1, p. 89.

65 Arruda Alvim, *Manual*, p. 254; Nery Jr., *Intervenção*, p. 11.

66 Ovídio Baptista-Gomes, *Teoria*, p. 78-79.

ao nada. Mas o raciocínio inverso não é correto, porque mesmo sem parte contrária é possível existir parte, visto que *parte* venha logicamente antes de *parte contrária*, não dependendo aquela da existência desta.

1.7.2.5. *Não há processo, mas mero procedimento*

Afirma-se na doutrina administrativista que não existe processo na jurisdição voluntária, mas mero procedimento. Nesse tocante, a teoria labora em dois equívocos fundamentais. Primeiro existe *processo*, porque a regra na jurisdição voluntária é a existência de uma **relação jurídica processual** que se desenvolva por meio de um **procedimento em contraditório**, observadas todas as garantias fundamentais do processo[67]. *Procedimento* e relação jurídica sempre existirão, sendo que, excepcionalmente o contraditório será afastado, como ocorre nas demandas de jurisdição voluntária probatórias, tais como a justificação, notificação, interpelação e protesto, que não admitem a contestação. A exceção só vem a confirmar a regra.

Por outro lado, não existe somente processo jurisdicional, mas também legislativo e administrativo, sendo o processo tema pertencente à teoria geral do direito. Dessa forma, ainda que se pretenda dar à jurisdição voluntária natureza administrativa, isso não seria o suficiente para concluir pela inexistência de processo. Processo administrativo, se preferirem, mas ainda assim *processo*[68].

1.7.2.6. *Inexistência de coisa julgada material*

Com fundamento na previsão do art. 1.111 do CPC, a teoria administrativista defende a ausência de coisa julgada material na jurisdição voluntária[69] e, como consequência, a inexistência de atividade jurisdicional desenvolvida pelo juiz. Ainda que já tenha afirmado que a definitividade não é condição essencial para caracterizar a jurisdição, é interessante enfrentar o tema da ausência de jurisdição em decorrência do disposto no art. 1.111 do CPC, que determina que a sentença poderá ser modificada, sem prejuízo dos efeitos já produzidos, se ocorrerem **circunstâncias supervenientes**. Será mesmo que tal dispositivo afasta a coisa julgada material da sentença proferida na jurisdição voluntária? Acredito que não.

A técnica utilizada pelo legislador no art. 1.111 do CPC foi a mesma usada no art. 471, I, do CPC, que trata da coisa julgada em sentença que tenha por objeto relações continuativas como a sentença condenatória de alimentos, ou ainda a que fixa o valor do aluguel em demanda revisional[70]. A melhor doutrina

---

[67] Greco, *Jurisdição*, p. 31-32.

[68] Didier, *Curso*, v. 1, p. 90.

[69] Dinamarco (*Procedimentos*, p. 395-396) e Tesheiner (*Jurisdição*, p. 48-49), apesar de entenderem ser jurisdicional a natureza da jurisdição voluntária, afastam a existência de coisa julgada material.

[70] Greco, *Jurisdição*, p. 38-39.

defende que nesses casos existe coisa julgada material, e que mantida a situação fático-jurídica deverão ser mantidas também a imutabilidade e a indiscutibilidade próprias dessa decisão. A modificação superveniente, prevista em lei, cria uma **nova causa de pedir** (fatos e fundamentos jurídicos do pedido), de maneira que a eventual mudança da sentença não violaria a coisa julgada material. Com uma nova causa de pedir, desaparecem a tríplice identidade e, consequentemente, os efeitos negativos da coisa julgada material.

A sentença proferida em jurisdição voluntária não pode ser absolutamente instável, revogável ou modificável a qualquer momento e sob qualquer circunstância. Alguma estabilidade ela deve gerar, até mesmo por questão de segurança jurídica. Ao aproximar o art. 1.111 do CPC do art. 471, I, do CPC, que indiscutivelmente trata de jurisdição contenciosa, o primeiro dispositivo parece não ser suficiente para se concluir pela inexistência da coisa julgada, tampouco para negar a natureza jurisdicional à jurisdição voluntária.

> Aparentemente acolhendo a teoria defendida de existência de coisa julgada material nas decisões de mérito da jurisdição voluntária, o PLNCPC não contém previsão a respeito do tema, sendo lícito concluir que se passará a aplicar nessa espécie de jurisdição as mesmas regras de coisa julgada material aplicáveis à jurisdição contenciosa.

1.8. TUTELA JURISDICIONAL

Por tutela jurisdicional entende-se a proteção prestada pelo Estado quando provocado por meio de um processo, gerado em razão da lesão ou ameaça de lesão a um direito material. Como se pode notar desse singelo conceito, a tutela jurisdicional é voltada para o direito material, daí ser correta a expressão "tutela jurisdicional de direitos materiais". Assim como a jurisdição, a tutela jurisdicional é una e indivisível, mas academicamente permite-se sua classificação em diferentes espécies. A tutela jurisdicional pode ser classificada de diversas formas, bastando para tanto a adoção de diferentes critérios. O objetivo do presente capítulo é a apresentação dos principais critérios de classificação apontados pela doutrina.

1.8.1. Espécie de crise jurídica

É tradicional a lição que associa a tutela jurisdicional à espécie de crise jurídica que o demandante busca solucionar por meio do processo. Adotando-se esse critério, a tutela jurisdicional será de conhecimento (meramente declaratória, constitutiva, condenatória), executiva e cautelar[71].

71 Fux, *Curso*, p. 41-57.

A **tutela jurisdicional de conhecimento** é apta a resolver três diferentes espécies de crise jurídica:

(a) a tutela meramente declaratória resolve uma crise de certeza; ao declarar a existência, inexistência ou o modo de ser de uma relação jurídica, e excepcionalmente de um fato (autenticidade ou falsidade de documento, art. 4.º, II, do CPC), a sentença resolverá a incerteza que existia a respeito daquela relação jurídica ou excepcionalmente do fato descrito no art. 4.º, II, do CPC;

(b) a tutela constitutiva resolve uma crise da situação jurídica; ao criar, extinguir ou modificar uma relação jurídica, a sentença cria uma nova situação jurídica, resolvendo-se a crise enfrentada pela situação jurídica anterior;

(c) a tutela condenatória resolve uma crise de inadimplemento; ao reconhecer esse inadimplemento e imputar ao demandado o cumprimento de uma prestação, estará resolvida a crise.

Numa demanda de investigação de paternidade o demandante pretende tão somente obter a certeza jurídica a respeito de o demandado ser ou não seu pai, o mesmo ocorrendo numa ação de usucapião, na qual o demandante pretende somente a declaração judicial de que preencheu os requisitos necessários para a aquisição de propriedade por usucapião, afastando qualquer dúvida a esse respeito. Numa demanda de divórcio, o demandante busca a ruptura do laço conjugal porque essa relação jurídica encontra-se em crise, a qual será superada com a criação da nova situação jurídica pretendida (as partes passarão de casadas para divorciadas). O mesmo ocorre numa demanda de revisão contratual, na qual essa relação jurídica passa por uma crise jurídica, que pode ser resolvida com a alteração parcial do contrato. Numa demanda na qual se busca a condenação do réu ao cumprimento de um contrato que tem como objeto qualquer espécie de obrigação (fazer, não fazer, entregar, pagar), bem como numa demanda em que se busca a condenação do réu ao pagamento pelos danos causados num acidente automobilístico, a crise a ser resolvida é de inadimplemento.

Cumpre observar que a classificação ora apresentada está associada à **teoria ternária** das sentenças, que não reconhecem as sentenças executiva *lato sensu* e mandamental como espécies autônomas. Essa questão, como o próprio nome sugere, interessa mais ao tema "sentença" e será devidamente desenvolvido em capítulo próprio. Por ora, basta dizer que a tutela jurisdicional entregue pela sentença executiva *lato sensu* e pela sentença mandamental resolve a mesma espécie de crise jurídica da tutela condenatória, qual seja a crise de inadimplemento. A diferença entre elas estaria na forma de efetivação, o que, naturalmente, já não faz parte da tutela de conhecimento[72]. O tema será retomado com a profundidade necessária no Capítulo 16, item 16.2.1.

Na **tutela executiva** o que se busca resolver é uma crise de satisfação, considerando que já existe um direito reconhecido, mas o seu titular não se encontra satisfeito em razão da resistência da parte contrária. Esse reconhecimento pode

72 Bedaque, *Efetividade*, p. 524-533.

ser judicial – provisório ou definitivo – ou extrajudicial, bastando que a lei autorize a adoção de medidas executivas na busca da satisfação do direito. Lições tradicionais exigem, para a obtenção dessa espécie de tutela jurisdicional, um título executivo, mas com a possibilidade de execução de decisão interlocutória concessiva de tutela antecipada, espécie de pronunciamento não previsto no art. 475-N do CPC, parcela da doutrina já fala em princípio da "execução sem título executivo", tema abordado no Capítulo 35, item 35.2. De qualquer forma, havendo autorização judicial para a prática de atos materiais de execução na busca da satisfação do direito, estar-se-á diante da tutela jurisdicional executiva.

Atualmente existem duas formas de obter a tutela executiva: processo autônomo e fase procedimental. Note-se que em ambos os casos haverá execução somente diferenciando-se as formas procedimentais por meio da quais se busca resolver a crise de insatisfação[73]. Segundo previsão do art. 475-I do CPC, a execução de sentença por meio de mera fase procedimental, que se verifica na "ação sincrética", é chamada de cumprimento de sentença. A execução da tutela antecipada, que o legislador preferiu chamar de "efetivação", é tratada pelo art. 273, § 3.º, do CPC, não sendo lógico falar em cumprimento de sentença na hipótese de antecipação de tutela concedida por meio de decisão interlocutória, embora sejam aplicadas no que couber à efetivação da tutela antecipada as regras procedimentais do cumprimento de sentença.

Por meio da **tutela cautelar** resolve-se uma crise de perigo, o que atualmente ocorre por meio do processo autônomo cautelar ou da concessão de medida cautelar, sem a necessidade de existência de processo autônomo, em mais uma mostra de que o direito pátrio passa seriamente a acreditar nos benefícios do sincretismo processual. As exigências para a dispensa do processo autônomo para a obtenção da tutela cautelar serão objeto de apreciação em capítulo próprio.

Aplica-se à tutela cautelar a tradicional ideia do tempo necessário para a concessão da tutela definitiva, representando um perigo de que essa tutela seja ineficaz. Como a prestação de tutela jurisdicional ineficaz equivale na prática à sua não concessão, para preservar a utilidade do resultado final do processo existe a tutela cautelar, que servirá para criar condições materiais para que a tutela final, ao ser obtida como forma de pretensão principal do demandante, seja eficaz. Da mesma forma ocorre com a tutela antecipada de urgência, que ao satisfazer faticamente também garante a eficácia do resultado final do processo, conforme analisado no Capítulo 50, item 50.2.1.1.

Por fim, cumpre ressaltar que a ideia de **sincretismo processual** não atinge de forma significativa a classificação ora analisada. Em passado recente, quando a regra era da autonomia das ações, havia a necessidade de um processo autônomo para a obtenção de cada uma das três espécies de tutela (cognitiva, executiva, cautelar). Com o sincretismo processual passa-se a permitir que todas essas tutelas sejam objeto de um mesmo processo, o que, entretanto, não embaralha a

[73] Câmara, *A nova*, p. 89-90.

classificação proposta, considerando-se que a sua reunião num mesmo processo não é suficiente para confundi-las. O sincretismo é do processo e não da tutela jurisdicional, que manterá a sua individualidade em virtude das diferentes espécies de crise jurídica que cada espécie de tutela jurisdicional resolve.

1.8.2. Natureza jurídica dos resultados jurídico-materiais

Por esse critério a tutela jurisdicional é dividida em duas espécies: tutela preventiva (tradicionalmente chamada de inibitória) e tutela reparatória (ressarcitória), sendo a primeira uma tutela jurisdicional voltada para o futuro, visando evitar a prática de ato ilícito, enquanto a segunda está voltada para o passado, visando o restabelecimento patrimonial do sujeito vitimado pela prática de um ato ilícito danoso.

A **tutela preventiva** é sempre voltada para o futuro, com o porvir, tendo como objetivo **impedir a prática de um ato ilícito**, o que pode ocorrer de três formas:

(a) evitar a prática originária do ato ilícito, ou seja, impedir em absoluto a ocorrência de tal ato, hipótese na qual a tutela reparatória será conhecida como *tutela inibitória pura;*

(b) impedir a continuação do ato ilícito, na hipótese de ato ilícito continuado;

(c) impedir a repetição de prática de ato ilícito.

> Ao impedir a circulação de um medicamento que não passou pelos procedimentos administrativos de aprovação do Ministério da Saúde, evita-se a prática originária do ato ilícito. Numa hipótese de poluição emitida por uma fábrica, a tutela preventiva estará voltada para que a partir de sua concessão esse ato ilícito seja interrompido. Na veiculação de uma propaganda enganosa que consubstancie um ato ilícito, a tutela preventiva se volta a, no futuro, impedir sua nova veiculação.

Importante notar que, mesmo que exista ato ilícito já praticado, a tutela preventiva não é voltada para essa realidade, que já faz parte do passado e, portanto, será objeto da tutela reparatória. Sempre voltada para o futuro, a tutela preventiva não diz respeito, tampouco gera seus efeitos sobre aquilo que já ocorreu.

A tutela preventiva, apesar de reconhecer o passado, é sempre voltada para o futuro, deixando o já ocorrido a cargo da tutela reparatória. É interessante anotar, inclusive, que a tutela preventiva e a tutela reparatória podem ser objeto de pretensão de um mesmo demandante num mesmo processo. O Ministério Público pode pedir a condenação do réu a parar com a poluição e a reparar o meio ambiente já lesado pela prática do ato ilícito, enquanto uma empresa pode pedir a proibição de veiculação de propaganda ofensiva a seu nome, bem como a condenação pelos danos já suportados pela propaganda já veiculada.

O tema da tutela inibitória é extenso e o seu aprofundamento descaracterizaria o objetivo do presente livro. De qualquer forma, alguns apontamentos se fazem necessários para uma compreensão mínima dessa espécie de tutela jurisdicional.

A tutela inibitória surge historicamente com o objetivo de tutelar direitos materiais que não encontravam na tutela reparatória uma proteção plena, ou, ainda pior, nenhuma proteção. Sendo promessa constitucional a **inafastabilidade da tutela jurisdicional** (art. 5.º, XXXV, da CF), notou-se a imprescindível necessidade de admitir uma tutela ampla e genérica capaz de proteger esses direitos materiais de forma efetiva. Direitos tais como o da integridade física, personalidade, saúde, meio ambiente, patrimônio histórico, entre outros, não encontram na tutela reparatória concretização da promessa constitucional de que nenhum direito agredido ou afrontado será excluído do Poder Judiciário. A fim de fazer valer a inafastabilidade da jurisdição, é aceita a ideia de uma tutela inibitória geral.

Fala-se em tutela inibitória geral porque essa espécie de tutela é antiga conhecida de nosso ordenamento jurídico, mas tradicionalmente era tratada de forma específica, prevista somente para tutelar algumas situações determinadas. O mandado de segurança preventivo, o interdito proibitório, a ação cominatória, são exemplos de tradicionais espécies de tutela inibitória específica de nosso sistema. Atualmente a tutela inibitória geral é uma realidade incontestável de nosso direito processual em virtude das previsões contidas nos arts. 84 do CDC e 461 do CPC.

Ainda que se admita que a tutela inibitória surja para preencher um vácuo deixado pela tutela reparatória, estando voltada para determinados direitos materiais que necessitavam de uma proteção preventiva por meio da jurisdição, logo se notou que, mesmo naqueles casos em que é possível e eficaz a tutela reparatória, pode ser preferível a tutela inibitória. Aplica-se no âmbito jurídico um antigo e conhecido brocardo popular: "melhor prevenir do que remediar". Não é correto falar de preferência de uma espécie de tutela, mas é indiscutível que mesmo naquelas situações em que cabível a tutela reparatória pode a parte, sempre que possível, optar pela tutela inibitória[74].

A tese da tutela inibitória funda-se na exata definição de ato ilícito, cuja prática se pretende evitar. Durante muito tempo condicionou-se a prestação de tutela jurisdicional à existência de um dano, o que até se justificava à época em que se imaginava ser a tutela reparatória a única existente. A dificuldade pode ser facilmente percebida pelo art. 186 do CC, que ao conceituar o ato ilícito indica a necessidade da presença de três elementos: contrariedade ao direito, culpa ou dolo e dano. A imprecisão do dispositivo é evidente, considerando-se que o ato ilícito é tão somente o ato contrário ao direito, sendo alheios ao seu conceito os elementos da culpa ou dolo e do dano. O art. 186 do CC não conceitua o ato ilícito, descreve os elementos necessários para a obtenção da tutela reparatória.

Dessa forma, a tutela reparatória, sempre voltada para o passado, buscando a reparação do prejudicado, demanda ao menos dois elementos: *ato contrário*

---

[74] Scarpinella Bueno, *Curso*, p. 272-273.

ao direito e *dano*, considerando-se que mesmo na tutela reparatória a culpa ou o dolo podem ser dispensados na hipótese de responsabilidade objetiva. A tutela inibitória, sempre voltada para o futuro, buscando evitar a prática do ato ilícito, preocupa-se exclusivamente com o ato contrário ao direito, sendo-lhe irrelevante a culpa ou o dolo e o dano[75].

Cumpre lembrar a tese inteligentemente defendida por Marinoni que diferencia a tutela inibitória da **tutela de remoção do ilícito**, reconhecendo que ambas são tutelas preventivas, voltadas para o futuro. Para o processualista paranaense existe uma diferença entre efeitos continuados do ato ilícito e a prática continuada do ilícito. Na hipótese de o ato ser continuado, é possível imaginar uma tutela que impeça sua continuação, sendo o caso de tutela inibitória. Por outro lado, é possível que o ato ilícito faça parte do passado, não mais existindo, o que não se pode afirmar quanto aos seus efeitos, que continuam a ser gerados. Nessa hipótese, não se pode falar em evitar a continuação do ato porque o ato ilícito já foi praticado na sua totalidade, por exemplo, no caso de uma propaganda enganosa que já foi realizada e continua a gerar seus efeitos. Será o caso de tutela de remoção do ilícito[76].

Determinada empresa despeja lixo tóxico em local proibido. Como se pode notar esse ato ilícito se exauriu, mas seus efeitos continuam a se propagar no presente e futuro. Numa eventual ação coletiva em prol da coletividade com o pedido de condenação da empresa, na obrigação de remover o lixo tóxico indevidamente despejado em local inapropriado, apesar de o ato fazer parte do passado, projeta-se uma proteção para o futuro; será caso de tutela preventiva de remoção do ilícito. Por outro lado, caso a mesma empresa emita como resultado de sua produção poluentes acima do limite legal, a ação coletiva que busca condenar a empresa a colocar filtros em sua chaminé visa impedir a continuação do ato ilícito, tratando-se, portanto, de tutela preventiva inibitória.

1.8.3. Coincidência de resultados com a satisfação voluntária

Tomando-se por base o critério da coincidência de resultados gerados pela prestação da tutela jurisdicional com os resultados que seriam gerados pela satisfação voluntária da obrigação, a tutela jurisdicional pode ser classificada em *tutela específica* e *tutela pelo equivalente em dinheiro*. Na primeira, a satisfação gerada pela prestação jurisdicional é exatamente a mesma que seria gerada com o **cumprimento voluntário da obrigação**, enquanto na segunda, a tutela jurisdicional prestada é diferente da natureza da obrigação e, por consequência, cria um resultado distinto daquele que seria criado com a sua satisfação voluntária.

Carlos ingressa com demanda judicial contra João, pleiteando a entrega de um carro que tinha sido objeto de empréstimo, sendo certo que depois de vencido o prazo contratual o automóvel não foi devolvido. Na hipótese

---

75 Marinoni, *Tutela*, 3.2-3.4, p. 40-50.

76 Marinoni, *Tutela*, 3.21, p. 152-155.

> de Carlos conseguir por meio do processo recuperar o automóvel, o Poder Judiciário terá prestado uma tutela específica, porque essa recuperação gera efeitos práticos idênticos àqueles que seriam gerados se João tivesse cumprido o contrato e devolvido o carro no prazo contratual. Por outro lado, caso o processo não seja meio hábil à recuperação do carro, entregando a Carlos somente o valor do automóvel em dinheiro, não se poderá falar em tutela específica, mas sim em tutela pelo equivalente em dinheiro.

A tutela inibitória é sempre tutela específica porque, ao evitar a prática do ato ilícito, obtém-se o *status quo ante*, conseguindo o demandante a criação de uma situação que será exatamente a mesma que seria criada caso o demandado tivesse voluntariamente deixado de praticar o ato ilícito. O resultado da tutela inibitória sempre será idêntico àquele que seria criado com o voluntário cumprimento da obrigação[77].

Já a tutela reparatória pode ser prestada de forma específica (reparação *in natura*) ou pelo equivalente em dinheiro, dependendo do caso concreto. Tratando-se de obrigação inadimplida de pagar quantia certa, naturalmente a única forma de a tutela ser prestada será mediante a entrega do valor, sendo correto entender que a única forma de tutela possível nesse caso é a específica, porque, se a obrigação já é de pagar dinheiro, não seria correto dizer que a tutela foi prestada pelo equivalente em dinheiro. O dinheiro é dinheiro e não o "equivalente em dinheiro". Registre-se apenas a atipicidade gerada pela adjudicação de bens (Capítulo 47, item 47.5.2), considerando-se que nesse caso a obrigação de pagar quantia certa gera a satisfação do credor por meio da entrega do bem penhorado. Nesse caso, como é evidente, não se pode falar em identidade com o cumprimento voluntário da obrigação e, tampouco, em tutela pelo equivalente em dinheiro.

Tratando-se de obrigação inadimplida de fazer, não fazer e entrega de coisa, passa a ser possível a tutela ser prestada tanto de forma específica como pelo equivalente por dinheiro.

Nas obrigações de fazer e de não fazer, o essencial é verificar a natureza do inadimplemento. Sendo o inadimplemento definitivo, o que significa dizer que não existe mais a possibilidade de cumprimento da obrigação, a única tutela jurisdicional possível será a tutela pelo equivalente em dinheiro. Caso ainda exista a possibilidade de cumprimento, quando haverá somente um retardamento no cumprimento da prestação, a tutela poderá ser prestada de forma específica, desde que esse ainda seja o interesse do credor. Nas obrigações de entregar coisa, deve ser analisada a possibilidade de a coisa, objeto da obrigação, ser entregue por meio do processo ao demandante. Sendo isso materialmente possível, caberá tutela específica; em caso contrário, a única tutela cabível será pelo equivalente em dinheiro. Naturalmente que, tratando-se de coisa fungível, a entrega de qualquer bem de mesma condição gera tutela específica, porque nessa espécie de obrigação não há preocupação com o bem exatamente individualizado, mas sim com as suas características gerais.

---

77 Marinoni, *Técnica*, p. 153.

> Marilena e Peter celebraram um contrato que tinha como objeto a pintura de uma casa. Diante do inadimplemento do contrato, Marilena ingressa com demanda contra Peter para condená-lo a realizar a pintura contratualmente prevista, sendo tal obrigação ainda possível de ser cumprida, considerando-se que a casa continua a exigir a pintura. Nesse caso, Marilena pretende a obtenção de tutela específica. Por outro lado, imagine-se que a casa desabou, o que naturalmente tornou a obrigação de pintura materialmente impossível de ser cumprida. Restará à Marilena a tutela reparatória pelo equivalente em dinheiro. Marina celebrou contrato de empréstimo de um computador com Olga, que manteve o computador em seu poder após o vencimento do prazo contratual. Sabendo-se que o computador continua com Olga, Marina poderá pedir uma tutela específica para recuperar seu computador. Por outro lado, caso o computador tenha sido roubado, a recuperação torna-se materialmente impossível, restando à Marina tão somente a tutela pelo equivalente em dinheiro.

Na tutela ressarcitória, a tutela específica é preferível à tutela pelo equivalente em dinheiro, porque essa espécie de tutela é a única que proporciona a efetiva reparação do dano suportado. O processo que entrega ao vitorioso exatamente aquilo que ele obteria se não precisasse do processo, em razão do cumprimento voluntário da obrigação pelo devedor, certamente é o que entrega a tutela jurisdicional mais efetiva. É a consagração do antigo brocardo consagrado por Chiovenda, de que o processo será tanto melhor quanto mais aproximar seus resultados daqueles que seriam gerados pelo cumprimento voluntário da obrigação (princípio da maior coincidência possível). Ocorre, entretanto, que a preferência da tutela específica sobre a tutela pelo equivalente em dinheiro está condicionada à vontade do demandante, que poderá optar pela segunda espécie de tutela se assim desejar, bem como diante da impossibilidade material de obtenção da tutela específica[78]. Para parcela da doutrina, ainda que possível, a tutela específica pode ser excluída quando não for justificável ou racional em razão de sua excessiva onerosidade[79].

Por fim cabe um breve comentário a respeito do art. 461, *caput*, do CPC, que prevê nas obrigações de fazer e não fazer a possibilidade do juiz conceder a tutela específica ou determinar providências que assegurem o resultado prático equivalente ao do adimplemento da obrigação. Como demonstra a melhor doutrina, o texto legal faz parecer que tutela específica e resultado equivalente são espécies diferentes de tutela jurisdicional, quando, na realidade, a liberdade concedida ao juiz para a obtenção do resultado prático equivalente é voltada justamente para a obtenção da tutela específica dos direitos materiais[80].

> O Ministério Público ingressa com ação civil pública pedindo a condenação do réu a diminuir seu tempo de produção em uma hora por dia, afirmando que com essa atitude se obterá uma diminuição de 30% dos agentes poluentes

78 Nery-Nery, *Código*, notas 7, 9 e 10 do art. 461, p. 672.

79 Marinoni, *Técnica*, p. 423.

80 Marinoni-Mitidiero, *Código*, p. 427.

emitidos, o que fará com que o réu limite sua atuação poluente aos limites legais. O juiz acolhe o pedido e condena o réu a instalar determinados filtros em sua chaminé, o que não é exatamente o que pediu o autor (diminuição do tempo de produção), mas que gerará um resultado prático equivalente (diminuição de 30% dos agentes poluentes). Como se pode notar, no plano prático, tanto o pedido especificamente formulado pelo Ministério Público como a condenação representam tutela específica, considerando-se atingem um resultado prático que seria obtido pelo cumprimento voluntário da obrigação do réu de não poluir acima do limite legal.

1.8.4. Espécie de técnicas procedimentais

Adotando-se como critério a espécie de procedimento, a tutela jurisdicional é dividida em tutela comum e tutela diferenciada. A **tutela comum** é aquela prestada pelo **procedimento ordinário**, que serve como o procedimento padrão oferecido pela lei. Ocorre, entretanto, que nem sempre esse procedimento único é capaz de solucionar de forma eficaz todas as espécies de crises de direito material que são levadas ao Poder Judiciário por meio de processo. Costuma-se dizer, por analogia, que, se não é possível curar todas as doenças com um mesmo remédio, por certo não será um único procedimento capaz de proporcionar tutela jurisdicional de qualidade para todas as situações. Com essa percepção, surge a tutela diferenciada.

Por **tutela diferenciada** volta-se o processualista às **exigências do direito material** apresentadas no caso concreto. Nota-se que, apesar de serem ciências autônomas, o direito processual e o direito material estão ligados de maneira indissociável, servindo o processo como instrumento estatal de efetiva proteção ao direito material. Como as várias crises de direito material têm diversas particularidades, é necessário percebê-las, adequando-se o procedimento no caso concreto para que a tutela jurisdicional seja efetivamente prestada com a qualidade que dela se espera. Tutela jurisdicional diferenciada, assim, representa a adoção de procedimentos e técnicas procedimentais diferenciadas à luz das exigências concretas para bem tutelar o direito material[81].

Não há dúvida de que a técnica de **procedimentos especiais** é uma demonstração de adoção pelo legislador da tutela diferenciada, sendo explicação corrente na doutrina que a adoção de tais procedimentos especiais decorre das particularidades das situações de direito material que o processo pretende tutelar[82]. É interessante notar que em regra os procedimentos especiais previstos pelo Código de Processo Civil tratam de matérias reguladas pelo Código Civil (por exemplo, consignação em pagamento, prestação de contas, ações possessórias, inventário). Também são criados procedimentos especiais que de alguma forma utilizam técnicas contra a complexidade e a consequente morosidade do procedimento ordinário, como é o caso do procedimento monitório, do mandado de segurança etc.

[81] Armelin, *Tutela*, p. 45; Cruz e Tucci, *Ação*, p. 14-15; Bedaque, *Direito*, p. 33.

[82] Marcato, *Procedimentos*, n. 15, p. 74.

Por vezes não é propriamente criado um novo procedimento, mas adotadas técnicas procedimentais no procedimento comum que descartam fases procedimentais desnecessárias e incompatíveis com a celeridade processual[83]. São exemplos: a presunção relativa de veracidade dos fatos alegados pelo autor na revelia, a possibilidade de julgamento antecipado do mérito em razão da desnecessidade de produção probatória, o pressuposto de admissibilidade da apelação que impede a recebimento do recurso quando a sentença está fundamentada em súmula de tribunais.

Além disso, reconhecendo-se mais uma vez que a estrutura complexa do procedimento comum pode colocar em perigo a efetividade da tutela jurisdicional, coloca-se à disposição das partes uma tutela de urgência ampla e genérica – cautelar e tutela antecipada – cabível sempre que a demora do procedimento ordinário representar um perigo à eficácia da tutela[84].

Existem, portanto, procedimentos especiais e técnicas procedimentais previstas pelo legislador a par do procedimento ordinário, mas é preciso reconhecer que, por mais inventivo que seja o legislador, nunca lhe será possível considerar todas as especialidades de todas as situações de direito material a exigirem um tratamento diferenciado no processo.

Dessa forma, também contribui para a tutela diferenciada uma maior liberdade concedida pela lei para que o juiz possa realizar algumas adaptações no caso concreto para colocar o processo efetivamente a serviço do direito material. É natural que essa liberdade nunca será ampla e irrestrita, o que geraria uma insuportável insegurança jurídica, mas em algumas situações o legislador entende que será proveitosa a concessão de uma maior liberdade procedimental ao juiz no caso concreto. Nos arts. 461 e 461-A do CPC, que tratam da execução de decisão judicial – provisória ou definitiva – que tenha como objeto a condenação a um fazer, não fazer ou entregar coisa, não existe a previsão de um procedimento executivo. As normas referidas somente preveem as medidas executivas de sub-rogação e de execução indireta, de forma exemplificativa, a serem utilizadas de acordo com a percepção do juiz diante das necessidades do caso concreto, que são percebidas pelo juiz, a adoção de uma ou outra.

> Certamente, pensando em termos de tutela diferenciada, o PLNCPC original previa em seu art. 151, § 1.º, um amplo poder para o juiz determinar o procedimento no caso concreto. Segundo constava do dispositivo legal, quando o procedimento ou atos previstos em lei mostrarem-se, no caso concreto, inadequados, o juiz terá o poder de determinar os necessários reajustes, respeitando os princípios do contraditório e da ampla defesa. No mesmo sentido o art. 107, V, ao admitir ao juiz a adequação das fases e dos atos processuais às especificações do conflito, de modo a conferir maior efetividade à tutela do bem jurídico, respeitando sempre o contraditório e a ampla defesa.

---

[83] Theodoro Jr., *Curso*, p. 55.

[84] Araújo, *Coisa*, p. 147.

Apesar de reconhecer a inegável inovação do dispositivo legal, sempre me pareceu incerto que o resultado do aumento de poderes do juiz para fixar o procedimento no caso concreto seja positivo. Ainda que o projeto demandasse o respeito ao contraditório e a ampla defesa, o que seria o suficiente para afastar a eventual surpresa das partes, é de se perguntar até que ponto a liberdade concedida ao juiz não criaria insegurança jurídica e, eventualmente, quebra da isonomia.

Esse receio foi comungado por parcela considerável dos operadores do direito, gerando uma das críticas mais contundentes contra as reformas constantes do PLNCPC. O "levante" parece ter funcionado, considerando-se que no Substitutivo apresentado no Senado Federal a regra presente no art. 151, § 1.º, foi suprimida e a do art. 107, V, remodelada, constando, atualmente, do projeto que, nos termos do art. 118, V, o juiz pode dilatar os prazos processuais e alterar a ordem de produção dos meios de prova adequando-os às necessidades do conflito, de modo a conferir maior efetividade à tutela do bem jurídico.

Não há dúvida de que o Substitutivo apresentado no Senado Federal restringiu os poderes do juiz, mas ainda assim o art. 118, V, deixa dúvidas: poderá o juiz aumentar os prazos processuais considerados peremptórios quando entender que eles são insuficientes, mesmo que não configure a hipótese prevista no art. 190, *caput*, do PLNCPC? E o prazo de 60 dias previsto nesse dispositivo, poderá ser superado? Sendo aprovado o projeto com o dispositivo da forma que está redigido, caberá aos operadores do Direito tais respostas, que naturalmente só poderão ser dadas após longo tempo de maturação, lapso temporal esse que promete causar calafrios naqueles que atuam no processo, em especial os patronos das partes.

2

PROCESSO

Sumário: 2.1. Introdução: 2.1.1. Processo como procedimento; 2.1.2. Processo como contrato; 2.1.3. Processo como um quase contrato; 2.1.4. Processo como relação jurídica; 2.1.5. Processo como situação jurídica; 2.1.6. Processo como procedimento em contraditório; 2.1.7. Procedimento animado por uma relação jurídica em contraditório; 2.1.8. Conclusão – 2.2. Procedimento – 2.3. Relação jurídica processual; 2.3.1. Composição; 2.3.2. Características; 2.3.3. Pressupostos processuais – 2.4. Princípios processuais: 2.4.1. Devido processo legal; 2.4.2. Contraditório; 2.4.3. Princípios dispositivo e inquisitivo (inquisitório); 2.4.4. Motivação das decisões; 2.4.5. Isonomia; 2.4.6. Publicidade dos atos processuais; 2.4.7. Princípio da economia processual; 2.4.8. Princípio da instrumentalidade das formas; 2.4.9. Princípio da razoável duração do processo; 2.4.10. Princípio da cooperação; 2.4.11. Princípio da boa-fé e lealdade processual.

2.1. INTRODUÇÃO

Como também ocorre no tocante às teorias criadas para explicar o direito de ação, reconhecem-se na doutrina diversas teorias a respeito da natureza jurídica do processo, algumas com interesse meramente histórico, outras com interesse atual. São tantas e tão diversas que uma análise de todas elas, ainda que sumária, é impossível nos limites do presente livro. É interessante, entretanto, destacar aquelas que podem ser consideradas como teorias principais, representativas de três momentos históricos distintos: a *fase imanentista*, a *fase privatista* e a *fase publicista*, que é a atual.

2.1.1. Processo como procedimento

Tecnicamente, nem se pode conceber a existência de uma teoria do processo na época **imanentista**, em virtude da negação da autonomia do processo diante do direito material. De qualquer forma, a essa época, entendido o direito de ação como o próprio direito material reagindo a uma agressão ou a uma ameaça de agressão, o processo era confundido com o procedimento, imaginando-se que os atos processuais praticados durante essa reação perante o Poder Judiciário, e que formavam o procedimento necessário para a efetiva proteção do direito material, representassem o processo[1].

É evidente que a partir do momento em que se reconheceu a autonomia da ciência processual, superando-se a teoria imanentista da ação, o entendimento de que o processo seja somente o procedimento perde seus defensores, passando a ter relevância meramente histórica.

2.1.2. Processo como contrato

Na tentativa de enquadrar o processo em fenômenos jurídicos privados, a teoria do *processo como contrato* teve muita força nos séculos XVIII e XIX, fundada em texto de Ulpiano. O fundamento principal dessa teoria tinha como ponto de partida em geral o direito romano formular, e em especial a ***litiscontestatio***, que representava a concordância das partes em sofrer os efeitos da demanda. Em época na qual o Estado ainda não era forte suficiente para intervir na vida dos cidadãos, tudo dependia da concordância dos sujeitos envolvidos no conflito de se sujeitarem à tutela prestada, acatando o respectivo julgamento[2].

Esse acordo de vontade das partes representado pela *litiscontestatio* romana fez com que os defensores da teoria ora analisada entendessem pela existência de um negócio jurídico de direito privado, concluindo-se a partir dessa premissa que o processo seria um **contrato**[3]. Atualmente, a teoria guarda importância meramente histórica porque a ideia de sujeição das partes ao processo e a seus resultados é um dos princípios da jurisdição, conforme analisado no Capítulo 1, item 1.5.4, não havendo contemporaneamente nada nem parecido com a antiga *litiscontestatio*[4].

2.1.3. Processo como um quase contrato

Ainda sob a ótica privatista, no século XIX o francês Arnault de Guényvau cria teoria do processo como quase contrato. Necessitando descobrir uma natureza jurídica de direito privado ao processo e não se aceitando tratar-se de um contrato, nem de um delito, a única saída viável seria entendê-lo como um quase contrato[5]. A fragilidade do raciocínio fez com que a teoria fosse logo abandonada.

---

1 Câmara, *Lições*, v. 1, p. 125.

2 Cruz e Tucci-Azevedo, *Lições*, p. 98-99; Neves, *Estrutura*, p. 162.

3 Leal, *Teoria*, n. 4.4.1, p. 77; Manuel Galdino da Paixão Júnior, *Teoria*, p. 138-140; Marinoni, *Teoria*, p. 387.

4 Galeno Lacerda, *Teoria*, p. 57.

5 Cintra-Grinover-Dinamarco, *Teoria*, n. 172, p. 300; Pereira Leal, *Teoria*, n. 4.4.2, p. 78.

2.1.4. Processo como relação jurídica

A doutrina credita à **Oskar von Bullow**, em sua obra *Teoria dos pressupostos processuais e das exceções dilatórias*, o mérito por retirar o processo do âmbito privatista, finalmente alçando-o ao âmbito publicista, em que até hoje se encontra. Tratando-se daquilo que é considerado como a primeira obra jurídica a respeito do direito processual, a ideia principal do doutrinador que interessa no momento é a nítida distinção entre relação jurídica processual e relação jurídica material. Para Bullow, a relação de direito material é o objeto de discussão no processo, enquanto a relação de direito processual é a estrutura por meio da qual essa discussão ocorrerá.

A diferença nítida entre os dois planos permitiu ao doutrinador perceber que, em seus três elementos essenciais, **a relação jurídica processual não se confunde com a relação jurídica material**[6]. Observou diferenças nos sujeitos que dela participam, dos seus objetos e de seus requisitos formais (para a relação processual chamou-os de pressupostos processuais, em consagrada nomenclatura até os dias atuais acolhida). A existência no processo de múltiplos e variados liames jurídicos entre o Estado-juiz e as partes, criando a esses sujeitos a titularidade de situações jurídicas a exigir uma espécie de conduta ou a permitir a prática de um ato, representaria a relação jurídica processual[7]. Essa relação jurídica é complexa e continuada – conforme será amplamente analisado em tópico próprio –, sendo composta de inúmeras posições jurídicas ativas (poderes, ônus, faculdades e direitos) e passivas (sujeição e deveres e obrigações).

Segundo forte entendimento da doutrinária nacional essa corrente é até os dias atuais a mais aceita, entendendo-se o *processo* como a relação jurídica de direito processual[8], exteriorizada por meio do *procedimento.*

2.1.5. Processo como situação jurídica

Crítico ferrenho da teoria do processo como relação jurídica, **James Goldschmidt** criou a teoria do processo como situação jurídica. O processo para essa corrente de pensamento tem um dinamismo que transforma o direito objetivo, antes estático, em meras chances, representadas por simples possibilidades de praticar atos que levem ao reconhecimento do direito, expectativas da obtenção desse reconhecimento, perspectivas de uma sentença favorável e os ônus representados pelos encargos de assumir determinadas posturas como forma de evitar a derrota. Justamente essa **sucessão de diferentes situações jurídicas, capazes de gerar**

---

6 Scarpinella Bueno, *Curso*, v. 1, p. 376; Galeno Lacerda, *Teoria*, p. 24-26.

7 Cintra-Grinover-Dinamarco, *Teoria*, n. 173, p. 300-301; Câmara, *Lições*, v. 1, p. 126-127.

8 Theodoro Jr., *Curso*, p. 49-50; Amaral Santos, *Primeiras*, v. 1, p. 280; Frederico Marques, *Instituições*, v. 2, p. 65-66.

para os sujeitos deveres, poderes, ônus, faculdades e sujeições, representava a natureza jurídica do processo[9].

Ainda que o entendimento de Goldschmidt não tenha sido recepcionado pela doutrina, algumas de suas observações são válidas até os dias atuais, ainda que aplicáveis à teoria do processo como relação jurídica processual[10]. Dessa forma, é corrente hoje afirmar que a relação jurídica processual cria em relação aos seus sujeitos sucessivas situações jurídicas ativas e passivas no decorrer do procedimento[11], o que, inclusive, torna tal relação jurídica complexa, conforme se verá adiante.

2.1.6. Processo como procedimento em contraditório

O mais recente processualista a criticar a teoria do processo como relação jurídica foi **Elio Fazzalari**, com a ideia de **módulo processual**. Defende que o procedimento contém atos interligados de maneira lógica e regidos por determinadas normas, sendo que o posterior, também regido por normas, dependerá do anterior, e entre eles se formará um conjunto lógico com um objetivo final. Para a prática de cada ato deve-se permitir a participação das partes em contraditório, sendo justamente essa paridade simétrica de oportunidades de participação a cada etapa do procedimento que o torna um processo. O doutrinador italiano afirma que o processo é uma espécie do gênero contraditório. No Brasil, existem doutrinadores a defender tal tese[12].

2.1.7. Procedimento animado por uma relação jurídica em contraditório

Parcela da doutrina que tradicionalmente se filiava à teoria do processo como relação jurídica, diante da tese defendida por Elio Fazzalari, não se incomoda com a inclusão do contraditório no conceito de processo, mas entende que isso não é o suficiente para a exclusão da relação jurídica processual de tal conceito. É na realidade uma crítica parcial à doutrina do processualista italiano, que expressamente nega que a relação jurídica processual faça parte do conceito de processo. De qualquer maneira, poder-se-á concluir que essa corrente doutrinária trabalha com as duas teorias: relação jurídica (Bullow) e contraditório (Fazzalari).

Para os defensores desse entendimento, a relação jurídica processual representa a projeção e a concretização da exigência constitucional do contraditório. As faculdades, poderes, deveres, ônus e estado de sujeição das partes no processo significam que esses sujeitos estão envolvidos numa relação jurídica, que se desenvolverá em contraditório. São duas facetas de uma mesma realidade, não havendo razão para descartar a relação jurídica ou o contraditório na conceituação de processo[13].

---

[9] Neves, *Estrutura*, n. 26-27, p. 178-180.

[10] Galeno Lacerda, *Teoria*, p. 30-31.

[11] Bermudes, *Introdução*, p. 82.

[12] Gonçalves, *Técnica*, p. 68; Mitidiero, *Elementos*, p. 139-145.

[13] Cintra-Grinover-Dinamarco, *Teoria*, n. 176, p. 305.

2.1.8. Conclusão

Segundo essa última corrente doutrinária, o processo deve ser entendido como uma relação jurídica em contraditório. Nos estreitos limites deste trabalho, seria indesejável um enfrentamento aprofundado a respeito do tema, considerando-se as críticas recíprocas que se fazem aos defensores de cada corrente doutrinária. De qualquer forma, e para fins somente didáticos, cumpre analisar os três elementos que, façam ou não parte da natureza jurídica do processo, estarão presentes no processo:

(a) procedimento;

(b) relação jurídica processual; e

(c) contraditório, sendo que este último elemento é tratado no Capítulo 2, item 2.4.2.

2.2. PROCEDIMENTO

O procedimento é entendido como uma sucessão de atos interligados de maneira lógica e consequencial visando a obtenção de um objetivo final. Costuma-se dizer que o procedimento é a **exteriorização do processo**, seu **aspecto visível**, considerando-se que a noção de processo é teleológica, voltada para a finalidade de exercício da função jurisdicional no caso concreto, enquanto a noção de procedimento é formal, significando essa sucessão de atos com um objetivo final.

Ainda que não seja possível confundir o procedimento com o processo, como feito à época imanentista, o certo é que o processo não vive sem o procedimento. Tanto essa constatação é verdadeira que os próprios defensores modernos da teoria da relação jurídica explicam que a relação jurídica não é sinônimo de processo, sendo sempre necessária a presença de um procedimento, ainda que impulsionado pelos participantes da relação jurídica processual no exercício contínuo de suas posições jurídicas ativas e passivas. Para os defensores da tese de Fazzalari, igualmente o procedimento é indispensável[14], o que naturalmente também se verifica com a corrente doutrinária que conjuga essa duas teorias.

2.3. RELAÇÃO JURÍDICA PROCESSUAL

2.3.1. Composição

Afirma-se em doutrina que a relação jurídica de direito processual é formada por *demandante*, *demandado* e pelo *Estado-Juiz*, sendo essa sua composição mínima. Ainda que excepcionalmente possa existir processo sem autor (excepcionais demandas iniciadas de ofício pelo juiz) e mesmo sem réu (*v.g.*, processo objetivo),

---

[14] Pereira Leal, *Teoria*, n. 4.5, p. 92-94.

realmente essa estrutura mínima é o que normalmente se verifica no caso concreto[15]. Diante da presença desses três sujeitos, sendo dois parciais (demandante e demandado) e um imparcial (juiz), é tranquilo o entendimento de que a **relação processual é tríplice**.

Existe um dissenso doutrinário, sem nenhum reflexo prático, a respeito de a relação processual tríplice ser triangular ou angular, sendo que no primeiro caso todos os sujeitos têm relação direta (posições jurídicas) entre si, inclusive demandante e demandado, enquanto no segundo caso a relação entre esses dois sujeitos é indireta, passando sempre pelo juiz. Ainda que realmente nenhuma utilidade prática surja do debate, cumpre consignar a superioridade do entendimento de que a relação processual é triangular, sendo inegável a existência de posições jurídicas diretas entre demandante e demandado, sendo tradicionalmente lembrado pela doutrina[16]:

(a) dever de lealdade e boa-fé recíproca entre as partes;

(b) obrigação da parte derrotada em reembolsar as custas processuais adiantadas pela parte vencedora;

(c) a possibilidade de convenção para a suspensão do processo, situação na qual a decisão do juiz que homologa tal acordo de vontade tem efeito *ex tunc*, considerando-se o processo suspenso desde a celebração da convenção.

É importante observar que, ainda que se admita ser a relação jurídica processual tríplice, com a **propositura da demanda pelo autor já existirá uma relação jurídica**, ainda que limitada ao autor e juiz (relação linear entre esses dois sujeitos). Pode-se falar em relação jurídica incompleta, que será definitivamente formada com a citação válida do réu, mas não seria correto entender que só a partir desse momento passa a existir a relação jurídica processual.

A percepção do momento inicial de surgimento da relação jurídica processual é de suma importância, porque para aqueles que entendem ser tal elemento componente da natureza jurídica do processo, naturalmente que sem a presença dele, não se poderia falar em processo. Se o processo é realmente o procedimento animado pela relação jurídica em contraditório, somente com a presença desses três elementos seria possível defender a existência do processo. Mas processo já existe mesmo antes da citação do réu, inclusive sendo possível ao juiz proferir sentença nesse momento, tanto terminativa (arts. 267 e 295, salvo inciso IV, do CPC) como definitiva (arts. 285-A, 295, IV, do CPC), extinguindo processo sem ou com a resolução do mérito. Só é possível extinguir algo que já exista, sendo imperioso compreender que a citação do réu não faz surgir a relação processual, mas tão somente a complementa nas hipóteses em que não for cabível a extinção liminar da demanda. Fala-se corretamente em **formação gradual do processo**[17].

---

15 Bermudes, *Introdução*, p. 85; Galeno Lacerda, *Teoria*, p. 59.

16 Cintra-Grinover-Dinamarco, *Teoria*, n. 179, p. 307; Câmara, *Lições*, v. 1, p. 127-128.

17 Dinamarco, *Instituições*, v. 2, n. 405, p. 53-55; Barbosa Moreira, *O novo*, p. 32.

2.3.2. Características

A relação jurídica de direito processual tem cinco principais características:

(a) autonomia;
(b) complexidade;
(c) dinamismo;
(d) unidade;
(e) natureza pública.

A relação jurídica de direito processual é autônoma quando comparada com a relação jurídica de direito material, significando que, mesmo não existindo a segunda, existirá a primeira[18]. Julgado improcedente o pedido do autor, declara-se que o direito material alegado na petição inicial não existe, o que, entretanto, não afeta a existência da relação jurídica formada por ele, o réu e o juiz. É a consagração do entendimento já analisado no Capítulo 3, item 3.1.3, que afasta a teoria imanentista e a teoria do direito concreto de ação.

A complexidade da relação jurídica de direito processual é decorrência das inúmeras e sucessivas **situações jurídicas** que se verificam durante o trâmite procedimental. As partes têm ônus, faculdades, direitos, deveres e estão em estado de sujeição, enquanto o juiz atua com poderes e deveres. A cada momento procedimental os sujeitos que compõem a relação jurídica processual atuam exercendo essas situações jurídicas passivas e ativas, o que naturalmente torna essa relação jurídica complexa[19].

Diferente das relações de direito material, que em regra são instantâneas, a relação jurídica processual é **continuada**, desenvolvendo-se durante o tempo[20]. Ainda que atualmente esse tempo venha sendo exagerado na maioria das demandas em nosso país, é impossível imaginar um processo instantâneo sem ofensa aos princípios processuais. Dessa maneira, existe uma continuidade da relação jurídica processual que envolve um dinamismo porque esse desenvolvimento faz com que o procedimento caminhe rumo ao seu final durante certo lapso temporal. A atuação dos sujeitos processuais torna dinâmica a relação jurídica processual.

Por unidade da relação jurídica processual entende-se que os atos praticados pelos sujeitos processuais estão todos **interligados de forma lógica**, dependendo o posterior de como foi praticado o anterior, o que forma a unidade. Praticado o primeiro ato do procedimento, que é a interposição da petição inicial, o segundo ato dependerá de como esse primeiro foi praticado; o reconhecimento da incompetência absoluta, a emenda da petição inicial, seu indeferimento, julgamento de improcedência liminar ou determinação de citação do réu, são atos que dependerão de como foi praticado o ato da petição inicial.

---

[18] Marinoni, *Teoria,* p. 390; Theodoro Jr., *Curso*, n. 44, p. 52-53.

[19] Cintra-Grinover-Dinamarco, *Teoria*, n. 182, p. 310.

[20] Cintra-Grinover-Dinamarco, *Teoria,* n. 182, p. 310.

Tem natureza pública a relação jurídica de direito processual em razão da participação do **juiz**, como representante do Estado. Não só a participação do Estado-juiz na relação jurídica processual, mas também seu interesse na boa prestação jurisdicional, que afinal é uma aspiração da coletividade, tornam indiscutível a natureza pública dessa relação jurídica. Não se discute atualmente ser o processo instituto de direito público[21].

2.3.3. Pressupostos processuais

Diz o art. 104 do CC que a validade do negócio jurídico requer:

(a) agente capaz;
(b) objeto lícito, possível, determinado ou determinável;
(c) forma prescrita ou não defesa em lei.

Pode-se afirmar que são esses os requisitos mínimos de validade de uma relação jurídica de direito material. No campo do processo, a relação jurídica processual também tem seus requisitos de validade e de existência, chamados de **pressupostos processuais**. Trata-se de matérias preliminares, essencialmente ligadas a formalidades processuais, que devem ser analisadas antes de o juiz enfrentar o pedido do autor.

A doutrina é significativamente discordante a respeito de quais sejam esses pressupostos processuais, havendo doutrinadores que limitam ao extremo sua existência, enquanto outros preferem um rol mais amplo. É tema de grande polêmica doutrinária. Além dessas divergências a respeito de quais sejam os pressupostos processuais, também não é tranquila a sua classificação, existindo doutrina que os dividem em subjetivos e objetivos e doutrina que prefere a divisão em pressupostos de validade e existência. Optamos por utilizar esses dois critérios, que são os mais tradicionais, partindo de uma divisão inicial entre pressupostos subjetivos e objetivos, apontando em cada caso tratar-se de pressuposto de validade ou de existência.

São pressupostos processuais subjetivos:

(a) investidura;
(b) imparcialidade;
(c) competência;
(d) capacidade de ser parte;
(e) capacidade de estar em juízo;
(f) capacidade postulatória.

---

[21] Galeno Lacerda, *Teoria*, n. 27; Scarpinella Bueno, *Curso*, v. 1, p. 376.

São pressupostos processuais objetivos:

(a) coisa julgada;
(b) litispendência;
(c) perempção;
(d) transação;
(e) convenção de arbitragem;
(f) falta de pagamento de custas em demanda idêntica extinta sem resolução de mérito;
(g) demanda;
(h) petição inicial apta;
(i) citação válida;
(j) regularidade formal.

Os pressupostos processuais subjetivos são divididos em dois grupos: os referentes ao juiz (e eventualmente ao juízo) e os referentes às partes.

2.3.3.1. *Pressupostos processuais subjetivos (juiz/juízo)*

2.3.3.1.1. Investidura

O tema da investidura já foi tratado no Capítulo 1, item 1.5.1, no qual se demonstra que o Estado investe um determinado sujeito – o juiz de direito – do Poder jurisdicional, para que possa exercê-lo por meio desse sujeito. Processo conduzido por sujeito que não está investido de jurisdição, não pode nem mesmo ser considerado processo, porque a ausência de juiz na relação jurídica processual é vício de extrema gravidade. Trata-se de **pressuposto processual de existência do processo**[22], que pode tanto atingir todo o processo, quando integralmente conduzido por sujeito que não está investido na jurisdição, como parcialmente, quando somente determinados atos são praticados por sujeito não investido de jurisdição.

2.3.3.1.2. Imparcialidade

De nada adianta um sujeito investido do poder jurisdicional se não houver imparcialidade. A ideia de um terceiro imparcial, desinteressado diretamente no conflito de interesses que irá julgar, é essencial para a regularidade do processo. Trata-se de **pressuposto processual de validade** do processo, e, por mais parcial que seja o juiz no caso concreto, o processo nunca deixará de existir juridicamente.

Na hipótese de suspeição, a parte tem um prazo de 15 dias a partir da ciência do fato que gerou a causa da exceção para arguir a parcialidade do juiz, sendo

---

22 Scarpinella Bueno, *Curso*, p. 394-395; Câmara, *Lições*, v. 1, p. 221; Arruda Alvim, *Manual*, p. 549; Nogueira, *Processo*, p. 88-89.

tal prazo preclusivo para as partes, mas não para o juiz. Significa dizer que o vício da parcialidade tem momento próprio para ser arguido pelas partes, mas pode ser reconhecido de ofício pelo juiz a qualquer momento do procedimento, convalidando-se somente com o trânsito em julgado. O impedimento do juiz tem tratamento diferente, porque não existe preclusão para a sua arguição, tratando-se inclusive de vício de rescindibilidade a ensejar a propositura de ação rescisória no prazo de dois anos do trânsito em julgado.

Essas diferentes realidades procedimentais a respeito da suspeição e do impedimento levam consagrada linha doutrinária a defender que somente na hipótese de parcialidade gerada pelo impedimento tratar-se-ia de pressuposto processual de validade do processo[23]. Não compartilho de tal entendimento, porque os atos praticados pelo juiz suspeito são tão nulos quanto os atos praticados pelo juiz impedido[24], apenas se distinguindo a forma procedimental de alegação e reconhecimento desses vícios.

2.3.3.1.3. Competência

O tema da competência não diz respeito ao juiz, mas ao juízo. Ainda assim, é tradicionalmente incluída a competência como pressuposto processual subjetivo. Parcela da doutrina defende que a **competência relativa não é pressuposto processual**[25], porque a incompetência relativa não gera nulidade em razão de sua convalidação. Julgada a demanda antes da citação do réu, a sentença até pode ser proferida por juízo incompetente, mas esse vício não será capaz de anular a sentença. Depois da citação do réu, de duas uma, ou o réu não ingressa com a exceção de incompetência, ocorrendo prorrogação de competência, ou o réu excepciona o juiz, quando a incompetência será afastada no caso concreto.

Na competência absoluta a situação é diferente, porque a incompetência absoluta não se convalida, determinando o art. 113, § 2.º, do CPC que os atos decisórios praticados por juízo absolutamente incompetente são **nulos de pleno direito**. Sendo o vício capaz de anular atos processuais, não resta dúvida de que a competência absoluta é pressuposto processual de validade, limitada aos atos processuais decisórios. A nulidade gerada pela incompetência absoluta é tema tratado no Capítulo 4, item 4.2.2.3.

---

[23] Arruda Alvim, *Manual*, p. 556; José Orlando, *Teoria*, p. 140.

[24] Scarpinella Bueno, *Curso*, v. 1, p. 400; Didier, *Curso*, p. 219. Em sentido contrário, Barbosa Moreira, *Sobre*, p. 87.

[25] Scarpinella Bueno, *Curso*, v. 1, p. 399; Arruda Alvim, *Manual*, n. 155, p. 557; José Orlando, *Teoria*, p. 139.

2.3.3.2. *Pressupostos processuais subjetivos (partes)*

2.3.3.2.1. Capacidade de ser parte

A capacidade de ser parte (personalidade judiciária ou personalidade jurídica) diz respeito à capacidade do sujeito de gozo e exercício de direitos e obrigações (art. 1.º do CC), existindo para as pessoas físicas, pessoas jurídicas, pessoas formais (art. 12 do CPC), e a maioria dos entes despersonalizados, tais como as mesas dos corpos legislativos para as ações de mandado de segurança. Registre-se a amplitude da capacidade de ser parte, que nem sempre vem acompanhada da capacidade de estar em juízo, como ocorre com os incapazes, que têm capacidade de ser parte, mas necessitam de um representante processual na demanda por lhes faltar capacidade de estar em juízo.

Trata-se de **pressuposto processual de existência**[26], sendo exemplo típico de processo inexistente o promovido contra um réu morto, que certamente não tem a capacidade de gozo e do exercício de direitos e obrigações. Ou, ainda, uma *propaganda viral*[27] presente na internet por meio da qual se gravam anonimamente dois executivos de uma empresa de refrigerante conversando com um advogado sobre medidas judiciais a serem tomadas contra o setor responsável pelo refrigerante *diet* da mesma empresa, alegando a proximidade de sabor apta a confundir os consumidores. É natural que não passava de uma peça publicitária, mas seria típico caso de ausência de capacidade de ser parte o ingresso de um setor de uma empresa contra outro setor da mesma empresa[28].

2.3.3.2.2. Capacidade de estar em juízo

As partes no processo terão necessariamente que praticar atos processuais, que são uma espécie de ato jurídico. Dessa forma, as partes precisam ter capacidade processual (***legitimatio ad processum***) para a prática de tais atos. No tocante às pessoas físicas, é preciso observar que a incapacidade civil relativa e absoluta é resolvida no âmbito das relações jurídicas de direito material com a intervenção de um assistente ou um representante, respectivamente. No âmbito processual, a representação importará a realização de atos de parte exclusivamente pelo representante, enquanto na assistência haverá realização conjunta dos atos[29].

A capacidade de estar em juízo das pessoas jurídicas e formais está prevista no art. 12 do CPC, porque, sendo pessoas inanimadas, é indispensável a presença de uma pessoa física que a represente em juízo. Interessante que o art. 12, I,

---

[26] José Orlando, *Teoria*, n. 3.3.3, p. 130-135; Câmara, *Lições*, v. 1, p. 223; Didier, *Curso*, p. 210. Em sentido contrário, Barbosa Moreira, *Sobre*, p. 91.

[27] A propaganda viral tem como objetivo fazer com que quem a assiste tenha a impressão de que aquilo não é de fato uma propaganda.

[28] Tesheiner-Baggio, *Nulidade*, n. 3.1.3.2, p. 154.

[29] Dinamarco, *Instituições*, v. 2, n. 536, p. 283.

do CPC prevê que a União, os Estados, o Distrito Federal e os Territórios serão representados em juízo por seus procuradores; já o art. 12, II, do CPC prevê que o Município será representado judicialmente pelos procuradores e pelo prefeito, considerando que nem todos os municípios têm procuradores, o que não ocorre com as pessoas de direito público previstas no inciso antecedente. Também interessante notar que não existe pessoa jurídica processualmente incapaz, havendo o que parcela da doutrina prefere chamar de "presentação", e não de representação propriamente dita[30].

A doutrina é tranquila no entendimento de que se trata de **pressuposto processual de validade** do processo. Trata-se, inclusive, de **vício sanável**, devendo o juiz conceder no caso concreto um prazo para que a parte adquira a capacidade de estar em juízo, somente sendo caso de extinção do processo – no caso do autor – e seguimento do processo à revelia – no caso do réu – havendo omissão da parte no suprimento do vício[31].

2.3.3.2.3. Capacidade postulatória

Em regra, as partes deverão ser assistidas por um advogado devidamente habilitado pela Ordem dos Advogados do Brasil, ou seja, as partes deverão ter capacidade postulatória. Por vezes, a capacidade postulatória é dispensada, como ocorre nos Juizados Especiais, Justiça Trabalhista, no HC[32] e na ADIn/Adecon. Também o art. 36 do CPC permite a exclusão da capacidade postulatória sempre que no local não existir advogado ou os que existirem se recusarem a defender a parte ou estiverem impedidos de atuar, sendo que nesse caso a parte, mesmo sem habilitação para tanto, poderá litigar em causa própria. No caso do promotor de justiça, existe uma capacidade postulatória *sui generis*, que pode ser chamada de capacidade postulatória funcional, já que limitada aos fins institucionais do Ministério Público.

Questão interessante diz respeito à natureza jurídica desse pressuposto processual. O art. 37, parágrafo único, do CPC afirma que os atos praticados por advogado sem procuração nos autos, não ratificados no prazo de 15 dias prorrogáveis por mais 15 dias (art. 37, *caput*, do CPC), serão havidos por inexistentes, o que poderá levar o intérprete a entender a capacidade postulatória como um pressuposto processual de existência[33]. Ocorre, entretanto, que o Estatuto da Ordem dos Advogados, que é lei federal (Lei 8.906/1994), em seu art. 4.º, prevê que são nulos os atos privativos do advogado praticados por pessoa não inscrita na Ordem dos Advogados do Brasil.

A divergência entre os dispositivos é evidente, porque o vício menos grave – ato praticado por advogado sem procuração – tem uma consequência mais séria – inexistência jurídica – do que o ato praticado por quem sequer advogado é, ou ao menos não está inscrito devidamente no órgão de classe – nulidade.

---

30 Silva-Gomes, *Teoria*, p. 141; Didier, *Curso*, p. 213. Contra: Furtado, *Suprimento*, p. 111-112.

31 Câmara, *Lições*, v. 2, p. 226.

32 *Informativo* 548/STF: 1.ª Turma, RE 435256/RJ, rel. Min. Marco Aurélio, 26.05.2009.

33 Arruda Alvim, *Manual*, n. 154, p. 550-552.

Como essa divergência é insuportável ao sistema, o melhor entendimento é o que aponta que o ato praticado por advogado sem procuração nos autos é **ineficaz**, enquanto o ato privativo de advogado praticado por quem não está inscrito na Ordem dos Advogados do Brasil é **absolutamente nulo**[34]. O Supremo Tribunal Federal já teve oportunidade de afirmar que a ausência de capacidade postulatória (advogado licenciado na OAB) só gera a anulação se demonstrado o prejuízo à parte representada pelo advogado[35].

Registre-se, somente, o sofrível enunciado da Súmula 115 do Superior Tribunal de Justiça: "Na instância especial é inexistente recurso interposto por advogado sem procuração". O entendimento é de todo lamentável, até mesmo porque a melhor doutrina aponta para a incapacidade postulatória como vício sanável e, por consequência lógica, jamais situada no plano da existência jurídica.

2.3.3.3. *Pressupostos processuais objetivos*

2.3.3.3.1. Pressupostos processuais objetivos extrínsecos

Os pressupostos processuais objetivos extrínsecos são analisados **fora da relação jurídica processual**. São considerados **pressupostos processuais negativos**, porque nesse caso o vício verifica-se justamente pela presença do pressuposto processual, ao contrário de todos os outros, que geram vício justamente porque estão ausentes da relação jurídica processual (por exemplo, falta de capacidade postulatória, falta de imparcialidade do juiz, falta de citação válida etc.).

A doutrina aponta como pressupostos processuais dessa espécie:

(a) coisa julgada material;
(b) litispendência;
(c) perempção;
(d) transação;
(e) convenção de arbitragem;
(f) ausência de pagamento de custas processuais em demanda idêntica extinta anteriormente por sentença terminativa (art. 267 do CPC).

Não resta maior dúvida a respeito de serem **pressupostos processuais de validade**, salvo na hipótese da coisa julgada material. A doutrina majoritária entende que também nesse caso o pressuposto processual objetivo é de validade[36], o que inclusive é corroborado pelo art. 485, IV, do CPC, que prevê ação rescisória

---

34 Furtado, *Suprimento*, n. 1.5.5, p. 144-146; Baptista da Silva, *Comentários*, v. 1, p. 169; Didier Jr., *Curso*, p. 217-218. Tesheiner-Baggio, *Nulidades*, n. 3.1.3.5, p. 163, entendem ser a capacidade postulatória pressuposto de validade. Teresa Arruda Alvim Wambier, *Nulidades*, p. 45-46, entende ser pressupostos de existência.

35 *Informativo* 563/STF: 1.ª Turma, HC 99.457/RS, rel. Min. Cármen Lúcia, 13.10.2009.

36 Barbosa Moreira, *O novo*, p. 27; Scarpinella Bueno, *Curso*, v. 1, p. 405-406; Moniz de Aragão, *Comentários*, n. 209, p. 178; José Orlando, *Teoria*, p. 152.

contra a decisão que afronta a coisa julgada material. Só é possível rescindir uma decisão que juridicamente exista, já que não se concebe a desconstituição de um nada jurídico. Mas doutrina minoritária entende que o pressuposto é de existência jurídica, porque a decisão que afronta a coisa julgada é tão viciada, tão agressiva ao sistema, que não reúne os elementos mínimos para juridicamente existir[37].

Adotando-se a doutrina majoritária, que parece ser a mais acertada, surge interessante questão a respeito do **conflito de coisas julgadas**, o que evidentemente será extremamente rara, mas que, quando ocorre, deverá ser resolvida. Durante o prazo de ação rescisória da decisão que produziu coisa julgada material afrontando coisa julgada anterior, a primeira terá validade, considerando-se que a segunda decisão ainda não atingiu a coisa julgada soberana. Transcorrido esse prazo, a segunda decisão torna-se soberanamente imutável e indiscutível, tomando o lugar da primeira decisão, aplicando-se nesse caso a regra de que o posterior substitui o anterior[38].

2.3.3.3.2. Pressupostos processuais objetivos intrínsecos

Os pressupostos processuais objetivos intrínsecos, como o próprio nome sugere, são pressupostos processuais analisados na própria relação jurídica processual, sendo correta a indicação de quatro pressupostos dessa espécie.

2.3.3.3.2.1. Demanda

Conforme já foi devidamente tratado no Capítulo 1, item 1.4.3, a jurisdição é inerte, somente se movimentando quando provocada pelo interessado. O direito de ação, essencialmente abstrato, é materializado pelo **ato de demandar**, que significa provocar a jurisdição por meio do processo. Nesse sentido, cabe ao interessado demandar, e, sendo o direito de ação um direito disponível, independentemente da natureza jurídica do direito material que fundamentará a pretensão do autor, é indispensável que esse ato de provocação seja realizado pelo sujeito que afirma ser titular de um direito material violado ou ameaçado.

A relação jurídica processual começa de forma linear, envolvendo o demandante e o juiz, complementando-se com a citação válida do réu, mas tudo isso dependerá num primeiro momento da existência da demanda. Trata-se, portanto, de **pressuposto processual de existência do processo**[39], porque sem a provocação do interessado por meio do ato de demandar a relação jurídica processual de direito processual nem mesmo chegará a existir.

---

37 Nery-Nery, *Código*, p. 683; Arruda Alvim Wambier, *Nulidades*, p. 39.

38 Barbosa Moreira, *Comentários*, n. 133, p. 223-227; Moniz de Aragão, *Sentença*, p. 285.

39 Arruda Alvim, *Manual*, 154, p. 548-549; Cintra-Grinover-Dinamarco, *Teoria*, n. 181, p. 309; Scarpinella Bueno, *Curso*, p. 393-394.

2.3.3.3.2.2. Petição inicial apta

O primeiro ato processual praticado pelo interessado quando exerce o ato de demandar é a petição inicial. Tratando-se do primeiro ato praticado no procedimento, o legislador entendeu por bem exigir o preenchimento de determinados requisitos formais. Em razão disso, é unânime a doutrina em apontar a petição inicial como um ato processual solene. Sendo o primeiro ato do procedimento, é natural que se exija o preenchimento dos requisitos formais previstos pela lei para que a petição inicial seja considerada apta. A inépcia da petição inicial está prevista no art. 295, I, parágrafo único, do CPC, sendo tratada no Capítulo 10, item 10.3.2.1.

Segundo tranquila doutrina, trata-se de **pressuposto processual de validade** do processo.

2.3.3.3.2.3. Citação válida

Conforme já foi visto, a relação jurídica processual existe a partir da propositura da demanda, já havendo para o autor desde o momento do procedimento a litispendência. Com a citação válida do demandado **complementa-se a relação jurídica processual**, sendo tal ato de essencial importância para a regularidade do processo. Existem previsões legais, entretanto, que permitem a extinção do processo antes da citação do réu (arts. 285-A e 295 do CPC), não se podendo afirmar que nesses casos a citação seja indispensável. A citação válida, portanto, só pode ser considerada pressuposto processual nos processos em que a citação é necessária, havendo somente nesses casos irregularidade procedimental se não ocorrer a citação válida.

Doutrina majoritária aponta acertadamente que a citação válida é **pressuposto processual de validade**[40] do processo, sendo que o vício nesse ato processual gera uma nulidade absoluta, que excepcionalmente não se convalida com o trânsito em julgado, podendo ser alegado a qualquer momento, mesmo após o encerramento do processo. Confirma esse entendimento a redação do art. 214 do CPC, que determina ser indispensável a citação do réu para a validade do processo.

Importante consignar a singularidade da nulidade absoluta gerada nesse caso. A citação válida é considerada tão essencial para a regularidade do processo que sua ausência na demanda judicial gera uma nulidade absoluta *sui generis*. Como não interessa ao sistema jurídico a convalidação desse vício, entende-se que esse vício não se convalida nunca, podendo a qualquer momento ser alegado pela parte, até mesmo após o prazo de ação rescisória, por meio da ação de *querela nullitatis*[41]. Trata-se de **vício transrescisório** que, apesar de situado no plano da validade, jamais se convalida.

---

[40] Dinamarco, *Instituições*, v. 2, n. 661, p. 504; José Orlando, *Teoria*, p. 147-148; Costa Machado, *Código*, p. 194; Adroaldo Furtado, *Réu*, p. 252.

[41] Theodoro Jr., *Curso*, n. 251, p. 296; Adroaldo Furtado, *Réu*, p. 259-261.

Em sentido contrário, doutrina minoritária entende tratar-se de pressuposto de existência[42], afirmando que sem a citação válida a relação jurídica não estará formada, e, sendo ela um elemento indispensável do próprio conceito de processo, não existirá processo. O entendimento é equivocado porque mesmo antes da citação do réu a relação jurídica processual já existe, ainda que formada exclusivamente entre autor e juiz, conforme já analisado no item 2.3.1. Por outro lado, existem processos que inclusive têm julgamento de mérito antes da citação do réu (arts. 285-A e 295, IV, do CPC), o que seria inviável se a citação fosse efetivamente considerada como pressuposto de existência do processo.

Por outro lado, mesmo não havendo citação do réu quando esse ato deveria ter ocorrido, sendo julgado improcedente o pedido do autor, o processo não só terá juridicamente existido, como será válido e eficaz. Não tem qualquer sentido lógico e/ou jurídico anular um processo que deu ao réu não citado o melhor resultado que poderia obter.

2.3.3.3.2.4. Regularidade formal

Os atos processuais devem ser praticados na forma prevista pela lei, tratando-se a formalidade de uma medida que prestigia a segurança para as partes, que sabem que, se respeitada a forma legal, atingirão os efeitos programados em lei para o ato processual. É impossível, nesse momento, a análise de todos os requisitos formais exigidos durante o procedimento, sendo importante ressaltar que a formalidade deve sempre ser afastada quando o ato processual atingir a sua finalidade e não gerar prejuízo, ainda que praticado em desconformidade com a forma legal. Trata-se do princípio da **instrumentalidade das formas**, analisado no Capítulo 2, item 2.4.8.

2.4. PRINCÍPIOS PROCESSUAIS

2.4.1. Devido processo legal

Diz o art. 5.º, LIV, da CF que "ninguém será privado da liberdade ou de seus bens sem o devido processo legal", consagração atual do princípio ora analisado. É pacífico o entendimento de que o devido processo legal funciona como um **supraprincípio**, um **princípio-base**, norteador de todos os demais que devem ser observados no processo[43]. Além do aspecto processual, também se aplica atualmente o devido processo legal como fator limitador do poder de legislar da Administração Pública, bem como para garantir o respeito aos direitos fundamentais nas relações jurídicas privadas.

---

[42] Nery-Nery, *Código*, p. 464; Arruda Alvim, *Manual*, n. 154, p. 549-550.

[43] Theodoro Jr., *Curso*, v. 1, n. 22, p. 28.

Ainda que exista certa divergência a respeito da sua origem, costuma-se creditá-la à previsão contida na Magna Carta de João Sem Terra, de 1215, que utilizava a expressão "*law of the land*", tendo surgido a expressão "*due process of law*" para designar o devido processo legal somente em lei inglesa do ano de 1354[44].

Tratando-se de um princípio-base, com conceito indeterminado, bastaria ao legislador constituinte, no tocante aos princípios processuais, se limitar a prever o devido processo legal, que na prática os valores essenciais à sociedade e ao ideal do justo dariam elementos suficientes para o juiz no caso concreto perceber outros princípios derivados do devido processo legal. Não foi essa, entretanto, a opção do direito pátrio, que, além da previsão do devido processo legal, contém previsão de diversos outros princípios que dele naturalmente decorrem, tais como o contraditório, a motivação das decisões, a publicidade, a isonomia etc. A opção deve ser louvada em razão da evidente dificuldade de definir concretamente o significado e o alcance do princípio do devido processo legal, mas deve ser registrado que, apesar de o art. 5.º, LIV, da CF, ser encarado como norma de encerramento, a amplitude indeterminada permite a conclusão de que mesmo as exigências não tipificadas podem ser associadas ao ideal de devido processo legal[45].

Atualmente, o princípio do devido processo legal é analisado sob duas óticas, falando-se em **devido processo legal substancial** ("*substantive due process*") e **devido processo legal formal** ("*procedural due process*"). No sentido substancial o devido processo legal diz respeito ao campo da elaboração e interpretação das normas jurídicas, evitando-se a atividade legislativa abusiva e irrazoável e ditando uma interpretação razoável quando da aplicação concreta das normas jurídicas. É campo para a aplicação dos princípios – ou como prefere parcela da doutrina, das regras – da razoabilidade e da proporcionalidade, funcionando sempre como controle das arbitrariedades do Poder Público[46].

Originariamente voltado para a atuação do Poder Público, o devido processo legal substancial também vem sendo exigido em relações jurídicas privadas, com fundamento na vinculação dos particulares aos direitos fundamentais, ainda que tal vinculação deva ser ponderada no caso concreto com o princípio da autonomia da vontade[47]. Exemplo perfeito encontra-se no caso da aluna de universidade paulista quase expulsa de seus quadros em razão de ter assistido à aula de minissaia, mediante sindicância interna na qual não se concedeu direito de defesa à estudante. Ainda que a faculdade seja privada e tenha um regulamento por ela mesma criado, é natural que esse regulamento não possa contrariar os direitos fundamentais.

No sentido formal encontra-se a definição tradicional do princípio, dirigido ao processo em si, obrigando-se o juiz no caso concreto a observar os princípios processuais na condução do instrumento estatal oferecido aos jurisdicionados para a tutela de seus direitos materiais. Contemporaneamente, o devido processo

---

44 Nery, *Princípios*, p. 78; Câmara, *Lições*, v. 1, p. 34.

45 Dinamarco, *Instituições*, v. 1, p. 243.

46 Góes, *Princípio*, p. 55-57.

47 Didier, *Curso*, p. 31-32.

legal vem associado com a ideia de um **processo justo**, que permite a **ampla participação** das partes e a **efetiva proteção** de seus direitos[48].

2.4.2. Contraditório

Segundo o art. 5.º, LV, da CF, "aos litigantes, em processo judicial ou administrativo, e aos acusados em geral são assegurados o contraditório e a ampla defesa, como os meios e recursos a ela inerentes". Também na Lei de Arbitragem (art. 21, § 2.º, da Lei 9.307/1996) existe expressa previsão para que se cumpra o contraditório no processo arbitral. O contraditório e a ampla defesa são tratados pelo texto constitucional no mesmo dispositivo legal, mas nesse tópico a análise será limitada ao princípio do contraditório.

2.4.2.1. *Conceito tradicional: informação + possibilidade de reação*

Tradicionalmente, considera-se ser o princípio do contraditório formado por dois elementos: **informação** e **possibilidade de reação**. Sua importância é tamanha que a doutrina moderna entende tratar-se de elemento componente do próprio conceito de processo, conforme analisado no Capítulo 2, item 2.1.7. Nessa perspectiva, as partes devem ser devidamente comunicadas de todos os atos processuais, abrindo-se a elas a oportunidade de reação como forma de garantir a sua participação na defesa de seus interesses em juízo. Sendo o contraditório aplicável a ambas as partes, costuma-se também empregar a expressão "**bilateralidade da audiência**", representativa da paridade de armas entre as partes que se contrapõem em juízo[49].

O conceito tradicional de contraditório exige alguns apontamentos. A informação exigida pelo princípio é naturalmente associada à necessidade de a parte ter conhecimento do que está ocorrendo no processo para que possa se posicionar – positiva ou negativamente – a esse respeito. Fere o princípio do contraditório qualquer previsão legal que exija um comportamento da parte sem instrumentalizar formas para que tome conhecimento da situação processual. É, por exemplo, flagrantemente inconstitucional, por ferir o princípio do contraditório, o termo inicial para o ingresso das exceções rituais previsto pelo art. 305 do CPC; como se pode exigir o ingresso de exceção ritual a partir da data do fato que gerou a causa da exceção, mesmo antes da ciência pela parte desse fato? Obviamente que isso não pode ser admitido; daí a correta interpretação doutrinária de que o termo inicial se dá com a ciência da parte do fato que gerou a causa da exceção, conforme exposto no Capítulo 11, item 11.6.1.5. O mesmo verifica-se no prazo de resposta do procedimento cautelar, previsto no art. 802, II, do CPC e analisado no Capítulo 52, item 52.4.2.

---

48 Theodoro Jr., *Curso*, p. 28; Nery Jr., *Princípios*.

49 Greco, *Instituições*, p. 540.

Existem duas formas de comunicação de atos processuais reconhecidas pelo Código de Processo Civil: citação e intimação. A citação se presta a integrar o demandado à relação jurídica processual e a informá-lo da existência de demanda judicial contra ele proposta pelo demandante, enquanto a intimação é responsável por dar ciência a alguém dos atos e termos do processo, para que faça ou deixe de fazer alguma coisa (art. 234 do CPC). A citação pode se dar por meio do correio, oficial de justiça, edital e meios eletrônicos (art. 221 do CPC), o mesmo ocorrendo com a intimação na pessoa da parte, porque a regra é que a intimação ocorra na pessoa de seu advogado, por meio de publicação na imprensa oficial, sendo excepcional a intimação pessoal do advogado (por exemplo, art. 527, V, do CPC). A notificação não se encontra entre essas espécies de comunicação, limitando-se atualmente a ser uma espécie de processo cautelar de jurisdição voluntária (arts. 867 a 873 do CPC), salvo no procedimento especial do mandado de segurança, ainda que o ato de comunicação, previsto no art. 7.º, inciso I, da Lei 12.016/2009, seja entendido pela melhor doutrina como espécie de citação[50].

No tocante à reação, a interpretação de que a verificação concreta desse segundo elemento depende da vontade da parte, que opta por reagir ou se omitir, é importante lembrar que a regra do ônus processual nesse caso limita-se aos direitos disponíveis. Nestes, o contraditório estará garantido ainda que concretamente não se verifique reação, bastando que a parte tenha tido a oportunidade de reagir. Nas demandas que têm como objeto direitos indisponíveis, o contraditório exige a efetiva reação, criando-se mecanismos processuais para que, ainda que a parte concretamente não reaja, crie-se uma ficção jurídica de que houve a reação. Assim, não se presumem verdadeiros os fatos alegados pelo autor diante da revelia do réu quando a demanda versar sobre direitos indisponíveis (art. 320, II, do CPC)[51]. Nos direitos disponíveis só há reação quando faticamente a parte reagir, enquanto nos direitos indisponíveis a reação é jurídica, porque ainda que a parte não reaja faticamente, a própria lei prevê os efeitos jurídicos da reação.

A completa realização do princípio do contraditório, em especial quando analisado como forma de garantir a "paridade de armas" no processo, exige uma igualdade real entre as partes para que as reações possam efetivamente igualar suas situações no processo. Essa é a razão pela qual existem normas que permitem a assistência aos menos favorecidos economicamente, com a isenção no recolhimento de custas e a indicação de patrono gratuito pelo Estado, além de outros tratamentos diferenciados analisados em tópico específico[52].

---

50 Barbi, *Do mandado*, n. 197, p. 156-157; Scarpinella Bueno, *Mandado*, p. 69.

51 Cintra-Grinover-Dinamarco, *Teoria*, n. 20, p. 63; Scarpinella Bueno, *Curso*, p. 107-108.

52 Ovídio Baptista-Gomes, *Teoria*, p. 56-57; Marinoni, *Teoria*, p. 409-410.

2.4.2.2. *Poder de influência das partes na formação do convencimento do juiz*

Percebeu-se, muito por influência de estudos alemães sobre o tema, que o conceito tradicional de contraditório fundado no binômio "informação + possibilidade de reação" garantia tão somente no aspecto formal a observação desse princípio. Para que seja substancialmente respeitado, não basta informar e permitir a reação, mas exigir que essa reação no caso concreto tenha real poder de influenciar o juiz na formação de seu convencimento[53]. A reação deve ser apta a efetivamente influenciar o juiz na prolação de sua decisão, porque em caso contrário o contraditório seria mais um princípio "para inglês ver", sem grande significação prática. O "poder de influência" passa a ser, portanto, o terceiro elemento do contraditório, tão essencial quanto os elementos da informação e da reação.

Essa nova visão do princípio do contraditório reconhece a importância da efetiva participação das partes na formação do convencimento do juiz, mas a sua real aplicação depende essencialmente de se convencerem os juízes de que assim deve ser no caso concreto. Posturas como a do juiz que recebe a defesa escrita em audiência nos Juizados Especiais e sem sequer folhear a peça passa a sentenciar certamente não vai ao encontro da nova visão do contraditório. O mesmo ocorre quando desembargadores conversam, leem, ou excepcionalmente se ausentam enquanto o advogado faz sustentação oral perante o Tribunal. Como observa a melhor doutrina, somente por meio de um constante e intenso diálogo do juiz com as partes se concretizará o contraditório participativo, mediante o qual o poder de influência se tornará uma realidade[54].

2.4.2.3. *Contraditório como forma de evitar surpresa às partes*

Partindo-se do pressuposto de que durante todo o desenrolar procedimental as partes serão informadas dos atos processuais, podendo reagir para a defesa de seus direitos, parece lógica a conclusão de que a observância do contraditório é capaz de evitar a prolação de qualquer decisão que possa surpreendê-las. Em matérias que o juiz só possa conhecer mediante a alegação das partes, realmente parece não haver possibilidade de a decisão surpreender as partes.

Os problemas verificam-se no tocante às matérias de ordem pública, na aplicação de fundamentação jurídica alheia ao debate desenvolvido no processo até o momento da prolação da decisão, e aos fatos secundários levados ao processo pelo próprio juiz. São matérias e temas que o juiz pode conhecer de ofício, havendo, entretanto, indevida ofensa ao contraditório sempre que o tratamento de tais matérias surpreender as partes. Ainda que a matéria de ordem pública e a aplicação do princípio do *iura novit curia* permitam uma atuação do juiz independentemente da provocação da parte, é inegável que o juiz, nesses casos – se se decidir sem

---

[53] Greco, *Instituições*, p. 539 e 541.

[54] Greco, *Instituições*, p. 541.

dar oportunidade de manifestação prévia às partes –, as surpreenderá com sua decisão, o que naturalmente ofende o princípio do contraditório[55].

Infelizmente não se percebe a diferença basilar entre **decidir de ofício** e **decidir sem a oitiva das partes**[56]. Determinadas matérias e questões devem ser conhecidas de ofício, significando que, independentemente de serem levadas ao conhecimento do juiz pelas partes, elas devem ser conhecidas, enfrentadas e decididas no processo. Mas o que isso tem a ver com a ausência de oitiva das partes? Continua a ser providência de ofício o juiz levar a matéria ao processo, ouvir as partes e decidir a respeito dela. Como a surpresa das partes deve ser evitada em homenagem ao princípio do contraditório, parece que mesmo nas matérias e questões que deva conhecer de ofício o juiz deve intimar as partes para manifestação prévia antes de proferir sua decisão, conforme inclusive consagrado na legislação francesa e portuguesa.

> O entendimento resta consagrado pelo art. 10 do PLNCPC e em outros dispositivos legais. Segundo o dispositivo mencionado, nenhum juiz, em qualquer órgão jurisdicional, poderá julgar com base em fundamento que não tenha sido objeto de discussão prévia entre as partes, ainda que as matérias possam ser conhecidas de ofício pelo juiz. A ressalva feita pelo parágrafo único atinge a tutela de urgência e da improcedência liminar do pedido. Finalmente se faz constar na lei a diferença básica entre conhecer matéria de ofício e conhecer matéria sem a oitiva prévia das partes.

2.4.2.4. *Contraditório inútil*

Afirma-se que o contraditório é um princípio absoluto – para alguns uma garantia –, vedado qualquer afastamento no caso concreto tanto pelo legislador como pelo operador do direito. Ainda que se compreenda a importância do princípio, é preciso compatibilizar o contraditório com todos os demais princípios, o que poderá mostrar no caso concreto que o contraditório pode não se mostrar indispensável como se costuma imaginar.

O contraditório é moldado essencialmente para a **proteção das partes** durante a demanda judicial, não tendo nenhum sentido que o seu desrespeito, se não gerar **prejuízo** à parte que seria protegida pela sua observação, gere nulidade de atos e até mesmo do processo como um todo. Qual o sentido, à luz da efetividade da tutela jurisdicional, em anular um processo porque neste houve ofensa ao contraditório em desfavor do vitorioso? O autor não foi intimado da juntada pela parte contrária de um documento e a seu respeito não se manifestou. Houve

---

[55] Neves, *Contraditório*, p. 89-107; Câmara, *Lições*, v. 1, p. 53-54; Oliveira, *Princípio*, p. 141-147.

[56] Didier, *Curso*, v. 1, p. 48-50.

ofensa ao contraditório, não há dúvida, mas relevável se o autor ainda assim sagrou-se vitorioso na demanda. A citação ocorreu em homônimo do réu, vício gravíssimo – chamado por alguns de vício transrescisório pela possibilidade de alegação a qualquer momento, até mesmo depois do prazo da ação rescisória – que impede a regular formação da relação jurídica processual. Ocorre, entretanto, que o pedido do autor foi rejeitado, ou seja, o réu, mesmo sem ter sido citado, sagrou-se vitorioso na demanda. Que sentido teria anular essa sentença por ofensa ao contraditório? A resposta é óbvia: nenhum[57].

Os exemplos trazidos têm como objetivo demonstrar que no caso concreto a ofensa ao princípio do contraditório **não gera nulidade em toda e qualquer situação**, não representando uma diminuição do princípio a sua aplicação à luz de outros princípios e valores buscados pelo processo moderno. O afastamento pontual do contraditório, nos termos expostos, é não só admitido, como também recomendável.

Por outro lado, também se admite que o próprio procedimento, de forma ampla e genérica, afaste em algumas situações o contraditório, evitando-se o chamado "contraditório inútil". A sentença proferida *inaudita altera parte* que julga o mérito em favor do réu que nem foi citado (arts. 285-A e 295, IV, do CPC) certamente não se amolda ao conceito de contraditório, porque nesse caso o réu não é sequer informado da existência da demanda. Mas realmente se pode falar em ofensa ao princípio do contraditório? Exatamente qual seria a função de citar o réu e permitir sua reação se o juiz já tem condições de dar a vitória definitiva da demanda (sentença de mérito) a seu favor? Evidentemente, nenhuma digna de nota, não se podendo antever qualquer agressão ao ideal do princípio do contraditório nessas circunstâncias[58].

2.4.2.5. *Contraditório diferido (ou postecipado)*

A estrutura básica do contraditório é:

(i) pedido;
(ii) informação da parte contrária;
(iii) reação possível;
(iv) decisão.

Essa ordem dos elementos que de maneira mais completa determina o contraditório é percebida inclusive na estrutura do processo de conhecimento:

(i) petição inicial;
(ii) citação;
(iii) respostas do réu;
(iv) sentença.

---

57 Bedaque, *Efetividade*, p. 484-489.

58 Didier, *Curso*, p. 448; Nogueira, *A improcedência*, p. 131-133.

É, realmente, mais adequada a estrutura do princípio do contraditório porque a decisão a ser proferida pelo juiz só ocorre depois da oportunidade de ambas as partes manifestarem-se a respeito da matéria que formará o objeto da decisão.

Essa ordem, apesar de ser a preferível, pode excepcionalmente ser afastada pelo legislador, como ocorre na concessão das tutelas de urgência *inaudita altera partes*, em situações de extrema urgência nas quais a decisão do juiz deve preceder a informação e reação da parte contrária. Nesse caso, haverá um "contraditório diferido ou postecipado", porque, apesar de os elementos essenciais do princípio continuarem a existir, a inversão da sua ordem tradicional antecipa a decisão para o momento imediatamente posterior ao pedido da parte[59]. A estrutura do contraditório diferido é:

(i) pedido;
(ii) decisão;
(iii) informação da parte contrária;
(iv) decisão.

Tradicionalmente associado às tutelas de urgência *inaudita altera partes*, o contraditório diferido não exaure sua atuação nessas situações, bastando para tal conclusão a lembrança do procedimento monitório, pelo qual o juiz, diante das alegações contidas na petição inicial e convencido sumariamente, mediante cognição sumária, da existência do direito alegado pelo autor, expede mandado monitório determinando ao réu o pagamento ou a entrega de coisa em 15 dias. Uma vez citado, o réu poderá ingressar também no prazo de 15 dias com embargos ao mandado monitório. No mandado monitório já existe uma decisão, proferida antes da citação do réu, em nítida aplicação do "contraditório diferido".

A técnica do contraditório diferido (ou postecipado) é cabível na tutela de evidência, sendo ou não tutela de urgência. Tutela de evidência é aquela fundada na grande probabilidade da parte ter o direito que alega, não sendo crível que, à luz do princípio do acesso à ordem jurídica justa, tenha que esperar o final do processo para que seja a tutela concedida jurisdicionalmente[60]. Nesses casos concede-se a tutela e posteriormente se informa ao réu para que possa reagir.

O contraditório diferido é excepcional, devendo ser utilizado com extrema parcimônia, até porque a prolação de decisão sem a oitiva do réu capaz de invadir a esfera de influência do sujeito que não foi ouvido é sempre uma violência[61]. Apesar disso, seja em razão do manifesto perigo de ineficácia (tutela de urgência), seja pela enorme probabilidade de o direito existir (tutela de evidência), o contraditório diferido cumpre com a promessa constitucional do art. 5.º, LV, da CF.

59 Câmara, *Lições*, v. 1, p. 53; Silva-Gomes, *Teoria*, p. 56; Theodoro Jr., *Curso*, n. 24, p. 31.
60 Fux, *Tutela*, n. 36, p. 305-311.
61 Greco, *Instituições*, p. 543.

A respeito do tema, o PLNCPC contém uma séria incongruência lógica. Nos termos do art. 9.º, não se admite a prolação de sentença ou decisão contra uma das partes sem sua oitiva prévia, salvo quando se tratar de tutela de urgência ou concedida a fim de evitar o perecimento de direito.

O primeiro equívoco diz respeito à tutela de urgência, porque, exatamente como ocorre no sistema atual, continuará a existir tutela de urgência concedida após a oitiva da parte contrária a que elaborou o pedido. Dessa forma, entendo que o "ou" existente no dispositivo legal comentado deve ser alterado por "e" – mesmo vingando a atual redação, essa é a correta interpretação da norma legal. Contraditório diferido, portanto, somente na tutela de urgência quando o contraditório tradicional colocar em perigo o direito material da parte.

O segundo equívoco do dispositivo é omissivo, considerando que, apesar de consagrar expressamente a tutela de evidência, inclusive com capítulo específico destinado ao tema, omite-se a previsão dessa espécie de tutela no art. 9.º do PLNCPC. É no mínimo estranho o esquecimento, considerando-se que a própria razão de ser da tutela de evidência é de concessão de tutela *inaudita altera parte*, com aplicação ao caso do contraditório diferido. Outra omissão diz respeito ao julgamento liminar de improcedência consagrado no art. 307.

2.4.3. Princípios dispositivo e inquisitivo (inquisitório)

No sistema inquisitivo puro o juiz é colocado como a figura central do processo, cabendo a ele a sua instauração e condução sem a necessidade de qualquer provocação das partes. A liberdade na atuação do juiz é ampla e irrestrita. No sistema dispositivo puro o juiz passa a ter uma participação condicionada à vontade das partes, que definem não só a existência e extensão do processo – cabendo ao interessado a sua propositura e definição dos elementos objetivos e subjetivos –, como também o seu desenvolvimento, que dependerá de provocação para que prossiga.

O sistema brasileiro é um **sistema misto**[62], com preponderância do princípio dispositivo[63]. Ao menos na jurisdição contenciosa é correto afirmar que esse sistema misto é essencialmente um sistema dispositivo temperado com toques de inquisitoriedade. A convivência desses dois sistemas no direito brasileiro fica bem clara no art. 262 do CPC, que prevê a necessidade de provocação do interessado para que exista processo (princípio dispositivo) a ser desenvolvido pelo impulso oficial (princípio inquisitivo).

Além desse dispositivo legal, uma análise de nosso sistema demonstra o acerto do entendimento que aponta para a existência de um sistema misto. O juiz está vinculado aos fatos jurídicos componentes da causa de pedir, o que depende da vontade da parte, mas as provas a respeito dos fatos podem ser determinadas de

[62] Theodoro Jr., *Curso*, n. 23, p. 29.

[63] Ovídio Baptista, *Teoria*, p. 47.

ofício pelo juiz (art. 130 do CPC), o que demonstra uma característica do sistema inquisitivo. Segundo o art. 131 do CPC, o juiz pode levar em consideração em sua decisão os fatos simples, ainda que não alegados pelas partes, regra esta que também consagra o princípio inquisitivo. O princípio da congruência (art. 460 do CPC) vincula o juiz aos limites do pedido do autor, não se admitindo a concessão de algo diferente nem a mais do que foi pedido, o que, inclusive, gerará sentença *extra* e *ultra petita*, respectivamente. Essa, entretanto, é a regra, não aplicável na hipótese dos "pedidos implícitos" e na permissão de aplicação do princípio da fungibilidade (por exemplo, pedida reintegração de posse o juiz concede manutenção de posse – art. 920 do CPC), para as quais se nota a presença do sistema inquisitivo.

2.4.4. Motivação das decisões

Segundo o art. 93, IX, da CF, todas as decisões proferidas em processo judicial ou administrativo devem ser motivadas, sendo obrigatória aos julgadores a tarefa de **exteriorização das razões de seu decidir**, com a demonstração concreta do raciocínio fático e jurídico que desenvolveu para chegar às conclusões contidas na decisão[64].

Tradicionalmente, a justificativa do princípio da motivação das decisões judiciais era voltada exclusivamente para os sujeitos processuais (justificativa endoprocessual). Num primeiro momento é voltada ao sucumbente, que sem conhecimento das razões da decisão não teria condições de elaborar o seu recurso, porque ninguém pode impugnar de forma específica uma decisão sem conhecer os seus fundamentos. Num segundo momento a fundamentação se mostra imprescindível para que o órgão jurisdicional competente para o julgamento do recurso possa analisar o acerto ou equívoco do julgamento impugnado. Ainda que esse aspecto mantenha a sua importância, continuando a justificar o princípio ora analisado, é importante apontar para o aspecto político desse princípio, que ganha relevância em tempos atuais.

Sob o ponto de vista político a motivação se presta a demonstrar a correção, imparcialidade e lisura do julgador ao proferir a decisão judicial, funcionando o princípio como forma de legitimar politicamente a decisão judicial. Permite um controle da atividade do juiz não só do ponto de vista jurídico, feito pelas partes no processo, mas de uma forma muito mais ampla, uma vez que permite o controle da decisão por toda a coletividade[65].

Uma decisão sem a devida fundamentação, portanto, contém vício sério, porque, além de afrontar texto constitucional expresso, impede o acesso da parte sucumbente aos tribunais, impede a atuação desse órgão na revisão da decisão e, pior do que tudo isso, permite que se façam ilações a respeito da imparcialidade e lisura do julgador, o que é altamente prejudicial para a imagem do Poder

---

[64] Cruz e Tucci, *A motivação*, p. 17-18.

[65] Cintra-Grinover-Dinamarco, *Teoria*, n. 27, p. 74.

Judiciário. Essa nulidade absoluta deve atingir inclusive as pseudomotivações, encontradas cada vez com maior frequência na praxe forense, como "defiro por presentes os requisitos" ou ainda "concedo, nos termos da lei"[66].

No tocante à motivação da sentença, o PLNCPC original trazia novidade em seu art. 472, parágrafo único: fundamentando-se a decisão em conceitos juridicamente indeterminados, cláusulas gerais ou princípios jurídicos, caberia a exposição analítica do sentido em que as normas foram compreendidas, demonstrando-se as razões pelas quais, ponderando os valores em questão e à luz das peculiaridades do caso concreto, não aplicou-se princípios colidentes. A regra foi parcialmente mantida pelo art. 477 do Substitutivo apresentado no Senado Federal, sendo excluída a parte final, que exigia expressamente a ponderação dos valores em questão.

2.4.5. Isonomia

A regra de que a lei deve tratar todos de forma igual (art. 5.º, *caput* e inciso I, da CF) aplica-se também ao processo, devendo tanto a legislação como o juiz no caso concreto garantir às partes uma "**paridade de armas**" (art. 125, I, do CPC), como forma de manter equilibrada a disputa judicial entre elas. A isonomia no tratamento processual das partes é forma, inclusive, do juiz demonstrar a sua imparcialidade, porque demonstra que não há favorecimento em favor de qualquer uma delas. O prazo para as contrarrazões nos recursos é sempre igual ao prazo dos recursos; ambas as partes têm direito a todos os meios de provas e serão intimadas para participar da audiência, na qual poderão igualmente participar, etc.

O princípio da isonomia, entretanto, não pode se esgotar num aspecto formal, pelo qual basta tratar todos igualmente que estará garantida a igualdade das partes, porque essa forma de ver o fenômeno está fundada na incorreta premissa de que todos sejam iguais. É natural que, havendo uma igualdade entre as partes, o tratamento também deva ser igual, mas a isonomia entre sujeitos desiguais só pode ser atingida por meio de um tratamento também desigual, na medida dessa desigualdade. O objetivo primordial na isonomia é permitir que concretamente as partes atuem no processo, dentro do limite do possível, no mesmo patamar. Por isso, alguns sujeitos, seja pela sua qualidade, seja pela natureza do direito que discutem em juízo, têm algumas **prerrogativas** que diferenciam seu tratamento processual dos demais sujeitos, como forma de equilibrar a disputa processual.

[66] Cruz e Tucci, *A motivação*, p. 17-18; Câmara, *Lições*, v. 1, p. 56.

Apesar de concordar com o tratamento diferenciado dispensado às partes também diferentes, entendia temerária a regra constante no art. 7.º do PLNCPC original. Segundo o dispositivo legal, o juiz asseguraria às partes a paridade de tratamento no processo, devendo velar pelo efetivo contraditório em casos de hipossuficiência técnica.

Ao ler o PLNCPC me perguntei: seria possível ao juiz dar prazos distintos às partes para se manifestarem sobre um mesmo ato, sem previsão legal expressa de prazo diferenciado? Seria possível ao juiz determinar o recolhimento de preparo por uma parte para evitar a deserção de recurso e recusá-lo à outra, em razão da hipossuficiência técnica? Seria possível afastar a preclusão consumativa para uma parte e mantê-la para a outra, justificando-se na diferença técnica entre elas? O número máximo de testemunhas deve ser diferente, considerando que a parte tecnicamente hipossuficiente pode ter maior dificuldade na inquirição?

Todas as perguntas elaboradas devem ser respondidas negativamente, pois não se obtém a isonomia real por meio da discricionariedade judicial. Seria mais adequado aos princípios da segurança jurídica, e mesmo da isonomia, se o dispositivo legal apenas mencionasse que a paridade de tratamento dependeria de tratamento diferenciado, quando necessário, nos termos da lei. E foi exatamente o que ocorreu no Substitutivo aprovado no Senado Federal, que excluiu do dispositivo legal a parte final que tratava da "hipossuficiência técnica".

O beneficiário da assistência judiciária é tratado de forma diferente daquele que não é pobre na acepção jurídica do termo no tocante ao pagamento das custas processuais, porque naturalmente essa é a única forma de equilibrar a situação desses dois sujeitos no processo. Do mesmo modo, algumas hipóteses de hipossuficiência justificam um tratamento diferenciado, como ocorre na proteção do consumidor em juízo, sendo legítimo que o juiz facilite a defesa de seu interesse no processo, conforme expressa previsão do art. 6.º, VIII, do CDC, ou ainda com o incapaz, que terá direito a representante processual, presença do Ministério Público como fiscal da lei (art. 82, I, do CPC) e não operará com relação a ele o efeito da presunção de veracidade na revelia (art. 320, II, do CPC). É correto que tenham prazo em dobro os litisconsortes com patronos diferentes (art. 191 do CPC), em razão da notável dificuldade de acesso aos autos nesses casos. Algumas espécies de hipossuficiência justificam que determinados sujeitos tenham a prerrogativa de litigarem no foro de seu domicílio, como ocorre com a mulher casada nas demandas de ruptura do laço conjugal (art. 100, I, do CPC) e com o consumidor (art. 101, I, do CDC).

Em termos de tratamento processual diferenciado ninguém supera a Fazenda Pública, sendo interessante notar que os autores que não concordam com o tratamento diferenciado mencionam *privilégios*[67] da Fazenda Pública, enquanto aqueles

[67] Dinamarco, *Instituições*, v. 1, p. 211.

que defendem a diferenciação preferem falar em *prerrogativas*[68]. São diversos indicativos desse tratamento diferenciado:

(a) o prazo em quádruplo para responder – abrange todas as espécies de resposta, e não só a contestação como consta do art. 188 do CPC – e em dobro para recorrer[69];
(b) isenção do recolhimento de preparo e do adiantamento de quaisquer custas judiciais;
(c) dispensa da caução prévia para a propositura da ação rescisória;
(d) dispensa do depósito da multa para continuar recorrendo na hipótese do art. 557 do CPC[70];
(e) possibilidade de ser condenado a pagar honorários em valor inferior a 10% sobre o valor da condenação (art. 20, § 4.º, do CPC)[71];
(f) intimação pessoal dos procuradores e advogados da União (art. 6.º da Lei 9.028/1995) e dos procuradores federais e do Banco Central do Brasil (art. 17 da Lei 10.910/2004), regra abandonada pelo art. 9.º da Lei 11.419/2006 (processo eletrônico);
(g) reexame necessário nos termos do art. 475 do CPC.

Para os defensores desse tratamento processual diferenciado, o legislador está tão somente aplicando a tese da isonomia real, sem nenhum benefício injustificado em favor da Fazenda Pública. São fundamentalmente dois os argumentos: as dificuldades na atividade jurisdicional em razão de problemas estruturais conjugados ao colossal volume de trabalho e a natureza do direito defendido em juízo, que é um direito da coletividade, a todos sendo interessantes essas prerrogativas para que a Fazenda Pública bem desempenhe sua atuação no processo[72]. Os críticos não entendem justificável o tratamento diferenciado, chegando a se considerar a Fazenda Pública como uma superparte no processo, que tudo pode e contra ela nada se pode, em nítida e indesejável ofensa ao princípio da isonomia[73].

2.4.6. Publicidade dos atos processuais

Segundo a melhor doutrina, a publicidade dos atos processuais é a forma mais eficaz de **controle do comportamento** no processo do juiz, dos advogados, do promotor, e até mesmo das partes. Ao admitir a publicidade dos atos, facultando a presença de qualquer um do povo numa audiência, o acesso aos autos do processo a qualquer pessoa que, por qualquer razão queria conhecer seu teor, bem como a leitura do diário oficial (em alguns casos até o acesso à internet), garante-se a aplicação do princípio.

[68] Carneiro da Cunha, *A Fazenda*, p. 34.
[69] Entende preservada a isonomia, Câmara, *Lições*, v. 1, p. 41. Contra, Lucon, *Garantia*, p. 119.
[70] *Informativo* 332/STJ: EREsp 808.525-PR, Rel. Min. Luiz Fux, j. 19.09.2007.
[71] Nery Jr., *Princípios*, entende ser inconstitucional o art. 20, § 4.º, da CF por ofensa à isonomia.
[72] Greco Filho, *Direito*, v. 1, p. 65-66.
[73] Dinamarco, *Instituições*, v. 1, p. 210-213.

A garantia dessa publicidade popular encontra-se consagrada no art. X da Declaração Universal dos Direitos do Homem, bem como na Constituição Federal pátria, no art. 93, IX e X[74]. Ocorre, entretanto, que a publicidade ampla e irrestrita pode ser consideravelmente danosa a alguns valores essenciais também garantidos pelo texto constitucional, de forma que o art. 5.º, LX, da CF permite a **restrição da publicidade** dos atos processuais quando assim exigirem a intimidade e o interesse social. Também no art. 155 do CPC existe norma expressa que restringe a publicidade, sendo o dispositivo ainda mais específico – mas não excludente – que o texto constitucional. Só lamenta-se a utilização no *caput* do dispositivo legal do termo "segredo de justiça", já arraigada na praxe forense. É evidente que nenhum processo corre em "segredo de justiça", porque isso equivaleria à não aplicação do princípio da publicidade, sendo que a lei nesses casos somente mitiga a publicidade, restringindo-a às partes e a seus patronos.

Ainda que sem consequências práticas significativas, o art. 11, *caput*, do PLNCPC, prevê regra muito tímida a respeito da publicidade dos atos processuais, que nem de longe traduz toda a dimensão da exigência constitucional. Consta do dispositivo legal que todos os julgamentos dos órgãos jurisdicionais serão públicos, sob pena de nulidade. Mas e os outros atos processuais que não constituem julgamento, não serão, ao menos em regra, públicos? O acesso aos autos não deve ser regido pelo princípio da publicidade? E as audiências nas quais não se proferem julgamentos? Seria mais correto o dispositivo legal ora analisado, referindo-se a "atos processuais" no lugar de "julgamentos".

O tema da publicidade mitigada é previsto no art. 164 do PLNCPC. Infelizmente, já no *caput* do dispositivo legal encontra-se a equivocada expressão "segredo de justiça", repetida no art. 11, parágrafo único. Nos dois primeiros incisos do art. 164 do PLNCPC repetem-se os incisos do art. 155 do atual CPC, com as devidas adaptações, excluindo-se a separação judicial e a conversão desta em divórcio e incluindo-se, expressamente, a separação de corpos, o divórcio, a união estável e a guarda de crianças e adolescentes.

O art. 164 do PLNCPC prevê mais duas hipóteses de "segredo de justiça": em seu inciso III, a de processos nos quais constem dados protegidos pelo direito constitucional à intimidade, consagrando no CPC a regra constitucional; e no inciso IV, a de processos que dizem respeito ao cumprimento de carta arbitral, desde que a confidencialidade estipulada na arbitragem seja comprovada perante o juízo. Outra novidade é o § 2.º do dispositivo legal ora mencionado, garantindo o segredo nos casos previstos em lei também ao processo eletrônico.

Segundo o parágrafo único do art. 11 do PLNCPC, nos casos de segredo de justiça, pode ser autorizada, nos julgamentos, somente a presença das partes, de seus advogados ou defensores públicos, ou ainda, quando for o caso, do Ministério Público.

[74] Para Dinamarco, *Instituições*, v. 1, p. 235, o direito brasileiro adotou a publicidade restrita e não a popular.

É importante notar que a exigência de interesse público que pode levar o juiz a limitar a publicidade no caso concreto pode se referir aos sujeitos processuais ou ao objeto da demanda, sendo nesses casos a limitação estendida para todos os atos processuais. Em outros casos, é possível que, por uma questão pragmática, se façam certas limitações à publicidade em razão de dificuldades operacionais, com nítido prejuízo ao processo se admitida a publicidade ampla. Cito a falência de uma enorme rede varejista em São Paulo, quando o juiz determinou que somente em um dia da semana as centenas de advogados dos credores poderiam acessar os autos, de forma a manter o cartório em regular andamento nos demais dias da semana, regra excepcionada em situações de urgência. A proibição da presença da imprensa sempre que houver prejuízo ao andamento do ato processual também é justificável. Ou, ainda, quando o juiz que determina a retirada da sala de audiência de alguns estagiários em razão da superlotação. Nada disso, naturalmente, fere o princípio constitucional da publicidade dos atos processuais.

2.4.7. Princípio da economia processual

O princípio da economia processual deve ser analisado sob duas diferentes óticas. Do ponto de vista sistêmico, observando-se o sistema como um todo, significa que, quanto menos demandas existirem para se chegar aos mesmos resultados, melhor será em termos de qualidade da prestação jurisdicional como um todo. Não resta nenhuma dúvida de que as ações coletivas, ao evitarem a fragmentação do direito em inúmeras demandas individuais, contribuem significativamente para a economia processual no sentido ora analisado. A permissão da formação do litisconsórcio, ainda que vetado o litisconsórcio multitudinário (art. 46, parágrafo único, do CPC), também atua nesse sentido de evitar mais demandas para se atingir o mesmo resultado, o mesmo ocorrendo com a reunião de demandas conexas para julgamento conjunto (art. 105 do CPC).

Nessa visão mais ampla do princípio da economia processual têm-se também alguns institutos processuais que evitam a repetição de atos processuais, o que numa análise **macroscópica** do princípio são extremamente importantes, tais como as intervenções de terceiro, a reconvenção e a ação declaratória[75]. É evidente que, pensado o princípio equivocadamente de forma **microscópica**, voltada somente para o caso concreto, uma intervenção de terceiro ou uma reconvenção, ao tornar a demanda mais complexa, em termos objetivos, subjetivos ou ambos, atrasa a entrega da prestação jurisdicional naquela demanda. Numa análise "egoísta", que levará em conta somente o caso concreto, poderia até se concluir que esses institutos processuais ferem o princípio da economia processual, o que evidentemente não se sustenta.

Por outro lado, o princípio da economia também pode ser entendido como a tentativa de ser o processo o mais barato possível, gerando o menor valor de gastos. Nesses termos, de essencial importância o benefício da assistência

[75] Cintra-Grinover-Dinamarco, *Teoria*, n. 30, p. 79.

judiciária, que garante constitucionalmente o acesso ao processo àqueles que não têm condições econômicas de enfrentar um processo. Também de extrema relevância os Juizados Especiais, com sua regra geral de gratuidade, pelo menos até a prolação da sentença (art. 54, *caput* e parágrafo único, da Lei 9.099/1995). Mas, mesmo para aqueles que não podem ser considerados pobres, na acepção jurídica do termo, o processo também deve ser barato, o que se obtém com a diminuição dos valores das custas judiciais, utilização de órgãos públicos para a realização de perícia e, evidentemente, o oferecimento de um processo mais rápido, porque a experiência mostra que, quanto mais demorado o processo, mais oneroso ele se torna[76].

2.4.8. Princípio da instrumentalidade das formas

Sempre que o ato processual tenha uma forma prevista em lei, deve ser praticado segundo a formalidade legal, sob pena de nulidade. Todo ato processual tem uma finalidade jurídico-processual, um resultado a ser atingido e, atingida essa finalidade, serão gerados os efeitos jurídicos programados pela lei, desde que o ato tenha sido praticado em respeito à forma legal. Nesse sentido, a forma legal do ato proporciona segurança jurídica às partes, que sabem de antemão que, praticando o ato na forma que determina a lei, conseguirão os efeitos legais programados para aquele ato processual.

Sempre que a forma legal não é respeitada, há uma consequência processual: o efeito jurídico programado pela lei não é gerado. Essa consequência processual – que para parcela doutrinária é uma sanção – representa a nulidade. Ato viciado é aquele praticado em desrespeito às formas legais, enquanto a **nulidade** é a sua **consequência sancionatória**, que não permite ao ato gerar os efeitos programados em lei. O princípio da instrumentalidade das formas busca aproveitar o ato viciado, permitindo-se a geração de seus efeitos, ainda que se reconheça a existência do desrespeito à forma legal.

Pelo princípio da instrumentalidade das formas, ainda que a formalidade para a prática de ato processual seja importante em termos de segurança jurídica, visto que garante à parte que a respeita a geração dos efeitos programados por lei, não é conveniente considerar o ato nulo somente porque praticado em desconformidade com a forma legal. O essencial é verificar se o desrespeito à forma legal para a prática do ato afastou-o de sua **finalidade**, além de verificar se o descompasso entre o ato como foi praticado e como deveria ser praticado segundo a forma legal causou algum **prejuízo**. Não havendo prejuízo para a parte contrária, tampouco ao próprio processo, e percebendo-se que o ato atingiu sua finalidade, é excessivo e indesejável apego ao formalismo declarar o ato nulo, impedindo a geração dos efeitos jurídico-processuais

[76] Theodoro Jr., *Curso*, n. 30, p. 36.

programados pela lei[77]. Fundamentalmente, esse **aproveitamento do ato viciado**, com as exigências descritas, representa o princípio da instrumentalidade das formas, que naturalmente tem ligação estreita com o princípio da economia processual.

Registre-se que a aplicação do princípio ora analisado independe da natureza da nulidade, alcançando tanto as relativas quanto as absolutas. Exemplo significativo de seu alcance é dado em processos nos quais o Ministério Público deveria participar como fiscal da lei, mas deixa de participar. Apesar de a nulidade absoluta ter sido cominada por duas vezes no Código de Processo Civil, nos arts. 84 e 246, o Superior Tribunal de Justiça tem entendimento pacificado que sem a prova de efetivo prejuízo decorrente da ausência do parquet não haverá nulidade a ser declarada[78].

> Aline ingressa com demanda contra Felipe, mas, pelo fato de conhecer a reputação de Felipe, pede a sua citação por oficial de justiça, acreditando que o carteiro não conseguirá realizar o ato citatório. Segundo o art. 222, *f*, do CPC, sempre que o autor pedir a citação por oficial de justiça, será essa a forma legal para o ato citatório. O juiz, entretanto, determina a citação por correio, o que nitidamente não é a forma legal adequada para aquele caso concreto. Apesar das impressões de Aline, Felipe é devidamente citado por carta com aviso de recebimento, sendo evidente que essa citação, apesar de não ter sido realizada pela forma legal adequada para o caso concreto, não será nula, porque a finalidade do ato (integrar o réu ao processo e dar ciência a ele da existência do processo) foi atingida e também porque não houve prejuízo algum[79]. Nesse mesmo processo Felipe alega a incompetência relativa do juízo como preliminar da contestação, em ato obviamente viciado, porque a forma legal para a alegação dessa espécie de matéria é a exceção ritual. Ocorre, entretanto, que a finalidade do ato – que é demonstrar ao juiz a insatisfação do réu com a escolha do foro pelo autor – foi atingida, não sendo possível visualizar algum prejuízo nesse caso. Apesar de viciado, pela aplicação do princípio da instrumentalidade das formas, o ato deve ser aproveitado.

Há pelo menos três dispositivos legais no PLNCPC que tratam genericamente do princípio da instrumentalidade das formas. Os arts. 163, *caput*, e 252 contêm a mesma regra, prevendo que serão considerados válidos os atos que, realizados de outro modo que não a forma determinada em lei, lhe preencham a finalidade essencial. Tenho dúvidas a respeito da qualidade técnica do dispositivo legal, porque, como já tive a oportunidade de defender, no princípio da instrumentalidade das formas não se convalida o vício, apenas se admite que o ato viciado gere normalmente os efeitos previstos em lei, como se válido fosse. Nos termos dos dispositivos mencionados, o ato viciado tornar-

[77] Bedaque, *Efetividade*, p. 419 e 422; Dinamarco, *Instituições*, v. 2, n. 714, p. 597; STJ, 4.ª Turma, REsp. 873.043/RS, Rel. Min. Arnaldo Esteves Lima, j. 27.09.2007, *DJ* 22.10.2007; STJ, 1.ª Turma, REsp 790.090/PR, Rel. Min. Denise Arruda, j. 02.08.2007, *DJ* 10.09.2007; STJ, 3.ª Turma, REsp 687.115/GO, Rel. Min. Nancy Andrighi, j. 28.06.2007, *DJ* 1.º.08.2007.

[78] *Informativo* 480/STJ: 2.ª Turma, REsp 818.978/ES, rel. Min. Mauro Campbell Marques, j. 09.08.2011.

[79] O Superior Tribunal de Justiça, em aplicação do princípio da instrumentalidade das formas, entende que a penhora realizada por oficial de justiça pertencente a comarca distinta daquela na qual se localiza o imóvel não deve ser anulada: *Informativo* 424/STJ: 4.ª Turma, REsp 523.466/MG, rel. Min. Fernando Gonçalves, julgado em 23.02.2010.

-se-ia válido apenas para se permitir a geração de seus efeitos, o que parece tecnicamente inadequado e praticamente desnecessário. Bastaria ao legislador reconhecer que, não havendo prejuízo e atingindo sua finalidade, o ato, mesmo que viciado, geraria normalmente seus efeitos. A ausência de prejuízo, inclusive, vem prevista no art. 258, parágrafo único, do PLNCPC, que prevê o aproveitamento de ato viciado desde que não resulte em prejuízo à defesa.

2.4.9. Princípio da razoável duração do processo

Com a Emenda Constitucional 45/2004, o direito a um processo sem dilações indevidas foi expressamente alçado à qualidade de direito fundamental, ainda que para parcela da doutrina o art. 5.º, LXXVIII, da CF só tenha vindo a consagrar realidade plenamente identificável no princípio do devido processo legal[80]. A expressa previsão constitucional, que trata do tema como o direito à "razoável duração do processo", deve ser saudada, ainda que com reservas, porque atualmente não resta dúvida quanto à condição de garantia fundamental do direito a um processo sem dilações indevidas.

O art. 4.º do PLNCPC prevê que as partes têm direito de obter em prazo razoável a solução integral da lide, incluída a atividade satisfativa. O dispositivo somente consagra no CPC a regra constitucional ora analisada, tendo o mérito de deixar claro que por "processo" entende-se a satisfação plena do direito, o que inclui tanto a fase de conhecimento como também a de execução.

É notório que o processo brasileiro – e nisso ele está acompanhado de vários outros países ricos e pobres – demora muito, o que não só sacrifica o direito das partes, como enfraquece politicamente o Estado. Há tentativas constantes de modificação legislativa infraconstitucional, como se pode notar por todas as reformas por que passou nosso Código de Processo Civil, que em sua maioria foram feitas com o ideal de prestigiar a **celeridade processual**. O próprio art. 5.º, LXXVIII, da CF aponta que a razoável duração do processo será obtida com os meios que admitam a celeridade de sua tramitação.

Deve ser lembrado que a celeridade nem sempre é possível, como também nem sempre é saudável para a qualidade da prestação jurisdicional. O legislador **não pode sacrificar direitos fundamentais das partes** visando somente a obtenção de celeridade processual, sob pena de criar situações

[80] Cruz e Tucci, *Tempo*, n. 3.2, p. 66.

ilegais e extremamente injustas[81]. É natural que a excessiva demora gere um sentimento de frustração em todos os que trabalham com o processo civil, fazendo com que o valor celeridade tenha atualmente posição de destaque. Essa preocupação com a demora excessiva do processo é excelente, desde que se note que, a depender do caso concreto, a celeridade prejudicará direitos fundamentais das partes, bem como poderá sacrificar a qualidade do resultado da prestação jurisdicional. Demandas mais complexas exigem mais atividades dos advogados, mais estudo dos juízes e, bem por isso, tendem naturalmente a ser mais demoradas, sem que com isso se possa imaginar ofensa ao princípio constitucional ora analisado[82].

Por outro lado, a doutrina especializada no tema defende corretamente que, além da complexidade da demanda, o comportamento dos litigantes é essencial para a verificação da dilação indevida do processo, não se podendo apontar ofensa ao princípio ora analisado por atrasos imputados à atuação dolosa das partes[83]. Caberá ao juiz punir severamente tal comportamento, sob pena de compactuar, com a sua omissão, para a dilação indevida do processo.

Os processualistas fazem o que podem sugerindo modificações na lei processual – nem todas de qualidade, diga-se de passagem – e o processo continua moroso. Não se querendo desprezar esse trabalho exaustivo daqueles que pensam em inovações para a melhora da qualidade da prestação jurisdicional, em especial no tocante à celeridade, será mesmo procedimental nosso problema? Será mesmo que nosso Código de Processo Civil é o grande responsável pela demora excessiva na duração dos processos?

Enquanto o Estado brasileiro, por meio do Poder Executivo e seu lacaio, o Poder Legislativo, continuarem a ver o Poder Judiciário como um estorvo, este Poder não terá condições materiais para enfrentar o cada vez maior número de processos. O que falta é dinheiro, estrutura e organização profissional, temas estranhos ao processo civil[84]. Sem isso, continuará somente como promessa vazia o direito a um processo com duração razoável. Triste é constatar que o Estado brasileiro, em especial o Poder Executivo, não deseja um Poder Judiciário ágil e eficaz, porque, sendo um dos clientes preferenciais do Poder Judiciário, em regra como demandado, para o Poder Executivo quanto mais tempo demorar o processo melhor será, afinal, o governante de plantão provavelmente não mais estará no cargo ao final do processo; logo, o problema já não será mais dele. Enquanto nossos governantes tiverem essa tacanha e imediatista visão, dificilmente as coisas melhorarão em termos de celeridade processual, apesar do esforço elogiável dos responsáveis pelas constantes mudanças procedimentais do processo civil.

---

[81] Didier, *Curso*, p. 43-44.

[82] Cruz e Tucci, *Tempo*, p. 68.

[83] Cruz e Tucci, *Tempo*, p. 68.

[84] Câmara, *Lições*, v. 1, p. 59.

De qualquer forma, é inegável o esforço do legislador em criar institutos processuais voltados a um processo mais rápido:

(a) julgamento antecipado do mérito (art. 330 do CPC);
(b) procedimento sumário (art. 275 do CPC) e sumaríssimo (Lei 9.099/1995);
(c) procedimento monitório (arts. 1.102-A a 1.102-C do CPC);
(d) julgamento de improcedência liminar (art. 285-A do CPC);
(e) súmula impeditiva de recursos (art. 518, § 1.º, do CPC);
(f) julgamentos monocráticos do relator de recurso (art. 557 do CPC);
(g) prova emprestada;
(h) processo sincrético;
(i) comunicação dos atos processuais por via eletrônica (art. 154, § 2.º, do CPC);
(j) repressão à chicana processual (art. 14, parágrafo único, do CPC) etc.

2.4.10. Princípio da cooperação

Muito discutido em países como Portugal e Alemanha, o princípio da cooperação é voltado essencialmente à conduta do juiz no processo, afastando-se da imagem do juiz que funciona tão somente como um distante fiscal da observância das regras legais. O objetivo do princípio é **exigir do juiz uma participação mais efetiva**, entrosando-se com as partes de forma que o resultado do processo seja o resultado dessa atuação conjunta de todos os sujeitos processuais. O juiz passa a ser um integrante do debate que se estabelece na demanda, prestigiando esse debate entre todos, com a ideia central de que, quanto mais cooperação houver entre os sujeitos processuais, a qualidade da prestação jurisdicional será melhor[85].

A pouca doutrina nacional que já enfrentou o tema divisa fundamentalmente três vertentes desse princípio da cooperação, entendidas como verdadeiros deveres do juiz na condução do processo[86]:

(i) dever de esclarecimento, consubstanciado na atividade do juiz de requerer às partes esclarecimentos sobre suas alegações e pedidos, o que naturalmente evita a decretação de nulidades e a equivocada interpretação do juiz a respeito de uma conduta assumida pela parte;
(ii) dever de consultar, exigindo que o juiz sempre consulte as partes antes de proferir decisão, em tema já tratado quanto ao conhecimento de matérias e questões de ofício;
(iii) dever de prevenir, apontando às partes eventuais deficiências e permitindo suas devidas correções, evitando-se assim a declaração de nulidade, dando-se ênfase ao processo como genuíno mecanismo técnico de proteção de direito material.

O PLNCPC reconhece e consagra o princípio da cooperação. Segundo o art. 5.º, "as partes têm direito de participar ativamente do processo, cooperando com o juiz e fornecendo-lhe subsídios para que profira decisões, realize atos

[85] Greco. *Instituições*, p. 545.
[86] Gouvêa, *Cognição*, p. 173-185; Didier, *Curso*, v. 1, p. 55-58.

executivos ou determine prática de medidas de urgência". As variadas previsões que exigem do juiz a oitiva prévia das partes para decidir com fundamento em matéria que deva conhecer de ofício também demonstram que o princípio da cooperação foi levado em consideração pelo reformista.

2.4.11. Princípio da boa-fé e lealdade processual

Apesar da valoração do princípio da cooperação, devidamente analisado no item anterior, é inegável que as partes atuam na defesa de seus interesses, colaborando com o juízo na medida em que essa colaboração lhe auxilie a se sagrar vitoriosa na demanda. Acreditar que as partes atuam de forma desinteressada, sempre na busca da melhor tutela jurisdicional possível, ainda que contrária aos seus interesses, é pensamento ingênuo e muito distante da realidade.

Negar a característica de um jogo ao processo é fechar os olhos a uma realidade bem evidente, vista diariamente na praxe forense. O processo, ao colocar frente a frente pessoas com interesses diametralmente opostos – ao menos na jurisdição contenciosa – e no mais das vezes com ânimos exaltados, invariavelmente não se transforma em busca pacífica e cooperativa na busca da verdade e, por consequência, da justiça, que fatalmente interessa a um dos litigantes, mas não ao outro.

Há conflito, há interesses confrontantes, há desejo de sobrepor-se à parte contrária. O patrono da parte, responsável pela defesa dos interesses de seu constituinte, não pode se esquecer de que se encontra no processo justamente exercitando tal mister e que uma eventual postura isonômica e imparcial desse colocaria em risco o princípio de igualdade entre as partes. Como já ensina lição clássica de Calamandrei, o pior advogado é aquele que se esquece de seu cliente e pensa ser o juiz da causa[87].

Assemelhando-se o processo a um jogo, é necessário que algumas regras sejam estabelecidas, aliás, como em qualquer outra atividade humana que coloque contentores frente a frente. Os deveres de proceder com lealdade e com boa-fé, presentes em diversos artigos do Código de Processo Civil, prestam-se a evitar os exageros no exercício da ampla defesa, prevendo condutas que violam a boa-fé e lealdade processual e indicando quais são as sanções correspondentes. Como ensina a melhor doutrina, ainda que por vezes não se mostre fácil no caso concreto, deve existir uma linha de equilíbrio entre os deveres éticos e a ampla atuação na defesa de interesses[88].

---

[87] *Eles, os juízes, vistos por um advogado*, São Paulo, Martins Fontes, 1998, p. 123.

[88] Dinamarco, *Reforma da Reforma*, p. 57; Greco Filho, *Direito Processual Civil*, 1.° vol., p. 106.

Em diversas passagens da presente obra são indicados atos considerados pontualmente como violadores dos princípios da boa-fé e da lealdade processual e sua respectiva sanção. Assim ocorre, por exemplo, com os arts. 538, parágrafo único, 557, § 2.º, 600 e 601, todos do CPC. Como esses dispositivos são comentados incidentalmente nos temas a que correspondem, nesse momento a análise se limitará aos principais aspectos do Capítulo II do Título II do Livro I do CPC ("Dos deveres das partes e dos seus procuradores").

O art. 14 do CPC descreve, em seus cinco incisos, deveres de conduta para as partes e para qualquer pessoa que de alguma forma participe do processo, o que incluiu os demais sujeitos processuais (juiz, promotor, advogados, serventuários da justiça) e terceiros, que poderão praticar atos no processo (p. ex., depoimento de uma testemunha) e atos fora do processo que nele reflitam. Ainda que sejam importantes deveres dos sujeitos que participam do processo, não existe na previsão legal qualquer sanção pelo descumprimento dos deveres previstos nos incisos I ao IV.

O mais interessante inciso do art. 14 é o inciso V, que prevê o "*contempt of court*" brasileiro. O legislador notou que aquele que deixa de cumprir com exatidão as ordens judiciais (provimentos mandamentais) e que cria obstáculos de qualquer natureza à efetivação dos provimentos judiciais, em sede de tutela antecipada ou definitiva, além de prejudicar a parte contrária, desrespeita o Estado-juiz. Essa percepção de que a maior vítima dos atos descritos no inciso ora comentado é o próprio Estado faz com que tais condutas sejam chamadas de "ato atentatório à dignidade da Jurisdição".

Como se nota pela leitura do parágrafo único, todos os sujeitos – processuais e terceiros – poderão sofrer a multa de até 20% do valor da causa (a fixação até esse patamar depende da gravidade da conduta), salvo o advogado (privado e público). Há, inclusive, decisão do Superior Tribunal de Justiça que reconhece a aplicabilidade da multa ao promotor de justiça[89]. Registrem-se dois pontos referentes à aplicação da sanção: a) a aplicação da multa não exclui a possibilidade de sanções criminais, civis e processuais cabíveis; b) o pagamento só passa a ser exigido com o trânsito em julgado da decisão final da causa e, não havendo o pagamento voluntário, caberá ao Estado (Justiça Estadual) ou à União (Justiça Federal) a inscrição da multa como dívida ativa, o que permitirá a expedição da CDA (certidão da dívida ativa) e o consequente ingresso de processo de execução fiscal.

Uma questão consideravelmente polêmica diz respeito ao ato atentatório à dignidade da Jurisdição praticado pelo próprio Estado em juízo. Para parcela da doutrina, a identidade entre credor e devedor enseja o fenômeno da confusão, o que torna a multa ineficaz perante o Estado[90]. Há doutrinadores que defendem a criação de um fundo específico a ser gerido pelo Poder Judiciário para receber o valor das multas aplicadas ao Estado[91]. Outros defendem uma "condenação cru-

[89] STJ, 1.ª Turma, REsp 757.895/PR, rel. Min. Denise Arruda, j. 02.04.2009, *DJe* 04.05.2009.

[90] Cruz e Tucci, *Lineamentos*, p. 31-32.

[91] Freitas Câmara, *Lições*, p. 144-145.

zada": o Estado em que tramita o processo em primeiro grau passa a ser credor das multas impostas à União (Justiça Federal) e a União das multas aplicadas ao Estado (Justiça Estadual)[92]. Finalmente, existe corrente doutrinária que defende a aplicação da sanção ao agente público e não ao órgão estatal do qual faz parte[93]. Esse último entendimento já foi admitido em julgamentos do Superior Tribunal de Justiça.

O tema do ato atentatório à dignidade da jurisdição é tratado pelo art. 80 do PLNCPC. Apesar de o art. 14 do atual CPC contar somente com um parágrafo único e o art. 80 do PLNCPC com cinco parágrafos, nos três primeiros encontram-se previsões já existentes atualmente, somente com as devidas adequações à numeração do novo código proposto. Mas há algumas novidades.

O § 2.º prevê que a multa será depositada no prazo fixado pelo juiz e a sua inclusão na dívida ativa da União ou do Estado não precisa mais esperar o trânsito em julgado, sendo realizada imediatamente após o não pagamento no prazo fixado pelo juiz. O § 4.º prevê a possibilidade de fixação da multa em até o décuplo do valor das custas processuais na hipótese de ação com valor da causa irrisório ou inestimável. A regra proposta deve ser elogiada, porque evita que a multa venha a ser aplicada em valor insignificante, o que não desestimula a prática do ato atentatório à dignidade da jurisdição, e também faz que a multa, em sua função punitiva, perca muito de sua eficácia. Por fim, o § 5.º consagra entendimento do Supremo Tribunal Federal, isentando de multa os advogados públicos ou privados, os membros da Defensoria Pública e do Ministério Público, devendo sua responsabilidade ser apurada pelos órgãos de classe respectivos, aos quais o juiz oficiará.

O art. 17 do CPC tem um rol descritivo dos atos tipificados pelo legislador como sendo atos de má-fé (má-fé *stricto sensu*). Existe divergência doutrinária a respeito deste rol: para alguns se trata de rol exemplificativo[94] e para outros de rol exaustivo[95], parecendo preferível o segundo entendimento em decorrência de regra de hermenêutica que determina interpretação restritiva para normas restritivas de direito.

O inciso I, ao mencionar a dedução de pretensão ou defesa contra texto expresso de lei, deve ser interpretado com extremo cuidado, levando-se em conta as diferentes interpretações possíveis ao texto legal. Dessa forma, a litigância de má-fé só estará configurada em situações teratológicas, nas quais não haja um mínimo de seriedade nas alegações da parte. Cuidado similar se exige na interpretação do inciso II, considerando-se que também com relação aos fatos

[92] Dinamarco, *Reforma da reforma*, p. 66.

[93] Teresa Arruda Alvim Wambier e Luiz Rodrigues Wambier, *Breves comentários à 2.ª fase da reforma do CPC*, p. 30.

[94] Marinoni-Mitidiero, *Código*, p. 114; Ovídio Baptista, *Comentários*, p. 110.

[95] Nery-Nery, *Código*, p. 213-214; Bedaque, *Código*, p. 93.

existem diferentes versões; o que a lei qualifica como litigância de má-fé é a negativa expressa de fato que a parte sabe ter existido, a afirmação de fato que sabe inexistente e a falsa versão para fatos verdadeiros. No inciso III encontra-se prevista a conduta unilateral de uma das partes em prejuízo da parte contrária e do próprio processo; sendo o processo o instrumento estatal para a proteção do direito material, não se pode admitir a utilização de tal instrumento justamente para violar o direito material. A conduta prevista pelo inciso IV é consideravelmente genérica, valendo qualquer ato processual ou com efeitos no andamento do processo que possa prejudicar injustificadamente o trâmite procedimental. A conduta indicada no inciso V também é consideravelmente genérica, sendo temerário qualquer comportamento açodado e anormal com a consciência da falta de razão em assim proceder. Segundo parcela da doutrina, o termo "incidentes", previsto no inciso VI, não significa somente incidente processual, atingindo também ações incidentais e recursos[96]. O inciso VII tem aplicação somente quando não houver previsão específica para recurso com manifesto intento protelatório (sem fundamentação séria com objetivo exclusivo de retardar o trânsito em julgado da decisão, considerando-se as mínimas chances de seu provimento), como ocorre nos embargos de declaração (art. 538, parágrafo único, do CPC).

A sanção pelo ato de má-fé vem prevista no art. 18 do CPC. É preciso cuidado na análise do *caput* do artigo ora comentado, considerando-se a previsão de três diferentes espécies de condenação à parte que litigar de má-fé: (i) multa não superior ao valor de 1% do valor da causa; (ii) indenização pelos prejuízos causados à parte contrária, sendo que nesse caso é indispensável a existência de prova do dano; (iii) condenação nos honorários advocatícios e despesas, não se confundindo essa condenação com aquela gerada pela sucumbência, até porque mesmo a parte vencedora pode ser litigante de má-fé. Nesse ponto, inclusive, existe certa polêmica que pode ser objeto de questão discursiva ou oral: como fica a previsão de condenação em honorários advocatícios da parte vencedora nos termos do artigo ora comentado à luz do art. 20 do CPC? Todos concordam que até mesmo a parte vencedora pode ser condenada a pagar a multa e a indenização previstas pelo artigo ora comentado, mas para parcela da doutrina a condenação em honorários e despesas depende da derrota no processo[97], enquanto outra parcela defende a desvinculação dessa condenação e do resultado do processo, afirmando que os honorários devem ser calculados tomando-se como base os danos suportados pela parte[98].

Todas essas verbas, de natureza punitiva e indenizatória, têm como credor a parte contrária, como todas as multas previstas pelo CPC, salvo aquela prevista no art. 14, V, parágrafo único, do CPC. Voltadas à valoração do princípio da boa-fé e lealdade processual, o juízo poderá, mesmo de ofício, aplicar as medidas previstas no

[96] Nery-Nery, *Código*, p. 215.

[97] Bedaque, *Código*, p. 96.

[98] Costa Machado, *Código*, p. 311.

art. 18, *caput*, CPC, o que, entretanto, não permite o afastamento do contraditório, de forma que antes de aplicar tais medidas cabe ao juiz a oitiva das partes.

O § 2.º do artigo ora analisado prevê que o juiz deverá, sempre que possível, fixar desde já o valor da indenização até um montante não superior a 20% do valor da causa. Caso não seja possível tal fixação no caso concreto, haverá decisão condenatória genérica, que, para ser executável, dependerá de uma liquidação por arbitramento. Não parece correto o entendimento de que a condenação líquida dispense a comprovação das efetivas perdas e danos[99], até porque sua própria natureza reparatória afasta tal conclusão. As dificuldades práticas para se descobrir o valor sem uma liquidação por arbitramento jamais poderão ser justificativa para uma condenação sem prova da existência de efetivo dano[100]. Concordo com a corrente doutrinária e jurisprudencial que defende a possibilidade de ingresso de ação autônoma para a cobrança do valor da indenização, mesmo que o juiz já tenha fixado o valor indenizável até os 20% do valor da causa, desde que o valor do dano supere aquele fixado pelo juiz[101].

> A litigância de má-fé vem prevista no art. 83 do PLNCPC, sendo que os sete incisos do art. 17 do atual CPC são integralmente mantidos, significando que não houve supressão ou inclusão de atos considerados como de litigância de má-fé. As novidades ficam por conta do art. 84, *caput*, do PLNCPC, que aumenta o valor da multa de 1% para um valor entre, no mínimo, 2% e, no máximo, 10% do valor da causa, salvo quando este for irrisório ou inestimável, quando poderá ser fixada em até o décuplo do valor das custas processuais (§ 3.º).

[99] Bedaque, *Código*, p. 97; Theodoro Jr., *Curso*, n. 76, p. 88-89.

[100] Dinamarco, *Instituições*, n. 528-A, p. 272-273; Câmara, *Lições*, p. 145-146.

[101] Ovídio Baptista, *Comentários*, p. 114; Daniel Mitidiero, *Comentários*, p. 195.

3

AÇÃO

3.1. TEORIAS DA AÇÃO

É natural que com o desenvolvimento e aprimoramento dos estudos a respeito da ciência processual tenham surgido diferentes teorias a respeito da natureza jurídica da ação. Existem algumas, como a teoria imanentista e a teoria do direito concreto de ação, que atualmente só têm interesse histórico, mas outras têm valor atual, considerando-se que até hoje existe viva polêmica a respeito da melhor teoria para explicar a natureza jurídica da ação.

Ainda que o Código de Processo Civil tenha expressamente consagrado a teoria eclética da ação, existem entendimentos doutrinários que defendem a teoria do direito abstrato de ação e a teoria da asserção.

3.1.1. Teoria imanentista (civilista)

Na teoria imanentista o direito de ação é considerado o próprio **direito material** em movimento, **reagindo a uma agressão ou a uma ameaça** de agressão. Nessa concepção, que não consegue entender o direito de ação como direito autônomo, quando há respeito ao direito material, ele remanesce estático, colocando-se em movimento somente no caso de agressão ou ameaça, hipótese na qual passa a ser considerado *direito de ação*.

É evidente que na teoria imanentista **não existe direito de ação sem existir direito material**, até porque se trata do mesmo direito em diferentes estados (estático e em movimento)[1]. Para os defensores dessa teoria, o direito de ação é um poder que o indivíduo possui contra o seu adversário e não contra o Estado, sendo o processo um mero procedimento, ou seja, um conjunto de atos coordenados visando à obtenção de um objetivo final.

A ideia de ser o direito material e o direito de ação um mesmo direito já foi há tempos abandonada, tendo atualmente tão somente interesse histórico. Mais precisamente, deve-se à famosa polêmica entre Windscheid e Muther, dois romanistas estudiosos do conteúdo da *actio* romana, a superação da confusão realizada pela teoria imanentista. A partir dessa polêmica e de estudos posteriores, como a clássica obra de Oscar von Bülow a respeito dos pressupostos processuais, o direito processual passou a ser estudado de forma científica, e o direito de ação passou a ser diferenciado do direito material[2].

3.1.2. Teoria concreta da ação

A teoria concreta da ação, também conhecida como teoria do direito concreto de ação, criada por Wach na Alemanha, tem como mérito ser a primeira teoria que fez a distinção entre direito de ação e direito material. Para os defensores dessa teoria, o direito de ação é um direito do indivíduo contra o Estado, com o objetivo de obtenção de uma sentença favorável, e ao mesmo tempo um direito contra o adversário, que estará submetido à decisão estatal e aos seus efeitos jurídicos[3].

Apesar do avanço quando comparada com a teoria imanentista, a teoria concreta defende que o **direito de ação só existe se o direito material existir**, condicionando a existência do primeiro à existência do segundo. Reconhece-se a autonomia do direito de ação, mas não a sua independência, considerando que o direito de ação dependeria do direito material.

Como vertente da teoria do direito concreto, na Itália Chiovenda defendeu o entendimento de ser o direito de ação um **direito potestativo**, considerando que o direito a uma sentença favorável não cria nenhuma obrigação ao adversário diante do exercício do direito de ação, simplesmente estando sujeito ao seu exercício, independentemente de sua vontade ou de conduta a ser por ele prestada[4]. Entendeu o doutrinador italiano que a ação não era um direito contra o Estado, mas um poder a ser exercido contra o réu, que ficaria sujeito aos efeitos

1 Galeno Lacerda, *Teoria*, p. 211.
2 Marinoni, *Teoria*, p. 162; Galeno Lacerda, *Teoria*, p. 216-218.
3 Marinoni, *Teoria*, p. 164.
4 Galeno Lacerda, *Teoria*, p. 223.

jurídicos derivados do exercício do direito de ação pelo autor e a consequente sentença em seu favor[5].

A teoria concreta do direito de ação encontra-se superada, somente tendo interesse histórico. Nunca conseguiu responder a dois questionamentos que demonstram a sua impropriedade:

(a) na hipótese de sentença de improcedência há declaração de que o direito material alegado pelo autor não existe; nesse caso, com a resolução do mérito desfavorável ao autor, não teria ele exercido o direito de ação?

(b) na hipótese de sentença de procedência na ação declaratória negativa, quando o acolhimento do pedido do autor declara a inexistência do direito material; não teria havido direito de ação nessa sentença de procedência do pedido?

Como se nota com facilidade nos dias atuais, a vinculação entre a existência de direito de ação e a existência do direito material não consegue explicar algumas situações nas quais, apesar de inexistir o direito material, não existe dúvida a respeito da existência do direito de ação. De qualquer forma, foram os defensores da teoria concreta do direito de ação os primeiros a falar em condições da ação, embora com definição distinta da que se faz atualmente, o que mostra o avanço científico obtido com as teses criadas para defender a teoria.

3.1.3. Teoria abstrata do direito de ação

A teoria abstrata do direito de ação, também chamada de teoria do direito abstrato de ação, consequência das teorias criadas por Degenkolb e Plósz, incorpora o entendimento assimilado pela teoria concreta de que direito de ação e direito material não se confundem. Mantém a autonomia entre esses dois direitos e vai além, ao afirmar que o **direito de ação é independente do direito material**, podendo existir o primeiro sem que exista o segundo. O direito de ação, portanto, é o direito abstrato de obter um pronunciamento do Estado, por meio da decisão judicial. É evidente que para os defensores dessa teoria a sentença de improcedência não retira no caso concreto a existência do direito de ação do autor, o mesmo ocorrendo com a sentença de procedência da ação declaratória negativa.

Para os defensores dessa teoria, o direito de ação é **abstrato**, **amplo**, **genérico** e **incondicionado**, não existindo nenhum requisito que precise ser preenchido para sua existência. Nessa concepção, não existem condições para o exercício da ação, muito menos quando tais condições só podem ser analisadas à luz do direito material, que para a teoria abstrata é absolutamente irrelevante para fins de existência do direito de ação.

Essa característica de ser o direito de ação incondicionado leva os abstrativistas puros a rejeitar a existência das condições da ação consagradas em nosso

[5] Marinoni, *Teoria*, p. 165-166.

ordenamento processual. Para essa corrente de pensamento, o termo ***carência de ação* não existe**, porque não existe nenhuma condição para o exercício do direito de ação, sendo que as chamadas "condições da ação" – possibilidade jurídica do pedido, interesse de agir e legitimidade – são na realidade matéria de mérito, de forma que a inexistência das chamadas condições da ação no caso concreto devem gerar uma sentença de improcedência, com a rejeição do pedido do autor e a declaração da inexistência de seu direito material[6].

A consequência prática da adoção desse entendimento é relevante: ao entender que toda sentença de carência da ação é na realidade uma sentença de mérito (art. 269, I, do CPC), após o trânsito em julgado essa sentença estará protegida pelo fenômeno da coisa julgada material, o que não ocorre com a sentença terminativa fundada em carência de ação (art. 267, VI do CPC). Para alguns doutrinadores, essa tese, além de ser academicamente a mais correta, é a mais condizente com o princípio da economia processual, ao evitar a repropositura de demandas cuja pretensão do autor já foi rejeitada[7].

3.1.4. Teoria eclética

Atribui-se a Liebman a criação da teoria eclética, que pode ser entendida como uma teoria abstrata com certos temperamentos. Para a teoria eclética, o direito de ação não se confunde com o direito material, inclusive existindo de forma autônoma e independente. Não é, entretanto, incondicional e genérico, porque só existe quando o autor tem o **direito a um julgamento de mérito** (é irrelevante se favorável ou desfavorável), sendo que esse julgamento de mérito só ocorre no caso concreto quando alguns requisitos são preenchidos de forma a possibilitar ao juiz a análise da pretensão do autor.

A teoria eclética defende que a existência do direito de ação não depende da existência do direito material, mas do preenchimento de certos requisitos formais chamados de "condições da ação"[8]. Para essa teoria, as condições da ação não se confundem com o mérito, ainda que sejam aferidas à luz da relação jurídica de direito material discutida no processo, sendo analisadas preliminarmente e, quando ausentes, geram uma sentença terminativa de carência de ação (art. 267, VI, do CPC) sem a formação de coisa julgada material[9]. Estando presentes no caso concreto, o juiz profere sentença de mérito, que tanto poderá acolher como rejeitar o pedido do autor. Tratando-se de matéria de ordem pública não há preclusão, entendendo os defensores da teoria eclética que a qualquer momento do processo e com qualquer grau de cognição o juiz deve extinguir o processo sem resolução de mérito por carência de ação se entender ausente uma das condições da ação[10].

---

6 Baptista da Silva, *Curso*, p. 108-109; Fábio Gomes, *Carência*, p. 61-70.

7 Marinoni, *Teoria*, p. 181.

8 Dinamarco, *Instituições*, n. 542, p. 296; Greco Filho, *Direito*, n. 08, p. 43.

9 Theodoro Jr., *Curso*, n. 52, p. 62; STJ, 3.ª Turma, REsp 782.122/RS, Rel. Min. Ari Pargendler, j. 29.11.2005.

10 Nery-Nery, *Código*, p. 167.

Como a sentença de carência de ação é uma resposta do Estado-juiz ao exercício de um direito do autor, a teoria eclética tem que explicar que direito exercido foi esse que obrigou o Estado a proferir uma resposta. Faz-se uma distinção entre o **direito de petição**, que é o direito a obter uma manifestação de qualquer órgão público, entre eles o Poder Judiciário, e o **direito de ação**, que é o direito a uma sentença de mérito. Enquanto o direito de petição é amplo, genérico e incondicional, o direito de ação depende do preenchimento das condições de ação. Uma mesma explicação com nomenclatura distinta está na diferença entre o *direito constitucional de ação* e o *direito processual de ação*, sendo o primeiro incondicional e o segundo dependente de determinadas condições[11].

O Código de Processo Civil adotou a **teoria eclética**, ao prever expressamente que a sentença fundada em ausência das condições da ação é meramente **terminativa**, não produzindo coisa julgada material (art. 267, VI, do CPC)[12]. Ressalte-se que a melhor doutrina entende que as condições da ação devem estar presentes no momento da prolação da sentença, de forma que eventos supervenientes devem ser levados em consideração em sua análise.

Registre-se que o Superior Tribunal de Justiça já teve oportunidade de decidir que a determinação da natureza da sentença (de mérito ou terminativa) leva em consideração seu conteúdo e não a expressa menção a uma dessas espécies na própria decisão. Dessa forma, entendeu como sendo efetivamente de mérito uma decisão proferida em mandado de segurança que, com o equivocado fundamento de ilegitimidade ativa de parte, rejeitou o pedido do impetrante num mandado de segurança pela inexistência de direito material[13].

Proposta uma ação sem a presença das condições da ação, caso estas venham a se verificar supervenientemente, não caberá extinção do processo sem a resolução do mérito. Com o mesmo raciocínio, mesmo estando as condições da ação presentes no momento da propositura, havendo **carência superveniente**, o processo deve ser imediatamente extinto sem a resolução do mérito[14]. Na carência superveniente a questão referente ao responsável pelo pagamento das verbas de sucumbência deve ser resolvida com base em dois elementos:

(a) se no momento de propositura da demanda era necessária a intervenção jurisdicional;

(b) quem foi o responsável pelo ato superveniente que acarretou a carência da ação, devendo a este ser imputada a responsabilidade de pagamento das verbas de sucumbência[15].

---

[11] Marinoni, *Teoria*, p. 168-169; Fux, *Curso*, p. 148; Costa, *Condições*, p. 39-42.

[12] *Informativo* 381/STJ: 4.ª Turma, REsp 254.417/MG, j. 16.12.2008, rel. Luís Felipe Salomão.

[13] *Informativo* 406/STJ: REsp 915.907-SC, rel. Min. Luiz Fux, j. 08.09.2009.

[14] Nery-Nery, *Código*, p. 167; Dinamarco, *Instituições*, n. 554, p. 315-317; STJ, 1.ª Turma, RMS 21.651/SP, Rel. Min. Luiz Fux, j. 04.11.2008.

[15] STJ, 3.ª Turma, REsp 1.072.814/RS, rel. Min. Massami Uyeda, j. 02.10.2008 (*Informativo* 370/STJ).

3.1.5. Teoria da asserção

Em tempos mais recentes surgiu na doutrina a teoria da asserção (*in statu assertionis*), também chamada de teoria *della prospettazione*, que pode ser considerada uma teoria intermediária entre a teoria abstrata pura e a teoria eclética. Para essa corrente doutrinária a presença das condições da ação deve ser analisada pelo juiz com os elementos fornecidos pelo próprio autor em sua petição inicial, sem nenhum desenvolvimento cognitivo. Existe até mesmo parcela doutrinária que entende que tal análise possa ser feita depois da petição inicial, desde que ainda com uma cognição superficial das alegações feitas pelo autor[16].

Para os defensores da teoria da asserção, sendo possível ao juiz mediante uma **cognição sumária** perceber a ausência de uma ou mais condições da ação, deve extinguir o processo sem a resolução do mérito por **carência de ação** (art. 267, VI, do CPC), pois já teria condições desde o limiar do processo de extingui-lo e assim evitar o desenvolvimento de atividade inútil. Com embasamento no princípio da economia processual, entende-se que, já se sabendo que o processo não reúne condições para a resolução do mérito, cabe ao juiz a sua prematura extinção por carência da ação. Nesses termos, a teoria da asserção não difere da teoria eclética.

Por outro lado, caso o juiz precise no caso concreto de uma **cognição mais aprofundada** para então decidir sobre a presença ou não das condições da ação, não mais haverá tais condições da ação, que passarão a ser entendidas como matérias de mérito. Dessa forma, aprofundada a cognição, a ausência daquilo que no início do processo poderia ter sido considerado uma condição da ação passa a ser matéria de mérito, gerando uma **sentença de rejeição do pedido do autor** (art. 269, I, do CPC), com a geração de coisa julgada material. Nesses termos, a teoria da asserção não difere da teoria abstrata pura.

Em síntese conclusiva, o que interessa para fins da existência das condições da ação para a teoria da asserção é a mera alegação do autor, admitindo-se provisoriamente que o autor está dizendo a verdade. Se o autor alega ser o possuidor numa ação possessória, já basta para considerá-lo parte legítima, sendo a análise da veracidade ou não dessa alegação relegada ao juízo de mérito[17]. Existem decisões do Superior Tribunal de Justiça que adotam a teoria da asserção[18].

A principal crítica à teoria da asserção tem como fundamento a impossibilidade de modificar a natureza de um instituto jurídico tomando-se por base a diferente carga cognitiva ou o momento em que um pronunciamento é proferido. Assim, uma condição da ação será sempre uma condição da ação, não tendo nenhuma relevância se sua ausência pode ser percebida liminarmente pelo juiz ou somente

---

16 Bedaque, *Condições*, p. 54.

17 Greco, *A teoria*, n. 2.3, p. 23-25; Marinoni, *Teoria*, p. 181-182; Câmara, *Lições*, v. 1, p. 122; Barbosa Moreira, *Legitimação*, p. 200.

18 STJ, 3.ª Turma, REsp 832.370/MG, Rel. Min. Nancy Andrighi, j. 02.08.2007; REsp 265.300/MG, 2.ª Turma, rel. Min. Humberto Martins, j. 21.09.2006.

após o exaurimento de sua cognição[19]. Ademais, bastaria ao autor mentir em sua petição inicial para adaptá-la as exigências das condições da ação para merecer um julgamento de mérito.

3.2. CONDIÇÕES DA AÇÃO

3.2.1. Introdução

Conforme já afirmado, o Código de Processo Civil consagrou a teoria eclética, sendo indispensável a análise doutrinária das condições da ação. Há, entretanto, um esclarecimento prévio necessário. O criador da teoria eclética foi Liebman, que em seus primeiros estudos sobre o tema entendia existirem três espécies de condições da ação: possibilidade jurídica do pedido; interesse de agir e legitimidade, tendo sido essa construção consagrada pelo nosso ordenamento processual. Ocorre, porém, que o próprio Liebman reformulou seu entendimento original, passando a defender que a possibilidade jurídica estaria contida no interesse de agir, de forma que ao final de seus estudos restaram somente duas condições da ação: interesse de agir e legitimidade[20].

É nesse sentido o art. 17 do PLNCPC ao prever que "para propor a ação é necessário ter interesse e legitimidade". Ainda que se possa entender que o dispositivo consagra a doutrina de Liebman a respeito do tema, tenho a impressão de que, de alguma forma, o legislador atendeu aos críticos da teoria eclética, em especial aos defensores da teoria do direito abstrato de ação. Naturalmente, mantém-se pela proposta analisada a teoria eclética, exigindo-se no caso concreto a existência de interesse de agir e legitimidade para que o juiz possa resolver o mérito. A retirada, entretanto, da *possibilidade jurídica do pedido*, nem sempre levará o juiz a entender as situações que hoje são analisadas sob a ótica dessa condição da ação como causas de falta de interesse de agir.

Acredito que o juiz passe, ao menos em algumas situações, a simplesmente julgar improcedente o pedido do autor. Essa nova realidade, no caso de aprovação do PLNCPC nos termos propostos, tende a se verificar especificamente quando o pedido for juridicamente impossível. Se um Estado da Federação pede sua retirada do Brasil, o juiz afirma que o Estado não tem esse direito e julga o pedido improcedente, sendo que hoje deveria julgar extinto o processo sem a resolução de mérito.

Por outro lado, nas hipóteses em que a impossibilidade jurídica não deriva do pedido, mas das partes ou da causa de pedir, entendo mais adequado que, mesmo diante da aprovação do dispositivo ora comentado, o juiz continue a extinguir o processo sem a resolução de mérito, agora com fundamento na

[19] Dinamarco, *Instituições*, n. 543, p. 313-315.

[20] Marinoni, *Teoria*, p. 173-174; Dinamarco, *Instituições*, n. 453, p. 299.

ausência de interesse de agir, em sua modalidade adequação. Numa cobrança de dívida de jogo, por exemplo, não parece correto o julgamento de improcedência, o que significaria dizer que o direito de crédito alegado pelo autor não existe, o que não condiz com a realidade. Afinal, a vedação no sistema jurídico para a cobrança judicial dessa espécie de dívida não significa que ela não exista.

Como o Código de Processo Civil consagrou a ideia original de Liebman, expressamente prevendo as três espécies de condições da ação originariamente imaginadas pelo doutrinador italiano, segue-se essa estrutura para a exposição do tema.

3.2.2. Possibilidade jurídica do pedido

Numa análise abstrata do pedido do autor à luz do ordenamento jurídico, são três os possíveis resultados:

(a) o pedido está expressamente previsto como apto a receber a proteção jurisdicional;
(b) não há nenhuma previsão legal a respeito do pedido;
(c) existe uma expressa vedação na lei ao pedido formulado.

Desses três resultados possíveis, somente a **vedação legal** constitui a impossibilidade jurídica do pedido[21]. Numa análise abstrata e realizada *a priori*, o juiz deve considerar hipoteticamente que o autor tem razão em tudo que alega, e a partir daí verificar se existe a vedação legal ao que pretende receber, o que impedirá a continuidade do processo em razão de sua manifesta inutilidade.

Existe divergência a respeito do que significa *pretensão vedada pelo ordenamento jurídico*. Enquanto parcela da doutrina entende que se trata do pedido mediato, considerando-se que o pedido de tutela jurisdicional é sempre possível[22], outra parcela defende que a impossibilidade jurídica do pedido recai sobre o pedido imediato, porque saber se o autor tem ou não o direito à obtenção do bem da vida pretendido é matéria de mérito[23], havendo também os que entendem que a ilicitude possa ser do pedido imediato e/ou mediato[24].

Entendo que a primeira corrente é a mais acertada, valendo-se a segunda corrente doutrinária da dificuldade prática de distinguir a impossibilidade jurídica do pedido do mérito para afirmar equivocadamente ser possível verificar a carência da ação somente com a análise do pedido em seu aspecto processual.

---

[21] Fux, *Curso*, p. 161; Didier, *Curso*, p. 164-165; Pinho, *Teoria*, n. 12.5.2, p. 129; STJ, 5.ª Turma, AgRg no REsp 853.234/RJ, rel. Min. Laurita Vaz, j. 02.12.2008.

[22] Fux, *Curso*, p. 162.

[23] Theodoro Jr., *Curso*, n. 53, p. 65-66.

[24] Greco, *A teoria*, p. 31.

Ainda que se reconheça essa dificuldade prática, é impossível imaginar um pedido imediato juridicamente impossível, considerando que a tutela jurisdicional é sempre admitida em lei em razão do princípio da inafastabalidade da jurisdição (art. 5.º, XXXV, da CF).

Existe parcela doutrinária que defende a insuficiência da ideia original de impossibilidade jurídica do pedido. Nesse entendimento, a possibilidade jurídica deve ser analisada tomando-se como base de análise todos os **elementos da ação** – ou demanda –, e não somente o pedido[25]. O pedido será juridicamente impossível quando a pretensão desejada pelo autor for expressamente vedada pelo ordenamento jurídico, como ocorre numa ação em que um Estado brasileiro pede seu desligamento da Federação (direito de secessão). A causa de pedir será juridicamente impossível quando a ordem jurídica negar aos fatos narrados pelo autor a geração de direitos, como ocorre numa ação em que se cobra uma dívida de jogo. A parte pode gerar impossibilidade jurídica em determinadas situações, como ocorre com a Fazenda Pública, que não pode ser executada por quantia certa da forma tradicional (penhora/expropriação)[26].

Apesar de entender adequada a tese da **impossibilidade jurídica da ação** – ou da demanda – e não somente do pedido, entendo que a execução por procedimento comum movida contra a Fazenda Pública contém um vício procedimental, que inclusive pode ser saneado por emenda à petição inicial, não sendo hipótese de extinção do processo sem a resolução do mérito. Diferente é a hipótese de um réu preso ser litigado nos Juizados Especiais, o que é vedado expressamente pelo art. 8.º da Lei 9.099/1995, sendo nesse caso a demanda juridicamente impossível – evidentemente em sede de Juizados Especiais – em razão da parte[27]. Compreendo que para os críticos da teoria a extinção desse processo também poderia ser justificada pela incompetência absoluta dos Juizados Especiais.

3.2.3. Interesse de agir

A ideia de interesse de agir, também chamado de interesse processual, está intimamente associada à **utilidade da prestação jurisdicional** que se pretende obter com a movimentação da máquina jurisdicional[28]. Cabe ao autor demonstrar que o provimento jurisdicional pretendido será capaz de lhe proporcionar uma **melhora em sua situação fática**, o que será o suficiente para justificar o tempo, a energia e o dinheiro que serão gastos pelo Poder Judiciário na resolução da demanda. O Superior Tribunal de Justiça já teve oportunidade de afirmar que

---

[25] Dinamarco, *Instituições*, n. 543, p. 298-299; Didier, *Curso*, p. 165; Câmara, *Lições*, v. 1, p. 120. Contra: Greco, *A teoria*, p. 32; Pinho, *Teoria*, n. 12.5.2, p. 129, para quem a ilicitude de outros elementos da ação, que não o pedido, gera sentença de improcedência.

[26] Exemplos de Dinamarco, *Instituições*, n. 543, p. 299.

[27] Câmara, *Lições*, v. 1, p. 120.

[28] Dinamarco, *Instituições*, n. 544, p. 302; Câmara, *Lições*, v. 1, p. 118.

não existe utilidade prática, e por consequência interesse de agir, em execução de valor ínfimo pela Fazenda Pública[29].

Não se deve analisar se o autor tem efetivamente o direito que alega ter e que, portanto, se sagrará vitorioso na demanda, porque esse é tema pertinente ao mérito e não às condições da ação. O juiz deve analisar em abstrato e hipoteticamente se o autor, sagrando-se vitorioso, terá efetivamente a melhora que pretendeu obter com o pedido de concessão de tutela jurisdicional que formulou por meio do processo. Ter ou não razão em suas alegações e pretensões é irrelevante nesse tocante, não afastando a carência da ação por falta de interesse de agir.

Segundo parcela da doutrina, o interesse de agir deve ser analisado sob dois diferentes aspectos: a **necessidade** de obtenção da tutela jurisdicional reclamada e a **adequação** entre o pedido e a proteção jurisdicional que se pretende obter[30].

Haverá necessidade sempre que o autor não puder obter o bem da vida pretendido sem a devida intervenção do Poder Judiciário. Em regra, havendo a lesão ou ameaça de lesão a direito, consubstanciada na lide tradicional, haverá interesse de agir, porque, ainda que exista a possibilidade de obtenção do bem da vida por meios alternativos de solução de conflitos, ninguém é obrigado a solucionar seus conflitos de interesse por essas vias alternativas. Na jurisdição voluntária há lide presumida, conforme analisado no Capítulo 1, item 1.7.2.3, decorrendo a necessidade da própria previsão legal que obriga as partes à intervenção jurisdicional[31].

Por adequação se entende que o pedido formulado pelo autor deve ser **apto a resolver o conflito** de interesses apresentado na petição inicial. Sendo a lide consubstanciada numa resistência à pretensão de obtenção de um bem da vida, cabe ao autor requerer uma prestação jurisdicional que seja apta a afastar essa resistência, com isso liberando seu caminho para a obtenção do bem da vida pretendido. Narrando-se um esbulho possessório, não é adequado o pedido reivindicatório, porque, mesmo que o autor realmente seja o proprietário da área invadida, esse reconhecimento não será capaz de afastar o esbulho cometido, para o que deveria ter sido pedido uma tutela possessória e não petitória. Na realidade, não sendo adequada a pretensão formulada para resolver a lide narrada na petição inicial, a tutela pretendida é inútil, faltando interesse de agir ao autor[32].

O interesse-adequação, apesar de adotado por considerável doutrina, não agrada a todos, existindo parcela doutrinária que entende não haver nenhuma correlação entre o interesse de agir e a adequação, até porque a inadequação da pretensão não gera a perda do interesse de agir, considerando-se que mesmo de

[29] *Informativo* 422/STJ: 3ª Turma, **REsp 796.533/PE**, rel. Min. Paulo Furtado (Desembargador convocado do TJ-BA), j. 09.02.2010.

[30] Dinamarco, *Instituições*, n. 544, p. 302-303; Marinoni, *Teoria*, p. 173; Pinho, *Teoria*, n. 12.5.2, p. 128; Câmara, *Lições*, v. 1, p. 118-119; Lima Freire, *Condições*, n. 4.15, p. 130-131; STJ, 4.ª Turma, REsp 954.508/RS, Rel. Min. Fernando Gonçalves, j. 28.08.2007.

[31] Greco, *A teoria*, n. 2.6, p. 35.

[32] Theodoro Jr., *Curso*, n. 53, p. 67; Greco Filho, *Direito*, n. 08, p. 44; Nery Jr., *Condições*, p. 37; Fux, *Curso*, p. 164; AgRg no MS 12.393/DF, 1.ª Seção, Rel. Min. Humberto Martins, j. 12.03.2008.

forma inadequada o autor pretende uma melhora em sua situação como o processo[33]. Por outro lado, existe doutrina que entende ser a inadequação da tutela pretendida questão referente aos pressupostos processuais e não às condições da ação. Para essa corrente doutrinária, a escolha de procedimento inadequado para a obtenção da tutela apta a resolver a lide apresentada em juízo não significa que o autor não tenha o direito de ação, mas que o meio adotado é impróprio, o que deve gerar uma extinção do processo sem resolução do mérito nos termos do art. 267, IV, do CPC[34], quando o vício não puder ser saneado.

Entendo que o interesse-adequação está intimamente associado à ideia de utilidade na prestação jurisdicional, estando presente essa condição da ação quando o pedido formulado tem aptidão concreta de melhorar a situação do autor. Discordo, portanto, da afirmação de que pelo mero fato de o autor provocar o Poder Judiciário com qualquer pretensão já estaria preenchida essa condição da ação. Interesse de provocar a jurisdição demonstrado pelo ingresso de petição inicial não se confunde com o interesse de agir, que dependerá sempre da análise da adequação entre pedido formulado e sua condição concreta de resolver a lide apresentada pelo autor.

Por outro lado, sou simpático ao entendimento que admite uma correção diante da ausência do *interesse-adequação*, por meio da emenda da petição inicial, considerando-se amplitude da saneabilidade dos vícios. Mas nem por isso aceito entender o *interesse-adequação* como pressuposto processual, porque a inadequação procedimental é diferente da inadequação da pretensão à luz da lide apresentada. Na inadequação procedimental associada aos pressupostos processuais o pedido é apto a resolver a lide, mas o meio procedimental adotado pelo autor é inadequado, enquanto na ausência do *interesse-adequação* a questão não é meramente procedimental, mas derivada da inaptidão do pedido em resolver a lide apresentada na petição inicial.

Quando o autor requer uma prestação de contas pelo rito sumário, não resta dúvida de que o seu pedido é apto a resolver o conflito de interesses que configura a lide no caso concreto, mas o meio procedimental é inadequado porque nesse caso o autor é obrigado a seguir o procedimento especial previsto nos arts. 914 a 925 do CPC. Situação bem diferente verifica-se no pedido reivindicatório para afastar esbulho possessório, até porque nesse caso o procedimento é o mesmo – ordinário –, não sendo correto afirmar que o meio procedimental seja inadequado. Apesar da correção do meio procedimental, o pedido formulado não tem aptidão de resolver o conflito de interesses narrado pelo autor em sua petição inicial, e por essa razão o autor é carecedor da ação por falta de *interesse-adequação*.

3.2.4. Legitimidade

Conforme tradicional lição doutrinária, a legitimidade para agir (*legitimatio ad causam*) é a **pertinência subjetiva da demanda** ou, em outras palavras, é a

---

33 Barbosa Moreira, apud Dinamarco, *Execução*, n. 264, p. 407-408, nota 111; Didier, *Curso*, p. 178.

34 Greco, *A teoria*, n. 2.6, p. 36-37; Costa, *Condições*, p. 60.

situação prevista em lei que permite a um determinado sujeito propor a demanda judicial e a um determinado sujeito formar o polo passivo dessa demanda[35]. Tradicionalmente se afirma que serão legitimados ao processo os sujeitos descritos como titulares da relação jurídica de direito material deduzida pelo demandante[36], mas essa definição só tem serventia para a legitimação ordinária, sendo inadequada para a conceituação da legitimação extraordinária.

A regra geral em termos de legitimidade, ao menos na tutela individual, é consagrada no art. 6.º do CPC, ao prever que somente o titular do alegado direito pode pleitear em nome próprio seu próprio interesse, consagrando a legitimação ordinária, com a ressalva de que o dispositivo legal somente se refere à legitimação ativa, mas é também aplicável para a legitimação passiva. A regra do sistema processual, ao menos no âmbito da tutela individual, é a **legitimação ordinária**, com o sujeito em nome próprio defendendo interesse próprio.

Excepcionalmente admite-se que alguém em nome próprio litigue em defesa do interesse de terceiro, hipótese em que haverá uma **legitimação extraordinária**. Apesar de o art. 6.º do CPC prever expressamente que a legitimação depende de autorização expressa da lei, a melhor doutrina entende que, além da previsão legal, também se admite a legitimação extraordinária quando decorrer logicamente do sistema[37], como ocorre com a legitimação recursal do advogado em apelar do capítulo da sentença que versa sobre seus honorários advocatícios.

Infelizmente, o art. 18 do PLNCPC repete o equívoco atualmente constante do art. 6.º do CPC, ao continuar a prever que "ninguém poderá pleitear direito alheio em nome próprio, salvo quando autorizado pelo ordenamento jurídico". A manutenção do texto legal, entretanto, não deve afetar a construção doutrinária descrita.

Mais interessante é o parágrafo único do dispositivo legal: havendo substituição processual, o juiz determinará que seja dada ciência ao substituído da pendência do processo; nele intervindo, cessará a substituição.

O primeiro aspecto interessante é o reconhecimento de que a legitimação extraordinária é sinônimo de substituição processual. O segundo aspecto a ser apontado é a necessidade de intimação do substituído processual, o que garantirá a efetivação do contraditório até mesmo com a sucessão processual. Naturalmente, tal sucessão só será possível quando o substituído processual também for legitimado, o que não ocorre, por exemplo, na tutela coletiva.

Registre-se a existência de corrente doutrinária que defende a limitação da legitimação extraordinária à tutela individual, afirmando que por meio dessa espécie

---

35 Araken de Assis, *Substituição*, p. 9.

36 Theodoro Jr., *Curso*, n. 53, p. 68; Câmara, *Lições*, v. 1, p. 116; Greco, *A teoria*, n. 2.7, p. 41; Pinho, *Teoria*, n. 12.5.2, p. 127; Fux, *Curso*, p. 160.

37 Nery-Nery, *Código*, p. 178; Barbosa Moreira, *Notas*, p. 33.

de legitimação se defende em juízo um direito subjetivo singular de titularidade de pessoa determinada. Sendo o direito difuso de titularidade da coletividade (sujeitos indeterminados e indetermináveis) e o direito coletivo de uma comunidade – classe, grupo ou categoria de pessoas (sujeitos indeterminados, mas determináveis) –, inaplicável a eles a legitimação extraordinária. Sob forte influência dos estudos alemães a respeito do tema, defendem que a legitimação ativa nas ações que têm como objeto direito difuso ou coletivo é uma terceira espécie de legitimidade, chamada de **legitimidade autônoma para a condução do processo**[38].

Existe certo dissenso doutrinário a respeito da legitimação extraordinária e da **substituição processual**. Enquanto parcela da doutrina defende tratar-se do mesmo fenômeno, sendo substituto processual o sujeito que recebeu pela lei a legitimidade extraordinária de defender interesse alheio em nome próprio[39], outra parcela da doutrina entende que a substituição processual é uma espécie de legitimação processual[40]. Há aqueles que associam a substituição processual à excepcional hipótese de o substituído não ter legitimidade para defender seu direito em juízo, sendo tal legitimação exclusiva do substituído[41]. Para outros, a substituição processual só ocorre quando o legitimado extraordinário atua no processo sem que o legitimado ordinário atue em conjunto com ele[42]. As explicações não convencem, sendo amplamente superior a corrente doutrinária que entende tratar-se a substituição processual e a legitimação extraordinária do mesmo fenômeno.

Não se deve confundir substituição processual com **sucessão processual**, fenômeno consubstanciado na substituição dos sujeitos que compõem os polos da demanda[43]. Sempre que um sujeito que compõe o polo ativo ou passivo é retirado da relação jurídica processual para que um terceiro tome o seu lugar ocorrerá a sucessão processual. Nos termos do art. 42 do CPC, sendo alienado bem litigioso, o autor será intimado:

(a) caso concorde com a saída do réu originário e o ingresso do terceiro adquirente em seu lugar, haverá uma sucessão processual;

(b) caso não concorde com tal alteração, haverá uma substituição processual, considerando-se que a partir da alienação da coisa litigiosa o réu originário permanecerá no processo em nome próprio defendendo interesse alheio[44], admitindo-se o ingresso do terceiro adquirente como assistente litisconsorcial do réu.

Também não se pode confundir a substituição processual com a **representação processual** (*legitimatio ad processum*), fenômeno relacionado à capacidade de estar em juízo. O representante processual atua em nome alheio na defesa de

[38] Nery-Nery, *Código*, p. 178.

[39] Dinamarco, *Instituições*, n. 548, p. 308; Theodoro Jr., *Curso*, n. 53, p. 68.

[40] Araken de Assis, *Substituição*, p. 16-17; Marinoni-Mitidiero, *Curso*, p. 101.

[41] Araken de Assis, *Substituição*, p. 16.

[42] Câmara, *Lições*, v. 1, p. 118.

[43] Fux, *Curso*, p. 160.

[44] Fux, *Curso*, p. 161; Bedaque, *Código*, p. 144; Nery-Nery, *Código*, p. 251.

interesse alheio, não sendo considerado parte no processo, mas mero sujeito que dá à parte a capacidade para que esteja em juízo. Numa ação de investigação de paternidade, por exemplo, a mãe será representante processual do incapaz, que será autor e titular do direito discutido nessa demanda.

Além da classificação entre legitimação ordinária e extraordinária, a doutrina adota outros critérios para classificar a legitimação. A legitimação autônoma é da parte, ao passo que a subordinada é do assistente. Há legitimação exclusiva quando somente um sujeito é considerado legitimado para compor um dos polos do processo, enquanto na legitimação concorrente (colegitimação) existe mais de um sujeito legitimado a compor um dos polos do processo. A legitimação isolada ou disjuntiva (simples) permite que o legitimado esteja sozinho no processo, enquanto a legitimação conjunta (complexa) exige a formação de litisconsórcio entre todos ou alguns dos legitimados (litisconsórcio necessário). A legitimação pode ser total, quando referente a todo o processo, ou parcial, quando referente somente a determinados atos, como ocorre nos incidentes processuais[45].

3.3. ELEMENTOS DA AÇÃO

3.3.1. Introdução

Os elementos da ação se prestam a **identificar a ação**, tarefa de extrema importância quando se pretende comparar uma ação com outra. É impossível afirmar que duas ações são iguais, parecidas ou absolutamente diferentes sem o conhecimento de quais são os elementos da ação. Fenômenos como a coisa julgada, litispendência e perempção exigem a existência de ações idênticas, enquanto fenômenos como conexão, continência e prejudicialidade são relevantes em circunstâncias de ações parecidas.

São três os elementos da ação: partes, pedido e causa de pedir.

3.3.2. Partes

É antiga e tradicional a divergência doutrinária a respeito do conceito de parte. Enquanto Chiovenda entende que *parte* é o sujeito que pede ou contra quem se pede tutela jurisdicional[46], Liebman tem entendimento mais amplo, afirmando ser parte todo sujeito que participa da relação jurídica processual em contraditório defendendo interesse próprio ou alheio[47]. Esses sujeitos, ao defenderem interesse próprio ou alheio em juízo, são titulares de situações

[45] Didier, *Curso*, p. 168.

[46] Scarpinella Bueno, *Partes*, p. 2; Marinoni-Mitidiero, *Código*, p. 102.

[47] Theodoro Jr., *Curso*, n. 66, p. 86.

jurídicas ativas e passivas (faculdades, ônus, poderes, deveres, estado de sujeição), responsáveis pelo desenvolvimento das atividades a serem praticadas pelas partes[48].

Na tentativa de solucionar o impasse, parcela da doutrina pátria entende possível a convivência dos dois entendimentos em tese contraditórios. A tese restritiva, defendida originariamente por Chiovenda, determina o conceito de "**partes na demanda**", exigindo-se para que o sujeito seja considerado parte, além de sua presença na relação jurídica processual, que esteja em juízo pedindo tutela ou contra ele esteja sendo pedida tutela jurisdicional. A tese ampliativa, defendida por Liebman, determina o conceito de "**partes no processo**", bastando para que o sujeito seja parte que participe da relação jurídica processual, sendo titular de situações jurídicas processuais ativas e passivas, independentemente de fazer pedido ou contra ele algo ser pedido[49].

Registre-se corrente doutrinária que entende que parte só é o sujeito que participa da lide, sendo que os demais sujeitos, apesar de serem considerados participantes do processo, são terceiros[50]. Prefiro a distinção entre partes e terceiro adotando-se o conceito mais amplo de "partes no processo", forma mais adequada de distinguir quem é parte e quem é terceiro.

Na hipótese das intervenções de terceiros típicas, o opoente faz pedido de tutela jurisdicional; o nomeado à autoria se torna réu, sendo naturalmente contra ele feito pedido; e a parte que provocou a intervenção faz pedido contra o denunciado à lide e o chamado ao processo. O opoente, nomeado à autoria, denunciado à lide e chamado ao processo são, portanto, partes na demanda. Já o assistente, que não faz pedido e contra ele nada é pedido, é tão somente parte no processo, o mesmo ocorrendo com o Ministério Público quando funciona no processo como fiscal da lei. Registre-se posicionamento do Supremo Tribunal Federal de que o ***amicus curiae*** **não é parte**, mas um colaborador informal da Corte, não configurando sua atuação espécie de intervenção de terceiros[51].

> Apesar do entendimento consagrado pelo Supremo Tribunal Federal, o art. 322 do PLNCPC incluiu a intervenção do *amicus curiae* no capítulo das intervenções de terceiro, o que naturalmente pressupõe que, a partir da admissão do seu ingresso no processo, passe a atuar com qualidade de parte. O parágrafo único do dispositivo legal, entretanto, prevê que o *amicus curiae* não tem legitimidade recursal, o que será paradoxal se efetivamente atuar como parte no processo a partir de sua intervenção, como qualquer outro terceiro interveniente.

---

48 Dinamarco, *Instituições*, n. 521, p. 249.

49 Dinamarco, *Instituições*, n. 530, p. 269-270; Câmara, *Lições*, v. 1, p. 142-143.

50 Baptista da Silva, *Curso*, p. 238-239; Marinoni-Arenhart, *Manual*, p. 103-104.

51 STF, Tribunal Pleno, ADI-ED 3.615/PB, Rel. Min. Cármen Lúcia, j. 17.03.2008 (*Informativo* 499/STF).

Não concordo com a retirada da legitimidade recursal do *amicus curiae* consagrada pelo art. 322, parágrafo único, do PLNCPC, que segue o entendimento do Supremo Tribunal Federal sobre o tema. Se o próprio projeto prevê o *amicus curiae* no capítulo das intervenções de terceiro, é porque entende que aquele que ingressar no processo se torna parte. Por outro lado, se o projeto mantém no art. 950, *caput*, a legitimidade recursal da parte, haverá injustificável exceção a essa regra, inclusive com indevida diminuição da participação do *amicus curiae* no processo.

Importante notar que o conceito de parte na demanda ou no processo não se confunde com o conceito de parte material, que é o sujeito que participa da relação de direito material que constitui o objeto do processo. Dessa forma, mesmo que não seja o titular dessa relação de direito material, mas participe do processo, o sujeito será considerado parte processual, independentemente da legalidade de sua presença no processo. É por isso que, mesmo sendo parte ilegítima, o sujeito é considerado parte processual pelo simples fato de participar do processo[52]. Por outro lado, mesmo sendo parte legítima, não há necessidade de a parte processual ser também parte material, como bem demonstra o fenômeno da substituição processual.

Segundo a melhor doutrina, existem quatro formas de adquirir a qualidade de parte[53]:

(a) pelo ingresso da demanda (autor/opoente);
(b) pela citação (réu, denunciado à lide e chamado ao processo);
(c) de maneira voluntária (assistente e recurso de terceiro prejudicado);
(d) sucessão processual (alteração subjetiva da demanda, como na extromissão de parte).

Também há a intervenção do Ministério Público como fiscal da lei, que intervém de forma voluntária vinculada, ou seja, a palavra final a respeito da intervenção no processo é sempre do Ministério Público, mas não será sua vontade, e sim a vontade da lei, que demandará sua participação.

3.3.3. Pedido

O pedido pode ser analisado sob a ótica processual, representando a **providência jurisdicional** pretendida – condenação, constituição, mera declaração, acautelamento, satisfação – e sob a ótica material, representado pelo **bem da vida** perseguido, ou seja, o resultado prático (vantagem no plano dos fatos) que

52 Didier, *Curso*, p. 190; Câmara, *Lições*, v. 1, p. 143.

53 Dinamarco, *Instituições*, n. 533, p. 276-279.

o autor pretende obter com a demanda judicial. É tradicional na doutrina nomear a espécie de tutela jurisdicional como o **pedido imediato** (aspecto processual) e o bem da vida, como **pedido mediato** (aspecto material).

Apesar de tradicional a afirmação de que o réu não pede, mas apenas impede, não tenho dúvida de que o réu formula pedido em sua contestação, afinal, a improcedência do pedido é um pedido do réu por uma sentença meramente declaratória (declara a inexistência do direito material alegado pelo autor, e no caso de ação declaratória negativa, declara a existência do direito material). Interessante notar que, justamente porque o réu faz pedido, nem sempre a natureza da sentença será determinada pela natureza da ação, fixada somente pelo pedido do autor. Assim, se o autor faz um pedido condenatório, a ação tem natureza condenatória, mas somente na hipótese de sentença de procedência a sentença terá essa natureza, já que na hipótese de improcedência a natureza da sentença será meramente declaratória.

3.3.3.1. *Certeza e determinação do pedido*

Segundo o art. 286, *caput*, do CPC, o pedido deverá ser certo ou determinado. Há uma incorreção redacional, devendo-se entender "e" no lugar de "ou", porque os requisitos da certeza e determinação são **cumulativos** e não alternativos, como a interpretação literal do dispositivo legal leva a crer[54].

O equívoco é corrigido no art. 297, *caput*, do PLNCPC. Nos incisos do dispositivo são repetidas as regras atualmente constantes do art. 286 do CPC. Como novidade temos somente o parágrafo único, prevendo que as regras aplicam-se ao pedido contraposto.

A certeza é exigida tanto no aspecto processual quanto no material do pedido. No pedido imediato o autor deve indicar de forma precisa e clara qual a espécie de tutela jurisdicional pretendida, enquanto no pedido mediato deve indicar o gênero do bem da vida pleiteado. O direito brasileiro não admite pedido incerto, sendo a certeza do pedido o mínimo exigível em todo e qualquer pedido[55].

A determinação só se refere ao pedido mediato, significando a liquidez do pedido, ou seja, a quantidade e a qualidade do bem da vida pretendido[56]. Ainda que a determinação do pedido seja a regra do sistema processual, o próprio art. 286 do CPC, em seus três incisos, prevê as exceções a essa exigência, hipótese em que haverá um pedido genérico. **Pedido genérico**, portanto, é o que deixa de

---

54 Theodoro Jr., *Curso*, n. 361, p. 410; Greco Filho, *Direito*, n. 24, p. 111.

55 Barbosa Moreira, *O novo*, p. 11; Baptista da Silva, *Curso*, p. 227; STJ, 1.ª Turma, REsp 764.820/MG, rel. Min. Luiz Fux, j. 24.10.2006.

56 Dinamarco, *Instituições*, n. 444, p. 120.

indicar a quantidade de bens da vida pretendida (*quantum debeatur*) pelo autor, sendo admitido somente quando houver permissão legal em lei. Registre-se mais uma vez que, mesmo no pedido genérico, cabe ao autor fazer o pedido certo, ou seja, deve determinar a espécie de tutela e o gênero do bem da vida[57].

3.3.3.2. *Pedidos genéricos*

3.3.3.2.1. Universalidade de bens

A primeira possibilidade de pedido genérico verifica-se nas chamadas "ações universais", caso o autor não consiga individualizar na petição inicial os bens demandados (art. 268, I, do CPC). Por *ações universais* se devem entender as ações que têm como objeto uma universalidade de bens em situação na qual falte ao autor condições de precisar, já na peça inicial, os bens efetivamente pretendidos. A universalidade de bens pode ser tanto **fática** – por exemplo, livros que compõem o acervo de uma biblioteca ou um rebanho – quanto **jurídica** – por exemplo, herança[58].

3.3.3.2.2. Demanda de indenização quando impossível a fixação do valor do dano

A segunda hipótese de pedido genérico é a impossibilidade ao autor de determinar de modo definitivo as consequências do ato ou do fato ilícito (art. 286, II, do CPC). Na realidade, o ato ou fato pode ser lícito, desde que danoso e que por ele responda civilmente o réu. Trata-se de dispositivo utilizado nas demandas de indenização quando não for possível ao autor a fixação do valor de todos os danos suportados em virtude do ato imputado ao réu. Essa impossibilidade decorre da circunstância de o **ato ainda não ter exaurido seus efeitos danosos** no momento de propositura da demanda[59].

Registre-se nesse tocante que nas ações de indenização caberá ao autor especificar o prejuízo que pretende ver ressarcido, ainda que não tenha condições de indicar o *quantum debeatur*. Expressões genéricas como "condenação em lucros cessantes", ou ainda "condenação em perdas e danos", não se prestam à necessária individualização do bem pretendido pelo autor, prejudicando o direito de defesa do réu e maculando o princípio da ampla defesa[60]. Assim, embora não seja necessária a indicação do valor que se pretende obter, o pedido deverá conter **elementos identificadores da pretensão** do autor, justamente para permitir

---

[57] Theodoro Jr., *Curso*, n. 363, p. 411; Marinoni-Mitidiero, *Código*, p. 296.

[58] STJ, 1.ª Turma, REsp 764.820/MG, rel. Min. Luis Fux, j. 24.10.2006, *DJ* 20.11.2006, p. 280; Dinamarco, *Instituições*, n. 444, p. 120; Baptista da Silva, *Curso*, p. 227; Scarpinella Bueno, *Curso*, p. 78.

[59] Baptista da Silva, *Curso*, p. 228; Greco Filho, *Direito*, n. 24, p. 112.

[60] Theodoro Jr., *Curso*, n. 363, p. 411.

o exercício do direito de defesa por parte do réu e limitar a atuação do juiz em sua eventual condenação.

Num acidente automobilístico envolvendo um caminhão de empresa de transporte e um taxista, esse segundo não pode ingressar com ação judicial pleiteando simplesmente todos os danos materiais (lucros cessantes e danos emergentes) e morais possíveis e imagináveis. Apesar de não ser necessária a indicação do valor propriamente dito – considerando que o taxista ainda encontra-se no hospital, não sendo possível precisar quando se dará seu pronto restabelecimento –, é exigido do autor da demanda a especificação de sua pretensão. Dessa forma, não precisará indicar quanto pretende receber de lucros cessantes, mas indicar qual era o seu faturamento médio e pedir a condenação do réu ao pagamento desse valor multiplicado pelos dias em que não puder trabalhar. Da mesma forma, ao pleitear a condenação em danos emergentes, deverá especificar no que estes consistem, por exemplo, gastos hospitalares, remédios, sessões de fisioterapia, acompanhamento de enfermeira doméstica etc.

Visto que não é legítimo ou justo exigir do autor que aguarde o momento em que o ato ou o fato tenha exaurido seus efeitos para somente então ingressar com a demanda judicial, o ordenamento processual permite o pedido genérico, reservando, no mais das vezes, para uma posterior fase de liquidação de sentença, a definição do *quantum debeatur*. Afirma-se que nem sempre será necessária uma fase de liquidação subsequente à condenação do réu, porque não existe nenhum empecilho para que a liquidação do valor seja realizada durante o próprio processo de conhecimento, o que, inclusive, à luz do princípio da economia processual, deverá ser buscado sempre que possível[61].

Nota-se na praxe forense que a admissão do pedido genérico fundado no art. 286, II, do CPC não se restringe às situações em que seja impossível ao autor indicar o valor do dano e, por consequência, o *quantum debeatur* de sua pretensão, mas também àquelas hipóteses nas quais, apesar de possível, torna-se difícil ao autor comprovar o valor do dano *ab initio*. Essa dificuldade – obviamente diferente da impossibilidade – decorre da necessidade de produção de uma **prova complexa, de natureza técnica**, imprescindível para obter o exato valor da pretensão. Nesses casos, o ato ou o fato que compõe a causa de pedir já exauriu seus efeitos, mas, para apontarem-se com precisão os efeitos já gerados, faz-se imprescindível a realização de uma prova técnica. É notória a complacência de nossos juízes de primeiro grau em aceitar petições iniciais nessas condições, ao remeterem à fase de instrução – prova pericial – a apuração do *quantum debeatur*[62], posição corroborada pelos tribunais superiores[63].

Até se compreende a flexibilização perpetrada por nossos tribunais. Por não ter outra forma de descobrir o valor de sua pretensão, que não por meio da

---

[61] STJ, 4.ª Turma, REsp 285.630/SP, rel. Min. Ruy Rosado de Aguiar, j. 16.10.2001.

[62] Dinamarco, *Instituições*, n. 444, p. 120-121.

[63] STJ, 1.ª Turma, AgRg no REsp 906.713/SP, rel. Min. Luiz Fux, j. 23.06.2009, *DJe* 06.08.2009.

produção de uma prova técnica, o autor contrata um particular que realiza referida prova – isso quando tiver acesso a todos os dados necessários – e com ela instrui sua petição inicial, indicando o valor obtido pelo técnico como o valor de sua pretensão. Ocorre, porém, que a referida prova não foi realizada sob o crivo do contraditório, de modo que é praticamente certa a impugnação do réu, exigindo a produção da prova em juízo, sob a forma pericial. Por ser possível essa nova produção, agora judicial e protegida pelas garantias da ampla defesa e do contraditório, deverá o pedido do réu ser admitido, sob pena de cerceamento de defesa e de anulação do processo.

Apesar de todo o tempo despendido pelo autor extrajudicialmente, bem como os valores gastos para a realização da prova técnica, esta será repetida em juízo, o que torna praticamente inútil todo o esforço do autor na indicação do valor do dano que suportou. Em aplicação do princípio da economia processual, admitir-se-á ao autor que, em vez de gastar tempo e dinheiro na produção da prova extrajudicial, que fatalmente será desprezada em juízo, simplesmente elabore pedido genérico e remeta o debate a respeito do *quantum debeatur* para a prova pericial a ser realizada durante a fase de instrução do processo de conhecimento. Sob a perspectiva do autor, portanto, nada mais justo e correto que a flexibilização do disposto no art. 286, II, do CPC.

Interessante questão diz respeito ao pedido de condenação em danos morais. Muitos autores – diante da inegável atribuição do juiz em arbitrar o valor desse dano – simplesmente deixam de consignar o valor de sua pretensão, afirmando terem sofrido demais e merecerem um valor em dinheiro em razão de tais danos. Não fazem nenhuma menção ao valor pretendido, simplesmente requerendo que este seja arbitrado pelo juízo no caso concreto.

O Superior Tribunal de Justiça admite, de forma pacífica, que por aplicação do art. 286, II, do CPC o pedido em condenação em danos morais possa ser genérico[64]. Esse entendimento é fundado na percepção desse tribunal de que o arbitramento do valor do dano moral é tarefa exclusiva do juízo, sendo que o autor, mesmo quando indica um valor em sua petição inicial, estará levando ao processo uma mera estimativa.

Não parece ser a melhor solução, porque a tarefa de arbitramento do valor não é tarefa exclusiva do juízo, que, apesar de ser o responsável por dar a palavra final a respeito do valor, deverá chegar a essa conclusão com ampla participação das partes, em respeito ao princípio da cooperação. É no mínimo estranho que o autor, sujeito que pretensamente sofreu o dano, coloque em mãos de terceiro (juízo), que não participou da relação de direito material, a livre valoração dos alegados danos. Se o sujeito que suportou efetivamente os danos não tem condições de indicar o valor do dano, por que teria o juiz[65]?

[64] STJ, 3.ª Turma, REsp 777.219/RJ, Rel. Min. Nancy Andrighi, j. 05.10.2006; AgRg no Ag 376.671/SP, 3.ª Turma, rel. Min. Antônio Pádua Ribeiro, j. 19.03.2002.

[65] Nery-Nery, *Código*, p. 556-557; Scarpinella Bueno, *Curso*, p. 79-80; Didier Jr., *Curso*, p. 401-402.

3.3.3.2.3. Valor depender de ato a ser praticado pelo réu

A terceira hipótese de permissão de pedido genérico se dá sempre que a valoração do bem pretendido pelo autor depender de ato a ser praticado pelo réu (art. 286, III, do CPC). Nesse caso, a impossibilidade de indicação do valor deriva de ser o réu o responsável por tal indicação, o que obviamente cria um obstáculo material instransponível ao autor no momento da propositura da demanda. O exemplo comumente dado é o da ação de prestação de contas, quando o autor faz pedido de condenação em prestar as contas e em pagar o eventual saldo remanescente, sendo que esse segundo pedido poderá ser genérico quando o valor só puder ser determinado após a efetiva prestação das contas (ato a ser praticado pelo réu)[66].

3.3.3.3. *Pedido implícito*

O pedido deve ser **expresso**, não podendo o juiz conceder aquilo que não tenha sido expressamente requerido pelo autor, bastando para se chegar a tal conclusão a aplicação do art. 460 do CPC, que proíbe o juiz de conceder diferente (*extra petita*) ou a mais (*ultra petita*) do que foi pedido pelo autor. Também essa regra sofre exceções, permitindo-se a concessão de tutela que não foi expressamente pedida pelo autor. A nomenclatura não é a mais adequada, devendo-se entender por pedido implícito qualquer tutela não pedida pelo autor que a lei permite que o juiz conceda de ofício[67].

São hipóteses de pedido implícito:

(a) despesas e custas processuais;

(b) honorários advocatícios (art. 20 do CPC);

(c) correção monetária (art. 404 do CC);

(d) prestações vincendas e inadimplidas na constância do processo em caso de contratos de trato sucessivo (art. 290 do CPC);

(e) os juros legais/moratórios (arts. 404 e 406 do CC) – não sendo considerados pedidos implícitos os juros convencionais ou compensatórios.

> No PLNCPC não há mudança quanto às espécies de pedido implícito. No art. 300 há previsão das prestações vincendas em obrigações de trato sucessivo e no art. 303 há previsão de juros legais, correção monetária e verbas de sucumbência.

---

[66] Barbosa Moreira, *O novo*, p. 11; Ovídio Baptista, *Curso*, p. 228; Marinoni-Mitidiero, *Código*, p. 297.

[67] Dinamarco, *Instituições*, n. 455, p. 138.

Quanto aos juros moratórios, é preciso lembrar o teor da Súmula 254 do STF, que admite sua inclusão na liquidação de sentença mesmo quando omissa a sentença liquidanda. Esse entendimento torna os juros moratórios uma verdadeira "condenação implícita"[68], porque o autor terá direito a eles mesmo que o juiz não os conceda expressamente na sentença. Ainda haverá um juiz que extinguirá o pedido de condenação do réu ao pagamento de juros moratórios por falta de interesse de agir com o argumento de que não é necessário se pedir tutela que o autor ganhará independentemente de sua concessão pela decisão judicial.

O Superior Tribunal de Justiça já teve oportunidade de decidir pela natureza de ordem pública dos juros moratórios, inclusive para modificar seu termo inicial de ofício em recurso de apelação, ainda que em prejuízo do recorrente[69]. Note-se que somente os juros moratórios podem ser concedidos independentemente do pedido. Será *extra petita* a sentença que conceder, sem pedido expresso do autor, juros contratuais ou sobre o capital próprio[70].

No tocante à correção monetária, apesar de tradicionalmente ser entendida como espécie de pedido implícito, em termos econômicos não agrega ao patrimônio do vencedor mais do que ele pediu; pelo contrário, tratando-se de atualização do valor do dinheiro, a aplicação de correção monetária nas condenações de pagar quantia certa se presta para evitar um *minus* e não para se entregar um *plus*[71].

Salvo as hipóteses de juros moratórios e de correção monetária, a obtenção pela parte dos chamados pedidos implícitos depende de expressa concessão pelo juízo. Em outras palavras, se o autor deixa de pedir e o juiz deixa de conceder, o autor nada obtém, sendo indispensável para que possa obter o bem da vida o ingresso de uma ação autônoma. Interessante – e triste ao mesmo tempo – o posicionamento do Superior Tribunal de Justiça com relação aos honorários advocatícios, que segundo o tribunal não podem ser executados sem sua concessão expressa e nem serem objeto de cobrança em ação autônoma, em respeito à coisa julgada[72]. Como corretamente criticado pela melhor doutrina, o Superior Tribunal de Justiça entendeu que transita em julgado matéria não decidida[73], o que é no mínimo uma grande inovação no instituto processual da coisa julgada material. E para consagrar o equívoco sumulou o entendimento por meio da Súmula 453/STJ.

Existem duas interessantes polêmicas a respeito do alcance do pedido implícito: percebendo o juiz que a parte tem o direito a alimentos, bem como presente a necessidade de recebê-los e a possibilidade do devedor em prestá-los, poderá

---

68 Contra: Calmon de Passos, *Comentários*, n. 32.2, p. 237.

69 *Informativo* 464/STJ: 3.ª Turma, EDcl nos EDcl no REsp 998.935/DF, rel. Min. Vasco Della Giustina (Desembargador convocado do TJ/RS), j. 22.02.2011.

70 *Informativo* 438/STJ: 2.ª Seção, REsp 1.171.095/RS, rel. originário Min. Massami Uyeda, rel. para acórdão Min. Sidnei Beneti, julgado em 09.06.2010.

71 *Informativo* 445/STJ: Corte Especial, **REsp 1.112.524/DF**, rel. Min. Luiz Fux, j. 1º.09.2010; *Informativo* 418/STJ: Corte Especial, REsp 1.143.677-RS, rel. Min. Luiz Fux, j. 02.12.2009.

72 *Informativo* 418/STJ: Corte Especial, REsp 886.178/RS, rel. Min. Luiz Fux, j. 02.12.2009.

73 YARSHELL, Flávio Luiz. Disponível em <http://www.cartaforense.com.br/Materia.aspx?id=5223>, 03.02.2010.

conceder os alimentos mesmo sem pedido expresso? As *astreintes*, previstas no art. 461, § 4.º, do CPC, ao serem concedidas de ofício pelo juiz, podem ser consideradas espécie de pedido implícito?

No tocante aos alimentos, uma primeira observação se faz necessária: o art. 7.º da Lei 8.560/1992 (Lei de investigação de paternidade) prevê que, "sempre que na sentença de primeiro grau se reconhecer a paternidade, nela se fixarão os alimentos provisionais ou definitivos do reconhecido que deles necessite". A utilização dos termos "sempre" e "fixarão" demonstra sem nenhuma dúvida que nessa espécie de demanda os **alimentos** devem ser concedidos pelo juiz mesmo que não haja pedido expresso do autor nesse sentido, sendo o suficiente para amparar a conclusão de tratar-se de pedido implícito[74]. O problema, entretanto, continua a existir nas demais demandas, não parecendo correta a aplicação de tal dispositivo por analogia.

Não resta dúvida de que não existe para as outras demandas uma expressa previsão legal, o que, entretanto, não é o suficiente para concluir pela exclusão dos alimentos do âmbito do pedido implícito, sob pena de indevido respeito à supremacia da lei derivada de um positivismo acrítico. Nesse caso, a análise deve se realizar tomando-se por base os princípios que exigem o pedido expresso (inércia da jurisdição e imparcialidade do juiz) e o princípio que fundamenta os alimentos (dignidade humana). O confronto entre tais princípios deve ser resolvido com a aplicação da **regra da proporcionalidade**, com a consequente determinação de qual deles deverá prevalecer no caso concreto. Entendo que o princípio da dignidade humana deve prevalecer, admitindo-se a concessão de alimentos de ofício pelo juiz em qualquer demanda, sendo indispensável nesse caso o respeito ao contraditório, como forma de evitar a surpresa ao réu em ser condenado em tutela que não foi pedida pelo autor.

Há doutrina que entende serem as ***astreintes*** concedidas pelo juiz de ofício exemplo de pedido implícito[75]. O entendimento, entretanto, deve ser visto com reservas. As *astreintes* têm como objetivo pressionar psicologicamente o réu para que a obrigação seja cumprida nos exatos termos do pedido do autor. Caso essa pressão funcione, o autor não ganhará tutela não pedida; bem ao contrário, porque nesse caso receberá exatamente aquilo que pediu (tutela específica), não sendo possível nesse caso falar em pedido implícito. Por outro lado, caso a pressão não funcione, o autor poderá cobrar o valor da multa fixada a título de astreintes, o que naturalmente entregará ao autor um bem da vida que não foi pedido (dinheiro). Portanto, somente quando as astreintes fixadas de ofício não atingem seu objetivo será correto considerá-las espécie de pedido implícito.

---

[74] STJ, 3.ª Turma, AgRg no Ag 778.187/PR, rel. Min. Sidnei Beneti, j. 18.11.2008; SEC 800/IT, Corte Especial, rel. Min. Fernando Gonçalves, j. 18.10.2006. *Informativo* 380/STJ: 4.ª Turma, REsp 819.729-CE, rel. Aldir Passarinho Jr., j. 09.12.2008.

[75] Dinamarco, *Instituições*, n. 455, p. 138; Spadoni, *Ação*, p. 210.

3.3.3.4. *Cumulação de pedidos*

Interessantes questões surgem a respeito da cumulação de pedidos. Entendo que as principais podem ser analisadas à luz de dois temas principais: espécies de cumulação e requisitos para a cumulação.

3.3.3.4.1. Requisitos para a cumulação dos pedidos

O art. 292, *caput*, do CPC prevê um "não requisito" ao estabelecer que a cumulação de pedidos é admitida mesmo que os **pedidos não sejam conexos**, ou seja, que não derivem de uma mesma causa de pedir. Significa dizer que o autor poderá cumular causas de pedir em sua petição inicial, cumulando também pedidos gerados por cada uma delas, desde que preencha os requisitos previstos no art. 292, § 1.º, do CPC. É evidente que os pedidos poderão ser conexos, mas a conexão entre eles não é um dos requisitos legais para a cumulação de pedidos.

> Edison e Carlos colidem seus veículos e são conduzidos pela autoridade policial à delegacia de polícia, onde Edison agride fisicamente Carlos. Na demanda proposta por Carlos, é admissível a narração da causa de pedir referente à colisão dos veículos, da qual derivam os pedidos de danos emergentes e de lucros cessantes e da causa de pedir referente à agressão física, da qual deriva o pedido de danos morais. Nesse caso, os danos emergentes e os lucros cessantes são conexos, mas nenhum deles é conexo com o pedido de reparação de dano moral.

Apesar de o art. 292, *caput*, do CPC prever que a cumulação será admitida num único processo "contra o mesmo réu", o Superior Tribunal de Justiça acertadamente já decidiu que a cumulação de pedidos é admissível mesmo que a demanda seja proposta com formação de **litisconsórcio passivo, dirigindo-se diferentes pedidos para cada um dos réus**. Nesse entendimento, basta o preenchimento dos requisitos previstos no art. 292, § 1.º, do CPC e a demonstração que a cumulação – tanto de pedidos como de réus – não gera tumulto procedimental nem prejudica o exercício da ampla defesa[76].

3.3.3.4.1.1. Pedidos não podem ser incompatíveis entre si

O art. 292, § 1.º, I, do CPC prevê que os pedidos não podem ser incompatíveis entre si, mas essa exigência só é aplicável às espécies de **cumulação própria** (simples e sucessiva). Na realidade, não há problema em cumular pedidos incompatíveis; o problema existe na concessão de pedidos incompatíveis, de forma que nas espécies de cumulação imprópria (subsidiária/eventual e alternativa), que se caracterizam pela possibilidade de concessão de apenas um dos pedidos

---

[76] STJ, 2.ª Turma, AgRg no REsp 953.731/SP, rel. Min. Herman Benjamin, j. 02.10.2008.

cumulados, não haverá nenhum problema na incompatibilidade dos pedidos[77]. Sabendo-se de antemão que o autor, na melhor das hipóteses, receberá somente um dos pedidos formulados, a exigência legal deve ser afastada.

Guilherme ingressa com ação judicial contra Sarah cumulando dois pedidos: rescisão contratual e, subsidiariamente, a revisão de algumas cláusulas do contrato. Trata-se de cumulação imprópria, de forma que se sabe de antemão que, no máximo, Guilherme terá somente um dos dois pedidos acolhido. Os pedidos são evidentemente incompatíveis (como é possível se rever cláusula de contrato rescindido?), mas não há qualquer impedimento a tal cumulação.

3.3.3.4.1.2. Mesmo juízo competente para todos os pedidos

O juízo ser competente para todos os pedidos (art. 292, § 1.º, II, do CPC) é o segundo requisito legal exigido para a cumulação de pedidos. Na análise desse requisito, é importante num primeiro momento a determinação das diferentes espécies de competência. Tratando-se de **diferentes competências absolutas**, a cumulação é sempre inadmissível, sendo obrigatória a propositura de diferentes demandas[78]. Caso o autor desafie a exigência legal e ingresse com uma demanda cumulando tais pedidos, o juiz deverá de ofício reconhecer a incompetência absoluta parcial, proferindo decisão interlocutória que diminui objetivamente a demanda, que seguirá somente com o pedido para o qual o juízo é competente[79].

Apesar de extremamente comum na praxe forense, não é correto falar em extinção parcial do processo, porque a extinção do processo é conceito absoluto, a exemplo de funcionário público honesto, mulher grávida etc. Se o processo continua a existir, não haverá sua extinção, mas sim a diminuição subjetiva ou objetiva da demanda (como ocorre no caso presente). Trata-se de interessante hipótese na qual a incompetência assume natureza peremptória, impedindo o juízo de dar seguimento à análise do pedido para o qual é absolutamente incompetente.

Sendo os pedidos de **diferentes competências relativas**, a cumulação num primeiro momento dependerá da conexão entre os pedidos, porque nesse caso a distribuição da demanda tornará o juízo prevento, com a prorrogação de competência quanto ao pedido para o qual o juízo era originariamente incompetente em razão da conexão[80]. Não sendo conexos os pedidos, a cumulação será admitida no caso de o réu não excepcionar o juízo, ocorrendo a prorrogação de competência, analisada no Capítulo 4, item 4.7.2.2[81]. Apresentada a exceção de incompetência, o juiz deverá acolhê-la, diminuindo objetivamente a demanda. Nesse caso, a cumulação tentada pelo autor restará frustrada, de forma que será necessária a

[77] Theodoro Jr., *Curso*, n. 369, p. 414; Scarpinella Bueno, *Curso*, p. 85-86.

[78] Theodoro Jr., *Curso*, n. 369, p. 415; Dinamarco, *Instituições*, n. 996, p. 367; Scarpinella Bueno, *Curso*, p. 86.

[79] STJ, 1.ª Turma, REsp 837.702/MG, rel. Min. Denise Arruda, j. 04.11.2008.

[80] Dinamarco, *Instituições*, n. 996, p. 368; Didier, *Curso*, p. 391.

[81] Greco Filho, *Direito*, n. 24, p. 113-114; Theodoro Jr., *Curso*, n. 369, p. 415.

propositura de nova demanda perante o juízo competente para decidir o pedido que foi excluído da demanda originária.

> João ingressa com demanda e cumula pedidos de competência da Justiça Federal e da Justiça do Trabalho, o que é inadmissível; haverá a declaração da incompetência absoluta de ofício e a consequente diminuição objetiva da demanda. Caso os pedidos sejam de competência da comarca de Belo Horizonte e de São Paulo, sendo derivados de uma mesma causa de pedir (conexos), a cumulação poderá ser feita em demanda a ser distribuída em qualquer das duas comarcas. Não sendo conexos, tudo dependerá da existência ou não da exceção de incompetência; sem exceção a cumulação será admitida, e sendo excepcionado o juízo a cumulação de pedidos inicialmente realizada pelo autor restará frustrada, ocorrendo diminuição objetiva da demanda.

3.3.3.4.1.3. Identidade procedimental

O art. 292, § 1.º, III, do CPC exige como requisito para a cumulação de pedidos a identidade procedimental entre eles, o que faz sentido considerando-se que a demanda deve seguir sempre um procedimento único. Segundo o art. 292, § 2.º, do CPC, havendo diversidade de procedimentos dos pedidos cumulados, o autor poderá cumulá-los pelo rito ordinário. Essa **preferência pelo rito ordinário**, entretanto, não permite a cumulação de quaisquer pedidos de diferentes procedimentos.

Na Justiça Estadual, havendo pedidos de procedimento sumário e sumaríssimo, a cumulação ocorrerá pelo rito sumário, não havendo nenhum sentido na opção do rito ordinário quando nenhum dos pedidos tenha tal procedimento. Na **Justiça Federal**, a realidade é diferente, porque a competência dos Juizados Especiais Federais é absoluta (art. 3.º da Lei 10.259/2001), de forma que, havendo pedidos de procedimento sumaríssimo, ordinário e sumário, necessariamente haverá duas ações: uma nos Juizados Especiais Federais pelo rito sumaríssimo e outra na Justiça Comum Federal, onde se admitirá a cumulação de pedidos de procedimento ordinário e sumário pelo rito ordinário.

No tocante aos procedimentos especiais, é preciso observar que não é uma opção do autor a sua utilização, sendo de aplicação cogente, não se admitindo que um pedido de procedimento especial seja cumulado com outro de procedimento comum pelo rito ordinário[82] (por exemplo, pedidos de prestação de contas e de indenização de danos morais exigem a propositura de duas demandas, uma com procedimento especial e outra com procedimento ordinário, sumário ou sumaríssimo, a depender do caso concreto). O Superior Tribunal de Justiça entende inadmissível, pela diferença de ritos, a cumulação de pedido de revisão contratual

---

[82] Greco Filho, *Direito*, n. 24, p. 114; Dinamarco, *Instituições*, n. 996, p. 368; Calmon de Passos, *Comentários*, n. 31.8.3, p. 236. Contra, Nery-Nery, *Código*, p. 559; Scarpinella Bueno, *Curso*, p. 87.

com o de prestação de contas[83], ainda que admita o pedido de consignação de pagamento com o de revisão contratual[84].

A obrigatoriedade do procedimento especial não se aplica aos chamados *falsos procedimentos especiais*, que na realidade se limitam a ter um pequeno detalhe procedimental em seu início e depois se tornam ordinários, como ocorre no procedimento possessório, depósito, anulação e substituição de título ao portador etc.[85]. Nesse caso, é possível a cumulação de um pedido de falso procedimento especial com outro de procedimento ordinário, desde que ambos sigam pelo rito ordinário.

> Aparentemente, o PLNCPC considerou a impropriedade do art. 292, § 2.º, do atual CPC. O art. 302, § 2.º, do PLNCPC prevê que a cumulação será admitida, mesmo que os pedidos tenham diferentes procedimentos, desde que o autor opte pelo procedimento comum e for este adequado à pretensão. Tudo leva a crer que essa adequação exigida pelo dispositivo seja derivada da obrigatoriedade de alguns procedimentos especiais.

3.3.3.4.2. Espécies de cumulação

A cumulação de pedidos pode ser classificada em sentido estrito, também chamada de *cumulação própria*, quando for possível a procedência simultânea de todos os pedidos, e em sentido amplo, também chamada de *cumulação imprópria*, quando formulado mais de um pedido, somente um deles puder ser concedido.

A cumulação própria pode ser **simples**, quando os pedidos forem absolutamente independentes entre si, ou **sucessiva**, quando a análise do pedido posterior depender da procedência do pedido que lhe precede. Na cumulação simples o resultado de um pedido não interfere no resultado dos demais, de forma que o resultado de um não condiciona o resultado dos outros. Em razão dessa independência, qualquer resultado é possível, inclusive o acolhimento de todos os pedidos cumulados[86], como ocorre na cumulação de pedidos de dano moral e material[87]. Registre-se interessante decisão do Superior Tribunal de Justiça na qual, apesar de reconhecer a natureza simples dessa cumulação, consignou que a mesma conduta não pode ser lícita para uma espécie de dano e ilícita para o outro. Segundo o entendimento, o

---

[83] STJ, 4.ª Turma, AgRg no REsp 739.700/RS, rel. Min. Fernando Gonçalves, j. 02.10.2007.

[84] *Informativo* 459/STJ: 4.ª Turma, REsp 645.756/RJ, rel. Min. Aldir Passarinho Junior, j. 07.12.2010.

[85] Dinamarco, *Instituições*, n. 996, p. 368.

[86] Calmon de Passos, *Comentários*, n. 31.2, p. 229; Ovídio Baptista, *Curso*, p. 230.

[87] Súmula 37 do STJ: "São cumuláveis as indenizações por dano material e dano moral oriundos do mesmo fato".

que poderá ocorrer é que, apesar de ilícita, a conduta não gere no caso concreto uma das espécies de dano cuja reparação tenha sido pleiteada pelo autor[88].

Na cumulação sucessiva há uma relação de prejudicialidade entre os pedidos, de modo que, sendo o pedido anterior rejeitado, o pedido posterior perderá o seu objeto (ou seja, restará prejudicado), não chegando nem ao menos a ser analisado[89]. Numa demanda de investigação de paternidade cumulada com a condenação em alimentos, sendo rejeitado o pedido de investigação de paternidade, ou seja, declarado que o réu não é o pai do autor, o pedido de alimentos perderá o objeto. O mesmo ocorre numa demanda em que se cumulam pedidos de rescisão contratual e reintegração de posse[90]. Sendo acolhido o pedido anterior, o pedido posterior será analisado pelo juiz, podendo ser concedido, o que torna essa espécie de cumulação de pedidos uma cumulação própria.

Na cumulação imprópria somente um dos pedidos cumulados pode ser acolhido, ou seja, na melhor das hipóteses para o autor, a procedência de sua pretensão significará o acolhimento de um dos pedidos. Existem duas espécies de cumulação imprópria:

(a) *cumulação subsidiária*, também chamada de eventual, quando o segundo pedido somente será analisado se o primeiro não for concedido; e

(b) *cumulação alternativa*, com a reunião de pedidos com a intenção do autor de que somente um deles seja acolhido, à escolha do juiz.

Na cumulação **subsidiária/eventual**, o autor estabelece uma ordem de preferência entre os pedidos, deixando claro na petição inicial que prefere o acolhimento do pedido anterior, e que somente na eventualidade de esse pedido ser rejeitado ficará satisfeito com o acolhimento do pedido posterior[91]. O art. 289 do CPC utiliza a expressão "ordem sucessiva", mas descreve a cumulação subsidiária/eventual[92]. Um bom exemplo é do autor que pede a rescisão integral do contrato em razão de alegada abusividade, e de forma subsidiária que, em caso de improcedência do pedido principal, lhe seja concedida a revisão de determinada cláusula do contrato para diminuir a taxa de juros. Não era exatamente o que o autor pretendia, mas diante da negação de seu pedido principal terá alguma vantagem (ainda que parcial) resultante do processo.

Na **cumulação alternativa** o autor cumula os pedidos, mas não estabelece uma ordem de preferência entre eles, de maneira que a escolha do pedido a ser acolhido fica a cargo do juiz, dando-se o autor igualmente por satisfeito com o acolhimento de qualquer um deles[93]. Ainda que a escolha nesse caso seja do con-

---

[88] Súmula 400 do STJ: 3.ª Turma, AgRg nos EDcl no REsp 1.096.560/SC, rel. Min. Sidnei Beneti, j. 06.08.2009.

[89] Dinamarco, *Instituições*, n. 473, p. 167; Barbosa Moreira, *O novo*, p. 14; Scarpinella Bueno, *Curso*, p. 81.

[90] Ovídio Baptista, *Curso*, p. 230.

[91] Dinamarco, *Instituições*, n. 475, p. 171-172.

[92] STJ, 1.ª Turma, REsp 844.428/SP, rel. Min. Luiz Fux, j. 04.03.2008.

[93] Scarpinella Bueno, *Curso*, p. 82; Didier, *Curso*, p. 389.

sumidor, é possível que haja cumulação de pedidos com fundamento no art. 18, § 1.º, do CDC, pedindo o autor a devolução do dinheiro, a entrega de um novo produto ou a concessão de um desconto, indicando que qualquer desses pedidos que seja acolhido satisfará por igual o autor. Nessa espécie de cumulação, o acolhimento de qualquer um dos pedidos não gera interesse recursal ao autor.

É preciso cuidado com o chamado "**pedido alternativo**" previsto pelo art. 288 do CPC. Ao afirmar que o pedido será alternativo, quando, pela natureza da obrigação, o devedor puder cumprir a prestação de mais de um modo, o dispositivo legal não cria verdadeira cumulação de pedidos, mas sim cumulação na forma da satisfação caso o pedido seja julgado procedente. O pedido continua sendo um só, cabendo ao réu, entretanto, mais de uma forma de satisfazê-lo[94].

Quando a escolha couber ao autor, poderá em sua petição inicial indicar desde já a única forma que lhe satisfará, mas, quando a escolha for do réu, o autor se limitará a pedir a satisfação da obrigação, cabendo ao réu a escolha da forma para tal obtenção. Registre-se que, satisfeita pelo réu a obrigação por qualquer forma que a lei ou contrato permita, a obrigação estará amplamente satisfeita, não podendo o autor demandar por nova satisfação por outro meio, constituindo tal postura em evidente *bis in idem*.

> Odete celebra contrato de seguro de seu automóvel no qual consta a obrigação alternativa da seguradora de, no caso de sinistro de perda total do bem, efetuar o pagamento de seu valor ou de entregar um automóvel novo. Descumprido o contrato, Odete ingressa com demanda judicial e pede a condenação da seguradora ao cumprimento do contrato, sendo esse seu único pedido. Caso a seguradora seja condenada, poderá satisfazer sua obrigação em fase executiva pagando o valor devido ou entregando um novo automóvel, o que demonstra que o pedido de cumprimento do contrato feito por Odete era alternativo.

3.3.4. Causa de pedir

Segundo ensina a melhor doutrina, existem duas teorias doutrinárias que explicam do que é composta a causa de pedir.

A teoria da individuação, oriunda do direito alemão e atualmente com mero interesse histórico[95], afirma que a causa de pedir é composta tão somente pela relação jurídica afirmada pelo autor. Registre-se que, mesmo na *teoria da individuação*, os fatos continuam a ser exigidos nas demandas que versam sobre direitos obrigacionais, havendo controvérsia apenas nas demandas que versam sobre direitos reais[96]. Por outro lado, a *teoria da substanciação*, também criada pelo

---

[94] Baptista da Silva, *Curso*, p. 228-229; Calmon de Passos, *Comentários*, n. 27, p. 215-216. Contra: Dinamarco, *Instituições*, n. 474, p. 169-170, confundindo pedido alternativo com cumulação alternativa.

[95] Nery-Nery, *Código*, p. 550.

[96] Cruz e Tucci, *A* causa petendi, p. 90-91.

direito alemão, determina que a causa de pedir, independentemente da natureza da ação, é formada apenas pelos fatos jurídicos narrados pelo autor.

A doutrina pátria amplamente majoritária afirma que o direito brasileiro adotou a **teoria da substanciação**, sustentando que a exigência da narrativa dos fatos na petição inicial derivada do art. 282, III, do CPC seria a demonstração cabal da filiação de nosso ordenamento jurídico a tal teoria[97]. O curioso, entretanto, é que essa mesma doutrina que aponta para a adoção da teoria da substanciação afirma que a causa de pedir não é composta exclusivamente dos **fatos jurídicos**; além dos fatos, também a **fundamentação jurídica** compõe a causa de pedir, inclusive como determinado no art. 282, III, do CPC.

Uma parcela minoritária da doutrina aponta a incongruência da doutrina majoritária, afirmando que o direito brasileiro teria adotado uma teoria mista, de equilíbrio entre a teoria da individuação e da substanciação. Ao exigir a narrativa na petição inicial dos fatos e dos fundamentos jurídicos, o direito brasileiro exigiu tanto a narrativa da causa de pedir próxima quanto da causa de pedir remota, criando-se uma teoria que resulta da soma das duas tradicionais teses que explicam o objeto da causa de pedir[98].

A distinção entre *causa de pedir remota* e *causa de pedir próxima* merece um comentário. Sem nenhuma justificativa de suas opções, a doutrina concorda que as "duas causas de pedir" designam os dois elementos constitutivos da causa de pedir (fato e fundamento jurídico), mas, ao determinar qual causa de pedir designa qual elemento, a confusão impera. Para alguns, a causa de pedir próxima são os fundamentos jurídicos do pedido, enquanto a causa de pedir remota são os fatos constitutivos[99]. Para outros, é exatamente o contrário: causa de pedir próxima são os fatos e causa de pedir remota são os fundamentos do pedido[100]. Sem grandes consequências práticas, a divergência exaure sua importância no campo doutrinário, mas em minha concepção pessoal a causa de pedir próxima são fatos e a causa de pedir remota é o fundamento jurídico, porque é dos fatos que decorrem os fundamentos jurídicos.

Registre-se a existência de corrente doutrinária que, apesar de entender que os fundamentos jurídicos compõem a causa de pedir, inclusive por expressa previsão legal do art. 282, III, do CPC, não vinculam o juiz em sua decisão ao fundamento jurídico narrado pelo autor, de forma que essa vinculação só existe quanto aos fatos jurídicos narrados. Com a afirmação de que o fundamento jurídico que obrigatoriamente deve narrar o autor é uma mera proposta ou sugestão endereçada ao juiz, defende essa corrente doutrinária a possibilidade de o juiz

[97] Theodoro Jr., *Curso*, n. 354, p. 399; Greco Filho, *Direito*, n. 15, p. 95; Marinoni-Mitidiero, *Código*, p. 291; Nery-Nery, *Código*, p. 550; STJ, 3.ª Turma, REsp 623.704/SC, rel. Min. Nancy Andrighi, j. 21.02.2006.

[98] Botelho de Mesquita, *Conteúdo*, p. 48; Carvalho, *Do pedido*, p. 92-93.

[99] Greco Filho, *Direito*, n. 15, p. 95; Cruz e Tucci, *A causa*, p. 154.

[100] Dinamarco, *Instituições*, n. 450, p. 126; Nery-Nery, *Código*, p. 550; Câmara, *Lições*, p. 307; STJ, 1.ª Turma, REsp 886.509/PR, rel. Min. Luiz Fux, j. 02.12.2008; REsp 625.018/SP, 3.ª Turma, rel. Min. Nancy Andrighi, j. 21.02.2006.

decidir com base em outro fundamento jurídico distinto daquele contido na petição inicial (*narra mihi factum dabo tibi jus*)[101]. O exemplo clássico é o pedido de anulação do contrato com o fundamento no erro e a sentença anulando o contrato com base no dolo[102].

Nos processos objetivos (controle concentrado de constitucionalidade), apesar da exigência feita ao autor em indicar os fundamentos jurídicos de sua pretensão, corrente doutrinária majoritária defende a aplicabilidade da chamada "*causa petendi* aberta", de forma que o tribunal não esteja vinculado ao fundamento jurídico exposto pelo autor, podendo motivar sua decisão em fundamentos não arguidos na petição inicial[103]. Existem diversas decisões do Supremo Tribunal Federal acolhendo esse entendimento[104], inclusive permitindo-se que a natureza de constitucionalidade seja diversa daquela narrada pelo autor (alegação de inconstitucionalidade formal e procedência do pedido por inconstitucionalidade material e vice-versa).

Para todas as correntes doutrinárias, os fatos compõem a causa de pedir. Doutrina tradicional afirma que a *causa de pedir ativa* é composta dos fatos constitutivos do direito do autor, enquanto a *causa de pedir passiva* é composta dos fatos do réu contrários ao direito[105]. Mas nem todos os fatos narrados pelo autor fazem parte da causa de pedir, sendo preciso distinguir os **fatos jurídicos** (principais, essenciais), que compõem a causa de pedir, e os **fatos simples** (secundários, instrumentais), que não compõem a causa de pedir[106].

Os fatos jurídicos são aqueles que são aptos por si sós a gerar consequências jurídicas, enquanto os fatos simples não têm tal aptidão. Na realidade, os fatos simples são em regra irrelevantes para o direito, somente passando a ter relevância jurídica quando se relacionam com fatos jurídicos. Como não fazem parte da causa de pedir, desde que se respeite o contraditório, podem ser utilizados pelo juiz ainda que não apresentados na petição inicial[107].

> Marina costuma mudar a estação do rádio de seu carro com frequência, sendo tais atitudes caracterizadas como fatos simples, incapazes de isoladamente gerar consequências jurídicas. São, portanto, irrelevantes para o Direito. Ocorre, entretanto, que, na eventualidade de Marina colidir seu veículo (fato jurídico) enquanto modifica a estação de seu rádio, esse fato, apesar de continuar a ser um fato simples, passa a ter importância para o Direito.

Por fim, cumpre não confundir **fundamento jurídico**, que compõe a causa de pedir, com **fundamento legal**, que não compõe a causa de pedir e decididamente não vincula o juiz em sua decisão, que poderá decidir com outro fundamento

---

101 STJ, 6.ª Turma, REsp 577.014/CE, rel. Min. Hamilton Carvalhido, j. 21.09.2004.

102 Dinamarco, *Instituições*, n. 450, p. 127-128; Fux, *Curso*, p. 178; Barbosa Moreira, *O novo*, p. 17.

103 Mendes-Coelho-Branco, *Curso*, p. 1.068; Pena de Moraes, *Curso*, 2008, p. 210.

104 STF, Tribunal Pleno, ADI 2.213 MC/DF, rel. Min. Celso de Mello, j. 04.04.2002, *DJ* 23.04.2004, p. 7.

105 Cruz e Tucci, *A causa*, p. 154.

106 STJ, 3.ª Turma, REsp 702.739/PB, rel. Min. Nancy Andrighi, rel. para acórdão Min. Ari Pargendler, j. 19.09.2006.

107 Marinoni-Mitidiero, *Código*, p. 291.

legal, com respeito ao contraditório[108]. Por fundamento legal entende-se a indicação do artigo de lei no qual se fundamenta a decisão; esse fundamento legal é dispensável[109] e não vincula o autor ou o juiz, não fazendo parte da causa de pedir[110]. Fundamento jurídico é o liame jurídico entre os fatos e o pedido, ou seja, é a explicação à luz do ordenamento jurídico do porquê o autor merece o que está pedindo diante dos fatos que narrou.

---

[108] Neves, *Contraditório*, p. 100-107; Alvaro de Oliveira, *Do formalismo*, p. 167-168; Marinoni-Mitidiero, *Código*, p. 291.

[109] *Informativo* 469/STJ: 3ª Turma, REsp 1.222.070-RJ, Rel. Min. Nancy Andrighi, j. 12.04.2011; Nery-Nery, *Código*, p. 551.

[110] Dinamarco, *Instituições*, n. 450, p. 128; Theodoro Jr., *Curso*, n. 354, p. 399, Didier, *Curso*, p. 371; STJ, 1.ª Turma, EDcl no REsp 434.283/RS, Rel. Min. Luiz Fux, j. 16.09.2003.

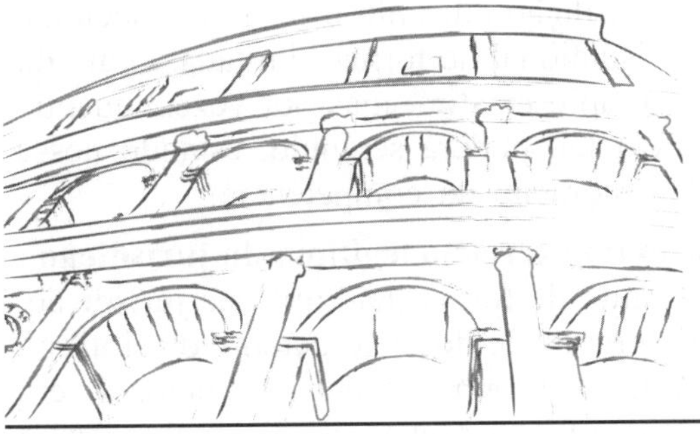

4 COMPETÊNCIA

4.1. INTRODUÇÃO

O conceito tradicional de competência é de que o instituto seja a medida da jurisdição, ou ainda a quantidade de jurisdição delegada a um determinado órgão ou grupo de órgãos[1]. Ainda que não seja possível se desligar completamente do conceito de jurisdição para os fins de conceituação da competência, o conceito tradicional está superado porque confunde indevidamente competência e jurisdição. Ademais, **a jurisdição é una e indivisível**, não podendo ser dividida em pedaços ou porções, como sugere o conceito tradicional.

---

[1] Liebman, *Manuale*, v. 1, p. 49.

Nunca faltará jurisdição ao órgão jurisdicional, o que inclusive ocasionaria o mais grave dos vícios processuais: a inexistência jurídica. Afirmar que qualquer juiz, de qualquer órgão jurisdicional, tem jurisdição em todo o território nacional não significa que possa exercer a função jurisdicional de forma ilimitada. O ato do juiz, devidamente investido de jurisdição, sempre existirá, mas por vezes, quando exercido fora de certos limites traçados pela lei, poderá ser nulo, estando nessa determinação de limites a importância do fenômeno da competência.

A competência é justamente a **limitação do exercício legítimo da jurisdição**[2]. O juiz incompetente estará, portanto, exercendo de forma ilegítima sua jurisdição, algo bem diferente, inclusive em termos da gravidade do vício gerado, da situação em que um sujeito qualquer pratica atos que exigiriam o poder jurisdicional sem estar devidamente investido. Prova maior de que o órgão jurisdicional, mesmo sem competência, tem jurisdição é a aplicação do princípio *Kompetenz Kompetenz*, que atribuiu ao órgão incompetente a competência para declarar sua própria incompetência. Caso a ausência de competência gerasse ausência de jurisdição, essa declaração de incompetência seria ato inexistente, o que naturalmente não ocorre.

> Por essa razão deve ser elogiado o teor do art. 16 do PLNCPC, que prevê ser a jurisdição civil exercida pelos juízes em todo o território nacional, conforme as disposições do Código de Processo Civil. Ainda que normas de leis extravagantes, desde que de natureza processual, também possam regulamentar essa atuação judicial, o ponto favorável do dispositivo legal é deixar claro que nunca faltará jurisdição na atuação de um juiz, confirmando a tese de que toda atividade desempenhada por juiz é jurisdicional, ainda que haja no caso concreto um vício de incompetência.

Cumpre registrar, finalmente, neste capítulo introdutório, que a organização das regras de competência busca atingir dois objetivos principais bastante nítidos: organização de tarefas e racionalização do trabalho. De fato, seria absolutamente improdutivo fixar nas mãos de todos os juízes o exercício legítimo sobre todas as demandas judiciais, o que viria a ser evidente fator de piora na qualidade da entrega da prestação jurisdicional[3].

4.2. COMPETÊNCIA RELATIVA E ABSOLUTA

A existência em nosso ordenamento processual de regras de competência relativa e absoluta se explica em razão da busca de um equilíbrio entre razões políticas divergentes.

---

2 Greco Filho, *Direito*, v. 1, p. 170; Marcato, *Breves*, p. 26; Marinoni-Mitidiero, *Código*, p. 153.

3 Bermudes, *Introdução*, p. 62-63.

As regras de **competência relativa** prestigiam a **vontade das partes**, por meio da criação de normas que buscam proteger as partes (autor ou réu), franqueando a elas a opção pela sua aplicação ou não no caso concreto. Em razão de sua maior flexibilidade, também a lei poderá modificar tais regras. Surgem assim as regras de competência relativa, **dispositivas** por natureza e que buscam privilegiar a liberdade das partes, valor indispensável num Estado democrático de direito como o brasileiro. As regras de **competência absoluta** são fundadas em **razões de ordem pública**, para as quais a liberdade das partes deve ser desconsiderada, em virtude da prevalência do interesse público sobre os interesses particulares. Nesse caso, não há flexibilização, seja pela vontade dos interessados, seja pela própria lei, tratando-se de norma de natureza **cogente** que deverá ser aplicada sem nenhuma ressalva ou restrição.

O ordenamento brasileiro – como todos os ordenamentos modernos de que se tem notícia – criou interessante sistema em que se mesclam normas de competência relativa e absoluta, cada qual com um propósito diferente (*interesse das partes* e *interesse público*) e bem por isso com tratamento processual distinto[4]. Esse sistema evita eventual caos gerado pela desorganização do trabalho que poderia ser causado em sistema com exclusividade de normas de competência relativa e ao mesmo tempo impede a existência de um sistema ditatorial, que seria criado com um sistema fundado na exclusividade de normas de competência absoluta.

4.2.1. Competência relativa

4.2.1.1. *Legitimado para arguir a incompetência relativa*

Apesar da redação do art. 304 do CPC prever a legitimidade das partes, o autor não pode alegar a incompetência relativa em razão de preclusão lógica[5]. O autor tem na propositura da demanda o momento procedimental adequado para se manifestar a respeito da competência relativa, não sendo logicamente compatível a propositura da demanda em foro escolhido pelo autor e a posterior alegação de incompetência por ele mesmo criada. Não é correto afirmar que o autor não pode alegar a incompetência relativa sob o fundamento de que "ninguém pode se beneficiar da própria torpeza"[6], dado que o estado subjetivo que levou o autor a propor a demanda em foro incompetente – torpeza, ignorância, descuido – é irrelevante para determinar a ilegitimidade do autor para alegar o vício.

O **réu**, que não tem nenhuma participação na escolha do juízo para o qual a demanda judicial foi distribuída, terá legitimidade para excepcionar o juízo, pleiteando que a regra determinadora de competência relativa seja respeitada, com a

[4] Pizzol, *A competência*, p. 253.

[5] Neves, *Competência*; Marinoni-Mitidiero, *Código*, p. 317.

[6] Nery-Nery, *Código*, p. 692.

remessa do processo ao juízo competente. É, na realidade, o legitimado tradicional responsável pela ampla maioria das alegações de incompetência relativa.

Quanto ao Ministério Público, nas demandas judiciais em que funcionar como réu – o que, diga-se de passagem, é raríssimo – poderá normalmente excepcionar o juízo. Participando como fiscal da lei, entretanto, não terá legitimidade para tal alegação. Ainda que seja considerado fiscal da lei, a afronta à regra de competência relativa não poderá ser suscitada pelo Ministério Público em razão de sua natureza dispositiva, de interesse exclusivo das partes principais do processo (autor e réu). Dessa forma, ainda que deva zelar pela boa aplicação da lei, não poderá o Ministério Público se colocar contra a vontade das partes[7]. O Superior Tribunal de Justiça não tem posição consolidada, havendo decisões em ambos os sentidos[8]. Entendo que excepcionalmente, na situação prevista nos arts. 112, parágrafo único, e 114, ambos do CPC, podendo o juiz reconhecer a incompetência relativa de ofício, deve-se admitir a alegação pelo Ministério Público.

O art. 65, parágrafo único, do PLNCPC, consagra expressamente a legitimidade do Ministério Público na arguição da incompetência relativa, nas causas em que atuar como parte ou como interveniente. Naturalmente, quando o dispositivo menciona *parte*, deve-se entender *réu*, porque não cabe ao autor, ainda que seja o Ministério Público, a arguição da incompetência relativa.

O assistente do autor não tem legitimidade, enquanto o assistente do réu a tem. Tratando-se de assistente litisconsorcial, além da legitimidade há sempre interesse processual na exceção de incompetência. Tratando-se de assistente simples, sempre haverá legitimidade, podendo faltar, entretanto, o interesse processual. Conforme analisado no capítulo referente a essa espécie de intervenção de terceiro, o assistente simples não pode atuar contra vontade expressa do assistido, mas em sua omissão não há nenhum empecilho para sua atuação. Dessa forma, só não haverá interesse caso exista no processo uma expressa manifestação do assistido no sentido de não pretender que o processo saia do foro em que tramita.

O opoente é autor, e como tal não tem legitimidade. O nomeado à autoria é réu, e como tal tem legitimidade para excepcionar o juízo. O denunciado à lide pelo autor, que segundo o art. 74 do CPC é litisconsorte do autor denunciante, não tem legitimidade. O denunciado à lide pelo réu e o chamado ao processo, ainda que se tornem litisconsortes do réu, poderiam até em tese, nessa qualidade, ter legitimidade. O problema é que não haverá nesse caso vício a ser alegado, porque, tendo ocorrido o pedido pelo réu de denunciação da lide ou chamamento

7 Arruda Alvim, *Manual*, v. 2, p. 273; Nery-Nery, *Código*, p. 692. Contra: Figueira Jr., *Comentários*, 2001, v. 4, t. II, p. 277; Marinoni-Mitidiero, *Código*, p. 317.

8 Contra a legitimidade: STJ, 1.ª Seção, EREsp 222.006/MG, rel. Min. Luiz Fux, j. 10.11.2004. Pela legitimidade, com indevida confusão entre legitimidade e interesse: STJ, 3.ª Turma, REsp 630.968/DF, rel. Min. Humberto Gomes de Barros, j. 20.03.2007.

ao processo, a parte interessada (réu) terá deixado de se manifestar sobre o vício no primeiro momento em que falou nos autos, o que acarretará a prorrogação de competência[9].

4.2.1.2. *Reconhecimento de ofício da incompetência relativa*

O tema do reconhecimento de ofício da incompetência relativa encontrava-se pacificado com a Súmula 33 do STJ: "A incompetência relativa **não pode ser declarada de ofício**". O entendimento expresso na súmula se justificava pela própria natureza da norma, valorizadora do interesse das partes, que podem no caso concreto abrir mão da proteção legal, excluindo qualquer intervenção do juiz[10].

O entendimento proibitivo quanto ao reconhecimento de ofício da incompetência relativa do juízo, apesar de sumulado, passou a ser sistematicamente flexibilizado por nossos Tribunais, com amplo amparo doutrinário, na hipótese de o processo envolver relação de consumo em que houvesse cláusula abusiva de eleição de foro. Tornou-se frequente em contratos de consumo – em especial nos contratos de adesão – o fornecedor indicar o foro competente para julgar eventuais demandas geradas na interpretação ou cumprimento do negócio jurídico, que traz dificuldades excessivas para o exercício do direito de defesa por parte do consumidor, com a nítida intenção de prejudicá-lo processualmente.

O raciocínio utilizado envolvia basicamente três artigos do Código de Defesa do Consumidor – arts. 1.º, 51 e 6.º, VIII – e o objetivo era claro: proteger o consumidor hipossuficiente da escolha prejudicial a ele feita pelo fornecedor, tomando por base a cláusula de eleição de foro. Em alguns julgados do Superior Tribunal de Justiça, inclusive, consta o equivocado entendimento de que nesse caso tratar-se-ia de competência absoluta[11]. Independentemente da discussão acerca da natureza absoluta ou relativa da competência, o que motivava a quebra da regra consagrada na Súmula 33 era a garantia do efetivo direito à ampla defesa do réu, prevista constitucionalmente[12].

Influenciado por esse posicionamento do Superior Tribunal de Justiça, o legislador consagrou no art. 112, parágrafo único, do CPC uma exceção até mais ampla daquela consagrada constitucionalmente. Havendo **contrato de adesão** (de qualquer natureza, e não exclusivamente consumerista), o juiz declarará nula a **cláusula de eleição de foro**, determinando a remessa do processo ao foro do domicílio do réu.

---

[9] Nery-Nery, *Código*, p. 293.

[10] Barbosa Moreira, *Pode*, p. 68-69.

[11] STJ, 2.ª Seção, CC 19.105/MS, Rel. Min. Sálvio de Figueiredo Teixeira, j. 11.11.1999; STJ, CC 22.000/PE, rel. Min. Carlos Alberto Menezes Direito, j. 08.02.1999, p. 246. Na doutrina, Nery-Nery, *Código*, p. 511, com rica indicação bibliográfica, e Araújo Filho, *Comentários*, p. 6. *Informativo* 381/STJ, REsp 1.049.639-MG, rel. Min. João Otávio de Noronha, j. 16.12.2008.

[12] Marcato, *O reconhecimento*, p. 47.

Parece claro que o objetivo do legislador com a previsão contida no dispositivo legal ora analisado foi proteger o réu que, participando de um contrato de adesão, concorda com cláusula abusiva de eleição de foro. Não se pode negar que, uma vez citado, e apresentada exceção de incompetência, o réu conseguirá anular a cláusula de eleição de foro (desde que presente algum vício) e com isso o processo será remetido ao foro de seu domicílio de qualquer forma. O problema é que mesmo esse simples ato processual (ingresso de exceção de incompetência) poderá, diante do caso concreto, ser de difícil execução para o réu, que será prejudicado na defesa de seus interesses caso não tenha condições de ingressar com a exceção, o que deve ser evitado pelo juiz, mediante o reconhecimento de ofício de sua incompetência relativa.

É compreensível que o reconhecimento de ofício da incompetência relativa continue a ser excepcional, pelas razões já expostas que fundamentam a natureza das normas que tratam dessa espécie de competência. Ocorre, entretanto, que a restrição da exceção aos casos em que exista cláusula abusiva de eleição de foro em contrato de adesão não se justifica.

É absolutamente defensável a tese de que a hipossuficiência do aderente que fundamentaria esse cuidado maior do juiz no caso concreto também possa ser verificada em outras hipóteses, alheias às relações de consumo, como ocorre com o incapaz ou com a mulher casada. Se o propósito da nova norma legal é evitar abusos do autor nas hipóteses em que a escolha do foro prejudica o efetivo direito de defesa do réu hipossuficiente, outras situações, além das relações de contrato de adesão, devem também ser contempladas[13].

Registre-se, por fim, que a conjugação dos arts. 112, parágrafo único, e 114, ambos do CPC, cria uma hipótese excepcional de **preclusão temporal para o juiz**, considerando a existência de um prazo ao juiz para que reconheça de ofício a incompetência relativa[14]. Transcorrido o prazo de resposta do réu, não poderá mais o juiz reconhecer de ofício a incompetência, o que, inclusive, demonstra de forma bastante clara a natureza relativa da competência.

4.2.1.3. *Momento para alegação da incompetência relativa*

Existe prazo preclusivo para a alegação de incompetência relativa, de forma que, não havendo manifestação dentro desse prazo, ocorrerá prorrogação de competência, ou seja, o juízo se tornará competente no caso concreto. Apesar de o art. 305, *caput*, do CPC prever que o prazo das exceções – a de incompetência incluída – é de 15 dias, é preciso afastar a interpretação literal do dispositivo legal. O prazo para a alegação da incompetência relativa é o da **resposta do réu**[15], dependendo, portanto, do caso concreto. Aplicam-se à contagem desse prazo as

[13] Dinamarco, *Declaração*, p. 481.

[14] Neves, *Reforma*, p. 415-418.

[15] Por todos, Barbosa Moreira, *O novo*, p. 41.

regras dos arts. 188 (prazo em quádruplo para a Fazenda Pública e Ministério Público)[16] e 191 do CPC (prazo em dobro para réus com patronos diferentes)[17].

No procedimento sumário, inclusive, a doutrina entende ser vedada a apresentação de exceção de incompetência antes da audiência, porque isso geraria a suspensão do procedimento principal, em nítida incompatibilidade com a agilização pretendida por esse procedimento[18]. A incompetência relativa será alegada em audiência de conciliação, na qual o juiz, após ouvir o autor em contraditório, decidirá a questão, sem que o procedimento chegue a ser suspenso. Na hipótese de interposição de exceção de incompetência antes da audiência, o juiz não deve determinar o desentranhamento da peça, limitando-se a determinar que a exceção só gere efeitos jurídicos na audiência de conciliação. A pior alternativa, certamente, é o juiz declarar a intempestividade prematura da exceção, impedindo-se sua repropositura em audiência em razão da preclusão consumativa.

Como o PLNCPC extingue a exceção de incompetência, deixa de existir uma norma geral que preveja o prazo para essa reação do réu. O art. 65, *caput*, prevê que a competência será prorrogada se o réu não a alegar em preliminar de contestação, confirmando que o prazo para a alegação da incompetência relativa é o mesmo de resposta do réu à sua citação.

4.2.1.4. *Forma de alegação da afronta à regra de competência relativa*

Havendo afronta a uma norma determinadora de competência relativa, em regra somente o réu poderá suscitá-la, e estará obrigado a fazê-lo na forma prevista em lei: *exceção de incompetência*. O nome dado à forma de arguição da incompetência relativa – que formará um incidente processual – merece aplausos, considerada a impossibilidade, ao menos como regra, do reconhecimento de tal espécie de incompetência de ofício pelo juiz. Necessitando ser a matéria arguida pela parte, a exceção de incompetência é uma exceção em sentido estrito, contendo matéria que necessariamente deve ser alegada pela parte, para que possa ser conhecida pelo juiz (art. 128 do CPC).

Conforme já foi afirmado, o prazo para o réu ingressar com a exceção de incompetência será o de sua resposta, devendo ser apresentada em **peça autônoma** que será autuada em **autos em apenso** aos autos principais. Justamente por prever a lei uma forma específica de alegação da incompetência relativa, a doutrina majoritária tem sido reticente em admitir a alegação de incompetência

[16] Cunha, *A Fazenda*, p. 41; Fadel, *Código*, p. 230.

[17] Arruda Alvim, *Manual*, p. 272; Moniz de Aragão, *Comentários*, v. 2, p. 117.

[18] Araken de Assis, *Procedimento*, p. 95; Miranda, *Procedimento*, p. 176; Figueira Jr., *O novo*, p. 210.

relativa feita como defesa preliminar na própria contestação[19]. Considera-se majoritariamente, ao menos no campo doutrinário, que o vício formal gerado pela equivocada forma de alegação da incompetência relativa não impedirá a prorrogação de competência, o que significa dizer que o equívoco formal equivalerá à inexistência de qualquer alegação.

Verifica-se nesse tocante um rigorismo formal injustificado, sendo aplicável ao caso concreto o *princípio da instrumentalidade das formas*. Ainda que o réu tenha se utilizado de forma inadequada para demonstrar sua insatisfação com o descumprimento da norma de competência relativa, a preliminar constante da contestação contando com tal matéria faz com que tal reação chegue ao conhecimento do juiz, o que parece ser essencial para o aproveitamento do ato praticado fora da forma legal e permitir a geração de efeitos, com as devidas adaptações procedimentais necessárias. Felizmente, é esse o entendimento do Superior Tribunal de Justiça[20].

Registre-se que existem duas exceções à regra que preveem a exceção de incompetência como forma procedimental para a alegação da incompetência relativa. Nos Juizados Especiais, não há previsão na Lei 9.099/1995 de exceção de incompetência, de modo que a alegação de incompetência relativa se dará por meio de preliminar em contestação, quando a defesa for apresentada por escrito. Oralmente, constará do termo de audiência. No procedimento sumário, caso o réu opte pela resposta escrita, deverá alegar a incompetência relativa por meio da exceção; optando pela defesa oral, a exceção é dispensada, constando a alegação do termo de audiência. Há decisão do Superior Tribunal de Justiça entendendo possível a alegação de incompetência relativa como tópico de contestação escrita apresentada na audiência de conciliação[21].

> A instrumentalidade das formas aplicada pelo Superior Tribunal de Justiça na aceitação da alegação de incompetência relativa na própria contestação levou o PLNCPC a extinguir a figura da "exceção de incompetência", havendo expressa determinação para que essa matéria seja alegada como preliminar de contestação (art. 64, *caput*).

4.2.1.5. *Acolhimento da exceção e atos processuais já praticados*

Com a procedência do pedido feito na exceção de incompetência, o processo será remetido ao juízo competente, e isso ocorrerá independentemente

[19] Dinamarco, *Instituições*, p. 608; Arruda Alvim, *Manual*, p. 273; STJ, 1.ª Turma, REsp. 380.705, rel. Min. Garcia Vieira, *DJ* 08.04.2002.

[20] CC 86.962/RO, 2.ª Seção, Rel. Min. Humberto Gomes de Barros, j. 13.02.2008; REsp 885.960/CE, 2.ª Turma, rel. Min. Humberto Martins, j. 02.08.2007.

[21] STJ, REsp 432.524/MA, 3.ª Turma, rel. Min. Nancy Andrighi, j. 28.10.2004.

da interposição ou não de recurso contra a decisão interlocutória do juiz. A interposição de recurso, portanto, não será apta a evitar a geração imediata de efeitos da decisão sobre a exceção, seja de acolhimento ou rejeição, salvo quando obtido no caso concreto efeito suspensivo (art. 527, III, do CPC), hipótese na qual a decisão só gerará efeitos após o julgamento do agravo de instrumento.

Como a consequência do acolhimento da exceção de incompetência é a **remessa do processo ao juízo competente**, costuma-se afirmar acertadamente que a incompetência relativa tem natureza dilatória, ou seja, seu acolhimento somente fará com que o tempo de duração do processo seja prolongado. Nos Juizados Especiais, a incompetência territorial – relativa – excepciona essa regra, prevendo o art. 51, III, da Lei 9.099/1995 que o reconhecimento da incompetência territorial é causa de extinção do processo. Nesse caso, a incompetência relativa tem natureza peremptória.

Tratando-se de incompetência relativa, parcela da doutrina ensina que o ato praticado pelo juízo incompetente não será nulo, mas poderá ser revisto pelo juízo competente, que poderá mantê-lo, modificá-lo ou revogá-lo[22]. O Superior Tribunal de Justiça recentemente decidiu (por maioria de votos) que os **atos já praticados pelo juízo relativamente incompetente são válidos**[23]. Prefiro o entendimento exposto pelo Ministro Teori Albino Zavascki em seu voto-vista, para quem é aplicável por analogia o art. 113, § 2.º, do CPC, com a consequente nulidade dos atos decisórios[24].

O art. 64, § 3.º, do PLNCPC tem redação que pode gerar dúvidas a respeito de sua interpretação. Segundo o dispositivo legal, salvo havendo decisão judicial em sentido contrário, os efeitos das decisões proferidas pelo juízo incompetente se conservarão, até que outra seja proferida, se for o caso, pelo juízo competente. Entendo que não merece elogios a proposta legislativa ora comentada, em especial por gerar demasiada liberdade ao juiz, o que se demonstrará fonte de indesejada insegurança jurídica.

Primeiro, o juiz da causa poderá anular os atos que entender que deve anular, sem qualquer espécie de limitação legal, considerando que a norma legal comentada apenas prevê a manutenção dos efeitos das decisões proferidas pelo juízo incompetente, salvo decisão em sentido contrário. Segundo, o juiz que receber o processo terá liberdade para proferir qualquer decisão que revogue decisões proferidas pelo juízo incompetente, novamente sem qualquer direcionamento legal a respeito dos limites de tal poder.

---

22 Marinoni-Arenhart, *Manual*, p. 48.

23 EDcl no REsp 355.099/PR, 1.ª Turma, rel. Min. Denise Arruda, rel. p/ acórdão Min. José Delgado, j. 06.05.2008.

24 Nesse sentido Bedaque, *Competência*, p. 97-98.

4.2.2. Competência absoluta

4.2.2.1. *Legitimado para arguir a incompetência absoluta*

Em razão da própria *ratio* das normas determinadoras de competência absoluta (proteção de interesse público), **todos os sujeitos processuais são legitimados** a apontar a ofensa a uma regra dessa natureza, até mesmo porque o respeito à ordem pública é questão incompatível com a limitação de legitimados que pretendam sua concretização. Nesse sentido podem arguir a incompetência absoluta o autor, réu, terceiros intervenientes, Ministério Público como fiscal da lei e até mesmo o juiz de ofício. O autor, mesmo sendo o responsável pela criação do vício no caso concreto, terá legitimidade para argui-lo; podendo ser condenado nas penas da litigância de má-fé caso se constate que o vício foi criado propositalmente com interesses escusos.

> Consta expressamente do art. 64, § 1.º, do PLNCPC a regra de que o juiz deverá declarar de ofício a incompetência absoluta. É interessante a correta utilização do verbo "dever" na regra legal, considerando que por se tratar de matéria de ordem pública não existe outra opção ao juiz que não reconhecê-la de ofício, de preferência o mais cedo possível.

Apesar de ser situação rara no foro, parece ser admissível que um terceiro absolutamente desinteressado, ou ainda com interesse que não jurídico (portanto, sem aptidão para ingressar no processo), alegue a incompetência absoluta. É natural que não se trata de situação frequente, mas a proteção de interesse público é missão de todos, e não somente dos sujeitos processuais.

Mesmo diante dessa ampla legitimação para a alegação da incompetência absoluta, além da possibilidade de manifestação de ofício pelo juiz, é possível afirmar que existe um ônus processual para o réu, em razão do disposto no art. 113, § 1.º, do CPC. Caso o réu não alegue a incompetência absoluta como preliminar de contestação, ainda que possa fazê-lo após esse momento processual (a preclusão não se opera relativamente às matérias de ordem pública), será responsabilizado pelo pagamento das custas do retardamento. Tratando-se de incompetência absoluta superveniente, a alegação deve ser feita pela parte que primeiro se manifestar nos autos.

4.2.2.2. *Forma de alegação da incompetência absoluta*

Sabendo-se que são normas de competência absoluta que buscam preservar a ordem pública, não teria nenhum sentido revestir de formalidades a alegação de afronta às normas determinadoras dessa espécie de competência. Dessa forma, a alegação pode ser realizada de **qualquer forma**, como preliminar de contestação, petição autônoma ou como parte integrante de qualquer outra "petição nominada", como a réplica, os memoriais, os recursos etc. Poderá ainda ser alegada oralmente em audiência, fazendo o juiz constar do termo a alegação feita pela parte.

Questão interessante é saber se a alegação de incompetência absoluta poderá ser feita mediante exceção de incompetência. É evidente que a ampla liberdade da forma de alegação da incompetência absoluta não permite que a arguição feita em exceção de incompetência seja simplesmente rejeitada pelo juiz. Não é a forma adequada para tal arguição, mas de qualquer maneira as alegações deverão ser consideradas, tudo em prol do respeito à ordem pública[25].

Apesar de aceitar a alegação do réu, o juiz não a receberá como exceção de incompetência, mas como mera petição. Aplica-se ao caso o princípio do *iura novit curia* (o juiz sabe o direito), de forma a não interessar o "nome" que o réu deu a sua alegação de incompetência absoluta, devendo sempre esta ser encarada como uma simples petição. Essa descaracterização gera dois interessantes efeitos práticos no processo:

(a) a autuação se realizará nos próprios autos, sem a necessidade de formação de autos em apenso;

(b) não haverá a suspensão do processo[26].

4.2.2.3. *Reconhecimento da incompetência absoluta – atos praticados*

Exatamente como ocorre com a incompetência relativa, a incompetência absoluta é **dilatória**, de forma que o seu reconhecimento gera a remessa do processo ao órgão jurisdicional competente. Excepcionalmente, a incompetência absoluta pode assumir natureza peremptória, causando a extinção do processo. Nos Juizados Especiais, apesar da ausência de norma expressa nesse sentido, a incompetência absoluta não gera remessa do processo à Justiça Comum, mas sim a sua extinção. Outra hipótese excepcional de extinção ocorre quando o autor cumula dois pedidos de competência absoluta diversas perante um juízo absolutamente incompetente para ambos. Proposta demanda na Justiça Federal com pedidos da Justiça Estadual e da Justiça do Trabalho, o processo deve ser extinto com fundamento na incompetência absoluta. Existe posicionamento do Superior Tribunal de Justiça entendendo ser caso de extinção do processo a incompetência na ação rescisória, com o fundamento de que nesse caso a competência se confundiria com o próprio objeto da demanda[27].

No tocante à incompetência absoluta, a questão do destino dos atos já praticados pelo juiz incompetente é bem mais relevante que na hipótese de incom-

---

[25] Dinamarco, *Instituições*, p. 604-605; Nery-Nery, *Código*, p. 514.

[26] *Informativo* 388/STJ, 3.ª T., rel. Nancy Andrighi, REsp 931.134-MA, j. 24.03.2009.

[27] STJ, EDcl nos EDcl nos EDcl na AR 3.418-DF, 1.ª Seção, rel. Min. Eliana Calmon, j. 08.10.2008.(*Informativo* 371/STJ).

petência relativa. Podendo a incompetência absoluta ser reconhecida a qualquer momento, é possível que o processo já tenha consideravelmente se desenvolvido, com diversos atos já praticados. O art. 113, § 2.º, do CPC prevê que somente os atos decisórios serão nulos. Aproveitam-se os atos postulatórios, de saneamento e probatórios, em prol da economia processual, limitando-se a nulidade aos atos decisórios.

A interpretação mais adequada ao dispositivo legal torna a nulidade ainda mais restritiva, porque somente os **atos decisórios de mérito serão nulos**[28]. Decisões provisórias, fundadas em cognição sumária e juízo de probabilidade (liminar, tutela antecipada), e decisões definitivas, fundadas em cognição exauriente e juízo de certeza (sentença, acórdão), serão nulas, desde que tenham como objeto o mérito da demanda. As decisões de questões incidentais, tais como as decisões proferidas no saneamento, que determinam a exclusão de um litisconsorte ou que decidem o valor da causa, são atos decisórios válidos.

Registre-se, por fim, tratar-se de atos nulos de pleno direito, não sendo necessária nem mesmo decisão expressa nesse sentido, sendo uma consequência natural do reconhecimento da incompetência absoluta a anulação dos atos decisórios de mérito.

> Como o PLNCPC não faz qualquer distinção em seu art. 64, § 3.º, conclui-se que as diferentes espécies de competência –absoluta e relativa – passaram a ter o mesmo tratamento no tocante aos atos praticados pelo juízo incompetente. Em razão dessa nova realidade, repetem-se as críticas feitas ao dispositivo mencionado quando comentado no tocante à incompetência relativa.

4.2.2.4. *Momento de arguição da incompetência absoluta*

É comum a afirmação de que a incompetência absoluta poderá ser reconhecida a **qualquer momento** do processo. Na verdade, até mesmo após o encerramento do processo, com a sentença transitada em julgado, será possível sua arguição por meio de ação rescisória (art. 485, II, do CPC). A polêmica encontra-se nem tanto na arguição após o encerramento do processo – incontestável –, mas no exato significado da expressão "a qualquer momento do processo", para definir a amplitude temporal de alegação enquanto o processo não se extingue.

A doutrina é uníssona em afirmar que, enquanto o processo estiver no primeiro grau de jurisdição, ou ainda em grau recursal, mas desde que em vias ordinárias de impugnação, será possível o reconhecimento da incompetência absoluta. A polêmica fica por conta da alegação originária dessa matéria em sede de recurso extraordinário e recurso especial. Questiona-se se no julgamento de tais recursos

[28] Fux, *Curso*, p. 102.

seria possível o Superior Tribunal de Justiça ou o Supremo Tribunal Federal reconhecer a incompetência absoluta, arguida somente nesse momento por uma das partes ou ainda por meio de atividade oficiosa.

A doutrina majoritária entende ser inviável tal alegação em via extraordinária de impugnação, alegando que a necessidade de a matéria ser prequestionada impede a manifestação originária dos Tribunais a respeito dessa matéria, sendo também esse o posicionamento atual do Supremo Tribunal Federal[29]. Já no Superior Tribunal de Justiça admite-se a alegação quando cumulada com outra matéria que tenha sido objeto de prequestionamento, entendimento compartilhado por parcela minoritária da doutrina. A matéria é tratada no capítulo referente aos efeitos dos recursos.

4.2.3. Esquema comparativo entre competência absoluta e competência relativa

COMPETÊNCIA ABSOLUTA	COMPETÊNCIA RELATIVA
As regras são criadas por razões de ordem pública (correto exercício da jurisdição e bom funcionamento do Poder Judiciário).	As regras são criadas baseadas em interesses particulares, mais precisamente no interesse das partes. Tal característica é excepcionada nos fenômenos da conexão e continência, fundados ambos em razões de ordem pública (economia processual e harmonização dos julgados).
Todos os sujeitos processuais são legitimados a arguir a incompetência absoluta (autor, réu, terceiros intervenientes, Ministério Público e até mesmo o juiz de ofício).	Somente o réu, em regra, poderá arguir a incompetência relativa, ou seu assistente simples quando não existir uma expressa discordância. Não poderão fazê-lo o autor nem o Ministério Público como fiscal da lei. O juiz não pode reconhecê-la de ofício (Súmula 33, STJ), a não ser na hipótese do art. 112, parágrafo único, CPC.
Não há nenhum formalismo na alegação da incompetência absoluta. Pode ser alegada por meio de qualquer petição (simples ou como tópico de uma petição "nominada", como contestação, réplica, memoriais escritos e recursos) e até mesmo oralmente em audiência.	Há uma forma prevista em lei que deve ser respeitada, sob pena de prorrogação de competência: exceção de incompetência. Há posicionamento do STJ que, em respeito ao princípio da instrumentalidade, admite a alegação em contestação.
A incompetência absoluta pode ser reconhecida a qualquer momento do processo, evidentemente podendo ser arguida pelos legitimados também a qualquer momento. A parte que deixar de alegar a incompetência absoluta no primeiro momento que lhe couber falar nos autos arcará com as custas do retardamento.	O momento único em que a questão da competência relativa terá alguma relevância é o prazo de resposta do réu, o que dependerá do processo e do procedimento no caso concreto. Esse é o prazo para o ingresso da exceção, e transcorrido sem manifestação do réu nunca mais poderá ser alegada incompetência relativa do juízo.
A incompetência absoluta gera uma nulidade absoluta. Após o trânsito em julgado, torna-se um vício de rescindibilidade, significando que mesmo após esse momento processual poderá ser alegada por meio de ação rescisória (art. 485, II, do CPC).	A incompetência relativa gere vício de nulidade relativa e caso o réu não ingresse com a exceção no prazo de resposta o vício estará convalidado, ocorrendo prorrogação de competência.

[29] Nery Jr., *Princípios*, p. 420; e Barbosa Moreira, *Comentários*, p. 594.

COMPETÊNCIA ABSOLUTA	COMPETÊNCIA RELATIVA
Reconhecida a incompetência absoluta os autos serão em regra remetidos para o juízo competente e os atos decisórios serão nulos de pleno direito (os atos postulatórios – produzidos pelas partes – saneatórios e probatórios serão mantidos). A nulidade atinge somente os atos decisórios de mérito, sendo válidos os atos que decidem questões incidentais. Cumulados pedidos de diferentes competências absolutas perante órgão absolutamente incompetente para ambos, a demanda deve ser extinta.	Reconhecida a incompetência relativa os autos serão remetidos ao juízo competente e os todos os atos praticados, inclusive os decisórios, são válidos. Nos Juizados Especiais a incompetência relativa é causa de extinção do processo.
As regras de competência absoluta têm natureza cogente, não admitindo nenhuma flexibilização, seja por vontade das partes, seja pela própria lei. Na determinação da competência absoluta só existem normas determinadoras de competência.	As regras de competência relativa têm natureza dispositiva, podendo ser flexibilizadas. A vontade das partes (eleição de foro) e a lei (conexão/continência, ausência de exceção de incompetência) podem modificar a regra de competência relativa. Na determinação da competência relativa existem normas determinadoras e modificadores de competência.

4.3. CRITÉRIOS PARA FIXAÇÃO DA COMPETÊNCIA

Na busca da fixação de competência no caso concreto, o operador deve atentar para as diversas normas nos mais variados diplomas legais a respeito da competência da Justiça, do foro e do juízo. Para que essa tarefa seja facilitada, é possível seguir um esquema de descoberta da competência no caso concreto:

1.ª etapa: *Verificação da competência da Justiça brasileira.* Os arts. 88 e 89 do CPC tratam do fenômeno da competência internacional, disciplinando as hipóteses de competência exclusiva do juiz brasileiro e as hipóteses de competência concorrente deste com o juiz estrangeiro. Sendo exclusiva ou concorrente, será competente a Justiça brasileira para julgar o processo.

2.ª etapa: Analisar se a competência para julgamento é dos *Tribunais de superposição* (a competência originária do STF vem disciplinada pelo art. 102, I, da CF e a competência originária do STJ no art. 105, I, da CF) ou de órgão jurisdicional atípico (por exemplo, o Senado Federal – art. 52, I e II, da CF – e a Câmara dos Deputados – art. 51, I, da CF).

3.ª etapa: Verificar se o processo será de *competência da justiça especial* (Justiça do Trabalho, Justiça Militar ou Justiça Eleitoral) ou justiça comum (Justiça Estadual e Justiça Federal).

4.ª etapa: Sendo de competência da justiça comum, *definir entre a Justiça Estadual e a Federal.* A Justiça Federal tem sua competência absoluta prevista pelos arts. 108 (TRF) e 109 (primeiro grau) da CF. A competência da Justiça Estadual é residual, ou seja, sendo de competência da justiça comum e, não sendo de competência da Justiça Federal, será de competência da Justiça Estadual.

5.ª etapa: Descoberta a *Justiça competente*, verificar se o processo é de competência originária do Tribunal respectivo (TRF ou TJ) ou do primeiro grau de jurisdição.

6.ª etapa: Sendo de competência do primeiro grau de jurisdição, determinar a *competência do foro.* Por foro deve-se entender uma unidade territorial de exercício da jurisdição. Na Justiça Estadual, cada comarca representa um foro, enquanto na Justiça Federal cada seção judiciária representa um foro.

7.ª etapa: Determinada o foro competente, a tarefa do operador poderá ter chegado ao final. Haverá hipóteses, entretanto, nas quais ainda deverá ser definida a *competência de juízo*, o que será feito no mais das vezes por meio das leis de organização judiciária (responsáveis pela criação de varas especializadas em razão da matéria e da pessoa) ou ainda pelo Código de Processo Civil (definição de qual juízo é competente quando duas ações são conexas e tramitam no mesmo foro – art. 106 do CPC).

4.4. COMPETÊNCIA INTERNACIONAL

4.4.1. Introdução – princípio da efetividade

Não cabe ao Estado brasileiro o julgamento de demandas que não têm aptidão de gerar efeitos em outro Estado, que muito provavelmente não reconhecerá tal decisão. O princípio da efetividade determina que a justiça brasileira só deva se considerar competente para julgar demandas cuja decisão gere efeitos em território nacional ou em Estado estrangeiro que reconheça tal decisão, tornando assim sua atuação sempre útil e teoricamente eficaz[30].

A temática, na verdade, encontra-se com nome inadequado. As regras do art. 89 do CPC, em especial, que criam as hipóteses de competência exclusiva do juiz brasileiro, não retiram propriamente a competência do juiz estrangeiro, mas sim sua jurisdição. As limitações impostas pelos arts. 88 e 89 do CPC traçam objetivamente os limites da jurisdição dos tribunais brasileiros, e não tão somente sua competência[31].

4.4.2. Competência internacional concorrente e exclusiva

No art. 88 do CPC estão previstas as hipóteses de competência internacional concorrente, o que significa dizer que tanto o juízo brasileiro como o juízo estrangeiro têm competência para o julgamento do processo envolvendo as matérias e situações previstas no dispositivo legal. Dessa forma, caso a demanda tramite em país estrangeiro, a questão da competência não será obstáculo para a homologação da sentença estrangeira perante o Superior Tribunal de Justiça[32].

O art. 21 do PLNCPC repete as regras já existentes no art. 88 do atual CPC. A inovação fica por conta do art. 22 do PLNCPC, que prevê novas hipóteses de competência internacional concorrente.

São incluídas as ações de alimentos, desde que o credor tenha domicílio ou residência no Brasil, ou o réu mantiver vínculos pessoais no Brasil, tais como

---

[30] Gusmão Carneiro, *Jurisdição*, p. 56; Botelho de Mesquita, *Da competência*, p. 58-63.

[31] Arruda Alvim, *Competência*, p. 24; Theodoro Jr., *Curso*, v. 1, p. 147.

[32] Marinoni-Mitidiero, *Código*, p. 155.

posse de bens, recebimento de renda ou obtenção de benefícios econômicos. No primeiro caso, é interessante a novidade porque a regra atual não contempla o credor de alimentos cuja obrigação não tiver que ser cumprida no Brasil e nem tenha como fundamento um ato praticado aqui. No segundo caso, contempla-se a hipótese de réu que não seja domiciliado e nem residente no Brasil, mas por ter bens ou rendas no país poderá ser aqui demandado.

Outra novidade é a inclusão de ações decorrentes de relação de consumo, quando o consumidor tiver domicílio ou residência no Brasil. Essa inovação só pode ser considerada novidade nos casos em que o consumidor é o autor da demanda, porque caso seja o réu a hipótese já estará coberta pelo art. 21, I, do PLNCPC.

Por fim, o juízo brasileiro também será competente para julgar ações em que as partes, expressa ou tacitamente, se submeterem à jurisdição nacional. A convenção expressa se dá por cláusula de eleição de foro, que no caso será mais propriamente chamada de "cláusula de eleição de jurisdição", havendo dúvida do que venha a ser uma escolha tácita da jurisdição brasileira para a solução do conflito. A escolha pelas partes deve ser analisada à luz do princípio da efetividade, podendo o juízo nacional negar sua jurisdição para resolver determinada causa se notar que sua decisão não terá condições de gerar efeitos em razão de princípios de soberania de outros países. É até mesmo uma questão de ausência de interesse de agir, porque mesmo que ambas as partes queiram que seu conflito seja resolvido no Brasil, se a decisão nacional não reúne condições de gerar efeitos a atividade jurisdicional torna-se inútil.

No art. 89 do CPC encontram-se as hipóteses de competência exclusiva do juízo nacional, significando dizer que nenhum outro Estado, ainda que contenha norma interna apontando para sua competência, poderá proferir decisão que seja eficaz em território nacional: ações relativas a imóveis situados no Brasil e o inventário e partilha de bens situados no Brasil, ainda que o autor da herança seja estrangeiro e tenha residido fora do território nacional.

Seguindo a tendência de decisões proferidas pelo Superior Tribunal de Justiça, o PLNCPC originário previa em seu art. 24 não caber à autoridade judiciária brasileira o julgamento de ações quando houvesse cláusula de eleição de foro exclusivo estrangeiro, arguida pelo réu na contestação. Novamente, é interessante trazer ao debate o princípio da efetividade, considerando que o juízo brasileiro poderia entender que a aplicação da cláusula de eleição de foro tornaria a decisão judicial inútil, incapaz de gerar efeitos. Entendo que, nesse caso, não cabe ao juízo brasileiro qualquer consideração a respeito do tema, sendo tal missão exclusiva do juízo apontado na cláusula de eleição de foro, que inclusive poderá anular referida cláusula se sua utilização gerar serviço jurisdicional inútil, o que liberaria as partes para discutir seu conflito no Brasil. De qualquer forma, o dispositivo foi suprimido no Substitutivo do Senado.

Para que a sentença estrangeira possa gerar efeitos em território nacional, deverá obrigatoriamente passar por um processo de homologação perante o Superior Tribunal de Justiça, num procedimento que demonstra ser uma verdadeira nacionalização da sentença estrangeira. Uma das exigências para que tal homologação ocorra é justamente o respeito ao estabelecido no art. 89 do CPC, de forma que o impedimento da geração de efeitos de sentença que o afronte se dará por meio do julgamento de improcedência da homologação.

4.4.3. Litispendência internacional

Apesar de vício topológico[33], o art. 90 do CPC cria importante e polêmica regra a respeito do fenômeno da litispendência internacional, ou seja, a litispendência entre ações idênticas (mesmos elementos – partes, causa de pedir, pedido) em trâmite perante dois países diferentes. O artigo legal permite a existência concomitante de dois processos idênticos em trâmite perante diferentes países. Significa dizer, ao que interessa ao nosso direito interno, que a existência de um processo estrangeiro não obsta que um processo idêntico àquele exista no Brasil.

A par de outros equívocos de redação, o dispositivo parece confundir conteúdo e eficácia (aqui entendida como condições de gerar efeitos), o que não se pode admitir. A litispendência é um fenômeno fático, qual seja, a existência concomitante de dois processos idênticos. O efeito da litispendência é a extinção sem a resolução de mérito de um deles (no que tiver ocorrido a citação mais tardia – art. 219, *caput*, do CPC). Ora, havendo dois processos idênticos, ainda que em países diferentes, haverá a situação fática a ensejar a litispendência; o que não haverá será seu efeito, já que ambos poderão conviver contemporaneamente[34].

Segundo a doutrina majoritária, a existência de um processo estrangeiro não obsta a existência de um processo idêntico em território nacional e vice-versa. Tendo elementos diferentes (causa de pedir e pedido) é possível a concomitância da ação de homologação de sentença estrangeira e de ação em trâmite no território nacional idêntica àquela que gerou a sentença que se busca homologar. Transitando em julgado a homologação da sentença estrangeira, o processo nacional deverá ser extinto sem a resolução de mérito por ofensa superveniente à coisa julgada material (art. 267, V, do CPC). Transitando em julgado a decisão proferida no processo nacional, o Superior Tribunal de Justiça não poderá homologar a sentença estrangeira, que homologada nessas circunstâncias agrediria a coisa julgada e, por consequência, a soberania nacional[35], havendo correto entendimento de que

[33] Didier, *Direito*, v. 1, p. 112.

[34] Neves, *Competência*; Marinoni-Mitidiero, *Código*, p. 156.

[35] *Informativo* 485/STJ: Corte Especial, SEC 1-EX, rel. Min. Maria Thereza de Assis Moura, j. 19.10.2011; Arruda Alvim, *Competência*, p. 36; Barbosa Moreira, *Relações*, p. 57; Donaldo Armelin, *Competência*, p. 154-157.

a simples existência de um processo nacional idêntico ao estrangeiro em trâmite não representa óbice para a homologação[36].

O PLNCPC trata do tema no art. 24. Em seu *caput*, repete-se a previsão existente no art. 90 do atual CPC, somente se fazendo ressalva a tratados internacionais e acordos bilaterais em vigor no Brasil. No parágrafo único, há expressa previsão de que a pendência de causa perante a jurisdição brasileira não impede a homologação de sentença judicial ou arbitral estrangeira. A norma condiz com o que já ocorre, considerando que a sentença estrangeira somente gera efeitos no Brasil após sua homologação pelo Superior Tribunal de Justiça, de forma que não se poderia admitir a suspensão de ação nacional pela mera existência de pedido de homologação.

4.5. ESPÉCIES DE COMPETÊNCIA

Existem cinco espécies de competência, sendo três absolutas – *funcional*, *em razão da matéria* e *em razão da pessoa* – e duas relativas – *territorial* e *valor da causa*. Como se verificará, entretanto, as duas espécies de competência relativa podem, ainda que excepcionalmente, adquirir natureza de competência absoluta.

4.5.1. Competência territorial

Segundo previsão do Código de Processo Civil, a competência territorial é espécie de **competência relativa**. Por meio da competência territorial se determina qual o foro competente para a demanda, o que significa dizer qual a circunscrição territorial judiciária competente (comarca na Justiça Estadual e seção judiciária na Justiça Federal).

4.5.1.1. Foro comum (ou geral ou ordinário) – art. 94 do CPC

O foro comum previsto pelo ordenamento brasileiro, em tradição seguida universalmente, é o do **domicílio do réu**. Segundo o art. 94 do CPC, essa regra somente se aplica aos processos fundados em direito pessoal e direito real sobre bens móveis. Dessa forma, as demandas fundadas em direto pessoal sobre móvel, direito pessoal sobre imóvel e direito real sobre móvel tem como regra de foro comum o domicílio do réu.

---

[36] *Informativo* 463/STJ: Corte Especial, AgRg na SEC 854-EX, rel. Min. Luiz Fux, rel. p/ acordão Min. Nancy Andrighi, j. 16.02.2011.

O domicílio da pessoa física é o lugar em que ela se estabelece de modo estável, ou seja, onde fixa residência com ânimo definitivo, com as exceções do domicílio legal previsto em lei (por exemplo, o servidor público se reputa domiciliado no lugar em que exercer permanentemente suas funções; o preso tem como domicílio o local onde cumpre a sentença – art. 76, parágrafo único do CC). O "domicílio" das pessoas jurídicas é o local onde está sua sede (art. 100, IV, *a*, do CPC e art. 75, IV, do CC). O da União é o Distrito Federal (art. 18, § 1.º, CF, art. 75, I, do CC), dos Estados são suas capitais (art. 75, II, do CC) e dos Municípios o lugar onde funcione a administração municipal (art. 75, III, do CC). As autarquias, empresas públicas e fundações têm sede no local indicado nas leis que as institui, enquanto as pessoas de direito privado têm sua sede onde determinar seu estatuto ou contrato social.

Segundo o art. 94, § 1.º, do CPC, tendo o réu mais de um domicílio, será demandado no foro de qualquer um deles, a escolha do autor.

Pela previsão do art. 94, § 2.º, do CPC, sendo incerto ou desconhecido o domicílio do réu, ele será demandado onde for encontrado ou no foro do domicílio do autor. A expressão "onde for encontrado" deve ser entendida como residência, já que não teria sentido, por exemplo, fixar a competência num foro em que o réu apenas passou um dia em viagem de negócios. O dispositivo legal prevê hipótese de *competência subsidiária* e não concorrente. Prefere-se o foro da residência do réu, e somente se não for possível fixá-la, deverá optar o autor pelo foro de seu domicílio[37].

Aduz o art. 94, § 3.º, do CPC que, quando o réu não tiver domicílio nem residência no Brasil, a ação será proposta no foro do domicílio do autor; se este também residir fora do Brasil, a ação será proposta em qualquer foro. Também nessa hipótese tem-se regra de *competência subsidiária*, mas ainda mais complexa que a verificada no parágrafo anterior. Os foros são previstos de forma sucessivamente subsidiária; se o réu não tiver residência, a competência será do foro do domicílio do autor, e somente no caso de ele residir fora do Brasil, a ação será proposta em qualquer foro. São foros subsidiários, também chamados de *foros supletivos*.

Por fim, o art. 94, § 4.º, do CPC prevê que, havendo dois ou mais réus, com diferentes domicílios, serão demandados no foro de qualquer deles, à escolha do autor. Apesar da omissão legislativa, entende-se que nas hipóteses em que a regra de competência aponta o domicílio do autor (por exemplo, consumidor como autor) e, havendo litisconsórcio ativo, os autores poderão optar pelo foro do domicílio de quaisquer deles.

---

[37] Dinamarco, *Instituições*, p. 499-500, e Nery-Nery, *Código*, p. 493. Contra, entendendo ser caso de competência concorrente, Gusmão Carneiro, *Jurisdição*, p. 88, e Amaral Santos, *Primeiras*, v. 1, p. 229.

4.5.1.2. *Direito real imobiliário – art. 95 do CPC*

A redação do art. 95 do CPC não é das mais claras, merecendo uma explicação antes de qualquer outra consideração a respeito da regra de competência que criou. O dispositivo legal criou uma regra de **competência absoluta**[38], determinando o foro do **local do imóvel** como o absolutamente competente para conhecer ações reais imobiliárias que tenham por objeto os direitos de propriedade, vizinhança, servidão, posse, divisão e demarcação de terras e nunciação de obra nova. Perceba-se que a regra que determina a obrigatoriedade do foro do local do imóvel como competente não abrange todas as ações que tenham como objeto direito real imobiliário, mas somente aquelas previstas expressamente pelo dispositivo legal. Na hipótese de o processo tratar de outros direitos reais imobiliários (p. ex., usufruto, uso, habitação), a regra a ser aplicada será outra: haverá três foros concorrentes, podendo o autor escolher entre o foro do local do imóvel, o foro do domicílio do réu ou o foro eleito por cláusula contratual, quando essa existir, sobrepondo-se aos dois demais foros. Trata-se, à evidência, de regra de competência relativa.

Apesar de parcela da doutrina entende tratar-se de competência funcional[39], parece mais correto o entendimento de que se trata de competência territorial excepcionalmente absoluta[40]. Segundo a melhor doutrina, a razão de ser absolutamente competente o foro do local do imóvel decorre:

(a) da conveniência de decidir no local as demandas referentes a imóveis;

(b) facilidade de produção probatória;

(c) repercussão na vida econômica e social da localidade em que se situa o imóvel[41].

Na hipótese de o imóvel estar localizado em mais de um foro, haverá concorrência entre eles, podendo optar o autor por qualquer um, o que tornará o juízo que receber a petição inicial prevento para conhecer de qualquer outra ação conexa, ainda que em tese de competência do outro foro, não escolhido pelo autor (art. 107 do CPC).

A aplicação do art. 95 do CPC às ações de **adjudicação compulsória** depende do registro ou não do contrato de compromisso de compra e venda. Estando o contrato registrado, a competência será absoluta do foro do local do imóvel, porque o promitente comprador passa a ser titular de um direito real à aquisição do imóvel, conforme expressa previsão do art. 1.417 do CC. Por outro lado, não havendo registro – o que não é necessário para o ingresso da ação de adjudicação –, a natureza da demanda será pessoal, tratando-se de demanda de obrigação de

[38] REsp 885.557/CE, 1.ª Turma, rel. Luiz Fux, j. 11.12.2007.

[39] Nery-Nery, *Código*, p. 320; Barbi, *Comentários*, p. 320; Fidélis dos Santos, *Manual*, p. 150; Fux, *Curso*, p. 99; Marinoni-Mitidiero, *Código*, p. 165.

[40] Theodoro Jr., *Curso*, p. 162; Gusmão Carneiro, *Jurisdição*, p. 90.

[41] Dinamarco, *Instituições*, p. 509; Pizzol, *A competência*, p. 172; Arruda Alvim, *Manual*, p. 323 Nery-Nery, *Código*, p. 494.

fazer, com aplicação das regras de competência relativa[42]. O Superior Tribunal de Justiça entende pela natureza real independentemente do registro, de forma a entender ser sempre aplicável o art. 95 do CPC[43]. Nas demandas em que o autor cumula pedidos de **rescisão contratual e reintegração de posse**, encontra-se intenso debate e divergência na doutrina. Tratando-se de cumulação sucessiva, na qual o pedido posterior só será analisado se o anterior for acolhido, só se descobre se o pedido de reintegração de posse for analisado ao final do processo, após o julgamento do pedido de rescisão contratual. Entendo que a mera perspectiva de julgamento de pedido possessório já é o suficiente para a aplicação da regra do art. 95 do CPC[44].

Há decisões antigas do Superior Tribunal de Justiça, no sentido de ser inaplicável a regra de competência absoluta prevista pelo art. 95 do CPC às ações em que o autor cumula o pedido de rescisão contratual com a reintegração de posse[45], afirmando-se que a segunda pretensão (reintegração de posse) é uma mera consequência do resultado da primeira (rescisão contratual)[46].

Na **execução hipotecária** existe séria divergência doutrinária analisada no Capítulo 37, item 37.2, mas o melhor entendimento é pela inaplicabilidade da regra de competência absoluta criada pelo art. 95 do CPC. O afastamento de tal norma se dá basicamente por duas razões[47]:

(a) o bem material que o exequente busca não é o imóvel que serviu como garantia real do negócio jurídico realizado, e sim dinheiro;

(b) o direito ao bem pretendido, que servirá de base à pretensão executória não é direito real, mas sim pessoal.

A execução hipotecária é uma execução por quantia certa como outra qualquer, tendo de especialidade tão somente a existência de uma garantia real que será utilizada na satisfação do direito do exequente.

Também não se aplica a regra consagrada no art. 95 do CPC em ação declaratória de extinção de hipoteca, tendo decidido o Superior Tribunal de Justiça

---

[42] Barbi, *Comentários*, 2002, v. 1, p. 319. No mesmo sentido Gusmão Carneiro, *Jurisdição e competência*, p. 92; Pizzol, *A competência*, p. 174. Afirmando que a ação de adjudicação compulsória terá sempre natureza real: Arruda Alvim, *Manual*, p. 325; Nery-Nery, *Código*, p. 495; Navarro, *Adjudicação*, p. 43. Em sentido contrário, entendendo ter natureza pessoal tal ação (obrigação de fazer), independentemente de registro, Baptista da Silva, *Comentários*, p. 423-425.

[43] AgRg no REsp 773.942/SP, 3.ª Turma, rel. Min. Massami Uyeda, j. 19.08.2008; CC 84.752/RN, 2.ª Seção, rel. Min. Nancy Andrighi, j. 1.º.08.2007.

[44] Nesse sentido: Nery-Nery, *Código*, p. 494, e Pizzol, *A competência*, p. 174.

[45] REsp 19.992/SP, 4.ª Turma, rel. Min. Sálvio de Figueiredo Teixeira, j. 13.03.1995.

[46] Fux, *Curso*, p. 88. No mesmo sentido: Arruda Alvim, *Manual*, p. 326, e Gusmão Carneiro, *Jurisdição*, p. 92.

[47] Dinamarco, *Instituições*, p. 517-518; Arruda Alvim, *Manual*, p. 324. Consultar jurisprudência colacionada por Negrão-Gouvêa, *Código*, p. 214-215.

que nesse caso há mera repercussão indireta sobre o direito real, sendo, portanto, regida a demanda pelas regras de competência relativa[48].

4.5.1.3. *Inventário, partilha, arrecadação, cumprimento de disposições de última vontade e ações em que o espólio for réu – art. 96 do CPC*

Trata-se de regra de **foro especial**, na qual o foro preferencial será o do autor da herança, ainda que o óbito tenha ocorrido no estrangeiro, o que significa dizer que se prefere o foro do último domicílio do *de cujus* no Brasil, ainda que este não coincida com seu último domicílio em vida (era domiciliado no exterior quando faleceu). No caso de o autor da herança não ter domicílio certo, o foro competente será o da situação dos bens. Finalmente, apenas se o autor da herança não tiver domicílio certo e possuir bens em lugares diferentes, o foro competente será do local onde ocorreu o óbito. Essa última disposição é criticável, porque o local do óbito pode ser diverso dos locais em que o *de cujus* tinha bens; teria sido melhor a previsão de foro concorrente entre os lugares onde houvesse bens do falecido[49].

Há uma hipótese não descrita pelo artigo ora comentado: falecimento no exterior de sujeito que não tem domicílio no Brasil, mas que aqui deixou bens. Nas lições da melhor doutrina, a solução é a aplicação da regra de *foro concorrente*, admitindo-se a competência de qualquer dos lugares onde estejam os bens (inteligência com base no art. 96, parágrafo único, I, do CPC)[50].

É importante ressaltar que, apesar de regra de foro especial, o art. 96 do CPC cria tão somente uma regra de competência territorial, relativa por natureza, e, sempre que houver conflito com norma de competência absoluta, esta deverá prevalecer. Assim, tratando-se de demanda que verse sobre algum dos direitos reais imobiliários previstos no art. 95 do CPC, o foro do local do imóvel tem preferência sobre o foro previsto pelo art. 96 do CPC.

4.5.1.4. *Réu ausente – art. 97 do CPC*

Segundo previsão do art. 97 do CPC, será competente o foro do último domicílio do réu para as ações em que este for ausente, para as ações de arrecadação, inventário, partilha e cumprimento de disposição de última vontade. Trata-se de falso foro especial de competência territorial, considerando-se que o domicílio do ausente é justamente o de seu último domicílio, de forma que a regra do art. 97 do CPC somente especifica a aplicação da regra do art. 94 do CPC para as hipóteses em que o réu for ausente.

---

48 *Informativo* 484/STJ: 3.ª Turma, REsp 1.051.652/TO, rel. Min. Nancy Andrighi, j. 27.09.2011; *Informativo* 464/STJ: 3.ª Turma, REsp 1.048.937/PB, rel. Min. Massami Uyeda, j. 22.02.2011.

49 Barbi, *Comentários*, v. 1, p. 323; Dinamarco, *Instituições*, p. 534.

50 Arruda Alvim, *Manual*, p. 330.

Sendo um falso foro especial e sendo aplicável ao caso concreto outra regra de foro especial, esta prevalece sobre aquela, de forma que o art. 97 do CPC somente será aplicado nas hipóteses de processos que devem ser propostos no foro comum, sempre preferindo-se a indicação de um foro genuinamente especial.

4.5.1.5. *Réu incapaz – art. 98 do CPC*

A competência para as ações em que o réu seja incapaz será o do foro do domicílio de seu representante legal. Mais uma vez a previsão é de foro especial falso, considerando-se que o estatuto civil aponta como domicílio necessário do incapaz o de seu representante legal (art. 76, parágrafo único, do CC). A incapacidade deve ser jurídica; sendo de fato é inaplicável a regra do art. 98 do CPC (caso em que se aplicará no caso a regra de foro comum, prevista no art. 94 do CPC).

4.5.1.6. *União*

O art. 99 do CPC, que trata da competência nas demandas nas quais figure a União como autora, ré ou interveniente, deve ser interpretado em consonância com o art. 109, §§ 1.º e 2.º, da CF. Cumpre inicialmente ressaltar que o termo *União* contido tanto no art. 109, §§ 1.º e 2.º, da CF como no art. 99 do CPC deve ser **interpretado restritivamente**, não se aplicando a regra prevista em tais dispositivos aos processos em que figurem como autor ou réu as autarquias, fundações ou empresas públicas federais, que seguirão outras regras de competência, em especial as previstas nos arts. 94 e 100, V, *a*, do CPC[51].

Figurando a União como autora, o foro competente será a seção judiciária do domicílio do réu. Nos casos em que a União for ré, o autor poderá optar entre a seção judiciária de seu domicílio, a que houver ocorrido o ato ou fato que deu origem à demanda, naquela onde esteja situada a coisa objeto da demanda, ou no Distrito Federal (é hipótese de competência concorrente, com escolha do autor).

É preciso registrar que a norma prevista pelo art. 99 do CPC, bem como as do art. 109, §§ 1.º e 2.º, da CF, tratam de competência territorial, sendo, portanto, regra de competência relativa. Essa observação é importante porque, havendo regra de foro de competência absoluta, como ocorre na hipótese do art. 95 do CPC, essa prevalecerá sobre a regra do art. 99 do CPC, sempre respeitada, obviamente, a competência da Justiça Federal, que não é competência de foro, mas sim de Justiça[52].

---

[51] Castro Mendes, *Competência*, p. 110-111; Theodoro Jr., *Curso*, v. 1, p. 163. A jurisprudência é nesse sentido: STJ, 5.ª Turma, EDcl no AgRg no REsp 865.475/DF, rel. Min. Jane Silva, j. 18.09.2007; STJ, 1.ª Turma, REsp 833.347/DF, rel. Min. José Delgado, j. 03.08.2006. Em sentido contrário, Dinamarco, *Instituições*, p. 506-507.

[52] Fux, *Curso*, p. 93-94; Dinamarco, *Instituições*, p. 505.

Notando a indevida disparidade entre o texto constitucional e infraconstitucional, o PLNCPC prevê, em seu art. 52, regra que repete o art. 109, §§ 1.º e 2.º, da CF, deixando o tema da competência por delegação para ser tratado exclusivamente pelo art. 109, §§ 3.º e 4.º, da CF. O art. 46 do PLNCPC, indevidamente colocado em seção destinada a competência funcional, já que trata de tema referente à competência absoluta em razão da pessoa ou da matéria, praticamente repete a regra constante no parágrafo único do art. 99 do atual CPC, com algumas novidades.

Segundo o dispositivo legal, tramitando o processo perante outro juízo (compreende-se que seja outra Justiça), os autos serão remetidos ao juízo federal competente, se nele intervier a União ou suas autarquias, agências, empresas públicas e fundações de direito público, além dos conselhos de fiscalização profissional, na condição de parte ou de terceiro interveniente. Comparado com o texto constitucional, elogia-se a expressa indicação das agências, fundações de direito público e conselhos de fiscalização profissional. Nos três incisos do dispositivo estão previstas as exceções da regra: os processos de insolvência; a recuperação judicial, as causas de falência e acidente de trabalho; as causas sujeitas à Justiça Eleitoral e à Justiça do Trabalho; os casos previstos em lei.

4.5.1.7. *Competência por delegação – art. 109, § 3.º, da CF*

O art. 109, §§ 3.º e 4.º, da CF prevê a regra da "delegação de competência", de extrema importância na fixação da competência territorial nos processos dos quais participem a União, autarquia, empresa pública e fundação federal. A "delegação da competência" ocorrerá sempre que houver **previsão expressa em lei** – constitucional ou infraconstitucional –, permitindo-se que na ausência de vara federal no foro competente a vara estadual seja competente para o julgamento do processo. Trata-se de dispositivo que busca facilitar o acesso à justiça em determinadas hipóteses expressamente previstas em lei, nas quais a ausência de Vara Federal obrigaria o deslocamento para local por vezes muito distante daquele que seria o competente se, no local do domicílio do autor ou da situação da coisa (usucapião especial), existisse Vara Federal.

Perceba-se que o art. 109, § 4.º, da CF não permite que se conclua que nessas hipóteses expressamente previstas em lei a competência da Justiça Federal simplesmente seja afastada, passando a ser definitivamente competente a Justiça Estadual. O dispositivo legal citado indica que os **recursos serão sempre remetidos ao Tribunal Regional Federal** na área de jurisdição do juiz de primeiro grau[53].

O art. 109, § 3.º, da CF expressamente prevê hipótese de delegação de competência nas demandas que envolvam segurados ou beneficiários e instituição de previdência social, sempre que a comarca não seja sede de vara do juízo federal.

[53] STJ, 1.ª Seção, CC 56.914/RJ, Rel. Min. Eliana Calmon, j. 14.03.2007.

Cumpre registrar que nessa hipótese haverá uma competência de foros concorrentes, a serem escolhidos livremente pelo demandante, entre a Vara Estadual da Comarca de seu domicílio ou a Vara Federal da seção judiciária da qual pertença a cidade em que é domiciliado. Além da previsão expressa, o art. 109, § 3.º, da CF permite que leis infraconstitucionais criem para outras hipóteses a regra da delegação de competência. E assim foi feito por algumas leis infraconstitucionais: art. 15, I, da Lei 5.010/1966 (executivos fiscais) – registre-se que nesse caso, por razões óbvias, não haverá competência concorrente entre a Justiça Estadual do domicílio do executado e a Justiça Federal. Podendo a União propor a execução fiscal perante a Justiça Federal, sempre preferiria tal opção, em detrimento do foro do domicílio do executado. Dessa forma, a competência é exclusiva do domicílio do executado; art. 15, II, da Lei 5.010/1966 (vistorias e justificações destinadas a produzir prova perante a administração federal); art. 119, § 2.º, da Lei 6.815/1980 (entrega de certificado de naturalização); art. 4.º da Lei 6.969/1981 (usucapião especial de imóveis rurais).

Existe outra possibilidade de atuação de vara estadual em ação de competência da Justiça Federal, mas nesse caso não haverá propriamente a delegação de competência conforme analisado. De acordo com o art. 1.213 do CPC, nas comarcas em que não houver vara federal, a carta precatória poderá ser cumprida por vara estadual, em norma confirmada pela jurisprudência tranquila do Superior Tribunal de Justiça[54].

4.5.1.8. *Ação de separação, conversão de separação em divórcio e anulação de casamento – art. 100, I, do CPC*

Apesar da omissão legal, além das ações de separação, da conversão destas em divórcio e da anulação de casamento, também a ação de divórcio direto e de nulidade de casamento terão como foro competente o domicílio da mulher[55]. Com a nova redação do art. 226, § 6.º, da CF, proposta pela PEC 28/2009, o casamento será dissolvido somente pelo divórcio, sendo nesse caso dispensável a separação, bem como sua conversão em divórcio, o que exigirá uma releitura do art. 100, I, do CPC. No tocante à dissolução de união estável, a jurisprudência mais antiga do Superior Tribunal de Justiça se posicionava contrariamente à aplicação da regra do art. 100, I, do CPC, determinando a aplicação do art. 94 do CPC (foro geral)[56].

Sempre tive resistência a esse entendimento, em especial pelas disposições contidas na lei constitucional (art. 226, § 3.º, da CF) e infraconstitucional (arts. 1.723 a 1.727 do CC), que aproximam o casamento da união estável, inclusive

---

[54] *Informativo* 462/STJ: 3.ª Turma, CC 114.672/PR, rel. Min. Gilson Dipp, j. 09.02.2011.

[55] No tocante ao divórcio direto, existe divergência doutrinária. No sentido do texto: Baptista da Silva, *Comentários*, p. 435; Dinamarco, *Instituições*, p. 501, Arruda Alvim, *Manual*, p. 333. Em sentido contrário, defendendo a interpretação restritiva da norma: Theodoro Jr., *Curso*, p. 164; Fidélis dos Santos, *Manual*, v. 1, p. 150. Também pela interpretação restritiva: STJ, 4.ª Turma, REsp 17.999/RJ, rel. Min. Sálvio de Figueiredo Teixeira, *DJ* 05.10.1992.

[56] STJ, 4.ª Turma, REsp 500.100/SP, rel. Min. Aldir Passarinho Junior, j. 06.06.2006; Nery-Nery, *Código*, p. 499.

tratando-a como entidade familiar. Sendo o objetivo das normas a aproximação dos dois fenômenos, parece que o entendimento restritivo defendido pelo Superior Tribunal de Justiça não se justifica[57]. Se a mulher é considerada hipossuficiente a ponto de merecer a proteção legal, não parece isonômico deixar de estender tal benefício também à convivente. Por essa razão, é elogiável a mudança de posicionamento daquele tribunal, que recentemente teve a oportunidade de decidir pela aplicação do art. 100, I, do CPC, às ações de reconhecimento e dissolução de união estável[58]. Tal demanda é de competência absoluta da vara de família e sucessões, nos foros em que existir[59].

Após a exata definição do âmbito de aplicação da norma, cumpre enfrentar a questão a respeito de sua **constitucionalidade** à luz do art. 226, § 5.º, da CF, que prevê a igualdade de direito e deveres entre os cônjuges. Já tive oportunidade de defender que a hipossuficiência da mulher é fruto de presunção relativa, de forma que será possível ao marido, ao excepcionar o juízo, demonstrar no caso concreto a inexistência de motivo de proteção à mulher, em razão da ausência de hipossuficiência[60]. Registre-se, entretanto, não ser esse o entendimento prevalente, nem doutrinário, nem jurisprudencial. O Superior Tribunal de Justiça vem entendendo que a regra prevista pelo art. 100, I, do CPC não sofreu nenhuma alteração em virtude do advento da Constituição Federal, de forma que a sua aplicação continua exatamente como era anteriormente à promulgação do Texto Maior[61].

A regra de competência prevista pelo art. 100, I, do CPC, apesar de ser de foro especial, continua a ser regra de **competência relativa**, o que significa dizer que a mulher tanto poderá abrir mão do foro de seu domicílio, propondo o processo no foro de domicílio do marido, como também poderá permitir a prorrogação de competência ao não ingressar com a exceção de incompetência caso o marido tenha proposto o processo no foro de seu próprio domicílio, ou ainda em qualquer outro que não seja o foro do domicílio da mulher.

> No PLNCPC, o tema é tratado de forma diferente, prevendo o art. 53 que o foro competente é o do último domicílio do casal, para a ação de divórcio, anulação de casamento e reconhecimento ou dissolução de união estável. Somente no caso de nenhuma das partes residir no antigo domicílio do casal, será competente o foro do domicílio do guardião de filho menor, ou, em último caso, o domicílio do réu.

---

57 Fux, *Curso*, p. 94; Baptista da Silva, *Comentários*, p. 436; Marinoni-Mitidiero, *Código*, p. 162.

58 *Informativo* 483/STJ: 3.ª Turma, REsp 1.145.060/MG, rel. Min. Nancy Andrighi, j. 13.09.2011.

59 *Informativo* 484/STJ: 4.ª Turma, REsp 1.006.476/PB, rel. Min. Luis Felipe Salomão, j. 04.10.2011.

60 Neves, *Competência*, XX; Nery-Nery, *Código*, p. 499; Pizzol, *A competência*, p. 192.

61 STJ, 3.ª Turma, REsp 193.104/RS, rel. Min. Carlos Alberto Menezes Direito, j. 12.12.2002; Negrão-Gouvêa, *Código*, p. 219. A doutrina majoritária nem ao menos enfrenta o tema, simplesmente determinando a aplicação do art. 100, I, CPC: Dinamarco, *Instituições*, p. 501-502; Arruda Alvim, *Manual*, p. 333-336; Greco Filho, *Direito*, p. 203; Theodoro Jr., *Curso*, p. 166. Registre-se a opinião de doutrinadores que defendem a absoluta inconstitucionalidade do dispositivo legal: Gusmão Carneiro, *Jurisdição*, p. 94-95, Cahali, *Divórcio*, n. 57.

O legislador preferiu não prestigiar, ao menos em regra, o domicílio atual de nenhum dos cônjuges, mas o último domicílio do casal. A norma pode até ter tido um bom propósito, mas certamente afastará, ao menos em parcela dos casos, a proteção dispensada à mulher na regra atualmente em trâmite. Basta para chegar a essa conclusão imaginar-se a situação da mulher mudando de domicílio e o marido continuando no último domicílio do casal.

Ainda que se considere que, tradicionalmente, é o marido que deixa o lar, há muito tempo já não é mais uma realidade absoluta, sendo inúmeros os casos em que a mulher deixa o lar e, justamente para se afastar de forma significativa do marido, muda-se inclusive de cidade, hipótese na qual deixará de ter a proteção legal que tem atualmente.

Ao menos o Substitutivo do Senado teve a sensibilidade de afastar do texto originário do PLNCPC a ação de separação e de conversão desta em divórcio, que demonstrava uma falta de sintonia do reformista com a opinião doutrinária mais qualificada no sentido de não existir mais no sistema legal a ação de separação judicial.

4.5.1.9. *Ação de alimentos – art. 100, II, do CPC*

Ao estabelecer que o foro competente para conhecer as ações de alimentos é o do **domicílio ou residência do alimentando**, o art. 100, II, do CPC, fez valer o princípio da isonomia real, tratando diferentemente os desiguais (teoricamente nos limites de sua desigualdade), por meio de proteção à parte hipossuficiente da relação. Segundo a melhor doutrina, a regra de foro especial ora tratada somente atinge as ações fundadas em direito alimentar gerado por parentesco ou casamento, inclusive os alimentos gravídicos previstos na Lei 11.804/2008, aplicando-se o art. 94 do CPC nas ações de alimentos fundado em ato ilícito ou devido por convenção ou testamento[62].

Note-se que na regra ora analisada há dois foros competentes para a demanda: o do domicílio ou o da residência do alimentando. Tal alternatividade se explica em virtude do domicílio legal do incapaz ser o domicílio de seu representante, o que levaria sempre à competência do foro do domicílio do representante, quando esse figurasse na demanda como réu. Nessa hipótese, sendo o alimentando incapaz e tendo o réu como seu representante legal, o foro competente será o da residência do autor. O domicílio do alimentando será o competente quando este for ascendente ou descendente capaz do alimentante ou incapaz não representado pelo alimentante (por exemplo, o neto). A relevância do que foi dito fica condicionada às situações em que o alimentado tiver residência em local diferente do domicílio do alimentante, pois em caso contrário será sempre competente a mesma Comarca em que residirem ou forem domiciliados alimentante e alimentado.

---

62 Baptista da Silva, *Comentários*, p. 438; Marinoni-Mitidiero, *Código*, p. 162; Fidélis dos Santos, *Manual*, p. 154.

Apesar de o dispositivo legal se referir à ação em que se pedem alimentos, a regra de foro especial também será aplicada para as ações em que os alimentos são oferecidos (art. 24 da Lei 5.478/1968). Além da demanda de oferecimento de alimentos, aplicar-se-á a norma nas demandas de investigação de paternidade cumulada com pedido de alimentos[63]. Nas ações exoneratórias de alimentos, aplicar-se-á a regra de foro comum do art. 94 do CPC.

As mesmas considerações feitas a respeito da relatividade do foro da mulher nas demandas previstas pelo art. 100, I, do CPC se aplicam também para a proteção processual outorgada ao alimentando. Também nesse dispositivo há regra de **foro especial, mas relativa**, de forma que o alimentando poderá preferir litigar no domicílio do alimentante. Além disso, a ausência de exceção de incompetência poderá gerar a prorrogação de competência, afastando a incidência da norma legal.

4.5.1.10. *Anulação de títulos extraviados ou destruídos – art. 100, III, do CPC*

O foro competente para a ação de anulação de títulos extraviados ou destruídos é o do domicílio do devedor. Apesar da omissão legal, o foro especial somente se aplicará às demandas que tenham como objeto os títulos ao portador. A ação para anulação ou substituição de títulos ao portador se desenvolve por procedimento especial previsto nos arts. 907 a 913 do CPC, sendo tratada em capítulo próprio. Trata-se de competência de foro especial, territorial e, como consequência, relativa e prorrogável.

> Como o PLNCPC não prevê a ação de anulação de títulos extraviados ou destruídos com procedimento especial, deixará de prever a norma de competência específica a respeito do tema.

4.5.1.11. *Pessoa jurídica como réu – art. 100, IV,* a, *do CPC*

Figurando a pessoa jurídica como ré, a competência será do foro onde se localiza sua sede, que estabelecida em seu contrato social ou estatuto social pode não se confundir com o seu domicílio (poderá ser o lugar onde funcionam as diretorias e administrações ou um domicílio legal, estabelecido pelos atos constitutivos da pessoa jurídica). O Superior Tribunal de Justiça entende que sendo réu a autarquia federal, a competência é do local de sua sede ou de sua agência ou sucursal em cujo âmbito de competência ocorreram os fatos que originaram a lide. Trata-se de mais uma hipótese de falso foro especial.

---

[63] Súmula 01/STJ.

4.5.1.12. *Obrigações contraídas pela agência ou sucursal – art. 100, IV,* b, *do CPC*

O foro competente para as ações que tenham como objeto obrigações contraídas por agência ou sucursal é o do local em que se localiza a agência ou sucursal. Apesar da omissão legal, inclui-se também nessa regra a obrigação contraída por filiais. Trata-se de mais uma hipótese de falso foro especial. O objetivo é claramente facilitar o acesso à Justiça daquele que pretende litigar contra grande empresa com sede distante e agências, sucursais ou filiais espalhadas por todo o País (*v.g.*, instituições financeiras e operadoras de planos de saúde). Sendo norma a proteger o autor, este poderá abrir mão de tal proteção e propor a demanda no foro da sede da pessoa jurídica, havendo nesse caso prorrogação de competência.

4.5.1.13. *Sociedade que carece de personalidade jurídica figurar como ré – art. 100, IV,* c, *do CPC*

O foro competente para as ações em que figurem como ré sociedade sem personalidade jurídica (sociedades de fato) será o do local onde esta exerce suas atividades. Havendo dificuldade no caso concreto para estabelecer o exato local de suas principais atividades, qualquer juízo em que exerça de forma significativa suas atividades será tido por competente, havendo nesse caso uma competência concorrente entre todos eles.

4.5.1.14. *Obrigação a ser cumprida – art. 100, IV,* d, *do CPC*

Nas ações que tenham como objeto o cumprimento de uma obrigação, o foro competente será o do local onde a obrigação deve ser satisfeita (*forum destinatae solutionis*). Trata-se de regra aplicável tão somente para o cumprimento das obrigações contratuais, destinando-se tanto às pessoas jurídicas como às físicas.

As razões que levaram o doutrinador à criação de tal regra giram em torno da presumida facilidade de a atividade probatória ser desenvolvida no local do cumprimento da obrigação, além de ser nesse local que invariavelmente se refletem os efeitos econômicos da solução da demanda. Não obstante, continua a ser norma de competência relativa, o que significa dizer que pode ser modificada por lei ou por vontade das partes. O autor, por exemplo, poderá optar pelo domicílio do réu, aplicando ao caso concreto a regra de foro comum prevista no art. 94 do CPC.

4.5.1.15. *Reparação de dano – art. 100, V, do CPC*

Nas ações que tenham por objeto a reparação de dano, o foro competente será o do **lugar do ato ou fato que gerou o dano** (*"forum commissi delicti"*). O legislador criou regra fundada na presunção de que a instrução probatória será facilitada e por consequência melhor será a captação da verdade pelo juiz se o processo tiver seu trâmite no lugar em que ocorreu o ato ou fato gerador do dano. A regra somente se aplicará na hipótese de **ato ilícito civil extracontratual**. Sendo hipótese de ilícito contratual, aplica-se a regra prevista no art. 100, IV, *d*, do CPC. Tipificando-se o ato gerador do dano como ilícito penal (crime), deverá ser aplicada a regra de competência prevista no art. 100, parágrafo único, do CPC.

Cumpre registrar que, apesar da tradição reparatória de nosso direito, a expressão "reparação de danos" deve ser interpretada extensivamente no tocante às relações obrigacionais, incluindo-se também a tutela inibitória, que não busca reparar o dano, e sim evitar que um ato ilícito seja praticado (art. 461 do CPC). No que concerne à reparação de danos, todas as espécies de dano estão incluídas; danos materiais (danos emergentes e lucros cessantes) e danos morais.

Por fim, mais uma vez destaque-se que a regra contida no art. 100, V, *a*, do CPC é regra de competência territorial e, portanto, relativa, de forma que o autor poderá optar por litigar no foro de domicílio do réu sem que este possa se insurgir contra isso (*prorrogação por ato unilateral do autor*, analisada em tópico próprio).

4.5.1.16. *Administrador ou gestor de negócios alheios figurando como réu – art. 100, V,* b, *do CPC*

Nas ações movidas contra o administrador ou o gestor de negócios alheios, o foro competente será do lugar em que o ato ou fato que ensejou o processo judicial foi praticado (*forum gestae administrationis*). A regra somente será aplicada nas hipóteses em que a demanda seja promovida pelo titular do direito administrado, devendo aplicar-se o foro comum (art. 94 do CPC) em demandas promovidas por terceiros. Não se aplica a regra também nas hipóteses em que o administrador ou gestor de negócios alheios for o autor da demanda. Tampouco incidirá a norma para o mandatário judicial.

4.5.1.17. *Reparação de dano sofrido em razão de delito ou acidente de veículos – art. 100, parágrafo único, do CPC*

O parágrafo único do art. 100 do CPC cria regra específica para as hipóteses de dano sofrido em razão de delito ou acidente de veículos. A regra é de **foros concorrentes** entre o foro do lugar do ato ou fato e do domicílio do autor, sendo deste a escolha por qualquer dos dois. Ainda poderá optar pelo foro do domicílio do réu, aplicando ao caso a regra do foro comum (art. 94 do CPC).

Por delito deve-se entender o **ato ilícito tipificado penalmente**, ou seja, o crime. Entendimento em sentido diverso faria com que o dispositivo legal conflitasse inutilmente com o art. 100, V, *a*, do CPC[64], ainda que exista entendimento

---

[64] Dinamarco, *Instituições*, p. 525; Barbi, *Comentários*, p. 344; Gusmão Carneiro, *Jurisdição*, p. 100. Em sentido contrário: Arruda Alvim, *Manual*, p. 342.

do Superior Tribunal de Justiça no sentido de admitir-se que o termo "delito" seja interpretado tanto como ilícito penal como civil[65].

No tocante a acidente de veículos, a regra deverá ser aplicada para qualquer espécie de veículo, seja terrestre (motorizado – por exemplo, carro, ônibus – ou não – por exemplo, charrete, bicicleta); aéreo (por exemplo, avião, ultraleve, balão, asa delta); marítimo ou fluvial (por exemplo, navio, lancha, balsa, caiaque, *jet ski*, *banana boat*) ou ferroviário (por exemplo, trens de passageiros ou carga, metrô). Percebe-se que o disposto no art. 100, parágrafo único, do CPC é bem mais abrangente que o disposto no art. 275, I, *d*, do CPC, que determina o procedimento sumário somente para acidentes envolvendo veículos em via terrestre. Vale também a lembrança de que, apesar de a norma legal falar em acidente entre veículos, é plenamente possível o acidente envolvendo tão somente um veículo. O mesmo poderá ocorrer em acidente envolvendo apenas um veículo e um obstáculo estático (por exemplo, bueiro, muro); ou envolvendo só um veículo e um ser vivo (atropelamento de uma pessoa, acidente gerado por colisão com animais na pista). Estão excluídas da aplicação da regra de competência ora analisada as demandas que tenham por objeto danos sem que haja o envolvimento efetivo de veículo, ainda que verificados dentro deste (por exemplo, agressão entre os passageiros de um coletivo).

4.5.2. Competência funcional

4.5.2.1. Conceito

A par da polêmica decorrente de lições de Chiovenda e que será tratada em capítulo próprio, a competência funcional classifica-se:

(a) pelas fases do procedimento;
(b) relação entre ação principal e ações acessórias e incidentais;
(c) pelo grau de jurisdição;
(d) pelo objeto do juízo.

Na primeira espécie de competência funcional, a competência se fixa por fases do processo, ou seja, o juízo que praticou determinado ato processual torna-se absolutamente competente para praticar outro ato processual previamente estabelecido. Dê-se como exemplo a competência absoluta do juízo para liquidar sentença genérica por ele proferida, regra somente afastada no caso da liquidação individual da sentença coletiva, quando a competência para a liquidação individual será do domicílio do autor da liquidação[66].

---

[65] *Informativo* 464/STJ: 2.ª Seção, EAg 783.280/RS, rel. Min. Nancy Andrighi, j. 23.02.2011.
[66] *Informativo* 422/STJ: 3.ª Seção, CC 96.682/RJ, rel. Min. Arnaldo Esteves Lima, j. 10.02.2010.

A segunda espécie determina que o juízo da ação principal seja absolutamente competente para as ações acessórias e incidentais. Por ter exercido a função jurisdicional na ação principal, automaticamente receberá a competência para as ações acessórias e incidentais. Como exemplo, podem-se apontar a reconvenção, ação declaratória incidental, oposição (art. 108 do CPC), ação de restauração de autos, cautelar, embargos à execução, embargos ao mandado monitório, embargos de terceiro.

A terceira espécie de competência funcional configura-se na competência por graus de jurisdição, que poderá ser recursal ou originária. Na competência funcional recursal, em razão da natureza do processo ou de seu procedimento, a lei escalona determinados órgãos jurisdicionais em diferentes graus de jurisdição para conhecer e julgar a demanda. Na competência originária, há indicação expressa da lei de supressão do primeiro grau jurisdicional, sendo o Tribunal competente em caráter originário.

Finalmente, na quarta hipótese, a competência é determinada pelo objeto do juízo, verificada quando numa mesma decisão participam dois diferentes órgãos. Pode-se indicar tal espécie de competência no procedimento de uniformização de jurisprudência (arts. 476 e ss. do CPC) e no de declaração incidental de inconstitucionalidade (arts. 480 e ss. do CPC), nos quais a Câmara ou Turma do Tribunal em que são suscitados tais incidentes são competentes para decidir o processo em si, aplicando a lei ao caso concreto, mas é do Tribunal Pleno a competência para fixar a interpretação da lei ou decidir a respeito de sua constitucionalidade (art. 97 da CF).

4.5.2.2. *Competência funcional ou competência territorial absoluta?*

Segundo tradicional lição de Chiovenda, quando uma demanda é confiada a um determinado território pelo fato de ser nesse foro (comarca ou seção judiciária) mais fácil ou mais eficaz o exercício da função jurisdicional, tem-se uma espécie de competência funcional[67]. A facilidade na propositura da demanda, na realização da prova e a proximidade dos resultados da demanda às pessoas de um determinado local, sempre que estes fatores forem determinantes na fixação da competência de um determinado foro, criariam uma hipótese de competência funcional.

O problema gerado por tal construção é deixar transparecer a ideia de que a fixação de competência em um determinado território possa ter caráter funcional, o que não parece correto. Há grave equívoco ao imaginar que as características apontadas pelas lições de Chiovenda sejam efetivamente a razão para que a regra de competência tenha caráter funcional. Ademais, seria absolutamente inconveniente se entender o critério funcional como apto a determinar uma melhor ou pior forma de prestação jurisdicional, quando o mínimo que se espera é que a

[67] Chiovenda, *Instituições*, v. 2, p. 187.

prestação jurisdicional de qualidade seja sempre a preocupação da jurisdição, independentemente do local em que é exercida. Dessa forma, parece que nas vezes em que o legislador fixa uma competência territorial, atribuindo-lhe a característica de competência absoluta, não o faz levando em conta tão somente a melhor ou pior qualidade da prestação jurisdicional, mas sim a natureza do direito material debatido. É essa natureza que leva o legislador a fixar certo território de maneira improrrogável para julgar determinadas demandas judiciais, somente podendo-se afirmar que a facilidade ou eficácia da função a ser exercida pelo juiz é apenas algo que motivou o legislador a criar essas regras de competência absoluta, mas nunca sua razão de ser[68].

4.5.2.2.1. Art. 95 do CPC - ações reais imobiliárias

Segundo previsão do art. 95 do CPC, tratando a demanda de direito de propriedade, vizinhança, servidão, posse, divisão e demarcação de terras e nunciação de obra nova, a competência será do **local do imóvel**. A doutrina é uníssona em afirmar que essa hipótese trata de competência absoluta, improrrogável, portanto. A maioria vê nesse caso hipótese de competência funcional, justamente pela suposta maior facilidade e eficácia na função a ser exercida pelo juiz se a demanda tramitar no local em que se localiza o imóvel[69].

Parcela da doutrina defende haver uma comunhão de critérios determinadores de competência, afirmando que para a fixação da competência se levam em conta tanto a matéria debatida (direito real imobiliário) como o território competente (local do imóvel)[70]. Há ainda aqueles que fazem única e exclusiva menção à competência territorial[71]. Prefiro o último entendimento, porque sempre que a regra de competência prevê o foro competente inegavelmente será territorial. As razões político-legislativas que levaram o legislador a atribuir natureza absoluta a essa regra de competência não têm o condão de modificar sua natureza de competência territorial.

4.5.2.2.2. Art. 2.º da Lei 7.347/1985 - Ação civil pública

O art. 2.º da Lei 7.347/1985 prevê a competência funcional do **local do dano** para as demandas coletivas. Note-se que, evidentemente, não é porque o legislador chama essa competência de funcional que ela se transforma nessa espécie de competência[72]. Há certa perplexidade pela reunião expressa de dois critérios de determinação de competência: territorial e funcional (pelo menos é isso que a

---

68 Vicenzi, *Competência*, p. 280-281; Frederico Marques, *Instituições*, p. 337.

69 Nery-Nery, *Código*, p. 494. No mesmo sentido, Barbi, *Comentários*, p. 320; Fidélis dos Santos, *Manual*, p. 150; Fux, *Curso*, p. 99; Marinoni-Mitidiero, *Código*, p. 165.

70 Marcato, *Breves*, p. 29; Vincenzi, *Competência*, p. 274-275; Greco Filho, *Direito*, p. 205; Pizzol, *A competência*, p. 172.

71 Theodoro Jr., *Curso*, p. 162; Gusmão Carneiro, *Jurisdição*, p. 90.

72 Dinamarco, *Instituições*, p. 530; Mazzili, *A defesa*, p. 212.

lei afirma)[73], não obstante todos prestigiarem a indicação legal sob o argumento de que no local do dano haverá possibilidade de uma proximidade física do juiz com o evento, e consequentemente a prova poderia ser colhida mais facilmente e de maneira mais eficaz, o que em última análise proporcionaria uma tutela jurisdicional de melhor qualidade.

Mais uma vez se percebe a indevida confusão entre a razão de ser da fixação da competência absoluta a certo território e os ganhos práticos que tal fixação provavelmente trará ao processo. Não são, como faz parecer, a facilidade da produção da prova e o maior contato do juiz com o evento que motivou o ingresso da demanda judicial que fazem com que a competência da ação civil pública seja obrigatoriamente a do local do dano. Essas circunstâncias são mera consequência. O que determina a competência absoluta – e não funcional – do local do dano é a **natureza do direito controvertido** (direitos difusos, coletivos, individuais homogêneos, ou seja, direitos metaindividuais).

A doutrina majoritária entende que à regra de competência do local do dano nas ações coletivas aplica-se a regra de "competência por delegação" prevista pelo art. 109, §§ 3.º e 4.º, da CF. A delegação nesse caso se justificaria em razão de o processo se desenvolver perante o local do dano como forma de presumidamente garantir uma tutela jurisdicional de melhor qualidade. A justificativa para o legislador ter criado uma regra de competência territorial absoluta (situação excepcional) é justamente o contato mais direto do juiz com os elementos probatórios a serem colhidos e até mesmo com a repercussão do ato praticado na comunidade. A transferência de uma demanda para outra cidade, em que exista vara federal, colocaria em xeque tal justificativa, afastando o juiz do local do dano e, em tese, prejudicando a própria entrega da prestação jurisdicional[74].

Esse entendimento, entretanto, não foi o mesmo que o Supremo Tribunal Federal teve sobre o tema, o que gerou inclusive a revogação da Súmula 183 do Superior Tribunal de Justiça. Para o Tribunal Supremo, a inexistência de norma expressa no sentido da delegação de competência impede a sua aplicação nas ações coletivas, de forma que a demanda sempre deverá ser proposta em vara federal, ainda que esta se situe em local diverso daquele em que se verificou o dano. Na realidade, entende-se que, na Justiça Federal, por local do dano entende-se a seção judiciária, de forma que a regra do art. 2.º da Lei 7.347/1985 seria sempre cumprida[75].

Registre-se por fim que a regra que determina o local do dano é a regra geral para as ações coletivas, mas que será afastada no caso concreto na hipótese em que a demanda coletiva versar sobre matéria tutelada pelo Estatuto da Criança e do Adolescente, quando a competência será do local do ato ou omissão (art. 209 da Lei 8.069/1990 – ECA) ou quando tutelar direito de idoso, quando a aplicação será do local de seu domicílio (art. 80 da Lei 10.741/2003 – Estatuto do Idoso).

---

73 Almeida, *Direito*, p. 345-346; Leonel, *Manual*, p. 216-217; Valey Mirra, *Ação*, p. 61.

74 Nery-Nery, *Código*, p. 1.315; Grinover, *Código*, p. 777; Leonel, *Manual*, p. 219.

75 STF, Pleno, RE 228.955-RS, rel. Min. Ilmar Galvão, *DJU* 24.03.2000. Esse sempre foi o entendimento de Mazzili, *A defesa*, p. 223-224.

4.5.3. Competência em razão da matéria

A competência em razão da matéria é aquela determinada em virtude da natureza da causa (objeto da demanda). Segundo previsão do art. 91 do CPC, as regras de competência em razão da matéria serão previstas pelas leis de organização judiciária, ressalvados os casos expressos no próprio Código de Processo Civil. O dispositivo legal, entretanto, limitou indevidamente a amplitude dos diplomas legais que contêm regras de competência em razão da matéria, que é bem mais ampla que o Código de Processo Civil e as leis de organização judiciária. Há normas de competência em razão da matéria na Constituição Federal, nas Constituições Estaduais, nas leis federais e nas leis de organização judiciária.

Registre-se que as regras de competência em razão da matéria são regras de **competência absoluta**, não admitindo prorrogação. Sempre que estiverem fixadas em norma de organização judiciária, determinarão a competência do juízo, em interesse geral da administração da Justiça. As normas de organização judiciária criam **varas especializadas**, que concentram todas as demandas pertencentes a um determinado foro – geralmente da Capital ou de cidade de grande porte –, tomando-se por base matéria específica. O objetivo é bastante claro: especializar os servidores da justiça, inclusive e principalmente o juiz, numa determinada matéria, dispensando estudos mais aprofundados de tantas outras, o que teoricamente ensejará uma prestação jurisdicional de melhor qualidade. Vivemos, afinal, em tempos de especialização.

Na Constituição Federal a matéria determina a **competência das Justiças**. A competência das Justiças Especializadas vem prevista nos arts. 114 (Justiça do Trabalho), 121 (Justiça Eleitoral) e 125 (Justiça Militar). Excluídas as Justiças especializadas, a competência será da Justiça Comum, uma vez que a competência da Justiça Federal vem prevista nos arts. 108 (TRF) e 109 (primeiro grau) da CF. A competência da Justiça Estadual é residual, incluindo todas as matérias que não sejam das Justiças especializadas ou da Justiça Federal. Todas essas regras são de competência absoluta.

Registre-se, por fim, que, por se tratar da fixação de competência de juízo, somente após a fixação da competência do foro terá alguma relevância a existência ou não de vara especializada em razão da matéria. A vara especializada em razão da matéria não modifica regra de competência de foro, só passando a ter importância após tal determinação[76].

4.5.4. Competência em razão da pessoa

Essa espécie de competência não vem regulada expressamente pelo Código de Processo Civil, mas nem por isso deixa de ser lembrada pela melhor doutrina, tendo importante aplicação prática. A competência em razão da pessoa será sempre

[76] Súmula 206/STJ.

absoluta, existindo regras na Constituição Federal (competência da Justiça Federal de primeiro grau, do Supremo Tribunal Federal e Superior Tribunal de Justiça), nas Constituições Estaduais (competência de tribunais estaduais) e nas leis de organização judiciária (competência de juízo). Sempre que estiverem fixadas em norma de organização judiciária, determinarão a competência do juízo, em interesse geral da administração da Justiça. Mais uma vez o que se pretende é a especialização, não em razão da matéria, mas sim da pessoa. Exemplo clássico é a **Vara da Fazenda Pública**, que concentra as demandas envolvendo o Estado e o Município.

Mais uma vez é interessante fazer um paralelo entre a competência em juízo em razão da pessoa com a competência de Justiça, também motivada pelo aspecto subjetivo, o que demonstrará com ainda maior clareza o acerto de considerar tanto numa como noutra a natureza absoluta da competência. A competência da **Justiça Federal** em razão do art. 109, I, da CF (União, autarquia, fundação e empresa pública federal), por exemplo, é determinada em razão da pessoa – competência absoluta –, da mesma forma que a vara especializada da Fazenda Pública, criada em razão da pessoa e também absoluta.

A exemplo da competência em razão da matéria criada por leis de organização judiciária, por se tratar da fixação de competência de juízo, somente após a fixação da competência do foro terá alguma relevância a existência ou não de vara da Fazenda Pública.

4.5.5. Competência em razão do valor da causa

Atualmente a relevância da competência fixada pelo valor da causa encontra-se restrita à questão que envolve o Juizado Especial e os chamados foros regionais (distritais ou qualquer outro nome que se dê à criação de células divisionárias de comarcas[77]). Segundo a previsão do Código de Processo Civil a competência pelo valor da causa é espécie de competência relativa, mas essa regra se choca justamente com a natureza dos órgãos jurisdicionais encarregados das causas de menor valor. É antiga a lição que afirma ser a competência pelo valor da causa relativa para o menos e absoluta para o mais.

Algumas observações se fazem necessárias, em especial à luz do sistema dos Juizados Especiais e dos Foros Regionais (ou Foro Distrital, Vara Distrital etc.). No tocante ao Juizado Especial, é necessário que se proceda a uma divisão sistemática entre o Juizado Especial Estadual (Lei 9.099/1995), o Juizado Especial Federal (Lei 10.259/2001) e o Juizado Especial da Fazenda Pública Estadual (Lei 12.153/2009).

4.5.5.1. *Juizados Especiais Estaduais (Lei 9.099/1995)*

Serão de competência dos Juizados Especiais Estaduais as causas que não superem **40 salários mínimos** e não estejam previstas no art. 3.º, II, III, e IV,

[77] Dinamarco, *Instituições*, p. 634.

da Lei 9.099/1995, envolvendo sujeitos que não estejam elencados no art. 8.º da mesma Lei, além de não serem faticamente complexas[78], não versarem sobre direito coletivo *lato sensu*[79], nem seguirem procedimento especial[80]. Quando a competência é fixada em razão da matéria, naturalmente o valor da causa é irrelevante, podendo superar o valor de 40 s.m.[81].

O principal aspecto que vai interessar na presente análise é a incontestável **facultatividade** do Juizado Especial Cível, podendo o autor optar pela Justiça Comum, ainda que seu processo se amolde nas condições expostas acima[82]. Dessa forma, ainda que a causa tenha valor inferior a 40 salários mínimos, sendo competente o Juizado Especial, por opção do autor a demanda poderá prosseguir na Justiça Comum sem que o juiz possa alegar a aplicação da Lei 9.099/1995, exigindo que o autor litigue no Juizado Especial.

O contrário, entretanto, não ocorre, não se admitindo que prossiga perante o Juizado Especial processo que tenha valor da causa superior a 40 salários mínimos. É evidente que caso o autor renuncie ao excedente, conforme lhe faculta o art. 3.º, § 3.º, da Lei 9.099/1995, a demanda prosseguirá normalmente perante o Juizado Especial. Não sendo essa a opção do autor, ou sendo ela impossível, será o Juizado Especial incompetente para conhecer a demanda. Apesar de se tratar de competência em razão do valor da causa, o tratamento será de competência absoluta, devendo o juiz extinguir o processo sem a resolução de mérito mesmo sem nenhuma manifestação do réu nesse sentido.

Por fim, interessante apontar que, no caso de reconhecimento da incompetência no Juizado Especial, os autos não serão encaminhados à Justiça Comum, como em regra ocorre após o reconhecimento de incompetência (tem em regra natureza dilatória, como já visto). Nesse caso, o processo será extinto sem resolução de mérito, em excepcional hipótese em que a incompetência passa a ter caráter peremptório[83].

4.5.5.2. *Juizados Especiais Federais – Lei 10.259/2001*

A competência do Juizado Cível Federal vem prevista no art. 3.º da Lei 10.259/2001, contendo logo em seu *caput* a regra de competência em razão do valor da causa: 60 salários-mínimos, afirmando ainda que apenas as causas de competência da Justiça Federal (art. 109 da CF) até esse valor serão de competência do Juizado Especial Federal, o que parece inclusive desnecessário pela obviedade. Há também no dispositivo legal várias restrições concernentes à ma-

---

78 Enunciado 54/FONAJE.

79 Enunciado 32/FONAJE.

80 Enunciado 08/FONAJE.

81 *Informativo 392, 3.ª T., MC 15.465-SC, rel.* Nancy Andrighi, 28.04.2009.

82 Enunciado 01/FONAJE; Câmara, *Juizados Especiais*, p. 27-31; Dinamarco, *Manual*, p. 33-37; Chimenti, *Teoria*, p. 15-19.

83 Câmara, *Juizados*, p. 47-48.

téria, que obrigatoriamente deverão seguir perante a Justiça Comum Federal. Na verdade, numa análise do artigo legal ora anunciado à luz do art. 109 da CF, se perceberá que, *a priori*, tão somente as causas previstas por seu inciso I poderão tramitar perante o Juizado Especial Federal[84].

Diz-se *a priori* porque, numa análise das causas que estariam previstas no inciso I do referido dispositivo, estão excluídas da competência do Juizado Especial Federal as demandas de desapropriação, divisão e demarcação de terras, populares, execuções fiscais, por improbidade administrativa, coletivas *lato sensu*, que versem sobre imóvel da União, autarquia e fundações públicas federais, anulação ou cancelamento de ato administrativo federal (ressalvado o de natureza previdenciária e o de lançamento fiscal) e causas que tenham como objeto a impugnação da pena de demissão imposta a servidor público civil ou de sanção disciplinar aplicada a servidor militar.

O ponto principal de análise da competência do Juizado Especial Federal é a **obrigatoriedade** estabelecida pelo art. 3.º, § 3.º, da Lei 10.259/2001. Da redação legal consta que, se no foro houver Vara do Juizado Especial Federal, sua competência será absoluta, não havendo nenhuma opção ao autor, como ocorre no Juizado Especial Estadual. A melhor interpretação da norma é aquela que indica que no foro onde exista uma Vara da Justiça Federal existirá um Juizado Especial, ainda que por meio de um Juizado Adjunto (locais em que o trabalho forense não justificaria a criação de uma Vara do Juizado Especial). Essa conclusão deriva do disposto no art. 18, parágrafo único, da lei ora comentada, imperativo quanto à criação de vara ou Juizado adjunto em todos locais em que exista uma vara federal.

Não parece correto que a competência em razão do valor da causa (relativa para menos, absoluta para mais) nesse caso seja relativa, como sugere o Código de Processo Civil, já que tanto o valor maior como o menor constituem hipótese de competência absoluta[85]. Embora haja opiniões que veem no dispositivo o vício de inconstitucionalidade, na praxe forense o mesmo vem sendo amplamente aplicado, com reconhecimento de ofício de incompetência tanto do juiz da Vara do Juizado Especial como da vara da Justiça Comum[86].

4.5.5.3. *Juizados Especiais da Fazenda Pública Estadual – Lei 12.153/2009*

A Lei 12.153/2009 determina em seu art. 1.º que a União, no Distrito Federal e territórios, e os Estados criarão os Juizados Especiais da Fazenda Pública, que passarão a compor o sistema dos Juizados Especiais dos Estados e do Distrito Federal com os Juizados Especiais Cíveis e Juizados Especiais Criminais (art. 1.º, parágrafo único).

---

84 Nesse sentido Lima Freire-Guedes, *Juizados*, p. 590.

85 Marinoni-Mitidiero, *Código*, p. 156.

86 Câmara, *Juizados*, p. 218, entende inconstitucional a obrigatoriedade. Pela constitucionalidade: Pereira, *Juizados*, p. 107; Teixeira, *Lei*, p. 40-41.

Nos estreitos limites do tema da competência, a Lei 12.153/2009 é importante porque cria no âmbito dos Juizados Especiais uma competência absoluta, conforme expressamente previsto no art. 2.º, § 4.º. Nesse tocante, o legislador preferiu adotar a opção já utilizada nos Juizados Especiais Federais, o que demonstra a tendência de se tornar absoluta a competência de qualquer Juizado Especial. Segundo o art. 2.º, *caput*, da Lei 12.153/2009, o Juizado Especial da Fazenda Pública é competente para processar, conciliar e julgar causas cíveis de interesse dos Estados, do Distrito Federal, dos Territórios e dos Municípios, até o valor de 60 salários mínimos. Mais uma vez, como se nota, a competência é absoluta, apesar de fixada tomando por base o valor da causa.

Não é só o valor da causa, entretanto, que determina a competência dos Juizados Especiais da Fazenda Pública, porque determinadas espécies de ação, independentemente de seu valor, estão excluídas expressamente dos Juizados pelo art. 2.º, § 1.º, da Lei 12.153/2009. Por outro lado, o art. 5.º da mesma lei prevê quais sujeitos poderão participar do processo de competência dos Juizados Especiais: no polo ativo as pessoas físicas, microempresas e empresas de pequeno porte e no polo passivo o Estado, o Distrito Federal, os Territórios e os Municípios, bem como as autarquias, fundações e empresas públicas a eles vinculadas.

4.5.5.4. *Foros regionais (distritais)*

A competência dos foros regionais é determinada por leis de organização judiciária, ora sendo fixada em razão da matéria, ora em razão do valor, interessando-nos primordialmente a segunda hipótese. A divisão das comarcas de maior movimento em diversos foros regionais, que passam a coexistir com o foro central, é medida que busca visivelmente a **descentralização do trabalho judiciário**, o que em tese permitirá uma prestação jurisdicional de melhor qualidade[87].

Tecnicamente, entretanto, há uma enorme dificuldade em identificar qual a espécie de competência que determina a competência do Foro Regional. Guiando-se pelo próprio nome dado a tal destacamento, seria fácil afirmar tratar de regra de competência de foro, mas essa conclusão seria admitir que a comarca (que representa o foro) teria sido desmembrada, passando a existirem tantas comarcas quantos forem os foros regionais. Essa conclusão parece absolutamente equivocada, até mesmo porque um mesmo Município jamais terá mais de uma Comarca. Por outro lado, entendendo-se tratar de competência de juízo, funcionariam como Varas Especializadas, mas a aberração também seria significativa, considerando-se a existência de varas especializadas fixadas pelo valor da causa e aspectos territoriais, algo inadmissível. O melhor a fazer é entender o foro regional como algo atípico diante das definições tradicionais de foro e juízo[88].

---

87 Arruda Alvim, *Manual*, p. 367.

88 Dinamarco, *Instituições*, p. 636.

Na questão da competência dos foros regionais e do foro central, apesar de muitas vezes fixada em razão do valor da causa, entende-se que a **competência é absoluta**, tanto para mais como para menos. O juiz do foro central de ofício se declarará incompetente remetendo os autos ao foro regional competente se o valor não superar aquele estabelecido em lei de organização judiciária (valor para menos), fazendo o mesmo o juiz do Foro Regional ao receber demanda com valor superior ao estabelecido em lei (valor para mais). Alguns até buscam na competência funcional a explicação para a competência absoluta dos foros regionais.

4.6. COMPETÊNCIA DA JUSTIÇA FEDERAL

A competência da Justiça Federal será fixada sempre por normas determinadoras de competência absoluta. A competência da Justiça Federal em segundo grau de jurisdição (ações de competência originária do Tribunal Regional Federal e em grau de recurso) está prevista no art. 108 da CF. No art. 109 da CF, encontram-se as previsões referentes à competência de primeiro grau da Justiça Federal, que na área cível ora são determinadas em razão da **pessoa**, ora em razão da **matéria**.

4.6.1. Competência em razão da pessoa (*ratione personae*)

4.6.1.1. Inciso I – "as causas em que a União, entidade autárquica ou empresa pública federal forem interessadas na condição de autoras, rés, assistentes ou opoentes, exceto as de falência, as de acidentes de trabalho e as sujeitas à Justiça Eleitoral e à Justiça do Trabalho"

Esse é o inciso responsável pela maioria das demandas que tramitam perante a Justiça Federal. Cumpre ressaltar que o termo "causas" deve ser interpretado globalmente, abarcando tanto a jurisdição voluntária como a contenciosa.

4.6.1.1.1. Sujeitos previstos no inciso legal que determinam a competência da Justiça Federal

O dispositivo legal se refere à União, entidade autárquica e empresa pública federal. A jurisprudência, entretanto, se consolidou no sentido de também incluir as fundações federais como ente apto a exigir a competência da Justiça Federal. O mesmo pode ser dito relativamente às agências reguladoras federais[89] e aos conselhos de fiscalização profissional[90]. Não ocorre o mesmo com as demandas

[89] REsp 572.906/RS, 1.ª Turma, rel. Min. Luiz Fux, j. 08.06.2004.

[90] Súmula 66 do STJ: "Compete à Justiça Federal processar e julgar execução fiscal promovida por Conselho de fiscalização profissional"; STJ, 1.ª Seção, CC 40.275/BA, rel. Min. Castro Meira, *DJ* 15.03.2004, p. 145; CC 36.801/GO, 1.ª Seção, Min. Francisco Peçanha Martins, *DJ* 07.06.2004, p. 152; CC 25.355/MG, 2.ª Seção, rel. Min. Carlos Alberto Menezes Direito, *DJ* 19.03.2001, p. 72.

das quais participe sociedade de economia mista, em que, apesar da preponderância de capital pertencente à União, serão de competência da Justiça Estadual[91].

Não parece que a simples presença na demanda do Ministério Público Federal seja motivo para afirmar a competência da Justiça Federal, devendo a norma constitucional ser interpretada restritivamente. Sem nenhuma indicação legal no sentido de indicar tal competência, não se afigura correto qualquer interpretação ampliativa. Por outro lado, além da omissão legislativa – que não pode ser utilizada como argumento de autoridade –, não há nenhuma previsão constitucional (arts. 127 a 129 da CF), tampouco do Estatuto do Ministério Público da União (LC 75/1993), que preveja essa limitação de atuação do Ministério Público Federal à Justiça Federal, sendo plenamente viável sua atuação perante outras Justiças[92].

Não parece razoável a afirmação de que os Ministérios Públicos têm atuação vinculada às suas respectivas Justiças, ainda que no mais das vezes essa vinculação realmente se verifique nos casos concretos. Esse entendimento é o único a se compatibilizar com a formação de litisconsórcio entre Ministérios Públicos de diferentes Justiças para propor a ação civil pública (art. 5.º, § 5.º, da Lei 7.347/1985)[93].

Há, entretanto, entendimento no Superior Tribunal de Justiça que aponta a competência da Justiça Federal em razão da ausência de personalidade jurídica do Ministério Público. Afirma-se que o Ministério Público Federal é um órgão da União e, como tal, está incluído no termo "União" expressamente previsto pelo art. 109, I, da CF. Dessa forma, ainda que se admita um litisconsórcio entre o Ministério Público Estadual e o Ministério Público Federal, a demanda deverá tramitar perante a Justiça Federal, por decorrência de interpretação extensiva do rol de sujeitos previstos no art. 109, I, da CF[94].

4.6.1.1.2. Espécie de interesse que motiva a participação dos entes federais no processo

O art. 109, I, da CF prevê que os entes federais já analisados participem do processo como autor, réu, opoente e assistente para fixar a competência da Justiça Federal. Primeiramente, cumpre assinalar que é amplamente majoritária a doutrina a apontar que a assistência poderá ser tanto simples como litisconsorcial. No mais, parece que o dispositivo constitucional limitou demasiadamente as espécies de intervenção dos entes federais já analisados para que a demanda seja de competência absoluta da Justiça Federal.

---

91 Súmulas 556 e 508 do STF – esta última especificamente quanto ao Banco do Brasil.

92 Castro Mendes, *Competência*, p. 62; Didier, *Direito*, p. 161.

93 Admitindo o litisconsórcio entre Ministérios Públicos: Mancuso, *Ação*, p. 218; Mazzili, *A defesa*, p. 262-266; Vigliar, *Ação*, p. 88; Nery-Nery, *Código*, p. 1.322.

94 STJ, 1.ª Turma, REsp 440.002/SE, Rel. Teori Albino Zavascki, *DJ* 06.12.2004, p. 195; STJ, 1.ª Seção, CC 39111/RJ, rel. Luiz Fux, *DJ* 28.02.2005.

O art. 5.º da Lei 9.469/1997 admite a intervenção da União em demandas em que figurarem, como autoras ou rés, autarquias, fundações públicas, sociedades de economia mista e empresas públicas federais, mesmo que tal intervenção esteja fundada em **mero interesse econômico**. Não se trata, naturalmente, de assistência, que exige a presença de interesse jurídico. Ainda que parcela da doutrina entenda que nesse caso a competência em primeiro grau seja da Justiça Estadual[95], o Superior Tribunal de Justiça pacificou o entendimento de que essa forma de intervenção da União leva o processo para a Justiça Federal já em primeiro grau.

Registre-se, por fim, que essa intervenção anômala da União no processo em virtude de mero interesse econômico não vem regulada pela lei que a criou, de forma que em termos procedimentais deverá seguir as normas atinentes à assistência. Não se trata do mesmo fenômeno, em razão da diferente natureza do interesse que motivou o ingresso da União no processo, mas em termos de procedimento não há nenhum inconveniente no tratamento conjunto. A diferença, então, fica reservada à questão da competência, quando a demanda tramitar perante a Justiça Estadual[96].

Por outro lado, a participação dos sujeitos federais previstos no dispositivo legal também poderá se verificar por meio da denunciação à lide e do chamamento ao processo, hipóteses em que será inegável a competência da Justiça Federal. Quanto à nomeação à autoria, poderia também ser lembrada, mas com a extromissão de parte (saída do réu originário para o ingresso do nomeado em seu lugar) a União nomeada se tornaria ré, e a partir desse momento a competência seria indiscutivelmente da Justiça Federal.

A conclusão é de que **basta a participação** dos sujeitos federais já apontados para que seja a Justiça Federal a competente para o julgamento da demanda.

4.6.1.1.3. União Federal e ação de usucapião

Outra forma de intervenção da União no processo e que foge das intervenções tipificadas pelo Código de Processo Civil é verificada na ação de usucapião imobiliária. Segundo disposto no art. 943 do CPC, os representantes das Fazendas Públicas da União, dos Estados, do Distrito Federal e dos Municípios serão intimados para que, tendo interesse na demanda, venham a participar. Também há a possibilidade de a União Federal figurar como ré certa no processo de usucapião, por ser confrontante com a área que se pretende usucapir.

A **usucapião especial** (urbana e rural) encontra tratamento em lei extravagante, mais precisamente na Lei 6.969/1981, em seu art. 4.º, § 1.º, que, devidamente adaptado ao atual texto constitucional[97], consagra a **delegação de competência** conforme prevista no art. 109, §§ 3.º e 4.º, da CF, com competência em primeiro

[95] Scarpinella Bueno, *Partes*, p. 172-173.

[96] AgRg na Pet 4.861/AL, 1.ª Turma, Rel. Min. Denise Arruda, Rel. p/ acórdão Min. Luiz Fux, j. 12.02.2007, *DJ* 22.03.2007, p. 281.

[97] Didier, *Aspectos*, p. 806.

grau da Justiça Estadual – se no local não houver Vara da Justiça Federal – e em segundo grau obrigatoriamente da Justiça Federal (Tribunal Regional Federal)[98]. A razão de ser é evidente; essas espécies de usucapião têm um alto fator social, buscando preservar a utilização útil das áreas urbanas e rurais e assegurar o direito de propriedade de forma mais fácil.

A regra não se aplica, entretanto, à ação de usucapião ordinária e extraordinária, com procedimento determinado pelo Código de Processo Civil (arts. 941 a 945). Dessa forma, havendo a participação da União no processo em que se busque a usucapião ordinária ou extraordinária, seja como ré certa ou mera interessada, a competência será sempre da Justiça Federal, ainda que não exista no local onde se localiza o imóvel vara federal.

4.6.1.1.4. Intervenção dos entes federais em processos em trâmite perante a Justiça Estadual

Tramitando a demanda perante a Justiça Estadual, e sendo requerida a intervenção no processo por um dos entes federais que determina a competência da Justiça Federal, faltará competência ao juiz estadual para analisar a regularidade ou não da intervenção desses entes federais no processo, de forma que a mera intervenção já obriga o juiz estadual a **enviar os autos à Justiça Federal**, órgão competente para analisar sobre o cabimento ou não de intervenção de tais sujeitos no processo. Após essa análise, de duas uma: acolhida a intervenção, a demanda prosseguirá normalmente perante a vara federal; rejeitada a intervenção e excluído o ente federal da demanda, não haverá aplicação do art. 109, I, da CF ao caso concreto, não se justificando a manutenção do processo perante a Justiça Federal, que retornará à Justiça Estadual (onde se encontrava antes da intervenção) para prosseguimento regular da demanda[99].

É evidente que tudo o que foi afirmado fica condicionado a não ser hipótese de competência por delegação, já que nesse caso o juiz estadual, investido por delegação de competência federal, será o competente para analisar e decidir sobre o cabimento ou não da intervenção da União e dos outros entes federais.

4.6.1.1.5. Competência recursal para reconhecer a incompetência absoluta

Podem eventualmente surgir dúvidas a respeito de qual o Tribunal competente para conhecer de recurso em que se alegue justamente a incompetência absoluta do juízo pela presença ou ausência na demanda de sujeito previsto pelo art. 109, I, da CF. É pacífico o entendimento de que o **Tribunal ao qual está vinculado**

[98] Súmula 11, STJ: "A presença da União, ou de qualquer dos seus entes, na ação de usucapião especial, não afasta a competência do foro da situação do imóvel".

[99] Súmula 150, STJ: "Compete à Justiça Federal decidir sobre a existência de interesse jurídico que justifique a presença, no processo, da União, suas autarquias ou empresas públicas".

o juízo que proferiu a sentença viciada é o competente para o julgamento da apelação[100].

Realmente tal regra evitará uma série de equívocos verificados sobre a questão ora enfrentada, em especial a respeito das apelações dirigidas ao Tribunal Regional Federal contra sentenças proferidas pelo juiz estadual de primeiro grau, justamente pela alegação de incompetência absoluta da Justiça Estadual em virtude da participação de um dos entes federais que geram competência absoluta da Justiça Federal. Caberá nessa hipótese ao próprio Tribunal de Justiça anular a sentença proferida em primeiro grau e remeter o processo ao juízo de primeiro grau competente para conhecer a demanda (naturalmente da Justiça Federal).

O entendimento pacificado no Superior Tribunal de Justiça nada mais faz que aplicar às hipóteses recursais o princípio *kompetenz kompetenz*, instituto criado pelos alemães e totalmente aplicável ao direito brasileiro, determinando que a única competência que tem o juiz incompetente é para reconhecer a sua própria incompetência. Dessa forma, é inviável o Tribunal de Justiça se negar a reconhecer a incompetência absoluta da Justiça Estadual, quando tal reconhecimento é o único ato processual para o qual a lei o considera competente, o mesmo ocorrendo com a Justiça Federal.

4.6.1.2. *Inciso II – "as causas entre Estado estrangeiro ou organismo internacional e Município ou pessoa domiciliada ou residente no País"*

Nesse inciso o art. 109 da CF determina uma competência desde que presentes determinados sujeitos em ambos os polos da demanda, pouco importando se no polo ativo ou passivo. O que se exige é que em um dos polos esteja um Estado estrangeiro ou um organismo internacional (que obviamente não se confunde com empresa multinacional) e de outro um Município ou uma pessoa residente ou domiciliada no Brasil. Como exemplos de organismos internacionais temos a ONU, o Bird, o FMI, a OMS. Na eventualidade da presença da União ou Estado, Distrito Federal ou Território, a competência será originária do Supremo Tribunal Federal (art.102, I, *e*, da CF).

O dispositivo não criou nenhuma limitação à pessoa envolvida no litígio, e não caberá ao operador do direito fazê-lo. Dessa forma, a pessoa pode ser física ou jurídica, nacional ou estrangeira.

4.6.1.3. *Inciso VIII – "os mandados de segurança e os* habeas data *contra ato de autoridade federal, excetuados os casos de competência dos tribunais federais"*

Identificando-se o ato de autoridade federal e pretendendo-se contra ele ingressar com mandado de segurança ou *habeas data*, primeiro determina-se o que será de

[100] Gusmão Carneiro, *Jurisdição*, p. 136; Súmulas 225 e 555/STJ.

competência originária dos Tribunais (tanto o TRF como os tribunais superiores – STJ e STF), e as hipóteses remanescentes serão de competência do primeiro grau de jurisdição. Interessante questão envolve a competência para o mandado de segurança de ato praticado por dirigente de estabelecimento particular de ensino superior. Quanto a essa questão a melhor doutrina ensina que a competência da Justiça Federal é limitada a atos de dirigentes de entidades particulares de ensino relativos às **funções didáticas sob fiscalização do Ministério da Educação e da Cultura (MEC)**. Atos normais de gestão geram mandados de segurança de competência da Justiça Estadual[101].

Para o Superior Tribunal de Justiça, a competência da Justiça Federal é limitada a atos praticados por autoridade de entidade educacional privada que age por delegação da União[102]. O mesmo tribunal pacificou o entendimento de que mandado de segurança contra ato que indefere matrícula em razão de inadimplemento é de competência da Justiça Federal[103], bem como nos mandados de segurança contra ato de retenção do diploma em razão do inadimplemento[104].

4.6.2. Competência em razão da matéria (*ratio materiae*)

4.6.2.1. *Inciso III – "as causas fundadas em tratado ou contrato da União com Estado estrangeiro ou organismo internacional"*

Perceba-se que esse dispositivo dispensa a presença da União no processo, já que nesse caso aplicar-se-ia o art. 109, I, da CF. A única participação da União foi na celebração do contrato ou do acordo, não participando do processo em que um dos dois será o objeto da controvérsia. A interpretação ao termo tratado deve ser feita de forma restritiva. São ações bastante raras, podendo-se citar como exemplo as demandas fundadas na Convenção de Paris (proteção ao nome comercial), a Convenção sobre prestação de alimentos no estrangeiro, a Declaração do Meio Ambiente, adotada pela ONU em conferência em Estocolmo (1972) e reafirmada no Rio de Janeiro (1992).

4.6.2.2. *Inciso X – "(...), a execução da carta rogatória, após o* exequatur*, e de sentença estrangeira, após a homologação, as causas referentes à nacionalidade, inclusive a respectiva opção, e à naturalização"*

Nesse inciso a Constituição Federal reuniu duas matérias que não guardam qualquer relação entre si. Num primeiro momento aponta a competência da Jus-

[101] Perrini, *Competências*, p. 228.

[102] CC 58.880/RJ, 1.ª Seção, Rel. Min. Herman Benjamin, j. 13.12.2006.

[103] REsp 725.955/SP, 2.ª Turma, Rel. Min. Eliana Calmon, j. 08.05.2007.

[104] CC 72.981/MG, 1.ª Seção, Rel. Min. Humberto Martins, j. 28.03.2007.

tiça Federal para a execução de carta rogatória e de sentença estrangeira, após a homologação pelo Superior Tribunal de Justiça.

Num segundo momento a competência em razão da matéria é fixada levando-se em conta as demandas referentes à nacionalidade e naturalização (por exemplo, a ação visando à concessão de passaporte)[105]. Também serão de competência da Justiça Federal as ações relativas à retificação de registro, em razão da perda ou aquisição de nacionalidade.

4.6.2.3. *Inciso XI – "a disputa sobre direitos indígenas"*

O Superior Tribunal de Justiça vem entendendo corretamente que, tratando-se de competência determinada em razão da matéria, a simples presença de indígena como parte da demanda não é o suficiente para a aplicação do art. 109, XI, da CF. A competência da Justiça Federal, portanto, fica restrita às demandas que tenham como objeto **direitos da coletividade indígena**, conforme previsto no art. 231 da CF, pelo qual "São reconhecidos aos índios sua organização social, costumes, línguas, crenças e tradições, e os direitos originários sobre as terras que tradicionalmente ocupam, competindo à União demarcá-las, proteger e fazer respeitar todos os seus bens"[106]. Em razão desse entendimento, o Superior Tribunal de Justiça já decidiu pela competência da Justiça Estadual para julgar ação de destituição de poder familiar ajuizada pelo MP estadual contra indígena[107].

Dentre os direitos indígenas elencados pelo dispositivo constitucional mencionado, o de maior interesse é o direito originário sobre as terras, que atualmente vem ensejando inúmeras demandas judiciais possessórias e petitórias. Observe-se, entretanto, que nem toda ação envolvendo o tema será de competência da Justiça Federal, porque havendo conflito federativo a competência será originária do Supremo Tribunal Federal.

4.6.2.4. *Inciso V-A – "as causas relativas a direitos humanos a que se refere o § 5.º deste artigo"*

Esse dispositivo legal é novidade em nosso ordenamento jurídico constitucional, tendo sido incluído pela Emenda Constitucional 45/2004. Apesar de sua nítida incidência na esfera criminal, como não houve nenhuma exclusão expressa quanto às questões cíveis, parece que numa situação excepcional será possível afirmar que tal dispositivo criou nova regra de competência civil da Justiça Federal, em especial em demandas que versem a respeito de direitos metaindividuais referentes a direitos humanos.

---

[105] Súmula 51 do antigo TFR: "Compete à justiça estadual decidir pedido de brasileira naturalizada para adicionar patronímico de companheiro brasileiro nato".

[106] CC 62480/PR, 1.ª Seção, Rel. Min. Eliana Calmon, j. 22.11.2006. Também parece ser esse o entendimento do STF: HC 91313/RS, 2.ª Turma, Rel. Min. Ellen Gracie, j. 02.09.2008.

[107] *Informativo* 404/STJ: 1.ª Seção, CC 100.695-MG, Rel. Min. Luis Felipe Salomão, j. 26.08.2009.

De qualquer forma, ainda que se admita sua aplicação na esfera cível como regra determinadora de competência da Justiça Federal, a mesma só terá eficácia no caso concreto se respeitar a previsão contida no art. 109, § 5.º, da CF, que exige a ocorrência de grave violação de direitos humanos.

4.7. PRORROGAÇÃO DE COMPETÊNCIA

4.7.1. Conceito

As hipóteses de prorrogação de competência previstas pelo Código de Processo Civil aplicam-se exclusivamente às regras de **competência relativa**, que, justamente por serem de natureza dispositiva, admitem o afastamento de sua aplicação no caso concreto. A exceção fica por conta da **tutela coletiva**, que permite a reunião de **demandas conexas** mesmo com a determinação de competência absoluta do local do dano.

Havendo para uma determinada situação uma regra modificadora da competência, o órgão jurisdicional que era abstratamente incompetente poderá no caso concreto se tornar competente, enquanto aquele apontado como competente pela regra determinadora tornar-se-á concretamente incompetente. Além disso, a prorrogação também se aplicará na consolidação de um órgão jurisdicional competente para o julgamento de diversos processos que antes da prorrogação competiam a outros órgãos jurisdicionais, como ocorre na reunião de processos em virtude da conexão.

Costuma-se dividir as espécies de prorrogação de competência em:

(i) prorrogação legal (em razão de lei);

(a) conexão;

(b) continência (que na verdade não passa de espécie de conexão);

(c) ausência de oposição de exceção de incompetência relativa; e

(ii) prorrogação voluntária (em razão de vontade das partes):

(a) cláusula de eleição de foro;

(b) prorrogação por vontade unilateral do autor.

Na análise exigida para o caso concreto no tocante à fixação da competência, em especial quanto às normas de competência relativa (determinadoras e modificadoras), é possível verificar uma gradação entre as hipóteses de prorrogação, podendo até ser afirmado que umas preferem às outras. Aplicáveis todas elas no caso concreto, será de suma importância a fixação de uma ordem de preferência entre elas, pois caso contrário dificilmente se poderia chegar a uma solução quanto à competência correta. Dinamarco chama tal regra de "relatividade da relatividade"[108]. A ordem estabelecida é:

1.º conexão/continência;

2.º ausência de oposição de exceção declinatória de foro;

3.º cláusula de eleição de foro, considerando-se a prorrogação por vontade unilateral do autor uma forma atípica de prorrogação.

4.7.2. Prorrogação legal

4.7.2.1. *Conexão e continência*

4.7.2.1.1. Conceito

O fenômeno da conexão vem previsto no art. 103 do CPC: "Reputam-se conexas duas ou mais ações, quando lhes for comum o objeto ou a causa de pedir" e o da continência no art. 104 do CPC: "Dá-se continência entre duas ou mais ações sempre que há identidade quanto às partes e à causa de pedir, mas o objeto de uma, por ser mais amplo, abrange o das outras". Da própria definição dos dois institutos processuais se nota com clareza que a continência é uma espécie de conexão, considerando-se que, para que exista o fenômeno da continência entre duas ações, obrigatoriamente deverá haver a identidade de causa de pedir, o que por si só já as torna também conexas. A continência, assim, vai além da conexão, pois exige mais requisitos para se ver configurada no caso concreto.

Registre-se que a conexão não exige ações da mesma natureza, sendo entendimento consagrado pelo Superior Tribunal de Justiça a existência de conexão de ações de execução fiscal, com ou sem embargos, e a ação anulatória de débito fiscal, inclusive com a determinação da reunião das ações perante o juiz prevento para seu julgamento simultâneo[109].

> O entendimento foi consagrado no art. 55, § 2.º, do PLNCPC, ao prever de forma ampla – portanto não limitada à execução fiscal – que se aplica a regra da reunião "à execução de título extrajudicial e à ação de conhecimento relativas ao mesmo negócio jurídico".

Ainda em caráter introdutório, registre-se que a conexão é fenômeno processual que ocorrerá sempre que entre duas ou mais demandas houver a identidade

[108] Dinamarco, *Instituições*, p. 575.

[109] STJ, 2.ª Turma, REsp 754.941/RS, rel. Min. Eliana Calmon, j. 12.06.2007, *DJ* 29.06.2007, p. 537.

de causa de pedir ou do pedido. Esse é o objeto do fenômeno, seu conteúdo. Não se deve confundir o fenômeno da conexão com a sua consequência, ou seja, com o seu efeito, que será a **reunião dos processos** perante um só juízo para julgamento conjunto. Como se sabe, o conteúdo não se confunde com o efeito, até mesmo porque o efeito de um instituto é fenômeno externo a ele, enquanto o conteúdo pertence ao seu interior. Esse esclarecimento inicial se faz necessário para que não haja indevidas confusões entre a conexão e a reunião de processos gerada pela conexão, que são fenômenos processuais diferentes.

Registre-se importante inovação a respeito do tema contida no art. 57 do PLNCPC. Segundo o dispositivo legal, havendo continência e tendo sido a ação continente proposta anteriormente, o processo relativo à ação contida será extinto sem resolução de mérito; caso contrário, haverá a reunião de demanda.

Como se pode notar da novidade proposta, a conexão continua gerando a reunião das demandas, mas na hipótese de continência tudo dependerá de qual ação tramita perante o juízo prevento. Se o pedido mais restrito já estiver contido no pedido mais amplo que tramita no juízo prevento, não teria qualquer sentido prático a remessa do processo com pedido mais restrito a tal juízo, até porque se ele já está contido no processo que continuará a existir, nenhum prejuízo haverá na extinção proposta pela norma ora analisada.

4.7.2.1.2. Identidade da causa de pedir ou pedido - integral ou parcial?

A primeira questão digna de relevo diz respeito ao preenchimento dos requisitos previstos pelo art. 103 do CPC. A identidade exigida pelo legislador deve ser absoluta? Dividindo-se a causa de pedir em próxima e remota e o pedido em mediato e imediato, haverá conexão somente com a identidade parcial desses elementos ou exige-se a identidade total?

No tocante à causa de pedir, a doutrina vem entendendo bastar que um de seus elementos seja coincidente para que haja conexão entre as ações (seja dos fatos ou dos fundamentos jurídicos). Esse entendimento se coaduna com os objetivos traçados pela conexão (economia processual e harmonia entre julgados), abrangendo um número maior de situações amoldáveis ao instituto legal. Seria pernicioso ao próprio sistema a adoção de entendimento restritivo, em virtude da raridade em que se verifica na praxe forense a situação de duas ações com pedidos diferentes e exatamente a mesma causa de pedir[110].

Dessa forma, sendo aplicada a regra do art. 103 do CPC para determinar se existente ou não o fenômeno da conexão entre duas ou mais demandas, é necessário fazer uma restrição inicial quanto à amplitude aparente do dispositivo

---

[110] Theodoro Jr., *Curso*, p. 169; Nery-Nery, *Código*, p. 503-504; Pizzol, *A competência*, p. 293.

legal no tocante à identidade da causa de pedir. Assim, onde se lê causa de pedir comum, entenda-se fatos ou fundamentos jurídicos do pedido comum[111].

Ainda que seja esse o entendimento consagrado no Superior Tribunal de Justiça, há decisões que flexibilizam ainda mais o conceito de conexão, afirmando não ser necessário que se cuide de causas idênticas quanto aos fundamentos e objetos, bastando que sejam análogas[112].

4.7.2.1.3. *Ratio* da conexão e a insuficiência do disposto no art. 103 do CPC

Fixados os limites da identidade exigida para que se verifique a conexão entre duas demandas com a interpretação possível da redação constante no art. 103 do CPC, é importante analisar as razões de ser da conexão e, mais especialmente, da sua consequência: a reunião dos processos perante um mesmo juízo. São duas as principais razões: economia processual e harmonização dos julgados[113].

A primeira e inegável vantagem aferida com o fenômeno da conexão é **evitar que decisões conflitantes sejam proferidas** por dois juízos diferentes. A existência de decisões conflitantes proferidas em demandas que tratem de situações similares é, naturalmente, motivo de descrédito ao Poder Judiciário, podendo inclusive gerar problemas práticos de difícil solução.

Por outro lado, é inegável que a reunião de duas ou mais demandas perante somente um juiz favoreça no mais das vezes a verificação do princípio da **economia processual**, já que os atos processuais serão praticados somente uma vez, o que se mostrará mais cômodo ao Poder Judiciário (funcionará apenas uma estrutura – juiz, escrivão, cartorário etc.) e às partes e terceiros que tenham dever de colaboração com a Justiça (p. ex., testemunhas, que só prestarão depoimento uma vez). Com a prática de atos processuais que sirvam a mais de um processo, é evidente que haverá otimização do tempo e em razão disso respeito ao princípio da economia processual.

A questão da economia processual, entretanto, deve ser considerada de forma secundária, seja pelo maior relevo que se dá à harmonização dos julgados, seja porque nem sempre a reunião de processos conexos representará a concretização de tal princípio. Tanto é assim que a doutrina, quando analisa os requisitos para que ocorra a reunião dos processos perante um mesmo juízo para julgamento simultâneo, afirma que a principal razão para que isso ocorra é a harmonização dos julgados, evitando o inegável mal-estar criado por decisões conflitantes para situações fáticas afins[114].

---

[111] *Informativo* 480/STJ: 4.ª Turma, REsp 967.815/MG, rel. Min. João Otávio de Noronha, j. 04.08.2011.

[112] *Informativo* 466/STJ: 3.ª Turma, REsp 1.226.016/RJ, rel. Min. Nancy Andrighi, j. 15.03.2011.

[113] Arruda Alvim, *Manual*, p. 398-399; Pizzol, *A competência*, p. 297; Amaral Santos, *Primeiras*, p. 258.

[114] Fux, *Curso*, p. 210. Também Theodoro Jr., *Curso*, p. 170; Fidélis dos Santos, *Manual*, p. 165.

Esse entendimento havia sido consagrado no art. 40, *caput*, do PLNCPC originário, que previa haver conexão quando existisse risco de decisões contraditórias se os processos fossem julgados separadamente. O conceito sugerido, entretanto, confundia o conceito de conexão com seu efeito principal, qual seja, a reunião das demandas conexas. Partindo dessa premissa, não seria necessária a modificação do conceito de conexão, mas apenas a criação de uma norma que regulasse as hipóteses de reunião de tais ações.

Provavelmente, notando ser indevida a confusão entre o conteúdo e o efeito de um fenômeno processual, o art. 55, *caput*, do PLNCPC, aprovado no Substitutivo do Senado, prevê que se reputam conexas duas ou mais ações, quando lhes for comum o objeto ou a causa de pedir, mantendo-se, portanto, o conceito atual. Continuo entendendo correta a tradicional lição de Barbosa Moreira de que qualquer tentativa de conceituar a conexão seria criticável, pela extensão e variadas formas do fenômeno processual.

Os dois fundamentos que ensejam a reunião dos processos em decorrência de conexão – embora em diferentes graus de importância – estão intimamente ligados a razões de ordem pública, posto interessar ao próprio Estado que os julgados do Poder Judiciário sejam harmoniosos e que se gastem o menor tempo e recursos para obtê-los. Justamente em virtude dos interesses que procura preservar (**ordem pública**), essa causa modificadora de competência é dotada de maior força do que todas as demais.

4.7.2.1.4. Obrigatoriedade ou facultatividade na reunião de processos em razão da conexão

O art. 105 do CPC afirma expressamente que o juiz "pode ordenar" a reunião de processos, para julgamento simultâneo perante o juízo prevento. A interpretação literal do dispositivo legal deve ser evitada, porque não existe propriamente uma faculdade do juiz na reunião dos processos e o julgamento simultâneo, apesar de desejado, não é obrigatório[115].

Há corrente doutrinária que entende ser a regra do art. 105 do CPC de natureza cogente, o que retiraria do juiz qualquer liberdade a respeito de sua aplicação no caso concreto. Havendo a identidade de causa de pedir ou do pedido, os processos deverão – e não poderão – ser reunidos[116]. Por outro lado, existe corrente doutrinária mais flexível quanto à reunião dos processos por conexão, atribuindo ao juiz uma maior liberdade no caso concreto para analisar a conveniência de realizar tal reunião. Essa liberdade varia conforme a intensidade da conexão e os benefícios reais advindos da reunião das demandas[117]. É lição muito próxima de

[115] STJ, 3.ª Turma, AgRg no EDcl no REsp 1.050.727/DF, rel. Min. Sidnei Beneti, j. 20.10.2009, *DJ* 05.11.2009.

[116] Nery-Nery, *Código*, p. 505; Agrícola Barbi, *Comentários*, p. 350; Bermudes, *Introdução*, p. 73.

[117] Arruda Alvim, *Manual*, p. 404; Greco Filho, *Direito*, p. 161.

parcela da doutrina que entende ser obrigatória a reunião, desde que se verifique a efetiva realização dos objetivos traçados por tal fenômeno processual, em especial a economia processual[118].

Apesar de toda a polêmica que envolve a questão da obrigatoriedade ou não da reunião de processos conexos, acredito que uma reunião que não possa alcançar nenhum dos dois objetivos traçados para o instituto está totalmente fora de questão. A aplicação automática, sem nenhuma ponderação a respeito da *ratio* da norma não se justifica. E parece concordar com tal posição a jurisprudência, sumulando o Superior Tribunal de Justiça o entendimento de que não existe reunião de processos conexos quando um deles já estiver no tribunal[119], circunstância esta em que obviamente a reunião dos processos não geraria qualquer economia processual ou harmonia dos julgados, visto que em um deles a prova já foi produzida e a decisão já foi prolatada.

Segundo entendimento do Superior Tribunal de Justiça, ainda que exista conexão entre as causas e estas tramitem perante o mesmo juízo, não há obrigatoriedade de decisão conjunta. Segundo correta decisão do Egrégio tribunal, notando o juiz que a solução de uma demanda não influenciará a decisão da outra, não existe qualquer nulidade em decidi-las em momentos distintos[120].

Obrigatória ou não a reunião dos processos, a conexão tem tratamento processual de matéria de ordem pública, o que significa legitimidade plena para sua arguição (qualquer dos sujeitos processuais poderá fazê-lo: autor, réu, terceiro interveniente, Ministério Público como fiscal da lei, juiz de ofício). Justamente pela natureza de ordem pública não esta sujeita à preclusão, não havendo, portanto, um prazo e tampouco uma forma específica para sua alegação no processo. Registre-se somente a impropriedade de alegação de tal matéria em sede de exceção de incompetência, instrumento processual que busca afastar o juízo incompetente, o que não ocorre na conexão, que busca fixar um entre dois ou mais juízos competentes. Tratando-se de matéria de ordem pública, entretanto, a alegação deverá ser considerada, mas não como exceção, o que significa que não haverá suspensão do processo para a apreciação da conexão alegada[121].

Por fim, justamente em razão da natureza jurídica de ordem pública atribuída à conexão, surge dúvida a respeito da natureza do vício em processo em que deveria ter ocorrido a reunião, mas a mesma não houve. Apesar de – pela lógica sistemática dos vícios do ato jurídico – se tratar de uma nulidade absoluta, sem a prova do efetivo prejuízo, não parece que a decisão possa ser anulada, em respeito ao princípio da **instrumentalidade das formas**. Sendo o fenômeno da conexão instituto preocupado com a preservação da economia processual, não teria sentido permitir a anulação da decisão pelo simples descumprimento do determinado no art. 105 do CPC, o que certamente ensejaria uma afronta clara

[118] Dinamarco, *Instituições*, p. 578-579.

[119] Súmula 275 do STJ.

[120] *Informativo* 478/STJ: REsp 1.126.639/SE, rel. Min. Luis Felipe Salomão, j. 21.06.2011.

[121] STJ, 6.ª Turma, REsp 42.197/SP, Rel. Min. Hamilton Carvalhido, *DJ* 04.02.2002, p. 575.

a tal princípio. Dessa forma, a parte que alegar o vício deverá comprovar seu efetivo prejuízo pela não reunião dos processos, que uma vez comprovado gerará a anulação da decisão[122].

4.7.2.2. *Ausência de ingresso pelo réu de exceção declinatória de foro*

Tratando-se de competência relativa, em regra o juiz não poderá conhecer de sua incompetência de ofício – salvo na hipótese do art. 112, parágrafo único, do CPC –, devendo determinar a citação. O réu, caso não ingresse com a exceção de incompetência, permitirá que aquele juízo, originariamente incompetente, se torne competente no caso concreto, verificando-se a hipótese de prorrogação de competência. Na hipótese do artigo supramencionado, além da ausência da exceção de incompetência, a prorrogação dependerá da omissão do juiz em se manifestar de ofício.

A ausência de exceção de incompetência é causa legal de prorrogação de competência, porque assim é determinado expressamente pelo art. 114 do CPC. É equivocado o entendimento de que seja causa de prorrogação voluntária de competência, porque é impossível presumir na omissão da parte a manifestação de uma vontade. Não interessa ao caso concreto o motivo que levou o réu a não excepcionar o juízo – aceitação, ignorância, perda de prazo –, dado que a **mera ausência da exceção já é suficiente para a prorrogação de competência**[123].

4.7.3. Prorrogações voluntárias

4.7.3.1. *Eleição de foro*

As partes podem no caso concreto afastar a aplicação da regra de competência relativa por meio de celebração de um acordo, escolhendo um foro determinado (não aquele previsto em lei, pois aí o acordo seria inútil) para futuras e possíveis demandas. Trata-se da conhecida "cláusula de eleição de foro".

O tratamento legal da eleição de foro se encontra no art. 111 do CPC, mas a interpretação literal de tal dispositivo legal poderá levar o operador do direito a indesejados equívocos. O artigo prevê aplicação do instituto à "competência territorial e por valor da causa", transmitindo a ideia de que só terá validade a cláusula de eleição de foro nas hipóteses de competência relativa. Mas se afirmou que nem toda competência territorial (ação real imobiliária) e local do dano (ação civil pública) é relativa. Nesses casos, embora se tratando de competência territorial, pela sua nítida natureza absoluta, será absolutamente ineficaz a cláusula de

[122] Nesse sentido, Arruda Alvim, *Manual*, p. 404; Pizzol, *A competência*, p. 306.

[123] No sentido de se tratar de prorrogação convencional: Pizzol, *A competência*, p. 321. Entendendo tratar-se de prorrogação legal: Dinamarco, *Instituições*, p. 575.

eleição de foro. Ademais, nem sempre a regra de competência determinada pelo valor da causa pode ser modificada.

A validade da cláusula eletiva de foro está limitada às ações oriundas de direitos e obrigações, o que significa dizer que só se admite cláusula de eleição de foro nas demandas fundadas em **direito obrigacional** (contratos em geral e estipulações em favor de terceiro)[124]. É evidente que esse entendimento exclui as demandas que versarem sobre direito indisponível. Outra exigência, prevista pelo próprio art. 111 do CPC, é que a cláusula seja obrigatoriamente **escrita**, ainda que o contrato no restante seja verbal, indicando **negócio jurídico específico**, excluída, portanto, a generalidade (cláusula que aponte que todas as demandas envolvendo os sujeitos serão decididas em determinado foro).

4.7.3.2. *Vontade unilateral do autor*

Essa hipótese de prorrogação de competência não se encontra expressamente prevista em lei, mas resulta de uma análise sistêmica das regras legais a respeito da matéria. Haverá tal espécie de prorrogação sempre que a demanda for proposta respeitando-se a regra de **foro geral**, que para o Código de Processo Civil é o do domicílio do réu. Sempre que existir uma regra especial de foro, a proteger o autor, em detrimento da regra geral, poderá o demandante optar por afastar a norma que teria sido feita em seu favor e litigar no domicílio do réu.

A justificativa para que tal escolha do foro do domicílio do réu como competente – ainda que aplicável à espécie regra de foro especial – liga-se à inexistência de interesse jurídico do réu em excepcionar o juízo justamente do foro que lhe acarretará as maiores vantagens possíveis. Evidentemente que essas vantagens são presumidas de forma relativa, de modo que é plenamente possível, no caso concreto, provar o réu algum prejuízo nesse desrespeito do autor à norma de foro especial. A prorrogação, portanto, ficaria condicionada à **ausência de um efetivo prejuízo** do réu no caso concreto, que deverá ser provado na exceção de incompetência[125].

4.8. PREVENÇÃO

4.8.1. Conceito

A prevenção não é forma de prorrogação de competência, mas instituto sempre analisado pela doutrina quando enfrentado o tema da competência por se referir às normas de concentração de competência, responsáveis por sua fixação

---

[124] Súmula 335/STF.

[125] Marcato, *Prorrogação*, p. 12; Dinamarco, *Instituições*, p. 593, e Pizzol, *A competência*, p. 325.

em um juízo nas hipóteses em que abstratamente sejam competentes um ou mais juízos para a mesma causa. O Código de Processo Civil pouco regula a respeito do tema, havendo tão somente três dispositivos que tratam expressamente dele: um por meio do vocábulo "prevenção" (art. 107 do CPC) e dois que utilizam o adjetivo "prevento" (arts. 106 e 219 do CPC).

4.8.2. Prevenção de causas conexas em primeiro grau de jurisdição

A prevenção é fenômeno de extrema importância na eventualidade de existirem duas ou mais ações conexas, havendo a reunião de todas perante um mesmo juízo, para que neste seja proferida decisão sobre todas (que a doutrina entende, inclusive, poder ser feito por meio de apenas uma sentença) em prol do princípio da harmonia das decisões. A função da prevenção nas hipóteses de reunião por conexão é definir em qual juízo as ações serão reunidas, ou seja, determinar qual juízo irá concentrar as ações sob seu comando, e ao final decidi-las.

Não se sabe qual a justificativa para o Código de Processo Civil cuidar em dois artigos diversos e de forma diferente do fenômeno da conexão entre causas da mesma competência territorial e de competência territorial diferente (mesma comarca/seção judiciária ou comarcas/seções judiciárias diferentes). Mas é exatamente isso que ocorre: no art. 106 do CPC afirma-se que nos casos de identidade de competência territorial será prevento o juiz que **primeiro despachar** no processo, enquanto o art. 219, *caput*, do CPC prevê que na hipótese de conexão entre ações em trâmite perante diferentes foros estará prevento o juízo que realizar a **primeira citação**[126].

Se o art. 219, *caput*, do CPC não suscita grandes questões, o mesmo não pode ser dito quanto ao art. 106 do CPC, que, ao indicar ser o juiz prevento aquele que primeiro despacha na petição inicial, deixa margens a dúvidas quanto à natureza de tal decisão. Seria qualquer espécie de manifestação do juiz que já o tornaria prevento ou somente a decisão positiva, determinando a citação do demandado? A doutrina não é pacífica sobre o tema[127], também não caminhando a jurisprudência num sentido único, apesar de uma tendência do Superior Tribunal de Justiça pelo entendimento de que somente o despacho positivo de citação do réu previne o juízo[128].

> O PLNCPC em boa hora acaba com a contradição. Enquanto o art. 59 dispõe que o juízo prevento é o da primeira distribuição da petição inicial, o art. 209, *caput*, do PLNCPC, que trata dos efeitos da citação, exclui a prevenção como efeito desse ato processual.

[126] A opção do legislador é criticada por Bermudes, *Introdução*, p. 74.

[127] Afirmando tratar-se somente de despacho determinando a citação: Pizzol, *A competência*, p. 281; Arruda Alvim, *Manual*, p. 396; Teixeira, *Código*, p. 92. Em sentido contrário, Dall'Agnol, *Comentários*, p. 44.

[128] Negrão-Gouvêa, *Código*, p. 229.

4.9. PRINCÍPIO DA *PERPETUATIO JURISDICTIONIS* – ART. 87 DO CPC

O art. 87 do CPC trata da prevenção originária, afirmando que se determina a competência no momento em que a ação é proposta, sendo irrelevantes as modificações do estado de fato ou de direito ocorridas posteriormente, salvo quando suprimirem o órgão judiciário ou alterarem a competência em razão da matéria ou da hierarquia.

O consagrado princípio da perpetuação da jurisdição merece um reparo axiológico, posto que não é de jurisdição que trata, mas tão somente de competência. A jurisdição não se perpetua com a propositura da demanda, já existindo antes e continuando a existir depois desse momento processual. Apesar da consagração da expressão, é mais adequado tratar o fenômeno como "perpetuação de competência".

> Confirmando opinião doutrinária tranquila, o art. 43, *caput*, do PLNCPC, determina que as duas exceções a regra da perpetuação da competência são a supressão de órgão jurisdicional e a alteração da competência absoluta, e não somente da competência em razão da matéria e da hierarquia, como consta do art. 87 do atual CPC.

O exato **momento em que a ação é proposta** vem descrito no art. 263 do CPC, que determina que a ação será considerada proposta:

(a) quando distribuída, em comarcas com mais de uma vara; e

(b) quando despachada pelo juiz em comarcas em que exista apenas uma vara.

O artigo tem redação técnica impecável, visto que é impossível distribuir uma demanda num foro de vara única, mas que pode gerar problemas práticos. Protocolada a petição inicial na sexta-feira, despachada – ou distribuída – somente na terça-feira e vencido o prazo prescricional na segunda, o juiz deve rejeitar a pretensão do autor com fundamento na prescrição, dado que a demanda, à luz do art. 263 do CPC, só foi proposta na terça-feira, um dia depois do vencimento do prazo prescricional? É óbvio que não, porque na prática deve-se considerar a demanda proposta no dia em que a petição inicial ingressa no Poder Judiciário por meio do protocolo inicial[129].

> É no sentido do texto o teor do art. 287 do PLNCPC, ao determinar expressamente que a ação se considera proposta a partir do momento do protocolo da petição inicial. Ainda que não tenha a técnica do art. 263 do atual CPC,

[129] STJ, AgRg no REsp 500.409/PR, 1.ª Turma, rel. Min. Luiz Fux, j. 03/02/2005, *DJ* 21.03.2005, p. 220; Marinoni-Mitidiero, *Código*, p. 252.

é inegável o acerto da regra, considerando que uma vez acionado o Poder Judiciário, o que ocorre com o protocolo da petição inicial, independentemente do número de varas do foro, deve se considerar proposta a ação judicial.

A regra de perpetuação da competência **impede que o processo seja itinerante**, tramitando sempre aos sabores do vento, mais precisamente aqueles gerados por mudanças de fato (por exemplo, domicílio) ou de direito (por exemplo, uma nova lei afirmando que todo torcedor da Portuguesa deve ser demandado no foro de seu domicílio). A fixação, por outro lado, serve também para evitar eventuais chicanas processuais de partes imbuídas de má-fé, que poderiam gerar constantemente mudanças de fato para postergar a entrega da prestação jurisdicional[130].

Apesar da relevância da regra, existem duas exceções expressamente previstas no art. 87 do CPC. Antes de analisar as duas exceções legais, cumpre esclarecer que somente se perpetuará a competência de juízo com a propositura da ação nas hipóteses em que esse juízo seja *a priori* competente. Sendo o juízo incompetente, não haverá perpetuação no momento de propositura da ação, até mesmo porque com o acolhimento de exceção de incompetência ou o reconhecimento da incompetência absoluta haverá a remessa do processo a outro juízo[131].

A primeira exceção legal diz respeito a modificações supervenientes da competência em razão da matéria ou da hierarquia. Na realidade, qualquer modificação de competência absoluta (em razão da matéria, pessoa ou caráter funcional) será exceção ao princípio da perpetuação da competência. A segunda exceção diz respeito à extinção do órgão competente, não havendo dúvida de que se o órgão jurisdicional acaba, mas o processo continua, deverá continuar perante outro órgão, sendo impossível falar em perpetuação da competência nessa hipótese.

Na hipótese de criação de uma nova comarca, tecnicamente não se poderia cogitar da remessa do processo a essa nova comarca sem agressão ao princípio consagrado no art. 87 do CPC. A criação de nova comarca não seria, sob esse ângulo de análise, causa de exceção ao princípio. Tratar-se-ia de mera modificação do estado de direito, posto que a única alteração refere-se às regras jurídicas determinadoras de competência[132]. Ocorre, entretanto, que a criação de uma nova comarca busca otimizar a entrega da prestação jurisdicional, considerando-se que busca afastar os problemas gerados em uma comarca que estiver sobrecarregada, dividindo o trabalho judicial com outra comarca. Dessa forma, por vezes as ne-

[130] Arruda Alvim, *A perpetuatio*, p. 18; Pizzol, *Código*, p. 228.

[131] Marcato, *Perpetuação*, p. 16.

[132] Arruda Alvim, *A perpetuatio*, p. 22, apesar de reconhecer a conveniência do entendimento contrário.

cessidades de administração da Justiça têm fundamentado decisões administrativas determinando a imediata remessa dos processos à nova comarca[133].

4.10. CONFLITO DE COMPETÊNCIA

4.10.1. Conceito

Segundo o art. 115 do CPC, haverá conflito de competência em três hipóteses:

(I) quando dois ou mais juízes se declararem competentes;

(II) quando dois ou mais juízes se declararem incompetentes;

(III) quando entre dois ou mais juízes surgir controvérsia acerca da reunião ou separação de processos.

Uma análise mais cuidadosa do dispositivo legal, entretanto, demonstrará que o art. 115, III, do CPC é tão somente uma especificação dos outros dois incisos antecedentes, existindo apenas duas espécies de conflito de competência:

(a) ***positivo*** (quando dois ou mais juízes se declaram competentes para o julgamento) e

(b) ***negativo*** (quando todos ou mais juízes se declaram incompetentes).

A questão de reunião ou separação de processos sempre levará a um conflito de uma dessas espécies:

(a) pretendendo a reunião, um juiz avoca processo que tramita perante outro juízo e ocorre a negativa dessa remessa (*positivo*);

(b) pretendendo a reunião dos processos perante outro juízo, determina a remessa do processo e o outro juiz o recusa (*negativo*);

(c) ambos os juízes pretendem conduzir todos os processos (*positivo*);

(d) ambos os juízes pretendem que a reunião dos processos se dê perante o outro juízo (*negativo*).

O conflito somente passará a existir a partir do momento em que dois ou mais juízes tenham proferido nos autos determinações divergentes, criando um verdadeiro conflito entre eles[134]. A necessidade dessas decisões conflitantes impede a suscitação de conflito de competência quando a exceção de incompetência é acolhida e o juízo que recebe o processo entende ser relativamente incompetente para a demanda. Não poderá existir uma nova exceção (preclusão consumativa)

---

[133] Gusmão Carneiro, *Jurisdição*, p. 73; STJ, REsp 617.317/MT, 3.ª Turma, rel. Min. Nancy Andrighi, j. 01/09/2005, *DJ* 19/09/2005, p. 319. Parece ser simpático à ideia – embora reconheça a divergência jurisprudencial – Dinamarco, *Instituições*, p. 622. Da mesma forma, Baptista da Silva, *Comentários*, p. 405.

[134] Theodoro Jr., *Curso*, p. 179; Pizzol, *A competência*, p. 348. Ainda Nery-Nery, *Código*, p. 516.

e sendo a incompetência relativa, não poderá o juiz declará-la de ofício (Súmula 33 do STJ). Dessa forma, ainda que se entenda incompetente, o processo seguirá normalmente perante o juízo que recebeu o processo[135]. É evidente que não se pode falar em conflito de competência em hipóteses nas quais a divergência se verifica entre dois órgãos que mantenham uma relação de superioridade/inferioridade hierárquica. Nesses casos, o órgão que seja superior hierarquicamente julgará o processo.

Quanto à sua natureza jurídica, trata-se de **incidente processual**, não se podendo atribuir ao conflito de competência natureza recursal, tampouco de ação declaratória incidental. Seria de fato complicado explicar a legitimidade do juiz para propor o conflito de competência se este tivesse natureza de ação, o que não ocorre tratando-se de mero incidente processual, existente para solucionar a questão da competência e permitir que a demanda – ou demandas – siga seu trâmite regular[136].

4.10.2. Legitimidade

A legitimidade para suscitar o conflito de competência é ampla. Segundo o art. 116 do CPC, podem suscitar o conflito as partes (autor, réu, terceiros intervenientes), o Ministério Público como fiscal da lei (indicação expressa desnecessária, considerando-se que o Ministério Público atua como parte do processo, ainda que não seja parte na demanda) e o juiz de ofício.

O Ministério Público deverá obrigatoriamente intervir em todo conflito de competência (art. 116, parágrafo único, do CPC), de forma que, se não for o suscitante, e ainda que não faça parte dos processos envolvidos no conflito, será chamado a se manifestar durante o procedimento desse incidente no Tribunal.

O art. 117, *caput*, do CPC indica que a parte não poderá suscitar o conflito de competência se já tiver se utilizado da exceção declinatória de foro. No mesmo dispositivo legal há previsão de que o conflito de competência não obsta que a parte que não o suscitou ofereça exceção de incompetência (art. 117, parágrafo único, do CPC). A primeira disposição do artigo legal ora comentado, apesar de reconhecidamente buscar evitar a chicana processual, sofre algumas críticas da doutrina, que vê possibilidade de o réu suscitar o conflito mesmo após ter excepcionado o juízo, não podendo apenas fazê-lo concomitantemente[137].

Parcela da doutrina entende que não teria interesse em suscitar o conflito de competência a parte que já teve a oportunidade de manifestar-se sobre tal matéria,

---

135 STJ, 2.ª Seção, CC 37.401/SP, rel. Min. Jorge Scartezzini, j. 08.06.2005, *DJ* 20.06.2005, p. 120.

136 Nesse sentido Câmara, *Lições*, p. 110; Agrícola Barbi, *Comentários*, p. 370; Frederico Marques, *Instituições*, p. 461. Pizzol, *Código*, p. 331. Em sentido contrário, atribuindo natureza de ação declaratória ao conflito de competência, Greco Filho, *Manual*, p. 214.

137 Gusmão Carneiro, *Jurisdição*, p. 182. Com considerações similares, Agrícola Barbi, *Comentários*, p. 374-375; Dall'Agnol, *Comentários*, p. 77.

tendo optado pela oposição de exceção declinatória de foro. Em tal visão, estar-se-ia diante de uma preclusão *consumativa* para o réu[138]. Entendo ser o entendimento equivocado, e se alguma preclusão houvesse (o que não parece ocorrer) nesse caso seria a *lógica*, jamais a consumativa, visto que na preclusão consumativa o próprio ato é praticado e não pode ser praticado novamente, o que evidentemente não acontece nesse caso, em que o ato de suscitar o conflito de competência e o de opor a exceção declinatória são naturalmente atos diferentes.

4.10.3. Competência para o julgamento do conflito

O Supremo Tribunal Federal terá competência sempre que estiver envolvido no conflito um Tribunal Superior (art. 102, I, *o*, da CF). É até mesmo possível que o conflito envolva um juiz de primeiro grau, na hipótese de estabelecer entre ele e o Tribunal Superior ao qual não é vinculado, considerando-se que, se houver tal vinculação, não haverá propriamente um conflito de competência, prevalecendo o entendimento do órgão hierarquicamente superior. Há, entretanto, uma incongruência no dispositivo legal, considerando que, no conflito entre o Superior Tribunal de Justiça e o Tribunal de Justiça ou Tribunal Regional Federal, não haverá propriamente um conflito de interesse, em razão da posição hierarquicamente superior do primeiro em relação aos segundos.

O art. 105, I, *d,* da CF fixa a competência do Superior Tribunal de Justiça para o julgamento de conflitos de competência. O dispositivo legal teve o cuidado de apontar para a necessidade de desvinculação funcional entre o juízo de primeiro grau e o tribunal de segundo grau envolvidos no conflito, sempre em respeito à ideia de que, havendo a subordinação hierárquica, não haverá efetivamente o incidente gerado pelo conflito de competência. No tocante ao conflito entre juízo de primeiro grau e Tribunal do qual não pertença, vale a lembrança da Súmula 180 do STJ, que atribui a competência ao Tribunal Regional do Trabalho para decidir conflito entre juiz trabalhista e juiz estadual.

Havendo conflito entre juízos de primeiro grau vinculados à mesma Justiça (e sempre que se fala em tal vinculação se entende que estejam ambos os juízos vinculados a um Tribunal competente para rever suas decisões), será o Tribunal de tal Justiça o competente para o julgamento do conflito. Cumpre ressaltar que, após polêmica envolvendo o Superior Tribunal de Justiça e o Supremo Tribunal Federal, o primeiro, após a definição do segundo, consagrou o entendimento de que a competência para julgar conflito entre juizado especial federal e juízo federal da mesma seção judiciária é do Tribunal Regional Federal[139]. Partindo da mesma premissa, o mesmo tribunal já decidiu ser de competência do Tribunal de Justiça

[138] Nery-Nery, *Código*, p. 519.

[139] Súmula 428/STJ: "Compete ao Tribunal Regional Federal decidir os conflitos de competência entre juizado especial federal e juízo federal da mesma seção judiciária".

o julgamento do conflito de competência entre juizado especial estadual e juízo estadual do mesmo Estado[140].

Uma observação final se faz necessária em razão do estabelecido pela Súmula 3 do STJ, que atribui ao Tribunal Regional Federal a competência para julgamento de conflito envolvendo juízo federal e juízo estadual que esteja atuando com competência delegada (art. 109, § 3.º, da CF). A solução de fato se impõe em virtude de a competência exercida nesse caso pelo juízo estadual continuar sendo da Justiça Federal, sendo tão somente delegada ao juízo estadual por motivos de comodidade ao jurisdicionado. Ademais, embora se trate de mero incidente processual, se processará no Tribunal, o que legitima ainda mais a competência do Tribunal Regional Federal nesse caso, que será o órgão jurisdicional competente para todos os recursos proferidos nesse processo (art. 109, § 4.º, da CF).

4.10.4. Procedimento

O conflito de competência será suscitado pelo juiz por meio de ofício ou pelas partes por meio de petição, ambos dirigidos ao presidente do tribunal competente, devendo tanto o ofício quanto a petição estar acompanhados dos documentos necessários à prova do conflito. Tais documentos não podem ser determinados *a priori*, e quanto a isso o legislador andou bem em indicar uma instrução genérica no art. 118, parágrafo único, do CPC. A instrução insuficiente é vício sanável[141].

Após a distribuição, de responsabilidade do presidente, o relator deverá primeiramente **sobrestar o feito**, indicando qual o juízo deverá praticar **atos urgentes** enquanto o incidente não for decidido. Evidentemente que no caso de conflito negativo o sobrestamento será uma consequência natural, mas ainda assim o relator deverá indicar o juízo temporariamente competente para conhecer de matérias urgentes. Registre-se ainda que nem a suscitação do conflito de competência tampouco a indicação de um juízo para a solução das medidas urgentes impedirão que os atos já praticados deixem de gerar seus efeitos, o que somente poderá ser obtido por meio do recurso cabível contra tal decisão[142].

Segundo previsão do art. 120, parágrafo único, do CPC, o relator poderá decidir liminarmente o conflito de competência "havendo jurisprudência dominante do tribunal sobre a questão suscitada". O recurso cabível contra essa decisão monocrática, conforme previsão expressa do artigo legal ora comentado, é o agravo interno, a ser proposto no prazo de cinco dias, tendo o órgão colegiado como competente para seu julgamento.

---

[140] STJ, 2.ª Seção, CC 100.609/MG, rel. Min. João Otávio de Noronha, j. 12.05.2010, *DJe* 21.06.2010.

[141] Dall'Agnol, *Comentários*, p. 82. Contra, entendendo ser caso de não conhecimento, Nery-Nery, *Código*, p. 520.

[142] Nery-Nery, *Código*, p. 521; Pizzol, *Código*, p. 340; Dall'Agnol, *Comentários*, p. 86.

Sendo caso ou não de decisão monocrática (art. 120, parágrafo único, do CPC), o relator ouvirá os juízes em conflito, ou apenas o suscitado, caso o conflito tenha sido suscitado por um dos juízes envolvidos. O juiz (ou juízes) se manifestará por meio de informações, que, se não forem prestadas, não influirá no julgamento do incidente, gerando no máximo e tão somente alguma punição disciplinar ao juiz. Com ou sem as informações dos juízes envolvidos no conflito, o relator deverá ouvir o Ministério Público como fiscal da lei no prazo de cinco dias. Após a oitiva do representante do *parquet*, sendo o julgamento monocrático caberá ao relator prolatá-lo, caso contrário, apresentará o conflito em sessão de julgamento.

No julgamento do conflito, o tribunal declarará qual o juízo competente, podendo, inclusive, ser diferente daqueles envolvidos no conflito. Além de declarar o juízo competente, decidirá a respeito da validade dos atos praticados pelo juiz incompetente, sempre levando em conta o princípio da instrumentalidade das formas, devendo-se balizar pelo art. 113, § 2.º, do CPC. Deverá preservar ainda as decisões proferidas pelo juízo que foi indicado pelo relator para resolver as questões urgentes, sem prejuízo, como visto, da revisão de tais decisões pelo juiz que, a partir da solução do conflito, é considerado o competente.

Percebe-se, portanto, que, apesar de o objeto principal do conflito de competência ser a fixação do juízo competente para o julgamento da demanda ou das demandas (conexão), poderá também servir como forma de revogação de atos praticados pelo juízo que se entender incompetente. Seja na hipótese de definir qual é o juízo competente ou de anular os atos processuais já praticados, o conflito sempre terá **natureza declaratória**, visto que não constituirá uma nova situação jurídica, tão somente reconhecendo por meio de certeza judicial o juízo competente e que determinado ato é nulo (não é a decisão que torna o ato nulo; esta apenas reconhece e declara sua nulidade que já existia desde o momento de sua prolação).

O julgamento do incidente é recorrível (embargos de declaração, recurso especial e recurso extraordinário), mas a partir do momento do primeiro julgamento os autos serão encaminhados para o juízo apontado como competente, com o prosseguimento regular do procedimento. Evidentemente que, dependendo do resultado do julgamento, não será necessário nenhum encaminhamento dos autos, para tanto bastando que se declare competente o juízo que já se encontre em poder do processo.

5

LITISCONSÓRCIO

5.1. CONCEITO

O fenômeno processual do litisconsórcio se refere ao elemento subjetivo da relação jurídica processual, mais precisamente às partes. A doutrina é pacífica em conceituar o litisconsórcio como a **pluralidade de sujeitos** em um ou nos dois polos da relação jurídica processual que se reúnem para litigar em conjunto.

Para a existência do litisconsórcio é irrelevante a postura no processo dos sujeitos que litigam no mesmo polo, sendo admissível, inclusive, que sejam adversários entre si na demanda judicial. Registre-se a corrente doutrinária que faz distinção entre litisconsórcio – multiplicidade de sujeitos com certa afinidade de interesses – e cumulação subjetiva –, multiplicidade de sujeitos com interesses contrapostos[1]. Prefiro, entretanto, o entendimento de que, havendo a possibilidade de a decisão ser diferente para os litisconsortes – litisconsórcio facultativo –, não deixará de existir um litisconsórcio na hipótese de os litisconsortes terem interesses conflitantes[2]. Basta imaginar o litisconsórcio passivo formado em ação de consignação de pagamento em razão de dúvida a respeito de quem é o credor da dívida.

5.2. HIPÓTESES DE CABIMENTO

Naturalmente, nem toda reunião de pessoas para litigar em conjunto será admitida pela lei, sob pena de permitir-se a criação de situações inusitadas e altamente prejudiciais ao processo. As hipóteses de cabimento do litisconsórcio encontram-se previstas no art. 46 do CPC. Cumpre salientar que, apesar de o art. 46, *caput*, do CPC utilizar-se do termo "podem" litigar, haverá situações concretas, dentro das hipóteses previstas pelo dispositivo legal, nas quais as partes "devem" litigar em conjunto. As hipóteses exaustivas de cabimento do litisconsórcio são:

I – *se entre os sujeitos houver comunhão de direitos ou de obrigações*. A existência de uma pluralidade nos polos da relação jurídica de direito material faz com que dessa relação surjam direitos e obrigações de titularidade de mais de um sujeito, sendo esses sujeitos habilitados a litigar em litisconsórcio. Ainda que o condômino possa litigar sozinho em defesa do bem em condomínio, a relação de direito material que o envolve com os demais condôminos é suficiente a permitir o litígio em conjunto. Na hipótese de uma dívida solidária, a relação jurídica de direito material envolve todos os devedores, de forma que o credor poderá propor a ação contra todos eles em litisconsórcio.

II – *se os direitos e obrigações derivados do mesmo fundamento de fato ou de direito*. Nessa hipótese de cabimento não existe uma relação jurídica de direito material da qual façam parte os litisconsortes, sendo tão somente a ocorrência de um fato ou a identidade de consequências jurídicas de fatos diferentes que legitima a formação do litisconsórcio. Doutrina autorizada entende que o inciso II prevê o litisconsórcio na hipótese de demandas que sejam conexas em virtude da causa de pedir, concluindo ter havido indevida repetição de previsões, considerando-se que o inciso III já prevê o litisconsórcio por identidade de causa de pedir[3]. Vítimas de um mesmo acidente automobilístico podem litigar em conjunto para pleitear a reparação de danos do causador comum do acidente. Respondendo o preposto por ato de seu empregado, será possível ao autor incluir no polo passivo esses dois sujeitos em demanda de reparação por ato ilícito praticado pelo segundo.

---

1 Marinoni-Arenhart, *Manual*, p. 189; Baptista da Silva, *Comentários*, p. 195-196.

2 Dinamarco, *Litisconsórcio*, p. 41; Scarpinella Bueno, *Partes*, p. 65.

3 Dinamarco, *Litisconsórcio*, p. 92-93, e Marinoni-Arenhart, *Manual*, p. 193; Theodoro Jr., *Curso*, 41. ed., p. 103.

III – *se houver conexão pelo objeto ou pela causa de pedir.* A consequência natural da conexão entre demandas é a sua reunião perante um mesmo juízo para julgamento em conjunto (art. 105 do CPC), tendo como justificativa a economia processual e a harmonização dos julgados. Como esses dois benefícios também podem ser obtidos com a existência de uma só demanda, mas com pluralidade subjetiva, o legislador permite a formação do litisconsórcio havendo identidade de pedido ou da causa de pedir entre os litisconsortes. Dois sócios poderão em conjunto propor uma demanda contra a sociedade objetivando a anulação de uma assembleia (identidade de pedidos), como também será possível o ingresso de demanda contra dois réus causadores do mesmo acidente (identidade de causa de pedir).

IV – *se houver afinidade de questões por um ponto comum de fato ou de direito.* Nessa espécie de cabimento do litisconsórcio não se exige a identidade dos fatos, até mesmo porque nesse caso haveria conexão (inciso III), bastando para se admitir o litisconsórcio a afinidade – semelhança – de questões por um ponto comum de fato ou de direito. Reunidos diversos servidores públicos para litigar contra o Poder Público em virtude de atos administrativos fundados na mesma norma que se aponta de ilegal, o fato não será o mesmo, porque cada qual sofreu o prejuízo individualmente em virtude de um ato administrativo determinado, mas a finidade entre as situações permitirá o litisconsórcio. O mesmo ocorre na reunião de contribuintes para litigar contra multas – fatos geradores individualizados – aplicadas pelo mesmo fundamento.

5.3. CLASSIFICAÇÃO DO LITISCONSÓRCIO

O trabalho de classificar institutos jurídicos é determinado essencialmente pelos critérios escolhidos, porque para cada critério haverá uma classificação diferente. No caso do litisconsórcio, tradicionalmente são utilizados quatro critérios para classificá-lo:

(i) posição processual na qual foi formado;
(ii) momento de sua formação;
(iii) sua obrigatoriedade ou não;
(iv) o destino dos litisconsortes no plano material.

5.3.1. Litisconsórcio ativo, passivo e misto

Tomando-se como critério de classificação a posição processual em que foi formado o litisconsórcio, ele será *ativo*, se a pluralidade se verificar exclusivamente no polo ativo da demanda, e *passivo*, se a pluralidade ocorrer também de forma exclusiva no polo passivo. Será *misto* o litisconsórcio se a pluralidade de sujeitos for verificada em ambos os polos – ativo e passivo – da relação jurídica processual.

5.3.2. Litisconsórcio inicial (originário) ou ulterior (posterior, incidental ou superveniente)

Litisconsórcio inicial é aquele formado desde a **propositura da ação**, já existindo no momento em que a petição inicial é apresentada em Juízo, por ser esse considerado o primeiro ato do procedimento. É evidente, portanto, que o litisconsórcio inicial é de responsabilidade exclusiva do demandante, porque somente a ele será dado dar início ao processo por meio da petição inicial.

O litisconsórcio ulterior é formado **após o momento inicial de propositura da ação**, vindo a se verificar durante o trâmite procedimental. Exemplo típico de litisconsórcio ulterior é aquele formado pelo chamamento ao processo, considerando-se que o réu – responsável pelo chamamento – e o terceiro chamado se tornam litisconsortes. Também haverá litisconsórcio ulterior na hipótese de sucessão processual, sempre que forem plurais os sujeitos que ingressem no processo.

Questão interessante surge na hipótese de emenda da petição inicial em decorrência de decisão do juiz que determina ao autor a formação do litisconsórcio necessário, não formado na petição inicial. Nesse caso, não resta dúvida de que o litisconsórcio será formado num momento posterior à propositura da ação, mas de qualquer maneira constará da petição inicial, em virtude da emenda. Melhor considerar tratar-se de litisconsórcio ulterior, porque o determinante para essa espécie de litisconsórcio é a sua existência quando do momento inicial da demanda, que ocorre com a mera propositura da ação. É evidente que, em regra, a petição inicial não precisará de emenda. Ainda que constante da petição inicial, portanto, será hipótese de litisconsórcio ulterior[4].

Outra questão que diz respeito ao litisconsórcio ulterior refere-se à possibilidade de sua formação no litisconsórcio facultativo. A formação do litisconsórcio gera dois benefícios: economia processual (evita a repetição de prática de atos processuais) e harmonização de julgados (evita decisões contraditórias), mas depois da propositura da demanda pode-se afirmar que os litisconsortes facultativos ulteriores escolhem o juiz, em nítida afronta ao princípio do juiz natural. Apesar de existir decisão do Superior Tribunal de Justiça entendendo que essa formação de litisconsórcio não pode ser admitida em razão do princípio do juiz natural[5], prefiro o entendimento doutrinário que permite o litisconsórcio ulterior até o saneamento do processo[6].

Registre-se que nesse tocante há expressa previsão legal quanto ao momento preclusivo da formação de litisconsórcio ativo no mandado de segurança. O art. 10, § 2.º, da Lei 12.016/2009 prevê que o ingresso de litisconsorte ativo não será admitido após o despacho da petição inicial. Interessante notar que, aplicando-se o art. 263 do CPC, o despacho da petição inicial representa o momento de pro-

---

4 Nesse sentido Arruda Alvim, *Manual*, 9. ed., v. 2, p. 77; Dinamarco, *Litisconsórcio*, p. 70.

5 *Informativo* STJ/279: REsp 769.884/RJ, rel. Min. João Otávio de Noronha, j. 28.03.2006; REsp 870.482/RS, 1.ª Turma, rel. José Delgado, j. 06.03.2008, *DJe* 30.06.2008.

6 Araken de Assis, *Do litisconsórcio*, p. 298; Dinamarco, *Instituições*, vol. II, p. 73.

positura da ação nos foros de vara única, mas, havendo mais de uma vara, esse momento é o da distribuição, que precede o primeiro despacho, de forma que nesses foros admitir-se-ia a formação de litisconsórcio ativo facultativo ulterior da propositura até o despacho da petição inicial.

Entendo que a previsão legal não foi feliz, não havendo qualquer justificativa no tratamento heterogêneo da regra quando analisada à luz do art. 263 do CPC. Aparentemente o legislador consagrou o entendimento do Superior Tribunal de Justiça de que após a propositura, já se conhecendo o juízo da demanda, não se admitirá a formação do litisconsórcio ativo ulterior, mas o momento de propositura nada tem a ver com o despacho da petição inicial ou a distribuição: o processo se considera proposto no instante em que o autor obtém a certificação judicial de que apresentou perante o Poder Judiciário a petição inicial.

5.3.3. Litisconsórcio necessário ou facultativo

Conforme o próprio nome indica, litisconsórcio necessário se verifica nas hipóteses em que é obrigatória sua formação, enquanto no litisconsórcio facultativo existe uma mera opção de sua formação, em geral a cargo do autor (a exceção é o litisconsórcio formado pelo réu no chamamento ao processo e na denunciação da lide). No primeiro caso há uma obrigatoriedade de formação do litisconsórcio, seja por expressa **determinação legal**, seja em virtude da **natureza indivisível da relação de direito material** da qual participam os litisconsortes. No segundo caso a formação dependerá da **conveniência** que a parte acreditar existir no caso concreto em litigar em conjunto, dentro dos limites legais.

O art. 47 do CPC prevê que "há litisconsórcio necessário, quando, por disposição de lei ou pela natureza da relação jurídica, o juiz tiver de decidir a lide de modo uniforme para todas as partes", aparentemente confundindo o litisconsórcio necessário com o litisconsórcio unitário, fenômenos próximos, mas diferentes. De qualquer forma, o dispositivo legal serve para indicar os dois fundamentos que tornam a formação do litisconsórcio necessária.

> O conceito de litisconsórcio necessário vem previsto no art. 113 do PLNCPC. O dispositivo legal afasta a confusão do art. 47 do atual CPC, ao prever que o litisconsórcio será necessário quando, por disposição de lei ou pela natureza da relação jurídica controvertida, a eficácia da sentença depender da citação de todos que devam ser litisconsortes.

A lei poderá, por motivos alheios ao mundo do processo, prever expressamente a imprescindibilidade de formação do litisconsórcio, como ocorre na hipótese da ação de usucapião imobiliária, na qual o autor estará obrigado a litigar contra o antigo proprietário e todos os confrontantes do imóvel usucapiendo, como réus certos, e ainda contra réus incertos (art. 941 do CPC). Em regra, a necessidade proveniente em lei não tem nenhuma outra justificativa que não a expressa determinação legal, mas é possível que a exigência legal seja até mesmo inútil, porque em virtude do caso concreto o litisconsórcio seria necessário de qualquer modo, como ocorre no litisconsórcio formado na oposição (art. 56 do CPC).

A segunda forma de tornar um litisconsórcio necessário é a própria natureza jurídica da relação de direito material da qual participam os sujeitos que obrigatoriamente deverão litigar em conjunto. Na realidade, a necessidade de formação do litisconsórcio não decorre somente da natureza da relação jurídica de direito material, mas também da limitação processual que determina que somente as partes sofrerão os efeitos jurídicos diretos do processo.

No plano do direito material, fala-se em **relações jurídicas incindíveis**[7], cuja principal característica é a impossibilidade de um sujeito que dela faça parte suportar um efeito sem atingir todos os sujeitos que dela participam. Significa dizer que existem determinadas relações jurídicas de direito material que, gerando-se um efeito jurídico sobre ela, seja modificativo ou extintivo, todos os sujeitos que dela participam sofrerão, obrigatoriamente, tal efeito jurídico.

No plano processual, não se admite que o sujeito que não participa do processo sofra os efeitos jurídicos diretos da decisão, com exceção dos substituídos processuais e dos sucessores. Em regra, os efeitos jurídicos de um processo somente atingirão os sujeitos que fizeram parte da relação jurídica processual, não beneficiando nem prejudicando terceiros.

A soma dessas duas circunstâncias faz com que o litisconsórcio seja necessário: sabendo-se de antemão que todos os sujeitos que participam da relação jurídica material sofrerão todo e qualquer efeito jurídico gerado sobre a relação, e sabendo-se que o sujeito que não participa do processo poderá sofrer os efeitos jurídicos da decisão, cria-se a obrigatoriedade de todos estarem presentes no processo, única forma possível de suportarem seus efeitos, que inexoravelmente atingirá a relação de direito material da qual participam.

5.3.4. Litisconsórcio unitário e simples

Nessa espécie de classificação leva-se em consideração o destino dos litisconsortes no plano do direito material, ou seja, é analisada a possibilidade de o juiz, no caso concreto, decidir de forma diferente para cada litisconsorte, o que naturalmente determinará diferentes sortes a cada um deles diante do resultado do processo. Será unitário o litisconsórcio sempre que o juiz estiver obrigado a decidir de **maneira uniforme** para todos os litisconsortes, e simples sempre que **for possível uma decisão de conteúdo diverso** para cada um dos litisconsortes.

A respeito da distinção entre essas duas espécies de litisconsórcio deve-se levar em conta a possibilidade material de uma eventual decisão não uniforme

---

7 Dinamarco, *Litispendência*, p. 159; Câmara, *Lições*, v. 1, p. 167.

relativamente aos litisconsortes ser **praticamente exequível**, ou seja, para se aferir se o litisconsórcio é simples ou unitário basta imaginar a sentença que decida diversamente para os litisconsortes e verificar se ela seria capaz de gerar seus efeitos em suas esferas jurídicas. Havendo a viabilidade de praticamente se efetivar a decisão, em seus aspectos divergentes para os litisconsortes, o litisconsórcio será simples. No caso contrário, sendo inviável a efetivação da decisão, o litisconsórcio será unitário.

A análise da questão de a decisão ser uniforme deve ser feita em abstrato, em absolutamente nada interessando o caso concreto. Será plenamente possível que a sentença condene igualmente os dois réus – por exemplo, empregado e empregador –, mas isso não tornará esse litisconsórcio unitário, considerando-se que, antes de proferir a sentença no caso concreto, era possível ao juiz uma decisão diferente para os réus – bastaria, por exemplo, o empregador demonstrar que o ato ilícito praticado pelo empregado ocorreu fora do horário de serviço. A diferença entre litisconsórcio unitário e facultativo, portanto, é sempre analisada **em abstrato**, no plano da possibilidade de decidir diferente ou a obrigatoriedade de decidir de forma uniforme.

5.4. LIMITAÇÃO DO LITISCONSÓRCIO FACULTATIVO

O art. 46, parágrafo único, do CPC prevê que o juiz pode limitar o número de sujeitos que formam um litisconsórcio facultativo (no litisconsórcio necessário a obrigatoriedade de sua formação torna inaplicável o dispositivo legal, ainda que haja uma multidão litigando em litisconsórcio) desde que o número excessivo de pessoas **comprometa a rápida solução** do processo ou **dificulte o exercício do direito de defesa**. O dispositivo legal prevê ainda que o pedido de limitação interrompe o prazo para resposta, que recomeça da intimação da decisão que determina a existência do litisconsórcio multitudinário, nomenclatura utilizada pela melhor doutrina[8].

5.4.1. Reconhecimento de ofício pelo juiz

Parece não restarem maiores dúvidas de que a limitação do litisconsórcio facultativo, desde que preenchidos os requisitos legais, poderá se verificar sem nenhuma manifestação das partes, tomando-se em conta a natureza dos valores que pretende preservar, nitidamente de caráter de interesse público[9]. O juiz, portanto, poderá **de ofício** determinar a limitação no número de litisconsortes[10].

---

[8] Dinamarco, *A reforma*, p. 60. Seguem a nomenclatura Câmara, *Lições*, p. 172, e Didier, *Curso*, 6. ed., p. 275.

[9] Dinamarco, *A reforma*, p. 61-62; Bermudes, *A reforma*, p. 110. Contra, entendendo não ser matéria de ordem pública, inclusive operando-se preclusão: STJ, REsp 624836/PR, 2.ª T., Franciulli Neto, j. 21.06.2005, *DJ* 08.08.2005, p. 265.

[10] STJ, REsp 908.714/BA, 5.ª Turma, rel. Arnaldo Esteves Lima, j. 18.09.2008, *DJ* 24.11.2008.

Ao apontar como razão para a limitação ora analisada o propósito de evitar que a rápida solução do processo seja comprometida, o legislador busca preservar o princípio da economia processual e da efetivação das decisões judiciais, considerando-se que, em regra, tutela atrasada é tutela ineficaz. Verifica-se a preocupação de que o processo não se eternize em virtude das complicações naturais que poderão decorrer de um número excessivo de sujeitos na relação jurídica processual. A preocupação é legítima, ainda mais à luz do art. 5.º, LXXVIII, da CF, que estabelece como garantia do jurisdicionado uma razoável duração do processo.

Também quando permite a limitação em virtude do prejuízo ao exercício da defesa, o dispositivo legal fundamenta-se na garantia constitucional da ampla defesa, consagrada pelo art. 5.º, LV, da CF, apesar de doutrina minoritária entender que nesse caso a defesa interessa somente à parte, que deve alegar sua dificuldade para que o juiz possa reconhecer o litisconsórcio multitudinário[11].

5.4.2. Pedido da parte

Como se nota, os valores garantidos pela limitação do litisconsórcio facultativo permitem a atuação oficiosa do juiz, o que evidentemente não exclui a legitimação das partes para pedir a limitação. Nesse caso, inclusive, há previsão expressa do art. 46, parágrafo único, do CPC, prevendo que o pedido de limitação interrompe o prazo de resposta. Na realidade, mesmo diante da omissão legislativa seria possível a alegação da parte, a qualquer momento do processo, em virtude da natureza de ordem pública do litisconsórcio multitudinário.

Não obstante o entendimento de que seja possível ao juiz conhecer a matéria de ofício em virtude de sua natureza de ordem pública e de que as partes poderão alegar o fenômeno a qualquer momento (art. 303, II, do CPC), não será a qualquer momento interrompido o processo em razão de tal alegação[12]. A interrupção do prazo de resposta somente ocorrerá se o pedido for apresentando pelo réu dentro desse prazo[13].

A clara redação do dispositivo legal ora comentado não deixa nenhuma dúvida a respeito da interrupção, e não da mera suspensão, do prazo para a resposta diante do ingresso de pedido de limitação. Dessa forma, o prazo de defesa será devolvido na íntegra ao réu. Também não há dúvida de que a interrupção dura até a intimação das partes da decisão interlocutória a respeito de tal pedido. Mesmo na hipótese de o pedido mostrar-se uma manobra do réu para ganhar tempo na apresentação da defesa, a interposição do pedido deve ser apta a gerar a interrupção prevista em lei. A sanção processual nesse caso não é a não interrupção do prazo, mas a condenação da parte por litigância de má-fé.

---

11 Nery Jr., *Atualidades*, p. 42, e Fornaciari Júnior, *A reforma*, 1996, p. 12.

12 Dinamarco, *A reforma*, p. 61.

13 Entendem que o prazo é o de resposta: Carreira Alvim, *Código*, p. 30-31; Scarpinella Bueno, *Partes*, p. 83; Câmara, *Lições*, p. 173. Entendem ser o prazo geral de cinco dias (art. 185, CPC) em virtude da omissão legal, Dinamarco, *A reforma*, p. 61; Didier, *Curso*, v. 1, p. 275.

5.4.3. Litisconsórcio recusável?

Figura de triste lembrança de nossas antigas codificações processuais (art. 88 do CPC/1939), o litisconsórcio recusável fundava-se na vontade do réu em manter o litisconsórcio formado pelo autor. Citado, poderia simplesmente se negar a litigar conforme o litisconsórcio inicial formado na demanda em recusa que era sempre determinativa da dissolução do litisconsórcio. Teria o art. 46, parágrafo único, do atual CPC ressuscitado o antigo fenômeno processual?

Certamente o instituto atualmente previsto no art. 46, parágrafo único, do CPC tem manifestas diferenças com o instituto do litisconsórcio recusável previsto pelo CPC de 1939. O pedido do réu para que o litisconsórcio facultativo formado pelo autor não seja mantido não decorre de sua pura e exclusiva vontade em não litigar conforme os limites subjetivos fixados pelo autor na petição inicial. Para a aplicação da limitação prevista pelo art. 46, parágrafo único, do CPC, a parte deverá alegar e demonstrar a presença dos requisitos legais, de nada importando a sua mera vontade de não litigar.

Significa dizer que, de forma fundamentada e desde que presentes os requisitos, o réu poderá recusar o litisconsórcio formado pelo autor, o que, entretanto, não torna o instituto processual idêntico ao litisconsórcio recusável. Há, inclusive, outra diferença fundamental entre os dois institutos: o litisconsórcio recusável previsto pelo art. 88 do CPC/1939 somente se aplicava à hipótese de litisconsórcio formado por afinidade de questão, enquanto o instituto atual se aplica ao litisconsórcio facultativo de forma indistinta, qualquer que seja o fundamento de sua formação (todas as hipóteses do art. 46 do CPC)[14].

Pouco importa afirmar que não é caso de litisconsórcio recusável[15] ou que é uma hipótese diferenciada de litisconsórcio recusável[16]. O que é realmente relevante é a distinção entre os institutos, devendo ser colocado em segundo plano o debate a respeito da inexistência de litisconsórcio recusável ou de existência de litisconsórcio recusável atípico, diverso daquele previsto pelo CPC de 1939. O único equívoco nesse tema é afirmar, pura e simplesmente, que o art. 46, parágrafo único, do CPC recriou o litisconsórcio recusável.

5.4.4. Consequência jurídica da limitação do litisconsórcio facultativo

Reconhecido de ofício ou deferido o pedido para a limitação dos litisconsortes, a doutrina diverge a respeito do que deva acontecer no processo. Corrente doutrinária afirma que o juiz deverá simplesmente excluir do processo os litisconsortes excedentes, que deverão propor uma nova demanda se pretenderem continuar a pleitear seus direitos – litisconsórcio multitudinário ativo – ou serem citados em

[14] Nesse sentido Nery Jr., *Atualidades*, p. 40.

[15] Bedaque, *Código*, p. 152; Dinamarco, *A reforma*, p. 60.

[16] Arruda Alvim, *Manual*, v. 2, p. 78; Baptista da Silva, *Comentários*, p. 205; Agrícola Barbi, *Comentários*, p. 195.

nova demanda a ser proposta pelo autor – litisconsórcio multitudinário passivo[17]. Não convence o argumento de que essa é a conclusão mais consentânea com o princípio da economia processual porque um eventual desmembramento do processo geraria graves complicações procedimentais, o que deve ser evitado[18].

Há uma outra razão de ordem eminentemente prática para que não ocorra a exclusão dos litisconsortes excedentes, considerando-se os efeitos materiais e processuais gerados no momento da propositura da ação ou da citação. A necessidade de ingresso de outras demandas por sujeitos excluídos os desfavoreceria, porque nesse caso tais efeitos somente seriam gerados a partir da propositura e citação da segunda demanda. Como afirmar que não houve interrupção da prescrição para os autores excluídos da primeira demanda? Como defender que o bem não se tornou litigioso relativamente a eles, ou o devedor não foi constituído em mora? Essas questões levam a crer ser o desmembramento a melhor solução no caso de reconhecimento do excesso de sujeitos em litisconsórcio.

A segunda corrente doutrinária, que parece dar a solução mais acertada à questão ora enfrentada, entende que o juiz deverá determinar o **desmembramento da relação jurídica processual**, criando-se novos processos com os sujeitos excedentes[19]. Caberá ao patrono do autor escolher os autores que ficarão na demanda originária e aqueles que criarão novas demandas, que serão distribuídas por dependência para o mesmo juízo, em respeito ao princípio do juiz natural[20].

O desmembramento por decisão do juiz não se mostra consentâneo com o princípio da inafastabilidade da tutela jurisdicional, não sendo legítimo que o sujeito que ingressou com a demanda legítima perante o Poder Judiciário seja obrigado a uma nova propositura da ação. Ademais, seria também atentatório ao princípio da isonomia, tratando-se de forma desigual, e sem nenhuma justificativa para tanto, os sujeitos que continuam no processo e aqueles que são excluídos.

Poder-se-á alegar que esse entendimento não resolveria plenamente o problema, sendo inclusive pior para o juiz que determinou o desmembramento que, em vez de comandar um só processo, passaria a comandar diversos. O que se deve lembrar, entretanto, é que a limitação não busca facilitar a vida do juiz, mas preservar garantias constitucionais. Ademais, sendo o Judiciário uno e indivisível, a distribuição livre dos processos somente transferiria o trabalho de um juízo para outros, em inútil sacrifício do princípio do juiz natural, já que o trabalho para o Poder Judiciário continuaria a ser exatamente o mesmo.

A doutrina é unânime em apontar que **não existe um número fixo de litigantes** como limite para toda e qualquer ação judicial. O juiz deverá analisar sempre o caso concreto e decidir concretamente se o número de sujeitos litigando em litisconsórcio prejudica o andamento do processo ou o exercício do direito de

---

[17] Bermudes, *A reforma*, p. 10; Baptista da Silva, *Comentários*, p. 206.

[18] Essa é a explicação dada por Câmara, *Lições*, p. 175.

[19] Dinamarco, *Instituições*, v. 2, p. 338; Nery Jr., *Atualidades*, p. 43; Scarpinella Bueno, *Partes*, p. 86-87.

[20] Scarpinella Bueno, *Partes*, p. 86, chega à mesma conclusão, mas fundamentada na conexão entre as ações.

defesa. A determinação de quais sujeitos ficam na demanda e de quais deverão propor um novo processo naturalmente não deve ser feita pelo juiz, mas sim pelo patrono do autor, responsável pelo procedimento do desmembramento. O juiz deve se limitar a fixar um número máximo de autores ou réus, deixando a cargo do patrono do autor definir quem são os sujeitos que ficam e aqueles que se vão, não obstante essa diferença seja praticamente irrelevante na prática.

5.5. LITISCONSÓRCIO NECESSÁRIO E UNITÁRIO. NECESSÁRIAS DISTINÇÕES

Não se devem confundir esses dois fenômenos processuais, até mesmo porque a questão da necessidade da formação do litisconsórcio diz respeito ao momento inicial da demanda, de propositura da ação, enquanto a questão referente à unitariedade diz respeito a outro momento processual, o da decisão da demanda. Saber se o litisconsórcio deve ou não ser formado não influencia obrigatoriamente no conteúdo uniforme ou não da decisão a ser proferida no processo no qual o litisconsórcio se formou.

Sendo o litisconsórcio necessário em decorrência de previsão legal, não existe nenhum obstáculo prático para que a decisão não seja uniforme para todos os litisconsortes, porque esse tipo de decisão será praticamente eficaz para todos os que participaram do processo, em decorrência de não haver nenhuma incindibilidade do objeto do processo. É a hipótese, por exemplo, do litisconsórcio necessário formado no polo passivo da ação popular, sendo absolutamente viável uma solução diferente para cada um deles[21], bem como na hipótese do litisconsórcio formado na ação de usucapião, no qual cada confrontante, por defender sua própria propriedade, poderá ter decisão diversa da dos demais litisconsortes. É possível, portanto, existir um **litisconsórcio necessário e simples**.

Também é possível, por outro lado, um **litisconsórcio facultativo e unitário**, significando não ser indispensável a sua formação, mas, uma vez verificada no caso concreto, cria-se uma obrigatoriedade para que o juiz necessariamente decida de forma uniforme para todos os litisconsortes. Nesse caso haverá tão somente uma opção do autor em formar o litisconsórcio, sendo absolutamente válido e eficaz o processo no qual ele não é formado; mas a decisão obrigatoriamente definirá o mesmo destino a todos os litisconsortes no plano do direito material, se a opção do autor tiver sido a de formar o litisconsórcio.

Sempre que existir na lei alguma hipótese de legitimidade extraordinária concorrente o litisconsórcio será facultativo e unitário[22]. Nessa espécie de legitimação a lei permite que somente um dos legitimados defenda o interesse dos terceiros em nome próprio, não obstante seja admissível que todos os legitimados litiguem em conjunto. O exemplo mais visível dessa circunstância é a legitimação extraordinária concorrente verificada nas ações que têm como objeto os direitos

[21] STJ, 1.ª Turma, REsp 879.999/MA, rel. Min. Luiz Fux, j. 02.09.2008, *DJe* 22.09.2008; Mancuso, *Ação*, p. 160.

[22] Dinamarco, *Instituições*, v. 2, p. 356.

metaindividuais, como a ação civil pública, que pode ser proposta isoladamente pelo Ministério Público, Defensoria Pública, União, Estados, Distrito Federal, Municípios, autarquias, empresas públicas, fundações, sociedades de economia mista e sindicatos e associações, nos termos da lei. Trata-se de legitimação concorrente e disjuntiva, porque qualquer um desses legitimados poderá propor a demanda solitariamente (litisconsórcio facultativo), mas, uma vez formado o litisconsórcio ativo, a decisão deverá ser uniforme para todos (litisconsórcio unitário)[23].

Outra hipótese na qual haverá o litisconsórcio facultativo unitário é aquela na qual a lei permite expressamente que apenas um titular do direito o defenda solitariamente no processo, fazendo-o em nome próprio na defesa do interesse de todos os titulares. Fala-se nessa hipótese de *legitimação ordinária individual*, significando que a parte litigante também será titular do direito debatido, mas poderá demandar mesmo sem a presença dos demais titulares. Existem inúmeros exemplos, como a ação reivindicatória da coisa comum, que pode ser proposta por qualquer condômino; ação de dissolução de sociedade, que pode ser proposta por qualquer sócio; ação que tenha como objetivo a anulação de uma assembleia geral em sociedade por ações, a declaração de indignidade do herdeiro, que pode ser proposta por qualquer interessado na sucessão; na ação de sonegados, que pode ser proposta por qualquer herdeiro ou credor da herança etc.

Em todas essas hipóteses a formação do litisconsórcio será facultativa, sendo formado ou não conforme a vontade dos sujeitos interessados no litígio, mas, uma vez formado, a decisão obrigatoriamente resolverá a lide do mesmo modo para todos os litisconsortes. A justificativa é evidente, considerando-se a incindibilidade do objeto do processo debatido na demanda, o que torna obrigatória a prolação de uma sentença uniforme para todos os litisconsortes.

Observe-se que a hipótese em que exista dívida solidária não pode ser considerada espécie de litisconsórcio facultativo unitário. Não restam maiores dúvidas de que se trata de litisconsórcio facultativo, permitindo o art. 275 do CC que o credor proponha a ação contra qualquer um dos devedores solidários (apesar do devedor escolhido poder chamar ao processo os demais devedores, o que formará um litisconsórcio passivo ulterior, tornando ineficaz a vontade inicial do credor-autor). Trata-se de litisconsórcio simples porque uma vez proposta a demanda contra todos os devedores (ou alguns deles), será possível que a decisão não seja uniforme para todos, bastando para tal conclusão recorrer ao art. 274 do CC, que expressamente determina a possibilidade de julgamentos diversos para os devedores solidários quando acolhida exceção pessoal apresentada por somente um (ou apenas alguns) deles[24].

Fernanda celebrou contrato com Felipe e Eliane, que em razão da mora tornaram-se devedores solidários. Fernanda opta por ingressar com demanda de cobrança contra Felipe e Eliane. Em sede de contestação Felipe alega que

[23] Vigliar, *Ação*, p. 88.

[24] Scarpinella Bueno, *Partes*, p. 98-99; Theodoro Jr., *O NCC*, p. 130. Contra, Câmara, *Lições*, p. 176.

no momento de celebração do contrato era incapaz, não podendo suportar os efeitos do inadimplemento contratual. Acolhida a defesa de Felipe, que naturalmente em nada beneficia Eliane, é possível que o juiz julgue o pedido de Fernanda improcedente com relação a Felipe e condene somente Eliane ao pagamento. Trata-se de hipótese de litisconsórcio facultativo e simples.

Apesar da possibilidade de existir litisconsórcio necessário e simples, como também facultativo e unitário, é correto afirmar que, em regra, o litisconsórcio necessário será unitário. Isso porque das duas circunstâncias que tornam o litisconsórcio necessário, a previsão expressa em lei é a exceção, sendo mais frequente a obrigatoriedade de formação em virtude da natureza incindível da relação jurídica de direito material. Nesse caso, há um ponto comum entre o litisconsórcio necessário e o unitário, que é justamente a incindibilidade dessa relação e, por consequência, do objeto litigioso: ao mesmo tempo obrigará a formação do litisconsórcio e a decisão uniforme para os litisconsortes. São duas obrigações distintas, referentes a momentos diversos do processo – propositura e decisão –, mas que derivam da mesma razão: a **incindibilidade** da relação jurídica de direito material.

Em síntese conclusiva são possíveis algumas afirmações:

(i) todo litisconsórcio necessário em virtude da incindibilidade do objeto do processo será também unitário;

(ii) todo litisconsórcio facultativo em que exista legitimação extraordinária ou ordinária concorrente e disjuntiva será unitário;

(iii) em regra, o litisconsórcio necessário em virtude de expressa previsão em lei será simples.

5.6. LITISCONSÓRCIO ATIVO NECESSÁRIO?

O tema da existência ou não de um litisconsórcio ativo necessário é dos mais polêmicos na doutrina, considerando-se que nesse caso haverá dois importantes valores em confronto: a regra de que **ninguém é obrigado a propor demanda** contra a sua vontade e a imprescindibilidade para a geração de efeitos da decisão de formação do litisconsórcio. Na realidade, o problema surgirá sempre que, embora imprescindível que os sujeitos que participam do mesmo polo de uma relação jurídica processual façam parte do processo, um deles não pretende litigar, porque nesse caso haverá um conflito entre o direito de demandar de um e o direito de não demandar do outro.

Existe parcela da doutrina que afirma peremptoriamente que não existe litisconsórcio ativo necessário, sob o argumento de que ninguém pode ser obrigado a integrar o polo ativo de uma demanda contra a sua vontade[25]. Dessa forma, ainda que seja formado no polo ativo o litisconsórcio imprescindível para a geração de efeitos da decisão a ser proferida no processo, esse litisconsórcio será facultativo,

[25] Didier, *Curso*, p. 276 e ss.

porque dois sujeitos somente propõem uma ação em conjunto se desejarem litigar dessa forma.

O ponto mais importante a respeito da questão, entretanto, não diz respeito à inexistência ou não de litisconsórcio ativo necessário. As ponderações já realizadas demonstram que, concordando os sujeitos que necessitam estar no processo em propô-lo, não haverá mais nenhum problema a ser enfrentado, considerando-se formado o litisconsórcio ativo. O mesmo não se pode dizer de um impasse que tenha como objeto a necessidade da formação do litisconsórcio e a recusa de um dos sujeitos, que precisa estar no processo, em propor a demanda. Como resolver essa intrincada questão? A doutrina tem diversas sugestões diferentes para a solução do tema.

Há corrente doutrinária a entender que o direito a não demandar deve, em regra, se sobrepor ao direito de ação do sujeito que quer propor a demanda, que nesse caso restaria condicionado à concordância de todos que participaram no mesmo polo da relação jurídica de direito material. Para essa corrente doutrinária a propositura de somente um autor quando haveria a necessidade de outros também comporem o polo ativo em razão da incindibilidade da relação jurídica de direito material gera um vício de **ilegitimidade**. Como é rejeitada qualquer intervenção do sujeito por manifestação das partes ou do juiz, impedindo-se qualquer convocação para o terceiro participar da demanda, conclui-se que, não havendo vontade dos envolvidos na relação jurídica de direito material em propor a ação, não será possível tal propositura[26].

Não parece ser o melhor entendimento para o problema sugerido, porque sacrifica integralmente o interesse do sujeito que quer propor a ação judicial, sendo o ideal tentar conjugar os dois interesses conflitantes sem que nenhum deles seja totalmente sacrificado. Aquele que participa com outro sujeito em um dos polos da relação jurídica de direito material de natureza incindível não pode ficar à mercê desse sujeito no tocante à propositura de demandas que tenham como objeto essa relação jurídica material, até mesmo porque a própria Constituição Federal garante a todos a inafastabilidade da tutela jurisdicional (art. 5.°, XXXV, da CF).

A situação fica ainda mais dramática na hipótese de o sujeito que quer propor a ação não localizar aquele que deveria participar com ele desse ato processual. Nesse caso, não se trata de recusa de um dos sujeitos, mas simplesmente da impossibilidade material em localizá-lo, o que impedirá, inclusive, que se saiba se ele quer ou não litigar. Seria correto entender que, nesse caso, o sujeito que pretende litigar e não encontra o outro não terá legitimidade a propor a ação, sendo-lhe retirado o direito constitucionalmente garantido de acesso à jurisdição? A resposta a essa questão não pode ser dada de forma positiva.

Uma segunda corrente doutrinária entende que o terceiro que deveria estar no polo ativo da demanda em virtude da necessariedade da formação do litisconsórcio, mas não está em virtude de sua vontade de não litigar, deverá ser

[26] Dinamarco, *Litisconsórcio*, p. 222-231.

convocado a se integrar à relação jurídica processual, havendo certa divergência dentro da corrente doutrinária a respeito da forma de convocação desse terceiro. Alguns entendem tratar-se de uma *citação atípica*, dando-se ao termo citação uma interpretação mais ampla, de ato capaz de gerar a integração da relação jurídica processual, ainda que não do réu[27], enquanto outros afirmam tratar-se de uma intimação com o fito de integrar o terceiro ao processo[28].

O principal aspecto dessa corrente doutrinária é que o terceiro, ao ser convocado, e independentemente da sua postura, estará vinculado ao processo, de forma que sofrerá os efeitos jurídicos diretos da decisão a ser proferida. Como ninguém pode se negar a demandar, estaria superado também o problema de que ninguém é obrigado a propor demanda judicial contra a sua vontade, porque nesse caso o sujeito que não quis ser autor foi colocado no polo passivo do processo. Mas existe uma divergência a respeito das diferentes posturas que o terceiro convocado – citado ou intimado – poderá adotar.

Para alguns, terá três posições possíveis[29]:

(i) assume o polo ativo ao lado do autor com o qual não queria originariamente litigar;

(ii) assume o polo passivo ao lado do réu, contestando a ação;

(iii) fica inerte, não tomando posição na demanda a favor de nenhum dos polos.

Para outros, não poderá litigar no polo passivo como se fosse um corréu, restando três alternativas[30]:

(i) assume o polo ativo;

(ii) fica inerte;

(iii) nega a sua condição de litisconsorte.

Há uma terceira corrente doutrinária que defende que a demanda judicial já se inicie com a colocação no **polo passivo** do sujeito que não quis litigar no polo ativo. Realizada a sua citação, o sujeito teria duas opções:

(i) continuar no polo passivo, hipótese na qual se tornará efetivamente réu e resistirá à pretensão do autor;

(ii) integrar o polo ativo, formando o litisconsórcio ativo necessário desejado pelo autor desde o início[31].

Nenhuma dessas duas sugestões doutrinárias parece ser a melhor solução à questão apresentada, porque, apesar de resolver o problema da necessidade da

[27] Alvim, *O direito*, p. 144; Scarpinella Bueno, *Partes*, p. 117; Gonçalves, *Novo*, v. 1, p. 155-156.

[28] Didier, *Direito*, p. 280.

[29] Didier, *Direito*, p. 280.

[30] Gonçalves, *Novo*, p. 156, justifica a inércia do terceiro em seu livramento da condenação ao pagamento das verbas de sucumbência.

[31] Nery-Nery, *Comentários*, p. 413.

formação do litisconsórcio, dá uma faculdade ao terceiro para escolher em que polo atuará que não se coaduna com o fenômeno jurídico da lide, que se define antes do processo, e não durante seu trâmite. Como será possível ao terceiro decidir contra a pretensão de qual das partes pretende resistir após o início do processo? Não existe justamente o processo em virtude da resistência a uma pretensão não satisfeita, colocando-se no polo ativo o não satisfeito e no polo passivo os que resistem?

Dessa forma, a corrente doutrinária que parece mais correta é aquela que defende a colocação do sujeito como réu, mantendo-se nessa posição processual até o final do processo. Na realidade, a solução passa pelo conceito de lide no caso concreto. Sempre que alguém resiste a uma pretensão deve ser colocado no polo passivo, independentemente do polo que ocupa na relação de direito material, porque há tempos encontram-se dissociadas essas duas espécies de relação jurídica. Não haverá nenhum problema se os sujeitos estiverem no mesmo polo da relação de direito material e em polos opostos no processo judicial. A ideia principal é: **quem resiste a uma pretensão é réu**, e assim deverá compor a relação jurídica processual[32].

O único cuidado que deve tomar o autor, tanto para evitar surpresas desagradáveis no processo, como para evitar uma situação no mínimo paradoxal, é certificar-se de que o sujeito não pretende de fato litigar no polo ativo, sendo até mesmo interessante a realização de uma notificação. Essa certificação evitará que o terceiro, citado, argumente que também queria propor a demanda, hipótese em que deverá reconhecer juridicamente o pedido, mas na qual o autor deverá ser condenado ao pagamento das verbas de sucumbência, porque teria indevidamente colocado o sujeito no polo passivo. No caso de o sujeito não ser localizado, também essa circunstância deverá ser bem demonstrada, sempre para evitar a condenação ao pagamento das verbas de sucumbência.

5.7. EXISTE A INTERVENÇÃO *IUSSU IUDICIS* NO PROCESSO CIVIL BRASILEIRO?

O art. 91 do CPC/1939 autorizava o juiz a determinar a integração do processo por terceiros que tivessem alguma espécie de interesse jurídico da demanda, desde que entendesse conveniente essa intervenção. Tratava-se da intervenção "*iussu iudicis*", instituto que permite a **atuação oficiosa** de chamar terceiro ao processo desde que se acredite na conveniência dessa medida.

O Código de Processo Civil atual não repete a regra do art. 91 do CPC/1939, de forma que, ao menos expressamente em lei, não há previsão para o instituto da intervenção "*iussu iudicis*". Nem mesmo a previsão do art. 47, parágrafo único, do atual CPC, que permite ao juiz ordenar "ao autor que promova a citação de todos os litisconsortes necessários, dentro do prazo que assinar, sob pena de

[32] Bedaque, *Código*, p. 155; Câmara, *Lições*, p. 169; Medina, *Litisconsórcio*, p. 291.

declarar extinto o processo", pode ser entendida como espécie de "*iussu iudicis*", considerando-se que nesse caso não é a vontade do juiz fundada em conveniência que determina a formação do litisconsórcio, mas a **vontade da lei** fundada na imprescindibilidade de o sujeito participar do processo[33].

Ainda que seja nítida a diferença entre o instituto presente no Código de Processo Civil de 1939 e a previsão do art. 47, parágrafo único, do atual CPC, existem doutrinadores que confundem as duas realidades, afirmando que o dispositivo legal ora mencionado é forma de intervenção "*iussu iudicis*"[34].

Registre-se corrente doutrinária que defende uma interpretação mais extensiva do dispositivo legal, de forma a permitir a atuação do juiz além da hipótese de litisconsórcio necessário não formado. Para os doutrinadores dessa corrente, também na hipótese do litisconsórcio facultativo, em especial sendo unitário, caberá a formação do litisconsórcio por iniciativa do juiz. As justificativas dessa medida oficiosa do juiz em incentivar a integração do processo por esses terceiros seriam[35]:

(i) harmonização de julgados, evitando eventuais decisões contraditórias;

(ii) economia processual, evitando outros processos com repetição desnecessária de atos processuais; e

(iii) maior segurança jurídica, evitando que sujeitos que não participem do processo sejam de alguma forma atingidos por ele.

5.8. VÍCIO GERADO PELA AUSÊNCIA DE LITISCONSÓRCIO NECESSÁRIO

É previsto expressamente no art. 47, *caput*, do CPC que será ineficaz a sentença proferida em processo no qual se verificar a ausência de litisconsórcio necessário. A existência de tal dispositivo legal, entretanto, não impediu uma séria divergência doutrinária a respeito da espécie de vício existente nessa situação, ainda que seja unânime entre os doutrinadores a concepção de se tratar de vício gravíssimo. O melhor entendimento é aquele que afirma ser a espécie de vício dependente do motivo pelo qual o litisconsórcio é necessário: previsão em lei ou incindibilidade do objeto.

Sendo a previsão legal o motivo de formação do litisconsórcio necessário, a sentença proferida sem que este tenha sido formado gera uma **nulidade absoluta**, por flagrante desrespeito ao previsto no art. 47 do CPC. Nesse caso, a nulidade não se convalida até o trânsito em julgado, podendo ser alegada pelas partes ou reconhecida de ofício pelo juiz a qualquer momento do processo[36]. Transitada

---

[33] Dinamarco, *Litisconsórcio*, p. 114; Nogueira, *Processo*, p. 170. Bedaque, *Código*, p. 157.

[34] Fux, *Curso*, p. 308; Greco Filho, *Direito*, n. 21.5, p. 131-132; Marinoni-Mitidiero, p. 132.

[35] Didier, *Curso*, p. 284-285. No tocante à intimação dos demais sócios na ação de anulação de assembleia promovida por um deles, Scarpinella Bueno, *Partes*, p. 103.

[36] STJ, REsp 480.712/RJ, 1.ª Turma, rel. Min. Teori Zavascki, rel. p/ acórdão Min. Luiz Fux, j. 12.05.2005, *DJ* 20.06.2005, p. 207.

em julgado a decisão, ainda será cabível no prazo de dois anos a propositura da ação rescisória[37]. Importante lembrar decisão do Superior Tribunal de Justiça que, apesar de ressaltar a grande divergência a respeito do tema, se posicionou pelo cabimento da ação anulatória, sem prazo para seu ingresso[38]. Registre-se, entretanto, que, mesmo depois desse prazo, a sentença **não vinculará os terceiros** que não participaram do processo, nos exatos termos do art. 472 do CPC, visto que a coisa julgada material não pode prejudicar nem beneficiar terceiros[39].

Na hipótese de o litisconsórcio ser necessário em virtude da incindibilidade da relação jurídica de direito material, a sentença será **ineficaz**, porquanto não terá condições de gerar qualquer efeito, seja para a parte que participou do processo, como para o sujeito que não fez parte da relação jurídica processual. Basta imaginar a sentença de procedência proferida num processo de anulação de casamento sem a presença de um dos cônjuges.

Naturalmente nesse caso o vício não se convalidará com o trânsito em julgado tampouco com o transcurso do prazo da ação rescisória, podendo ser apontado a qualquer momento, no caso de ser necessária uma certeza jurídica a respeito dessa ineficácia (ação declaratória, art. 4.º do CPC)[40]. Tecnicamente, inclusive, não caberia nem mesmo a ação rescisória nessa situação, mas os Tribunais corretamente vêm permitindo o ingresso dessa demanda de natureza constitutiva negativa, levando-se em conta a dificuldade de precisar a espécie de vício e, consequentemente, os seus meios de impugnação.

Há interessante corrente doutrinária a respeito dessa ineficácia, afirmando que o vício da sentença poderá ser convalidado posteriormente na hipótese de o sujeito excluído – que deveria ter sido litisconsorte, mas não o foi – concordar com o teor da decisão. A ineficácia, portanto, ficaria condicionada à posterior manifestação do sujeito excluído; caso impugnasse o processo, em virtude de sua ausência, a decisão teria sido ineficaz; mas, se concordasse expressamente com o decisório, a sentença passaria a gerar regularmente seus efeitos[41].

Além da nulidade absoluta e da ineficácia, existe doutrina a entender que o vício gerado pela ausência de litisconsorte necessário causa uma inexistência jurídica do processo. O fundamento principal é de que, não havendo a presença de todos os litisconsortes necessários, não terá ocorrido a citação de todos os sujeitos que deveriam ter participado e, considerando-se a citação válida pressuposto de existência, o processo será juridicamente inexistente[42]. O entendimento não se mostra correto porque parte de premissa equivocada, porquanto o vício de citação gera uma nulidade absoluta, e não a inexistência jurídica do processo.

---

[37] Dinamarco, *Instituições*, v. 2, p. 353.

[38] *Informativo* 448/STJ: 1.ª Seção, AR 569/PE, rel. Min. Mauro Campbell Marques, julgada em 22.09.2010.

[39] Bedaque, *Código* p. 155; Araken de Assis, *Do litisconsórcio*, p. 310.

[40] Dinamarco, *Instituições*, v. 2, p. 353; Batista Lopes, *Curso*, v. 1, p. 203.

[41] Nery-Nery, *Código*, p. 415. Arruda Alvim, *Manual*, p. 92, permite a convalidação do vício no caso de o terceiro ingressar no processo em grau recursal e concordar expressamente com tudo o que ocorreu no processo até aquele momento. Contra esse entendimento, Batista Lopes, *Curso*, p. 203.

[42] Wambier-Almeida-Talamini, *Curso*, v. 1, p. 254; Abelha Rodrigues, *Elementos*, v. 2, p. 107.

No PLNCPC, o tema é tratado pelo art. 114, que prevê ser *nula* a decisão quando a mesma teria de ser uniforme em relação a todos que deveriam ter integrado a lide, e *ineficaz*, nos outros casos, apenas para os que não foram citados. Nos termos do dispositivo legal, a ausência do litisconsórcio necessário e unitário gera a nulidade da decisão para todos os sujeitos, tanto para os processuais como para o terceiro que deveria ter sido parte e indevidamente não participou do processo. Já na hipótese de litisconsórcio necessário por previsão da lei, mais precisamente quando o litisconsórcio for simples, a decisão será ineficaz para os sujeitos que não foram citados.

5.9. LITISCONSÓRCIO ALTERNATIVO E SUCESSIVO

O instituto do litisconsórcio alternativo representa a possibilidade aberta ao autor para demandar duas ou mais pessoas quando tenha dúvidas fundadas a respeito de qual delas, efetivamente, deveria participar do polo passivo da demanda. Na verdade, a construção do instituto do litisconsórcio alternativo atinge também o polo ativo, quando exista dúvida fundada a respeito de quem seja o titular do direito a ser discutido no processo. O que caracteriza, fundamentalmente, o litisconsórcio alternativo é a indefinição a respeito do sujeito legitimado, seja no polo ativo, seja no polo passivo da demanda.

Observe-se que o litisconsórcio alternativo não se confunde com o litisconsórcio eventual (sucessivo). Neste, a parte sabe, com precisão, quem são os sujeitos que devem participar da relação jurídica processual e o fator que caracteriza essa espécie de litisconsórcio é a cumulação de pedidos dirigidos contra ou por sujeitos distintos, que formarão o litisconsórcio; somente é possível o acolhimento do segundo pedido se for acolhido o primeiro.

5.10. DINÂMICA ENTRE OS LITISCONSORTES

Segundo o art. 48 do CPC, em regra, os litisconsortes são considerados em suas relações com a parte adversa como litigantes distintos, sendo que seus atos e omissões não prejudicam nem beneficiam os outros. O dispositivo legal consagra a **autonomia de atuação entre os litisconsortes**, deixando, entretanto, de fazer uma distinção indispensável no trato da dinâmica processual entre os litisconsortes: a diferença na atuação de cada um no litisconsórcio unitário e no litisconsórcio simples.

Conforme já analisado, no litisconsórcio simples será admissível decisão de diferente conteúdo para os litisconsortes, não sendo obrigatória a decisão uniforme. Significa dizer que o destino de cada litisconsorte é independente do destino dos outros, o que evidentemente acentua a ideia de autonomia na atuação de todos eles. Essa autonomia, entretanto, mesmo no litisconsórcio simples, não é plena, sofrendo algumas atenuações, em especial no tocante aos atos que beneficiem a todos e atos probatórios. Na hipótese do litisconsórcio unitário, no qual o destino dos litisconsortes será sempre o mesmo, é natural não existir entre eles a autonomia prevista pelo art. 48 do CPC. Os atos praticados por um dos litisconsortes ou dependerá da concordância dos demais para que possa gerar efeitos – no caso de atos de disposição de direito – ou, se benéficos, favorecerá a todos indistintamente.

> No art. 116 do PLNCPC, é repetida a regra da autonomia, mas com a expressa ressalva de que no caso de litisconsórcio unitário, os atos e omissões de um não prejudicarão os outros, mas os poderão beneficiar. Apesar de apenas consagrar entendimento doutrinário tranquilo, o dispositivo poderia ter sido mais completo, prevendo a exceção à exceção no tocante a prova produzida por litisconsorte unitário que, conforme se demonstrará no Item 5.10.4, poderá prejudicar os demais litisconsortes.

5.10.1. Atos de disposição de direito

No litisconsórcio simples os atos de disposição de direito, sejam eles processuais ou materiais, **somente atingem o litisconsorte que os praticou** no processo, não afetando de forma prejudicial os outros litisconsortes. Dessa forma, no plano do direito material, o litisconsorte que renuncia ao direito, reconhece juridicamente o pedido, ou transaciona com a parte contrária, pratica ato válido e eficaz, mas a eficácia é limitada a ele, não atingindo os demais litisconsortes. O mesmo ocorre no plano do direito processual, por exemplo, com a desistência da ação ou com a renúncia ao direito de recorrer.

No litisconsórcio unitário, em que o destino dos litisconsortes obrigatoriamente será o mesmo, resta evidenciado que qualquer ato de disposição de direito material por parte de somente um litisconsorte, sem o consentimento do outro, será **plenamente ineficaz**. Não há como admitir, por exemplo, que apenas um dos litisconsortes transacione com a parte contrária, porque, homologado o acordo, a decisão final será diferente para os litisconsortes. Para um, haverá uma sentença homologatória de transação, para o outro, desde que a demanda seja julgada no mérito, uma sentença de procedência ou improcedência. Dessa maneira, para que tal ato tenha eficácia, deverá ser praticado por todos os litisconsortes.

O mesmo não ocorre com os atos de disposição de direito processual, com exceção da desistência da ação, que também não gera qualquer efeito se não for realizada por todos os litisconsortes. Outros atos, entretanto, como a desistência de produzir prova, desistir de recurso interposto, renúncia ao direito de recorrer, ainda que praticados por somente um dos litisconsortes, gera efeitos regulares, ainda que possam tais atos impedir um eventual benefício aos outros litisconsortes.

5.10.2. Presunção de veracidade dos fatos na revelia (art. 320, I, do CPC)

O mais importante efeito da revelia é a presunção – ainda que relativa – de veracidade dos fatos narrados pelo autor. Esse efeito, entretanto, não é absoluto, encontrando algumas exceções, inclusive tendo algumas delas previsão expressa em lei, como é o caso do art. 320, I, do CPC, que expressamente determina que não haja presunção de veracidade na hipótese de um dos litisconsortes contestar. A aplicação dessa exceção legal ao efeito previsto no art. 320, *caput*, do CPC tradicionalmente é diferente para o litisconsórcio unitário e simples.

No litisconsórcio unitário a exceção legal terá sempre aplicação, considerando-se que, vinculados ao mesmo destino, a contestação de um litisconsorte sempre beneficiará os demais, ainda que estes não tenham apresentado contestação, tornando-se revéis. Já no litisconsórcio simples, o benefício de evitar a geração da presunção de veracidade para o litisconsorte revel só se verificará havendo no caso concreto uma comunhão de interesses, ou seja, que a contestação apresentada tenha como objeto algo que aproveite ao revel, contendo alguma matéria que teria sido alegada pelo próprio litisconsorte omisso.

5.10.3. Recurso interposto por somente um litisconsorte (art. 509, *caput*, do CPC)

O dispositivo legal que prevê que "o recurso interposto por um dos litisconsortes a todos aproveita, salvo se distintos ou opostos os seus interesses" (art. 509, *caput*, do CPC), deve ser interpretado à luz da situação concreta e da espécie de litisconsórcio. Não há nenhuma dúvida na doutrina de que, tratando-se de litisconsórcio unitário, o dispositivo terá plena aplicação, sendo consequência lógica dessa espécie de litisconsórcio o recurso de um litisconsorte aproveitar os demais. Como a decisão deve ser a mesma para todos, provido o recurso interposto por um dos litisconsortes, mesmo aqueles que não recorreram se beneficiarão do resultado do julgamento.

É significativa a corrente doutrinária que entende ser o dispositivo legal aplicável tão somente ao litisconsórcio unitário, valendo plenamente para o litisconsórcio simples a autonomia entre os litisconsortes[43]. Não se aplicaria ao direito pátrio – a não ser em casos excepcionais – o princípio da comunhão dos recursos, segundo o qual haveria o favorecimento de todos os sujeitos. A regra é o **princípio da pessoalidade do recurso**, segundo o qual somente se favorece com o recurso a parte que recorrer, salvo em situações em que houvesse afronta a própria natureza do litisconsórcio formado, como no caso de litisconsórcio unitário[44]. Esse é o entendimento consagrado no Superior Tribunal de Justiça[45].

---

[43] Barbosa Moreira, *Comentários*, 11. ed., p. 378-379; Nery-Nery, *Código*, p. 875.

[44] Dinamarco, *Litisconsórcio*, p. 152-153.

[45] STJ, 1.ª Turma, REsp 827.935/DF, rel. Min. Teori Albino Zavascki, j. 15.05.2008, *DJe* 27.08.2008; STJ, 6.ª Turma, REsp 209.336/SP, rel. Min. Maria Theresa de Assis Moura, j. 08.03.2007; *DJ* 26.03.2007, p. 291.

O posicionamento majoritário da doutrina despreza a eventual existência de comunhão de interesses no litisconsórcio simples, bem como admite que uma decisão considere de forma diversa uma mesma situação fática ou duas teses conflitantes. A eventual ilogicidade da decisão final seria decorrência natural do princípio da personalidade do recurso.

Apesar do entendimento majoritário sobre a exclusividade de aplicação do art. 509, *caput*, do CPC, às hipóteses de litisconsórcio unitário, não parece ser essa a melhor solução. A existência de uma decisão, que tenha em seu conteúdo um fato ora considerado verdadeiro, ora considerado falso, e que ao mesmo tempo acolha para uns e rejeite para outros a mesma tese jurídica, cria situação demasiadamente danosa ao ordenamento jurídico. Apesar da técnica inegável do sistema da pessoalidade do recurso, parece ser melhor ao sistema excepcioná-lo também no litisconsórcio simples, sempre que exista entre os litisconsortes uma comunhão de interesses e o acolhimento do recurso beneficie o não recorrente, como forma natural da manutenção da lógica interna da decisão (um fato será verdadeiro ou falso para todos; uma tese jurídica será adotada ou rejeitada para todos).

O próprio art. 509, parágrafo único, do CPC expressamente prevê a aplicação do princípio da comunhão dos recursos na hipótese de **solidariedade passiva**, quando houver recurso interposto somente por um devedor com fundamento em defesa que aproveite a todos. Nesse caso específico de litisconsórcio simples, o provimento do recurso beneficiará a todos os litisconsortes, inclusive aqueles que não tenham recorrido. Note-se, entretanto, que sendo alegado em recurso matéria que interesse somente ao recorrente, ou seja, uma exceção pessoal, o acolhimento de seu recurso não beneficiará aos demais réus. Pelo entendimento já exposto, não é regra exaustiva, sendo possível a aplicação do princípio da comunhão dos recursos em outras hipóteses de litisconsórcio simples[46].

Como defendo a aplicação do art. 509 do atual CPC ao litisconsórcio simples, desde que as matérias alegadas sejam comuns ao recorrente e ao litisconsorte que não recorre, entendo ser elogiável a redação do art. 959, *caput*, do PLNCPC, que expressamente prevê que o recurso de um litisconsorte a todos aproveita quando forem comuns as questões de fato e de direito, o que sempre ocorre no litisconsórcio unitário e, eventualmente, no litisconsórcio simples. Só me causa estranheza o parágrafo único do dispositivo elogiado, que mantém a previsão do atual art. 509, parágrafo único, do CPC. Se a regra é o benefício na hipótese de identidade das questões de fato e de direito, nada justifica a existência de um dispositivo para especificamente prever tal condição na hipótese de solidariedade passiva.

[46] Marinoni-Arenhart, *Manual*, p. 196-197; Delgado Miranda, *Código*, p. 1.545.

5.10.4. Produção da prova

Qualquer que seja a espécie de litisconsórcio – unitário ou facultativo – a questão da prova produzida por um dos litisconsortes passa à margem da regra – ou princípio – da autonomia de atuação dos litisconsortes. A doutrina é uníssona em afirmar que a prova produzida por um litisconsorte poderá plenamente prejudicar os demais, que em nada colaboraram para a sua produção, mas que sofrerão os seus efeitos da mesma forma que os sofrerá o responsável pela produção. Prejudicial ou benéfica, a prova produzida servirá para formar o convencimento do juiz, e naturalmente esse convencimento será o mesmo para todos os sujeitos processuais, o que incluiu os litisconsortes. E essa circunstância é decorrência da aplicação do **princípio da comunhão das provas**[47].

Esse entendimento, derivado do princípio da comunhão das provas, é o único capaz de impedir uma situação no mínimo surreal, caso seja permitido ao juiz considerar a prova produzida apenas relativamente ao litisconsorte responsável por sua produção. Saber que a prova serve para formar o convencimento do juiz a respeito da veracidade da alegação de fato seria admitir que uma mesma alegação de fato, perante o mesmo juiz, pudesse ser considerada verdadeira para um litisconsorte e falsa para outro, o que logicamente é insustentável. Não custa frisar novamente, mas, se a prova não pertence nem ao autor, nem ao réu, e nem mesmo ao juiz, estão incluídos aí também, por consequência óbvia, os litisconsortes.

5.10.5. A confissão e o litisconsórcio

A par da acirrada discussão a respeito da verdadeira natureza da confissão – que para parcela significativa da doutrina não pode ser considerada meio de prova – é notória a colocação de tal instituto entre os meios de prova arrolados pelo Código de Processo Civil. Segundo o art. 350, *caput*, do CPC, a confissão judicial faz prova contra o confitente, não prejudicando, todavia, os litisconsortes. Conforme se nota da regra legal, a sua literalidade leva o operador a acreditar que na hipótese de litisconsórcio um meio de prova específico – a confissão – somente geraria efeitos para um dos litisconsortes, que no caso seria aquele responsável por sua produção, o confitente. Seria, portanto, uma exceção ao princípio da comunhão das provas e da aplicação da regra da autonomia da atuação dos litisconsortes.

Na realidade, o art. 350, *caput*, do CPC – apesar da sua tortuosa redação – não excepciona o princípio da comunhão das provas, e isso independe da espécie de litisconsórcio. Para justificar tal conclusão é preciso partir do pressuposto de que a confissão vincula o confitente, senão com força de prova plena, noção rechaçada pela melhor doutrina à luz do princípio da persuasão racional do juiz[48], como importante meio para a formação do convencimento judicial. Significa dizer

[47] Theodoro Jr., *Curso*, p. 100; Amaral Santos, *Primeiras*, 21. ed., p. 13; Agrícola Barbi, *Comentários*, p. 210.

[48] Em sentido contrário, entendendo a confissão como prova plena, Cintra, *Comentários*, v. 4, p. 64.

que uma confissão eficaz é aquela que convence o juiz da veracidade de uma alegação de fato, sendo justamente esse convencimento o efeito programado da confissão.

O mais importante aspecto da confissão para a análise ora feita é a questão de sua eficácia. Há a regra de que a confissão vincula o confitente, o que significa dizer que a confissão gera seus regulares efeitos para aquele que confessou, ou seja, havendo a confissão, a alegação de fato será considerada verdadeira. Esse efeito, entretanto, somente será gerado se a confissão, diante de outras provas produzidas, for suficiente para convencer o juiz, sendo possível concluir que, ao menos em relação ao confitente, haverá uma vinculação. Nesse ponto é preciso, desde já, fazer uma observação: partindo-se de uma análise sob a perspectiva dos resultados, a confissão não vincula somente o confitente, mas também, e naturalmente, a parte contrária, em razão da aplicação do princípio da comunhão das provas.

Especificamente no tocante ao disposto no dispositivo legal ora enfrentado, há a afirmação de que a confissão faz prova contra o confitente, mas não prejudica os litisconsortes. A afirmativa não se mostra aplicável diante da própria lógica exigida pelo sistema processual. Fazer prova só pode ser entendido como convencer o juiz da veracidade de uma alegação de fato, o que, conforme exaustivamente visto, não pode se configurar em fenômeno subjetivo parcial, dando-se a alegação de fato verdadeira para somente alguns dos sujeitos processuais, e não para outros. Esse verdadeiro absurdo lógico – antes mesmo de se tratar de absurdo jurídico – é exatamente o sugerido pela interpretação literal do art. 350, *caput*, do CPC, ao afirmar que para o confitente a alegação de fato seria dada como verdadeira, mas ao litisconsorte seria plenamente possível que fosse considerada falsa[49]. E tudo isso na mesma demanda...

Se a confissão gerar seus efeitos de convencer o juiz, todos os sujeitos sofrerão tais efeitos, considerando-se que a alegação de fato será considerada verdadeira para todos os sujeitos processuais, tenham esses participado ou não da confissão. É justamente em virtude desse entendimento que pouco interessa qual a espécie de litisconsórcio para que a confissão vincule ou não o litisconsorte não confitente. Sendo unitário ou simples, o fato será sempre um só, de forma que, sendo a confissão eficaz, vinculará a todos, sendo ineficaz, não vinculará ninguém[50]. A confissão pode ser plenamente eficaz ou plenamente ineficaz, independentemente da espécie de litisconsórcio, não existindo eficácia parcial justamente por não existir uma alegação de fato que possa ser ao mesmo tempo verdadeira para alguns e falsa para outros.

Apenas uma consideração deve ser feita à luz da espécie de litisconsórcio, a título de esclarecimento. Na hipótese de litisconsórcio simples, é plenamente possível que um fato diga respeito a apenas um dos litisconsortes, o que não ocor-

[49] Câmara, *Lições*, p. 182; Fidélis dos Santos, *Manual*, p. 454.

[50] Parece ser esse o entendimento de Dinamarco, *Litisconsórcio*, p. 147.

rerá no litisconsórcio unitário. Essa realidade poderia levar o leitor mais incauto a acreditar que nessa hipótese seria aplicável a regra da eficácia subjetivamente parcial da confissão, prevista pelo art. 350, *caput*, do CPC, visto que, apenas no tocante à parte confitente, única interessada no fato, a confissão geraria os seus efeitos. Essa, entretanto, é uma conclusão enganosa.

Ainda que o fato diga respeito somente a uma das partes, a confissão será plenamente eficaz se o juiz, no caso concreto, se convencer e considerar verdadeira alegação do fato. Essa circunstância valerá para todos os litigantes, inclusive para o litisconsorte que não confessou e que nada tem a ver com aquele fato. A ausência de relação entre o litisconsorte e o fato narrado, entretanto, não enseja a conclusão de que a confissão fez prova somente contra o confitente; fez prova "contra" todos os sujeitos processuais, mas, dependendo do caso concreto, no litisconsórcio simples tal veracidade não importará ao litisconsorte não confitente[51].

5.10.6. Prazo para os litisconsortes

Segundo o art. 191 do CPC, havendo litisconsortes com patronos diferentes os prazos para contestar, recorrer e, em geral, falar nos autos serão contados em dobro. A literalidade da norma deixa suficientemente claro que não basta uma **pluralidade de sujeitos**, devendo também existir uma **pluralidade de patronos**, sendo nítida a razão da norma, porquanto somente quando há pluralidade de patronos se verificam no caso concreto dificuldades de acesso aos autos que justifiquem um prazo diferenciado para a efetiva prática dos atos processuais.

Nem sempre, entretanto, o prazo recursal dos litisconsortes será contado em dobro, mesmo que com patronos diferentes. O entendimento consolidado pela Súmula 641 do STF é de que não se conta em dobro o prazo para recorrer, quando só um dos litisconsortes haja sucumbido. O teor da súmula, na realidade, diz menos do que gostaria. Os precedentes que possibilitaram a sua edição demonstram que o prazo não será em dobro se não houver mais a justificativa de dificuldade de acesso aos autos no caso concreto. É natural que sucumbindo somente um litisconsorte, o prazo não deva ser em dobro, mas também não será diferenciado o prazo na hipótese de mais de um litisconsorte sucumbir, desde que representados pelo mesmo patrono. Tanto num caso como noutro a justificativa de dificuldade de acesso aos autos está afastada, devendo ser aplicado o entendimento de que o prazo recursal será simples.

[51] Marinoni-Arenhart, *Comentários*, p. 356.

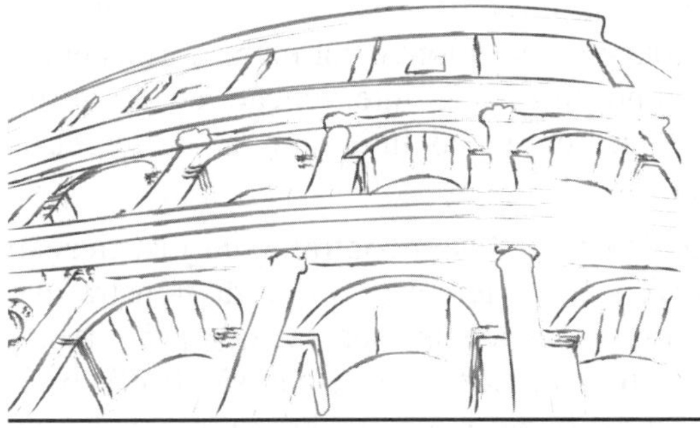

6

INTERVENÇÃO DE TERCEIROS

6.1. INTERVENÇÕES TÍPICAS E ATÍPICAS

Por intervenção de terceiros entende-se a permissão legal para que um sujeito alheio à relação jurídica processual originária ingresse em processo já em andamento. Apesar das diferentes justificativas que permitem esse ingresso, as intervenções de terceiro devem ser expressamente previstas em lei, tendo fundamentalmente como propósitos a **economia processual** (evitar a repetição de atos processuais) e a **harmonização dos julgados** (evitar decisões contraditórias). É natural que, uma vez admitido no processo, o sujeito deixa de ser terceiro e passa a ser considerado parte; em alguns casos "parte na demanda" e noutros "parte no processo"[1].

[1] Fux, *Curso*, p. 273-274.

O Capítulo IV do Livro I do Código de Processo Civil tem como título "Da intervenção de terceiros", compreendendo a oposição, nomeação à autoria, denunciação da lide e chamamento ao processo (arts. 56 a 80 do CPC). Apesar de estar em capítulo distinto, é unânime a doutrina em apontar também a assistência (Capítulo III, arts. 50 a 55 do CPC) como forma de intervenção de terceiro[2]. Essas cinco espécies de intervenção são consideradas as intervenções de terceiros típicas de nosso ordenamento processual.

Ocorre, entretanto, que nem todas as intervenções encontram sua justificação nessas cinco modalidades típicas de intervenção de terceiro, o que demonstra que o rol legal é meramente exemplificativo. Previsões legais esparsas que permitem a intervenção de um terceiro em processo já em andamento e que não são tipificáveis em nenhuma dessas cinco modalidades, constituem as chamadas intervenções de terceiros atípicas. A definição dessa espécie de intervenção dependerá da amplitude que se pretenda dar à atipicidade, não existindo unanimidade na doutrina a respeito de quais efetivamente sejam essas intervenções atípicas.

6.1.1. Processo/fase de conhecimento

Ainda que as intervenções típicas tenham sido projetadas fundamentalmente para o processo/fase de conhecimento, com aplicação somente subsidiária aos processos/fases de execução e cautelar, existem algumas espécies de intervenção de terceiros no processo de conhecimento que não podem ser consideradas como uma daquelas espécies previstas nos arts. 50 a 80 do CPC.

6.1.1.1. Amicus curiae

Apesar da expressa vedação legal às intervenções de terceiro previstas no art. 7.º, § 2.º, da Lei 9.868/1999, o mesmo dispositivo legal, em seu § 2.º, admite que o relator, considerando a relevância da matéria e a representatividade dos postulantes, possa, por despacho irrecorrível, admitir a manifestação de outros órgãos ou entidades. Essa previsão é entendida como a admissão de intervenção do *amicus curiae.*

A origem da figura do *amicus curiae* vem do direito romano, sendo que no direito norte-americano deu-se o seu maior desenvolvimento, com fundamento na intervenção de um terceiro desinteressado em processo em trâmite com o objetivo de contribuir com o juízo na formação de seu convencimento. Em tese seus conhecimentos a respeito da matéria tratada na ação justificam a intervenção, sempre com o propósito de melhorar a qualidade da prestação da tutela jurisdicional.

Apesar de a origem do instituto estar atrelada à ideia de "amigo da corte" (*friend of court* ou *freund des gerichts*), é preciso reconhecer que demandar um

---

2 Dinamarco, *Instituições*, n. 588, p. 372.

total desinteresse do *amicus curiae* seria o suficiente para aniquilar completamente essa forma de participação na ação direta de inconstitucionalidade. É preciso reconhecer que o *amicus curiae* contribui com a qualidade da decisão dando sua versão a respeito da matéria discutida, de forma que ao menos o interesse para a solução da demanda no sentido de sua manifestação sempre existirá. Ainda que tenha muito a contribuir em razão de seu notório conhecimento a respeito da matéria, não é comum que as manifestações do *amicus curiae* sejam absolutamente neutras.

Por outro lado, demonstra-se a existência de um interesse institucional por parte do *amicus curiae*, que, apesar da proximidade com o interesse público, com esse não se confunde. O interesse institucional é voltado à melhor solução possível do processo por meio do maior conhecimento da matéria e dos reflexos no plano prático da decisão[3]. Esse verdadeiro interesse jurídico, diferente do interesse jurídico do assistente, porque não diz respeito a qualquer interesse subjetivo, é justamente o que legitima a participação do *amicus curiae* no processo.

Essa constatação, entretanto, não é o suficiente para entender a intervenção do *amicus curiae* como hipótese de assistência, porque não há interesse jurídico por parte deste na solução da demanda; tampouco equipará-lo com a atípica intervenção prevista pelo art. 5.º da Lei 9.469/1997, fundada em mero interesse econômico. O interesse institucional que motiva a intervenção do *amicus curiae* não se confunde com interesse próprio, de natureza jurídica ou econômica, daí serem inconfundíveis as diferentes formas de intervenções ora analisadas.

No tratamento específico do terceiro ora tratado, existe corrente doutrinária que entende ser inconfundíveis a figura do *amicus curiae* e as hipóteses de intervenções de terceiro, devendo ser o primeiro considerado um mero auxiliar do juízo, em figura muito mais próxima do perito do que de um terceiro interveniente[4]. Para outros, apesar das especificidades, trata-se de um terceiro interveniente atípico, admitido no processo como parte não para defender interesse próprio ou alheio, mas para contribuir com a qualidade da prestação jurisdicional[5].

Conforme já afirmado, tudo dependerá da elasticidade ao termo "atípico" que se pretenda atribuir, mas em meu entendimento a existência do interesse institucional que justifica a participação do *amicus curiae* o diferencia de forma substancial do mero auxiliar do juiz, tal qual o perito, o intérprete ou o tradutor.

---

3 Cassio Scarpinella Bueno, *Amicus curiae*, pp. 500-511; Luís Roberto Barroso, *O controle de constitucionalidade*, p. 177, fala em "legítimo interesse no resultado da ação". Carlos Gustavo Rodrigues Del Prá, "Breves considerações sobre o amicus curiae na ADIn e sua legitimidade recursal", p. 64, chama de "interesse público de controle". Dirley da Cunha Jr., "A intervenção de terceiros", p. 157, fala em "interesse objetivo relativamente à questão jurídico-constitucional em discussão".

4 Fredie Didier Jr., *Recurso de terceiro*, n. 2.2.8.2, p. 77-78; Marcelo Novelino, *Direito Constitucional*, n. 13.8, p. 272. Pela exclusão do rol de intervenções de terceiro, mesmo atípicas: Guilherme Peña de Moraes, *Curso*, p. 206-207.

5 Gustavo Santana Nogueira, *Curso básico de processo civil*, p. 231-232; Antonio do Passo Cabral, "Pelas asas de Hermes: a intervenção do *amicus curiae*, um terceiro especial", in *Revista de Processo* nº 117, set./out. 2004, p. 16-17.

Ainda que substancialmente diferente dos terceiros intervenientes tradicionais, prefiro o entendimento de que a intervenção ora analisada é uma espécie diferenciada de intervenção de terceiro, tendo como principal consequência a atribuição da natureza jurídica de parte após sua admissão no processo.

São dois os requisitos para o ingresso do *amicus curiae* previstos pelo art. 7.º, § 2.º, da Lei 9.868/1999, recentemente estendidos à ação direita de inconstitucionalidade por omissão pela Lei 12.063/2009: relevância da matéria e a representatividade do sujeito que pretende intervir. Trata-se de requisitos cumulativos, devendo ambos ser preenchidos para a admissão do pedido do postulante.

Existe entendimento doutrinário que afirma que todas as matérias versadas em sede de ações de controle concentrado de inconstitucionalidade são relevantes, de forma que com a mera existência da demanda judicial a matéria nela veiculada *ipso facto* passa a ser relevante também[6]. O entendimento, apesar de interessante, tornaria letra morta o dispositivo constitucional, afastando o preenchimento casuístico desse requisito no caso concreto.

Apesar de reconhecer a relevância das matérias tratadas pelas ações de controle concentrado de constitucionalidade, a fim de atribuir alguma função ao requisito legal, é preferível o entendimento de que a relevância da matéria prevista pelo dispositivo legal significa complexidade fática/jurídica que legitime a atuação do *amicus curiae*. Nos casos em que o relator entender que as meras alegações do autor e dos demais sujeitos processuais já são suficientes ao necessário esclarecimento das questões para um julgamento de qualidade, deverá indeferir a intervenção do *amicus curiae*.

Como já verificado, para parcela da doutrina os colegitimados serão sempre admitidos como *amicus curiae*, com o que não concordo porque em meu entendimento esses sujeitos são litisconsortes ulteriores, o que parece ter sido confirmado pelo art. 12-E, § 1.º, da Lei 9.868/1999. De qualquer forma, é interessante a utilização dos critérios exigidos pelo Supremo Tribunal Federal para legitimar os sujeitos previstos pelo art. 103 da CF à propositura da ação para definir-se a representatividade dos terceiros que postulam o ingresso no processo como *amicus curiae*. A pertinência temática, já analisada, pode servir de norte na aferição da representatividade exigida em lei, ao menos para pessoas jurídicas.

Ocorre, entretanto, que a melhor doutrina entende corretamente que o *amicus curiae* pode ser tanto uma pessoa jurídica, tal como uma associação civil, um instituto, um órgão etc., como natural, tal como um professor de direito, cientista, médico etc. Exige-se nesse caso a existência de um interesse institucional na causa, não sendo suficientes interesses meramente corporativos, que digam respeito somente ao terceiro que pretende ingressar na ação[7]. Por interesse institucional compreende-se a possibilidade concreta do terceiro em contribuir com a qualidade da decisão a ser proferida, considerando-se que o terceiro tem grande experiência na área a qual a matéria discutida pertence. A pessoa jurídica deve

---

6 Cassio Scarpinella Bueno, *Amicus curiae*, p. 140.

7 Cassio Scarpinella Bueno, *Amicus curiae*, p. 147.

ter credibilidade e tradição de atuação a respeito da matéria que se discute, enquanto da pessoa natural se espera reconhecido conhecimento técnico a respeito da matéria. Ainda que sejam conceitos indeterminados, dependentes de grande dose de subjetivismo, são requisitos que se mostram importantes para evitar a admissão de terceiros sem efetivas condições de contribuir com a qualidade da prestação jurisdicional.

Segundo o art. 7.º, § 2.º, da Lei 9.868/1999, o despacho do relator a respeito da admissibilidade de terceiro intervir no processo como *amicus curiae* é irrecorrível. É evidente que houve um equívoco do legislador ao prever ser o pronunciamento do relator nesse caso um despacho, diante de seu nítido conteúdo decisório. A questão que deve ser enfrentada é se essa decisão interlocutória, proferida pelo relator, realmente é irrecorrível.

Há doutrinadores que defendem que a irrecorribilidade atinge qualquer decisão do relator a respeito do pedido, tanto a de deferimento quanto a de indeferimento, afirmando que nesse caso não haverá ofensa ao duplo grau de jurisdição[8]. Não parece realmente ser a posição mais correta, considerando-se que o dispositivo legal ora comentado faz expressa menção somente à decisão que admitir a intervenção, de forma que da decisão que nega essa intervenção caberá agravo interno para o órgão colegiado[9]. Infelizmente, entretanto, o Supremo Tribunal Federal vem se posicionando pela irrecorribilidade de qualquer decisão a respeito da intervenção do terceiro como *amicus curiae*, inclusive de indeferimento[10], ainda que entenda admissível serem levadas em consideração no julgamento da causa as razões deduzidas pelo terceiro excluído[11].

O momento de intervenção também não é pacífico, entendendo-se que existe preclusão temporal para o ingresso de terceiro como *amicus curiae*, existindo, entretanto, divergência quanto a esse último momento de admissão. Para parcela da doutrina deve-se admitir a intervenção até o início do julgamento da ação, entendendo-se que nesse caso os atos admitidos ao *amicus curiae* após esse momento procedimental, tais como apresentação de memoriais e sustentação oral, limitam-se àqueles sujeitos que já tiverem sido admitidos no processo[12].

Existe entendimento doutrinário mais liberal, admitindo a intervenção do *amicus curiae* a qualquer momento do procedimento, inclusive após a remessa dos autos à mesa para julgamento. Nesse caso, encerrada a fase escrita de instrução do processo, admitir-se-ia a intervenção do terceiro por meio de sustentação oral.

---

8 Nelson Nery Jr., "Recursos na ação direta", p. 506.

9 Carlos Gustavo Rodrigues Del Prá, "Breves considerações sobre o *amicus curiae* na ADIN e sua legitimidade recursal", in *Aspectos polêmicos*, p. 72-73; Cassio Scarpinella Bueno, *Amicus curiae*, p. 171.

10 STF, Decisão monocrática: ADI 3.346 AgR-ED/DF, rel. Min. Marco Aurélio, j. 28.04.2009, *DJe* 86, 11.05.2009; ADI 3.931/DF, rel. Min. Cármen Lúcia, j. 28.10.2008, *DJe* 212, 07.11.2008.

11 STF, Decisão monocrática: ADI 1.625/UF, rel. Min. Maurício Corrêa, decisão proferida pelo Min. Cezar Peluso, j. 28.10.2008, *DJe* 211, 06.11.2008; ADI 2.791 ED/PR, rel. Gilmar Mendes, j. 01.02.2008, *DJe* 22, 08.02.2008.

12 Carlos Gustavo Rodrigues Del Prá, "Breves considerações sobre", p. 70.

O Supremo Tribunal Federal, após adotar uma visão mais restritiva, pacificou o entendimento de que o momento limite para a admissão do *amicus curiae* é a data da remessa dos autos à mesa para julgamento, considerando-se que nesse instante o relator já firmou sua convicção, e dificilmente mudará sua opinião em razão dos argumentos do *amicus curiae*, que dessa forma pouco seriam aproveitados. O entendimento também se funda no risco de um número elevado de terceiros pretender ingressar no processo, com indesejado tumulto procedimental, além de permitir com intervenções tardias que o *amicus curiae* se torne o regente do processo[13].

Particularmente não concordo com o entendimento do Supremo Tribunal Federal, sendo no mínimo inapropriado o fundamento de que o relator já tem sua convicção firmada e que, em razão disso, será inútil a participação do *amicus curiae*. Parece um entendimento no mínimo fantasioso imaginar-se que o Ministro seja infalível, e que nada que possa ser levado ao seu conhecimento possa lhe ter passado despercebido. Se assim fosse, a intervenção do *amicus curiae* seria injustificável em qualquer hipótese. Prefiro posições minoritárias expostas na decisão mencionada, pela qual alguns ministros reconhecem a possibilidade da vinda de novos elementos de convicção, o que ensejaria ao relator um novo pedido de conclusão dos autos para melhor analisar a questão.

Também criticável posicionamento do Superior Tribunal de Justiça no sentido de não ser direito do *amicus curiae* a sustentação oral na sessão de julgamento. Segundo posicionamento da Corte Especial daquele tribunal, cabe ao órgão jurisdicional a faculdade de admitir a prática de tal ato, da mesma forma que cabe a ele deferir ou não a participação por meio de ato escrito[14]. Acredito ser mais um desvirtuamento decorrente da qualidade assumida pelo *amicus curiae* no processo, porque se fosse considerado parte desde o momento de seu ingresso, não restaria qualquer questionamento acerca de seu direito de sustentar oralmente.

Admite-se que o *amicus curiae* faça manifestações por escrito e sustentação oral, participando efetivamente da formação do convencimento do tribunal no julgamento da ação direta de inconstitucionalidade. Já consignei meu entendimento de que o *amicus curiae* é um terceiro interveniente atípico, e sendo assim deve ser considerado como parte no processo, de forma que sua legitimidade recursal é inegável. Não é esse, entretanto, o entendimento consagrado pelo Supremo Tribunal Federal, que inadmite o recurso interposto por *amicus curiae* com a alegação de tratar-se de mero colaborador informal do juízo, e não de terceiro interveniente[15].

Interessante consignar entendimento de doutrinador especialista no tema que defende, mesmo sendo considerado o *amicus curiae* um mero auxiliar do juízo, sua legitimidade recursal. Aproximando a participação do *amicus curiae* do *custos*

---

[13] *Informativo* 543: Tribunal Pleno, ADI 4.071 AgR/DF, rel. Min. Menezes de Direito, j. 22.04.2009.

[14] *Informativo* 481/STJ: Corte Especial, QO no REsp 1.205.946/SP, rel. Min. Benedito Gonçalves, j. 17.08.2011.

[15] *Informativo* 452/STF: Tribunal Pleno, ADI 2.591 ED/DF, rel. Min. Eros Grau, j. 14.12.2006.

legis, por uma aplicação extensiva do art. 499, § 2.º, do CPC, admite a legitimidade recursal do *amicus curiae* quando sua atuação se assemelhar à de um fiscal da lei, incumbência atualmente dada de forma expressa por nossa legislação ao Ministério Público. E mesmo nos casos em que essa proximidade não seja tão evidente, valendo-se da existência de um interesse institucional por parte do terceiro, entende que o *amicus curiae* pode ser compreendido como espécie de terceiro prejudicado para fins de legitimidade recursal[16].

O tema é tratado pelo art. 322 do PLNCPC, sendo interessante a inovação do dispositivo legal ao tratar da intervenção do *amicus curiae* de forma geral, considerando-se que atualmente o CPC traz apenas menções pontuais ao *amicus curiae* nos julgamentos por amostragem e análise de repercussão geral. O dispositivo, entretanto, tem incongruências lógicas e jurídicas significativas.

Nos termos do art. 322, *caput*, do PLNCPC, qualquer juiz ou relator poderá, por despacho irrecorrível, de ofício ou a requerimento das partes, solicitar ou admitir a manifestação de pessoa natural, órgão ou entidade especializada, com representatividade adequada, no prazo de 15 dias de sua intimação. A norma permite expressamente a participação do *amicus curiae* em primeiro grau, o que consiste em interessante novidade; afinal, as razões dessa intervenção são plenamente aplicáveis a determinados processos de competência do primeiro grau de jurisdição.

Já tive oportunidade de criticar a retirada de legitimação recursal do amicus curiae prevista no art. 322, parágrafo único, do PLNCPC, mas o dispositivo não merece somente críticas, havendo interessante regra a respeito da competência em razão da intervenção do *amicus curiae*. Como sabido, a competência em razão da pessoa é absoluta, e a intervenção de terceiro pode passar a exigir aplicação de regra de competência que até então era inaplicável ao caso concreto. Segundo a regra elogiada, a intervenção do *amicus curiae* não modifica a competência, de forma que, ingressando no processo em trâmite perante a Justiça Estadual uma fundação federal como *amicus curiae*, o processo não será remetido à Justiça Federal.

6.1.1.2. *Intervenções da Lei 9.469/1997*

O art. 5.º, *caput*, da Lei 9.469/1997 prevê a possibilidade de intervenção da União nas causas em que figurarem como autoras ou rés, autarquias, fundações públicas, sociedades de economia mista e empresas públicas federais. O parágrafo único de tal artigo prevê a possibilidade de intervenção de pessoas de direito público (administração direta e indireta, federais, estaduais, municipais

[16] Cassio Scarpinella Bueno, *Amicus curiae*, p. 565-569.

e distritais) em demandas já em trâmite com fundamento no eventual prejuízo indireto, mesmo que de natureza meramente econômica. A ausência de interesse jurídico a ser demonstrado afasta essa espécie de intervenção da assistência, tornando esta uma espécie anômala de intervenção, com fundamento em **interesse econômico**.

De duvidosa constitucionalidade[17], a norma legal não deixa claro qual a qualidade jurídica assumida pela pessoa de direito público, parecendo não ser correta a interpretação de que funcione como *amicus curiae*[18], como consta na Exposição de Motivos da lei. A função da União e dos entes públicos federais é esclarecer questões de fato e de direito e juntar documentos e memoriais, passando a ser considerada como parte se recorrer de decisões[19]. Como esses terceiros ao intervir no processo passam a atuar com os mesmos poderes do assistente, é comum a referência a essa espécie de intervenção como "**assistência anômala**", havendo decisão do Superior Tribunal de Justiça que entende tratar-se de assistência simples[20].

6.1.1.3. *Ação de alimentos*

Segundo o art. 1.694 do CC, serão obrigados a pagar alimentos os parentes, cônjuges e companheiros, sendo segundo doutrina tradicional hipótese de litisconsórcio facultativo, considerando-se que sua formação dependerá da vontade do autor[21]. São duas as exigências legais: não ter sido formado o litisconsórcio facultativo passivo de forma inicial e não ter o réu – "parente que deve alimentos em primeiro lugar" – condições de arcar total ou parcialmente com o encargo alimentar. Nessa hipótese, segundo o dispositivo legal, será possível chamar a integrar a lide os demais obrigados a prestar alimentos, que responderão na proporção de seus respectivos recursos. Apesar de a primeira exigência ser de fácil compreensão, a segunda merece uma análise mais cuidadosa, porque a legitimidade originária deve ser buscada na interpretação do dispositivo legal.

Entendo inviável considerar-se a intervenção de terceiro ora analisada como uma espécie de denunciação à lide, intervenção fundada no direito regressivo entre o denunciante e o denunciado. O denunciante convoca ao processo o denunciado para que este seja desde já condenado a ressarcir seus eventuais prejuízos suportados com a demanda judicial, sendo importante notar que entre o denunciado

---

17 Marinoni-Arenhart, *Manual*, p. 197-198.

18 Scarpinella Bueno, *Amicus*, p. 214; Gusmão Carneiro, *Intervenção*, 71-A, p. 148-150.

19 Carneiro da Cunha, *A Fazenda*, p. 151-152.

20 *Informativo* 384/STJ, 4.ª Turma, REsp 708.040-RJ, rel. Luis Felipe Salomão, j. 13.02.2009.

21 Por todos, Belmiro Pedro Welter, "Rito processual na prestação alimentar, litisconsórcio e tutela antecipada", *in Alimentos no Código Civil*, coord. Francisco José Cahali e Rodrigo da Cunha Pereira, São Paulo, Saraiva, 2005, p. 227-228.

e a parte contrária não existe qualquer relação jurídica de direito material. No plano material, as partes da relação jurídica principal têm uma relação entre elas, e outra relação de direito material têm o denunciante e o denunciado. Na hipótese de intervenção ora analisada nada disso se verifica, sendo nítida a impropriedade do entendimento de tratar-se de uma denunciação à lide[22].

É importante salientar que a inadmissibilidade em se entender a intervenção de terceiros ora analisada como espécie de denunciação da lide se satisfaz com a circunstância de não existir entre os parentes, cônjuges e companheiros qualquer direito de garantia no tocante à obrigação alimentar. Essa circunstância se intensifica em termos de clareza se trazido à baila o caráter irrepetível dos alimentos pagos, o qual, aplicado para o beneficiado dos alimentos, também atinge os codevedores. Significa dizer que uma vez pagos os alimentos por obrigado que não era o que "deve alimentos em primeiro lugar", ele jamais poderá cobrar daquele que deveria ter pago, mas não o fez. Dessa forma, a ideia principal existente na denunciação à lide, da existência de um direito regressivo entre a parte e o terceiro que vem participar do processo em virtude da denunciação, não se encontra presente na intervenção ora analisada, o que já se mostra o suficiente para uma diferenciação clara e definitiva.

A diferença entre a intervenção de terceiro prevista pelo art. 1.698 do Código Civil e o chamamento ao processo não é tão clara e óbvia quanto a diferença com a denunciação à lide, mas ainda assim é possível se identificar algumas características díspares que não permitem a conclusão de ser a intervenção ora analisada espécie de chamamento ao processo. O que torna essa conclusão mais difícil de ser obtida é que entre os dois institutos há certas características comuns, o que, entretanto, não é o suficiente para concluir de forma diversa da já indicada. Nem mesmo o entendimento de tratar-se de um chamamento ao processo *sui generis* convence, porque a flexibilização de conceitos deve ser aplicada com extremo cuidado, sob pena de sempre ser possível afirmar que determinado fenômeno é um instituto já previsto, mas com algumas diferenças. Somente diferenças muito sutis admitirão tal pensamento, o que não se verifica no caso ora enfrentado.

O grande obstáculo à adoção desse entendimento diz respeito à diferença existente entre a espécie de obrigação de que trata o chamamento ao processo e a obrigação alimentar entre todos os coobrigados.

É pacífico em sede doutrinária que a obrigação alimentar não seja solidária, não sendo possível exigir-se o pagamento da integralidade da dívida dessa natureza de um dos devedores, à escolha do credor[23]. O Superior Tribunal de Justiça tem entendimento pacificado no sentido de que a obrigação de os avós alimentarem os netos é espécie de responsabilidade subsidiária e complementar à responsabilidade

---

22 Theodoro Jr., *O NCC e as regras heterotópicas de natureza processual*, p. 139.

23 Por todos, Yussef Said Cahali, *Dos alimentos*, 3. ed., São Paulo, RT, 1999, p. 150-166.

dos pais, por isso só é exigível em caso de impossibilidade de cumprimento da prestação ou de cumprimento insuficiente pelos genitores[24].

Na realidade, cada devedor responderá dentro dos limites da sua possibilidade, o que naturalmente fará com que possam no caso concreto existir obrigações desiguais. A ausência da possibilidade do credor exigir tão somente de um dos devedores a totalidade da dívida já é suficiente para afastar a obrigação alimentar do rol das obrigações solidárias, o que é reforçado pela impossibilidade daquele que pagou o valor integral cobrar um ressarcimento dos demais devedores alimentares. Além da ausência de solidariedade, também está pacificado em sede doutrinária que a obrigação alimentar é divisível, porque cada devedor se exime de sua obrigação nos limites de suas possibilidades, ainda que a totalidade da obrigação ainda não tenha sido satisfeita. Havendo dois devedores, cada qual responsável pelo pagamento de 50% da dívida alimentar, a quitação de um deles já o libera da obrigação, ainda que o outro seja inadimplente. É justamente essa limitação de responder nos limites da possibilidade de cada devedor que impede ser a obrigação alimentar solidária.

Sendo o chamamento ao processo hipótese de intervenção fundada em obrigação solidária, e não sendo solidária a obrigação alimentar, como seria possível afirmar-se que o art. 1.698 do CC é espécie de chamamento ao processo?[25] Como se nota, não é uma diferença sutil, que possa simplesmente ser absorvida no próprio conceito do chamamento ao processo, porque essa espécie de intervenção de terceiros somente existe em virtude da existência entre parte e terceiro de dívida de natureza solidária. Parece bastante claro que sem essa solidariedade entre parte e terceiro, a intervenção jamais poderá ser considerada uma espécie – ainda que *sui generis* – de chamamento ao processo.

Não parece ser adequado dar-se ao termo solidariedade previsto no art. 77, III, do CPC uma interpretação ampla a fim de incluir a dívida alimentar ora discutida, conforme sugere parcela da doutrina[26]. Não vejo necessidade de que, por mais elástica que necessite ser a interpretação dos institutos, novas normas de direito devam ser sempre encaixadas em institutos já existentes. Não há qualquer problema em admitir tratar-se de forma de intervenção atípica. Ademais, o chamamento ao processo é feito exclusivamente pelo réu, enquanto na intervenção dos coobrigados na ação de alimentos, servindo o instituto a favorecer o autor, porque o aumento do número de obrigados no polo passivo aumentará suas chances de receber, a legitimidade para pedir a intervenção não pode ser exclusiva do réu. Dessa forma, é natural que se admita que o autor chame os demais devedores ao processo, até mesmo porque tal convocação não é de interesse do réu, que

---

[24] *Informativo* 421/STJ: 4.ª Turma, REsp 831.497/MG, Rel. Min. João Otávio de Noronha, j. 04.02.2010.

[25] Justamente pela ausência de solidariedade Yussef Said Cahali, *Dos alimentos*, *op. cit.*, p. 169, distingue a intervenção prevista para a ação de alimentos do chamamento ao processo.

[26] Scarpinella Bueno, *Chamamento ao processo e o devedor de alimentos – uma proposta de interpretação para o art. 1.698 do Novo Código Civil*, p. 88; Humberto Theodoro Jr., *O NCC e as regras heterotópicas de natureza processual*, p. 139-140.

responderá nos limites de suas possibilidades e não se preocupará se o autor não está totalmente satisfeito.

Ainda que se afirme que houve a formação de um litisconsórcio facultativo ulterior – circunstância que dependendo da corrente doutrinária adotada a respeito da natureza do chamamento ao processo pode ser entendida como identidade entre as duas espécies de intervenção –, não foi por vontade do réu que o litisconsórcio foi formado, mas em razão de manifestação expressa do autor nesse sentido, na tentativa de ampliar as possibilidades de satisfação da obrigação de natureza alimentar por meio da ampliação dos devedores trazidos ao processo.

O autor não é ouvido no chamamento ao processo, não podendo se opor a essa espécie de intervenção de terceiro. O mesmo não se poderá dizer da intervenção prevista especificamente para a demanda de alimentos, porque, sendo intervenção de iniciativa do réu, dependerá necessariamente de anuência do autor, porque este não pode ser obrigado a litigar contra quem não deseja.

Há, como se pode notar, razões suficientes para não entender a intervenção ora analisada como espécie de chamamento ao processo. O Superior Tribunal de Justiça, entretanto, já teve a oportunidade de chamar tal forma de intervenção de chamamento ao processo[27], ainda que sem grandes considerações a respeito do tema.

Apesar de ter sido muito bem recebido pela doutrina nacional, o art. 1.698 do CC também trouxe algumas preocupações. Por um lado é inegável que essa nova espécie de intervenção nas ações de alimentos otimiza as chances de satisfação integral do credor porque permite um aumento no número de sujeitos que participam do polo passivo do processo quando o réu originário não consegue satisfazer totalmente a obrigação alimentar. Por outro, entretanto, há a preocupação com as complicações de que tal espécie de intervenção poderá gerar no procedimento das ações de alimentos, tradicionalmente simples e expedito.

É preciso distinguir duas situações. A primeira diz respeito à necessidade de intervenção de terceiros com condições de satisfazer a obrigação alimentar diante da incapacidade do réu originário. Nesse caso, ainda que seja inevitável uma complicação procedimental, o autor será beneficiado com a vinda de terceiros ao processo para responder pela obrigação, devendo suportar o natural aumento de complexidade do procedimento. A segunda situação é bem diversa, dizendo respeito a manobras protelatórias do réu com o objetivo de complicar o procedimento e impedir um trâmite regular da demanda[28]. Nesse caso, as sanções processuais deverão ser duramente aplicadas, como sugere a melhor doutrina que enfrentou o tema[29]. Com isso se concorda, mas registre-se que, sendo sempre a intervenção dependente da vontade do autor – ainda que

[27] *Informativo* 464/STJ: 4.ª Turma, REsp 958.513/SP, rel. Min. Aldir Passarinho Junior, j. 22.02.2011.

[28] Sílvio Venosa, *Direito Civil: Direito de família*, p. 403; Sílvio Rodrigues, *Direito Civil*, vol. 6, p. 381.

[29] Luiz Felipe Brasil Santos, *Novos aspectos da obrigação alimentar*, p. 228.

de iniciativa do réu –, as manobras protelatórias certamente diminuirão muito sua frequência.

Essa constatação é importante para que se conclua que, não pretendendo o autor da ação de alimentos ver tornar-se complexa – ou mais complexa – a relação jurídica processual, poderá se opor à pretensão do réu, que bem poderá estar amparada em má-fé e deslealdade, procurando somente tumultuar o andamento procedimental por meio da formação do litisconsórcio passivo ulterior. Sendo a norma legal elaborada para proteger o autor-credor, naturalmente não deve ser vista com bons olhos uma intervenção que somente torne complexa a relação jurídica processual e moroso o procedimento, sem qualquer ganho efetivo ao credor. Dessa forma, e as razões que levarão a isso dependem exclusivamente do caso concreto, não pretendendo que o litisconsórcio passivo seja formado, o autor poderá se opor à convocação de codevedores realizada pelo réu.

Não sendo possível incluir a intervenção de terceiros prevista pelo art. 1.698 do Código Civil no âmbito da denunciação à lide ou do chamamento ao processo – a análise de outras espécies de intervenção foi dispensada em virtude de diferenças básicas e indiscutíveis com o instituto ora analisado –, não há outra conclusão possível que não seja a de que o Código Civil criou uma espécie anômala de intervenção de terceiros, que não se confunde com nenhuma daquelas espécies previstas no Capítulo VI do Livro I do Código de Processo Civil[30].

Apesar de não ser frequente a situação em que uma norma de direito material cria uma espécie de intervenção de terceiros, não se vê qualquer problema quando isso excepcionalmente ocorrer, como é o caso, dada a constatação pacífica da existência de normas heterotópicas, que, mesmo previstas no Código Civil, são regras de procedimento e, ainda, que mesmo previstas no Código de Processo Civil, são regras de direito material. É evidente que a localização da norma não modifica sua natureza jurídica, e a confusão é consequência natural da proximidade – a cada dia mais reconhecida – entre o direito material e o direito processual.

6.1.2. Processo/fase de execução

Há intervenções atípicas no processo executivo e na fase de cumprimento de sentença[31], e somente a assistência é considerada espécie de intervenção de tercei-

---

[30] Sílvio Venosa, *Direito Civil: Direito de família*, p. 403; Luiz Felipe Brasil Santos, *Novos aspectos da obrigação alimentar*, pp. 227-228. A defender tratar-se de litisconsórcio passivo facultativo ulterior, Fredie Didier Jr., *Normas processuais do novo Código Civil*, p. 125; Maria Helena Diniz, *Curso de direito civil brasileiro*, vol. 5, p. 555.

[31] Tratam do tema Araken de Assis, *Manual*, p. 244; Dinamarco, *Instituições*, n. 1.419, p. 164-165; Shimura, *Título*, p. 85.

ros admissível no processo/fase de execução, conforme amplamente demonstrado no Capítulo 36, item 36.5.1.

Sempre que um terceiro ingressa na demanda executiva durante a **fase de expropriação** do bem com a intenção de adquiri-lo, estar-se-á diante de uma espécie atípica de intervenção de terceiros[32]. Atualmente, pode-se imaginar essa situação na adjudicação por todos os legitimados que não o exequente (art. 685-A, §§ 2.° e 4.°, do CPC); na alienação do bem realizada pelo próprio exequente ou por corretor especializado, em forma de expropriação criada pela Lei 11.382/2006 – alienação por iniciativa particular – (art. 685-C do CPC); na alienação ocorrida em hasta pública por meio de arrematação, naturalmente por sujeito que não seja o exequente.

Também haverá intervenção anômala sempre que outros credores ingressem na demanda executiva para discutir o direito de preferência. Cada qual participará do incidente processual que se formará (**concurso de credores**) defendendo interesse próprio à satisfação de seu crédito em primeiro lugar, sendo impossível imaginar que essa situação seja amoldável às espécies de intervenção de terceiros previstos pelo Código de Processo Civil[33].

6.1.3. Processo cautelar

No processo cautelar são inadmissíveis as intervenções de terceiros típicas, salvo a assistência[34]. Essa vedação cria uma interessante situação nas **cautelares probatórias**: estando limitada a utilização da prova produzida antecipadamente aos sujeitos que foram parte no processo cautelar, e sendo inadmissíveis intervenções como a denunciação da lide ou o chamamento ao processo, como valer-se dessa prova contra terceiros que poderão intervir no processo principal como denunciados à lide ou chamados ao processo?

A melhor doutrina criou uma espécie de **assistência provocada**, na qual o requerente da produção antecipada de provas simplesmente pedirá a citação do terceiro para fazer parte desse processo. Apesar de seu tratamento procedimental de assistente, sua intervenção coercitiva – independentemente de sua vontade – afasta essa espécie de intervenção da assistência clássica. Segundo a melhor doutrina, uma vez integrado ao processo, mesmo que se mantenha omisso, a prova será plenamente eficaz contra esse sujeito[35]. Como se nota, essa espécie atípica de intervenção – assistência provocada – terá o mérito de ampliar subjetivamente a eficácia da prova produzida antecipadamente.

---

[32] Dinamarco, *Instituições*, n. 1.419, p. 164.

[33] Araken de Assis, *Manual*, n. 100, p. 387.

[34] Barbi, *Comentários*, p. 215; Fidélis dos Santos, *Manual*, v. 1, p. 83; Bomfim Marins, *Tutela*, p. 342.

[35] Dinamarco, *Intervenção*, p. 170; Arruda Alvim, *Manual*, v. 2, p. 199; Scarpinella Bueno, *Partes*, p. 275.

> Marina e Eliane colidem seus veículos, sendo que Eliane ingressa com uma produção antecipada de provas para demonstrar os danos que teria suportado e que poderiam tornar-se de difícil comprovação sem a intervenção jurisdicional imediata. Marina, sendo citada na cautelar probatória, tem interesse na participação de sua seguradora, porque uma vez demandada em ação reparatória de danos (ação principal) denunciará a seguradora à lide (art. 70, III, do CPC). Como não cabe tal forma de intervenção de terceiros no processo cautelar, Marina simplesmente requer a citação da seguradora para que integre a relação jurídica processual cautelar, única forma de futuramente poder usar a prova produzida contra a seguradora.

Não só a doutrina, como também a jurisprudência, mostrou-se sensível à problemática mencionada; existem julgados no sentido de admitir um terceiro no processo cautelar de produção antecipada de provas por meio de uma intervenção atípica chamada assistência provocada[36].

6.2. ASSISTÊNCIA

6.2.1. Introdução

Apesar de o Código de Processo Civil não prever entre as espécies de intervenção de terceiros a assistência, não resta nenhuma dúvida a respeito da natureza jurídica do instituto. Ao ingressar de modo voluntário em processo alheio para auxiliar uma das partes na busca da vitória judicial, resta suficientemente claro que a assistência preenche os requisitos mínimos para ser considerada uma intervenção de terceiros. É importante registrar que, mesmo quando o terceiro é informado da existência da demanda, a intervenção continua a ser **voluntária**, considerando-se que ingressará como assistente somente se quiser participar do processo[37].

O pressuposto da assistência é a existência de um **interesse jurídico** do terceiro na solução do processo, não se admitindo que um interesse econômico, moral ou de qualquer outra natureza legitime a intervenção por assistência. Dessa forma, somente será admitido como assistente o terceiro que demonstrar estar sujeito a ser afetado juridicamente pela decisão a ser proferida em processo do qual não participa, sendo irrelevante a justificativa no sentido de que sofrerá eventual prejuízo de ordem econômica ou de qualquer outra natureza. A natureza desse interesse jurídico varia conforme a natureza da assistência – simples ou litisconsorcial –, sendo analisada em outro momento.

---

36 STJ, 3.ª Turma, REsp 213.556/RJ, Rel. Min. Nancy Andrighi, j. 20.08.2001.

37 Baptista da Silva, *Comentários*, p. 258; Scarpinella Bueno, *Partes*, p. 140, dando dois exemplos: art. 59, § 2.º, da Lei 8.245/1991 (Locação) e art. 89 da Lei 8.884/1994.

6.2.2. Assistência simples (adesiva)

Essa é a espécie tradicional de assistência, tanto assim que a locução isolada "assistência" significa *assistência simples*, também chamada de *adesiva*. Conforme visto, só se permite a assistência se houver um interesse jurídico do terceiro na solução da demanda, representado no caso pela existência de uma **relação jurídica não controvertida**, distinta daquela discutida no processo entre o assistente (terceiro) e o assistido (autor ou réu), que possa vir a ser **afetada pela decisão** a ser proferida no processo do qual não participa.

O tradicional exemplo lembrado pela doutrina é a intervenção assistencial do sublocatário na ação de despejo promovida pelo locador contra o locatário. Nesse caso o sublocatário mantém com o locatário uma relação jurídica não controvertida, diversa daquela discutida no processo, que será afetada na hipótese de sentença de procedência que decrete o despejo, sendo admissível a intervenção do sublocatário como assistente, para auxiliar o locatário a se sagrar vitorioso no processo, única forma de evitar seu prejuízo jurídico. É evidente que esse exemplo considera que a sublocação não fez parte do contrato originário, porque nesse caso não seria hipótese de assistência, mas de litisconsórcio passivo necessário.

Nem sempre se mostra fácil a identificação da natureza do interesse do terceiro diante da decisão a ser proferida no processo, até mesmo porque o interesse jurídico invariavelmente tem reflexos econômicos, morais ou de outra natureza[38]. Conforme corretamente decidiu o Superior Tribunal de Justiça, a existência de um interesse econômico não desnatura o interesse jurídico[39]. A única forma de distingui-los será a análise cuidadosa a respeito da existência da relação jurídica entre terceiro e a parte que venha a ser afetada pela decisão judicial. Somente com a sua existência haverá o interesse apto a justificar a assistência.

Tome-se como exemplo o proprietário de imóvel que recebe a notícia de que em frente de sua casa será construído o *shopping center* mais charmoso da cidade. Esse fato naturalmente gerará inúmeros efeitos, entre eles a valorização do imóvel. Havendo uma ação judicial proposta contra a construção do *shopping center*, o proprietário do imóvel terá inegavelmente um interesse econômico na solução da demanda. Ocorre, entretanto, que lhe faltará a relação jurídica com uma das partes, sendo inviável o seu ingresso no processo como assistente. O mesmo, entretanto, não ocorreria com o seu vizinho, que, em vez de pensar em vender seu imóvel, celebrou contrato de locação de um espaço no *shopping center* que seria construído. Nesse caso, existe a relação jurídica entre o terceiro e a parte, e, embora também se possa falar em interesse econômico – afinal o espaço locado presumidamente será explorado comercialmente –, este é decorrência do interesse jurídico, sendo admissível a intervenção do terceiro no processo como assistente.

---

38 Arruda Alvim, *Manual*, p. 119.

39 *Informativo* 421/STJ: 3.ª Turma, REsp 1.128.789/RJ, rel. Min. Nancy Andrighi, j. 02.02.2010.

Note-se, entretanto, que não basta a existência da relação jurídica não controvertida entre o terceiro e a parte, sendo ainda necessário que essa relação jurídica seja diretamente afetada em virtude da decisão a ser proferida no processo. Em razão disso, não se admite como assistente o credor de um sujeito que esteja sendo demandado na ação de cobrança. É evidente que nesse caso interessa ao terceiro a improcedência da ação, mantendo-se inalterada a situação patrimonial do seu devedor, existindo também relação jurídica entre ele e uma das partes. A assistência, entretanto, não será admitida em virtude da não afetação dessa relação jurídica, mantida entre a parte e o terceiro, pela decisão a ser proferida no processo. Na realidade, o interesse nesse caso é meramente econômico, ainda que exista entre as partes uma relação jurídica.

6.2.3. Assistência litisconsorcial (qualificada)

Prevista pelo art. 54 do CPC, a assistência litisconsorcial é excepcional, diferenciando-se substancialmente da assistência simples. A principal diferença entre essas duas espécies de assistência diz respeito à natureza da relação jurídica controvertida apta a permitir o ingresso do terceiro no processo como assistente. Na assistência litisconsorcial o **terceiro é titular da relação jurídica de direito material discutida no processo**, sendo, portanto, diretamente atingido em sua esfera jurídica pela decisão a ser proferida. Dessa forma, o assistente litisconsorcial tem relação jurídica tanto com o assistido quanto com a parte contrária, afinal todos eles participam da mesma relação de direito material, diferente do que ocorre no litisconsórcio simples, no qual não há relação jurídica do assistente com o adversário do assistido.

Certamente causa estranheza num primeiro momento a verificação de que para que exista a assistência litisconsorcial seja necessário que o titular do direito não faça parte do processo que tenha como objeto justamente o seu direito. Em regra, tal situação não poderia ocorrer, mas excepcionalmente admitir-se-á que terceiro titular do direito não participe do processo em que o seu direito é discutido. Trata-se das hipóteses de legitimação extraordinária, pela qual é possível que seja parte processual um sujeito que não é titular do direito (substituição processual) ou de sujeito que é titular juntamente com outros sujeitos (cotitulares) que não precisam participar do processo para que este seja válido e eficaz[40].

A assistência litisconsorcial somente é possível nos casos de litisconsórcio facultativo, porque somente nesse caso o titular do direito poderá ser excluído da demanda por vontade das partes. Significa dizer que, se porventura o autor tivesse formado o litisconsórcio entre todos os titulares do direito, não haveria terceiros a ingressar como assistentes. Como esse litisconsórcio, entretanto, é facultativo, uma vez não formado por vontade do autor, os titulares do direito que ficaram de

[40] STJ, REsp 802.342/PR, 4.ª Turma, rel. Min. Fernando Gonçalves, j. 09.12.2008, DJe 02.02.2009; Arruda Alvim, *Manual*, n. 43, p. 117.

fora da relação jurídica processual serão os terceiros que, querendo, ingressarão no processo alheio como assistentes litisconsorciais.

Promovida demanda judicial por um dos sócios para a anulação da assembleia, os demais sócios poderão intervir no processo como assistentes litisconsorciais, considerando-se que também são titulares do direito discutido. O mesmo ocorre na hipótese de apenas um condômino estar sozinho em juízo defendendo o bem em condomínio, admitindo-se a intervenção dos demais condôminos, que também são titulares do direito discutido no processo, como assistentes litisconsorciais. Outro tradicional exemplo de assistente litisconsorcial é verificado na alienação de coisa litigiosa (art. 42 do CPC) sempre que o autor não permitir a alteração do polo passivo e o réu originário passar a atuar em nome próprio em defesa do interesse do terceiro adquirente (substituição processual). Nesse caso, por ser titular do direito discutido no processo, o terceiro adquirente poderá ingressar no processo como assistente litisconsorcial.

6.2.3.1. *Assistente litisconsorcial ou litisconsorte facultativo unitário?*

Existe divergência – com ao menos uma importante consequência prática – a respeito da real qualidade processual do terceiro que ingressa no processo como assistente litisconsorcial: será efetivamente um assistente qualificado ou um litisconsorte da parte, tratando-se nesse caso de litisconsórcio ulterior?

A corrente doutrinária que defende que o substantivo *assistência* prepondera sobre o adjetivo *litisconsorcial*, afirma que a redação do art. 54 do CPC não estabelece que o assistente será considerado litisconsorte, simplesmente significando que o seu tratamento procedimental será de litisconsorte, mas a sua qualidade processual continua a ser de assistente. Sustenta-se que esse terceiro que ingressa no processo nada pede e contra ele nada é pedido, de forma que o seu ingresso não inclui no processo qualquer nova demanda, o que é suficiente para não considerá-lo parte[41].

Não parece ser esse, entretanto, o melhor entendimento, porque o fato de o terceiro que ingressa no processo não fazer pedido ou contra ele nada ser pedido é irrelevante na definição de sua posição jurídica processual[42]. Na realidade, fazendo ou não o pedido ou sendo ou não feito pedido contra ele, por ser o titular do direito material discutido no processo, o acolhimento ou a rejeição o atingirá da mesma forma que o atingiria se o sujeito tivesse feito pedido ou contra ele tivesse sido feito qualquer pedido. O que precisa restar claro é que o pedido será sempre o mesmo, esteja o sujeito presente ou não no início da demanda, tornando-se absolutamente irrelevante o fato de aquele pedido ser feito expressamente por ele ou contra ele.

---

[41] Dinamarco, *Instituições*, p. 388; Bedaque, *Código*, p. 162; Gusmão Carneiro, *Intervenção*, p. 145; Arruda Alvim, *Manual*, n. 43, p. 117-118.

[42] Marinoni, *Sobre*, p. 255.

Intervindo no processo, passa a ser parte, sendo tal constatação inegável até porque o mesmo ocorre com o assistente simples. E também será parte na demanda, considerando-se que é titular do direito discutido no processo. Tendo o terceiro legitimidade para participar do processo e somente não o fazendo desde o início por vontade do autor, a partir do instante em que passa a fazer parte da relação jurídica processual, como titular do direito discutido, deverá ser considerado parte na demanda.

A conclusão, portanto, é de inexistência da figura jurídica criada pelo art. 54 do CPC, considerando-se que o assistente litisconsorcial na verdade é reputado autor ou réu a partir do momento em que ingressa no processo, em verdadeira hipótese de **litisconsórcio facultativo ulterior**[43]. De qualquer forma, mesmo a doutrina que defende a existência de assistência litisconsorcial, é tranquila em afirmar que, embora não seja litisconsorte, esse assistente é tratado, no tocante à aplicação das regras procedimentais, como se o fosse[44].

6.2.4. Procedimento da assistência

O terceiro que se considera assistente – seja simples ou litisconsorcial – deverá requerer seu ingresso no processo por meio de **petição devidamente fundamentada**, expondo em especial o interesse jurídico que legitima a sua intervenção como assistente. Não há necessidade de preenchimento dos requisitos formais previstos para a petição inicial pelo art. 282 do CPC, considerando-se que o único pedido que o terceiro formula é para ingressar no processo, não levando ao processo qualquer outra pretensão[45].

Esse pedido é admitido em qualquer processo, inclusive no de execução, como exposto no Capítulo 36, item 36.5.1, e em qualquer procedimento, seja ele comum (ordinário e sumário, art. 280 do CPC) ou especial, de jurisdição contenciosa ou voluntária. A exceção fica por conta do procedimento sumaríssimo dos Juizados Especiais Cíveis (art. 10 da Lei 9.099/1995), na ADI e ADECON (art. 7.º da Lei 9.868/1999), havendo divergência a respeito de seu cabimento no mandado de segurança[46], ainda que o Superior Tribunal de Justiça tenha entendimento pacificado pelo não cabimento da assistência simples[47].

A amplitude da assistência vem confirmada pela regra de que o assistente pode ingressar no processo a **qualquer momento** do procedimento (desde a petição inicial até o trânsito em julgado), ainda que nesse caso seja observado o

---

43 STJ, REsp 616.485/DF, 2.ª Turma, rel. Min. Eliana Calmon, j. 11.04.2006, *DJ* 22.05.2006, p. 180; Baptista da Silva, *Comentários*, p. 272-299.

44 Alvim, *Da assistência*, p. 47; Arruda Alvim, *Manual*, n. 43, p. 118.

45 Nery-Nery, *Código*, p. 423; Gusmão Carneiro, *Intervenção*, p. 143; Nogueira, *Curso*, p. 181. Contra: Scarpinella Bueno, *Partes*, p. 141.

46 Baptista da Silva, *Comentários*, p. 264-265.

47 STJ, AgRg no REsp 1.071.151/RJ, 2.ª Turma, rel. Min. Humberto Martins, j. 18.12.2008, *DJe* 16.02.2009; REsp 617.258/RJ, 1.ª Turma, rel. Min. Teori Zavascki, j. 28.11.2006, *DJ* 07.12.2006, p. 272.

fenômeno processual da preclusão. Assim, o assistente recebe o processo no estado em que ele se encontra (art. 50, parágrafo único, do CPC), ou seja, os atos já praticados estarão protegidos pela preclusão e não serão repetidos ou praticados originariamente, sendo a atuação do assistente válida somente do momento de seu ingresso em diante.

Conforme previsão do art. 51 do CPC, não havendo impugnação dentro de 5 dias, o pedido do assistente será deferido. A interpretação literal desse dispositivo legal poderá levar o operador à conclusão equivocada, sendo imprescindível uma análise mais cuidadosa do seu real significado. Interposto o pedido de assistência, o juiz poderá indeferi-lo liminarmente, no caso de perceber a manifesta inadmissibilidade da intervenção. Não o fazendo, intimará as partes, abrindo-se prazo de 5 dias para a apresentação de impugnação, que, por ser mero ônus processual, dependerá da vontade das partes para existir no caso concreto. O texto do dispositivo legal ora comentado afirma que, não havendo a impugnação por ambas as partes, o pedido de assistência será deferido, dando-se uma falsa impressão de que o deferimento é uma decorrência lógica e inexorável da ausência de manifestação, o que, na realidade, não ocorre. Mesmo que não haja impugnação o juiz poderá indeferir o pedido de assistência se entendê-lo incabível, porque não ocorre nesse caso preclusão para o juiz. Dessa forma, após o transcurso do prazo de 5 dias sem impugnação das partes, o juiz decidirá pelo deferimento ou não do pedido de assistência[48].

Havendo impugnação de uma ou de ambas as partes, serão desentranhadas dos autos principais a peça do pedido de intervenção e a(s) impugnação(ões), que formarão novos autos, autuados em apenso. Sendo necessária a produção de prova, o juiz a determinará e no prazo de 5 dias (prazo impróprio) decidirá o incidente. A instauração desse incidente **não suspenderá o andamento do procedimento principal**, que continuará a tramitar normalmente. O procedimento, bastante simples e concentrado, costuma ser realizado em breve lapso temporal, não gerando significativos prejuízos ao assistente, que somente poderá passar a atuar no processo a partir do momento em que tiver o seu pedido de intervenção acolhido.

> A única novidade do PLNCPC a respeito da assistência é encontrada no art. 309, que além de causar a falsa impressão de que o silêncio das partes é o suficiente para o acolhimento do pedido, determina que a questão deva ser resolvida nos próprios autos principais quando uma ou ambas as partes impugnarem o pedido de intervenção do terceiro. Como o PLNCPC prevê hipóteses específicas de cabimento de agravo de instrumento, o art. 309, parágrafo único, dispõe que dessa decisão caberá agravo de instrumento.

[48] Agrícola Barbi, *Comentários*, p. 217; Marinoni-Arenhart, *Manual*, p. 205.

O mesmo não se pode dizer da hipótese de indeferimento do pedido, com a rejeição do assistente, que poderá ocorrer tanto sem a criação do incidente processual previsto pelo art. 51 do CPC como por meio de seu julgamento. Nesse caso, a decisão terá natureza jurídica de decisão interlocutória, recorrível por agravo de instrumento, considerando-se que a decisão, apesar de ter como objeto uma das matérias do art. 267 do CPC, não extingue o processo, exigência do art. 267, *caput*, do CPC, para que a decisão seja considerada uma sentença.

Na hipótese de indeferimento do pedido de ingresso no processo somente terá legitimidade e interesse recursal o sujeito que teve seu pedido de ingresso no processo indeferido[49], considerando-se que a assistência é sempre voluntária, e se o terceiro abre mão de seu direito recursal significa – ainda que tacitamente – que não pretende mais ingressar no processo como assistente. O recurso interposto por uma das partes nessa situação poderia – quando provido – vincular um terceiro ao processo como assistente que porventura não tenha mais vontade de participar do processo nessa qualidade.

Também a decisão que deferir o pedido de assistência será recorrível por agravo de instrumento, tendo legitimidade e interesse recursal a(s) parte(s) que não concordar(em) com a intervenção do terceiro. Registre-se que nesse caso não há interesse recursal no agravo retido, porque a intervenção do assistente somente ocorreria no julgamento da apelação, ou seja, no final do procedimento. Além disso, haverá desistência tácita do agravo retido se o agravante não reiterar a sua pretensão de julgamento nas razões de apelação ou nas contrarrazões (art. 523, § 1.º, do CPC), atos que não serão praticados pelo sujeito que teve seu pedido de assistência indeferido, em razão da sua qualidade de terceiro.

O agravo de instrumento não possui, em regra, efeito suspensivo, de forma que, diante da rejeição do pedido, o processo prossegue sem a participação do terceiro. Apenas excepcionalmente haverá a suspensão do processo na hipótese de o agravante pedir e receber o efeito suspensivo, nos termos dos arts. 527, III, e 558 do CPC. Significa dizer que durante todo o trâmite procedimental para o julgamento do agravo os atos processuais serão praticados no processo, sem a presença do assistente. A questão a ser enfrentada é: caso o agravo seja provido, e por consequência o terceiro admitido como assistente, o que ocorrerá com os atos praticados depois de seu pedido de ingresso até o provimento do recurso?

Não parece correto entender que tais atos devam ser anulados para que, uma vez repetidos, contem com a participação do assistente, porque tal entendimento contrariaria frontalmente o princípio da economia processual[50]. Caso a intervenção do assistente se dê tardiamente, não haverá nenhum empecilho a seu ingresso no processo, até porque a assistência pode ocorrer a qualquer momento, mas é natural que, se em virtude do ingresso em processo já muito adiantado não tiver

---

49 Arruda Alvim, *Manual*, p. 133-134.

50 Scarpinella Bueno, *Partes*, p. 145-146.

efetiva participação, o assistente não sofra os efeitos da imutabilidade da justiça da decisão, prevista no art. 55 do CPC[51].

Há situações, entretanto, nas quais a espera pela definição do procedimento para a aceitação do terceiro poderá sacrificar significativamente a atuação daquele que pretende ingressar no processo como assistente. Não havendo a suspensão do processo em virtude do seu pedido, muitas vezes o transcurso do prazo até que seja aceito poderá impossibilitá-lo de praticar determinados atos processuais. Essa situação se verifica sempre que o pedido é feito durante a contagem de um prazo para a prática de determinado ato processual essencial ao processo. Nesse caso, o terceiro deverá ingressar no processo praticando o ato e pleiteando seu ingresso, única forma de garantir a prática do ato caso seja aceito, já que receberá o processo no estado em que ele se encontra. Tem importância fundamental esse entendimento no caso do prazo de contestação, situação na qual se mostrará legítimo ao assistente contestar e ao mesmo tempo pedir a sua intervenção[52].

6.2.5. Os poderes do assistente simples

O assistente simples não defende direito próprio na demanda, apenas auxiliando o assistido na defesa de seu direito, de forma que a sua atuação no processo está **condicionada à vontade do assistido**, não se admitindo que a sua atuação contrarie interesses deste. Essa subordinação da atuação do assistente simples, apesar de não estar prevista expressamente em lei, é decorrência natural das razões que fundamentam a participação do assistente no processo, não sendo crível que um sujeito que ingressa no processo com a função de auxiliar da parte atue contrariamente aos seus interesses[53].

Essa necessária condição de subordinação na atuação do assistente simples não significa que ele só possa praticar atos que o assistido já tenha praticado, porque nesse caso será muito limitada a atuação auxiliar desse assistente. A única postura vedada ao assistente simples é contrariar a **vontade expressa do assistido**, praticando ato processual contrário a ato processual praticado pelo assistido em sentido diverso do pretendido pelo assistente. Não há, entretanto, nenhum obstáculo para praticar atos diante da mera omissão do assistido, entendimento, inclusive, que otimiza a atuação do assistente simples, considerando-se que somente repetir o que já foi realizado pelo assistido seria delimitar demasiadamente a importância do auxílio prestado pelo assistente[54].

Há algumas interessantes situações em que ficam claros quais os reais limites de atuação do assistente simples. No tocante à produção probatória, admite-se o

[51] Arruda Alvim, *Manual*, n. 45, p. 122.

[52] Calmon de Passos, *Comentários*, p. 371.

[53] Arruda Alvim, *Manual*, n. 48, p. 128; Marinoni-Arenhart, *Manual*, p. 185. Contra: Baptista da Silva, *Comentários*, p. 268-271.

[54] Gusmão Carneiro, *Intervenção*, p. 146; Bedaque, *Código*, p. 161; Arruda Alvim, *Manual*, n. 48, p. 128.

pedido de produção de prova por parte do assistente, ainda que o assistido tenha quedado em silêncio a esse respeito. O mesmo não se pode dizer na hipótese de o assistido ter expressamente se manifestado nos autos requerendo o julgamento antecipado da lide (art. 330 do CPC), porque nesse caso a produção de prova contraria a vontade expressamente manifestada pelo assistido. O mesmo se pode dizer do recurso, sendo admissível a interposição de recurso pelo assistido ainda que o assistente não tenha recorrido, o que lhe será vedado, entretanto, se houver no processo a renúncia ao direito de recorrer ou um ato de aquiescência do assistido. Registre-se, entretanto, que o Superior Tribunal de Justiça, modificando seu antigo posicionamento, passou a entender pela inadmissibilidade do recurso do assistente diante da inércia recursal do assistido, com fundamento ora na falta de legitimidade, ora pela falta de interesse do assistente[55]. Registre-se que, praticado o ato pelo assistente na omissão do assistido, sua eficácia ficará condicionada a ausência de uma manifestação posterior contrária expressa por parte deste[56].

> João ingressa como assistente de Fernanda em processo movido contra ela por Olga. No prazo de resposta João ingressa com exceção de incompetência, sendo que Fernanda apenas apresenta contestação. Nesse caso, diante do silêncio de Fernanda (assistida) o ato de excepcionar o juízo praticado por João (assistente) é legítimo, mas sua eficácia está condicionada à manifestação posterior de Fernanda: (a) caso entenda favorável a ela o ato praticado por João, a exceção segue normalmente; (b) caso entenda prejudicial aos seus interesses, basta requerer a extinção da exceção de incompetência sem a resolução de seu mérito.

Em virtude de não estar em juízo defendendo interesse próprio, é integralmente aplicável ao assistente simples o art. 53 do CPC, não podendo esse assistente se opor a atos de disposição – tanto de direito material quanto de direito processual – praticados pelo assistido. Dessa forma, reconhecido juridicamente o pedido, ocorrendo a renúncia ou transação, bem como a desistência da ação, o processo será extinto, e nada poderá fazer contra isso o assistente simples, dada a natureza nitidamente acessória dessa espécie de intervenção. É indubitável, entretanto, que a prática de tais atos processuais será determinante na aplicação ou não do art. 55 do CPC (imutabilidade da justiça da decisão), tema a ser abordado em momento próprio.

Há uma interessante especialidade no tocante à atuação do assistente simples prevista pelo art. 52, parágrafo único do CPC, que prevê a hipótese de revelia do assistido, considerando que nesse caso o assistente será seu gestor de negócios. Há uma falha gritante no dispositivo legal. A qualidade que o assistente assume no processo não é propriamente de gestor de negócios, instituto de direito material, mas de substituto processual, já que o mesmo passará a atuar em nome próprio

---

[55] STJ, 1.ª Turma, REsp 1.093.191/PE, rel. Min. Benedito Gonçalves,. j. 11.11.2008, *DJe* 19.11.2008, REsp 1.056.127/PE; STJ, 2.ª Turma, rel. Min. Mauro Campbell Marques, j. 19.08.2008, *DJe* 16.09.2008, *Informativo* 385/STJ, 3.ª Turma, REsp 585.395-MT, rel. Nancy Andrighi, j. 03.03.2009.

[56] Couto Maurício, *Assistência*, p. 124; Arruda Alvim, *Manual*, n. 48, p. 128.

na defesa do interesse de outrem (assistido revel)[57]. Cumpre consignar, entretanto, que se trata de uma espécie *sui generis* de substituição processual, considerando-se que o "substituído" faz parte da relação jurídica processual, sendo somente uma parte relapsa em se defender.

Atuando como substituto processual, sua atuação processual será plena, somente não atingindo atos de disposição de direito material, que a ele serão vetados. Poderá, assim, contestar[58], pedir e participar da produção de provas, bem como recorrer livremente das decisões judiciais, mas não poderá reconhecer juridicamente o pedido ou transacionar. Como o revel é admitido a qualquer momento do processo, caso ocorra o ingresso do assistido, o assistente deixará de ser seu substituto processual, retomando a sua posição tradicional de mero auxiliar da parte.

6.2.6. Os poderes do assistente litisconsorcial

Já foi devidamente explorada a polêmica a respeito da real qualidade jurídica do assistente litisconsorcial, chegando-se à conclusão que interessa a respeito de seus poderes de atuação no processo: seja ou não litisconsorte do assistido, será tratado como tal. Assim sendo, o assistente litisconsorcial atuará no processo como se fosse um litisconsorte unitário, sendo a ele aplicáveis todas as considerações já feitas no Capítulo 5, item 5.10.

Justamente em virtude de o assistente litisconsorcial ser também titular do direito que compõe o objeto do processo, os atos de disposição praticados exclusivamente pelo assistido não terão nenhum efeito, sendo necessário que ambos pratiquem tais atos, como renunciar ao direito, reconhecer juridicamente o pedido, transacionar ou desistir da ação. Significa dizer que o art. 53 do CPC, que determina a natureza acessória da assistência, não será aplicado na hipótese da assistência litisconsorcial, considerada autônoma em relação à ação principal[59].

Também em virtude da especialidade da assistência formada quando o terceiro é titular da relação jurídica de direito material discutida no processo, não se aplica à assistência litisconsorcial o art. 52, parágrafo único, do CPC, que, conforme já visto, transforma o assistente em substituto processual do assistido revel. Na assistência litisconsorcial o assistente é titular do direito discutido na demanda, de forma que, caso ingresse em processo no qual o assistido é revel, não será jamais seu substituto processual, porque afinal estará em nome próprio litigando por interesse próprio.

---

57 Assim Greco Filho, *A intervenção*, p. 68, e Câmara, *Lições*, p. 188.

58 Baptista da Silva, *Comentários*, p. 271.

59 Arruda Alvim, *Manual*, p. 129.

6.2.7. Imutabilidade da justiça da decisão

A participação do assistente no processo alheio gera um interessante efeito, previsto no art. 55 do CPC, que torna para ele imutável e indiscutível a justiça da decisão após o trânsito em julgado. Por justiça da decisão a doutrina corretamente entende os **fundamentos fáticos e jurídicos** que motivam a sentença. É efeito anômalo de imutabilidade e indiscutibilidade, considerando-se que o instituto típico que gera tal segurança jurídica é a coisa julgada material, que somente atinge o dispositivo da sentença, enquanto o art. 55 do CPC determina que tais efeitos sejam gerados relativamente à fundamentação da decisão.

Ao não poder mais discutir a justiça da decisão, o assistente ficará impedido de voltar a suscitar as questões já enfrentadas e resolvidas no processo em que interveio em futuro processo. Promovida ação de reparação de danos por acidente automobilístico, ingressando a seguradora como assistente do réu (que poderia tê-la denunciado à lide, mas não o fez) e acolhido o pedido do autor com o fundamento que o réu deu causa ao acidente, não poderá a seguradora – assistente na primeira demanda – na futura ação regressiva a ser promovida pelo segurado – assistido na primeira demanda – alegar que não deve ressarcir porque a responsabilidade pelo acidente é de terceiros e o contrato não cobre tal circunstância.

O próprio art. 55 do CPC traz duas exceções à regra prevista em seu *caput*, apontando duas circunstâncias nas quais o assistente não sofre o efeito da imutabilidade e indiscutibilidade da justiça da decisão. Trata-se da chamada *exceptio male gesti processus*, alegação de exceção de má gestão processual que afastará os efeitos do dispositivo legal ora comentado.

Sempre que se provar que, em razão do estado em que recebera o processo, ou pelas declarações e atos do assistido, foi **impedido de produzir provas suscetíveis de influir na sentença**, o assistente poderá voltar a discutir os fundamentos da decisão em futuro processo (art. 55, I, do CPC). Sendo possível a intervenção do assistente a qualquer momento do processo, é natural que, ingressando na relação jurídica processual em estágio adiantado do procedimento, não poderá mais produzir provas, deixando de influir de forma significativa no convencimento do juiz. Por outro lado, como o assistente – ao menos o simples – tem sua atuação subordinada à vontade do assistido, sempre que for impedido por este de produzir provas capazes de influir no convencimento do juiz, também não suportará os efeitos da eficácia da intervenção. É o caso, por exemplo, de o assistido pedir o julgamento antecipado da lide, tornando ineficaz o pedido de produção de prova feito pelo assistente.

Outro motivo para afastar a incidência da imutabilidade de indiscutibilidade da justiça da decisão é a demonstração pelo assistente de que **desconhecia a existência de alegações ou de provas** de que o assistido, por dolo ou culpa, não se valeu (art. 55, II, do CPC). Nessa hipótese busca-se evitar um prejuízo ao assistente em virtude de atuação deficitária do assistido no processo, seja de forma culposa ou dolosa. Não seria mesmo crível a geração de efeito danoso ao assistente na hipótese de desídia ou má-fé do assistido em fazer alegações ou produzir provas das quais o assistente não tinha conhecimento.

6.2.8. Justiça da decisão e coisa julgada

A doutrina costuma corretamente afirmar que a eficácia da intervenção prevista pelo art. 55 do CPC é ao mesmo tempo **mais ampla e mais restrita que a coisa julgada material**. É mais ampla porque atinge a fundamentação, não sendo possível imaginar hipótese em que o assistente possa discutir o dispositivo sem a alteração da fundamentação, enquanto a coisa julgada material limita-se ao dispositivo da sentença. É mais restrita porque existem exceções à sua geração fundadas na inexistência de efetiva participação do assistente no processo, ao passo que a coisa julgada material não é excepcionada em razão da forma de atuação das partes no processo[60].

O tratamento dos fenômenos da justiça da decisão e da coisa julgada dependerá da espécie de assistência.

O assistente simples não defende interesse próprio em juízo, não sendo titular da relação jurídica de direito material discutida no processo, de forma que a coisa julgada jamais o atingirá; já que no tocante a ela, embora participe do processo, será considerado terceiro[61]. É evidente que sofrerá os efeitos reflexos dessa decisão, visto que a relação jurídica não controvertida que mantém com uma das partes será atingida pelos efeitos da decisão, mas tais efeitos, que evidentemente não se confundem com a coisa julgada, seriam gerados com ou sem a participação do assistente no processo. Sua intervenção, entretanto, gerará os efeitos previstos pelo art. 55 do CPC, já enfrentado no tópico anterior.

Na hipótese de ser litisconsorcial a assistência, o terceiro que intervém é titular da relação de direito material discutida no processo, e por tal razão sofrerá de qualquer maneira os efeitos da coisa julgada, participando ou não do processo. Essa circunstância se justifica porque a assistência litisconsorcial só existe em hipóteses de legitimação extraordinária ou de pluralidade de titulares do direito sem que todos sejam obrigados a participar do processo, situações nas quais o titular do direito não participa do processo, mas sofre os efeitos da coisa julgada. Dessa forma, é incorreto afirmar que o assistente litisconsorcial sofre os efeitos da coisa julgada porque participou do processo; na realidade, sofre tais efeitos porque é titular da relação de direito material discutida no processo, sendo inexoravelmente atingido pela coisa julgada, participe ou não do processo[62].

Existiria nesse caso algum efeito ao assistente litisconsorcial que só é gerado em virtude de sua participação no processo? A resposta dependerá da corrente adotada a respeito da qualidade jurídica desse assistente no processo:

---

[60] Marinoni-Arenhart, *Manual*, p. 185-186; Arruda Alvim, *Manual*, n. 47, p. 126.

[61] Marinoni-Arenhart, *Manual*, p. 185; Baptista da Silva, *Comentários*, p. 299; Scarpinella Bueno, *Curso*, p. 483.

[62] Theodoro Jr., *Curso*, p. 136; Fux, *Curso*, p. 282; Arruda Alvim, *Manual*, n. 44, p. 118.

(a) para aqueles que entendem que o assistente litisconsorcial é um litisconsorte ulterior, a ele não se aplicará o art. 55 do CPC, porque nesse caso o terceiro, a partir do seu ingresso no processo, passa a ser litisconsorte, sendo que o art. 55 do CPC é de aplicação exclusiva ao assistente[63];

(b) para aqueles que sustentam que o assistente litisconsorcial é efetivamente um assistente, apesar de ser tratado como parte, sua participação no processo gera os efeitos do art. 55 do CPC[64].

Para a primeira corrente, portanto, a participação ou não do assistente litisconsorcial é irrelevante no tocante à coisa julgada (será gerada com ou sem sua participação) e a justiça de decisão (não será gerada nunca, participe ou não do processo); enquanto para a segunda, a participação ou não do assistente litisconsorcial é irrelevante no tocante à coisa julgada (será gerada com ou sem sua participação), sendo que a participação ou não do assistente litisconsorcial definirá se esse sujeito fica ou não vinculado à justiça da decisão.

6.3. OPOSIÇÃO

6.3.1. Conceito e natureza jurídica

O conceito de oposição vem previsto pelo art. 56 do CPC, que determina ser a oposição a forma pela qual um terceiro ingressa em processo alheio para excluir o direito de autor e réu, pleiteando o direito ou coisa sobre que controvertem esses sujeitos processuais. Significa dizer que por meio da oposição o **terceiro busca obter para si o direito ou a coisa** objeto de disputa entre as partes em processo já instaurado.

Por esse conceito legal, diferencia-se a oposição dos embargos de terceiro, não sendo correto o entendimento de que a diferença entre esses dois institutos está na existência de uma constrição judicial, existente somente nos embargos. É correta a afirmação de que só existem embargos de terceiro se houver uma indevida constrição judicial de bem de terceiro, mas a mera existência dessa constrição não é o suficiente para diferenciar os institutos, considerando-se que também é possível existir uma oposição diante de uma constrição judicial. A diferença, na realidade, diz respeito ao objeto desses dois institutos jurídicos: nos embargos de terceiro não interessa ao terceiro o direito material discutido na ação principal, porque para ele é irrelevante a determinação de ter razão nessa demanda autor ou réu, bastando a demonstração de que a constrição foi realizada indevidamente e que o bem constrito deve ser liberado; já na oposição, o terceiro terá que discutir o direito material controvertido no processo entre autor e réu, porque será do convencimento de que o direito material não é de um nem do outro, mas seu, que dependerá a vitória do opoente[65].

---

[63] Baptista da Silva, *Comentários*, p. 299-300.

[64] Arruda Alvim, *Manual*, n. 44, p. 118; Scarpinella Bueno, *Curso*, p. 484.

[65] Dinamarco, *Intervenção*, p. 58-60; Bedaque, *Código*, p. 165.

Quanto à natureza jurídica do instituto, existem três correntes doutrinárias:

(a) os que defendem não se tratar de intervenção de terceiro, mas de demanda autônoma movida pelo opoente contra autor e réu de processo já instaurado, em hipótese de cumulação objetiva de lides[66];

(b) os que defendem tratar-se sempre de uma espécie de intervenção de terceiro[67];

(c) os que defendem que a natureza jurídica dependerá do momento de interposição da oposição: se realizada antes do início da audiência de instrução será uma espécie de intervenção de terceiro; após esse momento, será uma demanda autônoma[68].

O importante é perceber, e nisso a doutrina tem entendimento uníssono, que a **oposição é uma ação**, sendo preferível entendê-la, conforme o momento de sua interposição, uma intervenção-ação ou somente uma ação. Essa distinção ocorre em razão das diferentes realidades procedimentais disciplinadas por lei para essas duas situações (arts. 59 e 60 do CPC).

Sendo interposta antes do início da audiência de instrução, a oposição será distribuída por dependência (art. 109 do CPC), apensada aos autos principais, e passará a ter um procedimento conjunto com o da ação originária, inclusive com a prolação de uma mesma sentença. Essa identidade procedimental é suficiente para entender que nesse caso a oposição é uma espécie de intervenção de terceiros. Apresentada depois do início da audiência, a oposição continuará a ser distribuída por dependência (art. 109 do CPC), mas não será autuada em apenso, e o seu procedimento será independente do procedimento da ação principal. Daí afirmar que a oposição, nesse caso, não é uma espécie de intervenção de terceiros, mas uma mera ação. Ocorre, entretanto, que o juiz poderá suspender o procedimento da ação principal pelo prazo máximo de 90 dias, objetivando que o procedimento da oposição atinja o mesmo patamar procedimental da ação originária, hipótese na qual as ações passarão a ter o mesmo procedimento, inclusive com a prolação de uma mesma sentença, sendo aconselhável a reunião dos autos[69]. Nesse caso, é inegável que a oposição toma a natureza de uma intervenção de terceiros, ainda que num primeiro momento não fosse essa a sua natureza jurídica.

6.3.2. Espécies de oposição

6.3.2.1. *Intervenção de terceiro (art. 59 do CPC)*

Quando considerada uma espécie de intervenção de terceiros, será uma **intervenção voluntária**, considerando-se que o terceiro ingressa com a oposição como fruto exclusivo da sua vontade. É indiscutível que o terceiro poderá aguardar

[66] Greco Filho, *Da intervenção*, p. 50; Baptista da Silva, *Comentários*, p. 306-307.

[67] Scarpinella Bueno, *Partes*, p. 177.

[68] Dinamarco, *Intervenção*, p. 37-41; Gusmão Carneiro, *Intervenção*, p. 70-71; Bedaque, *Código*, p. 169-171.

[69] Câmara, *Lições*, v. 1, p. 176.

a solução do processo já existente, optando pela definição judicial do vencedor para só então demandar contra o vitorioso. Não é possível, portanto, coagir um terceiro a ingressar com a oposição, o que demonstra claramente tratar-se de uma intervenção-ação promovida pelo terceiro, dado que o exercício do direito de demandar é sempre voluntário.

O legislador imaginou que, antes de iniciada a audiência de instrução, o procedimento da ação principal suportaria aguardar o desenvolvimento procedimental inicial da oposição para que, uma vez estando ambas as ações no mesmo estágio procedimental, passassem a ter um mesmo procedimento, o que significa basicamente dizer que teriam a mesma instrução probatória e a mesma fase decisória. Julgando-se a oposição e a ação originária numa mesma sentença, o juiz resolverá antes a oposição (art. 61 do CPC), em razão de evidente **prejudicialidade** em relação à ação originária: julgada procedente a oposição, a ação principal perde o objeto, porque, sendo o direito ou coisa do opoente, não tem sentido discutir se tal direito ou coisa é do autor ou do réu da ação originária. Sendo julgada improcedente a oposição, o juiz passa à análise da ação principal para decidir se a coisa ou direito é do autor ou do réu da ação originária.

6.3.2.2. *Oposição como ação*

Seguindo a premissa adotada, entendo com parcela da doutrina que, interposta a oposição depois de iniciada a audiência de instrução, não haverá propriamente uma intervenção de terceiros, mas a propositura de uma ação-oposição contra o autor e réu de uma demanda já existente. Ainda que tenha nesse caso a natureza de ação, continua a tratar-se de oposição, e não de mera ação autônoma, em razão de uma característica prevista pelo art. 60 do CPC: a possibilidade de **sobrestamento** do procedimento da ação principal num prazo máximo de 90 dias. Caso se tratasse de uma demanda independente, não seria correta a admissão dessa suspensão, que obviamente sacrifica o direito de autor e réu da chamada "ação principal" em conseguir dentro do menor prazo possível a tutela jurisdicional.

A petição inicial da oposição não será autuada em apenso, mas será "distribuída por dependência" ao juízo em que tramita a ação originária (art. 109 do CPC). Esse fato, entretanto, não é suficiente para caracterizar a ação como oposição, porque em razão da evidente conexão entre as demandas a "distribuição por dependência" à ação principal ocorreria de qualquer forma, em virtude da prevenção do juízo em que tramita a ação originária. O que distingue essa ação-oposição de uma ação autônoma, conforme já afirmado, é o sobrestamento do procedimento da ação originária pelo prazo máximo de 90 dias, na tentativa de que, obtendo-se uma identidade de estágio procedimental, sigam a ação originária e a oposição um mesmo procedimento, com a prolação de uma sentença decidindo ambas as ações.

6.3.2.3. *Oposição após a sentença?*

Diz o art. 56 do CPC que a oposição só pode ser oferecida **até a prolação da sentença**. Doutrina minoritária entende que a restrição legal não é legítima, admitindo a propositura da oposição até o trânsito em julgado da decisão proferida na ação já existente entre autor e réu. O entendimento é a meu ver equivocado, porque não se pode confundir o direito de ação com o direito de oferecer oposição, não havendo nenhuma ilegalidade na restrição à prática de determinado ato – oferecimento da oposição – a partir de um determinado momento procedimental – prolação da sentença.

É claro que, mesmo após a sentença, o direito de ação do terceiro continua a existir, e esse direito realmente a lei processual não pode afastar, mas nesse caso não mais haverá oposição, mas uma demanda independente proposta por um autor contra dois réus em litisconsórcio, que no caso já discutem em outro processo já sentenciado o direito ou coisa que será objeto dessa ação[70]. São duas as consequências práticas: não haverá "distribuição por dependência", devendo a ação ser distribuída livremente, porque nesse caso não há mais que falar em reunião de demandas em razão da conexão e não há previsão legal que exija essa distribuição dirigida; além disso, não cabe o sobrestamento do procedimento da ação originária, previsto no art. 60 do CPC, até porque a inutilidade dessa paralisação é evidente diante do propósito do sobrestamento.

6.3.3. Procedimento

Tratando-se de intervenção-ação ou mesmo de oposição-ação, o opoente estará ingressando com demanda contra autor e réu da ação originária, exigindo-se a apresentação de **petição inicial** com o preenchimento dos requisitos formais previstos nos arts. 282 e 283 do CPC. Nessa petição inicial já se encontrará formado um litisconsórcio no polo passivo entre autor e réu da demanda originária. Trata-se de litisconsórcio:

(a) inicial[71], porque no momento em que a oposição – que tem natureza de ação – é oferecida já está formado;

(b) passivo, porque formado no polo passivo;

(c) necessário[72], porque está previsto expressamente em lei a obrigatoriedade de sua formação – e mesmo que não estivesse é decorrência lógica da oposição, visto que na mesma o opoente pretende obter o bem da vida discutido entre autor e réu da demanda originária;

(d) simples, porque o juiz não está obrigado a decidir da mesma forma para ambos os litisconsortes.

---

[70] Scarpinella Bueno, *Curso*, p. 491; Câmara, *Lições*, v. 1, p. 176. Para Arruda Alvim, *Manual*, n. 55, p. 140, nesse caso a ação só terá o nome de oposição.

[71] Contra Didier, *Curso*, p. 341.

[72] Entendimento uníssono na doutrina. Por todos: Gusmão Carneiro, *Intervenção*, p. 68.

Observe-se que o litisconsórcio é simples em razão da previsão do art. 58 do CPC, ao admitir que diante do reconhecimento jurídico do pedido por um dos opostos a demanda siga relativamente ao outro. Trata-se de aplicação da regra da autonomia dos litisconsortes (art. 48 do CPC), que permite que o ato de disposição de direito praticado por um dos litisconsortes gere seus regulares efeitos mesmo sem a anuência e coparticipação dos demais litisconsortes, sendo tal regra aplicável exclusivamente ao litisconsórcio simples. Caso se tratasse de litisconsórcio unitário, o reconhecimento jurídico do pedido por somente um dos litisconsortes não geraria nenhum efeito no processo[73]. Com entendimento minoritário, parcela doutrinária entende tratar-se de litisconsórcio unitário, como decorrência da imprescindível coerência ou compatibilidade que deve existir no julgamento da oposição em face dos opostos, dando menor importância à identidade plena de destinos desses opostos no plano material[74].

Diz o art. 57 do CPC que os opostos serão **citados na pessoa dos seus respectivos advogados**, existindo polêmica na doutrina a respeito da forma pela qual essa citação deverá ser realizada. Para parcela da doutrina, a mera publicação no diário oficial do nome dos advogados dos opostos encontra fundamento no princípio da celeridade e economia processual, sendo inegavelmente o meio mais rápido e barato de comunicação, sem grave prejuízo para a segurança jurídica[75]. Para a parcela doutrinária majoritária, apesar de realizada em nome dos advogados, não basta uma mera publicação no diário oficial, devendo a citação ser pessoal, pelas vias tradicionais de citação (carta AR, oficial, edital, meio eletrônico)[76]. É uníssono o entendimento de que o advogado não precisa ter poderes expressos para receber citação[77].

A exceção a essa regra fica por conta de o réu da demanda originária ser revel, quando será citado pessoalmente, conforme prevê o dispositivo ora analisado. Na realidade, mais uma vez o legislador confunde a revelia com os seus efeitos, porque, mesmo sendo o réu revel – ausência jurídica de contestação –, caso tenha advogado constituído, será admissível a aplicação da regra estabelecida pelo art. 57 do CPC.

O prazo de contestação está expressamente previsto no artigo supramencionado como de 15 dias, e ainda que os opostos necessariamente tenham advogados diferentes – afinal são adversários na demanda originária – não se aplicará a regra de contagem do prazo em dobro do art. 191 do CPC. A regra específica prevalece nesse caso sobre a regra geral[78]. A partir desse momento, em conjunto com a demanda originária ou de forma independente, o procedimento da oposição seguirá o rito ordinário, com o julgamento da oposição sendo

---

73 Gusmão Carneiro, *Intervenção*, p. 68; Scarpinella Bueno, *Partes*, p. 182-183; Arruda Alvim, *Manual*, n. 57, p. 142.

74 Dinamarco, *Intervenção*, p. 91-93; Bedaque, *Código*, p. 168; Fux, *Curso*, p. 296.

75 Scarpinella Bueno, *Curso*, p. 489.

76 Dinamarco, *Intervenção*, n. 51, p. 96; Bedaque, *Código*, p. 167; Baptista da Silva, *Comentários*, p. 314.

77 Por todos, Agrícola Barbi, *Comentários*, n. 363, p. 231.

78 Dinamarco, *Intervenção*, n. 51, p. 96; Baptista da Silva, *Comentários*, p. 314; Bedaque, *Código*, p. 167; Contra: Agrícola Barbi, *Comentários*, n. 364, p. 231-232.

realizado antes do julgamento da ação principal quando ambas forem julgadas ao mesmo tempo.

6.3.4. Recurso cabível contra decisão da oposição

Sempre que a oposição e a ação originária são julgadas conjuntamente, não resta nenhuma dúvida de que o pronunciamento judicial que as decide é uma sentença, recorrível por apelação. Como visto, entretanto, nem sempre ocorrerá esse julgamento conjunto, sendo possível – ainda que não desejável – a prolação de decisões da oposição e da ação originária em momentos procedimentais distintos. No caso de decisão isolada da oposição, torna-se indispensável para a determinação da natureza desse ato decisório a anterior definição da natureza jurídica da oposição.

Acredito não existirem maiores problemas na hipótese de julgamento anterior da ação originária, com posterior julgamento da oposição quando não se tratar de intervenção de terceiros (oferecida depois do início da audiência de instrução), porque nesse caso estar-se-á diante de duas ações distintas, sendo cabível a apelação contra a decisão de cada uma delas. A questão ganha interesse na hipótese de indeferimento liminar da oposição enquanto a ação originária ainda não foi julgada. Para a parcela doutrinária que defende o entendimento no sentido de que, independentemente do momento de oferecimento, a oposição é sempre uma ação, essa decisão será uma sentença, recorrível por apelação[79]. A doutrina que defende a natureza de intervenção de terceiros da oposição entende que a sua extinção prematura se dá por meio de decisão interlocutória, recorrível pelo recurso de agravo de instrumento[80].

É fácil notar que, a depender da premissa criada a respeito da natureza jurídica da oposição, se determinará a natureza da decisão que a extingue prematuramente. Não sendo possível apontar unanimidade da doutrina a respeito do tema, a hipótese é típica para a aplicação do princípio da **fungibilidade recursal**[81].

6.3.5. Demanda bifronte

O opoente tem uma dupla pretensão, dirigida contra o autor e réu da ação originária, tendo natureza declaratória contra o autor e condenatória contra o réu, sendo invertidas tais pretensões quando a demanda originária for declaratória negativa[82]. Fala-se, então, que a oposição tem uma natureza bifronte[83], de forma que, extinta

[79] Baptista da Silva, *Comentários*, p. 316.

[80] Dinamarco, *Intervenção*, n. 51, p. 96; Arruda Alvim, *Manual*, n. 60, p. 143.

[81] Bedaque, *Código*, p. 169.

[82] Greco Filho, *Da intervenção*, p. 50; Câmara, *Lições*, p. 175.

[83] Dinamarco, *Intervenção*, p. 55-57.

a ação originária por qualquer razão, não há motivo para a extinção da oposição. Razões de economia processual determinam a continuidade da oposição, não havendo sentido a sua extinção, com a inutilização de todos os atos processuais já praticados. Ocorre, nesse caso, uma **diminuição subjetiva e objetiva da demanda de oposição** – que na realidade nem mais deverá ser assim chamada, porque a oposição depende da existência de outra ação em que figurem como adversários os opostos, o que não mais se verificará. Extinta a demanda principal sem resolução de mérito ou julgada improcedente, a oposição continua contra o réu da já extinta demanda originária; extinta a demanda com julgamento de procedência do pedido, a oposição segue entre o opoente e o autor da demanda originária já extinta.

Excepcionalmente, quando a oposição é oferecida depois do início da audiência de instrução, tendo natureza de demanda autônoma, é possível que a **demanda originária seja julgada antes da oposição**, no caso de o sobrestamento não ser suficiente para equiparar em termos de estágio procedimental as duas demandas[84]. Ainda que preferível julgar ambas as demandas ao mesmo tempo, até em razão da prejudicialidade da oposição relativamente à demanda originária, tem-se que admitir que nem sempre isso será possível, não sendo legítima a suspensão do andamento da demanda originária por prazo indeterminado, superior ao prazo de 90 dias previsto pelo art. 60 do CPC.

Nesse caso, não há que falar em incompatibilidade entre a sentença da demanda originária e a possível sentença de procedência da oposição. É compreensível que, tendo que decidir entre autor e réu, visto que não poderá declarar o *non liquet*, o juiz opte por aquele, entre os dois, que mais pareça ter o direito material. Na oposição, um terceiro – opoente – trará novas informações e elementos de convencimento, que naturalmente poderão demonstrar que é ele o titular do direito ou da coisa e não o autor ou o réu da demanda originária.

Caso a decisão da demanda originária transite em julgado, os efeitos gerados na oposição já foram devidamente analisados, tudo a depender do resultado desse julgamento. Também é possível que a decisão da oposição transite em julgado antes do trânsito em julgado da ação originária – basta pensar na hipótese de sentença da oposição não recorrida e pendência de apelação contra a sentença da ação originária. Extinta a oposição sem resolução do mérito, ou julgado o pedido improcedente, nenhum efeito será gerado na ação principal. Julgado procedente o pedido do opoente, em decisão transitada em julgado, a demanda originária perde o seu objeto, restando prejudicada e devendo ser extinta por decisão monocrática do relator do recurso pendente de julgamento, em qualquer grau de jurisdição que esteja, sem a resolução do mérito[85].

A oposição não consta do rol de intervenção de terceiros do PLNCPC.

---

[84] Dinamarco, *Intervenção*, p. 101. Contra, entendendo pelo julgamento sempre em conjunto: Didier, *Curso*, p. 312.

[85] Em sentido contrário, Dinamarco (*Intervenção*, p. 108) fazendo distinção entre oposição interventiva e autônoma.

6.4. NOMEAÇÃO À AUTORIA

6.4.1. Conceito

Tradicionalmente a nomeação à autoria é entendida como uma **forma excepcional de evitar a extinção do processo por ilegitimidade passiva**, por meio da alteração do sujeito que compõe o polo passivo – tido por sujeito ilegítimo para figurar no processo – por um terceiro – sujeito legitimado[86]. É melhor não utilizar o termo "substituição" para designar essa alteração, considerando-se que a substituição processual é espécie de legitimação (extraordinária), que não tem qualquer relação com o fenômeno verificado na nomeação à autoria.

Ocorre, na realidade, uma **espécie de sucessão processual** em razão da alteração subjetiva verificada no polo passivo, em fenômeno chamado pela doutrina de *extromissão de parte*. Note-se que a extromissão de parte não se confunde com a sucessão processual tradicional, porque na primeira o sujeito que participava do processo antes da alteração nunca deveria ter figurado na relação jurídica processual em razão da sua ilegitimidade, enquanto na segunda ocorre um fato superveniente que cria a legitimidade do terceiro que assumirá o lugar do sujeito que, antes desse fato, era o sujeito legitimado a participar do processo.

O que justifica a alteração subjetiva, com a consequente adequação do polo passivo, é a constatação do legislador de que em algumas situações pode ser extremamente difícil ao autor identificar o sujeito que tem legitimidade para compor o polo passivo da demanda[87]. Em regra, entende-se que a ilegitimidade passiva deriva de um erro não justificável do autor, o que gera a extinção do processo sem resolução de mérito em razão da carência de ação (art. 267, VI, do CPC). Nas situações em que a nomeação à autoria é cabível, entretanto, o legislador entendeu que seria seriedade extremada tal solução, o que permite a não usual adequação já referida.

Costuma-se afirmar que a nomeação à autoria é espécie de *intervenção provocada* (coativa)[88], pela qual o terceiro é integrado ao processo por meio da citação, ainda que o art. 66 do CPC preveja a possibilidade de o terceiro recusar a sua qualidade de parte, conforme será devidamente criticado em momento oportuno. Certamente a oposição não é voluntária, porque o terceiro é devidamente citado, o que não ocorre nas intervenções de terceiros voluntárias. Mas a possibilidade de recusa do nomeado em assumir o polo passivo afasta essa espécie de intervenção das intervenções coativas, porque nestas, independentemente da vontade do terceiro, ele será forçadamente integrado à relação jurídica processual. A absurda

---

86 Greco Filho (*Da intervenção*, p. 45), Gusmão Carneiro (*Intervenção*, p. 75). Scarpinella Bueno (*Partes*, p. 189); Marinoni-Arenhart (*Manual*, p. 188) negam a natureza de intervenção de terceiro da nomeação à autoria.

87 Bedaque, *Código*, p. 174; Marinoni-Arenhart, *Manual*, n. 7.7, p. 188; Baptista da Silva, *Comentários*, p. 317.

88 Marinoni-Arenhart, *Manual*, n. 7.7, p. 189.

possibilidade de recusa, ao que parece, aloca a nomeação à autoria num meio--termo entre a intervenção voluntária e a coativa.

Não há dúvida de que se trata de uma espécie *sui generis* de intervenção de terceiros, porque é a única prevista em lei que **não torna complexa a relação jurídica processual**. A demanda antes da nomeação à autoria é formada por um demandante e um demandado e assim continuará após a extromissão da parte, modificando-se somente o sujeito que compõe o polo passivo. Essa peculiar característica da nomeação à autoria leva parcela da doutrina, inclusive, à conclusão de que a nomeação à autoria é uma mera forma de correção do polo passivo, não tendo natureza jurídica de intervenção de terceiros[89].

6.4.2. Hipóteses de cabimento

O Código de Processo Civil prevê expressamente duas hipóteses em que se admite a nomeação à autoria, não sendo legítima qualquer interpretação extensiva, de maneira que, fora dessas duas situações legalmente previstas, a ilegitimidade de parte gera a extinção do processo sem resolução de mérito por carência de ação (art. 267, VI, do CPC), sendo essa a alegação a ser feita pelo réu em preliminar de contestação, caso a demanda chegue até esse momento procedimental.

6.4.2.1. *Nomeação à autoria pelo mero detentor (art. 62 do CPC)*

Diz o art. 62 do CPC que o réu, quando mero detentor, deve nomear à autoria o possuidor ou proprietário quando o direito material discutido na demanda for posse ou propriedade, respectivamente. Registre-se que nesse caso não restam maiores dúvidas a respeito da ilegitimidade passiva, porque não pode um sujeito que não é titular da posse nem de propriedade discutir tais direitos em juízo, como se deles fosse titular. Aponte-se doutrina que entende que a nomeação nesse caso só será admitida se o autor alegar que o réu é possuidor ou proprietário, porque a justificativa para a admissão dessa espécie de intervenção de terceiro é o equívoco justificável do autor, de forma que, indicando desde a petição inicial ser o réu o mero detentor, seu equívoco em colocá-lo no polo passivo é manifesto, devendo gerar a extinção do processo sem resolução de mérito[90].

Importante considerar nessa espécie de nomeação à autoria o art. 1.228 do CC, que determina a possibilidade de o proprietário reivindicar a coisa de quem injustamente a possua ou a detenha. Uma interpretação literal levará à conclusão de que o mero detentor é parte legítima em demanda que tenha como objeto o direito de propriedade, não cabendo mais nomeação à autoria em demandas reivindicatórias. Por esse raciocínio, a nomeação à autoria restaria limitada às demandas possessórias. A melhor doutrina, com razão, defende a inaplicabilidade

89 Marinoni-Arenhart, *Manual*, n. 7.7, p. 188.

90 Câmara, *Lições*, p. 178; Didier, *Curso*, p. 338-339. Contra, Arruda Alvim, *Manual*, n. 63, p. 148.

do dispositivo legal no tocante ao mero detentor, afirmando que legitimá-lo a discutir propriedade fere o devido processo legal, sendo inadmissível que o proprietário não participe da demanda e possa vir a ser afetado por sua decisão[91]. É realmente o melhor entendimento, porque uma norma com conteúdo absurdo – como parece ser o caso – ofende o princípio do devido processo substancial, não sendo razoável sua aplicação.

6.4.2.2. *Nomeação à autoria pelo mandatário em demandas de reparação de dano (art. 63 do CPC)*

A segunda hipótese de nomeação à autoria encontra-se prevista no art. 63 do CPC, que determina a nomeação à autoria do mandante em ações de reparação de danos sempre que o mandatário for demandado como réu. O dispositivo legal descreve com perfeição a relação mandante-mandatário, ao afirmar que a nomeação à autoria cabe quando o réu alegar que praticou o ato gerador do dano suportado pelo autor em razão de ordem ou instruções de terceiro.

Questão de extremo interesse surge no debate doutrinário a respeito da legitimidade do mandatário para compor o polo passivo. Seguindo-se a tradição da espécie de intervenção de terceiro ora analisada, parcela da doutrina entende que mais uma vez exige-se a ilegitimidade passiva para que o réu possa nomear à autoria o terceiro[92]. O que deve ser analisado no caso concreto é a efetiva existência de responsabilidade do mandatário perante o autor da demanda[93]:

(a) não existindo tal responsabilidade, haverá ilegitimidade de parte e caberá nomeação a autoria;
(b) sendo também responsável, falta a ilegitimidade passiva que permite a nomeação à autoria.

Não resta dúvida de que, nesse caso, a nomeação será cabível, aplicando-se ao caso concreto todas as regras procedimentais previstas nos arts. 63 a 69 do CPC. A visão, entretanto, não resolve o problema gerado nas demandas em que o mandatário é parte legítima para compor o polo passivo, assim como o mandante.

Nas hipóteses em que o mandatário, que figura no polo passivo como réu, é tão legitimado quanto o mandante, respondendo ambos pelos danos gerados ao autor, não será cabível a nomeação à autoria, ao menos dentro de sua tradicional concepção de instrumento para sanear o vício gerado pela ilegitimidade passiva. Por outro lado, é interessante, em termos econômicos, conceder a

91 Câmara, *Lições*, p. 179-180; Didier, *Curso*, p. 314-315.
92 Arruda Alvim, *Manual*, n. 63, p. 148.
93 Dinamarco, *Instituições*, v. 2, n. 599, p. 392-393; Fux, *Curso*, p. 290.

possibilidade de o mandante também figurar no polo passivo[94]. Ainda que a relação mandante-mandatário possa ter uma série de motivações, como a religiosa, afetiva, familiar etc., é inegável que a causa mais comum é a econômica: quem tem uma melhor situação econômica paga ao mandatário para fazer algo sob suas ordens ou instruções, de modo que é benéfico ao autor, e mesmo ao processo, que um sujeito que tem responsabilidade e supostamente patrimônio, mas que não era conhecido pelo autor, passe a participar do processo no polo passivo. Uma melhor situação patrimonial do futuro condenado na demanda favorece o autor e a própria efetividade da tutela jurisdicional, não se devendo desprezar a hipótese na qual o autor só toma conhecimento da existência de um mandante, teoricamente mais rico que o mandatário, pela indicação do réu em sua contestação.

Ocorre, entretanto, que nesse caso não mais se falará em nomeação à autoria, porque, se o réu – mandatário – já é parte legítima para responder ao pedido do autor, a justificativa da nomeação à autoria desaparece. Sendo **mandatário e mandante responsáveis solidários** pelos danos suportados pelo autor (arts. 932 e 942, III, do CC), será caso de **chamamento ao processo**, conforme o art. 77, I, do CPC[95]. Dessa forma, o réu não deverá alegar sua ilegitimidade e nomear à autoria o mandante, mas simplesmente chamá-lo ao processo, com a formação de um litisconsórcio passivo ulterior. Caso peça de forma equivocada a nomeação à autoria, pode o juiz de ofício, em aplicação ao princípio da fungibilidade, receber tal pedido como chamamento ao processo, e mesmo sem ouvir o autor – providência não prevista nessa forma de intervenção de terceiros – determinar a citação do mandante para integrar o polo passivo da demanda juntamente com o mandatário.

6.4.3. Procedimento

A nomeação à autoria é considerada um **dever do réu**, porque, não a fazendo ou nomeando um terceiro diverso daquela pessoa que deveria ter sido nomeada, responderá por perdas e danos perante o autor (art. 69 do CPC)[96]. É interessante notar que o dever é processual, mas a consequência do seu descumprimento é de direito material, porque o réu que deixa de nomear ou o faz em pessoa errada, não sofre consequências prejudiciais no âmbito processual, até porque a demanda será extinta por ilegitimidade passiva, mas responderá por todos os prejuízos acarretados ao autor em razão de sua postura.

---

94 Agrícola Barbi, *Comentários*, n. 383, p. 240.

95 Cheim Jorge, *Chamamento*, p. 119-120; Para Baptista da Silva, *Comentários*, p. 320, trata-se de denunciação da lide.

96 Marinoni-Arenhart, *Manual*, n. 7.7, p. 190; Scarpinella Bueno, *Curso*, p. 495; Agrícola Barbi, *Comentários*, n. 381, p. 239. Contra, entendendo ser ônus processual, Dinamarco, *Instituições*, v. 2, n. 599, p. 393; Bedaque, *Código*, p. 178.

Diz o art. 64 do CPC que o prazo de nomeação à autoria é o de **defesa do réu** – melhor seria dizer "resposta do réu", porque nem toda resposta é propriamente uma defesa – sendo suspenso o processo a partir da prolação da decisão que deferir o pedido. O dispositivo legal contém algumas imperfeições. Primeiro, o processo não será suspenso, mas tão somente o procedimento principal, verificando-se a chamada suspensão parcial. A nomeação à autoria faz parte do processo e naturalmente terá um procedimento, sendo correto afirmar que o processo, por meio da nomeação à autoria, continuará em andamento. Segundo, a suspensão não ocorre no momento em que o juiz defere a nomeação à autoria, mas antes disso, quando o réu protocola a peça nomeando à autoria o terceiro. O deferimento pode vir somente depois de decorrido o prazo para a resposta do réu, o que é irrelevante em termos preclusivos se a nomeação foi devidamente realizada dentro desse prazo.

Ainda que seja juridicamente possível ao réu apresentar a contestação e concomitantemente nomear um terceiro à autoria, não parece ser muito inteligente tal postura[97]. Caso a nomeação à autoria seja eficaz, gerando no caso concreto a extromissão de parte, a contestação apresentada pelo réu originário será de total inutilidade, representando mera perda de tempo de seu patrono em sua elaboração. Por outro lado, na hipótese de frustração da extromissão, seja porque o autor não concorda com a nomeação ou porque o terceiro se recusa a integrar o processo, o prazo de resposta será devolvido na íntegra ao réu originário (art. 67 do CPC), de forma que a contestação já apresentada se mostrará precipitada. Além disso, é admissível acreditar que, ao menos do ponto de vista psicológico, a apresentação de nomeação à autoria acompanhada de contestação pode de alguma forma retirar força da alegação de ilegitimidade da parte.

É possível que, suspendendo o procedimento principal e sendo devolvido o prazo para a resposta do réu, mesmo quando frustrada a extromissão de parte, réus inescrupulosos, pouco afeitos aos princípios da boa-fé e lealdade processual, possam se valer desse expediente para ganhar mais tempo para a apresentação de sua resposta, dilatando indevidamente o lapso temporal de existência do processo. Para esse tipo de conduta o sistema processual prevê sanções, como a multa por litigância de má-fé (arts. 17 e 18 do CPC), mas em nenhuma hipótese a sanção por uma nomeação à autoria manifestamente incabível será a não suspensão do procedimento principal e/ou a não interrupção do prazo de resposta do réu[98]. Cabe ao juiz, nesse caso, indeferir liminarmente o pedido para que o procedimento principal retome imediatamente seu andamento, além de sancionar o réu com a aplicação da multa por litigância de má-fé.

Deferido o pedido, o juiz determinará a intimação do autor, que terá um prazo de 5 dias para se manifestar a respeito da nomeação à autoria feita pelo réu, sendo o seu silêncio entendido como aceitação tácita (art. 68, I, do CPC). A recusa ou a aceitação expressa não necessitam de fundamentação. Sendo aceita a nomeação,

---

[97] Scarpinella Bueno, *Partes*, p. 195.

[98] Gusmão Carneiro, *Intervenção*, p. 78.

deverá o autor providenciar os meios materiais necessários para a realização da citação do terceiro (apresentação de nova contrafé, pagamento da diligência do oficial de justiça etc.), sendo imprecisa a linguagem do art. 65 do CPC, porque ao autor não é dado promover a citação do terceiro, tarefa exclusiva do juízo.

É compreensível que a nomeação à autoria só prossiga com a concordância do autor porque ninguém é obrigado a litigar contra quem não quer, cabendo ao autor, alertado pelo réu, concordar com a alteração a ser realizada no polo passivo. A concordância do autor serve, inclusive, para evitar a saída de sujeitos legitimados do polo passivo, que se valeriam da nomeação à autoria somente para fugir de suas responsabilidades. A postura a ser adotada pelo autor, em especial na hipótese de recusa, mostrar-se-á correta ou equivocada com a futura sentença a ser proferida na demanda: sendo a mesma extinta por ilegitimidade passiva, perceber-se-á que o autor se equivocou em se negar a aceitar a nomeação à autoria; sendo julgada no mérito, mostrar-se-á o acerto do autor.

Sendo citado o terceiro, deverá tomar uma entre três posturas possíveis: aceitar expressamente, calar ou recusar a nomeação à autoria, sendo nesse caso dispensado de fundamentar sua negativa. O prazo para a adoção de uma dessas posturas não está previsto em lei, não sendo razoável o entendimento de que o prazo seria o da resposta, porque o terceiro ainda não está respondendo à pretensão do autor, mas simplesmente se posicionando a respeito da nomeação à autoria. Diante da omissão legal, aplica-se a regra geral do art. 185 do CPC, ou seja, de 5 dias[99].

Aceitando expressamente a nomeação, ocorre a **extromissão de parte**, devendo o terceiro – que agora já é réu – ser intimado para a apresentação de sua reposta, o mesmo ocorrendo na hipótese de não se manifestar no prazo legal, quando haverá concordância tácita. A postura mais criticável, e bem por isso consideravelmente polêmica, diz respeito à possibilidade da sua recusa em participar como réu no processo, o que frustra a extromissão de parte. Já foi afirmado que essa postura fere o princípio da inevitabilidade da jurisdição analisado no Capítulo 1, item 1.5.4.

Parcela minoritária da doutrina entende que, mesmo se negando a participar como réu, o nomeado à autoria sofrerá os efeitos da coisa julgada, como ocorre em ordenamentos alienígenas[100], entendendo-se que a recusa em participar será considerada como revelia do nomeado à autoria[101]. É compreensível a indignação com o teor do art. 67 do CPC, ao permitir a recusa do nomeado, único sujeito que pode se negar a participar de um processo mesmo tendo sido citado. Acontece, porém, que tal indignação não é suficiente para alterar os limites subjetivos da coisa julgada (art. 472 do CPC), de forma que o terceiro – no caso, o nomeado que se recusou a participar – não pode ser afetado pelo processo do qual não participou. Daí a afirmação corrente na doutrina de que o sucesso da nomeação

---

[99] Theodoro Jr., *Curso*, v. 1, p. 140.

[100] Agrícola Barbi, *Comentários*, n. 392, p. 244.

[101] Baptista da Silva, *Comentários*, p. 322-323; Bedaque, *Código*, p. 177.

à autoria depende de uma **dupla concordância/aceitação**[102]; autor e nomeado devem em momentos sucessivos concordar com a nomeação à autoria feita pelo réu para que ocorra no caso concreto a extromissão de parte.

Não consta do rol de intervenção de terceiros do PLNCPC a nomeação à autoria, mas não seria correto afirmar que seu propósito tenha desaparecido em razão da previsão contida no art. 328. Segundo o dispositivo legal, alegada pelo réu em preliminar a ilegitimidade passiva, o autor poderá modificar o sujeito que compõe o polo passivo, em emenda da petição inicial.

Como se pode notar, o espírito da atual nomeação à autoria é encontrado no art. 328, qual seja, a correção do polo passivo. Na realidade, até mesmo ampliou-se os casos de correção, considerando que atualmente a extromissão de parte está limitada às hipóteses legais dos arts. 62 e 63 do CPC, enquanto no art. 328 do PLNCPC a correção é admitida para qualquer hipótese de ilegitimidade passiva. Por outro lado, nesse aspecto o projeto deve ser elogiado, pois desaparece a exigência de dupla concordância, sendo a vontade do autor de mudar o réu o suficiente para a ação ser redirecionada a um novo sujeito.

6.5. DENUNCIAÇÃO DA LIDE

6.5.1. Conceito

A lei não prevê expressamente o conceito de denunciação da lide, dando início ao seu tratamento no art. 70 do CPC, já por suas hipóteses de cabimento. Partindo dessas hipóteses de cabimento, a doutrina ficou encarregada de conceituar o instituto. Serve a denunciação da lide para que uma das partes traga ao processo um terceiro que tem responsabilidade de ressarci-la pelos eventuais danos advindos do resultado desse processo. O **direito regressivo** da parte contra terceiros (ou excepcionalmente contra a própria parte contrária), portanto, é o fator principal que legitima a denunciação da lide.

A denunciação da lide é uma espécie de **intervenção coercitiva**, estando vinculado o denunciado à demanda em razão de sua citação, pedida tempestivamente por autor ou réu. Diferente da nomeação à autoria, não existe a possibilidade de esse terceiro negar sua qualidade de parte; pode até não participar, restando omisso durante todo o trâmite procedimental, mas para todos os efeitos jurídicos será considerado vinculado à relação jurídica processual com a sua citação regular. Ainda que se aponte para a denunciação como uma espécie de intervenção-ação,

[102] Gusmão Carneiro, *Intervenção*, p. 76; Scarpinella Bueno, *Partes*, p. 193; Marinoni-Arenhart, *Manual*, p. 189. Fux, *Curso*, p. 290, sugere mudança *de lege ferenda* no sentido de excluir a possibilidade de recusa do nomeado.

em aplicação do princípio da instrumentalidade das formas, admite-se o seu pedido por meio de mero tópico da petição inicial ou contestação, dispensando-se as formalidades de uma petição inicial. A única exigência é a narração da causa de pedir, ou seja, a indicação expressa de uma das hipóteses de denunciação da lide prevista em lei[103].

Segundo autorizada doutrina, a denunciação da lide é uma demanda incidente, regressiva, eventual e antecipada:

(a) incidente porque será instaurada em processo já existente;

(b) regressiva porque fundada no direito de regresso da parte contra o terceiro;

(c) eventual porque guarda uma evidente relação de prejudicialidade com a demanda originária, considerando-se que, se o denunciante não suportar dano algum em razão de seu resultado, a denunciação da lide perderá seu objeto[104];

(d) antecipada porque no confronto entre o interesse de agir e a economia processual o legislador prestigiou a segunda; afinal, não havendo ainda nenhum dano a ser ressarcido no momento em que a denunciação da lide ocorre, em tese não há interesse de agir do denunciado em pedir o ressarcimento. Razões de economia processual, entretanto, permitem excepcionalmente uma demanda sem interesse de agir[105].

6.5.2. Hipóteses de cabimento

Conforme já afirmado, o art. 70 do CPC é o dispositivo responsável pela previsão das três hipóteses de cabimento da denunciação da lide:

6.5.2.1. *Denunciação da lide pelo comprador evicto*

Aduz o art. 70, I, do CPC ser cabível a denunciação da lide do alienante sempre que terceiro reivindicar a coisa, possibilitando-se ao adquirente exercer o direito que da evicção resulta. Significa dizer que, demandado o adquirente de coisa, sua perda em razão de decisão judicial (evicção) lhe gerará um dano que deverá ser ressarcido pelo sujeito que alienou a coisa. Não interessam as razões da evicção, porque em qualquer uma delas – tema de direito material – o alienante tem a responsabilidade regressiva de ressarcir o adquirente pelos danos gerados pela perda da coisa.

Tratando-se a evicção de instituto de direito material, não há como enfrentar essa hipótese de denunciação da lide desconsiderando-se as normas referentes ao tema, previstas no ordenamento de direito material, em especial o art. 456, *caput*, do CC. Segundo esse dispositivo legal, para poder exercer os direitos que resultam da evicção, o adquirente deve notificar o alienante, nos termos

---

103 Dinamarco, *Intervenção*, p. 151; Scarpinella Bueno, *Curso*, p. 504-505. Contra: Baptista da Silva, *Comentários*, p. 340.

104 Marinoni-Arenhart, *Manual*, p. 193; Nery-Nery, *Código*, p. 282; Scarpinella Bueno, *Curso*, p. 500.

105 Bedaque, *Código*, p. 180-181.

da lei processual, sendo que essa notificação poderá ser do alienante imediato ou de qualquer dos anteriores. Ainda que o legislador tenha perdido uma ótima oportunidade na criação do Código Civil atual em modificar a redação do dispositivo no tocante à forma de informação feita ao alienante, que não será notificado, mas sim citado, a redação modificada desse dispositivo tem grande interesse ao processo.

Antes de analisar o que exatamente significa a possibilidade de citar em denunciação da lide o alienante imediato ou qualquer dos anteriores, cumpre ressaltar que o dispositivo legal é extremamente feliz quando estabelece que tais atos devem ocorrer como "determinarem as regras do processo". Isso porque as regras do processo, em certas hipóteses, proíbem expressamente a denunciação da lide, sendo inegável que nesses casos é inaplicável o art. 456, *caput*, do CC. No procedimento sumário – salvo a hipótese de denunciação de seguradora (art. 280 do CPC) – e no procedimento sumaríssimo dos Juizados Especiais (art. 10 da Lei 9.099/1995), sempre se entendeu que a denunciação da lide não era obrigatória, até porque proibida por normas processuais, de forma que nunca se cogitou nesses casos falar em perda do direito do regresso em razão da ausência de denunciação da lide.

A novidade prevista no dispositivo legal com a promulgação do atual Código Civil determina que a denunciação possa ser feita na pessoa do alienante imediato ou em qualquer dos anteriores. Na interpretação dessa norma, existem ao menos quatro correntes doutrinárias:

(i) a majoritária entende ser permitida a denunciação de qualquer um dos sujeitos que tenha participado da cadeia de transmissão do bem (*per saltum*)[106];

(ii) é permitida a denunciação coletiva, ou seja, de todos os sujeitos que participaram da cadeia de transmissão do bem;

(iii) é permitida a denunciação sucessiva, de forma que, denunciado o alienante imediato, este possa denunciar o sujeito que alienou o bem para ele, e assim sucessivamente;

(iv) tudo continua como antes, admitindo-se tão somente a denunciação da lide do alienante imediato.

Dessas quatro correntes doutrinárias, entendo ser a mais correta a primeira, que em considerável inovação passa a permitir a chamada "**denunciação *per saltum***", de forma que o réu pode denunciar um sujeito com o qual não mantém nenhuma relação jurídica de direito material, desde que ele tenha participado da cadeia de transmissão do bem. É medida saudável porque se presta a evitar fraudes comuns, verificadas quando o alienante imediato não tem nenhum patrimônio e não conseguirá responder pelos danos suportados pelo adquirente, enquanto o sujeito que alienou o bem a ele é extremamente saudável economicamente e ficaria a salvo de responsabilização sem a denunciação *per saltum*.

---

[106] Theodoro Jr., *Curso*, v. 1, p. 153; Marinoni-Arenhart, *Manual*, p. 194; Nery-Nery, *Código*, p. 283; Arruda Alvim, *Manual*, n. 69, p. 160-161; Scarpinella Bueno, *Curso*, p. 507; Enunciado 29 do CJF.

A tese da denunciação coletiva não deve ser totalmente afastada, porque haverá uma solidariedade entre todos aqueles que participaram da cadeia de transmissão do bem, mas a denunciação de todos em litisconsórcio é uma mera faculdade do réu. A tese de que o dispositivo consagra a denunciação sucessiva levaria à conclusão de que se trata de norma legal inútil, considerando-se que mesmo antes dela essa espécie de denunciação já era admitida. Por fim, a tese de que nada mudou em razão da parte final do dispositivo que condiciona a sua aplicação às regras processuais, não existindo nada no processo que autorize a denunciação *per saltum*, não parece correta porque responsabilidade regressiva é matéria de direito material.

6.5.2.2. *Denunciação da lide do possuidor direto (art. 70, II, do CPC)*

O réu, quando exerce a posse direta da coisa demandada, deverá realizar a denunciação da lide do possuidor indireto ou do proprietário, em casos como o do usufrutuário, do credor pignoratício, do locatário, sendo que a melhor doutrina entende ser o rol das relações jurídicas descritas pelo art. 70, II, do CPC meramente exemplificativo, sendo outros possuidores diretos legitimados a denunciar como o depositário, o comodatário, o usuário, o titular do direito real de habitação, o enfiteuta, o promissário-comprador e o testamenteiro[107].

Tome-se como exemplo a clássica relação jurídica da locação. O locatário, cumpridor de todas as obrigações locatícias, é réu em demanda que pode resultar na perda de sua posse do imóvel, sendo que nesse caso o locador, que se comprometera a permitir ao locatário o exercício livre e desembaraçado da posse do imóvel, será denunciado pelo réu para que, caso suporte a perda da posse, e com isso sofra eventuais danos, seja condenado ao ressarcimento. Como não foi cumprida a promessa feita pelo locador, deve ele ser responsabilizado regressivamente pelos eventuais danos que o locatário vier a suportar na demanda judicial.

A presente hipótese de denunciação da lide não se confunde com a espécie de nomeação à autoria prevista no art. 62 do CPC, porque naquele caso a parte é o mero detentor, sendo, portanto, parte ilegítima a figurar no processo. Na espécie de denunciação da lide ora analisada, o **possuidor direto é legitimado** a figurar na demanda, até porque por meio da denunciação não haverá alteração objetiva, e sim litisconsórcio ulterior entre o denunciante e o denunciado. Ocorrendo a ilegitimidade passiva do possuidor direto, como se dá na demanda que discute a propriedade do bem, será caso de extinção do processo por **carência de ação**, não lhe sendo facultada a nomeação à autoria, porque tal forma de intervenção é exclusiva do mero detentor[108].

---

107 Dinamarco, *Intervenção*, p. 143.

108 Câmara, *Lições*, p. 185.

6.5.2.3. *Denunciação do obrigado, por lei ou contrato, a indenizar regressivamente a parte (art. 70, III, do CPC)*

Trata-se da hipótese mais frequente de denunciação da lide em razão de sua evidente amplitude. Enquanto as outras duas hipóteses de cabimento exigem situações muito específicas – evicção e relação possuidor direto/possuidor indireto ou proprietário –, a melhor doutrina entende que o art. 70, III, do CPC permite a denunciação da lide em qualquer hipótese de direito regressivo previsto em lei ou contrato, como ocorre relativamente ao contrato de seguro ou à previsão legal de que o empregador responde pelos atos danosos de seu empregado.

Existe um interessante debate doutrinário a respeito da real amplitude desse dispositivo legal, envolvendo a questão relativa à garantia própria (referente à transmissão de direito) e imprópria (referente à responsabilidade civil de ressarcimento de dano).

Para parcela da doutrina, não pode a denunciação da lide levar ao processo um **fundamento jurídico novo**, que não estivesse presente na demanda originária, salvo a responsabilidade direta decorrente de lei ou contrato. Reconhecendo que sempre haverá uma ampliação objetiva da demanda em razão da denunciação da lide, essa parcela da doutrina entende que tal ampliação deve ser mínima, não se admitindo que se exija do juiz o enfrentamento da questão referente ao direito regressivo. Quando menciona a responsabilidade direta, quer essa doutrina dizer que o direito regressivo tem que ser natural e indiscutível diante do dano suportado pela parte denunciante, o que não exigirá do juiz o enfrentamento de novas questões relativas a esse direito, limitando-se o julgador a, uma vez condenado o denunciante, automaticamente condenar o denunciado ao ressarcimento[109].

Por outro lado, em teoria que merece ser acolhida, parcela da doutrina defende um entendimento significativamente amplo para o art. 70, III, do CPC, afirmando basicamente que as diferenças entre a garantia própria e imprópria e correspondentes institutos jurídicos adequados para sua discussão em termos de direito regressivo, teoricamente existentes na Itália, não podem contaminar o desenvolvimento do tema no Brasil. Nosso direito não prevê diferença entre a garantia própria e a imprópria, de forma que não será legítimo o intérprete criar essa diferença não prevista em lei para limitar a abrangência do direito de denunciar da lide o responsável regressivo[110].

Dessa forma, ainda que a denunciação da lide leve ao processo um fundamento jurídico novo, fundado na **existência ou não do direito de regresso** no caso concreto, a denunciação da lide deve ser admitida. Dentro da concepção de

---

109 Nery-Nery, *Código*, p. 70; Greco Filho, *Direito*, v. 1, n. 22.5, p. 151-156. Fidélis dos Santos, *Curso*, n. 196, p. 98-99. *Informativo* 346/STJ, 4.ª T., REsp 934.394-PR, rel. Min. João Otávio de Noronha, j. 26.02.2008.

110 Dinamarco, *Intervenção*, p. 179; Theodoro Jr., *Curso*, v. 1, p. 144; Bedaque, *Código*, p. 184-187; Fux, *Curso*, p. 299-300.

efetividade do processo, da celeridade processual e da harmonização dos julgados derivados da denunciação da lide não se admite que tais princípios sejam sacrificados pela interpretação restritiva dessa espécie de intervenção de terceiro, até mesmo porque tal entendimento impediria a situação mais frequente de denunciação da lide, que envolve segurado e seguradora, na qual evidentemente deverá ser enfrentado e decidido no processo não só a existência do direito de regresso alegado pelo denunciado, como também a sua extensão[111].

Questão interessante a respeito desse tema diz respeito à possibilidade de denunciação da lide do Estado ao funcionário público quando o primeiro é demandado por danos causados pelo segundo. Sendo a responsabilidade do Estado objetiva, o elemento culpa é irrelevante para fins de responsabilização, de forma que na demanda envolvendo exclusivamente a vítima do ato ilícito e o Estado, essa questão não será discutida, mesmo que o autor indevidamente alegue em sua causa de pedir a culpa do funcionário público, porque nesse caso aplica-se o brocardo *iura novit curia*, devendo o juiz afastar o elemento culpa do objeto da demanda, porque inútil a formação de seu convencimento a esse respeito. Por outro lado, a responsabilidade do funcionário público é subjetiva, só existindo se configurada a sua culpa no ato danoso, de modo que a denunciação da lide desse funcionário trará ao processo questão jurídica alheia ao objeto da demanda originária.

Não é unânime a doutrina a respeito do tema[112], parecendo haver na jurisprudência, entretanto, uma tendência pela inadmissão da denunciação da lide nesses casos, em nítida aplicação da teoria restritiva[113], ainda que a limitação encontre uma exceção. Alegado pelo Estado em sua defesa, como excludente de sua responsabilidade, a culpa exclusiva da vítima, ou ainda culpa concorrente, o juiz necessariamente enfrentará a questão da culpa na demanda originária, e nesse caso a denunciação da lide do funcionário público não traz nenhuma ampliação objetiva indevida[114].

6.5.3. Obrigatoriedade

Conforme já afirmado, o art. 70 do CPC é o dispositivo responsável pela previsão das hipóteses de cabimento da denunciação da lide. No *caput* de referido dispositivo está previsto que a denunciação da lide é obrigatória, o que numa interpretação literal pode levar o intérprete mais afoito a acreditar que, não feita a denunciação da lide, a parte perderá o seu direito de regresso, não podendo ingressar com de-

[111] Dinamarco, *Intervenção*, p. 177-178; Arruda Alvim, *Manual*, n. 71, p. 166-170; Scarpinella Bueno, *Curso*, p. 503.

[112] A favor, Theodoro Jr., *Curso*, v. 1, p. 144-145.

[113] STJ, 1.ª Turma, REsp 903.949/PI, Rel. Min. Teori Albino Zavascki, j. 15.05.2007, *DJ* 04.06.2007; STJ, 2.ª Turma, REsp 299.833/RJ, rel. Min. Castro Meira, j. 14.11.2006, *DJ* 15.12.2006; STJ, 1.ª Seção, REsp 313.886/RN, Rel. Min. Eliana Calmon, j. 26.02.2004, *DJ* 22.03.2004.

[114] Arruda Alvim, *Manual*, n. 71, p. 170.

manda posterior à demanda originária para cobrar seus prejuízos contra o sujeito que deveria ter sido denunciado. Essa interpretação, entretanto, não é correta.

As normas legais processuais se prestam exclusivamente a prever o procedimento, sendo encargo das normas legais materiais a criação, extinção ou modificação de direitos materiais, de forma que não se admite que um ato processual seja capaz de extinguir uma relação jurídica de direito material. Sendo omissa a parte no tocante à denunciação da lide quando cabível essa espécie de intervenção de terceiro, a única consequência será processual, qual seja a preclusão temporal a impedir que se realize a denunciação após o transcurso do prazo legal.

É prejudicial à parte que poderia denunciar porque o terceiro – que responderia por seus danos de forma regressiva – não participará do processo, não sendo, portanto, atingido pelos efeitos da coisa julgada. Além disso, a parte que poderia ter denunciado o terceiro deixará de contar com o auxílio deste na demanda originária, na qual sempre há interesse de ambos na vitória da parte denunciante. O direito material de regresso, entretanto, resta intacto, sendo legítima a propositura de demanda de seu titular contra o sujeito que poderia ter sido denunciado da lide.

Com essa visão, o art. 70, *caput*, do CPC não seria capaz, sendo uma norma de direito processual, de extinguir o direito material de regresso em razão do não oferecimento da denunciação da lide. Ocorre, entretanto, que o art. 456, *caput*, do CC, norma de direito material, exige do adquirente evicto a denunciação da lide ("notificação" do alienante nos termos da lei material) para que possa exercer os direitos que da evicção resultam, sendo correto afirmar que a conjugação dos dois dispositivos legais levará à obrigatoriedade da denunciação da lide[115]. Como já analisado, é evidente que essa obrigatoriedade desaparece nos casos em que a própria lei processual não admite a denunciação, como acontece no procedimento sumário (exceção feita ao art. 280 do CPC)[116] e nos Juizados Especiais.

Registre-se posição jurisprudencial adotada mais recentemente pelo Superior Tribunal de Justiça[117] que afasta a obrigatoriedade inclusive na hipótese do art. 70, I, do CPC, com o fundamento de que a perda do direito material de regresso, com a impossibilidade de propositura de demanda contra o alienante evicto, geraria seu **enriquecimento ilícito**, o que o direito rejeita. Dessa forma, ainda que conste expressamente de lei de direito material a obrigatoriedade da denunciação da lide no caso de evicção, o princípio da proibição do enriquecimento ilícito é motivo suficiente para modificar o entendimento tradicional, tornando voluntária a denunciação da lide em todas as hipóteses previstas em lei.

---

115 Dinamarco, *Intervenção*, p. 139. Gusmão Carneiro, *Intervenção*, p. 82; Theodoro Jr., *Curso*, v. 1, p. 146-147; Bedaque, *Código*, p. 184; Fux, *Curso*, p. 298.

116 Nery-Nery, *Código*, p. 283.

117 STJ, 3.ª Turma, REsp 880.698/DF, Rel. Min. Nancy Andrighi, j. 10.04.2007, *DJ* 23.04.2007; STJ, 4.ª Turma, REsp 66.558/SP, Rel. Min. Aldir Passarinho Junior, j. 21.06.2005, *DJ* 01.07.2005.

6.5.4. Qualidade processual do denunciado

Pelas previsões contidas nos arts. 74 e 75, II, do CPC, a denunciação da lide – realizada por autor ou réu – tornará o denunciante e o denunciado litisconsortes. A denunciação da lide, portanto, criaria um litisconsórcio:

(a) ulterior, já que formado depois da propositura da demanda;

(b) passivo ou ativo a depender de ser o denunciante autor ou réu na demanda originária;

(c) facultativo, porque a denunciação é facultativa, e, mesmo diante da polêmica em torno do art. 70, I, do CPC, o processo não será extinto sem resolução do mérito, caso a parte não realize a denunciação da lide;

(d) unitário, porque a decisão da ação principal será obrigatoriamente no mesmo sentido para denunciante e denunciado.

É natural que essa relação de litisconsórcio só pode ser considerada na demanda originária, visto que na demanda secundária formada pela denunciação da lide o denunciante é adversário do denunciado.

Apesar da expressa previsão legal, o tema está longe de pacificação. Enquanto parcela da doutrina prefere a opção legal, admitindo a formação de um **litisconsórcio**, ainda que com certas especialidades[118], outra parcela doutrinária desafia a expressa previsão legal ao afirmar que o denunciado será um assistente do denunciante, e não um litisconsorte[119]. Nessa visão não há como considerar o denunciado litisconsorte do denunciante porque na demanda originária não é titular do direito discutido, o que é indispensável para que alguém defenda em juízo um direito como parte na demanda (no caso, como litisconsorte da parte originária). Participará da demanda originária auxiliando o denunciante porque é interessante para o denunciado que o denunciante não suporte nenhum dano, com o que a denunciação perde seu objeto, em típica atuação de **assistente simples**. Existe até mesmo doutrina intermediária, que defende a existência de uma **assistência litisconsorcial**, em tese que não é, entretanto, apta a afastar as críticas fundadas na ausência de titularidade de direito do denunciado quanto ao direito discutido na demanda originária[120].

Adotando-se a tese de que o denunciado é assistente do denunciante, será impossível uma condenação direta daquele na ação originária. A sentença nesse caso terá no mínimo dois capítulos:

(a) decisão do processo principal, envolvendo tão somente o denunciante e a parte contrária;

(b) decisão da denunciação da lide, envolvendo apenas o denunciante e o denunciado.

---

[118] Fux, *Curso*, p. 295-296; Arruda Alvim, *Manual*, n. 73, p. 173.

[119] Nery-Nery, *Código*, p. 292-293; Scarpinella Bueno, *Curso*, p. 508.

[120] Dinamarco, *Intervenção*, n. 85, p. 146; Bedaque, *Código*, p. 194; Agrícola Barbi, *Comentários*, n. 408, p. 254.

Não sendo o titular do direito discutido na demanda principal e dela funcionando como assistente simples, jamais poderá a parte contrária e vitoriosa executar diretamente o denunciado, considerando-se que não existe título executivo para tanto.

Inexiste dúvida de que o **denunciado não é titular do direito discutido na ação originária**, mas essa conclusão não leva inexoravelmente à conclusão de que seja um assistente simples do denunciante. Há problemas incontornáveis na adoção desse entendimento, em especial quanto à regra de que a atividade do assistente está condicionada à vontade do assistido, o que limitaria indevidamente a sua atuação na demanda originária e, em especial, a regra de que o assistente simples não pode se opor a atos dispositivos de direito praticados pelo assistido (art. 53 do CPC), o que ensejaria na denunciação da lide um largo espaço para a fraude processual.

Imagine-se que o autor e réu simulem um acidente automobilístico, sendo que o réu inquestionavelmente deva ser ressarcido de qualquer dano em razão de tal evento pela seguradora. Basta ao réu denunciar a seguradora e reconhecer juridicamente o pedido do autor, que homologado pelo juiz vinculará o denunciado, de forma a restar tão somente a discussão a respeito do direito de regresso. Nem mesmo se poderá falar que o assistente não sofre os efeitos da coisa julgada, e somente a eficácia da intervenção (art. 55 do CPC), porque a sentença homologatória não tem fundamentação em questões de fato e de direito como a genuína sentença de mérito (art. 269, I, do CPC). O Superior Tribunal de Justiça já decidiu que acordo celebrado entre autor e réu denunciante na ação principal não vincula o denunciado[121].

Mas nada disso macula o fato de o denunciante realmente não ser titular do direito discutido na ação originária, o que, entretanto, não afasta totalmente a possibilidade de ser tratado como litisconsorte do denunciante. Sabe-se que a legitimação extraordinária permite que um sujeito em nome próprio defenda interesse de terceiro, e, embora o art. 6.º do CPC exija a expressa previsão em lei, a melhor doutrina entende que tal espécie de legitimação pode decorrer logicamente do sistema, sendo excepcionalmente dispensável a expressa previsão legal. O mais adequado, portanto, à luz da previsão legal de litisconsórcio formado entre denunciante e denunciado, e da ausência de titularidade de direito deste na ação originária, é concluir pela existência de uma **legitimação extraordinária autônoma do denunciado,** que permitirá a conclusão de que atua como litisconsorte do denunciante[122].

Registre-se que o Superior Tribunal de Justiça, em especial nas demandas envolvendo denunciação da lide de seguradora, vem entendendo que, por serem denunciante e denunciado litisconsortes, a condenação da demanda originária cria uma **responsabilidade solidária** de ambos perante a parte contrária, admitindo-se que a execução seja movida diretamente contra o denunciado. Há decisões que,

---

[121] *Informativo* 384, 4.ª Turma, REsp 316.046-SP, rel. Luis Felipe Salomão, j. 17.02.2009.

[122] Didier, *Curso*, p. 322.

para manter a coerência do raciocínio, permitem o ingresso da demanda diretamente contra a seguradora, deixando-se fora dela o causador do dano, ou mesmo a formação de litisconsórcio passivo inicial entre eles, justamente em razão da solidariedade existente entre ambos[123]. A tese vem, inclusive, sendo ampliada para se permitir a execução direta do denunciado para qualquer hipótese de denunciação da lide[124].

É interessante notar que muitas dessas decisões fundamentam-se em questões pragmáticas, na busca de uma maior efetividade do processo. Afirma-se que muitas vezes o causador do dano, condenado na demanda em que figurou como réu, não tem condições de ressarcir a vítima do ato danoso, de forma que não sofre real prejuízo econômico, o que inviabiliza a cobrança desse valor da seguradora. O processo, portanto, fica travado; a vítima tem decisão a seu favor e merece receber, bem como o causador do dano tem decisão contra a seguradora, mas por ausência de condições financeiras do causador do dano em satisfazer a vítima, o credor originário – vítima – não recebe, e com isso o devedor final – seguradora – não precisa pagar nada. Para evitar tal situação de impasse e frustração dos resultados do processo, aplica-se a literalidade dos arts. 74 e 75, I, do CPC, admitindo-se o litisconsórcio entre denunciante e denunciado, o que permitirá a condenação e execução direta desse último.

Há, entretanto, justificativas mais técnicas, ora pela aplicação dos arts. 787 e 788 do CC, ora pela aplicação do art. 436 do CC, ao interpretar o contrato de seguro como de estipulação em favor de terceiro[125]. A função social do contrato justificaria a proteção de vítima de ato ilícito praticado por um dos contratantes (segurado) que tenha suportado algum dano, ainda que não faça parte da relação jurídica contratual.

A doutrina majoritária, entretanto, com fundamento na inexistência de relação jurídica de direito material entre a parte contrária e o denunciado defende a impossibilidade de condenação direta do denunciado à lide, afirmando que as duas demandas existentes (autor-réu e denunciante-denunciado) são decididas de forma autônoma, em diferentes capítulos, o que inviabiliza essa condenação direta[126]. Mesmo doutrinadores que defendem a qualidade de litisconsorte do denunciado afirmam que essa qualidade jurídica processual não é suficiente para a condenação direta[127].

---

123 STJ, 3.ª Turma, REsp 713.115/MG, Rel. Min. Castro Filho, j. 21.11.2006, *DJ* 04.12.2006; STJ, 4.ª Turma, REsp 401.718, Rel. Min. Sálvio de Figueiredo Teixeira, j. 03.09.2002, *DJ* 24.03.2003.

124 A favor: Theodoro Jr., *Curso*, v. 1, p. 144; Contra: Marinoni-Arenhart, *Manual*, p. 193.

125 STJ, 4.ª Turma, REsp 699.680/DF, Rel. Min. Fernando Gonçalves, j. 29.06.2006, *DJ* 27.11.2006; STJ, 3.ª Turma, REsp 275.453/RS, Rel. Min. Humberto Gomes de Barros, j. 22.02.2005, *DJ* 11.04.2005. Na doutrina: Scarpinella Bueno, *Curso*, p. 511.

126 Dinamarco, *Intervenção*, n. 87, p. 149-150; Scarpinella Bueno, *Curso*, p. 510; Bedaque, *Código*, p. 180.

127 Arruda Alvim, Manual, n. 73, p. 173.

6.5.5. Denunciação sucessiva

O fenômeno da denunciação sucessiva está consagrado no art. 73 do CPC, permitindo-se ao denunciado pelo autor ou réu da demanda originária também denunciar um terceiro, e assim sucessivamente. A única impropriedade do dispositivo legal é a utilização do termo "intimará", quando na realidade o denunciado deverá pedir a citação do terceiro para que seja integrado ao processo[128].

Ainda que a praxe forense demonstre sua rara ocorrência, é admissível o receio de que o fenômeno da denunciação sucessiva gere uma cadeia consideravelmente longa de denunciações da lide, o que poderia em caso extremo tornar a relação jurídica processual muito complexa, a ponto de dificultar o próprio desenvolvimento do processo, com sensível dificuldade no tramitar procedimental. Nesse caso, a doutrina é pacífica em apontar para o poder do juiz em **indeferir a denunciação**, amparado nos princípios da **celeridade processual** e da **efetividade** da tutela jurisdicional. Não teria realmente muito sentido admitir fenômeno processual que sacrifique de maneira significativa o andamento procedimental[129].

Caso se admita a existência de um litisconsórcio entre denunciante e denunciado, também se pode amparar o indeferimento da denunciação sucessiva no art. 46, parágrafo único, do CPC, que proíbe a formação de litisconsórcio multitudinário sempre que o número excessivo de litisconsortes "comprometer a rápida solução do litígio".

6.5.6. Procedimento da denunciação da lide feita pelo autor

É de extrema raridade a denunciação da lide pelo autor, sendo exemplo comumente lembrado pela doutrina a ação reivindicatória proposta pelo proprietário de bem que denuncia o alienante evicto para garantir o ressarcimento pelos eventuais prejuízos advindos de sua derrota na demanda que move contra o réu[130].

Havendo denunciação da lide pelo autor, seu prazo será o da **propositura da ação originária**, devendo ser requerida a citação do denunciado juntamente com a do réu originário da demanda (art. 71 do CPC). Pelo princípio da instrumentalidade das formas não há necessidade de interposição de duas petições iniciais, bastando que o autor elabore um tópico da petição inicial justificando a denunciação da lide (causa de pedir), além de fazer um pedido de citação do denunciado.

Em aplicação do art. 72 do CPC, o pedido de denunciação da lide feito pelo autor suspende o andamento do processo – melhor seria dizer procedimento principal – devendo a citação do terceiro ocorrer no prazo de 10 dias quando o denunciado for domiciliado no mesmo foro em que tramita a demanda e em 30

[128] Bedaque, *Código*, p. 193; Fux, *Curso*, p. 300; Arruda Alvim, *Manual*, n. 68, p. 158.

[129] Scarpinella Bueno, *Curso*, p. 507; STJ, REsp 9.876/SP, 4.ª Turma, rel. Min. Athos Carneiro, j. 25.06.1991, *DJ* 12.08.1991, p. 10.559.

[130] Bedaque, *Código*, p. 190; Nery-Nery, *Código*, p. 289.

dias quando for domiciliado em outro foro, sendo expresso o art. 72, § 2.º, do CPC, na previsão de que, não realizada a citação dentro desse prazo, é tornada ineficaz a denunciação, seguindo a demanda entre as partes originárias. Caso o atraso derive de circunstâncias alheias à vontade do denunciante – demora do cartório ou postura do denunciado –, a sanção prevista no artigo ora analisado não será aplicada[131].

Segundo previsão do art. 74 do CPC, realizada a denunciação da lide pelo autor, o denunciado, comparecendo à demanda, assumirá a posição de litisconsorte do denunciante, podendo nesse caso **aditar a petição inicial**, sendo realizada a citação do réu da demanda originária depois desse momento procedimental. Ainda que o dispositivo preveja o que pode ocorrer quando o denunciado comparece à demanda, é tranquilo o entendimento de que, mesmo que não compareça, estará vinculado à demanda judicial, bastando para tanto a realização de sua citação válida. Diferente da nomeação à autoria (art. 67 do CPC), na denunciação da lide o terceiro não pode se negar a participar do processo, estando automaticamente vinculado a ela a partir de sua citação válida.

Por outro lado, caso se entenda que o denunciado não é realmente litisconsorte do denunciante, mas assistente simples, a emenda da petição inicial não poderá resultar em ampliação objetiva da demanda, porque o assistente não faz pedido, somente auxiliando o assistido. Dessa forma, a emenda da petição inicial será limitada a uma melhor elaboração da argumentação jurídica, mas sempre se respeitando os limites já traçados pela causa de pedir e pedido feito pelo denunciante[132]. Ainda que se admita a qualidade de litisconsorte do denunciado, o que em tese admitiria uma emenda da petição inicial mais ampla, na realidade isso não ocorre, porque, não sendo titular do direito material discutido na demanda originária, dificilmente o denunciado terá pedido a fazer contra a parte contrária. Eventualmente uma nova causa de pedir, o que poderá melhorar a situação do denunciante, mas ainda assim em situações raras.

6.5.7. Procedimento da denunciação pelo réu

A denunciação da lide realizada pelo réu é muito mais frequente do que a realizada pelo autor, apontando o art. 71 do CPC o prazo de contestação para que seja realizada, sob a consequência da **preclusão temporal**. Mais uma vez o texto legal utiliza a espécie em vez do gênero, sendo preferível entender que o prazo para o réu realizar a denunciação da lide é o prazo de resposta, já que é cabível denunciação da lide depois de apresentada a contestação, desde que dentro do prazo de resposta do réu[133]. Como já afirmado, o princípio da instrumentalidade das formas dispensa a elaboração de uma petição inicial, bastando um mero tópico

[131] Bedaque, *Código*, p. 192.

[132] Didier, *Curso*, p. 336. Contra: Arruda Alvim, *Manual*, n. 74, p. 176.

[133] *Informativo* 387/STJ, 3.ª T., REsp 1.099.439-RS, rel. Massami Uyeda, j. 19.03.2009.

na contestação descrevendo a causa de pedir da denunciação da lide (tipificação no caso concreto de uma das situações previstas no art. 70 do CPC) e o pedido de citação do denunciado.

O art. 75 do CPC descreve três condutas possíveis ao denunciado da lide quando o denunciante é o réu, sendo importante lembrar que a mera **citação válida já vincula o denunciado ao processo**. O dispositivo deve ser interpretado com redobrado cuidado porque aparentemente redigido sob forte influência da sistemática das intervenções de terceiro do Código de Processo Civil de 1939[134].

Prevê o inciso I a hipótese de o denunciado aceitar a denunciação e contestar o pedido da parte contrária, prosseguindo a demanda originária entre o autor de um lado e de outro, como litisconsortes, denunciante e denunciado. Há dois apontamentos necessários:

(a) a utilização do termo "aceitar" é impreciso, porque não importa a aceitação do denunciado para fins de sua integração ao processo, que será fará a partir de sua citação válida;

(b) o denunciado não precisa contestar o pedido da parte contrária para se tornar litisconsorte do denunciante, sendo o litisconsórcio formado com a mera citação válida, ou seja, qualquer que seja a postura adotada pelo denunciado ele sempre será litisconsorte do denunciante na demanda originária.

No inciso II encontra-se a influência mais funesta do sistema do Código de Processo Civil de 1939, com a indevida confusão entre o revogado sistema de chamamento à autoria e o atual sistema de denunciação da lide, que veio no Código de Processo Civil de 1973 a substituir o antigo chamamento à autoria. O dispositivo legal prevê a hipótese de revelia do denunciado e a circunstância de o denunciado comparecer ao processo somente para negar a qualidade que lhe foi atribuída, situações em que cumprirá ao denunciante prosseguir na defesa até o final. Pela interpretação literal do dispositivo legal, sendo omisso o denunciado quanto à pretensão do autor, deverá o réu-denunciante prosseguir na defesa do direito discutido na demanda originária. Parcela da doutrina, inclusive, aponta para grave consequência na hipótese de o denunciante abdicar da defesa do direito, qual seja, não poder se aproveitar da sentença para exercer o seu direito regressivo contra o denunciado, como se a denunciação simplesmente não tivesse ocorrido.

Essa interpretação literal, entretanto, sempre foi severamente criticada pela melhor doutrina, que percebeu sérias incongruências entre o sistema da denunciação da lide e a exigência de exercício de defesa do direito pelo denunciante. Sendo pacífica a hipótese de o réu revel realizar a denunciação da lide, sendo essa sua única forma de resposta, como exigir dele, nos casos de o denunciado reagir de uma das duas formas previstas art. 75, II, a continuação do exercício de defesa do direito até o fim? Também sendo possível ao denunciante confessar os

[134] Gusmão Carneiro, *Intervenção*, n. 55, p. 113.

fatos alegados pelo autor e realizar a denunciação da lide, como fazer a ele tal exigência? Essa corrente doutrinária sempre defendeu a inaplicabilidade do art. 75, II, do CPC, afirmando não existir nenhum problema na conduta do denunciante que, diante da revelia do denunciado ou de sua mera discordância em participar do processo, não prossegue na defesa de seu direito até o final se verificar desde logo que seu adversário tem razão.

Corroborando esse entendimento, que sempre pareceu ser o mais correto, o art. 456, parágrafo único, do CC passou a prever a possibilidade de o denunciante deixar de oferecer contestação ou de usar recursos quando o denunciado não atende a denunciação da lide na hipótese de manifesta procedência da evicção. Naturalmente o dispositivo legal cuida exclusivamente da evicção, única matéria entre as causas de denunciação da lide tratadas de forma específica pelo Código Civil. Mas não vejo sentido em sua aplicação restrita aos casos do art. 70, I, do CPC, cumprindo uma interpretação ampla para todas as hipóteses de denunciação da lide, de forma que se considere revogado o art. 75, II, do CPC[135].

Em seu terceiro inciso, o art. 75 do CPC prevê a hipótese de confissão pelo denunciado dos fatos alegados pelo autor, quando poderá o denunciante prosseguir na defesa. O dispositivo não é claro a respeito da postura do denunciado relativamente à denunciação da lide em si, sendo possível concluir que tanto poderá se insurgir contra a alegação de direito regressivo feita pelo denunciante como poderá restar omisso a esse respeito. Na demanda originária o denunciado pode confessar os fatos alegados pelo autor, o que não gerará automaticamente a presunção de veracidade desses fatos. Caso o denunciante impugne tais fatos, a confissão do denunciado será tão somente mais um meio de prova a ser levado em conta pelo juiz na formação de seu convencimento.

Como já afirmado, qualquer que seja a atuação do denunciado diante da sua citação válida, passará a ser um litisconsorte do denunciante na demanda originária e seu adversário da demanda secundária criada pela denunciação da lide. A postura ativa ou passiva de um ou de outro é irrelevante para a determinação das situações jurídicas que assumem no processo.

Segundo o art. 76 do CPC, a sentença que julgar procedente a ação, declarará o direito do evicto ou a responsabilidade por perdas e danos, servindo como título executivo. A doutrina majoritária entende haver uma imprecisão da redação do dispositivo legal porque a sentença não tem natureza declaratória no capítulo em que decide a denunciação da lide com julgamento de procedência. Entendendo o juiz existir o direito regressivo alegado pelo denunciado, não bastará a mera declaração da existência do direito, mas além de tal declaração deve **condenar o denunciado** nos termos do pedido do denunciado, que naturalmente não tem natureza meramente declaratória, e sim condenatória[136]. De todo modo, qualquer

---

135 Didier, *Curso*, p. 341-342; Marinoni-Mitidiero, *Código*, p. 147. Em sentido contrário, pela interpretação restritiva, Arruda Alvim, *Manual*, n. 75, p. 179.

136 Arruda Alvim, *Manual*, n. 76, p. 181.

que se entenda ser a natureza da sentença no capítulo que decide a denunciação da lide, trata-se de título executivo judicial, por expressa previsão legal.

No PLNCPC originário, a denunciação da lide e o chamamento do processo eram reunidos sob o nome de "chamamento", mas essa proposta não vingou no Substitutivo do Senado, que manteve duas diferentes espécies de intervenção de terceiro. A denunciação da lide passou a chamar denunciação em garantia, e, mesmo que limitada a questão terminológica, a modificação deve ser elogiada.

O art. 314 do PLNCPC, em seus dois incisos, substancialmente repete as hipóteses de cabimento previstas atualmente no art. 70, I e III, tendo sido revogada a hipótese do inciso II. A novidade fica por conta do art. 314, I, do PLNCPC, que consagra expressamente a denunciação *per saltum*, admitindo-se a denunciação de qualquer sujeito participante da cadeia dominial.

O parágrafo único do dispositivo legal ora comentado também traz novidade, consagrando o entendimento doutrinário pela facultatividade da denunciação da lide, revogando-se a regra, já superada na praxe forense, do art. 70, *caput*, do CPC.

O art. 317 do PLNCPC cumpre o papel atualmente desempenhado pelo art. 75 do atual CPC. Mudança substancial pode ser notada no inciso II, que prevê a possibilidade, na hipótese de revelia do denunciado, do denunciante abster-se de oferecer contestação ou de recorrer, ou seja, de defender seus interesses em juízo. O PLNCPC atendeu a correta reclamação doutrinária quanto ao art. 75, II, do atual CPC. No inciso IV, uma novidade, com relevantes consequências práticas. O PLNCPC passa a admitir que o autor vencedor ingresse com cumprimento da sentença também contra o denunciado, nos limites da condenação deste na ação regressiva.

6.6. CHAMAMENTO AO PROCESSO

6.6.1. Conceito

Mais uma vez o legislador não conceitua a espécie de intervenção de terceiros que prevê, considerando-se que o primeiro artigo referente ao chamamento ao processo (art. 77 do CPC) já traz as hipóteses de seu cabimento. Da leitura das três hipóteses de cabimento previstas pelo dispositivo legal conclui-se que o chamamento ao processo tem forte ligação com as situações de garantia simples, nas quais se verifique uma **coobrigação** gerada pela existência de **mais de um responsável** pelo cumprimento da obrigação perante o credor. O art. 77, I, do CPC trata da relação entre devedor principal e fiador, o art. 77, II, do CPC, da relação entre fiadores, e o art. 77, III, do CPC, dos devedores solidários.

Trata-se de espécie **coercitiva** de intervenção de terceiro[137], pela qual o terceiro será integrado à relação jurídica processual em virtude de pedido do réu e independentemente da sua concordância. Como se verifica na denunciação da lide, a mera citação válida já é suficiente para o chamado ao processo ser integrado ao processo e, vinculado juridicamente a ele, para suportar não só os efeitos da sentença a ser proferida, como também a coisa julgada material. Por parte do réu, não existe dúvida de que o chamamento ao processo é facultativo, sendo plenamente admissível o ingresso posterior de ação de regresso contra aqueles sujeitos que poderiam ter sido chamados ao processo.

A questão mais relevante enfrentada pela doutrina no tocante ao chamamento ao processo diz respeito à consequência jurídica que gera na demanda originária. Enquanto parcela da doutrina afirma tratar-se de formação de **litisconsórcio passivo ulterior**, em peculiar hipótese de litisconsórcio facultativo formado pela vontade do réu[138], outra parcela da doutrina entende que, a exemplo da denunciação da lide, haverá uma ampliação objetiva da demanda, que passará com o chamamento ao processo a ter duas ações: a originária entre credor (autor) e o(s) devedor(es) que o autor escolheu para formar o polo passivo e a ação criada pelo chamamento ao processo entre o(s) réu(s) e o(s) chamado(s) ao processo[139].

Compreende-se a apreensão gerada pelo chamamento ao processo ao admitir a formação de litisconsórcio passivo formado por vontade do réu. Aduz o art. 275 do CC que cabe ao credor escolher dentre os devedores solidários aqueles contra quem quer litigar, direito que estaria condicionado à vontade do réu na demanda judicial em não chamar ao processo os demais devedores solidários. Nota-se, com mediana clareza, que a possibilidade de o devedor escolhido pelo credor para figurar no polo passivo chamar os demais devedores solidários não escolhidos pelo credor para também participarem do processo em litisconsórcio passivo afasta o pleno exercício do direito previsto no art. 275 do CC. Apesar desse correto raciocínio, a solução oferecida pela doutrina para a preservação do direito de escolha do credor é absolutamente inadequada.

Afirma-se que, em respeito ao art. 275 do CC, o chamamento ao processo é uma ação incidental regressiva do réu contra os demais devedores solidários, de forma que, não sendo formado o litisconsórcio entre réu e chamado ao processo, o credor continuaria a litigar somente contra quem escolheu litigar. Essa solução, entretanto, nada resolve.

Sendo admitido o entendimento que qualifica o chamamento ao processo como uma ação regressiva do réu contra os demais devedores solidários, idêntica à denunciação da lide, os chamados ao processo naturalmente participarão da ação originária, senão como litisconsortes, como assistentes. Mas, sendo titulares do

[137] Fux, *Curso*, p. 304.

[138] Bedaque, *Código*, p. 202; Fux, *Curso*, p. 305; Marinoni-Arenhart, *Manual*, p. 194; Scarpinella Bueno, *Curso*, p. 515-517; Arruda Alvim, Manual, n. 78, p. 186.

[139] Nery-Nery, *Código*, p. 297-298; Fidélis dos Santos, *Curso*, n. 199, p. 100; Baptista da Silva, *Comentários*, p. 366.

direito discutido na demanda originária, serão no mínimo assistentes litisconsorciais, de forma que serão tratados em termos procedimentais como litisconsortes unitários. Significa dizer que a solução apresentada não evita que os chamados ao processo participem da ação originária como verdadeiros litisconsortes, sendo extrema ingenuidade dizer que ainda assim o autor continuará a litigar somente contra quem escolheu. Há mais a criticar.

Admitindo-se a existência das duas ações, poderá se chegar à conclusão de que o réu será condenado perante o autor e os chamados ao processo, perante o réu, de forma que o autor só poderá executar o réu, contra quem escolheu litigar, tendo esse réu reconhecido o direito regressivo contra os chamados. Além de contrariar o texto expresso do art. 80 do CPC, esse entendimento é extremamente prejudicial ao autor, que foi obrigado a suportar uma demanda judicial contra o devedor que originariamente foi demandado e contra todos os demais que foram chamados ao processo, mas só poderá executar diretamente o réu originário. Não parece ser adequado obrigar o autor a arcar com o atraso e a complicação decorrente do chamamento ao processo e limitar a formação de título executivo a seu favor somente contra o réu originário.

Diante das colocações feitas, ainda que se admita a incongruência existente entre o art. 275 do CC e o art. 77 do CPC, e sejam plenamente válidas as críticas feitas ao instituto, que contraria claramente norma de direito material[140], melhor entender que o chamamento ao processo **amplia subjetivamente a demanda originária**, com a criação de um litisconsórcio passivo ulterior, por vontade do réu, entre o devedor solidário originariamente demandado e os demais devedores solidários chamados ao processo[141]. Essa formação de litisconsórcio – lembre-se que os chamados ao processo são titulares do direito discutido na demanda originária – permite a conclusão pacífica de que a sentença de procedência forma título executivo contra todos os litisconsortes, sendo opção do autor quem executar[142].

6.6.2. Hipóteses de cabimento

São três as hipóteses de cabimento do chamamento do processo previstas pelo art. 77 do CPC, sendo que em todas elas o denominador comum é ser o terceiro chamado ao processo **tanto ou mais devedor que o réu**. Até mesmo pela ausência de previsão legal em sentido contrário, é pacífico o entendimento quanto a ser **voluntária** essa espécie de intervenção de terceiros. Ainda que se possa vislumbrar o exercício do direito regressivo do réu perante os chamados ao processo, diferentemente do que ocorre na denunciação da lide no chamamento ao processo o terceiro é titular do direito material discutido na demanda

140 Baptista da Silva, *Comentários*, p. 362-363; Luiz Fux, *Curso*, p. 306; Agrícola Barbi, *Comentários*, n. 434, p. 265-266.

141 Marinoni-Arenhart, *Manual*, p. 194-195.

142 Dinamarco, *Intervenção*, n. 94, p. 158.

instaurada entre autor e o devedor que ele escolheu contra quem litigar, sendo o réu e o chamado ao processo obrigados solidários perante o credor que move a demanda[143].

Diz o art. 77, I, do CPC que, demandado o fiador, que apesar de não ser devedor, responde solidariamente com o devedor perante o credor pelo cumprimento da obrigação, é permitida a chamada ao processo do devedor principal. Interessante nesse tocante que, pretendendo o fiador se valer do benefício de ordem na fase executiva, necessariamente deverá realizar o chamamento ao processo previsto nesse dispositivo legal, porque esse benefício do fiador de nomear à penhora bens livres e desembaraçados do devedor (art. 594 do CPC) só é permitido se o devedor fizer parte do título executivo que fundamenta a execução[144].

Registre-se que o contrário não é admitido, ou seja, sendo demandado o devedor principal, não será permitido a ele chamar ao processo o fiador ou os fiadores. Sendo satisfeito o direito pelo devedor principal, a garantia prestada pelo fiador desaparece em decorrência da sua natureza acessória, não se justificando o chamamento ao processo nesse caso[145]. Caso o autor não tenha o seu direito satisfeito na demanda movida contra o devedor principal, deverá mover nova demanda contra o fiador ou os fiadores, já que contra eles não terá título executivo judicial.

Segundo o art. 77, II, do CPC, demandado um ou alguns fiadores, é permitido o chamamento ao processo dos demais, que respondem com ele(s) solidariamente perante o credor que ingressou com a demanda judicial. A previsão de chamamento ao processo de fiadores não demandados se coaduna com o chamamento ao processo do devedor principal, de maneira que os dois primeiros incisos do art. 77 do CPC podem ser cumulados no caso concreto[146].

Sendo demandado apenas um ou alguns dos devedores solidários, admite-se o chamamento ao processo dos demais devedores solidários não escolhidos originariamente pelo credor que moveu a demanda judicial. O art. 77, III, do CPC, portanto, prevê a hipótese típica de dívida solidária entre os devedores principais quando nem todos são escolhidos pelo credor para figurar no polo passivo da demanda judicial.

Em qualquer das hipóteses de cabimento do chamamento ao processo o juiz deve atentar para a quantidade de chamados, não se admitindo que essa forma de intervenção de terceiro dificulte em demasia o andamento regular do processo ou crie uma dificuldade excepcional ao exercício da ampla defesa por parte do autor. Considerando-se que o réu e os chamados ao processo formam um litisconsórcio passivo ulterior, aplica-se ao caso o art. 46, parágrafo único, do CPC, permitindo-se ao juiz o indeferimento parcial ou total do chamamento ao processo na hipótese de litisconsórcio multitudinário[147].

---

143 Theodoro Jr., *Curso*, v. 1, p. 158.

144 Fux, *Curso*, p. 306; Arruda Alvim, *Manual*, n. 79, p. 188.

145 Bedaque, *Código*, p. 202; Scarpinella Bueno, *Curso*, p. 517.

146 Scarpinella Bueno, *Curso*, p. 517.

147 Arruda Alvim, *Manual*, n. 81, p. 189.

6.6.3. Procedimento

O art. 79 do CPC, ao tratar do procedimento do chamamento ao processo, indica a aplicação das regras previstas nos arts. 72 e 74 do CPC, que regulamentam o procedimento da denunciação da lide realizada pelo réu. Cumpre destacar dois dispositivos legais referentes à sentença a ser proferida no processo em que ocorre o chamamento ao processo, que corroboram o entendimento de que por meio do chamamento ao processo é criado um litisconsórcio passivo ulterior formado por vontade do réu.

Aduz o art. 78 do CPC que o juiz declarará a responsabilidade dos obrigados solidários sempre que ocorrer o chamamento ao processo pelo réu em seu prazo de contestação. Há uma impropriedade redacional no referido dispositivo legal, porque a presença de todos os obrigados solidários no polo passivo da demanda não fará com que o juiz apenas declare suas responsabilidades perante o credor. No caso de procedência do pedido do autor, haverá uma declaração do direito de crédito do credor perante os réus, acompanhada de uma condenação solidária, tratando-se de **sentença condenatória**, e não meramente declaratória, inclusive como determina expressamente o art. 80 do CPC.

Essa sentença de procedência, com a condenação de todos os obrigados que compõem o polo passivo da demanda – réu originário e os chamados ao processo –, valerá como título executivo em favor do obrigado que satisfizer a obrigação, podendo, por meio de execução de título executivo judicial, cobrar dos demais obrigados o valor pago ou a cota-parte que couber a cada um dos obrigados. Realizado o pagamento pelo fiador, poderá cobrar o valor pago na integralidade do devedor principal; sendo o devedor principal o responsável pelo pagamento, poderá executar os demais devedores solidários excluindo o valor da cota que correspondia a ele próprio pagar.

Aline demanda Carlos, fiador num contrato de empréstimo, que chama ao processo Eliane, devedora principal. Sendo realizado o pagamento à Aline por Carlos, a sentença proferida em favor de Aline servirá a ela como título executivo judicial para cobrar todo esse valor de Eliane. Em outra demanda, Aline demanda Felipe, devedor principal, que chama ao processo Fernanda, devedora principal solidária. Sendo realizado o pagamento integral por Felipe ou por Fernanda, caberá ao devedor solidário que pagou executar a sentença contra o outro devedor, cobrando-lhe 50% do valor total da dívida.

6.6.4. Chamamento ao processo no direito do consumidor

A denunciação da lide nas demandas regidas pelo Código de Defesa do Consumidor é vedada por expressa previsão do seu art. 88, que, apesar de fazer referência expressa somente às hipóteses previstas no art. 13, parágrafo único, do mesmo diploma legal, é interpretado de maneira extensiva pela melhor doutrina para toda e qualquer situação.

A justificativa é proteger o consumidor que promove demanda contra determinado réu e não pretende que a relação jurídica torne-se complexa com a intervenção de um terceiro. É indiscutível que a denunciação da lide torna a relação jurídica mais complexa e o objeto do processo mais amplo, o que em regra gera uma maior morosidade no andamento procedimental. Mas nem sempre isso representa ao consumidor um prejuízo, bastando para tanto imaginar a hipótese na qual o denunciado tem situação patrimonial muito melhor do que a do réu, quando será interessante ao consumidor atrasar a entrega da prestação jurisdicional para aumentar as chances de satisfação do seu direito. Por essa razão, sempre entendi que nesse caso particular a denunciação da lide deveria ser aceita, desde que com a anuência expressa do autor-consumidor, que teria condições de verificar no caso concreto os prejuízos e benefícios da intervenção de um terceiro que figuraria como litisconsorte do réu.

Apesar da vedação expressa à denunciação da lide, o art. 101, II, do CDC permite o chamamento ao processo da seguradora quando o réu tiver com esse terceiro um contrato de seguro de responsabilidade. Nota-se que a intervenção coativa da seguradora não se dá tecnicamente por meio do chamamento ao processo, até porque a seguradora não é titular do direito discutido na demanda originária, tampouco obrigada solidária perante o consumidor-autor. Entende-se na doutrina que o legislador propositalmente chama essa intervenção de terceiros de chamamento ao processo para criar no caso concreto uma responsabilidade solidária entre o réu e a seguradora, o que naturalmente beneficia o consumidor-autor em termos de satisfação do seu direito de crédito a ser reconhecido pela sentença[148]. Registre-se que no mesmo dispositivo legal está previsto que, havendo o réu declarado a falência, o consumidor-autor poderá demandar diretamente contra a seguradora. Como já apontado anteriormente, encontram-se no Superior Tribunal de Justiça decisões que já permitem essa demanda direta contra a seguradora, mesmo no caso de o réu não estar falido.

> No PLNCPC originário, a denunciação da lide e o chamamento do processo eram reunidos sob o nome de "chamamento", mas, como já apontado, essa proposta não vingou no Substitutivo do Senado.
>
> O art. 319 do PLNCPC praticamente repete os três incisos do art. 77 do atual CPC e acresce um novo: o chamamento daqueles que, por lei ou contrato, são também corresponsáveis perante o autor. O art. 320, *caput*, do PLNCPC, consagra expressamente o entendimento doutrinário de que se formará entre o réu e os chamados um litisconsórcio passivo ulterior.

[148] Theodoro Jr., *Curso*, v. 1, p. 159; Fidélis dos Santos, *Manual*, n. 193b, p. 97; Arruda Alvim, *Manual*, n. 84, p. 195.

7

PROCEDIMENTO SUMÁRIO

7.1. INTRODUÇÃO

Os procedimentos do processo/fase de conhecimento são divididos em procedimento comum (ordinário e sumário, nos termos do art. 272, *caput,* do CPC) e procedimentos especiais. A observação é importante porque mesmo naquelas demandas que poderiam transcorrer por meio do procedimento sumário – pelo valor ou pela matéria –, sendo tipificado o caso concreto como uma das hipóteses de procedimentos especiais, a demanda deverá obrigatoriamente observá-lo[1]. Os procedimentos especiais são de aplicação cogente, não podendo optar o autor pelo procedimento comum, de forma que a primeira análise a ser feita a respeito do procedimento adequado diz respeito ao cabimento de um dos procedimentos especiais.

---

[1] Barbosa Moreira, *O novo*, § 13, p. 101.

Não sendo cabível qualquer dos procedimentos especiais no caso concreto, deve-se analisar o cabimento do procedimento sumário, que prefere ao ordinário, este restando como o procedimento residual, sendo cabível sempre que não forem adequados os demais[2]. A exceção fica por conta do art. 275, parágrafo único, do CPC, que veta o procedimento sumário nas causas relativas ao estado e à capacidade da pessoa, quando se aplicará o rito ordinário ou especial, conforme o caso concreto.

No tocante aos Juizados Especiais Cíveis há o procedimento sumaríssimo. Na Justiça Estadual esse procedimento não é cogente, porque a utilização dos Juizados Especiais Estaduais é uma faculdade do autor, que poderá optar por tal procedimento ou pelo procedimento comum.

Registre-se que essa facultatividade é excepcional, porque os procedimentos são, em regra, de aplicação cogente, como ocorre com o procedimento sumário e ordinário, entre os quais não existe nenhuma disponibilidade, não se admitindo a livre opção do autor[3]. A normalidade retorna no tocante ao procedimento sumaríssimo na Justiça Federal, considerando-se a competência absoluta dos Juizados Especiais Federais.

É **obrigatória** a observação do procedimento sumário sempre que:

(a) a causa não superar o valor de 60 salários-mínimos ou tiver uma das matérias previstas no art. 275, II, do CPC;

(b) mesmo sendo cabível o procedimento sumaríssimo o autor, quando possível, tenha optado pelo procedimento comum;

(c) não seja demanda relativa ao estado ou à capacidade de pessoa (art. 275, parágrafo único, do CPC).

7.2. SUMARIEDADE FORMAL

A sumariedade do procedimento pode ser formal ou material, sendo que no procedimento sumário a sumariedade é meramente formal. Desse modo, o procedimento é projetado para ser mais rápido e simples que o procedimento ordinário, mas quanto à cognição não existe nenhuma limitação, sendo possível a alegação de qualquer matéria (cognição horizontal), bem como a análise exauriente dessas matérias pelo juiz (cognição vertical). Sendo a **cognição exauriente**, não resta dúvida de que a sentença de mérito proferida no procedimento sumário produz **coisa julgada material**[4].

A sumariedade obtida com o procedimento sumário, que pretende fazer com que esse procedimento seja mais rápido e simples do que o procedimento ordinário, decorre da adoção de três técnicas procedimentais[5]:

---

[2] Dinamarco, *Instituições*, v. 3, n. 1242, p. 691.

[3] Theodoro Jr., *Curso*, v. 3, n. 345, p. 385; Barbosa Moreira, *O novo*, § 13, p. 103.

[4] Dinamarco, *Instituições*, v. 3, n. 1274, p. 728-729; Greco Filho, *Direito*, n. 22, p. 97.

[5] Dinamarco, *Instituições*, v. 3, n. 1243, p. 692-693; Barbosa Moreira, *O novo*, § 14, p. 104.

(a) concentração de atos processuais;

(b) vedação a institutos processuais que ampliam objetivamente e/ou subjetivamente a demanda;

(c) parcial restrição no campo probatório pericial, excluindo-se a perícia complexa.

A concentração de atos se verifica de forma que diversos atos processuais possam ser realizados num mesmo momento, por meio de atos processuais complexos. Exemplo sintomático encontra-se no campo probatório, no qual, para ouvir uma testemunha, a parte se manifesta em três diferentes oportunidades no procedimento ordinário: *pedido genérico na petição inicial e contestação*, *especificação de provas* e, por fim, *arrolamento da testemunha*. No procedimento sumário, autor e réu que pretendem ouvir testemunhas já devem arrolá-las no primeiro momento em que falam nos autos (petição inicial e contestação – arts. 276 e 278 do CPC).

A reconvenção, a ação declaratória incidental (restrição inútil e inadequada) e as intervenções de terceiro são instrumentos processuais que geram uma ampliação objetiva e/ou subjetiva da demanda. É naturalmente causa de maior demora na solução da demanda porque, havendo mais pedidos a serem enfrentados e decididos e/ou mais sujeitos compondo a relação jurídica processual, o procedimento tende a se tornar mais complexo, sendo provável que o tempo de sua duração passe a ser maior. Conforme será analisado em momento adequado, a opção legislativa não é aceita por parcela doutrinária, parecendo ter o legislador dado parcial razão aos doutrinadores críticos, excepcionando a vedação das intervenções de terceiro para permitir a assistência, o recurso de terceiro prejudicado, e mais recentemente as intervenções de terceiro que sejam fundadas em contrato de seguro (art. 280 do CPC).

Como já asseverado, a cognição no procedimento sumário é plena e exauriente, sendo inadmissível o impedimento à alegação de qualquer matéria, bem como restrição aos meios probatórios. Ocorre, entretanto, que a prova pericial, reconhecidamente o meio probatório mais complexo e demorado, pode se mostrar de grande complexidade no caso concreto, o que certamente demandará um tempo considerável para a sua conclusão. Firme no ideal de que o procedimento sumário deve ser mais rápido e mais simples do que o procedimento ordinário, o art. 277, § 5.º, do CPC prevê que nesse caso ocorrerá a conversão do procedimento sumário em ordinário.

7.3. VALOR DA CAUSA (ART. 275, I, DO CPC)

A primeira hipótese de admissibilidade do procedimento sumário é o valor da causa, que não deve superar o valor de **60 vezes o salário mínimo** vigente à época da propositura de demanda, sendo irrelevantes alterações supervenientes desse valor[6]. Havendo diferença entre o salário mínimo local e o nacional, deve-se preferir

6 Dinamarco, *Instituições*, v. 3, n. 1245, p. 697; Nery-Nery, *Código*, p. 537.

a observação do segundo, considerando-se que o Código de Processo Civil, sendo uma lei federal, deve ter a mesma aplicação em todo o território nacional.

Registre-se o entendimento do Superior Tribunal de Justiça no sentido de que o valor da causa no procedimento sumário não cria um teto máximo para o valor da condenação. Numa hipótese de pedido genérico, na qual o valor da causa seja inferior ao teto previsto no art. 275, I, do CPC, é plenamente admissível que o juiz condene o réu em valor superior aos 60 salários-mínimos[7]. Interessante notar que nos Juizados Especiais Estaduais isso não ocorre, sendo sempre limitadas as condenações ao teto de 40 salários mínimo quando o pedido é genérico e o valor da causa meramente estimativo.

O valor da causa é tema tratado no Capítulo 9, item 9.2.5, sendo que também no procedimento sumário o autor deve respeitar os critérios legais de fixação do valor da causa (arts. 259 e 260 do CPC), bem como os princípios da proporcionalidade e razoabilidade na aplicação do critério estimativo. De qualquer forma, ao menos no momento de propositura da demanda, o valor da causa que determinará a admissibilidade do procedimento sumário é aquele indicado pelo autor na petição inicial. Sendo originariamente atribuído pelo autor um valor da causa superior ao previsto em lei, o juiz converterá o procedimento em ordinário antes mesmo da citação do réu. Ainda que o autor indique na petição inicial um valor da causa inferior a 60 salários mínimos, em duas hipóteses poderá haver a conversão em rito ordinário:

(a) considerando que o Superior Tribunal de Justiça, assim como parcela considerável da doutrina, entende que o juiz pode determinar de ofício a correção do valor da causa, após a emenda da inicial, com tal correção já será admissível a conversão se o valor superar 60 salários-mínimos;

(b) em audiência de conciliação por meio do acolhimento da alegação de impugnação ao valor da causa, sempre que o valor passar a superar 60 salários mínimos.

7.4. MATÉRIAS (ART. 275, II, DO CPC)

7.4.1. Arrendamento rural e parceria agrícola

Arrendamento rural é o contrato que tem como objeto a cessão de um imóvel para fins de exploração agropecuária ou agroindustrial mediante o pagamento de um aluguel, enquanto a parceria é o contrato que tem como objeto a cessão do uso e gozo de bem com contraprestação mediante partilha de frutos, produtos ou lucros. Sempre que esses contratos forem regulados pelo **Estatuto da Terra** (Lei 4.504/1964), o procedimento correto é o sumário, não importando o local do imóvel, mas sua utilização, ou seja, mesmo um imóvel situado em área urbana,

---

7 STJ, REsp 319.737/MA, 3.ª Turma, rel. Min. Carlos Alberto Menezes de Direito, j. 06.05.2002, *DJ* 01.07.2002, p. 267.

desde que nela se desenvolva atividade rural, será objeto dos negócios jurídicos descritos no dispositivo legal ora analisado[8].

Interessante notar que a parceria rural é um gênero, existindo três espécies:

(a) parceria agrícola;
(b) parceria pecuária;
(c) parceria agroindustrial.

Ainda que o art. 275, II, "a", do CPC tenha se limitado à previsão da parceria agrícola, entende a melhor doutrina que todas as espécies de parceria rural devem ser compreendidas como incluídas no dispositivo legal[9].

7.4.2. Cobranças ao condômino de quaisquer quantias devidas ao condomínio

A ausência de qualquer restrição no texto legal permite a conclusão de que todas as taxas condominiais (despesas ordinárias e extraordinárias, inclusive multas)[10] podem ser cobradas pelo condomínio por meio do procedimento sumário, conforme previsão do art. 275, II, "b", do CPC. Por outro lado, o dispositivo legal é aplicável em qualquer espécie de condomínio, seja ele horizontal ou vertical.

Como analisado no Capítulo 39, sempre que existir crédito documentalmente comprovado decorrente de aluguel de imóvel, bem como encargos acessórios, tais como taxas e despesas de condomínio, existe título executivo extrajudicial (art. 585, V, do CPC). Dessa forma, a cobrança de verbas condominiais do locador contra o locatário se realizará pelo processo executivo.

7.4.3. Ressarcimento por danos em prédio urbano ou rústico

O art. 275, II, "c", do CPC trata das demandas de responsabilidade civil, contratual ou extracontratual, relativas a danos causados em prédio situado em área urbana ou rural. Na definição de imóvel incluem-se as acessões e as edificações, excluídos os imóveis por ficção jurídica. O processamento pelo rito sumário inclui os pedidos de condenação por danos ao solo, plantações, frutos pendentes, construções e partes provisoriamente separadas de um prédio.

---

8 Araken de Assis, *Procedimento*, 11.1, p. 29.

9 Dinamarco, *Instituições*, v. 3, n. 1247, p. 699; Calmon de Passos, *Comentários*, n. 10.2.2, p. 112; Figueira Jr., *Procedimento*, n. 388. Contra: Nery-Nery, *Código*, p. 538; Gilson Delgado, *Procedimento*, 5.3.1, p. 111.

10 Calmon de Passos, *Comentários*, n. 10.2.3.4, p. 121; Nery-Nery, *Código*, p. 539; Figueira Jr., *Procedimento*, n. 352.

7.4.4. Ressarcimento por danos causados em acidente de veículo de via terrestre

A expressa menção à "via terrestre" afasta a aplicação do dispositivo legal a acidentes de veículos em via marítima (lagos, lagoas, represas, mar, rios, lagunas etc.) e em via aérea. Veículos marítimos ou aéreos podem ser envolvidos em acidentes em via terrestre, bastando imaginar o atropelamento de alguém por avião quando ainda taxiando em solo ou, ainda, o acidente envolvendo uma lancha que, rebocada por um carro, atinge um transeunte, devendo nesses casos ser aplicado o procedimento sumário[11], parecendo ser nesse caso cabível o procedimento sumário.

São considerados veículos de via terrestre aqueles que trafegam por via terrestre (ruas, rodovias, vielas, avenidas, estradas rodoviárias e ferroviárias), pouco importando a tração do veículo (mecânica, animal, humana ou elétrica). São exemplos o carro, ônibus, motocicleta, bicicleta, metrô, trem, charrete, cavalo e mula. Também não importa a natureza do dano (patrimonial ou moral) ou o bem lesado (coisa ou pessoa)[12].

As demandas referidas no art. 275, II, "d", do CPC envolvem acidentes entre dois ou mais veículos, um veículo e uma pessoa (atropelamento) ou um veículo e um obstáculo estático (bueiro, buraco, poste, muro etc.). Os danos causados dentro do veículo, por exemplo, aqueles derivados de agressão entre passageiros num coletivo, não estão incluídos no dispositivo legal ora comentado[13].

7.4.5. Cobrança de seguro, relativamente aos danos causados em acidente de veículo, ressalvados os casos de processo de execução

A ressalva quanto ao processo de execução decorre da previsão do art. 585, III, do CPC, que prevê ser título executivo extrajudicial o contrato de seguro de vida, não havendo nesse caso interesse de agir no ajuizamento de ação de conhecimento, sob o rito sumário, em razão de o autor já possuir um título executivo extrajudicial. Como não existe limitação expressa, a cobrança de seguro pelo rito sumário não se restringe aos ocorridos em via terrestre, incluindo-se também aqueles ocorridos em via marítima ou aérea[14].

7.4.6. Cobrança de honorários de profissionais liberais

Há certa divergência a respeito da definição de profissional liberal. Para parcela da doutrina o profissional liberal deve ser dotado de título superior, o

---

11 Nery-Nery, *Código*, p. 539.

12 Araken de Assis, *Procedimento*, n. 11.4, p. 32.

13 Idem.

14 Nery-Nery, *Código*, p. 539; Câmara, *Lições*, p. 361.

que excluiria profissionais que, mesmo não mantendo vínculo empregatício, ostentam nível médio de formação (por exemplo, corretor de imóveis, representantes profissionais)[15]. Para outra parcela da doutrina, que é a mais acertada, profissional liberal é aquele que trabalha sem vínculo empregatício, por conta própria, independentemente de seu nível de escolaridade[16].

Recorde-se que o contrato escrito de honorários advocatícios é título executivo extrajudicial (art. 24, *caput*, da Lei 8.906/1994), o que afasta o interesse de agir no processo de conhecimento nesse caso. Havendo contrato verbal ou somente início de prova documental da relação advogado-cliente, entretanto, o advogado deverá cobrar judicialmente seus honorários por meio do processo de conhecimento pelo rito sumário (art. 275, II, "f", do CPC).

7.4.7. Causas que versem sobre a revogação de doação

O legislador, por meio da Lei 12.122/2009, incluiu no rol do art. 275, II, do CPC, mais uma matéria que exigirá a aplicação do procedimento sumário: causas que versem sobre a revogação de doação.

7.4.8. Demais casos previstos em lei

Além das matérias previstas pelo Código de Processo Civil no seu art. 275, II, leis extravagantes também preveem o rito sumário, como, por exemplo:

(a) revisional de aluguel (art. 68 da Lei 8.245/1991);
(b) adjudicação compulsória (art. 16 do Decreto-lei 58/1937);
(c) representação comercial (art. 39 da Lei 4.886/1965);
(d) ações discriminatórias (art. 20 da Lei 6.383/1976);
(e) acidente de trabalho (art. 129, II, da Lei 8.213/1991);
(f) usucapião especial (para imóveis rurais – art. 5.º da Lei 6.969/1981; para imóveis urbanos – art. 14 da Lei 10.257/2001).

7.5. PETIÇÃO INICIAL

A petição inicial no procedimento sumário deve preencher os requisitos formais dos arts. 282 e 283 do CPC, existindo tão somente uma particularidade digna de nota que diferencia essa petição inicial daquela presente no procedimento ordinário. Trata-se da exigência de **especificação de provas** prevista

[15] Araken de Assis, *Procedimento*, n. 11.6, p. 34.

[16] Nery-Nery, *Código*, p. 539; Figueira Jr., *Procedimento*, n. 360; Gilson Delgado, *Procedimento*, n. 5.3.6, p. 121. Aplicando o art. 275, II, "f", do CPC, a cobrança de honorários de corretor de imóveis: STJ, 4.ª Turma, REsp 251.676/GO, rel. Min. Sálvio Figueiredo Teixeira, j. 03.08.2000, *DJ* 11.09.2000.

no art. 276 do CPC, que cria um ônus ao autor de arrolar testemunhas caso pretenda produzir prova testemunhal e de indicar quesitos e assistente técnico caso pretenda produzir prova pericial, já na petição inicial.

Note-se que o ônus do autor pode ser desmembrado em *indicação do meio de prova* (testemunhal e pericial) e *especificação desse meio de prova* (arrolar testemunhas, indicar quesitos e assistente técnico). Não basta ao autor a mera indicação do meio de prova, como acontece no procedimento ordinário, porque pedir uma prova testemunhal e não indicar as testemunhas, bem como pedir prova pericial e não indicar quesitos, gera a **preclusão probatória** para o autor.

O autor, portanto, tem que se desincumbir do ônus imposto pelo art. 276 do CPC, de forma completa, pois, caso contrário, verificar-se-á o fenômeno da preclusão, que retira do autor o direito de requerer a produção de prova[17]. Registre-se que não há preclusão da prova pericial no caso de mera ausência de indicação de assistente técnico, considerando-se que a sua presença é dispensável, dependendo exclusivamente da vontade da parte.

A rigidez do dispositivo legal nem sempre é justificável. Sendo designada audiência de instrução para data distante, não haverá qualquer problema em admitir o arrolamento de testemunhas e a indicação de quesitos em prova pericial sempre que se possa eficazmente dar ciência ao réu antes da audiência, permitindo-se sua adequada preparação para esse ato processual. Não é esse, entretanto, o entendimento do Superior Tribunal de Justiça, que prefere uma aplicação rígida do dispositivo legal[18].

Sendo o objetivo do legislador a concentração dos atos preparatórios probatórios, parece correta a aplicação do art. 276 do CPC a outros meios de prova além da testemunhal e pericial, exigindo-se do autor a indicação específica e justificada de todo e qualquer meio de prova que pretenda utilizar. Assim sendo, deve requerer já na petição inicial o depoimento pessoal do réu, a exibição de coisa ou documento[19], bem como, ainda que excepcionalmente, a inspeção judicial. A produção de prova documental segue as regras do procedimento ordinário, tratada no Capítulo 14, item 14.2.4.

Por fim, é importante registrar que o desrespeito ao ônus estabelecido no art. 276 do CPC leva tão somente à preclusão do direito probatório do autor, jamais à extinção do processo por indeferimento da petição inicial. A demanda seguirá regularmente, sendo inclusive correto falar em **ônus imperfeito**, considerando-se que a prova não pedida pelo autor poderá ser produzida por pedido do réu ou mesmo determinada de ofício pelo juiz (art. 130 do CPC).

---

[17] Dinamarco, *Instituições*, v. 3, n. 1257, p. 710.

[18] STJ, REsp 435.024/MG, 4.ª Turma, rel. Min. Ruy Rosado de Aguiar, j. 15.04.2003, *DJ* 26.05.2003, p. 364; AgRg no REsp 615.581/RS, 6.ª Turma, rel. Min. Og Fernandes, j. 25.11.2008, *DJe* 15.12.2008.

[19] Contra: Calmon de Passos, *Comentários*, 11.1, p. 152-153.

7.6. CITAÇÃO

As quatro formas de citação tratadas no Capítulo 10, item 10.5.3, são admissíveis no procedimento sumário, não havendo nesse tocante nenhuma diferença com o procedimento ordinário. A única diferença se refere à intimação que acompanhará a citação, porque no procedimento ordinário o réu é intimado para apresentar sua resposta no prazo legal de 15 dias, enquanto no procedimento sumário o réu é intimado para comparecer à audiência de conciliação, a ser realizada no prazo de 30 dias (*prazo impróprio*), momento em que apresentará a sua defesa. Além de todas as formalidades da citação já analisadas no Capítulo 10, item 10.5, no procedimento sumário o réu deve ser informado de que a sua ausência nessa audiência permitirá ao juiz reputar verdadeiros os fatos alegados pelo autor (art. 277, *caput* e § 2.º, do CPC).

Aduz o art. 277, *caput*, do CPC que o réu deve ser citado com a **antecedência mínima de 10 dias** da audiência de conciliação, existindo polêmica na doutrina a respeito do termo inicial de contagem desse prazo. Enquanto parcela minoritária entende que o termo inicial é a efetiva ciência do réu, ou seja, o dia em que lhe chegou a notícia da propositura da demanda[20], a parcela majoritária entende acertadamente que o prazo só tem início nos termos do art. 241 do CPC, com a juntada aos autos[21]:

(a) do mandado de citação;
(b) da carta com aviso de recebimento;
(c) da carta precatória.

O entendimento é o mais adequado porque a citação só se considera realizada completamente após a prática de tais atos, não sendo justificável o fundamento de que a celeridade do procedimento sumário seria sacrificada com a adoção desse entendimento.

Para a Fazenda Pública o prazo de 10 dias será dobrado (art. 277, *caput*, do CPC), de forma que sua citação deve ocorrer com no mínimo 20 dias de antecedência, sendo que o art. 277, *caput*, do CPC excepciona expressamente o art. 188 do CPC, que prevê um prazo em quádruplo para a apresentação de defesa pela Fazenda Pública e pelo Ministério Público. Resta a questão da aplicabilidade de referido dispositivo para o Ministério Público, por analogia, o que não parece adequado em razão da omissão legislativa, devendo a audiência de instrução ser designada com 40 dias de antecedência quando o réu for o Ministério Público[22], o que ocorre com raridade considerável. Não havendo nenhuma previsão a respeito do litisconsórcio passivo com pluralidade de pa-

---

[20] Nery-Nery, *Código*, p. 543.

[21] Dinamarco, *Instituições*, v. 3, n. 1260, p. 712; Calmon de Passos, *Comentários*, n. 12.1, p. 154. *Informativo* 305/STJ, 4.a T., REsp 331.584-SP, rel. Aldir Passarinho Jr., j. 21.11.2006.

[22] Contra: Nery-Nery, *Código*, p. 543.

tronos, aplica-se o art. 191 do CPC, exigindo-se que a audiência seja designada com antecedência mínima de 20 dias.

O prazo deve ser respeitado, mas em razão do princípio da instrumentalidade das formas não se deve declarar a nulidade do procedimento na hipótese de o réu comparecer à audiência e apresentar normalmente sua defesa[23]. A nulidade somente deve ser reconhecida se o réu comparecer à audiência para alegar o vício, apontando para o cerceamento de defesa gerado pelo descumprimento da norma legal.

A contagem é regressiva, seguindo as regras normais de contagem de prazo. O primeiro dia de prazo é o da audiência de conciliação, sendo excluído da contagem, de modo que o primeiro dia para fins de contagem de prazo é o primeiro dia útil anterior ao dia da audiência. Sendo a audiência designada para uma segunda-feira, o primeiro dia de prazo será a sexta-feira anterior. Como se sabe, o último dia de prazo é incluído na contagem, mas, não sendo dia útil, deve-se regredir até o primeiro dia útil e considerá-lo como o dia fatal do prazo. Assim, caso o décimo dia seja um domingo, o prazo vencerá na sexta-feira anterior. Note-se que, sendo a contagem regressiva, não se deve inverter o sentido da contagem para afirmar que vencido o prazo no domingo o dia fatal para a prática do ato será segunda-feira, o que apenas ocorreria se a contagem fosse para frente, e não para trás, como se faz na situação ora analisada.

7.7. AUDIÊNCIA DE CONCILIAÇÃO

A audiência de conciliação do procedimento sumário é um ato processual complexo, tendo conteúdo semelhante ao da audiência preliminar prevista pelo art. 331 do CPC, objeto de considerações no Capítulo 13, item 13.2.5. Afirma-se que o conteúdo é semelhante, e não idêntico, em razão da algumas particularidades dignas de nota.

O juiz deverá, como primeiro ato da audiência, tentar a solução da demanda por meio da **autocomposição**, e, caso a obtenha, bastará homologar a renúncia, transação ou o reconhecimento jurídico do pedido, por sentença de mérito. É óbvio que a conciliação depende da presença das partes em audiência, ou ao menos de **prepostos com poderes para transigir**, o que é permitido pela previsão do art. 277, § 3.º, do CPC, regra aplicável inclusive para as pessoas físicas. Sendo frustrada a conciliação, a audiência prosseguirá, e, não sendo caso de julgamento imediato do mérito, o juiz resolverá as questões processuais ainda pendentes, receberá a resposta do réu, fixará os pontos controvertidos, indicará as provas a serem produzidas e designará a audiência de instrução quando for necessária à produção da prova oral – depoimento pessoal e prova testemunhal (art. 278, § 2.º, do CPC).

---

23 Barbosa Moreira, *O novo*, § 14, p. 106; Calmon de Passos, *Comentários*, n. 12.1, p. 155. STJ, 4.ª Turma, REsp 200.490, Rel. Min. Sálvio Figueiredo Teixeira, j. 13.04.1999, *DJ* 17.05.1999.

O réu deverá apresentar sua defesa em audiência, e eventual exceção de incompetência (peça autônoma) e alegação de impugnação ao valor da causa (tópico da contestação) serão resolvidas, em regra, na própria audiência (art. 277, § 4.º, do CPC), respeitando-se o princípio do contraditório[24]. Somente sendo necessária a produção de prova que não pode ser produzida na própria audiência ou na hipótese excepcional de extrema complexidade da matéria, será legítimo ao juiz não decidir essas questões na audiência preliminar.

Havendo na contestação defesa processual ou de mérito indireta, e/ou a juntada de documentos, caberá a oitiva do autor em réplica ou para se manifestar sobre os documentos, o que em regra deve ocorrer oralmente na própria audiência, em respeito ao ideal de concentração de atos que vigoram no procedimento sumário. Nesses casos, entretanto, constituirá cerceamento do direito de defesa a exigência de manifestação imediata do autor em casos mais complexos, nos quais a novidade trazida pelo réu ao processo (preliminares; fatos impeditivos, extintivos ou modificativos do direito; documento) pode exigir do autor uma reação mais estudada e detalhada. Tudo dependerá do bom senso do juiz no caso concreto, não se podendo admitir que a concentração de atos processuais afaste o princípio da ampla defesa no caso concreto.

Com maior razão ainda, deve ser aberto prazo para manifestação do autor fora da audiência de conciliação na hipótese de o réu fazer pedido contraposto (art. 278, § 1.º, do CPC). Nesse caso, o autor da demanda se tornará réu no tocante ao pedido contraposto, não sendo legítimo exigir uma reação imediata em audiência. Será interessante que o juiz, para não desvirtuar o procedimento sumário, designe outra audiência de conciliação, no prazo mínimo de 10 dias, para que o autor apresente sua defesa ao pedido contraposto. Caso tal designação mostre-se complicada em razão da lotação da pauta de audiências, os princípios da celeridade e economia processual podem levar o juiz a dispensar a realização de nova audiência, concedendo o prazo de 10 dias para o autor responder por escrito ao pedido contraposto[25].

7.8. PRESENÇA DAS PARTES E PATRONOS NA AUDIÊNCIA DE CONCILIAÇÃO

Na hipótese de ausência do réu (e preposto com poderes de transigir) e de seu advogado é indiscutível a **revelia** porque não haverá como ser apresentada a contestação. Comparecendo somente o réu, sem advogado, será possível a autocomposição, ato dispositivo de direito que poderá ser praticado pela parte mesmo sem a presença do advogado[26], mas, não sendo a autocomposição obtida, o réu será revel, porque não tem capacidade postulatória para apresentar contestação

---

[24] Nery-Nery, *Código*, p. 544; Greco Filho, *Direito*, n. 22, p. 100.

[25] Dinamarco, *Instituições*, v. 3, n. 1263, p. 718.

[26] Figueira Jr., *Procedimento*, n. 384.

em seu favor, a não ser, é claro, que seja advogado, quando poderá fazer sua contestação oralmente e evitar sua revelia.

Existe alguma divergência a respeito da ausência do réu e a presença de seu advogado, em razão da previsão contida no art. 277, § 2.º, do CPC, que determina que o juiz reputará como verdadeiros os fatos alegados pelo autor caso o réu se ausente sem justificativa da audiência de conciliação, salvo se o contrário resultar da prova dos autos.

Para parcela minoritária da doutrina, a previsão legal é descabida, porque *revelia* continua a significar a ausência jurídica de contestação, mesmo no procedimento sumário, de forma que, apresentada a contestação pelo advogado do réu, independentemente da presença de seu cliente, não haverá revelia, restando os fatos controvertidos e afastando-se o efeito previsto no art. 277, § 2.º, do CPC[27]. A doutrina majoritária entende que a previsão legal criou uma específica hipótese de revelia no procedimento sumário, sendo que a mera ausência do réu na audiência de conciliação já é o suficiente para se configurar sua revelia[28]. Entendo que a razão, diante da previsão legal, está com a corrente doutrinária majoritária. Apenas lamento profundamente a disposição legal, que exige a presença física do réu (ou de preposto por ele indicado) sem nenhuma função a ser desenvolvida na audiência que não seja a conciliação[29].

Quanto ao autor, não existe nenhuma previsão que o obrigue a comparecer à audiência de conciliação, não se podendo criar regras restritivas de direito em aplicação por analogia ou formas afins de interpretação de normas. Por isso, não parece correta a minoritária corrente doutrinária que defende a extinção do processo sem resolução do mérito em razão da ausência do autor por aplicação do princípio da isonomia, o que também obrigaria o autor a comparecer à audiência de conciliação, a exemplo do que ocorre no procedimento sumaríssimo[30]. A ausência do patrono do autor também não gera nenhuma consequência que não o impedimento de prática de atos postulatórios que podem se fazer necessários na própria audiência[31].

7.9. RESPOSTA DO RÉU

A resposta do réu, que deverá ser apresentada de forma **oral** ou **escrita** na audiência de conciliação (art. 278 do CPC), consiste em contestação e em exceções rituais. A contestação tem interessantes peculiaridades, que na realidade ampliam seu possível objeto quando comparada com a contestação do procedimento or-

27 Dinamarco, *Instituições*, v. 3, n. 1266, p. 721; Câmara, *Lições*, p. 365.

28 Araken de Assis, *Procedimento*, n. 28.1, p. 84; Nery-Nery, *Código*, p. 543. STJ, 4.ª Turma, REsp 149.729, rel. Min. Sálvio de Figueiredo Teixeira, j. 23.03.1999, *DJ* 21.06.1999.

29 Calmon de Passos, *Comentários*, n. 12.7, p. 160.

30 Nery-Nery, *Código*, p. 544.

31 Figueira Jr., *Procedimento*, n. 396; Câmara, *Lições*, p. 364.

dinário. O princípio da eventualidade (art. 303 do CPC) é também aplicado no procedimento sumário, cabendo ao réu expor todas as matérias de defesa para evitar a preclusão consumativa, que o impedirá de alegá-las posteriormente. Cabem as defesas processuais – dilatórias, peremptórias, dilatórias potencialmente peremptórias – e de mérito – diretas e indiretas.

Caso o réu não concorde com o valor da causa atribuído pelo autor, deverá impugná-lo na própria contestação, não sendo correto o ingresso de petição autônoma como ocorre no procedimento ordinário[32], ainda que o oferecimento da petição autônoma no procedimento sumário deva ser entendido como mera irregularidade. A única forma de intervenção de terceiros provocada pelo réu em sua contestação é aquela fundada em contrato de seguro, e, apesar de não ser expresso nesse sentido o art. 280 do CPC, em regra trata-se da denunciação da lide.

Conforme já enfrentado no item 11.7.2.2, é incabível a reconvenção no procedimento sumário, mas o réu pode fazer na própria contestação um **pedido contraposto**. Prevê o art. 278, § 1.º, do CPC que o réu poderá contra-atacar o autor fazendo pedido em seu favor, desde que fundado nos mesmos fatos referidos na inicial. A interpretação do dispositivo legal não deve ser literal, porque "os fatos referidos na inicial" são os fatos constitutivos do direito do autor, com os quais dificilmente o réu conseguiria formular pedido em seu favor. Dessa forma, por "mesmos fatos" deve-se interpretar mesma situação fática ou mesmo episódio da vida[33], ainda que o réu possa alegar outros fatos ou dar diferentes versões dos fatos alegados pelo autor.

A possibilidade de o réu fazer um pedido contra o autor na própria contestação faz com que parcela considerável da doutrina entenda que o procedimento sumário é espécie de ação dúplice[34]. Com a devida vênia aos defensores desse entendimento, o equívoco é manifesto, com indevida confusão entre *ação dúplice* e *pedido contraposto*. A mera previsão de que o réu só obterá um bem da vida se fizer pedido expresso nesse sentido em sua contestação já é suficiente para demonstrar que o procedimento sumário não é uma ação dúplice. O tema da ação dúplice e a sua indevida confusão com as formas de contra-ataque do réu (reconvenção e pedido contraposto) são tratados no item 71.3.

Firme no propósito de concentrar os atos processuais, prevê o art. 278, *caput*, do CPC que o réu deve apresentar documentos, arrolar testemunhas e, se requerer perícia, indicar quesitos e assistentes técnicos. Trata-se de ônus criado para o réu em praticamente tudo comparável com o ônus criado para o autor em sua petição inicial (art. 276 do CPC), com as mesmas consequências preclusivas no caso de o réu não se desincumbir de seu ônus. É interessante notar que o dispositivo afirma que o ônus de indicar quesitos e assistente técnico só existe se o réu requerer a prova pericial, o que permite a conclusão de que, se a perícia foi

---

32 Barbosa Moreira, *O novo*, § 14, p. 108.

33 Araken de Assis, *Procedimento*, n. 31.2, p. 94; Theodoro Jr., *Curso*, v. 3, n. 348, p. 388.

34 Dinamarco, *Instituições*, v. 3, n. 1264, p. 718.

pedida pelo autor, o réu não tem o ônus de indicar quesitos e assistente técnico já na contestação, podendo aguardar o deferimento da prova pelo juiz para no prazo de cinco dias praticar por escrito o ato processual. Não é esse, entretanto, o entendimento amplamente majoritário, que exige a indicação dos quesitos na contestação "sob pena" de preclusão[35].

7.10. CASOS DE CONVERSÃO EM RITO ORDINÁRIO

Em três hipóteses ocorrerá a conversão do rito sumário para o rito ordinário:

(a) valor superior a 60 salários mínimos;
(b) ações de estado ou capacidade da pessoa;
(c) prova pericial complexa.

A conversão em razão do valor da causa pode ocorrer já no início da demanda, de forma que o réu já seja citado no procedimento ordinário. O juiz tem o poder de controlar de ofício a regularidade do valor da causa, ainda que não possa modificá-la de ofício. Notando que o valor indicado pelo autor é incorreto, deve determinar a sua correção, que não sendo realizada ou sendo realizada de forma inadequada gerarão o indeferimento da petição inicial (art. 295, V, do CPC). Sendo corrigido o valor e superado o limite legal, o juiz de ofício converterá o rito em ordinário e determinará a citação do réu. Também na audiência de conciliação o juiz poderá acolher a alegação de impugnação ao valor da causa e determinar a conversão ao procedimento ordinário[36].

A questão das matérias vedadas pelo art. 275, parágrafo único, do CPC deve ser objeto de apreciação pelo juiz desde o seu primeiro contato com a petição inicial, sendo extremamente provável que o réu nessas situações já tenha sido citado no procedimento ordinário.

É possível que o autor, em demanda com valor superior a 60 salários-mínimos, a proponha pelo rito sumário com a falsa percepção de que a matéria da demanda permite a aplicação dessa espécie de procedimento. Será também uma hipótese de conversão em rito ordinário, mas essa situação é mais adequadamente explicada pelo valor da causa do que propriamente pela matéria.

Diz o art. 277, § 4.º, do CPC que na audiência de conciliação o juiz deverá converter o procedimento sumário em ordinário sempre que a prova pericial deferida mostrar-se de maior complexidade, em hipótese já analisada.

Na hipótese de conversão do procedimento ordinário em sumário em razão de o valor da causa não superar 60 salários-mínimos ou em razão da matéria (art. 275, II e parágrafo único, do CPC), o juiz deverá permitir às partes as

---

[35] Contra: Humberto Theodoro Jr., *Curso*, n. 348, p. 388; Greco Filho, *Procedimento*, n. 22, p. 101; Câmara, *Lições*, p. 366.

[36] Para Araken de Assis, *Procedimento*, n. 30, p. 88, trata-se de momento preclusivo.

eventuais **adequações procedimentais**, sob pena de cercear o direito de defesa. Convertido o procedimento em sumário já no recebimento da petição inicial, deverá o juiz intimar o autor para que emende a petição inicial, com o que se permite que se desincumba do ônus de arrolar testemunhas e indicar quesitos e assistente técnico.

É importante notar que a inadequação do procedimento sumário tem momentos adequados para ocorrer, mas é incorreto imaginar que exista preclusão, ao menos temporal. Sendo cogente a observação do procedimento estabelecido pela lei em prol de interesses públicos, a matéria é inegavelmente de **ordem pública**, de maneira que a inadequação do procedimento pode ser determinada a qualquer momento. A conversão, entretanto, apesar de não estar limitada aos tradicionais momentos já descritos, não deve se dar a qualquer momento, até mesmo porque pode se mostrar inútil a conversão do procedimento quando este já se desenvolveu significativamente, chegando a ponto de prolação de sentença[37].

Entendo que, verificada a conversão, devem ser aproveitados todos os atos já praticados, restando limitada a hipótese de anulação aos casos em que a parte prove que a inadequação gerou um prejuízo concreto[38]. O Superior Tribunal de Justiça tem entendimento pacífico no sentido de que, adotado o procedimento ordinário em vez do sumário, não se deve decretar a **nulidade**, considerando-se que no procedimento ordinário a dilação probatória é ainda mais ampla, sendo garantido de forma evidente e exauriente o direito de exercício da ampla defesa do interesse[39].

7.11. INTERVENÇÃO DE TERCEIROS

A redação dada ao art. 280 do CPC pela Lei 9.245/1995 teve como declarado propósito dotar o procedimento sumário de celeridade, criando regras impeditivas referentes à aplicação de alguns institutos jurídicos que, na visão do legislador, pudessem de alguma forma criar obstáculos à rápida obtenção da tutela jurisdicional[40]. Afastou a possibilidade de ação declaratória incidental e também das intervenções de terceiros – com exceção da assistência e do recurso do terceiro prejudicado –, limitou o prazo para a conclusão do laudo pericial em 15 dias e proibiu a interposição de agravo de instrumento contra decisões proferidas em audiência e sobre matéria probatória.

As críticas logo surgiram pela percepção de que o legislador, na busca pela celeridade, esqueceu-se de outros princípios tão importantes quanto esse, como

---

37 Dinamarco, *Instituições*, v. 3, n. 1254, p. 705.

38 Araken de Assis, *Procedimento*, n. 13, p. 38-39; STJ, 3.ª Turma, REsp 268.696/MT, rel. Min. Nancy Andrighi, j. 03.04.2001, *DJ* 07.05.2001, p. 139.

39 STJ, 3.ª Turma, AgRg no REsp 918.888/SP, Rel. Min. Nancy Andrighi, j. 28.06.07, *DJ* 01.08.07; STJ, 1.ª Turma, REsp 844.357/SP, Rel. Min. Francisco Falcão, j. 26.09.2006, *DJ* 09.11.2006.

40 Greco Filho, *Comentários*; Bermudes, *A reforma*, p. 48; Fidélis dos Santos, *Novíssimos*, p. 403.

os da economia processual e da segurança jurídica[41]. Falou-se em "processo civil do autor"[42], para criticar a limitação legal. A Lei 10.444/2002, ao modificar a redação do art. 280 do CPC, passou a admitir, além da assistência e do recurso de terceiro prejudicado, a intervenção de terceiro fundada em contrato de seguro, consagrando o entendimento de que a limitação original não era conveniente. O legislador, entretanto, poderia ter aproveitado a oportunidade e afastado a vedação em relação à ação declaratória incidental no procedimento sumário, o que infelizmente não ocorreu.

Como analisado no item 11.8, o objetivo da ação declaratória incidental é ampliar os limites objetivos da coisa julgada, e não ampliar o objeto do processo. A questão prejudicial será obrigatoriamente resolvida pelo juiz com ou sem a ação declaratória incidental. É correta a conclusão, portanto, de que, tendo o juiz que decidir aquela questão de qualquer forma, a propositura da ação declaratória incidental não gera nenhum prejuízo ao ideal de maior celeridade e simplicidade do procedimento sumário[43].

A assistência é permitida porque o terceiro não toma lugar no processo como parte, não tornando assim complexa a relação jurídica processual já instaurada. Não defende direito próprio e atua nos limites de atuação do próprio assistido, já que a assistência é acessória da ação principal. O mesmo ocorre com o recurso de terceiro prejudicado.

No tocante à intervenção fundada em contrato de seguro, ainda que se tenha a consciência de que a alteração ocorreu principalmente para permitir a denunciação da lide da seguradora em demandas de reparação de danos causados por acidentes automobilístico, a ausência de limitação expressa a essa situação autoriza a conclusão de que qualquer espécie de intervenção de terceiro, desde que fundada em contrato de seguro, é admitida no procedimento sumário[44].

> Não há mais procedimentos sumário e ordinário no PLNCPC, estão reunidos no procedimento comum, a ser aplicado no processo e na fase de conhecimento e subsidiariamente na execução e nos procedimentos especiais, nos termos do art. 292 do PLNCPC.

[41] Calmon de Passos, *Comentários*, p. 147; Paulo de Carvalho, *A prática*, p. 435; Fornaciari Júnior, *A reforma*, p. 56. Em sentido contrário, elogiando a restrição: Figueira Jr., *Procedimento*, p. 137; Gusmão Carneiro, *Anotações*, p. 392.

[42] Dinamarco, *Intervenção*, p. 190.

[43] Calmon de Passos, *Comentários*, p. 147; Wambier-Wambier, *Breves*, p. 70; Batista Lopes, *Ação*, p. 144.

[44] Wambier-Wambier, *Breves*, p. 79; Câmara, *Lições*, p. 371.

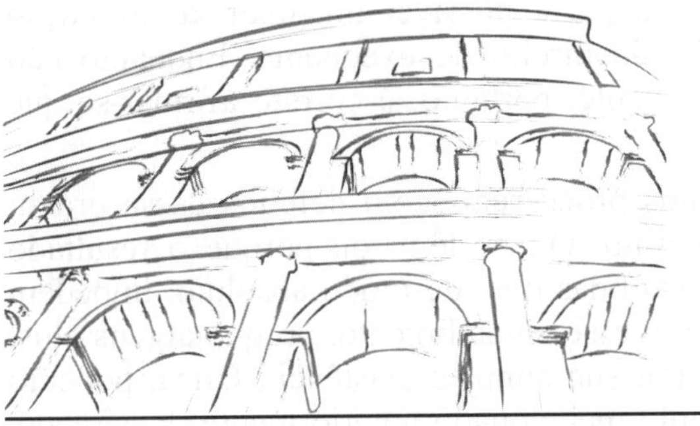

8

VÍCIOS DOS ATOS PROCESSUAIS

8.1. INTRODUÇÃO

O ato processual é uma espécie de ato jurídico, sendo que a lei estabelece determinada forma para a sua prática cuja inobservância pode gerar a **ineficácia**, **nulidade** ou a **inexistência** do ato processual. Ao não seguir a forma prevista em lei para o ato processual, tem-se um ato viciado, defeituoso, atípico, contrário às previsões legais. A consequência da imperfeição do ato guarda estrita relação com a natureza e a gravidade do vício, além da própria natureza do ato processual[1].

Não se devem confundir *existência*, *validade* e *eficácia* do ato processual.

O plano da existência deve ser o primeiro a ser analisado, considerando-se que, se o ato processual não existir juridicamente, não passará de mero fato, não podendo ter qualquer validade (não pode ser válido algo que nem ao menos existe). No que tange aos efeitos, e nesse ponto o direito processual civil distancia-se significativamente do direito civil, é plenamente possível que um ato processual inexistente gere efeitos como se existente e válido fosse, somente cessando tal eficácia quando da declaração judicial do vício[2]. Imagine-se uma sentença proferida

[1] Dinamarco, *Instituições*, n. 705, p. 580.

[2] Wambier, *Nulidades*, n. 2.2, p. 157.

por um juiz aposentado, em nítido caso de inexistência do ato processual (faltou o pressuposto processual subjetivo da investidura). A parte vencedora poderá executar tal sentença, e caso o executado nada alegue é possível imaginar tal execução chegando ao seu final com a satisfação do direito do exequente. Enquanto não existir a decisão que declare o ato inexistente, portanto, é correto afirmar-se que mesmo o ato inexistente gera efeitos.

Segundo parcela da doutrina, os atos processuais com defeitos dessa ordem não produzem efeitos porque em si mesmo não os têm, ou porque o resultado desejado encontra barreiras jurídicas tão sólidas que, de modo absoluto, impedem sua produção. Concordo parcialmente com esse entendimento, porque alguns atos, mesmo que inexistentes juridicamente, por sua simples existência fática, poderão gerar efeitos, conforme ocorre no exemplo mencionado anteriormente. É verdade, porém, que existem atos juridicamente inexistentes que não geram efeitos, antes mesmo de sua declaração judicial como a sentença sem dispositivo. Como executar uma "decisão" que nada decide?

Somente se chegará ao plano da validade se ultrapassado o plano da existência, aferindo-se a validade do ato jurídico processual desde que exista juridicamente. O ato inválido é o ato viciado, que não vale em razão de sua **imperfeição formal**, mas que pode gerar efeitos. Ato que não gera efeitos é ato ineficaz, e, conforme visto, no processo civil todos os atos são eficazes, independentemente de sua regularidade ou imperfeição, sendo que os viciados somente gerarão efeitos até que sejam declarados por decisão judicial atos nulos ou inexistentes.

É importante consignar que qualquer que seja o vício do ato processual, o mesmo somente não será apto, ou deixará de produzir efeitos, após **decisão judicial** que reconheça tal imperfeição do ato[3]. Significa dizer que no direito processual não existe a figura do *ato jurídico nulo de pleno direito*[4], que desde o momento de sua prática não gera efeitos, sendo todos os atos meramente anuláveis, já que sempre dependem de decisão judicial a reconhecer o vício, somente deixando de produzir efeitos após a prolação da decisão. É possível, em razão de tal regra, inclusive imaginar situação em que ato viciado (insista-se, qualquer espécie de imperfeição) gere efeitos eternamente, como se válido fosse, bastando para tanto não existir decisão judicial que ateste o vício, declarando-o nulo ou até mesmo juridicamente inexistente.

8.2. VÍCIO E NULIDADE

Não se deve confundir o vício do ato processual com sua nulidade – consequência natural da inadequação de confundir objeto e o efeito de um mesmo fenômeno processual – até mesmo porque nem sempre a ocorrência desse fenômeno gerará o efeito programado a ele por lei. No Capítulo 12 demonstrou-se que a

3 Tesheiner-Baggio, *Nulidades*, n. 4.1.3, p. 261.

4 Marinoni-Mitidiero, *Código*, p. 238; Câmara, *Lições*, v. 1, p. 246.

revelia e seus efeitos são aspectos diferentes do fenômeno consubstanciado na ausência jurídica de contestação, que, se é um fato suficiente para gerar a revelia, dependerá de outras circunstâncias para gerar seus efeitos (p. ex., basta tratar-se de direito indisponível para que o efeito de presunção de veracidade dos fatos alegados pelo autor não seja gerado).

Ato viciado é o ato imperfeito, praticado com defeito porque em **desrespeito à forma legal** prevista para a sua prática. Como todo ato processual tem um objetivo, um resultado pretendido pela parte que o pratica, a lei assegura às partes que, praticado o ato dentro das formalidades legais, o efeito legal será gerado e o objetivo pretendido alcançado. Nota-se, portanto, que a formalidade é importante num sistema processual porque representa a *segurança jurídica* à parte que, respeitando as formas legais, sabe de antemão que conseguirá atingir seus objetivos[5]. O réu já sabe de antemão que, se a sua contestação for formalmente perfeita, evitará a revelia e tornará os fatos alegados pelo autor controvertidos; a parte sabe que, se apelar da sentença cumprindo as exigências formais, evitará o trânsito em julgado, e assim por diante.

Da mesma maneira que a lei garante que o respeito à forma legal leva à geração dos efeitos legais e à obtenção do resultado pretendido por quem o praticou, cria uma **sanção processual** para a parte que descumpre a forma legal na prática do ato, chamada de *nulidade*[6]. Significa dizer que o desrespeito à forma é suficiente para a existência de um ato defeituoso, e que em regra esse desrespeito com a forma é sancionado pela nulidade, que **impedirá que o ato processual gere os efeitos previstos em lei** e, por consequência, que a parte que o praticou alcance o objetivo pretendido. A doutrina afirma que nesse caso o ato defeituoso será um ato inválido ou atípico[7].

Essa explicação já seria suficiente para demonstrar que ato viciado não se confunde com ato nulo, sendo o primeiro apenas o ato defeituoso, enquanto o segundo é o ato defeituoso atingido pela nulidade. A distinção fica ainda mais importante quando se percebe que, apesar de o binômio "ato defeituoso-nulidade" ser a regra de nosso sistema, nem sempre um ato imperfeito gera a nulidade, ou ainda, gera diferentes formas de nulidade.

O próprio sistema pode excluir determinadas espécies de vícios do âmbito das nulidades, como ocorre com a mera irregularidade, que apesar de tornar o ato defeituoso nunca gera a nulidade do ato. Por outro lado, podem ser criadas exceções na praxe forense, como ocorre na aplicação do princípio da *instrumentalidade das formas*, analisado no Capítulo 2, item 2.4.8. Na instrumentalidade das formas reconhece-se que o ato é defeituoso, mas, por uma opção resultante da preocupação em evitar os formalismos exagerados, afasta-se a nulidade do

---

5 Wambier, *Nulidades*, n. 2.3, p. 168.

6 Fux, *Curso*, p. 360; Theodoro Jr., *Curso*, n. 284-a, p. 325; Calmon de Passos, *Esboço*, n. 86, p. 105. Contra, entendendo não se tratar de sanção: Komatsu, *Da invalidade*, p. 182; Oliveira, *Notas*, p. 131-139; Mitidiero, *O problema*, p. 60-61.

7 Câmara, *Lições*, v. 1, p. 245.

ato, permitindo que este gere seus efeitos e que a parte que o praticou atinja o objetivo pretendido, desde que não exista prejuízo[8]. Note-se que na aplicação desse princípio não se trabalha com a convalidação do vício ou ainda com a sua retificação; simplesmente reconhece-se que o ato é defeituoso, mas não deve gerar nulidade, o que o faz em termos de eficácia um ato idêntico ao praticado em respeito às formalidades legais.

Por outro lado, a gravidade do dano determina a forma pela qual a nulidade é procedimentalmente tratada: quem pode alegar, em qual momento, de que maneira etc. Daí por que as diferentes espécies de vícios primeiramente levam à geração ou não da nulidade; e, num segundo momento, determinam o tratamento procedimental dessa nulidade. Fica evidenciada, portanto, a importância da distinção entre ato viciado e nulidade.

8.3. CLASSIFICAÇÃO

Parcela considerável da doutrina, levando em conta a gravidade do vício e a natureza do ato processual, divide academicamente as imperfeições do ato jurídico em quatro categorias: *meras irregularidades*, *nulidades relativas*, *nulidades absolutas* e *inexistência*. Mas está longe de ser pacífica essa classificação. A tarefa de classificar um instituto jurídico sempre cria muita controvérsia na doutrina, em razão dos diferentes critérios e premissas adotados. No tema dos vícios e invalidades do ato processual essas circunstâncias estão ainda mais presentes, existindo diversas teorias distintas da adotada no presente trabalho.

O saudoso jurista baiano Calmon de Passos, em obra clássica sobre o tema das nulidades, entende incorreta a diferenciação da nulidade absoluta e relativa ou da nulidade e da anulabilidade, que gerariam vícios sanáveis ou insanáveis. Para o autor, no sistema brasileiro existem somente dois tipos de atos: os perfeitos e os defeituosos, também chamados de atos atípicos porque desviados do tipo legal. Os atos defeituosos podem sofrer a sanção da nulidade, desde que satisfeitas algumas exigências legais, quando então se tornarão ineficazes[9].

Teresa Arruda Alvim Wambier propõe uma classificação fundada em nulidades de forma e de fundo, além de admitir as meras irregularidades e os atos juridicamente inexistentes. Para a processualista as nulidades de forma são em regra relativas, somente sendo absolutas quando expresso em lei, havendo nesse caso uma presunção absoluta de prejuízo. As nulidades de fundo, consubstanciadas em vícios referentes às condições da ação, pressupostos processuais positivos de existência e de validade e os pressupostos processuais negativos, são sempre nulidades absolutas[10]. Apesar da originalidade da classificação, não destoa substancialmente da classificação adotada ao analisar as características das nulidades relativas e absolutas.

---

8 Dinamarco, *Instituições*, n. 714, p. 597.

9 Calmon de Passos, *Esboço*, n. 84, p. 101.

10 Wambier, *Nulidades*, n. 2.5, p. 185-188.

Para Aroldo Plínio Gonçalves, não existe no processo norma que proteja o interesse das partes, sendo todas elas imperativas ao disciplinar a atuação jurisdicional e a participação das partes durante o procedimento. Por essa razão, não admite a clássica distinção entre nulidade relativa e nulidade absoluta, preferindo a distinção entre nulidades cominadas e não cominadas, afirmando que a distinção entre elas não está nos efeitos que sua declaração produz, tampouco no grau de gravidade do vício, mas apenas na legitimação para a sua arguição e no momento adequado para sua alegação[11].

Em visão simplificadora do fenômeno, Luiz Guilherme Marinoni e Daniel Mitidiero, afirmam que qualquer classificação é inadequada, sustentando que o ato somente será nulo quando a infração da forma comprometer os fins de justiça no processo, frustrando o alcance de sua finalidade ou causando prejuízo. Caso contrário, o ato é válido[12]. A preocupação em simplificar o tema das nulidades processuais é louvável, mas conforme proposta pode levar a uma confusão de vício com nulidade, o que já se demonstrou não ser correto.

8.4. MERA IRREGULARIDADE

O ato meramente irregular é certamente aquele que possuiu o vício de **menor gravidade** entre todas as imperfeições possíveis[13]. Afirma-se que a mera irregularidade é gerada pela inobservância de regra não relevante para considerações acerca da validade do ato. As exigências superficialmente formais, que não guardem qualquer relação com a formalidade do ato e a produção do resultado pretendido por seu autor, são consideradas meras irregularidades. Note-se que a mera irregularidade não tem, nem mesmo em tese, aptidão para produzir qualquer prejuízo às partes ou ao próprio processo[14]. A mera irregularidade não gera a nulidade, considerando-se o ato praticado com tal espécie de imperfeição como um **ato válido e eficaz**[15], lembrando a melhor doutrina que em determinadas situações as imperfeições processualmente irrelevantes podem gerar sanções de outra ordem, como a responsabilidade civil ou certas punições disciplinares a juízes, auxiliares da Justiça, partes, ou mesmo ao advogado, mas nunca a invalidade do ato[16].

É considerada mera irregularidade a assinatura de petição em caneta que não de cor escura (ofensa ao art. 169 do CPC). A petição escrita ou assinada com tinta clara (por exemplo, tintas amarelas, verdes, rosas, todas elas fosforescentes) indicará quando muito duvidoso gosto do subscritor, podendo no máximo ser considerado como ato de afronta à estética da própria petição, não prejudicando, entretanto, sua compreensão. O juiz, diante de tal circunstância e apesar do desrespeito à

[11] Gonçalves, *Nulidades*, p. 51-52.

[12] Marinoni-Mitidiero, *Código*, p. 238-239.

[13] Contra: Calmon de Passos, *Esboço*, n. 89, p. 111.

[14] Talamini, *Notas*, p. 47-48; STJ, 1.ª Turma, AgRg no Ag 839.381/RJ, rel. Min. Denise Arruda, j. 24.04.2007.

[15] Theodoro Jr., *Curso*, n. 283, p. 324.

[16] Dinamarco, *Instituições*, n. 706, p. 581.

forma prevista em lei para a realização do ato processual, poderá no máximo instruir ao patrono da parte para que tal fato não volte a ocorrer, relembrando-lhe da disposição legal no que tange à utilização de tinta escura.

Também a utilização de língua estrangeira na petição inicial, desde que não torne a petição incompreensível, apesar de indicar afronta à regra que exige o vernáculo (art. 157 do CPC), não se constituirá em vício grave o suficiente para tornar o ato nulo, e sim meramente irregular. O mesmo ocorrerá com eventuais rasuras sem a devida ressalva, considerando-as meras irregularidades sempre que for possível concluir pela sua inequívoca autenticidade.

Como se pode notar, a irregularidade, sendo a mais leve das imperfeições do ato processual, deve ser considerada autônoma forma de vício do ato, porque a incapacidade de gerar a anulação do ato é suficiente para não confundi-la com outras espécies de imperfeições formais. Desse modo, ainda que se concorde com alguma proximidade com a nulidade relativa, é incorreto acreditar na existência de um regime jurídico único a tutelar essas diferentes espécies de vício[17].

8.5. NULIDADES RELATIVAS

O ato é considerado relativamente nulo quando praticado com inobservância de forma legal que tenha como escopo preservar o **interesse das partes**. A lei prevê que determinados atos processuais têm que seguir certa forma visando principalmente uma garantia aos próprios litigantes do cumprimento da promessa constitucional do devido processo legal[18]. O próprio direito dos sujeitos processuais estará garantido com a previsão de formas para os atos processuais, sem os quais seria impossível conceder o mínimo de segurança às partes nas atividades processuais.

O principal aspecto da nulidade relativa, derivada justamente de sua razão política de existência – proteção ao interesse das partes –, é depender seu reconhecimento da alegação oportuna e adequada da parte interessada em ver tal nulidade declarada, sob "pena" de **preclusão** e, consequentemente, **convalidação** do vício[19]. Significa dizer que a nulidade relativa não deve ser reconhecida de ofício, devendo o juiz aguardar a **manifestação da parte interessada**, que, se não ocorrer nas formas e prazo determinados pela lei, fará com que o ato relativamente nulo gere eternamente efeitos como se fosse absolutamente regular. A declaração da nulidade relativa, portanto, deve seguir alguns requisitos.

Em primeiro lugar, a regra que determina exigível o pedido da parte interessada na decretação da nulidade é mais ampla do que deveria, não sendo qualquer parte, ainda que tenha interesse na nulidade, legitimada a argui-la. Somente a parte inocente, ou seja, aquela que não foi responsável pelo ato viciado, poderá

---

17 Como pretendem Nery-Nery, *Código*, p. 490.

18 Dinamarco, *Instituições*, n. 711, p. 591.

19 Theodoro Jr., *Curso*, n. 286, p. 326; Dinamarco, *Instituições*, n. 731, p. 594; Fux, *Curso*, p. 360.

formular pedido para sua anulação (art. 243 do CPC). A parte que deu causa à nulidade não tem legitimidade para requerer a sua decretação, não se admitindo que as regras processuais favoreçam quem agiu com torpeza ou desatenção, em desrespeito aos princípios de boa-fé e lealdade processual (*nemo allegans propriam turpitudinem auditur*)[20].

O segundo requisito diz respeito ao interesse da parte na decretação da nulidade, sendo possível imaginar situações nas quais a decretação da nulidade pedida a prejudique, não lhe trazendo nenhum benefício processual. Nesse sentido o art. 249, § 2.º, CPC quando aponta para a possibilidade de o juiz não declarar a nulidade relativa de algum ato, mesmo que imperfeito, quando a decisão de mérito puder ser favorável à parte inocente.

Assim, a parte que, derrotada em sentença, pede a anulação da sentença arguindo em sua apelação a nulidade do processo em razão de não ter sido lhe dado vista de um documento juntado pela parte contrária e, caso não seja acolhida tal alegação, a reforma da sentença. O Tribunal, percebendo ter ocorrido o desrespeito ao contraditório (com a não intimação para manifestação sobre documentos juntados pela parte contrária), não deve decretar a nulidade se entender que, apesar da nulidade relativa, no mérito recursal tem razão o apelante. Nesse caso, eventual decretação de nulidade prejudicaria o próprio apelante, que no julgamento do mérito teria a reforma da sentença de mérito que lhe favorece, devendo o Tribunal deixar de reconhecer a nulidade e julgar o recurso no mérito a favor daquele que apontou a existência da nulidade relativa.

O terceiro e último requisito diz respeito ao prazo em que a nulidade relativa deve ser apontada, requerendo-se a sua decretação. Segundo o art. 245 do CPC, a parte interessada deve pedir a decretação da nulidade na primeira oportunidade que tenha para manifestar-se no processo, não importando a sua efetiva manifestação ou ainda a que título tenha sido instada a se manifestar. No primeiro prazo aberto para sua manifestação, se não requerer expressamente o reconhecimento do vício, não mais poderá fazê-lo em razão da preclusão[21]. Assim, juntado documento do qual não tenha sido dado ciência à parte contrária, se a mesma é intimada para manifestar-se sobre outro ato, como a inocorrência de intimação em razão de não localização de testemunhas, omitindo-se sobre a nulidade relativa, ou, ainda, deixando passar o prazo sem qualquer manifestação, o vício não poderá mais ser arguido, perpetuando-se os efeitos do ato processual, como se tratasse de ato absolutamente regular.

Para parcela da doutrina a nulidade relativa não se confunde com a anulabilidade, outra espécie de vício do ato processual. Nesse entendimento, a nulidade relativa é gerada pelo desrespeito à norma cogente (aplicação obrigatória) instituída para a tutela de interesse particular, enquanto a anulabilidade ocorre quando há violação de norma dispositiva (interessados podem deixar de aplicar por ato de

---

20 Marinoni-Mitidiero, *Código*, p. 239; Câmara, *Lições*, v. 1, p. 490.

21 STJ, 2.ª Turma, AgRg no Ag 865.840/SP, rel. Min. Eliana Calmon, j. 20.05.2008; REsp 511.669/RS, 6.ª Turma, rel. Min. Hélio Quaglia Barbosa, j. 07.10.2004. Contra: Marinoni-Mitidiero, *Código*, p. 240.

vontade)[22]. Para outros, entretanto, *nulidade relativa* e *anulabilidade* são expressões que designam o mesmo fenômeno processual[23]. A distinção é importante porque os que distinguem a nulidade relativa da anulabilidade defendem que o juiz pode conhecer de ofício a nulidade relativa (a exemplo da nulidade absoluta), sendo somente a anulabilidade pendente de requerimento da parte interessada. Entre os defensores dessa tese, há aqueles que entendem que na nulidade relativa ocorre preclusão para a parte, apesar de poder ser reconhecida de ofício a qualquer momento pelo juiz[24].

8.6. NULIDADE ABSOLUTA

Mais grave que o vício capaz de gerar a nulidade relativa é o vício que gera a nulidade absoluta, consistente em ato praticado em desrespeito a exigências formais que têm como objetivo a preservação do correto e regular funcionamento da máquina jurisdicional[25]. A nulidade absoluta, portanto, diz respeito às situações em que a forma do ato processual busca preservar algo superior ao interesse das partes. Busca-se preservar **interesses de ordem pública**, tratando-se a garantia do cumprimento das formas legais de verdadeira garantia de preservação do interesse público da Justiça e da boa administração jurisdicional.

Existem importantes diferenças no trato da nulidade absoluta e da nulidade relativa. Conforme visto, a nulidade relativa somente será conhecida quando a parte interessada, que não tenha dado causa ao vício, na primeira vez que tenha oportunidade de se manifestar nos autos, assim o faça. Já a nulidade absoluta, justamente porque ligada às matérias de ordem pública, deve ser decretada a **qualquer momento** do processo pelo juiz, independentemente de manifestação da parte nesse sentido[26]. Se pode o **juiz de ofício** conhecer da nulidade absoluta, com maior razão admite-se, a qualquer momento do processo, a manifestação da parte nesse sentido, inclusive daquele que foi o causador da nulidade[27], como no caso de autor indicar incompetência absoluta do juízo.

Durante o trâmite do processo, o vício apto a gerar uma nulidade absoluta não é atingido pela **preclusão**, podendo a qualquer momento ser declarado[28]. Registre-se importante corrente doutrinária que limita temporalmente essa declaração de nulidade absoluta às instâncias recursais ordinárias, entendendo que em sede de recurso extraordinário e especial os tribunais superiores só poderão se manifestar sobre uma nulidade absoluta se a mesma tiver sido objeto de prequestionamen-

---

22 Galeno Lacerda, *Despacho*, p. 72-73; Câmara, *Lições*, v. 1, p. 246-247; Costa Machado, *Código*, p. 552.

23 Theodoro Jr., *Curso*, n. 284-a, p. 325; Wambier, *Nulidades*, n. 2.8, p. 218-219; Talamini, *Notas*, p. 47-48; Nery-Nery, *Código*, p. 491.

24 Dall'Agnol Jr., *Invalidades*, p. 54. Em sentido crítico, com razão, Tesheiner-Baggio, *Nulidades*, n. 2.2.2, p. 103.

25 Dinamarco, *Instituições*, n. 711, p. 591.

26 STJ, 4.ª Turma, REsp 706.848/CE, rel. Min. Hélio Quaglia Barbosa, j. 15.03.2007; Câmara, *Lições*, v. 1, p. 247.

27 Costa Machado, *Código*, p. 557.

28 STJ, 2.ª Turma, REsp 909.434/DF, rel. Min. Castro Meira, j. 10.04.2007.

to[29], em entendimento consolidado no Supremo Tribunal Federal, mas atualmente não sendo aplicado no Superior Tribunal de Justiça, conforme exposto no item 20.5. Em determinadas situações, até mesmo depois de encerrado o processo, a decretação da nulidade continua a ser possível por meio de ação rescisória, mas nesse caso a nulidade absoluta terá se transformado em **vício de rescindibilidade**, considerando-se que o trânsito em julgado é a sanatória geral das nulidades, inclusive das nulidades absolutas[30].

É plenamente possível, e bastante frequente na praxe forense, que a parte alegue, em sede recursal, a existência de alguma nulidade absoluta. Tal vício, na verdade, poderia até mesmo ser reconhecido de ofício pelo Tribunal, em razão do efeito translativo da apelação. Ocorre, entretanto, que a nulidade absoluta somente poderá ser reconhecida pelo Tribunal, quer seja em resposta à manifestação da parte apelante, quer seja de ofício, se o recurso for devidamente conhecido, já que sem a admissibilidade do recurso a matéria não poderá ser apreciada pelo Tribunal, sendo necessário nesse caso, quando possível, o ingresso de ação rescisória.

Como se nota das considerações acima expostas, tanto a nulidade absoluta quanto a relativa se convalidam, mais cedo ou mais tarde. Enquanto as nulidades relativas de convalidam em prazo exíguo, qual seja o prazo da primeira manifestação da parte interessada nos autos, as nulidades absolutas se convalidam no trânsito em julgado, que é considerado como sanatória geral das nulidades, inclusive as absolutas[31], transformando-se após esse momento processual em vícios de rescindibilidade.

Em regra, a nulidade absoluta que se transformou em vício de rescindibilidade após o trânsito em julgado atinge a estabilidade definitiva com o decurso do prazo de dois anos da ação rescisória, em fenômeno conhecido como "coisa julgada soberana". Ocorre, entretanto, que existem nulidades absolutas tão graves, tão ofensivas ao sistema jurídico, que a sua manutenção é algo absolutamente indesejado; surgem os chamados *vícios transrescisórios*, que apesar de serem situados no plano da validade não se convalidam, podendo ser alegados a qualquer momento, como ocorre com o vício ou inexistência da citação[32].

Apesar das nítidas diferenças entre as nulidades relativas e as nulidades absolutas, existe um ponto no qual o seu tratamento é homogêneo. Tanto na nulidade relativa quanto na nulidade absoluta é admissível o **saneamento do vício**, bem como a geração dos efeitos com o consequente afastamento da nulidade no caso concreto por meio da aplicação do princípio da *instrumentalidade das formas*[33].

---

29 Nery-Nery, *Código*, p. 490; Dinamarco, *Instituições*, n. 712, p. 593-594.

30 Dinamarco, *Instituições*, n. 712, p. 594.

31 STJ, 1.ª Turma, REsp 871.166/SP, rel. Min. Luiz Fux, j. 21.10.2008.

32 Tesheiner-Baggio, *Nulidades*, n. 4.1.4, p. 263-264; Theodoro Jr., *Curso*, n. 292, p. 330.

33 Wambier, *Nulidades*, n. 2.3; p. 173; Fux, *Curso*, p. 361; Nery-Nery, *Código*, p. 490. Contra, entendendo que há na nulidade absoluta uma presunção absoluta de prejuízo: Câmara, *Lições*, v. 1, p. 248.

8.7. INEXISTÊNCIA JURÍDICA

Trata-se certamente do mais grave dos vícios, tornando o ato inexistente por lhe faltar **elemento constitutivo mínimo**[34], sendo impossível até mesmo reconhecê-lo como ato processual. Não se pode confundir a inexistência jurídica com a inexistência fática, embora obviamente aquilo que não existe no plano fático não pode também existir no plano jurídico. O ato inexistente de que nesse momento se trata existe no plano fático, até mesmo gerando efeitos, mas juridicamente é considerado inexistente.

Diferentemente das nulidades relativas e absolutas, o vício que gera a inexistência do ato **não se convalida** jamais, podendo ser reconhecido na constância da demanda e após o seu encerramento, independentemente de prazo, por meio de mera *ação declaratória de inexistência de ato jurídico*. Essa é a principal consequência da distinção entre a nulidade absoluta e a inexistência jurídica, porque no primeiro caso, ainda que no processo exista uma nulidade absoluta, haverá trânsito em julgado e, não sendo interposta a ação rescisória no prazo de dois anos, o vício se convalida definitivamente, enquanto a decisão proferida em processo que seja juridicamente inexistente, ou conte com ato juridicamente inexistente que a contamine, não se convalida, podendo o vício ser alegado a qualquer momento[35]. Embora inexistente, é apto a gerar efeitos até que venha decisão judicial declarando-o como tal, da mesma forma que ocorre com as nulidades relativas e absolutas, distinguindo-se destas somente pela impossibilidade de convalidação.

Uma sentença sem a assinatura do juiz ou assinada por alguém não investido na jurisdição, embora exista no plano fático, não passa de mero pedaço de papel sem importância jurídica. O mesmo se pode dizer de uma sentença sem parte dispositiva, o que em última análise significa uma decisão que não decide, o que por si só já gera uma incongruência lógica que obsta claramente a sua existência no plano jurídico. Segundo o art. 37, parágrafo único, do CPC, a petição inicial apresentada em juízo por advogado sem o instrumento do mandato, e sem a regularização de tal situação no prazo legal, gera a inexistência dos atos praticados, sendo esse o único caso de inexistência cominada do diploma processual. Ocorre, entretanto, que o ato nesse caso é ineficaz, apto a convalidação, conforme demonstrado no Capítulo 2, item 2.3.3.2.3.

8.8. EFEITO EXPANSIVO E CONFINAMENTO DAS NULIDADES

O procedimento é representado por uma série de atos interligados que buscam um objetivo final. No caso do processo, o procedimento estabelecido entre os sujeitos processuais segue a mesma regra, estabelecendo-se entre o ato posterior

---

[34] Theodoro Jr., *Curso*, n. 284, p. 324; Dinamarco, *Instituições*, n. 707, p. 582-583.

[35] Wambier, *Nulidades*, n. 2.6, p. 192-193.

e o ato anterior uma estreita ligação de causa-efeito. Diante de tal constatação, é preciso enfrentar o tema das nulidades dos atos processuais no que tange à geração de efeitos da decretação da nulidade não só em relação ao ato nulo, mas também a outros atos a ele ligados que deverão também ser anulados, apesar de perfeitos formalmente, em razão do efeito expansivo da decretação da nulidade, ou, como preferem alguns, em razão do **princípio da causalidade**.

O tratamento de como se aplica tal efeito expansivo vem previsto no art. 248 do CPC, que prevê que, anulado o ato, reputam-se de nenhum efeito todos os atos subsequentes, que dele dependam; todavia, a nulidade de uma parte do ato não prejudicará as outras, que dela sejam independentes. De tal regramento legal surgem importantes aspectos no trato da nulidade, em especial no que tange à geração de seus efeitos sobre outros atos que não aquele declarado nulo e aos limites de tal declaração, dentro do próprio ato. A análise será dividida em duas partes: efeito expansivo e confinamento das nulidades.

A primeira observação digna de nota é a indicação de que somente os atos subsequentes serão reputados sem efeito, preservando-se dessa forma os atos antecedentes ao ato nulo. É o que ocorre quando, anulado um processo em que a citação tenha sido considerada viciada, preserva-se a petição inicial, ato praticado antes da citação viciada. Apesar de ser essa a regra geral, é possível verificar que os atos anteriores àquele anulado também podem, ainda que excepcionalmente, sofrer os efeitos de tal declaração, como ocorre, por exemplo, no caso de anulação da arrematação, que gerará a nulidade do edital, ato processual precedente ao ato anulado.

A segunda regra que pode ser deduzida do artigo legal comentado é a exigência de que entre os atos exista alguma **relação de subordinação**, sendo possível imaginar uma situação em que os atos, apesar de subsequentes, não sejam atingidos pela anulação de um ato processual anterior. A imperfeição na citação ou a ausência do Ministério Público quando exigida sua participação anulam o processo desde o início, preservando-se somente a petição inicial e a decisão que determina a citação do réu. Nesse caso, todo o procedimento desenvolvido após esse momento inicial será anulado, sendo inegável a contaminação de todos os atos processuais praticados em razão da nulidade reconhecida. O ato citatório seria caso de nulidade inerente (originária), enquanto os outros atos, apesar de sadios, seriam caso de nulidade decorrente (derivada)[36].

Pode ocorrer, entretanto, de o ato processual viciado não guardar relação de subordinação com outros atos processuais que tenham sido praticados posteriormente a ele, o que, em razão da aplicação do princípio da economia processual, gerará a manutenção de tais atos. É o caso de ato processual ligado a determinados incidentes processuais, que teria o condão de somente anular, pelo efeito expansivo, os atos praticados nesse incidente, mantendo-se intactos aqueles praticados no processo principal. Assim, havendo nulidade quanto ao ato praticado no incidente

[36] Dinamarco, *Instituições*, n. 715, p. 599; Wambier, *Nulidades*, n. 2.3, p. 172.

de impugnação ao valor da causa, as provas produzidas no processo certamente não poderão ser anuladas em razão da nulidade – relativa ou absoluta – reconhecida em tal incidente. O mesmo ocorre em relação ao vício na instrução probatória de determinado meio de prova, por exemplo, o caso da ausência de intimação de testemunhas, o que não contaminará eventual depoimento pessoal já colhido. Não havendo efetiva incompatibilidade entre a anulação de um ato e a manutenção de outro subsequente, a nulidade não poderá atingir os atos posteriores[37].

No que tange à segunda parte do dispositivo legal, ou seja, ao confinamento da nulidade a apenas parte do ato em que se verificou a nulidade, trata-se de norma a ser aplicada aos *atos complexos*, na tentativa de preservação do quanto possível do ato. Havendo uma unidade meramente formal do ato, é possível que apenas um dos capítulos do ato seja defeituoso, e, não havendo relação entre tal capítulo considerado viciado com outros tidos como sadios, a anulação deve se limitar ao primeiro (*utile per inutile non vitiatur*). É o caso típico da decisão saneadora do processo, na qual as atividades do juiz se dividem entre a tentativa de conciliação, saneamento de irregularidades pendentes, fixação dos pontos controvertidos e determinação dos meios de prova. A regra, entretanto, somente será aplicável se as decisões contiverem capítulos independentes entre si e autônomos[38].

Justamente em razão de depender do caso concreto os limites do efeito expansivo da decretação de nulidade, o art. 249 do CPC obriga o juiz a declarar, quando pronuncia a nulidade de um ato, quais atos serão atingidos por ela. A exigência se mostra lógica, pois somente assim as partes descobrirão de que forma a nulidade declarada atingiu outros atos além daquele viciado. A mera declaração de nulidade, sem a devida indicação de sua extensão, é vício sanável pela interposição de embargos de declaração.

[37] STJ, 5.ª Turma, REsp 233.100/BA, rel. Min. Felix Fischer, j. 14.12.1999.

[38] Marinoni-Mitidiero, *Código*, p. 241.

LIVRO II

CONHECIMENTO

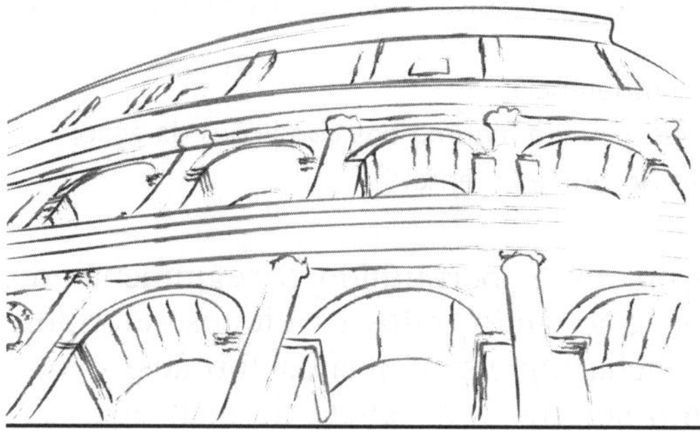

9

PETIÇÃO INICIAL

Sumário: 9.1. Introdução – 9.2. Requisitos estruturais da petição inicial: 9.2.1. Juízo singular ou colegiado a que é dirigida a petição inicial; 9.2.2. Indicação das partes e sua qualificação; 9.2.3. Os fatos e os fundamentos jurídicos do pedido; 9.2.4. Pedido; 9.2.5. Valor da causa; 9.2.6. Provas com que o autor pretende demonstrar a verdade dos fatos alegados; 9.2.7. Requerimento para citação do réu – 9.3. Documentos indispensáveis à propositura da demanda.

9.1. INTRODUÇÃO

O princípio da inércia da jurisdição impede que o juiz inicie um processo de ofício, devendo aguardar a manifestação da parte interessada, sendo extremamente excepcional a exceção a essa regra, conforme analisado no Capítulo 1, item 1.4.3. A forma de materializar o interesse em buscar a tutela jurisdicional é a petição inicial, conceituada pela melhor doutrina como peça escrita no vernáculo e assinada por patrono devidamente constituído em que o autor formula demanda que virá a ser apreciada pelo juiz, na busca de um provimento final que lhe conceda a tutela jurisdicional pretendida.

A petição inicial tem duas funções: uma de provocar a instauração do processo e outra de identificar a demanda, decorrência natural da necessidade de menção às partes, causa de pedir e pedido. Essa segunda característica da petição inicial – indicar os elementos da ação – gera alguns interessantes efeitos processuais[1]:

[1] Dinamarco, *Instituições*, n. 989, p. 355.

a) permite a aplicação do *princípio da congruência*, indicando os limites objetivos e subjetivos da sentença;
b) permite a verificação de eventual litispendência, coisa julgada ou conexão, quando comparada com outras ações;
c) fornece elementos para a fixação da competência;
d) indica desde logo ao juiz a eventual ausência de alguma das condições da ação;
e) pode vir a influenciar na determinação do procedimento.

Por tratar-se de peça que inicia o processo, permitindo o seguimento do procedimento mediante a citação do réu, e gerando todos os efeitos referidos, a lei processual exige que tal peça preencha alguns requisitos formais, o que torna a petição inicial um **ato processual solene**. A ausência de quaisquer deles pode gerar uma nulidade sanável ou insanável, sendo na primeira hipótese caso de emenda da petição inicial e, na segunda, de indeferimento liminar de tal peça.

9.2. REQUISITOS ESTRUTURAIS DA PETIÇÃO INICIAL

O artigo legal que primordialmente trata dos requisitos estruturais da petição inicial é o art. 282 do CPC. Além desse dispositivo legal, também o art. 39, I, do CPC indica outro requisito estrutural essencial para a regularidade da petição inicial: o endereço do patrono que a subscreve. Nesse tocante, cumpre esclarecer que a indicação do endereço em papel timbrado, nota de rodapé, ou na procuração[2], cumpre perfeitamente a exigência formal. Nas excepcionais hipóteses de dispensa do advogado esse requisito não será exigido.

9.2.1. Juízo singular ou colegiado a que é dirigida a petição inicial

O primeiro requisito previsto pelo art. 282 do CPC, e que constará no topo da primeira página da petição inicial, é o "juiz ou tribunal" a que esta é dirigida. Sendo a primeira peça do processo, necessária é a indicação do juízo que a receberá nesse primeiro momento procedimental. A indicação do destinatário da petição – reconhecendo-se tanto a ação originária de primeiro grau como a de competência originária de Tribunal – é necessária para a remessa da petição inicial e formação dos autos perante o órgão pretensamente competente para o conhecimento da demanda.

A indicação **jamais será pessoal**, mesmo quando a petição inicial for "distribuída por dependência", ou ainda em comarcas de vara única com somente um juiz, exigindo-se a indicação do juízo, e não do juiz (consequência do caráter impessoal do Poder Judiciário). Dessa forma, ainda que seja possível identificar o juiz que receberá a demanda, não será ele indicado no endereçamento, e sim

2 Nery-Nery, *Código*, p. 249.

o juízo que representa[3]. Mesmo sabendo-se que será exatamente aquele juiz específico que receberá a petição inicial distribuída por dependência, não é correta a indicação pessoal do juiz. Apesar de incorreto do ponto de vista técnico, a indicação pessoal do juiz nos casos em que isso for possível – distribuição por dependência e comarcas com apenas um juiz – desde que acompanhada pela indicação do juízo, gera **mera irregularidade**, não produzindo efeitos significativos no processo.

> O equívoco é corrigido pelo art. 293, I, do PLNCPC, que prevê o endereçamento da petição inicial ao juízo ou ao tribunal, dando a entender que "juízo" seja o órgão jurisdicional de primeiro grau de jurisdição.

9.2.2. Indicação das partes e sua qualificação

Deve constar da petição inicial a qualificação das partes, com indicação de nome completo, estado civil, profissão, domicílio e residência. Tais elementos identificadores se prestam a duas funções principais: **permitir a citação** do réu e a **individuação dos sujeitos processuais parciais**, o que se mostrará importante para distingui-los de outros sujeitos e fixar com precisão os limites subjetivos da demanda e da futura e eventual coisa julgada material[4].

Diante das razões justificadoras para a indicação de tais dados, o que importa na análise do preenchimento do requisito é se a irregularidade ou mesmo a ausência de algum deles gera alguma espécie de prejuízo ao réu ou ao processo. Sem a comprovação de efetivo prejuízo, não haverá nulidade, aplicando-se ao caso o princípio da instrumentalidade das formas[5]. A indevida troca de um nome por outro é mera irregularidade, podendo ser corrigida a qualquer tempo, se o verdadeiro réu recebe a citação e contesta regularmente a demanda. O mesmo ocorre com os dados pessoais do réu, que nem sempre serão de amplo conhecimento do autor.

Caso o autor tenha conhecimento de dados adicionais que possam auxiliar na localização e individuação do réu, deve levar tais informações ao conhecimento do juízo na petição inicial. A indicação de número de RG (Registro Geral), CPF (Cadastro de Pessoa Física) e CNPJ (Cadastro Nacional de Pessoa Jurídica) é prática comum e bem aceita na prática forense. Pode-se ainda imaginar a indicação de locais onde a pessoa possa ser encontrada, como o local em que comumente desfruta seus momentos de lazer (bar, restaurante, clube

---

3 Dinamarco, *Instituições*, n. 992, p. 358; Theodoro Jr., *Curso*, n. 354, p. 398; Calmon de Passos, *Comentários*, p. 187.

4 Theodoro Jr., *Curso*, n. 354, p. 398.

5 Dinamarco, *Instituições*, n. 993, p. 360.

social, parques etc.) ou ainda em que exerça função ou profissão (escritório, consultório, empresa etc.). Outra circunstância possível é a indicação do apelido do réu, ou seja, a forma como ele é conhecido na sociedade à qual pertence (p. ex., "camarão", "alemão", "bigode" etc.), o que poderá auxiliar o oficial de justiça a localizá-lo[6].

O trabalho do patrono do autor nem sempre é fácil na indicação dos requisitos previstos pelo art. 282, II, do CPC, considerando-se que nem sempre saberá com exatidão todos os dados do réu demandados pela lei. A indicação de informações não previstas em lei pode ser de extrema utilidade, ao menos para permitir que a citação seja realizada, restando ao próprio réu, em sua contestação ou qualquer outra espécie de resposta, regularizar sua qualificação, com a indicação de dados que faltaram à petição inicial por desconhecimento do autor.

A indicação do estado civil das partes é importante em razão de normas processuais que exigem a presença de ambos os cônjuges em determinadas ações (art. 10, §§ 1.º e 2.º, do CPC – ações reais imobiliárias), ou ainda o consentimento do cônjuge não litigante. Esse pressuposto processual poderá ser analisado à luz da petição inicial quando houver a exata indicação do estado civil das partes[7].

Há uma interessante exceção à regra prevista pelo inciso ora em comento, qual seja o *litisconsórcio passivo multitudinário*, que exige do autor a colocação no polo passivo da demanda de número considerável de pessoas (uma verdadeira multidão). Tomem-se como exemplo clássico as ações possessórias decorrentes de esbulho por grupos de pessoas. Nessas situações, sem conseguir responsabilizar o "órgão" ou "entidade" à qual pertencem os invasores – já que esses maliciosamente evitam se constituir em pessoas jurídicas – seria nítida ofensa ao princípio do acesso à justiça exigir do autor a perfeita identificação e qualificação de cada um dos réus, ou ainda a indicação de suas profissões e residências[8]. A solução é permitir a indicação de algumas pessoas que o autor consiga identificar ou ainda do líder do movimento, se identificável, em nítida mitigação do dispositivo legal[9].

Por fim, ainda que se reconheça a existência de dificuldades na indicação de todos os dados exigidos pela lei quanto ao réu, o mesmo não ocorre relativamente ao autor, dado que este é o sujeito responsável pela contratação do patrono que elabora a petição inicial. Somente um desconhecimento considerável da lei ou a má-fé em omitir determinado dado podem explicar uma **qualificação deficitária do autor**, não se devendo admitir que a demanda prossiga com tal irregularidade. Será caso de emenda da petição inicial em

6 Figueira Jr., *Código*, p. 36.

7 Calmon de Passos, *Comentários*, p. 187; Scarpinella Bueno, *Código*, p. 856.

8 STJ, 4.ª Turma, REsp 154.906/MG, Rel. Min. Barros Monteiro, j. 04.05.2004.

9 Dinamarco, *Instituições*, n. 993, p. 360; Figueira Jr., *Código*, p. 36-42.

dez dias (art. 284 do CPC), seguida de indeferimento (art. 295, VI, do CPC) se o vício não for sanado[10].

O art. 293, II, do PLNCPC passa a exigir na qualificação das partes o número do cadastro de pessoas físicas ou do cadastro nacional de pessoas jurídicas e o endereço eletrônico. Em especial a indicação do endereço eletrônico suscita algumas questões: (i) nem todos os litigantes têm endereço eletrônico; (ii) haverá real dificuldade do autor em saber o endereço eletrônico do réu; (iii) caso o autor omita essa informação, como o juiz saberá se ele tem ou não endereço eletrônico?

9.2.3. Os fatos e os fundamentos jurídicos do pedido

Apesar de o art. 282, III, do CPC indicar como requisito da petição inicial "o fato" no singular, e os "fundamentos jurídicos do pedido" no plural, é pacífico o entendimento que a petição inicial pode perfeitamente ter um ou mais fatos e um ou mais fundamentos jurídicos. Trata-se da apresentação fática – causa de pedir próxima – e das consequências jurídicas que o autor pretende que tais fatos tenham no caso concreto – causa de pedir remota. Considerando que dos fatos nasce o direito, cumpre ao autor narrá-los e demonstrar a razão jurídica para que, em decorrência desses fatos, seja merecedor da tutela jurisdicional pretendida. A causa de pedir é tema tratado no Capítulo 3, item 3.3.4.

Registre-se que a exigência da narrativa dos fatos constitutivos do direito do autor já em sua petição inicial se limita aos fatos jurídicos, também chamados de fatos principais. Ainda que seja recomendável a narrativa também dos fatos simples, também chamados de fatos secundários, estes não fazem parte da causa de pedir, de forma que podem ser levados ao processo depois do momento inicial de propositura da demanda[11].

9.2.4. Pedido

O Poder Judiciário não pode servir como mero órgão consultivo, devendo sempre ser chamado à atuação para entregar ao autor o que este pretender receber. Dessa forma, é requisito essencial da petição inicial a indicação de sua pretensão jurisdicional. O pedido pode ser analisado sob a ótica processual, conhecido como pedido imediato, representando a providência jurisdicional pre-

[10] STJ, 1.ª Turma, REsp 295.642/RO, Rel. Min. Francisco Falcão, j. 13.03.2001.

[11] Marinoni-Mitidiero, *Código*, p. 291; Carmona, *Em torno*, p. 30.

tendida – condenação, constituição, mera declaração – e sob a ótica material, conhecido como pedido mediato, representado pelo bem da vida perseguido, ou seja, o resultado prático (vantagem no mundo prático) que o autor pretende obter com a demanda judicial.

Enquanto o autor pode pleitear diversas tutelas jurisdicionais diferentes e incalculáveis bens da vida, o réu, ao contestar a pretensão do autor, fará sempre o mesmo pedido: sentença de improcedência (sentença declaratória da inexistência do direito material alegado pelo autor). Em razão dessa circunstância se justifica que a sentença – desde que de improcedência e em demanda que não seja declaratória – possa ser de natureza diversa da natureza da demanda, fixada pelo pedido imediato do autor.

As considerações sobre as características do pedido são realizadas no Capítulo 3, item 3.3.3.

9.2.5. Valor da causa

O art. 258 do CPC estabelece que "a toda causa será atribuído um valor certo, ainda que não tenha conteúdo econômico imediato". Desse modo, ainda que o bem material objeto da pretensão do autor não tenha um valor economicamente aferível, é necessária a indicação de valor à causa, ainda que seja calculada de forma meramente estimativa.

A exigência de atribuição ao valor da causa decorre de diversos reflexos que esse requisito gera sobre o processo[12]:

a) determinação de competência do juízo segundo as leis de organização judiciária, como a fixação de competência dos "Foros Regionais";
b) definição do rito procedimental (ordinário, sumário, sumaríssimo);
c) recolhimento das taxas judiciárias;
d) fixação do valor para fins de aplicação de multas, no caso de deslealdade ou má-fé processual (art. 14 – ato atentatório à dignidade da jurisdição; art. 17 – litigância de má-fé; art. 538, parágrafo único – embargos meramente protelatórios, todos do CPC);
e) fixação do depósito prévio na ação rescisória no valor correspondente a 5% do valor da causa (do processo originário – art. 488, II, do CPC);
f) nos inventários e partilhas o valor da causa influi sobre a adoção do rito de arrolamento;
g) honorários advocatícios também poderão ser fixados à luz do valor da causa.

A lei pode expressamente prever uma regra específica a respeito do valor da causa de determinadas ações judiciais, sendo nesse caso afirmado que existe um

---

[12] Em sentido assemelhado, Carmona, *Em torno*, p. 29; Calmon de Passos, *Comentários*, p. 195; Greco Filho, *Direito*, n. 23, p. 108.

critério legal ao valor da causa. O art. 259 do CPC indica as regras específicas para o cálculo do valor da causa:

I) na ação de cobrança de dívida, a soma do principal, da pena e dos juros vencidos até a propositura da ação, podendo os juros ser convencionais ou legais; moratórios ou compensatórios;

II) havendo cumulação de pedidos, a quantia correspondente à soma dos valores de todos eles;

III) sendo alternativos os pedidos, o de maior valor;

IV) se houver também pedido subsidiário, o valor do pedido principal;

V) quando o litígio tiver por objeto a existência, validade, cumprimento, modificação ou rescisão de negócio jurídico, o valor do contrato, sendo admitido valor inferior a esse (valor do benefício econômico) quando a demanda não tiver como objeto o contrato integralmente, mas apenas uma ou algumas cláusulas;

VI) na ação de alimentos, a soma de 12 prestações mensais, pedidas pelo autor;

VII) na ação de divisão, de demarcação e de reivindicação, a estimativa oficial para lançamento do imposto.

O tema é versado pelo art. 267 do PLNCPC, que além de repetir as regras já existentes, por vezes com algumas adequações terminológicas, como nos incisos I e V, traz algumas interessantes novidades. No inciso VIII, contra posição consolidada do Superior Tribunal de Justiça, o projeto exige no pedido de dano moral a indicação do valor pretendido pelo autor. O § 2.º trata do pedido que tenha como objeto prestações vencidas e vincendas, determinando que ambas sejam computadas no cálculo do valor da causa, sendo o valor das prestações vincendas igual a uma prestação anual, se a obrigação for por prazo indeterminado ou por tempo superior a um ano; será o valor da soma das prestações se a obrigação tiver prazo inferior a um ano.

Não sendo hipótese de aplicação do critério legal caberá ao autor descobrir o valor referente à **vantagem econômica** que se busca com a demanda judicial. Basta verificar o valor econômico do bem da vida material perseguido e indicá-lo como valor da causa[13]. Não tendo o bem da vida valor econômico ou sendo esse valor inestimável, caberá ao autor dar qualquer valor à causa, sendo nesse caso comum a utilização na praxe forense da expressão "meramente para fins fiscais".

Registre-se que, havendo cumulação de pedidos, sempre que o valor da causa para um deles for regido pelo critério legal ou tiver valor economicamente aferível e para o outro for causa de valor da causa meramente estimativo, o valor da causa da ação será tão somente o do primeiro pedido[14]. A indicação de qualquer

[13] STJ, REsp 692.580/MT, 4.ª Turma, rel. Min. João Otávio de Noronha, j. 25.03.2008, *DJe* 14.04.2008.

[14] STJ, REsp 713.800/MA, 3.ª Turma, rel. Min. Sidnei Beneti, j. 11.03.2008, *DJe* 01.04.2008.

valor à causa só se justifica quando não há alternativa para o autor, o que não será o caso na situação exposta.

> Edison ingressa com ação judicial pleiteando a condenação de Jussara ao pagamento de danos morais e matérias. Com relação aos danos morais, Edison faz pedido genérico, deixando ao juízo o arbitramento do valor, e com relação aos danos materiais Edison faz pedido determinado para reparação de seu prejuízo, que entende ter sido de R$ 5.000,00. O valor da causa será de R$ 5.000,00, não sendo preciso se somar a esse valor algum outro, meramente estimativo, somente para deixar claro que também se está pedindo condenação de Jussara ao pagamento de danos morais.

9.2.6. Provas com que o autor pretende demonstrar a verdade dos fatos alegados

Caso os operadores do direito levassem a regra prevista no art. 282, VI, do CPC mais a sério, as petições iniciais viriam, a exemplo do que ocorre no procedimento sumário, com a devida especificação de provas (assim, por exemplo, o autor já indicaria quais as testemunhas que pretende ouvir ou ainda os quesitos de perícia requerida). Acontece, entretanto, que atualmente o dispositivo legal não encontra tal aplicação, bastando ao autor a **indicação genérica** de todos os meios de prova em direito admitidos, para que o requisito seja considerado preenchido[15].

Tal prática, já arraigada em nossa praxe forense, enseja ao juiz, na fase de saneamento do processo, a prolação de despacho para que as partes especifiquem as provas que pretendem produzir, indicando e justificando os meios de prova requeridos. É medida tomada pelos juízes justamente em decorrência da generalidade do protesto realizado na petição inicial, sendo bastante improvável – para não dizer impossível – que a parte no momento em que é instada a especificar provas requeira todos os meios de prova admitidos.

Há doutrina que entende ser completamente inútil a exigência legal, afirmando não se poder entender que a ausência de requerimento de provas na petição inicial gere preclusão para o autor. Nesse entendimento, mesmo não tendo feito pedido de provas na petição inicial, a partir do momento em que o juiz intima as partes para a especificação de provas, poderá o autor livremente as requerer[16]. O mesmo raciocínio seria aplicado ao réu quanto à exigência de requerer a produção de provas em contestação (art. 300 do CPC). O Superior Tribunal de Justiça entende que, mesmo tendo sido realizado o pedido genérico na petição inicial (autor) ou contestação (réu), haverá preclusão da prova na hipótese de a

---

15 Dinamarco, *Instituições*, n. 1.000, p. 377; Scarpinella Bueno, *Código*, p. 859; STJ, 3.ª Turma, REsp 329.034/MG, Rel. Min. Humberto Gomes de Barros, j. 14.02.2006. Contra: Nery-Nery, *Código*, p. 551; Greco Filho, *Direito*, n. 23, p. 109.

16 Dinamarco, *Instituições*, n. 806, p. 90; Calmon de Passos, *Comentários*, p. 195-196.

parte não reiterar sua vontade de produzi-las no momento em que for intimada para especificá-las[17].

Ainda que se entenda correto o entendimento que aponta a exigência do art. 282, VI, do CPC uma "ridícula inutilidade", entendo ser interessante o requerimento genérico na petição inicial (bem como na contestação), não para evitar a preclusão, mas para permitir a alegação de cerceamento de defesa na hipótese de julgamento antecipado da lide. Em minha visão, o autor que deixa de pedir provas em sua petição inicial permite ao juiz um julgamento antecipado da lide, sem que possa em grau recursal alegar cerceamento de defesa, visto que nada requerendo em termos de produção probatória permite ao juiz o julgamento imediato, sem a necessidade de produção de provas[18].

O art. 296 do PLNCPC exige do autor, já na petição inicial, o arrolamento e a qualificação de suas testemunhas, com indicação do nome, profissão, estado civil, idade, número de cadastro de pessoa física e do registro de identidade, endereço completo da residência e do local de trabalho. Além de impor a toda petição inicial regra atualmente aplicável somente ao procedimento sumário (que deixa de existir no PLNCPC), aumenta o número de requisitos na qualificação das testemunhas atualmente existentes no art. 407, *caput*, do CPC.

Da previsão legal há duas novidades interessantes, uma comissiva e outra omissiva. A novidade comissiva é a utilização da expressão "se possível" quanto ao ônus de indicar os requisitos legais referentes às testemunhas. Nem sempre a parte terá acesso a todas as informações exigidas pela lei, devendo a omissão de dados ser encarada à luz do princípio da instrumentalidade das formas, como já é atualmente defendido pela melhor doutrina. A novidade omissiva fica por conta da indicação de quesitos e assistentes técnicos na petição inicial, regra que não consta do PLNCPC. Apesar de a prova pericial ser mais rara que a prova testemunhal, se o objetivo do legislador era concentrar atos processuais para agilizar o procedimento, restou paradoxal a exigência de arrolamento imediato das testemunhas e do mero pedido genérico de produção de prova pericial.

9.2.7. Requerimento para citação do réu

A última exigência do art. 282 do CPC é o requerimento de citação do réu. Parece que a única utilidade de tal requisito é a do autor indicar a forma pela qual pretende que ocorra a citação, sempre que lhe for possível a escolha, segundo

17 REsp 329.034/MG, 3.ª Turma, Rel. Min. Humberto Gomes de Barros, j. 14.02.2006.

18 STJ, 3.ª Turma, REsp 406.862/MG, Rel. Min. Carlos Alberto Menezes Direito, rel. p/ acórdão Min. Nancy Andrighi, j. 08.11.2002.

os termos do art. 222 do CPC[19]. Ademais, seria importante tal indicação quando o autor optasse, desde já, pela citação editalícia, respondendo, no caso de opção temerária, nos termos do art. 233 do CPC.

Fora da indicação da forma de citação, o requisito se mostra, no mínimo, uma obviedade, considerando que naturalmente o juiz procederá à citação no caso de entender que a petição inicial preenche os requisitos mínimos formais exigidos pela lei e não é caso de aplicação do art. 285-A do CPC[20]. A ausência de pedido expresso de citação não impede que esta ocorra, em pronunciamento oficioso do juiz, não podendo o réu alegar em contestação inépcia da petição inicial se a citação, embora não requerida expressamente pelo autor, tenha sido regularmente realizada.

9.3. DOCUMENTOS INDISPENSÁVEIS À PROPOSITURA DA DEMANDA

Determina o art. 283 do CPC que a petição inicial será instruída com os documentos indispensáveis à propositura da demanda. A ausência de tais documentos enseja a possibilidade de emenda da petição inicial, considerando-se que o vício gerado pela não juntada de tais documentos é **sanável**[21]. Não ocorrendo a emenda com a juntada dos documentos indispensáveis à propositura da demanda, a petição inicial será indeferida (art. 295, VI, do CPC). Caso o juiz só perceba a ausência de tais documentos após a citação do réu, não mais se admitirá o indeferimento da petição inicial, que deve ocorrer sempre liminarmente, mas diante da resistência do autor em não juntar aos autos tais documentos, o processo deve ser extinto sem resolução de mérito por falta de pressuposto processual (art. 267, IV, do CPC).

Documentos indispensáveis à propositura da demanda são aqueles cuja ausência impede o julgamento de mérito da demanda, não se confundindo com *documentos indispensáveis à vitória do autor*, ou seja, ao julgamento de procedência de seu pedido[22]. Esses são considerados documentos úteis ao autor no objetivo do acolhimento de sua pretensão, mas, não sendo indispensáveis à propositura da demanda, não impedem a continuidade da demanda, tampouco a sua extinção com resolução do mérito[23]. Numa demanda de divórcio, a certidão de casamento é um documento indispensável à propositura da demanda, porque sem esse documento é impossível o julgamento de mérito, o mesmo não se podendo dizer de um documento que comprove o adultério do cônjuge, que pode ser importante para

---

19 Scarpinella Bueno, *Código*, p. 860.

20 Dinamarco, *Instituições*, n. 1001, p. 377; Calmon de Passos, *Comentários*, p. 196. Contra: Nery-Nery, *Código*, p. 551.

21 STJ, 1.ª Turma, AgRg no Ag 908.395/DF, Min. José Delgado; j. 27.11.2007; REsp 846.227/MS, 3.ª Turma, Rel. Nancy Andrighi, j. 22.05.2007.

22 Dinamarco, *Instituições*, n. 1006, p. 381; Nery-Nery, *Código*, p. 552.

23 Calmon de Passos, *Comentários*, p. 198; Marinoni-Mitidiero, *Código*, p. 293.

a parte que o apresente em juízo, mas cuja ausência não impedirá o julgamento de mérito da demanda.

Registre-se que o Superior Tribunal de Justiça permite o ingresso de ação revisional de contrato mesmo que o autor não apresente com a petição inicial uma cópia do contrato que se busca rever. É interessante porque, na sociedade massificada em que vivemos, com ampla presença dos contratos de adesão, é possível a elaboração de uma petição inicial nesse tipo de ação sem a necessidade de sua instrução com cópia do contrato celebrado entre as partes. Diante dessa nova realidade, o Superior Tribunal de Justiça entende pela viabilidade do pedido de exibição do contrato, ao invés de ser elaborado por meio de ação cautelar precedente de exibição de documento, seja elaborado incidentalmente, ainda que continue a acreditar ser o contrato documento indispensável à propositura da ação[24].

24 Informativo 413/STJ: 3ª Turma, REsp 896.435/PR, rel. Min. Nancy Andrighi, j. 27.10.2009.

10

POSTURAS DO JUIZ DIANTE DA PETIÇÃO INICIAL

Sumário: 10.1. Introdução – 10.2. Emenda da petição inicial – 10.3. Indeferimento da petição inicial: 10.3.1. Conceito de indeferimento, recorribilidade e juízo de retratação; 10.3.2. Hipóteses de indeferimento da petição inicial (art. 295, parágrafo único, do CPC) – 10.4. Julgamento de improcedência liminar: 10.4.1. Introdução; 10.4.2. Requisitos para o julgamento de improcedência liminar; 10.4.3. Conduta do juiz; 10.4.4. Julgamento parcial de improcedência liminar?; 10.4.5. Julgamento da apelação pelo tribunal – 10.5. Citação: 10.5.1. Conceito; 10.5.2. Efeitos da citação; 10.5.3. Modalidades de citação.

10.1. INTRODUÇÃO

Com o oferecimento da petição inicial o processo se inicia e depois da autuação e registro os autos são encaminhados para o juiz, que terá o seu primeiro contato com a petição inicial. O presente capítulo tem como objetivo enfrentar as reações possíveis ao juiz nesse momento procedimental.

Registre-se que a incompetência absoluta deve ser conhecida de ofício, de forma que uma das reações possíveis ao juiz ao analisar pela primeira vez a petição inicial é reconhecer a incompetência absoluta e determinar a remessa dos autos ao órgão competente. Como analisado no Capítulo 4, item 4.2.2.3, a incompetência absoluta em regra tem natureza dilatória, sendo que, chegando os autos ao novo órgão jurisdicional, volta-se ao tema enfrentado no presente capítulo: as reações possíveis do juiz.

10.2. EMENDA DA PETIÇÃO INICIAL

Em razão do caráter instrumentalista que norteia o processo civil moderno, a emenda – ou complementação – da petição inicial prevista no art. 284 do CPC ganha cada vez mais espaço e importância. Defende-se que, sempre que for possível a escolha entre a emenda da petição inicial e seu indeferimento, deve o juiz optar pelo primeiro caminho, reservando-se o indeferimento da petição inicial a situações de fato absolutamente impossíveis de serem saneadas ou corrigidas[1]. O Superior Tribunal de Justiça, inclusive, tem entendimento de que a **emenda da petição inicial é um direito do autor**, não podendo o juiz indeferir a petição inicial antes de oportunizar ao autor seu saneamento, sempre que isso se mostrar possível no caso concreto[2].

Segundo o art. 284 do CPC, sempre que a petição inicial deixar de preencher os requisitos dos arts. 282 e 283 do CPC, ou ainda apresentar defeitos e irregularidades capazes de dificultar o julgamento do mérito, o juiz concederá prazo de 10 dias para que o autor emende ou complemente a petição inicial. Admite-se no caso concreto que o juiz **amplie esse prazo** quando entendê-lo muito exíguo para o saneamento exigido[3]. Na hipótese de ausência de indicação do endereço do patrono, o prazo para a emenda da petição inicial é excepcionalmente de 48 horas (art. 39, parágrafo único, do CPC). A oportunidade aberta ao autor é para que o mesmo conserte ou saneie alguma irregularidade ou vício existente na petição inicial, de forma a iniciar o processo com uma petição inaugural aparentemente regular no aspecto formal.

A decisão do juiz que determina a emenda da petição inicial – decisão interlocutória agravável por instrumento – deve ser, como de resto toda e qualquer decisão judicial, devidamente motivada. Significa dizer que o juiz deve indicar precisamente qual o vício que entende presente na petição inicial, justificando seu entendimento. Não pode simplesmente determinar que o autor emende a petição inicial no prazo de 10 dias sem ao menos lhe indicar em que aspecto a mesma se encontra viciada ou incompleta. A omissão em indicar qual o vício da petição inicial deve ser afastada com a interposição de embargos de declaração. Essa fundamentação, naturalmente, não envolve a indicação de como se deve proceder para sanear o vício ou completar a petição inicial, sendo essa tarefa exclusiva do patrono.

Registre-se nesse ponto o equivocado entendimento do STJ que, ao entender o pronunciamento que determina a emenda como mero despacho, se posiciona pela irrecorribilidade[4].

Tanto a doutrina quanto a jurisprudência entendem pela possibilidade de **emendas sucessivas**, abrindo-se mais de uma oportunidade para a emenda da

---

1 Nery-Nery, *Código*, p. 551.

2 STJ, 1.ª Turma, REsp 812.323/MG, Rel. Min. Luiz Fux, j. 16.09.2008.

3 STJ, 3.ª Turma, REsp 871.661/RS, Rel. Nancy Andrighi, j. 17.05.2007.

4 AgRg no Ag 795.153/MG., Herman Benjamin, 2.ª T., j. 22.05.2007, *DJe* 23.10.2008, AgRg no REsp 886.407/ES, rel. Francisco Falcão, 1.ª T., j. 27.02.2007, *DJ* 12.04.2007, p. 247.

petição inicial. É possível considerar que o autor, instado a emendar a petição inicial, o faça de forma incompleta. Nesses casos, mais uma vez à luz do princípio da instrumentalidade das formas, é possível a abertura de novo prazo para que o autor complemente sua primeira emenda[5]. O limite das emendas sucessivas deve ser apreciado no caso concreto, não se podendo eternizar o início de um processo com sucessivas determinações de emendas cumpridas de forma falha ou parcialmente pelo autor.

Observe-se que a possibilidade de emendas sucessivas deve ser analisada à luz do disposto no art. 284, parágrafo único, do CPC. Significa dizer que, no caso de o juiz ter determinado a emenda da petição inicial, sem que o autor tenha tomado qualquer atitude positiva a esse respeito, o único caminho viável ao juiz é o indeferimento da petição inicial. O raciocínio é simples: determinando a emenda da petição inicial, entendeu que tal petição não tinha condições de dar início a um processo, e, não havendo a emenda determinada, o vício continua a existir e a única saída possível ao juiz é o indeferimento da petição inicial. E nem se fale que o juiz poderá mudar de ideia e mesmo sem a emenda da petição inicial entender que não existe nenhum vício, visto que no caso concreto se operou a preclusão *pro iudicato*[6]. O que se admite no Superior Tribunal de Justiça é a prática do ato de **emenda a destempo**, em razão da natureza dilatória do prazo de dez dias[7], mas nunca a continuidade da demanda sem o saneamento do vício.

Por mais interessante que seja para fins de sobrevivência do processo, a permissão de emenda da petição inicial, sendo uma das posturas do juiz diante da petição inicial, não poderá ser determinada na hipótese de outras posturas já terem sido adotadas. É claro que consistindo tais posturas no indeferimento da petição inicial ou no julgamento liminar de improcedência (art. 285-A do CPC), se tornará impossível a determinação de emenda da petição inicial por obstáculo material intransponível: a extinção do processo. Mas, mesmo o processo não sendo extinto, o que ocorrerá com a determinação de citação do réu, já não mais será possível a emenda da petição inicial, operando-se no caso preclusão lógica para o juiz[8].

10.3. INDEFERIMENTO DA PETIÇÃO INICIAL

10.3.1. Conceito de indeferimento, recorribilidade e juízo de retratação

Nas situações em que o juiz se deparar com **vícios insanáveis**, de nada adiantará abrir prazo de dez dias ao autor para emendar a petição inicial, considerando-se que o autor não será capaz de sanar a irregularidade ou vício constatado no caso

---

5 Nery-Nery, *Código*, p. 554; Cassio Scarpinella Bueno, *Código*, p. 875.

6 Marinoni-Arenhart, *Manual*, p. 105; STJ, 4.ª Turma, AgRg no Ag 979.541/DF, Rel. Min. Aldir Passarinho Junior, j. 24.06.2008.

7 STJ, 3.ª Turma, REsp 871.661/RS, Rel. Nancy Andrighi, j. 17.05.2007.

8 Para análise da preclusão lógica para o juiz: Neves, *Preclusões*, p. 42-46.

concreto. Não restará alternativa ao juiz senão o indeferimento liminar da petição inicial, nos termos do art. 295 do CPC. Também deverá indeferir a inicial quando a emenda – ou a sucessão delas – não tiver sido apta a sanar a irregularidade ou vício, ou nos casos de omissão do autor em realizar a emenda no prazo de dez dias (art. 295, VI, do CPC).

Existe indeferimento total e parcial da petição inicial, variando os recursos cabíveis para cada uma dessas decisões. No caso de indeferimento parcial, mesmo que tenha a decisão matéria de mérito como objeto, a doutrina majoritária entende tratar-se de *decisão interlocutória* recorrível por agravo de instrumento[9]. No caso de indeferimento total, o pronunciamento será uma *sentença*, recorrível por apelação. Havendo indeferimento da petição inicial no Tribunal – em casos de competência originária –, o recurso cabível dependerá de quantos julgadores participaram do julgamento. Sendo o julgamento monocrático (em aplicação extensiva do art. 557 do CPC), caberá agravo interno para o órgão colegiado, sendo nesse sentido a expressa previsão do art. 10, § 1.º, da Lei 12.016/2009. Tratando-se de decisão colegiada, caberão recurso especial, recurso extraordinário ou ainda embargos infringentes, dependendo do caso concreto.

Tanto no primeiro grau como no Tribunal, só haverá indeferimento da petição inicial **antes da citação do réu**[10]. Se o réu já foi integrado no processo, ainda que o juiz acolha uma das causas previstas no art. 295 do CPC, não será mais caso de indeferimento da petição inicial, sendo simplesmente o processo extinto sem a resolução do mérito por ausência de condição da ação ou de pressupostos processuais positivos (ou ainda a presença de algum dos pressupostos processuais negativos).

O debate não é meramente acadêmico, gerando importantes reflexos práticos quanto ao procedimento do recurso de apelação interposto contra a sentença de indeferimento da petição inicial. Como regra, o juiz só pode modificar sua sentença nos casos de erros materiais ou de cálculo (de ofício) ou quando houver omissão, obscuridade ou contradição (embargos de declaração). Sendo, entretanto, uma sentença de indeferimento da petição inicial, o art. 296 do CPC prevê a possibilidade de o juiz, diante da apelação do autor, se retratar em 48 horas (prazo impróprio).

A primeira condição para a retratação é a interposição de apelação. Sabendo-se que o juiz de primeiro grau é responsável pelo juízo de admissibilidade desse recurso, para que possa se retratar deve antes receber o recurso, ou seja, deve entender que o recurso preenche todos os requisitos de admissibilidade. Não há nenhuma necessidade de o apelante pedir expressamente a retratação, bastando que a apelação seja recebida.

Por fim, cumpre esclarecer que o réu não é intimado para participar do julgamento desse recurso, que contará exclusivamente com a participação do autor.

---

9 Dinamarco, *Instituições*, n. 1.014, p. 391; Theodoro Jr., *Curso*, n. 357, p. 405; STJ, 1.ª Turma, AgRg no REsp 920.389/RS, Rel. Min. Francisco Falcão, j. 17.05.2007.

10 Dinamarco, *Instituições*, n. 1.026, p. 401; Nery-Nery, *Código*, p. 685; Greco Filho, *Direito*, p. 116.

No caso de provimento e retorno dos autos ao primeiro grau para continuação do procedimento, o réu, uma vez citado, poderá alegar a mesma matéria que já foi objeto de apelação, levando-se em consideração que, por não ter participado do julgamento, não pode sofrer seus efeitos, o que configuraria em evidente afronta ao princípio da ampla defesa e do contraditório[11].

Segundo o art. 306, *caput*, do PLNCPC, indeferida a petição inicial, o autor poderá apelar, facultando-se ao juiz, no prazo de três dias, reformar sua sentença. Como se pode notar, o prazo para a retratação, que continua a ser impróprio, é modificado. No § 1.º do dispositivo ora comentado, uma grande novidade é a determinação de citação do réu para responder ao recurso caso o juízo de primeiro grau não se retrate de sua decisão. O § 2.º prevê que, sendo a sentença reformada pelo tribunal, o prazo para a contestação começará a contar da intimação do retorno dos autos. Aparentemente se fez confusão com os resultados possíveis do provimento recursal. Na hipótese de a decisão ser reformada, não haverá qualquer prazo para contestação, já que o acórdão da apelação substituirá a sentença impugnada. Parece, portanto, que a intimação do retorno dos autos ao primeiro grau como termo inicial de contagem do prazo de contestação – melhor seria dizer "resposta" – só tem aplicabilidade na hipótese de anulação da sentença.

10.3.2. Hipóteses de indeferimento da petição inicial (art. 295, parágrafo único, do CPC)

10.3.2.1. *Inépcia da petição inicial*

O parágrafo único do artigo em comentário é o responsável por elencar as situações nas quais a petição inicial será considerada inepta: falta de pedido ou causa de pedir; da narração dos fatos não decorrer logicamente a conclusão; pedido juridicamente impossível; pedidos incompatíveis entre si.

Somados às partes, o pedido e a causa de pedir compõem os elementos que identificam a ação, sendo exigência expressa do art. 282, III e IV, do CPC a narração na petição inicial da causa de pedir e do pedido. A importância de tal descrição na petição inicial deriva da necessidade de fixação dos limites objetivos da ação e da pretensão do autor, sem o que o réu não poderá exercer ativamente seu direito de defesa. O julgamento do juiz também restará prejudicado caso o autor não indique em sua petição inicial a causa de pedir e o pedido, não se podendo respeitar o art. 460 do CPC.

[11] Marinoni-Arenhart, *Manual*, p. 108; Nery-Nery, *Código*, p. 564; STJ, REsp. 507.301/MA, 2.ª Turma, rel. Min. João Otávio de Noronha, j. 13.03.2007, *DJ* 17.04.2007, p. 286; STJ, AgRg no Ag 602.885/DF, 6.ª Turma, rel. Min. Hamilton Carvalhido, j. 19.04.2005, *DJ* 01.07.2005, p. 664.

A petição inicial deve conter uma ordem lógica entre os argumentos utilizados pelo autor e a conclusão a que chega quando formula seu pedido. Eventual incompatibilidade lógica gera o indeferimento da petição inicial. Não pode, por exemplo, narrar fatos e fundamentos jurídicos típicos da anulação de casamento – ser a parte um enfermo mental sem o necessário discernimento para os atos da vida civil (art. 1.548, I, do CC) – e concluir requerendo o divórcio.

A terceira causa legal de inépcia da petição inicial é a situação de pedido juridicamente impossível. Essa, como sabido, é uma das condições da ação, e uma vez reconhecida de ofício pelo juiz acarretará o indeferimento da petição inicial. Segundo a doutrina tradicional, o pedido juridicamente impossível é aquele vedado pelo ordenamento jurídico, não podendo, por expressa previsão legal, ser concedido pelo juiz. Percebendo que o pedido não poderá, em abstrato, ser acolhido, de nada valerá o desenvolvimento do processo, o que em última análise geraria tão somente gasto de dinheiro e de tempo, tornando-o desnecessário e inútil. Diante dessa evidência, deve o juiz indeferir a petição inicial. É curiosa a opção legislativa de incluir apenas essa condição da ação como característica da inépcia da petição inicial, sendo que as outras duas – *ilegitimidade de parte* e *falta de interesse de agir* –, apesar de também gerarem o indeferimento da petição inicial, não tornam a petição inicial inepta[12].

Por fim, a petição inicial não poderá conter pedidos incompatíveis. É preciso atenção para essa causa de inépcia da petição inicial, considerando-se que nem toda espécie de cumulação exige a compatibilidade dos pedidos. Havendo cumulação imprópria (em sentido geral), ou seja, cumulação subsidiária ou cumulação alternativa, não há problema em coexistirem pedidos incompatíveis. Se o juiz somente pode conceder um entre os pedidos cumulados, estes podem ser incompatíveis, não havendo nenhuma razão para o indeferimento da petição inicial. Os pedidos incompatíveis, portanto, só geram indeferimento da petição inicial na cumulação própria – simples e sucessiva, sendo que numa visão mais instrumentalista do processo seria caso de emenda da petição inicial, permitindo-se que o autor escolha entre os pedidos originariamente formulados.

10.3.2.2. *Manifesta ilegitimidade de parte*

Conforme aventado anteriormente, surge mais uma condição da ação como causa de indeferimento da petição inicial, mas nesse caso não em razão de sua inépcia. Menciona o art. 295, II, do CPC que a parte deve ser "manifestamente ilegítima", levando a crer que a mera ilegitimidade não seria o suficiente para o indeferimento. É claro que, se o juiz, ao analisar a petição inicial, se convencer da ilegitimidade de uma das partes – ou mesmo de ambas –, deverá indeferir a petição inicial, ainda que a ilegitimidade não seja aberrante ou evidente. Tudo, na verdade, dependerá da apreciação e do convencimento do juiz, servindo o

[12] Calmon de Passos, *Comentários*, n. 35.1.6, p. 245; Dinamarco, *Instituições*, n. 1.018, p. 394.

dispositivo tão somente para evitar o indeferimento em hipótese de dúvida do juiz a respeito do tema.

10.3.2.3. *Falta de interesse de agir*

Fechando a ausência das condições da ação como motivos para indeferimento da petição inicial, o legislador indica a ausência do interesse processual, tema versado no Capítulo 3, item 3.2.3.

10.3.2.4. *Prescrição e decadência*

O art. 295, IV, do CPC cria hipótese de indeferimento da petição inicial que contém uma especialidade que a diferencia de forma bastante clara das outras formas de indeferimento. Como expressamente previsto no art. 269, IV, a sentença que reconhece prescrição e decadência é **sentença de mérito**, geradora da **coisa julgada material**. É interessante a situação em que o réu, apesar de nem ter sido integrado ao processo – não houve citação –, se beneficia de uma sentença definitiva. Como não participou do processo, o réu deverá ser intimado do resultado do mesmo, tomando ciência da coisa julgada material que o favorece, podendo utilizar tal alegação no caso de o autor repetir a propositura da mesma demanda (art. 219, § 6.º, do CPC).

O art. 219, § 5.º, do CPC passou a permitir ao juiz o conhecimento de ofício da prescrição independentemente dos sujeitos processuais ou do direito material tutelado, o que proporciona uma amplitude significativa de casos de indeferimento da petição inicial. A doutrina processual não gostou da novidade legislativa[13], lembrando que essa atuação oficiosa do juiz impede que o réu renuncie à prescrição, direito material expressamente previsto no art. 191 do CC. O interesse do réu em renunciar à prescrição pode ser moral, ao preferir uma sentença de improcedência que o declare não ser o devedor, ou econômico, considerando que o art. 940 do CC prevê o direito a cobrar em dobro aquele que demanda por dívida já paga ou o valor cobrado daquele que demanda por valor superior ao da dívida, salvo se houver prescrição. Apesar da resistência da doutrina, a jurisprudência vem admitindo o indeferimento da petição inicial com fundamento na interpretação literal do art. 219, § 5.º, do CPC[14].

10.3.2.5. *Procedimento inadequado*

O art. 295, V, do CPC aponta como causa de indeferimento da petição inicial a situação na qual, em razão da natureza da causa ou de seu valor, o procedi-

[13] Theodoro Jr., *Curso*, n. 356-a, p. 402-405; Mazzei, *Reforma*, p. 424-453; Câmara, *Lições*, p. 300-301.

[14] STJ, 1.ª Turma, REsp 1.004.747/RJ, rel. Luiz Fux, j. 06.05.2008.

mento escolhido pelo autor não seja o adequado. Embora se trate de causa de indeferimento, o próprio artigo legal dispõe que o indeferimento somente ocorrerá quando não for possível a adaptação ao procedimento adequado. Dessa forma, sempre que for possível a **correção do procedimento**, deve ser aberta tal oportunidade ao autor, que por meio de emenda à petição inicial tem a oportunidade de sanear o vício apresentado.

Questão interessante surge do debate, à luz do presente dispositivo, se seria também possível a conversão de processos, e não só de procedimentos. Não se limita, por exemplo, à possibilidade de modificação de um processo de conhecimento de rito sumário para o rito ordinário, mas sim à conversão de um processo de execução num processo de conhecimento, quando o juiz entende que não existe um título executivo. O juiz não pode modificar o processo de ofício, obrigando o autor a demandar em processo não escolhido por ele, mas não há nenhum inconveniente prático ou jurídico a impedir que o juiz determine ao autor a emenda da petição inicial para que providencie a adequação do processo às exigências do caso concreto.[15]

Esse, entretanto, parece não ser o entendimento da doutrina majoritária e do Superior Tribunal de Justiça, que não admitem a conversão de um processo em outro[16], não obstante uma decisão daquele tribunal que inadmitiu a conversão de um processo de execução em ação monitória com o fundamento da estabilização objetiva da demanda, dando a entender que, se ocorrida antes da citação, a conversão seria admitida[17].

10.3.2.6. *Ausência de indicação do nome do patrono do autor e não realização de emenda*

Por fim, o art. 295, VI, do CPC prevê que a petição inicial será indeferida quando não atendidas as prescrições dos arts. 39, parágrafo único, primeira parte, e 284, ambos do CPC. Assim, se a petição inicial não indicar o endereço do patrono do autor, após a devida oportunidade de emenda da petição inicial, esta deve ser indeferida. O mesmo ocorre em qualquer situação em que, apesar da oportunidade concedida pelo juiz para que o autor emendasse a petição inicial, este não toma nenhuma providência.

> O art. 305, *caput*, do PLNCPC prevê as hipóteses de indeferimento da petição inicial, resolvendo algumas incongruências existentes no atual art. 295 do CPC e já devidamente criticadas. Em especial, deve-se elogiar a retirada da inadequação procedimental como causa de indeferimento da petição inicial. Além dessa supressão, o dispositivo retira a impossibilidade jurídica do pedido

15 Talamini, *Tutela*, p. 89; Didier, *Curso*, p. 382.

16 Calmon de Passos, *Comentários*, n. 35.6, p. 263. Theodoro Jr., *Curso*, n. 356, p. 402; Greco Filho, *Direito*, n. 115, p. 117; STJ, 3.ª Turma, AgRg no REsp 826.208/RS, rel. Min. Humberto Gomes de Barros, j. 25.09.2007.

17 *Informativo* 484/STJ: 2.ª Seção, REsp 1.129.938/PE, rel. Min. Massami Uyeda, j. 28.09.2011.

como causa do indeferimento, compatível com a retirada dessa condição da ação do CPC e transfere a prescrição e decadência para o julgamento liminar de rejeição do pedido.

10.4. JULGAMENTO DE IMPROCEDÊNCIA LIMINAR

10.4.1. Introdução

A Lei 11.277/2006 criou expressamente em nosso sistema a possibilidade de julgamento de improcedência do pedido do autor antes da citação do réu. Note-se que já era possível antes dela o julgamento de mérito *inaudita altera partes* desfavorável ao autor, na hipótese de indeferimento da petição inicial com fundamento na prescrição e decadência (art. 295, IV c/c o art. 269, IV, do CPC). A rejeição liminar do pedido com enfrentamento do direito material alegado pelo autor, entretanto, é novidade trazida ao sistema pelo art. 285-A do CPC.

O objetivo do dispositivo legal é o encerramento de **demandas repetitivas** – típicas da sociedade de massa em que vivemos atualmente – nas quais a mesma questão jurídica é alegada em diversas demandas individuais. A economia processual e a celeridade do processo mais uma vez são os fundamentos principais que levaram o legislador a prever um instituto processual que possibilita um encerramento definitivo da demanda (sentença de mérito produzindo coisa julgada material) antes mesmo da complementação da relação jurídica processual com a citação do réu[18]. Como comumente ocorre com normas inovadoras, o art. 285-A do CPC tem recebido críticas de parcela da doutrina, inclusive existindo em trâmite uma ação declaratória de inconstitucionalidade (ADIn 3.695/DF) proposta pela Ordem dos Advogados do Brasil, intervindo nessa demanda como *amicus curiae* o Instituto de Direito Processual Brasileiro, em peça subscrita por Cassio Scarpinella Bueno, opinando pela constitucionalidade do dispositivo legal[19].

As críticas, entretanto, não parecem suficientes para inquinar o dispositivo de inconstitucional, não se vislumbrando nenhuma ofensa aos princípios processuais no art. 285-A do CPC. É claro que seria preferível, em termos de segurança jurídica, que os julgamentos de improcedência liminar fossem justificados em súmulas ou jurisprudências dominantes dos tribunais[20] – de preferência superiores –, mas essa crítica não se mostra capaz de afastar a aplicação da regra ora analisada. O Superior Tribunal de Justiça, inclusive, já decidiu que a aplicação da regra ora

[18] Nery-Nery, *Código*, p. 555; Costa Machado, *Código*, p. 647.

[19] Pela constitucionalidade: Theodoro Jr., *Curso*, n. 357-c, p. 408; Marinoni-Arenhart, *Manual*, p. 113. Pela inconstitucionalidade: Nery-Nery, *Código*, p. 556.

[20] Wambier-Wambier-Medina, *Breves*, p. 65-67; Scarpinella Bueno, *A nova*, p. 49-55; Gustavo Nogueira, *A improcedência*, p. 135-137.

analisada deve ser realizada em consonância dos entendimentos consagrados pelos tribunais superiores[21].

10.4.2. Requisitos para o julgamento de improcedência liminar

Dispõe o art. 285-A, *caput*, do CPC que, sendo a matéria controvertida unicamente de direito e já houver no juízo sido proferida sentença de total improcedência em casos idênticos, caberá o julgamento liminar de improcedência. É exigido cumulativamente o preenchimento dos dois requisitos, sendo que ambos merecem alguns comentários.

Apesar da previsão de que na demanda a matéria controvertida seja unicamente de direito, não está afastada a aplicação do dispositivo legal quando nela também existir matéria de fato. A essa conclusão se chega justamente pela própria previsão legal, que fala em "matéria controvertida", sendo legítimo concluir que, havendo questões de fato, desde que não controvertidas, o requisito legal estará preenchido. Lembrando-se que o réu ainda não foi citado, a única hipótese de questões de fato não controvertidas será a presunção de veracidade pelo juiz de todos os fatos alegados pelo autor[22]. Assim o fazendo, o juiz não prejudicará em nada o autor no aspecto fático, visto que considerará verdadeiras todas as alegações de fato constantes da petição inicial, sendo inviável deduzir dessa postura qualquer ofensa ao direito de ampla defesa.

O segundo requisito é a existência, no juízo, de sentença de total improcedência proferida anteriormente em casos idênticos. Não resta dúvida que por "casos idênticos" o intérprete deve entender **casos similares**, nos quais a questão jurídica discutida é a mesma[23]. Caso contrário, a interpretação literal do dispositivo legal exigiria do juiz não um julgamento de improcedência liminar, mas um julgamento sem a resolução do mérito por litispendência ou coisa julgada, formas de julgamento geradas pela repetição de demandas idênticas.

Dessa forma, o campo de aplicação do art. 285-A do CPC não é a identidade de demandas, mas a proximidade delas em razão da identidade das questões jurídicas e proximidade das questões fáticas que compõem seu objeto. Como já afirmado, é dispositivo traçado para tutelar as ações repetitivas, típicas das relações de consumo, direito tributário, questões envolvendo servidores públicos, que se multiplicam em demandas individuais com a mesma questão jurídica sendo levada diversas vezes para solução do Poder Judiciário.

> Peter ingressa com ação judicial pleiteando a condenação do Banco Surreal ao pagamento de verbas que entende devidas em razão de planos econômicos do passado. O processo é distribuído para a 5.ª Vara Cível da

---

21 *Informativo* 477/STJ: 4.ª Turma, REsp 1.109.398/MS, rel. Min. Luis Felipe Salomão, j. 16.06.2011.

22 Theodoro Jr., *Curso*, n. 357-a, p. 406-407; Nogueira, *A improcedência*, p. 134.

23 Scarpinella Bueno, *A nova*, v. 2, p. 69-70; Wambier-Wambier-Medina, *Breves*, p. 67-68; Didier, *Curso*, p. 420.

Comarca de Vitória, sendo que nesse juízo outros correntistas já tiveram suas pretensões (a mesma condenação buscada por Peter) rejeitadas. Como o juiz já sabe que, mesmo citando o réu sua sentença será de improcedência, considerando-se que é esse seu entendimento, aplica o art. 285-A, CPC, e extingue o processo liminarmente rejeitando o pedido do autor (art. 269, I, CPC).

Também não é feliz a redação legal quando aponta para a total improcedência da sentença anterior, sendo plenamente possível que a improcedência tenha sido parcial, desde que referente à matéria que será objeto da demanda a ser extinta com julgamento de improcedência liminar[24]. Apesar de o dispositivo legal mencionar expressamente "sentença", parece possível a interpretação extensiva para permitir a aplicação do art. 285-A do CPC, nas ações de competência originária dos tribunais, bastando para tanto modificar o termo "sentença" por "acórdão".

Por fim, exige-se que no juízo já exista sentença de improcedência em casos idênticos – identidade da questão jurídica – sempre necessária a existência de ao menos duas sentenças proferidas em processo anteriores com a devida citação do réu[25]. Essas sentenças não precisam ter transitado em julgado, bastando para a aplicação do dispositivo sua prolação. Não interessa qual foi o juiz responsável pelos julgamentos anteriores, sendo o dispositivo suficientemente claro ao prever o juízo responsável por suas prolações[26]. Pouco importa também a posição dos tribunais a respeito da matéria, porque o dispositivo não leva em consideração esse dado, naquilo que a novidade procedimental tem de mais criticável.

O tema é tratado pelo art. 307 do PLNCPC, que amplia as hipóteses de cabimento do julgamento liminar de improcedência. Nota-se a adoção de entendimento doutrinário no sentido de que o julgamento liminar de improcedência não poderia ser realizado exclusivamente em razão de precedentes do próprio juízo, sendo mais seguro se vincular essa espécie de julgamento a posicionamentos pacificados pelos tribunais.

São três as novas hipóteses de cabimento: (i) pretensão que contrariar súmula do Supremo Tribunal Federal ou do Superior Tribunal de Justiça; (ii) pretensão que contrariar acórdão proferido pelo Supremo Tribunal Federal ou pelo Superior Tribunal de Justiça em julgamento de recursos repetitivos; e (iii) pretensão que contrariar entendimento firmado em incidente de resolução de demandas repetitivas ou de assunção de competência. No seu § 1.º o dispositivo inclui a prescrição e decadência, atualmente prevista no art. 295, IV, do CPC, limitando o indeferimento da petição inicial somente às sentenças terminativas.

---

24 Contra: Nery-Nery, *Código*, p. 555.

25 Costa Machado, *Código*, p. 647; Gumerato Ramos, *Reforma*, p. 381.

26 Gumerato Ramos, *Reforma*, p. 381-382; Dias, *A introdução*, p. 67.

10.4.3. Conduta do juiz

Espera-se que os juízes percebam os efeitos extremamente danosos que podem advir de uma má aplicação do dispositivo legal ora comentado. Devem ter atenção na análise da petição inicial para verificar se realmente não há nada de novo em termos de alegação jurídica que possa convencê-lo, ou ao menos abalar sua segurança anterior, no sentido de que o autor não tem o direito material que alega em sua petição inicial. É compreensível que o juiz possa perceber seus equívocos anteriores, ou ao mesmo ter abalado seu convencimento já formado de inexistência do direito material. Nesses casos, ainda que seja mínima a dúvida gerada no espírito do juiz, é recomendável a citação do réu e, se for o caso, o julgamento antecipado do mérito (art. 330 do CPC).

Sendo, por outro lado, hipótese de aplicação do art. 285-A do CPC, sem novidade nenhuma trazida pela petição inicial que se mostre capaz de abalar o convencimento do juiz já expressado em demandas anteriores, o juiz reproduzirá o teor de sentença anteriormente proferida, ou seja, a fundamentação da sentença será a **transcrição da fundamentação de uma sentença anterior**. Não basta ao juiz indicar os dados da demanda anterior como razões do decidir, sendo imprescindível a transcrição do teor da fundamentação da sentença anterior, nada impedindo que se some àqueles outros fundamentos novos, que não faziam parte da decisão paradigma[27]. Trata-se da oficialização do famoso "recorta e cola". Segundo o Superior Tribunal de Justiça, é dispensável a juntada de cópia das sentenças anteriores que foram utilizadas na fundamentação da sentença liminar[28].

Interposta a apelação pelo autor, admite-se no prazo de cinco dias – prazo impróprio – a retratação do juiz, com a anulação de sua própria sentença e a determinação de citação do réu para a regular continuidade procedimental (art. 285-A, § 1.º, do CPC). Esse juízo de retratação tem praticamente as mesmas características daquele previsto no art. 296 do CPC, sendo a única diferença entre eles o prazo, ainda que em ambos os casos seja impróprio, não ocorrendo preclusão temporal em nenhuma das duas situações.

Ainda que a lei seja omissa nesse sentido, uma vez transitada em julgado a sentença liminar de improcedência, será aplicável por analogia o art. 219, § 6.º, do CPC. Dessa forma, caberá ao juiz de primeiro grau a intimação do réu após o trânsito em julgado da sentença proferida nos termos do art. 285-A do CPC.

> No art. 307, § 2.º, do PLNCPC há previsão expressa de que cabe a intimação do réu em qualquer hipótese de sentença de mérito transitada em julgado antes de sua citação, regra repetida pelo art. 210.

[27] Nery-Nery, *Código*, p. 558.

[28] *Informativo* 481/STJ: 3.ª Turma, REsp 1.086.991/MG, rel. Min. Sidnei Beneti, j. 16.08.2011.

10.4.4. Julgamento parcial de improcedência liminar?

Questão interessante diz respeito à identidade parcial de questões jurídicas entre as demandas já sentenciadas com a total improcedência do pedido e uma demanda atual. A pergunta é: sendo mais ampla a demanda atual, é possível aplicar o art. 285-A do CPC, para o julgamento de improcedência liminar parcial, atingindo somente a parcela da demanda que tenha relação de identidade de questões jurídicas com sentenças de integral improcedência já proferidas no juízo?

A resposta a esse questionamento passa necessariamente pela razão de ser da norma. O julgamento de improcedência liminar tem como objetivo decidir o mérito de uma demanda antes mesmo da citação do réu. Trata-se de medida salutar em termos de celeridade processual e economia processual, sagrando-se o réu vitorioso, e de forma definitiva, sem nem mesmo ter sido incomodado com a sua citação e por consequência sem nem ter precisado participar do processo. A justificativa, portanto, é de extinguir um processo com resolução de mérito sem a necessidade de integração do réu à relação jurídica processual.

Como se nota com facilidade, na hipótese de julgamento liminar de improcedência parcial, a justificativa da existência do art. 285-A do CPC desaparece, considerando-se que nesse caso, restando parcela da demanda não decidida, o réu necessariamente será integrado à relação jurídica processual, tendo o ônus de se defender. Será impossível nesse caso a extinção do processo com resolução do mérito antes da citação do réu, de forma que, sendo indispensável aguardar a citação e provável defesa do réu, nenhum sentido terá o julgamento parcial de improcedência liminar, devendo o juiz se abster de aplicar o art. 285-A do CPC[29].

10.4.5. Julgamento da apelação pelo tribunal

Não havendo a retratação da sentença permitida pelo art. 285-A, § 1.º, do CPC, a apelação recebida pelo juízo de primeiro grau deverá ser encaminhada ao tribunal de segundo grau competente para seu julgamento. Antes disso, entretanto, e nesse aspecto há diferença substancial entre o instituto ora analisado e o indeferimento da petição inicial (arts. 295 e 296 do CPC), o art. 285-A, § 2.º, do CPC exige a **citação do réu para responder ao recurso**. Na realidade, a citação servirá para o réu ser integrado à relação jurídica processual e tomar conhecimento da existência da demanda, fazendo-se acompanhar por uma intimação que convocará o réu a, querendo, apresentar resposta ao recurso.

Autorizada doutrina vem entendendo que essa resposta do réu terá conteúdo de uma verdadeira contestação, devendo o réu alegar em sua defesa todas as matérias que alegaria se tivesse sido regularmente citado[30]. Essa realmente é a postura recomendável ao réu, em especial na hipótese de reforma da sentença pelo

---

29 Bondioli, *O novo*, p. 199. Contra: Nery-Nery, *Código*, p. 558.

30 Nery-Nery, *Código*, p. 556, Didier, *Curso*, p. 422.

Tribunal. O teor da resposta será de contestação, mas será possível entender que sua natureza jurídica não é de contrarrazões, mas sim de contestação? A pergunta pode parecer mera divagação jurídica, mas, ao menos na hipótese de a Fazenda Pública figurar como ré no processo, é importante respondê-la.

O art. 188 do CPC prevê o prazo em quádruplo para a Fazenda Pública e o Ministério Público contestarem e em dobro para recorrerem, sendo pacífico o entendimento de que o prazo para a apresentação de contrarrazões de recurso é simples. Pois bem, acreditando-se que a resposta da Fazenda Pública ao recurso interposto pela parte contrária seja efetivamente uma contestação, é natural entender que o prazo será de 60 dias para a Fazenda Pública. Essa tese pode ser corroborada com a alegação de que, tratando-se do primeiro momento de manifestação da Fazenda Pública, mais do que natural a contagem diferenciada de prazo. Até mesmo a redação do art. 285-A, § 2.º, do CPC corroboraria essa tese, ao indicar "resposta" e não "contrarrazões".

Apesar da inegável coerência do raciocínio descrito acima, não concordo com a premissa de que a resposta da Fazenda Pública nos termos do art. 285-A, § 2.º, do CPC tenha natureza jurídica de contestação. Concordo que as matérias típicas de contestação devam ser arguidas, mas tal aspecto não retira da resposta a natureza jurídica de contrarrazões, sendo o prazo para Fazenda Pública de 15 dias. A resposta à apelação não é espécie de resposta do réu, é resposta do apelado, que circunstancialmente é nesse caso o réu. O fato excepcional de ser a primeira oportunidade de defesa do réu no processo não é o suficiente para transformar essa realidade. Afinal, se realmente tratar-se de contestação, uma vez anulada a sentença pelo tribunal, não será aberta nova oportunidade de contestação ao réu, em aplicação da preclusão consumativa, não parecendo ser esse o entendimento mais correto.

Questão interessante que vem ocupando a melhor doutrina é saber quais os possíveis resultados do julgamento da apelação pelo tribunal. Claro que alguns resultados possíveis não suscitam grandes indagações. Não conhecido o recurso ou mesmo negando-se provimento a ele, o tribunal em seu julgamento mantém o entendimento da sentença recorrida, com a permanência do réu como vitorioso na demanda. É o julgamento que dá provimento ao recurso que mais interessa, visualizando a melhor doutrina a possibilidade de anulação e reforma.

O provimento do recurso para **anular a sentença** impugnada terá lugar sempre que o tribunal entender pela inaplicabilidade do art. 285-A do CPC. O juiz pode não ter considerado fato alegado pelo autor, não lhe concedendo oportunidade de produzir prova; o processo pode tratar de fatos diferentes das outras demandas já julgadas; a questão jurídica entre as sentenças anteriores e a sentença impugnada pode não ser a mesma. Qualquer que seja a razão da inadequação de aplicação do art. 285-A do CPC será incabível o julgamento de improcedência liminar, cabendo ao tribunal anular a sentença e remeter o processo de volta ao primeiro grau, quando o réu será intimado para responder a petição inicial e a demanda prosseguirá normalmente.

Nesse tocante, tenho um entendimento isolado a respeito da inaplicabilidade do art. 285-A do CPC, e a anulação da sentença proferida em razão de sua aplicação[31]. Entendo que, estando o processo maduro para julgamento, ou seja, não havendo controvérsia fática e estando a solução da demanda pendente exclusivamente da aplicação do direito ao caso concreto, mesmo que o tribunal perceba a inadequação do momento do julgamento – liminar –, deverá enfrentar o mérito da demanda, podendo manter ou reformar a sentença de primeiro grau. Aplica-se por analogia o art. 515, § 3.º, do CPC, permitindo-se que o tribunal anule a sentença de improcedência liminar e passe imediatamente ao julgamento de mérito da ação.

Além da possível anulação, a melhor doutrina defende a possibilidade de o tribunal **reformar a sentença** recorrida, julgando procedente o pedido feito pelo autor na demanda[32]. Não haverá nenhuma ofensa ao *contraditório* nesse caso, porque o réu terá sido devidamente citado e intimado para responder o recurso de apelação. Por outro lado, não teria nenhum sentido remeter o processo ao primeiro grau para seguimento normal do procedimento se o tribunal entender que não há mais nada a fazer além de aplicar o direito ao caso concreto. Note-se que nem é caso de aplicação por analogia do art. 515, § 3.º, do CPC, porque nesse caso o mérito da demanda já foi julgado em primeiro grau, sendo a atividade do tribunal nesse tocante meramente revisora. É natural, entretanto, que esse julgamento de reforma da sentença só seja viável quando o processo estiver maduro para o seu julgamento, porque não estando será hipótese de anulação da decisão impugnada.

10.5. CITAÇÃO

10.5.1. Conceito

Segundo previsão do art. 213 do CPC, a citação é o ato pelo qual se chama o réu ou o interessado a fim de se defender, havendo doutrina que defende o conceito legal[33]. A equivocada ideia de que a citação seja o ato que chama o demandado a praticar determinado ato é repetida em outros artigos legais, tais como o art. 621 do CPC (execução de entregar coisa), art. 632 do CPC (execução de fazer/não fazer) e art. 802 do CPC (processo cautelar). Ainda que as condutas do demandado possam variar, é interessante notar que em qualquer espécie de processo (conhecimento, execução, cautelar), segundo a lei, a citação é o ato que chama o demandado a praticar um determinado ato.

Ocorre, entretanto, que esse conceito legal de *citação* conflita de maneira clara com o conceito, também legal, de *intimação*. Segundo o art. 234 do CPC,

---

[31] Neves, *Recurso*, n. 54.

[32] Nery-Nery, *Código*, p. 556, Scarpinella Bueno, *A nova*, p. 81; Didier, *Curso*, p. 422; Bondioli, *O novo*, p. 205-206. Contra: Theodoro Jr., *Curso*, n. 357-b, p. 353; Nogueira, *A improcedência*, p. 141.

[33] Nery-Nery, *Código*, p. 464.

intimação é o ato pelo qual se dá ciência a alguém dos atos e termos do processo, para que faça ou deixe de fazer alguma coisa. Como se pode notar, o ato que chama o demandado a se defender é intimação, dando-lhe ciência da existência da demanda e lhe concedendo a possibilidade de manifestação dentro do prazo legal. A citação, na realidade, não tem o condão de chamar o demandado a se defender, mas meramente de **integrá-lo à relação jurídica processual**[34].

O demandado, portanto, é integrado ao processo por meio da citação, sendo também intimado para que, querendo, apresente sua defesa (conhecimento e cautelar) ou tome outras medidas previstas em lei (execução). Em regra, a citação e a intimação são feitas concomitantemente, o que aumenta a falsa impressão de serem nesse momento inicial do procedimento o mesmo fenômeno processual. Na realidade, é justamente nas excepcionais situações em que a citação e a intimação do demandado para se defender ocorrem em momentos distintos que se nota com maior clareza a distinção entre essas duas diferentes formas de comunicação de atos judiciais.

Tome-se como exemplo o julgamento liminar de improcedência do pedido, previsto no art. 285-A do CPC. Havendo apelação do autor e não ocorrendo a retratação pelo juízo sentenciante, segundo o art. 285-A, § 2.º, do CPC, o réu será citado para responder ao recurso (na realidade será citado para se integrar ao processo e intimado para responder ao recurso). Sendo provida a apelação e anulada a sentença, o processo retornará ao primeiro grau para prosseguimento regular do feito, ou seja, será o réu intimado para apresentar sua defesa. Naturalmente não terá mais nenhum sentido a citação do réu, considerando-se que o réu já estará integrado ao processo, cabendo tão somente sua intimação.

Apesar de tradicionalmente entender imprescindível a citação do demandado, no Capítulo 2, item 2.3.3.3.2.3, foram analisadas algumas situações nas quais a citação não se mostra útil nem necessária. São evidentemente situações excepcionais, e como tais devem ser tratadas. Ocorre, entretanto, que, mesmo quando a citação mostra-se aparentemente imprescindível, é possível atingir seu objetivo sem que esse ato venha a ser praticado no processo. Trata-se da chamada *intervenção voluntária do demandado*, que mesmo sem ter sido regularmente citado se integra voluntariamente à relação jurídica processual, bastando para tanto a juntada aos autos de procuração[35]. Não parece correto o entendimento de que nesse caso o réu se deu por citado[36]; na realidade, não houve citação, mas sim a integração voluntária do demandado ao processo[37].

Aduz o art. 214, § 2.º, do CPC que, comparecendo o réu apenas para arguir a nulidade da citação, a citação considerar-se-á feita quando seu advogado for

[34] Greco Filho, *Direito*, n. 8.1, p. 30.

[35] Fux, *Curso*, p. 340; STJ, 4.ª Turma, REsp 173.299/SP, rel. Min. Aldir Passarinho Jr., j. 29.06.2000. Existe decisão mais recente que exige que nesse caso o advogado tenha poderes para receber a citação: AgRg no Ag 439.714/SP, 3.ª Turma, rel. Nancy Andrighi, j. 05.09.2002.

[36] Nery-Nery, *Código*, p. 464-465; Costa Machado, *Código*, p. 515.

[37] Greco Filho, *Direito*, n. 8.1, p. 30; Marinoni-Mitidiero, *Código*, p. 219.

intimado da decisão decretando a nulidade do ato citatório. Mais uma vez nota-se a indevida confusão entre citação e intimação, até mesmo porque nesse caso nem mesmo citação existirá em razão da integração voluntária do demandado ao processo. O que pretendeu o dispositivo legal prever é que, sendo considerada nula a citação, o prazo para a resposta do réu tem seu início a partir da intimação da decisão que decretou a nulidade, e não da data do ingresso voluntário no processo.

O art. 207, *caput*, do PLNCPC prevê que a citação é o ato pelo qual se convoca o demandado para integrar a relação jurídica processual. Apesar de não estar integralmente correto, já que a citação não convoca o réu a coisa alguma, integrando-o automaticamente à relação jurídica processual, o conceito é melhor que o atual.

10.5.2. Efeitos da citação

A doutrina tradicionalmente aponta que o principal efeito da citação válida é **completar a estrutura tríplice da relação jurídica processual**, considerando que somente com a prática do ato citatório estará definitivamente formada a relação *autor-juiz-réu*. Além deste, o art. 219, *caput*, do CPC prevê cinco outros efeitos, sendo dois deles efeitos processuais (induzir a litispendência e tornar o juízo prevento) e três materiais (tornar a coisa litigiosa, constituir o devedor em mora e interromper a prescrição). Mas tal dispositivo legal não exaure os efeitos da citação, em especial no âmbito processual, ressaltando-se o efeito da estabilização da demanda.

Registre-se que, conforme previsão literal do art. 219, *caput*, do CPC, os efeitos processuais somente serão gerados quando a citação for realizada por juízo competente, o mesmo não ocorrendo quanto aos efeitos materiais. Parece que a incompetência – absoluta ou relativa – é o único vício formal admitido na citação que não obsta a geração de efeitos, ainda que limitados ao âmbito material.

10.5.2.1. Efeitos processuais

10.5.2.1.1. Indução à litispendência

O termo "litispendência" é equívoco, podendo significar pendência da causa (que começa a existir quando de sua propositura e se encerra com a sua extinção) ou pressuposto processual negativo verificado na concomitância de ações idênticas. Existe corrente doutrinária que entende ter o art. 219, *caput*, do CPC utilizado o termo valendo-se de seu primeiro significado, o que enseja uma importante observação: para o autor a demanda já se encontra pendente desde o momento de sua propositura, sendo a citação válida ato que induz a litispendência somente para o réu[38]. Para outra parcela da doutrina, o dispositivo legal valeu-se do termo em seu segundo significado[39].

Registre-se que, aparentemente, o Superior Tribunal de Justiça compartilha do entendimento dessa segunda corrente doutrinária, tendo posicionamento pacífico de que o efeito gerado pela citação determina a litispendência no sentido de ações idênticas, afirmando que a primeira citação é o determinante para se descobrir qual das ações idênticas deve ser extinta[40]. Dessa forma, havendo duas ações idênticas em trâmite, mas em nenhuma delas tendo ocorrido a citação, aguarda-se o primeiro ato citatório, ainda que realizado em processo mais recente, extinguindo-se sem resolução do mérito o(s) outro(s) processo(s).

Apesar do entendimento jurisprudencial tranquilo, há parcela da doutrina que faz interessante distinção: caso o réu não tenha conhecimento da existência do processo movido contra ele, justamente por não ter sido citado, e ingresse com outro processo idêntico (a alteração dos polos é irrelevante), será mantido o processo em que ocorrer a primeira citação válida. Por outro lado, sendo o novo processo repetição integral do primeiro, não seria possível considerar que o autor não sabia da existência do primeiro, que nesse caso, independentemente da primeira citação válida, deve ser mantido[41].

10.5.2.1.2. Prevenção do juízo

Conforme já analisado no Capítulo 4, item 4.8, a prevenção do juízo é tratada em dois artigos diferentes do Código de Processo Civil, tomando-se como critério diferenciador a prevenção entre processos conexos de mesma competência territorial e de competência territorial diferente (mesma comarca/seção judiciária ou comarcas/seções judiciárias diferentes). O art. 106 do CPC prevê que nos casos de identidade de competência territorial será prevento o juiz que primeiro despachar no processo ("cite-se"), enquanto o art. 219, *caput*, do CPC aduz que na hipótese de conexão entre ações em trâmite em diferentes foros estará prevento o juízo que realizar a primeira citação válida[42].

Exatamente por não existir qualquer razão aparente para o tratamento diverso no tocante à prevenção de juízos do mesmo e de diferentes foros, parcela minoritária da doutrina não aceita a contradição criada pelos dois artigos de lei já mencionados. Para essa corrente doutrinária, a primeira citação válida será sempre

---

38 Marinoni-Mitidiero, *Código*, p. 223; Didier, *Curso*, p. 428; Dall'Agnol, *Comentários*, p. 506-507.

39 Barbosa Moreira, *O novo*, p. 33; Greco Filho, *Direito*, n. 8.1, p. 36; Theodoro Jr., *Curso*, n. 264, p. 304.

40 REsp 778.976/PB, 4.ª Turma, rel. Min. João Otávio de Noronha, j. 08.04.2008; EDcl no AgRg na MC 5.281/GO, 1.ª Turma, rel. Min. Luiz Fux, j. 20.05.2003.

41 Dinamarco, *Instituições* II, n. 410, p. 66-67.

42 Por todos, Barbosa Moreira, *O novo*, p. 33.

o ato a determinar a prevenção do juízo, só importando o primeiro despacho determinando a citação quando a citação ocorrer no mesmo dia[43].

Interessante questão prática surge quando existem processos conexos num mesmo foro e outros em foros distintos, porque nesse caso será necessária a aplicação das duas regras de prevenção. Entendo que num primeiro momento deve se determinar, dentro do foro, qual o juízo prevento, e posteriormente, comparar esse juízo prevento com os pertencentes aos demais foros. Num primeiro momento, portanto, aplicar-se-á a regra do art. 106 do CPC para, posteriormente, aplicar-se a regra do art. 219, *caput* do CPC.

Existem quatro processos conexos entre as empresas Beta e Dupla: dois na Comarca de Sorocaba: (a) processo A, com determinação de citação em 2 de agosto e citação realizada em 22 de agosto, em trâmite na 1.ª Vara Cível e (b) processo B, com determinação de citação em 7 de agosto e citação em 15 de agosto, em trâmite perante a 2.ª Vara Cível; um na Comarca de São Paulo: (c) processo C, com determinação de citação em 07 de agosto e citação ocorrida em 12 de agosto, em tramite perante a 25.ª Vara Cível; um na Comarca de Santos: (d) processo D, com determinação de citação em 12 de agosto e citação ocorrida em 30 de agosto, em trâmite perante a 8.ª Vara Cível. Nesse caso, primeiro se determina a competência de juízo na Comarca de Sorocaba valendo-se da regra do art. 106 do CPC: o juízo prevento é a 1.ª Vara Cível, na qual passarão a tramitar os processos A e B. Determinada a competência do juízo, se determinará a competência do foro, passando a ser relevante a primeira citação válida (art. 219, *caput*, do CPC), de forma que os quatro processos passaram a tramitar perante a 25.ª Vara Cível da Comarca de São Paulo.

Como o PLNCPC unifica a regra de prevenção do juízo no art. 59, apontando como prevento o juízo do primeiro despacho que ordenar a citação, o art. 209, *caput*, que trata dos efeitos da citação, acertadamente retira a prevenção dos efeitos da citação.

10.5.2.1.3 Estabilização da demanda

Apesar de não constar do art. 219, *caput*, do CPC, é possível se estudar o fenômeno da estabilização da demanda como um dos efeitos processuais da citação.

É lição pacificada na doutrina a possibilidade de alteração das partes, da causa de pedir e do pedido antes da citação do réu. Entende-se que não tendo ainda sido formada a relação jurídica processual tríplice, haveria liberdade absoluta para o autor modificar tanto os elementos subjetivos (partes) como objetivos (causa de pedir e pedido) da demanda. Ressalte-se tão somente que,

[43] Moniz de Aragão, *Comentários*, n. 232, p. 198.

conforme analisado no Capítulo 5, item 5.3.2, o Superior Tribunal de Justiça entende que após a propositura da demanda não seria admitida a formação de litisconsórcio ulterior, o que pode ser considerado como uma exceção à liberdade do autor em alterar os elementos subjetivos da demanda antes da citação do réu.

Segundo o art. 264, *caput* do CPC, após a citação serão mantidas as mesmas partes, salvo no caso das substituições permitidas em lei. Para a melhor doutrina, antes da citação o autor poderá livremente pedir a substituição do réu (na realidade sucessão, considerando-se que o sujeito que ocupava o polo passivo da demanda será substituído por outro)[44], mas após sua citação estará vinculado aos casos expressos em lei, conforme, inclusive, previsto no art. 41 do CPC.

A regra, portanto, é de estabilização subjetiva da demanda com a citação, excepcionada somente quando a lei assim expressamente permitir, tal como ocorre em: (a) ingresso no polo passivo do adquirente ou cessionário do bem litigioso, desde que com concordância do autor (art. 42, § 1.º do CPC); (b) formação de litisconsórcio necessário (art. 47 do CPC); (c) ingresso do nomeado à autoria nos termos dos arts. 65 a 68 do CPC; (d) ingresso do espólio, herdeiros ou sucessores no lugar do *de cujus*, desde que não se trate de direito personalíssimo (art. 267, IX, do CPC); na hipótese de incorporação, fusão ou cisão de sociedade mercantil que participe do processo como autora ou ré[45].

No tocante aos elementos objetivos da demanda (pedido e causa de pedir), a citação não gera a estabilização definitiva da demanda, considerando-se que, pela regra prevista no art. 264, *caput* do CPC, o pedido e a causa de pedir poderão ser alterados pelo autor até o saneamento do processo, desde que com isso concorde o réu, sendo que para considerável parcela doutrinária essa concordância pode até mesmo ser tácita[46]. Dessa forma, seriam três os momentos a serem considerados no tocante à estabilidade objetiva da demanda: (a) antes da citação não há qualquer estabilização, podendo o autor modificar livremente seu pedido e sua causa de pedir; (b) da citação ao saneamento do processo, haverá uma estabilidade condicionada, podendo o autor modificar o pedido e a causa de pedir desde que conte com a anuência do réu; (c) após o saneamento do processo ocorre a estabilização objetiva definitiva, sendo proibidas em qualquer hipótese as alterações objetivas da demanda.

A questão da estabilização objetiva da demanda, entretanto, parece não se exaurir na previsão contida no art. 264, *caput* do CPC, considerando-se que o art. 294 do CPC prevê que antes da citação o autor poderá aditar o pedido, dando-se a entender que após esse ato não mais poderia fazê-lo. A parcela doutrinária majoritária entende que o art. 294 deve ser interpretado à luz do art. 264, *caput* do CPC, de forma que o aditamento do pedido também

[44] Bedaque, *Comentários*, p. 142.

[45] Dinamarco, *Instituições* II, n. 415, p. 72-73.

[46] Theodoro Jr., *Curso* I, n. 301, p. 299.

seria permitido após a citação, dependendo da anuência do réu[47]. A corrente doutrinária minoritária propõe a distinção entre *mutatio libeli* e *emendatio libeli*, entendendo que a modificação do pedido já presente no processo após a citação depende apenas de anuência do réu, enquanto que para o autor fazer um pedido novo, que viria a se somar com aquele já feito, a citação é o momento derradeiro[48].

Um dos dispositivos mais polêmicos do PLNCPC originário era o art. 314, que admitia a alteração do pedido e da causa de pedir até a prolação da sentença, desde que o autor demonstrasse que a alteração ou aditamento decorria de ato de boa-fé e não importaria prejuízo ao réu. Ainda segundo o dispositivo legal, em respeito ao contraditório, o réu poderia se manifestar num prazo de 15 dias e produzir provas suplementares. O grande debate que se desenvolve a respeito dessa maior flexibilização objetiva da demanda diz respeito aos riscos envolvidos na opção do legislador.

Parcela considerável da doutrina entende que previsão como a do art. 314 do PLNCPC originário abriria uma porta para o processo eterno, que nunca acaba, sendo sempre modificado em seu pedido ou causa de pedir pelo autor, com a consequente resposta do réu. O temor é de que o processo, que já demora demasiadamente para se encerrar, possa ter seu andamento ainda mais dilatado.

Por outro lado, os defensores do art. 314 do PLNCPC originário afirmam que essa flexibilidade objetiva tem como fundamento o princípio da economia processual sob a ótica macroscópica, voltada para evitar a existência de vários processos quando os objetivos perseguidos por eles possam ser atingidos em apenas um. Nesse caso, a ampliação objetiva evitaria a propositura de nova ação, e, nesses termos, ainda que gere uma dilação temporal para o processo já em curso, será positivo para o sistema como um todo.

Por hora, a primeira corrente doutrinária prevalece, já que o art. 304 do Substitutivo do Senado Federal prevê regra de estabilização da demanda igual à consagrada no art. 264 do atual CPC.

10.5.2.2. *Efeitos materiais*

10.5.2.2.1. Tornar a coisa litigiosa

Com a citação válida, a coisa ou direito sobre o qual se litiga torna-se litigioso. Interessante observar que, para parcela da doutrina, a citação torna a coisa

[47] Scarpinella Bueno, *Código*, p. 915; Nery-Nery, *Curso*, p. 560; Marinoni-Mitidiero, *Código*, p. 303; Costa Machado, *Código*, p. 660.

[48] Dinamarco, *Instituições* II, n. 417, p. 77.

litigiosa somente para o demandado, considerando-se que para o demandante a coisa já é litigiosa desde a propositura da demanda[49].

Tornar litigioso significa dizer que a coisa ou direito estarão vinculados ao resultado do processo, de forma que ao vencedor será entregue a coisa ou direito independentemente de quem o mantenha em seu patrimônio no momento da execução[50]. Dessa forma, é correta a lição doutrinária que aponta para a ineficácia da alienação da coisa litigiosa perante o vencedor da demanda[51], o que inclusive enseja ato de *fraude à execução*, nos termos dos arts. 592, V, e 593, I, do CPC.

Não sendo vedada a alienação do bem litigioso, considerando-se que o direito de dispor da coisa não deixa de existir com a citação, o art. 42 do CPC trata do procedimento a ser estabelecido sempre que o réu aliene o bem após sua citação. Nesse caso, será intimado o autor para se manifestar sobre a possibilidade de alteração no polo passivo, com a retirada do réu originário da relação jurídica processual e o ingresso em seu lugar do terceiro adquirente. Caso concorde com a alteração, ocorrerá o fenômeno da *sucessão de partes*, assumindo o novo titular da coisa ou direito o polo passivo. Caso não concorde com a alteração, manter-se-á o réu originário no polo passivo, que passará a atuar em *substituição processual*, defendendo em nome próprio o interesse do terceiro adquirente, que poderá nesse caso intervir no processo com assistente litisconsorcial[52].

Além da fraude à execução verificada na alienação ou oneração do bem litigioso, a doutrina lembra que a citação, ao tornar o bem litigioso, obriga as partes a eventuais restrições impostas pelo juiz e a absterem-se de alterar a realidade fática relevante para o julgamento, atitude que poderá constituir em atentado (arts. 879 a 881 do CPC)[53].

10.5.2.2.2. Interrupção da prescrição

O art. 202, I, do CC, ao afirmar que a prescrição se interrompe pelo "despacho" do juiz que ordenar a citação, entra em contradição com o disposto no art. 219, *caput*, do CPC, que aponta como ato processual apto a interromper a prescrição a citação válida.

Note-se, entretanto, que a contradição é apenas parcial, porque exige o art. 202, I, do CC, para que o despacho inicial interrompa a prescrição, que a citação se dê no prazo e na forma da lei processual, o que significa dizer que, tendo ocorrido fora do prazo estabelecido pelo art. 219, §§ 2.º e 3.º, do CPC, aplica-se o art. 219, § 4.º, do CPC, sendo interrompida a prescrição somente no momento

---

49 Marinoni-Mitidiero, *Código*, p. 223; Didier, *Curso*, p. 429.

50 Greco Filho, *Direito*, n. 8.2, p. 37-38.

51 Theodoro Jr., *Curso*, n. 265, p. 305; Fux, *Curso*, p. 343; STJ, 4.ª Turma, RMS 17.713/AC, Rel. Min. João Otávio de Noronha, j. 23.09.2008.

52 Bedaque, *Código*, p. 144; Agrícola Barbi, *Comentários*, n. 274, p. 185.

53 Greco, Instituições, p. 310-311; Moniz de Aragão, Comentários, n. 235, p. 201.

em que efetivamente ocorrer a citação[54]. Por outro lado, tendo ocorrido dentro do prazo legal (dez dias prorrogáveis por mais 90 dias), aplicam-se tanto o art. 202, I, do CC, como o art. 219, § 1.º, do CPC, ou seja, o ato que interrompe a prescrição é o despacho do juiz que determinou a citação, mas essa interrupção retroagirá à data de propositura da ação[55].

Registre-se que, ocorrendo o vencimento do prazo legal para a realização da citação sem que se possa responsabilizar o autor por tal evento, será admitida a retroatividade da interrupção da prescrição ao momento da propositura da demanda[56].

Por fim, cumpre analisar a nova regulamentação da prescrição no tocante à determinação que sua interrupção somente possa ocorrer uma vez, o que, segundo a doutrina que tratou do tema, é novidade que deve ser aplaudida por evitar certos abusos relativos à interrupção do prazo prescricional. Cumpre registrar, entretanto, que dentre as diversas formas de interrupção da prescrição previstas pelo art. 202 do CC, a citação – com efeitos retroativos à propositura da ação, como visto – não poderá ser interpretada à luz da disposição que determina que a prescrição somente se interrompa uma vez, porque sendo extinto o primeiro processo sem o julgamento do mérito em que tenha ocorrido a citação do réu, será natural que numa segunda demanda a citação volte a interromper a prescrição. Na verdade, ainda que qualquer um dos demais atos de interrupção da prescrição já tenha ocorrido, a citação em demanda judicial terá sempre o condão de interrompê-la novamente[57].

10.5.2.2.3. Constituição em mora do devedor

Os arts. 219, *caput*, do CPC e 405 do CC contêm a mesma regra: a citação constitui o devedor em mora. Ocorre, entretanto, que essa regra encontra uma série de exceções no Código Civil, diploma que apropriadamente trata do tema. Dessa forma, o devedor será constituído de pleno direito em mora na data do vencimento de obrigação positiva e líquida (art. 397, *caput*, do CC). Na hipótese de obrigação sem termo certo, além da citação, também a interpelação judicial ou extrajudicial será apta a constituir o devedor em mora (art. 397, parágrafo único, do CC). Nas obrigações provenientes de ato ilícito, considera-se em mora o devedor desde o momento em que praticou o ato. Registre-se posicionamento

[54] Theodoro Jr., *O NCC*, p. 127.

[55] STJ, REsp 819.837/RJ, 1.ª Turma, rel. Min. Luiz Fux, j. 18.10.2007, *DJ* 12.11.2007, p. 164; Chaves, *Direito*, p. 552; Didier, *Regras*, p. 12; Gonçalves, *Novo*, p. 356-358.

[56] Súmula 106 do STJ: "Proposta a ação no prazo fixado para o seu exercício, a demora na citação, por motivos inerentes ao mecanismo da Justiça, não justifica o acolhimento da arguição de prescrição ou decadência".

[57] Greco, *Instituições*, p. 312; Rios Gonçalves, *Novo curso*, p. 356.

pacificado do Superior Tribunal de Justiça de que, tratando-se de ato ilícito contratual, somente com a citação é constituído o devedor em mora[58].

10.5.3. Modalidades de citação

10.5.3.1. *Correio*

Atualmente, a citação por correio constitui a regra do nosso sistema. Considerada a forma mais *rápida*, *fácil* e *econômica*, tem preferência sobre as demais modalidades de citação, excepcionando-se as hipóteses previstas pelo art. 222 do CPC, nas quais a citação será realizada obrigatoriamente por oficial de justiça e as hipóteses previstas pelo art. 231 do CPC, nas quais a citação será realizada por edital. A citação por meio eletrônico, com suas naturais restrições, tende a ser mais frequente com o cadastro dos litigantes contumazes perante o Poder Judiciário, mas atualmente a citação pelo correio continua a ser a regra do sistema.

Segundo a previsão do art. 222, *caput*, do CPC, a citação por correio pode ser realizada em qualquer comarca do território nacional (na realidade qualquer foro, porque a regra também é aplicável à Justiça Federal). Conforme analisado no Capítulo 1, item 1.5.2, trata-se de exceção ao princípio da aderência ao território, validando-se ato praticado por juízo além do território de sua competência[59]. A dispensa da expedição de carta precatória nesse caso demonstra de maneira bastante clara a superioridade da citação pelo correio em termos de agilidade e economia processual.

A citação é relativamente simples, sendo seu procedimento previsto pelo art. 223 do CPC. O citado receberá cópia da petição inicial (contrafé) e do despacho inicial do juiz, devendo dele constar a advertência prevista pelo art. 285 do CPC, o prazo de resposta e o juízo e cartório, com respectivo endereço. Apesar de toda facilidade, existe um sério problema para a efetivação da citação por correio: o ato só será praticado com a **colaboração do demandado**, porque é imprescindível sua assinatura no campo "recebido por" do aviso de recebimento da correspondência, o que naturalmente exigirá a concordância do réu na prática de tal ato. Nesse sentido, o entendimento sumulado pelo Superior Tribunal de Justiça[60]. Não tendo o carteiro fé pública, é inviável qualquer consideração a respeito das razões da ausência de assinatura, bastando a resistência do réu para que a citação pelo correio se frustre. Como se nota, só existe citação por correio

58 Súmula 54 do STJ: "Os juros moratórios fluem a partir do evento danoso, em caso de responsabilidade extracontratual".

59 Dinamarco, *Instituições*, n. 1.035, p. 415.

60 Súmula 429/STJ: "A citação postal, quando autorizada por lei, exige o aviso de recebimento".

na forma de **citação real**, ou seja, a citação em que se tem certeza plena de que o réu tem conhecimento da existência da demanda[61].

O rigorismo do sistema é abrandado na citação das *pessoas jurídicas*, aplicando o Superior Tribunal de Justiça a **teoria da aparência**, de forma que não somente o representante legal ou pessoa com poderes de gerência geral ou administração (art. 223, parágrafo único, do CPC) poderá assinar o recibo, mas qualquer pessoa que aparentemente tenha poderes para representar a pessoa jurídica[62].

Quando o demandado é *pessoa física*, entretanto, a **assinatura do próprio réu** é imprescindível, não sendo válida a citação realizada com a assinatura de familiar, vizinho, amigo ou qualquer outra pessoa que não seja o réu. O Superior Tribunal de Justiça, entretanto, já entendeu válida a citação recebida por outra pessoa desde que o autor se desincumba do ônus de provar que o réu, mesmo sem ter sido citado, tem ciência inequívoca da existência da demanda[63].

10.5.3.2. *Oficial de justiça*

Nas hipóteses previstas pelo art. 222 do CPC (ações de estado, ser o réu pessoa incapaz, ser o réu pessoa jurídica de direito público, execução, réu domiciliado em local não servido pelo correio, requerimento do autor), a citação se realizará por oficial de justiça. Nesse caso será expedido pelo cartório um mandado de citação, que deve preencher os requisitos formais do art. 225 do CPC, sendo esse mandado entregue ao oficial de justiça para o devido cumprimento, que deverá procurar o réu e, encontrando-o, realizar sua citação. O Superior Tribunal de Justiça aplica o princípio da instrumentalidade das formas quanto aos requisitos formais do mandado de citação[64], mas já decidiu que a ausência do prazo de resposta gera a nulidade da citação[65].

Há no art. 216 do PLNCPC duas mudanças quanto à exigência de citação por oficial de justiça. É suprimido o processo de execução e incluída a exigência de que a opção do autor seja justificada. Tenho dificuldade de

[61] Theodoro Jr., *Curso*, n. 259, p. 301.

[62] AgRg no REsp 1.037.329/RJ, 2.ª Turma, rel. Min. Humberto Martins, j. 26.08.2008; AgRg no Ag 989.921/SP, 3.ª Turma, rel. Min. Massami Uyeda, j. 21.08.2008; Informativo STJ/338: EREsp 249.771/SC, Corte Especial, rel. Min. Fernando Gonçalves, j. 07.11.2007. A regra também se aplica na intimação: *Informativo* 387/STJ, 3.ª Turma, REsp 1.094.308-RJ, rel. Massami Uyeda, j. 19.03.2009.

[63] AgRg nos EDcl no AG 795.944/PB, 3.ª Turma, Rel. Min. Sidnei Beneti, j. 1.º.04.2008; REsp 712.609/SP, 5.ª Turma, rel. Min. Arnaldo Esteves, j. 15.03.2007. *Informativo* 315/STJ, 3.ª Turma, REsp 884.164/SP, rel. Castro Filho, j. 27.03.2007.

[64] STJ, 4.ª Turma, HC 106.840/MA, rel. Min. Jorge Mussi, j. 15.09.2009, *DJe* 13.10.2009; STJ, 3.a Turma, REsp 468.249/SP, rel. Min. Nancy Andrighi, j. 05.08.2003; *DJ* 01.09.2003, p. 281.

[65] STJ, 1.a Turma, REsp 807.871/PR, rel. Min. Francisco Falcão, j. 14.03.2006, *DJ* 27.03.2006, p. 238.

compreensão nos dois casos. Na execução, compreende-se que a citação possa ser realizada por correio quando a obrigação exequenda for de fazer, não fazer ou entregar coisa, como já defendido por parcela da doutrina. Na hipótese de obrigação de pagar, entretanto, parece ser indispensável a presença do oficial de justiça. Por outro lado, exigir uma justificativa do autor para que a citação seja realizada por oficial de justiça é criar indevido e subjetivo obstáculo ao exercício de vontade da parte. Caberá ao autor pedir a citação por oficial de justiça porque não confia no correio? Ou em algum carteiro em particular? Ou o réu que não é confiável? Como o juiz irá aferir a razoabilidade de tais alegações?

Sendo o réu devidamente localizado, o oficial de justiça deve ler o teor do mandado a ele, entregando-lhe a contrafé (cópia da petição inicial), sendo a partir de então considerada realizada a citação. Como o oficial de justiça tem fé pública, a **resistência do réu** em aceitar a contrafé ou mesmo portar por fé que recebeu a citação não impede a realização do ato; colaborando o réu, dará ciência da citação e receberá a contrafé; não colaborando, o oficial de justiça certifica a sua conduta, o que não impedirá que o juiz considere como realizada a citação. Nesse caso, naturalmente, a **citação será real**.

Mas nem sempre o réu é localizado e nesse caso a citação real não será possível. Há uma forma de **citação ficta** (presume-se que o réu tenha conhecimento da demanda) pelo oficial de justiça, chamada de *citação por hora certa*. No entanto, para sua realização não basta meramente não ser o réu localizado; para a citação ficta por hora certa dois requisitos previstos no art. 227 do CPC deverão ser preenchidos. O requisito objetivo é a ocorrência de **três diligências frustradas** para a localização do réu, que podem ser realizadas no mesmo dia ou em dias distintos, desde que em horários em que presumidamente seja possível localizá-lo[66]. O requisito subjetivo é a desconfiança de que o réu esteja se **ocultando maliciosamente**, sendo, portanto, de sua responsabilidade a frustração da citação. A análise do preenchimento desses requisitos fica a cargo do oficial de justiça no caso concreto, que, caso entenda pelo seu não preenchimento, devolverá ao cartório o mandado sem cumprimento, justificando-se por certidão.

Na terceira tentativa frustrada o oficial intimará qualquer pessoa da família, vizinho ou pessoa localizada no endereço constante do mandado (por exemplo, porteiros de prédios residências[67]), informando que no primeiro dia útil subsequente retornará ao endereço num horário já previamente agendado. Esse terceiro que foi intimado tornar-se-á momentaneamente um auxiliar eventual da justiça, tendo

[66] Dinamarco, *Instituições*, n. 1.039, p. 420-421. Contra, entendendo que as tentativas devem ser realizadas em dias diferentes: Marinoni-Mitidiero, *Código*, p. 229.

[67] STJ, 4.ª Turma, REsp. 647.201/SP, rel. Min. Cesar Asfor Rocha, j. 05.10.2004.

como tarefa comunicar o réu do retorno do oficial de justiça, na expectativa de que com horário marcado o réu o aguarde.

Retornando no dia e horário pré-agendados, caso o réu realmente esteja aguardando a "visita" do oficial de justiça, a citação que começou por hora certa se transformará em *citação real*; caso contrário, o oficial de justiça procurará informar-se das razões da ausência, e não as aceitando realizará a citação na pessoa do terceiro, que pode até mesmo ser pessoa diversa daquela que foi intimada na véspera[68]. Caberá ao oficial de justiça fazer uma certidão detalhando todos os atos que o levaram à citação por hora certa, devolvendo em cartório o mandado de citação cumprido, havendo decisão do Superior Tribunal de Justiça apontando a nulidade da citação quando o oficial de justiça não consigna os horários em que realizou a diligência[69].

Aduz o art. 229 do CPC que, realizada a citação por hora certa, caberá ao escrivão enviar ao réu uma carta, telegrama ou radiograma, dando-lhe de tudo ciência. Acredito que, além dessas formas tradicionais de comunicação, outras mais modernas, tais como fax e *e-mail*, também possam ser utilizadas. Note-se que se trata de mera correspondência, sem a necessidade de recebimento pelo réu. Trata-se na realidade de uma última tentativa de fazer com que o réu tome ciência da demanda na remota hipótese de até então não ter tido ciência de sua citação, o que só ocorrerá se a ocultação maliciosa tiver sido fruto de uma equivocada percepção do oficial de justiça. Apesar de não fazer parte do ato citatório, tanto que o prazo de defesa conta-se da juntada do mandado aos autos (art. 241, I, do CPC)[70], entende-se obrigatória essa informação, sendo sua omissão causa de nulidade absoluta[71]. Há interessante decisão do Superior Tribunal de Justiça que permitem a fixação do termo inicial do prazo de contestação na data de juntada da comprovação da comunicação considerando que nessa havia a equivocada indicação dessa data como sendo a do termo inicial[72].

Tratando-se de *citação ficta*, e não havendo apresentação de defesa do réu, a ele será designado um **curador especial**, que poderá apresentar contestação por negativa geral. Não existe revelia nesse caso, porque, mesmo vencido o prazo originário para a apresentação de defesa, outro será reaberto ao curador especial que, desempenhando um *munus* público, irá necessariamente apresentar defesa. Por isso minha resistência à prática comum nos julgamentos em chamar o réu citado fictamente que não apresenta sua defesa por advogado constituído

---

[68] Marinoni-Mitidiero, *Curso*, p. 230; Didier, *Curso*, p. 436; Costa Machado, *Código*, p. 536. Contra, Dinamarco, *Instituições*, n. 1.039, p. 422-423.

[69] STJ, 3.ª Turma, REsp 468.249/SP, rel. Min. Nancy Andrighi, j. 05.08.2003; *DJ* 01.09.2003, p. 281.

[70] Theodoro Jr., *Curso*, n. 258, p. 301; Luiz Fux, *Curso*, p. 349; Greco Filho, *Direito processual*, n. 8.1, p. 35; STJ, 3.ª Turma, REsp 180.917/SC, Rel. Min. Ari Pargendler, j. 06.02.2003.

[71] STJ, REsp 687.115/GO, 3.ª Turma, rel. Min. Nancy Andrighi, j. 28.06.2007, *DJ* 11/08/2007, p. 457. *Informativo* 385/STJ, 3.ª Turma, REsp 746.524/SC, rel. Nancy Andrighi, j. 03.03.2009.

[72] STJ, REsp 746.524/SC, 3.ª Turma, rel. Min. Nancy Andrighi, j. 03.03.2009, *DJe* 16.03.2009.

de réu revel. Ora, se o curador especial é obrigado a apresentar contestação em seu favor, como chama-lo de réu revel?

Entendo que, na hipótese de citação por hora certa, a contestação apresentada por advogado constituído deve ser recebida inclusive após o vencimento do prazo. Sendo indispensável a apresentação de defesa, naturalmente é melhor que seja aquela apresentada por advogado constituído pelo réu. Naturalmente que, se o réu citado fictamente ingressar no processo e for a ele aberto novo prazo de defesa, a apresentação de contestação intempestiva não impedirá a revelia[73].

O cabimento da curadoria especial é tratado pelo art. 72 do PLNCPC, havendo interessante novidade no parágrafo único, ao prever que a função de curador especial será exercida pela Defensoria Pública, salvo se não houver defensor público na comarca ou subseção judiciária, hipótese em que o juiz nomeará advogado para desempenhar aquela função.

10.5.3.3. *Edital*

As hipóteses de cabimento da citação por edital estão previstas no art. 231 do CPC. Trata-se de típica *citação ficta*, considerando-se que nessa modalidade de citação a presunção de que o réu efetivamente tenha conhecimento da existência da demanda é ainda mais tênue do que na citação por hora certa. Entende-se corretamente que a citação por edital deve ser excepcional, exigindo-se o esgotamento de todos os meios possíveis para a realização da citação por outra forma[74]. Ademais, é a modalidade mais *demorada*, *complexa* e *cara*, o que desaconselha a sua utilização, salvo quando realmente não houver outra forma de realizar a citação. Para evitar o abuso na utilização da citação por edital quando incabível, o art. 233 do CPC prevê uma multa no valor de cinco vezes o salário mínimo para o autor que dolosamente alega o preenchimento dos requisitos dessa modalidade de citação. Apesar de o dispositivo condicionar a aplicação da sanção ao mero requerimento do autor, não basta ao autor requerer, sendo preciso que o juiz, ludibriado, efetivamente realize a citação por edital.

O art. 231, I, do CPC aponta para a citação por edital quando o réu for desconhecido ou incerto. Quando não se sabe quem deve compor o polo passivo da demanda, o réu será desconhecido, como ocorre quando o autor não sabe quem sucedeu o *de cujus*. Quando não for possível a individualização de quem deve

---

[73] *Informativo* 469/STJ: 3.ª Turma, REsp 1.229.361/SP, rel. Min. Vasco Della Giustina (Desembargador convocado do TJ/RS), j. 12.04.2011.

[74] STJ, 1.ª Turma, REsp 837.050/SP, Rel. Min. Luiz Fux, j. 17.08.2006.

compor o polo passivo, ter-se-á réu incerto, como acontece nas ações possessórias derivadas de invasões de terra promovidas por grupos organizados e sem personalidade jurídica. Interessante notar que nesses casos excepcionais admite-se a omissão dos nomes e qualificações dos réus na petição inicial, exigências formais dessa petição (art. 282, II, do CPC)[75].

Também será feita a citação por edital quando, apesar de ser sujeito certo e determinado, o réu se encontrar em lugar incerto (não se sabe precisar o exato local em que o réu se encontre), ignorado (não se tem ideia de onde esteja o réu) e inacessível (art. 231, II, do CPC). Classicamente a doutrina aponta para duas espécies de inacessibilidade:

(a) *jurídica/política*: prevista no art. 231, § 1.º, do CPC, que trata da situação do réu localizado em país que não cumpre carta rogatória do Brasil, mecanismo processual existente para a realização de atos processuais em Estados estrangeiros;

(b) *física/geográfica*: o local em que o réu se encontra é fisicamente inacessível, como ocorre em situações de guerra, revolução, epidemia, tragédias naturais.

Doutrina minoritária aponta uma terceira espécie de inacessibilidade, de *natureza social*, sempre que o réu se encontre em territórios controlados pelo crime organizado nos quais o Estado brasileiro já não tem mais condições de atuar efetivamente[76]. Realizada a citação em razão da inacessibilidade, a notícia de sua citação será divulgada também por rádio, se na comarca houver emissora de radiodifusão (art. 231, § 2.º, do CPC), regra que naturalmente não se aplica à inacessibilidade jurídica/política.

Por fim, o art. 231, III, do CPC determina que a citação se realize por edital sempre que previsto em lei, como ocorre na ação de usucapião, demarcação e divisão de terras, anulação e substituição de títulos ao portador, entre outros procedimentos especiais. São os chamados *procedimentos editais*, nos quais se busca informar terceiros eventualmente interessados em participar do processo como demandados[77].

O edital deverá ser afixado na sede do juízo (art. 232, II, do CPC) e publicado por três vezes na imprensa, sendo uma vez na imprensa oficial e duas vezes em jornal local, onde houver (art. 232, III, do CPC). Sendo o autor beneficiário da assistência judiciária, as três publicações serão feitas pela imprensa oficial (art. 232, § 2.º, do CPC). O prazo máximo entre as três publicações é de 15 dias, de forma que entre a primeira e a terceira publicação não pode decorrer mais de 15 dias, sob pena de nulidade da citação (art. 232, III, do CPC). O *prazo de edital* é aquele previsto para que o réu tenha conhecimento da existência da demanda, de modo que o seu prazo de resposta só começa a ser contado após o vencimento

[75] Dinamarco, *Instituições*, n. 1.041, p. 425.
[76] Câmara, *Lições*, p. 256-257.
[77] Dinamarco, *Instituições*, n. 1.041, p. 425.

do prazo de edital, que será de 20 a 60 dias, a ser determinado no caso concreto pelo juiz (art. 232, IV, do CPC).

Há uma estranha curiosidade contida na previsão do art. 232, IV, do CPC. Segundo o dispositivo legal, o prazo de edital tem início na data da primeira publicação, quando a própria lei exige três publicações para a citação por edital se aperfeiçoar. É no mínimo curioso que, mesmo durante o desenvolvimento da citação por edital, já se considere iniciado o prazo de edital, mas, como há previsão expressa da lei nesse sentido, a regra deve ser cumprida.

Carlos foi citado por edital por estar em local desconhecido, sendo que a primeira publicação ocorreu no dia 2 de abril, a segunda no dia 5 de abril e a terceira no dia 6 de abril, sendo que o juiz fixou o prazo editalício de 20 dias. O termo inicial do prazo de edital é data da primeira publicação, dia 2 de abril, sendo que, excluído o primeiro dia, o prazo de 20 dias começa a correr no dia 3 e termina no dia 22 de abril, sendo que no dia 23 de abril começa o prazo de 15 dias para a apresentação de resposta de Carlos, que se encerrará no dia 7 de maio.

Há duas novidades no PLNCPC a respeito da citação por edital, com pequenas repercussões práticas. O art. 226, II, prevê que o edital será publicado no sítio eletrônico do tribunal respectivo, ao invés de no jornal oficial e no jornal local conforme exige atualmente o art. 232, III, do CPC.

10.5.3.4. *Meio eletrônico*

A Lei 11.419/2006 regulamenta o chamado "processo eletrônico", sendo que em seu art. 6.º determina-se que, desde que observadas as formas e cautelas estabelecidas para a intimação por meio eletrônico (art. 5.º), a citação, inclusive da Fazenda Pública, será realizada por meio eletrônico, desde que a íntegra dos autos seja acessível ao citando.

É natural que a citação eletrônica ocorrerá com menor frequência que a intimação eletrônica, porque, uma vez integradas ao processo, as partes indicam seus endereços eletrônicos, o que dá ao sistema de intimações a devida segurança jurídica. A citação é o ato que integra o demandado ao processo, não sendo possível considerar válida a citação eletrônica realizada em endereço fornecido unilateralmente pelo autor. Sendo a citação ato essencial para a efetivação dos princípios constitucionais da *ampla defesa* e *contraditório*, o endereço eletrônico tem de ser informado pelo demandado.

Dessa constatação limita-se a utilização da citação por meio eletrônico a situações concretas em que exista confiabilidade no endereço eletrônico do demandado, o que se pode antever em duas hipóteses[78]:

(a) ações incidentais;

(b) existência de convênio para que litigantes contumazes com o Poder Judiciário registrem seus endereços eletrônicos, valendo tais cadastros tanto para pessoas jurídicas de direito privado (bancos, seguradoras, empresas de telefonia etc.) como para os entes públicos, da administração direta e indireta.

[78] Didier, *Curso*, p. 437-438.

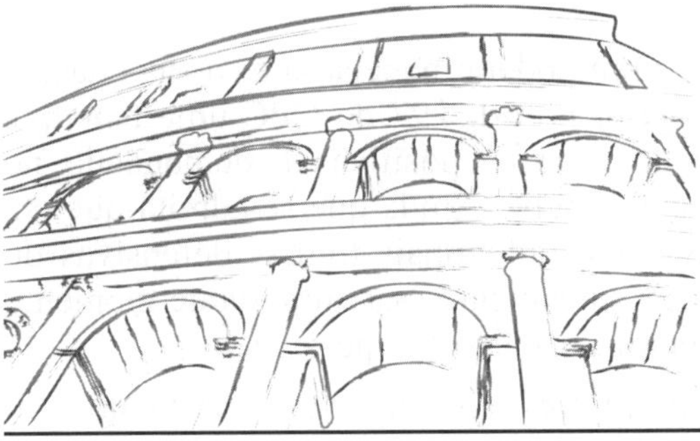

11

RESPOSTAS DO RÉU

11.1. INTRODUÇÃO

O réu, integrado à relação jurídica processual por meio da citação, passa a ter ciência da existência da demanda movida contra ele, sendo essa a sua primeira informação dentro do procedimento. E, mais do que isso, acompanhando o ato citatório, haverá também uma intimação ao réu para que, querendo, apresente sua resposta no prazo legal. Dessa forma, essa conjugação de citação e intimação representa de maneira bastante clara o fenômeno do **contraditório** no processo civil: informação da existência da demanda judicial e abertura de possibilidade de reação.

É tradicional a afirmação de que a resposta do réu constitui um **ônus processual**, considerando-se que o réu somente se manifestará se essa for sua vontade, que determinará também a forma de reação. A inércia do réu, algo absolutamente admissível no processo civil, gerará em regra a sua revelia, fenômeno ligado à inexistência jurídica de contestação, com as limitações previstas pelo art. 320 do CPC. A inércia, entretanto, ainda que possa ser considerada uma espécie de resposta do réu, já que a ausência de resposta é uma espécie de resposta omissiva, será analisada no capítulo referente à revelia, não sendo objeto de análise no presente capítulo.

Interessam as respostas positivas que o réu poderá manejar após a sua citação, sendo essas das mais variadas ordens. Nota-se no art. 297 do CPC uma tentativa do legislador em esquematizar as espécies de respostas positivas do demandado, no que, entretanto, não se mostrou completamente feliz. Ainda que se admita que em tal dispositivo legal encontram-se as três mais tradicionais figuras defensivas do réu, é inegável que o legislador limitou demasiadamente esse importante momento processual, esquecendo-se de outras espécies de respostas possíveis[1].

Segundo o art. 297 do CPC, existiriam três espécies de resposta do réu: *contestação*, *exceções rituais* (incompetência relativa, impedimento e suspeição) e *reconvenção*. Apesar da inegável importância dessas três espécies de resposta, existem outras formas que precisam ser destacadas, como a nomeação à autoria, chamamento ao processo, denunciação da lide, reconhecimento jurídico do pedido, ação declaratória incidental, impugnação ao valor da causa e impugnação à concessão dos benefícios da assistência judiciária, desde que manejadas pelo réu e no prazo de defesa, considerando-se que alguns desses institutos processuais também podem ser manejados pelo autor (por exemplo, denunciação da lide) ou em outro momento processual (por exemplo, impugnação aos benefícios da assistência judiciária).

Das dez possíveis respostas positivas do réu diante de sua citação, a nomeação à autoria, a denunciação da lide e o chamamento ao processo são espécies de intervenção de terceiro, já analisadas em capítulo próprio. As outras formas de resposta merecem uma análise individualizada.

Na atual estrutura do procedimento ordinário, o momento posterior à citação do réu é o de sua resposta. No PLNCPC assim não será, necessariamente. Cria-se no art. 323 uma audiência de conciliação a ser realizada após a citação do réu e antes do momento de apresentação de sua resposta.

Segundo o § 5.º desse dispositivo legal, o juiz poderá dispensar a realização da audiência quando uma das partes manifestar expressamente disposição contrária à sua realização, com dez dias de antecedência, hipótese em que a parte contrária será intimada do cancelamento do ato. Entendo que caberá ao autor já em sua petição inicial indicar que não tem interesse na realização da audiência, porque o réu já será citado e intimado a comparecer à audiência, não podendo se colocar contrário a ela antes de sua designação; poderá, entretanto, após ser citado, peticionar esclarecendo não ter interesse em participar. Caso o juiz deixe de designar a audiência, o réu será citado e intimado para responder em 15 dias; caso o juiz revogue a designação já realizada, o réu, já citado, será somente intimado para responder em 15 dias.

[1] Dinamarco, *Instituições*, v. 3, p. 446.

Segundo o art. 323, § 1.º, a audiência de conciliação será realizada por mediador ou conciliador, onde houver, observando o previsto nos arts. 144 e 145 do PLNCPC. Dessa forma, o conciliador deve sugerir soluções para o conflito e o mediador auxiliar as partes para que elas mesmas identifiquem alternativas de benefício mútuo.

Da audiência de conciliação o réu é intimado pessoalmente, no momento de sua citação, e o autor na pessoa de seu advogado, prevendo o § 7.º que as partes deverão se fazer acompanhar de seus advogados e defensores públicos. Interessante notar que no § 4.º do art. 333 do PLNCPC originário havia previsão de que a ausência do advogado de qualquer das partes não impediria a transação, ato pessoal que dispensa a capacidade postulatória. O § 7.º do art. 323 do Substitutivo do Senado dá a entender que a presença dos advogados é obrigatória, mas a transação continua, mesmo sem previsão expressa, a ser ato da parte que dispensa a participação de advogado.

O § 6.º do art. 323 do PLNCPC é um dos mais lamentáveis de todo o projeto. Prevê que a ausência injustificada do autor ou réu na audiência é ato atentatório à dignidade da justiça, passível de sanção processual, representada por multa de até 2% do valor da causa ou da vantagem econômica objetiva, tendo como credor a União ou o Estado.

A norma, em uma primeira análise, pode parecer fruto do fanatismo que se instaurou entre alguns operadores do Direito em favor da transação como forma preferencial de solução de conflitos. Poder-se-á questionar: que sentido tem obrigar a presença das partes para uma audiência em que exclusivamente se tentará a conciliação? Seria uma sanção apenas porque a parte não pretende conciliar? Deve-se lembrar, entretanto, que as partes poderão se manifestar previamente pelo cancelamento da audiência, de forma que a omissão quanto a esse ato, seguida da ausência injustificada à audiência, pode ser objeto de sanção processual.

11.2. RECONHECIMENTO JURÍDICO DO PEDIDO

Essa espécie de resposta do réu é bastante rara na praxe forense, consubstanciando-se na expressa declaração do réu de **concordância com a pretensão** do autor. É ato de total disposição de direito, pelo qual o réu concorda tanto com os aspectos fáticos como com os aspectos jurídicos narrados pelo autor em sua petição inicial. A consequência de um reconhecimento jurídico do pedido é a extinção do processo por meio de sentença homologatória de mérito (art. 269, II, do CPC) desde que abranja toda a pretensão do autor ou, ainda, a concessão de tutela antecipada (art. 273, § 6.º, do CPC) na hipótese de reconhecimento jurídico parcial do pedido do autor.

Não se confunda *confissão* com *reconhecimento jurídico do pedido*, porque a confissão atinge somente os fatos que em regra serão dados como verdadeiros pelo juiz; ainda que a confissão não seja prova plena, é comum que baste para a formação do convencimento do juiz. Mesmo convencido dos fatos, a aplicação do direito poderá ser contrária ao favorecido pela confissão, sendo incorreto imaginar que a confissão é apta, por si só, a produzir a vitória da parte beneficiada por ela. Por outro lado, o reconhecimento jurídico do pedido abrange tanto as questões de fato quanto as questões de direito, em integral submissão do réu à pretensão do autor. Nesse caso, independentemente de qualquer outra análise, o juiz homologa a manifestação de vontade do réu, sendo certa a vitória do autor.

11.3. IMPUGNAÇÃO AO VALOR DA CAUSA

Aduz o art. 258 do CPC que a toda causa deve ser atribuído um valor, regra aplicável ainda que não haja objeto economicamente aferível na demanda ou que o valor do bem da vida pretendido seja inestimável. O resultado dessa exigência é que o autor deverá indicar, em toda petição inicial, um determinado valor à causa, tema versado no Capítulo 9, item 9.2.5. Havendo incorreção na atribuição do valor da causa pelo autor, poderá o réu impugnar tal valor por meio do **incidente processual** chamado de "impugnação ao valor da causa", espécie de resposta do réu, em virtude do momento processual adequado para sua arguição.

Nos termos do art. 261 do CPC, o réu poderá impugnar o valor atribuído à causa no prazo de contestação. O legislador mais uma vez descuidou da precisão terminológica tão importante para qualquer ciência humana, confundindo espécie – contestação – com gênero – respostas do réu –, cabendo ao operador e estudioso corrigir mais essa imprecisão legal, compreendendo-se que o prazo para a impugnação do valor da causa é o prazo de resposta do réu[2]. É pacífico no Superior Tribunal de Justiça o entendimento de que prazo de impugnação ao valor da causa para a Fazenda Pública conta-se em quádruplo (art. 188 do CPC)[3].

Não havendo previsão legal que exija a apresentação concomitante da impugnação ao valor da causa com qualquer outra espécie de resposta, correta a conclusão de que a impugnação ao valor da causa seja apresentada antes ou depois de outras espécies de resposta, desde que dentro do prazo de resposta do réu[4].

A peça de impugnação será apensada aos autos principais, sem a suspensão do trâmite do procedimento principal, que seguirá concomitantemente ao procedimento da própria impugnação. É aconselhável a autuação em apenso ainda que seja caso de indeferimento liminar, porque, interposto agravo de instrumento pelo réu contra essa decisão e sendo tal recurso provido, o juízo de primeiro grau deverá dar andamento à impugnação, não sendo interessante que nos mesmos autos siga o procedimento principal e o procedimento da impugnação.

O autor será intimado para ser ouvido no prazo de 5 dias, e sendo necessário haverá produção de provas, inclusive com o auxílio de um perito, o que raramente ocorre na praxe forense. O juiz tem um prazo – impróprio – de 10 dias para

2 Moniz de Aragão, *Comentários*, p. 328.

3 STJ, AgRg no REsp 946.499/SP, 2.ª Turma, rel. Min. Humberto Martins, j. 18.10.2007, DJ 05.11.2007, p. 257.

4 Nery-Nery, *Comentários*, nota 1 ao art. 261, p. 497.

resolver a impugnação por meio de decisão interlocutória, recorrível por agravo de instrumento[5]. Como se pode notar, o procedimento é consideravelmente simples, cabendo ao juízo de primeiro grau a solução a respeito do valor da causa o quanto antes.

Questão interessante diz respeito à interpretação a ser dada ao art. 261, parágrafo único, do CPC, que prevê que, não havendo impugnação, presume-se aceito o valor atribuído à causa na petição inicial. Uma interpretação literal do dispositivo legal leva à conclusão de que o juiz não pode determinar a correção do valor da causa de ofício, estando vinculado à atuação do réu por meio da interposição da impugnação da causa. Tal entendimento, entretanto, não é tranquilo.

Para parcela da doutrina, a atuação oficiosa do juiz dependerá de o valor da causa ser legal ou meramente estimativo, cabendo ao juiz determinar a correção de ofício somente no primeiro caso[6]. Por outro lado, há outra corrente doutrinária que não faz tal distinção, afirmando que mesmo quando o valor é meramente estimativo o juiz deve controlá-lo de ofício, em especial para que o valor da causa não represente uma ofensa ao princípio da razoabilidade[7]. Na jurisprudência, entende-se pela **atuação de ofício** pelo juiz, até porque as custas calculadas tomando por base o valor da causa são revertidas ao Estado, sendo missão do juiz atuar, ainda que de ofício, para evitar que o Fisco seja lesado[8].

Cumprindo tendência do PLNCPC de extinguir ao máximo as petições autônomas, o art. 268 prevê que a impugnação ao valor da causa será elaborada em preliminar de contestação, sob pena de preclusão. Ainda segundo o dispositivo, caberá ao juiz decidir a respeito do valor da causa com a imposição, se for o caso, da complementação das custas judiciais.

Registre-se que foi suprimido do dispositivo legal o termo "na sentença" constante do art. 256 do PLNCPC originário, que modificava substancialmente o momento de julgamento da impugnação ao valor da causa.

Entendo correta a modificação realizada pelo Substitutivo do Senado, porque postergar a decisão para a prolação da sentença, embora resolva a questão recursal, evitando-se uma decisão interlocutória impugnável por agravo de instrumento, remete ao final do procedimento uma matéria que seria mais adequadamente decidida em seu começo. A alteração, entretanto, restou em meu entender incompleta. Mantido o texto originário, o recurso cabível seria a apelação, já que a decisão da impugnação ao valor da causa seria sempre um capítulo da sentença, mas sendo seu julgamento imediatamente após o ingresso da impugnação, a decisão será interlocutória, e como o cabimento de agravo de instrumento passará a ser restritivo, seria adequada a expressa previsão de seu cabimento nesse caso.

---

5 Theodoro Jr., *Curso*, 281, p. 321, afirma que cabe agravo de instrumento ou retido.

6 Theodoro Jr., *Curso*, 281, p. 321; Marinoni-Mitidiero, *Código*, p. 250.

7 Dinamarco, *Instituições*, v. 3, n. 999, p. 376.

8 STJ, AgRg no REsp 1.096.573/RJ, 2.ª Turma, rel. Min. Castro Meira, j. 05.02.2009, DJe 02.03.2009. *Informativo* 296/STJ, 2.a Seção, EREsp 158.015-60, rel. Aldir Passarinho Jr., j. 13.09.2006.

11.4. IMPUGNAÇÃO À CONCESSÃO DOS BENEFÍCIOS DA ASSISTÊNCIA JUDICIÁRIA

A Lei 1.060/1950 estabelece as regras para a concessão de assistência judiciária aos necessitados (art. 2.º, parágrafo único). Trata-se de medida ligada à nova visão do princípio da inafastabilidade da tutela jurisdicional (art. 5.º, XXXV, da CF), entendida pela doutrina mais moderna como acesso à ordem jurídica justa. A ampliação de acesso ao processo a todos – inclusive àqueles que não têm condições econômicas de suportar as despesas e custos de um processo judicial – é uma das vigas mestras da visão moderna de tal princípio, conforme analisado no Capítulo 1, item 1.5.5.

Apesar de o art. 6.º da Lei 1.060/1950 permitir a qualquer das partes o pedido de concessão dos benefícios legais a **qualquer momento** do processo, quando elaborado pelo autor, invariavelmente tal pedido deverá ser formulado já na petição inicial, nos termos do art. 4.º de referido diploma legal, instruída pela declaração de pobreza. Segundo entendimento pacífico do Superior Tribunal de Justiça, a declaração de pobreza gera uma presunção relativa do estado de incapacidade da parte que o apresenta, de forma que o juiz, mesmo de ofício, poderá indeferir o pedido se não encontrar fundamentos que confirmem o estado de hipossuficiência do requerente[9].

Muito embora o réu possa impugnar a concessão dos benefícios a qualquer momento do processo, bastando para tanto que o autor não demonstre mais ser merecedor de tais benefícios (art. 7.º), o réu invariavelmente impugna tal concessão já em seu prazo de resposta nas hipóteses em que é citado com os benefícios concedidos *inaudita altera parte* pelo juiz. Nessas circunstâncias, que são as mais frequentes na praxe forense, é possível considerar que tal impugnação é espécie de resposta do réu.

Lamenta-se que o legislador não tenha mostrado preocupação em distinguir *impugnação* de *revogação*, que são fenômenos evidentemente distintos. A inexistência dos requisitos legais difere do desaparecimento, que pressupõe a existência prévia de tais requisitos e um fato superveniente que faça com que os mesmos desapareçam[10]. Apesar da omissão legal e de seu tratamento procedimental uniforme, parece que em termos preclusivos a diferença é clara, sendo diferente o termo inicial de contagem de prazo para a impugnação e para o pedido de revogação. No primeiro caso, o réu deverá no primeiro momento em que se manifestar nos autos após a concessão do benefício, apresentar sua impugnação, sob pena de **preclusão**, enquanto no caso de revogação, o prazo deve ser contado da ciência do réu da perda da condição de necessitado do autor. Entendimento em sentido diverso geraria inconveniente incerteza e complicações procedimentais, permitindo-se ao réu a qualquer momento do processo alegar que os requisitos para a concessão dos benefícios da assistência judiciária não foram preenchidos.

---

9 *Informativo* 410/STJ: 1.ª Turma, AgRg no REsp 1.122.012-RS, Rel. Min. Luix Fux, j. 06.10.2009.

10 Percebeu tal diferença Araken de Assis, *Garantia*, p. 29-30.

Interessante questão diz respeito ao recurso cabível contra a decisão proferida em razão da aplicação da Lei 1.060/1950, em especial em razão da expressa previsão do art. 17 da referida lei que aponta expressamente o recurso de **apelação**. É indiscutível que o pedido de assistência judiciária é questão incidental, cuja solução se dá por meio de decisão interlocutória, a exemplo do que ocorre com a impugnação ao valor da causa e com a exceção de incompetência. Desse entendimento, e aplicando-se a regra geral de cabimento recursal, imperiosa a conclusão de que o recurso cabível é o agravo de instrumento. Há, entretanto, a previsão expressa de que cabe apelação.

Ainda que o equívoco do legislador seja manifesto, é importante tentar aplicar a norma legal sem sacrifício do sistema recursal. Dessa forma, corrente doutrinária vem entendendo que o recurso cabível dependerá da formação ou não de autos em apenso para o trâmite do incidente processual: havendo indeferimento liminar nos próprios autos principais, caberá agravo de instrumento, porque conclusão contrária fará com que os autos principais tenham que subir ao tribunal com a apelação, obstando indevidamente a marcha processual. Por outro lado, concedido o pedido e havendo a impugnação do réu, haverá formação de autos em apenso, e da decisão desse incidente caberá o recurso de apelação, sendo remetidos somente os autos da impugnação ao tribunal[11].

É claro que a solução não é a melhor do ponto de vista técnico, porque não é a forma de autuação ou o fato de ser proferido em autos principais ou em apenso que serão capazes de modificar a natureza do ato judicial, que será nesse caso sempre uma decisão interlocutória[12]. Mas parece ser a melhor forma de compatibilizar a exigência legal com a realidade recursal, sendo também esse o entendimento do Superior Tribunal de Justiça, que, inclusive, não aplica o princípio da fungibilidade diante de agravo de instrumento interposto de decisão de impugnação à concessão dos benefícios da assistência judiciária autuada em apenso[13].

Originariamente, o PLNCPC traz para dentro do Código de Processo Civil o tema da gratuidade da justiça. O art. 99, apesar de não revogar na totalidade a Lei 1.060/1950, prevê duas interessantes regras que contrariam ou pacificam o entendimento a respeito do tema, além de prever em seu *caput* a possibilidade de pedido por pessoa natural e jurídica, brasileira ou estrangeira.

Em seu § 1.º o dispositivo prevê que o juiz poderá determinar ao solicitante dos benefícios da assistência judiciária que comprove a insuficiência de recursos quando houver no processo elementos que indiquem a falta dos requisitos legais para a concessão da proteção legal. Significa dizer que a mera declaração de pobreza, declaração unilateral, pode não ser suficiente para a concessão dos benefícios da assistência judiciária se houver nos autos indícios que demonstrem não ser a parte merecedora de tal concessão. O próprio objeto do

11 Araken de Assis, *Garantia*, p. 97.

12 Didier-Cunha, *Curso*, 2.3., p. 82.

13 STJ, REsp 780.637/MG, 4ª Turma, rel. Min. Jorge Scartezzini, j. 08.11.2005, DJ 28.11.2005, p. 317.

processo pode indicar, ainda que de forma indiciária, que a parte não faz *jus* aos benefícios da assistência judiciária.

No § 2.º o dispositivo prevê que a decisão que apreciar o pedido de gratuidade de justiça será recorrível por agravo de instrumento, salvo se a decisão se der em sentença, hipótese na qual, apesar do silêncio da lei, será cabível a apelação. Com tal previsão corrige-se erro histórico do art. 17 da Lei 1.060/1950, o que deve ser elogiado.

11.5. CONTESTAÇÃO

A contestação é a resposta defensiva do réu, representando a forma processual pela qual o réu se insurge contra a pretensão do autor. A doutrina costuma dividir as matérias de defesa passíveis de alegação sem sede de contestação em dois grandes grupos, cada qual com suas subdivisões[14]:

(a) *defesas processuais*, divididas em dilatórias, peremptórias e defesas dilatórias potencialmente peremptórias;

(b) *defesas de mérito*, divididas em defesas de mérito diretas e indiretas.

O art. 325, parágrafo único, do PLNCPC exige do réu, já na petição inicial, o arrolamento e a qualificação de suas testemunhas, com indicação do nome, profissão, estado civil, idade, número de cadastro de pessoa física e do registro de identidade, endereço completo da residência e do local de trabalho, nos termos do art. 436. Além de impor a toda contestação regra atualmente aplicável somente ao procedimento sumário (que deixa de existir no PLNCPC), aumenta o número de requisitos na qualificação das testemunhas em comparação com os atualmente existentes no art. 407, *caput*, do CPC.

Da novidade legislativa há dois pontos interessantes, um comissivo e outro omissivo. A novidade comissiva é a utilização expressa da expressão "sempre que possível" para indicar o ônus de indicar os requisitos legais referentes às testemunhas. Nem sempre o réu terá acesso a todas as informações exigidas pela lei, devendo a omissão de dados ser encarada à luz do princípio da instrumentalidade das formas, como já é atualmente defendido pela melhor doutrina. A novidade omissiva fica por conta da indicação de quesitos e assistentes técnicos na contestação, regra que não consta do PLNCPC. Apesar de a prova pericial ser mais rara que a prova testemunhal, se o objetivo do legislador era concentrar atos processuais para agilizar o procedimento, restou paradoxal a exigência de arrolamento imediato das testemunhas e do mero pedido genérico de produção de prova pericial.

[14] Fux, *Curso*, p. 628; Marcato, *Código*, p. 932; Figueira Jr., *Comentários*, v. 4, t. II, p. 218.

11.5.1. Defesas processuais

As defesas processuais, também chamadas por parcela da doutrina de *defesas indiretas* por não terem como objeto a essência do litígio[15], estão previstas no art. 301 do CPC. Na praxe forense são tratadas como **defesas preliminares** em razão do local ideal dentro da contestação para serem alegadas (antes das defesas de mérito). Cabe ao juiz analisar as defesas processuais antes das defesas de mérito (*defesas substanciais*). O ponto em comum que reúne todas essas espécies de defesa é a sua característica de não dizerem respeito propriamente ao direito material alegado pelo autor, mas tão somente à regularidade formal do processo, ou seja, ao instrumento utilizado pelo autor para obter a proteção ao direito material.

Essas defesas processuais são divididas conforme a consequência do seu acolhimento no caso concreto. Tradicionalmente, as defesas preliminares são divididas em defesas dilatórias, cujo acolhimento não põe fim ao processo, tão somente aumentando o tempo de duração do procedimento, e defesas peremptórias, que, uma vez acolhidas, fazem com que o processo seja extinto sem a resolução do mérito. Além dessas duas espécies, acredito existir uma terceira, que não se amolda com perfeição a nenhuma das duas anteriores, e que prefiro chamar de defesas dilatórias potencialmente peremptórias. São as defesas que, acolhidas, permitem ao autor o saneamento do vício ou irregularidade, caso em que o processo continuará e a defesa terá sido meramente dilatória. No caso contrário, de omissão do autor, a defesa toma natureza peremptória, gerando a extinção do processo sem a resolução do mérito. Nesse caso, não é somente o acolhimento da defesa que leva o processo à sua extinção, mas sim tal acolhimento somado à inércia do autor[16].

11.5.1.1. Defesas dilatórias

11.5.1.1.1. Inexistência ou nulidade de citação (art. 301, I, do CPC)

A inexistência ou nulidade de citação é matéria de **ordem pública**, alegável a qualquer momento do processo, o que leva a crer que tal alegação, descrita como espécie de preliminar a ser apresentada na contestação, somente se dará na hipótese de o réu, por alguma outra forma que não a citação válida, ficar sabendo da existência do processo ainda dentro do prazo de resposta, ingressando com a contestação tempestivamente e alegando a matéria prevista no art. 301 do CPC.

Ocorrendo tal situação, o réu poderá se comportar de duas formas: tão somente alegar a inexistência ou nulidade de citação ou, além dessa matéria, passar às outras defesas processuais e/ou de mérito, em respeito ao princípio da eventualidade. Sendo acolhida a alegação do réu, o prazo de resposta lhe será

[15] Dinamarco, *Instituições*, v. 3, n. 1.065, p. 463.

[16] Theodoro Jr., *Curso*, v. 1, n. 383, p. 434. Ainda Nery-Nery, *Comentários*, p. 686-687.

devolvido, permitindo-lhe a apresentação de nova contestação, que substituirá a anteriormente apresentada. Em caso contrário, nenhum prazo lhe será devolvido, de forma que de duas uma; ou ele já apresentou as outras respostas, e nesse caso não será tido como revel, ou, com a rejeição de sua única defesa, estarão presentes as condições para a decretação de sua revelia[17]. De qualquer forma, o acolhimento dessa defesa não extingue o processo, apenas dilatando seu tempo de duração em decorrência da devolução do prazo de resposta ao réu (art. 214, § 2.º, do CPC).

11.5.1.1.2. Incompetência absoluta do juízo (art. 301, II, do CPC)

A incompetência absoluta não exige uma forma autônoma de alegação como ocorre com a incompetência relativa (exceção). Apesar de ser matéria de ordem pública, podendo ser alegada a qualquer momento do processo, quando o réu alegá-la em seu prazo de resposta o fará como tópico da contestação. Conforme analisado no Capítulo 4, item 4.2.2.2, a alegação de incompetência absoluta por meio de exceção de incompetência ofende o art. 301, II do CPC, mas em razão da natureza da matéria (ordem pública) ainda assim a alegação do réu será analisada pelo juiz.

Essa espécie de reação do réu, que não se volta contra a pretensão do autor, mas apenas ao juízo escolhido por ele, tem natureza meramente dilatória, porque uma vez acolhida gerará a remessa do processo ao juízo competente, sendo que as exceções dessa regra foram tratadas no Capítulo 4, item 4.2.1.5. É natural que a remessa do processo a outro juízo demore algum tempo, dilatando o tempo de duração do processo.

11.5.1.1.3. Conexão/continência (art. 301, VII, do CPC)

Conexão e continência são institutos processuais referentes à prorrogação de competência, tema enfrentado no Capítulo 4, item 4.7.2.1. Interessante notar que o legislador expressamente prevê a alegação dessas matérias como preliminar de contestação, sendo incabível sua alegação por meio da exceção de incompetência, ainda que a conexão e a continência apliquem-se exclusivamente – salvo na tutela coletiva – na competência relativa. Tratando-se de matéria de ordem pública, ainda que equivocadamente alegada em sede de exceção de incompetência, assim como ocorre com a incompetência absoluta, será analisada pelo juiz.

Quanto à conexão e continência, há uma importante observação a ser feita a respeito da indevida e frequente confusão entre a definição de seus conteúdos e de seu efeito principal. Os conteúdos dos fenômenos processuais estão previstos nos arts. 103 e 104 do CPC. Seu efeito principal é a reunião dos processos perante o juízo prevento, previsto pelo art. 105 do CPC. O *objeto* e o *efeito*, como em

---

[17] Figueira Jr., *Comentários*, p. 227.

qualquer instituto, não se confundem. Gerando-se o efeito programado pelo art. 105 do CPC, a **reunião dos processos** proporcionará um aumento do tempo de duração do processo, sendo por essa razão entendidas a conexão e a continência como defesas processuais dilatórias.

Como expressamente prevê o art. 301, VIII, do CPC, a conexão é matéria a ser alegada como preliminar de contestação e não por meio de outras espécies de respostas do réu. Não obstante essa indiscutível realidade, o Superior Tribunal de Justiça, em aplicação do princípio da instrumentalidade das formas, vem admitindo que a conexão seja alegada em sede de exceção de incompetência[18].

O PLNCPC originário previa em seu art. 338 as defesas processuais do réu, mantendo as defesas dilatórias analisadas, com a inclusão no inciso II da incompetência relativa, que deixa de ser alegada em sede de exceção ritual, passando a ser matéria preliminar de contestação. Aparentemente, passou despercebido pelos responsáveis pelo projeto que, com a inclusão dessa matéria entre as preliminares, haveria mais uma defesa processual, além da convenção de arbitragem, que o juiz não poderia conhecer de ofício. O lapso foi corrigido pelo § 4.º do art. 327 do Substitutivo do Senado.

11.5.1.2. *Defesas peremptórias*

11.5.1.2.1. Inépcia da petição inicial (art. 301, III, do CPC)

A primeira espécie de defesa processual peremptória (art. 301, III, do CPC) é a inépcia da petição inicial, prevista no art. 295, parágrafo único, do CPC, pelos seguintes motivos: falta de pedido ou causa de pedir; se da narração dos fatos não decorrer logicamente a conclusão; pedido juridicamente impossível; pedidos incompatíveis entre si. A inépcia da petição inicial é tratada no Capítulo 10, item 10.3.2.1. Registre-se que essa matéria somente será alegável se o juiz não perceber estar no caso concreto diante de petição inicial inepta e indeferir a petição inicial, o que evidentemente eliminaria a fase de resposta do réu.

Não é justificável a limitação dessa defesa a apenas uma – inépcia – das causas do indeferimento da petição, porque todas as causas de indeferimento podem ser alegadas como defesas processuais, salvo a prescrição e decadência, defesas de mérito indiretas[19]. Ocorre, entretanto, que a carência de ação já está prevista no art. 301, X, do CPC e a prescrição e decadência são matérias de mérito, de forma que a única causa de indeferimento da petição inicial não coberta pelo dispositivo legal ora analisado é a inadequação procedimental. Entendo que essa matéria pode ser alegada como preliminar, mas não se trata de defesa

[18] *Informativo* 411/STJ: REsp 760.983-MG, Rel. Min. Aldir Passarinho Junior, j. 13.10.2009.

[19] Calmon de Passos, *Comentários*, p. 262.

peremptória, porque caso o juiz acolha a defesa do réu, deverá intimar o autor a adequar o procedimento, sem prejuízo do contraditório. Trata-se, portanto, de defesa processual dilatória potencialmente peremptória.

11.5.1.2.2. Perempção (art. 301, IV, do CPC)

Como segunda espécie de defesa processual dilatória o art. 301, IV, do CPC indica o fenômeno da perempção, algo bastante raro na praxe forense. Segundo o art. 268, parágrafo único, do CPC, se o autor der causa, por três vezes, à extinção do processo pelo fundamento previsto no inciso III do artigo anterior, não poderá intentar nova ação contra o réu com o mesmo objeto, ficando-lhe ressalvada, entretanto, a possibilidade de alegar em defesa o seu direito. Para uma melhor compreensão do texto legal, o "fundamento previsto no inciso III do artigo anterior", que trata da extinção do processo sem a resolução do mérito, é o abandono do processo.

A única exigência para que se verifique a perempção é o **abandono do processo por três vezes**, não importando o motivo de tal abandono no caso concreto. Assim, a identidade exigida diz respeito apenas ao fundamento da extinção, mas não leva em conta as peculiaridades do caso concreto. Motivos diferentes levam à extinção pelo mesmo fundamento, gerando o fenômeno da perempção[20].

Registre-se que a perempção não extingue o direito material da parte, nisso distinguindo-se da decadência, nem a pretensão de direito material, nisso distinguindo-se da prescrição. O ponto essencial dessas distinções é a possibilidade de a parte alegar o direito material objeto das três ações extintas por abandono em sua defesa[21].

> Fernanda ingressou por três vezes com ação indenizatória pedindo a condenação de Aline ao pagamento de R$ 10.000,00 em razão de empréstimo inadimplido, sendo que nas três oportunidades o processo foi extinto sem a resolução do mérito por abandono de Fernanda (art. 267, III, do CPC). Em razão do fenômeno da perempção Fernanda não poderá mais ingressar com ação de cobrança contra Aline, mas, se porventura Aline a demandar por outra obrigação inadimplida, poderá alegar seu direito de crédito de R$ 10.000,00 em sua contestação (compensação).

Conforme visto, o direito material objeto das três demandas extintas por abandono do autor não é afetado pelo fenômeno da perempção, podendo, inclusive, ser utilizado em **sede defensiva**. Não será possível ao réu, entretanto, utilizar tal matéria em qualquer das respostas que o ordenamento lhe concede, mas tão somente na contestação, resposta defensiva por natureza contra a pretensão do autor. Inconcebível, portanto, que o réu, aproveitando-se de sua posição passiva no processo, ingresse com reconvenção alegando justamente o direito material

20 Pontes de Miranda, *Comentários*, t. III, p. 448.

21 Calmon de Passos, *Comentários*, p. 263; Fidélis dos Santos, *Manual*, p. 403; Theodoro Jr., *Curso*, v. 1, n. 383, p. 433.

objeto das três demandas extintas por abandono da causa. Tendo a reconvenção natureza jurídica de verdadeira ação do réu contra o autor, havendo a perempção, não se admitirá a propositura de tal espécie de resposta.

11.5.1.2.3. Litispendência (art. 301, V, do CPC)

A litispendência é fenômeno conceituado pelo art. 301, §§ 1.º, 2.º e 3.º, do CPC. Haverá litispendência quando dois ou mais processos idênticos existirem concomitantemente, caracterizando-se a identidade pela verificação no caso concreto da **tríplice identidade** – mesmas partes, mesma causa de pedir e mesmo pedido. É bastante claro ser a litispendência uma defesa processual peremptória, considerando-se que a necessidade de manutenção de apenas um processo está baseada em dois importantes fatores: *economia processual* e *harmonização de julgados*. Não há qualquer sentido na manutenção de dois processos idênticos, com realização duplicada de atos e gasto desnecessário de energia. Além disso, a manutenção de processos idênticos poderia levar a decisões contraditórias, o que, além de desprestígio ao Poder Judiciário, poderá gerar no caso concreto problemas sérios de incompatibilidade lógica ou prática dos julgados contrários.

11.5.1.2.4. Coisa julgada (art. 301, VI, do CPC)

Há uma inegável semelhança entre a coisa julgada material e a litispendência no tocante às matérias defensivas. Ambas tratam de identidade plena entre processos, sendo que na litispendência esses processos se encontram em trâmite, o que não ocorre na coisa julgada material, em que um desses processos já chegou ao seu final, com trânsito em julgado da decisão. Os motivos do fenômeno de a coisa julgada ser considerada matéria de defesa processual peremptória, além da harmonização de julgados, concernem ao respeito essencial à imutabilidade e indiscutibilidade da decisão de mérito transitada em julgado, essencial à segurança jurídica do sistema. O tema é tratado no Capítulo 17.

11.5.1.2.5. Convenção de arbitragem (art. 301, IX, do CPC)

O instituto da arbitragem é tratado pela Lei 9.307/1996, que considera a convenção de arbitragem como um gênero do qual a cláusula compromissória e o compromisso arbitral são as duas espécies. Em ambos os casos, as partes terão preferido uma solução arbitral à intervenção do Poder Judiciário, podendo qualquer uma delas arguir em sua defesa tal convenção, de forma a impedir a continuação do processo, forçando a parte que buscou a proteção jurisdicional à solução arbitral.

A cláusula compromissória é anterior ao conflito de interesses, fazendo parte de contrato quando ainda não existe qualquer litígio entre as partes contratantes (art. 4.º da Lei 9.307/1996). O compromisso arbitral é posterior ao surgimento do conflito, quando as partes entendem mais adequado solucionar o conflito pela via arbitral (art. 9.º da Lei 9.307/1996). Ressalte-se que a elaboração de cláusula compromissória aberta, sem qualquer especificação, poderá forçar as partes após o surgimento do conflito a reafirmarem sua vontade pela solução arbitral por meio da elaboração de um compromisso arbitral[22].

O art. 301 do CPC prevê as chamadas defesas preliminares, sendo que todas elas são objeções, ou seja, são defesas que podem ser conhecidas de ofício pelo juiz. A exceção fica por conta da previsão contida no § 4.º do dispositivo legal ora comentado, mas sua interpretação literal vem suscitando debate doutrinário. Apesar de corrente doutrinária buscar fazer distinção de natureza entre a cláusula compromissória (objeção processual) e o compromisso arbitral (exceção processual)[23], não parece haver razões justificadoras para tal interpretação. A convenção de arbitragem, gênero do qual são espécies o compromisso arbitral e a cláusula compromissória, deve ser encarada sempre como exceção, considerando-se que se as partes podem abrir mão da intervenção jurisdicional, sempre que uma delas procure o Poder Judiciário, caberá à parte contrária a alegação no sentido de que pretende que a solução do conflito se dê por meio de arbitragem[24].

Apesar de reconhecer as diferenças entre as duas espécies de convenção de arbitragem (se não existissem diferenças não seria necessária a existência de duas espécies), não parece razoável que em uma o réu tenha de alegar a sua existência sob pena de o processo continuar normalmente em trâmite perante o Poder Judiciário, enquanto na outra o juiz possa extinguir o processo de ofício sem antes saber se o réu também abriu mão do acerto arbitral (o autor o fez ao ingressar com o processo judicial). A proposta de nova redação torna homogêneo o tratamento judicial das diferentes espécies de convenção de arbitragem.

11.5.1.2.6. Carência da ação (art. 301, X, do CPC)

Segundo a teoria eclética da ação, consagrada pelo Código de Processo Civil, o exercício do direito de ação está sujeito à presença no caso concreto de três condições: legitimidade de parte, possibilidade jurídica do pedido e interesse de agir. A ausência de uma ou mais das condições da ação gera a extinção do processo sem a resolução do mérito, tratando-se sua alegação de defesa de mérito peremptória. As condições da ação são tratadas no Capítulo 3.2.

11.5.1.3. *Defesas dilatórias potencialmente peremptórias*

11.5.1.3.1. Incapacidade de parte, defeito de representação ou falta de autorização (art. 301, VIII, do CPC)

O dispositivo legal ora comentado prevê três hipóteses bastante distintas entre elas. A identidade que justifica o seu tratamento no mesmo dispositivo se dá

22 Carmona, *Arbitragem*, p. 98-101.

23 Marcato, Código, p. 992.

24 Marinoni-Mitidiero, Código, p. 310.

justamente em virtude da sua natureza de defesa que não põe fim ao processo, dando uma oportunidade ao autor para **sanar a irregularidade ou o vício** antes que isso ocorra. São vícios sanáveis, e bem por isso a extinção imediata da demanda seria um verdadeiro atentado ao princípio da economia processual, não se justificando à luz das conquistas mais recentes do direito processual.

O vício da incapacidade de parte liga-se à capacidade de estar em juízo, assunto intimamente relacionado à capacidade para prática de atos jurídicos válidos, ou seja, trata-se de capacidade de exercício ou de fato, tema tratado no Capítulo 2, item 2.3.3.2.2. O defeito de representação diz respeito ao vício na capacidade postulatória, consistente na exigência de que as partes estejam devidamente representadas por advogado regularmente inscrito na Ordem dos Advogados do Brasil. Por fim, a falta de autorização ocorre em situações excepcionais em que a norma legal exige de algum sujeito a autorização de outro para que possa litigar. O caso clássico de tal autorização encontra-se no art. 10 do CPC, que se refere às ações reais imobiliárias envolvendo cônjuges, nas quais se exige para que um deles litigue sozinho no polo ativo a autorização do outro. O dispositivo processual deve ser aplicado à luz do art. 1.647, I e II, do CC, que determina a dispensa de tal autorização na hipótese de regime da separação absoluta de bens[25]. Na hipótese de serem os cônjuges demandados, será hipótese de litisconsórcio passivo necessário.

Nas três situações descritas pelo art. 301, VIII, do CPC, o vício ou irregularidade poderá ser sanado pelo autor, sendo o caso de o juiz conceder prazo àquele para que assim o faça. Omisso nesse sentido, não haverá outra saída ao juiz que não a extinção do processo sem resolução de mérito. Não poderá nem mesmo voltar atrás em seu entendimento e, mesmo diante da omissão do autor, afirmar que o vício que entendia existir na verdade não se verificou no caso concreto. Nesse caso, não há preclusão judicial, indevidamente chamada pela doutrina de preclusão *pro iudicato*[26].

> O reconhecimento da incapacidade processual e da irregularidade de representação das partes é tratado pelo art. 76 do PLNCPC. O § 1.º prevê as consequências quando o processo tramitar no primeiro grau: extinção do processo se o vício for constatado no polo ativo e aplicação das penas da revelia, sendo o vício constatado no polo passivo. O § 2.º prevê as consequências quando o processo tramitar no tribunal: inadmissibilidade do recurso se o vício for do recorrente e desentranhamento da peça de contrarrazões se o vício for do recorrido.

11.5.1.3.2. Falta de caução ou de outra prestação, que a lei exige como preliminar (art. 301, XI, do CPC)

O ordenamento processual excepcionalmente e em determinadas situações condiciona o exercício legítimo da demanda à prestação de uma caução – ou

[25] Bedaque, *Código*, p. 69.
[26] Neves, *Preclusões*, p. 156.

outra prestação. Nesses casos cabe ao autor comprovar que caucionou o juízo no momento de propositura da ação, instruindo a petição inicial com os documentos comprobatórios adequados. Na ausência de tal comprovação deverá o juiz de ofício determinar que o autor emende a petição inicial no prazo de 10 dias, sob "pena" de indeferimento da petição inicial. Caso haja omissão do juiz, alegada tal matéria em defesa, não será o caso de extinção imediata do processo, devendo ser concedido ao autor prazo para sanar a irregularidade.

Como já afirmado, a exigência legal de caução prévia é excepcional em nosso sistema processual. Entre os raros casos destacam-se três:

(a) art. 835 do CPC, que exige do autor, nacional ou estrangeiro, que residir fora do Brasil ou dele se ausentar na pendência da demanda, que preste, nas ações que intentar, caução suficiente às custas e aos honorários de advogado da parte contrária, se não tiver no Brasil bens imóveis que lhes assegurem o pagamento;

(b) art. 267, I e II e § 2.º, do CPC, que exige do autor o pagamento das custas de processo idêntico extinto anteriormente sem a resolução do mérito;

(c) art. 488, II, do CPC, que exige do autor da ação rescisória a prestação de uma caução prévia de 5% do valor da causa, para ser revertido tal valor ao réu no caso de julgamento negativo (extinção sem a resolução do mérito e improcedência) unânime.

Com a abolição pelo PLNCPC das peças autônomas de impugnação ao valor da causa e a concessão dos benefícios da assistência judiciária, essa matérias passaram a ser previstas como preliminares de contestação, mais precisamente nos incisos III e XIII, respectivamente, do art. 327. Entendo se tratarem de defesas processuais dilatórias potencialmente peremptórias, porque, uma vez acolhidas, demandarão do autor o recolhimento de custas processuais, complementares no primeiro caso e integrais no segundo. Como a ausência do pagamento dessas custas gerará a extinção do processo sem resolução do mérito, fica clara a natureza ora defendida dessas duas espécies de defesa processual.

A alteração mais significativa, entretanto, decorre da previsão contida no art. 328 do PLNCPC, que torna a alegação de ilegitimidade de parte uma defesa de mérito dilatória potencialmente peremptória. Segundo o dispositivo legal, acolhida a alegação de ilegitimidade passiva, o autor poderá, no prazo de 15 dias, corrigir o vício, dirigindo a demanda para o sujeito adequado, com o que evitaria a extinção do processo por carência da ação. Trata-se, na realidade, de previsão que veio substituir a nomeação à autoria, revogada pelo PLNCPC.

11.5.2. Defesas de mérito

As defesas de mérito distinguem-se substancialmente das defesas processuais, sendo absolutamente inconfundíveis entre si. Enquanto estas têm como objeto a regularidade do processo, instrumento utilizado pelo autor para a obtenção de seu direito material, aquelas dizem respeito justamente ao direito material alegado pelo autor. Na defesa de mérito o objetivo do réu é convencer o juiz de que o direito material que o autor alega possuir em sua petição inicial não existe. É, portanto, o **conteúdo da pretensão** do autor o objeto de impugnação por meio da defesa de mérito.

11.5.2.1. *Defesa de mérito direta*

Na defesa de mérito direta o réu enfrenta frontalmente os fatos e os fundamentos jurídicos narrados pelo autor na petição inicial, buscando demonstrar que os fatos não ocorreram conforme narrado ou ainda que as consequências jurídicas pretendidas pelo autor não são as mais adequadas ao caso concreto. Sabendo o réu que sem fatos não há direito, caso demonstre a inveracidade das alegações de fato, o direito material alegado pelo autor ficará sem o seu essencial substrato fático, devendo o pedido ser rejeitado. Da mesma forma ocorrerá se, mantida a narração fática do autor, o réu demonstrar que não decorre dela o direito material alegado pelo autor[27].

A defesa de mérito direta desenvolve-se dentro dos fatos e da fundamentação jurídica que compõe a **causa de pedir** exposta pelo autor em sua petição inicial, podendo, entretanto, trazer ao processo novos fatos e outras fundamentações jurídicas com o propósito exclusivo de demonstrar a inveracidade das alegações de fato e/ou a impropriedade das consequências jurídicas pretendidas pelo autor.

11.5.2.2. *Defesa de mérito indireta*

Nessa espécie de defesa o réu, sem negar as afirmações lançadas pelo autor na petição inicial, alega um **fato novo**, que tenha natureza impeditiva, modificativa ou extintiva do direito do autor. Essa defesa amplia o objeto de cognição do juiz, que passará a analisar fatos que não compõem originariamente a causa de pedir narrada pelo autor, não sendo incorreto afirmar que, a partir do momento de arguição desta espécie de defesa, o juiz passará a uma análise fática mais ampla daquela que originariamente estaria obrigado em razão da pretensão do autor. Não ocorre, entretanto, uma ampliação do objeto do processo, pois o juiz sempre estará adstrito a conceder ou negar aquilo que o autor pediu[28].

São considerados *fatos impeditivos* aqueles que, anteriores ou simultâneos ao fato constitutivo do direito, impedem que esse gere seus regulares efeitos. A característica principal dessa espécie de fato é gerar um efeito negativo sobre o fato constitutivo, que é justamente a impossibilidade de este gerar seus regulares efeitos. O contrato vincula os contratantes, exigindo de ambos – ou ao menos de um deles – o cumprimento de certas obrigações (fato constitutivo). Tal efeito vinculativo, entretanto, não será gerado se o contrato foi celebrado por incapaz ou ainda quando tenha sido celebrado com vício do consentimento (fatos impeditivos). O fato de o

27 Barbosa Moreira, *O novo*, p. 38.

28 Dinamarco, *Instituições*, v. 3, n. 1.068, p. 466.

contratante ser incapaz ou de ter celebrado o contrato em erro, dolo, coação etc., impede que o mesmo seja obrigado a cumprir qualquer estipulação contratual.

Os *fatos extintivos* são aqueles que colocam fim a um direito, conforme o próprio nome sugere, sendo necessariamente posteriores ao surgimento da relação jurídica de direito material. Basta imaginar todas as formas de satisfação da obrigação previstas pela legislação material, tal como a prescrição, pagamento, remissão da dívida, confusão etc.

Os *fatos modificativos*, necessariamente posteriores ao surgimento da relação de direito material, são aqueles que atuam sobre a relação jurídica de direito material, gerando sobre ela uma modificação subjetiva ou objetiva. No primeiro caso pode-se citar como exemplo a cessão de crédito sem ressalva, com a modificação do credor, e no segundo caso a novação objetiva é um exemplo perfeito, como também o parcelamento da dívida, alegação que levará à inexigibilidade do crédito *in totum*[29].

11.5.3. Princípio da impugnação específica dos fatos

Segundo o art. 302 do CPC, serão presumidos verdadeiros os fatos que não sejam impugnados especificamente pelo réu em sua contestação. A impugnação específica é um ônus do réu de rebater pontualmente todos os fatos narrados pelo autor com os quais não concorda, tornando-os controvertidos e em consequência fazendo com que componham o objeto da prova. O momento de tal impugnação, ao menos em regra, é a contestação, operando-se **preclusão consumativa** se apresentada essa espécie de defesa o réu deixar de impugnar algum(s) do(s) fato(s) alegado(s) pelo autor.

O ônus da impugnação específica não se aplica ao advogado dativo, curador especial e ao Ministério Público, que podem elaborar a contestação com fundamento em *negativa geral*, instituto que permite ao réu uma impugnação genérica de todos os fatos narrados pelo autor, sendo tal forma de reação o suficiente para tornar todos esses fatos controvertidos (art. 302, parágrafo único, do CPC). Na realidade, mesmo que não haja a expressa indicação de que o réu está se valendo da *negativa geral*, uma interpretação lógica desse benefício impede que o juiz presuma verdadeiros os fatos alegados pelo autor. Basta, portanto, a apresentação da contestação para que os fatos se considerem controvertidos, cabendo ao autor, ao menos em regra, o ônus da prova.

No art. 329, parágrafo único, do PLNCPC é incluído o defensor público dentre aqueles que podem se valer da negativa geral em sua contestação. Como a atuação atípica da Defensoria Pública no processo civil se desenvolve por meio da curadoria especial, nos termos do art. 9.º do CPC, a previsão legal ora comentada estende expressamente essa prerrogativa à Defensoria Pública em sua atuação típica, qual seja, a defesa em juízo do hipossuficiente econômico.

---

29 Barbosa Moreira, *O novo*, p. 38.

Mesmo que o réu não possa se valer da *negativa geral*, o art. 302 do CPC, em seus três incisos, prevê exceções ao princípio da impugnação específica dos fatos, impedindo que um fato alegado pelo autor que não tenha sido impugnado especificamente seja presumido verdadeiro:

(a) fatos a cujo respeito não se admite a confissão (direitos indisponíveis);

(b) petição inicial desacompanhada de instrumento público que a lei considere da substância do ato (por exemplo, certidão de casamento, certidão de óbito);

(c) fatos que estejam em contradição com a defesa, considerada em seu conjunto.

Essa última exceção exige do juiz uma análise da defesa como um todo, reconhecendo-se que em algumas situações a impugnação de determinados fatos, por uma questão lógica, impede que os demais, ainda que não impugnados especificamente, sejam presumidos verdadeiros.

João ingressa com ação reparatória contra Felipe alegando que num determinado *pub* londrino foi agredido por este com uma garrafada na cabeça. São dois fatos alegados por João: (a) Felipe estava no bar no momento da agressão; (b) Felipe foi o responsável pela garrafada que o vitimou. Em sua contestação Felipe alega tão somente que não estava no bar no momento da agressão, deixando de impugnar o fato de ser o responsável pela garrafada. Nesse caso, não poderá o juiz presumir que Felipe deu a garrafada, porque provado que ele não estava no bar, concluir-se por sua responsabilidade pela garrafada criaria incompatibilidade lógica insuperável.

11.5.4. Princípio da eventualidade

O art. 303 do CPC consagra o princípio da eventualidade para o réu, ao exigir a exposição de todas as matérias de defesa de forma cumulada e alternativa na contestação. Também conhecido como *princípio da concentração de defesa*, a regra ora analisada fundamenta-se na **preclusão consumativa**, exigindo-se que de uma vez só, na contestação, o réu apresente todas as matérias que tem em sua defesa, "sob pena" de não poder alegá-las posteriormente. A cumulação é eventual porque o réu alegará as matérias de defesa indicando que a posterior seja enfrentada na eventualidade de a matéria defensiva anterior ser rejeitada pelo juiz.

A exigência de cumulação de todas as matérias de defesa na contestação faz com que o réu se veja obrigado a cumular defesas logicamente incompatíveis, por exemplo, no caso de alegar que não houve o dano alegado pelo autor mas que, na eventualidade de o juiz entender que houve o dano, não foi no valor apontado pelo autor, circunstância verificada com regularidade nos pedidos de condenação em dano moral. Certa incompatibilidade lógica é natural e admissível, mas o réu jamais poderá cumular matérias defensivas criando para cada uma delas diferentes situações fáticas, porque com isso em alguma das teses defensivas estará alterando a verdade dos fatos. Pode-se afirmar que o limite do princípio da concentração da defesa é o respeito ao *princípio da boa-fé e lealdade processual*[30].

> Marina ingressa com demanda de cobrança contra Aline, que em sua defesa alega que nunca celebrou contrato de empréstimo com a autora, mas na eventualidade do juiz entender diferente que já pagou a dívida, e ainda na eventualidade de nenhuma dessas defesas ser acolhida, que não pagou e nem deve pagar porque a dívida está prescrita. Note-se que, mesmo sem saber quando, é óbvio que Aline em algum momento de sua defesa mentiu, porque não é possível alegar que não há dívida, mas que já a pagou, ou ainda que já a pagou e que não pagou porque não deveria ter pago em razão da prescrição. Num caso como esse o princípio da eventualidade não pode acobertar a nítida litigância de má-fé do réu.

O princípio da concentração das defesas na contestação é excepcionado em três hipóteses, previstas pelos incisos do art. 303 do CPC, sendo que nesses casos o réu poderá alegar a matéria defensiva após a apresentação da contestação:

(a) matérias defensivas relativas a direito superveniente;

(b) matérias que o juiz pode conhecer de ofício (por exemplo, matérias de ordem pública, prescrição, decadência legal);

(c) matérias que por expressa previsão legal podem ser alegadas a qualquer momento (por exemplo, decadência convencional).

11.6. EXCEÇÕES RITUAIS

As exceções rituais encontram-se previstas como espécie de resposta do réu no art. 297 do CPC, de forma que tal natureza jurídica é indiscutível. Existem três espécies de exceções rituais: *incompetência relativa*, *impedimento* e *suspeição*, sendo a primeira hipótese referente ao juízo e as duas seguintes referentes à pessoa física do juiz. O tratamento em conjunto de tais exceções encontra-se previsto nos arts. 304 a 306 do CPC, e o tratamento individualizado nos arts. 307 a 311 (incompetência relativa) e 312 a 314 (impedimento e suspeição), todos do CPC.

Na realidade, o nome "exceções rituais" somente é correto para designar exceção de incompetência relativa, porque segundo tradicional lição doutrinária *exceção* é termo utilizado para designar matéria de defesa que só pode ser conhecida pelo juiz quando alegada pela parte. Essa é a regra para a alegação de incompetência relativa, que depende de manifestação do réu, salvo a exceção prevista no art. 112, parágrafo único, do CPC. Nas hipóteses de suspeição e impedimento, o juiz deve se manifestar de ofício, atividade tradicionalmente associada às *objeções*, que são as matérias de defesa que podem – devem – ser conhecidas de ofício pelo juiz, independentemente de alegação das partes[31]. De

[30] Dinamarco, *Instituições*, v. 3, n. 1.070, p. 469.

[31] Para análise exaustiva do tema, proveitosa a leitura de Didier, *Curso*, v. 1, p. 443-446.

qualquer forma, consagrada a nomenclatura, não vejo maiores inconvenientes em utilizá-la na análise dessas formas de defesa.

11.6.1. Teoria geral das exceções

Dificilmente será encontrada no Código de Processo Civil – e quiçá em qualquer diploma legal – uma sequência de três artigos com tantos equívocos como ocorre nos arts. 304 ao 306 do CPC, que tratam da teoria geral das exceções rituais. Como forma de demonstrar tais equívocos – são sete no total –, cumpre a análise individualizada de cada um deles.

> No PLNCPC não existe previsão a respeito da teoria geral das exceções rituais. A incompetência relativa passa a ser alegada como matéria preliminar, restando a petição autônoma para a alegação de suspeição e impedimento do juiz, nos termos do art. 126, *caput*, do PLNCPC. Registre-se que, fundamentalmente, a alegação de suspeição e impedimento do juiz continuará a ser realizada pelas mesmas regras procedimentais atualmente existentes. A novidade fica por conta do § 4.º do art. 126 citado, pelo qual se admite expressamente que o tribunal, ao reconhecer a suspeição ou o impedimento, anule atos praticados pelo juiz parcial.

11.6.1.1. Legitimidade para alegação

Estabelece o art. 304 do CPC que "qualquer das partes" poderá arguir as exceções rituais, em regra claramente limitada às alegações de impedimento e suspeição do juiz, considerando-se o que já foi visto no Capítulo 2, item 2.3.3.1.2. O autor não é legitimado para alegar incompetência relativa em razão de preclusão lógica operada no momento de interposição da petição inicial em juízo relativamente incompetente[32]. O fundamento de que a ilegitimidade do autor decorre da regra de que ninguém pode se beneficiar da própria torpeza não é correto, porque o motivo que levou o autor a propor a demanda perante juízo relativamente incompetente é irrelevante. Por torpeza ou ignorância, não haverá legitimação.

A exceção de impedimento e suspeição, por outro lado, pode ser alegada tanto pelo autor como pelo réu, até mesmo porque o autor pode escolher, quando muito, o juízo para o qual será distribuída a petição inicial, mas jamais escolherá o juiz.

11.6.1.2. Momento de alegação

Segundo o art. 305 do CPC, o direito a excepcionar "pode ser exercido a qualquer tempo", em lição mais uma vez aplicável somente às exceções rituais

---

[32] Barbosa Moreira, *O novo*, p. 41.

de impedimento e de suspeição, pois a alegação de incompetência relativa é preclusiva, devendo ser realizada no prazo de resposta do réu, sempre antes da apresentação de qualquer outra espécie de resposta. Caso contrário, ocorrerá prorrogação da competência do juízo originariamente incompetente.

11.6.1.3. *Órgão competente para decidir a exceção*

Além de prever a possibilidade de a exceção ritual ser alegada a qualquer momento, o art. 305 do CPC também prevê que essa alegação poderá ser feita em qualquer grau de jurisdição. Mais uma vez a regra só tem aplicação para as exceções rituais de impedimento e suspeição, considerando-se que, mesmo nos casos de competência originária do tribunal, se alguma incompetência existir ela será de natureza absoluta (competência funcional), sendo absolutamente inadmissível uma exceção de incompetência relativa fora do primeiro grau de jurisdição[33]. A atuação do tribunal nesse caso só pode ser recursal, mas não será perante o tribunal alegada a incompetência relativa.

11.6.1.4. *Prazo para a interposição da exceção*

Em mais um equívoco do legislador, o art. 305, *caput*, do CPC, prevê que o prazo para a interposição das exceções rituais é de 15 dias. A crítica pode ser feita relativamente às três diferentes espécies de exceção.

Na *exceção de incompetência* o prazo será o de resposta do réu, que pode ser ou não de 15 dias, tudo a depender do caso concreto. Mesmo na hipótese de processo de conhecimento pelo rito ordinário, que parece ter sido o adotado pelo legislador como se fosse o único, o prazo poderá ser diferente; basta imaginar a aplicação dos arts. 188[34] e 191[35] do CPC, com contagem de prazo em quádruplo e em dobro, respectivamente. No procedimento sumário, o réu é obrigado a ingressar com a exceção na audiência de conciliação, não podendo fazê-lo antes desse momento processual, porque a agilidade que se espera do procedimento sumário não se compatibiliza com a suspensão do procedimento principal gerado pela interposição da exceção[36].

A *exceção de impedimento* não tem prazo para interposição, até mesmo porque esse vício proporciona o ingresso de ação rescisória (art. 485, II, do CPC), não havendo nenhum sentido aplicar a preclusão temporal sobre matéria de ordem

---

33 Marinoni-Mitidiero, *Código*, p. 317.

34 Arruda Alvim, *Manual*, p. 272, e Moniz de Aragão, *Comentários*, v. 2, p. 117.

35 Quanto ao prazo em quádruplo para a Fazenda Pública excepcionar, Carneiro da Cunha, *A Fazenda*, p. 41; Fadel, *Código*, p. 230. Contra, Barbosa Moreira, *O novo*, p. 37.

36 Araken de Assis, *Procedimento*, p. 95. A doutrina parece ser uníssona nesse sentido: Gilson Delgado, *Procedimento*, p. 176; Figueira Jr., *O novo*, p. 210.

pública que gera vício de nulidade absoluta, e que após o trânsito em julgado torna-se vício de rescindibilidade[37].

Segundo o entendimento do Superior Tribunal de Justiça o prazo para o réu alegar a *exceção de suspeição* é o de sua resposta[38]. Como a matéria pode ser alegada a qualquer momento, sendo a causa da suspeição conhecida apenas depois desse momento procedimental, aplica-se o art. 305, *caput,* do CPC, sendo o prazo das partes de **15 dias**.

11.6.1.5. Termo inicial da contagem de prazo

O art. 305, *caput*, do CPC prevê que o termo inicial da contagem de prazo para a interposição de exceção é a data do fato que ocasionou a incompetência, o impedimento ou a suspeição. A regra é totalmente inaplicável, visto que redigida em flagrante e inaceitável afronta ao *princípio do contraditório*, que exige a ciência das partes para que então possam reagir. Como ingressar com a exceção sem ter ciência do fato que gerou a sua causa?

A interpretação literal do dispositivo legal levaria a situações insólitas, como a do juiz que recebeu caro regalo de uma das partes no dia 15 de abril, fato esse somente conhecido pela parte contrária no dia 15 de agosto. Seria possível o juiz não admitir a exceção com a alegação de que o prazo teria transcorrido no dia 30 de abril? Estaria precluso o direito da parte de ingressar com a exceção de suspeição? Mais absurda ainda é a hipótese de incompetência relativa, porque nesse caso o fato que gerou a causa da exceção – incompetência relativa do juízo – se verifica na data da propositura da demanda, sendo quase certo que o réu será citado depois de transcorrido o prazo de 15 dias dessa data. Não poderia então ingressar com exceção de incompetência em razão de preclusão temporal?

Essas ponderações levaram a melhor doutrina a desprezar a literalidade do dispositivo legal, entendendo-se que o termo inicial de contagem do prazo para o ingresso da exceção é a **data em que a parte tomou conhecimento do fato** que gerou a causa da exceção, o que evidentemente só poderá se verificar depois da data do fato[39]. Na hipótese da exceção de incompetência, o termo inicial será sempre (i) a data de juntada do mandado de citação aos autos; (ii) a juntada da carta AR aos autos; (iii) o vencimento do prazo de edital, momentos nos quais se considera que o réu tomou conhecimento do fato que criou a causa da exceção, no caso, a incompetência relativa do juízo.

11.6.1.6. Momento de suspensão do procedimento principal

O art. 306 do CPC prevê que o recebimento da exceção ritual suspende o processo, mas na realidade a suspensão tem início com a **mera interposição** da

[37] Barbosa Moreira, *O novo*, p. 41 e Calmon de Passos, *Comentários*, v. 3, p. 294.

[38] STJ, REsp 545.189/RO, 5.ª Turma, rel. MIn. Arnaldo Esteves Lima, j. 11.04.2006, DJ 02.05.2006, p. 368.

[39] Barbosa Moreira, *O novo*, p. 41; Theodoro Jr., *Curso*, p. 357.

exceção ritual[40]. Basta imaginar a situação de o réu num processo de conhecimento pelo rito ordinário excepcionar o juízo no décimo dia de prazo, demorando a petição a chegar ao conhecimento do juiz, que só a recebe no vigésimo dia. Se realmente for esse o momento em que se inicia a suspensão, o réu será revel, porque no décimo quinto dia o processo estava em trâmite e a falta de contestação gerará a revelia. Naturalmente esse entendimento não pode ser admitido, não podendo o réu ser prejudicado pela demora do órgão jurisdicional em receber a exceção. Dessa forma, a suspensão tem início a partir do momento de interposição da exceção de incompetência[41].

Mesmo na hipótese de exceção manifestamente infundada, que deva ser indeferida de plano, a sanção processual será a aplicação de multa por litigância de má-fé, sendo que a suspensão durará entre a interposição da exceção e seu indeferimento liminar.

O art. 126, § 1.º, do PLNCPC é expresso ao prever que o mero protocolo da petição na qual a parte alega suspeição ou impedimento do juiz suspende o processo, não sendo necessário o seu recebimento pelo juiz.

11.6.1.6.1. Suspensão imprópria

Segundo o art. 306 do CPC, o processo será suspenso com o recebimento – na realidade o oferecimento – da exceção, mas é preciso atentar para o fato de que a exceção faz parte do processo, e naturalmente terá andamento após a sua interposição. Significa dizer que o processo não é integralmente suspenso, a não ser que se considere a exceção um novo processo, o que é claramente inadmissível. A suspensão prevista pelo dispositivo legal limita-se ao procedimento principal, e não ao processo como um todo, que continuará seu andamento por meio do andamento da exceção ritual. Trata-se, portanto, de suspensão imprópria, ou seja, apenas alguns atos do procedimento serão suspensos, no caso os atos que compõem o procedimento principal.

11.6.1.6.2. Momento final da suspensão

Segundo o art. 306 do CPC, a suspensão do processo – procedimento principal – persiste até o julgamento definitivo da exceção ritual. Na realidade é mais um equívoco do dispositivo legal porque a suspensão dura somente até a **primeira decisão proferida na exceção**, seja uma decisão processual ou referente ao mérito. A exceção de incompetência é decidida por decisão interlocutória, recorrível

[40] STJ, 3.ª Turma, REsp 790.567-RS, Rel. Min. Humberto Gomes de Barros, j. 24.04.2007.

[41] Nesse sentido, Marcato, *Código*, p. 951; Nery-Nery, *Código*, p. 694; Costa Machado, *Código*, p. 451. Em sentido contrário, Scarpinella Bueno, *A nova*, v. 2, p. 113.

por agravo de instrumento, que não tem efeito suspensivo, enquanto a exceção de suspeição e impedimento é decidida por um acórdão, recorrível por recurso especial e recurso extraordinário, a depender do caso concreto, recursos que não são dotados de efeito suspensivo. Significa dizer que, uma vez decidida a exceção, mesmo que interposto o recurso cabível, a decisão gera efeitos imediatos, não havendo nenhum sentido em manter a suspensão até o julgamento definitivo[42].

A situação torna-se ainda mais absurda se for considerado o art. 543, § 3°, do CPC, que determina a retenção dos recursos especial e extraordinário interpostos contra decisões interlocutórias. No caso das exceções, toda decisão terá essa natureza, não tendo sentido entender que a suspensão dure até o julgamento definitivo da exceção, até porque nesse caso a retenção impediria esse julgamento definitivo. Situação no mínimo paradoxal que corrobora o entendimento de que houve um equívoco legislativo.

11.6.2. Exceção de incompetência relativa

11.6.2.1. *Prazo de interposição*

No prazo de resposta o réu deverá ingressar com exceção de incompetência como forma de evitar a prorrogação de competência. O réu poderá ingressar com a exceção de incompetência relativa antes das outras formas de respostas ou concomitantemente com estas, sendo de extrema raridade a mera apresentação de exceção de incompetência desacompanhada de outras espécies de resposta, em especial a contestação.

A apresentação de qualquer espécie de resposta, entretanto, tornará inadmissível o ingresso posterior da exceção de incompetência, ainda que o prazo previsto em lei para a resposta do réu ainda não tenha transcorrido integralmente. A incompetência relativa gera uma **nulidade relativa**, e, não sendo arguido o vício pela parte interessada no primeiro momento em que falar nos autos, ocorrerá o seu saneamento (art. 245, *caput*, do CPC), de forma que, apresentada contestação ou qualquer outra espécie de defesa, ainda que dentro do prazo de resposta, não haverá mais nulidade a ser alegada, não cabendo a exceção de incompetência relativa[43].

11.6.2.2. *Forma de alegação*

A exceção será apresentada em **peça autônoma** e autuada em autos em apenso, ao menos na Justiça Comum, porque nos Juizados Especiais Cíveis o art. 30 da Lei 9.099/1995 não prevê entre as respostas do réu a exceção de

[42] STJ, 1.ª Turma, REsp 848.954-PR, Rel. Min. Francisco Falcão, j. 24.04.2007; STJ, 3.ª Turma, REsp 578.344/BA, Rel. Min. Antônio de Pádua Ribeiro, j. 16.03.2004.

[43] Marcato, *Código*, p. 947.

incompetência, sendo que a alegação dessa matéria deverá ser feita na própria contestação. Interessante questão se coloca na hipótese de o réu alegar como tópico da contestação a matéria concernente à incompetência relativa em procedimento que exija a apresentação de exceção.

O art. 112, *caput*, do CPC determina que a arguição de incompetência relativa seja feita por meio de exceção; o art. 307 do CPC prevê que tal exceção deverá ser elaborada em peça fundamentada e devidamente instruída, indicando o juízo para o qual o excipiente declina a competência, e o art. 299 do CPC prevê que as exceções rituais serão autuadas em apenso. A conjugação desses três dispositivos leva à inequívoca conclusão de que a exceção deve ser apresentada em peça autônoma[44].

Justamente por prever a lei uma forma específica de alegação da incompetência relativa, a doutrina majoritária tem sido reticente em admiti-la quando feita sob a forma de defesa preliminar na própria contestação. Considera-se majoritariamente, ao menos em campo doutrinário, que o vício formal gerado pela equivocada forma de alegação da incompetência relativa não impedirá a prorrogação de competência, o que significa dizer que na prática o equívoco formal equivalerá à inexistência de qualquer alegação[45].

Nada justifica esse entendimento. O argumento de que a peça autônoma é necessária, em termos de organização do trabalho jurisdicional, por separar em autos diferentes questões que demandarão procedimentos próprios e autônomos[46] não convence. Considerando-se que a interposição da exceção – e não o recebimento como indevidamente consta do art. 306 do CPC – suspende o procedimento principal, faz com que só tenha andamento o procedimento da própria exceção, o que evita um trâmite concomitante de diferentes procedimentos, sendo o suficiente para duvidar do benefício apontado.

Também poderia servir como argumento o fato de o legislador ter destinado procedimentos próprios para essas três matérias – incompetência relativa, impedimento e suspeição –, o que não fez em relação a tantas outras matérias que o réu poderá alegar em sua defesa (no sentido processual de exceção). Esse entendimento também não se justifica, pois a natureza de defesa processual dilatória atribuída às exceções também é encontrada em algumas das matérias indicadas pelo art. 301 do CPC, como ocorre nos casos de inexistência ou nulidade da citação (art. 301, I, do CPC), incompetência absoluta (art. 301, II, do CPC) e conexão (art. 301, VII, do CPC).

Verifica-se nesse tocante um rigorismo formal injustificado, apegado à exigência derivada da interpretação do art. 299 do CPC. Inexistem razões para se deixar de aplicar nesse caso o princípio da *instrumentalidade das formas* para a admissão da equivocada alegação de incompetência relativa na própria contestação,

---

44 Theodoro Jr., *Curso*, n. 390, p. 439; Costa Machado, *Código*, p. 436.

45 Dinamarco, *Instituições*, v. 1, p. 608; Arruda Alvim, *Manual*, p. 273; Nery-Nery, *Código*, p. 307; STJ, 1.ª Turma, REsp. 380.705, Rel. Garcia Vieira, *DJ* 08.04.2002.

46 Marcato, *Código*, p. 943. Fadel, *Código*, p. 377.

considerando-se que todos os requisitos para isso estão presentes. O equívoco do réu na forma de arguição da incompetência relativa, alegando-a em contestação, não impede que a finalidade planejada pela lei para a exceção de incompetência seja atingida (demonstrar a irresignação do réu com a escolha de foro feita pelo autor), não havendo, também, nenhum prejuízo à parte contrária ou ao processo na aceitação da forma viciada de alegação dessa matéria. Felizmente é esse o entendimento consolidado do Superior Tribunal de Justiça[47].

11.6.2.3. *Interposição no foro de domicílio do réu*

O art. 305 do CPC ganhou um parágrafo único de excelente qualidade técnica incluído pela Lei 11.280/2005. No novo dispositivo legal admite-se que o réu, citado em demanda que tramita em foro diverso do foro de seu domicílio, em vez de se deslocar até a sede do juízo para interpor a exceção de incompetência, o faça no foro de seu próprio domicílio, sendo que o juízo que receber a exceção será responsável pela sua imediata remessa ao juízo no qual tramita o processo. O dispositivo legal tem o inegável mérito de facilitar a tarefa do réu em excepcionar o juízo situado em foro diverso do local em que tem seu domicílio, sendo a *ratio* da norma elogiável, ainda que a utilização do termo "juízo" de domicílio do réu não esteja correta, sendo preferível "foro", porque no domicílio do réu não haverá nenhum processo instaurado, sendo inadequado falar em juízo.

É evidente que a aplicação da norma legal comentada somente se justifica nos processos que tramitem em foro distinto do foro de domicílio do réu. Sendo demandado em seu próprio domicílio, o réu excepciona como antes fazia, no juízo perante o qual tramita o processo. Também na hipótese de protocolo integrado o dispositivo não se aplica, porque nesse caso o réu poderá, no foro de seu domicílio, excepcionar o juízo, endereçando a petição para o juízo em que tramita o processo.

Cumpre consignar que o dispositivo legal criou uma **mera faculdade ao réu**, que poderá optar entre protocolizar a petição de exceção de incompetência perante o juízo em que tramita o processo ou o foro de seu domicílio.

Optando o réu pela aplicação do art. 305, parágrafo único, do CPC, deverá protocolizar a petição da exceção no foro de seu domicílio, restando a questão de qual o juízo que receberá essa petição, determinando sua remessa ao juízo em que tramita o processo. Modificando entendimento anterior, passei a entender que a petição não deve ser distribuída, cabendo ao próprio **cartório distribuidor** a remessa da peça de exceção ao juízo em que tramita a demanda. Caso ocorra a distribuição a um juízo, não haverá prevenção, considerando-se que não há atuação jurisdicional na simples remessa de peça a outro juízo. Na realidade, o

---

47 STJ, 2.ª Seção, CC 86.962/RO, rel. Min. Humberto Gomes de Barros, j. 13.02.2008, *DJ* 03.03.2008; STJ, 2.ª Turma, REsp 885.960/CE, rel. Min. Humberto Martins, j. 02.08.2007, *DJ* 15.08.2007; STJ, 2.ª Seção, REsp. 169.176/DF, rel. Min. Castro Filho, j. 25.03.2003, *DJ* 12.08.2003. Na doutrina, Pizzol, *A competência*, p. 388-389.

juízo que recebe a petição de exceção é um mero colaborador do juízo em que tramita o processo, faltando-lhe competência para qualquer decisão a respeito da exceção de incompetência. É esse o sentido da expressão "imediata remessa" constante do dispositivo legal.

Apesar de o art. 305, parágrafo único, do CPC prever a possibilidade de ingresso da exceção de incompetência em foro diverso do qual tramita o processo, entende que o réu poderá concomitantemente apresentar outras formas de respostas (em geral a contestação), que também deverão ser encaminhadas ao juízo do processo.

11.6.2.4. *Conteúdo da exceção de incompetência*

Segundo a expressa previsão do art. 307 do CPC, a exceção será elaborada em petição fundamentada e devidamente instruída, indicando o juízo para o qual declina. É possível falar em petição inicial da exceção, aplicando-se naquilo que for cabível os regramentos do art. 282 do CPC, em especial o inciso III, que exige do autor a narrativa dos fatos e fundamentos jurídicos do pedido (causa de pedir). Ao se exigir do excipiente uma **peça fundamentada**, o estatuto processual exige a narrativa dos fatos e dos fundamentos jurídicos do pedido que sirvam como base da alegação de incompetência relativa.

O fundamento jurídico da exceção de incompetência será a aplicação da regra legal de competência no caso concreto ou a alegação de cláusula de eleição de foro válida, o que impedirá a prorrogação pretendida pelo autor. Nesses termos, deverá o excipiente elaborar sua peça com base nesses dois possíveis fundamentos, sendo que a fundamentação jurídica indevida já será suficiente para a rejeição da exceção.

Além dos fatos e fundamentos jurídicos que embasam o pedido do excipiente, lhe será obrigatória a indicação do juízo que entende ser o competente, sendo que a ausência de tal indicação ocasionará a hipótese de emenda da petição e somente depois da oportunidade concedida ao réu, o indeferimento da exceção[48]. A exigência quanto à indicação do juízo que o excipiente entende ser o competente somente se justificará se for vinculativo ao juiz, não podendo ser acolhida a exceção se o juiz entender no caso concreto que o foro competente não é nem o atual, nem aquele indicado pelo réu. Seria realmente inexplicável a exigência de indicação do foro se o juiz pudesse remeter o processo para qualquer comarca ou seção judiciária[49]. Na realidade, o pedido do réu na exceção não se limita à declaração de incompetência, mas também à remessa do processo ao foro indicado, de forma que, não sendo esse foro competente, caberá ao juiz indeferir o pedido.

[48] Apontando para a possibilidade de emenda, Nery-Nery, *Código*, p. 695. Pelo indeferimento de plano, Dinamarco, *Instituições*, v. 3, p. 485; Marcato, *Código*, p. 952.

[49] Contra: Dinamarco, *Instituições*, v. 3, p. 485, apontado como excesso de formalismo decisões do Superior Tribunal de Justiça no sentido defendido no texto.

Carlos, domiciliado em Santos, ingressa com ação revisional de um contrato de empréstimo contra Felipe, domiciliado em São Paulo. O processo é distribuído para a 2.ª Vara Cível de Santos, sendo que Felipe em sua resposta ingressa com exceção de incompetência alegando a competência do foro de Atibaia, onde exerce suas atividades profissionais. O juiz entende que, aplicando-se o dispositivo legal adequado ao caso – art. 94 do CPC – o foro competente é o de São Paulo, ou seja, não é Santos (escolhido por Carlos) nem Atibaia (escolhido por Felipe), devendo rejeitar a exceção de incompetência, o que consequentemente prorrogará a competência da 2.ª Vara Cível de Santos.

11.6.2.5. *Procedimento da exceção*

Existem três hipóteses de indeferimento liminar da exceção:

(a) manifesta improcedência (art. 310 do CPC), na hipótese da alegação do excipiente não ter nenhum substrato fático-jurídico sério, sendo flagrantemente contrária à lei[50];

(b) manifesta inadmissibilidade (por exemplo, exceção apresentada pelo autor ou flagrantemente intempestiva);

(c) ausência de indicação do juízo competente.

No primeiro caso, o indeferimento diz respeito ao mérito da exceção, enquanto nos dois seguintes refere-se a aspectos formais. Nesses casos, embora haja a determinação de indeferimento liminar da peça inicial, sempre que o vício se mostrar sanável, não haverá nenhuma irregularidade na determinação da emenda da peça, em aplicação extensiva do art. 284 do CPC[51].

Não sendo caso de indeferimento, o autor excepto será intimado para manifestar-se no prazo de 10 dias, e, sendo necessária, será produzida prova, inclusive com a possibilidade de designação de audiência de instrução, o que, entretanto, raramente ocorre. Em respeito ao princípio do contraditório, apesar de o art. 309 do CPC prever exclusivamente a prova testemunhal, qualquer meio de prova poderá ser produzido. O prazo impróprio para a prolação de decisão interlocutória que julga a exceção é de 10 dias (art. 309 do CPC). O teor do julgamento é interessante no tocante aos rumos do processo.

Sendo a exceção rejeitada por vícios formais ou julgada improcedente no mérito, a demanda prosseguirá perante o próprio juízo para o qual foi distribuída a petição inicial. As partes serão intimadas da decisão e o procedimento principal retomará imediatamente seu andamento. Sendo a exceção acolhida, os autos deverão ser enviados ao juízo competente (art. 311 do CPC), mas nesse caso haverá um problema para a retomada imediata do andamento procedimental. Sendo necessária a remessa dos autos, haverá um período de tempo de **trânsito**

---

[50] Calmon de Passos, *Comentários*, v. 3, p. 298.

[51] Especificamente quanto à ausência de indicação do foro competente pelo excipiente, as lições de Figueira Jr., *Comentários*, p. 280-281.

dos autos, durante o qual não se saberá qual é o juízo competente (vara, número do processo), mas tão somente o foro competente (comarca, seção judiciária). Durante esse lapso temporal o procedimento não retoma seu andamento, devendo as partes ser intimadas da chegada dos autos ao novo juízo para que o procedimento retome seu andamento[52].

Havendo necessidade de praticar atos de urgência durante o período de trânsito dos autos, caberá à parte ingressar com o pedido perante o foro competente, distribuindo-se livremente tal pedido e tornando-se prevento o juízo que o analisar. Dessa forma, preserva-se a competência determinada pela decisão proferida na exceção de incompetência e não se prejudica a parte pela indefinição quanto ao juízo competente.

O pronunciamento que decide a exceção de incompetência tem natureza de decisão interlocutória, sendo recorrível por agravo de instrumento, sendo a interposição de apelação considerada um erro grosseiro, o que impede a aplicação do princípio da fungibilidade recursal[53]. Como analisado no Capítulo 25, item 25.2.1.2, esse recurso não tem efeito suspensivo próprio, mas a parte pode obtê-lo no caso concreto, nos termos do art. 527, III, do CPC. É claro que, obtido o efeito suspensivo no caso concreto, nenhum ato do procedimento principal será praticado, inclusive restando sobrestada a remessa dos autos ao juízo competente.

11.6.3. Exceção de suspeição e impedimento

As hipóteses de impedimento do juiz estão previstas no art. 134 do CPC, enquanto as de suspeição estão previstas no art. 135 do CPC. São causas de **parcialidade do juiz**, que justificam o seu afastamento da condução do processo. Em ambos os casos o juiz pode – deve – de ofício se declarar parcial para o julgamento da demanda, remetendo o processo ao seu substituto legal por meio de decisão interlocutória irrecorrível. Caso não o faça, caberá às partes a alegação da parcialidade por meio da exceção ritual, que terá o mesmo procedimento na hipótese de suspeição ou de impedimento.

O impedimento do juiz é causa absoluta de parcialidade, significando dizer que basta a ocorrência de umas das causas previstas pelo art. 134 do CPC, para que o juiz seja afastado da condução do processo, não sendo necessária a pesquisa a respeito da efetiva influência gerada na imparcialidade do juiz no caso concreto. Na exceção de suspeição não basta a mera alegação de uma das causas previstas no art. 135 do CPC, sendo indispensável que se demonstre que a ocorrência dessa causa gerou efetivamente a parcialidade do juiz no caso concreto. Parcela da doutrina se refere à *suspeição*, sendo definida por elementos subjetivos, enquanto o *impedimento* é definido por elementos objetivos[54].

---

52 Barbosa Moreira, *O novo*, p. 44; Figueira Jr., *Comentários*, p. 297.

53 Nesse sentido Figueira Jr., *Comentários*, p. 284.

54 Arruda Alvim, *Manual*, n. 116, p. 272-273.

11.6.3.1. *Procedimento*

A alegação de impedimento ou de suspeição por meio de exceção ritual tem algumas características:

(a) deve ser formulada por meio de peça autônoma, inclusive nos Juizados Especiais (art. 30 da Lei 9.099/1995);

(b) a peça deve ser devidamente fundamentada com a especificação do motivo da parcialidade do juiz (arts. 134 e 135 do CPC);

(c) deve ser indicado na peça o rol de testemunhas quando o excipiente pretender a produção dessa espécie de prova;

(d) deve a peça ser instruída com documentos, se existirem e for esse o desejo do excipiente;

(e) será endereçada para o próprio juiz que se aponta como parcial.

O juiz excepto, diante do oferecimento da exceção de suspeição ou impedimento, pode optar por:

(a) concordar com os fundamentos da exceção, declarar-se parcial e determinar o envio do processo ao seu substituto legal, por decisão interlocutória irrecorrível;

(b) discordar da exceção, oferecendo sua resposta em peça escrita, no prazo de 10 dias, devidamente instruída com documentos e com indicação do rol de testemunhas, quando existirem tais espécies de prova no caso concreto.

A doutrina majoritária entende ser vedado ao juiz excepto o indeferimento da petição da exceção, porque, sendo parte no incidente processual criado pela exceção, o juiz é incompetente para prolatar tal decisão[55]. Ainda que se concorde com a lógica do entendimento, parece existir uma hipótese em que será preferível o indeferimento liminar da exceção à instauração do procedimento previsto em lei. Não se deve esquecer que a exceção suspende o procedimento principal, o que pode levar o réu a ingressar com exceções sem nenhuma fundamentação séria ou nitidamente inadmissíveis, somente para se valer desse período de suspensão para atrasar o andamento do processo[56]. Nesses casos em que a improcedência e/ou inadmissibilidade da exceção é manifesta, sendo nítida a **má-fé do excipiente**, o juiz deve **indeferir de plano** a exceção de suspeição e de impedimento, porque, ainda que seja parte no incidente, não deixa de ser o responsável pelo processo, devendo zelar pelos princípios da *boa-fé*, *lealdade processual* e *economia processual*. Eventuais arbítrios praticados pelo juiz realmente parcial poderão ser imediatamente revertidos com a interposição do recurso de agravo de instrumento com pedido de efeito suspensivo.

Apresentada a resposta pelo juiz, os autos do incidente processual serão remetidos ao tribunal competente, sendo possíveis duas espécies de julgamento:

---

[55] Marcato, *Código*, p. 958; Dinamarco, *Instituições*, v. 3, n. 1090, p. 492; Arruda Alvim, *Manual*, n. 118, p. 274. STJ, 3.ª Turma, REsp 704.600/RJ, Rel. Min. Ari Pargendler, j. 02.05.2006, *DJ* 12.06.2006.

[56] Theodoro Jr., *Curso*, n. 391, p. 440; Fux, *Curso*, p. 648.

(a) rejeição da exceção, com condenação do excipiente ao pagamento das custas processuais do incidente. Nessa hipótese, o acórdão será recorrível pela parte excipiente por recurso especial e/ou recurso extraordinário, a depender do caso concreto;

(b) acolhimento da exceção, com condenação do juiz ao pagamento das custas processuais, em acórdão recorrível pelo juiz excepto por recurso especial e/ou recurso extraordinário, a depender do caso concreto[57]. Trata-se de interessante e peculiar hipótese de dispensa da capacidade postulatória para interposição de recurso, considerando-se que o próprio juiz excepto pode elaborar tais recursos, visto que possui a capacidade técnica exigida para a prática de tal ato processual[58].

11.7. RECONVENÇÃO

11.7.1. Conceito

A reconvenção não se confunde com nenhuma das outras duas espécies de resposta previstas no art. 297 do CPC, sendo compreendida como o exercício do direito de ação do réu dentro do processo em que primitivamente o autor originário tenha exercido o seu direito de ação. Afirma-se em doutrina que na reconvenção o réu se afasta da posição passiva, própria da contestação, para assumir uma posição ativa, pleiteando um bem da vida em pedido dirigido contra o autor da ação originária. Em razão dessa natureza de ação, é comum afirmar que a reconvenção é um "**contra-ataque**" do réu, pelo qual haverá uma inversão dos polos da demanda: o réu se tornará autor (*autor-reconvinte*) e o autor se tornará réu (*réu-reconvindo*).

Com a reconvenção haverá uma **ampliação objetiva** ulterior do processo, que passará a contar com duas ações: a originária (indevidamente tratada pelo art. 315, *caput*, do CPC, como ação principal) e a reconvencional. Não se trata de pluralidade de processos, considerando-se que o processo continua sendo um só, mas, com o pedido feito pelo réu, passa o processo a contar com mais uma ação, de natureza reconvencional, o que leva à sua ampliação objetiva[59].

A reconvenção é uma **mera faculdade** processual, podendo o réu que deixar de reconvir ingressar de forma autônoma com a mesma ação que teria ingressado sob a forma de reconvenção[60]. Não é possível vislumbrar qualquer situação de desvantagem processual ao réu que deixa de reconvir, situação diametralmente oposta àquele que deixa de contestar, que será considerado revel. Nesse sentido, afirma-se corretamente que a contestação constitui um ônus do réu, enquanto a reconvenção constitui tão somente uma faculdade. A própria natureza de ação dessa espécie de resposta fundamenta sua natureza de mera faculdade processual,

---

[57] Nery-Nery, *Código*, p. 583. Contra: Figueira Jr., *Comentários*, p. 315-317.

[58] Nery-Nery, *Código*, p. 583. Contra, Didier, *Curso*, p. 491.

[59] Nesse sentido Barbosa Moreira, *O novo*, p. 44; Marinoni-Arenhart, *Manual*, p. 167; Câmara, *Lições*, p. 336. Fux, *Curso*, p. 633, fala em cumulação de pedidos, enquanto Theodoro Jr., *Curso*, v. 1, p. 361.

[60] Dinamarco, *Instituições*, v. 3, n. 1.092, p. 497.

não se podendo admitir que o réu perca o seu direito de ação por uma simples omissão processual. O prazo para a reconvenção, portanto, é meramente preclusivo, significando que o réu não mais poderá reconvir após o seu transcurso, mas a via autônoma continuará a existir para o exercício de seu direito de ação.

O ingresso de ação autônoma que poderia ter sido manejada sob a forma de reconvenção, inclusive, pode gerar resultado prático similar ao da propositura dessa espécie de resposta. Havendo entre essas duas ações autônomas conexão, conforme previsão do art. 103 do CPC, as mesmas serão reunidas perante o juízo prevento que ficará responsável pelo julgamento conjunto de ambos os processos (art. 105 do CPC)[61]. A única diferença é que com a reconvenção haverá somente um processo, objetivamente complexo (duas ações), enquanto na reunião de processos conexos, haverá dois processos, cada qual com uma ação, ainda que tenham um procedimento conjunto, sendo inclusive decididos por uma mesma sentença.

A reconvenção deixa de ser espécie de resposta do réu no PLNCPC, que passa a admitir o contra-ataque do réu contra o autor somente por meio do pedido contraposto, elaborado na própria contestação. Algumas regras da atual reconvenção passam a ser aplicadas a esse pedido contraposto remodelado. As hipóteses de cabimento presentes atualmente no art. 315, *caput*, do CPC, são repetidas no art. 326 do PLNCPC, bem como a autonomia da reconvenção, atualmente consagrada no art. 318 do CPC, é repetida no art. 326, § 2.º, do PLNCPC, sendo novidade a regra constante no § 1.º do citado artigo, segundo a qual o pedido contraposto observará regime idêntico de despesas àquele formulado na petição inicial.

11.7.2. Condições da ação

Sendo indiscutível a natureza de ação da reconvenção, é preciso registrar que, como em qualquer outra ação, deverão estar presentes as condições da ação: legitimidade de parte, interesse de agir e possibilidade jurídica do pedido. A própria natureza da reconvenção traz consigo a exigência das três tradicionais condições da ação, mas, em razão de sua situação específica consistente em ser também uma resposta do réu, essas condições da ação têm interessantes peculiaridades que merecem uma análise particularizada[62].

11.7.2.1. *Legitimidade de parte*

No tocante à legitimidade de parte – entendida como a relação de pertinência entre o conflito levado a juízo e os sujeitos que demandarão –, há interessantes

[61] Arruda Alvim, *Manual*, p. 277; Fornaciari Jr., *Da reconvenção*, p. 151, e Fidélis dos Santos, *Manual*, p. 416.
[62] Contra: Dinamarco, *Instituições*, v. 3, p. 498.

questões derivadas da redação do art. 315 do CPC. O *caput* de tal dispositivo legal indica que somente o réu da ação originária poderá ser autor da ação reconvencional, enquanto nesta somente poderá ser réu o sujeito que figurar como autor da ação originária. Ao tomar o dispositivo legal em sua literalidade, poder-se-á concluir erroneamente que sempre deverá existir uma identidade plena, embora invertida, dos sujeitos da ação originária e da ação reconvencional. A interpretação literal impedirá qualquer ampliação ou diminuição subjetiva da demanda por meio da reconvenção, o que não parece correto.

A doutrina de forma uníssona admite a **diminuição subjetiva na reconvenção**[63]. Assim, existindo litisconsórcio na ação originária, o mesmo litisconsórcio não será necessariamente formado na reconvenção, admitindo-se que somente um dos autores da ação originária figure como réu na reconvenção ou ainda que apenas um dos réus reconvenha, solitariamente, contra o autor ou atores da ação originária. Vale a lembrança de que tal liberdade está condicionada à espécie de litisconsórcio verificado na ação originária e de seus reflexos sobre a ação reconvencional; havendo um litisconsórcio necessário na ação originária que deva se repetir também na reconvenção, será impossível a reconvenção não envolver todos os litisconsortes[64]. Essa circunstância, entretanto, não diz respeito à reconvenção, sendo decorrência natural da espécie de litisconsórcio a ser formado.

Se a diminuição subjetiva na reconvenção parece não encontrar maiores obstáculos, o mesmo não ocorre com a ampliação, tema consideravelmente controvertido. Há muita controvérsia a respeito da admissibilidade da formação de um litisconsórcio na reconvenção – ativo ou passivo – com sujeito que não participava do processo até então, ou seja, sujeito que não figurava como parte na ação originária. É evidente que se manteria a estrutura básica mínima *réu x autor*, mas ao lado de um deles – ou mesmo de ambos – seria formado litisconsórcio com terceiro estranho à demanda até então. Interessante notar que as correntes doutrinárias a respeito do tema partem das mesmas premissas, mas chegam a conclusões diametralmente opostas.

Há corrente doutrinária que entende inviável a ampliação subjetiva do processo na reconvenção em razão da principal justificativa para a adoção do instituto: a **economia processual**. Afirma-se que eventual ingresso de novo sujeito ao processo torna a relação jurídica mais complexa, o que gerará invariavelmente uma complicação procedimental incompatível com o princípio da economia processual, considerando-se que tal complicação demandará uma realização de atos que não seriam praticados se tal ampliação fosse vedada. A impossibilidade, portanto, se justifica para a preservação da principal justificativa para a existência do instituto[65].

---

63 Dinamarco, *Instituições*, v. 3, p. 506-507.

64 Barbosa Moreira, *O novo*, p. 44; Calmon de Passos, *Comentários*, v. 3, p. 313; Fornaciari Jr., *Da reconvenção*, p. 95.

65 Assim Marinoni-Arenhart, *Manual*, p. 168; Theodoro Jr., *Curso*, v. 1, p. 362; Fornaciari Jr., *Da reconvenção*, p. 94; Figueira Jr., *Comentários*, v. 4, t. II, p. 327.

A restrição defendida, apesar de partir de uma premissa verdadeira, atinge conclusão equivocada. O princípio da *economia processual* não pode ser analisado de forma isolada, sob a ótica microscópica de um processo isolado dentro de todo o universo processual, sob pena de se apequenar o princípio. É indiscutível que a inclusão de um terceiro ao processo, em razão da formação de litisconsórcio na reconvenção, tornará a relação jurídica mais complexa, o que fatalmente gerará alguma complicação procedimental que não haveria se a inclusão fosse proibida. É inegável, entretanto, que a inclusão desse terceiro ao processo fará com que o seu resultado atinja um número maior de pessoas, o que poderá, inclusive, evitar futuras demandas judiciais. É justamente essa ampliação de questões e de sujeitos atingidos pela decisão do processo que gerará, para o sistema processual como um todo, economia processual.

Propõe-se uma visão **macroscópica** do princípio, imaginando-o não à luz de um processo isoladamente, mas do conjunto de processos – reais e possíveis – que formam a realidade do conjunto forense. Em vez de dois processos, cada qual com uma ação, durando cada um deles cinco anos, num total de dez, será preferível a reunião dessas suas ações em um só processo, ainda que tal processo passe a demorar oito anos. Num cômputo geral, numa preocupação sistêmica e não individualizada, é evidentemente mais benéfico um processo de oito anos do que dois processos de cinco anos (que somariam dez anos de duração)[66].

A situação se torna ainda mais drástica, mostrando-se com maior vigor ser injustificada a vedação à ampliação subjetiva do processo nas hipóteses de litisconsórcio necessário. Nesse caso, o acolhimento da corrente que não admite a ampliação significará a impossibilidade de reconvir, dado que a formação do litisconsórcio não será uma mera faculdade da parte, mas uma obrigatoriedade em razão de exigência legal ou da natureza incindível da relação jurídica de direito material que une os litisconsortes. A situação seria de uma incongruência lógica tão significativa que parcela da doutrina passa a entender que nesse caso justifica-se uma exceção à regra impeditiva, permitindo-se a ampliação subjetiva[67]. A necessidade de formação do litisconsórcio somente torna a situação mais dramática, mas não deve ser essencial para a admissão de formação do litisconsórcio, que deve ser admitido mesmo na hipótese de litisconsórcio facultativo.

Por fim, é importante advertir que a vedação à ampliação subjetiva da demanda na reconvenção pode não representar no caso concreto respeito ao princípio da *economia processual*, ainda que analisado somente para o processo em trâmite de forma individualizada (análise microscópica). Sendo a parte impedida de formar o litisconsórcio, é provável que uma outra demanda judicial seja proposta, e ainda mais provável que essa demanda seja conexa com a ação na qual foi apresentada a reconvenção. Aplicando-se o art. 105 do CPC, as demandas serão reunidas no mesmo juízo (prevento) para julgamento conjunto, ou seja, "fechada a porta", o terceiro ingressa "pela janela" na demanda.

---

[66] Dinamarco, *Instituições*, v. 3, p. 506-507; Calmon de Passos, *Comentários*, p. 327; Nery-Nery, *Código*, p. 702.

[67] Fux, *Curso*, p. 636; Fidélis dos Santos, *Manual*, p. 416.

Admitida a formação do litisconsórcio na reconvenção, com o ingresso de terceiro na demanda, aplica-se a regra que permite a limitação do número de litisconsortes sempre que o número elevado de sujeitos puder comprometer a rápida solução do litígio ou dificultar a defesa. Trata-se do *litisconsórcio multitudinário*, previsto pelo art. 46, parágrafo único, do CPC, que fundamentará no caso concreto o indeferimento da formação do litisconsórcio desde que observados os requisitos legais tratados no Capítulo 5, item 5.4.

Outra questão interessante que toca ao tema da legitimidade de parte na reconvenção diz respeito ao art. 315, parágrafo único, do CPC, pelo qual não pode o réu, em seu próprio nome, reconvir ao autor, quando este demandar em nome de outrem. De sua redação já foi dito tudo o que se possa imaginar de forma pejorativa: atécnica, truncada, confusa, inadequada e incorreta. A leitura apressada do dispositivo legal pode levar o leitor mais desavisado a concluir se tratar de norma referente à *representação processual*, pois quem atua em nome de outrem é representante processual. Essa interpretação, entretanto, tornaria o dispositivo legal absolutamente inútil, considerando-se que o **representante não é parte**, o que significa dizer que já não tem legitimidade pelo disposto no art. 315, *caput*, do CPC.

A doutrina de forma uníssona empresta utilidade ao artigo legal ao entender tratar-se de hipóteses de *substituição processual* na ação originária, que deverá obrigatoriamente se repetir na ação reconvencional. A regra acaba tornando-se simples: exige-se que os sujeitos tenham na reconvenção a mesma qualidade jurídica com que figuram na ação originária. Se naquela estavam como substitutos processuais (seja no polo ativo ou passivo), da mesma forma deverão figurar na reconvenção. Nas palavras de autorizada doutrina, trata-se do **princípio da identidade bilateral**, que não é identidade da pessoa física, mas identidade subjetiva de direito[68].

Interessante questão é levantada a respeito da legitimidade do curador do réu para ingressar com reconvenção. Imprescindível para se concluir de forma positiva ou negativa a exata noção da qualidade jurídica do curador especial, previsto pelo art. 9.º do CPC. A doutrina parece uníssona no sentido de entender que o curador assume no processo uma posição de representante dos sujeitos descritos pelo artigo legal supramencionado[69]. Essa simples constatação já demonstra de forma inequívoca a ilegitimidade do curador em ingressar com ação reconvencional, posto que não é considerado parte no processo e sua eventual legitimidade para reconvir conflitaria com o disposto no art. 315, *caput*, do CPC[70]. Sua tarefa será, portanto, tão somente reagir à pretensão do autor, jamais ingressar com ação contra ele.

---

[68] Cf. Calmon de Passos, *Comentários*, p. 313. Barbosa Moreira, *O novo*, p. 44-45.

[69] Baptista da Silva, *Comentários*, p. 85, e Bedaque, *Código*, p. 64-65.

[70] Greco Filho, *Direito processual*, v. 2, p. 133, e Nery-Nery, *Código*, p. 702. Contra: Figueira Jr., *Comentários*, p. 328; Fornaciari Jr., *Da reconvenção*, p. 95.

11.7.2.2. *Interesse de agir*

Costuma-se afirmar que o interesse de agir é o somatório de dois fatores: a necessidade e a adequação (ou utilidade). No tocante à reconvenção, os elementos são mantidos, mas aqui também existem interessantes particularidades a serem debatidas.

A doutrina parece concordar que a reconvenção só terá alguma serventia prática se o autor puder obter com ela tutela que não conseguiria com o simples acolhimento de suas alegações defensivas lançadas em contestação. A primeira e mais evidente inutilidade da reconvenção ocorre na hipótese em que ela é utilizada para a arguição de matérias que são na realidade defensivas, próprias da contestação (reação) e não da reconvenção (ação). Nessa hipótese, ao menos como regra, a reconvenção deve ser extinta prematuramente por carência de ação do réu-reconvinte. São exemplos a alegação do réu em reconvenção do pagamento da dívida cobrada ou, ainda, a alegação de contrato locativo para justificar sua posse do imóvel que lhe é reivindicado[71]. Na excepcional hipótese de o réu não contestar, somente apresentando reconvenção, haverá interesse em seu julgamento, não sendo caso de extinção por carência de ação.

Outra hipótese de manifesta inutilidade na utilização da reconvenção se verifica nos casos em que a própria improcedência já será apta a entregar ao réu o bem da vida em disputa, que seria exatamente aquilo que estaria perseguindo em sede reconvencional. Se já tem condições de obter o bem da vida pelo simples acolhimento de sua defesa, que serventia terá a reconvenção? Essa situação se verifica com clareza nas **ações dúplices**, nas quais a relação de direito material gera essa peculiar situação em que a contestação já basta para entregar ao réu o bem da vida debatido. Exemplo clássico é da ação meramente declaratória. Imagine-se um autor que pretenda em juízo obter a certeza jurídica a respeito da existência de uma relação jurídica de doação. Contestando o réu a demanda, alegará que nunca houve a doação alegada, e o acolhimento de tal defesa gerará a certeza jurídica de que nunca houve a relação de direito material alegada pelo autor, o que significa dizer que a certeza jurídica – bem da vida em disputa nas ações meramente declaratórias – será concedida favoravelmente ao réu. De fato nenhuma utilidade tem a reconvenção pleiteando a declaração de que a relação jurídica de doação não existiu.

A afirmação de inutilidade da reconvenção nas ações dúplices e de que as ações meramente declaratórias são dúplices não confronta com o entendimento jurisprudencial consolidado na Súmula 258 do Supremo Tribunal Federal de que é admissível reconvenção na ação declaratória. Numa ação meramente declaratória é admissível a reconvenção para que o réu faça outros pedidos, distintos do objeto original do processo, tal como a condenação do réu ao cumprimento de uma determinada obrigação.

Mariana ingressa com ação de investigação de paternidade contra Felipe, que em contestação alega não ser o pai da criança. Nesse caso não é cabível

[71] Cf. Fidélis dos Santos, *Manual*, v. 1, p. 414.

a reconvenção para a declaração negativa da paternidade, porque isso já será obtido por meio da improcedência do pedido de Mariana. Ocorre, entretanto, que Felipe pode entender que a alegação de paternidade realizada por Mariana em público, diante de seus empregadores, lhe causou um abalo moral, podendo nesse caso pleitear em sede de reconvenção a condenação de Mariana ao pagamento de indenização pelos danos morais suportados.

Também faltará interesse de reconvir ao réu se o próprio ordenamento processual prever uma forma mais *rápida*, *barata* e *simples* de o réu obter o bem da vida pretendido (ausência de adequação do pedido). Nesse caso, será justificável entender que o ingresso de reconvenção não é adequado, residindo nessa circunstância a ausência do interesse de agir do réu. Tal fenômeno ocorre no procedimento sumário (art. 278, § 1.º, do CPC) e no procedimento sumaríssimo (art. 31 da Lei 9.099/1995), em que caberá ao réu a elaboração de **pedido contraposto** como tópico da própria contestação. É evidente que o pedido contraposto é mais restrito do que a reconvenção (exige os "mesmos fatos narrados na inicial"), mas a simples possibilidade de realizar o pedido de bem da vida por tal meio já é o suficiente para defender a falta de interesse de agir na reconvenção, ao menos daquelas que seriam fundadas nos mesmos fatos narrados pelo autor na petição inicial[72]. O problema, entretanto, persiste para as hipóteses de reconvenção que extrapolam os limites objetivos do pedido contraposto. Para essas situações, também faltará ao réu-reconvinte interesse de agir?

A resposta a tal questão deve ser dada em sentido negativo. Se o réu em processo que segue o rito sumário ou sumaríssimo não pode realizar um pedido contraposto fundado nas amplas causas de "conexão" do art. 315, *caput*, do CPC, não se poderá afirmar que faltará ao réu interesse em reconvir quando essa conexão extrapolar os fatos narrados pelo autor em sua inicial. A doutrina não ficou alheia a tal problema, afirmando que mesmo nesses casos a reconvenção não será admitida, pois a vedação de reconvenção nesses procedimentos está fundada na incompatibilidade entre a adoção dessa espécie de resposta e os princípios que informam o procedimento, fundamentalmente o da celeridade[73]. Apesar de discutível a justificativa, não cabem nos limites estreitos do presente trabalho comentários mais aprofundados, convindo somente afirmar ser essa a posição amplamente majoritária em nossos Tribunais.

Como se pode notar, a reconvenção quando fundada nos mesmos fatos narrados na petição inicial não será aceita no procedimento sumário por ausência de interesse de agir. É evidente que, apesar da inadmissibilidade de tal espécie de resposta, será possível em respeito ao princípio da *instrumentalidade das formas* recebê-la como pedido contraposto, sendo assim tratado desse momento em diante[74]. De qualquer forma, uma visão mais rigorosa levaria à extinção prematura da

---

72 Marinoni-Arenhart, *Manual*, p. 169.

73 Miranda, *Procedimento*, p. 175. Com o mesmo pensamento, Carreira Alvim, *Procedimento*, p. 91. Contra, admitindo a reconvenção nessas hipóteses: Fornaciari Jr., *A reforma*, p. 52-53, e Araken de Assis, *Procedimento*, p. 95.

74 Dinamarco, *Instituições*, v. 3, p. 504.

reconvenção por carência da ação, fundamentando-se a decisão – interlocutória – no art. 267, VI, do CPC, por falta de interesse de agir. Esse fundamento, entretanto, não pode ser repetido nas hipóteses de propositura de reconvenção que extrapole os limites objetivos do pedido contraposto. Nesse caso a extinção da reconvenção deve ocorrer por impossibilidade jurídica do pedido.

11.7.2.3. *Possibilidade jurídica do pedido*

A doutrina que já se debruçou sobre o tema da possibilidade jurídica do pedido na reconvenção tende a crer que não há nenhuma especialidade digna de relevo que possa ser particularizada nessa espécie de demanda-reposta do réu[75]. Doutrina minoritária corretamente discorda desse entendimento, afirmando que nos procedimentos que inadmitem a reconvenção, em razão do natural alargamento no campo probatório e do *thema decidendum*, há uma vedação legal para o ingresso de reconvenção. Nessas situações, uma vez oferecida, a reconvenção deve ser extinta sem a resolução do mérito por impossibilidade jurídica do pedido reconvencional. É o que ocorre, por exemplo, no procedimento sumário e no sumaríssimo dos juizados especiais[76].

A impossibilidade jurídica do pedido é limitada àquelas hipóteses em que haverá por meio da reconvenção uma ampliação dos limites objetivos exigidos para o pedido contraposto ("mesmos fatos narrados na inicial"). Nessa hipótese, a reconvenção será extinta prematuramente por carência de ação (impossibilidade jurídica do pedido), fundamentando-se a decisão – interlocutória – no art. 267, VI, do CPC.

Haverá, inclusive, uma pequena diferença entre essa extinção da reconvenção no procedimento sumário e no procedimento sumaríssimo. Enquanto no sumário inexiste vedação expressa à reconvenção nos moldes do art. 315 e ss. do CPC, a previsão do art. 31 da Lei 9.099/1995 traz expressamente tal vedação. Significa dizer que no primeiro caso – sumário – a impossibilidade jurídica do pedido será buscada em caráter principiológico, e não meramente legal, enquanto no segundo – sumaríssimo –, a busca restará facilitada em virtude da expressa previsão legal. Seja como for, até mesmo pela forte tendência a se considerar o princípio como norma, não há substancial diferença entre as duas hipóteses, sendo que em ambas existe o impedimento de reconvenção, ora por dedução aos princípios que regem o procedimento sumário, ora por expressa previsão da Lei dos Juizados Especiais.

11.7.3. Pressupostos processuais

Tendo a reconvenção natureza jurídica de ação, além do preenchimento das condições da ação, também pressupostos processuais específicos devem ser preenchidos:

[75] Assim, Marinoni-Arenhart, *Manual*, p. 167; Fornaciari Jr., *Da reconvenção*, p. 87; Figueira Jr., *Comentários*, p. 329.

[76] Fux, *Curso*, p. 637.

(a) *litispendência*: para que exista reconvenção é indispensável que exista a demanda originária;

(b) *identidade procedimental*: considerando-se que a ação originária e a ação reconvencional seguirão juntas, sendo inclusive decididas por uma mesma sentença (art. 318 do CPC), o procedimento de ambas deve ser o mesmo;

(c) *competência*: o juízo da ação originária é absolutamente competente para a ação reconvencional (art. 108 do CPC), de forma que, sendo a competência absoluta dessa ação diferente da ação originária, será proibido o ingresso de ação reconvencional, devendo a parte ingressar com a ação autônoma perante o juízo absolutamente competente[77];

(d) *conexão* com a ação originária ou com os fundamentos de defesa.

Segundo o art. 315 do CPC, é indispensável à reconvenção a existência de conexão com a ação principal – originária – ou com os fundamentos de defesa. A conexão com a ação originária é a prevista no art. 103 do CPC, com os devidos temperamentos já apontados no Capítulo 4, item 4.7.2.1. No tocante à conexão com os fundamentos de defesa, obriga-se o réu a apresentar contestação com defesa de mérito indireta, alegando um fato novo impeditivo, extintivo ou modificativo do direito do autor, servindo esse fato novo como fundamento da defesa e ao mesmo tempo como fundamento do contra-ataque contido na reconvenção.

> Carlos ingressa com demanda de cobrança contra Edison, requerendo sua condenação ao pagamento de R$ 5.000,00 em razão de uma dívida inadimplida. Edison alega em sua contestação que a dívida foi compensada com outra, no valor de R$ 8.000,00, e que por tal razão não é devedor de Carlos, devendo seu pedido ser julgado improcedente. Com fundamento nesse fato novo (compensação), fundamenta a reconvenção na qual cobrará de Carlos R$ 3.000,00, existindo nesse caso a conexão com os fundamentos da defesa.

11.7.4. Procedimento

Tendo natureza jurídica de ação, a reconvenção deve ser apresentada por meio de **petição inicial autônoma**, nos termos dos arts. 282 e 283 do CPC, que será autuada nos próprios autos principais. Em aplicação do princípio da *instrumentalidade das formas* admite-se que a reconvenção seja elaborada na mesma peça em que se contesta a demanda, desde que seja possível a identificação exata da defesa e do contra-ataque do réu[78]. A reconvenção deve ser apresentada no prazo preclusivo de resposta, devendo o réu, se pretender cumulá-la com outras formas de resposta, fazê-lo concomitantemente. Ainda que o réu possa somente apresentar a reconvenção, na maioria dos casos também contesta – no mínimo – e, seguindo a previsão expressa do art. 299 do CPC, essas duas espécies de

[77] Dinamarco, *Instituições*, n. 1.102, p. 508-509.

[78] Dinamarco, *Instituições*, v. 3, n. 1096, p. 501, STJ, 5.ª Turma, REsp 549.587/PE, Rel. Min. Felix Fischer, j. 23.03.2004, *DJ* 10.05.2004.

resposta devem ser apresentadas no mesmo momento (mesmo dia), "sob pena" de preclusão mista (*consumativa-temporal*).

Apresentada a reconvenção, a mesma passa a ser autônoma relativamente à ação originária, de forma que, se por qualquer razão, a ação originária for extinta sem resolução do mérito, tal extinção não afetará a reconvenção, que prosseguirá normalmente (art. 317 do CPC). O mesmo ocorre se a reconvenção for prematuramente extinta, prosseguindo normalmente a ação originária. Segundo doutrina majoritária, cabendo julgamento de mérito, o juiz deve julgar ambas as demandas no mesmo momento processual, por meio de uma só sentença, objetivamente complexa. A extinção prematura de qualquer uma das duas demandas, portanto, será sempre terminativa, recorrível por agravo de instrumento, enquanto o julgamento de mérito conjunto dar-se-á por sentença (art. 318 do CPC), recorrível por apelação.

Não sendo caso de indeferimento liminar da reconvenção, o autor reconvindo será intimado, na pessoa de seu advogado, para responder no prazo de 15 dias. O art. 316 do CPC expressamente prevê que esse prazo é de contestação, mas o dispositivo legal incorretamente se utilizou de uma espécie de resposta quando o mais adequado seria a utilização do gênero. Dessa forma, existem outras formas de respostas, além da contestação, admissíveis na reconvenção. A ausência de contestação gera o efeito da revelia consistente na presunção de veracidade dos fatos alegados pelo autor[79].

A exceção de incompetência é inadmissível porque a questão da competência relativa já terá sido superada nesse momento procedimental[80]. São cabíveis as exceções de impedimento e de suspeição do juiz, ainda que seja mais provável que essas exceções sejam apresentadas na ação originária. A impugnação ao valor da causa é admissível. A reconvenção da reconvenção, apesar de rara, também é admitida, embora parcela da doutrina entenda que o seu cabimento esteja condicionado às hipóteses de reconvenção com fundamento na conexão com os fundamentos de defesa[81]. Reconvenções sucessivas poderão ser inadmitidas no caso concreto com fundamento na *economia processual* sempre que o juiz entender que mais uma reconvenção prejudicará significativamente o andamento procedimental. Poderá, inclusive, utilizar a regra de vedação ao princípio do litisconsórcio multitudinário (art. 46, parágrafo único, do CPC) para impedir a improvável sucessão de reconvenções.

Das intervenções de terceiro naturalmente só interessam ao debate as formas provocadas de intervenção:

(a) a nomeação à autoria é inadmissível, porque por meio da extromissão de parte passaria a figurar no polo passivo da reconvenção sujeito que não compõe o polo ativo da ação originária, em flagrante vício de ilegitimidade;

---

[79] STJ, 5.ª Turma, REsp 334.922-SE, Rel. Min. Felix Fischer, j. 16.10.2001. Contra: Cândido Rangel Dinamarco, *Instituições*, v. 3, n. 1.103, p. 510.

[80] Dinamarco, *Instituições*, v. 3, n. 1.103, p. 510.

[81] Dinamarco, *Instituições*, v. 3, n. 1098, p. 504; Marinoni-Arenhart, *Manual*, p. 156.

(b) a denunciação da lide e chamamento ao processo só serão admitidas para a parcela da doutrina que admite a ampliação objetiva da demanda por meio da reconvenção, considerando-se que entre denunciante-chamante e terceiro forma-se um litisconsórcio.

Após o momento de resposta do autor reconvindo, o procedimento da ação reconvencional será o mesmo da ação originária, sendo inclusive ambas as ações julgadas por uma mesma sentença (art. 318 do CPC).

11.8. AÇÃO DECLARATÓRIA INCIDENTAL

Ambas as partes têm legitimidade para o ingresso da ação declaratória incidental, que só pode ser considerada uma espécie de resposta do réu quando oferecida por ele. Nesse caso, aplica-se por analogia a regra do art. 299 do CPC, devendo o réu contestar e ingressar com a ação declaratória incidental no mesmo momento, "sob pena" de **preclusão mista** (*consumativa-temporal*). Sendo oferecida pelo autor, seu prazo será de 10 dias da intimação da apresentação da resposta do réu (art. 325 do CPC), sendo considerada pelo Código de Processo Civil uma das providências preliminares, conforme analisado no Capítulo 13, item 13.1.

Condição indispensável para a admissibilidade da ação declaratória incidental é a existência de uma **questão prejudicial**, que constituirá o objeto dessa demanda incidental. O art. 5.º do CPC prevê o conceito de questão prejudicial: relação jurídica controvertida de cuja existência ou inexistência dependa o julgamento de mérito da demanda. São questões (pontos controvertidos) que constituem um antecedente lógico para a solução a ser dada ao pedido elaborado pelo autor.

> Odete ingressa com demanda contra Peter pleiteando sua condenação a pagar determinada quantia em razão de danos gerados por um inadimplemento contratual. Peter em sua contestação alega a nulidade do contrato como justificativa para seu inadimplemento, fazendo surgir na demanda uma questão prejudicial. Para o juiz enfrentar e decidir o pedido de condenação feito por Odete é imprescindível que antes decida a respeito da regularidade-nulidade do contrato celebrado entre as partes.

Como se pode notar, a questão prejudicial deve obrigatoriamente ser resolvida no curso da demanda, servindo como fundamento da decisão a ser proferida. Não há opção alternativa ao juiz em razão da impossibilidade lógica de decidir o pedido do autor sem decidir anteriormente a questão prejudicial. Não se pode afirmar, portanto, que a razão de ser da ação declaratória incidental é o julgamento da questão prejudicial, que ocorrerá de qualquer forma, independentemente de sua propositura. Na realidade, a função da ação declaratória é **ampliar objetivamente os limites da coisa julgada material**, porque com a sua interposição a solução da questão prejudicial passa a ser objeto de pretensão autônoma.

Ainda que tradicionalmente ambas as demandas sejam decididas numa mesma sentença, com a interposição da ação declaratória incidental a solução da questão prejudicial, além de compor a fundamentação da ação originária, também comporá o dispositivo da sentença no tocante à ação declaratória incidental. Sendo indispensável a solução da questão prejudicial, não havendo interposição de ação declaratória incidental, a decisão proferida pelo juiz gerará efeitos apenas no processo em que foi proferida (*efeito endoprocessual*). Por outro lado, com a interposição da ação declaratória incidental a solução torna-se imutável e indiscutível entre as partes, proibindo-se a sua rediscussão em outra demanda (*efeito panprocessual*).

No exemplo da demanda entre Odete e Peter, na contestação a alegação de nulidade do contrato foi fundamentada em algum vício do consentimento (por exemplo, dolo). Havendo a interposição de ação declaratória incidental por qualquer das partes, o fundamento da procedência da ação declaratória incidental será a existência do dolo, enquanto a fundamentação do julgamento de improcedência da ação originária será a nulidade do contrato. Como se nota, a nulidade do contrato (questão prejudicial) será ao mesmo tempo fundamento (ação originária) e dispositivo (ação declaratória incidental).

A ação declaratória deixa de existir no PLNCPC, considerando-se que o art. 20 prevê que a solução da questão prejudicial se dará por sentença, com força de coisa julgada. A proposta alarga os limites objetivos da coisa julgada material, que passará, nesse caso, a também atingir a fundamentação. Entendo que no dispositivo constará a solução sobre o pedido das partes no processo, e sem que exista tal pedido, a solução da questão prejudicial fará parte tão somente da fundamentação, exatamente como já ocorre atualmente com tal solução sem o ingresso de ação declaratória incidental.

Não critico o alargamento dos limites objetivos da coisa julgada material, fruto de uma mera opção de política legislativa que se deve respeitar, mas acreditar que a coisa julgada na hipótese sugerida continua a se limitar ao dispositivo somente por obra de uma ficção jurídica. De qualquer forma, ao se emprestar a força da coisa julgada a essa solução, há aumento da segurança jurídica no tocante a relações jurídicas de direito material resolvidas no processo.

11.8.1. Ação declaratória incidental e reconvenção

Parcela considerável da doutrina entende que a ação declaratória incidental, quando oferecida pelo réu, é uma espécie de reconvenção[82]. Apesar do renome dos doutrinadores que defendem tal entendimento, parece não ser adequada a conclusão de que ação declaratória incidental e a reconvenção sejam espécie do mesmo gênero. A corrente doutrinária que diferencia os dois institutos processuais, aponta cinco razões que justificam o tratamento diferenciado. Na realidade, quatro delas são contornáveis, mas realmente existe uma que demonstra claramente que a ação declaratória incidental não é espécie de reconvenção:

[82] Dinamarco, *Instituições*, v. 3, n. 1.109, p. 517.

(a) *legitimidade*: afirma-se corretamente que a reconvenção só pode ser interposta pelo réu, enquanto a ação declaratória incidental pode ser oferecida pelo réu e pelo autor. Para os defensores da tese ora criticada, a ação declaratória incidental só poderá ser considerada espécie de reconvenção quando interposta pelo réu;

(b) *objeto*: a ação declaratória incidental, como o próprio nome aponta, só pode ter pedido meramente declaratório, enquanto na reconvenção é admitida qualquer espécie de pedido (condenatório, constitutivo, meramente declaratório). Para os defensores da tese ora criticada, a ação declaratória incidental só poderá ser considerada espécie de reconvenção declaratória;

(c) *autonomia*: a reconvenção é autônoma em relação à ação originária (art. 317 do CPC), enquanto a ação declaratória incidental é acessória da ação originária, seguindo seu mesmo destino. Para os defensores da tese ora criticada, a ação declaratória incidental também é autônoma, devendo prosseguir normalmente ainda que a ação originária seja prematuramente extinta por decisão terminativa;

(d) *necessidade* de contestação: a ação declaratória exige a apresentação de contestação, momento no qual o ponto será controvertido, fazendo surgir a questão prejudicial, enquanto a reconvenção não depende, ao menos em regra, da interposição de contestação. Para os defensores da tese ora criticada, a questão prejudicial pode surgir mesmo sem a contestação, ainda que se reconheça que tradicionalmente é esse o momento típico de criação da questão prejudicial;

(e) *ampliação objetiva da cognição e decisão judicial*: a ação declaratória não amplia o objeto de cognição e da decisão do juiz, considerando-se que, com ou sem ela, o juiz está obrigado a decidir a questão prejudicial, enquanto na reconvenção sempre haverá uma ampliação cognitiva, por mínima que seja, considerando-se que o juiz deverá enfrentar e decidir matérias que não seriam objeto de sua apreciação sem a reconvenção. Essa distinção é o suficiente para demonstrar que reconvenção e ação declaratória incidental são institutos processuais distintos.

12

REVELIA

Sumário: 12.1. Conceito – 12.2. Efeitos: 12.2.1. Fatos alegados pelo autor serão reputados verdadeiros; 12.2.2. Desnecessidade de intimação do réu revel; 12.2.3. Julgamento antecipado do mérito – 12.3. Modificação objetiva da demanda – 12.4. Ingresso do réu revel no processo: 12.4.1. Participação do réu revel no procedimento probatório.

12.1. CONCEITO

A revelia é um estado de fato gerado pela **ausência jurídica de contestação**. Esse conceito pode ser extraído do art. 319 do CPC, que, apesar de confundir conteúdo com os efeitos da revelia, expõe claramente que a existência desse fenômeno processual depende da ausência de contestação[1]. A ausência deve ser necessariamente jurídica porque ocorre revelia mesmo nos casos em que o réu apresenta contestação, que faticamente existirá. Essa existência fática, entretanto, não é o suficiente para afastar a revelia, sendo indispensável que juridicamente ela exista. Contestação intempestiva, por exemplo, não impede a revelia do réu[2], já tendo o Superior Tribunal de Justiça resolvido que contestação endereçada e protocolizada em juízo diverso e distante daquele no qual tramita o feito não evita a revelia[3].

---

1 Theodoro Jr., *Curso*, n. 396, p. 451; Marinoni-Arenhart, *Manual*, p. 130; Nery-Nery, *Comentários*, n. 1 ao art. 319, p. 593.

2 STJ, 4.ª Turma, REsp 669.954/RJ, Rel. Min. Jorge Scartezzini, j. 21.09.2006, *DJ* 16.10.2006. Posição contrária minoritária: Calmon de Passos, *Comentários*, n. 237.2, p. 353.

3 *Informativo* 425/STJ: 3.ª Turma, REsp 847.893/SP, rel. Min. Sidnei Beneti, j. 02.03.2010.

O art. 319 do CPC realmente peca em confundir o *conteúdo* da revelia com o seu *efeito principal*, qual seja a presunção de veracidade dos fatos alegados pelo autor, mas ainda assim pode ser aproveitado parcialmente para justificar o conceito apresentado. Não se mostra correta a doutrina minoritária que pretende extrair do dispositivo legal mais do que indica, entendendo que a revelia na realidade é a ausência jurídica de resposta do réu, de forma que, apresentada qualquer espécie de resposta, o réu não é revel[4]. Ao que parece, essa parcela da doutrina confunde revelia com seus efeitos, não compreendendo que é plenamente possível um réu revel apresentar outras espécies de resposta que não a contestação, evitando assim a geração dos efeitos da revelia, mas não o seu estado de revel[5].

Entendo que o conteúdo da revelia não pode ser confundido com os seus efeitos, até porque, conforme autorizada doutrina, conceito é o que está dentro e efeito é aquilo que se projeta para fora, de maneira que é impossível confundir um com o outro. Sendo a revelia uma questão de fato gerada pela ausência jurídica de contestação, não guarda maior interesse o seu conceito, sendo muito mais relevante o estudo de seus efeitos. Como já afirmado, é plenamente possível existência de revelia que não gere nenhum dos efeitos programados pela lei, o que, entretanto, não será o suficiente para afastá-la do caso concreto[6].

12.2. EFEITOS

A melhor doutrina costuma apontar três efeitos para a revelia:

(a) os fatos alegados pelo autor são reputados verdadeiros;

(b) desnecessidade de intimação do réu revel;

(c) julgamento antecipado do mérito (art. 330, II, do CPC).

12.2.1. Fatos alegados pelo autor serão reputados verdadeiros

A ausência jurídica de resistência do réu diante da pretensão do autor faz com que o juiz repute verdadeiros os fatos alegados pelo autor, sendo comum entender que nesse caso a lei permite ao juiz presumir a veracidade dos fatos diante da inércia do réu. O entendimento de que existe uma confissão ficta na revelia é duramente criticado pela melhor doutrina, que afirma corretamente que a omissão do réu não pode ser entendida como a concordância tácita a respeito dos fatos alegados pelo autor. No direito não é aplicado o brocardo popular "*quem cala consente*"; no direito "*quem cala, cala*". Os fatos são dados como verdadeiros

[4] Nesse sentido, Dinamarco, *Instituições*, v. 3, n. 1120, p. 533; Scarpinella Bueno, *Curso*, v. 2, p. 189; Fidélis dos Santos, *Manual*, v. 1, n. 546, p. 395-396.

[5] No sentido do texto Marinoni-Arenhart, *Manual*, p. 131.

[6] Dinamarco, *Instituições*, v. 3, n. 1121, p. 534; Marinoni-Arenhart, *Manual*, p. 131. Contra: STJ, REsp 510.229/RJ, 1.ª Turma, Rel. Min. Francisco Falcão, j. 16.11.2004, *DJ* 13.12.2004.

porque existe uma expressa previsão legal nesse sentido, sendo irrelevantes as razões da omissão do réu revel[7].

Reputam-se verdadeiros **somente os fatos** alegados pelo autor, de forma que a matéria jurídica naturalmente estará fora do alcance desse efeito da revelia. Aplicando-se o princípio do *iura novit curia* – o juiz sabe o direito –, é inadmissível a vinculação do magistrado à fundamentação jurídica do autor somente porque o réu não contesta a demanda, tornando-se revel[8]. Daí por que incompreensível a determinação de desentranhamento da contestação dos autos quando ocorre a revelia, sendo certo que o juiz poderá se aproveitar dos fundamentos jurídicos de defesa apresentados pelo réu em sua contestação viciada[9]. A exclusão da matéria de direito da presunção gerada pela revelia é o que explica o julgamento de improcedência do pedido do autor mesmo sendo revel o réu e ocorrendo a presunção de veracidade dos fatos alegados na petição inicial no caso concreto.

A presunção de veracidade dos fatos alegados pelo autor, certamente o efeito mais importante da revelia, é meramente relativa[10], podendo ser afastada no caso concreto, em especial, mas não exclusivamente, nas hipóteses previstas expressamente pelo art. 320, do CPC. Ao afirmar que a presunção de veracidade é relativa, é importante notar que o seu afastamento no caso concreto não permite ao juiz a conclusão de que o fato alegado não é verdadeiro. Não sendo reputados verdadeiros os fatos discutidos no caso concreto, o autor continua com o ônus de provar os fatos constitutivos de seu direito, sendo concedido a ele o prazo de 10 dias para especificação de provas (art. 324 do CPC).

Não tem fundamento a exigência do juiz em presumir como verdadeiros fatos inverossímeis (fatos que não aparentam ser verdadeiros), exclusivamente em razão da revelia do réu. Tendo o juiz a impressão de que os fatos não são verdadeiros, aplicando no caso concreto as máximas de experiência, poderá exigir do autor a produção da prova, afastando no caso concreto o efeito da revelia previsto no art. 319 do CPC[11]. Trata-se da melhor solução, bastando para fundamentá-la imaginar-se o autor alegando que transportou objetos com a força da mente, ou ainda que praticou atos que as próprias leis da natureza desmentem (que saltou um rio de 50 metros de largura, que ficou submerso por 30 minutos, que percorreu a pé uma distância de 20 km em 10 minutos etc.). Gerando-se no espírito do julgador o sentimento de improbabilidade do fato narrado ter efetivamente ocorrido, não há como reputá-lo verdadeiro.

Por outro lado, defende acertadamente autorizada doutrina que não se reputam verdadeiros os fatos sempre que tenham sido legalmente impugnados,

---

7 Dinamarco, *Instituições*, v. 3, n. 1122, p. 535; Calmon de Passos, *Comentários*, n. 236.2, p. 348.

8 Dinamarco, *Instituições*, v. 3, n. 1123, p. 536.

9 Dinamarco, *Instituições*, v. 3, n. 1127, p. 545; Scarpinella Bueno, *Curso*, v. 2, p. 191.

10 *Informativo* 416/STJ: 1.ª Turma, REsp 984.897/PR, rel. Min. Luiz Fux, j. 19.11.2009; STJ, 3.ª Turma, REsp 723.038/SP, rel. Min. Nancy Andrighi, j. 09.08.2007, DJ 27.08.2007; STJ, 1.ª Turma, AgRg no Ag 776.511/RS, rel. Min. Denise Arruda, j. 27.03.2007, DJ 30.04.2007.

11 Barbosa Moreira, *O novo*, p. 98; Arruda Alvim, *Manual*, n. 126, p. 293; Dinamarco, *Instituições*, v. 3, n. 1126, p. 541-542, menciona fatos impossíveis ou improváveis.

sendo irrelevante o sujeito responsável pela impugnação ou a forma pela qual ela ocorreu. É claro que o réu é o legitimado tradicional para impugnar as alegações do autor, e o momento mais adequado para isso é a contestação. Na revelia, não haverá contestação – ao menos do ponto de vista jurídico –, mas é possível que um terceiro interveniente dentro do prazo legal de manifestação realize a impugnação do fato alegado pelo autor, como no caso do denunciado à lide ou do chamado ao processo. É o que basta para não se aplicar a regra da presunção de veracidade. Por outro lado, o réu poderá não apresentar contestação – revelia – mas outras formas de resposta, sendo admissível que a impugnação dos fatos alegados pelo autor seja realizada em alguma dessas outras formas de resposta. Numa reconvenção, impugnação ao valor da causa ou exceção de incompetência, por exemplo, poderá o réu impugnar o fato alegado pelo autor, e, mesmo sendo um réu revel por não ter contestado, os fatos devidamente impugnados não serão presumidos verdadeiros[12].

Além das duas hipóteses já descritas – fatos inverossímeis e impugnação fora da contestação do réu –, o art. 320 do CPC prevê expressamente mais três hipóteses nas quais, apesar da revelia, não se reputam os fatos verdadeiros, continuando a ser um ônus do autor a produção de prova para demonstrar a veracidade de suas alegações fáticas.

No art. 320, I, do CPC, há previsão de que não se reputarão verdadeiros os fatos alegados pelo autor sempre que, havendo litisconsórcio passivo, um dos réus contestar a demanda. É claro que o litisconsorte que contestou a demanda não é revel, sendo, entretanto, aquele que não contestou. O dispositivo legal contraria a regra da autonomia da atuação dos litisconsortes (art. 48 do CPC), permitindo que o ato praticado por um beneficie a todos os demais. A aplicação desse benefício, entretanto, depende num primeiro momento da espécie de litisconsórcio passivo formado na demanda e, depois, dependendo da espécie de litisconsórcio, da análise do conteúdo da contestação.

Tratando-se de *litisconsórcio unitário*, no qual a decisão obrigatoriamente será de mesmo teor para todos os litisconsortes, não resta nenhuma dúvida de que a contestação apresentada por um dos réus aproveitará aos demais. No caso de *litisconsórcio simples*, no qual a decisão poderá ter diferente teor para os litisconsortes, o afastamento do efeito mencionado no art. 319 do CPC dependerá do caso concreto, só se verificando quando houver entre os litisconsortes uma **identidade de matéria defensiva**, ou seja, que a contestação apresentada por um dos réus tenha como teor as matérias de defesa que comporiam a contestação não oferecida do litisconsorte revel. Sendo apresentada contestação com matéria de defesa de exclusivo interesse do réu que a apresentou, os fatos que prejudiquem somente o réu revel poderão ser presumidos verdadeiros[13].

---

[12] Marinoni-Arenhart, *Manual*, p. 135.

[13] Calmon de Passos, *Comentários*, n. 246.1, p. 375; Marinoni-Arenhart, *Manual*, p. 133; Nery-Nery, *Código*, n. II:2 ao art. 320, p. 594.

Marilena ingressa com demanda de reparação de danos contra a Garzia & Munte e seu funcionário Nelson, alegando que Nelson dirigia caminhão da empresa e que, durante o exercício de suas funções, passou no farol vermelho e a atropelou. São dois fatos, portanto, alegados por Marilena: Nelson dirigir um caminhão da Garzia & Munte durante seu expediente e ter passado no farol vermelho, o que causou o acidente. Nelson é revel, tendo sido apresentada contestação somente pela Garzia & Munte, sendo que a aplicação do art. 320, I, do CPC dependerá do teor dessa defesa. A Garzia & Munte contestou o fato de que Nelson estivesse em seu horário de expediente, acusando-o de furtar o veículo do pátio no dia de sua folga, e, além disso, alegou que o farol estava verde no momento do acidente, acusando Marilena de ter se jogado na frente do veículo. É óbvio que nesse caso a defesa da Garzia & Munte favorece Nelson e o art. 320, I, do CPC deve ser aplicado. Por outro lado, se na contestação a Garzia & Munte tiver sido alegado tão somente que o veículo foi furtado de seu pátio, essa defesa em nada favorece Nelson, o réu revel. Será, nessa hipótese, legítimo reputar como verdadeiro o fato de o farol estar vermelho no momento do acidente.

Diz o art. 320, II, do CPC que não se reputam os fatos verdadeiros na revelia se o litígio versar sobre **direitos indisponíveis**. Em razão da natureza não patrimonial de alguns direitos, não se permite ao juiz dispensar o autor do ônus probatório ainda que o réu seja revel. A indisponibilidade do direito é a justificativa para impedir o juiz que repute como verdadeiros os fatos diante da revelia da *Fazenda Pública*, aplicando-se ao caso concreto o princípio da prevalência do interesse coletivo perante o direito individual e a indisponibilidade do interesse público[14].

Por fim, o art. 320, III, do CPC afasta a presunção de veracidade sempre que a petição inicial não estiver acompanhada do **instrumento público que a lei considere indispensável à prova do ato**. Trata-se de documentos cuja ausência proíbe que o juiz os considere verdadeiros, daí a ser imprescindível a sua juntada aos autos. Muitos desses documentos podem representar documentos indispensáveis à propositura da demanda (art. 283 do CPC), mas nesse caso serão exigidos do autor já no momento da propositura da demanda. O dispositivo ora analisado trata de documentos indispensáveis à prova do ato alegado, mas não à propositura da demanda, porque mesmo sem eles o juiz tem condições de julgar o mérito da demanda.

Guilherme ingressa com ação de inventário em razão do falecimento de Jonas, sendo indispensável à propositura dessa demanda a juntada da certidão de óbito, sem o que o inventário não poderá prosseguir. Circunstância diferente verifica-se quando Guilherme ingressa com demanda indenizatória contra Jussara e em argumentação fática alega que Jonas faleceu. Nesse caso, o julgamento de mérito poderá ser feito sem a prova do fato, mas, para que o juiz considere em suas razões do decidir que Jonas realmente faleceu, é indispensável a juntada ao processo da sua certidão de óbito.

---

14 Carneiro da Cunha, *A Fazenda Pública*, p. 87-88. STJ, 1.ª Turma, REsp 969.472/PR, Rel. Min. Teori Albino Zavascki, j. 18.09.2007, *DJ* 08.11.2007; STJ, 1.ª Seção,REsp 541.239/DF, Rel. Min. Luiz Fux, j. 09.11.2005; *DJ* 05.06.2005.

Acolhendo correta posição doutrinária, o art. 331 do PLNCPC prevê que a presunção de veracidade não ocorrerá se os fatos alegados pelo autor forem inverossímeis.

12.2.2. Desnecessidade de intimação do réu revel

Diz o art. 322 do CPC que contra o revel que não tenha patrono nos autos os prazos serão contados independentemente de intimação, a partir da publicação de cada ato decisório. O raciocínio é simples; não havendo advogado constituído, as intimações que são feitas, em regra, em seu nome teriam que ser feitas pessoalmente, em nítido atraso do procedimento. A melhor doutrina lembra que determinadas hipóteses de intimação pessoal do réu exigirão a intimação pessoal do réu revel, como a intimação para prestar depoimento pessoal e exibir documentos[15]. As intimações realizadas por publicação na imprensa oficial não serão realizadas na hipótese de revelia, inclusive a sentença, passando a correr o prazo recursal a partir do momento em que a sentença se torna pública[16].

Importante notar que para a geração desse efeito – dispensa de intimação – não basta que o réu seja revel, sendo também indispensável que não esteja representado por patrono nos autos. Decorrendo a revelia da inexistência jurídica da contestação, é possível imaginar um réu revel que não suporte em nenhum momento da demanda o efeito ora tratado. Basta imaginar um réu que junta procuração nos autos no prazo de resposta e protocola a contestação fora do prazo. Em razão da intempestividade da defesa, o réu será considerado revel, mas, como já tem patrono constituído dos autos desde o momento da apresentação da defesa, será intimado de rigorosamente todos os atos processuais[17]. Por outro lado, admitindo-se a intervenção no processo do réu revel a qualquer momento, a partir do ingresso terá patrono constituído, devendo ser a partir desse momento intimado de todos os atos processuais.

Segundo o art. 333 do PLNCPC, os prazos contra o réu revel que não tenha constituído patrono nos autos correrão a partir da publicação do ato decisório no órgão oficial. Compreendo que a previsão tenha o objetivo de sanar dúvidas a respeito da dispensa da intimação do réu revel, exigindo a publicação para fins de intimação do autor por meio de seu patrono, passando a partir desse momento a contagem para o réu revel.

---

15 Arruda Alvim, *Manual*, n. 126, p. 290.

16 Theodoro Jr., *Curso*, n. 396, p. 451; Arruda Alvim, *Manual*, n. 126, p. 291; STJ, 4.ª Turma, REsp 694.896/RS, Rel. Min. César Asfor Rocha, j. 03.08.2006, *DJ* 04.09.06. Contra, exigindo intimação pessoal do réu revel da sentença: Calmon de Passos, *Comentários*, n. 255, p. 386-387; Marinoni-Arenhart, *Manual*, p. 137. Greco Filho, *Direito*, v. 2, p. 159, exige publicação no Diário Oficial.

17 Calmon de Passos, *Comentários*, n. 252, p. 382; Theodoro Jr., *Curso*, n. 396, p. 451. Theodoro Jr., *Curso*, n. 396, p. 451.

Ocorre, entretanto, que nem toda intimação de ato processual se dá por meio de publicação no diário oficial, sendo questionável o acerto da previsão contida no dispositivo legal ora comentado para tais hipóteses. O autor sai intimado de atos praticados em audiência, mas sendo o réu revel deve haver publicação no diário oficial? Sendo o autor intimado pessoalmente do ato processual, em razão de sua especial qualidade ou de particularidade do caso concreto, será necessária a publicação em diário oficial? Entendo que nesses casos será inaplicável o artigo ora analisado.

12.2.3. Julgamento antecipado do mérito

Como terceiro efeito da revelia, parcela da doutrina aponta o julgamento antecipado do mérito, chamado indevidamente pelo texto legal de **julgamento antecipado da lide**, conforme analisado no Capítulo 13, item 13.2.4. Segundo o art. 330, II, do CPC, ocorrerá o julgamento antecipado na hipótese de revelia. Mais uma vez o legislador indevidamente confunde a revelia com os seus efeitos, o que fica claro com a previsão do art. 324 do CPC, que determina a especificação de provas quando o juiz, apesar da revelia do réu, não presume os fatos como verdadeiros. Como se nota, não basta a revelia para que seja aplicado o art. 330, II, do CPC, sendo indispensável que o juiz presuma os fatos alegados pelo autor como verdadeiros, o que tornará a fase probatória desnecessária, condição indispensável ao julgamento antecipado da lide.

Esse efeito na realidade é uma mera consequência da geração do efeito principal da revelia. Reputando-se verdadeiros os fatos alegados pelo autor, a consequência será o julgamento antecipado da lide; enquanto não gerado esse efeito por qualquer das razões já enfrentadas, será caso de especificação de provas, o que naturalmente afasta a possibilidade de julgamento antecipado.

O vício do art. 330, II, do CPC é corrigido pelo art. 341, II, do PLNCPC, ainda que não da forma mais perfeita, ao prever que o julgamento imediato da lide (esse é o novo nome) é cabível quando ocorre a revelia e incidem seus efeitos. O óbvio problema da redação proposta é que haverá julgamento antecipado da lide ainda que nem todos os efeitos da revelia sejam gerados no caso concreto.

Tendo o dispositivo se valido do plural, é presumível que ao se referir aos efeitos da revelia, tenha se imaginado a presunção da veracidade e a dispensa de intimação, sendo que, na realidade, somente a presença do primeiro efeito já é suficiente para o julgamento antecipado da lide. Significa dizer que, ainda que o réu revel tenha advogado constituído nos autos, de forma a ser intimado de todos os atos processuais, presumindo-se verdadeiros os fatos alegados pelo autor, será caso de julgamento antecipado da lide. Não compreendo porque não se fez uma remição expressa no dispositivo a tal efeito, preferindo-se confundir o intérprete com a indicação dos "efeitos" da revelia.

12.3. MODIFICAÇÃO OBJETIVA DA DEMANDA

Prevê o art. 264 do CPC que o autor pode livremente modificar sua causa de pedir e pedido até a citação do réu; após a citação e até o momento de saneamento do processo essa mudança depende de concordância do réu; após o saneamento a modificação é vedada, mesmo que exista concordância do réu. Esse dispositivo regula o fenômeno da **estabilização objetiva da demanda**.

No processo em que se verifique a revelia, diz o art. 321 do CPC que o autor, desde que realize nova citação do réu, pode alterar o pedido, causa de pedir e demandar declaração incidente, sendo nesse caso assegurado um novo prazo de resposta ao réu. Não parece feliz a redação do dispositivo legal porque, se o réu é revel, significa que já foi citado, ou seja, já foi integrado à relação jurídica processual, não sendo necessário realizar uma nova citação em razão da alteração objetiva da demanda. Bastaria uma intimação pessoal informando-o da alteração e abrindo um novo prazo de resposta[18].

É interessante a questão da ação declaratória incidental proposta pelo autor quando da revelia do réu, porque em tese, não havendo contestação, não surge questão prejudicial, indispensável para a existência de uma ação declaratória incidental. Para parcela da doutrina há, entretanto, duas hipóteses em que mesmo na revelia poderá surgir uma questão prejudicial[19]:

(a) na revelia gerada pela citação por edital ou hora-certa (citação ficta), quando o curador à lide contesta a demanda (pessoalmente entendo que não existe revelia na citação ficta);

(b) no litisconsórcio passivo quando somente um ou alguns dos réus apresenta contestação.

Quanto à alteração do pedido e da causa de pedir, o dispositivo legal é peculiar porque excepciona a regra contida no art. 264 do CPC, considerando que, mesmo após a citação do réu – pelo menos a primeira citação –, o autor poderá livremente alterar a causa de pedir e o pedido, sem a necessidade da anuência do adversário. A doutrina majoritária entende que não pode o réu revel, citado pela segunda vez, comparecer tempestivamente ao processo somente para se recusar à alteração realizada pelo autor. Deverá se defender nos limites da alteração realizada, que já se considerará consolidada, quem sabe sendo essa a razão do legislador em prever uma segunda citação do réu revel[20].

O art. 321 do CPC prevê que o réu revel citado pela segunda vez terá o direito de se defender no prazo de 15 dias. Mais uma vez o legislador regula instituto de teoria geral do processo voltado somente ao processo de conhecimento pelo rito ordinário, não sendo correto afirmar que o novo prazo será sempre de

---

[18] Scarpinella Bueno, *Curso*, v. 2, p. 192.

[19] Calmon de Passos, *Comentários*, n. 251.3, p. 381-382; Figueira Jr., *Comentários*, p. 385-386.

[20] Contra, não admitindo a alteração em razão do art. 264 do CPC, em lição isolada: Calmon de Passos, *Comentários*, n. 251, p. 381.

15 dias. O prazo de resposta diante da segunda citação será o mesmo da primeira, e nem sempre será de 15 dias, como é fácil perceber na aplicação do dispositivo ora comentado ao processo cautelar, no qual o prazo de resposta é de 5 dias. Ou ainda no procedimento sumário, no qual o momento para a apresentação de resposta é a audiência de conciliação.

Concedida uma nova oportunidade de resposta ao réu revel em razão de sua segunda citação no processo, e efetivamente contestada a demanda, naturalmente o réu deixará de ser revel. É certo que não poderá nessa oportunidade impugnar matérias que deveria ter impugnado após a sua primeira citação, não sendo essa segunda oportunidade de defesa uma nova oportunidade de impugnar matérias já atingidas pela preclusão em razão de sua revelia diante da primeira citação. A defesa estará, portanto, **limitada ao objeto da alteração objetiva** realizada pelo autor. De qualquer forma, ainda que o réu não possa realizar uma impugnação completa da pretensão do autor, a mera presença de uma contestação no processo faz com que o réu não possa mais ser considerado revel.

A doutrina é pacífica no tocante à limitação do objeto de defesa do réu revel após sua segunda citação, ao objeto da alteração objetiva da demanda. É preciso perceber, entretanto, que ao depender da espécie de modificação, o réu, mesmo se limitando em sua defesa ao objeto da alteração objetiva, poderá impugnar fatos que fundamentam a pretensão originariamente postulada pelo autor, o que afastaria o único efeito da revelia que ainda poderia ser gerado, a presunção de veracidade dos fatos. Basta imaginar uma ampliação do pedido, quantitativa ou qualitativa, mantendo-se a mesma causa de pedir. O réu, citado pela segunda vez, em tese se limitará ao objeto da alteração, mas, como não houve alteração da causa de pedir, para impugnar a nova pretensão poderá impugnar os mesmos fatos que fundamentam tanto a nova como a originária pretensão do autor. Nesses casos, ainda que a defesa do réu se limite ao objeto de alteração, serão afastados todos os efeitos da revelia no caso concreto.

Cibele ingressa com demanda de reparação de danos materiais contra Alarico, pleiteando R$ 5.000,00 de danos emergentes. Sendo Alarico revel, Cibele adita sua petição inicial, passando a pleitear R$ 10.000,00 de danos emergentes e R$ 4.000,00 de lucros cessantes. Citado novamente, Alarico ingressa na demanda e apresenta contestação nos limites da alteração objetiva realizada por Cibele, sendo natural que, além de impugnar os R$ 5.000,00 a mais a título de danos emergentes e o pedido de lucros cessantes, possa impugnar os fatos constitutivos do direito de Cibele, narrados originariamente na petição inicial. Com isso, será afastada a presunção de veracidade dos fatos. Situação diferente ocorreria se Cibele ampliasse as causas de pedir, mantendo o mesmo pedido; na petição inicial alega a embriaguez de Alarico como fator do acidente automobilístico e pleiteia a condenação em danos materiais. Diante da revelia, Cibele adita a inicial e alega também que Alarico estava na contramão no momento do acidente. Nesse caso, mesmo que Alarico compareça no processo depois de sua segunda citação, só poderá impugnar o fato de estar na contramão, sendo legítimo ao juiz presumir como verdadeira a alegação de embriaguez.

12.4. INGRESSO DO RÉU REVEL NO PROCESSO

Correta lição doutrinária afirma que faz parte do passado o entendimento de que a revelia constitui um ato de ofensa do réu com o Poder Judiciário, por demonstrar seu pouco caso com a atuação jurisdicional. Durante certo tempo da história, a repulsa a esse comportamento gerava inclusive a ida à força do réu ao processo, pois entendia-se inconcebível o réu não responder ao chamado jurisdicional. Isso tudo faz parte do passado, porque atualmente não se encara a revelia como um ato de afronta ou pouca consideração com o Poder Judiciário, sendo diversas as razões que levam um réu a ser revel, e todas elas irrelevantes. Como elegante expressão doutrinária afirma, o réu revel não é um delinquente, mas um mero ausente, não devendo ser punido de nenhuma forma em razão de seu estado de revelia.

Diante dessa constatação, o réu revel é bem-vindo ao processo, podendo dele passar a participar a qualquer momento. Segundo o art. 322, parágrafo único, do CPC, o revel poderá intervir no processo em qualquer fase procedimental, recebendo o processo no estado em que se encontrar. Significa dizer que, apesar de o réu revel ser bem-vindo, permitindo-se o seu ingresso a qualquer momento do processo, essa intervenção tardia deve respeitar as regras de **preclusão**, de forma que não se admitirá o retrocesso procedimental. O réu revel terá participação garantida a partir do momento de sua intervenção, mas atos processuais passados, já protegidos pela preclusão, não poderão ser repetidos ou praticados originariamente.

A regra formulada à luz das preclusões judiciais parece ser de fácil compreensão; do passado nada se altera, suportando o réu revel as consequências de sua ausência; do futuro participará ativamente o réu revel.

12.4.1. Participação do réu revel no procedimento probatório

No campo probatório, entretanto, a aparente simplicidade da regra prevista no art. 322, parágrafo único, do CPC pode esconder algumas complicações. Naturalmente a regra continua a ser aplicada, mas é imprescindível para fixar o seu exato alcance a percepção de que a prova surge no processo mediante um procedimento probatório, sendo a participação do réu revel condicionada ao momento desse procedimento probatório quando ingressa no processo[21]. A Súmula 231 do Superior Tribunal de Justiça permite a produção de prova pelo réu revel, mas há limitações que dependem do momento de ingresso no processo.

12.4.1.1. *Provas causais*

Provas causais são as produzidas dentro do processo, durante seu procedimento, como ocorre com a prova testemunhal e a prova pericial. Para essas provas, o procedimento probatório é dividido em quatro fases:

---

[21] Dinamarco, *Instituições*, v. 3, n. 1127, p. 544. Contra, Nery-Nery, *Código*, n. 6, art. 322, p. 595-596.

(a) propositura,

(b) admissibilidade;

(c) produção, fase dividida em preparação e realização; e

(d) valoração.

A **propositura** das provas deve ser feita no primeiro momento em que as partes falam nos autos; o autor na petição inicial (art. 282, VI, do CPC) e o réu na contestação (art. 300 do CPC). Como se pode notar, o réu revel é aquele que não contesta, e sendo esse o momento procedimental para o réu requerer a produção de provas, é natural que, qualquer que seja o momento de ingresso do réu revel no processo, ele não poderá propor a produção de prova. Registre-se posição doutrinária que entende possível ao réu revel requerer provas, desde que compareça ao processo no prazo de especificação de provas. Embora a especificação de provas, nos termos do art. 324 do CPC, seja dirigida ao autor, essa parcela doutrinária entende que também o réu poderá especificar as provas, ainda que não as tenha pedido na contestação.

Após a propositura da prova, o juiz analisará a sua **admissibilidade**, tarefa em regra realizada no saneamento do processo, seja por meio de decisão escrita, seja por meio de audiência preliminar. Caso o réu revel ingresse no processo antes do juízo de admissibilidade, será facultado a ele impugnar as provas requeridas pelo autor e influenciar o convencimento do juiz na análise de sua admissibilidade.

Na fase de **produção** da prova existe uma divisão procedimental entre a **preparação** e a **realização**. Numa prova testemunhal, os atos de arrolar uma testemunha e de intimação são atos de preparação, enquanto a oitiva em audiência é ato de realização. Numa prova pericial, a indicação de quesitos e de assistente técnico faz parte do momento preparatório, ao passo que a resposta desses quesitos pelo perito faz parte da realização. O importante é entender que no momento de preparação a prova já está sendo produzida. Caso o réu revel ingresse na demanda antes do momento de preparação da prova, poderá livremente dela participar, sendo essa a razão pela qual se admite ao réu revel arrolar testemunhas e indicar quesitos e assistentes técnicos. Note-se que em tese o réu revel não pode pedir a produção de prova testemunhal ou pericial, mas, tendo sido deferidos tais meios de prova pelo juiz – em razão de pedido do autor ou de ofício –, o réu revel poderá participar de sua preparação, desde que ingresse no processo em momento adequado para tanto. Caso o réu revel ingresse no processo depois do momento de preparação, mas antes da realização, poderá desse segundo momento ativamente participar, como comparecer à audiência, contraditar e fazer perguntas às testemunhas, como também impugnar o laudo pericial e requerer a presença do perito em audiência para o esclarecimento de dúvidas[22].

Por fim, a fase da **valoração**, realizada pelo juiz em sua sentença. Tendo o réu revel ingressado na demanda após a produção da prova, restará a ele a impugnação da prova já produzida, na tentativa de influenciar o juiz na formação

[22] Calmon de Passos, *Comentários*, n. 256, p. 388-391.

de seu convencimento. O mesmo poderá fazer se ingressar no processo dentro do prazo de apelação.

12.4.1.2. *Provas pré-constituídas*

Provas pré-constituídas são aquelas formadas fora do processo, sendo o exemplo clássico a prova documental. O procedimento probatório dessa espécie de prova é dividido em três fases:

(a) propositura e produção;

(b) admissibilidade;

(c) valoração.

Já existindo a prova fora do processo, como ocorre com a prova documental, caberá ao autor na petição inicial e ao réu na contestação não só requererem a sua produção, mas produzirem-na nesse momento procedimental. Diante dessa regra, seria correta a conclusão de que o réu revel nunca poderá produzir prova pré-constituída, considerando-se que o seu ingresso na demanda sempre se dará após o momento de ausência jurídica de contestação? A resposta é afirmativa, mas deve ser dada com extrema cautela. O art. 397 do CPC admite em duas circunstâncias a juntada de prova documental a qualquer momento do procedimento. Além disso, como analisado no Capítulo 14, item 14.2.4.5, há entendimento do Superior Tribunal de Justiça que permite a juntada de documento a qualquer momento, além das hipóteses legais, desde que preenchidos três requisitos[23]:

(a) ausência de má-fé;

(b) compatibilidade do estágio procedimental;

(c) contraditório.

Ao menos no tocante ao primeiro requisito, para o réu revel será mais fácil o seu preenchimento do que para um réu que contesta. Não tendo apresentado a contestação, momento adequado para a produção da prova documental, será difícil acreditar que a juntada posterior de documento tenha sido fruto de uma manobra de má-fé por parte do réu revel.

Quanto às fases de admissibilidade e de valoração da prova pré-constituída, aplicam-se integralmente os comentários feitos no tópico anterior quanto às provas causais.

---

[23] STJ, 3.ª Turma, REsp 980.191/MS, Rel. Min. Nancy Andrighi, j. 21.02.2008, *DJ* 10.03.2008; STJ, 1.ª Turma, REsp 780396/PB, Rel. Min. Denise Arruda, j. 23.10.2007, *DJ* 19.11.2007; STJ, 4.ª Turma, AgRg no Ag 652.028/SP, Rel. Min. Jorge Scartezzini, j. 28.06.2005, *DJ* 22.08.2005. Contra, para a juntada de documento por réu revel no momento de autos conclusos para a sentença, STJ, 5.ª Turma, AgRg no EDcl no EREsp 813.959/RS, Rel. Min. Gilson Dipp, j. 14.11.2006, *DJ* 18.12.2006.

Diante de todo o exposto, nota-se que a previsão do art. 336 do PLNCPC, ao prever que o réu pode produzir prova para contrapô-la às provas produzidas pelo autor, desde que ingresse no processo em momento adequado, é no mínimo incompleta para explicar a participação do réu revel no procedimento probatório.

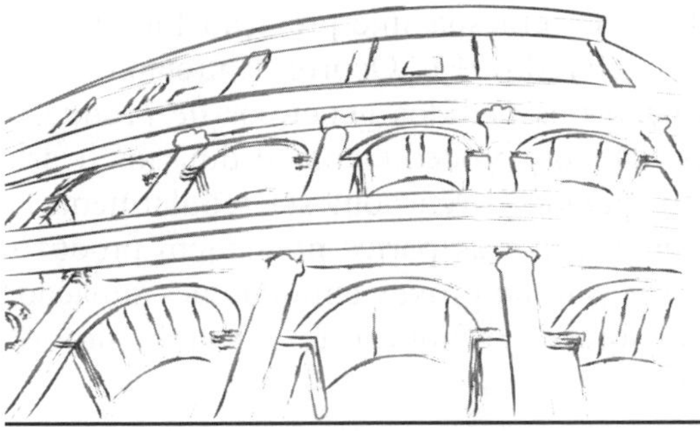

13

PROVIDÊNCIAS PRELIMINARES E JULGAMENTO CONFORME O ESTADO DO PROCESSO

13.1. PROVIDÊNCIAS PRELIMINARES

Segundo o art. 323 do CPC, findo o prazo para a resposta do réu, tenha sido ela apresentada ou não, o juiz no prazo de **10 dias** determinará, no que couber, as providências preliminares. Registre-se que as providências preliminares não constituem uma fase obrigatória do procedimento, dependendo sua existência das circunstâncias do caso concreto[1].

Na hipótese de o réu ser revel, a postura a ser adotada pelo juiz dependerá da geração ou não do principal efeito da revelia. Sendo presumidos verdadeiros os fatos alegados pelo autor, será caso de julgamento antecipado da lide, nos termos do art. 330, II, do CPC. Não sendo presumidos os fatos como verdadeiros, aplica-se o art. 324 do CPC, com a determinação ao autor para que especifique

[1] Theodoro Jr., *Curso*, n. 400, p. 456; STJ, 1.ª Turma, REsp 215.552/AM, Rel. Min. Milton Luiz Pereira, j. 06.12.2001.

as provas que pretende produzir no prazo de 5 dias, em aplicação do art. 185 do CPC, em razão da omissão do dispositivo legal[2].

Interessante notar que o art. 324 do CPC, em sua interpretação literal, tem aplicação tão somente na hipótese de revelia do réu. Ocorre, entretanto, que com a aceitação doutrinária e jurisprudencial dos pedidos genéricos de produção de prova na petição inicial e na contestação do procedimento ordinário, o art. 324 do CPC vem sendo aplicado mesmo quando o réu contesta regularmente a demanda. Como o juiz não sabe exatamente o que as partes pretendem produzir em termos probatórios, determina a especificação de provas em qualquer situação, ampliando-se consideravelmente na praxe forense o âmbito de aplicação do art. 324 do CPC.

O art. 325 do CPC prevê a ação declaratória incidental a ser oferecida pelo autor, o que deve ocorrer no prazo de 10 dias de sua intimação, quando o réu em contestação criar uma questão prejudicial. O tema da ação declaratória incidental já foi devidamente tratado no Capítulo 11.

A terceira providência preliminar prevista pelo Código de Processo Civil consiste na réplica, oportunidade de manifestação aberta ao autor sempre que o réu alegar em sua contestação *defesa de mérito indireta* (art. 326 do CPC) e/ou *defesa processual* (art. 327 do CPC). Nessas duas espécies de matéria defensiva o réu traz uma novidade ao processo, tanto quando alega um fato novo impeditivo, modificativo ou extintivo do direito do autor, como quando alega uma defesa preliminar, naturalmente não narrada pelo autor em sua petição inicial.

Como se pode notar, a réplica é manifestação do princípio do *contraditório*[3], exigindo-se a oitiva do autor a respeito de matérias novas do processo que podem ser determinantes para a decisão judicial. Na praxe forense, entretanto, percebe-se uma indevida generalização da réplica, abrindo-se prazo para manifestação do autor a respeito da contestação mesmo quando essa resposta do réu seja fundada tão somente em defesa de mérito direta. Tal postura, além de contrariar o texto legal, não encontra nenhuma justificativa plausível, devendo ser criticada. Isso quando o juiz não abre prazo para a tréplica, e assim por diante...

13.2. JULGAMENTO CONFORME O ESTADO DO PROCESSO

13.2.1. Introdução

Ultrapassada a fase das providências preliminares, ainda que nenhuma delas tenha sido necessária, o processo chega a uma nova fase, em que o juiz proferirá uma decisão, que pode ser interlocutória ou sentencial. Nesse momento, abrem-se quatro caminhos possíveis ao juiz, sendo que em três deles o processo

---

2 Barbosa Moreira, *O novo*, p. 50; Dinamarco, *Instituições*, n. 1.133, p. 552; Theodoro Jr., *Curso*, n. 402, p. 457.

3 Dinamarco, *Instituições*, n. 1.132, p. 551; Theodoro Jr., *Curso*, n. 401, p. 456.

será extinto por sentença e em outro a decisão terá natureza saneadora, com o prosseguimento da demanda e o ingresso na fase probatória. Trata-se da fase do "julgamento conforme o estado do processo".

Entre os quatro caminhos previstos pelo Código de Processo Civil está a extinção do processo sem a resolução do mérito (art. 329 do CPC); extinção do processo com a resolução do mérito, desde que a sentença se fundamente no art. 269, incs. II a V, do CPC (art. 329 do CPC); julgamento antecipado da lide (art. 330 do CPC); e prolação de decisão saneadora.

13.2.2. Extinção do processo sem a resolução do mérito

Trata-se de norma legal ligada ao princípio da *economia processual*, determinando que, se o juiz perceber a inutilidade da continuação do processo, em razão de vício formal insanável, deve determinar a extinção do processo sem a resolução do mérito. É preciso afirmar que a maioria dos casos previstos pelo art. 267, e repetidos pelo art. 301, ambos do CPC, e que fundamentam essa espécie de extinção do processo, poderia ter sido objeto de apreciação de ofício anterior ao momento procedimental ora analisado.

É inegável, por exemplo, que uma ilegitimidade de parte, percebida pelo juiz na leitura da peça inicial, gerará seu indeferimento, com a consequente extinção do processo sem a resolução do mérito. Nesse caso, evidentemente, não haverá oportunidade para a fase de julgamento conforme o estado do processo, visto que o mesmo terá atingido seu fim num momento processual bem anterior a tal fase. Por outro lado, se a ilegitimidade de parte for percebida somente após a manifestação do réu em sua defesa, deverá o juiz, aí sim, nesse momento, extinguir o processo sem a resolução do mérito. Como a matéria é de ordem pública e por isso não é atingida pela preclusão, mesmo após esse momento procedimental o processo poderá ser extinto sem a resolução de mérito.

13.2.3. Extinção do processo com a resolução do mérito, fundada no art. 269, II a V, do CPC

É interessante a opção do legislador em não tratar das hipóteses previstas pelo art. 269, II a V, do CPC, sob o instituto do julgamento antecipado da lide. Reconhece-se nas previsões dos arts. 329 do CPC (extinção pelo art. 269, II a V, do CPC) e 330 do CPC (extinção pelo art. 269, I, do CPC) que somente essa segunda sentença é genuinamente de mérito, daí somente ela poder ser tratada por julgamento antecipado da lide (aqui entendido como *pedido*).

Seja como for, as hipóteses previstas nos quatro últimos incisos do art. 269 do CPC, são tratadas também como decisões de mérito, o que gera importantes consequências no tocante à existência de coisa julgada material nessas espécies de sentença. Extingue-se a demanda com resolução de mérito, nos termos do art. 329 do CPC, na fase de julgamento conforme o estado do processo, quando houver:

(a) reconhecimento da procedência do pedido;

(b) transação entre as partes;

(c) decadência ou prescrição; e

(d) renúncia.

É natural que a previsão dessas espécies de sentença de mérito como providências a serem adotadas pelo juiz no momento procedimental do "julgamento conforme o estado do processo" **não cria uma limitação temporal** para a prolação de tais sentenças. Assim, uma transação ou renúncia, por exemplo, podem gerar a extinção do processo tanto antes quanto depois do julgamento conforme o estado do processo[4].

13.2.4. Julgamento antecipado da lide

Conforme visto, o art. 329 do CPC prevê dois caminhos ao juiz, ambos levando a extinção do processo, no primeiro caso sem a resolução do mérito e no segundo com resolução do mérito. No art. 330 do CPC, prevê-se mais um caminho que levará à extinção do processo com a resolução do mérito, aplicando-se ao caso concreto sempre que o juiz **acolher ou rejeitar o pedido do autor**. Ainda que o legislador chame esse fenômeno de "julgamento antecipado da lide", o reconhecimento de tratar-se de sentença que resolve o mérito leva a doutrina a preferir o nome "julgamento antecipado do mérito"[5]. Apesar das justificáveis críticas, opta-se por manter a nomenclatura legal em razão de sua assimilação pelos estudiosos do processo.

Sendo possível dividir o processo de conhecimento em quatro fases – apesar de não ser essa uma divisão estanque –, o julgamento antecipado da lide se justifica em razão da desnecessidade da realização da fase probatória[6]. Após a fase postulatória, tem-se a fase de saneamento, seguida da fase instrutória e finalmente a decisória. Não sendo necessária a produção da prova, não haverá a fase probatória, restando um vácuo entre a fase de saneamento e a decisória. Como tal vácuo é obviamente inadmissível, a fase decisória é antecipada para o momento do saneamento, resultando no julgamento antecipado da lide.

O art. 331 do CPC prevê três situações que não se confundem, mas que geram o fenômeno acima descrito, ou seja, a desnecessidade da produção probatória. As três hipóteses de julgamento antecipado da lide são:

---

4 Barbosa Moreira, *O novo*, p. 97.

5 Dinamarco, *Instituições*, n. 1.137, p. 554; Nery-Nery, *Código*, p. 600.

6 Dinamarco, *Instituições*, n. 1.137, p. 555.

(a) quando a matéria discutida for somente de direito;

(b) quando a questão for de direito e de fato, mas não houver necessidade da produção de provas; e

(c) quando se verificar o efeito da presunção de veracidade gerada pela revelia.

Quando a matéria for exclusivamente de direito, não há objeto a ser tratado na instrução probatória, dado que essa fase destina-se à prova dos fatos. A inexistência da narração fática, em situação que basta ao juiz interpretar as normas jurídicas objeto da ação, faz com que seja absolutamente desnecessária a instrução probatória, visto que não haverá o que provar.

Haverá ainda julgamento antecipado do mérito quando existirem na demanda questões de fato e de direito, mas as questões de fato forem incontroversas. Essa justificativa do julgamento antecipado deve ser analisada da seguinte forma: no caso de fatos que não exijam provas (notórios, incontroversos, presumidos), não há necessidade de instrução probatória e por consequência natural o julgamento antecipado é legítimo. Da mesma forma ocorre com os fatos que dependam de provas que já tenham sido produzidas, (em regra a prova documental)[7].

Existem doutrinadores que preferem se ater à incorreta literalidade do art. 330, I, do CPC, afirmando que essa espécie de julgamento só é cabível quando não for necessária a realização de prova em audiência de instrução[8], mas o entendimento mais correto aponta para que, sendo necessária somente a prova pericial (realizada fora da audiência de instrução e julgamento), não será caso de julgamento antecipado da lide.

A melhor doutrina lembra que o juízo de primeiro grau não é o único órgão julgador, visto que o processo poderá ser julgado em sede de apelação. Em razão disso, o juiz de primeiro grau deve evitar dois erros; indeferir provas pertinentes porque já se convenceu em sentido contrário ou ainda indeferir provas porque, em seu entender, a interpretação do direito não favorece o autor. Nesses casos, a interrupção abrupta do processo, sem a realização de provas, constitui cerceamento de defesa, gerando a anulação da sentença e dispêndio desnecessário de tempo e de dinheiro[9].

Há ainda questão interessante que envolve o julgamento antecipado da lide nesses casos e a possibilidade de realização da audiência preliminar, em que se tentará a conciliação, entre outras providências. Conforme se verá, um dos caminhos que terá o juiz nessa fase de julgamento conforme o estado do processo será a realização do saneamento, que poderá ocorrer por meio da audiência prevista no art. 331 do CPC. Seria tal designação incompatível com o julgamento antecipado da lide?

---

[7] Barbosa Moreira, *O novo*, p. 98; Marinoni-Arenhart, *Manual*, p. 243; STJ, 4.ª Turma, AgRg no Ag 693.982/SC, Rel. Min. Jorge Scartezzini, j. 17.10.2006.

[8] Nery-Nery, *Código*, p. 600; Arruda Alvim, *Manual*, n. 163, p. 331; Barbosa Moreira, *O novo*, p. 98.

[9] Greco Filho, *Direito*, n. 42, p. 186.

A resposta deve ser dada de forma negativa, visto que é perfeitamente possível a designação da audiência preliminar, na qual o juiz tentará realizar a conciliação, e, não havendo acordo, julgará o mérito de forma antecipada. Basta imaginar que, frustrada a conciliação, no momento da fixação dos pontos controvertidos, o julgador entenda que não existe controvérsia fática, não havendo qualquer obstáculo – antes disso, sendo a única saída viável –, para o julgamento antecipado da lide[10]. Nesse caso, o Superior Tribunal de Justiça exige a intimação pela imprensa oficial da parte faltante[11].

A terceira hipótese diz respeito ao fenômeno da revelia, que, segundo o art. 319 do CPC, se verifica sempre que o réu não apresenta a contestação. Na verdade, não basta a simples ausência de contestação para que o juiz possa julgar o mérito antecipadamente, sendo necessário constatar se o efeito principal da revelia – **presunção de veracidade dos fatos** – foi gerado no caso concreto[12]. Sendo a presunção relativa, é possível que, apesar da revelia, seja necessária a realização de instrução probatória, sendo impossível o julgamento antecipado da lide.

Dessa forma, haverá julgamento antecipado da lide não só quando ocorrer revelia, mas sim quando o juiz considerar os fatos narrados na inicial como verdadeiros, em decorrência da regra analisada no Capítulo 12, item 12.2.3, de que os fatos incontroversos não são objeto de prova. Reputando-se os fatos como verdadeiros, não haverá objeto para a realização da instrução probatória, abrindo-se a possibilidade do julgamento antecipado do pedido do autor, que tanto poderá ser de procedência como de improcedência, aplicando-se ao caso concreto o princípio do *iura novit curia*.

Um último aspecto no que tange ao julgamento antecipado da lide deve ser enfrentado: os *processos cumulativos*. Imagine-se, por exemplo, a ação principal e a reconvenção, sendo que na fase do julgamento, conforme o estado do processo, existam condições de julgamento antecipado do mérito da ação principal, mas a reconvenção exija a realização de audiência de instrução. Nesse caso, não é possível, em razão do princípio da unicidade da sentença (Chiovenda), o julgamento antecipado parcial da ação principal, com a continuação da ação principal. Nesse caso, o juiz estará proibido de julgar antecipadamente a lide, aguardando a realização da audiência para somente após esse momento processual julgar ao mesmo tempo tanto a ação principal como a reconvenção. Poderá, entretanto, se valer da tutela antecipada prevista pelo art. 273, § 6.º, do CPC, tratada no Capítulo 51, item 51.3[13].

13.2.5. Saneamento do processo

Como verificado nos itens anteriores, todos os caminhos possíveis existentes ao juiz já analisados levam o processo à sua extinção, ora com a resolução do

[10] Dinamarco, *Instituições*, n. 1137, p. 557. Contra: Greco Filho, *Direito*, n. 42, p. 188.

[11] *Informativo* 347/STJ, 4.a T., RMS 14.828-SP, rel. Aldir Passarinho Jr., 04.03.2008.

[12] Dinamarco, *Instituições*, n. 1137, p. 556; Arruda Alvim, *Manual*, p. 331; Barbosa Moreira, *O novo*, p. 98.

[13] Marinoni-Arenhart, *Manual*, p. 241-242.

mérito (*sentença definitiva*), ora sem essa resolução (*sentença terminativa*). A única possibilidade de o processo prosseguir é o saneamento dele, hipótese verificável sempre que não for possível a extinção do processo pelos motivos já analisados.

O saneamento é **fase processual complexa**, que envolve uma série de atividades do juiz e mesmo das partes, sendo entendida como a fase em que se prepara o processo rumo à fase instrutória e posteriormente ao seu desfecho normal por meio da sentença de mérito. Em razão da atual redação do art. 331 do CPC, o saneamento do processo pode ocorrer em **audiência** ou por meio de **decisão escrita** do juiz, o indevidamente chamado "despacho saneador".

Fala-se erroneamente em "despacho saneador", porque o pronunciamento do juiz tem nítido caráter decisório de questões incidentais, tais como as referentes à prova e às irregularidades formais do processo. A natureza evidentemente decisória do pronunciamento impede que este seja chamado de "despacho", visto que se trata nitidamente de decisão interlocutória. Dessa forma, será utilizada a expressão "decisão saneadora", já consagrada pela melhor doutrina em razão da natureza do pronunciamento judicial que saneia o processo.

Conclui-se da redação do art. 331 do CPC que a *audiência preliminar* (antes incorretamente chamada de audiência de conciliação) continua a ser a regra geral, somente sendo dispensada em duas situações: quando o direito em litígio não admitir transação ou quando as circunstâncias da causa evidenciarem ser improvável sua obtenção.

No que tange à questão dos direitos que não admitem transação, cumpre esclarecer que não se devem confundi-los com os *direitos indisponíveis*. Mesmo reconhecendo que os direitos indisponíveis são invariavelmente aqueles que não admitem transação em juízo, a regra geral encontra exceções, nas quais, apesar da indisponibilidade do direito, é possível a realização de uma audiência em que a transação seja obtida. O clássico exemplo é a ação de alimentos, que, não obstante versar sobre direitos indisponíveis, admite a transação relativamente ao valor a ser pago, forma e periodicidade do pagamento[14]. O direito é indisponível, mas a forma de seu exercício pode ser objeto de transação.

A segunda exceção envolve a desconfiança do juiz de que a transação, embora possível, não ocorrerá no caso concreto. A doutrina vem entendendo que tal situação configura-se em três hipóteses:

(a) manifestação expressa de uma ou de ambas as partes de que não querem se conciliar;

(b) o comportamento das partes em juízo levarem o juiz a um grau significativo de segurança de que não existe clima para uma transação entre elas;

(c) a conduta das partes de não celebrar acordos em demanda anteriores similares.

No primeiro caso, a expressa menção à impossibilidade de transação pode ocorrer após intimação das partes para que se manifestem sobre o interesse na

[14] Bermudes, *A reforma*, p. 57; Theodoro Jr., *O processo*, p. 144-145, Wambier, *A nova*, p. 34-35.

realização da audiência[15]. No segundo caso, o clima de alta beligerância pode levar o juiz a concluir que o acordo é praticamente inalcançável. No terceiro caso, conta a experiência do juiz em demandas similares: se o réu nunca fez proposta de acordo em demandas similares anteriores, tudo leva a crer que também não fará naquela demanda.

No que toca às exceções quanto à realização da audiência preliminar, o legislador priorizou a tentativa de conciliação às outras atividades também exercidas pelo juiz nesse momento processual. Assim, no caso de impossibilidade – real ou presumida – da conciliação, a audiência poderá ser dispensada pelo juiz, apesar de ser possível, nesses casos, o desenvolvimento de todas as outras atividades (saneamento de irregularidades pendentes, fixação dos pontos controvertidos e definição dos meios de prova). Apesar da concordância de parcela da doutrina com a opção do legislador[16], entendo que a impossibilidade – ou dificuldade – na obtenção da conciliação não deveria afastar a realização da audiência, para que os outros atos processuais pudessem oralmente ser praticados.

Quando for o caso de realização de *audiência preliminar*, o art. 331 do CPC indica um prazo de 30 dias para a sua realização. Trata-se de prazo impróprio, ou seja, seu descumprimento não gerará nenhum efeito processual, sendo absolutamente legítima uma designação de audiência em prazo superior àquele previsto em lei. De tal audiência as partes devem ser intimadas pessoalmente, demonstrando-se nesse tocante a preocupação do legislador com a efetiva ciência das partes dessa oportunidade de obter uma transação. A ausência da parte não frustra a audiência como um todo, mas impede a transação (com exceção dos casos em que esteja representada por advogado com expressos poderes para transigir). Não existe sanção à parte faltante[17]. É pacífico o entendimento de que tratando-se de pessoa jurídica, a parte pode ser representada por preposto; entendo que também a pessoa física, considerando-se que sua atuação nessa audiência limita-se a participar da tentativa de autocomposição, o que poderá ser realizado por preposto com poderes para transigir.

Na audiência preliminar, a primeira atividade a ser desenvolvida pelos sujeitos processuais, sempre sob a coordenação do juiz, é a tentativa de conciliação. Sendo obtida a conciliação, o acordo será reduzido a termo e homologado por sentença, extinguindo-se o processo com resolução de mérito (art. 269, III, do CPC). Não ocorrendo a conciliação, o juiz deverá passar às outras atividades previstas para esse momento processual, e não simplesmente chamar os autos à conclusão, como é frequente na praxe forense.

Não sendo obtida a conciliação, o juiz deverá decidir eventuais questões processuais pendentes, sanando alguma irregularidade que porventura ainda exista. Com isso estará deixando o processo, do ponto de vista formal, absolutamente pronto e regular para a posterior fase instrutória e derradeiramente à fase decisória. Caso

---

15 Dinamarco, *Reforma*, p. 109.

16 Theodoro Jr., *O processo*, p. 145; Calmon de Passos, *Comentários*, p. 447; Gusmão Carneiro, *Audiência*, p. 132.

17 Dinamarco, *Reforma*, p. 110.

não haja nenhuma irregularidade – o que geralmente ocorre –, visto que o juiz desde o início do processo busca sanar eventuais vícios sanáveis (p. ex., emenda da inicial), haverá tão somente a declaração de que o processo encontra-se sem vícios, preparado, portanto, para seu regular desenvolvimento.

Ultrapassada essa fase, o juiz deverá passar à fixação dos pontos controvertidos. Essa fixação busca otimizar a instrução probatória, dado que o juiz, sendo o destinatário das provas, determina antes do início de sua produção quais fatos controvertidos realmente interessam ser provados para a formação de seu convencimento. É forma de afastar o trabalho inútil das partes em provar fatos que não são controvertidos e outros, que apesar da controvérsia, não interessam ao convencimento do juiz. Com tal fixação todos ganham: as partes, que voltarão suas energias para o que realmente interessa na fase probatória e o próprio juiz, que economizará tempo que seria despendido na produção de provas inúteis.

Após a fixação dos pontos controvertidos, momento em que se determinará o objeto da fase probatória (o que se deve provar), o juiz determina os meios de prova para que tais questões possam ser provadas. Ou seja, depois de fixado o objeto da prova, o juiz determina de que forma tal prova será produzida, deferindo ou indeferindo meios de prova requeridos pelas partes, como também indicando a produção de provas por meios não pedidos, ou seja, de ofício (art. 130 do CPC). Fixa-se, portanto, o que se deve provar e como isso ocorrerá.

Finalmente, e sempre que necessário, designa-se a audiência de instrução e julgamento. O art. 331 do CPC foi cuidadoso em indicar que essa atividade processual somente será exercida se necessário for, visto que é perfeitamente possível o processo chegar ao seu fim sem a necessidade de realização de tal audiência (basta pensar numa demanda em que a única prova a ser produzida seja a pericial e que não haja necessidade da presença dos peritos em audiência). Dessa forma, apenas será designada a audiência de instrução e julgamento quando for necessária a produção de prova oral (depoimento pessoal, testemunhas e, raramente, a presença do perito para esclarecer em audiência pontos obscuros ou duvidosos de seu laudo).

O PLNCPC abole do sistema a audiência preliminar, prevendo o art. 342, *caput*, apenas que o juiz, declarado saneado o processo, delimitará os pontos controvertidos sobre os quais deverá incidir a prova, especificará os meios admitidos de sua produção e, se necessário, designará audiência de instrução e julgamento. Conforme o parágrafo único do dispositivo, "as pautas deverão ser preparadas com intervalo mínimo de quarenta e cinco minutos entre uma e outra audiência de instrução e julgamento".

Como se pode notar do dispositivo legal, abandona-se a ideia de saneamento oral do processo, em atividade conjunta entre o juiz e as partes, o que contraria o princípio da cooperação, consagrado no art. 5.º do PLNCPC.

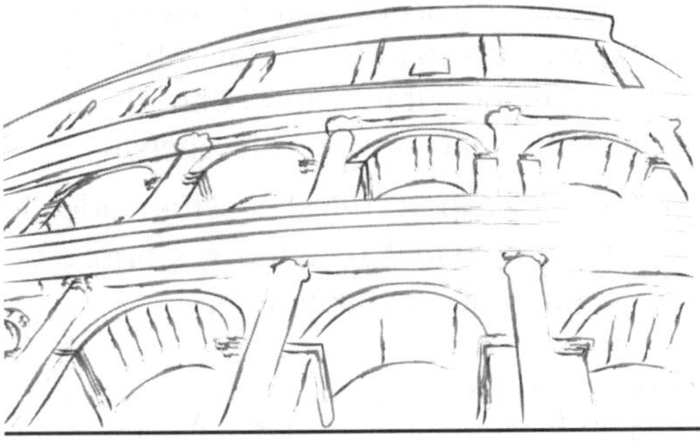

14

PROVAS

14.1. TEORIA GERAL DAS PROVAS

14.1.1. Conceito de prova

Não se trata de tema pacífico na doutrina a conceituação de prova, dificuldade acentuada pela diversidade de sentidos que pode ter o termo "prova". O termo é utilizado no direito e fora dele, não sendo estranho aos leigos (por exemplo, a tradicional exigência de uma namorada decepcionada: "então prove que me ame!"; ou ainda a sugestão de um garçom: "por que você não prova essa nova cerveja?" etc.). E, mesmo dentro do campo do direito, encontra-se muita divergência no tratamento conceitual do tema, até porque são diversas as áreas afeitas à questão da "prova". Costuma-se dizer, com inegável acerto, que o **termo "prova" é plurissignificante**[1], dentro e fora do mundo do direito em geral, e do processo em particular.

[1] Cambi, *Direito*, 2001, p. 46; Garcia, *Prova civil*, 6.1, p. 28.

Uma análise etimológica do termo, derivado do latim *probatio*, que significa prova, ensaio, verificação, inspeção, exame, argumento, razão, aprovação, confirmação, e que se deriva do verbo – *probare* (probo, as, are) – significando provar, ensaiar, verificar, examinar, reconhecer por experiência, aprovar, estar satisfeito de alguma coisa, persuadir alguém de alguma coisa, demonstrar; é um ponto de início da análise do conceito do instituto, mas certamente não o ponto de chegada[2].

Do próprio significado do termo "prova" já se percebe a possibilidade de sua utilização em diversos sentidos. No campo processual o termo é empregado em diferentes acepções, fator complicador de sua exata conceituação:

(a) pode significar a produção de atos tendentes ao convencimento do juiz, confundindo-se nesse caso com o próprio procedimento probatório (por exemplo, o autor tem o ônus de provar, ou seja, de praticar os atos atinentes à formação do convencimento do juiz);

(b) pode significar o próprio meio pelo qual a prova será produzida (prova documental, prova testemunhal etc.);

(c) pode significar a coisa ou pessoa da qual se extrai informação capaz de comprovar a veracidade de uma alegação, ou seja, a fonte de prova (documento, testemunha);

(d) pode significar o resultado de convencimento do juiz (por exemplo, "esse fato está devidamente provado nos autos").

Há doutrinadores que preferem conceituar a prova como sendo os meios ou elementos que contribuem para a formação da convicção do juiz a respeito da existência de determinados fatos[3]. Outros entendem a prova como a própria convicção sobre os fatos alegados em juízo[4]. Há ainda os que preferem conceituar a prova como um conjunto de atividades de verificação e demonstração, que tem como objetivo chegar à verdade relativa às alegações de fatos que sejam relevantes para o julgamento[5].

14.1.2. Espécies de prova

É tradicional na doutrina a classificação da prova quanto ao fato (diretas e indiretas); quanto ao sujeito (pessoais e reais); quanto ao objeto (testemunhais, documentais e materiais); e quanto à preparação (causais ou pré-constituídas)[6].

A prova direta é aquela destina a comprovar justamente a alegação de fato que se procura demonstrar como verdadeira. Já a prova indireta é aquela destinada a demonstrar as alegações de fatos secundários ou circunstanciais, das quais o juiz, por um raciocínio dedutivo, presume como verdadeiro o fato principal. As provas indiretas são conhecidas como *indícios*.

---

2 Amaral Santos, *Prova*, 1970, v. 1, p. 11.

3 Câmara, *Lições*, v. 1, 2003, p. 393; Greco Filho, *Direito*, v. 2, 2000, p. 180.

4 Amaral Santos, *Prova*, v. 1, p. 17.

5 Dinamarco, *Instituições*, v. 3, 2003, p. 43.

6 Amaral Santos, *Primeiras*, v. 2, p. 339-341. Baptista da Silva, *Teoria*, p. 295-296.

A prova pessoal decorre de uma consciente declaração feita por uma pessoa, enquanto a prova real é aquela constituída por meio de objetos e coisas, que representam fatos sem na verdade declararem conscientemente sua veracidade.

A prova testemunhal é toda prova produzida sob a forma oral, devendo ser entendida de forma *lato sensu*, ou seja, além da prova testemunhal propriamente dita, também incluem-se nesse critério o depoimento pessoal, o interrogatório e o depoimento do perito em audiência de instrução. Prova documental é toda afirmação de um fato escrita ou gravada, como um contrato ou uma fotografia. Prova material é qualquer outra forma material, que, não sendo testemunhal nem documental, comprove um fato, como a perícia e a inspeção judicial.

Por prova causal entende-se aquela produzida dentro do próprio processo, como ocorre com o depoimento pessoal e a perícia. Já a prova pré-constituída é aquela formada fora do processo, geralmente antes mesmo da instauração da demanda, como ocorre com a prova documental.

14.1.3. A verdade possível e a verossimilhança

Atualmente considera-se a verdade como algo meramente utópico e ideal, jamais alcançada, seja qual for a ciência que estiver analisando o conhecimento humano dos fatos[7]. Miguel Reale, ciente de ser a verdade algo inatingível e imprestável, chegou a formular o conceito da quase verdade[8]. No processo, resta evidenciada a impossibilidade de obtenção da verdade absoluta, em especial em razão dos sujeitos que dele participam. Isso inclui tanto aqueles que levam as provas ao processo – partes –, quase sempre objetivando seu próprio favorecimento, como terceiros que auxiliam o juiz na reconstituição dos fatos – o que nem sempre fazem da forma exata –, e pelo juiz, que receberá as provas e, sem ter acompanhado os fatos, apenas poderá confiar naquilo que foi levado à sua consideração[9]. Nessa participação de diversos sujeitos diferentes é de esperar que o resultado probatório não traduza exatamente como os fatos efetivamente ocorreram. Além disso, existem as limitações à obtenção e valoração das provas, analisadas a seu devido tempo.

Essa primeira constatação, que aponta a obtenção da verdade como algo inalcançável, meramente utópico, constitui o primeiro obstáculo material intransponível à obtenção da verdade absoluta, ou integral, no processo civil. Mas essa realidade não deve servir de desestímulo à continuação das presentes considerações, ainda mais porque essa intangibilidade da verdade absoluta é realidade comum a todas as áreas do conhecimento humano, e não privativa da área jurídica, tampouco da processual.

Mas a questão permanece: se a verdade não pode ser alcançada no processo, o que então deve ser o suficiente para uma decisão correta e preocupada com a

---

7 Marinoni-Arenhart, *Manual*, p. 295; Baptista da Silva, *Curso*, v. 1, p. 339.

8 Reale, *Verdade*, 1983, p. 17-18.

9 Marinoni-Arenhart, *Manual*, p. 297.

indispensável distribuição da justiça por meio da prestação de uma tutela jurisdicional de qualidade? Parcela considerável da doutrina afirma que ao processo basta a verossimilhança[10], com o que não se concorda, porque não é correta a conclusão de que a verossimilhança signifique verdade possível. A primeira é a aparência da verdade pela mera alegação de um fato que costuma ordinariamente ocorrer, enquanto a segunda continua a ser uma mera aparência da verdade (dado que esta é impossível de ser alcançada), é derivada justamente da prova produzida no caso concreto, e não da mera frequência com que o fato ocorre em situações similares. Enquanto a verossimilhança parte de uma análise genérica e abstrata, a verdade obtida pelo processo diz respeito ao caso particular, às provas que nele foram colhidas[11].

O que se deve buscar é a melhor verdade possível dentro do processo, levando-se em conta as limitações existentes e com a consciência de que a busca da verdade não é um fim em si mesmo, apenas funcionando como um dos fatores para a efetiva realização da justiça, por meio de uma prestação jurisdicional de boa qualidade. Ainda que se respeitem os limites impostos à busca da verdade, justificáveis à luz de valores e garantias previstos na Constituição Federal, o que se procurará no processo é a obtenção da verdade possível[12]. Por *verdade possível* entende-se a **verdade alcançável no processo**, que coloque o juiz o mais próximo possível do que efetivamente ocorreu no mundo dos fatos, o que se dará pela ampla produção de provas, com respeito às limitações legais.

14.1.4. A caducidade das expressões "verdade formal" e "verdade real"

Essa impossibilidade concreta de obter a verdade absoluta no processo – como em qualquer outro ramo da ciência humana – serve para desmistificar a ideia comumente lembrada de que no processo civil seria suficiente a obtenção da verdade formal, que seria uma verdade processual, enquanto no processo penal dever-se-ia buscar a verdade real, ou seja, a efetiva verdade, ou verdade material.

Falar diante dessa nova definição da relação da prova com a verdade de duas espécies diversas de verdade é algo absolutamente inadmissível. **A verdade é uma só, sempre inalcançável, tanto no campo civil como no campo penal.** É evidente que, apesar de a verdade ser algo inalcançável, não deve deixar de ser perseguida, sendo essa busca fator de legitimação da própria decisão judicial. Diferentes tratamentos da intensidade de tal busca, que poderia ser diferente no campo penal e civil – com o que desde já discordo –, nada têm a ver com o instituto da verdade; daí a caducidade de termos como "*verdade formal*" e "*verdade material*"[13].

---

10 Arruda Alvim, *Manual*, v. 1, p. 379.

11 Cambi, *Direito*, p. 59. Zavaski, *Antecipação*, 1996, p. 152-153, e Bedaque, *Tutela*, 1988, p. 337.

12 Cambi, *Direito*, p. 70; Fux, *Curso*, 2004, p. 692.

13 Barros, *A busca*, p. 38; Torquato Avolio, *Provas*, p. 39-40. Incorretamente valendo-se do termo "verdade real": *Informativo* 372/STJ, 4.a T., REsp 1.010.559-RN, rel. Aldir Passarinho Jr., j. 16.10.2008.

E ainda que a verdadeira significação das expressões "verdade formal" e "verdade material" seja referente à satisfação decorrente do esgotamento dos meios de busca da verdade, não concordo com tal diferenciação feita tradicionalmente pela doutrina mais antiga, tanto penal como cível. A justificativa encontrava-se, invariavelmente, nos valores protegidos em um e em outro processo, sendo mais valiosos aqueles tratados na esfera penal do que os tratados na esfera cível. Essa diferença, entretanto, não é regra absoluta, jamais podendo ser utilizada para a diferenciação pretendida.

Para tanto, basta imaginar que nem sempre os valores tutelados no processo penal serão mais valiosos ou nobres do que aqueles tutelados no processo civil. Muitas vezes a pena suportada pelo réu em um processo penal tem cunho meramente patrimonial, como ocorre, por exemplo, no pagamento de uma multa ou mesmo de cestas básicas. Outras vezes, alguma espécie de restrição de direitos como, por exemplo, ser proibido de acompanhar os jogos de seu time, ou ainda a prestação de serviços comunitários. Registre-se, ainda, que essas circunstâncias devem crescer em sua intensidade em virtude do sentido moderno a que ruma o direito penal (*despenalização de condutas*).

Já no processo civil é possível se ter uma demanda que tenha como objeto um direito indisponível como, por exemplo, aquela que resulta na perda de pátrio poder, ou ainda que altera a guarda de um menor que estaria sofrendo abusos físicos pelo cônjuge que anteriormente detinha a guarda. Nesses casos, evidencia-se que os valores tutelados – e também as consequências geradas pelo processo civil – são muito mais relevantes e significativos do que aqueles tratados em diversos processos penais, nos quais o resultado é meramente patrimonial[14].

O melhor resultado possível do processo – que se entende mais apto a ocorrer com a ampla produção de prova – diz respeito a qualquer processo, seja ele penal ou cível, considerando-se que a qualidade da prestação jurisdicional será sempre o valor supremo a ser buscado em todo o processo judicial, independentemente do direito substancial que se está debatendo em juízo. A verdade alcançável no processo será sempre uma só, nem material nem formal, mas processual, ou seja, aquela que decorrer da mais ampla instrução probatória possível, o que deve ocorrer independentemente da natureza do processo ou ainda da espécie de direito substancial debatido[15].

Mas ainda assim poder-se-á alegar que as regras procedimentais no processo civil, com suas preclusões, presunções e restrições probatórias a alguns meios de provas, geram como consequência um tratamento diferenciado daquele existente no processo penal. Apesar das inegáveis diferenças procedimentais, há nitidamente uma tendência para que também no processo civil a verdade possível não fique em segundo plano[16].

---

[14] Barbosa Moreira, *Processo*, 2001, p. 208-209; Oliveira, *Do formalismo*, p. 148-149.

[15] Barbosa Moreira, *A Constituição*, 1996, p. 118; Bedaque, *Poderes*, 2001, p. 145; Scarpinella Bueno, *Curso*, v. 2, p. 236.

[16] Barbosa Moreira, *Processo*, p. 209; Oliveira, *Do formalismo*, 1997, p. 147-148.

Seja como for, e ainda que se admita que as restrições no processo civil sejam em maior número e com maior intensidade do que aquelas vistas no campo penal, em ambos só será possível uma única verdade, que aquela é processualmente alcançável, sendo absolutamente incorreto o diferente tratamento dado tradicionalmente a essas duas áreas do Direito, falando-se em verdade real para o processo penal e verdade formal para o processo civil.

14.1.5. Direito à prova no processo civil

Encontra-se na doutrina uma forte tendência na defesa da natureza constitucional do direito à prova, que, embora não esteja expressamente previsto no Texto Maior, seria decorrência da moderna visão do princípio da *inafastabilidade da tutela jurisdicional*, previsto no art. 5.º, XXXV, da CF ("a lei não excluirá da apreciação do Poder Judiciário, lesão ou ameaça a direito"), atualmente analisado à luz do **acesso à ordem jurídica justa**, desenvolvida no Capítulo 1, item 1.5.5.

Dentro dessa nova visão do princípio constitucional, visivelmente preocupada com a qualidade da prestação jurisdicional, encontra-se o direito à prova, que garantirá o efetivo exercício do *devido processo legal*, em especial o respeito ao *contraditório*. A garantia do devido processo legal e do contraditório, ambos garantidos de forma expressa por nossa Constituição Federal, alçam o direito à prova no processo civil ao patamar constitucional[17].

Esse direito à prova, entretanto, apesar de alçado ao patamar constitucional, naturalmente não é absoluto, aliás, como qualquer outro direito, encontrando limitações tanto no plano constitucional como no infraconstitucional. A exclusão de uma prova no processo judicial sempre será prejudicial, causando, portanto, um mal, que somente encontrará justificativa quando esse mal for considerado um mal menor se comparado com os outros valores e garantias que seriam maculados para a aceitação da prova. Reconhece-se que a limitação à busca da verdade seja algo maléfico, mas que em diversas hipóteses pior seria a permissão no caso concreto de sua utilização.

Além da constatação de que nenhum direito é absoluto, e dessa forma também não poderia sê-lo o direito à prova, há outro importante fator a afastar qualquer pensamento que rume em sentido contrário. A obtenção da verdade não é um fim em si mesmo, que deva ser perseguida sem qualquer outra valoração ou ponderações sobre os outros escopos buscados pelo processo.

Por mais importante que seja a busca e obtenção da verdade alcançável, jamais poderá ser considerado que a busca da verdade seja o único objetivo no processo. Tal pensamento, além de indevidamente restringir-se a tão somente um dos diferentes escopos do processo, faria com que a busca da verdade fosse algo absoluto, sem limite, admitindo-se qualquer espécie de prova, produzida de qualquer forma, e em qualquer momento do processo, o que inclusive nos levaria de volta

---

[17] Dinamarco, *Instituições*, v. 3, p. 46-49; Bedaque, *Poderes*, p. 20-23; Cambi, *Direito*, p. 135; Teixeira, *O princípio*, 2005, p. 40; Greco, *A prova*, 2004, p. 402-403.

à época da barbárie, com a admissão, por exemplo, da prova obtida mediante ameaça ou tortura. A busca da verdade é o que legitima a atividade jurisdicional, mas não pode e não deve ser considerada um fim em si mesmo.

A obtenção da verdade – ou da quase verdade – faz parte de uma série de escopos do processo, e com eles deverá conviver da melhor forma possível. A função cumprida pela prova no processo, portanto, não deve ser alçada a algo absoluto ou que não deva sofrer restrições, sob pena de complicadas e inaceitáveis distorções. Nem sempre a verdade será a grande preocupação do operador no caso concreto, e nem por isso poder-se-á indicar que a atuação jurisdicional tenha sido irregular ou viciada. A mera busca da verdade já será o suficiente para legitimar a decisão judicial[18].

14.1.6. Objeto da prova

Há controvérsia a respeito do que seja exatamente o objeto de prova, entendendo parcela da doutrina que são os **fatos**[19], enquanto outra parcela entende que são as **alegações de fato**. Para a segunda corrente doutrinária, o fato ocorreu ou não, existe ou não, enquanto a veracidade atinge exclusivamente as alegações de fato, que podem ser falsas ou verdadeiras[20]. Para a primeira corrente doutrinária o objeto são os fatos, porque nem sempre o objeto de prova é constituído de alegações, bastando para tanto lembrar os fatos que podem ser considerados de ofício pelo juiz, ainda que as partes não os tenham alegado no processo. O art. 130 do CPC corroboraria esse segundo entendimento ao prever que o juiz apreciará livremente a prova quanto aos fatos, ainda que não alegados nos autos[21].

A melhor doutrina ensina que o *ônus da alegação* dos fatos pelas partes limita-se aos fatos jurídicos (principais), que vinculam a atividade jurisdicional. O mesmo, entretanto, não ocorre com o fato simples (secundário) que poderá ser levado em consideração pelo juiz ainda que não tenha sido alegado pelas partes[22]. Esses fatos, que o juiz pode conhecer de ofício, podem não ser objeto de alegação das partes, e ainda assim influenciarão o julgamento. O melhor, portanto, é afirmar que o objeto de prova não são os fatos nem as alegações de fato, mas **os pontos e/ou as questões de fato** levadas ao processo pelas partes ou de ofício pelo próprio juiz.

14.1.6.1. Exclusão do objeto de prova (art. 334 do CPC)

Nem todos os pontos ou as questões de fato, entretanto, são objeto de prova, excluindo-se dessa exigência:

---

[18] Cambi, *Direito*, p. 57.

[19] Santos, *Primeiras*, v. 2, p. 343; Theodoro Jr., *Curso*, n. 416, p. 473; Scarpinella Bueno, *Curso*, p. 245.

[20] Dinamarco, *Instituições*, v. 3, n. 786, p. 58; Câmara, *Lições*, v. 2, p. 376.

[21] Cambi, *A prova*, p. 297.

[22] Marinoni-Arenhart, *Manual*, p. 267-268.

(a) as referentes a fatos impertinentes ou irrelevantes à solução da demanda;

(b) as referentes a fatos notórios;

(c) alegações de fato não controvertidas;

(d) questões de fato em cujo favor milite presunção legal de existência ou veracidade (art. 334 do CPC).

14.1.6.2. *Relevância e pertinência*

A produção de provas de alegações de fatos impertinentes, ou seja, que não se relacionam à causa posta à apreciação do juiz, é medida inútil, e por isso deve ser evitada em prol do princípio da *economia processual*. O mesmo ocorre com os fatos irrelevantes, que, mesmo dizendo respeito à causa, em nada influenciam o convencimento do juiz. Fatos irrelevantes e impertinentes não modificam o conteúdo da decisão judicial, o que dispensa a produção de prova a seu respeito. Também são considerados irrelevantes os fatos impossíveis e os de prova impossível, por disposição da lei (p. ex., prova contra presunção absoluta) ou pela natureza do fato (p. ex., art. 401 do CPC)[23]. É justamente por isso que o juiz, destinatário da prova, deve no saneamento do processo fixar os pontos controvertidos que serão objeto de prova, para evitar o desenvolvimento de atividade probatória inútil.

Confirmando a exclusão da alegação de fatos irrelevantes e impertinentes do objeto da prova, o art. 354, parágrafo único, do PLNCPC prevê que o juiz indeferirá, em decisão fundamentada, as diligências inúteis ou meramente protelatórias, regra atualmente prevista no art. 130 do CPC. O indeferimento previsto no dispositivo legal impede que determinadas alegações de fato, que não interessem ao juiz na formação de seu convencimento, não sejam incluídas no objeto da prova.

14.1.6.3. *Fatos notórios*

Quando se excluem do objeto da prova os fatos notórios, não se deve exigir a notoriedade absoluta, sob pena de inutilização do dispositivo legal. Fatos notórios são aqueles de conhecimento geral, tomando-se por base o homem médio, pertencente a uma coletividade ou a um círculo social, no momento em que o juiz deva decidir[24]. Trata-se da **notoriedade relativa**, o bastante para contemplar a previsão legal. Com relação aos fatos notórios, são importantes as seguintes características:

---

[23] Amaral Santos, *Primeiras*, v. 2, p. 346.

[24] Theodoro Jr., *Curso*, v. 2, n. 416, p. 474.

(a) o fato não precisa ser de conhecimento do juiz;

(b) o fato não precisa ter sido testemunhado;

(c) no tocante a fatos jurídicos notórios, existe o ônus de alegação da parte, não podendo o juiz conhecê-los de ofício;

(d) a notoriedade pode ser objeto de prova, sempre que existir dúvida do juiz a respeito dessa característica do fato.

Importante notar que os *fatos notórios* não se confundem com as *máximas de experiência*, que são diferentes espécies do gênero **"saber privado do juiz"**. Enquanto os fatos notórios se referem a fatos determinados que ocorreram, a cuja existência têm acesso, de maneira geral, as pessoas que vivem em determinado ambiente sociocultural, as máximas de experiência são juízos generalizados e abstratos, fundados naquilo que costuma ocorrer, que autorizam o juiz a concluir, por meio de um raciocínio intuitivo, que em identidade de circunstâncias, também assim ocorram no futuro[25].

14.1.6.4. *Ausência de controvérsia*

Também a alegação de fato não controvertida não será objeto de prova, já que a produção da prova se dá justamente para convencer o juiz da veracidade de determinada alegação de fato, e, não havendo controvérsia, o juiz já considerará verdadeira tal alegação, gerando a desnecessidade de produção de prova. Assim, havendo aceitação expressa ou tácita da parte quanto às alegações de fato da parte contrária, a alegação de fato não será controvertida, não formará a questão (ponto controvertido) e escapará da fase probatória, por ser considerado como verdadeira pelo juiz.

Segundo o art. 334, II, do CPC, são excluídos do objeto de prova os fatos afirmados por uma parte e confessados pela parte contrária, enquanto o art. 334, III, faz o mesmo relativamente aos fatos admitidos no processo como incontroversos, o que se verifica quando não ocorre a impugnação específica dos fatos narrados pelo autor exigida no art. 302, *caput*, do CPC, circunstância analisada no Capítulo 11, item 11.5.3[26].

14.1.6.5. *Presunção*

Por fim, também não será exigida a prova de alegações de fatos em cujo favor milite a presunção legal de existência ou veracidade. A presunção representa o **resultado de um processo mental** que, partindo de um fato demonstrado como ocorrido, permite a conclusão de que outro fato, ainda que não provado, seja também considerado como existente ou ocorrido. Há

---

25 Barbosa Moreira, *Regras*, p. 63.

26 Garcia, *Prova civil*, n. 6.1, p. 31.

uma relação entre *fato indiciário* (provado) e *fato presumido* (não provado), decorrente da constatação lógica de que, se o primeiro ocorreu, muito provavelmente o segundo também terá ocorrido. A melhor doutrina afirma corretamente que a presunção não se confunde com a prova, sendo a primeira um ponto de chegada (correspondente ao conhecimento adquirido pelo juiz) e a segunda, um ponto de partida (algo que permite ao juiz adquirir o conhecimento de algum fato). O indício, por sua vez, é ao mesmo tempo um ponto de partida (algo que permite ao juiz o conhecimento) e um ponto de chegada (fato provado)[27].

A presunção pode ser relativa (*iuris tantum*) ou absoluta (*iuris et de iure*), legal (*praesumtiones legis*) ou judicial (*praesumtiones hominis*).

Na *presunção relativa* é admitida a prova em sentido contrário, de forma que o fato presumido será considerado ocorrido pelo juiz desde que a parte contrária não produza prova que afaste tal presunção. Como se pode notar, na presunção relativa a questão fática não é efetivamente excluída do objeto da prova, somente dispensado-se a parte que faz a alegação de produzir prova no sentido de convencer o juiz de sua alegação. Dessa realidade é correta a conclusão de que na hipótese de presunção relativa não há exclusão do objeto da prova, mas meramente uma inversão do ônus probatório, cabendo à parte que não alegou o fato convencer o juiz de sua não existência ou ocorrência[28].

Exemplo clássico de preclusão relativa vem consagrado na Súmula 301 do Superior Tribunal de Justiça, que determina a presunção de paternidade na hipótese de o réu se negar injustificadamente a realizar o exame pericial de DNA. Para esse tribunal, não basta a mera recusa em realizar o exame, cabendo ao autor a produção de prova mínima que ao menos traga ao processo algum indício da paternidade[29]. Registre-se que o Superior Tribunal de Justiça limita essa presunção à pessoa do pretenso genitor, e não ao descendente, por ser um direito personalíssimo e indisponível[30].

Costuma-se afirmar que a *presunção absoluta* impede a produção de prova em sentido contrário, o que é somente parcialmente exato. A presunção absoluta retira um elemento componente do ato de sua estrutura original, de forma que o ato será considerado mesmo se ausente tal elemento. Conforme ensina a melhor doutrina, exigindo a lei os elementos A, B e C para a existência ou validade de um ato, pode o legislador dispensar um deles, de forma que o ato será considerado existente ou válido somente com a presença de dois desses elementos (A e B, A e C ou B e C), falando-se nesse caso em presunção absoluta. Trata-se de opção legislativa, fundada na probabilidade de que as coisas tenham ocorrido de determinada maneira ou na dificuldade de demonstrar o fato, que incide no plano

---

27 Barbosa Moreira, *As presunções*, p. 58-59; Cambi, *A prova*, p. 363.

28 Dinamarco, *Instituições*, v. 3, n. 825, p. 119.

29 *Informativo* 427/STJ: 4.ª Turma, REsp 1.068.836/RJ, rel. MIn. Honildo Amaral de Mello Castro, j. 18.03.2010.

30 *Informativo* 425/STJ: 4.ª Turma, REsp 714.969-MS, rel. Min. Luis Felipe Salomão, j. 04.03.2010.

do direito objetivo, e não no campo probatório[31]. Dessa forma, a afirmação de que não cabe a produção de prova significa dizer que a produção de prova nesse caso é inútil, e por isso não é admitida[32].

Ainda que doutrina respeitável aponte para a similaridade de presunção absoluta e ficção jurídica[33], prefiro a corrente doutrinária que defende uma diferenciação entre os dois fenômenos jurídicos, ainda que a consequência prática em sua utilização no processo seja a mesma. A *presunção absoluta* é fundada numa grande probabilidade de o fato presumido ter realmente ocorrido, enquanto a *ficção jurídica* é fundada em fato que provavelmente não tenha ocorrido, mas que por opção legislativa consideram-se produzidos os mesmos efeitos do fato efetivamente tivesse ocorrido. Na ficção jurídica há uma consciente opção legislativa de, mesmo diante de evidências de não ocorrência do fato, permitir a produção dos efeitos jurídicos programados por lei[34].

Presunção legal é aquela estabelecida expressamente em lei, sendo tarefa do legislador a indicação de correspondência entre o fato indiciário e o fato presumido, podendo ser a presunção relativa ou absoluta. *Presunção judicial* é aquela realizada pelo juiz no caso concreto, com a utilização das máximas de experiência, permitindo-se a conclusão de ocorrência ou existência de um fato não provado em razão da prova do fato indiciário, fundado naquilo que costuma logicamente ocorrer[35].

14.1.6.6. *Prova do direito (art. 337 do CPC)*

Embora a regra no tocante ao objeto da prova seja direcionada às alegações de fato, em algumas situações excepcionais pode ser exigida da parte a prova de alegações de direito. Dá-se tal possibilidade – não é de antemão obrigatório, devendo o juiz no caso concreto determinar a produção da prova – nas alegações de *direito municipal, estadual, estrangeiro e consuetudinário*. Exigir da parte a prova do direito na realidade é exigir a **prova da existência e vigência** da norma legal conforme invocada pela parte (art. 14 da Lei de Introdução às Normas do Direito Brasileiro – antes denominada LICC), sendo essa exigência dispensável caso o juiz conheça o direito. É importante registrar que, no caso de direito municipal e estadual, é exigido do juiz o conhecimento da lei local, em que exerce seu ofício, somente podendo exigir a prova de local onde não esteja exercendo sua função jurisdicional[36].

Os meios de prova nessa atípica situação do direito como objeto da prova são os mais diversos possíveis, devendo o juiz no caso concreto analisar sua

---

[31] Barbosa Moreira, *As presunções*, p. 62-64.

[32] Marinoni-Arenhart, *Manual*, p. 291.

[33] Dinamarco, *Instituições*, v. 3, n. 824, p. 116-117.

[34] Barbosa Moreira, *As presunções*, p. 64-65; Cambi, *A prova*, p. 369-370.

[35] Dinamarco, *Instituições*, v. 3, n. 828, p. 121-124; Cambi, *A prova*, p. 376.

[36] Câmara, *Lições*, v. 2, p. 377.

idoneidade. Assim, o direito estrangeiro pode ser provado por compêndios de legislação atualizada, certidão diplomática ou até mesmo por meio de livros de doutrina atualizados. O direito estadual e municipal pode ser provado por meio de publicação da lei no Diário Oficial ou certidão obtida junto ao órgão legislativo competente. O direito consuetudinário pode ser provado por qualquer forma lícita, inclusive por testemunhas.

14.1.7. Ônus da prova

A doutrina comumente divide o estudo do instituto do ônus da prova em duas partes; a primeira chamada de ônus subjetivo da prova e a segunda chamada de ônus objetivo[37]. No tocante ao *ônus subjetivo* da prova, analisa-se o instituto sob a perspectiva de **quem é o responsável** pela produção de determinada prova ("quem deve provar o que"), enquanto no *ônus objetivo* da prova, o instituto é visto como uma **regra de julgamento** a ser aplicada pelo juiz no momento de proferir a sentença no caso de a prova se mostrar inexistente ou insuficiente. No aspecto objetivo o ônus da prova afasta a possibilidade de o juiz declarar o ***non liquet*** diante de dúvidas a respeito das alegações de fato em razão da insuficiência ou inexistência de provas. Sendo obrigado a julgar e não estando convencido das alegações de fato, aplica a regra do ônus da prova.

O ônus da prova é, portanto, regra de julgamento, aplicando-se para as situações em que, ao final demanda, persistem fatos controvertidos não devidamente comprovados durante a instrução probatória. Trata-se de ônus imperfeito porque nem sempre a parte que tinha o ônus de prova e não produziu a prova será colocada num estado de desvantagem processual, bastando imaginar a hipótese de produção de prova de ofício ou ainda de a prova ser produzida pela parte contrária. Mas também é **regra de conduta das partes**, porque indica a elas quem potencialmente será prejudicado diante da ausência ou insuficiência da prova.

Como já afirmado, o ônus da prova, em seu aspecto objetivo, é uma regra de julgamento, aplicando-se somente no momento final da demanda, quando o juiz estiver pronto para proferir sentença. É regra que se aplica apenas no caso de inexistência ou insuficiência da prova, uma vez que, tendo sido a prova produzida, não interessando por quem, o princípio não se aplicará. Trata-se do *princípio da comunhão da prova* (ou aquisição da prova), que determina que, uma vez tendo sido a prova produzida, ela passa a ser do processo, e não de quem a produziu[38]. Dessa forma, o aspecto subjetivo só passa a ter relevância para a decisão do juiz se ele for obrigado a aplicar o ônus da prova em seu aspecto objetivo: diante de ausência ou insuficiência de provas, deve indicar qual das partes tinha o ônus de provar e colocá-la numa situação de desvantagem processual.

---

37 Gisele Góes, *Teoria*, p. 53-55.

38 Neves, Princípio, *Revista*, n. 31; Arruda Alvim, *Manual*, n. 175, p. 389.

14.1.7.1. Regras de distribuição do ônus da prova (art. 333 do CPC)

Segundo a regra geral estabelecida pelo art. 333 do CPC, cabe ao autor o ônus de provar os **fatos constitutivos** de seu direito, ou seja, deve provar a matéria fática que traz em sua petição inicial e que serve como origem da relação jurídica deduzida em juízo. Em relação ao réu, também o ordenamento processual dispõe sobre ônus probatórios, mas não concernentes aos fatos constitutivos do direito do autor. Naturalmente, se desejar, poderá tentar demonstrar a inverdade das alegações de fato feitas pelo autor por meio de produção probatória, mas, caso não o faça, não será colocado em situação de desvantagem, a não ser que o autor comprove a veracidade de tais fatos. Nesse caso, entretanto, a situação prejudicial não se dará em consequência da ausência de produção de prova pelo réu, mas sim pela produção de prova pelo autor.

Caso o réu alegue por meio de defesa de mérito indireta um **fato novo,** impeditivo, modificativo ou extintivo do direito do autor, terá o ônus de comprová-lo. Por *fato impeditivo* entende-se aquele de conteúdo negativo, demonstrativo da ausência de algum dos requisitos genéricos de validade do ato jurídico como, por exemplo, a alegação de que o contratante era absolutamente incapaz quando celebrou o contrato. *Fato modificativo* é aquele que altera apenas parcialmente o fato constitutivo, podendo ser tal alteração subjetiva, ou seja, referente aos sujeitos da relação jurídica (como ocorre, por exemplo, na cessão de crédito) ou objetiva, ou seja, referente ao conteúdo da relação jurídica (como ocorre, por exemplo, na compensação parcial). Fato extintivo é o que faz cessar a relação jurídica original, como a compensação numa ação de cobrança. A simples negação do fato alegado pelo autor não acarreta ao réu o ônus da prova.

O ônus da prova carreado ao réu pelo art. 333, II, do CPC só passa a ser exigido no caso concreto na hipótese de o autor ter se desincumbido de seu ônus probatório, porque só passa a ter interesse na decisão do juiz a existência ou não de um fato impeditivo, modificativo ou extintivo do autor, após se convencer da existência do fato constitutivo do autor. Significa dizer que, se nenhuma das partes se desincumbir de seus ônus no caso concreto e o juiz tiver que decidir com fundamento na regra do ônus da prova, o pedido do autor será julgado improcedente.

Registre-se que parcela da doutrina defende a não aplicação do art. 333 do CPC, preferindo a aplicação do entendimento de que a regra de distribuição do ônus da prova entre as partes não deve ser fixada *a priori*, dependendo do caso concreto. Fala-se em *distribuição dinâmica do ônus da prova* para determinar a regra que concede ao juiz a distribuição no caso concreto, dependendo de qual parte tenha **maior facilidade na produção da prova**[39]. O Superior Tribunal de Justiça vem aplicando a regra da inversão do ônus da prova em ações civis por danos ambientais[40].

---

39 Câmara, *Lições*, v. 2, p. 380-381.

40 *Informativo* 418/STJ: 2.ª Turma, REsp 1.060.753/SP, rel. Min. Eliana Calmon, j. 1.º.12.2009.

O PLNCPC adota essa forma dinâmica de distribuição do ônus da prova. Apesar de o art. 357 do PLNCPC repetir as regras atualmente contidas no art. 333 do CPC, o art. 358 permite que, levando em conta as circunstâncias da causa e as peculiaridades do fato a ser provado, o juiz possa, em decisão fundamentada e respeitado o contraditório, inverter a regra de forma a atribuir o ônus probatório à parte que tenha maior facilidade em sua produção.

Interessante a vedação a essa inversão contida no art. 359, parágrafo único, do PLNCPC. O dispositivo legal prevê em seu *caput* e incisos a regra atualmente consagrada no art. 333, parágrafo único, I e II, do CPC, no que não traz qualquer novidade. Em seu parágrafo único, entretanto, determina as hipóteses em que o juiz não poderá inverter o ônus da prova, sendo nula a convenção relativa ao ônus da prova nesses casos: quando recair sobre direito indisponível da parte ou quando tornar excessivamente difícil a uma parte o exercício do direito.

14.1.7.2. *Inversão do ônus da prova*

Existem três espécies de inversão do ônus da prova:

(a) convencional;
(b) legal;
(c) judicial.

A *inversão* decorre de um **acordo de vontades** entre as partes, que poderá ocorrer antes ou durante o processo. Essa forma de inversão tem duas limitações previstas pelo art. 333 do CPC, que prevê a nulidade dessa espécie de inversão quando:

(i) recair sobre direito indisponível da parte;
(ii) tornar excessivamente difícil a uma parte o exercício do direito.

Essa segunda limitação legal é aplicável nas hipóteses de inversão do ônus probatório diante da alegação de fato negativo indeterminado, cuja prova é chamada pela doutrina de "**prova diabólica**"[41].

Note-se que não é difícil a prova de um fato negativo determinado, bastando para tanto a produção de prova de um fato positivo determinado incompatível logicamente com o fato negativo. O problema é o fato negativo indeterminado (fatos absolutamente negativos), porque nesse caso é até possível a prova de que a alegação desse fato é falsa, mas é impossível a produção de prova de que ela seja verdadeira[42].

---

[41] Scarpinella Bueno, *Curso*, v. 2, p. 247.

[42] Arruda Alvim, *Manual*, n. 187, p. 404. STJ, 3.ª Turma, REsp 422.778/SP, rel. Min. Castro Filho, rel. para acórdão rel. Min. Nancy Andrighi, j. 19.06.2007, *DJ* 27.08.2007.

> Marina alega que não estava em determinado bar, num determinado dia e horário, sendo fácil produzir prova nesse sentido; basta provar que estava em outro lugar naquele dia e horário. A alegação, entretanto, de que nunca esteve naquele bar é impossível de ser provada, ainda que a parte contrária possa provar que a alegação é falsa, bastando comprovar que ao menos uma vez Marina esteve no bar. É prova diabólica que Marina não conseguirá produzir o fato negativo indeterminado, não se admitindo a inversão convencional nesse caso.

A *inversão legal* vem prevista expressamente em lei, não exigindo o preenchimento de requisitos legais no caso concreto. Os exemplos dessa espécie de inversão do ônus probatório são encontrados no Código de Defesa do Consumidor:

(a) é ônus do fornecedor provar que não colocou o produto no mercado, que ele não é defeituoso ou que houve culpa exclusiva do consumidor ou de terceiros pelos danos gerados (art. 12, § 3.º, do CDC);

(b) é ônus do fornecedor provar que o serviço não é defeituoso ou que há culpa exclusiva do consumidor ou de terceiro nos danos gerados (art. 14, § 3.º, do CDC);

(c) é ônus do fornecedor provar a veracidade e correção da informação ou comunicação publicitária que patrocina (art. 38 do CDC).

Na *inversão judicial*, caberá ao juiz analisar no caso concreto o preenchimento dos requisitos legais, como ocorre no art. 6.º, VIII, do CDC, que prevê a possibilidade de o juiz inverter o ônus da prova em favor do consumidor sempre que este for hipossuficiente ou suas alegações forem verossímeis, sendo aplicável, inclusive, nas ações coletivas consumeristas[43]. Trata-se, portanto, de inversão *ope iudicis* e não *ope legis*[44]. É evidente que não basta nesse caso a relação consumerista, cabendo ao juiz analisar no caso concreto o preenchimento dos requisitos exigidos por lei. A doutrina majoritária entende que o dispositivo legal deve ser interpretado literalmente, de forma que a hipossuficiência e a verossimilhança sejam considerados elementos alternativos, bastando a presença de um deles para que se legitime a inversão do ônus probatório[45].

Registre-se decisão do Superior Tribunal de Justiça que, ao interpretar o art. 6.º, VIII, da Lei 8.078/1990 c/c o art. 21 da Lei 7.347/1985, conjugado com o princípio da precaução, determinou a inversão do ônus da prova em demanda em que se pretende a reparação de dano ambiental. Nesse julgamento o Tribunal entendeu que não é a hipossuficiência do autor que permite a inversão do ônus, mas o caráter público e coletivo do bem jurídico tutelado[46]. Também é tranquilo o entendimento do Superior Tribunal de Justiça no sentido de inversão do ônus da prova quando há indícios de agiotagem, nos termos da MP 2.172-32/2001,

---

[43] *Informativo* 463/STJ: 4.ª Turma, REsp. 951.785/RS, rel. Min. Luis Felipe Salomão, j. 15.02.2011.

[44] *Informativo* 412/STJ: 4.ª Turma, REsp 720.930-RS, rel. Min. Luis Felipe Salomão, j. 20.10.2009.

[45] Gisele Góes, *Teoria*, p. 52.

[46] *Informativo* 404/STJ: 2.ª Turma, REsp 972.902-RS, rel. Min. Eliana Calmon, j. 25.08.2009.

imputando-se ao credor a responsabilidade pela comprovação da regularidade jurídica da cobrança[47].

14.1.7.3. *Momento de inversão do ônus da prova*

Na inversão convencional e legal não surge problema quanto ao momento de inversão do ônus da prova; na primeira estará invertido o ônus a partir do acordo entre as partes, e na segunda a inversão ocorre desde o início da demanda. Na hipótese judicial, entretanto, a inversão dependerá de uma decisão judicial fundada no preenchimento dos requisitos legais, e o momento da prolação dessa decisão não é tema pacífico na doutrina.

Apesar de ser regra de julgamento, só se aplicando ao final do processo, e isso somente no caso de inexistência ou insuficiência de prova, existem casos nos quais, em respeito ao princípio do contraditório, o juiz deve já no **saneamento do processo** se manifestar sobre eventual inversão da regra geral contida no art. 333 do CPC[48]. Perceba-se que o juiz não estaria nesse momento invertendo o ônus da prova, regra que até mesmo pode nem ser utilizada caso a instrução probatória convença amplamente o juiz. O que o juiz fará é apenas **sinalizar às partes** que, no caso de necessidade de aplicação da regra, o fará de forma invertida, e não conforme previsto como regra geral em nosso estatuto processual.

Para que o réu não seja surpreendido com a inversão quando já finalizada a instrução probatória, entendo que, em respeito ao princípio do *contraditório*, a sinalização de possível inversão – se necessário for – deve ser feita expressamente já na decisão saneadora[49]. Parece não considerar tal circunstância a parcela doutrinária e jurisprudencial que, firme na ideia de que o ônus da prova é uma regra de julgamento, entende que somente no momento da sentença o juiz deve se manifestar a respeito do tema[50]. Não parece correto o entendimento porque desconsidera a realidade de que o ônus da prova também funciona como uma regra de conduta, desprezando-se a realidade forense de que a parte que não tem o ônus probatório não realizará a prova, porque corre o risco de que ela seja contrária ao seu interesse. E nem se fale que a parte deve produzir a prova independentemente de ter o ônus probatório porque a preocupação em descobrir a verdade possível nem sempre é das partes, mas sim do juiz. O juiz busca a justiça no processo, as partes buscam a vitória, obviamente, dentro da *boa-fé* e *lealdade processual*.

---

47 *Informativo* 482/STJ: 3.ª Turma, REsp 1.132.741/MG, rel. Min. Massami Uyeda, j. 06.09.2011.

48 Cambi, *A prova*, p. 418, Dinamarco, *Instituições*, v. 3, n. 801, p. 84.

49 *Informativo* 469/STJ: 1.ª Seção, REsp 802.832/MG, rel. Min. Paulo de Tarso Sanseverino, j. 13.04.2011. STJ, 4.ª Turma, REsp 662.608/SP, rel. Min. Hélio Quaglia Barbosa, j. 12.12.2006, *DJ* 05.02.2007; STJ, 3.ª Turma, REsp 598.620/MG, rel. Min. Carlos Alberto Menezes Direito, j. 07.12.2004, *DJ* 18.04.2005.

50 Bedaque, *Direito*; Nery e Nery, *Código*, p. 608; STJ, 3.ª Turma, REsp 422.778/SP, rel. Min. Castro Filho, rel. para acórdão rel. Min. Nancy Andrighi, j. 19.06.2007, *DJ* 27.08.2007.

O entendimento ora defendido é consagrado pelo art. 358, § 1.º, do PLNCPC, que exige que o juiz, sempre que inverter o ônus da prova, dê oportunidade à parte para se desincumbir do ônus que lhe tenha sido atribuído. Significa dizer que, em respeito ao contraditório, a parte terá amplo direito à produção da prova, de forma que não parece interessante que essa inversão ocorra somente no momento de prolação de sentença, sob pena de ofensa ao princípio da economia processual. Parece ser mais vantajoso que no momento de saneamento do processo o juiz já sinalize a forma de aplicação da regra do ônus da prova caso essa aplicação realmente se faça necessária no caso concreto.

14.1.7.4. *Inversão da prova e inversão do adiantamento de custas processuais*

A inversão do ônus da prova traz outra interessante questão: a inversão do adiantamento do pagamento das despesas necessárias para a produção probatória, em especial a pericial. Nesse ponto há séria divergência tanto na doutrina quanto na jurisprudência, entendendo parcela dos operadores e estudiosos que a inversão da prova acarreta inexoravelmente a inversão do pagamento das despesas que derivam da produção de tal prova[51], enquanto outros entendem que a antecipação de pagamento de despesas relacionadas com a produção de prova encontra-se regida pelo art. 33 do CPC, não sofrendo qualquer influência decorrente de eventual inversão do ônus da prova, sendo esse o entendimento do Superior Tribunal de Justiça[52].

A razão está com a segunda corrente, considerando-se principalmente a natureza do ônus da prova e o que a sua inversão significa. Sendo o ônus da prova uma regra de julgamento, estando ligado à necessidade de o juiz decidir, ainda que ausente as provas para convencê-lo das alegações de fato narradas no processo, não guarda o instituto qualquer relação com a antecipação de despesas. É natural, entretanto, que no caso de inversão do ônus da prova, a parte que não requereu a produção da prova passe a ter interesse em sua produção, considerando que se aquele que requereu sua produção não adiantar as despesas, a prova não será produzida, com consequências danosas à parte contrária. Nesse caso, ainda que a prova tenha sido requerida pelo consumidor, o fornecedor, em razão da inversão do ônus da prova, terá interesse em realizá-la, podendo assim assumir o adiantamento dos valores nesse sentido.

---

[51] Scarpinella Bueno, *Curso*, v. 2, p. 247; Dinamarco, *Instituições*, v. 3, n. 801, p. 84; Cambi, *A prova*, p. 427.

[52] STJ, 4.ª Turma, REsp 845.601/SP, rel. Min. Hélio Quaglia Barbosa, j. 06.03.2007, *DJ* 02.04.2007; STJ, 3.ª Turma, REsp 435.155/MG, rel. Min. Carlos Alberto Menezes Direito, j. 11.02.2003, *DJ* 10.03.2003.

Infelizmente, o PLNCPC adota o entendimento consagrado pelo Superior Tribunal de Justiça, ao prever em seu art. 358, § 2.º, que a inversão do ônus da prova não implica a alteração das regras referentes aos encargos da respectiva produção. Continuo insistindo que, mesmo com a aprovação da regra legal ora comentada, a consequência da ausência desse adiantamento continuará a ser a preclusão da prova, circunstância que prejudicará a parte que tem o ônus probatório e que, para evitar essa situação de desvantagem, terá interesse em garantir a produção da prova mediante o adiantamento de seus custos.

14.1.8. Os poderes instrutórios do juiz

Durante muito tempo pensava-se no juiz como figura, além de imparcial, absolutamente desinteressado com o resultado do processo. Dizia-se que o bom juiz era aquele que interferia o mínimo possível no processo, deixando às partes as iniciativas postulatórias e probatórias, tudo em respeito ao princípio dispositivo. Confundia-se *imparcialidade* com *omissão e neutralidade*, preferindo-se o juiz distante ao juiz participativo. Era a época do chamado "juiz-Olimpo".

Essa visão está intimamente ligada à ideia do processo como coisa das partes, em nítida associação do processo com o direito privado. A doutrina moderna repele tal entendimento, parecendo não haver grande dúvida entre os doutrinadores que defendem a natureza pública do processo. A partir dessa mudança de entendimento, passou-se também a encarar a missão do juiz no processo de uma nova forma, sob um novo ângulo de visão. A figura do juiz distante e desinteressado, que tudo deixava às partes, em especial no que tange ao conjunto probatório, não mais responde aos anseios de uma prestação jurisdicional de qualidade.

As justificativas que impediam a atuação oficiosa do juiz no campo probatório foram corretamente afastadas pela melhor doutrina.

Afirmava-se que, sendo o **direito material disponível**, a parte poderia dispor das provas, o que impediria a atuação do juiz em razão do princípio dispositivo. Para parcela da doutrina o princípio dispositivo deve expressar somente as limitações impostas ao juiz referentes aos atos processuais das partes voltados diretamente ao direito disponível, e não à sua atuação probatória[53]. Por outro lado, ainda que o direito seja disponível, o juiz não é obrigado a compactuar com o desleixo probatório da parte, o que naturalmente prejudica a qualidade da tutela jurisdicional prestada. Deve homologar os atos dispositivos do direito, o que não significa sacrificar a qualidade de sentença genuína de mérito em razão da ausência de prova.

O princípio da **igualdade das partes** não pode servir de argumento válido à proibição da produção de prova de ofício, considerando-se que a isonomia real

[53] Bedaque, *Poderes*, p. 93.

exige um tratamento diferenciado dos sujeitos desiguais, nos limites de sua desigualdade, conforme analisado no Capítulo 2, item 2.4.5. A igualdade de partes desiguais em termos econômicos ou técnicos só poderá ser efetivada no processo com a permissão da atividade instrutória de ofício, o que evitará que a vitória ocorra em razão de superioridade econômica ou técnica de uma delas. A paridade de armas, exigência fundamental do contraditório efetivo, muitas vezes exige do juiz uma posição mais ativa na instrução probatória, como forma de igualar concretamente as chances de ambas as partes se sagrarem vitoriosas na demanda[54].

Por fim, a atividade instrutória do juiz não contamina sua indispensável **imparcialidade**, até mesmo porque o juiz não tem condições de determinar *a priori* o resultado da prova, sendo incorreto imaginar que a determinação da produção de prova possa beneficiar autor ou réu. Na realidade, se a prova efetivamente convencer o juiz, seu resultado beneficiará o titular do direito material, sendo esse o objetivo precípuo da atividade jurisdicional. Por outro lado, não seria parcial o juiz que deixa de produzir prova quando possível, beneficiando a parte que não tinha o ônus de provar[55]? Juiz imparcial não é juiz neutro e tampouco juiz desinteressado na qualidade da prestação jurisdicional. A imparcialidade do juiz não se garante ao impedi-lo de produzir prova de ofício, mas ao exigir o respeito ao contraditório em sua produção e a motivação de suas opções no tocante ao aspecto fático da demanda[56].

No sentido de confirmar os poderes instrutórios do juiz, o art. 130 do CPC admite que o juiz determine de ofício a produção de provas necessárias à instrução do processo, indeferindo as diligências inúteis ou meramente protelatórias. O artigo legal divide-se em duas partes, uma respeitante à possibilidade do juiz em determinar provas sem nenhum requerimento das partes e a segunda dizendo respeito à possibilidade de o juiz indeferir provas requeridas pelas partes, desde que tais provas sejam efetivamente inúteis ou protelatórias, o que afasta o perigo de cerceamento do direito de defesa.

Na primeira parte do artigo legal abre-se ao juiz a possibilidade de, mesmo diante da inércia das partes no tocante à produção probatória, a determinação de tal produção de ofício. Tal postura, permitida pela lei, deve, até mesmo pela própria lógica do sistema, somente ser adotada após as partes terem esgotado as provas que pretendiam produzir. Após a realização da prova pelas partes, e ainda havendo questão não clara ao juiz, nenhum problema haverá se o juiz determinar a sua produção de ofício.

Observe-se que, mesmo quando o juiz se lança à instrução probatória de ofício, estará adstrito aos fatos jurídicos que compõem a causa de pedir do autor e eventualmente aos fatos impeditivos, modificativos ou extintivos alegados pelo réu em sua contestação. O que o art. 130 do CPC permite é simplesmente uma atuação oficiosa no que se refere à produção da prova, jamais um alargamento dos

[54] Bedaque, *Poderes*, p. 96-105; Dinamarco, *Instituições*, v. 3, n. 784, p. 53.

[55] Barbosa Moreira, Os poderes, *Temas*, Quarta Série, p. 48; Bedaque, *Poderes*, p. 107-108.

[56] Bedaque, *Poderes*, p. 109.

fatos que, narrados pelas partes, sempre limitarão a atividade do juiz, em respeito ao *princípio dispositivo*, que se bem verdade atualmente é visto com alguma ponderação, ainda é a regra geral no tocante ao interesse das partes em juízo. No tocante aos fatos secundários (simples), a atividade oficiosa é ainda maior, sendo permitido ao juiz não só a produção da prova, mas também fundamentar sua decisão em fato não alegado pelas partes, aplicando-se no caso o *princípio da cooperação* ao exigir a prévia oitiva das partes em contraditório.

É importante consignar que a existência da regra do ônus da prova em nada interfere nos poderes instrutórios do juiz. Pelo aspecto subjetivo já foi afirmado que a atuação oficiosa do juiz não favorece quem tinha o ônus da prova e dele não se desincumbiu, mas a parte que efetivamente tem o direito material. E também quando o ônus da prova é analisado sob o seu aspecto objetivo, ou seja, como regra de julgamento diante da ausência ou insuficiência de prova, o encargo não desaparecerá necessariamente pelo fato de o juiz ter produzido prova de ofício. Basta imaginar que, apesar de ter sido produzida por iniciativa do juiz, tal prova não tenha gerado elementos suficientes para a formação de seu convencimento. O que é preciso ficar claro é que mesmo tendo sido produzida a prova de ofício pelo juiz, tal postura ativa não o impedirá de aplicar a regra do ônus da prova sempre que a prova produzida tenha se mostrado inconclusiva.

14.1.9. Preclusões para o juiz na atividade probatória

No que tange ao controle do juiz sobre a produção da prova, o art. 130 do CPC prevê que caberá ao magistrado no caso concreto indeferir as provas que entenda inúteis ou meramente protelatórias. No caso de indeferimento da prova e da não interposição de recurso, não se pode falar que tal produção tenha restado preclusa ao juiz, em ocorrência do fenômeno que a doutrina nacional indevidamente chama de **preclusão *pro iudicato***. Permite-se que o juiz, ainda que já tenha indeferido prova por decisão irrecorrida, volte atrás em seu entendimento desde que posteriormente passe a entender ser a prova importante, hipótese na qual determinará a sua produção.

A liberdade do juiz no tocante à produção da prova, entretanto, não é ilimitada, em especial no caso de deferimento de sua produção. Uma vez deferida a produção da prova e não havendo recurso contra tal decisão, ocorrerá a preclusão *pro iudicato*, exigindo-se do juiz a produção de referida prova, ainda que se convença de esta não ser mais necessária. Ocorrerá, no caso, o surgimento de uma espécie de direito adquirido da parte à produção da prova, que não pode ser afrontado com a simples mudança de opinião do juiz diante do conjunto probatório. A prova só deixará legitimamente de ser produzida após o deferimento pelo juiz se ambas as partes concordarem, em razão do princípio da *comunhão das provas*, que torna do processo, e não de quem a requereu, até mesmo o direito concreto à prova[57].

---

57 Neves, *Preclusões*, p. 265-273.

14.1.10. Valoração da prova

Atualmente não se fala mais em ordálias (ou juízos de Deus), sistema probatório no qual a valoração de provas era fundada em desafios físicos – como atravessar uma fileira de brasa ou se despejar óleo quente – e em consultas aos deuses. De fato, tais "meios de prova" nada provam, demonstrando tão somente uma ainda incipiente técnica processual, se é possível qualificar tal sistema de técnico. O desenvolvimento do processo, e da própria humanidade, com a desvinculação do direito da religião, demonstrou de forma clara o absurdo de tais atividades, sendo que o sistema das ordálias tem importância histórica.

No sistema da prova legal, ou prova tarifada, a carga probatória já vem preestabelecida em norma escrita, tornando o juiz um simples matemático, que somava as provas produzidas para verificar a ocorrência dos fatos alegados. Nesse sistema, valendo a prova testemunhal *1 ponto*, a documental, *2 pontos* e a confissão, *3 pontos*, basta ao juiz somar a prova produzida e declarar vitorioso aquele que somar um maior número de pontos. Obviamente que tal sistema não é adequado, privilegiando a quantidade da prova, e não sua qualidade. Como se verá, entretanto, tal sistema não foi totalmente abandonado por nosso ordenamento, ainda que atualmente exista apenas de forma excepcional.

O sistema da prova tarifada tinha como ponto central a total ausência de liberdade ao juiz na valoração da prova, pouco importando seu convencimento no caso concreto, já que era obrigado a seguir o estabelecido em lei no tocante à carga de convencimento das provas. O sistema diametralmente oposto, chamado de livre convencimento ou persuasão íntima, no qual a liberdade do juiz é plena, também peca pelo excesso. Nesse sistema vale tão somente o convencimento íntimo do juiz, que não se vê obrigado a justificar suas escolhas, podendo até mesmo julgar contra a prova produzida caso assim lhe pareça correto. Como se nota, os extremos de nenhuma liberdade e de liberdade plena ao juiz na valoração da prova criam sistemas de valoração viciados.

Atualmente o sistema de valoração adotado pelo sistema processual brasileiro é o da **persuasão racional**, também conhecido pelo princípio do **livre convencimento motivado**, no qual o juiz é livre para formar seu convencimento, dando às provas produzidas o peso que entender cabível em cada processo, não havendo uma hierarquia entre os meios de prova. Isso, claramente, não significa que o juiz possa decidir fora dos fatos alegados no processo, mas sim que dará aos fatos alegados a devida consideração diante das provas produzidas.

Em tese, portanto, não há uma hierarquia preestabelecida da carga probatória dos meios de prova[58]. Diante dessa regra, não seria possível afirmar que um meio de prova é mais importante do que outro, ou que seja insuficiente para demonstrar a ocorrência de determinado fato. É possível, por exemplo, que num determinado processo a prova testemunhal desbancasse a prova pericial, ou até

[58] Garcia, *Prova civil*, n. 18, p. 78.

mesmo a confissão. A ausência de hierarquia entre os meios de prova, entretanto, não é regra absoluta em nosso ordenamento. Tome-se como exemplo o art. 401 do CPC, praticamente repetido pelo art. 227, *caput*, do CC, e as hipóteses de presunção legal absoluta, resquícios do sistema da prova tarifada.

Também os arts. 215 e 225 do CC, com a indicação da prova plena no caso de escritura pública e das reproduções mecânicas. A ideia de prova plena agride frontalmente o princípio do livre convencimento motivado, não devendo ser entendida como regra absoluta, mas como simples parâmetro para a decisão judicial. Admitir que a veracidade que decorre da fé pública do oficial público é absoluta é incorrer em grave equívoco, tratando-se de presunção relativa, podendo obviamente ser afastada por meio de outras provas produzidas. Dessa forma, apesar da previsão expressa do Código Civil, é mantido, sem alterações, o sistema de apreciação da força probatória dos instrumentos públicos e das reproduções mecânicas (arts. 364 e 383 do CPC).

Note-se que o sistema do livre convencimento motivado deixa o juiz parcialmente livre na apreciação da prova. Se o peso probatório deve ser dado pelo juiz no caso concreto, não pode livremente decidir sobre tal carga probatória, devendo obrigatoriamente motivar sua decisão. Nesse sentido o disposto no art. 436 do CPC, que afirma não estar o juiz adstrito ao laudo pericial, podendo formar a sua convicção com outros elementos ou fatos provados nos autos[59]. Até mesmo a confissão deve receber a carga devida no caso concreto, podendo perfeitamente ser enfrentada por outras provas produzidas nos autos. Dará, portanto, a carga probatória que entender cabível, mas deverá motivar sua decisão, exteriorizando as razões pelas quais deu maior força probatória a uma prova produzida em detrimento de outra.

14.1.11. Prova emprestada

A regra concernente à produção da prova é que esta se realize dentro do processo em que será utilizada como meio de convencimento do juiz. Em determinados casos, entretanto, em respeito ao princípio da *economia processual*, é possível aplicar no processo **prova já produzida em outro processo**, em fenômeno conhecido por "prova emprestada". A utilização de prova já produzida em outro processo responde aos anseios de economia processual, dispensando a produção de prova já existente, e também da busca da verdade possível, em especial quando é impossível produzir novamente a prova[60].

Apesar da inegável importância da possibilidade aberta às partes de se aproveitarem de prova já produzida em outro processo, há corrente doutrinária que afirma ser imprescindível que a prova tenha sido produzida entre as mesmas

[59] Garcia, *Prova civil*, n. 8, p. 45-46.
[60] Neves, *Ações*, p. 91-98.

partes, sob pena de infração ao princípio do *contraditório*[61]. A lição deve ser admitida com reservas.

Parece correto entender que o contraditório é o limite da utilização da prova emprestada, mas esse limite deve ser analisado no caso concreto, sendo admissível que a parte que não participou da produção da prova pretenda utilizá-la contra a parte que o fez. O contraditório é justamente a conjugação da *informação + possibilidade de reação + poder de influência*, e caso a parte abra mão dessa reação nada haverá de irregular ou viciado. Imagine-se uma ação civil pública movida pelo Ministério Público contra uma empresa de petróleo em razão de poluição ambiental em alguma região litorânea. A perícia realizada é francamente favorável ao Ministério Público, indicando a poluição e a responsabilidade da empresa. Caso os pescadores da localidade tenham ações individuais contra a empresa poluidora cobrando seus prejuízos em razão do mesmo fato, é inegável que poderão emprestar a prova pericial produzida em processo do qual não participaram[62].

Outra situação-limite interessante é aquela na qual a prova produzida em outro processo simplesmente não pode mais ser produzida, como no caso do falecimento de uma testemunha ou do perecimento do bem que serviria de objeto da perícia. Nesse caso, o juiz se verá diante de um choque inevitável de princípios: qualidade da prestação jurisdicional (com a utilização da prova em seu convencimento) e o contraditório (com a impossibilidade da parte que não participou da produção da prova de realmente reagir contra a sua formação). A solução nesse caso se dá por meio da aplicação da *regra da proporcionalidade*, pesando o juiz os interesses envolvidos e buscando a melhor solução com o fito de gerar o menor prejuízo possível às partes.

Na hipótese de direitos transindividuais (difusos, coletivos e individuais homogêneos), é possível que o Ministério Público instaure inquérito civil anteriormente à propositura de demanda judicial. Trata-se de procedimento administrativo facultativo de legitimidade exclusiva do Ministério Público, com o objetivo de colher elementos de convicção para embasar eventual propositura da ação coletiva, celebração de compromissos de ajustamento de conduta ou até mesmo para evitar ações sem fundamento sério. No inquérito civil, invariavelmente o contraditório não é respeitado, de forma a serem repetidas em juízo todas as provas já produzidas em tal procedimento. De qualquer forma, no caso de a prova ser de impossível produção no momento do processo, ou ainda ser muito onerosa a produção probatória, o juiz, sempre à luz do princípio do livre convencimento motivado, poderá utilizar as provas produzidas no inquérito civil para formar o seu convencimento.

É importante lembrar que a prova emprestada, respeite-se ou não o contraditório, receberá do juiz julgador a **carga valorativa** que entender adequada à situação concreta, aplicando-se ao caso o disposto no art. 131 do CPC. Entendo

---

[61] Grinover, *Prova*, p. 115; Nery Jr., *Princípios*, p. 152; Fux, *Curso*, p. 699.

[62] Neves, *Ações*, p. 106-108; Dinamarco, *Instituições*, v. 3, p. 98; Talamini, *Prova*, p. 95.

que, quanto mais o contraditório for respeitado, maior será a carga probatória das provas produzidas, em razão de sua maior confiabilidade[63].

O respeito ao contraditório como condição da prova emprestada é consagrado pelo art. 356 do PLNCPC, ao prever que o juiz poderá admitir a utilização da prova produzida em outro processo, desde que observado o contraditório. Compreendo que esse respeito exigido pelo texto legal se refere tanto ao processo de origem como ao processo que recebe a prova emprestada, garantindo-se o contraditório na produção da prova oral ou pericial no processo em que é originariamente produzida e naquele em que documentalmente é reproduzida.

Ainda que a previsão legal seja elogiável, volto a insistir que em situações excepcionais, nas quais a prova não possa ser reproduzida e seja essencial para a solução da demanda, caberá ao juiz fazer valer o contraditório dentro dos limites do possível, somente no processo em que receber de forma emprestada a prova, não se podendo erigir a observância do contraditório no processo de origem em valor supremo e absolutamente inafastável.

14.1.12. Prova ilícita

Para tradicional corrente doutrinária, **prova ilegal** é toda prova produzida com ofensa à norma legal, podendo ser dividida em:

(a) *prova ilegítima*, quando violar norma de direito processual, verificável no momento da produção da prova no processo;

(b) *prova ilícita*, quando violar norma de direito substancial, verificável no momento da colheita da prova.

Nesse entendimento, a distinção se justifica em decorrência das consequências advindas dessas duas espécies de prova ilegal:

(i) provas ilegítimas se referem à admissibilidade dos meios de prova;

(ii) provas ilícitas são capazes de gerar a ampla responsabilidade pela lesão do direito material violado.

A ilegitimidade, assim, diz respeito ao modo pelo qual a prova foi obtida, em situação na qual o meio de prova em si é jurídico e permitido pela lei, mas a forma de produção da prova é viciada, como a colheita de prova testemunhal mediante a ameaça de morte ou qualquer outra espécie de coação, bem como a assinatura de contrato sob tortura. A ilicitude se daria quando o próprio meio de produção da prova é injurídico ou imoral, como as gravações clandestinas de

[63] Neves, *Ações*, p. 125-129. Garcia, *Prova civil*, n. 12, p. 57.

conversas telefônicas ou filmagens também clandestinas sem a devida autorização judicial.

A distinção entre provas ilícitas e ilegítimas pode ser mantida desde que se tenha claro que as consequências da ilegalidade da prova não dependem da natureza da norma violada. Doutrina autorizada ensina corretamente que mais importante que a distinção entre prova ilícita ou ilegítima, tomando-se a tradicional classificação, é determinar a gravidade da violação. Trata-se da noção de *provas inconstitucionais*, produzidas com ofensa a normas materiais ou processuais, sempre que violarem direito fundamental garantido na Constituição Federal. Uma ofensa à norma de direito processual (publicidade) pode ser tão inconstitucional quanto a ofensa a uma norma de direito material (preservação do direito de intimidade--privacidade)[64].

14.1.12.1. *Proibição constitucional às provas ilícitas*

O art. 5.º, LVI, da CF prevê que "são inadmissíveis, no processo, as provas obtidas por meios ilícitos". O dispositivo constitucional não prevê a proibição da produção de prova ilícita, até porque seria uma proibição inócua, limitando-se a proibir que o juiz as utilize como elemento na formação de seu convencimento.

Apesar da expressa vedação constitucional à utilização de prova ilícita pelo juiz na formação de seu convencimento, é possível a identificação de três correntes a respeito do tema: restritiva, liberal e intermediária.

A corrente restritiva é bastante rígida no trato da prova ilícita, não admitindo em nenhuma hipótese sua utilização no processo civil. Fundando-se no art. 5.º, LVI, da CF e no art. 332 do CPC, os defensores dessa corrente afirmam que a ausência de ressalva nos textos legais impede qualquer consideração valorativa no caso concreto para que se permita a utilização das provas ilícitas. Num conflito entre a possível verdade que seria atingida pela utilização da prova e a sua ilicitude, a corrente restritiva prefere privilegiar a segunda, entendendo legítimo o sacrifício da verdade para se preservar direitos que seriam violados com a produção da prova ilícita.

Advém dessa corrente a teoria dos **frutos podres da árvore envenenada** (*fruits of the poisonous tree*), não se admitindo provas sem nenhuma ilicitude que tenham sido produzidas como desdobramento de uma prova obtida de forma ilícita. Os adeptos dessa tese defendem, por exemplo, que eventual testemunho de sujeito que tenha sido mencionado em fita gravada clandestinamente deverá ser desconsiderado, ainda que a prova seja lícita em seu meio e na forma de sua obtenção, já que derivada da prova obtida ilicitamente.

---

[64] Marinoni-Arenhart, *Manual*, p. 387-389; Cambi, *A prova*, p. 66-70.

Importante notar que essa teoria, importada do direito norte-americano, encontra certas limitações em seu próprio país de origem. Para que a chamada prova ilícita por derivação não seja admitida, deve-se observar:

(a) *nexo de causalidade*, ou seja, a contaminação só atinge as provas que tenham efetivamente derivadas da prova ilícita (*hipothetical independet source rule* ou *independent source limitation*);

(b) a *descoberta inevitável* (*inevitable discovery*), ou seja, a prova deve ser admitida sempre que se demonstre que seria possível obtê-la por meios lícitos[65];

(c) *limitação da descontaminação* (*purged taint limitation*), quando o vício pode ser convalidado mediante acontecimento posterior, como ocorre na confissão espontânea da parte[66].

O Supremo Tribunal Federal, em decisão que aplica a teoria da ilicitude por derivação, aponta para a admissão de prova na hipótese de a prova não ter nenhuma relação de dependência nem decorrer da prova originariamente ilícita, com esta não mantendo vinculação causal (*an independent source*)[67].

Em sentido diametralmente oposto da corrente restritiva (obstativa) encontra-se a corrente liberal (permissiva), amparada no irrestrito direito de o juiz conhecer a verdade a respeito dos fatos. Para essa corrente, o direito constitucional à prova é superior a qualquer outro que se busque resguardar com a vedação de sua utilização no convencimento do juiz. A parte que produz uma prova ilícita deve responder pela ilicitude de seu ato, mas tal circunstância não pode sacrificar a boa qualidade da prestação jurisdicional. Essa corrente, que atualmente não encontra defensores de relevo no Brasil, além de contrariar o texto constitucional expresso, considera a prova um fim em si mesmo, o que é de todo desaconselhável.

Entre as duas correntes surge uma intermediária, em meu sentir a mais adequada dentre as três no trato da matéria. Negando ser o princípio constitucional da prova ilícita absoluto – como no mais nenhum princípio jamais será –, essa corrente doutrinária defende que, dependendo das circunstâncias, em aplicação do *princípio da proporcionalidade*, é possível a utilização da prova ilícita, o que não impedirá a geração de efeitos civis, penais e administrativos em razão da ilicitude do ato[68]. Trata-se de corrente majoritária na doutrina brasileira[69].

Para a majoritária corrente doutrinária que permite o afastamento do óbice da vedação constitucional pela aplicação do princípio da proporcionalidade, algumas condições são exigidas para a utilização da prova ilícita na formação do convencimento do juiz[70]:

---

[65] Marinoni-Arenhart, *Manual*, p. 399-400.

[66] Cambi, *A prova*, p. 117.

[67] STF, 2.ª Turma, HC 93.050/RJ, rel. Min. Celso de Mello, j. 10.06.2008, *DJ* 1.º.08.2008.

[68] Bedaque, *Poderes*, p. 141.

[69] A favor, STJ, 5.ª Turma, RMS 17.732-MT, rel. Min. Gilson Dipp, j. 28.06.2005, *DJ* 1.º.08.2005. Contra, STF, 1.ª Turma, HC 80.949-RJ, rel. Min. Sepúlveda Pertence, j. 30.10.2001, *DJ* 14.12.2001.

[70] Barbosa Moreira, *A Constituição*, p. 109-110; Marinoni-Arenhart, *Manual*, p. 393-397; Didier-Sarno-Oliveira, *Curso*, p. 38-39.

(a) gravidade do caso;

(b) espécie da relação jurídica controvertida;

(c) dificuldade de demonstrar a veracidade de forma lícita;

(d) prevalência do direito protegido com a utilização da prova ilícita comparado com o direito violado;

(e) imprescindibilidade da prova na formação do convencimento judicial.

Há interessante decisão do Supremo Tribunal Federal, no qual se admitiu interceptação telefônica determinada por juízo cível com o fundamento de que, apesar de expedida em processo de natureza civil, a medida seria importante para a verificação de possível crime. Apesar da engenhosidade da fundamentação, fica claro que a decisão adota a teoria proporcionalista ao afirmar que os interesses do menor envolvido poderiam superar o direito ao sigilo[71].

A teoria proporcionalista, amplamente majoritária, teve seu entendimento consagrado pelo art. 257, parágrafo único, do PLNCPC originário, ao prever que a inadmissibilidade das provas obtidas por meio ilícito será apreciada pelo juiz à luz da ponderação dos princípios e direitos fundamentais envolvidos. Fiquei curioso em saber como o Supremo Tribunal Federal entenderia tal dispositivo legal infraconstitucional quando o texto constitucional é claro ao prever uma inadmissibilidade absoluta na área cível. Minha curiosidade, entretanto, não será saneada, porque no Substitutivo do Senado a regra foi suprimida.

14.1.13. Provas atípicas

Vigora no direito brasileiro a regra de que não existe em lei rol restritivo dos meios de prova, sendo essa conclusão fundamentada no expresso texto do art. 332 do CPC. Os meios de prova previstos no diploma processual são **meramente exemplificativos**, admitindo-se que outros meios não previstos também sejam considerados, desde que não contrariem a norma legal. Trata-se da chamada "prova atípica", sendo indicados como exemplos:

(a) prova emprestada;

(b) constatações realizadas pelo oficial de justiça;

(c) inquirição de testemunhas técnicas (*expert witness*);

(d) declaração escrita de terceiro;

(e) ata notarial.

Entende-se que não se deve admitir a prova atípica quando ofensiva ao contraditório, bastando para o respeito ao princípio constitucional a viabilidade de reação à prova já produzida, não sendo exigida a participação das partes em sua formação. Também não se devem aceitar como prova atípica as provas típicas

71 *Informativo* 478/STJ: 3.ª Turma, HC 203.405/MS, rel. Min. Sidnei Beneti, j. 28.06.2011.

consideradas nulas ou inadmissíveis por não respeitarem as regras que disciplinam sua formação ou expressamente excluídas por normas de direito material ou processual[72].

14.2. PROVAS EM ESPÉCIE

14.2.1. Depoimento pessoal

14.2.1.1. *Conceito*

O depoimento pessoal é espécie de **prova oral**, sendo conceituado como o testemunho das partes em juízo sempre que requerido expressamente pela parte contrária. É importante colocar as partes diretamente diante do juiz, sem o filtro criado pelos advogados quando elaboram suas razões. Muitas vezes, inclusive, o depoimento pessoal pode mostrar que as coisas não se deram exatamente como narrado pelo advogado na petição inicial ou contestação.

Apesar de constituir-se em testemunho da parte, o depoimento pessoal não se confunde com a prova testemunhal, em razão dos sujeitos que prestam as declarações em juízo. Somente poderão prestar depoimento pessoal os sujeitos que figurem na relação jurídica processual como partes na demanda. Dessa forma, tanto o autor quanto o réu poderão prestar depoimento pessoal, assim como os terceiros intervenientes que assumem a posição de parte na demanda. O *assistente simples*, por não ser parte na demanda, mas mera parte no processo, não presta depoimento pessoal, sendo ouvido como testemunha[73].

Também não se confunde o depoimento pessoal com a prova pericial, ainda que as partes tenham amplo conhecimento técnico sobre a matéria fática debatida no processo. Enquanto a prova pericial deve ser conduzida por um terceiro desinteressado na solução do processo (até mesmo porque se for interessado deverá ser afastado do encargo), o depoimento pessoal será sempre prestado por sujeito diretamente interessado no resultado do processo. Aponte-se, ainda, para a possibilidade de o perito ser chamado para prestar esclarecimentos em audiência, o que poderá fazer oralmente. Ainda assim, em razão do sujeito que produz a prova, não se confundirá com o depoimento pessoal prestado por uma das partes.

Tradicionalmente, o depoimento pessoal era visto pela doutrina como meio de prova que tinha como único e exclusivo objetivo a confissão. Tal ponto de vista se justifica na circunstância de que os sujeitos que produziam essa espécie de prova eram sempre os maiores interessados na solução da demanda, não havendo assim a imparcialidade e o compromisso com a verdade que dão credibilidade à

---

[72] Marinoni-Arenhart, *Manual*, p. 384; Cambi, *A prova*, p. 46.

[73] Marinoni-Arenhart, *Manual*, p. 315.

prova oral. Dessa forma, o depoimento pessoal não poderia servir para favorecer a parte que o prestava; pelo contrário, quando a parte afirmasse fatos que lhe favorecessem, deveria o depoimento ser encarado com reservas, diante do nítido interesse da parte envolvida no litígio.

Ocorre, entretanto, que o contato pessoal do juiz com as partes pode, em razão da aplicação do livre convencimento motivado do juiz, esclarecer alguns fatos que não tenham chegado ao seu conhecimento somente após o filtro do patrono que subscreve as peças processuais. Não seria absurdo, portanto, imaginar uma situação em que o depoimento pessoal favoreça a parte que o prestou, devendo o juiz, entretanto, sempre levar em consideração o interesse direto da parte em se sagrar vitoriosa na demanda.

14.2.1.2. *Os sujeitos envolvidos no depoimento pessoal*

O depoimento pessoal não pode ser determinado de ofício pelo juiz, considerando-se que sempre que isso ocorrer haverá o interrogatório da parte, instituto diverso do depoimento pessoal. Se não pode ser determinado de ofício pelo juiz, deve ser requerido expressamente pela parte contrária, não se admitindo o pedido de depoimento pessoal pela própria parte. Tanto pode o autor requerer o depoimento pessoal do réu quanto pode o réu requerer o depoimento pessoal do autor. Mas também os terceiros intervenientes podem requerer o depoimento pessoal dos sujeitos processuais que se encontrem em posição processual contrária àquela que assumem no processo.

O *Ministério Público* tem atuação no processo civil como parte ou como fiscal da lei. Nas situações em que funciona como parte, não surgem maiores questionamentos, seguindo-se a regra geral que permite o requerimento para o depoimento pessoal da parte contrária. Quando atua como fiscal da lei, não é possível falar em parte contrária, mas ainda assim o Ministério Público pode requerer o depoimento pessoal de ambas as partes.

No tocante ao sujeito responsável pelo depoimento pessoal, será **sempre pessoa física**, inclusive no caso de ser parte no processo pessoa jurídica, quando o depoimento pessoal será tomado de seu representante legal ou de preposto devidamente constituído com poderes para confessar. No depoimento pessoal vigora o princípio da pessoalidade e indelegabilidade, tratando-se de ato personalíssimo[74]. Registre-se a existência de parcela doutrinária que, mesmo sendo a parte uma pessoa física, entende ser possível o depoimento pessoal por meio de procurador com poderes específicos para confessar[75].

A possibilidade de procuradores deporem pessoalmente em juízo no lugar da parte abriria a possibilidade de sujeitos imbuídos de má-fé indicarem para seu

---

74 STJ, 3.ª Turma, REsp 623.575-RO, rel. Min. Nancy Andrighi, j. 18.11.2004; Theodoro Jr., *Curso*, n. 430, p. 488.

75 Nery-Nery, *Código*, p. 619.

lugar pessoas com maior poder de persuasão, não para dizer necessariamente a verdade, mas sim na tentativa de ludibriar o juiz a respeito da matéria fática da demanda. Apesar de o juiz ser considerado um "detector de mentiras humano", em razão das sucessivas audiências de que participa, essa é uma situação que não pode ser descartada, sendo o melhor entendimento aquele que aponta para a pessoalidade (ato personalíssimo) do depoimento pessoal. Tal regra, entretanto, não se aplica às situações em que a pessoa física for incapaz, sendo nesse caso o depoimento pessoal colhido por meio de seu *representante legal*[76].

Conforme já afirmado, tratando-se de pessoa jurídica, o depoimento pessoal deveria em tese ser realizado por meio de seu representante legal[77]. Ciente da enorme dificuldade que tal exigência ocasionaria a grandes empresas, frequentemente clientes do Poder Judiciário, no sentido de que se tivessem que enviar seus representantes legais para todas as audiências em que fosse requerido seu depoimento pessoal, jamais teria número suficiente de representantes para todos os processos, abre-se a possibilidade da representação por meio de preposto com poderes especiais para confessar e com conhecimento da matéria fática do processo[78]. O preposto não precisa manter vínculo empregatício com a pessoa jurídica, conforme expressamente previsto no art. 9.º, § 4.º, da Lei 9.099/1995 (Lei 12.137/2009).

14.2.1.3. *Consequências do depoimento pessoal*

O depoimento pessoal pode gerar diferentes efeitos, dependendo da presença da parte na audiência de instrução – momento propício para a produção desse meio de prova –, de sua postura em tal audiência e de seus conhecimentos efetivos acerca dos fatos discutidos na demanda judicial.

Sempre que for requerido o depoimento pessoal da parte, deverá ela ser **intimada pessoalmente** do ato processual a ser praticado, não bastando a mera intimação de seu patrono que, afinal, não será o responsável pelo depoimento pessoal. Além da intimação pessoal, deverá constar do mandado que se presumirão confessados os fatos contra ela alegados no caso de não comparecimento ou de recusa injustificável em depor (art. 343, § 1.º, do CPC), devendo a intimação ser realizada sempre ao menos 24 horas antes da realização da audiência.

A presença da parte em audiência não é um dever processual, sendo inadmissível a aplicação de qualquer espécie de sanção pelo seu não comparecimento. O depoimento pessoal é um **ônus da parte**, que, não se desincumbindo dele, se colocará numa situação processual de desvantagem. Assim, diferentemente

[76] Dinamarco, *Instituições*, n. 1191, p. 616-617. Contra: Marinoni-Arenhart, *Manual*, p. 316-317; Didier-Sarno-Oliveira, *Curso*, p. 104.

[77] STJ, 3.ª Turma, REsp 191.078/MA, rel. Min. Ari Pargendler, j. 15.09.2000; Dinamarco, *Instituições*, n. 1.191, p. 616-617. Contra: Marinoni-Arenhart, *Manual*, p. 316-317.

[78] STJ, 3.ª Turma, REsp 191.078-MA, rel. Min. Ari Pargendler, j. 15.09.2000, *DJ* 09.10.2000.

da testemunha devidamente intimada, não deverá ser conduzida coercitivamente à presença do juiz, sendo também inconcebível a tipificação de crime de desobediência. Há, entretanto, importante efeito processual derivado da ausência da parte devidamente intimada para depor pessoalmente em juízo: a *confissão tácita*, dando-se por verdadeiros os fatos alegados pela outra parte e contrários ao interesse da parte ausente.

Não basta, entretanto, que a parte simplesmente compareça em juízo, devendo responder as perguntas que lhe são feitas pelo juiz e pelo advogado da parte contrária. O silêncio da parte, negando-se a responder as perguntas, ou o fazendo evasivamente, gera a mesma consequência de sua ausência na audiência, dando o juiz os fatos alegados pela parte contrária como confessados. O silêncio não gerará tal consequência nos casos previstos pelo art. 347 do CPC, combinados com o art. 229 do CC, situações em que o depoente poderá silenciar sem que os fatos perguntados sejam tidos por confessados. A parte estará dispensada de depor nos casos de fatos criminosos ou torpes que lhe forem imputados e fatos a cujo respeito, por estado ou profissão, deva guardar sigilo. O silêncio, ainda que nesses casos, não será admitido no caso de tratar-se de ações de filiação, divórcio ou anulação de casamento.

O art. 374 do PLNCPC combina as hipóteses do art. 347 do atual CPC com o art. 229 do CC, além de prever que tais causas não se aplicam às ações de estado e de família.

Teoricamente, o silêncio gerado pela ignorância quanto ao fato alegado em juízo não deveria ser considerado como recusa em responder. Não tendo a parte conhecimento do fato alegado pela parte contrária, não haverá, em tese, confissão, já que nesse caso o silêncio não é fruto de má-fé, mas sim de desconhecimento sobre a matéria fática, sendo impossível forçar alguém a responder sobre o que não sabe. Essa regra, entretanto, só deve ser aplicada para os casos em que o desconhecimento seja justificável, o que deve ser apurado no caso concreto. No caso de prepostos indicados pela pessoa jurídica, parcela da doutrina e até mesmo algumas decisões judiciais apontam para a confissão de preposto que, embora regularmente esteja representando a pessoa jurídica, desconhece por completo os fatos alegados[79].

Tal entendimento, entretanto, deve ser visto com todo o cuidado necessário para evitar injustiças com a pessoa jurídica, em especial nos casos envolvendo fatos passados muito remotos. Tome-se como exemplo uma ocorrência em uma determinada agência bancária, envolvendo problemas de ingresso do cliente pela porta giratória. No caso de o evento ter ocorrido há poucos meses e a instituição financeira indicar como preposto gerente de outra agência, que nada sabe do

[79] Dinamarco, *Instituições*, n. 1.192, p. 618; Greco Filho, *Direito*, n. 44, p. 219.

ocorrido, é justificável a confissão. Outra situação bem diferente se dá quando o fato ocorreu há muitos anos e todos os funcionários da agência à época já não compõem mais o quadro de funcionários da instituição financeira. Decretar a confissão nesse segundo caso não é o mais adequado porque a pessoa jurídica tomou todas as diligências possíveis para levar à audiência um patrono que tivesse conhecimento dos fatos. Cobra-se do juiz, portanto, a análise do caso concreto, verificando se seria possível à pessoa jurídica enviar preposto qualificado a responder as perguntas.

A *confissão expressa* também poderá ocorrer em audiência, bastando que a parte, em seu depoimento pessoal, responda afirmativamente a perguntas que tenham como objeto fatos contrários a seu interesse.

14.2.1.4. Procedimento

Como todo meio de prova, o depoimento pessoal se desenvolve em quatro fases procedimentais: propositura; admissibilidade, produção e valoração.

O momento adequado para a propositura é a petição inicial para o autor e a contestação para o réu[80]. Admitido na praxe forense a mera indicação genérica dos meios de prova previstos em lei nesse momento de primeira manifestação postulatória das partes, ao menos no procedimento ordinário, a propositura específica do depoimento pessoal se dá invariavelmente ao final da fase postulatória, quando o juiz determina às partes a especificação dos meios de prova que pretendem produzir.

A admissibilidade da prova será matéria do saneamento do processo que, segundo o disposto no art. 331 do CPC, ocorrerá de forma oral (audiência preliminar) ou por escrito por meio da decisão saneadora. Seja como for, trata-se de decisão interlocutória, recorrível por agravo.

A produção da prova divide-se em duas fases: preparação e realização. A *preparação* da prova antecede a audiência de instrução, constituindo-se na intimação da parte para que compareça em juízo sob pena de confesso. Tal intimação, obrigatoriamente pessoal, pode se realizar tanto por correio como por oficial de justiça, preferindo-se, sempre que possível, a primeira forma, por ser mais rápida, simples e barata. A *realização* se dá na audiência de instrução e julgamento, seguindo basicamente a forma prescrita para a oitiva das testemunhas, com a diferença de que no depoimento pessoal o patrono da parte que depõe não pode lhe fazer perguntas[81]. Primeiro as perguntas do juiz, depois as perguntas do advogado da parte contrária e, por fim, as perguntas do Ministério Público, quando funcionar no processo como fiscal da lei.

---

[80] Dinamarco, *Instituições*, n. 1.193, p. 619; Greco Filho, *Direito*, n. 44, p. 219.

[81] Dinamarco, *Instituições*, n. 1.194, p. 650; Nery-Nery, *Código*, p. 620.

Quando ambas as partes forem intimadas para depor pessoalmente e comparecerem à audiência, o autor será ouvido antes, devendo o réu se ausentar da sala de audiência para não ter conhecimento desse depoimento quando for depor. Após o depoimento do autor, será realizado o depoimento do réu, não havendo necessidade de o autor se retirar da sala de audiências[82]. Caso somente uma das partes seja submetida ao depoimento pessoal, a outra não será retirada da sala de audiências. A tomada de depoimento pessoal das partes é a primeira atividade instrutória da audiência, com exceção dos casos em que o perito é chamado para prestar esclarecimentos, quando será o primeiro a ser ouvido. Essa ordem será invertida quando o réu advogar em causa própria, caso em que será ouvido antes do autor. Se ambas as partes estiverem advogando em causa própria, o juiz indicará um advogado dativo para o réu com a única tarefa de acompanhar o depoimento pessoal do autor.

Como ocorre na prova testemunhal, a parte não poderá trazer por escrito suas explicações, devendo responder sem o auxílio de escritos às perguntas que lhe forem feitas. Poderá, entretanto, consultar breves notas com a finalidade de completar os esclarecimentos, bem como manusear os autos caso necessite de alguma informação mais precisa lá constante, como um endereço exato ou ainda um nome completo.

Apesar de o momento adequado para a produção do meio de prova ora analisado ser a *audiência de instrução e julgamento*, admite-se excepcionalmente que o depoimento pessoal seja prestado em outro momento processual. No caso de a parte residir em outra comarca, será realizada a prova por meio de carta precatória, e a exemplo da prova testemunhal, caso não possa comparecer à sede do juízo, por enfermidade, idade avançada, ou qualquer outro obstáculo material instransponível, a prova será produzida fora da audiência. O mesmo se diga da parte considerada autoridade de elevado nível (art. 411 do CPC), que será ouvida em lugar e horário por ela escolhidos.

Quanto à valoração, como todo meio de prova, o depoimento pessoal será valorado no momento em que o juiz proferir sua sentença, quando deverá na fundamentação de sua decisão exteriorizar as cargas de convencimento dadas no caso concreto para cada meio de prova produzido.

14.2.1.5. *Diferenças entre interrogatório e depoimento pessoal*

O art. 342 do CPC confunde de forma indevida o interrogatório com o depoimento pessoal, tomando ambos os meios de prova como idênticos, quando a doutrina reconhece sua semelhança, mas também aponta suas diversidades. Segue quadro comparativo:

[82] Greco Filho, *Direito*, n. 44, p. 220; Dinamarco, *Instituições*, n. 1194, p. 620. Contra: Marinoni-Arenhart, *Manual*, p. 318.

DEPOIMENTO PESSOAL	INTERROGATÓRIO
Requerimento da parte contrária.	Determinação de ofício.
Objetivo: é a confissão (expressa ou tácita). Como objetivo secundário está o esclarecimento dos fatos.	Objetivo: é o esclarecimento dos fatos. Não há confissão tácita (no caso de ausência gera-se presunção de veracidade). É possível a confissão expressa.
Realização em audiência de instrução.	Realização a qualquer momento do processo.
Geralmente colhido apenas uma vez.	Podem existir tantos interrogatórios quantos o juiz entender necessário.
Advogado da parte contrária pode fazer perguntas.	As perguntas são privativas do juiz.

O PLNCPC perdeu uma ótima oportunidade de distinguir o depoimento pessoal do interrogatório, criando, na realidade, uma confusão ainda mais aguda do que a já existente hoje. Reuniu a chamada para oitiva de parte de ofício e mediante provocação da parte contrária num mesmo dispositivo legal (art. 371), sugerindo de maneira ainda mais intensa que se trata de um mesmo meio de prova.

E o que é ainda mais significativo, o § 1.º do art. 371 do PLNCPC ora analisado prevê a confissão como consequência do não comparecimento ou recusa de responder, dando a entender que mesmo no interrogatório passa a ser possível a confissão tácita da parte. Ainda que o PLNCPC iguale a consequência da ausência ou recusa de responder, outras características distintivas serão mantidas, tais como a possibilidade de o interrogatório ser realizado a qualquer momento do procedimento e mais de uma vez.

Se a doutrina realmente passar a entender pela identidade entre o depoimento pessoal e o interrogatório, reduzindo ambos a depoimento pessoal, pelo menos a limitação de perguntas ao juiz atualmente existente no interrogatório será afastada, franqueando-se a participação do advogado da parte contrária na inquirição de quem depõe.

De novidade, o § 3.º da norma citada, que admite ser o depoimento pessoal da parte que residir em comarca ou seção judiciária diversa daquela onde tramita o processo realizado por meio de videoconferência ou outro recurso tecnológico de transmissão de sons e imagens em tempo real, o que poderá ocorrer, inclusive, durante a realização da audiência de instrução e julgamento.

14.2.2. Da confissão

14.2.2.1. Conceito

Segundo o art. 348 do CPC, há confissão quando a parte admite a verdade de um fato contrário ao seu interesse e favorável ao adversário. Como se nota do conceito legal, a confissão envolve três elementos:

(a) reconhecimento de um fato alegado pela parte contrária;
(b) voluntariedade da parte que reconhece o fato;
(c) prejuízo ao confitente decorrente de seu ato.

Apesar de o Código de Processo Civil prever que a confissão é um meio de prova, em opção adotada por parcela da doutrina[83], entendo mais adequado o entendimento de que a confissão é na realidade o **resultado de outros meios de prova**, tais como o depoimento pessoal e a prova documental[84]. Dessa forma, não se constituindo em técnica para extrair de fontes de prova a veracidade das alegações de fato, a confissão, como declaração de conhecimento de fatos desfavoráveis, é quando muito *objeto* de um meio de prova, mas nunca meio de prova[85].

A doutrina corretamente aponta a distinção entre a confissão e atos de disposição de direito material, tais como a renúncia e o reconhecimento jurídico do pedido, fenômenos processuais que levam o juiz à homologação por sentença de mérito do ato de disposição de vontade praticado unilateralmente pela parte. A confissão limita-se aos fatos, de maneira que, mesmo havendo confissão, o prejuízo a ser suportado pelo confitente fica limitado ao plano fático, de modo que o confitente pode perfeitamente se sagrar vitorioso na demanda, desde que o direito legitime seu interesse[86].

Para que a confissão seja considerada eficaz devem ser preenchidos três requisitos:

(a) o confitente deve ter capacidade plena (art. 213, *caput*, do CC), não podendo confessar os incapazes ou seus representantes legais[87];
(b) inexigibilidade de forma especial para a validade do ato jurídico[88] como, por exemplo, ocorre no casamento ou falecimento, que exigem para sua demonstração as respectivas certidões;
(c) disponibilidade do direito relacionado ao fato confessado, não se admitindo a confissão de fatos que fundamentam direitos indisponíveis (art. 351 do CPC).

No tocante à *incapacidade da parte*, cumpre observar que o art. 213 do CC aponta corretamente o vício da confissão realizada por quem não é capaz de dispor do direito a que se referem os fatos confessados: **ineficácia**. Dessa forma, a declaração de admissibilidade de um fato não gera o efeito de confissão se a parte não pode dispor dos direitos que foram o objeto da confissão. Ainda que não se trate de confissão, a declaração da parte continua a ser valorada pelo juiz, como *prova atípica*. Será ineficaz como confissão, mas não inválida como prova, sendo por esse motivo permitido ao juiz levar em conta o ato praticado pela parte na formação de seu convencimento.

[83] Theodoro Jr., *Curso*, n. 433, p. 491; Nery-Nery, *Código*, p. 621.
[84] Greco Filho, *Direito*, n. 45, p. 220; Batista Lopes, *A prova*, n. 22.1, p. 89.
[85] Dinamarco, *Instituições*, n. 1.195, p. 622.
[86] Nery-Nery, *Código*, p. 621; Fux, *Curso*, p. 727; Câmara, *Lições*, p. 393.
[87] Theodoro Jr., *Curso*, n. 434, p. 491; Fux, *Curso*, p. 727; Didier-Braga-Oliveira, *Curso*, p. 124.
[88] Marinoni-Arenhart, *Manual*, p. 322.

14.2.2.2. Espécies de confissão

Aduz o art. 348 do CPC que a confissão pode ser judicial ou extrajudicial. A confissão judicial é feita nos autos, mediante atos do processo, tais como a contestação, a réplica e o depoimento pessoal.

A *confissão judicial* pode ser espontânea ou provocada, realizada pela própria parte ou por representante com poderes específicos para confessar (art. 349, parágrafo único, do CPC). Como ensina a melhor doutrina, a confissão promovida por representante sem poderes é ineficaz como ato jurídico, podendo, entretanto, ser ratificada posteriormente pelo titular do direito, em consonância com a combinação dos arts. 172 e 185 do CC[89], e ser considerada como *prova atípica* pelo juiz.

A *confissão provocada* resulta do depoimento pessoal, podendo ser real, quando a parte efetivamente responde as perguntas que lhe são dirigidas confessando determinados fatos, e ficta, quando a parte deixa de comparecer à audiência de instrução ou se nega injustificadamente a responder objetivamente as perguntas que lhe são feitas.

A *confissão espontânea* é realizada fora do depoimento pessoal, podendo ser tanto oral, hipótese em que o juiz documentará a confissão nos autos mediante a elaboração de termo (art. 349, *caput*, do CPC), como escrita (mais frequente na praxe forense).

A *confissão extrajudicial* é realizada fora do processo, de forma escrita ou oral, mas nesse caso só terá eficácia se a lei não exigir a forma escrita (art. 353, parágrafo único, do CPC). Segundo o art. 353, *caput*, do CPC, a confissão extrajudicial escrita feita à parte ou a quem a represente tem a mesma eficácia probatória da judicial, e, sendo feita a terceiro, ou contida em testamento, será livremente apreciada pelo juiz. O dispositivo despreza o princípio do livre convencimento motivado do juiz, porque, independentemente de como a confissão extrajudicial é realizada, caberá ao juiz no caso concreto a valoração de sua carga de convencimento[90].

Independentemente da espécie de confissão, e ainda que se admita que algumas delas tenham em regra uma força probatória maior do que outras (é natural que na confissão extrajudicial a escrita tenha em tese maior força que a oral; que a confissão real tenha, em tese, maior força que a confissão ficta[91]), é importante ressaltar que, qualquer que seja a espécie de confissão, **nenhuma delas é prova plena**, sendo meramente histórico o tratamento da confissão como a "rainha das provas". Apesar de sua inegável importância, dentro do sistema da persuasão racional, o juiz não está adstrito à confissão na formação de seu

[89] Farias-Rosenvald, *Direito*, p. 624.

[90] Nery-Nery, *Código*, p. 623.

[91] Marinoni-Arenhart, *Manual*, p. 325-326.

convencimento, podendo se valer de outros meios de prova para afastar a carga de convencimento da confissão[92].

14.2.2.3. *Indivisibilidade da confissão*

Prevê o art. 354 do CPC o princípio da indivisibilidade da confissão, por meio do qual não pode a parte, se quiser invocar a confissão como prova, aceitá-la no tópico que a beneficiar e rejeitá-la no que lhe for desfavorável. Partindo-se do pressuposto de que a confissão só existe relativamente a fatos prejudiciais à parte confitente, o dispositivo legal parece incompreensível, o que inclusive levou parcela da doutrina a entender que a indivisibilidade não é da confissão, mas do depoimento ou declaração da parte que a contenha[93].

Na compreensão do dispositivo legal é importante distinguir *confissão simples* da *confissão complexa*. Enquanto na primeira hipótese o confitente se limita a tratar de fatos contrários ao seu interesse, na segunda, além de fatos contrários ao seu interesse, também haverá a alegação de fatos novos favoráveis ao confitente. Para parcela da doutrina, a aplicabilidade do princípio da indivisibilidade se limita à confissão complexa[94], mas em meu entendimento mesmo nessa forma de confissão o princípio continua a ser incompreensível, porque continuo a entender que fatos favoráveis à parte nunca serão objeto de confissão. A não ser na extravagante hipótese de uma declaração de fato ser ao mesmo tempo favorável e desfavorável à parte, a indivisibilidade realmente não é da confissão, mas da declaração que contém como um de seus elementos a confissão.

Ocorre, entretanto, que o próprio art. 354 do CPC abre uma exceção ao princípio da indivisibilidade da declaração de fatos (e não da confissão), sempre que o confitente, além dos fatos desfavoráveis a seu interesse, aduzir fatos novos, suscetíveis de constituírem fundamento de defesa de direito material (*defesa de mérito indireta*) e de reconvenção. Como se nota do próprio dispositivo legal, ainda que o réu concorde com os fatos constitutivos do direito do autor (confissão), alegando outros fatos constitutivos, impeditivos ou extintivos desse direito, o fato constitutivo será objeto de confissão, mas o ônus da prova dos fatos novos pelo réu continua a existir[95].

14.2.2.4. *Invalidação da confissão*

O art. 352 do CPC menciona a possibilidade de revogação da confissão, no que desde sempre foi criticado pela melhor doutrina que enfrentou o tema. É

---

[92] Dinamarco, *Instituições*, n. 1.197, p. 625; Marinoni-Arenhart, *Manual*, p. 328; Scarpinella Bueno, *Curso*, p. 261; STJ, 1.ª Turma, REsp 765.128/SC, rel. Min. Luiz Fux, j. 20.03.2007. Contra: Theodoro Jr, *Curso*, n. 436, p. 492-493; Greco Filho, *Direito*, n. 45, p. 222.

[93] Dinamarco, *Instituições*, n. 1.200, p. 631; Baptista da Silva, *Curso*, p. 370.

[94] Marinoni-Arenhart, *Manual*, p. 329-330.

[95] Scarpinella Bueno, *Curso*, p. 264.

unânime a doutrina a apontar para a **irrevogabilidade da confissão**; eventuais vícios da confissão levam à sua invalidação, e nunca à sua revogação[96].

Diante da crítica, elogiável o art. 214 do CC, ao corretamente indicar que o *erro* e a *coação* são vícios que permitem a invalidação da confissão, e não sua revogação. Aliás, nesse tocante mais uma modificação correta; a exclusão do dolo como vício capaz de invalidar a confissão. A melhor doutrina há muito tempo já afirmava a impropriedade do diploma processual ao apontar essa espécie de vício como apto a ensejar a invalidação da confissão. O dolo, resultado da astúcia de alguém – geralmente da parte contrária – para um sujeito confessar, somente passa a ter relevância para fins de invalidação do ato se tiver gerado um erro na confissão, mas nesse caso a repetição dos vícios se mostrava desnecessária.

O dolo, no máximo, poderá dizer respeito aos motivos pelos quais a parte confessou, não atingindo, entretanto, o objeto da confissão. Dessa forma, ainda que a confissão tenha ocorrido em virtude de indução e malícia da parte contrária, o ato jurídico da confissão, em seu conteúdo, não conterá vício nenhum, de modo a ser impossível defender a possibilidade de invalidação do ato jurídico[97]. A exceção, como já afirmado, fica por conta da hipótese de o dolo induzir a parte em erro, mas nesse caso a invalidação decorre justamente do erro, e não do dolo. Em boa hora, o art. 214 do CC excluiu o dolo como vício apto a gerar a invalidação da confissão.

Por fim, registre-se que o dispositivo legal ora comentado indica expressamente que somente o *erro de fato* é passível de gerar invalidação da confissão, excluído o *erro de direito*[98].

A anulação não pode ser realizada incidentalmente no processo no qual foi formada a confissão, sendo que, ainda estando em trâmite esse processo, a forma processual adequada é a ação anulatória, e após o trânsito em julgado, a ação rescisória, desde que a confissão constitua o único fundamento da sentença (art. 352, I e II, do CPC)[99]. Segundo o art. 352, parágrafo único, do CPC, a legitimidade ativa para propor essas ações é exclusiva do confitente, mas, uma vez proposta a demanda e falecendo o confitente, os herdeiros e sucessores passam a ter legitimidade superveniente para assumir o polo ativo, por meio da sucessão processual.

> O tema é tratado pelo art. 379 do PLNCPC. No *caput* do dispositivo legal há previsão que confirma expressamente a irrevogabilidade da confissão, admitindo, entretanto, que seja tornada sem efeito por meio de ação anulatória, quando o ato emanar de erro ou coação, tendo sido no Substitutivo do Senado suprimido o "dolo", finalmente adequando a norma processual ao art. 214 do CC.

96 Pontes de Miranda, *Comentários*, p. 323; Nery-Nery, *Código*, p. 623.

97 Theodoro Jr., *Comentários*, p. 428; Didier-Braga-Oliveira, *Curso*, p. 126. Contra: Câmara, *Lições*, p. 394.

98 Didier, *Regras*, p. 51.

99 *Informativo* 436/STJ, 1.ª Seção, AR 3.506-MG, rel. Min. Teori Albino Zavascki, j. 26.05.2010.

O mais curioso do dispositivo legal é a ausência de qualquer remissão ao cabimento de ação rescisória após o trânsito em julgado da sentença, havendo previsão somente de ação anulatória. Entendo que o silêncio proposto pelo art. 379 do PLNCPC não deve alterar a regra atualmente em vigência em razão das previsões constantes nos incisos do art. 352 do CPC. Uma vez transitada em julgado a sentença de mérito, ainda que fundada em confissão emanada de coação ou erro, a única forma processual viável à sua impugnação continuará a ser a ação rescisória.

14.2.3. Da exibição de documento ou coisa

14.2.3.1. *Conceito*

Trata-se de meio de prova utilizado para a parte provar alegação de fato por meio de coisa ou documento que não esteja em seu poder. O conceito de parte é amplo – *partes no processo*, conforme analisado no Capítulo 3, item 3.3.2 –, abrangendo autor(es), réu(s), terceiros intervenientes, inclusive o assistente, e o Ministério Público quando atua como fiscal da lei. *Exibir* significa colocar a coisa ou documento em contato visual com o juiz, que, uma vez ciente do teor da coisa ou do documento, determinará a sua devolução à parte possuidora. Sempre que a parte alega um fato que só pode ser demonstrado por documento ou coisa que não esteja em seu poder, será possível o conhecimento de seu teor pelo juiz de duas formas: a **requisição** e a **exibição** de coisa ou documento.

O art. 399 do CPC regula a requisição, por meio da qual o juiz requisita às repartições públicas:

(i) as certidões necessárias à prova das alegações das partes;

(ii) os procedimentos administrativos nas causas em que forem interessados a União, Estado, Município ou as respectivas entidades da administração indireta.

O juiz terá nesse segundo caso um prazo de 30 dias para extração das cópias reprográficas das peças indicadas pelas partes ou de ofício, devolvendo os autos do procedimento administrativo à repartição de origem findo tal prazo. Havendo transmissão de documentos por meio eletrônico (art. 399, § 2º do CPC), o procedimento legal será dispensado, já que não haverá devolução de autos à repartição de origem.

A exibição de documento ou coisa vem regulada pelos arts. 355 a 363 do CPC, havendo procedimentos diferentes para a exibição requerida contra a outra parte no processo e contra terceiro, alheio à relação jurídica processual. A exibição de coisa ou documento também pode se desenvolver por meio de uma ação cautelar nominada preparatória, quando no caso presente se verificar o *periculum in mora*, ou seja, quando houver risco de que, se a prova não for produzida imediatamente, não poderá mais ser produzida no momento adequado (fase probatória). Não havendo tal urgência, a prova será produzida normalmente durante a fase probatória, sendo esse o tema ora desenvolvido.

O juiz de ofício pode determinar a terceiros a exibição de documento ou coisa[100]. Quando dirigida à parte do processo, o poder do juiz se fundamenta nos poderes instrutórios, consagrado no art. 130 do CPC. Quando dirigida a terceiro, além dos poderes instrutórios, aplica-se o dever do terceiro de colaborar com a atividade judicial na busca da verdade, conforme previsto nos arts. 339 e 341, II, do CPC[101]. Não há ofensa ao princípio da inércia da jurisdição, porque o juiz não instaurará um processo incidental, apenas determinará incidentalmente a exibição de coisa ou documento[102].

14.2.3.2. *Aspectos procedimentais comuns*

Apesar das diferenças procedimentais no pedido de exibição realizado contra terceiro e contra parte, existem alguns aspectos procedimentais comuns, como os requisitos do pedido, as justificativas legais da recusa e algumas situações de inadmissão da recusa pelo juiz.

O pedido formulado pela parte contém três requisitos previstos pelo art. 356 do CPC, não se deferindo a prova no caso de o pedido não preencher as exigências legais.

A individuação, tão completa quanto possível do documento ou da coisa, decorre de dois fatores principais: permitir ao réu do incidente saber de que coisa ou documento está tratando o autor e, no caso de busca e apreensão, para **indicar** o objeto de tal medida ao oficial de justiça. O Superior Tribunal de Justiça entende que a individuação exigida pela lei é aquela suficiente para não deixar dúvida a respeito do que se pretende ver exibido, não se exigindo uma perfeita individuação[103].

A finalidade da prova, com a indicação dos fatos que se relacionam com o documento ou a coisa, se presta ao juiz analisar a pertinência da exibição à luz do objeto da demanda[104]. Além disso, na exibição contra a parte contrária, a não exibição acarreta a *presunção de veracidade* dos fatos que, por meio do documento ou coisa, a parte pretendia provar, conforme previsão do art. 359 do CPC.

Por fim, exige-se a narrativa das circunstâncias em que se funda o requerente para afirmar que o documento ou a coisa existe e se acha em poder da parte con-

---

[100] Barbosa Moreira, *O novo*, p. 62-63; Fux, *Curso*, p. 715; Theodoro Jr., *Curso*, n. 441, p. 496.

[101] Marinoni-Mitidiero, *Código*, p. 361; Costa Machado, *Código*, p. 731.

[102] Tabosa, *Código*, p. 1.088.

[103] STJ, 3.ª Turma, REsp 862.448/AI, rel. Min. Carlos Alberto Menezes de Direito, j. 15.05.2007, *DJ* 25.06.2007, p. 236.

[104] Scarpinella Bueno, *Curso*, v. 2, p. 268; Tabosa, *Código*, p. 1.091.

trária ou de terceiro. Nem sempre é fácil ao requerente demonstrar liminarmente que a coisa ou documento está em poder da parte contrária, devendo o juiz atuar com a devida razoabilidade na análise do preenchimento desse requisito, levando em consideração as dificuldades porventura existentes no caso concreto.

A escusa em exibir a coisa ou documento em juízo pode se fundamentar em cinco hipóteses (art. 363 do CPC):

(I) se concernente a negócios da própria vida da família;
(II) se a sua apresentação puder violar dever de honra;
(III) se a publicidade do documento redundar em desonra à parte ou ao terceiro, bem como a seus parentes consanguíneos ou afins até o terceiro grau; ou lhes representar perigo de ação penal;
(IV) se a exibição acarretar a divulgação de fatos, a cujo respeito, por estado ou profissão, deva guardar segredo;
(V) se subsistirem outros motivos graves que, segundo o prudente arbítrio do juiz, justifiquem a recusa da exibição.

Segundo o art. 358 do CPC, o juiz não admitirá a recusa em três hipóteses:

(I) se o requerido tiver obrigação legal de exibir;
(II) se o requerido aludiu ao documento ou coisa no processo com intuito de constituir prova, hipótese somente aplicável no pedido de exibição contra parte do processo;
(III) se o documento, por seu conteúdo, for comum às partes, entendendo-se que as partes são as envolvidas no incidente processual ou na ação incidental de exibição.

14.2.3.3. *Procedimento contra a parte contrária*

Quando a pretensão de exibição é dirigida à parte contrária, não existem maiores formalidades no pedido de exibição, além do preenchimento dos requisitos previstos no art. 356 do CPC, até porque esse pedido cria tão somente um *incidente processual*[105]. Corretamente a doutrina permite, inclusive, que o pedido seja feito oralmente em audiência, ainda que na praxe forense o mais comum seja formulá-lo por petição escrita.

O requerido será intimado – considerando-se que já faz parte da relação jurídica processual – para que no prazo de cinco dias ofereça resposta. A doutrina majoritária entende que a intimação deve se realizar na pessoa do advogado da parte[106], enquanto a doutrina minoritária entende que a intimação deve ocorrer tanto na pessoa da parte – titular do dever de exibir – como na pessoa do advogado – único que tem capacidade de praticar atos postulatórios[107]. Prefiro o primeiro entendimento, por dois motivos:

---

[105] Contra, isolado na doutrina: Greco Filho, *Direito*, n. 46, p. 222.

[106] Theodoro Jr., *Curso*, n. 442, p. 497; Dinamarco, *Instituições*, n. 1.155, p. 572; Tabosa, *Código*, p. 1.093; Costa Machado, *Código*, p. 733.

[107] Marinoni-Mitidiero, *Código*, p. 359.

(a) a intimação pessoal é excepcional, demandando expressa previsão legal;

(b) intimação pessoal pode ser um tormento, prejudicando indevidamente o andamento do processo.

Após a intimação e a exibição da coisa ou do documento, a prova terá sido produzida. O requerido, entretanto, poderá, no prazo de cinco dias, apresentar defesa, afirmando que não possui o documento ou a coisa, hipótese na qual o ônus de provar que a afirmação não é verdadeira será do requerente. Por fim, recusando-se a exibir a coisa ou documento, o requerido pode alegar que não tem obrigação legal de exibir.

Criado o incidente, o juiz admitirá como verdadeiros os fatos que, por meio da exibição, a parte pretendia provar, em duas hipóteses (art. 359 do CPC):

(I) se o requerido não exibir o documento ou coisa no prazo de 5 dias e tampouco oferecer qualquer espécie de resposta;

(II) quando a sua recusa for havida por ilegítima.

Como se pode notar, existe sobre a parte contrária uma pressão psicológica significativa, considerando-se que a não exibição de documento ou coisa em juízo acarretará a ela sensíveis prejuízos.

Ainda que parcela da doutrina defenda a aplicação de multas sancionatórias e/ou a determinação de busca e apreensão na hipótese de não exibição injustificada, não concordo com nenhuma dessas medidas. A consequência prevista no art. 359, *caput*, do CPC já é consequência prejudicial suficiente para a parte que optou pela não exibição da coisa ou documento em juízo, sendo forma muito mais eficaz de atender à pretensão do requerente do que a realização de ato de pressão psicológica por meio das astreintes ou de constrição judicial por meio de busca à apreensão. Além do mais, não existe um dever da parte em exibir o documento, mas um ônus processual, não se podendo por isso aceitar a aplicação de medidas de coerção ou sanção processual[108].

Note-se que a inaplicabilidade da multa no pedido incidental de exibição não guarda relação com a famigerada Súmula 372/STJ, que consagra o entendimento de que não cabe multa cominatória na ação de exibição. Lamenta-se o teor da súmula porque na ação de exibição não se opera a presunção de veracidade, circunstância estranha às ações probatórias, de forma que resta à parte somente a busca e apreensão, forma de execução por sub-rogação. É natural que não caiba multa no pedido incidental de exibição de coisa ou documento, em razão do disposto no art. 359, *caput*, do CPC, mas sendo inaplicável tal dispositivo às ações de exibição, o entendimento consagrado na súmula referida mostra-se incorreto. Melhor teria andado o Superior Tribunal de Justiça se tivesse sumulado

---

[108] Dinamarco, *Instituições*, n. 1.154, p. 571. Contra, entendendo tratar-se de dever processual: Fábio Tabosa, *Código*, p. 1.099.

que não cabe a aplicação de multa aos pedidos incidentais de exibição de coisa ou documento, conforme, inclusive, já teve oportunidade de decidir[109].

Diante do defendido, pode parecer não ter qualquer sentido o art. 386, parágrafo único, do PLNCPC, que prevê expressamente que, sendo necessário, admite-se a adoção de medidas coercitivas, inclusive de natureza pecuniária, para que o documento seja exibido. Cabe questionar: qual a utilidade desse dispositivo legal, tendo sido mantida no projeto a consequência de presunção de veracidade das alegações dos fatos que se pretendiam provar com a exibição diante da recusa da parte contrária? Insisto em dizer que nada é mais favorável à parte que pede a exibição do que essa consequência, sendo absolutamente irrazoável a adoção de qualquer outra medida visando a exibição dos documentos em juízo.

Poder-se-ia alegar que essa consequência só se verifica quando a omissão decorre de postura da parte contrária, nunca de terceiro, sendo, nesse caso, aplicáveis as medidas previstas no dispositivo ora analisado. A afirmação é incontestável, mas a exibição contra terceiro não é regulamentada pelo art. 386 do PLNCC, e sim pelo art. 389, que prevê expressamente a adoção de medidas mandamentais, sub-rogatórias, indutivas e coercitivas na hipótese de omissão na exibição.

Apesar da aparente inutilidade da regra ora comentada diante da omissão da parte contrária em exibir o documento, é preciso atentar que a narração fática da parte que pede a exibição nem sempre tem a exatidão necessária para a geração do efeito da presunção de veracidade prevista em lei. Basta imaginar hipótese comum em muitas ações que envolvem planos econômicos por meio das quais a parte pede a exibição de extratos bancários para demonstrar a existência de conta-corrente à época do plano e do valor depositado. Naturalmente, a parte não saberá precisar qual é esse valor, e a inércia da instituição financeira em apresentar os extratos em juízo poderá, quando muito, permitir a presunção de que o autor mantinha conta à época do plano, mas quanto ao valor existente não há o que se presumir, até porque o próprio autor deixa claro no pedido que somente com os extratos terá acesso a essa informação.

Em hipóteses como essa, não tenho dúvida da pertinência da regra consagrada no art. 386, parágrafo único, do PLNCPC, porque a presunção não poderá ser materialmente gerada, passando a ser necessária a adoção de medidas de execução indireta para pressionar a parte a exibir a coisa ou documento em juízo.

O Superior Tribunal de Justiça entende tratar-se de *presunção relativa de veracidade*, podendo ser afastada com a apresentação de documento que aponte em sentido contrário[110].

---

109 *Informativo* 473/STJ: 4.ª Turma, EDcl no AgRg no REsp 1.092.289/MG, rel. Min. Maria Isabel Gallotti, j. 19.05.2011; *Informativo* 469/STJ: 4.ª Turma, AgRg no Ag 1.179.249/RJ, rel. Min. Maria Isabel Gallotti, j. 14.04.2011.

110 STJ, 1.ª Turma, REsp 989.616/TO, rel. Min. Luiz Fux, j. 20.05.2008, *DJe* 18.06.2008.

14.2.3.4. Procedimento contra terceiro

Sendo o detentor da coisa ou documento um terceiro, estranho à relação jurídica processual, a parte interessada na exibição deverá ingressar com uma petição inicial, que será autuada em apenso aos autos principais, porque nesse caso será necessária a instauração de uma **ação incidental**[111].

O terceiro em relação ao processo principal se torna réu na ação incidental de exibição, sendo citado para responder ao pedido no prazo de dez dias. Negando a obrigação de exibir (pelos mesmos motivos já expostos anteriormente – art. 363 do CPC), afirmando que não está em poder da coisa ou documento ou expondo qualquer outro meio de defesa, será designada audiência especial, tomando-lhe o depoimento, bem como o das partes e, se necessário, das testemunhas. Apesar da omissão legal, além da prova testemunhal a ser produzida nessa audiência, serão admitidos outros meios de prova.

Após a devida instrução probatória será proferida decisão que, segundo a previsão do art. 361 do CPC, é uma sentença. O dispositivo está correto, considerando-se a instauração de uma ação incidental, que será decidida por sentença, recorrível por apelação[112]. Entendo que o recurso jamais será o agravo de instrumento, mesmo na hipótese de equívoco judicial de autuação do pedido de exibição contra terceiro nos mesmos autos[113]. Nesse caso, caberá ao cartório judicial corrigir seu erro, desentranhando as peças referentes ao pedido de exibição para que sigam com a apelação para o tribunal[114].

Se o terceiro, sem justo motivo, se recusar a exibir a coisa ou o documento, o juiz lhe ordenará o depósito em cartório ou noutro lugar designado no prazo de 5 dias, impondo ao requerente que o embolse das despesas que tiver. Não havendo cumprimento da ordem do juiz, o art. 362 do CPC determina a expedição de mandado de busca e apreensão, e, se necessário, auxílio de força policial, sem prejuízo da responsabilidade por crime de desobediência.

Tratando-se de tutela mandamental (o dispositivo legal fala em "ordenará"), é aplicável o art. 14, parágrafo único, do CPC, com a aplicação de multa de até 20% do valor da causa em razão da prática de ato atentatório à dignidade da jurisdição[115]. Por outro lado, tratando-se de tutela de entrega de coisa – ainda que temporária –, aplica-se o art. 461-A do CPC, permitindo a fixação, por pedido da parte ou de ofício, de *astreinte* (multa periódica)[116]. A aplicação dessa multa, entretanto, não encontra respaldo no Superior Tribunal de Justiça[117].

---

[111] Barbosa Moreira, *O novo*, p. 64; Nery-Nery, *Código*, p. 625; Theodoro Jr., *Curso*, n. 443, p. 498.

[112] Barbosa Moreira, *O novo*, p. 64; Fux, *Curso*, p. 716. Contra, pelo cabimento do agravo de instrumento: Scarpinella Bueno, *Curso*, v. 2, p. 273-274.

[113] Equivocado o entendimento de Nery-Nery, *Código*, p. 625.

[114] Tabosa, *Código*, p. 1.106.

[115] Marinoni-Mitidiero, *Código*, p. 362.

[116] Dinamarco, *Instituições*, n. 1.156, p. 574.

[117] Súmula 372/STJ.

Note-se que todas as medidas executivas à disposição do juiz estão voltadas à efetiva exibição da coisa ou do documento, não sendo cabível na exibição contra terceiro a presunção de veracidade dos fatos que se pretendia provar com a coisa ou documento não exibidos. A razão é óbvia: considerando-se que a parte do processo que não pretende a exibição (parte contrária) não pode ser prejudicada por um ato praticado por terceiro (réu na ação incidental de exibição).

No procedimento de exibição de coisa e documento contra terceiro o PLNCPC tem duas novidades. No art. 387 o prazo de resposta do terceiro é aumentado para 15 dias, o que demonstra de maneira ainda mais clara a natureza de ação dessa exibição, enquanto o art. 389 permite, diante da não exibição, a expedição de mandado de busca e apreensão, com requisição de força policial quando necessário, sem prejuízo do crime de desobediência, pagamento de multa e outras medidas mandamentais, sub-rogatórias, indutivas e coercitivas.

14.2.4. Da prova documental

14.2.4.1. Conceito

O conceito amplo de documento o define como qualquer **coisa capaz de representar um fato**, não havendo nenhuma necessidade de a coisa ser materializada em papel e/ou conter informações escritas. Algum escrito em outra superfície que não seja papel, tal como o plástico, metal, madeira etc., desde que represente um fato, é considerado um documento dentro desse conceito amplo. Da mesma forma, uma fotografia, uma tabela, um gráfico, gravação sonora ou filme cinematográfico também será considerado um documento. Num conceito mais restrito, documento é o papel escrito[118].

Apesar de o conceito restrito representar a ampla maioria das espécies de documentos na praxe forense, o direito brasileiro adotou o conceito amplo, sendo significativa a quantidade de diferentes espécies de coisas que são consideradas como documentos para fins probatórios no processo judicial. Até mesmo as representações obtidas por meio eletrônico são considerados documentos, tais como os dados inseridos na memória do computador ou transmitidos por via eletrônica[119].

Documento não se confunde com *instrumento*, sendo o segundo espécie do primeiro. O instrumento é produzido com o objetivo de servir de prova, como ocorre na celebração de um contrato ou de uma escritura. Caso o documento seja produzido, já tendo o objetivo de provar determinado ato, será considerado um instrumento, mas, não tendo tal finalidade específica, embora em momento

[118] Dinamarco, *Instituições*, n. 1.144, p. 564.

[119] Marinoni-Arenhart, *Manual*, p. 341.

posterior até possa vir a ser considerado como prova num processo judicial, ter-se-á somente um documento, e não um instrumento, como ocorre numa carta ou *e-mail* tendo como conteúdo algum fato ou ato[120].

O PLNCPC destina uma seção para regulamentar os documentos eletrônicos. O art. 425 prevê que a utilização de documento eletrônico no processo convencional dependerá de sua conversão à forma escrita e da verificação de sua autenticidade, nos termos da lei. O art. 426 trata da valoração na hipótese do artigo anterior, prevendo que o juiz apreciará o valor probante do documento eletrônico não convertido, assegurado às partes o acesso ao seu teor. Finalmente, o art. 427 prevê que os documentos eletrônicos serão admitidos desde que produzidos e conservados com a observância da legislação específica.

14.2.4.2. Documento público e sua força probante

Segundo o art. 364 do CPC, o documento público faz prova da sua formação e também dos fatos que o escrivão, tabelião ou funcionário declarar que ocorreram em sua presença. Como se nota desse dispositivo legal, em razão da fé pública que reveste os atos estatais, sempre que o documento for produzido por funcionário público *lato sensu*, haverá uma presunção de veracidade quanto à sua formação e quanto aos fatos que tenham ocorrido na presença do oficial público. Essa **presunção é relativa**, podendo ser afastada por meio de outras provas produzidas no processo.

É preciso esclarecer que a presunção mencionada atinge somente os fatos que tenham ocorrido na presença do oficial público, e não os fatos trazidos ao seu conhecimento pelas partes. Significa dizer que, afirmando o oficial público que determinado sujeito lhe informou ser absolutamente capaz, a única presunção possível é de que no momento da elaboração do documento público, um determinado sujeito informou ao oficial público que era absolutamente capaz, e o fato de ser ou não capaz não se presume verdadeiro, devendo ser provado durante o processo judicial[121].

Na hipótese de a lei exigir, como da substância do ato, um determinado instrumento público, nenhuma outra prova poderá suprir a ausência desse documento (art. 366 do CPC). Não se trata de questão probatória, mas de requisito necessário para a validade do ato no plano do direito material, de modo que, sem o instrumento público no processo, o juiz não poderá considerar o ato provado porque antes disso deve considerá-lo como inválido[122]. O casamento se prova pela

[120] Nery-Nery, *Código*, p. 626; Theodoro Jr., *Curso*, n. 444, p. 503; Marinoni-Arenhart, *Manual*, p. 344.

[121] Fux, *Curso*, p. 709; Theodoro Jr., *Curso*, n. 446, p. 504.

[122] Câmara, *Lições*, v. 1, p. 396; Marinoni-Mitidiero, *Código*, p. 366.

certidão de casamento, a propriedade de bem imóvel pela matrícula, o óbito pela certidão de óbito etc.

Aduz o art. 367 do CPC que o documento elaborado por oficial público incompetente ou em desrespeito às formalidades legais, desde que seja subscrito pelas partes, tem a mesma eficácia probatória do *documento particular*. Lembra a melhor doutrina que, apesar da exigência legal quanto à assinatura das partes, a eficácia probatória de documento particular pode existir mesmo sem elas, desde que no plano material seja dispensável esse elemento para a validade do documento[123].

14.2.4.3. *Documento particular e sua força probante*

O documento é particular sempre que for elaborado sem a intervenção de um oficial público, podendo ser[124]:

(a) escrito e assinado pelas partes;

(b) escrito por terceiro e assinado pelo declarante;

(c) escrito pela parte e não assinado;

(d) nem escrito nem assinado pela parte.

Segundo o art. 368 do CPC, as declarações constantes do documento particular escrito e assinado ou somente assinado presumem-se verdadeiras em relação ao signatário. Apesar de se tratar de **presunção relativa**, a prova contrária é de difícil produção na praxe forense. O art. 368, parágrafo único, do CPC prevê que, contendo o documento uma declaração de ciência de um fato, a prova recai somente na declaração e nunca no objeto do fato declarado, competindo ao interessado prová-lo em juízo. Se alguém declara que viu o marido agredir a mulher e registra essa declaração num documento, a eficácia probatória se limita ao fato de o sujeito ter feito a declaração, e não ao fato de ter ocorrido a agressão.

Afirmar que um documento é autêntico significa dizer que o documento assinado teve a assinatura reconhecida pelo tabelião (art. 369 do CPC). A autenticação de que a assinatura aposta no documento confere com a original registrada no Cartório de Notas torna o documento autêntico, mas não verdadeiro quanto ao seu conteúdo. Apesar da confiabilidade nos trabalhos cartoriais, entende-se corretamente que existe uma **presunção relativa de autenticidade**, que pode ser afastada com a produção de prova em sentido contrário[125].

A autoria do documento particular é regulamentada pelo art. 371 do CPC, sendo considerado o autor do documento:

---

[123] Marinoni-Mitidiero, *Código*, p. 367.

[124] Theodoro Jr., *Curso*, n. 447, p. 506.

[125] Theodoro Jr., *Curso*, n. 447, p. 506.

(a) aquele que o fez e o assinou;

(b) aquele que por conta de quem foi feito, estando assinado;

(c) aquele que, mandado compô-lo, não o firmou, porque, conforme a experiência comum, não se costuma assinar, como livros comerciais e assentos domésticos.

Se o marido deixou um bilhete afirmando ter levado ao trabalho o celular do casal, não se pode esperar que assine tal bilhete para que tal documento tenha eficácia probatória.

Qualquer reprodução mecânica (fotográfica, cinematográfica, fonográfica etc.) faz prova se a parte contra quem foi produzida lhe admitir a conformidade; havendo impugnação, o juiz determinará a realização da prova pericial (art. 383 do CPC). As reproduções fotográficas ou obtidas em outros processos de repetição valem como certidões, sempre que o escrivão portar de fé a sua conformidade com o original (art. 384 do CPC). Não existe prova plena no direito brasileiro, de forma que o art. 225, *caput*, do CC não pode impedir que o juiz, mesmo sem a resistência da parte contrária, determine a produção de prova de ofício se duvidar da regularidade da reprodução de qualquer natureza.

Segundo o art. 385, *caput*, do CPC, a cópia do documento particular tem o mesmo valor probante que o original, sendo exigida apenas a conferência da cópia com o original na hipótese de a parte contrária impugnar a cópia ou o juiz tiver dúvida a respeito da idoneidade do documento. Tratando-se de fotografia, é exigida a juntada do negativo, e, tratando-se de fotografia publicada em jornal, exige-se a juntada do original e do negativo.

Havendo em ponto substancial do documento entrelinha, emenda, borrão ou cancelamento, sem nenhuma ressalva, o juiz apreciará livremente a fé que mereça o documento (art. 386 do CPC). A fé do documento particular cessa quando declarada judicialmente a sua falsidade (art. 387 do CPC), quando for contestada a assinatura e enquanto não se lhe comprovar a veracidade ou quando assinado em branco, for abusivamente preenchido (art. 388 do CPC).

14.2.4.4. Incidente de falsidade documental

14.2.4.4.1. Natureza jurídica e objeto

A falsidade documental pode constituir o objeto de uma ação autônoma, em exceção à regra de que a ação meramente declaratória não pode ter como objeto meros fatos, ainda que jurídicos (art. 4.º, II, do CPC). Ocorre, entretanto, que a necessidade de arguir a falsidade de um documento pode surgir durante o processo no qual esse documento foi produzido, sendo nessa hipótese previsto pelos arts. 390 a 395 do CPC o chamado "incidente de arguição de falsidade documental", que na realidade é uma espécie de **ação declaratória incidental**[126], seguindo

[126] Theodoro Jr., *Curso*, n. 457, p. 515.

fundamentalmente suas regras procedimentais e sua principal característica de ampliar os limites objetivos da coisa julgada material.

Tratando-se de ação declaratória incidental, a ausência de ingresso do incidente processual ora analisado não impede que o juiz reconheça a falsidade de um documento se chegar a essa conclusão em razão das outras provas produzidas. Naturalmente a amplitude dos efeitos dessa decisão a respeito da falsidade documental será diferente com o julgamento do incidente processual e apenas incidentalmente no próprio processo; no primeiro caso, a decisão produz coisa julgada material (efeitos para fora do processo), enquanto no segundo a declaração de falsidade gera efeitos somente dentro do processo em que foi reconhecida[127].

É tranquilo o entendimento de que tanto os *documentos particulares* quanto os *públicos* podem ser objeto do incidente ora analisado[128], mas existe polêmica a respeito de qual espécie de falsidade documental pode ser objeto do incidente de falsidade documental. A *falsidade ideológica* é voltada ao conteúdo do documento, dizendo respeito aos vícios do consentimento ou sociais do ato jurídico, ou seja, representa a falsidade do que foi declarado no documento. A *falsidade material*, por sua vez, é vício do documento em si, referente à sua formação, com deteriorações que alterem seu conteúdo, a compreensão desse conteúdo ou que contenha afirmações que não foram feitas pelas partes ou não foram presenciadas pelo oficial público. Não resta nenhuma dúvida de que a falsidade material pode ser objeto do incidente ora analisado, até porque a parte que o arguiu pretende a declaração de que o documento em si é falso. Na falsidade ideológica, admite-se o incidente quando o documento tiver caráter declaratório e o seu reconhecimento não implicar desconstituição de situação jurídica[129], ainda que exista doutrina a defender o cabimento do incidente em qualquer espécie de falsidade ideológica[130].

> O PLNCPC, por meio de seu art. 20, retira do sistema processual a ação declaratória incidental, de forma que a arguição de falsidade documental não poderá mais ser entendida como espécie dessa ação. Sem outra alternativa, tal arguição passará a ser entendida como um mero incidente processual.

14.2.4.4.2. Procedimento

Segundo o art. 390 do CPC, o incidente de falsidade pode ser arguido em **qualquer tempo e grau de jurisdição**, mas é preciso atentar que o mesmo dis-

[127] Dinamarco, *Instituições*, n. 1.161, p. 579; Theodoro Jr., *Curso*, n. 458-a, p. 517; Fux, *Curso*, p. 711.

[128] Marinoni-Arenhart, *Manual*, p. 367.

[129] STJ, 3.ª Turma, AgRg no REsp 1.024.640/DF, rel. Min. Massami Uyeda, j. 16.12.2008, *DJe* 10.02.2009.

[130] Fux, *Curso*, p. 711.

positivo legal impõe um *prazo preclusivo* para tal arguição: sendo a petição inicial instruída pelo documento, cabe ao réu a alegação no prazo de contestação – na realidade no prazo de resposta, porque o réu pode arguir a falsidade sem contestar –, e nos demais casos no prazo de dez dias da intimação da juntada aos autos. São legitimados a parte que não produziu a prova documental e o Ministério Público quando figura no processo como fiscal da lei.

Prevê o art. 394 do CPC que a mera interposição do incidente de falsidade suspende o processo principal, mas a melhor interpretação desse dispositivo legal demonstra que a suspensão não atinge o processo principal como um todo. A melhor doutrina afirma corretamente que se trata de *suspensão imprópria*, ou seja, a suspensão atinge somente determinados atos processuais[131]. Na hipótese de incidente processual, a suspensão atinge tão somente a prolação da sentença, o que evita que o juiz se valha de documento falso na formação de seu convencimento; todos os outros atos processuais podem ser praticados normalmente.

Tratando-se de ação declaratória incidental, a arguição será realizada por meio de petição inicial, nos termos dos arts. 282 e 283 do CPC. A forma de autuação dependerá do momento de ingresso do incidente de falsidade: antes de encerrada a instrução será autuada nos próprios autos e depois de encerrada será autuada em autos em apenso (arts. 391 e 393 do CPC). Entendo que a única distinção entre os diferentes momentos de ingresso do incidente de falsidade é a forma de autuação, sendo irrelevante para fins de determinação da natureza da decisão que resolve o incidente, bem como do recurso cabível contra essa decisão[132].

Em respeito ao princípio do *contraditório*, a parte que produziu a prova será intimada para responder no prazo de dez dias, e sendo necessária haverá produção de prova. Apesar de o art. 392, *caput*, do CPC prever somente a prova pericial, que é a espécie de prova mais comum nesses casos, também se admitem outros meios de prova. Aduz o art. 392, parágrafo único, do CPC que será dispensada a perícia se a parte que produziu a prova concordar em desentranhá-la e a parte que arguiu o incidente não se opor, hipótese na qual o incidente será extinto sem resolução de mérito. O ônus da prova é de quem alega a falsidade (art. 389, I, do CPC), mesmo tratando-se de falsidade de assinatura, aplicando-se o art. 389, II, do CPC, somente quando existente presunção de veracidade da assinatura porque presenciada por tabelião (art. 369 do CPC).

O art. 395 do CPC contém previsão consideravelmente polêmica: a decisão que resolve o incidente tem natureza de sentença. A previsão legal tem importante reflexo no âmbito recursal, porque segundo previsão do art. 513 do CPC, sendo o pronunciamento uma sentença, é cabível o recurso de apelação. Parece incontestável que, sendo julgadas ao mesmo tempo a ação declaratória incidental de falsidade documental e a ação principal, a decisão será uma sentença,

[131] Dinamarco, *Instituições*, n. 1.161, p. 580; Câmara, *Lições*, v. 1, p. 397; Scarpinella Bueno, *Curso*, v. 2, p. 289.

[132] Dinamarco, *Instituições*, n. 1.161, p. 580-581; Scarpinella Bueno, *Curso*, v. 2, p. 289. Contra: Marinoni-Arenhart, *Manual*, p. 364-366.

recorrível por apelação. Não concordo com a parcela doutrinária que defende a obrigatoriedade de julgamento conjunto numa mesma sentença[133], porque estando pronta para julgamento a ação incidental e não a ação principal, não há nenhum óbice legal ou lógico no julgamento imediato do incidente e posterior decisão da ação principal.

Quando decidido o incidente antes da ação principal, existe corrente doutrinária que entende depender a natureza da decisão do momento em que foi oferecido o incidente: antes de encerrada a instrução, a decisão é interlocutória recorrível por agravo e depois é sentença recorrível por apelação[134]. Essa corrente doutrinária parte da premissa de que, antes de encerrada a instrução, a arguição de falsidade documental é um incidente processual; depois disso, passa a ter natureza jurídica de ação incidental. Partindo dessa premissa, a conclusão de diferentes naturezas de decisão e de diferentes recursos cabíveis é uma consequência natural.

Por outro lado, existe corrente doutrinária que defende ser sempre uma decisão interlocutória recorrível por agravo[135]. Entendo que a arguição cria sempre uma ação incidental, independentemente do momento procedimental em que é realizada e, sendo de mérito o pronunciamento que a decide, terá natureza de sentença. Ocorre, entretanto, que, conforme amplamente analisado no Capítulo 16, item 16.1, a doutrina majoritária defende que o pronunciamento só será sentença de mérito se extinguir o processo. No julgamento isolado da ação declaratória incidental de falsidade documental não é isso o que acontece, porque a ação é extinta, mas o processo prossegue para o julgamento da ação principal, sendo cabível o recurso de agravo de instrumento. Frise-se ser típica hipótese de aplicação do *princípio da fungibilidade*, conforme analisado no Capítulo 21, item 21.6.

Há algumas alterações sobre o tema no PLNCPC. O procedimento é significativamente simplificado, inclusive deixando-se lacunas que normas gerais de direito deverão preencher. O art. 419 prevê que após a oitiva da parte contrária far-se-á a prova pericial, sem previsão de qual o prazo para tal manifestação. No art. 420 há previsão de que a solução da arguição de falsidade constará do dispositivo da sentença, tornando-se imutável e indiscutível em razão da coisa julgada material.

14.2.4.5. *Produção da prova documental*

Segundo o art. 396 do CPC, a produção da prova documental deve se realizar pelo autor na petição inicial e pelo réu na contestação. O dispositivo legal tem

[133] Theodoro Jr., *Curso*, n. 458, p. 516; Nery-Nery, *Código*, p. 636; Câmara, *Lições*, v. 1, p. 397.

[134] Nery-Nery, *Código*, p. 636; Marinoni-Arenhart, *Manual*, p. 370.

[135] Dinamarco, *Instituições*, n. 1.161, p. 581; Bedaque, *Código*, p. 104; Scarpinella Bueno, *Curso*, v. 2, p. 290.

nitidamente uma *natureza preclusiva*, prevendo que, após os momentos iniciais de manifestação das partes no processo, não mais seria cabível a produção de prova documental. O art. 397 do CPC, entretanto, expressamente prevê duas exceções à rigidez da regra consagrada no dispositivo anterior:

(a) fazer prova de fatos ocorridos depois dos articulados;
(b) fazer prova para contrapor prova documental produzida pela parte contrária.

Além das exceções contidas no art. 397 do CPC, a doutrina entende que também não se opera a preclusão da prova documental quando dispositivos legais específicos permitirem a produção dessa espécie de prova após a petição inicial e a contestação, como ocorre com as previsões dos arts. 326 e 327 do CPC[136]. Também se defende o afastamento da preclusão quando a prova se referir a fato velho de ciência nova, a documento novo e à impossibilidade de produção no momento adequado em razão de justa causa[137].

O Superior Tribunal de Justiça tem entendimento ainda mais ampliativo, permitindo a juntada de documentos a qualquer momento do processo desde que seja respeitado o *contraditório* com a oitiva da parte contrária no prazo de cinco dias (art. 398 do CPC) e não seja a juntada extemporânea fruto de *má-fé* e/ou *deslealdade* da parte com o objetivo de surpreender a parte contrária[138]. Já houve inclusive decisão ainda mais liberal, com a mera exigência do *contraditório* para admitir a juntada extemporânea de documentos[139]. Registre-se, entretanto, que também existe decisão que adotou entendimento preclusivo, limitando a admissibilidade de juntada de documentos depois da petição inicial e contestação somente aos casos expressamente previstos no art. 397 do CPC[140]. Triste retrocesso em prejuízo da qualidade da prestação jurisdicional.

Ressalto ainda que, além dos requisitos do *contraditório* e da ausência de *má-fé*, o estágio procedimental deve ser apto a receber a prova documental, sendo inviável a produção probatória, por exemplo, em processo que esteja em sede de recurso especial ou extraordinário. Nesses recursos, como analisado no Capítulo 31, item 31.3.1, não há revisão dos fatos, sendo inútil a produção de prova de qualquer espécie, inclusive a documental.

Uma vez produzida a prova documental, a parte contrária será sempre intimada para se manifestar no prazo de 5 dias. O Superior Tribunal de Justiça aplica à ausência de intimação o princípio de que sem prejuízo não há nulidade, de forma a ser nula a decisão proferida sem a oitiva da parte contrária somente

[136] Barbosa Moreira, *O novo*, p. 62.

[137] Marinoni-Mitidiero, *Código*, p. 386.

[138] STJ, 4.ª Turma, REsp 795.862/PB, rel. Min. Jorge Scartezzini, j. 17.10.2006; Theodoro Jr., *Curso*, n. 459, p. 518; Fux, *Curso*, p. 712.

[139] STJ, 3.ª Turma, REsp 660.267/DF, rel. Min. Nancy Andrighi, j. 28.05.2007.

[140] STJ, 1.ª Turma, REsp 861.255/RJ, rel. Min. Denise Arruda, j. 16.10.2008; Marinoni-Arenhart, *Manual*, p. 363; Scarpinella Bueno, *Curso*, v. 2, p. 285.

quando o documento for essencial para sua fundamentação; não tendo influência no julgamento, não haverá nulidade apesar do descumprimento da regra prevista no art. 398 do CPC[141].

14.2.5. Da prova testemunhal

14.2.5.1. *Conceito*

Prova testemunhal é meio de prova consubstanciado na declaração em juízo de um terceiro que de alguma forma tenha presenciado os fatos discutidos na demanda. Tradicionalmente, a testemunha é aquele sujeito que viu o fato, mas não se devem desprezar outros sentidos humanos, como o olfato, a audição, o tato ou o paladar[142]. Um forte odor que faria presumir um vazamento de gás pode ser comprovado em juízo por alguém que nada tenha visto, bem como o testemunho de um sujeito que afirma ter ouvido um disparo pode ser determinante para a formação do convencimento do juiz.

As testemunhas que presenciaram o fato são chamadas de *testemunhas presenciais*. Também existe a figura da *testemunha de referência*, que não presenciou o fato, mas tomou conhecimento dele por informações de alguém que supostamente o fez, valendo o testemunho nesse caso como mero indício[143]. Por fim existe a *testemunha referida*, da qual se tem conhecimento por meio do depoimento de outra testemunha[144].

O terceiro dará a sua versão ao juiz de como percebeu o fato, o que naturalmente pode desvirtuar o conteúdo das declarações testemunhais, seja em virtude da natural perda de memória, pela falsa percepção de como os fatos se deram, pela incapacidade de reproduzir o fato, ou resultado de má-fé de testemunha preparada[145]. Essas circunstâncias levaram a prova testemunhal em remoto tempo a ser desacreditada, ainda que reconhecidamente trate-se do mais antigo meio de prova[146]. Na realidade, o preconceito com a prova testemunhal perdura até os dias atuais, mas, como em muitos processos a testemunha é a única fonte de prova disponível, ninguém duvida da importância desse meio de prova na praxe forense.

14.2.5.2. *Cabimento*

Segundo o art. 400, *caput*, do CPC, a prova testemunhal é em regra admissível, desde que não exista previsão legal dispondo de modo diverso. Apesar

---

[141] STJ, 3.ª Turma, AgRg no REsp 729.281/SP, rel. Min. Humberto Gomes de Barros, j. 1.º.03.2007; REsp 438.188/MG, 5.ª Turma, rel. Min. Arnaldo Esteves, j. 20.11.2006; Nery-Nery, *Código*, p. 637.

[142] Dinamarco, *Instituições*, n. 1.178, p. 603; Baptista da Silva, *Curso*, p. 372.

[143] Marinoni-Arenhart, *Manual*, p. 371.

[144] Theodoro Jr., *Curso*, n. 461, p. 522.

[145] Dinamarco, *Instituições*, n. 1.177, p. 601.

[146] Theodoro Jr., *Curso*, n. 462, p. 522.

da adoção do sistema da *persuasão racional* na valoração das provas, existem dispositivos legais que expressamente vedam a produção da prova testemunhal, dando-a como imprestável à formação do convencimento do juiz.

É o que ocorre, ainda que com certos atenuantes, no art. 401 do CPC e art. 227 do CC, ao exigirem para a prova de negócios jurídicos de valor superior a dez salários-mínimos outro meio de prova que não o exclusivamente testemunhal. Mesmo acima desse valor admite-se a prova exclusivamente testemunhal nos contratos simulados para provar a divergência entre a vontade real e a vontade declarada e nos contratos em geral para provar os vícios do consentimento (art. 404 do CPC).

O rigor do art. 401 do CPC é atenuado pelo art. 402 do CPC, que permite a prova meramente testemunhal:

(a) quando houver começo de prova por escrito emanado da parte contra quem se pretende utilizar o documento como prova, tais como anotações, cartas, recibos etc.;

(b) quando o credor não podia, moral ou materialmente, obter a prova escrita, como ocorre nos negócios jurídicos realizados entre familiares[147] ou amigos próximos[148], em situação de emergência ou em contratos que tradicionalmente não assumem a forma escrita, como negócios em bolsa ou de corretagem[149].

Correto entendimento doutrinário[150] e jurisprudencial[151] considera que a vedação à prova exclusivamente testemunhal é **limitada à prova da existência do contrato**, não atingindo questões referentes ao seu cumprimento, inexecução, efeitos etc.

Outras restrições à produção da prova testemunhal vêm previstas nos incisos do art. 400 do CPC:

(a) fatos já provados por documentos ou confissão da parte. Cabendo ao juiz a valoração das provas, se entender que o fato já está devidamente provado por documentos ou confissão, indeferirá a prova testemunhal, que será nessa hipótese inútil;

(b) fatos que só podem ser provados por documentos – como aqueles que exigem instrumento público (casamento, óbito etc.) – e que demandem prova pericial, porque nesse caso é exigido um conhecimento técnico específico que não pode ser suprimido por testemunha.

14.2.5.3. *Sujeitos que podem testemunhar*

Em regra, qualquer terceiro pode testemunhar, mas o art. 405 do CPC prevê hipóteses de incapacidade (§ 1.º), impedimento (§ 2.º) e suspeição (§ 3.º) que

[147] Theodoro Jr., *Curso*, n. 462, p. 524.

[148] Dinamarco, *Instituições*, n. 1.177, p. 601.

[149] STJ, 4.ª Turma, REsp 713073/MT, rel. Min. Aldir Passarinho Junior, j. 23.03.2005; AgRg no REsp 323971/RJ, 4.ª Turma, rel. Min. Ruy Rosado de Aguiar, j. 11.12.2001.

[150] Nery-Nery, *Código*, p. 640.

[151] STJ, 3.ª Turma, REsp 470534/SP, rel. Min. Nancy Andrighi, j. 02.09.2003; EREsp 263387/PE, 2.ª Seção, rel. Min. Castro Filho, j. 14.08.2002.

vedam determinados sujeitos em determinadas circunstâncias de prestarem depoimento como testemunhas. O tema também é tratado pelo art. 228 do CC, sem diferenças substanciais, sendo até mais amplo o dispositivo processual.

Segundo o Código de Processo Civil, são incapazes de prestar depoimento:

(a) o interdito por demência;

(b) o acometido de doença ou debilidade mental que o impossibilite de ter o discernimento necessário e/ou a devida percepção sobre os fatos;

(c) o menor de 16 anos;

(d) o cego e surdo, quando a ciência dos fatos depender dos sentidos que lhes faltam.

Segundo o art. 228, parágrafo único, do CC, os sujeitos incapazes poderão ser ouvidos como **informantes**. Para parcela da doutrina na hipótese do demente e do cego e surdo a norma é materialmente inaplicável, porque é impossível a um cego testemunhar sobre o que viu ou a um surdo sobre o que ouviu; se salvaria na norma legal a possibilidade de oitiva como informante do menor de 16 anos[152]. É preciso cuidado com essa afirmação, porque a limitação física pode comprometer um dos sentidos humanos, o que não inviabilizaria uma prova testemunhal fundada em outro sentido humano, tal como o cego que ouviu ou o surdo-mudo que presenciou os fatos.

São impedidos de depor como testemunhas o cônjuge, ascendente e descendente em qualquer grau, ou colateral até o terceiro grau de qualquer das partes, por consanguinidade ou afinidade. Entendo que o impedimento atinge somente o cônjuge e parentes de partes na demanda, de forma que não estão impedidos de depor o cônjuge e ascendentes do assistente. O impedimento cessa quando exigir o **interesse público** ou nas **ações de estado da pessoa**, quando a prova for decisiva e não puder ser produzida de outra forma.

Também são impedidos de depor as partes na causa e o sujeito que intervém em nome de uma parte, como o tutor na causa do menor, o representante legal da pessoa jurídica, o juiz, o advogado e outros que assistam ou tenham assistido as partes. Arrolado o próprio juiz da causa como testemunha, caberá a ele decidir se realmente tem ciência dos fatos que podem influir na decisão da causa. Uma vez convencido de sua condição de testemunha, se declara impedido e remete o processo ao seu substituto legal; caso contrário indefere o pedido por decisão interlocutória recorrível por agravo e continua a atuar no processo como juiz (art. 409 do CPC). Tendo o juiz aceitado ser testemunha, não poderá a parte que o arrolou desistir da oitiva, o que poderia servir para burlar o princípio do juiz natural.

São suspeitos para depor como testemunhas:

(a) o condenado definitivo por crime de falso testemunho;

[152] Marinoni-Arenhart, *Manual*, p. 373; Câmara, *Lições*, v. 1, p. 400.

(b) o que, por seus costumes, não for digno de fé;

(c) o inimigo capital ou amigo íntimo da parte, e não do juiz ou do advogado;

(d) o que tiver interesse no litígio, entendendo-se que o interesse deve ser jurídico[153].

Sendo estritamente necessário, o que significa dizer que a prova não tem outra forma de ser produzida, o art. 405, § 4.º, do CPC permite ao juiz a oitiva dos sujeitos impedidos e suspeitos de depor, hipótese na qual estarão dispensados de prestar compromisso e seus depoimentos serão apreciados com o valor que possam merecer.

14.2.5.4. *Direitos e deveres da testemunha*

Todos têm o dever de colaborar com o Poder Judiciário na obtenção da verdade, inclusive os terceiros (art. 339 do CPC), e o primeiro dever da testemunha é comparecer em juízo para prestar depoimento. Ocorre, entretanto, que, tendo sido pedida a dispensa de sua intimação pela parte que a arrolou, sua ausência injustificada na audiência gera a preclusão da prova. Tendo sido devidamente intimada, será **conduzida coercitivamente** à sede do juízo, conforme analisado no Capítulo XX.

De nada adiantaria obrigar a testemunha a comparecer à audiência se fosse admissível o seu silêncio diante das perguntas que lhe são dirigidas. Dessa forma, o segundo dever da testemunha é depor, respondendo às perguntas que lhe sejam dirigidas, salvo quando os fatos acarretarem grave dano à própria testemunha, seu cônjuge ou parentes consanguíneos ou afins, em linha reta, ou na colateral em segundo grau (art. 406, I, CPC). Nesse caso, haverá a possibilidade de recusa da testemunha, mas sendo de sua vontade não existe nenhum impedimento em prestar o depoimento.

Também não há dever de depor a respeito de fatos a cujo respeito, por estado (p. ex., líder religioso) ou profissão (p. ex., advogado e médico), deva guardar sigilo. Nesse caso, há dever de não revelar os fatos e quem descumprir esse dever sem justa causa será responsabilizado criminalmente, além de eventuais consequências cíveis e sanções administrativas.

Além de comparecer e depor, a testemunha tem o dever de **dizer a verdade**, porque de nada valeria um depoimento fundado em mentiras. Em razão desse dever, a testemunha será advertida pelo juiz antes do início da audiência de que mentir constitui crime de falso testemunho, prestando compromisso de dizer a verdade (art. 415 do CPC), ainda que a ausência de advertência não seja o suficiente para afastar a prática do crime. Os informantes também têm o dever de dizer a verdade, mas a sua mentira não constitui crime.

A testemunha colabora com a obtenção da verdade gratuitamente, mas tem o direito de requerer ao juiz o pagamento da despesa que efetuou para compare-

---

[153] Costa Machado, *Código*, p. 773.

cimento à audiência. Apesar de sua extrema raridade na praxe forense, havendo tal pedido a parte que arrolou a testemunha pagará logo que arbitrado o valor ou o depositará em cartório no prazo de três dias (art. 419, *caput*, do CPC). O valor pago integra o custo do processo e ao final será de responsabilidade da parte sucumbente[154].

Ao exercer a função pública de auxiliar eventual da justiça na importante função de descobrir a verdade, não pode a testemunha suportar qualquer prejuízo em razão de ausência em seu trabalho. Segundo o art. 419, parágrafo único, do CPC, sendo a testemunha sujeita à legislação trabalhista, tem o direito a não sofrer perda de salário nem desconto no tempo de serviço, sendo tal norma, em regra, também aplicável aos funcionários públicos, apesar da omissão da lei[155].

Prevendo o óbvio, o art. 416, § 1.º, do CPC assegura o direito das testemunhas serem tratadas com urbanidade e respeito, evitando-se as perguntas ou considerações impertinentes, capciosas ou vexatórias. Naturalmente, o controle da conduta dos advogados e serventuários será realizado pelo juiz, mas quando este portar-se com desrespeito ao dispositivo legal ora mencionado deve ser duramente repreendido – com educação, evidentemente – pelos advogados ou mesmo pela própria testemunha.

O Superior Tribunal de Justiça já decidiu ser direito da testemunha ser ouvida no foro de sua residência, o que exigirá a expedição de carta precatória sempre que a testemunha residir em foro (comarca/seção judiciária) diverso daquele no qual tramita o processo[156].

As autoridades descritas pelo art. 411 do CPC têm o direito de ser ouvidas em dia, hora e local (residência ou onde exerçam suas funções) que preferirem, cabendo ao juiz solicitar à autoridade que faça tal designação, remetendo à autoridade cópia da petição inicial ou da defesa oferecida pela parte, que a arrolou como testemunha. A autoridade, entretanto, não está obrigada a seguir o procedimento previsto pelo art. 411, parágrafo único, do CPC, podendo se dispor a comparecer à audiência, o que deve ser objeto de informação expressa.

14.2.5.5. *Produção da prova testemunhal*

A prova testemunhal é realizada na audiência de instrução e julgamento, salvo nas hipóteses previstas pelo art. 410 do CPC:

(a) produção antecipada de provas;

(b) testemunhas que residam em outra comarca/seção judiciária serão ouvidas por carta precatória e que residam em outro país por carta rogatória;

---

154 Dinamarco, *Instituições*, n. 1.181, p. 607.

155 Dinamarco, *Instituições*, n. 1.181, p. 607.

156 REsp 161.438/SP, 4.ª Turma, rel. Min. Barros Monteiro, j. 06.10.2005; Dinamarco, *Instituições*, n. 1.186, p. 611.

(c) testemunhas que por doença ou outro motivo relevante estejam impossibilitadas de comparecer em juízo, cabendo ao juiz designar o dia, hora e lugar para inquiri-las (art. 336, parágrafo único, do CPC);

(d) as autoridades constantes do art. 411 do CPC.

Há uma fase preparatória na produção da prova testemunhal, cabendo às partes interessadas na produção desse meio de prova **arrolar as testemunhas** nos termos do art. 407 do CPC. Segundo o art. 407, parágrafo único, do CPC, cada parte pode oferecer no máximo dez testemunhas, e, quando oferecidas mais de três para provar o mesmo fato, poderá o juiz dispensar o testemunho. Há corrente doutrinária, influenciada pelo direito português, que entende que a limitação só atinge os depoimentos positivos, sendo excluídas da limitação legal as testemunhas que nada sabem dos fatos da causa[157]. O Superior Tribunal de Justiça já decidiu que o juiz poderá ouvir um número maior que o previsto em lei como testemunhas do juízo[158].

A necessidade de arrolamento prévio do rol de testemunhas tem como principal função preservar o princípio do *contraditório*, permitindo que a parte contrária tenha conhecimento prévio de quais as testemunhas serão ouvidas na audiência. Apesar de parcela doutrinária afirmar que o arrolamento prévio tem dupla finalidade[159] – permitir a intimação e preservar o contraditório –, o essencial é a preservação do contraditório, porque, mesmo quando a parte dispensa a intimação, continua a ser obrigatório o arrolamento prévio[160].

Aduz o art. 407, *caput*, do CPC, que o juiz fixará um prazo no caso concreto, e somente no silêncio judicial aplica-se o prazo de dez dias antes da audiência[161]. Excepcionalmente o juiz poderá determinar um prazo inferior a dez dias, não existindo nenhuma vedação legal ou impedimento lógico para tal conduta[162], desde que o juiz conceda tempo hábil para que a parte contrária tome conhecimento do rol de testemunhas, em respeito ao contraditório. Da petição de arrolamento devem constar o nome, a profissão, a residência e o local do trabalho da testemunha, mas a omissão de um ou mais desses dados gera nulidade relativa, significando que o ato só será considerado nulo se a parte contrária provar que a omissão lhe acarretou prejuízo.

Após a apresentação do rol, que deve ser realizado de uma vez só em razão da *preclusão consumativa*, que veda a sua complementação[163], a parte só poderá substituir uma testemunha quando ela:

---

[157] Nery-Nery, *Código*, p. 643; Tabosa, *Código*, p. 1.258.

[158] *Informativo* 477/STJ: 3.ª Turma, REsp 1.028.315/BA, rel. Min. Nancy Andrighi, j. 14.06.2011.

[159] Marinoni-Mitidiero, *Código*, p. 394.

[160] Theodoro Jr., *Curso*, n. 464, p. 527.

[161] STJ, 3.ª Turma, REsp 828.373/SP, rel. Min. Castro Filho, j. 17.08.2006.

[162] Dinamarco, *Reforma*, p. 113; Tabosa, *Código*, p. 1.257. Contra: Wambier-Wambier, *Breves*, p. 92; Scarpinella Bueno, *Curso*, v. 2, p. 295.

[163] STJ, 5.ª Turma, REsp 700.400/PR, rel. Min. Arnaldo Esteves Lima, j. 25.06.2007. Contra, admitindo a substituição até o vencimento do prazo legal: Costa Machado, *Código*, p. 776; Fábio Tabosa, *Código*, p. 1.261.

(a) falecer;

(b) não estiver em condições de depor em razão de enfermidade;

(c) tendo mudado de residência, não foi localizada pelo oficial de justiça ou correio.

É prática fundada em má-fé e deslealdade processual a invenção de testemunha a ser arrolada no prazo legal para que depois, evidentemente não se localizando a pessoa inventada, seja concedida ao advogado uma nova oportunidade de arrolar outra testemunha. Caso o juiz flagre o ato malicioso do advogado, além de proibir a substituição, deverá lhe aplicar a multa de litigância de má-fé e determinar à Ordem dos Advogados a instauração de processo administrativo.

O rol é restritivo, porque protocolada a petição arrolando as testemunhas, essa prova passa a ser do processo, saindo da disponibilidade das partes[164]. O princípio da comunhão das provas atinge a prova desde o início de seu procedimento, de forma que, uma vez arrolada a testemunha, a sua substituição fora das hipóteses legais depende de anuência da parte contrária. Entendo que, respeitado o contraditório, e não havendo resistência da parte contrária, o rol legal possa ser estendido.

Devidamente intimada nos termos do art. 412, *caput*, do CPC, ou tendo sido requisitado ao chefe de repartição ou ao comando do corpo em que servir, quando a testemunha for funcionário público ou militar (art. 412, § 2.º, do CPC), o terceiro deve comparecer à audiência de instrução e julgamento. Mesmo a testemunha não intimada, mas devidamente arrolada, poderá comparecer e prestar depoimento, nos termos do art. 412, § 1.º, do CPC, o mesmo ocorrendo na hipótese de a intimação não ter se concretizado, mas a testemunha tiver ciência da audiência.

Antes de depor, o art. 414, *caput*, do CPC determina que a testemunha seja qualificada, declarando o nome por inteiro, a profissão, a residência e o estado civil, bem como se tem relações de parentesco com a parte ou, ainda, se tem interesse na solução do processo. Nesse momento, o patrono da parte contrária poderá **contraditar** a testemunha quando entender que ela é incapaz, suspeita ou impedida de prestar depoimento como testemunha, nos termos do art. 405 do CPC.

Segundo o art. 414, § 1.º, do CPC, se a testemunha negar os fatos imputados a ela, a parte que a contraditou poderá – na realidade *deverá*, já que o ônus probatório é seu – provar a contradita por meio de documentos ou testemunhas, no máximo de três. Sendo necessária a produção da prova testemunhal, a audiência de instrução muito provavelmente será adiada. O juiz tem três possíveis decisões[165]:

(a) a que indefere e colhe o depoimento da testemunha;

(b) a que defere e não ouve a testemunha;

(c) a que acolhe, desqualifica a qualidade de testemunha do terceiro e colhe o seu depoimento como mero informante do juízo, nos termos do art. 405, § 4.º, do CPC.

[164] Ovídio Baptista, *Curso*, p. 377. Contra: Fux, *Curso*, p. 723.

[165] Barbosa Moreira, *O novo*, p. 67; Fux, *Curso*, p. 724.

Apesar de a previsão legal indicar o momento anterior ao início do depoimento para a contradita, não parece correto o entendimento que entende ser tal prazo preclusivo, impedindo-se o direito de contraditar a testemunha durante seu depoimento[166]. É possível que durante o depoimento a testemunha traga ao conhecimento da parte contrária informação que poderá fundamentar um pedido de contradita, não sendo legítimo imaginar que nesse caso teria perdido o prazo para tanto[167].

As testemunhas arroladas pelo autor são ouvidas antes das arroladas pelo réu (art. 413 do CPC), havendo corrente doutrinária que entende ser invertida essa ordem sempre que houver inversão do ônus da prova[168]. Não entendo correta essa inversão porque nada no sistema corrobora tal entendimento, devendo-se lembrar que o ônus da prova é regra de julgamento e que, em razão do princípio da *comunhão das provas*, não será utilizado na hipótese de produção da prova, independentemente do responsável por sua produção. As perguntas serão feitas primeiro pelo juiz, depois pela parte que arrolou a testemunha e finalmente pela parte contrária (art. 416, *caput*, do CPC).

Aduz o art. 418, II, do CPC que, havendo divergência nos depoimentos de duas ou mais testemunhas sobre um mesmo fato, o juiz de ofício poderá determinar a **acareação** dessas testemunhas. Também cabe a acareação quando a divergência se estabelece entre depoimento de testemunha e depoimento pessoal da parte. Sem previsão procedimental, aplica-se por analogia o art. 229, parágrafo único, do CPP[169]. A tentativa de constranger a parte que supostamente mentiu não vem se mostrando eficaz na maioria dos casos, o que faz com que a acareação ocorra cada vez mais raramente.

Há algumas novidades no PLNCPC a respeito da produção da prova testemunhal, a começar pela criação de uma subseção específica sobre o tema.

O arrolamento e a qualificação das testemunhas passam a ser realizados obrigatoriamente na petição inicial e contestação, nos termos do art. 436, em dispositivo que repete a regra já constante do art. 296 do PLNCPC, que limita o número de testemunhas a cinco. Os comentários ao dispositivo legal foram elaborados no capítulo 9 e no item 11.5 (petição inicial e contestação). Segundo o art. 442, parágrafo único, do PLNCPC, a ordem de oitiva de testemunhas – antes do autor e depois do réu – pode ser alterada desde que com isso concordem as partes.

Atualmente, cabe à parte escolher entre a intimação da testemunha ou sua condução à audiência independentemente do ato de comunicação. Pela redação do art. 412 do CPC, é possível até se falar que preferencialmente a testemunha será intimada, sendo tal ato dispensado somente diante de pedido expresso da parte que a arrolou. Segundo o art. 441, *caput*, do PLNCPC, cabe ao advogado

166 Nesse sentido: Nery-Nery, *Código*, p. 645; Costa Machado, *Código*, p. 783.

167 Tabosa, *Código*, p. 1.277.

168 Marinoni-Mitidiero, *Código*, p. 399.

169 Barbosa Moreira, *O novo*, p. 69.

da parte informar ou intimar a testemunha que arrolou do local, do dia e do horário da audiência designada, dispensando-se a intimação do juízo, sendo a intimação judicial somente nas hipóteses do § 4.º. Nos termos do § 1.º do dispositivo ora comentado, a intimação deverá ser realizada por carta com aviso de recebimento, cumprindo ao advogado juntar aos autos, com antecedência de pelo menos três dias da data da audiência, cópia do ofício de intimação e do comprovante de recebimento.

Haverá preclusão da prova se a parte se comprometer a levar a testemunha à audiência independentemente de intimação e ela deixar de comparecer, regra mantida no art. 441, § 2.º. A novidade é que também haverá preclusão da prova se a parte que arrolou a testemunha deixar de intimá-la nos termos do § 3.º do dispositivo ora analisado.

Interessante novidade é encontrada no art. 445, *caput*, do PLNCPC, que determina que as perguntas serão feitas diretamente pelo advogado das partes, e não mais pelo juiz, após ouvi-las dos advogados, como atualmente ocorre, pelo menos do ponto de vista legal. Na realidade, hoje, muitos juízes já procedem dessa maneira, apenas controlando a conduta dos patronos para evitar que as perguntas possam induzir as respostas. Por outro lado, se compatibiliza o processo civil com o processo penal.

14.2.6. Da prova pericial

14.2.6.1. Conceito e espécies

A prova pericial é meio de prova que tem como objetivo esclarecer fatos que exijam um **conhecimento técnico específico** para a sua exata compreensão. Como não se pode exigir conhecimento pleno do juiz a respeito de todas as ciências humanas e exatas, sempre que o esclarecimento dos fatos exigir tal espécie de conhecimento, o juízo se valerá de um auxiliar especialista, chamado de perito.

Segundo previsão do art. 420 do CPC, a perícia consiste em exame, vistoria ou avaliação. *Exame* é a perícia que tem como objeto bens móveis, pessoas, coisas e semoventes, como uma obra de arte, documentos, livros, exame de DNA etc. *Vistoria* é a perícia que tem por objeto bens imóveis. *Avaliação* é a perícia que tem por objeto a aferição de valor de determinado bem, direito ou obrigação. Apesar da omissão legal, a doutrina aponta uma quarta espécie de perícia: o *arbitramento*, que consiste numa estimativa do valor de um serviço ou indenização[170]. Também há corrente doutrinária que defenda serem sinônimos os termos *avaliação* e *arbitramento*[171]. A discussão é meramente acadêmica, sem nenhuma consequência prática.

---

170 Fux, *Curso*, p. 730.

171 Marinoni-Arenhart, *Manual*, p. 378; Theodoro Jr., *Curso*, n. 465, p. 533; Didier-Braga-Oliveira, *Curso*, p. 212.

14.2.6.2. *Cabimento*

É indiscutível que a prova pericial é o meio de prova mais complexo, demorado e caro de todo o sistema probatório, de forma que o seu deferimento deve ser reservado somente para as hipóteses em que se faça indispensável contar com o auxílio de um *expert*. Existem limitações legais e lógicas à produção da prova pericial.

Aduz o art. 420, parágrafo único, I, do CPC que a prova pericial não será produzida quando a prova do fato não depender de conhecimento especial de técnico[172]. O objetivo da norma é determinar a dispensa da prova pericial sempre que o esclarecimento e compreensão dos fatos exijam tão somente um conhecimento comum à pessoa de cultura média. Deve o juiz se valer das regras de experiência técnica (art. 335 do CPC), composta por noções básicas de outras ciências[173], deixando de produzir a prova sempre que o conhecimento técnico exigido não seja complexo, como ocorre em simples cálculos aritméticos.

O dispositivo legal deve ser interpretado com extremo cuidado, porque, na verdade, mesmo quando a prova do fato não depender de conhecimento especial de técnico, a prova pericial poderá ser produzida. Mesmo que o juiz tenha o conhecimento técnico especializado a lhe permitir compreender a questão fática da demanda, ainda assim será exigida a presença do perito, considerando-se que as partes têm o direito ao procedimento da prova pericial em contraditório, o que não seria possível se o juiz atuasse como perito[174]. Como lembra a melhor doutrina, se não existe juiz-testemunha, também não pode existir juiz-perito[175].

Também será dispensada a prova pericial sempre que esse meio se mostrar desnecessário em vista de outras provas produzidas (art. 420, parágrafo único, II, do CPC), como ocorre com a prova documental, que pode se mostrar no caso concreto suficiente para formar o convencimento do juiz[176]. Entendo que a dispensa nesse caso tem uma interessante particularidade; sendo a prova pericial necessária quando o conhecimento técnico específico é exigido, como poderiam outros meios de prova suprir tal exigência? De duas uma, ou a prova não demanda conhecimento técnico, podendo ser provada por outros meios de prova que não a perícia, ou existindo a necessidade de conhecimentos técnicos específicos o único meio de prova admissível será justamente a perícia. A única forma de compatibilizar o art. 420, parágrafo único, II, do CPC com tais premissas é limitar a sua aplicação à hipótese de fato confessado ou incontroverso ou na hipótese prevista no art. 427 do CPC[177].

O art. 427 do CPC dispensa a prova pericial sempre que as partes, na inicial e na contestação, apresentarem pareceres técnicos ou documentos que o juiz

[172] STJ, 1.ª Turma, REsp 666.889/SC, rel. Min. Teori Albino Zavascki, j. 25.11.2008.

[173] Dinamarco, *Instituições*, n. 1.164, p. 586.

[174] Marinoni-Arenhart, *Manual*, p. 377; Nery-Nery, *Código*, p. 655.

[175] Dinamarco, *Instituições*, n. 1.164, p. 585.

[176] STJ, 1.ª Turma, REsp 665.320/PR, rel. Min. Teori Albino Zavascki, j. 19.02.2008.

[177] Costa Machado, *Código*, p. 789.

considere elucidativos a respeito das questões de fato. Ainda que o espírito da lei seja evitar a produção de prova demorada, complexa e cara, como é a prova pericial, o direito à prova, garantido constitucionalmente, torna o dispositivo legal de pouca aplicação prática.

É natural que os pareceres técnicos sejam conflitantes, o que exigirá um trabalho isento de interesses, que só pode ser realizado pelo perito. Diante dessa óbvia constatação, a melhor doutrina limita a dispensa da prova pericial à luz do art. 427 do CPC a situações raras, nas quais não exista impugnação séria e fundamentada a respeito da autenticidade do parecer, da idoneidade do profissional que o elaborou, da metodologia empregada e dos fatos nele declarados[178]. A preocupação com o direito à prova leva parcela da doutrina a ser ainda mais restritiva, exigindo para a dispensa da perícia que ambas as partes estejam de acordo com os pareceres apresentados[179].

Outra hipótese de dispensa da produção da prova pericial prevista pelo art. 420, parágrafo único, do CPC é a verificação impraticável do fato, hipótese na qual a produção de prova pericial mostra-se inútil. A verificação impraticável pode decorrer da impossibilidade de a ciência em seu atual estágio produzir a prova técnica ou ainda quando a fonte probatória não mais existir[180].

14.2.6.3. *Procedimento*

14.2.6.3.1. Indicação do perito

O ordenamento processual brasileiro adotou o sistema de **escolha do perito pelo próprio juiz**, não tendo as partes nessa escolha nenhuma influência[181], que quando muito poderão sugerir nomes ao juiz, que sempre dará decisão final e irrecorrível a respeito de quem funcionará como perito da demanda judicial. Nem mesmo se as partes em comum acordo indicarem um perito o juiz estará obrigado a aceitá-lo, ainda que nesse caso o bom senso indique que o mais adequado seja seguir a vontade das partes.

Tratando-se de *perícia complexa* (art. 431-B do CPC), a indicação de todos os peritos que atuam na demanda deve ser realizada pelo juiz. Já decidiu o Superior Tribunal de Justiça que não cabe ao perito indicado pelo juiz, percebendo a necessidade de outro conhecimento técnico específico, indicar outro perito para complementar o trabalho pericial[182]. Deve nesse caso informar o juízo acerca da impossibilidade de completar na totalidade o trabalho pericial, ficando a cargo do juiz a indicação de mais um perito para trabalhar conjuntamente com aquele originariamente indicado.

---

[178] Marinoni-Mitidiero, *Código*, p. 408; Theodoro Jr., *Curso*, n. 468, p. 538.

[179] Tabosa, *Código*, p. 1.320.

[180] Dinamarco, *Instituições*, n. 1.164, p. 587; Didier-Braga-Oliveira, *Curso*, p. 223.

[181] Dinamarco, *Instituições*, n. 1.166, p. 590.

[182] STJ, 2.ª Turma, REsp 866.240/RS, rel. Min. Castro Meira, j. 22.05.2007; Tabosa, *Código*, p. 1.327.

O art. 145, §§ 1.º e 2.º, do CPC limita a escolha do perito pelo juiz ao indicar requisitos objetivos que devem ser respeitados:

(a) o perito deve ser profissional de nível universitário, devidamente inscrito no órgão de classe competente[183];

(b) os peritos devem comprovar sua especialidade na matéria mediante certidão do órgão profissional em que estiverem escritos.

Não havendo na localidade profissionais que atendam tais requisitos, o art. 145, § 3.º, do CPC permite ao juiz a livre escolha do perito.

O art. 434 do CPC prevê que na perícia referente à autenticidade ou falsidade documental, ou ainda de natureza médico-legal, o juiz de preferência indique técnico de estabelecimento oficial especializado. Na realidade, o juiz pode apenas indicar o estabelecimento sem indicar especificamente qual será entre os seus técnicos o responsável pela realização da perícia[184]. Como o dispositivo legal prevê ser a escolha apenas preferencial, continua o juiz com o poder de nomear qualquer perito de sua confiança[185].

14.2.6.3.2. Escusa do perito

O encargo de perito representa a prestação de um serviço público eventual, e, segundo o art. 339 do CPC, ninguém está eximido de auxiliar o juízo na busca da verdade. Significa dizer que o perito tem um **dever de prestar o serviço técnico**, sendo naturalmente remunerado por isso. Existe, entretanto, uma possibilidade de o perito se livrar de seu dever, deixando de trabalhar no processo.

Segundo o art. 423 do CPC, o perito pode escusar-se da tarefa por motivo legítimo (art. 146, *caput*, do CPC). A escusa deve ser apresentada dentro de 5 dias da intimação ou do impedimento superveniente, prevendo o art. 146, parágrafo único, do CPC, que decorrido esse prazo reputar-se-á renunciado o direito de alegar a escusa. Na realidade, o prazo de 5 dias é preclusivo, de forma que decorrido o prazo sem a manifestação do perito não mais poderá este requerer sua dispensa em razão do fenômeno da *preclusão temporal*.

14.2.6.3.3. Prova pericial complexa

O art. 431-B do CPC, acrescentado pela Lei 10.358/2001, apenas confirma legislativamente prática tradicional na praxe forense mesmo antes da modificação legislativa[186]. A complexidade crescente das relações humanas é inegável, transportando ao processo matérias novas e cada vez mais complexas. E o que

[183] Greco Filho, *Direito*, n. 49.2, p. 243, afirma que basta diploma de nível médio.

[184] STJ, 4.ª Turma, AgRg no Ag 38.839/SP, rel. Min. Sálvio de Figueiredo Teixeira, j. 07.02.1995; Costa Machado, *Código*, p. 803.

[185] STJ, 2.ª Turma, REsp 19.062/SP, rel. Min. José de Jesus Filho, j. 29.11.1993; Fábio Tabosa, *Código*, p. 1.333; Costa Machado, *Código*, p. 803; Didier-Braga-Oliveira, *Curso*, p. 216.

[186] Dinamarco, *Reforma*, p. 117; Cruz e Tucci, *Lineamentos*, p. 40-41.

é ainda mais problemático, uma vez que algumas questões fáticas que compõem os processos na atualidade demandam mais de uma área de conhecimento, o que torna o trabalho de um só perito uma missão impossível de ser cumprida.

Com essas situações em mente, o art. 431-B do CPC permite ao juiz a nomeação de **mais de um perito** para a produção do trabalho pericial. Também prevê a norma em que casos tal possibilidade é concedida ao juiz, qual seja quando tratar-se de perícia complexa, que para o legislador é aquela que abranja mais de uma área de conhecimento especializado. A exigência de multiplicidade de peritos conforme a multiplicidade de conhecimentos técnicos exigidos é decorrência natural da própria razão de ser da prova pericial.

Entendo que o dispositivo legal ora comentado não se refere à situação representada pela exigência de diversas perícias sobre o mesmo objeto, matéria essa já devidamente disciplinada pelos arts. 437 a 439 do CPC[187]. E nem mesmo a possibilidade de o juiz determinar mais de um perito com os mesmos conhecimentos técnicos para a realização da mesma perícia, que embora seja medida que não se encontra vedada *a priori* pela lei[188], deve ser reservada a casos excepcionais em razão de seu custo.

Cumpre registrar que, apesar da qualidade indiscutível do art. 431-B do CPC e da utilidade do que prevê, a multiplicidade de peritos deve ser excepcional, cabendo ao juiz reservá-la somente a situações em que realmente seja impossível concentrar em um só perito todo o trabalho pericial. Esse cuidado do juiz atende aos princípios da celeridade e da economia processual, sendo manifestamente mais simples, rápida e barata a perícia concentrada em apenas um perito[189].

14.2.6.3.4. Substituição do perito

A substituição do perito é tema tratado pelo art. 424 do CPC, que a prevê em duas hipóteses:

(a) perito que não tem o conhecimento técnico ou científico necessário, a ponto de impedir que o trabalho pericial seja realizado a contento. Trata-se de hipótese de rara ocorrência em razão de ser o próprio juiz o responsável pela indicação do perito, presumindo-se ter ciência prévia de sua capacidade[190];

(b) o descumprimento do prazo para a entrega do laudo pericial sem motivo legítimo, devendo-se a todo custo evitar essa hipótese de substituição considerando-se todo o tempo, energia e dinheiro já gastos.

Na situação extrema de o juiz determinar a substituição do perito por descumprimento do prazo para a entrega do laudo, comunicará a ocorrência à corporação profissional da qual o perito faça parte para as devidas sanções administrativas.

---

187 Greco Filho, *Direito*, n. 49.2, p. 245.

188 Contra: Nery-Nery, *Código*, p. 649.

189 Wambier-Wambier, *Breves*, p. 101.

190 Barbosa Moreira, *O novo*, p. 71.

Poderá, também, impor uma multa, tomando por base de cálculo o valor da causa e o possível prejuízo decorrente do atraso (art. 424, parágrafo único, do CPC).

Além das hipóteses previstas no art. 424 do CPC, o perito também será substituído se alegar ser suspeito ou impedido (art. 138, III, do CPC). Da mesma forma ocorrerá se a exceção de suspeição e impedimento oferecida por qualquer das partes for acolhida.

Segundo o art. 138, § 1.º, do CPC, caberá à parte no primeiro momento em que falar nos autos após a indicação do perito arguir a sua parcialidade em petição fundamentada e devidamente instruída. O juiz determinará que o incidente se processe em separado e sem suspensão do procedimento principal, ouvindo o perito em 5 dias, produzindo prova, quando necessário, e decidindo por meio de decisão interlocutória recorrível por agravo de instrumento[191]. Note-se que o próprio juiz da demanda é competente para o julgamento da exceção, porque, embora tenha sido o responsável pela indicação do perito, as suspeitas de parcialidade não recaem sobre o juiz, mas sobre o sujeito por ele indicado.

14.2.6.3.5. Atos preparatórios

O juiz nomeará o perito já fixando o prazo para a entrega do laudo e o valor de seus honorários. Apesar de o art. 33, parágrafo único, do CPC, prever que o juiz poderá determinar que a parte responsável pelo adiantamento do pagamento deposite previamente em juízo o valor dos honorários, é essa a praxe forense, ao menos com a exigência de um depósito prévio parcial. Segundo entendimento do Superior Tribunal de Justiça, o prazo determinado para o depósito dos honorários do perito não é peremptório, admitindo-se que, mesmo vencido o prazo, a parte realize o depósito quando não houver prejuízo ao processo[192].

Com a nomeação do perito, as partes serão intimadas para apresentar no prazo comum de 5 dias seus quesitos e seus assistentes técnicos. Trata-se de *ônus processual imperfeito*, considerando-se que a ausência de tais indicações não irá necessariamente criar uma situação de desvantagem à parte. O Superior Tribunal de Justiça vem sistematicamente flexibilizando esse prazo , admitindo que as partes indiquem quesitos e/ou assistentes técnicos após o decurso do prazo de cinco dias, desde que ainda não iniciada a perícia[193].

Caberá ainda a apresentação de **quesitos suplementares** durante a realização da perícia, independentemente de a parte ter indicado quesitos iniciais[194], hipótese na qual a parte contrária será intimada em respeito ao princípio do *contraditório* (art. 425 do CPC). Apesar da admissão dos quesitos suplementares até o encerramento do trabalho

[191] Scarpinella Bueno, *Curso*, v. 2, p. 304.

[192] *Informativo* 412/STJ: 3.ª Turma, REsp 1.109.357-RJ, rel. Min. Nancy Andrighi, j. 20.10.2009.

[193] STJ, 1.ª Turma, REsp 639.257/MT, rel. Min. Luiz Fux, j. 13.12.2005; REsp 193.178/SP, 2.ª Turma, rel. Min. Castro Meira, j. 04.10.2005. Contra: Costa Machado, *Código*, p. 792.

[194] Marinoni-Arenhart, *Manual*, p. 381; Didier-Braga-Oliveira, *Curso*, p. 225. Contra: Costa Machado, *Código*, p. 796; Tabosa, *Código*, p. 1.317.

pericial, cumpre ao juiz evitar que a permissão legal seja indevidamente utilizada para procrastinar o andamento procedimental[195]. Entendo que não seja necessário à parte demonstrar por que não formulou o quesito quando intimada do protocolo do laudo pericial[196], sendo sempre interessante em termos de qualidade do trabalho pericial a existência de quesitos pertinentes e assistentes técnicos colaborativos.

Segundo o art. 426 do CPC, caberá ao juiz indeferir quesitos impertinentes e formular os que entender necessários para o esclarecimento dos fatos. Compreende-se que a atividade do juiz seja subsidiária, primeiro abrindo-se oportunidade às partes para a indicação de quesitos, o que muitas vezes se fará de forma completa, dispensando o juiz da determinação de quesitos do juízo.

Quando a prova pericial tiver que ser realizada em outro foro, caberá a expedição de carta precatória e em outro país, de carta rogatória. Nesse caso, não teria nenhum sentido o juízo deprecante nomear o perito, sendo tal tarefa transferida ao juízo deprecado, que, uma vez tenha indicado o perito, intimará as partes para o oferecimento de quesitos e/ou assistentes técnicos. Como se pode notar no art. 428 do CPC, ao juízo deprecante cabe somente o deferimento da prova pericial e ao final sua valoração, sendo toda a fase de produção da prova desenvolvida perante o juízo deprecado[197]. Admite-se, entretanto, que o juízo deprecante elabore quesitos a serem respondidos pelo perito indicado pelo juízo deprecado.

14.2.6.3.6. Intimação prévia das partes

Em respeito ao princípio do *contraditório*, o art. 431-A do CPC prevê a intimação das partes – na pessoa de seus advogados – da data e local designados para o início dos trabalhos periciais, devendo também constar da intimação a hora em que os trabalhos se iniciaram. O dispositivo legal consagra o entendimento de que somente impugnar o laudo pericial não é o suficiente para atender ao princípio do *contraditório*, devendo-se facultar às partes uma **ampla participação**, inclusive com objetivos fiscalizadores, durante toda a fase de produção da prova pericial.

Limitar o contraditório na prova pericial à impugnação depois de laudo pronto e acabado seria o mesmo que impedir a presença das partes e seus patronos na audiência de instrução e julgamento, limitando-se sua participação na prova testemunhal a impugnar o depoimento das testemunhas. Apesar da evidente importância da intimação ora analisada, só haverá nulidade se a sua ausência gerar prejuízo às partes ou ao processo.

14.2.6.3.7. Apresentação do laudo

O perito deve protocolar em cartório o laudo pericial no prazo fixado pelo juiz, admitindo-se que em situações excepcionais, provando o perito um motivo justificado, o prazo seja prorrogado por no máximo uma vez (art. 432 do CPC).

---

195 STJ, 4.ª Turma, REsp 697.446/Am, rel. Min. Cesar Asfor Rocha, j. 27.03.2007.

196 Contra: Scarpinella Bueno, *Curso*, v. 2, p. 307.

197 Fux, *Curso*, p. 732.

Caberá ao juiz atentar à exigência contida no art. 433, *caput*, do CPC, que exige um prazo mínimo de 20 dias entre a data do protocolo do laudo pericial e a data da audiência de instrução. O prazo se impõe para possibilitar às partes a apresentação de pareceres técnicos e a realização do pedido de comparecimento do perito em audiência para esclarecimentos (art. 435 do CPC).

Após o protocolo do laudo pericial, as partes serão intimadas para que no prazo comum de 10 dias se manifestem a respeito do trabalho pericial[198]. Quando a parte tem assistente técnico, é apresentado um parecer técnico; porém, mesmo a parte que não o tenha poderá se manifestar a respeito do laudo pericial por meio de mera petição.

14.2.6.4. *Prova pericial e audiência de instrução e julgamento*

A prova pericial em regra é produzida antes da audiência de instrução e julgamento, e até mesmo em processos nos quais não há tal audiência, em razão da desnecessidade de produção de prova oral. Excepcionalmente, entretanto, o perito poderá exercer alguma espécie de atividade durante a audiência de instrução de julgamento.

O art. 421, § 2.º, do CPC prevê a chamada *perícia simples*, a ser realizada na audiência de instrução e julgamento quando a natureza do fato permitir. Nessa perícia simples, o juiz inquire o perito e os assistentes técnicos em audiência a respeito das coisas que houverem informalmente examinado ou avaliado. Trata-se da única forma de perícia admitida nos Juizados Especiais Estaduais (art. 35, *caput*, da Lei 9.099/1995). Apesar da boa intenção da norma em simplificar o procedimento da prova pericial, é de extrema raridade a realização da perícia simples.

Além de impugnar por escrito o laudo pericial nos termos do art. 433, parágrafo único, do CPC, as partes podem requerer a intimação do perito e dos assistentes técnicos – naturalmente da parte contrária – para comparecer à audiência e prestar esclarecimentos. Caberá à parte interessada requerer a intimação do perito e/ou assistente técnico já formulando desde já suas perguntas, na forma de quesitos. Apesar de o art. 435, *caput*, do CPC não exigir uma fundamentação nesse pedido, a parte diligente deve indicar contradições e/ou inconsistências do laudo pericial, evitando assim que o juiz indefira o pedido entendendo que os esclarecimentos são impertinentes.

O prazo previsto para o protocolo da petição que requer a presença do perito ou do assistente técnico em audiência de instrução e julgamento é de 5 dias antes da audiência de instrução e julgamento. Como o perito e o assistente técnico a serem intimados já sabem quais as perguntas que deverão responder em audiência, admite-se que levem as respostas por escrito, o que não evitará terem

[198] STJ, 2.ª Turma, EDcl no REsp 686.795/MG, rel. Min. Castro Meira, j. 17.08.2006.

de responder oralmente a outros questionamentos, caso as respostas escritas não se mostrem efetivamente esclarecedoras.

14.2.6.5. *Segunda perícia*

Não parecendo ao juiz que os fatos que foram objeto da perícia estejam devidamente esclarecidos, é admissível a designação de uma nova perícia, sem que a primeira seja inteiramente desconsiderada, ou seja, o juiz poderá em sua fundamentação valer-se de **ambas as perícias** na formação de seu convencimento (art. 439, parágrafo único, do CPC)[199]. Essa segunda perícia tem como objeto os mesmos fatos sobre que recaiu a primeira, sendo realizada justamente porque a primeira perícia mostrou-se defeituosa ou incompleta (art. 438 do CPC).

O juiz poderá determinar a segunda perícia de ofício ou a requerimento das partes, sempre por meio de decisão interlocutória recorrível por *agravo de instrumento*[200], não se mostrando correto o entendimento de que deferida a segunda perícia o pronunciamento do juiz é irrecorrível[201]. O perito responsável pela segunda perícia é mais uma vez escolhido pelo juiz, podendo inclusive ser o mesmo que realizou o primeiro laudo[202], embora não seja recomendável tal repetição, em especial na hipótese de laudo defeituoso. Determinada a segunda perícia, as partes têm o direito de formular novos quesitos[203].

14.2.6.6. *Princípio da persuasão racional e a prova pericial*

Como já analisado no Capítulo 14, item 14.1.10, o sistema de valoração das provas adotado pelo sistema processual brasileiro é o da *persuasão racional*, também chamado de livre convencimento motivado. Significa dizer que não existem cargas de convencimento preestabelecidas dos meios de prova, sendo incorreto afirmar abstratamente que determinado meio de prova é mais eficaz no convencimento do juiz do que outro. Com inspiração nesse sistema de valoração das provas, o art. 436 do CPC prevê que o juiz não está adstrito ao laudo pericial, podendo se convencer com outros elementos ou fatos provados no processo.

Apesar da relativa liberdade do juiz na valoração da prova, é inegável que, produzido um laudo pericial – o que em tese só deve ocorrer quando for necessário um conhecimento técnico específico –, a fundamentação do juiz que não considera suas conclusões se afasta do que se costuma esperar da conduta do juiz. Justamente em razão da relevância da prova pericial, cabe ao juiz na aplicação

---

199 Dinamarco, *Instituições*, n. 1.172, p. 595; Nery-Nery, *Código*, p. 656; Scarpinella Bueno, *Curso*, v. 2, p. 300.

200 Tabosa, *Código*, p. 1.341.

201 Marinoni-Mitidiero, *Código*, p. 412-413. Costa Machado, *Código*, p. 805, entende que a decisão é sempre irrecorrível.

202 Marinoni-Mitidiero, *Código*, p. 411; Fábio Tabosa, *Código*, p. 1.343. Contra: Theodoro Jr., *Curso*, n. 470, p. 541.

203 Barbosa Moreira, *O novo*, p. 72.

do art. 436 do CPC expressamente indicar na fundamentação os motivos pelos quais não adotou as conclusões periciais, com a indicação das outras provas que entendeu suficientes à formação de seu convencimento[204].

Foram poucas em quantidade e relevância as modificações na produção da prova pericial sugeridas pelo PLNCPC.

No art. 451, parágrafo único, exige-se expressamente do perito que assegure aos assistentes das partes o acesso e o acompanhamento das diligências e exames que realizar, com prévia comunicação, comprovada nos autos, com antecedência mínina de cinco dias. Esse encargo, entretanto, já é atualmente reconhecido com fundamento no princípio do contraditório, não tendo sentido existir norma que determine a comunicação das partes do início da perícia senão para permitir a ampla participação dos assistentes técnicos.

O art. 462 do PLNCPC, que versa sobre a matéria atualmente tratada pelo art. 434 do CPC, traz algumas novidades: no § 1.º estabelece-se uma preferência na perícia nas hipóteses de gratuidade da justiça; no § 2.º consta expressa permissão ao juiz de aplicar multa quando descumprido o prazo estabelecido pelo juiz quando aplicável o § 1.º, respondendo solidariamente o órgão e seu dirigente; no § 3.º consta a possibilidade de pedido motivado de prorrogação dos prazos.

14.2.7. Da inspeção judicial

14.2.7.1. Conceito

A inspeção judicial consiste em prova produzida diretamente pelo juiz, quando inspeciona pessoas, coisas ou lugares, sem qualquer intermediário entre a fonte de prova e o juiz. Podem ser objeto de inspeção judicial bens móveis, imóveis e semoventes, além das partes e de terceiros, que se submetem ao exame realizado pelo juiz em decorrência de seu dever em colaborar com o Poder Judiciário para a obtenção da verdade[205].

Costuma-se afirmar que a inspeção judicial é ao mesmo tempo o melhor e mais raro meio de prova. Melhor porque **elimina intermediário** que poderia influenciar negativamente na formação do convencimento judicial, constituindo a inspeção judicial o mais seguro e esclarecedor meio de prova. Mais raro porque seria meio de prova subsidiário, somente se procedendo à inspeção judicial na hipótese de o juiz considerar que os outros meios de prova não foram ou não

[204] Theodoro Jr., *Curso*, n. 469, p. 540.

[205] Baptista da Silva, *Curso*, p. 392; Marinoni-Mitidiero, *Código*, p. 413. Contra: Barbosa Moreira, *O novo*, p. 73; Costa Machado, *Código*, p. 807; Didier-Braga-Oliveira, *Curso*, p. 239.

serão suficientes para formar seu convencimento[206]. Concordo que seja o melhor meio de prova, e provavelmente o mais raro, mas essa raridade não decorre do caráter subsidiário da inspeção judicial, mas de uma mera opção dos juízes no caso concreto. A inspeção judicial, portanto, pode ser realizada independentemente do esgotamento dos outros meios de prova[207].

O exame direto realizado pelo juiz na inspeção judicial lembra a prova pericial, que também é realizada por meio de um exame. A diferença, entretanto, além do sujeito que realiza o exame – juiz no primeiro caso e perito no segundo –, é a natureza do conhecimento exigido, porque na inspeção judicial não há necessidade de o juiz ser dotado de conhecimentos técnicos ou científicos[208]. Ainda que parcela da doutrina chame de *inspeção indireta* o exame realizado por perito sem as formalidades do procedimento pericial[209], acredito que só existe inspeção judicial quando realizada diretamente pelo juiz[210]. Por essa razão, não é inspeção judicial, mas *prova atípica*, a inspeção em pessoas ou coisas realizadas por terceiro de confiança do juiz nos Juizados Especiais (art. 35, parágrafo único, da Lei 9.099/1995).

14.2.7.2. *Procedimento*

Como todo meio de prova, também a inspeção judicial pode ser determinada de ofício ou a requerimento das partes, sempre se levando em conta a imprescindível necessidade de sua realização.

O art. 442, parágrafo único, do CPC prevê que as partes têm o direito de assistir à inspeção, prestando esclarecimentos e fazendo observações pertinentes. Apesar de não existir na lei uma regra que discipline a intimação das partes para participarem da inspeção judicial, é inegável que o respeito ao princípio do *contraditório* exige que tal intimação seja realizada. Até porque, se há previsão expressa para assistirem à inspeção, naturalmente deverão ser previamente informadas sobre a sua realização. Inspeção realizada solitariamente pelo juiz, portanto, não é inspeção judicial, não devendo ser admitida como prova no processo, até mesmo porque as impressões colhidas desse ato constituem ciência privada do juiz[211].

O juiz poderá se valer do auxílio de um ou mais peritos (art. 441 do CPC), mas essa intervenção pericial somente se justifica quando um conhecimento técnico específico seja exigido para a compreensão dos fatos que são objeto da prova. Ao final da inspeção, o juiz mandará lavrar **auto circunstanciado** com

---

206 Nery-Nery, *Código*, p. 656.

207 Baptista da Silva, *Curso*, p. 392; Scarpinella Bueno, *Curso*, v. 2, p. 312-313; Didier-Braga-Oliveira, *Curso*, p. 237-238.

208 Dinamarco, *Instituições*, n. 1.174, p. 597; Marinoni-Arenhart, *Manual*, p. 382; Nery-Nery, *Código*, p. 658.

209 Marinoni-Arenhart, *Comentários*, p. 615.

210 Didier-Braga-Oliveira, *Curso*, p. 238.

211 Dinamarco, *Instituições*, n. 1.175, p. 599.

todas as informações úteis ao julgamento, podendo instruir o auto com desenhos, gráficos ou fotografias (art. 443 do CPC). No auto circunstanciado não devem constar conclusões a respeito dos fatos, limitando-se o juiz a um texto narrativo de tudo o que possa importar para a formação do convencimento judicial. Deve-se lembrar que a inspeção judicial é um meio de prova, que como qualquer outro primeiro deve ser produzido, e somente após esse momento procedimental, devidamente valorado[212].

Em regra, a inspeção judicial ocorre na sede do juízo e na audiência de instrução e julgamento. Ainda que na sede do juízo, é plenamente admitida a inspeção judicial em audiência com esse fim específico. Excepcionalmente, a inspeção judicial ocorrerá fora da sede do juízo, prevendo o art. 442 do CPC as hipóteses nas quais o juiz deverá ir ao local onde se encontrem a pessoa ou a coisa.

A inspeção judicial fora da sede do juízo ocorre sempre que o juiz entender necessária tal medida para a melhor verificação ou interpretação dos fatos que deva observar. Caberá ao juiz no caso concreto fazer tal análise, ponderando que o deslocamento não só dele, mas de todo o seu *staff*, é prática que deve ser reservada apenas àquelas situações nas quais a realização da inspeção judicial em audiência na sede do juízo não tenha aptidão de formar seu convencimento. Também será realizada a inspeção judicial no local da coisa sempre que seu transporte à sede do juízo mostrar-se dispendioso ou extremamente difícil, como na hipótese de coisas de grande porte ou de alto valor (que demandariam grande aparato de segurança para sua locomoção). Apesar de o dispositivo se referir somente à coisa, é também aplicável a pessoas que tenham dificuldade em acessar a sede do juízo, como no caso de pessoas enfermas[213]. Por fim, e por razões óbvias, também será realizada a inspeção judicial fora da sede do juízo na reconstituição dos fatos, quando o juiz deverá se locomover até o local em que os fatos ocorreram.

---

[212] Baptista da Silva, *Curso*, p. 393; Theodoro Jr., *Curso*, n. 472, p. 544; Fux, *Curso*, p. 736; Tabosa, *Código*, p. 1.351.

[213] Barbosa Moreira, *O novo*, p. 74; Costa Machado, *Código*, p. 808.

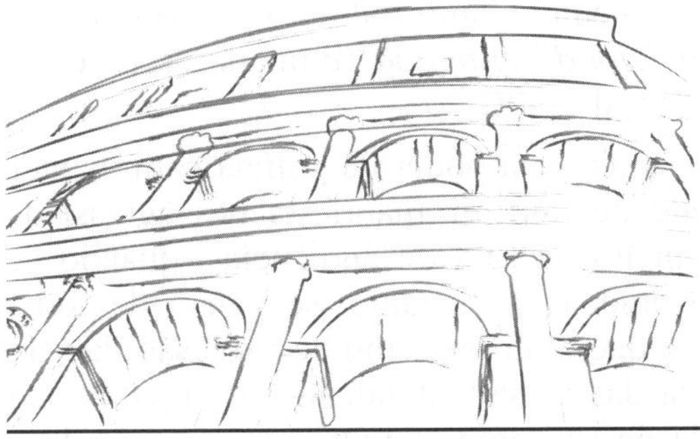

15

AUDIÊNCIA DE INSTRUÇÃO E JULGAMENTO

Sumário: 15.1. Introdução – 15.2. Procedimento: 15.2.1. Abertura e pregão das partes; 15.2.2. Conciliação (tentativa de autocomposição); 15.2.3. Fixação dos pontos controvertidos; 15.2.4. Esclarecimentos do perito; 15.2.5. Depoimento pessoal; 15.2.6. Oitiva das testemunhas; 15.2.7. Debates orais; 15.2.8. Prolação da sentença – 15.3. Audiência una e contínua – 15.4. Adiamento da audiência.

15.1. INTRODUÇÃO

Audiência de instrução e julgamento é **ato processual complexo**, no qual variadas atividades são praticadas pelo juiz, serventuários da justiça, partes, advogados, terceiros e membros do Ministério Público. São realizadas atividades preparatórias (tais como a intimação de testemunhas e perito), conciliatórias, saneadoras (fixação dos pontos controvertidos), instrutórias (prova oral e esclarecimentos do perito), de discussão da causa (debates orais) e decisórios (sentença). Apesar de parcela doutrinária entender que os debates orais fazem parte da instrução da causa[1], é superior o entendimento de que a instrução seja limitada à produção probatória[2].

Nos termos do art. 444 do CPC, trata-se de *sessão pública*, o que significa dizer que deve ser realizada de portas abertas, franqueando-se a presença a qualquer

[1] Dinamarco, *Instituições*, n. 1.201, p. 635.

[2] Gusmão Carneiro, *Audiência*, n. 98, p. 120.

um do povo que por qualquer motivo se interesse em assisti-la. No exercício do poder de polícia, poderá o juiz limitar o número de pessoas e determinar a retirada daquelas que se portarem de forma inconveniente. Como todo ato processual, em regra é público, havendo, entretanto, *publicidade mitigada* (limitada às partes e patronos)[3] nos casos de que trata o art. 155 do CPC.

Segundo o art. 445 do CPC, o juiz exercerá seu poder de polícia para manter a ordem e o decoro, com a possibilidade de impedir manifestações agressivas e, no extremo, de excluir determinado sujeito da sala de audiências, quando se comporte de forma extremamente inconveniente. Para tanto, se valerá de força policial sempre que necessário. Registre-se que o ato extremo de exclusão da sala de audiência ocorre raramente, na maioria das vezes entendendo os sujeitos que participam das audiências da necessidade de se comportarem com urbanidade e educação durante sua realização.

O direito pátrio adota o sistema presidencial na condução da audiência, cabendo ao juiz direta e pessoalmente colher a prova (art. 446, II, do CPC), de forma que as perguntas feitas pelos advogados ao perito, partes e testemunhas terão sempre a intermediação do juiz. Ademais, durante qualquer depoimento, os advogados só poderão intervir ou apartear com a licença do juiz, sendo comum na praxe forense que o advogado se valha da expressão "pela ordem" para poder se manifestar.

Registre-se que, apesar da inegável importância da audiência de instrução e julgamento para o processo, não se trata de ato processual indispensável, somente sendo designada quando for necessária a produção de prova oral ou o esclarecimento de peritos a respeito de seu laudo[4]. Muito excepcionalmente, poderá ser designada essa audiência para a realização da perícia informal, nos termos do art. 421, § 2.º, do CPC.

15.2. PROCEDIMENTO

Numa audiência de instrução e julgamento na qual todos os atos possíveis sejam praticados, deve-se observar a seguinte ordem: abertura, pregão, tentativa de conciliação, fixação dos pontos controvertidos, esclarecimentos do perito e dos assistentes técnicos, depoimento pessoal, oitiva das testemunhas, debates orais e prolação de sentença. Como a audiência segue a ordem natural do próprio processo, de ataque primeiro e defesa depois, todos os atos praticados por ambas as partes serão praticados antes pelo autor e depois pelo réu. Essa ordem para a prática dos atos pode ser modificada quando existir fundada razão, em especial o respeito ao princípio da *economia processual*[5]. Eventualmente, será admitida

---

[3] Theodoro Jr., *Curso*, n. 474, p. 546.

[4] Marinoni-Arenhart, *Manual*, p. 402; Theodoro Jr., *Curso*, n. 473, p. 546.

[5] Didier-Braga-Oliveira, *Curso*, p. 243-244; STJ, 4.ª Turma, REsp 35786/SP, rel. Min. Barros Monteiro, j. 14.11.1994. Contra: Nery-Nery, *Código*, p. 661.

durante esses atos a interposição de agravo retido oral (art. 523, § 3.º, do CPC), analisado no Capítulo 25, item 25.2.1.1.3.

15.2.1. Abertura e pregão das partes

Nos termos do art. 450 do CPC, no dia e hora designados, o juiz declara aberta a audiência, o que na praxe forense não se reveste de nenhuma formalidade, bastando que o juiz peça ao oficial de justiça ou a outro serventuário que preste os serviços de porteiro da sala de audiência para que apregoe as partes e seus patronos. O pregão das partes é a comunicação oral, de forma clara e em volume razoável, de que a audiência terá seu início e que as partes e patronos estão convidados a ingressar na sala de audiência e tomar seus lugares.

A importância do pregão é óbvia, até porque a ausência de ciência do começo da audiência pode levar a parte e seu patrono a não ingressarem na sala e, como consequência, deixarem de participar da audiência. Parece claro que a ausência de pregão gera vício processual, que poderá ser saneado caso as partes e patronos, mesmo sem a comunicação, participem normalmente da audiência. Mas na hipótese de falta de pregão e ausência das partes e patronos à audiência, a nulidade é incontestável[6], sendo da parte o ônus de provar que não houve o pregão, até porque a declaração do serventuário de que o realizou é presumida verdadeira em razão de sua *fé pública*. Não haverá nulidade, entretanto, se mesmo diante de ausência de pregão a parte e/ou seu patrono não se encontravam no local da audiência ou se o juiz decidir o mérito em favor da parte a quem aproveitaria a declaração de nulidade[7].

> Enquanto o art. 450 do CPC prevê que o pregão deve ser dirigido somente às partes e aos seus patronos, o art. 344, *caput*, do PLNCPC amplia os sujeitos a serem apregoados, passando a envolver todas as pessoas que devam participar da audiência. Quem costuma participar de audiências sabe que a mudança não terá qualquer repercussão prática.

15.2.2. Conciliação (tentativa de autocomposição)

Entendo que os termos conciliação e autocomposição (transação é uma espécie) não se confundem. *Autocomposição* é a solução do conflito por vontade das partes e a *conciliação* é apenas uma forma procedimental consistente na intervenção de um terceiro intermediador para obter a autocomposição. Portanto, a mera realização

6 Fux, *Curso*, p. 781.

7 Gusmão Carneiro, *Audiência*, n. 15, p. 20.

dessa intermediação pelo juiz, ainda que frustrada, já configura a conciliação. É comum, entretanto, a utilização do termo "conciliação" para designar "transação", como se nota na campanha do Poder Judiciário "Conciliar é legal" e no comum termo "tentativa de conciliação" utilizado na praxe forense.

Aduz o art. 447 do CPC que em litígios que versam sobre direitos patrimoniais o juiz realizará no início da audiência a conciliação, funcionando como intermediário na tentativa de solucionar o conflito por meio de autocomposição. Da mesma forma procederá nas ações relativas ao direito de família, ou seja, sempre que o direito seja indisponível, embora a transação possa recair sobre a forma de exercício desse direito, tais como o valor dos alimentos ou o reconhecimento jurídico da paternidade (art. 447, parágrafo único, do CPC).

Ainda que o juiz já tenha procedido à conciliação na audiência preliminar ou em qualquer outro momento antes da audiência de instrução, caberá uma nova tentativa de autocomposição nesse momento procedimental. Na realidade, já produzida alguma espécie de prova antes da audiência (documental, pericial, inspeção judicial), é possível que a posição das partes se altere com relação à anterior tentativa de transação. É por essa razão, inclusive, que a conciliação poderá ocorrer mesmo depois da produção da prova oral[8].

As partes serão intimadas para a audiência por meio de seus patronos, sendo necessária a intimação pessoal somente na hipótese de depoimento pessoal da parte[9]. A parte, mesmo intimada, não é obrigada a comparecer à audiência de instrução para a conciliação, sendo sua ausência entendida como desinteresse na autocomposição[10]. Por outro lado, a conciliação se realizará mesmo ausente a parte, desde que tenha procurador com poderes para transigir presente à audiência[11]. A conciliação – ou a sua tentativa para os que não distinguem a conciliação da autocomposição – é obrigatória, mas sua **ausência não gera vício** apto a anular a audiência[12].

Sendo frutífera a conciliação, ou seja, obtida a autocomposição, caberá ao juiz proferir *sentença homologatória de mérito*, com a consequente extinção do processo. Não obtida a autocomposição, caberá ao juiz a fixação dos pontos controvertidos.

15.2.3. Fixação dos pontos controvertidos

Frustrada a autocomposição, o juiz ouvirá as partes na fixação dos pontos controvertidos. Já foi devidamente analisado no Capítulo 13, item 13.2.5, que

---

8 Marinoni-Arenhart, *Manual*, p. 402; Gusmão Carneiro, *Audiência*, n. 55, p. 74.

9 Theodoro Jr., *Curso*, n. 478, p. 551; Gusmão Carneiro, *Audiência*, n. 49, p. 64-65; STJ, 4.ª Turma, REsp 439.955/AM, rel. Min. Sálvio de Figueiredo Teixeira, j. 16.09.2003. Contra, pela intimação pessoal: Dinamarco, *Instituições*, n. 1.204, p. 638.

10 Greco Filho, *Direito*, n. 52, p. 251.

11 Didier-Braga-Oliveira, *Curso*, p. 245.

12 Fux, *Curso*, p. 780; Greco Filho, *Direito*, n. 52, p. 251; Theodoro Jr., *Curso*, n. 478, p. 551; STJ, 3.ª Turma, REsp 268.696, rel. Min. Nancy Andrighi, j. 03.04.2001.

na audiência preliminar o juiz deverá fixar os pontos controvertidos. Apesar de parcela doutrinária entender que o art. 451 do CPC foi tacitamente revogado pelo art. 331 do CPC[13], entendo que os dois dispositivos podem conviver. Ainda que não recomendável, é possível que o juiz deixe de fixar os pontos controvertidos na audiência preliminar, sendo de tudo recomendável que o faça na audiência de instrução. Além disso, é possível que a realização de outra espécie de prova antes da audiência restrinja os fatos controvertidos a serem enfrentados na prova oral[14].

Fixados os pontos controvertidos, o art. 452 do CPC prevê que as provas serão produzidas em ordem definida: (I) perito e assistentes técnicos; (II) depoimento pessoal do autor e depois do réu; (III) oitiva das testemunhas do autor e depois do réu. No processo civil há tradicional entendimento de que a inversão da ordem legal só gerará anulação da audiência se houver prejuízo, em aplicação do princípio da instrumentalidade das formas[15]. No processo penal, entretanto, o Superior Tribunal de Justiça ora entende pela nulidade absoluta[16], ora pela relativa[17].

O art. 346 do PLNCPC mantém a ordem na produção de prova produzida na audiência de instrução, mas em seu *caput* prevê expressamente que essa ordem será preferencialmente seguida, acolhendo-se o entendimento de que a inversão, desde que justificada, é legítima e não gera *ipso facto* a anulação da audiência.

15.2.4. Esclarecimentos do perito

Conforme analisado no Capítulo 14, item 14.2.6.3, além da apresentação de parecer técnico como forma de impugnar o laudo pericial, as partes poderão requerer por escrito num prazo máximo de 5 dias antes da audiência a presença do perito para a prestação de esclarecimentos (art. 435 do CPC). Como o perito em sua intimação já sabe quais são os esclarecimentos a serem prestados (devem constar da petição que pede sua intimação), poderá levar as **respostas por escrito** na audiência[18], o que evidentemente não exclui a possibilidade de responder oralmente a esclarecimentos residuais.

Levando as respostas escritas e sendo necessários esclarecimentos adicionais ou prestando os esclarecimentos oralmente, o juiz será o primeiro a inquirir o

---

[13] Nery-Nery, *Código*, p. 661.

[14] Fux, *Curso*, p. 782; Dinamarco, *Instituições*, n. 1.205, p. 638-639.

[15] STJ, 4.ª Turma, REsp 35.786/SP, rel. Min. Barros Monteiro, j. 14.11.1994, *DJ* 12.12.1994, p. 34.350.

[16] STJ, HC 153.140/MG, 5.ª Turma, rel. Min. Felix Fischer, j. 12.08.2010, *DJe* 13.09.2010.

[17] STJ, 6.ª Turma, HC 121.215/DF, rel. Min. Maria Thereza de Assis Moura, rel. p/ acordão Min. Og Fernandes, j. 1.º.12.2009, *DJe* 22.02.2009.

[18] Theodoro Jr., *Curso*, n. 480, p. 553. Contra, pelo esclarecimento oral: Dinamarco, *Instituições*, n. 1.206, p. 639.

perito, seguido do advogado que pediu os esclarecimentos e, por fim, do advogado do adversário. Caso o assistente técnico seja ouvido, o juiz será o primeiro a argui-lo, seguido do advogado da parte que indicou o assistente e por fim pelo advogado da parte contrária[19].

15.2.5. Depoimento pessoal

Tendo sido requerido pelas partes, caberá ao juiz a tomada do depoimento pessoal das partes. As regras procedimentais da colheita dessa espécie de prova já foram devidamente analisadas no Capítulo 14, item 14.2.1.

15.2.6. Oitiva das testemunhas

O procedimento da prova testemunhal já foi analisado no Capítulo 14, item 14.2.5.

15.2.7. Debates orais

Finda a instrução, serão realizados os debates orais, que na realidade são as **alegações finais** das partes tomando-se por base a prova que foi produzida na audiência à luz da matéria jurídica discutida na demanda. O prazo é de 20 minutos, prorrogáveis por mais 10, sendo de 30 minutos na hipótese de litisconsortes, hipótese na qual havendo advogados diferentes o tempo será dividido entre eles e, não sendo possível chegar a um acordo, será dividido em partes iguais (art. 454, § 1.º, do CPC).

A ordem dos debates orais vem definida no art. 454 do CPC: autor, réu, membro do Ministério Público quando o órgão funcionar na demanda como fiscal da lei. Havendo oposição, o opoente fará os debates orais primeiro, seguido pelos opostos (art. 454, § 2.º, do CPC).

Prevê o art. 454, § 3.º, do CPC, a possibilidade de o juiz converter os debates orais em **memoriais**, que são alegações finais escritas, sempre que a causa apresentar questões complexas de fato ou de direito. Costuma ser comum na praxe forense essa conversão ainda que os requisitos do dispositivo legal ora comentado não tenham sido preenchidos; trata-se de um pacto implícito de mediocridade, ofensivo ao princípio da *oralidade*: juízes que não querem ou não sabem ouvir e advogados que não querem ou não sabem falar. De qualquer forma, caberá ao juiz a determinação dessa conversão ou não, sendo irrelevante a vontade das partes[20].

---

[19] Dinamarco, *Instituições*, n. 1.206, p. 639.

[20] Dinamarco, *Instituições*, n. 1.208, p. 641; Barbosa Moreira, *O novo*, p. 79; Gusmão Carneiro, *Audiência*, n. 109, p. 128-129.

Uma vez determinada a conversão dos debates orais em memoriais, prevê o art. 454, § 3.º, do CPC que o juiz designará dia e hora para o seu oferecimento. A regra do dispositivo não é aplicada na praxe forense, porque o prazo dos memorais conta-se em dias e não em horas. Não havendo prazo fixado em lei, caberá ao juiz fixá-lo tomando por base a complexidade da demanda e o número de sujeitos processuais parciais e, sendo omisso, aplica-se o prazo geral de cinco dias (art. 185 do CPC). Interessante questão concernente a esse prazo diz respeito à forma de sua contagem. É comum na praxe forense a determinação de uma mesma data para a apresentação concomitante dos memoriais por ambas as partes, quando muito se abrindo prazo sucessivo para a retirada dos autos em cartório. Ocorre, entretanto, que, ao exigir de ambas as partes a apresentação no mesmo momento dos memoriais, o juiz altera a ordem dos atos processuais que norteia toda a atividade desenvolvida na audiência: primeiro fala o autor, e depois fala o réu, já sabendo de antemão o que foi dito pelo autor. O melhor entendimento, portanto, é o de prazos sucessivos para a apresentação dos memoriais, de modo que o réu, ao elaborar suas alegações finais, já tenha conhecimento das alegações finais do autor[21].

Elogiável o art. 348, § 2.º, do PLNCPC ao prever não só o prazo de 15 dias para a apresentação dos memoriais, chamados pelo dispositivo legal de "razões finais escritas", como também expressamente consagrando o entendimento defendido de que o prazo deve ser contado sucessivamente para autor e réu.

15.2.8. Prolação da sentença

Caso o juiz converta os debates orais em memorais, a sentença será proferida por escrito em cartório, intimando-se as partes por meio de seus procuradores pela imprensa oficial. Ultrapassada a fase de debates orais, com ou sem a sua efetiva realização, o que dependerá da vontade dos patronos das partes (*ônus processual*), o juiz poderá proferir a sentença oralmente em audiência, sendo as partes – mesmo que ausentes – intimadas da decisão no ato. Note-se ser uma mera **faculdade do juiz**, que poderá se preferir chamar os autos à conclusão depois dos debates orais e proferir sentença escrita em cartório no prazo impróprio de dez dias.

Ainda que romanticamente se entenda que a opção pela sentença escrita em cartório fique reservada para demandas mais complexas, que exijam uma análise e um estudo mais aprofundado do juiz, a praxe forense mostra que o abarrotamento das pautas de audiência faz com que a sentença oral torne-se cada vez mais rara. Com audiências designadas com pouco tempo entre uma e outra seria até mesmo temerário o juiz sentenciar oralmente todos os processos.

21 Dinamarco, *Instituições*, n. 1.208, p. 642; Fux, *Curso*, p. 784; Wambier-Talamini-Almeida, *Curso*, n. 34.4, p. 535.

15.3. AUDIÊNCIA UNA E CONTÍNUA

Segundo prevê o art. 455 do CPC, a audiência de instrução é una e contínua, devendo ser realizada sem interrupções. Ocorre, entretanto, que inúmeras circunstâncias (por exemplo, adiantado da hora, ausência de sujeito necessário, conversão do julgamento em diligência, fenômenos naturais inesperados) podem levar a essa interrupção, determinando o dispositivo legal que nesse caso o juiz designe a continuação para dia próximo.

Apesar de tradicionalmente a unidade e a continuidade da audiência de instrução serem analisadas como se fossem o mesmo fenômeno processual, é correta a doutrina que examina essas duas características de forma separada. *Unidade da audiência* significa que para todos os diferentes atos previstos é realizada somente uma audiência (não há uma audiência para depoimentos pessoais, outra para prova testemunhal, outra para debates orais etc.), enquanto *continuidade* significa que a audiência deve começar e terminar em uma assentada[22].

Interrompida a audiência – o que deve ser excepcional –, não se designará uma nova, apenas se prosseguirá em data próxima à audiência interrompida[23]. Há algumas interessantes consequências práticas dessa regra:

(a) não é possível praticar novos atos preparatórios (por exemplo, arrolar testemunhas) para a continuação da audiência[24];

(b) havendo direito superveniente de aplicação imediata, aplicam-se à continuação as regras vigentes quando da realização do início da audiência;

(c) havendo nulidade na primeira sessão, as sucessivas serão afetadas[25];

(d) presente o advogado na primeira sessão e ausente na continuação, o juiz não poderá dispensar as provas por ele requeridas[26].

15.4. ADIAMENTO DA AUDIÊNCIA

O art. 453 do CPC prevê as hipóteses de adiamento da audiência. Por acordo de vontade entre as partes a audiência pode ser adiada por uma vez; a ausência de determinados sujeitos sob determinadas condições pode adiar a audiência tantas vezes quanto for necessário. Correta a doutrina que defende tratar-se de rol meramente exemplificativo, existindo outras razões para o adiamento da audiência, tais como o retardamento na entrega do laudo pericial[27], a correição do cartório ou greve dos serventuários. Como a audiência não se iniciou, havendo o adiamento caberá a prática de atos preparatórios antes da segunda audiência

---

[22] Dinamarco, *Instituições*, n. 1.212, p. 644.

[23] Nery-Nery, *Código*, p. 663; Marinoni-Arenhart, *Manual*, p. 403.

[24] Gusmão Carneiro, *Audiência*, n. 36, p. 48-49; Wambier-Talamini-Almeida, *Curso*, n. 34.2, p. 532.

[25] Theodoro Jr., *Curso*, n. 747, p. 546.

[26] Gusmão Carneiro, *Audiências*, n. 36, p. 49.

[27] Dinamarco, *Instituições*, n. 1.213, p. 645.

designada, como já entendeu o Superior Tribunal de Justiça no tocante à apresentação do rol de testemunhas[28].

Ainda que o art. 453, II, do CPC afirme que somente a ausência justificada do perito, partes, testemunhas ou advogados adia a audiência de instrução, o tema é um pouco mais extenso do que sugere a previsão legal. A ausência de alguns sujeitos, mesmo que não justificada, leva a audiência ao seu adiamento, enquanto para outros sujeitos isso só ocorre se a ausência tiver motivo justo.

Ausente o juiz, com ou sem motivo justo, naturalmente a audiência será adiada, até mesmo porque não haverá quem a comande. É evidente que uma ausência sem motivação justa deve ser punida no âmbito administrativo, podendo até ser fundamento de ação de reparação de danos[29], mas ainda assim não haverá outra medida que não o adiamento da audiência. O mesmo acontece diante da ausência do serventuário da justiça que tem como missão a documentação da audiência, mas nesse caso o próprio juiz poderá realizar tal tarefa, como já ocorreu com alguns juízes durante movimento grevista dos serventuários do Tribunal de Justiça de São Paulo. Poderá ainda ser designado serventuário em substituição ou nomeado um terceiro como escrivão *ad doc*, nos termos do art. 142 do CPC.

Quanto à ausência do representante do Ministério Público na audiência, é evidente que, havendo um motivo justificado, a audiência será adiada[30]. O debate a respeito do adiamento da audiência fica restrito, portanto, à ausência injustificada do membro do *Parquet* na audiência de instrução. É possível encontrar na doutrina três correntes doutrinárias bem definidas.

Uma primeira entende ser a presença do membro do Ministério Público indispensável na audiência, e isso independentemente de sua qualidade no processo (de parte, em regra como autor, ou fiscal da lei). A audiência realizada sem a presença do membro do Ministério Público, portanto, qualquer que seja o motivo de sua ausência, gerará uma nulidade relativa[31]. Outra corrente doutrinária tem entendimento em sentido diametralmente oposto, justificando que a única exigência formal exigida no caso é a intimação pessoal do promotor de justiça (art. 236, § 2.º, do CPC), cuja ausência não será capaz de determinar o adiamento da audiência[32]. Por fim, há uma terceira corrente que entende depender da qualidade assumida pelo Ministério Público no processo o adiamento da audiência: figurando no processo como parte, como tal deverá ser tratado, sendo que a sua ausência injustificada não será capaz de causar o adiamento da audiência, o mesmo não podendo ser dito na hipótese do Ministério Público figurar na demanda como fiscal da lei[33].

---

28 REsp 209.456/MG, 4.ª Turma, Hélio Quaglia Barbosa, j. 14.08.2007; REsp 155.759/DF, 4.ª Turma, rel. Min. Ruy Rosado de Aguiar, j. 05.02.1998.

29 Gusmão Carneiro, *Audiência*, n. 113, p. 132.

30 Fidélis dos Santos, *Manual*, p. 526.

31 Dinamarco, *Instituições*, n. 1.214, p. 646; Arruda Alvim, *Manual*, p. 520.

32 Gusmão Carneiro, *Audiência*, n. 137, p. 144; Theodoro Jr., *Curso*, n. 476, p. 549.

33 Fidélis dos Santos, *Manual*, p. 526; Santos, *Código*, p. 1.375.

Entendo preferível a primeira corrente, que defende o adiamento em qualquer situação. É preciso lembrar que, como fiscal da lei, o Ministério Público deve participar de todos os atos processuais, e, em razão da relevância da audiência de instrução, sua presença se torna indispensável. Por outro lado, é importante lembrar que o Ministério Público como parte não defende interesse próprio, e sim interesses metaindividuais ou individuais indisponíveis ou de relevância social, não parecendo correto que os titulares desses direitos sejam prejudicados por uma falha funcional do membro do Ministério Público.

Por fim, é evidente que a ausência injustificada do membro do Ministério Público na audiência gerará efeitos fora do processo, no âmbito administrativo. Tomando-se por base o Ministério Público do Estado de São Paulo, a sua Lei Orgânica (Lei 734/1993), dispõe em seu art. 169, XIV, ser dever do promotor comparecer às audiências dos processos do qual o *Parquet* participe, e o art. 173, VI, prevê como infração disciplinar o desrespeito às condutas previstas no art. 169, entre eles, naturalmente, a presença obrigatória em audiência.

A ausência justificada do perito causa o adiamento da audiência, e sendo injustificada caberá a sua *condução coercitiva* ao juízo, o que invariavelmente gera o adiamento da audiência. No tocante aos assistentes técnicos, parece que, havendo justo motivo, a audiência deverá ser adiada, mas em caso contrário deverá ser realizada normalmente. Aqui não se pode aplicar a condução coercitiva, tomando-se por base a condição de auxiliar da parte que tem o assistente técnico[34].

Quando a parte se ausenta justificadamente, a audiência será adiada. Sem motivo justo, a audiência é realizada normalmente. Não tendo sido pedido o seu depoimento pessoal, a única consequência é a frustração da autocomposição, que até poderá ocorrer se a parte se fizer representar por preposto com poderes para transigir. Sendo pedido o depoimento pessoal, a ausência injustificada proporciona a confissão tácita.

No tocante à testemunha, a primeira análise diz respeito à existência de pedido de intimação. Realizada a intimação e não comparecendo a testemunha por qualquer motivo, ela será conduzida coercitivamente ao juízo, o que invariavelmente gera o adiamento da audiência. Não tendo sido intimada porque a parte que a arrolou se comprometeu a levá-la à audiência, a ausência justificada leva ao adiamento, mas, sem motivo justo, a ausência da testemunha é entendida como desistência da parte em produzir a prova, que precluirá[35].

A ausência justificada do advogado gera o adiamento da audiência, o que não ocorre se inexistir um motivo justo. Segundo o art. 453, § 2.º, do CPC, sendo injustificada a ausência do advogado, além da audiência ser realizada normalmente, o juiz poderá dispensar a prova requerida pelo advogado faltante. Correta a doutrina ao afirmar que, tratando a demanda de direito indisponível, o juiz será

[34] Dinamarco, *Instituições*, n. 1.214, p. 647; Didier-Braga-Oliveira, *Curso*, p. 253. Contra: Gusmão Carneiro, *Audiência*, n. 133, p. 143; Theodoro Jr., *Curso*, n. 476, p. 549. Barbosa Moreira, *O novo*, p. 79, entende que em hipótese alguma haverá adiamento.

[35] Gusmão Carneiro, *Audiência*, n. 132, pp. 142-143.

obrigado a produzir a prova; tratando de direito disponível, caberá ao juiz analisar no caso concreto a conveniência de produzir a prova para a formação de seu convencimento, não estando obrigado a dispensar sua produção[36].

Segundo o art. 453, § 1.º, do CPC, cabe ao advogado provar o justo impedimento antes do início da audiência e, não o fazendo, o juiz a realizará normalmente. É inconteste que esse prazo preclusivo só tem algum sentido quando for possível essa informação antes da audiência, de forma que, havendo algum imprevisto que gere extrema dificuldade ou impossibilidade no cumprimento desse prazo (p. ex., doença, acidente, sequestro, morte de familiar no dia da audiência), admitir-se-á a alegação posterior do advogado, que, uma vez acolhida, gera a anulação da audiência já realizada[37].

Diferente do art. 453, II, do CPC, que limita a ausência motivada como causa de adiamento da audiência ao perito, partes, testemunhas e advogados, o art. 347, II, do PLNCPC, prevê que a ausência justificada de qualquer sujeito que deva participar da audiência é suficiente para seu adiamento. O mesmo dispositivo, em seu inciso III, prevê nova hipótese de adiamento por atraso injustificado de seu início em tempo superior a 30 minutos do horário marcado, ainda que seja um sonho distante dos advogados a pontualidade na realização das audiências, nada levando a crer que a novidade legislativa venha a alterar essa realidade.

---

[36] Fux, *Curso*, p. 783-784; Dinamarco, *Instituições*, n. 1.214, p. 648.

[37] Gusmão Carneiro, *Audiência*, n. 122, p. 136-137.

16

SENTENÇA

16.1. CONCEITO LEGAL DE SENTENÇA

A sentença foi conceituada pelo legislador de 1973 como o ato que põe fim ao processo, incluindo-se nessa conceituação tanto as sentenças que resolvem o mérito da demanda (*definitivas*) como aquelas que apenas encerram o processo, sem manifestação sobre o mérito (*terminativas*). Ainda que mantida a opção de conceituação, tomando-se por base o efeito do pronunciamento judicial, melhor teria andado o legislador se tivesse conceituado a sentença como ato que encerra o procedimento em primeiro grau de jurisdição, porque havendo a interposição de apelação o processo não se encerrava com a sentença[1]. Seja como for, a opção do legislador era clara: o critério adotado era o efeito da decisão relativo ao procedimento, sendo absolutamente irrelevante o seu conteúdo para a configuração da decisão como sentença[2].

---

1 Moniz de Aragão, *Sentença*, p. 79.

2 Barbosa Moreira, *A nova*, p. 78.

O advento generalizado das **ações sincréticas**, independentemente da natureza da obrigação objeto da condenação, levou o legislador a repensar o conceito de sentença, substituindo o critério utilizado anteriormente. Em vez do efeito do pronunciamento, o novo conceito de sentença tem como critério conceitual o seu conteúdo, fazendo expressa remissão aos arts. 267 e 269 do CPC, dispositivos que indicam as causas que geram a resolução ou não do mérito (sentença definitiva e terminativa, respectivamente)[3].

Atualmente, o conceito de sentença deve resultar de uma análise conjunta dos arts. 162, § 1.º, 267 e 269, todos do CPC. Da conjugação desses dispositivos legais conclui-se que as **sentenças terminativas** passaram a ser conceituadas tomando-se por base dois critérios distintos:

(i) conteúdo: uma das matérias previstas nos incisos do art. 267 do CPC; e

(ii) efeito: a extinção do procedimento em primeiro grau de jurisdição.

A redação do art. 267, *caput*, do CPC – "Extingue-se o processo, sem resolução de mérito" – permite ao intérprete entender que, além do conteúdo de um de seus incisos, a decisão somente poderá ser considerada sentença se extinguir o processo[4].

No tocante à sentença terminativa, portanto, nenhuma alteração ocorreu em virtude da modificação do conceito legal de sentença estabelecido pelo art. 162, § 1.°, do CPC. Uma decisão que tenha como conteúdo uma das matérias dos incisos do art. 267 do CPC, mas que não coloque fim ao procedimento de primeiro grau – como a exclusão de um litisconsorte da demanda por ilegitimidade de parte, ou ainda a extinção prematura de uma reconvenção por vício processual –, será considerada uma decisão interlocutória e, como tal, será recorrível por meio do recurso de agravo (art. 522 do CPC).

A hibridez de critérios na conceituação da sentença terminativa – conteúdo e efeito – não se repete na sentença definitiva, considerando-se que o art. 269, *caput*, do CPC não faz nenhuma menção à necessidade de extinção do processo para que o ato decisório seja considerado uma sentença. Dessa forma, a questão de colocar ou não fim ao procedimento em primeiro grau passa a ser irrelevante na conceituação da sentença de mérito, bastando para que um pronunciamento seja considerado uma sentença definitiva que tenha como conteúdo uma das matérias dos incisos do art. 269 do CPC.

A doutrina majoritária, entretanto, continua a associar a **sentença definitiva** ao **efeito de extinção do processo ou de alguma fase procedimental**, em especial do processo de conhecimento. Corrente doutrinária afirma que o ato judicial só será sentença de mérito quando colocar fim ao processo ou quando resolver por inteiro o objeto da demanda na fase cognitiva[5]. Outra parcela da doutrina defen-

---

[3] Bedaque, *Algumas*, p. 71-72.

[4] Bedaque, *Algumas*, p. 71; Câmara, *A nova*, p. 20; Bondioli, *O novo*, p. 46.

[5] Theodoro Jr., *As novas*, p. 5-6; Freitas Câmara, *A nova*, p. 21.

de a conceituação de sentença com a adoção dos critérios do efeito e conteúdo do ato, afirmando que o art. 162, § 1.°, do CPC deve ser interpretado de forma sistêmica com os §§ 2.° e 3.° desse mesmo dispositivo legal[6]. Há ainda corrente doutrinária que defende o entendimento de que a decisão somente poderá ser considerada como sentença se colocar fim a uma das fases procedimentais dentro da nova realidade do sincretismo processual[7].

Já tive oportunidade de criticar o entendimento doutrinário amplamente majoritário, afirmando que os problemas recursais advindos da mudança legislativa motivaram a doutrina majoritária a uma interpretação equivocada da lei, tudo para evitar se falar em sentença parcial de mérito, recorrível por apelação, fenômeno processual extremamente danoso ao procedimento, considerando-se que a apelação carrega consigo os autos ao tribunal, o que impediria a análise da parcela do mérito ainda não julgado. Esse cenário apavora o operador do direito, levando-o inclusive a rejeitar o atual conceito legal de sentença, para entender tal pronunciamento como decisão interlocutória e dessa forma recorrível pelo agravo de instrumento[8]. Faz inclusive com que parcela da doutrina, que concorda com o entendimento que defendo, afirme que da sentença parcial de mérito caiba "apelação por instrumento"[9].

Apesar de não concordar com o entendimento que mantém o efeito do ato judicial como critério de conceituação da sentença de mérito, além do amplo amparo doutrinário, já há manifestações de nossos tribunais superiores no mesmo sentido[10]. Existe até mesmo decisão recente do Superior Tribunal de Justiça afastando a aplicação do princípio da fungibilidade ao considerar erro grosseiro o ingresso de apelação contra decisão que homologou transação com relação a alguns executados, prosseguindo a execução contra outros[11]. Dessa forma, muito provavelmente pacificar-se-á o entendimento de que, não colocando fim ao processo ou à fase cognitiva, o ato judicial, ainda que tenha como conteúdo uma das matérias do art. 269 do CPC, será considerado uma decisão interlocutória recorrível por agravo. Tratar-se-á nesse caso de *decisões interlocutórias de mérito*.

Ainda que se entenda pela natureza de decisão interlocutória dessa espécie de decisão judicial, com o correspondente cabimento do recurso de agravo, não parece correto ignorar o conteúdo desse ato, nitidamente de mérito. A interposição de agravo de instrumento nesse caso, como forma de não prejudicar o andamento procedimental como ocorreria com a apelação, gera alguns problemas procedimentais:

(a) o agravo de instrumento não tem efeito suspensivo, enquanto a apelação em regra tem (arts. 520 do CPC);

---

6 Nery-Nery, *Código*, 2006, p. 372; Arruda Alvim, *O perfil*, p. 51.

7 Scarpinella Bueno, *A nova*, p. 15-16; Didier, *A terceira*, p. 69-71; Greco, *Primeiros*, p. 99.

8 Câmara, *A nova*, p. 21-22; Didier, *A terceira*, p. 70-71; Wambier, Wambier e Medina, *Breves*, p. 37.

9 Bedaque, *Algumas*, p. 72.

10 STJ, 4.ª Turma, REsp 645.388/MS, rel. Min. Hélio Quaglia Barbosa, j. 15.03.2007, *DJ* 02.04.2007, p. 277.

11 STJ, 5.ª Turma, REsp 829.992/DF, rel. Min. Arnaldo Esteves Lima, j. 13.12.2007, *DJ* 07.02.2008, p. 412.

(b) o agravo de instrumento não tem revisor, enquanto na apelação a regra é a existência de um revisor (art. 551, § 3.º, do CPC);

(c) não se admite a sustentação oral em sede de agravo de instrumento, ao passo que na apelação tal espécie de participação do patrono da parte é amplamente permitida (art. 554 do CPC);

(d) do acórdão de apelação é possível o cabimento de embargos infringentes, o que não ocorre, ao menos em regra, do acórdão do agravo de instrumento (art. 530 do CPC).

Conclusivamente, a doutrina amplamente majoritária entende que ato do juiz que resolve parcela do mérito é decisão interlocutória recorrível por agravo. Doutrina minoritária defende a ideia de sentença parcial de mérito, entendendo cabível o recurso de apelação, ainda que por instrumento ou com a formação de autos suplementares em primeiro grau para que a parcela do mérito ainda não decidida possa ter andamento regular. É inegável que após a Lei 11.232/2005 criou-se na doutrina dúvida a respeito do recurso cabível nessas situações, o que justifica plenamente a aplicação do **princípio da fungibilidade**[12], ainda que tudo indique que o entendimento pelo cabimento do agravo de instrumento deva prevalecer.

Imaginando resolver o problema, o art. 170 do PLNCPC modifica tanto o conceito de sentença quanto o de decisão interlocutória. No § 1.º a sentença é conceituada, salvo as previsões expressas nos procedimentos especiais, como o pronunciamento por meio do qual o juiz, com fundamento nos arts. 472 e 474, põe fim à fase cognitiva do procedimento comum, bem como o que extingue a execução. No § 2.º opta-se por um conceito residual da decisão interlocutória, como qualquer pronunciamento decisório que não seja sentença.

Ao fazer menção expressa a encerramento de fase do processo, esqueceu-se de crítica ao antigo conceito de sentença de que, sendo interposto recurso contra essa decisão, a fase processual não se encerra, somente continuando em grau jurisdicional superior ou mesmo no mesmo grau jurisdicional, como ocorre com a interposição dos embargos de declaração. Esse equívoco da sugestão, entretanto, é praticamente irrisório se comparado com a total despreocupação do legislador com a sentença ilíquida.

A sentença ilíquida, apesar de excepcional, é admitida no sistema processual pátrio. Como se sabe, proferida sentença civil genérica, o processo continuará numa nova fase procedimental, agora de liquidação, notoriamente uma fase cognitiva. Pergunta-se: a decisão que decide o *an debeatur*, relegando para momento posterior a fixação do *quantum debeatur*, não será mais sentença? Não coloca fim à fase de cognição, que prosseguirá na liquidação de sentença, logo deve ser considerada decisão interlocutória à luz do sugerido art. 170, § 2.º, do PLNCPC, sendo recorrível por agravo de instrumento. E, nesse caso, a decisão que fixar o *quantum debeatur*, finalmente encerrando a fase cognitiva, será sentença, recorrível por apelação? Diante dos conceitos de sentença e

[12] Neves, *Reforma*, p. 85; Scarpinella Bueno, *A nova*, p. 20-21; Arruda Alvim, *O perfil*, p. 64; Yarshell-Bonício, *Execução*, p. 19. Contra, no tocante à decisão que homologa acordo com alguns executados no processo de execução, STJ, 5.ª Turma, REsp 829992/DF, rel. Min. Arnaldo Esteves Lima, j. 13.12.2007, *DJ* 07.02.2008.

decisão interlocutória sugeridos pelo dispositivo ora analisado, não há como responder negativamente a essa questão.

Será, no mínimo, curioso, considerando que hoje é amplamente majoritária a doutrina em apontar para a natureza de sentença da decisão que determina somente o *an debeatur*, enquanto a maioria entende que a decisão que julga a liquidação é interlocutória, existindo até mesmo regra expressa pelo cabimento do agravo de instrumento no atual CPC (art. 475-H).

16.2. CLASSIFICAÇÃO DAS SENTENÇAS

A classificação de qualquer instituto jurídico depende dos critérios a serem adotados, sendo possíveis tantas classificações quantos forem os critérios. No tocante à sentença, entendo que os dois principais critérios são:

(a) o conteúdo do ato sentencial;
(b) a resolução ou não do mérito.

16.2.1. Conteúdo da sentença

16.2.1.1. *Teoria ternária e teoria quinária*

Clássica lição doutrinária entende que pelo conteúdo do ato judicial existem três espécies de sentença:

(a) meramente declaratória;
(b) constitutiva;
(c) condenatória.

Trata-se da **teoria ternária** (trinária) da sentença, defendida por substanciosa corrente doutrinária que segue as lições de Liebman. Contrapõe-se a essa tradicional corrente doutrinária a **teoria quinária** (quíntupla) da sentença, defendida por doutrinadores que seguem as lições de Pontes de Miranda, fundada no entendimento de que, além das três espécies de sentença descritas pela teoria ternária, existem ainda as sentenças executivas *lato sensu* e as sentenças mandamentais, o que resultaria num total de cinco espécies de sentença.

Entendo mais adequada a teoria ternária porque concordo com a doutrina que não distingue diferenças no conteúdo de sentenças condenatórias, executivas *lato sensu* e mandamentais. Em todas elas há a imputação de cumprimento de uma prestação ao réu, havendo diferença entre elas somente na forma de satisfação dessa prestação, o que naturalmente não faz parte do *conteúdo* do ato decisório, mas sim de seus *efeitos*. Partindo-se da premissa de que o critério adotado para a classificação das sentenças é o seu conteúdo, as reconhecidas diferenças nas formas de efetivação das três espécies de sentença são irrelevantes para fins de classificação[13].

Registre-se que os defensores da teoria ternária da sentença não ignoram as novas realidades referentes às formas de satisfação da sentença, de maneira que reconhecem a existência das chamadas sentenças **executivas *lato sensu*** e **mandamentais**, inclusive concordando com as diferenças em termos de formas de efetivação existentes entre essas sentenças e a sentença condenatória classicamente definida por Liebman. Só não concordam que sejam novas espécies de sentença em razão da identidade de conteúdo com a sentença condenatória clássica, concluindo-se que são apenas subespécies de sentença condenatória.

Ainda que entenda superior a teoria ternária da sentença, parece realmente que a discussão, meramente acadêmica, começa a cansar parcela da doutrina, que percebeu tratar-se de debate inócuo[14]. Todos reconhecem as diferenças entre as sentenças executivas *lato sensu*, mandamentais e condenatórias classicamente consideradas; para os defensores da teoria ternária, todas são espécies de sentença condenatória, enquanto para os defensores da teoria quinária, são espécies diferentes de sentença. Como se nota, a discussão limita-se a uma questão de classificação, com poucos resultados práticos dignos de destaque. Mais adequada e certamente útil é a exata definição dos elementos que compõem cada uma dessas espécies – ou subespécies – de sentença.

16.2.1.2. *Sentença meramente declaratória*

O conteúdo da sentença meramente declaratória é a declaração da existência, inexistência ou o modo de ser[15] (não há duvida de que a relação jurídica existe, mas há incerteza quanto à sua natureza: compra e venda a prazo ou arrendamento mercantil?; empréstimo ou doação?) de uma relação jurídica de direito material. Não se confundindo com o conteúdo da sentença, seu efeito é a certeza jurídica gerada pela declaração contida na sentença. Note-se que *conteúdo* e *efeito* não se confundem, porque o conteúdo é o que está dentro, enquanto o efeito é aquilo que se projeta para fora do ato judicial; **declaração** e **certeza jurídica**, evidentemente, são fenômenos diferentes.

Por uma opção legislativa a sentença meramente declaratória só pode ter como objeto uma relação jurídica, excepcionalmente admitindo-se que tenha como

[13] Bedaque, *Efetividade*, p. 517-522; Dinamarco, *Instituições*, n. 889, p. 198-200; Theodoro Jr., *Curso*, n. 499, p. 583-584; Barbosa Moreira, *Questões*, p. 125-142; Moreira Pinto, *Conteúdo*, p. 116-121.

[14] Bedaque, *Efetividade*, p. 558.

[15] Yarshell, *Tutela*, p. 46, 1994; Marinoni-Arenhart, *Manual*, 15.5.1, p. 424. Súmula STJ/181: "É admissível ação declaratória, visando a obter certeza quanto à exata interpretação de cláusula contratual". Inadmitindo ação declaratória para declarar a possibilidade de o contrato produzir os efeitos pretendidos pela parte: Informativo 378/STJ: 3.ª Turma, REsp 363.691-SP, rel. Castro Filho, rel. p/ acórdão Nancy Andrighi, j. 25.11.2008.

objeto meros fatos na hipótese de declaração de autenticidade ou falsidade de documento (art. 4.º, II, do CPC). Nesse caso, o objeto da sentença será o mero fato de o documento ser falso ou autêntico, podendo ser proferida em ação autônoma ou em ação declaratória incidental (incidente de falsidade documental). Registre-se que se tem admitido a sentença meramente declaratória de deveres, direitos, pretensões e obrigações referentes à relação jurídica[16]. No processo objetivo, a sentença meramente declaratória também não tem por objeto uma relação jurídica, limitando-se a interpretar o direito[17].

Para que exista interesse processual na obtenção de uma sentença meramente declaratória é necessária a existência de uma **crise de incerteza** que, se não resolvida, poderá acarretar algum dano ao autor. É necessário que a dúvida seja objetiva e real, não se limitando a um isolado estado de incerteza subjetiva do autor. Fala-se em dúvida social, que atinja terceiros e crie uma instabilidade na esfera de interesse do autor, sendo a dúvida do autor possível, mas não necessária tampouco suficiente para isoladamente justificar uma sentença meramente declaratória[18].

> Felipe recebe a visita de uma desconhecida que afirma ter acabado de ter um filho seu. Felipe nunca esteve com aquela mulher, de forma que tem certeza de que o filho não é dele, mas como ela insiste perante terceiros que pertencem ao círculo social em que vive Felipe, passa a existir uma dúvida social a respeito da paternidade da criança que traz danos a ele. Mesmo com a certeza pessoal de que não é pai, para afastar a dúvida social surgida, poderá ingressar com demanda judicial e pleitear a declaração de inexistência da relação jurídica de paternidade por meio de sentença meramente declaratória.

Toda sentença tem um elemento declaratório, considerando-se que, ao condenar o réu ao cumprimento de uma prestação, ou ao criar, modificar ou extinguir uma relação jurídica, caberá ao juiz a declaração de que o direito material do autor à condenação ou a constituição efetivamente existe no caso concreto[19]. Por outro lado, a *sentença de improcedência* do pedido do autor será sempre uma sentença declaratória, já que terá como conteúdo a declaração de inexistência do direito material alegado pelo autor[20].

Ainda que haja condições para a propositura de demanda constitutiva ou condenatória, haverá interesse no ingresso de demanda objetivando uma sentença meramente declaratória. Considerando-se que tanto a sentença constitutiva quanto a condenatória contêm um elemento declaratório, pode-se aplicar o brocardo popular "quem pode mais pode menos", sendo a certeza jurídica um bem isoladamente

---

[16] Dinamarco, *Instituições*, n. 906, p. 223; Neves, *Ações*, p. 450.

[17] Neves, *Ações*, p. 453.

[18] Neves, *Ações*, p. 477-482.

[19] Greco Filho, *Direito*, v. 2, n. 56.1, p. 262; Moniz de Aragão, *Sentença*, p. 86; Didier-Braga-Oliveira, *Curso*, p. 333.

[20] Theodoro Jr., *Curso*, n. 498, p. 583; Moniz de Aragão, *Sentença*, p. 85. Contra, Botelho de Mesquita, *A coisa*, p. 15-17.

protegido pelo ordenamento processual. A certeza jurídica é bem da vida tutelável. A questão de saber se a sentença meramente declaratória pode entregar ao autor algo a mais do que a certeza jurídica, derivada de uma suposta autorização de sua execução para a satisfação da obrigação inadimplida, é objeto de análise no Capítulo 39, item 39.2.1.

Os efeitos da sentença declaratória são ***ex tunc***, considerando-se que a declaração somente confirma jurisdicionalmente o que já existia; nada criando de novo a não ser a certeza jurídica a respeito da relação jurídica que foi objeto da demanda[21]. Não é a sentença de procedência na ação de investigação de paternidade que torna o réu pai, mas sim as relações sexuais que manteve com a mãe de seu filho, como também não é a sentença de procedência da ação de usucapião que torna o autor proprietário, e sim o preenchimento dos requisitos legais. A exceção fica por conta do art. 27 da Lei 9.868/1999, que permite ao Supremo Tribunal Federal modificar o efeito natural da decisão de procedência na ação declaratória de inconstitucionalidade (instituto denominado de *modulação ou limitação temporal dos efeitos da declaração de inconstitucionalidade*), tendo em vista razões de segurança jurídica ou de excepcional interesse social:

(a) *ex tunc;*

(b) *ex tunc* limitado a certo período de tempo;

(c) *ex nunc;*

(d) efeitos projetados no futuro.

Conforme restou decidido pelo Supremo Tribunal Federal, não havendo pedido expresso na petição inicial a respeito de declaração quanto à modulação de efeitos da inconstitucionalidade, o silêncio do Tribunal significará que a declaração deu-se pela regra geral, ou seja, com eficácia *ex tunc*. Naturalmente o Tribunal poderá, mesmo sem pedido, manifestar-se a respeito, mas a omissão quanto à declaração de modulação dos efeitos somente ensejará vício passível de saneamento por meio de embargos de declaração na hipótese de o autor ter feito pedido expresso na petição inicial.

Apesar da norma legal se referir especificamente às ações de controle concentrado de constitucionalidade, o Supremo Tribunal Federal entende cabível a modulação de efeitos também no controle incidental de constitucionalidade, existindo decisões que aplicam a regra no julgamento de recurso extraordinário. Em polêmico julgamento, o mesmo tribunal decidiu que a decisão que não especifica os efeitos da declaração de inconstitucionalidade só padece do vício de omissão, sanável pela interposição de embargos de declaração, na hipótese do autor ter na petição inicial feito pedido expresso para que o tribunal decidisse a respeito dos efeitos da declaração[22].

---

[21] Dinamarco, *Instituições*, n. 909, p. 227.

[22] *Informativo* 543/STF: Tribunal Pleno, ADI 2791 ED/PR, rel. orig. Min. Gilmar Mendes, rel. p/ acórdão Min. Menezes Direito, j. 22.04.2009.

16.2.1.3. *Sentença constitutiva*

O conteúdo da sentença constitutiva é a criação (positiva), extinção (negativa) ou modificação (modificativa) de uma relação jurídica, enquanto o efeito dessa sentença é a **alteração da situação jurídica**, necessariamente com a criação de uma situação jurídica diferente da existente antes de sua prolação, com todas as consequências advindas dessa alteração[23]. Fala-se em sentença *constitutiva positiva* e *negativa* ou *constitutiva* e *desconstitutiva*. Uma sentença de procedência na demanda de divórcio tem como conteúdo a extinção do laço conjugal e o efeito de modificar o estado civil das partes, que de casadas passarão a divorciadas. A possibilidade de se casarem com outras pessoas certamente não é um reflexo do conteúdo da sentença, mas sim de seus efeitos.

As sentenças constitutivas podem ser divididas em dois grupos: *necessárias* e *facultativas*. É natural que todas as sentenças constitutivas – como a meramente declaratória e a condenatória – sejam no caso concreto necessárias, porque sem o interesse de agir não se chegará ao julgamento de mérito. A distinção proposta, entretanto, não leva em conta o caso concreto, mas a possibilidade abstrata de alterar a situação jurídica sem a necessária intervenção do Poder Judiciário.

Será necessária a sentença constitutiva sempre que a única forma de obter a alteração da situação jurídica pretendida pelas partes for por meio da intervenção jurisdicional (ações constitutivas necessárias; por exemplo, anulação de casamento), situação inclusive que dispensa o conflito de interesse entre as partes. A sentença facultativa só existirá se houver a lide clássica no caso concreto, porque sem ela não seria necessária a intervenção jurisdicional. Como há um conflito de interesse entre as partes e a autotutela é reservada a situações excepcionais, faz-se necessária a intervenção do Poder Judiciário no caso concreto, mas abstratamente seria possível a alteração da situação jurídica das partes mediante um acordo de vontade entre elas (por exemplo, rescisão contratual)[24].

A sentença constitutiva tem **efeitos *ex nunc***, considerando-se que é a partir dela que a situação jurídica será efetivamente alterada. As partes só são consideradas divorciadas após a sentença de procedência que extingue a relação conjugal, como também só se considera rescindido um contrato após a sentença que extingue a relação jurídica contratual. A lei, entretanto, poderá pontualmente modificar essa regra, apontando expressamente para a existência de efeitos *ex tunc*, como ocorre nas demandas que tenham como objeto a anulação de atos jurídicos[25].

16.2.1.4. *Sentença condenatória*

Com considerável amparo na doutrina italiana, parte significativa da doutrina nacional entende que a sentença condenatória é formada por dois momentos lógicos:

---

23 Theodoro Jr., *Curso*, n. 500, p. 584.

24 Dinamarco, *Instituições*, n. 923, p. 250; Moniz de Aragão, *Sentença*, p. 87.

25 Dinamarco, *Instituições*, n. 927, p. 256; Didier-Braga-Oliveira, *Curso*, p. 329.

(a) declaração da existência do direito do autor;

(b) criação de condições para que sejam praticados atos materiais de execução, o que se justificaria em razão da aplicação de uma *sanção executiva*[26].

Essa definição, entretanto, parece confundir o conteúdo com o efeito da sentença condenatória, devendo ser analisada com muita atenção.

O conteúdo da sentença condenatória, além da indispensável declaração de existência do direito material, é a **imputação ao réu do cumprimento de uma prestação** de fazer, não fazer, entregar coisa ou pagar quantia certa, com o objetivo de resolver a crise jurídica de inadimplemento[27]. O efeito é a criação de um título executivo, o que permitirá a prática de atos executivos voltados ao efetivo cumprimento dessa prestação, com a consequente satisfação do autor.

Como foi adotada a teoria ternária, pouco importa quais sejam esses atos executivos – execução direta ou indireta – e como se desenvolvem – processo de execução, fase procedimental ou cumprimento de ordem judicial – porque os efeitos da sentença não importam em uma classificação que adota como critério o conteúdo da sentença.

16.2.1.5. *Sentença executiva* lato sensu

Não é pacífico na doutrina pátria o conceito de sentença executiva *lato sensu*, existindo inclusive crítica quanto à tradicional nomenclatura, preferindo parcela da doutrina chamar tais sentenças de sentenças executivas, considerando-se a inexistência de sentenças executivas *stricto sensu*[28]. Creditada ao jurista Pontes de Miranda, parcela considerável da doutrina entende que essa sentença é assim denominada porque **dispensa o processo de execução** subsequente para ser satisfeita, tratando-a como uma *sentença autoexecutável*.

Adotando-se esse conceito, a diferença entre a sentença condenatória e a executiva *lato sensu* é a exigência ou dispensa de processo autônomo de execução[29]. É natural que, visto por esse prisma, a distinção seja inútil levando-se em conta o critério da classificação proposta, considerando-se que a forma de satisfazer a sentença diz respeito aos seus efeitos e não ao seu conteúdo. Daí a enorme dificuldade – aparentemente instransponível – da doutrina que defende a teoria ternária em entender a sentença executiva *lato sensu* como espécie autônoma da sentença, sendo considerada simplesmente uma espécie de sentença condenatória.

Lições contemporâneas, entretanto, buscam outra distinção entre a sentença condenatória e a executiva *lato sensu*, entendendo que a dispensa do processo

---

26 Dinamarco, *Instituições*, n. 911, p. 229-230; Theodoro Jr., *Curso*, n. 499, p. 583; Marinoni-Arenhart, *Manual*, n. 15.5.3, p. 426.

27 Bedaque, *Efetividade*, p. 524-525; Moniz de Aragão, *Sentença*, p. 88; Moreira Pinto, *Conteúdos*, p. 91-92; Câmara, *Lições*, p. 425.

28 Barbosa Moreira, *Questões*, p. 138.

29 Baptista da Silva, *Curso*, v. 2, n. 1.5, p. 24-25.

autônomo de execução para a satisfação do direito não torna automaticamente uma sentença condenatória em executiva *lato sensu*, até mesmo porque, fosse esse o fator de distinção, a Lei 11.232/2005 teria reservado as sentenças condenatórias somente àquelas que imputam o cumprimento de uma prestação à Fazenda Pública. Para essa corrente doutrinária, a existência de uma fase de execução com procedimento previsto em lei, inclusive com a previsão de uma defesa incidental do executado – *impugnação* –, não é capaz de transformar a sentença condenatória em sentença executiva *lato sensu*.

Para essa corrente doutrinária são substancialmente dois os fatores que distinguem a sentença condenatória da executiva *lato sensu*[30]:

(a) o direito material, uma vez que na sentença condenatória o direito é de crédito, buscando-se o cumprimento de uma obrigação pecuniária, enquanto na sentença executiva o direito é real, buscando-se a retomada de coisa que está injustamente no patrimônio do executado. Nessa visão, a sentença condenatória retira algo do patrimônio do executado que até a sentença lá estava legitimamente, enquanto na sentença executiva se retoma bem que pertence ao exequente, estando injustamente com o executado;

(b) a complexidade da fase de satisfação do direito, que na sentença executiva inexiste, inclusive não estando prevista defesa ao executado, que deve exaurir a apresentação de suas matérias defensivas na fase de conhecimento, enquanto na sentença condenatória isso não ocorre. Diante da ausência de previsão legal de fase procedimental de satisfação, a sentença executiva *lato sensu* se realiza pelos meios executivos que o juiz entender adequados no caso concreto, tomando em conta as particularidades do caso concreto.

16.2.1.6. *Sentença mandamental*

A sentença mandamental se caracteriza pela existência de uma **ordem do juiz** dirigida à pessoa ou órgão para que faça ou deixe de fazer algo, não se limitando, portanto, à condenação do réu[31]. O juiz na sentença mandamental ordena que o réu pratique determinado ato que somente a ele caberia praticar, não existindo nessa atividade o caráter substitutivo característico da execução. A satisfação da sentença mandamental é feita pelo *cumprimento da ordem*, não existindo processo ou fase de execução subsequente a ela visando tal satisfação. O juiz ordena e aguarda o cumprimento da ordem, não havendo previsão de procedimento para que isso se verifique concretamente.

Poderá o juiz se valer de atos de pressão psicológica – **execução indireta**[32] – como também de **sanção civil** (ato atentatório à dignidade da jurisdição, previsto no art. 14, V, parágrafo único, do CPC) e **penal** (crime de desobediência), mas ainda assim não haverá uma fase executiva, com a prática de atos materiais de execução. É diferente da sentença executiva *lato sensu* porque esta, além de

[30] Marinoni-Arenhart, *Manual*, n. 15.4, p. 430-431.

[31] Baptista da Silva, *Curso*, v. 2, n. 1.8, p. 351.

[32] Marinoni-Arenhart, *Manual*, n. 15.5.4, p. 429.

ser satisfeita pela prática de atos materiais, o que caracteriza um procedimento, ainda que não expressamente previsto em lei, atinge o patrimônio do executado, enquanto a sentença mandamental atinge a vontade do executado.

16.2.2. Resolução de mérito

Adotando-se a resolução de mérito como critério, as sentenças são divididas em *sentenças terminativas*, que não resolvem o mérito (art. 267 do CPC), e *sentenças definitivas*, que resolvem o mérito (art. 269 do CPC). Observe-se que a Lei 11.232/2005 substituiu o termo "julgamento" por "resolução" no *caput* de ambos os dispositivos mencionados, modificação que não gera repercussões práticas, dividindo a doutrina a respeito da melhora ou piora no texto legal[33]. Para os que elogiam a alteração o legislador finalmente reconheceu a diferença entre as sentenças que efetivamente julgam o mérito da demanda, por meio da imposição da decisão do juiz, e aquelas que simplesmente homologam um ato de autocomposição praticado pelas partes. Para os críticos, resolução lembra instituto jurídico de direito administrativo, de todo estranho ao direito processual civil. Como já afirmado, trata-se de discussão meramente acadêmica, sem consequências práticas.

16.2.2.1. Sentenças terminativas (art. 267 do CPC)

16.2.2.1.1. Indeferimento da petição inicial

O art. 267, I, do CPC prevê que o indeferimento da petição inicial se dará por meio de sentença terminativa. Ainda que a maioria dos indeferimentos realmente se dê sem a resolução do mérito, não se pode considerar correto o dispositivo legal, bastando para tanto lembrar a hipótese de indeferimento fundado em **prescrição e decadência** (art. 295, IV, do CPC), indubitavelmente uma sentença de mérito (art. 269, IV do CPC)[34]. As hipóteses de indeferimento da petição inicial são tratadas no Capítulo 10, item 10.3.2.

16.2.2.1.2. Processo parado durante mais de um ano por negligência das partes

Não é incomum que o processo fique parado por mais de um ano aguardando a prática de um ato processual já determinado pelo órgão jurisdicional, por exemplo, a realização de uma audiência. Também ocorre de a paralisação por mais de um ano decorrer de um longo período de conclusão dos autos ao juiz, com significativo vencimento dos prazos estabelecidos pelo art. 189 do CPC. Não são essas as situações tratadas pelo art. 267, II, do CPC, que exige que a paralisação superior a um ano seja resultado da **negligência de ambas as partes**.

---

[33] Elogia a modificação Didier, *Curso*, p. 553-554. Critica Nery-Nery, *Código*, p. 502.

[34] Moniz de Aragão, *Comentários*, n. 503, p. 420; Greco Filho, *Direito processual*, n. 17.2, p. 69.

O dispositivo é curioso, porque em razão da regra do impulso oficial sempre que for possível caberá ao juiz de ofício dar andamento procedimental ao processo, mesmo diante da negligência das partes. O impulso oficial, entretanto, encontra limitações materiais instransponíveis quando a continuidade do processo depender de ato a ser praticado por uma das partes. Caso o ato deva ser praticado pelo autor, o dispositivo é inaplicável, porque este tem o prazo de 30 dias para promover os atos e diligências necessárias ao prosseguimento da demanda, conforme expressa previsão do art. 267, III, do CPC. Resta a raríssima hipótese de caber ao réu dar andamento ao procedimento, o que torna o dispositivo legal no mínimo enigmático, tendo pouca aplicação prática[35]. Outro entendimento possível é de que o dispositivo se aplique a situações em que não há necessidade de impulso por ato a ser praticado por nenhuma das partes[36].

De qualquer forma, é irrelevante saber as razões pelas quais o processo ficou indevidamente paralisado por mais de um ano, tampouco poderá o autor evitar a extinção ao afirmar que a paralisação indevida se deu por culpa do juízo ou da parte contrária. O mero transcurso do prazo legal é razão suficiente para a extinção do processo[37].

Segundo a previsão do art. 267, § 1.º, do CPC, a parte negligente, responsável pela indevida paralisação do processo por prazo superior a um ano (entendo que só pode ser o réu), deve ser intimada pessoalmente para dar andamento ao processo em 48 horas, condição indispensável para a extinção do processo. Naturalmente essa decisão do juiz não dependerá de provocação do réu, justamente o responsável pela omissão que proporcionou a indevida paralisação procedimental[38].

Muitas vezes na praxe forense ocorre a intimação por publicação no Diário Oficial, na pessoa do advogado, porque muitas vezes essa forma de comunicação basta para despertar o advogado a retomar o andamento procedimental. Não havendo resposta, entretanto, a **intimação pessoal é indispensável**[39]. O prazo de 48 horas não é peremptório, de forma que, sendo pedido o andamento do processo depois de vencido o prazo, mas antes de o juiz ter extinguido o processo sem resolução de mérito, a provocação será admitida e o processo prosseguirá.

> Segundo entendimento do Superior Tribunal de Justiça, nessa hipótese de extinção do processo, de responsabilidade de ambas as partes, não caberá condenação em honorários advocatícios, diferente da extinção por abandono do autor, quando este deverá ser condenado a pagar honorários advocatícios ao réu[40].

---

35 Didier, *Pressupostos*, p. 332.

36 Adroaldo, *Ensaios*, n. 5, p. 372.

37 Nery-Nery, *Código*, p. 502; Moniz de Aragão, *Comentários*, n. 504, p. 421-422.

38 Dinamarco, *Instituições*, n. 836, p. 133.

39 STJ, 3.ª Turma, AgRg no Ag 951.976/RJ, rel. Min. Humberto Gomes de Barros, j. 19.12.2007, *DJ* 08.02.2008, p. 681.

40 *Informativo* 452/STJ, 3.ª Turma, REsp 435.681-ES, rel. Min. Paulo de Tarso Sanseverino, j. 19.10.2010.

16.2.2.1.3. Abandono do processo

O art. 267, III, do CPC trata da causa de extinção do processo sem a resolução do mérito conhecida como "abandono do processo", descrevendo a desídia do demandante que deixa de praticar atos ou cumprir diligências indispensáveis ao andamento do processo por prazo superior a 30 dias. A doutrina majoritária entende que, diferente do que ocorre com a extinção prevista pelo art. 267, II, do CPC, a extinção do processo ora tratada não é objetiva, devendo o juiz considerar no caso concreto o real intuito do autor em abandonar o processo, de forma que se aceita a prática de ato após o transcurso do prazo de 30 dias[41].

O autor será intimado nos termos do art. 267, § 1.º, do CPC, sendo aplicáveis a essa forma de extinção as considerações já feitas quanto à sentença prevista no art. 267, II, do CPC, e no caso de efetiva extinção do processo será condenado ao pagamento das despesas e honorários advocatícios (art. 267, § 2.º, do CPC). Mesmo quando a parte advoga em causa própria a intimação deverá ser pessoal, não bastando a mera publicação no Diário Oficial[42].

Segundo posição jurisprudencial consolidada[43], a extinção por abandono do processo ora analisado depende de **provocação do réu**, não se admitindo que ocorra de ofício. Entende-se que o juiz poderá intimar o réu e, havendo sua concordância, proceder à intimação pessoal do autor para que dê andamento ao processo em 48 horas. Busca-se **evitar a desistência tácita** da demanda pelo autor por meio do abandono, o que representaria uma ofensa indireta ao disposto no art. 267, § 4.º, do CPC[44], mas para que a anuência do réu seja necessária, até mesmo para fins de compatibilizar o abandono com a desistência, o réu já deverá ter apresentado defesa no processo. Antes da citação ou mesmo depois dela – no transcurso do prazo antes da interposição e no caso de revelia –, a extinção poderá ser realizada de ofício[45].

Em algumas situações o abandono do processo pelo autor não gerará a extinção do processo sem a resolução do mérito, como ocorre na demanda de inventário, que será remetida ao arquivo. Também ao cumprimento da sentença não se aplicará o art. 267, III, do CPC, sendo expressa a lei em determinar o envio dos autos ao arquivo se o autor não apresentar o requerimento inicial do cumprimento de sentença no prazo de 6 meses contados do trânsito em julgado (art. 475, § 5.º, do CPC). O mesmo ocorre no processo de execução, que, dependente de ato a ser praticado pelo exequente para prosseguir, deve ser enviado ao arquivo, com a contagem do prazo da prescrição intercorrente.

Essa espécie de sentença e aquela mais rara, prevista pelo inciso anterior, têm importância prática para o surgimento do raro fenômeno processual da

---

41 Nery-Nery, *Código*, p. 502; Moniz de Aragão, *Comentários*, n. 508, p. 424; Greco Filho, *Direito*, n. 17.2, p. 70.

42 Theodoro Jr., *Curso*, n. 316, p. 353.

43 Súmula 240/STJ.

44 Didier, *Pressupostos*, p. 333; Adroaldo, *Ensaios*, n. 5, p. 373.

45 *Informativo* 387/STJ: 3.ª Turma, rel. Min. Massami Uyeda, REsp 1.094.308-RJ, j. 19.03.2009; Dinamarco, *Instituições*, n. 836, p. 133; Adroaldo, *Ensaios*, n. 5, p. 373.

perempção (art. 268, parágrafo único, do CPC), porque a extinção por três vezes da mesma demanda apresentada em três processos diferentes deverá ser sempre pelo abandono do autor. Trata-se de medida para evitar o abuso do direito de ação.

16.2.2.1.4. Ausência de pressupostos de constituição e de desenvolvimento válido e regular do processo

O tema dos pressupostos processuais já foi analisado no Capítulo XX, sendo interessante relembrar que nem sempre a ausência de pressupostos processuais será responsável pela extinção do processo. Existem também os pressupostos processuais negativos, cuja ausência é o que se deseja, considerando-se que a presença de um deles é o que gera o vício que levará o processo à sua extinção sem a resolução de mérito. Ocorre, entretanto, que o legislador preferiu tratar dessa espécie de pressuposto processual em outro inciso do art. 267, qual seja o inciso V, limitando-se o art. 267, IV, do CPC ao tratamento dos **pressupostos processuais positivos**. Nesse sentido, é correta a redação do texto legal ao indicar que a ausência de pressupostos processuais leva à extinção do processo sem a resolução do mérito.

Não se deve declarar a nulidade se o juiz tiver condições de julgar o mérito em favor da parte, a qual aproveitaria a declaração da nulidade (art. 249, § 2.º, do CPC). Essa lição é plenamente aplicável aos pressupostos processuais que são criados para tutelar o interesse das partes, de forma que, sendo a parte vitoriosa no mérito mesmo sem ter contado com essa proteção, não tem nenhum sentido a sentença terminativa quando for possível julgar em seu favor. A *capacidade de estar em juízo* dos incapazes por meio de representante processual é voltada para a proteção da parte, não sendo legítima a extinção do processo sem a resolução do mérito se o juiz perceber que a parte, mesmo sem a representação processual no caso concreto, será vitoriosa se o mérito for julgado.

Esse entendimento contraria uma antiga e sedimentada lição da doutrina nacional: a análise dos pressupostos processuais antecede a análise de mérito. Percebido o vício na primeira análise, é impossível chegar à segunda. A proposta de parcela da doutrina é admitir a inversão nessa ordem de análise, desde que o processo esteja pronto para o julgamento do mérito. É óbvio que o juiz não deve prosseguir com processos nos quais perceba em seu nascedouro a ausência de um pressuposto processual, hipótese em que deve intimar a parte para saneamento do vício e de extinção do processo sem resolução do mérito na hipótese de omissão da parte. Nessa situação, é óbvio que a análise dos pressupostos processuais precede a análise de mérito; mas, transcorrendo todo o processo e percebendo-se no momento do julgamento a ausência de um pressuposto processual, parece legítima a conclusão de que pode ser desprezado pelo juiz o vício se o pressuposto processual violado for voltado à proteção da parte que no julgamento do mérito se sagrará vitoriosa.

16.2.2.1.5. Perempção, coisa julgada e litispendência

O art. 267, V, do CPC prevê a extinção do processo sem resolução do mérito quando o juiz acolher a alegação de perempção, litispendência ou coisa julgada. A redação do artigo legal não é feliz, porque as matérias tratadas pelo dispositivo legal são de *ordem pública*, devendo ser reconhecidas de ofício pelo juiz[46]. O que se afirma é que, não só quando o juiz acolher a alegação de perempção, litispendência ou coisa julgada haverá a sentença do art. 267, V, do CPC, mas também quando o juiz reconhecer tais matérias de ofício, ainda que essa situação seja rara, sendo difícil ao juiz reconhecer esses fenômenos processuais no caso concreto sem a alegação das partes.

A perempção é fenômeno que evita o abuso no exercício do direito de demandar, exigindo a extinção do processo quando a mesma ação for proposta pela quarta vez, tendo sido os três processos anteriores extintos sem a resolução do mérito por abandono bilateral (art. 267, II, do CPC) ou unilateral do autor (art. 267, III, do CPC).

Um dos significados do termo "litispendência" – e que interessa a presente análise – é a existência de dois ou mais processos em trâmite com a mesma ação (teoria da tríplice identidade – mesmos elementos da ação). Interessante registrar hipótese na qual o Superior Tribunal de Justiça entende haver litispendência ainda que não sejam exatamente os mesmos elementos da ação. Tal excepcionalidade se verifica na litispendência entre ação ordinária e mandado de segurança, considerados a mesma ação, ainda que no mandado de segurança figure no polo passivo a autoridade coatora e na ação ordinária a pessoa jurídica de direito público ao qual essa autoridade pertence[47].

Ocorre coisa julgada quando for repetida ação que já foi julgada no mérito por decisão transitada em julgado em processo anteriormente proposto, sendo fenômeno processual analisado no Capítulo 17.

Esses três pressupostos processuais negativos geram uma interessante peculiaridade: geram uma sentença terminativa que não admite a propositura da mesma demanda em outro processo. Significa dizer que, embora não faça coisa julgada material, fenômeno exclusivo das sentenças de mérito, a sentença terminativa do art. 267, V, do CPC não pode ser modificada por decisão a ser proferida em outro processo[48]. A imutabilidade e indiscutibilidade da decisão têm efeitos projetados para fora do processo, o que contraria a natureza endoprocessual da coisa julgada formal, única espécie de coisa julgada gerada pela sentença terminativa.

Essa situação *sui generis* leva a uma aparente contradição: sendo proibida a alteração da sentença por decisão de outro processo, e prevendo o art. 485, *caput*, do CPC que a ação rescisória só é cabível contra sentença de mérito, seria

---

46 Adroaldo, *Ensaios*, n. 7, p. 375; Didier, *Pressupostos*, p. 338.

47 *Informativo* 422/STJ: 1.ª Turma, RMS 29.729-DF, rel. Min. Castro Meira, j. 09.02.2010.

48 Theodoro Jr., *Curso*, n. 319, p. 354, afirma que a força da sentença "é equivalente à da coisa julgada material".

a sentença do art. 276, V, do CPC a mais imutável de todo o sistema? É inviável dar tamanho grau de imutabilidade a uma sentença terminativa, quando até mesmo a sentença de mérito pode ser modificada, ainda que excepcionalmente, por meio da ação rescisória. Dessa forma, para resolver essa aparente incongruência, entende-se cabível a *ação rescisória* contra essa sentença terminativa[49].

> A regra atualmente consagrada no art. 268 do CPC não é repetida no PLNCPC, de forma que, extinto o processo com julgamento fundado em perempção, litispendência e coisa julgada, é possível a repropositura da ação.

16.2.2.1.6. Carência da ação

Já foi afirmado que o Código de Processo Civil adotou expressamente a teoria eclética, de forma que a ausência das condições da ação impede a resolução do mérito, gerando a extinção do processo por sentença terminativa, conforme previsão do art. 267, VI, do CPC. As condições da ação devem ser analisadas no **momento de julgamento** da demanda, e não no da sua propositura. Significa dizer que, presentes as condições da ação no momento de propositura, se por fato superveniente desaparecer uma delas, será caso de extinção por carência superveniente de ação. Por outro lado, a ausência no momento da propositura não leva o processo à extinção pela carência no caso de estarem presentes as condições da ação no momento em que o juiz analisá-las[50].

É preciso notar que, diante do previsto pelo art. 268 do CPC, a extinção do processo por carência da ação não impedirá a propositura de nova demanda, até mesmo porque não se vislumbra no caso concreto a existência de coisa julgada material, fenômeno processual responsável pela inadmissibilidade da propositura de novo processo com a demanda idêntica. Ocorre, entretanto, que a mera repetição da demanda não vem sendo admitida, exigindo-se do autor que saneie o vício que levou à primeira extinção do processo[51].

Esse entendimento gera uma interessante situação quanto à sentença que extingue o processo sem resolução do processo por ilegitimidade de parte quando o caso concreto versar sobre legitimidade ordinária. Nesse caso, o vício que gerou a sentença terminativa só pode ser sanado com a substituição do sujeito apontado como parte ilegítima por aquele que é legitimado a participar do processo. Ocorre que, uma vez substituído um dos sujeitos que compunha a relação jurídica processual da primeira demanda, a segunda demanda já não será mais idêntica à primeira. A modificação de parte, um dos elementos da demanda, afasta a existência da tríplice identidade. Significa dizer que a

[49] Yarshell, *Ação*, n. 52, p. 164-166.

[50] Theodoro Jr., *Curso*, n. 320, p. 356; Nery-Nery, *Código*, p. 503; Yarshell, *Ação*, n. 41, p. 133.

[51] Bedaque, *Efetividade*, p. 396-397.

mera repetição nesse caso não será admitida, o que leva parcela da doutrina a concluir que a sentença torna-se tão imutável quanto uma sentença de mérito transitada em julgado, o que possibilitaria o ingresso de ação rescisória contra tal sentença.

Registre-se que o mesmo não ocorre na legitimação extraordinária, quando o vício poderá ser saneado sem a mudança da parte, como ocorre numa ação civil pública extinta por ilegitimidade ativa porque a associação ainda não completou um ano de existência, sendo que decorrido esse prazo a mesma associação poderá ingressar com demanda idêntica à primeira. Saneia-se o vício sem a necessidade de alteração dos elementos da ação, ou seja, admite-se a nova propositura da ação.

O art. 473, § 1.º, do PLNCPC prevê que, diante da sentença terminativa fundada em carência de ação – falta de interesse ou ilegitimidade, considerando que a possibilidade jurídica do pedido não está mais prevista como condição da ação –, a repropositura da ação só será admitida com a correção do vício que gerou a primeira extinção. Essa nova realidade proposta abrirá espaço para uma excepcional hipótese de cabimento de ação rescisória contra sentença terminativa fundada em ilegitimidade ordinária, como já ocorre na hipótese do art. 267, V, do CPC.

16.2.2.1.7. Convenção de arbitragem

Como determina a Lei 9.307/1996, a convenção de arbitragem é um gênero, do qual a *cláusula compromissória* (antes da formação da lide) e o *compromisso arbitral* (depois de instaurada a lide) são espécies. A existência de qualquer uma das espécies de convenção de arbitragem gera a extinção do processo sem a resolução do mérito porque, havendo a opção pela arbitragem, a intervenção jurisdicional é indevida. Sendo o direito de ação disponível, também é disponível o direito de exercê-lo perante a jurisdição, não havendo na escolha da arbitragem pelas partes qualquer ofensa ao princípio da inafastabilidade da jurisdição (art. 5.º, XXXV, da CF).

Assim como as partes escolheram excluir a jurisdição, preferindo a arbitragem como forma de solucionar o conflito de interesses em que estão envolvidos, é natural que também possam abrir mão da arbitragem já acordada. Significa dizer que, ainda que exista uma convenção de arbitragem, nem sempre o processo será extinto pela sentença terminativa prevista no art. 267, VII, do CPC, porque, se ambas as partes resolverem pela intervenção jurisdicional, naturalmente a convenção de arbitragem torna-se ineficaz. A extinção pela sentença terminativa analisada, portanto, depende de o autor ignorar a convenção de arbitragem ao propor a demanda judicial e ao réu não concordar com essa postura, indicando a existência da escolha prévia pela arbitragem.

16.2.2.1.8. Desistência da ação

Desistir da ação é diferente de renunciar ao direito material alegado; enquanto a desistência diz respeito somente ao processo em que ocorre, o que permite ao autor voltar ao Poder Judiciário com idêntica demanda, a renúncia concerne ao direito material alegado, de forma que não se admitirá ao autor retornar ao Poder Judiciário com demanda fundada em direito material que já foi objeto de renúncia. Não por outra razão a sentença fundada em desistência é terminativa, pois não resolve o mérito (art. 267, VIII, do CPC), enquanto a sentença que homologa a renúncia é definitiva, resolvendo o mérito da demanda e fazendo coisa julgada material (art. 269, V, do CPC).

É preciso atenção com a previsão do art. 267, § 4.º, do CPC, que exige a anuência do réu depois de decorrido o prazo de defesa para que o juiz possa extinguir o processo por desistência do autor. Na realidade, o momento a partir do qual se exige a anuência do réu não é o decurso do prazo de resposta, mas a **efetiva apresentação de defesa** no processo, razão pela qual não se exige a intimação de réu revel para que o juiz acate a desistência pedida pelo autor[52]. Tampouco poderá o autor desistir da demanda sem a anuência do réu caso este tenha apresentado sua defesa antes do vencimento do prazo legal para tanto (apresentada contestação no quinto dia, a anuência passa a ser exigida nesse momento, e não somente depois do décimo quinto dia)[53]. Basicamente, sem contestação do réu não é necessária sua anuência quanto ao pedido de desistência do autor[54].

Registre-se entendimento do Superior Tribunal de Justiça, que dispensa a anuência do réu na homologação de pedido de desistência do mandado de segurança[55]. Outro interessante entendimento do Superior Tribunal de Justiça é o que proíbe a desistência da ação após a prolação da sentença, admitindo-se tão somente que as partes transacionem a respeito do decidido[56].

16.2.2.1.9. Direitos intransmissíveis

O art. 267, IX, do CPC prevê ser hipótese de sentença terminativa a "ação considerada intransmissível por disposição legal". A redação do dispositivo legal é extremamente infeliz, porque não existe ação intransmissível; o que existe são direitos intransmissíveis, de forma que o titular não pode transmiti-los a seus sucessores ou herdeiros[57]. Mesmo que se entenda que ações intransmissíveis são aquelas que têm por objeto determinados direitos que não admitem transmissão, ainda assim a redação é inadequada, porque é evidente que, figurando no processo

---

52 Nery-Nery, *Código*, p. 505.

53 Theodoro Jr., *Curso*, n. 322, p. 356-357; Moniz de Aragão, *Comentários*, n. 532, p. 451; Greco Filho, *Direito*, n. 17.2, p. 73.

54 STJ, 5.ª Turma, REsp 591.849/SP, rel. Min. Laurita Vaz, j. 10.08.2004, *DJ* 06.09.2004.

55 *Informativo* 394/STJ, 1.ª T., REsp 930.952-RJ, rel. José Delgado, rel. p/ acórdão Luiz Fux, j. 12.05.2009.

56 *Informativo* 425/STJ: 1.ª Turma, REsp 1.115.161-RS, rel. Min. Luiz Fux, j. 04.03.2010.

57 Nery-Nery, *Código*, p. 503.

o titular do direito, a mera característica de ser intransmissível o direito discutido não é suficiente para a extinção do processo sem resolução do mérito, até porque, se levado ao pé da letra, o dispositivo impediria o julgamento de mérito para toda e qualquer demanda que tenha por objeto direito intransmissível[58].

A extinção, portanto, não decorre somente da natureza do direito material discutido, mas também de um fato superveniente que exija para a continuação da demanda a *sucessão processual*, o que não se admitirá no caso concreto em razão de ser o direito intransmissível. Hipótese frequente em demandas de família, como o divórcio, no qual o falecimento de um dos cônjuges durante a demanda exigirá a extinção do processo sem resolução do mérito, sendo inviável que o polo em que figurava o *de cujus* seja assumido por seus herdeiros ou sucessores.

Interessante questão surge nas demandas indenizatórias em razão de dano moral. Será aplicável o art. 267, IX, do CPC? Para a doutrina majoritária o direito de indenização a dano moral é patrimonial, de forma que os sucessores do ofendido têm o direito de sucedê-lo na demanda judicial. Esse também é o entendimento prevalente no Superior Tribunal de Justiça[59]. Para outra parcela doutrinária, o direito, apesar de patrimonial, é personalíssimo, porque somente o *de cujus* suportou o abalo moral pelo qual pede reparação, não tendo sentido recompensar terceiros – ainda que herdeiros e sucessores – que não tiveram qualquer abalo moral[60]. Nesse caso, seria caso de extinção do processo sem resolução do mérito fundado no art. 267, IX, do CPC.

16.2.2.1.10. Confusão entre autor e réu

A confusão é forma de **extinção da obrigação** prevista pelo Código Civil nos arts. 381 a 384. É representada pela unificação em uma só pessoa das qualidades de credor e devedor, e, como não tem sentido uma pessoa ser credora e devedora de si mesma, a obrigação será extinta. Havendo ação judicial na qual o pai cobra dívida do filho, falecendo o primeiro e sendo o segundo o único herdeiro, haverá a confusão prevista no direito material, gerando-se o efeito processual da extinção do processo sem resolução do mérito nos termos do art. 267, X, do CPC. O mesmo fenômeno ocorre quando sociedades que litigam por direito patrimonial se unem ou quando uma adquire a outra.

A confusão que leva à extinção do processo pela sentença ora analisada, entretanto, parece ser mais ampla que a existente no direito material, porque, ainda que não haja a identidade em uma mesma pessoa da figura de credor e devedor, será possível a extinção do processo com fundamento no art. 267, X, do

---

[58] Dinamarco, *Instituições*, n. 845, p. 140.

[59] *Informativo* 485/STJ: 3.ª Turma, REsp 1.071.158/RJ, rel. Min. Nancy Andrighi, j. 25.10.2011; *Informativo* 474/STJ: REsp 1.040.529/PR, rel. Min. Nancy Andrighi, j. 02.06.2011; REsp 829.789/RJ, 2.ª Turma, rel. Min. Castro Meira, j. 05.09.2006, *DJ* 15.09.2006; REsp 648191/RS, 4.ª Turma, rel. Min. Jorge Scartezzini, j. 09.11.2004, *DJ* 06.12.2004; REsp 324.886/PR, 1.ª Turma, rel. Min. José Delgado, j. 21.06.2001, *DJ* 03.09.2001.

[60] STJ, 3.ª Turma, AgRG no REsp 769.043/PR, rel. Min. Humberto Gomes de Barros, j. 1.º.03.2007, *DJ* 19.03.2007.

CPC. Havendo uma **comunhão do patrimônio** do autor e réu, ainda que estes mantenham sua individualidade jurídica, a demanda de natureza patrimonial perde o sentido de ser, devendo ser extinta sem a resolução do mérito pela sentença prevista no art. 267, X, do CPC.

> Fernanda ingressa com demanda de reparação de danos contra João em razão de um acidente automobilístico. Na audiência de conciliação se conhecem melhor - quem advoga sabe quanto pode demorar o início de uma audiência - e se apaixonam. Pouco tempo depois os dois se casam, adotando como regime de bens o da comunhão universal. Que sentido teria dar prosseguimento a essa demanda se o patrimônio de ambos passou a ser comum? Naturalmente nenhum. Nesse caso, portanto, a demanda reparatória caso ainda não tenha sido resolvida, em razão do casamento de Fernanda e João com comunhão total de bens será extinta pela sentença prevista pelo art. 267, X, do CPC.

Para parcela minoritária da doutrina a confusão, por ser instituto de direito material com reflexos processuais, acarreta a extinção do litígio, de forma que melhor seria entender a sentença prevista pelo art. 267, XI, do CPC como sentença de mérito, inclusive com a geração de coisa julgada material[61].

> As hipóteses de sentença terminativa estão previstas no art. 472 do PLNCPC, com duas pequenas alterações com relação ao atual art. 267 do CPC: (a) no inciso VI é retirada a impossibilidade jurídica do pedido, condição da ação que deixa de existir; (b) no inciso IX finalmente há previsão de que não basta ser a ação intransmissível para sua extinção terminativa, sendo indispensável a morte do titular do direito; poderia o legislador ter corretamente se referido a direito intransmissível e não manter o erro de atribuir essa qualidade à ação.
>
> As alterações mais significativas são encontradas nos parágrafos do dispositivo. Os §§ 1.º, 2.º e 3.º repetem normas já existentes, sendo que, nesse último, desaparece a responsabilidade do réu que não alegar as hipóteses previstas nos incisos IV, V e VI, no primeiro momento em que se manifestar no processo, pelo pagamento das custas do retardamento, que ninguém nunca soube precisar do que se trata e que dificilmente já tenha sido cobrada em algum processo judicial. O § 4.º adota entendimento doutrinário para prever que o consentimento do réu com a desistência do autor só será exigido se tiver sido oferecida a contestação. A inovação mais significativa está no § 5.º do PLNCPC, que prevê, no prazo impróprio de três dias, o juízo de retratação de toda sentença terminativa diante da interposição de apelação pelo réu, em medida saudável que busca evitar que processos fiquem anos nos tribunais à espera de julgamento que venha a anular as sentenças terminativas incorretamente proferidas.
>
> Outra interessante novidade, advinda de reclamos da doutrina, está consagrada no art. 473, § 1.º, do PLNCPC, que exige, para a repropositura de ação extinta por ilegitimidade ou falta de interesse de agir, a correção do vício, o que, conforme visto, no caso de ilegitimidade ordinária, impedirá a mera repropositura.

[61] Adroaldo, *Ensaios*, n. 21, p. 395-396; Didier, *Curso*, p. 537.

16.2.2.2. Sentenças definitivas (art. 269 do CPC)

O legislador prevê cinco espécies de sentenças de mérito no art. 269 do CPC, sendo que o elemento que as reúne é a **decisão definitiva do conflito**, em razão da *coisa julgada material*. Nesse aspecto não existe nenhuma diferença entre as diferentes espécies de sentença de mérito. Ocorre, entretanto, que somente em uma delas o direito material alegado pelo autor é efetivamente analisado, sendo nesse caso o pedido rejeitado ou acolhido dependendo da existência ou não do direito material. Essa particularidade faz com que parcela da doutrina chame a sentença prevista pelo art. 269, I, do CPC, de *sentença genuína de mérito* ou de *verdadeira sentença de mérito*.

Existem também as ***sentenças homologatórias de mérito***, nas quais o juiz não chega a apreciar o direito material alegado pela parte, limitando-se a homologar uma declaração de vontade unilateral de uma das partes, como ocorre no reconhecimento jurídico do pedido, que é um ato dispositivo do réu (art. 269, II, do CPC) e a renúncia, que é um ato dispositivo do autor (art. 269, V, do CPC), ou ao homologar um acordo de vontades das partes (art. 269, III, do CPC), sendo entendimento do Superior Tribunal de Justiça no sentido de que o juiz não está obrigado a homologar o negócio jurídico[62].

Por fim, a sentença que reconhece a **prescrição ou decadência** (art. 269, IV, do CPC), na qual também não ocorre a análise de existência do direito material do autor, limitando-se o juiz a reconhecer o transcurso do prazo para a propositura da demanda, o que impedirá a resolução de mérito.

Tanto as sentenças homologatórias como as que reconhecem a prescrição ou decadência põem fim ao conflito de forma definitiva, o que as torna sentenças de mérito, mas, como o juiz não enfrenta o direito material alegado pelo autor, são consideradas falsas sentenças de mérito, ou ainda sentenças de mérito impuras. Existe doutrina que entende ser a sentença que reconhece a *prescrição* e *decadência* genuinamente de mérito, tratando-se de espécie de sentença de rejeição do pedido do autor, mas por um fundamento específico, o transcurso temporal[63]. Desde que se leve em conta que nesse caso não existe análise da efetiva existência do direito material, suficiente para distingui-la da sentença de rejeição do pedido propriamente dita, não vejo maiores problemas na solução apontada por essa parcela doutrinária.

O art. 475 do PLNCPC prevê que "o juiz proferirá sentença de mérito sempre que puder julgá-lo em favor da parte a quem aproveitaria o acolhimento da preliminar". É a consagração de que imperfeições formais são menos importantes que a solução de mérito quando não geram prejuízo para a parte que, mesmo sendo prejudicada por tais imperfeições, tem condições de se sagrar vitoriosa no mérito. Acredito que nenhum vencedor de demanda reclamará

[62] *Informativo* 406/STJ: 2.ª Turma, AgRg no REsp 1.090.695-MS, Rel. Min. Herman Benjamin, j. 08.09.2009.

[63] Adroaldo, *Ensaios*, n. 3, p. 367.

se tiver uma legítima defesa preliminar rejeitada, mesmo reconhecidamente fundada, desde que obtenha a vitória definitiva.

O dispositivo, entretanto, não permite ao juiz desconsiderar as alegações preliminares ou os vícios evidentes que devem ser considerados de ofício, aguardando o final do processo para verificar quem será o vencedor da demanda e somente nesse momento decidir se as acolhe ou não, sob pena de violação clara ao princípio da economia processual. Serve apenas para situações em que a percepção de acolhimento da preliminar ou da existência do vício ocorre em momento no qual o processo já esteja pronto para a imediata resolução de mérito.

16.2.2.2.1. Acolhimento ou rejeição do pedido

Conforme já afirmado, a sentença proferida com amparo no art. 269, I, do CPC, é a única entre todas as espécies de sentença de mérito que se fundamenta na **existência ou não do direito material** alegado pelo autor. Na praxe forense é comum a utilização do termo procedência ou improcedência, o que não causa qualquer problema desde que se tenha a exata medida do que efetivamente está sendo julgado procedente. Não parece ser correto falar em procedência da ação, porque com grande esforço esse termo será compreendido como a declaração de que o autor tem o direito de ação, nada afirmando a respeito de sua pretensão material. O adequado, nesse caso, é procedência ou improcedência do pedido, e não da ação[64].

16.2.2.2.2. Reconhecimento jurídico do pedido

A submissão é forma de solução alternativa de solução de conflitos, tratando-se de uma das espécies de autocomposição, conforme analisado no Capítulo 1, item 1.2.2. No reconhecimento jurídico do pedido verifica-se a **submissão processual**, caracterizada sempre que o réu expressamente concorda com a pretensão do autor. Essa concordância é ampla, atingindo tanto a causa de pedir quanto o pedido, de forma que no reconhecimento jurídico do pedido o réu concorda com os fatos e fundamentos jurídicos alegados pelo autor e também com o pedido por ele formulado.

Como se nota com facilidade, o reconhecimento jurídico do pedido é bem mais abrangente que a confissão, que atinge tão somente a matéria fática da demanda. No reconhecimento jurídico do pedido o juiz simplesmente homologa a vontade do réu de que o autor se sagre vitorioso na demanda, nos termos de seu pedido.

---

[64] Theodoro Jr., *Curso*, n. 328, p. 362.

16.2.2.2.3. Transação

Na transação verifica-se um acordo de vontade das partes com sacrifícios recíprocos. Como já afirmado no Capítulo 1, item 1.2.2, a transação vem sendo fortemente encorajada em razão da maior possibilidade de geração da **justiça coexistencial** quando o conflito é resolvido por acordo entre as partes e não por uma decisão impositiva do juiz. Mais uma vez não é o juiz que decide o conflito – como ocorre em todas as formas de autocomposição – limitando-se a homologar por sentença o acordo de vontade entre as partes.

A sentença homologatória de transação não guarda relação com o objeto do processo, de forma que é admissível que o objeto da transação seja mais amplo que o objeto da demanda, trazendo para a homologação do juiz matérias que não faziam parte do processo (art. 475-N, III, do CPC). Trata-se de elogiável medida de economia processual e de oferecimento de solução da lide completa.

16.2.2.2.4. Prescrição e decadência

São de direito material os fenômenos jurídicos tratados no art. 269, IV, do CPC, sendo tanto a prescrição quanto a decadência tratados no Código Civil. Referem-se a limitações temporais para a arguição perante o Poder Judiciário de tutela de um direito material, com o objetivo de resguardar a segurança de situações jurídicas já estabelecidas. Considerações mais aprofundadas dos institutos jurídicos ora tratados ensejam necessariamente análises de direito material, o que não se encaixa nos limites do presente livro.

16.2.2.2.5. Renúncia

A renúncia é um **ato unilateral de vontade do autor** consubstanciado na disposição de um direito material que alega ter, sendo irrelevante no caso concreto a efetiva existência de tal direito. Dessa forma, ocorrendo renúncia do direito afirmado pelo autor, não há preocupação do juízo em descobrir se o direito objeto da disposição efetivamente existe, bastando para a solução definitiva da lide a homologação judicial do ato de vontade do autor. A atividade homologatória somente não ocorrerá no caso concreto nas hipóteses de direitos que não admitem renúncia.

Como é simples perceber, recaindo a renúncia sobre o direito material, já que o autor abre mão do direito material que alega ter, a renúncia decide de forma definitiva o conflito porque não haverá mais direito material que possa ser alegado para ensejar eventual conflito de interesses. Nesse aspecto é nítida a diferença entre *renúncia do direito material* e *desistência do processo*, a primeira gerando efeitos materiais e a segunda limitando-se a efeitos processuais.

16.3. REQUISITOS DA SENTENÇA

O art. 458 do CPC prevê como *requisitos* da sentença o relatório, fundamentação e dispositivo, mas melhor teria sido o legislador utilizar o termo *elementos* da sentença, considerando que o dispositivo legal descreve as partes que devem compor uma sentença genuína de mérito.

Frise-se que esses elementos da sentença somente são exigidos na genuína sentença de mérito, não havendo o formalismo previsto pelo dispositivo legal ora analisado nas falsas sentenças de mérito e nas sentenças terminativas. Ainda que o art. 459 do CPC preveja que a fundamentação sucinta é permitida somente nas sentenças terminativas, a mesma regra deve ser aplicada às sentenças homologatórias de mérito, que na realidade nem fundamentação propriamente dita possuem. A permissão de fundamentação sucinta naturalmente não contraria o art. 93, IX, da CF, de forma que, mesmo o juiz estando dispensado de elaborar uma sentença com relatório, fundamentação e dispositivo, é indispensável que exteriorize suas razões de decidir.

16.3.1. Relatório

O relatório é um resumo da demanda, no qual o juiz indicará

(a) as partes;

(b) uma breve suma do pedido;

(c) uma breve suma da defesa; e

(d) a descrição dos principais atos praticados no processo.

Costuma-se dizer que a razão de ser do relatório é demonstrar que o juiz tem pleno conhecimento da demanda que está julgando. Ocorre, entretanto, que é perfeitamente possível que o juiz, mesmo que não faça o relatório – seja porque ele não existe, seja porque o serventuário o elaborou –, tenha o pleno conhecimento da demanda exigido para um julgamento de qualidade. Tanto assim que nos Juizados Especiais o relatório é dispensado (art. 38 da Lei 9.099/1995), não se conhecendo entendimento que afirme que nesses processos o juiz possa sentenciar sem ter o pleno conhecimento da demanda.

Admite-se a elaboração de relatório *per relationem*, quando o juiz se reporta a um relatório realizado em outra demanda, o que é possível em termos de sentença em julgamento de demandas conexas quando julgadas em momentos diferentes ou de ações incidentais. É mais comum ocorrer em acórdãos, com a utilização do relatório da sentença impugnada, além dos principais atos praticados depois da sentença[65].

[65] Dinamarco, *Instituições*, n. 1.222, p. 657.

A ausência de relatório gera a nulidade da sentença, presumindo-se que o juiz ao deixar de realizar o relatório não tem o conhecimento pleno da demanda que está julgando. A doutrina majoritária entende tratar-se de nulidade absoluta[66], com o que não se concorda, porque só tem sentido anular a sentença se restar demonstrado concretamente o prejuízo, ou seja, que o juiz realmente não tinha o conhecimento pleno da demanda. Trata-se, portanto, de **nulidade relativa**[67]. Prova maior é a dispensa de relatório nos Juizados Especiais (art. 38, *caput*, do CPC), o que demonstra que a decisão pode ser válida mesmo sem esse elemento. Frise-se que, nesse caso, provavelmente o desconhecimento do juiz se mostrará por meio de fundamentação inadequada ou insuficiente.

16.3.2. Fundamentação

A fundamentação da decisão é essencial, sendo inclusive um dos princípios constitucionais já analisados no Capítulo 2, item 2.4.4. Sendo a sentença um ato decisório de extrema importância no processo, é evidente que a fundamentação não pode ser dispensada. Na fundamentação o juiz deve enfrentar todas as questões de fato e de direito que sejam relevantes para a solução da demanda, justificando a conclusão a que chegará no dispositivo. São os *porquês* do ato decisório[68], tanto que só é possível afirmar justa ou injusta uma sentença analisando-se no caso concreto sua fundamentação.

A ausência de fundamentação é vício grave, mas não gera a inexistência jurídica do ato, devendo ser tratado no plano da validade do ato judicial decisório, de forma que a sentença sem fundamentação é nula (**nulidade absoluta**)[69]. As duas funções da motivação das decisões judiciais – inclusive e essencialmente a sentença – são tratadas no Capítulo 2, item 2.4.4.

O recurso adequado é a apelação com a alegação de *error in procedendo* intrínseco, ainda que excepcionalmente possam se admitir os embargos de declaração com efeitos infringentes, tema tratado no Capítulo 27, item 27.7.2. Reconhecido o vício pelo tribunal, a sentença será anulada, com a remessa do processo ao primeiro grau para a prolação de uma nova sentença[70]. Parcela da doutrina entende ser aplicável o art. 515, § 3.º, do CPC, de forma que o tribunal de segundo grau anule a sentença e passe imediatamente à prolação de uma nova decisão de mérito da demanda, agora devidamente fundamentada[71].

---

66 Moniz de Aragão, *Sentença*, p. 97; Arruda Alvim, *Manual*, n. 297, p. 549; Scarpinella Bueno, *Código*, p. 1.389.

67 Araújo Cintra, *Comentários*, p. 275.

68 Moniz de Aragão, *Sentença*, p. 101.

69 Por todos, Moniz de Aragão, *Sentença*, p. 102.

70 STJ, 1.ª Turma, REsp 866445/MG, rel. Min. Francisco Falcão, j. 27.02.2007, *DJ* 16.04.2007; STJ, 1.ª Turma, REsp 684947/RJ, rel. Min. José Delgado, j. 03.02.2005, *DJ* 18.04.2005.

71 Bedaque, *Apelação*, v. 7, n. 2.1, p. 450-451.

16.3.3. Dispositivo

O dispositivo é a conclusão decisória da sentença, representando o comando da decisão. É a parte da sentença responsável pela geração de efeitos da decisão, ou seja, é do dispositivo que são gerados os efeitos práticos da sentença, transformando o mundo dos fatos. O dispositivo é a conclusão do juiz que decorre da fundamentação, parte da sentença na qual o julgador descreve suas razões de decidir, indicando os fundamentos que justificam a opção tomada no dispositivo.

Ao juiz é permitida a elaboração de dispositivo direto e indireto, ainda que a primeira espécie seja a forma mais segura de elaborar essa parte da sentença, evitando-se eventuais obscuridades da decisão. No *dispositivo direto* o juiz indica expressamente o bem da vida obtido pelo autor, enquanto no *dispositivo indireto* o juiz acolhe o pedido do autor sem a indicação do bem da vida obtido, limitando-se a julgar procedente o pedido e a fazer uma remissão à pretensão do autor[72].

> Cibele ingressa com ação judicial em virtude de dano material suportado por ato ilícito praticado por Alarico, requerendo sua condenação ao pagamento de R$ 10.000,00. Em caso de acolhimento do pedido de Cibele, o juiz sentenciante poderá optar pelas duas técnicas de elaboração do dispositivo da sentença: valendo-se do dispositivo direto, acolhe o pedido e condena expressamente Alarico ao pagamento de R$ 10.000,00; valendo-se do dispositivo indireto, acolhe o pedido nos termos da petição inicial.

A ausência de dispositivo gera vício gravíssimo, até mesmo porque uma decisão sem dispositivo não é propriamente uma decisão, porque nada decide. Trata-se de **inexistência jurídica** do ato judicial[73], podendo tal vício ser alegado em sede de embargos de declaração em razão de omissão do órgão julgador ou por meio de apelação. Tratando-se de inexistência jurídica é admissível a alegação do vício até mesmo após o trânsito em julgado da decisão, por meio de ação meramente declaratória.

16.3.4. Comentários gerais a respeito dos elementos da sentença

Ainda que o art. 458 do CPC estabeleça uma ordem entre os diferentes elementos da sentença, não existe nenhuma irregularidade na sentença proferida com a inversão dessa ordem[74]. Por uma questão lógica, entretanto, a ordem legal deve ser seguida, considerando-se que o relatório descreve o processo, a fundamentação demonstra as justificativas da decisão e o dispositivo é a conclusão decisória do raciocínio desenvolvido na fundamentação.

---

72 Theodoro Jr., *Curso*, n. 490, p. 568.

73 Arruda Alvim, *Manual*, n. 299, p. 552.

74 Moniz de Aragão, *Sentença*, p. 97-98; Costa Machado, *Código*, p. 467.

Além da desnecessidade de seguir a ordem legal, o juiz na prolação da sentença não é obrigado a separar a decisão, com clara identificação dos seus diferentes elementos. Alguns juízes indicam de forma bastante clara o início e o fim dos diferentes elementos, mas, sendo possível identificá-los no caso concreto, a ausência de divisão não torna a decisão viciada. A melhor técnica, entretanto, é a elaboração da sentença com a nítida separação entre os elementos descritos no art. 458 do CPC.

16.4. PRINCÍPIO DA CONGRUÊNCIA

16.4.1. Conceito

Segundo o art. 460 do CPC, o juiz não pode conceder diferente ou a mais do que for pedido pelo autor. Trata-se do *princípio da congruência*, também conhecido como princípio da *correlação* ou da *adstrição*. O dispositivo legal, entretanto, é incompleto, porque os limites da sentença devem respeitar não só o pedido, mas também a causa de pedir e os sujeitos[75] que participam do processo. É nula a sentença que concede a mais ou diferente do que foi pedido, como também há nulidade na sentença fundada em causa de pedir não narrada pelo autor, na sentença que atinge terceiros que não participaram do processo ou que não julga a demanda relativamente a certos demandantes.

Para significativa parcela doutrinária, o princípio da congruência é decorrência do **princípio dispositivo**[76]. Sem afastar tal entendimento, em análise mais minuciosa nota-se que o princípio ora estudado é fundamentado em dois outros princípios: *inércia da jurisdição* (princípio da jurisdição) e *contraditório* (princípio do processo)[77]. A inércia da jurisdição determina que o juízo só movimenta-se quando provocado pelo interessado, sendo que essa movimentação ocorre nos estritos limites do pedido e causa de pedir elaborados pelo autor, bem como se limita aos sujeitos processuais. Por outro lado, o réu limita sua defesa tomando por base a pretensão do autor, não havendo sentido defender-se de pedido não elaborado, causa de pedir não narrada na petição inicial, ou contra sujeito que não participa do processo. Uma decisão proferida fora desses limites surpreenderá o réu, o que não se pode admitir em respeito ao princípio do contraditório.

Registre-se que uma ofensa ao princípio da congruência nem sempre representará ofensa ao princípio do contraditório, bastando que o pedido ou a causa de pedir levada em conta pelo juiz sem que tenha sido provocado a tanto, tenha sido objeto de prévia discussão entre as partes. Ainda que seja improvável tal ocorrência, é possível imaginar um desvio das partes e do próprio juiz durante

[75] Dinamarco, *Instituições*, n. 948, p. 287-289; Scarpinella Bueno, *Código*, p. 1.399.

[76] Nery-Nery, *Código*, p. 669; Costa Machado, *Código*, p. 468; Arruda Alvim, *Manual*, n. 301, p. 554.

[77] Theodoro Jr., *Curso*, n. 493-b, p. 574; Arruda Alvim, *Manual*, n. 301, p. 554; Dinamarco, *Instituições*, n. 940, p. 274.

o processo no tocante aos limites impostos pelo autor, de forma que não haverá nesse caso uma surpresa ao réu. O princípio da inércia, entretanto, será sempre desrespeitado diante de sentença que não respeite os limites traçados pelo princípio da congruência.

Marina ingressa com ação judicial objetivando a rescisão de contrato que mantém com Olga. Na exposição de fatos na petição inicial, narra que o descumprimento contratual de Olga ocasionou-lhe uma série de contratempos, inclusive a fazendo sofrer demasiadamente. Imagine-se que Olga, em sua contestação, passe a impugnar tal sofrimento, ainda que nitidamente essa parte da narrativa fática da petição inicial não faça parte da causa de pedir e em nada se relacione com o pedido de rescisão contratual. Por alguma razão Marina entra na discussão com Olga, e ambas produzem provas a respeito do alegado sofrimento da primeira, tudo sendo permitido pelo juiz. Note-se que, caso o juiz condene Olga ao pagamento de danos morais, certamente a sentença será *extra petita*, porque o pedido de Marina limitava-se à rescisão contratual; mas, nesse caso, não terá ocorrido violação ao princípio do contraditório, considerando-se que a matéria – danos morais – foi amplamente discutida por ambas as partes. Apesar de não verificar-se a violação ao princípio do contraditório, naturalmente houve ofensa ao princípio da inércia da jurisdição, e por essa razão a sentença é nula.

O princípio ora analisado é tratado no art. 479, *caput*, do PLNCPC, que simplesmente modifica a redação do atual art. 460 do CPC, sem lhe alterar o conteúdo. Segundo o dispositivo legal constante do projeto, não se admite sentença de natureza diversa da pedida, bem como condenação da parte em quantidade superior ou objeto diverso do que foi pedido.

16.4.2. Exceções ao princípio da congruência

Nem toda decisão proferida sem a observação do princípio da congruência é nula, admitindo-se a extrapolação no tocante ao pedido em situações expressamente previstas em lei.

No que concerne à limitação da sentença ao pedido do autor, existem três exceções:

(a) nos chamados *pedidos implícitos* é admitido ao juiz conceder o que não tenha sido expressamente pedido pelo autor[78];

(b) a *fungibilidade* permite ao juiz que conceda tutela diferente da que foi pedida pelo autor, verificando-se nas ações possessórias (permite-se concessão de tutela possessória diferente da pedida pelo autor) e nas ações cautelares (permite-se a concessão de tutela cautelar diferente da pedida pelo autor);

---

78 Dinamarco, *Instituições*, n. 945, p. 279-280; Scarpinella Bueno, *Código*, p. 1.398; Fux, *Curso*, p. 792.

(c) nas demandas que tenham como objeto uma obrigação de fazer e/ou não fazer o juiz pode conceder tutela diversa da pedida pelo autor, desde que com isso gere um *resultado prático equivalente ao do adimplemento da obrigação* (art. 461, *caput*, do CPC e art. 84, *caput*, do CDC)[79].

A regra da adstrição do juízo ao pedido elaborado pelo autor encontra interessante exceção no processo objetivo com a chamada inconstitucionalidade reflexa, ou por ricochete, também conhecida na doutrina como inconstitucionalidade por consequência, arrastamento ou por atração[80]. O Supremo Tribunal Federal admite que ao declarar a inconstitucionalidade de uma norma possa também declarar outras normas não impugnadas na ação judicial em razão de sua interdependência com aquela declarada inconstitucional[81]. A adoção do entendimento de inconstitucionalidade consequencial ou por arrastamento afasta o princípio da adstrição, admitindo-se que a concessão de tutela pelo órgão jurisdicional seja mais ampla do que aquela expressamente pedida pelo autor.

16.5. SENTENÇA *EXTRA PETITA*

A sentença *extra petita* é tradicionalmente considerada como a sentença que concede algo diferente do que foi pedido pelo autor. O art. 286, *caput*, do CPC exige do autor que o pedido formulado seja certo, regra aplicável ao pedido imediato e mediato, sendo que a sentença que não respeita a certeza do pedido gera vício que a torna nula, sendo *extra petita* sempre que conceder ao autor algo estranho à certeza do pedido. Sentença *extra petita* é, portanto, sentença que concede tutela jurisdicional diferente da pleiteada pelo autor, como também a que concede bem da vida de diferente gênero daquele pedido pelo autor.

O Superior Tribunal de Justiça já teve a oportunidade de decidir não se tratar de sentença *extra petita* aquela que concede em ação civil pública ambiental proteção de área mais extensa que a constante na petição inicial[82], bem como aquela que determina medidas não pedidas pelo autor, desde que essenciais para a efetivação daquilo que foi pedido[83].

Havendo a limitação da sentença à causa de pedir, não pode o juiz conceder o pedido elaborado na petição inicial com fundamento em causa de pedir que não pertença à pretensão do autor[84]. Nesse caso a ofensa ao princípio da congruência

---

79 Marinoni-Arenhart, *Manual*, p. 413-414; Dinamarco, *Instituições*, n. 945, p. 280.

80 Novelino, *Direito*, n. 11.6.4.2.1, p. 237-238.

81 STF, Tribunal Pleno, rel. Min. Ellen Gracie, j. 31.05.2006, *DJ* 01.09.2006, p. 16.

82 *Informativo* 445/STJ, 1.ª Turma, REsp 1.107.219-SP, rel. Min. Luiz Fux, j. 02.09.2010.

83 *Informativo* 445/STJ, 2.ª Turma, REsp 967.375-RJ, rel. Min. Eliana Calmon, j. 02.09.2010.

84 Dinamarco, *Instituições*, n. 946, p. 280-283; Arruda Alvim, *Manual*, n. 301, p. 554-555; Scarpinella Bueno, *Código*, p. 1.399; Theodoro Jr., *Curso*, n. 496-a, p. 577; STJ, REsp 746.622/PB, 3.ª Turma, rel. Min. Nancy Andrighi, j. 26.09.2006, *DJ* 23.10.2006, p. 309.

depende da corrente doutrinária que se adotar no tocante aos limites gerados pela causa de pedir; entendida como abrangente dos fatos jurídicos e fundamentos jurídicos do pedido, a limitação será mais ampla, enquanto, aplicando-se o entendimento de que a vinculação se limita aos fatos jurídicos, a limitação será menos ampla. Embora seja considerada na praxe forense como sentença *extra petita*, o nome mais adequado é sentença *extra causa petendi*, porque o juiz concede exatamente aquilo que o autor pediu, restando o vício limitado à utilização de uma causa de pedir não narrada pelo autor.

> Peter adquire um carro de forma financiada, sendo que o veículo apresenta constantes defeitos, sendo obrigado a fazer "visitas" semanais à concessionária. Atingido o limite de sua paciência, simplesmente larga o carro na concessionária e deixa de pagar o financiamento, o que motiva a remessa de seu nome ao Serasa e o ingresso de ação de busca e apreensão. Inconformado com a situação, ingressa com demanda na qual elabora uma série de pedidos, interessando ao presente exemplo o pedido de dano moral, fundamentado na indevida remessa de seu nome aos órgãos de proteção ao crédito, o que teria lhe causado um abalo de crédito. Na sentença, o juiz fundamenta sua decisão no entendimento de que o contrato de compra e venda não se confunde com o contrato de financiamento, de forma que os vícios do veículo não justificam o inadimplemento do segundo contrato. Concede, entretanto, o dano moral pleiteado, fundamentando sua decisão no entendimento de que o sujeito que suporta o que Peter sofreu com um carro 0 km, tem direito a compensação em razão do abalo psíquico suportado. Nesse caso, não houve ofensa aos limites do pedido, mas a causa de pedir narrada por Peter (fato: remessa do nome aos órgãos de proteção ao crédito; fundamento jurídico: abalo de crédito) não foi o fundamento da decisão, mas sim causa de pedir estranha ao objeto da demanda (fato: defeitos do carro; fundamento jurídico: abalo psíquico).

Registre-se que no processo objetivo, que veicula o controle concentrado de constitucionalidade, o Supremo Tribunal Federal entende aplicável a tese da causa de pedir aberta, o que significa liberdade àquele tribunal na análise de qualquer causa de pedir no julgamento da ação direta de inconstitucionalidade/constitucionalidade, ainda que não alegada pelo autor[85]. É natural que, admitida tal liberdade ao órgão julgador, inexiste sentença *extra causa petendi* no controle abstrato de constitucionalidade de normas.

A sentença que vincula pessoa estranha ao processo, que dele não tenha participado como sujeito processual, deixando de decidir relativamente aos sujeitos que participaram do processo como sujeitos processuais, também é considerada como espécie de sentença *extra petita*. Sempre que a sentença atingir somente sujeitos que não participaram da demanda judicial será considerada *extra petita*[86].

---

85 STF, RE 372.535 AgR-ED/SP, Primeira Turma, rel. Min. Carlos Britto, j. 09.10.2007, *DJe* 65, 11.04.2008.

86 Didier-Braga-Oliveira, *Curso*, p. 295.

16.5.1. Recorribilidade da sentença *extra petita*

Proferida sentença *extra petita*, o recurso cabível é a *apelação*[87], com pedido de **anulação da sentença** fundada no *error in procedendo* intrínseco. O ingresso de embargos de declaração não deve ser *a priori* e genericamente descartado, ficando reservado, entretanto, para as excepcionais hipóteses em que se admite que esse recurso tenha efeitos infringentes. Provida a apelação, com a consequente anulação da sentença, o processo retorna ao primeiro grau de jurisdição para a prolação de uma nova sentença[88], existindo doutrina que defende a aplicação por analogia da teoria da causa madura (art. 515, § 3.º, do CPC), o que permitiria ao tribunal julgar imediatamente o mérito da demanda após anular a sentença recorrida[89].

Mesmo após o trânsito em julgado se admitirá a alegação do vício, por meio da ação rescisória, com fundamento no art. 485, V, do CPC, considerando-se que a sentença terá frontalmente violado o art. 460 do CPC[90]. Após o transcurso do prazo de dois anos da ação rescisória, não será mais possível a alegação do vício em razão do advento da coisa julgada material soberana.

16.6. SENTENÇA *ULTRA PETITA*

O art. 286 do CPC exige do autor a determinação de seu pedido, e, uma vez sendo o pedido determinado, o juiz está condicionado a ele para a prolação de sua sentença, ou seja, indicada a quantidade de bem da vida que se pretende obter no caso concreto, o juiz não poderá ir além dessa quantificação, concedendo ao autor a mais do que foi pedido. Na sentença *ultra petita*, o juiz concede ao autor a tutela jurisdicional pedida, o gênero do bem da vida pretendido, mas **extrapola a quantidade** indicada pelo autor. No pedido genérico, em que não há determinação do pedido, não se pode falar em sentença *ultra petita*.

Registre-se ainda o entendimento do Superior Tribunal de Justiça de que, apesar de o autor não ser obrigado a fazer um pedido determinado nas ações de dano moral, ao indicar um valor na petição inicial vincula o juiz a concessão no máximo a esse valor. Uma sentença que concede valor superior ao pedido em termos de dano moral, a exemplo do que ocorre no dano material, é considerada *ultra petita*[91]. Não deixa de ser contraditório o entendimento do Superior Tribunal de Justiça, considerando-se que para aquele tribunal o valor indicado pelo autor

---

87 Nery-Nery, *Código*, p. 669.

88 Marinoni-Arenhart, *Manual*, p. 413; Costa Machado, *Código*, p. 468. STJ, 2.ª Turma, REsp 988.870/SP, rel. Min. Castro Meira, j. 27.11.2007, *DJ* 10.12.2007; STJ, 1.ª Turma, REsp. 784.159/SC, rel. Min. Denise Arruda, j. 17.10.2006, *DJ* 07.11.2006.

89 Bedaque, Apelação, n. 2.1, p. 450-451; STJ, 1.ª Turma, REsp 796.296/MA, rel. Min. José Delgado, j. 04.05.2006, *DJ* 29.05.2006.

90 Scarpinella Bueno, *Código*, p. 1.399; STJ, 3.ª Seção, AR 682/RJ, rel. Min. Maria Thereza de Assis Moura, j. 28.03.2008, *DJ* 06.05.2008.

91 REsp 629.001/SP, 4.ª Turma, rel. Min. César Asfor Rocha, j. 17.10.2006, *DJ* 11.12.2006; REsp 612.529, 3.ª Turma, rel. Min. Carlos Alberto Menezes Direito, j. 03.03.2005, *DJ* 16.05.2005.

é meramente estimativo, sendo tarefa exclusiva do órgão jurisdicional o arbitramento do valor, tanto que a concessão em valor inferior ao pedido gera sentença de total procedência do pedido[92].

Não existe sentença *ultra petita* no tocante à causa de pedir, considerando-se que nunca uma causa de pedir será mais do que a outra, sendo no máximo diferente. A prolação de sentença fundada em causa de pedir diversa da narrada pelo autor é sentença *extra causa petendi*, sendo impossível falar em sentença *ultra causa petendi*. Quanto ao aspecto subjetivo da demanda, será *ultra petita* a sentença que vincular à decisão sujeito que não participa do processo, além dos sujeitos processuais[93]. A sentença nesse caso vai além dos limites subjetivos da demanda porque, apesar de figurarem nela os sujeitos que deveriam realmente figurar – sujeitos processuais –, haverá a indevida inclusão de quem não deveria estar na decisão.

16.6.1. Recorribilidade da sentença *ultra petita*

Da mesma forma que ocorre na sentença *extra petita*, o recurso cabível contra sentença *ultra petita* é a apelação. O ingresso de embargos de declaração não deve ser genericamente descartado, ficando reservado, entretanto, para as excepcionais hipóteses em que se admite que esse recurso tenha efeitos infringentes. No pedido da apelação, nada justifica uma anulação integral da sentença, devendo se aplicar ao caso concreto a teoria dos capítulos da sentença, para que somente a parte excedente da decisão seja anulada, mantendo-se a sentença até os limites da determinação do pedido[94].

Após o trânsito em julgado, caberá ação rescisória com fundamento na ofensa a dispositivo literal de lei (art. 485, V, do CPC), no caso o art. 460 do CPC, mas nesse caso, diferente da ação rescisória contra sentença *extra petita*, o pedido não será de anulação integral, mas tão somente da parte excedente da decisão. O objetivo da ação rescisória, portanto, se limita a desconstituir a parte viciada da decisão transitada em julgada, mantendo-se a decisão na parte que respeitou os limites quantitativos do pedido. Após o transcurso do prazo de dois anos da ação rescisória, não será mais possível a alegação do vício em razão do advento da coisa julgada material soberana.

16.7. SENTENÇA *CITRA PETITA (INFRA PETITA)*

No aspecto objetivo a sentença é *citra petita*, também chamada de *infra petita*, quando fica aquém do pedido do autor ou deixa de enfrentar e decidir

[92] Súmula 326/STJ.

[93] Didier-Braga-Oliveira, *Curso*, p. 295.

[94] Dinamarco, *Capítulos*, n. 39, p. 87-88; Marinoni-Arenhart, *Manual*, p. 413; Humberto Theodoro Jr., *Curso*, n. 469-a, p. 577; Scarpinella Bueno, *Código*, p. 1.399; Costa Machado, *Código*, p. 468; STJ, 3.ª Turma, EDcl no REsp 756.885/RJ, rel. Min. Humberto Gomes de Barros, j. 07.02.2008, *DJ* 03.03.2008; STJ, 3.ª Turma, AgRg no Ag 512.887/RJ, rel. Carlos Alberto Menezes Direito, j. 16.12.2003, *DJ* 29.03.2004.

causa de pedir ou alegação de defesa apresentada pelo réu No aspecto subjetivo é *citra petita* a decisão que não resolve a demanda para todos os sujeitos processuais.

O juiz não é obrigado a conceder todos os pedidos formulados pelo autor, mas em regra deverá analisar e decidir todos eles, ainda que seja para negá-los em sua totalidade[95]. É difícil imaginar uma sentença *citra petita* quando somente um pedido é formulado, porque, se o juiz não decide esse único pedido, o que decidiria na sentença? Campo mais propício para o surgimento dessa espécie de vício surge na cumulação de pedidos, devendo-se considerar a espécie de cumulação para se aferir no caso concreto a obrigatoriedade de o juiz decidir todos os pedidos. Na cumulação simples o juiz deve enfrentar e decidir todos os pedidos, que são autônomos entre si. Na cumulação sucessiva, existindo prejudicialidade entre os pedidos, a improcedência do pedido anterior dispensa o juiz de decidir o posterior, que restará prejudicado. Na cumulação subsidiária o acolhimento do pedido anterior impede o julgamento do pedido posterior, que restará prejudicado. Na cumulação alternativa a concessão de qualquer um dos pedidos torna os demais prejudicados, o que dispensa decisão a seu respeito.

> Edison ingressa com ação rescisória pleiteando a desconstituição de sentença transitada em julgado em razão de prevaricação do juiz sentenciante e um novo julgamento. Na hipótese do tribunal rejeitar a alegação de prevaricação, mantendo a sentença atacada, o pedido de novo julgamento perderá o objeto (restará prejudicado), não sendo *citra petita* o acórdão que deixa de enfrentá-lo. João pleiteia a rescisão contratual e, na eventualidade de não ser tal pedido atendido, a revisão de determinadas cláusulas contratuais. Na hipótese do pedido de rescisão contratual ser acolhido, o pedido de revisão das cláusulas contratuais perderá o objeto (prejudicado), não sendo *citra petita* o acórdão que deixa de enfrentá-lo.

No tocante à causa de pedir e aos fundamentos de defesa, o juiz estará dispensado de fundamentar sua decisão valendo-se de todas as alegações da parte sempre que a omissão diga respeito à alegação feita pela parte vitoriosa. Apresentada mais de uma causa de pedir, caso o juiz acolha uma delas e julgue procedente o pedido, não há nenhuma necessidade de decidir as demais, da mesma forma que ocorre no acolhimento de uma das matérias de defesa que leva à improcedência do pedido ou ao reconhecimento de prescrição ou decadência, quando o juiz estará liberado de decidir a respeito das demais matérias defensivas. A sentença será *citra petita* se o juiz deixa de considerar uma causa de pedir ou o fundamento de defesa alegada pela parte derrotada na demanda.

> Numa ação de rescisão contratual, Marilena alega erro e coação na celebração do contrato. Caso o juiz acolha a alegação de erro, isso já será suficiente para o acolhimento do pedido, estando dispensado de enfrentar

[95] Dinamarco, *Instituições*, n. 940, p. 275.

a alegação de coação. Apesar de não enfrentar todas as causas de pedir, como Marilena, autora da ação, teve seu pedido acolhido, a decisão não é *citra petita*. Em ação de cobrança, Carlos alega prescrição e compensação, sendo a primeira alegação acolhida e o processo extinto com a resolução do mérito (art. 267, IV, do CPC). Ainda que uma das matérias de defesa de Carlos não tenha sido apreciada, como ele se sagrou vitorioso na demanda, a sentença não será *citra petita*.

Subjetivamente, haverá decisão *citra petita* se o juiz deixar de decidir a demanda relativamente a um dos sujeitos processuais[96], o que só se torna crível na hipótese da formação de litisconsórcio. Devendo decidir a demanda a respeito de todos os sujeitos processuais, haverá vício se a sentença não tratar de algum deles, devendo-se tomar como base para aferição de quais são esses sujeitos processuais o momento de prolação de sentença, porque, tendo sido algum sujeito excluído da relação jurídica processual, naturalmente não haverá necessidade de a sentença decidir a demanda no tocante a ele.

16.7.1. Recorribilidade da sentença *citra petita*

Não restam maiores dúvidas de que, havendo sentença *citra petita,* o juiz terá de alguma forma se omitido em sua sentença. Deixar de enfrentar pedido que não tenha se tornado prejudicado, causa de pedir ou fundamento de defesa da parte derrotada ou, ainda, deixar de decidir relativamente a algum sujeito processual, demonstra falha na prestação jurisdicional consubstanciada no vício da omissão. Como analisado no Capítulo 27, item 27.2.2, o vício de omissão é impugnável por meio dos embargos de declaração[97], mas, como tal recurso não tem efeito preclusivo, é possível a alegação da omissão na sentença também em sede de apelação.

O ingresso de apelação nesse caso acarreta interessante questão. O vício não está contido propriamente na sentença, mas naquilo que faltou a ela, devendo o tribunal se manifestar originariamente sobre os temas que deveriam ter sido enfrentados pelo juízo de primeiro grau. Eventuais críticas fundadas em supressão de grau jurisdicional devem ser afastadas com a aplicação dos arts. 515, §§ 1.º, 2.º, 3.º, e 516 do CPC.

No tocante à omissão quanto ao enfrentamento de causa de pedir ou de fundamento de defesa, a anulação da decisão somente se justifica se essas alegações não chegaram a ser suscitadas e discutidas em primeiro grau[98]. Dessa forma, estando o processo pronto para imediato julgamento, as causas de pedir e/ou os fundamentos de defesa não analisados serão apreciados pelo tribunal em razão da profundidade do efeito devolutivo.

---

96 Didier-Braga-Oliveira, *Curso*, p. 295.

97 Nery-Nery, *Código*, p. 669.

98 Theodoro Jr., *Curso*, n. 496-a, p. 578.

Quanto ao pedido não apreciado pelo juízo de primeiro grau, entendo que caberá ao tribunal a integração da decisão, considerando-se que nada há a anular no caso concreto; a sentença impugnada, afinal, não tem vício nenhum. O vício diz respeito justamente àquilo que não está contido na sentença. Estando o processo pronto para imediato julgamento do pedido não analisado, deve ser aplicado por analogia o art. 515, § 3.º, do CPC[99]; havendo necessidade de instrução quanto a ele, se devolvem ao primeiro grau os autos para tal atividade processual e futuro julgamento do pedido ainda não decidido, mantendo-se hígidos os capítulos não viciados, ou seja, aquilo que já foi decidido[100].

Registre-se, entretanto, que o posicionamento do Superior Tribunal de Justiça não é nesse sentido, havendo inúmeras decisões que entendem que o vício gerado por decisão *citra petita* leva à anulação da decisão para que outra seja proferida em seu lugar, inclusive apontando para a natureza de nulidade absoluta do vício, com a consequente possibilidade de reconhecimento de ofício pelo órgão julgador[101].

Na hipótese de trânsito em julgado da decisão *citra petita*, parece que a solução a ser dada no tocante ao cabimento da ação rescisória depende da espécie de omissão no caso concreto. Na ausência de decisão sobre pedido expressamente formulado pelo autor, cria-se uma ficção jurídica de que o autor nunca fez tal pedido, de forma que será lícita a propositura de nova demanda vinculando o pedido não analisado. Como somente o dispositivo faz coisa julgada material e o pedido não resolvido naturalmente não estará no dispositivo, nada obsta a propositura da nova demanda[102]. O mesmo raciocínio pode ser aplicado à causa de pedir, afirmando-se, por ficção jurídica, que a causa de pedir não enfrentada e decidida é como causa de pedir não elaborada, permitindo-se ao autor a propositura de nova demanda vinculando a causa de pedir que foi objeto de omissão judicial.

Nessas duas hipóteses de decisão *citra petita* não cabe ação rescisória porque falta ao autor o interesse de agir. Podendo propor uma nova demanda veiculando a causa de pedir e/ou o pedido que não foi enfrentado em demanda judicial anterior, não há necessidade de desconstituir a decisão proferida em tal demanda; basta ao autor propor a nova demanda para obter o que pretende. Não é esse, entretanto, o entendimento do Superior Tribunal de Justiça, que entende cabível a ação rescisória[103].

No tocante à omissão quanto aos fundamentos de defesa, parece que a solução é diferente, considerando-se que o réu não tem o direito de ação, não podendo propor demanda judicial para veicular a matéria de defesa não analisada. Nesse caso, entendo ser cabível a ação rescisória.

---

99 Wambier, *Nulidades*, p. 308.

100 Dinamarco, *Capítulos*, n. 40, p. 90-91; Didier-Braga-Oliveira, *Curso*, p. 291-292. Contra: Fux, *Curso*, p. 793.

101 REsp 686.961/RJ, 2.ª Turma, rel. Min. Eliana Calmon, j. 04.04.2006, *DJ* 16.05.2006; REsp 756844/SC, 5.ª Turma, rel. Min. José Arnaldo da Fonseca, j. 15.09.2005, *DJ* 17.10.2005; AgRG no Ag 512.887/RJ, 3.ª Turma, rel. Min. Carlos Alberto Menezes Direito, j. 16.12.2003, *DJ* 29.03.2004.

102 Dinamarco, *Capítulos*, n. 40, p. 90.

103 AR 687/SE, 3.ª Seção, rel. Min. Maria Thereza de Assis Moura, j. 28.03.2008, *DJ* 29.05.2008; AgRg no REsp 413.786/RS, 6.ª Turma, rel. Min. Paulo Medina, j. 31.08.2005, *DJ* 24.10.2005.

16.8. MODIFICAÇÃO DA SENTENÇA PELO JUÍZO SENTENCIANTE

Segundo o art. 463 do CPC, publicada a sentença, o juiz só poderá alterá-la em três situações: (a) para corrigir inexatidões materiais; (b) para retificar erros de cálculo; (c) no julgamento dos embargos de declaração. Nas duas primeiras hipóteses o juiz pode atuar de ofício ou provocado pelas partes, a qualquer momento, até mesmo depois do trânsito em julgado da decisão[104], enquanto na terceira somente mediante provocação da parte no prazo preclusivo de cinco dias.

Acredito que o legislador tenha se esquecido de importante hipótese na qual se permite ao juízo prolator da sentença, mesmo após sua publicação, modificá-la de forma substancial. Ainda que o juízo de retratação seja excepcional na apelação, nos julgamentos liminares é admitido, dando-se a oportunidade ao juízo sentenciante, diante de apelação formalmente perfeita, se retratar de sua sentença, forma mais radical de modificação que uma decisão pode sofrer.

Dessa forma, indeferida a petição inicial e interposta apelação pelo autor, o juízo sentenciante terá um prazo de 48 horas para se retratar, nos termos do art. 296 do CPC, e o fazendo modificará a sentença mesmo depois de sua publicação. O mesmo ocorre com o julgamento de improcedência liminar, sendo a retratação permitida no prazo de cinco dias pelo art. 285-A, § 1.º, do CPC. O art. 463 deveria ter mais um inciso contemplando essas duas hipóteses de exercício de juízo de retratação na apelação.

O art. 481 do PLNCPC, que trata da matéria, mantém a omissão quanto ao juízo de retratação na apelação como hipótese de modificação de sentença pelo próprio juízo sentenciante após sua publicação. E a omissão é ainda mais grave que a atual, considerando-se que o art. 472, § 5.º, do PLNCPC estende o juízo de retratação a todas as sentenças terminativas. A omissão, como já ocorre atualmente, será lembrada pela doutrina, mas não criará qualquer complicação prática.

16.9. SITUAÇÃO FÁTICA DO MOMENTO DA PROLAÇÃO DA SENTENÇA

Segundo o art. 462 do CPC, cabe ao juiz no momento da prolação da sentença considerar fatos constitutivos, modificativos, ou extintivos do direito, ocorridos após o momento da propositura da ação. O dispositivo legal, inclusive, admite que o juiz possa conhecer de tais fatos de ofício. Trata-se claramente de dispositivo voltado à justiça da decisão, criando regra que afasta o juiz de deci-

[104] STJ, 1.ª Turma, REsp 439.863/RO, rel. Min. Humberto Gomes de Barros, rel. p/ acórdão Min. José Delgado, j. 09.12.2003, *DJ* 15.03.2004, p. 155.

são fundada em circunstância fática já ultrapassada, que não representa a atual situação dos fatos.

No tocante aos fatos modificativos ou extintivos, matéria de defesa do réu, a interpretação do dispositivo não proporciona maiores debates. De fato não seria justo, por exemplo, que, sendo a dívida paga na constância do processo, o juiz desconsiderasse esse fato no momento de julgar o pedido condenatório a pagar elaborado pelo autor.

Por outro lado, no tocante aos fatos constitutivos do direito do autor, a aplicação gera controvérsias em razão da regra da estabilização objetiva da demanda, consagrada no art. 264 do CPC. A pergunta central é: o art. 462 do CPC é exceção ao art. 264 ou ambos devem ser aplicados conjuntamente? Preferindo-se a primeira solução, os fatos constitutivos poderão até mesmo alterar a causa de pedir narrada pelo autor na petição inicial, enquanto adotando-se a segunda o juiz somente poderá se valer de novos fatos simples, sem a alteração da causa de pedir.

O Superior Tribunal de Justiça tem entendimento pacificado no sentido da segunda solução apresentada, admitindo que o juiz leve em consideração fatos favoráveis à pretensão do autor supervenientes à propositura da ação, desde que inalterada a causa de pedir[105].

O art. 480, *caput*, do PLNCPC é cópia do art. 462 do atual CPC, havendo novidade somente no parágrafo único do dispositivo, que exige a oitiva prévia das partes quando o fato for constatado de ofício pelo juiz.

16.10. CAPÍTULOS DE SENTENÇA

Segundo autorizada doutrina, os capítulos de sentença são conceituados como as **partes em que ideologicamente se decompõe o decisório** de uma decisão judicial, cada uma delas contendo o julgamento de uma pretensão distinta[106]. Essa cisão ideológica da decisão judicial pode ser feita de diversas formas. Para Cândido Rangel Dinamarco, o processualista que melhor cuidou do tema entre nós, a divisão pode ser realizada da seguinte forma[107]:

(a) capítulo referente aos pressupostos processuais de admissibilidade do julgamento de mérito;

(b) diferentes capítulos decidindo no mérito diferentes pedidos;

---

[105] STJ, 4.ª Turma, REsp 500.182/RJ, rel. Min. Luis Felipe Salomão, j. 03.09.2009, *DJe* 21.09.2009; STJ, 1.ª Turma, AgRg no REsp 910.336/SP, rel. Min. Luiz Fux, j. 17.03.2009, *DJe* 30.03.2009.

[106] Dinamarco, *Instituições*, n. 1.226, p. 663.

[107] Dinamarco, *Instituições*, n. 1.226, p. 665.

(c) nos pedidos decomponíveis a existência de dois capítulos quando do julgamento de parcial procedência;
(d) capítulo referente ao custo financeiro do processo.

Nem sempre existirá o capítulo referente aos pressupostos de admissibilidade do julgamento do mérito – condições da ação e pressupostos processuais – porque é possível que numa demanda a ausência de qualquer vício procedimental dispense a formação de tal capítulo. Por outro lado, também é possível que a decisão tenha somente esse capítulo e aquele referente ao custo financeiro do processo, quando ocorre extinção do processo sem a resolução do mérito com a condenação do autor ao pagamento das verbas de sucumbência (*sentença homogênea*). Sendo superadas as matérias processuais – ainda que exista mais de uma haverá somente um capítulo – se passa ao julgamento do mérito, que constitui outro capítulo da decisão (*sentença heterogênea*).

Havendo cumulação de pedidos, para cada um deles haverá um capítulo na decisão, o mesmo ocorrendo com o julgamento em conjunto da ação principal com ações incidentais, tais como a reconvenção e ação declaratória incidental. Nesses casos, fala-se em *sentença complexa*. Havendo somente um pedido, mas sendo esse decomponível, ou seja, se versar sobre coisas suscetíveis de quantificação (contagem, medição, pesagem), sempre que o pedido for parcialmente acolhido, haverá dois capítulos de mérito, referentes à parcela do pedido acolhido e a parcela rejeitada[108].

A teoria dos capítulos da sentença mostra-se de extrema importância[109]:

(a) na teoria das nulidades, em especial ao confinamento da nulidade a determinados capítulos da decisão;
(b) na teoria dos recursos, em especial no tocante ao âmbito de devolução recursal;
(c) na fixação dos encargos de sucumbência;
(d) na executividade parcial das decisões, ainda que recorridas com recursos recebidos no efeito suspensivo.

---

108 Didier-Braga-Oliveira, *Curso*, p. 278; Câmara, *Lições*, v. 1, p. 434.

109 Dinamarco, *Instituições*, n. 1.226, p. 665-669; Câmara, *Lições*, v. 1, p. 435-437; Didier-Braga-Oliveira, *Curso*, p. 280-281.

17

COISA JULGADA

Sumário: 17.1. Coisa julgada formal e coisa julgada material – 17.2. Coisa julgada total e parcial – 17.3. Conceito e natureza jurídica – 17.4. Função negativa da coisa julgada – 17.5. Função positiva da coisa julgada – 17.6. Limites objetivos da coisa julgada – 17.7. Limites subjetivos da coisa julgada – 17.8. Eficácia preclusiva da coisa julgada – 17.9. Coisa julgada nas relações continuativas – 17.10. Relativização da coisa julgada: 17.10.1. Introdução; 17.10.2. Coisa julgada inconstitucional; 17.10.3. Coisa julgada injusta inconstitucional – 17.11. Coisa julgada *secundum eventum probationis* – 17.12. Coisa julgada *secundum eventum litis*.

17.1. COISA JULGADA FORMAL E COISA JULGADA MATERIAL

Em todo processo, independentemente de sua natureza, haverá a prolação de uma sentença (ou acórdão nas ações de competência originária dos tribunais), que em determinado momento torna-se imutável e indiscutível dentro do processo em que foi proferida. Para tanto, basta que não seja interposto o recurso cabível ou ainda que todos os recursos cabíveis já tenham sido interpostos e decididos[1]. Na excepcional hipótese de aplicação do art. 475 do CPC, ainda que não seja interposta apelação contra a sentença, haverá o reexame necessário, de forma que o processo só chegará ao seu final após essa análise obrigatória da decisão pelo tribunal de segundo grau[2]. A partir do momento em que não for mais cabível qualquer recurso ou tendo ocorrido o exaurimento das vias recursais, a sentença transita em julgado.

---

[1] Greco Filho, *Direito*, n. 57.2, p. 274.

[2] Nery-Nery, *Código*, p. 682; Greco Filho, *Direito*, n. 57.2, p. 276-277.

Esse impedimento de modificação da decisão por qualquer meio processual dentro do processo em que foi proferida é chamado tradicionalmente de **coisa julgada formal**, ou ainda de *preclusão máxima*, considerando-se tratar de fenômeno processual endoprocessual[3]. Como se pode notar, qualquer que seja a espécie de sentença – terminativa ou definitiva – proferida em qualquer espécie de processo – conhecimento (jurisdição contenciosa e voluntária), execução, cautelar – haverá num determinado momento processual o trânsito em julgado e, como consequência, a coisa julgada formal.

Se todas as sentenças produzem coisa julgada formal, o mesmo não pode ser afirmado a respeito da coisa julgada material. No momento do trânsito em julgado e da consequente geração da coisa julgada formal, determinadas sentenças também produzirão nesse momento procedimental a **coisa julgada material**, com projeção para fora do processo, tornando a decisão imutável e indiscutível além dos limites do processo em que foi proferida. Pela coisa julgada material, a decisão não mais poderá ser alterada ou desconsiderada em outros processos.

Essa imutabilidade gerada para fora do processo, resultante da coisa julgada material, atinge tão somente as sentenças de mérito proferidas mediante cognição exauriente, de forma que haverá apenas coisa julgada formal nas sentenças terminativas ou mesmo em sentenças de mérito, desde que proferidas mediante cognição sumária, como ocorre para a maioria doutrinária na sentença cautelar[4]. Como se nota, a coisa julgada material depende da coisa julgada formal, mas o inverso não acontece.

17.2. COISA JULGADA TOTAL E PARCIAL

Havendo na sentença vários capítulos, a parte sucumbente poderá em seu recurso optar por impugnar todos eles (recurso total) ou somente alguns (recurso parcial). Esses diferentes capítulos poderão ser autônomos e independentes ou apenas autônomos, sendo tal distinção de suma importância para inúmeras consequências processuais, interessando nesse momento a formação da coisa julgada.

Sendo os capítulos tão somente autônomos, ainda que a parte impugne somente parcela deles, não há que falar em coisa julgada do capítulo não impugnado, porque em razão do *efeito expansivo objetivo externo* do recurso, dependendo do resultado de seu julgamento o capítulo não impugnado poderá ser reformado. Tome-se como exemplo o capítulo não impugnado que condena a parte ao pagamento das verbas de sucumbência; é natural que, sendo essa parte vitoriosa no recurso em que impugna o capítulo principal (por exemplo, sua condenação a pagar), consequentemente o capítulo referente às verbas de sucumbência, ainda que não impugnado, será reformado.

---

[3] Dinamarco, *Instituições*, n. 953, p. 298; Marinoni-Arenhart, *Manual*, p. 628.

[4] Marinoni-Arenhart, *Manual*, p. 630; Câmara, *Lições*, p. 462.

Para considerável parcela doutrinária, sendo os capítulos autônomos e independentes, a impugnação de somente alguns deles faz com que os capítulos não impugnados transitem em julgado. Sendo capítulos de mérito, com o trânsito em julgado produzirão coisa julgada material, de forma que essa corrente doutrinária entende perfeitamente possível que a coisa julgada material se forme de maneira fragmentada[5].

Registre-se que, apesar do correto raciocínio desenvolvido pelos renomados doutrinadores que defendem a tese da "coisa julgada parcial", o Superior Tribunal de Justiça rejeita o entendimento, firme no sentido de que o trânsito em julgado (e por consequência a coisa julgada material nas sentenças de mérito proferidas com cognição exauriente) só ocorre após o julgamento do último recurso interposto, independentemente do âmbito de devolução desse recurso ou dos anteriores[6].

17.3. CONCEITO E NATUREZA JURÍDICA

A doutrina é unânime em associar a coisa julgada material à imutabilidade da decisão judicial de mérito que não pode ser mais modificada por recursos ou pelo reexame necessário, na específica hipótese prevista pelo art. 475 do CPC. Existe, entretanto, séria polêmica a respeito do que exatamente se torna imutável em razão do fenômeno da coisa julgada material, sendo possível destacar três correntes doutrinárias.

Majoritariamente, a doutrina pátria adota o entendimento de Liebman, afirmando que a coisa julgada é uma **qualidade da sentença** que torna seus efeitos imutáveis e indiscutíveis. Para essa parcela doutrinária, após o trânsito em julgado da sentença – ou acórdão – de mérito, os efeitos projetados no plano prático por essa decisão não mais poderão ser discutidos em outra demanda, ou mesmo pelo legislador, o que seria suficiente para concluir que tais efeitos não poderão ser modificados, estando protegidos pelo "manto" da coisa julgada material. A intangibilidade das situações jurídicas criadas ou declaradas, portanto, seria a principal característica da coisa julgada material[7].

Em crítica a essa corrente doutrinária, parcela da doutrina entende que os efeitos da sentença de mérito transitada em julgado não se tornam imutáveis, bastando para chegar a tal conclusão a verificação empírica de que tais efeitos poderão ser modificados por ato ou fato superveniente, mormente pela vontade das partes[8].

O efeito principal da sentença condenatória, que é permitir a prática de atos materiais de execução, só pode ser gerado uma vez, sendo inadmissível a existência

---

5 Dinamarco, *Capítulos*, n. 57, p. 118-120; Barbosa Moreira, *O novo*, p. 199; Theodoro Jr., *Curso*, n. 508, p. 595; Bonício, *Capítulos*, p. 107.

6 REsp 639.233/DF, 1.ª Turma, rel. Min. José Delgado, j. 06.12.2005; REsp 320.459/CE, 2.ª Turma, rel. Min. Castro Meira, j. 02.08.2005.

7 Dinamarco, *Instituições*, n. 955, p. 301-302; Theodoro Jr., *Curso*, n. 507, p. 592.

8 Botelho de Mesquita, *A coisa*, p. 18; Tesheiner, *Eficácia*, n. 3.2, p. 72.

de sucessivas execuções fundadas numa mesma sentença. Na sentença declaratória, a certeza jurídica pode ser afastada por ato das partes, como na hipótese de dívida declarada e posteriormente quitada pelo devedor ou na ação de investigação de paternidade julgada improcedente com o posterior registro voluntário realizado pelo réu da paternidade do autor. Por fim, na sentença constitutiva, é possível voltar à mesma situação jurídica existente antes da coisa julgada material, servindo de exemplo o novo casamento entre pessoas divorciadas judicialmente.

Para essa corrente doutrinária, é o conteúdo da decisão, contida em sua parte dispositiva, que se torna imutável e indiscutível em razão da coisa julgada material. Antes da coisa julgada, a sentença era mutável e com o fenômeno jurídico ora analisado passa por uma modificação de sua condição jurídica, tornando-se imutável. A coisa julgada, portanto, não seria uma qualidade da sentença que opera sobre seus efeitos, mas uma **situação jurídica**, que torna uma sentença imutável e indiscutível[9].

Para uma terceira parcela doutrinária, firme em lições do direito alemão, toda sentença tem um **elemento declaratório**, consubstanciado na aplicação da norma abstrata da lei ao caso concreto. Esse elemento declaratório tem como efeito a certeza jurídica de que, diante dos fatos alegados e considerados pelo juiz, o direito material conforme declarado pela sentença existe. Nesse sentido, reconhecendo que outros efeitos da sentença poderão ser modificados por ato e fatos supervenientes, mormente pela vontade das partes, essa corrente doutrinária limita aos efeitos da declaração da norma abstrata ao caso concreto a imutabilidade própria da coisa julgada[10].

É interessante perceber que mesmo os defensores da corrente doutrinária apoiada nas lições de Liebman reconhecem que, tratando-se de direitos disponíveis, as partes poderão dispor de seu direito, mesmo após o seu reconhecimento por meio de sentença de mérito transitada em julgado, ou seja, da coisa julgada material. Ainda assim, esses doutrinadores continuam a entender que a coisa julgada material é uma qualidade da sentença que torna imutáveis os seus efeitos, à luz das condições fáticas e jurídicas de sua prolação, ou seja, quanto a direitos e obrigações existentes ou inexistentes à época da prolação da sentença[11].

Apesar da notória discussão doutrinária, uma análise profunda das três principais correntes doutrinárias expostas é suficiente para se notar que existem mais semelhanças do que diferenças entre os doutrinadores. Todos reconhecem que toda sentença tem um elemento declaratório, consubstanciado na subsunção da norma abstrata ao caso concreto[12], e considerado pelo aspecto de elemento que compõe o conteúdo da decisão ou que gera efeitos práticos para fora do processo, torna-se imutável e indiscutível. Parecem também concordar que eventos futuros, referentes à vontade das partes, poderão modificar outros efeitos gerados pela

---

9 Barbosa Moreira, *Eficácia*, n. 5, p. 107; Nery-Nery, *Código*, p. 680-681; Tesheiner, *Eficácia*, n. 3.2, p. 74.

10 Marinoni-Arenhart, *Manual*, p. 628-633; Baptista da Silva e Gomes, *Teoria*, p. 325-239.

11 Dinamarco, *Instituições*, n. 955, p. 302.

12 Barbosa Moreira, *Efeitos*, n. 5, p. 107.

sentença, como ocorre no efeito condenatório no caso de pagamento da dívida[13] ou do novo casamento no caso de divórcio[14].

> No PLNCPC, o art. 489, que conceitua a coisa julgada, substitui uma palavra e uma expressão do art. 467 do atual CPC. Em vez de prever que a coisa julgada é a eficácia da sentença que a torna imutável e indiscutível, o dispositivo legal sugerido menciona a autoridade da sentença. Acredito que a substituição do termo "eficácia" por "autoridade" busca deixar clara a distinção entre coisa julgada e efeitos da decisão. E substitui "sentença" por "decisão de mérito".

17.4. FUNÇÃO NEGATIVA DA COISA JULGADA

A imutabilidade gerada pela coisa julgada material impede que a mesma causa seja novamente enfrentada judicialmente em novo processo. Por *mesma causa* entende-se a repetição da mesma demanda, ou seja, um novo processo com as mesmas partes (ainda que em polos invertidos), mesma causa de pedir (próxima e remota) e mesmo pedido (imediato e mediato) de um processo anterior já decidido por sentença de mérito transitada em julgado, tendo sido gerada coisa julgada material. O julgamento no mérito desse segundo processo seria um atentado à *economia processual*, bem como fonte de perigo à *harmonização dos julgados*. Na realidade, mesmo que a segunda decisão seja no mesmo sentido da primeira, nada justifica que a demanda prossiga, sendo o efeito negativo da coisa julgada o impedimento de novo julgamento de mérito, independentemente do seu teor.

Importante salientar que nessa análise entre diferentes processos deve-se considerar a parte no sentido material, e não no sentido processual, de forma que, havendo substituição processual em hipótese de legitimação extraordinária concorrente, a propositura de novo processo com a mesma parte contrária, mesma causa de pedir e mesmo pedido, ainda que com outra parte processual defendendo o mesmo direito já defendido anteriormente, não afasta o efeito negativo da coisa julgada[15]. No caso de ações civis públicas movidas pelo Ministério Público e por uma associação, contra o mesmo réu, com uma mesma causa de pedir e um mesmo pedido, serão consideradas dois processos com a mesma ação.

Havendo a modificação de qualquer um desses elementos da demanda, ainda que parcialmente (p. ex., novos fatos jurídicos com a manutenção da mesma fundamentação jurídica), afasta-se qualquer impedimento ao novo julgamento, considerando-se tratar de nova demanda, ainda que consideravelmente parecida com aquela que já foi julgada e cuja decisão está protegida pela coisa julgada material[16].

---

13 Marinoni-Arenhart, *Manual*, n. 5.2, p. 633.

14 Dinamarco, *Instituições*, n. 955, p. 302.

15 Wambier, *Litispendência*, p. 264; Mendes, *Ações*, 19.2, p. 260.

16 Nery-Nery, *Código*, p. 683.

Esse impedimento de novo julgamento exige que a causa seja exatamente a mesma, sendo entendimento pacífico na doutrina e jurisprudência que a função negativa só é gerada quando aplicável ao caso concreto a **teoria da tríplice identidade** (*tria eadem*)[17]. Tratando-se de matéria de ordem pública, o juiz deve de ofício extinguir o processo posterior sem a resolução do mérito, em respeito à coisa julgada já formada, nos termos do art. 267, V, do CPC. Como nem sempre é possível ao juiz conhecer a existência do primeiro processo e a consequente coisa julgada material, caberá ao réu a alegação em matéria preliminar de contestação, ainda que tal matéria não sofra preclusão, podendo ser alegada a qualquer momento do processo.

A repetição de uma mesma demanda em novo processo só pode ser derivada de extrema má-fé da parte ou de ignorância de seu patrono, que pode desconhecer a existência do primeiro processo por não ter sido informado por seu cliente da existência de processo anteriormente julgado. Seja como for, o réu terá todo o interesse em informar o juízo sobre a existência da coisa julgada (para evitar uma nova derrota ou para evitar que uma vitória se torne derrota), o que levará o segundo processo à extinção sem resolução do mérito (art. 267, V, do CPC).

Interessante questão se coloca na hipótese de não ser reconhecida a coisa julgada material, tendo trâmite regular o segundo processo, também com sentença de mérito transitada em julgado. Como se pode facilmente notar, haverá nessa hipótese a rara situação de conflito de coisas julgadas materiais, devendo-se determinar qual delas prevalecerá. Para parcela doutrinária, a coisa julgada não pode ser afastada, salvo nas exceções previstas pela ação rescisória (art. 485 do CPC)[18], tratando-se de elemento essencial ao nosso estado democrático de direito,. Nesse entendimento, a segunda coisa julgada é juridicamente inexistente, devendo sempre prevalecer a primeira[19].

Outra parcela doutrinária entende que durante o prazo de ação rescisória da segunda prevalece a primeira coisa julgada, mas, decorrido esse prazo e obtida em ambas a chamada "*coisa julgada soberana*", passa a prevalecer a segunda (posterior substitui anterior)[20]. Essa corrente doutrinária – que é a mais acertada – lembra que o art. 485, IV, do CPC prevê a ação rescisória contra a decisão que afronta a coisa julgada material, o que demonstra de forma inequívoca que a segunda coisa julgada existe juridicamente (não se concebe a desconstituição de decisão inexistente), embora seja viciada[21].

---

17 Botelho de Mesquita, *A coisa*, p. 78; Dinamarco, *Instituições*, n. 962, p. 316; STJ, 5.ª Turma, AgRg no REsp 680.956/RJ, rel. Min. Laurita Vaz, j. 28.10.2008; REsp 730.696/RS, 1.ª Turma, rel. Min. Luiz Fux, j. 24.10.2006; REsp 799.077/SP, 4.ª Turma, rel. Min. César Asfor Rocha, j. 06.12.2005, *DJ* 06.03.2006, p. 415. Parcialmente contra: Greco Filho, *Direito*, n. 57.6, p. 286-289.

18 Rizzi, *Ação*, n. 81, p. 138-139.

19 Nery-Nery, *Código*, p. 683; Scarpinella Bueno, *Código*, p. 1.477, Porto, *Comentários*, p. 316.

20 Barbosa Moreira, *Comentários*, n. 133, p. 225-228; Dinamarco, *Instituições*, n. 970, p. 328-329; Yarshell, *Ação*, n. 107, p. 317; Theodoro Jr., *Curso*, n. 607, p. 775; Marinoni-Arenhart, *Manual*, p. 633.

21 STJ, 1.ª Seção, AR 3.130, rel. Min. Luiz Fux, rel. p/ acórdão Teori Albino Zavascki, j. 26.11.2008.

17.5. FUNÇÃO POSITIVA DA COISA JULGADA

Conforme já afirmado, somente a má-fé ou ignorância leva a parte a ingressar com processo repetindo ação já protegida pela coisa julgada material, sendo rara essa ocorrência na praxe forense. Mas a imutabilidade da coisa julgada não se exaure em sua função negativa, compreendendo também uma função positiva, que diferentemente da primeira não impede o juiz de julgar o mérito da segunda demanda, apenas o vincula ao que já foi decidido em demanda anterior com decisão protegida pela coisa julgada material[22].

Como se nota com facilidade, a geração da função positiva da coisa julgada não ocorre na repetição de demandas em diferentes processos – campo para a aplicação da função negativa da coisa julgada –, mas em demandas diferentes, nas quais, entretanto, existe uma mesma relação jurídica que já foi decidida no primeiro processo e em razão disso está protegida pela coisa julgada. Em vez da teoria da tríplice identidade, aplica-se a **teoria da identidade da relação jurídica**.

Na função positiva da coisa julgada, portanto, inexiste obstáculo ao julgamento de mérito do segundo processo, mas nesse julgamento o juiz estará vinculado obrigatoriamente em sua fundamentação ao já resolvido em processo anterior e protegido pela coisa julgada material. Reconhecida como existente uma relação jurídica (por exemplo, paternidade) e sendo tal reconhecimento imutável em razão da coisa julgada, surgindo discussão incidental a respeito dessa relação jurídica em outra demanda (por exemplo, pedido de alimentos), o juiz estará obrigado a também reconhecê-la como existente, em respeito à coisa julgada[23].

> Aline ingressa com demanda contra Jussara pleiteando a condenação da ré ao cumprimento de contrato entre elas celebrado. Jussara contesta alegando, entre outras matérias de defesa, que o contrato é nulo, requerendo a declaração da nulidade por ação declaratória incidental. No julgamento, o juiz acolhe o pedido de Jussara na ação declaratória incidental, declarando o contrato nulo, e julga improcedente o pedido de Aline. Após a decisão de mérito transitar em julgado, e consequentemente produzir coisa julgada material, Aline ingressa com novo processo contra Jussara, com a mesma causa de pedir do processo anterior, mas agora requerendo sua condenação em perdas e danos em razão do descumprimento do contrato. Como se nota, as duas demandas são diferentes – pedidos diferentes –, o que é suficiente para afastar o efeito negativo da coisa julgada. Ocorre, porém, que, em razão da ação declaratória incidental proposta por Jussara, a declaração de nulidade do contrato fez coisa julgada material, de forma que o efeito positivo da coisa julgada obriga o juiz da segunda demanda a considerar o contrato nulo em sua fundamentação, o que não evitará o julgamento de mérito, mas o condicionará nesse julgamento (naturalmente será improcedente o pedido de Aline em razão da nulidade do contrato).

---

[22] *Informativo* 426/STJ: 4.ª Turma, REsp 593.154/MG, rel. MIn. Luis Felipe Salomão, j. 09.03.2010; Talamini, *Coisa*, n. 2.6, p. 130; Didier-Braga-Oliveira, *Curso*, p. 568.

[23] Marinoni-Arenhart, *Manual*, n. 5.2, p. 634; Botelho de Mesquita, *A coisa*, p. 67.

Quanto à função positiva da coisa julgada é importante relembrar lição já exposta no Capítulo 16, item 16.2.1.2: toda sentença tem um *elemento declaratório*, que ficará protegido pela coisa julgada material. Mesmo num pedido constitutivo ou condenatório, o juiz antes de condenar, modificar, extinguir ou criar uma relação jurídica, declara que o autor tem o direito material àquela condenação ou constituição. Também aqui é importante a função positiva da coisa julgada, a impedir que, em nova demanda, a parte derrotada modifique os elementos da demanda anterior para escapar dos rigores do efeito negativo da coisa julgada, buscando discutir novamente o elemento declaratório da sentença já transitada em julgado[24].

Felipe ingressa com demanda condenatória de pagar quantia certa contra Carlos, sendo a demanda julgada procedente. Na sentença, haverá a declaração de que Carlos é devedor de Felipe, bem como uma condenação a pagar. Após o trânsito em julgado dessa demanda, Carlos ingressa com ação declaratória de inexigibilidade de débito, tendo como objeto justamente a obrigação que fundamentou sua condenação na primeira demanda. Embora sejam demandas diferentes – com diferentes elementos – o juiz estará obrigado a julgar o pedido de Carlos improcedente, porque já existe um elemento declaratório em sentença anteriormente proferida e protegida pela coisa julgada material.

17.6. LIMITES OBJETIVOS DA COISA JULGADA

Somente o **dispositivo** da sentença de mérito torna-se imutável e indiscutível, admitindo-se que os fundamentos da decisão possam voltar a ser discutidos em outro processo, inclusive com a adoção pelo juiz de posicionamento contrário ao que restou consignado em demanda anterior[25]. É natural que essa rediscussão dos fundamentos da decisão seja admitida somente se não colocar em perigo o previsto no dispositivo da decisão protegida pela coisa julgada material. Afirma-se corretamente que a coisa julgada material não se importa com *contradições lógicas* entre duas decisões de mérito, buscando tão somente evitar as *contradições práticas* que seriam geradas no caso de dois dispositivos em sentido contrário. A missão de evitar as contradições lógicas – mesmos fatos e fundamentos jurídicos considerados de maneira diferente em distintas decisões judiciais – é destinado a outros institutos processuais, tais como a prejudicialidade, conexão, continência, litisconsórcio, intervenções de terceiro e tutela coletiva.

Edison ingressou com demanda para condenar Eliane a cumprir um contrato, que alegou em sua defesa ser este nulo, sem, entretanto, ter sido oferecida ação declaratória incidental por nenhuma das partes. Amparando-se no fundamento da nulidade do contrato, o pedido de Edison foi rejeitado

[24] Tesheiner, *Eficácia*, 3.2, p. 79.

[25] Nery-Nery, *Código*, p. 701; Theodoro Jr., *Curso*, n. 513, p. 607.

pelo juiz. Após a formação da coisa julgada material, Edison ingressa com nova demanda, pedindo a condenação de Eliane a pagar pelas perdas e danos gerados pelo inadimplemento do mesmo contrato, sendo que em defesa Eliane volta a argumentar que o contrato é nulo. Como a fundamentação da decisão não se torna imutável e indiscutível, é perfeitamente possível e legítimo que o juiz dessa segunda demanda entenda que o contrato é válido, e condene Eliane a pagar a quantia pretendia por Edison a título de perdas e danos.

O art. 469 do CPC, com desnecessárias repetições, confirma que somente o dispositivo torna-se imutável e indiscutível em razão da coisa julgada material, prevendo que não fazem coisa julgada:

(I) os motivos, ainda que importantes;

(II) a verdade dos fatos;

(III) a decisão da questão prejudicial resolvida incidentalmente no processo.

Na realidade, os motivos, a verdade dos fatos e a decisão incidental da questão prejudicial fazem parte da fundamentação da sentença, e por isso não produzem coisa julgada material[26]. Não precisaria ser dito tanto para dizer tão pouco; bastaria ao dispositivo apontar sem rodeios que somente o dispositivo da sentença faz coisa julgada material.

Com excesso de zelo – que só poderá ser elogiado dentro da concepção de que *aquilo que abunda não prejudica* –, o art. 470 do CPC confirma a regra de que somente o dispositivo faz coisa julgada material ao prever que a resolução da questão prejudicial faz coisa julgada material quando for objeto de ação declaratória incidental. Como já demonstrado no Capítulo 11, item 11.8, a partir do momento em que há no processo uma ação declaratória incidental, a questão prejudicial passa a ser objeto de uma ação, de maneira que a sua solução, além de fazer parte da fundamentação da ação originária, também fará parte do dispositivo da decisão que resolver a ação declaratória incidental[27]. Ou seja, somente o dispositivo da sentença produz coisa julgada material, nunca a fundamentação, por mais relevante que se apresente no caso concreto[28].

Cumpre lembrar a tese defendida por renomados constitucionalistas de que, no processo objetivo, por meio do qual se faz o controle concentrado de constitucionalidade, os motivos determinantes da decisão também se tornam imutáveis e indiscutíveis, vinculando juízes em outras demandas a essa espécie de fundamentação[29]. Fala-se nesse caso de *transcendência dos motivos determinantes* ou de *efeito transcendente de motivos determinantes*, afirmando-se que no controle concentrado de constitucionalidade das leis o efeito vinculante não se limita ao

[26] Barbosa Moreira, *Os limites*, p. 92.

[27] Barbosa Moreira, *Os limites*, p. 94; Tesheiner, *Eficácia*, n. 3.4.2, p. 154; Fux, *Curso*, p. 830-831.

[28] STJ, 1.ª Turma, REsp 900.561/SP, rel. Min. Denise Arruda, j. 24.06.2008.

[29] Barroso, *O controle*, p. 184.

dispositivo, atingindo também os fundamentos principais da decisão. O Supremo Tribunal Federal tem aplicado a tese ora analisada[30].

A única imutabilidade dos fundamentos da decisão regulada pelo Código de Processo Civil verifica-se no fenômeno previsto pelo art. 55 do CPC, conhecido como "eficácia da intervenção". Caso o assistente tenha participado ativamente do processo, torna-se para ele imutável a justiça da decisão, ou seja, não poderá em outra demanda voltar a discutir os fundamentos de fato e de direito da sentença. O efeito da intervenção, entretanto, não se confunde com a coisa julgada material, em distinção já estabelecida no Capítulo 6, item 6.2.8.

Como já foi analisado no Capítulo 11 (respostas do réu), o art. 20 do PLNCPC extingue do sistema a ação declaratória incidental, passando a prever que a decisão da questão prejudicial terá força de coisa julgada. A redação dos arts. 490 e 491 do PLNCPC apenas se adequa a essa novidade. Entendo, entretanto, que continua a existir um paradoxo na nova lei, porque a decisão da questão prejudicial serve como fundamento da decisão do pedido, ou seja, é motivo da decisão, mas aparentemente um motivo que vale a pena tornar imutável e indiscutível.

Como já afirmei, não me oponho à opção do projeto de estender a autoridade da coisa julgada à decisão da questão prejudicial, mas desconsiderar que a mesma faça parte dos motivos da decisão é ficção jurídica com a qual não estou disposto a conviver. Assim, o art. 491, I, do PLNCPC, da mesma forma que o art. 469, I, do atual CPC, prevê que os motivos, ainda que importantes para determinar o alcance da parte dispositiva da sentença, não fazem coisa julgada material, mas a regra não se aplica à questão prejudicial.

17.7. LIMITES SUBJETIVOS DA COISA JULGADA

Segundo previsto no art. 472 do CPC, a coisa julgada vincula somente as partes, não atingindo os terceiros, que não serão beneficiados ou prejudicados. Trata-se da **eficácia *inter partes*** da coisa julgada, regra no sistema processual, ao menos no tocante à tutela individual. A par das discussões doutrinárias a respeito do conceito de parte (Capítulo 3, item 3.3.2), entende-se que a coisa julgada vincula o autor, réu e terceiros intervenientes, à exceção do assistente simples, que suporta a eficácia da intervenção prevista pelo art. 55 do CPC.

A eficácia *inter partes* justifica-se em razão dos princípios da *ampla defesa* e do *contraditório*, não sendo plausível que a sentença de mérito torne-se imutável e indiscutível para sujeito que não participou do processo. Essa justificativa só

[30] STF, Rcl-AgR 4.448/RS, Tribunal Pleno, rel. Min. Ricardo Lewandowski, j. 25.06.2008, *DJe* 07.08.2008; Rcl-AgR 5.389/PA, 1ª Turma, rel. Min. Cármen Lúcia, j. 20.11.2007, *DJ* 18.12.2007, p. 165.

tem algum sentido quanto aos terceiros interessados (que têm interesse jurídico na causa), porque no tocante aos terceiros desinteressados (não mantêm nenhuma relação jurídica interdependente com a relação jurídica objeto da demanda), número infinito de pessoas, faltará interesse processual para discutir a decisão transitada em julgado, de forma que a sua imutabilidade torna-se uma consequência natural da impossibilidade processual de modificar a decisão[31].

A doutrina acertadamente ensina que todos os sujeitos – partes, terceiros interessados e terceiros desinteressados – suportam naturalmente os efeitos da decisão, mas a coisa julgada os atinge de forma diferente. As partes estão vinculadas à coisa julgada, os terceiros interessados sofrem os efeitos jurídicos da decisão, enquanto os terceiros desinteressados sofrem os efeitos naturais da sentença, sendo que em regra nenhuma espécie de terceiro suporta a coisa julgada material[32].

Aparentemente, a segunda parte do art. 472 do CPC excepcionaria essa regra, estabelecendo que nas ações relativas ao estado de pessoa a sentença produziria coisa julgada em relação a terceiros. A inadequada redação do dispositivo legal, entretanto, somente consagra a regra da coisa julgada *inter partes*, porque exige que todos os interessados sejam citados no processo em litisconsórcio necessário. Dessa forma, somente os terceiros desinteressados não participam do processo como parte, e estes, conforme já afirmado, não suportam a coisa julgada material, porque não têm legitimidade para discutir judicialmente a decisão[33]. Parece que o dispositivo legal confundiu os efeitos da decisão com a coisa julgada material, considerando-se que todos suportam os efeitos dessa decisão – os divorciados não estão divorciados somente entre eles, mas também perante terceiros –, mas evidentemente os terceiros – nesse caso todos terceiros desinteressados – não suportam a coisa julgada material[34].

> O art. 493 do PLNCPC, que regula os limites subjetivos da coisa julgada, acertadamente retira essa segunda parte do art. 472 do atual CPC, mantendo apenas a regra de que a coisa julgada não beneficia nem prejudica terceiros.

Mesmo no sistema da coisa julgada *inter partes* existem duas exceções, de forma que os sucessores e os substituídos processuais, ainda que não participem do processo como partes, suportam os efeitos da coisa julgada. São titulares do direito e dessa forma não haveria sentido que não suportassem os efeitos da coisa julgada material.

Os **sucessores** assumem os direitos e obrigações do sucedido, transmitindo-se também a esses a imutabilidade decorrente da coisa julgada. Registre-se que, ha-

[31] Dinamarco, *Instituições*, n. 963, p. 317-318.

[32] Marinoni-Arenhart, *Manual*, n. 5.3, p. 638/639.

[33] Cruz e Tucci, *Limites*, 24.10.2, p. 292; Marinoni-Arenhart, *Manual*, n. 5.3, p. 640.

[34] Marinoni-Mitidiero, *Curso*, p. 450; Theodoro Jr., *Curso*, n. 519, p. 619.

vendo sucessão do direito durante o processo judicial, impõe-se como pressuposto da extensão da coisa julgada ao sucessor a informação da existência da demanda judicial[35]. A regra se aplica na hipótese de alienação de coisa litigiosa, na qual o adquirente deve ter ciência dessa situação da coisa para suportar a vinculação à decisão em processo do qual não participou.

Os **substituídos** são representados na demanda por sujeito que a lei ou o sistema considera apto à defesa do direito em juízo, sendo que nessa excepcional hipótese admite-se que a coisa julgada atinja titulares do direito que não participaram como parte no processo[36]. Registre-se moderna posição doutrinária no sentido de excluir a coisa julgada a terceiro que não tenha tido oportunidade de participar da demanda na qual seu direito material foi decidido. Essa corrente doutrinária entende que, não tendo oportunidade de participar do processo, o substituído processual não poderia suportar a coisa julgada material em respeito aos princípios da *ampla defesa* e do *contraditório*[37].

O PLNCPC parece consagrar tal entendimento no art. 18, parágrafo único, ao prever que o substituído processual deve ser intimado, podendo, inclusive, assumir o polo da demanda em sucessão processual ao substituto.

Interessante é o tratamento dos limites subjetivos da coisa julgada na hipótese de **dívida solidária**. Segundo o art. 274 do CC, sendo interposta demanda por um ou alguns dos credores solidários em litisconsórcio, sendo julgado procedente o pedido e condenado o réu ao pagamento, o julgamento aproveita a todos os demais credores solidários, mesmo que não tenham participado do processo. Significa dizer que todos estão legitimados a executar a sentença condenatória e que poderão alegar a exceção de coisa julgada material como matéria de defesa em ação declaratória de inexigibilidade de débito promovida pelo devedor. No caso de julgamento de improcedência, a coisa julgada material só vincula o credor ou credores que tenham ingressado com a demanda, ou seja, os credores solidários que foram parte. Para parcela doutrinária trata-se da técnica da coisa julgada *secundum eventum litis*, ou seja, a vinculação à coisa julgada material dos credores solidários que não propuseram a demanda judicial dependerá de seu resultado[38].

Na **tutela coletiva** não se repete a regra da coisa julgada *inter partes* presente no Código de Processo Civil. O tema é versado no art. 103 do CDC e varia conforme a espécie de direito coletivo *lato sensu* que compõe o objeto do processo. Nos direitos difusos a coisa julgada se opera *erga omnes* (perante toda

---

35 Cruz e Tucci, *Limites*, n. 24.1.3, p. 221.

36 Nery-Nery, *Código*, p. 707; Dinamarco, *Instituições*, n. 965, p. 321-322; Tesheiner, *Eficácia*, n. 3.3.1.2, p. 83; Greco Filho, *Direito*, n. 57.4, p. 282.

37 Cruz e Tucci, *Limites*, n. 24.2.3, p. 232.

38 Contra: Cruz e Tucci, *Limites*, n. 24.6.2, p. 278.

a coletividade), em razão da indeterminação e indeterminabilidade dos titulares do direito (inciso I). Nos direitos coletivos a coisa julgada é formada *ultra partes* (vincula pessoas que não participam do processo como partes), atingindo somente os sujeitos que compõem um grupo, classe ou categoria de pessoas (inciso II). Nos direitos individuais homogêneos a coisa julgada é formada *ultra partes*, porque só atinge os titulares do direito individual cujo somatório forma os direitos individuais homogêneos. Apesar disso, o art. 103, III, do CDC prevê que a coisa julgada nesse caso se opera *erga omnes*, o que parece equivocado, mas não gera consequências jurídicas, considerando que os sujeitos que não são titulares do direito individual homogêneo são terceiros desinteressados, que, apesar de não suportarem a coisa julgada, não têm legitimidade para discuti-la e afastá-la em juízo.

Registre-se a existência de normas que limitam a incidência da coisa julgada a determinados sujeitos num determinado território, como é o caso do art. 2.º-A, Lei 9.494/1997, ao prever que "a sentença civil prolatada em ação de caráter coletivo proposta por entidade associativa, na defesa dos interesses e direitos dos seus associados, abrangerá apenas os substituídos que tenham, na data da propositura da ação, domicílio no âmbito da competência territorial do órgão prolator" e o art. 22, *caput*, da Lei 12.016/2009, ao prever que "no mandado de segurança coletivo, a sentença fará coisa julgada limitadamente aos membros do grupo ou categoria substituídos pelo impetrante".

17.8. EFICÁCIA PRECLUSIVA DA COISA JULGADA

O art. 474 do CPC prevê que com o trânsito em julgado reputar-se-ão deduzidas e repelidas todas as alegações e defesas que a parte poderia ter levado ao processo para fundamentar o acolhimento ou a rejeição do pedido. Trata-se da eficácia preclusiva da coisa julgada.

É simples entender a regra quando aplicada para as possíveis alegações de defesa do réu. Havendo mais de uma **matéria defensiva**, caberá ao réu apresentá-las em sua totalidade, não lhe sendo possível ingressar com outra demanda arguindo matéria de defesa que deveria ter sido apresentada em processo já extinto com coisa julgada material[39]. O réu que alega somente o pagamento de dívida e vem a ser condenado a pagá-la não poderá ingressar com outro processo alegando a prescrição e requerendo a repetição de indébito, porque a alegação de prescrição deveria ter sido elaborada como matéria de defesa do primeiro processo.

Aplicada ao autor, a regra da eficácia preclusiva da coisa julgada gera maior controvérsia. A parcela majoritária tem o entendimento que parece ser o mais correto: a eficácia preclusiva da coisa julgada atinge tão somente as alegações referentes à **causa de pedir** que fez parte da primeira demanda, porquanto alegado outro fato jurídico ou outra fundamentação jurídica, não presentes na primeira

[39] Didier-Braga-Oliveira, *Curso*, p. 570.

demanda, afasta-se do caso concreto a *tríplice identidade*, considerando-se tratar-se de nova causa de pedir[40]. Alegada a falta de pagamento na ação de despejo e sendo julgado o pedido improcedente, é admissível uma nova ação de despejo fundada em danos causados ao imóvel locado.

Outra parcela doutrinária entende que a eficácia preclusiva da coisa julgada é mais ampla, atingindo alegações alheias à causa de pedir presente na demanda que produziu coisa julgada material. Para essa parcela da doutrina, o art. 474 do CPC atinge todos os fatos jurídicos deduzíveis na ação, o que naturalmente o faz atingir inclusive fatos jurídicos alheios à causa de pedir narrada pelo autor[41].

É possível ainda indicar uma terceira corrente doutrinária, intermediária entre as duas mais comuns, que entende que a eficácia preclusiva da coisa julgada atinge todos os fatos da mesma natureza conducentes ao mesmo efeito jurídico, mas não fatos de natureza diversa ou fatos de mesma natureza que produzam efeitos jurídicos diversos[42].

Interessante notar que a eficácia preclusiva da coisa julgada não contraria os limites objetivos da coisa julgada. Numa análise apressada e superficial poder-se-ia questionar a regra do art. 474 do CPC, questionando-se que, se nem mesmo as alegações feitas e decididas na fundamentação fazem coisa julgada, como poderiam se tornar imutáveis e indiscutíveis alegações que nem ao menos foram feitas e enfrentadas pelo juiz? A visão é equivocada porque não compreende a **função instrumental** da eficácia preclusiva da coisa julgada; a impossibilidade de discutir alegações não realizadas em novo processo só se justifica nos limites da proteção à coisa julgada material[43]. Dessa forma, sempre que o enfrentamento dessas alegações puder levar à decisão que contrarie o dispositivo de decisão protegido pela coisa julgada material, aplica-se a regra da eficácia preclusiva da coisa julgada para impedir a decisão a seu respeito[44].

17.9. COISA JULGADA NAS RELAÇÕES CONTINUATIVAS

O art. 471, I, do CPC prevê a possibilidade de pedido de revisão do instituído na sentença na hipótese de **modificação superveniente no estado de fato ou de direito**, sempre que a sentença resolver relação jurídica continuativa. Dessa forma, legitima-se a modificação do conteúdo de sentenças tais como as que decidem as demandas de alimentos ou revisionais de aluguel, mesmo que ocorrido seu

[40] Barbosa Moreira, *Eficácia*, p. 103-108; Nery-Nery, *Código*, p. 709; Dinamarco, *Instituições*, n. 966, p. 325; Didier-Braga-Oliveira, *Curso*, p. 571-573; STJ, 1.ª Turma, REsp 875.635/MG, rel. Min. Luiz Fux, j. 16.10.2008; REsp 861.270/PR, 2.ª Turma, rel. Min. Castro Meira, j. 05.10.2006.

[41] Baptista da Silva, *Curso*, n. 19.9, p. 518-521; Araken de Assis, *Cumulação*, p. 145-147.

[42] Tesheiner, *Eficácia*, n. 3.4.3, p. 161.

[43] Barbosa Moreira, *A eficácia*, p. 101; Nery-Nery, *Código*, p. 709; Baptista da Silva, *Curso*, 19.9, p. 516-517; Dinamarco, *Instituições*, n. 966, p. 324.

[44] Marinoni-Mitidiero, *Código*, p. 451; Theodoro Jr., *Curso*, n. 516-a, p. 611; STJ, 1.ª Turma, REsp 739.711/MG, rel. Min. Luiz Fux, j. 14.11.2006.

trânsito em julgado. É indiscutível que essa espécie de sentença, como qualquer outra, transita em julgado, produzindo coisa julgada formal, sendo absolutamente equivocado o art. 15 da Lei 5.478/1968 a prever que a sentença proferida no processo de alimentos não transita em julgado[45]. Esgotadas as vias recursais contra a decisão, é indiscutível a ocorrência do trânsito em julgado.

Sendo indiscutível a existência de coisa julgada formal, e considerando-se ser de mérito tais sentenças, a pergunta que encontra diferentes respostas na doutrina é a respeito da existência de coisa julgada material. O questionamento fundamenta-se na possibilidade de revisão da decisão a qualquer momento, ainda que sob condição; será tal circunstância compatível com a imutabilidade e indiscutibilidade prometida pela coisa julgada material?

Para parcela minoritária da doutrina, a possibilidade de revisão da decisão, ainda que limitada à ocorrência de modificações supervenientes de fato ou de direito, é incompatível com a segurança jurídica advinda da coisa julgada material, de forma que o art. 471, I, do CPC afasta a coisa julgada material das sentenças que resolvem relação jurídica continuativa[46]. Outra parcela doutrinária defende a existência de uma coisa julgada material especial, gerada por uma sentença de mérito que contém implicitamente a cláusula *rebus sic stantibus*, ou seja, a imutabilidade da decisão estaria condicionada à manutenção da situação de fato e de direito[47].

Nenhuma das posições doutrinárias examinadas é correta, sendo preferível uma terceira corrente, atualmente majoritária, que defende a existência de coisa julgada material nas sentenças que resolvem relação jurídica continuativa como em qualquer outra sentença de mérito. Essa corrente doutrinária aponta que a decisão é imutável e indiscutível, e a possibilidade de sua revisão, condicionada à modificação do estado de fato ou de direito, é permitida tão somente em razão da **modificação da causa de pedir**, de forma a afastar a *tríplice identidade*, indispensável para a aplicação da função negativa da coisa julgada material[48]. Assim, a sentença de alimentos ou da ação revisional de aluguel só pode ser modificada quando existir uma nova causa de pedir (novos fatos ou novo direito) que legitime tal modificação.

17.10. RELATIVIZAÇÃO DA COISA JULGADA

17.10.1. Introdução

Tema dos mais interessantes a respeito da coisa julgada diz respeito à sua relativização, tese defendida por parcela considerável da doutrina nacional. Ao que parece, atualmente há duas atípicas formas de relativização da coisa julgada:

---

45 Dinamarco, *Instituições*, n. 959, p. 312, nota de rodapé 10.

46 Greco Filho, *Direito*, n. 57.2, p. 274.

47 *Informativo* 400/STJ: 4.ª Turma, REsp 594.238/RJ, rel. Min. Luis Felipe Salomão, j. 04.08.2009; Nery-Nery, *Código*, p. 704; Theodoro Jr., *Curso*, n. 520, p. 619-620.

48 Tesheiner, *Eficácia*, n. 3.5.1, p. 163-168; Barbosa Moreira, *Eficácia*, p. 111; Araken de Assis, *Breve*, p. 247-249; Talamini, *Coisa*, p. 90-91; Didier-Braga-Oliveira, *Curso*, p. 576-578.

(a) coisa julgada inconstitucional; e
(b) coisa julgada injusta inconstitucional.

Enquanto na primeira se pretende afastar a coisa julgada de sentenças de mérito transitadas em julgado que tenham como fundamento norma declarada inconstitucional pelo Supremo Tribunal Federal, na segunda o pretendido afastamento da imutabilidade própria da coisa julgada se aplicaria às sentenças que produzam extrema injustiça, em afronta clara e inaceitável a valores constitucionais essenciais ao Estado democrático de direito.

Antes propriamente de analisar essas duas espécies de relativização, é interessante fazer duas observações críticas a respeito da nomenclatura – já consagrada – a respeito desses fenômenos. A relativização tratada pelas novas teorias não diz respeito a uma espécie tradicionalmente prevista em lei e tranquilamente aceita de relativização da coisa julgada: a ação rescisória, analisado no Capítulo 33. O presente capítulo, portanto, tem como conteúdo as chamadas **formas atípicas de relativização da coisa julgada**. Por outro lado, nesses casos não é propriamente a coisa julgada acusada de inconstitucional, mas a sentença que produz coisa julgada, considerando-se que o vício é desta e não daquela[49].

17.10.2. Coisa julgada inconstitucional

O art. 741, parágrafo único, e o art. 475-L, § 1.º, ambos do CPC, trazem consigo a previsão de matérias que podem ser alegadas em sede de defesa típica do executado (embargos e impugnação) e que afastam a imutabilidade da coisa julgada material. De idêntica redação, os dispositivos legais permitem ao executado a alegação de inexigibilidade do título com o fundamento de que a sentença que se executa (justamente o título executivo judicial) é fundada em lei ou ato normativo declarados inconstitucionais pelo Supremo Tribunal Federal. Ainda que a sentença já tenha transitado em julgado, ou seja, durante a sua execução definitiva, o executado ainda conseguirá se livrar da execução, afastando a imutabilidade da sentença, característica típica da coisa julgada.

A declaração de inconstitucionalidade realizada pelo Supremo Tribunal Federal pode ocorrer, segundo os dispositivos legais ora apresentados, por três diferentes maneiras:

(a) redução de texto, quando a lei é declarada inconstitucional para todos os fins e desaparece do ordenamento jurídico;
(b) aplicação da norma à situação considerada inconstitucional, quando ela será válida para certas situações e inválida para outras;
(c) interpretação conforme a Constituição, quando, havendo mais de uma interpretação possível, somente uma delas for considerada constitucional.

[49] Barbosa Moreira, *Considerações*, p. 199-200.

Existe doutrina que defende a inconstitucionalidade dos dispositivos ora comentados, com o argumento de que a coisa julgada é uma indispensável garantia fundamental, prestando-se a dotar o sistema da segurança jurídica indispensável à prestação da tutela jurisdicional[50]. A possibilidade de revisão da coisa julgada material em razão de posterior inconstitucionalidade declarada pelo Supremo Tribunal Federal criaria instabilidade insuportável ao sistema, afastando a promessa constitucional de inafastabilidade da tutela jurisdicional, considerando-se que tutela jurisdicional não definitiva é o mesmo que sua ausência[51].

O tema não é pacífico, considerando parcela da doutrina que os dispositivos legais são constitucionais, ainda que indesejáveis. Sendo tarefa das normas infraconstitucionais o estabelecimento de quando e como haverá coisa julgada, também serão essas espécies de normas que determinarão as hipóteses excepcionais de seu desaparecimento, indicando as razões e a forma procedimental para que isso ocorra no caso concreto[52]. Em virtude do histórico do surgimento dessa regra em nosso direito processual, dificilmente o Supremo Tribunal Federal a considerará inconstitucional, ainda que exista ação declaratória de inconstitucionalidade contra o art. 741, parágrafo único, do CPC, pendente de julgamento[53].

No tocante à regra em si, parcela da doutrina entende que a literalidade do dispositivo legal não deixa dúvidas a respeito de ser fenômeno processual que atua no plano da eficácia, de modo que o acolhimento dos embargos ou da impugnação desfaz a eficácia da coisa julgada retroativamente, afastando o efeito executivo da sentença condenatória[54]. Tornando a sentença ineficaz, seu principal efeito, a *sanção executiva* desaparece, não se admitindo a execução do título. Há opiniões em sentido contrário que apontam para o plano da validade, afirmando que o acolhimento dos embargos ou impugnação quando alegada a matéria prevista nos arts. 741, parágrafo único, e 475-L, § 1.º, ambos do CPC, gera a **desconstituição da sentença**[55]. Prefiro o segundo entendimento, considerando-se que a inexigibilidade do título refere-se à obrigação pendente de termo ou condição, o que naturalmente não é o caso. A alegação de inconstitucionalidade da norma em que se fundou a sentença é forma de impugnação do conteúdo da decisão, referindo-se ao seu mérito, e não a aspectos formais do título executivo.

A literalidade do dispositivo legal não permite espaço para o entendimento de que a inconstitucionalidade seja declarada pelo juízo da própria execução, no julgamento dos embargos ou impugnação[56], sendo indispensável uma manifestação expressa do Supremo Tribunal Federal. Havendo a declaração concentrada da inconstitucionalidade em julgamento de ação declaratória de constitucionalidade

---

50 Greco, *Eficácia*, p. 224.

51 Marinoni-Arenhart, *Manual*, n. 7.2, p. 664.

52 Araken de Assis, *Eficácia*, p. 46; Zavascki, *Inexigibilidade*, p. 331; Talamini, *Embargos*, p. 125.

53 STF, Tribunal Pleno, ADI 2.418-3, rel. Min. Cezar Peluso.

54 Greco, *Eficácia*, p. 45.

55 Talamini, *Embargos*, p. 124-125; Lucon, *Coisa*, p. 302; STJ, 5.ª Turma, REsp 795.710/RS, rel. Min. Felix Fischer, j. 06.06.2006.

56 Nesse sentido, de forma equivocada, as lições de Theodoro Jr.-Cordeiro, *O tormentoso*, p. 174.

ou inconstitucionalidade, não há dúvida na doutrina a respeito aplicação dos dispositivos legais. A divergência encontra-se no *controle difuso da constitucionalidade*; enquanto doutrinadores entendem que a mera declaração incidental já é o suficiente[57], outros exigem a declaração concentrada, ou ainda a declaração incidental seguida de resolução do Senado Federal suspendendo a lei ou ato normativo, nos termos do art. 52, X, da CF[58].

Parece ser o segundo entendimento superior, considerando-se que na declaração incidental de inconstitucionalidade realizada pelo Supremo Tribunal Federal, ainda que se tenha eficácia *ex tunc*, inclusive atingindo decisões já transitadas em julgado, os efeitos da decisão são gerados *inter partes*, não prejudicando nem beneficiando terceiros. A utilização de julgado do Supremo Tribunal Federal pelo executado em benefício próprio exige que a declaração tenha efeito *erga omnes*, exatamente como ocorre na declaração concentrada e na resolução de suspensão da norma realizada pelo Senado Federal.

Registre-se que a discussão só tem algum sentido para aqueles que rejeitam a tese de abstrativização do controle difuso de constitucionalidade, porque ao adotar-se essa tese, independentemente da espécie de declaração de inconstitucionalidade, estar-se-ia diante de decisão com eficácia *erga omnes*. Para os defensores desse entendimento o art. 52, X, da CF teria sofrido uma autêntica mutação constitucional (reforma da Constituição Federal sem expressa modificação do texto), passando o Senado Federal a ter uma atividade meramente voltada a dar publicidade às decisões incidentais de inconstitucionalidade proferidas pelo Supremo Tribunal Federal, de forma que a mera prolação de tal decisão já seria o suficiente para a geração de eficácia *erga omnes*, independentemente da conduta a ser adotada pelo Senado Federal[59]. Para o que interessa à presente exposição, adotando-se a tese da abstrativização do controle concentrado de constitucionalidade, qualquer declaração de inconstitucionalidade pelo Supremo Tribunal Federal poderá ser utilizada pelo executado em seus embargos ou impugnação.

Registre-se por fim que a forma processual dos embargos e da impugnação para a alegação da matéria ora discutida é simplesmente uma opção dada à parte para a sua alegação, sendo admissíveis também a ação rescisória e a ação declaratória autônoma com a mesma finalidade. A ação autônoma, inclusive, poderá ser proposta até mesmo após o encerramento da execução com a satisfação do exequente. Nesse caso, além do pedido de declaração de inconstitucionalidade da sentença que serviu de título executivo à execução, o autor poderá requerer a condenação do réu ao recebimento do valor obtido na execução, em típico pedido de repetição do indébito[60].

Por fim, cabe ainda mais uma observação no tocante à eficácia da declaração de inconstitucionalidade da lei ou ato normativo. A alegação da matéria prevista

---

57 Zavascki, *Inexigibilidade*, p. 337; Lucon, *Efeitos*, p. 303. STJ, 1.ª Turma, REsp 825.858/MG, rel. Min. Teori Albino Zavascki, j. 04.05.2006.

58 Araken de Assis, *Eficácia*, p. 48-49; Marinoni-Arenhart, *Manual*, n. 7.4, p. 672; Talamini, *Embargos*, p. 123.

59 Mendes, *Direitos*, p. 280. Contra: Assagra, *Manual*, p. 690-691.

60 Araken de Assis, *Eficácia*, p. 49-50.

nos dispositivos legais ora analisados dependerá fundamentalmente da eficácia da decisão proferida pelo Supremo Tribunal Federal, somente podendo ser alegada quando a sentença impugnada tiver sido proferida em momento no qual o tribunal entenda que a norma era inconstitucional. A observação é necessária em razão da previsão do art. 27 da Lei 9.868/1999, que permite ao Supremo Tribunal Federal fixar a eficácia da decisão concentrada de inconstitucionalidade, tendo em vista razões de segurança jurídica ou de excepcional interesse social. Registre-se o entendimento do Superior Tribunal de Justiça de que o art. 741, parágrafo único, do CPC só se aplica à sentença transitada em julgado após a sua vigência[61].

17.10.3. Coisa julgada injusta inconstitucional

Essa forma de relativização, diferentemente da anteriormente analisada, não tem uma expressa previsão legal, sendo criação doutrinária e jurisprudencial, ainda que já se tenha sugerido que, ao menos em termos procedimentais, seja possível a aplicação subsidiária dos arts. 475-L, § 1.º, e 741, parágrafo único, ambos do CPC[62]. Também encontra adeptos e críticos ardorosos, existindo espaço até mesmo para uma corrente intermediária, que aceita a proposta de relativização desde que com tratamento legislativo específico, única forma de evitar abusos desmedidos e injustificáveis.

Fundamentalmente, trata-se da possibilidade de sentença de mérito transitada em julgado causar uma **extrema injustiça**, com ofensa clara e direta a preceitos e valores constitucionais fundamentais. Reconhecendo ser a coisa julgada material instituto processual, responsável pela tutela da *segurança jurídica*, sendo esse também um importante direito fundamental previsto na Constituição Federal, a doutrina que defende a sua relativização entende que a coisa julgada não pode ser um valor absoluto, que *a priori* e em qualquer situação se mostre mais importante do que outros valores constitucionais. A proposta é que se realize no caso concreto uma ponderação entre a manutenção da segurança jurídica e a manutenção da ofensa a direito fundamental garantido pela Constituição Federal. Nesse *juízo de proporcionalidade* entre valores constitucionais, seria legítimo o afastamento da coisa julgada quando se mostrar no caso concreto mais benéfico à proteção do valor constitucional afrontado pela sentença protegida pela coisa julgada material.

Como já observado pela melhor doutrina[63], a corrente que defende essa relativização se divide em dois grupos, que apesar de fundamentos diferentes sempre chegam à mesma conclusão:

(a) os que defendem a inexistência da coisa julgada material em determinadas hipóteses de extrema injustiça inconstitucional da sentença, de forma que o afastamento da decisão nem mesmo poderia ser tratado como uma espécie de relativização;

---

61 *Informativo* 387/STJ, 2.ª T., rel. Eliana Calmon, REsp 1.049.702-RS, j. 17.03.2009.

62 Zavascki, *Inexigibilidade*, p. 332.

63 Barbosa Moreira, *Considerações*, p. 201.

(b) os que concordam que mesmo diante dessa extrema injustiça existe coisa julgada material, mas que o seu afastamento é necessário e justificável em razão da proteção de outros valores constitucionais.

Entre os defensores da inexistência de coisa julgada nessas circunstâncias, é interessante notar que existem doutrinadores que situam o vício gerado pela sentença extremamente injusta no plano da eficácia, da validade e da existência jurídica. A conclusão é sempre a mesma, qual seja a de que não havendo a coisa julgada no caso concreto não se trata propriamente de relativizá-la, mas somente de declarar sua ineficácia, nulidade ou inexistência, sempre com o objetivo de impedir a execução da decisão[64].

Cândido Rangel Dinamarco situa o vício no **plano da eficácia**, afirmando que determinadas sentenças padecem de vícios tão extremos que impedem a geração de seus efeitos, em especial o efeito executivo (*sanção executiva*). Vale-se de criação de Pontes de Miranda no tocante às impossibilidades cognoscitiva, lógica e jurídica, interessando ao presente estudo a impossibilidade jurídica de a sentença gerar efeitos.

Seriam assim sentenças juridicamente impossíveis de gerar efeitos aquelas que contrariam valores jurídicos essenciais ao sistema, tais como as que representarem:

(a) afronta à razoabilidade e proporcionalidade;

(b) ofensa à moralidade administrativa (absurda lesão ao Estado);

(c) afronta ao valor justo da indenização por desapropriação[65];

(d) afronta aos direitos fundamentais do homem;

(e) afronta ao meio ambiente equilibrado.

Considerando que a coisa julgada é a qualidade da sentença que torna os efeitos imutáveis e indiscutíveis, entende o processualista paulista que a incapacidade dessas sentenças de produzirem efeitos é suficiente para não existir coisa julgada nesses casos. Não havendo qualquer efeito para ser protegido pela coisa julgada material, o fenômeno processual simplesmente não existiria, visto que não é possível uma qualidade sem objeto, ou um manto protetor sem nada a ser protegido no caso concreto[66].

Humberto Theodoro Jr. e Juliana Cordeiro de Faria situam o vício causado pela extrema injustiça inconstitucional no **plano da validade**, afirmando que a sentença que padece de tal vício é nula, não se sujeitando a prazos prescricionais ou decadenciais. Aparentemente tratar-se-ia de nulidade absoluta de tamanha gravidade que não poderia se considerar a sentença imutável e indiscutível, o que

---

[64] Theodoro Jr.-Cordeiro, *O tormentoso*, p. 189.

[65] STJ, 1.ª Turma, REsp 765.566/RN, rel. Min. Luiz Fux, j. 19.04.2007.

[66] Dinamarco, *Relativizar*, n. 127, p. 245-249; STJ, 1.ª Turma, REsp 622.405/SP, rel. Min. Denise Arruda, j. 14.08.2007.

criaria uma mera aparência de coisa julgada. Seria hipótese semelhante ao vício ou à inexistência de citação, que apesar de gerar uma nulidade absoluta, reveste-se de tamanha gravidade que não se convalida nem mesmo após o vencimento do prazo da ação rescisória (*vício transrescisório*)[67].

Há decisão do Superior Tribunal de Justiça que adota esse entendimento ao afirmar que, diante de uma nulidade absoluta insanável, causadora de prejuízos ao patrimônio público, há apenas uma aparência de coisa julgada. A demanda tratava de desapropriação e, para demonstrar a absoluta incerteza quanto ao meio de se relativizar a coisa julgada, o Superior Tribunal de Justiça aceitou uma ação civil pública com tal desiderato[68].

Tereza Arruda Alvim Wambier e José Miguel Garcia Medina situam o vício ora analisado no **plano da existência**, afirmando que a sentença nesse caso é juridicamente inexistente, e por essa razão não se poderá falar no caso concreto de coisa julgada material. Entendem que as sentenças que Dinamarco chama de "juridicamente impossíveis" na realidade são inexistentes porque proferidas em processos em que falta ao autor a possibilidade jurídica do pedido. A ausência de condição da ação faz com que o autor não tenha exercido o direito de ação, e sim mero direito de petição, e não existindo direito de ação no caso concreto, não houve efetivamente processo, devendo a sentença ser considerada juridicamente inexistente[69].

Entre as críticas encontradas na doutrina a respeito da tese da relativização da coisa julgada em razão da coisa julgada injusta inconstitucional, coloca-se em primeiro plano a função primordial para o Estado de Direito da coisa julgada.[70] Afirma-se que a *segurança jurídica* advinda da coisa julgada é essencial para a **estabilização das relações jurídicas**, sem o que não se sobrevive em sociedade democrática. Nessa toada, fala-se também que a segurança jurídica prometida pela coisa julgada é essencial à promessa de *inafastabilidade da jurisdição*, porque a tutela jurisdicional passível de revisão sem prazo nem forma procedimental afasta a própria razão de ser desse princípio constitucional[71].

Não convence a essa parcela da doutrina o argumento de que o afastamento da coisa julgada material reserva-se para situações excepcionais e que a segurança jurídica não seria afetada de forma significativa, podendo ser afastada somente em casos de rara ocorrência prática[72]. Dois pontos são afirmados para fundamentar o receio observado nessa parcela da doutrina.

Primeiro, a constatação de que, aberta uma exceção, será incontrolável a busca pela relativização da coisa julgada, chegando até mesmo a se falar em

---

[67] Theodoro Jr.-Cordeiro, *O tormentoso*, p. 172.

[68] *Informativo* 425, 2.ª Turma, REsp 1.015.133-MT, rel. originária Min. Eliana Calmon, rel. p/ acórdão Min. Castro Meira, j. 02.03.2010.

[69] Wambier-Medina, *Relativização*, p. 354-358.

[70] Nery Jr., *A polêmica*, p. 258.

[71] Marinoni-Arenhart, *Manual*, p. 664. *Informativo* 379/STJ, 1.ª T., REsp 612.937-SP, rel. Francisco Falcão, j. 02.12.2008.

[72] Dinamarco, *Relativizar*, n. 136, p. 269-270.

vírus do relativismo a contaminar todo o sistema jurídico[73]. A relativização, nesse caso, seria na realidade o fim da coisa julgada material[74]. Outro aspecto lembrado pela doutrina é que a justiça é conceito subjetivo, sendo impossível determinar com precisão para todos e de maneira uníssona o que seja justo ou não. Dessa forma, a relativização da coisa julgada se prestaria a **eternizar os conflitos**, considerando-se que a alegação de extrema injustiça inconstitucional apta a afastar a primeira coisa julgada também poderia ser apresentada para afastar a coisa julgada da decisão que a afastou, e assim sucessivamente. Em busca de valor utópico e inalcançável – justiça – manter-se-ia aberta a porta do Poder Judiciário para intermináveis discussões a respeito da mesma lide, eternizando os conflitos de interesses levados a julgamento[75].

Por fim, na ausência de previsão legal a relativização da coisa injusta inconstitucional incidentalmente em ação idêntica àquela já decidida com sentença de mérito com trânsito em julgado, ou ainda por meio de mera ação declaratória ou embargos à execução[76], gera grave incompatibilidade lógica. O reconhecimento do vício pelo juiz de primeiro grau poderá no caso concreto afastar decisão que transitou em julgado em **grau hierárquico superior**, sendo flagrantemente ofensivo às regras de competência e à hierarquia jurisdicional que um juiz de primeiro grau de jurisdição afirme que a decisão proferida por tribunal é extremamente injusta e que por isso deve ser desconstituída. Para realçar o absurdo da situação, basta imaginar uma demanda julgada em seu mérito em última instância pelo Supremo Tribunal Federal, tendo sua decisão desconstituída por juízo de primeiro grau[77].

Entre os críticos da teoria da relativização da coisa julgada injusta inconstitucional se encontram doutrinadores que percebem o descontrole com que vem sendo aplicada a tese atualmente, passando a defender uma modificação legislativa para que se determine com maior precisão os específicos casos em que seria realizada, bem como a forma procedimental mais adequada[78].

Para as ações de investigação de paternidade decididas antes da existência do exame de DNA, exemplo recorrente dos defensores da relativização, há doutrina que defenda a aplicação, por meio de lei, da coisa julgada *secundum eventum probationis*, já existente na tutela coletiva[79]. Em apertada votação, a 2.ª Seção do Superior Tribunal de Justiça se manifestou no sentido de que a flexibilização da coisa julgada nesse caso depende de a decisão transitada em julgado ser resultado da ausência ou insuficiência de provas, não sendo o suficiente para afastar a coisa julgada material o simples advento de nova técnica pericial, como o exame de

---

[73] Araken de Assis, *Eficácia*, p. 36.

[74] Marinoni-Arenhart, *Manual*, n. 7.6, p. 680; Góes, *A relativização*, p. 148.

[75] Baptista da Silva, *Coisa*, p. 277; Barbosa Moreira, *Considerações*, p. 217-218; Araken de Assis, *Eficácia*, p. 36.

[76] Defende essa possibilidade: Dinamarco, *Relativizar*, n. 133, p. 257-259; STJ, 1.ª Turma, REsp 622.405/SP, rel. Min. Denise Arruda, j. 14.08.2007 (*Informativo* 327 do STJ).

[77] Barbosa Moreira, *Considerações*, p. 216-217.

[78] Araken de Assis, *Eficácia*, p. 36; Góes, *A relativização*, p. 153.

[79] Nery Jr., *A polêmica*, p. 267; Chaves de Farias, *Um alento*, p. 67.

DNA[80]. Outra parcela defende a **ampliação do significado** de *documento novo* para a propositura da ação rescisória, com prazo decadencial de dois anos a ser contado a partir do momento em que a parte obtenha o exame de DNA[81].

Propostas mais genéricas apontam para a modificação do art. 485 do CPC, com a inclusão de mais uma causa de cabimento da ação rescisória, justamente de sentença que ofenda norma ou valores constitucionais[82]. Também se fala em mudança do prazo para a interposição da ação rescisória, ou ao menos do termo inicial de contagem de prazo em determinadas situações. Existe ainda proposta para que seja revisado o sistema de proteção à coisa julgada pela remodelação da ação rescisória e uma sistematização adequada da *querela nullitatis*[83].

Registre-se que em decisão inédita o Supremo Tribunal Federal se manifestou no sentido de admitir a relativização da coisa julgada em ação de investigação de paternidade em virtude de exame de DNA não realizado na primeira demanda. O tribunal, por maioria de votos, no cotejo entre a coisa julgada e o princípio da dignidade da pessoa humana, consubstanciado no direito à informação genética, preferiu prestigiar o segundo valor envolvido[84].

17.11. COISA JULGADA *SECUNDUM EVENTUM PROBATIONIS*

No tocante aos direitos coletivos e difusos, a coisa julgada, na hipótese de julgamento de improcedência do pedido, tem uma especialidade que a diferencia da coisa julgada tradicional, prevista pelo Código de Processo Civil. Enquanto, no instituto tradicional, a imutabilidade e a indiscutibilidade geradas pela coisa julgada não depende do fundamento da decisão, nos direitos difusos e coletivos, caso tenha a sentença como fundamento a ausência ou a insuficiência de provas, não se impedirá a propositura de novo processo com os mesmos elementos da ação – partes, causa de pedir e pedido –, de modo a possibilitar uma nova decisão, o que, naturalmente, afastará, ainda que de forma condicional, os efeitos de imutabilidade e indiscutibilidade da primeira decisão transitada em julgado. Exclui-se da análise os direitos individuais homogêneos porque, nestes, a coisa julgada opera-se *secundum eventum litis*; assim, qualquer fundamento que leve à improcedência não afetará os interesses dos indivíduos titulares do direito (art. 103, III, do CDC).

80 REsp 706.987/SP, rel. Min. Humberto Gomes de Barros, rel. p/ acórdão Min. Ari Pargendler, j. 14.05.2008, *DJe* 10.10.2008. Pelo respeito à coisa julgada: *Informativo* 384/STJ, 4.ª T., REsp 960.805-RS, rel. Aldir Passarinho Jr., j. 17.02.2009. Admitindo nova ação quando a paternidade não for expressamente afastada na primeira ação: *Informativo* 354, 3.ª T., REsp 826.698-MS, rel. Nancy Andrighi, j. 06.05.2008.

81 Barbosa Moreira, *Considerações*, p. 220. Contra, Marinoni-Arenhart, *Manual*, n. 7.6, p. 674.

82 Câmara, *Relativização*, p. 28.

83 Baptista da Silva, *Coisa*, p. 281; Didier-Braga-Oliveira, *Curso*, p. 588.

84 *Informativos* 622,629 e 631/STF: Tribunal Pleno, RE 363.889/DF, rel. Min. Dias Toffoli, j. 02.06.2011, (RE-363.889).

A primeira questão a respeito dessa espécie atípica de coisa julgada diz respeito à sua constitucionalidade. Uma corrente minoritária vê uma quebra da isonomia em referido sistema e aponta para uma proteção exacerbada dos autores das ações coletivas *strictu sensu* em desfavor dos réus. Apesar de mais sentida nas ações que tenham como objeto os direitos individuais homogêneos, também nas que tratam de direitos difusos e coletivos, haveria uma disparidade de tratamento absolutamente desigual, o que feriria o princípio constitucional da isonomia[85].

Majoritariamente, entretanto, a doutrina entende pela constitucionalidade da coisa julgada *secundum eventum probationis* – como também da coisa julgada *secundum eventum litis* – afirmando que os sujeitos titulares do direito, ao não participarem efetivamente do processo, não poderão ser prejudicados por uma má condução procedimental do autor da demanda. Não seria justo ou legítimo impingir a toda uma coletividade, em decorrência de uma falha na condução do processo, a perda definitiva de seu direito material. A ausência da efetiva participação dos titulares do direito em um processo em contraditório é fundamento suficiente para defender essa espécie de coisa julgada material[86].

Ademais, a coisa julgada *secundum eventum probationis* serve como medida de segurança dos titulares do direito que não participam como partes no processo contra qualquer espécie de desvio de conduta do autor. A insuficiência ou a inexistência de provas poderá decorrer, logicamente, de uma inaptidão técnica dos que propuseram a demanda judicial, mas também não se poderá afastar, de antemão, algum ajuste entre as partes para que a prova necessária não seja produzida e com isso a sentença seja de improcedência[87]. É bem verdade que os poderes instrutórios do juiz, aguçados nas ações coletivas em razão da natureza dos direitos envolvidos, poderiam também funcionar como forma de controle para que isso não ocorra, mas é inegável que a maneira mais eficaz de afastar, definitivamente, qualquer ajuste fraudulento nesse sentido é a adoção da coisa julgada *secundum eventum probationis*.

Outra questão que parece ter sido pacificada pela doutrina e pela jurisprudência diz respeito aos legitimados à propositura de um novo processo com a mesma causa de pedir e o mesmo pedido do primeiro; estaria legitimado o mesmo sujeito que propôs a primeira demanda que foi resolvida de forma negativa por ausência ou insuficiência de provas? A ausência de qualquer indicativo proibitivo para a repetição do polo ativo nas duas demandas parece afastar de forma definitiva a proibição. Todos os legitimados poderão, com base na prova nova, propor a "segunda" demanda, mesmo aquele que já havia participado no polo ativo da "primeira"[88].

---

[85] Botelho de Mesquita, *Na ação*, p. 81 e ss.; Cruz e Tucci-Tucci, *Devido*, pp. 120-121; Castro Mendes, *Ações*, p. 263-264.

[86] Marcato, *O princípio*, p. 317; Marinoni-Arenhart, *Manual*, p. 781.

[87] Vigliar, *Ação*, p. 117; Nery-Nery, *Código*, p. 1.348; Mancuso, *Ação*, p. 276.

[88] Barbosa Moreira, *Ação*, p. 123; Arenhart, *Perfis*, p. 412.

A próxima questão refere-se à formação ou não de coisa julgada nas ações coletivas – direitos difusos e coletivos – julgadas improcedentes por ausência ou insuficiência de provas. Fala-se em coisa julgada *secundum eventum probatotionis*, mas há divergência a respeito de ser essa uma espécie atípica de coisa julgada ou se, nesse caso, a coisa julgada material estaria afastada, de modo a operar-se, no caso concreto, tão somente a coisa julgada formal.

Há parcela significativa da doutrina que entende não se operar, nesse caso, a coisa julgada material, por afirmar que, sendo possível a propositura de um novo processo com os mesmos elementos da ação – partes, causa de pedir e pedido –, a imutabilidade e indiscutibilidade próprias da coisa julgada material não se fariam presentes. A possibilidade de existência de um segundo processo, que, naturalmente, proporcionará uma segunda decisão, afetaria de forma irremediável a segurança jurídica advinda da coisa julgada material tradicional, de forma a estar afastado esse fenômeno processual quando os fundamentos que levaram à improcedência do pedido forem a insuficiência ou a inexistência de prova[89].

Esse entendimento, entretanto, não é o mais correto, parecendo configurar-se a mesma confusão a respeito da formação ou não da coisa julgada nos processos que tenham como objeto as relações de trato continuativo, reguladas pelo art. 471, I, do CPC. Em razão da possibilidade de que a sentença determinativa seja alterada em virtude de circunstâncias supervenientes de fato e de direito, parcela da doutrina apressou-se a afirmar que essa "instabilidade" da sentença seria incompatível com o fenômeno da coisa julgada material, que exige a imutabilidade e a indiscutibilidade do julgado.

Aos partidários do entendimento de que não existe coisa julgada nas ações que tratam de direito difuso ou coletivo quando a improcedência decorrer da insuficiência ou ausência de provas, surge uma questão de difícil resposta: como deverá o juiz proceder ao receber uma petição inicial de um processo idêntico a um processo anterior decidido nessas condições, em que o autor não indica qualquer nova prova para fundamentar sua pretensão, alegando tão somente não ser possível suportar a extrema injustiça da primeira decisão. Sem ao menos indícios de que existe uma prova nova, ainda que o fundamento da primeira decisão tenha sido a insuficiência ou ausência de provas, poderá o juiz dar continuidade ao processo?

É evidente nesse caso que o juiz deverá indeferir a petição inicial; não há maiores dúvidas a esse respeito. Mas sob qual fundamento? O fundamento de sua decisão será o art. 267, V, do CPC, o qual aponta que, nesse caso, não se poderá afastar a segurança obtida pela coisa julgada material gerada pela primeira decisão. Essa é a prova maior de que existe coisa julgada material, independente do fundamento da decisão de mérito da primeira demanda que efetivamente ocorreu, embora sua imutabilidade e sua indiscutibilidade estejam, no caso da ausência ou

89 Barros Leonel, *Manual*, p. 273-274; Mazzili, *A defesa*, p. 427; Marinoni-Arenhart, *Manual*; Nery-Nery, *Código*, p. 1.347-1.348.

insuficiência de provas, condicionadas à inexistência de prova nova que possa fundamentar a nova demanda.

Apesar da defesa veemente da existência de coisa julgada material na hipótese ora analisada e da extinção do processo quando não houver prova nova em razão justamente do fenômeno da coisa julgada material, ainda que seja admitida a inexistência de coisa julgada material quando a mesma se verifica *secundum eventum probationis*, como prefere a doutrina que tratou do tema, a conclusão a que todos chegam já é o suficiente para os fins buscados no presente trabalho: se não houver prova nova, o processo deverá ser extinto sem julgamento do mérito. Seja por falta de interesse de agir, como prefere a doutrina[90], seja por força da coisa julgada, o essencial é a conclusão pacífica de que o segundo processo não deve ser admitido.

Há um outro interessante questionamento a respeito do tema que vem suscitando dúvidas na doutrina nacional. Os dispositivos legais que tratam da coisa julgada *secundum eventum probationis* são omissos a respeito da exigência de que, expressa ou implicitamente, conste da sentença ter sido a improcedência gerada pela ausência ou insuficiência de provas ou se tal circunstância poderá ser estranha à decisão, de modo a ser demonstrada somente na segunda demanda. A tomada de uma ou de outra posição terá peso fundamental no próprio conceito de prova nova, que será fixado a seguir.

A tese restritiva exige que haja na motivação ou no dispositivo da decisão, expressa ou implicitamente, a circunstância da ausência ou insuficiência de provas. Afirma-se que, por ser uma exceção à regra da coisa julgada material prevista em nosso ordenamento processual, deverá o juiz indicar, ou ao menos ser possível deduzir de sua fundamentação, que sua decisão de improcedência decorreu de uma insuficiência ou inexistência de material probatório. A ausência dessa circunstância proporcionaria, obrigatoriamente, a geração de coisa julgada material tradicional[91].

Com entendimento contrário, existe corrente doutrinária que não vê qualquer necessidade de constar, expressa ou implicitamente na sentença, que a improcedência do pedido decorreu de ausência ou insuficiência de provas. A doutrina que defende uma tese mais ampla, afirma que não se deveria adotar um critério meramente formal do instituto, propondo-se um critério mais liberal, nomeado de critério substancial. Segundo essa visão, sempre que um legitimado propuser, com o mesmo fundamento, uma segunda demanda coletiva na qual fundamente sua pretensão em uma nova prova, estar-se-á diante da possibilidade de obter-se uma segunda decisão[92].

A segunda corrente defende o entendimento mais acertado, considerando que a adoção da tese restritiva limitaria indevidamente o conceito de prova nova. Ao exigir-se do juiz uma fundamentação referente à ausência ou à insuficiência de

---

90 Gidi, *Coisa*, p. 135-136, Abelha, *Ação*, p. 329, a extinção se fundamenta na falta de interesse de agir.

91 José Afonso da Silva, *Ação*, p. 273; Mancuso, *Ação*, p. 284; Arruda Alvim, *Notas*, p. 37; Assagra de Almeida, *Direito*, p. 377-378.

92 Gidi, *Coisa*, p. 131-138; Grinover, *Novas*, p. 222-224; Barros Leonel, *Manual*, p. 274.

provas, será impossível o juiz se manifestar sobre o que não existia à época da decisão, o que retiraria a possibilidade de propositura de uma nova demanda fundada em meio de prova que não existia à época da prolação da decisão. Nesses casos, haveria um indevido e indesejável estreitamento do conceito de nova prova, que também, por não ser tranquilo na doutrina, passa-se a analisar.

Todos os regramentos legais que tratam da coisa julgada *secundum eventum probationis* são omissos quanto ao conceito de "nova prova", missão legada à doutrina. Parcela majoritária da doutrina entende que não se deve confundir nova prova com prova superveniente, surgida após o término da ação coletiva. Por esse entendimento, seria nova a prova, mesmo que preexistente ou contemporânea à ação coletiva, desde que não tenha sido nesta considerada. Assim, o que interessa não é se a prova existia ou não à época da demanda coletiva, mas se foi ou não apresentada durante seu trâmite procedimental; será nova porque, no tocante à pretensão do autor, é uma novidade, mesmo que, em termos temporais, não seja algo recente[93].

Esse entendimento muito se assemelha ao conceito dado, pela melhor doutrina, ao "fato novo" como fundamento da liquidação de sentença por artigos. Também nesse caso, o adjetivo "novo" não é utilizado para designar um fato ocorrido após o término do processo em que se formou o título executivo, mas sim como novidade ao Poder Judiciário, por não ter sido objeto de apreciação em tal processo. O fato, portanto, assim como a "nova prova" nas ações coletivas, poderá ser anterior, concomitante ou posterior à demanda judicial; para ser adjetivado de novo, basta que não tenha sido objeto de apresentação pelas partes e de apreciação pelo juiz.

Registre-se o pensamento, a respeito do tema, exposto por Ada Pellegrini Grinover, que, nos trabalhos para a elaboração do Anteprojeto de Código Modelo de Processos Coletivos para a Ibero-América, entendeu, junto com Kazuo Watanabe, que as provas que já poderiam ter sido produzidas, mas não foram, ficam acobertadas pela eficácia preclusiva da coisa julgada. Fato novo, portanto, seria o fato superveniente. A regra consta do art. 12, § 1º, do Anteprojeto de Código Brasileiro de Processos Coletivos.

A ideia restritiva de conceito de "nova prova" sugerida pela processualista não parece ser a mais adequada ao fenômeno da proteção dos direitos transindividuais em juízo. Já foi devidamente exposto que uma das razões para adotar-se a coisa julgada *secundum eventum probationis* nas demandas que tenham como objeto direitos difusos ou coletivos é evitar que, por meio de conluio fraudulento entre as partes processuais, obtenha-se uma decisão de improcedência. Considerando a relevância do direito material debatido e a ausência dos legitimados no processo, ao menos essa proteção lhes deve ser concedida, o que não ocorreria se fosse adotada a visão de que somente provas que não existiam à época da demanda coletiva permitiriam uma nova demanda judicial.

93 Abelha, *Ação*, p. 327; Marinoni-Arenhart, *Manual*, p. 781-782.

De qualquer forma, o pensamento ao menos se mostra bastante correto quando sedimenta a ideia de que, ao surgir uma prova que não existia ou que era impossível de obter-se à época da ação coletiva, sua apresentação será o suficiente para permitir a propositura de um novo processo com os mesmos elementos da ação do anterior. Nesse caso, evidentemente, não será possível defender a corrente doutrinária que exige do juiz a indicação, expressa ou implícita, de ter o julgamento de improcedência decorrido de ausência ou insuficiência de provas. Não sabendo da existência da prova porque não era possível sua obtenção, o que só veio a ser possibilitado, por exemplo, pelo avanço tecnológico, não haveria possibilidade lógica de o juiz considerar tal circunstância em sua decisão.

17.12. COISA JULGADA *SECUNDUM EVENTUM LITIS*

No sistema tradicional da coisa julgada a mesma se opera com a simples resolução de mérito, independentemente de qual seja o resultado no caso concreto (*pro et contra*). Dessa forma, é irrelevante se saber se o pedido do autor foi acolhido ou rejeitado, se houve sentença homologatória ou se o juiz reconheceu a prescrição ou decadência; sendo sentença prevista no art. 269 do CPC faz coisa julgada material.

Mas existe outro sistema possível, que, ao menos na tutela individual é extremamente excepcional: a coisa julgada *secundum eventum litis*. Por meio desse sistema nem toda sentença de mérito faz coisa julgada material, tudo dependendo do resultado concreto da sentença definitiva transitada em julgado. Por vontade do legislador é possível que o sistema crie exceções pontuais à relação sentença de mérito com cognição exauriente e a coisa julgada material.

Poderia o sistema passar a prever que toda sentença de mérito fundada em prescrição não fará coisa julgada em ações na quais figure como parte um idoso, ou ainda que a sentença que homologa transação não fará coisa julgada material quando o acordo tiver como objeto direito real. Apesar da óbvia irrazoabilidade dos exemplos fornecidos, servem para deixar claro que afastar a coisa julgada material de sentença de mérito, que em regra se tornariam imutáveis e indiscutíveis com o trânsito em julgada, em fenômeno conhecido como coisa julgada *secundum eventum litis*, é fruto de uma opção político-legislativa.

Na tutela individual a técnica da coisa julgada *secundum eventum litis* é consideravelmente excepcional, mas aparentemente foi aplicada no art. 274 do CC, que trata dos limites subjetivos da coisa julgada nas demandas que tem como objeto dívida solidária, como já devidamente comentado. É na tutela coletiva que a coisa julgada *secundum eventum litis* passa a ter posição de destaque.

Segundo previsão do art. 103, § 1º do CDC, os efeitos da coisa julgada previstos nos incisos I e II do mesmo dispositivo legal não prejudicarão interesses e direitos individuais dos integrantes da coletividade, do grupo, classe ou categoria, em regra também aplicável ao inciso III[94]. Significa dizer que, decorrendo de uma mesma situação fática jurídica consequências no plano do direito coletivo e individual e sendo julgado improcedente o pedido formulado em demanda coletiva, independentemente da fundamentação – os indivíduos não estarão vinculados a esse resultado, podendo ingressar livremente com suas ações individuais. A única sentença que os vincula é a de procedência, porque essa naturalmente os beneficia, permitindo-se que o individuo se valha dessa sentença coletiva, liquidando-a no foro de seu domicílio e posteriormente executando-a, o que o dispensará do processo de conhecimento. A doutrina fala em coisa julgada *secundum eventum litis in utilibus*, porque somente a decisão que seja útil ao individuo será capaz de vinculá-lo a sua coisa julgada material[95].

Uma empresa petrolífera causa um grande vazamento de óleo numa determinada baía, o que naturalmente agride o meio ambiente saudável, mas também prejudica os pescadores do local, que têm danos individuais por não mais poderem exercer seu ofício. Havendo uma ação coletiva fundada no direito difuso a um meio ambiente equilibrado e sendo essa ação julgada improcedente, os pescadores poderão ingressar e vencer ações individuais de indenização contra a empresa petrolífera. Por outro lado, com a sentença de procedência, os pescadores poderão se valer desse título executivo judicial, liquidando seus danos individuais e executando o valor do prejuízo.

Registre-se que esse benefício da coisa julgada material da ação coletiva pode ser excepcionado em duas circunstâncias:

(a) na hipótese do indivíduo ser informado na ação individual da existência da ação coletiva (*fair notice*), e num prazo de 30 dias preferir continuar com a ação individual (*right to opt out*), não será beneficiado pela sentença coletiva de procedência (art. 104 do CDC)[96];

(b) nas ações coletivas de direito individual homogêneo o art. 94 do CDC admite a intervenção dos indivíduos como litisconsortes do autor, sendo que nesse caso os indivíduos se vinculam a qualquer resultado do processo coletivo, mesmo no caso de sentença de improcedência[97].

---

94 Marinoni-Arenhart, *Manual*, p. 747; Theodoro Jr., *Curso*, n. 1.688, p. 547.

95 Gidi, *Rumo*, p. 289-290.

96 Theodoro Jr., *Curso*, n. 1.688, p. 547; Marinoni-Arenhart, *Manual*, p. 747.

97 Mazzilli, *A defesa*, p. 563; Venturi, *Processo*, n. 11.4.4, p. 403.

LIVRO III

MEIOS DE IMPUGNAÇÃO DAS DECISÕES JUDICIAIS

18

CONCEITO DE RECURSOS E SUCEDÂNEOS RECURSAIS

18.1. INTRODUÇÃO

O tema recursal passa obrigatoriamente pela análise dos meios de impugnação das decisões judiciais, porque os recursos são uma espécie de meios de impugnação de decisão judicial. Afirma-se corretamente que dentro do gênero "meios de impugnação das decisões judiciais" existem duas espécies de instrumentos processuais: os *recursos* e os *sucedâneos recursais*, sendo a análise comparativa entre eles realizada de forma residual, ou seja, tudo o que não for recurso será considerado um sucedâneo recursal[1].

A definição do que seja recurso, única forma possível de apontar para a natureza recursal ou de sucedâneo recursal de determinado instrumento processual de impugnação de decisões judiciais, exige a conceituação do instituto de modo que todas as formas de impugnação à decisão judicial que não se amoldarem ao conceito serão consideradas sucedâneos recursais.

O conceito de recurso deve ser construído partindo-se de cinco características essenciais a esse meio de impugnação[2]:

---

[1] Nery Jr., *Teoria*, p. 75; Araken de Assis, *Introdução*, p. 17.

[2] Em sentido aproximado, Barbosa Moreira, *Comentários*, n. 135, p. 233.

(a) voluntariedade;

(b) expressa previsão em lei federal;

(c) desenvolvimento no próprio processo no qual a decisão impugnada foi proferida;

(d) manejável pelas partes, terceiros prejudicados e Ministério Público; e

(e) com o objetivo de reformar, anular, integrar ou esclarecer decisão judicial.

Das cinco características mencionadas, as duas primeiras serão analisadas no tratamento dos princípios recursais (*voluntariedade* e *taxatividade*), a quarta será analisada com os requisitos de admissibilidade (*legitimidade recursal*), e a quinta (*objetivo do recorrente*) será enfrentada na análise do juízo de mérito recursal.

Como visto, das cinco características essenciais de todo e qualquer recurso, somente uma delas será analisada nesse momento e diz respeito à necessidade do recurso se desenvolver no próprio processo em que foi proferida a decisão impugnada. Na hipótese de criação de um novo processo para instrumentalizar a impugnação de decisão judicial, estar-se-á diante de uma espécie de *sucedâneo recursal*, mais especificamente de **ação autônoma de impugnação**[3].

A demonstração mais clara de que o recurso se desenvolverá no próprio processo em que a decisão judicial foi preferida é a inexistência de citação do recorrido, havendo uma mera intimação para, querendo, apresentar contrarrazões no mesmo prazo que o recorrente teve para apresentar seu recurso. Sendo a citação válida essencial para a validade do processo (art. 214 do CPC), sua ausência no âmbito recursal é a demonstração definitiva de não constituir o recurso um novo processo. A exceção fica por conta da "citação" do réu para responder a apelação na hipótese do art. 285-A, § 2.º, do CPC, mas isso só ocorre porque a sentença impugnada foi proferida *inaudita altera partes*.

Importante recordar que a identidade de processo não significa necessariamente a identidade de autos, considerando-se que o recurso pode se desenvolver em autos próprios – por exemplo, agravo de instrumento –, mas continuará a fazer parte do mesmo processo no qual a decisão impugnada foi proferida[4].

Ainda que as principais características dos recursos sejam objeto de análise posterior, servem nesse momento introdutório para indicar os "requisitos" a serem preenchidos por meio de impugnação judicial para que possa ser considerado um recurso. Qualquer meio de impugnação que não seja tipificada nesse conceito de recurso apresentado será considerado um sucedâneo recursal, sendo possível dividir os sucedâneos recursais em duas espécies: internos e externos. A nomenclatura empregada nessa classificação dos sucedâneos recursais parte do pressuposto da necessidade ou não da criação de um novo processo para o sucedâneo se desenvolver: caso se desenvolva no mesmo processo em que a decisão foi proferida – a exemplo do que ocorre com o recurso –, será chamado de *sucedâneo interno*; nos casos de criação de um novo processo, será chamado de *sucedâneo externo*.

---

[3] Cheim Jorge, *Teoria*, p. 21; Marinoni-Arenhart, *Manual*, p. 518; Dinamarco, *Os efeitos*, n. 56, p. 116.

[4] Barbosa Moreira, *Comentários*, n. 135, p. 233; Pimentel Souza, *Introdução*, n. 1.2, p. 6.

18.1.1. Sucedâneos recursais internos

Conforme visto, os sucedâneos recursais internos se desenvolvem no próprio processo no qual a decisão impugnada foi proferida, não sendo possível indicar essa característica para diferenciá-los dos recursos. Na verdade, como será analisado pontualmente, cada sucedâneo recursal interno se afastará do âmbito recursal por uma ou mais razões, mas a característica de desenvolvimento no próprio processo em que a decisão impugnada foi proferida é constante tanto nos recursos como nos sucedâneos internos.

Apesar de o incidente de suspensão de segurança não impugnar a decisão judicial visando sua reforma e/ou anulação, o que irremediavelmente o afasta da natureza recursal e dos sucedâneos recursais[5], há entendimento nos tribunais superiores de que não basta a comprovação da grave lesão aos valores previstos em lei, cabendo também ao requerente demonstrar a plausibilidade de seu direito, ainda que dentro de um juízo sumário de cognição. Segundo o entendimento atualmente predominante em sede jurisprudencial, o pedido de suspensão de segurança tem natureza de contracautela, de forma que, além do perigo de dano, a parte deve demonstrar o *fumus boni iuris*[6]. Ainda que em cognição sumária deva se levar em conta o conteúdo da decisão, o incidente processual continua a não atacar o conteúdo do ato, mas tão somente seus efeitos.

É interessante notar que apesar de ser consagrada nos tribunais superiores a inadmissão de discussão sobre o mérito da controvérsia, considerando-se que o pedido de suspensão não se trata de instância recursal[7], é absolutamente inviável se imaginar a concessão de um pedido de suspensão de segurança quando a decisão for escandalosamente contrária ao melhor direito e, ainda pior, quando contrariar posição já consolidada no tribunal. Justamente em razão dessa realidade é necessário que o presidente ou o órgão colegiado no julgamento do agravo interno faça, ainda que sumariamente, uma análise do conteúdo da decisão, sem, naturalmente, formar convencimento definitivo a respeito do mérito da demanda judicial.

18.1.1.1. Reexame necessário

Segundo previsão do art. 475 do CPC, a sentença proferida contra a União, Estado, o Distrito Federal, o Município e as respectivas autarquias e fundações de direito público, bem como a que julgar procedentes, no todo ou em parte, os embargos à execução de dívida ativa da Fazenda Pública, somente produzirá efeitos após sua confirmação pelo Tribunal. Trata-se do instituto do reexame

---

[5] Didier Jr. e Carneiro da Cunha, *Curso*, p. 494-495. Há doutrina que defende a natureza de sucedâneo recursal: Araken de Assis, *Manual*, p. 890; Araujo-Medina, *Mandado*, p. 176.

[6] STJ, Corte Especial, AgRg na SS 1.404/DF, rel. Min. Edson Vidigal, j. 25.10.2004, *DJ* 06.12.2004, p. 177; STF, Tribunal Pleno, SS 3.259 AgRg/SP, rel. MIn. Ellen Gracie, j. 07.04.2008; Rocha Lopes, *Comentários*, p. 122.

[7] STJ, Corte Especial, AgRg na SS 1.873/PI, rel. Min. Cesar Asfor Rocha, j. 28.05.2009, *DJe* 10.08.2009.

necessário, que pela letra da lei é condição impeditiva da geração de efeitos da sentença proferida nas condições previstas pelo dispositivo legal mencionado[8], preferindo a melhor doutrina entendê-lo como condição impeditiva do trânsito em julgado, sendo possível a sentença pendente de julgamento de reexame necessário gerar efeitos.

As exceções ficam por conta do art. 475, § 2.º, do CPC: "não se aplica o disposto neste artigo sempre que a condenação, ou direito controvertido, for de valor certo não excedente a 60 (sessenta) salários-mínimos, bem como no caso de procedência dos embargos do devedor na execução de dívida ativa do mesmo valor". Nessas circunstâncias a remessa do processo ao Tribunal dependerá da regular interposição do recurso de apelação pela Fazenda Pública, admitindo-se o trânsito em julgado da sentença já em primeiro grau de jurisdição no caso de não haver o recurso voluntário.

É pacífico na doutrina o entendimento de que o reexame necessário não tem natureza recursal[9], não se devendo admitir expressões como "apelação *ex officio*", "recurso de ofício" ou "recurso obrigatório". São várias as razões para que o reexame necessário previsto pelo art. 475 do CPC não seja considerado um recurso:

(i) ausência de voluntariedade[10]: o recurso é um ônus processual, sendo que a sua existência depende de expressa manifestação de vontade da parte, por meio de sua interposição. A vontade da parte, portanto, é determinante, sendo a voluntariedade um princípio recursal, derivado do princípio dispositivo. O reexame necessário, conforme se depreende do próprio nome, nada tem de voluntário, porque sua existência decorre de expressa manifestação da lei, sendo irrelevante a vontade das partes e mesmo do juiz, que será obrigado a ordenar a remessa dos autos ao Tribunal e, não o fazendo, proporcionará a avocação dos autos por seu presidente (art. 475, § 1.º, do CPC);

(ii) o reexame necessário não é dialético, porque não existem razões nem contrarrazões, cabendo ao Tribunal tão somente analisar os atos praticados até a sentença. Como consequência lógica, também não haverá contraditório;

(iii) a previsão de um prazo de interposição é característica de todo e qualquer recurso, o que não ocorre com o reexame necessário, que deverá existir sempre que as condições assim exigirem, independentemente de eventual demora do processo chegar ao Tribunal;

(iv) o reexame necessário, apesar de estar previsto em lei federal (CPC), não se encontra previsto como recurso (*princípio da taxatividade*);

(v) a legitimação recursal regulada pelo art. 499 do CPC (partes, terceiro prejudicado e Ministério Público) não se aplica ao reexame necessário, instituto cuja "legitimidade" é do juízo, que determina a remessa do processo ao Tribunal.

Registre-se que, apesar de não poder ser considerado uma espécie de recurso, aplica-se ao reexame necessário um instituto tipicamente recursal: a **proibição da**

---

8 Scarpinella Bueno, *Curso*, v. 5, p. 414.

9 Cheim Jorge, *Teoria*, p. 184; Nery Jr., *Os princípios*, n. 2.3.4.1, p. 76-77; Barbosa Moreira, *Comentários*, n. 135, p. 233. Contra: Araken de Assis, *Manual*, n. 107.3, p. 852-853.

10 Scarpinella Bueno, *Curso*, v. 5, p. 412.

reformatio in pejus. Dessa forma, a Fazenda Pública não poderá ter sua situação no processo piorada em decorrência do julgamento do reexame necessário, sendo que, na pior das hipóteses para a Fazenda Pública, sua situação manter-se-á inalterada[11]. Além disso, aplica-se ao reexame necessário a regra do art. 557 do CPC, admitindo-se seu julgamento monocrático pelo relator, conforme exposto no Capítulo 25, item 25.3.2.4.

18.1.1.2. *Correição parcial*

A melhor doutrina aponta para a natureza administrativa da correição parcial, o que já seria o suficiente para afastá-la do âmbito recursal. Sua previsão no art. 6.º, I, da Lei 5.010/1966, que regula a organização da Justiça Federal de primeira instância, não é o suficiente para que a correição parcial seja considerada um recurso, cumprindo a exigência do princípio da taxatividade. A melhor doutrina já anotou que lei de organização judiciária, apesar de ser lei federal, não é lei nacional, tendo o mesmo valor de qualquer outra lei de organização judiciária estadual[12].

Trata-se de instrumento cabível diante da inversão da ordem na prática dos atos procedimentais, gerando como consequência uma **confusão procedimental**. A amplitude do cabimento do recurso de *agravo* contra decisões interlocutórias parece ter diminuído consideravelmente a utilidade da correição parcial, considerando-se que a decisão interlocutória que causa confusão procedimental naturalmente gera consequências prejudiciais a uma – ou ambas – das partes; por conta disso, será recorrível por meio de *agravo*. Dessa circunstância autorizada doutrina conclui pela inutilidade da correição parcial no sistema processual civil atual[13].

Existe significativa parcela doutrinária, entretanto, que aponta uma residual utilidade para a correição parcial, cabível na hipótese de **omissão do juiz em proferir a decisão** que lhe caiba num determinado momento procedimental. Não existindo nesse caso uma decisão, o que impedirá sua impugnação por meio de agravo, será cabível a correição parcial para que o órgão superior determine ao juízo inferior a prolação da decisão adequada ao momento procedimental[14]. Registre-se posicionamento do Superior Tribunal de Justiça que, em aplicação do princípio da *fungibilidade*, recebeu correição parcial como agravo de instrumento[15], como também não admitiu a correição parcial quando cabível agravo interno contra decisão monocrática do relator[16].

---

[11] Súmula STJ/45; Barbosa Moreira, *Comentários*, n. 240, p. 438; Cheim Jorge, *Teoria*, p. 204. Em sentido crítico, Nery Jr., *Os princípios*, n. 2.10, p. 189-191.

[12] Marcelo Abelha, *A natureza*, p. 140.

[13] Cheim Jorge, *Teoria*, p. 187.

[14] Theodoro Jr., *Curso*, n. 526, p. 632; Araken de Assis, *Manual*, n. 108.3, p. 862.

[15] STJ, 2.ª Turma, RMS 16.218/SP, rel. Min. Francisco Peçanha Martins, j. 13.09.2005, *DJ* 17.10.2005.

[16] STJ, 6.ª Turma, REsp 145.560/RJ, rel. Min. Hélio Quaglia Barbosa, j. 26.04.2005, *DJ* 09.05.2005.

18.1.1.3. Pedido de reconsideração

Apesar de ampla presença na praxe forense, o pedido de reconsideração não se encontra previsto expressamente, sendo resultado de construção jurisprudencial. A mera ausência de previsão expressa em lei federal já é suficiente para afastar o pedido de reconsideração do âmbito recursal. Essa, inclusive, é a razão pela qual já está pacificado que a interposição do pedido de reconsideração **não interrompe nem suspende o prazo recursal**[17]. O pedido de reconsideração deve ser interposto no prazo recursal, aguardando-se uma solução ao pedido ainda dentro de tal prazo, e no caso de omissão judicial até o vencimento do prazo recursal, deve a parte interpor o recurso adequado, que poderá perder o objeto na hipótese de acolhimento do pedido de reconsideração.

Tecnicamente o pedido de reconsideração teria uma aplicação prática bem mais rara do que aquela verificada atualmente. Não se prestaria a substituir o recurso cabível, o que, em muitas oportunidades – em especial contra decisões interlocutórias –, vem ocorrendo. Poderia ser utilizado tão somente nas hipóteses de decisões que não sofrem os efeitos da preclusão, porque nesse caso o juiz poderia modificar sua decisão mesmo de ofício (matérias de ordem pública), devendo-se permitir o pedido de reconsideração. Fora dessas hipóteses, a possibilidade de o juiz se retratar de sua decisão estaria limitada à interposição de recurso que permita o juízo de retratação, como ocorre com o recurso de agravo[18].

A limitação à utilização do pedido de reconsideração somente para hipóteses específicas coaduna-se com o fenômeno da preclusão judicial, indevidamente chamada pela doutrina nacional de preclusão *pro iudicato*, limitativa da retratação pura e simples da decisão por parte dos juízes. É evidente que, havendo novas circunstâncias, não levadas em conta no momento da prolação da primeira decisão, o pedido da parte trazendo tais novidades ao juiz será admitido, mas nesse caso não se trata efetivamente de pedido de reconsideração. Diante de novas circunstâncias, o pedido será outro, bem como outra será a decisão judicial.

Registre-se, por fim, que a recente alteração legislativa que tornou irrecorríveis as decisões monocráticas do relator ao converter o agravo de instrumento em agravo retido e ao conceder ou indeferir pedido de tutela de urgência (art. 527, parágrafo único, do CPC) criou, ainda que implicitamente, uma hipótese na qual o pedido de reconsideração é admitido legislativamente. Apesar de irrecorrível, o relator poderá se retratar de seu entendimento anterior, modificando a decisão, o que deixa clara a possibilidade de interposição de pedido de reconsideração. Ainda que se admita a retratação de ofício, a provocação do agravante por meio do pedido de reconsideração parece ser a forma presumidamente mais apta a

---

17 Araken de Assis, *Manual*, n. 109.2, p. 865; STJ, 5.ª Turma, REsp 843.450/SP, rel. Min. Arnaldo Esteves Lima, j. 18.03.2008, *DJ* 02.06.2008; STJ, 3.ª Turma, AgRg na RCDESP no Ag 868.509/SP, rel. Min. Ari Pargendler, j. 04.12.2007, *DJ* 13.03.2008.

18 Wambier, *Os agravos*, p. 483; Araken de Assis, *Manual*, n. 109.2, p. 865; Orione Neto, *Recursos*, p. 162.

demonstrar ao relator o equívoco de sua decisão, razão suficiente para gerar sua modificação[19].

Apesar de previsto em lei federal com outro nome, os embargos infringentes previstos no art. 34 da LEF são genuinamente uma espécie de pedido de reconsideração da sentença, considerando-se que a parte requer ao próprio juízo sentenciante a modificação de sua decisão. Estando previsto como embargos infringentes, esse "pedido de reconsideração" tem natureza recursal.

18.1.1.4. *Impugnação e embargos à execução*

No *cumprimento de sentença* a defesa típica do executado é realizada por meio da impugnação, entendida pela melhor doutrina como um incidente processual, conforme demonstrado no Capítulo 49, item 49.3.1. Havendo uma limitação da cognição horizontal, o executado só pode arguir as matérias previstas no art. 475-L do CPC, e, dependendo de qual seja essa matéria, a impugnação pode ser considerada um sucedâneo recursal interno. Acolhidas as alegações previstas no art. 475-L, I e II, § 1.º, do CPC, a **sentença será anulada**, de forma que a impugnação se prestará a impugná-la, sendo tal circunstância suficiente para considerá-la um sucedâneo recursal. O mesmo ocorre nos embargos à execução contra a Fazenda Pública, nos termos do art. 741, I e II, parágrafo único, do CPC.

18.1.2. Sucedâneos recursais externos (ações autônomas de impugnação)

Conforme já afirmado, os sucedâneos recursais externos são desenvolvidos por um **processo diferente** daquele no qual a decisão impugnada foi proferida, o que já é o suficiente para distingui-los dos recursos. São tradicionalmente lembrados como ações autônomas de impugnação: ação rescisória, ação anulatória; ação de *querela nullitatis*, reclamação constitucional[20], mandado de segurança contra decisão judicial; embargos de terceiro, e embargos à execução (art. 741, I e II, parágrafo único, do CPC).

Perceba-se ser possível afirmar que em regra as ações autônomas de impugnação são concomitantes com o processo – no qual a decisão impugnada foi proferida – que tenha sido extinto. Ação autônoma de impugnação de decisão proferida em processo já extinto é a exceção, sendo em regra desconstituída a decisão transitada em julgado por meio de ação rescisória, havendo também a possibilidade de esse fenômeno ocorrer no julgamento dos embargos a execução, que, dependendo de seu fundamento, poderão desconstituir a sentença que serve

---

19 Wambier, *Os agravos*, p. 480; Cheim Jorge, *Teoria*, p. 186.

20 O Supremo Tribunal Federal entende que a reclamação constitucional não é ação, mas exercício do direito de petição: STF, Tribunal Pleno, ADI 2.212/CE, rel. Min. Ellen Gracie, j. 02.10.2003, *DJ* 14.11.2003, p. 11. Entendimento confirmado na ADI 2.480/PB, Tribunal Pleno, rel. Min. Sepúlveda Pertence, j. 02.04.2007, *DJe* 15.06.2007.

como título executivo. Basta imaginar o acolhimento da alegação de nulidade ou inexistência de citação no processo de conhecimento (art. 741, I, do CPC), hipótese em que, em virtude do efeito extensivo da nulidade, a sentença será anulada, ainda que já transitada em julgado. O mesmo se pode dizer da alegação de "coisa julgada inconstitucional" prevista no art. 741, parágrafo único, do CPC.

Mostra-se, portanto, absolutamente equivocada a distinção entre *recursos* e *ações autônomas de impugnação*, apontando ser a primeira espécie de impugnação o meio adequado à impugnar decisões ainda não transitadas em julgado, enquanto a segunda forma de impugnação se reservaria para decisões já transitadas em julgado. O diferencial entre essas duas espécies de impugnação deve ser buscado tão somente na existência ou não de processo distinto daquele no qual a decisão impugnada foi proferida.

19

CLASSIFICAÇÃO DOS RECURSOS

19.1. INTRODUÇÃO

A tarefa de classificar um instituto jurídico como o recurso pode se mostrar interminável, porque haverá tantas classificações quantos forem os critérios adotados. Ao que parece, são apenas quatro critérios – e consequentemente quatro classificações – mais importantes que merecem comentário.

19.2. OBJETO IMEDIATO DO RECURSO

No tocante ao objeto imediato, os recursos se dividem em *recursos ordinários* e *extraordinários*, nomenclatura que não se mostra feliz em virtude da existência, em nosso ordenamento processual, de recursos específicos com tais nomes. De qualquer forma, trata-se de nomenclatura consagrada pela doutrina, razão pela qual será mantida.

Recursos que têm como objeto imediato a **proteção e a preservação da boa aplicação do Direito** são chamados de *recursos extraordinários*. Essa espécie de recurso é prevista no ordenamento processual com o objetivo de viabilizar no caso concreto uma melhor aplicação da lei federal e constitucional, permitindo que por meio deles se preservem tais normas legais. O objetivo, como se nota, não é a proteção do direito subjetivo da parte no caso concreto, mas a proteção do direito objetivo, entendendo-se a sua preservação como significativa para toda a sociedade, e não só para a parte sucumbente. É natural que, nesse caso, o recurso servirá mediatamente ao recorrente, porque o seu provimento o beneficiará, mas o importante é lembrar que não é esse o objetivo do legislador ao prevê-los, sendo essa vantagem obtida pelo recorrente mera consequência prática verificada no caso concreto[1]. São somente três os recursos extraordinários: recurso especial, recurso extraordinário e embargos de divergência[2].

Sempre que o objetivo do legislador não consistir em preservar o ordenamento jurídico, ou ainda, o direito objetivo, mas **proteger o interesse particular da parte** (direito subjetivo) no caso concreto, o recurso será classificado como ordinário. Em regra, o recurso é ordinário, sendo que todos os recursos com previsão legal que não sejam extraordinários são considerados como ordinários. É evidente que, nesses casos, também se obterá uma preservação do direito objetivo por meio de uma melhor aplicação da lei, mas essa é uma mera consequência do provimento do recurso, cuja existência se justifica na proteção do direito objetivo da parte.

19.3. FUNDAMENTAÇÃO RECURSAL (CAUSA DE PEDIR)

Em decorrência do *princípio da dialeticidade*, todo o recurso deverá ser devidamente fundamentando, expondo o recorrente os motivos pelos quais ataca a decisão impugnada e justificando seu pedido de anulação, reforma, esclarecimento ou integração. Trata-se, na realidade, da causa de pedir recursal. A amplitude das matérias dessa fundamentação divide os recursos entre aqueles que têm fundamentação vinculada e os que têm fundamentação livre.

Nos recursos de *fundamentação vinculada* o recorrente não poderá alegar qualquer matéria que desejar, estando sua fundamentação vinculada às matérias expressamente previstas em lei. O rol de matérias alegáveis em tais recursos é exaustivo, e o desrespeito a essa exigência legal acarretará a inadmissibilidade do recurso por irregularidade formal[3]. Essa espécie de recurso é excepcional, havendo somente três: recurso especial, recurso extraordinário e embargos de declaração[4], ainda que nesse último caso o Superior Tribunal de Justiça venha admitindo de forma excepcional, limitada a situações teratológicas, os embargos de declaração com efeitos infringentes, nos quais a fundamentação não estará vinculada às hipóteses legais da omissão, obscuridade e contradição. O tema é aprofundado no Capítulo 27, item 27.7.2.

A regra é o recurso ter *fundamentação livre*, o que significa ampla liberdade ao recorrente no tocante às matérias a serem alegadas em sua fundamentação recursal. É natural que, apesar de não existirem limitações legais *a priori*, como

---

1 Araken de Assis, *Manual*, n. 3.1, p. 53.
2 Cheim Jorge, *Teoria*, p. 33; Greco Filho, *Direito*, n. 60, p. 301.
3 Barbosa Moreira, *Comentários*, n. 142, p. 253.
4 Araken de Assis, *Manual*, n. 3.2, p. 54; Cheim Jorge, *Teoria*, p. 34; Didier-Cunha, *Curso*, p. 31.

ocorre nos recursos de fundamentação vinculada, haverá sempre no caso concreto uma limitação lógica e jurídica, porque o recorrente não terá interesse em alegar toda e qualquer matéria, mas somente aquela aplicável ao caso *sub judice*. Ademais, será obrigado a respeitar os limites objetivos da demanda e o sistema de preclusões. Essa obviedade, inclusive, se verifica até mesmo nos recursos de fundamentação vinculada, já que não tem sentido se imaginar que o recorrente alegará, necessariamente, todas as matérias que a lei prevê, mas somente aquelas que interessam no caso concreto.

Registre-se, por fim, que os embargos infringentes são recursos de fundamentação livre[5], porque as matérias a serem alegadas nesse recurso não vêm predeterminadas em lei. Ainda que o desacordo seja parcial, o que fixará os limites da devolução do recurso, a fundamentação será livre, sendo inclusive admissível ao embargante lançar mão de fundamentos que tenham sido rejeitados de forma unânime. A fundamentação, portanto, não estará definida por limites previstos em lei, sendo a natural limitação decorrência da extensão e profundidade do efeito devolutivo, de forma que o recurso é de fundamentação livre.

19.4. ABRANGÊNCIA DA MATÉRIA IMPUGNADA

Segundo tradicional regra do direito pátrio, o objeto do recurso será limitado pela decisão recorrida, não podendo extrapolá-lo. A exceção atualmente fica por conta do disposto no art. 515, § 3°, do CPC, que permite ao Tribunal, no julgamento de apelação contra sentença terminativa (art. 267 do CPC), conhecer imediatamente o mérito da ação ainda que tal matéria não tenha sido enfrentada em primeiro grau de jurisdição, desde que preenchidos os requisitos legais. De qualquer forma, a regra continua a ser aquela que condiciona o Tribunal em sede recursal a somente se manifestar a respeito de matérias que tenham sido decididas no pronunciamento impugnado.

São chamados de *recursos totais* os recursos que têm por objeto a integralidade da parcela da decisão que tenha gerado sucumbência à parte recorrente, enquanto os *recursos parciais* são aqueles nos quais somente uma parcela da decisão que gerou a sucumbência da parte recorrente é objeto do recurso. Utilizando-se a ideia de *capítulos de sentença*, que pode na verdade ser aplicada para qualquer espécie de decisão, o recurso total é aquele que impugna a totalidade dos capítulos da decisão que geraram sucumbência à parte, enquanto o recurso parcial é aquele no qual somente um, ou alguns dos capítulos que geraram sucumbência são objeto do recurso, havendo no caso concreto capítulo que, apesar de gerar sucumbência à parte, não é objeto de impugnação.

Registre-se que recurso total não significa recurso que tenha como objeto a integralidade da decisão impugnada, porque havendo uma parcial procedência da pretensão, haverá parcela da decisão para a qual faltará à parte vitoriosa interesse

[5] Araken de Assis, *Manual*, n. 3.2, p. 54; Cheim Jorge, *Teoria*, p. 35.

recursal[6]. O que determina ser um recurso total ou parcial não é a identidade plena entre o objeto do recurso e da decisão impugnada, mas a identidade do objeto recursal com a sucumbência gerada pela decisão impugnada.

> Fernanda requer a condenação de Carlos ao pagamento de dano moral, lucros cessantes e danos emergentes, sendo que na sentença somente é acolhido o primeiro pedido. Será total a apelação interposta por Fernanda que tiver como objeto os lucros cessantes e os danos emergentes, embora não tenha o recurso uma identidade plena com o objeto da decisão impugnada. Será parcial o recurso na hipótese da apelação versar somente a respeito dos lucros cessantes ou somente a respeito dos danos emergentes.

19.5. INDEPENDÊNCIA OU SUBORDINAÇÃO

Recurso independente é aquele oferecido pela parte dentro do prazo recursal sem importar a postura adotada pela parte contrária diante da decisão impugnada. Recurso subordinado é aquele interposto no prazo de contrarrazões de recurso apresentado pela parte contrária, motivado não pela vontade originária de impugnar a decisão, mas como contraposição ao recurso oferecido pela outra parte. O recurso independente condiciona-se exclusivamente ao preenchimento de seus próprios pressupostos de admissibilidade para que seja decidido no mérito, enquanto o recurso subordinado está condicionado ao conhecimento do recurso independente e ao preenchimento de seus próprios pressupostos de admissibilidade para que seja decidido no mérito.

Apesar da impropriedade da nomenclatura, é tradicional a doutrina se referir ao recurso independente como *recurso principal* e ao recurso subordinado como *recurso adesivo*[7], havendo expressa previsão dessa segunda espécie de recurso no art. 500 do CPC. É importante consignar que o recurso adesivo não é uma espécie recursal, mas tão somente um **recurso interposto de forma diferenciada**[8] e com um pressuposto de admissibilidade particular, também presente no agravo retido (conhecimento do recurso principal). Dessa forma, os recursos de apelação, embargos infringentes, recurso especial e extraordinário poderão ser oferecidos pela forma independente – principal – ou subordinada – adesiva. Constata-se, portanto, que os pressupostos processuais genéricos e específicos são os mesmos nas duas formas de interposição: se o recurso principal exige preparo, também se exigirá do adesivo; se exige prequestionamento, assim também se exigirá do adesivo etc.

Registre-se que esse tratamento igualitário não se aplica quando existente alguma espécie de prerrogativa ao sujeito que ingressa com o recurso na forma

6 Barbosa Moreira, *O novo*, p. 115; Didier-Cunha, *Curso*, p. 30-31.

7 Araken de Assis, *Manual*, n. 3.3.1, p. 56-57.

8 Barbosa Moreira, *Comentários*, n. 172, p. 316; Araken de Assis, *Manual*, n. 3.3.2, p. 57; Cheim Jorge, p. 287; Greco Filho, *Direito*, n. 64, p. 319-320.

principal. Portanto, não é por que a Fazenda Pública tem o prazo em dobro para recorrer que o particular também o terá para ingressar com recurso adesivo. O Superior Tribunal de Justiça já decidiu que o recorrente adesivo não se aproveita de gratuidade concedida exclusivamente ao recorrente principal[9].

Existe certa divergência na doutrina a respeito da taxatividade do rol recursal previsto no art. 500, II, do CPC: apelação, embargos infringentes, recurso especial e recurso extraordinário. Ainda que o não cabimento de recurso adesivo seja indubitável no recurso de agravo, existe doutrina que defende seu cabimento na hipótese de recurso ordinário[10] e do recurso inominado previsto pelo art. 41, *caput*, da Lei 9.099/1995 (Juizados Especiais)[11]. Prefiro o entendimento de que o **rol é taxativo**, sendo inviável o cabimento de recurso adesivo fora das hipóteses expressamente previstas pela lei[12], sendo esse o entendimento consagrado no Superior Tribunal de Justiça[13].

Para que surja no caso concreto a possibilidade de interposição de recurso adesivo, é indispensável a ocorrência de duas circunstâncias[14]:

(a) sucumbência recíproca[15], de forma que ambas as partes tenham interesse recursal, e

(b) interposição de recurso na forma principal por somente uma das partes, porque o recurso adesivo é destinado para aquele que não pretendia recorrer, o que resta demonstrado por meio da não interposição do recurso na forma principal.

Na realidade, a regra de que o recurso adesivo é instrumento exclusivo da parte que não quer recorrer determina que mesmo tendo sido interposto recurso principal viciado no aspecto formal, motivo para sua inadmissibilidade, não se admitirá o recurso adesivo[16]. O Superior Tribunal de Justiça entende inaplicável o princípio da fungibilidade para receber o recurso principal intempestivo como recurso adesivo[17]. Também não cabe recurso adesivo na hipótese de interposição de recurso principal parcial, não podendo a parte se valer de recurso adesivo para complementar o recurso interposto de forma principal[18]. Em ambos os casos é inequívoca a vontade da parte em recorrer de forma principal, sendo incabível o recurso adesivo, forma procedimental de interposição de recurso

---

9 *Informativo* 458/STJ: 4.ª Turma, REsp 912.336/SC, rel. Min. Aldir Passarinho Junior, j. 02.12.2010.

10 Barbosa Moreira, *Comentários*, n. 173, p. 317 e Didier-Cunha, *Curso*, p. 86, no tocante ao art. 539, II, do CPC.

11 Cheim Jorge, *Teoria*, p. 296. Contra: Enunciado 88/FONAJE e Enunciado 59/FONAJEF.

12 Araken de Assis, *Manual*, n. 3.3.3.1.2, pp. 59-60; Theodoro Jr., *Curso*, n. 540, p. 648; Pimentel Souza, *Introdução*, n. 5.1, p. 128.

13 STJ, AgRg nos EREsp 611.395/MG, Corte Especial, rel. Min. Gilson Dipp, j. 07.06.2006, DJ 11.08.2006, p. 333.

14 Araken de Assis, *Manual*, n. 3.3.3, p. 58-59; Cheim Jorge, *Teoria*, p. 291.

15 Admitindo recurso adesivo da parte vencedora para aumento da verba honorária: *Informativo* 363, 4.ª T., REsp. 1.056.985-RS, rel. Aldir Passarinho Jr., j. 12.08.2008.

16 Araken de Assis, *Manual*, n. 3.3.3.3, p. 62; Didier-Cunha, *Curso*, p. 91. STJ, REsp 739.632/RS, 1ª Turma, rel. Min. Luiz Fux, j. 15.05.2007, DJ 11.06.2007.

17 STJ, REsp 867.042/AL, 1ª Turma, rel. Min. Luiz Fux, j. 17.06.2008, DJe 07.08.2008.

18 Cheim Jorge, *Teoria*, p. 313; Nery Jr., *Teoria*, n. 2.11, p. 194.

limitada à parte que demonstrou não pretender impugnar a decisão ao deixar de ingressar com recurso.

Segundo o art. 500, *caput*, do CPC, interposto o recurso principal pelo autor ou réu, a outra parte terá legitimidade para a interposição do recurso adesivo. A redação do dispositivo legal mencionado suscita dúvidas a respeito da legitimidade ativa e passiva do recurso adesivo. Para parcela da doutrina, a interpretação restritiva do dispositivo legal é a preferível, não se admitindo o recurso adesivo interposto pelo terceiro prejudicado ou pelo Ministério Público quando participa do processo como fiscal da lei[19]. Da mesma forma, mais uma vez interpretando-se restritivamente o dispositivo legal, não pode o autor e/ou réu interpor recurso adesivo diante de recurso principal interposto pelo terceiro prejudicado ou o Ministério Público quando atua como fiscal da lei[20].

Ainda quanto à legitimação, interessante questão se coloca na hipótese de litisconsórcio. Sendo unitário, qualquer dos litisconsortes recorridos tem legitimidade para o oferecimento do recurso adesivo. Sendo simples, só terá legitimidade o litisconsorte que figurar no recurso principal como recorrido, isto é, não pode recorrer adesivamente em relação a recurso principal que tenha por objeto matéria que não lhe diga respeito[21].

Havendo a interposição de recurso na forma principal, o recorrido será intimado para apresentar contrarrazões a esse recurso. Nesse momento procedimental poderá, além de responder o recurso já interposto, ingressar com o recurso adesivo, desde que, é claro, exista interesse recursal (sucumbência recíproca). É admissível a apresentação de contrarrazões e de recurso adesivo em **momentos distintos**, desde que apresentados dentro do prazo de 15 dias[22] (todos os recursos que podem ser oferecidos de forma adesiva tem prazo de contrarrazões de 15 dias), também se admitindo que sejam elaborados numa mesma peça processual, desde que preencha os requisitos formais de ambos os atos (contrarrazões e recurso adesivo)[23]. No tocante ao *Ministério Público* e à *Fazenda Pública*, que têm o prazo em dobro para recorrer (art. 188 do CPC) e prazo simples para contra-arrazoar, a natureza recursal do recurso adesivo permite a conclusão de que seu **prazo será em dobro**[24], de forma que as contrarrazões devem ser apresentadas em 15 dias e o recurso adesivo em 30 dias.

Como já afirmado, o julgamento do recurso adesivo está condicionado ao conhecimento do recurso principal, ou seja, ao julgamento de mérito desse recurso. É natural que, conhecido e julgado em seu mérito o recurso principal, o recur-

---

[19] Theodoro Jr., *Curso*, n. 540, p. 648; Pimentel Souza, *Introdução*, n. 5.1, p. 131; Cheim Jorge, *Teoria*, p. 300-301; Araken de Assis, *Manual*, n. 3.3.3.2, p. 60-61.

[20] Barbosa Moreira, *Comentários*, n. 174, p. 319; Pimentel Souza, *Introdução*, n. 5.1, p. 131; Didier-Cunha, *Curso*, p. 88. Contra: Cheim Jorge, *Teoria*, p. 301-302; Araken de Assis, *Manual*, n. 3.3.3.2, p. 61.

[21] Cheim Jorge, *Teoria*, p. 298-299; Barbosa Moreira, *Comentários*, n. 174, p. 319.

[22] Araken de Assis, *Manual*, n. 3.3.3.4, p. 62; Barbosa Moreira, *Comentários*, n. 176, p. 322.

[23] Barbosa Moreira, *Comentários*, n. 177, p. 325.

[24] STJ, EDcl no REsp 171.543/RS, 2ª Turma, rel. Min. Nancy Andrighi, j. 16.06.2000, DJ 14.08.2000, p. 159; Araken de Assis, *Manual*, n. 3.3.3.4, p. 62; Barbosa Moreira, *Comentários*, n. 176, p. 323.

so adesivo pode não ser conhecido, bastando para tanto o tribunal considerá-lo inadmissível[25]. Mesmo a desistência do recorrente principal torna prejudicado o recurso adesivo, de forma que não haverá sua análise pelo tribunal. Excepcional hipótese ocorrerá se a desistência for fruto de má-fé, quando o tribunal poderá acolher a desistência, deixando de julgar o recurso principal, mas ainda assim julgar o recurso adesivo. Basta imaginar o autor que pede, por exemplo, R$ 100,00, recebe R$ 2,00, e só o réu apela da sentença pleiteando a improcedência do pedido, enquanto o autor recorre adesivamente para majorar o valor da condenação para R$ 100,00. O recorrente principal, ciente da demora no julgamento da apelação, espera até a iminência de tal julgamento para desistir da demanda. Com essa postura desleal, impede o autor de executar os R$ 2,00 que recebeu, e não corre o risco de ver aumentada sua condenação. Toda má-fé deve ser repelida fortemente pelos tribunais, única forma de se evitar que o processo torne-se uma "terra de ninguém".

A única novidade do PLNCPC no tocante ao recurso adesivo é a modificação de suas hipóteses de cabimento, atualmente previstas no art. 500, II, do CPC. Como no projeto não há previsão de embargos infringentes, coerentemente esse recurso não é mais considerado nas hipóteses de cabimento do recurso adesivo, que segundo o art. 951, parágrafo único, II, do PLNCPC, fica limitado a apelação, recurso especial e extraordinário.

[25] Barbosa Moreira, *Comentários*, n. 178, p. 327.

20

EFEITOS DOS RECURSOS

20.1. INTRODUÇÃO

Tradicionalmente, os efeitos dos recursos são limitados ao efeito devolutivo e efeito suspensivo, havendo doutrina, entretanto, que prefere somar a esses dois tradicionais efeitos outros, como o expansivo, translativo e substitutivo. Na realidade, mesmo a doutrina que se limita a apontar o efeito devolutivo e suspensivo não desconhece os demais fenômenos, somente não os considerando efeitos do recurso ou tratando de tais temas dentro do efeito devolutivo[1].

Sem adentrar nessa polêmica, o objetivo é descrever, da forma mais didática possível, os efeitos recursais lembrados pela doutrina pátria. As questões referentes à efetiva natureza jurídica de tais fenômenos processuais, apesar de indiscutível importância acadêmica, não serão enfrentadas, firme na convicção de que na prática essas divergências têm pouca ou nenhuma relevância.

20.2. EFEITO OBSTATIVO

O efeito obstativo diz respeito à preclusão temporal e sua relação com a interposição do recurso. A doutrina majoritária com razão aponta que o ingresso

---

1 Cheim Jorge, *Teoria*, p. 251-253.

de qualquer recurso **impede a geração da preclusão temporal**, com o consequente trânsito em julgado, que somente se verificará após o devido julgamento do recurso[2]. Para outra parcela doutrinária, na realidade a interposição do recurso não impede a preclusão, mas simplesmente suspende a sua ocorrência até o momento em que o recurso for julgado[3]. Há ainda uma terceira corrente, que toma por base o resultado do julgamento do recurso interposto: não sendo o recurso admitido (*juízo de admissibilidade negativo*), terá ocorrido somente o impedimento temporário à preclusão, enquanto sendo o recurso julgado no mérito, com a substituição da decisão recorrida, o recurso terá realmente obstado a preclusão[4].

De qualquer maneira, qualquer que seja a corrente doutrinária adotada, é uníssono o entendimento de que, durante o trâmite recursal, não é possível falar em preclusão da decisão impugnada, afastando-se no caso concreto durante esse lapso temporal o trânsito em julgado e eventualmente a coisa julgada material (decisão de mérito). Em razão de tal efeito do recurso, não se admite uma execução definitiva enquanto pendente recurso de julgamento, porque inexiste nesse caso o necessário trânsito em julgado a permitir tal espécie de execução.

20.3. EFEITO DEVOLUTIVO

Por efeito devolutivo entende-se a transferência ao órgão *ad quem* do conhecimento de matérias que já tenham sido objeto de decisão no juízo *a quo*. O conceito de efeito devolutivo já é suficiente para demonstrar que o nome dado a tal efeito não merece elogios, considerando-se que não há nos recursos uma genuína devolução, mas uma **simples transferência** do órgão prolator da decisão impugnada para o órgão julgador. Somente se devolve matéria a determinado órgão jurisdicional se anteriormente esse órgão já teve competência para analisá-la, não sendo exatamente isso o que ocorre com o chamado "efeito devolutivo"[5]. Para salvar o nome, já tradicional e arraigado em nossa cultura jurídica, pode-se falar em devolução para o próprio Poder Judiciário, ainda que entre órgãos diferentes[6].

Essa, inclusive, é outra questão interessante: o efeito devolutivo somente existe em recursos nos quais a competência é de órgão jurisdicional diferente daquele que proferiu a decisão? Em outras palavras, sendo o recurso julgado pelo mesmo órgão prolator da decisão (por exemplo, embargos de declaração), haverá efeito devolutivo? Apesar de importante corrente doutrinária entender que somente haverá efeito devolutivo em recursos dirigidos a outro órgão jurisdicional,

---

2 Barbosa Moreira, *Comentários*, n. 143, p. 256; Araken de Assis, *Manual*, n. 23, p. 214; Theodoro Jr., *Curso*, n. 537-a, p. 645; Fux, *Curso*, p. 954.

3 Nery Jr., *Teoria*, n. 3.5.2, p. 445.

4 Dinamarco, *A nova*, n. 58, p. 119-120.

5 Cheim Jorge, *Teoria*, p. 232-233.

6 Scarpinella Bueno, *Curso*, v. 5, p. 79.

diferente daquele que prolatou a decisão[7], não parece ser tal requisito exigido para a configuração do efeito devolutivo. O essencial desse efeito é tão somente a transferência de matéria decidida para que seja novamente analisada e decidida, pouco importando qual o órgão jurisdicional que fará tal reexame[8].

Dessa forma, é correta a conclusão de que todo recurso gera efeito devolutivo, variando-se somente sua extensão e profundidade. A **dimensão horizontal** da devolução é entendida pela melhor doutrina como a extensão da devolução, estabelecida pela matéria em relação à qual uma nova decisão é pedida, ou seja, pela extensão o recorrente determina o que pretende devolver ao tribunal, com a fixação derivando da concreta impugnação à matéria que é devolvida. Na **dimensão vertical**, entendida como sendo a profundidade da devolução, estabelece-se a devolução automática ao tribunal, dentro dos limites fixados pela extensão, de todas as alegações, fundamentos e questões referentes à matéria devolvida. Trata-se do material com o qual o órgão competente para o julgamento do recurso irá trabalhar para decidi-lo[9].

No tocante à **extensão** da devolução, análise que deve ser feita em primeiro lugar, é determinada a devolução a partir da matéria impugnada pelo recorrente, podendo o recurso ser total ou parcial. É correto mencionar nesse momento os capítulos da decisão que geram sucumbência à parte, sendo dela a escolha de impugnar todos eles, devolvendo-os ao tribunal, ou impugnar somente alguns, limitando assim tal devolução[10]. Trata-se de aplicação do art. 515, *caput*, do CPC, dispositivo legal que consagra a máxima do direito romano *tantum devolutum quanto appellatum*[11].

> Felipe cumulou pedidos de condenação em danos morais, lucros cessantes e danos emergentes. Na sentença, houve o acolhimento tão somente do pedido de danos morais, sendo rejeitados os pedidos de dano material (lucros cessantes e danos emergentes). É natural que Felipe não impugne o capítulo dos danos morais, já que nesse tocante se sagrou vitorioso, mas tendo sucumbido com relação aos danos materiais, dependerá de sua vontade impugnar os capítulos referentes aos lucros cessantes e danos emergentes em conjunto, somente um deles, ou ainda nenhum. A escolha de devolver os dois capítulos ou apenas um é inteiramente de Felipe, único responsável pela fixação da extensão da devolução.

Uma vez fixada a extensão do efeito devolutivo, a **profundidade** será uma consequência natural e inexorável de tal efeito, de forma que independe de qualquer manifestação nesse sentido pelo recorrente. Conforme correto entendimento

---

7 Barbosa Moreira, *Comentários*, p. 260. Para Dinamarco, *A nova*, p. 124, a regra é essa, mas pode ser excepcionada nos embargos de declaração com efeitos infringentes.

8 Nery Jr., *Teoria*, p. 431; Cheim Jorge, *Teoria*, p. 260; Didier Jr.-Cunha, *Curso*, p. 79.

9 Barbosa Moreira, *Código*, n. 237, p. 429; Marinoni-Arenhart, *Manual*, p. 531; STJ, 3.ª Turma, REsp 714.068, rel. Min. Nancy Andrighi, j. 1.º.04.2008.

10 Dinamarco, *A nova era*, n. 65, p. 129.

11 Fux, *Curso*, p. 955.

do Superior Tribunal de Justiça, a aplicação do art. 515, §§ 1.º e 2,º do CPC independe de qualquer alegação no recurso ou nas contrarrazões, ainda que equivocadamente o julgado tenha qualificado tal efeito como translativo, e não com a profundidade da devolução, como teria sido o mais adequado[12].

A devolução de todas as questões e fundamentos que digam respeito ao capítulo da decisão devidamente impugnado e devolvido no plano horizontal é automática, decorrendo da própria lei e não da vontade das partes[13]. Dessa forma, o órgão competente para o julgamento do recurso está obrigado a aplicar as regras do art. 515, §§ 1.º e 2.º, do CPC, cuja omissão inclusive causa vício processual corrigível por meio de embargos de declaração. Cumpre observar, entretanto, que o enfrentamento de tais questões e alegações somente poderá ser realizado diretamente pelo órgão julgador quando o processo estiver "maduro para julgamento".

Carlos figura em demanda judicial no polo passivo, alegando em sua defesa a prescrição da dívida cobrada e, subsidiariamente, a sua extinção em razão de compensação com outra dívida. Acolhida a prescrição, é natural que o juiz não enfrente a alegação de compensação, atividade que se mostra inútil nesse momento processual em razão da vitória do réu fundada em decisão de mérito. Sendo a prescrição a única matéria enfrentada na sentença, o recurso do autor terá exclusivamente tal matéria como objeto. Ocorre, entretanto, que, uma vez afastada a prescrição em grau recursal, em aplicação das regras referentes à profundidade do efeito devolutivo, o Tribunal deverá passar a análise da alegação de compensação, ainda que a mesma não tenha sido enfrentada no primeiro grau ou ainda que as partes não tenham a ela se referido no recurso ou nas contrarrazões[14]. Esse julgamento imediato, entretanto, depende de como o processo se encontra no caso concreto, porque sendo necessária instrução probatória para se decidir a respeito da compensação, e não tendo tal prova sido produzida, é natural que a demanda volte ao primeiro grau de jurisdição para regular andamento.

Ressalte-se, por fim, que não se deve confundir com a profundidade do efeito devolutivo, regulada pelo art. 515, §§ 1.º e 2.º, do CPC, o tema tratado pelo art. 516 do CPC, que trata da devolução ao tribunal de questões anteriores à sentença, ainda não decididas. Tal dispositivo refere-se tão somente às questões incidentais, que deveriam ter sido decididas anteriormente à sentença por meio de decisão interlocutória, mas que, por equívoco do julgador, não o foram. Sem a prolação da decisão, fica impossível à parte ingressar com o recurso cabível – agravo –, e, para que tal questão não fique sem solução, o art. 516 do CPC permite ao Tribunal, em vez de devolver os autos ao primeiro grau, que desde já, antes do julgamento da apelação, decida a questão incidental indevidamente não resolvida no primeiro grau.

---

12 *Informativo* 465/STJ: 2.ª Turma, REsp 1.125.039/RS, rel. Min. Humberto Martins, j. 1.º.03.2011; *Informativo* 468/STJ: 1.ª Turma, REsp 1.201.359/AC, rel. Min. Teori Albino Zavascki, j. 05.04.2011.

13 Fux, *Curso*, p. 957.

14 Informativo STJ/329, 6.ª Turma, REsp 794.089/RJ, rel. Min Maria Thereza de Assis Moura, j. 28.08.2007.

Enquanto as questões previstas no art. 515, §§ 1.º e 2.º, do CPC dizem respeito a questões que irão influir no teor do julgamento, de forma a compor a própria fundamentação da decisão, o art. 516 do CPC trata de matérias que não dizem respeito ao mérito da demanda, e bem por isso também não influenciam o conteúdo da decisão[15]. São exemplos de aplicação de tal dispositivo legal a impugnação ao valor da causa não decidida, a impugnação à concessão dos benefícios da assistência judiciária não resolvida e o pedido de condenação nas penas da litigância de má-fé não enfrentado.

20.4. EFEITO SUSPENSIVO

O efeito suspensivo diz respeito à impossibilidade de a decisão impugnada gerar efeitos enquanto não for julgado o recurso interposto. Essa ineficácia da decisão, salvo as excepcionais hipóteses previstas em lei – efeitos secundários da sentença, por exemplo, o art. 466 do CPC[16] –, não se limita a impedir a execução, considerando-se que determinadas decisões judiciais não têm execução (sentença declaratória e constitutiva) e ainda assim serão impugnadas por recursos dotados de efeito suspensivo[17].

Como bem apontado pela melhor doutrina, a afirmação de que o recurso tem efeito suspensivo não pode ser considerada correta, porque na realidade não é o recurso que suspende a eficácia da decisão, mas sim sua **recorribilidade**, ou seja, a mera previsão de um recurso que tenha como regra efeito suspensivo. Havendo a previsão em lei de recurso a ser "recebido com efeito suspensivo", a decisão recorrível por tal recurso já surge no mundo jurídico ineficaz, não sendo a interposição do recurso que gera tal suspensão, mas a previsão legal de efeito suspensivo. O recurso, nesse caso, uma vez interposto, prolonga o estado inicial de ineficácia da decisão até seu julgamento[18]. Essa é a razão pela qual não se admite execução provisória de sentença no prazo de interposição do recurso de apelação, porque, sendo esse recurso recebido no efeito suspensivo (art. 520 do CPC), dever-se-á aguardar o transcurso do prazo, sendo certo que a interposição da apelação continuará a impedir a geração de efeitos da sentença até o seu final julgamento, ao passo que a não interposição produz o trânsito em julgado, com a liberação de seus efeitos.

A regra se aplica também em sentido contrário, ou seja, caso o recurso previsto em lei não tenha previsão de efeito suspensivo, a decisão surge no mundo jurídico – com sua publicação – imediatamente gerando efeitos, independente-

---

15 Barbosa Moreira, *Comentários*, n. 247, p. 449-451; Marinoni-Mitidiero, *Curso*, p. 528; Costa Machado, *Código*, p. 965. Contra, entendendo que os dispositivos tratam da mesma matéria: Nery-Nery, *Código*, p. 859-860; Scarpinella Bueno, *Curso*, v. 5, p. 80-81.

16 *Informativo* 417/STJ, 3.ª Turma, REsp 981.001-SP, rel. Min. Nancy Andrighi, j. 24.11.2009.

17 Scarpinella Bueno, *Curso*, v. 5, p. 74.

18 Barbosa Moreira, *Código*, n. 143, p. 257, Dinamarco, *A nova*, n. 76, p. 150; Fux, *Curso*, p. 958.

mente de se ainda estar em trâmite o prazo recursal[19]. O raciocínio é simples: se o recurso, ainda que venha a ser interposto, não tem condições de impedir a geração dos efeitos da decisão, nenhuma razão existe para suspender tais efeitos até o momento de sua eventual interposição. Por essa razão, prolatada a decisão interlocutória, imediatamente passam a ser gerados seus efeitos, independentemente do transcurso do prazo para a interposição do recurso de agravo.

Nem todo recurso tem efeito suspensivo previsto em lei, mas em todos eles é possível a sua obtenção no caso concreto, desde que preenchidos determinados requisitos. O efeito suspensivo previsto em lei, que de nada depende para ser gerado, é chamado de **efeito suspensivo próprio**, enquanto o efeito suspensivo obtido no caso concreto, a depender do preenchimento de determinados requisitos, porque em regra o recurso não o tem, é chamado de **efeito suspensivo impróprio**. O art. 558 do CPC trata da concessão de efeito suspensivo ao recurso de apelação que excepcionalmente não o tenha e do recurso de agravo, mas é possível concluir tratar-se de regra atinente à teoria geral dos recursos, podendo ser aplicada a qualquer recurso sem efeito suspensivo, inclusive aos recursos extraordinário e especial, o que, entretanto, geralmente ocorre por meio de ações cautelares inominadas[20].

Dessa forma, existem dois critérios para a concessão do efeito suspensivo:

1.º critério: *ope legis*, no qual a própria lei se encarrega da previsão de tal efeito como regra; e

2.º critério: *ope judicis*, no qual caberá ao juiz no caso concreto, desde que preenchidos os requisitos legais, a concessão do efeito suspensivo.

A distinção é interessante porque no primeiro critério – efeito suspensivo próprio – a decisão que recebe o recurso no efeito suspensivo, além de não depender de provocação da parte, tem uma natureza declaratória, com efeitos *ex tunc*, considerando-se que reafirma e prorroga a situação de ineficácia natural da decisão recorrida. Já no segundo critério – efeito suspensivo impróprio –, a decisão, que depende de expresso pedido do recorrente, é a responsável pela concessão do efeito suspensivo, que somente existirá a partir dela, sendo, portanto, um pronunciamento de natureza constitutiva, com efeitos *ex nunc*.

Afirma-se doutrinariamente que o efeito suspensivo não é essencial para os recursos como é o efeito devolutivo, de forma que o legislador deve indicar expressamente os recursos que o terão, permitindo-se concluir que os demais não sejam recebidos no efeito suspensivo[21]. A premissa é correta, mas não a conclusão. Sendo os recursos recebidos em regra no duplo efeito – devolutivo e suspensivo –, parece ser mais correto concluir que no silêncio da lei se atribua

---

19 Scarpinella Bueno, *Curso*, v. 5, p. 75; Marinoni-Arenhart, *Manual*, p. 533; Cheim Jorge, *Teoria*, n. 11.6.1, p. 254.

20 Dinamarco, *A nova*, n. 74, p. 147-148. Contra, entendendo ser restritiva a aplicação do art. 558, CPC: Cheim Jorge, *Teoria*, p. 287; Araken de Assis, *Manual*, n. 25.9, p. 250.

21 Dinamarco, *A nova*, n. 74, p. 147; Costa Machado, *Código*, p. 969.

efeito suspensivo ao recurso, salvo hipóteses excepcionais[22]. É o que ocorre na maioria das vezes com os embargos infringentes, conforme analisado no Capítulo 26, item 26.3.

A mesma regra deve ser aplicada aos embargos de declaração. Tratando-se de embargos de declaração interpostos contra decisão recorrível por recurso sem efeito suspensivo, não há que falar em suspensão dos efeitos da decisão. Por outro lado, se o recurso previsto em lei como cabível contra tal decisão tiver expressa previsão de efeito suspensivo, é natural que a mera interposição de embargos de declaração não tenha o condão de retirar a suspensão da eficácia da decisão, que já existe a partir do momento de sua prolação. Um recurso de embargos de declaração contra decisão interlocutória não impede a geração de efeitos da decisão, enquanto um recurso interposto contra uma sentença, apelável segundo a regra do art. 520, *caput*, do CPC, mantém a suspensão que já existia desde a publicação da decisão.

A distinção entre efeito suspensivo próprio e impróprio, sendo uma construção doutrinária, é perene, de forma que qualquer alteração legislativa no tocante ao efeito suspensivo dos recursos não a afetará. O comentário vem a calhar diante do art. 949 do PLNCPC.

Segundo o *caput* do dispositivo legal, salvo quando houver disposição legal em sentido contrário, o recurso não impede a geração de efeitos da decisão impugnada, ou seja, todos os recursos passam a não ter efeito suspensivo próprio, salvo disposição expressa em sentido contrário, o que ficará limitado a situações excepcionais.

No § 1.º do dispositivo legal ora comentado há a previsão de efeito suspensivo impróprio, sendo permitido ao relator do recurso a suspensão da eficácia da decisão impugnada, desde que demonstrada a probabilidade de provimento do recurso, ou, sendo relevante a fundamentação, houver risco de dano grave ou difícil reparação.

Como o § 1.º do dispositivo comentado atribui ao relator o poder de conceder efeito suspensivo ao recurso, não surgem maiores complicações para recursos que, interpostos no tribunal, já têm sua distribuição feita *in continenti*, com a determinação do relator. Prevendo dificuldades na aplicação da regra aos recursos processados em primeiro grau – leia-se apelação –, o § 2.º prevê que cabe à parte peticionar ao tribunal, que distribuirá a peça e tornará o juízo que a conhecer prevento para o conhecimento da apelação.

A regra do art. 949, § 2.º, do PLNCPC, deve ser saudada, em razão da notável dificuldade prática no pedido de tutela de urgência perante o tribunal enquanto os autos do processo, contendo o recurso, estão no primeiro grau. Apesar de positiva, a regra é incompleta, porque não resolve o problema dos recursos interpostos perante o tribunal de segundo grau de competência para os órgãos de superposição. Teoricamente a técnica seria a mesma, distribuir uma mera petição perante o Supremo Tribunal Federal ou Superior Tribunal de Justiça,

[22] Barbosa Moreira, *Comentários*, n. 157, p. 283; Theodoro Jr., *Curso*, n. 537-a, p. 646.

mas é possível imaginar-se problemas em razão da competência desses tribunais, tema atualmente tratado pelas Súmulas 634 e 635 do STF.

Segundo o § 3.º do dispositivo ora comentado, quando se tratar de pedido de efeito suspensivo a recurso de apelação, o protocolo da petição com tal pretensão impede a eficácia da sentença até que seja apreciado pelo relator, sendo, nos termos do § 4.º, irrecorrível a decisão do relator que conceder o efeito suspensivo. Os dois dispositivos foram incluídos no Substitutivo do Senado, demonstrando a preocupação com a eficácia imediata da sentença quando interposta a apelação. Há, entretanto, problemas.

O efeito suspensivo da apelação, nos termos do art. 949, *caput*, do PLNCPC é impróprio (*ope legis*), de forma que, até o pronunciamento judicial do relator, a sentença deverá gerar normalmente seus efeitos, tendo a concessão do efeito suspensivo eficácia *ex nunc*. Ocorre que, se o § 3.º prevê que a petição pela qual se pede o efeito suspensivo impede a eficácia da sentença, é provável que se entenda que até a interposição da apelação a sentença não gera efeitos, estado que poderá ser mantido pela mera interposição da apelação pedindo efeito suspensivo no tribunal e a devida comunicação pela parte em primeiro grau.

O § 4.º, ao prever a irrecorribilidade da decisão monocrática do relator que determina a suspensão dos efeitos da apelação, afronta o princípio da isonomia, porque deixa a entender que, sendo indeferido o pedido, será cabível o agravo interno para o órgão colegiado. Entendo que a recorribilidade da decisão não pode ser, ao menos nesse caso, determinada pelo seu conteúdo.

20.5. EFEITO TRANSLATIVO

Por efeito translativo entende-se a possibilidade de o tribunal **conhecer matérias de ordem pública de ofício** no julgamento do recurso[23]. Tendo sido a matéria de ordem pública objeto da impugnação recursal, essa matéria será analisada em razão do efeito devolutivo; não havendo até o momento recursal qualquer decisão a seu respeito, a matéria de ordem pública poderá ser analisada originariamente pelo tribunal em razão do efeito translativo. Não é tranquila a adoção desse efeito, existindo parcela doutrinária que defende ser a possibilidade de o tribunal conhecer matéria de ordem pública de ofício consequência da *profundidade do efeito devolutivo*[24].

Qualquer que seja o entendimento adotado, a possibilidade de o tribunal conhecer de ofício matéria de ordem pública no julgamento dos recursos ordinários é entendimento pacificado. Até mesmo nos embargos de declaração é admissível a alegação de matéria de ordem pública originariamente com a alegação de que

[23] Nery Jr., *Teoria*, n. 3.5.4, p. 482; Scarpinella Bueno, *Curso*, v. 5, p. 81; STJ, 1.ª Turma, EDcl nos EDcl no REsp 645.595/SC, rel. Min. Luiz Fux, j. 21.08.2008.

[24] Barbosa Moreira, *Comentários*, n. 244, p. 444; Araken de Assis, *Manual*, n. 24.8, p. 226; Cheim Jorge, *Teoria*, p. 242; STJ, 2.ª Turma, REsp 830.392/RS, rel. Min. Castro Meira, j. 04.09.2007.

o juízo foi omisso ao deixar de se manifestar sobre matéria que deveria ter sido analisada de ofício. A grande questão enfrentada tanto pela doutrina quanto pela jurisprudência diz respeito à possibilidade de os tribunais superiores conhecerem originariamente as matérias de ordem pública no julgamento dos recursos extraordinário e especial.

A corrente doutrinária contrária ao efeito translativo nos recursos extraordinários encontra fundamento para tal posicionamento na ausência de **prequestionamento** de tal matéria, o que impediria sua análise pelos órgãos de superposição. Não tendo sido essa questão enfrentada tampouco decidida pelo tribunal inferior, não poderia ser objeto de apreciação pelos órgãos de superposição[25]. É esse o entendimento consagrado no Supremo Tribunal Federal[26].

Existe uma segunda corrente doutrinária – que parece ser a mais correta – que aponta o prequestionamento apenas como um requisito especial de admissibilidade do recurso, voltado ao juízo de admissibilidade, e não o julgamento do mérito recursal. Dessa forma, uma vez preenchido o requisito de admissibilidade, ou seja, prequestionada a matéria objeto dos recursos, o mesmo será conhecido pelos órgãos de superposição, e após esse momento aplica-se de forma irrestrita o efeito translativo do recurso.

Tal entendimento acaba por exigir tanto o prequestionamento quanto a aplicação do efeito translativo. As matérias de ordem pública, portanto, somente poderão ser conhecidas, ainda que *ex officio*, se o recurso for conhecido. Caso o recurso especial ou extraordinário tenha como objeto somente a pretensa ofensa a uma matéria de ordem pública que não tenha sido discutida e decidida pelo Tribunal, o recurso não deverá ser conhecido, e assim tal matéria jamais chegará a ser analisada[27]. Mas se outra matéria qualquer foi objeto de prequestionamento e é impugnada pelo recorrente, o recurso deve ser conhecido e a partir desse momento admite-se o enfrentamento das matérias de ordem pública (alegadas pelo recorrente ou de ofício). É atualmente o entendimento consagrado no Superior Tribunal de Justiça[28].

Cibele ingressou com recurso especial alegando ofensa ao art. 15 do CC e pela primeira vez no processo a incompetência absoluta do juízo de primeiro grau. Caso o STJ entenda que houve prequestionamento com relação ao art.

---

[25] Nery Jr., *Teoria*, n. 3.5.4, p. 487-488; Barbosa Moreira, *Comentários*, p. 594; Medina, *O prequestionamento*, p. 76-77; Wambier, *Nulidades*, p. 420.

[26] AI 823.893 AgR/MG: 2.ª Turma, AgRg no AI, rel. Min. Ellen Gracie, j. 15.03.2011, publ. *DJe* 063, divulg. 1.º.04.2011, publ. 04.04.2011; Ement. Vol. 02495-01 PP-00273 AI 657656 ED/MG: 1.ª Turma, Emb. Decl. no AI, rel. Min. Dias Toffoli, j. 18.05.2010, publ. *DJe* 200, divulg. 21.10.2010.

[27] Gusmão Carneiro, *Requisitos*, p. 119, Oliveira, *Recurso*, p. 339-342; Lima Freire, *Condições*, p. 89.

[28] AgRg no Ag 1.357.618/SP, AgRg no AI 2010/0174457-4, rel. Min. Maria Isabel Gallotti (1145), 4. ª Turma, j. 26.04.2011, publ. /Fonte *DJe* 04.05.2011; AgRg no Ag 1.382.247/RS, AgRg no AI 2010/0210946-0, rel. Min. Humberto Martins, 2.ª Turma, j. 14.04.2011, publ. /Fonte *DJe* 26.04.2011; EDcl no AgRg no AgRg 1.185.325/RJ, EDcl no AgRg no AI 2009/0083436-4, rel. Min. Celso Limongi (Desembargador convocado do TJ/SP) (8175), 6.ª Turma, j. 22.02.2011, publ./Fonte *DJe* 14.03.2011; EDcl no AgRg no REsp 1.043.561/RO, EDcl no AgRg no REsp 2008/0064147-3, rel. Min. Francisco Falcão (1116), rel. p/ Acórdão Min. Luiz Fux (1122), 1.ª Turma, j. 15.02.2011, publ. /Fonte *DJe* 28.02.2011, RDDP, vol. 98, p. 134.

15 do CC conhecerá o recurso especial e poderá decidir sobre a alegação de incompetência absoluta. Na hipótese do efeito translativo, Cibele alega no recurso especial somente a ofensa ao art. 15 do CC, o que não impede o STJ de analisar a incompetência absoluta (matéria de ordem pública) de ofício caso tenha conhecido o recurso por considerar que o requisito do prequestionamento foi preenchido.

Registre-se por fim corrente doutrinária que defende a limitação do efeito translativo em todos os recursos à extensão do efeito devolutivo, de forma que o poder do tribunal de conhecer matérias de ordem pública só atinja os capítulos efetivamente impugnados pelo recorrente[29]. Esse entendimento foi consagrado pelo Plenário do Supremo Tribunal Federal[30]. Parece até mesmo uma conclusão natural para aqueles doutrinadores que discordam de considerar a possibilidade de o tribunal conhecer matérias de ordem pública um novo efeito – chamado de translativo –, entendendo tratar-se de consequências da profundidade da devolução[31].

20.6. EFEITO EXPANSIVO

Será gerado o efeito expansivo sempre que o julgamento do recurso ensejar decisão mais abrangente do que a matéria impugnada – ou ainda quando atingir sujeitos que não participaram como partes no recurso, apesar de serem partes na demanda. Na primeira hipótese, haverá **efeito expansivo objetivo**, que ainda poderá ser *interno* ou *externo*, a depender de a matéria atingida pelo julgamento do recurso estar localizada dentro ou fora da decisão impugnada. Na segunda hipótese tem-se o **efeito expansivo subjetivo**.

O chamado *efeito expansivo objetivo interno* refere-se a capítulos não impugnados da decisão recorrida que serão atingidos pelo julgamento do recurso. Como se pode notar, trata-se de exceção à extensão da devolução, porque, apesar de não serem objeto da impugnação, serão ainda assim atingidos pelo julgamento recurso. Essa circunstância somente ocorre nos capítulos não impugnados que de alguma forma dependam dos capítulos impugnados, em relação de verdadeira prejudicialidade, sendo que a modificação destes leva à inexorável modificação daqueles, até mesmo por uma questão de lógica interna da decisão[32].

Numa demanda de indenização por danos, Peter é condenado a pagar R$ 10.000,00 por ter sido considerado responsável pelo acidente que vitimou o autor. Em sua apelação, Peter somente impugna o *an debeatur*, afirmando que não teve qualquer responsabilidade no acidente. É natural que acolhido tal fundamento pelo Tribunal, a questão do *quantum debeatur*, apesar de

[29] Barbosa Moreira, *Comentários*, n. 244, p. 444; *Bedaque*, Apelação, p. 463-466. Contra: Nery Jr., *Teoria*, n. 3.5.4, p. 485-486.

[30] Informativo 372/STF, Tribunal Pleno, AC 112/RN, rel. Min. Cezar Peluso, j. 1.º.12.2004.

[31] Araken de Assis, *Manual*, n. 24.8, p. 226; Dinamarco, *Capítulos*, n. 48, p. 105.

[32] Nery, *Teoria*, n. 3.5.3, p. 477; Dinamarco, *Capítulos*, n. 51, p. 111. *Informativo* 355, 4.ª T., REsp 440.993-DF, rel. Aldir Passarinho Jr., 15.05.2008.

não ter sido objeto de impugnação específica, restará prejudicada, sendo atingida pelo resultado do recurso. Da mesma forma ocorre com o capítulo referente aos honorários e custas judiciais na hipótese de reforma do capítulo principal[33]. Não teria qualquer sentido lógico ou jurídico julgar uma demanda improcedente e continuar a condenar o réu ao pagamento das verbas de sucumbência somente porque este não recorreu desse capítulo da sentença.

O *efeito expansivo objetivo externo* se verifica sempre que o julgamento do recurso atinge outros atos processuais que não a decisão recorrida[34]. Ocorre, com frequência, nos recursos que não têm efeito suspensivo, o que permite a continuidade do procedimento, ainda que pendente de julgamento o recurso já interposto, como ocorre com o agravo. Tal efeito, na realidade, é suficientemente explicado pelos efeitos expansivos da declaração de nulidade (art. 248 do CPC), porque, uma vez reformada ou anulada a decisão por meio do recurso, todo ato posterior dependente do ato que não mais existe como antes será naturalmente atingido.

Aline pediu a produção de uma prova pericial em primeiro grau de jurisdição, pedido indeferido pelo juiz, tendo Aline interposto agravo de instrumento contra essa decisão. Como o recurso não tem efeito suspensivo, houve o julgamento antecipado da lide, em decisão devidamente recorrida por apelação. Durante o trâmite da apelação, o agravo de instrumento foi provido, determinando-se que Aline tinha o direito à produção da prova pericial. Nesse caso, pelo efeito expansivo objetivo externo do recurso, a sentença será anulada como consequência do provimento do agravo. O mesmo fenômeno se verifica nos atos praticados em execução provisória quando a sentença exequenda é reformada ou anulada pelo julgamento do recurso.

No tocante ao *efeito expansivo subjetivo*, que parcela significativa da doutrina prefere chamar de "*dimensão subjetiva do efeito devolutivo*"[35], entende-se a possibilidade de um recurso atingir um sujeito processual que não tenha feito parte do recurso. Significa dizer que, havendo um litisconsórcio, nem todos os litisconsortes recorrem, e ainda assim o recurso beneficia a todos. Na aplicação desse princípio, a doutrina majoritária interpreta o art. 509 do CPC, que determina o aproveitamento do recurso pelos litisconsortes que não recorreram, como uma exceção à regra do art. 48 do CPC, que consagra a autonomia dos litisconsortes. Dessa forma, limita-se ao *litisconsórcio unitário* a aplicação do efeito expansivo subjetivo, ou, como prefere parcela da doutrina, da dimensão subjetiva do recurso[36].

---

33 *Informativo* 419/STJ: Corte Especial, EREsp 423.250-SP, rel. Min. Eliana Calmon, j. 10.12.2009.

34 Scarpinella Bueno, *Curso*, v. 5, p. 84.

35 Dinamarco, *A nova era*, n. 68, p. 136-137; Araken de Assis, *Manual*, n. 24.9, p. 226-227.

36 Dinamarco, *A nova era*, n. 68, p. 136; Araken de Assis, *Manual*, n. 24.9.1, p. 229; Nery Jr., *Teoria*, n. 3.5.3, p. 479; Cheim Jorge, *Teoria*, p. 295; STJ, 6.ª Turma, REsp 209.336/SP, rel. Min. Maria Thereza de Assis Moura, j. 08.03.2007; EDcl no REsp 453.860/SP, 4.ª Turma, rel. Min. Hélio Quaglia Barbosa, j. 15.08.2006.

Interessante notar que a doutrina viu-se diante de dois princípios contrários referentes ao tema. De um lado, o *princípio da realidade*, que não admite que uma mesma questão fática ou jurídica seja decidida de forma diferente dentro do mesmo processo, ainda que o litisconsórcio seja simples. Esse princípio prestigia a lógica interna da demanda, o que favorece até mesmo o litisconsorte simples que não recorreu, desde que a matéria do recurso provido lhe aproveite. Por outro lado, o *princípio da pessoalidade* ou *individualidade do recurso*, preferido pela doutrina, que determina como regra que, a par de eventuais contradições lógicas, suportáveis pelo sistema, o recurso só aproveita o recorrente, salvo as excepcionais situações de litisconsórcio unitário. A regra só é quebrada no litisconsórcio formado por devedores solidários em que, apesar de existir um litisconsórcio simples, o recurso de um litisconsorte aproveita os demais, desde que a matéria de defesa não seja pessoal[37].

20.7. EFEITO SUBSTITUTIVO

A previsão do art. 512 do CPC determina que o julgamento do recurso **substituirá a decisão recorrida**, nos limites da impugnação. A interpretação literal do dispositivo legal, entretanto, não se mostra a mais correta, considerando-se ser uníssono na doutrina o entendimento de que a substituição da decisão recorrida pelo julgamento do recurso somente ocorre na hipótese de julgamento do mérito recursal, e ainda assim a depender do resultado de tal julgamento.

Não sendo recebido ou conhecido o recurso, não há que falar em efeito substitutivo, porque nesse caso o julgamento do recurso não toma o lugar da decisão recorrida, que se mantém íntegra para todos os fins jurídicos, à exceção da contagem inicial da ação rescisória, que somente ocorrerá, por razões pragmáticas, a partir da data do último julgamento realizado no processo, ainda que seja de não admissão do recurso interposto, conforme analisado no Capítulo 33, item 33.7.

Por outro lado, sendo o recurso conhecido e julgado em seu mérito, cabe a análise do resultado de tal julgamento para aferir a existência ou não do efeito substitutivo. Sendo a causa de pedir do recurso fundada em *error in judicando* e o pedido em reforma da decisão, qualquer que seja a decisão de mérito do recurso substituirá a decisão recorrida. Seja para manter seu entendimento – não provimento do recurso – e com ainda mais razão para modificá-lo – provimento do recurso. O que não se admite é a existência de duas decisões na mesma demanda resolvendo as mesmas questões.

Sendo a causa de pedir composta por *error in procedendo* e sendo o pedido de anulação de decisão, o efeito substitutivo somente será gerado na hipótese de não "provimento, porque o provimento do recurso, ao anular a decisão impugnada,

[37] Araken de Assis, *Manual*, n. 24.9.3, p. 233; Didier-Cunha, *Curso*, p. 72.

naturalmente não a substitui, tanto assim que nova decisão deverá ser proferida em seu lugar"[38].

20.8. EFEITO REGRESSIVO

Para aqueles que entendem como efeito autônomo – para muitos é simples reflexo do princípio devolutivo –, o efeito regressivo permite que por via do recurso a causa volte ao conhecimento do juízo prolator da decisão[39]. Não que ele seja o competente para o julgamento do recurso, mas em razão de expressa previsão legal poderia rever a sua própria decisão. É o que ocorre no recurso de agravo como regra e excepcionalmente no recurso de apelação, quando interposta contra indeferimento da petição inicial (art. 296 do CPC) e contra julgamento liminar de improcedência (art. 285-A, § 1.º, do CPC).

20.9. EFEITO DIFERIDO

Dá-se efeito diferido quando o conhecimento do recurso depende de recurso a ser interposto contra outra ou a mesma decisão. No primeiro caso, pode-se dar como exemplo o recurso de agravo retido, que depende do conhecimento da apelação para ser julgado em seu mérito. No segundo caso pode-se lembrar do recurso especial e do extraordinário contra o mesmo acórdão, sempre que a análise do segundo dependa do conhecimento e julgamento do primeiro. Também o recurso adesivo, que somente será julgado se o recurso principal for conhecido e julgado em seu mérito[40].

[38] Nery Jr., *Teoria*, n. 3.5.5, p. 489; Theodoro Jr., *Curso*, n. 537-b, p. 646; Scarpinella Bueno, *Curso*, v. 5, p. 88.

[39] Scarpinella Bueno, *Curso*, v. 5, p. 77-78.

[40] Scarpinella Bueno, *Curso*, v. 5, p. 78.

21

PRINCÍPIOS RECURSAIS

21.1. DUPLO GRAU DE JURISDIÇÃO

21.1.1. Conceito

Parece não existirem maiores discussões a respeito do conceito de duplo grau de jurisdição, entendido como a possibilidade da revisão da solução da causa, ou seja, a permissão de que a parte possa ter uma segunda opinião concernente à decisão da causa. Essa possibilidade de **reexame da decisão da causa** constitui o elemento básico do princípio ora analisado. A polêmica sobre o conceito do princípio do duplo grau de jurisdição se refere à espécie de revisão pela qual passará a decisão da causa; mais especificamente, se a revisão deverá ou não ser feita por órgão jurisdicional hierarquicamente superior àquele que proferiu a decisão impugnada.

Em nível constitucional existe a previsão de três diferentes espécies de recursos: recurso ordinário constitucional (art. 102, II, e art. 105, II); recurso especial (art. 105, III); e recurso extraordinário (art. 102, III). Desses, somente o *recurso ordinário constitucional* garante o duplo grau de jurisdição, considerando-se que funciona excepcionalmente como uma espécie de apelação contra determinadas decisões previstas em lei, com devolução ao Tribunal competente da matéria de fato e de direito. Nos recursos excepcionais a devolução está limitada à matéria de direito, o que já seria o suficiente para afastá-los do duplo grau de jurisdição[1]. Também por se tratarem de recursos de fundamentação vinculada, no qual o recorrente somente poderá alegar as matérias exaustivamente previstas em lei, é correta a conclusão de afastar tais recursos do princípio ora estudado.

De todos os recursos previstos em nível infraconstitucional percebe-se que os únicos que são aptos a garantir o duplo grau de jurisdição são previstos como forma de impugnação de sentença. Adotando-se o entendimento que exige que o reexame seja realizado por um juízo de grau hierárquico superior, somente a apelação garantirá a observância do princípio ora analisado.

Para parcela da doutrina a mera possibilidade de revisão gera o duplo grau de jurisdição, mesmo que realizada pelo mesmo órgão jurisdicional ou por outro órgão de jurisdição do mesmo grau hierárquico[2]. Nesse entendimento, recursos como os embargos infringentes previstos pelo art. 34 da Lei de Execuções Fiscais – Lei 6.830/1980 –, julgados pelo próprio juízo que proferiu a sentença impugnada, e o recurso inominado previsto pelo art. 41 da Lei 9.099/1995 (JEC), julgado pelo Colégio Recursal – que é órgão formado por juízes de primeiro grau de jurisdição –, atendem ao princípio ora analisado. Não parece ser esse, entretanto, o melhor entendimento.

A confusão levada a cabo pela doutrina que dispensa a exigência de que a revisão seja feita por órgão jurisdicional de hierarquia superior é gerada pela indevida identidade entre recurso e duplo grau de jurisdição, como se a existência de um gerasse inexoravelmente a existência do outro. Ocorre, entretanto, que, apesar de se tratar de um princípio recursal, o duplo grau de jurisdição é inconfundível com o recurso, podendo existir o primeiro sem o segundo e vice-versa. O simples reexame da decisão da causa será feito em regra por meio de recurso, mas somente nas hipóteses em que tal reexame for feito por órgão hierárquico superior – regra – estar-se-á diante do duplo grau de jurisdição. Por outro lado, é possível o duplo grau de jurisdição sem que exista recurso, como ocorre com o reexame necessário.

Em razão dessa distinção, entendo pertinente a corrente doutrinária que entende ser imprescindível para que exista duplo grau de jurisdição a **diferença hierárquica entre os órgãos jurisdicionais** que, respectivamente, profere a primeira decisão e que a reexamina[3]. Essa parece ser a corrente mais coerente com o próprio nome do instituto, que apesar de criticável – uma vez que a jurisdição

---

[1] Laspro, *Duplo*, p. 155-158.

[2] Nery Jr., *Teoria*, p. 44; Laspro, *Duplo*, p. 17-18; Radamés de Sá, *Duplo*, p. 88.

[3] Barbosa Moreira, *Comentários*, n. 128, p. 238; Cheim Jorge, *Teoria*, p. 185; Araken de Assis, *Manual*, n. 5.1, p. 70.

é una e indivisível[4] – menciona expressamente um duplo grau, o que é o suficiente para exigir que a segunda decisão seja proferida por órgão jurisdicional hierárquico superior àquele que proferiu a primeira decisão.

Existem argumentos favoráveis e desfavoráveis à adoção do princípio do duplo grau de jurisdição, parecendo que os benefícios advindos da adoção desse princípio superam os malefícios, considerando-se que os ordenamentos jurídicos modernos adotam o duplo grau de jurisdição, não sendo diferente no sistema processual pátrio. De qualquer forma, é interessante a indicação das supostas vantagens e desvantagens práticas geradas pela adoção do duplo grau de jurisdição.

21.1.2. Vantagens do duplo grau de jurisdição

Entre os argumentos favoráveis à adoção do duplo grau de jurisdição encontra-se a própria natureza humana, sendo absolutamente compreensível que o ser humano não se sinta satisfeito por decisões que contrariem seus interesses, sendo a irresignação natural, e em razão disso a importância de permitir à parte uma segunda opinião diante de decisão desfavorável[5]. A possibilidade de reexame dá conforto psicológico às partes, em razão da existência de um mecanismo de revisão da decisão da causa, o que se dará por meio da adoção do duplo grau de jurisdição.

Outro aspecto referente à natureza humana como fator favorável à adoção do duplo grau de jurisdição diz respeito à própria falibilidade humana, considerando-se que o juiz, como ser humano que é, pode se equivocar em sua decisão. Dessa forma, é interessante manter um mecanismo de revisão dessa decisão, como forma de possibilitar que um eventual equívoco, ilegalidade ou injustiça da decisão da causa possa ser revisto. É evidente que a revisão poderá trazer a ilegalidade ou injustiça não presente na primeira decisão[6], mas a ausência de qualquer dado estatístico impede uma opinião mais precisa a respeito dos acertos ou desacertos dos órgãos revisores.

Afirma-se ainda que o princípio do duplo grau de jurisdição é uma forma de evitar que o juiz cometa arbitrariedades na decisão da causa, servindo a possibilidade de a decisão ser revista como pressão psicológica no juiz para que não adote tal postura no processo. Afastar-se-ia, dessa forma, o juiz despótico. Reconheça-se que a certeza de que a decisão será única e final, sem qualquer hipótese de revisão por um órgão jurisdicional superior, pode levar determinados magistrados a decidir sem qualquer preocupação com o respeito à lei[7].

Por fim, entre as vantagens lembradas para a adoção do duplo grau de jurisdição encontra-se uma suposta melhora da qualidade da prestação jurisdicional por

4 Araken de Assis, *Manual*, n. 5, p. 69.
5 Nery Jr., *Teoria*, p. 39; Cheim Jorge, *Teoria*, p. 184.
6 Araken de Assis, *Manual*, n. 5.1, p. 70.
7 Pinto, *Manual*, p. 86; Dinamarco, *Instituições*, p. 237.

meio da decisão proferida por órgão colegiado composto por juízes mais antigos na carreira, e por consequência com uma maior maturidade e experiência adquiridas ao longo dos anos de exercício da função jurisdicional[8]. Diante da realidade forense brasileira, pode-se somar a esse argumento o fato de esses juízes geralmente terem melhores condições de trabalho, com melhor estrutura física e menor volume de serviço, o que permitirá um estudo mais minucioso do processo.

21.1.3. Desvantagens do duplo grau de jurisdição

Não restam maiores dúvidas de que o duplo grau de jurisdição pode prejudicar a ideia de unidade da jurisdição, considerando-se que a reforma obtida por meio do julgamento do recurso demonstrará a possibilidade – natural, mas maléfica em termos de unidade da jurisdição – de decisões contraditórias. É evidente que, para um jurista, que compreende a possibilidade de diferentes interpretações da mesma norma, essa dualidade será aceita normalmente, mas o mesmo não se pode dizer com relação ao jurisdicionado, para o qual, em última análise, é prestada a tutela jurisdicional.

O *princípio da oralidade* também é afastado com a adoção do princípio do duplo grau de jurisdição[9]. O duplo grau de jurisdição se aplica em regra pela apelação, recurso sempre interposto sob a forma escrita que afasta os subprincípios que fundamentam o princípio da oralidade. A identidade física do juiz, por exemplo, que vincula o juiz que produziu a prova oral à prolação da sentença, é afastada pelo duplo grau de jurisdição, permitindo-se ao Tribunal uma revisão dos fatos sem que tenha participado da produção da prova oral.

Outro princípio de extrema relevância que é flexibilizado com a adoção do duplo grau de jurisdição é o da *celeridade processual*[10]. Evidentemente que, ao permitir o ingresso de recurso contra a decisão da causa, e sendo natural o inconformismo da parte, a concretização do duplo grau de jurisdição tornará a entrega da prestação jurisdicional mais lenta, em especial em alguns tribunais nos quais o excesso de processos aguardando julgamentos torna extremamente demorada a entrega da prestação jurisdicional.

Por fim, lembra-se também o desprestígio da primeira instância, que serviria tão somente como um órgão intermediário antes da decisão definitiva a ser proferida pelo segundo grau de jurisdição[11]. A existência de uma revisão ampla de sua decisão levaria sempre o juiz de primeiro grau a ser mero colhedor de provas, servindo sua decisão como mera opinião jurídica a respeito da demanda, já que, decisão mesmo, somente a de segundo grau, que substituirá aquele "parecer jurídico" do magistrado de primeiro grau.

[8] Barbosa Moreira, *Comentários*, n. 138, p. 237. Em sentido crítico: Araken de Assis, *Manual*, n. 5.1, p. 71; Laspro, *Duplo*, p. 100.

[9] Marinoni-Arenhart, *Manual*, p. 507-508; Laspro, *Duplo*, p. 133.

[10] Marinoni-Arenhart, *Manual*, p. 509.

[11] Didier-Cunha, *Curso*, p. 25.

21.1.4. O princípio do duplo grau de jurisdição é princípio constitucional?

Para parcela da doutrina, o princípio do duplo grau de jurisdição é previsto constitucionalmente, ainda que não de forma expressa[12]. Entende essa corrente doutrinária que a própria previsão constitucional que estabelece que os tribunais tenham competência originária e em grau de recurso seria uma demonstração inequívoca da constitucionalidade do princípio[13].

Registre-se que mesmo a corrente doutrinária que entende tratar-se o duplo grau de jurisdição de princípio constitucional implícito aponta **não ser o princípio absoluto**, admitindo a sua não aplicação no caso concreto sempre que se busque preservar outros princípios constitucionais de igual magnitude. Essas exceções estão contidas na própria Constituição Federal ao prever ações de competência originária dos Tribunais, nas quais as decisões finais serão impugnadas por, no máximo, recurso extraordinário ou recurso especial, que não são garantias de duplo grau de jurisdição.

Existe outra corrente doutrinária que defende não ter o princípio do duplo grau de jurisdição previsão constitucional, nem mesmo implícita[14]. A constitucionalidade dos embargos infringentes com previsão na Lei de Execuções Fiscais e o recurso inominado dos Juizados Especiais Cíveis demonstram a possibilidade de lei infraconstitucional retirar o duplo grau de jurisdição em situações específicas. Para essa corrente doutrinária é plenamente possível que o legislador infraconstitucional retire em determinadas situações o duplo grau de jurisdição, medida justificada pela **garantia de outros princípios processuais**.

Esse é o melhor entendimento, não se podendo entender que a mera previsão constitucional de diferentes tribunais seja suficiente para daí concluir pela previsão implícita do duplo grau de jurisdição. A existência de tais tribunais garante o sistema recursal, mas não consagra o duplo grau de jurisdição, não sendo correto se entender que, somente pela razão de existirem tribunais, toda e qualquer demanda deva ser reexaminada por um deles.

Também não tem sentido afirmar que o princípio do duplo grau de jurisdição é decorrência lógica da promessa constitucional contida no art. 5.º, LV, da CF, que consagra a *ampla defesa*, inegavelmente um princípio constitucional. O dispositivo constitucional simplesmente proíbe a vedação à utilização, no caso concreto, de um recurso – que pode ou não garantir o duplo grau de jurisdição – previamente expresso em lei. Esse aspecto é bem diferente de exigir do legislador e do operador de que para toda e qualquer hipótese exista um recurso cabível[15]. O não afastamento do recurso no caso concreto e a exigência de sempre existir

---

[12] Theodoro Jr., *Curso*, n. 527, p. 636; Pinto, *Manual*, p. 85.

[13] Nery Jr., *Teoria*, p. 40-41. Contra: Cheim Jorge, *Teoria*, p. 186.

[14] Barbosa Moreira, *Comentários*, n. 138, p. 239-240; Laspro, *Duplo*, p. 159; Marinoni-Arenhart, *Manual*, p. 511-515.

[15] Em sentido semelhante: Araken de Assis, *Manual*, n. 5.2, p. 73.

um recurso previsto são fenômenos diferentes, sendo simplesmente o primeiro deles garantido pelo princípio da ampla defesa.

Há ainda uma terceira corrente doutrinária que, na análise da questão da constitucionalidade ou não do princípio do duplo grau de jurisdição, faz distinção entre *garantia* e *princípio*, diferença desprezada pela maior parte da doutrina processualista. O próprio art. 5.º, *caput*, da CF confunde garantia e princípios. Para essa parcela doutrinária, o duplo grau de jurisdição é um princípio constitucional, implicitamente previsto nas normas legais que tratam da competência recursal dos tribunais, mas não é uma garantia constitucional, o que permite que normas infraconstitucionais criem exceções pontuais ao princípio. Com esse pensamento, afirma-se que as exceções não poderão se tornar regra, o que afrontaria o princípio do duplo grau de jurisdição[16].

É inegável o interesse acadêmico a respeito do tema, mas em termos pragmáticos a doutrina considera que o duplo grau de jurisdição é a regra do sistema, mas pode por norma infraconstitucional ser afastado em determinados casos, em respeito a outros princípios constitucionais, em especial os princípios da celeridade e economia processual. É o que ocorre, por exemplo, com a *teoria da causa madura*, prevista no art. 515, § 3.º, do CPC, analisada no Capítulo 24, item 24.6.

21.2. TAXATIVIDADE (LEGALIDADE)

Somente pode ser considerado recurso o instrumento de impugnação que estiver **expressamente previsto em lei federal como tal.** A conclusão é gerada de uma interpretação do art. 22, I, da CF, que atribui à União a competência exclusiva para legislar sobre processo. Entendendo-se que a criação de um recurso é nitidamente legislar sobre processo e sendo tal tarefa privativa da União, somente a lei federal poderá prever um recurso, que por essa razão estarão previstos no ordenamento processual de forma exaustiva, em rol legal *numerus clausus*[17].

Registre-se que o princípio exige a previsão em lei federal, o que não significa, evidentemente, que tal previsão esteja contida obrigatoriamente no Código de Processo Civil, apesar da maioria dos recursos estar prevista justamente nesse diploma legal (art. 496 do CPC). Existem leis extravagantes que também criam recursos, como ocorre, por exemplo, no art. 34 da Lei de Execução Fiscais (embargos infringentes contra sentença – Lei 6.830/1980) e no art. 41 da Lei 9.099/1995 (recurso inominado contra sentença)[18].

O princípio da taxatividade impede que as partes, ainda que de comum acordo, criem recursos não previstos pelo ordenamento jurídico processual[19]. Também a doutrina não pode criar novas espécies recursais. Por essa razão, a sugestão de

---

16 Dinamarco, *Instituições*, v. 1, p. 240.

17 Arruda Alvim, *Anotações*, p. 56; Cheim Jorge, *Teoria*, p. 174.

18 Cheim Jorge, *Teoria*, p. 175.

19 Araken de Assis, *Manual*, n. 6, p. 77-78.

cabimento de uma apelação de instrumento contra a sentença parcial de mérito não pode ser admitida, considerando que essa espécie de recurso – apelação com características procedimentais de agravo de instrumento – não tem previsão em nosso ordenamento processual.

Tampouco poderão leis estaduais e municipais fazê-lo, também excluídos os regimentos internos de Tribunal. Esse último aspecto, inclusive, suscita uma interessante questão a respeito dos agravos regimentais, recursos previstos em regimentos internos de tribunais como forma de impugnação de determinadas decisões interlocutórias monocráticas. A questão é aprofundada no Capítulo 25, item 25.3.1, mas desde já cumpre registrar que não existe qualquer afronta ao princípio da taxatividade, porque os regimentos internos não criam recursos ao prever o agravo regimental, mas tão somente determinam seu procedimento interno no Tribunal, o que, evidentemente, poderão fazer. O agravo é recurso já existente, expressamente previsto pelo Código de Processo Civil, sendo o agravo regimental apenas uma espécie desse recurso.

21.3. SINGULARIDADE (UNIRRECORRIBILIDADE OU UNICIDADE)

O princípio da singularidade admite tão somente uma espécie recursal como meio de impugnação de cada decisão judicial. Admite-se a existência concomitante de mais de um recurso contra a mesma decisão desde que tenham a mesma natureza jurídica, fenômeno, inclusive, bastante frequente quando há no caso concreto sucumbência recíproca ou litisconsórcio.

> Marina litiga contra João e Olga, que participam do processo como litisconsortes passivos com patronos diferentes. Sendo julgado parcialmente procedente o pedido, são interpostas três apelações contra a sentença, considerando-se que Marina, João e Olga sucumbiram parcialmente. Apesar da existência de três recursos contra a mesma decisão, o princípio da unicidade é preservado porque os recursos têm a mesma natureza jurídica.

Questões interessantes a respeito da aplicação do princípio surgem diante de decisões objetivamente complexas, nas quais o juiz enfrenta e decide inúmeras questões de diferentes naturezas. A singularidade somente poderá sobreviver como princípio recursal sendo desconsiderados os capítulos da decisão para fins de recorribilidade, sempre se levando em conta a **decisão como um todo indivisível**[20]. Esse é o entendimento consagrado do Superior Tribunal de Justiça[21].

Não teria mesmo sentido admitir um agravo de instrumento contra capítulo da sentença que afastou uma preliminar (questão incidente) e concomitante a esse recurso admitir a interposição de apelação contra o capítulo que acolheu ou rejeitou o pedido. Apesar da nítida diferença de natureza entre os dois capítulos

---

20 Nery Jr., *Teoria*, p. 122, Cheim Jorge, *Teoria*, p. 167.

21 *Informativo* 403/STJ: 4ª Turma, REsp 1.035.169-BA, rel. Min. João Otávio de Noronha, j. 20.08.2009.

decisórios, tomando-se a decisão como una e indivisível e adotando-se o *caráter finalístico* de conceituação dos pronunciamentos judiciais, não há como deixar de classificar a decisão como uma sentença, recorrível tão somente por apelação. O mesmo raciocínio se aplica à hipótese de antecipação de tutela em sentença, conforme analisado no Capítulo 51, item 51.10.2.

Há exceções a esse princípio recursal, o que só vem a provar a regra, sendo o mais frequente a interposição de *recurso especial* e *recurso extraordinário* contra o mesmo acórdão[22]. Mas há também outra exceção, na qual se admitirão três recursos de diferentes naturezas contra o mesmo pronunciamento decisório judicial: havendo mandado de segurança de competência originária do Tribunal de segundo grau parcialmente acolhido, desse capítulo da decisão caberá *recurso especial* e/ou *recurso extraordinário*, enquanto do capítulo denegatório caberá *recurso ordinário constitucional*.

Ainda que o entendimento exposto pareça ser o mais consentâneo com o sistema recursal pátrio, é preciso registrar o entendimento diverso, que defende que a recorribilidade deve ser analisada individualmente para cada capítulo da decisão, o que permitiria a existência de diferentes espécies recursais contra a mesma decisão, como ocorre com o recurso especial e recurso extraordinário[23]. Por tudo o que foi exposto, entretanto, não merece ser acolhido tal entendimento, preferindo-se o entendimento de que nesses casos estar-se-á diante de exceções ao princípio[24].

Existe ainda doutrina que entende haver exceção ao princípio ora analisado em razão da previsão de cabimento de *embargos de declaração* contra qualquer pronunciamento judicial. Nesse caso, além do recurso especificamente cabível, será também cabível o recurso de embargos de declaração[25]. Apesar de concordar com a possibilidade de uma das partes, por exemplo, apelar da sentença, enquanto a outra ingressa com embargos de declaração – não parece admissível que a mesma parte ingresse com os dois recursos simultaneamente[26] –, essa situação decorre da excepcional circunstância da ausência de efeito preclusivo dos embargos de declaração. Essa também é a razão pela qual a parte pode aparentemente optar pela utilização dos embargos de declaração e do outro recurso cabível[27]. Ocorre, entretanto, que o princípio da singularidade continua a ser aplicado, porque, sendo a decisão omissa, obscura ou contraditória, o recurso cabível são os embargos de declaração, ainda que se admita outro em razão da ausência de eficácia preclusiva dos embargos de declaração.

---

22 Pimentel Souza, *Introdução*, n. 4.3, p. 111; Didier-Cunha, *Curso*, p. 48.

23 Barbosa Moreira, *Comentários*, n. 141, p. 249.

24 Araken de Assis, *Manual*, n. 7, p. 85; Nery, *Teoria*, n. 2.4, p. 121-130.

25 Araken de Assis, *Manual*, n. 7, p. 84; Pimentel Souza, *Introdução*, n. 4.3, p. 110; Marinoni-Arenhart, *Manual*, p. 521.

26 Nery Jr., *Teoria*, n. 2.4, p. 138.

27 Contra, entendendo haver preclusão diante da não interposição de embargos de declaração, Nery Jr., *Teoria*, n. 2.4, p. 138.

21.4. VOLUNTARIEDADE

Por tal princípio condiciona-se a existência de um recurso exclusivamente à vontade da parte, que demonstra a vontade de recorrer com o **ato de interposição do recurso**[28]. Dessa forma, de nada adiantará à parte noticiar que pretende recorrer se dentro do prazo legal deixar de interpor o recurso cabível, como por vezes ocorre na audiência, com o aviso da parte que pretende agravar de instrumento no prazo de 10 dias. Caso não recorra efetivamente nesse prazo, a expressão de sua vontade de recorrer posteriormente de nada terá adiantado.

Em decorrência do princípio da voluntariedade não se admite que o juiz, em qualquer hipótese, interponha recurso de ofício, sendo mais um argumento irrefutável para se afastar o reexame necessário do âmbito recursal. Mesmo na hipótese de o juiz perceber que se equivocou em sua decisão e a parte for hipossuficiente, não poderá recorrer de ofício, sem a expressa manifestação da vontade da parte sucumbente[29]. Prestigia-se com o princípio ora analisado o *princípio dispositivo*, vinculando-se a existência de recurso à vontade da parte sucumbente[30].

A única forma de a parte expressar sua vontade de recorrer é interpondo o recurso, o que poderia levar à enganosa conclusão de que a única forma de a parte expressar seu desejo de não recorrer seria não interpondo o recurso. Na verdade, além da não interposição do recurso, a parte também demonstra sua vontade de não recorrer pela prática de um ato que demonstre concordância com a decisão proferida – *aquiescência* – ou ainda por meio da renúncia ao direito de recorrer.

Registre-se, por fim, que a mera interposição do recurso já demonstra a vontade de recorrer da parte, em nada interessando se o recurso será ou não recebido ou conhecido, ou ainda se é total ou parcial. A preclusão consumativa gerada pela interposição do recurso não se preocupa com a extensão ou regularidade do ato processual praticado.

21.5. DIALETICIDADE

Costuma-se afirmar que o recurso é composto por dois elementos: o *volitivo* (referente à vontade da parte em recorrer) e o *descritivo* (consubstanciado nos fundamentos e pedido constantes do recurso). O princípio da dialeticidade diz respeito ao segundo elemento, exigindo do recorrente a exposição da **fundamentação recursal** (causa de pedir: *error in judicando* e *error in procedendo*) e do **pedido** (que poderá ser de anulação, reforma, esclarecimento ou integração). Tal necessidade se ampara em duas motivações: permitir ao recorrido

---

[28] Araken de Assis, *Manual*, n. 10, p. 96.

[29] Nery Jr., *Teoria*, n. 2.7, p. 179.

[30] Cheim Jorge, *Teoria*, p. 200.

a elaboração das contrarrazões e fixar os limites de atuação do Tribunal no julgamento do recurso.

O *princípio do contraditório* exige do recorrente a exposição de seus fundamentos recursais, indicando precisamente qual a injustiça ou ilegalidade da decisão impugnada. Essa exigência permite que o recurso tenha efetivamente uma característica dialética, porque somente diante dos argumentos do recorrente o recorrido poderá rebatê-los, o que fará nas contrarrazões recursais[31]. É de fato impossível ao recorrido rebater alegações que não existam, ainda que sabidamente as contrarrazões se prestem a defender a legalidade e a justiça da decisão impugnada. Significa dizer que a tônica da manifestação é presumível, mas os seus limites objetivos somente poderão ser determinados diante da fundamentação da pretensão recursal.

Por outro lado, o pedido se mostra indispensável na formulação de qualquer recurso porque, ao lado da fundamentação, limita a atuação e decisão do Tribunal, considerando-se a regra do *tantum devolutum quantum appelatum* (art. 515, *caput*, do CPC). Em decorrência do *princípio dispositivo*, que norteia a existência e os limites – ao menos em regra – do recurso, a atuação jurisdicional do Tribunal estará vinculada à pretensão do recorrente, exposta em sua fundamentação e em seu pedido, o que demonstra claramente a importância do princípio da dialeticidade[32].

Todos os recursos deverão ser devidamente fundamentados, até mesmo o agravo retido interposto oralmente em audiência, ainda que nesse caso a fundamentação possa ser concisa (art. 523, § 3.º do CPC), constando do termo de audiência. Na verdade, a concisão é uma decorrência lógica da forma oral de interposição do recurso, mas não existe qualquer vício em fundamentação concisa em recursos escritos, desde que suficiente para demonstrar as razões do inconformismo do recorrente. É o que geralmente ocorre, por exemplo, nos embargos de declaração, que comumente são elaborados de forma concisa, ainda que obrigatoriamente devam ser interpostos sob a forma escrita (exceção feita aos Juizados Especiais Cíveis – art. 49 da Lei 9.099/1995, que admite a forma oral de interposição).

Apesar de não se tratar de técnica profissional que mereça elogios, a *fundamentação remissiva*, que somente faz alusão à fundamentação já constante da petição inicial e da contestação, deve ser aceita, ainda que com reservas. É evidente que o recurso se presta a impugnar uma decisão judicial, e nesse sentido deverá ser elaborada a fundamentação do recurso. Ocorre, entretanto, que, em virtude do *princípio da eventualidade*, aplicável tanto ao autor quanto ao réu, não será admitida inovação em matéria jurídica após a petição inicial e contestação, o que inclui o recurso. Dessa forma, em vez de "recortar" e "colar" os fundamentos da petição inicial ou da contestação, admitir-se-á a remissão a

---

31 Nery Jr., *Teoria*, n. 2.6, p. 177; Araken de Assis, *Manual*, n. 9.2, p. 96.

32 Nery Jr., *Teoria*, n. 2.6, p. 176; Araken de Assis, *Manual*, n. 9.2, p. 96.

tais fundamentos jurídicos. O limite dessa fundamentação remissiva é verificado na matéria fática, porque nesse caso a impugnação deverá se desenvolver no tocante à valoração probatória, o que, por razões lógicas, não poderá ser feita nem na petição inicial, nem na contestação.

21.6. FUNGIBILIDADE

O princípio da fungibilidade recursal vinha consagrado no art. 810 do Código de Processo Civil de 1939, sendo que o legislador no atual diploma processual abandonou a expressa previsão legal desse princípio, na vã esperança de que a nova codificação recursal fosse suficiente a dissipar toda e qualquer dúvida a respeito do cabimento recursal. Apesar da melhora verificada nesse tocante, é inegável que em determinadas hipóteses continuou – como continua até hoje – a existir dúvida a respeito do recurso cabível em determinadas situações, mantendo-se implicitamente o princípio da fungibilidade recursal.

Como o próprio nome sugere, *fungibilidade* significa troca, substituição, e no âmbito recursal significa **receber um recurso pelo outro**, mais precisamente receber o recurso que não se entende como cabível para o caso concreto por aquele que teria cabimento. Trata-se notoriamente de flexibilização do pressuposto de admissibilidade recursal do cabimento, considerando-se que, em regra, recurso que não é cabível não é recebido/conhecido. A fungibilidade se funda no *princípio da instrumentalidade das formas*, amparando-se na ideia de que o desvio da forma legal sem a geração do prejuízo não deve gerar a nulidade do ato processual.

Registre-se que eventuais **adaptações procedimentais** podem se fazer necessárias no caso concreto como consequência da aplicação da fungibilidade, o que não deve inviabilizar a aplicação do princípio. Uma vez recebido um recurso pelo outro, o juízo – *a quo* ou *ad quem*, considerando-se que ambos poderão aplicar o princípio da fungibilidade – deverá intimar o recorrente para adaptar seu recurso às exigências formais do recurso não interposto, como ocorre com as peças necessárias à instrução do agravo de instrumento, que obviamente não acompanharão o recurso de apelação interposto[33]. Receber um recurso pelo outro e não se dar a oportunidade ao recorrente para as devidas adaptações é tornar de raridade considerável a aplicação da fungibilidade, com o que não se pode concordar.

Ainda que sejam inegáveis os benefícios advindos com a adoção da fungibilidade, sua aplicação é a exceção[34]. A regra é o não conhecimento do recurso por não ser o cabível e a exceção é receber o recurso incabível por aquele que seria o cabível. Sendo a exceção, o princípio da fungibilidade somente será aplicado se preenchidos alguns requisitos formais, que serão analisados a seguir.

---

[33] Marinoni-Arenhart, *Manual*, p. 524; Cheim Jorge, *Teoria*, p. 219-220.

[34] Marinoni-Arenhart, *Manual*, p. 522.

21.6.1. Dúvida fundada a respeito do recurso cabível

A primeira condição para a aplicação do princípio da fungibilidade no caso concreto é a existência de uma *dúvida objetiva* a respeito de qual o recurso cabível. Apesar da tentativa do legislador em prever com exatidão cirúrgica o cabimento recursal, existem situações em que será possível se mostrar duvidoso no caso concreto qual o recurso cabível. Existem três fatores capazes de gerar a dúvida objetiva no recorrente a respeito do cabimento do recurso:

(i) a lei confunde a natureza da decisão;

(ii) doutrina e jurisprudência divergem a respeito do recurso cabível;

(iii) o juiz profere uma espécie de decisão no lugar de outra[35].

Existem poucos exemplos do primeiro fator de geração de dúvida fundada, nos quais o legislador conceitua uma espécie de decisão como outra, tal como ocorre no art. 395 do CPC, que prevê como *sentença* a decisão que resolve o incidente de falsidade documental. Registre-se que as recentes reformas do Código de Processo Civil afastaram dúvida a respeito de decisões que tradicionalmente eram conceituadas incorretamente, como a que institui o usufruto de móvel ou imóvel (art. 718 do CPC) e a que julga o incidente de concurso de credores (art. 713 do CPC). Nesses casos, a incorreta indicação de serem tais decisões sentenças não existe mais, o que permite claramente a conclusão de serem decisões interlocutórias (como sempre foram), recorríveis por agravo de instrumento.

Mais comum é a divergência doutrinária e jurisprudencial a respeito do recurso cabível, como ocorre na decisão que rejeita liminarmente a reconvenção, que julga a ação declaratória incidental antes da ação principal, de remoção de inventariante e no julgamento de exibição de coisa ou documento em poder de terceiro. Presume-se que o novo conceito de sentença, analisado no Capítulo 16, item 16.1, gere insegurança na doutrina e jurisprudência não existente antes da reforma, em especial no tocante à recorribilidade das decisões parciais de mérito, devendo-se aplicar o princípio da fungibilidade até que a novidade seja absorvida no dia a dia forense, com a consolidação de um determinado entendimento, que ao que tudo indica será pelo cabimento do agravo de instrumento. O Superior Tribunal de Justiça aplicou o princípio da fungibilidade para receber apelação como agravo de instrumento interposta contra decisão de embargos à execução interpostos antes da entrada em vigor da Lei 11.232/2005[36].

Por fim, basta imaginar a situação do juiz que sentencia uma exceção de incompetência relativa, sendo inegável que nesse caso o juiz cometeu um grave equívoco. É pacífico o entendimento de que o pronunciamento que decide essa exceção é uma decisão interlocutória, recorrível por agravo de instrumento. Apesar

---

[35] Nery Jr., *Teoria*, n. 2.5.2.1, p. 146.

[36] *Informativo* 383/STJ, 2.ª T., REsp 1.033.447-PB, rel. Eliana Calmon, j. 10.02.2009; *Informativo* 379/STJ, Corte Especial, EREsp 1.043.976-PR, rel. Fernando Gonçalves, j. 03.12.2008.

do crasso erro judicial, é natural que a parte se sinta insegura, admita o equívoco e ingresse com agravo de instrumento (sabendo que a decisão, não interessando o que o juiz tenha feito, é uma decisão interlocutória), ou simplesmente prefira recorrer dentro do equívoco judicial, apelando da decisão? Para evitar injustiça causada pelo equívoco judicial, a aplicação do princípio da fungibilidade se impõe.

No Capítulo 31 é analisada interessante regra de fungibilidade entre o recurso especial e o recurso extraordinário criada pelos arts. 986 e 987 do PLNCPC.

21.6.2. Inexistência de erro grosseiro

Não servindo o princípio da fungibilidade para tutelar o erro crasso, gerado pela extrema imperícia do patrono, mas para evitar injustiças diante de erros justificáveis[37], não se aplica o princípio quando o recurso interposto for **manifestamente incabível**. Não resta dúvida de que a existência de dúvida fundada torna o eventual erro do recorrente justificável, o que por si só já afasta a existência de erro grosseiro na interposição do recurso. Nesse sentido, os requisitos da dúvida fundada e da inexistência do erro grosseiro são duas faces de uma mesma moeda[38].

É considerado pelo Superior Tribunal de Justiça erro grosseiro a interposição de recurso distinto daquele expressamente previsto em lei para determinada decisão, ainda que ocorra equívoco do legislador ao conceituá-la[39]. É o que ocorre, por exemplo, com a decisão da impugnação à concessão dos benefícios da assistência judiciária, que segundo o art. 17 da Lei 1.060/1950 é recorrível por apelação, quando na realidade trata-se de decisão interlocutória, considerando-se decidir uma questão incidental, cujo recurso cabível, em tese, é o agravo de instrumento[40].

Existe ainda entendimento doutrinário que dissocia o *erro grosseiro* da *dúvida objetiva*. Para tanto, afirma que haverá erro grosseiro quando, existindo a dúvida fundada entre determinados recursos, a parte ingressa com outro recurso, diferente daqueles que geram a dúvida referente à recorribilidade. Assim, havendo dúvida objetiva entre o cabimento de agravo ou apelação, haverá erro grosseiro se a parte ingressar com recurso especial[41]. Nesse caso, entretanto, se o recurso é estranho àqueles que geram a dúvida objetiva, não há com relação ao seu não cabimento qualquer dúvida, retornando-se a ideia principal de que havendo uma dúvida fun-

---

[37] Marinoni-Arenhart, *Manual*, p. 522.

[38] Cheim Jorge, *Teoria*, p. 213.

[39] Nery Jr., *Teoria*, n. 2.5.2.2, p. 162.

[40] STJ, 4.ª Turma, REsp 780.637/PR, rel. Min. Jorge Scartezzini, j. 08.11.2005, *DJ* 28.11.2005; STJ, 3.ª Turma, REsp 256.281/AM, rel. Min. Carlos Alberto Menezes Direito, j. 22.05.2001, *DJ* 27.08.2001.

[41] Marinoni-Arenhart, *Manual*, p. 523.

dada a respeito do recurso cabível, a interposição de qualquer dos recursos sobre os quais paira a dúvida constitui, no máximo, um erro justificável.

21.6.3. Inexistência de má-fé – Teoria do prazo menor

É natural que o princípio da fungibilidade não proteja o recorrente de má-fé, que se vale de recurso incabível somente para ter um benefício injustificável no processo. Acobertar a má-fé e a deslealdade processual é medida que se deve evitar sempre que possível, ainda mais num período de crise ética como o atual. Ocorre, entretanto, que a má-fé não pode ser presumida, sendo regra do direito exatamente o contrário: a boa-fé se presume. Dessa maneira, diante da extrema dificuldade de provar a existência de má-fé no caso concreto, a doutrina aponta para o afastamento desse requisito para a aplicação do princípio da fungibilidade[42].

Apesar de severamente criticado pela melhor doutrina, o Superior Tribunal de Justiça vem sistematicamente aplicando a teoria do prazo menor para se aferir a existência de má-fé na interposição do recurso. Pelo incorreto entendimento do tribunal, considera-se recorrente de má-fé aquele que na dúvida entre dois ou mais recursos, escolhe o que tem o maior prazo e recorre nesse prazo, o que demonstraria, na visão do tribunal, sua malícia em aproveitar de mais tempo para a interposição de recurso[43]. Dessa forma, só é aplicado o princípio da fungibilidade quando o recorrente, ao escolher o recurso a ser interposto, o faz no **menor prazo** sempre que entre os recursos que geram a dúvida existam prazos diferentes. Tem muita aplicação prática na fungibilidade entre o agravo e apelação, admitindo o Superior Tribunal de Justiça a aplicação da fungibilidade desde que o recurso – agravo ou apelação – seja interposto no prazo de dez dias.

O entendimento é lamentável, por variadas razões:

(a) presume a má-fé do recorrente que opta pela interposição do recurso com prazo maior dentro do prazo previsto em lei, até porque já teria ocorrido o transcurso de prazo para a interposição de recurso com prazo menor[44];

(b) despreza o fato de que a dúvida pode surgir de divergência na doutrina e jurisprudência, não se constituindo dúvida pessoal do patrono que recorre, que tendo certeza do cabimento do recurso com prazo maior acredita que tenha direito a esse prazo;

(c) ignora o fato de que, mesmo sabendo da divergência, e estando pessoalmente inseguro no tocante ao recurso cabível, decidindo-se pelo de prazo maior, é natural que se aproveite de todo o prazo previsto em lei, e não do prazo do recurso que entende incabível no caso concreto[45].

---

[42] Nery Jr., *Teoria*, n. 2.5.2.3, p. 170; Cheim Jorge, *Teoria*, p. 211-212.

[43] STJ, 3.ª Turma, EDcl no REsp 464.425/SP, rel. Min. Castro Filho, j. 10.08.2006, *DJ* 11.09.2006; STJ, 1.ª Turma, REsp 641.431/RN, rel. Min. Luiz Fux, j. 24.11.004, *DJ* 17.12.2004.

[44] Marinoni-Arenhart, *Manual*, p. 524.

[45] Nery Jr., *Teoria*, n. 2.5.2.3, p. 169; Cheim Jorge, *Teoria*, p. 217-218.

21.7. PROIBIÇÃO DA *REFORMATIO IN PEJUS*

Existem dois sistemas possíveis relativos ao efeito devolutivo dos recursos:

(a) sistema de proibição de *reformatio in pejus*, no qual não se admite que a situação do recorrente seja piorada em virtude do julgamento de seu próprio recurso;

(b) sistema do benefício comum (*communio remedii*), no qual o recurso interposto por uma das partes beneficia a ambas, de forma que é aceitável que a situação do recorrente piore em razão do julgamento de seu próprio recurso.

Ainda que não exista previsão expressa no ordenamento pátrio a esse respeito, não existe dúvida de que o direito brasileiro adotou o princípio da proibição da *reformatio in pejus*, de forma que na pior das hipóteses para o recorrente a decisão recorrida é mantida, não podendo ser alterada para piorar sua situação. Pela aplicação do princípio ora analisado, na pior das hipóteses para o recorrente tudo ficará como antes da interposição do recurso.

Para que seja materialmente possível a ocorrência de *reformatio in pejus*, dois requisitos são indispensáveis:

(a) sucumbência recíproca porque, se uma das partes sucumbir integralmente não há como o recurso piorar sua situação, que já é a pior possível. Existem, entretanto, algumas exceções a essa regra, como na rejeição de apelação na hipótese do art. 285-A do CPC, uma vez que, nesse caso, apesar de o acórdão manter a sentença de improcedência, com a eventual participação do réu em contrarrazões, o autor-apelante será condenado ao pagamento de honorários advocatícios, o que não havia ocorrido na sentença liminar de improcedência. Também se pode imaginar a hipótese de manutenção da decisão recorrida com a originária condenação em litigância de má-fé, o que onerará ainda mais o recorrente que já tinha sido integralmente derrotado na decisão recorrida;

(b) recurso de somente uma das partes, porque, se ambas as partes recorrerem, a devolução será integral e a eventual piora na situação de uma das partes decorrerá não de seu próprio recurso, mas do julgamento do recurso da parte contrária[46]. É natural que os recursos devam ser integrais para que seja definitivamente afastada a possibilidade material de *reformatio in pejus*[47].

A *reformatio in pejus* é **excepcionalmente admitida** na aplicação do *efeito translativo dos recursos*, por meio do qual se admite que o tribunal conheça de ofício matéria de ordem pública[48]. Nesse caso, vale o *princípio inquisitivo*, de forma que a atuação do tribunal não se limitará à matéria porventura devolvida ao tribunal. O autor-recorrente poderá ser prejudicado em razão de seu próprio recurso no caso de o tribunal extinguir o processo sem resolução de mérito, em razão de matéria de ordem pública, gerando a perda da parcela da pretensão que obteve com a decisão recorrida.

---

46 Nery Jr., *Teoria*, n. 2.10, p. 183; Marinoni-Arenhart, *Manual*, p. 525; Araken de Assis, *Manual*, n. 14, p. 102.

47 Barbosa Moreira, *Comentários*, n. 241, p. 438-440.

48 Barbosa Moreira, *Comentários*, n. 240, p. 438; Nery Jr., *Teoria*, n. 2.10, p. 183; Marinoni-Arenhart, *Manual*, p. 525; Araken de Assis, *Manual*, n. 14.4.2, p. 109.

Aline ingressou com ação reparatória contra Felipe pedindo a condenação do réu ao pagamento de R$ 500.000,00 a título de danos morais, alegando que Felipe a difamara espalhando o boato de ser corintiana, quando sabidamente Aline é torcedora fanática da gloriosa Portuguesa de Desportos. O juiz acolheu o pedido de Aline e condenou Felipe ao pagamento de R$ 100.000,00, sendo que dessa sentença houve tão somente apelação de Aline para majorar o valor da condenação. O Tribunal, no julgamento da apelação, entendeu que há um vício de ilegitimidade passiva de parte (matéria de ordem pública), considerando que o responsável pela boataria foi Edlson, e não Felipe. Aplicando o efeito translativo o tribunal extingue o processo sem a resolução de mérito, e Aline perde os R$ 100.000,00 que tinha obtido na sentença, sendo evidente a ocorrência de *reformatio in pejus*.

Também entendo que a aplicação da teoria da causa madura (art. 515, § 3.º, do CPC) pode gerar legitimamente a *reformatio in pejus*, bastando imaginar para tanto a hipótese de o tribunal passar ao julgamento de mérito da demanda, rejeitando o pedido do autor. Nesse caso, o autor piora sua situação porque, diante de uma sentença terminativa, recebe no julgamento de seu próprio recurso de apelação decisão de mérito de improcedência, que produzirá coisa julgada material. O tema é tratado de forma mais aprofundada no Capítulo 24, item 24.6.

Por fim, pode-se falar em *reformatio in pejus* na hipótese de aplicação de multa por ato de deslealdade do recorrente e na hipótese de manutenção da sentença proferida com fundamento no art. 285-A, quando o autor-apelante passará a ser condenado ao pagamento da verba honorária na hipótese do réu ter apresentado contrarrazões.

Conforme já analisado no Capítulo 18, item 18.1.1.1, apesar de o reexame necessário não ter natureza recursal, aplica-se o princípio da proibição da *reformatio in pejus* em seu julgamento, não se admitindo a piora na situação da Fazenda Pública.

21.8. IRRECORRIBILIDADE EM SEPARADO DAS DECISÕES INTERLOCUTÓRIAS

Parcela da doutrina entende que a irrecorribilidade em separado das decisões interlocutórias é um dos princípios recursais vigentes em nosso sistema processual, afirmação de difícil compreensão diante da previsão contida no art. 522, *caput*, do CPC, que genericamente prevê o cabimento de agravo – retido ou de instrumento – contra toda e qualquer decisão interlocutória, salvo situações excepcionais previstas expressamente em lei[49].

No procedimento sumaríssimo vigente nos Juizados Especiais a existência do princípio é mais aceitável, sendo entendimento majoritário da doutrina e da jurisprudência o não cabimento do recurso de agravo contra a decisão interlocutória. De qualquer forma, com duas ressalvas:

[49] Araken de Assis, *Manual*, n. 11, p. 99.

(a) o art. 5.º da Lei 10.259/2001, que regulamenta o procedimento nos Juizados Especiais Federais, mas que deve ser aplicado subsidiariamente nos Juizados Especiais Estaduais, prevê o cabimento de recurso – que só pode ser o agravo de instrumento – contra decisão interlocutória que tenha como objeto tutela de urgência;

(b) as decisões interlocutórias não são propriamente irrecorríveis, porque, apesar de não caber o recurso de agravo, poderão ser impugnadas pelo recurso inominado interposto contra a sentença e contra todas as decisões interlocutórias que geram sucumbência ao recorrente durante o trâmite procedimental. Dessa forma, é mais adequada a expressão comumente utilizada de irrecorribilidade imediata ou em separado das decisões interlocutórias.

De qualquer forma, a doutrina que defende esse princípio afirma que a inexistência de efeito suspensivo no recurso de agravo faz com que a sua interposição não interfira no andamento do procedimento em primeiro grau, em situação fática idêntica à gerada pela ausência de recurso contra tal espécie de decisão[50]. Ainda que sob esse argumento, é difícil concordar com a existência de tal princípio:

(a) recorrer ou não da decisão não tem ligação lógica e indispensável com a afetação do procedimento em primeiro grau (p. ex., o agravo retido não interfere no procedimento em primeiro grau, mas é inegavelmente um recurso);

(b) a depender do resultado do agravo no tribunal, atos processuais praticados no primeiro grau poderão ser atingidos retroativamente;

(c) existe a possibilidade de concessão de efeito suspensivo ao caso concreto – efeito suspensivo impróprio (o que ocorre com relativa frequência na praxe forense).

O respeito a esse princípio é significativamente ampliado no PLNCPC, com a extinção do agravo retido e a previsão de cabimento de agravo de instrumento somente para determinadas situações específicas. No novo sistema, criado pelo art. 969, o cabimento do agravo de instrumento está limitado às situações previstas em lei. O *caput* do dispositivo admite o cabimento do recurso contra decisões interlocutórias que versarem sobre: "I – tutelas de urgência ou da evidência; II – o mérito da causa; III – rejeição da alegação de convenção de arbitragem; IV – o incidente de resolução de desconsideração da personalidade jurídica; V – a gratuidade de justiça; VI – a exibição ou posse de documento ou coisa; VII – exclusão de litisconsorte por ilegitimidade; VIII – a limitação de litisconsórcio; IX – a admissão ou inadmissão de intervenção de terceiros; X – outros casos expressamente referidos em lei". O parágrafo único amplia o cabimento ao admitir o agravo de instrumento contra decisões interlocutórias proferidas na fase de liquidação de sentença, cumprimento de sentença, no processo de execução e no processo de inventário. Das demais decisões interlocutórias não caberá recurso em separado a ser interposto imediatamente. No art. 929, parágrafo único, do PLNCPC originário havia previsão de que as decisões interlocutórias não recorríveis por agravo de instrumento não precluiriam, devendo ser impugnadas ao final, em preliminar de apelação ou contrarrazões. Apesar da omissão da regra no Substitutivo, a regra continua a valer plenamente no novo sistema de recorribilidade casuística das deci-

50 Nery Jr., *Manual*, n. 2.8, p. 180-181.

sões interlocutórias. Essa radical modificação do sistema, apesar de manter o cabimento do agravo de instrumento em situações essenciais, não deve ser aplaudida. O agravo de instrumento vem há muito tempo sendo apontado como o grande vilão da morosidade dos tribunais de segundo grau, que, abarrotados de agravos de instrumento, não conseguem julgá-los em tempo razoável, prejudicando também o julgamento das apelações, que, não tendo a preferência de julgamento que têm os agravos de instrumento, demoram cada vez mais para serem julgados. Diante desse quadro, mais agudo em determinados tribunais do que em outros, resolve-se pela limitação do agravo de instrumento e fim do agravo retido.

Lamenta-se que o projeto procure acabar com um problema pontual de alguns tribunais com a limitação de um relevante recurso, expondo a parte a ilegalidades praticadas pelo juízo de primeiro grau. A recorribilidade somente no final do processo será um convite aos tribunais de segundo grau a fazer vista grossa a eventuais irregularidades e nulidades ocorridas durante o procedimento. Na realidade, os tribunais serão colocados diante de um dilema: se acolherem a preliminar de contestação ou contrarrazões, dão um tiro de morte no princípio da economia processual; se fizerem vista grossa e deixarem de acolher a preliminar pensando em preservar tal princípio, cometerão grave injustiça, porque tornarão, na prática, a decisão interlocutória irrecorrível.

Seja como for, aguarda-se a popularização do mandado de segurança, que passará a ser utilizado onde atualmente se utiliza do agravo quando este tornar-se incabível. Corre-se um sério risco de se trocar seis por meia dúzia, e o que é ainda pior, desvirtuar a nobre função do mandado de segurança. E uma eventual reação dos tribunais não admitindo mandado de segurança nesse caso, será uma aberrante ofensa ao previsto no art. 5.º, II, da Lei 12.016/2009.

21.9. COMPLEMENTARIDADE

No direito processual civil as **razões recursais devem ser apresentadas no ato de interposição do recurso**, não se admitindo que o recurso seja interposto num momento procedimental e as razões apresentadas posteriormente, como ocorre no processo penal. Aplica-se a *preclusão consumativa* no momento da interposição de recurso, de forma que, após esse momento, é vedado ao recorrente complementar seu recurso já interposto com novas razões[51]. Caso nenhuma fundamentação tenha sido feita, o recurso é inadmissível, e, sendo incompleta ou falha a fundamentação, somente esta será apreciada pelo órgão julgador competente para o julgamento do recurso.

Pelo princípio da complementaridade, a parte recorrente poderá complementar as razões de recurso já interposto sempre que no julgamento dos embargos

---

[51] Nery Jr., *Teoria*, n. 2.9, p. 181.

de declaração interpostos pela parte contrária for criada uma nova sucumbência. Essa complementação, entretanto, será limitada à nova sucumbência, de forma que, sendo parcial o recurso já interposto, não poderá o recorrente aproveitar-se do princípio para impugnar parcela da decisão que já deveria ter impugnado originariamente[52].

> Alarico ingressa com demanda requerendo a condenação de Jussara no pagamento de danos morais, lucros cessantes e danos emergentes, sendo os pedidos referentes aos danos materiais julgados procedentes, omitindo-se o juiz em sua sentença com relação ao pedido de danos morais. Jussara apela da sentença impugnando a procedência do pedido de condenação por lucros cessantes, enquanto Alarico interpõe embargos de declaração para que seja julgado o pedido de danos morais. O recurso de Alarico é provido e Jussara é condenada a pagar pelos danos morais. Como já havia interposto o recurso de apelação, poderá no prazo de 15 dias complementar seu recurso para também passar a impugnar a condenação em danos morais (objeto da sucumbência superveniente), mas não poderá se aproveitar dessa oportunidade para impugnar a condenação em danos emergentes.

Conforme analisado no Capítulo 27, item 27.5, o Superior Tribunal de Justiça vem lamentavelmente exigindo da parte que já recorreu enquanto a parte contrária ingressou com embargos de declaração, a reiteração do interesse no julgamento do recurso já interposto no prazo recursal aberto após o julgamento dos embargos de declaração, ainda que a sua decisão em nada modifique a decisão impugnada. Entendo que, complementado o recurso já interposto em razão de sucumbência superveniente advinda do julgamento dos embargos de declaração interposto pela parte contrária, é desnecessária a reiteração expressa para a admissibilidade do recurso já interposto. De qualquer forma, é mais prudente ao recorrente que, além de complementar o recurso, reitere o recurso já interposto após a publicação do julgamento dos embargos de declaração.

21.10. CONSUMAÇÃO

Como ocorre no princípio da complementaridade, também o princípio da consumação tem como fundamento a *preclusão consumativa* que se verifica no ato de interposição do recurso. A diferença entre os dois princípios é que o primeiro trata de complementação de um recurso já interposto, enquanto o segundo **proíbe que, interposto um recurso, este seja substituído por outro**, interposto posteriormente, ainda que dentro do prazo recursal. O sistema atual difere do sistema existente à época do Código de Processo Civil de 1939, que em seu art. 38 expressamente permitia a variabilidade recursal, desde que dentro do prazo.

Uma vez interpostos dois recursos num mesmo prazo recursal, pela mesma parte, contra a mesma decisão, é evidente que a inadmissibilidade de ambos não é

[52] Nery Jr., *Teoria*, n. 2.9, p. 182; Araken de Assis, *Manual*, n. 12, p. 100.

a solução correta, como também não se pode entender como correta a solução que aponta para a possibilidade de a parte recorrente escolher entre os dois recursos interpostos. A solução é simples: ao recorrer, extingue-se o direito recursal[53], de forma que a interposição de outro recurso após esse momento procedimental não estará amparada em direito algum, considerando-se esse recurso posterior como juridicamente inexistente. Ainda que o recurso posteriormente interposto seja o cabível para o caso concreto, somente o anterior existe juridicamente, ainda que seu triste destino seja a inadmissibilidade.

Com a obrigatoriedade de interposição de agravo retido oral de decisões interlocutórias proferidas em audiência de instrução e julgamento (art. 523, § 3.º, do CPC), há receio por parte dos advogados de deixarem de agravar em audiência e depois, fazendo-o por meio de agravo de instrumento, e terem seu recurso não conhecido com a alegação de intempestividade (preclusão temporal). Esse tema é desenvolvido no Capítulo 25, item 25.2.1.1.6, mas é importante notar que, diante do princípio ora analisado, se o advogado optar – ainda que psicologicamente pressionado – a ingressar com agravo retido oral, não poderá no prazo de 10 dias ingressar com agravo de instrumento pedindo a substituição daquele por esse.

[53] Araken de Assis, *Manual*, n. 13, p. 100.

22

JUÍZO DE ADMISSIBILIDADE

Sumário: 22.1. Introdução – 22.2. Pressupostos intrínsecos de admissibilidade recursal: 22.2.1. Cabimento; 22.2.2. Legitimidade recursal; 22.2.3. Interesse recursal; 22.2.4. Inexistência de ato impeditivo ou extintivo do direito de recorrer – 22.3. Pressupostos extrínsecos de admissibilidade recursal: 2.3.1. Tempestividade; 22.3.2. Preparo; 22.3.3. Regularidade formal.

22.1. INTRODUÇÃO

Para que o mérito de uma demanda seja julgado, o juiz precisa anteriormente analisar os *pressupostos processuais* e as *condições da ação*, considerados genericamente como pressupostos de admissibilidade do julgamento de mérito. No âmbito recursal, existe o mesmo fenômeno, devendo o órgão julgador fazer uma análise de **aspectos formais do recurso** para só então, superada positivamente essa fase, analisar o mérito recursal. Em termos de teoria geral dos recursos, a doutrina costuma indicar sete pressupostos de admissibilidade, não existindo dúvida a respeito de quais sejam esses pressupostos, ainda que surja divergência quanto a sua exata classificação.

Há importante corrente doutrinária que defende a tese de que a decisão que tem como fundamento o juízo de admissibilidade tem natureza *declaratória*, de forma que a inadmissão (recebimento/conhecimento) do recurso tem efeito *ex tunc*. Significa dizer que, uma vez não conhecido o recurso por algum vício procedimental, a preclusão ou o trânsito em julgado (a depender da espécie de decisão) terá se operado a partir do momento em que o vício passou a existir no processo[1]. Se houver deserção da apelação, o trânsito em julgado ocorrerá na

---

[1] Barbosa Moreira, *Comentários*, n. 147, p. 265-266; Fux, *Curso*, p. 937.

interposição do recurso deserto; se o recurso de agravo é intempestivo, a preclusão ocorrerá no vencimento do prazo recursal.

Ainda que se admita que o vício já exista quando o recurso não é admitido, o entendimento exposto afronta de maneira clara e insuportável o princípio da *segurança jurídica*, não sendo possível a parte ficar na dependência da admissão de seu recurso para só então saber se a decisão ainda poderá ser reformada ou anulada ou se tornou retroativamente definitiva. Com essa pragmática preocupação, o Superior Tribunal de Justiça vem entendendo que, apesar da natureza declaratória, o juízo de admissibilidade tem eficácia *ex nunc*, de forma que a preclusão ou a coisa julgada decorrente da decisão impugnada só seja computada a partir da não admissão do recurso[2].

Quando o juízo de admissibilidade é realizado pelo juízo *a quo*, ou seja, pelo juízo competente para proferir a decisão impugnada, mas não para julgar o recurso, o recurso é **recebido** ou não. Quando realizado pelo órgão *ad quem*, competente para o julgamento do recurso, o recurso é **conhecido** ou não. A apelação não é recebida por decisão do juízo sentenciante e não é conhecida pelo tribunal de segundo grau; o agravo de instrumento é conhecido ou não, não havendo possibilidade material para que tal recurso seja recebido ou não, considerando-se a sua distribuição diretamente realizada perante o tribunal competente para seu julgamento. Ainda que dois ou mais órgãos jurisdicionais realizem o juízo de admissibilidade, não existe vinculação entre eles, porque, sendo o juízo de admissibilidade matéria de ordem pública, não haverá preclusão[3].

Na classificação desses requisitos encontra-se na doutrina alguma divergência. Parcela da doutrina prefere dividi-los em pressupostos *objetivos* (dizem respeito ao próprio recurso em si mesmo considerado) e *subjetivos* (dizem respeito à pessoa do recorrente)[4]. Nessa classificação, serão pressupostos recursais subjetivos a legitimidade e o interesse recursal e pressupostos objetivos a adequação, tempestividade, preparo e motivação.

Outra parcela da doutrina prefere a divisão entre pressupostos *intrínsecos* e *extrínsecos*, e mesmo dentro dessa classificação existe divergência de quais sejam os pressupostos recursais extrínsecos e intrínsecos. Essa divergência justifica-se na diferença de conceito do que seja pressuposto intrínseco e extrínseco.

A doutrina majoritária entende como pressupostos intrínsecos os referentes à própria existência do poder de recorrer, e os extrínsecos aqueles referentes ao modo de exercer tal poder. Nessa concepção, são pressupostos intrínsecos:

(a) cabimento;

(b) legitimidade;

---

2 STJ, 6.ª Turma, AgRg no REsp 958.333/RS, rel. Min. Maria Thereza de Assis Moura, j. 17.12.2007, *DJ* 25.02.2008; STJ, 2.ª Turma, REsp 543.368/RJ, rel. Eliana Calmon, rel. para acórdão Castro Meira, j. 04.05.2006, *DJ* 02.06.2006; Araken de Assis, *Manual*, n. 16.1, p. 116; Nery Jr., *Teoria*, n. 3.4, p. 267.

3 Barbosa Moreira, *Comentários*, n. 146, p. 264; Nery Jr., *Teoria*, n. 3.4, p. 261. *Informativo* 395/STJ, Corte Especial, EREsp 978.782-RS, rel. Ari Pargendler, j. 20.05.2009.

4 Greco Filho, *Direito*, n. 303.

(c) interesse em recorrer; e
(d) inexistência de fato impeditivo ou extintivo do poder de recorrer.

Os pressupostos extrínsecos são:

(a) tempestividade;
(b) preparo; e
(c) regularidade formal[5].

É a classificação preferível e que será adotada.

Por outro lado, com menos adeptos, há corrente doutrinária a defender que os pressupostos intrínsecos dizem respeito à decisão recorrida (conteúdo e forma), enquanto os pressupostos extrínsecos concernem a fatores externos da decisão recorrida, sendo normalmente posteriores a ela. Com essas premissas, são pressupostos intrínsecos: (a) cabimento, (b) legitimidade e (c) interesse recursal; são requisitos extrínsecos: (a) tempestividade, (b) preparo, (c) regularidade formal e (d) inexistência de fatos impeditivos ou modificativos do poder de recorrer[6].

22.2. PRESSUPOSTOS INTRÍNSECOS DE ADMISSIBILIDADE RECURSAL

22.2.1. Cabimento

O preenchimento do requisito do cabimento exige que o pronunciamento seja recorrível e que o recurso interposto seja o adequado, ou seja, o recurso indicado pela lei para impugnar aquele determinado pronunciamento judicial[7]. A **recorribilidade** do pronunciamento deve ser analisada em primeiro lugar, porque, concluindo-se por sua irrecorribilidade, é natural que nenhum recurso seja cabível para impugná-lo. Segundo o art. 504 do CPC, os despachos são irrecorríveis, o que poderia levar à conclusão de que todos os pronunciamentos com carga decisória são recorríveis. Apesar de ser essa a regra, é importante lembrar que existe irrecorribilidade de decisões judiciais previstas pelo Código de Processo Civil (*v.g.* arts. 527, parágrafo único, e 519, parágrafo único), bem como por construções jurisprudenciais (decisão que reconhece suspeição por motivo de foro íntimo).

Triste constatação derivada de análise jurisprudencial do Superior Tribunal de Justiça demonstra uma forte e equivocada tendência de entender como *despachos* e, portanto irrecorríveis, alguns pronunciamentos nitidamente de natureza decisória. O pronunciamento que restitui o prazo para uma das partes naturalmente analisa

---

5 Barbosa Moreira, *Comentários*, n. 145, p. 263; Cheim Jorge, *Teoria*, n. 9.1, p. 79; Marinoni-Arenhart, *Manual*, p. 525-529; Araken de Assis, *Manual*, n. 18, p. 131-132.
6 Nery Jr., *Teoria*, 3.4.1.1, p. 275-276.
7 Nery Jr., *Teoria*, n. 3.4.1.1, p. 275; Pimentel Souza, *Introdução*, n. 3.2, p. 41-42.

a presença da causa que justifique essa restituição e decide pela sua ocorrência[8]; o pronunciamento que determina a remessa de um processo a outro julgador em razão da prevenção decide a respeito da presença desse fenômeno jurídico de modificação de competência[9].

O pronunciamento que deixa de analisar o pedido de tutela antecipada tem carga decisória. A pueril justificativa de que, postergada a decisão a respeito da concessão ou não da tutela para momento posterior – após a juntada de determinados documentos nos autos – se estaria diante de pronunciamento que nada decidiu (despacho) não se sustenta[10]. É evidente que se a parte pediu a tutela antecipada é porque precisa com urgência de sua concessão, de forma que, ao deixar de analisar o pedido, há negativa da prestação jurisdicional requerida pela parte, o que já é suficiente para atribuir a esse pronunciamento conteúdo decisório.

O Superior Tribunal de Justiça diz com todas as letras que o pronunciamento que determina a emenda da petição inicial é mero despacho, mas reconhece que excepcionalmente caberá recurso a depender da subversão da legislação processual em vigor de maneira a causar um gravame à parte[11]. Percebe-se que o próprio tribunal reconhece o absurdo de seu entendimento ao afirmar ser irrecorrível tal pronunciamento, confundindo admissibilidade com mérito, uma vez que a análise do conteúdo do pronunciamento para se aferir se ele subverte ou não a legislação refere-se à correção ou não da decisão.

Determinada a recorribilidade da decisão, deve-se examinar a **correspondência do recurso**, o que demandará a análise da natureza e do conteúdo da decisão no caso concreto e, ainda, o respectivo recurso previsto em lei como o adequado à sua impugnação. Essa correspondência é encontrada na lei, tal como ocorre no art. 513 do CPC, que determina caber apelação contra sentença, ou no art. 522 do CPC, que determina ser cabível o recurso de agravo – retido ou de instrumento – contra decisão interlocutória. A mesma correspondência entre *espécie/conteúdo* de decisão é encontrada, entre outros dispositivos legais, no art. 530 do CPC (embargos infringentes), no art. 535 do CPC (embargos de declaração), no art. 539 do CPC (recurso ordinário constitucional), no art. 546 do CPC (embargos de divergência), no art. 102, III, da CF (recurso extraordinário), no art. 105, III, da CF (recurso especial), no art. 34 da LEF (embargos infringentes) e no art. 41 da Lei 9.099/1995 (recurso inominado).

Essa correspondência genérica prevista pelo sistema processual, entretanto, será sempre afastada quando houver a previsão de recurso cabível contra determina decisão em situação específica. A adequação necessária ao preenchimento do requisito do cabimento nesse caso será analisada pela previsão legal específica e não pela previsão legal genérica. Assim, ainda que seja discutível a natureza

8 Contra: STJ, 6.ª Turma, AgRg no REsp 415.691/DF, rel. Min. Hélio Quaglia Barbosa, j. 09.12.2005.

9 Contra: STJ, 6.ª Turma, AgRg no Ag 561.502/RJ, rel. Min. Paulo Medina, j. 05.10.2004.

10 Contra: STJ, 1.ª Turma, AgRg no REsp 1.009.082/MG, rel. Min. Denise Arruda, j. 24.06.2008; REsp 417.479/RS, 1.ª Turma, rel. Min. Garcia Vieira, j. 25.06.2002.

11 STJ, 2.ª Turma,REsp 891.671/ES, rel. Min. Castro Meira, j. 06.03.2007.

da decisão que julga a liquidação, é indiscutível o cabimento do agravo de instrumento (art. 475-H do CPC), o mesmo ocorrendo com a decisão que julga a impugnação e não põe fim ao cumprimento de sentença (art. 475-M, § 3.º, do CPC) e a decisão que decreta a falência (art. 100 da LF – Lei 11.101/2005). Mesmo quando for evidente o equívoco do legislador, como ocorre no art. 17 da Lei 1.060/1950, o recurso cabível será aquele previsto expressamente na lei para a situação específica[12].

Como já analisado no Capítulo 21, item 21.6, o requisito do cabimento poderá ser afastado no caso concreto em razão da aplicação do princípio da **fungibilidade**, o que permitirá o julgamento do mérito recursal – desde que os outros requisitos também sejam preenchidos –, ainda que o órgão julgador entenda que o recurso interposto não é o cabível. A fungibilidade flexibiliza o requisito do cabimento.

22.2.2. Legitimidade recursal

Segundo o art. 499 do CPC, o recurso pode ser interposto pela parte vencida, pelo terceiro prejudicado e pelo Ministério Público. O dispositivo legal é criticável porque confunde indevidamente o requisito da *legitimidade recursal* com o *interesse recursal*, desprezando o fato de que a legitimidade é fixada sempre em abstrato, não tendo relevância o conteúdo da decisão no caso concreto. Dessa forma, não é correto afirmar, como faz o dispositivo legal, que somente a parte vencida tem legitimidade para recorrer, porque, para se descobrir se a parte é vencida ou vencedora é indispensável analisar o conteúdo da decisão proferida no caso concreto, o que diz respeito ao interesse de recorrer, e não à legitimidade recursal. A mesma crítica pode ser feita relativamente ao terceiro prejudicado, embora essa nomenclatura esteja consolidada na lei e na doutrina pátria.

Ignorando-se esse vício contido no art. 499 do CPC, o dispositivo se presta a indicar as três espécies de sujeitos que tem legitimidade recursal.

22.2.2.1. Partes

As partes têm legitimidade recursal, independentemente do conteúdo da decisão judicial, ou seja, não importando o fato de terem ou não sucumbido no caso concreto, aspecto que diz respeito ao interesse recursal, que é outro requisito de admissibilidade. O conceito de partes já foi analisado no Capítulo 3, item 3.3.2, entendendo-se que a legitimidade recursal diz respeito às **partes no processo**, o que inclui o autor, réu, terceiros intervenientes – inclusive o assistente simples[13] – e o Ministério Público, quando atua como fiscal da lei, o que inclusive

[12] STJ, 4.ª Turma, REsp 780.637/PR, rel. Min. Jorge Scartezzini, j. 08.11.2005, *DJ* 28.11.2005; STJ, 3.ª Turma, REsp 256.281/AM, rel. Min. Carlos Alberto Menezes Direito, j. 22.05.2001, *DJ* 27.08.2001.

[13] Barbosa Moreira, *Comentários*, n. 162, p. 291-293; Nery Jr., *Teoria*, n. 3.4.1.2, p. 308-309.

dispensaria a expressa menção à legitimidade do Ministério Público no art. 499, *caput*, do CPC. A única exigência é que esses sujeitos, salvo o Ministério Público, estejam integrados à relação jurídica processual no momento em que a decisão impugnada é preferida[14].

A doutrina majoritária e o Superior Tribunal de Justiça entendem que os **serventuários eventuais da Justiça** (perito, tradutor, intérprete, depositário etc.) não têm legitimidade recursal, já que não são considerados partes na relação jurídica processual. Tampouco são terceiros prejudicados, porque não são titulares de relação jurídica conexa com a relação jurídica que se está discutindo em juízo[15]. Caso desejem se irresignar contra decisão proferida no processo do qual participam, se valerão de sucedâneos recursais, em especial o mandado de segurança.

Apesar de majoritário, não parece ser esse o melhor entendimento, porque esses sujeitos tornam-se parte no *incidente processual* criado em torno de sua atuação no processo, sendo possível a conclusão de que, com respeito à decisão que fixa seus honorários ou resolve outra questão referente a tal incidente, há legitimidade recursal como parte, não do processo, mas do incidente processual[16]. Da mesma forma, sendo condenado um terceiro por ato atentatório à dignidade da jurisdição, nos termos do art. 14, parágrafo único, do CPC, estará vinculado aos efeitos da coisa julgada, sendo inegável a sua legitimidade recursal[17].

Segundo o art. 23 da Lei 8.906/1994 (Estatuto da OAB), o **advogado** é o credor dos honorários fixados em sentença ou acórdão, sendo parte legitimada para executar esse capítulo acessório da decisão, o que fará com legitimação ordinária (nome próprio na defesa de interesse próprio). Sendo legitimado a executar o capítulo da decisão referente aos honorários, considerando-se ser o titular do direito de crédito fixado em tal capítulo, é inegável a legitimidade do advogado para recorrer de tal decisão, objetivando a majoração da condenação em honorários advocatícios. Entendimento contrário retiraria o direito do advogado de discutir uma decisão que a própria lei reconhece ter legitimidade para executar. Não podendo recorrer da decisão e ocorrendo seu trânsito em julgado, estaria negada a prestação jurisdicional ao advogado, que seria obrigado a executar valor que não entende ser o justo[18].

Para a doutrina majoritária, a sua legitimidade é de *terceiro prejudicado*, porque no momento da prolação da decisão não figurava no processo como parte, mas é titular de relação de direito material (direito de crédito) que pode ser afetada pelo resultado do processo[19]. O Superior Tribunal de Justiça entende que também a parte poderá recorrer em nome próprio do capítulo referente aos

---

[14] Barbosa Moreira, *Comentários*, n. 162, p. 291-292; Araken de Assis, *Manual*, n. 19.2.1, p. 143.

[15] Nery Jr., *Teoria*, n. 3.4.1.2, p. 312; Cheim Jorge, *Teoria*, p. 94-95; STJ, 4.ª Turma, REsp 410.793/SP, rel. Min. Jorge Scartezzini, j. 28.09.2004; REsp 259.981.SP, 2.ª Turma, rel. Min. Eliana Calmon, j. 18.04.2004.

[16] Araken de Assis, *Manual*, n. 19.2.4, p. 152.

[17] Neves, *A nova*, p. 58; Cruz e Tucci, *Lineamentos*, p. 32; Dinamarco, *A reforma*, n. 19, p. 71; Araken de Assis, *Manual*, n. 19.2.4, p. 152.

[18] Nery Jr., *Teoria*, n. 3.4.1.2, p. 314; Cheim Jorge, *Teoria*, n. 9.2.2.5, p. 97.

[19] Araken de Assis, *Manual*, n. 19.2, p. 154; Nery Jr., *Teoria*, n. 3.4.1.2, p. 314; Cheim Jorge, *Teoria*, n. 9.2.2.5, p. 99.

honorários advocatícios, e nesse caso sua legitimação será extraordinária (nome próprio em defesa de direito de outrem)[20]. Trata-se, portanto, de **legitimação concorrente** entre a parte e o advogado (terceiro prejudicado).

22.2.2.2. *Terceiro prejudicado*

Segundo o art. 499, § 1.º, do CPC, o terceiro que demonstrar o nexo de interdependência entre o seu interesse de intervir e a relação jurídica submetida à apreciação judicial, terá legitimidade recursal. A melhor interpretação do dispositivo legal determina que o terceiro – sujeito que não faz parte do processo no momento da prolação da decisão – deve ter um **interesse jurídico** que justifique sua intervenção no processo por meio do recurso[21], consubstanciado na possibilidade de relação jurídica da qual é titular ser afetada pela decisão recorrida, gerando-lhe um prejuízo.

Entende-se que o sujeito que poderia ter participado do processo como assistente, nomeado à autoria, denunciado à lide ou chamado ao processo, tem legitimidade como terceiro prejudicado. O mesmo não ocorre com o sujeito que poderia ter sido opoente, porque nesse caso o seu ingresso por meio de recurso pretendendo obter a coisa ou o direito discutido entre as partes configuraria supressão de grau jurisdicional, levando ao tribunal matéria que deve ser enfrentada em primeiro grau de jurisdição e alheia à decisão impugnada[22]. Também tem legitimidade o terceiro que deveria ter sido litisconsorte necessário, mas que indevidamente não foi integrado ao processo[23].

Sempre que o terceiro tiver uma relação jurídica que pode ser afetada pela decisão judicial terá legitimidade como terceiro prejudicado, mas para ter interesse recursal, é indispensável no caso concreto que tenha sofrido um efetivo prejuízo na relação jurídica da qual figura como titular. Assim, é possível que um terceiro tenha *legitimidade* como terceiro prejudicado, mas, por não ter sido concretamente prejudicado, não terá *interesse recursal*. Essa constatação demonstra de forma clara a inadequação da consagrada nomenclatura "terceiro prejudicado".

Marina locou um imóvel para Aline, que o sublocou para Carlos. Movida ação de despejo por Marina contra Aline, Carlos poderá participar como assistente, e nesse caso, quando proferida a sentença, terá legitimidade recursal de parte para ingressar com a apelação. Caso não participe do processo, terá

---

20 STJ, 2.ª Turma, REsp 440.613/SE, rel. Min. João Otávio de Noronha, j. 25.04.2006; REsp 761.093/PR, 1.ª Turma, rel. Min. Teori Albino Zavascki, j. 16.08.2005; Araken de Assis, *Manual*, n. 19.2, p. 154; Cheim Jorge, *Teoria*, n. 9.2.2.5, p. 99.

21 Barbosa Moreira, Comentários, n. 164, p. 295; Araken de Assis, Manual, n. 19.2.3, p. 149.

22 Didier Jr., *Recurso*, n. 2.4.2, p. 119-122; Theodoro Jr., *Curso*, n. 528, p. 638; Cheim Jorge, *Teoria*, n. 9.2.2.2, p. 91; Fux, *Curso*, p. 941. Contra: Greco Filho, *Direito*, n. 61, p. 308, admite o recurso pelo sujeito que poderia ter sido opoente. Nery Jr., *Teoria*, n. 3.4.1.2, p. 310-311, não admite o recurso nas hipóteses de oposição e denunciação da lide.

23 Araken de Assis, Manual, n. 19.2.3, p. 150; Greco Filho, Direito, n. 61, p. 308-309.

legitimidade recursal como terceiro prejudicado, e isso independentemente do teor da decisão, porque a legitimidade é analisada abstratamente. Proferida uma sentença de improcedência na ação de despejo, Carlos continua a ter legitimidade recursal, mas lhe faltará interesse recursal, considerando-se que no caso concreto não sofreu qualquer prejuízo na relação material da qual é titular (sublocação).

Há corrente doutrinária que defende o entendimento de ser possível a interposição de qualquer espécie de recurso pelo terceiro prejudicado[24]. Existe, entretanto, polêmica a respeito do cabimento do **agravo retido** pelo terceiro prejudicado, havendo parcela doutrinária que defende seu não cabimento, com dois argumentos principais[25]:

(a) ser impossível saber se o terceiro terá condições jurídicas de apelar, e com isso pedir o julgamento do agravo retido;

(b) a função do agravo retido é evitar a preclusão, fenômeno endoprocessual, que só afeta as partes.

No sentido da crítica feita ao conceito de terceiro prejudicado do art. 499, § 1.º, do CPC, o art. 950, parágrafo único, do PLNCPC prevê que "cumpre ao terceiro demonstrar a possibilidade de a decisão sobre a relação jurídica submetida à apreciação judicial atingir direito de que seja titular". Apesar de superior ao atual conceito legal, o texto sugerido deixa uma dúvida: o único recurso cabível do terceiro prejudicado é o que ataca decisão que resolve a relação jurídica de direito material que compõe o objeto do processo? Parece ser essa a sugestão do novo conceito, o que impedirá o ingresso de agravo de instrumento quando a decisão interlocutória versar sobre questões incidentais.

Observe-se que, sendo preservada a legitimidade do terceiro prejudicado para agravar de instrumento de decisão que verse sobre tutela de urgência ou de evidência, que tem como objeto a relação jurídica de direito material, e de decisão interlocutória definitiva que verse sobre o mérito da causa, proferida em cognição exauriente e mediante juízo de certeza, a aparente vedação de cabimento do agravo de instrumento ao terceiro prejudicado perde muito de seu significado prático, mas ainda assim não se justifica. Apesar da dificuldade em se conceituar a legitimidade do terceiro prejudicado, o conceito sugerido poderia ser modificado para deixar claro que também se aplica ao agravo de instrumento.

22.2.2.3. *Ministério Público*

A legitimidade recursal do Ministério Público está expressamente prevista no art. 499, § 2.º, do CPC, podendo recorrer nos processos em que participou como parte ou como fiscal da lei. Quando o Ministério Público participa como

[24] Barbosa Moreira, *Comentários*, n. 163, p. 294; Cheim Jorge, *Teoria*, n. 9. 2.2.2, p. 91.

[25] Wambier, *Os agravos*, p. 330-331. Contra: Didier Jr., *Recurso*, n. 2.2.2, p. 55-58.

autor ou réu, o dispositivo é repetitivo, porque sua legitimidade recursal já está assegurada pelo simples fato de ser autor ou réu da demanda[26]. Na realidade, a depender do conceito de parte adotado, a norma é desnecessária, considerando-se que o Ministério Público como **fiscal da lei** é parte na demanda, o que basta para ter legitimidade recursal.

Entendo que o art. 499, § 2.º, do CPC não desempenha seu papel, porque, além de especificar uma legitimidade que poderia ser deduzida do conceito de parte, deixa de prever uma legitimidade recursal do Ministério Público em processo do qual não participou. Trata-se do processo no qual a intervenção do Ministério Público era obrigatória e indevidamente não ocorreu, sendo considerado terceiro (não um terceiro prejudicado) no momento da prolação da decisão[27].

Nos processos em que atua como fiscal da lei, a legitimidade recursal do Ministério Público é *autônoma*, significando dizer que, mesmo que as partes no processo não interponham recurso, é admissível o recurso interposto pelo Ministério Público[28]. Mesmo na hipótese de intervir em processo em razão da presença de incapazes, tem o Ministério Público a legitimidade e interesse recursal ainda que a decisão recorrida favoreça o incapaz, mas seja contrária à lei. Entre a proteção ilegal do incapaz e a estreita e correta aplicação do direito, entendo ser preferível a segunda opção[29]. Afinal, fiscal da lei se presta a fiscalizar a boa aplicação da lei e não se aquiescer tacitamente com a proteção ilegal a uma das partes. Esse entendimento, entretanto, é francamente minoritário[30].

No PLNCPC o Ministério Público deixa de ser fiscal da lei e passa a ser fiscal da ordem jurídica.

22.2.3. Interesse recursal

22.2.3.1. *Necessidade*

Conforme já foi afirmado, existe uma proximidade evidente entre os pressupostos processuais e as condições da ação e os requisitos de admissibilidade recursal, sendo unânime na doutrina o entendimento de que o interesse recursal deve ser analisado à luz do interesse de agir. A mesma ideia de utilidade da prestação jurisdicional presente no interesse de agir verifica-se no interesse recursal,

[26] Baptista da Silva, *Curso*, p. 421.

[27] Barbosa Moreira, *Comentários*, n. 165, p. 297-298; Nery Jr., *Teoria*, n. 3.4.1.2, p. 309-310.

[28] Súmula 99/STJ: "O Ministério Público tem legitimidade para recorrer no processo em que oficiou como fiscal da lei, ainda que não haja recurso da parte".

[29] Câmara, *Lições*, v. 2, p. 61; Leonardo Greco, *Instituições*, p. 265-266.

[30] STJ, 5.ª Turma, REsp 604.719/PB, rel. Min. Felix Fischer, j. 22.08.2006; Mazzili, *Regime*, p. 734-735; Costa Machado, *A intervenção*, p. 582; Didier-Cunha, *Curso*, p. 40.

entendendo-se que somente será julgado em seu mérito o recurso que possa ser útil ao recorrente. Essa **utilidade** deve ser analisada sob a perspectiva prática, sendo imperioso observar no caso concreto se o recurso reúne condições de gerar uma **melhora na situação fática do recorrente**. Quase todos os problemas referentes ao interesse recursal se resumem a esse aspecto, sendo certo que, não havendo qualquer possibilidade de obtenção de uma situação mais vantajosa sob o aspecto prático, não haverá interesse recursal[31].

É por essa razão que, em regra, não se admite recurso somente com o objetivo de modificar a fundamentação da decisão, porque nesse caso a situação prática do recorrente se mantém inalterada[32].

A doutrina tradicionalmente estuda o fenômeno do interesse de agir à luz da existência de **sucumbência**, o que geraria a necessidade na utilização do recurso. Essa associação decorre da concepção de que não deve existir recurso sem um prejuízo, um gravame, gerado pela decisão. Como o termo sucumbência deve ser entendido como frustração de uma expectativa inicial, resta claro que, havendo sucumbência no processo, terá havido o gravame ou a lesão exigida para a interposição do recurso. Essa construção, entretanto, deve ser analisada com o devido cuidado.

É correta a afirmativa de que a existência de sucumbência é uma exigência para que exista no caso concreto o interesse recursal, mas essa exigência deve ser limitada às partes, e não a todos os legitimados a recorrer[33]. O terceiro prejudicado não tem qualquer sucumbência com o resultado do processo, até porque não participava do processo no momento da prolação da decisão e por isso não tinha, ao menos juridicamente, qualquer expectativa inicial a ser frustrada. Da mesma forma ocorre com o Ministério Público, tanto na hipótese de sua participação como fiscal da lei como também em processo que não contou com a sua participação nessa qualidade em caso em que deveria ter participado. A melhor doutrina ensina, inclusive, que o interesse recursal do Ministério Público está pressuposto na outorga de legitimação, sendo dispensável o preenchimento desse requisito para esse legitimado recursal[34], o que só parece correto quando funciona como fiscal da lei.

Quando o legitimado recursal é a parte, é imprescindível distinguir sucumbência formal e sucumbência material. Por *sucumbência formal* se entende a frustração da parte em termos processuais, ou seja, a não obtenção por meio da decisão judicial de tudo aquilo que poderia ter processualmente obtido em virtude do pedido formulado ao órgão jurisdicional. Nesse sentido será sucumbente formal o autor se este não obtiver a procedência integral de seu pedido e o réu se não obtiver a improcedência integral do pedido do autor. Na parcial procedência do pedido haverá sucumbência formal recíproca.

---

31 Barbosa Moreira, *Comentários*, n. 167, p. 301-302; Pimentel Souza, *Introdução*, n. 3.4.1, p. 50; Baptista da Silva, *Curso*, p. 421; Orione Neto, *Recursos*, p. 79.

32 Barbosa Moreira, *Comentários*, n. 167, p. 301-302; Cheim Jorge, *Apelação*, p. 127-130.

33 Barbosa Moreira, *Comentários*, n. 166, p. 298-299.

34 Nery Jr., *Teoria*, n. 3.4.1.3, p. 324; STJ, 2.ª Turma, REsp 612.075/SC, rel. Min. Castro Meira, j. 23.03.2004.

A *sucumbência material*, por sua vez, se refere ao aspecto material do processo, verificando-se sempre que a parte deixar de obter no mundo dos fatos tudo aquilo que poderia ter conseguido com o processo. A análise nesse caso nada tem de processual, fundando-se no bem ou bens da vida que a parte poderia obter em virtude do processo judicial e que não obteve em razão da decisão judicial. Essa discrepância entre o desejado no mundo prático e o praticamente obtido no processo gera a sucumbência material da parte.

Verificando-se a sucumbência formal, em regra também haverá sucumbência material, sendo presumível que, não obtendo processualmente tudo o que o processo poderia lhe entregar, a parte também não obterá tudo o que poderia obter no plano prático. É até possível estabelecer uma regra de que, sempre que exista sucumbência formal, haverá também a material, mas essa vinculação entre as duas espécies de sucumbência nem sempre ocorrerá, havendo casos excepcionais nos quais **não haverá sucumbência formal, mas ocorrerá a material**.

Na *cumulação subsidiária* (*eventual*) de pedidos, o acolhimento de qualquer um dos pedidos formulados pelo autor resultará numa sentença de total procedência[35]. Tratando-se de espécie de cumulação imprópria, na qual somente um dos pedidos pode ser acolhido, processualmente o máximo que o autor pode obter é o acolhimento de um dos pedidos cumulados. Tendo sido concedido o primeiro pedido na ordem de preferência estabelecida pelo próprio autor, é natural que não exista interesse recursal porque, além de não sucumbir formalmente (a sentença é de procedência), não sucumbiu materialmente, porque no plano prático obteve o máximo que o processo poderia lhe dar[36]. Registre-se que o entendimento ora defendido contraria posicionamento do Superior Tribunal de Justiça a respeito do tema, que entende haver nesse caso sucumbência recíproca[37].

O mesmo, entretanto, não ocorre na hipótese de acolhimento de qualquer outro pedido que não seja o primeiro da ordem de preferência do autor, porque nesse caso, embora não se possa falar em sucumbência formal, é nítida a existência de sucumbência material, considerando-se que, entre as preferências expostas na petição inicial, o autor não conseguiu no plano fático obter por meio do processo a melhor situação possível[38].

Como já analisado no Capítulo 3, item 3.3.3.2, formulado pedido de condenação a pagar em razão de danos morais, o autor poderá fazer pedido genérico, sem determinar o valor pretendido (art. 286, II, do CPC). Nesse caso, a concessão de qualquer valor gera uma sentença de procedência do pedido, mas o autor tem interesse recursal para aumentar o valor da condenação[39]; afinal, o pedido foi

---

35 STJ, 1.ª Turma, REsp 776.648/MG, rel. Min. José Delgado, rel. p/ acórdão Min. Luiz Fux, j. 1.º.03.2007, *DJe* 08.05.2008.

36 Araken de Assis, *Manual*, n. 19.3.2, p. 163-164. Contra: Nery Jr., *Teoria*, n. 3.4.1.3, p. 328-329.

37 *Informativo* 441/STJ, Corte Especial, EREsp 616.918/MG, rel. Min. Castro Meira, j. 02.08.2010.

38 STJ, 1.ª Turma, REsp 844.428/SP, rel. Min. Luiz Fux, j. 04.03.2008; Cruz e Tucci, *Reflexões*, p. 288-289; Scarpinella Bueno, *Código*, p. 896-897; Didier Jr., *Curso*, p. 375.

39 STJ, 3.ª Turma, AgRg no Ag 694.271/SP, rel. Min. Castro Filho, j. 24.04.2007; REsp 726.908/RJ, 4.ª Turma, rel. Min. Jorge Scartezzini, j. 12.04.2005.

dirigido ao Poder Judiciário e não ao juiz de primeiro grau. Caso o autor arbitre o valor pretendido já em seu pedido, o Superior Tribunal de Justiça entende que a concessão em valor inferior ao pedido gera sentença de total procedência, sendo nesse caso ainda mais evidente o interesse recursal do autor[40]. Em ambos os casos não houve a sucumbência formal, porque a sentença é de total procedência, mas, como não foi obtido o valor pretendido, houve a sucumbência material.

No tocante aos direitos coletivos e difusos, a coisa julgada, na hipótese de julgamento de improcedência do pedido, tem uma especialidade que a diferencia da coisa julgada tradicional, prevista pelo Código de Processo Civil. Trata-se da coisa julgada *secundum eventum probationis*, admitindo-se a repropositura de idêntica ação coletiva já julgada improcedente com sentença transitada em julgado na hipótese de prova nova. Existe polêmica a respeito da necessidade de constar da fundamentação a ausência ou insuficiência de provas, mas, admitindo-se a tese que exige a clara indicação da falta de prova, o réu, mesmo vitorioso, terá interesse recursal para modificar os fundamentos da decisão. Apesar de não haver sucumbência formal do réu, materialmente ele sucumbiu, porque o processo não lhe entregou no plano fático tudo aquilo que poderia obter. O bem da vida "segurança jurídica" não foi obtido pelo réu, considerando-se que a qualquer momento a ação poderá ser proposta novamente, desde que baseada em nova prova. Diante dessa sucumbência material, é inegável o interesse recursal do réu nesse caso[41].

Interessante questão se refere à existência de interesse recursal do réu diante de decisão que extingue o processo sem a resolução do mérito. Tomando por base a construção de sucumbência formal e material, não tenho dúvida de que o réu tenha interesse recursal sempre que possa buscar pelo recurso um resultado de mérito que lhe dará a coisa julgada material, o que ele não recebe com a sentença terminativa[42].

22.2.3.2. *Adequação*

Além de necessário, o recurso deve ser adequado a reverter a sucumbência suportada pela parte recorrente. Significa dizer que o recurso deve ser **concretamente apto a melhorar a situação prática do recorrente**. Numa sentença que tem dois fundamentos, sendo que cada qual é isoladamente apto a manter a decisão, a apelação obrigatoriamente deverá impugnar ambos os fundamentos, porque de nada adianta ao recorrente afastar somente um deles, uma vez que

[40] Súmula 326/STJ: "Na ação de indenização por dano moral, a condenação em montante inferior ao postulado na inicial não implica sucumbência recíproca". Evidentemente a súmula diz respeito à sucumbência formal.

[41] Barbosa Moreira, *Comentários*, n. 167; p. 300; Nery Jr., *Teoria*, n. 3.4.1.3, p. 319; Cheim Jorge, *Teoria*, n. 9.2.3.1, p. 102.

[42] Cheim Jorge, *Teoria*, n. 9.2.3.3, p. 108; Araken de Assis, *Manual*, n. 19.3.1, p. 157-158; Nery Jr., *Teoria*, n. 3.4.1.3, p. 318; STJ, 1.ª Turma, REsp 836.392/RS, rel. Min. Luiz Fux, j. 14.11.2006, *DJ* 14.12.2006; REsp 710.287/SP, 3.ª Turma, rel. Min. Humberto Gomes de Barros, j. 06.10.2005, *DJ* 07.11.2005. Contra: Marinoni-Arenhart, *Manual*, p. 526.

com a manutenção do fundamento não impugnado a decisão não será reformada. É evidente a necessidade de recurso nesse caso, mas a forma pela qual foi formulado no caso concreto não é capaz de afastar a sucumbência suportada pela parte recorrente[43].

Como já analisado no Capítulo 31, item 31.1, a parte não é, em regra, obrigada a interpor recurso extraordinário e especial contra o acórdão, podendo optar pela interposição de ambos ou de qualquer um deles. Ocorre, entretanto, que, havendo no acórdão fundamentos constitucional e de lei federal, sendo que cada qual é apto a sozinho manter a decisão, a parte será obrigada a ingressar com ambos os recursos[44]. A interposição de somente um deles não é apta concretamente a reverter a sucumbência suportada pelo recorrente, de forma que com o ingresso de somente um desses recursos haverá falta de interesse de agir. Na realidade, a parte não só será obrigada a ingressar com os dois recursos, como se sagrar vitoriosa em ambos, única forma de conseguir reformar a decisão impugnada.

Também entendo que o agravo retido em determinadas situações não é o meio adequado para reverter a sucumbência da parte recorrente, demonstrando-se absolutamente inútil no caso concreto. Sendo o conteúdo da decisão matéria de ordem pública, que não preclui, é inútil o agravo retido, que tem com função principal justamente evitar a preclusão. Da mesma forma será inútil um agravo retido interposto contra decisão de tutela de urgência, seja pela demora no julgamento desse recurso, seja pela futura substituição da tutela provisória pela tutela definitiva.

22.2.4. Inexistência de ato impeditivo ou extinto do direito de recorrer

22.2.4.1. *Desistência*

Segundo o art. 501 do CPC, o recorrente poderá desistir de seu recurso – total ou parcialmente – a qualquer tempo, o que significa dizer que o recorrente poderá abdicar de seu direito de ter seu recurso julgado. Apesar de o dispositivo legal prever "*a qualquer tempo*", existe um momento apropriado para a desistência do recurso: somente se desiste do que existe, de maneira que a desistência só pode ocorrer **a partir da interposição do recurso**. O Superior Tribunal de Justiça, aplicando literalmente a expressão "a qualquer momento", entendeu que a desistência pode ocorrer até o encerramento do julgamento do recurso, admitindo-se depois de iniciado o julgamento, inclusive já tendo sido prolatado o voto do relator[45]. Registre-se julgamento da Corte Especial que não admite desistência de

---

43 Súmula STF/283: "É inadmissível o recurso extraordinário, quando a decisão recorrida assenta em mais de um fundamento suficiente e o recurso não abrange todos".

44 Súmula 126/STJ: "É inadmissível recurso especial, quando o acórdão recorrido assenta em fundamento constitucional e infraconstitucional, qualquer deles suficiente, por si só, para mantê-lo, e a parte não manifesta recurso extraordinário".

45 STJ, 1.ª Turma, RMS 20.582/GO, rel. Min. Francisco Falcão, rel. p/ acórdão Min. Luiz Fux, j. 18.09.2007, *DJ* 18.10.2007, p. 263; Araken de Assis, *Manual*, n. 19.4.2.5, p. 171. Contra, pelo termo final no início do julga-

recurso escolhido para decisão no julgamento por amostragem (543-C), afirmando que ao ser escolhido o recurso surge um interesse público que afasta o direito de desistir do processo[46].

O Supremo Tribunal Federal entende que a desistência só é cabível antes do início do julgamento de mérito do processo em reclamação, em entendimento aplicável por analogia aos recursos[47].

A decisão que reconhece o pedido de desistência tem natureza *declaratória*, gerando efeitos *ex tunc*, ou seja, a partir do momento em que a desistência é informada no processo o recurso passa a não mais existir[48]. Caso o tribunal, sem ter acesso a essa informação, julgue o recurso que já foi objeto de desistência pelo recorrente, terá praticado ato juridicamente inexistente, considerando-se que o recurso já não mais existia[49].

Aduz o art. 501 do CPC que a desistência não depende de anuência dos litisconsortes, inclusive na hipótese de *litisconsórcio unitário*, no qual o recurso poderia beneficiar o litisconsorte que não recorreu[50]. Apesar da possibilidade de geração de benefício por meio indireto, o recurso continua sendo do litisconsorte que recorreu, que a qualquer momento antes de iniciado o julgamento poderá desistir de seu julgamento. É natural que, havendo recurso de outro litisconsorte unitário, o provimento desse recurso favorecerá ao litisconsorte que desistiu de seu recurso[51]. O mesmo dispositivo afirma que a desistência não depende de anuência da parte contrária, inclusive quando esse tiver interposto *recurso adesivo*, que perderá seu objeto (art. 500, III, do CPC)[52].

A desistência em regra é expressa, feita por escrito ou oralmente na própria sessão de julgamento, mas o art. 523, § 1.º, do CPC prevê espécie de desistência tácita: caso a parte que interpôs agravo retido não peça o seu julgamento na apelação ou contrarrazões, terá tacitamente desistido de seu julgamento.

Doutrina autorizada entende que a desistência gera a *inexistência jurídica* do recurso interposto, sendo irrelevante indagar se ele era ou não admissível. Adoto a tese, fazendo uma importante observação: se o recurso é juridicamente inexistente, não pode gerar efeitos, inclusive a *preclusão consumativa*, de forma que, interposto recurso viciado, poderá a parte desistir desse recurso e, ainda dentro do prazo, ingressar com outro recurso, agora formalmente regular. Considerando-se efetivamente inexistente o primeiro recurso, nenhum impedimento poderá ser oposto à interposição tempestiva do segundo.

---

mento: Barbosa Moreira, *Comentários*, n. 181, p. 332; Nery Jr., *Teoria*, n. 3.4.1.6, p. 422; Scarpinella Bueno, *Curso*, v. 5, p. 67.

46 *Informativo* 381/STJ, Corte Especial, QO no REsp 1.063.343-RS, rel. Nancy Andrighi, j. 15.12.2008.

47 *Informativo* 540/STF, Plenário, Rcl 1503/DF, rel. Ricardo Lewandowski, j. 26.03.2009.

48 Barbosa Moreira, *Comentários*, n. 182, p. 334-335.

49 STJ, 6.ª Turma, AgRg no RHC 5.587/RJ, rel. Min. Luiz Vicente Cernicchiaro, j. 03.12.1996.

50 Barbosa Moreira, *Comentários*, n. 183, p. 339; Luiz Fux, *Curso*, p. 948. Contra: Marinoni-Mitidiero, *Código*, p. 518.

51 Araken de Assis, *Manual*, n. 19.4.2.6, p. 172; STJ, 1.ª Turma, REsp 573.312/RS, rel. Min. Luiz Fux, j. 21.06.2005.

52 Barbosa Moreira, *Comentários*, n. 181, p. 332-333.

A regra atualmente consagrada no art. 501 do CPC é repetida no art. 952, *caput*, do PLNCPC. A novidade fica por conta do parágrafo único do dispositivo legal: no julgamento de recursos repetitivos, mesmo havendo a desistência do recurso, seu mérito será enfrentado pelos tribunais superiores. Como já analisado, o Superior Tribunal de Justiça não admite a desistência de recurso escolhido no julgamento por amostragem, mas a novidade sugerida parece tratar do tema de forma um pouco diversa.

Segundo se compreende do dispositivo legal, o pedido de desistência será deferido, mas a controvérsia contida no recurso será julgada normalmente pelos tribunais superiores. Trata-se de previsão curiosa, que busca preservar o direito de o recorrente desistir de seu recurso e a importância de julgar o tema versado no recurso, considerando-se que a decisão servirá a muitos outros recursos que tratem da mesma matéria jurídica. O objetivo é nobre, mas a que custo?

Se o pedido de desistência do recorrente for deferido, a decisão impugnada transita em julgado, e a decisão sobre a questão jurídica objeto do recurso representativo será julgada fora desse recurso, o que deixa no ar a inevitável pergunta: onde ocorrerá tal julgamento? Criar-se-á uma espécie de incidente processual no tribunal? Impossível, porque não haverá mais processo em trâmite para que exista incidente processual. O tribunal se limitará a dar sua opinião sobre o tema, já que não julgará especificamente um pedido da parte? Tal postura contraria a fundamental regra de que o Poder Judiciário não serve como órgão consultivo, exceção feita à Justiça Eleitoral.

Acredito que o melhor a fazer é interpretar o dispositivo legal ora comentado à luz do entendimento consagrado no Superior Tribunal de Justiça, entendendo-se que a decisão pelo tribunal superior se dá justamente porque o pedido de desistência não será admitido.

22.2.4.2. *Renúncia*

Aduz o art. 502 do CPC que a parte recorrente pode renunciar ao recurso, independentemente de concordância da parte contrária. A renúncia diz respeito ao direito de recorrer, de forma que só pode ser realizada **antes da interposição do recurso**, porque depois disso já estará consumado o direito recursal, não havendo mais sobre o que se renunciar. O termo inicial da renúncia é o surgimento concreto e específico do direito de recorrer, não se admitindo no direito brasileiro a renúncia prévia, nem mesmo quando resultado de acordo de vontade das partes. Dessa forma, o termo inicial da renúncia é a intimação das partes da decisão contra a qual poderiam potencialmente se insurgir[53].

[53] Fux, *Curso*, p. 949; Araken de Assis, *Manual*, n. 19.4.1.4, p. 166; Barbosa Moreira, *Comentários*, n. 185, p. 343.

A declaração unilateral do recorrente renunciando ao direito de recorrer, que pode ser feita por escrito ou oralmente na audiência na qual a decisão impugnável é prolatada, constitui *renúncia expressa*. Quando a parte simplesmente deixa de recorrer dentro do prazo recursal, há *renúncia tácita* do direito de recorrer[54].

A renúncia pode ser total ou parcial. Pode a parte recorrente limitar a sua renúncia ao direito recursal de forma principal, mantendo o direito de recorrer adesivamente, sendo essa a forma mais evidente de mostrar à parte contrária que se deseja o trânsito em julgado, mas, na hipótese de a parte contrária ingressar com recurso, provavelmente haverá recurso adesivo[55]. Não havendo especificação, a renúncia atinge o direito recursal como um todo.

O dispositivo legal aponta para a desnecessidade de anuência da parte contrária, exatamente como ocorre com a desistência do julgamento do recurso. Apesar da omissão legal, também não depende a renúncia da concordância dos litisconsortes, independentemente de sua natureza. Renunciado o direito recursal por um litisconsorte unitário, é indiscutível que os demais mantêm seu direito recursal[56], e na hipótese de ingressarem com recurso, a renúncia poderá ser inócua, visto que o recurso provido aproveitará a todos os litisconsortes[57].

22.2.4.3. *Aquiescência*

Segundo o art. 503 do CPC, a parte que aceitar expressa ou tacitamente a decisão não poderá recorrer. Trata-se do fenômeno da *aquiescência*, que gera uma preclusão lógica a impedir a admissão do recurso. A aquiescência, a exemplo da renúncia, só é possível entre a intimação da decisão impugnável e a interposição do recurso[58]. Conforme prevê o art. 503, *caput*, do CPC, "a parte não poderá recorrer", o que demonstra que, uma vez já tendo recorrido, a aceitação da decisão torna o recurso prejudicado[59], mas não gera a aplicação do dispositivo legal ora analisado.

Há aquiescência sempre que a parte que poderia recorrer pratica um ato, sem reserva alguma, **incompatível com a vontade de recorrer**. Diferente da renúncia, o ato praticado não se volta de maneira direta à abdicação da vontade de recorrer, mas sim a demonstrar a concordância com a decisão, de forma que a impossibilidade de ingressar com recurso a partir desse momento é uma mera consequência do ato de concordância. Trata-se de clássica hipótese de preclusão lógica.

---

[54] Theodoro Jr., *Curso*, n. 538, p. 647; Pimentel Souza, *Introdução*, n. 3.5.2, p. 55.

[55] Araken de Assis, *Manual*, n. 19.4.1.4, p. 167; Barbosa Moreira, *Comentários*, n. 186, p. 344-345.

[56] Araken de Assis, *Manual*, n. 19.4.1.4, p. 167.

[57] Barbosa Moreira, *Comentários*, n. 187, p. 345.

[58] Cheim Jorge, *Teoria*, n. 9.2.4.2, p. 118; Pimentel Souza, *Introdução*, n. 3.5.3, p. 56. Contra, admitindo a aplicação do art. 503 do CPC, mesmo depois de interposto o recurso: Barbosa Moreira, *Comentários*, n. 189, p. 347; Câmara, *Lições*, v. 2, p. 70.

[59] STJ, 4.ª Turma, REsp 265.873/SP, rel. Min. Aldir Passarinho Júnior, j. 17.08.2006.

Exemplos de aquiescência são: o pagamento da condenação, o levantamento de valores depositados na ação consignatória, apresentação das contas exigidas na ação de prestação de contas, desocupação do imóvel e entrega das chaves na ação de despejo, a realização de transação.

Há interessante julgado do Superior Tribunal de Justiça inadmitindo recurso especial interposto pela Fazenda Pública de julgamento de reexame necessário, entendendo o tribunal que, ao deixar de apelar da sentença, a preclusão lógica impediria a interposição de recurso especial[60]. O entendimento, entretanto, restou superado por decisão do mesmo tribunal da Corte Especial, entendendo que a ausência de apelação nesse caso não impede a Fazenda Pública de recorrer às instâncias extraordinárias[61].

22.3. PRESSUPOSTOS EXTRÍNSECOS DE ADMISSIBILIDADE RECURSAL

22.3.1. Tempestividade

Todo recurso tem um prazo determinado em lei, ocorrendo preclusão sempre que vencido o prazo legal sem a devida interposição do recurso. O prazo recursal é *peremptório*, não admitindo sua prorrogação, suspensão ou interrupção por vontade das partes[62]. A regra é o prazo de 15 dias previsto no art. 508 do CPC, mas existem exceções a essa regra geral, tais como o agravo retido e de instrumento (10 dias), o agravo interno (5 dias), os embargos de declaração (5 dias), o recurso inominado nos Juizados Especiais (10 dias) etc.

> O PLNCPC torna o prazo recursal mais homogêneo, prevendo em seu art. 948, § 1.º, que todos os recursos passam a ter prazo de 15 dias úteis, salvo os embargos de declaração, que mantêm o prazo atual de cinco dias. Interessante notar que a contagem do prazo só levará em consideração os dias úteis (art. 249, *caput*, do PLNCPC), o que agrada os advogados, que poderão finalmente encarar os finais de semana, feriados e férias como momentos efetivos de descanso. Não acredito que a regra vá gerar prejuízo à celeridade processual, considerando-se que, no mais das vezes, os dias sem expediente forense aumentarão o prazo recursal de forma insignificante para o cômputo total de duração do processo.
>
> Os advogados, teoricamente agraciados com a nova forma de contagem dos prazos processuais, devem ter muito cuidado com a questão dos feriados locais. Como o prazo não terá andamento nessas datas, é importante o advogado atentar para o entendimento dos tribunais superiores que exigem a prova do feriado no momento da prática do ato processual.

60 *Informativo* 380/STJ, 2.ª T., REsp 1.085.257-SP, rel. Eliana Calmon, j. 09.12.2008.

61 *Informativo* 445/STJ, Corte Especial, EREsp 1.119.666-RS, rel. Min. Eliana Calmon, j. 1.º.09.2010; Informativo 441/STJ, Corte Especial, REsp 905.771-CE, rel. Min. Teori Albino Zavascki, j. 29.06.2010; *Informativo* 473/STJ: Corte Especial, EREsp 853.618-SP, Rel. Min. João Otávio de Noronha, j. 18.05.2011.

62 Cheim Jorge, *Teoria*, n. 9.3.1.5, p. 134; Didier-Cunha, *Curso*, p. 53.

Novidade significativa é encontrada no art. 186, § 1.º, do PLNCPC, que prevê não serem considerados intempestivos atos praticados antes da ocorrência do termo inicial do prazo. O suficiente para afastar a absurda tese do recurso prematuro.

Consagrando incorreto e excessivamente formal entendimento do Superior Tribunal de Justiça, o § 2.º do art. 948 do PLNCPC prevê que "no ato de interposição de recurso ao Supremo Tribunal Federal ou ao Superior Tribunal de Justiça, o recorrente deverá comprovar a ocorrência de feriado local".

O art. 506 do CPC prevê o termo inicial da contagem do prazo recursal. Sendo proferida a sentença ou uma decisão interlocutória em audiência, as partes devidamente intimadas para participar da audiência são imediatamente intimadas, ainda que ausentes. A exceção fica por conta da prolação da sentença em *audiência preliminar*, quando a parte ausente será intimada por publicação no Diário Oficial, como analisado no Capítulo 13, item 13.2.5. Sendo a decisão proferida em cartório, o termo inicial é o primeiro dia útil subsequente à intimação das partes por meio de seu advogado. Na hipótese de intimação eletrônica, o prazo tem início no primeiro dia útil subsequente à publicação, que será considerada realizada no primeiro dia útil subsequente à disponibilização da informação no Diário Oficial eletrônico (art. 4.º, §§ 3.º e 4.º, da Lei 11.419/2006).

O art. 506, III, do CPC prevê que o termo inicial para a impugnação de acórdão é a publicação do dispositivo da decisão no órgão oficial. A regra é salutar porque determina que o prazo só tenha início a partir do momento em que efetivamente existir um acórdão, possibilitando-se às partes o acesso a seus fundamentos. A mera informação de que houve o julgamento, sem que exista acórdão à disposição das partes, é imprestável para fins de início da contagem do prazo recursal[63]. Entende o Superior Tribunal de Justiça que a publicação da ata de julgamento em momento posterior ao da publicação do dispositivo não afasta a aplicação do art. 506, III, do CPC[64].

O Ministério Público será intimado pessoalmente, nos termos do art. 236, § 2.º, do CPC, bem como o defensor público estatutário[65].

Apesar de o termo inicial do prazo se dar na maioria das vezes com a intimação das partes, não se pode aceitar a tese criada no Supremo Tribunal Federal de **recurso prematuro**, ou de **intempestividade *ante tempus***. A tese afirma que o recurso intempestivo é aquele interposto fora do prazo, o que pode ocorrer depois

[63] Nery-Nery, *Código*, p. 837.

[64] STJ, Corte Especial, AgRg no EREsp 604.140/RJ, rel. Min. Paulo Gallotti, j. 23.11.2006; REsp 651.318/MG, 3.ª Turma, rel. Min. Humberto Gomes de Barros, j. 26.10.2006.

[65] Araken de Assis, *Manual*, n. 20.1.2, p. 184. *Informativo* 356/STJ, 1.ª T., REsp 1.035.716-MS, rel. Min. Luiz Fux, j. 20.05.2008.

de finda ou antes de iniciada a sua contagem. Com esse raciocínio, tem-se por intempestivo o recurso interposto antes da intimação das partes, considerado o termo inicial para a contagem do prazo (art. 242, *caput*, do CPC).

Interessante apontar julgamento do Tribunal Pleno no sentido de que a regra não vale para recursos contra decisões monocráticas, porque nesse caso a decisão é juntada aos autos antes da publicação[66]. Ao se consultarem os votos que compõem o julgamento, nota-se que o principal fundamento para admitir o recurso antes da intimação das partes por meio de sua publicação no Diário Oficial é a possibilidade de a parte ter ciência do inteiro teor da decisão antes mesmo da sua intimação. Ainda que a decisão refira-se somente a recursos contra decisões monocráticas daquele tribunal, o fundamento já seria suficiente para afastar a tese do recurso prematuro, ao menos como regra geral. Infelizmente, não é o que vem fazendo o Supremo Tribunal Federal[67].

Recurso interposto antes de sua publicação é recurso *juridicamente inexistente*, porque, antes de se tornar pública a decisão, é no máximo um parecer jurídico sem eficácia processual. Uma vez publicada a decisão, as partes passam a ter acesso ao seu teor, até mesmo por meio da internet, não havendo qualquer razão plausível para impedir a interposição de recurso até que as partes sejam devidamente intimadas dessa decisão, mesmo porque com a interposição do recurso a parte se dá como intimada. Se a parte já tem ciência do teor da decisão e quer se insurgir contra ela, fazê-lo antes mesmo da publicação no Diário Oficial corrobora o princípio da celeridade processual, tão festejado ultimamente[68].

Apesar de existir decisão da Corte Especial do Superior Tribunal de Justiça no sentido de rejeitar a tese criada pelo Supremo Tribunal Federal[69], infelizmente existem decisões posteriores a essa em sentido contrário, adotando a tese do recurso prematuro por intempestividade *ante tempus*[70]. Por outro lado, o Superior Tribunal de Justiça flerta perigosamente com a adoção da tese no tocante à interposição antes do julgamento de embargos de declaração interposto pela parte contrária, conforme analisado no Capítulo 27.

Excepcionalmente, o prazo recursal poderá ser interrompido, devolvendo-se à parte recorrente a íntegra do prazo depois de encerrada a causa de interrupção. Segundo o art. 507 do CPC, haverá interrupção no caso de falecimento da parte ou de seu advogado ou ainda no caso de força maior que suspenda o curso do processo. Autorizada doutrina entende que, falecendo a parte ou o advogado da parte que não tem interesse recursal, não haverá a interrupção do prazo, que na realidade só aproveitaria à parte contrária[71]. Também há casos de suspensão do

66 STF, Pleno, AO-AgR-AgR 1.140/DF, rel. Min. Carlos Britto, j. 16.06.2005.

67 STF, 1.ª Turma, AI-AGR 530.544/BA, rel. Min. Carlos Britto, j. 21.03.2006.

68 Dinamarco, *Tempestividade*, p. 9-23; Araken de Assis, *Manual*, n. 20.1, p. 180-181; Theodoro Jr., *Curso*, n. 532-a, p. 641-642; Barbosa Moreira, *Restrições*, p. 274-275.

69 EAg 522.249/RS, Corte Especial, rel. Min. José Delgado, j. 02.02.2005.

70 AgRg no REsp 788.059/RS, 4.ª Turma, rel. Min. Jorge Scartezzini, j. 13.12.2005.

71 Cheim Jorge, *Teoria*, n. 9.3.1.2, p. 127.

prazo recursal, quando o prazo deste será devolvido pelo saldo, tais como o advento do recesso forense (de 20 de dezembro a 6 de janeiro), o obstáculo criado pela parte contrária ou pelo próprio juízo, greve dos serviços judiciários etc.[72].

São aplicáveis no âmbito recursal as regras de prazo diferenciado. Fazenda Pública e Ministério Público têm prazo em dobro para recorrer (art. 188 do CPC), bem como o defensor público estatutário (art. 5.º, § 5.º, da Lei 1.060/1950). A concessão de prazo em dobro para os litisconsortes com patronos diferentes recorrerem (art. 191 do CPC) dependerá da sucumbência gerada no caso concreto. Entendimento sumulado do Supremo Tribunal Federal[73] determina ser simples o prazo recursal se somente um dos litisconsortes sucumbiu. Na realidade, a súmula diz menos do que gostaria, porque também será simples o prazo recursal na hipótese de mais de um litisconsorte sucumbir, desde que tenha o mesmo patrono. Havendo sucumbência de mais de um litisconsorte com patronos diferentes, o prazo recursal será contado em dobro, mas, interposto o recurso por somente um dos litisconsortes, o prazo para interposição de recursos posteriores passa a ser simples[74].

Os tribunais superiores consagraram o entendimento de que a tempestividade deve ser provada pelo recorrente no momento da interposição do recurso, sob "pena" de **preclusão consumativa**. São inúmeros os julgados que exigem da parte a comprovação de feriado local no momento de interposição do recurso extraordinário e especial para justificar a interposição depois do prazo legal de 15 dias[75]. Não concordo com o fundamento de que por ser o feriado local (e instituído por lei local) o recorrente tem o dever de produzir a prova de sua existência no momento de interposição do recurso: primeiro, porque o art. 337 do CPC só exige a prova de direito local "se assim determinar o juiz"; segundo, porque, mesmo que assim não seja, não há qualquer razão plausível para o tribunal deixar de intimar a parte para produzir tal prova, em respeito ao princípio da instrumentalidade das formas. Ao menos se admite a comprovação do feriado por meio de informação obtida no sítio eletrônico do tribunal de segundo grau, desde que devidamente identificada[76].

No Supremo Tribunal Federal já se decidiu pela tempestividade do RExt quando o recorrente menciona o feriado local em nota de rodapé e o Tribunal de 2.º Grau recebe o recurso, admitindo implicitamente sua tempestividade[77].

---

[72] Araken de Assis, *Manual*, n. 20.1.4, p. 189.

[73] Súmula STF/641.

[74] STJ, 2.ª Turma, AgRg no Ag 996.939/SP, rel. Min. Eliana Calmon, j. 21.08.2008; AgRg no Ag 630.734/PR, 2.ª Turma, rel. Min. Franciulli Netto, j. 16.12.2004; Cheim Jorge, *Teoria*, n. 9.3.1.5, p. 137-138.

[75] STF, 2.ª Turma, RE-AgR-ED 400.120/RS, rel. Min. Eros Grau, j. 16.10.2007; STJ, 4.ª Turma, AgRg no REsp 945.127/SP, rel. Min. Luis Felipe Salomão, j. 28.10.2008; AgRg no Ag 938.156/SP, 2.ª Turma, rel. Min. Mauro Campbell Marques, j. 14.10.2008. *Informativo* 523/STF, Plenário, RE 536881, AgR/MG, rel. Eros Grau, j. 08.10.2008; *Informativo* 344/STJ, Corte Especial, EREsp 299.177-MG, rel. Eliana Calmon, j. 11.02.2008.

[76] *Informativo* 447/STJ, Corte Especial, AgRg no Ag 1.251.998-SP, rel. Min. Luis Felipe Salomão, j. 15.09.2010.

[77] *Informativo* 513/STF, Plenário, AI 621929, ED-AgR/PR, rel. Ellen Gracie, j. 01.07.2008.

Por fim, mais uma vez com fundamento na preclusão consumativa, os tribunais superiores entendem como intempestivos os recursos nos quais seja ilegível o carimbo de protocolo[78], em entendimento que deixaria Franz Kafka[79] boquiaberto. Atribui-se à parte um ônus processual por ato que não lhe incumbe praticar, considerando-se que o Poder Judiciário é o único responsável por carimbar a petição. Ademais, como lembra a melhor doutrina, qual é o conceito de "legibilidade" adotado pelos tribunais[80]? Tudo dependerá da aptidão do examinador do carimbo? Da luminosidade existente no recinto no momento da análise? Da atenção dispensada ao exame?

Registre-se por fim entendimento do Superior Tribunal de Justiça de que recurso interposto por fax no último dia do prazo após o expediente forense é intempestivo porque só é registrado no dia seguinte[81].

22.3.2. Preparo

O preparo recursal diz respeito ao custo financeiro da interposição do recurso. Entendo que no momento de interposição do recurso o Estado pode cobrar do recorrente por diferentes atividades que praticará; assim, para o julgamento do recurso cobra-se o preparo, para o transporte dos autos para outro órgão jurisdicional o porte de remessa e retorno. No meu entendimento são diferentes espécies de despesas processuais, cada qual voltada a uma diferente espécie de atividade desempenhada pelo Poder Judiciário[82].

Não é esse, entretanto, o entendimento do Superior Tribunal de Justiça, que entende que todas as despesas devidas na interposição do recurso são *preparo*. Na realidade, a própria redação do art. 511 do CPC confunde indevidamente as diferentes espécies de despesas processuais. O equívoco, entretanto, é benéfico, porque, entendendo o porte de remessa e retorno como integrante do preparo, na hipótese do seu não recolhimento aplicar-se-á o art. 511, § 2.º, do CPC, concedendo-se à parte a possibilidade de complementar o recolhimento do preparo no prazo de cinco dias[83].

---

[78] STJ, 2.ª Turma, EDcl no AgRg no Ag 828.265/RJ, rel. Min. Herman Benjamin, j. 09.12.2008; EDcl no Ag 1.050.117/PR, 6.ª Turma, rel. Min. Og Fernandes, j. 04.12.008; STF, 1.ª Turma, AI-AgR 638.626/RS, rel. Min. Carmen Lucia, j. 30.09.2008; STF, 2.ª Turma, AI-AgR 689.015/PA, rel. Min. Eros Grau, j. 15.04.2008.

[79] Diz-se *kafkiano*, segundo o *Dicionário Houaiss*, tudo aquilo que, de forma semelhante à sua obra, evoca uma atmosfera de pesadelo, de absurdo, especialmente em um contexto burocrático que escapa a qualquer lógica ou racionalidade (diz-se de situação, obra artística, narração etc.).

[80] Barbosa Moreira, *Restrições*, p. 276.

[81] *Informativo* 358/STJ, 2.ª T., Ag 742.801-SP, rel. Humberto Martins, j. 03.06.2008.

[82] Cheim Jorge, *Teoria*, 9.3.3, p. 149; Scarpinella Bueno, *Curso*, v. 5, p. 64.

[83] STJ, 6.ª Turma, AgRg no Ag 732.419/RS, rel. Min. Maria Thereza de Assis Moura, j. 18.11.2008; REsp 1.022.584/SC, 2.ª Turma, rel. Min. Eliana Calmon, j. 28.10.2008.

O art. 961, *caput*, do PLNCPC aparentemente consagra o entendimento do Superior Tribunal de Justiça ao prever que cabe ao recorrente demonstrar, no ato de interposição do recurso, o recolhimento do preparo, inclusive o porte de remessa e de retorno. Importante novidade consta do § 2.º do dispositivo comentado, passando a se reconhecer que o equívoco no preenchimento da guia de custas não resultará na aplicação da pena de deserção, cabendo ao relator, na hipótese de dúvida quanto ao recolhimento, intimar o recorrente para sanar o vício no prazo de cinco dias ou solicitar informações ao órgão arrecadador.

Existem isenções ao recolhimento do preparo, de forma que nem todo recurso exige seu recolhimento e determinados sujeitos não precisam recolhê-lo. São as isenções objetivas e subjetivas do preparo. Não havendo isenção e não sendo recolhido o preparo, ocorrerá a deserção do recurso.

As isenções objetivas atingem todos os recursos nos quais seja expressamente prevista em lei a não exigência do recolhimento de preparo:

(i) agravo retido (art. 522, parágrafo único, do CPC);

(ii) embargos de declaração (art. 538 do CPC);

(iii) agravo contra a decisão denegatória de seguimento de recurso extraordinário e especial (art. 544, § 2.º, do CPC).

Registre-se que, sendo omisso o Código de Processo Civil a respeito do recolhimento de preparo, sua cobrança dependerá de leis de organização judiciária.

Alguns sujeitos estão dispensados do recolhimento do preparo, qualquer que seja a espécie de recurso. Segundo o art. 511, § 1.º, do CPC, são isentos o Ministério Público, União, Estados, Municípios e respectivas autarquias. Também são isentas as pessoas jurídicas de direito público federais, estaduais e municipais (art. 1.º-A da Lei 9.494/1997), além do beneficiário da assistência judiciária (inclusive pessoa jurídica[84]), que está dispensado do recolhimento do preparo (arts. 3.º e 9.º da Lei 1.060/1950). Registre-se que o Superior Tribunal de Justiça entende que a autarquia federal, equiparada em prerrogativas e privilégios à Fazenda Pública, está isenta do recolhimento do preparo[85].

O art. 511, *caput*, do CPC prevê a regra da **prova da comprovação imediata** do recurso. Significa dizer que o recorrente deve comprovar o recolhimento do preparo no momento da interposição do recurso. Interposto o recurso sem essa comprovação, ainda que antes do término do prazo previsto em lei, o recurso será

[84] STJ, EResp 839.625/SC, 1ª Seção, rel. Min. Teori Albino Zavascki, j. 22.08.2007, DJ 15.10.2007, p. 224.

[85] *Informativo* 441/STJ, Corte Especial, REsp 1.101.727/PR, rel. MIn. Hamilton Carvalhido, j. 02.08.2010.

considerado *deserto*[86], mesmo que o preparo tenha sido efetivamente recolhido. Como se nota da redação do dispositivo legal, a regra não é do recolhimento prévio do preparo, mas desse recolhimento prévio e da sua comprovação no ato de recorrer, sob "pena" de *preclusão consumativa*. Mesmo no recurso interposto durante as férias forenses a comprovação imediata do preparo é exigida[87].

Não há como deixar de criticar a regra legal em razão de seu extremo formalismo. Dentro da visão instrumentalista do processo, melhor seria admitir a juntada da guia comprobatória do recolhimento do preparo mesmo depois de já interposto o recurso, desde que dentro do prazo recursal previsto em lei[88]. Nenhum prejuízo ao processo adviria de tal postura, não parecendo que comprovar o preparo seja recorrer de novo, o que seria vedado pela preclusão consumativa; trata-se somente de um saneamento de vício formal.

Essa regra extremamente formal pode ser afastada em situações excepcionais. Interposto o recurso em dia no qual o expediente forense (funcionamento do protocolo) se encerrou antes do encerramento do expediente bancário, admitem-se o recolhimento e comprovação no primeiro dia útil subsequente[89]. Nesse caso o Superior Tribunal de Justiça também admite que o preparo seja recolhido em cartório[90]. Na realidade, demonstrando-se uma justa causa para o não recolhimento do preparo, a deserção será relevada por decisão irrecorrível (art. 519 do CPC). Já se decidiu no Superior Tribunal de Justiça que a troca de guias entre processos é vício sanável[91], não obstante ser deserto o recurso quando a guia não indica os dados do processo (Resolução 12/2005-STJ)[92]. Não gera a deserção preparo recolhido com código errado[93] ou em guia inadequada[94].

Ademais, é inaplicável a regra da comprovação imediata do preparo nos Juizados Especiais, nos quais o art. 42, § 1.º, da Lei 9.099/1995 prevê um prazo de 48 horas após a interposição do recurso inominado para a comprovação do recolhimento do preparo. Também é inaplicável nos processos que tramitam perante a Justiça Federal, ao menos no tocante aos recursos que se desenvolvem nos próprios autos (em especial a apelação), em razão do art. 14, II, da Lei

---

[86] STJ, 3.ª Turma, AgRg no Ag 471.502/RJ, rel. Min. Humberto Gomes de Barros, j. 26.10.2006; AgRg no Ag 531.387/PE, 3.ª Turma, rel. Min. Castro Meira, j. 06.04.2004; Araken de Assis, Manual, n. 20.3, p. 202; Nery Jr., *Teoria*, n. 3.4.1.7, p. 425; Cheim Jorge, *Teoria*, n. 9.3.3.1, p. 151-152.

[87] STJ, 4.ª Turma, REsp 659.045/ES, rel. Min. Aldir Passarinho Jr., j. 07.03.2006; REsp 683.177/PR, 3.ª Turma, rel. Min. Castro Filho, j. 07.06.2005.

[88] Dinamarco, *A reforma*, n. 120, p. 164; Bedaque, *Aspectos*, p. 443.

[89] *Informativo* 445/STJ, Corte Especial, REsp 1.122.064-DF, rel. Min. Hamilton Carvalhido, j. 1.º.09.2010; STJ, Corte Especial, AgRg nos EREsp 711.929/DF, rel. Min. João Otávio de Noronha, j. 15.10.2008; Barbosa Moreira, *Comentários*, n. 219, p. 392; Cheim Jorge, *Teoria*, n. 9.3.3.3, p. 157; Fux, *Curso*, p. 953. Contra: Araken de Assis, *Manual*, n. 20.3, p. 203.

[90] *Informativo* 386/STJ, 3.ª T., REsp 814.512-PI, rel. Nancy Andrighi, 10.03.2009.

[91] STJ, 3.ª Turma, REsp 867.005/PR, rel. Min. Humberto Gomes de Barros, j. 09.08.2007.

[92] STJ, 1.ª Turma, AgRg no Ag 942.873/RS, rel. Min. Luiz Fux, j. 11.11.2008; AgRg no Ag 923.345/RJ, 3.ª Turma, rel. Min. Massami Uyeda, j. 13.05.2008.

[93] STJ, 1.ª Turma, AgRg no Ag 623.371/PR, rel. Min. José Delgado, j. 17.03.2005.

[94] STJ, 3.ª Turma, REsp 205.561/SP, rel. Min. Castro Filho, j. 03.06.2003.

9.289/1996, que prevê o prazo de cinco dias para recolhimento do preparo da intimação realizada para esse fim[95].

Segundo o art. 511, § 2.º, do CPC, sendo recolhido o preparo em valor inferior ao efetivamente devido, cumpre ao juízo intimar o recorrente abrindo-se um prazo de cinco dias para a **complementação do preparo**. Sendo realizada a complementação em valor ainda inferior ao devido, o recurso será deserto, não se admitindo a abertura de novo prazo ao recorrente[96]. Pouco importa o valor que tenha sido efetivamente recolhido e o valor a recolher, bastando que algum valor tenha sido recolhido, não se admitindo a aplicação desse dispositivo para a hipótese de não ter ocorrido qualquer recolhimento. O dispositivo legal é claro ao prever a "insuficiência" do preparo, o que evidentemente não se confunde com ausência de preparo[97]. Embora passível de críticas, o entendimento jurisprudencial é de que a regra não se aplica aos Juizados Especiais[98].

22.3.3. Regularidade formal

É natural que cada recurso tenha requisitos formais específicos que devem ser preenchidos para que o recurso seja admitido. Por exemplo, o agravo de instrumento tem as peças obrigatórias, o recurso extraordinário e o especial têm o prequestionamento etc. Num plano de teoria geral dos recursos, é possível apontar alguns requisitos formais genéricos a todos os recursos, ou ao menos à maioria deles.

Conforme analisado no Capítulo 21, item 21.5, em respeito ao princípio da *dialeticidade*, todo recurso deve ter **fundamentação e pedido**, sem os quais não será admitido. Na fundamentação deve ser atacado especificamente o fundamento da decisão recorrida[99], sendo no processo civil exigido que a interposição já venha acompanhada das razões recursais, em sistema diferente daquele existente no processo penal. Além das razões e do pedido, o recorrente deve identificar as partes[100].

É em regra ato processual **escrito**, havendo somente duas exceções no sistema:

(i) agravo retido interposto em audiência (art. 523, § 3.º, do CPC); e

(ii) embargos de declaração nos Juizados Especiais (art. 49 da Lei 9.099/1995).

---

95 STJ, 2.ª Turma, REsp 964.343/BA, rel. Min. Eliana Calmon, j. 19.08.2008; REsp 703.339/CE, 1.ª Turma, rel. Min. Teori Albino Zavascki, j. 20.11.2007.

96 Barbosa Moreira, *Comentários*, n. 219, p. 394.

97 Araken de Assis, *Manual*, n. 20.3, p. 203; Nery Jr., *Teoria*, n. 3.4.1.7, p. 427-428; Scarpinella Bueno, *Curso*, v. 5, p. 65.

98 Enunciado 80 do Fonaje.

99 STJ, 2.ª Turma, REsp 964.160/RS, rel. Min. Eliana Calmon, j. 02.10.2008.

100 Araken de Assis, *Manual*, n. 20.2.2, p. 196.

Com a extinção do agravo retido sugerida pelo PLNCPC, todo recurso previsto no CPC será escrito, mantendo-se a exceção da forma oral somente nos embargos de declaração nos Juizados Especiais.

Exige-se a **capacidade postulatória** (presença de advogado), salvo nos recursos extraordinário e especial interposto pelo próprio juiz contra acórdão que acolhe a exceção de suspeição ou impedimento, conforme analisado no Capítulo 11, item 11.6.3.1.

O recurso deve ser **assinado**, mas em respeito ao princípio da instrumentalidade das formas a ausência de assinatura é considerada vício sanável, sendo esse o entendimento pacificado no Superior Tribunal de Justiça para recursos interpostos nas instâncias ordinárias[101]. Tratando-se de recurso que contenha duas peças – interposição e razão –, a ausência de assinatura em somente uma das peças gera somente uma irregularidade, sem consequências processuais. No tocante à ausência de assinatura, inclusive, o Superior Tribunal de Justiça tem entendimento de todo incompatível com as mais basilares regras da lógica e da isonomia ao afirmar que nas instâncias ordinárias o vício é sanável, o que não ocorre nos tribunais de superposição, nos quais o vício leva ao não conhecimento do recurso[102]. Como pode um mesmo vício gerar consequências distintas apenas em razão do órgão jurisdicional em que ocorreu[103]?

O mesmo atentado contra a lógica e a isonomia é verificado na jurisprudência do Superior Tribunal de Justiça a respeito da **ausência de procuração**. Aplicando a Súmula 115 do STJ, o tribunal entende que nas instâncias ordinárias o vício poderá ser saneado nos termos do art. 13 do CPC, mas nas instâncias especiais (tribunais de superposição) o vício é insanável e leva ao não conhecimento do recurso[104]. Dessa forma, interposto recurso perante o Superior Tribunal de Justiça ou o Supremo Tribunal Federal, opera-se preclusão consumativa na hipótese de não existir nos autos procuração ao advogado que subscreveu o recurso, que será considerado inexistente[105].

---

[101] STJ, 1.ª Turma, REsp 1.074.423/SP, rel. Min. Teori Albino Zavascki, j. 21.10.2008; REsp 767.786/RS, 4.ª Turma, rel. Min. Fernando Gonçalves, j. 11.09.2007.

[102] STJ, 1.ª Seção, EREsp 447.766/RS, rel. Min. Eliana Calmon, rel. p/ acórdão Min. Franciulli Netto, j. 10.09.2003.

[103] Barbosa Moreira, *Restrições*, p. 281.

[104] *Informativo* 386/STJ, 4.ª T., REsp 264.101-RJ, rel. Luis Felipe Salomão, j. 10.03.2009.

[105] STJ, 4.ª Turma, EDcl no AgRg no Ag 589.887/RJ, rel. Min. Carlos Fernando Mathias, j. 21.10.2008; EDcl no AgRg no Ag 915.596/SP, 5.ª Turma, rel. Min. Napoleão Nunes Maia Filho, j. 11.09.2008.

23

JUÍZO DE MÉRITO

Sumário: 23.1. Introdução – 23.2. Causa de pedir: *error in procedendo* e *error in judicando* – 23.3. Pedido.

23.1. INTRODUÇÃO

Sendo positivo o juízo de *admissibilidade recursal*, o órgão jurisdicional passa ao exame do *mérito do recurso*, momento no qual deverá enfrentar os argumentos da irresignação do recorrente para decidir se lhe assiste ou não razão. Julgar o mérito recursal, que gerará o provimento ou não do recurso, é simplesmente analisar se o recorrente tem ou não razão em sua reclamação, o que se dá pelo enfrentamento dos fundamentos constantes no recurso.

Justamente por ser o julgamento do mérito recursal voltado aos fundamentos recursais (causa de pedir do recurso), é preciso enfrentar quais os possíveis vícios que o recorrente poderá alegar em seu recurso. Há fundamentalmente vícios formais (*error in procedendo*) e vícios de conteúdo (*error in judicando*), sendo que de cada espécie de vício alegado é derivada uma diferente espécie de pedido. Em razão da *preclusão consumativa*, cabe ao recorrente cumular a impugnação de todos os vícios existentes na decisão recorrida, devendo o órgão jurisdicional enfrentar antes o *error in procedendo* em razão de sua prejudicialidade em relação ao *error in judicando*[1].

1 Scarpinella Bueno, *Curso*, v. 5, p. 70; Didier-Cunha, *Curso*, p. 71-72.

23.2. CAUSA DE PEDIR: *ERROR IN PROCEDENDO* E *ERROR IN JUDICANDO*

Vícios de atividade são entendidos como **vícios formais** do procedimento ou da própria decisão impugnada e comumente identificados pela expressão latina *error in procedendo.*

Quando o vício é da própria decisão fala-se de *error in procedendo* intrínseco, tal como uma sentença *extra petita* ou um acórdão sem fundamentação. Nesse caso, o recorrente em regra pede a anulação da decisão e a devolução do processo ao órgão responsável por sua prolação para que nova decisão seja proferida em seu lugar. Aplicando-se por analogia a *teoria da causa madura* (art. 515, § 3.º, do CPC), que já foi analisada no Capítulo 24, item 24.6, admite-se que, anulada a decisão, o próprio órgão competente para o julgamento do recurso profira uma nova decisão para substituir a impugnada.

Sendo o vício do próprio procedimento, anterior à decisão impugnada, fala-se em *error in procedendo* extrínseco. Nessa espécie de vício é importante considerar o art. 245 do CPC, porque, sendo o vício de nulidade relativa, cumpre à parte argui-lo no primeiro momento em que falar nos autos, sob "pena" de preclusão, com a consequente convalidação do vício. Dessa forma, só poderá a parte alegar em recurso um *error in procedendo* extrínseco que gere uma nulidade relativa se a primeira vez que falar nos autos se der por meio do recurso. Já as nulidades absolutas não precluem, de forma que a parte poderá alegar tais espécies de vício em sede recursal, mesmo que o vício já exista antes da decisão impugnada e ela já tenha se manifestado anteriormente nos autos sem alegá-lo. Em regra, o *error in procedendo* extrínseco é dessa espécie, como a ausência de litisconsorte necessário, a incompetência absoluta, a ausência do Ministério Público em processo no qual deveria participar como fiscal da lei etc.

Vícios de julgamento são entendidos como **vícios do conteúdo** da decisão impugnada e comumente identificados pela expressão latina *error in judicando.* Nessa espécie de causa de pedir o recorrente critica a qualidade da decisão, impugnando as considerações e conclusões judiciais. Trata-se de decisão injusta, porque diverge daquele que deveria ter sido proferida se o juízo tivesse considerado corretamente os fatos e aplicado adequadamente o direito[2].

O *error in judicando* pode ser fático, quando se impugna a situação fática estabelecida pelo órgão jurisdicional como sua base de decisão. Nessa espécie de alegação o recorrente procura demonstrar que houve uma equivocada determinação dos fatos, o que enseja uma crítica no tocante à valoração da prova. Por outro lado, o *error in judicando* pode ser jurídico, quando se impugna a aplicação do direito ao caso concreto, o que pode se dar pela demonstração de aplicação de norma inadequada ou ainda de norma adequada, mas com interpretação equivocada[3].

---

2 Cheim Jorge, *Teoria*, n. 6.2.1, p. 64; Pimentel Souza, *Introdução*, n. 2.2, p. 39.

3 Cheim Jorge, *Teoria*, n. 6.2.1, p. 65.

23.3. PEDIDO

Em regra, a alegação de *error in procedendo* leva a um pedido de **anulação**: no caso de vício formal da própria decisão impugnada, a anulação será somente de tal decisão; no caso de vício do procedimento, anula-se o processo desde o momento em que passou a se configurar o vício. Na alegação de *error in judicando* o pedido é de **reforma** da decisão, ou seja, a substituição da decisão recorrida pela decisão do recurso, como já analisado no Capítulo 20, item 20.7.[4]

Há, entretanto, uma exceção a essa regra. O fim normal do processo/fase de conhecimento é o julgamento de mérito após o desenvolvimento das fases postulatória, de saneamento e probatória. Sempre que o processo/fase de conhecimento for extinto antes disso, pode-se considerar que teve um **fim anômalo**. Numa situação como essa, o recorrente pretende fazer com que a sentença desapareça, para que o procedimento possa continuar seu normal trâmite, não sendo correto imaginar um pedido de reforma da decisão. Nem propriamente haverá um pedido de anulação, pelo menos não em seu sentido tradicional, vinculado à existência de um vício formal.

Um julgamento antecipado da lide pode conter um *error in judicando*, consistente na indevida aplicação do art. 333 do CPC, mas a parte que apela dessa sentença alegando *cerceamento de defesa* não pretende sua reforma, mas simplesmente invalidar a sentença para que o processo prossiga em seu procedimento, com a realização da necessária prova e posterior prolação de nova sentença[5]. O mesmo ocorre na má aplicação do art. 267 do CPC, com prolação de sentença terminativa em processo no qual o mérito deveria ser enfrentado. Na ausência de melhor solução, apesar de não se tratar de vício formal, o pedido adequado nesse caso é de anulação da decisão.

4 *Informativo* 477/STJ: 4.ª Turma, REsp 1.236.732/PR, rel. Min. João Otávio de Noronha, j. 16.06.2011.

5 STJ, 4.ª Turma, REsp 886.030/AL, rel. Min. Hélio Quaglia Barbosa, j. 15.02.2007; REsp 688.654/RS, 1.ª Turma, rel. Min. José Delgado, j. 22.02.2005.

24

APELAÇÃO

24.1. CABIMENTO

O art. 513 do CPC determina ser a apelação o recurso cabível contra a **sentença**, seja ela *terminativa* (art. 267 do CPC) ou *definitiva* (art. 269 do CPC). Afirma-se que pouco importa a espécie de processo ou do procedimento; havendo uma sentença, o recurso cabível será a apelação. Essa afirmação, entretanto, deve ser feita com certas reservas, considerando-se que a regra do art. 513 do CPC tem ao menos três exceções, hipóteses nas quais não se discute a existência de uma sentença, como também indiscutível é o cabimento de recurso diverso da apelação.

Nos juizados especiais há previsão de cabimento de **recurso inominado** contra a sentença (art. 41 da Lei 9.099/1995), e não de apelação. Cumpre consignar que não se trata somente de diferença semântica, já que o recurso inominado é substancialmente diferente da apelação[1]. Os prazos são diferentes, sendo de 15 dias na apelação e 10 no recurso inominado; o órgão julgador é diferente, sendo

[1] Pimentel Souza, *Introdução*, n. 7.1.3, p. 206-207; Barbosa Moreira, *Comentários*, n. 231, p. 418-419. Contra: Câmara, *Juizados*, n. 19.1.1, p. 141-142; Figueira Jr., *Manual*, p. 271-272.

na apelação um Tribunal de segundo grau e no recurso inominado, um Colégio Recursal, órgão formado por juízes de primeiro grau de jurisdição; e, em especial, a matéria alegável é diferente, considerando-se que, em razão da irrecorribilidade das decisões interlocutórias nos Juizados Especiais, a parte poderá impugná-las em sede de recurso inominado, enquanto na apelação isso só será possível na hipótese de a decisão interlocutória gerar uma nulidade absoluta, que por não ser preclusiva, pode ser alegada a qualquer momento.

Outra exceção encontra-se no art. 34 da Lei de Execuções Fiscais (Lei 6.830/1980), que prevê o cabimento de **embargos infringentes** contra sentenças proferidas em execução de valor igual ou inferior a 50 Obrigações do Tesouro Nacional (OTN). A grande especialidade desse recurso é que o órgão competente para o seu julgamento é o próprio juízo sentenciante[2], o que aproxima significativamente esse recurso de um verdadeiro pedido de reconsideração da sentença[3]. Apesar da identidade de nome, os embargos infringentes previstos na lei de execução fiscal não se confundem com os previstos pelo Código de Processo Civil (arts. 530 a 534), que serão analisados no devido momento. A diferença entre os embargos infringentes do art. 34 da LEF e a apelação é indiscutível, sendo considerado erro grosseiro a interposição de um recurso pelo outro, o que afasta a aplicação do princípio da *fungibilidade*[4].

Por fim, o próprio Código de Processo Civil prevê uma exceção à regra de cabimento de apelação contra sentença no art. 539, II, *b*, indicando o cabimento de **recurso ordinário constitucional** contra a sentença proferida em demanda em que forem partes, de um lado, Estado estrangeiro ou organismo internacional e, de outro, Município ou pessoa residente ou domiciliada no Brasil. O recurso ordinário constitucional é tratado no Capítulo 28, mas o simples fato de ser o Superior Tribunal de Justiça órgão competente para o seu julgamento já é suficiente para diferenciá-lo do recurso de apelação.

No PLNCPC, mais precisamente em seu art. 963, *caput*, a apelação continua expressamente sendo o recurso cabível contra a sentença, mas com o fortalecimento do princípio da irrecorribilidade em separado das decisões interlocutórias, o objeto da apelação será ampliado. O detalhe não passou despercebido pelos responsáveis pela elaboração do projeto, conforme se depreende do art. 963, parágrafo único.

Segundo o dispositivo legal, as questões resolvidas na fase cognitiva e não impugnáveis pelo agravo de instrumento não ficam cobertas pela preclusão e devem ser suscitadas em preliminar de apelação. É regra muito similar a aplicável atualmente nos Juizados Especiais, que tem o recurso inominado como o cabível contra sentença, cabendo também nesse recurso a impugnação das decisões interlocutórias proferidas durante o procedimento.

[2] Theodoro Jr., *Lei*, n. 66, p. 192.

[3] Araken de Assis, *Manual*, n. 37.3, p. 376.

[4] STJ, 2.ª Turma, AgRg no Ag 892.303/PR, rel. Min. Herman Benjamin, j. 28.08.2007, *DJ* 11.02.2008; STJ, 1.ª Turma, REsp 413.827/PR, rel. Min. Teori Albino Zavascki, j. 06.05.2004, *DJ* 24.05.2004.

Entendo que, pela nova estrutura sugerida pelo PLNCPC, o momento adequado para o ingresso de apelação será quando a sentença for proferida, no prazo de 15 dias úteis, mas entender que esse recurso é cabível somente contra a sentença será apequenar o recurso. Na realidade, salvo as decisões interlocutórias impugnáveis por agravo de instrumento, a apelação passa a ser o recurso cabível da sentença e das decisões interlocutórias proferidas durante o procedimento.

A manutenção da clássica regra de cabimento da apelação contra a sentença, apesar de dizer menos do que deveria, deixa claro que, diante da apelação, não poderá a parte se valer de qualquer outro recurso, ainda que pretenda limitar sua impugnação a uma decisão interlocutória proferida antes da prolação da sentença. Nesse caso, mesmo continuando a ser o recurso cabível contra sentença, a apelação se prestará à impugnação de uma decisão interlocutória, mas o efeito expansivo objetivo externo desse recurso pode ser o suficiente para anular a sentença "impugnada".

24.2. PROCEDIMENTO

24.2.1. Introdução

A apelação é um recurso interposto perante o primeiro grau de jurisdição, que terá competência para realizar a análise da admissibilidade recursal. A competência para o seu julgamento, entretanto, é do tribunal de segundo grau (TJ ou TRF), que deverá julgar o recurso quando a admissibilidade realizada no primeiro grau estiver superada. Essa duplicidade procedimental cria um interessante procedimento recursal que tem início no primeiro grau de jurisdição e termina no tribunal de segundo grau.

24.2.2. Procedimento no 1.º grau de jurisdição

A interposição do recurso de apelação é feita perante o próprio juízo prolator da sentença, no prazo de **15 dias**, sendo aplicáveis as regras dos arts. 188 e 191 do CPC, com aplicação do entendimento consagrado pela Súmula 640 do Supremo Tribunal Federal. A exceção fica por conta da apelação interposta nos procedimentos regidos pelo Estatuto da Criança e do Adolescente (Lei 8.069/1990), quando o prazo será de 10 dias (art. 198, II, do ECA). O recurso pode ser interposto pelo correio, mas à luz do art. 506, parágrafo único, do CPC, o termo inicial para fins de contagem do prazo será a data do protocolo em cartório ou da postagem, desde que o tribunal local tenha firmado convênio para protocolo integrado com os correios[5]. É facultada à lei de organização judiciária a utilização de protocolos integrados, também se admitindo a interposição por fax (art. 2.º da Lei 9.800/1999), desde que o original seja apresentado até cinco dias depois do término do prazo.

Segundo a previsão do art. 514 do CPC, a petição de apelação deverá preencher três requisitos formais mínimos: os *nomes e qualificação das partes*, os *fundamentos de fato e de direito* e o *pedido de nova decisão*.

Pela própria redação do art. 514, *caput*, do CPC, é possível concluir que a apelação deve ser redigida em uma só peça processual, ainda que na praxe forense seja muito mais frequente a formulação de duas peças, sendo uma de interposição, dirigida ao juízo de primeiro grau, e outra de razões recursais, dirigida ao tribunal competente[6]. O tema é de pouca importância, sendo irrelevante o recurso ser apresentado em uma ou em duas peças, uma vez que a única exigência é que as razões já sejam apresentadas no momento de interposição do recurso[7], sendo inviável a apresentação de razões recursais após a interposição do recurso em razão da preclusão consumativa.

Dos requisitos formais exigidos pelo art. 514 do CPC, cumpre consignar breves considerações. A qualificação das partes é requisito na maioria das vezes dispensável, uma vez que na maioria dos casos essa qualificação já terá sido feita nos autos, até porque constitui exigência da petição inicial (art. 282, II, do CPC). A exigência de sua repetição na apelação mostra-se desnecessária, somente se justificando quando não houver tal qualificação no momento de interposição da apelação, como ocorre com o *recurso de terceiro prejudicado*[8].

Os fundamentos de fato e de direito compõem a **causa de pedir** da apelação, sendo imprescindível a descrição das razões do inconformismo do apelante. Já o pedido é indispensável, mas nem sempre será de nova decisão, como aponta o art. 514, III, do CPC. Tudo dependerá do pedido ser de *anulação* ou de *reforma* da decisão, sendo que o pedido de nova decisão propriamente dito só ocorre na segunda hipótese[9]. Ausente no dispositivo legal, a indicação do tribunal que deve receber os autos do processo não é requisito formal da apelação, sendo que a sua ausência ou mesmo a indicação errônea não gera qualquer consequência prática[10].

Uma vez interposta a apelação, o juízo sentenciante de primeiro grau fará o primeiro juízo de admissibilidade do recurso, do qual dois resultados são possíveis:

---

5 Araken de Assis, *Manual*, n. 39.2, p. 427; STJ, 4.ª Turma, AgRg no Ag 614.077/RS, rel. Min. Fernando Gonçalves, j. 07.08.2007, *DJ* 20.08.2007.

6 Araken de Assis, *Manual*, n. 39.2, p. 426; Cheim Jorge, *Apelação*, p. 165.

7 Nery-Nery, *Código*, p. 853; Greco Filho, *Direito*, v. 2, n. 68, p. 332; Barbosa Moreira, *Comentários*, n. 235, p. 425.

8 Barbosa Moreira, *Comentários*, n. 235, p. 424; Nery-Nery, *Código*, p. 853; Araken de Assis, *Manual*, 39.3.1, p. 428.

9 Barbosa Moreira, *Comentários*, n. 235, p. 425-426; Câmara, *Lições*, v. 2, p. 79.

10 Araken de Assis, *Manual*, n. 39.2, p. 426.

(i) no juízo de admissibilidade *negativo* o juiz não recebe a apelação por meio de decisão interlocutória recorrível por agravo de instrumento;

(ii) no juízo de admissibilidade *positivo* o juiz recebe a apelação, indica em quais efeitos ocorre esse recebimento (na omissão entende-se que o recurso foi recebido em ambos os efeitos[11]) e determina a intimação do recorrido para apresentar as contrarrazões no prazo de 15 dias.

Esse pronunciamento do juiz é objetivamente complexo, com três capítulos:

(i) no capítulo do recebimento, apesar da natureza de *decisão interlocutória*, entende-se pela irrecorribilidade em razão da ausência de interesse recursal[12], havendo decisão do Superior Tribunal de Justiça inadmitindo o mandado de segurança[13].

(ii) no capítulo referente aos efeitos do recebimento, a natureza é de *decisão interlocutória*, recorrível por agravo de instrumento (art. 522 do CPC);

(iii) no capítulo referente à intimação do recorrido há um mero *despacho*, naturalmente irrecorrível (art. 504 do CPC).

Ultrapassado o prazo de contrarrazões, com ou sem sua apresentação, caberá ao juízo de primeiro grau fazer um segundo juízo de admissibilidade da apelação. Note-se a impropriedade do art. 518, § 2.º, do CPC, ao prever que, "apresentada a resposta", é facultado ao juiz no prazo de cinco dias o reexame dos pressupostos de admissibilidade, porque a resposta do recorrido é absolutamente dispensável para que esse reexame ocorra. Ainda que se admita ser mais provável uma revisão da prévia decisão que recebeu a apelação no caso de o apelado não só apresentar as contrarrazões, como apontar preliminarmente algum vício formal da apelação que gere seu não recebimento, essa manifestação não é imprescindível. Os requisitos de admissibilidade de recursos são *matéria de ordem pública*, de forma que o órgão jurisdicional pode se manifestar sobre eles a qualquer momento, não sendo correto vincular tal manifestação a ato a ser praticado pela parte (no caso as contrarrazões a serem apresentadas pelo apelado)[14]. O prazo de 5 dias para o reexame é impróprio, sendo que o seu descumprimento não gera preclusão temporal, sendo permitido ao juiz proferir a segunda decisão a respeito da admissibilidade da apelação fora do prazo legal[15].

Nessa segunda oportunidade de analisar os requisitos de admissibilidade, de duas uma:

(a) o juiz se retrata de sua decisão prévia e passa a entender que os pressupostos de admissibilidade não foram preenchidos no caso concreto. Nesse caso, profere decisão

---

[11] Theodoro Jr., *Curso*, n. 544, p. 667; Didier-Cunha, *Curso*, p. 101.

[12] Araken de Assis, *Manual*, n. 41.1, p. 443; Greco Filho, *Direito*, v. 2, n. 68, p. 332. Contra: Scarpinella Bueno, *Curso*, vol. 5, p. 133-134.

[13] Informativo 418/STJ: 3ª Turma, RMS 27.663/SP, rel. Min. Massami Uyeda, j. 03.12.2009.

[14] Marinoni-Arenhart, *Manual*, n. 3.5.4, p. 544; Nery-Nery, *Código*, p. 865; Araken de Assis, *Manual*, 42.2, p. 449. Contra: Theodoro Jr., *Curso*, p. 667, exigindo a provocação do interessado.

[15] Nery-Nery, *Código*, p. 864-865; Wambier-Wambier-Medina, *Breves*, 2, p. 237; Lima Freire, *Reforma*, p. 369; Scarpinella Bueno, *A nova*, 2, p. 44. Contra: Theodoro Jr., *Curso*, p. 669, para quem após o prazo somente o tribunal poderá reapreciar a matéria.

interlocutória ao não receber a apelação, em pronunciamento recorrível por agravo de instrumento (art. 522 do CPC);

(b) confirma o seu entendimento prévio, mantendo a decisão de recebimento da apelação e, em seguida, enviando os autos para o Tribunal competente, intimando antes o Ministério Público para manifestação sempre em que este funcione no processo como fiscal da lei[16].

Segundo o art. 966 do PLNCPC, a apelação continua a ser interposta e processada em primeiro grau de jurisdição, sendo que, decorrido o prazo para a resposta pelo apelado, os autos serão remetidos ao tribunal, onde será realizado o juízo de admissibilidade.

Pelo que se pode notar da nova estrutura imaginada pelos responsáveis pelo projeto, não caberá mais ao juízo de primeiro grau ao menos duas atividades atualmente desenvolvidas por ele em razão do art. 518 do CPC. Atualmente, o juízo de primeiro grau declara os efeitos em que recebe a apelação e faz, por até duas vezes, um juízo de admissibilidade recursal. Aparentemente o art. 966 do PLNCPC afasta tais atividades do juízo de primeiro grau, que deverá receber a apelação sempre sem efeito suspensivo e deixar o juízo de admissibilidade para o tribunal de segundo grau. Tanto o pedido de concessão de efeito suspensivo impróprio como a análise da admissibilidade recursal serão atividades exclusivas dos tribunais de segundo grau.

O objetivo parece ser impedir a prolação de uma decisão interlocutória que possa vir a ser impugnada, senão pelo recurso de agravo de instrumento, cujo cabimento para essas hipóteses não está previsto em lei pelo mandado de segurança. Sem pronunciamento judicial em primeiro grau, todas as questões a respeito dos efeitos e da admissibilidade serão transferidas para o segundo grau.

24.2.3. Procedimento no tribunal de segundo grau

Distribuído o recurso de apelação a um relator no tribunal de segundo grau, é correto afirmar que haverá por meio desse desembargador um terceiro juízo de admissibilidade, ainda que implícito. Caso entenda pela incompetência absoluta do tribunal, deve encaminhar o recurso para o tribunal competente, sem prejuízo ao apelante. O art. 557, *caput*, do CPC permite ao relator negar seguimento liminarmente a recurso manifestamente inadmissível, tornando desnecessária a formação do órgão colegiado nesse caso. Em razão dessa permissão legal, o relator sempre fará de maneira monocrática um juízo de admissibilidade, que, sendo negativo, gerará o não conhecimento do recurso, em decisão recorrível por agravo interno no prazo de cinco dias (art. 557, § 1.º, do CPC). Sendo positivo, poderá gerar o julgamento de mérito monocrático (art. 557, *caput*, e § 1.º-A, do CPC), também recorrível por agravo interno em 5 dias, ou ainda a formação do órgão colegiado para o julgamento da apelação.

---

[16] Araken de Assis, *Manual*, n. 42.5, p. 450-451.

Em regra a apelação tem revisor, cabendo-lhe pedir dia para julgamento, sendo que após o "visto" do revisor os autos são encaminhados ao presidente que designará dia para julgamento, mandando publicar a pauta em órgão oficial (art. 552 do CPC). Segundo o art. 551, § 3º, do CPC, a apelação interposta nos processos sumário, de despejo ou contra indeferimento da petição inicial, excepcionalmente não terá revisor.

Uma vez sendo formado o órgão colegiado, proceder-se-á pela quarta vez o juízo de admissibilidade da apelação, sendo dois os possíveis resultados:

(i) entendendo o órgão colegiado que o recurso não reúne condições de admissibilidade, não conhece a apelação, sendo a decisão recorrível, em tese, por recurso especial e/ou recurso extraordinário;

(ii) concordando com todos os juízos de admissibilidade feitos anteriormente, o órgão colegiado conhece o recurso e o julga em seu mérito, em decisão recorrível, a depender do caso concreto, por embargos infringentes, recurso especial e/ou recurso extraordinário.

24.3. SÚMULA IMPEDITIVA DE RECURSOS (ART. 518, § 1.º, DO CPC)

Estabelece o art. 518, § 1.º, do CPC que é causa de não recebimento da apelação pelo juízo de primeiro grau a circunstância de o recurso ser interposto contra a sentença que estiver em conformidade com súmula do Superior Tribunal de Justiça ou do Supremo Tribunal Federal. O legislador infraconstitucional consagra por meio desse dispositivo legal a súmula impeditiva de recursos, que não chega a vincular o julgador como pretende fazer a súmula vinculante, mas não admite a interposição de recurso no caso de o julgador se filiar aos entendimentos consagrados em súmulas simples dos tribunais superiores, fundamentando sua decisão numa ou em algumas delas.

A par da discussão a respeito de sua constitucionalidade, considerando-se que essa técnica procedimental não foi admitida na EC 45/2004[17], existindo atualmente no Congresso Nacional proposta de outra emenda constitucional para consagrar a técnica da súmula impeditiva de recursos (PEC 358/2005), a novidade legislativa (Lei 11.276/2006) exprime o desejo do legislador de imprimir uma maior *celeridade processual* e criar mecanismos de maior alcance dos entendimentos consagrados pelos tribunais superiores. O raciocínio é simples: caso se admitam a apelação e os recursos subsequentes, a demanda chegará aos tribunais superiores depois de muito tempo e dispêndio de esforço e dinheiro, que naturalmente decidirá a demanda com o mesmo entendimento do juízo de primeiro grau. Para evitar esse longo caminho e tornar a prestação jurisdicional mais célere, obsta-se concretamente o caminho recursal[18].

---

[17] Barbosa Moreira, *Comentários*, n. 252, p. 460; Nery-Nery, *Código*, p. 863.

[18] Theodoro Jr., *Curso*, n. 544-a, p. 668; Marinoni-Arenhart, *Manual*, n. 3.5.2, p. 540.

As críticas feitas à súmula vinculante, em especial a de engessamento do direito, também podem aqui ser aplicadas, bem como os benefícios que a doutrina admite existirem. Extrapolaria os limites do presente livro a sua análise de forma mais aprofundada. Resta interpretar o dispositivo legal, inclusive para a determinação de seu exato alcance.

Tratando-se de norma restritiva de direito – uma vez que retira o duplo grau de jurisdição no caso concreto –, a interpretação também deve ser feita de forma restrita, cabendo ao juiz receber o recurso se perceber que, apesar de fundamentar sua decisão em súmula dos tribunais superiores, existe na demanda judicial alguma especialidade digna de nota que torna interessante a revisão da decisão pelo tribunal de segundo grau. Também parece interessante o recebimento do recurso sempre que o recorrente rebater o acerto do conteúdo da súmula com argumentos inovadores e ainda não suficientemente discutidos na praxe forense[19]. Ou, ainda, quando a sentença tiver mais de um fundamento, sendo que nem todos apliquem a súmula dos tribunais superiores[20]. De qualquer forma, havendo decisão que não recebe a apelação, cabe ao apelante a interposição de agravo de instrumento.

Para a doutrina majoritária, o dispositivo legal cria um *pressuposto de admissibilidade* específico da apelação[21], mas essa afirmação deve ser realizada com extremo cuidado. É certo que o juízo de primeiro grau não pode analisar o mérito da apelação, de competência exclusiva do tribunal de segundo grau, sendo limitada a sua atuação à análise dos pressupostos de admissibilidade recursal. Os pressupostos processuais são requisitos formais que precisam ser preenchidos no caso concreto para que o recurso seja julgado em seu mérito, não havendo nesse caso o enfrentamento do conteúdo da decisão, matéria exclusiva do mérito.

No caso presente, entretanto, não parece que tal circunstância se verifique, porque afirmar que a apelação não será recebida se a sentença estiver em conformidade com súmula dos tribunais superiores exige do juízo de primeiro grau uma **análise do conteúdo do recurso à luz do teor da sentença**, o que me parece ser o julgamento de mérito[22]. A mostra disso é que, a par da confusa redação do art. 557, *caput*, do CPC, a melhor doutrina entende que o julgamento monocrático do relator na hipótese de sentença em conformidade com súmula de tribunal superior seja de não provimento do recurso, ou seja, julgamento de mérito recursal. Não é possível que a mesma matéria, somente porque analisada por órgãos jurisdicionais de diferentes graus, seja ora considerada matéria de admissibilidade, ora matéria de mérito. A matéria é sempre de mérito, ainda que o legislador crie uma ficção jurídica de que no primeiro grau seja matéria de admissibilidade, sob pena de ter que confessar que o juízo de primeiro grau passou a julgar o mérito da apelação, o que seria uma tragédia para o sistema recursal brasileiro.

---

19 Scarpinella Bueno, *A nova*, 2, n. 17, p. 34; Didier-Cunha, *Curso*, p. 128.

20 Scarpinella Bueno, *A nova*, 2, n. 17, p. 35; Theodoro Jr., *Curso*, n. 544, p. 668; Lima Freire, *Reforma*, p. 359-360.

21 Scarpinella Bueno, *A nova*, 2, n. 17, p. 34-35; Didier-Cunha, *Curso*, p. 127; Cheim Jorge, *A terceira*, p. 213.

22 Araken de Assis, *Manual*, n. 41.2, p. 445; Greco Filho, *Direito*, n. 68, p. 333.

O PLNCPC não prevê a súmula impeditiva de recursos como requisito específico de admissibilidade da apelação.

24.4. SANEAMENTO DE VÍCIOS DURANTE O JULGAMENTO DA APELAÇÃO (ART. 515, § 4.º, DO CPC)

Em mais uma novidade da Lei 11.276/2006, foi acrescido o § 4.º ao art. 515 do CPC, permitindo-se o saneamento de vícios constatados durante o julgamento da apelação, de forma a possibilitar o prosseguimento do julgamento desse recurso. A norma legal preocupa-se com o longo tempo de duração do processo, permitindo a realização ou renovação do ato, desde que respeitado o contraditório, o que evita a simples declaração de nulidade com a remessa dos autos ao primeiro grau. O objetivo é **sanear o vício e continuar o julgamento da apelação**, em respeito ao princípio da celeridade processual.

O dispositivo legal tem duas exigências: *nulidade sanável* e o respeito ao *contraditório*. Como já se abandonou o entendimento de que as nulidades relativas são sanáveis e as absolutas não, o dispositivo legal pode ser aplicado tanto num caso quanto noutro, arriscando-me a dizer, inclusive, que a norma tem maior aplicação nas hipóteses de nulidade absoluta, que não são afetadas pela preclusão. A parte deve arguir a nulidade relativa no primeiro momento em que falar nos autos para evitar a sua convalidação, de forma que o art. 515, § 4.º, do CPC somente poderá ser aplicado às nulidades relativas caso a parte interessada ainda não tenha se manifestado nos autos[23], como ocorre na hipótese de falta de intimação para contra-arrazoar a apelação. Também nos casos de inexistência jurídica parece ser possível a convalidação do vício por meio da repetição do ato reputado juridicamente inexistente ou da prática do ato faticamente inexistente[24].

A ânsia por um processo mais célere não pode ser motivo do afastamento de princípios básicos e fundamentais do processo civil. Essa afirmação é importante porque a aplicação do dispositivo legal ora comentado não pode levar à prática de atos pelos tribunais que caberiam ao juízo de primeiro grau e que são de extrema relevância para a formação de seu convencimento e, consequentemente, servem como substrato da fundamentação de sua sentença. O saneamento dos vícios, sempre que verificados antes da prolação da sentença, só poderá ocorrer nos casos em que tal atividade não seja determinante para a formação do convencimento, limitando-se às questões secundárias, meramente formais[25]. O eventual atropelo de atos que necessariamente devam ser praticados pelo juízo de primeiro grau

---

[23] Scarpinella Bueno, *A nova*, 2, n. 8, p. 16; Wambier-Wambier-Medina, *Breves*, 2, p. 222; Câmara, *Lições*, v. 2, p. 86.

[24] Wambier-Wambier-Medina, *Breves*, 2, p. 222; Pimentel Souza, *Introdução*, n. 6.17, p. 203.

[25] Barioni, *Efeito*, p. 179-186.

significa uma ofensa ao princípio do duplo grau e até mesmo ao contraditório, que deve ser preservado segundo a própria disposição legal[26].

Também é essencial a verificação, no caso concreto, de prejuízo às partes e ao próprio processo, admitindo-se a regularização de vício sempre que **inexistir prejuízo** no caso concreto. É o que já ocorria mesmo antes da existência do art. 515, § 4.º, do CPC, na hipótese de o Ministério Público – em processo no qual deveria atuar como fiscal da lei – ingressar na demanda em fase de apelação e ratificar todos os atos já praticados, prosseguindo-se no julgamento do recurso[27]. O mesmo ocorrerá quando se notar em grau recursal a ausência de um litisconsorte necessário, sendo admissível a sua intimação nesse momento processual e, uma vez ratificados por ele os atos já praticados, a apelação prosseguirá com o seu regular andamento. É natural que tanto num caso como noutro, se o Ministério Público ou o litisconsorte necessário não concordarem com os atos já praticados, a decretação da nulidade do procedimento pelo tribunal é inevitável.

Levando todas as considerações feitas em conta, parece acertado o posicionamento do Superior Tribunal de Justiça que entendeu pela nulidade absoluta de julgamento de apelação sem que tivesse sido aberta vista ao recorrido para apresentação de contrarrazões. Acredito que se o tribunal de segundo grau tivesse percebido a omissão ocorrida em primeiro grau, poderia aplicar o art. 515,§ 4.º, do CPC, determinando ao apelado a apresentação de contrarrazões mesmo que em momento posterior ao legalmente previsto. Entretanto, o julgamento da apelação já ocorreu, e nesse caso a dispensa das contrarrazões mostrar-se-á absolutamente contrária aos princípios do contraditório e da ampla defesa, conforme corretamente se pronunciou o Superior Tribunal de Justiça[28].

Tratando-se de vício verificado após a prolação da sentença, a aplicação do dispositivo legal ora comentado parece mais fácil, porque nesse caso não há mais preocupação com a substituição indevida pelo tribunal de atividades essenciais ao juízo de primeiro grau. Sintomático que autorizada doutrina, ao dar exemplos para aplicação do dispositivo legal, se limite a indicar vícios posteriores à prolação da sentença, tais como a ausência de intimação da sentença ou do recurso a um dos litisconsortes, ausência de abertura de prazo para complementar preparo insuficiente, ausência de intimação para manifestação sobre documento novo juntado nas razões ou contrarrazões da apelação[29].

Na ausência de previsão específica, entende-se que tanto o *relator* quanto o *órgão colegiado* poderão determinar o saneamento do vício sanável, considerando-se que ambos fazem juízo de admissibilidade recursal[30]. Não convence a alegação

---

[26] Scarpinella Bueno, *A nova*, 2, n. 10, p. 20.

[27] Cheim Jorge, *A terceira*, p. 210; Didier-Cunha, *Curso*, p. 132; STJ, 3.ª Turma, REsp 803.897/SC, rel. Min. Humberto Gomes de Barros, j. 14.02.2008, *DJ* 05.03.2008; STJ, 5.ª Turma, REsp 795.102/RJ, rel. Min. Arnaldo Esteves Lima, j. 30.08.2007, *DJ* 15.10.2007.

[28] *Informativo* 409/STJ: 3.a Turma, REsp 908.623-RS, Rel. Min. Massami Uyeda, j. 1.º.10.2009.

[29] Theodoro Jr., *Curso*, 543-a, p. 666; Araken de Assis, *Manual*, 40.3., p. 441.

[30] Scarpinella Bueno, *A nova*, 2, n. 13, p. 26-28; Nery-Nery, *Código*, p. 858.

de que no art. 515, § 4.º, do CPC consta expressamente o termo "Tribunal", até porque o órgão jurisdicional de segundo grau é representado no caso concreto tanto pelo relator de recurso quanto pelo órgão colegiado competente para seu julgamento.

Por fim, correta a corrente doutrinária que defende a aplicação do dispositivo legal a outros recursos, além da apelação[31]. É tranquila a doutrina em apontar a apelação como o recurso padrão, de forma a se aplicarem as regras previstas para a apelação nos demais recursos, sempre que não contrariar norma expressa específica. Essa função das regras procedimentais da apelação justifica a aplicação do art. 515, § 4.º, do CPC a todos os recursos, considerando-se que a consagração do princípio da instrumentalidade das formas não deve ficar restrita somente a um recurso.

> A regra é suprimida no PLNCPC.

24.5. NOVAS QUESTÕES DE FATO (ART. 517 DO CPC)

Segundo autorizada doutrina, existem duas finalidades distintas que podem ser atribuídas ao recurso de apelação:

(i) o reexame integral da causa, independentemente do decidido em primeiro grau (*novum iudicium*); e

(ii) o controle da correção da sentença de primeiro grau (*revisio prioris instantiae*), sendo esse segundo sistema o adotado pelo sistema recursal pátrio.

Excepcionalmente admite-se o *novum iudicium*, como se verifica na hipótese do art. 517 do CPC, que permite à parte a alegação de novas questões de fato, desde que:

(a) não criem uma nova causa de pedir, não proposta no primeiro grau[32], e

(b) desde que o apelante prove que deixou de alegá-las por motivo de força maior.

A própria redação do dispositivo legal mostra com clareza mediana que fatos novos não se confundem com fatos supervenientes, de forma que os fatos serão novos porque ainda não foram levados à apreciação do Poder Judiciário naquele processo, ainda que tenham ocorrido – como em regra acontece – antes da prolação da sentença.

---

[31] Cheim Jorge, *A nova*, p. 211; Lima Freire, *Reforma*, p. 353; Didier-Cunha, *Curso*, p. 133.

[32] Nery-Nery, *Código*, p. 861; Barbosa Moreira, *Comentários*, n. 249, p. 456; Pimentel Souza, *Introdução*, n. 6.16, p. 198.

A exigência de prova da força maior, que tenha efetivamente impedido o apelante de alegar a questão de fato em primeiro grau, é condição indispensável para a aplicação do referido dispositivo legal, cabendo ao tribunal a sua análise no caso concreto. Essa exigência afasta do campo de aplicação da regra matérias que o juízo deveria ter conhecido de ofício, bem como questões de fato trazidas ao processo por sujeito que não fazia parte da demanda (recurso de terceiro prejudicado) e bem por isso não poderia ter alegado as matérias[33]. O dispositivo legal somente trata de matérias que as partes do processo – incluído o réu revel – poderiam ter alegado e por força maior não o fizeram, o que naturalmente impediu a atuação do juízo de primeiro grau.

Segundo a melhor doutrina, existem quatro situações em que a força maior exigida pelo art. 517 do CPC estaria presente, o que justificaria a alegação de fatos novos[34]:

(a) fatos supervenientes, ocorridos após a publicação da sentença[35];

(b) ignorância do fato pela parte, com a exigência de um motivo sério e objetivo para que a parte desconhecesse o fato;

(c) impossibilidade de a parte comunicar o fato ao seu advogado, desde que exista uma causa objetiva para justificar a omissão;

(d) impossibilidade do próprio advogado em comunicar o fato ao juízo, desde que demonstrada que a omissão foi causada por obstáculo insuperável e alheio à sua vontade.

É natural que, admitida a alegação de novas questões de fato em sede de apelação, ao tribunal seja concedida a competência para a **produção de prova**, porque seria flagrante cerceamento do direito da ampla defesa admitir alegação de nova questão de fato e subtrair da parte o direito à produção da prova. Tratando-se de prova documental, a produção ocorre no próprio tribunal, abrindo-se vista à parte contrária para manifestação no prazo de 5 dias (art. 398 do CPC). No caso de prova oral ou pericial, aplica-se por analogia o art. 492 do CPC, delegando o tribunal sua função probatória ao juízo de primeiro grau por meio de expedição de carta de ordem[36].

24.6. TEORIA DA CAUSA MADURA

O art. 515, § 3.º, do CPC permite que o tribunal, no julgamento de uma apelação contra sentença terminativa, passe ao julgamento definitivo do mérito da ação, desde que preenchidos determinados requisitos. A possibilidade desse julgamento imediato do mérito pelo tribunal vem sendo chamada de "teoria da

[33] Barbosa Moreira, *Comentários*, n. 249, p. 455; Nery-Nery, *Código*, p. 861; Didier-Cunha, *Curso*, p. 126.

[34] Barbosa Moreira, *Comentários*, n. 250, p. 456; Marinoni-Arenhart, *Manual*, n.3.5.1, p. 538; Pimentel Souza, *Introdução*, n. 6.16, p. 197-198.

[35] Para Araken de Assis, *Manual*, n. 40.2.4, p. 438, nesse caso não há necessidade de provar a força maior.

[36] Barbosa Moreira, *Comentários*, n. 250, p. 456.

causa madura", visto que somente nos casos em que o processo esteja **pronto para imediato julgamento do mérito** o tribunal poderá aplicar o dispositivo legal ora comentado. Segundo entendimento do Superior Tribunal de Justiça, a regra não afronta o princípio da ampla defesa, nem mesmo impede a parte de obter o prequestionamento, o que poderá ser conseguido com a interposição de embargos de declaração[37].

Conforme se nota da expressa previsão do art. 515, § 3.º, do CPC, a norma diz respeito à apelação, sabidamente uma das espécies recursais. Ocorre, entretanto, que parcela considerável da doutrina entende ser a regra pertencente à teoria geral dos recursos. Dessa forma, defende-se a aplicação da regra em todo e qualquer recurso, em especial no agravo de instrumento, recurso ordinário constitucional[38] e recurso inominado nos Juizados Especiais, sem, entretanto, desprezar *a priori* outras espécies recursais, tais como o recurso especial e o recurso extraordinário, por mais particular que seja o caso concreto[39]. Já tive oportunidade de defender um entendimento ainda mais amplo para a aplicação do art. 515, § 3.º, do CPC, incluindo no seu âmbito de aplicação, além de outros recursos, o conflito de competência.

A visão ampliativa, entretanto, vem recebendo resistência dos tribunais superiores, em especial quanto à aplicação da causa madura ao recurso ordinário constitucional[40].

Existem dois requisitos previstos no dispositivo legal ora comentado para que o tribunal possa julgar imediatamente o mérito nos termos da teoria da causa madura:

(a) a causa deve versar sobre questão exclusivamente de direito, e

(b) a causa deve estar em condições de imediato julgamento.

Segundo a melhor doutrina, essas exigências legais devem ser interpretadas à luz do art. 330 do CPC, ou seja, sendo hipótese de julgamento antecipado do mérito, o tribunal poderá aplicar o art. 515, § 3.º, do CPC, ainda que a demanda verse também sobre questões de fato. Não havendo provas a serem produzidas – porque são desnecessárias ou já foram produzidas –, a causa estará "madura" para julgamento, cabendo ao tribunal julgar imediatamente o mérito da demanda[41].

---

37 *Informativo* 477/STJ: REsp 874.507/SC, rel. Min. Luis Felipe Salomão, j. 14.06.2011.

38 STJ, 2.ª Turma, RMS 17.126/ES, rel. Min. Humberto Martins, j. 15.04.2008, *DJ* 25.04.2008; STJ, 3.ª Turma, RMS 20.541/SP, rel. Min. Humberto Gomes de Barros, j. 08.03.2007, *DJ* 28.05.2007.

39 Dinamarco, *A reforma*, p. 162-163; Arruda Alvim, *Notas*, p. 78.

40 *Informativo* 540/STF, Plenário, RMS 26.959/DF, rel. Eros Grau, rel. p/ acórdão Menezes Direito, 26.03.2009; *Informativo* 387/STJ, 2.ª T., RMS 27.368-PE, rel. Eliana Calmon, j. 17.03.2009.

41 Barbosa Moreira, *Comentários*, n. 238, p. 432; Marinoni-Arenhart, *Manual*, n. 3.5.3, p. 542; Dinamarco, *O efeito*, n. 89, p. 174; Greco Filho, *Direito*, n. 66, p. 328; STJ, 2.ª Turma, REsp 797.989/SC, rel. Min. Humberto Martins, j. 22.04.2008, *DJ* 15.05.2008; AgRg no Ag 867.885/MG, 4.ª Turma, rel. Min. Hélio Quaglia Barbosa, j. 25.09.2007, *DJ* 22.10.2007; *Informativo* 375/STJ, 4.ª T., REsp 836.932-RO, rel. Fernando Gonçalves, j. 06.11.2008.

A aplicação da regra ora comentada se mostra dependente exclusivamente de uma circunstância: sendo anulada a sentença de primeiro grau em razão do equívoco do juiz em extinguir o processo sem a resolução do mérito, o tribunal passará ao julgamento imediato do mérito sempre que o único ato a ser praticado for a prolação de uma nova decisão a respeito do mérito da demanda. Havendo qualquer outro ato a ser praticado antes da prolação da nova decisão, o tribunal deverá devolver o processo ao primeiro grau de jurisdição. Em razão disso, é inaplicável o art. 515, § 3.º, do CPC na hipótese de indeferimento da petição inicial (art. 295 do CPC).

Outra interessante questão a respeito da teoria da causa madura diz respeito à possibilidade de o tribunal passar imediatamente ao julgamento do mérito da demanda após a anulação da sentença terminativa, mesmo sem pedido expresso do apelante ou diante de pedido expresso do apelante para que não seja aplicada a regra.

Ainda que a teoria da causa madura esteja prevista como parágrafo do art. 515 do CPC, que trata do efeito devolutivo dos recursos, parece que a sua mera colocação em tal local não é suficiente para que se defina tratar-se de uma **extensão da devolução** de matérias ao conhecimento do tribunal. Tal entendimento levaria à forçosa conclusão de que a vontade do recorrente seria determinante para a devolução ou não do mérito da demanda para o órgão de segundo grau, o que geraria a exigibilidade do pedido expresso do recorrente para que o tribunal aplique a teoria da causa madura[42]. Consagrada a regra do *tantum devoltum quantum appellatum*, somente sendo devolvida essa matéria por vontade do recorrente, poderia o tribunal reconhecê-la. Registre-se que há corrente doutrinária no sentido de que se tratando da **profundidade do efeito devolutivo**, dispensa-se o pedido expresso da parte[43].

Esse entendimento parte da equivocada premissa de que a norma trata de matéria afeita ao efeito devolutivo, de forma a depender da vontade do recorrente para ser aplicada. Na realidade, o objetivo da norma não é a proteção do interesse particular do recorrente, e sim a otimização do julgamento de processos, em nítido ganho de *celeridade* e *economia processual*. Ainda que se critique a forma legal para a obtenção desse objetivo, é inegável que o propósito da norma é o oferecimento de uma tutela jurisdicional em menor tempo, com o que se presume prestar-se tutela jurisdicional de melhor qualidade. O propósito da norma, portanto, é de ordem pública, porque o seu objetivo não é a proteção do interesse das partes, mas sim o interesse na prestação de um serviço jurisdicional de melhor qualidade.

Esse entendimento, inclusive, afasta a alegação de parcela da doutrina no sentido de que a ausência de pedido expresso do recorrente, aliada ao julgamento de improcedência do pedido, geraria uma ilegal *reformatio in pejus*, o que não

---

42 Didier-Cunha, *Curso*, p. 88-89; Cheim Jorge, *A nova*, p. 146-148; Theodoro Jr., *Curso*, n. 543-a-2, p. 663; Araken de Assis, *Manual*, n. 38.1.4.2, p. 396.

43 Arruda Alvim, *Notas*, p. 81; Dinamarco, *A reforma*, p. 160; Barbosa Moreira, *Comentários*, n. 238, p. 431.

se poderia admitir. Parece não haver qualquer dúvida de que, partindo-se de uma sentença terminativa e chegando-se num acórdão de improcedência do pedido, com capacidade de fazer coisa julgada material em desfavor do autor, é natural que o recorrente terá piorado sua situação em razão do julgamento de seu próprio recurso. É natural que tenha ocorrido a *reformatio in pejus*, mas nenhuma ilegalidade ocorrerá nessa hipótese, considerando-se que a natureza de ordem pública da norma permite ao tribunal não só a sua aplicação de ofício, como também a piora da situação do recorrente[44]. Conforme ensina a melhor doutrina, o conhecimento de matérias de ordem pública de ofício pelo tribunal pode gerar a *reformatio in pejus*. Por essa razão, apesar da alocação da teoria da causa madura no art. 515, § 3.º, do CPC, parece que a sua aplicação deriva do efeito translativo do recurso, e não do efeito devolutivo[45].

Registre-se que o Superior Tribunal de Justiça vem entendendo que o art. 515, § 3.º, do CPC está incluído na profundidade do efeito devolutivo do recurso, e que é admissível a *reformatio in pejus* do apelante[46].

A teoria da causa madura é mantida no PLNCPC, que traz em seu art. 965, § 3.º, duas interessantes novidades referentes ao seu cabimento.

Atendendo a reclamos da melhor doutrina, o dispositivo legal prevê que a teoria será aplicada se a causa versar sobre questões exclusivamente de direito ou estiver em condições de imediato julgamento. A modificação é sutil, tornando os requisitos *alternativos*, e não mais *cumulativos*, como previsto no art. 515, § 3.º, do atual CPC. A substituição do "e" pelo "ou" consagra o melhor entendimento doutrinário no sentido de se admitir a aplicação da teoria em ações que versam sobre questões de fato, desde que não seja necessária a produção de provas a respeito dessas questões.

Por outro lado, a aplicação da teoria da causa madura não ficará mais limitada à sentença terminativa, passando também a ser admitida em outras hipóteses.

A primeira hipótese diz respeito a qualquer espécie de sentença terminativa, mantendo a regra atual. A segunda hipótese trata da nulidade de sentença por não observância dos limites do pedido. Duas importantes observações se impõem: (a) os limites que devem ser respeitados na sentença não são exclusivamente relacionados ao pedido, também atingindo a causa de pedir e as partes, como demonstrado no item 16.4.1; (b) a teoria da causa de pedir passará ser aplicada no caso de sentenças *extra* e *citra petita*, considerando-se que na sentença *ultra petita* basta a anulação da parte excedente da decisão, como, inclusive, já ocorre atualmente. A terceira hipótese de cabimento da teoria da causa madura é o reconhecimento pelo tribunal de nulidade da sentença por falta de fundamentação, enquanto a quarta hipótese diz respeito à reforma da sentença que reconhece a decadência e a prescrição.

---

44 Notariano Junior, *O duplo*, p. 200.

45 Santos Ferreira, *Aspectos*, p. 97-99.

46 AgRg no Ag 867.885/MG, 4.ª Turma, rel. Min. Hélio Quaglia Barbosa, j. 25.09.2007, *DJ* 22.10.2007. *Informativo* 375/STJ. 4.ª T., REsp 836.932-RO, rel. Fernando Gonçalves, j. 06.11.2008.

25

AGRAVO

Sumário: 25.1. Introdução – 25.2. Agravos contra decisões interlocutórias de primeiro grau: 25.2.1. Cabimento de agravo retido e de agravo de instrumento – 25.3. Agravos contra decisões interlocutórias de segundo grau: 25.3.1. Agravo regimental; 25.3.2. Agravo interno; 25.3.3. Agravo contra decisão denegatória de seguimento de recurso especial e extraordinário.

25.1. INTRODUÇÃO

O recurso de agravo deve ser analisado como um **gênero recursal**, existindo ao menos cinco diferentes espécies de agravo. Contra as decisões interlocutórias de primeiro grau existem os agravos retido e de instrumento. Contra as decisões interlocutórias proferidas no Tribunal cabe agravo regimental; contra a decisão denegatória de seguimento de recurso especial e/ou recurso extraordinário, cabe o agravo previsto no art. 544 do CPC, e contra decisões monocráticas finais do relator existe o agravo interno.

Apesar de serem todos os agravos descritos espécies do mesmo gênero, tendo naturalmente pontos de contato, é imprescindível sua análise de forma individualizada, porque as particularidades processuais de cada um deles é suficiente para tornar impossível uma análise conjunta.

25.2. AGRAVOS CONTRA DECISÕES INTERLOCUTÓRIAS DE PRIMEIRO GRAU

25.2.1. Cabimento de agravo retido e de agravo de instrumento

O agravo de instrumento e o agravo retido têm previsão nos arts. 522 a 529 do CPC, sendo os recursos cabíveis contra decisões interlocutórias proferidas pelo juízo de primeiro grau de jurisdição. A doutrina é tranquila ao apontar o cabimento do agravo na maioria dos processos e procedimentos que se tramitem em primeiro grau de jurisdição, regulados pelo Código de Processo Civil ou por legislação extravagante, sendo cabível inclusive no processo de mandado de segurança, nos termos do art. 7.º, § 1.º, da Lei 12.016/2009. A irrecorribilidade plena ou parcial da decisão interlocutória por agravo deve vir expressa em lei, como ocorre nos arts. 519, parágrafo único, e 527, parágrafo único, ambos do CPC e no art. 5.º da Lei 10.259/2001 (Juizados Especiais Federais), sendo sempre excepcional. Apesar da ausência de previsão legal expressa, vem se entendendo pela irrecorribilidade – ao menos como regra – da decisão interlocutória no procedimento sumaríssimo dos Juizados Especiais Cíveis Estaduais, em respeito ao princípio da *oralidade*[47].

A questão do cabimento deve ser analisada como matéria preliminar desses recursos, porque a lei, ao prever as hipóteses de cabimento do agravo de instrumento, automaticamente, e de forma subsidiária, prevê também as hipóteses de cabimento do agravo retido. É natural que assim seja, porque, existindo somente duas espécies de agravo contra decisão interlocutória de primeiro grau, caberá uma das espécies sempre que a outra não for cabível. Ainda que o art. 522, *caput*, do CPC preveja somente as hipóteses de cabimento do agravo de instrumento, subsidiariamente, e de forma implícita, indica também as hipóteses de cabimento do agravo retido.

Segundo a previsão contida no art. 522, *caput*, do CPC, o agravo retido será cabível contra as decisões interlocutórias proferidas em primeiro grau de jurisdição, salvo em três hipóteses, quando será cabível o agravo de instrumento:

(i) decisão que não recebe a apelação;
(ii) decisão que determina os efeitos de recebimento da apelação; e
(iii) decisão apta a gerar lesão grave e de difícil reparação.

Além dessas três hipóteses, registre-se o cabimento do agravo de instrumento sempre que houver uma **expressa previsão legal** nesse sentido, como ocorre no art. 475-H do CPC (decisão da liquidação de sentença) e no art. 475-M, § 3.º, do CPC (decisão da impugnação que não põe fim ao cumprimento de sentença). Como facilmente se pode notar, o cabimento do agravo retido é *residual*, sendo aplicável sempre que nenhuma das hipóteses previstas em lei se verificar no caso concreto. Das três hipóteses de cabimento do agravo de instrumento, duas não trazem maiores dificuldades de compreensão, tampouco de identificação, o que será feito de forma objetiva no caso concreto.

A decisão que não recebe a apelação naturalmente não é recorrível por agravo retido, porque essa espécie de agravo só é julgada no momento do julgamento da apelação, ou para ser mais exato imediatamente após o conhecimento desse

[47] Câmara, *Juizados*, p. 155-156; Figueira Jr., *Manual*, p. 276-277. Contra, pelo cabimento de agravo retido, Theodoro Jr., *Curso*, n. 1.602, p. 479.

recurso pelo Tribunal de segundo grau. Assim, a interposição de agravo retido nesse caso faria com que ambos os recursos "morressem abraçados", jamais chegando ao conhecimento do tribunal.

Os efeitos em que a apelação é recebida é questão que perde toda a sua importância no momento de julgamento desse recurso, porque aí a questão dos efeitos fará parte do passado. Não teria qualquer justificativa lógica ou jurídica exigir da parte que não se conforma com os efeitos de recebimento da apelação a interposição de agravo retido, daí o expresso cabimento do agravo de instrumento.

Nessas duas hipóteses descritas, em verdade, **o agravo retido seria inútil**, faltando à parte interesse recursal, na modalidade adequação. A inaptidão de conseguir reverter a sucumbência suportada pela parte é razão suficiente para elogiar o legislador em excluir tais situações do cabimento do agravo retido. Existe inclusive doutrina que defende o entendimento de que o agravo de instrumento será cabível sempre que o agravo retido se mostrar inútil no caso concreto[48], o que se mostra de forma manifesta na decisão que não recebe a apelação e na decisão que declara os efeitos do recebimento de tal recurso.

A terceira hipótese de cabimento do agravo de instrumento traz sérias complicações no tocante a sua aferição no caso concreto, porque não é possível realizar uma análise objetiva como nas duas hipóteses já enfrentadas. Aliás, pelo contrário, considerando-se que o legislador se valeu de conceito indeterminado, exigindo-se do operador grande trabalho no caso concreto para determinar o que significa "decisão apta a gerar graves danos de difícil reparação". Justamente em razão das incertezas que rondam essa hipótese de cabimento, e visando não onerar em demasia a parte recorrente, o art. 527, II, do CPC prevê que, sendo interposto o agravo de instrumento em situação na qual o Tribunal de segundo grau entenda cabível o agravo retido, não será caso de não conhecimento do recurso, mas de sua **conversão**. Ainda que o dispositivo legal mencionado não faça expressa remissão à hipótese de cabimento do agravo de instrumento ora enfrentada, é correta a conclusão de que seja aplicável nas hipóteses em que as visões do agravante e do órgão jurisdicional divergem a respeito do que seja decisão apta a gerar graves danos de difícil reparação.

É importante frisar que não é propriamente a questão de a decisão gerar lesão grave e de difícil reparação que permitirá o ingresso de agravo de instrumento, mas sim a lesão somada à exigência de interposição de agravo retido. São situações nas quais, seja pelo ponto de vista do recorrente, seja pelo ponto de vista do próprio processo, o agravo de instrumento se faz necessário como forma de evitar que a pleiteada revisão da decisão interlocutória se faça somente no momento de julgamento da apelação. A demora natural no julgamento do agravo retido cria a aptidão da decisão de gerar lesão grave e de difícil reparação[49].

---

[48] Cheim Jorge, *A terceira*, p. 229; Marinoni-Arenhart, *Manual*, n. 3.6.1, p. 548; Lima Freire, *Reforma*, p. 43. *Informativo* 389/STJ, 3.ª T., REsp 1.033.900-MG, rel. Massami Uyeda, 02.04.2009.

[49] Dinamarco, *A reforma*, n. 110, p. 166; Theodoro Jr., *Curso*, n. 551, p. 678.

A doutrina aponta para a existência de duas diferentes espécies de "lesão grave" que legitimam a interposição do agravo de instrumento. A primeira e mais comum diz respeito ao aspecto material da lesão, ou seja, a lesão que a decisão gerará à parte sucumbente fora do processo, no *plano dos fatos*. Uma decisão que indefere um pedido de concessão de medida de urgência – liminar ou tutela antecipada – traz em si mesma uma urgência absolutamente incompatível com o tempo de espera para o julgamento do agravo retido. Nesse tocante, inclusive, é possível até mesmo criar uma regra não escrita no sistema de cabimento de agravo contra decisão interlocutória de primeiro grau: tratando-se de decisão – concessiva ou denegatória – de tutela de urgência, será sempre cabível o recurso de agravo de instrumento[50]. É lamentável constatar que alguns desembargadores ainda não compreenderam tal realidade, convertendo o agravo de instrumento em agravo retido com o argumento de que a urgência mencionada pelo recorrente não se encontra presente no caso concreto. Nesse caso, a urgência é a matéria de mérito do recurso, cabendo ao órgão colegiado ou ao relator monocraticamente, se for o caso (art. 557 do CPC), negar provimento ao recurso, mas nunca convertê-lo em agravo retido.

Por outro lado, a lesão grave pode se manifestar no aspecto processual, ainda que no plano dos fatos não exista no caso concreto perigo de a parte suportar grave lesão. A *lesão processual* fundamenta-se no argumento de que o futuro provimento do agravo retido, caso a parte seja obrigada a interpô-lo, gerará um *grave dano ao processo*, por meio da anulação de parte considerável dos atos processuais praticados após a prolação da decisão interlocutória impugnada[51]. A lesão, nesse caso, afrontaria não tão diretamente o aspecto jurídico-material do agravante, mas o princípio da economia processual, com o dispêndio inútil de esforço e tempo na prática de atos processuais que futuramente serão anulados em razão do efeito expansivo objetivo externo do agravo retido provido.

Dentro dessa concepção de lesão processual, existem determinadas decisões que, ainda que não gerem grave lesão material à parte recorrente, são justificadamente impugnáveis por agravo de instrumento, dentre as quais pode-se lembrar:

(1) decisão da exceção de incompetência;
(2) decisão que exclui litisconsorte da lide;
(3) decisão que não admite terceiro como assistente;
(4) decisão que julga prematuramente a reconvenção ou a ação declaratória incidental.

Interessante notar que a constatação de parcela da doutrina de que existe uma espécie de lesão processual que legitima o ingresso de agravo de instrumento demonstra bem a característica de verdadeira "bomba relógio" do agravo retido. Parece ser correta a afirmação de que a interposição de agravo retido prejudica

---

[50] Araken de Assis, *Manual*, n. 51.3.2, p. 514; Theodoro Jr., *Curso*, n. 551, p. 680; Lima Freire, *Reforma*, p. 45; Nery-Nery, *Código*, p. 875; Marinoni-Mitidiero, *Código*, p. 535; STJ, 4.ª Turma, REsp 748.336/RN, rel. Min. Hélio Quaglia Barbosa, j. 11.09.2007, *DJ* 24.09.2007.

[51] Wambier-Wambier-Medina, *Breves*, p. 255; Didier-Cunha, *Curso*, p. 147-148.

bem menos o procedimento que a de agravo de instrumento, mas o agravo retido só é útil quando não for provido, ou, ainda, quando for interposto contra decisão proferida após a sentença. Não é difícil imaginar o estrago que o agravo retido provido ocasiona ao procedimento, ao anular todos os atos praticados posteriormente à decisão interlocutória impugnada. Basta imaginar um processo no qual a prova pericial foi indeferida, a parte agravou de forma retida e depois de longo lapso temporal, quando o tribunal de segundo grau finalmente enfrenta e julga o recurso, percebe que houve um cerceamento de defesa. Voltam-se os autos ao primeiro grau para a produção da prova pericial, sendo no mínimo a sentença anulada. É realmente concernente com a economia processual tal ocorrência? Em virtude dessa situação, acredito que o relator do agravo de instrumento, ao convertê-lo em agravo retido, faz uma análise sumária do mérito recursal, ainda que de forma implícita, não sendo crível que um desembargador conscientemente converta um agravo de instrumento em agravo retido quando sumariamente entender existirem chances reais de provimento nesse recurso. Seria um desserviço ao princípio da economia processual e à própria qualidade da tutela jurisdicional.

Também não parece ser aplicável a regra de retenção do agravo no *processo de execução* e na fase de *cumprimento de sentença*, considerando-se que nestas a sentença que encerra o procedimento dificilmente será impugnável por apelação, for falta de interesse na interposição desse recurso. Essa decisão somente declara extinto o procedimento, nada decidindo, de forma que a sua recorribilidade por apelação é duvidosa, o que traria enormes dificuldades práticas para o subimento do agravo retido ao tribunal[52].

> Como já analisado nos comentários a respeito do PLNCPC no item 21.8, o projeto propõe uma alteração substancial a respeito do cabimento recursal contra decisão interlocutória de primeiro grau. O agravo retido deixa de existir e o agravo de instrumento passa a ser cabível somente nas hipóteses previstas pelo art. 969. Não sendo recorrível por agravo de instrumento, a decisão interlocutória não preclui, podendo ser impugnada como preliminar de apelação ou contrarrazões. Os comentários a respeito dessa alteração já foram devidamente expostos no item 21.8.

25.2.1.1. *Agravo retido*

O agravo retido tem suma importância no sistema recursal atual, considerando--se que, a partir de 2001 (Lei 10.352/2001), em regra explicitada de maneira mais clara com a Lei 11.187/2005, passou a ser a **regra** contra decisões interlocutórias de primeiro grau de jurisdição. Ainda que não seja a primeira opção das partes,

[52] Dinamarco, *A reforma*, n. 111, p. 167; Gusmão Carneiro, *Recurso*, n. 66, p. 198-199; Theodoro Jr., *Curso*, n. 551, p. 680; Marinoni-Mitidiero, *Código*, p. 535.

porque demora mais que o agravo de instrumento para ser decidido, seu lugar atualmente é de destaque em virtude da opção legislativa de não mais permitir às partes a escolha livre da forma de agravar contra essa espécie de decisão.

25.2.1.1.1. Agravo retido interposto de forma escrita

Na hipótese de interposição de agravo retido na forma escrita, a parte tem o prazo recursal de 10 dias, aplicando-se a essa espécie de recurso as regras de prazo diferenciado previstas no sistema (arts. 188 e 191 do CPC). Aplica-se por analogia o art. 514 do CPC no tocante às exigências formais na elaboração desse recurso. Por expressa previsão legal – art. 522, parágrafo único, do CPC –, o agravo retido não exige o recolhimento de preparo, sendo uma das hipóteses de isenção objetiva de seu recolhimento. A interposição ocorrerá no primeiro grau de jurisdição, perante o próprio órgão prolator da decisão interlocutória recorrida, com autuação nos **próprios autos principais**, onde ficará retido.

25.2.1.1.2. Juízo de retratação e termo inicial de prazo para as contrarrazões

Não cabe ao juízo de primeiro grau a análise de admissibilidade do agravo retido, de competência exclusiva do segundo grau de jurisdição[53], mas o art. 523, § 2.º, do CPC permite a retratação por esse juízo, responsável pela prolação da decisão impugnada, parecendo que nesse caso o juízo de primeiro grau só se retrata tendo antes recebido o recurso, o que exigirá excepcionalmente a análise da admissibilidade recursal[54]. O dispositivo legal prevê a intimação do agravado para manifestação no prazo de dez dias. A **oitiva da parte contrária** justifica-se no princípio do *contraditório*, sendo indispensável porque a retratação se dará por meio de nova decisão, que poderá gerar sucumbência ao agravado. Nada mais natural, portanto, que abrir prazo para a sua manifestação antes da prolação de tal decisão.

Sendo a retratação feita por meio de uma nova decisão interlocutória, caso se verifique a sucumbência da parte beneficiada pelo primeiro julgamento, agora substituído pela nova decisão, caberá a interposição de novo recurso de agravo, que poderá ser na forma retida ou de instrumento. Não existe mais a possibilidade de a parte se aproveitar do recurso de agravo já interposto, sendo imprescindível que, para evitar a preclusão da decisão, a parte agora sucumbente interponha seu próprio recurso de agravo, pela modalidade adequada no caso concreto[55].

Questão interessante que surge no tocante à aplicação desse dispositivo legal diz respeito ao momento adequado para abrir o prazo ao agravado para a apresentação das contrarrazões, que pelo princípio da *isonomia* também terá prazo de 10 dias.

---

[53] Araken de Assis, *Manual*, 52.2., p. 531; Pimentel Souza, *Introdução*, n. 9.14, p. 261-262.

[54] Nery-Nery, *Código*, p. 880.

[55] Barbosa Moreira, *Comentários*, n. 273, p. 500-501; Greco Filho, *Direito*, n. 71, p. 342.

Para parcela da doutrina, a intimação imediata do agravado para a apresentação das contrarrazões somente se justifica na hipótese de o juiz pretender se retratar de sua decisão[56]. Como o juiz é obrigado a ouvir a parte contrária para se retratar, caso deseje fazê-lo, o ideal será ouvi-la o quanto antes, única forma de não se manter no processo decisão com a qual nem mesmo o juiz prolator concorda mais. Nesse entendimento, caso o juiz não pretenda se retratar, não deve ouvir a parte contrária imediatamente, postergando sua intimação para o momento em que o agravante requerer em sua apelação ou contrarrazões o julgamento do agravo retido. A justificativa é que a intimação imediata poderia exigir do agravado a apresentação de contrarrazões a um recurso que nem se sabe ainda se será julgado, com desnecessária perda de tempo e esforço. O princípio da economia processual fundamentaria a conclusão pela postergação da intimação.

Outra corrente doutrinária defende que, independentemente do desejo prévio do juiz de se retratar de sua decisão, deve sempre intimar imediatamente o agravado para a apresentação de contrarrazões[57]. O princípio da isonomia, afinal, determina que as partes tenham o mesmo prazo para recorrer e contra-arrazoar, e a intimação verificada somente ao final do processo, já em fase de interposição da apelação ou contrarrazões, dará ao agravado um prazo muito maior que aquele que teve o agravante, ainda que mantidos os dez dias de sua intimação. Prefere-se esse entendimento doutrinário porque a mera possibilidade de o agravo retido poder ser objeto de desistência tácita não é suficiente para afrontar o princípio da isonomia. Afinal, todos os recursos podem ser objeto de desistência expressa até o encerramento de seus julgamentos, e nem por isso a intimação ocorre somente nesse momento.

25.2.1.1.3. Agravo retido oral

Dispõe o art. 523, § 3.º, do CPC que de decisões interlocutórias proferidas em audiência de instrução e julgamento o agravo na forma retida deve ser interposto obrigatoriamente por via oral, constando as razões do agravante no termo de audiência. A ausência de manifestação imediata da parte interessada em agravar das decisões proferidas em tais audiências gerará a *preclusão temporal*, não sendo permitida qualquer impugnação a respeito da matéria decidida desde que não se trate de matérias de ordem pública, não sujeita a preclusões e que bem por isso permitem a manifestação da parte a qualquer momento do procedimento.

Antes da modificação do art. 523, § 3.º, do CPC pela Lei 11.187/2005 a forma oral de interposição do agravo retido das decisões interlocutórias proferidas em audiência de instrução era uma mera opção das partes. Com a modificação da redação do dispositivo legal indicado, a obrigatoriedade de interposição de forma oral é hoje a regra, ao menos na hipótese de decisões interlocutórias proferidas em audiência de instrução e julgamento, operando-se a preclusão e sendo intempestivo o recurso retido interposto após o final da audiência. Não há espaço diante da

---

56 Parece ser esse o entendimento de Gusmão Carneiro, *Recurso*, n. 79, p. 227-228.

57 Barbosa Moreira, *Comentários*, n. 273, p. 497; Nery-Nery, *Código*, p. 881.

clareza da lei para generalizar a obrigatoriedade de agravo retido oral em relação a todas as audiências, aplicável somente na audiência de instrução e julgamento. Correto o entendimento de que em audiências outras, que não a de instrução em julgamento, tais como a audiência preliminar, de justificação e preliminar do rito sumário, a parte continua a ter a opção de interpor agravo retido oral na própria audiência ou por escrito no prazo de dez dias[58].

Parece ser exagero exigir da parte a interposição absolutamente imediata do recurso de agravo retido após a solução da questão, devendo-se admitir a **interposição até o final da audiência**, ainda que a decisão tenha sido proferida em seu início ou durante a mesma, antes desse termo final[59]. Certa flexibilização se justifica em virtude de não ser muitas vezes nítido o interesse de recorrer de certa decisão até o final da audiência, até mesmo como consequência do andamento da prova colhida oralmente. Nesse tocante se prestigia a economia processual, evitando-se a interposição de recursos que ao final da audiência já perderam todo o sentido. Indeferida a oitiva de uma testemunha, pode ser que as outras ouvidas façam com que a parte perca o interesse em ouvir a testemunha recusada, o que só será conhecido ao final da audiência. Ademais, o ato processual "audiência" é uno, de forma a não se operar a preclusão de atos parciais.

25.2.1.1.4. Tempo de duração do agravo retido

Não há indicação da lei a respeito do tempo que terá o advogado para se manifestar oralmente na interposição do agravo retido em audiência, embora a indicação de que as razões devam ser expostas de forma sucinta indique que o tempo de duração do agravo seja algo razoavelmente curto.

Diante da ausência legal, até que o legislador se dê conta de sua omissão e faça uma indicação expressa do tempo de duração que as partes têm para opor o agravo retido oral, já havia me posicionado em texto anterior pela aplicação por analogia do disposto no art. 454 do CPC, que dispõe a respeito dos *debates orais*, única manifestação oral das partes que tem um tempo de duração expressamente previsto no ordenamento processual[60]. Assim, as partes teriam 20 minutos prorrogáveis por mais 10 minutos para opor o agravo retido, mesmo prazo que terá o agravado para opor as contrarrazões, assunto que será tratado no tópico a seguir.

25.2.1.1.5. A postura do agravado diante da interposição oral do agravo retido

Durante a curta vigência da antiga redação do artigo ora comentado, na qual a interposição oral era uma mera opção da parte, a questão do prazo de contrar-

---

[58] Araken de Assis, *Manual*, n. 52.1.2, p. 525-526; Cheim Jorge, *A terceira*, p. 236. Contra, Didier-Cunha, *Curso*, p. 136; Scarpinella Bueno, *A nova 1*, p. 211.

[59] Scarpinella Bueno, *A nova 1*, p. 213; Lima Freire, *Reforma*, p. 53-54; Didier-Cunha, *Curso*, p. 136. Contra, com gentil citação, Gusmão Carneiro, *Recurso*, n. 76, p. 223.

[60] Neves, *Recentes*, p. 22-23; Araken de Assis, *Manual*, n. 52.1.3, p. 527; Lima Freire, *Reforma*, p. 52.

razões a agravo interposto oralmente em audiência dividia a doutrina. Corrente doutrinária entendia pela exigência de apresentação oral da resposta, na própria audiência, amparando-se nos princípios da celeridade e economia processual, ao permitir a retratação do juiz na própria audiência[61]. Por outro lado, os defensores do entendimento de que o prazo para a resposta deveria ser de dez dias se apoiavam no argumento de que a exigência da imediata apresentação de resposta na própria audiência feriria o princípio do contraditório e da ampla defesa, retirando da parte agravada um prazo garantido por lei[62].

E o que muda com a nova redação do art. 523, § 3.º, do CPC? Mesmo na redação anterior do dispositivo legal, em que a forma de interposição do agravo retido das decisões interlocutórias proferidas em audiência – oral ou escrita – ainda era uma opção do autor, a mera possibilidade de interposição oral já demonstrava que a dicotomia de tratamento diante da possibilidade de retratação era de extrema importância. Sempre pareceu mais consentânea para com o sistema a obrigatoriedade de apresentação de contrarrazões orais sempre que a parte agravante optasse por recorrer na própria audiência. Era preferível ao bom andamento processual certo sacrifício da *isonomia* (o agravado estava condicionado a uma escolha do agravante) e por vezes até do *contraditório* (pego de surpresa pela atitude da parte agravante, que poderia ter sido planejada anteriormente) em prol da *economia* e *celeridade processual*. Mas tais sacrifícios, derivados da aplicação da regra da proporcionalidade, não se justificariam diante da impossibilidade de o juiz, *a priori*, se retratar de sua decisão. Não havia qualquer razão para o juiz exigir as contrarrazões na própria audiência, retirando um prazo previsto expressamente em lei, se com isso nada ganhasse o processo, o que ocorria sempre que o juiz não tivesse qualquer probabilidade de se retratar.

Atualmente, a obrigatoriedade de interposição por via oral do agravo retido na hipótese prevista pelo artigo ora comentado pouco muda nos termos da problemática enfrentada, quando muito corrobora ainda mais os argumentos defendidos pela corrente doutrinária que já entendia necessária a apresentação de contrarrazões orais sempre que o juiz estivesse diante de uma probabilidade de se retratar. Afasta-se, evidentemente, qualquer sacrifício ao princípio da *isonomia* entre as partes, porque o autor deixou de ter a opção de agravar em escrito em 10 dias, de forma que, impelido a agravar imediatamente contra a decisão proferida, não teria sentido afirmar que a mesma obrigatoriedade, se estendida ao réu, seria ofensiva à isonomia. Aliás, pelo contrário. As partes estarão sendo tratadas com *paridade de armas*, exigindo-se de ambas a apresentação de suas razões na própria audiência[63].

Ocorre, entretanto, que nem sempre a interposição de agravo retido por forma oral será obrigatória, porque a regra prevista no art. 523, § 3.º, do CPC

---

[61] Gonçalves Pereira, *Agravo*, p. 53; Wambier, *Os agravos*, p. 168; Orione Neto, *Recursos*, p. 335.

[62] Nery-Nery, *Código*, 7. ed., p. 903; Miranda-Pizzol, *Agravo*, p. 161.

[63] Araken de Assis, *Manual*, n. 52.1.5, p. 529; Cheim Jorge, *A reforma*, p. 236; Theodoro Jr., *Curso*, n. 550-a, p. 677.

tem aplicação limitada à audiência de instrução e julgamento. Proferida decisão interlocutória em audiência de outra espécie, e sendo a opção da parte a forma oral de interposição do agravo retido, exigir as contrarrazões oralmente só se justifica se o juiz pretender se retratar. Caso entenda correta a decisão, mesmo depois da interposição do recurso, o mais adequado é conceder ao agravado o prazo de 10 dias para apresentar as contrarrazões por escrito, não havendo nulidade, entretanto, na apresentação oral caso assim aceite fazê-lo.

25.2.1.1.6. A conversão do agravo de instrumento em retido

Na redação anterior do art. 523, § 3.º, do CPC, em que a interposição do agravo contra decisão interlocutória de forma oral era uma mera opção das partes, não era correto – ainda que desejado – sustentar que a parte agravante não teria, também nesse caso, 10 dias para ingressar com seu recurso. Diante disso, era absolutamente correto afirmar que, em qualquer situação o agravo, sendo retido ou de instrumento, tinha um prazo de 10 dias. Essa realidade não mais persiste com a redação atual do dispositivo legal ora comentado, que estabeleceu a obrigatoriedade de interposição do agravo retido por meio oral das decisões interlocutórias proferidas em audiência de instrução e julgamento.

Interposto o recurso de agravo de instrumento de decisão proferida em audiência de instrução e julgamento, e entendendo o relator não ser hipótese de manter o recurso em sua forma originária, em virtude de não verificar qualquer dano irreparável ou de difícil reparação com a retenção, como deverá proceder? A resposta simplista a tal questionamento seria a aplicação *in continenti* do disposto no art. 527, II, do CPC, determinando-se a **conversão em agravo retido**, por decisão monocrática irrecorrível, e a consequente remessa dos autos ao primeiro grau para que o recurso seja apensado aos autos principais. Mas nesse caso específico será legítimo perguntar: se a decisão recorrida era impugnável por agravo retido (que deve ser interposto em audiência), não teria ocorrido intempestividade em sua propositura sob a modalidade escrita após 10 dias do encerramento da audiência?

A discussão é interessante porque envolve a ordem de apreciação dos requisitos de admissibilidade do recurso de agravo de instrumento. O cabimento será sempre o primeiro e, dependendo do caso, o único requisito a ser analisado pelo relator do recurso? Seria crível converter um agravo de instrumento em retido no caso de o relator perceber a ocorrência de manifesta intempestividade, clara deserção, ou a ausência de qualquer outro requisito de admissibilidade que não diga respeito à dicotomia entre agravo de instrumento e retido? O próprio art. 527 do CPC parece responder a tais questionamentos ao estabelecer, na ordem de seus incisos, a possibilidade de o relator negar conhecimento ou até mesmo provimento ao recurso nas hipóteses previstas pelo art. 557 do CPC (inciso I), antes da possibilidade de conversão do agravo de instrumento em retido (inciso II).

Essa constatação, entretanto, não resolve a questão posta, porque o problema de tempestividade não se apresentará *a priori*, considerando-se que, uma vez respeitado o prazo de dez dias (art. 522 do CPC), o agravo de instrumento (sendo essa a sua forma original de interposição) será tempestivo, e, se algum vício de intempestividade puder ser alegado, isso somente ocorrerá após a conversão do recurso em agravo retido. Seria possível afirmar que tal recurso, no momento próprio, possa não ser conhecido sob o argumento de que a não interposição em audiência gerou a preclusão temporal, sendo o agravo, portanto, intempestivo[64]?

Duas ponderações devem ser feitas antes de a resposta à questão acima ser dada. De um lado, não será justo com o recorrente o entendimento de que o seu recurso é intempestivo, porque, ao ingressar com o mesmo, optando pela forma de instrumento – ainda que de forma inadequada à luz do entendimento do juiz relator –, o ordenamento processual lhe garantia o prazo de dez dias. Como o que se presume é a boa-fé, até que se prove o contrário, deve-se entender que a parte agravante acreditava que a retenção pudesse de fato lhe causar um dano irreparável ou de difícil reparação e por consequência interpôs o agravo na sua forma de instrumento. A norma aberta, com requisitos revestidos de grande dose de subjetividade para o cabimento do agravo de instrumento, corrobora com a presunção de boa-fé do recorrente, que não poderia ser prejudicado com a conversão e o subsequente não conhecimento de seu recurso em razão da intempestividade, o que afrontaria de maneira bastante clara o princípio da ampla defesa.

Reconheço que esse entendimento pode trazer um grande prejuízo para os objetivos traçados pelo legislador em termos de tornar a recorribilidade das decisões interlocutórias proferidas em audiência de instrução e julgamento obrigatoriamente oral, em especial para aqueles advogados com pouca ou nenhuma familiaridade com o procedimento oral. Sabendo de antemão que se não interpuser o recurso oralmente, ainda poderá fazê-lo por via escrita em 10 dias por meio de agravo de instrumento (que será convertido em retido), o patrono poderá não se animar a ingressar com o agravo retido, frustrando assim a expectativa do legislador. Será inclusive causa de piora do sistema, considerando-se que, à luz da antiga redação do art. 523, § 3.º, do CPC, havendo a opção entre a forma escrita e oral de interposição do agravo retido nesses casos, seria plenamente possível a interposição em dez dias do próprio agravo retido, reconhecidamente menos nefasto ao bom andamento do processo que o agravo de instrumento. Hoje em dia tal opção não existe mais, e, se o patrono se calar na audiência, a única forma de evitar a preclusão das questões decididas será, ainda que não totalmente convicto de ser essa a forma adequada de impugnação, ingressar com o agravo de instrumento.

A situação descrita não favorecerá tão somente aqueles que temem falar em audiência, mas qualquer patrono que inadvertidamente não tenha recorrido de forma oral em audiência de instrução e julgamento contra decisão interlocutória. O prazo preclusivo da audiência, portanto, com a possibilidade de ingresso do agravo de instrumento em dez dias de forma escrita, mesmo que já se antevendo a conversão em agravo retido, se torna prazo "para inglês ver", podendo ser contornado na prática forense em virtude do disposto no art. 527, II, do CPC. Diante dessa

---

[64] Tem esse entendimento Araken de Assis, *Manual*, n. 52.1.4, p. 528.

situação, seria possível evitar tal "manobra" da parte que não pretende agravar oralmente ou simplesmente perde o prazo para tanto?

É evidente que situações extremas, em que reste **manifesta a má-fé** da parte agravante e ancorando-se na *lealdade processual* e *boa-fé*, seria em princípio até possível deixar de conhecer o agravo convertido em retido por intempestivo como forma de não proteger a indesejável "chicana processual".

A possibilidade de não conhecer o agravo retido interposto como de instrumento contra decisão proferida na audiência de instrução e julgamento quando percebida a má-fé da parte agravante tem, entretanto, um sério obstáculo. Interpretando-se a nova redação do art. 522, *caput*, do CPC, o agravo de instrumento somente seria cabível de decisões suscetíveis de causar à parte lesão grave e de difícil reparação, requisito que evidentemente carrega grande carga de subjetividade, sendo extremamente difícil no caso concreto determinar com certeza a existência de má-fé da parte agravante. Como será possível afirmar, peremptoriamente, que a parte recorrente sabia desde o momento em que interpôs o recurso que não havia a presença do requisito e que a propositura do agravo de instrumento era somente uma manobra para driblar a preclusão gerada por sua omissão na audiência de instrução? Insista-se que, como a boa-fé se presume, e não o contrário; somente a prova robusta a evidenciar tal manobra poderá gerar o não conhecimento do recurso, o que se mostrará extremamente difícil no caso concreto. E o problema se intensifica se for levada em conta a cultura do advogado brasileiro em agravar de instrumento e não de forma retida.

A visão mais correta, portanto, fundando-se no princípio consagrado no mundo jurídico de que a boa-fé se presume e não o contrário, será conhecer o agravo retido convertido nas circunstâncias já expostas, o que criará um "contorno legal" para a obrigatoriedade de interposição de agravo oral em audiência de instrução e julgamento. O receio é de que, com a justificativa de evitar manobras eivadas de má-fé, os Tribunais passem a deixar de conhecer o agravo retido por intempestivo, jogando na vala comum as partes que sinceramente acreditavam no cabimento do agravo sob a sua forma de instrumento daqueles que somente agravaram dessa forma porque foi perdido o novo prazo legal estabelecido pela atual redação do art. 523, § 3.º, do CPC. Para coibir a má-fé estar-se-ia atingindo a todos indistintamente, incluindo-se as partes que atuaram com boa-fé.

De qualquer forma, é sempre interessante estar atento à jurisprudência do Tribunal local e, em especial, do Superior Tribunal de Justiça, que pode consolidar entendimento no sentido da conversão do agravo de instrumento em agravo retido para a decisão de determinadas matérias. O Superior Tribunal de Justiça, por exemplo, tem entendimento no sentido de que não se justifica o cabimento de agravo de instrumento contra decisão que afasta a alegação de carência da ação, sendo típica hipótese de retenção[65].

A posição do Superior Tribunal de Justiça nesse tocante é criticável, somente se justificando se adotada a teoria da asserção ou se feito pelo relator um julga-

[65] *Informativo* 400/STJ: 3.a Turma, AgRg na Pet. 7.267/SP, rel. Min. Nancy Andrighi, j. 06.08.2009.

mento prévio e tácito que demonstre de forma cabal a presença das condições da ação. Seria clara e inadmissível afronta ao princípio da economia processual converter o agravo de instrumento em retido na hipótese de a rejeição da alegação de carência de ação ser fundada, porque a extinção imediata do processo com o acolhimento do recurso interposto evitará a prática de atos processuais inúteis.

25.2.1.1.7. Pedido de julgamento na apelação ou contrarrazões

Segundo a previsão do art. 523, § 1.º, do CPC, o agravante – sendo vedado o pedido a outros sujeitos processuais que não o agravante[66] – deve requerer expressamente e de forma preliminar em sua apelação ou contrarrazões – do recurso principal ou adesivo – o julgamento do agravo retido, sob pena de o recurso perder o objeto, em hipótese de **desistência tácita**[67]. Esse pedido não reabre a oportunidade ao agravante para reforçar, melhorar, ou ampliar suas razões recursais, uma vez que estão protegidas pela *preclusão consumativa* desde o momento de interposição do recurso.

Trata-se de simples pedido de julgamento que, segundo a melhor doutrina, pode inclusive ser implícito, sempre que for possível das alegações contidas na apelação ou nas contrarrazões, se notar a vontade do agravante de ver seu recurso julgado pelo Tribunal, já que demonstrou continuar inconformado com a decisão interlocutória impugnada[68]. Registre-se o momento preclusivo desse pedido, entendendo o Superior Tribunal de Justiça pela inviabilidade de o pedido ser feito posteriormente à interposição da apelação ou contrarrazões[69].

A exigência tem a sua razão de ser, considerando-se o caráter tático do agravo retido. O agravante interpõe tal recurso com o mero propósito, ao menos no momento da interposição, de evitar a preclusão da decisão interlocutória impugnada. Conforme o andamento procedimental, pode o agravante não ter mais interesse depois da sentença de ver o seu recurso ser julgado, daí a exigência de confirmar tal interesse em sede de apelação ou contrarrazões. Uma decisão que parecia no passado ser prejudicial ao agravado pode se mostrar de pouca ou nenhuma importância dependendo do desenvolvimento procedimental e, em especial, da sentença proferida.

Essa regra, entretanto, tem suas exceções, hipóteses nas quais mesmo sem um expresso pedido do agravante em sua apelação ou contrarrazões ainda estará o tribunal de segundo grau obrigado a julgar o recurso, não ocorrendo a desistência tácita.

A mais óbvia exceção diz respeito à decisão interlocutória proferida após o ingresso da apelação ou das contrarrazões, o que tornará humanamente impossível

---

[66] Barbosa Moreira, *Comentários*, n. 274, p. 502; Wambier, *Os agravos*, 4.2.2, p. 266.

[67] Barbosa Moreira, *Comentários*, n. 274, p. 503.

[68] Barbosa Moreira, *Comentários*, n. 274, p. 502. Contra, Araken de Assis, *Manual*, n. 54.1, p. 540.

[69] STJ, REsp 828.661/RS, 2.ª Turma, rel. Min. João Otávio de Noronha, j. 28.08.2007; *DJ* 13.09.2007, p. 186.

ao agravante formular seu pedido de julgamento de agravo retido em peças já protocoladas em juízo. Interessante notar que, nesse caso, a justificativa da exigência legal deixa de existir, considerando-se que, se a parte agravou da decisão sabendo que o processo já se encontra a caminho do tribunal de segundo grau, obviamente pretende o julgamento do agravo retido. É justificável, portanto, a quebra da regra estabelecida pelo art. 523, § 1.º, do CPC.

Outras duas exceções se verificam em demandas que envolvam a *Fazenda Pública* em juízo.

A primeira diz respeito ao ingresso de agravo retido pela Fazenda Pública em demanda que reste vencida e não interponha o recurso de apelação, sendo caso de **reexame necessário** (art. 475 do CPC). Nesse caso, a devolução ao tribunal determinada pelo reexame necessário também englobará o agravo retido da Fazenda Pública, que será julgado normalmente pelo Tribunal.

A segunda exceção diz respeito a processo no qual o particular ingressa com agravo retido e se sagra vitorioso na demanda, não tendo, portanto, interesse recursal em apelar da sentença. Caso a Fazenda Pública ingresse com a apelação, aplica-se o art. 523, § 1.º, do CPC, exigindo-se do particular o pedido expresso para julgamento de seu agravo retido em sede de contrarrazões. Por outro lado, caso a Fazenda Pública não apresente apelação, mas o processo siga o tribunal de segundo grau em razão do reexame necessário, o particular não terá oportunidade de ingressar com apelação (falta interesse em recorrer) tampouco com contrarrazões (o reexame necessário não tem contraditório). Nesse caso, existe doutrina majoritária que entende que o tribunal deve julgar o agravo retido[70]. Entendendo que as coisas não são bem assim, porque, embora o particular não tenha o veículo descrito pelo art. 523, § 1.º, do CPC, ainda deve demonstrar que continua interessado no julgamento do agravo retido. Excepcionalmente, o particular poderá ingressar com mera petição requerendo o julgamento de tal recurso, sem o que ocorrerá a desistência tácita.

25.2.1.1.8. Julgamento do agravo retido no tribunal

Não tendo sido o agravo retido objeto de desistência tácita, cumprirá ao tribunal julgá-lo preliminarmente à apelação, conforme consagrado pelo art. 523, *caput*, do CPC. Ocorre, porém, que é tranquilo na doutrina o entendimento de que o agravo retido "pega uma carona" com a apelação para chegar ao tribunal de segundo grau, valendo a regra de que, se o "veículo" não chega ao seu destino, naturalmente o "caroneiro" também não chegará. Isso para afirmar que, não sendo a apelação conhecida, o agravo retido não será objeto de julgamento pelo tribunal, restando **prejudicado**[71].

Dessa forma, ocorre no julgamento do agravo retido e da apelação uma situação *sui generis*, por meio da qual o juízo de admissibilidade e o juízo de

[70] Barbosa Moreira, *Comentários*, n. 274, p. 501; Araken de Assis, *Manual*, n. 54.1, p. 540.
[71] Barbosa Moreira, *Comentários*, n. 274, p. 504; Greco Filho, *Direito*, n. 71, p. 342.

mérito de um recurso (apelação) são separados pelo julgamento de outro recurso (agravo retido). Primeiro enfrenta-se a questão da admissibilidade da apelação; sendo negativo tal juízo, a apelação não será conhecida e o agravo retido perderá o objeto; sendo positivo, o tribunal passará ao julgamento do agravo retido. Primeiro se faz a análise da admissibilidade do agravo retido; sendo negativo, passa-se ao julgamento de mérito da apelação; sendo positivo, julga-se o mérito do agravo retido e, dependendo do resultado, caso a apelação não tenha perdido seu objeto em razão da anulação da sentença em razão do efeito expansivo subjetivo externo gerado pelo provimento do agravo retido, passa-se finalmente ao julgamento de mérito da apelação.

Interessante questão diz respeito ao interesse do vencedor em pedir o julgamento de agravo retido interposto contra a decisão proferida anteriormente à sentença. O eventual provimento do agravo retido levaria à anulação da sentença (*efeito expansivo objetivo externo*), o que aparentemente não interessa ao agravante, considerando-se que a sentença o favorece. A vitória do agravante, entretanto, é provisória, porque, com a interposição da apelação pela parte contrária, a sentença pode ser reformada no tribunal de segundo grau. É natural que, não sendo provida a apelação, faltará interesse ao agravante em ver seu agravo retido julgado, mas, na hipótese de provimento, o interesse recursal será manifesto.

Nessa hipótese, defendo a existência de um **interesse recursal** (no julgamento do agravo retido) **condicionado** (ao resultado do julgamento da apelação). Caberá ao agravante em contrarrazões requerer o julgamento de seu agravo retido somente na hipótese de provimento da apelação da parte contrária, o que inverterá a tradicional ordem de julgamento desses recursos, passando-se primeiro ao julgamento de mérito da apelação, para depois, dependendo do resultado dessa decisão, julgar-se o agravo retido[72].

25.2.1.2. *Agravo de instrumento*

25.2.1.2.1. Instrução do agravo de instrumento – peças processuais

O nome "agravo de instrumento" indica que a peça do recurso deve ser acompanhada de um instrumento, que será formado em regra por cópias de peças já constantes dos autos principais. Afirma-se que serão em regra peças já existentes no processo porque também é permitido ao agravante instruir o seu recurso com documentos que ainda não fazem parte dos autos principais. Tal faculdade é expressamente concedida ao agravado pelo art. 527, V, do CPC, ao permitir a juntada de **"documentos novos"**, devendo existir a mesma faculdade ao agravante, em aplicação do princípio da *isonomia processual*[73]. É certa a raridade

[72] Nery-Nery, *Código*, p. 881; Neves, *Interesse*, p. 42-43.

[73] Gusmão Carneiro, *Recurso*, n. 95, p. 254-255; Pimentel Souza, *Introdução*, n. 9.13, p. 258. Barbosa Moreira, *Comentários*, n. 275, p. 507, e Araken de Assis, *Manual*, n. 51.1.2, p. 510, entendem cabível a juntada de documentos nos termos do art. 397, CPC.

de tal ocorrência, não havendo muito sentido no fato de o agravante deixar para juntar documento somente com a interposição do agravo, mas de qualquer forma a faculdade deve lhe ser concedida.

A indispensável instrução do agravo de instrumento leva em consideração o fato de esse recurso ser distribuído diretamente no tribunal competente para o seu julgamento, permanecendo os autos principais no primeiro grau de jurisdição. O agravo de instrumento formará **novos autos**, não tendo os desembargadores do tribunal de segundo grau acesso aos autos principais no julgamento do recurso. Em razão disso, torna-se necessária a formação de um instrumento que acompanhe o recurso.

O tema das peças que instruirão o agravo de instrumento encontra-se previsto no art. 525 do CPC, sendo que o primeiro inciso indica as *peças obrigatórias* e o segundo, as *peças facultativas*. A doutrina e jurisprudência criaram uma terceira espécie de peça, chamadas de "*peças essenciais*", que são peças indispensáveis para a exata compreensão pelo tribunal da questão colocada à sua apreciação.

As cópias das peças que instruirão o recurso, independentemente de sua natureza, **dispensam a autenticação**, cabendo ao advogado declarar tal autenticidade, o que naturalmente não exige do patrono a declaração individualizada de cada peça juntada, bastando uma declaração genérica no próprio corpo do agravo. Se já havia pouca resistência a esse entendimento, atualmente a aplicação do art. 365, IV, do CPC torna indiscutível a questão. Registre-se que, segundo esse dispositivo legal, o advogado responderá penal, civil e administrativamente (perante o órgão de classe) pela juntada de uma peça não autêntica. Ainda que a declaração genérica venha sendo exigida em alguns julgados do Superior Tribunal de Justiça[74], entendo, em consonância com outros julgados do mesmo tribunal[75], que tal requisito formal é absolutamente dispensável, porque não é a declaração que torna as peças autênticas ou mesmo que possibilita a aplicação das consequências previstas em lei. A responsabilidade do advogado existe com a simples juntada de peça não autêntica, o que já é suficiente para a dispensa da exigência legal. Por cautela, entretanto, em razão da instável realidade jurisprudencial e por não exigir grande esforço do patrono, o mais seguro é fazer tal declaração[76].

Também é jurisprudencial o entendimento que exige do agravante que todas as peças acompanhem a peça das razões recursais, aplicando-se a regra da *preclusão consumativa* para proibir a juntada posterior[77], nem mesmo quando apresentadas dentro do prazo previsto pela lei para o recurso. Afirma-se, sempre com amparo na preclusão consumativa, que o prazo legal é o prazo máximo de interposição do recurso, e, sempre que se recorra antes dele, o prazo no caso concreto se

---

74 STJ, 6.ª Turma, AgRg no Ag, rel. Hamilton Carvalhido, j. 17.02.2004, *DJ* 22.03.2004.

75 STJ, 4.ª Turma, REsp 698.421/GO, rel. Min. Aldir Passarinho Jr., j. 12.12.06, *DJ* 05.03.2007.

76 Indicando a divergência no próprio STJ, 2.ª Turma, REsp 892.174/SP, rel. Min. Eliana Calmon, j. 17.04.2007, *DJ* 30.04.2007.

77 Na doutrina, Araken de Assis, *Manual*, n. 51.1.2, p. 507-508; Wambier, *Os agravos*, p. 281. Na jurisprudência: STJ, Corte Especial, rel. Min. João Otávio de Noronha, j. 07.06.2006, *DJ* 1.º.08.2006.

extinguirá no momento da interposição do recurso. Nesse tocante, o princípio da *instrumentalidade das formas* deveria ser aplicado, permitindo-se que, uma vez intimado da falha processual, o agravante pudesse sanar o vício e juntar extemporaneamente as peças, em especial na hipótese de "peças essenciais", porque aquilo que parece essencial ao tribunal pode não ter assim parecido ao agravante.

Em correto entendimento o Superior Tribunal de Justiça dispensa o envio das peças por fax quando o agravante se vale dessa forma de interposição[78]. Do mesmo tribunal é o entendimento de que vícios no traslado do recurso devem ser alegados pelo recorrido até o vencimento de seu prazo de contrarrazões[79].

25.2.1.2.1.1. Peças obrigatórias

Prevê o art. 525, I, do CPC que as peças obrigatórias são:

(i) cópia da decisão recorrida, cuja função é permitir a análise do cabimento recursal e possibilitar ao tribunal conhecer as razões da decisão, condição indispensável para decidir se o agravante tem ou não razão em sua irresignação;

(ii) cópia da certidão de intimação da decisão recorrida, a fim de permitir a análise da tempestividade recursal;

(iii) cópia da procuração do agravante; e

(iv) cópia da procuração do agravado, ambas referentes à regularidade da representação das partes;

(v) comprovante de recolhimento do preparo recursal e do porte de remessa e de retorno.

É óbvio que as peças obrigatórias só se tornam obrigatórias se existirem no caso concreto, porque não se pode obrigar a juntada de peças que não compõem os autos principais no momento de interposição do recurso[80]. Assim, se uma das partes é a Fazenda Pública ou o Ministério Público, não há que falar na juntada de sua procuração, que não existe, bem como na hipótese de indeferimento liminar de pedido de tutela de urgência, quando o réu ainda não terá sido citado e inexistente naquele momento a sua procuração.

No tocante à exigência legal referente à cópia da certidão de intimação da decisão recorrida, observa-se saudável aplicação do princípio da *instrumentalidade das formas*. A ausência de cópia da certidão da intimação não gera o não conhecimento do recurso se for possível por outra maneira provar a tempestividade recursal, em especial se entre a data da publicação da decisão e a da interposição do recurso não tiverem decorrido 10 dias[81]. Lamentável, para dizer o mínimo,

---

[78] *Informativo* 356/STJ, Corte Especial, REsp 901.556-SP, rel. Nancy Andrighi, j. 21.05.2008.

[79] *Informativo* 469/STJ: 4.ª Turma, EDcl no AgRg no Ag 1.337.746/RJ, rel. Min. João Otávio de Noronha, j. 14.04.2011.

[80] Marinoni-Arenhart, *Manual*, n. 3.6.4, p. 552.

[81] Na doutrina, Araken de Assis, *Manual*, n. 51.1.2, p. 509; Pimentel Souza, *Introdução*, p. 400-401. *Informativo* 483/STJ: 2.ª Turma, REsp 1.278.731/DF, rel. Min. Humberto Martins, j. 15.09.2011. STJ, 1.ª Turma,REsp

a existência de decisões do Superior Tribunal de Justiça que não conhecem de agravos com a alegação de que o carimbo não se encontra legível[82], ato totalmente alheio à vontade do recorrente, já que imputável exclusivamente a falha na prestação de serviço de órgão jurisdicional. Por outro lado, elogiável a admissão de cópias obtidas no endereço eletrônico do tribunal[83].

As procurações também poderão ser dispensadas na hipótese de outra peça demonstrar a regular representação de agravado e agravante, havendo decisão do Superior Tribunal de Justiça que afirma bastar a juntada de procuração que, à época da interposição do agravo, era eficaz em comprovar que o agravante tinha poderes para recorrer[84]. Esse entendimento, entretanto, foi infelizmente superado pela Corte Especial em julgado recente, prevalecendo a tese de que a regularidade formal do recurso depende da juntada de toda a cadeia de procurações e substabelecimentos[85].

A consequência processual da ausência de peça obrigatória na instrução do agravo é gravíssima: **não conhecimento do recurso** por falta de pressuposto de admissibilidade, qual seja a regularidade formal.

> A única novidade do PLNCPC no tocante às peças obrigatórias que devem instruir o agravo de instrumento será bem-vinda se interpretada conforme entendimento do Superior Tribunal da Justiça que dispensa a cópia da certidão de intimação quando for possível se provar por outro meio a tempestividade do recurso. No art. 971, I, é previsto como peça necessária a certidão da publicação da intimação da decisão impugnada – como já previsto atualmente no art. 525, I, do CPC – ou outro documento oficial que comprove a tempestividade. Entendo que esse outro documento pode ser a cópia da própria decisão, que, tendo sido proferida a menos de 15 dias (novo prazo do agravo de instrumento), demonstrará a tempestividade.
>
> A grande novidade do dispositivo legal, manifestamente positiva, vem prevista no § 3.º, ao dispor que a ausência de peças obrigatórias não gera a inadmissão do recurso, devendo ser o agravante intimado a sanear o vício no prazo de cinco dias.

25.2.1.2.1.2. Peças facultativas

Segundo o art. 525, II, do CPC, as peças facultativas são todas aquelas que o agravante entender úteis ao acolhimento de sua pretensão recursal. Naturalmente

859.573/PR, rel. Min. Luiz Fux, j. 16.10.2007, *DJ* 19.11.2007; STJ, 2.ª Turma, REsp 162.599/SP, rel. Min. Castro Meira, j. 19.10.2004, *DJ* 21.02.2005. *Informativo* 315/STJ, 4.ª T., REsp 705.832-SP, rel. Hélio Quaglia Barbosa, j. 27.03.2007.

82 STJ, 1.ª Turma, AgRg no Ag 705.316/SP, rel. Min. José Delgado, j. 15.12.2005, *DJ* 20.02.2006; STJ, 5.ª Turma, AgRg no Ag 558.679/MS, rel. Arnaldo Esteves Lima, j. 14.12.2004, *DJ* 21.02.2005.

83 *Informativo* 373/STJ, 3.ª T., REsp 1.073.015-RS, rel. Nancy Andrighi, j. 21.10.2008.

84 *Informativo* 382/STJ, 3.ª T., REsp 1.056.295-RJ, rel. Nancy Andrighi, j. 05.02.2009.

85 Informativo 424/STJ, Corte Especial, EREsp 1.056.295-RJ, rel. Min. Eliana Calmon, j. 25.02.2010.

dependerá do caso concreto e da tática procedimental adotada pelo patrono do agravante a determinação de quais serão no caso concreto tais peças. A permissão legal é ampla, permitindo-se a juntada de todas as peças que de alguma forma auxiliem o agravante a convencer os desembargadores de suas argumentações recursais. São peças, portanto, que de alguma forma auxiliam o agravante em seu intento de obter o provimento do agravo.

A ausência de juntada dessa espécie de peça não gera consequências tão drásticas como no caso das peças obrigatórias, entendendo-se que a melhora que o agravante poderia obter com a juntada não se verificará no caso concreto. Acredito que, ainda assim, e não constituído qualquer vício formal do recurso, é perfeitamente possível ao agravante conseguir o provimento do recurso mesmo sem a juntada dessas peças. Certamente será mais fácil sua vitória se o tribunal tiver acesso a elas, porque o dispositivo legal menciona que as peças facultativas são **peças úteis**. Ocorre, entretanto, que, mesmo sem acesso às informações contidas nessas peças, poderá o agravante se sagrar vitorioso, ainda que com maior sacrifício e esforço.

25.2.1.2.1.3. Peças essenciais

Entre as peças facultativas, existem aquelas que não são somente úteis à pretensão do agravante, mas constituem pressuposto indispensável para que o tribunal consiga entender a questão que deverá enfrentar no julgamento do recurso. Deve-se recordar que os desembargadores não têm acesso aos autos principais durante o julgamento do agravo de instrumento, de forma que, dependendo do caso concreto, determinadas peças, apesar de não serem obrigatórias em razão de expressa previsão legal, se prestam a dotar o tribunal do **conhecimento mínimo** a respeito do que estarão julgando no agravo. Sem a juntada de tais peças, o tribunal simplesmente não reunirá condições mínimas de entender a questão que lhe foi colocada à apreciação, ou não terá informações mínimas suficientes para analisar o pedido do agravante.

É interessante notar, como muitos operadores acreditam, que a petição inicial é uma peça obrigatória, porque dificilmente um agravo de instrumento deixará de ser instruído por essa peça. Afinal, é na petição inicial que se descobre o objeto da demanda. Ocorre, entretanto, que a lei não a prevê como obrigatória, mas não resta dúvida de que a frequência com que instrui agravos de instrumentos é justificada, por ser em regra **essencial à compreensão** da questão abordada no recurso.

Edison, representado pelo melhor escritório da cidade, ingressa com demanda judicial de revisão contratual de um contrato de *leasing* de um Audi A8, e na petição inicial pleiteia liminarmente a concessão dos benefícios da assistência judiciária. O pedido é indeferido pelo juiz em razão das mostras de riqueza contidas na petição inicial. Edison, inconformado, ingressa com agravo de instrumento, no qual cumpre todas as exigências do art. 525, I, do CPC. Como peças facultativas junta a petição inicial e cópia do contrato, deixando, entretanto, de juntar a cópia da declaração de pobreza. Essa peça, no caso concreto, é essencial para que o tribunal enfrente o mérito recursal, de forma que a sua ausência gerará o não conhecimento do agravo de instrumento.

O Superior Tribunal de Justiça pacificou o entendimento de que a ausência dessa espécie de peça gera o **não conhecimento** do agravo de instrumento, por sua *inadmissibilidade*[86], afirmando que a sua ausência torna o recurso inepto. A jurisprudência entende que o efeito da ausência de uma peça obrigatória prevista em lei é o mesmo de uma peça essencial à compreensão do recurso.

Ainda que se admita a coerência do entendimento, penso se tratar de admissibilidades diferentes. Na hipótese de ausência de peça obrigatória, o tribunal não chega nem ao menos a analisar as razões recursais, sendo permitido ao próprio relator, monocraticamente, negar conhecimento ao recurso por ser manifestamente inadmissível. Esse controle, inclusive, pode ser feito pelo cartório judicial, como efetivamente ocorre no caso concreto, sob a supervisão do relator, legitimado a proferir a decisão monocrática.

Entendo que na hipótese de ausência de peça essencial as coisas não devem proceder dessa maneira. Primeiro porque o tribunal, ainda que somente por meio do relator, obrigatoriamente analisará as razões recursais para concluir pela ausência de peça essencial. Por outro lado, o tribunal pode perfeitamente sair de seu estado de incerteza e incompreensão com o acréscimo aos autos das contrarrazões do agravado (ainda que de forma inadvertida junta a peça essencial faltante), das informações prestadas pelo juízo de primeiro grau, e, eventualmente, da manifestação do Ministério Público, nos processos em que funcionar como fiscal da lei. Assim, ainda que se possa admitir a inépcia do agravo de instrumento, trata-se de vício que poderá ser convalidado pelos outros sujeitos processuais que participam do recurso. Ainda que a ausência de *peça essencial* leve ao não conhecimento do recurso, entendo que essa decisão nunca deverá ser proferida liminarmente (art. 527, I, do CPC), cabendo ao relator sempre dar andamento ao agravo até que o mesmo esteja preparado para julgamento.

Por fim, é importante ressaltar que a análise de quais são as *peças obrigatórias* é feita de maneira objetiva, bastando conhecer o art. 525, I, do CPC. O mesmo, entretanto, não ocorre com as *peças essenciais*, porque a depender do caso concreto não é incorreto concluir que, ao menos em determinadas situações, a definição do que seja essencial exige uma análise subjetiva. Nesses casos, o tribunal pode entender como essencial alguma peça que não parece ter tal característica para o agravante, e deixar de conhecer o recurso é medida extremamente injusta e traiçoeira. Seria o caso, portanto, de abrir prazo ao

---

[86] Na doutrina, Araken de Assis, *Manual*, n. 51.1.2, p. 509-510. Na jurisprudência: STJ, Corte Especial, EREsp 471.930/SP, rel. Min. Francisco Falcão, j. 07.02.2007, *DJ* 16.04.2007; STJ, Corte Especial, AgRg nos EREsp 638.146/DF, rel. Min. Carlos Alberto Menezes de Direito, j. 16.03.2005, *DJ* 18.04.2005.

agravante para juntar a peça faltante[87], não sendo esse, entretanto, e infelizmente, o pacificado entendimento jurisprudencial atual.

25.2.1.2.2. Informação da interposição do agravo perante o primeiro grau

Estabelece o art. 526, *caput*, do CPC que o agravante deverá informar a interposição do agravo de instrumento perante o primeiro grau no prazo de três dias. Para tanto, deve juntar aos autos principais uma cópia da petição do recurso devidamente protocolada e indicar o rol de documentos que instruíram o recurso. É desnecessário juntar cópias de tais documentos, considerando-se que eles já estarão nos autos principais, mas, na excepcional hipótese de juntada de documento novo com o agravo de instrumento, é imprescindível a juntada de cópia no primeiro grau[88]. O Superior Tribunal de Justiça, entretanto, já decidiu que a não juntada aos autos de tais documentos não leva à inadmissão do recurso[89].

Existe divergência no Superior Tribunal de Justiça a respeito do termo inicial da contagem desse prazo; enquanto a 1.ª Turma vem decidindo que o prazo começa a contar da publicação do despacho que recebeu e mandou processar referido recurso[90], as 2.ª, 4.ª e 5.ª Turmas entendem que o termo inicial é a data do protocolo do agravo de instrumento na instância *ad quem*[91]. O segundo entendimento deve ser prestigiado, considerando-se praticado o ato de recorrer com o mero protocolo do recurso, e não do despacho que o recebeu.

Já houve muita divergência a respeito de ser um *ônus* ou mera *faculdade* do agravante tal informação, com posição ambígua inclusive do Superior Tribunal de Justiça. Atualmente, a questão encontra-se pacificada em razão da expressa previsão legal do art. 526, parágrafo único, do CPC: "O não cumprimento do dispositivo neste artigo, desde que arguido e provado pelo agravado, importa inadmissibilidade do agravo". Trata-se, portanto, de um *ônus imperfeito*, só gerando a situação de desvantagem ao agravante no caso concreto na hipótese de alegação e comprovação da não informação no prazo legal pelo agravado.

A exigência de alegação pelo agravado cria um peculiar pressuposto de admissibilidade dependente de manifestação da parte, porque em regra tal matéria é de ordem pública, permitindo ao órgão jurisdicional a sua análise independentemente de provocação[92]. A informação do descumprimento da exigência legal está irremediavelmente atrelada à **expressa manifestação do agravado**, sendo que ainda

87 Barbosa Moreira, *Comentários*, n. 275, p. 507; Pimentel Souza, *Introdução*, n. 9.13, p. 255; Didier-Cunha, *Curso*, p. 155-156.

88 Araken de Assis, *Manual*, n. 51.1.4, p. 511.

89 Informativo 436/STJ, 3.ª Turma, REsp 944.040-RS, rel. Min. Nancy Andrighi, j. 25.05.2010.

90 STJ, 1.ª Turma, REsp 931.110/RS, rel. Min. José Delgado, j. 04.03.2008, *DJe* 27.03.2008; STJ, 1.ª Turma, REsp 775.532/RS, rel. Min. Francisco Falcão, j. 08.11.2005, *DJ* 19.12.2005.

91 STJ, 2.ª Turma, REsp 1.039.788/SP, rel. Min. Eliana Calmon, j. 18.12.2008, *DJe* 18.02.2009; STJ, 4.ª Turma, REsp. 594.930/SP, rel. Min. Massami Uyeda, j. 09.10.2007, *DJ* 18.02.2008, p. 29; STJ, 5.ª Turma, REsp 594.094/SP, rel. Min. Arnaldo Esteves Lima, j. 28.11.2006, *DJ* 18.12.2006, p. 466.

92 Barbosa Moreira, *Comentários*, n. 276, p. 510; Araken de Assis, *Manual*, n. 51.1.4, p. 512.

que o tribunal tome conhecimento do não cumprimento do ato previsto no art. 526, *caput*, do CPC, não poderá negar a admissibilidade do recurso na hipótese de o agravado não ter informado ao tribunal tal descumprimento. Justamente por não ser tratado como matéria de ordem pública, condiciona-se temporalmente a alegação do descumprimento da informação, cabendo ao agravado informar o tribunal até o esgotamento do **prazo das contrarrazões**[93], ou no primeiro momento em que falar nos autos[94].

É inegável que o ato de informar o tribunal tem como legitimado exclusivo o agravado, mas não se pode afirmar o mesmo do ato de produzir a prova do descumprimento, que poderá ser praticado por qualquer um dos sujeitos processuais. Essa conclusão é fundada no princípio da comunhão das provas, ou seja, a prova produzida, independentemente de quem foi o responsável por sua produção, passa a ser uma prova do processo, gerando efeitos para todos os sujeitos processuais. Dessa forma, ainda que seja mais comum que o agravado – maior interessado no não conhecimento do recurso – informe o descumprimento, qualquer outro sujeito poderá produzir tal prova, como o juiz quando presta as informações[95] ou o próprio agravante (naturalmente de forma inadvertida, porque conscientemente não terá interesse na produção de tal prova).

O agravado – indiscutivelmente o maior interessado na produção da prova – tem duas formas de comprovar junto ao tribunal o descumprimento da exigência legal:

(a) não havendo qualquer informação nos autos principais, o fará por meio de certidão a ser obtida junto ao cartório judicial ou à secretaria, e

(b) havendo informação intempestiva, a prova será produzida de maneira ainda mais simples: com a mera juntada da cópia da peça da informação.

O tema da informação da interposição do agravo de instrumento em primeiro grau é tratado pelo art. 972 do PLNCPC. Ainda que em termos procedimentais a regra atualmente consagrada no art. 526, *caput*, do atual CPC seja mantida, a consequência pelo desatendimento da imposição legal modifica-se significativamente. Atualmente, nos termos do art. 526, parágrafo único, do CPC, o agravo de instrumento não será conhecido se o agravado alegar e provar o desatendimento da imposição legal, o que torna a informação em primeiro grau um ônus imperfeito para o agravante. No PLNCPC, não só a regra consagrada no parágrafo único do art. 526 desaparece, como consta expressamente do art. 972 que a informação tem como único objetivo a provocação do juiz de primeiro grau a fim de exercer o juízo de retratação.

Sendo a finalidade da informação em primeiro grau limitada ao exercício do

[93] Barbosa Moreira, *Comentários*, n. 276, p. 510; Nery-Nery, *Código*, p. 889; Dinamarco, *A reforma*, p. 181; STJ, 1.ª Turma, REsp 859.573/PR, rel. Min. Luiz Fux, j. 16.10.2007, *DJ* 19.11.2007. Contra, entendendo que a arguição pode ocorrer até o momento de julgamento do recurso, Arruda Alvim, *Os agravos*, n. 4.3.4, p. 296.

[94] *Informativo* 335/STJ, 4.ª T., REsp 594.930-SP, rel. Massami Uyeda, j. 09.10.2007.

[95] Araken de Assis, *Manual*, n. 51. 1.4, p. 512; Dinamarco, *A reforma*, n. 123, p. 182; Didier-Cunha, *Curso*, p. 160.

juízo de retratação, a imposição legal passa a ser uma mera faculdade do agravante, considerando-se que, se a prática do ato só pode beneficiá-lo, sua omissão não pode em nenhum grau lhe causar prejuízo. Lamenta-se que os responsáveis pelo projeto tenham preferido ignorar que a informação em primeiro grau serve para facilitar o acesso do agravado ao teor do agravo, sem precisar se locomover ao tribunal do Estado (Justiça Estadual) ou da Região (Justiça Federal) para obter cópias do recurso.

25.2.1.2.3. Procedimento

25.2.1.2.3.1. Distribuição (art. 527, *caput*, do CPC)

Conforme já afirmado, o agravo de instrumento é interposto diretamente no tribunal competente para seu julgamento, devendo ser distribuído ao relator *in continenti*, o que significa imediatamente, com rapidez. Na ausência de um prazo previsto especificamente pela lei, afirma-se razoável a distribuição em 48 horas[96], sendo razoável supor que, havendo pedido de tutela de urgência, o cartório distribuidor seja ainda mais hábil. A previsão expressa de distribuição imediata do recurso demonstra, como em outras passagens do art. 527 do CPC, a preocupação do legislador para que o agravo de instrumento tenha um julgamento o mais célere possível.

25.2.1.2.3.2. Negativa de seguimento liminar (art. 527, I, do CPC)

Após a distribuição do agravo de instrumento, o relator poderá, como primeira medida, negar seguimento ao recurso de forma monocrática, desde que presente uma ou mais das situações previstas pelo art. 557, *caput*, do CPC. A expressão "negar seguimento" se presta a designar tanto a **negativa de conhecimento** (juízo de admissibilidade), no caso de recurso prejudicado e manifestamente inadmissível, como o **não provimento** do recurso (juízo de mérito), no caso de manifesta improcedência ou de a decisão recorrida ter fundamento em súmula ou jurisprudência dominante do próprio tribunal ou de tribunal superior. Essa decisão monocrática, que coloca fim ao agravo de instrumento, é recorrível por *agravo interno* para o órgão colegiado no prazo de 5 dias.

A decisão monocrática liminar do relator evidentemente se limita à negativa de seguimento do recurso, como expressamente previsto em lei, porque, embora também possa como relator dar monocraticamente provimento a recurso interposto contra decisão que tenha fundamento contrário a súmula ou jurisprudência dominante do tribunal competente ou superior, não se admite que tal decisão seja

[96] Barbosa Moreira, *Comentários*, n. 277, p. 512.

proferida liminarmente[97]. A negativa de seguimento somente beneficia o agravado, de forma a ser dispensada a sua intimação, mas no provimento do recurso a ausência dessa intimação ofende o princípio do *contraditório*, o que somente se permite se o agravado ainda não fizer parte da relação jurídica processual.

Mais uma vez a tentativa de simplificar o procedimento, norte dos responsáveis pelo PLNCPC, pode trazer problemas, sem grandes vantagens práticas. O julgamento monocrático do agravo de instrumento continua a ser admitido pelo art. 973, *caput*, mas já não há mais indicação de que esse julgamento, antes da intimação do agravado, só pode ser pelo não conhecimento ou a negativa de provimento ao recurso. Não custava nada manter a regra prevista no art. 527, I, do atual CPC, mas ainda assim acredito que o entendimento consagrado pelo Superior Tribunal de Justiça, que inadmite o julgamento monocrático de provimento do agravo de instrumento nesse momento inicial do seu procedimento, deve ser mantido.

25.2.1.2.3.3. Conversão em agravo retido

Não sendo o caso de negar monocraticamente seguimento ao recurso, o relator deverá converter o agravo de instrumento em agravo retido, salvo nas hipóteses de decisão que não recebe a apelação, que trata dos efeitos desse recebimento ou apta a gerar lesão grave de difícil reparação. A forma redacional do dispositivo legal demonstra com mediana clareza que **a regra é a conversão**, que somente não ocorrerá nas excepcionais hipóteses de cabimento do agravo de instrumento, já descritas no art. 522, *caput*, do CPC[98].

A conversão somente poderá ocorrer se o relator não tiver negado seguimento ao recurso, em interpretação lógica da ordem cronológica do dispositivo legal ora comentado. Isso significa que só será possível converter o agravo retido quando o agravo de instrumento for admissível, tendo preenchido os pressupostos de admissibilidade. A exceção fica por conta do pressuposto previsto pelo art. 526, *caput*, do CPC, porque, mesmo não tendo o agravante informado o juízo de primeiro grau no prazo de três dias, o agravo de instrumento poderá ser convertido em agravo retido[99].

Segundo a previsão do art. 527, parágrafo único, do CPC, essa decisão monocrática do relator é **irrecorrível**, o que abre margem para a indesejável

[97] Wambier, *Os agravos*, n. 4.3.5, p. 297; Marinoni-Arenhart, *Manual*, n. 3.6.4, p. 552; Pimentel Souza, *Introdução*, 15.2.5, p. 406-407. Na jurisprudência: *Informativo* 445/STJ, Corte Especial, REsp 1.148.296-SP, rel. Min. Luiz Fux, j. 1.º.09.2010; STJ, 2.ª Turma, REsp 1.038.844/PR, rel. Min. Eliana Calmon, j. 13.05.2008, *DJ* 26.05.2008; STJ, 1.ª Turma, REsp 917.564/RS, rel. Min. José Delgado, j. 28.08.2007, *DJ* 13.09.2007. Contra: Araken de Assis, *Manual*, n. 51.3.1, p. 514.

[98] Nery-Nery, *Código*, p. 891; Marinoni-Arenhart, *Manual*, n. 3.6.4, p. 553; Theodoro Jr., *Curso*, n. 553-a, p. 684.

[99] Araken de Assis, *Manual*, n. 51.3.2, p. 515; Wambier, *Os agravos*, n. 4.3.6, p. 299-300.

interposição de *mandado de segurança*[100], que vem sendo admitido pelo Superior Tribunal de Justiça[101]. O relator, entretanto, poderá reconsiderar sua decisão, o que só será possível concretamente se os autos ainda estiverem no tribunal, de forma que o prazo para o pedido do agravante nesse sentido (*pedido de reconsideração*) – é improvável, apesar de legalmente permitido, que o relator se retrate sem a devida provocação – dependerá da agilidade da secretaria em enviar os autos ao primeiro grau[102].

Uma vez convertido o agravo de instrumento em agravo retido, os autos do recurso serão remetidos ao primeiro grau, passando a partir desse momento a seguir as regras procedimentais de tal recurso, inclusive no tocante ao pedido de julgamento na apelação ou contrarrazões do agravante. A única diferença entre o agravo retido interposto originariamente e o decorrente de conversão pelo tribunal é a forma de autuação, sendo que no primeiro caso o recurso é autuado nos próprios autos e no segundo em autos em apenso[103].

Como o PLNCPC acaba com o agravo retido, naturalmente desaparece a conversão do agravo de instrumento em agravo retido. A partir da nova estrutura sugerida pelo PLNCPC, sendo interposto agravo de instrumento fora das hipóteses de cabimento, o recurso não será conhecido.

25.2.1.2.3.4. Tutela de urgência

Não sendo o caso de negativa de seguimento liminar e mantida a forma escolhida pelo agravante, o relator analisará o pedido de tutela de urgência, desde que haja **pedido expresso** nesse sentido, sendo vedada sua concessão de ofício[104]. Não há preclusão para o pedido de tutela de urgência, que pode ser feito a qualquer momento do recurso até seu julgamento[105], mas, tendo sido feito na própria peça de agravo de instrumento, o ideal é que o relator decida liminarmente, não obstante também não ocorrer preclusão para o juiz. É possível, desde que não prejudique a urgência do pedido, que o relator não decida monocraticamente,

---

[100] Nery-Nery, *Código*, p. 897; Dinamarco, *A reforma*, n. 131, p. 192-193; Didier-Cunha, *Curso*, p. 165; Cheim Jorge, *A terceira*, p. 245-247. Contra: Araken de Assis, *Manual*, n. 51.3.2, p. 515; Scarpinella Bueno, *A nova*, 10.5, p. 233-236.

[101] STJ, RMS 24.697/PA, 5.ª Turma, rel. Min. Napoleão Nunes Maia Filho, j. 18.12.2008, *DJe* 16.02.2009; REsp 1.032.924/DF, 5.ª Turma, rel. Min. Laurita Vaz, j. 02.09.2008, *DJ* 29.09.2008. *Informativo* 378/STJ, 3.ª T., RMS 25.934-PR, rel. Nancy Andrighi, j. 27.11.2008; *Informativo* 375/STJ, 4.ª T., RMS 27.083-RJ, rel. João Otávio de Noronha, j. 04.11.2008.

[102] Barbosa Moreira, *Comentários*, n. 278, p. 513.

[103] Barbosa Moreira, *Comentários*, n. 278, p. 512.

[104] Nery-Nery, *Código*, p. 894; Marinoni-Arenhart, *Manual*, n. 3.6.4, p. 552; Wambier, *Os agravos*, n. 5.4, p. 352; Câmara, *Lições*, v. 2, p. 96.

[105] Barbosa Moreira, *Comentários*, n. 690, p. 691. Contra, Araken de Assis, *Manual*, n. 53.2, p. 538.

formando o órgão colegiado para a prolação dessa decisão[106], o que, entretanto, raramente ocorre na praxe forense.

Existem duas espécies de tutela de urgência que podem ser pedidas no agravo de instrumento: o pedido de *efeito suspensivo* e a *tutela antecipada*, que poderá ser total ou parcial.

O *efeito suspensivo* caberá sempre que a decisão impugnada tiver **conteúdo positivo**, ou seja, ser uma decisão que concede, acolhe, defere alguma espécie de tutela. Nesse caso, a decisão positiva gera efeitos práticos, sendo permitido ao agravante pedir que tais efeitos sejam suspensos até o julgamento do agravo de instrumento. Tratando-se de efeito suspensivo *ope judicis* (impróprio), não basta o mero pedido do agravante, sendo indispensável o preenchimento dos requisitos previstos pelo art. 558 do CPC: *relevância da fundamentação*, que significa a aparência de razão do agravante, e o *perigo de grave lesão*, demonstrada sempre que o agravante convencer o relator de que a espera do julgamento do agravo de instrumento poderá gerar o perecimento de seu direito. O dispositivo legal prevê situações objetivas nas quais caberá a concessão de efeito suspensivo: prisão civil, adjudicação, remição de bens e levantamento de dinheiro sem caução idônea.

Tratando-se de decisão de **conteúdo negativo** – ou seja, que indefere, rejeita, não concede a tutela pretendida –, o pedido de efeito suspensivo será inútil, simplesmente porque não existem efeitos a serem suspensos, considerando que essa espécie de decisão simplesmente mantém o *status quo ante*[107]. Com a concessão da tutela de urgência nesse caso, o agravante pretende obter liminarmente do relator exatamente aquilo que lhe foi negado no primeiro grau de jurisdição. Em virtude de uma omissão legislativa contida na previsão original do agravo de instrumento, parte da doutrina passou a chamar esse pedido de tutela de urgência de "*efeito ativo*", nomenclatura logo acolhida pela jurisprudência. Ainda que tenha cumprido importante papel no passado, a partir do momento em que a omissão legislativa desapareceu, não há mais qualquer sentido na utilização dos termos "efeito ativo", lamentando-se sua atual utilização pelos tribunais superiores[108]. Atualmente, o art. 527, III, do CPC indica exatamente do que se trata: *tutela antecipada do agravo*, porque, se o agravante pretende obter de forma liminar o que lhe foi negado em primeiro grau de jurisdição, será exatamente esse o objeto do agravo de instrumento (seu pedido de tutela definitiva). Tratando-se de genuína tutela antecipada, caberá ao agravante demonstrar o preenchimento dos requisitos do art. 273 do CPC:

(a) prova inequívoca da verossimilhança da alegação, e

(b) fundado receio de dano irreparável ou de difícil reparação[109].

---

106 Nery-Nery, *Código*, p. 897.

107 Theodoro Jr., *Curso*, n. 553, p. 683; Gusmão Carneiro, *Recurso*, n. 111, p. 282; Dinamarco, *A reforma*, n. 129, p. 190.

108 *Informativo* 357/STJ, 4.ª T., RMS 15.263-SP, rel. Aldir Passarinho Jr., j. 27.05.2008.

109 Wambier, *Os agravos*, n. 5.5, p. 400-401. Theodoro Jr., *Curso*, n. 553, p. 683, e Pimentel Souza, *Introdução*, n. 9.10.2, p. 246-247, entendem haver uma conjugação entre os arts. 273 e 558, CPC. Na jurisprudência, há

Em demanda movida por João contra Olga, o juiz determina a emenda da inicial no prazo de 10 dias "sob pena" de indeferimento. Inconformado, João ingressa com agravo de instrumento, mas por razões lógicas tem que suspender o prazo concedido pelo juiz imediatamente, porque sem tal suspensão o juiz poderá extinguir o processo pelo indeferimento da petição inicial antes do julgamento do agravo de instrumento. Nesse caso, caberá o pedido de efeito suspensivo, impedindo-se que a decisão gere seus efeitos até o julgamento do recurso. Nelson ingressa com demanda e pede a concessão de tutela antecipada para que seu nome seja imediatamente retirado do Serasa, sendo indeferido tal pedido. Interposto o agravo de instrumento, a concessão de efeito suspensivo suspenderia a decisão de indeferimento, o que manteria o nome de Nelson no cadastro dos inadimplentes, mostrando-se inútil tal pedido. Para obter a imediata retirada de seu nome do Serasa, deve pedir ao relator a concessão de tutela antecipada no agravo, antecipando os feitos práticos do futuro e eventual provimento do recurso.

Questão interessante diz respeito à não conversão do agravo de instrumento e ao preenchimento do requisito do *perigo de lesão grave e de difícil reparação.* Há doutrina que entende que o perigo é o mesmo para a manutenção do agravo na forma de instrumento (não aplicação da conversão prevista no art. 527, II, do CPC) e para a concessão de tutela de urgência, de forma que, mantido o agravo na forma de instrumento, o único requisito remanescente que deverá ser preenchido é o de relevância da fundamentação[110]. O entendimento não parece ser o mais correto, porque é possível quantificar **diferentes graus de urgência**, sendo admissível hipótese em que existe urgência suficiente para a manutenção do agravo na forma de instrumento, mas não para a concessão da tutela de urgência, considerando-se a diferença do tempo – que pode ser enorme – para o julgamento do agravo de instrumento e da apelação (momento também de julgamento do agravo retido)[111].

Além disso, na hipótese de lesão processual, é fácil perceber a utilidade da manutenção do agravo sob a forma de instrumento, sem que isso leve à conclusão de estar preenchido o requisito da urgência, necessário para a concessão do efeito suspensivo ou da tutela antecipada, como ocorre na decisão que indefere a alegação de incompetência absoluta ou que julga a exceção de incompetência.

A decisão que trata – deferindo ou negando – da tutela de urgência é irrecorrível, segundo expressa previsão do art. 527, parágrafo único, do CPC, sendo cabível o mandado de segurança. Esse entendimento, entretanto, e por incrível que pareça, é francamente minoritário no Superior Tribunal de Justiça[112], que en-

decisão que aplicou o art. 558, CPC: STJ, 1.ª Turma, REsp 649.218/RJ, rel. Min. Francisco Falcão, j. 06.10.2004, *DJ* 16.11.2004.

110 Araken de Assis, *Manual*, n. 51.3.3, p. 516/517.

111 Câmara, *Lições*, v. 2, p. 97.

112 No sentido do texto: STJ, 2.a Turma, RMS 23.004/BA, rel. Min. Humberto Martins, j. 13.03.2007, *DJ* 26.03.2007, p. 217.

tende ser cabível o agravo regimental[113], ainda que a norma legal ora comentada preveja expressamente pela irrecorribilidade da decisão. O juiz pode se retratar de sua decisão até o julgamento do recurso, o que provavelmente será motivado pela provocação do agravante (*pedido de reconsideração*), apesar de não existir vedação para que a retratação ocorra de ofício[114].

O art. 973, parágrafo único, do PLNCPC prevê que a decisão monocrática do relator que trata da tutela de urgência no agravo de instrumento é irrecorrível, sem qualquer menção à possibilidade de retratação por parte do relator. A novidade deve ser entendida como consagradora de preclusão judicial após a prolação da decisão, não se admitindo ao relator, de ofício ou provocado, modificar sua decisão. Naturalmente, havendo novas circunstâncias apresentadas pelo agravante ou pelo agravado, o relator poderá proferir uma nova decisão, em sentido contrário à primeira, mas nesse caso não haverá propriamente uma retratação, e sim a prolação de uma nova decisão diante de uma nova situação fática e/ou jurídica.

O dispositivo, ao retirar a previsão de retratação pelo relator, leva para a lei uma constatação empírica: a retratação simplesmente não ocorre na prática, ao menos não em situações normais. A supressão causada pelo art. 973, parágrafo único, do PLNCPC, incentiva a conclusão de que o caminho a seguir é o mandado de segurança.

25.2.1.2.3.5. Requisição de informações

O pedido de informações ao juízo de primeiro grau não deve ser genérico, otimizando-se a prestação jurisdicional quando o relator especifica os pontos a cujo respeito pretende ser informado. Trata-se de mera **faculdade do juiz**, sendo livre a sua opção em assim proceder ou simplesmente dar continuidade ao procedimento do agravo[115]. O juízo prolator da decisão interlocutória recorrida deverá prestar as informações em 10 dias, sendo tal *prazo impróprio*, de tal forma que o seu descumprimento não gera a preclusão temporal, sendo válido mesmo que praticado depois dos 10 dias indicados pelo artigo legal ora comentado[116].

O juízo de primeiro grau deve compreender que as informações só terão alguma utilidade na hipótese de levarem ao tribunal algum elemento novo ou esclarecimento que auxilie os desembargadores no julgamento do agravo de ins-

[113] STJ, 2.ª Turma, rel. Min. Herman Benjamin, j. 18.08.2009, *DJe* 25.08.2009; STJ, 1.ª Turma, RMS 28.515/PE, rel. Min. Benedito Gonçalves, j. 02.04.2009, *DJe* 20.04.2009; STJ, 3.ª Turma, AgRg no RMS 23.750/MA, rel. Min. Paulo Furtado, j. 06.08.2009; STJ, 3.ª Turma, AgRg no RMS 23.414/SC, rel. Min. Nancy Andrighi, j. 19.05.2009, *DJe* 29.05.2009; STJ, 4.ª Turma, RMS 21.996/AL, rel. Min. Fernando Gonçalves, j. 21.08.2007, *DJ* 03.09.2007, p. 177.

[114] Barbosa Moreira, *Comentários*, n. 369, p. 691.

[115] Nery-Nery, *Código*, p. 895; Theodoro Jr., *Curso*, n. 553, p. 683; Araken de Assis, *Manual*, n. 51.3.4, p. 518.

[116] Wambier, *Os agravos*, n. 4.3.7, p. 302; Araken de Assis, *Manual*, n. 51.3.4, p. 518.

trumento. Devem ser evitadas informações que em nada contribuem, simplesmente transcrevendo as razões da decisão impugnada, o que necessariamente já fará parte dos autos do recurso.

A inutilidade das informações notadas na praxe forense leva o PLNCPC a suprimir essa tarefa do juiz de primeiro grau.

25.2.1.2.3.6. Intimação do agravo para a apresentação de contrarrazões

Nas comarcas que sejam sede do tribunal ou naquelas cujo expediente forense for divulgado no diário oficial, o agravado será intimado por meio da forma mais tradicional, ou seja, por meio de publicação no órgão oficial. Caso contrário, a intimação ocorrerá por ofício sob registro e com aviso de recebimento dirigido ao advogado. O prazo para as contrarrazões será sempre de 10 dias. A regra também se aplica à Justiça Federal, mas nesse caso mantém-se atipicamente o conceito de *comarca*, desprezando-se o de *seção judiciária*. Como lembra a melhor doutrina, a seção judiciária compreende diversas comarcas, o que poderia gerar a indesejada situação de advogado sediado em comarca longe da sede do tribunal ou não servida pelo diário oficial ser intimado por meio da imprensa oficial[117].

Questão interessante diz respeito à intimação do agravado que ainda não foi citado (p. ex., recurso interposto contra decisão proferida *inaudita altera partes*), hipótese na qual será impossível a intimação na pessoa do advogado, seja por publicação no diário oficial, seja por ofício, simplesmente porque ainda não há advogado constituído nos autos. Para parcela da doutrina, a ausência do réu não justifica o sacrifício do princípio constitucional do *contraditório*, de forma que a intimação continuará a ser indispensável, devendo ocorrer na pessoa do próprio agravado, por correio (por meio de carta com aviso de recebimento), oficial de justiça ou edital, conforme as exigências do caso concreto[118].

Prefiro o entendimento que defende a dispensa de intimação do agravado nesse caso[119], porque a sua integração à relação jurídica processual deve se dar por meio da citação, e não de intimação para responder ao agravo de instrumento. Por outro lado, as presumíveis dificuldades na localização pessoal do agravado conflitam com o claro objetivo do legislador de rápida solução do agravo de instrumento. Entendo que não cabe a crítica a esse entendimento de que o agravado seria seriamente prejudicado com o afastamento do *contraditório*, porque da decisão do agravo de instrumento caberia somente recurso especial e/

---

[117] Dinamarco, *A reforma*, 134-L, p. 193; Wambier, *Os agravos*, 4.3.8, p. 306-307; Nery-Nery, *Código*, p. 896.

[118] Araken de Assis, *Manual*, n. 51.3.4, p. 520-521.

[119] Marinoni-Arenhart, *Manual*, n. 3.6.4, p. 554; Gusmão Carneiro, *Recurso*, n. 99, p. 262. Na jurisprudência: STJ, 4.ª Turma, AgRg no Ag 729.292/SP, rel. Min. Massami Uyeda, j. 19.02.2008, *DJ* 17.03.2008; STJ, 4.ª Turma, REsp 175.368/RS, rel. Min. Sálvio de Figueiredo Teixeira, j. 18.06.2002, *DJ* 12.08.2002.

ou recurso extraordinário, recursos de fundamentação vinculada e que devolvem aos tribunais superiores somente questões de direito. O agravado, justamente por não ter participado do julgamento do agravo de instrumento, poderá provocar o juízo de primeiro grau ao ingressar no processo a se manifestar sobre o objeto tratado nesse recurso, trazendo inclusive novos elementos para nortear uma nova decisão. Indeferido o pedido, ainda poderá se socorrer do agravo de instrumento fazendo a questão retornar ao conhecimento do tribunal.

Após sua intimação, o agravado em suas contrarrazões poderá juntar as peças já constantes dos autos principais que entender úteis para a sua argumentação defensiva, bem como novos documentos. Nesse caso, o juiz deverá abrir prazo de 5 dias (art. 398 do CPC) para que o agravante sobre eles se manifeste, em respeito ao princípio do *contraditório*[120].

25.2.1.2.3.7. Oitiva do Ministério Público

A última providência antes do julgamento do agravo de instrumento é a intimação do Ministério Público para que se manifeste no prazo de 10 dias. Naturalmente que essa providência somente se justifica se o Ministério Público participar do processo como sujeito processual, porque a sua manifestação nesse recurso nem sempre é obrigatória. Também não basta para que se verifique essa providência que o Ministério Público participe do processo, porque figurando o *parquet* no polo ativo ou passivo da relação jurídica processual será agravante ou agravado, e nesse caso já terá se manifestado no recurso, seja recorrendo ou contra-arrazoando. A providência, portanto, se limita aos processos nos quais o Ministério Público figurar como *fiscal da lei.*

> A única novidade do PLNCPC é que, segundo o art. 973, III, a intimação deve ser realizada preferencialmente por meio eletrônico.

25.2.1.2.3.8. Julgamento do agravo

Ultimadas as providências previstas pelo art. 527 do CPC, naquilo que for cabível no caso concreto, o art. 528 do CPC determina que o relator pedirá dia para julgamento no prazo máximo de 30 dias contados da intimação do agravado. A norma demonstra o desejo do legislador de que o agravo seja **rapidamente julgado**, mas nesse caso parece existir um exagero. Considerando que depois da intimação do agravado, que lhe concede dez dias para contra-arrazoar – podendo esse prazo ser dobrado na hipótese do art. 191 do CPC –, ainda será necessária em alguns casos a oitiva do Ministério Público em dez dias, é possível que, ul-

[120] Barbosa Moreira, *Comentários*, n. 279, p. 515; Gusmão Carneiro, *Recurso*, n. 99, p. 261.

timadas as providências do art. 527 do CPC, já tenha decorrido o prazo previsto pelo artigo legal ora comentado.

Apesar do exagero do legislador, que deveria indicar um prazo com termo inicial no momento em que estiverem realizadas as providências do art. 527 do CPC, quando o agravo estará pronto para julgamento[121], a questão não suscita reflexos práticos, já que se trata de *prazo impróprio*. Em respeito ao princípio do contraditório as partes serão intimadas da inclusão do recurso em pauta[122].

25.2.1.2.3.9. Agravo de instrumento pendente de julgamento e prolação de sentença

O recurso de agravo de instrumento não tem em regra efeito suspensivo, de forma que o procedimento do processo principal não será suspenso em razão da interposição do agravo de instrumento, salvo nos casos de concessão de efeito suspensivo (art. 527, III, e 558 do CPC). Assim sendo, é possível a prolação de sentença enquanto o agravo de instrumento ainda estiver pendente de julgamento, podendo-se questionar qual o destino que terá esse recurso que ainda aguarda julgamento no tribunal. A resposta a essa questão depende da natureza da decisão interlocutória recorrida por agravo de instrumento e também do fato de a sentença ter ou não transitado em julgado.

Tratando-se de decisão interlocutória que tenha como objeto uma *tutela de urgência*, sendo proferida a sentença, a decisão interlocutória será imediatamente substituída pela sentença que, ao conceder a tutela definitiva, substitui a tutela provisória. Havendo recurso de agravo de instrumento pendente de julgamento no tribunal, o relator deverá monocraticamente não conhecer o recurso, por perda superveniente de objeto (**recurso prejudicado**)[123]. Essa substituição da decisão interlocutória pela sentença é imediata, ocorrendo no exato momento em que a sentença torna-se pública, independentemente do trânsito em julgado ou da interposição de apelação.

É preciso consignar, entretanto, que em solução de divergência estabelecida no âmbito do Superior Tribunal de Justiça, a Corte Especial desse tribunal, por maioria de votos, entendeu que a prolação de sentença de procedência não é capaz de tornar prejudicado o agravo de instrumento interposto contra decisão interlocutória de deferimento do pedido de tutela de urgência. Nos termos do voto vencedor, a superveniência da sentença de procedência do pedido não tornaria prejudicado o recurso interposto contra a decisão que deferiu a antecipação dos efeitos da tutela, porque a aludida tutela não antecipa simplesmente a sentença

---

[121] Barbosa Moreira, *Comentários*, n. 280, p. 515.

[122] *Informativo* 360/STJ, 4.ª T., REsp 505.088-RS, rel. Aldir Passarinho Jr., j. 17.06.2008.

[123] Nery-Nery, *Código*, p. 894; Wambier, *Os agravos*, n. 11.1, p. 582-583. Na jurisprudência: Informativo 418/STJ, 3ª Turma, REsp 1.074.149/RJ, rel. Min. Nancy Andrighi, julgado em 1.º.12.2009; STJ, 1.ª Turma, REsp 853.349/SP, rel. Min. Teori Albino Zavascki, j. 12.09.2006, *DJ* 25.09.2006. *Informativo* 332/STJ, 3.ª Turma., REsp 946.880-SP, rel. Massami Uyeda, j. 20.09.2007.

de mérito, mas antecipa a própria execução dessa sentença que, por si só, não produziria os efeitos que irradiam da tutela antecipada[124].

Tratando a decisão interlocutória de outra matéria que não a tutela de urgência, parece não existir maior dúvida na doutrina que, sendo interposto o recurso de apelação contra a sentença, o agravo de instrumento ainda pendente de julgamento em nada será afetado, devendo ser julgado normalmente e sempre antes da apelação (art. 559 do CPC). A discordância fica por conta da consequência processual a atingir o agravo pendente de julgamento no caso de não interposição da apelação.

Parcela da doutrina entende que nesse caso o recurso de agravo de instrumento ainda pendente de julgamento perde o objeto, porque, sem o ingresso da apelação contra a sentença, verifica-se no processo o trânsito em julgado da decisão, o que significa dizer que aquela demanda – ou aquela fase procedimental na ação sincrética – chegou ao fim, não sendo possível admitir que um recurso interposto em demanda que chegou ao seu fim possa ser julgado[125]. Por outro lado, um eventual provimento do agravo de instrumento poderia atingir a sentença, anulando-a, o que permitiria ao agravo de instrumento desconstituir decisão transitada em julgada, que sendo de mérito faz coisa julgada material. Alega-se que o agravo de instrumento não pode atuar como verdadeira ação rescisória.

Não concordo com essa parcela da doutrina porque acredito que partem de uma premissa equivocada. É correta a afirmação de que o agravo de instrumento não pode afastar a coisa julgada material, tarefa exclusiva da ação rescisória e da ação de *querela nullitatis*. Também tem lógica a afirmação de que, estando a demanda extinta em razão do trânsito em julgado, não é possível que atos processuais continuem a ser praticados, pois a demanda já estará encerrada. Ocorre, entretanto, que excepcionalmente a ausência de apelação contra a sentença não produz o trânsito em julgado imediatamente, sendo possível que a pendência de providências na demanda suspenda o trânsito em julgado até que sejam efetivamente tomadas.

Como visto, o efeito principal de qualquer recurso é impedir a preclusão da decisão, sendo que no caso da apelação será impedir o trânsito em julgado da sentença. A consequência natural da não interposição da apelação é o trânsito em julgado, mas não se pode desconsiderar que o sistema processual já possui fenômeno processual que impede o trânsito em julgado ainda que a sentença não tenha sido objeto de apelação. Trata-se do reexame necessário (art. 475 do CPC), entendido de forma unânime pela doutrina como causa suspensiva do trânsito em julgado. Sendo aplicável ao caso concreto o reexame necessário, apesar de a sentença não ter sido recorrida, não há trânsito em julgado.

---

[124] *Informativo* 427/STJ, Corte Especial, EREsp 765.105-TO, rel. Min. Hamilton Carvalhido, j. 17.03.2010.

[125] Wambier, *Os agravos*, n. 11.1, p. 582; Gusmão Carneiro, *Recurso*, n. 105-A, p. 274; Barbosa Moreira, *Comentários*, n. 372, p. 694; STJ, 4.ª Turma, REsp 292.565, rel. Min. Sálvio de Figueiredo Teixeira, j. 27.11.2001, *DJ* 05.08.2003. *Informativo* 322/STJ, 3.ª T., AgRg no Ag 489.699-RJ, rel. Ari Pargendler, j. 05.06.2007.

Da mesma forma deve ocorrer com o agravo de instrumento pendente de julgamento diante de sentença não recorrida. O trânsito em julgado (e a consequente coisa julgada material no caso de sentença de mérito) fica suspenso até que seja tomada a providência pendente, no caso, o julgamento do agravo de instrumento[126]. No caso de o agravo de instrumento não ser conhecido ou ser negado o seu provimento, a sentença imediatamente transita em julgado, considerando que a causa suspensiva desaparece. Sendo o recurso provido e tendo como consequência desse provimento a anulação da sentença, não haverá qualquer ofensa à correta tese de que agravo de instrumento não tem efeito rescisório de sentença transitada em julgado, simplesmente porque nesse caso ainda não terá ocorrido o trânsito em julgado, tampouco a coisa julgada material.

Também não convence a tese doutrinária de que nesse caso aplica-se por analogia o art. 503 do CPC, entendendo-se que a parte que não apela da sentença aceita tacitamente a decisão interlocutória recorrida pelo agravo de instrumento ainda pendente de julgamento[127]. Essa aceitação tácita simplesmente não ocorre porque o objeto das duas decisões é diferente, não se podendo afirmar logicamente que, ao não interpor a apelação, a parte tenha concordado com o conteúdo da decisão interlocutória recorrida. São questões diferentes resolvidas nessas duas decisões, de forma que a ausência de apelação pode, quando muito, sustentar a tese de que a parte aceitou tacitamente a sentença, mas tal aceitação pode decorrer da ausência de fundamentos sólidos para impugná-la.

Ainda que na praxe forense o advogado provavelmente apele da decisão, mantendo indiscutivelmente vivo o processo, será mesmo saudável ao processo exigir do advogado uma apelação manifestamente infundada, somente para conseguir o julgamento de seu agravo de instrumento? Não seria contrário ao princípio da economia processual exigir da parte a prática de um ato desprovido de qualquer fundamento, somente para demonstrar que tem interesse no julgamento de recurso que em nada se refere a esse ato? Acredito que não. A parte pode estar inconformada com a decisão interlocutória, e por isso recorre por meio de agravo de instrumento, tendo sólidos fundamentos para anular ou reformar essa decisão. Não se anima, entretanto, a apelar da sentença, porque não tem fundamentos sérios para fazê-lo, não querendo perder tempo e energia com a prática de ato processual que já sabe ser fadado ao insucesso.

Carlos ingressa com demanda judicial contra Alarico, e durante a fase probatória requer a produção de uma prova pericial, que entende indispensável para o convencimento do juiz. O pedido é indeferido e Carlos interpõe agravo de instrumento contra essa decisão, alegando que há perigo de a prova não mais poder ser produzida se o agravo a ser interposto for o retido. O relator aceita o agravo na forma de instrumento, mas, antes de o tribunal julgar o agravo de instrumento, o juiz de primeiro grau sentencia a demanda.

---

[126] Nery-Nery, *Código*, p. 894; Didier-Cunha, *Curso*, p. 175-176; STJ, 4.ª Turma, REsp 258.780/ES, rel. Min. Barros Monteiro, j. 20.05.2003, *DJ* 15.12.2003.

[127] Theodoro Jr., *Curso*, p. 687.

Carlos analisa o teor da sentença e percebe que, diante das circunstâncias, o julgamento foi perfeito, não havendo nada a impugnar, ao menos não de maneira séria. É verdade que, se a prova pericial tivesse sido produzida, as circunstâncias seriam outras, e nesse caso a sentença como foi proferida estaria longe de ser perfeita. Ocorre, entretanto, que a questão do cerceamento de defesa por indeferimento da prova já é objeto de recurso, não sendo admissível tecnicamente que Carlos tenha de alegar novamente essa matéria em sede de apelação. Além de matéria que não pode ser alegada na apelação, estaria repetindo impugnação já feita anteriormente. Não é correto afirmar que nesse caso Carlos, ao não recorrer da sentença, insista-se, por entendê-la perfeita, aceitou tacitamente a decisão interlocutória recorrida anteriormente.

Questão diferente da até agora tratada diz respeito à existência de agravo pendente de julgamento e apelação interposta contra a sentença quando o tribunal, afrontando o art. 559 do CPC, julga primeiro a apelação que, não recorrida, gera o trânsito em julgado do acórdão. Nesse caso, não há que falar que o agravo de instrumento tenha perdido o objeto, não podendo o agravante ser prejudicado por um equívoco do tribunal. Autorizada doutrina afirma que nesse caso haverá uma **coisa julgada formal sujeita à condição suspensiva**, ou seja, o agravo de instrumento será julgado e, a depender de seu resultado, o acórdão da apelação não recorrido será anulado (provimento) ou estará imediatamente liberado o trânsito em julgado (não conhecimento e não provimento)[128].

Acredito que se trata da aplicação de tudo o que já foi exposto na defesa do entendimento de que o agravo de instrumento não perde o objeto em razão da ausência de apelação contra sentença, sendo na hipótese ora tratada ainda mais evidente tal conclusão porque a perda de objeto do agravo de instrumento decorreria de um erro do tribunal, e não da conduta do agravante.

25.3. AGRAVOS CONTRA DECISÕES INTERLOCUTÓRIAS DE SEGUNDO GRAU

O PLNCPC busca simplificar significativamente a atual confusão entre agravo interno e agravo regimental. Numa só previsão, o art. 975 prevê que da decisão monocrática do relator cabe agravo interno para o respectivo órgão fracionário, salvo quando houver previsão legal específica em sentido contrário. Segundo o § 1.º, o recurso será dirigido ao órgão colegiado competente, e, se não houver retratação, o relator o incluirá em pauta para julgamento colegiado, na primeira sessão. Já o § 3.º prevê: "quando manifestamente inadmissível o agravo interno, assim declarado em votação unânime, o tribunal condenará o agravante a pagar ao agravado multa fixada entre um e dez por cento do valor corrigido da causa, ficando a interposição de qualquer outro recurso condicionada ao depósito prévio do respectivo valor, ressalvados os beneficiários da gratuidade de justiça que, conforme a lei, farão o pagamento ao final".

[128] Theodoro Jr., *Curso*, p. 687-688.

25.3.1. Agravo regimental

No tocante ao agravo regimental, é interessante abordar o tema da regulamentação dos recursos pelos regimentos internos dos tribunais. É indiscutível a proibição de criação de novas espécies de recurso por meio de normas regimentais, tarefa privativa de leis federais (art. 22, I, da CF/1988). O tratamento dado aos recursos pelos regimentos internos está limitado a previsões de *cabimento específico* à luz da previsão geral e ao *regramento procedimental* de um recurso que já seja previsto como tal em uma lei federal. No caso em tela, o agravo é recurso previsto pelo art. 496, II, do CPC, de maneira que o agravo regimental não é um novo recurso, mas uma espécie de recurso de agravo[129].

A premissa de que o agravo regimental é uma espécie de agravo confirma a sua natureza recursal, demonstrando o equívoco do entendimento de parcela da doutrina que entende tratar-se de mero meio de promover a integração da competência do tribunal, ou seja, uma forma processual de natureza não recursal para garantir a competência do órgão colegiado[130]. O entendimento parte de premissa correta, pois bem situa a participação do relator como um "porta-voz avançado"[131] do órgão colegiado, que por razões de **facilitação procedimental** ou **urgência da situação** recebe de forma delegada do órgão colegiado a competência, ou seja, o poder de decidir legitimamente. Mas não parece ser correta a conclusão de que o agravo regimental não tenha natureza recursal, considerando-se a expressa previsão desse gênero recursal no CPC (agravo, previsto no art. 496, II) e a presença das características fundamentais dos recursos[132].

A previsão legalmente estabelecida de decisões monocráticas do relator contradiz a própria natureza das decisões em segundo grau e nos órgãos de superposição, que tradicionalmente deveriam ser colegiadas. Por exigência de facilitação do andamento procedimental em alguns casos e em virtude da urgência da situação em outros, a lei passou a prever inúmeras situações em que o relator pode proferir decisões monocráticas, dispensando-se, pelo menos naquele momento, a decisão colegiada. É importante frisar que nesses casos em que a lei permite ao relator proferir decisão monocrática, não há atribuição de competência para a prática de tal ato ao juiz singular; competente é, e sempre será, o órgão colegiado. O que ocorre é uma **mera delegação de poder** ao relator, fundada em razões de economia processual ou necessidade de decisão urgente, mantendo-se com o órgão colegiado a competência para decidir. Essa é a regra básica de delegação; é mantida a competência de revisão do órgão que delegou a um determinado sujeito (no caso o relator) a função inicial de apreciação da matéria.

Assim, a previsão de recurso, tanto em lei como no regimento interno, representa o meio adequado para a impugnação de uma decisão – buscando a sua

---

129 Nelson Luis Pinto, *Manual*, p. 82; Cheim Jorge, *Teoria*, p. 198.

130 Moniz de Aragão, *Do agravo*, p. 77-78; Talamini, *Decisões*, p. 181-185. STF, 1.ª Turma, AGcrA 247.591/RS, rel. Min. Moreira Alves, j. 14.03.2000.

131 Barbosa Moreira, *Algumas*, p. 324.

132 Cheim Jorge, *Teoria*, p. 195-196; Carvalho, *Poderes*, n. 15.1.3, p. 162-165.

integração – que não pode ser afastada da parte, sob pena de ilegal e inconstitucional quebra do sistema de delegação de poderes do órgão colegiado para o relator.

Eventual restrição desse acesso ao órgão colegiado, criado por lei, norma regimental, ou mesmo entendimento jurisprudencial, é inconstitucional[133].

Por isso é tão lamentável a previsão do art. 527, parágrafo único, do CPC, que determina a irrecorribilidade de decisão monocrática do relator de agravo de instrumento no tocante à concessão ou à negação da tutela de urgência e à conversão do agravo de instrumento em agravo retido. De qualquer forma, e sendo essa a opção do legislador – ainda que inconstitucional[134] –, não cabe aos regimentos internos prever em sentido contrário, sendo que eventuais disposições regimentais existentes antes da redação do art. 527, parágrafo único, do CPC devem ser consideradas implicitamente revogadas.

O procedimento do agravo regimental dependerá da efetiva previsão da hipótese específica de seu cabimento no regimento interno do tribunal. No caso de omissão do regimento interno e também da lei, caberá por analogia o procedimento previsto pelo art. 557, §§ 1.º e 2.º, do CPC[135].

25.3.2. Agravo interno

Os agravos legais – hipótese de cabimento específica prevista expressamente em lei – encontram-se no Código de Processo Civil e em leis extravagantes. Em razão dos escopos do presente livro, a análise se limitará às hipóteses de cabimento expressamente previstas no Código de Processo Civil. Nesse tocante, inclusive, é ainda mais imprópria a nomenclatura costumeiramente utilizada pelos tribunais superiores para essa espécie de recurso. O *agravo regimental* é recurso cabível contra decisão monocrática interlocutória, enquanto o *agravo interno* é cabível contra **decisão monocrática final**. A diferença de natureza entre as duas espécies de decisões recorríveis corrobora o desacerto em chamar o agravo interno de agravo regimental.

O cabimento do agravo interno vem disciplinado em quatro dispositivos legais do Código de Processo Civil, aplicando-se em todas as hipóteses de cabimento o procedimento previsto no art. 557, §§ 1.º e 2.º, do CPC.

25.3.2.1. *Julgamento de conflito de competência (art. 120, parágrafo único)*

O objetivo do legislador ao prever tal decisão monocrática foi o mesmo que o norteou em todas as disposições que aumentam os poderes do juiz relator:

---

[133] Talamini, *Decisões*, p. 181; Dinamarco, *O relator*, p. 132.

[134] Scarpinella Bueno, *A nova*, n. 10, p. 224-227.

[135] Cintra Pereira, *Agravo*, p. 48.

economia processual em busca da entrega de uma tutela jurisdicional mais eficaz e em tempo menor[136].

É interessante notar que o legislador, afastando-se da opção feita na redação do art. 557 do Código de Processo Civil, modificado inclusive por meio da mesma lei – Lei 9.756/1998 –, não tenha expressamente se referido a "súmula", limitando-se a afirmar que, havendo "jurisprudência dominante", seria possível o julgamento de forma monocrática pelo relator[137]. Poder-se-ia até mesmo argumentar que a súmula nada mais é do que a consolidação de um certo entendimento, sendo obviamente, portanto, representativa da "jurisprudência dominante" do Tribunal. Ainda que se concorde com tal argumentação, que de fato não tem nenhum vício lógico mais sério, parece inadequado que para situações análogas o legislador dispense diferente tratamento.

O referido "Tribunal" significa tanto o próprio tribunal competente para o julgamento do conflito de competência como também os tribunais superiores[138], não havendo nenhum sentido em exigir do relator a formação do órgão colegiado se a questão é pacífica em grau superior, justamente o órgão jurisdicional competente para julgar o eventual recurso contra a decisão do conflito de competência.

25.3.2.2. *Juízo de admissibilidade dos embargos infringentes. Decisão que nega conhecimento ao recurso (art. 532 do CPC)*

O art. 531 do CPC determina que o juiz relator do acórdão impugnado por meio de embargos infringentes será o competente para a análise de seus pressupostos de admissibilidade. Assim, interposto o recurso de embargos infringentes, o relator do acórdão impugnado, após ouvir a parte contrária no prazo de 15 dias, determinará se o recurso seguirá em seu caminho normal rumo ao julgamento colegiado ou deixará de ser conhecido em razão de ausência de um dos requisitos de admissibilidade.

Dessa análise inicial pode resultar a extinção prematura do recurso, sempre que o relator acreditar ter sido descumprido um dos requisitos de admissibilidade. Contra essa decisão, segundo previsão do art. 532 do CPC, caberá o agravo interno no prazo de 5 dias, endereçado ao juiz prolator da decisão impugnada e dirigido ao colegiado. O objeto de tal recurso está limitado à demonstração da inocorrência da causa que levou ao não conhecimento do recurso, sendo absolutamente impróprio – e mesmo desnecessário e inútil – o agravante invadir o mérito dos embargos infringentes[139].

O relator que já negou o seguimento do recurso por decisão monocrática não tem competência para solitariamente analisar os requisitos de admissibilidade

136 Armelin, *Apontamentos*, p. 199; Carvalho, *Poderes*, n. 4.2, p. 27-28.

137 Dinamarco, *O relator*, p. 132-133.

138 Nery-Nery, *Código*, p. 380.

139 Barbosa Moreira, *Comentários*, n. 294, p. 541.

desse agravo interno, sob pena de travar o acesso do recorrente a uma decisão colegiada. Nesse caso, é absolutamente inadequada a postura do juiz relator que deixa de receber o agravo interno interposto contra sua própria decisão[140]. Uma vez proferida nova decisão monocrática negativa, a parte recorrente ingressará com novo recurso – agravo regimental, pois não previsto expressamente em lei –, o que acarretaria ao processo uma incômoda e inadequada sucessão de agravos contra decisões monocráticas do mesmo juiz.

Visto que no caso de decisão negativa do relator quanto ao juízo de admissibilidade caberá o agravo interno previsto no art. 532 do CPC, interessante questão se coloca quando o relator do acórdão impugnado recebe os embargos infringentes e determina seu regular processamento. Segundo previsão legal, deverá ser nomeado outro relator para os embargos infringentes, sendo possível que esse novo relator monocraticamente não conheça o recurso, acreditando estar presente algum vício que tenha passado despercebido por seu colega relator do acórdão impugnado[141]. Nesse caso, aplica-se o art. 557 do CPC, com cabimento do agravo interno contra essa decisão monocrática (art. 557, § 1.º, do CPC).

25.3.2.3. *Decisão que não admite o agravo contra decisão denegatória de seguimento de recurso especial e recurso extraordinário*

O procedimento do agravo – criticável a escolha legislativa quanto à nomenclatura do recurso – contra decisão denegatória de seguimento dos recursos aos órgãos de superposição (recurso especial e recurso extraordinário) tem característica procedimental binária, contando com uma *primeira fase* perante o tribunal de segundo grau e uma *segunda fase* perante o Supremo Tribunal Federal ou Superior Tribunal de Justiça. Ultrapassada a primeira fase e sendo os autos remetidos a um dos tribunais de superposição, é possível ao relator, monocraticamente, não admitir o agravo, negar-lhe provimento ou decidir desde logo o recurso não admitido na origem, cabendo contra essa decisão o recurso de agravo interno no prazo de 5 dias, tudo conforme previsão do art. 545 do CPC.

Aparentemente essa hipótese legal não tem justificativa de ser, porque as hipóteses de cabimento do julgamento monocrático previstas pelo art. 545 do CPC – não admitir; negar provimento; reformar o acórdão – já estão previstas de forma genérica no art. 557, *caput* e § 1.º-A, do CPC. O próprio art. 545 do CPC faz expressamente menção ao procedimento previsto no art. 557, §§ 1.º e 2.º, do CPC.

Se há alguma utilidade no dispositivo legal, esta se limita à hipótese de julgamento monocrático do recurso especial ou extraordinário que o relator pode realizar utilizando-se do agravo interposto contra a decisão denegatória do segui-

[140] Barbosa Moreira, *Comentários*, n. 294, p. 542; Ferreira Filho, *Comentários*, p. 284; Nery-Nery, *Código*, p. 905.

[141] Araken de Assis, *Manual*, n. 50.1, p. 485; Carvalho, *Poderes*, n. 17.3.2.1, p. 248-251.

mento de tais recursos (art. 544, § 3.º, do CPC). Dessa decisão monocrática, por certo, cabe o recurso de agravo interno, no prazo de 5 dias, dirigido ao órgão colegiado, que no caso é a Turma (Regimento Interno do STF, arts. 8.º, n. I, e 9.º, n. III; do STJ, arts. 13, n. IV, e 15, n. I).

Ocorre, entretanto, que, diferentemente do que se verifica nos outros casos de julgamento monocrático, o provimento do agravo interno não se limitará a retirar um obstáculo gerado pela decisão monocrática do relator, voltando assim o agravo ao seu trâmite processual regular. No caso ora analisado, o órgão colegiado irá julgar diretamente o recurso especial ou recurso extraordinário, no próprio julgamento do agravo interno. Dessa circunstância percebem-se profundas diferenças desse agravo interno em relação aos outros já analisados, que tinham como mera função afastar a decisão monocrática e permitir que o recurso julgado monocraticamente fosse julgado de forma colegiada[142].

25.3.2.4. *Decisão monocrática do relator com base no art. 557 do CPC*

As três hipóteses de cabimento do agravo interno até agora analisadas tratam de situações específicas, não sendo essa a realidade prevista pelo art. 557 do CPC, que disciplina de forma bastante genérica a possibilidade de decisão interlocutória pelo relator, o que gera por consequência o aumento dos casos de cabimento do agravo interno. Essa generalidade, entretanto, não é ampla, existindo recursos que devem sempre ser julgados pelo **órgão colegiado**, quais sejam o próprio *agravo interno*[143], os *embargos infringentes* em seu mérito[144] e os *embargos de declaração*[145], embora com relação a esse último recurso haja divergência no âmbito do Superior Tribunal de Justiça[146]. A Corte Especial desse tribunal decidiu que para rejeitar os embargos admite-se a decisão monocrática, com o equivocado entendimento de que nesse caso a decisão não seria alterada, restando a competência do órgão colegiado somente para a hipótese de acolhimento dos embargos de declaração[147].

Cumpre realizar uma breve análise das diferentes hipóteses em que o dispositivo legal admite o julgamento monocrático do relator.

Não há como iniciar a análise do art. 557 do CPC que não seja com severa crítica à estrutura e redação do dispositivo legal. O surrealismo estrutural se

[142] Barbosa Moreira, *Comentários*, n. 334, p. 626-627.

[143] Barbosa Moreira, *Comentários*, n. 366, p. 681; Gusmão Carneiro, *Recurso*, n. 123, p. 310.

[144] Fabiano Carvalho, *Poderes*, n. 17. 3.2.2, p. 253-256; Araken de Assis, *Manual*, n. 61.5, p. 569; Didier-Cunha, *Curso*, p. 235. Contra: Wambier, *Os agravos*, n. 10.2, p. 565-566; STJ, 5.ª Turma, HC 19.860/RJ, rel. Min. José Arnaldo da Fonseca, j. 17.02.2004, *DJ* 22/03/2004; STJ, 1.ª Turma, REsp 347.147/RN, rel. Min. Garcia Vieira, j. 06.12.2001, *DJ* 11.03.2002.

[145] Barbosa Moreira, *Comentários*, n. 366, p. 681.

[146] Contra a aplicação do art. 557, CPC: STJ, 2.ª Turma, REsp 791.856/SP, rel. Min. Eliana Calmon, j. 16.05.2006, *DJ* 14.06.2006. A favor do julgamento monocrático: STJ, 5.ª Turma, AgRg no Ag 890.210/SP, rel. Min. Napoleão Nunes Maia Filho, j. 09.10.2007, *DJ* 05.11.2007; STJ, 1.ª Turma, AgRg no REsp 729.439/AL, rel. Min. Luiz Fux, j. 16.02.2006, *DJ* 13.03.2006.

[147] *Informativo* 437/STJ, Corte Especial, REsp 1.049.974-SP, rel. Min. Luiz Fux, j. 02.06.2010.

percebe no fato de o § 1.º-A vir antes do § 1.º, quando na realidade bastaria ao legislador prever três parágrafos. No tocante à redação, o art. 557, *caput*, do CPC determina que o relator **negará seguimento** ao recurso em certas situações, sem especificar tratar-se de julgamento de admissibilidade ou de mérito recursal.

Há duas hipóteses de não conhecimento do recurso (*juízo de admissibilidade*):

(a) recurso manifestamente inadmissível, situação verificável quando no caso concreto é facilmente perceptível a ausência de um ou mais dos pressupostos de admissibilidade recursal;

(b) recurso manifestamente prejudicado, situação verificável pela evidente perda superveniente de objeto de recurso em razão de ato ou fato superveniente (p. ex., o agravo de instrumento perde o objeto quando o juízo de primeiro grau se retrata de sua decisão[148]).

As outras duas hipóteses de negativa de seguimento previstas pelo art. 557, *caput*, do CPC dizem respeito ao *juízo de mérito*, permitindo-se o não provimento por decisão monocrática do relator nos casos de:

(a) manifesta improcedência, em situação flagrante de inexistência de fundamentos sérios no recurso;

(b) recurso com fundamentação em sentido contrário à súmula ou jurisprudência dominante do respectivo tribunal ou de tribunal superior.

Em termos de julgamento de mérito, também será admissível o provimento por julgamento monocrático na hipótese de a decisão recorrida ter fundamentação contrária à súmula ou jurisprudência dominante do respectivo tribunal ou de tribunal superior (art. 557, § 1.º-A, do CPC). Registre-se, entretanto, que pela literalidade do dispositivo legal o relator só pode se valer de súmula ou jurisprudência superior dos tribunais superiores. Entendo que a diferença de tratamento não se justifica, afrontando inclusive o princípio da isonomia.

Questão interessante a ser observada é o âmbito de aplicação da previsão legal, tomando-se por base que o artigo ora comentado menciona expressamente que a regra do julgamento monocrático vale tão somente para o caso de recursos. Uma interpretação literal afasta de sua incidência as ações de competência originária do tribunal ou outros incidentes que possam se instalar perante os tribunais[149]. Aqui se faz somente a ressalva de que vem se estendendo tal possibilidade também ao **reexame necessário**[150], que, apesar de não ser recurso, é tratado como tal em determinadas situações pelos tribunais, em especial no que tange à proibição da *reformatio in peius* e à possibilidade de julgamento monocrático.

Existe um momento apropriado para o julgamento monocrático, ocorrendo preclusão lógica a impedir essa espécie de julgamento o ato de lançamento do

---

148 Barbosa Moreira, *Comentários*, n. 366, p. 681; Carvalho, *Poderes*, n. 11, p. 103.

149 Barbosa Moreira, *Comentários*, n. 366, p. 681; Câmara, *Lições*, v. 2, p. 141.

150 Súmula 253/STJ.

relatório pelo relator e remessa dos autos ao revisor ou, ainda, o ato de o juiz relator pedir dia para o julgamento[151]. Conforme ensina a melhor doutrina, não será mais cabível o julgamento monocrático toda vez que o relator já tiver praticado atos incompatíveis com os princípios que estruturam o art. 557 do CPC[152]. Trata-se de fenômeno processual de extrema raridade: *preclusão lógica para o juiz.*

25.3.2.5. *Procedimento*

Diferente das outras hipóteses legais de cabimento do agravo interno, que se limitam a indicar qual o recurso cabível contra a decisão monocrática, o prazo em que deve ser interposto e o órgão competente para seu julgamento, o art. 557, §§ 1.º e 2.º, do CPC traça o procedimento desse agravo interno. Essas regras passam a ser aplicadas a todo e qualquer agravo interno, independentemente da hipótese de cabimento no caso concreto, e mesmo ao agravo regimental, ainda que subsidiariamente.

25.3.2.5.1. Juízo de retratação

Existe expressa previsão do juízo de retratação, fenômeno típico de qualquer espécie de recurso de agravo. Mas no que consiste efetivamente a retratação do juiz relator e em que condições poderá ocorrer? O juízo de retratação exige a regular interposição do agravo interno, até porque é realizado após o juízo de admissibilidade do recurso.

Nesse juízo de retratação é permitido ao relator se retratar de sua decisão monocrática e remeter o recurso que gerou tal decisão ao conhecimento do **órgão colegiado**, sem a necessidade de julgamento do agravo interno interposto, que restará prejudicado[153]. Também é possível que a retratação gere um **novo julgamento monocrático**, em sentido contrário ao primeiro, ainda que tal situação seja extremamente improvável. Partindo dessa premissa, é lógico concluir que o relator, ao admitir seu equívoco no julgamento monocrático em razão de o recurso não ser manifestamente inadmissível, tem novamente o recurso em suas mãos para dar a ele andamento com as mesmas possibilidades que tinha quando o recebeu no primeiro momento. A retratação da decisão monocrática simplesmente dá uma sobrevida ao recurso, fazendo com que o relator passe novamente a cogitar a possibilidade de enviá-lo ao órgão colegiado para que ocorra o seu julgamento. Voltando ao ponto de partida, e não restando preclusa a possibilidade de voltar atrás em seu julgamento, não há nenhum óbice que impeça o juiz relator de novamente julgar monocraticamente o recurso, desde que, logicamente, se afaste da matéria que ensejou a primeira decisão.

---

[151] Daniel Neves, *Preclusões*, p. 44-45.

[152] Carvalho, *Poderes*, n. 6.5, p. 76.

[153] Gusmão Carneiro, *Recurso*, n. 136, p. 340; Carvalho, *Poderes*, n. 15.1.4, p. 167.

> Cibele tem seu recurso de apelação decidido monocraticamente pelo relator com fundamento em manifesta intempestividade. Ao ingressar com o agravo interno, demonstra de forma indiscutível que a apelação foi interposta dentro do prazo, o que faz com que o relator se retrate de sua decisão monocrática e, ainda monocraticamente, analise o mérito recursal, quando nota que a sentença recorrida está fundamentada contra súmula do tribunal. Entendo que nesse caso o relator, após se retratar do não conhecimento do recurso em razão da suposta intempestividade, poderá conhecer e dar provimento ao recurso monocraticamente, em decisão recorrível por agravo interno.

A própria ordem lógica entre a análise dos *pressupostos de admissibilidade* e da *matéria de mérito* leva à conclusão obtida. E o mesmo se verifica – descontada a teratologia da situação – quando o juiz julga o mérito, se retrata em razão do agravo interno e, devolvido a ele o processamento do recurso, julga novamente de forma monocrática, mas agora em sentido contrário. Havia considerado o recurso manifestamente improcedente, e por isso negou seu provimento, mas o agravo interno foi tão convincente que o convenceu não só de que o recurso nada tinha de improcedente, como também de que a decisão recorrida afrontava súmula ou jurisprudência dominante de tribunal superior, levando o relator ao julgamento monocrático, mas agora em sentido contrário. Extremamente raro, reconhece-se, mas juridicamente possível[154].

25.3.2.5.2. Inclusão em pauta

O art. 557, § 1.º, do CPC prevê que, não havendo retratação, o relator apresentará o processo em mesa. Duas questões de alta relevância surgem de tal previsão: a primeira, de que não haveria a necessidade de intimação do agravado para contra-arrazoar o agravo retido, e a segunda, de que essa inclusão em pauta afastaria a necessidade de tornar público o julgamento por meio de intimação das partes da data do julgamento.

Alega-se que a desnecessidade de inclusão do processo na pauta de julgamentos seria opção legislativa em prol da aceleração procedimental, não se exigindo do relator a inclusão do recurso em pauta, sendo o recurso simplesmente levado a uma sessão de julgamento escolhida pelo relator, sem a intimação das partes, quando então será realizado o julgamento colegiado. Acertadamente a doutrina majoritária vê nessa conduta uma manifesta ofensa ao *princípio da ampla defesa*, já que, a par da impossibilidade de sustentação oral, não é correta a prática de atos processuais sem a indispensável publicidade[155]. Os tribunais superiores, entretanto, têm entendimento consolidado em sentido diverso, com a **dispensa de inclusão em pauta**, apontando para o indesejável atraso e complicação procedimental que seriam gerados pela necessidade da pratica de tal ato processual[156].

---

154 Contra: Gusmão Carneiro, *Poderes*, p. 21.

155 Nery-Nery, *Código*, p. 962; Gusmão Carneiro, *Recurso*, n. 137, p. 341; Barbosa Moreira, Lei 9.756, p. 83-86.

156 STJ, 6.ª Turma, RMS 12.236/SP, rel. Min. Maria Thereza de Assis Moura, j. 09.10.2007, *DJ* 29.10.2007; STJ, 1.ª Turma, REsp 785.667/RJ, rel. Luiz Fux, j. 15.04.2008, *DJ* 14.05.2008.

25.3.2.5.3. Contraditório

A apresentação em mesa, além da já enfrentada crítica quanto à ausência de ciência prévia das partes sobre a data do julgamento, também leva grande parte da doutrina a criticar a **ausência de intimação da parte agravada** para apresentar suas contrarrazões ao recurso, com o que se estaria afrontando o princípio do *contraditório*[157].

Alguns doutrinadores, ao comentarem essa inexistência de contrarrazões no agravo interno, se manifestaram pela sua constitucionalidade, ora alegando que o contraditório no momento do julgamento do agravo interno é prescindível, posto que já ocorrido anteriormente, ou então que nesse caso o contraditório não é necessário, considerando-se sua efetiva realização no futuro processamento do recurso[158]. O pensamento dos doutrinadores nesses casos, portanto, seria de que o contraditório se verificará antes ou depois desse julgamento, não havendo nenhuma afronta ao princípio do contraditório a inexistência de intimação do agravado para a apresentação de contrarrazões.

Concordo parcialmente com esse entendimento, porque, se for notado no caso concreto que o contraditório não pode ser aplicado de forma eficaz posteriormente, é mais adequado observá-lo no próprio agravo interno. Os tribunais superiores, entretanto, interpretam literalmente o dispositivo legal, dispensando o contraditório no julgamento do agravo interno[159].

25.3.2.5.4. Agravo interno manifestamente inadmissível ou infundado

Tendo sido proferida decisão monocrática pelo relator, pode-se imaginar que toda parte sucumbente ingressará com agravo interno, única forma de reverter por uma decisão do órgão colegiado a decisão monocrática do relator. O raciocínio é primário: já tendo sido derrotado monocraticamente, nenhuma razão impedirá o sucumbente de chamar o órgão colegiado para prolação de nova decisão, considerando-se que na pior das hipóteses tudo ficará como está (o recorrente continua a ser derrotado). Para evitar o abuso no ingresso do agravo interno[160], o art. 557, § 2.º, do CPC prevê a aplicação de uma multa entre 1% e 10% do valor da causa, ficando a interposição de qualquer outro recurso condicionado ao depósito do respectivo valor.

Entende-se por manifesta inadmissibilidade a ausência flagrante e indiscutível de um dos pressupostos de admissibilidade recursal, ou seja, um vício formal que

---

[157] Barbosa Moreira, *Lei 9.756*, p. 83-86; Nery-Nery, *Código*, p. 962.

[158] Pinto, *Manual*, p. 232; Gusmão Carneiro, *Poderes*, p. 22; Carvalho, *Poderes*, n. 15.1.5, p. 171-174.

[159] *Informativo* 472/STJ: 4.ª Turma, EDcl no AgRg no Ag 1.322.327/RJ, rel. Min. João Otávio de Noronha, j. 10.05.2011; STJ, 1.ª Turma, REsp 785.667/RJ, rel. Luiz Fux, j. 15.04.2008, *DJ* 14.05.2008; STJ, 6.ª Turma, EDcl no AgRg no Ag 643.770/MG, rel. Min. Hélio Quaglia Barbosa, j. 06.04.2006, *DJ* 21.08.2006; STJ, 2.ª Turma, REsp 289.645, rel. Min. Francisco Peçanha Martins, rel. para acórdão Min. Eliana Calmon, j. 21.05.2002, *DJ* 26.05.2003.

[160] Barbosa Moreira, *Comentários*, n. 367, p. 686; Nery-Nery, *Código*, p. 962.

se pode notar de plano, sem maiores dificuldades. Agravo interno manifestamente infundado é o recurso sem fundamentação jurídica séria, contrário a texto expresso de lei ou interpretação consolidada na doutrina e jurisprudência. A multa não deve ser aplicada somente porque a fundamentação é infundada, de forma a ser negado provimento ao recurso; a utilização do termo "manifestamente" mostra claramente a exigência de que o recorrente, conscientemente, ingressou com recurso sem qualquer substrato fático ou jurídico minimamente sério.

Os tribunais de segundo grau devem ter especial cautela no entendimento do que seja recurso "manifestamente infundado", considerando-se que a interposição do agravo interno nesses tribunais é a única forma de chegar aos tribunais superiores. Sendo o agravo interno uma espécie de recurso ordinário e exigindo-se o esgotamento das vias ordinárias de impugnação para o cabimento dos recursos extraordinário e especial, não haverá outra saída à parte que não o ingresso do agravo interno. Diante dessa exigência do sistema recursal, os tribunais de segundo grau devem ter redobrada atenção ao impor a multa.

Nota-se no art. 557, § 2.º, do CPC uma dupla sanção ao agravante:

(a) aplicação de multa de 1% a 10% do valor da causa (interessará nessa fixação o grau de abuso praticado pelo agravante);

(b) condicionar o depósito do valor da multa em juízo para que futuros recursos sejam recebidos, criando-se um *pressuposto de admissibilidade recursal* específico para essa situação.

Não existe qualquer inconstitucionalidade nessa previsão legal, não se podendo afirmar que haja qualquer restrição ao acesso à justiça, considerando-se que a sanção foi gerada por ato desleal da própria parte[161].

Entendo pela aplicação da sanção processual ora analisada aos *beneficiários da assistência judiciária*, que, muito embora sejam isentos do adiantamento no pagamento de custas judiciais, não podem se valer desse benefício para a prática de atos de deslealdade e má-fé processual[162]. O *Ministério Público*, a exemplo das pessoas jurídicas de direito público, também deveriam suportar os efeitos do artigo legal ora analisado[163]. Também entendo que a Fazenda Pública teria de depositar o valor em juízo nos termos do dispositivo legal, mas não é esse o entendimento atual do Superior Tribunal de Justiça, que **isenta a Fazenda Pública da multa** ora discutida por aplicação do art. 1.º-A da Lei 9.494/1997 e por considerar que a natureza da multa é de custas processuais, nos termos do art. 35 do CPC[164]. Adotando-se essa premissa, estende-se o privilégio para todos que estão isentos do adiantamento de custas, tal como o Ministério Público e o beneficiário da assistência judiciária.

---

[161] Carvalho, *Poderes*, p. 230-232.

[162] Armelin, *Apontamentos*, p. 213; Pimentel Souza, *Introdução*, n. 10.9, p. 287. Contra: Arenhart, *A nova*, p. 57.

[163] Carvalho, *Poderes*, n. 16.6, p. 233; Contra: Barbosa Moreira, *Comentários*, n. 367, p. 686.

[164] *Informativo* 418/STJ: 1.ª Turma, REsp 1.070.897/SP, rel. Min. Luiz Fux, j. 03.12.2009; *Informativo STJ*/332, 17-21.09.2007: EREsp 808.525/PR, rel. Min. Luiz Fux, j. 19.09.2007.

25.3.3. Agravo contra decisão denegatória de seguimento de recurso especial e extraordinário

25.3.3.1. *Introdução*

O art. 544 do CPC prevê o recurso cabível contra a decisão monocrática do presidente ou vice-presidente (dependendo do regimento interno) do tribunal de segundo grau que não recebe o recurso especial e/ou o recurso extraordinário. Tradicionalmente, o legislador chamava tal recurso de "agravo de instrumento", o que nunca se mostrou correto, como demonstrado em edições anteriores da presente obra. A Lei 12.322/2010 modificou o nome do recurso, que passou a se chamar simplesmente agravo.

A mudança de nome, portanto, deve ser comemorada pelo simples fato de distanciar o agravo do art. 544 do CPC do agravo de instrumento, ainda que para adotar como nome o termo genérico "agravo". O legislador, entretanto, foi além de uma mudança meramente semântica, modificando importante aspecto do procedimento do recurso ora em análise. Segundo consta da atual redação do art. 544, *caput*, do CPC, não sendo admitido o recurso especial ou extraordinário, caberá, no prazo de dez dias, recurso de agravo a ser interposto nos próprios autos principais, que após a observação do contraditório, nos termos do art. 544, § 3.º, do CPC, serão encaminhados ao tribunal superior.

Seja como for, o importante é reconhecer que, por suas particularidades, o agravo do art. 544 do CPC é uma **espécie autônoma de agravo**.

25.3.3.2. *Cabimento*

Estabelece o art. 544, *caput*, do CPC que o recurso de agravo ora analisado é cabível contra a decisão que não admite o recurso extraordinário ou o recurso especial, não havendo nenhuma indicação do juízo competente para proferir tal decisão. Dessa forma, caberá o agravo contra:

(a) decisão monocrática do presidente ou vice-presidente do Tribunal de Justiça ou Tribunal Regional Federal,

(b) do presidente do Colégio Recursal, ou

(c) do juízo sentenciante na hipótese de embargos infringentes do art. 34 da Lei 6.830/1980 (LEF), que ao analisar o juízo de admissibilidade dos recursos excepcionais não admite o seu seguimento aos tribunais superiores.

Não é cabível o agravo do art. 544 do CPC contra a decisão que determina a **retenção** dos recursos extraordinário e especial, sendo nítida a diferença entre *reter* o recurso e *não admiti-lo*. Também não será cabível contra a decisão de admissão parcial desses recursos, porque nesse caso o recurso seguirá ao tribunal competente exatamente da mesma forma que seguiria se a admissão fosse integral, de forma que o tribunal superior poderá conhecer e se manifestar sobre todos os fundamentos, inclusive os inadmitidos[165].

25.3.3.3. *Procedimento*

No prazo de 10 dias contados da intimação da decisão que denegou o seguimento do recurso excepcional caberá à parte sucumbente o ingresso do agravo previsto no art. 544 do CPC perante o próprio órgão prolator da decisão recorrida. Nos termos do art. 544, *caput*, do CPC, o agravo será autuado nos próprios autos principais, o que naturalmente dispensa o recorrente de instruir o recurso com cópias de peças processuais. Segundo o art. 544, § 1.º, do CPC, havendo decisão denegatória de seguimento de recurso especial e de recurso extraordinário, o recorrente deve ingressar com um agravo para cada recurso inadmitido.

O agravado será intimado para contrarrazoar em 10 dias, e após o decurso do prazo, com ou sem resposta, os autos serão encaminhados ao tribunal superior, observando-se o disposto no art. 543 deste Código e, no que couber, na Lei 11.672, de 8 de maio de 2008. Ainda que o art. 544, § 3.º, do CPC, preveja que essa remessa será realizada em seguida à oitiva do recorrido, tratando-se de recurso de agravo, é permitido ao relator realizar um juízo de retratação, reconhecendo seu equívoco e remetendo imediatamente o recurso especial e/ou extraordinário aos tribunais competentes para o seu julgamento[166].

Ainda que o recurso de agravo tenha sido interposto perante o órgão julgador da decisão recorrida, e desse órgão seja exigida a prática dos atos processuais já descritos, não tem competência para realizar juízo de admissibilidade, devendo remeter o recurso aos órgãos superiores ainda que entenda pela sua inadmissibilidade, sob pena de usurpação de competência[167]. Na hipótese de ilegalmente não receber o recurso, impedindo seu envio aos tribunais superiores, há entendimento jurisprudencial e doutrinário pelo cabimento da *reclamação constitucional*[168], ainda que não se deva afastar peremptoriamente o ingresso de *mandado de segurança*, aplicando-se nesse caso o princípio da *fungibilidade*.

Distribuído o agravo no tribunal superior, os autos serão conclusos para o relator sorteado, que deverá monocraticamente fazer o primeiro juízo de admissibilidade recursal. O julgamento monocrático é regulado pelo art. 544, § 4.º, do CPC, dispositivo legal muito superior tecnicamente ao art. 557, *caput* e § 1.º-A, que tratam como regra geral do tema.

O primeiro mérito do art. 544, § 4.º, do CPC é separar o julgamento de admissibilidade recursal da análise de seu mérito. Dessa forma, o relator não

---

165 Súmulas 292/STJ e 528/STF.

166 Pimentel Souza, *Introdução*, n. 11.6, p. 296.

167 Barbosa Moreira, *Comentários*, 330, p. 609.

168 STF, Tribunal Pleno, Rc 4.484/SO, rel. Min. Marco Aurélio, 13.09.2007, *DJ* 23.11.2007; STJ, 2.ª Seção, Rc 1.029/SP, rel. Sálvio Figueiredo Teixeira, j. 11.12.2002, *DJ* 24.03.2003. Nery-Nery, *Código*, nota 4 art. 544, p. 945.

conhecerá o agravo em duas situações: (a) recurso manifestamente inadmissível; (b) ou que não tenha atacado especificamente os fundamentos da decisão agravada. Diferente do art. 557, *caput*, do CPC, não há previsão de julgamento monocrático para recurso prejudicado, o que, entretanto, não retira essa possibilidade, por meio de aplicação subsidiária da regra geral. Uma vez conhecido o recurso, o relator poderá negar-lhe provimento, se correta a decisão que não admitiu o recurso.

O art. 544, § 4.º, II, "b" e "c", aparentemente não dizem respeito ao julgamento do recurso de agravo, mas sim do recurso especial ou extraordinário que teve seu seguimento negado em decisão agravada, lembrando as antigas regras dos §§ 3.º e 4.º do art. 544 do CPC, em sua redação anterior. Segundo os supracitados dispositivos legais, ao conhecer o agravo o relator poderá: "II – (...) b) negar seguimento ao recurso manifestamente inadmissível, prejudicado ou em confronto com súmula ou jurisprudência dominante no tribunal; c) dar provimento ao recurso, se o acórdão recorrido estiver em confronto com súmula ou jurisprudência dominante no tribunal".

Ainda que se compreenda o objetivo do legislador em dar ao procedimento a maior celeridade possível, inclusive mantendo a ideia de o tribunal superior se valer do agravo para o julgamento do recurso especial e extraordinário, com a nova realidade de remessa dos autos principais aos tribunais superiores, a serventia de tal técnica procedimental resta sensivelmente esvaziada.

O art. 996 do PLNCPC modifica o nome do recurso, que passa a ser chamado de "agravo de admissão", não havendo modificações procedimentais dignas de nota.

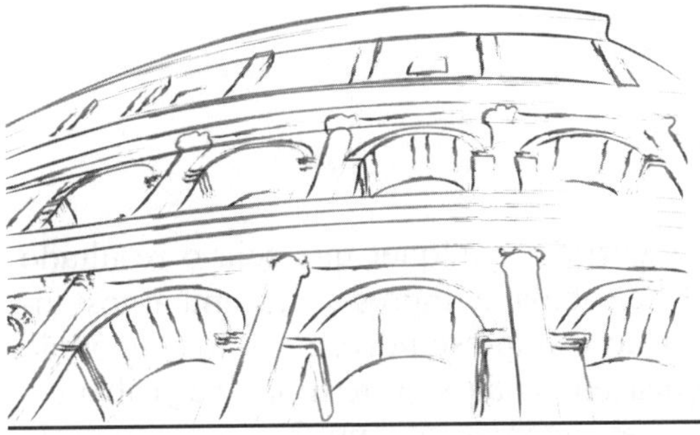

26

EMBARGOS INFRINGENTES

26.1. CABIMENTO

São duas as hipóteses de cabimento dos embargos infringentes previstas pelo art. 530 do CPC:

(a) acórdão não unânime que reforma, em grau de apelação, a sentença de mérito;
(b) acórdão não unânime que julga procedente a ação rescisória.

Como se nota da redação legal, os embargos infringentes só serão cabíveis de decisões colegiadas por **maioria de votos**, proferidas em sede de tribunal. Decisões monocráticas[1] e decisões colegiadas unânimes dos tribunais jamais serão recorríveis pelo recurso ora analisado.

A primeira hipótese de cabimento exige, além da decisão colegiada de segundo grau – órgão competente para o julgamento da apelação –, que se reforme a sentença de mérito, o que naturalmente significa dizer que o recurso de apelação deve ser provido por maioria de votos (2x1). Todas as exigências contidas no dispositivo legal, com redação dada pela Lei 10.352/2001, diminuíram sensivelmente o

[1] Shimura, Embargos, *Aspectos*, vol. 5, coord. Nery e Arruda Alvim Wambier, 2002, p. 501.

âmbito de cabimento dos embargos infringentes, uma vez que não bastará, como ocorria antes, um mero julgamento de apelação por maioria de votos, devendo-se analisar:

(a) a natureza da sentença recorrida; e

(b) a espécie de julgamento da apelação.

Em regra, uma sentença terminativa recorrida, qualquer que seja o resultado da apelação, jamais proporciona à parte derrotada o ingresso de embargos infringentes. Mas nesse tocante uma observação é imprescindível: sendo o acórdão da apelação de mérito, ainda que a sentença recorrida seja terminativa, caberá o recurso de embargos infringentes desde que esse acórdão seja proferido por maioria de votos. Tal circunstância torna-se possível diante da aplicação do art. 515, § 3.º do CPC, por meio do qual o tribunal poderá na apelação julgar originariamente o mérito da demanda. Nesse caso o tribunal anula a sentença terminativa em razão do equívoco do julgador de primeiro grau em extinguir o processo sem resolução do mérito e passa imediatamente ao julgamento de mérito da demanda, desde que a causa esteja madura para o julgamento. Sendo esse acórdão não unânime (2x1), com julgamento de mérito da demanda – acolhimento ou rejeição do pedido do autor –, caberá à parte sucumbente ingressar com embargos infringentes[2].

Na hipótese da apelação contra a sentença de mérito *não ser conhecida* por maioria de votos, não cabem os embargos infringentes, porque nesse caso a divergência encontra-se tão somente no juízo da admissibilidade. Também não são cabíveis os embargos infringentes na hipótese de a apelação passar pelo juízo de admissibilidade e no mérito ser *negado provimento* por maioria de votos. Da mesma forma ocorrerá se a apelação for conhecida e provida por maioria de votos, mas para *anular a sentença* de mérito[3]. O Superior Tribunal de Justiça tem entendimento consolidado de não cabimento de embargos infringentes de decisão de apelação que extingue o processo sem resolução do mérito, ainda que a sentença recorrida seja de mérito[4].

A segunda hipótese de cabimento prevista em lei é o acórdão não unânime que julga procedente a ação rescisória, ação de competência originária do tribunal. O número de julgadores que compõem o órgão colegiado competente para o julgamento da ação rescisória depende do regimento interno do tribunal, pouco importando para fins de cabimento de embargos infringentes qual seja o resultado do julgamento, desde que por maioria de votos a ação rescisória seja

[2] Dinamarco, *A reforma*, n. 139, p. 204; Theodoro Jr., *Curso*, p. 694; *Informativo* 449/STJ, 3.ª Turma, **REsp 1.194.166-RS**, rel. Min. Nancy Andrighi, j. 28.09.2010; STJ, REsp 832.370/MG, 3.ª Turma, rel. Min. Nancy Andrighi, j. 02.08.2007, *DJ* 13.08.2007.

[3] Dinamarco, *A reforma*, n. 138, p. 200; Theodoro Jr., *Curso*, p. 694; Nery e Nery, *Código*, nota 4 ao art. 530, p. 901; Araken de Assis, *Manual*, 59.3, p. 556. Contra: Shimura, *Embargos*, p. 503. No sentido do texto, *Informativo* 355/STJ, 3.ª T., REsp 884.730-RS, rel. Nancy Andrighi, j. 13.05.2008.

[4] STJ, REsp 914.896/MG, 1ª Turma, rel. Min. Francisco Falcão, rel. p/ acórdão Min. Teori Zavascki, j. 26.06.2007, DJ 18.02.2008, p. 26.

julgada procedente. Dessa forma, por exemplo, sendo o órgão colegiado formado por cinco juízes, um acórdão de procedência da ação rescisória será recorrível por embargos infringentes caso o resultado seja de 4x1 ou 3x2. Não são cabíveis os embargos infringentes:

(a) julgamento unânime;
(b) julgamento por maioria de votos extinguindo a ação rescisória sem a resolução de mérito;
(c) julgamento por maioria de votos pela improcedência do pedido.

Cumpre lembrar que a ação rescisória tem em regra uma cumulação de pedidos: rescisão da decisão de mérito transitada em julgado (*iudicium rescindens*) e a realização de um o novo julgamento (*iudicium rescisorium*). Havendo tal cumulação de pedidos e sendo acolhido o primeiro, o acórdão terá ao menos dois capítulos, cada qual decidindo um dos pedidos formulados pelo autor da ação rescisória. Serão cabíveis os embargos infringentes contra qualquer um desses capítulos decididos por maioria de votos, desde que julgando procedente a ação rescisória[5].

26.1.1. Hipóteses atípicas de cabimento

Apesar da aparente rigidez do art. 530 do CPC, a doutrina entende que existem outras hipóteses de cabimento dos embargos infringentes, além das duas previstas pelo texto legal. O art. 557 do CPC permite o julgamento monocrático do recurso pelo relator desde que sejam preenchidos os requisitos previstos no dispositivo legal. Sendo a apelação julgada contra sentença de mérito julgada monocraticamente pelo relator, caberá recurso de **agravo interno** para o órgão colegiado, e, sendo o acórdão desse recurso não unânime, reformando a sentença de mérito originariamente recorrida por apelação, caberão embargos infringentes[6]. Do mesmo modo ocorre no julgamento de **embargos de declaração** interpostos contra acórdão de apelação e de ação rescisória, desde que no primeiro caso o resultado seja de reforma de sentença de mérito e no segundo, de procedência da ação rescisória, e o resultado dos embargos de declaração passe a integrar a decisão recorrida[7].

Além do acórdão do agravo interno e dos embargos de declaração nos termos expostos, também existe entendimento no sentido de que o acórdão que

5 Nery e Nery, notas 9 e 10 ao art. 530, p. 901-902; Barbosa Moreira, Novas, *Temas*, 2004, p. 165; Araken de Assis, *Manual*, 59.4, p. 562; STJ/EAR 2.931/SP, 2.ª Seção, rel. Min. Ari Pargendler, rel. para acórdão Min. Hélio Quaglia Barbosa, j. 13.09.2006; *DJ* 18.12.2006. Contra, entendendo que a maioria de votos se limita ao juízo rescisório: Wambier e Arruda Alvim Wambier, *Breves*, 2002, p. 177; Shimura, *Embargos*, p. 508.

6 Barbosa Moreira, *Novas*, p. 161; Didier-Cunha, *Curso*, p. 226; Scarpinella Bueno, *Curso*, v. 5, p. 210.

7 Informativo 418/STJ: Corte Especial, EREsp 512.399/PE, Rel. Min. Eliana Calmon, j. 02.12.2009; Wambier e Arruda Alvim Wambier, *Breves*, p. 180; Shimura, *Embargos*, p. 506; Araken de Assis, *Manual*, 59.3, p. 558; Barbosa Moreira, *Novas*, p. 166; Scarpinella Bueno, *Curso*, v. 5, p. 210.

decide agravo retido ou de instrumento pode ser excepcionalmente recorrível por embargos infringentes.

Basta imaginar uma **decisão interlocutória de mérito**, que reformada pelo tribunal gera um acórdão que extingue o processo com resolução de mérito. Sendo esse julgamento proferido por maioria de votos (2x1), entende-se pelo cabimento dos embargos infringentes. O exemplo clássico é a decisão que afasta a alegação de prescrição feita pelo réu, que interpõe o recurso, provido por maioria de votos. Nesse caso, o acórdão acolherá a prescrição, extinguindo o processo com resolução de mérito (art. 269, IV, do CPC), e, não sendo unânime, ensejará o cabimento de embargos infringentes[8].

Também é possível vislumbrar o cabimento dos embargos infringentes em hipóteses legais que preveem o cabimento de agravo de instrumento, quando inegável que a decisão de primeiro grau é uma decisão de mérito, como ocorre – ou pode ocorrer – na decisão da liquidação de sentença (art. 475-H do CPC), na decisão da impugnação no cumprimento de sentença (art. 475-M, § 3.º, do CPC), e na decisão que decreta a falência (art. 100 da LF). A opção do legislador nesse caso foi pelo cabimento do agravo de instrumento, o que se respeita, mas isso não pode significar cerceamento de defesa à parte sucumbente pelo julgamento por maioria de votos. Dessa forma, o acórdão de agravo de instrumento decidido por maioria de votos que reforma a decisão interlocutória de mérito é recorrível por embargos infringentes.

Por outro lado, também não se pode desprezar a hipótese do tribunal conhecer matéria de mérito e extinguir o processo por meio do julgamento de agravo de instrumento ainda que a decisão interlocutória recorrida não seja de mérito. Segundo o art. 219, § 5.º do CPC a prescrição e a decadência podem ser conhecidas de ofício pelo juiz, sendo possível que o tribunal o faça ao julgar um agravo de instrumento interposto contra decisão interlocutória que decide questão incidental do processo. Sendo esse julgamento por maioria de votos, entendo cabível os embargos infringentes.

> Guilherme ingressa com agravo de instrumento contra decisão interlocutória que indefere seu pedido de prova pericial. O Tribunal, ao analisar o recurso, entende, por maioria de votos, que há prescrição, e em respeito ao princípio da economia processual, extingue o processo com resolução do mérito por 2x1, sendo essa decisão recorrível por embargos infringentes.

No tocante ao **reexame necessário**, após um período de incerteza, parece que a jurisprudência caminhava para a admissão dos embargos infringentes[9],

---

[8] Marinoni e Arenhart, *Manual*, p. 561, nota de rodapé 32; Nery e Nery, *Código*, p. 901; Shimura, Embargos, p. 504. Súmula STJ/255: "Cabem embargos infringentes contra acórdão, proferido por maioria, em agravo retido, quando se tratar de matéria de mérito".

[9] STJ, REsp 705.982/RS, 1.ª Turma, rel. Min. Francisco Falcão, j. 10.10.2006, *DJ* 14.12.2006, p. 255; STJ, REsp. 604.538/PR, 1.ª Turma, rel. Min. Luiz Fux, rel. para acórdão Min. Teori Albino Zavascki, j. 16.02.2006, *DJ* 18.12.2006, p. 310; STJ, ED em REsp 68.837/RJ, 3.ª Seção, rel. Min. Hamilton Carvalhido, j. 08.11.2000, *DJ*

caminho seguido pela doutrina[10]. Em recente julgamento, entretanto, a Corte Especial do Superior Tribunal de Justiça decidiu pelo não cabimento[11], e ainda mais recentemente sumulou esse entendimento[12]. Entendo pelo cabimento em razão da justificativa da existência dos embargos infringentes, que diante de uma decisão por maioria de votos busca formar um grupo maior de julgadores na tentativa de dar ao julgamento maior segurança jurídica. Havendo no reexame necessário uma reforma da sentença de mérito, parece ser adequado o cabimento dos embargos infringentes para a geração de uma segurança maior derivada de um julgamento com um número maior de julgadores.

O art. 25 da LMS prevê não ser cabível no mandado de segurança o recurso de embargos infringentes, que tem suas hipóteses de cabimento previstas pelo art. 530 do CPC, consagrando legislativamente o entendimento dos tribunais superiores[13]. Para serem cabíveis os embargos infringentes é preciso existir decisão não unânime que reforme sentença de mérito em grau de apelação ou, ainda, de decisão não unânime que julgue procedente a ação rescisória. Pela simples previsão do art. 530 do CPC já era possível a exclusão desse recurso no mandado de segurança de competência originária dos tribunais, considerando a inexistência nesse processo de sentença ou apelação. Ainda que já houvesse consenso jurisprudencial pelo não cabimento dos embargos infringentes mesmo diante de reforma de sentença de primeiro grau em sede de apelação, nada havia a corroborar esse entendimento, considerando-se a aplicação subsidiária das regras do Código de Processo Civil ao mandado de segurança. Ocorre, entretanto, que o legislador optou definitivamente pelo não cabimento dos embargos infringentes no mandado de segurança, e essa previsão expressa naturalmente afasta a aplicação subsidiária das regras recursais do Código de Processo Civil, em especial o art. 530 do CPC.

26.2. OBJETO DOS EMBARGOS INFRINGENTES

Diz o art. 530 do CPC que, se o desacordo for **parcial**, os embargos infringentes serão restritos à matéria que foi objeto da divergência. O dispositivo legal se refere aos *diferentes capítulos* do mesmo acórdão, prevendo que, caso haja julgamento por unanimidade e por maioria de votos nesses capítulos, será recorrível por embargos infringentes somente o capítulo decidido por maioria de votos, sendo o capítulo decidido de forma unânime recorrível, conforme o caso, por recurso extraordinário e/ou recurso especial, com contagem de prazo nos termos do art. 498 do CPC. Na hipótese de os embargos infringentes ultrapassa-

05.03.2001, p. 126. Contra: STJ, REsp. 402.970/RS, 5.ª Turma, rel. Min. Felix Fischer, rel. para acórdão Min. Gilson Dipp, 16.03.2004, *DJ* 01.07.2004, p. 250.

10 Marinoni e Arenhart, *Manual*, p. 561; Nery e Nery, *Código*, nota 7, p. 901; Wambier e Arruda Alvim Wambier, *Breves*, p. 179.

11 *Informativo* 385/STJ, Corte Especial, EREsp 823.905-SC, rel. Luiz Fux, j. 04.03.2009.

12 Súmula 390/STJ: "Nas decisões por maioria, em reexame necessário, não se admitem embargos infringentes"

13 Súmula 597/STF e Súmula 169/STJ.

rem a divergência, o recurso será parcialmente conhecido, julgando-se o mérito somente no tocante à divergência[14]. Nos limites do capítulo decidido por maioria de votos, todos os **motivos e argumentos** são devolvidos, ainda que não tenham sido enfrentados ou que tenham sido rejeitados por unanimidade[15].

O recorrente deverá fundamentar seu recurso tomando por base o(s) voto(s) vencido(s), e, não havendo fundamentação nesse(s) voto(s), caberá recurso de embargos de declaração. Como o recorrente não pode ser prejudicado por uma indevida omissão do tribunal, entende-se que, diante dessa omissão, a divergência será total. A divergência será analisada à luz do *dispositivo do acórdão*, sendo irrelevante uma eventual divergência de fundamentos se na parte dispositiva o acórdão for unânime[16].

> Marina ingressou com demanda de cobrança contra Aline, sendo seu pedido julgado integralmente procedente em primeiro grau. Aline apela da sentença, pleiteando a reforma da decisão. O relator, entendendo que a dívida não foi provada, dá provimento ao recurso. O revisor e o terceiro juiz, entendendo que a dívida foi provada, mas também foi provado o pagamento, dão provimento ao recurso. Nota-se que houve uma divergência de fundamentação entre os votos, mas a parte dispositiva foi unânime, porque os três julgadores entenderam que Marina não tem o direito material que alegava em sua petição inicial. Desse acórdão não cabem embargos infringentes, sendo essa divergência de fundamentação irrelevante para fins de cabimento desse recurso.

Por outro lado, ainda que exista certa divergência jurisprudencial, é natural entender que a divergência pode ser tanto qualitativa como quantitativa. Uma manutenção da condenação em sede de apelação, mas com reforma da sentença por maioria de votos para modificar o valor da condenação naturalmente deve ser impugnada por meio de embargos infringentes[17].

Na hipótese de divergência quantitativa, o órgão julgador deve proferir o voto médio, que será impugnado por meio dos embargos infringentes. Há duas formas de se proferir o voto médio, a depender da previsão regimental: (a) soma do valor dos três votos e divisão; (b) o voto do valor intermediário entre o maior e o menor. Em qualquer situação, o autor pedirá a prevalência do voto com maior valor, e o réu, o voto de menor valor.

A única exceção, como lembra autorizada doutrina, é a excepcional hipótese de divergência de fundamentação referente às causas de pedir que isoladamente podem fundamentar o pedido. Nesse caso, quando cada causa de pedir tem aptidão de, sozinha, fundamentar o pedido, a divergência deve ser analisada à luz

---

[14] *Informativo* 426/STJ: 4.ª Turma, REsp 615.201/SP, rel. Min. Luis Felipe Salomão, j. 09.03.2010.

[15] Humberto Theodoro Jr., *Curso*, p. 693; Shimura, *Embargos*, p. 522.

[16] Theodoro Jr., *Curso*, p. 691; Nery e Nery, *Código*, nota 16, p. 902.

[17] *Informativo* 435/STJ: 1.ª Turma, REsp 1.082.437/RS, rel. Min. Luiz Fux, j. 18.05.2010. Contra: *Informativo* 467/STJ: 4.ª Turma, REsp 808.681/RJ, rel. Min. Luis Felipe Salomão, j. 22.03.2011.

de cada uma delas, sendo irrelevante o resultado final, que inclusive pode ser unânime[18].

Edison alega erro, dolo e coação na celebração de contrato com Jussara e pede a sua rescisão, sendo o pedido julgado improcedente em razão de o juiz de primeiro grau ter afastado a existência dos três vícios do consentimento alegados por Edison que, inconformado, ingressa com apelação. O relator entende que houve erro, mas não dolo nem coação, dando provimento à apelação interposta por Edison. O revisor entende que houve dolo, mas não houve erro nem coação, dando provimento à apelação. O terceiro juiz entende que houve coação, mas que não houve erro ou dolo, também dando provimento ao recurso. O resultado final, portanto, é unânime no acolhimento da apelação, mas analisada cada causa de pedir isoladamente, Edison, o apelante, perdeu em todas elas por maioria de votos, sendo nesse caso cabível o recurso de embargos infringentes por Jussara, a apelada, em razão das divergências verificadas em cada causa de pedir. O raciocínio é que, se essas causas de pedir tivessem sido alegadas isoladamente, Jussara ganharia a demanda em qualquer situação, daí o cabimento dos embargos infringentes, ainda que o resultado tenha sido unânime.

26.3. EFEITOS DOS EMBARGOS INFRINGENTES

Não resta dúvida na doutrina da existência de *efeito translativo* – para a doutrina que defende a existência desse efeito, visto que há doutrinadores que entendem ser tal efeito mero reflexo da profundidade do efeito devolutivo – nos embargos infringentes, considerando-se tratar-se de recurso ordinário. O reconhecimento de matéria de ordem pública será admitido ao órgão julgador competente para o julgamento dos embargos infringentes, havendo controvérsia a respeito da abrangência desse efeito, conforme já analisado no Capítulo 20, item 20.5. Com relação aos embargos infringentes, há interessante particularidade que deve ser considerada.

Para parcela da doutrina o efeito translativo limita-se ao capítulo decidido por maioria de votos e devolvido ao tribunal pelos embargos infringentes, desde que sejam capítulos autônomos[19]. Para outra corrente doutrinária, a apreciação de matéria de ordem pública em sede de embargos infringentes atinge todos os capítulos do acórdão, até mesmo aqueles decididos por unanimidade e, por essa razão, não recorridos[20]. Compartilho desse segundo entendimento porque os capítulos não recorridos não transitaram em julgado, considerando-se que as partes devem aguardar o julgamento dos embargos infringentes para impugná-los por meio de recurso extraordinário e/ou especial. Não havendo ainda o trânsito em julgado relativamente a tais capítulos não impugnados, parece mais adequado

18 Marinoni e Arenhart, *Manual*, p. 562-563; Shimura, *Embargos*, p. 511-512.

19 Nery e Nery, *Código*, p. 902.

20 STJ, REsp 909.429/PR, 1ª Turma, rel. Min. José Delgado, j. 20.11.2007, DJ 12.12.2007, p. 398; Shimura, *Embargos*, p. 514; Araken de Assis, *Manual*, 60.1.2, p. 565-566. *Informativo* 380, 4.ª T., REsp 304.629-SP, rel. Luis Felipe Salomão, 04.12.2008.

permitir ao tribunal o conhecimento da matéria de ordem pública por uma questão de economia processual.

No tocante ao *efeito devolutivo* aplicam-se as considerações feitas no Capítulo 20, item 20.3, sendo a matéria devolvida para **todos os juízes** que compõem o órgão competente para o julgamento dos embargos infringentes, ainda que alguns deles tenham participado do julgamento do acórdão recorrido. A escolha dos novos julgadores dependerá de regras regimentais, mas naqueles tribunais em que os julgadores do acórdão recorrido também participam do julgamento dos embargos infringentes é admissível que modifiquem o seu entendimento, proferindo voto nos embargos infringentes em sentido contrário ao proferido na apelação ou na ação rescisória. O julgador não estará modificando o seu voto anterior, o que naturalmente é impossível, mas, em razão da devolução para todos os componentes do órgão competente para o julgamento dos embargos infringentes, o entendimento poderá ser modificado. Essa é a razão pela qual, mesmo nos tribunais em que os julgadores que participaram do julgamento da apelação ou da ação rescisória formam o órgão colegiado para o julgamento dos embargos infringentes, o julgamento desse recurso pode ser **unânime**, apesar de ser extremamente rara essa ocorrência.

Quanto ao *efeito suspensivo* é preciso fazer uma distinção das duas hipóteses de cabimento:

(a) contra acórdão de ação rescisória e

(b) contra acórdão de recurso – em regra a apelação, nos termos do art. 530 do CPC.

Na primeira hipótese os embargos infringentes sempre terão efeito suspensivo, enquanto na segunda hipótese a existência do efeito suspensivo dependerá de ter efeito suspensivo o recurso cujo acórdão se impugna por embargos infringentes, não se modificando o *status quo ante*[21]. Caso o recurso de apelação tenha efeito suspensivo, os embargos também o terão, mantendo-se assim a suspensos os efeitos da sentença até o julgamento dos embargos infringentes. Caso a apelação não tenha efeito suspensivo, também não terá tal efeito os embargos infringentes, de forma que se a sentença estava gerando seus efeitos, assim continuará a ocorrer até o julgamento dos embargos infringentes, sendo nesse caso admissível a concessão de efeito suspensivo nos termos do art. 558 do CPC, aplicado por analogia.

26.4. PROCEDIMENTO

O prazo de interposição dos embargos infringentes é de **15 dias**, aplicando-se a regra do art. 498 do CPC sempre que o acórdão tiver capítulo(s) decidido(s) de forma unânime e capítulo(s) decidido(s) por maioria de votos, recorríveis por embargos infringentes, nos termos do art. 530 do CPC. Nesse caso, o único prazo a ser contado da intimação do acórdão é o de 15 dias para o ingresso

[21] Marinoni e Arenhart, *Manual*, p. 565; Nery e Nery, *Código*, p. 902.

dos embargos infringentes, sendo irrecorrível a parcela do acórdão decidido por unanimidade. Após esse prazo, e tendo sido interpostos embargos infringentes, as partes serão intimadas do acórdão que decide o recurso, podendo ingressar com recursos extraordinário e especial, que terão como objeto tanto o acórdão dos embargos infringentes como a parcela do acórdão originário decidida de forma unânime e até então ainda não recorrida.

Não havendo a interposição dos embargos infringentes, as partes serão intimadas[22] e a partir de então passará a contar o prazo de 15 dias para os recursos extraordinário e especial, limitados em seu objeto à parcela do acórdão originário decidida de forma unânime, visto que a parte decidida por maioria de votos terá transitado em julgado em razão da não interposição dos embargos infringentes. O art. 498 do CPC prestigia o princípio da *unirrecorribilidade*, evitando a interposição simultânea de embargos infringentes, recurso especial e recurso extraordinário contra o mesmo acórdão.

Interpostos os embargos infringentes, será aberto prazo para o embargado apresentar em 15 dias as contrarrazões. O art. 532 do CPC não permite ao relator do acórdão recorrido, para quem é endereçado o recurso de embargos infringentes, fazer um juízo de admissibilidade antes desse momento[23], sendo inclusive tarefa do cartório judicial providenciar a intimação do embargado, não tendo o relator nem mesmo contato com os autos antes desse momento procedimental[24]. Após o decurso do prazo, com ou sem as contrarrazões, o relator do acórdão impugnado fará monocraticamente o juízo de admissibilidade, não se admitindo o julgamento monocrático no mérito recursal previsto pelo art. 557 do CPC[25]:

(a) sendo *negativo*, não recebe o recurso, em decisão recorrível em 5 dias por meio do agravo interno (art. 532 do CPC) para o órgão colegiado competente para o julgamento dos embargos infringentes;

(b) sendo *positivo*, os embargos infringentes terão o procedimento previsto pelo regimento interno do tribunal (art. 533 do CPC), e a escolha de um novo relator recairá, se possível, em juiz que não haja participado do primeiro julgamento (art. 534 do CPC).

É importante consignar que, nos termos do art. 532 do CPC, sendo negativo o juízo de admissibilidade feito monocraticamente pelo relator do acórdão recorrido, e interposto o agravo interno em 5 dias, será necessário formar o órgão colegiado competente para o julgamento dos embargos infringentes. Isso significa que esse órgão competente será formado tanto diante do juízo de admissibilidade positivo como do juízo de admissibilidade negativo recorrido por agravo interno. A partir desse momento, serão as regras do regimento interno que ditarão o procedimento dos embargos infringentes.

---

22 Scarpinella Bueno, *Curso*, vol. 5, p. 222. Contra, entendendo que o prazo do REsp e RExt tem início no esgotamento do prazo dos embargos infringentes: Marinoni e Arenhart, *Manual*, p. 564.

23 Theodoro Jr., *Curso*, p. 692.

24 Marinoni e Arenhart, *Manual*, p. 566.

25 Araken de Assis, *Manual*, n. 61.5, p. 569; Shimura, *Embargos*, p. 517-519.

O PLNCPC retira o recurso de embargos infringentes do rol recursal.

27

EMBARGOS DE DECLARAÇÃO

27.1. NATUREZA JURÍDICA

Os embargos de declaração são o único meio de impugnação de decisão judicial previsto no art. 496 do CPC, que suscita na doutrina debate a respeito de sua natureza jurídica. A discussão, apesar de interessante, limita-se ao campo doutrinário, desde que compreendidas as características essenciais dos embargos de declaração. Sua classificação como recurso ou como mero pedido de melhora formal da decisão não é capaz de modificar tais características, não gerando a solução dessa questão consequências práticas relevantes.

Parcela da doutrina entende que, apesar da sua colocação pela lei no rol dos recursos, os embargos de declaração não têm essa natureza, tratando-se na realidade de um instrumento processual colocado à disposição das partes para a correção de vícios formais da decisão, com o objetivo de aprimorar a qualidade formal dessa decisão e como consequência a qualidade da prestação jurisdicional[1]. Afirma-se que pelos embargos de declaração não se pretende a reforma ou

---

1 Bermudes, *Efeito*, p. 70-71.

a anulação da decisão, função dos recursos, mas somente o seu aclaramento ou complementação.

Seguindo a opção legislativa, outra parcela doutrinária – que parece ser a mais correta – defende a **natureza recursal** dos embargos de declaração, afirmando que é possível ao legislador optar entre a natureza recursal ou não dos embargos, devendo ser respeitada a opção feita na inclusão dos embargos de declaração no art. 496 do CPC (rol de recursos)[2]. Por outro lado, os embargos de declaração preenchem os requisitos essenciais para que um meio de impugnação seja considerado recurso[3]:

(i) permitem a revisão da decisão;
(ii) exigem o preenchimento dos pressupostos de admissibilidade;
(iii) obstam a preclusão da decisão;
(iv) permitem a modificação da decisão, não se limitando ao esclarecimento ou integração da decisão, ao menos nos casos de omissão e contradição.

Há ainda uma terceira corrente doutrinária que entende que a natureza recursal dos embargos de declaração dependerá da sua aptidão de modificar o conteúdo da decisão impugnada. Sendo apto a tal modificação, os embargos de declaração têm natureza recursal, enquanto limitando-se à mera integração, correção, retificação, complementação e elucidação do ato decisório, sem a sua modificação substancial, não terão natureza recursal. A natureza jurídica, assim, é híbrida, a depender da pretensão do embargante no caso concreto[4].

27.2. CABIMENTO

A questão do cabimento dos embargos de declaração deve ser enfrentada em duas etapas: num primeiro momento devem-se indicar quais as espécies de pronunciamento são impugnáveis por esse recurso; num segundo momento, quais são os vícios que legitimam sua interposição.

27.2.1. Pronunciamentos recorríveis

Aduz o art. 535, I, do CPC que os embargos de declaração são cabíveis contra **sentença** e **acórdão**, mas doutrina e jurisprudência apontam para a inadequada timidez do dispositivo legal. Não existe qualquer razão plausível para a exclusão das **decisões interlocutórias** do âmbito de aplicação dos embargos de declaração, assim como também não se justifica o entendimento que impeça a propositura

---

2 Barbosa Moreira, *Comentários*, n. 297; Araken de Assis, *Manual*, n. 64, p. 579.

3 É majoritária a doutrina que defende a natureza recursal dos embargos de declaração: Nery-Nery, *Comentários*, nota 1 ao art. 535, p. 907; Theodoro Jr., *Curso*, 558, p. 698.

4 Dinamarco, *A nova*, n. 94; Bondioli, *Embargos*, p. 55-73.

de tal recurso contra **decisão monocrática** – final ou interlocutória – proferida pelo relator em sede recursal ou mesmo em ação de competência originária. Até mesmo contra **despacho**, em regra irrecorríveis por expressa previsão legal (art. 504 do CPC), será cabível o recurso de embargos de declaração[5].

Doutrina autorizada entende acertadamente que os embargos de declaração têm a maior amplitude no tocante ao cabimento dentre todos os recursos, sendo cabível contra todo e qualquer pronunciamento judicial, independentemente de sua natureza[6]. O entendimento é incontestável, porque não há nenhum sentido permitir que pronunciamentos omissos, contraditórios ou obscuros não posam ser impugnados pelas partes que pretendem afastar tais vícios no caso concreto. Por vezes, a incompreensão de um pronunciamento judicial pode inclusive impedi-lo de atingir sua finalidade, além de uma decisão omissa ser óbvia denegação da atividade jurisdicional, o que em nenhuma hipótese pode ser aceito.

No tocante a esse amplo cabimento dos embargos de declaração, é importante fazer dois registros decorrentes da jurisprudência de nossos tribunais superiores.

No Supremo Tribunal Federal existem decisões que apontam para o manifesto não cabimento dos embargos de declaração contra a decisão proferida pelo tribunal de segundo grau – por meio do presidente ou vice-presidente, a depender do Regimento Interno – que denega o seguimento de recurso extraordinário, inclusive com a prejudicial consequência de não haver nesse caso interrupção do prazo para a interposição de outros recursos[7]. O entendimento não tem nenhum substrato jurídico aceitável que o possa embasar, mas de qualquer forma essas decisões servem de aviso aos operadores do direito.

Por outro lado, é corrente nos tribunais superiores o recebimento dos embargos de declaração por agravo interno, quando o recurso é interposto contra a decisão monocrática do relator. Aplicando-se a *fungibilidade*, afirma-se que essa conversão prestigia o princípio da *celeridade processual*, proporcionando imediatamente um julgamento colegiado[8]. Mais uma vez trata-se de entendimento equivocado, em injustificável desconsideração dos diferentes objetos e objetivos dos dois recursos, claramente distintos.

27.2.2. Vícios que legitimam o ingresso dos embargos de declaração

O art. 535 do CPC consagra três espécies de vícios passíveis de correção por meio dos embargos de declaração: *obscuridade*, *contradição* (art. 535, I, do CPC) e *omissão* (art. 535, II, do CPC). A dúvida não mais faz parte dos vícios

5 Barbosa Moreira, *Comentários*, n. 298, p. 545; Nery-Nery, *Comentários*, p. 907. Contra: Pimentel Souza, *Introdução*, n. 16.5.2, p. 465.

6 Araken de Assis, *Manual*, n. 66.1.3, p. 584-585; Marinoni-Arenhart, *Manual*, p. 556.

7 Informativo STF/462: AI 588.190 AgR/RJ, rel. Min. Ricardo Lewandowski, j. 03.04.2007.

8 STF, Tribunal Pleno, SS-AgR-ED 3.039/SP, rel. Min. Ellen Gracie, j. 11.10.2007, *DJ* 14.11.2007; STJ, EDcl no EREsp 288.118/DF, Corte Especial, rel. Francisco Peçanha Martins, j. 17.11.2004, *DJ* 17.12.2004. *Informativo* 278/STJ, 4.ª T., EDcl no Ag 453.716-RJ, rel. Quaglia Barbosa, j. 04.03.2006.

descritos pelo Código de Processo Civil, o que deve ser elogiado, visto que não é propriamente um vício da decisão, mas um estado subjetivo de incerteza de quem não consegue compreendê-la. Caso a incompreensão seja derivada de uma obscuridade ou contradição, é natural o cabimento dos embargos de declaração, mas em razão desses vícios, e não do estado subjetivo de incerteza do leitor da decisão. Infelizmente, entretanto, a *dúvida* continua a legitimar o ingresso de embargos de declaração nos Juizados Especiais (art. 48, *caput*, da Lei 9.099/1995) e nos processos arbitrais (art. 30, II, da Lei 9.307/1996).

A omissão refere-se à ausência de apreciação de questões relevantes sobre as quais o órgão jurisdicional deveria ter se manifestado, inclusive as matérias que deva conhecer de ofício[9]. Ao órgão jurisdicional é exigida a apreciação tanto dos pedidos como dos fundamentos de ambas as partes a respeito desses pedidos. Sempre que se mostre necessário, devem ser enfrentados os pedidos e os fundamentos jurídicos do pedido e da defesa, sendo que essa necessidade será verificada no caso concreto, em especial na hipótese de cumulação de pedidos, de causas de pedir e de fundamentos de defesa.

Na cumulação de pedidos o acolhimento ou a rejeição de um deles pode tornar os demais prejudicados, não havendo nenhum sentido exigir do juiz o enfrentamento e solução de tais pedidos em sua decisão:

(a) na cumulação sucessiva prejudicial, rejeitado o pedido anterior, o pedido posterior perde o objeto;

(b) na cumulação subsidiária o acolhimento do pedido anterior torna o pedido posterior prejudicado;

(c) na cumulação alternativa o acolhimento de qualquer um dos pedidos torna os demais prejudicados.

Nessas circunstâncias, é incorreto apontar omissão na decisão do juiz que deixa de enfrentar pedidos prejudicados.

Fenômeno semelhante ocorre no tocante à cumulação de causas de pedir e de matérias de defesa. Nesse caso é possível estabelecer uma regra: quando a omissão disser respeito à matéria alegada pela parte vencedora na demanda, não haverá necessidade de seu enfrentamento, faltando interesse de agir na interposição de embargos de declaração.

> Mariana ingressa com demanda judicial de investigação de paternidade cumulada com alimentos contra Felipe. Sendo julgado improcedente o pedido de declaração de paternidade, o pedido de alimentos será prejudicado, não sendo cabível o recurso de embargos de declaração diante da ausência de decisão a seu respeito. Marina ingressa com demanda de rescisão contratual contra Carlos, fundamentando sua pretensão no erro e dolo, vícios do consentimento. Acolhido pelo juiz a alegação de erro, julgará a demanda procedente, não sendo cabíveis embargos de declaração para exigir decisão a respeito do dolo. Aline ingressa com demanda judicial de cobrança contra

[9] Barbosa Moreira, *Código*, nota 301, p. 548; Araken de Assis, *Manual*, nota 66.2.1.1, p. 588.

Edison, que em sua defesa alega a prescrição e a compensação. Acolhida em sentença a prescrição, o processo será extinto com resolução de mérito (art. 269, IV, do CPC), não sendo cabíveis embargos de declaração para exigir do juiz manifestação a respeito da compensação alegada em contestação.

É importante a distinção entre *enfrentamento suficiente* e *enfrentamento completo*. O órgão jurisdicional será em regra obrigado a enfrentar os pedidos, causas de pedir e fundamentos de defesa, mas não há obrigatoriedade de enfrentar todas as alegações feitas pelas partes a respeito de sua pretensão. O órgão jurisdicional deve enfrentar e decidir a questão colocada à sua apreciação, não estando obrigado a enfrentar todas as alegações feitas pela parte a respeito dessa questão, bastando que contenha a decisão fundamentos suficientes para justificar a conclusão[10].

Em polêmico e memorável julgamento, o Plenário do Supremo Tribunal Federal entendeu que só haverá omissão no julgamento de ação direta de inconstitucionalidade quanto à modulação dos efeitos da decisão, se houver pedido expresso para manifestação do Tribunal na petição inicial[11].

A obscuridade, que pode ser verificada tanto na fundamentação quanto no dispositivo, decorre da **falta de clareza e precisão** da decisão, suficiente a não permitir a certeza jurídica a respeito das questões resolvidas[12]. O objetivo do órgão jurisdicional ao prolatar a decisão é ser entendido, de preferência por todos, inclusive as partes, ainda que tal missão mostre-se extremamente inglória diante do nível cultural de nosso país. De qualquer forma, uma escrita simples, com palavras usadas com frequência no dia a dia, limitação de expressões em língua estrangeira ao mínimo indispensável, bem como a utilização de termos técnicos com ponderação, que apesar de imprescindíveis a qualquer ciência não precisam ser empregados na decisão sem qualquer proveito prático, auxiliam na tarefa de proferir decisões claras e compreensíveis.

O terceiro vício que legitima a interposição dos embargos de declaração é a contradição, verificada sempre que existirem **proposições inconciliáveis entre si**, de forma que a afirmação de uma logicamente significará a negação da outra. Essas contradições podem ocorrer na fundamentação, na solução das questões de fato e/ou de direito, bem como no dispositivo, não sendo excluída a contradição entre a fundamentação e o dispositivo, considerando-se que o dispositivo deve ser a conclusão lógica do raciocínio desenvolvido durante a fundamentação[13]. O mesmo poderá ocorrer entre a ementa e o corpo do acórdão[14] e o resultado do julgamento proclamado pelo presidente da sessão e constante da tira ou minuta, e o acórdão lavrado[15].

---

[10] Araken de Assis, *Manual*, nota 66.2.1.3, p. 591.

[11] *Informativo* 543/STF, Plenário, ADI 2791 ED/PR, rel. Gilmar Mendes, rel. p/ acórdão Menezes Direito, j. 22.04.2009.

[12] Barbosa Moreira, *Código*, nota 300, p. 547; Araken de Assis, *Manual*, nota 66.2.2, p. 598.

[13] Barbosa Moreira, *Código*, nota 302, p. 551.

[14] Bondioli, *Embargos*, p. 109.

[15] Barbosa Moreira, *Comentários*, n. 302, p. 551.

Além desses três vícios – e nos Juizados Especiais e arbitragem também a dúvida –, admite-se ainda a interposição de embargos de declaração na hipótese de *erros materiais* e *erros de cálculo*[16]. Ainda que tais vícios não dependam dos embargos de declaração para serem alegados[17], inclusive não havendo preclusão para sua alegação, não incorre em equívoco a parte que ingressa com embargos de declaração nesse caso. É, inclusive, a medida mais segura de alegá-los, evitando a surpresa do órgão jurisdicional que, diante de mera petição, entende que a forma adequada de alegação do vício é por meio de embargos de declaração.

27.3. PROCEDIMENTO

O prazo para interposição dos embargos de declaração é sempre de 5 dias, aplicáveis as regras de prazos diferenciados, devendo ser interposto por meio de petição escrita, salvo nos Juizados Especiais, quando a parte poderá optar pela interposição por escrito no prazo de 5 dias ou oralmente na audiência em que a sentença foi proferida (art. 49 da Lei 9.099/1995). Como todo recurso, deve ser devidamente fundamentado – havendo limitação das matérias alegáveis (recurso com *fundamentação vinculada*) – e conter pedido, que em regra será de esclarecimento ou integração e, excepcionalmente, de reforma ou anulação. O embargante está isento do recolhimento de preparo por expressa previsão legal (art. 536 do CPC), sendo inadmissível que lei de organização judiciária preveja em sentido contrário.

No primeiro grau de jurisdição a petição é endereçada ao próprio juízo prolator da decisão impugnada, que terá um prazo – impróprio – de 5 dias para o julgamento do recurso. Quando interposto contra decisão monocrática do tribunal, a peça será endereçada ao responsável pela prolação da decisão – relator, presidente, vice-presidente –, e no caso de decisão colegiada o recurso será endereçado ao relator do acórdão, cabendo a apresentação dos embargos em mesa na sessão subsequente.

Tanto no primeiro grau como no tribunal, os embargos de declaração seguem a mesma estrutura de julgamento de qualquer outro recurso, sendo primeiro analisados os *pressupostos de admissibilidade* e, somente depois de superada positivamente essa fase, passa-se ao enfrentamento do *mérito recursal*. No tocante aos embargos de declaração, existe uma real dificuldade por parte da maioria dos julgadores em fazer a distinção entre admissibilidade e mérito, muito em decorrência da redação do art. 535, *caput*, do CPC. O dispositivo legal prevê que será cabível o recurso no caso de omissão, obscuridade e contradição, restando a questão a ser respondida pelo operador do direito: a existência desses vícios faz parte do juízo de admissibilidade ou de mérito?

---

[16] Araken de Assis, *Manual*, notas 66.3.1 e 66.3.2, p. 603-605.

[17] *Informativo* 544/STF, Plenário, RE 492.837 QO/MG, rel. Cármen Lúcia, j. 29.04.2009.

Segundo elegante lição de autorizada doutrina, esses vícios compõem de maneira distinta tanto o juízo de admissibilidade como o de mérito, sendo no primeiro caso demandado do julgador uma análise em abstrato do vício, enquanto no segundo caso a análise deverá ser feita em concreto. Significa dizer que a mera alegação do embargante sobre a existência de um dos vícios descritos pela lei já é suficiente para o seu cabimento, sendo a análise da existência concreta de tal vício matéria de mérito. Alegado o vício, o recurso é admissível; existente o vício alegado, o recurso é provido; caso contrário, nega-se provimento ao recurso[18].

> Peter ingressa com embargos de declaração na Justiça Comum alegando que o vício passível de correção por meio desse recurso é a dúvida. Como a dúvida não faz parte dos vícios que permitem o ingresso de embargos de declaração, o recurso será inadmitido. Caso Peter alegue a existência de uma contradição, sua simples alegação de vício passível de correção por meio de embargos de declaração já é o suficiente para o recurso ser conhecido, cabendo no mérito analisar se efetivamente houve a contradição alegada por Peter: tendo ocorrido, o recurso é provido; não tendo ocorrido, é negado provimento ao recurso.

Como se pode notar da previsão legal contida no art. 537 do CPC, não há momento para a abertura de prazo para o embargado contra-arrazoar, de forma que nos embargos de declaração, ao menos em regra, não há oportunidade para o exercício do *contraditório*. Para parcela da doutrina, ainda que possa ser elogiável o objetivo do legislador em prever um procedimento bastante simples, com o mínimo transtorno ao andamento procedimental, tratando-se de princípio constitucional, seria preferível a intimação do embargado[19]. Na prática forense, entretanto, a norma é aplicada literalmente, somente sendo excepcionada nos embargos de declaração com efeitos modificativos ou infringentes, matéria que será analisada em tópico próprio.

Para doutrina majoritária não se aplica aos embargos de declaração a regra da *identidade física do juiz*, de forma que será competente para o julgamento o órgão responsável pela prolação da decisão impugnada, sendo irrelevante se haverá identidade física entre o julgador anterior e o julgador dos embargos de declaração[20].

27.4. EFEITO INTERRUPTIVO DOS EMBARGOS DE DECLARAÇÃO

Questão relevante diz respeito ao efeito interruptivo da interposição dos embargos, consagrado no art. 538, *caput*, do CPC. É pacífico o entendimento de que a interposição de embargos de declaração interrompe o prazo para a interposição

[18] Barbosa Moreira, *Comentários*, n. 304, p. 554-555.

[19] Araken de Assis, *Manual*, nota 68.3, p. 617-619.

[20] Câmara, *Lições*, p. 109; Nery-Nery, *Código*, p. 913.

de outros recursos para **todos os sujeitos processuais**, que terão o prazo recursal devolvido na íntegra após a intimação da decisão dos embargos.

Nos Juizados Especiais ocorrerá a *suspensão* do prazo para a interposição do recurso inominado em razão da expressa previsão do art. 50 da Lei 9.099/1995. Dessa forma, o prazo de 10 dias do recurso inominado será devolvido às partes pelo saldo, excluindo-se os dias passados até a interposição dos embargos de declaração. Aos embargos de declaração contra acórdão do Colégio Recursal, por ausência de expressa previsão legal, aplica-se por analogia a regra do Código de Processo Civil, já tendo o Supremo Tribunal Federal entendido que nesse caso o prazo para a interposição do recurso extraordinário é interrompido[21].

27.4.1. Embargos de declaração intempestivos

Pouco importa, para fins de interrupção do prazo para a interposição de outros recursos, o resultado dos embargos[22], incidindo mesmo na hipótese de rejeição dos embargos por serem considerados meramente protelatórios[23], visto que a sanção processual para esse caso vem expressamente prevista no art. 538, parágrafo único, do CPC, comentado em tópico próprio. Apesar de parcela doutrinária minoritária defender que o não recebimento dos embargos é causa para a não interrupção do prazo[24], uma questão de segurança jurídica, mais pragmática do que técnica, justifica que a interrupção ocorra sempre, mesmo no caso de vício gerado pela **intempestividade**, entendido pela doutrina majoritária e pela jurisprudência tranquila dos tribunais superiores como única hipótese em que **não haverá interrupção**[25]. Na excepcional hipótese de reiteradas oposições de embargos de declaração manifestamente protelatórios, com o nítido intuito de travar o andamento procedimental, o efeito interruptivo também deve ser afastado.

Existe entendimento de que a não interrupção nesse caso atinge somente a parte que embargou da decisão, não sendo justo com a parte embargada retirar-lhe a interrupção do prazo, considerando-se que não foi ela quem deu causa ao vício que levou ao não recebimento do recurso. Por cautela, entretanto, é recomendável que a parte embargada faça a sua própria análise a respeito da tempestividade dos embargos interpostos pela parte contrária, ingressando com o seu recurso sem contar com a interrupção do prazo caso entenda existir vício que justifique a não interrupção do prazo.

---

[21] STF, 1.ª Turma, AI 451.078, rel. Min. Eros Grau, j. 31.08.2004, *DJ* 24.09.2004.

[22] Nery-Nery, *Comentários*, nota 2 ao art. 538, p. 915; Araken de Assis, *Manual*, nota 67.3.4; Fux, *Curso*, p. 1.604.

[23] *Informativo* 482/STJ: 4.ª Turma, REsp 1.171.682/GO, rel. Min. Luis Felipe Salomão, j. 06.09.2011.

[24] Pimentel Souza (*Introdução*, 16.13., p. 487) e Barbosa Moreira (*Comentários*, n. 306, p. 560-561), ressaltando que a exceção aplica-se somente ao próprio embargante.

[25] STF, 1.ª Turma, AI-AgR 534.868/SP, rel. Sepúlveda Pertence, j. 24.05.2005, *DJ* 17.06.2005; SFT, 2.ª Turma, AI-AgR 530.539/SP, rel. Min. Ellen Gracie, j. 15.02.2005; STJ, 2.ª Turma, REsp 796.051/SP, rel. Min. Eliana Calmon, j. 13.11.2007; STJ, 4.ª Turma, AgRG 688.725/SC, rel. Min. Massami Uyeda, j. 13.11.2007. *Informativo* 369/STJ, 2.ª T., REsp 1.062.623-PR, rel. Eliana Calmon, 23.09.2008.

Tenho entendimento diverso a respeito do tema, porque entendo que não deve ser qualquer causa de intempestividade apta a afastar a aplicação do art. 538, *caput*, do CPC, mas somente as hipóteses de manifesta intempestividade, pela mesma razão de segurança jurídica que permite o efeito interruptivo para o caso de embargos de declaração não recebidos pela ausência de outros pressupostos de admissibilidade. Tratando-se de intempestividade discutível, na qual se evidencie que não houve má-fé do embargante, acredito que o prazo para a interposição de outros recursos deveria ser interrompido, o que só não deveria ocorrer na hipótese de manifesta intempestividade, quando o erro grosseiro permita presumir-se que a interposição decorre da má-fé do embargante para ganhar mais prazo para a interposição de outro recurso[26].

O art. 980, *caput*, do PLNCPC mantém tradicional regra no sentido da interrupção do prazo para a interposição de outros recursos em razão da interposição dos embargos de declaração. Além disso, prevê expressamente que os embargos de declaração não têm efeito suspensivo, o que, entretanto, não deve alterar a realidade atual de se considerar o recurso que possivelmente será interposto após o julgamento dos embargos para atribuir-lhe ou não o efeito suspensivo. Numa hipótese de apelação com efeito suspensivo (o que deixa de ser a regra, mas continua existindo), a sentença só passará a gerar efeitos após o transcurso do prazo da apelação ou o seu julgamento, de forma que eventual embargo de declaração contra essa decisão terá, naturalmente, efeito suspensivo.

Interessante notar a redação do § 1.º do dispositivo ora comentado, com a previsão de que, na hipótese de intempestividade dos embargos, a interrupção não aproveitará ao embargante, demonstrando o legislador preocupação com o embargado que em nada contribuiu para o vício formal dos embargos.

27.5. EMBARGOS DE DECLARAÇÃO – INTEMPESTIVIDADE *ANTE TEMPUS*

Julgados do Superior Tribunal de Justiça, consagrados por recentes decisões proferidas pela Corte Especial[27] e materializados na Súmula 418 daquele tribunal, determinam que, uma vez interposto o recurso de embargos de declaração, o recurso interposto pela parte contrária é intempestivo, porque interposto antes do início da contagem do prazo para a prática do ato. Trata-se da consagração da tese do **recurso prematuro**, fundado na intempestividade *ante tempus*, de toda imperfeita e rejeitada pela melhor doutrina. Ao menos o Superior Tribunal de

[26] Parece ser esse o entendimento de Araken de Assis (*Manual*, nota 67.3.4, p. 613-614).

[27] *Informativo* 424/STJ: Corte Especial, AgRg no **Ag 1.161.358-RS**, rel. Min. Eliana Calmon, j. 25.02.2010; Informativo 418/STJ: 4.ª Turma, REsp 659.663/MG, rel. Min. Aldir Passarinho Junior, j. 1.º.12.2009; *Informativo* 317/STJ: REsp 776.265/SC, rel. originário Min. Humberto Gomes de Barros, rel. para o acórdão Min. César Asfor Rocha, j. 18.04.2007. *Informativo* 366/STJ, 2.ª T., REsp 783.676-PR, rel. Mauro Campbell Marques, j. 04.09.2008.

Justiça não aplica nesse caso a preclusão consumativa, permitindo à parte que já recorreu, após o julgamento dos embargos de declaração interpostos pela parte contrária, reiterar os termos do recurso já interposto, o que seria o suficiente para sanear o vício da intempestividade.

A reiteração poderá ser cumulada com a integração do recurso já interposto na hipótese de a decisão dos embargos de declaração criar uma sucumbência superveniente à parte que já tinha anteriormente recorrido, estando tal complementação limitada ao âmbito da sucumbência superveniente, gerada pelo julgamento dos embargos de declaração. A aplicação do entendimento do Superior Tribunal de Justiça, cumulada com o princípio da *complementaridade*, gera duas situações possíveis à parte que já ingressou com recurso antes do julgamento dos embargos de declaração interpostos pela parte contrária:

(i) não havendo sucumbência superveniente a parte tem o dever de reiterar o recurso já interposto;

(ii) ocorrendo sucumbência superveniente em razão do julgamento dos embargos de declaração, a parte deve reiterar o recurso já interposto e poderá complementá-lo, nos limites da nova sucumbência.

Segundo o art. 980, § 2.º, do PLNCPC, na hipótese de o julgamento dos embargos de declaração não alterar a conclusão do julgamento anterior, o recurso principal interposto pela outra parte antes da publicação do resultado será processado e julgado independente de ratificação.

27.6. MANIFESTO CARÁTER PROTELATÓRIO

A interrupção do prazo para a interposição de outros recursos – salvo a hipótese de intempestividade – pode levar as partes menos afeitas aos princípios da ética e boa-fé processual ao ingresso dos embargos de declaração somente para aumentar o seu prazo para a interposição de outros recursos contra a decisão. Para evitar o abuso na interposição desse recurso, o legislador prevê como sanção processual a multa de 1% sobre o valor da causa, o que permite que se façam as costumeiras críticas à opção do legislador em indicar o valor das multas como sanção processual em percentual do valor da causa[28]:

(i) atinge de maneira desigual litigantes em diferentes condições econômicas;

(ii) o valor da causa nada tem a ver com o abuso que se busca coibir.

Recurso manifestamente protelatório é aquele que não tem fundamento fático e/ou jurídico sério, sendo perceptível que a sua utilização tem como único objetivo

[28] Barbosa Moreira, *Comentários*, n. 307, p. 562.

retardar a marcha procedimental. Também o recurso manifestamente inadmissível pode ser considerado protelatório. Ao órgão jurisdicional é dada a análise do campo cinzento entre o exercício da *ampla defesa* e o *abuso do exercício de defesa*, devendo haver parcimônia pelos julgadores na aplicação da sanção processual. A utilização do termo "manifestamente" para qualificar o caráter protelatório é indicativo suficiente que o órgão jurisdicional não deve abusar na aplicação dessa multa. De qualquer forma, por vezes é tão perceptível a incoerência jurídica da postulação ou a inadmissibilidade do recurso, que a multa é de rigor, como no caso de embargos de declaração com fins de prequestionamento interpostos contra sentença.

Segundo o art. 538, parágrafo único, do CPC, havendo reiteração de embargos manifestamente protelatórios, a multa já fixada em 1% do valor da causa será majorada até o valor máximo de 10% do valor da causa, condicionando-se a admissibilidade – e não a interposição como previsto no texto legal – de outros recursos ao depósito em juízo do valor da multa. É claro que não há nenhuma vedação à interposição de embargos de declaração contra decisão que julgou anteriores embargos de declaração, desde que essa nova impugnação se refira a vício da nova decisão, gerado pelo julgamento dos embargos de declaração anteriores, não se admitindo, entretanto, a reiteração de recurso que já foi considerado manifestamente protelatório. A reiteração, naturalmente, não exige cópia do recurso anteriormente interposto, bastando-se para que exista a repetição do vício apontado anteriormente, ainda que com novos fundamentos.

Lamentável a decisão do Superior Tribunal de Justiça, que aplicou multa em valor inferior ao 1% do valor da causa, previsto em lei[29]. O legislador fixou a multa em percentual do valor da causa justamente para que ele represente o valor econômico da causa, não sendo legal ou legítimo ancorar-se no direito à defesa para fixar a multa em valor inferior ao previsto em lei. Trata-se, na realidade, de forma indevida de acobertar o litigante improbo, o que sob nenhum aspecto de análise se justifica.

O Superior Tribunal de Justiça já teve a oportunidade de decidir que a mera rejeição de embargos de declaração não possibilita ao juízo a aplicação de multa de 10% do valor da causa na hipótese de reiteração manifestamente protelatória. Segundo o tribunal superior, para que se atinja o valor de 10% do valor da causa é indispensável que nos embargos de declaração anteriores o juízo já tenha fixado a multa de 1% do valor da causa[30].

Correta a parcela doutrinária que defende a necessidade do depósito dessa multa mesmo para os sujeitos que estão isentos do recolhimento de custas processuais, tais como o Ministério Público, a Fazenda Pública e os beneficiários da assistência

---

[29] *Informativo* 480/STJ: 4.ª Turma, EDcl no AgRg no Ag 1.357.956/RJ, rel. Min. Luis Felipe Salomão, j. 02.08.2011.

[30] *Informativo* 419/STJ: Corte Especial, EREsp 423.250-SP, rel. Min. Eliana Calmon, j. 10.12.2009.

judiciária[31]. Infelizmente, entretanto, após alguma vacilação, o Superior Tribunal de Justiça, ao menos no tocante à **Fazenda Pública**, em entendimento que deve ser aplicado a todos os sujeitos isentos de recolhimento de custas, passou a entender pela dispensa do recolhimento[32]. O entendimento é lamentável, porque permite a esses sujeitos a utilização dos embargos de declaração com o mero intuito de travar a marcha procedimental, em inadmissível chicana processual, com a qual o Superior Tribunal de Justiça aparentemente compactua.

Segundo o art. 980, § 3.º, do PLNCPC, na hipótese de embargos de declaração manifestamente protelatórios, o embargante será condenado a pagar multa não excedente a 5% do valor da causa. Sendo aplicada a multa, o § 4.º do dispositivo legal ora comentado prevê a inadmissibilidade de novos embargos de declaração. Por fim, o § 5.º prevê que, uma vez aplicada a multa, fica o recebimento de qualquer outro recurso condicionado ao depósito em juízo de seu valor, como expressa ressalva para os beneficiários da gratuidade da justiça. Interessante a expressa exclusão da Fazenda Pública dessa isenção, o que só ocorreu (antes tarde do que nunca) no Substitutivo do Senado.

27.7. EMBARGOS DE DECLARAÇÃO ATÍPICOS

A função dos embargos de declaração não é modificar substancialmente o conteúdo das decisões impugnadas, com reversão da sucumbência suportada pelo embargante[33]. É correta a afirmação de que nas hipóteses de saneamento do vício da contradição, ao escolher entre duas proposições inconciliáveis, o resultado dos embargos modifica a decisão. O mesmo ocorre, e ainda de forma mais evidente, com o saneamento da omissão, porque nesse caso o órgão jurisdicional necessariamente decidirá mais do que foi decidido, o que inegavelmente modificará a decisão impugnada. Ainda assim, parece não ser incorreto afirmar que tais mudanças são em regra formais, melhorando a qualidade da decisão de modo a deixá-la mais compreensível e completa, sem, entretanto, modificar substancialmente o seu conteúdo.

Pode-se concluir, portanto, que a função típica dos embargos de declaração é **melhorar formalmente** a decisão impugnada, sem alterações substanciais quanto ao seu conteúdo. Ocorre, entretanto, que por vezes os embargos de declaração extrapolam essa função, gerando a reforma ou a anulação da decisão impugnada. Nesses casos, os embargos de declaração assumem uma função distinta daquela para a qual foi originariamente programado, sendo correto apontá-lo como embar-

[31] No tocante aos beneficiários da assistência judiciária, Barbosa Moreira (*Comentários*, n. 307, p. 562); Pimentel Souza (*Introdução*, n. 16.14, p. 495).

[32] Informativo 332/STJ: Corte Especial, EREsp 808.525/PR, rel. Min. Luiz Fux, j. 19.09.2007.

[33] Bermudes, Efeito, p. 70-71.

gos de declaração atípicos, situação que, segundo a doutrina, se passa a exigir o *contraditório*, com a intimação do embargado para apresentação de contrarrazões no prazo de 5 dias[34]. O Superior Tribunal de Justiça, inclusive, entende cabível ação rescisória se o contraditório não for observado conforme exposto[35].

Quanto à necessidade de *contraditório* em sede de embargos de declaração, prefiro o entendimento minoritário de que nos embargos com efeitos modificativos não se faz necessária a intimação do embargado. Penso assim porque nesse caso não haverá a alegação de uma nova matéria no processo, mas tão somente o pedido de saneamento de omissão de uma matéria já alegada e, presumidamente, já impugnada pela parte contrária. O embargante somente aponta matéria já alegada anteriormente, não havendo razão para abrir prazo para o embargado ser ouvido para repetir a impugnação também realizada anteriormente[36]. Ainda que o provimento dos embargos de declaração nesse caso possa reformar a decisão impugnada, não se tratando de matéria nova no processo, entendo ser dispensável o contraditório.

Existem duas espécies de embargos de declaração atípicos

(a) embargos de declaração com efeito modificativo;
(b) embargos de declaração com efeitos infringentes.

Consagrando a confusão entre as duas espécies de embargos de declaração atípicos, o art. 976, parágrafo único, do PLNCPC, prevê que eventual efeito modificativo somente poderá ocorrer em virtude da correção do vício, desde que ouvida a parte contrária no prazo de cinco dias. Parece que a previsão legal impede a propositura de embargos de declaração com efeitos infringentes, em sentido contrário ao fixado em jurisprudência para casos excepcionais de erros teratológicos. Por outro lado, consagra a ideia de contraditório necessário sobre matéria que já tenha sido apreciada anteriormente, com o que não concordo, conforme já exposto, ainda que seja esse o entendimento majoritário da doutrina.

27.7.1. Embargos de declaração com efeito modificativo

As hipóteses de cabimento quanto a essa espécie atípica de embargos de declaração são aquelas previstas expressamente em lei: omissão, contradição e obscuridade (art. 535 do CPC). Nesse tocante, portanto, nada há de atípico. O pedido formulado pelo embargante também não pode ser considerado atípico, porque, havendo contradição e obscuridade, o pedido será o de esclarecimento

---

[34] Barbosa Moreira, *Comentários*, 303, nota 26, p. 553; Didier-Cunha, *Curso*, v. 3, p. 149.

[35] *Informativo* 483/STJ: 1.ª Seção, AR 2.702/MG, rel. originário Min. Mauro Campbell, rel. para acórdão Min. Teori Albino Zavascki, j. 14.09.2011.

[36] Bermudes, *Efeito*, p. 72.

da decisão, e na hipótese de omissão o pedido será de integração da decisão. Também não será atípico o provimento desse pedido, nos estritos limites do pedido do embargante.

Ocorre, entretanto, que em algumas hipóteses de saneamento de contradição e omissão – muito mais frequente na segunda hipótese – o provimento dos embargos de declaração, com o consequente saneamento do vício, poderá ensejar a modificação do conteúdo da decisão recorrida. O **efeito do provimento** dos embargos de declaração será atípico, porque somente ele se afasta da estrutura básica desse recurso, mas tal atipicidade é uma decorrência lógica e natural da possibilidade de enfrentamento de novas questões no recurso – no caso de omissão – ou da escolha entre duas proposições inconciliáveis – no caso de contradição[37].

> Fernanda ingressa com demanda de cobrança contra Aline, que em sua contestação alega a prescrição e compensação da dívida cobrada. O pedido é julgado procedente, sendo rejeitada a alegação de compensação feita por Aline, sem, entretanto, ser decidida a alegação de prescrição. Aline, inconformada, ingressa com embargos de declaração, alega a omissão e pede o seu saneamento, com o enfrentamento da alegação de prescrição. O juiz dá provimento ao recurso, reconhecendo sua omissão, e ao enfrentar a alegação defensiva de prescrição a acolhe, o que naturalmente fará com que o conteúdo da sentença seja substancialmente modificado.

27.7.2. Embargos de declaração com efeitos infringentes

Diferentes dos embargos de declaração com efeitos modificativos, os embargos de declaração com efeitos infringentes são consideravelmente atípicos, não se limitando à atipicidade aos efeitos do julgamento dos embargos de declaração.

Nesse caso, já são atípicas as hipóteses de cabimento, que não guardam relação com o art. 535 do CPC, já que não se tratam de defeitos formais da decisão, mas sim de **decisões teratológicas** geradas por vícios absurdos, referentes ao seu conteúdo ou gerados pela falsa percepção da realidade pelo órgão prolator da decisão impugnada, tais como o erro manifesto de contagem de prazo, ausência de intimação de uma das partes, revelia decretada em razão de a contestação estar perdida no cartório e não ter sido juntada aos autos etc. Prossegue a atipicidade no pedido do embargante, que não será caso de esclarecimento nem de integração, mas de **reforma ou anulação**[38]. Naturalmente, diante dessas espécies de pedido, o provimento do recurso gerará efeitos atípicos para os embargos de declaração, nos exatos limites do pedido formulado pelo embargante[39]. Como se nota, a atipicidade é completa, restando dos embargos de declaração somente o nome e o prazo.

---

[37] Araken de Assis, *Manual*, nota 70, p. 625-626; Dinamarco, *Os embargos*, p. 189-190.

[38] Para Nelson Nery Jr. e Rosa Maria Andrade Nery (*Código*, nota 9 ao art. 535, p. 908), é proibido tal pedido, entendendo como efeito infringente aquilo que se explicou no tópico anterior como efeito modificativo. Também Pimentel Souza (*Introdução*, 16.7, p. 477) e Freitas Câmara (*Lições*, p. 108) não veem distinção entre efeito modificativo e efeito infringente.

[39] Dinamarco, *Os embargos*, p. 190-191.

A justificativa para o desvirtuamento dos embargos de declaração nesse caso é a necessidade de conceder às partes instrumentos aptos a extirpar o absurdo jurídico do processo da forma rápida, barata e simples possível, o que se mostra benéfico ao sistema jurídico. Realmente é saudável ao sistema que erros teratológicos possam ser afastados do processo de maneira simples e rápida. A matéria alegada nos embargos de declaração nesse caso poderia ser alegada em outro recurso – p. ex., apelação, agravo –, mas pelas razões expostas é preferível a utilização dos embargos de declaração. O propósito é nobre, mas corre-se o perigo de vulgarização dos embargos de declaração, servindo tal entendimento como incentivo às partes para embargarem em vez de ingressarem com o recurso cabível, sob a pálida argumentação de que a decisão é teratológica. Por hora os tribunais superiores têm contido o abuso, existindo inúmeras decisões de inadmissão de embargos de declaração com efeito infringente.

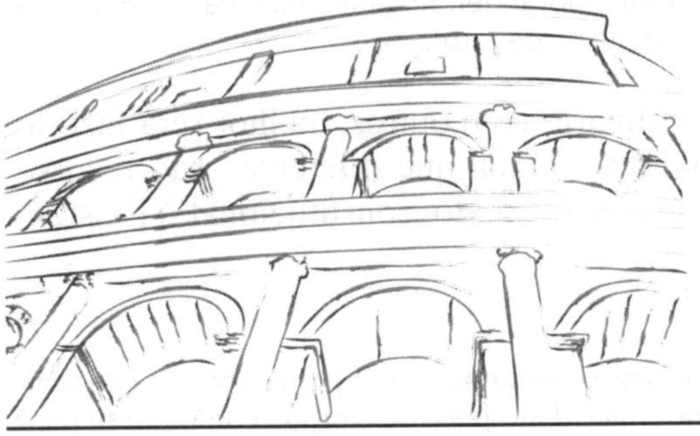

28

RECURSO ORDINÁRIO CONSTITUCIONAL

28.1. INTRODUÇÃO

Tradicionalmente associam-se a atividade recursal do Supremo Tribunal Federal e a do Superior Tribunal de Justiça ao recurso extraordinário e especial, respectivamente. Ocorre, entretanto, que essa atividade recursal também é desempenhada por tais tribunais por meio do julgamento do recurso ordinário constitucional, previsto como recurso no art. 496, V, do CPC, e com suas hipóteses de cabimento previstas tanto na Constituição Federal (arts. 102, II, e 105, II, da CF) como no Código de Processo Civil (art. 539 do CPC).

Ainda que o recurso ordinário tenha previsão constitucional, a exemplo dos recursos extraordinário e especial, são diversas e significativas as diferenças entre eles. No julgamento do recurso ordinário os tribunais superiores referidos atuam como órgão de segundo grau de jurisdição, garantindo no caso concreto a aplicação do princípio do *duplo grau de jurisdição*, conforme analisado no Capítulo 21, item 21.1. São diferenças:

(a) no recurso ordinário não existe fundamentação vinculada, admitindo-se ao recorrente a alegação de qualquer matéria desde que respeite os limites objetivos da demanda[1];

---

1 Marinoni-Arenhart, *Manual*, p. 567.

(b) a exigência de prequestionamento presente nos recursos extraordinário e especial não existe no recurso ordinário;

(c) a devolução do recurso ordinário é ampla, abrangendo tanto matéria de direito – constitucional, federal e local – quanto matéria de fato[2].

Sendo o caso de comparar o recurso ordinário com outros, melhor será fazê-lo com a *apelação*, recurso muito mais próximo – ainda que diferente – do recurso ordinário do que os outros recursos previstos no texto constitucional[3]. Existem três identidades entre os recursos:

(a) prazo de 15 dias;

(b) mesmo procedimento dividido num primeiro momento em órgão prolator da decisão impugnada (órgão *a quo*) e num segundo momento perante o órgão competente para o julgamento do recurso (órgão *ad quem*);

(c) mesmos efeitos, inclusive com a ausência de efeito suspensivo no recurso ordinário em mandado de segurança e em mandado de injunção[4].

Mas as diferenças entre recurso ordinário constitucional e a apelação não devem ser esquecidas[5]:

(a) não cabe recurso adesivo de recurso ordinário constitucional[6];

(b) não cabe recurso de embargos infringentes de julgamento não unânime de recurso ordinário constitucional[7];

(c) o procedimento perante o órgão julgador do recurso é diferente, seguindo a apelação o Código de Processo Civil e o recurso ordinário constitucional, o Regimento Interno do tribunal superior.

28.2. CABIMENTO

Ainda que exista previsão de cabimento do recurso ordinário em texto constitucional, basta a análise do art. 539 do CPC, limitada ao processo civil.

28.2.1. Causas internacionais

Diz o art. 539, II, "b", do CPC que cabe recurso ordinário constitucional contra sentença proferida em processo em que forem partes, de um lado, organismo internacional – por exemplo, ONU, BID, Unesco – ou Estado estrangeiro e de outro Município brasileiro ou pessoa residente ou domiciliada no Brasil, existindo

---

2 Araken de Assis, *Manual*, 78.1, p. 662-663.

3 Barbosa Moreira, *Comentários*, n. 312, p. 570, afirma que no recurso ordinário contra sentença a equiparação é completa.

4 Pimentel Souza, *Introdução*, 15.1, p. 407; Araken de Assis, *Manual*, 78.2, p. 634-636.

5 Araken de Assis, *Manual*, n. 73, p. 641-642.

6 No sentido do texto, STJ, 1.ª Turma, RMS 10.962/PR, rel. Min. Humberto Gomes de Barros, j. 20.09.2001, *DJ* 05.11.2001. Contra: Marinoni-Arenhart, *Manual*, p. 583.

7 Araken de Assis, *Manual*, n. 73, p. 641. Contra, pelo cabimento: Fux, *Curso*, p. 1.226.

doutrina a compreender tratar-se tanto de pessoa física como jurídica[8]. O texto é suficientemente claro para se concluir que independe em quais dos polos estarão os sujeitos descritos, desde que estejam em polos adversos[9].

Nesse caso a demanda seguirá em primeiro grau de jurisdição perante a Justiça Federal (art. 109, II, da CF), e, sendo proferida sentença de qualquer natureza – terminativa ou definitiva – e qualquer que seja seu resultado – procedência, improcedência, homologatória –, será cabível o recurso ordinário constitucional, afastando-se a regra geral prevista pelo art. 513 do CPC. Para parcela doutrinária a interposição de apelação nesse caso, inclusive, configura erro grosseiro, de forma a impedir até mesmo a aplicação do princípio da *fungibilidade*[10], não sendo esse, entretanto, o entendimento do Superior Tribunal de Justiça, que admite o recebimento de apelação como recurso ordinário constitucional[11].

Interessante questão diz respeito à interpretação do art. 539, parágrafo único, do CPC, a determinar o cabimento de **agravo** contra as decisões interlocutórias proferidas em causas internacionais. Aparentemente o legislador manteve nas causas internacionais a aplicação do art. 522 do CPC, inclusive no tocante ao cabimento como regra geral do agravo retido e excepcionalmente do agravo de instrumento. O dispositivo legal não indica, entretanto, qual órgão é competente para o julgamento do recurso de agravo. É evidente que, tratando-se de agravo retido, que será julgado pelo tribunal no momento do julgamento do recurso contra a sentença – no caso o recurso ordinário –, o órgão competente seja o Superior Tribunal de Justiça. Entendo que o mesmo ocorre com o agravo de instrumento, até por uma questão de isonomia, não havendo nenhum sentido jurídico a competência de órgãos diversos para julgar agravo retido e agravo de instrumento num mesmo processo[12]. Dessa competência, inclusive, decorre o entendimento de que o agravo deve ser interposto perante o próprio Superior Tribunal de Justiça, visto que não se trata do agravo previsto no art. 544 do CPC[13].

28.2.2. Recurso ordinário em mandado de segurança

Caberá recurso ordinário constitucional contra decisão de única instância denegatória de mandado de segurança, sendo competente o Supremo Tribunal Federal (art. 539, I, do CPC), quando o acórdão recorrido tiver sido proferido pelos tribunais superiores (Superior Tribunal de Justiça, Tribunal Superior Eleitoral, Tribunal Superior do Trabalho, Superior Tribunal Militar), e o Superior Tribunal de Justiça (art. 539, II, do CPC) quando o acórdão tiver sido proferido por tribunal de segundo grau (Tribunal de Justiça e Tribunal Regional Federal).

---

[8] Pimentel Souza, *Introdução*, n. 15.2, p. 409.

[9] Scarpinella Bueno, *Curso*, vol. 5, p. 229.

[10] Araken de Assis, *Manual*, n. 76.1, p. 646; Fux, *Curso*, p. 1225.

[11] STJ, 5.ª Turma, RMS 20.652, rel. Min. Arnaldo Esteves Lima, j. 03.04.2007, DJ 07.05.2007, p. 336.

[12] Entendo ser competência do STJ: Nery-Nery, *Código*, nota 14 ao art. 539, p. 919.

[13] Araken de Assis, *Manual*, n. 76.2, p. 658; Câmara, *Lições*, v. 2, p. 114.

O termo "denegação" do mandado de segurança tem interpretação ampla, de forma a abranger tanto o julgamento do mérito, com a **denegação da ordem**, como a **decisão terminativa**, com o julgamento do mandado de segurança sem a resolução do mérito. Por denegação deve ser entendida qualquer derrota do impetrante, tanto de natureza processual como de natureza material[14]. Havendo parcial procedência do pedido, caberá recurso ordinário somente do capítulo denegatório.

O mandado de segurança será necessariamente de competência originária do tribunal que proferiu a decisão, sendo essa decisão necessariamente colegiada. Eventual decisão de tribunal que julga mandado de segurança em sede recursal não é recorrível por recurso ordinário[15], mas por recurso especial ou extraordinário, sendo que o Superior Tribunal de Justiça entende que a troca de recursos nesse caso caracteriza erro grosseiro, afastando a aplicação do princípio da fungibilidade[16]. Além do julgamento de mandado de segurança, admitindo-se a possibilidade de seu julgamento monocrático no tribunal, deve-se também admitir o recurso ordinário contra acórdão que decide **agravo interno** interposto contra decisão monocrática que denegou o mandado de segurança de competência originária do tribunal[17]. O mesmo ocorre com os **embargos de declaração**, que, sendo interpostos contra acórdão que denegou mandado de segurança de competência originária de tribunal, criarão acórdão que será recorrível por recurso ordinário.

28.2.3. Recurso ordinário em *habeas data* e mandado de injunção

As mesmas considerações feitas a respeito do recurso ordinário contra a decisão denegatória de mandado de segurança são aplicáveis ao *habeas data* e ao mandado de injunção:

(a) a decisão de única instância significa que o *habeas data* e o mandado de injunção sejam de competência originária de tribunal, no caso os Tribunais Superiores, em razão de expressa previsão do art. 539, I, do CPC;

(b) decisão denegatória significa tanto a improcedência como a extinção sem resolução do mérito;

(c) acórdão de agravo interno contra decisão monocrática que denega *habeas data* e mandado de injunção e acórdão de embargos de declaração opostos contra acórdão denegatório são recorríveis por recurso ordinário.

A única distinção digna de nota diz respeito à competência exclusiva do Supremo Tribunal Federal para o julgamento do recurso ordinário, de forma que as decisões denegatórias que são recorríveis por recurso ordinário em sede de *habeas data* e mandado de injunção devem ter sido proferidas por um dos Tribunais superiores.

---

14 Barbosa Moreira, *Comentários*, n. 311, p. 569.

15 Barbosa Moreira, *Comentários*, n. 311, p. 569.

16 STJ, AgRg no RMS 15.126/SC, 6ª Turma, rel. Min. Maria Thereza de Assis Moura, j. 18.12.2008, DJ 16.02.2009.

17 Nery-Nery, *Código*, nota 5 ao art. 539, p. 917-918.

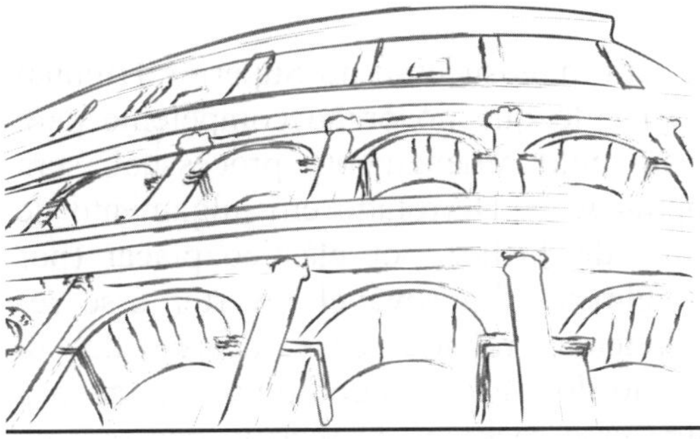

29

RECURSO ESPECIAL

29.1. HIPÓTESES DE CABIMENTO

Como todo recurso, também o recurso especial precisa preencher os pressupostos gerais de admissibilidade analisados no Capítulo 22. Em razão da sua especialidade, entretanto, o texto constitucional condiciona a admissibilidade desse recurso a outros pressupostos específicos, significando dizer que, para que possa ser julgado no mérito, o recurso especial deve preencher também os pressupostos previstos no art. 105, III, da CF. Esse dispositivo constitucional indica os pressupostos cumulativos, que devem ser preenchidos em todos os recursos especiais (art. 105, III, *caput*, da CF), como também os pressupostos alternativos (art. 105, III, *a*, *b*, *c*, da CF), bastando que um deles seja preenchido no caso concreto com os pressupostos cumulativos para que o recurso passe pelo juízo de admissibilidade e seja julgado no mérito.

29.1.1. Pressupostos cumulativos

29.1.1.1. Decisão de única ou última instância

Para que seja cabível o recurso especial – a exemplo do que ocorre no recurso extraordinário –, a decisão deve ser proferida em única ou última instância, significando que, sendo cabível qualquer recurso ordinário, será esse o único recurso cabível. O **esgotamento das vias ordinárias** de impugnação é exigência inafastável para o cabimento do recurso especial, devendo a parte seguir com a interposição de recursos ordinários até que nenhum deles seja cabível no caso concreto[1].

Mesmo que o recorrente acredite que terá mais sucesso no Superior Tribunal de Justiça no julgamento do recurso especial do que no órgão competente para o julgamento do recurso ordinário previsto pelo ordenamento processual, será obrigado a esgotar a via ordinária de impugnação. Derrotado em julgamento de procedência de ação rescisória no Tribunal de Justiça por elástico placar (por exemplo, 6x1), ainda que seja consideravelmente improvável reverter esse resultado no próprio tribunal, a parte que pretender recorrer dessa decisão deverá ingressar com embargos infringentes (art. 530 do CPC), sendo admissível apenas o recurso especial contra decisão que julga esse recurso[2]. O mesmo ocorrerá na hipótese de julgamento monocrático do relator, sendo antes cabível o recurso de agravo interno para o órgão colegiado, e somente do julgamento desse recurso o recurso especial[3].

29.1.1.2. *Decisão proferida por tribunal*

A segunda exigência prevista pelo art. 105, III, *caput*, da CF é ser a decisão proferida pelos Tribunais Federais Regionais Federais ou pelos Tribunais estaduais, do Distrito Federal e Territórios, sendo irrelevante a decisão de ter sido proferida em grau recursal (última instância) ou em ação de competência originária do tribunal (única instância).

Essa exigência impede a interposição de recurso especial contra as decisões proferidas em julgamento de recurso inominado nos Juizados Especiais. O órgão de revisão de sentença nos Juizados Especiais é o Colégio Recursal, composto por juízes de primeiro grau de jurisdição, não tendo natureza de tribunal. A mesma irrecorribilidade atinge a decisão dos embargos infringentes previstos no art. 34 da LEF. Sendo esse recurso julgado pelo próprio juízo sentenciante, ainda que seja a decisão de última instância no processo, não poderá ser recorrida por recurso especial por ter sido proferida em primeiro grau de jurisdição[4].

Apesar de pacificado o entendimento no sentido exposto, inclusive por meio de Súmula do Superior Tribunal de Justiça, cumpre ressaltar o desconforto dos tribunais superiores com a ausência de controle na aplicação da lei federal em sede de Juizados Especiais Estaduais. Pela estrutura criada pela Lei 9.099/1995, ainda que flagrantemente contrária ao entendimento consagrado pelo Superior Tribunal de Justiça, a última palavra a respeito da lei federal é dada pelo Colégio Recursal.

---

1 Por todos, Barbosa Moreira, *Comentários*, n. 320, p. 592.

2 Súmula 207 do STJ; Marinoni-Arenhart, *Manual*, p. 571.

3 STJ, REsp 1.082.653/SP, 1ª Turma, rel. Min. Benedito Gonçalves, j. 05.03.2009, DJe 18.03.2009; Gusmão Carneiro, *Recurso*, n. 8, p. 19.

4 Fux, *Curso*, p. 1.199. Em sentido crítico, entendendo que *de lege ferenda* seria interessante uniformizar o cabimento do REsp e RExt, Marinoni-Arenhart, *Manual*, p. 571.

O mesmo fenômeno não se verifica em sede de Juizados Especiais Federais, ao menos no tocante ao direito material federal, considerando-se a existência da uniformização de jurisprudência prevista pelo art. 14 da Lei 10.259/2001, que permite a chegada ao Superior Tribunal de Justiça de decisão contrária a entendimento consolidado pelo tribunal superior a respeito da aplicação e/ou interpretação de lei federal (ainda que limitada ao direito material), o mesmo ocorrendo nos Juizados Especiais da Fazenda Pública em razão do arts. 18 e 19 da Lei 12.153/2009.

O desconforto foi manifestado expressamente em recente julgamento do Superior Tribunal de Justiça, que chegou até mesmo a cogitar que o caminho seria a adoção por analogia, na esfera estadual, da uniformização de jurisprudência já existente nos Juizados Especiais Federais. O interessante desse julgamento foi a rejeição expressa da utilização da reclamação constitucional para esse fim[5]. Posteriormente, o Plenário do Supremo Tribunal Federal, também demonstrando o mesmo desconforto, entendeu que enquanto não existir mecanismo processual mais apropriado a permitir a atuação do Superior Tribunal de Justiça nas ações dos Juizados Especiais Estaduais, deve-se admitir a reclamação constitucional[6], em posição que veio a ser incorporada pelo Superior Tribunal de Justiça[7]. Apesar do nobre propósito do julgamento, não é preciso maior esforço para notar que a reclamação constitucional não é instituto processual adequado para a impugnação de decisões proferidas por Colégios Recursais nos Juizados Especiais contrários a entendimento consolidado pelo Superior Tribunal de Justiça.

29.1.1.3. *Prequestionamento*

O pressuposto de admissibilidade do prequestionamento, que para alguns na realidade não é propriamente um juízo de admissibilidade específico, fazendo parte do pressuposto genérico "cabimento", é alvo de inúmeras críticas e debates doutrinários. Entende-se majoritariamente que o prequestionamento constitui a exigência de que o objeto do recurso especial **já tenha sido objeto de decisão prévia** por tribunais inferiores[8], o que realça a atuação do Superior Tribunal de Justiça de mero revisor do que já foi decidido no pronunciamento judicial recorrido. A exigência do prequestionamento tem fundamentalmente a missão de impedir que seja analisada no recurso especial matéria que não tenha sido objeto de decisão prévia, vedando-se nesse recurso a análise de matéria de forma originária pelo Superior Tribunal de Justiça.

Proferido **acórdão omisso** quanto à matéria que se pretende impugnar em sede de recurso especial, caberá à parte ingressar no tribunal de segundo grau com **embargos de declaração** para sanar o vício do acórdão gerado pela omissão. Caso o tribunal se negue injustificadamente a sanar o vício alegado, o acórdão

5 *Informativo* 348/STJ: Primeira Seção, Rcl 2.704/SP, rel. Min. Teori Albino Zavascki, j. 12.02.2008.

6 *Informativo* 557/STF: Plenário, RE 571.572 QO-ED/BA, rel. Min. Ellen Gracie, j. 26.08.2009.

7 *Informativo* 416/STJ, Corte Especial, Rcl 3.752-GO, rel. Min. Nancy Andrighi, j. 18.11.2009.

8 Baptista da Silva, *Curso*, v. 1, n. 17.4.4.3, p. 458; Pimentel Souza, *Introdução*, n. 16.2, p. 418.

dos embargos de declaração terá afrontado o art. 535 do CPC, devendo a parte ingressar com recurso especial contra essa decisão[9]. O Superior Tribunal de Justiça é firme no entendimento de que os embargos de declaração só serão cabíveis, e por consequência só será provido o recurso especial, se efetivamente existir vício na decisão impugnada, não sendo admitidos os embargos de declaração com efeitos infringentes, ou seja, com o objetivo de modificar o acórdão recorrido[10].

Provido o recurso especial, o processo voltará ao tribunal de segundo grau para que efetivamente examine a matéria apontada nos embargos de declaração. Caso assim proceda, finalmente estará caracterizado o prequestionamento, de forma a possibilitar o ingresso de recurso especial contra o acórdão originário. Caso contrário, mantendo-se o tribunal de segundo grau inerte em sanar a sua omissão, o que se verificará com uma nova rejeição dos embargos de declaração, caberá à parte novamente o ingresso de recurso especial por ofensa ao art. 535 do CPC, contra o acórdão que decidir os embargos de declaração[11]. O Superior Tribunal de Justiça já decidiu que, mesmo havendo a **reiteração da omissão** pelo tribunal de segundo grau, não é possível admitir que tenha ocorrido o prequestionamento, devendo-se remeter o processo novamente a esse tribunal, exigindo-se o saneamento da omissão[12].

O entendimento exposto é pacífico no Superior Tribunal de Justiça, encontrando-se inclusive sumulado no sentido da inadmissibilidade do recurso especial quanto à questão que, apesar da oposição de embargos de declaração, não foram apreciadas pelo tribunal inferior[13-14]. Não resta dúvida da propriedade técnica do entendimento, porque realmente sendo o acórdão omisso quanto à matéria que se pretende alegar em sede de recurso especial e sendo rejeitados os embargos de declaração oferecidos pela parte, a omissão persiste, permanecendo o estado anterior de ausência de prequestionamento da matéria. Ocorre, entretanto, que a propriedade técnica está totalmente divorciada da realidade na praxe forense, tornando a obtenção de prequestionamento para o ingresso de recurso especial em árduo trabalho para as partes interessadas na interposição de tal recurso.

O entendimento consagrado no Superior Tribunal de Justiça foi rejeitado pelo PLNCPC, que preferiu a solução mais pragmática adotada pelo Supremo Tribunal Federal sobre o tema. No art. 979 está previsto que a mera interposição de embargos de declaração é o suficiente para prequestionar a matéria. Dessa forma, mesmo diante da rejeição dos embargos, caberá recurso especial contra

[9] *Informativo* 400/STJ: 2.a Turma, REsp 866.299/SC, rel. Min. Eliana Calmon, j. 23.06.2009.

[10] STJ, 1.ª Turma, EDcl no AgRg no AgRg no REsp 759.723, rel. Min. Luiz Fux, j. 12.02.2008, *DJ* 02.04.2008; STJ, 2.ª Turma, EDcl no REsp 981.094, rel. Min. Eliana Calmon, j. 11.03.2008.

[11] *Informativo* 356/STJ, Corte Especial, EREsp 933.438-SP, rel. José Delgado, rel. p/ acórdão Fernando Gonçalves, j. 21.05.2008.

[12] Informativo STJ/314: REsp 604.785/SP, rel. Min. Humberto Gomes de Barros, j. 20.03.2007. Pimentel Souza, *Introdução*, n. 16.2, p. 420.

[13] Súmula 211 do STJ.

[14] STJ, 2.ª Turma, REsp 967.348, rel. Min. Eliana Calmon, j. 11.02.2008, *DJ* 27.03.2008; STJ, AgRg no REsp 973.792, 1.ª Turma, rel. Min. José Delgado, j. 26.02.2008, *DJ* 24.03.2008.

o acórdão originário, e mesmo que o Superior Tribunal de Justiça entenda que realmente houve o vício apontado nos embargos de declaração e não saneado pelo tribunal de segundo grau, considerará a matéria prequestionada.

29.1.2. Pressupostos alternativos

Além do preenchimento dos três pressupostos analisados no item anterior, para que o recurso especial seja recebido/conhecido, deverá o recorrente demonstrar o preenchimento de um dos pressupostos previstos nas três alíneas do art. 105, III, da CF.

29.1.2.1. *Decisão que contrariar ou negar vigência a tratado ou lei federal*

Trata-se da alínea mais utilizada na praxe forense para fundamentar a interposição de recurso especial. Entende a melhor doutrina que o termo "contrariar" é mais amplo do que "negar vigência", mas a nítida distinção entre esses dois termos é absolutamente inútil, considerando-se que tanto num caso como noutro será cabível o recurso especial. Para alguns, inclusive, devem ser tratados como expressões sinônimas[15]. De qualquer maneira, "contrariar" significa distanciar-se da *mens legislatoris* ou da finalidade da norma, incluindo uma **má interpretação** que importe o desvirtuamento de seu conteúdo, enquanto "negar vigência" significa **deixar de aplicar** a norma correta no caso concreto[16]. Tanto a contrariedade como a negativa de vigência impedem a lei federal de ser aplicada como deveria, sendo nesses termos vícios da mesma gravidade.

Por lei federal a doutrina entende que o legislador está a se referir às leis de abrangência territorial nacional, incluídas as leis nacionais e federais, não importando a espécie de lei, de modo que estão abrangidas a lei complementar, lei ordinária, lei delegada, decreto-lei, decreto autônomo e até mesmo a medida provisória, que tecnicamente nem é lei, mas é entendida com a mesma força normativa. Excluem-se da previsão legal as portarias ministeriais, as resoluções normativas, as normas de regimento interno de tribunais e as súmulas[17]. A expressa previsão de tratado, que também deve ser interpretado de forma ampla, abrangendo ajuste, acordo, compromisso e tratado *stricto sensu*[18], decorre da regra de que o tratado internacional, quando incorporado ao ordenamento jurídico, tem força de lei ordinária, espécie de lei federal.

---

15 Scarpinella Bueno, *Curso*, v. 5, p. 271.

16 Mancuso, *Recurso*, p. 147.

17 Gusmão Carneiro, *Recurso*, n. 11, p. 28; Pimentel Souza, *Introdução*, n. 16.3, p. 422. . Quanto às Súmulas: *Informativo* 465/STJ: 2.ª Turma, REsp 1.230.704-SP, rel. Min. Mauro Campbell Marques, j. 1.º.03.2011.

18 Mancuso, *Recurso*, p. 165.

Naturalmente, não caberá recurso especial se a norma afrontada for municipal[19] ou estadual, sendo que nesse caso a decisão de segundo grau de jurisdição será a derradeira.

No tocante ao tratado, é importante lembrar que a Emenda Constitucional 45/2004 acrescentou um parágrafo 3.º no art. 5.º da CF, que passou a prever que os tratados e convenções internacionais sobre *direitos humanos*, desde que aprovados em cada casa do Congresso Nacional, em dois turnos, por três quintos dos votos dos respectivos membros, serão equivalentes às **emendas constitucionais**. É natural que nesse caso, havendo contrariedade ou negativa de vigência, não seja a decisão recorrível por recurso especial, porque dessa forma o Superior Tribunal de Justiça seria levado a decidir em última análise a respeito de matéria constitucional, tarefa exclusiva do Supremo Tribunal Federal. Tratando-se de norma com força constitucional, aplica-se de forma extensiva o art. 102, III, *a*, da CF, permitindo-se o ingresso de **recurso extraordinário**[20].

29.1.2.2. *Decisão que julgar válido ato de governo local contestado em face de lei federal*

Caberá recurso especial se a decisão julgar válido ato de governo local contestado em face de lei federal, entendendo-se que o ato terá natureza normativa ou administrativa, praticado pelo Poder Executivo, Legislativo – no âmbito estadual ou municipal – e pelo Poder Judiciário no âmbito estadual[21].

Note-se que a missão do Superior Tribunal de Justiça no julgamento do recurso especial é preservar o ordenamento jurídico federal, e nesse caso o ato de governo local não teria nenhuma importância se não ofendesse uma lei federal, sendo justamente por isso levado para análise do Superior Tribunal de Justiça por meio do recurso especial.

29.1.2.3. *Decisão que der a lei federal interpretação divergente da que lhe haja atribuído outro tribunal*

O art. 105, III, *c*, da CF disciplina o cabimento do recurso especial quando existir divergência de interpretação de lei federal entre diferentes tribunais, chamando-se o Superior Tribunal de Justiça a desempenhar a importante tarefa de **uniformização da interpretação da lei federal** em todos os tribunais de segundo grau da Justiça Estadual e Federal. Não tem nenhum sentido que uma mesma norma seja interpretada de forma diversa por diferentes tribunais, cabendo ao tribunal hierarquicamente superior a todos eles apontar para a correta inter-

---

19 *Informativo* 484/STJ: REsp 1.217.076/SP, rel. Min. Teori Albino Zavascki, j. 28.09.2011.

20 Assis, *Manual*, 9.2.2.2, p. 788.

21 Pimentel Souza, *Introdução*, n. 16.4, p. 424.

pretação. Note-se que divergências internas de tribunal na interpretação de lei, ainda que federal, não serão objeto de recurso especial[22], cabendo a instauração de incidente de uniformização de jurisprudência (arts. 476 e ss do CPC) na hipótese de divergência interna em tribunal de segundo grau e de recurso de embargos de divergência se a divergência ocorrer em tribunal superior.

A única exigência nesse tocante é que sejam **tribunais diferentes**, sendo admitida a divergência entre:

(a) tribunais de justiça de diferentes Estados;

(b) tribunais regionais federais de diferentes regiões;

(c) tribunais de justiça e tribunais regionais federais, mesmo que o Estado esteja na mesma região do Tribunal Regional Federal[23];

(d) tribunais de segundo grau e o próprio Superior Tribunal de Justiça[24].

Essa última alternativa, inclusive, é a mais favorável ao recorrente, porque dificilmente o Superior Tribunal de Justiça irá contrariar seu próprio entendimento, sendo provável que reforme a decisão recorrida proferida por tribunal de segundo grau.

No recurso especial fundado no art. 105, III, *c*, da CF, o recorrente deverá comparar o acórdão recorrido com um acórdão proferido por outro tribunal, chamado de *acórdão paradigma*. Essa comparação deve ser feita de **forma analítica**, não bastando a mera menção ao acórdão paradigma, sendo exigida do recorrente uma comparação entre trechos similares das duas decisões[25]. É comum, inclusive, que o recorrente o faça em forma de tabela, de maneira que os trechos fiquem na peça recursal lado a lado, o que facilita a demonstração da comparação analítica. Existem decisões do Superior Tribunal de Justiça que dispensam essa comparação analítica quando a divergência é notória, em especial quando o acórdão paradigma é do próprio tribunal[26].

Deverá o recorrente provar a existência do acórdão paradigma, o que poderá ser feito por quatro formas (art. 541, parágrafo único, do CPC):

(a) certidão do tribunal;

(b) cópia autenticada;

(c) citação de repositório oficial ou credenciado de jurisprudência, inclusive em mídia eletrônica, em que tiver sido publicada a decisão divergente;

(d) reprodução de julgado disponível na internet, com indicação da respectiva fonte.

---

22 Súmula 13/STJ.

23 Scarpinella Bueno, *Curso*, v. 5, p. 274.

24 Assis, *Manual*, 92.2.4.4, p. 792; Pimentel Souza, *Introdução*, n. 16.5, p. 425. Contra: Mancuso, *Recurso*, p. 208-209.

25 Súmula 291 do STF; Gusmão Carneiro, *Recurso*, n. 22b, p. 75.

26 STJ, 4.ª Turma, AgRG no Ag 681.596/DF, rel. Min. Jorge Scartezzini, 02.08.2005, *DJ* 22.08.2005; STJ, 2.ª Turma, REsp 141.117, rel. Min. Peçanha Martins, j. 02.03.2000, *DJ* 10.04.2000.

Essa última forma de comprovação de existência do acórdão paradigma facilita sobremaneira o encargo legal, estando em absoluta consonância com a utilização dos meios eletrônicos no processo.

A **divergência deve ser atual**, o que não significa que o acórdão paradigma deva ser recente, bastando que continue a conter o entendimento atual do tribunal[27]. Como será necessária ao recorrente a realização de uma comparação analítica, por vezes é mais interessante que o acórdão paradigma seja mais antigo do que outros disponíveis com o mesmo entendimento, mas não tão próximos do acórdão recorrido. Nesse caso, cumpre ao recorrente demonstrar que a divergência ainda é atual, o que fará com a mera indicação de julgados no mesmo sentido do acórdão paradigma proferido pelo mesmo tribunal. Também não será admitido o recurso especial no caso de a divergência ter sido superada por entendimento consolidado do Superior Tribunal de Justiça[28].

É importante ressaltar que essa é a hipótese de cabimento do recurso especial mais complexa, exigindo do recorrente um grande esforço para que o recurso seja admitido. Certamente por essa razão, é comum na praxe forense cumular o art. 105, III, *a*, e o art. 105, III, *c*, da CF, até porque, se houve divergência na interpretação de lei federal entre diferentes tribunais, será alegado pelo recorrente que no acórdão impugnado houve contrariedade ou negativa de ofensa à lei federal[29]. Sendo mais fácil, por exigir menos requisitos, a admissibilidade pelo art. 105, III, *a*, da CF, se mostra no mínimo previdente a conduta do recorrente que, ao interpor o recurso especial com base no art. 105, III, *c*, da CF, o faz também pelo art. 105, III, *a*, da CF.

[27] Mancuso, *Recurso*, p. 207.

[28] Súmulas 286 do STF e 83 do STJ; Fux, *Curso*, p. 1.198.

[29] Assis, *Manual*, 92.2.4, p. 790.

30 RECURSO EXTRAORDINÁRIO

30.1. HIPÓTESES DE CABIMENTO

Da mesma forma como ocorre no recurso especial, também o recurso extraordinário tem previsão constitucional de pressupostos genéricos e cumulativos e pressupostos específicos e alternativos de admissibilidade. Só será admitido o recurso extraordinário se a decisão recorrida for de última ou única instância, ocorrer o prequestionamento (art. 102, III, *caput*, da CF) e ter repercussão geral (art. 102, § 3.º, da CF). Esses são os pressupostos genéricos que todo recurso extraordinário precisa reunir, além de exigir a presença da situação descrita em um dos quatro incisos do art. 102, III, da CF, que preveem os pressupostos alternativos.

30.1.1. Pressupostos cumulativos

30.1.1.1. *Decisão de única ou última instância*

Como ocorre no recurso especial, o recurso extraordinário também só pode ser interposto contra decisão de única ou última instância, significando que as vias ordinárias de impugnação já devem ter sido esgotadas no caso concreto[1]. A diferença fundamental com o recurso especial diz respeito ao órgão prolator dessa decisão,

[1] Súmula 281 do STF.

que **não precisa ser necessariamente um tribunal**[2]. Não há na redação do art. 102, III, *caput*, da CF a exigência feita expressamente pelo art. 105, III, *caput*, da CF, de forma que aparentemente pareceu ao legislador que a proteção da norma constitucional, em razão de seu *status* de primazia perante as demais, mereceria um tratamento mais amplo do que aquele dispensado às leis federais.

Em razão dessa maior amplitude de cabimento derivada do texto constitucional, é pacífico o entendimento de que a decisão proferida no âmbito dos Juizados Especiais, perante o Colégio Recursal, poderá ser recorrida por recurso extraordinário. O mesmo ocorre com a decisão que julga o recurso de embargos infringentes, recurso previsto no art. 34 da LEF, que é julgado pelo próprio órgão prolator da sentença[3]. Ainda que seja uma decisão de primeiro grau, nessa situação específica é considerada uma decisão de única e última instância, já que os embargos infringentes cumprem o papel de recurso cabível contra a sentença, sendo cabível o recurso extraordinário[4]. O entendimento encontra-se sumulado pelo Supremo Tribunal Federal[5].

30.1.1.2. *Prequestionamento*

Da mesma forma que ocorre no recurso especial, a admissibilidade de todo recurso extraordinário exige o preenchimento do prequestionamento. Mais uma vez o objetivo é não permitir que o Supremo Tribunal Federal, no julgamento do recurso extraordinário, conheça de forma originária no processo de matéria alegada pelo recorrente, exigindo-se que a matéria já tenha sido objeto de apreciação e solução pelo órgão hierarquicamente inferior que proferiu a decisão recorrida. Registre-se que tanto no recurso extraordinário como no especial, o prequestionamento exerce a mesma função impeditiva dos tribunais superiores de conhecerem matérias que não tenham sido anteriormente objeto de decisão.

O Supremo Tribunal Federal, no tocante ao acórdão – ou decisão de primeiro grau na hipótese do art. 34 da LEF – omisso quanto ao prequestionamento, tem entendimento diverso do defendido pelo Superior Tribunal de Justiça quanto ao recurso especial. Em interpretação à Súmula 356 do STF, entende o Supremo Tribunal Federal que a mera interposição de embargos de declaração contra a decisão omissa, independentemente do resultado desse julgamento, cria no caso concreto o prequestionamento necessário para a admissão do recurso extraordinário[6]. Seria o chamado **prequestionamento ficto**, suficiente para o preenchimento do pressuposto constitucional[7].

---

2 Barbosa Moreira, *Comentários*, n. 319, p. 591.

3 Nery-Nery, *Código*, p. 924; Marinoni-Arenhart, *Manual*, p. 571; Araken de Assis, *Manual*, n. 84.1.1, p. 680.

4 Gusmão Carneiro, *Recurso*, n. 8, p. 17-18.

5 Súmula 640.

6 STF, 1.ª Turma, AI-AgR 648.760/SP, rel. Min. Ricardo Lewandowski, j. 06.11.2007, *DJ* 30.11.2007; STF, 2.ª Turma, AI-ED 541.488/SC, rel. Min. Joaquim Barbosa, j. 21.11.2006, *DJ* 16.02.07. Na doutrina, Marinoni-Arenhart, *Manual*, p. 572.

7 Pimentel Souza, *Dos recursos*, p. 92.

Existem inúmeras decisões do Supremo Tribunal Federal a exigir que a questão constitucional tenha sido objeto de prévio debate no órgão hierarquicamente inferior, não se admitindo que por meio de embargos de declaração contra o acórdão seja alegada originariamente a ofensa à norma constitucional. Em razão desse entendimento, além da omissão do acórdão e da interposição dos embargos de declaração, exige-se que a matéria alegada em embargos já tenha sido previamente suscitada no processo, não se admitindo a alegação originária por meio desse recurso[8]. Do mesmo tribunal existem diversas decisões que não admitem os embargos de declaração como condição para o prequestionamento quando não houve omissão no acórdão recorrido, prestando-se o recurso somente a rediscutir a decisão, com nítido efeito infringente[9].

Como se pode notar desse entendimento, ainda que não seja tão técnico quanto o aplicado pelo Superior Tribunal de Justiça na admissibilidade do recurso especial, não resta dúvida da sua conformidade com os princípios da *segurança jurídica*, *economia* e *celeridade processual*. O prequestionamento é resultado de uma **ficção jurídica** criada pelo somatório de uma decisão omissa e embargos de declaração interpostos, o que facilita o acesso da parte ao Supremo Tribunal Federal, não se permitindo que seja prejudicada por uma omissão reiterada do órgão prolator da decisão contra a qual se pretende insurgir por meio do recurso extraordinário.

O entendimento consagrado no Superior Tribunal de Justiça foi acatado pelo PLNCPC, mais precisamente no art. 979, já comentado no Capítulo 29.1.1.3.

30.1.1.3. *Repercussão geral*

Com a Emenda Constitucional 45/2004, foi acrescentado ao art. 102 da CF um terceiro parágrafo, que criou a repercussão geral como um pressuposto genérico de admissibilidade do recurso extraordinário. Percebendo-se com clareza que o Supremo Tribunal Federal tinha se desvirtuado da função para a qual foi projetado, atuando em demandas de menor significância, e sendo exorbitante a quantidade de recursos extraordinários que chegam àquele tribunal, via direta ou por meio do agravo previsto no art. 544 do CPC, o legislador resolveu criar um pressuposto de admissibilidade para que o tribunal passe a julgar somente causas de **extrema relevância** ou de **significativa transcendência**.

---

8 STF, 2.ª Turma, RE-AgR 449.137/RS, rel. Min. Eros Grau, j. 26.02.2008; STF, 1.ª Turma, AI-AgR 638.758/SP, rel. Min. Ricardo Lewandowski, j. 27.11.2007, *DJ* 19.12.2007; Baptista da Silva, *Curso*, v. 1, n. 17.4.4.3, p. 458; Fux, *Curso*, p. 1.209; Greco Filho, *Direito*, v. 2, p. 372.

9 STF, 2.ª Turma, RE-ED 561.354/SP, rel. Min. Cezar Peluso, j. 18.12.2007; STF, 2.ª Turma, RE-Agr-ED 471.582/RJ, j. 09.10.2007, *DJ* 30.11.2007.

Trata-se de singular pressuposto de admissibilidade, já que não pode ser analisado pelo órgão prolator da decisão impugnada, ainda que o recurso extraordinário passe por um juízo de admissibilidade perante esse órgão. A competência para a sua análise é exclusiva do Supremo Tribunal Federal[10]. E também contém outra interessante particularidade: é sempre o último requisito de admissibilidade a ser analisado, de forma que só se passa à análise da repercussão geral tendo o recurso extraordinário preenchido todos os demais requisitos genéricos e específicos de admissibilidade (art. 323, *caput*, do RISTF).

A ideia de impedir a chegada aos tribunais superiores de recursos que tratem de questões de menor relevância não é inédita, já tendo sido concretizada no direito brasileiro por meio do instituto da *arguição de relevância*, de triste memória. Apesar do ideal comum de filtragem dos recursos a serem julgados pelo tribunal superior, é impossível confundir os dois institutos[11]:

(a) a arguição de relevância destinava-se a possibilitar o conhecimento do recurso, tendo característica inclusiva, enquanto a repercussão geral é voltada para o não conhecimento do recurso;

(b) a arguição de relevância era fundada somente em relevância, enquanto a repercussão geral é mais ampla, fundada em relevância e transcendência;

(c) a arguição de relevância era apreciada em sessão secreta e resolvida por decisão sem fundamentação, enquanto a repercussão geral é realizada em sessão pública e com decisão motivada.

A novidade trazida ao ordenamento constitucional pela Emenda Constitucional 45/2004 não teve aplicação imediata, havendo entendimento pacífico de que seria necessária uma lei infraconstitucional para regulamentar o novo pressuposto intrínseco de admissibilidade do recurso extraordinário. Essa exigência foi cumprida dois anos mais tarde, por meio da Lei 11.418/2006, que criou os arts. 543-A e 543-B do CPC. Mas ainda existiam resistências à vigência imediata da repercussão geral, apesar de a *vacatio legis* vir prevista expressamente no art. 4.º de referida lei, que determinava a sua aplicação a partir do primeiro dia de vigência da lei. O Supremo Tribunal Federal, por meio da Emenda Regimental 21/2007, especificou ainda mais o procedimento a ser observado, sendo que em julgamento do Tribunal Pleno restou decidido que a repercussão geral só passou efetivamente a ser considerada a partir de 3 de maio de 2007, data de publicação da referida emenda regimental. Restou também decidido que esse novo requisito de admissibilidade se aplica às demandas civis e criminais[12].

Segundo o art. 543-A, § 2.º, do CPC, o recorrente deverá arguir obrigatoriamente em **preliminar** de recurso extraordinário a existência da repercussão geral das questões constitucionais nele versada[13], demonstrando a relevância des-

---

[10] Barbosa Moreira, *Comentários*, n. 332, p. 617-618; Marinoni-Mitidiero, *Repercussão*, p. 43; Araken de Assis, *Manual*, n. 84.1.4.3, p. 698.

[11] Araken de Assis, *Manual*, 84.1.4.1, p. 694-696.

[12] STF, Tribunal Pleno, AI-QO 664.567/RS, rel. Min. Sepúlveda Pertence, j. 18.06.2007, *DJ* 06.09.2007.

[13] Nery-Nery, *Comentários*, nota 9 ao art. 543-A, p. 940.

sa questão do ponto de vista econômico, político, social ou jurídico, ou ainda a circunstância de essas questões ultrapassarem os interesses subjetivos da causa; elementos alternativos para configurar a repercussão geral, conforme previsão do art. 543-A, § 1.º, do CPC. Ainda que a repercussão geral seja prevista por meio de um conceito jurídico indeterminado, cabendo ao Supremo Tribunal Federal traçar seus contornos, a doutrina entende que a transcendência pode ser *qualitativa*, referindo-se à importância para a sistematização e desenvolvimento do Direito, ou *quantitativa*, referindo-se ao número de pessoas atingidas pela decisão[14]. No art. 322, parágrafo único, do RISTF, aparentemente os requisitos são cumulativos, devendo a questão ser relevante do ponto de vista econômico, político, social ou jurídico e ultrapassar os interesses subjetivos das partes.

Existe pelo menos uma hipótese de **presunção absoluta** de existência da repercussão geral, prevista pelo art. 543-A, § 3.º, da CF, qual seja a decisão contrária à súmula ou jurisprudência dominante do Supremo Tribunal Federal[15]. Segundo o art. 323, § 1.º, do RISTF, a presunção também existe quando o recurso versar questão cuja repercussão já houver sido reconhecida pelo Supremo Tribunal Federal.

Aduz o art. 327 do RISTF que a Presidência do Tribunal poderá rejeitar liminarmente recurso especial sem a preliminar de repercussão geral devidamente fundamentada ou pela ausência de repercussão geral já reconhecida pelo tribunal. O § 1.º do dispositivo regimental dá a mesma competência ao relator do recurso, caso o mesmo não tenha sido liminarmente rejeitado.

Segundo a previsão constitucional do art. 102, § 3.º, da CF, a inadmissibilidade do recurso extraordinário só será admitida pela manifestação de dois terços dos membros do Supremo Tribunal Federal no sentido de que não há no caso concreto a repercussão geral. Significa dizer que oito ministros deverão entender pela inadmissibilidade, o que permite a dispensa da remessa do recurso extraordinário ao Plenário na hipótese de quatro membros da Turma decidirem pela existência da repercussão geral (art. 543-A, § 4.º, do CPC), porque nesse caso o número máximo de votos possíveis pela inadmissão do recurso será sete, insuficiente para barrar o julgamento do recurso extraordinário[16]. Em tese, havendo menos de quatro votos na Turma considerando a existência de repercussão geral, o recurso deverá ser encaminhado para o Plenário decidir a respeito de sua admissibilidade.

Para evitar que todos os recursos extraordinários nos quais não se consigam os quatro votos – entendendo existir repercussão geral – sigam para o Plenário, o que poderia congestionar de maneira significativa a pauta de julgamentos desse órgão, o art. 543-A, § 5.º, do CPC determina que, sendo negada a existência de repercussão geral, a decisão valerá para todos os recursos sobre **matéria idêntica**, que serão indeferidos liminarmente pelo relator, salvo na hipótese da revisão da

[14] Marinoni-Mitidiero, *Repercussão*, p. 37; Araken de Assis, *Manual*, n. 84. 1.4.4, p. 700.

[15] Theodoro Jr. *Curso*, 572-b, p. 716; Didier-Carneiro, *Curso*, p. 315. Contra, entendendo tratar-se de presunção relativa: Nery-Nery, *Comentários*, nota 11 ao art. 543-A, p. 939.

[16] Barbosa Moreira, *Comentários*, n. 332, p. 618; Araken de Assis, *Manual*, n. 84.1.4.3, p. 698.

tese. Também se admite que a negativa de conhecimento nesses casos seja realizada em decisão colegiada pela Turma, o que permite a conclusão de que, uma vez proferida decisão monocrática pelo relator, será cabível o recurso de *agravo interno* para o órgão colegiado no prazo de 5 dias.

O art. 543-A, *caput*, do CPC determina expressamente que a decisão do Supremo Tribunal Federal que não conhece o recurso extraordinário por ausência de repercussão geral é **irrecorrível**. Parece, entretanto, que tal irrecorribilidade não se aplica à decisão monocrática do relator ou do presidente (art. 327, § 1.º, do RISTF), considerando-se que esses ministros atuam com competência delegada pelo órgão colegiado competente para o julgamento do recurso – no caso, a Turma –, sendo cabível o recurso de *agravo interno* no prazo de 5 dias[17]. Aparentemente esse entendimento foi consagrado pelo art. 327, § 2.º, do RISTF, que prevê expressamente o cabimento de agravo contra decisão monocrática do presidente ou do relator que não conhecer o recurso extraordinário por ausência de repercussão geral.

Em aplicação do art. 543-A, § 5.º, do CPC, da decisão colegiada da Turma não caberá recurso, o mesmo ocorrendo em relação à decisão do Plenário, mas nesse caso nem precisaria existir previsão legal nesse sentido, considerando-se que não haveria a quem recorrer. A irrecorribilidade, entretanto, em qualquer dessas decisões, não atinge os *embargos de declaração*, que poderão ser oferecidos no prazo de 5 dias apontando omissão, contradição ou obscuridade da decisão[18].

Reconhecendo que a decisão que nega a existência de repercussão geral extrapola o interesse das partes no recurso, até porque permite a aplicação desse entendimento a outros recursos extraordinários (art. 543-A, § 5.º do CPC e, em especial, art. 543-B do CPC), permite-se a admissão pelo Supremo Tribunal Federal de manifestação de terceiros, subscrita por procurador habilitado (art. 543-A, § 6.º, do CPC). Para que a decisão esteja o mais próximo possível da correção, a lei corretamente permite a intervenção no processo do ***amicus curiae***, como forma de levar aos julgadores todos os conhecimentos técnico-jurídicos necessários para a prolação de uma decisão de qualidade, o que só será admitido até a data da remessa dos autos à mesa para julgamento[19]. Seguindo tendência do Supremo Tribunal Federal, o art. 323, § 2.º, do RISTF, prevê a irrecorribilidade da decisão de ofício ou a requerimento que deferir o ingresso do terceiro como *amicus curiae*. Apesar de a redação nada mencionar a respeito da decisão que indefere o pedido, o entendimento da irrecorribilidade, já consagrado no processo objetivo (controle concentrado de constitucionalidade)[20], deverá prevalecer.

---

17 Nery-Nery, *Comentários*, nota 10 ao art. 543-A, p. 940; Pimentel Souza, *Introdução*, n. 17.2.4, p. 457.

18 Marinoni-Mitidiero, *Repercussão*, p. 53; Nery-Nery, *Comentários*, nota 2 ao art. 543-A, p. 939; Pimentel Souza, *Dos recursos*, p. 114-115.

19 *Informativo* 543/STF, Plenário; *Informativo* 376/STJ, 1.ª Seção, REsp 1.003.955-RS, rel. Eliana Calmon, j. 12.11.2008; ADI 4071, Menezes Direito, 22.04.2009.

20 STF, Decisão monocrática: ADI 3.346 AgR-ED/DF, rel. Min. Marco Aurélio, j. 28.04.2009, *DJe* 86, 11.05.2009; ADI 3.931/DF, rel. Min. Cármen Lúcia, j. 28.10.2008, *DJe* 212, 07.11.2008.

O art. 543-B do CPC trata da **análise da repercussão por amostragem**, regra aplicável em caso de múltiplos recursos sobre a mesma controvérsia jurídica, situação comum na sociedade de massa em que atualmente vivemos. Ainda que o art. 543-B, *caput*, do CPC preveja o processamento pelas regras do Regimento Interno do Supremo Tribunal Federal, o próprio dispositivo traz previsão suficiente à compreensão do fenômeno processual por ele criado.

Nos tribunais, turmas de uniformização de jurisprudência e turmas recursais será selecionado um ou mais recursos extraordinários fundados em *idêntica controvérsia jurídica* e encaminhados ao Supremo Tribunal Federal, enquanto os demais – já existentes e que venham a ser interpostos antes da análise da repercussão geral dos recursos já encaminhados – ficarão sobrestados (art. 543-B, § 1.º, do CPC). A escolha dos recursos extraordinários que se seguirão ao Supremo Tribunal Federal é atividade privativa dos órgãos referidos, que determinarão quais os recursos irão ao julgamento do tribunal supremo em decisão irrecorrível a ser proferida pelo magistrado competente para o juízo de admissibilidade do recurso[21]. A razão da previsão legal é evidente, buscando evitar que inúmeros recursos fundados em mesma controvérsia sejam encaminhados ao Supremo Tribunal Federal antes de se conhecer a posição desse tribunal a respeito da existência ou não da repercussão geral.

Registre-se que o art. 328, parágrafo único, do RISTF prevê que já havendo chegado ao Supremo Tribunal Federal múltiplos recursos com fundamento em idêntica controvérsia, caberá ao presidente, antes da distribuição, e ao relator, após esse momento procedimental, selecionar um ou mais recursos extraordinários e devolver os demais ao tribunal ou turma recursal de origem.

Sendo negada a existência da repercussão geral, todos os recursos extraordinários que ficaram sobrestados serão automaticamente inadmitidos (art. 543-B, § 2.º, do CPC). É interessante hipótese na qual a ausência de repercussão geral admitirá ao juízo *a quo* não receber o recurso extraordinário, considerando-se que a análise desse *pressuposto de admissibilidade* é de privativa competência do Supremo Tribunal Federal. Na realidade, como já existe decisão do tribunal superior a respeito, o juízo de admissibilidade será condicionado a esse posicionamento, de forma que, considerando o efeito *ultra partes* da repercussão geral, continuará a ser sua análise atividade privativa do Supremo Tribunal Federal. Como o juízo de admissibilidade no juízo *a quo* é exercido pelo presidente ou vice-Presidente, será ele o responsável pelo não conhecimento dos recursos extraordinários sobrestados.

Reconhecendo o Supremo Tribunal Federal a existência de repercussão geral, os recursos extraordinários enviados por amostragem a esse tribunal serão julgados em seu mérito. Havendo provimento do recurso, poderão os tribunais, turmas recursais e turmas de uniformização de jurisprudência **retratar-se de suas decisões**, adaptando-se ao entendimento do Supremo Tribunal Federal (art. 543-B,

[21] Marinoni-Mitidiero, *Repercussão*, p. 60.

§ 3.º, do CPC). O Supremo Tribunal Federal decidiu que, tratando-se de decisão monocrática, o recurso cabível é o agravo regimental para o próprio tribunal de origem, restando em aberto a questão de qual forma de impugnação será cabível contra a decisão colegiada; os Ministros se dividiram entre o mandado de segurança e a reclamação constitucional, sem terem chegado a consenso[22]. Trata-se de interessante hipótese de retratação de decisão já publicada, condicionada ao resultado de julgamento em recurso que não faz parte da demanda, em previsão inédita no ordenamento processual.

Aparentemente quem deverá realizar essa retratação é o juízo prolator do acórdão impugnado, até porque não parece adequado que o presidente ou vice-Presidente possa modificar decisão proferida por órgão fracionário do Tribunal. Apesar de o órgão fracionário ser o único competente para o exercício da retratação, que levará no caso concreto o recurso extraordinário a perder seu objeto, o juízo de admissibilidade de tal recurso só pode ser realizado pelo presidente ou vice-Presidente. Entendo que após o julgamento no Supremo Tribunal Federal, caberá o exame de admissibilidade dos recursos especiais sobrestados, somente sendo remetidos ao órgão fracionário aqueles que tiverem condições de conhecimento. Entendimento contrário permitiria que um recurso, mesmo inadmissível, fosse o veículo processual para a retratação da decisão; para pensar no absurdo da situação, basta imaginar um recurso manifestamente inadmissível, protocolado muito tempo depois do vencimento do prazo, mantendo indevidamente "vivo" o processo a ponto de permitir a retratação.

Parece corroborar com o entendimento ora defendido a regra prevista pelo art. 328-A, *caput*, do RISTF. O dispositivo regimental prevê que o tribunal de origem não analisará a admissibilidade dos recursos sobrestados até a decisão do Supremo Tribunal Federal sobre os recursos a esse tribunal remetidos por amostragem, o que permite a conclusão que, depois desse julgamento, seria cabível o exame de admissibilidade, que só faria sentido na hipótese das decisões contrariarem a posição do Supremo Tribunal Federal, considerando que estando em consonância com o entendimento expressado pela Corte Maior, os recursos extraordinários serão inadmitidos.

Reconheço que esse não é um entendimento pacífico, ainda mais diante do art. 543-C, § 8.º, do CPC, que ao tratar do julgamento por amostragem do recurso especial prevê que sendo mantida a decisão divergente pelo tribunal de origem (o que só pode ser feito pelo órgão fracionário), far-se-á o exame de admissibilidade do recurso. Como analisado no Capítulo 31, item 31.5, o dispositivo sugere que a admissibilidade só seja feita na hipótese de manutenção da decisão, o que, *contrario sensu*, permite a conclusão de que na retratação tal juízo seria dispensado.

Caso o tribunal de origem, por meio de seus órgãos fracionários, mantenha sua decisão, desafiando o entendimento do tribunal superior, caberá ao presidente ou vice-Presidente remeter os demais recursos extraordinários ao Supremo Tribunal Federal, que poderá julgá-los de forma monocrática, cabendo ao relator liminarmente cassar ou reformar a decisão impugnada (art. 543-B, § 4.º, do CPC).

[22] *Informativo* 557/STF, Plenário, AI 760.358 QO/SE, rel. Gilmar Mendes, j. 26.08.2009.

Reconhecida a presença de repercussão geral e julgados no mérito os recursos extraordinários enviados por amostragem ao Supremo Tribunal Federal, sendo o julgamento pelo não provimento, o art. 543-B, § 3.º, do CPC determina que os tribunais, turmas recursais e turmas de uniformização de jurisprudência poderão declarar prejudicados os recursos sobrestados. Essa **perda superveniente de objeto** previsto pelo dispositivo legal será mais uma causa de inadmissibilidade do recurso extraordinário, o que realça o respeito que o legislador pretende que se tenha pelas decisões de mérito do Supremo Tribunal Federal, em especial do seu órgão plenário, ainda que proferidas em demandas nas quais seja feito pelo tribunal um controle difuso de constitucionalidade.

No PLNCPC, a repercussão geral do recurso extraordinário é tratada no art. 989, não havendo modificações substanciais no art. 543-A do atual CPC. No § 3.º, que trata da presunção absoluta de repercussão geral, além da ofensa a súmula ou jurisprudência dominante do tribunal, é incluída a ofensa a tese fixada em julgamento de casos repetitivos. O atual § 4.º do art. 543-A é suprimido, passando o tema a ser regulado pelo regimento interno dos tribunais.

Na hipótese de repercussão geral em recursos repetitivos, o § 7.º do art. 989 do PLNCPC, apesar de incorretamente fazer menção à Seção III – o correto seria Seção II –, prevê que, negada a repercussão geral, todos os recursos sobrestados serão automaticamente inadmitidos. O dispositivo, cópia do art. 543-B, § 2.º, do atual CPC, tem o mérito de estar inserido no dispositivo que trata da repercussão geral, e não no artigo que trata do julgamento por amostragem do recurso extraordinário, como ocorre atualmente.

A novidade mais interessante fica por conta do § 3.º, que prevê haver repercussão geral sempre que o recurso: impugnar decisão contrária a súmula ou jurisprudência dominante do Supremo Tribunal Federal; contrariar tese fixada em julgamento de casos repetitivos; questionar decisão que tenha declarado a inconstitucionalidade de tratado ou lei federal, nos termos do art. 97 da Constituição da República.

No PLNCPC o julgamento por amostragem, que passa a se chamar "julgamento dos recursos extraordinário e especial repetitivos", tem seu procedimento unificado em uma Seção específica, sendo tratado nos arts. 990 a 995. Trata-se fundamentalmente da reunião das regras atualmente previstas nos arts. 543-B e 543-C, com algumas novidades.

Prevista atualmente somente no julgamento por amostragem do recurso especial, passa a ser regra a oitiva por informações dos tribunais inferiores, bem como a oitiva do Ministério Público como fiscal da lei, nos termos do art. 992.

O art. 993 do PLNCPC dá uma solução aos recursos especiais e extraordinários que já estejam à espera de julgamento nos tribunais superiores quando os recursos selecionados são julgados. Segundo o dispositivo legal, os órgãos fracionários declararão prejudicados os recursos que versam sobre a mesma matéria ou os decidirão aplicando a tese.

Não tive a capacidade de compreender a dualidade prevista no dispositivo legal ora comentado. Uma vez julgados alguns dos recursos por amostragem, basta aplicar a tese aos recursos pendentes de julgamento, dando ou negando provimento a depender do resultado do julgamento por amostragem. Recurso prejudicado é matéria de admissibilidade recursal, e já havendo a tese de direito, será mais adequado aplicá-la ao caso concreto, julgando o mérito dos recursos pendentes de julgamento. Quem sabe aplica-se o dispositivo quando os recursos extraordinários repetitivos não forem conhecidos por falta de repercussão geral.

O art. 991, § 2.º, prevê que "na decisão de afetação, o relator deverá identificar com precisão a matéria a ser levada a julgamento, ficando vedado, ao Tribunal, a extensão a outros temas não identificados na referida decisão".

Outra importante novidade consta do art. 991, §§ 3.º e 4.º, do PLNCPC. Segundo o § 3.º, durante o julgamento dos recursos repetitivos, os processos que versam sobre a mesma matéria jurídica em trâmite em primeiro grau ficam suspensos pelo prazo máximo de 12 meses, podendo haver prorrogação por decisão fundamentada do relator. O § 4.º trata da suspensão dos recursos em segundo grau e no próprio tribunal superior que versem sobre a mesma matéria jurídica, não havendo prazo máximo para essa suspensão.

A modificação mais significativa, entretanto, foi excluída do PLNCPC originário pelo Substitutivo do Senado. Dos arts. 957, II, e 958, *caput*, depreendia-se que o julgamento dos recursos repetitivos passava a ter eficácia vinculante, obrigando o tribunal de segundo grau e o juiz de primeiro grau a adotar a tese fixada pelos tribunais superiores em seu julgamento. Ainda que se recomende essa adoção atualmente, o entendimento pacificado é de que os órgãos inferiores têm liberdade para confrontar o entendimento das cortes superiores.

Segundo o art. 957, II, do PLNCPC originário, na hipótese de o acórdão recorrido pelos recursos sobrestados divergir da orientação da instância superior, o tribunal de origem julgaria novamente o recurso impugnado por recurso especial e extraordinário, observando a tese firmada. No art. 958, *caput*, a mesma regra é aplicada para o juiz de primeiro grau, que deveria em sua sentença aplicar a tese fixada pelos tribunais superiores.

Com o Substitutivo do Senado a questão da eficácia vinculante dos julgamentos de recursos repetitivos já não é mais tão tranquila. Enquanto o art. 994, II, prevê que o tribunal de origem reapreciará o recurso julgado, observando-se a tese firmada, na hipótese de o acórdão recorrido divergir da orientação da instância superior, o que dá a entender pela vinculação obrigatória a tese consagrada no tribunal superior, o § 1.º do mesmo dispositivo prevê que, mantido o acórdão divergente pelo tribunal de origem, far-se-á o exame de admissibilidade do recurso especial ou extraordinário, dando a entender a possibilidade de manutenção do acórdão, mesmo contra a tese já firmada pelo tribunal superior.

Registre-se que o art. 994, II, do PLNCPC, prevê que o novo julgamento a ser realizado no tribunal de origem, com aplicação da tese consagrada no tribunal superior, se realizará independentemente de juízo de admissibilidade. Significa dizer que, mesmo que os recursos especiais e extraordinários sejam inadmissíveis (p. ex., desertos, intempestivos, sem fundamentação, sem prequestionamento etc.), permitiram o novo julgamento que será necessariamente em favor da parte que ingressou com o recurso viciado.

Por fim, mais uma novidade no art. 995, parágrafo único, do PLNCPC. Segundo o dispositivo legal, o autor pode desistir da ação em primeiro grau em razão da solução contrária a sua pretensão em julgamento de recursos repetitivos; sendo pedida a desistência antes de oferecida a contestação, o autor ficará isento do pagamento de custas e honorários advocatícios.

O dispositivo legal é, no mínimo, curioso. O autor pode desistir do processo em primeiro grau em qualquer circunstância até que seja proferida a sentença, só tendo alguma utilidade prática a regra sugerida pelo artigo comentado se no caso lá previsto a concordância do réu for dispensada. Se foi esse o objetivo, melhor teria sido deixar claro. Por outro lado, a isenção das verbas de sucumbência antes de apresentada a contestação é regra para qualquer pedido de desistência, não havendo qualquer sentido restringi-la aos casos de desistência em razão de julgamento repetitivo.

30.1.2. Requisitos específicos

30.1.2.1. Decisão que contrariar dispositivo constitucional

O primeiro pressuposto específico de cabimento do recurso extraordinário é ter a decisão impugnada contrariado norma constitucional (art. 102, III, *a*, da CF). Apesar da omissão legislativa, é tranquilo o entendimento de que também a decisão que **nega vigência** a dispositivo constitucional é recorrível por recurso extraordinário[23]. Como já analisado no Capítulo 29, item 29.1.2.1, a correta interpretação do art. 102, III, *a*, da CF permite o cabimento do recurso extraordinário contra a decisão que afronte ou negue vigência a tratado internacional que tenha como objeto direitos humanos, desde que preenchidos os requisitos previstos pelo art. 5.º, § 3.º, da CF.

O Supremo Tribunal Federal não admite a *ofensa indireta* (reflexa ou oblíqua) à norma constitucional, exigindo que a ofensa seja direta, ou seja, se a decisão ofendeu uma norma infraconstitucional e somente de maneira reflexa atingiu a Constituição Federal, não caberá recurso extraordinário[24]. É natural que essa ofensa reflexa se verifique na maioria das decisões que ofendem normas infraconstitucionais, em especial aquelas que preveem princípios, considerando-se que todas elas derivam do texto maior, de forma mais ou menos intensa[25]. Caso essa norma agredida em primeiro plano seja federal, caberá recurso especial, e sendo estadual ou municipal não caberá nenhum recurso aos órgãos superiores[26].

---

23 Pimentel Souza, *Introdução*, n. 17.3, p. 459-460.

24 Súmula 636/STF.

25 STF, 1.ª Turma, AI-AgR 589.923/RJ, rel. Min. Ricardo Lewandowski, 27.11.2007, *DJ* 19.12.2007; STF, 2.ª Turma, AI-AgR 502.333, rel. Min. Cezar Peluso, 18.09.2007, *DJ* 11.10.2007.

26 Pimentel Souza, *Introdução*, n. 17.2, p. 451.

> Marina tem o seu recurso de apelação julgado em sessão de julgamento perante o Tribunal de Justiça sem que seu advogado tenha sido devidamente científicado do ato processual, em nítida ofensa ao princípio do contraditório (ao não ser intimado da sessão de julgamento (informação) não pode realizar a sustentação oral que planejara (reação). Apesar do princípio do contraditório estar expressamente previsto no art. 5.º, LV da CF, não é cabível o Recurso Extraordinário porque a ausência de intimação violou o art. 552, *caput* do CPC, sendo a ofensa à Constituição Federal meramente reflexa. Tratando-se de violação à norma federal, o recurso cabível é o recurso especial; se fosse estadual ou municipal, Marina não teria recurso cabível para levar o processo aos órgãos de superposição.

É interessante ao sistema que, no tocante aos acórdãos proferidos pelo Colégio Recursal nos Juizados Especiais, haja uma flexibilização dessa regra quando ocorrer uma manifesta ofensa à lei federal com relevante reflexo constitucional. Entendo que nesse caso a liberdade concedida ao Colégio Recursal – formado por juízes de primeiro grau – na aplicação das normas federais não deve ser plena, sob pena do cometimento de insuportáveis injustiças. Diante do não cabimento do recurso especial contra essas decisões, caberia ao Supremo Tribunal Federal, ainda que em situações excepcionais, de extrema injustiça provocada pela má aplicação da lei federal, reconhecer a ofensa reflexa e admitir o recurso extraordinário. Preferiu-se, entretanto, admitir o cabimento da reclamação constitucional, conforme analisado no item 29.1.1.2.

30.1.2.2. *Decisão que declarar a inconstitucionalidade de tratado ou lei federal*

No ordenamento jurídico brasileiro convivem o *controle concentrado de constitucionalidade*, exclusivo do Supremo Tribunal Federal, e o *controle difuso de constitucionalidade*, que deve ser feito por qualquer órgão jurisdicional de forma incidental. É evidente que o art. 102, III, *b*, da CF, trata dessa segunda forma de controle, permitindo que se leve ao Supremo Tribunal Federal qualquer **declaração incidental de inconstitucionalidade** de tratado ou lei federal, considerando-se que a principal tarefa desse tribunal é dizer na demanda a última palavra a respeito da inconstitucionalidade, o que faz de forma originária no controle concentrado e de forma recursal na forma difusa.

Note-se que o dispositivo constitucional ora analisado refere-se tão somente à inconstitucionalidade declarada incidentalmente, não sendo cabível o recurso extraordinário, ao menos não por essa hipótese de cabimento, de decisão que incidentalmente declara a constitucionalidade de lei federal ou tratado. A justificativa é clara: toda norma é naturalmente constitucional, o que significa dizer que toda norma é criada pretensamente constitucional, pois há expectativa de que todas elas tenham tal qualidade, de forma que, ao declarar a constitucionalidade incidentalmente, o órgão jurisdicional nada mais faz do que declarar o estado natural da norma, confirmando a expectativa de que esteja conforme a Constituição Federal. A atipicidade fica por conta da declaração incidental de inconstitucionalidade, sendo nesse caso interessante permitir a análise da decisão pelo Supremo Tribunal Federal por meio do recurso extraordinário[27]. É bem provável que na declaração incidental de constitucionalidade também seja cabível o recurso extraordinário, mas com amparo no art. 102, III, *a*, da CF.

30.1.2.3. *Decisão que julgar válida lei ou ato de governo local contestado em face da Constituição Federal*

A decisão que julga válida uma lei estadual ou municipal contestada em face da Constituição pode afrontar o texto maior, prestigiando incorretamente uma norma contida em lei estadual ou municipal em detrimento da Constituição Federal, sendo nesse caso cabível o recurso extraordinário[28]. O mesmo ocorre com a decisão que julgar válido ato administrativo (praticados por agentes públicos dotados de certa parcela de poder) ou normativo (leis, decretos, portarias etc.)[29], praticado pelas três esferas de Poder (Executivo, Legislativo, Judiciário) no âmbito estadual ou municipal, que seja contestado em face da Constituição Federal.

30.1.2.4. *Decisão que julgar válida lei de governo local contestado em face de lei federal*

Até a Emenda Constitucional 45/2004, a hipótese de cabimento do recurso extraordinária atualmente prevista no art. 102, III, *d*, da CF era hipótese de cabimento de recurso especial (antiga redação do art. 105, III, *b*, da CF). A modificação de competência do tema tratado nesse dispositivo constitucional pode levar o leitor mais desatento a não compreender a modificação, afirmando que a tarefa de preservar a boa aplicação da lei federal não é do Supremo Tribunal Federal, e sim do Superior Tribunal de Justiça. Se a decisão preferiu a aplicação de lei municipal ou estadual em face de lei federal, seria problema a ser resolvido em sede de recurso especial.

Ocorre, entretanto, que sempre que uma decisão julgar válida uma lei municipal ou estadual contestada em face de lei federal, a questão imediata a ser enfrentada não é exatamente o desrespeito à lei federal, mas o **conflito de competência legislativa** entre Municípios e Estados de um lado e a União de outro, pano de fundo e fundamento indispensável para a verificação do acerto ou erro da decisão impugnada[30]. Como se sabe, a questão da competência legislativa é matéria constitucional, devendo ser enfrentada em último grau pelo Supremo Tribunal Federal, tendo sido, nesse sentido, perfeita a modificação realizada pela Emenda Constitucional 45/2004.

---

27 Mancuso, *Recurso*, p. 179; Araken de Assis, *Manual*, n. 84.2.2, p. 706; Pimentel Souza, *Introdução*, n. 17.4, p. 460-461.

28 Fux, *Curso*, p. 1.197, fala em manifestação materialmente legislativa das três esferas do Poder.

29 Mancuso, *Recurso*, p. 188.

30 Barbosa Moreira, *A Emenda*, p. 26; Gusmão Carneiro, *Recurso*, n. 21a, p. 72.

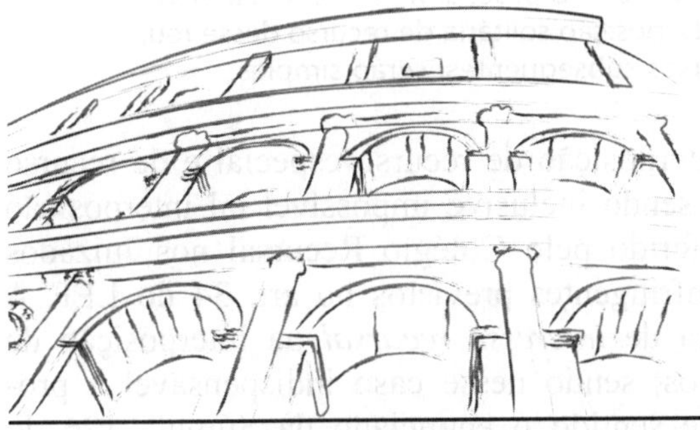

31

ASPECTOS PROCEDIMENTAIS COMUNS AOS RECURSOS EXTRAORDINÁRIO E ESPECIAL

31.1. PROCEDIMENTO

O prazo para o ingresso dos recursos excepcionais é de **15 dias**, sendo aplicáveis os arts. 188 e 191 do CPC, devendo-se alertar que a contagem em dobro do prazo na hipótese de haver na demanda litisconsortes com patronos diferentes depende, além da sucumbência de mais de um dos litisconsortes[1], de que mais de um deles tenha ingressado com o recurso que gerou o acórdão – ou excepcionalmente a decisão na hipótese do art. 34 da LEF –, que agora se pretende impugnar por meio do recurso extraordinário e/ou do recurso especial.

Peter e Edison são réus em demanda de reintegração de posse, atuando cada um deles com patronos diferentes. Proferida sentença de procedência, somente Peter recorre para o Tribunal de Justiça por meio da apelação, sendo negado provimento a esse recurso. Contra esse acórdão cabem em tese o recurso extraordinário e o recurso especial, mas esse prazo será sempre

[1] Súmula 641 do STF.

simples, ainda que gere uma sucumbência recíproca aos dois réus. Como Edison não apelou da sentença, considera-se que Peter, por ter recorrido por meio da apelação, passou a ser o único réu no procedimento recursal dessa decisão, de forma que, a partir da interposição solitária de recurso desse réu, os demais prazos recursais, de recursos subsequentes, serão simples.

Em regra, não é indispensável a interposição de recurso especial e de recurso extraordinário contra a mesma decisão, sendo inclusive impossível tal interposição simultânea na hipótese de acórdão proferido pelo Colégio Recursal nos Juizados Especiais e de decisão dos embargos infringentes previstos no art. 34 do LEF. A exceção fica por conta da possível falta de *interesse recursal* na interposição de um ou outro dos recursos ora analisados, sendo nesse caso indispensável à propositura de ambos os recursos. É nesse sentido o enunciado da Súmula 126 do STJ ao prever a inadmissibilidade do recurso especial quando o acórdão recorrido assenta em fundamento constitucional e infraconstitucional, sendo que qualquer um deles é suficiente, por si só, para mantê-lo, e a parte vencida não manifesta recurso extraordinário. É evidente que a regra prevista nessa súmula deve ser aplicada também para a hipótese de interposição somente do recurso extraordinário, sem a concomitante interposição do recurso especial. Nesses casos faltará interesse recursal (adequação), pela nítida utilidade na interposição de somente um dos recursos federais, que mesmo sendo provido não será capaz de atingir a decisão impugnada.

Sendo caso de necessária interposição de recurso extraordinário e recurso especial, ou sendo esse o desejo do recorrente, o prazo para ambos será de 15 dias, mas correrão de forma autônoma, de maneira que não é necessária a interposição simultânea – no mesmo dia, visto que o prazo é contado em dias – dos dois recursos. O termo inicial de contagem naturalmente será o mesmo, mas dentro do prazo legal é permitida a interposição dos recursos em **dias diferentes**[2]. Note-se posicionamento pacificado no Superior Tribunal de Justiça quanto ao prazo de 15 dias de que cabe ao recorrente comprovar a ocorrência de *feriado local* – considerado direito local, a exigir prova – no momento de interposição do recurso especial[3].

O recurso extraordinário e o recurso especial são interpostos (ou protocolados) perante o órgão prolator da decisão impugnada, havendo controvérsia entre os tribunais superiores a respeito da interpretação do art. 542 do CPC, à luz da introdução pela Lei 10.352/2001 do parágrafo único ao art. 547 do CPC. Para o Supremo Tribunal Federal, em interpretação inteligente e em prol do princípio do amplo acesso à justiça, entende-se que atualmente é aplicável na instância superior o sistema de *protocolo descentralizado*[4], *mesmo entendimento consagrado posteriormente no Superior Tribunal de Justiça*[5].

2 Araken de Assis, *Manual*, n. 86.1.1.2, p. 738; Mancuso, *Recurso*, p. 142; Contra: Abelha, *Manual*, p. 569.

3 *Informativo* 344/STJ, Corte Especial, EREsp 299.177-MG, rel. Min. Eliana Calmon, j. 11.02.2008.

4 *Informativo* 417/STF, AI 476.260 AgR/SP e AI 507.874 AgR/SP, rel. Min. Carlos Britto, j. 23.02.2006.

5 STJ, 4.ª Turma, AgRg no Ag 883.285/SP, rel. Min. João Otávio de Noronha, j. 03.02.2009, *DJe* 16.02.2009; STJ, 2.ª Turma, EDcl nos EDcl no AgRg no Ag 921.860/SP, rel. Min. Humberto Martins, j. 28.10.2008, *DJ* 12.11.2008.

O recorrido será intimado para apresentar suas contrarrazões no prazo de 15 dias, e, transcorrido esse prazo, com ou sem a resposta, o presidente ou vice-presidente do tribunal de segundo grau (depende do Regimento Interno) fará um *juízo de admissibilidade* do recurso interposto. Também é nesse prazo de contrarrazões que o recorrido poderá ingressar com recurso adesivo, do qual será intimado o recorrente principal para apresentação de contrarrazões no prazo de 15 dias. No recurso extraordinário contra acórdão proferido nos Juizados Especiais o presidente do Colégio Recursal fará esse juízo de admissibilidade, e, nos embargos infringentes previstos no art. 34 da LEF, o juízo de admissibilidade será feito pelo próprio juízo de primeiro grau prolator da decisão impugnada. Sendo negativo o juízo, o recurso não será recebido, cabendo contra essa decisão monocrática o recurso de agravo previsto no art. 544 do CPC, e tratado no Capítulo 25, item 25.3.3. Sendo positivo, o recurso será encaminhado para o tribunal superior para julgamento.

Havendo a interposição e a admissão dos dois recursos, o recurso especial deverá ser julgado antes, uma vez que em algumas situações o julgamento desse recurso tornará o recurso extraordinário prejudicado, não precisando ser enfrentado pelo Supremo Tribunal Federal, o que diminui a quantidade de recursos a serem julgados por esse tribunal. Excepcionalmente, o relator do recurso especial poderá entender que o julgamento do recurso extraordinário lhe é prejudicial, determinando, por decisão irrecorrível, o envio do processo ao Supremo Tribunal Federal para que seja julgado antes o recurso extraordinário. O relator desse recurso poderá concordar com o ministro do Superior Tribunal de Justiça e julgar o recurso extraordinário, invertendo a ordem legal, ou discordar da existência de prejudicialidade, quando em decisão irrecorrível determinará a volta do processo ao Superior Tribunal de Justiça para que o recurso especial seja julgado em primeiro lugar (art. 543 do CPC).

As principais modificações procedimentais do PLNCPC dizem respeito à admissibilidade dos recursos especiais e extraordinário, com forte tônica instrumentalista. O art. 983, § 2.º, prevê que, diante de um vício formal que o tribunal não repute grave, poderá desconsiderar o vício e realizar o julgamento de mérito do recurso. Consagra-se o princípio da instrumentalidade das formas. Deve-se ponderar, contudo, que a utilização de conceito jurídico indeterminado (o que é um vício formal grave?) sempre enseja, ao menos em um primeiro momento, insegurança jurídica.

Nos arts. 986 e 987 é prevista uma fungibilidade entre os recursos especiais e extraordinários, aparentemente sem qualquer requisito a ser preenchido. Caso o recurso especial verse sobre matéria constitucional, o Superior Tribunal de Justiça concede um prazo de 15 dias para o recorrente demonstrar a repercussão geral e envia o recurso para o Supremo Tribunal Federal, e versando o recurso extraordinário a respeito de matéria federal, sendo indireta à ofensa à Constituição Federal, o Supremo Tribunal Federal envia o recurso para o Superior Tribunal de Justiça.

Não sou contra a flexibilização das regras formais de pouca relevância e a inaplicabilidade de regras formais inúteis, mas não se pode esquecer que a forma é fonte de segurança jurídica, e liberdade demasiada ao juízo, ainda que se tratando de tribunais superiores, pode causar insegurança indesejada, o que deve ser evitado.

31.2. CONFUSÃO ENTRE O JUÍZO DE ADMISSIBILIDADE E MÉRITO

É tradicional, e infelizmente aceita de forma pacífica na praxe forense, a confusão entre *juízo de admissibilidade* e *juízo de mérito* no recurso especial e no recurso extraordinário. São tradicionais as lições que apontam os arts. 102, III, e 105, III, ambos da CF, como hipóteses de cabimento dos recursos federais, o que traz inúmeras dificuldades na diferenciação entre o cabimento desses recursos e seu mérito.

Em algumas das hipóteses previstas pelo texto constitucional não surge nenhuma dificuldade nessa diferenciação, como se verifica no art. 105, III, *c*, da CF. A efetiva existência de divergência na interpretação de lei federal entre diferentes tribunais, com o preenchimento dos requisitos já analisados, é matéria indiscutivelmente de cabimento do recurso especial. No mérito, o Superior Tribunal de Justiça analisará qual a melhor interpretação: a realizada no acórdão recorrido ou a feita no acórdão paradigma. É facilmente visualizada, portanto, a hipótese do recurso especial conhecido – porque existe a divergência na forma exigida pela lei – e não provido – porque a interpretação dada à lei federal pelo acórdão recorrido é mais adequada do que aquela dada no acórdão paradigma.

Essa facilidade, entretanto, não se verifica em outras hipóteses previstas no texto constitucional, como ocorre nos arts. 102, III, *a*, e 105, III, *a*, ambos da CF. Afinal, uma decisão que não nega vigência a uma lei federal impede a admissibilidade do recurso especial ou gera o seu não provimento? A decisão que não afronta uma norma constitucional leva ao não provimento do recurso extraordinário ou impede o julgamento de seu mérito por não ser o recurso cabível?

Parece não haver dúvidas de que tecnicamente a efetiva ausência de ofensa à lei federal ou à norma constitucional seja matéria de mérito dos recursos especial e extraordinário, respectivamente. Entendimento em sentido contrário geraria situação no mínimo inusitada, porque, na hipótese dos arts. 102, III, *a*, e 105, III, *a*, da CF, não existiria a possibilidade de negativa de provimento ao recurso. Havendo ofensa à lei federal ou à norma constitucional, o recurso seria conhecido e provido, e ausente essa ofensa o recurso não seria recebido/conhecido. É inadmissível que um recurso não possa ser julgado em seu mérito pelo não provimento.

Em elegante lição doutrinária, Barbosa Moreira faz interessante e correta sugestão para encarar o problema. Para o processualista, a ofensa à lei federal ou à norma constitucional será tanto *pressuposto de admissibilidade* (cabimento) como também *matéria de mérito*. Na análise do cabimento, a ofensa será tratada **abstratamente**, ou seja, basta que o recorrente alegue que houve a ofensa à lei federal ou à norma constitucional para que o recurso seja admitido, considerando-se o seu cabimento. Uma vez conhecido o recurso, o tribunal superior competente passará a analisar a **efetiva existência de ofensa** no caso concreto, de forma que a matéria será o mérito do recurso; havendo a ofensa, o recurso será provido; não havendo a ofensa alegada, será negado provimento ao recurso[6].

> Fernanda interpõe um recurso especial alegando que o acórdão proferido pelo Tribunal de Justiça de Minas Gerais contrariou uma norma estadual. O recurso especial não será admitido, porque nesse caso a ofensa alegada, mesmo analisada abstratamente, não está prevista em lei como justificativa para o cabimento do recurso especial. Por outro lado, caso Fernanda tivesse alegado que o acórdão contrariou uma lei federal, essa alegação bastaria para que o recurso passasse pelo juízo de admissibilidade, sendo que no mérito caberia ao Superior Tribunal de Justiça analisar se no caso concreto houve efetivamente a contrariedade alegada por Fernanda; concordando com a alegação, dará provimento ao recurso especial e, entendendo que não houve efetivamente a contrariedade alegada, será negado provimento ao recurso.

Infelizmente, entretanto, essa lição é desprezada na praxe forense, não sendo respeitada nem pelo presidente ou vice-presidente do tribunal de segundo grau, responsável pelo primeiro juízo de admissibilidade dos recursos extraordinário e especial, nem pelo próprio tribunal superior responsável pelo segundo juízo de admissibilidade e competente pelo julgamento de mérito. Dessa forma, na prática forense cria-se a surreal situação de um recurso que simplesmente não admite o não provimento, restando apenas duas decisões possíveis: não receber/conhecer ou dar provimento ao recurso. Essa postura gera três graves problemas, sendo que pelo menos dois deles são superados na prática por entendimentos dos tribunais superiores.

O primeiro problema é que, ainda que de forma implícita, o presidente ou vice-presidente (depende do regimento interno) do tribunal de segundo grau analisa o mérito do recurso, tarefa para a qual não tem competência. Nota-se uma nítida e indesejável **ofensa à competência** constitucionalmente prevista para que os tribunais superiores julguem o mérito dos recursos excepcionais. Como as decisões são fundamentadas no juízo de admissibilidade, apontando para o não cabimento do recurso, aparentemente a decisão do tribunal de segundo grau é legítima. Como é confortável aos tribunais superiores que o tribunal de segundo grau impeça a chegada desses recursos já em seu nascedouro, a ofensa à sua competência continua a ser realizada diariamente.

Os tribunais superiores, entretanto, confessam, ainda que implicitamente, que nesses casos é o mérito que está sendo julgado, não havendo tão somente um

---

6 Barbosa Moreira, *Comentários*, n. 319, p. 588-589.

juízo de admissibilidade. Essa confissão implícita mostra-se em dois interessantes entendimentos sedimentados dos tribunais superiores.

O recurso adesivo só será julgado na hipótese de o recurso principal ser julgado no mérito (art. 500, III, do CPC). Tratando-se de recurso adesivo de recurso excepcional, entretanto, os tribunais superiores admitem o julgamento desse recurso adesivo, ainda que o recurso principal não tenha sido admitido, desde que a **matéria federal ou constitucional tenha sido enfrentada na decisão**.

A ação rescisória é de competência dos tribunais superiores somente na hipótese de os recursos excepcionais terem sido conhecidos e julgados em seu mérito, sendo a ação rescisória de competência do tribunal de segundo grau quando os recursos extraordinário e especial não são recebidos/conhecidos. Ocorre, entretanto, que os tribunais superiores se dão por competente para a ação rescisória quando o recurso federal não é conhecido, mas a **matéria federal ou constitucional é enfrentada** em seu julgamento, conforme analisado no Capítulo 33, item 33.6. Confissão maior que essa, ainda que implícita, seria impossível.

31.3. EFEITOS DOS RECURSOS FEDERAIS

A questão dos efeitos recursais já foi objeto de enfrentamento no Capítulo 20. Nesse momento faz-se uma breve análise dos dois principais efeitos (devolutivo e suspensivo) no caso específico de recursos extraordinário e especial.

31.3.1. Efeito devolutivo

É tradicional a lição de que em sede de recurso extraordinário e recurso especial não são devolvidas as questões de fato, limitando-se o Supremo Tribunal Federal e Superior Tribunal de Justiça, respectivamente, à revisão da **matéria de direito**. Em razão dessa limitação no efeito devolutivo do recurso, é pacífico o entendimento de inadmissibilidade do reexame de provas, porque essa atividade geraria uma inevitável revisão da matéria fática[7]. É preciso, entretanto, diferenciar reexame de prova, o que será gerado pela rediscussão da apreciação da prova produzida, e reexame da aplicação de **regras de direito probatório**, o que se admite partindo-se do pressuposto de tratar-se de matéria de direito. Questões referentes à ilicitude da prova, objeto de convicção, ônus da prova, procedimento probatório, entre outras, poderão ser objeto de recurso especial ou extraordinário, a depender do caso concreto. Nesse caso, não há como negar que, ao menos indiretamente, haverá reexame de fatos, porque a modificação na aplicação de regra de direito probatório poderá ter como consequência uma modificação do elemento fático da decisão recorrida.

[7] Súmulas 279 do STF e 7 do STJ.

Proferido acórdão que, diante de mera prova testemunhal, considera provada a existência de um contrato oral cujo valor é de 20 salários-mínimos, Fernanda ingressa com recurso especial com fundamento na negativa de vigência dos arts. 227 do CC e 401 do CPC, afirmando que essa espécie de prova só é suficiente para provar a existência de negócios jurídicos com valor máximo de 10 vezes o valor do salário mínimo. Esse recurso especial é cabível, porque os dois dispositivos indicados são regras de direito probatório que limitam a persuasão racional do julgador, tratando-se, portanto, de matéria de direito. O recurso especial deve ser provido, de forma que indiretamente a matéria de fato será afetada, porque desse julgamento do recurso o contrato alegado passa a ser considerado inexistente para fins de elemento de convencimento do órgão julgador.

Cumpre ressaltar que, não sendo possível o reexame dos fatos, diferente ocorre quanto à **qualificação jurídica dada aos fatos**, porquanto essa matéria é de direito, podendo ser analisada em sede de recurso excepcional[8]. Diante de determinados fatos, o acórdão entende que a relação jurídica existente entre as partes é uma doação, sendo certo que em sede de recurso especial poderá o Superior Tribunal de Justiça inverter esse entendimento, passando a entender que desses mesmos fatos na realidade houve uma compra e venda a prazo, e não uma doação.

Também cabível recurso extraordinário ou especial com fundamento na inadequada aplicação de *conceitos jurídicos indeterminados* e das *cláusulas gerais*, passando a ser possível aos tribunais superiores fixarem em última análise a interpretação concreta permitida ao julgador nessas situações como, por exemplo, o que é *prova escrita* para fins de ação rescisória, o que é *preço vil* na execução, quais são os *móveis,* que guarnecem o imóvel, considerados como bem de família[9].

O Superior Tribunal de Justiça consagrou o entendimento de que é possível em sede de *recurso especial* a revisão do valor concedido a título de reparação por danos morais, sempre que o valor fixado na decisão recorrida mostrar-se irrisório ou exorbitante. Ainda que se encontre nos julgados desse tribunal a justificativa de que a revisão do valor nesses casos evita a ocorrência de *enriquecimento sem causa*[10], matéria de direito, parece não restar muita dúvida de que nesses casos será necessário um reexame dos fatos, pois é justamente deles que decorre o valor adequado para a condenação em danos morais. É inclusive curiosa a ementa de um julgado que teve como relator o Ministro Luiz Fux[11], no qual se admite a revisão do valor irrisório ou exorbitante (item 7 da ementa), mas se afirma que "os critérios de aferimento da justa indenização para a fixação do *quantum* indenizatório estão adstritos às instâncias ordinárias, ante a necessária análise do conjunto fático-probatório, atraindo a incidência da Súmula 07/STJ" (item 8 da ementa). Entendo ser o reconhecimento implícito de que em situações excepcionais

---

8 STJ, 2.ª Turma, AgRg no Ag 680.476/SP, rel. Min. Humberto Martins, j. 26.06.2007, *DJ* 27.08.2007.

9 Didier-Cunha, *Curso*, p. 252-253.

10 STJ, 4.ª Turma, REsp 994.171/AL, rel. Min. Aldir Passarinho Jr., j. 12.02.2008, *DJ* 17.03.2008; STJ, 3.ª Turma, REsp 877.191/MA, rel. Min. Carlos Alberto Menezes Direito, j. 28.06.2007, *DJ* 10.09.2007.

11 STJ, 1.ª Turma, REsp 785.835/DF, rel. Min. Luiz Fux, j. 13.03.2007, *DJ* 02.04.2007.

de valor de condenação de dano moral – irrisório ou exorbitante – o Superior Tribunal de Justiça faz o reexame dos fatos em sede de recurso especial.

Da mesma forma e com fundamentos equivalentes o Superior Tribunal de Justiça tem entendimento pacificado no sentido de permitir-se a revisão de valor irrisório ou exorbitante fixado a título de honorários advocatícios[12]. As mesmas considerações feitas à fixação do valor do dano moral se aplicam à fixação do valor dos honorários advocatícios.

Outra modificação procedimental, esta referente ao julgamento de mérito, mais precisamente a extensão do efeito devolutivo, é prevista pelo art. 988 do PLNCPC. Segundo o *caput* do dispositivo, decidido o recurso especial ou extraordinário com base em uma das causas de pedir ou de um fundamento de defesa, o tribunal superior poderá examinar as demais, ainda não decididas, sem a necessidade de interposição de outro recurso, desde que tratem da mesma matéria de direito.

Ao que parece, transporta-se a regra de extensão do efeito devolutivo da apelação aos recursos excepcionais, permitindo-se aos tribunais superiores conhecerem de matéria originária, que não tenha sido objeto de apreciação em graus inferiores de jurisdição. O prequestionamento é mantido para a causa de pedir ou fundamento de defesa que compõe o objeto do recurso, mas, pela extensão do efeito devolutivo, os tribunais superiores podem conhecer de matérias que não tenham sido prequestionadas.

Como forma de instrumentalizar esse conhecimento, o § 1.º do dispositivo legal prevê que se a matéria a ser conhecida for de outro tribunal superior, haverá a remessa do recurso. No § 2.º há duas regras: (a) havendo necessidade de análise de prova já produzida, os autos devem ser encaminhados para o tribunal de origem; (b) sendo necessária a produção de prova, o processo será remetido ao juízo de primeiro grau. Como se pode notar dessas duas regras, não se admitirá atividade probatória pelos tribunais superiores, seja de produção ou de mera valoração.

31.3.2. Efeito suspensivo

Nenhum dos dois recursos ora analisados tem efeito suspensivo, mas é admissível que no caso concreto o recorrente o obtenha, desde que apresente pedido nesse sentido e comprove os requisitos da probabilidade do direito e do perigo de suportar grave lesão de difícil ou incerta reparação (*efeito suspensivo impróprio*). Já defendi no Capítulo 20, item 20.4, a aplicação extensiva do art.

[12] *Informativo* 481/STJ: 3.ª Turma, REsp 1.063.669/RJ, rel. Min. Nancy Andrighi, j. 18.08.2011; Informativo 378/STJ: Corte Especial, EREsp 742.949/PR, rel. Min. João Otávio de Noronha, rel. p/ acórdão Min. Teori Albino Zavascki, j. 27.11.2008.

558 do CPC para todos os recursos, entendimento que naturalmente incluiu o recurso extraordinário e o recurso especial. Ocorre, entretanto, que esses recursos são interpostos perante o órgão prolator da decisão recorrida, tendo num primeiro momento um procedimento perante esse órgão, para somente depois chegar aos tribunais superiores competentes para seu julgamento. Dessa maneira, em caso de urgência, o recorrente deverá requerer a concessão de efeito suspensivo antes de os autos principais chegarem ao tribunal competente para o seu julgamento.

A forma legal mais tradicional para a obtenção do efeito suspensivo nesse caso é a **cautelar inominada com pedido de liminar**, não se aplicando a fungibilidade quando interposto agravo de instrumento contra a decisão que recebe sem efeito suspensivo o recurso especial[13]. Há entendimento consagrado nos tribunais superiores a respeito da competência para o julgamento dessa cautelar: antes do juízo de admissibilidade a competência é do presidente do tribunal de segundo grau[14]; o Supremo Tribunal Federal e o Superior Tribunal de Justiça entendem que só passam a ser competentes após o juízo de admissibilidade positivo feito no segundo grau[15]. O entendimento aplicado, inclusive, em recursos sobrestados,[16] é nitidamente ofensivo ao art. 800, parágrafo único, do CPC, que determina ser do tribunal a competência para as cautelares após a interposição do recurso, não exigindo esse dispositivo legal o seu recebimento.

Registre-se que ambos os tribunais excepcionam a regra consagrada nas súmulas indicadas dando-se por competentes para a cautelar inominada para concessão de efeito suspensivo antes mesmo do juízo de admissibilidade do recurso, desde que preenchidos determinados requisitos. No Superior Tribunal de Justiça há decisões que admitem a competência do tribunal, inclusive de recurso especial ainda não interposto[17] (efeito suspensivo condicionado à interposição do recurso), sempre que[18]:

(a) exista um claro e iminente prejuízo para a parte,

(b) a decisão impugnada pelo recurso especial esteja evidentemente contrária à jurisprudência do tribunal, e

(c) for hipótese de situações teratológicas.

---

13 STJ, 2.ª Turma, AgRg no Ag 562.074/SP, rel. Min. Castro Meira, j. 23.04.2004, *DJ* 07.06.2004. Contra, pela fungibilidade: Scarpinella Bueno, *Curso*, v. 5, p. 296.

14 Súmulas 634 e 635 do STF.

15 STJ, 1.ª Turma, MC 10.613/RJ, rel. Min. Luiz Fux, j. 11.12.2007, *DJ* 07.12.2008; STJ, 2.ª Turma, AgRg na MC 13.100/ES, rel. Min. Humberto Martins, j. 25.09.2007, *DJ* 05.10.2007.

16 *Informativo* 393/STJ, Corte Especial, AgRg na MC 14.639-AL, rel. Ari Pargendler, j. 06.05.2009; *Informativo* 528/STJ, Plenário, AC 2177 QO-MC/PE, rel. Ellen Gracie, j. 12.11.2008.

17 STJ, 1.ª Turma, AgRg na MC 14.036/BA, rel. Min. Luiz Fux, j. 06.08.2009, *DJe* 17.09.2009.

18 STJ, 4.ª Turma, AgRg na MC 12.755/SP, rel. Min. Massami Uyeda, j. 06.03.2008, *DJ* 24.03.2008; STJ, 2.ª Turma, MC 13.590/RJ, rel. Min. Humberto Martins, j. 06.12.2007, *DJ* 11.12.2007; AgRg na MC 13.123/RJ, 3.ª Turma, rel. Min. Nancy Andrighi, j. 20.09.2007, *DJ* 08.10.2007.

No Supremo Tribunal Federal admite-se a competência quando a decisão recorrida contrariar jurisprudência ou súmula do tribunal, o que demonstrará ser evidente a plausibilidade jurídica do pedido; e houver perigo de dano irreparável ou de difícil reparação gerado pela execução imediata do acórdão recorrido[19].

31.4. RECURSOS EXCEPCIONAIS RETIDOS

O art. 542, § 3.º, do CPC prevê em determinadas hipóteses a obrigatoriedade de retenção dos recursos extraordinário e especial, com nítido propósito de diminuir a quantidade desses recursos perante os tribunais superiores competentes para o seu julgamento. Dessa forma, ainda que se exija a interposição regular desses recursos, inclusive com a verificação da *preclusão consumativa*[20], não haverá remessa imediata ao Supremo Tribunal Federal nem ao Superior Tribunal de Justiça, ficando os recursos federais retidos nos autos.

Segundo a redação do dispositivo legal, a retenção obrigatória dos recursos federais exige dois requisitos: a espécie de decisão impugnada e a natureza do processo no qual foi proferida tal decisão. Assim, a retenção se aplica aos recursos interpostos contra *decisão interlocutória*, proferida em *processo de conhecimento, cautelar ou embargos à execução.*

No tocante à expressa menção a "decisão interlocutória", não se deve concluir equivocadamente de que contra a decisão interlocutória proferida em primeiro grau de jurisdição tem cabimento o recurso especial ou extraordinário, considerando-se a necessidade de esgotamento das vias ordinárias de impugnação. Nessa hipótese, compreende-se que exista antes a interposição do recurso de agravo de instrumento, sendo ao acórdão que decide esse recurso aplicável a regra de retenção obrigatória ora analisada. E não será suficiente o julgamento de agravo de instrumento, porque não interessa tanto o recurso em si, mas a natureza da decisão, de forma que um recurso especial ou extraordinário que seja interposto contra acórdão de agravo de instrumento que julgue matéria de mérito jamais ficará retido nos autos, o mesmo ocorrendo com agravo de instrumento que julgue extinto o processo sem resolução de mérito[21]. Por outro lado, também se aplica a regra de retenção às decisões interlocutórias de competência originária dos tribunais de segundo grau[22].

O acórdão com conteúdo de decisão interlocutória deverá ser proferido em processo de conhecimento, embargos à execução – qualquer espécie de embargos, incluídos também os embargos ao mandado monitório – e processo cautelar, sendo expressamente excluídas as decisões proferidas no **processo de execução**[23]. Parcela

[19] STF, 2.ª Turma, AC 1.550/RO, rel. Min. Gilmar Mendes, j. 06.02.2007, *DJ* 18.05.2007.

[20] Araken de Assis, *Manual*, 86.1.6, p. 732.

[21] Araken de Assis, *Manual*, 94.1.6, p. 794-795; Nery Jr., *A forma*, p. 475-476.

[22] Araken de Assis, *Manual*, 86.1.6.2, p. 734; Pimentel Souza, *Introdução*, 16.6, p. 427.

[23] Pimentel Souza, *Introdução*, 16.6., p. 427; Gusmão Carneiro, *Recurso*, p. 77.

da doutrina entende que a exclusão da retenção obrigatória tem aplicação exclusiva ao processo de execução, de forma que às decisões interlocutórias proferidas em sede de **cumprimento de sentença** aplica-se o art. 542, § 3.º, do CPC[24]. Não parece, entretanto, ser esse o entendimento mais adequado, considerando-se que as mesmas razões que dispensam a retenção obrigatória ora analisada no processo de execução aplicam-se ao procedimento de cumprimento de sentença[25].

Interposto o recurso especial e extraordinário em hipótese de retenção obrigatória, o tribunal de segundo grau de jurisdição não fará sequer o juízo de admissibilidade, reservado para momento posterior. Deverá, entretanto, decidir expressamente a respeito da retenção obrigatória, até porque é importante em termos de segurança jurídica que as partes tenham certeza da aplicação da regra no caso concreto. Também será possível ao presidente ou vice-presidente do tribunal de segundo grau excepcionalmente afastar a retenção obrigatória, quando perceber que a retenção pode gerar grave lesão material ou processual ao recorrente.

O objetivo do legislador em diminuir o número de recursos especiais e extraordinários encaminhados aos tribunais superiores competentes para seu julgamento nem sempre se mostrará possível ou interessante, ainda que presentes os requisitos legais, podendo, inclusive, tornar os recursos excepcionais inúteis. Dessa forma, é tranquilo o entendimento doutrinário e jurisprudencial de que a retenção obrigatória pode ser afastada no caso concreto, desde que o recorrente demonstre que a retenção é apta a tornar o recurso inútil[26] ou a gerar uma grave lesão material ou processual (verificar as definições dessas duas espécies de lesões no Capítulo 25, item 25.2.1)[27].

O caminho procedimental para afastar a retenção obrigatória no caso concreto é um dos temas mais polêmicos do instituto. Parece ser possível, por meio de mero pedido feito ainda no segundo grau de jurisdição dirigido ao desembargador competente pelo juízo de admissibilidade, conseguir o afastamento da retenção dos recursos, como também não se deve descartar a utilização de uma cautelar inominada com pedido liminar perante o Superior Tribunal de Justiça ou Supremo Tribunal Federal[28]. Até mesmo o recurso de agravo de instrumento contra a decisão que determina a retenção[29] e a ação de reclamação constitucional para o Supremo Tribunal Federal têm sido admitidos[30]. Como todos eles são meras formas instrumentais para obter rigorosamente o mesmo resultado, parece sadio o entendimento jurisprudencial e doutrinário de que a **fungibilidade de meios** deve ter aplicação ampla e irrestrita nesse caso[31].

---

24 Araken de Assis, *Manual*, 86.1.6.2, p. 734.

25 Nery-Nery, *Código*, nota 16 ao art. 542 do CPC, p. 934.

26 Gusmão Carneiro, *Recurso*, p. 77; Pimentel Souza, *Introdução*, 16.6, p. 428.

27 Barbosa Moreira, *Comentários*, n. 327, p. 601; Mancuso, *Recurso*, p. 235.

28 Theodoro Jr., *Curso*, 576, p. 735.

29 Nery-Nery, *Código*, nota 20 ao art. 542 do CPC, 935, defendendo também o cabimento de cautelar.

30 STF, Rcl. 3.800 AgR/PR, Tribunal Pleno, rel. Min. Ellen Gracie, j. 02.02.2006, *DJ* 09.06.2006, p. 137.

31 STJ, AgRg no Ag 780.415/RS, 1.ª Turma, rel. Min. Luiz Fux, j. 01.10.2007, DJ 01.10.2007, p. 219.

Interessante lembrar que a hipótese mais clara que justificaria o afastamento do regime de retenção obrigatória dificilmente ocorrerá no caso concreto, tudo a depender da interpretação que se dê ao enunciado da Súmula 735 do Supremo Tribunal Federal, que enuncia não ser cabível o recurso extraordinário contra acórdão que defere medida liminar. Por uma questão de isonomia, também parece não ser cabível o recurso extraordinário contra acórdão que indefere medida liminar. Tratando-se de entendimento sumulado pelo Supremo Tribunal Federal, com expressa indicação do recurso extraordinário, aguarda-se ansiosamente que o Superior Tribunal de Justiça não aplique por analogia esse entendimento para o recurso especial. Se essa expectativa se confirmar, a decisão que tem como objeto medida liminar será nítida hipótese em que não se justifica a aplicação do regime de retenção obrigatória previsto no art. 542, § 3.º, do CPC.

Segundo o art. 542, § 3.º, do CPC, o julgamento do recurso especial ou extraordinário retido está condicionado ao **pedido expresso** do recorrente para que ocorra tal julgamento no prazo para a interposição do recurso contra a decisão final, ou para as contrarrazões. Para a doutrina majoritária, por "decisão final" entende-se a decisão que não é mais recorrível pelas vias ordinárias de impugnação[32], mas entendo de forma contrária, não parecendo ser essa a melhor interpretação ao termo "decisão final". Entendo que por "decisão final" pode ser entendida a sentença, que não sendo impugnada será a decisão final no processo. Não parece razoável exigir da parte que interpôs o recurso retido a interposição de apelação contra a sentença, mesmo nada tendo de significante para alegar nesse recurso. O esgotamento das vias ordinárias de impugnação diz respeito ao cabimento dos recursos federais, o que já ocorreu no tocante à decisão interlocutória impugnada, não havendo razão para entender que o momento de reiteração desse recurso retido também deva preencher tal requisito[33].

É tranquilo o entendimento de não ser necessário o ingresso de recurso especial ou extraordinário contra a "decisão final", bastando para que os recursos retidos sejam julgados o pedido expresso do recorrente nesse sentido[34].

No PLNCPC não há mais recurso especial e extraordinário retido.

31.5. JULGAMENTO POR AMOSTRAGEM

Em razão da exagerada quantidade de recursos endereçados aos tribunais superiores, entendeu por bem o legislador prever a possibilidade de julgamento

[32] Araken de Assis, *Manual*, 86.1.6.4, p. 736; Gusmão Carneiro, *Recurso*, p. 78.

[33] Dinamarco, *O relator*, 2000, p. 114-115.

[34] Mancuso, *Recurso* p. 233-234, Wambier, *Anotações*, p. 582; Gusmão Carneiro, *Recurso*, p. 78; Pimentel Souza, *Dos recursos*, p. 127.

por amostragem quando diversos recursos versarem sobre a mesma matéria. No tocante ao Supremo Tribunal Federal, o tema já foi tratado no Capítulo 30, item 30.1.1.3, quando do enfrentamento da repercussão geral. A Lei 11.672/2008 criou também para o Superior Tribunal de Justiça o julgamento por amostragem, sendo esse o tema agora enfrentado.

Segundo o art. 543-C do CPC, quando houver multiplicidade de recursos com fundamento em **idêntica questão de direito**, o recurso especial será processado nos moldes procedimentais do julgamento por amostragem.

O presidente do tribunal admitirá um ou mais recursos por meio de decisão irrecorrível[35] encaminhando-os ao Superior Tribunal de Justiça; os demais ficarão sobrestados, por pronunciamento sem caráter decisório, e, portanto, irrecorríveis[36], até o pronunciamento definitivo daquele tribunal. O Superior Tribunal de Justiça ampliou a tese da irrecorribilidade desse pronunciamento, determinando que, além de incabíveis recursos, também não se admitirá o ingresso de ação cautelar inominada[37].

Cumpre notar que o Superior Tribunal de Justiça entendeu que numa interpretação literal ou mesmo teleológico-sistêmica da norma, bem como na ponderação dos interesses em jogo, cabe a suspensão inclusive de apelações pendentes de julgamento nos tribunais de segundo grau de jurisdição[38].

Também cabe ao relator no Superior Tribunal de Justiça, ao identificar que sobre a controvérsia já existe jurisprudência dominante ou que a matéria já está afeta ao colegiado, determinar no segundo grau a suspensão dos recursos. O relator poderá não conhecer o recurso por decisão monocrática nos termos do art. 557 do CPC[39].

Interessante a previsão contida no art. 543-C, § 3.º, do CPC, ao admitir que o relator solicite informações dos tribunais de segundo grau a respeito da controvérsia. Apesar de se tratar de uma mera faculdade do relator[40], é interessante ouvir os tribunais de segundo grau para aumentar os elementos de convencimento para a fixação do posicionamento definitivo do Superior Tribunal de Justiça. Em razão da relevância da decisão, que indiretamente afetará inúmeros recursos que estão com os seus procedimentos suspensos, é admissível a intervenção do *amicus curiae* (art. 543-C, § 4.º, do CPC). Também o Ministério Público será ouvido, ao final do procedimento preparatório, no prazo de 15 dias (art. 543-C, § 5.º, do CPC).

---

35 Marinoni-Mitidiero, *Código*, p. 572.

36 *Informativo* 450, 3.ª Turma, MC 17.226-RJ, rel. Min. Massami Uyeda, j. 05.10.2010; *Informativo* 426/STJ: 2.ª Turma, Ag 1.223.072/SP, rel. Min. Humberto Martins, j. 09.03.2010.

37 *Informativo* 550/STJ, 3.ª Turma, MC 17.226-RJ, rel. Min. Massami Uyeda, j. 05.10.2010.

38 *Informativo* 424/STJ: REsp 1.111.743-DF, rel. originária Min. Nancy Andrighi, rel. p/ acórdão Min. Luiz Fux, j. 25.02.2010.

39 *Informativo* 384/STJ, 2.ª Seção, QO no REsp 1.087.108-MS, rel. Nancy Andrighi, j. 16.02.2009.

40 Araken de Assis, *Manual*, n. 94.2.2, p. 824.

Segundo o art. 543-C, § 7.º, do CPC, dependendo do resultado do julgamento do recurso (ou recursos) encaminhado ao Tribunal, os recursos sobrestados na origem poderão ter dois destinos. Na hipótese de o acórdão recorrido coincidir com a posição assumida pelo tribunal superior, terá o seu seguimento denegado no segundo grau. Nesse caso, caberá ao presidente ou vice-presidente denegar o seguimento do recurso por serem os competentes para o juízo de admissibilidade dos recursos excepcionais. Segundo o Supremo Tribunal Federal, dessa decisão monocrática denegatória de seguimento de recurso especial ou extraordinário não cabe o agravo previsto no art. 544, do CPC, mas o agravo regimental, para que o próprio tribunal de segundo grau decida colegiadamente, na hipótese de o recurso sobrestado tratar de matéria diversa daquela decidida por amostragem[41]. No mesmo sentido o entendimento do Superior Tribunal de Justiça[42].

Na hipótese de o acórdão recorrido divergir da tese consagrada pelo tribunal superior, o tribunal de origem, por meio do órgão competente para o julgamento do acórdão recorrido[43], examinará novamente a questão, podendo modificar seu anterior acórdão, adaptando-se à jurisprudência do Superior Tribunal de Justiça. Mas nesse reexame o órgão poderá manter sua decisão, considerando-se que o posicionamento adotado pelo tribunal superior não é vinculante. Há doutrina que entende não haver o dever de o órgão prolator renovar o procedimento recursal que levou ao julgamento do acórdão, bastando uma decisão simples mantendo a prévia decisão pelos mesmos fundamentos. Dessa forma, não haveria necessidade de inclusão em pauta nem de prévia intimação dos advogados[44].

O Superior Tribunal de Justiça, entretanto, entende que, mantendo sua decisão, o tribunal de segundo grau, por meio do órgão competente, deverá fundamentar sua decisão, rechaçando todos os fundamentos utilizados pelo tribunal superior no julgamento dos recursos por amostragem, sob pena de violação ao princípio da fundamentação (art. 93, IX, da CF)[45]. Mantida a decisão, se analisará a admissibilidade recursal e, sendo o resultado positivo, remeterá o(s) recurso(s) para o tribunal superior.

O art. 543-C, § 8.º, do CPC, ao prever que o recurso sobrestado somente terá seu juízo de admissibilidade realizado na hipótese do § 7.º, II, do referido dispositivo do CPC, resolve polêmica instaurada no julgamento por amostragem do recurso extraordinário em razão da omissão de previsão no art. 543-B do CPC. Significa dizer que mesmo um recurso que em tese não será admitido poderá consagrar o recorrente vencedor, bastando que sua tese seja admitida no julgamento de

---

41 *Informativo* 568/STF: Plenário, AI 760.358 QO/SE, rel. Min. Gilmar Mendes, j. 19.11.2009; STF, Rcl 7.569/SP, Tribunal Pleno, rel. Min. Ellen Gracie, j. 19.11.2009, *DJe* 11.12.2009.

42 *Informativo* 463/STJ: Corte Especial, QO no Ag 1.154.599/SP, rel. Min. Cesar Asfor Rocha, j. 16.02.2011.

43 Araken de Assis, *Manual*, n. 95.2, p. 826.

44 Araken de Assis, *Manual*, n. 95.2, p. 827.

45 *Informativo* 419/STJ, Corte Especial, QO no REsp 1.148.726-RS, rel. Min. Aldir Passarinho Junior, j. 10.12.2009.

outros recursos pelo Superior Tribunal de Justiça e o órgão julgador de segundo grau reveja seu acórdão, nos termos do art. 543-C, § 7.º, I, do CPC.

O julgamento por amostragem no PLNCPC já foi comentado no Item 30.1.1.3.

32

EMBARGOS DE DIVERGÊNCIA

32.1. INTRODUÇÃO

Os embargos de divergência estão previstos no art. 496, VIII, do CPC, havendo um único dispositivo no diploma processual a tratar desse recurso. O art. 546 do CPC prevê em seus incisos as hipóteses de cabimento dos embargos de divergência, enquanto em seu parágrafo único encontra-se a previsão de que o seu procedimento será regulado por normas do regimento interno do tribunal competente para julgá-lo. As poucas informações dadas pelo solitário dispositivo que trata dos embargos de divergência são suficientes para a doutrina perceber que o objetivo desse recurso é a **uniformização da jurisprudência** interna do Supremo Tribunal Federal e do Superior Tribunal de Justiça.

32.2. CABIMENTO

Tratando-se de recurso voltado à uniformização da jurisprudência interna do Supremo Tribunal Federal e do Superior Tribunal de Justiça, é indispensável que exista nos embargos de divergência uma comparação entre o *acórdão recorrido* e o *acórdão paradigma*, considerando-se que dessa **análise comparativa** será verificada a efetiva existência da divergência a permitir o cabimento do recurso ora analisado. Já decidiu o Superior Tribunal de Justiça que não se admite embargos de divergência na ausência de similitude fática entre os arestos paradigma e embargado[1]. O mesmo Tribunal sumulou o entendimento de que não cabe o recurso ora analisado para discutir valor de indenização por danos morais[2].

No mérito, caberá ao tribunal determinar qual o melhor entendimento. Tomando-se por base a análise do julgamento embargado e do julgamento paradigma, enfrentar-se-ão as duas hipóteses de cabimento previstas pelo art. 546 do CPC.

Diz o art. 546, I, do CPC que é embargável o acórdão da turma em julgamento de recurso especial que divergir do julgamento de outra turma, seção ou órgão especial. Naturalmente o dispositivo mencionado diz respeito aos embargos de divergência perante o Superior Tribunal de Justiça. O art. 546, II, do CPC prevê ser embargável a decisão da turma em julgamento de recurso extraordinário que divergir do julgamento de outra turma ou do plenário. Naturalmente o dispositivo mencionado diz respeito aos embargos de divergência perante o Supremo Tribunal Federal.

Registre-se que, além dos requisitos exigidos por lei quanto ao acórdão recorrido e ao acórdão paradigma, a divergência, que será objeto do recurso de embargos de divergência, deve necessariamente ser atual[3]. Havendo acórdão com entendimento que já foi superado pela jurisprudência do tribunal, não é cabível o recurso de embargos de divergência. Além de a divergência ser atual, deverá ser demonstrada de forma analítica pelo recorrente, exigindo-se no recurso a comparação pontual entre os trechos do acórdão recorrido e do acórdão paradigma[4], admitindo-se a dispensa da comparação diante de dissídio notório[5].

Por fim, cumpre ressaltar a inviabilidade da aplicação do art. 462 do CPC ao recurso de embargos de divergência, não se admitindo, portanto, a alegação de fatos novos nesse recurso[6].

32.2.1. Acórdão embargado

Sob o ângulo do julgamento recorrido, exige-se um acórdão proferido pela turma no julgamento de recurso especial ou extraordinário, não sendo correta a criação de limitações que a própria lei não menciona. Dessa forma, o acórdão pode ter sido proferido por unanimidade ou por maioria de votos, ter como objeto questões preliminares ou relativas ao mérito, bem como pode tratar de matéria de direito processual ou material. Também pouco importa o acórdão recorrido ter

1 *Informativo* 421/STJ: Corte Especial, AgRg nos EREsp 997.056-RS, rel. Min. Luiz Fux, j. 03.02.2010.

2 Súmula 420 do STJ.

3 Súmulas 168 do STJ e 247 do STF.

4 Nery-Nery, *Comentários*, nota 6 ao art. 546, p. 949; Theodoro Jr., *Curso*, 576-e, p. 730; Didier-Cunha, *Curso*, p. 337-338; STJ, 1.ª Seção, AgRg no EREsp 507.120/CE, rel. Min. Luiz Fux, j. 27.04.2005, *DJ* 30.05.2005.

5 *Informativo* 419/STJ, Corte Especial, EREsp 961.407/SP, rel. Min. Eliana Calmon, j. 10.12.2009.

6 *Informativo* 453/STJ, 2.ª Seção, EREsp 722.501-SP, rel. Min. Luis Felipe Salomão, j. 27.10.2010.

como objeto o não conhecimento ou o julgamento do mérito do recurso extraordinário ou especial[7]. Quando o recurso especial ou extraordinário é julgado em decorrência do agravo do art. 544 do CPC, é cabível embargos de divergência, mas desde que o mérito desses recursos não tenha sido enfrentado[8].

A expressa previsão legal de que o acórdão recorrido tenha sido proferido em **recurso especial** ou **extraordinário** impede a propositura dos embargos de divergência contra acórdão proferido em ação de competência originária, acórdão proferido em grau de recurso ordinário e acórdão de agravo do art. 544 do CPC em que não se julga o mérito do recurso especial ou extraordinário. A expressa previsão de que somente a decisão da turma é embargável (art. 546, *caput*, do CPC) afasta o cabimento dos embargos de divergência contra acórdão da Seção, Corte Especial e Tribunal Pleno.

Ocorre, entretanto, que em algumas situações excepcionais deve ser admitido o recurso de embargos de divergência contra acórdão que não julgará propriamente um recurso especial ou extraordinário, mas outro recurso interposto contra a decisão que julgou o recurso especial. É o caso dos **embargos de declaração**, que poderão ser interpostos contra o acórdão do recurso especial ou extraordinário e, uma vez decididos, será gerado um novo acórdão, passível de ser recorrido por embargos de divergência[9]. O mesmo se verifica com o julgamento monocrático do recurso especial ou extraordinário pelo relator (art. 557 do CPC), sendo cabível contra essa decisão monocrática o recurso de **agravo interno**[10]. O acórdão que decide esse agravo interno é recorrível por embargos de divergência, conforme o enunciado da Súmula 316 do Superior Tribunal de Justiça.

32.2.2. Acórdão paradigma

Diferente da exigência quanto ao acórdão recorrido, com as exceções já analisadas dos embargos de declaração e agravo interno, o *julgamento paradigma* não precisa ter sido proferido em recurso especial ou extraordinário, bastando que tenha sido uma **decisão colegiada**[11]. Dessa forma, mesmo o julgamento de uma ação de competência originária ou de recurso ordinário, poderá servir como acórdão paradigma, desde que contenha entendimento contrário ao existente no acórdão recorrido. O Superior Tribunal de Justiça, entretanto, entende que o acórdão paradigma não pode ser de recurso ordinário constitucional em mandado de

7 Barbosa Moreira, *Comentários*, 337, p. 622.

8 *Informativo* 467/STJ: 1.ª Seção, EAg 1.114.832/RJ, rel. Min. Mauro Campbell Marques, j. 23.03.2011.

9 Araken de Assis, *Manual*, 99.1, p. 817.

10 *Informativo* 452/STJ, Corte Especial, EAg 1.132.430-SC, rel. Min. Hamilton Carvalhido, j. 20.10.2010; Nery-Nery, *Comentários*, nota 2 ao art. 546, p. 949.

11 Não admitindo que o acórdão paradigma seja proferido em agravo regimental: STF, Tribunal Pleno, RE 112.146/RN, rel. Min. Octávio Gallotti, j. 14.06.2000, *DJ* 29.09.2000.

segurança em razão da limitação do âmbito de cognição dessa ação em razão de sua natureza de procedimento documental[12].

Como os embargos de divergência têm como escopo a uniformização da jurisprudência interna, não se pode admitir que o acórdão paradigma seja proveniente de tribunal diferente daquele que proferiu o acórdão embargado, não se admitindo nem mesmo acórdãos proferidos pelo extinto Tribunal Federal de Recursos[13]. Também não é cabível o recurso de embargos de divergência com fundamento em acórdão paradigma proferido por outro tribunal que tinha no passado competência para a matéria atualmente analisada pelo tribunal competente para o julgamento do recurso, como ocorreu com a Emenda Constitucional 45/2004 no tocante aos arts. 102, III, *d*, e 105, III, *c*, ambos da CF.

Há interessante questionamento a respeito do cabimento dos embargos de divergência na hipótese de discordância entre julgados da mesma turma. A literalidade do dispositivo legal já seria o suficiente para afastar tal cabimento, inclusive encontrando-se esse entendimento sumulado pelo Superior Tribunal de Justiça[14]. Ocorre, entretanto, que parcela da doutrina entende que essa súmula não pode ser aplicada quando constada uma **modificação substancial da composição da turma**[15]**. Na jurisprudência o tema é polêmico, havendo decisões em ambos os sentidos no Superior Tribunal de Justiça**[16], enquanto no Supremo Tribunal Federal o entendimento encontra-se pacificado pelo não cabimento[17].

O cabimento dos embargos de divergência é significativamente modificado no PLNCPC. O art. 997 prevê seis hipóteses de cabimento, admitindo-se embargos de divergência contra (a) decisão de mérito no recurso especial ou extraordinário, quando o paradigma também tiver resolvido o mérito; (b) decisão terminativa no recurso especial ou extraordinário, quando o paradigma não tiver resolvido o mérito; (c) decisão terminativa que tenha apreciado a controvérsia com paradigma que tenha julgado o mérito; (d) decisão de mérito, quando o paradigma for terminativo, mas tiver apreciado a controvérsia; (e) nas causas de competência originária; (f) entre acórdão de recurso e de ação de competência originária que versem sobre a mesma tese jurídica.

---

12 STJ, AgRg no REsp 893.453/MS, 5ª Turma, rel. Felix Fischer, j. 10.04.2007, *DJ* 04.06.2007, p. 424.

13 Pimentel Souza, *Introdução*, 14.2.2., p. 388.

14 Súmula 158 do STJ; *Informativo* 457/STJ, 2.ª Seção, EREsp 798.264-SP, rel. Min. Luis Felipe Salomão, j. 24.11.2010.

15 Araken de Assis, *Manual*, 99.2., p. 819.

16 Pelo cabimento: STJ, 5.ª Turma, REsp 829.992/DF, rel. Min. Arnaldo Esteves Lima, j. 13.12.2007, *DJ* 07.02.2008; STJ, 1.ª Seção, AgRg no EREsp 442.774/SP, rel. Min. Eliana Calmon, j. 14.06.2006, *DJ* 21.08.2006; STJ, 3.ª Seção, EREsp 255.378/SC, rel. Min. Paulo Gallotti, j. 28.04.2004, *DJ* 13.09.2004. Contra: I457/STJ, 2.ª Seção, EREsp 798.264/SP, rel. Min. Luis Felipe Salomão, j. 24.11.2010.

17 RE 355.796 AgR-ED-EDv-AgR/PR, AgRg. nos Emb.Div nos EDcl no AgRg no RE, rel. Min. Ricardo Lewandowski, j. 23.02.2011, Órgão Julgador: Tribunal Pleno Publicação, *DJe* 051, divulg. 17.03.2011, publ.

Em termos procedimentais, o art. 998, *caput*, do PLNCPC mantém a regra atualmente consagrada no art. 546, parágrafo único, do CPC, sendo novidade a regra consagrada no § 2.º do mesmo dispositivo, segundo a qual, na pendência de embargos de divergência contra decisão proferida em sede de recurso especial, suspende-se o prazo para interposição de recurso extraordinário.

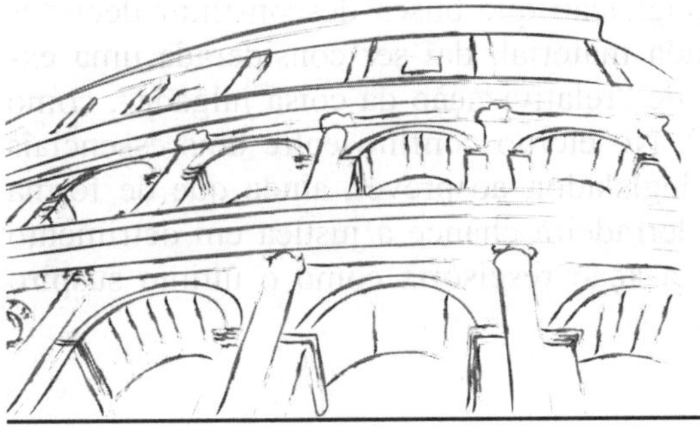

33

AÇÃO RESCISÓRIA

Sumário: 33.1. Natureza jurídica – 33.2. Conceito de rescindibilidade – 33.3. Objeto da rescisão – 33.4. Hipóteses de cabimento: 33.4.1. Prevaricação, concussão, corrupção passiva do juiz; 33.4.2. Impedimento do juiz e incompetência absoluta do juízo; 33.4.3. Dolo da parte vencedora e colusão das partes para fraudar a lei; 33.4.4. Ofensa à coisa julgada; 33.4.5. Violar literal disposição de lei; 33.4.6. Prova falsa; 33.4.7. Obtenção de documento novo; 33.4.8. Fundamento para invalidar confissão, desistência ou transação em que se baseou a sentença; 33.4.9. Erro de fato – 33.5. Legitimidade – 33.6. Competência – 33.7. Prazo – 33.8. Ação executória e execução do julgado – 33.9. Procedimento: 33.9.1. Petição inicial; 33.9.2. Reações do juiz diante da petição inicial; 33.9.3. Resposta do réu; 33.9.4. Atividade saneadora; 33.9.5. Fase probatória; 33.9.6. Manifestações finais; 33.9.7. Julgamento.

33.1. NATUREZA JURÍDICA

Como o próprio nome sugere, a ação rescisória tem **natureza jurídica de ação**[1], sendo uma espécie de *sucedâneo recursal externo*, ou seja, meio de impugnação de decisão judicial que se desenvolve em processo distinto daquele no qual a decisão impugnada foi proferida, comumente chamada de ação autônoma de impugnação. Enquanto o recurso é meio de impugnação cabível durante o trâmite processual, a ação rescisória é remédio processual cabível somente após o trânsito em julgado, fenômeno processual que se verifica com o esgotamento dos recursos cabíveis contra a decisão judicial ou a ausência de interposição do recurso cabível. Além do trânsito em julgado, o art. 485, *caput*, do CPC exige que a decisão a ser impugnada por meio de ação rescisória seja de mérito.

---

[1] Por todos: Nery-Nery, *Código*, p. 777.

Diante da necessidade de a decisão impugnada resolver o mérito da demanda (ao menos em regra, como se verá), é correta a conclusão de que a ação rescisória é uma ação autônoma de impugnação que busca desconstituir decisões judiciais que tenham gerado coisa julgada material, daí ser considerada uma excepcional hipótese, legalmente prevista, de "relativização da coisa julgada", como já analisado no Capítulo 17, item 17.10. No eterno conflito entre dois essenciais valores de nosso sistema processual, o legislador, ao prever, ainda que de forma excepcional, a ação rescisória, dá uma derradeira chance à justiça em detrimento da segurança jurídica. É possível tratar a ação rescisória como o último suspiro de justiça do sistema processual pátrio.

33.2. CONCEITO DE RESCINDIBILIDADE

Não se deve confundir *decisão rescindível* com *decisão nula*. Tampouco se admite tal confusão entre decisão rescindível e *decisão inexistente*.

É natural que, para ser desconstituída por meio da ação rescisória, a **decisão deve existir juridicamente**, uma vez que aquilo que não existe não precisa ser desconstituído, bastando uma mera declaração da inexistência jurídica. Dessa forma, sentença proferida em processo juridicamente inexistente (p. ex., tramitado perante órgão sem jurisdição), ou que tenha vício *in procedendo* intrínseco que a torne juridicamente inexistente (p. ex., ausência de dispositivo), não é objeto de ação rescisória[2].

Por outro lado, todas as nulidades se convalidam com o trânsito em julgado, de forma que não é correta a afirmação de que as nulidades absolutas permitem o ingresso de ação rescisória. Aquilo que antes do trânsito em julgado era considerado uma *nulidade absoluta*, após esse momento procedimental pode tornar-se, por vontade do legislador, um *vício de rescindibilidade*, sendo esse o vício que legitima a ação rescisória[3]. Ademais, é importante notar que mesmo as sentenças válidas poderão ser desconstituídas pela ação rescisória, como ocorre, por exemplo, na hipótese de rescisória com fundamento em documento novo.

O vício de rescindibilidade, portanto, não se confunde com a inexistência jurídica nem com a nulidade absoluta, sendo o resultado de uma opção de política legislativa em prever determinadas situações aptas a afastar a segurança jurídica gerada pela coisa julgada material.

33.3. OBJETO DA RESCISÃO

Segundo prevê o art. 485, *caput*, do CPC, a "sentença de mérito" é passível de desconstituição por meio da ação rescisória. Cumpre observar de início que o

---

[2] Barbosa Moreira, *Comentários*, n. 68, p. 107.

[3] Câmara, *Ação*, p. 37.

termo "sentença" deve ser interpretado ampliativamente, fazendo-se nele incluir **todas as decisões jurisdicionais de mérito**, o que naturalmente inclui o acórdão, a decisão monocrática final do relator (art. 557 do CPC)[4] e, até mesmo, a decisão interlocutória[5].

No art. 919, *caput*, do PLNCPC, amplia-se o texto atual do art. 485 do CPC para inclusão da expressão *acórdão*, o que mostra, no mínimo, uma perda de ótima oportunidade para substituir o termo *sentença* por *decisão*. Ainda que a timidez da proposta não se justifique, continuarão a ser rescindíveis a decisão interlocutória de mérito e a decisão monocrática do relator transitada em julgado.

Existem decisões de mérito que não são impugnáveis por meio de ação rescisória em razão de expressa vedação legal:

(i) acórdão proferido em ação direta de inconstitucionalidade (ADIN) ou em ação declaratória de constitucionalidade (ADECON) (art. 26 da Lei 9.868/1999);

(ii) acórdão proferido em arguição de descumprimento de preceito fundamental (ADPF) (art. 12 da Lei 9.882/1999);

(iii) decisões proferidas nos Juizados Especiais (art. 59 da Lei 9.099/1995).

Existe majoritária corrente doutrinária que inadmite a ação rescisória contra as decisões proferidas em processo cautelar, com ressalva ao previsto no art. 810 do CPC[6] e em processos de jurisdição voluntária[7], afirmando que nesses casos a inexistência de coisa julgada material afastaria o interesse de agir no ingresso da ação rescisória.

Por outro lado, existe uma decisão terminativa que pode ser objeto de ação rescisória. A extinção do processo sem a resolução do mérito pela decisão prevista no art. 267, V, do CPC (**perempção, litispendência, coisa julgada**) impede a nova propositura da demanda, ainda que não se possa falar nesse caso em decisão de mérito ou em coisa julgada material. Essa impossibilidade de nova propositura prevista pelo art. 268 do CPC permite a conclusão pelo cabimento da ação rescisória nesse caso, sob pena de ser a decisão prevista no art. 267, V, do CPC a mais imutável e indiscutível de todo o sistema, como já analisado no Capítulo 16, item 16.2.2.1.5.

---

4 Fux, *Curso*, p. 843.

5 Fux, *Curso*, p. 842; Yarshell, *Ação*, n. 59, p. 184-188; Nery-Nery, *Código*, p. 777; Dinamarco, *Ação*, n. 145-152, p. 284-293. Na jurisprudência: STJ, 3.ª Seção, AR 2.099/SE, rel. Min. Arnaldo Esteves Lima, j. 22.08.2007, *DJ* 24.09.2007; STJ, 3.ª Turma, REsp 628.464/GO, rel. Min. Nancy Andrighi, j. 05.10.2006, *DJ* 27.11.2006.

6 Barbosa Moreira, *Comentários*, n. 69, p. 113; Rizzi, *Ação*, n. 5, p. 12.

7 Barbosa Moreira, *Comentários*, n. 69, p. 110; Câmara, *Ação*, p. 57-58. Pelo cabimento, Yarshell, *Ação*, n. 56, p. 178-180; Didier-Cunha, *Curso*, p. 345.

Registre-se que a decisão, para ser objeto de ação rescisória, deve ter transitado em julgado porque, havendo algum recurso ainda cabível contra tal decisão, não se admite sua rescisão pela via excepcional da ação rescisória. Na realidade, faltará *interesse de agir* – ausência de necessidade – na ação rescisória ingressada nesse momento procedimental[8]. Não é necessário que a parte esgote todos os recursos cabíveis para só então ser cabível a ação rescisória, basta que no caso concreto o recurso cabível não tenha sido devidamente interposto[9]. Uma sentença pode ser apelada, mas, não o sendo, transitará em julgado e, sendo de mérito, poderá ser desconstituída por meio de ação rescisória.

33.4. HIPÓTESES DE CABIMENTO

O art. 485 do CPC prevê em seus nove incisos os vícios de rescindibilidade, sendo considerado restritivo esse rol, de forma a não admitir rescisória fundada em qualquer outro vício que não esteja expressamente previsto em tal dispositivo legal.

33.4.1. Prevaricação, concussão, corrupção passiva do juiz

O art. 485, I, do CPC prevê três crimes que podem ser cometidos pelo juiz na condução e solução do processo. A prevaricação está prevista no art. 319 do CP, a concussão, no art. 316 do CP, e a corrupção, no art. 317 do CPC. Na superada redação do Código de Processo Civil mencionava-se "juiz peitado", em sentido amplo, técnica superada pela atual redação que indica especificamente as infrações penais que, cometidas pelo juiz, ensejam a propositura de ação rescisória.

Apesar dos atos ilícitos previstos no dispositivo legal, não se exige prévia condenação penal ou mesmo a preexistência de processo criminal a respeito da conduta do juiz[10]. Significa dizer que o reconhecimento do crime pode ser feito originariamente, e de forma incidental, no juízo cível competente para o julgamento da ação rescisória[11]. Apesar de não ser necessária a solução prévia no âmbito penal, havendo sentença penal transitada em julgado, é importante analisar o conteúdo da decisão e seu reflexo na esfera cível. Havendo sentença penal condenatória, haverá vinculação obrigatória do juízo cível, de forma que numa eventual ação rescisória o fundamento da decisão será necessariamente a existência do crime. Havendo sentença de absolvição com fundamento na inexistência material do fato, haverá vinculação do juízo cível, mas, sendo a absolvição amparada em

[8] Yarshell, *Ação*, n. 41, p. 132.

[9] Súmula 514/STF; Barbosa Moreira, *Comentários*, n. 70, p. 117; Theodoro Jr., *Curso*, n.601, p. 771; Pimentel, *Introdução*, n. 18.2, p. 481.

[10] Theodoro Jr., *Curso*, n. 603, p. 773; Barbosa Moreira, *Comentários*, n. 73, p. 121; Pimentel, *Introdução*, n. 18.3.2, p. 488.

[11] Yarshell, *Ação*, n. 96, p. 295; Didier-Cunha, *Curso*, p. 366.

outro motivo (p. ex. ausência de provas; prescrição), a decisão penal não vincula o juízo cível[12].

Na hipótese de concomitância entre ação penal e ação rescisória, é cabível a suspensão da ação rescisória prevista no art. 110 do CPC, cabendo ao juízo cível uma análise da oportunidade e conveniência dessa suspensão[13].

Por fim, tratando-se de decisão colegiada (acórdão), nem sempre a existência de um juiz que pratique um dos crimes previstos no art. 485, I, do CPC permite o ingresso da ação rescisória, sendo necessário que o voto dado por esse juiz tenha concorrido para unanimidade ou para a maioria[14]. Na questão da votação unânime, considera-se a possível influência do juiz criminoso nos votos proferidos pelos outros integrantes do órgão colegiado. Só não será cabível a ação rescisória na hipótese de o juiz criminoso proferir voto minoritário, superado pelos votos dos outros membros do colegiado que não estejam envolvidos na prática do crime.

33.4.2. Impedimento do juiz e incompetência absoluta do juízo

A imparcialidade do juiz é considerada essencial para a adequada prestação da tutela jurisdicional, sendo que as causas de parcialidade são dividas pela lei em duas classes:

(a) causas de suspeição (art. 135 do CPC); e
(b) causas de impedimento (art. 134 do CPC).

Ainda que não seja desejável contar com juiz parcial, há uma preocupação maior com o impedimento do juiz, presumindo-se que nesse caso exista um vício de maior gravidade. Dessa forma, a suspeição do juiz não enseja ação rescisória, limitada às causas de impedimento. Registre-se ser dispensável a alegação de impedimento durante a tramitação do processo originário[15]. Na hipótese de julgamento colegiado, o Superior Tribunal de Justiça já teve a oportunidade de decidir que não há nulidade se o voto do juiz impedido não foi decisivo para o resultado final[16].

No tocante à incompetência, já se asseverou que a doutrina majoritária entende que somente a competência absoluta do juízo é pressuposto processual de validade do processo, de forma que a rescindibilidade está limitada a essa espécie de vício. Como as regras de competência absoluta tutelam interesse público, sua violação gera vício suficiente para ensejar a propositura de ação rescisória. Registre-se que

---

12 Barbosa Moreira, *Comentários*, n. 73, p. 122.

13 Barbosa Moreira, *Comentários*, n. 73, p. 122; Nery-Nery, *Código*, p. 367; Costa Machado, *Código*, p. 110. Contra, entendendo ser dever do juiz: Câmara, *Ação*, p. 63.

14 Barbosa Moreira, *Comentários*, n. 73, p. 122-123; Câmara, *Ação*, p. 62; Pimentel, *Introdução*, n. 18.3.2, p. 488; Didier-Carneiro, *Curso*, p. 366.

15 Yarshell, *Ação*, n. 97, p. 297; Pimentel, *Introdução*, n. 18.3.3, p. 489; Didier-Carneiro, *Curso*, p. 369.

16 *Informativo* 462/STJ: 2.ª Seção, EREsp 1.008.792/RJ, rel. Min. Nancy Andrighi, j. 09.02.2011.

uma sentença proferida por juízo absolutamente incompetente, sendo substituída por acórdão proferido em apelação julgada por Tribunal competente, não enseja a propositura de ação rescisória[17].

> Marina ingressa com ação de usucapião que tramita perante uma vara comum da Justiça Estadual. Proferida sentença, a parte sucumbente ingressa com o recurso de apelação, que é julgado pelo Tribunal de Justiça. Não obstante ser a vara comum absolutamente incompetente para a ação de usucapião, de competência da vara de registros públicos (naturalmente nas comarcas em que existe essa vara especializada), o Tribunal de Justiça é competente para essa espécie de ação. Tendo sido substituída a sentença pelo acórdão, não é cabível a ação rescisória.

A ação rescisória é admissível ainda que o impedimento do juiz ou a incompetência absoluta do juízo tenham sido arguidas e resolvidas no processo originário[18].

> No art. 884, II, do PLNCPC originário era afastada a incompetência absoluta como matéria passível de ser alegada em sede de ação rescisória, mas o art. 919, II, do Substitutivo do Senado traz de volta essa hipótese de cabimento.

33.4.3. Dolo da parte vencedora e colusão das partes para fraudar a lei

Como se nota da mera leitura do art. 485, III, do CPC, o legislador reúne no mesmo dispositivo legal duas hipóteses de cabimento nitidamente distintas, o que exige um enfrentamento individualizado.

O dolo da parte vencedora (também pode ser do representante legal ou advogado) diz respeito à ofensa aos princípios da lealdade e da boa-fé processual, mas só enseja ação rescisória quando o dolo impedir ou dificultar a atuação processual do adversário ou, ainda, quando influenciar significativamente o juiz, a ponto de afastá-lo da verdade[19]. É exigido, portanto, um **nexo de causalidade** entre o dolo da parte e o resultado da demanda, limitando-se o cabimento da ação rescisória somente aos casos nos quais a postura de má-fé da parte tenha sido determinante para o resultado do processo[20].

A *colusão* entre as partes está prevista no art. 129 do CPC, parecendo que tanto a realização de processo simulado como o processo com objetivo de alcançar

---

17 Câmara, *Ação*, p. 66.

18 Scarpinella Bueno, *Curso*, vol. 5, p. 336.

19 Barbosa Moreira, *Comentários*, n. 75, p. 124; Marinoni-Arenhart, *Manual*, p. 651.

20 Theodoro Jr., *Curso*, n. 605, p. 774; Rizzi, *Ação*, n. 45, p. 71; Didier-Carneiro, *Curso*, p. 370.

algo proibido por lei sejam alcançados pelo dispositivo legal[21]. Como se pode notar, adota-se o entendimento majoritário na doutrina pelo cabimento da ação rescisória no caso de processo simulado. Diferente do dolo, na colusão sempre existirá um acordo prévio entre as partes com o objetivo de fraudar a lei.

33.4.4. Ofensa à coisa julgada

Como devidamente analisado no Capítulo 17, item 17.4, verifica-se o **efeito negativo** da coisa julgada quando esta é entendida como *pressuposto processual negativo*, ensejando a extinção da demanda sem resolução de mérito (art. 267, V, do CPC), na qual se verifica tal fenômeno processual. Para a geração do efeito negativo, como já visto, exige-se a tríplice identidade. Não sendo gerado o efeito negativo e verificando-se duas decisões transitadas em julgado em demandas idênticas, a decisão que transitou mais recentemente pode ser desconstituída por meio de ação rescisória. A desconstituição independe do teor da segunda decisão, que pode ser conforme ou discordante da primeira[22].

Também haverá ofensa à coisa julgada quando o **efeito positivo** da coisa julgada não é respeitado. Conforme analisado no Capítulo 17, item 17.5, havendo solução de relação jurídica protegida por coisa julgada material, cria-se uma vinculação em outras demandas nas quais a mesma relação jurídica venha a ser discutida incidentalmente. Nesse caso, a decisão que se busca rescindir será proferida em demanda diversa daquela que gerou a coisa julgada material ofendida, o que em nada modifica o direito da parte em vê-la desconstituída por meio da ação rescisória.

Ressalte-se o cabimento da ação rescisória nesse caso ainda que o tema da coisa julgada tenha sido devidamente debatido e decidido no processo originário. O fato de o juízo que proferiu a decisão que ofenda a coisa julgada tê-lo feito ciente da existência de outra demanda que impediria o julgamento não afasta o cabimento da ação rescisória[23].

33.4.5. Violar literal disposição de lei

Pode-se entender que a hipótese de cabimento da ação rescisória prevista pelo art. 485, V, do CPC tem como fundamento o erro crasso do juízo na aplicação do direito no caso concreto, considerando-se que a decisão que violar literal dispositivo de lei pode ser desconstituída. O termo "lei" vem sendo interpretado em sentido amplo, abrangendo normas[24]:

---

[21] Rizzi, *Ação*, n. 59, p. 94-97; Porto, *Comentários*, p. 310; Nery-Nery, *Curso*, p. 779, p. 492; Didier-Carneiro, *Curso*, p. 372.

[22] Barbosa Moreira, *Comentários*, n. 77, p. 128; Rizzi, *Ação*, n. 78, p. 131; Fux, *Curso*, p. 849.

[23] Rizzi, *Ação*, n. 77, p. 130-131; Pimentel, *Introdução*, n. 18.3.5, p. 493.

[24] Barbosa Moreira, *Comentários*, n. 78, p. 132; Theodoro Jr., *Curso*, n. 607, p. 775.

(a) de direito material e processual;

(b) constitucionais e infraconstitucionais;

(c) nacionais e estrangeiras.

Entendo que a amplitude desse entendimento inclui até mesmo os princípios não escritos[25]. Apesar da correta lição no sentido de que decisão proferida contra jurisprudência ou súmula não pode ser objeto de rescisão, tratando-se de súmula vinculante do STF, caberá ação rescisória[26].

Não é qualquer violação da lei que admite o ingresso da ação rescisória, entendendo a melhor doutrina e a jurisprudência que a literal violação exige que no momento de aplicação da lei por meio da decisão judicial **não exista interpretação controvertida nos tribunais**. Há inclusive súmula nesse sentido[27]. Significa dizer que, se havia polêmica à época da prolação da decisão, ainda que à época da ação rescisória o entendimento tenha se pacificado em torno da tese defendida pelo autor dessa ação, não será possível a desconstituição. Note-se que a divergência deve ser real, ou seja, que efetivamente haja quantidade significativa de decisões fundadas em diferentes interpretações.

Esse entendimento, entretanto, não é absoluto, havendo posição jurisprudencial em sentido contrário na hipótese de declaração de inconstitucionalidade de lei. Nesse caso, mesmo que à época da prolação da decisão houvesse divergência interpretativa a respeito da constitucionalidade, admite-se o ingresso de ação rescisória se posteriormente a lei que fundamentou a decisão foi declarada inconstitucional pelo Supremo Tribunal Federal[28].

O art. 919, V, do PLNCPC prevê ser rescindível a decisão de mérito que violar manifestamente a norma jurídica. Não se pode dizer de antemão se houve alguma outra pretensão além de melhorar a qualidade linguística do dispositivo legal, mas, de qualquer forma, a mera modificação da redação do dispositivo já representa uma melhora.

33.4.6. Prova falsa

A ação rescisória com fundamento no art. 485, VI, do CPC, conforme a própria previsão legal, não depende de prévio processo criminal para a apuração da falsidade da prova, admitindo-se que a prova dessa falsidade seja produzida

[25] Ney-Nery, *Código*, p. 779; Didier-Carneiro, *Curso*, p. 378; Fux, *Curso*, p. 849.

[26] Nery-Nery, *Código*, p. 782; Wambier-Wambier-Medina, *Reformas* 3, p. 280.

[27] Súmula STF/343. Em sentido crítico: Marinoni-Arenhart, *Curso*, p. 651.

[28] Câmara, *Ação*, p. 88-89; Pimentel, *Introdução*, n. 18.3.6, p. 495-496; Didier-Cunha, *Curso*, p. 381. Na jurisprudência: *Informativo* 414/STJ: Corte Especial, EREsp 687.903-RS, Rel. Min. Ari Pargendler, j. 04.11.2009; STJ, 1.ª Seção, EREsp 608.122/RJ, rel. Min.Teori Albino Zavascki, j. 09.05.2007, *DJ* 28.05.2007. *Informativo* 497/STF, Plenário, RE 328812 ED/AM, rel. Gilmar Mendes, j. 06.03.2008.

na própria ação rescisória[29]. É natural que a eventual existência de processo criminal poderá gerar efeitos no campo cível, mais especificamente à ação rescisória. Estando ambas as demandas em trâmite, poderá o juiz da ação rescisória se valer do art. 110 do CPC e determinar a suspensão da ação rescisória até o encerramento do processo criminal. Havendo decisão transitada em julgado no processo criminal, aplicam-se as mesmas conclusões já apontadas para a hipótese de ação rescisória em razão de juiz peitado (art. 485, I, do CPC). Interessante notar que, mesmo havendo condenação na esfera penal, a ação rescisória pode ser julgada improcedente, porque, apesar da vinculação do juízo cível à decisão penal transitada em julgado, ainda caberá à análise da prova ser fundamento único ou indispensável à sustentação da decisão impugnada.

É pacífico na doutrina o entendimento de que a decisão só será rescindível pelo art. 485, VI, do CPC, na hipótese de a prova falsa ser o **fundamento principal** da decisão, de forma que, havendo outros fundamentos aptos a manter a decisão, apesar da existência de uma prova falsa, não caberá a ação rescisória[30]. A razão é óbvia, porque, havendo outros fundamentos aptos à manutenção da decisão, a eventual procedência da ação rescisória será inútil, não tendo condições concretas de desconstituir a decisão impugnada.

O debate a respeito da falsidade documental – que pode ser *material* ou *ideológica*[31] – durante o processo originário, e mesmo a existência de decisão incidental sobre o tema em tal processo, não impede o ingresso da ação rescisória. Por outro lado, tendo sido instaurado **incidente de falsidade documental**, que na realidade é uma espécie de ação declaratória incidental – a decisão estará protegida pela **coisa julgada material**, devendo necessariamente ser respeitada pelo juízo da ação rescisória (efeito positivo da coisa julgada)[32].

Não concordo com o entendimento doutrinário que afirma não estar o juízo da ação rescisória vinculado à decisão proferida em ação – incidental ou principal – declaratória de falsidade documental[33]. Ainda que uma interpretação literal do dispositivo legal ora comentado possa gerar tal entendimento – menciona a apuração de falsidade apenas no processo criminal ou na própria ação rescisória –, não parece ter nenhum sentido o entendimento que excepciona a garantia constitucional da coisa julgada material.

33.4.7. Obtenção de documento novo

O art. 485, VII, do CPC trata da obtenção de documento novo cuja existência era ignorada pelo autor da ação rescisória – autor ou réu da ação originária – ou

---

29 *Informativo* 468/STJ: 3.ª Turma, REsp 885.352/MT, rel. Min. Paulo de Tarso Sanseverino, j. 07.04.2011.

30 Porto, *Comentários*, p. 323; Talamini, *Coisa*, p. 177; Marinoni-Arenhart, *Curso*, p. 652.

31 *Informativo* 353/STJ, 1.ª Seção, AR 1.291-SP, rel. Luiz Fux, j. 23.04.2008; *Informativo* 355/STJ, 1.ª Seção, EDcl no AgRg na AR 2.013-SP, rel. Herman Benjamin, j. 14.05.2008.

32 Nery-Nery, *Código*, p. 783; Rizzi, *Ação*, n. 84, p. 145; Porto, *Comentários*, p. 323; Pimentel, *Introdução*, n. 18.3.7, p. 498.

33 Barbosa Moreira, *Comentários*, n. 80, p. 136; Câmara, *Ação*, p. 94.

de que não pode fazer uso por motivo estranho à sua vontade. Documento novo não se confunde com documento produzido posteriormente, de forma que o documento já deve existir no momento em que a decisão que se busca desconstituir tiver sido proferida. Como lembra a melhor doutrina, documento que não era conhecido ou de que não se pode fazer uso é necessariamente **documento que já existia**[34]. Registre-se, entretanto, entendimento do Superior Tribunal de Justiça considerando excepcionalmente como documento novo o exame de DNA realizado após a sentença nas ações de investigação de paternidade[35].

Para que seja admitida a ação rescisória pelo fundamento ora analisado deve-se interpretar o art. 485, VII, do CPC: o momento posterior à sentença significa o último momento em que seria lícita a utilização do documento novo no processo originário[36]. O dispositivo deve ser lido como momento posterior à última oportunidade de utilizar o documento no processo originário, porque numa demanda em que a sentença tenha sido recorrida por apelação e comprovando-se que antes de seu julgamento a parte tomou conhecimento da existência do documento ou passou a poder utilizá-lo, não o juntando aos autos, perderá o direito à ação rescisória. Por outro lado, caso tais eventos ocorram em sede de recurso especial ou extraordinário, não se admitirá a juntada de documento, considerando-se a limitação às matérias de direito do efeito devolutivo desses recursos. Nesse caso, caberá ação rescisória, em curiosa situação na qual a parte aguarda sua derrota para depois desconstituí-la. É natural que, se tais eventos ocorrem após o trânsito em julgado, será indiscutivelmente cabível a ação rescisória.

Para o cabimento da ação rescisória, o documento novo deve ter a aptidão de, por si só, assegurar um resultado positivo ao autor da ação rescisória, porque de nada vale a desconstituição da decisão se o documento novo não tiver força suficiente de convencimento para que uma eventual nova decisão a ser proferida seja em sentido contrário ao julgamento rescindido[37], ainda que disso não resulte uma decisão totalmente favorável ao autor da ação rescisória, bastando que melhore sua situação anterior[38].

Não se confunde *documento novo* com *fato novo*, ou ainda fato que somente após o trânsito em julgado passa a ser conhecido pela parte. Significa dizer que o documento novo que fundamenta a ação rescisória deve se referir a um fato que tenha sido alegado na ação originária[39]. Sendo o fato não alegado um fato simples, a coisa julgada não poderá ser afastada com a sua alegação em razão

[34] Barbosa Moreira, *Comentários*, n. 81, p. 137-138; Theodoro Jr., *Curso*, n. 610, p. 777; Pimentel, *Introdução*, n. 18.3.8, p. 498-499; Didier-Carneiro, *Curso*, p. 385.

[35] STJ, 4.ª Turma, REsp 653.942/MG, rel. Min. Honildo Amaral de Mello Castro, j. 15.09.2009, *DJe* 28.09.2009; REsp 300.084/GO, 2.ª Seção, rel. Min. Humberto Gomes de Barros, j. 28.04.2004, *DJ* 06.09.2004; REsp 255.077/MG, 3.ª Turma, rel. Min. Carlos Alberto Menezes Direito, j. 16.03.2004, *DJ* 03.05.2004.

[36] Barbosa Moreira, *Comentários*, n. 81, p. 140; Talamini, *Coisa*, p. 181; Rizzi, *Ação*, n. 96, p. 175-176.

[37] STJ, AR 3.444/PB, 3.ª Seção, rel. Min. Maria Thereza de Assis Moura, j. 08.08.2007, *DJ* 27.08.2007, p. 187; Rizzi, *Ação*, n. 100, p. 183; Marinoni-Arenhart, *Manual*, p. 653.

[38] Porto, *Comentários*, p. 32.

[39] Rizzi, *Ação*, n. 99, p. 181-182; Theodoro Jr., *Curso*, p. 610, p. 778; Didier-Cunha, *Curso*, p. 387.

da eficácia preclusiva da coisa julgada; sendo um fato jurídico, a parte poderá ingressar com nova demanda, já que nesse caso não haverá mais a tríplice identidade (a causa de pedir é diferente).

O art. 919, VII, do PLNCPC substitui o termo "documento novo" por "prova nova". Caso tenha se pretendido afirmar como "prova nova" apenas uma prova documentada que não seja documental, ou seja, uma prova oral ou pericial materializada em um documento, a modificação, apesar de ampliar as possibilidades de cabimento da ação rescisória, não terá grande repercussão prática. Por outro lado, se a "prova nova" não precisar ser pré-constituída, aparentemente o legislador teria criado uma espécie *sui generis* de coisa julgada *secundum eventum probationis*.

Sui generis por duas razões: (i) diferente do que ocorre atualmente, a nova prova poderia modificar resultado de procedência ou de improcedência do pedido; (ii) diferente do que ocorre atualmente, essa modificação da decisão fundada em prova nova não seria realizada na ação reproposta, mas por meio de ação rescisória.

33.4.8. Fundamento para invalidar confissão, desistência ou transação em que se baseou a sentença

Trata-se do mais polêmico inciso do art. 485 do CPC. Preliminarmente, é imprescindível fixar a exata extensão do dispositivo legal. A previsão da desistência como fundamento em que se baseou a sentença não se encontra correta, porque nesse caso a sentença será terminativa (art. 267, VII, do CPC), não se admitindo o ingresso da ação rescisória. A interpretação unânime da doutrina é de que o termo seja substituído por renúncia[40]. Por outro lado, apesar da omissão legal, entende-se incluído no dispositivo legal o reconhecimento jurídico do pedido[41]. O dispositivo, portanto, deve ser lido dessa forma: "houver fundamento para invalidar confissão, reconhecimento jurídico do pedido, renúncia ou transação, em que se baseou a sentença".

A mais relevante polêmica do dispositivo legal, entretanto, não diz respeito especificamente à interpretação de sua extensão. A grande celeuma concerne à compatibilização do dispositivo legal com o art. 486 do CPC, que prevê o cabimento de ação anulatória para todos os atos judiciais nos quais a sentença é meramente homologatória. No tocante à confissão utilizada como fundamento em que se baseou a sentença, parece não surgirem maiores problemas, devendo ser aplicado o art. 352 do CPC, que determina o cabimento de ação anulatória da decisão que teve como único fundamento a confissão caso a decisão ainda não

40 Theodoro Jr., *Curso*, n. 611, p. 778; Marinoni-Arenhart, *Manual*, p. 653; Luiz Fux, *Curso*, p. 852.
41 Marinoni-Arenhart, *Manual*, p. 653; Didier-Cunha, *Curso*, p. 392; Câmara, *Ação rescisória*, p. 103.

tenha transitado em julgado e, após o trânsito em julgado, a aplicação do art. 485, VIII, do CPC, sendo indispensável o ingresso de ação rescisória.

Questão de mais difícil resposta diz respeito às decisões homologatórias de reconhecimento jurídico do pedido, transação e renúncia. Para impugnar tais decisões após o trânsito em julgado deve a parte se valer da *ação rescisória*, com fundamento no art. 485, VIII, do CPC, ou da *ação anulatória*, com fundamento no art. 486 do CPC?

Para parcela da doutrina será cabível a ação anulatória nos casos de vícios no negócio jurídico homologado, ainda que exista sentença de mérito homologatória transitada em julgado; enquanto a ação rescisória será utilizada nos casos de vício na própria sentença homologatória, e não no negócio jurídico homologado[42]. Outra corrente doutrinária entende que a sentença que acolhe ou rejeita o pedido com fundamento em renúncia, transação ou reconhecimento do pedido é rescindível (art. 485, VIII, do CPC), mas a sentença que apenas homologa o ato da parte ou das partes é anulável (art. 486 do CPC)[43].

Para uma terceira corrente doutrinária, o cabimento do meio de impugnação adequado depende do trânsito em julgado da decisão judicial: havendo o trânsito em julgado, é cabível a ação rescisória; não havendo, caberá a ação anulatória, em aplicação por analogia do art. 352 do CPC[44]. Parece ser esse o melhor entendimento porque, ainda que se reconheça nas falsas sentenças de mérito a solução da lide pelo juiz, é inegável que após o trânsito em julgado verifica-se a coisa julgada material, que só pode ser afastada pela excepcional via da ação rescisória[45].

Registre-se o pacífico entendimento no sentido de que os debates se referem exclusivamente à jurisdição contenciosa, porque na jurisdição voluntária caberá sempre ação anulatória[46]. Também é pacífico o entendimento de que contra sentença homologatória em inventário o instrumento cabível após o trânsito em julgado é a ação rescisória[47].

33.4.9. Erro de fato

Dispõe o art. 485, § 1.º, do CPC que se verifica erro de fato quando a sentença admite um fato inexistente ou quando considera um fato inexistente efetivamente ocorrido. Essa equivocada percepção a respeito de um fato enseja ação rescisória, registrando-se que o mero equívoco a respeito da qualificação jurídica de um fato não está abrangido pelo art. 485, IV, do CPC.

---

[42] Scarpinella Bueno, *Curso*, vol. 5, p. 343; Porto, *Comentários*, p. 333-334. STJ, 3.ª Turma, AgRG no REsp 596.271/RS, rel. Min. Nancy Andrighi, j. 20.04.2004, *DJ* 17.05.2004.

[43] Theodoro Jr. *Curso*, n. 611, p. 778; Marinoni-Arenhart, *Manual*, p. 653.

[44] Barbosa Moreira, *Comentários*, n. 92, p. 161-162; Câmara, *Ação*, p. 111-113; Fux, *Curso*, p. 854.

[45] *Informativo* 436/STJ, 1.ª Seção, AR 3.506-MG, rel. Min. Teori Albino Zavascki, j. 26.05.2010.

[46] Pimentel, *Introdução*, n. 18.4.4, p. 507.

[47] *Informativo* 465/STJ: 4.ª Turma, REsp 917.606/RS, rel. Min. Aldir Passarinho Junior, j. 03.03.2011.

Para que seja admitida a ação rescisória com fundamento no dispositivo legal ora analisado, é necessário o preenchimento de quatro requisitos[48]:

(a) O erro de fato deve ser fundamento essencial da sentença, ou seja, não fosse o erro de fato, a decisão teria sido em outro sentido[49];

(b) A apuração do equívoco factual deve ser realizada com as provas produzidas no processo originário, de forma que a produção de prova na própria ação rescisória nesse caso é proibida[50];

(c) Não deve existir controvérsia a respeito do fato na ação originária, ou porque as partes não alegaram e caberia ao juiz conhecê-los de ofício, ou porque houve confissão de uma parte ou ainda porque a parte contrária se absteve de impugnar a alegação de fato[51];

(d) Inexistência de pronunciamento judicial a respeito do fato, entendendo-se que a má apreciação de prova não gera ação rescisória[52].

33.5. LEGITIMIDADE

A legitimação ativa na ação rescisória é determinada pelo art. 487 do CPC:

(a) parte no processo ou seu sucessor a título universal ou singular;

(b) terceiro juridicamente interessado;

(c) Ministério Público.

É possível que exista no caso concreto mais de um legitimado ativo, sendo possível a formação de um **litisconsórcio (facultativo)**. Apesar de autorizada doutrina afirmar que o litisconsórcio nesse caso é unitário[53], entendo que a lição aplica-se somente para o pedido realizado para julgamento no juízo rescindendo, porque uma eventual manutenção ou desconstituição da decisão atingirá todos os litisconsortes indistintamente. Já na hipótese do juízo rescisório, é possível imaginar que no novo julgamento o resultado possa ser diferente para os litisconsortes ativos.

As partes que participam do processo originário têm legitimidade ativa para propor a ação rescisória, incluídos autor, réu e terceiros intervenientes, inclusive o assistente. Pouco importa como se deu a participação desses sujeitos no processo originário, de forma que o réu revel, mesmo não tendo efetivamente participado do processo[54], tem legitimidade para a ação rescisória, bem como terceiros intervenientes que tenham se mantido inertes durante o trâmite processual.

---

48 STJ, REsp 839.499/MT, 1.ª Turma, rel. Min. Luiz Fux, j. 28.08.2007, *DJ* 20.09.2007, p. 234.

49 Marinoni-Arenhart, *Manual*, p. 653; Theodoro Jr., *Curso*, n. 612, p. 779; Nery-Nery, *Código*, p. 783.

50 Barbosa Moreira, *Comentários*, n. 85, p. 148; Talamini, *Coisa*, p. 189; Rizzi, *Ação*, n. 69, p. 118.

51 *Informativo* 436/STJ, 2.ª Seção, AR 1.421-PB, rel. Min. Massami Uyeda, j. 26.05.2010; Barbosa Moreira, *Comentários*, n. 87, p. 150; Porto, *Comentários*, p. 338; Câmara, *Ação*, p. 118-120.

52 STJ, REsp 225.309/SP, 3.ª Turma, rel. Min. Ari Pargendler, rel. p/ acórdão Min. Nancy Andrighi, j. 06.12.2005, *DJ* 22.05.2205, p. 190; Rizzi, *Ação*, n. 75, p. 126; Porto, *Comentários*, p. 338; Câmara, *Ação*, p. 119-120. Contra: Pimentel, *Introdução*, n. 18.3.10, p. 504-505.

53 Barbosa Moreira, *Comentários*, n. 97, p. 168.

54 Didier-Cunha, *Curso*, p. 350; STJ, 4.ª Turma, REsp 19.992/SP, rel. Min. Sálvio de Figueiredo Teixeira, j. 13.03.1995, *DJ* 17.04.1995.

A sucessão *inter vivos* ou *causa mortis* torna os herdeiros ou sucessores legitimados à propositura da ação rescisória. A sucessão pode ter decorrido antes ou depois do encerramento do processo originário, desde que não tenha havido naquele processo a sucessão processual, porque nesse caso os herdeiros ou sucessores terão sido partes no processo originário, o que já garantirá sua legitimidade ativa para a propositura da ação rescisória. Interessante peculiaridade fica por conta da previsão do art. 352, parágrafo único, do CPC: na ação rescisória com fundamento em confissão viciada por erro, dolo ou coação, somente o confitente tem legitimidade para propor a ação rescisória, ficando aos seus herdeiros a legitimidade de continuar a ação rescisória já iniciada pelo confitente. Os herdeiros, portanto, só têm *legitimidade ativa superveniente*.

O terceiro juridicamente prejudicado é aquele sujeito que mantém com uma ou ambas as partes da demanda uma relação jurídica que tenha sido afetada com a decisão que se busca rescindir. Poderia ter sido *litisconsorte facultativo* ou *assistente* no processo originário, o que lhe garantiria a legitimidade como parte, mas por não ter participado continua a ser terceiro. Sendo juridicamente afetado, tem legitimidade para a propositura da ação rescisória[55].

Também o Ministério Público tem legitimidade ativa na ação rescisória. É natural que o art. 487, III, do CPC, ao tratar especificamente da legitimidade do Ministério Público, o faz voltado para as hipóteses em que não houve sua participação no processo originário, porque nesse caso tem legitimidade como parte, o que tornaria o dispositivo legal inútil. São duas as hipóteses de legitimidade do Ministério Público nessas circunstâncias:

(a) quando não tenha sido ouvido como fiscal da lei em processo no qual sua participação era obrigatória;

(b) quando a decisão resultar de colusão das partes a fim de fraudar a lei[56].

Registre-se posição doutrinária que entende que o Ministério Público quando participa do processo originário como fiscal da lei é parte no processo, mas não é parte na demanda, de forma que só passa a ter legitimidade para a ação rescisória na hipótese de colusão entre as partes (art. 485, III, do CPC)[57]. Não é esse, entretanto, o entendimento da jurisprudência, que entende serem meramente exemplificativas as alíneas "a" e "b" do art. 487, III, do CPC, admitindo o ingresso de ação rescisória pelo Ministério Público sempre que existir interesse público[58].

Ainda que inexista previsão expressa no tocante à **legitimidade passiva** na ação rescisória, a doutrina e jurisprudência entendem que devem ser réus dessa demanda todos os sujeitos que figuravam como parte no processo originário e

55 Pimentel, *Introdução*, n. 18.7, p. 518.

56 Fux, *Curso*, p. 857; Theodoro Jr., *Curso*, n. 614, p. 783.

57 Barbosa Moreira, *Comentários*, n. 100, p. 173.

58 STJ, 1.ª Seção, EAR 384/PR, rel. Min. João Otávio de Noronha, j. 08.02.2006, *DJ* 06.03.2006; STJ, 1.ª Turma, AgRg no REsp 935.477/DF, rel. Min. Francisco Falcão, j. 22.05.2007, *DJ* 14.06.2007; Súmula 407/TST.

não estejam propondo a ação rescisória. Na hipótese de desconstituição total da decisão, haverá **litisconsórcio passivo necessário**, considerando-se que a eventual desconstituição da decisão impugnada afetará todos os sujeitos que participaram como parte no processo originário[59]. Dessa regra decorre interessante fenômeno: os sujeitos que participaram do processo originário no mesmo polo da demanda poderão figurar em polos opostos na ação rescisória. Visando a ação rescisória somente um capítulo da decisão que não afete todos os sujeitos processuais (por exemplo, rescisão do capítulo que decidiu a denunciação da lide), não será necessário que todos os sujeitos do processo originário façam parte da ação rescisória[60].

Formado litisconsórcio passivo na ação rescisória, no tocante ao pedido rescindendo será unitário, não se admitindo que se opere a rescisão da decisão para alguns litisconsortes e a sua manutenção para outros. Já no tocante ao pedido rescisório o litisconsórcio é simples, porque no novo julgamento – do pedido inicial do autor da ação originária – o resultado poderá ser diferente para os litisconsortes, desde que, naturalmente, o litisconsórcio da ação originária tenha sido simples. Tendo sido unitário o litisconsórcio passivo formado na ação originária, naturalmente que também relativamente ao pedido rescisório será caso de litisconsórcio da mesma natureza[61].

33.6. COMPETÊNCIA

A ação rescisória é uma ação de **competência originária de tribunal**, sendo que a determinação de qual o tribunal competente dependerá dos eventuais recursos interpostos no processo originário e da espécie de julgamento de tais recursos. Não havendo apelação contra a sentença, a competência será do tribunal de segundo grau competente para o julgamento desse recurso que no caso concreto não existiu. Também não traz nenhuma complicação a competência na hipótese de o processo originário acabar com o julgamento da apelação; nesse caso, o próprio tribunal que julgou a apelação será competente para desconstituir o seu julgamento.

A hipótese mais polêmica diz respeito aos processos nos quais há interposição de recurso especial e/ou extraordinário. A regra é de que a competência para a ação rescisória só será dos tribunais superiores no caso de esses recursos terem sido julgados em seu mérito, de forma que, não sendo admitidos (não recebimento/conhecimento), a competência será do tribunal de segundo grau, ainda que faticamente o processo tenha chegado até os tribunais superiores[62].

---

59 STJ, REsp 785.666/DF, 2.ª Turma, rel. Min. Eliana Calmon, j. 17.04.2007, *DJ* 30.04.2007, p. 303.; AR 2.009/PB, 1.ª Seção, rel. Min. Teori Albino Zavascki, j. 14.04.2004, *DJ* 03.05.2004, p. 86.

60 Barbosa Moreira, *Comentários*, n. 101, p. 175; Fux, *Curso*, p. 856.

61 Nery-Nery, *Código*, p. 792.

62 Nery-Nery, *Código*, p. 793.

Merece destaque o entendimento consagrado na Súmula 249 do STF, que aponta para a competência do Supremo Tribunal Federal na hipótese de não conhecimento do recurso extraordinário, desde que tenha sido no caso concreto apreciada a questão constitucional, hipótese frequente na hipótese de não conhecimento em razão de ausência de ofensa à norma constitucional (art. 102, III, *a*, da CF). A mesma regra é aplicada pelo Superior Tribunal de Justiça na hipótese de recurso especial não conhecido com a matéria federal apreciada[63], o que ocorre em regra no caso de ausência de ofensa à norma federal (art. 105, III, *a*, da CF). Trata-se da indevida confusão entre juízo de admissibilidade e juízo de mérito no julgamento dos recursos excepcionais, devidamente analisada no Capítulo 29.

A competência da ação rescisória difere da competência da *querela nullitatis*, sendo entendimento consolidado no Superior Tribunal de Justiça que enquanto naquela a competência é originária de tribunal, nessa a competência é do próprio juízo que proferiu a decisão atacada[64].

33.7. PRAZO

Segundo prevê o art. 495 do CPC, o prazo para a propositura de ação rescisória é de dois anos, contados do trânsito em julgado da decisão. Em razão da expressa previsão legal é irrelevante a data em que a parte tomou conhecimento dos fatos que possibilitariam a propositura da ação rescisória, valendo sempre, para qualquer situação e para qualquer legitimado, inclusive o terceiro juridicamente prejudicado, o termo inicial do trânsito em julgado. Segundo entendimento do Superior Tribunal de Justiça, o trânsito em julgado conta-se da última decisão proferida no processo, ainda que tal decisão seja de inadmissão de recurso[65]. O entendimento encontra-se atualmente sumulado[66]. No caso de intempestividade do recurso, somente em situação de extrema excepcionalidade, na qual a *intempestividade* é flagrante e se presume a má-fé do autor em reabrir o prazo para o ingresso da ação rescisória, o termo inicial não será a última decisão proferida no processo[67].

Existe tese doutrinária que defende o entendimento de coisa julgada material parcial na hipótese de recurso parcial, entendendo que a parcela da decisão não

[63] STJ, 2.ª Turma,AgRg no Ag 917.818/DF, rel. Min. Castro Meira, j. 13.11.2007, *DJ* 27.11.2007; STJ, 1.ª Turma, REsp 712.285/PR, rel. Min. Luiz Fux, j. 04.08.2005, *DJ* 29.08.2005.

[64] *Informativo* 478/STJ: 3.ª Seção, CC 114.593/SP, rel. Min. Maria Thereza de Assis Moura, j. 22.06.2011.

[65] STJ, 6.ª Turma, AgRg no REsp 958.333/RS, rel. Min. Maria Thereza de Assis Moura, j. 17.12.2007, *DJ* 25.02.2008; STJ, 2.ª Turma, REsp 543.368/RJ, rel. Eliana Calmon, rel. para acórdão Castro Meira, j. 04.05.2006, *DJ* 02.06.2006. Contra, na doutrina: Nery-Nery, *Código*, p. 495. *Informativo* 283/STJ, 2.ª T., REsp 543.368-RJ, rel. Castro Meira, j. 04.05.2006.

[66] Súmula 401/STJ: "O prazo decadencial da ação rescisória só se inicia quando não for cabível qualquer recurso do último pronunciamento judicial".

[67] REsp 784.166/SP, 3.ª Turma, rel. Min. Castro Filho, j. 13.03.2007, *DJ* 23.04.2007; STJ, 4.ª Turma, REsp 441.252/CE, rel. Min. Ruy Rosado de Aguiar, j. 22.10.2002, *DJ* 17.02.2003.

recorrida transita em julgado e, sendo de mérito, produz imediatamente coisa julgada material. Nesse entendimento, o termo inicial da ação rescisória não é a última decisão proferida no processo, mas o momento em que a parcela da decisão não foi objeto de recurso[68]. O posicionamento, entretanto, não convenceu o Superior Tribunal de Justiça, que não admite a tese de *coisa julgada parcial*, reafirmando o entendimento de que somente após a última decisão proferida no processo passa a ser contado o prazo da ação rescisória[69].

É tranquilo o entendimento de que no prazo de dois anos a parte não perde o direito à ação rescisória, mas o próprio direito material de desconstituir a decisão, de forma que o prazo de dois anos tem **natureza decadencial**. Não poderia ser outra solução, considerando-se que ação rescisória tem natureza constitutiva e versa sobre direito potestativo[70]. Como se sabe, sendo de decadência, o prazo não se interrompe nem se suspende, sendo entendimento pacífico do Superior Tribunal de Justiça que vencido em data na qual não há expediente forense caberá à parte interessada ingressar com a ação rescisória no primeiro dia útil subsequente[71].

Segundo entendimento pacificado no Superior Tribunal de Justiça, o prazo decadencial de dois anos só se considerará interrompido quando a relação jurídica processual estiver completa, de forma que a formação de litisconsórcio necessário ulterior só será admitida antes do vencimento do prazo[72]. Caso o prazo de dois anos transcorra sem tal formação, caberá a extinção da ação por decadência, nos termos do art. 269, IV, do CPC.

Registre-se, por fim, que o prazo de dois anos não flui em desfavor de incapazes, nos termos do art. 208 do Código Civil[73]. Nesse caso, o termo inicial do prazo de dois anos é a perda da condição de incapaz.

> O PLNCPC cria novidades a respeito do prazo. Em regra, o prazo será de um ano a contar do trânsito em julgado, nos termos do art. 928, *caput*, sendo que esse prazo contar-se-á do trânsito em julgado da sentença penal em ação rescisória fundada em prevaricação, concussão ou corrupção do juiz ou falsidade documental apurada em ação penal.

---

68 Theodoro Jr., *Curso*, n. 622-a, p. 792-796; Pimentel, *Introdução*, n. 18.5.2, p. 515.

69 REsp 781.923/DF, 2.ª Turma, rel. Min. Castro Meira, j. 21.08.2007, *DJ* 31.08.2007; EREsp 404.777/DF, Corte Especial, rel. Min. Fontes de Alencar, rel. p/ acórdão Min. Francisco Peçanha Martins, j. 03.12.2003, *DJ* 11.04.2005.

70 Barbosa Moreira, *Comentários*, n. 130, p. 221; Fux, *Curso*, p. 844.

71 STJ, AgRg no REsp 966.017/RO, 5.ª Turma, rel. Min. Arnaldo Esteves Lima, j. 05.02.2009, *DJe* 09.03.2009; AgRg no AR 3.691/MG, 1.ª Seção, rel. Min. Denise Arruda, j. 27.06.2007; *DJ* 27.08.2007, p. 172.

72 *Informativo* 463/STJ: 3.ª Turma, REsp. 863.890/SC, rel. Min. Nancy Andrighi, j. 17.02.2011; *Informativo* 458/STJ, Corte Especial, EREsp 676.159/MT, rel. Min. Nancy Andrighi, j. 1.º.12.2010.

73 *Informativo* 482/STJ: 4.ª Turma, Esp 1.165.735/MG, rel. Min. Luis Felipe Salomão, j. 06.09.2011.

33.8. AÇÃO EXECUTÓRIA E EXECUÇÃO DO JULGADO

Em redação dada pela Lei 11.280/2006, o art. 489 do CPC passou a prever expressamente que, apesar de a propositura da ação rescisória em regra não afetar a execução da sentença que se busca rescindir, é admissível que no caso concreto o autor da ação rescisória obtenha tutela de urgência para impedir o início ou suspender o andamento do cumprimento de sentença.

Esse atípico impedimento ou suspensão da execução da sentença – hoje chamada de *cumprimento de sentença* – sempre foi admitido pela melhor doutrina, existindo alguma divergência a respeito de qual a tutela de urgência adequada para tal desiderato. Para alguns, o ideal seria o pedido de medida cautelar[74], enquanto outros, com razão, entendiam pelo cabimento de tutela antecipada na própria ação rescisória[75]. A divergência não foi solucionada pela Lei 11.280/2006, que resolveu prever as duas formas de tutela de urgência no art. 489 do CPC, sem optar pela mais adequada, que naturalmente é a tutela antecipada. De qualquer forma, com a previsão da **tutela cautelar** e da **tutela antecipada**, parece que o legislador optou pela maior abrangência possível no tocante à tutela do autor da ação rescisória, sendo atualmente cabível o pedido por meio de qualquer uma das duas tutelas de urgência.

No caso de pedido de tutela antecipada não haverá ação autônoma para tanto, de forma que o autor da rescisória pedirá incidentalmente na própria ação rescisória o impedimento de propositura ou suspensão do cumprimento de sentença. No caso de pedido cautelar, sendo o mesmo feito de forma antecedente, é inegável o cabimento de ação cautelar inominada com pedido de liminar, mas, sendo feito de forma incidental, cabe o debate doutrinário a respeito da manutenção do processo cautelar incidental, tratada no Capítulo 50, item 50.3.2.

Registre-se o entendimento de que o pedido de suspensão do cumprimento de sentença também pode ser feito no primeiro grau de jurisdição, diante do juízo que conduz a execução. Apesar de reconhecer que o meio mais adequado é o pedido de tutela antecipada ou de medida cautelar perante o tribunal competente para a ação rescisória, essa corrente doutrinária entende que em aplicação do poder geral de cautela do juiz (art. 791, II do CPC), o pedido de concessão de tutela de urgência no primeiro grau é cabível[76].

33.9. PROCEDIMENTO

33.9.1. Petição inicial

Tendo natureza jurídica de ação, vigora na ação rescisória o princípio da inércia da jurisdição, exigindo-se a provocação de um dos legitimados pelo art.

---

[74] Nery-Nery, *Código*, p. 799.

[75] Barbosa Moreira, *Comentários*, n. 106, p. 186; Theodoro Jr., *Curso*, n. 617, p. 784; Fux, *Curso*, p. 860.

[76] STJ, REsp 900.888/PR, 1.ª Seção, rel. Min. Luiz Fux, j. 12.03.2008, *DJe* 31.03.2008. *Informativo* 353/STJ, 1.ª Seção, EREsp 770.847-PR, rel. Luiz Fux, j. 23.04.2008.

487 do CPC. Essa provocação inicial dar-se-á por meio de uma **petição inicial**, nos termos dos arts. 282 e 283 do CPC. Apesar de a petição inicial ser tema do Capítulo 9, existem algumas particularidades na petição inicial da ação rescisória que merecem breves comentários.

O art. 282, I, do CPC prevê o endereçamento da petição inicial, sendo certo que no caso da ação rescisória o endereçamento sempre apontará um tribunal, conforme já analisado no Capítulo 33, item 33.6. Eventual equívoco quanto ao endereçamento, que criará no caso concreto um vício de incompetência absoluta, não enseja a extinção do processo, o que poderia no caso concreto ser extremamente danoso à parte em razão do prazo decadencial de dois anos para a propositura da ação rescisória. Dessa forma, reconhecida a *incompetência absoluta* – o que deve ser feito de ofício pelo órgão jurisdicional –, o processo deverá ser remetido ao tribunal competente[77]. Não é esse, entretanto, o entendimento do Superior Tribunal de Justiça, que entende pela extinção sem resolução de mérito da ação rescisória em razão de incompetência absoluta[78].

No tocante ao pedido é preciso recordar que a regra na ação rescisória é a existência de dois juízos:

(a) juízo rescindendo (*iudicium rescindens*), que é o pedido de rescisão do julgado impugnado;
(b) juízo rescisório (*iudicium rescissorium*), que é o pedido de novo julgamento.

Sempre que for necessária a cumulação de pedidos – cumulação sucessiva, na qual o segundo pedido só será analisado se o primeiro for acolhido –, é indispensável que ambos os pedidos sejam feitos expressamente, não se admitindo pedido implícito de novo julgamento. A exigência consta do art. 488, I, do CPC. O princípio da instrumentalidade das formas exige do juízo a determinação de emenda da petição inicial no caso de ausência de pedido de novo julgamento nesses casos[79], mas é inegável que um juízo mais formalista possa vir a indeferir liminarmente a petição inicial.

As exceções à necessidade de cumulação de pedidos ficam por conta da ação rescisória fundada no art. 485, II, do CPC, sempre que o órgão que desconstituir a decisão o fizer exatamente porque reconheça sua incompetência absoluta para proferir o julgamento impugnado (não teria nenhum sentido desconstituir o julgamento e proferir novo julgamento com o mesmo vício), e da ação rescisória fundada no art. 485, IV, do CPC, já que, afastada a decisão que contraria a coisa julgada, nenhuma outra terá que ser proferida, mantendo-se a decisão originariamente afrontada pela

---

[77] Barbosa Moreira, *Comentários*, n. 102, p. 177; Nery-Nery, *Código*, p. 794.

[78] STJ, AR 3.925/RN, 1.ª Seção, rel. Min. Benedito Gonçalves, rel. p/ acórdão Min. Eliana Calmon, j. 11.02.2009, *DJe* 05.03.2009; AR 557/SP, 3.ª Seção, rel. Min. Maria Thereza de Assis Moura, rel. p/ acórdão Min. Napoleão Nunes Maia Filho, j. 23.06.2008, *DJ* 09.12.2008.

[79] Pimentel, *Introdução*, n. 18.9, p. 528.

decisão desconstituída. Nesses casos não haverá cumulação de pedidos, limitando-se a pretensão do autor ao pedido de rescisão do julgado (juízo rescindendo)[80].

No tocante ao valor da causa, entendo que se deva analisar no caso concreto o **valor econômico do bem da vida** perseguido pelo autor da ação rescisória, não existindo uma vinculação necessária entre o valor da causa do processo originário e o da ação rescisória[81]. Atualmente esse é o entendimento prestigiado no Superior Tribunal de Justiça[82], que corretamente se afastou do entendimento de que o valor da causa da rescisória seria sempre o valor da causa da ação originária devidamente atualizado[83]. A dissociação ora defendida entre valor da causa da ação rescisória e da ação originária fica ainda mais evidente quando a ação rescisória não se voltar à impugnação da totalidade da decisão, objetivando a desconstituição de apenas alguns capítulos do ato decisório[84].

Segundo o art. 488, II, do CPC, caberá ao autor realizar um depósito no valor de 5% do valor da causa, valor esse que será revertido à parte contrária na hipótese de decisão unânime de inadmissão da ação rescisória ou de improcedência do pedido. O objetivo do dispositivo legal é evitar o abuso na utilização da ação rescisória, servindo como um desestímulo àqueles que não têm razões fundadas para a demanda, ainda que para parcela minoritária da doutrina trate-se de requisito inconstitucional por restringir injustificadamente o direito de acesso ao processo[85].

Como o dispositivo legal aponta para a exigência de decisão unânime, entende-se que, sendo a decisão monocrática proferida pelo relator, não caberá a aplicação da multa ao autor com a perda do valor depositado, o mesmo ocorrendo na hipótese de decisão colegiada se ao menos um juiz decidir em favor do autor da ação rescisória. Compreende-se que nesses casos – em especial no segundo – não é adequado se presumir que houve um abuso no manejo da ação rescisória, o que isentaria o autor do pagamento da multa.

Há previsão expressa no dispositivo legal ora analisado que dispensa do recolhimento do depósito prévio a União, Estado, Município e Ministério Público. No tocante às pessoas jurídicas de direito público (autarquias, fundações, empresas públicas), o Superior Tribunal de Justiça vem entendendo que haverá dispensa do depósito prévio para *autarquias* e *fundações* sempre que haja lei assegurando a essas pessoas jurídicas de direito público os mesmos privilégios da Fazenda Pública[86]. A dispensa para o INSS é entendimento sumulado no Superior Tribunal de Justiça[87],

---

80 Barbosa Moreira, *Comentários*, n. 103, p. 178; Nery-Nery, *Código*, p. 795.

81 Barbosa Moreira, *Comentários*, n. 104, p. 180-181.

82 STJ, 1.ª Turma, REsp 913.751/DF, rel. Min. José Delgado, j. 18.09.2007, *DJ* 04.10.2007; STJ, 1.ª Seção, EREsp 383.817/RS, rel. Min. Teori Albino Zavascki, j. 24.08.2005, *DJ* 12.09.2005.

83 Nery-Nery, *Código*, p. 794.

84 Pimentel, *Introdução*, n. 18.9, p. 525.

85 Scarpinella Bueno, *Curso*, v. 5, p. 332-333.

86 STJ, 3.ª Seção, AR 3.402/SP, rel. Min. Laurita Vaz, j. 27.02.2008, *DJ* 27.03.2008; STJ, 5.ª Turma, REsp 74.9714/DF, rel. Min. José Arnaldo Fonseca, rel. para acórdão Gilson Dipp, j. 06.10.2005, *DJ* 14.11.2005. *Informativo* 381/STJ, 3.ª Seção, Pet. 5541-SP, rel. Arnaldo Esteves Lima, 15.12.2008.

87 Súmula STJ/175.

cabendo também a lembrança do art. 24-A da Lei 9.028/1995. Também o beneficiário da assistência judiciária está dispensado do recolhimento do depósito prévio[88].

O art. 921, § 1.º, do PLNCPC traz previsão mais completa dos dispensados do recolhimento da caução prévia: União, Estado, Distrito Federal, Município, respectivas autarquias e fundações de direito público, Ministério Público e beneficiários da assistência judiciária.

O art. 283 do CPC exige que os documentos indispensáveis à propositura da demanda sejam juntados com a petição inicial. Na ação rescisória existem ao menos duas peças do processo originário que necessariamente deverão instruir a petição inicial por meio de cópias. São considerados documentos indispensáveis à propositura da ação rescisória: (a) cópia da decisão que se busca rescindir, até mesmo porque sem essa peça não seria possível ao tribunal analisar a causa de rescindibilidade; e (b) a cópia da certidão do trânsito em julgado[89], para que o tribunal possa verificar que o momento é adequado para a propositura da ação rescisória, tanto no tocante ao termo inicial como ao termo final.

33.9.2. Reações do juiz diante da petição inicial

Como ocorre com qualquer petição inicial, também a que dá início à ação rescisória pode ser indeferida, prevendo o art. 490 do CPC que o indeferimento ocorre nas hipóteses do art. 295 do CPC e quando não for realizado o depósito prévio previsto em lei. A previsão é excessivamente formalista, porque a ausência do depósito prévio é vício sanável, devendo ser determinada a emenda da petição inicial, e não o seu indeferimento. É natural que, não realizada a emenda, será caso de indeferimento, nos termos do art. 295, VI, do CPC.

O indeferimento pode ocorrer por decisão monocrática do relator, em aplicação subsidiária do art. 557 do CPC, hipótese em que caberá ao autor o ingresso de *agravo interno* no prazo de 5 dias[90]. Sendo a decisão colegiada, caberá no máximo – a depender do caso concreto – recurso especial e/ou extraordinário. Por questão de agilidade procedimental a decisão que indefere ou determina a emenda da petição inicial pode ser proferida pelo relator, embora não exista ilegalidade na prolação de tal decisão pelo órgão colegiado[91].

---

88 Barbosa Moreira, *Comentários*, n. 105, p. 183; Fux, *Curso*, p. 862; STJ, 3.ª Seção, AR 2.968/SC, rel. Min. Laurita Vaz, j. 12.12.2007, *DJ* 1.º.02.2008; STJ, 3.ª Turma, REsp 592.818/SP, rel. Min. Nancy Andrighi, j. 29.11.2005, *DJ* 19.12.2005.

89 Fux, *Curso*, p. 862; Marinoni-Arenhart, *Manual*, p. 659; Pimentel, *Introdução*, n. 18.9, p. 526. Súmula 299/TST.

90 Nery-Nery, *Código*, p. 801; STJ, 1.ª Seção, AgRg na AR 3.691/MG, rel. Min. Denise Arruda, j. 27.06.2007, *DJ* 27.08.2007.

91 Scarpinella Bueno, *Curso*, v. 5, p. 347-348. Contra, entendendo tratar-se de competência exclusiva do relator: Nery-Nery, *Código*, p. 801; Câmara, *Ação*, p. 174.

A citação não tem qualquer especialidade, seguindo as regras comuns, sendo inclusive possível a realização pela via eletrônica, valendo-se o tribunal do endereço constante no processo originário.

33.9.3. Resposta do réu

O prazo de resposta será determinado pelo juiz no caso concreto **entre 15 e 30 dias** (art. 491 do CPC). Há decisão do Superior Tribunal de Justiça indicando a aplicabilidade do art. 188 do CPC, de forma que o prazo seja contado em quádruplo para a Fazenda Pública responder à petição inicial[92], ainda que se trate de prazo judicial e não legal, já que fixado no caso concreto pelo juízo. Tal posicionamento permite a conclusão de que também o art. 191 do CPC seja aplicável, sendo contado em dobro o prazo de resposta fixado pelo juízo no caso de litisconsórcio passivo com pluralidade de patronos[93].

Das espécies de respostas previstas pelo art. 297 do CPC, não resta qualquer dúvida a respeito do cabimento da *contestação*, típica resposta defensiva. Também são cabíveis as *exceções de impedimento e suspeição*, o que não ocorre com a exceção de incompetência, considerando-se que qualquer vício de competência será de incompetência absoluta, matéria a ser alegada por meio de preliminar de contestação[94]. A *reconvenção* também é cabível, desde que se respeite o prazo decadencial de dois anos e que o réu realize o depósito prévio de 5% do valor da causa previsto pelo art. 488, II, do CPC[95]. Também se admite a impugnação ao valor da causa e a impugnação à concessão dos benefícios da assistência judiciária caso essa tenha sido concedida liminarmente.

A ausência de defesa por meio da contestação torna o réu revel, considerando-se a revelia uma situação de fato gerada pela ausência jurídica de contestação. A doutrina e jurisprudência, entretanto, em razão da especialidade procedimental da ação rescisória, entendem que não há geração do principal efeito da revelia, que é a presunção de veracidade dos fatos alegados pelo autor[96].

33.9.4. Atividade saneadora

A segunda parte do art. 491 do CPC determina que após o prazo de resposta observar-se-á, no que couber, o disposto no Livro I, Título VIII, Capítulos IV e V, ou seja, "providências preliminares" e "julgamento conforme o estado do

---

92 Nery-Nery, *Código*, p. 801; STJ, 6.ª Turma, REsp 363.780/RS, rel. Min. Paulo Gallotti, j. 27.08.2002, *DJ* 02.12.2002. Contra, Barbosa Moreira, *Comentários*, n. 113, p. 193; Marinoni-Arenhart, *Manual*, p. 661; Didier-Cunha, *Curso*, p. 401-408.

93 Barbosa Moreira, *Comentários*, n. 113, p. 193; Nery-Nery, *Código*, p. 801. Contra: Marinoni-Arenhart, *Manual*, p. 661; Scarpinella Bueno, *Curso*, v. 5, p. 353.

94 Pimentel, *Introdução*, n. 18.9, p. 530.

95 Barbosa Moreira, *Comentários*, n. 113, p. 193-194.

96 Barbosa Moreira, *Comentários*, n. 114, p. 195; Fux, *Curso*, p. 864; Theodoro Jr., *Curso*, n. 619, p. 786.

processo". A utilização da advertência de que a aplicação das normas previstas para o procedimento ordinário deve ocorrer no que couber é importante em razão das particularidades procedimentais da ação rescisória.

A *audiência preliminar* não tem lugar na ação rescisória, considerando-se que a desconstituição de decisão de mérito transitada em julgado não pode ser objeto de transação, o que permite ao juízo – no caso o relator – proferir decisão saneadora por escrito. Também não se admite a presunção de veracidade dos fatos gerada pela revelia do réu, o que afasta a possibilidade de *julgamento antecipado da lide* com fundamento no art. 330, II, do CPC. Nem mesmo todas as extinções previstas nos arts. 267 e 269 do CPC são admissíveis na ação rescisória, sendo incabível a extinção em razão de *convenção de arbitragem* (as partes não podem optar por desconstituir a coisa julgada material por arbitragem) e por *reconhecimento jurídico do pedido* (a disposição do direito nesse caso é ineficaz)[97].

33.9.5. Fase probatória

Tanto o pedido rescisório quanto o pedido rescindendo podem no caso concreto exigir a produção probatória, que ocorre de uma só vez. Tratando-se de prova documental aplicam-se as regras analisadas no Capítulo 14, item 14.2.4, não existindo nenhuma dificuldade prática na produção dessa espécie de prova no próprio tribunal competente para o julgamento da ação rescisória. Diferente realidade se dá quando a prova a ser produzida é **oral e/ou pericial**, meios de prova que exigem certa estrutura funcional que os tribunais não possuem. Em razão dessa dificuldade para a prática de tais atos processuais, é admitida a delegação da função probatória para o juízo de primeiro grau[98].

Dispõe o art. 492 do CPC que, havendo a necessidade de produção de prova, o relator delegará a função probatória do tribunal para o juiz de direito da comarca na qual deverá ser realizada a prova, sendo que comarca deve ser entendida como *foro*, porque na ação rescisória em trâmite perante o Tribunal Regional Federal naturalmente a prova será produzida por seção judiciária. Salvo no caso de prova documental, havendo a necessidade de colhimento de depoimento pessoal, oitiva de testemunhas ou realização de prova pericial, será expedida **carta de ordem** para o juízo de primeiro grau, com prazo de 45 a 90 dias para cumprimento, a ser fixado pelo relator no caso concreto. Apesar de a delegação ser uma mera faculdade do relator, admitindo-se que a prova seja produzida no próprio tribunal, é mais comum a atuação do juízo de primeiro grau.

O art. 925 do PLNCPC modifica o prazo para o cumprimento de ordem: de um a três meses.

---

97 Barbosa Moreira, *Comentários*, n. 114, p. 194-195.

98 Theodoro Jr., *Curso*, n. 619, p. 786.

33.9.6. Manifestações finais

Encerrada a instrução probatória, será aberta vista para a apresentação de razões finais escritas no prazo de 10 dias. A ordem é: autor, réu e Ministério Público, que sempre participará da ação rescisória como *fiscal da lei,* uma vez que a desconstituição da coisa julgada material tem por si só interesse público que justifica a intervenção do Ministério Público[99].

Após as manifestações finais ocorre o julgamento da ação rescisória, cujo procedimento verifica-se nos termos dos regimentos internos dos tribunais superiores e das normas de organização judiciária estaduais e dos regimentos internos dos tribunais de segundo grau de jurisdição.

33.9.7. Julgamento

No julgamento da ação rescisória caberá ao tribunal primeiramente a análise da admissibilidade da ação, o que passa necessariamente pelo enfrentamento dos pressupostos processuais e das condições da ação. Importante também a análise da causa de rescindibilidade, realizada à luz da causa de pedir alegada pelo autor. Caso a irresignação do autor da ação rescisória não esteja fundada nas causas de rescindibilidade previstas pelo art. 485 do CPC, não se admite a ação rescisória, com extinção terminativa. Superada a admissibilidade, passa-se ao julgamento de mérito da ação.

Por questão de lógica o primeiro pedido analisado é o de rescisão da decisão impugnada (*juízo rescindendo*) e somente no caso de acolhimento desse pedido passará ao julgamento do pedido de novo julgamento (*juízo rescisório*).

Verificada a efetiva ocorrência da causa de rescindibilidade, o pedido será julgado procedente, estando o tribunal adstrito à causa indicada pelo autor em sua petição inicial, de forma que, mesmo entendendo pela existência de outra causa de rescindibilidade, ausente aquela indicada pelo autor em sua petição inicial, o pedido de rescisão deverá ser rejeitado. Eventuais equívocos na indicação do inciso do art. 485 do CPC são irrelevantes, aplicando-se no caso o princípio *iura novit curia*[100].

Rejeitado o pedido de rescisão, o pedido de novo julgamento perderá o objeto (prejudicado), nem ao menos chegando a ser enfrentado. Acolhido o pedido de rescisão, cuja decisão terá natureza constitutiva negativa com efeitos *ex nunc*[101], o tribunal poderá:

(a) encerrar o julgamento quando a decisão do pedido rescindendo esgotar a atividade jurisdicional necessária do tribunal, o que se verifica na ação rescisória fundada em ofensa à coisa julgada (art. 485, IV, do CPC);

---

[99] Barbosa Moreira, *Comentários*, n. 120, p. 201; Nery-Nery, *Código*, p. 803.

[100] Barbosa Moreira, *Comentários*, n. 124, p. 206-207.

[101] Nery-Nery, *Código*, p. 803; Theodoro Jr., *Curso*, n. 620, p. 787.

(b) determinar a remessa para outro órgão em razão da incompetência absoluta do tribunal que julgou a ação rescisória (art. 485, II, do CPC);

(c) realizar um novo julgamento (juízo rescisório), no qual poderá acolher ou rejeitar o pedido formulado pelo autor no processo originário: havendo rejeição, o capítulo da decisão terá natureza declaratória negativa; sendo acolhido, terá a natureza do pedido feito no processo originário, podendo ser meramente declaratório, constitutivo ou condenatório[102].

[102] Nery-Nery, *Código*, p. 803; Theodoro Jr., *Curso*, n. 620, p. 787.

LIVRO IV

EXECUÇÃO

34

FORMAS EXECUTIVAS

34.1. INTRODUÇÃO

O sistema processual pátrio entende a execução como um conjunto de meios materiais previstos em lei, à disposição do juízo, visando à satisfação do direito. Esses atos materiais executivos podem ser praticados de diferentes maneiras, sendo por isso possível, a depender do critério adotado, distinguir as diferentes modalidades de execução. Assim, por exemplo, as diferentes espécies de execução que adotam como critério a natureza da obrigação exequenda: fazer/não fazer; entregar e pagar, sendo essa matéria enfrentada em capítulos próprios.

Numa fase introdutória da análise do tema, parece relevante o enfrentamento da execução tomando-se por base dois critérios distintos: a autonomia (processo autônomo de execução e fase procedimental executiva) e os meios executórios (execução por coerção psicológica e execução por sub-rogação).

34.2. PROCESSO AUTÔNOMO DE EXECUÇÃO E FASE PROCEDIMENTAL EXECUTIVA

É preciso afirmar, primeiramente, que toda a análise entre execução autônoma e fase executiva só tem sentido no tratamento da execução dos **títulos executivos**

judiciais, considerando-se que no tocante à execução de títulos extrajudiciais será sempre necessária a instauração de um processo autônomo de execução. É no tocante à execução do título executivo judicial que o direito brasileiro ingressou recentemente em uma nova era, que demanda breves explicações históricas para determinar de onde viemos, aonde chegamos e por que aí chegamos.

Tradicionalmente, o direito brasileiro exigia para a execução de títulos executivos judiciais um processo autônomo, de forma que a parte, após a obtenção do título executivo no processo de conhecimento, via-se obrigada a propor um novo processo, agora de natureza satisfativa. A era da autonomia exigia a existência de dois processos distintos e sucessivos: primeiro se declarava o direito e se condenava o réu ao cumprimento de uma obrigação (processo de conhecimento) e, posteriormente, se buscava a satisfação da obrigação (processo de execução).

A lição tradicional ensina que o processo de execução se desenvolve de forma autônoma, constituindo um ente à parte dos processos de conhecimento e cautelar. Entendia-se, portanto, que o processo de execução não poderia ser considerado como mero ciclo final do processo de conhecimento. A justificativa para a autonomia do processo executivo como inicialmente imaginado pelos doutrinadores que trataram do tema encontrava-se alicerçada em duas justificativas fundamentais:

(a) a diversidade de atividades jurisdicionais (no processo de conhecimento são desenvolvidas atividades cognitivas; enquanto no processo de execução são praticadas atividades práticas e materiais); e

(b) os diferentes objetivos traçados para cada uma dessas atividades na solução de diferentes espécies de crises jurídicas (no processo de conhecimento objetiva-se reconhecer o direito do autor e, dependendo do caso, constituir uma nova relação jurídica ou condenar o réu; no processo de execução objetiva-se satisfazer o direito do exequente)[1].

Ainda se mencionava a formação de uma nova relação jurídica processual, independente e porventura diferente daquela formada no processo de conhecimento.

É importante observar que, mesmo na era da autonomia das ações, excepcionalmente já existia a agora chamada "**ação sincrética**", consubstanciada em um processo com duas fases procedimentais sucessivas: a primeira de conhecimento e a segunda de execução. Sempre foram – e continuam sendo – sincréticas as ações possessórias e as ações de despejo, por exemplo, nas quais a satisfação da sentença sempre foi – e continua sendo – realizada por meio de uma mera fase procedimental. Mas a possibilidade de execução sem a necessidade de processo autônomo sempre foi vista com reservas, sendo restrita a pouquíssimas espécies de procedimento.

Em 1990, o art. 84 do CDC passou a prever ações sincréticas para as *demandas coletivas* que tenham como objeto a condenação do réu ao cumprimento

[1] Liebman, *Processo*, p. 37-38.

de uma *obrigação de fazer/não fazer*, no que foi acompanhado quatro anos mais tarde pelo art. 461 do CPC, responsável pela previsão de tutela da mesma espécie de obrigação no âmbito *do processo individual*. Significa dizer que a partir de 1994 todas as ações que tenham como objeto uma obrigação de fazer/não fazer passaram a não mais ser regidas pelo sistema de autonomia das ações, passando a serem todas elas consideradas "ações sincréticas".

Também é do ano de 1994 a inclusão em nosso sistema do instituto da *tutela antecipada* (art. 273 do CPC), que permite uma execução das decisões que a concedem independentemente de processo autônomo de execução, conforme analisado no Capítulo 51, item 51.13. A não aplicação da teoria da autonomia das ações à tutela antecipada ficou clara quando o legislador preferiu utilizar o termo "efetivação" em vez de "execução" no art. 273, § 3.º, do CPC, caracterizando uma tentativa semântica para afastar o instituto processual do processo autônomo da execução.

No ano de 1995 a Lei 9.099, que regulamentou o *procedimento sumaríssimo* dos Juizados Especiais, aboliu o processo de execução de títulos executivos judiciais, tornando toda a demanda condenatória em trâmite perante os Juizados uma ação sincrética. Independentemente da natureza da obrigação, qualquer sentença que demande execução passou no sistema dos Juizados a ser executada mediante uma mera fase procedimental subsequente à fase de conhecimento[2].

No ano de 2002, com o art. 461-A do CPC incluído pela Lei 10.444, a realidade das ações sincréticas passou a valer também para todas as demandas judiciais que tenham como objeto uma *obrigação de entrega de coisa*. E, completando o ciclo de mudança de paradigma, no ano de 2005 a Lei 11.232, tornou sincrética a maioria das ações judiciais que tenham como objeto uma *obrigação de pagar quantia certa*.

Com a alteração legislativa empreendida pela Lei 11.232/2005 e desenvolvida no Capítulo 44, a regra e a exceção se inverteram. Verificando-se na praxe forense as dificuldades criadas pela autonomia do processo de execução, que costuma arrastar ainda mais alguns anos a satisfação do direito, o legislador resolveu definitivamente colocar a técnica de lado ao prever de forma genérica a ideia da ação sincrética, limitando a utilização do processo autônomo de execução tão somente àquelas hipóteses nas quais não é possível a adoção do procedimento de cumprimento de sentença.

A regra de nosso sistema passou a ser a **execução imediata**, por mera fase procedimental, enquanto somente em situações excepcionais o título executivo será executado por meio de um processo autônomo. Como se nota, a Lei 11.232/2005 não criou as ações sincréticas, sendo na realidade o ato final de uma transformação sistêmica iniciada em 1990. Também não extinguiu o processo autônomo de execução de título judicial[3], porque, ainda que excepcionalmente, ele continua a existir.

---

2 Câmara, *Juizados*, p. 176-177.

3 De forma equivocada, Fidélis dos Santos, *As reformas*, n. 20, p. 26.

Parcela doutrinária entende que as execuções especiais não foram objeto de alteração pela Lei 11.232/2005, porque as novas regras procedimentais só modificaram o procedimento comum da execução de título judicial, excluindo-se os procedimentos executivos especiais. O raciocínio é lógico e deve ser adotado, embora com reservas, aplicando-se à execução contra a Fazenda Pública[4] e à execução contra o devedor insolvente, que inegavelmente continuam a se desenvolver por meio de processo autônomo de execução. Já no tocante à execução de alimentos, somente se aplica o entendimento naqueles casos em que o procedimento é realmente especial[5], de forma que, valendo-se o exequente do procedimento do art. 733 do CPC, com pedido de prisão civil do executado, a execução segue o procedimento especial em processo autônomo. Por outro lado, quando o exequente se vale do art. 732 do CPC, não existe qualquer especialidade procedimental, tratando-se de execução comum de pagar quantia certa; nesse caso aplicam-se as regras do cumprimento de sentença, desenvolvendo-se a execução por meio de mera fase procedimental[6].

Há ainda o art. 475-N, parágrafo único, do CPC, que prevê uma especialidade procedimental na execução de três espécies de títulos executivos judiciais: *sentença penal condenatória transitada em julgado, homologação de sentença estrangeira* e *sentença arbitral*. Para essas três espécies de títulos executivos judiciais, o legislador prevê a citação do demandado, o que pode levar à equivocada conclusão de que nessas situações estará mantido o processo autônomo de execução com a observação do procedimento comum executivo. Por necessidade material na sentença penal e arbitral e por opção legislativa na homologação de sentença estrangeira, o legislador prevê a necessidade de uma petição inicial e a citação do demandado, o que torna estruturalmente essa execução um processo autônomo.

Ocorre, entretanto, que não é possível aplicar nessas situações o procedimento do processo de execução, sob pena de tornar heterogênea a execução dos títulos judiciais, com a criação de títulos de segunda classe, para os quais a execução tem um procedimento menos favorável ao demandante. Como não parece legítimo nem conveniente tal tratamento heterogêneo, entendo que estruturalmente, com a petição inicial e a citação, estar-se-á diante de um processo autônomo de execução, mas que o procedimento a partir da citação do executado passa a ser de cumprimento de sentença[7]. Tem-se assim **estruturalmente um processo** e **procedimentalmente um cumprimento de sentença**.

Cumpre registrar que *cumprimento de sentença*, termo utilizado de forma indistinta para a sentença condenatória que tenha como conteúdo uma obrigação de qualquer natureza, é expressão cunhada pelo legislador tão somente com o

[4] Theodoro Jr., *Processo*, n. 461, p. 541.

[5] Contra, entendendo ser sempre hipótese de processo autônomo: Theodoro Jr., *Processo*, n. 333, p. 391; Nery-Nery, *Código*, p. 1.068. Entendendo ser sempre hipótese de cumprimento de sentença: Câmara, *A nova*, n. 10.3, p. 157-161; Abelha Rodrigues, *Manual*, p. 423.

[6] Costa Machado, *Código*, p. 1.261; Tartuce-Simão, *Direito*, p. 429-430.

[7] Gusmão Carneiro, *Cumprimento*, p. 80; Theodoro Jr., *As novas*, p. 153; Câmara, *A nova*, p. 107-108.

objetivo de distinguir a fase de satisfação do direito com o processo autônomo de satisfação do direito, chamado de processo de execução. Poderia ter optado por qualquer outro nome, até mesmo *fase de satisfação de direito*, porque o nome não modificará a substância do instituto processual, que nada mais é do que o tratamento procedimental da forma processual em que se busca a satisfação de um direito já reconhecido em sentença (art. 475-N, I, do CPC)[8]. De qualquer forma, o termo *cumprimento de sentença* busca a distinção, inclusive terminológica, com o processo de execução, objetivando evitar indevidas confusões entre os dois fenômenos processuais.

34.3. EXECUÇÃO POR SUB-ROGAÇÃO (DIRETA) E POR COERÇÃO (INDIRETA)

Existem dois meios técnicos para o desenvolvimento da execução, sendo que tradicionalmente o direito brasileiro se vale da execução por sub-rogação, sendo inclusive durante muito tempo entendida essa forma executiva como a única espécie de execução forçada possível. Na execução por *sub-rogação*, o Estado vence a resistência do executado substituindo sua vontade, com a consequente satisfação do direito do exequente[9]. Mesmo que o executado não concorde com tal satisfação, o juiz terá à sua disposição determinados atos materiais que, ao substituir a vontade do executado, geram a satisfação do direito. Exemplos classicamente lembrados são a penhora/expropriação; depósito/entrega da coisa; atos materiais que são praticados independentemente da concordância ou resistência do executado.

Na *execução indireta*, o Estado-juiz não substitui a vontade do executado; pelo contrário, atua de forma a convencê-lo a cumprir sua obrigação, com o que será satisfeito o direito do exequente. O juiz atuará de forma a pressionar psicologicamente o executado para que ele modifique sua vontade originária de ver frustrada a satisfação do direito do exequente[10]. Sempre que a *pressão psicológica* funciona, é o próprio executado o responsável pela satisfação do direito; a satisfação será voluntária, decorrente da vontade da parte, mas obviamente não será espontânea, considerando-se que só ocorreu porque foi exercida pelo Estado-juiz uma pressão psicológica sobre o devedor.

Existem duas formas de execução indireta. A primeira consubstancia-se na **ameaça de piorar** a situação da parte caso não cumpra a obrigação, como ocorre com as *astreintes*, multa aplicável diante do descumprimento das obrigações de fazer, não fazer e entregar coisa, ou ainda com a prisão civil na hipótese do devedor inescusável de alimentos. A segunda forma de execução indireta consubstancia-se na **oferta de uma melhora na situação** da parte caso ela cumpra sua obrigação, como ocorre no art. 652-A, parágrafo único, do CPC, que prevê um desconto de

8 Araken de Assis, *Manual*, n.17, p. 114-115; Abelha Rodrigues, *A terceira*, p. 115-116.

9 Dinamarco, *Instituições*, n. 1.330, p. 47; Theodoro Jr., *Processo*, n. 13, p. 53.

10 Dinamarco, *Instituições*, n. 1.330, p. 47-48.

50% no valor dos honorários advocatícios no caso de pagamento do valor exequendo no prazo de três dias da citação. Apesar de lições tradicionais de direito estrangeiro, os termos "sanções premiadoras" ou "sanções premiais"[11] empregados para designar essa espécie de execução indireta não parecem adequados, porque, apesar de a ideia de prêmio concedido a quem cumpre a obrigação estar correta, não se pode confundir *sanção* com *pressão psicológica*.

Na execução de pagar quantia certa é possível a cumulação de medidas de execução indireta e de execução por sub-rogação, ainda que tradicionalmente o procedimento executivo esteja fundado em atos de sub-rogação representados pela penhora e expropriação de bens. Ocorre, entretanto, que conforme já visto, ao menos no processo autônomo de execução, o art. 652-A, parágrafo único, do CPC prevê ato de execução indireta. O que parece não ser possível é a execução indireta por meio da aplicação das *astreintes* para pressionar o executado a cumprir a obrigação de pagar quantia certa. Apesar de parcela doutrinária defender a possibilidade da aplicação de multa na obrigação de pagar quantia certa[12], a jurisprudência do Superior Tribunal de Justiça é consolidada em sentido contrário, admitindo a multa na obrigação de efetuar crédito em conta vinculada do FGTS, justamente por entender tratar-se de obrigação de fazer e não de pagar[13].

Apesar da resistência jurisprudencial no tocante à aplicação das *astreintes* na execução de pagar quantia certa, é importante observar que na execução de alimentos, espécie de execução de pagar quantia certa, existe previsão para a medida de execução indireta mais séria e violenta: a prisão civil[14].

No procedimento de cumprimento de sentença de obrigação de pagar quantia existe a previsão de uma multa no valor de 10% do valor da condenação na hipótese de o devedor não realizar o pagamento no prazo de 15 dias. Para parcela da doutrina, trata-se de medida de execução indireta, que busca pressionar psicologicamente o devedor a efetuar o pagamento do valor devido[15]. Não parece, entretanto, tratar-se efetivamente de medida de execução indireta, sendo sancionatória a natureza jurídica dessa multa[16]. Como se pode afirmar que a *astreinte* é uma multa e que tem o seu valor prefixado em lei, sem nenhuma liberdade ao juiz em aumentar ou diminuir tal valor? Como saber *a priori* se o valor legal funcionará efetivamente no caso concreto para pressionar o devedor ao cumprimento da obrigação? Por outro lado, não se aplica medida de execução indireta quando é material ou juridicamente impossível o cumprimento da obri-

[11] Bermudes, *A reforma*, p. 175-176, apontando para lições de Carnelutti ao falar em "sanções premiadoras".

[12] Marinoni-Mitidiero, *Código*, p. 462-463.

[13] REsp 1.036.968/DF, 1.ª Turma, rel. Min. Teori Albino Zavascki, j. 13.05.2008; REsp 893.484/RS, 2.ª Turma, rel. Min. Herman Benjamin, j. 15.03.2007.

[14] Araken de Assis, *Manual*, n. 19.2, p. 136.

[15] Wambier-Wambier-Medina, *Breves*, p. 144-145; Gusmão Carneiro, *Cumprimento*, p. 61.

[16] STJ, 3.ª Turma, MC 14.258/RJ, rel. Min. Nancy Andrighi, j. 17.06.2008; Daniel Neves, *Reforma*, p. 218-220; Marinoni-Mitidiero, *Código*, p. 464; Sérgio Shimura, *Cumprimento*, p. 246.

gação[17]. Não teria nenhum sentido aplicar uma multa diária ao executado que tem a obrigação de entregar coisa que já pereceu. Da mesma forma, não teria sentido pressionar alguém a pagar, se essa pessoa não tem patrimônio suficiente para tornar materialmente possível o cumprimento da obrigação. Mas a multa é aplicada independentemente da situação patrimonial do executado[18], o que deixa claro que, diante do dever de pagar descumprido, aplica-se como sanção a multa no valor de 10% sobre o valor da condenação.

O tema, entretanto, é bastante controvertido, chegando-se até mesmo ao ponto de considerar-se a multa com natureza jurídica híbrida, sendo ao mesmo tempo execução indireta e sanção processual[19].

Na obrigação de entregar coisa é possível a cumulação de medidas de execução por sub-rogação e indireta, não existindo nenhuma ordem entre tais medidas, cabendo ao juiz aplicá-las ao caso concreto como entender mais eficaz para a efetiva satisfação do direito exequendo. Assim, poderá determinar a busca e apreensão ou a imissão na posse (execução por sub-rogação) ou, se preferir, aplicar uma multa diária diante do descumprimento da obrigação de entregar a coisa (execução indireta), como também poderá aplicar ambas as medidas concomitantemente, até que uma delas se mostre eficaz, o que levará à revogação da outra.

Tratando-se de obrigação de fazer de natureza fungível, ou seja, uma obrigação que pode ser cumprida por outros sujeitos além do devedor (por exemplo, pintar uma casa), é possível a cumulação de medidas de execução indireta e por sub-rogação. Pode o juiz determinar a aplicação de multa[20], como também determinar que a obrigação seja cumprida por terceiro à custa do executado, nos termos dos arts. 634 a 637 do CPC. Sendo a obrigação de fazer infungível (personalíssima), na qual somente o devedor pode cumprir a obrigação, de nada adiantará a aplicação de medidas de execução por sub-rogação, considerando-se que nesse caso a vontade do devedor não pode ser substituída pela vontade do Estado-Juiz. Nessa espécie de execução resta somente a aplicação de *astreintes* na tentativa de convencer o executado a cumprir a obrigação[21].

---

[17] STJ, 1.ª Turma, REsp 634.775/CE, rel. Min. Teori Albino Zavascki, j. 21.10.2004.

[18] Gusmão Carneiro, *Cumprimento*, p. 59.

[19] *Informativo* 437/STJ, 3.ª Turma, REsp 1.111.686-RN, rel. Min. Sidnei Beneti, j. 1.º.06.2010.

[20] STJ, 1.ª Turma,REsp 893.041/RS, rel. Min. Teori Albino Zavascki, j. 05.12.2006.

[21] Araken de Assis, *Manual*, n. 19, p. 132.

35

PRINCÍPIOS DO PROCESSO DE EXECUÇÃO

Sumário: 35.1. Introdução – 35.2. *Nulla executio sine titulo* – 35.3. Patrimonialidade – 35.4. Desfecho único e disponibilidade da execução – 35.5. Utilidade – 35.6. Menor onerosidade – 35.7. Lealdade e boa-fé processual – 35.8. Contraditório.

35.1. INTRODUÇÃO

Os princípios processuais já foram objeto de análise no Capítulo 2, item 2.4, mas com relação à execução alguns daqueles princípios adquirem conotação particular que merece uma análise individualizada. Por outro lado, existem princípios que só vigoram na execução, sendo sua análise limitada ao presente capítulo.

35.2. *NULLA EXECUTIO SINE TITULO*

Não há execução sem título que a embase (*nulla executio sine titulo*), porque na execução, além da permissão para a invasão do patrimônio do executado por meio de atos de constrição judicial[1] (por exemplo, penhora, busca e apreensão, imissão na posse), o executado é colocado numa situação processual desvantajosa em relação ao exequente. Assim, exige-se a existência de título que demonstra ao menos uma probabilidade de que o crédito representado no

[1] STJ, 1.ª Turma, REsp. 700.114/MT, rel. Min. Luiz Fux, j. 27.03.2007, *DJ* 14.05.2007, p. 251.

título efetivamente exista para justificar essas desvantagens que serão suportadas pelo executado[2].

Além da exigência do título executivo, há outro princípio consagrado em nosso sistema chamado de *princípio da tipicidade dos títulos executivos* (*nulla titulus sine lege*). Significa dizer que o elenco de títulos executivos previstos em lei constitui *numerus clausus*, sendo, portanto, restritivo, o que impossibilita o operador do direito criar títulos executivos que não estejam previstos em lei[3]. Nem mesmo o acordo de vontades dos participantes da relação jurídica de direito material possibilita a formação de um título executivo. Assim, mesmo que os contratantes celebrem um contrato, dispensem a assinatura das testemunhas, mas afirmem por meio de cláusula contratual estarem formando um título executivo, o contrato não será instrumento apto a ensejar o processo executivo.

Da soma desses dois princípios surge interessante questão envolvendo a execução de **decisões interlocutórias**, em especial aquelas que concedem *tutela antecipada* (art. 273 do CPC). Se por um lado não se admite a execução sem título, e de outro somente será título o que estiver expressamente previsto em lei como tal, por qual razão se admite a execução de antecipação de tutela (que o art. 273, § 3.º, do CPC, chama de "efetivação"), considerando-se que a lei não prevê a decisão interlocutória como título executivo?

Parte da doutrina entende que nesse caso há uma exceção ao princípio da *nulla executio sine titulo*, admitindo-se que atos executivos sejam praticados ainda que inexistente o título executivo. Essa corrente doutrinária inclusive sugere a convivência de dois princípios: *nulla executio sine titulo* e o princípio da execução sem título permitida[4]. Por esse entendimento, a decisão interlocutória de concessão da tutela antecipada cumpre tranquilamente o papel do título executivo, considerando-se que essa espécie de tutela de urgência só é concedida quando há grande probabilidade de o direito alegado existir.

Na realidade, na concessão da tutela antecipada a probabilidade de existência do direito é analisada pelo juiz no caso concreto, enquanto nos títulos executivos extrajudiciais a análise é feita abstratamente pelo legislador. Parece que essa análise concreta gera até mesmo um maior grau de probabilidade do que aquele gerado pela análise abstrata, de forma a não ser legítimo retirar a eficácia executiva da decisão interlocutória que concede a tutela antecipada. Se a justificativa política da necessidade de existência de título é a grande probabilidade de o direito existir a ponto de justificar as desvantagens a serem suportadas pelo executado, a decisão interlocutória que concede a tutela antecipada manifestamente não a contraria.

Para outra corrente doutrinária, o termo "sentença proferida no processo civil", previsto no art. 475-N, I, do CPC, deve ser interpretado extensivamente, de forma a abranger qualquer pronunciamento judicial de conteúdo condenatório, inclusi-

2 Dinamarco, *Execução*, n. 299, p. 457-458.

3 *Informativo* 395/STJ, 1.ª T., REsp 879.046-DF, rel. Denise Arruda, j. 19.05.2009.

4 Medina, *A execução*, p. 509/535; Marinoni, *Tutela*, p. 22 e ss.

ve as decisões interlocutórias[5]. Já tive a oportunidade de defender essa corrente doutrinária, que continua a me agradar, não obstante a correção do entendimento que defende excepcionalmente a execução sem título. A discussão é meramente acadêmica porque qualquer entendimento adotado leva à mesma e indiscutível conclusão: a decisão interlocutória que antecipa a tutela é executável.

35.3. PATRIMONIALIDADE

Costuma-se dizer que a execução é sempre real, e nunca pessoal, em razão de serem os bens do executado os responsáveis materiais pela satisfação do direito do exequente[6]. Não existe no direito brasileiro, nem em qualquer ordenamento moderno de que se tenha conhecimento, satisfação na pessoa do devedor, como existia na antiga Lei das XII Tábuas, que choca o leitor ao estabelecer que em determinadas condições seria possível "dividir o corpo do devedor em tantos pedaços quantos sejam os credores". Mesmo a prisão civil, como analisado no Capítulo 34, item 34.3, não é forma de satisfação de direito, mas mera medida de pressão psicológica (execução indireta).

Conforme analisado no Capítulo 38, item 38.2, a proibição de que o corpo do devedor responda por suas dívidas, reservando-se tal garantia a seu patrimônio, é vista como representação da humanização que o processo de execução adquiriu durante seu desenvolvimento histórico, abandonando gradativamente a ideia de utilizar a execução como forma de vingança privada do credor. A justificativa da previsão em lei de bens impenhoráveis, bem como sua relação e os devidos comentários são feitos no Capítulo 38, item 38.4.

35.4. DESFECHO ÚNICO E DISPONIBILIDADE DA EXECUÇÃO

Como ocorre com todos os processos, também o executivo pode ter um final normal ou anômalo. A execução chega ao seu final normal quando é bem-sucedida, ou seja, quando o direito do exequente é satisfeito[7]. No fim normal da execução, o processo é extinto pela sentença prevista no art. 794 do CPC, que é meramente declaratória quanto ao final do procedimento executivo. O final anômalo do processo de execução – aliás, como também o de conhecimento e cautelar – é a sua extinção sem a resolução de mérito, o que ocorrerá por um dos motivos previstos pelo art. 267 do CPC ou com o acolhimento integral dos embargos à execução, cujo fundamento seja a inexistência do direito material exequendo.

O processo de execução se desenvolve com um único objetivo: satisfazer o direito do exequente. Sendo esse o único objetivo da execução, a doutrina aponta para o *princípio do desfecho único*, considerando-se que a única forma de prestação

---

5 Araken de Assis, *Manual*, n. 10, p. 99-100; Shimura, *Título*, p. 209; Lucon, *Eficácia*, p. 228-229.

6 Theodoro Jr., *Processo*, n. 22, p. 64.

7 Araken de Assis, *Manual*, n. 12, p. 101; Abelha Rodrigues, *Manual*, p. 51; Câmara, *Lições*, v. 2, p. 149.

que pode ser obtida em tal processo é a satisfação do direito do exequente, nunca do executado[8]. O executado, na melhor das hipóteses, verá impedida a satisfação do direito com a extinção do processo sem a resolução do mérito, mas jamais terá a possibilidade de obter uma decisão de mérito favorável a ele. Na execução não se discute mérito, busca-se apenas a satisfação do direito, sendo, portanto, impossível uma improcedência do pedido do exequente.

Sobre esse assunto, existe interessante debate doutrinário no que se refere ao acolhimento da defesa do executado conhecida pela doutrina como *exceção de pré-executividade*, instituto analisado no Capítulo 49, item 49.4. Sendo o objeto de tal defesa as matérias de mérito da execução, que envolvem invariavelmente a inexistência do direito exequendo (por exemplo, pagamento), o seu eventual acolhimento leva à extinção do processo executivo, havendo notável dissenso a respeito da natureza dessa sentença. Embora seja secular nossa tradição de afirmar que no processo de execução não há resolução do mérito, a partir do momento em que se permite sua solução pelo acolhimento de uma matéria de mérito alegada incidentalmente, haverá uma sentença que rejeita a pretensão executiva do credor, com a resolução do mérito (art. 269, I, do CPC), inclusive apta a produzir coisa julgada material[9]. O Superior Tribunal de Justiça pacificou o entendimento de que o reconhecimento da prescrição no próprio processo executivo gera decisão que resolve o mérito do processo[10]. Apesar disso, o princípio do desfecho único continua a ser a regra, justificada inclusive pelas excepcionais exceções.

Justamente em razão do desfecho único do processo de execução, que não tem como tutelar o direito material do executado, é permitido ao exequente, a qualquer momento, ainda que pendentes de julgamento os embargos à execução, **desistir do processo**, sendo dispensada a concordância do executado para que tal desistência gere efeitos jurídicos (art. 569, *caput*, do CPC). Não sendo possível ao executado obter tutela jurisdicional em seu favor, a lei presume sua aceitação com a desistência, já que nesse caso o executado recebeu o máximo possível que o processo poderia lhe entregar, tornando inútil a sua continuidade[11].

A desistência não se confunde com a renúncia, instituto de direito material. Significa dizer que o exequente simplesmente desiste de cobrar executivamente seu direito naquele momento, naquele processo específico, podendo, entretanto, ingressar posteriormente com ação idêntica, desde que comprove o pagamento das custas processuais da primeira ação (art. 258 do CPC)[12].

Sendo possível ao exequente desistir de toda a execução, também se admite a desistência de apenas alguma medida executiva específica em execuções, nas

---

8 Dinamarco, *Instituições*, n. 1.336, p. 54; Theodoro Jr., *Processo*, n. 22, p. 67.

9 STJ, 4.ª Turma, REsp 666.637/RN, rel. Min. Jorge Scartezzini, j. 09.05.2006; Camiña Moreira, *Defesa*, n. 24, p. 214-215.

10 STJ, 2.ª Turma,; REsp 1.030.066/RS, , rel. Min. Eliana Calmon, j. 15.05.2008; STJ, 4.ª Turma, REsp 666.637/RN, rel. Jorge Scartezzini, j. 04.05.2006.

11 Zavascki, *Processo*, p. 97; Abelha Rodrigues, *Manual*, p. 47-48.

12 Theodoro Jr., *Processo*, n. 22, p. 67; Zavascki, *Processo*, p. 98; STJ, 2.ª Turma, REsp 715.692/SC, rel. Min. Castro Meira, j. 16.06.2005.

quais há uma pluralidade de meios à disposição do exequente. Numa execução de alimentos, cabe ao exequente optar entre executar por expropriação ou pela prisão civil, sendo vedada, inclusive, a determinação de prisão civil de ofício pelo juiz[13]; numa execução de entregar coisa, o executado pode desistir da aplicação das *astreintes*, limitando-se à busca e apreensão e vice-versa. Nesse caso, o juiz deverá levar em consideração na homologação da desistência a menor onerosidade ao executado (art. 620 do CPC)[14].

Todos os legitimados a propor a execução podem desistir, salvo o Ministério Público, que tem atuação processual orientada pelo *princípio da indisponibilidade*, considerando-se que defende interesse alheio na execução. Parcela doutrinária entende corretamente que o Ministério Público tem disponibilidade quanto aos meios de execução, sendo legitimado a exigir as medidas executivas que lhe pareçam mais eficazes no caso concreto[15].

A admissibilidade da desistência da execução está condicionada à não realização no processo de atos que não possam ser anulados sem prejuízo do devedor ou de terceiro. Dessa forma, arrematado um bem em hasta pública, não se admitirá a desistência da execução; da mesma forma será inadmissível a desistência se na execução de fazer a obrigação já tiver sido satisfeita por terceiro (art. 634 do CPC)[16].

Na hipótese de desistência do processo de execução, interessante questão surge no tocante aos **embargos de execução** pendentes de julgamento. É pacífico na doutrina que a pendência de embargos à execução não impede a desistência da execução[17], mas a depender da matéria alegada em sede de embargos variarão os efeitos gerados por essa desistência.

Caso os embargos versem sobre matéria meramente processual (por exemplo, ilegitimidade de parte, falta de liquidez do título etc.), perderão o objeto e serão extintos sem a resolução do mérito, condenando-se o embargado ao pagamento das custas judiciais e honorários advocatícios. Nesse caso, a extinção dos embargos à execução é uma conclusão lógica da desistência da ação de execução, considerando-se que no eventual acolhimento da matéria aduzida o embargante conseguiria uma sentença terminativa do processo de execução, exatamente aquilo que já obteve com a homologação da desistência de tal processo. Haverá, portanto, perda superveniente do interesse de agir, tornando os embargos inúteis, devendo, por isso, ser extintos sem a necessidade de concordância do embargante[18].

Por outro lado, caso os embargos versem sobre matéria de mérito, referente ao direito material alegado pelo exequente (por exemplo, novação, compensação etc.), a extinção dos embargos está condicionada à concordância do embargante.

13 *Informativo* 391/STJ: 3.ª Turma, HC 128.229-SP, rel. Min. Massami Uyeda, j. 23.04.2009.

14 Zavascki, *Processo*, p. 100.

15 Araken de Assis, *Manual*, n. 13, p. 104; Zavascki, *Processo*, p. 101.

16 Zavascki, *Processo*, p. 102-103.

17 Fux, *Curso*, p.1.255; Câmara, *Lições*, v. 2, p. 149.

18 Zavascki, *Processo*, p. 104.

A razão para condicionar a extinção dos embargos à concordância do embargante é nítida: tratando-se de matérias de mérito é possível vislumbrar interesse na continuação dos embargos, com a obtenção de sentença de mérito a seu favor, que demonstraria a inexistência do direito material do embargado. A coisa julgada material que seria formada em tal circunstância impede a propositura do processo de execução novamente, o que não ocorre com a simples desistência do processo[19].

No que concerne à interpretação do art. 549, parágrafo único, do CPC, três observações são necessárias:

(a) não se exige a concordância do embargado, considerando-se que ao desistir do processo de execução, presumidamente o exequente também estará abrindo mão do julgamento dos embargos[20];

(b) não havendo a concordância do embargante, os embargos perdem tal natureza, passando a ser tratado como ação autônoma declaratória[21]. A apelação, portanto, será recebida no duplo efeito (não se aplicará a exceção do art. 520, V, do CPC);

(c) embargos com fundamento em excesso de execução serão extintos quando o exequente desistir da execução[22].

35.5. UTILIDADE

Como todo processo, também o de execução deve servir, efetivamente, para entregar ao vitorioso aquilo que tem direito a receber. Não se justifica, portanto, processo de execução apenas para prejudicar o devedor, sem trazer qualquer proveito prático ao credor, devendo o processo ter alguma utilidade prática que beneficie o exequente. Em razão desse princípio, a penhora não será realizada quando restar evidente que o produto da execução dos bens encontrados será totalmente absorvido pelo pagamento das custas da execução (art. 659, § 2.º, do CPC)[23].

É também o princípio da utilidade que impede a aplicação das *astreintes* quando o juiz se convence que a obrigação se tornou materialmente impossível de ser cumprida[24]. Somente prejudicaria o executado, sem nenhum proveito ao exequente na busca da satisfação de seu direito, a aplicação de uma medida de natureza coercitiva em situações nas quais a pressão psicológica é inútil, não dependendo da vontade do executado o cumprimento da obrigação.

Nunca é demais lembrar que atualmente a execução não é forma de **vingança privada**, como já o foi em remotas épocas. Trata-se de mecanismo judicial para

---

19 Dinamarco, *A reforma*, p. 287; Fux, *Curso*, p. 1.256.

20 Zavascki, *Processo*, p. 105-106.

21 Dinamarco, *A reforma*, p. 286-287; Câmara, *Lições*, v. 2, p. 149-150.

22 Araken de Assis, *Manual*, n. 13, p. 105; Zavascki, *Processo*, p. 106-107.

23 Theodoro Jr., *Processo*, n. 22, p. 65.

24 *Informativo* 426/STJ: 3.ª Turma, REsp 743.185/SP, rel. Min. Nancy Andrighi, j. 09.03.2010.

a satisfação do direito do credor, e sempre que se entender que esse direito não pode ser satisfeito não haverá razão plausível para a admissão da execução. O mesmo entendimento se aplica aos meios executivos, que devem ser afastados sempre que se mostrarem inúteis para fins de satisfação do direito.

35.6. MENOR ONEROSIDADE

A execução não é instrumento de exercício de vingança privada, como amplamente afirmado, nada justificando que o executado sofra mais do que o estritamente necessário na busca da satisfação do direito do exequente. Gravames desnecessários à satisfação do direito devem ser evitados sempre que for possível satisfazer o direito por meio da adoção de outros mecanismos. Dessa constatação decorre a regra de que, quando houver vários meios de satisfazer o direito do credor, o juiz mandará que a execução se faça pelo modo menos gravoso ao devedor (art. 620 do CPC).

É evidente que tal princípio deve ser interpretado à luz do princípio da efetividade da tutela executiva, sem a qual o processo não passa de enganação. O exequente tem direito à satisfação de seu direito, e no caminho para a sua obtenção, naturalmente criará gravames ao executado. O que se pretende evitar é o exagero desnecessário de tais gravames. Esse é um dos motivos para não permitir que um bem do devedor seja alienado em hasta pública por preço vil (art. 692 do CPC).

O estrito respeito ao princípio da *menor onerosidade* não pode sacrificar a *efetividade da tutela executiva*. Tratando-se de princípios conflitantes, cada qual voltado à proteção de uma das partes da execução, caberá ao juiz no caso concreto, em aplicação das regras da razoabilidade e proporcionalidade, encontrar um "meio-termo" que evite sacrifícios exagerados tanto ao exequente como ao executado[25].

35.7. LEALDADE E BOA-FÉ PROCESSUAL

Como ocorre no processo de conhecimento e cautelar, também na execução é exigido das partes o respeito ao dever de lealdade e boa-fé processual, sendo aplicáveis as sanções previstas nos arts. 14, 17 e 18 do CPC. De maior interesse, porque se trata de normas específicas à execução, os arts. 600 e 601 do CPC, com a previsão dos chamados atos atentatórios à dignidade da justiça. Segundo o art. 600, *caput*, do CPC, essa espécie de ato só pode ser praticado pelo executado, cabendo ao exequente a aplicação das sanções com fundamento nos arts. 14, 17 e 18 do CPC[26].

---

[25] Dinamarco, *A nova*, p. 290-291; Greco, *O processo*, n. 3.5.9, p. 307; STJ, 2.ª Turma, REsp 1.032.086/CE, rel. Min. Eliana Calmon, j. 06.11.2008; REsp 860.411/SP, 1.ª Turma, rel. Min. Luiz Fux, j. 02.10.2007 (Informativo 344/STJ).

[26] Mendonça Lima, *Comentários*, p. 486; Dinamarco, *Instituições*, n. 1.346, p. 70; *Execução*, p. 178; Araken de Assis, *Manual*, n. 71, p. 328-329.

O ato processual do executado se refere tanto ao processo executivo quanto ao processo de conhecimento, que se instaurará mediante o ingresso de embargos à execução, incluído aí o próprio ato da propositura de tal demanda (art. 739, III, do CPC) como todos os atos praticados nessa ação autônoma incidental[27]. Também é inegável a aplicação ao cumprimento de sentença, mera fase procedimental de satisfação do direito.

Existem quatro espécies de **ato atentatório à dignidade da justiça** arroladas pelo art. 600 do CPC, havendo certa divergência doutrinária a respeito de se tratar de rol exaustivo ou meramente exemplificativo[28]. Entendo que a discussão não tem grandes reflexos práticos, considerando a amplitude interpretativa das causas previstas no dispositivo legal ora comentado.

A questão mais importante que se coloca a respeito do art. 600, I, do CPC é a que envolve a abrangência que se deve dar à locução "fraude a execução". Para parte da doutrina, a "fraude a execução" prevista no dispositivo em comento é o comportamento previsto no art. 593 do estatuto processual[29], enquanto para outra corrente doutrinária deve-se interpretar a expressão de forma mais ampla, abrangendo outros atos que não aqueles referentes à alienação ou oneração de bens previstos pelo artigo de lei *supracitado*[30].

Entendo preferível a interpretação mais ampla e fundamentalmente por dois motivos:

(a) primeiro porque a apuração terminológica não é marca registrada de nosso legislador;

(b) segundo porque a interpretação ampla atende de maneira mais completa a proteção aos deveres de boa-fé e lealdade processual. Incluem-se, portanto, tanto atos de ocultação ou oneração de bens como quaisquer outros que levem a ineficácia ou à criação de dificuldades em obter a efetiva satisfação do direito do exequente.

No art. 600, II, do CPC, é previsto como ato atentatório à dignidade da justiça o ato de oposição maliciosa à execução, com o emprego de ardis e meios artificiosos. A própria redação do dispositivo legal demonstra o desejo do legislador por uma interpretação ampla, mas é importante não exagerar, pois a resistência do executado é a forma que encontra para evitar abusos realizados na execução. Respeita-se a ampla defesa; pune-se o abuso.

A resistência injustificada às ordens judiciais está prevista como ato atentatório à dignidade da justiça no art. 600, III, do CPC. Nesse caso, é possível a cumulação da sanção prevista no art. 601 com a prevista no art. 14, parágrafo único, ambos do CPC, porque, além de ato atentatório à dignidade da justiça, a resistência injustificada às ordens judiciais também é *ato atentatório à dignidade*

27 Pontes de Miranda, *Comentários*, p. 487; Mendonça Lima, *Comentários*, p. 488.

28 Pelo rol restritivo: Abelha Rodrigues, *Manual*, p. 62. Contra: Araken de Assis, *Manual*, n. 72, p. 330.

29 Araken de Assis, *Manual*, n. 72, p. 330; Costa Machado, *Código*, p. 1.106.

30 Dinamarco, *Execução*, n. 105, p. 179; Amílcar de Castro, *Comentários*, p. 108; Dias, *Fraude*, p. 143-144; Camiña Moreira, *Ato*, p. 22.

da jurisdição. Assim, o executado seria condenado a pagar até 20% do valor da execução para o exequente (art. 601 do CPC) e 20% para o Estado (art. 14, parágrafo único, do CPC). A diferença de credores afasta o *bis in idem*. Além das multas, ainda serão devidos eventuais perdas e danos[31].

A redação do art. 600, IV, do CPC, anterior à Lei 11.382/2006, já previa como ato atentatório à dignidade da justiça a não indicação ao juiz de onde se encontravam os bens sujeitos à penhora. Ocorre, entretanto, que grande parcela doutrinária e jurisprudencial entendia que a indicação de bem à penhora pelo executado era um ônus processual e não um dever, afastando a possibilidade de aplicação da sanção prevista no art. 601 do CPC.

Com a Lei 11.382/2006, a indicação de bens à penhora deixou de ser postura legal prevista como opção de reação do executado diante de sua citação, conforme analisado no Capítulo 47, item 47.1. Além disso, a redação dada ao art. 600, IV, do CPC afastou qualquer dúvida a respeito do dever do executado de indicar seus bens passíveis de penhora, sob pena de sofrer a aplicação da multa prevista no art. 601 do CPC[32].

O juiz poderá de ofício ou mediante o pedido do exequente determinar a qualquer momento do processo a intimação do executado para que em cinco dias indique onde se encontram os bens sujeitos à penhora e seus respectivos valores. Entendo que nos termos do art. 652, § 4.º, do CPC essa intimação pode ser realizada na pessoa do advogado e que somente na hipótese em que não foi constituído patrono será realizada pessoalmente[33]. É cabível a determinação por mais de uma vez num mesmo processo, desde que se tenham indícios de mudança patrimonial do executado.

Mesmo quando o executado entenda que só tem bens impenhoráveis, existirá o dever de informar ao juízo, ainda que com a ressalva de impossibilidade legal de penhora; afinal, não cabe ao executado, mas ao juízo, determinar se o bem é ou não impenhorável. Nem sempre será necessária a indicação dos bens por parte do executado, seja porque a execução é fundada em uma garantia real, seja porque o exequente já tem conhecimento dos bens do executado e os indica na própria petição inicial. Ora, a indicação de bens pelo executado tem como justificativa permitir a realização da penhora, dando-se conhecimento da situação patrimonial do executado ao exequente. A partir do momento em que a penhora já se mostra possível em razão da indicação do bem, feita pelo próprio exequente, falece o sentido em exigir do executado a indicação de bens.

O executado que não dispõe de qualquer bem que possa responder pela execução deverá informar tal situação no prazo de cinco dias. A única resposta que não se admite, gerando a imediata aplicação da multa, é o silêncio do executado diante de sua intimação, já que a sanção alude ao desrespeito do executado com a ordem judicial, e não à inexistência de bens que possam se sujeitar à execução.

---

31 Dinamarco, *A nova*, p. 294; Neves, *Nova*, p. 45-48.

32 Nery-Nery, *Código*, p. 1.007; Wambier-Wambier-Medina, *Breves*, p. 66.

33 Scarpinella Bueno, *A nova*, p. 38.

O interessante nessa hipótese é que o executado estará confessando sua insolvência, nos termos do art. 750, I, do CPC, sendo possível ao exequente pedir a declaração de insolvência civil, se assim desejar[34].

Por fim, resta a necessidade de interpretação do conteúdo da informação a ser prestada pelo executado com o princípio da menor onerosidade (art. 620 do CPC). A exigência da indicação dos bens sujeitos à penhora deverá se limitar ao objeto da execução, de forma que o executado não precisará indicar todos os seus bens que estejam sujeitos à execução, mas tão somente bens suficientes para satisfazer o direito do exequente. A informação do executado se limitará pelo valor da execução.

A sanção para os atos atentatórios à dignidade da justiça está prevista no art. 601 do CPC: aplicação de **multa em montante não superior a 20%** do valor atualizado do débito em execução, sem prejuízo de outras sanções processuais ou materiais, sendo tal valor revertido em favor do exequente. Segundo o art. 601, parágrafo único, do CPC, o juiz relevará a pena na hipótese de o executado se comprometer a não repetir a conduta (exigência inútil) e der fiador idôneo que responda ao exequente pela dívida principal, juros e verbas de sucumbência (exigência improvável de ser cumprida).

O art. 599, II, do CPC prevê que o juiz pode advertir o devedor no sentido de que o seu procedimento constitui ato atentatório à dignidade da justiça, havendo doutrina que entende não ser a advertência condição de eficácia da aplicação da multa prevista no art. 601 do CPC[35], enquanto outra parcela defende que será nula a aplicação da multa sem a prévia advertência[36]. Apesar de interessante do ponto de vista do contraditório, entendo válida e eficaz a multa aplicada independentemente da advertência prévia prevista no art. 599, II, do CPC.

35.8. CONTRADITÓRIO

Afirma-se tradicionalmente na doutrina que no processo de execução não se discute o seu mérito, já que o juiz parte de uma presunção de existência do direito do exequente (derivada do título executivo judicial) e busca apenas a satisfação de tal direito. Não se nega que exista mérito no processo de execução, condicionando-se o seu julgamento ao ingresso dos embargos à execução, ação de conhecimento autônoma e incidental ao processo de execução.

Essa ausência de julgamento de mérito no processo de execução fez com que alguns doutrinadores chegassem a chamar o processo de execução de *processo do credor*, ou ainda de *conjunto de meios materiais colocados à disposição do juiz para satisfazer o direito do credor*. Criou-se até mesmo doutrina, hoje francamente superada, que afirmava ser dispensável o contraditório no processo de execução

---

34 Lucon, *Código*, p. 2.122.

35 Marinoni-Mitidiero, *Curso*, p. 614.

36 Araken de Assis, *Manual*, n. 71, p. 329; Carmona, *Código*, p. 1.763.

justamente em razão da ausência de julgamento de mérito ou de qualquer outra atividade cognitiva por parte do juiz. Atualmente, é tranquila a distinção de mérito – e seu julgamento – e contraditório na execução[37].

Apesar da situação especial em que se coloca o processo de execução em razão de suas características próprias, não há como negar a sua natureza jurisdicional, tratando-se indubitavelmente de processo que seguirá sob o crivo do contraditório, garantido constitucionalmente (art. 5.º, LV, da CF) e indispensável num Estado Democrático de Direito[38]. O juiz é chamado no processo executivo a resolver uma série de questões incidentes, sendo absurdo acreditar que em tais situações não haja necessidade de realizar o contraditório. Apesar da função predominantemente material do juiz no processo de execução, é inegável que exista também cognição acerca de questões incidentes no processo, e nesse caso o contraditório é indispensável[39].

Há diversas situações no processo executivo que demonstram o acerto de tal posicionamento. A decisão sobre a natureza do bem penhorado quanto à ordem de penhora dos bens, sobre a modificação ou reforço de penhora, sobre a alienação antecipada de bens, sobre o preço vil na arrematação, sobre a avaliação do bem etc., em todos esses casos, naturalmente, haverá nulidade se não observado o contraditório.

---

[37] Carmona, *Em torno*, p. 17.

[38] Greco, *O processo*, n. 3.5.3, p. 267; Câmara, *Lições*, v. 2, p. 147.

[39] Dinamarco, *Execução*, n. 101, p. 173.

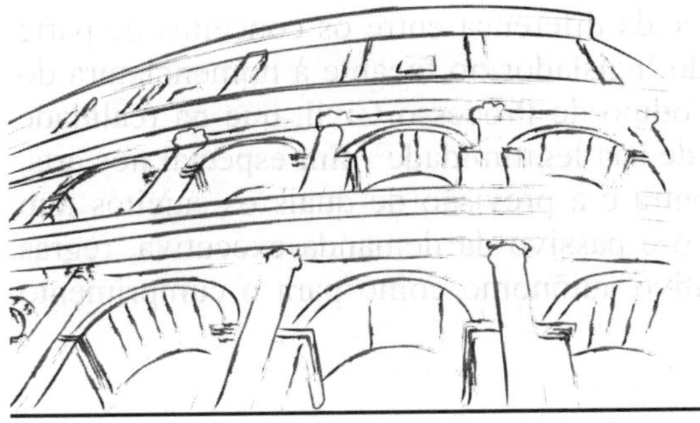

36

PARTES NA EXECUÇÃO

36.1. INTRODUÇÃO

A relação jurídica processual executiva nada tem de substancialmente diferente das demais, sendo formada, ao menos, pelos três principais sujeitos processuais: juiz, demandante e demandado. Também haverá na execução, portanto, um sujeito imparcial, que é o juiz que conduzirá o processo ou a fase executiva, e os sujeitos parciais, que são as partes da demanda. Registre-se desde já que as partes na execução são simplesmente os sujeitos que figuram nos polos ativos e passivos do processo autônomo ou do cumprimento de sentença, sendo irrelevante para sua classificação de "partes no processo" se esses sujeitos têm ou não legitimidade para figurar na relação jurídica processual.

Fica claro que, apesar da eventual polêmica que envolve o conceito de parte, não deve haver confusão com o fenômeno da legitimação, tradicionalmente lembrado como uma das condições da ação. Determinado que os sujeitos que figuram na demanda executiva são partes – demandante e demandado, chamados de *credor* e *devedor* ou, mais tecnicamente, de *exequente* e *executado* –, deve-se analisar se tais sujeitos têm legitimidade para figurar em tal demanda[1].

Em decorrência da nítida e reconhecida diferença entre os conceitos de parte e de legitimidade, é criticável a opção do legislador no tocante à nomenclatura do Capítulo I do Título I do Livro II do Código de Processo Civil, que na realidade não trata das partes na execução, e sim de sua legitimidade[2]. Em especial nos arts. 566, 567 e 568 do CPC, o que se encontra é a previsão de quais os sujeitos têm legitimidade para figurar nos polos ativo e passivo da demanda executiva, regras que valem tanto para o processo executivo autônomo como para o cumprimento de sentença.

36.2. DIFERENTES ESPÉCIES DE LEGITIMIDADE NA EXECUÇÃO

36.2.1. Polo ativo

No polo ativo é possível encontrar uma *legitimação ordinária primária* ou *originária*, sempre que o sujeito legitimado a propor o processo executivo ou a dar início à fase de cumprimento de sentença estiver indicado como credor no próprio título executivo. Como se nota, litigando em nome próprio por direito próprio, esse sujeito estará atuando em legitimação ordinária, e o fato de tal legitimidade já ser criada concomitantemente com a criação do título executivo a torna originária ou primária (art. 566, I, do CPC).

Também existe a *legitimação ordinária superveniente* ou *secundária*, na qual o sujeito que demanda, apesar de fazê-lo em nome próprio e em defesa de interesse próprio, só ganha a legitimação para propor a demanda executiva ou nela prosseguir por um ato ou fato superveniente ao surgimento do título executivo (art. 567 do CPC). Não bastará o título executivo judicial para conferir ao sujeito, nesse caso, legitimação para participar da demanda executiva. Tanto é assim que, para provar sua legitimidade, deverá juntar à execução a prova de que um ato/fato que lhe dá legitimidade efetivamente ocorreu[3].

Por fim, ainda no tocante ao polo ativo da demanda executiva, poderá existir a *legitimação extraordinária*, pela qual o sujeito litigará em nome próprio na defesa de interesse alheio. Tradicionalmente a doutrina aponta o art. 566, II, do CPC, que atribui legitimidade ao Ministério Público, como o dispositivo que permite a legitimação ativa extraordinária na execução, embora seja possível que outros sujeitos também atuem no polo ativo da execução com essa espécie de legitimação, apesar da raridade com que isso ocorre.

---

1 Shimura, *Título*, p. 41.

2 Costa Machado, *Código*, 2006, p. 1.050.

3 Theodoro Jr., *Processo*, n. 32, p. 78.

36.2.2. Polo passivo

No tocante ao polo passivo da demanda o art. 568 do CPC, indica hipóteses de *legitimação ordinária primária* ou *originária* (art. 568, I, do CPC), *ordinária superveniente* ou *secundária* (art. 568, II, III, do CPC), e *legitimação extraordinária* (art. 568, IV e V, do CPC)[4]. É interessante notar que nem sempre a legitimidade constará expressamente do título executivo, mas a legitimação sempre decorrerá do título, ainda que seja necessária uma expressa previsão legal (legitimação extraordinária) ou o acontecimento de um ato ou fato posterior à formação do título (legitimação ordinária superveniente)[5].

36.3. LEGITIMAÇÃO ATIVA

36.3.1. Credor a quem a lei confere título executivo

A mais comum forma de legitimação ativa na execução vem prevista no art. 566, I, do CPC, atribuindo legitimidade para a propositura do processo executivo autônomo ou para o cumprimento da sentença ao sujeito que figure no título executivo como credor. Ainda que o CPC continue parcialmente a nomear as partes na execução de "credor" e "devedor", o mais adequado é chamá-las de "exequente" e "executado", considerando-se que o exequente nem sempre é *credor* e que o executado nem sempre é *devedor*[6]. O fato de o sujeito ser credor ou não é algo absolutamente irrelevante para a questão da legitimação, bastando que no título seja apontado em tal situação jurídica.

Apesar de o termo "credor" estar tradicionalmente ligado à obrigação de pagar quantia certa, a interpretação do art. 566, I, do CPC deve ser feita ampliativamente, englobando qualquer espécie de obrigação – pagar quantia; entregar coisa; fazer/não fazer – além de direitos reais[7].

Parece não haver maiores dificuldades em determinar a legitimação do **sujeito que figura no título como credor**, bastando que o juiz no caso concreto faça a comparação entre o sujeito que propõe a demanda e aquele indicado no título como o credor da obrigação. Ocorre, entretanto, que em situações excepcionais a própria lei pode atribuir legitimidade ordinária a sujeito que não conste no título executivo como credor. Nessas hipóteses, não é um ato ou fato superveniente que cria a legitimidade, porque com a formação do título executivo o sujeito já é legitimado a propor a demanda executiva ainda que não conste do título como

[4] Araken de Assis, *Manual*, n. 101, p. 388; Abelha Rodrigues, *Manual*, p. 180. Contra: Dinamarco, *Instituições*, n. 1.396, p. 134; Greco, *O processo*, n. 4.3.3.2, p. 330.

[5] Shimura, *Título*, p. 42; Araken de Assis, *Manual*, n. 97, p. 382.

[6] Dinamarco, *Instituições*, n. 1.410, p. 153.

[7] Zavascki, *Processo*, p. 158.

credor. Exemplo típico é a legitimidade do advogado em executar a sentença que fixa seus honorários (art. 23 da Lei 8.906/1994)[8].

36.3.2. Legitimidade do Ministério Público

O art. 566, II, do CPC permite ao Ministério Público promover a demanda executiva nos casos previstos em lei. Há três situações distintas a respeito da legitimação ativa do Ministério Público para executar, ainda que em todos os casos exista expressa previsão legal atribuindo ao órgão essa legitimação, em consonância com a exigência do art. 566, II, do CPC.

Consideravelmente excepcional é a hipótese de *legitimação ordinária* do Ministério Público, figurando no título como credor. Pode se imaginar uma demanda judicial na qual o Ministério Público defende em nome próprio um interesse próprio (apesar de não ter personalidade jurídica tem capacidade de ser parte) com o objetivo de condenar o réu ao cumprimento de uma obrigação. Já tendo feito parte da demanda desde a sua primeira fase cognitiva em legitimação ordinária, constará da sentença como credor, tendo legitimidade ordinária originária para executá-la[9]. A raridade prática dessa situação é manifesta.

Outra situação possível é o ingresso do Ministério Público com demanda judicial em virtude de *legitimação extraordinária*, defendendo em nome próprio interesse de terceiros, o que fará com que figure no título executivo – sentença condenatória –, ainda que não se possa afirmar categoricamente, a título de credor. Não era o titular do direito material discutido durante a fase de conhecimento e certamente continua a não sê-lo após a formação do título, não obstante figure no título judicial como legitimado extraordinário ativo que promoveu a demanda, e não como credor. Por outro lado, poderá fazer parte de título executivo extrajudicial e ter legitimação extraordinária para executá-lo, como ocorre no termo de ajustamento de conduta.

O simples fato de o Ministério Público constar do título executivo, portanto, não é suficiente para a aplicação do art. 566, I, do CPC, que somente será aplicado na primeira hipótese já analisada, qual seja quando o Ministério Público figurar como titular do direito representado no título executivo.

Ainda que figure no título judicial, não o fazendo na figura de credor do direito, a legitimação do Ministério Público será extraordinária para a execução; aliás, exatamente a mesma legitimação que o possibilitou propor a demanda com o objetivo primeiro de condenar o réu, para depois executá-lo. Essa circunstância cria uma espécie de legitimação *sui generis*, porque, apesar de constar do título executivo como autor da demanda, a legitimação não decorre desse fato, mas

---

8 Zavascki, *Processo*, p. 159; Theodoro Jr., *Processo*, n. 33, p. 79; Dinamarco, *Instituições*, n. 1.400, p. 138. Contra, Araken de Assis, *Manual*, n. 104.2, p. 395, entendendo tratar-se de legitimação extraordinária.

9 Greco, *O processo*, n. 4.3.3.1, p. 329.

sim de expressa previsão legal[10]. São exemplos: a legitimidade para executar a sentença condenatória proferida em ação civil pública que tenha como objeto direito difuso ou coletivo (art. 3.º da Lei 7.347/1985), para executar a sentença de ação de improbidade administrativa, em situações de enriquecimento ilícito no exercício do mandato, cargo, emprego ou função na administração pública (art. 17 da Lei 8.429/1992), e a execução de sentença penal condenatória quando o credor for pessoa pobre (art. 68 do CPP), ainda que nesse tocante exista dúvida a respeito da constitucionalidade do dispositivo legal[11].

Nas ações coletivas para as quais o Ministério Público tem legitimidade ativa, sua legitimação para a execução independe de sua participação como autor no processo em que foi formado o título executivo. Na realidade, o Ministério Público tem um dever funcional de executar a sentença na hipótese do autor da demanda – ou qualquer outro legitimado – não o fizer no prazo legal, independentemente de sua presença no título executivo.

Deve-se registrar ao menos uma interessante hipótese na qual o Ministério Público tem legitimidade para propor a demanda/fase de conhecimento e para iniciar o cumprimento de sentença, mas sua legitimidade à propositura da execução dependerá da inércia dos titulares do direito. O Ministério Público pode ingressar com ação civil pública fundada em direito individual homogêneo – desde que com relevância social –, mas somente poderá executar a sentença se no prazo de um ano do trânsito em julgado não se habilitarem interessados a executar a sentença individualmente em número compatível com a gravidade do dano (art. 100 do CDC). Trata-se de legitimação extraordinária condicionada a um evento futuro e incerto, qual seja o desinteresse de grande parte dos titulares do direito.

Por fim, também cumpre lembrar a hipótese na qual o Ministério Público não funcionou no processo como autor em sua fase de conhecimento na qual foi formado o título executivo porque não tinha legitimação ativa, mas terá sua legitimidade executiva reconhecida pela lei, ainda que não faça parte do título executivo para a execução da sentença[12]. Nesses casos, mostra-se com clareza a qualidade de legitimado extraordinário do Ministério Público exclusivamente para a execução, ainda que sua legitimidade esteja condicionada à inércia dos legitimados à propositura da ação de conhecimento. Tradicional exemplo é a legitimidade do Ministério Público para executar sentença proferida em ação popular, caso o autor ou qualquer outro cidadão não o faça em 60 dias da decisão de segundo grau de jurisdição (art. 16 da Lei 4.717/1965).

---

10 Contra: Araken de Assis, *Manual*, n. 102, p. 391, p. 248, para quem a legitimação na execução é ordinária.

11 Defendendo a constitucionalidade do dispositivo, Shimura, *Título*, p. 49-50; Carmona, *Código*, p. 1.673. Pela inconstitucionalidade, Dinamarco, *Instituições*, v. 4, p. 150-151, e Câmara, *Lições*, v. 2, p. 166-167. Na jurisprudência, o Supremo Tribunal Federal pacificou o entendimento: STF, Tribunal Pleno, RExt 135.328/SP, rel. Min. Marco Aurélio, *DJ* 20.04.2001, permitindo a atuação do Ministério Público somente "enquanto não criada por lei, organizada – e, portanto, preenchidos os cargos próprios, na unidade da Federação – a Defensoria Pública". No mesmo sentido o Superior Tribunal de Justiça: STJ, Corte Especial, REsp 232.279/SP, rel. Min. Edson Vidigal, *DJ* 04.08.2003, p. 205.

12 Zavascki, *Processo*, n. 160.

36.3.3. Legitimidade do espólio, herdeiros e sucessores

O art. 567, I, do CPC trata da *legitimação ordinária superveniente* em virtude da sucessão *causa mortis*, atribuindo legitimidade ao espólio, herdeiros e sucessores para dar início à demanda executiva ou assumir o polo ativo no lugar do *de cujus*, quando esta já tiver sido iniciada, em fenômeno de sucessão processual. Os requisitos legais para a admissão dessa legitimidade são diferentes a depender do momento da sucessão:

(i) antes de iniciada a execução, basta a demonstração por provas suficientes da legitimidade;

(ii) já iniciada a execução, em tese deverá ser instaurado um processo de habilitação incidente (arts. 1.055 a 1.062 do CPC), com a consequente suspensão do processo principal[13].

Fala-se em tese porque na onda sincrética que vem dominando nosso processo civil, desde que o pretendente a assumir o polo ativo prove de maneira suficiente sua legitimidade, é adequada a dispensa do processo incidental[14].

O espólio é a massa patrimonial deixada pelo autor da herança e, apesar de não ter personalidade jurídica, não passando de uma universalidade de bens, tem capacidade de demandar e de ser demandado, sendo representado, nesses casos, pelo inventariante e excepcionalmente pelos herdeiros (art. 12, V, § 1.º, do CPC)[15]. É natural que a legitimidade do espólio dure tão somente até o momento de **partilha dos bens**, resultado final do inventário, que dependendo das circunstâncias concretas poderá até mesmo se realizar sem a intervenção do Poder Judiciário. Após o encerramento da partilha, com a distribuição dos bens da herança, será legitimado somente aquele que receber em seu quinhão o crédito representado pela execução, considerando-se, inclusive, a extinção do espólio[16].

Caso o inventariante se negue a ingressar com a demanda executiva ou a suceder o *de cujus*, qualquer herdeiro estará legitimado a tanto, devendo nesse caso intimar o inventariante da existência da demanda ou da sucessão processual. Na realidade, mesmo que o inventariante faça valer sua legitimidade no caso concreto, os herdeiros e sucessores poderão participar do processo como assistentes litisconsorciais[17]. Na hipótese de o inventariante ser dativo, haverá litisconsórcio necessário entre todos os herdeiros e sucessores, nos termos do art. 12, § 1.º, do CPC.

Afirma-se *sucessor a título universal* o herdeiro com direito à totalidade da herança ou à parte ideal que conserve sua indivisibilidade até o momento da partilha. Tal fenômeno se verifica na sucessão legítima e na testamentária quando ocorrer simples instituição de herdeiro. *Sucessor a título singular* é o

---

13 Pontes de Miranda, *Comentários*, t. IX, p. 90-91; Theodoro Jr., *Processo*, n. 38, p. 84.

14 Carmona, *Código*, p. 1.675.

15 Amorim-Oliveira, *Inventários*, p. 32.

16 Theodoro Jr., *Processo*, n. 36, p. 82; Araken de Assis, *Manual*, n. 103.2, p. 391-392; Dinamarco, *Instituições*, n. 1.389, p. 125.

17 Fidélis dos Santos, *Manual*, 9. ed., p. 82.

que, em razão de testamento, passa a ter direito sobre parte determinada dos bens, individualizada como legado, sendo também chamado, por essa razão, de *legatário*. Essa distinção é importante porque, enquanto na sucessão universal o herdeiro – legítimo ou testamentário – recebe toda a herança ou parte ideal dela, na sucessão singular o legatário é contemplado apenas com determinado bem da herança, devendo primeiro obter dos herdeiros a transferência do bem para ser considerado legitimado à execução[18].

36.3.4. Legitimidade do cessionário e do sub-rogado

Com exclusão das vedações legais – *v.g.*, direitos personalíssimos e verbas relativas a benefícios da Previdência Social –, todo direito poderá ser objeto de cessão, de forma que, devido o crédito pelo credor originário, o sujeito que o recebe passa a ter legitimidade superveniente para executar o título. É natural que para provar sua legitimação o demandante deva juntar à petição inicial (processo executivo) ou ao requerimento inicial (cumprimento de sentença) o **instrumento de cessão de crédito**[19]. Também haverá legitimidade superveniente na hipótese de sub-rogação, seja ela *legal* (art. 346 do CC) ou *convencional* (art. 347 do CC), mais uma vez sendo necessária ao sub-rogado a prova desse fenômeno jurídico como condição para que seja admitido como legitimado a propor ou a continuar no polo ativo da demanda executiva.

Registre-se que tanto na hipótese de cessão de crédito como de sub-rogação os novos credores não são obrigados a assumir o polo ativo da demanda judicial já em trâmite, sendo-lhes permitido aguardar o desfecho da demanda para cobrar do antigo credor. Nesse caso, o demandante continua no processo, mas a partir da cessão de crédito ou da sub-rogação sua legitimidade passará a ser extraordinária, considerando-se que estará em nome próprio litigando por um direito que não mais lhe pertence[20]. Caso pretenda intervir, por meio de sucessão processual, não se aplicam as exigências do art. 42 do CPC, próprio ao processo/fase de conhecimento, de forma que não se exige anuência do executado para a sucessão processual no polo ativo[21].

36.4. LEGITIMIDADE PASSIVA

36.4.1. Sujeito que figura no título como devedor

O art. 568, I, do CPC aponta como legitimado passivo na execução o sujeito que figura no título como devedor, sendo irrelevante para fins de fixação da

---

18 Theodoro Jr., *Processo*, n. 37, p. 83; Araken de Assis, *Manual*, n. 103.2, p. 392.

19 Araken de Assis, *Manual*, n. 103.3, p. 392; Zavascki, *Processo*, p. 169.

20 Theodoro Jr., *Processo*, n. 39, p. 84; Costa Machado, *Código*, p. 1.053.

21 Abelha Rodrigues, *Manual*, p. 181-182. Contra: Dinamarco, *Instituições*, n. 1.420, p. 166.

legitimação se o sujeito é realmente devedor. Basta que o título o aponte como tal para que tenha legitimidade ordinária primária para participar no polo passivo da demanda judicial.

Por *devedor* deve-se entender todo sujeito que esteja, à luz da lei civil ou comercial, **obrigado a solver a obrigação**, ainda que possa afirmar não ser o devedor por não ter participado como parte principal na relação de direito material da qual surgiu a dívida. Dessa forma, além do condenado na sentença judicial e do emitente do título extrajudicial, também são considerados devedores para fins de legitimidade passiva na execução o avalista, o fiador convencional, o endossante, sendo que entre eles há típica hipótese de litisconsórcio passivo facultativo, que somente será criado a depender da vontade do exequente[22].

36.4.2. Legitimidade passiva do espólio, herdeiros e sucessores

A legitimação ordinária superveniente por *causa mortis* vem expressamente prevista no art. 568, II, do CPC, dispositivo que encontra seu paralelo quanto à legitimação ativa no art. 567, I, do CPC. Na realidade, todas as observações feitas nos comentários a esse dispositivo legal se aplicam ao presente artigo analisado, em especial as considerações a respeito da partilha dos bens e de sua consequência para fins da legitimação executiva. Assim sendo, uma vez realizada a partilha dos bens do *de cujus*, a legitimação passiva restará tão somente àquele sujeito que ficou em seu quinhão com o débito[23].

> No sentido da alegação é a previsão contida no art. 753 do PLNCPC: o espólio responde pelas dívidas do falecido, mas, feita a partilha, cada herdeiro responde por elas na proporção da parte que lhe coube na herança.

Uma importante observação de direito material se impõe. Os herdeiros e sucessores só respondem pelas dívidas do *de cujus* nos limites da herança, de forma que os bens de seu patrimônio que não vieram da herança jamais poderão ser atingidos por dívidas contraídas originariamente pelo *de cujus*. Trata-se do chamado **benefício de inventário**. Essa regra estabelecida pelo art. 1.792 do CC nada tem a ver com o fenômeno processual da legitimidade passiva, tratando-se de regra de direito material que exclui a responsabilidade civil do espólio, herdeiro ou sucessor, além da herança[24].

---

22 Dinamarco, *Instituições*, p. 158-160.

23 Rodrigues, *Direito*, p. 277-278; Venosa, *Direito*, p. 394; Theodoro Jr., *Processo*, n. 45, p. 89; Abelha Rodrigues, *Manual*, p. 182.

24 Dinamarco, *Instituições*, n. 1.389, p. 125; Theodoro Jr., *Processo*, n. 45, p. 90.

36.4.3. Novo devedor

A legitimidade ordinária superveniente por ato *inter vivos* encontra-se prevista no art. 568, III, do CPC, que trata do fenômeno da assunção de dívida ou cessão de débito. Essa transferência da dívida a um novo sujeito, que não o devedor originário, exige a concordância expressa do credor (art. 299 do CC) porque a partir do momento em que se modifica o devedor, automaticamente modifica-se o patrimônio que responderá pela dívida. Seria um verdadeiro convite à fraude permitir a assunção de dívida sem a exigência de concordância do credor. Essa é a condição para que a cessão de débito tenha eficácia, sendo indispensável ao exequente demonstrar com sua petição/requerimento inicial que houve um negócio jurídico de cessão de débito que contou com sua expressa concordância[25].

36.4.4. Fiador judicial

O fiador judicial é um terceiro no processo judicial que presta uma garantia em favor de uma das partes, sendo ela *real* ou *fidejussória*. Os exemplos são variados, envolvendo qualquer hipótese em que a lei exija a prestação de uma caução e ela seja prestada por um terceiro em favor da parte. Imagine-se que o autor de um processo cautelar pretenda obter uma liminar, sendo que o juiz condiciona sua concessão à prestação de caução (art. 804 do CPC); nesse caso, basta que um sujeito que não seja o autor preste a caução para que esteja configurada a hipótese de fiador judicial. O mesmo ocorrerá na execução provisória (art. 475-O, III, do CPC).

É natural que a expressa previsão legal atribuindo legitimidade passiva ao fiador judicial dispense sua presença no título executivo, o que, inclusive, não poderá ocorrer. Lembre-se que o **fiador judicial é um terceiro**, não existindo qualquer razão jurídica para que faça parte da sentença, que deverá conter apenas as partes da demanda. A ausência do fiador judicial na sentença, entretanto, é irrelevante, porque a lei, por meio do art. 568, IV, do CPC, prevê expressamente sua legitimidade[26], que naturalmente é extraordinária[27], considerando-se que responderá em nome próprio – e com bem de seu patrimônio – por dívida que não é sua, e sim de uma das partes do processo no qual a caução foi prestada.

A clareza do dispositivo legal ora comentado não permite uma interpretação extensiva para que também se entenda incluído na legitimação por ele prevista o fiador convencional[28]. O art. 568, II, do CPC **trata apenas do fiador judicial**, e é imprescindível que o faça, porque contra este tecnicamente não haverá título executivo, e, sem a expressa previsão legal de sua legitimidade extraordinária,

---

25 Theodoro Jr., *Processo*, n. 46, p. 91.

26 Theodoro Jr., *Processo*, n. 47, p. 92.

27 Araken de Assis, *Manual*, n. 107.1, p. 399. Contra: Abelha Rodrigues, *Manual*, p. 183, entende tratar-se de legitimação ordinária.

28 Abelha Rodrigues, *Manual*, p. 184.

impossível seria executá-lo, o que evidentemente afastaria qualquer utilidade prática da figura do fiador judicial.

O entendimento de que o dispositivo legal merece uma interpretação literal, entretanto, não é suficiente para concluir que o fiador convencional não tem legitimidade passiva na demanda executiva. Na realidade, é importante fazer uma distinção:

(i) havendo um contrato de caução, haverá, segundo o art. 585, III, do CPC, um título executivo extrajudicial, o que naturalmente atribui legitimidade passiva ao fiador convencional;

(ii) na hipótese de o título ser judicial, mais precisamente uma sentença condenatória, é imprescindível que o fiador tenha sido réu na fase de conhecimento, constando, portanto, do título executivo, sem o que não haverá legitimidade passiva[29].

Tanto o fiador convencional quanto o judicial poderão, na execução, valer-se do benefício de ordem (*beneficium excussionis*), indicando à penhora bens do devedor antes que seus próprios bens sejam objeto de constrição judicial (art. 595, *caput*, do CPC). Quanto ao fiador convencional, o benefício de ordem só poderá ser manejado tendo também o devedor participado do processo na fase de formação do título executivo, sendo inclusive hipótese de o fiador demandado isoladamente chamar ao processo o devedor (art. 77 do CPC), para que possa na futura execução exercer o direito ao benefício de ordem[30]. O direito ao benefício de ordem é de natureza disponível, sendo legítima a sua renúncia por parte do fiador[31].

Segundo previsão do art. 595, parágrafo único, do CPC, ocorrendo o pagamento, o fiador – convencional ou judicial – poderá executar o afiançado no mesmo processo em que ocorreu o pagamento. O termo "processo" deve ser interpretado corretamente, até porque, dependendo do caso concreto, a execução do fiador contra o afiançado criará um novo processo, ainda que este possa tramitar nos mesmos autos do processo que se extinguiu com o pagamento. Na realidade, tudo depende da presença ou não do executado na demanda executiva na qual houver o pagamento.

Havendo o litisconsórcio passivo entre fiador e devedor, esse último deverá ser intimado a pagar em três dias (adaptação do art. 652 do CPC), porque já faz parte da relação jurídica processual e desnecessária seria sua citação. Nesse caso, pode-se falar em execução no mesmo processo, que seguirá com uma diminuição subjetiva (o credor satisfeito não mais compõe a relação jurídica processual) e uma nova situação jurídica do fiador (passará de executado a exequente). Por outro lado, tendo sido o fiador isoladamente executado, realizando o pagamento deverá citar o devedor, integrando-o à relação jurídica processual, o que naturalmente

[29] Theodoro Jr., *Processo*, n. 48, p. 92-94; Shimura, *Título*, p. 59; Dinamarco, *Instituições*, n. 1.396, p. 134-135; Zavascki, *Processo*, p. 184-185.

[30] Fadel, *Código*, p. 771.

[31] STJ, 5.ª Turma, REsp 851.507/RS, rel. Min. Arnaldo Esteves Lima, j. 08.11.2007, *DJ* 07.02.2008, p. 418.

fará surgir um novo processo. Registre-se que, nesse caso, o título executivo só vincula o credor e o fiador em razão da ausência do devedor na fase de conhecimento, de forma que esse novo processo terá natureza cognitiva, não existindo título executivo que habilite o fiador a executar o devedor[32].

36.4.5. Responsável tributário

A responsabilidade secundária do responsável tributário vem prevista tanto no art. 568, V, do CPC como no art. 4.º, V, da Lei 6.830/1980 (Lei de Execuções Fiscais), devendo-se ainda levar em conta as normas atinentes ao tema previstas pelo Código Tributário Nacional (arts. 121 a 138).

Segundo a lei tributária, a responsabilidade pelo crédito tributário pode ser do *contribuinte*, que é o sujeito que tem relação pessoal e direta com a situação que constitua o respectivo fato gerador (art. 121, parágrafo único, I, do CTN), e o mero *responsável*, que é sujeito que não é o contribuinte, mas que tem obrigação de satisfazer a dívida em decorrência de disposição expressa de lei (art. 121, parágrafo único, II, do CTN). Registre-se desde já que, apesar de a lei tributária mencionar em seu texto "obrigação", o responsável tributário não é obrigado, mas mero responsável patrimonial.

Há no Código Tributário Nacional várias hipóteses de responsabilidade, e, embora não haja uma distinção pelo diploma legal, a melhor doutrina aponta para duas espécies de responsabilidade tributária: *por transferência* e *por substituição*. Na responsabilidade tributária por transferência o contribuinte deixa de cumprir sua obrigação por alguma razão, mas não é originariamente ignorado, transferindo-se a responsabilidade somente posteriormente por ato superveniente. Já na responsabilidade tributária por substituição o contribuinte é desde logo afastado, não chegando nem mesmo a ser considerado sujeito passivo, sendo que a própria lei, independentemente de um fato posterior, atribui a responsabilidade a quem não é contribuinte[33].

Interesse maior ao tema analisado têm os arts. 134 e 135 do CTN, ainda que uma análise aprofundada desses dispositivos legais extrapole os limites do presente estudo. Em todas as hipóteses previstas nesses dispositivos legais a questão envolvendo a responsabilidade dos sócios é certamente a mais palpitante, em virtude de sua maior frequência na praxe forense.

Grande parcela da doutrina entende que a responsabilidade secundária dos sócios demandaria a inclusão desses sujeitos na **certidão da dívida ativa** que servirá como título executivo. O raciocínio é de que esse título extrajudicial é formado por meio de um processo administrativo que resulta na inscrição do débito na dívida ativa, sendo essencial a presença dos responsáveis tributários nesse pro-

---

[32] Dinamarco, *Instituições*, n. 1.395, p. 133. Contra: Carlos Alberto Carmona, *Código*, p. 1.756, entende tratar-se de ação executiva regressiva.

[33] Faria, *Código*, p. 572.

cesso para que possa administrativamente exercer o contraditório. Nesse processo o sujeito teria uma oportunidade anterior à execução para demonstrar questões referentes ao débito e, especialmente, demonstrar que não tem a responsabilidade tributária imaginada pelo Fisco[34].

Ainda que louvável a preocupação dessa parcela da doutrina, o acolhimento do entendimento tornaria o responsável tributário um obrigado, passando a ter legitimidade ordinária originária, já que passaria a figurar como devedor no título executivo, independentemente de não ser propriamente devedor, mas mero responsável patrimonial. E dessa forma seria absolutamente inútil e desnecessária a expressa previsão de legitimação do responsável tributário, porque figurando esse sujeito como devedor no título executivo bastaria aplicar a regra legal prevista no art. 586, I, do CPC[35]. Na jurisprudência, os Tribunais Superiores já pacificaram o entendimento de que não é necessário que o responsável tributário seja expressamente indicado na certidão da dívida ativa[36].

Entender que o sócio-gerente não precisa estar na certidão da Dívida Ativa não significa que os requisitos de sua responsabilidade subsidiária sejam dispensados. Após algumas vacilações, o Superior Tribunal de Justiça fincou o entendimento de que somente quando as obrigações tributárias forem resultantes de "atos praticados com excesso de poderes ou infração de lei, contrato social ou estatutos", nos exatos termos do art. 135 do CTN, haverá responsabilidade tributária[37]. O entendimento de que o simples inadimplemento da obrigação tributária já seria suficiente para atingir o patrimônio dos sócios é absolutamente contrário às mais elementares lições de direito societário a respeito da diferenciação patrimonial dos sócios e da pessoa jurídica. Registre-se que, na hipótese de dissolução irregular de sociedade, constituída estará a infração à lei, respondendo os sócios-gerentes com seus patrimônios próprios pelas dívidas da sociedade[38].

36.4.6. Legitimidade do responsável secundário

Registre-se a questão do responsável patrimonial, prevista pelo art. 592 do CPC, que, mesmo não sendo devedor, responde com seus bens pela satisfação da obrigação em juízo. É preciso atentar que, no tocante a pelo menos duas hipóteses de responsabilidade secundária, a questão da legitimidade passiva é totalmente superada pelo próprio art. 568 do CPC, que em seus dois últimos incisos prevê expressamente a legitimidade passiva do fiador judicial e do responsável tributário,

---

34 Theodoro Jr., *Lei*, p. 38-40; Carmona, *Código*, p. 1.678-1.679. Fidélis dos Santos, *Manual*, 9. ed., p. 86.

35 Amaro de Souza, Responsabilidade, apud Araken de Assis, *Manual*, n. 107.3, p. 403.

36 Negrão-Gouvêa, *Código*, p. 1.444-1.450.

37 Faria, *Código*, p. 606; Theodoro Jr., *Lei*, p. 52-58; STJ, 2.ª Turma, AgRg no Ag. 677.730/RJ, rel. Min. Humberto Martins, j. 15.02.2007, *DJ* 28.02.2007; STJ, 1.ª Turma, REsp 885.124/RS, rel. Min. Teori Albino Zavascki, j. 12.12.2006, *DJ* 08.02.2007. *Informativo* 353/STJ, 1.ª Seção, EAG 494.887-RS, rel. Humberto Martins, 23.04.2008.

38 Faria, *Código*, p. 610-611.

sendo ambos sujeitos que não são devedores, mas que respondem com seus bens – na primeira hipótese com bem determinado – pela satisfação da obrigação. A questão, entretanto, remanesce relativamente aos demais responsáveis secundários, em especial aqueles indicados pelo art. 592 do CPC.

Parte da doutrina entende que não se deve considerar o responsável patrimonial como parte na demanda executiva, ainda que sejam seus bens que respondam pela satisfação da obrigação, em interpretação que limita a legitimação passiva da execução aos sujeitos previstos no art. 568 do CPC. Por esse entendimento, não se devem confundir a *legitimidade passiva* e a *responsabilidade secundária*, sendo que o sujeito passivo é o executado, enquanto o responsável não é executado, tão somente ficando seus bens sujeitos à execução[39]. Para outra corrente doutrinária, o legislador indevidamente separou o tema da legitimidade passiva da responsabilidade patrimonial, não se podendo admitir que o sujeito que potencialmente perderá seu bem em virtude da expropriação judicial não seja considerado parte na demanda executiva[40].

Sendo o sujeito responsável por dívida que não é sua – responsabilidade patrimonial secundária –, é natural que seja considerado **parte na demanda executiva**, visto que será o maior interessado em apresentar defesa para evitar a expropriação de seu bem. O devedor, que também deverá estar na demanda como litisconsórcio passivo, poderá não ter tanto interesse assim na apresentação da defesa, imaginando que, em razão da propriedade do bem penhorado, naquele momento o maior prejudicado será o responsável secundário e não ele.

Trata-se de *legitimação extraordinária*, porque o responsável secundário estará em juízo em nome próprio e na defesa de interesse de outrem, o devedor[41]. Além de extraordinária, parece que tal legitimação permite que os responsáveis secundários sejam demandados já inicialmente, em litisconsórcio inicial com o devedor, em especial quando a própria lei expressamente prevê sua legitimidade, como ocorre com o fiador judicial e o responsável patrimonial. Caso tal litisconsórcio não seja formado no início da demanda, penhorado o bem de sujeito que até então não participa como parte na demanda judicial, a ciência desse ato processual deverá se realizar por meio de sua citação, o que o integrará à relação jurídica executiva supervenientemente[42].

Para os responsáveis patrimoniais que não têm sua legitimidade passiva expressamente prevista em lei, a *legitimação extraordinária* apresenta uma particularidade interessante, considerando-se que para esses sujeitos ela só surgirá no caso concreto quando ocorrer a efetiva **constrição judicial do bem do responsável secundário**.

---

39 Liebman, *Processo*, p. 68; Shimura, *Título*, p. 79-81; Greco Filho, *Direito*, p. 17.

40 Araken de Assis, *Manual*, n. 107, p. 398-399; Carmona, *Código*, p. 1.751. Fux, *Curso*, p. 1.288, e Nolasco, *Responsabilidade*, p. 214-215, têm entendimento híbrido, em razão da possibilidade de ingresso de embargos à execução e embargos de terceiro.

41 Araken de Assis, *Manual*, n. 107, p. 398.

42 Araken de Assis, *Manual*, n. 107, p. 398; Greco, *O processo*, n. 4.3.3.2.1, p. 334. Contra, Dinamarco, *Instituições*, n. 1.402, p. 141, afirma tratar-se de litisconsórcio necessário.

Não teria qualquer sentido a citação de todos os sócios da pessoa jurídica se na execução não houver qualquer tipo de constrição judicial, desejada pelo exequente ou efetivamente ocorrida, de bens desses sócios. Há, portanto, uma condição para que a legitimidade extraordinária nesse caso exista: o patrimônio do responsável secundário efetivamente responder no caso concreto pela execução.

Dessa forma, para que seja demonstrada a legitimação do responsável secundário já com a distribuição da petição inicial (processo autônomo executivo) ou com o protocolo do requerimento (cumprimento de sentença), é imprescindível que o exequente indique nessas peças processuais bens do patrimônio do responsável secundário (art. 475-J, § 3.º, do CPC e art. 652, § 2.º, do CPC), o que justificará sua presença no polo passivo da demanda[43]. Por outro lado, essa legitimidade poderá se mostrar no caso concreto supervenientemente, com a efetiva constrição de bem que não pertence ao executado. No momento processual da penhora o responsável secundário é um terceiro, mas sofrendo a constrição judicial deverá ser citado na demanda executiva, passando a integrar o polo passivo como parte.

36.5. INTERVENÇÃO DE TERCEIROS NA EXECUÇÃO

36.5.1. Intervenções típicas

Conforme já tratado no Capítulo 6, item 6.1, existem cinco espécies típicas de intervenção de terceiro no estatuto processual, sendo que na execução parece haver dúvida somente a respeito da assistência, já que a doutrina é uníssona em não admitir as outras quatro formas de intervenção[44].

A *oposição* é a ação de um terceiro que busca excluir o direito de demandante e demandado, obtendo a coisa ou o direito que é o objeto da demanda. Vê-se, portanto, que a oposição é fenômeno típico do processo – ou fase – de conhecimento, porque somente neste as partes estarão discutindo um bem da vida que poderá ser pretendido pelo terceiro opoente. Na execução, não há nenhuma discussão a respeito de quem tem o direito ao bem da vida, já que este se encontra definido no título executivo. Na execução, o bem da vida pretendido pelo exequente – e somente por ele – é a satisfação de seu direito, sendo, portanto, inviável imaginar a possibilidade de uma oposição[45].

A *nomeação à autoria* tem uma particularidade no tocante às outras formas de intervenção de terceiro, considerando-se que, com a extromissão de parte, o nomeado à autoria assume o polo passivo da demanda no lugar do réu originário, não proporcionando, portanto, ampliação subjetiva da demanda. As hipóteses de cabimento estão previstas nos arts. 62 e 63 do CPC, sendo que uma mera análise

---

43 Theodoro Jr., *Processo*, n. 43, p. 88.

44 Greco, *O processo*, p. 343.

45 Não admitindo a oposição na execução, Dinamarco, *Intervenção*, p. 65-66; Gusmão Carneiro, *Intervenção*, p. 73; Arruda Alvim, *Manual*, 9. ed., p. 138. Em sentido contrário, entendendo cabível a oposição no processo de execução de título extrajudicial, Agrícola Barbi, *Comentários*, p. 229-230.

do cabimento legal é suficiente para perceber a impossibilidade de que ocorra na demanda executiva[46].

Também é exclusiva do processo de conhecimento a *denunciação da lide*, intervenção consubstanciada em uma ação regressiva de uma das partes contra terceiro, em virtude de possível prejuízo advindo do processo com sua possível derrota. Conforme previsto pelo art. 76 do CPC, a sentença decidirá tanto a demanda principal quanto a demanda acessória da denunciação da lide, em circunstância absolutamente estranha ao processo de execução. Ademais, a denunciação tradicionalmente é feita pelo demandado, e este tem o prazo de contestação para oferecê-la (art. 71 do CPC), em instituto também incompatível com a execução[47].

A exemplo da denunciação da lide, também o *chamamento ao processo* não é admitido na demanda executiva. O art. 78 do CPC prevê que o chamamento ao processo tem por objetivo que o juiz declare, numa mesma sentença, as responsabilidades dos obrigados, o que já seria suficiente para demonstrar a incompatibilidade dessa espécie de intervenção de terceiro com a execução. Na execução não se declaram responsabilidades, apenas satisfazem-se direitos. No mesmo dispositivo está previsto que o prazo para o chamamento ao processo é o da contestação, defesa típica de demandado no processo de conhecimento. Ainda se devem somar a isso as incompatibilidades procedimentais insuperáveis[48].

Há corrente doutrinária que entende pela inadmissibilidade da assistência na execução, permitindo-a somente quando houver na demanda o ingresso de embargos à execução, sendo esse um processo de conhecimento incidental. A principal alegação decorre do disposto no art. 50, *caput*, do CPC, que ao qualificar o interesse legitimador da assistência faz expressa menção à hipótese de a sentença ser favorável a uma das partes, o que evidentemente não se coaduna com a execução, considerando-se que a sentença prevista pelo art. 795 do CPC apenas declara a extinção do procedimento executivo, diante a satisfação do exequente, não sendo apta a interferir em relação jurídica de direito material mantida entre as partes e terceiros[49].

É superior o entendimento contrário, que defende a interpretação extensiva do art. 50, parágrafo único, do CPC: a assistência é permitida em toda espécie de processo, e não somente em toda espécie de procedimento, conforme a literalidade do dispositivo legal. Dessa forma, a **assistência é admitida na execução**, independentemente do ingresso de embargos à execução[50].

---

[46] Rocha, *Nomeação*, p. 64-65; Dinamarco, *Instituições*, p. 162-163; Oliveira Neto, *A defesa*, p. 143; Scarpinella Bueno, *Partes*, p. 201. Em sentido contrário, Fux, *Curso*, p. 1.302.

[47] Oliveira Neto, *A defesa*, p. 147-148, com ampla indicação bibliográfica; Dinamarco, *Intervenção*, p. 139; Scarpinella Bueno, *Partes*, p. 274-275.

[48] Theodoro Jr., *Processo*, p. 96-100; Agrícola Barbi, *Comentários*, p. 260; Arruda Alvim, *Manual*, p. 191-192; Oliveira Neto, *A defesa*, p. 149-152.

[49] Baptista da Silva, *Comentários*, p. 263-264; Gusmão Carneiro, *Intervenção*, p. 142; Arruda Alvim, *Manual*, p. 47; Theodoro Jr., *Processo*, n. 34, p. 80.

[50] Dinamarco, *Instituições*, n. 1.418, p. 163; Leonardo Greco, *O processo*, n. 4.4, p. 343; Araken de Assis, *Manual*, n. 108, p. 406-407; Agrícola Barbi, *Comentários*, p. 215.

A melhor doutrina já apontou a circunstância de que diversos institutos processuais são criados imaginando-se erroneamente que todo o processo civil é constituído tão somente de processo de conhecimento. Normas de teoria geral do processo são disciplinadas levando-se em conta apenas o processo de conhecimento, o que se mostra um grave equívoco do legislador, por óbvias razões. O art. 50, *caput*, do CPC parece ser um desses casos, cabendo ao intérprete fazer as devidas correções do vício legislativo.

O termo "*sentença*", capaz de influir em uma relação jurídica não controvertida mantida entre o terceiro e uma das partes, deve ser entendido na realidade como "*resultado*" do processo. O que importa em termos de geração de efeitos do processo não diz respeito estritamente à sentença, porque não é ela, e sim o resultado da demanda que tem aptidão de afetar a esfera jurídica de terceiros. Dessa forma, deve-se pensar não em termos da sentença na execução, porque esta realmente não tem condições mínimas para afetar relações jurídicas mantidas entre as partes e terceiros, considerando-se sua natureza meramente declaratória do encerramento das atividades executórias. O que interessa são os efeitos que podem afetar juridicamente o terceiro em decorrência do resultado da execução, que é a satisfação ou não do exequente.

Um excelente exemplo de assistência na execução, indiscutível porque previsto expressamente em lei, é do fiador expressamente autorizado a intervir na execução promovida ao afiançado em caso de demora imputável ao exequente (art. 834 do CC). O fundamento do dispositivo legal é evidente, permitindo-se uma atividade supletiva do fiador para que o credor satisfaça sem delongas seu direito, porque essa é a única forma de o fiador se livrar definitivamente de sua responsabilidade perante ele. Nesse caso específico, a satisfação do direito do exequente afetará a relação jurídica que o terceiro (fiador) mantém com ambas as partes, porque, uma vez extinta a obrigação principal, naturalmente a relação acessória de garantia também será extinta. O fiador, portanto, ingressa na demanda executiva para assistir o credor, porque o resultado positivo da execução lhe interessa, em nítida hipótese de assistência[51].

36.5.2. Intervenções atípicas

Ainda que o Código de Processo Civil tenha tentado tipificar as intervenções de terceiro no Capítulo V, Título II, do Livro I, é inegável que não o fez de forma exauriente, existindo no sistema outras formas permitidas de intervenção de terceiro, chamadas de intervenções atípicas. Tal fenômeno ocorre no processo executivo e na fase de cumprimento de sentença[52].

---

[51] Dinamarco, *Instituições*, n. 1.418, p. 163; Araken de Assis, *Manual*, n. 108, p. 407; Zavascki, *Processo*, p. 156-157.

[52] Tratam do tema Araken de Assis, *Manual*, p. 244; Dinamarco, *Instituições*, n. 1.419, p. 164-165; Shimura, *Título*, p. 85.

Sempre que um terceiro ingressa na demanda executiva durante a fase de expropriação do bem com a intenção de adquiri-lo, estar-se-á diante de uma espécie atípica de intervenção de terceiros. Atualmente, pode-se imaginar essa situação na *adjudicação* por todos os legitimados que não o exequente (art. 685-A, §§ 2.º e 4.º, do CPC); na alienação do bem realizada pelo próprio exequente ou por corretor especializado, em forma de expropriação criada pela Lei 11.382/2006 – *alienação por iniciativa particular* (art. 685-C do CPC); na alienação ocorrida em hasta pública por meio de *arrematação*, naturalmente por sujeito que não seja o exequente.

Também haverá intervenção anômala sempre que outros credores ingressarem na demanda executiva para discutir o *direito de preferência*. Cada qual participará do incidente processual que se formará defendendo interesse próprio à satisfação de seu crédito em primeiro lugar, sendo impossível imaginar que essa situação seja amoldável às espécies de intervenção de terceiros previstas pelo Código de Processo Civil.

37

COMPETÊNCIA DA EXECUÇÃO

Sumário: 37.1. Competência da execução de título executivo judicial: 37.1.1. Introdução; 37.1.2. Competência executiva dos tribunais; 37.1.3. Competência do juízo que processou a causa no primeiro grau de jurisdição; 37.1.4. Competência para a fase de satisfação de sentença arbitral, decisão homologatória de sentença estrangeira e sentença penal condenatória – 37.2. Competência da execução de título extrajudicial – 37.3. Competência no processo de insolvência civil.

37.1. COMPETÊNCIA DA EXECUÇÃO DE TÍTULO EXECUTIVO JUDICIAL

37.1.1. Introdução

Por meio da Lei 11.232/2005 o legislador substituiu o art. 575 pelo 475-P do CPC, em modificação que deve ser elogiada por ser o resultado da compreensão de que a competência funcional existente, para vincular obrigatoriamente o juízo que formava o título executivo à execução, não se justificava. Apesar de menos importante, também o esclarecimento a respeito da competência executiva dos tribunais deve ser saudado. Curiosamente essa substituição foi tácita, considerando-se que o art. 575 do CPC não foi expressamente revogado, o que, apesar de estranho, não cria maiores dificuldades na prática.

37.1.2. Competência executiva dos tribunais

O art. 475-P, I, do CPC traz uma importante alteração relativa ao dispositivo legal que tacitamente substituiu – o art. 575, I, do CPC –, corrigindo um equívoco desse artigo legal frequentemente apontado pela doutrina. A antiga redação previa a competência dos tribunais superiores para a execução das decisões proferidas em ações de sua competência originária, o que levava à exclusão dos tribunais de segundo grau da aplicação da norma jurídica comentada, ao menos diante da sua interpretação literal. Não havia, de fato, qualquer justificativa plausível para afastar desses tribunais a competência executiva nesses casos[1]. O equívoco legislativo foi em boa hora corrigido, não mais constando a indevida restrição aos tribunais superiores, o que agora permite a interpretação literal para a sua aplicação em todas as **ações de competência originária** de tribunal, independentemente de se tratar de tribunal superior ou de segunda instância.

A nova regra deve ser aplicada a todas as decisões proferidas pelo tribunal em ações de competência originária que exijam uma fase procedimental posterior à sua prolação para satisfazer o direito material do vencedor. Significa dizer que não só nas decisões condenatórias de pagar quantia certa a regra deve ser aplicada, mas também nas decisões que tenham como objeto obrigações de fazer, não fazer e entrega de coisa.

A exceção à regra de que é o próprio tribunal que executa suas decisões, nas ações de sua competência originária, fica por conta da competência para a execução da decisão proferida no processo de *homologação de sentença estrangeira*, de competência originária do Superior Tribunal de Justiça, mas cuja execução é feita por juízo federal de primeiro grau, conforme expressamente previsto no art. 109, X, da CF[2].

A fase procedimental de satisfação do direito, de competência dos tribunais, poderá, entretanto, ter o seu procedimento dificultado em virtude da própria organização interna dos tribunais, que não se encontra preparada para os atos materiais a serem praticados na busca da satisfação do direito. Dessa forma, é possível a **delegação da competência** do tribunal para o juízo de primeiro grau, para que este pratique os atos materiais necessários ao bom desenvolvimento da execução. Essa delegação de atribuições, ao menos para o Supremo Tribunal Federal, vem expressamente prevista no art. 102, I, "m", da CF, entendendo a melhor doutrina que, mesmo diante da omissão legal, seja essa regra aplicável para todos os tribunais[3].

A delegação de atividades executivas deve ser interpretada restritivamente, abrangendo tão somente os atos materiais de execução, que são aqueles que dão andamento ao procedimento. Os atos decisórios referentes ao mérito executivo continuam a ser praticados pelo Tribunal, até mesmo para evitar que a decisão proferida por juízo inferior altere o conteúdo do título executivo formado por órgão hierarquicamente superior[4].

---

1 Neves, *Competência*, p. 237.

2 Nery-Nery, *Código*, p. 759.

3 Neves, *Competência*, p. 237; Dinamarco, *Execução*, p. 210-211; Zavascki, *Processo*, p. 123-124. Araken de Assis, *Manual*, n. 81.1, p. 351.

4 Zavascki, *Processo*, p. 125; Fux, *Curso*, p. 1.303.

37.1.3. Competência do juízo que processou a causa no primeiro grau de jurisdição

Alterou-se tacitamente o art. 575, II, do CPC ao ser substituído o termo "decidiu" por "processou", restando competente para a execução da sentença não mais o juízo que decidiu a causa em primeiro grau de jurisdição, mas sim aquele que a processou, conforme previsão do art. 475-P, II, do CPC. A modificação, que substancialmente nada altera, não agrada. Por "processou" deve-se entender o juízo responsável pela condução do processo em primeiro grau, o qual, na maioria dos casos, será o mesmo que decidirá a causa. Ocorre, entretanto, que em situações excepcionais essa identidade entre o juízo que processa a causa e o que a decide poderá não se verificar, tomando-se como exemplo uma alteração da competência absoluta antes da prolação da decisão. Nesse caso, é evidente que a competência executiva não será do juízo que processou a causa, mas do juízo que era o competente no momento de prolação da decisão, independentemente de ter ou não processado a causa.

> Eliane ingressou com ação indenizatória contra a Municipalidade de Catanduva naquela comarca, sendo a ação distribuída para uma das varas comuns, que processou integralmente a causa. No momento em que os autos estão conclusos para a sentença, é criada na Comarca de Catanduva uma vara da Fazenda Pública, com competência absoluta para conhecer as ações movidas pela e contra a Municipalidade. Imediatamente a ação de Eliane será enviada para essa vara especializada, que decidirá a causa. Apesar de a vara comum ter sido a responsável pelo processamento da causa, a competência para a execução passou a ser da vara especializada, que tão somente decidiu a causa.

A regra estabelecida no art. 475-P, II, do CPC consagra a regra geral de competência para os títulos judiciais, estabelecendo ser competente para executá-los o juízo que tenha sido o competente para a fase de conhecimento no processo sincrético, responsável pela prolação da sentença exequenda[5]. Essa regra não é aplicada a todas as espécies de título executivo judicial, conforme percebido pelo legislador, ao prever no art. 475-P, III, do CPC as três exceções à regra. Nos títulos executivos previstos no art. 475-N, I, III, V e VII, do CPC, aplica-se a regra do art. 475-P, II, do CPC.

37.1.3.1. *Exceções à regra do art. 475-P, II, do CPC*

A regra estabelecida pelo art. 475-P, II, do CPC é fundada numa crença, que durante muito tempo e de maneira absolutamente equivocada foi considerada como verdade absoluta pelo legislador: o melhor juízo para executar uma sentença é aquele que a formou. Essa crença, entretanto, foi afastada – ao menos

[5] Nery-Nery, *Código*, p. 759; Araken de Assis, *Manual*, n. 81.2., p. 351.

parcialmente – com a nova disposição contida no parágrafo único do dispositivo legal ora comentado.

O mandamento contido no art. 575, II, do CPC era de *competência funcional*, portanto absoluta[6], apresentando-se como justificativa da vinculação obrigatória do juízo que formava o título àquele que o executava a presunção de que o juízo formador do título executivo seria o mais apto a executá-lo. A vinculação do mesmo juízo entre o processo de conhecimento e o de execução estaria fundada, portanto, na expectativa de uma melhor qualidade na prestação da tutela jurisdicional no processo executivo. A aplicação do dispositivo legal, entretanto, nem sempre justificava essa expectativa, muitas vezes, inclusive, trabalhando contra a qualidade da prestação jurisdicional executiva.

A realidade mostrou que muitas vezes a prática de atos materiais executivos é dificultada em virtude de tal vinculação, mostrando-se muito mais lógico e eficaz permitir que o processo executivo seja proposto no local onde se encontram os bens que servirão de garantia ao pagamento do crédito exequendo, no local em que se encontra a coisa objeto da execução, ou, ainda, no local em que a obrigação de fazer deva ser cumprida. Tratando-se o processo de execução de processo desenvolvido basicamente pela prática de atos materiais que buscam a satisfação do direito do demandante, o ideal seria que a sua competência fosse do foro do local em que tais atos deveriam ser praticados.

Sensível a essa realidade, o legislador, apesar de manter a regra de que o juízo competente para a execução da sentença é aquele que a formou, criou com a Lei 11.232/2005 uma regra de competência concorrente entre esse juízo, o foro onde se encontrem bens sujeitos às contrições judiciais e, ainda, o foro do atual domicílio do executado. A modificação deve ser aplaudida, porque a natureza absoluta da competência do juízo que formou o título nunca foi garantia de qualidade da prestação jurisdicional, o que, na realidade, somente pode ser determinado numa análise do caso concreto, em especial à luz das facilidades ao exequente na busca da satisfação do seu direito[7].

Entendo que a partir do advento do art. 475-P, II, parágrafo único, do CPC, a competência para o cumprimento de sentença passou a ter natureza relativa, até porque o exequente terá a liberdade de escolher entre diferentes foros competentes, o que dificilmente se adéqua a uma regra de competência absoluta funcional. O Superior Tribunal de Justiça, entretanto, já teve a oportunidade de afirmar ser a competência absoluta, de natureza funcional, como se nenhuma alteração tivesse ocorrido no sistema[8].

Registre-se, por fim, que a nova regra que cria os **foros concorrentes** generaliza algo que, mesmo antes dela, já ocorria como forma pacífica de exceção à regra da *perpetuatio jurisdictionis*: execução de alimentos, na qual a jurispru-

---

6 Dinamarco, *Execução*, p. 207-208; Zavascki, *Processo*, p. 127-128; Fux, *Curso*, p. 1.303.

7 Araken de Assis, *Manual*, n. 81.2, pp. 352-353; Wambier-Wambier-Medina, *Breves 2*, p. 193; Scarpinella Bueno, *A nova 2*, p. 165.

8 STJ, 1.ª Seção, CC 62.083/SP, rel. Min. Luiz Fux, j. 24.06.2009, *DJe* 03.08.2009.

dência se posiciona no sentido de priorizar o disposto no art. 100, II, do CPC, em detrimento do previsto pelo art. 575, II, do CPC.

O art. 503, parágrafo único, do PLNCPC inclui o foro no qual a obrigação de fazer e não fazer deve ser cumprida como um dos foros competentes à escolha do exequente. A modificação nesses termos é elogiável, pela razão de priorizar o foro em que devem ocorrer os atos materiais de execução visando à satisfação do direito do exequente.

37.1.3.2. *Trâmite dos autos entre diferentes juízos*

Segundo o art. 475-P, parágrafo único, do CPC, na hipótese de o demandante optar por outro juízo que não o atual, no qual foi formado o título executivo, deverá requerer de forma fundamentada a remessa dos autos ao novo juízo. Embora a norma legal seja omissa a esse respeito, a fundamentação é exigida para que o juízo no qual foi protocolado o requerimento analise a efetiva ocorrência de uma das causas previstas em lei para afastar a competência do juízo que formou o título executivo – novo domicílio do executado ou local de seus bens –, condição essencial para ser aceito o pedido do exequente. A exceção, afinal, não é ampla, não dependendo somente da vontade do demandante, sendo preciso o preenchimento dos requisitos legais[9].

Já defendi anteriormente o entendimento de que o legislador optou pelo ingresso do requerimento inicial já no novo juízo, em tese, o foro do local do novo domicílio do executado ou do local em que tenha bens, cabendo a esse novo juízo determinar ao juízo de origem os autos principais[10]. O entendimento, entretanto, não é pacífico, havendo corrente doutrinária que defende que o autor deve peticionar no juízo em que se formou o título, que será o responsável pelo envio dos autos ao novo juízo[11], sendo esse o entendimento do Superior Tribunal de Justiça[12]. Após alguma meditação e diante das maiores facilidades na praxe forense sentidas pela adoção do segundo entendimento, estou inclinado a rever meu posicionamento originário.

Será admitido ao demandado, uma vez intimado no novo juízo escolhido pelo demandante, alegar a incompetência do juízo, demonstrando a impropriedade da escolha. O mérito de tal alegação será composto pela questão do preenchimento ou não dos requisitos legais previstos pelo art. 475-P, parágrafo único, do CPC. Não obstante se trate de competência territorial, não parece que nesse caso seja

---

9 Scarpinella Bueno, *A nova 2*, p. 165.

10 Neves, *Reforma*, p. 275; Araken de Assis, *Manual*, n. 81.2, p. 353; Nery-Nery, *Código*, p. 760; Wambier-Wambier-Medina, *Breves 2*, p. 193.

11 Scarpinella Bueno, *A nova 2*, p. 164; Câmara, *Lições*, v. 3, p. 152.

12 STJ, 2.ª Seção, CC 101.138/DF, rel. Min. Fernando Gonçalves, j. 16.02.2009, *DJe* 04.03.2009.

necessário ao executado o ingresso de exceção de incompetência, bastando para tanto uma mera petição ou a alegação em sua própria impugnação[13]. Esse entendimento é a consequência natural do já exposto, não havendo sentido em defender o caráter preclusivo de uma exceção de incompetência enquanto se permite o reconhecimento da incompetência de ofício. Como conclusão, a competência é territorial, mas o seu controle deve ser feito à luz do princípio da *perpetuatio jurisdictionis*, instituto de ordem pública que só pode ser excepcionado nos estreitos limites do art. 475-P, parágrafo único, do CPC, o que permitirá o controle oficioso da competência e a dispensa de forma específica para a sua alegação pelo executado.

37.1.3.3. *A regra do art. 475-P, II, do CPC e a perpetuatio jurisdictionis*

A vinculação entre o juízo da fase procedimental de conhecimento ao da satisfação do direito deve ser analisada à luz do princípio consagrado pelo art. 87 do CPC, da *perpetuatio jurisdictionis*, que trata das regras para a perpetuação da competência, e não propriamente da jurisdição, conforme analisado no Capítulo 4, item 4.9. Significa dizer que as modificações de fato e de direito não influenciam, em regra, a competência para o processo executivo/cumprimento de sentença. Esse princípio, entretanto, é excepcionado pelo novo dispositivo que prevê um foro concorrente para a execução de sentença condenatória, porque nesse caso uma mera modificação de fato, p. ex., a mudança de endereço do demandado, já será suficiente, aliada à vontade do exequente, de modificar o juízo competente para a continuidade do processo[14]. E o que é ainda mais interessante: admitir-se-á uma mudança da competência territorial por mero ato de vontade do autor, independentemente de qualquer modificação superveniente de fato e/ou direito.

> Peter ingressou com processo de conhecimento contra Aline, domiciliada em São Paulo, na Comarca de São Sebastião, e não tendo sido excepcionado o juízo, a 1.ª Vara Cível de São Sebastião sentenciou a demanda condenando Aline ao pagamento de R$ 10.000,00. Sabendo Peter que Aline continua domiciliada em São Paulo, e que tem bens em São Caetano do Sul, poderá executar a sentença em qualquer uma dessas Comarcas, ainda que desde o momento do ingresso da demanda Aline não tenha alterado seu domicílio nem o local em que se encontram seus bens. A simples vontade de Peter é suficiente para afastar o princípio da *perpetuatio jurisdictionis*.

Admitindo-se o afastamento da regra do art. 87 do CPC, é preciso responder a uma pergunta: é permitida a modificação de competência durante a fase de cumprimento da sentença, verificada uma das causas previstas pelo dispositivo legal ora comentado, ou uma vez iniciada tal fase procedimental volta-se a aplicar a regra da *perpetuatio jurisdictionis*? Parece que a exceção prevista pelo artigo legal somente

---

[13] Contra, pelo cabimento de exceção de incompetência, Araken de Assis, *Cumprimento*, p. 189-190.

[14] Oliveira Neto, *Novas*, p. 198.

se aplica para o **momento em que o demandante opta pelo foro competente** para a fase do cumprimento da sentença, fixando-se a competência no juízo escolhido e passando, a partir desse momento, a ser irrelevante uma modificação de fato ou de direito que altera a regra de competência fixada para o caso concreto. Dessa forma, caso o executado mude o seu endereço durante a fase de satisfação da sentença, ou adquira bens em local diverso do qual tramita o processo, tais mudanças não serão aptas a modificar novamente a competência do processo[15].

Além das exceções legais previstas pelo art. 475-P, III, do CPC, haverá outras hipóteses nas quais poder-se-ão admitir alterações na vinculação prevista pelo art. 475-P, II, do CPC, em virtude da ocorrência de alguma circunstância superveniente que também tenha natureza de ordem pública, em especial se determinar uma nova competência absoluta para a fase de execução, diversa daquela apontada pelo artigo ora enfrentado. É a hipótese, por exemplo, do ingresso dos entes federais na fase do cumprimento da sentença do processo, que passará obrigatoriamente a tramitar perante a Justiça Federal, ou mesmo a exclusão superveniente de um desses entes, que fez parte do processo durante a fase de conhecimento, mas não da fase de cumprimento da sentença, como no caso de litisconsórcio entre a União e o particular, tendo sido condenado somente o particular. No primeiro caso, mesmo o processo durante a sua fase de conhecimento tendo tramitado na Justiça Estadual, a fase de satisfação do direito será de competência da Justiça Federal, enquanto no segundo se dará o contrário[16].

37.1.4. Competência para a fase de satisfação de sentença arbitral, decisão homologatória de sentença estrangeira e sentença penal condenatória

O legislador, por meio da Lei 11.232/2005, perdeu uma ótima oportunidade para melhorar a redação da regra de competência para os títulos executivos descritos no art. 475-P, III, do CPC. Afirmar que a competência será do juízo cível competente para a execução não é suficiente para determinar a competência de coisa alguma. Melhor teria sido se tornasse expresso o entendimento doutrinário já arraigado no sentido de que nesses casos será **competente o juízo cível que seria o competente para conhecer o processo de conhecimento se não existisse título executivo**. É certo que o autor, em regra, não terá interesse de agir na propositura de um processo de conhecimento nesse caso, porque já tem em seu poder um título executivo judicial, mas a determinação da competência dessa demanda que não existirá será necessária para indicar a competência para a execução dos títulos previstos no art. 475-P, III, do CPC.

A arbitragem constitui a maior manifestação de disponibilidade de direitos em nosso ordenamento jurídico, considerando-se que as partes abrem mão da

---

15 Didier-Braga-Oliveira, *Curso*, p. 493. Contra, Scarpinella Bueno, *A nova*, p. 166.

16 Zavascki, *Processo*, p. 128-130; Didier-Braga-Oliveira, *Curso*, p. 494-495.

promessa constitucional de inafastabilidade da tutela jurisdicional para solucionar os seus conflitos em seara diversa da judicial. Não seria lógico, portanto, exigir que na execução da sentença arbitral sejam as partes obrigadas a seguir regras de competência sem qualquer influência de suas vontades sobre tal fixação. Se podem até mesmo dispensar a intervenção do Poder Judiciário, evidentemente que devem ter ampla liberdade para fixar a competência da execução da sentença arbitral.

Em decorrência do raciocínio desenvolvido acima, é fácil concluir que a competência para a execução da sentença arbitral será sempre relativa, podendo, portanto, ser modificada pelas hipóteses de prorrogação de competência já estudadas, com especial ênfase nesse caso para a cláusula eletiva do foro, que invariavelmente fará parte do compromisso arbitral ou da cláusula compromissória. Dessa forma, e na ausência de qualquer norma expressa no sentido de fixar a competência nesse caso, deve-se aplicar a regra prevista para os títulos executivos extrajudiciais: será competente o juízo que seria o competente para conhecer do processo de conhecimento que não existirá, por desnecessário[17].

O título executivo previsto pelo art. 475-N, II, do CPC (sentença penal condenatória transitada em julgado) naturalmente não poderia seguir a regra do art. 475-P, II, do CPC, considerando-se que o processo no qual o título foi formado tramitou em vara criminal, que não é o órgão jurisdicional competente para a execução civil de tal título executivo. Dessa forma, deve-se buscar a fixação de um juízo cível para executar a sentença penal condenatória transitada em julgado. Basta, para tanto, fazer um exercício de abstração, imaginando-se qual seria o juízo competente na hipótese de necessidade do processo de conhecimento para a formação do título, sendo esse juízo o competente para executar o título constituído na esfera criminal[18]. Essa regra será igualmente aplicada ao processo de liquidação precedente ao processo executivo.

Não se pode confundir a competência da Justiça Federal com a da Justiça Estadual nas esferas penal e cível, em razão de suas significativas e naturais diferenças. Dessa forma, ainda que a sentença penal tenha sido proferida perante a Justiça Federal, a execução civil de tal sentença só será mantida em tal Justiça se presente no caso concreto uma das hipóteses previstas pelo art. 109 da CF. Em regra, portanto, até mesmo pela competência residual da Justiça Estadual, o processo de execução civil da sentença penal, mesmo que proferida em vara federal, será de competência da Justiça Estadual[19]. Quanto à competência territorial, me parece que deve ser aplicada a regra do *forum comissi delictio* (art. 100, V, parágrafo único, do CPC), havendo concorrência entre o **foro do local em que foi cometido o ilícito e o foro do domicílio do executado**.

A sentença estrangeira, para que tenha eficácia em território nacional, deve passar por um processo de homologação perante o Superior Tribunal de Justiça,

[17] Zavascki, *Processo*, p. 132; Theodoro Jr., *Processo*, p. 529, p. 619; Greco, *O processo*, n. 5.6, p. 388.

[18] Greco, *O processo*, n. 5.7, p. 389; Pizzol, *A competência*, p. 439; Theodoro Jr., *Processo*, n. 530, p. 619.

[19] Zavascki, *Processo*, n. 132; Dinamarco, *Instituições*, n. 1.373, p. 104; Araken de Assis, *Manual*, n. 81.4, p. 354.

não sendo dele, entretanto, a competência para executá-la, conforme dispõe o art. 109, X, da CF, que atribui a competência para a Justiça Federal de primeiro grau. Dessa forma, inaplicável a tal espécie de título executivo a regra funcional prevista no art. 475-P, II, do CPC. A competência para a execução desse título, conforme estipulação do art. 484 do CPC, seguirá as "regras estabelecidas para a execução da sentença nacional da mesma natureza". Registre-se que a mesma regra se aplica à sentença arbitral estrangeira.

Entendo, nesse caso, que a competência para a execução da homologação da sentença estrangeira segue as regras do art. 475-P, III, do CPC, já que é essa a regra de competência aplicável à sentença nacional de mesma natureza. Dessa forma, como é impossível atribuir competência para o juízo que formou o título – já que a competência para a execução é da Justiça Federal de primeiro grau, tendo sido o título formado no Superior Tribunal de Justiça –, o exequente deve optar entre o foro de domicílio do executado e o foro no qual se encontram seus bens.

> Interessante notar que no art. 503, parágrafo único, do PLNCPC, a regra de foros concorrentes é aplicada expressamente para todos os títulos previstos no inciso III do dispositivo legal, que simplesmente repete o teor do art. 475-P, III, do atual CPC.

37.2. COMPETÊNCIA DA EXECUÇÃO DE TÍTULO EXTRAJUDICIAL

O art. 576 do CPC determina que a competência para a execução de título extrajudicial seguirá as regras do processo de conhecimento (Livro I, Título IV, Capítulos II e III, do CPC). As regras de competência internacional seguem basicamente o disposto nos arts. 88 e 89 do CPC, apenas excluindo-se – por incompatível com o processo executivo – o disposto no art. 88, III, do CPC ("a ação que se originar de fato ocorrido ou de ato praticado no Brasil"), entendendo a melhor doutrina que tal dispositivo diz respeito à ação cognitiva, que não existe nas hipóteses de títulos executivos extrajudiciais[20].

Quanto à competência interna, a competência de jurisdição segue as considerações já feitas, enquanto na competência de foro não há qualquer atipicidade ao processo de execução digna de nota. A significativa variedade dos títulos executivos extrajudiciais, que têm como objeto diferentes e heterogêneos direitos e obrigações, impossibilita uma construção segura de regra de competência de foro, que deverá ser analisada no caso concreto. Apesar dessa diversidade, a doutrina aponta para uma regra de competência que poderá ser aplicada no mais das vezes:

[20] Dinamarco, *Execução*, p. 217; Zavascki, *Processo*, p. 134.

(1.º) foro de eleição;

(2.º) foro do local do cumprimento da obrigação (*forum destinatae solutionis*);

(3.º) foro do domicílio do executado.

Havendo eleição de foro, estará fixada a competência; em hipótese em que não exista tal acordo, a competência será do local do cumprimento da obrigação e, finalmente, se não for indicado no título tal local, a competência será do local do domicílio do executado (foro geral – art. 94 do CPC).

A competência do processo de execução fundado em título extrajudicial é tratada pelo art. 740 do PLNCPC, que repete a regra de que a execução será processada perante o juízo competente, sendo mais completo que o atual por criar seis incisos que tratariam de situações específicas do caso concreto.

No inciso I repete-se a regra do foro geral do domicílio do executado, acrescida da cláusula de eleição de foro constante no título, que nesse caso prevalece. No inciso II há previsão de escolha pelo exequente quando o executado tiver mais de um domicílio. O inciso III prevê o foro do domicílio do exequente ou onde o executado for encontrado quando seu domicílio for incerto ou desconhecido. Havendo mais de um devedor com diferentes domicílios, o inciso IV permite ao exequente escolher entre eles. O inciso V permite a propositura no lugar em que se praticou o ato ou ocorreu o fato que deu origem ao título (melhor teria sido dizer "origem à obrigação exequenda"). Finalmente, o inciso VI permite a propositura no foro da situação dos bens, quando o título deles se originar.

Como se pode notar, os quatro primeiros incisos do dispositivo ora analisado tratam de circunstâncias que envolvem a fixação de competência no foro do domicílio do executado e, excepcionalmente, do exequente, enquanto os dois últimos criam regras de competência concorrente com a regra geral em determinadas situações específicas.

No tocante à competência específica da execução de títulos de crédito, a existência de protesto não tem o condão de modificar a regra de competência, considerando-se o protesto como mera providência de natureza administrativa[21]. Existe dissenso doutrinário a respeito da competência para a execução hipotecária, parecendo ser o melhor entendimento o que aponta para as aplicações das regras gerais já analisadas, e não a competência absoluta do foro do local do imóvel hipotecado. Deve-se recordar que a demanda executiva nesse caso é pessoal, tendo como objeto uma obrigação de pagar quantia certa, servindo o bem hipotecado

[21] STJ, REsp 782.384/SP, 3.ª Turma, rel. Min. Humberto Gomes de Barros, j. 14.12.2006, *DJ* 19.03.2007, p. 333; Zavascki, *Processo*, p. 137-138.

tão somente como garantia à satisfação do direito de crédito[22]. Há, inclusive, posicionamento do Superior Tribunal de Justiça de que mesmo havendo cláusula de eleição de foro em relação consumerista, caberá ao juiz anular a cláusula e determinar a remessa da execução hipotecária para o domicílio do executado[23], o que demonstra não ser o foro do local do imóvel absolutamente competente para a execução.

37.3. COMPETÊNCIA NO PROCESSO DE INSOLVÊNCIA CIVIL

O art. 109, I, da CF prevê que nas demandas de falência, ainda que presentes os entes federais descritos por tal dispositivo legal, a competência será da Justiça Comum. Não há qualquer indicação quanto ao processo de insolvência civil, mas, considerando a relação extrema de similaridade entre essa demanda com a demanda de falência, a melhor doutrina e também a jurisprudência do Superior Tribunal de Justiça consolidaram o entendimento de que o processo de insolvência civil sempre terá seu trâmite perante a Justiça Estadual[24].

No tocante à competência territorial, o art. 760 do CPC indica expressamente o domicílio do devedor para o caso de a declaração de insolvência ser postulada pelo próprio devedor ou seu espólio. Apesar da omissão do dispositivo legal, será a mesma regra aplicada ao pedido de insolvência proposto pelo credor. Trata-se de competência relativa, admitindo-se, portanto, prorrogação. A situação de mais de um processo de insolvência civil, proposto por diferentes credores, cria situação de conexão, resolvendo-se pelo fenômeno da prevenção do juízo, conforme já estudado anteriormente.

---

22 Zavascki, *Processo*, p. 138; Dinamarco, *Instituições*, n. 1.380, p. 112. Contra, Araken de Assis, *Manual*, n. 82.1., p. 356; Greco, *O processo*, n. 5.9, p. 392.

23 STJ, AgRg no Ag 465.114/DF, 4.ª Turma, rel. Min. Aldir Passarinho Júnior, j. 20.02.2003, *DJ* 31.03.2003, p. 232. Consultar também *Informativo* 464/STJ: 3.ª Turma, REsp. 1.048.937/PB, rel. Min. Massami Uyeda, j. 22.02.2011.

24 Dinamarco, *Execução*, p. 231-232; Zavascki, *Processo*, p. 139-140.

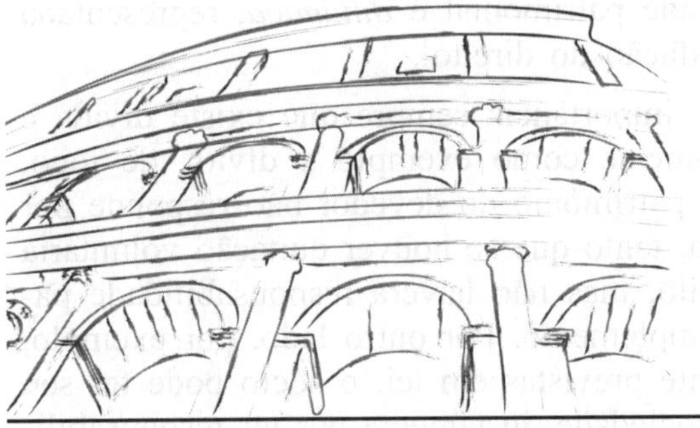

38

RESPONSABILIDADE PATRIMONIAL

38.1. OBRIGAÇÃO E RESPONSABILIDADE PATRIMONIAL

A responsabilidade patrimonial é indiscutivelmente instituto de direito processual[1], compreendida como a possibilidade de sujeição de um determinado patrimônio à satisfação do direito substancial do credor. Por outro lado, a obrigação é instituto de direito material, representado por uma situação jurídica de desvantagem. Contraída a obrigação, uma parte tem o dever de satisfazer o direito da outra, e quando isso não ocorre surge a dívida, instituto atinente ao direito material. Também existe a responsabilidade patrimonial para o caso de inadimplemento, ou seja, quando a dívida não é satisfeita voluntariamente pelo devedor, surge a possibilidade de sujeição do patrimônio de algum sujeito – geralmente o próprio

---

[1] Marinoni-Mitidiero, *Código*, p. 606; Zavascki, *Processo*, p. 190; Fux, *Curso*, p. 1.284. Contra, entendendo ser instituto de direito material: Greco, *O processo*, n. 6.3, p. 7-8.

devedor – para assegurar a satisfação do direito do credor na execução[2]. Em razão dessa distinção, fala-se que a obrigação é *estática*, gerando uma mera expectativa de satisfação, enquanto a responsabilidade patrimonial é *dinâmica*, representada pela forma jurisdicional de efetiva satisfação do direito[3].

A distinção é interessante e ganha importância sempre que existe dívida e não responsabilidade e vice-versa[4]. Tome-se como exemplo a dívida de jogo, situação em que existe a dívida, mas o patrimônio do devedor não responde por sua satisfação. É certo que existe dívida, tanto que se houver quitação voluntária não caberá ação de repetição de indébito, mas não haverá responsabilidade patrimonial do devedor derivada do inadimplemento. Por outro lado, por exemplo, em determinadas situações expressamente previstas em lei, o sócio pode ter seu patrimônio afetado por uma dívida da sociedade, justamente por ter responsabilidade patrimonial, mesmo que o devedor seja outrem (no caso a sociedade).

Registre-se que o **fiador**, apesar de não ser o devedor principal, é considerado **coobrigado** perante o credor, de forma que passa mesmo no plano do direito material a ter responsabilidade primária pela satisfação do crédito[5]. Nesse caso, a questão da responsabilidade patrimonial só terá interesse diante da existência ou não do benefício de ordem, preferindo-se anteriormente o patrimônio do devedor principal ao do fiador, o que cria uma singular *responsabilidade patrimonial primária subsidiária*. No plano material, entretanto, ambos são considerados obrigados perante o credor.

38.2. INEXISTÊNCIA DE RESPONSABILIDADE PESSOAL

Atualmente, o direito pátrio, seguindo tendência mundial, ao menos nos países juridicamente mais avançados, não admite que a pessoa do devedor responda por sua dívida na execução civil. Tempos remotos em que o devedor poderia ser morto, esquartejado ou escravizado colidem de maneira clara e insuportável com o princípio da dignidade da pessoa humana, não existindo nenhuma possibilidade de admissão atual dessa forma de responsabilização[6]. Como demonstra a própria redação do Capítulo IV, Título I, Livro II, do CPC, a responsabilidade é meramente patrimonial, nunca pessoal, não havendo nenhuma possibilidade de o corpo do responsável responder pela satisfação do direito do credor.

Registre-se que nem mesmo a **prisão civil** permitida pela Constituição Federal (devedor voluntário e inescusável de alimentos) pode ser considerada uma exceção a esse princípio, já que o encarceramento não é forma de satisfação da obrigação, e sim mero *meio de coerção* (o mais violento de todos eles) para o

---

2 Theodoro Jr., *Processo*, n. 103, p. 160; Greco, *O processo*, n. 6.3, p. 6.

3 Dinamarco, *Instituições*, n. 1.523, p. 325.

4 Chaves de Farias-Rosenvald, *Direito*, n. 10.10.7, p. 453.

5 Dinamarco, *Instituições*, n. 1.509, p. 287; Theodoro Jr., *Processo*, n. 102, p. 160; Greco, *O processo*, n. 6.3, p. 6.

6 Fux, *Curso*, p. 1.284-1.285.

cumprimento da obrigação[7]. O devedor de alimentos que deve três meses e fica preso por um mês, sai da cadeia devendo quatro meses de alimentos, exatamente porque a privação corporal que suportou não gera satisfação do direito.

38.3. BENS QUE RESPONDEM PELA SATISFAÇÃO NA EXECUÇÃO

O art. 591 do CPC tenta fixar, com redação rica em dubiedade e pobre em clareza, quais os bens que respondem dentro do patrimônio do responsável pela satisfação da dívida. O primeiro equívoco do dispositivo legal é indicar que os bens do devedor respondem, quando na realidade são os bens do responsável patrimonial que respondem pela satisfação da dívida. O problema maior, entretanto, é ausência de indicação clara do *momento presente*, única forma de determinar quais são os bens passados e futuros[8].

Considerando-se que o momento presente é o do surgimento da obrigação, restaria indevidamente "congelado" todo o patrimônio do responsável patrimonial, ainda que em valor muito superior ao da dívida. Não seria prudente a aquisição de bens do responsável patrimonial nessas condições, porque, mesmo mantendo-se em seu patrimônio bens suficientes para a satisfação da obrigação, aqueles que tivessem sido alienados no lapso temporal compreendido entre o surgimento da obrigação e da execução continuariam a responder pela dívida. A insegurança generalizada nos negócios jurídicos e as dificuldades na transferência de patrimônio são razões suficientes para afastar esse entendimento.

Por outro lado, não é correto dar-se simplesmente como momento presente o de instauração da execução, excluindo-se da responsabilidade patrimonial todos os bens que existiam no patrimônio do obrigado à época do surgimento da obrigação e que no momento da execução já tenham sido transferidos. A razão é óbvia: bastaria ao obrigado dilapidar todo o seu patrimônio antes da execução, frustrando a satisfação do direito do credor. Esse entendimento, como claramente se nota, incentivaria as fraudes contra o credor, diminuindo ainda mais as expectativas de satisfação por meio da execução.

A melhor interpretação do texto legal é aquela que dá como momento inicial a ser considerado para fixação dos "bens presentes" o da **instauração do processo executivo** e para bens futuros aqueles que forem adquiridos durante o seu trâmite, não se excluindo, entretanto, **"bens passados" alienados em fraude**, quando então importará o momento em que foi contraída a obrigação. Fala-se, então, em *bens passados*, que não estão mais no patrimônio do executado no momento da propositura da demanda, mas que respondem ainda assim por suas obrigações, sempre que tiver ocorrido a alienação em fraude[9], além dos *bens futuros*, adquiridos após a constituição da dívida e mesmo após a propositura da

---

[7] Theodoro Jr., *Processo*, n. 102, p. 159.

[8] Abelha Rodrigues, *Manual*, p. 71-72.

[9] Theodoro Jr., *Processo*, n. 102, p. 160; Dinamarco, *Instituições*, n. 1.527, p. 328.

execução. Outra forma de dizer exatamente o mesmo é entender-se por "bens presentes" aqueles existentes à época do surgimento da dívida e "bem futuros" todos os que forem adquiridos até a satisfação do direito do credor, salvo os bens alienados nesse período sem fraude.

38.4. IMPENHORABILIDADE DE BENS

38.4.1. Patrimônio mínimo e dignidade humana

É indubitável que as regras de impenhorabilidade de determinados bens tem estreita ligação com a atual preocupação do legislador em criar freios à busca sem limites da satisfação do exequente na execução, mantendo-se a mínima dignidade humana do executado. Nem sempre, entretanto, foi assim. No direito romano a execução era extremamente violenta, permitindo-se a privação corporal e até mesmo a morte do devedor. A famosa Lei das XII Tábuas choca ao estabelecer que em determinadas condições seria possível "dividir o corpo do devedor em tantos pedaços quantos sejam os credores".

O próprio direito romano passou por uma tímida, mas nítida, humanização da execução a partir do momento em que passou a regular limites à atuação do exequente, em especial a limitação à morte e divisão do corpo do devedor[10]. Apesar de certos avanços, enquanto não abandonou a ideia de vingança privada o direito romano não conseguiu se desvincular do excesso nos meios executivos para a satisfação na execução.

A doutrina que enfrentou o tema é unânime em apontar que a *Lex Poetelia Papiria*, do ano 326 a.C., representou o início da transformação da responsabilidade pessoal para a patrimonial[11]. Passou-se a proibir a morte e o acorrentamento do devedor, a prever de forma institucionalizada a satisfação do crédito mediante a prestação de trabalhos forçados; o que hoje em dia parece inaceitável à época representou grande avanço. A ideia de vingança privada, entretanto, ainda continuava fortemente arraigada na mentalidade romana da época.

É interessante notar que, mesmo dentro da responsabilidade patrimonial, que veio a se firmar mais concretamente no período clássico e pós-clássico do direito romano, houve uma evolução. Basta lembrar que a *bonorum venditio* representava uma execução universal e coletiva, na qual o devedor respondia por sua dívida com a integralidade de seu patrimônio, em procedimento muito parecido com a atual falência e insolvência civil. A partir do advento do período clássico (com os novos institutos aí previstos), passou a incidir em alguns casos a limitação patrimonial, com o valor dos bens expropriados correspondente ao valor da dívida, o que se aproxima de nosso atual esquema de responsabilidade patrimonial.

10 Dinamarco, *Execução*, p. 33; Azevedo, *Da penhora*, p. 137-138, faz interessante análise histórica de tal evolução.

11 Lucon, *Embargos*, p. 18.

É nessa fase do direito romano que se passa a notar os primeiros traços de preocupação do legislador com a preservação do mínimo necessário para a manutenção do devedor[12]. Ainda que de forma embrionária, percebe-se algo próximo à impenhorabilidade de certos bens como previsto atualmente.

Como se nota, a impenhorabilidade de bens é a última das medidas no trajeto percorrido pela "humanização da execução". A garantia de que alguns bens jamais sejam objeto de expropriação judicial é a tentativa mais moderna do legislador de preservar a pessoa do devedor, colocando-se nesses casos sua dignidade humana em patamar superior à satisfação do direito do exequente. É corrente na doutrina a afirmação de que razões de cunho humanitário levaram o legislador à criação da regra da impenhorabilidade de determinados bens. A preocupação em preservar o executado – e quando existente também sua família – fez com que o legislador passasse a prever formas de dispensar o **mínimo necessário à sua sobrevivência digna**.

Atualmente, diante do manifesto fracasso do processo de execução por quantia certa, parcela da doutrina se pergunta se o legislador pátrio não teria exagerado na proteção do devedor, em evidente e injusto detrimento do credor[13]. Apesar da inegável importância da manutenção de um mínimo suficiente para a manutenção da dignidade humana, o que parece ter ocorrido é um exagero na amplitude da impenhorabilidade de bens. É triste, portanto, a postura da Presidência da República ao vetar duas modificações que seriam introduzidas no sistema pela Lei 11.382/2006, e que tornariam as coisas mais equilibradas, quais sejam a penhora de bens de família com valor superior a um teto estabelecido em lei e a penhora de uma parte do salário[14].

38.4.2. As hipóteses específicas de impenhorabilidade no direito brasileiro

O art. 649 do CPC prevê o rol dos bens absolutamente impenhoráveis, entendidos como aqueles bens que em nenhuma hipótese responderão pela satisfação da dívida. Apesar de entender o salário e demais vencimentos previstos no art. 649, IV, do CPC como bens absolutamente impenhoráveis, o art. 649, § 2.º, do CPC abre uma exceção no tocante à execução de alimentos, na qual passa a ser admitida a penhora de parcela do salário e demais vencimentos em percentual que possibilite a subsistência do executado-alimentante[15]. Também o art. 649, § 1.º, do CPC abre exceção à regra de impenhorabilidade absoluta ao admitir a penhora em cobrança do crédito concedido para a aquisição do próprio bem. Sem previsão no Código de Processo Civil, mas na mesma situação está o bem

---

12 Dinamarco, *Execução*, p. 46; Greco, *O processo*, n. 6.5, p. 13.

13 Wambier, *A crise*, p. 138.

14 Sobre o tema, Neves, *Injustificados*, p. 480-503.

15 STJ, 3.ª Turma, REsp 770.797/RS, rel. Min. Nancy Andrighi, j. 29.11.2006; Araken de Assis, *Manual*, n. 43.4, p. 229-230.

de família, considerado absolutamente impenhorável ainda que excepcionalmente passível de penhora nas hipóteses legais (art. 3.º da Lei 8.009/1990).

Importante consignar que o Superior Tribunal de Justiça já entendeu que, apesar da natureza de ordem pública da impenhorabilidade absoluta, o titular do direito poderia renunciar à proteção legal[16], salvo na hipótese de bem de família. Significava dizer que, uma vez indicado o bem à penhora, o devedor não poderia posteriormente alegar sua impenhorabilidade. Mas o tema continua muito polêmico. Julgamento recente determina ser irrenunciável a proteção em qualquer hipótese, forte no argumento de preservação da dignidade da pessoa humana[17], mas em decisão ainda mais recente admitiu-se a renúncia do bem de família[18].

Apesar de o Superior Tribunal de Justiça entender que a impenhorabilidade absoluta do bem de família é matéria de ordem pública, já decidiu que, uma vez havendo decisão interlocutória pela penhorabilidade do bem, não pode o juiz se retratar desse entendimento e, no julgamento dos embargos à execução, entender pela impenhorabilidade do bem, mormente porque a primeira decisão já havia sido confirmada por agravo de instrumento[19].

No tocante ao bem de família, o Superior Tribunal de Justiça entende que, independentemente do valor do imóvel, a impenhorabilidade será mantida[20], o que é lamentável e não encontra qualquer justificativa à luz do princípio do patrimônio mínimo e da dignidade humana. Por outro lado, já decidiu que imóvel desocupado pode ser penhorado, ainda que seja o único do devedor[21].

38.4.2.1. *Bens inalienáveis e os declarados, por ato voluntário, não sujeitos à execução*

A penhora é ato preparatório da expropriação, de forma que não faz sentido permitir a penhora de um bem que não possa ser objeto de alienação ou adjudicação. A inalienabilidade pode ser tanto *direta*, quando proveniente da lei, como ocorre com os bens fora de comércio e os bens públicos, como *indireta*, quando decorrente de um acordo de vontade entre as partes e eficaz perante terceiros, como ocorre com os bens doados ou alienados com cláusula de inalienabilidade, comuns em testamentos. Registre-se que, nesse caso, a cláusula não afasta a permissão de penhora sobre o bem na satisfação de dívidas do *de cujus*[22].

---

16 STJ, 4.ª Turma, AgRg nos Edcl no REsp 787.707/RS, rel. Min. Hélio Quaglia Barbosa, j. 14.11.2006, *DJ* 04.12.2006, p. 330.

17 STJ, 2.ª Turma, REsp 864.962/RS, rel. Min. Mauro Campbell Marques, j. 04.12.2010, *DJe* 18.02.2010.

18 *Informativo* 455/STJ: 3.ª Turma, REsp 1.141.732-SP, rel. Min. Nancy Andrighi, j. 09.11.2010.

19 *Informativo* 425/STJ: 4.ª Turma, REsp 254.236-SP, rel. Min. Luis Felipe Salomão, j. 02.03.2010.

20 *Informativo* 456/STJ: 3.ª Turma, REsp 1.178.469-SP, rel. Min. Massami Uyeda, j. 18.11.2010.

21 *Informativo* 453/STJ: 3.ª Turma, REsp 1.005.546-SP, rel. originário Min. Sidnei Beneti, rel. p/ acórdão Min. Nancy Andrighi, j. 26.10.2010.

22 STJ, 3.ª Turma, REsp 998.031/SP, rel. Min. Humberto Gomes de Barros, j. 11.12.2007.

38.4.2.2. *Móveis, pertences e utilidades domésticas (art. 649, II, do CPC)*

A redação do art. 649, II, do CPC foi totalmente modificada pela Lei 11.382/2006. Na redação anterior eram impenhoráveis as "provisões de alimento e de combustíveis, necessárias à manutenção do devedor e de sua família durante um mês". A nova redação da norma legal ora comentada menciona "os móveis, pertences e utilidades domésticas que guarnecem a residência do executado, salvo os de elevado valor e não correspondentes a um médio padrão de vida". Esse tema também é objeto de tratamento por outras normas legais, quais sejam os arts. 1.º, parágrafo único, e 2.º da Lei 8.009/1990.

Parece haver uma plena compatibilidade entre as normas, considerando-se a singeleza do dispositivo da Lei 8.009/1990, que não especifica quais são os móveis que guarnecem a casa que podem ser objeto de penhora. Apesar da utilização de critérios indeterminados, o dispositivo processual ora comentado busca uma maior determinação, evitando-se que bens de alto valor e que não correspondam a um "médio padrão de vida" sejam excluídos da penhora. Realmente a questão envolvendo a penhora de bens que guarnecem a residência é tormentosa, devendo ser saudada a tentativa do legislador de uma maior sistematização da matéria.

É temeroso o entendimento de alguns doutrinadores de que as restrições patrimoniais estabelecidas pelo Código de Processo Civil e leis extravagantes se prestam a garantir a manutenção do padrão de vida do executado[23]. Nada mais equivocado, já que é absolutamente natural que o devedor, no cumprimento de sua obrigação – voluntário ou forçado –, sofra sensível diminuição patrimonial e por consequência algumas privações, que podem ser temporárias ou definitivas[24]. O que não se admite é a agressão demasiada à própria dignidade humana do executado, e tão somente isso.

O ponto de partida, portanto, **não deve ser a manutenção da condição do executado**, mas apenas a preservação de sua dignidade humana. Tal entendimento, entretanto, não torna menos tortuosa a escolha dos bens móveis encontrados em sua residência que podem ou não ser penhorados. O problema reside justamente no exato limite da legitimidade na impenhorabilidade de determinado bem[25]. Ainda que por meio de norma de conteúdo indeterminado, a nova redação do art. 649, II, do CPC procura contribuir para a solução desse problema.

A jurisprudência atual, na interpretação do art. 1.º, parágrafo único, da Lei 8.009/1990 vem se inclinando a incluir entre os bens impenhoráveis aqueles que, apesar de não serem imprescindíveis ao funcionamento da residência, já que é plenamente possível a continuação da vida sem eles, mostram-se necessários ao

---

[23] Vasconcelos, *A impenhorabilidade*, p. 53.

[24] Wambier, *A crise*, p. 146.

[25] Lima Guerra, *Direitos*, p. 167.

lazer do executado[26]. A justificativa estaria na própria Constituição Federal, que em seu art. 6.º prevê o lazer como um direito social do cidadão.

O problema, entretanto, persiste. Ainda que se admita que o lazer do executado e de sua família deva ser preservado, presume-se que se trata do lazer mínimo, significando aquele normalmente desfrutado na maioria das residências. Dessa forma, são corretas as decisões que excluem da penhorabilidade geladeira, fogão, televisões e aparelhos de som[27], desde que tais bens não se mostrem com a característica de suntuosidade, como televisores de tela plana que atingem valores estratosféricos ou ainda aparelhagem de som típica de casas noturnas, e não de residências. Diante de tais situações, e levando-se em conta o alto valor de tais bens, não resta dúvida de que a penhora deve ser realizada.

A situação se agrava quando se trazem à discussão outros bens, sobre os quais ainda não há posição pacificada nas decisões judiciais: videocassete, DVD, lava-louças, secadora, *freezer* etc. O que deve nortear o julgador nesses casos será sempre a garantia mínima de dignidade do executado, e não a manutenção de seu padrão de vida, já que o cumprimento de obrigações pode gerar – e inevitavelmente gera – certas privações e sacrifícios. Nesse sentido, parece fundamental a previsão legal quando se refere a um "padrão médio de vida", o que só pode significar o padrão médio de vida da sociedade brasileira, sujeitos passivos da aplicação normativa.

Objetivando contribuir com o tema, fonte de eterna insegurança, há interessante proposta doutrinária a respeito de dados objetivos que poderiam ser levados em conta na determinação de quais bens móveis que guarnecem o imóvel podem ser penhorados. Nesse entendimento, seria possível estabelecer uma "média nacional de conforto" representativa do padrão médio da sociedade brasileira, tomando-se por base as conclusões dos índices apontados pelo IBGE[28]. A proposta busca evitar que devedores mais abastados tenham proteção excessiva, com a manutenção de bens móveis que, embora incorporados ao seu dia adia, não passam de um sonho distante para a grande maioria das famílias brasileiras.

38.4.2.3. *Vestuários e pertencentes de uso pessoal*

A antiga redação do art. 659, III, do CPC era certamente uma das mais folclóricas de todo o diploma legal, já que tornava impenhorável o "anel nupcial e os retratos de família". Apesar da preocupação sentimental, o dispositivo tinha pouca incidência prática, em especial no tocante ao retrato de família, que dificilmente

---

[26] STJ, 3.ª Turma, REsp 198.370/MG, rel. Min. Waldemar Zveiter, j. 16.11.2000. Criticam tal posicionamento Azevedo, *Da penhora*, p. 134; Greco, *Processo*, p. 24.

[27] Com ampla análise jurisprudencial Villaça Azevedo, *Bem*, p. 180-181; Vasconcelos, *A impenhorabilidade*, p. 55.

[28] Wambier, *A crise*, p. 146. Tal fixação objetiva encontra crítica: Lima Guerra, *Direitos*, p. 167; Araken de Assis, *Processo*, p. 398.

tinha algum valor econômico que justificasse sua penhora[29]. Apesar de peculiar a antiga previsão legal, não se pode negar que efetivamente exista, ao menos na maioria dos casos, um valor sentimental no anel de núpcias, sendo entendimento praticamente uníssono na doutrina que os laços afetivos representados pelo anel nupcial e assemelhados, com as agradáveis lembranças que o mesmo traz, e ainda seu significado sentimental para o casal, sejam razões mais do que suficientes para a manutenção de sua impenhorabilidade.

Dessa forma, mesmo com a opção legislativa de retirar a previsão específica, a ideia central da impenhorabilidade, desde que mantidos os laços afetivos entre os contraentes do matrimônio[30], continuam a existir. Com um pouco de esforço é possível entender que o anel nupcial é um dos pertences de uso pessoal do executado, como é o relógio que coloca em seu pulso todo dia ao acordar. Dessa forma, desde que não seja um anel propositalmente cravado de diamantes ou outras pedras preciosas para criar uma artificial impenhorabilidade[31], continuará a ser, apesar da omissão legal, impenhorável.

A respeito da atual redação do art. 649, III, do CPC, o legislador foi feliz ao indicar que, sendo de elevado valor, tanto o vestuário como os pertences de uso pessoal deverão ser penhorados. É natural que essa análise caberá ao juiz no caso concreto, que deverá valer-se do princípio da razoabilidade para a determinação de quais bens podem ser penhorados.

38.4.2.4. *Ganhos aptos a manter a subsistência do executado*

A atual redação do art. 649, IV, do CPC deve ser entendida como o resultado do somatório das previsões da antiga redação desse dispositivo com a antiga redação do art. 649, VII, do CPC. Além disso, o legislador aproveitou a oportunidade dada pela Lei 11.382/2006 ao fazer algumas adaptações e trazer ao dispositivo legal algumas novidades.

Da antiga redação do art. 649, IV, do CPC, desaparece a indevida previsão expressa de impenhorabilidade dos vencimentos dos magistrados, professores e dos funcionários públicos, prevendo-se agora a genérica impenhorabilidade dos vencimentos, subsídios, salários, remunerações, proventos de aposentadoria, pensões, pecúlios e montepios, sendo que nesse tocante houve singela modificação quanto à antiga redação do art. 649, VII, do CPC, substituindo-se "tenças" por "pecúlios". *Vencimentos* são todos os valores que compõem a remuneração do funcionário público, sendo, portanto, desnecessária a indicação individualizada do juiz de direito, que também é funcionário público. *Soldos* são os vencimentos dos militares, e salários incluem toda a remuneração advinda de uma relação

---

29 Azevedo, *Da penhora*, p. 132; Fux, *Curso*, p. 1.107; Castro, *Comentários*, p. 200.

30 Dinamarco, *Instituições*, n. 1.547, p. 349, nota de rodapé 14.

31 Araken de Assis, *Manual*, n. 43.3, p. 227.

empregatícia, abrangendo-se os adicionais, percentuais, participações, verbas em atraso etc.[32].

Também são impenhoráveis as quantias recebidas por liberalidade de terceiro e destinadas ao sustento do devedor e sua família, bem como os ganhos do trabalhador autônomo e os honorários de profissional liberal. A Lei 11.382/2006, ao incluir no rol da impenhorabilidade os ganhos do trabalhador autônomo e os honorários do profissional liberal, acatou antiga reivindicação amparada no princípio da isonomia, com fundamento na irrelevância da espécie de relação mantida pelo trabalhador para a obtenção de seus ganhos.

A justificativa para a impenhorabilidade prevista no dispositivo legal ora comentado reside justamente na natureza alimentar de tais verbas, donde a penhora e a futura expropriação significariam uma indevida invasão em direitos mínimos da dignidade do executado, interferindo diretamente em sua manutenção, no que tange às necessidades mínimas de habitação, transporte, alimentação, vestuário, educação, saúde etc.[33]. É justamente em razão da *ratio* da norma que o Superior Tribunal de Justiça entende pela penhorabilidade de valores derivados da restituição de imposto de renda, considerando que nesse caso a penhora não compromete a manutenção digna do executado[34]. Em sentido aparentemente contrário, o mesmo tribunal já entendeu impenhoráveis verbas provenientes de rescisão de contrato de trabalho, ainda que alocadas em fundo de investimento[35].

Registre-se, mais uma vez, o art. 649, § 2.º, do CPC, que prevê a inaplicabilidade da impenhorabilidade tratada pelo inciso IV desse dispositivo legal para o pagamento das prestações alimentícias. O Superior Tribunal de Justiça entende que a excepcional penhorabilidade atinge também a gratificação de férias e natalina (décimo terceiro salário)[36]. O tribunal é bastante severo na aplicação da norma, não admitindo outras exceções que não aquela expressamente prevista em lei[37].

A impenhorabilidade de salários consagrada no dispositivo legal ora analisado é lamentável, contrariando a realidade da maioria dos países civilizados, que, além da necessária preocupação com a sobrevivência digna do devedor, não se esquecem que salários de alto valor podem ser parcialmente penhorados sem sacrifício de sua subsistência digna. De qualquer forma, não parece correto o posicionamento adotado pela 3.ª Turma do Superior Tribunal de Justiça ao admitir a penhora de restituição de imposto de renda, ainda que reconhecida sua natureza salarial, desde que tal penhora não comprometa a manutenção digna do devedor[38]. Entendo que a

---

32 Dinamarco, *Instituições* n. 1.548, p. 350; Teixeira, *A penhora*, p. 125-126.

33 Theodoro Jr., *Processo*, n. 195, p. 257.

34 *Informativo* 409/STJ: 3.ª Turma, REsp 1.059.781-DF, Rel. Min. Nancy Andrighi, j. 1.º.10.2009.

35 *Informativo* 401/STJ, 4.ª Turma, REsp 978.689/SP, rel. Min. Luis Felipe Salomão, j. 06.08.2009, *DJe* 24.08.2009.

36 *Informativo* 417/STJ: 2.ª Seção, REsp 1.106.654-RJ, rel. Min. Paulo Furtado, j. 25.11.2009.

37 *Informativo* 485/STJ: 4.ª Turma, REsp 904.774/DF, rel. Min. Luis Felipe Salomão, j. 18.10.2011.

38 *Informativo* 409/STJ: 3.ª Turma, REsp 1.059.781/DF, rel. Min. Nancy Andrighi, j. 01.10.2009; 435/STJ: 3.ª Turma, REsp 1.150.738-MG, rel. Min. Nancy Andrighi, j. 20.05.2010.

proposta de penhorabilidade dos salários, apesar de absolutamente legítima, deve ser feita somente *de lege ferenda.*

38.4.2.5. *Bens necessários ou úteis ao exercício profissional*

Mais uma vez, a preocupação do legislador é com a manutenção de meios para que o executado possa continuar a viver com mínima dignidade humana. Retirar-lhe os meios pelos quais produz o resultado de seu trabalho seria o mesmo que impedi-lo de obter o necessário para sua manutenção. Ainda referente ao próprio sustento do executado, a preservação de tais bens em seu patrimônio permite que o mesmo continue com seu trabalho, recebendo naturalmente os proventos de tal atividade que, por consequência, o manterão vivendo com a dignidade humana que se procurou preservar com a norma. Além da necessária manutenção de instrumentos que gerem a receita mínima para a sobrevivência do executado, parte da doutrina aponta outro motivo para a preservação de tais bens em seu patrimônio: a realização pessoal[39].

Ainda que se admitam esses dois naturais reflexos na manutenção de bens necessários ou úteis ao exercício da profissão no patrimônio do executado, deve-se mais uma vez atentar que a generalidade da previsão legal pode criar situações totalmente inapropriadas, com excessiva proteção do executado em injusto detrimento do exequente. Os problemas advêm da opção legislativa de não limitar a impenhorabilidade aos bens necessários, estendendo a limitação patrimonial também aos bens úteis ao exercício da atividade laborativa, ou seja, os instrumentos que ajudam, mas que sem eles o trabalho ainda poderia ser feito da mesma forma. Uma interpretação muito extensiva de tal utilidade poderá atentar até mesmo contra os motivos que levaram o legislador a criar tal proteção patrimonial[40].

É importante limitar a abrangência de referido dispositivo às pessoas físicas, e, quando muito, como faz o Superior Tribunal de Justiça, às microempresas e empresas de pequeno porte, sempre que a atividade destas se confundir com a do próprio sócio[41]. Essa é uma limitação que se faz necessária, sob pena de a norma beneficiar indevidamente pessoas jurídicas inadimplentes que não merecem tal proteção, levando-se em conta as motivações do legislador ao estabelecer tal limitação patrimonial.

Quanto ao problema de determinar quais os instrumentos necessários ou úteis que não devem ser penhorados, Araken de Assis fixa critérios objetivos para tal aferição. Seriam quatro os critérios: uso total, quantidade razoável, utilidade ou necessidade e trabalho pessoal[42].

---

39 Cambi, *Tutela*, p. 269.

40 Azevedo, *Da penhora*, p. 69.

41 STJ, 2.ª Turma, REsp 760.283/RS, rel. Min. Mauro Campbell Marques, j. 12.08.2008; Araken de Assis, *Manual*, n. 43.5, p. 231-232; Dinamarco, *Instituições*, n. 1.551, p. 353-354; Theodoro Jr., *Processo*, n. 195, p. 259.

42 Araken de Assis, *Manual*, n. 43.5, p. 231.

Os instrumentos primeiramente devem ser utilizados no dia a dia profissional do executado, e não apenas de forma esporádica e rara. A ideia está intimamente ligada à manutenção do trabalho nos moldes do realizado à época da penhora, e, sendo o instrumento muito raramente utilizado, não parece correto que, sendo valioso e podendo satisfazer o direito do exequente, fique alheio à penhora. Nesses casos, os bens valiosos e pouco utilizados deverão ser penhorados, já que representam bens supérfluos à continuação da atividade laborativa do executado[43].

Nessa situação encontram-se as bibliotecas de profissionais liberais, em especial aquelas de elevado valor e pouca utilidade na prática diária. Muitas vezes, a biblioteca mais serve para impressionar a conhecidos e à clientela ou, ainda, para mera satisfação pessoal, resultado não de uma necessidade premente na prática profissional, mas sim de compras feitas durante toda a carreira, ou algumas vezes até fruto de herança. Sem grande utilidade no dia a dia forense, parece admissível a sua penhora e futura expropriação[44]. É claro que se deve atentar para a profissão principal do profissional executado, não se podendo admitir a penhora no caso daquele profissional que, apesar de ser membro ativo da Ordem dos Advogados, reserva maior parte de seu tempo para a vida acadêmica. Esses verdadeiros professores, que produzem ciência e ensinam os iniciantes na matéria servem-se da biblioteca como forma direta de trabalho, não podendo nesse caso sofrer a penhora.

A quantidade razoável também deve ser levada em consideração, sendo inviável que a impenhorabilidade abranja uma série de bens do devedor quando este possuiu vários bens do mesmo gênero. É o que ocorre, por exemplo, com taxista que tenha diversos carros e tenha formado uma frota, alugando alguns deles – todos na verdade que não estejam com ele – e recebendo pagamento de seus "empregados" por tal atividade[45]. Não resta dúvida de que nesse caso a impenhorabilidade deverá se limitar ao carro objeto de trabalho direto do executado.

Imagine-se ainda, de forma exemplificativa, um número excessivo de computadores, num escritório de advocacia, ou ainda um número de suplementos de escritório bem superior às necessidades básicas de trabalho (caixas de canetas esferográficas, papel, disquetes de computador, *toners* etc.)[46]. A lembrança que deve seguir o aplicador da norma é de que esta não foi feita para brindar excessos, e sim para manter o devedor com o mínimo necessário para que possa continuar seu trabalho, como forma de geração de riqueza e de ocupação.

Outro aspecto a ser levado em consideração é a imprescindível ligação entre os bens e a profissão exercida pelo devedor. Deve restar devidamente comprovado que a utilização de tais bens se presta à realização das tarefas compreendidas em seu trabalho, de forma direta. Assim, uma televisão ou um aparelho de som existente em escritório de advocacia ou consultório médico, geralmente voltados

---

[43] Pontes de Miranda, *Comentários*, p. 290.

[44] Dinamarco, *Instituições* n. 1.549, p. 353; Greco, *Processo*, n. 6.5.3, p. 23. Em sentido contrário: Araken de Assis, *Manual*, n. 43.5, p. 231.

[45] Dinamarco, *Instituições* n. 1.549, p. 352-353.

[46] Araken de Assis, *Manual*, n. 43.5, p. 231.

a momentos de lazer e relaxamento do profissional, devem ser normalmente penhorados, já que a sua ausência em absolutamente nada afetará seu exercício profissional. Trata-se na verdade de bem supérfluo, inexistente na avassaladora maioria dos escritórios e consultórios de profissionais liberais.

Por outro lado, deve-se também atentar que o trabalho deve ser o principal meio de sustento do devedor. A doutrina dá interessante exemplo de funcionário público que nas horas vagas exerce, como "bico", o ofício de músico, sendo que os valores obtidos como funcionário público já são suficientes para a manutenção de um bom padrão de vida. Faz a ressalva, entretanto, que quando os valores obtidos com a atividade paralela forem necessários para o seu sustento, os instrumentos de trabalho deverão restar impenhoráveis[47].

Parece que a limitação da responsabilidade patrimonial somente poderá atingir os bens adquiridos antes do surgimento da dívida, já que entendimento em sentido contrário significaria a criação de um porto seguro aos devedores na pretensão de livrar seus bens da constrição judicial. Sabendo-me devedor, adquiro mais alguns computadores para meu escritório, ou então compro diversos livros para minha biblioteca etc. Não parece que tal ato reste tipificado por nosso Código de Processo Civil como fraude à execução, mas seria absurdo retirar tais bens do âmbito da penhora, ainda que ao menos nesse momento se mostrem úteis ou até mesmo necessários para o trabalho do executado.

O art. 790, V, do PLNCPC repete a regra prevista no art. 649, V, do atual do CPC, mas o projeto de lei traz novidade no § 3.º do dispositivo legal, ao prever que se incluem na impenhorabilidade prevista no inciso V do *caput* deste artigo os equipamentos, implementos e máquinas agrícolas, desde que pertencentes a pessoa física ou a empresa individual produtora rural, exceto nos casos em que esses bens tenham sido objeto de financiamento e estejam vinculados em garantia à operação ou quando respondam por dívida de natureza alimentar, trabalhista ou previdenciária.

Outra inovação fica por conta da diminuição de 40 salários-mínimos para 30 no tocante à impenhorabilidade de valores mantidos em poupança, nos termos do art. 790, X, do PLNCPC.

A alteração mais significativa fica por conta da alteração proposta no § 2.º do dispositivo ora comentado, que passa a admitir a penhora de salário e outras formas de ganho, como o trabalho, em valores superiores a 50 salários mínimos. Recorde-se que em 2006, mais precisamente no projeto de lei do qual resultou a Lei 11.382/2006, já houve tentativa de penhorabilidade de parcela do salário além da dívida alimentar, tendo sido a novidade vetada pelo Presidente da República.

47 Cambi, *Tutela*, p. 270-271.

38.4.2.6. *Seguro de vida*

O seguro de vida se presta a criar em favor do beneficiado um fundo alimentar, sendo decorrência dessa natureza a sua impenhorabilidade[48]. E nem se fale que essa impenhorabilidade prejudica os credores ao desfalcar o patrimônio do falecido, porque o seguro de vida não é herança, não chegando a fazer parte do patrimônio do *de cujus*[49].

38.4.2.7. *Materiais necessários para obras em andamento*

A impenhorabilidade desse bem exige que o material já esteja afetado à obra, ou seja, que haja demonstração clara e inequívoca de que os materiais serão utilizados naquela obra. Existe exceção no próprio art. 649, VII, do CPC, admitindo-se a penhora desse material sempre que a própria obra tenha sido objeto de penhora. Além disso, também se aplica ao dispositivo o art. 649, § 1.º, do CPC, admitindo-se a penhora na execução de dívida contraída na própria aquisição do material.

38.4.2.8. *Pequena propriedade rural trabalhada pela família*

O inciso VIII do art. 649 do CPC cuida do mesmo tema que tratava o antigo inciso X deste dispositivo legal, mas houve interessante mudança em sua redação pela Lei 11.382/2006. Antes da reforma processual, era considerado impenhorável o imóvel rural, até um módulo, desde que este seja o único de que disponha o devedor, ressalvada a hipoteca para fins de financiamento agropecuário. Com a nova redação, tornou-se impenhorável a pequena propriedade rural, assim definida em lei, desde que trabalhada pela família. O problema a partir de agora é a definição do que se deve entender por pequena propriedade, problema que não diz respeito propriamente ao Código de Processo Civil, mas à própria regulamentação da Constituição Federal.

A Constituição Federal em ao menos dois dispositivos refere-se expressamente à "pequena propriedade rural" – arts. 5.º, XXVI, e 185, I – sendo que ao menos em uma delas há previsão expressa de impenhorabilidade da pequena propriedade rural, em dispositivo legal que, aparentemente, tratava do mesmo tema do art. 649, X, do CPC. Para alguns, essa superposição de normas era meramente aparente, porque a impenhorabilidade constitucional prevista pelo art. 5.º, XXVI, da CF, não se confundia com aquela prevista pela antiga redação do art. 649, X, do CPC[50].

---

48 Theodoro Jr., *Processo*, n. 195, p. 259.

49 Dinamarco, *Instituições*, n. 1.554, p. 355.

50 Ari Ferreira Queiroz, Proteção constitucional. Disponível em: <http://jus2.uol.com.br/doutrina/texto.asp?id=1676>. Acesso em: 26.12.2006.

Com a modificação legal, a nova norma processual tornou-se mais abrangente em termos de proteção ao executado do que a norma constitucional, visto que a única exigência para que a pequena propriedade rural seja impenhorável é que ela seja trabalhada pela família, pouco importando a natureza da dívida contraída pelo executado.

Segundo a Lei 8.629/1993, no seu art. 4.º, II, *a*, a pequena propriedade rural é a área compreendida entre um e quatro módulos fiscais, sendo que o cálculo do módulo fiscal é definido pelo Incra, em cada município, tomando-se por base o art. 4.º do Decreto 84.685/1980. Apesar da interessante observação feita por parcela da doutrina, diferenciando o módulo rural do módulo fiscal, para defender que em termos de impenhorabilidade deve ser aplicado aquele e não esse, a jurisprudência, na interpretação da antiga redação do art. 649, X, do CPC, levava em conta o módulo fiscal, não existindo nenhum dado que leve a crer numa mudança de posição na aplicação da nova norma[51].

38.4.2.9. *Recursos públicos ligados à aplicação compulsória em educação, saúde e assistência social*

O dispositivo legal ora comentado torna impenhoráveis os recursos públicos recebidos por instituições privadas para aplicação compulsória em educação, saúde ou assistência social, o que demonstra uma escolha do legislador entre dois valores: o direito de satisfação do exequente e o direito coletivo de sujeitos indeterminados que serão favorecidos pela aplicação dos valores na área da educação, saúde ou assistência social. Como se nota da própria literalidade do dispositivo legal, a escolha do legislador foi pelo prestígio do direito coletivo.

O que certamente norteou o legislador nessa escolha foi a natureza dos recursos recebidos pela instituição privada e a obrigatoriedade de sua aplicação em importantes áreas, tais como a educação, saúde e assistência social. Ainda que esses valores estejam temporariamente em poder da instituição privada, o legislador levou em conta que essa instituição é meramente intermediária entre o governo e a população que precisa de seus serviços. Esse sistema criado pela nova visão de ajuda das instituições privadas em atender às demandas que deveriam ser cumpridas diretamente pelo Estado faz com que os valores que tenham esse fim não possam ser penhorados, sendo nesse sentido o dispositivo legal ora comentado.

38.4.2.10. *Valores depositados em caderneta de poupança*

51 Ari Ferreira Queiroz, Proteção constitucional. Disponível em: <http://jus2.uol.com.br/doutrina/texto.asp?id=1676>. Acesso em: 26.12.2006.

Não feliz com a impenhorabilidade total de valores prevista no art. 649, IV, do CPC, o legislador prevê no inciso X do mesmo diploma legal mais uma impenhorabilidade de valores, agora de forma relativa. Segundo esse dispositivo legal, o valor de até 40 salários-mínimos mantido em caderneta de poupança é impenhorável, o que cria uma estranha e injustificável proteção a uma espécie determinada de investimento financeiro, que, se não é o mais lucrativo entre todos os oferecidos no mercado atualmente, não passa de uma forma de fazer render dinheiro que não está sendo utilizado naquele momento pelo poupador.

É natural que, mantendo o devedor mais de uma poupança, a proteção limitar-se-á ao valor de 40 salários-mínimos na soma de todas elas, e nunca individualmente, sob pena de a norma legal transformar-se em arma de devedores pouco afeitos ao cumprimento de suas obrigações.

No art. 790, X, do PLNCPC, o valor é diminuído para 30 salários-mínimos.

38.4.2.11. *Recursos públicos do fundo partidário recebidos, nos termos da lei, por partido político*

Novidade da Lei 11.694/2008, a impenhorabilidade prevista no último inciso do art. 649 do CPC adota o entendimento de que os recursos públicos recebidos pelos partidos políticos do fundo partidário não perdem a natureza pública, porque teoricamente são empregados para o funcionamento dos partidos políticos, organismos essenciais ao bom funcionamento do Estado democrático de Direito. Parece ser a mesma justificativa da impenhorabilidade prevista no art. 649, IX do CPC.

O sacrifício do credor seria justificado por vantagens à coletividade com o bom emprego dos valores existentes no fundo partidário. Evidentemente que em decorrência da notória "falência" dos partidos políticos em nosso país, que mais parecem um agrupamento de aproveitadores e larápios sempre prontos para tungar o erário público, a impenhorabilidade pode não parecer muito simpática. Num país sério, seria plenamente justificável, mas o Brasil, definitivamente, não é um país sério.

38.5. RESPONSABILIDADE PATRIMONIAL SECUNDÁRIA

É o patrimônio do devedor que geralmente responde por sua dívida, mas em algumas situações específicas, mesmo aquele que não participou da relação de direito material obrigacional se vê responsável por sua satisfação. Seguindo as lições de Liebman, a doutrina nacional qualifica tal situação como "responsabilidade executória secundária", prevista no art. 592 do CPC. Dessa forma, a responsabilidade patrimonial do devedor é primária, enquanto nas situações previstas em lei, a responsabilidade do sujeito que não é obrigado (plano do direito material) é secundária[52].

O art. 748 do PLNCPC é praticamente cópia do art. 592 do atual CPC, acrescido de um novo inciso: bens cuja alienação ou gravação com ônus real tenha sido anulada em razão do reconhecimento, em ação própria, de fraude contra credores. Interessante notar que no art. 715 do PLNCPC originário o dispositivo previa a declaração de ineficácia da fraude contra credores, adotando o entendimento de parcela doutrinária contrária à previsão do Código Civil que prevê ser o ato anulável. No Substitutivo do Senado, entretanto, a expressa menção à anulação mantém o Código de Processo Civil consentâneo com o Código Civil. É uma pena.

38.5.1. Bens do sucessor a título singular

Atualmente, o art. 592, I, do CPC, além das ações fundadas em direito real, também tutela a "obrigação reipersecutória". Essa espécie de obrigação é objeto de um processo no qual se pleiteia a restituição de bens que estejam fora do patrimônio do autor, ou em poder de terceiros. Trata-se de ação que tende a pedir a restituição daquilo que é do autor ou do que é devido a ele, e se ache fora de seu patrimônio.

A redação do dispositivo legal atribuída pela Lei 11.382/2006 não afastou as principais dúvidas referentes ao âmbito de sua aplicação, em especial, qual a sua ligação com o art. 593, I, do CPC, que considera fraude à execução a alienação ou oneração de bens quando sobre eles pender ação fundada em direito real.

Parcela doutrinária defende uma distinção temporal entre os dois dispositivos, entendendo que, havendo a alienação judicial durante a fase de conhecimento, se aplicará o art. 593, I, do CPC, enquanto se a alienação ocorrer após a prolação da sentença, aplicar-se-á o art. 592, I, do CPC[53]. Tal distinção parece gerar uma situação paradoxal, dado que, havendo a alienação após o reconhecimento da obrigação em sentença, parece clara também a ocorrência da fraude à execução, de forma que também a essa hipótese seria aplicável o art. 593, I, do CPC[54]. Diante dessa crítica, parcela da doutrina busca uma distinção entre os dois dis-

[52] Theodoro Jr., *Processo*, n. 104, p. 161; Zavascki, *Processo*, p. 193-195; Marinoni-Mitidiero, *Código*, p. 606.

[53] Araken de Assis, *Comentários*, p. 234; Nolasco, *Responsabilidade*, p. 224.

[54] Essa crítica já havia sido feita por Zavascki, *Comentários*, p. 264-265. Para Dinamarco, *Instituições*, p. 362/363, a regra do art. 592, I, do CPC, aplica-se tanto antes como depois da prolação da sentença.

positivos legais mencionados, afirmando que o art. 592, I, do CPC deve ser aplicado exclusivamente ao sucessor a título singular por **sucessão *causa mortis***, hipótese na qual notoriamente não se poderia falar em fraude à execução, sendo, portanto, inaplicável o art. 593, I, do CPC. A divergência doutrinária, entretanto, não gera consequências práticas relevantes, porque, independentemente da tese adotada, todos concordam que a transferência do bem não impede a prática de atos executivos em favor do credor[55].

Crítica antiga na doutrina diz respeito à falsa impressão de que o dispositivo legal transmite, qual seja a de que todo o patrimônio do terceiro adquirente do bem objeto da ação real ou obrigação reipersecutória responde pela dívida. A interpretação literal leva à falsa conclusão de que os bens do sucessor a título singular ficam sujeitos à execução, quando na realidade a responsabilidade patrimonial secundária desse terceiro estará limitada ao próprio bem que era objeto da demanda, jamais sendo crível que possa responder com outros bens de seu patrimônio[56].

38.5.2. Bens do sócio, nos termos da lei

A responsabilidade primária pelas dívidas da sociedade empresarial é naturalmente da própria sociedade, e somente de forma excepcional responderão seus sócios por tais dívidas com os seus próprios patrimônios. Tal aspecto é uma das consequências da personalidade jurídica própria da sociedade, que não se confunde com a de seus sócios. Segundo o art. 592, II, do CPC, o sócio responde com o seu patrimônio pela satisfação da dívida da sociedade empresarial nos termos da lei, sendo possível encontrar em leis de diferentes naturezas essa responsabilidade secundária.

Nas **leis societárias** é possível a criação de regras que criem a responsabilidade patrimonial do sócio, existindo atualmente determinadas espécies de sociedade, nas quais o sócio responde com o seu patrimônio pelas dívidas da sociedade em qualquer situação de inadimplemento. É o caso da sociedade em nome coletivo (art. 1.039 do CC) e do sócio comanditado na sociedade em comandita simples (art. 1.045, *caput*, do CC). Ocorre, entretanto, que nesse caso não parece ser a responsabilidade dos sócios secundária, porque o texto legal é claro ao prever uma solidariedade passiva entre o sócio e a sociedade pelas dívidas contraídas por essa. Parece tratar-se, portanto, de *responsabilidade primária subsidiária*. O mesmo fenômeno verifica-se nas hipóteses de sociedade irregular e de sociedade de fato, nas quais a responsabilidade do sócio é solidária e ilimitada (art. 990 do CC)[57].

---

55 Zavascki, *Processo*, p. 197.

56 Dinamarco, *Instituições*, n. 1.561, p. 362; Abelha Rodrigues, *Manual*, p. 101.

57 Araken de Assis, *Manual*, n. 36.3.1, p. 206; Theodoro Jr., *Processo*, n. 106, p. 164.

Outra situação em que o sócio poderá responder pelas dívidas da sociedade se dá quando ocorre a desconsideração da personalidade jurídica (*disregard doctrine*), consagrada no art. 50 do CC, mas anteriormente já prevista em lei trabalhista (art. 2.º, § 2.º, da CLT) e em lei consumerista (art. 28 do CDC). Existem duas espécies de desconsideração da personalidade jurídica:

(a) teoria menor, que se dá pela simples prova de insolvência diante de tema referente ao direito ambiental (art. 4.º da Lei 9.605/1998) ou ao direito do consumidor (art. 28, § 5.º, da Lei 8.078/1990)[58];

(b) teoria maior, que exige o abuso de gestão, ou seja, quando a sociedade é utilizada como instrumento de fraude pelos sócios, referindo-se o art. 50 do CC expressamente a "desvio de finalidade ou confusão patrimonial"[59].

A desconsideração pode ser realizada **incidentalmente na própria execução,** dispensando-se o ingresso de demanda autônoma de natureza constitutiva negativa, que tornaria demasiadamente demorada e complexa a desconstituição[60].

O Superior Tribunal de Justiça reconhece a possibilidade de desconsideração da personalidade jurídica entre empresas do mesmo grupo econômico[61], bem como a desconsideração da personalidade jurídica inversa[62]. São interessantes posicionamentos que partem da *ratio* das normas que consagram em nosso ordenamento a desconsideração da personalidade jurídica para empregá-la extensivamente.

Interessante também, notar que, uma vez realizada a desconsideração da personalidade jurídica, não haverá qualquer restrição de a execução contra os sócios ser limitada às suas quotas sociais, de forma que qualquer dos sócios poderá responder pela integralidade da dívida, independentemente de sua participação societária[63].

Por fim, as **leis tributárias** podem indicar a responsabilidade patrimonial do sócio para a satisfação de créditos decorrentes de dívidas de natureza fiscal, sendo inclusive o sócio considerado parte legitimada passiva na execução, conforme analisado no Capítulo 36, item 36.4.6. Em razão do *princípio do contraditório*, exige-se a citação do sócio para que seja integrado na execução[64], abrindo-se a ele todas as defesas possíveis de executado, além, é claro, da im-

---

[58] *Informativo* 356/STJ: 4.ª Turma, REsp 744.107-SP, rel. Min. Fernando Gonçalves, j. 20.05.2008.

[59] Dinamarco, *Instituições*, n. 1.562, p. 366; STJ, 3.ª Turma, REsp 876.974/SP, rel. Min. Nancy Andrighi, j. 09.08.2007, *DJ* 27.08.2007; STJ, 3.ª Turma, REsp 401.081/TO, rel. Min. Humberto Gomes de Barros, j. 06.04.2006, *DJ* 15.05.2006.

[60] STJ, 4.ª Turma, REsp 418.385/SP, rel. Min. Aldir Passarinho, j. 19.06.2007, *DJ* 03.09.2007; *Informativo* 302/STJ: STJ, 4.ª Turma, REsp 331.478/RJ, rel. Min. Jorge Scartezzini, j. 24.10.2006, *DJ* 20.11.2006. Contra: Theodoro Jr., *Processo*, n. 106, p. 164.

[61] STJ, 4.ª Turma, REsp 1.071.643/DF, rel. Min. Luis Felipe Salomão, j. 02.04.2009, *DJe* 13.04.2009.

[62] *Informativo* 440/STJ: 3.ª Turma, REsp 948.117/MS, rel. Min. Nancy Andrighi, j. 22.06.2010.

[63] *Informativo* 463/STJ: 3.ª Turma, REsp. 1.169.175/DF, rel. Min. Massami Uyeda, j. 17.02.2011.

[64] STJ, 3.ª Turma, REsp, rel. Min. Castro Filho, j. 29.11.2006, *DJ* 18.12.2006.

pugnação da própria desconsideração da personalidade jurídica da sociedade, o que se dará perante o próprio juízo da execução, por meio dos embargos de terceiro, sendo incabível o mandado de segurança[65]. Acertadamente o Superior Tribunal de Justiça entendeu que o pronunciamento judicial que inclui o sócio na execução com justificativa em sua responsabilidade patrimonial não é um mero despacho, sendo por essa razão recorrível por agravo de instrumento[66], tanto pela sociedade devedora como pelos sócios que tiverem seus bens atingidos pela constrição judicial[67].

Qualquer que seja a razão para responsabilizar secundariamente o sócio, haverá a possibilidade do exercício do direito do *benefício de ordem* (art. 596, § 1.º, do CPC), podendo o sócio indicar bens da sociedade para que respondam à satisfação da dívida antes que seus bens sejam atingidos.

O PLNCPC prevê um incidente processual para a desconsideração da personalidade jurídica no caso concreto, reforçando sua obrigatoriedade o art. 752, § 4.º.

Segundo o art. 77, *caput*, do PLNCPC, em caso de abuso da personalidade jurídica, caracterizado na forma da lei, o juiz pode decidir que os efeitos de certas e determinadas obrigações sejam estendidos aos bens particulares dos administradores ou dos sócios da pessoa jurídica ou aos bens de empresa do mesmo grupo econômico. Interessante notar que a desconsideração entre empresas do mesmo grupo econômico, amplamente admitida pelo Superior Tribunal de Justiça, vem expressamente consagrada em lei.

Ainda segundo o art. 77, são legitimados ao pedido de desconsideração da personalidade jurídica a parte – entenda-se o exequente – e o Ministério Público, quando funcionar como fiscal da lei, compreendo-se não caber ao juiz atuar de ofício.

Nos termos do art. 78, sendo requerida a desconsideração da personalidade jurídica, cabível em todas as fases do processo de conhecimento, no cumprimento de sentença e também na execução fundada em título executivo extrajudicial o sócio ou o terceiro e a pessoa jurídica serão citados para manifestação no prazo comum de 15 dias, podendo requerer a produção de provas. A decisão que resolver o incidente terá natureza interlocutória e será recorrível por agravo de instrumento (art. 79).

---

65 STJ, RMS 21.417/SP, 4.ª Turma, rel. Min. Fernando Gonçalves, j. 21.08.2007, *DJ* 03.09.2007; STJ, 3.ª Turma, REsp 19.633/SP, rel. Min. Nancy Andrighi, j. 06.10.2005, *DJ* 24.10.2005.

66 *Informativo* 409/STJ: 1.ª Turma, REsp 1.100.394-PR, Rel. Min. Luiz Fux, j. 1.º.10.2009.

67 *Informativo* 422/STJ, 4ª Turma, REsp. 715.213-SP, rel. Min. João Otavio de Noronha, j. 09.02.2010.

38.5.3. Bens do devedor, quando estiverem em poder de terceiros

Tal disposição é absolutamente desnecessária porque o local ou com quem estejam os bens não interfere na sua propriedade. Assim sendo, os bens permanecem no patrimônio do devedor, respondendo por suas obrigações, esteja onde estiver e com quem estiver[68]. Estando o bem penhorado no exercício de posse contratual legítima, como é o caso da locação, o adquirente do bem se sub-roga na posição do executado, devendo respeitar o contrato de locação até a sua extinção[69].

38.5.4. Bens do cônjuge, nos casos em que os seus bens próprios, reservados ou de sua meação respondem pela dívida

A primeira situação possível no tocante ao tema ora enfrentado é a constituição de dívida por ambos os cônjuges. Note-se que a constituição da dívida, fenômeno de direito material, antecede ao próprio processo, daí falar em parte em sentido material. Celebrado contrato por marido e mulher, e gerado o inadimplemento, são ambos devedores no plano material, e, como tais, ambos poderão ser demandados na ação competente para o ressarcimento do credor, tendo responsabilidade patrimonial primária.

Registre-se, nesse momento, a nova realidade trazida pelos arts. 1.643 e 1.644 do CC, normas criadoras de especial espécie de solidariedade entre os cônjuges, apontando para a *responsabilidade primária* daquele que, apesar de não fazer parte da relação de direito material, responde como se dela tivesse sido integrante. Trata-se da dívida contraída para compra de coisas necessárias à **economia doméstica** ou de empréstimos para a aquisição de tais coisas. Nessas dívidas existe solidariedade entre os cônjuges, que têm no plano processual responsabilidade primária.

Sendo ambos os cônjuges devedores e tendo responsabilidade patrimonial primária, haverá uma similaridade entre os sujeitos da relação de direito material e os sujeitos da relação de direito processual, sendo dispensadas aos cônjuges as defesas típicas de parte (embargos à execução, exceção de não executividade, objeção de não executividade). Não é possível falar em embargos de terceiro, dada a condição de devedores (parte no sentido material) e executados (parte no sentido processual) de ambos os cônjuges[70].

Questão interessante pode ser suscitada quando o credor, apesar da inegável qualidade de parte em sentido material de ambos os cônjuges, deixa de colocar um deles no polo passivo da execução, uma vez que ao credor, diante de dívi-

68 Dinamarco, *Instituições*, n. 1.563, p. 367.

69 Theodoro Jr., *Processo*, n. 107, p. 165.

70 Fidélis dos Santos, *Dos procedimentos*, p. 367; Figueiredo Teixeira, *Código*, p. 709; Marcato, *Procedimentos*, p. 272.

da solidária, é possível a escolha de quais devedores (ou devedor) pretende ver compondo o polo passivo. E nesse caso, somente figurando um dos cônjuges no polo passivo, que posição assumiria o outro diante da penhora de um bem imóvel, sendo imprescindível sua intimação?

Para determinada corrente doutrinária, o cônjuge não executado é um "terceiro", pois, não tendo sido incluído pelo exequente no polo passivo da execução, não faz parte da relação jurídica processual, e, sendo uma mera intimação exigida em razão da penhora – e não citação –, continua a ser considerado terceiro na relação processual, a par de sua condição de titular da relação de direito material[71]. Tal conclusão, entretanto, se mostra equivocada. O simples fato de o cônjuge ser parte no sentido material e, mais que isso, constar do título executivo, faz com que, apesar de não indicado na petição inicial da execução, ao ingressar na demanda, o faça como parte, e jamais como terceiro, qualidade incompatível com a sua presença na relação de direito material, consolidada no título executivo[72].

Uma vez contraída a dívida apenas por um dos cônjuges, somente ele será o devedor e terá legitimidade para figurar no polo passivo da execução[73]. É curioso que, ainda que o outro cônjuge não seja parte no sentido material, pode perfeitamente ser parte no campo processual, bastando para tanto que o exequente o inclua no polo passivo da execução. Evidentemente que a não participação do cônjuge no endividamento no plano material lhe retira a legitimidade de figurar como executado numa ação judicial, mas o simples fato de ter sido acionado já o torna parte no sentido processual. Parte ilegítima, mas ainda assim parte.

Não é isso, entretanto, o que rotineiramente acontece, considerando que nesses casos o credor, atento à relação de direito material, ingressa com demanda executiva contra o cônjuge que deve ser considerado parte no sentido material e parte legítima no sentido processual. Os problemas começam a surgir a partir do momento em que um bem imóvel do casal é penhorado, já que nesse caso se deve aplicar o previsto no art. 655, § 2.º, do CPC, que exige a intimação do cônjuge não devedor.

Há corrente doutrinária que defende o entendimento de que nada pode ser pedido contra o cônjuge meramente intimado, pois ele não se torna parte na demanda[74], servindo a intimação somente para permitir eventuais reações desse terceiro. Sua legitimidade para embargar à execução com a alegação de matérias típicas de devedor decorre da especial natureza da relação jurídica que envolve os cônjuges. A ideia é de que a derrota do cônjuge executado influenciará negativamente de forma tão profunda a família que, para evitar essa geração certa e inevitável de efeitos maléficos, permite a lei que o cônjuge não deve-

[71] Dinamarco, *Instituições*, n. 1.806, p. 737.

[72] Araken de Assis, *Manual*, p. 1134; Lucon, *Embargos*, p. 279; Greco, *O processo*, p. 615, para quem será sempre terceiro o cônjuge não incluído no polo passivo da execução.

[73] Contra: Greco, *O processo*, n. 4.3.3.2.1.4, p. 339, entendendo tratar-se de litisconsórcio necessário.

[74] Dinamarco, *Instituições*, n. 1.805, p. 738; Lucon, *Embargos*, p. 280; Fidélis dos Santos, *Dos procedimentos*, p. 370-371.

dor, mesmo não sendo parte e não defendendo direito próprio, possa auxiliar o cônjuge executado, evitando assim sua derrota e os efeitos maléficos sobre a condição primeiramente dele, e depois, por via reflexa, de toda a entidade familiar[75]. E, sendo terceiro, naturalmente tem legitimidade também para os embargos de terceiro.

Já tive a oportunidade de defender esse entendimento, mas em reflexões posteriores percebi meu equívoco. Parece mais acertada a parcela doutrinária que defende que com a intimação prevista no art. 655, § 2.º do CPC – que para alguns inclusive se trata de citação – o cônjuge passa a ser parte no processo de execução, numa espécie de litisconsorte ulterior, daí advindo sua legitimidade extraordinária (defenderá em nome próprio o interesse do outro cônjuge) para ingressar com embargos do devedor[76]. A legitimidade desse cônjuge não devedor de também ingressar com embargos de terceiro decorre da especial situação criada com sua intimação, por meio da qual o cônjuge torna-se simultaneamente parte e terceiro, justificando-se esse duplo papel nos diferentes títulos jurídicos que fundamentam sua dupla atuação no processo[77]. Apesar de parte na execução, sua legitimação extraordinária não permite que seus bens sejam afetados pela demanda, o que legitima o ingresso de embargos de terceiro (art. 1.046, § 2.º, do CPC).

É pacífica a doutrina e jurisprudência do Superior Tribunal de Justiça quanto ao entendimento de que o cônjuge não devedor tem legitimidade para os **embargos à execução** e **embargos de terceiro**, o que parece confirmar o entendimento de condição simultânea de parte e terceiro desse sujeito[78]. Apesar de poder ingressar com embargos à execução e embargos de terceiro, tanto os prazos como as matérias de cada uma dessas ações devem ser respeitados[79]. Os embargos à execução devem ser opostos no prazo de 15 dias da juntada do mandado de citação cumprido aos autos, cabendo ao cônjuge não devedor alegar as matérias típicas de defesa do executado (arts. 745 do CPC), enquanto os embargos de terceiro poderão ser interpostos até cinco dias após a arrematação, adjudicação ou remição (art. 1.048 do CPC), versando exclusivamente sobre a proteção da meação.

Apesar dessa nítida distinção – procedimental e material – entre as duas espécies de embargos (execução e de terceiro), admite-se, com fundamento nos princípios da *economia processual* e da *instrumentalidade das formas*, o uso de um embargo por outro, desde que respeitados os requisitos formais. Dessa forma, nenhum impedimento haverá ao cônjuge não devedor em alegar em sede de embargos à execução a defesa da meação[80].

---

75 Fidélis dos Santos, *Dos procedimentos*, p. 370-371.

76 Araken de Assis, *Manual*, n. 555.1.4, p. 1.202; Castro, *Comentários*, p. 255; Greco, *Processo*, n. 4.3.3.2.1.4, p. 339.

77 Moraes e Barros, *Comentários*, p. 365; Araken de Assis, *Manual*, n. 555.1.4, p. 1.202; Theodoro Jr., *Processo*, n. 108, p. 165-166.

78 Súmula 134/STJ: "Embora intimado da penhora em imóvel do casal, o cônjuge do executado pode opor embargos de terceiro para defesa de sua meação".

79 STJ, 1.ª Turma, REsp 740.331/RS, rel. Min. Luiz Fux, j. 14.11.2006.

80 Theodoro Jr., *Processo*, n. 108, p. 166; Figueiredo Teixeira, *Código*, p. 709.

38.5.5. Bens alienados ou gravados com ônus real em fraude de execução

O art. 592, V do CPC prevê hipótese de fraude à execução, espécie de fraude patrimonial.

38.6. FRAUDES DO DEVEDOR

As chamadas fraudes do devedor são divididas em três espécies:

(a) fraude contra credores;

(b) fraude à execução;

(c) fraude de bem constrito judicialmente.

38.6.1. Fraude contra credores

O instituto da fraude contra credores é regulamentado por normas previstas no Código Civil (arts. 158 a 165 do CC), mas em razão de seus reflexos processuais na definição da responsabilidade patrimonial será brevemente analisado. Para que se configure a fraude contra credores, dois requisitos são exigidos: um de caráter objetivo, qual seja que a alienação tenha conduzido a uma diminuição patrimonial do devedor que tenha piorado ou criado um estado de insolvência (*eventus damni*); e outro de caráter subjetivo, ligado à intenção do devedor de provocar sua redução patrimonial até o estado de insolvência (*consilium fraudis*). Quanto a esse segundo requisito, quando o ato for praticado a título gratuito, o intuito fraudulento presume-se de forma absoluta. Já nos casos de atos onerosos é preciso demonstrar que o devedor tinha ao menos o potencial conhecimento de que seu ato o levaria à insolvência (não é necessária a intenção deliberada de fraudar) e que o terceiro adquirente tinha conhecimento – efetivo ou presumido – de que a alienação levaria o alienante a esse estado[81].

É bastante discutida em sede doutrinária a natureza do vício do ato praticado em fraude contra credores. Para a doutrina civilista mais antiga[82], e mesmo para parcela da doutrina processualista[83], seguindo a disposição do Código Civil (arts. 158, 159, 165 e 171, II, do CC), o **ato é anulável**, de forma que a sentença de procedência na ação pauliana desconstitui o negócio jurídico, com o retorno do bem ao patrimônio do devedor fraudador. Para outros, o **ato é válido, porém inoponível ao credor**, o que significa dizer que não gera efeitos relativamente a ele (ineficácia parcial), a exemplo do

[81] Farias-Rosenvald, *Direito*, n. 10.10.7, p. 455.

[82] Rodrigues, *Direito*, p. 238; Caio Mário, *Instituições*, p. 346.

[83] Greco, *O processo*, n. 6.6.1, p. 32; Fux, *Curso*, p. 1.296; Marinoni-Arenhart, *Execução*, p. 259-260; Nery-Nery, *Código*, p. 999-1.000.

que ocorre na fraude à execução, sendo essa a corrente de processualistas[84], com adeptos entre os civilistas[85].

A discussão não é meramente acadêmica, tendo importantes efeitos práticos. Na realidade, o reconhecimento de que o ato praticado em fraude contra credores é parcialmente ineficaz e não anulável impede algumas injustiças práticas incompreensíveis e não desejáveis.

Considerando ser o ato de alienação anulável, a sentença da ação pauliana desfaz por completo o ato jurídico celebrado entre o devedor e terceiro, e como consequência o bem retorna ao patrimônio do devedor, servindo, portanto, não só de garantia para a dívida do autor da ação pauliana, mas de qualquer outro credor, mesmo aqueles que não sofreram qualquer espécie de fraude[86]. Ademais, uma vez expropriado o bem e obtido valor superior ao da dívida, o saldo remanescente é devolvido ao devedor, já que o terceiro adquirente não tem nenhum direito a esse valor em razão da anulação da transmissão do bem. Tratando-se de anulação de ato jurídico, exige-se a formação de litisconsórcio necessário entre os contratantes (devedor e terceiro) na ação pauliana (ou revocatória)[87].

Por outro lado, entendendo ser válido o ato praticado em fraude contra credores, mas ineficaz perante o credor que obtém sentença favorável na ação revocatória (ou pauliana), o devedor não pode de maneira nenhuma ser favorecido por tal sentença. Dessa forma, mantém-se a validade do negócio jurídico entre o devedor e o terceiro adquirente, mas sem nenhuma eficácia perante o credor, que poderá, após tal sentença, invadir o patrimônio do terceiro para satisfazer seu direito. Gerando somente ineficácia, e não anulação, o bem não retorna ao patrimônio do devedor, sendo, portanto, o credor autor da ação pauliana o único beneficiado com a decisão. Na hipótese de o valor da expropriação ser superior ao da dívida, a quantia remanescente deverá ser entregue ao terceiro adquirente, e não ao devedor, já que entre eles o negócio jurídico mantém-se válido e eficaz[88]. O polo passivo da ação pauliana, com a adoção desse entendimento, será formado exclusivamente pelo devedor, não havendo nenhum interesse do terceiro em tal decisão[89].

O Superior Tribunal de Justiça parece estar atento aos problemas derivados da anulação do ato cometido em fraude contra credores, mas não preparado para desconsiderar a previsão expressa do Código Civil de que o ato é anulável. Dessa forma, já teve oportunidade de decidir que o ato é anulável, mas a anulação só

---

84 Dinamarco, *Instituições*, n. 1.579, p. 376-379; Zavascki, *Processo*, p. 212-213; Câmara, *Lições*, p. 195-199; Theodoro Jr., *Fraude*, p. 191-192.

85 Cahali, *Fraude*, p. 374 e ss.; Farias-Rosenvald, *Direito*, n. 10.10.7, p. 455; Senise Lisboa, *Manual*, n. 44.5, p. 596-597.

86 Não admitindo tal circunstância: STJ, 1.ª Turma, REsp 506.312/MS, rel. Min. Teori Albino Zavascki, j. 15.08.2006.

87 STJ, 4.ª Turma, REsp 242.151/MG, rel. Min. Luis Felipe Salomão, j. 02.09.2008; Greco, *O processo*, n. 6.6, p. 33.

88 Dinamarco, *Instituições*, n. 1.570, p. 377; Theodoro Jr., *Fraude*, p. 193.

89 Dinamarco, *Instituições*, n. 1.576, p. 388. Contra, Farias-Rosenvald, *Direito*, p. 458.

aproveita ao credor que for autor da ação pauliana. Se academicamente a solução é salomônica, ao menos o problema prático mais sério estará equacionado[90].

Não se admite o reconhecimento de fraude contra credores incidentalmente em outros processos, sendo indispensável a propositura de uma ação específica para esse fim. Trata-se da chamada **ação pauliana** ou **revocatória**, sendo a ação adequada para o credor que pretende se desincumbir do ônus de provar a ocorrência do *consilium fraudis* e do *eventus damni*[91]. Como bem asseverado pelo Superior Tribunal de Justiça, mesmo que o bem alienado em fraude seja imóvel, a ação pauliana será sempre ação pessoal, dada sua natureza anulatória do negócio jurídico[92].

Aspecto também controvertido na doutrina diz respeito à natureza da sentença de procedência proferida na ação pauliana (a de improcedência, como todas, será declaratória negativa). Para aqueles doutrinadores que defendem ser o ato de fraude contra credores anulável, a sentença será constitutiva negativa, tendo como efeito principal a criação de uma nova situação jurídica em consequência da desconstituição do ato jurídico fraudulento.

Já para os doutrinadores que defendem ser o ato ineficaz em relação ao credor, existe corrente doutrinária que entende ter a sentença natureza meramente declaratória, não havendo modificação da situação jurídica entre as partes, mas uma mera novidade no plano processual, passando a ser possível a realização da penhora após a declaração da ineficácia. Para essa corrente doutrinária, o efeito previsto em lei de penhorabilidade de bens não é o suficiente para a configuração da sentença como constitutiva[93]. Outra parcela doutrinária entende tratar-se de sentença constitutiva com a justificativa de que com o retorno do bem alienado ao âmbito da responsabilidade patrimonial do alienante-devedor estar-se-ia criando uma nova situação jurídica[94].

38.6.2. Fraude à execução

Enquanto a fraude contra credores é instituto tratado pelo Código Civil, sendo o único prejudicado pelo ato fraudulento o credor, a fraude à execução – criação tipicamente nacional – é instituto tratado pelo Código de Processo Civil. Trata-se de espécie de ato fraudulento que, além de gerar prejuízo ao credor, atenta contra o próprio Poder Judiciário, dado que tenta levar um processo já instaurado à inutilidade. Assim, o ato fraudulento prejudica por um lado o credor, e por outro a própria função jurisdicional do Estado-juiz[95], sendo tal ato considerado

[90] *Informativo* 467/STJ: 3.ª Turma, REsp 971.884/PR, rel. Min. Sidnei Beneti, j. 22.03.2011.

[91] Marinoni-Arenhart, *Execução*, p. 260.

[92] *Informativo* 469/STJ: 3.ª Turma, REsp 750.135/RS, rel. Min. Paulo de Tarso Sanseverino, j. 12.04.2011.

[93] Theodoro Jr., *Fraude*, p. 238-240; Carmona, *Código*, p. 1.752.

[94] Dinamarco, *Instituições*, n. 1.576, p. 387; Zavascki, *Processo*, p. 214; Câmara, *Lições*, p. 200.

[95] Fux, *Curso*, p. 1.295; Zavascki, *Processo*, p. 211.

atentatório à dignidade da justiça e apenado, nas execuções por quantia certa, com uma multa que pode atingir até 20% do valor do débito exequendo (arts. 600 e 601 do CPC).

A doutrina nesse ponto é pacífica em aceitar que o ato cometido em fraude à execução é válido, porém **ineficaz perante o credor**, ou seja, o ato não lhe é oponível. Não é necessário o ingresso de qualquer ação judicial por parte do credor (como ocorre no caso de fraude contra credores), bastando uma mera petição no processo já pendente para que o juiz reconheça a fraude[96]. Doutrina minoritária defende a exigibilidade de uma sentença transitada em julgado em processo de conhecimento com ampla possibilidade de defesa do terceiro adquirente e do devedor alienante, única forma de preservação do devido processo legal[97]. Parece mais adequado entender que o contraditório se estabelece incidentalmente, exigindo-se a oitiva do terceiro adquirente antes de acolhida a alegação de fraude à execução[98].

Importante característica da fraude à execução é a dispensa de prova do elemento subjetivo do *consilium fraudis*, pouco importando se havia ciência ou não de que o ato levaria o devedor à insolvência. A intenção fraudulenta nesse caso é presumida, sendo irrelevante para os fins de configuração da fraude se o ato é real ou simulado, de boa ou má-fé[99]. A prova do *eventus damni*, evidentemente, é indispensável[100].

O Superior Tribunal de Justiça, entretanto, entende que o **terceiro adquirente de boa-fé** deve ser protegido, não havendo ineficácia no ato praticado em fraude à execução se o adquirente demonstrar sua boa-fé no negócio jurídico[101]. Dessa forma, apesar de tal dispensa, para considerar ineficazes os atos de disposição ou oneração, exige-se que o adquirente saiba da existência da ação ou apresente razões que demonstrem ser impossível ignorá-la, tais como o registro da ação perante o cartório de imóveis, ampla divulgação na imprensa etc.[102]. O entendimento encontra-se consagrado pela Súmula 375, que estabelece que o reconhecimento da fraude à execução depende do registro da penhora do bem alienado ou da prova de má-fé do terceiro adquirente, cabendo ao credor o ônus da prova de que o terceiro adquirente tinha ciência de que havia a constrição ou demanda contra o vendedor capaz de levá-lo à insolvência.[103]

O art. 593 do CPC prevê três situações que configurariam fraude à execução. No inciso I está prevista a pendência de ação fundada em direito real sobre o bem alienado ou onerado, devendo-se também incluir as ações fundadas em

---

96 Zavascki, *Processo*, p. 215; Theodoro Jr., *Processo*, n. 109, p. 167; Greco Filho, *Direito*, n. 5, p. 42.

97 Greco, *O processo*, n. 6.6, p. 35-37.

98 Araken de Assis, *Manual*, n. 49, p. 261.

99 Greco, *O processo*, n. 6.6, p. 38; Marinoni-Arenhart, *Execução*, p. 260.

100 STJ, 3.ª Turma, AgRg no Ag 1.057.724/SP, rel. MIn. Sidnei Beneti, j. 27.10.2009, *DJe* 06.11.2009.

101 STJ, 1.ª Turma, REsp 638.664/PR, rel. Min. Luiz Fux, j. 07.04.2005, *DJ* 02.05.2005; Theodoro Jr., *Processo de execução*, n. 109, p. 167.

102 Dinamarco, *Instituições*, n. 1.579, p. 393-394.

103 *Informativo*395/STJ, 3.ª T., REsp 804.044-GO, rel. Nancy Andrighi, rel. p/ acórdão Massami Uyeda, j. 19.05.2009.

direito reipersecutório, conforme previsão do art. 592, I, do CPC. O tema já foi tratado no Capítulo 38, item 38.5.

No art. 593, II, do CPC, vem prevista a existência de demanda judicial ao tempo da alienação ou oneração capaz de reduzir o devedor à insolvência, sendo essa a espécie mais tradicional de fraude à execução. Primeiramente, é importante esclarecer a confusa redação do artigo legal ora analisado. Não é a demanda que deve ser capaz de levar o devedor à insolvência, e sim o ato de alienação – gratuita ou onerosa – de seu patrimônio. Assim, se, no momento em que é proposta uma ação cobrando R$ 50.000,00, o devedor possuir um patrimônio de R$ 500.000,00, poder-se-ia imaginar não ser aplicável o dispositivo comentado, já que nunca essa ação será capaz de levar o devedor à insolvência. Ocorre, entretanto, que, se alienar bens no valor de R$ 480.000,00, já não mais conseguirá honrar o crédito cobrado, restando em insolvência e sendo caracterizada a fraude à execução.

A demanda apontada no dispositivo ora comentado não é necessariamente de execução, sendo plenamente admissível que o ato de fraude à execução ocorra na constância do processo/fase de conhecimento ou mesmo cautelar. É, entretanto, somente na execução reconhecida a fraude, mesmo que perpetrada antes desse processo ou fase procedimental. O reconhecimento da fraude à execução terá caráter declaratório, com **eficácia *ex tunc*** (desde o momento em que a fraude ocorreu)[104].

A configuração de fraude à execução, como ato de desrespeito à própria função jurisdicional do Estado-juiz, demanda a **ciência do devedor da existência de ação judicial** capaz de levá-lo à insolvência a depender da dilapidação patrimonial. Fraude à execução, portanto, somente se configura após a inequívoca ciência do demandado acerca da existência de ação judicial, por meio da citação, sendo os atos fraudulentos cometidos antes desse momento processual considerados, em regra, como fraude contra credores.

A necessidade de citação do demandado em ação judicial dá-se em razão da necessidade de que tenha ciência da demanda judicial. Dessa forma, apesar de não ser a regra geral, pode o credor provar que, apesar da inexistência de citação, o demandado já tinha ciência inequívoca da existência da ação, quando então se poderá configurar a fraude à execução. O mais importante, nesse tema, é a prova de que o demandado tinha plena ciência da existência de processo judicial movido contra ele quando alienou bens de seu patrimônio[105].

Interessante novidade introduzida pela Lei 11.382/2006 é o art. 615-A do CPC, que permite ao exequente no momento da distribuição da demanda a obtenção de certidão para ser averbada em registros de bens sujeitos à constrição judicial, tais como o registro de imóveis, Detran, Junta Comercial etc. O art. 615-A, § 3.º, do CPC prevê que a alienação ou oneração de bem em cujo registro haja

---

[104] Fux, *Curso*, p. 1.296-1.297; Marinoni-Arenhart, *Execução*, p. 261; Carmona, *Código*, p. 1.753.

[105] Dinamarco, *Instituições*, n. 1.578, p. 392; Carmona, *Código*, p. 1.753; *Informativo* 420/STJ: 4.ª Turma, REsp 799.440-DF, rel. Min. João Otávio de Noronha, j. 15.12.2009; STJ, 4.ª Turma, REsp 824.520, rel. Min. Fernando Gonçalves, j. 20.11.2008; AgRg no Ag 985.009/MG, 2.ª Turma, rel. Min. Castro Meira, j. 19.08.2008. Contra, entendendo bastar a propositura da demanda: Fux, *Curso*, p. 1.297.

a averbação comentada presume-se realizada em fraude à execução. Entendo que quanto à ciência de terceiros a respeito da existência da demanda judicial a presunção é absoluta, não se admitindo nesse caso a afirmação de que o terceiro adquirente não tinha conhecimento da demanda judicial[106]. A presunção relativa de que trata o dispositivo legal mencionado diz respeito à fraude a execução[107] e não à ciência de terceiros, porque a mera alienação do bem pode não gerar fraude se ausente no caso concreto o requisito do *eventus damni*. Caso o devedor aliene o bem, ainda que exista a averbação, mas tenha outros para responder pela dívida, não haverá fraude à execução.

O art. 593, III, do CPC contém norma geral que prevê serem atos cometidos em fraude à execução todos os demais casos previstos em lei. Além dos dois primeiros incisos – com nitidamente maior incidência do inciso II na praxe forense – existem outros previstos no próprio Código de Processo Civil e em outros diplomas legais, tais como a penhora sobre crédito (art. 627, § 3.º, do CPC), o caso da hipoteca judicial e alienação ou oneração de bens do sujeito passivo de dívida ativa em execução (art. 185 do CTN). Não é possível, nem mesmo desejável, limitar restritivamente tais casos.

38.6.3. Fraude de bem constrito judicialmente

Não resta dúvida de que a fraude à execução é mais grave que a fraude contra credores porque, além de prejudicar o credor, impossibilita a efetivação da tutela jurisdicional. Tanto é assim que o reconhecimento da fraude à execução dispensa ação autônoma e depende somente da ocorrência de *eventum damni*, salvo na hipótese de terceiro adquirente de boa-fé. Ocorre, entretanto, que existe uma espécie de fraude do devedor ainda mais grave e acintosa que a fraude à execução: a fraude de bem já constrito judicialmente.

Tendo ocorrido penhora, arresto, depósito ou qualquer outra espécie de constrição judicial, o bem passa a estar vinculado diretamente e de forma individualizada à demanda judicial da qual emanou o ato constritivo. Dessa maneira, a alienação ou oneração mostra-se em total e absoluto desrespeito à função jurisdicional. Tal gravidade afasta o preenchimento de qualquer requisito, de forma que a mera alienação ou oneração de bem constrito judicialmente já é suficiente para a configuração dessa espécie de fraude[108]. Registre-se, contudo, que, mesmo diante da gravidade da fraude, o Superior Tribunal de Justiça, a exemplo do entendimento quanto à fraude à execução, sacrifica o credor na hipótese de terceiro adquirente de boa-fé[109].

---

106 Araken de Assis, *Manual*, n. 48.5.2, p. 260; Wambier-Wambier-Medina, *Breves*, p. 74-75.

107 Gumerato Ramos, *Reforma*, p. 162. Contra, entendendo tratar-se de preclusão *juris et de jure*, Araken de Assis, *Manual*, n. 48. 5.2, p. 260.

108 Marinoni-Arenhart, *Execução*, p. 262; Theodoro Jr., *Processo*, p. 169; Dinamarco, *Instituições*, n. 1.584, p. 398-399.

109 STJ, 1.ª Turma, AgRg no REsp 944.728/DF, rel. Min. Francisco Falcão, j. 18.09.2007; AgRg no Ag 480.706/MG, 2.ª Turma, rel. Min. Humberto Martins, rel. p/ acórdão Min. João Otávio de Noronha, j. 26.09.2006.

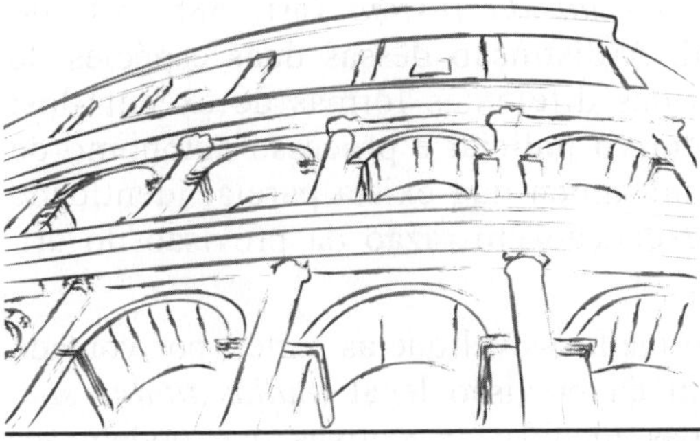

39

TÍTULO EXECUTIVO

Sumário: 39.1. Introdução – 39.2. Títulos executivos judiciais: 39.2.1. Sentença proferida no processo civil que reconheça a existência de uma obrigação de fazer, não fazer, entregar coisa ou pagar quantia; 39.2.2. Sentença penal condenatória transitada em julgado; 39.2.3. Sentença homologatória de transação e de conciliação; 39.2.4. Sentença arbitral; 39.2.5. Acordo extrajudicial de qualquer natureza homologado judicialmente; 39.2.6. Sentença estrangeira homologada pelo Superior Tribunal de Justiça; 39.2.7. Formal e certidão de partilha – 39.3. Títulos executivos extrajudiciais: 39.3.1. Letra de câmbio, nota promissória, duplicata, debênture e cheque; 39.3.2. Escritura pública ou outro documento público assinado pelo devedor; documento particular assinado pelo devedor e por duas testemunhas; instrumento de transação referendado pelo Ministério Público, pela Defensoria Pública ou pelos advogados dos transatores; 39.3.3. Contratos garantidos por hipoteca, penhor, anticrese e de caução, bem como de seguro de vida; 39.3.4. Crédito decorrente de foro e laudêmio; 39.3.5. Crédito, documentalmente comprovado, decorrente de aluguel de imóvel, bem como de encargos acessórios, tais como taxas e despesas de condomínio; 39.3.6. Crédito de serventuário da justiça, de perito, de intérprete e tradutor quando as custas, emolumentos ou honorários forem aprovados por decisão judicial; 39.3.7. Certidão de dívida ativa da Fazenda Pública da União, Estado, Distrito Federal, Território e Município, correspondente aos créditos inscritos na forma da lei; 39.3.8. Todos os demais títulos, a que, por disposição expressa, a lei atribuir força executiva.

39.1. INTRODUÇÃO

Existem duas espécies de título executivo: judicial e extrajudicial.

O título executivo judicial é formado pelo juiz, por meio de atuação jurisdicional, enquanto o título executivo extrajudicial é formado por ato de vontade das partes envolvidas na relação jurídica de direito material (ou somente de uma delas, como excepcionalmente ocorre na certidão da dívida ativa – art. 585, VII, do CPC), sem nenhuma intervenção jurisdicional.

Essa regra tem duas exceções, porque a lei considera a *sentença arbitral* um título executivo judicial (art. 475-N, IV, do CPC) e a *decisão judicial que aprova crédito de serventuário eventual da justiça* (art. 585, VI, do CPC), um título executivo extrajudicial. A distinção dessas duas espécies de título é atualmente essencial, em razão das diferentes formas de executá-los: cumprimento de sentença do título executivo judicial e processo autônomo de execução de título executivo extrajudicial, ainda que exista parcial identidade procedimental nessas duas formas de execução em razão da previsão do art. 475-R do CPC.

Só existe título criado pela lei, sendo inadmissível que as partes, por vontade própria, criem título executivo à margem da previsão legal (*nullus titulus sine lege*), regra justificada pela gravidade das medidas executivas que podem ser praticadas na execução, em especial os atos de invasão patrimonial e de restrição de direitos[1].

Há intenso debate a respeito da natureza jurídica do título executivo. Três principais correntes doutrinárias se formaram em torno do tema: a do *título como documento*, *como ato jurídico* e a *teoria mista.*

Segundo Carnelutti, o título executivo seria um documento representativo da existência do crédito exequendo, ou seja, seria uma prova legal da existência do crédito, já que previsto em lei. O título seria uma prova documental, prova legal; documento com a forma e conteúdo predeterminados pela lei.

Liebman critica tal pensamento por estar muito ligado ao direito material, afirmando que, se só há execução com título executivo, e este representa a existência do crédito, só haveria ação de execução quando efetivamente existente o crédito, o que não se mostra correto, considerando-se que mesmo sendo constatada a inexistência do direito exequendo no julgamento dos embargos à execução/impugnação, terá existido a execução. O doutrinador italiano formulou a tese do título como ato jurídico, em que o título representa tão somente a via adequada para o início do processo de execução, por meio da imposição da sanção processual consistente na responsabilidade patrimonial. O documento seria apenas a materialização do ato jurídico (forma representativa)[2].

A teoria mista procura demonstrar que o título ao mesmo tempo pode ser visto como ato e documento, sendo a lei a responsável pela determinação de qual característica será a predominante no caso concreto. Para essa corrente doutrinária, ora a lei dá predominância ao próprio documento (nota promissória, letra de câmbio, documento particular), ora ao negócio jurídico ou à própria obrigação (foro, aluguel, despesas condominiais). O título seria um *fato complexo*, porque há de considerar os requisitos formais e os requisitos substanciais, ou seja, o título há de satisfazer uma certa forma e um certo conteúdo[3].

---

1 Dinamarco, *Instituições*, n. 1.438, p. 192.

2 Dinamarco, *Instituições*, n. 1.441, p. 195-197; Câmara, *Lições*, v. 3, p. 162-166.

3 Zavaski, *Processo*, p. 262-263; Shimura, *Título*, n. 2.2.5, p. 139; Theodoro Jr., *Processo*, n. 68, p. 117.

A Lei 11.382/2006 modificou a redação do art. 586 do CPC, determinando que a obrigação contida no título executivo deva ser **certa, líquida e exigível**, abandonando-se a previsão de que esses requisitos seriam do título, e não da obrigação que se busca satisfazer por meio da execução. O legislador mostrou-se adepto à corrente doutrinária que já defendia tal entendimento, criticando a antiga redação do dispositivo legal[4].

A doutrina não tem entendimento uníssono no que tange à definição dos três requisitos da obrigação contida no título executivo previstos pelo art. 586 do CPC, embora alguns pontos de contato possam ser identificados. A divergência maior encontra-se na definição do requisito da certeza.

A certeza prevista pelo artigo legal em nenhuma hipótese pode ser considerada como a indiscutibilidade da existência da obrigação, visto que em qualquer espécie de título executivo é permitido o ingresso de embargos à execução ou impugnação, que pode vir a demonstrar que até mesmo o mais idôneo dos títulos não representa qualquer obrigação[5]. Mesmo a sentença condenatória transitada em julgado, apesar de ser título executivo, pode não expressar qualquer obrigação a ser cumprida quando do ingresso da execução, bastando para tanto a satisfação voluntária da obrigação por parte do derrotado após a prolação da decisão e antes do início do cumprimento de sentença. Nesse caso, apesar de existir título (sentença civil condenatória), não há obrigação (já satisfeito anteriormente à execução).

Para Cândido Rangel Dinamarco, a **certeza** deve ser entendida como a necessária definição dos elementos subjetivos (sujeitos) e objetivos (natureza e individualização do objeto) do direito exequendo representado no título executivo. A certeza, portanto, teria por finalidade identificar os legitimados ativos e passivos na execução, precisar a espécie de execução – quantia certa, fazer, não fazer, entrega de coisa – e determinar sobre qual bem se farão incidir os atos executivos[6]. Na visão de Araken de Assis, a certeza vem da adequação do título aos requisitos extrínsecos previstos em lei[7]. Para Leonardo Greco, a certeza diz respeito tão somente à existência do crédito no momento de sua formação, ou seja, o título atesta que o crédito foi constituído[8]. No entendimento de Humberto Theodoro Jr., a certeza encontra-se presente quando não há controvérsia quanto à sua existência. Para o jurista mineiro, tal certeza refere-se ao órgão jurisdicional e não às partes, decorrendo da perfeição formal do título e da ausência de reservas à sua plena eficácia[9].

A **liquidez** não é a determinação, mas a mera determinabilidade de fixação do *quantum debeatur*, ou seja, o "quanto se deve" ou "o que se deve". Não é ne-

---

4 Greco, *O processo*, n. 7.4.2.3.1, p. 122; Dinamarco, *Instituições*, n. 1.447, p. 207-209; Shimura, *Título*, 2.3, p. 139. Contra, Araken de Assis, *Manual*, n. 25, p. 149.

5 Dinamarco, *Instituições*, n. 1.449, p. 210-211.

6 Dinamarco, *Instituições*, n. 1.450, p. 211-212.

7 Araken de Assis, *Manual*, n. 25.1, p. 150.

8 Greco, *O processo*, n. 7.4.2.3.1, p. 122.

9 Theodoro Jr., *Processo*, n. 95, p. 151.

cessário que o título indique com precisão o *quantum debeatur*, mas que contenha elementos que possibilitem tal fixação[10]. A necessidade de elaboração de meros cálculos aritméticos não tira a liquidez do título, sendo incorreta a opção legislativa em prever a liquidação por mero cálculo aritmético como uma das espécies de liquidação de sentença. Nesse caso, o Código de Processo Civil determina a liquidação de obrigação que já é líquida. Prova maior disso é a realização de meros cálculos aritméticos para o ingresso de execução de título extrajudicial, para o qual é unânime a doutrina em exigir sempre a liquidez[11].

O art. 709, parágrafo único, do PLNCPC originário corroborava a tese defendida, prevendo que a necessidade de simples operações aritméticas para apurar o crédito exequendo não retira a liquidez da obrigação constante no título. O dispositivo foi suprimido pelo Substituto do Senado, o que, entretanto, não modifica a regra que nele estava consagrada.

Por **exigibilidade** entende-se a inexistência de impedimento à eficácia atual da obrigação, que resulta do seu inadimplemento e da ausência de termo, condição ou contraprestação[12]. A prova de exigibilidade dá-se geralmente pelo simples transcurso da data de vencimento ou da inexistência de termo ou condição. Se necessária a prova do advento do termo, do implemento da condição ou do cumprimento da contraprestação, ela deve ser pré-constituída – invariavelmente documental –, não podendo ser produzida durante a execução[13].

Interessante notar que a exigibilidade não é um elemento intrínseco do título executivo como são a liquidez e a certeza, dependendo para existir de atos que não compõem o objeto do título; no plano do interesse de agir, a exigibilidade refere-se à necessidade, enquanto a liquidez e a certeza referem-se à adequação.

39.2. TÍTULOS EXECUTIVOS JUDICIAIS

Os títulos executivos judiciais estão previstos no art. 475-N do CPC, que em razão da Lei 11.232/2005 substituiu o revogado art. 584 do CPC:

39.2.1. Sentença proferida no processo civil que reconheça a existência de uma obrigação de fazer, não fazer, entregar coisa ou pagar quantia

O revogado art. 584, I, do CPC determinava ser título executivo judicial a sentença civil condenatória, confirmando expressamente e de maneira indiscutível

[10] Araken de Assis, *Manual*, n. 25.2, p. 151; Dinamarco, *Instituições*, n. 1.452, p. 213.

[11] Araken de Assis, *Manual*, n. 25.2, p. 151; Marcelo Abelha, *Manual*, p. 126.

[12] Greco, *O processo*, 7.4.2.3.2, p. 124; Câmara, *Lições*, v. 3, p. 191.

[13] Araken de Assis, *Manual*, n. 25.3, p. 152.

o entendimento majoritário na doutrina de que, diante da clássica concepção de classificação das sentenças (*teoria ternária*), apenas a condenatória seria título executivo, dado que tanto a meramente declaratória quanto a constitutiva são satisfeitas sem a necessidade de execução[14]. No primeiro caso, a certeza jurídica buscada pelo autor é obtida com a própria decisão de procedência, enquanto no segundo o máximo que se pode fazer, se necessário e ainda assim em alguns casos específicos, é a expedição de algum ofício para órgão competente (como o caso de expedição de ofício para averbar o divórcio), como forma de tornar a decisão pública perante terceiros.

Atualmente o tema é tratado pelo art. 475, N, I, do CPC, que não mais utiliza a expressão "sentença civil condenatória", passando a prever a "sentença proferida no processo civil que reconheça a existência de uma obrigação", o que faz ressurgir o debate a respeito de qual espécie de sentença deve ser considerada título executivo judicial. É possível atualmente notar a existência de três diferentes correntes doutrinárias que buscam interpretar o dispositivo legal ora comentado.

Uma primeira corrente aponta para a **modificação meramente redacional** do dispositivo, afirmando que as sentenças declaratórias e constitutivas não são títulos executivos judiciais[15]. A exclusão do termo "sentenças condenatórias" deu-se simplesmente em razão da adoção pelo legislador da corrente quinária das sentenças, que diferencia as sentenças condenatórias das executivas *lato sensu* e das mandamentais. Como todas elas são títulos executivos judiciais, permitindo a prática de atos materiais de execução, ainda que de diferentes formas, uma redação mais genérica como a atual evitaria debates inúteis a respeito de ser somente a sentença condenatória – com exclusão das executivas *lato sensu* e mandamentais – título executivo judicial.

Para essa corrente doutrinária, as sentenças declaratórias e constitutivas não eram título executivo antes da Lei 11.232/2005, e continuam a não ser atualmente. O entendimento seria corroborado pela própria Lei 11.232/2005, em razão da expressa menção à existência de condenação (e não mera declaração ou constituição) para o início do cumprimento de sentença, conforme expressamente previsto no art. 475-J, *caput*, do CPC ("Caso o devedor, condenado...").

Uma segunda corrente doutrinária defendia, mesmo antes da modificação legal, o entendimento de que a sentença declaratória constituiria um título executivo judicial sempre que determinasse a existência de uma obrigação certa, líquida e exigível (declaração da exigibilidade da prestação devida)[16]. Além de obter a certeza jurídica a respeito da existência da obrigação, para essa corrente doutrinária o autor também pode executar a sentença, exigindo pelos meios executivos o cumprimento da prestação já declarada como existente e devida.

---

[14] Dinamarco, *Instituições*, n. 1.462, p. 227; Greco, *O processo*, n. 7.4.2.3.3.1.1, p. 133.

[15] Araken de Assis, *Manual*, n. 27.1, p. 156-157; Nery-Nery, *Código*, p. 749-750; Talamini, *Sentença*, p. 90-91.

[16] Zavascki, *Processo*, n. 8.1, p. 307-313; Didier, *A sentença*, p. 245-250; STJ, 2.ª Turma, REsp 890.631/MG, rel. Min. Castro Meira, j. 04.09.2007, *DJ* 18.09.2007.

Essa corrente doutrinária tem basicamente dois fundamentos para alicerçar seu entendimento:

(a) o princípio da **economia processual** não se compatibiliza com a exigência da propositura de uma segunda demanda, de natureza condenatória, na qual em razão dos efeitos positivos da coisa julgada da sentença meramente declaratória o juiz estará obrigado a considerar existente a obrigação do réu, o que evidentemente o obrigará a condená-lo ao seu cumprimento. Essa segunda demanda será um desperdício de tempo, energia e dinheiro, pois terá um resultado já conhecido, tendo o juiz uma mera atuação de agente carimbador de eficácia executiva, o que não se justifica;

(b) sendo a **função do título** demonstrar a existência de uma grande probabilidade do direito existir, fica claro que a sentença meramente declaratória cumpre plenamente tal função, sendo até mesmo mais provável a existência de direito declarado em sentença do que o representado pelos títulos executivos extrajudiciais.

O importante a ser notado nessa segunda corrente doutrinária é que a conclusão de ser a sentença declaratória um título executivo judicial nada tem a ver com a modificação legal, sendo fundada em razões de economia processual e de segurança jurídica. Para essa corrente, a sentença declaratória já era título executivo judicial antes da Lei 11.232/2005 e continua atualmente a ser.

Uma terceira corrente doutrinária entende que a modificação legal teve papel essencial na mudança do *status* executivo da sentença declaratória. Para os doutrinadores que defendem esse pensamento, a expressa menção à sentença civil condenatória contida no revogado art. 584, I, do CPC não permitia a execução de nenhuma outra espécie de sentença que não a condenatória, com nítida exclusão da sentença meramente declaratória. A redação do art. 475-N, I, do CPC, entretanto, prevê apenas que a sentença deva reconhecer a existência de uma obrigação, o que ocorre na sentença declaratória, de forma a não existir mais nenhum impedimento à conclusão de se tratar de um título executivo[17]. Aparentemente, para essa corrente doutrinária, a sentença meramente declaratória só passou a ser título executivo judicial em razão da modificação operada pela Lei 11.232/2005.

Apesar de concordar com a primeira corrente doutrinária, que afasta a natureza de título executivo judicial da sentença meramente declaratória, não se pode deixar de reconhecer os méritos dos fundamentos da segunda corrente doutrinária, em especial sua preocupação com a economia processual. Entendo que, excepcionalmente, a sentença meramente declaratória poderá servir como título à execução, como na hipótese amplamente consagrada no Superior Tribunal de Justiça de sentença meramente declaratória proferida em demanda movida pelo contribuinte contra o Fisco. Nesse caso, a sentença meramente declaratória é preferível à sentença condenatória, que levará o credor à fila dos precatórios, com imprevisível demora na satisfação de seu direito. Com a sentença meramente declaratória, torna-se possível a compensação no âmbito administrativo, permitindo-se que o contribuinte deixe de recolher tributos até o valor da obrigação declarada em juízo. Ocorre, entretanto, que por vezes essa **compensação** torna-se impossível,

[17] Theodoro Jr., *As novas*, 5.1.6, p. 158-160; Marcelo Abelha, *Manual*, p. 127.

hipótese na qual, levando-se em conta a hipossuficiência do contribuinte, permite-se a execução da sentença meramente declaratória[18].

A única corrente doutrinária que a meu ver deve ser sumariamente rejeitada é a que defende que, pela mudança da lei, a sentença meramente declaratória passou a ser um título executivo. Essa conclusão decorre de um dado objetivo referente ao trâmite legislativo do projeto de lei que veio a se tornar a Lei 11.232/2005, percebido por atenta doutrina[19]. Quando aprovado na Câmara, o art. 475, I, do CPC tinha redação idêntica ao do art. 584, I, do CPC ("sentença civil condenatória"), tendo sido no Senado Federal realizada a modificação para a redação atual. Após a aprovação no Senado, o projeto de lei seguiu para a sanção presidencial, o que efetivamente ocorreu. O que se conclui é:

(a) a mudança foi meramente redacional e, portanto, o trâmite legislativo foi correto e a norma é constitucional, ou

(b) a mudança foi de conteúdo, de maneira que o projeto de lei, após a aprovação no Senado, deveria ter retornado à Câmara, sendo a norma formalmente inconstitucional.

Em razão do verificado no procedimento legislativo, a afirmação de que a sentença meramente declaratória tornou-se um título executivo judicial em razão da Lei 11.232/2005 é amparada numa inconstitucionalidade formal.

No Superior Tribunal de Justiça, a primeira sinalização de que a sentença meramente declaratória poderia ser considerada um título executivo veio com a Súmula 461, que expressamente permite a execução de sentença meramente declaratória de repetição de indébito tributário. Trata-se de hipótese comum de pedido meramente declaratório em razão da possibilidade de realização de compensação administrativa.

Na realidade, o entendimento sumulado equacionava a única hipótese justificável de pedido meramente declaratório quando possível o pedido condenatório. Não que seja vetada pelo sistema tal opção, mas a praxe forense demonstra claramente que, salvo a hipótese sumulada, podendo pedir a condenação do devedor, não se limitam a pedido meramente declaratório.

Contudo, ainda havia uma resposta a ser dada pelo Superior Tribunal de Justiça. É ação bastante comum a movida por consumidor com pedido de declaração de inexistência de dívida. Sendo o pedido julgado improcedente, haverá uma declaração de existência da dívida discutida. Pergunta-se: poderá o réu executar essa sentença para cobrar a dívida declarada?

De antemão, deve-se lembrar que as ações declaratórias são dúplices, de forma que mesmo sem pedido contraposto ou reconvenção a sentença pode entregar o bem da vida em disputa ao réu vencedor. O Superior Tribunal de Justiça

---

[18] *Informativo* 422/STJ: 1.ª Seção, REsp 1.114.404-MG, Rel. Min. Mauro Campbell Marques, j. 10.02.2010; STJ, 1.ª Seção, REsp 609.266/RS, rel. Min. Teori Albino Zavascki, j. 23.08.2006, *DJ* 11.09.2006; STJ, 1.ª Turma, REsp 526.655, rel. Min. Luiz Fux, j. 17.02.2004, *DJ* 14.02.2005.

[19] Talamini, *Sentença*, p. 91-92; Nery-Nery, *Código*, p. 749.

recentemente se manifestou sobre o tema admitindo que o réu nesse caso execute a sentença na parte em que declara a existência de dívida cuja inexistência era pedida pelo autor[20]. Com tal decisão, parece que aquele tribunal sacramente que a sentença meramente declaratória de dívida é título executivo judicial em qualquer hipótese.

A natureza condenatória de uma sentença não se restringe àquelas proferidas em ações de conhecimento condenatórias, importando para a fixação do título a parte dispositiva da sentença que obrigue qualquer das partes ao cumprimento de uma obrigação. Numa ação meramente declaratória a parte derrotada será condenada a pagar honorários advocatícios, servindo esse capítulo da decisão como título executivo para a parte vencedora, embora não seja título executivo o capítulo principal dessa sentença[21]. O mesmo ocorre em ações em que se somam pedidos de diferentes naturezas, por exemplo, no caso de rescisão contratual (constitutiva negativa, não cabendo execução) e condenação em perdas e danos (condenatória, permitindo o ingresso do cumprimento de sentença).

Por fim, é interessante notar que o legislador não fez menção ao trânsito em julgado nesse inciso, o que abre a possibilidade da *execução provisória*, sempre que da sentença condenatória estiver pendente julgamento de recurso que não tenha sido recebido no efeito suspensivo ou na hipótese prevista no art. 587 do CPC. O mesmo não ocorre em relação à sentença penal condenatória, em razão da aplicação do princípio constitucional da presunção de inocência do réu, inexistente no âmbito civil[22].

> O art. 502, I, do PLNCPC prevê ser título executivo judicial a sentença proferida no processo civil que reconhece a exigibilidade de obrigação de pagar quantia, de fazer, de não fazer ou de entregar coisa. A redação do dispositivo legal dá a entender que a mera declaração de dívida vencida e exigível seja título executivo, ainda que tivesse sido preferível uma redação mais clara a respeito dos objetivos do legislador.

39.2.2. Sentença penal condenatória transitada em julgado

Um dos efeitos secundários da sentença penal condenatória transitada em julgado é a criação de um título executivo na esfera civil, ainda que nenhuma referência tenha sido feita a esse respeito pelo juízo penal[23]. Existe tradicional

20 *Informativo* 487/STJ: 1.ª Seção, REsp 1.261.888/RS, rel. Min. Mauro Campbell Marques, j. 09.11.2011.

21 Greco, *O processo*, 7.4.2.3.3.1.1, p. 135.

22 Abelha, *Manual*, p. 130.

23 *Informativo* 487/STJ: 4.ª Turma, REsp 947.518/PR, rel. Min. Luis Felipe Salomão, j. 08.11.2011; Araken de Assis, *Manual*, n. 27.2, p. 162; Zavascki, *Processo*, p. 290-291.

entendimento doutrinário de que a sentença penal não é propriamente um título executivo, sendo na realidade um título hábil ao ingresso da liquidação de sentença, visto que o *quantum debeatur* jamais será debatido ou fixado no âmbito do processo criminal. Nessa opinião doutrinária, o título torna certa a obrigação de reparar a vítima, mas o valor de tal reparação obrigatoriamente deverá ser fixado em liquidação de sentença, sendo que somente depois de tal fixação a vítima terá condições de iniciar a execução.

O entendimento de que a sentença penal condenatória não é genuinamente um título executivo porque nunca tem liquidez deve ser repensado em razão das alterações no processo penal resultantes da Lei 11.719/2008. Interessam à presente exposição as novas disposições dos arts. 63, parágrafo único, e 387, IV do CPP.

Segundo previsão do art. 387, IV do CPP, o juiz penal ao proferir a sentença condenatória fixará um valor mínimo para a reparação dos danos causados pela infração, considerando os prejuízos sofridos pelo ofendido. Apesar da utilização do termo "fixará", que passa uma ideia de imperatividade, acredito não ser um dever do juízo penal a fixação de valor mínimo dos danos sofridos pelo ofendido em sentença condenatória, não sendo cabível o recurso de embargos de declaração diante de sua omissão e tampouco a anulação da sentença por ser *citra petita*.

O juízo penal está preocupado com questões diversas daquelas referentes à responsabilidade civil, não sendo legítimo nem benéfico que passe a partir de agora a se preocupar com tais questões. Significa dizer que para a fixação do valor mínimo dos prejuízos do ofendido o juiz penal não deve se desviar da condução tradicional do processo penal, voltada à análise dos elementos necessários para a condenação ou absolvição do acusado. Se porventura nessa análise tiver condições de fixar o valor mínimo, assim o fará, mas não reunindo tais condições, parece ser aconselhável o entendimento de que não haverá qualquer vício procedimental em sua omissão.

Uma vez fixado o valor mínimo, entendo que as partes terão interesse recursal para discuti-lo, não servindo a alegação de que por não ser definitivo o valor não haverá interesse recursal. Como prevê o art. 63, parágrafo único do CPP, transitada em julgado a sentença, o ofendido poderá ingressar com execução do valor mínimo, o que evidentemente trará benefícios ao ofendido e prejuízos ao ofensor, que poderão por meio recursal aumentar ou diminuir o âmbito dessa execução pela discussão do valor mínimo fixado em sentença.

Aduz o art. 63, parágrafo único do CPP que, transitada em julgado a sentença condenatória, o ofendido poderá ingressar imediatamente com **execução pelo valor mínimo** fixado em sentença e concomitantemente com **liquidação de sentença**, que provavelmente será realizada por artigos, sendo possível, ainda que improvável, a conclusão de que o valor efetivo do dano é inferior ao valor mínimo fixado pelo juízo penal.

Nesse caso, não há que se falar em *coisa julgada material penal*, porque a sentença penal nesse capítulo que fixa o valor mínimo, apesar de ser sentença de mérito, foi proferida mediante cognição sumária, não sendo apta a gerar coisa julgada material. Uma vez transitada em julgado a decisão proferida em sede de liquidação que determinou como efetivamente devido um valor inferior ao fixado como mínimo pela sentença penal, haverá redução imediata da execução em trâmite e, já tendo a execução chegado ao final com a satisfação do credor, caberá ação de repetição de indébito.

A par de todas as questões que podem ser levantadas a respeito da interpretação e aplicação desses dispositivos legais, fato é que, havendo a fixação de um valor mínimo dos danos suportados pelo ofendido, ao menos com relação a esse capítulo da sentença, haverá indiscutivelmente um título executivo, independentemente de qualquer liquidação. Essa constatação já é suficiente para a revisão do entendimento de que a sentença penal condenatória não é titulo executivo porque depende sempre de liquidação.

Por outro lado, não há necessidade de liquidação de sentença penal nas hipóteses de cobrança de multa penal quando essa for a sanção aplicada ao réu (art. 51 do CP), ou quando se impõe por sentença penal a devolução à vítima do produto do crime (art. 91, II, *b*, do CP), porque nesses casos haverá liquidez[24]. Nessas excepcionais situações de execução civil da sentença penal é correto entender que a sentença penal condenatória transitada em julgada é efetivamente um título executivo.

De qualquer forma, aparentemente continua a ser, em regra, necessária a liquidação da sentença penal condenatória. A liquidação nesse caso é mais completa que as tradicionais, visto que o juiz cível deverá investigar, antes da fixação do *quantum debeatur*, se de fato houve alguma espécie de dano, sendo possível imaginar um ilícito penal sem o dano, situação em que será impossível falar-se em responsabilidade civil[25].

A eficácia civil da sentença penal só atinge a **pessoa do condenado** na esfera criminal, não podendo a liquidação de sentença e posteriormente a execução serem propostas em face de corresponsáveis à reparação do dano na esfera civil. Assim, não serão partes legítimas passivas os preponentes, patrões, pais etc. Caso a vítima deseje acionar-lhes na esfera cível, será obrigada a ingressar com processo de conhecimento contra eles buscando a formação do título (sentença civil condenatória)[26]. O título é formado exclusivamente contra o condenado, e ninguém mais.

Problema interessante surge no caso de *revisão criminal* que declare a absolvição daquele que fora anteriormente condenado por sentença passada em julgado. Nesse caso, parece necessário o enfrentamento de diferentes alternativas tomando-se por base o momento em que se dá a desconstituição da sentença penal condenatória transitada em julgado: se a execução ainda não se iniciou ou está em curso, com a perda do título executivo, no primeiro caso o processo não

[24] Abelha, *Manual*, p. 128; Zavascki, *Processo*, p. 291, quanto ao art. 91, II, *b*, do CP. Contra, Greco, *O processo*, 7.4.2.3.3.1.2, p. 142-143, entendo que no caso do art. 91, II, *b*, do CP, a competência da execução é do juízo penal.

[25] Greco, *O processo*, 7.4.2.3.3.1.2, p. 141-142.

[26] Dinamarco, *Instituições*, n. 1.471, p. 234; Zavascki, *Processo*, p. 292; Greco, *O processo*, 7.4.2.3.3.1.2, p. 139.

poderá mais ser proposto (não há mais título executivo) e no segundo deverá ser extinto (perda superveniente do título executivo). No caso de execução já extinta com a satisfação do credor, deve-se atentar para as razões da absolvição em sede de revisão criminal[27]:

(i) se fundada em causa que não exclui a responsabilidade civil (por exemplo, estado de necessidade, prescrição penal, fato não ser considerado crime), não será possível a repetição de indébito;

(ii) se fundada em causa de exclusão da responsabilidade civil (por exemplo, legítima defesa ou descobrir que o condenado não foi o autor do fato delituoso), haverá a possibilidade da cobrança do valor executado por meio de ação de repetição de indébito.

Outro debate se coloca diante da possibilidade de **julgamentos contraditórios** no juízo penal e civil, em especial quando a ação civil for julgada improcedente e transitada em julgado, e na ação penal o acusado for condenado, também com sentença transitada em julgado. Seria possível ao executado alegar ofensa à coisa julgada numa execução fundada na sentença penal condenatória? Parcela da doutrina entende corretamente que a resposta deve ser dada negativamente, considerando-se que a sentença penal é um título executivo idôneo independentemente do resultado do processo cível[28]. Mas existem doutrinadores com entendimento contrário, no sentido de que deve valer na esfera cível a sentença de improcedência transitada em julgada, o que impediria a execução da sentença penal[29].

O Superior Tribunal de Justiça já teve a oportunidade de decidir que, salvo nas hipóteses previstas no art. 65 do CPP, que expressamente prevê a coisa julgada cível da sentença penal, a sentença cível tem eficácia executiva autônoma, não sendo desconstituída por sentença penal absolutória transitada em julgado[30].

39.2.3. Sentença homologatória de transação e de conciliação

Por transação deve-se entender o acordo celebrado entre as partes com sacrifícios recíprocos. A Lei 10.358/2001 introduziu feliz modificação à redação original do artigo legal, ao expressamente permitir a inclusão na sentença homologatória de "matéria não posta em juízo". O propósito de aumentar a potencialidade de solução de lides é excelente, ainda que a redação não tenha sido feliz para expressar essa ideia, visto que a matéria que não é "posta em juízo" jamais será parte de qualquer decisão judicial. A regra quer dizer ser possível que as partes

---

27 Greco Filho, *Direito*, v. 3, n. 3.5.2, p. 26. Araken de Assis, *Manual*, n. 27.2, p. 163, Shimura, *Título*, n. 3.5.2.8, p. 327, entendem ser possível a ação de repetição de indébito e a reconvenção como forma de reação do réu para provar a continuidade da responsabilidade civil.

28 Zavascki, *Processo*, p. 293; Greco, *O processo*, n. 7.4.2.3.3.1.2, p. 143.

29 Shimura, *Título*, n. 3.5.2.9, p. 329-330.

30 *Informativo* 437/STJ: 3.ª Turma, REsp 1.117.131-SC, rel. Min. Nancy Andrighi, j. 1.º.06.2010.

transacionem sobre assuntos que não fazem parte do objeto da demanda, e ainda assim a sentença será válida e terá eficácia executiva[31].

Conciliação é termo equívoco, como já analisado no Capítulo 1, item 1.2.2. Dependendo do significado do termo, está incluído em "conciliação" o *reconhecimento jurídico do pedido*. Desde que contenha alguma carga condenatória, gera sentença homologatória apta a instruir a execução por meio do cumprimento de sentença[32].

39.2.4. Sentença arbitral

A Lei de Arbitragem (Lei 9.307/1996) conferiu eficácia executiva, sem a necessidade de homologação pelo Poder Judiciário, à sentença arbitral, entendida como o provimento final do árbitro que resolve um conflito de interesses (sobre direitos patrimoniais disponíveis) entre particulares que optaram pela resolução extrajudicial do conflito em que se viram envolvidos. O art. 31 de referida lei equipara a sentença arbitral à sentença judicial, constituindo-se em título executivo judicial sempre que tiver natureza condenatória[33].

Apesar da proximidade entre a sentença condenatória e a sentença arbitral, na execução da segunda será possível, além das alegações de defesa previstas no art. 475-L do CPC, as nulidades previstas no art. 32 da Lei 9.307/1996, referentes à validade formal da sentença, matérias que não podem ser alegadas na impugnação ao cumprimento de sentença condenatória[34].

É possível também imaginar situação em que a sentença arbitral, embora condenatória, não tenha fixado o *quantum debeatur*. Nesse caso, o interessado deverá promover o devido processo sincrético, com o início pela liquidação de sentença antes de ingressar com o processo executivo[35], conforme analisado no Capítulo 41, item 41.2.

39.2.5. Acordo extrajudicial de qualquer natureza homologado judicialmente

A Lei 11.232/2005 incorporou ao rol de títulos executivos judiciais previsto no Código de Processo Civil o acordo extrajudicial homologado judicialmente. A novidade no diploma processual não representa uma novidade no sistema, considerando-se o art. 57 da Lei 9.099/1995, que já previa essa espécie de título executivo judicial nos Juizados Especiais Cíveis.

Esse título executivo judicial só pode ser formado havendo **acordo de vontade** entre as partes, distinto daquele que permitiu a produção do documento que se leva ao Poder Judiciário. Uma coisa é concordar em celebrar um acordo extrajudicial, outra

---

[31] Dinamarco, *Instituições*, n. 1.472, p. 237; Araken de Assis, *Manual*, n. 27.3, p. 164.

[32] Dinamarco, *Instituições*, n. 1.472, p. 235-236; Zavascki, *Processo*, p. 300.

[33] Dinamarco, *Instituições*, n. 1.476, p. 241; Abelha, *Manual*, p. 133.

[34] Greco, *O processo*, 7.4.2.3.3.1.4, p. 153; Zavascki, *Processo*, p. 296; Shimura, *Título*, n. 3.5.6, p. 358-359.

[35] Wambier, *Sentença*, n. 3.7.3, p. 211-212. Contra, Araken de Assis, *Manual*, n. 27.6, p. 167-168.

bem diferente é concordar em tornar esse acordo um título executivo judicial. Como essa espécie de título só pode ser obtida pela atuação jurisdicional, caso as partes concordem com a formação do título executivo judicial, serão obrigadas a levar a juízo o acordo celebrado extrajudicialmente. Trata-se de procedimento de *jurisdição voluntária*[36], porque nesse caso as partes pretendem obter um mesmo bem da vida (título executivo judicial), que só pode ser entregue pelo Poder Judiciário.

A natureza de jurisdição voluntária afasta qualquer dúvida a respeito da existência de interesse de agir das partes quando o acordo já for um título executivo extrajudicial. O interesse de agir nesse caso é a obtenção de bem da vida que só pode ser conseguido com a atuação jurisdicional, pouco importando nesse caso se já existe um título executivo extrajudicial.

39.2.6. Sentença estrangeira homologada pelo Superior Tribunal de Justiça

Para que produza efeitos em território nacional, a sentença estrangeira – judicial ou arbitral – deve obrigatoriamente passar por um processo de homologação perante o Superior Tribunal de Justiça (art. 483 do CPC c/c o art. 105, I, "i", da CF). Além da sentença judicial e arbitral, o Superior Tribunal de Justiça já admitiu a homologação de acordo de divorcio realizado no estrangeiro perante a autoridade administrativa competente para tal tarefa[37].

A decisão homologatória, com nítido caráter constitutivo, torna a decisão proferida em estado estrangeiro executável em território nacional, ocorrendo na linguagem de autorizada doutrina uma "nacionalização da sentença"[38]. Ainda que todas as sentenças estrangeiras só passem a gerar efeitos em território nacional após a sua homologação, somente aquelas que tenham **natureza condenatória** serão executadas, de forma que nem toda decisão de homologação de sentença estrangeira (de natureza meramente declaratória ou constitutiva) é um título executivo judicial[39].

No Superior Tribunal de Justiça é tranquilo o entendimento de que não cabe ao tribunal nacional a análise do mérito da sentença estrangeira, ressalvado o exame dos aspectos atinentes à ordem pública, soberania nacional, contraditório, ampla defesa e devido processo legal[40].

Há certa divergência na doutrina quanto ao que de fato é o título executivo nesse caso. Para parcela da doutrina o título executivo é a *carta de sentença* extraída dos autos da homologação de sentença estrangeira[41] e para outra é o ato estatal brasileiro de reconhecimento da sentença estrangeira[42]. A divergência não gera consequências práticas relevantes.

---

36 Theodoro Jr., *As novas*, p. 169; Araken de Assis, *Manual*, n. 27.7, p. 168.

37 *Informativo* 480/STJ: Corte Especial, SEC 4.403-EX, Rel. Min. Arnaldo Esteves Lima, julgada em 1º/8/2011.

38 Theodoro Jr., *Processo*, n. 513, p. 603; Shimura, *Título*, n. 3.5.4.3, p. 346.

39 Araken de Assis, *Manual*, n. 27.4, p. 165; Dinamarco, *Instituições*, n. 1.474, p. 238.

40 *Informativo* 468/STJ: Corte Especial, SEC 3.932-GB, rel. Min. Felix Fischer, j. 06.04.2011.

41 Shimura, *Título*, n. 3.5.4.3, p. 346; Theodoro Jr., *Processo*, n. 513, p. 603.

42 Abelha, *Manual*, p. 132; Dinamarco, *Instituições*, n. 1.474, p. 240.

No caso de execução fundada nesse título executivo, a alegação em sede de impugnação de nulidade da citação (art. 475-L, I, do CPC) refere-se ao processo de homologação da sentença e não ao processo de conhecimento que teve trâmite perante o juízo estrangeiro. Eventual alegação de vício na citação do processo estrangeiro deve ser feita no processo de homologação, operando-se com relação a essa matéria a eficácia preclusiva da coisa julgada (art. 474 do CPC). Diferentemente quanto às causas extintivas do direito do exequente supervenientes à sentença (arts. 475-L, 741, VI, do CPC) que se referem à sentença estrangeira, dado que tais matérias não são enfrentadas na homologação[43].

Somente a sentença estrangeira demanda a homologação pelo Superior Tribunal de Justiça, sendo possível a execução de título extrajudicial estrangeiro diretamente em território nacional sem nenhuma necessidade de homologação. Segundo o art. 585, § 2.º, do CPC, para que o título tenha eficácia executiva basta que satisfaça os requisitos de formação exigidos pela lei do lugar de sua celebração e indicar o Brasil como o lugar de cumprimento da obrigação.

39.2.7. Formal e certidão de partilha

O pronunciamento judicial que encerra o processo de arrolamento ou inventário, contendo a adjudicação do quinhão sucessório aos herdeiros, é considerado título executivo pelo diploma processual, apesar de não ser, naturalmente, sentença condenatória. A certidão substituirá o formal nos pequenos inventários ou arrolamentos, quando o quinhão resultante da sucessão hereditária não ultrapassar cinco salários-mínimos (art. 1.027, parágrafo único, do CPC).

A particularidade desse título é que ele tem eficácia executiva exclusivamente em relação ao inventariante, aos herdeiros e aos sucessores a título universal ou singular (art. 584, parágrafo único, do CPC). Significa dizer que, se qualquer desses sujeitos pretender a obtenção de quantia certa ou a entrega de bem em face de pessoas não arroladas pelo artigo legal supramencionado, será obrigatória a demanda de cognição, não podendo o interessado fazer uso do formal ou certidão de partilha para executar terceiros, considerando que contra estes tal ato estatal não tem eficácia executiva[44].

Segundo a melhor doutrina, o título que ora se analisa somente poderá ensejar execução por quantia certa (quando o bem pretendido for dinheiro) ou para entrega de coisa. Não se admite a execução de obrigação de fazer ou não fazer baseado no título ora comentado[45].

39.3. TÍTULOS EXECUTIVOS EXTRAJUDICIAIS

O Brasil é pródigo na relação de títulos executivos extrajudiciais, que são essencialmente documentos particulares ou públicos aos quais a lei empresta força

[43] Greco, *O processo*, 7.4.2.3.3.1.5, p. 166.
[44] Dinamarco, *Instituições*, n. 1.475, p. 240.
[45] Câmara, *Lições*, v. 3, p. 176.

executiva. O Código de Processo Civil de 1973 deu aos títulos executivos extrajudiciais a mesma eficácia executiva dos títulos judiciais, sendo todos eles aptos à instauração da execução. A distinção é importante porque, ainda que ambas as espécies de título permitam a prática de atos materiais de execução, o procedimento executivo será parcialmente distinto no cumprimento de sentença (*título judicial*) e no processo autônomo de execução (*título extrajudicial*), mesmo que o art. 475-R do CPC determine a aplicação subsidiária das regras deste àquele.

Mais uma vez é importante registrar que são títulos executivos extrajudiciais somente aqueles documentos que a lei federal expressamente prevê como tal, não havendo no direito nacional a possibilidade de criação de título extrajudicial fundado apenas na vontade das partes envolvidas na relação jurídica de direito material (*nulla titulus sine lege*). O contrato, por exemplo, para ter eficácia de título executivo extrajudicial, necessita em regra da assinatura de duas testemunhas, de nada adiantando que as partes dispensem tais assinaturas e façam constar do contrato que ambas consideram-no título executivo extrajudicial. O contrato, nesse caso, será apto a instruir, no máximo, a ação monitória; jamais uma execução.

No Código de Processo Civil é o art. 585 que descreve o rol dos títulos extrajudiciais, ainda que existam outros previstos em leis extravagantes:

No PLNCPC há apenas duas novidades. O crédito de serventuário de justiça, de perito, de intérprete ou de tradutor, quando as custas, os emolumentos ou os honorários forem aprovados por decisão judicial, passa a ser título executivo judicial. É incluído um novo título executivo no art. 743, X: "a parcela de rateio de despesas de condomínio edilício, assim estabelecida em convenção de condôminos ou constante de ata de reunião de condomínio convocada especialmente para tal fim".

39.3.1. Letra de câmbio, nota promissória, duplicata, debênture e cheque

O art. 585, I, do CPC indica como títulos executivos extrajudiciais os títulos cambiais e cambiformes, ou seja, os títulos de crédito regulados inteiramente pelo direito material, mais precisamente pelo direito empresarial. A letra de câmbio e a nota promissória são reguladas pelo Decreto 2.044/1908 e pela Convenção de Genebra aprovada pelo Decreto 57.663/1966. A duplicata, criação nacional, é regulada pela Lei 5.474/1968. A debênture encontra-se regulada na Lei 6.404/1976 (em especial nos arts. 52 a 74). O cheque rege-se pela Convenção de Genebra e pela Lei 7.357/1985. Em todos os casos se aplicam subsidiariamente as normas constantes no Código Civil (art. 903 do CC).

Os títulos de crédito descritos no dispositivo legal ora analisado **não necessitam de protesto** para que sejam considerados como título executivo extrajudicial.

Somente em situações específicas, quando o documento não puder ser considerado um título executivo em razão da ausência de algum requisito formal, a lei pode exigir o seu protesto, como é o caso da duplicata sem aceite[46].

Em razão do princípio da *circulabilidade* dos títulos de crédito, para o ingresso da ação executiva exige-se a instrução da petição inicial com o título original, não sendo permitida a juntada de fotocópias, ainda que autenticadas. É claro que em situações nas quais o título esteja instruindo outro processo (como uma ação penal de estelionato), e sendo impossível o seu desentranhamento, bastará ao exequente a juntada de fotocópia e certidão de objeto e pé do processo em que se encontra o original do título[47].

Registre-se interessante decisão do Superior Tribunal de Justiça, que entendeu ser título executivo extrajudicial duplicatas virtuais – emitidas por meio magnético ou de geração eletrônica, não se exigindo, para o ajuizamento da execução judicial, a exibição do título[48].

Temática importante no que tange aos títulos de crédito é a prescrição. Deve-se observar que uma coisa é a prescrição da ação executiva, e outra é a prescrição referente à própria obrigação. Assim, o documento pode, em razão do não ingresso da execução, perder sua eficácia executiva, mas ainda assim ser documento hábil para a instauração de um processo monitório ou de conhecimento. É o caso, por exemplo, do cheque, que após seis meses contados do esgotamento do prazo de apresentação (30 a 60 dias) perde sua eficácia executiva, mas nem por isso o crédito representado no título deixará de poder ser cobrado pelo credor por outras vias processuais.

39.3.2. Escritura pública ou outro documento público assinado pelo devedor; documento particular assinado pelo devedor e por duas testemunhas; instrumento de transação referendado pelo Ministério Público, pela Defensoria Pública ou pelos advogados dos transatores

A primeira parte do art. 585, II, do CPC trata da **confissão de dívida**, que pode ser realizada por meio de escrita pública, documento público assinado pelo devedor ou particular assinado pelo devedor e por duas testemunhas. O documento nesse caso representa o reconhecimento expresso de dívida pelo próprio devedor ou mandatário com poderes específicos. É necessário, ainda, que o documento indique obrigação certa, líquida e exigível, sem o que o contrato não será considerado título executivo. Não há nenhuma limitação no que tange à natureza da obrigação assumida pelo devedor, podendo indistintamente tratar-se de pagar quantia certa, fazer, não fazer ou entregar coisa[49].

---

46 Shimura, *Título*, n. 3.6.5.4, p. 381; Câmara, *Lições*, v. 2, p. 177. Em sentido crítico, Theodoro Jr., *Processo*, n. 75, p. 123-125.

47 Zavascki, *Processo*, p. 323.

48 *Informativo* 467/STJ: 3.ª Turma, REsp 1.024.691/PR, rel. Min. Nancy Andrighi, j. 22.03.2011.

49 Dinamarco, *Instituições*, n. 1.500, p. 272; Zavascki, *Processo*, p. 329; Greco, *O processo*, 7.4.2.3.3.2.2, p. 193.

A diferença entre escritura pública e documento público é que a primeira é espécie do segundo. Enquanto a escritura pública é ato privativo do tabelião de notas, o documento público pode ser produzido por qualquer agente público no exercício de suas funções. Geralmente é função do tabelião de notas a documentação de confissões de dívida, não havendo nesse caso a necessidade de assinatura do devedor, bastando a participação desse sujeito no ato. Os demais documentos públicos somente serão considerados títulos executivos se contiverem a declaração escrita e assinada do devedor reconhecendo a dívida[50].

No instrumento particular exige-se, além da assinatura do devedor, a de duas testemunhas. Não tem nenhuma validade para fins executivos a chamada *assinatura a rogo*, exigindo-se do devedor analfabeto ou que esteja impossibilitado de assinar o instrumento a constituição de mandatário por escritura pública. Como os advogados não demonstram o desinteresse próprio das testemunhas, sua assinatura não vale para os fins de transformar a confissão de dívida em título executivo judicial[51]. Embora o artigo de lei não indique a necessidade da presença das testemunhas no ato de celebração do contrato, elas devem estar preparadas para confirmar que o devedor assumiu responsabilidade de forma livre e consciente, concordando de espontânea vontade com a criação do título[52]. O Superior Tribunal de Justiça, entretanto, dispensa a presença das testemunhas no momento de formação do título executivo[53]. As testemunhas deverão ser pessoas capazes, isentas, idôneas e identificadas no título, sendo dispensada a autenticação de suas assinaturas.

O Superior Tribunal de Justiça pacificou o entendimento, defendido pela maioria da doutrina, de que o contrato de abertura de crédito, ainda que acompanhado de extrato de conta corrente, não é um título executivo, cabendo apenas a propositura de ação monitória ou de cobrança[54]. Também se encontra pacificado o entendimento de que contrato de renegociação de dívida, ainda que oriunda de contrato de abertura de crédito, em tese é título executivo apto a aparelhar processo de execução[55].

Outra espécie de título tratado no presente dispositivo legal é a transação extrajudicial, referendada pelo Ministério Público, Defensoria Pública ou por advogados devidamente constituídos, reconhecendo-se a idoneidade desses sujeitos em atestar a ocorrência do ato livre de vícios. Ainda que a participação do Ministério Público na área civil esteja condicionada a direitos indisponíveis e coletivos e a atuação da Defensoria Pública à defesa dos economicamente necessitados, parece não existir vício na homologação que extrapole tais limites[56]. Há divergência dou-

50 Dinamarco, *Instituições*, n. 1501, p. 274; Greco, *O processo*, 7.4.2.3.3.2.2, p. 194.

51 Araken de Assis, *Manual*, n. 28.2.2, p. 176.

52 Zavascki, *Processo*, p. 332; Marinoni-Arenhart, *Execução*, p. 429; Greco, *O processo*, 7.4.2.3.3.2.2, p. 196.

53 STJ, 4.a Turma, EDcl no REsp 541.267/RJ, rel. Min. Jorge Scartezzini, j. 12.12.2005, *DJ* 13.02.2006, p. 803.

54 Súmula 233 do STJ.

55 Súmula 300 do STJ.

56 Dinamarco, *Instituições*, n. 1.504, p. 279. Contra, Greco, *O processo*, 7.4.2.3.3.2.2, p. 200.

trinária a respeito da homologação realizada perante os "advogados devidamente constituídos", sendo mais adequado não interpretar literalmente o dispositivo (no plural), admitindo-se ser a homologação realizada perante um só advogado constituído por ambas as partes[57].

A transação nesse caso é mais ampla do que aquela prevista pelo direito civil, visto que não há necessidade de concessões mútuas. O inciso abrange também, portanto, as hipóteses de renúncia ou de reconhecimento de direito da parte contrária, ou seja, deve ser interpretado amplamente como a homologação de qualquer ato de autocomposição do litígio, desde que tenha como conteúdo uma prestação[58].

39.3.3. Contratos garantidos por hipoteca, penhor, anticrese e de caução, bem como de seguro de vida

O dispositivo legal deve ser dividido em duas partes para ser mais claramente analisado, visto que o legislador juntou em um mesmo inciso títulos de natureza e características consideravelmente distintas.

Os contratos garantidos por hipoteca, penhor, anticrese e caução são contratos de garantia, confundindo o legislador o gênero "caução" com algumas de suas espécies. Assim, havendo **caução** em razão de contrato, seja ela **real** (hipoteca, penhor ou anticrese) ou **fidejussória** (fiança), será possível a execução forçada da dívida. Registre-se que qualquer espécie de fiança – judicial, legal ou convencional – permite o ingresso do processo executivo[59].

Esses contratos de garantia podem ser celebrados por terceiros, não devedores, que a partir de então passam a ter responsabilidade patrimonial – sempre no limite da garantia – perante o credor. Há, portanto, responsabilidade de quem não é o obrigado, no plano do direito material, a satisfazer a obrigação. O exequente, nesse caso, pode mover a ação de execução exclusivamente contra o devedor, contra o garante, ou contra ambos (*litisconsórcio facultativo*).

Na segunda parte do dispositivo legal, houve substancial modificação em razão da Lei 11.382/2006, que afastou a executividade dos contratos de seguro de acidentes pessoais, que demandarão para sua cobrança o ingresso de processo de conhecimento pelo rito sumário (art. 275, II, *e*, do CPC). Segundo a literalidade do dispositivo legal, o único contrato de seguro a ser título executivo é o de seguro de vida[60]. Entendo, entretanto, que uma interpretação sistêmica permita a conclusão de que também o contrato de seguro de acidentes pessoais do qual resulte morte possa ser compreendido como título executivo[61], porque nesse caso

---

57 Araken de Assis, *Processo*, n. 28.2.3, p. 177; Câmara, *Lições*, v. 2, p. 180. Contra, Greco, *O processo*, 7.4.2.3.3.2.2, p. 201.

58 Dinamarco, *Instituições*, n. 1.503, p. 278.

59 Araken de Assis, *Manual*, n. 28.3, p. 178. Contra, limitando o dispositivo legal às garantias convencionais, Greco, *O processo*, 7.4.2.3.3.2.4, p. 203.

60 Scarpinella Bueno, *A nova*, p. 18; Wambier-Wambier-Medina, *Breves* 3, p. 51.

61 Theodoro Jr., *A reforma*, p. 19.

não existem as dificuldades referentes à prova da existência e extensão da incapacidade, motivo que aparentemente retirou o contrato de seguro de acidentes pessoais do rol dos títulos executivos.

Por ser o contrato de seguro uma espécie de contrato aleatório, dependendo o direito do segurado de evento futuro e incerto, é necessário que se instrua a peça inicial do processo de execução com o contrato e a prova pré-constituída do evento coberto pelo seguro, sendo indispensável a instrução da petição inicial com a **certidão de óbito**[62]. Registre-se tendência ampliativa na interpretação do dispositivo, que aponta para a possibilidade de execução mesmo sem a apólice de seguro, desde que devidamente comprovada a relação jurídica de direito material, o que poderá ser feito, por exemplo, por meio de recibo emitido pela seguradora[63].

39.3.4. Crédito decorrente de foro e laudêmio

O foro e o laudêmio são espécies de rendas imobiliárias, decorrentes da enfiteuse, regulados por leis de direito material. O foro é a pensão anual certa e invariável que o enfiteuta paga ao senhorio direto pelo direito de usar, gozar e dispor do imóvel objeto do direito real de enfiteuse. O laudêmio é a compensação que é devida ao senhorio direto pelo não uso do direito de preferência, quando o enfiteuta aliena onerosamente o imóvel foreiro. Nos casos de foro e laudêmio, o senhorio é o sujeito ativo da execução e o passivo é o enfiteuta ou foreiro, no caso de foro, ou o ex-enfiteuta que cedeu o seu direito a terceiro, no caso de laudêmio. No caso de várias pessoas serem enfiteutas de um mesmo imóvel, deverão os vários enfiteutas eleger entre eles um cabecel com a função de representar todos perante o senhorio, sendo esse cabecel a parte legítima no processo de execução.

Registre-se que a enfiteuse é instituto de rara aplicação prática, nunca tendo obtido grande relevância no mundo jurídico. Por essa razão, o art. 2.038 do CC proibiu a constituição de enfiteuses e de subenfiteuses, restando somente as já existentes à época de entrada de vigência do atual Código Civil até sua extinção. É instituto jurídico, portanto, com tempo de vida limitada.

39.3.5. Crédito, documentalmente comprovado, decorrente de aluguel de imóvel, bem como de encargos acessórios, tais como taxas e despesas de condomínio

A matéria prevista no art. 585, V, do CPC era anteriormente tratada no inciso anterior, tendo sido isolada em inciso próprio por meio da Lei 11.382/2006. A

[62] Araken de Assis, *Manual*, n. 28.3, p. 179; Dinamarco, *Instituições*, n. 1.510, p. 292; Zavascki, *Processo*, p. 338.

[63] Marinoni-Arenhart, *Execução*, p. 430.

alteração no conteúdo, digna de nota, diz respeito à **desnecessidade de contrato escrito** como era exigido pela antiga redação, sendo suficiente a existência de uma prova documental que ateste a existência da locação e dos encargos[64]. A expressa menção a taxas e despesas de condomínio como encargos da locação é meramente exemplificativa, como demonstra a utilização da locução "tais", admitindo-se a execução de outras espécies de encargos da locação, como as despesas de telefone e de consumo de força, luz, água e esgoto.

O inciso ora comentado deve ser interpretado levando-se em consideração o disposto no art. 275, II, *c*, do CPC. Assim, as ações de cobrança promovidas pelo condomínio em face do condômino seguirão sempre o processo de conhecimento pelo *rito sumário*, não podendo o condomínio executar o condômino, em especial em razão da inexistência de contrato escrito reconhecido pelo devedor quanto ao débito, não servindo para tanto a convenção condominial. Dessa forma, o artigo deve ser aplicado somente quando os encargos de condomínio venham expressamente previstos em contrato escrito, como ocorre no contrato de locação, quando o locatário se compromete a pagar as verbas do condomínio e quando não o faz permite que o locador, em poder do contrato de locação ou outra prova documental que comprove a relação jurídica de direito material locatícia, ajuíze um processo de execução[65].

39.3.6. Crédito de serventuário da justiça, de perito, de intérprete e tradutor quando as custas, emolumentos ou honorários forem aprovados por decisão judicial

Trata-se de dispositivo de pouca aplicação prática em razão das características da praxe forense. Custas judiciais e emolumentos geralmente não são objeto de decisão judicial, já vindo previstas em leis de organização judiciária. Sem a decisão judicial a respeito de tal crédito, não existirá o título executivo. Por outro lado, os honorários dos auxiliares eventuais do Juízo geralmente são depositados *a priori*, não se realizando o trabalho (perícia, tradução etc.) sem o devido depósito prévio do valor acertado pelo juiz[66].

Apesar de raro, quando existir, não se deve confundir tal decisão judicial com a sentença, visto que a relação processual da qual surgiu a condenação não é do serventuário, e sim do autor e réu. Há inclusive quem afirme nem mesmo ter caráter jurisdicional a decisão que condena a parte ao pagamento do serventuário, sendo tão somente medida de caráter administrativo para assegurar a regularidade da conta. Não parece correto tal entendimento, parecendo ser inegável a **natureza jurisdicional** de tal decisão judicial. O que não se compreende é a colocação desse título executivo no rol dos títulos extrajudiciais, considerando-se que nesse

---

64 Scarpinella Bueno, *A nova*, p. 19.

65 Marinoni-Arenhart, *Execução*, p. 430; Theodoro Jr., *A reforma*, p. 20; Abelha, *Manual*, p. 141-142.

66 Abelha, *Manual*, p. 143; Dinamarco, *Instituições*, n. 1.516, p. 304; Câmara, *Lições*, v. 2, p. 185.

caso existe uma atividade jurisdicional responsável pela criação do título, que se constituirá por meio de decisão judicial, sendo preferível que o legislador o tivesse elencado como título executivo judicial[67]. Note-se que é o único título executivo extrajudicial formado por juiz de direito no exercício de sua função jurisdicional.

O art. 502, V, do PLNCPC, prevê o título executivo ora analisado como sendo judicial, atendendo a sugestão de parcela da doutrina. Entendo a opção do legislador como um grave equívoco, embalada pela falsa impressão de que somente por ser resultado de uma decisão judicial, o título executivo deva ser judicial.

Sempre me pareceu que a opção do legislador em classificar o título executivo ora analisado como de natureza extrajudicial dizia respeito à dispensa de contraditório exauriente para sua formação, franqueando-se ao executado todas as defesas possíveis em sede de embargos à execução. Ao prever que o título era extrajudicial, a lei dispensa discussões sobre o direito exequendo no processo em que o título foi formado, o que evitava indevidas confusões procedimentais, relegadas ao processo de execução. Com a mudança proposta, a defesa do executado será realizada por meio de impugnação, com limitação de matérias, de forma que o juízo prolator da decisão que formará o título deverá franquear aos interessados o pleno contraditório no processo em que se formou o título.

39.3.7. Certidão de dívida ativa da Fazenda Pública da União, Estado, Distrito Federal, Território e Município, correspondente aos créditos inscritos na forma da lei

Apesar de a execução fiscal – execução da dívida ativa da Fazenda Pública – ser regulada pela Lei 6.830/1980, o título executivo que permite tal execução vem previsto no Código de Processo Civil. A Lei 6.830/1980 indica que dívida ativa é qualquer valor cuja cobrança seja atribuída por lei à Fazenda Pública, sejam representativos de créditos tributários ou não. A inscrição de contrato ou de dívida é feita por meio de procedimento administrativo regular, com os requisitos formais previstos pelo art. 202 do CTN e art. 2.º, § 5.º, da Lei 6.830/1980, conferindo liquidez e certeza à dívida.

As autarquias também podem inscrever créditos na dívida ativa e formar o título executivo ora comentado. O mesmo não ocorre com empresas públicas, sociedades de economia mista ou entidades privadas concessionárias ou permissionárias de serviços públicos ou que exerçam funções delegadas do Poder Público.

[67] Dinamarco, *Instituições*, n. 1.516, p. 305; Zavascki, *Processo*, p. 341.

A certidão da dívida ativa diz respeito tão somente às **dívidas de pagar quantia certa**. Engloba o principal, juros, correção monetária, multa e outros encargos legais ou contratuais. Outros tipos de obrigação como de fazer, não fazer e entrega de coisa, não podem ser inscritas na dívida ativa da Fazenda Pública, exigindo do ente público um processo de conhecimento ou de execução, desde que existente um dos títulos previstos nos outros incisos do art. 585 do CPC.

A singularidade de tal título é que entre todos os títulos extrajudiciais esse é o único que pode ser formado sem nenhuma participação do devedor ou de terceiro, atuando em sua formação apenas o credor[68]. Tal característica vem assentada na *boa-fé* do Estado e na **presunção de legalidade do ato administrativo**, permitindo ao Estado ser o único capaz de formar títulos executivos de forma unilateral, embora por vezes e de forma indesejada abuse de tal liberdade com indevidas e injustas inscrições na dívida ativa, gerando infundadas ações de execução por quantia certa.

39.3.8. Todos os demais títulos, a que, por disposição expressa, a lei atribuir força executiva

O dispositivo legal permite expressamente que leis federais extravagantes criem títulos executivos extrajudiciais, mais impossibilitam que as partes realizem o chamado "pacto executivo", conforme já comentado. A Lei Federal pode criar quantos títulos desejar, as partes, não. São inúmeros os títulos formados por leis extravagantes, como créditos da OAB contra os inscritos (Lei 8.906/1994, art. 46); cédulas de crédito rural (Decreto-lei 167/1967, art. 41), cédulas de crédito industrial (Decreto-lei 413/1969); cédulas de exportação (Lei 6.313/1975); cédulas de crédito comercial (Lei 6.840/1980); cédula hipotecária (Decreto-lei 70/1966, art. 29); cédula de produto rural (Lei 8.929/1990, art. 211); decisão do plenário do CADE impondo multa ou obrigação de fazer ou não fazer (Lei 8.884/1994, art. 53, § 4.º); honorários do árbitro no compromisso arbitral (Lei 9.307/1996, art. 11, parágrafo único); prêmios dos contratos de seguro previstos na Lei do Sistema Nacional dos Seguros Privados (Decreto-lei 73/1966, art. 27), cédula de produto rural (Lei 11.076/2004), entre outros.

[68] Marinoni-Arenhart, *Execução*, p. 431; Abelha, *Manual*, p. 143; Araken de Assis, *Manual*, n. 28.7, p. 182; Greco, *O processo*, 7.4.2.3.3.2.9, p. 218.

40

EXECUÇÃO PROVISÓRIA

40.1. CONCEITO

Tradicionalmente a execução provisória era entendida como a execução fundada em título executivo judicial provisório[1], ou seja, a decisão judicial que poderia ser modificada ou anulada em razão da pendência de um recurso interposto contra ela. O recurso, naturalmente, não poderia ser recebido no efeito suspensivo, pois impediria o início da execução. Como o recurso não tem efeito suspensivo, a decisão passa a gerar seus efeitos, inclusive podendo ser executada, mas, como ainda existe recurso pendente de julgamento, é possível a sua anulação ou reforma, sendo, portanto, provisória.

Proferida uma decisão judicial executável e não havendo a interposição de recurso, verifica-se o seu trânsito em julgado, passando a partir desse momento a ser cabível a execução definitiva. Havendo a interposição do recurso cabível e sendo este recebido no seu efeito suspensivo, a decisão não poderá gerar efeitos, impedindo-se o início da execução. A terceira alternativa – única apta a gerar a execução provisória – é a interposição do recurso cabível, não recebido no efeito suspensivo.

---

[1] Araken de Assis, *Manual*, n. 65, p. 306.

Como se pode notar, tradicionalmente a execução provisória era exclusiva da execução de título executivo judicial, sendo comum a afirmação de que não existia execução provisória de título executivo extrajudicial, que sempre seria definitiva[2]. Essa realidade, entretanto, modificou-se, ainda que parcialmente, com a Lei 11.382/2006, mais precisamente com a nova redação dada ao art. 587 do CPC.

40.2. EXECUÇÃO PROVISÓRIA DE TÍTULO EXECUTIVO EXTRAJUDICIAL

A Lei 11.382/2006 reformulou consideravelmente o procedimento do processo de execução fundado em título executivo extrajudicial, sempre com o propósito de agilizar a entrega da prestação jurisdicional, fazendo valer os princípios da celeridade processual e efetividade da tutela. Uma das alterações, entretanto, preferiu prestigiar a certeza jurídica à celeridade, o que sem qualquer análise valorativa rumou contra o sentido das últimas modificações procedimentais.

Trata-se da nova redação do art. 587 do CPC, que prevê a provisoriedade da execução de título extrajudicial na pendência de apelação contra a sentença de improcedência proferida nos embargos à execução, desde que estes tenham sido recebidos no efeito suspensivo. Pelo dispositivo legal, a interposição dos embargos à execução e a concessão do efeito suspensivo – que dependerá do preenchimento dos requisitos legais – impedem a continuidade da execução até o julgamento da apelação interposta contra a sentença que decide os embargos à execução. Sendo o julgamento de improcedência, o efeito suspensivo atribuído ao recurso estará imediatamente revogado, ainda que contra a decisão seja interposto recurso de apelação, que será recebido sem o efeito suspensivo (art. 520, V, do CPC). A execução, portanto, prosseguirá, mas agora seguindo as regras da execução provisória (art. 475-O do CPC).

É interessante analisar o panorama doutrinário e jurisprudencial anterior à presente modificação legislativa ora examinada, ainda que tal análise não seja suficiente para valorar positiva ou negativamente o art. 587 do CPC.

A doutrina majoritária entendia que, sendo iniciada a execução de forma definitiva, a pendência de apelação contra a sentença de improcedência dos embargos à execução não era suficiente para transformar essa execução em provisória. Tendo sido iniciada de forma definitiva, dessa forma continuaria até o seu término. Os fundamentos são variados.

Havia aqueles que entendiam pela definitividade da execução em virtude de esta seguir nos próprios autos, sendo os embargos remetidos ao Tribunal, diferente do que ocorre com a execução provisória[3]. Outros afirmavam que, seguindo-se de forma definitiva, nem tudo estaria perdido para o executado, que poderia por meio de pedido de antecipação de tutela na apelação ou com cautelar inominada

---

2 Por todos, Zavascki, *Processo*, p. 434.

3 Pimentel Souza, *Introdução*, p. 304-305.

suspender o prosseguimento da demanda[4]. Sustentava-se também tratar-se de medida de aceleração da tutela jurisdicional, fundada na circunstância de grande probabilidade da existência do direito, contido no título executivo e confirmado pela sentença de improcedência dos embargos[5].

A jurisprudência dominante compartilhava de tal entendimento, até mesmo porque o Superior Tribunal de Justiça consolidou a definitividade da execução nas condições ora analisadas por meio da Súmula 317: "É definitiva a execução de título extrajudicial, ainda que pendente apelação contra sentença que julgue improcedentes os embargos".

Na doutrina encontrava-se pouca resistência à definitividade da execução. Para essa parcela minoritária de doutrinadores, enquanto a decisão dos embargos à execução não transitasse em julgado, o título não poderia ser entendido como definitivo, porque eventual acolhimento da pretensão do executado poderia afetá-lo diretamente. Haveria, portanto, uma provisoriedade do título em virtude da pendência do julgamento da pretensão do executado exposta nos embargos, devendo por isso a execução seguir de forma provisória[6]. Para outros, seria temerário seguir a execução de forma definitiva, porque o executado ainda teria chances de se sagrar vitorioso em seus embargos[7].

Esse era o panorama da questão antes do advento da Lei 11.382/2006, responsável pela alteração da redação do art. 587 do CPC, que passou a tratar exclusivamente dos títulos executivos extrajudiciais, considerando-se que a execução provisória de título executivo judicial passou a ser tutelada pelo art. 475-O do CPC. A alteração substancial, entretanto, foi outra: a expressa previsão de que a execução de título extrajudicial, dentro de certas condições já mencionadas, pode nascer definitiva, mas tornar-se provisória, o que até à alteração legislativa representava o entendimento minoritário da doutrina e da jurisprudência. A expressa previsão legal retira da questão qualquer espécie de interpretação contrária à norma, que é clara e deve ser respeitada[8], considerando-se a mesma positiva ou negativa[9]. Alguns comentários, entretanto, são relevantes.

O legislador fez uma escolha, que, como todas, pode agradar ou não aos estudiosos e operadores. Pode-se afirmar que a escolha foi surpreendente, já que adotou entendimento minoritário, mas não se pode negar que ela foi feita e deve ser acatada. Mais uma vez viu-se o legislador entre dois importantes princípios do processo civil: a segurança jurídica e a celeridade processual, optando pela primeira. É inegável que seguir com a execução de forma definitiva tem algo de temerário, até mesmo porque o executado ainda pode ter razão. Por outro lado,

---

4 Zavascki, *Processo*, p. 436; Nogueira, *Execução*, p. 224.

5 Dinamarco, *Instituições* n. 1.824, p. 765.

6 Lucon, *Embargos*; Greco Filho, *Direito*, p. 35.

7 Theodoro Jr., *Processo*, n. 101, p. 157.

8 Nery-Nery, *Código*, p. 996; Scarpinella Bueno, *A nova 3*, p. 26-27.

9 Não se pode concordar com Hoffman, *Nova*, p. 43, para quem caberá ao juiz no caso concreto prosseguir a execução de forma definitiva ou provisória.

entretanto, é inegável que exigir do exequente seguir com a execução de forma provisória onera a parte que muito provavelmente tem razão em sua pretensão. Entre dois interesses contrários, o legislador, rumando até mesmo contra o princípio mais festejado das reformas, preferiu a segurança jurídica.

Para a parcela da doutrina que já se manifestou a respeito do tema após a modificação do teor do art. 587 do CPC, a novidade serviria para compensar a agilidade na satisfação do direito, propiciada pela nova estrutura da execução. Seguindo a execução de forma definitiva, seria possível ao exequente adjudicar imediatamente o bem ou aliená-lo, por iniciativa particular ou por hasta pública, ainda que pendente de julgamento a apelação contra a sentença de improcedência dos embargos[10]. De fato, não há como negar que houve sensível facilitação à satisfação do direito do exequente, mas não parece ser essa circunstância determinante para se apontar como acertada a opção pela provisoriedade da execução. Teria sido mais adequado se o legislador tivesse seguido a corrente majoritária, o que, entretanto, não aconteceu.

Importante observar, por fim, que a provisoriedade da execução só se justifica à luz do dispositivo legal durante a pendência de julgamento da apelação, de forma que, confirmada a sentença em segundo grau de jurisdição e interpostos os recursos especial e/ou extraordinário, a execução, se ainda existir, prosseguirá sob a forma definitiva. Assim, a execução de título executivo extrajudicial sempre começa de forma definitiva, podendo tornar-se provisória no caso de pendência de julgamento de apelação interposta contra sentença de improcedência dos embargos, quando estes tiverem sido recebidos no efeito suspensivo e, finalmente, podendo novamente tornar-se definitiva, logo após a prolação da decisão da apelação, quer o executado ingresse ou não com os recursos especial e extraordinário.

> Aparentemente o PLNCPC retorna à situação anterior, na qual a execução de título extrajudicial sempre começava e acabava definitivamente. Segundo o art. 506, *caput*, a execução provisória ocorrerá de sentença impugnável por recurso sem efeito suspensivo. O dispositivo não é totalmente elogiável, porque, na realidade, haverá execução provisória diante de qualquer decisão final impugnável por recurso sem efeito suspensivo (p. ex., acórdão). Ainda assim, é suficientemente claro ao limitar a execução provisória à execução de título executivo judicial.

40.3. CAUÇÃO NA EXECUÇÃO PROVISÓRIA

O art. 475-O, III, do CPC prevê a necessidade de prestação de caução no momento de levantamento de depósito em dinheiro, prática de atos que importem alienação de propriedade ou dos quais possa resultar grave dano ao executado.

[10] Wambier-Wambier-Medina, *Breves 3*, p. 61-62.

Como se pode notar da mera leitura do dispositivo legal, não há qualquer necessidade da prestação de caução no momento da propositura da execução provisória, ficando reservada a necessidade de sua prestação a outros momentos procedimentais, mais próximos da efetiva satisfação do exequente, o que, naturalmente, não ocorre com a mera propositura da execução.

Assim, dos três diferentes momentos indicados pelo dispositivo legal ora em comento para a prestação da caução, todos eles poderão se verificar na execução de pagar quantia certa, sendo certo que tanto o levantamento do dinheiro quanto a alienação do bem penhorado são momentos procedimentais exclusivos dessa espécie de execução. Cabe inclusive uma crítica ao legislador, porque a satisfação nessa execução ocorre com o levantamento de dinheiro, e não com a expropriação do bem. Seria mais adequado se a previsão legal permitisse a alienação do bem, condicionando o levantamento do dinheiro obtido com tal alienação à prestação de caução, além, é claro, da adjudicação, na qual não haveria depósito de qualquer numerário[11]. De qualquer forma, a norma é clara ao exigir a prestação da caução para que seja alienado o bem penhorado.

Nas execuções de fazer/não fazer e de entrega de coisa, somente é possível imaginar a terceira hipótese legal para a prestação de caução: a prática de atos dos quais possa resultar grave dano ao executado. Nessas execuções, nas quais não existe levantamento de dinheiro ou alienação de bem penhorado – aliás, não há penhora –, são outros atos, geralmente ligados à efetiva satisfação do direito do exequente, que exigem a prestação de caução para que possam ser praticados.

Existe debate na doutrina a respeito da natureza jurídica dessa caução, havendo parcela doutrinária que entende não se tratar de medida de natureza cautelar, colocando-a entre as hipóteses de caução não cautelar, designadas por garantias legais. Segundo esse entendimento, tratando-se de caução não cautelar, o juiz não deve apreciar o risco de dano, nem exigir a probabilidade do direito existir, considerando-se que o juiz está vinculado à lei para a sua concessão[12]. Para outra parcela da doutrina, sem levar em conta a distinção entre a caução cautelar e não cautelar, a caução prevista pelo art. 475-O, III, do CPC tem natureza cautelar, considerando-se que a caução serve para garantir a eficácia da futura e eventual execução a ser movida pelo executado em caso de reforma ou anulação da decisão exequenda[13].

Não resta qualquer dúvida a respeito da função exercida pela caução no processo executivo, servindo como garantia ao efetivo ressarcimento de danos gerados por execução indevida, enquanto a decisão exequenda ainda não era definitiva. Isso não se discute, sendo característica de qualquer espécie de caução. A opção doutrinária que afasta tal caução da natureza cautelar leva corretamente em consideração outros aspectos do instituto processual, mais precisamente a desnecessidade de, no caso concreto, ser provada a existência dos requisitos fun-

---

11 Contra: Wambier-Wambier-Medina, *Breves 2*, p. 187-188.

12 Oliveira, *Comentários*, p. 150; Baptista da Silva, *Do processo*, p. 301.

13 Nogueira, *Execução*, p. 162.

damentais da tutela cautelar: o *fumus boni iuris* e o *periculum in mora*. Dessa maneira, a caução é decorrência natural da expressa previsão legal, não cabendo ao juiz qualquer grau de discricionariedade ao analisar o seu cabimento. Ainda que o executado nitidamente não tenha qualquer razão em se opor ao exequente, tampouco sofra um risco de grave dano, irreparável ou de difícil reparação, a caução será devida, em especial no tocante ao levantamento de dinheiro e à alienação de bem penhorado[14].

Dos três diferentes momentos previstos em lei para a prestação da caução, no levantamento do dinheiro e na alienação de propriedade, a tese defendida significa que em nenhuma hipótese caberá ao juiz, diante do pedido de prestação de caução a ser feito pelo executado, analisar o preenchimento de qualquer requisito no caso concreto, bastando para tanto que o momento procedimental seja aquele previsto em lei. No terceiro momento – qualquer ato "dos quais possa resultar grave dano ao executado" –, pode-se imaginar que a caução passaria a ter natureza cautelar, porque exigida a análise do juiz a respeito da aptidão do ato de gerar risco de grave dano. O entendimento, entretanto, não é o mais correto, considerando-se que, apesar de a previsão legal conter um conceito indeterminado, que aproxima o juiz da análise do *periculum in mora*, não se exige qualquer análise a respeito do *fumus boni iuris*, o que é suficiente para afastar tal caução do âmbito cautelar.

Segundo o dispositivo legal ora analisado, a caução deve ser "suficiente e idônea, arbitrada de plano pelo juiz e prestada nos próprios autos". É de extrema importância a exata compreensão do que representa a suficiência e idoneidade da caução, bem como o que significa a exigência de que ela seja prestada de plano pelo juiz nos próprios autos.

A primeira questão diz respeito à suficiência e idoneidade da caução, não havendo nenhuma indicação a respeito de sua espécie, o que permite concluir pela possibilidade de ser real ou fidejussória, sendo prestada pelo executado ou terceiro (fiador judicial)[15]. A idoneidade, apesar de ser altamente subjetiva, não traz maiores dificuldades à análise, cabendo ao juiz apontar no caso concreto se a garantia prestada é séria o suficiente para fazer frente a um eventual prejuízo do executado, desempenhando concretamente o seu papel de garantia. A questão da suficiência já é um pouco mais complexa, considerando-se que o valor do eventual prejuízo é absolutamente ilíquido, não sendo possível no momento da concessão da caução já aferir quanto será o valor do futuro e eventual prejuízo do executado. Caberá ao juiz, dentro de certa razoabilidade, fazer uma previsão, estimando o valor dos eventuais danos a serem suportados pelo executado, ainda que tal tarefa se mostre significativamente difícil no caso concreto.

Como se nota, ao afastar a suficiência da caução do valor da execução, aproximando-a de um valor do dano que ainda não ocorreu – e na verdade nem se sabe se ocorrerá –, o legislador tenta simplificar algo que no caso concreto

---

[14] Em sentido contrário, exigindo que se prove a iminência de perigo: Zavascki, *Processo*, p. 444, Lucon, *Eficácia*, p. 414-416; Scarpinella Bueno, *Execução*, p. 186-187.

[15] Dinamarco, *Instituições*, n. 1.829, p. 772; Zavascki, *Processo*, p. 444-445.

pode não se mostrar tão simples assim. Tudo fica ainda mais complicado no momento em que o dispositivo ora analisado prevê que a caução deva ser prestada de plano, o que permite a conclusão de que o juiz possa fixá-la sem a oitiva das partes, ao menos do exequente. Ocorre, entretanto, que em razão da dificuldade na fixação do valor da caução – e até mesmo diante da subjetividade envolvida nessa atividade do juiz – é natural que as partes sejam previamente ouvidas, abrindo-se o contraditório em prestígio do princípio da cooperação. Não significa dizer que será necessária a propositura de ação de caução, mas é interessante a formação do contraditório no próprio processo executivo[16].

Note-se que o contraditório exigido para a fixação do valor da caução não afasta o entendimento de que o juiz não pode determinar de ofício a prestação de caução. Segundo correto entendimento doutrinário, a caução presta-se à garantia do executado, não tendo qualquer função de ordem pública na demanda executiva, de forma que interessa tão somente ao executado a sua prestação no caso concreto. Sendo assim, caso o executado não requeira a prestação da caução no momento previsto em lei, não deve o juiz determiná-la de oficio, dando normalmente andamento ao procedimento executivo, ainda que isso gere um prejuízo irreparável ao executado[17].

A novidade advinda da Lei 11.232/2005, ao prever que a caução seja arbitrada de plano pelo juiz, não deve, portanto, ser interpretada como a possibilidade de sua determinação de ofício do juiz, o que feriria o princípio dispositivo, plenamente aplicável ao caso concreto. A alteração foi meramente redacional, mantendo-se o entendimento de que a prestação de caução depende de pedido expresso do executado. Ocorre, entretanto, que, uma vez determinada a prestação de caução de ofício, a nulidade será sanada com o pedido do executado, o que certamente ocorrerá no caso concreto em razão do "aviso amigo" dado pelo juiz.

40.4. DISPENSA DA CAUÇÃO

O art. 475-O, § 2.º, do CPC prevê três hipóteses de dispensa da caução, o que não significa que a execução nesses casos se torna definitiva. O título executivo continua a ser provisório, de forma que a execução permanece com tal natureza, ainda que a satisfação do direito do exequente ocorra sem a necessidade de prestação de caução, exatamente como ocorreria numa execução definitiva. A natureza provisória da execução, entretanto, mantém aplicável ao caso a responsabilidade objetiva do exequente na hipótese de reforma ou anulação da decisão que serviu como título executivo judicial. Importante lembrar que execução provisória pode

---

16 Abelha Rodrigues, *Manual*, p. 197. Oliveira, *A nova*, p. 202, defende que o contraditório se estabeleça depois da decisão, por meio da interposição de agravo de instrumento. Araken de Assis, *Manual*, n. 66.3, p. 314, defende a ação de caução quando ocorrer controvérsia sobre o valor da caução.

17 Araken de Assis, *Manual*, p. 314, para quem a expressão "arbitrada de plano" diz respeito ao valor da caução; Scarpinella Bueno, *A nova*, p. 154-155, para quem a expressão indica a desnecessidade de ação de caução.

ser completa ou incompleta, mas não deixa de ser provisória, considerando-se que a provisoriedade da sentença que serve como título executivo diz respeito à sua imutabilidade, e não à eficácia[18].

A primeira hipótese de dispensa da caução exige a presença de três elementos:

(a) crédito de natureza alimentar;
(b) prova da situação de necessidade do exequente;
(c) valor não superior a 60 salários mínimos.

Não interessa se o crédito decorre de relação de parentesco, matrimônio, remunerações por trabalho ou de responsabilidade civil; basta que tenha natureza alimentar, ainda que para as dívidas alimentares referentes ao direito de família existam procedimentos mais adequados à imediata satisfação do alimentado, como o pedido de alimentos provisórios e a ação cautelar de alimentos provisionais. A prova da situação de necessidade do exequente diz respeito à necessidade de recebimento imediato e de sua incapacidade de prestar a caução exigida em lei[19]. O valor de 60 salários-mínimos não diz respeito ao valor mensal dos alimentos, mas à totalidade do que poderá ser entregue ao exequente sem a prestação da caução.

Também na segunda hipótese de dispensa da caução exige-se a presença de três requisitos:

(a) crédito decorrente de ato ilícito;
(b) prova da situação de necessidade do exequente;
(c) valor não superior a 60 salários mínimos.

A única diferença relativa à primeira hipótese já analisada diz respeito à natureza do crédito, que decorre de ato ilícito contratual ou extracontratual.

Nessas duas hipóteses de dispensa é importante observar que a satisfação imediata do exequente sem a prestação da caução tem um limite de valor, o que não significa que a execução fique totalmente paralisada no caso de o valor devido ser superior a 60 salários-mínimos. Nesse caso, havendo penhora de dinheiro, o valor indicado pela lei será imediatamente levantado pelo exequente, exigindo-se para o levantamento do restante do valor a prestação da caução; havendo penhora de outro bem que não dinheiro, deve ocorrer normalmente a expropriação, com o levantamento imediato do valor máximo previsto em lei, permanecendo o restante depositado em juízo à espera da caução ou do trânsito em julgado da decisão que serve como título[20].

---

18 Marinoni-Arenhart, *Execução*, p. 361.

19 Zavascki, *Processo*, n. 444.

20 Dinamarco, *Instituições*, n. 1.830, p. 773-774. Contra: Marinoni-Arenhart, *Execução*, p. 363, entendem que é possível superar o valor se a necessidade for superior a 60 salários mínimos.

A terceira hipótese de dispensa leva em conta a grande probabilidade de a sentença ser confirmada de forma definitiva. Portanto, estando pendente o agravo de instrumento contra decisão denegatória de seguimento de recurso especial e/ ou extraordinário (art. 544 do CPC), a caução será dispensada. Ainda que seja possível a reforma ou a anulação da decisão, entendeu o legislador que as chances disso ocorrer são pequenas, de forma que vale a pena correr o risco da dispensa da caução[21]. Ocorre, entretanto, que o risco a ser assumido dependerá do caso concreto, sendo cabível a prestação da caução sempre que o executado fizer tal pedido e demonstrar que a dispensa pode manifestamente resultar risco de grave dano, de difícil ou incerta reparação.

Duas são as críticas possíveis à previsão legal:

(a) o legislador só leva em consideração o perigo causado pela dispensa, não havendo nenhuma exigência de que o direito alegado pelo executado no recurso pendente de julgamento seja provável, admitindo-se a prestação de caução mesmo em recurso flagrantemente protelatório, contrário ao entendimento consolidado e até mesmo sumulado dos tribunais superiores;

(b) cria-se uma hipótese de decisão interlocutória que certamente ensejará a interposição de agravo de instrumento[22], recurso tão lembrado como o grande vilão da paralisação de alguns tribunais de segundo grau.

No PLNCPC há sensível modificação a respeito das hipóteses de dispensa da caução na execução provisória. O art. 507, em seus quatro incisos, regulamenta o tema: No inciso I é mantido o crédito de natureza alimentar, mas sem qualquer outra exigência, bastando essa natureza do crédito para se dispensar a caução; no inciso II, a necessidade de o credor demonstrar situação de necessidade e impossibilidade de prestar a caução, independentemente da natureza da obrigação e do valor exequendo; o inciso III é cópia do atual art. 475-O, § 2.º, II, do CPC, sendo excluída a possibilidade de o juiz exigir a caução mesmo que entenda haver risco de dano grave de difícil ou incerta reparação; no inciso IV admite-se a dispensa da caução quando a sentença for proferida com base em súmula vinculante ou estiver em conformidade com julgamento em casos repetitivos.

A inovação no tocante às hipóteses de dispensa da caução ampliou a possibilidade de satisfação do direito em sede de execução provisória sem a garantia do juízo, mas o parágrafo único do art. 507 cria regra geral que poderá limitar consideravelmente a dispensa da caução no caso concreto. Segundo o dispositivo legal, a exigência de caução será mantida quando da dispensa possa manifestamente resultar risco de grave dano de difícil ou incerta reparação.

---

[21] Marinoni-Arenhart, *Execução*, p. 363; Scarpinella Bueno, *A nova 1*, p. 159; Wambier-Wambier-Medina, *Breves 2*, p. 191.

[22] Araken de Assis, *Manual*, n. 66.3, p. 316.

40.5. RESPONSABILIDADE OBJETIVA DO EXEQUENTE

Prevê o art. 475-O, I, do CPC que a execução provisória corre por conta e responsabilidade do exequente, em nítida aplicação da *teoria do risco-proveito*. Significa dizer que a execução provisória é uma opção benéfica ao exequente, já que permite, senão a sua satisfação, ao menos o adiantamento da prática de atos executivos. Mas os riscos de tal adiantamento são totalmente carreados ao exequente, que estará obrigado a ressarcir o executado por todos os danos (materiais, morais, processuais) advindos da execução provisória na hipótese de a sentença ser reformada ou anulada pelo recurso pendente de julgamento. A responsabilidade, nesse caso, é objetiva, de forma que o elemento "culpa" é irrelevante para a sua configuração, bastando ao executado provar a efetiva ocorrência de danos em razão da execução provisória[23].

É claro que não existe responsabilidade civil sem dano, de forma que caberá ao executado demonstrar concretamente a sua ocorrência, o que exigirá a propositura de uma liquidação de sentença incidental. Segundo o art. 475-O, II, do CPC, a execução provisória fica sem efeito no caso de anulação ou modificação da sentença que serviu como título executivo, restituindo-se as partes ao estado anterior. Sendo a sentença modificada ou anulada apenas em parte, somente nesta ficará sem efeito a execução (art. 475-O, § 1.º, do CPC). A expressa menção de retorno ao estado anterior das partes permite que os atos de expropriação sejam realizados mesmo na execução provisória, protegendo-se o terceiro adquirente do bem penhorado, que não retornará ao patrimônio do executado[24], entendendo-se que o "estado anterior" diz respeito à situação patrimonial do executado antes da execução provisória.

No mesmo dispositivo vem prevista a exigência da liquidação dos danos, por arbitramento, com desenvolvimento nos mesmos autos da frustrada execução provisória. A disposição legal tem ao menos duas impropriedades que devem ser consideradas:

(a) a liquidação não se dará obrigatoriamente por arbitramento, porque sempre que for necessária a alegação e prova de fato novo a forma adequada da liquidação é por artigos[25];

(b) ao indicar que a execução do antigo executado provisório ocorrerá nos mesmos autos, o dispositivo pretendeu prever que a liquidação e a futura execução dar-se-ão no mesmo processo, de maneira que a liquidação será um incidente processual e a execução seguirá o procedimento do cumprimento de sentença. Essa realidade é decorrência da existência de um título executivo a favor do antigo executado provisório, considerando-se que a decisão do recurso – monocrática ou acórdão – substitui a sentença que servia como título executivo.

---

23 Marinoni-Arenhart, *Execução*, p. 365; Abelha Rodrigues, *Manual*, p. 194; Greco, *O processo*, n. 3.4.1.2, p. 203.

24 Araken de Assis, *Manual*, n. 66.4, p. 317-318; Marinoni-Arenhart, *Execução*, p. 367; Abelha Rodrigues, *Manual*, p. 196.

25 Dinamarco, *Instituições*, n. 1.828, p. 770; Wambier-Wambier-Medina, *Breves 2*, p. 189. Contra: Araken de Assis, *Manual*, n. 66.2, p. 313, e Nery-Nery, *Código*, p. 756, entendem ser obrigatória a liquidação por arbitramento.

40.6. FORMALIZAÇÃO DOS AUTOS DA EXECUÇÃO PROVISÓRIA

Sendo, em regra, uma execução que tramita enquanto encontra-se pendente de julgamento recurso interposto pelo executado, é presumível que os autos principais estejam no tribunal competente para tal julgamento, o que impede a utilização dos autos principais para instrumentalizar a execução provisória. Tradicionalmente, a execução provisória era instrumentalizada por meio da carta de sentença, formada pelo cartório e eterna fonte de atritos entre advogados e cartorários; os primeiros exigindo a urgência em sua expedição, e os segundos alegando o excesso de trabalho para não confeccionar a carta de sentença no prazo desejado pelos advogados.

A carta de sentença, ao menos como tradicionalmente era considerada, não existe mais, passando o art. 475-O, § 3.º, do CPC a prever que o exequente, ao requerer o início da execução provisória – requerimento inicial –, instruirá a petição com cópias de peças do processo previstas em lei, podendo o advogado declará-las autênticas, o que inclusive pode ser dispensado no caso concreto se não existir qualquer dúvida a respeito de sua autenticidade. O legislador percebeu que a necessidade produz atividade, e que não havia nenhum sentido em exigir do cartório judicial a formação da carta de sentença para o início da execução provisória. Sendo o exequente o maior interessado em agilizar o início da execução provisória, nada melhor que ele mesmo, por meio de seu advogado, instrua o requerimento inicial com as peças necessárias.

Segundo o dispositivo legal, o exequente deve instruir o requerimento inicial com:

(a) sentença ou acórdão exequendo;

(b) certidão de interposição do recurso não dotado de efeito suspensivo;

(c) procurações outorgadas pelas partes;

(d) decisão de habilitação, se for o caso;

(e) facultativamente, outras peças processuais que o exequente considerar necessárias.

É natural que possa existir divergência entre o advogado e o juiz no tocante às peças necessárias que a lei faculta ao advogado juntar com o requerimento inicial, mas essa divergência deve ser contornada com a determinação de emenda do requerimento inicial, dando-se ao exequente o prazo de dez dias para juntar aos autos as peças faltantes. Essa postura, inclusive, à luz da instrumentalidade das formas, deve ser adotada até mesmo diante da ausência de uma peça objetivamente indicada pela lei como indispensável, não havendo nenhum sentido o indeferimento liminar do requerimento inicial[26].

---

26 Araken de Assis, *Manual*, n. 67, p. 321; Scarpinella Bueno, *A nova 1*, p. 160.

40.7. EXECUÇÃO PROVISÓRIA CONTRA A FAZENDA PÚBLICA

Segundo a atual previsão do art. 100 da CF, a expedição do precatório depende de a sentença ter transitado em julgado, passando a jurisprudência a entender que na hipótese de sentença condenatória de pagar quantia certa não caberá execução provisória contra a Fazenda Pública[27]. E mesmo nas execuções de pequeno valor, que dispensam a expedição de precatório, a redação do art. 100, § 3.º, da CF é suficientemente clara ao dispor sobre a exigência de a sentença ter transitado em julgado, o que também exclui a possibilidade de execução provisória[28].

Interessante notar que o Superior Tribunal de Justiça vem admitindo a expedição de precatório e, consequentemente, o início de execução, ainda que a sentença seja provisória, quando houver no caso concreto parcela incontroversa da pretensão do exequente[29]. Existe ainda parcela da doutrina que defende a existência de execução provisória até a fase de embargos, ficando suspensa a partir desse momento a execução à espera do trânsito em julgado[30].

Não dependendo da expedição de precatório, tampouco estando tuteladas pelo art. 100, § 3.º, da CF, as sentenças que contêm obrigação de natureza diversa da obrigação de pagar quantia certa poderão normalmente ser objeto de execução provisória. Dessa forma, a execução provisória de fazer, não fazer e entregar coisa é incontestavelmente cabível contra a Fazenda Pública[31]. Registre-se que a execução provisória, nesse caso, será cabível sempre que existir recurso sem efeito suspensivo pendente de julgamento, não sendo suficiente a mera existência de reexame necessário. Entende-se que o reexame necessário não impede a execução provisória, mas tão somente o trânsito em julgado da sentença[32]. Prova incontestável dessa afirmação encontra-se no art. 14, § 3.º, da Lei 12.016/2009 ao prever que a sentença de procedência no mandado de segurança, apesar de estar sujeita ao duplo grau de jurisdição, admite a execução provisória, salvo nos casos em que for vedada a concessão da medida liminar (art. 7.º, § 2.º, da Lei 12.016/2009).

---

[27] STJ, 1.ª Turma, REsp 692.015, rel. Min. Luiz Fux, j. 21.06.2005, *DJ* 1.º.08.2005; STJ, 2.ª Turma, REsp 464.332/SP, rel. Min. Eliana Calmon, j. 14.09.2004, *DJ* 06.12.2004; STJ, 1.ª Turma, REsp 331.460/SP, rel. Min. Teori Albino Zavascki, j. 07.08.2003, *DJ* 17.11.2003.

[28] Cunha, *A Fazenda*, n. 12.1.11, p. 272; Araken de Assis, *Manual*, n. 422, p. 962.

[29] STJ, Corte Especial, EREsp 658.542/SC, rel. Min. Francisco Peçanha Martins, *DJ* 26.02.2007; STJ, Corte Especial, EREsp 638.620/SC, rel. Min. Luiz Fux, *DJ* 02.10.2006.

[30] Zavascki, *Processo*, p. 448; Cunha, *A Fazenda*, n. 12.1.11, p. 273.

[31] Cunha, *A Fazenda*, n. 12.1.11, p. 274; Ribeiro, *Execução*, n. 21, p. 257.

[32] Tosta, *Do reexame*, n. 9.2, p. 211; Nogueira, *Execução,* 11.6, p. 239.

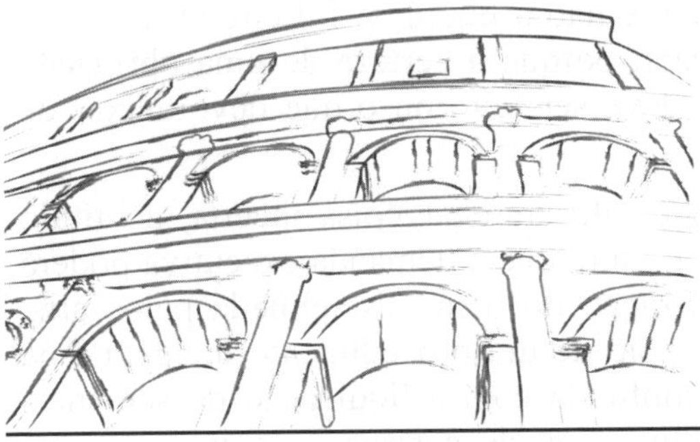

41

LIQUIDAÇÃO DE SENTENÇA

41.1. CONCEITO DE LIQUIDEZ E OBRIGAÇÕES LIQUIDÁVEIS

Liquidar uma sentença significa **determinar o objeto da condenação**, permitindo-se assim que a demanda executiva tenha início com o executado sabendo exatamente o que o exequente pretende obter para a satisfação de seu direito. Apesar de ser pacífico na doutrina esse entendimento, há uma séria divergência a respeito de quais as obrigações que podem efetivamente ser liquidadas.

Segundo a corrente ampliativa, a liquidação poderá ter como objeto qualquer espécie de obrigação, sendo possível liquidar a obrigação de fazer, não fazer, entrega de coisa e pagar quantia certa[1]. Outra corrente doutrinária entende serem excluídas

[1] Araken de Assis, *Manual*, n. 52.1.2, p. 271; Mazzei, *Reforma*, p. 155-158.

do âmbito da liquidação algumas espécies de obrigação que materialmente não podem ser liquidadas, porque, sendo a certeza da obrigação precedente à liquidez, o que faltará a essas obrigações é a certeza, e não a liquidez. Tal circunstância se verifica nas obrigações de fazer e não fazer, porque a certeza de uma obrigação dessa espécie é justamente indicar o que deve ser feito ou o que deve deixar de ser feito[2].

Tratando-se de obrigação alternativa ou de entregar coisa incerta, ao título executivo não faltará propriamente liquidez, tanto que a demanda executiva poderá ser imediatamente proposta. A individualização do bem, disciplinada pelos arts. 629 a 631 do CPC, desenvolver-se-á por meio de um procedimento incidental na própria demanda executiva, sem que se confunda com a liquidação de sentença. Fenômeno similar ocorre na obrigação alternativa de entrega de coisa certa, na qual não se fará necessária a liquidação de sentença, mas a especificação do bem a ser entregue ao exequente (art. 571 do CPC). Por outro lado, na hipótese contemplada pelo art. 286, I, do CPC (demanda que tenha como objeto uma universalidade de bens), parece correto concluir pela necessidade de liquidação, ainda que se trate de obrigação de entrega de coisa.

Para a corrente doutrinária restritiva, a liquidação de sentença é instituto processual privativo das **obrigações de pagar quantia certa**, inclusive como prevê a redação do art. 586 do CPC, que expressamente se refere a "cobrança de crédito", quando exige da obrigação a certeza, liquidez e a exigibilidade[3].

Interessante notar que o art. 603 do CPC, revogado pela Lei 11.232/2005, previa expressamente que a liquidação seria cabível para determinar o valor ou para individualizar o objeto da condenação, o que levou parcela significativa da doutrina a entender que, por uma opção legislativa, a liquidação atingiria também as obrigações de entregar coisa, além das obrigações de pagar quantia certa. Chegou-se até mesmo em falar em liquidação própria para os créditos pecuniários e em liquidação imprópria para a hipótese de individualização de bens[4]. A redação do art. 603 do CPC, criticável por aparentemente confundir liquidez com incidente de concentração de obrigações, desapareceu com a revogação do dispositivo legal, sendo em seu lugar previsto no art. 475-A, *caput*, do CPC, que a liquidação se dará exclusivamente quando a sentença não determinar o **valor devido**.

A modificação é elogiada por corrente doutrinária por limitar a liquidação ao valor da obrigação, o que naturalmente afasta desse instituto jurídico o incidente de escolha de bens ou de concentração de obrigações[5]. Concordo que a mudança foi positiva, pois impede que se confunda liquidação com outros fenômenos processuais, como o incidente de concentração de obrigação ou a escolha da coisa

---

2 Dinamarco, *Instituições*, n. 1.745, p. 634-635.

3 Dinamarco, *Instituições*, p. 615; Theodoro Jr., *Processo*, n. 534, p. 623.

4 Nesse sentido Carmona, *O processo*, p. 44. Shimura, *Título*, p. 197.

5 Scarpinella Bueno, *A nova*, p. 39; Gusmão Carneiro, *Cumprimento*, p. 33.

na obrigação de coisa incerta, mas excepcionalmente é possível a liquidação de obrigação de entrega de coisa, que não deve ser *a priori* excluída do âmbito da liquidação pela interpretação literal do art. 475-A, *caput,* do CPC. Tal circunstância se verifica na condenação ilíquida de pedido que tenha como objeto a entrega de uma *universalidade de bens* (art. 286, I, do CPC)[6].

O PLNCPC, tanto no art. 478 como no art. 509, confirma a tese de que somente a obrigação de pagar quantia certa pode ser objeto de liquidação de sentença.

41.2. TÍTULOS QUE PODEM SER OBJETO DE LIQUIDAÇÃO

Conforme o próprio nome do instituto jurídico ora analisado sugere, a liquidação está limitada às sentenças, ou, mais genericamente, aos títulos executivos judiciais. Ainda que a Lei 11.232/2005 tenha alocado a liquidação de sentença logo depois da sentença da coisa julgada, não é viável limitar a aplicação do instituto jurídico tão somente à sentença condenatória civil ou, como prefere o legislador, à sentença proferida no processo civil que reconheça a existência de uma obrigação. Todos os **títulos executivos judiciais** poderão ser objeto de liquidação[7], inclusive a homologação de sentença estrangeira, que nem sentença é, e a sentença arbitral, produzida fora do Poder Judiciário[8]. Importante a lembrança, embora consagrado a expressão "liquidação de sentença", de que não se liquidam sentenças, mas sim as obrigações ilíquidas contidas em sentenças genéricas[9].

Por outro lado, o título executivo extrajudicial tem necessariamente que conter uma obrigação líquida, porque caso contrário a ele faltará um elemento indispensável para ser título[10]. Esse pacífico entendimento demonstra o equívoco legislativo ao prever três espécies de liquidação – mero cálculo aritmético, por arbitramento e por artigos – quando na realidade só existem efetivamente duas espécies, já que liquidar por mero cálculo aritmético é na realidade liquidar o que já é líquido. Afinal, nas execuções de título extrajudicial existe o mero cálculo aritmético, ao menos como forma de atualizar o valor exequendo, e nem por isso haverá liquidação de sentença.

6 Câmara, *A nova*, e Araken de Assis, *Cumprimento*, p. 93, elogiam a mudança legislativa, mas afirmam que nem toda condenação genérica tem como objeto uma obrigação pecuniária.

7 Araken de Assis, *Manual*, n. 52.1.4, p. 272; Dinamarco, *Instituições*, n. 1.731, p. 615.

8 Contra, Marinoni-Arenhart, *Execução*, n. 7.2, p. 123.

9 Dinamarco, *Instituições*, p. 616; Wambier-Wambier-Medina, *Breves*, p. 99.

10 Araken de Assis, *Manual*, n. 52.1.4, p. 272; Theodoro Jr., *Processo*, n. 533, p. 622. Contra, Nery-Nery, *Código*, p. 721.

41.3. VEDAÇÃO À SENTENÇA ILÍQUIDA

A sentença ilíquida é a exceção no direito brasileiro, havendo inclusive uma previsão expressa no sentido de que ela só seja cabível na hipótese de *pedido genérico* (art. 459, parágrafo único, do CPC). Ainda que a interpretação literal de tal dispositivo não se mostre a mais adequada, é interessante notar a opção do legislador pela sentença líquida, considerando-se que o *pedido genérico* constitui exceção no sistema processual. O sistema processual busca evitar a liquidação de sentença, na medida do possível, como forma de garantir um processo mais rápido, com a dispensa de uma fase somente para aferir o *an debeatur* e outra para a fixação do *quantum debeatur*.

Com essa preferência em mente, o legislador entendeu interessante criar hipóteses nas quais é proibida ao juiz a prolação de sentença ilíquida, ainda que o pedido do autor tenha sido formulado sem cumprir o requisito da determinação. Segundo o art. 475-A, § 3.º, do CPC, em determinadas demandas que seguem o rito sumário (art. 275, II, "d" e "e", do CPC) não se admite a sentença ilíquida, cumprindo ao juiz, se for o caso, **fixar de plano, a seu prudente arbítrio**, o valor devido. Registre-se que a previsão criada pela Lei 11.232/2005 não é novidade no ordenamento processual, considerando-se que nos Juizados Especiais também é vedada ao juiz a prolação de sentença ilíquida (art. 38, parágrafo único, da Lei 9.099/1995). Resta interpretar a melhor forma de aplicar o art. 475-A, § 3.º, do CPC na praxe forense.

Existem três interpretações possíveis:

(i) a norma tem apenas função pedagógica, confirmando expressamente a preferência do legislador pela sentença líquida, mas não condiciona o juiz às hipóteses em que se deparar com a impossibilidade material de fixação do *quantum debeatur*[11];

(ii) a norma permite que o juiz aplique ao caso concreto um juízo de equidade, afastando-se da legalidade estrita[12];

(iii) o dispositivo deve ser aplicado em demandas nas quais a fixação do *quantum debeatur* não proporcione grande dificuldade prática; prestigia-se a liquidação durante a fase de conhecimento, mas, não sendo isso possível, será caso de conversão do procedimento em rito ordinário.

Não parece correto o entendimento que considera a norma legal como mera sugestão, o que tornaria a norma inútil, tampouco o entendimento de que o dispositivo legal ora comentado tenha consagrado o juízo de equidade para a fixação do valor da obrigação, levando-se em conta a expressa menção ao prudente arbítrio do juiz, porque fixar um valor baseando-se no que pareça mais oportuno e conveniente, sem todos os elementos necessários para tanto, é evidentemente prestar tutela jurisdicional sem a precisão necessária[13].

---

[11] Marinoni-Arenhart, *Execução*, n. 7.2, p. 123; Araken de Assis, *Manual*, n. 52.1.1, p. 271.

[12] Fidélis dos Santos, *As reformas*, p. 12; Theodoro Jr., *As novas*, n. 6.2, p. 184.

[13] Araken de Assis, *Manual*, n. 52.1.1, p. 271.

O terceiro entendimento exposto parece ser o mais razoável, ainda que aparentemente possa ser visto como uma forma indireta de afastar a aplicação da norma legal. O dispositivo legal foi imaginado para situações concretas nas quais não haja maiores dificuldades práticas na fixação do *quantum debeatur*, situação em que é possível ao juiz numa mesma instrução probatória definir todos os elementos da condenação. Ocorre, entretanto, que excepcionalmente a questão do *quantum debeatur* pode se tornar extremamente complexa, não acompanhando a facilidade para a fixação do *an debeatur*, sendo que nesse caso não tem nenhum sentido lógico proibir o juiz de condenar o réu por meio de uma sentença ilíquida, aguardando a realização da complexa e demorada prova para a fixação do valor da condenação.

Não se pode desprezar que nesses casos excepcionais é mais interessante para o demandante e para o próprio sistema jurídico a definição do *an debeatur* por meio de sentença ilíquida, postergando-se a fixação do *quantum debeatur* para fase posterior. Essa circunstância, entretanto, é excepcional, e tal complexidade na fixação do valor da condenação não se coaduna com o procedimento sumário, sendo caso de **conversão em procedimento ordinário**, nos termos do art. 277, § 5.º, do CPC. Uma vez convertido o procedimento em ordinário, não mais se exige a prolação de uma sentença líquida, porque a vedação à prolação de sentença ilíquida está limitada pelo art. 475-A, § 3.º, do CPC a duas hipóteses de rito sumário[14].

No PLNCPC não existe mais a obrigatoriedade atualmente prevista no art. 475-A, § 3.º, do CPC. Nos termos do art. 478, caberá ao juiz, mesmo diante de um pedido genérico, proferir sentença líquida, salvo se não for possível determinar de modo definitivo a quantia devida ou quando a fixação depender de produção de prova de realização demorada ou excessivamente dispendiosa. Nesses casos, segundo o § 1.º do dispositivo legal, imediatamente após a prolação da sentença deve se proceder à liquidação do valor devido.

41.4. LIQUIDAÇÃO NA PENDÊNCIA DE RECURSO RECEBIDO NO EFEITO SUSPENSIVO

Uma das novidades introduzidas pela Lei 11.232/2005 no tocante à liquidação da sentença foi permitir a sua realização, ainda que no processo exista pendente de julgamento um recurso que tenha sido recebido no efeito suspensivo (art. 475-A, § 2.º, do CPC). Parece que nesse ponto o legislador incluiu ao lado de outros fenômenos jurídicos – a hipoteca judiciária, que é o mais tradicional

[14] Câmara, *A nova*, p. 83; Gusmão Carneiro, *Cumprimento*, n. 11.3, p. 36; Mazzei, *Reforma*, p. 164-165. Bondioli, *O novo*, p. 72.

deles[15] – a liquidação como um dos **efeitos secundários da sentença**, ou seja, aquele efeito que é gerado automaticamente com a prolação da sentença, independentemente de pedido expresso do demandante ou da pendência de recurso com efeito suspensivo.

Segundo o art. 475-A, § 2.º, do CPC, a liquidação será autuada em autos em apenso, decorrência lógica da existência de um recurso pendente de julgamento, o que fará com que os autos principais estejam no respectivo tribunal aguardando julgamento. Mesmo desenvolvendo-se em autos próprios, a liquidação de sentença continuará a ser uma mera fase procedimental, ainda que excepcionalmente, nesse caso, ela se desenvolva concomitantemente com a fase cognitiva em sede recursal.

A liquidação de sentença, a exemplo do que ocorre no cumprimento de sentença, só ocorrerá mediante provocação da parte interessada, ainda mais na hipótese de liquidação provisória[16], na qual o demandante assume todos os riscos de começar a liquidar uma sentença que poderá ser modificada pelo recurso pendente de julgamento (**teoria do risco-proveito**). O requerimento inicial – aqui também se dispensa a petição inicial –, sem maiores formalidades, deverá ser instruído com "cópias das peças processuais pertinentes", cuja pertinência deverá ser analisada pelo demandante no caso concreto, sendo possível, mas não obrigatória, a aplicação por analogia do art. 475-O, § 3.º, do CPC. No que concerne à instrução, duas observações são interessantes:

(i) as peças não precisam ser autênticas, sendo dispensável inclusive a declaração de autenticidade pelo próprio advogado, como sugere o art. 365, IV, do CPC[17];

(ii) eventual falha na instrução não gera o indeferimento de plano da liquidação, devendo-se conceder ao demandante a oportunidade de juntar as peças que o juiz entender indispensáveis no caso concreto[18].

Cumpre por fim fazer mais um registro. Já foi afirmado que o demandante assume todos os riscos de ingressar com a liquidação enquanto a decisão ainda não for definitiva. Na realidade, isso não é uma novidade da Lei 11.232/2005, porque mesmo antes dela já era possível a liquidação enquanto pendente de julgamento o recurso sem efeito suspensivo. Trata-se de aplicação da teoria do risco-proveito: o demandante tem a opção[19] de adiantar atos de execução – no caso atos meramente preparatórios –, mas responde objetivamente pelos danos causados ao demandado na hipótese de a sentença que serve como título ser revogada ou modificada.

15 Informativo 417/STJ: 3.ª Turma, REsp 981.001-SP, Rel. Min. Nancy Andrighi, j. 24.11.2009.

16 Gusmão Carneiro, *Cumprimento*, n. 11.2, p. 34. Contra, entendendo tratar-se de liquidação definitiva, Nery-Nery, *Código*, p. 722.

17 Bondioli, *O novo*, p. 71.

18 Scarpinella Bueno, *A nova*, p. 44.

19 Marinoni-Arenhart, *Manual*, n. 7.2, p. 122.

41.5. DECISÃO QUE JULGA A LIQUIDAÇÃO: DECISÃO INTERLOCUTÓRIA OU SENTENÇA?

Segundo o art. 475-H do CPC, da decisão de liquidação caberá o recurso de agravo de instrumento. Como se nota de uma simples leitura do dispositivo legal, em nenhum momento menciona-se a natureza da decisão que julga a liquidação, prevendo-se exclusivamente qual é o recurso cabível. A previsão legal aparentemente se coaduna com a nova realidade quanto à natureza jurídica da liquidação, que deixou de ser processo autônomo para ser uma mera fase procedimental, dentro do ideal de sincretismo processual. O dispositivo legal, entretanto, suscita interessantes questões.

Cumpre registrar que a menção expressa ao cabimento do agravo de instrumento afasta do caso concreto qualquer discussão a respeito do recurso cabível, inclusive relativamente à forma de agravo. Havendo expressa previsão legal, nem se cogita da necessidade de aplicação da regra geral do art. 522 do CPC para analisar se há concretamente perigo de grave dano à parte agravante. Quanto à forma do agravo, portanto, a lei afasta qualquer espécie de dúvida[20], mas remanesce a questão da natureza jurídica da decisão que determina o *quantum debeatur* em liquidação de sentença.

Para parcela da doutrina, a expressa previsão legal de cabimento de agravo de instrumento é suficiente para concluir que a decisão que julga a liquidação é uma decisão interlocutória, espécie de pronunciamento judicial recorrível por essa espécie de recurso[21]. O pensamento é fundado em equivocada premissa, desconsiderando a modificação do conceito de sentença de mérito, que passou a desprezar o efeito do ato, limitando-se ao seu conteúdo, conforme já defendido no Capítulo 16, item 16.1. Prefiro, assim, o entendimento de que essa decisão tem natureza jurídica de sentença, excepcionalmente recorrível por agravo de instrumento[22], apesar de reconhecer tratar-se de entendimento minoritário na doutrina. Importante ressaltar que mesmo a doutrina que defende a natureza de decisão interlocutória reconhece tratar-se de **decisão de mérito**[23], apta a gerar **coisa julgada material**[24] e a ser rescindida por meio de **ação rescisória**[25].

As ponderações feitas têm como objeto tão somente a decisão que determina o *quantum debeatur* ao final da liquidação, sendo esse o final esperado dessa fase procedimental. Trata-se, portanto, da decisão de procedência do pedido do autor. Ocorre, entretanto, que em situações excepcionais será possível que outras espécies

---

20 Didier, *A terceira*, p. 84-85.

21 Shimura, *A execução*, p. 553; Scarpinella Bueno, *A nova*, p. 61; Câmara, *A nova*, p. 86-87; Greco, *Primeiros*, p. 73; Nery-Nery, *Código*, p. 730.

22 Mazzei, *A reforma*, p. 190; Didier, *A terceira*, p. 85; Fidélis dos Santos, *As reformas*, p. 24.

23 Marinoni-Arenhart, *Execução*, n. 7.8, p. 138-139; Theodoro Jr., *Processo*, n. 535, p. 624.

24 Araken de Assis, *Manual*, n. 55.1, p. 277; Nery-Nery, *Código*, p. 730; Gusmão Carneiro, *Cumprimento*, n. 12.1, p. 40.

25 Theodoro Jr., *Processo*, n. 550, p. 635; Nery-Nery, *Código*, p. 730; Gusmão Carneiro, *Cumprimento*, n. 12.1, p. 40. Contra, Marinoni-Arenhart, *Execução*, n. 7.9, p. 140-141, falando em preclusão e revisão por qualquer ação autônoma.

de decisão "julguem" a liquidação, restando nesse caso a questão da aplicação ou não do art. 475-H do CPC, para fins de recorribilidade. Afirma-se que no processo de conhecimento – em lição totalmente aplicável a uma fase cognitiva, como é a da liquidação – o fim normal é o acolhimento ou rejeição do pedido do autor. Na liquidação, o acolhimento do pedido significa a quantificação da obrigação fixada em sentença; mas a rejeição do pedido seria possível? Fala-se na *liquidação de valor zero*, na qual restaria provado que o valor do dano suportado pela parte é igual a zero, o que poderia significar a improcedência do pedido. Também há doutrina que defende a improcedência em razão da ausência de provas do valor do dano, conforme analisado no momento oportuno.

Por outro lado, é possível uma decisão terminativa da liquidação de sentença, tanto quando a fase de liquidação de sentença é a primeira fase procedimental do processo (sentença penal condenatória transitada em julgado; sentença arbitral; homologação de sentença estrangeira), como quando sucede a fase de conhecimento.

Proposta a demanda judicial por meio da liquidação de sentença, e sendo esse o primeiro momento de contato do Poder Judiciário com a pretensão do demandante, é plenamente possível que alguma matéria processual gere a extinção do processo sem a resolução do mérito (art. 267 do CPC)[26]. Mesmo na liquidação de sentença como fase procedimental desenvolvida após a fase de conhecimento poderá haver a extinção do procedimento em primeiro grau por meio da decisão que antecipe o conhecimento pelo juiz de matérias que deveria conhecer somente na fase executiva, como o pagamento, novação, compensação, transação ou prescrição, desde que supervenientes à sentença (art. 475-L, VI, do CPC)[27].

Como se pode notar, é possível que a decisão que julga a liquidação não tenha como conteúdo a fixação do *quantum debeatur*. O que interessa é perceber que nem sempre a fase de liquidação será seguida da fase de cumprimento de sentença, e nesse caso não se justifica o sacrifício perpetrado pelo art. 475-H do CPC às regras gerais de recorribilidade. Dessa forma, sempre que a decisão que julgar a liquidação não for seguida da fase de cumprimento de sentença, torna-se a aplicar a regra do art. 513 do CPC, sendo recorrível essa sentença – definitiva ou terminativa – por apelação. Já quando a decisão declarar o valor devido, cabe o agravo de instrumento, sendo erro grosseiro a interposição de apelação, o que, segundo o entendimento do Superior Tribunal de Justiça, afasta a aplicação do princípio da fungibilidade[28].

41.6. NATUREZA DA DECISÃO PELA QUAL A LIQUIDAÇÃO É JULGADA

A natureza da decisão que julga a liquidação, fixando o *quantum debeatur*, divide a doutrina que enfrentou o tema, ainda que o debate tenha mais relevância

---

[26] Bondioli, *O novo*, p. 80.

[27] Didier-Braga-Oliveira, *Curso*, p. 400. Admitindo a antecipação de tais matérias como defesa na própria liquidação, Zavascki, *Processo*, p. 396.

[28] *Informativo* 437/STJ: 2.ª Turma, REsp 1.130.862-ES, rel. Min. Eliana Calmon, j. 1.º.06.2010.

no aspecto acadêmico do que prático. Os mesmos debates travados anteriormente à Lei 11.232/2005, que tomavam por base de análise o processo autônomo de liquidação, valem plenamente para a liquidação como mera fase procedimental, até mesmo porque, conforme já defendido, continua a ser uma sentença a decisão que fixa o *quantum debeatur*, ainda que recorrível por agravo de instrumento. E mesmo que se entenda tratar-se de decisão interlocutória, como prefere a doutrina majoritária, a determinação de sua natureza continua sendo relevante.

Parcela doutrinária entende que a natureza da decisão da liquidação de sentença é *meramente declaratória*, porque por meio dela somente se declara o valor da obrigação. Nesse entendimento, a quantificação da obrigação já se encontra no título executivo, ainda que a sua plena definição dependa de atos processuais a serem praticados durante a fase procedimental de liquidação. A natureza meramente declaratória fundamenta-se na ideia de que a sentença condenatória já é um título executivo, sendo que existe uma incerteza jurídica a respeito do *quantum debeatur*, incerteza essa afastada pela decisão que julga a liquidação[29].

Outra parcela doutrinária entende pela natureza *constitutiva* da decisão que quantifica a obrigação, afirmando que, além de simplesmente declarar o valor, a decisão gera uma nova situação jurídica, tornando o incerto em certo. Antes de a decisão ter sido proferida, a situação jurídica não permitia o desencadeamento dos atos executivos, e após a sua prolação houve uma modificação nessa situação jurídica, considerando-se que por meio dela passou a ser possível o cumprimento de sentença[30].

Entendo que a primeira corrente doutrinária é a mais acertada, porque o fundamento utilizado pelos defensores da natureza constitutiva da decisão parece não convencer, considerando-se que em toda sentença declaratória a certeza jurídica será apta a transformar relações jurídicas, sem que com isso a decisão perca a sua natureza meramente declaratória. Dessa forma, a declaração de paternidade permitirá o registro no Cartório de Pessoas Naturais, como a sentença de usucapião permitirá o registro na matrícula do imóvel. Em todos esses casos, a situação jurídica da pessoa ou da coisa era uma antes da sentença e outra depois, mas tal circunstância não desnatura a natureza de decisão meramente declaratória de tais sentenças. O mesmo parece ocorrer com a decisão que fixa o valor devido na liquidação de sentença.

É interessante notar que mesmo a parcela doutrinária que defende a natureza meramente declaratória afirma que a decisão de liquidação tem como função **integrar o título** até então ilíquido, compondo o segundo elemento necessário a permitir a execução. O título originariamente fixou o *an debeatur*, enquanto a liquidação fixará o *quantum debeatur*, exigência para que o título possa ser efetivamente executado[31].

---

29 Liebman, *Processo*, p. 50-51; Dinamarco, *Instituições*, p. 625; Theodoro Jr., *Processo*, p. 218; Carmona, *Processo*, p. 48-49.

30 Pontes de Miranda, *Comentários*, v. 9, p. 506; Nery-Nery, *Código*, p. 721.

31 Zavascki, *Processo*, p. 409; Dinamarco, *Instituições*, n. 1.739, p. 625.

41.7. LIQUIDAÇÃO COMO FORMA DE FRUSTRAÇÃO DA EXECUÇÃO: VALOR ZERO E AUSÊNCIA DE PROVAS DO DANO

A liquidação pode excepcionalmente frustrar a execução, o que se verifica quando o resultado da liquidação impedir que o demandante execute o título executivo ilíquido que tem a seu favor. Essa excepcional frustração pode se verificar em duas hipóteses: liquidação de valor zero e liquidação extinta por ausência de provas.

Discute-se, na doutrina, a respeito da possibilidade de se determinar em liquidação que o dano suportado pelo vencedor tenha **valor zero**, sem que com isso se afronte a coisa julgada decorrente da sentença que, reconhecendo o *an debeatur*, condenou o réu ao pagamento de algo que deveria ser valorado em liquidação da sentença. Ainda que de extrema raridade na praxe forense[32], parece absolutamente viável tal situação[33], devendo-se destacar a distinção entre duas situações juridicamente distintas, ainda que no plano fático se equivalham: não obrigação de pagar e obrigação de pagar zero.

A constatação anômala de que o derrotado tem uma obrigação de pagar zero não desconstitui a sentença condenatória, porque o elemento vinculativo de obrigatoriedade de cumprimento de uma prestação continua a existir, não obstante essa obrigação tenha um valor zero. Há uma diferença jurídica, que deve ser considerada. Quando há uma condenação ao pagamento de alimentos, é possível que em determinado momento, provando-se a falta de capacidade de pagar e/ou a falta de necessidade em receber, o obrigado pare de realizar o pagamento. Isso, entretanto, não significa que ele estará exonerado da obrigação, até porque, advindo circunstâncias supervenientes, será possível que, sem a necessidade de nova condenação, volte a pagar algum valor. Na realidade, durante o período em que não realizou os pagamentos, o devedor continuava obrigado a pagar, mas a sua obrigação era de pagar zero. É lógico que no plano fático as situações são equivalentes, mas no plano jurídico há evidente diferença.

Deve-se observar que a fixação de valor zero, ainda que atípica para alguns e fruto de uma sentença nula para outros, pode se mostrar uma decorrência natural do caso concreto, não havendo outra conduta possível a ser adotada pelo juiz senão a declaração do valor zero. A alternativa seria "inventar" algum valor apenas para não reconhecer que o dano resulta em um valor zero, o que notadamente se mostra inadequado, porque exigiria do juiz decidir contra os elementos de convencimento presentes no processo[34]. Entre deixar uma sentença sem cumprimento e inventar um valor qualquer somente para impedir essa situação, fica-se com a primeira opção.

32 É mais fácil imaginar a ocorrência de tal circunstância em títulos executivos nos quais a iliquidez atinja outro elemento além do *quantum debeatur*, como ocorre na sentença penal condenatória transitada em julgado e na execução de sentença proferida em demanda coletiva que tenha como objeto direito individual homogêneo.

33 Zavascki, *Processo*, p. 402. Contra, Buzaid, *Da liquidação*, p. 10, para quem a redução do valor a zero na liquidação importaria a rescisão do julgado.

34 Dinamarco, *Instituições*, n. 1.740, p. 627. Contra, Nery-Nery, *Código*.

Uma vez fixado o valor zero, a doutrina entende ser hipótese de *improcedência do pedido do autor*, por meio de decisão de mérito que colocará fim ao procedimento em primeiro grau – sentença, recorrível por apelação, apesar do art. 475-H do CPC[35] prever o cabimento de agravo de instrumento.

Outra situação inusitada na liquidação se refere à **ausência de provas** relativamente ao dano. Como se pode notar, diverge essa situação da anterior, porque na liquidação de valor zero a prova necessária foi devidamente produzida, mas apontou para um valor zero, enquanto na hipótese que será nesse momento tratada o dano muito provavelmente tem um valor, mas por inépcia do demandante não houve a produção de prova necessária para que o juiz pudesse declará-lo.

Parcela da doutrina defende a declaração do *non liquet* nesses casos, deixando o juiz de decidir a respeito do pedido em virtude da ausência das provas, com extinção da liquidação sem resolução de mérito. As explicações divergem, mas em todas elas há um ponto em comum, entendendo-se que a ausência de provas não impede que a parte relapsa peça uma nova liquidação, após a frustração da anterior[36]. Registre-se que o Código de Processo Civil atual não repetiu o art. 915 do CPC de 1939, que previa expressamente na hipótese de ausência de provas a possibilidade de nova liquidação. O silêncio do atual diploma processual, entretanto, não é suficiente nessa visão doutrinária para afastar a possibilidade de nova propositura da liquidação de sentença.

Para outra parcela da doutrina, as regras do ônus da prova são plenamente aplicáveis na liquidação de sentença, sendo de improcedência a sentença que declarar não provada a extensão valorativa do dano suportado. A sentença, portanto, será de mérito, pela improcedência do pedido, inclusive produzindo coisa julgada material[37]. Essa corrente doutrinária entende que não há ofensa à coisa julgada formada pela sentença condenatória genérica, porque o *an debeatur* terá se tornado indiscutível e imutável, mas em virtude da nova sentença de improcedência na liquidação jamais poderá ser executado. A sentença que outrora foi condenatória, sem a possibilidade de execução, torna-se muito semelhante à sentença declaratória, considerando-se que o único bem da vida que será obtido pelo vitorioso será a certeza jurídica da responsabilidade da parte contrária[38].

41.8. NATUREZA JURÍDICA DA LIQUIDAÇÃO

Antes das alterações promovidas pela Lei 11.232/2005, a melhor doutrina afirmava que a liquidação de sentença poderia ser um processo autônomo ou um mero incidente processual, tudo a depender das circunstâncias concretas. Devendo-se realizar a liquidação de uma sentença, posteriormente à formação do título ao

---

35 Wambier, *Sentença*, p. 169-170; Didier-Braga-Oliveira, *Curso*, p. 413.

36 Greco Filho, *Direito*, v. 3, p. 48; Theodoro Jr., *Processo*, n. 542, p. 627; Dinamarco, *Instituições*, n. 1.740, p. 628.

37 Wambier, *Sentença*, p. 170-172; Zavascki, *Processo*, p. 403.

38 Araken de Assis, *Manual*, n. 55.3, p. 279.

qual faltava a liquidez, entendia-se necessário o processo autônomo de liquidação, que temporalmente ficava entre o processo de conhecimento e o processo de execução. Seria a liquidação de sentença um mero incidente processual sempre que, durante a execução de uma obrigação de fazer, não fazer ou entrega de coisa, a obtenção da tutela específica se tornasse impossível ou dela desistisse o demandante; nesse caso, haveria conversão em perdas e danos a ser realizada por meio de um mero incidente processual de liquidação. Também haveria liquidação incidental na apuração dos danos gerados por execução provisória ilegítima.

Não resta dúvida de que a nova roupagem da liquidação de sentença modificou substancialmente essa estrutura, em especial no tocante à extinção do processo autônomo de liquidação. O legislador, atento aos reclamos da melhor doutrina, dentro do ideal de *sincretismo processual* que norteou a Lei 11.232/2005, extinguiu de forma definitiva o processo autônomo de liquidação de sentença, que passa a ser sempre uma mera fase procedimental[39]. Importante registrar que para parcela da doutrina, a liquidação de sentença continua a se desenvolver por meio de uma ação, mas agora incidental ao processo em que foi proferida a sentença ilíquida[40].

Deve-se atentar para o previsto no art. 475-N, parágrafo único, do CPC, que prevê que, sendo o título executivo uma sentença penal condenatória, sentença arbitral ou homologação de sentença estrangeira, o demandado será citado para a execução ou para a liquidação. Para alguns doutrinadores, esse dispositivo legal é suficiente para que se reconheça a manutenção, ainda que limitado a esses casos, do processo autônomo de liquidação[41]. Não me parece, entretanto, correto tal entendimento.

É natural que, sendo exigida a citação do demandado, o legislador deixe claro que por meio do pedido de liquidação dar-se-á vida a um novo processo, mas isso não é suficiente para concluir que esse novo processo seja um processo autônomo de liquidação. Explica-se. A liquidação nesse caso é a primeira fase procedimental de um processo que não se extingue com a definição do *quantum debeatur*, porque após essa definição se passará à fase de cumprimento de sentença. O processo, portanto, não é de liquidação, ao menos não é somente de liquidação, é de liquidação e de execução, **processo sincrético**, portanto. Veja-se que o fato da fase de liquidação ter sido ou não precedida por uma fase de conhecimento é irrelevante, porque não é a primeira fase do processo que determina a sua natureza. Somente na excepcional hipótese de essa fase de liquidação ser extinta por sentença que não permita o seu cumprimento, estar-se-á diante de genuíno processo autônomo de liquidação, mas, como não se pode definir a natureza de um fenômeno levando-se em conta sua frustração, parece mais adequado o entendimento de que o processo autônomo de execução não existe mais.

---

39 Marinoni-Arenhart, *Execução*, n. 7.3, p. 124-125; Theodoro Jr., *Processo*, n. 535, p. 624; Shimura, *A execução*, n. 3.1, p. 552-553.

40 Araken de Assis, *Manual*, n. 52.2, p. 273; Wambier, *Sentença*, n. 3.2.1, p. 94; Nery-Nery, *Código*, p. 720.

41 Didier-Braga-Oliveira, *Curso*, p. 392-393; Flach, *A nova*, p. 33-34, apontando ainda para a autonomia da liquidação da sentença coletiva.

41.9. LEGITIMIDADE ATIVA

Já foi devidamente visto que a liquidação tem como objetivo fixar o *quantum debeatur*, sendo uma complementação da atividade cognitiva já iniciada com a condenação do réu. Não tem a liquidação qualquer função expropriatória, reservada ao momento de cumprimento da sentença. O interesse em obter o valor exato da condenação não é exclusivo do autor, que naturalmente terá tal interesse para que possa dar início ao cumprimento de sentença. Também o réu condenado tem interesse na liquidação, considerando-se que, ciente do valor exato de sua dívida, poderá quitá-la ou oferecer uma transação com base mais concreta[42].

Sendo de interesse tanto do vencedor como do vencido a fixação do valor da condenação, não resta nenhuma dúvida de que, ao menos como regra, **tanto o credor como o devedor** – assim reconhecidos no título executivo – têm legitimidade ativa para dar início à fase procedimental de liquidação de sentença. Essa constatação, inclusive, resta inalterada em virtude da revogação do art. 570 do CPC, que tratava de uma pseudolegitimação ativa para a execução do devedor, fenômeno processual entendido pela melhor doutrina como uma espécie de consignação em pagamento[43]. Insista-se que execução e liquidação são institutos diferentes e, ainda que revogada a legitimidade ativa do devedor para aquela, não se pode concluir pela vedação à propositura da liquidação da sentença por ele.

41.10. COMPETÊNCIA

Não há nenhuma norma expressa a respeito da competência para a liquidação de sentença, devendo-se analisar o momento procedimental no qual a liquidação ocorre para determinar o órgão jurisdicional competente.

Tratando-se de liquidação incidental em execução – fase de satisfação de sentença ou processo autônomo –, é natural que seja competente para conhecer da liquidação o próprio juízo no qual já tramita a demanda executiva. Tratando-se de liquidação que dá início a processo sincrético que buscará ao final a satisfação do direito do demandante, este deverá fazer um exercício de abstração, determinando qual seria o órgão competente para a execução daquele título caso não fosse necessária a liquidação. Por fim, tratando-se de liquidação entre a fase de conhecimento e a fase de execução, haverá *competência absoluta* – de **caráter funcional** – do juízo que proferiu a sentença ilíquida, não se aplicando ao caso o permissivo do art. 475-P, parágrafo único, do CPC[44].

A existência de foros concorrentes para o cumprimento de sentença busca facilitar a satisfação do direito, permitindo ao demandante a escolha entre o juízo

---

42 Dinamarco, *Instituições*, p. 620; Araken de Assis, *Manual*, p. 305; Pontes de Miranda, *Comentários*, v. 9, p. 502-503.

43 No sentido do texto, Theodoro Jr., *As novas*, p. 189; Mazzei, *Reforma*, p. 195-197. Em sentido contrário, Abelha Rodrigues, *Manual*, p. 451.

44 Contra: Nery-Nery, *Código*, p. 722.

que formou o título, o foro do atual domicílio do executado, ou ainda o foro do local em que se encontrem seus bens (art. 475-P, parágrafo único, do CPC). Essa facilitação da satisfação do direito, entretanto, nada tem a ver com a liquidação da sentença, entendida como atividade cognitiva integrativa da sentença genérica proferida no encerramento da primeira fase de natureza cognitiva. É natural, portanto, que, havendo entendimento corrente no sentido de que a sentença ilíquida que condena e a decisão da liquidação completam um todo – tanto é assim que em regra serão uma só decisão, com a exata determinação do *an debeatur* e do *quantum debeatur* –, o juízo que exerceu a função judicante nessa primeira fase de solução da lide automaticamente se tornará competente para a segunda fase, em nítida ocorrência de competência funcional[45].

Esse entendimento é parcialmente excepcionado na tutela coletiva. Sendo a liquidação coletiva, a regra se aplica conforme o exposto, mas sendo a liquidação da sentença coletiva individual, poderá o liquidante realizá-la no foro de seu domicílio[46].

41.11. REGRA DA FIDELIDADE AO TÍTULO EXECUTIVO (ART. 475-G DO CPC)

A liquidação de sentença tem como único e exclusivo objetivo a fixação do *quantum debeatur*, sendo vedada pela própria lógica do instituto processual a discussão de qualquer matéria alheia a esse objetivo. Não se permite que a liquidação se preste a discutir matérias que foram discutidas na fase de conhecimento que gerou a sentença condenatória, ou nela deveriam ter sido discutidas. Significa dizer que qualquer matéria que seja alheia ao valor da prestação reconhecida em sentença condenatória ilíquida é estranha ao objeto da liquidação.

Essa vedação à discussão de matérias alheias à fixação do valor da prestação encontra lógica no próprio sistema, porque, ao permitir a discussão de outras matérias que não o *quantum debeatur* em sede de liquidação, estar-se-ia diante de um vício processual: caso a sentença condenatória já estivesse transitada em julgado, haveria ofensa à **coisa julgada**; havendo recurso contra ela pendente de julgamento, haveria **litispendência**. Num caso ou noutro, haveria no caso concreto um pressuposto processual negativo, o que geraria a nulidade da liquidação. Atento a essa circunstância, o legislador prevê expressamente no art. 475-G do CPC ser "defeso, na liquidação, discutir de novo a lide ou modificar a sentença que a julgou".

É até mesmo possível imaginar uma terceira espécie de vício, quando se discutem na liquidação questões referentes ao *an debeatur* fora dos próprios limites objetivos do pedido condenatório do autor. Nesse caso, não se poderá

---

45 Lucon, *Código*, p. 1.789; Didier-Braga-Oliveira, *Curso*, p. 395-396; Abelha Rodrigues, *Manual*, p. 451-452.

46 *Informativo* 452/STJ: 3.ª Turma, REsp 1.098.242-GO, rel. Min. Nancy Andrighi, j. 21.10.2010; *Informativo* 422/STJ: 3.ª Seção, CC 96.682-RJ, rel. Min. Arnaldo Esteves Lima, j. 10.02.2010.

falar tecnicamente em ofensa à coisa julgada, mas de fixação de valor de uma prestação que não está reconhecida em título executivo judicial. Basta imaginar que numa demanda em que foi pedida a condenação do réu ao pagamento de uma quantia em decorrência de dano moral, a parte busque na liquidação alegar e provar fatos simples para aumentar o valor da condenação. Nesse caso, haveria ofensa à coisa julgada ou litispendência. Caso, entretanto, se pretenda incluir na liquidação também uma discussão sobre eventuais danos materiais suportados, não se poderá falar em coisa julgada nem em litispendência, porque esse pedido não faz parte da demanda[47].

Essa limitação da matéria objeto de cognição na liquidação da sentença, seja para proteger a coisa julgada, seja para evitar a litispendência ou impedir a valoração de dano não reconhecido por título executivo, chamada pela doutrina de regra da "fidelidade ao título executivo", não é absoluta, havendo a excepcional possibilidade de inclusão na liquidação de matéria não posta na fase de conhecimento da qual resultou a condenação genérica. A jurisprudência vem prestigiando uma interpretação lógica da sentença, não se limitando ao aspecto gramatical, para concluir que deve se admitir contido na sentença não só o que está expressamente afirmado, mas também o que virtualmente se possa presumir como incluído[48].

A Súmula 254 do STF indica a possibilidade de inclusão de **juros moratórios** na liquidação, ainda que a sentença seja omissa a esse respeito. Ainda que não haja súmula nesse sentido, também a correção monetária (desde que não haja exclusão expressa na decisão) e as custas processuais poderão ser incluídas nas mesmas circunstâncias[49].

41.12. LIQUIDAÇÃO POR MERO CÁLCULO ARITMÉTICO DO CREDOR

41.12.1. Introdução

Substituindo a antiga liquidação pelo contador, a liquidação por mero cálculo aritmético não é propriamente uma liquidação, considerando-se o conceito moderno de liquidez que aponta não para a necessária determinação do valor, mas para a sua **determinabilidade** por meio de meros cálculos com os elementos fornecidos pela sentença. Seja como for, quando houver somente a necessidade da formulação de um cálculo aritmético para determinar o valor exato a ser executado, o art. 475-B do CPC prevê o procedimento a ser adotado, ainda que genuinamente não se trate de uma liquidação de sentença.

O cumprimento de sentença depende de manifestação expressa do demandante, que provocará o Poder Judiciário por meio do requerimento inicial (arts.

[47] Wambier, *Sentença*, p. 179-181.

[48] Dinamarco, *Instituições*, v. 4, p. 634; Lucon, *Código*, p. 1.805.

[49] Araken de Assis, *Manual*, p. 319-320; Zavascki, *Processo*, p. 399; Lucon, *Código*, p. 1.805-1.806.

475-B, *caput*, e 475-J, *caput*, do CPC), que será instruído com o demonstrativo de cálculos. O dispositivo legal faz menção ao art. 614, II, do CPC, que prevê a "data de propositura da ação", o que deve ser entendido no cumprimento de sentença como "data do protocolo do requerimento inicial". Essa memória descriminada de cálculos, peça indispensável ao início da execução, deverá indicar todos os elementos utilizados no cálculo do exequente, com a expressa indicação do principal, acessórios, multas, e índices utilizados[50].

Como se pode notar, realmente não se trata de liquidação, porque não há propriamente uma fase procedimental antes da execução, bastando o exercício unilateral do credor para dar liquidez ao título. Tanto é assim que a execução já tem início sem qualquer necessidade de ato preparatório que complemente o título executivo, o que, inclusive, justifica esse mesmo procedimento extraprocessual na hipótese de execução de título extrajudicial.

41.12.2. Dados necessários à elaboração dos cálculos em poder do executado ou de terceiros

Segundo o art. 475-B, § 1.º, do CPC, quando a elaboração dos cálculos depender de dados aos quais o exequente não tem acesso, porque estão em poder do executado ou de terceiros, a requerimento do exequente o juiz poderá requisitar tais dados, fixando prazo de até 30 dias para o cumprimento da diligência. Tudo leva a crer que o dispositivo legal prevê uma exibição de coisa ou documento incidental à demanda executiva[51], devendo ser aplicadas a esse procedimento, ao menos de forma subsidiária, as previsões procedimentais desse meio de prova.

O dispositivo indica que o juiz requisitará os dados por meio de pedido expresso do autor, sendo consequência natural dessa disposição que o autor dê início à liquidação por meio de um requerimento que deverá necessariamente estar fundamentado no sentido de convencer o juiz, ainda que sumariamente – por meio de uma cognição sumária –, de que o terceiro ou o executado está em poder de dados essenciais à elaboração do cálculo. Dessa forma, demonstrará a legitimidade passiva e o interesse de seu pedido. Esclareça-se que o ideal é que tal pedido já seja feito no próprio requerimento inicial, ou na petição inicial, que dará início à liquidação de sentença.

O dispositivo legal ora comentado afirma que o juiz poderá requisitar os dados, dando a entender corretamente que, tendo motivos para acreditar na inutilidade da medida, possa indeferi-la de plano[52], determinando ao autor que apresente em dez dias o memorial descrito de cálculos sob pena de extinção sem resolução do mérito da liquidação. É curioso o dispositivo legal ao prever que, mediante o

---

[50] Marinoni-Arenhart, *Execução*, n. 7.4, p. 125.

[51] Camiña Moreira, *Nova*, p. 376; Ferreira, *Aspectos*, p. 271. Para Zavascki (*Processo*, p. 416-417), trata-se processo autônomo de exibição, sendo, inclusive, sentença o pronunciamento que o decide.

[52] Figueira Jr., *Comentários*, p. 217.

pedido do demandante, o juiz já determinará a exibição dos dados, o que poderia sugerir que não há respeito ao *princípio do contraditório*. Na realidade, a melhor interpretação é de que se aplica nesse caso o contraditório, sendo natural que o executado ou terceiro se manifeste após ser intimado/citado a apresentar os dados em juízo[53]. Na ausência de determinação legal, seja por aplicação analógica da cautelar de exibição, seja pela regra geral, o prazo para o executado ou terceiro alegar que a decisão de exibir não é legítima é de cinco dias, sendo natural que a apresentação da defesa suspenda o prazo para o cumprimento da obrigação, que prosseguirá na hipótese de indeferimento.

41.12.3. Consequência da ausência de exibição de dados

Conforme afirmado anteriormente, intimado/citado o executado ou terceiro, haverá prazo de cinco dias para manifestação defensiva, sendo que a ausência de resposta ou o seu indeferimento pelo juiz consolida a decisão que determinou a exibição dos dados. O art. 475-B, § 2.º, do CPC cuida da não apresentação injustificada dos dados – o que demonstra cabalmente a possibilidade de defesa. Segundo o dispositivo legal, se os dados não forem exibidos pelo executado, **reputar-se-ão corretos os cálculos** apresentados pelo exequente. A previsão apresenta um problema cronológico, porque, no momento em que o juiz determina a exibição dos dados, o demandante não apresentou os cálculos, até porque, se já o tivesse feito, não haveria necessidade de o executado exibir quaisquer dados. Dessa forma, não haveria sobre o que se presumir acerca da correção[54]. Essa crítica, apesar de totalmente procedente, pode ser contornada com certa boa vontade na interpretação da norma, devendo-se entender que, não exibidos os dados, o exequente apresentará cálculos fundados nos insuficientes elementos que tenha à sua disposição, aplicando sobre eles a presunção de correção prevista no dispositivo legal.

O problema maior, entretanto, é compreender a lógica do dispositivo: se o demandante reconhece que não tem condições de elaborar os cálculos sem os dados que não estão em seu poder, como irá realizá-los após o descumprimento da ordem do juiz para que o executado os exiba em juízo? Se o demandante precisava dos dados no momento em que pediu ao juiz que determinasse a sua exibição, continua com a mesma necessidade se os dados não são exibidos em juízo. Diante dessa inegável realidade, não parece adequada – ao menos não nesse momento processual – a previsão de que a presunção de correção seja consequência da não exibição, porque o essencial aqui é criar um mecanismo apto a fazer com que os dados sejam efetivamente exibidos em juízo.

Ainda que se trate do demandado, o ideal será permitir ao juiz a expedição de mandado de busca e apreensão dos bens[55], inclusive com o reforço policial, se necessário, aplicando-se concomitantemente multa (*astreintes*) por dia de atraso

[53] Marinoni-Arenhart, *Execução*, n. 7.4.1, p. 126-127.

[54] Zavascki, *Processo*, p. 416; Mazzei, *Reforma*, p. 177.

[55] Marinoni-Arenhart, *Execução*, n. 7.4.1, p. 127.

na exibição dos dados, não se aplicando nesse caso a Súmula 372 do Superior Tribunal de Justiça. Além disso, caberão, conforme o caso, as sanções processuais por *ato atentatório à dignidade da Justiça* (arts. 600 a 601 do CPC) e também por *ato atentatório à dignidade da jurisdição* (art. 14 do CPC)[56].

É natural que, em virtude da imprecisão que os cálculos apresentarão nesse caso, a **presunção de correção dos cálculos** apresentados só possa ser entendida como **relativa**, cabendo ao demandado, no momento em que se defender – por meio de embargos ou de impugnação –, demonstrar a incorreção do valor apresentado no cálculo apresentado pelo exequente[57]. O interessante aqui é que, alegando excesso de execução e sagrando-se vitorioso, o executado ainda assim será condenado a pagar os honorários advocatícios decorrentes dos embargos ou da impugnação, porque foi ele que forçou o demandante a cobrar mais do que o devido, aplicando-se ao caso o princípio da causalidade.

Quando a omissão é de terceiro, o legislador trata da consequência da não exibição de forma diferente, prevendo que o juiz determinará a busca e apreensão dos dados, com auxílio da força policial, se necessário (art. 352 do CPC). A omissão do legislador naturalmente não afasta a possibilidade de o juiz se utilizar de medidas de execução indireta (*astreintes*), além da possibilidade de o ato ser tipificado como crime de desobediência[58].

No art. 495, § 1.º, do PLNCPC originário havia expressa previsão determinando a aplicação das regras da exibição a esse pedido incidental, não se repetindo no Substitutivo do Senado, que no art. 510, § 2.º, se limita a prever que, quando a elaboração do demonstrativo depender de dados que estejam em poder de terceiros ou do executado, o juiz poderá requisitá-los, sob cominação do crime de desobediência. De positivo, o afastamento da regra de presunção de veracidade do cálculo do exequente diante da inércia em exibir os dados por parte do executado.

41.12.4. Remessa dos autos ao contador

Existe a possibilidade de remessa dos autos ao contador, mas tal circunstância é excepcional, limitando-se às hipóteses previstas em lei. Como as duas hipóteses de remessa dos autos ao contador têm fundamentos diferentes, cumpre realizar uma análise individualizada de cada uma delas.

---

[56] Wambier, *Sentença*, p. 247; Lucon, *Código*, p. 1.778-1.779; Shimura, *A execução*, n. 3.5, p. 557.

[57] Araken de Assis, *Cumprimento*, p. 121; Costa Machado, *Código*, p. 1.115; Didier, *A nova*, p. 250; Marinoni-Arenhart, *Execução*, n. 7.4.1, p. 127; Shimura, *A execução*, n. 3.5, p. 557. Contra: Figueira Jr., *Comentários*, p. 218; Câmara, *Lições*, p. 237; Theodoro Jr., *Processo*, n. 545, p. 630, que permite somente o controle de ofício; Nery-Nery, *Código*, p. 723-724.

[58] Marinoni-Arenhart, *Execução*, n. 7.4.1, p. 127.

A primeira hipótese prevista pelo art. 475-B, § 3.º, do CPC para a remessa dos autos ao contador é a **aparência de que os cálculos excederam os limites da decisão exequenda**, o que não se pode admitir sob pena de agressão ao princípio *nulla executio sine titulo*, visto que executar em valor superior ao título é o mesmo que executar sem título no tocante a esse excedente. É evidente que não se cobra do juiz uma análise minuciosa do cálculo apresentado, bastando que a desconfiança surja de uma análise sumária, superficial. Não é exigida nesse momento uma atividade técnica profunda do juiz a respeito das contas, mas um simples passar de olhos que se revele suficiente para passar a desconfiar de alguma irregularidade. São, portanto, casos de erros absurdos, perceptíveis *prima facie* por meio de superficial análise[59].

A outra hipótese de remessa dos autos ao contador nada tem a ver com a regularidade dos cálculos apresentados, mas sim com a condição do exequente, que sendo **beneficiário da assistência judiciária** poderá se valer do contador judicial para determinar o valor de sua execução. Nesse caso, parece mais correto entender que o exequente, sem condições de realizar os cálculos, pede o auxílio judicial por meio da atividade do contador[60]. Caso o exequente, mesmo beneficiado pela assistência judiciária, apresente cálculos que não gerem qualquer desconfiança no juiz a respeito de sua regularidade, não tem sentido a remessa dos autos ao contador. Sendo norma elaborada para auxiliar o exequente, a remessa pura e simples dos autos contrariaria o objetivo da lei, atrasando o início da execução sem nenhuma justificativa, em nítido prejuízo do exequente.

Parcela da doutrina entende que a norma legal também se aplica na hipótese de o executado ser beneficiado pela assistência judiciária, porque poderia não ter condições de elaborar os cálculos em virtude de sua complexidade, funcionando esse impedimento como um obstáculo à apresentação de sua defesa em juízo, em nítida afronta ao princípio da ampla defesa[61]. Ainda que a preocupação seja legítima, não parece que o art. 475-B, § 3.º, do CPC seja endereçado ao executado beneficiado pela assistência judiciária, porque o dispositivo legal é aplicável no início da demanda executiva, sendo que o auxílio do contador judicial ao executado, se for necessário, ocorrerá em momento processual posterior, "quando" e "se" o executado oferecer impugnação ou embargos à execução. Nesse momento, poderá pedir o auxílio do contador, mas isso nada tem a ver com a liquidação de sentença.

41.12.5. Procedimento da remessa dos autos ao contador

Como já foi exposto, somente na hipótese de desconfiança quanto à regularidade dos cálculos o exequente já terá apresentado um valor para a execução. Quando o exequente for beneficiário da assistência judiciária, ele não indicará nenhum valor, requerendo a remessa dos autos ao contador, sendo o valor obtido

59 Dinamarco, *A reforma*, p. 263; Cruz e Tucci, *Lineamentos*, p. 153.

60 Cruz e Tucci, *Lineamentos*, p. 153; Marinoni-Arenhart, *Execução*, n. 7.4.2, p. 129.

61 Dinamarco, *Reforma*, p. 265; Cruz e Tucci, *Lineamentos*, p. 153; Didier-Braga-Oliveira, *Curso*, p. 405.

pelo serventuário da justiça o valor da execução. É verdade que o cálculo apresentado pelo contador não vincula o exequente, que poderá indicar outro valor em sua execução[62], mas tudo leva a crer que isso dificilmente ocorrerá porque, se o exequente não tinha condições de fazer os cálculos, também não terá condições de entender que os cálculos apresentados pelo contador estejam equivocados.

Já na hipótese de suspeita de irregularidade dos cálculos poderá haver uma divergência entre o valor apresentado pelo exequente na petição inicial e o valor obtido pelo contador, devendo ser o exequente intimado para se manifestar em cinco dias a respeito da divergência: concordando com os cálculos do contador, emendará a petição inicial e esse passará a ser o novo valor da execução; discordando, a execução prosseguirá pelo valor indicado pelo exequente, mas a penhora tomará por base o valor obtido pelo contador judicial.

O propósito da remessa dos autos ao contador não é impedir que o exequente peça o que entende ser devido, mas proteger o executado, que terá uma limitação na constrição patrimonial resultante da penhora. Em tese, como se presume que o cálculo do contador – terceiro sem interesse na solução da demanda – esteja mais próximo da correção do que aquele apresentado pelo exequente, limita-se a penhora àquilo que provavelmente estará mais próximo do valor efetivamente devido.

É importante notar em todo esse procedimento que o juiz não se manifesta a respeito do valor que efetivamente entende devido[63]. Ao desconfiar dos cálculos, o faz por meio de análise superficial, sem indicar qual o valor que entende o correto. Quando recebe os autos do contador e ouve o exequente, havendo discordância desse último, apenas determinará que a execução siga por um valor e que a penhora se faça tomando por base outro valor, não apontado quem está com a razão. Na realidade, o momento adequado ao juiz para falar a respeito dos cálculos é durante o julgamento da impugnação ou dos embargos à execução. Assim, o exequente indica o valor na petição inicial, o contador quando os autos lhe são remetidos, o executado em sua defesa típica – impugnação/embargos – e o juiz no julgamento dessa defesa. Cada qual com o seu momento processual adequado para falar a respeito dos cálculos.

Questão interessante surge na seguinte situação: o que ocorre se o executado não oferecer a defesa típica? A execução prosseguirá com o valor pretendido pelo exequente, realizando-se um reforço de penhora ou o juiz poderá de ofício determinar a adequação do valor para aquele indicado pelo contador ou para qualquer outro que lhe pareça mais correto? Entendo que o juiz pode corrigir o valor de ofício, porque se entender que o exequente pretende receber mais do que efetivamente tem direito, estará executando sem título, matéria de ordem pública que deve ser reconhecida de ofício pelo juiz[64].

---

[62] Zavascki, *Processo*, p. 417; Fidélis dos Santos, *Manual*, p. 73.

[63] Dinamarco, *Reforma*, p. 263-265; Cruz e Tucci, *Lineamentos*, p. 153; Fidélis dos Santos, *Manual*, p. 72. Contra: Nery-Nery, *Código*, p. 724.

[64] Zavascki, *Processo*, p. 417-418; Theodoro Jr., *Processo*, n. 546, p. 631. *Informativo* 391/STJ, 3.ª T., REsp 1.012.306-PR, rel. Nancy Andrighi, j. 28.04.2009. Contra: Araken de Assis, *Cumprimento*, p. 123; Marinoni-Arenhart, *Execução*, n. 7.4.2, p. 129; Câmara, *Lições*, p. 236-237.

No PLNCPC continua a existir a possibilidade de remessa dos autos ao contador, mas a regra consagrada no art. 510, § 1.º, do PLNCPC traz ao sistema uma nova sistemática. Segundo o dispositivo legal, "quando a memória aparentemente exceder os limites da condenação, a execução será iniciada pelo valor pretendido, mas a penhora terá por base a importância que o juiz, se necessário ouvido o contador do juízo, entender adequada". Como se pode notar, a atividade do contador será supletiva ao do juízo executivo, que poderá de ofício determinar um valor diferente para a penhora daquele indicado na petição inicial. Mesmo com a mudança proposta, tudo leva a crer que o juízo executivo continue sem decidir o valor efetivamente devido nesse momento inicial do procedimento, limitando-se a indicar um valor para a realização da penhora. Ainda que a lei silencie, naturalmente se admitirá ao exequente a emenda da petição inicial para adequar sua execução ao valor fixado para penhora pelo juízo ou pela penhora.

41.13. LIQUIDAÇÃO POR ARBITRAMENTO

41.13.1. Cabimento

Segundo o art. 475-C do CPC, a liquidação por arbitramento deve ser realizada em três hipóteses: determinação na sentença; acordo entre as partes; quando o exigir a natureza do objeto da liquidação. O dispositivo legal deve ser criticado porque não foi capaz de expor com clareza quando a liquidação por arbitramento se fará efetivamente necessária. Bastaria para atingir tal objetivo ter previsto que sempre que o cálculo do valor de um bem, serviço ou prejuízo depender de conhecimentos técnicos específicos, será o caso de liquidar a sentença por arbitramento. Ou, em outras palavras, sempre que se fizer necessária a elaboração de uma **perícia** para se obter o *quantum debeatur*, o caminho será a liquidação por arbitramento[65].

O juiz somente fixará em sentença essa espécie de liquidação quando entender que o *quantum debeatur* só poderá ser obtido por meio da realização de uma perícia, o que demonstra a inutilidade dessa previsão, tanto assim que o Superior Tribunal de Justiça sumulou o entendimento de que a liquidação por espécie distinta da constante da sentença não gera nulidade[66]. Da mesma forma, o consenso entre as partes só gerará efeitos se a perícia for necessária e não houver necessidade de alegação e prova de fatos novos. A vontade das partes não vincula o juiz na determinação da espécie de liquidação, o que demonstra a impropriedade da previsão[67].

65 Marinoni-Arenhart, *Manual*, n. 7.5, p. 130; Nery-Nery, *Código*, p. 726.

66 Súmula 344 do STJ.

67 Greco, *O processo*, p. 246-247; Dinamarco, *Instituições*, n. 1.738, p. 624; Nery-Nery, *Código*, p. 726. Contra: Carmona, *O processo*, p. 51.

Registre-se que ao perito não será permitido o enfrentamento de fatos novos, porque essa circunstância necessariamente exigirá que a liquidação seja feita por artigos, ainda que se mostre necessária apenas a prova pericial. A liquidação por arbitramento, portanto, será realizada quando não forem necessárias a alegação e a prova de fato novo, bastando a realização de uma prova pericial a respeito dos fatos já estabelecidos na sentença ilíquida. É possível que o perito tenha no caso concreto necessidade de ouvir testemunhas, exigir novos documentos, conforme lhe faculta o art. 429 do CPC para uma melhor elucidação dos fatos já fixados em sentença, providências que não desvirtuam a natureza da liquidação[68].

41.13.2. Procedimento

O único dispositivo legal que prevê o procedimento da liquidação por arbitramento é o art. 475-D do CPC, sendo totalmente omisso quanto ao início dessa espécie de liquidação. A formalidade desse início dependerá do momento processual: sendo a liquidação uma fase incidental, o início se dará por meio de mero requerimento, enquanto se a liquidação der início ao processo sincrético, deverá haver uma petição inicial, nos termos do art. 282 do CPC. A questão interessante que deve ser enfrentada, apesar do silêncio da lei, diz respeito à necessidade de o demandante já nesse requerimento/petição inicial indicar os quesitos e assistente técnico, ou se tal ato processual deverá ser praticado posteriormente no *iter* procedimental.

Para parcela da doutrina é necessária a indicação dos quesitos e assistentes técnicos já no início da liquidação, como requisito da peça que dá início a ela. Esse entendimento se justifica na ideia de sumariedade procedimental da liquidação, com uma maior concentração de atos processuais[69]. Como a liquidação por arbitramento se desenvolve basicamente por uma prova pericial, é natural que o demandante já esteja preparado no início da liquidação a especificar esse meio de prova, indicando seus questionamentos ao perito e comunicando quem será seu assistente técnico. Apesar da coerência do raciocínio, não me parece que o demandante esteja obrigado a assim proceder, sendo tal conclusão derivada da interpretação conjunta dos arts. 475-D e 421, ambos do CPC.

Segundo o art. 475-D do CPC, "requerida a liquidação por arbitramento, o juiz nomeará o perito e fixará o prazo para a entrega do laudo", enquanto o art. 421, *caput*, do CPC determina que "o juiz nomeará perito, fixando de imediato o prazo para a entrega do laudo". Como se nota numa comparação entre os dois dispositivos legais, há identidade de previsão entre eles, devendo-se aplicar o § 1.º do art. 421 do CPC ao art. 475-D do CPC, de forma que, após a determinação do perito, as partes deverão ser intimadas para que em **cinco dias indiquem os quesitos e os assistentes técnicos**[70]. Sendo corrente na doutrina que, na ausência

[68] Zavascki, *Processo*, p. 420.

[69] Lucon, *Código*, p. 1.789; Greco, *O processo*, p. 251.

[70] Câmara, *Lições*, p. 232; Fidélis dos Santos, *Manual*, p. 76; Amaral Santos, *Primeiras*, p. 268; Araken de Assis, *Manual*, n. 58.2, p. 291; Theodoro Jr., *Processo*, n. 547, p. 632.

de previsão expressa, se aplica à liquidação por artigos as regras da prova pericial, essa parece ser a solução mais acertada.

Ainda que a lei silencie a esse respeito, o *princípio do contraditório* exige a intimação (quando a liquidação for fase intermediária) ou citação (quando a liquidação for fase inicial) do demandado, sempre na pessoa de seu advogado (art. 475-A, § 1.º, do CPC), para que ofereça sua defesa no prazo geral de cinco dias (art. 185 do CPC)[71]. Registre-se que não há na liquidação de sentença os efeitos da revelia na hipótese de o demandado deixar de se manifestar, até porque não existem fatos que possam se presumir verdadeiros. Ademais, tendo advogado constituído nos autos, o demandado continuará a ser regularmente intimado[72]. Na realidade, a intimação/citação tem como objetivo o convite ao demandado para que participe da prova, respeitando-se assim o princípio do contraditório.

Decorrido o prazo de cinco dias, caso o demandado tenha apresentado defesa, o juiz deverá, sempre que possível, resolvê-la de plano. Sendo acolhida alguma defesa peremptória (por exemplo, inadequação da forma de liquidação), a liquidação será extinta, e, sendo acolhida alguma defesa dilatória (por exemplo, incompetência do juízo), as medidas cabíveis serão tomadas. Sendo rejeitada a defesa, ou não tendo sido apresentada, o juiz nomeará perito e indicará um prazo para a entrega do laudo, cabendo às partes em cinco dias apresentar os quesitos ou assistentes técnicos. A partir daí, aplica-se ao procedimento da liquidação as regras da prova pericial (arts. 420 a 439 do CPC), inclusive com a possibilidade de realização de audiência de instrução para prestação de esclarecimentos pelo juiz (art. 435 do CPC).

O art. 496, I, do PLNCPC, repete a infeliz regra do art. 475-C do atual CPC, sendo o procedimento da liquidação por arbitramento previsto no art. 497. Segundo esse dispositivo legal, o juiz intimará as partes para a apresentação de pareceres ou documentos elucidativos, no prazo que fixar; caso não possa decidir de plano, nomeará perito, observando-se, no que couber, o procedimento da prova pericial.

41.14. LIQUIDAÇÃO POR ARTIGOS

A liquidação por artigos é a última alternativa no âmbito das liquidações, porque é a mais complexa e demorada entre todas as suas espécies, de forma que deverá ser reservada somente para as situações em que não se mostre possível a liquidação por mero cálculo aritmético do credor ou por arbitramento. Tradicio-

[71] Marinoni-Arenhart, *Manual*, n. 7.5, p. 130-131; Araken de Assis, *Manual*, n. 58.3, p. 293. Contra: Fidélis dos Santos, *Manual*, p. 76.

[72] Greco, *O processo*, p. 251; Zavascki, *Processo*, p. 423; Araken de Assis, *Manual*, p. 316.

nalmente, a liquidação por artigos é associada com a necessidade de **alegação e prova de fato novo**, sendo essencial para a compreensão do instituto processual a conceituação de "fato novo".

A primeira confusão que deve ser evitada na conceituação de fato novo diz respeito ao momento em que o fato ocorreu, sendo inadmissível confundir fato novo com fato superveniente. O fato novo pode ter ocorrido antes, durante ou depois da demanda judicial donde se produziu o título executivo ilíquido, não sendo o momento um critério correto para conceituar o fenômeno processual. Por fato novo deve-se entender aquele que não foi objeto de análise e decisão no processo no qual foi formado o título executivo que se busca liquidar. A novidade, portanto, não é temporal, mas diz respeito ao próprio Poder Judiciário, que pela primeira vez enfrentará e decidirá determinados fatos referentes ao *quantum debeatur*[73].

Para a alegação e prova de um fato novo, a liquidação em muito se assemelha a um processo – ou fase procedimental – de conhecimento, tanto assim é que o art. 475-F do CPC prevê que, "na liquidação por artigos, observar-se-á, no que couber, o procedimento comum (art. 272)". A mera previsão de **procedimento comum** como apto a ser seguido na liquidação por artigos suscita uma séria dúvida na doutrina, partindo-se da premissa de que no procedimento comum existem o procedimento sumário e o procedimento ordinário. Qual desses dois procedimentos seria o adequado à liquidação de sentença por artigos?

Existe corrente doutrinária que entende não haver uma correlação necessária entre o procedimento adotado na fase de conhecimento, que resultou na sentença ilíquida, e aquele a ser adotado na liquidação. Para essa corrente doutrinária, o que importa é a análise do momento em que a liquidação é proposta, sendo possível que uma demanda que até então teve na fase de conhecimento para fixação do *an debeatur* um procedimento sumário, passe a adotar um procedimento ordinário e vice-versa. A justificativa é a própria autonomia concedida pelo legislador, ao prever expressamente no art. 475-F do CPC o procedimento comum[74].

Para outra parcela da doutrina, tendo seguido o processo de conhecimento o rito sumário ou ordinário, deve-se seguir o mesmo procedimento na liquidação de sentença. Caso o processo de conhecimento – atualmente, melhor será falar em *fase de conhecimento* – tenha seguido um rito especial, a liquidação poderá seguir no rito sumário ou ordinário, a depender do valor da causa atribuído pelo demandante ao processo – ou fase – de conhecimento donde surgiu a sentença ilíquida que ora se busca liquidar[75].

O termo "artigos" utilizado no nome da liquidação é derivado de antiga tradição, presente em nosso ordenamento desde os tempos das Ordenações. Tradicionalmente, significava que o demandante era obrigado a indicar os **fatos novos** que pretendia ver provados **em forma de artigos**, sob pena de indeferimento da

[73] Dinamarco, *Instituições*, n. 1.737, p. 621; Araken de Assis, *Manual*, n. 58.3, p. 292.

[74] Zavascki, *Processo*, p. 428-429; Greco, *O processo*, p. 252.

[75] Dinamarco, *Instituições*, p. 622; Wambier, *Sentença*, p. 130.

peça inicial[76]. É óbvio que atualmente uma espécie de formalismo exacerbado como esse é algo totalmente despropositado, bastando que o demandante exponha com clareza – mas na forma que quiser – quais são os fatos que pretende ver provados[77].

Em virtude da própria complexidade dessa espécie de liquidação de sentença, após a intimação/citação do demandado, sempre na pessoa de seu advogado, a resposta do demandado poderá ser a mais ampla possível, dentro apenas dos limites do procedimento estabelecido. Apesar de certa divergência quanto à possibilidade de o demandado responder à sua intimação/citação com intervenções de terceiros ou reconvenção[78], o que me parece admissível desde que haja no caso concreto o preenchimento dos requisitos legais (o que certamente se mostrará difícil), não resta muita dúvida de que a contestação poderá ser a mais ampla possível, com *defesas processuais dilatórias* e *peremptórias* e *defesas de mérito direta* e *indireta.*

Diferente da liquidação por arbitramento, na qual não há fatos novos que precisem de prova, de forma que não há nenhuma lógica em falar em presunção de veracidade dos fatos alegados pelo demandante diante da ausência de defesa do demandado, na liquidação por artigos a situação é outra. Nessa espécie de liquidação, o demandante indica expressamente em sua peça inaugural – petição inicial ou requerimento – quais são os fatos que pretende provar como verdadeiros para chegar à fixação do *quantum debeatur*, de forma que a ausência de defesa do demandado, configura sua revelia e, ainda mais importante, a geração de presunção de que os fatos que o demandante pretendia provar são verdadeiros.

Deve-se recordar que a liquidação por artigos, conforme já afirmado, é uma verdadeira fase de conhecimento de cognição limitada, seguindo o procedimento sumário e ordinário, donde se pode concluir que tudo o que se aplica em fase de conhecimento que siga o procedimento comum deva também se aplicar à liquidação por artigos. Esse pensamento, naturalmente, se estende à revelia, em especial quanto à presunção de veracidade dos fatos alegados, até porque, quanto à desnecessidade de intimação, não haverá a geração de tal efeito, pois, uma vez representado nos autos, o demandado será regularmente intimado por meio de seu advogado[79].

A liquidação por artigos não tem mais esse nome no PLNCPC, passando a ser simplesmente tratada como liquidação pelo procedimento comum. O art. 496, II, do PLNCPC repete a regra atualmente constante no art. 475-E do CPC. O procedimento será o comum, sendo que a única especialidade procedimental consagrada expressamente no art. 498 é a intimação do requerido, na pessoa de seu advogado, com prazo de contestação de 15 dias.

[76] Theodoro Jr., *Processo*, n. 548, p. 633.

[77] Nery-Nery, *Código*, p. 728.

[78] No sentido do texto: Araken de Assis, *Manual*, p. 317-318; Lucon, *Código*, p. 1.802. Contra: Greco, *O processo*, p. 253.

[79] Araken de Assis, *Manual*, p. 318; Lucon, *Código*, p. 1.802.

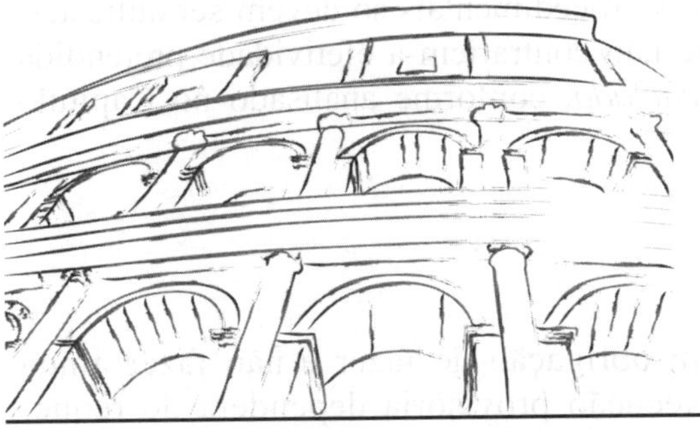

42

CUMPRIMENTO DE SENTENÇA DA OBRIGAÇÃO DE FAZER E NÃO FAZER

42.1. INTRODUÇÃO

Segundo a previsão do art. 475-I do CPC, o cumprimento de sentença far-se-á conforme o art. 461 do CPC quando o objeto da condenação for uma obrigação de fazer ou não fazer. Segundo o art. 644 do CPC, as regras que regulamentam o procedimento do processo de execução de título executivo extrajudicial que tenha como conteúdo essa espécie de obrigação só são aplicáveis à execução da sentença (na realidade de qualquer título executivo judicial) subsidiariamente, sendo o procedimento determinado pelo art. 461 do CPC.

É interessante notar que o art. 461 do CPC não prevê um procedimento executivo para o cumprimento da sentença, limitando-se – além de outras questões não referentes à execução da sentença – a prever os **meios materiais** à disposição do juízo para efetivar o direito do credor[1]. Apesar de o art. 644 do CPC prever a aplicação subsidiária das regras do procedimento do processo de execução, o melhor entendimento é de que essas regras procedimentais só devem ser aplicadas no cumprimento de sentença naquilo que não contrariem a efetividade pretendida pelo legislador. Trata-se de *tutela diferenciada*, conforme analisado no Capítulo 1, item 1.8.4.

42.2. ASPECTOS PROCEDIMENTAIS

Havendo sentença condenatória em obrigação de fazer e não fazer ainda não transitada em julgado, eventual execução provisória dependerá de requerimento expresso do demandante, considerando-se que a execução provisória é uma mera faculdade do credor. Com o trânsito em julgado, entretanto, parece mais adequado o entendimento de que o juiz pode dar início **de ofício** ao cumprimento de sentença, determinando as medidas executivas que entender necessárias à satisfação do direito do credor, em aplicação da regra do impulso oficial[2].

Na hipótese de manifestação do demandante pleiteando o início da fase de cumprimento de sentença, basta um mero requerimento com os dados mínimos para que o juiz compreenda a sua pretensão. A petição inicial é dispensável porque não se está criando um novo processo, mas somente dando-se início a uma fase procedimental de satisfação do direito já reconhecido em sentença.

Convém ao juiz determinar um prazo para que a obrigação seja cumprida, levando em conta as particularidades do caso concreto, em especial a complexidade da obrigação. O Superior Tribunal de Justiça já teve a oportunidade de decidir que, em respeito ao princípio da coisa julgada material, uma vez tendo sido estabelecido o prazo para o cumprimento da obrigação na sentença condenatória transitada em julgado, não se admitirá a alteração desse prazo no momento do cumprimento de sentença.

Não resta dúvida de que determinando um prazo para o cumprimento da obrigação caberá a **intimação do devedor**, havendo divergência doutrinária a respeito da forma dessa intimação. Apesar de a obrigação ser da parte e não de seu patrono, e de o ato de cumprir a obrigação não ser um ato postulatório, entendo possível a intimação do devedor na pessoa do advogado[3], pelas mesmas razões que defendo essa possibilidade no cumprimento de sentença de obrigação de pagar quantia certa, expostas no Capítulo 44, item 44.2.

Havendo aplicação da multa coercitiva, o entendimento já exposto no Capítulo 34, item 34.3 é de que a eficácia dessa medida depende da intimação pessoal do devedor.

---

1 Dinamarco, *Instituições*, n. 1.621, p. 455.

2 Contra: Dinamarco, *Instituições*, n. 1.622, p. 456-457.

3 Contra: Dinamarco, *Instituições*, n. 1.623, p. 457.

O Superior Tribunal de Justiça já decidiu que não cabem embargos à execução no cumprimento de sentença de obrigação de fazer, ainda que essa interpretação possa ser criticada à luz da aplicação subsidiária sugerida pelo art. 644 do CPC. Mas não admitir os embargos à execução não significa impedir a manifestação do executado, o que seria inviável à luz do *princípio do contraditório*. Admite-se, portanto, a apresentação de defesa por meio de mera petição exposta de forma incidental, inclusive quando o executado for a Fazenda Pública[4]. No eventual ingresso dos embargos à execução caberá ao juiz, em aplicação do *princípio da fungibilidade*, receber a petição inicial como mera petição, a ser autuada nos próprios autos principais[5].

O PLNCPC cria uma regra geral de cumprimento de sentença, independentemente da natureza da obrigação. Segundo o art. 500, em especial em seus três parágrafos, há regras procedimentais gerais aplicáveis a qualquer cumprimento de sentença, que serão complementadas pelas regras específicas a depender da espécie de obrigação exequenda.

No art. 500, § 1.º, afasta-se o princípio do impulso oficial, e apesar de se reconhecer que o cumprimento de sentença não cria um novo processo, exige-se para seu início o expresso requerimento da parte, regra que atualmente só existe para as obrigações de pagar quantia certa.

O art. 500, § 2.º, trata da forma de intimação do executado. No inciso I há previsão de intimação na pessoa do advogado do executado, por meio de publicação no Diário Oficial. No inciso II determina-se que a intimação será por carta com aviso de recebimento se o executado não tiver advogado constituído ou tiver sido defendido pela Defensoria Pública. Apesar de não constar explicitamente, essa intimação será pessoal, considerando-se realizada, mesmo que recebida por outra pessoa, quando o devedor houver se mudado de endereço sem prévia comunicação ao juízo, nos termos do § 3.º do mesmo dispositivo. Finalmente, o inciso III prevê a intimação por edital quando o executado tiver sido revel na fase de conhecimento.

Especificamente com relação ao cumprimento de sentença de obrigação de fazer e não fazer, existem somente dois artigos, sendo o art. 522, que trata das astreintes, comentado no item 42.5.

Segundo o art. 521, *caput*, do PLNCPC, o juiz poderá, de ofício ou a requerimento, para a efetivação da tutela específica ou a obtenção do resultado prático equivalente, determinar as medidas necessárias à satisfação do credor, podendo requisitar o auxílio de força policial, quando indispensável. O § 1.º prevê que para atender ao disposto no *caput*, o juiz poderá determinar, entre outras medidas, a imposição de multa por período de atraso, a busca e apreensão, a remoção de pessoas e coisas, o desfazimento de obras, a intervenção judicial em atividade empresarial ou similar e o impedimento de atividade nociva, podendo, caso necessário, requisitar o auxílio de força policial. É pra-

4 STJ, 5.ª Turma, AgRg no REsp 958.363/DF, rel. Min. Felix Fischer, j. 12.08.2008, *DJe* 29.09.2008.

5 STJ, 1.ª Turma, REsp 1.079.776/PE, rel. Min. Teori Albino Zavascki, j. 23.09.2008, *DJe* 1.º.10.2008.

ticamente o art. 461, §§ 4.º e 5.º, do atual CPC, com a expressa inclusão da intervenção judicial em atividade empresarial para o impedimento de atividade nociva, novidade já presente na atual Lei Antitruste. Na realidade, mesmo sem a previsão expressa, hoje, em razão da atipicidade dos meios executivos, já é possível a adoção dessa medida, mas a expressa previsão legal pode otimizar a sua utilização na praxe forense.

Visando a maior e mais ampla efetividade da tutela executiva, o § 2.º prevê que o descumprimento injustificado da ordem judicial fará o executado incidir nas penas de litigância de má-fé, sem prejuízo de responder por crime de desobediência.

Atualmente, não existe previsão expressa de defesa do executado no cumprimento de sentença da obrigação de fazer e não fazer, considerando-se que a impugnação prevista nos arts. 475-L e 475-M do CPC, única defesa prevista no cumprimento de sentença, é privativa da execução da obrigação de pagar quantia certa, nos termos do art. 475-I do CPC. O art. 504, *caput*, do PLNCPC prevê que todas as questões relativas à validade do procedimento de cumprimento da sentença e dos atos executivos subsequentes poderão ser arguidas pelo executado nos próprios autos e nestes serão decididas pelo juiz; o seu parágrafo único trata da possibilidade de recorrer, nessa fase, das decisões que não implicarem na extinção do processo ou na declaração de satisfação da obrigação, por meio de agravo de instrumento. Apesar de não consagrar uma espécie nova de defesa típica, o dispositivo deixa clara a possibilidade de defesa do executado, em respeito ao princípio do contraditório.

42.3. TUTELA ESPECÍFICA E CONVERSÃO EM PERDAS E DANOS

Não se duvida de que a tutela específica tenha mais qualidade do que a tutela pelo equivalente em dinheiro, apontando a melhor doutrina que a execução é tão bem sucedida quando entregar ao credor exatamente o que o cumprimento voluntário da obrigação lhe entregaria. Todas as formas executivas previstas exemplificativamente no art. 461, § 5.º, do CPC se prestam justamente para instrumentalizar a obtenção da tutela específica.

Ocorre, entretanto, que a tutela específica nem sempre é obtida no caso concreto, sendo possível a obrigação de fazer e não fazer ser convertida em prestação pecuniária quando essa for a vontade do exequente ou pela impossibilidade material ou jurídica de obtenção da tutela específica (art. 461, § 1.º, do CPC). Apesar de existir opinião doutrinária no sentido de que a conversão também se justifica quando a tutela específica se mostra excessivamente onerosa[6], entendo que essa não é uma das justificativas para o sacrifício da tutela específica no caso concreto. A onerosidade será resultante da própria natureza da obrigação, e, sendo

[6] Marinoni, *Técnica*, p. 424; Grinover, *Tutela*, p. 259.

a vontade do credor de que seja efetivada a tutela específica, basta ser possível o cumprimento para não se justificar a conversão a perdas e danos.

42.3.1. Vontade do exequente

Esse ideal do legislador de melhor qualidade na prestação jurisdicional invariavelmente converge com a própria vontade do exequente, que, uma vez em juízo para obter a satisfação de uma obrigação de fazer ou de não fazer, verá com bons olhos as medidas adotadas pelo juiz, ainda que de ofício, almejando que o ato seja feito ou deixe de ser feito. O que se afirma, até com ares de obviedade, é que o resultado eficaz da execução, entregando ao exequente exatamente aquilo que receberia se não precisasse do processo, além de fonte de prestígio ao Poder Judiciário, será também fonte de plena satisfação do próprio exequente. Significa dizer que, ao menos em regra, há uma identidade entre a boa prestação jurisdicional, entendida como a entrega da *tutela específica*, e a pretensão do exequente.

Ocorre, entretanto, que o exequente pode preferir a prestação pecuniária, ainda que a obtenção da tutela específica seja concretamente alcançável. Nessa hipótese, ter-se-á de um lado o autor abrindo mão da melhor tutela jurisdicional possível a ser obtida naquele processo e se contentando com uma satisfação subsidiária (já que distante de seu direito material), e de outro o juiz ciente de que poderia, ainda que agindo de ofício, entregar ao credor exatamente aquilo que está representado no título executivo.

Tratando-se de direito **disponível**, entendo que a **mera vontade do exequente** vincula o juiz, ainda que em sacrifício da melhor qualidade da prestação jurisdicional que poderia ser obtida no caso concreto[7]. Se o direito discutido é disponível, podendo o autor abrir mão dele a qualquer momento, sem nenhuma interferência do juiz, seria absurdo prestigiar a atuação oficiosa do juiz em detrimento de sua vontade. Não é correta a doutrina que exige resistência à pretensão do exequente durante a execução para que se admita a conversão pela vontade do exequente[8], ou ainda a necessidade de concessão de uma última chance ao devedor por meio de sua intimação para cumprir a prestação[9]. Se já existem as condições para o cumprimento de sentença, é porque não houve o cumprimento voluntário, ou seja, já houve resistência do devedor e o consequente inadimplemento.

Basta para chegar a essa conclusão o princípio da disponibilidade da execução, consagrado no art. 569, *caput*, do CPC, que admite a desistência do credor de algumas medidas executivas, mantendo-se a execução. Sendo a satisfação da tutela específica obtida somente por meio da realização no caso concreto das medidas de execução forçada e indireta que se encontram à disposição do juiz,

---

7 STJ, 3.ª Turma, REsp 598.233/RS, rel. Min. Antônio de Pádua Ribeiro, rel. p/ acórdão Min. Nancy Andrighi, j. 02.08.2005, *DJ* 29.08.2005, p. 332; Scarpinella Bueno, *Código*, p. 1410; Nery-Nery, *Código*, p. 782.

8 Dinamarco, *Instituições*, n. 1.618, p. 450.

9 Greco, *Tutela*, p. 80.

caso o exequente não deseje mais essa espécie de tutela, basta desistir de tais medidas, tornando a conversão em perdas e danos a única forma viável de prosseguimento da execução.

Tratando-se de direito indisponível, a mera vontade do autor não será suficiente, admitindo-se a conversão em perdas e danos somente quando a tutela específica tornar-se impossível. Fala-se, nesse caso, de indisponibilidade do resultado específico[10], como ocorre nas execuções coletivas. É importante ressaltar, entretanto, que mesmo tratando-se de direito indisponível, a vontade do exequente continua a ser determinante no tocante aos meios executivos, desde que a opção não frustre a tutela específica passível de obtenção no caso concreto. Tome-se como exemplo a execução de alimentos, na qual o exequente pode optar entre a penhora e a prisão civil, porque em ambas o direito de crédito tutelado é pretensamente passível de satisfação.

42.3.2. Impossibilidade de obtenção da tutela específica ou resultado prático equivalente

A *impossibilidade material* afeta a pessoa do devedor na hipótese de obrigação de fazer infungível, de forma que fisicamente torna-se impossível o cumprimento da obrigação. Basta imaginar a morte do devedor ou a perda da habilidade específica que determinou a contratação do devedor, como na hipótese de um professor que tenha perdido a voz. Como é analisado no Capítulo 34, item 34.3, também quando se nota uma inviabilidade de convencer o executado a cumprir essa espécie de obrigação haverá uma impossibilidade material de obtenção da tutela específica. A diferença é que na primeira hipótese a conversão em perdas e danos é automática, e na segunda resulta da frustração dos meios de pressão psicológica adotados no caso concreto.

Entendo que essa espécie de impedimento não atinge, ao menos em regra, a obrigação de fazer fungível, sendo sempre possível a obtenção da tutela específica pelo cumprimento da obrigação por terceiro. Somente no caso de demonstração objetiva de perda de interesse do exequente na tutela específica haverá uma espécie de impossibilidade material derivada da inutilidade que a tutela específica geraria nesse caso[11].

> Marina contratou uma empresa de iluminação que lhe forneceria seus serviços para uma festa de aniversário que ela promoveu no jardim de sua casa. Tendo ocorrido a festa e não tendo sido prestado o serviço, naturalmente não há qualquer sentido prático na execução da obrigação de fazer, até porque depois da festa a iluminação, apesar de possível, tornou-se inútil.

A *impossibilidade jurídica* deriva de alguma regra de direito que torna inviável o cumprimento da obrigação de fazer, como uma regra que, garantindo

[10] Talamini, *Tutela*, n. 13.3, p. 329.

[11] Greco, *Tutela*, p. 80; Talamini, *Tutela*, n. 13.2, p. 326; Didier-Cunha-Braga-Oliveira, *Curso*, p. 429-430.

a inviolabilidade profissional, proíba o devedor da prática de determinado ato. Nesse caso materialmente será possível e provavelmente útil ao exequente a tutela específica, mas norma jurídica impedirá a execução dessa forma.

42.3.3. Procedimento da conversão em perdas e danos

Sendo a conversão fruto da vontade do exequente, basta uma mera petição informando o juízo para que se passe à fixação do valor das perdas e danos, o que será feito por meio de **liquidação de sentença incidental**. Como defendo que a mera vontade do exequente já é suficiente para legitimar a conversão da obrigação em perdas e danos, não há necessidade de intimação do executado para a decisão sobre o pedido de conversão, até mesmo porque a oitiva seria inútil, considerando-se que o juiz está vinculado ao pedido do exequente.

Na hipótese de impossibilidade de obtenção da tutela específica ou de resultado prático equivalente, qualquer das partes poderá pedir ao juiz a conversão em perdas e danos, ainda que nesse caso o interesse maior seja do exequente. O executado poderá, entretanto, fazer tal pedido para justificar a inaplicabilidade de uma medida de coerção psicológica, tal como as *astreintes*. Havendo pedido de uma das partes, o juiz, em respeito ao *contraditório*, intimará a parte contrária para manifestação no prazo de cinco dias, proferindo sua decisão. O próprio juiz poderá determinar a conversão de ofício se entender pela impossibilidade da obtenção da tutela específica ou de resultado prático equivalente, mas nem por isso justifica-se o sacrifício ao *contraditório*, devendo intimar as partes para manifestação no prazo comum de cinco dias antes de proferir a decisão.

A decisão que defere o pedido ou determina de ofício a conversão em perdas e danos tem natureza interlocutória, sendo recorrível por agravo de instrumento. Na liquidação incidental, por arbitramento ou por artigos, a depender do caso concreto, além de todos os prejuízos advindos ao exequente pelo não cumprimento da obrigação por tutela específica, também se calculará o valor da multa fixada para pressionar o executado a cumprir a obrigação (art. 461, § 2.º, do CPC), sempre que tiver sido aplicada pelo juiz. A decisão judicial que fixa o *quantum debeatur* é título executivo judicial, seguindo-se a ela a execução de obrigação de pagar quantia certa pelo procedimento do *cumprimento de sentença*[12].

42.4. ATIPICIDADE DAS FORMAS EXECUTIVAS

Prevê o art. 461, § 5.º, do CPC que o juiz poderá, de ofício ou a requerimento do exequente, determinar as medidas necessárias para a efetivação da tutela específica ou a obtenção do resultado prático equivalente, enumerando exemplificativamente a aplicação de multa por tempo de atraso, busca e apreensão,

[12] Didier-Cunha-Braga-Oliveira, *Curso*, p. 431.

remoção de pessoas ou coisas, desfazimento de obras e impedimento de atividade nociva, se necessário com requisição de força policial.

A doutrina é tranquila no entendimento de que o rol de formas executivas previsto pelo dispositivo legal é **exemplificativo**[13], o que é corroborado pela utilização da expressão "tais como" antes da descrição específica das formas executivas constantes do texto legal[14]. Essa interpretação é a única possível à luz da preocupação em municiar o juiz de todos os instrumentos necessários para que a tutela específica ou o resultado prático equivalente sejam efetivamente obtidos no caso concreto.

Esse amplo poder concedido ao juiz na execução da obrigação de fazer e não fazer evidentemente não é irrestrito ou incondicionado, cabendo na aplicação das medidas executivas sempre levar o juiz em consideração o princípio da *razoabilidade* e da *menor onerosidade* ao executado (art. 620 do CPC)[15]. Ainda que a efetivação da tutela seja desejada pelo sistema e o juiz tenha liberdade em sua atuação prática para que isso ocorra, é natural que as medidas não sejam adotadas sem preocupação com as garantias básicas do executado.

Admitindo o entendimento de não compor as medidas previstas no art. 461, § 5.º, do CPC um rol exaustivo, o Superior Tribunal de Justiça consolidou o entendimento pela admissão de bloqueio de verbas públicas para efetivar a execução de uma ordem de fornecimento de medicamento, considerando que a proteção constitucional à saúde, à vida e à dignidade humana prevalece sobre os princípios de direito financeiro e administrativo[16].

A doutrina aponta a intervenção judicial para a realização de atividades específicas que incumbia à sociedade realizar prevista na Lei Antitruste (Lei 8.884/1994) como forma de execução para a efetivação de tutela de obrigação de fazer e não fazer não prevista no rol do art. 461, § 5.º, do CPC[17]. Na realidade, não só em questões tuteladas pela Lei Antitruste permite-se a nomeação de fiscal ou interventor para fazer ou não fazer aquilo a que a sociedade-devedora estaria obrigada[18], bastando imaginar a relevância dessa medida numa demanda na qual se busca evitar o sacrifício do meio ambiente saudável.

42.4.1. Prisão civil

Tanto as medidas de execução indireta como por sub-rogação podem ser adotadas pelo juiz no caso concreto para a efetivação da tutela executiva de fazer e não fazer, sendo a principal forma de execução indireta a multa coercitiva, que

---

13 Barbosa Moreira, *O novo*, p. 194; Cheim Jorge-Abelha, *Tutela*, p. 372; Theodoro Jr., *Tutela*, p. 29; Watanabe, *Tutela*, p. 45.

14 Marinoni, *Tutela*, n. 3.27.2.1, p. 226.

15 Theodoro Jr., *Tutela*, p. 29.

16 STJ, 1.ª Seção, AgRg no EREsp 796.509/RS, rel. Min. Luiz Fux, j. 11.10.2006, *DJ* 30.10.2006, p. 233.

17 Lima Guerra, *Inovações*, p. 318-319.

18 Talamini, *Tutela*, n. 10.4, p. 270-279.

em razão da inegável posição de destaque também é prevista e regulada pelo art. 461, §§ 4.º e 6.º, do CPC. A prisão civil é outra forma tradicionalmente lembrada de execução indireta, mas essa forma de pressão psicológica está restrita ao **devedor de alimentos**, que sabidamente não tem uma obrigação de fazer ou não fazer, mas de pagar quantia certa.

Parcela da doutrina defende que na interpretação do art. 5.º, LXVII, da CF – que excepciona a prisão civil por dívida – não há vedação para a prisão civil como meio de coerção psicológica, considerando-se que, ao qualificar a espécie de prisão civil que estaria proibida, a Constituição Federal não vedou expressamente outras espécies de prisão civil[19]. Para fundamentar esse entendimento, o termo "dívida" utilizado no dispositivo constitucional deve ser entendido como "obrigação de pagar quantia certa", de forma que a prisão civil poderia ser utilizada como forma de pressão psicológica no adimplemento de outras espécies de obrigação, como a de fazer e não fazer[20].

A tese é rejeitada por parcela considerável da doutrina, que interpreta o termo "dívida" constante do texto constitucional como inadimplemento de qualquer espécie de obrigação, inclusive de fazer e não fazer[21], tese corroborada pelo recente posicionamento do Supremo Tribunal Federal de que não cabe prisão civil do depositário infiel. Interessante notar que alguns doutrinadores, apesar de concordarem com a interpretação mais ampla dada ao termo "dívida" – qualquer espécie de obrigação –, entendem que a Constituição Federal veda a prisão que tem origem em dívida, ou seja, estabelecida para cumprimento de liame obrigacional, não afetando a multa prevista para o cumprimento de ordem judicial, que não tem caráter obrigacional, derivando do *imperium* estatal[22].

Salvo na hipótese de dívida alimentar inescusável, a tese da prisão civil como forma de execução indireta não vem sendo aceita na praxe forense, o que tem levado alguns juízes a determinar a prisão em flagrante do devedor pelo **crime de desobediência**, forma de prisão-sanção que não se confunde com a execução indireta. Registre-se, entretanto, que o Superior Tribunal de Justiça tem entendimento pacificado de que não cabe ao juízo cível a decretação dessa prisão, devendo oficiar o Ministério Público para que tome as providências devidas[23].

Interessante lembrar que já houve tentativa de incluir em texto legal a prisão civil como forma de *contempt of court*, com a inclusão de um § 2.º ao art. 14 do CPC, que determinaria a prisão civil da parte que reiterasse o descumprimento de ordem judicial por não mais do que 30 dias[24]. A tentativa foi frustrada e a Lei

---

19 Marinoni, *Tutela*, n. 3.27.2.3, p. 231; Shimura, *Efetivação*, p. 674.

20 Marinoni, *Tutela*, n. 3.27.2.3, p. 230-231; Spadoni, *Ação*, n. 7.4.1.1, p. 200-201; Lima Guerra, *Execução*, p. 242-246.

21 Baptista, *Do processo*, p. 574; Talamini, *Tutela*, n. 12.1, p. 287.

22 Arenhart, *A tutela*, n. 4.8.2.2, p. 394.

23 MC 11.804/RJ, 6.ª Turma, rel. Min. Hamilton Carvalhido, j. 17.08.2006, *DJ* 05.02.2007, p. 378; HC 42.896/TO, 5.ª Turma, rel. Min. Arnaldo Esteves Lima, j. 28.06.2005, *DJ* 22.08.2005, p. 323.

24 Grinover, *Ética*, p. 224-225.

10.358/2001 incluiu no sistema somente a multa de até 20% do valor da causa na hipótese de ato atentatório à dignidade da jurisdição, previsto no art. 14, V e parágrafo único, do CPC.

42.5. MULTA COERCITIVA

42.5.1. Introdução

Apesar de não existir uma gradação entre as medidas executivas à disposição do juízo para efetivar a tutela das obrigações de fazer e não fazer, a multa como forma de pressionar o executado a cumprir sua obrigação parece ter merecido posição de destaque, sendo também medida de extrema frequência na praxe forense. A valorização da multa pode ser percebida pela expressa menção a ela feita pela lei nos §§ 4.º, 5.º e 6.º do art. 461 do CPC.

Aduz o art. 461, § 4.º, do CPC que o juiz poderá, inclusive de ofício, impor multa diária ao réu, enquanto o art. 461, § 5.º, do CPC prevê a aplicação da multa por tempo de atraso, sem nenhuma indicação da periodicidade. O art. 461, § 6.º, do CPC menciona a possibilidade de alteração do valor e/ou da periodicidade. Apesar de ser a periodicidade diária a mais frequente na aplicação da multa coercitiva, o juiz poderá determinar outra periodicidade – minuto, hora, semana, quinzena, mês –, bem como determinar que a multa seja fixa, única forma logicamente aceitável de multa nas violações de natureza instantânea.

A multa coercitiva passou a ser conhecida pelos operadores de direito como *astreintes*, em razão de sua proximidade com instituto processual do direito francês de mesmo nome. Não cumpre nesse momento a análise comparativa entre a multa do direito brasileiro e as *astreintes* do direito francês, que resultaria na constatação de que, apesar de próximas, têm diferenças importantes. A constatação empírica é que a utilização do termo "astreintes" se presta a designar a multa cujas características principais serão neste capítulo analisadas.

42.5.2. Valor da multa

Não existe nenhuma previsão legal referente ao valor da multa coercitiva, apenas mencionando o art. 461, § 4.º, do CPC a exigência de que seja suficiente e compatível com a obrigação, e é melhor que assim seja. Tratando-se de medida de pressão psicológica, caberá ao juiz analisar as particularidades do caso concreto para determinar um valor que seja apto a efetivamente exercer tal influência no devedor para que seja convencido de que a melhor alternativa é o cumprimento da obrigação. Essa é uma das razões para negar a natureza coercitiva à multa prevista no art. 475-J, *caput,* do CPC, como demonstrado no Capítulo 34, item 34.3.

A tarefa do juiz no caso concreto não é das mais fáceis. Se o valor não pode ser irrisório, porque assim sendo não haverá nenhuma pressão sendo efetivamente gerada, também não pode ser exorbitante, considerando-se que um valor muito elevado também desestimula o cumprimento da obrigação. Valendo-se de uma expressão poética revolucionária, *tem-se que endurecer sem perder a ternura.*

Daniel tem contrato de exclusividade com um curso jurídico, mas passa a ministrar aulas também no concorrente. O curso com o qual Daniel tem contrato de exclusividade ingressa com ação judicial para proibi-lo de continuar ministrando aulas em outros lugares, obtendo a concessão de liminar com a imposição de multa de R$ 10,00 por aula. Apesar de Daniel ficar em dúvida se vale a pena continuar dando aula nos cursos de graduação, fatalmente concluirá que o valor é irrisório, não servindo como forma de pressioná-lo a cumprir a decisão. Por outro lado, se o juiz fixar a multa no valor de R$ 100.000,00 por aula, provavelmente Daniel pensará que a ameaça do juiz foi tão exagerada que não terá estímulo para o cumprimento da decisão.

Essa responsável liberdade concedida ao juiz na determinação do valor da multa faz com que não exista nenhuma vinculação entre o seu valor e o valor da obrigação descumprida[25]. Se tivesse natureza sancionatória ou compensatória, como ocorre com a cláusula penal, seria o valor limitado ao da obrigação principal por expressa previsão do art. 412 do CC. Inclusive nos Juizados Especiais Estaduais existe entendimento no sentido de que as *astreintes* não se limitam ao valor-teto de 40 salários mínimos, que se refere somente à pretensão principal do autor[26], ainda que em decisão recente o Superior Tribunal de Justiça tenha entendido que o valor da multa está limitado ao teto previsto em lei[27].

42.5.3. Beneficiado pela multa

Tendo natureza coercitiva, as *astreintes* sempre beneficiarão a parte que pretende o cumprimento da obrigação. É evidente que, na hipótese de a multa funcionar em sua tarefa de pressionar o obrigado, a parte contrária será beneficiada por sua aplicação, porque conseguirá a satisfação de seu direito em razão do convencimento gerado no devedor em razão da aplicação da multa. Ocorre, entretanto, que nem sempre a multa surte os efeitos pretendidos, e sempre que isso ocorre será criado um **direito de crédito** no valor da multa fixada. Nesse caso, não parece correto falar em quem será o beneficiado pela multa para aferir quem é o credor desse valor; melhor será falar em beneficiado pela frustração da multa e a consequente criação de um crédito.

Apesar da crítica de parcela da doutrina[28], o legislador nacional entende que o credor do valor gerado pela frustração da multa será a parte para a qual não

---

[25] Marinoni, *Tutela*, n. 3. 27.1.4, p. 216; Câmara, *Lições*, v. 2, p. 239.

[26] Enunciado 25 do Fonaje: "A multa cominatória não fica limitada ao valor de 40 salários-mínimos, embora razoavelmente fixada pelo juiz, obedecendo ao valor da obrigação principal, mais perdas e danos, atendidas as condições econômicas do devedor".

[27] *Informativo* 479/STJ: 4.ª Turma, RMS 33.155/MA, rel. Min. Maria Isabel Gallotti, j. 28.06.2011.

[28] Marinoni, *Tutela*, n. 3.27.1.5, p. 218-221.

foi determinado o cumprimento da obrigação. Costuma-se afirmar que o beneficiado nesse caso é o demandante, mas não se pode descartar a possibilidade de o demandado ser credor, o que ocorrerá sempre que o demandante descumprir uma determinação para o cumprimento de uma obrigação de fazer ou não fazer com aplicação de multa[29]. De qualquer forma, a multa não é revertida para o Estado, mas para uma das partes, geralmente o demandante.

Realmente a opção do legislador não deve ser elogiada, em especial quando considerada a previsão do art. 461, § 2.º, do CPC, que determina que a multa não impede a indenização por perdas e danos. Nota-se que, tendo tido um efetivo dano em razão do descumprimento da obrigação, caberá à parte pedir a devida indenização, tendo que provar a existência do dano. Tornando-se credor do valor da multa frustrada, a parte tem um ganho patrimonial em detrimento do patrimônio da parte contrária, sem nenhum respaldo jurídico para legitimar tal locupletamento.

42.5.4. Fazenda Pública em juízo

Há doutrina minoritária que defende a inaplicabilidade das *astreintes* perante a Fazenda Pública, com o argumento principal de que o agente público, não tendo interesse direto na demanda, e sabendo que uma eventual aplicação de multa não atingirá seu patrimônio, não sofre pressão psicológica alguma diante da aplicação de uma *astreinte*. Sendo a função da multa coagir o devedor a cumprir a obrigação, essa corrente doutrinária entende que a sua aplicação é injustificável diante da Fazenda Pública[30].

A sugerida inaplicabilidade encontra-se superada, sendo entendimento pacificado no Superior Tribunal de Justiça a aplicabilidade das *astreintes* quando o devedor da obrigação de fazer ou não fazer é a Fazenda Pública[31], mesmo posicionamento da doutrina amplamente majoritária[32]. Concordo com a maioria, mas não deixo de me preocupar com as consequências da aplicação das *astreintes* à Fazenda Pública, porque, uma vez cobrado o valor da multa frustrada, o único contribuinte feliz com tal situação será o credor desse valor. As dívidas da Fazenda Pública são todas quitadas pelos contribuintes, sendo extremamente injusto que todos nós paguemos pelo ato de descumprimento pelo agente público de decisão judicial[33]. É claro que, se nossos agentes públicos atuassem em conformidade com os princípios da *legalidade* e da *moralidade administrativa*, consagrados no art. 37, *caput* da CF, a discussão nem seria posta, mas pela crise ética que passa não só o Poder Público, mas a sociedade em geral, é mera utopia acreditar na desnecessidade da aplicação da multa.

---

29 Didier-Cunha-Braga-Oliveira, *Curso*, p. 446-447.

30 Greco Filho, *Direito*, n. 11.7, p. 75.

31 STJ, 2.ª Turma, AgRg no Ag 1.040.411/RS, rel. Min. Herman Benjamin, j. 02.10.2008, *DJe* 19.12.2008; REsp 1.063.902/SC, 1.ª Turma, rel. Min. Francisco Falcão, j. 19.08.2008, *DJe* 1.º.09.2008.

32 Dinamarco, *Instituições*, n, 1.630, p. 468.

33 Em sentido próximo: Araken de Assis, *Manual*, n. 208, p. 564.

Essa preocupação que tenho, entretanto, não é suficiente para legitimar a aplicação das *astreintes* ao próprio **agente público**. Parcela da doutrina entende que nesse caso a pressão psicológica aumentaria significativamente, porque o agente público passaria a temer pela perda de seu patrimônio particular[34]. Não se duvida de que a pressão aumentaria, mas as *astreintes* só podem ser dirigidas ao obrigado, reconhecido como tal na decisão que se executa. O agente público não é parte no processo, e dirigir as *astreintes* a ele caracteriza afronta aos princípios da *ampla defesa* e do *contraditório*, o que o Superior Tribunal de Justiça não admite, podendo o agente público, entretanto, ser sancionado com a multa prevista no art. 14, parágrafo único, do CPC por ato atentatório à dignidade da jurisdição[35].

42.5.5. Alteração do valor e periodicidade da multa

O valor poderá ser modificado a qualquer momento pelo juiz, inclusive de ofício, desde que entenda que o valor fixado anteriormente não está efetivamente pressionando o devedor ao cumprimento da obrigação. Como a multa não serve como mero passatempo ou mero instrumento de penalização do devedor, cumpre ao juiz, levando em consideração as particularidades do caso concreto, aumentar ou diminuir o valor da multa sempre que percebê-la irrisória ou insignificante. Também a periodicidade pode ser objeto de alteração, conforme expressa previsão do art. 461, § 6.º, do CPC.

Entendo que a previsão do art. 461, § 6.º, do CPC seja dirigida ao próprio juiz que fixou originariamente o valor e a periodicidade da multa, com o que se afasta do caso concreto a preclusão judicial, indevidamente chamada de preclusão *pro iudicato*. Alguma segurança jurídica, entretanto, deve-se exigir, de forma que a modificação do valor e/ou da periodicidade deve ser justificada por **circunstâncias supervenientes**, sendo o reiterado descumprimento da obrigação robusto indicativo de que a multa não está cumprindo com a sua função[36]. Apesar de não haver preclusão nesse caso, a parte terá o direito de recorrer contra a decisão que fixa a multa, podendo a revisão do valor ser realizada pelo tribunal em grau recursal. Inclusive o Superior Tribunal de Justiça em sede de recurso especial vem alterando o valor da multa quando o entende irrisório ou exorbitante[37].

Questão interessante diz respeito à modificação do valor e/ou periodicidade da multa fixada em sentença transitada em julgado. Uma falsa compreensão da natureza e da função das *astreintes* pode levar o intérprete a acreditar que nessa hipótese haverá uma vinculação do juiz que conduz o cumprimento de sentença ao estabelecido em sentença em virtude do fenômeno da **coisa julgada material**.

---

34 Didier-Cunha-Braga-Oliveira, *Curso*, p. 449.

35 STJ, 1.ª Turma, REsp 679.048/RJ, rel. Min. Luiz Fux, 03.11.2005, *DJ* 28.11.2005, p. 204; REsp 666.008/RJ, 1.ª Turma, rel. José Delgado, j. 17.02.2005, *DJ* 28.03.2005; Araken de Assis, *Manual*, n. 208, p. 564.

36 Dinamarco, *Instituições*, n. 1.636, p. 473; Nery-Nery, *Código*, p. 672; Câmara, *Redução*, p. 1.564. Contra, pela mudança sem necessidade de um fato novo: Barbosa Moreira, *O novo*, p. 194.

37 STJ, 3.ª Turma, AgRg no AG 836.875/RS, rel. Min. Sidnei Beneti, j. 04.11.2008, *DJe* 26.11.2008.

O equívoco de tal percepção é manifesto, porque a multa é apenas uma forma executiva de cumprir a obrigação reconhecida em sentença, naturalmente não fazendo parte do objeto que se tornará imutável e indiscutível em razão da coisa julgada material[38].

Outro tema de extrema relevância diz respeito à possibilidade de mudança do valor final da multa, no momento em que a tutela específica ou a obtenção do resultado prático equivalente tornarem-se impossíveis ou a vontade do devedor for a conversão em perdas e danos. Pode o juiz reduzir o valor que será executado pela parte? Seria possível aplicar o art. 461, § 6.º, do CPC a essa situação, ou o dispositivo legal limita-se a tutelar as situações em que a multa ainda está sendo aplicada[39]?

Há defensores da impossibilidade de o juiz diminuir o valor final gerado pela frustração da multa. Alguns doutrinadores simplesmente afirmam que não há base legal para o juiz retroativamente eximir parcial ou totalmente o devedor[40], enquanto outros defendem a impossibilidade de o juiz fazer tal revisão com fundamento no direito adquirido da parte beneficiada com o direito de crédito advindo da frustração da multa[41]. O entendimento é interessante, mas entendo que não possa ser totalmente admitido.

Em meu entendimento, enquanto a multa mostrou **concreta utilidade** em pressionar o devedor, o valor obtido é realmente um direito adquirido da parte, não podendo o juiz reduzi-lo, ainda que instado a tanto pela parte contrária. Mas isso não significa que o valor calculado durante todo o tempo de vigência da multa seja efetivamente devido, porque a partir do momento em que a multa teve o seu objetivo frustrado, perdendo a sua função, a sua manutenção passaria a ter caráter puramente sancionatório, com nítido desvirtuamento de sua natureza. O mais adequado é o juiz determinar, com eficácia *ex tunc*, a partir de quando a multa já não tinha mais utilidade, revogando-a a partir desse momento e calculando o valor somente relativamente ao período de tempo em que a multa mostrou-se útil. Reconheço que a determinação exata do momento a partir de quando a multa passou a ser inútil pode ser extremamente difícil, mas caberá ao juiz determiná-lo valendo do *princípio da razoabilidade*.

> Fernanda ingressou com demanda judicial contra a corretora Esquilo da Fontana, determinando o juiz o cumprimento de uma obrigação de fazer com a imposição de multa diária de R$ 100,00. A obrigação é descumprida e Fernanda, depois de longo lapso temporal, informa o juízo que diante da recusa da corretora pretende converter em perdas e danos a obrigação. Ao calcular o valor da multa, chega ao valor de R$ 1.000.000,00. Caberá

---

[38] STJ, 3.ª Turma, REsp 681.294/PR, rel. Min. Carlos Alberto Menezes Direito, rel. p/ acórdão Min. Nancy Andrighi, j. 18.12.2008, *DJe* 18.02.2009; Theodoro Jr., *Processo de execução*, n. 472, p. 553; Greco, *O processo*, n. 10.7, p. 504.

[39] Pela aplicação do art. 461, § 6.º, do CPC: Theodoro Jr., *Processo*, n. 163, p. 220; Câmara, *Lições*, v. 2, p. 243.

[40] Talamini, *Tutela*, n. 9.6.2, p. 249.

[41] Câmara, *Redução*, p. 1.565-1.566.

> ao juiz notar que o exagero do valor final decorre do longo período de inatividade das partes, o que é o suficiente para entender que a partir de algum momento em passado distante a multa perdeu a sua função coercitiva, sendo mantida como mera sanção. A diminuição significativa do valor pretendido por Fernanda se impõe, sob pena de desvirtuamento da natureza das *astreintes*.

O Superior Tribunal de Justiça tem entendimento de que o valor final da multa frustrada pode ser reduzido pelo juiz para evitar o *enriquecimento sem causa da parte*[42], mas esse entendimento não é correto porque o enriquecimento sem causa não depende do valor da multa, verificando-se pela simples posição de credor da parte, como já afirmado. Há parcela doutrinária que entende que a diminuição de valor final exorbitante, decorrente do longo lapso temporal de vigência da multa, justifica-se no princípio da *boa-fé* e da *lealdade processual*, considerando haver abuso de direito na atitude do credor que deixa de requerer a conversão da obrigação de fazer e/ou não fazer em perdas e danos em tempo razoável, quando notar que a multa não está funcionando[43].

O tema, entretanto, passa longe de ser tranquilo, existindo tanto doutrina[44] quanto decisões do próprio Superior Tribunal de Justiça[45] entendendo que se o não cumprimento da decisão do juiz deu-se por resistência injustificada da parte, não há sentido em se minorar o valor final da multa. Nesse entendimento, se o valor é alto, isso decorre da postura de afronta ou desleixo adotada pela parte, e em razão disso diminuir o valor da multa é contrariar a própria natureza da multa cominatória.

A modificação do valor consolidado da multa pode ser feita de ofício ou mediante pedido do executado. O mais comum é que tal alegação seja veiculada por meio da defesa típica do executado, ou seja, a impugnação, considerando que a execução da multa dar-se-á por meio de cumprimento de sentença. O Superior Tribunal de Justiça, entretanto, já teve oportunidade de admitir tal alegação em sede de exceção de pré-executividade, considerando tratar-se de matéria de ordem pública que dispensa a instrução probatória[46].

42.5.6. Exigibilidade da multa

A multa coercitiva pode ser aplicada tanto para pressionar o devedor a cumprir uma decisão interlocutória que concede tutela de urgência quanto

[42] *Informativo* 407/STJ: 4.ª Turma: REsp 947.466-PR, Rel. Min. Aldir Passarinho Junior, j. 17.09.2009. STJ, 4.ª Turma, REsp 793.491/RN, rel. Min. Cesar Asfor Rocha, j. 26.09.2006, *DJ* 06.11.2006, p. 337.

[43] Didier-Cunha-Braga-Oliveira, *Curso*, p. 460.

[44] Freitas Câmara, "Redução", *Direito civil*, p. 1.565-1.566.

[45] *Informativo* 448/STJ: 3.ª Turma, REsp 1.135.824-MG, rel. Min. Nancy Andrighi, j. 21.09.2010; *Informativo* 414/STJ: 3.ª Turma, AgRg no REsp 1.026.191-RS, rel. Min. Nancy Andrighi, j. 03.11.2009; *Informativo* 408/STJ: 3.ª Turma, REsp 1.022.033-RJ, rel. Min. Nancy Andrighi, j. 22.09.2009.

[46] *Informativo* 485/STJ: 3.ª Turma, REsp 1.019.455/MT, rel. Min. Massami Uyeda, j. 18.10.2011.

para cumprir uma sentença que julga procedente o pedido do autor. Questão que causa séria divergência na doutrina pátria refere-se ao momento a partir do qual a multa torna-se exigível. Em outras palavras, a partir de qual momento a parte beneficiada com o crédito gerado pela frustração da multa poderá executá-lo?

Naturalmente, o termo inicial da multa será a intimação do devedor a cumprir a obrigação, sendo que o Superior Tribunal de Justiça já pacificou o entendimento (Súmula 410/STJ) de que essa intimação deve ser pessoal, não servindo a intimação na pessoa do advogado. Como o ato de cumprimento da obrigação é um ato a ser praticado pela parte, diferente dos atos postulatórios, não se inicia a contagem da multa sem a intimação pessoal do devedor[47]. A questão, entretanto, é saber a partir de qual momento, após seu termo inicial, será possível cobrá-la.

Para parcela da doutrina, a multa é exigível a partir do momento em que a decisão que a fixa torna-se eficaz, ou porque não foi recorrida ou porque foi impugnada por recurso sem efeito suspensivo[48]. Essa exigibilidade permitiria a execução imediata de crédito decorrente da multa frustrada fixada em decisão ainda não definitiva, inclusive a decisão interlocutória que concede a tutela antecipada, o que só pode ser compreendido com a possibilidade de execução provisória do crédito[49].

Para essa corrente doutrinária, a necessidade de exigibilidade imediata resulta da própria função coercitiva da multa, porque a necessidade de aguardar a definitividade da decisão, que só ocorrerá com o advento da coisa julgada material, seria extremamente contrária à necessidade de pressionar efetivamente o devedor a cumprir a obrigação. Uma perspectiva de remota execução não seria suficiente para exercer a pressão psicológica esperada das *astreintes*[50].

Para outra corrente doutrinária, deve-se aguardar o trânsito em julgado para que se possa exigir o crédito gerado pela frustração da multa. Essa corrente doutrinária entende que a mera ameaça de aplicação da multa, independentemente do momento em que o crédito gerado por sua frustração passará a ser exigível, já é suficiente para configurar a pressão psicológica pretendida pelo legislador[51]. Por outro lado, como só deve pagar a multa a parte definitivamente derrotada na demanda judicial – o que só será conhecido com o trânsito em julgado –, cabe aguardar esse momento procedimental para admitir a execução da multa[52].

Concordo com a primeira corrente doutrinária porque de fato, com o tempo que os processos demoram para atingir o trânsito em julgado, muito da natureza coercitiva da multa se perderá se a exigibilidade da cobrança do crédito gerado

47 *Informativo* 464/STJ: 2.ª Seção, EAg 857.758/RS, rel. Min. Nancy Andrighi, j. 23.02.2011.

48 Scarpinella Bueno, *Código*, p. 1.413.

49 Theodoro Jr., *Processo*, n. 474, p. 558.

50 Talamini, *Tutela*, n. 9.7, p. 254-255.

51 Marinoni, *Tutela*, n. 3.27.1.6, p. 222.

52 Dinamarco, *Instituições*, n. 1.637, p. 474.

pela frustração da multa depender desse momento processual. Trata-se do tradicional e frequente choque entre a *efetividade* (exigibilidade imediata, sem saber ainda se a multa é definitivamente devida) e a *segurança jurídica* (exigibilidade após o trânsito em julgado da decisão que fixa a multa, quando se saberá definitivamente se a parte é ou não titular do direito de crédito).

O Superior Tribunal de Justiça, aparentemente confundindo definitividade com exigibilidade, vem corretamente entendendo que a multa fixada em decisão interlocutória pode ser executada imediatamente, mas concluir incorretamente que essa execução se dará por meio de execução definitiva[53].

Apesar de ser preferível nessa hipótese prestigiar a efetividade da tutela jurisdicional em detrimento da segurança jurídica, dois apontamentos são indispensáveis.

Caso o legislador já tenha feito abstratamente a ponderação entre os dois interesses conflitantes e expressamente optada por um deles, não parece legítimo afastar a previsão legal. Dessa forma, na ação civil pública (art. 12, § 2.º, da Lei 7.347/1985), nas demandas regidas pelo Estatuto da Criança e do Adolescente (ECA) (art. 213, § 3.º, da Lei 8.069/1990) e nas demandas reguladas pelo Estatuto do Idoso (art. 83, § 3.º, da Lei 10.741/2003), a multa só será exigível após o trânsito em julgado da decisão.

Admitindo-se a execução provisória do crédito decorrente da frustração da multa, e sendo por meio de decisão definitiva demonstrado não assistir razão à parte que teria sido beneficiada pela multa se a mesma tivesse funcionado, na hipótese em que a multa ainda não tiver sido cobrada, esta perderá seu objeto. Já tendo sido executada, com a satisfação do credor, caberá **ação de repetição de indébito**. Ainda que existisse uma decisão do juiz à época da fixação da multa que deveria ter sido cumprida, se posteriormente essa decisão mostrou-se contrária ao direito, não há mais nenhuma justificativa para a manutenção das consequências do inadimplemento da obrigação[54].

Os aspectos procedimentais das astreintes estão previstos no art. 522 do PLNCPC. O art. 522, *caput*, afasta corretamente a ideia atualmente consagrada no art. 461, § 4.º, de que a multa tenha de ser diária, substituindo esse termo por "periódica". Ocorre, entretanto, que a multa não precisa ser periódica, o que só se justifica em obrigações continuadas, já que nas obrigações instantâneas a multa será fixa. No mesmo dispositivo consagra-se a possibilidade de aplicação da multa de ofício, mas há nova regra, exigindo que o juiz determine prazo razoável para o cumprimento do preceito. Aparentemente, após o decurso do prazo determinado pelo juiz, a multa perderia sua eficácia, cabendo a conversão da tutela específica em tutela pelo equivalente em dinheiro. Mas essa conclusão conflita com o § 4.º do dispositivo legal, que prevê que a multa periódica incidirá enquanto não for cumprida a decisão que a tiver cominado.

---

[53] *Informativo* 422/STJ: 1.ª Turma, REsp 1.098.028-SP, rel. Min. Luiz Fux, j. 09.02.2010; STJ, 3.ª Turma, AgRg no REsp 1.116.800/RS, rel. Min. Massami Uyeda, j. 08.09.2009, *DJe* 25.09.2009.

[54] Marinoni, *Tutela*, n. 3.27.1.6, p. 222; Abelha Rodrigues, *Manual*, p. 230; Talamini, *Tutela*, n. 9.7.1, p. 255.

Como analisado no texto, há discussão doutrinária a respeito da exigibilidade da multa, em especial quando concedida em decisão que não seja definitiva. Para alguns, a executabilidade é imediata, reforçando-se a característica de pressão da multa, enquanto para outros é imprescindível se aguardar o trânsito em julgado, em respeito à segurança jurídica. O art. 522, § 1.º, do PLNCPC parece traçar um meio-termo nesse debate ao prever que a multa fixada liminarmente ou na sentença se aplica na execução provisória, devendo ser depositada em juízo, permitido o seu levantamento após o trânsito em julgado ou na pendência de agravo de admissão contra decisão denegatória de seguimento de recurso especial ou extraordinário.

Interessante é a regra criada pelo § 2.º do dispositivo ora comentado, ao prever que o requerimento de execução da multa abrange aquelas que se vencerem ao longo do processo, enquanto não cumprida pelo réu a decisão que a cominou. A previsão legal dá a entender ser possível executar a multa enquanto ela ainda gera efeitos, apenas somando-se as prestações vincendas à execução já proposta, respeitada a preclusão lógica que em determinado momento impedirá o acréscimo de valor.

O § 3.º, *caput*, consagra a regra atualmente prevista no art. 461, § 6.º, do CPC, mas em seus incisos cria parâmetros para a modificação do valor ou da periodicidade da multa. No inciso I, quando se tornar insuficiente ou excessiva e no inciso II, quando o obrigado demonstrar cumprimento parcial superveniente da obrigação ou justa causa para o descumprimento.

Outra grande preocupação atualmente é com o enriquecimento sem causa da parte, em especial em multas que alcançam valores excessivos quando analisados à luz da obrigação principal. Para muitos, o credor desse valor deveria ser o Estado, e não a parte contrária. O art. 522, § 5.º, do PLNCPC tenta equacionar esse problema ao prever que o valor da multa será devido ao exequente até o montante equivalente ao valor da obrigação, destinando-se o excedente à unidade da Federação onde se situa o juízo no qual tramita o processo ou à União, sendo inscrito como dívida ativa. Segundo o § 6.º, sendo o valor da obrigação inestimável, deverá o juiz estabelecer o montante que será devido ao autor, incidindo a regra do § 5.º no que diz respeito à parte excedente.

Finalmente, já antecipando uma eventual confusão, se o executado que descumpre a multa for a Fazenda Pública, o excedente do valor da obrigação principal será destinado a entidade pública ou privada, com finalidade social (§ 7.º).

43

CUMPRIMENTO DE SENTENÇA DE OBRIGAÇÃO DE ENTREGAR COISA

43.1. INTRODUÇÃO

No tocante à execução de sentença que condena o réu a entrega de coisa, o art. 461-A do CPC prevê tão somente o procedimento inicial, em especial para a hipótese de entrega de coisa incerta. Novamente o legislador deixou de prever um procedimento específico para a fase de cumprimento de sentença – como já havia feito no cumprimento de sentença de obrigação de fazer e não fazer. Caberá ao juiz adotar o procedimento que parecer mais adequado no caso concreto para a efetiva satisfação do direito do credor, em nítida adoção das técnicas de **tutela diferenciada**.

Aduz o art. 461-A, § 3.º, do CPC que se aplicam ao cumprimento de sentença de obrigação de entregar coisa as regras previstas nos §§ 1.º a 6.º do art. 461 do CPC. Dessa forma, aplicam-se a essa espécie de execução todas as considerações feitas no Capítulo 42, item 42.3.3, a respeito da conversão em perdas e danos, da atipicidade dos meios executivos e da multa coercitiva. Também se aplicam a essa execução os comentários a respeito do direito de defesa do executado, feitos no mesmo capítulo. O legislador agiu com correção ao não fazer remissão ao art. 461, *caput,* do CPC, porque na hipótese de execução para entrega de coisa é inviável a obtenção de resultado prático equivalente[1], e, uma vez inviável a obtenção da tutela específica no caso concreto, a conversão em perdas e danos será a única alternativa restante.

43.2. ASPECTOS PROCEDIMENTAIS

Segundo o art. 461-A, *caput,* do CPC, o juiz, ao condenar o réu a entregar coisa, fixará o prazo para o cumprimento da obrigação, não sendo a omissão quanto a esse prazo um vício suscetível de anular a decisão. Uma vez descumprida a regra prevista no dispositivo legal, caberá ao juiz, no início do cumprimento de sentença, fixar o prazo para a entrega da coisa, levando em conta as particularidades do caso concreto, em especial a complexidade da obrigação.

O art. 461-A, § 1.º, do CPC prevê que, sendo a coisa incerta – determinada pelo gênero e quantidade –, o credor a individualizará na petição inicial se lhe couber a escolha; e sendo do devedor a escolha, este a entregará individualizada, no prazo fixado pelo juiz. Não cabe ao devedor apenas individualizar a coisa sem entregá-la, de forma que a mera individualização não impede que o direito de escolha passe a ser do credor. Apesar da omissão legal, não sendo entregue a coisa pelo devedor, a escolha será devolvida ao credor, e diante de sua inércia o cumprimento de sentença será extinto sem a resolução de mérito.

O termo "petição inicial" utilizado pelo dispositivo legal não deve ser interpretado literalmente, sob pena de imaginar a obrigatoriedade do autor de individualizar o bem já na própria petição inicial da fase de conhecimento, o que impediria a elaboração de pedido alternativo. Dessa forma, a individualização constará do requerimento inicial no cumprimento de sentença[2], momento no qual será imprescindível a individualização da coisa para o início da execução.

As medidas de execução por sub-rogação, típicas da execução de obrigação de entrega de coisa, estão previstas no art. 461-A, § 2.º, do CPC, que determina que uma vez não cumprida a obrigação no prazo estabelecido na sentença o juízo expedirá um mandado de busca e apreensão (bem móvel) ou de imissão na posse (bem imóvel). Como também se aplica a essa espécie de execução o art. 461, § 5.º, do CPC, nada impede que o juiz adote outras formas executivas, em especial a aplicação da multa coercitiva. Pode até ao mesmo tempo expedir o mandado e aplicar a multa, sendo que satisfeita a obrigação por uma dessas formas a outra automaticamente perderá o objeto. Por outro lado, o credor poderá se valer do art. 461, § 1.º, do CPC e requerer a conversão da obrigação de entregar coisa em perdas e danos.

---

[1] Dinamarco, *Reforma*, n. 174, p. 246.

[2] Dinamarco, *Reforma*, n. 176, p. 249; Cruz e Tucci, *Lineamentos*, p. 83; Scarpinella Bueno, *Código*, p. 1.418. Contra: Marinoni-Arenhart, *Execução*, p. 224.

O PLNCPC cria uma regra geral de cumprimento de sentença, independentemente da natureza da obrigação. O art. 500 já foi devidamente explicado no Capítulo 42, bem como o art. 504, que trata da defesa do executado. Especificamente com relação ao cumprimento de sentença de obrigação de entregar coisa, há um único artigo no PLNCPC. O art. 523, *caput*, do PLNCPC prevê singelamente que, não tendo sido cumprida a obrigação de entregar coisa no prazo estabelecido na sentença, será expedido em favor do credor mandado de busca e apreensão ou de imissão na posse, conforme se tratar de coisa móvel ou imóvel, enquanto o seu parágrafo único prevê a aplicação subsidiária das regras do cumprimento de sentença de obrigação de fazer e não fazer.

Segundo o art. 521, *caput*, o juiz poderá, de ofício ou a requerimento, para a efetivação da tutela específica ou a obtenção do resultado prático equivalente, determinar as medidas necessárias à satisfação do credor, podendo requisitar o auxílio de força policial, quando indispensável. O § 1.º prevê que para atender ao disposto no *caput*, o juiz poderá determinar, entre outras medidas, a imposição de multa por período de atraso, a busca e apreensão, a remoção de pessoas e coisas, o desfazimento de obras, a intervenção judicial em atividade empresarial ou similar e o impedimento de atividade nociva, podendo, caso necessário, requisitar o auxílio de força policial. É praticamente o art. 461, §§ 4.º e 5.º, do atual CPC, com a expressa inclusão da intervenção judicial em atividade empresarial para o impedimento de atividade nociva, em novidade já presente na atual Lei Antitruste. Na realidade, mesmo sem a previsão expressa, hoje, em razão da atipicidade dos meios executivos, já é possível a adoção dessa medida, mas a expressa previsão legal pode otimizar a sua utilização na praxe forense.

Visando a maior e mais ampla efetividade da tutela executiva, o § 2.º prevê que o descumprimento injustificado da ordem judicial fará o executado incidir nas penas de litigância de má-fé, sem prejuízo de responder por crime de desobediência.

44

CUMPRIMENTO DE SENTENÇA – OBRIGAÇÃO DE PAGAR QUANTIA

44.1. INTRODUÇÃO

O cumprimento de sentença que tenha como objeto uma condenação de pagar quantia certa tem procedimento previsto pelos arts. 475-J, 475-L e 475-M do CPC, sendo aplicáveis subsidiariamente, no que couber, as normas que regem o processo de execução, nos termos do art. 475-R do CPC. Esse procedimento será adotado sempre que a quantia for certa, seja como consequência direta da fase de conhecimento, seja como resultado da fixação em fase de liquidação de sentença.

44.2. TERMO INICIAL DE CONTAGEM DA MULTA DE 10% (ART. 475-J, *CAPUT*, DO CPC)

O art. 475-J, *caput*, do CPC prevê que, não sendo efetuado o pagamento em 15 dias, "o montante da condenação será acrescido de multa no percentual de dez por cento". A natureza sancionatória dessa multa já foi demonstrada no Capítulo 34, item 34.3, sendo interessante analisar o termo inicial da contagem desse prazo de 15 dias para o pagamento.

Há corrente doutrinária que defende ter início a contagem do prazo a partir do momento em que a decisão se torna eficaz, podendo ser executada[1]. Nota-se, nessa corrente doutrinária, que, mesmo havendo recurso pendente de julgamento e não tendo tal impugnação efeito suspensivo, a multa já pode ser aplicada. Dessa maneira, mesmo em sede de execução provisória, será possível a cobrança da multa. Apesar da nobre preocupação com a *celeridade* e a *efetividade da tutela jurisdicional*, parece exagerado o entendimento de exigir um cumprimento provisório sob pena de multa. O Superior Tribunal de Justiça já pacificou o entendimento de que não cabe a multa ora analisada em execução provisória[2].

A doutrina majoritária entende que o termo inicial da contagem da multa não deve ser considerado a partir do momento em que a decisão se torna eficaz, mas a partir de quando ela se torna definitiva, com o **trânsito em julgado**. O Superior Tribunal de Justiça vinha entendendo que, transitada em julgado a sentença, o prazo de 15 dias tem início automaticamente, independentemente de qualquer intimação do devedor[3]. É esse também o entendimento consagrado nos Juizados Especiais[4] e defendido por autorizada doutrina[5].

Já tive a oportunidade de criticar esse entendimento[6], antes mesmo do posicionamento adotado pelo Superior Tribunal de Justiça, e, depois de três anos de vigência e muito debate doutrinário, continuo a entender que após o trânsito em julgado deve ocorrer a intimação do devedor por questões de **segurança jurídica**. Dar início a contagem de prazo sem a devida intimação do executado, além de contrariar texto expresso de lei consagrado no art. 240 do CPC[7], cria uma nítida insegurança em razão da dificuldade na fixação da data exata do trânsito em julgado[8]. Existe divergência na doutrina que defende a necessidade dessa nova intimação quanto ao sujeito passivo desse ato de comunicação. Para alguns, a intimação deve ser pessoal, considerando-se que o dever de pagar é da parte e não do advogado, prestando-se a intimação deste somente para a prática

---

1 Marinoni-Arenhart, *Execução*, p. 236-238; Scarpinella Bueno, *Variações*, p. 136-137; Gusmão Carneiro, *Cumprimento*, n. 22, p. 69.

2 *Informativo* 460/STJ: REsp 1.059.478/RS, rel. originário Min. Luis Felipe Salomão, rel. para acórdão Min. Aldir Passarinho Junior, j. 15.12.2010.

3 STJ, 3.ª Turma, AgRg no Ag 1.064.918/RS, rel. Min. Sidnei Benetti, j. 21.10.2008; AgRg no REsp 1.024.631/SP, 2.ª Turma, rel. Min. Castro Meira, j. 09.09.2008; REsp 954.859/RS, 3.ª Turma, rel. Min. Humberto Gomes de Barros, j. 16.08.2007. *Informativo* 360/STJ, 3.ª T., MC 14.258-RJ, rel. Nancy Andrighi, j. 17.06.2008; *Informativo* 373/STJ, 3.ª T., REsp 1.093.369-SP, rel. Massami Uyeda, j. 21.10.2008.

4 Enunciado 105 do FONAJE.

5 Theodoro Jr., *Processo*, n. 489, p. 573.

6 Neves, *Reforma*, p. 212-214.

7 Barbosa Moreira, *O novo*, p. 199; Câmara, *A nova*, p. 113-114.

8 Barbosa Moreira, *O novo*, p. 199; Didier-Braga-Oliveira, *Curso*, p. 517.

de atos postulatórios, o que não é o caso[9]. Entendo que no espírito de *celeridade processual* que norteia as recentes reformas processuais, a intimação possa ser feita na pessoa do advogado, como forma de agilizar o andamento procedimental e evitar atos protelatórios de devedores de má-fé[10].

A boa notícia é que, após um início de divergência no âmbito do Superior Tribunal de Justiça a respeito do termo inicial da multa[11], a Corte Especial adotou o entendimento ora defendido, que o termo inicial para a sua contagem é a intimação do devedor, na pessoa de seu advogado[12].

Registre-se que, mesmo que se defenda a necessidade da intimação pessoal, é aplicável o art. 238, parágrafo único, do CPC, presumindo-se válida a intimação realizada no endereço constante nos autos, independentemente de quem a receba. Sendo o cumprimento de sentença a segunda fase de um procedimento, salvo no caso de réu revel que não comparece ao processo, existirá um endereço do executado nos autos, sendo a aplicação do dispositivo legal mencionado uma forma de observar, com as devidas flexibilizações, os princípios da *segurança jurídica* e da *celeridade*.

Registre-se que o Superior Tribunal de Justiça já teve a oportunidade de decidir que a intimação pessoal do executado está dispensada mesmo quando o executado for defendido por defensor público em sua atuação típica de defesa do hipossuficiente econômico. Nesse caso, o tribunal entende que cabe a intimação do defensor público, de forma pessoal em razão do art. 5.º, § 5.º, da Lei 1.060/1950[13]. Fica a pergunta se caberá a responsabilidade civil de comunicar ao réu a contagem do prazo, como já teve oportunidade de decidir o Superior Tribunal de Justiça quando justificou a intimação do advogado do executado.

Quanto à necessidade de intimação do réu citado fictamente defendido por curador especial, o Superior Tribunal de Justiça vem lançando sinais contraditórios. O tribunal considerou corretamente que de nada valeria a intimação do executado na pessoa do curador especial, já que esse não tem qualquer relação com o sujeito que defendeu no processo, em situação bem distante da relação de mandato estabelecida entre cliente e advogado. Num primeiro momento, entendeu que seria necessária a intimação pessoal do executado, considerando ser essa a única forma de efetivamente a comunicação chegar a seu destinatário[14]. Sempre me pareceu a melhor alternativa. Infelizmente, em decisão mais recente da mesma

---

9 Wambier-Wambier-Medina, *Apontamentos*, p. 360-363; Câmara, *A nova*, p. 114; Shimura, *Execução*, n. 4.6, p. 567.

10 Grinover, *Cumprimento*, p. 4; Abelha Rodrigues, *Manual*, p. 311; Nery-Nery, *Código*, p. 733; Didier-Braga-Oliveira, *Curso*, p. 516.

11 EDcl no Ag 1.136.836/RS, 4.ª Turma, rel. Min. João Otávio Noronha, j. 04.08.2009; *DJe* 17.08.2009.

12 *Informativo* 429/STJ: Corte Especial, REsp 940.274-MS, rel. originário Min. Humberto Gomes de Barros, rel. p/ acórdão Min. João Otávio de Noronha, j. 07.04.2010.

13 *Informativo* 480/STJ: 3.ª Turma, REsp 1.032.436/SP, rel. Min. Nancy Andrighi, j. 04.08.2011.

14 *Informativo* 429/STJ: 3.ª Turma, REsp. 1.009.293/SP, rel. Min. Nancy Andrighi, j.

3.ª Turma, com a mesma relatora Min. Nancy Andrighi, preferiu-se o equivocado entendimento de que nesse caso a intimação será simplesmente dispensada[15].

A justificativa de que Isso porque a intimação pessoal traria os mesmo entraves que a citação na ação de execução trazia à efetividade da tutela jurisdicional executiva contem um equivoco imperdoável. A intimação é infinitamente mais fácil de ser realizada que a citação, considerando que nessa o ato deve ser pessoal, enquanto para aquela existe uma presunção de veracidade de validade da comunicação realizada no endereço da parte constante dos autos, não sendo, portanto, imprescindível sua localização (art. 238, paragrafo único, do CPC). Ademais, se o próprio Superior Tribunal de Justiça entende necessária a intimação, não pode simplesmente dispensá-la por eventuais dificuldades na realização do ato processual.

Um último esclarecimento se faz necessário. É tão inadequado quanto comum o equívoco de se afirmar que o réu citado fictamente que não apresenta defesa por advogado constituído é revel. Na realidade, como o curador especial nesse caso tem o dever funcional de apresentar a contestação, esse réu jamais será revel. Sendo a revelia a ausência jurídica de contestação, não consigo compreender como continuar a denominar de réu revel o réu citado fictamente que não comparece ao presente. Poderia ser chamado de réu ausente, mas nunca de réu revel. Faço essa consideração porque se o réu for realmente revel, o que demanda uma citação real e a ausência jurídica de contestação, caso não constituía advogado nos autos, será dispensada sua intimação para os atos do processo, nos termos do art. 321 do CPC. Nesse caso, entendo que será correta a dispensa da intimação do executado prevista no artigo ora comentado.

Segundo os arts. 509, *caput*, e 510 do PLNCPC, caberá ao credor dar início ao cumprimento de sentença mediante a apresentação do demonstrativo de cálculos, sendo seguida da intimação do executado para pagar em 15 dias o valor principal acrescido de custas e honorários advocatícios de 10%. No § 1.º do dispositivo é mantida a sanção representada pela multa de 10% sobre o valor devido. Diante do eloquente silêncio do dispositivo legal, tudo leva a crer que a intimação do executado para o cumprimento da sentença sob pena de multa seja realizado na pessoa do advogado, sendo pessoal somente em situações excepcionais, como já ocorre atualmente.

Contrariando posição tranquila do Superior Tribunal de Justiça, que rejeita a cobrança de multa em sede de execução provisória, o art. 506, § 1.º, prevê seu cabimento. Segundo o § 2.º, se o executado comparecer tempestivamente e depositar o valor, com a finalidade de isentar-se da multa, o ato não será havido como incompatível com o recurso por ele interposto na fase de conhecimento. Já o § 3.º prevê que esse depósito importa renúncia ao direito de impugnar o pedido de cumprimento de sentença; todavia, seu levantamento dependerá da prestação de caução.

[15] *Informativo* 485/STJ: 3.ª Turma, REsp 1.189.608/SP, rel. Min. Nancy Andrighi, j. 18.10.2011.

44.3. MULTA E O "PAGAMENTO"

Segundo previsão do art. 475-J, *caput*, do CPC, somente o pagamento da condenação evita a aplicação da multa, de forma que o mero oferecimento de bens à penhora, ainda que seja dinheiro, não evita o acréscimo de 10% no valor da condenação[16]. Não há como confundir o pagamento (satisfação) com a penhora (garantia do juízo). Aduz o art. 475-J, § 4.º, do CPC que, sendo realizado o pagamento parcial, a multa incidirá sobre o restante do valor.

Questão interessante e ainda pouco versada na doutrina diz respeito ao demandado que, não tendo dinheiro e não conseguindo transformar seu patrimônio em dinheiro no prazo de 15 dias, como forma de evitar a aplicação da multa, oferece para a satisfação do direito do exequente outro bem que não seja dinheiro. Tratar-se-ia, com as notórias diferenças, de uma espécie de *dação em pagamento*.

Entendo adequada a conclusão de que o legislador se valeu no dispositivo legal de uma espécie de cumprimento da obrigação – pagamento – por ser essa a forma mais tradicional de satisfação de direito em execuções de pagar quantia certa. Essa opção, entretanto, não impede a conclusão de que outras formas de cumprimento da obrigação, mesmo aquelas mais raras, possam ser admitidas para evitar a aplicação da multa. Se o devedor demonstra a vontade de satisfazer o direito do demandante dando em pagamento bem de seu patrimônio, não parece justa a aplicação da multa. Registre-se que nessa situação o devedor não ofereceu uma garantia ao juízo, mas abriu mão de qualquer defesa que pudesse manejar a pretensão executiva no momento em que realiza a "dação em pagamento" como forma de satisfazer o direito do credor, com o reconhecimento implícito do direito exequendo.

Note-se que o oferecimento de coisa diversa de dinheiro em pagamento como medida voltada a evitar a aplicação da multa prevista no art. 475-A, *caput* do CPC é eficaz independentemente da conduta do executado. Não se trata de negócio jurídico entre particulares, dependente de um acordo de vontades, que até pode existir no caso concreto, mas não é indispensável para o executado atingir seu objetivo de se livrar da multa. O executado oferece o bem em pagamento ao juízo e não ao exequente, que caso não pretenda adjudicar o bem receberá seu valor em dinheiro após a alienação judicial.

Por outro lado, não é desprezível a possibilidade de devedores de má-fé, com dinheiro suficiente para satisfazer o direito do credor, realizarem a "dação em pagamento" com o objetivo de complicar o andamento procedimental. Descobrindo-se no trâmite do cumprimento de sentença que à época da "dação em pagamento" o executado tinha dinheiro para satisfazer o credor, aplica-se a multa de 10%, além das devidas sanções por ato atentatório à dignidade da justiça (art. 600, II, do CPC).

---

[16] Gusmão Carneiro, *Cumprimento*, n. 19, p. 59.

44.4. NECESSIDADE DE PROVOCAÇÃO DO CREDOR NA INSTAURAÇÃO DA FASE DE CUMPRIMENTO DE SENTENÇA

O art. 475-J, *caput*, do CPC exige a iniciativa da parte para o início da fase de cumprimento da sentença, ao prever que a expedição do mandado de penhora e avaliação dependem de uma expressa manifestação de vontade do demandante, chamada pelo legislador de "requerimento". O § 5.º do referido dispositivo também reforça a necessidade de apresentação de pedido do demandante, ao afirmar que o juiz mandará os autos ao arquivo se decorrido o prazo de seis meses sem o requerimento para o início da fase de satisfação.

A exigência de manifestação expressa do demandante agradou a parcela da doutrina que se manifestou a respeito do tema, sob a justificativa de que caberá ao demandante analisar as reais chances que tem de satisfazer o seu direito diante da situação patrimonial do demandado, sendo exclusivamente sua a decisão a respeito de dar início ou não à fase da satisfação[17]. Há corrente doutrinária, entretanto, que entendeu inadequada a criação de uma exceção ao princípio do *impulso oficial*[18], que inclusive continua a nortear o cumprimento de sentença nas obrigações de fazer/não fazer e entregar coisa certa.

A discussão é meramente acadêmica, sendo indiscutível a impossibilidade de início de ofício do cumprimento de sentença que condena o réu a pagar quantia. Essa vedação, entretanto, não impedirá os magistrados de continuarem a intimar o demandante para que cumpra a decisão, o que funcionará como um toque de despertar para o litigante relapso, que diante da comunicação judicial dará início à fase procedimental de satisfação de seu direito. Parece mesmo ser o máximo que poderá fazer o juiz.

44.5. FORMA DE PROVOCAÇÃO – REQUERIMENTO

Em vez de indicar como uma petição inicial a forma de manifestação do demandante, requerendo o início da fase de cumprimento de sentença, preferiu o legislador utilizar o termo "requerimento". Apesar de parcela doutrinária minoritária entender que o cumprimento de sentença começa com uma petição inicial, a exemplo do que ocorre no processo de execução[19], o objetivo do legislador foi deixar claro, mais uma vez, a inexistência de um novo processo, com a dispensa de petição inicial[20].

Seria correta a aplicação subsidiária do art. 282 do CPC ao requerimento previsto no art. 475-J do CPC? A resposta parece ser afirmativa, porque, ainda que não se exija a rigidez dos pressupostos formais da petição inicial[21], o re-

[17] Araken de Assis, *Cumprimento*, n. 94; p. 242; Barbosa Moreira, *O novo*, p. 196.

[18] Câmara, *A nova*, p. 116.

[19] Nery-Nery, *Código*, p. 734. Contra: Marinoni-Mitidiero, *Código*, p. 465.

[20] Grinover, *Cumprimento*, p. 3.

[21] Barbosa Moreira, *O novo*, p. 196.

querimento inicial do demandante deve conter alguns dados que sejam aptos a dar os **contornos mínimos à fase de cumprimento de sentença**[22]. É exigido o endereçamento, o nome das partes e a indicação do valor que o exequente entende devido, sendo ainda recomendável o pedido para que as medidas executivas sejam adotadas, ainda que nesse caso pareça ser plenamente admissível a atuação oficiosa do juiz.

Há uma mera faculdade[23] de o exequente indicar no requerimento inicial bens do devedor a serem penhorados (art. 475-J, § 3.º, do CPC), não mais sendo previsto em lei o oferecimento de bens à penhora como espécie de resposta do executado. Além de indicar bens no requerimento inicial, pode o exequente se valer do art. 600, IV, do CPC, requerendo ao juiz que intime o executado a indicar seus bens, sob pena de multa de até 20% do valor da execução (art. 601 do CPC).

Nos termos do art. 510 do PLNCPC, a "inicial" – na realidade, o requerimento inicial, não se tratando de petição inicial – será instruída com demonstrativo discriminado e atualizado do crédito, sendo inovadores os incisos do dispositivo legal ao prever quais dados deverão necessariamente compor o memorial de cálculos: o nome completo, o número do cadastro de pessoas físicas ou do cadastro nacional de pessoas jurídicas do exequente e do executado; o índice de correção monetária adotado; a taxa dos juros de mora aplicada; o termo inicial e o termo final dos juros e da correção monetária utilizados; especificação dos eventuais descontos obrigatórios realizados.

44.6. EXPEDIÇÃO DO MANDADO DE PENHORA E AVALIAÇÃO, OBSERVADO O DISPOSTO NO ART. 614, II, DO CPC

Cumpre registrar que o art. 475-J, *caput*, do CPC prevê que o mandado de penhora e avaliação será expedido após a apresentação do requerimento pelo demandante, observado o disposto no art. 614, II, do CPC, que exige do exequente a apresentação do "demonstrativo do débito atualizado até a data da propositura da ação, quando se tratar de execução por quantia certa". É evidente que será necessária uma interpretação que compatibilize tal exigência com a nova realidade estabelecida pela Lei 11.232/2005, devendo se entender por "data da propositura da ação" a data de início da fase de cumprimento de sentença.

É no mínimo curiosa a exigência da lei, porque determina que o requerimento esteja acompanhado do demonstrativo de cálculo, exatamente como ocorria – e ainda ocorre – com o processo de execução por quantia certa, mas

[22] Araken de Assis, *Cumprimento*, n. 95, p. 243-245; Neves, *Reforma*, p. 222-224.

[23] Barbosa Moreira, *O novo*, p. 197; Araken de Assis, *Cumprimento*, n. 96.8, p. 261.

pela literalidade do dispositivo legal comentado, a fase de cumprimento de sentença já terá se iniciado antes do requerimento, com a contagem do prazo de 15 dias para que o demandado cumpra sua obrigação. A legislação a respeito do processo de execução é muito mais lógica, prevendo como primeiro ato do procedimento a petição inicial acompanhada do demonstrativo de cálculo. É a consagração do entendimento de que desde o início em que se busca a satisfação do direito – quantia certa – já deve o processo conter o valor exato pretendido pelo demandante.

A redação do art. 475-J, *caput*, do CPC tenta seguir o mesmo sentido ao regulamentar que o requerimento – pretensamente o primeiro ato da fase de cumprimento de sentença – deve conter o demonstrativo de cálculo. Ocorre, entretanto, que antes do requerimento previsto em lei já terá transcorrido o prazo de 15 dias para que o demandado cumpra a sua obrigação, sendo inegável que a fase de cumprimento de sentença em tese teria começado antes mesmo do requerimento do demandante.

Tudo leva a crer que a ordem das coisas não seja aquela imaginada pelo legislador, porque o prazo para o cumprimento da satisfação somente terá início após o demandado ter sido informado da quantia pretendida pelo demandante, o que ocorrerá após a apresentação do demonstrativo de débito em juízo. Dessa forma, é de esperar que haja uma inversão na ordem dos atos previstos pelo dispositivo legal ora comentado. Em vez de antes contar o prazo para o cumprimento da obrigação e somente depois o demandante apresentar seu requerimento pleiteando o início da fase de cumprimento da sentença, parece que na prática as coisas se darão exatamente como antes, com a mera substituição da petição inicial pelo requerimento.

44.7. INTIMAÇÃO DO DEMANDADO E PRAZO PARA APRESENTAÇÃO DA IMPUGNAÇÃO

A previsão do art. 475-J, § 1.º, do CPC disciplina que o executado será intimado do auto de penhora e de avaliação, abrindo-se o prazo de 15 dias para a impugnação, sendo esse ato de comunicação realizado na pessoa de seu advogado ou, na falta deste, pessoalmente ou na pessoa de seu representante legal.

Uma interpretação literal do art. 475-J, § 1.º, do CPC leva à conclusão de que o prazo para o ingresso da impugnação somente terá início no momento da intimação do auto de penhora e avaliação, o que condicionaria o ingresso da impugnação à existência da **garantia do juízo**. Ocorrendo a intimação do executado somente depois de existir no processo um auto de penhora e avaliação, a interpretação literal do dispositivo não deixa lugar para outra conclusão. Essa é a interpretação adotada pela maioria da doutrina[24].

[24] Nery-Nery, *Código*, p. 736; Araken de Assis, *Manual*, n. 538, p. 1.184; Gusmão Carneiro, *Cumprimento*, n. 21, p. 63; Scarpinella Bueno, *A nova*, p. 114; Gustavo Filipe, *Terceira*, p. 54; Abelha Rodrigues, *Manual*, p. 544.

Esse, entretanto, não é o melhor entendimento, porque a garantia do juízo não pode ser requisito para o ingresso da impugnação[25]. Sendo um dos propósitos do legislador evitar o ingresso de *exceções e objeções de pré-executividade*, o que notadamente vem contribuindo para a complicação do procedimento executivo e, por consequência natural, dificultando a entrega de prestação jurisdicional de qualidade, não teria sentido o legislador exigir a garantia do juízo para somente então permitir o ingresso da impugnação.

Seria, aliás, paradoxal, considerando-se que o principal objetivo do legislador com a elaboração da Lei 11.232/2005 foi agilizar o procedimento de satisfação do direito do demandante, e a exigência de garantia do juízo para a apresentação da impugnação tornaria o procedimento mais demorado e complexo que o procedimento do processo de execução, no qual os embargos à execução não dependem da garantia do juízo (art. 736 do CPC). É imprescindível admitir a impugnação sem a necessidade da garantia do juízo, quer seja para dar uma agilidade maior ao procedimento do cumprimento de sentença, quer seja para evitar uma distinção injustificada com o procedimento do processo autônomo de execução. E lembre-se que o art. 475-R do CPC determina a aplicação subsidiária das regras do processo autônomo de execução ao cumprimento de sentença.

A melhor interpretação do dispositivo legal é a que considera que o prazo indicado em lei é o prazo máximo concedido ao demandado para ingressar com a impugnação, verificando-se, após esse prazo, o fenômeno da *preclusão temporal*. Significa dizer que, após a penhora, o demandado será intimado, e a partir de então terá ainda 15 dias para apresentar a impugnação. Isso não significa dizer que não possa o demandado ingressar com a impugnação a qualquer momento antes disso, inclusive antes da constrição judicial.

Registre-se que o Superior Tribunal de Justiça já decidiu que sendo depositado valor em dinheiro como forma de garantir o juízo, o ato intimatório da penhora é desnecessário, sendo o prazo para impugnação contado do depósito judicial[26].

44.8. AVALIAÇÃO PELO PRÓPRIO OFICIAL DE JUSTIÇA E SOMENTE EM CASOS EXCEPCIONAIS POR AVALIADOR

O instituto da avaliação – regulado pelos arts. 680 a 685 do CPC – é apontado por parcela da doutrina como mais um fator de complicação desnecessária no já difícil caminho a ser perseguido pelo demandante na satisfação de seu direito. Aponta-se uma desnecessária onerosidade em virtude da prova a ser produzida, que no mais das vezes dispensa qualquer conhecimento técnico especializado[27].

Atualmente, a regra é a dispensa da figura do avaliador (arts. 475-J, § 2.º, e 652, § 1.º, do CPC), que somente excepcionalmente atuará no caso concreto. É

[25] Marinoni-Mitidiero, *Código*, p. 467; Didier-Braga-Oliveira, *Curso*, p. 541-542; Barioni, *A desnecessidade*, p. 462-468.

[26] *Informativo* 369/STJ: REsp 972.812/RJ, 3.ª Turma, rel. Nancy Andrighi, j. 23.09.2008, *DJe* 12.12.2008.

[27] Greco, *O processo*, p. 352.

certo que em situações extremas, nas quais o oficial de justiça não seja capaz de indicar o valor do bem, se recorra a um *expert* com conhecimentos específicos imprescindíveis para se chegar a tal valor. Mas essa, como a realidade forense vem demonstrando, será a exceção, e não a regra.

É preciso observar, entretanto, que a determinação do valor pelo próprio oficial de justiça poderá se mostrar equivocada, quer seja porque não ponderou os fatores particulares do caso concreto para aferir o valor, quer seja porque não tinha os conhecimentos específicos para tanto. O valor da avaliação desenvolve função importante no processo, em especial para os institutos da remição da execução, da arrematação e da adjudicação de bens[28], sendo perfeitamente saudável que se facilite a obtenção desse valor, substituindo o avaliador pelo oficial de justiça, mas não sendo admissível que esse valor se torne definitivo, sem nenhuma manifestação das partes e do juiz a seu respeito.

Nesse caso, surge interessante questão a respeito da postura a ser adotada pela parte prejudicada, considerando-se irrecorrível o ato praticado pelo oficial de justiça. Essa avaliação do serventuário de justiça deverá ficar sempre sob o controle direto do juiz, que após a realização do ato deverá ratificar o valor indicado ou corrigi-lo, sendo possível a irresignação das partes contra essa decisão. No caso de omissão do juiz nesse sentido, as partes poderão provocá-lo a se manifestar a respeito da fixação do valor do bem pelo oficial de justiça, o que certamente fará surgir uma decisão recorrível[29].

44.9. REMESSA DOS AUTOS AO ARQUIVO

O art. 475-J, § 5.º, do CPC trata simplesmente de prever o destino dos autos na hipótese de omissão do demandante em dar início à fase de cumprimento de sentença. Dessa forma, transcorrido o prazo de seis meses, o juiz determinará a remessa dos autos ao arquivo, podendo o demandante pedir o desarquivamento no momento futuro em que se animar a dar início à fase de satisfação de seu direito. O prazo previsto pelo dispositivo legal é um prazo impróprio e, uma vez descumprido, não acarretará nenhuma consequência processual.

O termo inicial deverá ser a data na qual a decisão condenatória transita em julgado, tornando-se definitiva, porque somente a partir desse momento processual poder-se-á falar efetivamente em omissão do demandante, considerando-se a facultatividade da execução provisória. Esse prazo de remessa dos autos ao arquivo não interfere no prazo de **prescrição intercorrente**, que deve ser computado desde o trânsito em julgado[30], em regra distinta da aplicável na execução fiscal, na qual o termo inicial é a remessa dos autos ao arquivo[31].

---

[28] Dinamarco, *Instituições*, p. 545-546; Câmara, *Lições*, v. 2, p. 287; Neves, *Comentários*, p. 77.

[29] Nery-Nery, *Código*, p. 734.

[30] Marinoni-Mitidiero, *Código*, p. 467. Contra: Scarpinella Bueno, *A nova*, p. 102.

[31] STJ, 2.ª Turma, REsp 963.317/RS, rel. Min. Eliana Calmon, j. 05.08.2008.

44.10. HONORÁRIOS ADVOCATÍCIOS

Não se tratando o cumprimento de sentença de um novo processo, surgiu na doutrina a dúvida a respeito da fixação de honorários advocatícios nessa fase procedimental, considerando-se que a tradição de nosso direito não contempla a condenação em honorários advocatícios no julgamento de fases procedimentais ou incidentes processuais[32].

O Superior Tribunal de Justiça resolveu o impasse consolidando o entendimento de que, sendo necessário ao exequente promover o cumprimento de sentença, caberá a condenação do executado ao pagamento da verba honorária, da qual só se isentará na hipótese de **cumprimento voluntário** da obrigação. É de fato o melhor entendimento, fundamentalmente por três motivos bem expostos nas decisões prolatadas pelo Superior Tribunal de Justiça que versam sobre o tema[33].

Primeiro porque os honorários advocatícios fixados na sentença condenatória exequenda referem-se tão somente ao trabalho desenvolvido na fase de conhecimento, sendo extremamente injusto com o patrono não haver condenação em verbas honorárias no cumprimento de sentença, já que será obrigado a prosseguir com o processo após a condenação, o que naturalmente lhe exigirá mais trabalho, que deve ser recompensado.

Ademais, a ausência de condenação nas verbas honorárias retiraria a força coercitiva da multa prevista no art. 475, *caput*, do CPC. Se no sistema antigo o executado era obrigado a pagar sua dívida acrescida dos honorários advocatícios fixados entre 10% e 20%, estando isento desse pagamento no sistema atual, a multa de 10% viria somente a substituir o menor percentual da condenação ao pagamento das verbas honorárias. Tratar-se-ia de inovação em benefício do devedor, o que não parece ter sido o objetivo do legislador.

Por fim, a aplicação do art. 20, § 4.º, do CPC, pelo qual são devidos honorários em execução, já seria suficiente para concluir-se pela correção da fixação de honorários no cumprimento de sentença, considerando que o art. 475-I do CPC é expresso em afirmar que o cumprimento de sentença se faz por execução. Como já tivemos oportunidade de analisar no Capítulo 34, não resta dúvida de que qualquer forma procedimental que tenha como objeto a satisfação de direito é execução, restando indiscutível a aplicação do art. 20, § 4.º, do CPC ao cumprimento de sentença.

Em recente julgamento da Corte Especial do Superior Tribunal de Justiça, entretanto, parece ter havido uma mudança de posicionamento. Decidiu o tribunal que o pagamento voluntário compreende o ato de pagar após a intimação no prazo

---

32 Theodoro Jr., *As novas*, p. 136, é contra a fixação dos honorários advocatícios. Gusmão Carneiro, *Cumprimento*, p. 189, defende a cobrança, com aplicação subsidiária do art. 652-A do CPC.

33 *Informativo* 378/STJ: Corte Especial, REsp. 1.028.855/SC, rel. Min. Nancy Andrighi, j. 27.11.2008; *Informativo* 348/STJ: REsp 978.545/MG, 3.ª Turma, rel. Min. Nancy Andrighi, j. 11.03.2008; *Informativo* 359/STJ: REsp 1.050.435/SP, 3.ª Turma, rel. Min. Sidnei Beneti, j. 10.06.2008. Na doutrina: Câmara, *Lições*, v. 2, p. 306-307.

de 15 dias, sendo devidos os honorários advocatícios somente após esse momento. Na mesma decisão resolveu que, sendo fixados tais honorários, o exequente não fará jus a tal condenação na hipótese de sagrar-se vitorioso na impugnação. Uma vez julgada procedente a impugnação, os honorários previamente fixados no cumprimento de sentença são anulados e fixados novos honorários em favor do executado-impugnante[34].

Segundo o art. 509, *caput*, do PLNCPC, após o requerimento do exequente, o executado já será intimado a pagar o valor devido, acrescido da multa e de honorários advocatícios fixados em 10% do valor devido. Significa dizer que o "cumprimento voluntário" apto a afastar o pagamento de honorários advocatícios deve ocorrer antes da provocação do autor pleiteando o cumprimento da sentença. Na realidade, o pagamento nesse momento procedimental será espontâneo, e é justamente por essa razão que não se deve impor a cobrança de honorários advocatícios em favor do exequente.

A distinção entre pagamento espontâneo e voluntário fica clara na redação do art. 511, *caput*, do PLNCPC, ao prever que no prazo para o pagamento voluntário o executado poderá apresentar impugnação. O dispositivo legal utiliza o termo "voluntário" apenas para indicar um cumprimento sem a necessidade de prática de atos executivos, não afetando a necessidade de pagamento dos honorários advocatícios, já que o executado foi provocado a realizar o pagamento por meio de sua intimação.

O cumprimento espontâneo – que naturalmente também será voluntário – vem previsto no art. 512 do PLNCPC, ao determinar ser lícito ao devedor, antes de ser intimado para o cumprimento da sentença, comparecer em juízo e oferecer em pagamento o valor que entender devido, apresentando memória discriminada do cálculo. Nesse caso, o executado se adianta à provocação do exequente, não sendo devida a cobrança dos honorários advocatícios. Segundo o § 1.º, o credor (melhor seria utilizar "exequente") será ouvido no prazo de cinco dias, podendo impugnar o valor depositado, sem prejuízo do levantamento do depósito a título de parcela incontroversa. A cobrança de honorários advocatícios fica condicionada à decisão pela insuficiência do depósito, prevendo o § 2.º do dispositivo ora comentado que sobre a diferença entre o valor pago e o devido incidirá multa de 10% e honorários advocatícios, seguindo-se a execução com penhora e atos subsequentes.

---

[34] *Informativo* 480: Corte Especial, REsp 1.134.186/RS, rel. Min. Luis Felipe Salomão, j. 1.º.08.2011.

45

EXECUÇÃO DAS OBRIGAÇÕES DE FAZER E NÃO FAZER

45.1. INTRODUÇÃO

Enquanto as obrigações de pagar quantia certa e de entrega de coisa se resolvem de forma patrimonial, na execução da obrigação de fazer e não fazer exige-se um comportamento do devedor[1]. Daí a extrema dificuldade do legislador em buscar mecanismos que façam com que o direito do credor seja efetivamente satisfeito, em especial pela tradicional rejeição ao emprego da força contra a pessoa para constrangê-la ao cumprimento de uma obrigação.

Tratando-se de obrigação de fazer **fungível**, que pode ser satisfeita por outros sujeitos além do devedor, há uma quantidade maior de formas de buscar tal satisfação do direito diante da crise de inadimplemento. Poderá o juiz:

(a) aplicar as *astreintes* (art. 645 do CPC);

(b) determinar a realização da obrigação por terceiro (arts. 633 e 634 do CPC); ou

(c) determinar a realização da obrigação pelo próprio exequente ou sob a sua supervisão (art. 633 do CPC).

[1] Theodoro Jr., *Processo*, n. 161, p. 217-218.

Por outro lado, tratando-se de obrigação **infungível**, que só pode ser satisfeita pelo próprio devedor, em razão de suas qualidades pessoais únicas, só existe como forma procedimental de busca da satisfação do direito do credor a aplicação das *astreintes* ou de outras medidas de pressão psicológica[2].

45.2. EXECUÇÃO DAS OBRIGAÇÕES DE FAZER

A petição inicial deve seguir os requisitos do art. 282 do CPC, no que for aplicável ao processo de execução (por exemplo, não teria sentido exigir a especificação de provas em um processo que não tem fase probatória). Deve-se instruir a peça inicial com o título executivo, que nesse caso será sempre extrajudicial, sendo a sua ausência motivo para que o juiz determine a emenda da petição inicial em 10 dias por se tratar de vício sanável.

Nessa espécie de execução não é possível garantir o juízo, sendo impossível ao executado prestar uma garantia de que a obrigação de fazer será satisfeita. Na execução por quantia certa, a penhora resolve esse problema, já que o bem penhorado e posteriormente alienado judicialmente se transforma em dinheiro, e disso resulta a satisfação do direito do credor. O mesmo ocorre na execução para entrega de coisa, na qual o bem depositado pode ser ao final entregue ao exequente, satisfazendo assim o seu direito. Na execução de fazer não há garantia possível; ou o executado cumpre a sua obrigação – e nesse caso estar-se-ia diante da satisfação do direito – ou continua inerte.

O executado é citado para cumprir sua obrigação no prazo estabelecido pelo título executivo, e na ausência de indicação de prazo no título, caberá ao juiz tal fixação, devendo levar em consideração a complexidade do ato a ser praticado (art. 632 do CPC). Não teria sentido o juiz fixar prazo exíguo para o cumprimento de uma obrigação extremamente complexa, como também não há razão para um prazo longo quando a obrigação for de fácil realização. Na realidade, é frequente a fixação pelo juiz, considerando-se que, em regra, no título executivo consta somente o prazo para o cumprimento da obrigação, que necessariamente já foi superado, sob pena de não existir inadimplemento[3]. Em virtude da ocorrência de caso fortuito ou força maior, admite-se a prorrogação do prazo[4].

Segundo o art. 645 do CPC, poderá o juiz nesse momento inicial do procedimento fixar multa por dia de atraso no cumprimento da obrigação, ainda que tal providência não tenha sido requerida pelo exequente. Apesar de a previsão legal apontar para uma multa diária, a doutrina corretamente entende ser admissível ao juiz a imposição de multa na forma fixa, ou periódica, inclusive em períodos

---

2 *Informativo* 356/STJ, 3.ª T., REsp 482.094-RJ, rel. Nancy Andrighi, rel. p/ acórdão Sidnei Beneti, j. 20.05.2008.

3 Dinamarco, *Instituições*, n. 1.649, p. 490.

4 Araken de Assis, *Manual*, n. 183.3, p. 525.

menores ou maiores que um dia – minuto, hora, semana etc.[5]. Ademais, autorizada doutrina entende que o juiz possa, inclusive de ofício, determinar outros meios coativos diversos das *astreintes*[6].

O mesmo dispositivo legal prevê que o juiz determinará, ao despachar a inicial, a data a partir de quando será devida a multa fixada, entendendo-se que diante do silêncio do juiz a multa passe a gerar efeitos imediatos. Há decisão do Superior Tribunal de Justiça que limita a atividade do juiz a diminuir o valor da multa fixada em título executivo extrajudicial[7]. A previsão legal, entretanto, deve ser compreendida à luz do entendimento consolidado do Superior Tribunal de Justiça no sentido de que a multa só passa a ser eficaz após a intimação pessoal do executado[8], de forma que, fixado um prazo pelo juiz, após o seu transcurso o cartório judicial expedirá a intimação pessoal do executado e somente após essa intimação a multa passa a ser eficaz.

Segundo o art. 645, parágrafo único, do CPC, se o valor da multa estiver previsto no título, o juiz poderá reduzi-lo, se entendê-lo excessivo. Na realidade, a liberdade do juiz é consideravelmente mais ampla do que sugere a interpretação literal do dispositivo legal. O art. 461, § 6.º, do CPC é aplicável ao processo de execução, de forma que o juiz pode modificar o valor tanto para maior como para menor, bem como a periodicidade da multa[9]. A própria função dessa medida de pressionar psicologicamente o executado justifica a atuação oficiosa do juiz ao adequar o valor e a periodicidade da multa às circunstâncias do caso concreto.

Após a citação, o exequente tem três posturas a adotar: **embargar** a execução em 15 dias, **cumprir a obrigação** no prazo fixado pelo título ou pelo juiz, satisfazendo o direito do credor e levando a execução à sua extinção normal, salvo a cobrança de honorários e custas processuais; ou, ainda, não fazer uma coisa nem outra, **permanecendo inerte**.

Na hipótese de o executado embargar a execução, deve-se analisar no caso concreto a concessão ou não do efeito suspensivo. Não sendo concedido o efeito suspensivo, o processo de execução prosseguirá normalmente em concomitância com o procedimento dos embargos à execução. Na hipótese de concessão do efeito suspensivo, o procedimento executivo somente retomará o seu andamento após a prolação da sentença nos embargos, e, sendo o caso de julgamento de improcedência, a interposição de apelação pelo executado-embargante tornará a execução provisória, nos termos do art. 587 do CPC.

Interesse questão referente ao efeito suspensivo dos embargos à execução surge quando o prazo para o cumprimento da obrigação supera o período de 15 dias dos embargos. Imagine-se que o título fixa um prazo de 20 dias para o cumprimento

---

5 Marinoni-Mitidiero, *Código*, p. 636; Theodoro Jr., *Processo*, n. 163, p. 219.

6 Greco, *O processo*, n. 10.11, p. 515; Didier-Cunha-Braga-Oliveira, *Curso*, p. 487.

7 *Informativo* 358, 2.ª T., REsp 872.722-SP, rel. Eliana Calmon, j. 03.06.2008.

8 AgRg nos EDcl no REsp 1.067.903/RS, 3.ª Turma, rel. Min. Sidnei Beneti, j. 21.10.2008, *DJe* 18.11.2008.

9 STJ, 3.ª Turma, REsp 763.975/RS, rel. Humberto Gomes de Barros, j. 13.02.2007, *DJ* 19.03.2007, p. 330; Abelha Rodrigues, *Manual*, p. 283.

da obrigação e o executado tenha embargado em 15 dias, suspendendo assim o processo e consequentemente o prazo para o cumprimento da obrigação. Uma vez julgados os embargos, aquele prazo de 20 dias volta a correr, cessando a causa de sua interrupção. Como já foram computados 15 dias antes da apresentação dos embargos à execução, o executado terá mais 5 dias (para completar os 20) para cumprir a sua obrigação, antes de se adotarem concretamente as medidas materiais de execução, que só poderão incidir depois do vencimento do prazo para o cumprimento determinado no título ou pelo juiz[10].

Na hipótese de o executado não cumprir, ainda assim, a sua obrigação – o que resultará numa situação idêntica à da inércia do executado diante de sua citação –, o prosseguimento da execução dependerá da natureza da obrigação de fazer, ou seja, se fungível ou infungível. Apesar de a redação do art. 633 do CPC sugerir que diante do vencimento do prazo processual para o cumprimento da obrigação o exequente deverá optar pela execução à custa do devedor ou a conversão em perdas e danos, admite-se que o exequente insista na multa como meio coercitivo psicológico[11].

Ainda que o exequente possa aguardar o cumprimento da obrigação – embora expirado o prazo concedido para tanto – pressionando o executado com o pagamento de multa (*astreinte*), diante da ineficácia da coerção psicológica, num certo momento notar-se-á a impossibilidade material ou jurídica da obtenção da tutela específica, momento no qual o exequente terá que fazer a opção prevista pelo art. 633 do CPC.

É importante para o estudo do procedimento dessa espécie de execução a determinação da fungibilidade ou não da obrigação. A diferença é importante porque no primeiro caso é possível que terceiro satisfaça o direito em substituição ao devedor, o que é absolutamente inviável no segundo caso.

Sendo infungível a obrigação de fazer e não funcionando a pressão psicológica imputada pela aplicação da multa, a única saída ao exequente será a conversão da execução de fazer em execução por quantia certa, devendo-se liquidar de forma incidente o valor das perdas e danos, somado ao valor da multa, quando esta existir (art. 633 do CPC). A apuração do valor se dará no próprio processo por meio de uma mera fase procedimental de liquidação – que dependendo do caso concreto seu desenvolvimento será sob a forma de artigos ou arbitramento –, seguindo-se a execução pelo procedimento do cumprimento de sentença[12]. Será dispensada a liquidação se houver no caso concreto a previsão contratual de multa de natureza compensatória (cláusula penal)[13].

Sendo fungível a obrigação de fazer é possível ao exequente preferir que a obrigação seja cumprida por terceiro, à custa do executado. Tal forma de satisfação, embora num primeiro momento represente o cumprimento efetivo da obrigação

---

[10] Abelha Rodrigues, *Manual*, p. 282.

[11] Dinamarco, *Instituições*, n. 1.650, p. 491.

[12] Araken de Assis, *Manual*, n. 186, p. 528.

[13] Barbosa Moreira, *O novo*, p. 225; Abelha Rodrigues, *Manual*, p. 285; Costa Machado, *Código*, p. 1.142.

em sua natureza originária (fazer), também se resolverá futuramente em perdas e danos, já que os valores despendidos com o terceiro serão cobrados do executado por meio de execução por quantia certa, nos próprios autos, pelo procedimento do cumprimento de sentença[14]. Caso o exequente cumpra a obrigação pessoalmente ou por preposto, sob sua direção e vigilância, valendo-se do *direito de preferência* consagrado no art. 637, *caput*, do CPC, somente poderá executar por quantia certa o valor que já tiver adiantado ao executado, acrescido dos prejuízos decorrentes do acréscimo de custo e perdas e danos[15].

O procedimento para o cumprimento da obrigação por terceiro era complexo, caro e demorado, daí a sua pouca aplicação prática. A nomeação de perito, a publicação de edital, a necessidade de cauções etc., tornavam essa forma de satisfação pouco interessante para a maioria dos exequentes, sendo de rara aplicação. O legislador notou que o sistema não funcionava a contento, alterando substancialmente o procedimento dessa forma de execução por meio da Lei 11.382/2006.

Segundo o art. 634 do CPC, podendo o fato ser prestado por terceiro – obrigação fungível –, a requerimento do exequente o juiz decidirá que aquele cumpra a obrigação à custa do executado, sendo nesse caso necessário que o exequente adiante as quantias previstas na proposta que o juiz tiver aprovado, depois da oitiva das partes. Certamente o dispositivo se afasta da complexidade do procedimento anterior, mas algumas questões são suscitadas pela doutrina em sua interpretação.

O dispositivo legal não prevê de que forma a proposta é levada aos autos, sendo presumível que o exequente, ao pedir a realização do fato por terceiro, apresente junto com o seu pedido a proposta de terceiro[16]. Não parece haver necessidade da apresentação de mais de uma proposta, bastando que aquela apresentada seja entendida como adequada pelo juiz[17]. Apesar de mais raro, nada impede que o próprio juiz peça a apresentação de proposta a terceiro de sua confiança[18], bem como o executado leve aos autos proposta(s) de terceiros. Como não há mais previsão de formalidades para tornar pública a oportunidade para a prática dos atos, dificilmente terceiros comparecerão voluntariamente ao juízo apresentando propostas[19].

Qualquer que seja o sujeito responsável pela apresentação da proposta do terceiro em juízo, a aprovação de seus termos dependerá da oitiva das partes, em respeito ao contraditório (art. 634, parágrafo único do CPC). Nesse momento, caberá ao exequente exercer o seu *direito de preferência*, nos termos do art. 637, parágrafo único, do CPC. A decisão que decide pela rejeição, aprovação ou pelo

---

[14] Marinoni-Mitidiero, *Código*, p. 632-633; Nery-Nery, *Código*, p. 1.020; Theodoro Jr., *Processo*, n. 168, p. 224.

[15] Theodoro Jr., *Processo*, n. 170, p. 225.

[16] Scarpinella Bueno, *A nova*, p. 60; Greco Filho, *Direito*, n.11.2, p. 71; Gumerato Ramos, *Reforma*, p. 179.

[17] Theodoro Jr., *Processo*, n. 168, p. 223.

[18] Araken de Assis, *Manual*, n. 186.2.3, p. 530-531.

[19] Barbosa Moreira, *O novo*, p. 222-223, sugere publicação por meios eletrônicos, afirmando que o ônus da apresentação da proposta é do terceiro, e não do exequente.

direito de preferência do exequente tem natureza interlocutória, sendo recorrível por agravo de instrumento. Sendo acolhida a proposta de terceiro, caberá ao exequente depositar em juízo a quantia prevista, havendo doutrina minoritária que critica o texto legal e entende cabível que o juiz determine que o pagamento seja adiantado pelo executado, inclusive com a aplicação de *astreintes*[20].

Aduz o art. 635 do CPC que, prestado o fato, o juiz ouvirá as partes no prazo de 10 dias. Apesar de o dispositivo legal prever que, não havendo impugnação, se dará como cumprida a obrigação, o juiz não está vinculado à omissão das partes, podendo, desde que tenha elementos para tanto, resolver em sentido contrário; ocorre, entretanto, que, sem a manifestação das partes, dificilmente o juiz terá condições de não dar a obrigação como cumprida. Havendo impugnação de uma ou de ambas as partes, caberá ao juiz resolvê-la por meio de decisão interlocutória recorrível por agravo de instrumento, após instrução probatória, se necessária.

A impugnação mais tradicional será a do exequente alegando que o terceiro não prestou o fato, o fez fora do prazo, de forma incompleta ou defeituosa. Segundo o art. 636, *caput*, do CPC, nesse caso o exequente poderá requerer ao juiz no prazo de 10 dias a autorização para que conclua o fato por conta do contratante, que deverá ser ouvido no prazo de cinco dias. Sendo acolhida a impugnação do exequente, o juiz avaliará o custo das despesas necessárias e condenará o terceiro a pagá-lo. Trata-se de mera faculdade do exequente, que, não se manifestando no prazo legal, permite a ocorrência da preclusão[21].

45.3. EXECUÇÃO DAS OBRIGAÇÕES DE NÃO FAZER

É interessante notar que não existe mora na obrigação de não fazer, considerando-se que, se o dever era de abstenção, a prática do ato por si só importa na inexecução total da obrigação[22]. Desse ato de desrespeito a uma obrigação de não fazer surge ao credor o direito de **desfazer** o fato ou de ser indenizado quando os efeitos forem irremediáveis. Assim, **não há propriamente uma execução de obrigação de não fazer**, e sim uma obrigação de fazer invertida, ou seja, de desfazer aquilo que não deveria ter sido feito. Tal conclusão é reforçada pela redação do art. 642 do CPC, que expressamente dispõe que o pedido do exequente será para o juiz assinar prazo para o executado desfazer o ato já praticado.

Como se pode notar do disposto no referido artigo, nessa espécie de execução busca-se uma tutela jurisdicional reparatória, procurando desfazer-se aquilo que já foi feito[23]. Não há uma preocupação repressiva, buscando evitar que o ato proibido seja realizado. Para tanto, a parte interessada deverá fazer uso do

---

20 Marinoni, *Técnica*, p. 455; Didier-Cunha-Braga-Oliveira, *Curso*, p. 490-491.

21 Barbosa Moreira, *O novo*, p. 224; Nery-Nery, *Código*, p. 1.020.

22 Theodoro Jr., *Processo*, n. 174, p. 228; Câmara, *Lições*, v. 2, p. 235.

23 Araken de Assis, *Manual*, n. 196, p. 541.

processo de conhecimento, com aplicação do art. 461 do CPC, inclusive com pedido de liminar objetivando a não realização do ato proibido de forma imediata (*tutela inibitória*).

A questão, entretanto, torna-se polêmica quando a doutrina lembra da situação do sujeito que tem um título executivo extrajudicial e pretende evitar a ocorrência de descumprimento da obrigação de não fazer. Considerável corrente doutrinária defende o ingresso de processo de execução nesse caso com a aplicação de medidas executivas (art. 461, § 5.º, do CPC) para compelir o executado a se abster ou a tolerar determinado ato ou fato[24]. Tratar-se-ia de um processo de execução de obrigação de não fazer por procedimento diverso daquele previsto nos arts. 642 e seguintes do CPC, provavelmente a ser criado pelo juiz no caso concreto.

Entendo que esse processo de execução não reúne as condições necessárias de admissibilidade. Não porque necessariamente contrariaria o procedimento legal para o processo de execução de obrigação de não fazer, mas porque nesse caso a tutela diferenciada justificaria a adoção de procedimento diferenciado com o objetivo de efetivamente tutelar o direito do credor. Parece simplesmente que um dos requisitos exigidos pelo art. 586 do CPC não estará presente nesse caso, porque sem o descumprimento da obrigação não haverá inadimplemento, e sem esse requisito não haverá título executivo, o que impossibilitará o ingresso do processo de execução. Note-se que a exigência do processo de conhecimento nesse caso não decorre da ausência de previsão legal de procedimento para atender a pretensão do credor, mas em virtude da falta de título executivo.

A obrigação pode ser classificada em permanente (ou contínua) e instantânea. A primeira é aquela que permite o retorno ao estado anterior (por exemplo, a construção de um muro, que pode ser destruído, retornando-se as coisas ao estado anterior), ao passo que na segunda é impossível o retorno ao *status quo ante* uma vez descumprida a obrigação de não fazer (obrigação de não exibir um jogo de futebol em rede nacional)[25].

O diploma processual privilegia a execução das obrigações de não fazer permanentes, prevendo as formas de desfazimento de tal fato. Havendo recusa do devedor em desfazer aquilo que não deveria ter feito, por proibido, o credor requererá ao juiz que mande desfazer o ato à custa do executado. Nesse caso, o devedor responderá por esse ato e também por perdas e danos, por meio da conversão do processo executivo em execução de pagar quantia certa (após a necessária liquidação incidente). No que tange às obrigações de não fazer instantâneas, em razão da impossibilidade do desfazimento da violação, existe apenas o art. 643, parágrafo único, do CPC, dispondo que a obrigação converter-se-á em perdas e danos[26].

---

[24] Abelha Rodrigues, *Manual*, p. 288; Marinoni-Mitidiero, *Código*, p. 634; Dinamarco, *Instituições*, n. 1.653, p. 494; Greco Filho, *Direito*, n. 11.5, p. 73.

[25] Barbosa Moreira, *O novo*, p. 227.

[26] Greco, *O processo*, n. 10.11.2, p. 522.

45.4. OBRIGAÇÕES DE EMITIR DECLARAÇÃO DE VONTADE

Na redação original do Código de Processo Civil, os arts. 639 a 641 do CPC tratavam especificamente da tutela das obrigações de emitir declaração de vontade. Afirmava-se à época ser curiosa a opção do legislador em prever tais regras no título pertinente ao processo de execução das obrigações de fazer, porque, embora a declaração de vontade tenha tal natureza, os dispositivos disciplinavam o processo de conhecimento, e não de execução. Com a Lei 11.232/2005 o legislador atendeu aos reclamos doutrinários e revogou os artigos mencionados, passando a tratar do tema em local mais apropriado, nos arts. 466-A, 466-B e 466-C do CPC.

Os dispositivos legais agora localizados no capítulo referente à sentença descrevem, ora de forma genérica, ora de forma mais particularizada, formas de obtenção de sentença que substitua a declaração de vontade do réu.

O tratamento diferenciado se dá em razão da especial natureza da obrigação de emitir declaração de vontade. Trata-se, não resta dúvida, de obrigação infungível, sendo somente o devedor capaz de declarar sua própria vontade, não podendo terceiro fazê-lo em seu lugar. Ocorre, entretanto, que entre as obrigações infungíveis existem aquelas que são naturalmente infungíveis – decorrência da característica pessoal do devedor – e aquelas em que a fungibilidade é apenas jurídica – decorrente de algum princípio jurídico –, podendo o ordenamento criar mecanismo para a obtenção de resultado prático equivalente ao adimplemento da obrigação.

A obrigação de emitir declaração de vontade é de natureza infungível, mas essa é uma **infungibilidade meramente jurídica**, sendo possível – e até mesmo aconselhável – que o ordenamento disponha de regras que permitam a substituição da declaração de vontade por uma decisão judicial, gerando-se os mesmos efeitos daquela. É justamente isso que faz o ordenamento processual nos arts. 466-A, 466-B e 466-C do CPC, prevendo situações nas quais a sentença produz os mesmos efeitos que a declaração teria produzido se emitida pelo executado, o que basta para a satisfação do direito, considerando-se que nesse caso o exequente não tem interesse na atividade do devedor em si, mas na produção de seus efeitos, o que pode ser obtido por meio de decisão judicial[27].

Existe séria divergência a respeito da natureza da sentença prevista no art. 466-A do CPC, que produzirá após o trânsito em julgado todos os efeitos da declaração não emitida. Para parcela doutrinária, a sentença tem natureza *constitutiva*, apta a cria uma nova situação jurídica, justamente aquela que teria sido criada se o devedor tivesse cumprido voluntariamente sua obrigação[28]. Para outra corrente doutrinária, a sentença é *condenatória*, até mesmo em razão da redação do art. 466-A do CPC, que em seu início prevê "Condenado o réu (...)"[29]. Há

[27] Barbosa Moreira, *O novo*, p. 225.

[28] Dinamarco, *Instituições*, n. 1.652, p. 492-493.

[29] Greco, *O processo*, n. 10.10, p. 511.

ainda doutrinadores que entendem tratar-se de sentença *executiva lato sensu*, não sendo necessária a execução para a sua satisfação[30].

Observe-se que em razão de expressa previsão legal, e aqui pouco importa a natureza que se acredite ter tal sentença, a mesma somente passará a gerar efeitos após o trânsito em julgado (art. 466-A do CPC). Nesse caso, portanto, independentemente do efeito em que eventual recurso seja recebido, não será possível em nenhuma hipótese a execução provisória, pois não há no caso eficácia provisória dessa sentença (nesse aspecto existe semelhança com a sentença penal condenatória).

A satisfação do direito reconhecido nessa espécie de sentença dispensa qualquer ato material de execução, considerando-se que o direito do autor estará atendido com o mero trânsito em julgado da sentença de procedência[31]. Não é cabível, por desnecessário, a aplicação de *astreintes* ou de qualquer outra medida de execução indireta ou por sub-rogação, considerando-se que o ofício expedido pelo juízo para eventual registro no Cartório de Imóveis não é propriamente um ato executivo.

O art. 466-B do CPC trata de situação específica de emissão de declaração de vontade, qual seja a obrigação de celebrar o contrato definitivo sempre que exista um pré-contrato ou contrato preliminar (arts. 462 a 466 do CC). A norma legal trata dos casos em que, apesar de existir um contrato preliminar de promessa de realização do negócio jurídico, uma das partes se nega a cumprir o estipulado e celebrar o contrato definitivo. Na análise de tal artigo legal é imprescindível o enfrentamento de duas condicionantes para que a sentença de procedência possa ser proferida: "sendo isso possível e não excluído pelo título".

A possibilidade está ligada à própria natureza do contrato, já que em alguns casos a sentença não pode substituir a declaração de vontade. Exemplo invariavelmente lembrado pela doutrina é do sócio que se compromete por contrato a aceitar terceiro como sócio em sociedade de pessoas, quando sabidamente é necessário para tanto a concordância dos outros sócios. O mesmo ocorre na promessa de casamento (ou esponsais). Trata-se de regra consagrada no art. 464 do CC, que não admite a substituição da vontade do inadimplente quando a isto se opuser a natureza da obrigação.

A indicação de que não esteja excluído pelo título o cumprimento da obrigação é outra exigência do dispositivo legal ora comentado. Nesse caso, em princípio seria possível a substituição da declaração de vontade pelas partes, mas em razão de expressa manifestação de vontade anterior, contida no pré-contrato, as partes excluem essa possibilidade. A previsão contratual de direito de arrependimento expressa muito bem essa situação (art. 463 do CC), porque, se as partes permitiram contratualmente o arrependimento posterior, aquela que regatear em firmar o contrato definitivo estará na verdade exercendo direito que a ela é assegurado pela convenção das partes.

---

[30] Araken de Assis, *Manual*, n. 202.1, p. 547-548; Marinoni-Mitidiero, *Curso*, p. 443.

[31] Barbosa Moreira, *Aspectos*, p. 211; Araken de Assis, *Manual*, n. 202.1, p. 547; Lucon, *Código*, p. 1.889.

A previsão do art. 466-A do CPC regula todas as situações em que exista um pré-contrato. Na praxe forense, entretanto, a sua aplicação centra-se prioritariamente nas situações de promessa de compra e venda de imóveis, que uma vez descumprida enseja a chamada adjudicação compulsória, também tratada por lei extravagante (Decreto-lei 58/1937). Segundo o art. 16 de referido Decreto-lei, o procedimento da ação de adjudicação compulsória seguirá, independentemente de seu valor, o rito sumário. Registre-se que, após um período de debates sobre o tema, o Superior Tribunal de Justiça pacificou o entendimento de que não há necessidade do registro do compromisso de compra e venda para que se possa obter a adjudicação compulsória[32]. A ação de adjudicação compulsória é de direito pessoal, em nada interferindo o registro do compromisso perante o Cartório competente, o que só faz criar direitos perante terceiros.

O art. 466-C do CPC prevê que, na hipótese de contato sinalagmático, cabe ao devedor provar que a contrapestação foi cumprida ou oferecê-la por meio de depósito em juízo, caso ainda não o tenha feito. A exceção de contrato não cumprido é matéria de defesa que deverá ser alegada pelo réu em sua contestação, "sob pena" de preclusão.

Há entendimento doutrinário no sentido de que, não havendo a comprovação de que ocorreu a contraprestação, o julgamento será de carência de ação e não de improcedência, admitindo-se a repropositura da demanda[33]. Em respeito ao princípio da economia processual, outro entendimento afirma que, não havendo tal comprovação, a sentença deverá ser de procedência do pedido do autor, condicionando-se a sua eficácia à realização da contraprestação[34].

Não se pode concordar com a prolação de sentença de procedência se não houver sido provada a entrega da contraprestação antes desse momento procedimental. Tratando-se de sentença que automaticamente substitui a declaração de vontade do réu, surtindo efeito igual ao do adimplemento da obrigação de contratar, não parece correto admitir o controle posterior a esse ato judicial da contraprestação pelo devedor[35].

---

32 Súmula 239: "O direito à adjudicação não se condiciona ao registro do compromisso de compra e venda no cartório de imóveis"; Greco, *O processo*, n. 10.10, p. 512. Contra: Greco Filho, *Direito*, n. 56.2, p. 267.

33 Theodoro Jr., *Processo*, n. 478, p. 563; Lucon, *Código*, p. 1.888.

34 Costa Machado, *Código*, p. 851. Contra: Greco, *O processo*, n. 10.10, p. 514.

35 Barbosa Moreira, *Aspectos*, p. 214.

46

PROCESSO DE EXECUÇÃO DE ENTREGA DE COISA

46.1. EXECUÇÃO DE ENTREGA DE COISA CERTA

A petição inicial deverá preencher os requisitos do art. 282 do CPC, naquilo que for aplicável ao processo de execução (não teria sentido exigir do exequente a especificação de provas em um processo que não possui fase probatória), devendo sempre estar acompanhada do título executivo, no caso sempre extrajudicial.

Segundo a previsão do art. 621 do CPC, o executado será citado para dentro do prazo de dez dias satisfazer a obrigação ou, garantindo o juízo, apresentar embargos. A interpretação do dispositivo legal não pode ser feita literalmente, parecendo ter o legislador se esquecido de adequar o dispositivo legal à nova realidade estabelecida pela Lei 11.382/2006, em especial:

(a) a previsão contida no art. 736 do CPC, que dispensa a garantia do juízo como condição para a apresentação de embargos à execução, levando à revogação tácita do art. 622 do CPC; e

(b) a previsão contida no art. 738 do CPC, que estabelece um prazo de 15 dias para os embargos à execução.

O melhor entendimento é de que com a juntada aos autos do mandado de citação devidamente cumprido ter-se-á o início da contagem de dois prazos[1]:

(i) 10 dias para o executado cumprir a obrigação, o que impede nesse prazo a adoção de qualquer medida executiva, seja direta ou indireta;

(ii) 15 dias para a apresentação de embargos à execução[2], independentemente do depósito da coisa.

Optando pela apresentação dos embargos à execução, o executado poderá oferecer em depósito a coisa, cumprindo assim uma das exigências contidas no art. 739-A do CPC para a concessão do efeito suspensivo aos embargos.

Sendo a opção do executado a entrega da coisa no prazo de dez dias, o direito do exequente estará satisfeito, o que poderia levar à equivocada conclusão da extinção normal do processo de execução, por meio da sentença prevista no art. 794, I, do CPC, visto que, segundo o art. 624 do CPC, após a entrega do bem "lavrar-se-á o respectivo termo e dar-se-á por finda a execução, salvo se tiver de prosseguir para pagamento de frutos ou ressarcimento de prejuízos".

Entendo ser necessária a intimação do exequente para que se manifeste a respeito do bem oferecido em depósito, porque não há obrigatoriedade de aceitar bem diverso daquele que consta do objeto da obrigação, ainda que de maior valor. Sendo aceito o bem oferecido em depósito, e, havendo frutos ou ressarcimentos de danos, a execução não será extinta, mas a sua natureza será convertida, dado que a execução seguirá para o pagamento em dinheiro dos frutos ou prejuízos (execução por quantia certa). Na realidade, ainda que não existam frutos e/ou ressarcimentos, a execução prosseguirá para a cobrança das custas e despesas processuais, somente havendo a extinção quando, além da entrega da coisa, o executado também realizar imediatamente o pagamento dessas verbas de sucumbência[3].

Na hipótese de apresentação de embargos e de oferecimento da coisa em depósito, apesar da omissão legislativa, o exequente deverá ser ouvido para se manifestar sobre o bem oferecido pelo executado, em respeito ao princípio do contraditório. Sabe-se que somente a coisa que se procura obter com a execução é hábil para garantir o juízo, significando dizer que nem sempre o executado oferece o bem correto, devendo o juiz zelar pela correspondência entre a coisa que constitui o objeto da execução e o objeto do depósito. Caso o juiz decida pela correção do oferecimento, lavrar-se-á termo de depósito, que, após ser assinado pelo executado, habilitará a concessão do efeito suspensivo aos embargos. Naturalmente, em situações de extrema urgência, poderá o juiz conceder imediatamente o efeito suspensivo e depois ouvir o exequente, com a aplicação do contraditório diferido.

A terceira conduta possível ao executado é a manutenção de seu estado de inadimplência, omitindo-se por completo à ordem do juiz contida no mandado

1 Abelha Rodrigues, *Manual*, p. 275.

2 Barbosa Moreira, *O novo*, p. 216; Theodoro Jr., *Processo*, n. 147, p. 205; Didier-Cunha-Braga-Oliveira, *Curso*, p. 494; Marinoni-Arenhart, *Execução*, p. 468.

3 Barbosa Moreira, *O novo*, p. 216; Araken de Assis, *Manual*, n. 171, p. 511.

de citação. Sendo o prazo para entrega previsto no art. 621 do CPC de dez dias, e sendo aplicável à execução de entrega de coisa o art. 738 do CPC (15 dias de prazo para os embargos à execução), entendo que transcorrido dez dias sem manifestação de omissão do executado, o juiz poderá fazer incidir medidas de execução indireta e determinar a realização de atos de execução direta.

Apesar de o art. 621, parágrafo único, do CPC prever que o juiz poderá, ao despachar a petição inicial, fixar multa por dia de atraso no cumprimento da obrigação (astreintes), essa multa – que na realidade não precisa ser diária – só passará a ser exigida após o vencimento do prazo legal concedido pela lei para que o executado cumpra a sua obrigação[4]. Ainda que não tenha fixado a multa no despacho da petição inicial, diante da inércia do executado poderá determiná-la a qualquer momento do processo. Além da fixação da multa caberá ao juiz a expedição de mandado de busca e apreensão – bens móveis – ou de imissão de posse – bens imóveis.

Essas medidas serão adotadas tanto na hipótese de o executado não ingressar com embargos à execução no prazo de 15 dias como também diante da ausência de efeito suspensivo dos embargos. Registre-se que os atos materiais de execução serão praticados para gerar a imediata satisfação do direito do exequente, com a entrega da coisa, o que, entretanto, não extinguirá o processo na hipótese de existirem embargos à execução ainda pendentes de julgamento. Havendo concessão de efeito suspensivo nos embargos, o que pelas exigências legais só será admissível com o depósito da coisa, entendendo que a coisa não pode ser entregue ao exequente, devendo-se aguardar o julgamento dos embargos. Sendo julgados improcedentes, a coisa será entregue ao exequente; julgados procedentes, a coisa será devolvida ao executado[5].

É ainda possível que o executado, mesmo depositando a coisa em juízo, não consiga o efeito suspensivo em razão do não preenchimento de outros requisitos exigidos no art. 739-A do CPC. Nesse caso, caberá a entrega imediata da coisa depositada ao exequente, devendo-se interpretar o art. 623 do CPC no sentido de que a coisa só não poderá ser levantada antes do julgamento dos embargos se o juiz no caso concreto tiver concedido efeito suspensivo aos embargos[6].

Na hipótese de a coisa devida estar no patrimônio de terceiro e de ter sido desviada de forma fraudulenta, será ali buscada, sendo que o terceiro que a adquiriu somente será ouvido pelo juízo depois de depositá-la em juízo, ou seja, após a garantia do juízo (art. 626 do CPC). Caso o exequente entenda que a execução para a entrega de coisa deixou de ser interessante em razão de a coisa estar no patrimônio de terceiro, poderá converter a execução de entrega em execução de pagar quantia certa[7].

---

4 Marinoni-Mitidiero, *Código*, p. 626.

5 Theodoro Jr., *Processo*, n. 147, p. 206; Fidélis dos Santos, *Execução*, p. 764. Contra, admitindo o levantamento da coisa mediante a prestação de caução: Marinoni-Mitidiero, *Código*, p. 627.

6 Theodoro Jr., *Processo*, n. 148, p. 207; Didier-Cunha-Braga-Oliveira, *Curso*, p. 496.

7 Barbosa Moreira, *O novo*, p. 217; Theodoro Jr., *Processo*, n. 150, p. 208; Greco, *O processo*, n. 9.3, p. 473.

Há entendimento doutrinário que limita essa exigência ao processo de execução, de forma a ser admissível a apresentação de defesa por meio de outra ação sem a necessidade de garantia do juízo[8]. Existe dissenso doutrinário a respeito da forma processual adequada para o terceiro se defender por meio de uma ação incidental ao processo de execução. Parcela da doutrina entende que essa defesa seja realizada por meio de embargos de terceiro[9], enquanto outra parcela minoritária entende que a defesa será apresentada por meio de embargos à execução por considerar o terceiro adquirente como sucessor do executado[10]. Nesse caso, é acertado o entendimento de que os embargos à execução não dependem de garantia do juízo, compatibilizando-se o art. 627 do CPC com o art. 736, *caput*, do CPC.

É possível que o bem não seja localizado, tendo se deteriorado ou desaparecido, situação que ensejará a conversão da execução para a entrega de coisa em execução por quantia certa para cobrança do valor da coisa, além do montante devido como reparação de perdas e danos e eventualmente o valor da multa aplicada (*astreinte*). A definição de tal valor dar-se-á por meio de uma liquidação incidente, dispensada quando o exequente pretender obter somente o valor da coisa e tal valor já estiver indicado no título executivo.

Havendo benfeitorias na coisa, deve ser instaurado um processo de liquidação de sentença antes do processo de execução. O art. 628 do CPC dispõe que, no caso de benfeitorias indenizáveis feitas pelo devedor ou terceiros, sua liquidação prévia é obrigatória. Existindo saldo em favor do executado, o exequente depositará o valor ao requerer a entrega da coisa; havendo saldo em favor do exequente, este poderá cobrá-lo nos autos do mesmo processo. Não havendo tal liquidação prévia, é possível ao executado suspender a execução por meio da interposição de embargos de retenção (art. 744 do CPC).

> Segundo o art. 763 do PLNCPC, o executado será citado para satisfazer a obrigação em três dias, adequando o procedimento à execução de pagar quantia certa.

46.2. EXECUÇÃO DE ENTREGA DE COISA INCERTA

O processo de execução de entrega de coisa incerta seguirá basicamente as mesmas regras procedimentais analisadas anteriormente, sendo que a única diferença diz respeito ao procedimento de individualização da coisa, que deverá

---

8 Marinoni-Mitidiero, *Código*, p. 628. Contra: Abelha Rodrigues, *Manual*, p. 276; Fidélis dos Santos, *Execução*, p. 765.

9 Nery-Nery, *Código*, p. 1.017; Marinoni-Mitidiero, *Código*, p. 628; Abelha Rodrigues, *Manual*, p. 276.

10 Greco, *O processo*, n. 9.3, p. 472.

ocorrer no início do processo executivo. Após a escolha, a coisa passa a ser certa e o procedimento seguirá as regras já estudadas[11]. Segundo o art. 629 do CPC, tal execução tomará lugar sempre que recair sobre coisas determinadas pelo gênero e quantidade.

Coisa incerta não se confunde com coisa fungível[12] (coisa móvel que pode ser substituída por outra da mesma espécie, qualidade e quantidade – art. 85 do CC), devendo a execução seguir o rito anteriormente analisado da execução para a entrega de coisa certa. Sendo a qualidade a mesma para todas as coisas, a individualização é irrelevante, já que a satisfação se dará da mesma forma qualquer que seja o bem entregue[13]. A condenação consistente em entregar dez bolas de futebol de determinada marca e modelo não exige o procedimento estabelecido pelos arts. 629 e 630 do CPC, e quaisquer dez bolas destacadas de um lote acarretarão a satisfação plena do credor.

Coisa incerta, assim, deve ser considerada coisa indeterminada – mas determinável –, em que a escolha tem a sua importância em razão da diferente qualidade entre os bens que poderão ser escolhidos. Exemplificativamente é possível lembrar de uma obrigação de entregar um filhote de cachorro proveniente da cria de uma cadela específica, quando jamais todos os filhotes serão iguais. Certamente haverá o mais dinâmico, o mais magro, o mais belo, o mais alegre, o mais bravo, o mais dengoso, e assim por diante. Aqui, certamente, a escolha é fundamental, e aí sim estaremos diante de execução de coisa incerta.

Em princípio, o direito de escolha deve estar previsto no próprio título executivo, e, sendo omisso, a escolha caberá ao devedor. Quando a escolha couber ao exequente, este deverá indicar o bem já na petição inicial, tornando certa a coisa desde o início da demanda, sob "pena" de preclusão[14]. Sendo omissa a petição inicial, a escolha automaticamente é repassada ao executado, presumindo-se que o exequente renunciou ao seu direito de escolha. Esse direito de escolha, entretanto, retornará ao exequente se o executado, instado a se manifestar sobre a escolha da coisa, deixar de fazê-lo[15].

Caso seja o direito de escolha do executado, este será citado para entregar ou depositar o bem incerto em dez dias. É claro que, se entregar ou depositar o bem, estará individualizando a coisa, mas também é possível imaginar a simples indicação do executado a respeito do bem, sem entregá-lo ou depositá-lo. Nesse caso, a execução seguirá o rito da execução para a entrega de coisa certa, em razão da opção feita pelo executado. No silêncio do executado o direito de escolha passará a ser do exequente.

---

11 Dinamarco, *Instituições*, n. 1.639, p. 477; Barbosa Moreira, *O novo*, p. 219; STJ, 4.ª Turma, REsp 327.650/MS, rel. Min. Sálvio de Figueiredo Teixeira, j. 26.08.2003, *DJ* 06.10.2003, p. 273.

12 Araken de Assis, *Manual*, n. 176, p. 516.

13 Barbosa Moreira, *O novo*, p. 219.

14 Araken de Assis, *Manual*, n. 177.1, p. 517.

15 Araken de Assis, *Manual*, n. 177.1, p. 517; Theodoro Jr., *Processo*, n. 155, p. 212; Greco, *O processo*, n. 9.4, p. 477.

A escolha da coisa incerta segue norma de direito material, mais precisamente o art. 244 do CC, que determina que, nas coisas determinadas pelo gênero e pela quantidade, o devedor não pode dar a pior nem está obrigado a dar a melhor coisa. Tratando-se de bens de diferente qualidade, poderão surgir conflitos quanto à escolha feita pela parte contrária, situação resolvida pelo art. 630 do CPC, que determina que "qualquer das partes poderá, em 48 (quarenta e oito) horas, impugnar a escolha feita pela outra, e o juiz decidirá de plano, ou, se necessário, ouvindo perito de sua nomeação".

Tendo sido feita a escolha pelo exequente em sua petição inicial, o executado terá 48 horas contadas da juntada do mandado de citação devidamente cumprido aos autos, suspendendo-se o prazo de dez dias para entregar ou depositar o bem até a solução do incidente[16]. Se a escolha couber ao executado, assim que indicado o bem, entregue ou depositado em juízo, o exequente terá 48 horas para impugnar a escolha. Impugnada tempestivamente a escolha, o juiz deverá decidir de plano, podendo em casos mais complexos valer-se do auxílio de perito de sua nomeação (art. 630 do CPC).

> O art. 769 do PLNCPC aumenta de 48 horas para três dias o prazo de impugnação da escolha feita por uma das partes, tema atualmente versado pelo art. 630 do CPC.

[16] Barbosa Moreira, *O novo*, p. 220; Araken de Assis, *Manual*, n. 177.2, p. 518; Marinoni-Arenhart, *Execução*, p. 470.

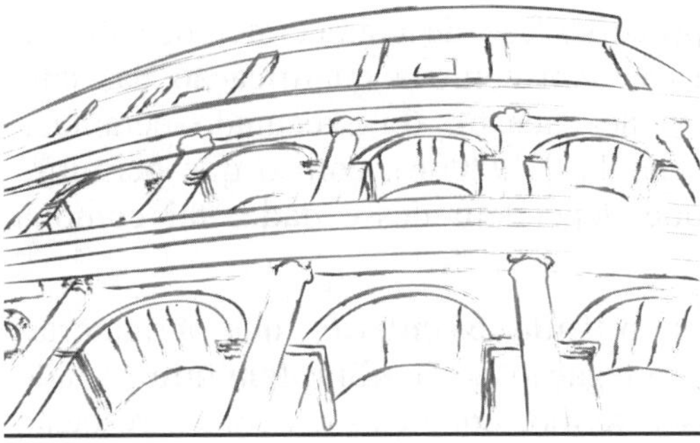

47

EXECUÇÃO DE PAGAR QUANTIA CERTA

47.1. INÍCIO DO PROCESSO DE EXECUÇÃO

47.1.1. Petição inicial

Desenvolvendo-se por meio de processo autônomo, a execução de título extrajudicial exige do exequente a elaboração de uma petição inicial, ato processual solene que deve seguir as regras do art. 282 do CPC, naquilo que for cabível[1].

Como ocorre na petição inicial do processo/fase de conhecimento, cabe ao exequente indicar o endereçamento da peça, bem como a qualificação das partes, inclusive com a indicação do número de cadastro do executado perante a Secretaria da Receita Federal (art. 15 da Lei 11.419/2006), com o que permitirá a prática imediata de atos processuais que dependem desse dado, tal como a penhora *on-line*.

No tocante à causa de pedir, exigem-se o **título executivo** – que obrigatoriamente deve instruir a petição inicial – e a alegação de **inadimplemento**[2], sendo ainda exigido que nas obrigações sujeitas a termo, condição ou contraprestação conste da peça a demonstração de que o termo ocorreu, a condição se implementou ou a contraprestação foi realizada[3]. Também deve constar o pedido, tanto no aspecto processual (*imediato*) como no material (*mediato*). Embora a tutela jurisdicional seja sempre satisfativa, cabe ao autor indicar os meios executórios que prefere ver aplicados no caso concreto, como a possível escolha entre a expropriação ou a prisão civil do executado na execução de alimentos[4]. O bem da vida será sempre um valor certo e líquido em dinheiro[5].

Existe tradicional corrente doutrinária que defende a dispensa do pedido de provas na petição inicial de execução porque no processo executivo não se realiza instrução probatória[6]. Parcela doutrinária minoritária observa que excepcionalmente poderá ser exigida do exequente a produção de prova não para demonstrar o direito exequendo, mas a mera *exequibilidade da execução*. Dessa forma, nas obrigações sujeitas a termo, condição ou contraprestação, caberá ao exequente provar que o termo ocorreu, a condição se implementou ou a contraprestação foi realizada, o que justificaria o pedido de provas na petição inicial[7]. Registre-se que, para parcela da doutrina, a prova nesse caso é documento indispensável à propositura da ação (art. 283 do CPC), não se admitindo sua produção durante o processo de execução[8].

Caberá ainda ao exequente indicar um valor à causa, representado pelo valor pretendido, o pedido de citação do executado e, em determinadas situações, a intimação do credor pignoratício, hipotecário ou anticrético e do usufrutuário (art. 615, II, do CPC). O prazo para essa intimação é de dez dias antes da expropriação do bem (art. 698 do CPC), mas, caso o exequente já saiba que há *garantia real*

---

1 Araken de Assis, *Manual*, n. 123, p. 428; Theodoro Jr., *Processo*, n. 181, p. 237; Marinoni-Arenhart, *Execução*, p. 436; Abelha Rodrigues, *Manual*, p. 303.

2 Theodoro Jr., *Processo*, n. 181, p. 237.

3 Marinoni-Arenhart, *Execução*, p. 436; Dinamarco, *Instituições*, n. 1.662, p. 505.

4 Araken de Assis, *Manual*, n. 123.1, p. 429.

5 Dinamarco, *Instituições*, n. 1.662, p. 504.

6 Câmara, *Lições*, v. 2, p. 256; Abelha Rodrigues, *Manual*, p. 303.

7 Araken de Assis, *Manual*, n. 123.4, p. 431.

8 Marinoni-Arenhart, *Execução*, p. 437.

no bem sobre o qual recairá a penhora, poderá desde a petição inicial indicar a necessidade de intimação.

Além dos requisitos do art. 282 do CPC, cabe ao exequente instruir a petição inicial com os documentos indispensáveis à propositura da ação (art. 614, I e II, do CPC), nos termos do art. 283 do CPC. O **título executivo** e o **demonstrativo de cálculos** são documentos que obrigatoriamente devem instruir a petição inicial, sendo sua ausência causa de intimação do exequente para emenda da inicial (art. 284 do CPC)[9], havendo correta decisão do Superior Tribunal de Justiça que admite a juntada do título executivo mesmo após vencido o prazo de emenda da petição inicial, mas antes da extinção terminativa do processo[10].

Segundo o art. 652, § 2.º, do CPC, a exemplo do que ocorre no requerimento inicial do cumprimento de sentença (art. 475-J, § 3.º, do CPC), o exequente tem a faculdade de indicar na petição inicial bens do executado a serem penhorados. O dispositivo legal faz uma menção ao art. 655 do CPC, como a sugerir que o exequente respeite a ordem de penhora estabelecida naquele artigo. Registre-se que a indicação de bens na petição inicial, embora auxilie a tarefa do oficial de justiça na localização do patrimônio do executado – sempre uma fase difícil do processo executivo –, não o vincula peremptoriamente à realização de penhora do bem indicado.

O art. 652, § 3.º, do CPC, ao tratar de tema versado pelo art. 600, IV, do CPC, prevê que o juiz pode, de ofício ou a requerimento do exequente, intimar a qualquer tempo o executado para que indique os bens passíveis de penhora. Apesar da omissão específica desse dispositivo, o prazo para o cumprimento desse dever processual será de cinco dias, conforme previsão do art. 600, IV, do CPC. A consequência do descumprimento – total ou parcial – é a aplicação da multa de até 20 % do valor exequendo, prevista no art. 601 do CPC.

O dispositivo é interessante por dois motivos: primeiro porque possibilita a atuação oficiosa do juiz e segundo porque limita temporalmente a intimação para que o executado contribua com o Poder Judiciário na sempre difícil tarefa de localização dos bens sujeitos à penhora. Aplica-se também a esse dispositivo legal o art. 652, § 4.º, do CPC, que permite que a intimação seja feita na pessoa do advogado, desde que haja um constituído nos autos. Na realidade, aparentemente essa permissão foi pensada para o caso específico de intimação da penhora, mas parece razoável que também seja aplicada conforme sugerido, ainda que com menor incidência prática em razão do momento inicial do procedimento em que tal comunicação ocorre.

Naturalmente, uma intimação na pessoa do advogado, por meio de mera publicação na imprensa oficial, é ato que não demanda grandes esforços, podendo ser realizado sem graves perturbações ao bom andamento procedimental. O mesmo, entretanto, não ocorre com a intimação pessoal do executado, ainda mais

---

9 STJ, 1.ª Turma, REsp 812.323/MG, rel. Min. Luiz Fux, j. 16.09.2008; Barbosa Moreira, *O novo*, p. 213; Marinoni-Arenhart, *Execução*, p. 438.

10 *Informativo* 471/STJ: 4.ª Turma, REsp 924.989/RJ, rel. Min. Luis Felipe Salomão, j. 05.05.2011.

se ele estiver imbuído em se ocultar, dificultando a realização do ato de comunicação processual. Dessa forma, o juiz não deve perder a oportunidade inicial do processo, na qual o executado será necessariamente citado para ser integrado ao processo e intimado para pagar no prazo de três dias, sendo de todo conveniente que seja desde já também intimado para que no prazo de cinco dias indique os bens de seu patrimônio sujeitos à execução[11]. O executado terá, assim, o dever de apresentar em juízo a declaração de seus bens, nos limites da satisfação do direito exequendo, desde que não realize o pagamento dentro do prazo de três dias.

No PLNCPC não existe propriamente um artigo que trate da petição inicial, mas o art. 755 prevê os documentos que devem instruir essa peça, sendo norma também aplicável ao requerimento do cumprimento de sentença. Destaca-se o parágrafo único do dispositivo legal mencionado, que traça as diretrizes formais para a elaboração do memorial descritivo de cálculos. Este deverá conter: o nome completo e o número do cadastro de pessoas físicas ou do cadastro nacional de pessoas jurídicas do exequente e do executado; o índice de correção monetária adotado; a taxa dos juros de mora aplicada; o termo inicial e o termo final dos juros e da correção monetária utilizados; especificação dos eventuais descontos obrigatórios realizados.

O art. 756 prevê outras incumbências do exequente, mas é preciso cuidado na análise do dispositivo legal, considerando não se tratar as providências nele previstas requisitos formais da petição inicial.

No inciso I encontra-se a exigência de requerimento da intimação do credor pignoratício, hipotecário, anticrético ou usufrutuário, quando a penhora recair sobre bens gravados por penhor, hipoteca, anticrese ou usufruto. Nesse caso, apesar de a ausência de intimação gerar nulidade dos atos de expropriação, não há preclusão temporal para seu pedido, de forma que, mesmo não constando da petição inicial, nada impedirá que o exequente venha posteriormente a fazer o requerimento.

No inciso II encontra-se a possibilidade de pedido de medidas acautelatórias urgentes sempre que tal espécie de tutela se fizer necessária. A novidade é a menção à possibilidade de se requerer a indisponibilidade de ativos financeiros existentes em nome do executado, para posterior penhora. Já havia defendido a possibilidade de penhora *on-line* antes mesmo da citação do executado, desde que demonstrado o perigo de ineficácia da medida diante da ciência do executado da existência da demanda judicial. Parece ser esse o sentido do dispositivo ora comentado.

No inciso III, a possibilidade de o exequente indicar bens a serem penhorados, exatamente como já ocorre atualmente, e no inciso IV, a possibilidade de averbação em registro público, para conhecimento de terceiros, do ato de ajuizamento da execução e dos atos de constrição realizados, matéria atualmente tratada pelo art. 615-A do CPC e comentada a seguir.

[11] Contra, entendendo que o dever de informar exige frustração anterior da diligência do oficial de justiça: Medina, *Execução*, n. 3.4.4, p. 103; Abelha Rodrigues, *Manual*, p. 306.

47.1.2. Averbação da execução

Segundo o art. 615-A, *caput*, do CPC, o exequente tem a **faculdade**[12] de pedir uma certidão comprobatória de ajuizamento da execução, com identificação das partes e valor da causa, no momento da distribuição da ação. Tal certidão servirá ao exequente para fins de averbação no registro de imóveis, veículos ou qualquer outro registro de bens sujeitos à penhora ou arresto. É natural que a aplicação desse dispositivo legal dependa do conhecimento da situação patrimonial do executado pelo exequente, porque, não tendo ciência de onde mantém registrados seus bens, de nenhuma serventia terá a certidão.

O objetivo da averbação é dar ciência a terceiros e ao próprio executado, antes mesmo de sua citação, de que existe uma ação executiva em trâmite que pode gerar a **fraude à execução** na hipótese de alienação ou oneração do bem. É o próprio art. 615-A, § 3.º, do CPC que prevê a presunção de fraude à execução nesse caso, devendo-se entender que a presunção de ciência sobre a existência da ação é absoluta, mas a presunção de fraude é relativa, porque, demonstrando o executado ter bens restantes em seu patrimônio aptos a satisfazer o direito do exequente, não terá ocorrido qualquer espécie de fraude na alienação e/ou oneração do bem objeto da averbação.

Procedimentalmente caberá ao Cartório Distribuidor a elaboração dessa certidão, sempre que assim solicitado – ainda que verbalmente – pelo exequente. Caberá ao exequente se dirigir aos registros de bens e realizar a averbação, sendo de sua responsabilidade a eventual abusividade nessa conduta. No pedido elaborado em sede de cumprimento de sentença, a certidão é produzida pelo próprio cartório judicial. Aduz o art. 615-A, § 4.º, do CPC que, na hipótese de averbação manifestamente indevida – que pode abranger a penhora de bens manifestamente impenhoráveis[13], ou ainda, averbações excessivas, considerando o valor dos bens[14] –, o exequente indenizará a parte contrária, nos termos do art. 18, § 2.º, do CPC, devendo-se entender que a sanção só deve ser aplicada quando restar configurada a **culpa do exequente** na abusividade da averbação.

Até mesmo para que o juiz tenha possibilidade de controlar eventual ato abusivo praticado pelo exequente, cumpre a ele informar em juízo a realização da averbação no prazo de dez dias da sua concretização (art. 615-A, § 1.º, do CPC). Não existe qualquer consequência prevista em lei para a não realização da comunicação, donde se pode concluir que a averbação, com a consequente fraude à execução, não será afetada diante do descumprimento da exigência legal[15], apesar de existir respeitável corrente doutrinária a defender a perda de eficácia da averbação, cessando a presunção de fraude à execução[16].

---

12 Marinoni-Mitidiero, *Curso*, p. 621.

13 Câmara, *Lições*, v. 2, p. 258.

14 Araken de Assis, *Manual*, n. 125.6, p. 442; Wambier-Wambier-Medina, *Breves*, p. 76-77.

15 Scarpinella Bueno, *A nova*, p. 48-50; Gumerato, *Reforma*, p. 158.

16 Barbosa Moreira, *O novo*, p. 235; Marinoni-Mitidiero, *Curso*, p. 622.

Aduz o art. 615-A, § 2.º, do CPC que, formalizada penhora sobre bens suficientes para cobrir o valor da dívida, será determinado o cancelamento das averbações referentes aos bens que não teriam sido penhorados. Nesse caso, verificar-se-á que o exequente realizou averbações sobre mais bens do que era necessário, o que já é um indício de que o ato foi realizado de forma manifestamente indevida, nos termos do art. 615-A, § 4.º, do CPC.

Apesar de a previsão se referir somente ao processo de execução, a melhor doutrina acertadamente entende que também no cumprimento de sentença caberá o pedido pelo exequente da expedição de certidão comprobatória da execução junto ao cartório no qual tramita a demanda judicial[17].

47.1.3. Arresto executivo

Não sendo possível realizar a citação do executado em razão de sua não localização, mas localizando-se bem ou bens de seu patrimônio, caberá ao oficial de justiça realizar o arresto executivo de tantos bens quantos bastem para garantir a dívida (art. 653, *caput*, do CPC).

O *arresto executivo*, apesar de preparar a garantia do juízo que será realizada pela penhora, não se confunde com o *arresto cautelar*, previsto nos arts. 813 a 821 do CPC. Primeiro em razão dos diferentes requisitos necessários à sua concessão, pois no arresto cautelar devem-se verificar o *fumus boni iuris* e o *periculum in mora,* e no arresto executivo, a frustração na citação do executado e a localização de seu patrimônio[18]. Segundo porque o arresto executivo é realizado *ex officio* pelo oficial de justiça, enquanto o arresto cautelar depende de decisão judicial[19]. Terceiro porque o arresto executivo outorga ao credor o direito de preferência, o que não ocorre no arresto cautelar[20], ainda que exista confusa decisão proferida recentemente pelo Superior Tribunal de Justiça[21].

Tratando-se, portanto, de ato executivo de *pré-penhora* ou *penhora antecipada*[22], conclui-se que não existe qualquer exigência em se provar perigo de ineficácia do resultado do processo para a concessão do arresto executivo; basta não localizar o executado para sua citação[23].

Segundo o art. 653, parágrafo único, do CPC, nos dez dias seguintes à efetivação do arresto, o oficial de justiça procurará o devedor por três vezes em

---

17 Marinoni-Mitidiero, *Curso*, p. 622; Wambier-Wambier-Medina, *Breves*, p. 76; Scarpinella Bueno, *A nova*, p. 55; Glauco Gumerato, *Reforma*, p. 156.

18 STJ, 1.ª Turma, REsp 690.618/RJ, rel. Min. Teori Albino Zavascki, j. 1.º.03.2005.

19 Câmara, *Lições*, v. 2, p. 260-261; Medina, *Execução*, n. 3.5.4, p. 111.

20 Araken de Assis, *Manual*, n. 218, p. 585; Câmara, *Lições*, v. 2, p. 261; Shimura, *Arresto*, n. 6.1, p. 217; STJ, 4.ª Turma, REsp 759.700/SP, rel. Min. Fernando Gonçalves, rel. p/ acórdão Min. Jorge Scartezzini, j. 18.08.2005.

21 *Informativo* 421/STJ: 4.ª Turma, rel. Min. Fernando Gonçalves, j. 04.02.2010.

22 Araken de Assis, *Manual*, n. 218, p. 584.

23 Dinamarco, *Instituições*, n. 1.669, p. 511; Greco, *O processo*, n. 8.1.1, p. 301; Marinoni-Arenhart, *Execução*, p. 442; Fux, *Curso*, p. 1.400. Contra: Greco Filho, *Direito*, n. 12.2, p. 80.

dias distintos tentando realizar a citação. Sendo realizada a citação, prossegue-se no procedimento regular da execução, mas o arresto já realizado pelo oficial de justiça não será revogado; não sendo realizado o pagamento no prazo de três dias, o arresto converte-se em penhora[24]. Caso o réu não seja localizado, o exequente será intimado para que no prazo de dez dias requeira a citação do executado por edital: não sendo providenciada, o arresto se desfaz; providenciada, a citação será realizada e, não sendo realizado o pagamento em três dias, o arresto se converterá em penhora[25], com a posterior intimação do executado, nos termos do art. 652, § 4.º, do CPC, que poderá ser dispensada quando já constar do edital[26].

Tratando-se de *citação ficta* realizada por edital, e não ingressando no processo o executado por meio de advogado constituído, caberá ao juiz a indicação de um **curador especial** que terá inclusive legitimidade para o oferecimento de embargos à execução[27].

O arresto executivo é mantido no PLNCPC, sendo tratado pelo art. 787. De novidade há a possibilidade de o oficial de justiça, nos dez dias seguintes à efetivação do arresto, realizar a citação do executado por hora certa, desde que suspeite de ocultação maliciosa, o que poderá evitar a onerosa e demorada publicação de edital. Nos termos do § 3.º do dispositivo legal ora comentado, aperfeiçoada a citação e transcorrido o prazo de pagamento, o arresto se converterá em penhora, independentemente de termo.

47.1.4. Citação e pagamento

O art. 652 do CPC é o responsável pela previsão das regras referentes ao início do procedimento do processo de execução de pagar quantia certa fundada em título extrajudicial, apontando a postura do juiz após o juízo positivo de admissibilidade da petição inicial. Fala-se em juízo positivo de admissibilidade porque, tendo o processo executivo seu início por meio de petição inicial, o juiz analisará de ofício os requisitos formais dessa peça, podendo indeferi-la de plano, determinar sua emenda no prazo de dez dias, ou, se entender que formalmente a peça encontra-se em ordem, determinar a citação do executado. O dispositivo ora comentado disciplina o procedimento a ser verificado após a citação do executado.

Segundo o art. 652, *caput*, do CPC, o executado será citado para, no prazo de três dias, efetuar o pagamento da dívida. Como já analisado no Capítulo 10,

---

24 Araken de Assis, *Manual*, n. 219.3, p. 586-587; Fux, *Curso*, p. 1.400.

25 Marinoni-Arenhart, *Manual*, p. 442; Scarpinella Bueno, *A nova*, p. 46-47.

26 No sistema anterior, no sentido do texto: Greco, *O processo*, n. 8.1, p. 304-305. Contra: STJ, 5.ª Turma, REsp 898.167/SP, rel. Min. Arnaldo Esteves Lima, j. 11.11.2008.

27 Súmula 196/STJ: "Ao executado que, citado por edital ou hora certa, permanecer revel, será nomeado curador especial, com legitimidade para a apresentação de embargos".

item 10.5.1, na realidade, o executado é citado para integrar a relação jurídica processual e intimado para pagar a dívida em três dias. O termo inicial da contagem desse prazo é a juntada aos autos da primeira via do mandado de citação devidamente cumprido[28].

Ao determinar a citação do executado, que se dará por **oficial de justiça** em razão da previsão do art. 222, "d", do CPC, o juiz fixa de plano os honorários advocatícios, nos termos do art. 20, §§ 2.º e 4.º, do CPC. A apreciação equitativa do juiz é dificultada porque os elementos que o nortearão nessa atividade são de difícil constatação nesse momento inicial do processo. Como aferir nesse momento o grau de zelo do profissional, a natureza e importância da causa, o trabalho realizado pelo advogado e o tempo exigido pelo seu serviço? O bom senso determina que o juiz fixe o montante da verba honorária em valor moderado, sem prejuízo, naturalmente, de uma revisão ao final do processo, a depender da complexidade da atividade advocatícia desenvolvida durante o procedimento[29].

Havendo interposição de embargos, há decisões do Superior Tribunal de Justiça que reconhecem a existência de duas ações, admitindo a fixação de duas verbas de sucumbência (uma em cada ação), mas limitando o valor total a 20% do valor executado[30], enquanto outras preferem defender a tese da sucumbência recíproca, ainda que reconhecendo a autonomia das duas ações[31]. Outras, com a solução definitiva, sustentam ser irrelevante a discussão a respeito de quantas sucumbências existem, afirmando que o valor total nunca poderá superar os 20% do valor executado (art. 20, § 3.º, do CPC)[32].

Esses debates tendem a desaparecer diante da previsão contida no art. 784, *caput*, do PLNCPC, que prevê expressamente que os honorários serão arbitrados nesse momento inicial do procedimento em 10% do valor devido, sendo que no § 2.º há permissão para o acréscimo desse valor até 20% na hipótese de embargos rejeitados ou mesmo diante da ausência dessa defesa típica do executado, levando-se sempre em conta o trabalho desenvolvido depois da citação.

O pronunciamento que determina a citação do executado, ao menos no tocante ao capítulo que trata do valor dos honorários advocatícios, tem natureza de *decisão interlocutória*, recorrível por *agravo de instrumento*[33]. O executado poderá realizar o pagamento do principal atualizado, juros, custas processuais, mas

[28] Barbosa Moreira, *O novo*, p. 237; Marinoni-Arenhart, *Manual*, p. 441-442; Scarpinella Bueno, *A nova*, p. 85-88. Contra: Araken de Assis, *Manual*, n. 215.2, p. 581.

[29] Medina, *Execução*, n. 3.6.1, p. 113.

[30] STJ, 2.ª Turma, EDcl no REsp 1.248.012/RS, rel. Min. Herman Benjamin, j. 25.10.2011, *DJe* 28.10.2011; STJ, 1.ª Turma, AgRg no Ag 952.629/RJ, rel. José Delgado, j. 1.º.04.2008.

[31] STJ, 1.ª Turma, REsp 539.574/RJ, rel. Min. Teori Albino Zavascki, j. 15.12.2005.

[32] STJ, 3.ª Turma, REsp 589.772/RS, rel. Min. Castro Filho, j. 16.02.2006.

[33] Araken de Assis, *Manual*, n. 130, p. 446.

deixar de realizar o pagamento integral do valor indicado a título de honorários advocatícios, caso prefira discutir, em grau recursal, o valor fixado inicialmente pelo juiz ao determinar sua citação. Essa postura do executado não evitará, por si só, a continuação da execução concernente à cobrança dos honorários advocatícios, o que só ocorrerá no caso concreto com a obtenção do efeito suspensivo ao recurso interposto (art. 527, III, do CPC).

Segundo o art. 652-A, parágrafo único, do CPC, havendo o pagamento integral da dívida no prazo de três dias da citação do executado, a verba honorária será reduzida pela metade. Havendo pagamento parcial, entendo que cabe o desconto proporcional, apesar de a doutrina majoritária afirmar que o desconto está limitado ao pagamento integral[34]. Como já analisado no Capítulo 34, trata-se de medida de **execução indireta**, com o objetivo de pressionar psicologicamente o executado a cumprir sua obrigação por meio do oferecimento de um prêmio caso realize o pagamento em três dias.

Realizado o pagamento, o exequente deverá ser intimado, sendo-lhe concedido prazo de cinco dias para manifestação. Concordando com o pagamento, o processo executivo será extinto; afirmando que o valor foi pago a menor, poderá imediatamente levantar o valor depositado, cabendo ao juiz decidir a impugnação feita pelo exequente. No caso de rejeição da impugnação, profere sentença extinguindo a execução e, caso a acolha, o processo executivo prosseguirá para o pagamento do saldo devedor, calculando-se a isenção do pagamento da verba honorária com a aplicação da proporcionalidade entre o valor devido e o efetivamente pago. Nesse caso de continuação do processo de execução, ainda que o executado realize imediatamente o pagamento, não mais poderá se beneficiar da isenção do valor determinado pelo juiz como devido a título de honorários advocatícios.

Diferente do sistema anterior, não há atualmente a previsão da nomeação de bens à penhora como uma das posturas admitidas ao executado, não obstante continuar a ser possível tal ato[35], o que, entretanto, não evitará a realização da penhora de outro bem quando o oficial de justiça realizar o ato de constrição judicial. Havendo a penhora de bem diverso daquele indicado, caberá ao juiz, sempre ouvindo as partes, em respeito ao princípio do *contraditório*, decidir qual o mais interessante à execução, podendo manter a penhora ou determinar a sua substituição.

O que precisa ficar claro é que a indicação de bens à penhora por parte do executado, após sua citação e no prazo legal para sua reação, é uma mera liberalidade, não interferindo nos atos processuais, principalmente na atuação constritiva do oficial de justiça. Não se pode, entretanto, desprezar a possibilidade de esse ato de mera liberalidade ser efetivamente praticado, o que inclusive pode ser aproveitado em prol da efetivação da tutela executiva, sempre que a indicação for séria e os bens indicados aptos a satisfazer o direito do exequente.

---

34 Marinoni-Arenhart, *Execução*, p. 438; Theodoro Jr., *Processo*, n. 183, p. 240.

35 Medina, *Execução*, n. 3.6.2, p. 114.

O PLNCPC não prevê expressamente a nomeação de bens à penhora por parte do executado como uma de suas possíveis reações diante da citação, mas indiretamente volta a prestigiar esse tipo de reação. Nos termos do art. 786, § 2.º, a penhora recairá sobre os bens indicados pelo exequente, salvo se outros forem indicados pelo executado e aceitos pelo juiz, mediante demonstração de que a constrição proposta lhe será menos onerosa e não trará prejuízo ao exequente. Apesar da compreensível preocupação do legislador com eventuais abusos do exequente na indicação de bens, permitir uma discussão a respeito de qual bem penhorar quando ambas as partes indicarem bens poderá desvirtuar o procedimento executivo, criando um sério impasse para a realização do ato de constrição judicial.

47.1.5. Atuação do oficial de justiça

Transcorrido o prazo legal de três dias sem que se realize o pagamento, a postura do oficial deve ser a mesma adotada antes da reforma processual, considerando-se que deverá voltar ao endereço do executado e, em poder da segunda via do mandado, realizar a penhora e avaliação de bens. No mesmo sentido do art. 475-J, § 2.º, do CPC, o art. 652, § 1.º, do CPC prevê que cabe ao oficial a **avaliação do bem penhorado**, sendo a presença do avaliador residual reservada aos casos em que seja necessário conhecimento específico que falte ao oficial de justiça.

Mais uma vez o direito processual civil segue os passos do direito processual do trabalho, no qual a figura do oficial-avaliador já se faz presente desde muito na realidade forense em virtude da determinação prevista pelo art. 721, § 3.º, da CLT[36]. Registre-se que essa atuação de avaliador do oficial de justiça também se encontra presente na execução fiscal, em virtude da previsão do art. 13, *caput*, da Lei 6.830/1980, a qual determina que do termo ou auto de penhora já conste a avaliação dos bens penhorados, efetuada por quem o lavrar.

Outro aspecto interessante diz respeito à previsão que determina a lavratura do respectivo auto de penhora e avaliação, com a intimação *incontinenti* do executado, o que naturalmente pressupõe a sua localização. É bem verdade que o art. 652, § 4.º, do CPC permite que tal intimação seja realizada na pessoa do advogado do executado, desde que devidamente constituído. Tratando-se de ato processual praticado no início do procedimento, mais precisamente três dias após a citação do executado – ainda que na prática forense demore bem mais do que isso –, dificilmente o executado já terá constituído advogado nos autos, o que torna frequente a sua intimação pessoal.

De qualquer forma, é interessante a previsão possibilitando a intimação do advogado, até mesmo como forma de coibir o ingresso de *exceções* e *objeções*

[36] Bezerra Leite, *Curso*, p. 768; Nascimento, *Curso*, p. 569.

de pré-executividade visando impedir a realização da penhora. Na hipótese de o executado ingressar voluntariamente no processo para arguir matérias de defesa por meio de exceção ou objeção de pré-executividade, o fará necessariamente por meio de um advogado, em razão da necessidade de capacidade postulatória para a prática de tal ato. Sendo devidamente constituído nos autos, o devedor poderá ser intimado da penhora na pessoa de seu advogado, por simples publicação do Diário Oficial, conforme prevê o art. 652, § 4.º, do CPC.

47.1.6. Não localização do devedor para a intimação da penhora

Segundo o art. 652, § 5.º, do CPC, não localizado o executado, o juiz poderá **dispensar a intimação** ou determinar a **realização de novas diligências**. O dispositivo legal é bastante curioso, para dizer o mínimo, devendo ser analisadas suas implicações práticas no procedimento executivo. É natural que, apesar de o dispositivo legal não mencionar expressamente, sua aplicação, ficará restrita às hipóteses nas quais, além da não localização do executado, não haja a constituição de patrono nos autos, porque, havendo advogado constituído, a intimação ocorrerá normalmente por publicação na imprensa oficial, conforme já verificado. O problema é a não localização do devedor e a ausência de patrono constituído, sendo essa a situação fática na qual o dispositivo ora analisado deve ser aplicado.

A despeito da substancial modificação de toda a sistemática referente às possíveis reações do executado diante de sua citação, já se afirmou que a nomeação à penhora continua a ser possível, apesar de atualmente tratar-se de mera liberalidade do executado. Faz-se a presente observação para apontar um antigo e arraigado entendimento doutrinário e jurisprudencial no sentido de ser dispensada a intimação da penhora quando o executado, já devidamente assistido por advogado, nomeia bens e assina o respectivo termo em cartório[37]. Nessa situação, que poderá continuar a ocorrer com a nova sistemática processual, considera-se inequívoca a ciência do executado, de forma a ser dispensada a intimação formal.

O dispositivo foi imaginado dentro da tônica – por vezes exagerada – da *celeridade processual*, tudo levando a crer, entretanto, que nesse dispositivo houve um excesso na tentativa de fazer com que o procedimento prossiga sem grandes percalços a qualquer custo. O dispositivo legal é curioso porque determina que, diante da certificação detalhada das diligências realizadas, o juiz poderá dispensar a intimação, sem, entretanto, ao menos indicar qual o motivo que levaria o juiz à dispensa da prática de tal ato. Deixando a resposta a essa pergunta aos operadores do direito no caso concreto, a conclusão mais plausível é de que a dispensa ocorra em situações nas quais as diligências praticadas pelo oficial de justiça evidenciassem de alguma forma o conhecimento da penhora por parte do executado, que **maliciosamente** não permite que sua intimação ocorra[38].

---

[37] Dinamarco, *Instituições*, p. 650. Negrão-Gouvêa, *Código*, p. 757 (art. 657:1).

[38] Scarpinella Bueno, *A nova*, p. 97.

Entendo que somente essa circunstância pode ter sido imaginada pelo legislador como apta a dispensar a intimação, pois não teria qualquer sentido tal dispensa quando o executado simplesmente não é localizado, sem qualquer indício de que esteja realmente sabendo da constrição judicial. Ainda assim, entretanto, entendo que a intimação não deve ser dispensada, devendo ser realizada por hora certa. Essa forma de intimação, apesar de obviamente tornar o processo mais lento se comparada à simples dispensa da intimação, gera uma maior segurança jurídica no caso concreto, evitando-se assim futuros e por vezes duradouros debates acerca da efetiva ciência do executado a respeito da penhora realizada.

O que não se pode admitir é a simples supressão da comunicação de atos processuais, como pretende fazer o art. 652, § 5.º, do CPC. Esse radicalismo, ainda que amparado em boas intenções, não pode ser aceito de forma geral, tampouco na hipótese específica de intimação do executado da penhora. A intimação pessoal, portanto, só será dispensada quando for possível realizar a intimação na pessoa do patrono do executado[39].

Não deixa de ser interessante, ainda que triste, o art. 798 do PLNCPC. Em seu § 1.º, repete a redação do art. 652, § 5.º, mas surpreendentemente, em seu § 3.º, prevê que se não localizar o executado para intimá-lo da penhora, o oficial certificará detalhadamente as diligências realizadas, caso em que o juiz, havendo suspeita de ocultação, poderá dispensar a intimação ou determinar novas diligências.

Desconsiderada a incompatibilidade lógica dos dois parágrafos do mesmo artigo legal, a regra estabelecida pelo § 3.º reconhece a crítica elaborada ao art. 652, § 5.º, do atual CPC, no que deve ser elogiado.

47.2. MORATÓRIA LEGAL

47.2.1. Introdução

O art. 652 do CPC prevê que o executado será citado para que realize o pagamento no prazo de três dias, sendo que a remissão da execução já foi analisada anteriormente no Capítulo 47, item 47.1.4. Não sendo efetuado o pagamento, já será possível a realização de atos de constrição judicial, mais especificamente a penhora, ou, por outro lado, poderá o executado embargar a execução no prazo de 15 dias, nos termos do art. 738 do CPC, sendo essa defesa típica do executado analisada no Capítulo 49, item 49.2. Nesse mesmo prazo, o executado que não pagou integralmente a dívida, poderá preferir realizar tal pagamento de forma parcelada, nos termos do art. 745-A do CPC.

---

39 Medina, *Execução*, n. 3.5.3, p. 110-111.

Em inovação trazida ao sistema pela Lei 11.382/2006, o art. 745-A do CPC cria uma nova espécie de reação por parte do executado diante de sua citação no processo de execução de pagar quantia certa fundado em título executivo extrajudicial. Segundo o art. 745-A, *caput*, do CPC, no prazo de embargos (15 dias), o executado poderá reconhecer o crédito do exequente e, comprovando o depósito de 30% do valor exequendo, inclusive custas e honorários de advogado, requerer o pagamento do valor restante em até seis parcelas mensais, acrescidas de correção monetária e juros de 1% ao mês.

47.2.2. Moratória legal

Trata-se, segundo a melhor doutrina, de uma espécie de moratória legal[40], porque, uma vez preenchidos os requisitos formais, o **juiz estará obrigado a deferir o pedido** de pagamento parcelado feito pelo executado, ainda que haja manifestação contrária do exequente[41]. Não há outra forma de interpretar o dispositivo legal, porque, sem a segurança de que terá seu pedido deferido caso cumpra as exigências formais, dificilmente o executado abrirá mão de seu direito de embargar ao reconhecer a dívida com a mera expectativa de ser aceito o seu pedido de pagamento parcelado. A *segurança jurídica* de que terá efetivamente direito à moratória é a única forma de incentivar o executado à utilização da postura prevista no art. 745-A do CPC.

Numa análise superficial e fundada em desconhecimento da realidade forense das execuções de pagar quantia certa, pode parecer inconstitucional impor ao exequente receber o que lhe é incontestavelmente devido – até porque o executado reconhece a dívida – de forma parcelada. Ocorre, entretanto, que o exíguo prazo de seis meses proporciona forma de satisfação mais eficaz que as demais medidas executivas, considerando-se as reconhecidas dificuldades resultantes da localização do patrimônio do executado, bem como todas as protelações que podem por ele ser impostas ao andamento do trâmite procedimental executivo. Isso sem falar na demora para a prática dos atos processuais. Trata-se, portanto, de dispositivo que deve ser elogiado porque facilita a satisfação do direito do exequente ao mesmo tempo em que proporciona ao executado uma forma alternativa de satisfação desse direito.

Apesar de entender como a maioria da doutrina ser vinculativa ao juízo a proposta formalmente perfeita, não deixa de ser interessante a análise de situação especial, na qual notoriamente o executado tem patrimônio a responder imediatamente pela execução, como ocorre com poderosas empresas. Mesmo sabendo da grande possibilidade de se realizar a penhora *on-line*, ainda assim será possível o parcelamento? Ou, ainda pior, realizada a penhora de dinheiro, admitir-se-á o pagamento parcelado?

---

[40] Theodoro Jr., *Curso*, n. 379, p. 445.

[41] Scarpinella Bueno, *A nova*, n. 26, p. 306; Mazzei, *Reforma*, p. 606.

A indagação é importante porque, apesar de o executado nesse caso poder embargar a execução, como não há mais em regra efeito suspensivo (art. 739-A, *caput* do CPC), uma vez realizada a penhora *on-line*, o exequente terá condições de levantar o valor penhorado em tempo muito menor que os seis meses previstos no art. 745-A, *caput*, do CPC. É certo que os embargos trariam dificuldades ao exequente que não existiriam com o reconhecimento da dívida e o pagamento parcelado, mas ainda assim parece preferível o recebimento imediato de todo o valor devido. De qualquer forma, e provavelmente não tendo sido essa situação imaginada pelo legislador quando da criação da nova regra legal, penso que não se devem particularizar as hipóteses de aplicação da moratória legal porque a simples possibilidade de condicionar a concordância do exequente e/ou do juízo já seria suficiente para disseminar insegurança jurídica e para diminuir a aplicação prática do instituto.

Entende corretamente a doutrina que o pagamento parcelado **não pode ser aplicado no cumprimento de sentença**, seja porque não tem sentido o executado reconhecer o direito exequendo em execução fundada em sentença[42], seja porque não se pode obrigar o exequente, depois de todo o tempo despendido para a obtenção do título executivo judicial, a esperar mais seis meses para sua satisfação[43]. De qualquer forma, admissível será um acordo no cumprimento de sentença, nos moldes do art. 745-A do CPC, ao menos no tocante às condições de pagamento, mas nesse caso não haverá uma moratória legal, mas uma mera transação a respeito da forma de pagamento da dívida.

47.2.3. Requisitos formais

Conforme já exposto, a única possibilidade de indeferimento do pedido de pagamento parcelado é a irregularidade formal desse pedido, de forma que o estrito cumprimento aos requisitos formais previstos pelo art. 745-A, *caput,* do CPC é de extrema importância ao executado.

O primeiro requisito previsto é o prazo, cabendo ao executado manifestar-se no prazo dos embargos, que, segundo o art. 738 do CPC, é de 15 dias contados da data da juntada aos autos do mandado de citação devidamente cumprido. Nesse prazo de reação do executado, a apresentação de embargos impede o pedido de parcelamento e vice-versa[44], em razão da evidente incompatibilidade lógica entre as duas posturas, além da renúncia ao direito de embargar quando do reconhecimento do crédito. O executado, portanto, deve escolher entre embargar ou requerer o pagamento parcelado.

O segundo requisito é o **reconhecimento do crédito** do exequente pelo executado, mas não entendo que esse reconhecimento deva necessariamente se dar de forma expressa. Com o pedido de parcelamento fundado no art. 745-A do CPC, implicitamente o executado estará reconhecendo o direito exequendo,

[42] Marinoni-Mitidiero, *Curso*, p. 716.

[43] Theodoro Jr., *Curso*, n. 380, p. 445.

[44] Theodoro Jr., *Curso*, n. 379, p. 445.

ainda que não haja afirmação expressa nesse sentido. Para parcela considerável da doutrina, esse reconhecimento do crédito gera *preclusão lógica* da faculdade de controverter o direito contido no título executivo, com o que estará vetada ao executado a discussão desse direito por qualquer meio procedimental (embargos; exceção/objeção de pré-executividade; ação autônoma)[45].

Até se compreende que não há sentido no reconhecimento da existência do crédito e posterior discussão desse direito, mas não parece correto impedir o ingresso dos embargos à execução com fundamento na preclusão lógica. É tradicional e pacífico o entendimento de que a preclusão tem efeitos endoprocessuais, atingindo somente os atos praticados ou a serem praticados no mesmo processo no qual ela ocorreu. Dessa forma, não há como sustentar que a preclusão lógica ocorrida no processo de execução impeça o ingresso de outra ação – embargos ou ação autônoma. Como o ato praticado na execução precisa gerar efeitos para fora do processo, entendo que o reconhecimento do valor em execução gera a renúncia ao direito de ação impugnativa desse direito[46], considerando-se que o direito de ação é disponível e pode ser objeto de renúncia, numa peculiar hipótese de submissão à pretensão do direito do exequente.

Apesar de o dispositivo legal prever que no prazo de embargos o executado deve realizar o depósito de 30% do valor em execução, nada impede que o depósito inicial seja realizado em percentual maior do débito[47]. Importante notar que, para o preenchimento desse terceiro requisito, o dispositivo legal é claro em exigir o depósito, e não o mero pedido para sua realização[48]. Não se aplica o desconto no valor dos honorários advocatícios previstos no art. 652-A, *caput*, do CPC, porque o pagamento não foi integral e imediato[49].

O quarto e último requisito é o pedido de parcelamento dos 70% (no mínimo) do crédito, que segundo o dispositivo legal poderá ocorrer em até seis parcelas mensais, acrescidas de correção monetária e juros de 1% ao mês. Entendo que, havendo pedido expresso do exequente no sentido de indicar em quantas parcelas pretende pagar o saldo remanescente, estará o juízo vinculado a esse pedido. Sendo omisso o executado, e requerendo apenas o parcelamento do valor restante, caberá ao juiz, levando em conta as particularidades da situação concreta, determinar o número adequado de parcelas[50].

47.2.4. Procedimento

Apesar de a omissão legal e da vinculação obrigatória do juízo e do exequente ao pedido formalmente regular feito pelo executado, em respeito ao princípio do

---

[45] Nery-Nery, *Código*, p. 1.091; Araken de Assis, *Manual*, n. 147.2, p. 470; Marinoni-Mitidiero, *Curso*, p. 1.090; Wambier-Wambier-Medina, *Breves*, p. 229.

[46] Theodoro Jr., *Curso*, n. 380, p. 446.

[47] Mazzei, *Reforma*, p. 609.

[48] Scarpinella Bueno, *A nova*, n. 26.1, p. 308.

[49] Araken de Assis, *Manual*, n. 147.2, p. 469; Mazzei, *Reforma*, p. 608.

[50] Contra, entendendo que cabe sempre ao executado a indicação: Marinoni-Mitidiero, *Código*, p. 716.

contraditório, o juiz intimará o exequente para se manifestar sobre o pedido do executado[51]. Afinal, a questão formal sempre poderá ser objeto de impugnação pelo exequente.

Segundo o art. 745-A, § 1.º, do CPC, deferida a proposta pelo juiz, o exequente levantará o valor já depositado, sendo suspensos os atos executivos. Tratando-se de valor incontroverso, não tem sentido manter o valor depositado em juízo, assim como ocorrerá com as parcelas pagas mensalmente, cujos valores serão imediatamente liberados ao exequente. A suspensão dos atos executivos impede que os atos de constrição judicial sejam praticados se ainda não existirem no processo. Na hipótese de a penhora já ter ocorrido entre o vencimento do prazo de três dias para pagar e do prazo de 15 dias para o executado pedir o parcelamento, **a penhora não será desfeita**[52].

A decisão que defere o pedido de pagamento parcelado é interlocutória, recorrível por agravo de instrumento, mas o exequente que não concordar com o deferimento do pedido do executado só poderá alegar em sede recursal o não preenchimento dos requisitos formais do pedido, porque essa é a única hipótese que pode levá-lo ao indeferimento.

Indeferido o pedido pelo não preenchimento dos requisitos formais, prevê o dispositivo legal ora comentado que a execução prosseguirá, sendo mantido o depósito. Não é feliz a redação do dispositivo, porque, tratando-se de valor incontroverso já depositado, na realidade não haverá manutenção do depósito, mas a imediata liberação do valor ao exequente, com a consequente extinção do depósito judicial[53]. Trata-se de decisão interlocutória recorrível por agravo de instrumento.

47.2.5. Inadimplemento das parcelas

Deferido o pedido de parcelamento, é possível que o executado deixe de realizar o pagamento das prestações determinadas pela decisão judicial. Nesse caso, o art. 745-A, § 2.º, do CPC prevê que o não pagamento de qualquer das prestações implicará de pleno direito o vencimento antecipado das subsequentes, o prosseguimento do processo e a aplicação de multa de 10% sobre o valor das prestações não pagas (*sanção processual*).

Nesse caso, é expresso o dispositivo legal em proibir o ingresso dos embargos à execução, mas a vedação deve ser entendida nos limites do reconhecimento do direito de crédito do exequente. Significa dizer que os embargos à execução poderão ser interpostos quando tiverem como objeto matérias referentes a atos processuais

[51] Araken de Assis, *Manual*, n. 147.2, p. 469; Theodoro Jr., *Processo*, n. 381, p. 446; Scarpinella Bueno, *A nova*, n. 27, p. 308-309.

[52] Theodoro Jr., *Processo*, n. 381, p. 446; Mazzei, *Reforma*, p. 606-607.

[53] Araken de Assis, *Manual*, n. 147.2, p. 470. Contra: Nery-Nery, *Código*, p. 1.091; Scarpinella Bueno, *A nova*, n. 27, p. 310.

que não digam respeito ao direito exequendo, tais como penhora incorreta ou avaliação errônea (art. 745, II, do CPC). Para parcela doutrinária, tais alegações poderão inclusive ser feitas por mera petição, independentemente de embargos[54]. Também são cabíveis os embargos de segunda fase (art. 746 do CPC)[55].

47.3. PENHORA

47.3.1. Definição e efeitos

Por meio da penhora individualiza-se determinado bem do patrimônio do executado que passa a partir desse ato de constrição a se sujeitar diretamente à execução. Com a penhora, a execução deixa uma condição abstrata que é a *responsabilidade patrimonial* – a totalidade do patrimônio responde pela satisfação do crédito – e passa a uma condição concreta, com a determinação exata de qual bem será futuramente expropriado para a satisfação do direito do exequente[56]. Essa satisfação pode ser direta, quando o próprio bem penhorado é entregue ao exequente por meio da adjudicação, ou indireta, quando o bem é alienado por iniciativa particular ou por meio de arrematação[57]. Acredito também ser indireta a satisfação gerada pelo "usufruto de móvel ou imóvel".

Entende a doutrina majoritária que a natureza jurídica da penhora é de ato executivo, ainda que se reconheça uma função cautelar na penhora ao garantir o juízo[58]. A realização da penhora é ato do procedimento executivo de pagar quantia sempre que o executado não realiza o pagamento em três dias de sua citação, não existindo nenhuma necessidade de se comprovarem os requisitos do *fumus boni iuris* e do *periculum in mora* – esse em especial – para a determinação da penhora, o que é suficiente para afastar o ato judicial da natureza cautelar.

Tradicionalmente, a doutrina afirma que a penhora produz efeitos de duas naturezas: processuais e materiais. Entre os efeitos processuais estão:

(a) garantia do juízo;
(b) individualização dos bens que suportarão a atividade executiva;
(c) geração do direito de preferência ao exequente.

Entre os efeitos materiais estão:

(a) retirada do executado da posse direta do bem penhorado;
(b) ineficácia dos atos de alienação ou oneração do bem penhorado.

---

[54] Theodoro Jr., *Processo*, n. 382, p. 447.
[55] Mazzei, *Reforma*, p. 616.
[56] Dinamarco, *Instituições*, n. 1.675, p. 520; Greco, *O processo*, n. 8.2, p. 306.
[57] Barbosa Moreira, *O novo*, p. 237; Câmara, *Lições*, v. 2, p. 264.
[58] Barbosa Moreira, *O novo*, p. 245.

É corrente na praxe forense a afirmação de que a penhora garante o juízo. O significado de garantir o juízo é dar ao exequente a segurança de que a execução será útil e eficaz. A constrição judicial de bem do patrimônio do executado por meio da penhora cria as condições materiais necessárias para que ao final da execução o exequente obtenha a satisfação de seu direito, de forma direta (adjudicação) ou indireta (alienação judicial e "usufruto"). Garantir o juízo, portanto, representa a criação de **condições materiais propícias à futura satisfação** do exequente.

O segundo efeito processual da penhora é individualizar qual o bem, entre todos aqueles pertencentes ao patrimônio do devedor ou responsável secundário, servirá para a satisfação do direito do exequente. É interessante o efeito, já que fixa a responsabilidade sobre apenas um bem ou bens determinados, deixando livres outros bens do patrimônio do executado, que em princípio também poderiam responder pela obrigação descumprida e, assim, se encontravam de alguma forma com a sua disponibilidade limitada (eventual alienação poderia ser considerada fraude contra credores ou até fraude à execução).

É possível que um mesmo bem seja penhorado mais de uma vez, situação verificável geralmente quando não resta outra escolha ao exequente em razão da inexistência de outros bens. Havendo penhoras diversas sobre o mesmo bem, deve-se analisar qual credor terá preferência sobre os outros, ou seja, qual dos credores receberá antes o produto da alienação do bem penhorado. Nos termos do art. 612 do CPC, não sendo caso de insolvência do devedor, terá o direito de preferência – de natureza meramente processual – o credor que primeiro penhorou o bem, desde que seu crédito tenha a mesma natureza dos créditos dos demais credores (*prior tempore, potior jure*)[59]. Assim, ainda que um credor quirografário tenha sido **o primeiro a penhorar** determinado bem, um credor com garantia real terá sempre a preferência, ainda que nem mesmo tenha ajuizado execução[60].

Tendo ocorrido o arresto executivo (art. 653 do CPC) e posterior penhora sobre o mesmo bem, a data do arresto é considerada para fins de preferência em razão de sua natureza de pré-penhora, conforme analisado no Capítulo 47, item 47.1.3[61]. O pacífico entendimento quanto ao *arresto executivo* não se estende ao *arresto cautelar*. Uma parcela da doutrina entende que a realização de arresto cautelar não gera direito de preferência[62], enquanto outra parcela doutrinária, apesar de concordar com esse entendimento, abre uma exceção no caso de o ato de constrição cautelar ser realizado quando já for juridicamente possível a penhora[63]. Essa segunda corrente doutrinária é interessante porque considera que o arresto cautelar antes da penhora, quando esta já é possível, pode ser necessário em razão do perigo de esperar pela penhora, que notadamente demanda mais tempo para ocorrer que uma medida cautelar.

---

[59] Barbosa Moreira, *O novo*, p. 245. Marinoni-Arenhart, *Execução*, p. 252.

[60] STJ, 3.ª Turma, REsp 159.930/SP, rel. Min. Ari Pargendler, j. 06.03.2003.

[61] STJ, 4.ª Turma, REsp 759.700, rel. Min. Fernando Gonçalves, rel. p/ acórdão Min. Jorge Scartezzini, j. 18.08.2005.

[62] Baptista, *Do processo*, p. 286; Araken de Assis, *Manual*, n. 324.2.2, p. 787.

[63] Shimura, *Arresto*, n. 6.1, p. 219; Theodoro Jr., *Processo*, n. 193, p. 229.

A doutrina majoritária entende que o registro da penhora não faz parte do ato processual da penhora, prestando-se tão somente a dar ciência *erga omnes* da realização da constrição judicial. Com base nesse fundamento, entende-se que a realização da penhora e não o seu registro determina o direito de preferência[64].

A penhora não retira o domínio do bem do executado, que poderá livremente dispor do bem penhorado a qualquer momento antes da expropriação. O executado perde tão somente a posse direta do bem, já que não terá mais contato físico com a coisa, mantendo, entretanto, a posse indireta. Questão interessante surge quando o próprio devedor fica como depositário do bem, ou seja, apesar de ostentar outra qualidade (antes proprietário, agora depositário), mantém o contato físico com a coisa penhorada. Para a doutrina dominante, nesse caso estar-se-á diante de mera alteração do título da posse, não perdendo o executado a posse direta da coisa[65], mas agora respondendo pela sua integridade como depositário.

Ainda como efeito material da penhora costuma-se apontar a geração de ineficácia do ato de alienação ou oneração do bem objeto da apreensão judicial. Esse ato não gera nenhum efeito em face do exequente, que continuará na execução como se nada tivesse ocorrido, penhorando o bem independentemente de quem seja seu atual dono. Como já afirmado, o executado não perde o domínio sobre a coisa, de forma que pode livremente negociá-la a título oneroso ou gratuito. Tal negócio jurídico não é nulo nem anulável, mas não gera efeitos perante o exequente, salvo na hipótese de comprovada boa-fé do terceiro adquirente, conforme exposto no Capítulo 38, item 38.6.2.

47.3.2. Ordem legal da penhora

O art. 655 do CPC regulamenta a ordem de preferência da penhora, de forma que, havendo diferentes bens no patrimônio do executado e não sendo necessária a penhora de todos eles, alguns prefiram a outros, conforme a ordem estabelecida pelo legislador. É evidente que a ordem de penhora é tema que só tem relevância diante da pluralidade de bens passíveis de serem penhorados, porque, sendo necessária a penhora de todo o patrimônio penhorável do executado ou só havendo um bem em seu patrimônio, a questão da ordem de penhora torna-se irrelevante.

A utilização do termo "preferencialmente" no art. 655, *caput*, do CPC é suficiente para demonstrar que a **ordem legal não é peremptória**, podendo ser modificada pelo juiz no caso concreto, a exemplo do que ocorre com a ordem estabelecida pelo art. 11 da LEF (Lei 6.830/1980)[66]. O Superior Tribunal de Justiça, inclusive, sumulou o entendimento de que a penhora de dinheiro na ordem de nomeação de bens não tem caráter absoluto[67]. Ainda que o entendimento

---

64 Fux, *Curso*, p. 1.403; Greco, *O processo*, n. 8.2, p. 308; Lucon, *Código*, p. 1.817-1.818; Medina, *Execução*, n. 3.9.2, p. 146.

65 Barbosa Moreira, *O novo*, p. 245; Greco, *O processo*, n. 8.2, p. 307; Araken de Assis, *Manual*, n. 223.2, p. 595.

66 STJ, 2.ª Turma, REsp 939.853/SP, rel. Min. Mauro Campbell Marques, j. 11.11.2008.

67 Súmula 417/STJ.

confirme que a ordem não é peremptória, o teor da súmula poderia confirmar a incabível e histórica resistência do Superior Tribunal de Justiça à penhora de dinheiro. Isso, entretanto, não ocorreu, posicionando-se posteriormente aquele tribunal no sentido de o pedido de penhora de dinheiro *on-line* não precisar ser precedido de qualquer outra providência, confirmando, portanto, a preferência pela penhora de dinheiro[68].

É evidente que, existindo uma norma que prevê uma determinada ordem de bens, ainda que somente preferencial, sua alteração deve ser devidamente justificada, podendo-se entendê-la como medida excepcional no processo executivo.

Entendo que a ordem legal pode ser alterada no caso concreto desde que para isso o juiz leve em conta dois princípios aparentemente conflitantes: a *menor onerosidade* do executado e a *maior efetividade* da execução[69]. Significa dizer que a alteração da ordem legal se justifica sempre que se mostrar no caso concreto mais eficaz para os fins buscados pela execução – satisfação do direito do exequente – a penhora de bem que legalmente só deveria ser constrito depois de outros bens do executado, sem que com essa alteração se crie uma excepcional oneração ao executado. O juiz não pode se esquecer de que a penhora é apenas um ato intermediário no procedimento executivo, sendo que o bem penhorado deve ter alguma liquidez, porque, caso contrário, o exequente não irá adjudicá-lo e tampouco alguém se interessará em adquiri-lo[70].

Por outro lado, a ordem estabelecida pelo legislador parte da premissa de que os bens localizados nos primeiros lugares serão aqueles capazes de gerar de maneira mais fácil e simples a satisfação do direito exequendo. Tudo leva a crer, portanto, que a ordem de penhora prevista pela lei seja algo que procura favorecer o exequente na difícil tarefa de ver seu direito satisfeito judicialmente. Dessa forma, tratando-se de norma que busca proteger os interesses do exequente, a penhora poderá sempre ser feita fora da ordem legal, desde que com isso concorde o exequente[71].

A Lei 11.382/2006 modificou substancialmente a ordem de preferência da penhora, realocando algumas classes de bens e incorporando novas classes ao rol já existente.

Algumas classes de bens perderam posições: as pedras e metais preciosos que estavam em segundo lugar na ordem de preferência da penhora estão atualmente em oitavo lugar; os títulos da dívida pública da União, Estado e Distrito Federal, desde que com cotação em bolsa, caíram do terceiro para o oitavo lugar, e os títulos de crédito com cotação em bolsa foram da quarta para a décima posição,

---

68 *Informativo* 447/STJ: Corte Especial, REsp 1.112.943-MA, rel. Min. Nancy Andrighi, j. 15.09.2010.

69 Greco, *O processo*, n. 8.2.1, p. 310-311; Araken de Assis, *Manual*, n. 226.3, p. 603; STJ, 2.ª Turma, REsp 982.515/SP, rel. Min. Carlos Fernando Mathias, j. 26.02.2008; AgRg no Ag 483.789/MG, 1.ª Turma, rel. Min. Teori Albino Zavascki, j. 23.09.2003.

70 STJ, 2.ª Turma, REsp 976.357/RJ, rel. Min. Carlos Fernando Mathias, j. 19.06.2008 (Informativo 360/STJ).

71 Neves, *Comentários*, p. 43-44; Pontes de Miranda, *Comentários*, p. 238. *Informativo* 273/STJ, REsp 621.404-GO, rel. Min. Hélio Quaglia Barbosa.

agora com o acréscimo de "valores imobiliários", o que suscitou críticas de parcela da doutrina[72].

Outros, inversamente, ganharam posições: os veículos de via terrestre, em especial os automóveis, com relativa facilidade em sua localização em razão do registro junto ao Detran, e facilmente alienáveis, passaram a figurar na segunda posição; os imóveis, ainda mais em razão das maiores facilidades previstas para a alienação judicial pela nova sistemática executiva, passaram ao quarto lugar da ordem; os navios e aeronaves passaram ao quinto lugar da ordem; as ações, rebatizadas de "ações e quotas de sociedades empresárias", passaram a figurar em sétimo lugar na ordem de preferência.

Elogiável o art. 792, § 1.º, do PLNCPC, que apesar de consagrar expressamente a possibilidade de o juiz alterar a ordem de penhora prevista em lei diante das circunstâncias do caso concreto, prevê que a penhora de dinheiro é sempre prioritária, não podendo ser alterada em nenhuma hipótese. Apesar de ser norma importante no tocante à inalterabilidade, ainda que limitada a penhora de dinheiro, da ordem legal, não entendo que a previsão seja impeditiva da substituição da penhora de dinheiro por fiança bancária ou seguro garantia idôneas.

47.3.3. Penhora de dinheiro (*on-line*)

É natural que o dinheiro seja sempre o primeiro bem da ordem de qualquer penhora porque é o bem que mais facilmente proporciona a satisfação ao exequente. Penhorado o dinheiro, o processo executivo não precisará passar pela fase procedimental de expropriação do bem penhorado, em regra uma fase complexa, difícil e demorada. Tendo sido penhorado dinheiro, basta entregá-lo ao exequente, dispensada a prática de qualquer outro ato processual, o que obviamente facilita o procedimento de satisfação, isso sem falar nas dificuldades materiais encontradas para transformar outros bens penhorados em dinheiro, o que naturalmente não ocorre quando o próprio objeto da penhora já é o dinheiro.

É interessante notar a modernidade da atual redação do art. 655, I, do CPC, que prevê como primeiro bem da ordem de penhora o "dinheiro, em espécie ou em depósito ou aplicação em instituição financeira", substituindo a antiga redação que previa tão somente "dinheiro". A modificação é sadia porque, tecnicamente, nem todo dinheiro aplicado em instituição financeira é realmente dinheiro, bastando lembrar que nos fundos de investimento DI ou assemelhados o correntista se torna sócio do fundo, de maneira que não tem mais dinheiro, e sim quotas sociais[73]. Essa interpretação – possível, apesar de absurda – poderia levar devedores

[72] Araken de Assis, *Manual*, n. 226.3, p. 604.

[73] Neves, *Comentários*, p. 45; Costa Machado, *Código*, p. 1.171.

de má-fé a tentar impedir a penhora de tais "quotas sociais" em primeiro lugar, visto que sua posição na ordem de penhora não é essa, o que evidentemente se tornou impossível diante da nova redação do dispositivo legal[74].

A novidade é benéfica ao sistema e, em especial, à efetividade da tutela executiva. A partir do momento em que deixa de ser meramente decorrente de um acordo entre Poder Judiciário e Bacen, entendo que todo juiz tem o dever de se cadastrar no sistema Bacenjud, não se devendo admitir que a inércia judicial retire do exequente um direito previsto expressamente em texto legal.

Lamentável, portanto, decisão do Superior Tribunal de Justiça, que afirma pela facultatividade do juiz em tal cadastro, sob a ingênua afirmação de que a penhora de dinheiro poderá ser feito de outra forma[75]. Em boa hora, o Supremo Tribunal Federal, contrariando o esdrúxulo entendimento, decidiu que o cadastramento é obrigatório[76].

O Superior Tribunal de Justiça consolidou o entendimento de que a penhora de dinheiro somente se justificaria com o esgotamento de todos os meios de localização do patrimônio do devedor[77]. Sempre me pareceu um entendimento equivocado, demasiadamente protetivo do devedor, mas nenhum argumento conseguiu alterar o firme posicionamento do Superior Tribunal de Justiça. A excelente notícia para os críticos desse entendimento é que esse tribunal, ao decidir sobre a mesma questão diante da atual legislação, já teve a oportunidade de concluir que a Lei 11.382/2006 trouxe novidade ao sistema e que, para a exigência de esgotamento dos outros meios de localização do patrimônio do devedor como condição para a penhora de dinheiro, só se aplica a constrições realizadas antes da entrada em vigor dessa lei[78]. E ainda melhor, já há decisões expressamente permitindo a penhora de dinheiro antes de qualquer outra medida executiva[79], inclusive da Corte Especial[80].

Matéria intimamente ligada à penhora de dinheiro é a chamada penhora *on-line*, que nada mais é que a realização de penhora de dinheiro por **meios eletrônicos**, com a dispensa do tradicional ofício escrito. Diante disso, a penhora *on-line* não passa de uma forma específica de realizar um ato processual tão antigo quanto o próprio processo executivo[81]: a penhora de dinheiro, prestando-se tão somente a substituir um sistema que se mostrou caro, demorado e ineficaz. O ato proces-

---

[74] Marinoni-Arenhart, *Execução*, p. 271; Gusmão Carneiro, *Cumprimento*, p. 191; Fux, *A reforma*, p. 269; STJ, 1.ª Turma, AgRg no REsp 1.081.686/RJ, rel. Min. Francisco Falcão, j. 16.12.2008; AgRg no Ag 944.358/SC, 2.ª Turma, rel. Min. Castro Meira, j. 26.02.2008.

[75] *Informativo* 467/STJ: 4.ª Turma, REsp. 1.017.506/RS, rel. Min. João Otávio de Noronha, j. 22.03.2011.

[76] STF, Tribunal Pleno, RMS 27.621/DF, rel. Min. Carmen Lucia, j. 07.12.2011.

[77] STJ, 1.ª Seção, EREsp 779.952/RJ, rel. Min. Castro Meira, j. 22.10.2008 (Informativo 349/STJ).

[78] STJ, 1.ª Turma, REsp 1.101.288/RS, rel. Min. Benedito Gonçalves, j. 02.04.2009, *DJe* 20.04.2009; STJ, 1.ª Seção, EREsp 791.231/SP, rel. Min. Eliana Calmon, j. 12.11.2008 (Informativo 349/STJ).

[79] STJ, 1.ª Turma, REsp 1.066.091/RS, rel. Min. Teori Albino Zavascki, j. 18.09.2008. Contra: Medina, *Execução*, n. 3.9.7, p. 164.

[80] *Informativo* 447/STJ: Corte Especial, REsp 1.112.943-MA, Rel. Min. Nancy Andrighi, j. 15.09.2010.

[81] Marinoni-Arenhart, *Execução*, p. 437.

sual, portanto, continua a ser absolutamente o mesmo de antes; o que se tem de novidade é apenas a forma pela qual tal ato será praticado[82].

O art. 655-A, *caput*, do CPC disciplina a maneira pela qual deverá atuar o juiz na hipótese de penhora *on-line*. A primeira consideração diz respeito à expressa previsão de que a penhora *on-line* depende de requerimento do exequente, o que, ao menos literalmente, impede qualquer atuação jurisdicional de ofício nesse sentido. Qual o sentido e alcance dessa determinação?

Entendo que o pedido expresso do requerente só deve ser exigido quando na própria petição inicial for requerida a penhora *on-line* de forma liminar, antes mesmo da citação do executado. Como o procedimento determina a penhora somente três dias depois da citação na hipótese de não ocorrer o pagamento, o pedido do requerente passará a ter natureza de tutela de urgência (cautelar), sendo indispensável demonstrar o perigo de ineficácia da penhora *on-line* na hipótese de o executado tomar ciência da existência da execução. O pedido de tutela cautelar na petição inicial da execução é expressamente permitido pelo art. 615, III, do CPC. O *contraditório*, nesse caso, será realizado de forma diferida, como ocorre em toda medida de urgência concedida *inaudita altera partes*[83].

Por outro lado, citado o executado e não sendo realizado o pagamento, entendo absolutamente dispensável o expresso pedido do exequente para a realização da penhora *on-line*, afinal, como já asseverado, esta modalidade de ato constritivo é uma mera forma procedimental de realizar a penhora de dinheiro, primeira classe de bens prevista na ordem do art. 655 do CPC. Cabe ao impulso oficial previsto no art. 262 do CPC a realização da penhora, não sendo razoável condicionar a utilização de um meio mais fácil, rápido, barato e eficaz ao expresso pedido do exequente.

Segundo o art. 655-A, *caput*, do CPC, são duas as funções que poderão ser desenvolvidas pelo juiz no caso concreto: a obtenção de informação a respeito dos ativos do executado e a efetiva medida de indisponibilidade de determinados valores. Aduz o art. 655-A, § 1.º, do CPC que as informações referentes à existência de depósito ou aplicação serão limitadas até o valor executado; a mesma preocupação também demonstrada no *caput* do dispositivo legal ao prever que a indisponibilidade somente ocorrerá até o **limite do valor indicado na execução**. Nota-se a saudável preocupação com a devassa integral do sigilo bancário do executado e da indisponibilidade total de seus ativos para garantir execução de valor inferior à totalidade de dinheiro que mantém em instituições financeiras.

Apesar de ser possível limitar a penhora ao valor executado, o sistema *Bacen Jud* ainda não é capaz de evitar um grave inconveniente criado pela penhora *on-line*: a realização de diversas penhoras em diferentes contas correntes e investimentos, ainda que em cada uma delas sejam constritos valores no limite da execução. Em razão dessa possibilidade de múltiplas penhoras até o valor da execução, e

---

82 Yarshell-Bonício, *Execução*, p. 116; Luizi Correia, *Em defesa*, p. 105-106.

83 Yarshell-Bonício, *Execução*, p. 117.

do evidente excesso de execução que isso representa, algumas pessoas jurídicas cadastravam junto à secretaria do juízo uma conta corrente determinada para a realização da penhora *on-line*, somente sendo atingidas outras contas na hipótese de não haver dinheiro suficiente na conta cadastrada.

Em cumprimento da Resolução 61, de 07.10.2008, editada pelo Conselho Nacional de Justiça (CNJ), atualmente esse registro de conta única pode ser feito *on-line* na página oficial do Superior Tribunal de Justiça. De qualquer forma, os juízes devem ser sensíveis à necessidade de urgente liberação dos valores penhorados em excesso, com o desbloqueio imediato, também por meio eletrônico (o que o sistema atualmente já permite) no prazo máximo de 48 horas do requerimento de liberação.

Na penhora *on-line* são passíveis de bloqueio os valores existentes em contas de depósitos à vista (contas correntes), de investimento e de poupança, depósitos a prazo, aplicações financeiras e outros ativos passíveis de bloqueio, o que certamente poderá levar, no caso concreto, à penhora de valores impenhoráveis, nos termos do art. 649, IV, do CPC, uma vez que o sistema não tem como bloquear previamente a constrição desses valores. Segundo o art. 655-A, § 2.º, do CPC, compete ao executado comprovar (ônus da prova) que as quantias depositadas em conta corrente referem-se à hipótese do art. 649, IV, do CPC[84]. Segundo o Superior Tribunal de Justiça, a penhora deve ocorrer na totalidade de conta-corrente conjunta, ainda que somente um dos correntistas seja devedor[85].

Tratando-se da penhora realizada após a citação do executado, caberá a ele ingressar no processo o quanto antes para informar que, apesar de manter ativos junto às instituições financeiras, esses valores são impenhoráveis, o que evitará a realização da penhora *on-line*. Na excepcional hipótese da penhora *on-line* liminar, ou mesmo depois da citação, o executado deverá o quanto antes se manifestar no processo alegando a impenhorabilidade e requerendo o seu desbloqueio, o que fará por meio de mera objeção de *pré-executividade*. Tratando-se de matéria de ordem pública, não parece necessária a interposição dos embargos ou o ingresso da impugnação, defesas típicas que evidentemente também poderão ser utilizadas, desde que seja essa a opção do executado, hipótese na qual caberá o pedido de tutela antecipada com pedido de desconstituição imediata da penhora[86].

> A penhora de dinheiro é tratada no art. 810 do PLNCPC, sendo que esse dispositivo legal prevê um procedimento mais detalhado dessa espécie de penhora.
>
> No *caput* mantém-se a indevida exigência de requerimento do exequente, com uma novidade que, em meu entendimento, é de inutilidade evidente. Segundo

84 Marinoni-Arenhart, *Execução*, p. 273; Abelha Rodrigues, *Manual*, p. 354; Theodoro Jr., *Processo*, n. 220, p. 282.

85 *Informativo* 466/STJ: 2.ª Turma, REsp 1.229.329/SP, rel. Min. Humberto Martins, j. 17.03.2011.

86 Contra, pelos embargos com pedido de tutela antecipada: Theodoro Jr., *Processo*, n. 220, p. 283; Barbosa Moreira, *O novo*, p. 240, também entende cabíveis os embargos com alegação de penhora incorreta.

o dispositivo legal, do pedido do exequente não será dada ciência ao executado, o que pode passar a falsa impressão de que este será surpreendido com a penhora *on-line*. A surpresa, entretanto, não ocorrerá, porque sendo a penhora admissível somente após o transcurso dos três dias de prazo que o executado tem para pagar após sua citação, quando do pedido de penhora já saberá da existência da execução. Dificilmente, portanto, o executado se surpreenderá com uma penhora *on-line*.

Ainda segundo o *caput* do dispositivo legal ora comentado, num primeiro momento o juiz tão somente determinará às instituições financeiras a indisponibilidade do valor exequendo, cabendo ao juiz de ofício, num prazo de vinte e quatro horas a contar da resposta, determinar o cancelamento de eventual indisponibilidade excessiva, o que deverá ser cumprido pela instituição financeira em igual prazo. A previsão é interessante, com prazos exíguos, mas sendo o prazo para o juiz de natureza imprópria, não se pode esperar grandes repercussões práticas.

Tornados indisponíveis os ativos financeiros, o executado será intimado, pessoalmente ou na pessoa de seu advogado, podendo apresentar defesa no prazo de cinco dias. Nos termos do § 3.º do dispositivo ora comentado, nesse prazo o executado deve alegar e provar (entende-se que deva apresentar prova pré-constituída) que as quantias indisponibilizadas são impenhoráveis ou que ainda há indisponibilidade excessiva de ativos financeiros. Segundo o § 4.º, o acolhimento da defesa demandará adequação ou anulação da indisponibilidade, a serem realizadas no prazo de 24 horas pela instituição financeira.

Nos termos do § 5.º do art. 810 do PLNCPC, sendo rejeitada ou não apresentada a manifestação do executado, converter-se-á a indisponibilidade em penhora, e lavrar-se-á o respectivo termo, devendo o juiz da execução determinar à instituição financeira depositária que, no prazo de 24 horas, transfira o montante indisponível para a conta vinculada ao juízo da execução.

Apesar de não ser preciso, não deixa de ser interessante a previsão contida no § 8.º do dispositivo ora comentado, responsabilizando a instituição financeira pelos prejuízos causados ao executado em decorrência da indisponibilidade de ativos financeiros em valor superior ao indicado na execução ou pelo juiz, bem como na hipótese de não cancelamento da indisponibilidade no prazo de 24 horas, quando assim determinar o juiz. A responsabilização expressa é sadia, mas também seria viável a previsão de uma multa como sanção processual, revertida ao próprio Estado para evitar um enriquecimento sem causa do exequente.

47.3.4. Penhora de percentual do faturamento de empresa devedora

No art. 655, VII, do CPC, está expressamente consagrada a penhora de percentual do faturamento de empresa devedora, naquilo que ficou conhecido na praxe forense como penhora do faturamento. Nesse caso não interessa tanto a ordem dessa classe de bem, mas a indicação expressa de que a penhora do faturamento, logicamente dentro de um percentual que não leve a empresa à bancarrota, é admitida como forma de permitir a satisfação do direito exequendo. A expressa previsão legal retira qualquer possibilidade de o juiz entender que tal forma de satisfação não está prevista em lei, e que por se mostrar demasiadamente onerosa deve ser *a priori* rejeitada no caso concreto.

O que deve ficar claro com a atual previsão legal é que a penhora do faturamento, apesar de guardar alguma semelhança com o "usufruto de empresa"[87] – forma de expropriação que foi revogada pela Lei 11.382/2006 –, com essa mantém diferenças substanciais que não podem ser desconsideradas. No extinto "usufruto de empresa" havia uma transmissão da administração da pessoa jurídica, o que não se verifica na penhora do faturamento. Há outra importante distinção entre a penhora do faturamento e o extinto "usufruto de empresa": sua natureza jurídica.

A penhora de percentual do faturamento da empresa, como o próprio nome do fenômeno indica, é tão somente uma **forma de garantia do juízo**. Não se localizando bens da empresa devedora que estejam antes na ordem de penhora – e em situações excepcionais até mesmo quando tais bens existam, mas sejam de difícil alienação[88] –, procede-se de forma a garantir o juízo com depósitos periódicos até que se atinja o valor total da dívida. Somente no momento procedimental adequado à satisfação do exequente dar-se-á a entrega de tais valores a ele, que estarão desde o momento em que são retirados da empresa garantindo o juízo para que isso ocorra.

Já o "usufruto de empresa" era uma forma diferenciada de satisfação do direito, e não somente de garantia do juízo, de modo que os valores retirados da empresa devedora, segundo o plano de administração, eram entregues diretamente ao exequente, até a satisfação integral de seu crédito. Na realidade, tratando-se de fase final do processo executivo – fase da efetiva satisfação do direito com a entrega de dinheiro ao credor –, o "usufruto de empresa" somente se justificava se a empresa já tivesse sido penhorada anteriormente (arts. 677 e 678 do CPC) e o juiz entendesse que melhor do que a sua alienação seria a realização do mecanismo de satisfação conhecido como "usufruto da empresa", que, apesar de receber esse nome, muito mais se assemelhava a uma anticrese[89]. De qualquer forma, tratava-se de forma de satisfação, e não de forma de garantir o juízo, tendo sido revogada pela Lei 11.382/2006.

Diferenciada a penhora do faturamento do "usufruto da empresa", surge a questão de como realizar a penhora do faturamento no caso concreto. De grande auxílio na solução de tal questão é o art. 655-A, § 3.º, do CPC, com previsão expressa de que nessa espécie de penhora é nomeado pelo juízo um depositário,

[87] Scarpinella Bueno, *A nova*, p. 118.

[88] STJ, 2.ª Turma, AgRg no Resp 893.407/RJ, rel. Min. Mauro Campbell Marques, j. 18.11.2008; REsp 982.915/RJ, 1.ª Turma, rel. Min. José Delgado, j. 18.12.2007.

[89] Barbosa Moreira, *Aspectos*, p. 149.

com a atribuição de submeter à aprovação judicial a forma de efetivação da constrição, bem como de prestar contas mensalmente. Essa regra vem ao encontro de substanciosa doutrina[90] e da jurisprudência[91], que sempre defenderam a necessidade de indicação de um **administrador**, responsável pela elaboração de um plano de recebimento de valores da empresa devedora, nos exatos termos do art. 677 do CPC.

O entendimento que restou consagrado pelo legislador funda-se na premissa de que a penhora de dinheiro é muito diferente da penhora do faturamento, porque, no segundo caso, pode-se afetar o **capital de giro da empresa**, o que fatalmente gerará um verdadeiro colapso em suas contas, ocasionando até mesmo, em casos extremos, a paralisação de suas atividades. Diante dessa situação, faz-se necessária a indicação de um administrador que apresente uma forma de administração e um esquema de constrição (não de pagamento), até que o juízo esteja integralmente garantido, de forma que a penhora não afete o capital de giro da empresa, permitindo a continuidade plena de suas atividades.

Não há duvida de que o art. 655-A, § 3.º, do CPC prestigia esse entendimento, apesar de o dispositivo deixar algumas intrigantes dúvidas em sua interpretação. Uma delas, ao menos, parece poder ser afastada pela interpretação do art. 677, *caput*, do CPC, que, apesar de tratar de outro tema – penhora, depósito e administração de empresa e de outros estabelecimentos –, menciona expressamente a figura do depositário a ser indicado pelo juiz, linguagem repetida pelo legislador no dispositivo legal ora comentado. A opção por não utilizar o termo "administrador", superior ao termo "depositário"[92], indica ter o legislador seguido doutrina majoritária e jurisprudência na aplicação à penhora do faturamento das regras previstas pelos arts. 677 e 678 do CPC.

Reza o art. 655-A, § 3.º, do CPC que o depositário, além de submeter à aprovação judicial a forma de efetivação da constrição, deve "prestar contas mensalmente, entregando ao exequente as quantias recebidas, a fim de serem imputadas no pagamento da dívida". Parece que nesse trecho do dispositivo legal o legislador embaralha situações inconfundíveis, já que afirma ser tarefa do depositário entregar quantias ao exequente, o que naturalmente não ocorrerá tratando-se de mera penhora do faturamento, que visa tão somente garantir o juízo e não satisfazer o credor. Não se descarta nesse momento, após a penhora da empresa, que se realize a satisfação de modo contínuo por meio de desvio de percentual do seu faturamento, sem a necessidade de transferência de sua administração. Ainda assim, entretanto, não se estará diante de uma penhora do faturamento, mas de satisfação do direito por meio do faturamento, o que são, naturalmente, coisas diferentes.

---

[90] Theodoro Jr., *Processo*, n. 221, p. 283-284; Scarpinella Bueno, *A nova*, p. 109.

[91] STJ, 2.ª Turma, REsp 967.820/RJ, rel. Min. Eliana Calmon, j. 11.11.2008; REsp 726.956/RS, 1.ª Turma, rel. Min. Teori Albino Zavascki, j. 09.09.2008.

[92] Wambier-Wambier-Medina, *Breves*, p. 122.

Insista-se no que já se afirmou: o depositário apresenta um plano de administração e fica responsável pelo recolhimento dos valores e prestação de contas mensais, mas esses valores não são entregues ao exequente como forma de satisfação de seu direito. Na realidade, os valores são depositados em juízo[93], até que o valor total atinja o valor da dívida, e somente no momento de satisfação do direito do exequente – que não se confunde com o momento de garantia do juízo – o valor depositado em juízo lhe será integralmente entregue. Bem diferente era a satisfação por meio do revogado "usufruto da empresa", ou até mesmo a satisfação atípica por meio de entrega de percentual de faturamento após a penhora da empresa. *Garantia do juízo* e *satisfação* do direito são inconfundíveis e não podem ser tratadas como um só fenômeno processual.

> No PLNCPC o legislador retorna à verdadeira ojeriza à penhora do faturamento ao prever no *caput* do art. 821 que somente se o devedor não tiver outros bens penhoráveis ou se, tendo-os, estes forem de difícil alienação ou insuficientes para saldar o crédito executado, o juiz poderá ordenar a penhora de percentual de faturamento de empresa.
>
> Novamente ressaltando a preocupação com o capital de giro da empresa, não só repete-se a exigência de administrador-depositário (agora com nome mais adequado) no § 2.º, como no § 1.º encontra-se a expressa menção ao juiz para que somente admita a penhora do faturamento se isso não tornar inviável o exercício da atividade empresarial.

47.3.5. Procedimento da penhora

Não ocorrendo o pagamento no prazo de três dias da citação do executado, caberá ao oficial de justiça nomear tantos bens quantos bastem para o pagamento do principal, juros, custas e honorários advocatícios (art. 659, *caput*, do CPC). Segundo o art. 659, § 1.º, do CPC, o oficial de justiça poderá realizar a penhora onde quer que se encontrem os bens, porque a posse, detenção ou guarda de terceiros é irrelevante para o ato constritivo de direito, importando tão somente serem os bens suscetíveis de penhora. Caso os bens se encontrem em outro foro, será necessária a expedição de *carta precatória*, nos termos do art. 658 do CPC, sendo inaplicável por analogia o art. 230 do CPC[94]. Existem duas exceções a essa regra:

(a) a penhora *on-line*, que será realizada independentemente do local em que o executado mantenha conta corrente ou investimento;

---

[93] Wambier-Wambier-Medina, *Breves*, p. 123; Theodoro Jr., *Processo*, n. 222, p. 284.

[94] Barbosa Moreira, *O novo*, p. 242; Dinamarco, *Instituições*, n. 1.691, p. 539.

(b) a penhora de imóvel, que pode ser realizada por termo de penhora nos autos quando, apresentada no juízo em que tramita o processo, uma cópia atualizada da matrícula do imóvel (art. 659, §§ 4.º e 5.º, do CPC).

Não localizando bens penhoráveis, o oficial de justiça certificará tal circunstância nos autos (certidão negativa), determinando o juiz que o exequente dê andamento ao processo.

Antevendo injustificadas resistências por parte do executado ao cumprimento do mandado de penhora e avaliação pelo oficial de justiça, há previsões no estatuto processual de auxílio ao oficial e de sanção ao executado. Segundo os arts. 660 e 661 do CPC, se o devedor fechar as portas de sua casa para impedir a realização da penhora, o juiz poderá, sendo comunicado pelo oficial de justiça, determinar ordem de arrombamento, que será cumprida por dois oficiais de justiça, com a elaboração de auto circunstanciado que será assinado por duas testemunhas. Segundo os arts. 662 e 663 do CPC, sempre que necessário o juiz requisitará força policial para auxiliar o oficial a realizar a penhora e prender quem resista à ordem judicial, cabendo aos oficiais a elaboração em duplicata do auto de resistência, um a ser entregue ao escrivão do processo e outro à autoridade policial.

Nos termos do art. 664 do CPC, a penhora é considerada realizada mediante a apreensão e o depósito dos bens, mas vem se entendendo que o **depósito é ato complementar a penhora**, dele não fazendo parte[95]. Dessa forma, ainda que o executado se recuse a assinar o auto ou termo de penhora na condição de depositário, a penhora será considerada realizada. O mesmo ocorre diante da ausência de depositário no auto ou termo de penhora, que poderá ser nomeado posteriormente[96]. O auto de penhora conterá o dia, mês, ano e lugar em que foi realizada a constrição judicial, os nomes do credor e devedor, a descrição dos bens penhorados e a nomeação de depositário dos bens (art. 655 do CPC).

O art. 666, *caput*, do CPC prevê uma preferência para o depósito do bem, dependendo o depositário da espécie de bem penhorado. Apesar da utilização do termo "preferencialmente", as regras estabelecidas pelo dispositivo legal ora comentado somente podem ser excepcionadas em situações específicas, cabendo ao juiz decidir fundamentadamente a inversão da ordem de preferência legal.

Tratando-se de dinheiro, pedras e metais preciosos e papéis de crédito, prevê o art. 666, I, do CPC que os bens serão depositados no Banco do Brasil, Caixa Econômica Federal, ou em banco no qual o Estado-Membro da União possua mais da metade do capital social integralizado (cada vez mais raros). Somente na ausência de tais bancos, no lugar em que tramita a execução, caberá ao juiz indicar um estabelecimento privado. Nota-se uma nítida e inoportuna preferência pelas instituições financeiras públicas, que inclusive poderão manter o dinheiro

---

95 Marinoni-Mitidiero, *Código*, p. 655.

96 STJ, 4.ª Turma, REsp 990.502/MS, rel. Min. Fernando Gonçalves, j. 06.05.2008. (*Informativo* 354/STJ)

em condições piores do que aquelas que poderiam ser oferecidas por entidades privadas[97]. Ao menos, há uma segurança maior de que os depósitos serão honrados no momento procedimental adequado.

Excepcionando-se os bens já descritos, caberá ao *depositário judicial* a custódia dos bens móveis e imóveis urbanos penhorados e ao *depositário particular* a custódia dos demais bens (art. 666, I e II, do CPC). Segundo o art. 666, § 1.º, do CPC, o executado somente figurará como depositário nos casos de difícil remoção, a exemplo da penhora de imóvel (art. 659, § 5.º, do CPC) ou diante da anuência do exequente, não existindo dever do executado em aceitar o encargo de depositário nesses casos[98]. Por motivo justo, o exequente tem o direito de afastar o executado do cargo de depositário mesmo quando o bem for de difícil remoção – a exemplo do bem imóvel –, preferindo-se o depositário judicial, nos termos do art. 666, II, do CPC[99].

No caso de penhora de bens imóveis, o ordenamento traça algumas regras específicas: primeiramente esclarece que o registro perante o Cartório de Imóveis não faz parte da penhora, servindo tão somente para gerar *presunção absoluta* de conhecimento por terceiros[100]. Assim, independentemente do registro, a penhora estará realizada e gerará regularmente seus efeitos no processo e fora dele. Esse registro, que é um ônus do exequente, dar-se-á mediante apresentação de certidão de inteiro teor do ato e independentemente de mandado judicial (art. 659, § 4.º, do CPC). Caso o exequente forneça matrícula atualizada do imóvel, o mesmo será penhorado, pouco importando onde se localize (inclusive fora da Comarca, dispensando-se, pelo menos por hora, a carta precatória), por *termo nos autos*, do qual será intimado o executado pessoalmente ou por seu advogado (se já constituído), sendo por este ato constituído depositário (art. 659, § 5.º, do CPC). Será ainda intimado o cônjuge do executado, ainda que não figure como parte na execução (art. 669, parágrafo único, do CPC).

Admite-se a realização de uma **segunda penhora** no processo, desde que a primeira tenha sido anulada, se alienados os bens da primeira penhora o valor obtido não for suficiente para o pagamento do crédito ou, ainda, se o exequente desistir da primeira penhora em razão de serem os bens litigiosos, ou por já estarem penhorados, arrestados ou onerados (art. 667 do CPC). Há ainda outra hipótese de segunda penhora não prevista pelo ordenamento processual: no caso de perecimento, destruição ou subtração do bem primitivamente penhorado.

---

97 Araken de Assis, *Manual*, n. 236.1, p. 632.

98 STJ, 2.ª Turma, REsp 263.910/SP, rel. Min. Castro Meira, j. 05.10.2004.

99 STJ, 1.ª Turma, REsp 801.926/SP, rel. Min. Denise Arruda, j. 08.04.2008. Contra, Greco, *O processo*, n. 8.2.3, p. 324, defende que o credor não precisa de justificativa.

100 STJ, 2.ª Turma, REsp 911.660/MS, rel. Min. Castro Meira, j. 10.04.2007; AgRg no REsp 345.902/SP, 4.ª Turma, rel. Min. Hélio Quaglia Barbosa, j. 13.03.2007; Marinoni-Arenhart, *Execução*, p. 275; Nery-Nery, *Código*, p. 1.042.

Registre-se que uma segunda penhora não se confunde com o reforço de penhora, hipótese na qual haverá um acréscimo patrimonial à penhora já realizada. Conforme entendimento consagrado no Superior Tribunal de Justiça, o reforço de penhora depende de pedido do exequente, não podendo ser determinado de ofício pelo juiz[101]. Para evitar o perecimento do bem é permitido que o juiz autorize a *alienação antecipada* dos bens penhorados (o art. 670, I, do CPC, prevê a deterioração ou depreciação). Outra circunstância que permitirá a alienação antecipada será a manifesta vantagem advinda de tal forma de alienação. Havendo pedido de alguma das partes, em respeito ao contraditório, a autorização do juiz depende sempre da manifestação da parte contrária[102]. A alienação antecipada, entretanto, não depende de tal pedido, dado que, além das partes, o depositário pode requerer tal alienação e mesmo o juiz de ofício pode determiná-la[103]. Ainda assim, não há razão plausível para ofender o princípio do contraditório, devendo o juiz determinar a intimação das partes para que se manifestem antes de proferir sua decisão de natureza interlocutória e recorrível por agravo de instrumento.

47.3.6. Substituição do bem penhorado

A substituição do bem penhorado é regulamentada por dois dispositivos do CPC: o art. 656, que basicamente prevê as causas que justificam a substituição, e o art. 668, que prevê o procedimento para que a substituição ocorra, ao menos quando requerido pelo executado.

O art. 656 do CPC trata das hipóteses de substituição do bem penhorado, prevendo em seu *caput* que a parte poderá requerê-la (em interessante redação que não determina qual delas poderá fazê-lo), devendo-se compreender que tanto o exequente quanto o executado poderão requerer a substituição do bem penhorado, desde que sigam as regras estabelecidas pelo próprio dispositivo legal[104]. Apesar de o art. 668, *caput*, do CPC prever que o executado tem um prazo de dez dias da intimação da penhora para requerer a substituição do bem penhorado, por uma questão de isonomia tal direito também deve ser concedido ao exequente.

São causas justificadoras da substituição:

(I) desobediência à ordem legal prevista no art. 655 do CPC;

(II) penhora que não incide sobre os bens designados em lei, contrato ou ato judicial para o pagamento;

(III) havendo bens no foro da execução, outros houverem sido penhorados;

---

[101] *Informativo* 457/STJ: 1.ª Seção, REsp 1.127.815/SP, rel. Min. Luiz Fux, j. 24.11.2010.

[102] Marinoni-Mitidiero, *Código*, p. 659.

[103] Greco, *O processo*, n. 8.2.6, p. 348; Theodoro Jr., *Processo*, n. 217, p. 279-280.

[104] Fux, *A reforma*, p. 274; Theodoro Jr., *Processo*, n. 239, p. 296-297; Araken de Assis, *Manual*, n. 229.1, p. 614.

(IV) se, havendo bens livres, a penhora houver recaído sobre bens já penhorados ou objeto de gravame;

(V) se incidir sobre bens de baixa liquidez;

(VI) se fracassar a tentativa de alienação judicial do bem;

(VII) se o devedor não indicar o valor dos bens ou omitir qualquer das indicações previstas nos incisos do art. 668 do CPC.

As causas de substituição do bem penhorado previstas no art. 656, V e VI, do CPC são novidades introduzidas pela Lei 11.382/2006, devendo ser elogiado o legislador porque passou a considerar as dificuldades reais ou presumíveis na alienação dos bens como justificativa para a sua substituição, indicativo claro da preocupação com a efetiva garantia do juízo, ou seja, a criação de condições materiais efetivamente aptas a proporcionar a satisfação do exequente.

A falta de clareza da regra prevista pelo art. 656, § 2.º, do CPC ensejará questões similares àquelas criadas na interpretação do art. 15, I, da LEF, que prevê que em qualquer fase do processo será deferida pelo juiz a substituição da penhora por depósito em dinheiro ou **fiança bancária**. Discute-se na seara da execução fiscal se o dinheiro tem o mesmo *status* da fiança bancária, e, mais importante que isso, se penhorado dinheiro do executado, esse bem poderia ser substituído pela fiança bancária. O Superior Tribunal de Justiça não tem posição uníssona a esse respeito, havendo decisões em ambos os sentidos[105], apesar de existir uma tendência pela admissibilidade da substituição da penhora de dinheiro desde que confiável a fiança bancária[106], e comprovado os pressupostos da menor onerosidade ao executado[107].

A mesma dúvida certamente será suscitada na interpretação do dispositivo legal ora comentado, porque o legislador não foi claro em quais condições será aceita a substituição do bem penhorado por **fiança bancária** ou **seguro garantia judicial**, com valor acrescido em 30% do valor indicado na petição inicial. É possível concluir pela singeleza do dispositivo legal, sem a previsão de qualquer condição a ser cumprida, pois, mesmo quando houver penhora de dinheiro, será possível a substituição prevista pelo art. 656, § 2.º, do CPC[108]. Essa, aliás, parece ser a grande utilidade dessas modernas e seguras formas de garantia da satisfação do direito exequendo.

---

[105] Permitindo a substituição de dinheiro penhorado por fiança bancária, REsp 643.097-RS, 2.ª Turma, rel. Min. Castro Meira, j. 04.04.2006; REsp 660.288-RJ, 2.ª Turma, rel. Min. Eliana Calmon, *DJ* 10.10.2005. Em sentido contrário, REsp 801.550-RJ, 1.ª Turma, rel. Min. José Delgado, j. 09.05.2006; *Informativo* 437/STJ: REsp 1.049.760-RJ, rel. Min. Luiz Fux, j. 1.º.06.2010.

[106] STJ, 2.ª Turma, REsp 1067630-RJ, rel. Min. Humberto Martins, j. 23.09.2008 (Informativo 369/STJ); AgRg no Ag 952.491-RJ, 4.ª Turma, rel. Min. Fernando Gonçalves, j. 07.10.2008 (Informativo 371/STJ).

[107] *Informativo* 462/STJ: 1.ª Seção, EREsp. 1.077.039/RJ, rel. Min. Mauro Campbell Marques, rel. p/ acordão Min. Herman Benjamin, j. 09.02.2011; *Informativo* 466/STJ: 3.ª Turma, REsp 1.116.647/ES, rel. Min. Nancy Andrighi, j. 15.03.2011.

[108] Theodoro Jr., *Processo*, n. 244, p. 300. Contra: Marinoni-Mitidiero, *Código*, p. 652.

A fiança bancária e, por extensão, o seguro garantia judicial são formas de garantia do juízo que beneficiam todos os envolvidos na execução. Para o executado a substituição será extremamente proveitosa porque, liberado o bem que havia sido penhorado, seu dinheiro poderá ser investido, o que certamente gerará dividendos, inclusive aumentando sua capacidade de fazer frente à cobrança enfrentada na execução. Essa circunstância verifica-se, inclusive, nos casos em que a penhora tem como objeto dinheiro, porque é notória a maior rentabilidade da maioria dos investimentos quando comparados com a correção dos depósitos em juízo. Na hipótese de utilização do dinheiro para financiar empreendimentos ou projetos, fica ainda mais nítida a importância da substituição ora defendida. Por outro lado, o exequente não terá nenhum prejuízo, porque o grande atrativo da penhora de dinheiro – liquidez imediata – será plenamente mantido com as duas espécies de garantia previstas pelo art. 656, § 2.º, do CPC.

Ainda no âmbito da execução fiscal, o Superior Tribunal de Justiça entende que a substituição de qualquer outro bem por dinheiro ou fiança bancária não depende de anuência do exequente, podendo ser determinada inclusive sem sua oitiva[109]. Não há razões para acreditar que a interpretação seja diversa em relação ao art. 656, § 3.º, do CPC, entendendo-se que a substituição de qualquer bem por fiança bancária ou seguro-garantia judicial independa de concordância do exequente[110].

O art. 656, § 3.º, do CPC exige a **expressa anuência do cônjuge** quando o executado indica bens imóveis para que sejam penhorados no lugar daqueles que já se encontram constritos judicialmente. A necessidade de anuência do cônjuge diz respeito à preocupação do legislador em oferecer proteção legal a esse sujeito que não é parte no processo, mas que, podendo ter responsabilidade patrimonial, ainda que não seja devedor, verá seu patrimônio afetado pelos atos executivos. A ideia de fundo certamente é a proteção ao cônjuge não devedor, que poderá sofrer perdas patrimoniais em razão da nova penhora que o executado pretende que se realize, mas o dispositivo legal deixa alguns questionamentos a serem respondidos pelos operadores do direito.

Apesar de inexistir previsão expressa nesse sentido, não parece fazer muito sentido a anuência do cônjuge na hipótese de regime de separação total de bens, porque nesse caso o patrimônio não pertence ao cônjuge não devedor, de forma que a preocupação que motivou o legislador a prever o art. 656, § 3.º, do CPC simplesmente não existe nesse caso[111].

Outra questão: imagine-se que o cônjuge concorde com a substituição do bem penhorado por um bem imóvel. Significa que não terá o direito de ingressar com embargos de terceiro para garantir sua meação, demonstrando que a dívida contraída não reverteu em benefício do casal ou da família? Seria possível nesse caso apontar alguma espécie de *preclusão lógica*, afirmando-se que ao permitir a

---

[109] AgRg no Ag 984.056/Sp, 1.ª Turma, rel. Min. Denise Arruda, j. 04.09.2008.

[110] Marinoni-Mitidiero, *Código*, p. 652; Theodoro Jr., *Processo*, n. 241, p. 299.

[111] Wambier-Wambier-Medina, *Breves*, p. 128.

substituição da penhora do bem o cônjuge não devedor perde a oportunidade de insurgir contra o ato de constrição judicial, para preservar sua meação?

A resposta deve ser dada de forma negativa, e por uma razão bastante simples: a preclusão só gera efeitos endoprocessuais e os embargos de terceiro têm natureza de ação judicial, de forma que jamais um ato praticado no processo de execução ou fase de execução no processo sincrético, ainda que aparentemente incompatível do ponto de vista lógico com a irresignação, impedirá a sua veiculação por meio de ação autônoma, como os embargos de terceiro. É possível, entretanto, até para se dar alguma utilidade ao dispositivo legal, afirmar-se existir uma renúncia à meação com a concordância expressa do cônjuge não devedor na substituição do bem penhorado pelo imóvel.

Conforme previsão do art. 668, *caput*, do CPC, o executado tem prazo de dez dias após sua intimação da penhora para requerer a substituição do bem penhorado. Ao se concordar com a interpretação literal do art. 652, § 5.º, do CPC, que abre ao juiz a possibilidade de dispensar a intimação da penhora, o prazo ora analisado não terá termo inicial, o que só corrobora a conclusão expressa no Capítulo 44, item 44.7, de que a intimação da penhora não pode ser dispensada. Para que o executado consiga a substituição, além de cumprir os requisitos formais do art. 668, parágrafo único, do CPC, deve comprovar cabalmente que a substituição será menos onerosa para ele e que não trará prejuízos ao exequente. Em respeito ao princípio do contraditório, a parte contrária deverá ser intimada para, querendo, se manifestar, mas sua resistência não impede a substituição se o juiz entender preenchidos os requisitos exigidos em lei[112].

47.3.7. Penhoras especiais

Prevê o art. 671 do CPC que na **penhora de crédito** do executado o oficial de justiça realizará a penhora, sendo intimado o terceiro devedor para que não pague ao credor e o credor do terceiro para que não pratique ato de disposição do crédito. Após a intimação do executado, será ineficaz seu pagamento direto ao devedor, sendo lícito ao credor cobrar o crédito desse terceiro, que será obrigado a pagar duas vezes, não obstante possa posteriormente exercer seu direito de regresso contra o devedor.

No caso de a penhora recair em créditos representados por letra de câmbio, nota promissória, duplicata, cheque ou outros títulos, o título será apreendido, estando ou não esses títulos em poder do devedor (art. 672, *caput*, do CPC). Não sendo possível a apreensão, considerar-se-á penhorado o crédito se o terceiro (devedor do executado) confessar o crédito, a partir de quando será considerado o depositário do valor (art. 672, § 1.º, do CPC). Segundo o art. 672, § 2.º, do CPC, o devedor só se libera da obrigação constante do título ou que tenha sido objeto de confissão com o depósito em juízo da importância devida. Se o

---

[112] Marinoni-Mitidiero, *Código*, p. 658; Araken de Assis, *Manual*, n. 229.6, p. 618.

terceiro negar o débito em conluio com o devedor, a quitação que este lhe der considerar-se-á fraude à execução (art. 672, § 3.º, do CPC), sendo possível ao juiz designar audiência para tomar os depoimentos do executado e do terceiro, sempre que requerido pelo exequente (art. 672, § 4.º, do CPC).

Realizada a **penhora em direito e ação** do executado (expressão modificada pela Lei 11.382/2006 no art. 655, XI, do CPC, para "outros direitos"), o exequente tem o prazo de dez dias da realização da penhora[113] para decidir entre a sub-rogação no direito de crédito penhorado ou a alienação judicial do direito penhorado. Apesar de o art. 673, *caput*, do CPC prever que esse direito só poderá ser exercido quando os embargos não tiverem sido oferecidos ou rejeitados, tudo dependerá dos efeitos em que os embargos sejam recebidos no caso concreto. Como analisado no Capítulo 49, item 49.2, os embargos à execução não têm mais como regra o efeito suspensivo, de forma que, mesmo estando pendentes de julgamento os embargos sem o efeito suspensivo, o direito previsto no art. 673, § 1.º, do CPC, já deve ser exercido. O art. 673, § 2.º, do CPC permite que o sub-rogado, não recebendo o crédito, prossiga na execução, nos mesmos autos, penhorando outros bens do executado, sendo também legítimo que mantenha a penhora sobre o crédito, passando a preferir a alienação judicial[114].

Parcela da doutrina defende a possibilidade de a penhora de crédito incidir sobre crédito do executado contra o exequente, visando a compensação, na chamada "penhora de mão própria". O Superior Tribunal de Justiça entende que a penhora de crédito representado por precatório é regida pelas regas aplicáveis à penhora de crédito, admitindo-se que o exequente opte pela sub-rogação ou alienação judicial do direito de penhora, nos termos do art. 673, § 1.º, do CPC, e rejeitando-se a compensabilidade desse crédito com a dívida em execução ou com qualquer outra[115].

Se o direito estiver sendo pleiteado em juízo (direito litigioso), ocorrerá o fenômeno da "penhora no rosto dos autos", a fim de se efetivar a penhora nos bens que forem adjudicados ou que vierem a caber ao devedor (art. 674 do CPC). Essa espécie de penhora se presta a dar ciência ao juízo da demanda em que se discute o direito, evitando-se a entrega do produto de alienação de bem penhorado diretamente ao vencedor da ação, considerando-se que esse crédito já está penhorado em outra demanda judicial.

Se a penhora recair sobre **dívidas de dinheiro a juros**, de direito a rendas, ou de prestações periódicas, o exequente poderá levantar os juros, rendas ou prestações periódicas na medida em que forem depositadas em juízo, realizando-se o devido desconto do valor da dívida (art. 675 do CPC). Caso a penhora recaia sobre direito que tenha como objeto prestação ou restituição de coisa determinada, o art. 676 do CPC prevê que o terceiro será intimado para depositá-la em juízo no vencimento,

---

113 Barbosa Moreira, *O novo*, p. 244.

114 Greco, *O processo*, n. 8.2.4, p. 332-333.

115 STJ, 2.ª Turma, AgRg no Ag 856.674/RS, rel. Min. Herman Benjamin, j. 11.09.2007; EREsp 870.428/RS, 1.ª Seção, rel. Min. Teori Albino Zavascki, j. 27.06.2007.

correndo sobre ela a execução. O devedor a quem se refere o dispositivo legal é o terceiro que tem o dever de prestar ou restituir a coisa determinada, e não o executado, frequentemente chamado de devedor pelo legislador[116].

Recaindo a penhora em **estabelecimento comercial, industrial ou agrícola**, bem como semoventes, plantações ou edifício em construção, o juiz nomeará um depositário, determinando-lhe que apresente no prazo de dez dias a forma da administração. As partes podem ajustar a forma de administração e indicar o depositário, homologando o juiz tal acordo (art. 677, § 1.º, do CPC). Caso a empresa funcione mediante concessão ou autorização, a penhora far-se-á, conforme o valor do crédito, sobre a renda, sobre determinados bens, ou sobre todo o patrimônio, nomeando o juiz como depositário, de preferência, um de seus diretores (art. 678 do CPC). Registre-se que a penhora de empresa não se confunde com a penhora de seu estoque, que será realizada normalmente, dispensada a aplicação do art. 677 do CPC[117].

A penhora de **navio** ou **aeronave** não impede que o navio continue navegando e a aeronave operando até a data da alienação, sendo necessário que, para sair do porto ou aeroporto, o devedor faça o seguro usual contra riscos, do que dependerá a autorização do juiz para a continuidade da atividade desses bens penhorados (art. 679 do CPC). A questão referente ao depositário nessa espécie de execução é polêmica. A maioria dos doutrinadores defende que o executado, representado de preferência por um ou mais de seus diretores[118], passa a figurar como depositário do bem penhorado, assumindo os riscos dessa condição. Outros entendem que a regra é do depositário-administrador indicado pelo juiz, somente admitindo-se o executado como depositário em comum acordo das partes[119].

As **quotas sociais** são penhoráveis, não se podendo criar hipótese de impenhorabilidade não prevista em lei, inclusive porque expressamente previstas como classe de bens penhoráveis no art. 655, VII, do CPC. Ainda que esteja expressamente prevista no contrato social a impenhorabilidade das quotas sociais, o Superior Tribunal de Justiça entende pela penhorabilidade com o correto entendimento de que o contrato não pode contrariar a lei[120]. É claro que a aquisição das quotas sociais por terceiro ou pelo próprio exequente não transfere a *affectio societatis*, sendo possível aos sócios remanescentes promover a dissolução e liquidação da sociedade. Justamente para evitar tal ocorrência, os sócios não devedores têm a preferência na adjudicação dessas quotas sociais, conforme analisado no Capítulo 47, item 47.5.2.5.

---

[116] Barbosa Moreira, *O novo*, p. 244.

[117] STJ, 1.ª Turma, REsp 736.358/SC, rel. Min. Denise Arruda, j. 08.04.2008; REsp 450.454/RS, 2.ª Turma, rel. Min. João Otávio de Noronha, j. 18.05.2006.

[118] Theodoro Jr., *Processo*, n. 234, p. 291. Marinoni-Mitidiero, *Curso*, p. 663; Barbosa Moreira, *O novo*, p. 249, mencionam somente o executado como depositário.

[119] Greco, *O processo*, 8.2.5, p. 342.

[120] STJ, 1.ª Turma, AgRg no Ag 894.161/SC, rel. Min. José Delgado, j. 11.09.2007.

Novidade do PLNCPC é a regulamentação inédita da penhora das quotas ou ações de sociedades personificadas. Segundo o art. 817, penhoradas as quotas ou as ações de sócio em sociedade simples ou empresária, o juiz assinará prazo razoável, não superior a três meses, para que a sociedade apresente balanço especial na forma da lei, proceda à liquidação das quotas ou das ações e deposite em juízo o valor apurado, em dinheiro. O § 1.º prevê que a regra do *caput* não se aplica à sociedade anônima de capital aberto, cujas ações serão adjudicadas ao credor ou alienadas em bolsa de valores, conforme o caso. Nos termos do § 2.º, o juiz poderá nomear administrador para a realização da liquidação prevista no *caput*, cabendo ao indicado submeter à aprovação judicial a forma de liquidação. Segundo o § 3.º, o prazo de três meses previsto no *caput* poderá ser ampliado pelo juiz, se o pagamento das quotas ou das ações liquidadas colocar em risco a estabilidade financeira da sociedade simples ou empresária.

47.4. AVALIAÇÃO

A avaliação prevista nos arts. 680 a 684 do CPC se presta a indicar um valor econômico ao bem penhorado, tendo grande importância para o seguimento da execução por quantia certa. Dependendo do valor obtido com a avaliação, será possível ao juiz determinar diminuição ou aumento da penhora (art. 685 do CPC), tudo para que o direito do credor seja efetivamente satisfeito sem prejuízo exagerado e desnecessário ao executado. Além disso, o valor obtido com a avaliação terá importância na hasta pública, fixando o valor do lanço mínimo para arrematação no primeiro leilão ou praça, para a adjudicação do bem e para consideração do que seja preço vil no caso concreto.

Prevê o art. 680 do CPC que a avaliação será realizada preferencialmente pelo **oficial de justiça**, em regra consagrada pelos arts. 143, V, 475-J, § 2.º, 652, § 1.º, todos do CPC. Excepcionalmente, quando for necessário o domínio de conhecimento específico, o juiz nomeará **avaliador**, de preferência um perito judicial (auxiliar permanente do juízo), e em sua ausência um perito de confiança do juiz[121]. Segundo o art. 680 do CPC, o avaliador terá um prazo para entrega do laudo a ser fixado pelo juiz, não superior a dez dias, o que demonstra de maneira clara a sumariedade pretendida pelo legislador para a avaliação.

Existe controvérsia a respeito do procedimento que deve ser adotado nessa avaliação. Parcela da doutrina[122] e o Superior Tribunal de Justiça[123] entendem que

---

121 STJ, 4.ª Turma, RMS 10.994/PE, rel. Min. Jorge Scartezzini, j. 21.10.2004; Leonardo Greco, *O processo*, n. 8.3, p. 351; Araken de Assis, *Manual*, n. 271, p. 691.

122 Greco, *O processo*, n. 8.3, p. 359; Theodoro Jr., *Processo*, n. 263, p. 319.

123 STJ, 4.ª Turma, RMS 10.994/PE, rel. Min. Jorge Scartezzini, j. 21.10.2004; RMS 13.038/RS, 2.ª Turma, rel. Min. Castro Meira, j. 25.05.2004.

a *sumariedade* torna desnecessária a indicação de quesitos e/ou assistentes técnicos pelas partes, preservando-se o *contraditório* com a intimação das partes para se manifestarem sobre o laudo[124]. Por outro lado, há doutrinadores que defendem a aplicação das regras tradicionais da perícia, em respeito ao contraditório[125]. Apesar de legítima a preocupação com o respeito ao contraditório, entendo que a simplicidade da avaliação e a sumariedade de seu procedimento justificam a dispensa do assistente técnico e quesitos, até para evitar indevida demora no procedimento executivo.

Do laudo de avaliação constarão obrigatoriamente a descrição do bem, a indicação do estado em que se encontram e o seu valor, sendo exigida a avaliação em partes quando o imóvel penhorado for suscetível de cômoda divisão (art. 681 do CPC). Ainda quando a avaliação é realizada por oficial de justiça, será necessária a elaboração de laudo, que nesse caso integrará o auto de penhora.

Segundo o art. 684 do CPC, estará dispensada a realização da avaliação:

(a) quando o exequente aceitar a estimativa feita pelo executado nos termos do art. 668, parágrafo único, V, do CPC;

(b) no caso de a penhora recair sobre títulos ou mercadorias que tenham cotação em bolsa, cujo valor depende da cotação oficial do dia, sendo comprovada por certidão ou publicação no órgão oficial (art. 682 do CPC);

Além dessas causas legais previstas pelo *codex* processual, é correto incluir entre as hipóteses de dispensa a previsão do art. 1.484 do CC, que prevê ser lícito aos interessados fazer constar das escrituras o valor entre si ajustado dos imóveis hipotecados[126].

O art. 826 do PLNCPC traz algumas novidades a respeito do tema da dispensa e da avaliação. São mantidas as duas regras mencionadas nos itens (a) e (b), sendo suprimida a regra constante no item (c). Além disso, são incluídas outras duas hipóteses de dispensa da avaliação, nos dois últimos incisos do dispositivo legal mencionado: títulos da dívida pública, de ações das sociedades e de títulos de crédito negociáveis em bolsa, cujo valor será o da cotação oficial do dia, provada por certidão ou publicação no órgão oficial e veículos automotores ou de outros bens cujo preço médio de mercado possa ser conhecido por meio de pesquisas realizadas por órgãos oficiais ou de anúncios de venda divulgados em meios de comunicação, caso em que caberá a quem fizer a nomeação o encargo de comprovar a cotação do mercado.

[124] Barbosa Moreira, *O novo*, p. 251; Abelha Rodrigues, *Manual*, p. 359.

[125] Araken de Assis, *Manual*, n. 271, p. 692; Marinoni-Mitidiero, *Curso*, p. 664.

[126] Mazzei, *Reforma*, p. 354-355. Contra: Araken de Assis, *Manual*, n. 271, p. 692; Greco, *O processo*, n. 8.3, p. 356.

O art. 683 do CPC indica três hipóteses de repetição da avaliação, e, sendo impugnada a avaliação já realizada, caberá à parte impugnante o ônus de adiantar os honorários do avaliador na realização dessa segunda perícia, independentemente de existir ou não expresso pedido para a realização da nova avaliação[127].

A primeira hipótese legal de admissão de nova avaliação, segundo o art. 683, I, do CPC, depende da arguição fundamentada por qualquer uma das partes da ocorrência de erro na avaliação ou dolo do avaliador. Ainda que o dispositivo legal condicione a nova avaliação à provocação da parte, não resta dúvida da possibilidade de atuação de ofício do juiz, considerando-se que a regularidade da avaliação não interessa somente às partes, mas também à qualidade da prestação jurisdicional[128]. Ao exigir que a arguição das partes seja fundamentada, pretendeu o legislador afastar pedidos sem qualquer substrato fático e/ou jurídico sério, não sendo exigida a prova pré-constituída dos vícios alegados.

A segunda hipótese legal é a verificação posterior à avaliação já realizada de que houve majoração ou diminuição do valor do bem (art. 683, II, do CPC). Apesar de não constar do texto legal, é compreensível que flutuações mínimas do valor do bem não demandam a realização de nova avaliação, que só deve ocorrer quando a majoração ou a diminuição for significativa[129]. Atualizações do valor do bem não representam nova avaliação, sendo sempre admitidas antes do início dos atos de expropriação[130].

Apesar de o art. 683, III, do CPC prever uma terceira hipótese de admissibilidade de nova avaliação, entendo que na situação prevista por esse dispositivo legal não haverá uma nova avaliação. Caso haja fundada dúvida a respeito do valor atribuído ao bem pelo executado (art. 668, parágrafo único, V, do CPC), será realizada pela primeira vez a avaliação do bem penhorado. Sendo a avaliação ato privativo do oficial de justiça, avaliador oficial ou perito indicado pelo juiz, a mera indicação de valor pelo executado não pode ser considerada como avaliação, de forma que, não aceito tal valor, se procederá à primeira avaliação.

Além das hipóteses previstas no art. 683 do CPC, uma nova avaliação será realizada sempre que julgada procedente a impugnação ou os embargos à execução fundados em avaliação errônea (arts. 475-L, III, e 745, II, do CPC)[131].

Segundo o art. 685 do CPC, após a avaliação e diante de pedido de uma das partes, o juiz, após intimar a parte contrária em respeito ao princípio do contraditório, poderá:

(a) reduzir a penhora ou transferi-la para outros, se o valor dos bens penhorados for consideravelmente superior ao valor exequendo;

---

[127] STJ, 2.ª Turma, REsp 729.712/SP, rel. Min. Eliana Calmon, j. 26.06.2007 (Informativo 325/STJ).

[128] Dinamarco, *Instituições*, n. 1.698, p. 549; Marinoni-Mitidiero, *Curso*, p. 665; Medina, *Execução*, n. 3.10.4, p. 176.

[129] Dinamarco, *Instituições*, n. 1.698, p. 549.

[130] Mazzei, *Reforma*, p. 343-344.

[131] Araken de Assis, *Manual*, n. 273.5, p. 697.

(b) ampliar a penhora ou transferi-la para bens mais preciosos, se o valor dos bens penhorados for inferior ao valor do crédito.

Mais uma vez, o dispositivo legal condiciona a mudança da penhora após a avaliação e a manifestação das partes, e novamente se equivoca porque o juiz também poderá de ofício realizar as atividades previstas nos incisos do art. 685 do CPC, depois de intimadas as partes em respeito ao princípio do contraditório.

A ampliação e a redução da penhora só se justificam quando o valor da avaliação for flagrantemente incompatível como o valor exequendo[132].

47.5. FORMAS DE EXPROPRIAÇÃO

47.5.1. Introdução

Expropriar significa retirar a propriedade, sendo momento essencial para a satisfação do direito do exequente na execução de pagar quantia certa. Não havendo o cumprimento voluntário da obrigação de pagar quantia certa, o Estado-juiz deve atuar materialmente para que o direito seja coativamente satisfeito, o que será realizado pela execução por sub-rogação, com a retirada da propriedade de bem do executado para que o exequente seja efetivamente satisfeito. A expropriação é atividade que vem depois da penhora, ato processual responsável por garantir o juízo e permitir a futura transferência de propriedade.

A Lei 11.382/2006 modificou substancialmente o fenômeno processual da expropriação, tudo levando a crer que as modificações tenham sido na maioria dos casos concernentes à preocupação moderna do operador do direito de entregar ao jurisdicionado uma tutela jurisdicional executiva de melhor qualidade[133]. Atualmente são quatro espécies típicas de expropriação: adjudicação, que foi totalmente remodelada com a Lei 11.382/2006; alienação por iniciativa particular, novidade no ordenamento jurídico; arrematação, que sofreu importantes alterações estruturais e procedimentais; e o usufruto de bem móveis e imóveis. Há também uma forma atípica de expropriação, consistente na alienação antecipada dos bens (art. 670 do CPC).

47.5.2. Adjudicação

47.5.2.1. Introdução

A adjudicação é a forma de expropriação judicial por meio da qual o bem penhorado (móvel ou imóvel) é retirado do patrimônio do executado e transfe-

[132] Marinoni-Arenhart, *Execução*, p. 281.

[133] Essa também é a impressão de Wambier-Wambier-Medina, *Breves*, p. 85.

rido, como forma de pagamento, ao patrimônio do legitimado a adjudicar (em regra o exequente). Nas hipóteses em que o próprio exequente adjudica o bem, a figura processual lembra – ainda que com todos os cuidados para não confundir os dois institutos – a *dação em pagamento*. Indiscutível que a adjudicação não é dação em pagamento, até porque não se trata de ato voluntário, mas ainda assim o sistema de satisfação da obrigação pecuniária é similar nesses dois diferentes institutos jurídicos[134].

Partindo-se do pressuposto, reafirmado pela atual redação do art. 685-A, *caput*, do CPC, de que o valor da adjudicação será no mínimo o **valor da avaliação**, não há necessariamente uma identidade entre o valor da adjudicação e o valor executado, de forma que, diante dessas circunstâncias, três situações podem se verificar. Numa primeira hipótese, o valor da avaliação é exatamente o valor da adjudicação, não havendo nenhum ato a ser praticado que não seja a entrega do bem penhorado ao exequente. Numa segunda hipótese, o valor da adjudicação é inferior ao valor da dívida, de forma que a execução continuará para que o exequente receba o valor remanescente. Nesses dois casos fala-se em *adjudicação-satisfativa*. A terceira hipótese, conhecida como *adjudicação-venda*, se dá quando o valor da adjudicação supera o valor da dívida, de modo que o exequente se compromete no prazo legal a depositar em juízo a diferença do valor.

Há lição tradicional que distingue a adjudicação da arrematação, considerando-se que na primeira o bem penhorado não é transformado em dinheiro para gerar a satisfação do direito do exequente. Registre-se, entretanto, que a circunstância de que a adjudicação difere da arrematação – porque na primeira ocorre a transferência do próprio bem penhorado para a satisfação do direito do credor e, na segunda, o bem é transformado em dinheiro, para ser entregue ao exequente – somente ocorrerá quando o adjudicante for o próprio exequente. Caso contrário, qualquer outro legitimado a adjudicar que não seja o próprio exequente, deverá efetuar o depósito integral do valor da adjudicação, sendo esse valor em dinheiro entregue ao exequente, de forma que a adjudicação por outros legitimados que não o exequente aproxima-se de maneira bastante clara da arrematação. A diferença é meramente procedimental, prestigiando-se determinados sujeitos que não precisariam esperar a alienação judicial do bem – por iniciativa particular ou hasta pública –, podendo adquiri-lo pela forma da adjudicação[135].

47.5.2.2. *Novo sistema de adjudicação*

A modificação mais substancial a respeito da adjudicação trazida pela Lei 11.382/2006 não se encontra expressamente prevista nos arts. 685-A e 685-B do

[134] Barbosa Moreira, *O novo*, p. 254; Dinamarco, *Instituições*, p. 573-574; Theodoro Jr., *Processo*, n. 271, p. 325.

[135] Araken de Assis, *Manual*, n. 279, p. 720.

CPC, dispositivos que tratam especificamente dessa forma de expropriação, mas no art. 686, *caput*, do CPC. Esse dispositivo legal estabelece uma ordem entre as diferentes formas de satisfação do direito do exequente, sendo a adjudicação a **forma preferencial**. Portanto, já tendo sido o bem avaliado – por oficial de justiça ou por avaliador oficial, dependendo do caso concreto –, o exequente ou qualquer outro legitimado já poderá adjudicar o bem, evitando assim todos os percalços da hasta pública e, porque não dizer, até mesmo da alienação por iniciativa particular, prevista pelo art. 685-C do CPC.

Tendo a praxe forense desmistificado os benefícios advindos da hasta pública, conforme, inclusive, reconhecido na Exposição de Motivos da Lei 11.382/2006, o Código de Processo Civil adotou posicionamento no sentido de prestigiar a adjudicação, colocando essa forma de satisfação antes da alienação por arrematação e por iniciativa particular[136].

Registre-se, entretanto, que a adjudicação sem a prévia e frustrada hasta pública criada pela Lei 11.382/2006 não é absoluta novidade no direito brasileiro, bastando lembrar o disposto no art. 24, I, da Lei 6.830/1980, que permite à Fazenda Pública requerer a adjudicação do bem antes da hasta pública, pelo valor da avaliação, caso a execução não seja embargada ou tendo sido rejeitados os embargos, e o art. 53, § 2.º, da Lei 9.099/1995, que permite a imediata adjudicação do bem penhorado na audiência de conciliação. De qualquer forma, tratando-se de regra da teoria geral da execução, a nova norma legal deve ser saudada pelo operador do direito.

47.5.2.3. *Momento da adjudicação*

Conforme indicado pelo art. 647 do CPC, a adjudicação passou a ser a forma preferencial de satisfação do direito do exequente, no sentido de que, antes de ser determinada qualquer outra medida que busque tal satisfação, poderá ocorrer a adjudicação. Mas não se deve entender que exista uma *preclusão temporal* que impeça a adjudicação de ocorrer depois desse momento inicial de expropriação, desde que ela ainda seja materialmente possível. É natural que não tenha sentido falar em adjudicação após o bem penhorado já ter sido alienado ou, ainda, já estar em curso o seu "usufruto executivo". Mas nenhuma preclusão impedirá que, frustrada a alienação do bem, o exequente ou qualquer outro legitimado requeira a adjudicação do bem[137].

Existe uma questão de suma importância no tocante ao momento da adjudicação, caso o exequente – ou qualquer dos legitimados – pretenda como primeiro ato de satisfação ficar com o bem penhorado em pagamento da dívida. Qual é exatamente esse momento, considerando-se que os embargos à execução

---

136 Marinoni-Arenhart, *Execução*, p. 314; Theodoro Jr., *Processo*, n. 271, p. 326.

137 Theodoro Jr., *Processo*, n. 278, p. 331-332; Marinoni-Arenhart, *Execução*, p. 315.

não têm mais como regra o efeito suspensivo? Seria possível a adjudicação após o transcurso do prazo de três dias para o executado pagar, ou o juiz deverá ao menos esperar até o vencimento do prazo de 15 dias de embargos, hipótese na qual a atribuição do efeito suspensivo impediria a adjudicação?

Pensando-se no procedimento executivo, não resta qualquer dúvida de que, após a penhora e avaliação do bem, passa-se ao momento de satisfação do direito, sendo que, havendo penhora de qualquer bem que não seja dinheiro, isso significará expropriação. Pensando assim, e partindo-se da realidade de que os embargos não têm mais em regra o efeito suspensivo, poder-se-ia concluir que, decorrido o prazo de pagamento, e não estando suspensa a execução, e mesmo não havendo previsão legal de medida com efeito suspensivo, seria legítima a imediata adjudicação, mesmo antes de transcorrido o prazo para os embargos[138]. Não parece, entretanto, que esse seja o entendimento mais adequado.

Não se nega que o executado seja citado para pagar em três dias, sendo justamente essa conduta que se espera dele. Mas é natural que essa conduta seja esperada do executado que de fato é devedor, situação que nem sempre ocorre no dia a dia forense, ainda mais se for levada em consideração a facilidade para a criação de títulos executivos extrajudiciais. Não seria temerário permitir a adjudicação antes mesmo de o executado demonstrar em seus embargos, ainda que sumariamente, que a execução não tem nenhum fundamento? Ainda que o executado vitorioso possa cobrar buscar o ressarcimento de danos gerados por execução indevida, não seria preferível aguardar o transcurso do prazo de embargos para que o juiz possa conhecer as alegações defensivas do executado e, eventualmente, lhe conceder o efeito suspensivo que impeça a imediata adjudicação?

O que deve ficar bem claro é que a espera dos embargos não pode ser entendida como fator de sacrifício extremo ao exequente, porque, não havendo efeito suspensivo nos embargos, o bem poderá ser adjudicado. Está-se falando em 12 dias – diferença entre o prazo para pagar e o prazo para embargar –, sendo que, transcorrido esse exíguo lapso temporal e não sendo relevante a fundamentação contida nos embargos, será possível a adjudicação. Imaginar que isso seja uma afronta ao princípio da efetivação da tutela e da celeridade é exagerar na medida, criando um sacrifício indefensável ao executado (que, conforme se nota na praxe forense, bem pode não ser devedor!).

Portanto, não se admite a adjudicação antes de transcorrido o prazo para a interposição de embargos, e, uma vez interpostos os embargos, o juiz deverá antes decidir eventual pedido de efeito suspensivo para somente depois determinar a adjudicação do bem penhorado[139].

---

138 Scarpinella Bueno, *A nova*, p. 169-173.

139 Marinoni-Arenhart, *Execução*, p. 311; Abelha Rodrigues, *Manual*, p. 364.

47.5.2.4. *Valor da adjudicação*

Segundo o art. 685-A do CPC, o preço oferecido pelo exequente ou pelos demais legitimados (art. 685-A, § 2.º, do CPC) não pode ser inferior ao valor da avaliação. Esse dispositivo legal, entretanto, dependendo do momento processual em que é feito o pedido de adjudicação, deve ser lido de forma diferente, levando-se em conta que, se o novo procedimento executivo permite a adjudicação antes da alienação por iniciativa particular e da hasta pública, nada proíbe o exequente, que inicialmente preferiu essas formas de satisfação e se frustrou ao não conseguir a alienação, de concordar em adjudicar o bem penhorado[140]. Tratando-se de situações substancialmente diferentes, a interpretação a ser dada ao dispositivo legal não deve ser a mesma.

Caso o exequente pretenda ficar com o bem antes de qualquer outra medida tendente à sua alienação, nada mais correto do que condicionar a adjudicação ao valor da alienação, única forma de se manter em vigor o princípio da *menor onerosidade* ao devedor. Será diferente a hipótese de adjudicação quando já frustradas as tentativas de alienação do bem – por iniciativa particular ou hasta pública –, porque nesse caso estará concretamente comprovado que não existem interessados na aquisição do bem. Diante dessa situação, não parece ser correto alegar o princípio da menor onerosidade para o executado como forma de obrigar a adjudicação pelo preço da avaliação, bastando que o exequente ou qualquer outro legitimado a adjudicar faça uma proposta em preço que não seja vil. Há, inclusive, disposição nesse sentido, que permite a adjudicação por 50% do valor da avaliação, na execução dos créditos da Seguridade Social e da Dívida Ativa da União[141].

O legislador, entretanto, parece não ter acolhido esse entendimento, sendo possível tal conclusão tanto da expressa previsão do art. 685-A, *caput*, do CPC, como da regra prevista pelo art. 685-A, § 1.º, do CPC. São também nesse sentido a doutrina majoritária[142] e a jurisprudência do Superior Tribunal de Justiça. Registre-se, entretanto, julgado no qual se admitiu excepcionalmente a adjudicação por valor inferior ao da avaliação após a frustração de oito hastas públicas[143].

47.5.2.5. *Legitimados a adjudicar*

Embora tradicionalmente a adjudicação seja lembrada como ato de satisfação voluntária a ser praticado pelo exequente, o ordenamento brasileiro sempre previu outros sujeitos legitimados a adjudicar. O art. 685-A, § 2.º, do CPC prevê a legitimidade dos

140 Dinamarco, *Instituições*, p. 575.

141 Souza, *A adjudicação*, p. 99.

142 Theodoro Jr., *Processo*, n. 272, p. 326; Araken de Assis, *Manual*, n. 281.1, p. 721-722; Barbosa Moreira, *O novo*, p. 254.

143 STJ, 3.ª Turma, REsp 435.120/SP, rel. Min. Humberto Gomes de Barros, j. 07.03.2006.

(a) credores concorrentes que já tenham penhorado o bem;
(b) do credor com garantia real;
(c) do cônjuge;
(d) descendentes; e
(e) ascendentes do executado.

Esse três últimos legitimados eram, antes da Lei 11.382/2006, legitimados a remir o bem, instituto que não existe mais no ordenamento processual. Registre-se desde já que, além dos sujeitos previstos no art. 685-A, § 2.º, do CPC, também os sócios não devedores na hipótese de adjudicação de quota de sociedade da qual fazem parte serão legitimados a adjudicar (art. 685-A, § 4.º, do CPC).

Interessante questão que pode ser levantada diz respeito à manifestação desses legitimados que não são parte na execução, em especial o cônjuge, ascendente e descendente, já que tanto o credor hipotecário como o credor concorrente que tenham penhorado o mesmo bem serão cientificados do processo executivo, intervindo neste de forma atípica, se assim desejarem. Já os familiares do executado não são parte nem serão cientificados a respeito da execução, de modo que, sendo o pedido de adjudicação feito por esses sujeitos, será por meio de uma intervenção voluntária atípica, considerando que ingressarão no processo de execução já pedindo a adjudicação do bem.

Por outro lado, caso o pedido seja feito pelos outros legitimados que já participam da execução, seja de forma principal – exequente – ou acessória – credor com garantia real e credores concorrentes que já tenham penhorado o bem –, não há nenhuma necessidade de intimação dos familiares para que possam adjudicar. Como se nota, a adjudicação poderá ser feita pelos sujeitos previstos pelo art. 685-A, § 2.º, do CPC, sem que, entretanto, seja obrigatória a presença e/ou a participação de todos eles na execução. Nenhum vício maculará essa forma de satisfação do direito em caso de ausência de informação aos sujeitos legitimados a adjudicar que não participam do processo.

Esse entendimento, amparado no princípio da economia processual, não se aplica a uma hipótese específica de adjudicação, prevista pelo art. 685-A, § 4.º, do CPC, que exige a **intimação do sócio** não devedor quando quotas sociais da sociedade da qual participa são objeto de penhora.

47.5.2.6. *Concurso de pretendentes à adjudicação*

Conforme visto, existem alguns sujeitos legitimados a adjudicar o bem penhorado, sendo possível que no caso concreto mais de um dos legitimados pretenda ficar com o bem penhorado. Nessa hipótese, será preciso instaurar uma **licitação incidental** ao processo (art. 685-A, § 3.º, do CPC). Trata-se de procedimento extremamente simples, abrindo-se prazo para que os sujeitos legitimados a adjudicar protocolem petições informando sua oferta, o que já será suficiente para o juiz decidir qual desses sujeitos adjudicará o bem penhorado. A apresentação das propostas na mesma data evitaria qualquer espécie de má-fé de um dos interessados, porque nenhum deles teria acesso ao pedido dos demais antes do encerramento do prazo.

Após a realização dessa "licitação", o juiz determinará qual dos sujeitos foi contemplado com a adjudicação, aplicando no caso concreto a ordem de preferência entre todos os legitimados previstos pelo art. 685-A, § 3.º, do CPC. Nesse dispositivo encontra-se a "regra de ouro" da ordem de preferência, prevendo que terá sempre a preferência aquele que fizer a **maior oferta**. Havendo proposta de mesmo valor, o art. 685-A, § 3.º, do CPC estabelece a seguinte ordem de preferência: cônjuge, descendentes, ascendentes, credor com garantia real e demais credores (entre credores concorrentes tem preferência aquele que realizou a penhora em primeiro lugar, em aplicação do princípio da anterioridade da penhora – *prior qui est in tempore, potior est in jure*)[144].

Essa ordem demonstra a preferência do legislador em manter o bem no âmbito familiar. Entre os ascendentes e depois destes, entre os descendentes, ou seja, entre legitimados da mesma categoria, prevalecerá aquele que tiver com o executado um grau de parentesco mais próximo (p. ex., o pai prefere ao avô, que prefere ao bisavô, etc.). Se a igualdade de ofertas ocorrer entre sujeitos da mesma categoria (p. ex., dois irmãos, dois avós, etc.), será realizado sorteio[145].

Tendo sido penhoradas quotas de uma sociedade e não sendo o exequente sócio dessa sociedade, os demais sócios não devedores serão intimados, podendo adjudicar as quotas, o que manteria a estrutura societária limitada aos sócios originários. Trata-se de previsão que busca impedir, na medida do não sacrifício do direito do exequente, o ingresso na sociedade de terceiro estranho à sua estrutura societária, o que manteria na medida do possível a *affectio societatis*, sem prejuízo à satisfação do direito do exequente. Nesse caso específico, pela própria finalidade da norma legal, **os sócios terão preferência** sobre todos os outros legitimados, inclusive o cônjuge do executado, porque se a ideia é manter na empresa somente os sujeitos que já eram sócios antes da execução, não tem nenhum sentido dar preferência a qualquer outro sujeito, seja familiar ou não do executado[146].

O art. 685-A, § 5.º, do CPC prevê que o juiz decidirá eventuais questões, mandando lavrar o auto de adjudicação. A previsão legal afasta a expressa menção à sentença (antigo art. 715, *caput*, do CPC), o que é extremamente sadio, porque a partir da nova disposição parece ser inegável que qualquer decisão a respeito da adjudicação, mesmo aquela que determinar o vencedor da licitação, terá natureza interlocutória, sendo recorrível por agravo de instrumento. Ainda que já fosse esse o entendimento da melhor doutrina, a expressa previsão legal nesse sentido afasta qualquer dúvida a respeito da natureza das decisões proferidas no incidente processual criado pelo pedido de adjudicação, o que também tranquiliza os operadores do direito a respeito do recurso cabível.

---

144 Marinoni-Arenhart, *Execução*, p. 316; Greco, *Processo*, p. 418; Scarpinella Bueno, *Código*, p. 2.011.

145 Dinamarco, *Instituições*, p. 578.

146 Theodoro Jr., *Processo*, n. 276, p. 330; Araken de Assis, *Manual*, n. 282.2, p. 725; Fux, *A reforma*, p. 330.

47.5.2.7. *Forma de escolha do sujeito quando houver pluralidade de pretendentes a adjudicar*

O art. 685-A, § 3.º, do CPC, simplesmente dita as regras para descobrir quem tem a preferência, mas não existe previsão de como os interessados deverão fazer suas propostas ou mesmo de como deverá o juiz proceder diante delas. A lei faz apenas indicação de uma licitação, sem qualquer detalhamento desse ato processual. Diante da absoluta indefinição legal, penso ser possível três soluções distintas, cada qual com seus prós e contras.

A solução mais simplista é o juiz não esperar que se forme uma disputa a respeito da adjudicação, simplesmente adjudicando o bem para o primeiro interessado que fizer uma proposta pelo valor mínimo da avaliação. Dessa forma, penhorado o bem e intimado o credor com garantia real e os demais credores que tenham penhorado o mesmo bem, além dos sócios não devedores na hipótese de penhora das cotas sociais, o que primeiro aparecer nos autos com a proposta adjudicará o bem penhorado.

Essa solução tem um nítido benefício, pois não gera qualquer complicação procedimental, o que permitirá o desenvolvimento do processo rumo à satisfação do direito do exequente de forma mais célere e econômica. A ausência de provocação do juiz para a vinda aos autos de propostas de todos os legitimados certamente evitará eventuais complicações procedimentais. O aspecto negativo é não permitir uma disputa entre os legitimados, o que poderia elevar o valor da adjudicação. Ao se prestigiar o legitimado mais rápido, não se estará necessariamente obtendo a melhor proposta possível.

Uma segunda possibilidade de atuação do juiz será a intimação de todos os legitimados[147], fixando um prazo fatal para o encaminhamento de propostas a juízo, sendo a melhor escolhida pelo juiz na data designada. É uma alternativa interessante no tocante a possibilitar que todos os legitimados possam efetivamente adjudicar o bem, mas por outro lado passa a exigir intimações para a prática de determinado ato não previstas pela legislação processual. Ademais, considerando-se a presença de sujeitos que não participam do processo, a maioria das intimações deverá ser feita pessoalmente, o que nitidamente contraria a ideia de celeridade e economia processual que devem nortear o processo executivo.

A terceira e última alternativa não foge da crítica feita anteriormente no tocante à necessidade de intimação pessoal da maioria dos legitimados, mas de qualquer forma permite que se obtenha um valor superior ao da avaliação diante da disputa a ser provocada pelo juiz. Trata-se da designação de uma audiência na qual os legitimados fariam seus lances, sempre sendo possível que um cubra o lance do outro. Basicamente, o juiz faria o papel de leiloeiro, na tentativa de obter um melhor valor para a avaliação.

---

[147] Araken de Assis, *Manual*, n. 282.2, p. 725.

Em minha avaliação, as duas últimas alternativas apresentadas causam mais problemas práticos do que benefícios ao procedimento executivo, até mesmo porque a tal pluralidade de interessados em adjudicar os bens tende a ser rara. Até mesmo pelas facilidades procedimentais que a primeira solução gera, é mais do que provável que os juízes deixem de provocar os interessados a legitimar, aceitando a primeira proposta que lhes for encaminhada. A disputa entre legitimados, portanto, será meramente eventual, na hipótese de que no mesmo momento da decisão o juiz tenha a sua disposição mais de uma proposta para adjudicar o bem.

47.5.2.8. *Auto de adjudicação*

O art. 685-B, *caput*, do CPC tem conteúdo muito semelhante ao antigo art. 715, *caput*, do CPC, determinando que a adjudicação considera-se perfeita e acabada com a lavratura e assinatura do auto pelo juiz, pelo adjudicante, pelo escrivão e, se for presente, pelo executado, expedindo-se a respectiva carta, se bem imóvel, ou mandado de entrega ao adjudicante, se bem móvel. A assinatura do escrivão não gerará qualquer empecilho prático, já que ele estará na sede do juízo, juntamente com o juiz. A assinatura do adjudicante também será facilitada pelo seu próprio interesse em que o bem lhe seja efetivamente transferido. Já a assinatura do executado, que aparentemente nenhum interesse terá em assinar o auto de adjudicação, aparentemente poderá ser dispensada, porque o dispositivo legal ora comentado prevê que ela somente será exigida se o executado estiver presente.

O mesmo dispositivo legal prevê que apenas será expedida *carta de adjudicação* na hipótese de bens imóveis, bastando para os bens móveis a expedição de *mandado de entrega* ao adjudicante. É natural que no caso de bem imóvel seja expedida uma carta de arrematação para que a transferência seja registrada em cartório, porque quem não registra não é dono (art. 1.245, *caput* e § 1.º do CC). É preciso lembrar, entretanto, que a transferência de alguns bens móveis também depende de registro nos termos da lei, como ocorre no caso de veículos automotores, hipótese na qual deverá ser expedida carta de arrematação[148], evidentemente não com as exigências do art. 685-B, parágrafo único, do CPC, mas com a identificação do bem e do novo proprietário.

A carta de arrematação, a ser expedida na hipótese de o bem adjudicado ser imóvel, deverá conter alguns requisitos formais, sendo o art. 685-B, parágrafo único, do CPC responsável pela indicação desses requisitos: descrição do imóvel, com remissão a sua matrícula e registros, cópia do auto de adjudicação e a prova da quitação do imposto de transmissão.

---

[148] Dinamarco, *Instituições*, p. 579; Araken de Assis, *Manual*, n. 282.5, p. 727.

47.5.2.9. *Adjudicação provisória*

Com duas modificações procedimentais operadas pela Lei 11.382/2006, o tema da adjudicação em sede de execução provisória ganha muito em interesse prático, deixando de ser algo extremamente raro de ocorrer. Conforme amplamente anotado, a adjudicação prefere às outras formas de satisfação do direito do exequente, sendo, portanto, a primeira forma para que tal satisfação ocorra no caso concreto. Além disso, os embargos à execução como regra não terão mais o efeito suspensivo (art. 739-A do CPC), de forma que – ao menos em regra – a interposição dessa defesa pelo executado não paralisará o desenvolvimento procedimental.

Diante dessas duas novas realidades procedimentais, logo após a penhora do bem, ainda que o executado se insurja contra a execução por meio dos embargos, poderá o exequente ou outro legitimado pedir a adjudicação. Nesse caso, estar-se-á diante de uma adjudicação provisória, porque pendentes de julgamento os embargos à execução, é possível que se demonstre futuramente que não existe o direito exequendo. Apesar de ser definitiva a execução, esse ato de satisfação mantém certa provisoriedade porque, a depender do resultado do julgamento dos embargos à execução, o bem deverá ser restituído ao executado.

Parece que nessa situação seria concebível que o exequente imita-se na posse do bem adjudicado, aproveitando esse bem e retirando dele os frutos civis, enquanto não se decidirem os embargos à execução. Tendo sucesso o executado-embargante, o bem lhe será devolvido e, no caso contrário, o bem será entregue definitivamente para o sujeito que tinha provisoriamente adjudicado o bem[149].

> O PLNCPC não traz mudanças significativas à adjudicação, mantendo suas regras principais. Novidade somente no art. 831, § 1.º, que prevê a intimação do executado do pedido de adjudicação, e no art. 833, que admite uma nova oportunidade para o requerimento de adjudicação quando frustradas as tentativas de alienação do bem, momento em que se admitirá a realização de uma nova avaliação do bem penhorado.
>
> O dispositivo é positivo, porque confirma a impressão de que, apesar de ser preferencial, não há um prazo preclusivo para a adjudicação, que poderá ser realizada a qualquer momento do procedimento, desde que anterior à alienação do bem. Só lamento que o legislador não tenha aproveitado a oportunidade para, nesse caso, admitir expressamente a adjudicação por um valor inferior ao da avaliação, considerando-se que nesse caso a frustração das outras formas de alienação demonstra não ser o bem penhorado de fácil alienação.

---

[149] Souza, *A adjudicação*, p. 146-147.

47.6. ALIENAÇÃO POR INICIATIVA PARTICULAR

47.6.1. Introdução

Com a constatação empírica da ineficácia da hasta pública, o legislador sentiu a necessidade de prever outras formas de alienação judicial de bens, o que se pode notar com a novidade advinda da Lei 11.382/2006: a alienação por iniciativa particular. O art. 685-C do CPC permite que o próprio exequente ou um corretor credenciado perante a autoridade judiciária realize a alienação do bem, seguindo um determinado procedimento previsto pela lei. O objetivo da nova regulamentação é evitar a hasta pública, notoriamente cara, demorada e complexa, oferecendo ao exequente uma alternativa à hasta pública para a alienação do bem penhorado que, transformando em dinheiro satisfará o direito exequendo[150].

Registre-se que a alienação por iniciativa particular não é uma absoluta novidade no direito pátrio, em virtude do disposto no art. 700 do CPC, que já permitia a alienação de imóvel por intermediação de corretor de imóveis inscrito na entidade oficial da classe[151]. Esse dispositivo legal, embora possa ser indicado como o embrião da modificação operada, foi expressamente revogado pela Lei 11.382/2006. Por outro lado, o art. 52, VII, da Lei 9.099/1995 já admitia nos Juizados Especiais tal forma de alienação judicial por iniciativa particular, medida elogiada pela melhor doutrina[152].

47.6.2. Alienação pelo exequente e a necessidade de seu pedido

A redação do art. 685-C, *caput*, do CPC prevê que, não tendo adjudicado os bens penhorados, o exequente poderá solicitar sua alienação por atividade dele mesmo ou por intermédio de um corretor credenciado perante a autoridade judiciária. Trata-se, portanto, da segunda forma de expropriação na ordem criada pela lei[153]. Note-se que, pela interpretação literal do dispositivo legal, não tendo o desejo de adjudicar o bem (o que continua a ser uma mera faculdade do exequente), a legitimidade para requerer a alienação por iniciativa particular passa a ser exclusivamente do exequente. Nesse tocante, não parece ter sido feliz o legislador, porque o entendimento de que a forma de alienação interessa somente ao exequente é absolutamente equivocado, considerando-se que também ao executado é interessante que o bem penhorado seja alienado pelo maior valor possível. Dessa forma, não se entende por que não possa o executado requerer que a alienação seja feita por meio de um terceiro, que longe dos vícios e estra-

---

150 Fux, *A reforma*, p. 331.

151 Dinamarco, *Manual*, p. 209.

152 Câmara, *Juizados*, p. 184-185; Figueira Júnior, *Manual*, p. 334-335.

153 Theodoro Jr., *Processo*, n. 283, p. 335.

tagemas da hasta pública poderá encontrar um interessado na compra do bem por valor maior do que aquele que seria obtido com a arrematação em hasta pública. A questão do preço, inclusive, vem disciplinada pelo art. 685-C, § 1.º, do CPC, sendo determinada pelo próprio juiz.

Note-se que, além de não prever expressamente a possibilidade do executado em pedir essa espécie de alienação, o legislador também não previu a possibilidade de o executado ser o responsável pela alienação, deixando essa tarefa exclusivamente nas mãos do exequente e de corretor credenciado perante a autoridade judiciária. Essa ausência de previsão legal não impede, entretanto, que o executado indique comprador interessado.

47.6.3. Alienação por corretor credenciado perante a autoridade judiciária

A alienação por terceiro, propriamente dita, que não seja feita por nenhuma das partes da execução (cumprimento de sentença ou processo de execução), será realizada, segundo o art. 685-C, *caput*, do CPC, por corretor credenciado perante a autoridade judiciária. Por corretor entende-se qualquer agente comercial que serve de intermediário entre comprador e vendedor, o que permite a intermediação qualquer que seja o bem penhorado.

O art. 685-C, § 3.º, do CPC prevê que caberá aos tribunais, até mesmo por meios eletrônicos, determinar por meio de provimento o procedimento da alienação, bem como a forma de credenciamento dos corretores, que deverão estar em exercício profissional por não menos de cinco anos. A necessidade de **credenciamento prévio** do corretor não é medida saudável ao sistema porque, dependendo da especialidade do bem penhorado, será possível que não se tenha nenhum corretor especializado cadastrado, hipótese na qual deverá ser dispensado tal credenciamento. Na realidade, essa exigência de cadastramento prévio não deve ser entendida como requisito indispensável à contratação de um corretor para intermediar a alienação do bem, porque poderá criar obstáculos desnecessários à efetivação da tutela executiva. Para flexibilizar a rigidez do dispositivo, existe doutrina que defende bastar que o corretor designado preste compromisso, à semelhança do perito[154].

Registre-se a possibilidade de o próprio exequente assumir a tarefa da alienação particular e fora dos autos procurar o auxílio de um corretor. Nesse caso, entretanto, não haverá *comissão de corretagem* devida pelo executado, não podendo o valor obtido por tal profissional ser incluído nas custas processuais. O exequente, portanto, deverá pagar de seu próprio bolso, sem poder cobrar do executado a comissão a ser combinada entre ele e o corretor[155].

Se a regra do cadastramento prévio é infeliz, no mesmo sentido ruma a única exigência objetiva prevista em lei para qualificar o corretor: experiência

[154] Araken de Assis, *Manual*, n. 286.2, p. 732.

[155] Theodoro Jr., *Processo*, n. 283, p. 336.

profissional por pelo menos cinco anos. O requisito é criticável porque nessa área – como, aliás, em tantas outras – o tempo de exercício profissional não assegura um profissional de boa qualidade e apto a realizar o trabalho. Seria muito mais interessante deixar em aberto os requisitos que deverão ser preenchidos pelo corretor, cabendo ao juiz no caso concreto essa análise.

A ausência de requisitos prévios permitiria, por exemplo, que o Poder Judiciário se aproveitasse dos leilões extrajudiciais – em especial de imóveis e de automóveis – organizados pelas instituições financeiras, nos quais há uma grande exposição na mídia e sempre aparecem inúmeros interessados na aquisição dos bens. O mesmo poderia ocorrer com os feirões de automóveis, as exposições de arte em galerias etc., hipóteses em que a publicidade estaria garantida e certamente inúmeros sujeitos ficariam interessados em adquirir os bens. A imaginação de cada Tribunal determinará a amplitude da utilização dessa forma de alienação, mas tudo leva a crer que a hasta pública esteja com os dias contados, reservando-se somente para situações excepcionais.

47.6.4. Requisitos para a alienação

O art. 685-C, § 1.º, do CPC disciplina os requisitos formais que o procedimento da alienação por iniciativa particular deve preencher no caso concreto. Registre-se que o poder do juiz em fixar os requisitos formais do procedimento no caso concreto demanda a ausência de acordo entre as partes, porque, havendo acordo quanto às condições previstas pelo dispositivo legal supramencionado, são essas a serem aplicadas no caso concreto.

A previsão de que o juiz determina um **prazo fixo** para a realização da alienação é amparada na presunção de que, apesar de ser uma forma mais eficaz de alienação se comparada à hasta pública, a nova modalidade de alienação não passa de uma maneira diferenciada de tentar alienar o bem a terceiro, sendo óbvio que as tentativas podem se frustrar no caso concreto, hipótese na qual o processo executivo deverá prosseguir com a determinação da hasta pública. A ausência de qualquer limite temporal poderia tornar eterna essa forma de alienação, em nítido prejuízo à necessidade de o processo desenvolver-se para chegar o quanto antes a seu final. Por outro lado, a ausência de prazo acomodaria o terceiro responsável pela alienação, que, sabendo que corre contra o tempo para obter um interessado, certamente intensificará as buscas por esse interessado. Esse prazo, entretanto, tem natureza peremptória, sendo ao juiz permitida sua prorrogação no caso concreto, caso entenda que a alienação ainda é possível pelo sistema projetado pelo art. 685-C do CPC.

A questão da **publicidade** é sempre importante, porque quanto mais pessoas souberem da existência da pretensão de se alienar determinado bem, em tese, maior será o número de interessados. Isso, entretanto, não pode se apresentar como forma de se onerar o trabalho do terceiro escolhido para realizar a alienação, até mesmo porque a sua escolha parte do pressuposto de que ele próprio tenha formas adequadas de tornar pública a oferta, não sendo conveniente que o juiz determine a forma de publicidade do caso concreto. Por outro lado, como o valor é fixado pelo juiz e o corretor só recebe se conseguir realizar a alienação, tudo leva a crer que a questão da determinação da forma de publicidade pelo juiz seja absolutamente desnecessária, sendo tal tarefa de incumbência exclusiva do corretor que servirá como intermediário.

Outra exigência do dispositivo legal comentado é a fixação de um **preço mínimo**, sendo que o dispositivo legal comentado faz expressa remição ao art. 680 do CPC, que autoriza o oficial de justiça a avaliar o bem e somente em casos excepcionais, quando necessário conhecimento especializado, nomeia-se avaliador oficial. Essa expressa menção ao art. 680 do CPC deve ser entendida como uma mera indicação do valor da avaliação para nortear o juiz na fixação do valor mínimo, não podendo considerar que necessariamente o valor mínimo seja aquele apontado na avaliação. Caso o legislador pretendesse fazer valer esse entendimento, bastaria prever que o valor mínimo seria o da avaliação, como fez, por exemplo, com a adjudicação, que por expressa previsão legal (art. 685-A, *caput*, do CPC) somente poderá ser realizada pelo valor da avaliação. O silêncio da lei nesse sentido, a par da indicação do art. 680 do CPC, é suficiente para que o juiz possa determinar um valor inferior àquele indicado pela avaliação, desde que considere um valor superior ao que teoricamente se obteria com a alienação em hasta pública. Esse entendimento, entretanto, não é admitido pela doutrina majoritária[156].

O juiz, portanto, para fixar o valor mínimo indicado pelo dispositivo legal ora comentado, deverá levar em conta o valor da avaliação, mas somente para ter uma base para a fixação do valor mínimo a ser alcançado pela alienação particular. Deve considerar, especialmente, o preço que o bem obteria numa futura hasta pública, podendo determinar um preço mínimo que não seja vil, mas que também não chegue ao valor da avaliação.

Deverá o juiz determinar na decisão que defere essa espécie de alienação a **forma de pagamento** e, no caso de pagamento em prestações, a eventual **garantia** que deve ser prestada. Além disso, deve indicar a **comissão de corretagem** sempre que o responsável pela indicação do interessado em adquirir o bem penhorado seja o corretor.

Registre-se, por fim, que o juiz não estará absolutamente adstrito às condições fixadas na decisão que defere a alienação por iniciativa particular, sendo possível admitir proposta que não contemple exatamente tais condições, mas seja razoável e compatível com os princípios da *efetividade* da tutela jurisdicional e a *menor onerosidade* ao executado. Assim, uma diferente forma de pagamento, uma diferente espécie de garantia, ou até mesmo um preço diferente do determinado pelo juiz, podem representar um "bom negócio" para o processo, não havendo sentido entender que, por diferente das condições fixadas pelo juiz, deva a proposta ser *a priori* rejeitada.

---

[156] Contra: Marinoni-Arenhart, *Execução*, p. 318; Araken de Assis, *Manual*, n. 286.3, p. 733.

A alienação por iniciativa particular é tratada pelo art. 835 do PLNCPC, havendo algumas sutis, mas interessantes modificações. A principal vem no art. 835, § 1.º, que ao prever os elementos que constarão da decisão judicial que defere essa espécie de expropriação, não faz mais menção expressa ao artigo que trata da avaliação ao tratar do preço mínimo. A partir dessa "omissão", passa a ser consideravelmente mais fácil defender que o preço mínimo para a alienação por iniciativa particular pode ser inferior ao valor da avaliação.

Outra novidade diz respeito ao corretor, que agora passa a ser acompanhado pelo leiloeiro público na tarefa de servir como intermediário entre o mercado e o juízo. Apesar de o § 3.º manter como exigência o cadastro perante o Poder Judiciário e a experiência pelo tempo de trabalho, esse tempo diminui de cinco para três anos. Além disso, o § 4.º prevê que nas localidades em que não houver corretor ou leiloeiro público credenciado nos termos do § 3.º, a indicação será de livre escolha do juiz.

47.7. ARREMATAÇÃO

47.7.1. Introdução

A alienação em hasta pública é tratada na Subseção VII do Capítulo IV, do Livro II, do CPC, sendo que o primeiro dispositivo legal dessa subseção (art. 686, *caput*, do CPC) prevê expressamente aquilo que já foi objeto de comentário: a arrematação perdeu *status* com a mais recente reforma processual, sendo a última espécie de expropriação na ordem de preferência. Ainda que criticada com razão, em determinadas situações não haverá outra forma de expropriação, de forma que a arrematação continua a ter posição de destaque em nosso sistema processual.

Há duas formas de hasta pública: a praça e o leilão. A **praça** se destina à alienação de bens imóveis e é realizada por serventuário de justiça no átrio do fórum. O **leilão** destina-se a alienação dos demais bens, com exclusão dos negociados na Bolsa de Valores, sendo realizado por leiloeiro indicado pelo exequente e ocorrendo em lugar designado pelo juiz, de preferência onde se encontrem os bens.

O art. 836 do PLNCPC mantém o caráter residual da arrematação, que passa a ser chamada de alienação judicial, que, nos termos do *caput* do dispositivo legal, só será feita caso não efetivada a adjudicação ou a alienação por iniciativa particular. A novidade do dispositivo, entretanto, não está em seu *caput*, mas em seus dois parágrafos.

No § 1.º está previsto que o leilão do bem penhorado será realizado por leiloeiro, preferencialmente por meio eletrônico, salvo se as condições da sede do juízo não o permitirem, hipótese em que o leilão será presencial. A norma só vem a confirmar uma tendência, mais de vontade do que de realidade, mas ainda assim uma tendência. No § 2.º há previsão de que, ressalvados os casos de alienação a cargo de corretores de bolsa de valores, todos os demais bens serão alienados em leilão público. Aparentemente acabam as distinções entre praça e leilão.

47.7.2. Requisitos formais do edital da hasta pública

O edital da hasta pública, que tem como missão divulgar a sua realização, na expectativa – muitas vezes polyana – de que o maior número de interessados compareça à praça ou leilão para arrematar o bem penhorado, segue uma série de requisitos formais, previstos essencialmente pelos arts. 686 e 687 do CPC, sendo o primeiro concentrado nos requisitos intrínsecos do edital e o segundo, atinente à questão da publicidade desse edital.

Deverão constar do edital a **descrição do bem** penhorado, com suas características e, tratando-se de imóvel, a situação e divisas, com remissão à matrícula e aos registros. A exigência é natural, porque exige a individualização do bem, o que é necessário para a exata compreensão do que se está oferecendo em hasta pública e também para que seja possível distinguir o bem oferecido à arrematação de outros.

Além da individualização do bem, é exigida a indicação de seu **valor**, que deverá ser aquele determinado pelo oficial de justiça no momento da penhora ou, em casos excepcionais, pelo avaliador do juízo. O valor da avaliação constará, portanto, do edital, o que também se justifica no tocante à procura de interessados em adquirir o bem, considerando-se que, sem saber o valor judicial do bem, o número de interessados certamente seria menor. Por outro lado, o valor é importante para os atos a serem praticados na hasta pública, tal como a limitação de lance a esse valor na primeira hasta pública ou a impossibilidade de arrematação na segunda hasta pública por preço vil. Na hipótese específica de títulos ou de mercadorias, que tenham cotação na bolsa (art. 684, II do CPC), o art. 686, § 1.º, prevê que o valor constante do edital será o valor da última cotação anterior à expedição deste.

No art. 686, III, do CPC, exige-se a indicação do **lugar onde estiverem os móveis**, veículos e semoventes; e, sendo o bem penhorado direito e ação, exige-se a indicação nos autos do processo em que forem penhorados. A indicação do local em que os bens se encontram se justifica para que potenciais interessados em adquiri-los tenham acesso a eles antes da hasta pública, sendo que o silêncio legal quanto aos bens imóveis se justifica em virtude das exigências do inciso I do mesmo dispositivo, que já obriga o edital a fornecer informações suficientes para que terceiros interessados analisem o bem.

Os interessados deverão comparecer à hasta pública para fazer lances na tentativa de arrematar o bem, o que só se tornará possível se forem informados do **dia e da hora** em que se realizará a hasta pública. O art. 686, IV, do CPC, em redação aprimorada pela Lei 11.383/2006, prevê que constem no edital o dia e a hora da realização da praça se o bem for imóvel, e o dia e a hora do leilão se o bem for móvel. No tocante ao lugar da realização da hasta pública, o art. 686, § 2.º, do CPC prevê que a praça se realizará no átrio do fórum, enquanto o leilão se dará no local em que se encontrem os bens ou em outro determinado pelo juiz. Como há expressa previsão legal do lugar da hasta pública, parece dispensável que essa informação conste do edital, salvo se o juiz designar local diferente daqueles previstos no dispositivo legal transcrito, hipótese na qual deverá indicar qual o local em que a hasta pública se realizará[157].

A **condição jurídica do bem** penhorado também é de extremo interesse do terceiro eventualmente interessado na arrematação, de forma que é plenamente justificável a exigência de que conste do edital a existência de ônus, recurso ou causa pendente sobre os bens a serem arrematados (art. 686, V, do CPC). Deve-se entender que o dispositivo legal é meramente exemplificativo, sendo exigível que qualquer gravame que incida sobre o bem deva ser indicado no edital, porque somente dessa forma o terceiro terá como calcular os benefícios da arrematação do bem. A necessidade de recurso pendente é interessante, embora nesse caso a execução seja provisória, na qual o terceiro adquirente é protegido, resolvendo-se a questão da execução indevida em perdas e danos entre exequente e executado. A indicação de pendência de ações diz respeito à existência de qualquer ação judicial, de qualquer natureza, que tenha como objeto o bem penhorado.

Por fim, o art. 686, VI, do CPC exige a expressa comunicação de que, se o bem não alcançar lanço superior à importância da avaliação, seguir-se-á, em dia e hora que forem desde já designados entre os dez e os vinte dias seguintes, a sua alienação por maior preço. Esse dispositivo é fundado na *economia processual*, porque não teria sentido em, sendo frustrada a primeira hasta pública, publicar novamente um outro edital, convocando os interessados para a segunda hasta pública[158]. Projetando-se o eventual fracasso da primeira, já se designa a segunda, num espaço de tempo relativamente amplo para os novos interessados surgirem, e relativamente curto para não eternizar o procedimento. É também esse dispositivo responsável por proibir a arrematação em primeira hasta pública por valor inferior ao da avaliação, de forma que nesse momento processual qualquer interessado deverá dar lance mínimo no valor da avaliação.

Apesar do dispositivo legal ora comentado prever a realização somente de suas hastas públicas, nada impede que, frustradas essas duas tentativas, haja a designação de uma terceira hasta pública e assim sucessivamente. Segundo o Superior Tribunal de Justiça, cabe ao juiz analisar o caso concreto, em especial a probabilidade de êxito, ainda que baixa, da praça pública, seu custo em face

---

157 Scarpinella Bueno, *Código*, p. 1.947.

158 Fadel, *Código*, p. 867.

do valor da execução, a possibilidade de existirem outros bens em nome dos devedores, o custo de sua penhora e o comportamento processual das partes[159].

É preciso interpretar o dispositivo legal à luz do princípio da *instrumentalidade das formas*, não se cabendo falar em anulação da hasta pública tão somente por um vício formal do edital. Deve-se considerar no caso concreto se os objetivos do edital foram alcançados sem a ocorrência de efetivo prejuízo, binômio suficiente para que o ato judicial, mesmo praticado em desconformidade com a forma legal, seja mantido. Sendo o edital mecanismo para o Poder Judiciário tornar pública a realização da hasta pública, para que interessados compareçam para arrematar o bem, na hipótese concreta de, mesmo sendo viciado o edital, os interessados comparecerem e a arrematação se verificar, não há motivo para que se anule a hasta pública. Mesmo um vício que parece à primeira vista extremamente grave, como a ausência de data e local da praça ou leilão, poderá no caso concreto não gerar a anulação da hasta pública, caso ocorra a arrematação por valor que potencialmente seria obtido mesmo com o edital formalmente completo[160].

47.7.3. Publicidade do edital

O edital por si só não gera a necessária publicidade à realização da hasta pública, condição imaginada pelo legislador como legitimadora da arrematação. Segundo o art. 687, *caput*, do CPC, além da fixação no local de costume, que deve ser entendido como o *atrium* do fórum, deverá ser publicado, em resumo, num jornal de ampla circulação com antecedência mínima de cinco dias da hasta pública. O dispositivo legal menciona que a publicação ocorrerá ao menos uma vez em jornal de ampla circulação, mas somente situações excepcionais, expressamente justificadas pelo juiz, ensejarão mais de uma publicação. A regra, portanto, é de uma publicação em jornal de ampla circulação.

A publicação em **jornal de grande circulação** dá-se apenas pelo resumo do edital, sendo que esse resumo deve ser suficiente para a compreensão por terceiros do inteiro teor do edital, considerando-se que a publicação do edital na íntegra seria extremamente onerosa ao exequente, que adiantará os valores, e ao final ao executado, que deverá arcar com esse gasto. Por jornal de grande circulação entende-se aquele que chega ao conhecimento de grande parcela da população do local, podendo até mesmo não se tratar de jornal local, mas de jornais de ampla circulação, inclusive em comarcas do interior ou do litoral[161]. No Estado de São Paulo, por exemplo, não há dúvida de que na cidade de Santos o jornal local *A Tribuna* tem ampla circulação, mas também não se pode

---

[159] *Informativo* 482/STJ: 3.ª Turma, REsp 946.660/MS, rel. Min. Paulo de Tarso Sanseverino, j. 1.º.09.2011.

[160] STJ, 2.ª Turma, REsp 520.039/RS, rel. Min. Eliana Calmon, j. 21.09.2004; STJ, 4.ª Turma, REsp 200.705/SP, rel. Min. Sálvio de Figueiredo Teixeira, j. 26.02.2002; Scarpinella Bueno, *Código*, p. 1.946; Greco, *Processo*, v. 2, p. 379. Contra: Costa Machado, *Código*, p. 1.218.

[161] Santos, *Manual*, v. 2, p. 186; Araken de Assis, *Manual*, n. 293, p. 740.

negar a ampla circulação de jornais da capital, como *O Estado de S. Paulo* e a *Folha de São Paulo*. O *Diário Oficial* deverá ser utilizado exclusivamente na hipótese de o exequente ser beneficiário da assistência judiciária (art. 687, § 1.º, do CPC).

Segundo o art. 687, § 3.º, do CPC, os editais de praça serão divulgados pela imprensa preferencialmente na seção ou local reservados à publicidade de negócios imobiliários. Preferencialmente significa que, havendo no jornal um espaço destinado aos negócios imobiliários, este deverá ser aproveitado porque certamente atingirá um público interessado em realizar negócios de compra e venda de bens dessa natureza. Se o objetivo da publicação é atingir o maior número possível de pessoas, nada melhor que fazê-lo em local específico do jornal.

O art. 687, § 2.º, do CPC, sensível à triste realidade de nosso país, de que apenas uma minoria lê jornais, recebendo informações por intermédio de outros meios de divulgação, permite ao juiz que, atendendo ao valor dos bens e às condições do foro – apesar de o dispositivo mencionar "comarca", a regra, naturalmente, vale também para a Justiça Federal –, altere a forma e a frequência da publicidade na imprensa, pode se valer de avisos em emissoras de rádio local e adotando outras providências, não tipificadas no código, para que se obtenha no caso concreto a mais ampla publicidade da alienação. O dispositivo é interessante, pois dá uma maior liberdade ao juiz de tornar público o edital, dependendo da situação do caso concreto, em especial quando perceber que a publicação em jornal, ainda que de ampla circulação, não atenderá o objetivo de fazer chegar a grande número de interessados em arrematar o bem, a data, horário e local da hasta pública[162].

Registre-se a feliz inclusão do legislador, por meio da Lei 11.382/2006, da possibilidade de a publicidade ocorrer por meios eletrônicos de divulgação, notadamente instrumento de grande alcance nos dias atuais. Na realidade, mesmo sem a expressa previsão legal, a generalidade das medidas que poderiam ser adotadas pelo juiz, no caso concreto, já era suficiente para permitir a utilização de meios eletrônicos[163], mas não há como negar que após a modificação da lei, os juízes se sentirão mais confortáveis em utilizar esse tipo de expediente. Caberá aos Tribunais a regulamentação de tal forma de publicidade, até mesmo para torná-la mais ampla e eficaz possível.

Por medida de *economia processual*, o juiz poderá determinar a reunião de publicações em listas referentes a mais de uma execução, hipótese na qual aproveitar-se-á a publicação para tornar pública a hasta de vários bens diferentes penhorados (art. 687, § 4.º, do CPC).

---

[162] Araken de Assis, *Manual*, n. 294, p. 741; Theodoro Jr., *Processo*, n. 290. p. 343; Scarpinella Bueno, *Código*, p. 1.953.

[163] Wambier-Wambier-Medina, *Breves 3*, p. 161.

O tema da publicidade é tratado pelo art. 838 do PLNCPC, notando-se uma mudança de preferência pelas formas de publicidade atualmente já admitidas. Nos termos dos §§ 2.º e 3.º do dispositivo legal mencionado, há nítida preferência pela publicação em sítio eletrônico, sendo que a fixação na sede do juízo ("local de costume") e em jornal de ampla circulação local só deve ocorrer se, devido às condições da sede do juízo, o juiz entender não ser possível ou ineficaz a publicação eletrônica do edital.

47.7.4. Dispensa da publicação de editais

A previsão do art. 686, § 3.º, do CPC melhor estaria no dispositivo legal seguinte, porque trata da dispensa da publicação de editais, não se referindo, portanto, aos requisitos formais do edital, mas sim à forma pela qual o edital se torna público. Significa dizer que, na hipótese descrita pelo dispositivo legal ora em comento, o edital terá que seguir os mesmos requisitos formais de qualquer outra circunstância, mas sua publicidade será parcial, porque não haverá publicação em jornais ou emissoras de rádio, mas somente a colocação do edital no local de costume[164].

Não atingindo a avaliação dos bens penhorados valor superior a **60 salários-mínimos**, será dispensada a publicação de editais, sendo que nesse caso a arrematação, ainda que em segunda hasta pública, só poderá ser efetivada pelo valor mínimo da avaliação. Trata-se de salvaguarda legal em virtude da ausência da publicidade oficial gerada pelo edital, o que faz supor que um número menor de pessoas – as que frequentam o foro – tomou conhecimento da ocorrência da hasta pública e que qualquer arrematação em valor inferior ao da avaliação seria danosa ao executado e à própria execução, aplicando-se a restrição tanto para a primeira quanto para a eventual segunda hasta pública[165].

É evidente que, tratando-se de bens de baixo valor econômico, o legislador, ao dispensar a publicação de editais, torna a execução mais econômica, mas não é esse o único sentido da norma, até porque, se a questão fosse meramente econômica, bastaria concentrar as publicações na imprensa oficial, como ocorre na hipótese de exequente beneficiário da assistência judiciária. Parece que também foi objetivo do legislador agilizar o procedimento, de forma a evitar as naturais complicações e demoras geradas pela publicação dos editais. A dispensa de ampla publicidade que simplifica por um lado o procedimento, poderá sacrificar a satisfação do direito do exequente, ainda mais em razão da salvaguarda legal de não admitir a arrematação por valor inferior ao da arrematação.

---

[164] Araken de Assis, *Manual*, p. 686.

[165] Dinamarco, *Instituições*, p. 566; Araken de Assis, *Manual*, n. 292, p. 739; Theodoro Jr., *Processo*, n. 290, p. 344. Contra: Scarpinella Bueno, *Código*, p. 1.950.

Os prováveis motivos que proporcionam a dispensa da publicação ampla do edital não afastam a possibilidade de o juiz determinar que este se torne público por meios eletrônicos de divulgação (art. 687, § 2.º, do CPC), sempre que o juízo esteja preparado para tanto. Essa espécie de divulgação não encontra as dificuldades e as demoras atinentes à publicidade por jornal e rádio, o que justifica a sua aplicação, ainda que exista expressa previsão legal de dispensa da publicação dos editais, o que ficaria limitado às formas tradicionais de publicidade.

A sugestão do artigo precedente é integralmente admitida pelo art. 838, § 4.º, do PLNCPC, que prevê que a publicação de edital na hipótese de bens avaliados abaixo de 60 salários-mínimos se dará apenas em sítio eletrônico e no órgão oficial, o que certamente agilizará o procedimento sem grandes sacrifícios materiais. O ponto mais positivo do dispositivo é a omissão quanto ao valor mínimo de arrematação, de forma que, em segunda hasta pública, admitir-se-ão lances por valor inferior ao da avaliação, desde que não seja vil.

47.7.5. Comunicações da hasta pública

Não há dúvida de que a publicação do edital torna pública a hasta, de forma *erga omnes*, sendo justamente esse o seu objetivo. Ocorre, entretanto, que em determinadas situações o legislador exige uma comunicação mais específica de determinados sujeitos, por razões de ordem processual ou de ordem material. O executado será intimado da realização da hasta pública, sendo absolutamente elogiável a modificação advinda da Lei 11.382/2006, que retira a necessidade de intimação pessoal do executado – espécie excepcional de intimação – para admitir que ela seja feita na pessoa de seu advogado e, na ausência de procurador constituído nos autos, por meio de mandato, carta registrada, edital, ou outro meio idôneo. Não existe ordem nas formas de intimação, devendo o juiz aplicar a que entender mais adequada no caso concreto[166]. O prazo para essa intimação, por analogia ao art. 698 do CPC, deve ser de dez dias antes da hasta pública[167].

A nova redação do art. 687, § 5.º, do CPC deve realmente ser saudada, porque a intimação pessoal do executado era fonte de instransponíveis dificuldades para o exequente, que na véspera da hasta pública simplesmente via o executado desaparecer. A intimação na pessoa do advogado, ou na ausência dele, por qualquer meio idôneo, é essencial para um melhor desenvolvimento do procedimento, com a consequente satisfação do exequente. Registre-se que, mesmo que não exista

[166] Costa Machado, *Código*, p. 1.221. Em sentido contrário, entendendo que existe uma ordem legal, Fidélis dos Santos, *As reformas*, p. 90.

[167] Dinamarco, *Instituições*, p. 567. Para Greco, *Processo*, p. 384, o prazo deve ser de 24 horas, nos termos do art. 192 do CPC.

advogado constituído no momento da intimação da penhora, se o executado já foi representado por advogado, terá indicado endereço, sendo que a intimação dar-se-á por realizada nesse endereço, independentemente de quem a receba, nos termos do art. 238, parágrafo único, do CPC. Sendo o executado revel, bastará que conste do edital da hasta pública uma especial menção à sua cientificação, não sendo necessária a publicação de um novo edital[168].

O objetivo da intimação do executado é cientificar o proprietário do bem penhorado do dia, local e horário em que se buscará um interessado para arrematar tal bem. Diante dessa realidade, a melhor doutrina entende não ser necessária a intimação de executados que não tenham tido bens seus penhorados, na hipótese de litisconsórcio passivo[169].

Além do executado, também o senhorio direto, o credor com garantia real ou com penhora anteriormente averbada, que não seja de qualquer modo parte na execução, deverão ser intimados com antecedência de dez dias da hasta pública[170]. Como expressamente previsto no art. 698 do CPC, essa intimação não precisa ser necessariamente pessoal, servindo qualquer meio idôneo de comunicação, devendo-se aplicar, por analogia, as formas previstas pelo art. 687, § 5.º, do CPC. Ainda que a lei não faça nenhuma menção à intimação dos sócios não devedores na hipótese de penhora de cotas sociais, é interessante que estes sejam comunicados, para que possam na arrematação exercer seu direito de preferência. Na realidade, já farão parte do processo porque deverão ser intimados da penhora para que, querendo, adjudiquem o bem penhorado (art. 685-A, § 4.º do CPC)[171], mas nunca será tarde para realizar uma intimação que já deveria ter ocorrido anteriormente.

Há sério debate a respeito da necessidade de intimação do cônjuge do executado-devedor na hipótese de a penhora recair sobre bem imóvel[172]. Registre-se que, nesse caso, o cônjuge já fará parte da execução, tendo sido intimado da penhora (art. 655, § 2.º, do CPC), ainda que se mantenha viva a discussão a respeito de sua situação processual – parte ou terceiro. Parece que o melhor entendimento é aquele que aponta para a necessidade de intimação do cônjuge não devedor nesse caso, porque é bem de sua propriedade que será objeto de eventual arrematação na hasta pública, sendo absolutamente legítimo que ele seja intimado para que possa comparecer e defender seus interesses. Na realidade, todos aqueles que suportarão a eventual perda de um bem na hasta pública dela deverão ser devidamente intimados, por qualquer meio idôneo.

---

168 Teixeira, *Código*, p. 518.

169 Araken de Assis, *Manual*, n. 295.1.1, p. 742.

170 Araken de Assis, *Manual*, n. 295.2, p. 744 e Barbosa Moreira, *O novo*, p. 243, lembram que também deverão ser intimados da hasta pública a União, Estado, Município em que se situar o bem, estando ele tombado por seu valor histórico ou cultural (art. 22, § 4.º, DL 25/1937).

171 Araken de Assis, *Manual*, n. 295.2, p. 744. Contra: Greco, *Processo*, p. 383-384.

172 Pela intimação: Dinamarco, *Instituições*, p. 568; Araken de Assis, *Manual*, n. 295.1.1, p. 743; Greco, *Processo*, p. 383; Marinoni-Arenhart, *Execução*, p. 321. Contra: Theodoro Jr., *A reforma*, p. 135; Fidélis dos Santos, *As reformas*, p. 91; Scarpinella Bueno, *Código*, p. 1.954. No Superior Tribunal de Justiça é forte o entendimento pela desnecessidade de intimação: REsp 723.176/RS, 2.ª Turma, rel. Min. Castro Meira, j. 06.09.2005; REsp 397.899/AL, 2.ª Turma, rel. Min. Franciulli Neto, j. 05.09.2002.

A ausência de intimação do devedor ou de qualquer outro sujeito que participe do processo como responsável patrimonial, tendo bem de sua propriedade oferecido em hasta pública, gera a nulidade de eventual arrematação, com a necessidade de realização de nova hasta pública. Já na hipótese de ausência de intimação de terceiro parece que a questão é resolvida pela aplicação do art. 619 do CPC, que prevê a ineficácia da alienação perante o senhorio direto, credor pignoratício, hipotecário, anticrético ou usufrutuário quando não se realizar a intimação. Os terceiros que deveriam ter sido intimados poderão pedir a anulação da hasta pública e de eventual arrematação, hipótese na qual haverá a repetição da licitação pública. Poderão, entretanto, se aproveitar da ineficácia parcial do ato, que não os atingirá, mantendo seus interesses fundados em direito material[173].

A cientificação da hasta pública é versada pelo art. 839 do PLNCPC, passando a ser realizada com pelo menos cinco dias de antecedência. Nos termos do inciso I, o executado continua a ser intimado na pessoa de seu advogado ou, em sua ausência, de forma pessoal por qualquer meio idôneo. A novidade fica por conta da previsão contida no parágrafo único do dispositivo legal, que prevê que, tendo sido revel o executado, não constando dos autos seu endereço atual ou, ainda, não sendo ele encontrado no endereço constante do processo, a intimação considerar-se-á feita por meio do próprio edital de leilão.

No inciso II, além do senhorio direto, do credor com garantia real e de credores com penhora averbada do mesmo bem, é incluído o coproprietário de bem indivisível do qual tenha sido penhorada fração ideal.

47.7.6. Realização da hasta pública

Publicado o edital e realizadas as intimações necessárias, a praça ou leilão tomará lugar onde e quando determinado pelo juiz. O sucesso da hasta pública dependerá fundamentalmente de interessados em arrematar o bem, o que naturalmente não depende precisamente do processo, bastando para a regularidade do ato processual que se tenha dado a devida publicidade a ele e que tenham sido cumpridas todas as suas exigências formais. Em regra, a hasta pública transcorrerá – como é óbvio – na data e horário determinados no edital. É possível, entretanto, que por um motivo justo a praça e o leilão não possam ser realizados, hipótese na qual o juiz mandará publicar pela imprensa local e no órgão oficial a transferência. Por motivo justo entende-se qualquer evento que independa da vontade do exequente, que em nada deve ter contribuído com a não realização da hasta pública como, por exemplo, no caso de fechamento do fórum em razão de greve dos serventuários, fechamento antecipado do fórum em virtude de ameaça de bomba, ausência do leiloeiro etc. Na realidade, justo ou injusto, havendo

[173] Barbosa Moreira, *O novo*, p. 244; Scarpinella Bueno, *Código*, p. 1.980.

motivo forte e instransponível para a não realização da hasta pública, esta será transferida[174].

A questão do pagamento dessa nova publicação pela "imprensa local" é parcialmente resolvida pelo art. 688, *caput*, do CPC, ao prever que caberá ao escrivão, porteiro ou leiloeiro, que tenha culposamente dado causa à transferência, o pagamento da nova publicação, bem como a aplicação pelo juiz de pena de suspensão de 5 a 30 dias. A solução é apenas parcial, porque existirão situações nas quais não haverá culpa desses sujeitos, não sendo possível que sejam sancionados, conforme o dispositivo legal mencionado. Diante da ausência de responsáveis objetivamente aferíveis, como, por exemplo, uma chuva torrencial que alague a cidade e torne o trânsito caótico, a questão das despesas com a nova publicação não é respondida pela lei, mas parece que nesse caso deverá o exequente arcar com o adiantamento dessa despesa[175].

Prolongando-se a hasta pública além do horário do expediente forense, o art. 689 do CPC prevê que esta continuará no dia útil imediato, à mesma hora em que teve início, independentemente de novo edital. Considera-se que a hasta pública é um ato processual uno e indivisível, ainda que possa excepcionalmente se desenvolver em datas diferentes, daí a desnecessidade de tornar pública a continuação da hasta pública. Os sujeitos que já compareceram no início da hasta pública e permaneceram até o encerramento dessa primeira etapa têm ciência da continuação, e isso basta.

47.7.7. Hasta pública eletrônica

Novidade da Lei 11.382/2006, o art. 689-A do CPC permite que a hasta pública, tradicionalmente realizada por meio de leilão ou praça, passe a ser realizada por meio da rede mundial de computadores, com uso de páginas virtuais criadas pelos Tribunais ou por entidades públicas ou privadas em convênio com ele firmado. A novidade vem ao encontro da Lei 11.419/2006, que trata do processo eletrônico.

A novidade legislativa demonstra basicamente duas circunstâncias: primeiro, o legislador finalmente percebeu que a hasta pública tradicional não funciona, sendo onerosa, demorada, complexa e ineficaz, favorecendo somente as já conhecidas *gangs* formadas por aproveitadores que se deleitam em praças e leilões, em nítido prejuízo da efetividade da tutela jurisdicional executiva. Por outro lado, o legislador finalmente quebra a barreira que mantinha o Poder Judiciário afastado dos ganhos proporcionados pelas novas tecnologias, em especial a *internet*, com um amplo e cada vez mais fácil acesso a todos. O sucesso de empresas de internet que realizam vendas *on-line* é uma mostra significativa de que a mudança

[174] Neves, *Comentários*, p. 98; Araken de Assis, *Comentários*, p. 301; Costa Machado, *Código*, p. 1.222.

[175] Scarpinella Bueno, *Código*, p. 1.956, entende que nesse caso o Estado deveria arcar com os custos.

legislativa é excelente, podendo ser responsável por uma efetiva otimização da hasta pública.

Ressalte-se, entretanto, que a norma não é autoaplicável[176], exigindo o art. 689-A, parágrafo único, do CPC que o Conselho da Justiça Federal e os Tribunais de Justiça, no âmbito das suas respectivas competências, regulamentem esta modalidade de alienação, atendendo aos requisitos de ampla publicidade, autenticidade e segurança, com observância das regras estabelecidas na legislação sobre certificação digital. Como a novidade é extremamente positiva, oxalá que os órgãos responsáveis regulamentem o mais rápido possível a atividade, com o que o jurisdicionado só tem a ganhar.

> Nos termos do art. 853 do PLNCPC, não sendo possível a realização de leilão por meio eletrônico, este se dará de modo presencial, o que confirma a predileção do legislador pelo leilão eletrônico. O leilão presencial, que tem cabimento residual, será realizado no local designado pelo juiz (art. 854).

47.7.8. Legitimados a arrematar

Em tese, todos os que estejam na livre administração de seus bens são legitimados a arrematar, mas o art. 690-A do CPC exclui expressamente determinados sujeitos dessa legitimação, sendo os motivos de tal exclusão basicamente três:

(i) uma relação especial entre o sujeito e o executado;
(ii) uma relação especial do sujeito com o bem penhorado;
(iii) participação do sujeito no processo no qual o bem foi penhorado.

No primeiro caso estão os tutores, curadores (art. 690-A, I, do CPC); no segundo, os testamenteiros, administradores, síndicos ou liquidantes, quanto aos bens confiados a sua guarda e responsabilidade (art. 690-A, I, do CPC), os mandatários, quanto aos bens de cuja administração ou alienação estejam encarregados (art. 690-A, II, do CPC); no terceiro, o juiz, membro do Ministério Público, membro da Defensoria Pública, escrivão e demais servidores e auxiliares da justiça (art. 690-A, III, do CPC). Registre-se que nesse caso não há necessidade de efetiva participação desses sujeitos na execução, bastando que atuem no mesmo foro em que se realiza a hasta pública[177].

---

[176] Para Araken de Assis, *Manual*, n. 304, p. 755, a norma vale como "enunciação de princípio".

[177] Araken de Assis, *Comentários*, p. 309; Theodoro Jr., *A reforma*, p. 142. Contra, Pontes de Miranda, *Comentários*, v. 10, p. 376-377, e Fadel, *Código*, p. 871. Para Dinamarco, *Instituições*, p. 562, tratando-se de juiz e promotor de justiça, o impedimento atinge todas as demandas do foro em que atuem, o que, entretanto,

Além dos sujeitos previstos pelo dispositivo legal ora analisado, também serão impedidos de arrematar em hasta pública, o que por consequência lógica também os impede de fazer lances, o arrematante e o fiador remissos, que não honraram o compromisso de pagar o preço firmado na arrematação (art. 695 do CPC).

Interessante é a condição do exequente, considerado um sujeito legitimado a arrematar, o que sempre se mostrou algo significativamente funesto à adjudicação, porque não se mostrava interessante ao exequente adjudicar um bem pelo valor da avaliação, quando podia em segunda hasta pública arrematá-lo por preço bem inferior a este, desde que não fosse vil. A possibilidade atual de adjudicação do bem antes da hasta pública, como primeira forma de expropriação possível na demanda executiva, é algo que certamente aumentará a quantidade de adjudicações, mas não retira do exequente a legitimação de arrematar em hasta pública. A partir da Lei 11.382/2006, o exequente fará uma análise de custo-benefício: ou adjudica pelo valor da avaliação no início da execução, ou passa por todo o procedimento da hasta pública para tentar arrematar o bem em segunda oportunidade por preço que não seja vil.

> O tema é regulamentado pelo art. 840 do PLNCPC, que repete em seu *caput* e em seus três primeiros incisos o atual art. 690-A do CPC. As novidades ficam por conta dos três últimos incisos, que criam mais causas de exclusão da legitimidade para a arrematação. O inciso IV exclui os servidores públicos em geral, quanto aos bens ou aos direitos da pessoa jurídica a que servirem ou que estejam sob sua administração direta ou indireta; o inciso V exclui os leiloeiros e seus prepostos, quanto aos bens de cuja venda estejam encarregados; e o inciso VI exclui os advogados de qualquer das partes.

47.7.9. Procedimento da hasta pública

Tendo sido penhorado bem imóvel, o art. 690 do CPC, em seus §§ 1.º e 2.º, permite que os interessados em adquiri-lo em prestações façam uma proposta por escrito, em valor nunca inferior ao da avaliação, com oferta de pelo menos 30% à vista, e o restante garantido por hipoteca sobre o próprio imóvel, devendo o interessado indicar na proposta o prazo, a modalidade e as condições do pagamento a prazo. Cumpre ressaltar que essas propostas serão apresentadas antes de iniciada a hasta pública, sendo possível que algum interessado em arrematar o bem faça um lance em praça. Nesse caso, sendo o lance do valor da avaliação superior, não há dúvida de que se prefere a proposta de pagamento imediato; sendo por valor inferior, caberá ao juiz decidir o que se mostra mais interessante para os fins buscados pela execução. Na praxe forense, entretanto, é rara a existência dessas

não ocorre com os demais serventuários da Justiça, que só não terão legitimidade para arrematar no processo do qual participaram.

propostas escritas prévias, sendo no mais das vezes a arrematação resultado dos lances realizados na própria hasta pública.

Sendo aberta a primeira hasta pública por meio do *pregão*, os legitimados a arrematar poderão fazer seus lances, observada a regra legal de que nesse momento procedimental o valor mínimo da arrematação é o valor da avaliação, ou seja, o menor lance deverá obrigatoriamente ser aquele indicado na avaliação. Mesma exigência, entretanto, não se faz no tocante à segunda hasta pública, na qual serão admitidos lances por valor inferior ao da avaliação, sendo a própria arrematação admitida nesses termos, desde que o preço oferecido não seja vil (art. 692, *caput*, do CPC). O legislador não indica nem mesmo parâmetros para o que possa ser considerado "**preço vil**", de forma que caberá ao juiz no caso concreto essa verificação, não admitindo que o valor seja insignificante perante aquilo que realmente vale o bem.

É preciso lembrar que em determinadas situações excepcionais, mesmo transcorrendo a segunda hasta pública, não se admitirá lanço por valor inferior ao da avaliação, pela simples razão de que a arrematação só se permite a partir desse valor. É o caso já analisado de dispensa de publicação de edital quando o valor dos bens não superar 60 salários-mínimos (art. 686, § 3.º, do CPC). No caso de o bem imóvel penhorado pertencer a incapaz, o art. 701 do CPC exige que o valor da arrematação represente ao menos 80% do valor da avaliação, sendo o dispositivo legal responsável pela previsão do procedimento quando isso não ocorre.

Havendo interessado em arrematar, dentro das condições expostas anteriormente, poderá fazê-lo à vista, com o pagamento em dinheiro imediatamente, com depósito em banco oficial com conta vinculada ao Juízo, sendo aceito o pagamento por cheque, entendido como *pro solvendo*, somente se aperfeiçoando a arrematação com a compensação do banco sacado. O pagamento também poderá ocorrer a prazo, com o oferecimento de caução, de qualquer natureza – real ou fidejussória –, para pagamento no prazo de 15 dias. A idoneidade e a suficiência dessa caução são matérias de competência do juiz, e não do responsável material pela hasta pública[178].

Segundo o art. 690-A, parágrafo único, do CPC, o arrematante não está obrigado a **exibir o preço**, o que significa que não será compelido a realizar o pagamento, até mesmo porque, sendo beneficiado por este, não teria qualquer sentido exigi-lo. Ocorre, entretanto, que o valor da arrematação poderá superar o valor da dívida, hipótese na qual deverá ser paga a diferença a ser entregue ao devedor. Nesse caso, o exequente-arrematante deverá realizar o pagamento da diferença no prazo de três dias, sob pena de tornar sem efeito a arrematação, hipótese na qual os bens voltarão à nova praça ou leilão, que correrá às custas do exequente. Perceba que a sanção processual não é de mero adiantamento das custas, para que depois sejam cobradas do executado; o pagamento é de responsabilidade do exequente, sendo absorvido por ele o prejuízo.

---

178 Araken de Assis, *Comentários*, p.306; Greco, *Processo*, p. 385-386. Contra, entendendo que a questão deve ser resolvida pelo porteiro ou leiloeiro, Fidélis dos Santos, *Manual*, p. 197.

Há uma diferença de tratamento entre o terceiro e o exequente no tocante ao prazo para pagamento: no primeiro caso será exigido o valor integral; no segundo, a diferença. O terceiro tem 15 dias para realizar o pagamento, enquanto o arrematante tem apenas 3 dias, o que levou parcela da doutrina a criticar o dispositivo legal por tratar diferentemente sujeitos que, ao arrematar o bem, deveriam ser tratados igualmente[179]. Não parece, entretanto, que a crítica procede, porque o terceiro deve pagar o preço total, o que demanda um tempo maior para que possa obtê-lo, enquanto o exequente deverá pagar somente a diferença, o que não gera maiores dificuldades, sendo o prazo de três dias suficiente. Ademais, o terceiro é obrigado a oferecer caução, o que não ocorre com o arrematante, sendo interessante nesse caso, dentro da maior brevidade possível, saber se a arrematação será aperfeiçoada.

Deve-se lembrar, entretanto, que não é somente na hipótese prevista pelo art. 690-A, parágrafo único, do CPC, que se exigirá do exequente o depósito de valores em juízo quando pretender arrematar o bem. A dispensa da exibição do preço, na realidade, atinge somente a execução movida a **benefício do credor singular**, porque, havendo sobre os bens qualquer outro privilégio ou preferência, qualquer que seja o exequente, mesmo o credor com garantia real, deverá depositar o valor da arrematação em juízo, para que se decida a respeito do direito de preferência e realize-se o rateio[180].

Sendo frustrado o efetivo pagamento na hipótese de arrematação a prazo, o art. 695 do CPC, alterado em sua redação pela Lei 11.382/2006, prevê duas **sanções** ao arrematante e ao fiador, quando tiver sido prestada caução fidejussória. Em primeiro lugar, será perdida a caução em favor do exequente; em segundo lugar, se os bens voltarem à praça ou leilão, o arrematante e o fiador remissos estarão impedidos de arrematar. Não resta dúvida de que a sanção mais grave, que gerará maior onerosidade ao arrematante remisso, é a perda da caução prestada, medida interessante para prestigiar o ato processual, evitando assim a presença de aventureiros no ato de arrematar. Por outro lado, é claro, afugentará eventuais interessados, mas esse afastamento deve atingir tão somente aqueles sujeitos sem condições reais de arrematar o bem, o que, portanto, não representa prejuízo à execução.

Registre-se que na hipótese de inadimplemento do arrematante poderá o fiador, para evitar a perda do bem dado em garantia, pagar o valor do lanço, situação em que a arrematação lhe será transferida, e o bem dado em garantia liberado.

A arrematação se encerra com a elaboração de um auto, instrumento apto a documentar os atos praticados oralmente na hasta pública, que será lavrado de imediato, mencionando as condições pelas quais foi alienado o bem (art. 693, *caput*, do CPC). Não é mais necessário o intervalo de 24 horas para a assinatura do auto de arrematação em razão da extinção pela Lei 11.382/2006 do fenômeno da remição de bens. Também não é mais o escrivão o responsável

---

[179] Wambier-Wambier-Medina, *Breves 3*, p. 167.

[180] Araken de Assis, *Comentários*, p. 313; Theodoro Jr., *A reforma*, p. 143.

pela elaboração do auto, que passa a ser atribuição do agente que realizou a hasta pública. Referido auto será assinado pelo juiz, arrematante, serventuário de justiça ou leiloeiro, e a partir desse momento a arrematação será considerada acabada e irretratável, inclusive com a proteção do arrematante na hipótese de eventual acolhimento de embargos à execução oferecidos pelo executado (art. 694, *caput*, do CPC). Mesmo quando não ocorre a arrematação, é indispensável a elaboração do auto de arrematação, que nesse caso é conhecida na praxe forense como auto negativo.

O auto de arrematação não se confunde com a carta de arrematação, prevista no art. 703 do CPC. O próprio art. 693, parágrafo único, do CPC expressa essa diferença ao prever que a ordem de entrega do bem imóvel ou a carta de arrematação deste será expedida depois de efetuado o depósito ou prestadas as garantias pelo arrematante. Significa dizer que, tendo a arrematação como objeto um bem móvel, é dispensável a expedição de carta, bastando que após a elaboração do auto já seja expedida ordem judicial para a imediata entrega da coisa. Na hipótese de bem imóvel, o registro da arrematação junto ao Cartório de Imóveis demandará a expedição de uma carta de arrematação, nos termos do art. 703 do CPC. A Lei 11.382/2006 melhorou a redação do art. 703 do CPC, em especial no inciso I, que faz alusão expressa à remissão à matrícula e registros do imóvel, e ao inciso III, que consagra entendimento jurisprudencial de que na carta de arrematação exigi-se tão somente a comprovação da quitação do imposto de transmissão, sendo que os demais encargos tributários serão retirados do produto da arrematação, ou seja, serão abatidos do valor pago pelo arrematante[181].

Segundo o art. 841, *caput*, do PLNCPC, não será aceito lance que ofereça preço vil, sendo que no parágrafo único está previsto ser considerado vil o preço inferior a 50% do valor da avaliação, salvo se outro for fixado no caso concreto pelo juiz. Pelo que se compreende do dispositivo legal, passará a se admitir o lance por preço que não seja vil desde a primeira hasta pública.

O art. 842, § 3.º, do PLNCPC consagra a possibilidade de arrematação com pagamento parcelado, sendo que sempre que apresentada proposta a prazo (a lei não fixa um termo determinado) ou em parcelas, caberá ao juiz determinar qual é o melhor lance ou qual a proposta mais convincente. Acredito haver um equívoco no art. 842, § 4.º, do PLNCPC, que prevê que no caso de arrematação a prazo, os pagamentos feitos pelo arrematante pertencerão ao exequente até o limite de seu crédito e os subsequentes, ao executado. Tudo leva a crer que o dispositivo não diz respeito à arrematação a prazo, mas sim em parcelas.

[181] Wambier-Wambier-Medina, *Breves 3*, p. 178; Theodoro Jr., *A reforma*, p. 161-162.

47.7.10. Arrematação ineficaz

O art. 694, § 1.º, do CPC prevê em seus incisos as hipóteses de ineficácia da arrematação. A Lei 11.382/2006 melhorou sensivelmente a redação do dispositivo legal, que antes da reforma previa que a arrematação poderia "desfazer-se" em determinadas circunstâncias, dando a entender que o vício tratado pelo dispositivo legal situava-se no plano da validade, o que poderia levar um intérprete mais incauto a concluir pela necessidade de uma ação autônoma de natureza constitutiva negativa. O entendimento era rechaçado pelo Superior Tribunal de Justiça, que sempre entendeu suficiente um mero reconhecimento incidental do vício, sem a necessidade de instauração de processo autônomo. Ainda assim, é interessante a modificação legal ao situar o vício no plano da eficácia, o que naturalmente afasta qualquer dúvida a respeito da dispensabilidade de processo autônomo para o reconhecimento do vício[182].

Na realidade, as hipóteses que anteriormente eram tratadas como causa de desfazimento da arrematação, e atualmente dizem respeito à sua ineficácia, são de naturezas bem diferentes, havendo extrema dificuldade no tratamento unitário de todas elas. De qualquer forma, ainda assim é preferível a atual redação do art. 694, § 1.º, do CPC, até mesmo porque as hipóteses de nulidade, como a prevista no inciso I do dispositivo legal, não deixam também de ser hipóteses de ineficácia.

O **vício de nulidade** é causa apta a tornar sem efeito a arrematação, segundo o art. 694, I, do CPC. Trata-se de dispositivo legal bastante amplo em termos de aplicação, porque a nulidade prevista pode ser da própria execução, em atos anteriores à hasta pública, ou da própria arrematação. Entre tantos exemplos possíveis, a doutrina lembra a inobservância dos requisitos de publicidade, falta de intimação do executado, impedimento do arrematante para licitar[183]. Lembre-se de que as nulidades de que trata o dispositivo legal ora comentado podem tanto ser substanciais, referentes ao próprio negócio em si, como também processuais, referentes ao processo ou aos aspectos procedimentais da arrematação[184].

No inciso II há a previsão de **não pagamento do preço** ou da não prestação de caução. A ausência de pagamento poderá ocorrer tendo sido prestada a caução, hipótese na qual aplicar-se-á o art. 695 do CPC, ou na hipótese de pagamento por meio de cheque que não seja compensado pelo banco sacado. A ausência de prestação de caução somente se explica se o auto tiver sido indevidamente assinado sem o prévio oferecimento de garantia, o que mostra a absoluta inutilidade do dispositivo legal nesse sentido, considerando-se que a lavratura de auto sem prestação de garantia para pagamento a prazo é causa de nulidade da arrematação, situação já prevista pelo inciso I do dispositivo legal ora analisado.

---

[182] Theodoro Jr., *A reforma*, p. 148-149.

[183] Barbosa Moreira, *O novo*, p. 248.

[184] Araken de Assis, *Comentários*, p. 694; Scarpinella Bueno, *Código*, p. 1.972.

No inciso III encontra-se a previsão de prova pelo arrematante, no prazo de cinco dias depois da assinatura do auto, da **existência de ônus real ou de gravame**, tais como cláusula de inalienabilidade ou restrição de destinações, desde que não mencionados no edital. Esse vício é de alegação privativa do arrematante, porque somente a este interessa tornar sem efeito a arrematação de um bem gravado de qualquer forma, quando pensou estar adquirindo um bem livre[185]. Caso entenda que ainda assim a arrematação foi um bom negócio, é natural que não se admita a alegação de tal vício pelos sujeitos da execução.

No inciso IV, há remissão ao pedido do arrematante nos **embargos à arrematação**, o que será enfrentado em seu momento oportuno. No inciso V, a Lei 11.382/2006 fez incluir a alegação de **preço vil** como uma das causas de ineficácia da arrematação, vício que naturalmente não poderá ser alegado pelo próprio arrematante, uma vez que caracterizaria hipótese de direito o arrependimento da arrematação, o que não se admite após a lavratura do auto de arrematação. Caberá às partes na execução, em especial, mas não exclusivamente ao autor, tal alegação. No inciso VI, prevê-se a possibilidade de tornar sem efeito a alegação nos casos previstos no Código, estando entre parênteses o art. 698 do CPC, o que leva a crer que o vício nesse caso seria derivado da **ausência de intimação** prévia dos sujeitos descritos nesse dispositivo legal.

Há na doutrina interessante debate a respeito da forma pela qual os vícios apresentados poderão ser alegados a fim de tornar ineficaz a arrematação. Parece que a resposta dependerá da espécie de vício objeto da alegação. O art. 746 do CPC prevê os embargos de segunda fase como instrumento de alegação de vícios de nulidade da execução, devendo-se entender que, nesse caso (art. 694, § 1.º, I, do CPC), seja exigido do interessado o ingresso desse instrumento processual. A depender da situação concreta, também será possível o ingresso de embargos de terceiro (arts. 1.047, II, e 1.048 do CPC) e até mesmo de ação anulatória autônoma (art. 468 do CPC)[186]. A corrente doutrinária majoritária afirma que os vícios da arrematação têm natureza de **matéria de ordem pública**, de forma que o seu conhecimento poderá ocorrer de ofício[187].

É preciso destacar que nem todos os vícios descritos pelo art. 694, § 1.º, do CPC devem ser considerados matérias de ordem pública, porque em determinadas situações o vício não pode ser reconhecido de ofício, por ser de interesse exclusivo de um determinado sujeito processual[188]. No inciso III, interessa exclusivamente ao arrematante alegar e provar o vício referente à ausência de indicação no edital de ônus real ou gravame sobre o bem arrematado. Ainda que se entenda ter ocorrido um vício no edital nesse caso, o que geraria a nulidade da hasta pública, não parece correto entender que o juiz possa de

[185] Dinamarco, *Instituições*, p. 586.

[186] Barbosa Moreira, *O novo*, p. 248; Scarpinella Bueno, *Código*, p. 1.972-1.973.

[187] Barbosa Moreira, *O novo*, p. 248; Costa Machado, *Código*, p. 1.228.

[188] Abelha Rodrigues, *Manual*, p. 347, afirma que deve ser analisado no caso concreto se a hipótese é de ordem pública ou dispositiva. Greco, *Manual*, p. 404, manifestando-se antes da reforma processual, afirmou que nos casos dos incisos I e IV não seria correta a manifestação de ofício do juiz.

ofício declarar ineficaz a arrematação. Por outro lado, o dispositivo legal prevê expressamente um prazo para a alegação, o que naturalmente não se coaduna com a matéria de ordem pública, alheia à preclusão temporal. Também no inciso IV haverá a necessidade de pedido expresso do arrematante por meio de embargos de segunda fase, porque é de sua exclusiva vontade a declaração de ineficácia da arrematação.

Nos demais casos, realmente o juiz poderá reconhecer o vício de ofício, tratando-se, portanto, de matéria de ordem pública. O que cumpre ressaltar nesse caso é que, sendo matéria de ordem pública, é incompatível logicamente condicionar a alegação dessa matéria por um dos sujeitos processuais a uma determinada forma, sendo lícito concluir que o vício poderá ser alegado a qualquer momento do processo, por meio de mera petição. A alegação de matéria de ordem pública não pode ser limitada por aspectos formais. A exceção a essa regra fica por conta do momento posterior à lavratura da carta de arrematação, quando já tenha sido registrada no Cartório de Imóveis, hipótese em que teria se aperfeiçoado a transferência da propriedade[189].

Registre-se, por fim, que, uma vez oferecidos embargos de segunda fase para a alegação do vício, com julgamento do mérito desfavorável ao embargante, haverá uma sentença de mérito transitada em julgado que impedirá a parte de discutir novamente a mesma questão em outra demanda. Dessa forma, a ação anulatória somente se justificará quando não existir tal decisão no caso concreto, porque, caso contrário, a única forma do sujeito que entende ter sido prejudicado por um vício passível de tornar a arrematação ineficaz será o ingresso de ação rescisória contra a sentença de mérito transitada em julgado dos embargos de segunda fase[190].

Os vícios que podem tornar sem efeito a arrematação, previstos atualmente no art. 694, § 1.º, do CPC, são praticamente repetidos pelo art. 857, § 1.º, do PLNCPC. As novidades ficam por conta dos parágrafos do dispositivo legal. Segundo o § 2.º, o juiz decidirá nos próprios autos da execução acerca dos vícios enquanto não for expedida a carta de arrematação ou a ordem de entrega, enquanto o § 3.º prevê que, expedida, após dez dias, a carta de arrematação ou a ordem de entrega, o vício deverá ser arguido em ação autônoma, na qual o arrematante figurará como litisconsorte necessário. Nos termos do § 4.º, julgado procedente o pedido da ação autônoma, as partes serão restituídas ao estado anterior, ressalvada a possibilidade de reparação de perdas e danos.

[189] Esse o entendimento do Superior Tribunal de Justiça: REsp 577.363/SC, 1.ª Turma, rel. Min. Denise Arruda, j. 07.03.2006; REsp 36.397/CE, 4.ª Turma, rel. Min. Sálvio de Figueiredo Teixeira, j. 08.11.1993. Na doutrina, Theodoro Jr., *Processo*, p. 359. Registre-se decisão que aponta a necessidade de ação anulatória depois da lavratura do auto de arrematação: REsp 426.106/MG, 2.ª Turma, rel. Min. Eliana Calmon, j. 05.08.2004, *DJ* 11.10.2004.

[190] Magri, *Ação*, p. 286-290.

47.7.11. Alienação antecipada

É possível que a alienação judicial do bem ocorra fora da hasta pública, numa modalidade específica e excepcional de alienação por iniciativa particular, com suas devidas particularidades. Trata-se da alienação antecipada de bens, que por razões variadas previstas pelo art. 670 do CPC poderá tomar lugar na execução. Percebe-se que nesse caso a alienação continua a ser judicial, mas procedimentalmente não se confunde com nenhuma das outras formas de expropriação, até mesmo porque dependerá de circunstâncias específicas para a sua realização, ao passo que as expropriações típicas – adjudicação, alienação por iniciativa particular, arrematação – são, na ordem legal, a regra do sistema, o que dispensa o preenchimento de requisitos formais no caso concreto.

São dois os motivos que legitimam a alienação antecipada, sendo que a análise a respeito de sua presença no caso concreto é sempre do juiz, que poderá inclusive determinar a alienação antecipada de ofício. Isso não significa dizer que o juiz não ouvirá as partes para formar o seu convencimento, em respeito ao princípio do *contraditório*, porque é sempre importante ao juiz ter o maior volume de informações antes de decidir, até mesmo no que se refere àquelas matérias que possa conhecer de ofício. Dessa forma, a previsão do art. 670, parágrafo único, do CPC deve ser interpretada mais amplamente do que a literalidade do dispositivo sugere, para que, havendo pedido de uma das partes, o juiz ouça a outra, e, pensando em determinar a alienação antecipada de ofício, ouça antes ambas as partes. A decisão, de qualquer forma, não depende de nada além do convencimento do juiz[191].

A primeira hipótese de alienação antecipada diz respeito aos bens sujeitos a **deterioração ou depreciação**. É natural que se realize a alienação antecipada quando houver risco concreto de deterioração do bem penhorado, o que retirará parcial ou totalmente seu valor de mercado, perdendo-se a efetiva garantia do juízo, com futura frustração da satisfação do direito do exequente. É o que ocorre, por exemplo, com alimentos perecíveis, ou qualquer produto com prazo de validade (medicamentos, fogos de artifício etc.). A depreciação é fenômeno um pouco distinto, porque não atua no bem em si, no seu conteúdo, mas em seu valor de mercado, o que também sugere benefícios na alienação antecipada, de forma que se obtenha imediatamente o maior valor que o bem penhorado poderá gerar.

A segunda hipótese é de **manifesta vantagem** com a alienação, o que certamente carrega um alto grau de subjetivismo, permitindo ao juiz uma grande liberdade para aferir que vantagem seria essa na alienação antecipada. Aparentemente, a utilização de termo extremamente vago pelo legislador foi proposital, de modo a ampliar as possibilidades de aplicação do instituto processual, o que, entretanto, não gerou o resultado esperado, considerando-se a pouca presença da alienação antecipada na praxe forense.

---

[191] Araken de Assis, *Comentários*, p. 213; Dinamarco, *Instituições*, p. 571.

O interessante a respeito da alienação antecipada, que sofreu influência da Lei 11.382/2006, diz respeito ao procedimento dessa espécie de expropriação, porque nesse tocante a lei silenciou, competindo, até os dias atuais, à doutrina e à jurisprudência determinar de que forma o bem seria alienado antecipadamente. Com o advento da alienação por iniciativa particular, não resta dúvida da possibilidade de aplicação das regras procedimentais da expropriação para a alienação antecipada. Na realidade, a alienação antecipada passa a ser uma espécie de alienação por iniciativa particular, desta diferindo porque nesta basta a vontade do exequente, enquanto naquela exige-se o preenchimento de requisitos legais.

47.8. USUFRUTO EXECUTIVO

47.8.1. Introdução

Em regra, a expropriação, como forma de gerar satisfação ao direito exequendo, se realiza no próprio bem de propriedade do executado, que por meio dela perde tal bem em benefício da satisfação do exequente. Excepcionalmente, entretanto, poderá o bem penhorado ser preservado no patrimônio do executado, não provindo de sua transferência a satisfação, mas sim dos frutos e rendimentos retirados periodicamente do bem penhorado, até que o valor total da dívida seja atendido. Tradicionalmente, o CPC chama tal forma de expropriação de "usufruto", antes da Lei 11.382/2006, de "empresa e imóvel" e, atualmente, de "móvel e imóvel". É medida interessante de expropriação, apesar de sua pouca utilização prática, porque mantém o bem no patrimônio do executado sem que com isso se sacrifique o direito do exequente. Ao menos em tese, é uma alternativa benéfica para ambas as partes.

Registre-se, desde já, que a utilização pelo ordenamento processual do termo "usufruto" não se mostra das mais felizes, considerando-se as particularidades desse instituto jurídico de direito civil[192]. Caso fosse realmente necessário qualificar a forma de expropriação ora estudada como espécie de direito real de garantia sobre o bem, melhor teria sido o legislador ter se referido à **anticrese**, figura de direito civil mais próxima do que o usufruto. Ainda que seja sempre preferível o legislador processual não utilizar institutos do direito civil para explicar fenômenos do processo, a proximidade da forma de expropriação em questão com a anticrese servirá para a hipótese de necessidade de omissão da lei processual, devendo ser aplicadas, de forma subsidiária, ao usufruto de "bens móveis e imóveis" as regras da anticrese[193].

Forma mais rara de expropriação na praxe forense, o tradicional "usufruto de imóvel ou de empresa" sofreu profundas modificações pela Lei 11.382/2006, aparentemente com dois objetivos fundamentais: acomodar o instituto aos dias

---

192 Barbosa Moreira, *O novo*, p. 255.

193 Dinamarco, *Instituições*, p. 596; Greco, *Processo*, p. 428.

atuais e torná-lo mais atrativo. Como principal modificação encontra-se a **extinção do usufruto de empresa**, um instituto de raríssima aplicação prática, que na realidade já vinha sendo substituído por meio da penhora do faturamento, hoje consagrada no art. 655-A, § 3.º, do CPC. Além disso, além do bem imóvel, também o bem móvel passa a ser possível objeto de usufruto, o que poderá ampliar, ainda que não de forma considerável, a aplicação prática do instituto. Outra mudança significativa, que tende a colaborar com o aumento da quantidade de usufrutos de bens móveis ou imóveis, é o **afastamento do poder de veto** que o executado tinha anteriormente, visto que, ao menos no usufruto de imóveis, sem a sua concordância expressa era impossível realizar o usufruto.

47.8.2. Objeto do usufruto executivo

Conforme afirmado anteriormente, a Lei 11.382/2006 trouxe algumas importantes modificações ao instituto do "usufruto" como forma de expropriação. Antes da referida lei, o "usufruto" só era admitido tendo-se como objeto da penhora uma empresa ou um bem imóvel, havendo em razão disso uma vedação tácita a respeito dos bens móveis, ainda que parcela doutrinária, contrária a essa restrição implícita da lei, entendesse pelo cabimento do "usufruto" também de móveis[194]. Provavelmente atento aos reclamos dessa parcela da doutrina, o legislador entendeu por bem explicitar a admissão do usufruto de bem móvel, afastando qualquer debate a esse respeito.

Além da confirmação expressa de que o usufruto pode ter como objeto um bem móvel, outra substancial modificação efetivada pela Lei 11.382/2006 foi a revogação do usufruto de empresa, instituto que não deverá deixar saudades em virtude de sua rara utilização na praxe forense. As dificuldades procedimentais para a realização de tal forma de expropriação sempre afastaram os interessados de sua aplicação, notando-se na praxe forense uma contínua preferência pela penhora do faturamento, atualmente regulada pelo art. 655-A, § 3.º, do CPC, instituto processual diferenciado porque enquanto neste não há penhora da empresa, mas tão somente de parcela de seu **faturamento**, naquele a empresa era o objeto da penhora, sendo a entrega de parcela do faturamento ao exequente apenas a forma de satisfação do direito.

Essa, portanto, é a nova realidade da forma de expropriação ora analisada: tanto os bens móveis como os bens imóveis podem ser objetos de penhora para que deles se retirem frutos e rendimento durante certo período de tempo visando à satisfação do crédito, não mais existindo o usufruto de empresa.

47.8.3. Cabimento do usufruto executivo

Antes da Lei 11.382/2006, as previsões dos arts. 716 e 722, *caput*, do CPC levavam parcela significativa da doutrina a entender que, ao menos na hipótese de

[194] Greco, *Processo*, p. 632.

usufruto de imóveis, um dos requisitos indispensáveis para a sua ocorrência no caso concreto era a concordância do executado, sem a qual o imóvel penhorado teria que ser objeto de arrematação ou adjudicação para gerar a satisfação do direito do exequente[195]. A justificativa desse entendimento era que, apesar de o art. 716 do CPC prever que o usufruto – tanto de empresa como de imóvel – seria concedido quando o juiz "reputar menos gravoso ao devedor e eficiente para o recebimento da dívida", o art. 722, *caput*, do CPC, que tratava do usufruto de imóvel, tinha a seguinte redação: "Se o devedor concordar com o pedido, o juiz nomeará perito para: (...)".

Ainda que a redação do art. 722, *caput*, do CPC não deixasse maiores questionamentos a respeito de sua interpretação, parcela da doutrina sempre o criticou severamente, apontando para a inadequação de exigir a concordância do executado na escolha de uma forma de expropriação. Afirmava essa parcela doutrinária que a liberdade judicial em prestar uma efetiva tutela estaria seriamente abalada com a condicionante expressa no dispositivo legal, algo incompatível com a natureza pública do processo. As críticas eram tão sérias que alguns doutrinadores chegavam até mesmo a concluir pela não exigibilidade de qualquer concordância do executado[196], bastando o preenchimento dos requisitos previstos no art. 716 do CPC: forma menos gravosa ao executado e mais eficiente para a satisfação do exequente.

A corrente doutrinária tinha razão em criticar o dispositivo legal, porque a exigência de concordância do devedor aproximava indevidamente o usufruto de imóveis de negócio jurídico de direito privado. De qualquer forma, a previsão legal não poderia ser simplesmente desprezada somente porque não se mostrava a mais adequada, circunstância que faz com que as modificações operadas pela Lei 11.382/2005 sejam extremamente bem-vindas, em especial a mudança da redação do art. 722, *caput*, do CPC, donde desaparece a exigência de concordância do executado, prevendo a oitiva do executado apenas como forma de cumprimento à garantia do contraditório, e não mais com poder de veto[197].

Apesar da modificação da redação do art. 722, *caput*, do CPC, restou inalterada a redação do art. 721, que faz expressa menção ao pedido do exequente, dando-se a entender que, desejando que o bem penhorado seja alienado, não caberá ao juiz determinar o usufruto. A questão é de fato interessante: entendendo o juiz no caso concreto que o usufruto do bem penhorado é a forma *menos onerosa* ao executado e *mais eficaz* ao exequente em termos de satisfação, poderá determinar de ofício a expropriação por esse modo? Apesar de doutrina minoritária defender a possibilidade de o juiz conceder essa forma de expropriação de ofício, parece ser mais adequada uma interpretação literal do dispositivo legal ora comentado, porque parece ser dependente da vontade do exequente a forma de expropriação do bem, ainda que entre elas exista uma ordem de preferência[198].

---

195 Neves, *Comentários*, p. 145; Barbosa Moreira, *O novo*, p. 256; Theodoro Jr., *Processo*, p. 377; Greco Filho, *Direito*, p. 93.

196 Araken de Assis, *Comentários*, p. 403; Scarpinella Bueno, *Código*, p. 2.026.

197 Wambier-Wambier-Medina, *Breves 3*, p. 187; Theodoro Jr., *A reforma*, p. 169.

198 Barbosa Moreira, *O novo*, p. 256; Araken de Assis, *Manual*, n. 328, p. 795; Scarpinella Bueno, *Código*, p. 2025; Theodoro Jr. *Processo*, n. 317, p. 373. Contra: Dinamarco, *Instituições*, p. 597.

O **pedido do exequente** é indispensável para a adoção do usufruto de bem móvel ou imóvel como forma de expropriação, mas, naturalmente, não é suficiente para que a satisfação do direito de crédito se dê dessa forma. Novamente se faz remissão ao art. 716 do CPC, que prevê os dois requisitos que o juiz deverá analisar após o pedido do exequente e a oitiva do executado. Trata-se na realidade da materialização de dois princípios contraditórios da execução, cabendo ao juiz valorar no caso concreto se o usufruto se mostra de forma menos onerosa ao executado e mais eficaz ao exequente, valores que naturalmente conflitam e que devem ser enfrentados no caso concreto pelo juiz.

Não é fácil a tarefa de analisar esses requisitos de forma abstrata, considerando-se que as circunstâncias previstas pelo art. 716 do CPC dependerão essencialmente da análise casuística do juiz no caso concreto, no qual será levada em conta uma série de fatores. Um aspecto, entretanto, é essencial para que o usufruto seja admitido, porque sem ele não fará qualquer sentido essa forma de expropriação: o bem penhorado deverá ter aptidão para, com certa probabilidade, gerar frutos e rendimentos em tempo razoável em termos de satisfação do direito do exequente. De nada adianta o usufruto sobre bem incapaz de gerar frutos e rendimentos, como também não se deve admitir o usufruto na hipótese de tais frutos e rendimentos serem de valor insignificante para os fins da execução, o que tornaria o processo eterno[199].

47.8.4. Momento do usufruto executivo

Segundo o art. 721 do CPC, o exequente tem até a realização da praça para requerer o usufruto do imóvel penhorado, não havendo qualquer motivo para que o dispositivo deixe de ser aplicado também no caso de bem móvel, com as devidas adaptações. O legislador nesse ponto deveria ter tomado mais cuidado com o dispositivo legal para que a sua interpretação fosse adequada à nova realidade estabelecida em termos de expropriação pela Lei 11.382/2006. Atualmente, conforme amplamente visto, o bem poderá ser objeto de expropriação bem antes da praça ou leilão, por adjudicação, por alienação por iniciativa particular, sendo a satisfação por arrematação somente a terceira forma de expropriação pela ordem legal.

De qualquer forma, o dispositivo legal deve ser interpretado entendendo-se que, **antes de alienado o bem**, será possível o pedido de usufruto, mesmo após a publicação dos editais da hasta pública, que nesse caso seriam arcados pelo exequente. Mesmo depois de frustrada a hasta pública, também é natural admitir a instituição do usufruto[200], até mesmo porque nesse momento processual essa forma de satisfação poderá se mostrar ao exequente a única possível no caso concreto. Já tendo passado pela alienação por iniciativa particular e pela hasta pública, sem conseguir a alienação do bem, é natural que comece a observar o

---

[199] Greco, *Processo*, p. 426-427; Araken de Assis, *Manual*, n. 331.1, p. 797.

[200] Araken de Assis, *Comentários*, p. 403; Marinoni-Arenhart, *Execução*, p. 327; Câmara, *Lições*, p. 334.

usufruto com outros olhos, parecendo-lhe algo inevitável, se pretender realmente satisfazer seu direito de crédito.

O que deve ficar claro é que o momento de adjudicação ou alienação do bem penhorado representa o momento final para que o exequente requeira o usufruto do móvel ou imóvel, de forma que o exequente poderá a qualquer momento da execução, depois de penhorado o bem, requerer o usufruto. Significa dizer que não há qualquer necessidade de se passar pelas outras formas de expropriação do bem, inclusive a adjudicação, que deverá ser indeferida – naturalmente quando pedida por sujeito que não seja o próprio exequente – se o exequente pedir imediatamente depois da penhora o usufruto, estando presentes os requisitos exigidos pelo art. 716 do CPC.

47.8.5. Procedimento do usufruto executivo

Já foi afirmado que o exequente deverá pedir expressamente o usufruto do bem móvel ou imóvel penhorado, sendo inviável a concessão dessa forma de expropriação de ofício. Após a oitiva do executado[201] no prazo geral de cinco dias (a lei não prevê expressamente o prazo), o juiz poderá, caso seja indispensável, realizar uma breve instrução probatória para resolver a respeito da conveniência do pedido do exequente. Com ou sem a necessidade de instrução probatória, o juiz resolverá o pedido do exequente, determinando ou não a realização do usufruto, por meio de decisão interlocutória, recorrível por agravo de instrumento. No tocante à decisão do incidente formado pelo pedido de instauração do usufruto, é de se lamentar que o legislador não tenha modificado a redação do art. 719 do CPC, tendo mantido indevidamente a expressa previsão de sentença para esse ato. Curioso, pois modificou a redação do art. 718 do CPC, substituindo corretamente "sentença" por "decisão", mas parece que se esqueceu do artigo seguinte[202].

Não se pode conceber que a decisão que resolve o pedido de usufruto seja uma sentença, primeiro porque não tem conteúdo de sentença de mérito, bastando para tal constatação uma breve consulta ao art. 269 do CPC. Resolve, portanto, questão meramente incidental, qual seja qual será a forma de expropriação do caso concreto. Em segundo lugar, não coloca fim ao processo, não podendo, portanto, ser considerada sentença terminativa (arts. 162, § 1.º, e 267, *caput*, do CPC). Apesar do equívoco legal, não é possível que a imposição da lei modifique a natureza de uma decisão judicial tampouco sua recorribilidade, de forma que o pronunciamento que indefere ou acolhe o pedido de usufruto é decisão interlocutória, recorrível por agravo de instrumento.

Deferindo-se o pedido de usufruto, o executado **perde o gozo** do móvel ou do imóvel, até que o exequente seja pago do principal, dos juros, custas e honorários advocatícios. Essa regra, prevista no art. 717 do CPC, demonstra de maneira clara

---

201 Marinoni-Arenhart, *Execução*, p. 327; Theodoro Jr., *Processo*, n. 317, p. 373.

202 Dinamarco, *Instituições*, p. 598; Câmara, *Lições*, p. 334; Fidélis dos Santos, *Manual*, p. 230.

a temporalidade dessa forma de expropriação, que deverá seguir tão somente pelo tempo necessário para a satisfação do direito do exequente. Dessa forma, sendo retirados frutos e rendimentos mensalmente do bem penhorado, no momento em que o valor exequendo estiver totalmente quitado, o usufruto acabará, bem como a constrição judicial sobre o bem do qual se retirou durante certo lapso temporal os frutos e rendimentos.

Na decisão concessiva, o juiz nomeará um perito encarregado de avaliar os frutos e rendimentos do bem penhorado, calculando o tempo necessário para o pagamento da dívida. Registre-se, desde já, que esse cálculo realizado pelo perito é meramente estimativo, somente para que se tenha uma ideia aproximada do tempo que será necessário à satisfação do direito, não sendo, portanto, um cálculo que determine de pleno direito o fim do usufruto[203]. Essa provisoriedade é natural porque ao perito é impossível prever o futuro, de forma que fatos e atos supervenientes ao cálculo fogem completamente de seu controle. Registre-se que, nesse momento processual, será possível ao juiz indeferir o pedido de usufruto, caso perceba que, pela projeção apresentada pelo perito, essa não é – como pareceu à primeira vista – a forma de expropriação mais conveniente no caso concreto.

Sendo mantido o usufruto, o juiz indicará um **administrador** que será investido de todos os poderes que concernem ao usufrutuário (art. 719, *caput*, do CPC), sendo que esse administrador poderá ser o exequente, desde que com isso consinta o executado, ou o próprio executado, desde que com isso consinta o exequente (art. 719, parágrafo único, I e II, do CPC). Com a publicação dessa decisão, o usufruto passa a ter eficácia tanto no tocante às partes como relativamente a terceiros (art. 718 do CPC), *erga omnes*, portanto. Após a decisão, ainda será expedida carta de usufruto, que contará com a identificação do imóvel e cópias da decisão concessiva e do cálculo apresentado pelo perito, a ser averbada no Cartório de Imóveis (art. 722, §§ 1.º e 2.º, do CPC). Esse registro, como se nota, terá efeitos meramente declaratórios, *ex tunc*, retroagindo à data da publicação da decisão concessiva do usufruto.

Estando o imóvel arrendado, o inquilino pagará o aluguel diretamente ao usufrutuário, sendo lógico que esse sujeito, terceiro alheio à execução, deverá ser devidamente intimado para que passe a realizar o pagamento diretamente ao administrador ou, na ausência dele, na pessoa do usufrutuário (art. 723 do CPC). Para parcela da doutrina, já estando locado o imóvel, seria hipótese de dispensa da perícia pelo juiz, porque bastaria um cálculo meramente aritmético para aferir quantos meses de aluguel "desviados" ao exequente seriam necessários à sua satisfação[204].

O exequente beneficiado pelo usufruto poderá celebrar locação do bem móvel ou imóvel, desde que seja antes ouvido o executado, sendo que no caso de discordância da proposta oferecida caberá ao juiz resolver o impasse no caso concreto,

[203] Barbosa Moreira, *O novo*, p. 257; Câmara, *Lições*, p. 334.

[204] Costa Machado, *Código*, p. 1253; Scarpinella Bueno, *Código*, p. 2.027.

por meio de decisão interlocutória, recorrível por agravo de instrumento (art. 724 do CPC). É natural que se permita ao exequente a indicação de interessados em locar o bem penhorado, até mesmo porque disso poderá depender o recebimento de frutos e rendimentos desejado no usufruto. Da mesma forma, é natural que se ouça o executado, para que se evite a celebração de um contrato de locação extremamente prejudicial, que o colocaria vinculado àquele usufruto por um longo lapso de tempo. Isso sem mencionar a possibilidade de eventuais fraudes do exequente com terceiros, que poderiam perpetuar um usufruto por tempo indevido, em nítido prejuízo do executado e do princípio da menor onerosidade.

O PLNCPC aposentou a expressão "usufruto" para a espécie de expropriação ora analisada, que passa a ser chamada de penhora de frutos e rendimentos de coisa móvel ou imóvel.

Segundo o art. 822, o juiz pode ordenar a penhora de frutos e rendimentos de coisa móvel ou imóvel quando a considerar mais eficiente para o recebimento do crédito e menos gravosa ao executado, em regra bastante similar ao art. 716 do atual CPC. O art. 823 prevê que, ordenada a penhora de frutos e rendimentos, o juiz nomeará administrador-depositário, que será investido de todos os poderes que concernem à administração do bem e à fruição de seus frutos e utilidades, perdendo o executado o direito de gozo do bem, até que o exequente seja pago do principal, dos juros, das custas e dos honorários advocatícios, sendo que caberá ao exequente, nos termos do § 2.º, providenciar a averbação no ofício imobiliário mediante a apresentação de certidão de inteiro teor do ato, independentemente de mandado judicial.

Nos termos do art. 824, o juiz poderá nomear como administrador-depositário qualquer uma das partes, ouvida a parte contrária, sendo que, não havendo acordo entre eles, o juiz nomeará profissional qualificado para o desempenho da função. Qualquer que seja o administrador, deverá, nos termos do § 1.º, submeter à aprovação judicial a forma de administração, bem como a de prestar contas periodicamente, sendo que, na hipótese de discordância entre as partes ou entre estas e o administrador, o juiz decidirá a melhor forma de administração do bem.

Os §§ 3.º e 4.º trazem regras muito próximas às atuais no tocante a rendimentos provenientes de aluguel de imóveis, enquanto os §§ 5.º e 6.º tratam da quitação da dívida.

47.9. ENTREGA DE DINHEIRO AO CREDOR

Segundo o art. 708 do CPC, o pagamento ao credor dar-se-á pela entrega de dinheiro sempre que se verifique a alienação judicial por iniciativa particular ou arrematação. O mesmo ocorre na hipótese de usufruto de bem móvel ou imóvel ou quando o bem penhorado tenha sido dinheiro. Nessas duas situações, após a realização dos atos de expropriação, haverá certa quantia em dinheiro depositada em juízo que deve ser entregue ao credor.

Tratando-se de execução movida a benefício do credor singular e não existindo sobre os bens qualquer privilégio ou preferência instituídos antes da penhora, determina o art. 709 do CPC que o credor poderá requerer o levantamento do dinheiro até o valor que represente a satisfação integral de seu crédito. Na hipótese de existir saldo, após o levantamento feito pelo credor, que incluirá o principal, juros, custas e honorários, haverá o levantamento de tal saldo pelo devedor, segundo previsão expressa do art. 710 do CPC. E sendo hipótese de satisfação a prazo, a cada depósito poderá o credor requerer o levantamento, até que seja integralmente satisfeito em seu crédito[205].

Quando vários credores pretendem o recebimento da quantia resultante da alienação de um bem específico do devedor, instaura-se no processo um incidente processual chamado "**concurso singular de credores**", que não se confunde com o concurso universal, reservado para a execução contra devedor insolvente[206].

O concurso singular de credores tem como função a determinação de uma ordem de preferência entre os credores para o recebimento do dinheiro resultado da expropriação. Segunda a melhor doutrina, a ordem de preferência é:

(a) créditos oriundos da legislação trabalhista, limitados a 150 salários-mínimos por credor e os decorrentes de acidente do trabalho (art. 186 do CTN);

(b) créditos tributários;

(c) créditos com garantia real até o limite do valor do bem gravado, registrando-se decisões do Superior Tribunal de Justiça que entendem que o crédito condominial prefere ao crédito com garantia real[207];

(d) crédito com privilégio especial;

(e) créditos com privilégio geral. Registre-se que esses credores privilegiados não precisam ter penhorado o bem em outras execuções; na realidade, nem mesmo se exige que exista execução em trâmite[208].

Entre credores da mesma categoria, a ordem de preferência se estabelece pela anterioridade da penhora, valendo para fins de comparação entre os diversos credores o arresto do bem, tanto de natureza executiva como cautelar[209]. Existe uma corrente doutrinária minoritária que entende ser a averbação da penhora determinante para fixar a ordem de preferência[210], tese rejeitada pelo Superior Tribunal

---

205 Marinoni-Arenhart, *Execução*, p. 329.

206 Theodoro Jr., *Processo*, n. 316, p. 370.

207 STJ, 6.ª Turma, REsp 315.963/RJ, rel. Min. Hélio Quaglia Barbosa, j. 19.10.2004; REsp 208.896/RS, 3.ª Turma, rel. Min. Ari Pargendler, j. 07.11.2002.

208 STJ, 3.ª Turma, REsp 664.955/RS, rel. Min. Carlos Alberto Menezes Direito, j. 18.04.2006; STJ, 2.ª Turma, REsp 594.491/RS, rel. Min. Eliana Calmon, j. 02.06.2005; Theodoro Jr., *Processo de execução*, n. 316, p. 370-371; Araken de Assis, *Manual*, n. 260, p. 671.

209 STJ, 3.ª Turma, RMS 23.822/RJ, rel. Min. Sidnei Beneti, j. 03.04.2008; STJ, 4.ª Turma, REsp 759.700, rel. Min. Fernando Gonçalves, rel. p/ acórdão Min. Jorge Scartezzini, j. 18.08.2005; Nery-Nery, *Código*, p. 1.059. Contra, limitando ao arresto executivo: Marinoni-Arenhart, *Execução*, p. 332; Araken de Assis, *Manual*, n. 262, p. 674.

210 Araken de Assis, *Manual*, n. 263, p. 675.

de Justiça[211]. Como se nota com facilidade, entre os credores quirografários, só serão admitidos no concurso de credores aqueles que não só já sejam exequentes em outra demanda executiva, como também já tenham realizado a penhora[212].

O art. 713 do CPC trata da decisão do juiz a respeito do concurso de credores formado para determinar quem irá receber primeiro o produto da alienação do bem penhorado. Na antiga redação o dispositivo legal mencionava expressamente que após o final do procedimento estabelecido pelo incidente processual criado pelo concurso de credores o juiz decidiria por meio de sentença. Apesar de parcela doutrinária entender que o legislador deveria ser respeitado em sua previsão, defendendo o entendimento de que a decisão era realmente uma sentença, e, portanto, apelável[213], uma análise do art. 162 do CPC não permitiria tal conclusão, já que a decisão que resolvia questão incidental, sem colocar fim ao processo, como certamente era aquela que decidia o concurso de credores, era decisão interlocutória, devendo ser recorrida por agravo de instrumento[214].

Na nova redação do dispositivo legal, o art. 713 do CPC simplesmente prevê que, "findo o debate, o juiz decidirá", sem qualquer menção à espécie da decisão. A doutrina que até o momento já havia se manifestado a respeito da modificação do dispositivo legal foi uníssona em apontar para a **natureza interlocutória** dessa decisão, o que geraria o cabimento do **agravo de instrumento**[215]. A retirada da expressa menção à "sentença" no dispositivo legal só pode ser entendida nesse sentido, porque não teria qualquer sentido que a decisão continuasse a ser considerada como sentença e o dispositivo fosse modificado para que esse termo não continuasse expressamente previsto. Como pronunciamento decisório em primeiro grau é sentença ou decisão interlocutória, a modificação levaria à conclusão lógica de que a decisão passou a ser considerada interlocutória.

Ocorre, entretanto, que o conceito de sentença de mérito foi modificado, de forma que o critério de conceituação passou a ser o seu conteúdo, e não mais seu efeito[216]. Essa modificação poderá suscitar uma interessante questão no tocante à decisão que resolve o concurso de credores: considerando-se que o mérito do concurso de credores é a titularidade do crédito, quando o juiz define qual dos credores deve receber em primeiro lugar, não estará julgando o mérito do concurso de credores (art. 269, I, do CPC), em decisão que, apesar de não colocar fim ao processo, tem natureza de sentença?

Caso a pretensão do legislador tenha sido extirpar a dúvida a respeito do recurso cabível contra tal decisão, preferindo a interposição do agravo de ins-

[211] Informativo 437/STJ: 3.ª Turma, REsp 829.980-SP, rel. Min. Sidnei Beneti, j. 1.º.06.2010.

[212] Theodoro Jr., *Processo*, n. 316, p. 371; Abelha Rodrigues, *Manual*, p. 501.

[213] Barbosa Moreira, *O novo*, p. 252; Neves, *Comentários*, p. 129; Costa Machado, *Código*, p. 1.230.

[214] Araken de Assis, *Concurso*, p. 300-302; Theodoro Jr., *Processo*, p. 369; Teixeira, *Código*, p. 534. Negrão-Gouvêa, *Código*, p. 792, mostram a divergência jurisprudencial a respeito do recurso cabível.

[215] Fux, *A reforma*, p. 302; Gusmão Carneiro, *Cumprimento*, p. 213.

[216] Neves, *Reforma*, p. 75-80.

trumento, seria mais adequada a adoção de técnica utilizada nos arts. 475-H e 475-M, § 3.º, do CPC, que determina expressamente o cabimento do agravo de instrumento, sendo irrelevantes as discussões a respeito da natureza dessas decisões. Dessa forma, se o legislador pretendia deixar claro o cabimento do recurso de agravo de instrumento contra decisão que resolve o concurso de credores, melhor teria sido a previsão expressa nesse sentido, como, aliás, já fez anteriormente na Lei 11.232/2005. Ainda assim, a doutrina vem afirmando o cabimento do agravo de instrumento[217].

[217] Theodoro Jr., *Processo*, n. 316, p. 372; Marinoni-Arenhart, *Execução*, p. 332: Abelha Rodrigues, *Manual*, p. 498.

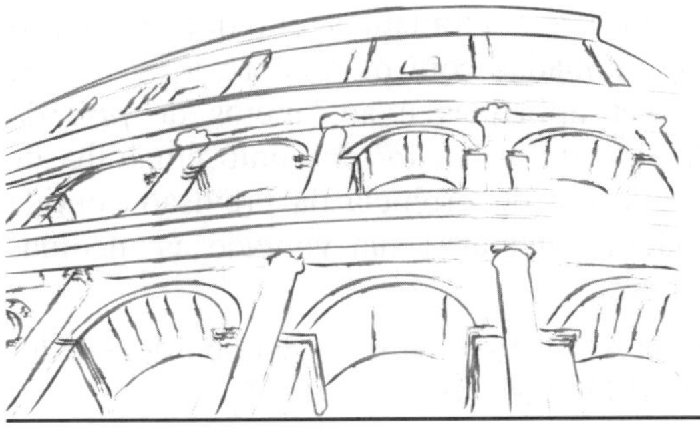

48

EXECUÇÕES ESPECIAIS

48.1. EXECUÇÃO DE PRESTAÇÃO ALIMENTÍCIA

48.1.1. Introdução

A execução de alimentos é uma execução de pagar quantia certa, que em razão da especial natureza do direito tutelado é tratada como execução especial. A especialidade da execução de alimento dá-se principalmente em razão da previsão de atos materiais específicos a essa espécie de execução, sempre com o objetivo de facilitar a obtenção da satisfação pelo exequente[1]. Há divergência a respeito da espécie de direito de alimentos que pode ser executada pela via especial. Parcela da doutrina entende que a via especial é limitada aos alimentos legítimos, decorrentes em razão de parentesco, casamento ou união estável, excluindo-se da proteção especial os alimentos indenizatórios, decorrentes de ato ilícito[2]. Não concordo com tal entendimento, porque a necessidade especial do credor de alimentos não se altera em razão da natureza desse direito, não havendo

[1] Theodoro Jr., *Processo*, n. 332, p. 391.

[2] Greco, *O processo*, n. 11.1, p. 526-527; Dinamarco, *Instituições*, n. 1.726, p. 601.

sentido criar um procedimento mais protetivo limitando sua aplicação a somente uma espécie de direito alimentar[3].

As principais diferenças dizem respeito aos momentos em que as regras previstas nos arts. 732 a 735 do CPC, combinadas com os arts. 16 a 29 da Lei de Alimentos (Lei 5.478/1968), podem ser aplicadas e aos meios de *pressão psicológica* (prisão civil) e de *satisfação por sub-rogação* (desconto em folha de pagamento) à disposição do exequente, que em decorrência da previsão contida no art. 569, *caput*, do CPC, sempre poderá vincular à sua vontade as medidas executivas a serem adotadas no caso concreto.

Aplicando-se os arts. 16 a 18 da Lei de Alimentos, verifica-se que o legislador criou uma ordem de preferência entre as diferentes formas executivas:

(i) primeiro, sempre que possível, o desconto em folha de pagamento;

(ii) segundo, o desconto de renda;

(iii) mostrando-se essas duas formas de desconto manifestamente inapropriadas, o credor poderá escolher entre a expropriação e a prisão civil.

Não se pode concordar com o legislador, porque, apesar de ser legítima a preocupação com a menor onerosidade ao réu, também se deve considerar a efetividade da tutela executiva, conforme analisado no Capítulo 35, item 35.6. A escolha deve ser, portanto, sempre livre, dependendo exclusivamente da vontade do exequente[4], conforme correto entendimento do Superior Tribunal de Justiça[5].

Não vejo sentido na doutrina que defende a inaplicabilidade das normas especiais da execução de alimentos à execução de **títulos extrajudiciais**. Entendo que, sendo a natureza do direito inadimplido alimentar, pouco importa a natureza do título executivo, ainda que se compreenda que as medidas executivas previstas no procedimento especial de execução de alimentos sejam mais onerosas ao executado, que deve, entretanto, considerar tal fato no momento da formação do título extrajudicial[6]. O entendimento foi confirmado pelo Superior Tribunal de Justiça, que decidiu pela possibilidade de prisão civil, nos termos do art. 733 do CPC, em execução de título executivo extrajudicial[7].

No tocante às decisões judiciais, essa espécie de execução não necessita estar fundada em *sentença civil condenatória*, podendo ser aplicada também às decisões interlocutórias que determinem a condenação ao pagamento de alimentos provisionais ou provisórios[8]. Saber se tais decisões são ou não títulos executivos

---

3 Marinoni-Arenhart, *Execução*, p. 374-375.

4 Marinoni-Arenhart, *Execução*, p. 377-378; Câmara, *Lições*, v. 1, p. 318. Contra: Araken de Assis, *Manual*, n. 399, p. 904-905; Greco, *O processo*, n. 11.1.3, p. 531; Abelha Rodrigues, *Manual*, p. 434-435.

5 RHC 21.490/RS, 4.ª Turma, rel. Min. Massami Uyeda, j. 02.08.2007; RHC 19.408/SP, 3.ª Turma, rel. Min. Humberto Gomes de Barros, j. 1.º.06.2006.

6 Pela aplicação: Dinamarco, *Instituições*, n. 1.726, p. 601; Greco, *O processo*, n. 11.1, p. 526; Abelha Rodrigues, *Manual*, p. 422. Contra: Câmara, *Lições*, v. 1, p. 314.

7 *Informativo* 435/STJ: 3.ª Turma, REsp 1.117.639-MG, Rel. Min. Massami Uyeda, j. 20.05.2010.

8 Theodoro Jr., *Processo*, n. 334, p. 392; Marinoni-Arenhart, *Execução*, p. 373-374; Fux, *Curso*, p. 1.467.

judiciais é irrelevante na prática, sendo que o tema da executividade de decisões interlocutórias foi tratado no Capítulo 35, item 35.2.

48.1.2. Procedimento

48.1.2.1. *Diferentes procedimentos*

No Capítulo 34, item 34.2, já tive a oportunidade de afirmar que, preferindo o exequente adotar o procedimento previsto pelos arts. 732 e 735 do CPC, cabe a aplicação das normas referentes ao cumprimento de sentença de obrigação de pagar quantia certa. Por outro lado, optando pelo procedimento previsto no art. 733 do CPC, em razão de sua incontestável especialidade, cabe ao credor ingressar com processo autônomo de execução, aplicando-se as particularidades processuais do dispositivo legal apontado e subsidiariamente as regras procedimentais do processo de execução. Tanto o procedimento do cumprimento de sentença como do processo de execução são enfrentados em capítulos específicos sobre o tema, restando, portanto, analisar somente as particularidades da execução de prestação alimentícia.

Registre-se que há corrente doutrinária que entende que os arts. 732 e 733 do CPC não preveem dois diferentes procedimentos executivos, mas diferentes medidas executórias à disposição do exequente[9]. Para essa corrente doutrinária, o procedimento da execução de alimentos é sempre o comum, com apenas algumas especialidades no tocante a *medidas executivas de sub-rogação* (desconto em folha de pagamento) e de *execução indireta* (prisão civil). De qualquer forma, como consagrado no Superior Tribunal de Justiça, a escolha será sempre do credor exequente[10].

48.1.2.2. *Execução por sub-rogação*

Optando o exequente pela execução por sub-rogação, já foi afirmado que o procedimento será de execução comum de pagar quantia certa. A especialidade fica por conta do **desconto em folha de pagamento** (art. 734 do CPC). Para parcela da doutrina existe também especialidade procedimental na previsão do art. 732, parágrafo único, do CPC, que permite o levantamento mensal da importância da prestação, desde que tenha sido penhorado dinheiro, ainda que pendentes de julgamento os embargos. Entendo não mais se tratar de especialidade procedimental, porque no sistema atual os embargos à execução como regra não têm efeito suspensivo (art. 739-A do CPC), de forma que o levantamento do dinheiro penhorado é admissível não só na execução de alimentos, como em qualquer outra execução de pagar quantia certa.

---

9 Barbosa Moreira, *O novo*, p. 274.

10 *Informativo* 447/STJ: 2.ª Turma, RHC 27.936-RJ, rel. Min. Paulo de Tarso Sanseverino, j. 16.09.2010.

Há, entretanto, uma interessante questão derivada da aplicação do art. 732, parágrafo único, do CPC à luz do art. 739-A do CPC: havendo penhora de dinheiro na execução de alimentos, é possível ao executado, desde que preenchidos os requisitos previstos no art. 739-A, § 1.º, do CPC, a obtenção de efeito suspensivo aos embargos? Tudo leva a crer que não, porque se o legislador já previa a possibilidade de levantamento de dinheiro (o que só pode ocorrer porque os embargos não têm efeito suspensivo) quando o efeito suspensivo dos embargos era *ope legis*, com maior razão o entendimento deve ser mantido para a atual situação de efeito suspensivo *ope iuris*.

Segundo o art. 734 do CPC, o desconto em folha de pagamento é possível quando o devedor for funcionário público, militar, diretor ou gerente de empresa, bem como empregado sujeito à legislação do trabalho, hipótese na qual o juiz mandará descontar em folha de pagamento a importância da prestação e o tempo de sua duração. Aduz o art. 734, parágrafo único, do CPC que o juiz comunicará, por ofício à autoridade, à empresa ou ao empregador, os nomes do credor e devedor, o valor da prestação mensal e o tempo de duração da obrigação. Apesar da omissão legal, sempre que o profissional liberal for comprovadamente remunerado pelo seu trabalho de forma estável e periódica, é admissível oficiar ao pagador para que realize o devido desconto em tais pagamentos[11].

O terceiro não é prejudicado com o desconto determinado pelo juiz, não havendo interesse de agir numa eventual irresignação; afinal, para o pagador não importa para quem o pagamento é destinado. Na hipótese de descumprir a ordem do juiz e continuar a pagar diretamente ao devedor de alimentos, os valores indevidamente desviados poderão ser cobrados pelo credor de alimentos diretamente do terceiro pagador[12], que ainda poderá responder pelo crime previsto no art. 22 da Lei de Alimentos.

Era tradicional o entendimento do Superior Tribunal de Justiça de que somente se admitiria a aplicação do art. 734 do CPC às prestações vincendas, de forma que, sendo o desejo do credor a utilização de meios meramente de subrogação em sua execução de alimentos, deverá se valer do procedimento comum da execução de pagar quantia certa para a cobrança da dívida já acumulada pelo inadimplemento anterior[13]. Em recente decisão daquele tribunal, entretanto, o posicionamento foi revisto, tendo sido admitido o desconto em folha de pagamento para quitação de parcelas já vencidas[14].

Além do desconto em folha de pagamento, previsto expressamente pelo art. 734 do CPC, o art. 17 da Lei de Alimentos prevê a possibilidade de satisfação do direito alimentar por meio de prestações cobradas de alugueres de prédios ou de quaisquer outros rendimentos do devedor, também nesse caso devendo o terceiro

---

11 Marinoni-Arenhart, *Execução*, p. 379; Araken de Assis, *Manual*, n. 414.2, p. 948.

12 Greco, *O processo*, n. 11.1, p. 529.

13 STJ, 3.ª Turma, AgRg no REsp 822.486/RJ, rel. Min. Sidnei Beneti, j. 18.09.2008, *DJe* 08.10.2008; STJ, 4.ª Turma, RHC 21.490/RS, rel. Min. Massami Uyeda, j. 02.08.2007, *DJ* 27.08.2007, p. 253.

14 *Informativo* 485/STJ: 4.ª Turma, REsp 997.515/RJ, rel. Min. Luis Felipe Salomão, j. 18.10.2011.

responsável pelo pagamento deixar de pagar ao devedor de alimentos e passar a pagar diretamente ao credor de alimentos ou ao juízo.

48.1.2.3. *Execução indireta - prisão civil*

Optando o exequente pelo procedimento do art. 733 do CPC, o executado será citado para que no prazo de três dias adote uma entre quatro possíveis posturas, não estando prevista expressamente em lei a ausência de reação do executado, embora essa seja não só uma reação possível, mas, infelizmente, frequente na praxe forense.

A primeira reação prevista em lei é o **pagamento**, em espécie de reconhecimento jurídico do pedido, o que acarreta ao executado o dever de pagar também as custas processuais e os honorários advocatícios, sendo a execução extinta. Poderá o executado alegar e provar que **já cumpriu a obrigação**, que em regra se dá pelo pagamento, também se admitindo outras formas menos frequentes, tais como a transação, novação etc. Sendo acolhida essa alegação, a execução será extinta.

Poder-se-á ainda **se justificar pelo não pagamento**, indicando com seriedade e de forma fundamentada as razões que efetivamente o impossibilitaram de satisfazer o direito do exequente. A seriedade da alegação decorre geralmente de prova documental juntada com a defesa, mas o executado tem direito a produzir provas em momento procedimental posterior, em especial a testemunhal, que não pode ser produzida no momento da defesa. A justificativa impede a prisão porque, segundo o art. 5.º, LXVII, da CF, somente o **inadimplemento voluntário e inescusável** da obrigação alimentícia permite a prisão civil.

Sendo acolhida a defesa, a prisão civil não será decretada, devendo o juiz extinguir a execução, podendo o exequente requerer a instauração da execução por quantia certa contra devedor solvente pelo procedimento comum, nos próprios autos ou em autos apartados[15]. Há decisões do Superior Tribunal de Justiça admitindo a conversão de um rito procedimental em outro, mormente quando mais favorável ao devedor, como é o caso presente[16].

Segundo os tribunais superiores, não sendo acolhida a justificativa e determinada a prisão, não cabe *habeas corpus* para convencer o tribunal das razões do inadimplemento, considerando-se a limitação probatória presente desse tipo de ação[17]. Ainda que se concorde com o entendimento dos tribunais superiores a respeito da inadequação do *habeas corpus* em razão de seu procedimento sumário

---

15 Greco, *O processo*, n. 11.1.3, p. 532.

16 STJ, 3.ª Turma, RHC 14.993/CE, rel. Min. Castro Filho, j. 05.02.2004, *DJe* 25.02.2004, p. 167; STJ, 4.ª Turma, REsp 414.514/SP, rel. Min. Barros Monteiro, j. 19.11.2002, *DJ* 10.03.2003, p. 230.

17 STF, 1.ª Turma, HC 87.134/SP, rel. Min. Sepúlveda Pertence, j. 08.08.2006; STJ, 3.ª Turma, HC 55.842/SP, rel. Min. Carlos Alberto Menezes Direito, j. 03.08.2006; HC 49.408/SP, 3.ª Turma, rel. Min. Nancy Andrighi, j. 02.02.2006.

documental, não se deve descartar *a priori* sua utilização contra a decisão que decreta a prisão civil, até mesmo porque, sendo possível ao autor a produção de prova documental em seu favor, apesar de continuar a ser tecnicamente mais apropriado o recurso cabível contra a decisão (p. ex., na decisão proferida pelo juízo de primeiro grau cabe agravo de instrumento), deve se admitir o *habeas corpus* como meio viável de garantir ao preso sua liberdade.

Tratando-se de decisão interlocutória de primeiro grau, o órgão competente para o julgamento do *habeas corpus* é o tribunal de segundo grau ao qual esteja vinculado o órgão de primeiro grau, sendo irrelevante o local em que esteja preso o autor do *habeas corpus*. A competência do Superior do Tribunal de Justiça exige que a decisão que determina a prisão tenha sido proferida pelo Tribunal de Justiça ou Tribunal Regional Federal, ainda que em agravo de instrumento contra a decisão que denegou tal pedido em primeiro grau de jurisdição[18].

De tudo quanto afirmado com relação às formas de impugnação da decisão que decreta a prisão civil, haveria uma opção ao preso: a mais técnica seria a interposição do recurso cabível e a mais atécnica, mas também admitida em razão da importância que o sistema jurídico concede à liberdade, o *habeas corpus*. Entendo que não se deve admitir a existência concomitante dos dois instrumentos, porque haverá nesse caso identidade de partes, causa de pedir e pedido, o que configura a litispendência. Havendo o julgamento no mérito de um dos instrumentos impugnativos, entendo que a coisa julgada material deveria ser suficiente para impedir o manejo do outro instrumento, mas aparentemente não é exatamente esse o entendimento do Superior Tribunal de Justiça, existindo decisão daquele tribunal que admite o *habeas corpus* mesmo depois de preclusa a decisão desfavorável ao preso proferida em agravo de instrumento[19]. O Tribunal preferiu prestigiar a justiça à segurança jurídica, admitindo a relativização da coisa julgada para afastar o decreto de prisão, em entendimento que já havia proporcionado decisão anterior a admitir a revogação da prisão civil mesmo diante do óbice da coisa julgada material em sentido contrário[20].

Não havendo pagamento, não se justificando o executado, ou, ainda, não convencendo o juiz de suas justificativas, deverá ser determinada sua prisão civil, como meio de pressão psicológica para que este realize o pagamento. Como já defendi o entendimento de que o procedimento especial pode ser aplicado a qualquer espécie de direito alimentar, é natural a possibilidade de aplicação da prisão civil na execução de alimentos decorrentes de ato ilícito[21]. Há interessante decisão do Superior Tribunal de Justiça que, apesar de não tratar diretamente do tema, defende a tese de inoponibilidade da impenhorabilidade do bem de família em execução de alimentos por ato ilícito, afirmando que o sentido teleológico do

[18] STJ, 3.ª Turma, AgRg no HC 135.742/DF, rel. Min. Massami Uyeda, j. 26.05.2009, *DJe* 10.06.2009.

[19] STJ, 1.ª Turma, REsp 769.735/RS, rel. Min. Luiz Fux, rel. p/ acórdão, Min. Teori Albino Zavascki, j. 26.05.2008, *DJe* 18.02.2009.

[20] STJ, 3.ª Turma, RHC 11.758/SP, rel. Min. Castro Filho, j. 18.09.2001, *DJ* 29.10.2001, p. 199.

[21] Abelha Rodrigues, *Manual*, p. 435.

art. 3.º, III, da Lei 8.009/1990 não limita sua aplicação somente aos alimentos decorrentes de laços de família[22]. Se o raciocínio se aplica a questões referentes à penhorabilidade, também deve ser aplicado no tocante aos meios executivos, em especial a prisão civil.

Essa prisão não tem cunho satisfativo tampouco punitivo, sendo apenas um mecanismo de pressão sobre a vontade do devedor, de forma que, mesmo preso, o executado continua a ser devedor (art. 733, § 2.º, do CPC)[23]. Justamente por ser apenas mecanismo de pressão, com o pagamento do devedor será imediatamente suspenso o cumprimento da ordem de prisão ou, já tendo sido o executado preso, será imediatamente libertado (art. 733, § 3.º, do CPC). Para a doutrina majoritária, a decretação da prisão não pode dar-se de ofício pelo juiz[24], tampouco por manifestação do Ministério Público quando funcionar como fiscal da lei, dependendo de **manifestação expressa do exequente** nesse sentido. O Superior Tribunal de Justiça também entende sempre que a prisão civil depende de pedido expresso do exequente[25].

O prazo máximo da prisão, segundo o art. 733, § 1.º, do CPC, é de um a três meses. Ocorre, entretanto, que a Lei de Alimentos (Lei 5.478/1968), em seu art. 19, determina que o prazo máximo da prisão seja de 60 dias, ou seja, dois meses. A divergência doutrinária é considerável, existindo três correntes de entendimento. Um primeiro entendimento faz distinção entre a execução de alimentos provisionais (um a três meses) e de alimentos definitivos (máximo de 60 dias). Um segundo entendimento prefere a aplicação do Código de Processo Civil, com o prazo entre um e três meses, independentemente de se tratar de alimentos provisionais ou definitivos[26]. E um terceiro entendimento defende a aplicação da Lei de Alimentos, apontando para o prazo máximo de 60 dias tanto na execução de alimentos provisionais como definitivos[27]. O Superior Tribunal de Justiça adota o segundo entendimento, aplicando um **prazo mínimo de um mês e máximo de três meses**[28].

Por ser medida de extrema violência, a jurisprudência tem limitado a utilização de tal medida coercitiva, não sendo decretada a prisão para a cobrança de diferenças de pensões vencidas, ou para a cobrança de débitos antigos ou de mais de três meses[29]. O entendimento consagrado nos tribunais superiores deve ser bem compreendido: somente se admite a prisão do devedor de alimentos

---

22 STJ, 3.ª Turma, REsp 437.144/RS, rel. Min. Castro Filho, j. 07.10.2003.

23 Barbosa Moreira, *O novo*, p. 274.

24 Dinamarco, *Instituições*, n. 1.727, p. 605; Theodoro Jr., *Processo*, n. 334, p. 393. Contra: Barbosa Moreira, *O novo*, p. 274.

25 *Informativo* 391/STJ, 3.ª T., HC 128.229-SP, rel. Massami Uyeda, j. 23.04.2009.

26 Marinoni-Arenhart, *Execução*, p. 382; Barbosa Moreira, *O novo*, p. 274.

27 Araken de Assis, *Manual*, n. 410.1, p. 940; Câmara, *Lições*, v. 1, p. 317.

28 STJ, 4.ª Turma, RHC 23.040/MG, rel. Min. Massami Uyeda, j. 11.03.2008; RHC 16005/SC, 3.ª Turma, rel. Min. Carlos Alberto Menezes Direito, j. 1.º.06.2004.

29 Súmula 309/STJ: "O débito alimentar que autoriza a prisão civil do alimentante é o que compreende as três prestações anteriores à citação e as que vencerem no curso do processo"; STF, 2.ª Turma, HC 93.501/SP, rel. Min. Eros Grau, j. 23.09.2008.

referente às três últimas parcelas não quitadas anteriores à distribuição da ação de execução, mas, vencendo-se parcelas durante esse processo, a prisão só será elidida na hipótese de pagamento integral da dívida: as três parcelas mais recentes anteriores à distribuição e todas as demais que se vencerem durante a execução até o pagamento.

Conforme corretamente já decidiu o Supremo Tribunal Federal, havendo sucessão de execuções de alimentos a prisão só será admitida na primeira, porque enquanto não houver o pagamento, as prestações cobradas nas execuções seguintes sempre estarão computadas nas "prestações vincendas" da primeira execução[30]. A prisão, porém, pode ser renovada diante de novo inadimplemento do devedor tantas vezes quanto necessárias, desde que se trate de novas parcelas em aberto após a ameaça ou a efetiva decretação da prisão civil do devedor[31].

48.2. EXECUÇÃO CONTRA A FAZENDA PÚBLICA

48.2.1. Introdução

Principalmente em razão da natureza dos bens públicos – de uso comum, de uso especial ou dominicais – considerados inalienáveis e, por consequência lógica, impenhoráveis, o procedimento da execução de pagar quantia certa contra a Fazenda Pública demanda uma forma diferenciada daquela existente para a execução contra o particular[32]. Também se costuma afirmar que a especialidade do procedimento está relacionada ao princípio da continuidade do serviço público[33], já que os bens não poderiam ser afastados de sua utilização pública, sob pena de prejuízo à coletividade. Por fim, o procedimento especial também é justificado no princípio da isonomia, sendo o pagamento por precatórios a única maneira apta a garantir que não haja preferências na ordem de pagamento aos credores da Fazenda Pública[34].

Não concordo com a parcela doutrinária que defende que a Fazenda Pública não é executada, porque, não havendo atos de constrição patrimonial e expropriação, não se pode dar ao procedimento previsto nos arts. 730 e 731 do CPC e 100 da CF a natureza executiva[35]. Expressões como "falsa execução"[36] ou "execução imprópria"[37] não devem ser prestigiadas. Entendo que todo procedimento voltado a resolver a crise jurídica de satisfação é uma execução, sendo irrelevantes para a determinação da natureza executiva do processo as técnicas procedimentais

---

[30] STJ, 3.ª Turma, HC 39.902/MG, rel. Min. Nancy Andrigui, j. 18.04.2006, *DJ* 29.05.2006, p. 226.

[31] Greco, *O processo*, n. 11.1.3, p. 533; Araken de Assis, *Manual*, n. 410.5, p. 943-944; STJ, 4.ª Turma, RHC 23.040/MG, rel. Min. Massami Uyeda, j. 11.03.2008.

[32] Theodoro Jr., *Processo*, n. 319, p. 379; Marinoni-Arenhart, *Execução*, p. 391.

[33] Pereira, *Execução*, n. 24, p. 444.

[34] Greco, *O processo*, n. 11.2.1, p. 542; Scarpinella Bueno, *Código*, p. 2.037.

[35] Abelha Rodrigues, *Manual*, p. 399.

[36] Dinamarco, *Instituições*, n. 1.729, p. 610.

[37] Theodoro Jr., *Curso*, n. 319, p. 379.

previstas em lei para a obtenção desse objetivo. Sendo o procedimento previsto em lei o adequado para o credor da Fazenda Pública receber seu crédito, com a solução da crise jurídica de satisfação, trata-se de execução.

Registre-se que as demais formas de execução – fazer/não fazer e entrega de coisa – não exigem procedimento diferenciado quando a Fazenda Pública ocupa o polo passivo, devendo-se seguir as regras gerais previstas pelo Código de Processo Civil[38]. É possível, inclusive, a aplicação dos arts. 461 e 461-A do CPC, em especial as *astreintes*[39], observadas as ressalvas criadas pela Lei 9.494/1997, art. 1.º (lei que disciplina a tutela antecipada contra a Fazenda Pública).

Em sua antiga redação, o art. 100, *caput*, da CF indicava que os créditos de natureza alimentar independiam de **expedição de precatório**, mas os tribunais superiores consagraram o entendimento de que tais créditos têm preferência no pagamento, mas não dispensam a expedição de precatórios[40]. Esse entendimento foi integralmente consagrado pela Emenda Constitucional 62/2009, que modificou a redação do art. 100, caput, da CF e incluiu no § 1.º a expressa previsão de preferência dos débitos de natureza alimentar. Em termos de direito de preferência, a Emenda Constitucional 62/2009 criou uma preferência no âmbito dos débitos alimentares para os credores que tenham mais de 60 anos na data da expedição do precatório e para os portadores de doenças graves, até o limite de 3 vezes o valor previsto no art. 100, § 3.º, da CF (art. 100, § 2.º, da CF).

Para aplicação do procedimento especial previsto pelo art. 100 da CF e arts. 730 e 731 do CPC, por "Fazenda Pública" devem ser entendidos tanto os entes que compõem a administração direta – União, Estado, Município e o Distrito Federal – como também aqueles que compõem a administração indireta, sempre que regidas por regras de direito público – autarquias e fundações de direito público. Para parcela da doutrina, também devem ser incluídas as agências reguladoras, porque regidas pelo direito público[41].

No caso das sociedades de economia mista e empresas públicas, a aplicação do procedimento executivo dependerá das atividades que exercem[42]:

(i) quando atuam em operações econômicas em concorrência com as empresas privadas, aplica-se o art. 173, § 1.º, da CF, sendo executadas pelo procedimento executivo comum;

(ii) quando exploram atividade econômica própria das entidades privadas, mas para prestar serviço público de competência da União Federal, são executadas pelo procedimento especial. O Plenário do Supremo Tribunal Federal já decidiu pela

38 Greco, *O processo*, n. 11.2.1, p. 540; Marinoni-Arenhart, *Execução*, p. 392; Dinamarco, *Instituições*, n. 1.729, p. 611; Abelha Rodrigues, *Manual*, p. 398.

39 STJ, 2.ª Turma, AgRg no Ag 1.040.411/RS, rel. Min. Herman Benjamin, j. 02.10.2008; AgRg no Ag 1.025.234/SP, 1.ª Turma, rel. Min. Luiz Fux, j. 07.08.2008.

40 Súmula 655/STF e Súmula 144/STJ.

41 Scarpinella Bueno, *Código*, p. 2.037.

42 Theodoro Jr., *Processo*, n. 329, p. 388. Contra: Marinoni-Arenhart, *Execução*, p. 392; Câmara, *Lições*, v. 1, p. 309.

impenhorabilidade dos bens da Empresa Brasileira de Correios e Telégrafos (ECT)[43], exigindo também para essa empresa a observação do procedimento executivo especial ora analisado.

Apesar das modificações ocorridas no art. 100 da CF, realizadas pela Emenda Constitucional 30/2000, com a utilização expressa do termo "sentença judiciária", a execução contra a Fazenda Pública pode se fundar tanto em título executivo judicial (sentença), como em **título executivo extrajudicial**[44]. O entendimento mais recente do Superior Tribunal de Justiça sobre o assunto aponta para a possibilidade de execução de título extrajudicial, sem que isso de alguma forma represente ofensa ao regime jurídico de direito público inerente à atuação do Estado em juízo[45].

48.2.2. Procedimento

O procedimento previsto para a execução por quantia certa contra a Fazenda Pública é consideravelmente simples, já que dispensa tanto a garantia do juízo (os bens públicos são impenhoráveis) quanto os atos de expropriação, como a avaliação, realização de hasta pública, arrematação, adjudicação etc. A Fazenda Pública é citada para embargar no prazo de 30 dias (art. 1.º-B da Lei 9.494/1997), e não para pagar como todos os demais executados em execução de pagar quantia certa. Para a doutrina que defende a extinção do processo autônomo de execução de sentença, inclusive na execução contra a Fazenda Pública, haverá a mera intimação, considerando-se tratar de mera fase procedimental (ou módulo processual)[46]. Como já tive oportunidade de explicar no Capítulo 34, item 34.2, entendo, como a maioria da doutrina, que a Lei 11.232/2005 não é aplicável à execução contra a Fazenda Pública, sendo mantido nesse caso o processo autônomo de execução de sentença.

Caso a Fazenda Pública não oponha embargos, deverá ser expedido o precatório pelo juízo da execução e encaminhado ao presidente do tribunal. Para parcela da doutrina, mesmo diante da omissão da Fazenda Pública, cabe ao juiz enviar os autos ao contador judicial, com o que se evitam eventuais abusos em detrimento do dinheiro público[47]. Acredito que, numa manifesta disparidade entre o valor exequendo e o valor representado pelo título executivo, cabe ao juiz exercer um controle de ofício por meio da remessa dos autos ao contador, até porque quem executa por valor superior ao seu crédito executa parcialmente sem título, e a ausência de título é matéria de ordem pública, que deve ser conhecida de ofício pelo juiz. Entretanto, tornar tal medida uma regra decorrente da mera omissão da Fazenda Pública não parece ser a solução mais adequada, tendo inclusive potencial de criar indevidos embaraços procedimentais para o exequente de boa-fé.

---

43 No mesmo sentido; STJ, 2.ª Turma, REsp 397.853/CE, rel. Min. Franciulli Netto, j. 18.09.2003.

44 Theodoro Jr., *Processo*, n. 379, p. 388; Greco, *O processo*, n. 11.2.1, p. 541; Marinoni-Arenhart, *Execução*, p. 392.

45 Súmula 279/STJ.

46 Câmara, *Lições*, v. 1, p. 311; Marinoni-Arenhart, *Execução*, p. 394.

47 Abelha Rodrigues, *Manual*, p. 403.

Segundo a previsão do art. 1.º-D da Lei 9.494/2007, na hipótese de a Fazenda Pública não embargar a execução, não serão devidos **honorários advocatícios**. Registre-se que essa regra não é absoluta, havendo inclusive entendimento sumulado no Superior Tribunal de Justiça de que são devidos honorários advocatícios pela Fazenda Pública nas execuções individuais de sentença proferida em ações coletivas, ainda que não embargadas[48].

Na execução de título extrajudicial, as matérias alegáveis nos embargos à execução seguem a previsão do art. 745 do CPC, que em seu inciso V deixa claro que todas as matérias de defesa serão admitidas. Já na execução de título judicial os embargos à execução têm uma limitação na cognição horizontal, de forma que a Fazenda Pública só poderá alegar as matérias previstas pelo art. 741 do CPC[49], dispositivo muito semelhante ao art. 475-L do CPC, devidamente analisado no Capítulo 49, item 49.3.2.

Apesar do procedimento especial dessa execução, é indubitável a aplicação subsidiária das regras do processo de execução comum naquilo que não for incompatível com as regras procedimentais previstas pelos arts. 730 e 731 do CPC e art. 100 da CF. É natural que todas as normas que versam sobre penhora, avaliação, expropriação e entrega de dinheiro são inaplicáveis, mas as novidades da Lei 11.382/2006 quanto aos embargos à execução são totalmente aplicáveis à execução de titulo judicial contra a Fazenda Pública.

Entendo que o mais importante reflexo dessas novidades é a **ausência de efeito suspensivo aos embargos à execução** (art. 739 do CPC), que somente será concedido no caso concreto se a Fazenda Pública preencher os requisitos legais, dispensada naturalmente a existência de penhora[50]. O interessante é notar que a ausência de efeito suspensivo aos embargos à execução faz com que o procedimento prossiga, devendo ser praticados os atos subsequentes; na execução contra a Fazenda Pública, o ato subsequente é a elaboração do precatório pelo juízo da execução e seu encaminhamento para o Tribunal. Com a nova concepção dos embargos, acredito plausível o entendimento dessa expedição imediata, ainda que pendentes os embargos à execução de julgamento.

Compreendo que o entendimento defendido encontrará diversas dificuldades. Para a doutrina que defende a necessidade de reexame necessário da sentença que julga os embargos[51] é evidente a impossibilidade de expedição de precatório antes da decisão do tribunal. Ainda que não se admita a ausência de efeito suspensivo dos embargos na execução contra a Fazenda Pública, nada justifica a necessidade de reexame necessário contra a sentença dos embargos, sendo esse o entendimento atual do Superior Tribunal de Justiça[52].

---

48 Súmula 345/STJ; EREsp 513.608-RS, Corte Especial, rel. Min. João Otávio de Noronha, j. 05.11.2008.

49 Cunha, *A Fazenda*, n. 12.1.2, p. 243.

50 STJ, REsp 1.024.128/PR, 2.ª Turma, rel. Min. Herman Benjamin, j. 13.05.2008, *DJe* 19.12.2008; Marinoni-Arenhart, *Execução*, p. 394.

51 Viana, *Execução*, p. 115; Câmara, *Lições*, v. 1, p. 310.

52 STJ, 1.ª Turma, AgRg no REsp 1.079.310/SP, rel. Min. Francisco Falcão, j. 11.11.2008; EREsp 251.841/SP, Corte Especial, rel. Min. Edson Vidigal, j. 25.03.2004; Marinoni-Arenhart, *Execução*, p. 395; Franco, *Execução*, p. 297-299.

48.2.3. Regime dos precatórios

Cabem ao juízo da execução a elaboração do precatório e o seu encaminhamento ao presidente do Tribunal competente, responsável por repassá-lo ao ente devedor para que seja incluído no orçamento. Segundo entendimento pacífico do Superior Tribunal de Justiça, a atividade desenvolvida pelo presidente do Tribunal não tem natureza jurisdicional, mas meramente **administrativa**[53]. Ainda assim, segundo o art. 100, § 7.º, da CF (redação dada pela Emenda Constitucional 62/2009), incorre em crime de responsabilidade, respondendo também ao Conselho Nacional de Justiça o Presidente de Tribunal que por ato comissivo ou omissivo retardar ou tentar frustrar a liquidação regular de precatório. Os pagamentos requisitados até 1.º de julho de cada ano deverão ser pagos até o final do exercício do ano seguinte (art. 100, § 5.º, da CF), com os valores devidamente atualizados.

É fato notório o não pagamento dos precatórios no exercício subsequente, conforme determina o texto constitucional; alguns demoram longos e sofridos anos para serem pagos. Tanta espera fez surgir um enorme e concorrido ramo de atuação, que, aproveitando-se da omissão e descaso estatal, surge para tirar seu lucro da tragédia nacional que é o não pagamento dos precatórios: o ramo de compras de precatórios, agora oficializado pela Emenda Constitucional 62/2009, nos termos do art. 100, §§ 13 e 14, da CF. Não sem um ágio considerável, porque muitos credores da Fazenda Pública preferem receber valor significativamente menor do efetivamente devido a esperar por infindáveis anos para o recebimento do valor representado no precatório. A doutrina corretamente critica a letargia do Poder Público em cumprir as condenações judiciais, mas num país em que, salvo raras exceções, o Poder Público dá seguidos exemplos de desordem e desrespeito com os direitos mais básicos e fundamentais dos seus cidadãos, não seria o pagamento de suas dívidas que funcionaria.

Apesar de previsões constitucionais admitindo que a União intervenha no Estado e este no Município quando o inadimplemento estatal superar dois anos consecutivos (arts. 34, V, "a", e 35, I, da CF), o Supremo Tribunal Federal pacificou o entendimento de que a intervenção não pode ser determinada quando a razão para o não pagamento dos precatórios é a insuficiência dos cofres públicos, considerando que os entes públicos têm outros compromissos a serem enfrentados. Exige-se, portanto, "**inadimplemento voluntário e intencional**", para que seja determinada a intervenção[54]. Resumindo a atual situação: o Poder Executivo não paga, o Judiciário não se importa e o Poder Legislativo cria novas normas jurídicas para piorar ainda mais o cenário.

Tome-se, por exemplo, a iniciativa infeliz do Poder Legislativo resultante na Emenda Constitucional 30/2000, ao determinar um parcelamento de débitos da Fazenda Pública em prestações anuais num prazo de dez anos. Ainda que conste do art. 78, § 2.º, da ADCT que o não pagamento ao final do exercício tem efeito

---

[53] Súmula 311/STJ.

[54] STF, Tribunal Pleno, IF-AgR 4.663/MG, rel. Min. Ellen Gracie, j. 06.03.2008.

liberatório do pagamento de tributos da entidade devedora, o que pode parecer altamente eficaz em termos de coerção psicológica, a verdade é que os credores foram obrigados a aceitar um parcelamento de seu crédito, imposto por vontade unilateral do devedor. E, o que é pior, temerosa desse efeito liberatório, e tendo sido excluídos desse parcelamento os créditos alimentares, atualmente a Fazenda Pública prefere pagar os créditos normais para se livrar da perda da receita tributária, deixando os precatórios alimentares no esquecimento, até porque nesse caso, além de uma remota chance de algum tipo de remorso em razão das milhares de pessoas que morrem esperando na fila sem obter seu crédito alimentar, não há nenhum outro dano ao Poder Público e muito menos aos seus irresponsáveis e indiretamente assassinos agentes. Isso sem falar na Emenda Constitucional do calote (EC 62/2009), analisada em separado.

Com a Emenda Constitucional 32/2001 surge interessante questão quanto à competência do presidente do Tribunal para resolver questões que porventura surjam a respeito do precatório. Tanto doutrina quanto a jurisprudência sempre afirmaram que a competência do presidente do Tribunal se limita a questões referentes à **regularidade formal** e a **atualização monetária** até o momento do pagamento[55], tarefa essa última facilitada pelo disposto no art. 100, § 12, da CF (redação dada pela Emenda Constitucional 62/2009). Questões de fundo como aquelas referentes ao cumprimento da obrigação, cálculos realizados, extinção do processo, são de competência do juízo do processo executivo, e não do presidente do Tribunal, que exerceria apenas uma função administrativa ao expedir o precatório. Tanto assim que é entendimento sumulado pelo Supremo Tribunal Federal o não cabimento de recurso extraordinário contra decisão proferida no processamento de precatório[56].

Ocorre, entretanto, que a Emenda Constitucional 32/2001, no seu art. 2.º, dispõe que o presidente do Tribunal, mesmo de ofício, poderá rever as contas elaboradas para aferir a **exatidão dos valores requisitados** antes de seu pagamento ao credor. Como se percebe, a inclusão constitucional, além de rumar contra jurisprudência já pacificada, parece não respeitar os limites da coisa julgada material, considerando-se que a mudança no critério de cálculo adotado não pode mais ser discutida, a não ser pela via excepcional da ação rescisória. Impõe-se interpretar o dispositivo restritivamente, admitindo-se que o presidente do Tribunal só tenha competência para a correção de erros formais, materiais ou aritméticos nas contas[57].

Segundo entendimento pacificado no Superior Tribunal de Justiça, não incidem juros de mora no período compreendido entre a confecção dos cálculos de liquidação e a expedição do precatório ou do ofício requisitório[58]. Registre-se interessante decisão na qual é admitida a correção, porque expressamente prevista

---

55 Marinoni-Arenhart, *Execução*, p. 396; Abelha Rodrigues, *Manual*, p. 407.

56 Súmula 733/STF.

57 Scarpinella Bueno, *Código*, p. 2.041.

58 *Informativo* 481/STJ: AgRg no REsp 1.240.532/RS, rel. Min. Arnaldo Esteves Lima, j. 18.08.2011.

em sentença transitada em julgada, tendo entendido o tribunal que o afastamento da correção nesse caso ofende a coisa julgada material[59].

48.2.4. Compensação em favor da Fazenda Pública

A Emenda Constitucional 62/2009 traz novidade ao sistema de pagamento por precatórios, altamente benéfica à Fazenda Pública, mas com grande potencial de tornar ainda mais difícil a satisfação do direito de crédito do mais infeliz dos credores: o da Fazenda Pública.

Segundo o art. 100, § 10, da CF, antes da expedição dos precatórios, o Tribunal intimará a Fazenda Pública devedora para que, num prazo de 30 dias, sob pena de perda do direito de compensação, informe sobre a existência de débitos do credor que possam ser compensados com o débito da Fazenda Pública. Não é, entretanto, qualquer crédito que poderá ser objeto de compensação, já que, segundo o art. 100, § 9.º, da CF, a compensação só é possível nos débitos líquidos e certos, inscritos ou não em dívida ativa e constituídos contra o credor original pela Fazenda Pública devedora, incluídas parcelas vincendas de parcelamentos, ressalvados aqueles cuja execução esteja suspensa em virtude de contestação administrativa ou judicial.

É realmente lamentável a disposição constitucional, porque equipara um crédito fundado em decisão transitada em julgado (precatório) a um alegado crédito pelo próprio credor! Como se pode notar da novidade constitucional, caberá ao credor da Fazenda Pública suspender administrativamente ou judicialmente o processo no qual se discute a dívida afirmada pela Fazenda Pública. Significa dizer que, ainda que se discuta o débito afirmado pela Fazenda Pública, o que inegavelmente o torna provisório, a compensação no momento do pagamento do precatório será realizada. Pergunta-se: e se ao final verificar-se por decisão transitada em julgado que o débito alegado pela Fazenda Pública era fantasioso, como infelizmente ocorre com mais frequência que o desejado?

Por outro lado, é possível que não exista discussão administrativa ou judicial a respeito do débito alegado pela Fazenda Pública. Nesse caso, entendo que o credor do precatório deverá ingressar com uma ação cautelar inominada para impedir a imediata compensação e num prazo de 30 dias ingressar com o processo principal para discutir o débito. Caso prefira e esse caminho seja possível no âmbito administrativo, poderá proceder da mesma forma.

Registre-se, por fim, que o art. 100, § 9.º, da CF, expressamente prevê que o direito de compensação da Fazenda Pública envolve débitos "constituídos contra o credor original", de forma que, sendo cedido o crédito em precatório para terceiros, nos termos dos §§ 13 e 14 do art. 100, da CF, a compensação deixa de ser admitida, o que pode funcionar como mais um incentivo ao credor

[59] *Informativo* 465/STJ: 2.ª Turma, REsp 1.221.402/RS, rel. Min. Mauro Campbell Marques, j. 1.º.03.2011.

da Fazenda Pública na cessão de seu crédito. Pergunta interessante que deverá ser respondida pela doutrina é a possibilidade da Fazenda Pública alegar alguma espécie de fraude que torne ineficaz a cessão na hipótese de comprovar que a cessão teve como único e exclusivo propósito evitar a compensação.

48.2.5. Emenda Constitucional 62/2009 (A EC do Calote)

A Emenda Constitucional 62/2009 modificou substancialmente o art. 100 da CF e as principais modificações são objeto de análise no presente Capítulo. Poucas foram positivas, algumas neutras e a maioria foi ruim, sempre sob a ótica de respeito ao credor da Fazenda Pública. A parte mais sombria, entretanto, não é essa, mas sim a nova redação dada ao art. 97 do Ato de Disposições Constitucionais Transitórias. É justamente em razão dessa alteração que a Emenda Constitucional vem sendo chamada pela Emenda do Calote, uma verdadeira vergonha nacional e demonstração cabal do desprezo de nossos governantes aos mais comezinhos princípios do direito, da ética e da boa-fé. Já existe inclusive Ação Direta de Inconstitucionalidade proposta pela Ordem dos Advogados do Brasil e subscrita pela AMB, Associação Nacional dos Membros do Ministério Público, Associação Nacional dos Servidores do Poder Judiciário, Confederação Nacional dos Servidores Públicos e Associação Nacional dos Procuradores do Trabalho (ADI 4.357, rel. Min. Ayres Britto).

O art. 97, *caput*, da ADCT, permite aos Estados, Distrito Federal e Municípios que estejam em mora no pagamento de precatórios a adoção de um regime especial, que exclui o sistema de pagamento previsto pelo art. 100 da CF. Conforme se descobre pela leitura dos §§ 1.º, 2.º e 3.º do art. 97 da ADCT, haverá uma nova moratória parcial em favor desses entes públicos, agora de 15 anos. Como bem afirmado na ADI 4.357, o parcelamento de débitos em 15 anos é "verdadeira zombaria, galhofa que se faz ao jurisdicionado e ao próprio Poder Judiciário". Além da esdrúxula forma de cálculo do pagamento dos precatórios pelo regime especial, o § 13 do art. 97 exclui a possibilidade de sequestro nesse sistema de pagamento, salvo no caso de não liberação tempestiva dos recursos tratados no inciso II dos §§ 1.º e 2.º do mesmo artigo legal.

Tão funesto quanto a forma de pagamento prevista para o tal "regime especial" é a regra de que somente 50% dos recursos atribuídos a tal fundo servirão para o pagamento dos precatórios em ordem cronológica (art. 97, § 6.º, do ADCT). Os outros 50% poderão ser utilizados, segundo o art. 97, § 8.º, do ADCT, da seguinte forma, à escolha do ente público: (a) mediante leilões, regulados pelo § 9.º do ADCT; (b) pela ordem crescente de valor por precatório; e (c) acordo direto com os credores por meio de conciliação.

Não é necessário muito esforço para se notar que as três formas previstas para o pagamento de metade do valor arrecadado para pagamento de precatórios significam um claro desrespeito ao direito de crédito reconhecido judicialmente contra a Fazenda Pública. Os mais românticos afirmaram que aqueles que têm precatórios de menor valor devem receber antes, sem perceber que aqueles que têm precatórios de maior valor terão que esperar um tempo indefinido para o recebimento do que é seu de direito. É preciso lembrar que, independentemente do valor do débito, nem todos escolhem ser credores da Fazenda Pública... Ainda mais acintosa é a proposta de conciliação, a qual forçará o credor a abrir mão de parcela de seu direito de crédito com o receio de nunca receber se assim não o fizer.

Conforme bem colocado na ADIN 4.357, trata-se da "instituição oficial da pechincha da sentença judicial, em verdadeira banca de negociata e absoluto amesquinhamento da autoridade do comando judicial". Pobre país no qual o credor, que deveria ser o mais interessado em cumprir com suas obrigações, vale-se da "empobrecida" classe política para se blindar cada vez mais, deixando o jurisdicionado à míngua. Resumindo tudo em mais uma passagem da petição inicial da ADIN 4.357: as regras já criticadas constituem "o maior atentado à cidadania já visto na história brasileira". Na realidade, não sei se é o maior atentado, devido à maestria de nossos governantes em assim proceder, mas certamente tem posição de inegável destaque entre as maiores vilanias do Estado contra o jurisdicionado.

48.2.6. Dispensa de precatório

Não se pode deixar de mencionar no estudo da execução por quantia certa contra a Fazenda Pública a disposição do art. 100, § 3.º, da CF, que permite nos casos de condenação de pequeno valor que o pagamento seja realizado sem a necessidade de expedição de precatório.

O "pequeno valor" apontado pelo dispositivo constitucional deverá ser indicado por cada entidade federada, por meio de legislação específica, segundo previsão do art. 100, § 4.º, da CF. O art. 97, § 12.º, do ADCT (incluído pela EC 62/2009) dispõe que, se a lei referida no art. 100, § 4.º, da CF, não tiver sido publicada em até 180 dias contados da publicação da emenda constitucional, para os Estados e Municípios o valor será de 40 salários-mínimos e para os Municípios de 30 salários-mínimos. No âmbito federal, o pequeno valor foi determinado pelo art. 17, § 1.º, da Lei dos Juizados Especiais Federais (Lei 10.257/2001) e confirmado pelo art. 2.º da Resolução 373/2004 do Conselho da Justiça Federal em **60 salários-mínimos** (art. 17, § 1.º).

A execução por RPA (requisição de pagamento autônoma) não tem propriamente um procedimento executivo. Transitada em julgado a sentença, caberá ao juízo da condenação requisitar ao condenado o pagamento do valor da condenação no **prazo de 60 dias**, por meio de depósito em agência da Caixa Econômica Federal ou do Banco do Brasil. Não sendo atendida a requisição judicial, o juiz determinará o sequestro da quantia devida, não se confundindo essa medida com o sequestro previsto para o desrespeito à ordem de pagamento, porque nesse sequestro basta o não pagamento dentro do prazo de 60 dias[60].

---

[60] Pereira, *Execução*, n. 24.6, p. 463.

No caso de o credor de valor acima dos permitidos pela lei pretender a execução sem o precatório, haverá renúncia do valor excedente, não sendo possível executar um mesmo crédito sem precatório até o valor permitido e o restante por precatório. Se não pretender abrir mão de seu crédito, deverá utilizar a via do precatório.

48.2.7. Preterição no pagamento

Caso algum credor seja preterido no seu direito de preferência, poderá requerer o *sequestro* – melhor seria dizer arresto – da quantia necessária para satisfazer o débito. O presidente do Tribunal, após ouvir o chefe do Ministério Público, poderá determinar a **apreensão e a entrega do valor** ao credor preterido. Apesar da nomenclatura típica da tutela cautelar, a doutrina majoritária entende que o sequestro ora analisado tem natureza de ato executivo, gerando a imediata satisfação do autor do pedido e que foi preterido na ordem de pagamento[61].

Existe intenso debate doutrinário a respeito de quem é o sujeito passivo dessa apreensão, ou seja, o valor do sequestro será retirado do patrimônio da Fazenda Pública ou do credor "fura-fila"?

Os que defendem que o ato de constrição deve recair sobre o patrimônio do credor que recebeu antes da hora afirmam ser essa a única forma de reverter o prejuízo gerado pelo pagamento indevido. Ao admitir que o valor seja retirado do patrimônio público, haveria um indevido incentivo à ilegalidade, porque saberiam todos os credores que, tendo a oportunidade de furarem a fila dos precatórios, o valor indevidamente recebido estaria a salvo de qualquer restituição por parte do Poder Público[62]. Também se valem do argumento da inalienabilidade dos bens públicos que, mesmo sendo penhorados, não poderiam ser posteriormente expropriados[63].

Por outro lado, existe doutrina que defende que o sequestro recaia sobre o patrimônio da Fazenda Pública, que era a devedora original e, mesmo tendo realizado pagamento fora da ordem, continua a ser a devedora, não se podendo entender que, mesmo atuando contrariamente à lei, a Fazenda Pública possa se valer da inalienabilidade dos bens públicos[64]. O Supremo Tribunal Federal entende que o sequestro deve recair sobre renda pública[65], enquanto o Superior Tribunal de Justiça pacificou o entendimento de que **o sequestro deve recair sobre renda pública** não só na preterição da ordem de preferência, mas também no caso de omissão no orçamento e em casos de não ser a dívida que foi parcelada paga no vencimento[66].

---

[61] Fux, *Curso*, p. 1.468; Câmara, *Lições*, v. 1, p. 313; Abelha Rodrigues, *Manual*, p. 410; Viana, *Execução*, n. 3.6.3.2, p. 126.

[62] Marinoni-Arenhart, *Manual*, p. 397.

[63] Barbosa Moreira, *O novo*, p. 272; Fux, *Curso*, p. 1.468; Câmara, *Lições*, v. 1, p. 313-314.

[64] Araken de Assis, *Manual*, n. 429.4, p. 970; Greco, *O processo*, n. 11.2.1, p. 544; Franco, *Execução*, p. 181-184; Viana, *Execução*, n. 3.6.3.3, p. 126-128.

[65] STF, Tribunal Pleno, ADI 1.662/SP, rel. Min. Maurício Correa, j. 30.08.2001.

[66] STJ, 2.ª Turma, RMS 22.519/RO, rel. Min. Humberto Martins, j. 19.06.2008; RMS 23213/SP, 1.ª Turma, rel. Min. Teori Albino Zavascki, j. 26.02.2008.

Uma terceira corrente doutrinária entende que tanto o patrimônio público como o patrimônio do credor que recebeu em desrespeito à ordem podem ser objeto do sequestro, possibilitando ao credor preterido a formação de um litisconsórcio passivo[67]. Há entendimento do Superior Tribunal de Justiça, entretanto, de que não existe *litisconsórcio necessário* entre o ente público e o credor que recebeu fora da ordem, sendo a legitimidade passiva no sequestro exclusiva do ente público[68].

Aparentemente, a Emenda Constitucional 62/2009 pretende pôr fim à polêmica por meio da previsão contida no art. 100, § 6.º, da CF. Segundo esse dispositivo legal, as dotações orçamentárias e os créditos abertos serão consignados diretamente no Poder Judiciário, sendo sequestrados desse valor consignado os valores a serem pagos ao credor preterido.

---

[67] Cunha, *A Fazenda*, n. 12.1.6, p. 257.

[68] STJ, 1.ª Turma, RMS 18.729/SP, rel. Min. Denise Arruda, j. 02.10.2007.

49

DEFESAS DO EXECUTADO

49.1. INTRODUÇÃO

Existem defesas típicas do executado: no cumprimento de sentença é a impugnação e no processo de execução os embargos à execução. Além das defesas típicas, existem formas atípicas de resistência do executado, tais como a objeção ou exceção de pré-executividade e mesmo as ações heterotópicas, que veiculam questões de direito material que afetam o direito representado no título executivo.

49.2. EMBARGOS À EXECUÇÃO

49.2.1. Natureza jurídica dos embargos

É tradicional a lição de que os embargos à execução têm natureza jurídica de ação, sendo que o ingresso dessa espécie de defesa faz com que no mesmo processo passem a tramitar duas ações: a execução e os embargos à execução.

A natureza jurídica dos embargos pode ser inteiramente creditada à tradição da autonomia das ações, considerando-se que no processo de execução busca-se a satisfação do direito do exequente, não havendo espaço para a discussão a respeito da existência ou da dimensão do direito exequendo, o que deverá ser feito em processo cognitivo, chamado de embargos à execução[1]. Ainda que a tradição da autonomia das ações esteja sendo gradativamente afastada com a adoção do sincretismo processual, o legislador parece ter preferido manter a tradição de autonomia dos embargos como **ação de conhecimento incidental** ao processo de execução.

Prova definitiva dessa opção legislativa – fala-se em opção porque o legislador poderia ter optado pelo sistema adotado na Lei 11.232/2005, na qual a defesa típica do executado não é uma ação – encontra-se na previsão do art. 736, parágrafo único, do CPC, que prevê expressamente que os embargos "serão distribuídos por dependência, autuados em apartado, e instruídos com cópias das peças processuais relevantes". É evidente que se os embargos não mais tivessem natureza jurídica de ação, não seria essa defesa distribuída por dependência nem autuada em apartado, como determina o dispositivo legal ora referido.

A autuação em apartado é novidade da Lei 11.382/2006, considerando-se que na superada redação do art. 736, *caput*, do CPC a autuação seria em apenso. A única justificativa plausível é a possibilidade de desenvolvimento autônomo das duas ações com decisões em momentos distintos, de forma que a autuação independente dessas duas ações não geraria problemas práticos para a subida dos autos ao tribunal no caso de eventual apelação. Registre-se que a modificação, entretanto, não se fazia necessária, até mesmo porque o Superior Tribunal de Justiça já admitia com tranquilidade o desentranhamento dos embargos para subida ao tribunal com a manutenção dos autos da execução em primeiro grau[2].

No tocante às peças em si, o silêncio da lei certamente levará a uma análise casuística, cabendo ao embargante instruir essa ação incidental com todas as peças que no caso concreto se mostrem necessárias e úteis ao julgamento dos embargos. Petição inicial, título executivo, demonstrativo de cálculos, procurações, auto de penhora e avaliação (se já existir), laudo de avaliação (quando houver), são exemplos de peças que deverão instruir os embargos à execução.

49.2.2. Garantia do juízo

Tradicionalmente, a defesa típica no processo de execução de pagar quantia certa só podia ser apresentada uma vez, tendo sido garantido o juízo. A regra era expressa no art. 737, I, do CPC, que exigia para a apresentação dos embargos à execução a realização de penhora. Segundo parcela da doutrina, esse condi-

---

1 Liebman, *Processo*, p. 145-147; Lucon, *Embargos*, p. 84-85.

2 AgRG no AG 470.752/RJ, 6.ª Turma, rel. Min. Hélio Quaglia Barbosa, j. 29.11.2005; REsp 584.806/RJ, 5.ª Turma, rel. Min. José Arnaldo da Fonseca, j. 25.11.2003.

cionamento se justificava porque somente com a constrição judicial o executado passaria a correr algum risco, demandando-se, portanto, que tal ato fosse realizado para que se permitisse o ingresso dos embargos[3]. Serviria, também, como resultado de um equilíbrio entre o direito de defesa do executado e a eficácia do título, porque, tendo os embargos efeito suspensivo, sua mera interposição retiraria temporariamente a eficácia do título[4].

Entretanto, esse requisito para a interposição dos embargos à execução deixou de existir com a Lei 11.382/2006, passando a ser prevista a **dispensa de qualquer garantia do juízo** para o ingresso dos embargos à execução no art. 736 do CPC. É natural que essa novidade, para não se transformar em indevida e exagerada proteção ao executado, veio seguida da retirada, ao menos como regra geral, do *efeito suspensivo* dos embargos (art. 739-A do CPC). De qualquer forma, o executado deverá, sob pena de preclusão, oferecer os embargos no prazo legal, sem que com isso consiga suspender o andamento da execução, de forma que, não tendo ainda ocorrido a penhora, esta poderá se realizar mesmo estando em trâmite o processo executivo.

A razão de ser da modificação do sistema é encontrada na exposição de motivos: retirar do sistema os motivos para a interposição da chamada "exceção de pré-executividade". O objetivo do legislador foi claro, mas teria sido tal objetivo efetivamente alcançado? A resposta a essa pergunta é dada no Capítulo 49, item 49.4.5.

49.2.3. Prazo dos embargos

Antes da reforma resultante da Lei 11.382/2006, o termo inicial para a contagem do prazo para a interposição dos embargos à execução era a juntada aos autos do mandado de intimação da penhora, o que se justificava diante do antigo e superado sistema no qual os embargos à execução só poderiam ser oferecidos após a garantia do juízo. É evidente que a dispensa da penhora, caução ou depósito, como condicionante da interposição dos embargos, tornou sem qualquer sentido a antiga regra, sendo que vem expressamente previsto na nova redação do art. 738, *caput*, do CPC que o prazo para o oferecimento dos embargos à execução conta-se da **juntada aos autos do mandado de citação**, devidamente cumprido. Passou-se a aplicar à execução a regra geral anteriormente já aplicada ao processo/fase de conhecimento e cautelar.

Segundo o art. 652, § 1.º, do CPC, o oficial de justiça retornará ao endereço do executado três dias depois de sua citação, para realizar a penhora de bens, na posse da segunda via do mandado de citação. Conforme já foi visto anteriormente, o oficial de justiça retornará com a segunda via do mandado porque a primeira via já deverá ter sido devolvida aos autos, para que seja juntada e passe a começar a contagem do prazo para o ingresso dos embargos à execução.

---

3 Lucon, *Embargos*, p. 271; Araken de Assis, *Manual*, p. 1.139.

4 Dinamarco, *Instituições*, p. 647-648.

O art. 738, § 1.º, do CPC prevê que havendo *litisconsórcio passivo* na execução, o prazo para cada um deles embargar contar-se-á de forma independente, ou seja, para cada executado a contagem do prazo tem início com a juntada de seu mandado de citação aos autos da execução, salvo tratando-se de cônjuges. O dispositivo legal consagra, ao menos como regra geral, o entendimento uníssono em doutrina e jurisprudência de que o prazo para embargar conta-se de forma independente para os executados. Sempre se entendeu que, tendo os embargos à execução natureza jurídica de ação, cada executado devia exercer seu direito abstrato de acionar o juízo de forma independente, não sendo viável condicionar o exercício do direito de ação de um dos executados a outros[5].

O que não parece ter qualquer sentido é a exceção à regra prevista pela parte final do dispositivo legal ora comentado, modificando-se a forma de contagem do prazo para o ingresso de embargos na hipótese de o litisconsórcio passivo ser formado entre **cônjuges**. Nessa hipótese excepcional, portanto, aplica-se com os devidos temperamentos o art. 241, III, do CPC. Não há qualquer motivo plausível para esse tratamento diferenciado, ainda que se reconheça que a jurisprudência consolidada do Superior Tribunal de Justiça apontava para essa regra na hipótese de penhora de bem imóvel de pessoas casadas[6]. É interessante observar que na tentativa de tornar lei o entendimento jurisprudencial, o legislador deu um passo além, porque simplesmente previu que havendo cônjuges no polo passivo o termo inicial será da juntada do último mandado de citação cumprido, não limitando tal circunstância à penhora de imóvel, até porque os embargos já não mais dependem da garantia do juízo.

A jurisprudência consolidada no Superior Tribunal de Justiça entendia que a regra do art. 241, III, do CPC, com as devidas adaptações, seria aplicada em especial na hipótese de penhora de imóvel quando somente um dos cônjuges era executado e o outro era intimado dessa penhora. Como o termo inicial da contagem de prazo para os embargos era a juntada aos autos do mandado de intimação da penhora, não havia maiores dificuldades práticas, porque se aguardava a intimação do cônjuge não executado e a partir daí contava-se o prazo. Ocorre, entretanto, que o termo inicial da contagem de prazo para os embargos foi modificado pela Lei 11.382/2006, sendo a partir de então a juntada do mandado de citação aos autos da execução. Como é fácil notar, não terá qualquer sentido aguardar a intimação da penhora do cônjuge não executado para que se dê início à contagem de prazo para embargar, até mesmo porque a penhora não é mais condição para a interposição de embargos.

Seria um total contrassenso aplicar a exceção prevista no art. 738, § 1.º, do CPC a situações em que o litisconsórcio passivo entre cônjuges na execução não seja originário, porque com o novo sistema procedimental é perfeitamente

---

5 Lucon, *Embargos*, p. 259; Greco, *Processo*, p. 621; Abelha Rodrigues, *Manual*, p. 498.

6 REsp 788.529/MT, 1.ª Turma, rel. Min. Francisco Falcão, j. 04.04.2006; REsp 408.285/MG, 3.ª Turma, rel. Min. Humberto Gomes de Barros, j. 18.05.2006; REsp 681.266/DF, 3.ª Turma, rel. Min. Nancy Andrigui, j. 02.06.2005.

possível que os embargos já estejam em andamento, e até mesmo já tenham sido julgados, quando se realizar a penhora do bem, ato processual que poderá demorar a ocorrer. Entender que somente com a intimação da penhora teria início a contagem de prazo para embargar, inclusive para o cônjuge executado, é retornar ao antigo e superado sistema procedimental, o que, naturalmente, deve ser evitado[7].

Outra questão a respeito do dispositivo legal que já vem chamando a atenção da doutrina que enfrentou o tema diz respeito a sua aplicação ou não aos **companheiros**[8]. Dois aspectos devem ser considerados na solução desse questionamento: a equiparação constitucional em termos de direito do companheiro ao cônjuge e a dificuldade de existir uma relação de união estável reconhecida legalmente. Dessa forma, já havendo comprovação suficiente de que existe uma união estável entre os litisconsortes passivos na execução, com a existência de contrato registrado ou sentença judicial, o termo inicial de contagem de prazo dever ser único para ambos, da juntada do último mandado de citação[9]. Caso contrário, dependendo de prova a união estável, a execução não poderá ter seu procedimento desvirtuado para a solução de tal questão, aplicando-se a regra geral do dispositivo legal ora enfrentado.

> O art. 871, § 1.º, do PLNCPC inclui o companheiro ao lado do cônjuge quanto à prerrogativa da contagem comum de prazo para os embargos à execução.

O art. 738, § 2.º, do CPC trouxe uma novidade no tocante ao termo inicial de contagem de prazo nas **execuções por carta precatória**: ocorrendo a citação do executado perante o juízo deprecado, haverá a informação da realização do ato processual para o juiz deprecante, podendo para tanto o juízo deprecado se valer de qualquer forma idônea de comunicação, até mesmo a via eletrônica, sendo que o prazo para a apresentação dos embargos à execução iniciar-se-á da data de juntada dessa comunicação aos autos da execução. Antes da reforma esse prazo somente era computado com a devolução da carta precatória ao juízo deprecante e sua juntada aos autos, o que atualmente já não mais se faz necessário, bastando uma mera comunicação do juízo deprecado, o que certamente auxiliará significativamente a diminuir o tempo de duração do processo.

Quando se encontrarem resistências no envio da comunicação por parte da secretaria, o próprio exequente pode informar o juízo deprecado de que a citação já ocorreu, o que fará com a juntada de cópia do mandado de citação devidamente cumprido. Essa informação do próprio exequente faz plenamente as vezes da comunicação do juízo deprecado prevista em lei, sendo correto concluir que

[7] Wambier-Wambier-Medina, *Breves 3*, p. 196-198. Parece ter entendimento contrário Ernane Fidélis dos Santos, *As reformas*, p. 58.

[8] Por uma interpretação restritiva, Mazzei, *Reforma 2*, p. 482. Pela aplicação, Fux, *A reforma*, p. 309.

[9] Ferres, *Nova*, p. 213.

nesse caso a contagem do prazo para a interposição dos embargos terá início quando da juntada dessa informação aos autos da execução.

A última disposição a respeito da contagem de prazos, contida no art. 738, § 3.º, do CPC apenas consagra pacífico entendimento doutrinário e jurisprudencial de que não se aplica à contagem de prazo dos embargos à execução a regra prevista pelo art. 191 do CPC[10]. Dessa forma, torna-se lei o que já se vinha aplicando na praxe forense, sendo sempre de 15 dias o prazo de embargos, ainda que haja *litisconsórcio passivo* com patronos diferentes. A **inaplicabilidade do art. 191 do CPC** se estende inclusive na hipótese de esse litisconsórcio ser formado por cônjuges, considerando-se que não há qualquer previsão legal em sentido contrário, o que, inclusive, não teria o menor sentido.

A redação do art. 738, § 3.º, do CPC, entretanto, poderá ter outra interpretação, considerando-se que não há uma expressa menção à inaplicabilidade do art. 191 do CPC, apenas no tocante à interposição dos embargos, entendimento, como visto, consagrado doutrinária e jurisprudencialmente. A redação do dispositivo legal aponta para a inaplicabilidade do art. 191 do CPC aos embargos do executado, mas a regra se aplica somente ao prazo para a sua propositura. Durante o procedimento dos embargos, havendo litisconsórcio, aplicar-se-á o art. 191 do CPC[11].

49.2.4. Rejeição liminar dos embargos

O art. 739 do CPC trata das hipóteses de rejeição liminar dos embargos à execução, quando o juiz extinguirá essa demanda judicial incidental sem nem ao menos intimar o embargado para se manifestar a respeito das alegações do embargante. São três as hipóteses de rejeição liminar dos embargos: intempestividade, inépcia da petição inicial e embargos manifestamente protelatórios.

O termo "rejeição" utilizado pelo legislador deve ser interpretado de forma ampla, significando tanto a extinção do processo sem resolução do mérito – intempestividade e inépcia da petição inicial – como também a extinção do processo com resolução do mérito – embargos manifestamente protelatórios. O conteúdo da decisão, na realidade, variará de caso a caso, tudo a depender do fundamento da decisão judicial, mas o que é essencial para a aplicação do art. 739 do CPC é a extinção dos embargos *inaudita altera parte*, ou seja, antes da intimação do embargado. Rejeição, portanto, significa impossibilidade de o embargante ver sua pretensão acolhida, seja essa impossibilidade gerada por uma decisão de mérito ou por uma decisão terminativa.

A decisão que rejeita liminarmente os embargos à execução é uma sentença, recorrível por apelação, que não terá efeito suspensivo (art. 520, V, do CPC), ainda que seja possível ao apelante obtê-lo por meio de ação cautelar incidental ou de pedido de efeito suspensivo ao relator (art. 558 do CPC), desde que preenchidos os

---

[10] Lucon, *Embargos*, p. 258; Abelha Rodrigues, *Manual*, p. 499; Câmara, *Lições*, p. 405.

[11] Dinamarco, *Instituições*, p. 652; Nery-Nery, *Código*, p. 1.078.

requisitos. Em apenas uma situação a decisão poderá ser considerada interlocutória e, por tal razão, recorrível por agravo de instrumento. Não existe rejeição liminar parcial nas hipóteses de intempestividade e de embargos meramente protelatórios, mas o mesmo não pode ser afirmado quanto à inépcia da petição inicial. Nesse caso, apesar de sua raridade prática, a rejeição liminar se dá por meio de decisão interlocutória recorrível por agravo de instrumento. A regra, entretanto, é de rejeição integral por meio de **sentença**, recorrível por **apelação**.

49.2.4.1. *Intempestividade dos embargos*

O atual art. 739, I, do CPC teve a antiga redação, "quando apresentados fora do prazo legal", alterada para "quando intempestivos", para determinar a primeira hipótese de rejeição liminar de embargos à execução. Conforme devidamente comentado, o prazo para o ingresso dos embargos à execução é de 15 dias, aplicando-se para sua contagem o art. 738 do CPC, e, naquilo que for aplicável, o art. 184 do CPC. A modificação da redação do dispositivo legal não tem qualquer consequência prática relevante, porque intempestividade significa exatamente apresentação fora do prazo. Como não existe mais a necessidade de garantia do juízo para embargar, não tem qualquer sentido imaginar uma intempestividade porque oferecidos os embargos antes do prazo. Tendo sido citado, o executado poderá embargar e, caso ingresse voluntariamente no processo antes de sua citação, também poderá imediatamente apresentar embargos à execução, de forma que é simplesmente impossível uma apresentação de embargos antes do prazo, ou, mais tecnicamente, antes do início de sua contagem. Dessa forma, por intempestivos devem ser entendidos os embargos apresentados **depois de transcorrido o prazo**.

A intempestividade, como se vê, é facilmente conceituada, o que, entretanto, não ocorre com o fundamento jurídico dessa decisão. Que se trata de extinção do processo sem resolução do mérito, parece não haver muita dúvida, mas a doutrina diverge a respeito do fenômeno jurídico que impede o ingresso de embargos à execução após o prazo. Para uma parcela doutrinária, o transcurso do prazo gera *preclusão temporal*, o que impediria o ingresso de embargos extemporâneos[12]. Não parece ser esse o entendimento mais correto, considerando-se a natureza de ação dos embargos e os efeitos endoprocessuais da preclusão[13]. É tradicional a lição de que a preclusão gera efeitos somente no processo em que se verifica, o que significa dizer que a ausência de propositura de qualquer ação incidental – inclusive os embargos à execução – não pode gerar preclusão na ação principal – no caso na ação de execução.

Registre-se que o entendimento de que se trataria de preclusão temporal tem por fim tentar justificar uma consequência indiscutível: a vedação aos embargos à execução após o transcurso do prazo legal. O direito material que seria discutido por meio dos embargos à execução poderá ser objeto de uma outra ação

[12] Lucon, *Embargos*, p. 290; Machado, *Código*, p. 1.274; Malachini, *Comentários*, p. 470.

[13] Neves, *Preclusões*, p. 51-55.

judicial, não mais na forma dos embargos, mas substancialmente com o mesmo conteúdo. Significa dizer que a perda do prazo para a interposição dos embargos não impede que o executado pretenda discutir o direito material exequendo por meio de uma ação autônoma[14].

Interessante notar que no sistema anterior do processo de execução justificava-se a preferência pela interposição de embargos porque estes teriam efeito suspensivo, de modo que seria mais vantajoso ao executado do que o ingresso de ação autônoma para discutir o direito exequendo. Atualmente, entretanto, o ingresso de embargos não mais suspende automaticamente o andamento da execução, de forma que o ingresso deste ou da ação autônoma já não difere tanto em termos de vantagens ao executado. Também é interessante notar que existiam decisões judiciais concessivas de tutelas de urgência nessas ações autônomas para suspender a execução, desde que preenchidos os requisitos legais. Atualmente, tal proteção ao executado continua a existir, mas é certo que somente poderá ser concedida se presentes no caso concreto os requisitos previstos no art. 739-A, § 1.º, do CPC.

Ainda que seja indiscutível a possibilidade de discussão de matérias de mérito típicas dos embargos por meio de ação autônoma, não parece correto o entendimento de que o indeferimento liminar dos embargos em razão da intempestividade deva-se ao fenômeno da preclusão temporal, conforme já afirmado anteriormente. Melhor será considerar o embargante carecedor por falta de adequação, reputando-se que o instrumento procedimental utilizado para veicular sua pretensão não é mais o adequado após o transcurso do prazo. Sabendo que a condição da ação – interesse de agir – é fundada no binômio *necessidade-adequação*, entende-se que faltaria ao embargante, nesse caso, interesse processual, o que levaria à extinção sem resolução do mérito dos embargos, não impedindo, naturalmente, o ingresso da ação autônoma alegando as matérias de mérito da execução que poderiam ter sido alegadas em sede de embargos à execução[15].

Um último registro faz-se necessário. Mesmo diante da intempestividade dos embargos, dependendo da natureza da alegação defensiva do executado, o juiz, em vez de simplesmente indeferir liminarmente os embargos, como determina o art. 739, I, do CPC, deverá convertê-lo em mera petição e acolher a alegação. Trata-se das matérias de ordem pública, que devem ser conhecidas de ofício pelo juiz e, naturalmente, podem ser alegadas de qualquer forma pelas partes, inclusive por meio de embargos à execução intempestivos.

49.2.4.2. *Inépcia da petição inicial*

Na antiga redação do art. 739, III, a rejeição liminar dos embargos dava-se por qualquer dos fundamentos previstos no art. 295 do CPC, enquanto a atual

[14] Araken de Assis, *Manual*, p. 1118; Neves, *Preclusões*, p. 76-98. Dinamarco, *Instituições*, p. 697, fala em "decadência do direito de embargar", deixando claro que a decadência não atinge o direito material.

[15] Câmara, *Lições*, p. 405-406.

redação do art. 739, II, do CPC aponta somente para os casos de inépcia da petição inicial, concentrados no parágrafo único do art. 295 do CPC. A incorreta mudança, entretanto, não deve modificar o entendimento de que a rejeição liminar nesse caso se dá pelo indeferimento da petição inicial, em qualquer das hipóteses do art. 295 do CPC[16].

Tratando-se de ação incidental à execução, os embargos serão oferecidos por meio de uma petição inicial, nos termos dos arts. 282 e 283 do CPC[17]. Sendo petição inicial, todas as regras referentes aos vícios formais contidos nessa peça se aplicam aos embargos à execução, em especial o art. 284 do CPC, que prevê a possibilidade de emenda à petição inicial no prazo de dez dias[18]. Esse prazo para que o autor torne a petição inicial perfeita também deverá ser concedido na hipótese de instrução falha, determinando-se de forma expressa a juntada de cópia de peças processuais que o juiz entender indispensáveis à formação de seu convencimento para o julgamento dos embargos.

49.2.4.3. *Embargos manifestamente protelatórios*

O art. 738, III, do CPC é uma interessante novidade da Lei 11.382/2006, prevendo a rejeição liminar quando os embargos à execução forem manifestamente protelatórios. O objetivo do legislador foi claro no sentido de evitar a interposição de embargos à execução sem qualquer fundamento razoavelmente sério, em verdadeiras aventuras jurídicas, como tradicionalmente se verifica na praxe forense. Ocorre, entretanto, que não parece ter o legislador conseguido transportar para a redação do dispositivo legal ora comentado aquilo que pretendia, o que exigirá do intérprete certo esforço de hermenêutica para que o dispositivo possa ser efetivamente aplicado no caso concreto.

A tradicional prática de ingresso de embargos à execução **sem qualquer fundamentação séria** era baseada na regra, já superada pelo novo sistema, que determinava a suspensão da execução mediante a mera interposição dos embargos à execução. O executado sabia que mesmo com um fundamento risível em seus embargos conseguiria atrasar o andamento da execução em alguns meses, o que o motivava a ingressar com os embargos em qualquer hipótese, ainda que não tivesse nada sério a afirmar. Nessas circunstâncias era absolutamente correto falar em embargos protelatórios, porque sua interposição tinha como único objetivo atrasar o desenvolvimento procedimental da execução.

Com a nova regra de que a mera interposição dos embargos não suspende a execução, a redação do art. 739, III, do CPC se mostra desconectada da nova

---

[16] Mazzei, *Reforma 2*, p. 494-495; Wambier-Wambier-Medina, *Breves*, p. 203; Ferres, *Nova*, p. 216-217.

[17] Amaral Santos, *Primeiras*, p. 420-421.

[18] STJ, 1.ª Turma, REsp 1.032.474, rel. Min. José Delgado, j. 18.03.2008; REsp 962.629/RS, 2.ª Turma, rel. Min. Eliana Calmon, j. 04.03.2008; Marinoni-Arenhart, *Manual*, p. 450; Pontes de Miranda, *Comentários*, v. 11, p. 76-77.

realidade. Não há mais efeito suspensivo nos embargos, sendo que somente de forma excepcional o juiz poderá concedê-lo, desde que o embargante expressamente faça pedido nesse sentido e demonstre o preenchimento dos requisitos previstos pelo art. 739-A, § 1.º, do CPC, entre eles a relevância da fundamentação. Ou seja, somente será suspenso o processo de execução se o embargante demonstrar que sua fundamentação defensiva é relevante, devendo ser analisada com maior profundidade pelo juiz, o que, obviamente, afasta tais embargos de qualquer caráter protelatório. Caso contrário, por mais absurda que seja a alegação defensiva, o juiz não concederá o efeito suspensivo, de forma que os embargos não poderão ser considerados protelatórios, pelo simples fato de que não afetarão o andamento procedimental da execução.

O que se pretende deixar claro é que, interpretando-se literalmente o dispositivo legal ora comentado, ele se torna letra morta, porque de duas uma: ou os embargos com fundamentos sérios suspendem a execução, mas não são protelatórios; ou não têm fundamento sério algum, não suspendendo a execução e, nesse caso, também não sendo protelatórios. A única interpretação possível ao dispositivo legal é aquela que aponta para o **abuso do direito de defesa**, sendo irrelevante o caráter protelatório dos embargos à execução. Dessa forma, a rejeição liminar deve se fundar no conteúdo das alegações dos embargos, e não nos eventuais efeitos que ele poderá gerar no processo de execução. Litigando contra texto expresso de lei ou contra a verdade de fatos já definitivamente esclarecidos e comprovados, será caso de rejeição liminar nos termos do art. 739, III, do CPC. O objetivo do legislador foi evitar embargos à execução derivados de má-fé e deslealdade processual, e a interpretação sugerida vai exatamente de encontro com esse ideal[19].

Ainda que se reconheça que a redação do dispositivo legal carrega consigo uma grande dose de subjetivismo, o que demandará atenção especial do legislador para não tolher indevidamente o direito à ampla defesa do executado, não parece correto o entendimento de que a rejeição liminar na hipótese de "embargos manifestamente protelatórios" se confunde com a rejeição liminar por inépcia da petição inicial[20]. Esse entendimento, além de empobrecer a sempre necessária busca pela preservação da *lealdade* e *boa-fé processual*, tornaria a novidade legislativa absolutamente inútil, o que não parece lógico. Os abusos devem ser reprimidos severamente, mas é natural que com ponderação e sensatez.

Há ainda outra justificativa para não se ver no inciso III uma mera repetição do inciso II do dispositivo legal ora analisado. No indeferimento da petição inicial – a exceção do reconhecimento da prescrição e decadência, situações impossíveis na inicial de embargos –, a sentença é terminativa, sendo o processo extinto sem a resolução do mérito. Não parece ser esse o caso da sentença que rejeita os embargos quando protelatórios – melhor seria dizer abusivos –, porque nesse caso o julgamento será de mérito, considerando-se que é o conteúdo dos

---

19 Theodoro Jr., *A reforma*, p. 190-192.

20 Wambier-Wambier-Medina, *Breves*, p. 204; Fidélis dos Santos, *As reformas*, p. 59.

embargos que leva à rejeição liminar. Trata-se, aparentemente, de tendência do direito brasileiro, de priorizar as hipóteses de improcedência *prima facie*.

Também não parece correto o entendimento que confunde a nova causa de rejeição liminar dos embargos com a possibilidade de julgamento de mérito liminarmente prevista no art. 285-A do CPC. O art. 739, III, do CPC é mais amplo que o art. 285-A do CPC, podendo até mesmo considerar que litigar contra posição pacificada a respeito de uma questão de direito possa ser considerado "protelatório", mas, mesmo quando isso não ocorre, será possível a rejeição liminar, em especial quando o embargante se fundar em crítica a fatos já assentados e indiscutíveis. Além disso, para que ocorra a rejeição liminar ora analisada não é necessária a existência de decisões prévias em outras demandas em circunstâncias similares, o que naturalmente torna o alcance do art. 739, III, do CPC mais abrangente do que o programado para o art. 285-A do CPC.

49.2.5. Efeito suspensivo

49.2.5.1. *Requisitos*

Conforme já afirmado, o direito processual brasileiro tinha como tradição a atribuição de efeito suspensivo aos embargos de execução, de forma que a mera interposição dessa defesa-ação por parte do executado era suficiente para que o procedimento do processo executivo fosse suspenso até o julgamento dos embargos. A Lei 11.382/2006 modificou esse panorama, retirando a regra de que os embargos à execução são recebidos com efeito suspensivo (art. 739-A, *caput*, do CPC), ainda que seja possível no caso concreto, desde que preenchidos os requisitos, que o embargante consiga suspender o andamento da execução.

Segundo o art. 739-A, § 1.º, do CPC, são quatro os requisitos que devem ser preenchidos no caso concreto para que o embargante seja beneficiado com a concessão do efeito suspensivo: pedido expresso nesse sentido; relevância dos fundamentos defensivos; fundado receio de que a continuação da execução possa gerar grave dano de difícil ou incerta reparação ao executado; garantia do juízo por meio da penhora, caução ou depósito. São requisitos cumulativos, devendo todos eles ser preenchidos no caso concreto para que possa ser concedido o efeito suspensivo que antes da reforma processual empreendida pela Lei 11.382/2006 era a regra.

O **pedido expresso** do embargante no sentido de que pretende a atribuição de efeito suspensivo aos embargos à execução decorre da expressa previsão da lei nesse sentido, ao exigir o requerimento do embargante, o que impedirá qualquer atuação de ofício do juiz nesse sentido[21]. A previsão legal deve ser elogiada, até mesmo porque o efeito suspensivo é de interesse exclusivo do executado,

[21] Marinoni-Arenhart, *Execução*, p. 450; Araken de Assis, *Manual*, n. 510.5, p. 1.148.

que com isso terá uma maior segurança jurídica de não sofrer danos em uma execução infundada ou ilegal. Dessa forma, sendo norma protetiva do interesse exclusivo de uma das partes, correto o dispositivo legal em prestigiar o princípio dispositivo, deixando a cargo da parte protegida pela norma o pedido ou não de sua aplicação no caso concreto.

Além do pedido expresso do embargante, que inclusive poderá ocorrer a qualquer momento do procedimento dos embargos, o legislador exige a comprovação de dois requisitos que tradicionalmente são exigidos para a concessão de tutelas de urgência, ainda que, dependendo do dispositivo legal, com nomenclatura um pouco diversa. A probabilidade de o embargante ter razão em suas alegações ganhou da lei o nome de "**relevância da fundamentação**", enquanto o perigo de que a continuidade do processo de execução possa gerar graves lesões ao executado vem previsto como possibilidade de "**grave dano de difícil ou incerta reparação**". Tais termos legais já tinham sido aplicados ao art. 558 do CPC e, mais recentemente, ao art. 475-M, *caput*, do CPC.

São normas que obviamente carregam consigo grande grau de subjetivismo, com conceitos jurídicos abertos, sendo impossível *a priori* a fixação de parâmetros concretos do que seja relevância da fundamentação e fundado receio de lesão grave e de difícil reparação. É natural que a interpretação do juiz no caso concreto terá enorme relevância para a boa aplicação da norma, no que, evidentemente, não se deve enxergar qualquer permissão para que o juiz atue de forma arbitrária ou mesmo discricionária[22].

Por fim, o último requisito previsto pelo art. 739-A, § 1.º, do CPC diz respeito à exigência de que o juízo esteja garantido por meio de penhora, depósito ou caução "suficientes". O requisito tem razão de ser, pois seria extremamente prejudicial ao exequente ver sua pretensão executiva suspensa para resolver a defesa apresentada pelo executado sem qualquer garantia de que seu processo executivo servirá de meio de satisfação do direito exequendo. Retorna-se, ainda que parcialmente, ao sistema anterior, que condicionava os embargos – com o consequente efeito suspensivo – à existência de garantia do juízo. Esse requisito é bem diferente dos dois anteriormente analisados, porque a análise de seu preenchimento no caso concreto não deverá gerar qualquer dificuldade, sendo um requisito objetivamente aferível.

Interessante notar que, segundo a redação do dispositivo ora analisado, a **garantia do juízo deve ser suficiente**, o que deve ser interpretado como garantia total do juízo. Dessa forma, havendo tão somente uma garantia parcial do juízo, não será possível, ao menos em regra, a obtenção do efeito suspensivo[23]. A ideia é não desprestigiar a força do título executivo, com a paralisação do andamento do procedimento, a não ser que exista uma grande probabilidade de que o exequente será em determinado momento procedimental satisfeito, o que demanda a garantia total do juízo. Note-se que não será possível aplicar por analogia a essa

[22] Mazzei, *Reforma 2*, p. 520-521.

[23] Marinoni-Arenhart, *Execução*, p. 450-451; Ferres, *Nova*, p. 222.

situação o entendimento de que a garantia parcial do juízo era suficiente para o ingresso dos embargos no sistema anterior[24], porque nesse caso era interessante ao processo que a defesa-ação do executado fosse de uma vez por todas apresentada, analisada e decidida, ainda que o juízo não estivesse totalmente garantido, o que, inclusive, demonstrava que a ideia de garantia do juízo como condição para o ingresso dos embargos encontrava exceções. O efeito suspensivo – insista-se – não interessa ao processo, mas exclusivamente ao embargante.

O entendimento de que a garantia do juízo deva ser sempre total poderá ser excepcionalmente afastada, quando a exigência consubstanciar um extremo gravame ao executado, injustificável à luz da garantia da *menor onerosidade* (art. 620 do CPC). Ainda que essa circunstância deva ser analisada pelo juiz no caso concreto, há um exemplo que demonstra de maneira bastante clara a possibilidade de concessão de efeito suspensivo, ainda que sem a garantia total do juízo. Trata-se da chamada "penhora do faturamento", consagrada pelo art. 655-A, § 3.º, do CPC, porque, nesse caso, os valores da empresa mensalmente serão revertidos ao juízo, num primeiro momento servindo de garantia do juízo. É evidente que não se estará diante de uma garantia total, o que só ocorrerá com a soma de outros valores que serão "desviados" da empresa mensalmente. Ocorre, entretanto, que, não tendo os embargos efeito suspensivo, o dinheiro "penhorado" advindo da retirada de parcela do faturamento, poderá ser levantado pelo exequente, porque, não estando suspenso o processo e existindo dinheiro penhorado, será caso de imediato levantamento. É natural entender que tal circunstância acarretaria um injustificado cerceamento de defesa ao executado, porque ele nunca teria direito ao efeito suspensivo, considerando-se que jamais haveria a garantia total do juízo. A cada penhora parcial, o exequente levanta o dinheiro e aguarda o mês seguinte para o novo levantamento, transformando a penhora do faturamento numa satisfação imediata pelo faturamento, o que não deve ser admitido.

Registre-se que parcela da doutrina que já se manifestou a respeito do tema entende que, mesmo sem qualquer garantia do juízo, seria possível, ainda que excepcionalmente, a concessão de efeito suspensivo aos embargos. Menciona-se a grande probabilidade de vitória do exequente, ainda mais contundente que aquela gerada pela relevância de sua fundamentação defensiva (art. 739, § 1.º, do CPC), aliada à insuficiência patrimonial do executado[25].

Ainda que essa parcela da doutrina mostre boas intenções ao permitir excepcionalmente a concessão de efeito suspensivo nos embargos sem a garantia do juízo, o entendimento não deve ser acolhido, sob pena de tornar a exigência legal letra morta, em nítido prejuízo do exequente. Permitir-se que caiba ao juiz no caso concreto a análise a respeito do preenchimento desse requisito é abrir as portas a devedores imbuídos de má-fé, que de tudo farão – como já faziam – para atrasar o andamento procedimental e a consequente satisfação do direito do exequente. Por outro lado, se não houver garantia do juízo, o executado não sofrerá

---

[24] Lucon, *Embargos*, p. 269-270.

[25] Marinoni-Arenhart, *Execução*, p. 449; Wambier-Wambier-Medina, *Breves*, p. 214-215.

constrição judicial alguma, o que significa que nenhum prejuízo será suportado por ele. Caso realmente tenha razão em seus embargos, sagrando-se vitorioso, colocará um fim ou delimitação à execução, e isso sem ainda ter sofrido qualquer dano, porque até então nenhuma contrição judicial foi realizada[26].

49.2.5.2. *Ausência de preclusão judicial*

É de se esperar que os pedidos de concessão de efeito suspensivo aos embargos à execução sejam feitos pelo embargante já no momento de apresentação dessa defesa-ação, cabendo ao juiz analisar, até mesmo liminarmente, o preenchimento dos requisitos[27]. Verifique-se que não haverá qualquer ilegalidade em ouvir o embargante antes da decisão a respeito do pedido de concessão de efeito suspensivo, sendo inclusive medida saudável à luz do princípio do *contraditório*, mas é inegável que, quando isso ocorrer, até a decisão do juiz a respeito do pedido, o processo de execução estará com o seu procedimento suspenso. Não teria qualquer sentido permitir a alienação de um bem, ou o levantamento de dinheiro penhorado, enquanto o pedido de efeito suspensivo ainda está *sub judice*.

É possível, entretanto, que o próprio embargante saiba que ainda não tem condições de obter o efeito suspensivo em razão da ausência do preenchimento de um dos requisitos legais, não lhe sendo vedado, naturalmente, que faça o pedido no momento procedimental que entender adequado, não ocorrendo qualquer espécie de preclusão temporal para a realização do pedido de concessão de efeito suspensivo. Na realidade, o pedido poderá ser feito após a apresentação dos embargos ainda que nenhuma nova circunstância se verifique, ou seja, ainda que o embargante já tivesse a possibilidade de pedir e obter anteriormente o efeito suspensivo, poderá pedir a sua concessão posteriormente, **não havendo preclusão** de qualquer espécie nesse caso.

O art. 739-A, § 2.º, do CPC, apesar de também tratar do tema da preclusão no pedido e decisão de concessão de efeito suspensivo, trata de circunstância diferente. Segundo o dispositivo legal, "a decisão relativa aos efeitos dos embargos poderá, a requerimento da parte, ser modificada ou revogada a qualquer momento, em decisão fundamentada, cessando as circunstâncias que a motivaram". Uma leitura mais descuidada do dispositivo legal poderá levar à falsa conclusão de que quanto à decisão a respeito do pedido de efeito suspensivo não ocorre preclusão, nem para as partes, nem para o juiz. A conclusão é enganosa porque a repetição de pedido para a concessão de efeito suspensivo já indeferido ou ainda o pedido de revogação da concessão estão condicionados à verificação de novas circunstâncias. Dessa forma, proferida a decisão que resolve o pedido do embargante, deverá a parte que entender ter sido prejudicada ingressar com o recurso de agravo de instrumento para discutir a legalidade ou o acerto dessa decisão. Julgado tal recurso, ou não interposto o agravo de instrumento, a decisão estará

[26] Theodoro Jr., *A reforma*, p. 195.

[27] Mazzei, *Reforma 2*, p. 507-508.

protegida pela preclusão, não podendo ser modificada pela simples mudança de opinião do juiz, ainda que seja provocado pelas partes – condição indispensável[28] – a rever seu posicionamento.

Na realidade, o dispositivo legal ora comentado era até mesmo dispensável, porque é intuitivo que, diante de novas circunstâncias, o juiz possa decidir sobre pedido já analisado anteriormente. Não teria qualquer sentido, por exemplo, o juiz indeferir o pedido de efeito suspensivo porque o juízo não está garantido e, depois da constrição judicial, diante de novo pedido de concessão de efeito suspensivo, se negue a decidir apontando a preclusão de sua anterior decisão. De qualquer forma, a expressa previsão legal servirá para afastar qualquer dúvida que poderia existir no tocante à preclusão da decisão que resolve o pedido de concessão de efeito suspensivo[29].

49.2.5.3. *Limitação objetiva e subjetiva do efeito suspensivo*

O art. 739-A, § 3.º, do CPC trata com algumas alterações do mesmo tema que anteriormente era tratado pelo art. 739, § 2.º, do CPC, atualmente revogado pela Lei 11.382/2006. No dispositivo legal revogado, a parte não embargada da execução tinha prosseguimento normal, ainda que os embargos tivessem sido recebidos no efeito suspensivo. A norma criava uma limitação objetiva não ao efeito suspensivo em si, mas aos próprios embargos, que, sendo parciais, não atingiriam toda a pretensão executiva. Dessa forma, a parcela de pretensão executiva que não tivesse sido objeto de impugnação por meio dos embargos à execução não restaria discutida, sendo natural que a execução, quanto a essa parcela da pretensão, tivesse regular prosseguimento.

O novo dispositivo tem amplitude de aplicação ainda maior do que o dispositivo revogado, ainda que a situação prevista por ele continue a existir atualmente, mesmo que diante do silêncio da lei. Segundo o dispositivo legal ora comentado, "quando o efeito suspensivo aos embargos disser respeito apenas a parte do objeto da execução, essa prosseguirá quanto à parte restante". Trata-se de *limitação objetiva* do efeito suspensivo, sendo que duas situações podem ser protegidas pelo dispositivo legal ora comentado: parte da pretensão executiva não impugnada tem prosseguimento regular, bem como parte impugnada, mas para a qual o juiz não tenha concedido o efeito suspensivo. O dispositivo legal ora comentado permite expressamente que o efeito suspensivo não atinja todo o objeto da impugnação por meio dos embargos, possibilitando-se que a execução prossiga contra parcela da pretensão que, apesar de estar sendo impugnada pelo executado, não mereceu a concessão do efeito suspensivo pelo juiz.

---

[28] Para Mazzei, *Reforma 2*, p. 524-525, a decisão poderá ser de ofício, por aplicação analógica do art. 462 do CPC.

[29] Afirmando tratar-se de decisão instável, mas sua alteração depender de modificações do estado de fato ou de direito, Marinoni-Arenhart, *Execução*, p. 451.

A concessão do efeito suspensivo também poderá ter uma *limitação subjetiva*, conforme a expressa previsão do art. 739-A, § 4.º, do CPC, cuja previsão se assemelha ao revogado art. 739, § 3.º, do CPC. Trata-se da limitação de efeito suspensivo somente ao executado que embargou à execução, seguindo-se contra os demais normalmente a execução, salvo se o fundamento defensivo utilizado nos embargos for comum aos outros executados. Exceções pessoais, que não dizem respeito a outros devedores, somente beneficiando o sujeito que a alega, ainda que contidas em embargos recebidos com efeito suspensivo, por jamais favorecerem os demais executados, não geram tal efeito suspensivo a eles, para quem a execução prossegue normalmente. Por outro lado, se for possível, no caso concreto, que o acolhimento da alegação favoreça o executado que não ingressou com os embargos recebidos no efeito suspensivo, a suspensão também lhe atingirá como ocorre, por exemplo, na alegação de inexistência da dívida ou de qualquer matéria processual que possa levar o processo a sua extinção.

Esse efeito expansivo subjetivo da suspensão da execução poderá, inclusive, atingir executados que já tenham proposto seus embargos à execução e não tenha convencido o juiz de seu direito à obtenção do efeito suspensivo, apesar da redação do dispositivo legal. Pouco importa se os demais executados já ingressaram com embargos à execução ou ainda não o fizeram, pois a justificativa da norma legal é impedir o prosseguimento da execução quando a relevante fundamentação de um dos embargantes for apta a favorecer os demais executados. Dessa forma, os demais executados que serão agraciados com efeito suspensivo obtido por outro executado em embargos por ele apresentados podem ainda não ter ingressado com os embargos, podem ter perdido o prazo para tanto, podem ter os embargos que interpuseram em trâmite, ou, ainda, os embargos já podem inclusive ter sido julgados.

49.2.5.4. *Suspensão parcial do processo*

O art. 739-A, § 6.º, do CPC contém uma previsão, no mínimo, curiosa, determinando que nem todos os atos do processo de execução serão suspensos ainda que o juiz atribua o efeito suspensivo requerido pelo embargante. O dispositivo legal prevê que, mesmo com a concessão do efeito suspensivo, os atos de **penhora** de bens – na realidade, atos de qualquer espécie de garantia do juízo – e de **avaliação** serão praticados normalmente. Como o intérprete deve partir do pressuposto de que a norma legal não é inútil, ainda que na aparência seja essa a tendência da conclusão, vale a pena tentar dar algum sentido lógico à norma ora analisada, ainda que significativamente restrito.

Entre as inúmeras modificações realizadas pela Lei 11.382/2006, encontra-se na atribuição do oficial de justiça a tarefa de avaliar os bens penhorados (art. 143, V, do CPC), de forma que num mesmo ato processual o oficial realiza a constrição judicial e avalia o bem constrito (art. 652, § 1.º, do CPC), a exemplo do que há muito tempo ocorre na Justiça do Trabalho. A avaliação conforme ocorria antes da reforma, realizada por especialista, fica reservada à excepcional hipótese de o oficial de justiça não ter condições técnicas de realizar a avaliação do bem, o que se dá em razão da especificidade do caso concreto.

Essa breve indicação tem como função demonstrar que, ocorrendo o trivial, ou seja, realizando-se a penhora seguida pela avaliação do oficial de justiça, é natural que se torne inaplicável o art. 739-A, § 6.º, do CPC, porque o efeito suspensivo depende da garantia do juízo, e nesse caso já terá ocorrido a avaliação, de modo que não haverá mais o que suspender. Imagine agora que o oficial tenha realizado a penhora, mas tenha deixado de avaliar o bem por lhe faltar conhecimento específico para tanto. Nesse caso, o dispositivo legal ora comentado passa a ter alguma utilidade, porque será possível que o prazo dos embargos vença antes da realização da avaliação que, embora simples, demandará algum tempo para ser realizada. Dessa forma, é possível que haja interposição dos embargos enquanto o bem penhorado ainda não tenha sido avaliado, suspendendo-se o prosseguimento da execução, mas mantendo-se a atuação do avaliador.

Com algum esforço extra também se admite a aplicação da norma legal para a hipótese de repetição da avaliação (art. 683 do CPC), que poderá ocorrer mesmo durante a suspensão obtida com o ingresso dos embargos à execução[30], não obstante nesse caso o que ocorre é a substituição da avaliação, e não a sua realização originária.

No tocante à suspensão não atingir a realização da penhora, parece que o legislador incorre numa incongruência lógica, porque o efeito suspensivo só pode ser obtido quando o juízo já estiver garantido, de forma que o impedimento da prática de ato que é condição essencial para a concessão de um determinado efeito mostra um grave vício de lógica. Dentro daquela premissa criada de que a norma legal não contém inutilidade, com alguma força de vontade é possível encontrar campo de aplicação da norma.

Conforme já afirmado, a garantia do juízo deve ser em regra total, não se admitindo a concessão de efeito suspensivo mediante a garantia parcial do juízo. Essa regra, entretanto, poderá ser excepcionalmente afastada, de forma que será possível, embora improvável, que o embargante, mesmo sem garantir totalmente o juízo, consiga o efeito suspensivo em seus embargos, o que não impedirá o juízo de prosseguir na busca patrimonial para reforçar a penhora já feita, para que finalmente se obtenha a garantia total do juízo. O exemplo já dado de penhora do faturamento é emblemático, porque, mesmo com a penhora parcial e concessão de efeito suspensivo, é natural que nos meses seguintes continue a "desviar" valores da empresa para a garantia do juízo. Ainda dentro do esforço interpretativo de dar alguma utilidade prática ao dispositivo legal ora comentado, pode-se entender

[30] Nesse sentido, Didier Jr., Lei Federal 11.382/2006. Possível utilidade ao estranho § 6.º do art. 739-A, CPC. Restrição objetiva ao efeito suspensivo dos embargos à execução, Disponível em: <http://www.frediedidier.com.br/main/noticias/detalhe.jsp?CId=115>. Acesso em: 17 abr. 2007.

que a substituição do bem penhorado (art. 656 do CPC) poderá ocorrer durante o período de suspensão do processo[31].

Em regra, como visto, o efeito suspensivo será concedido após a penhora e avaliação do bem. Excepcionalmente, um reforço ou diminuição de penhora, a avaliação pelo avaliador ou a repetição da avaliação poderão ocorrer, mesmo quando o processo de execução esteja suspenso. O que parece é que a suspensão atinge os atos de levantamento de dinheiro penhorado e de expropriação de outros bens que tenham sido objeto de constrição judicial. Dessa forma, atos de penhora e outros que o complementem, tais como a avaliação, poderão ocorrer normalmente, limitando-se a suspensão aos atos de efetiva satisfação do direito exequendo[32]. Na hipótese de alienação antecipada de bens[33], haverá a prática de um ato processual ainda que o processo esteja suspenso, mas esse ato é tão somente preparatório da expropriação, porque o valor obtido com a alienação não é entregue imediatamente ao exequente, sendo mantido em juízo como forma de garanti-lo.

49.2.6. Procedimento dos embargos à execução

49.2.6.1. *Início do procedimento*

Apesar de parcela da doutrina apontar para o rito ordinário[34], não parece que o procedimento previsto pelo art. 740 do CPC seja efetivamente o ordinário, considerando-se sua simplicidade estrutural, em especial a existência de somente uma audiência, sem a necessidade formal de uma fase de saneamento. Ainda que não se confunda com o rito sumário[35], o que fica claro no prazo de resposta do embargado, também não parece correto entendê-lo como ordinário, tratando-se de procedimento *sui generis* previsto pelo art. 740 do CPC. A aplicação subsidiária ao procedimento dos embargos das regras do procedimento ordinário não resulta de uma identidade entre eles, mas da função de modelo padrão desenvolvido pelo rito ordinário.

O procedimento, entretanto, poderá não ser tão concentrado como sugere o dispositivo legal, até mesmo porque a **profundidade da cognição nos embargos à execução é ampla e irrestrita**, sendo que qualquer restrição ao legítimo direito probatório das partes não é admitida. Dessa forma, apesar de a redação sugerir o julgamento imediato ou a designação de audiência de instrução e julgamento,

---

[31] Didier Jr., Lei Federal 11.382/2006. Disponível em: <http://www.frediedidier.com.br/main/noticias/detalhe.jsp?CId=115>. Acesso em: 17 abr. 2007.

[32] Fidélis dos Santos, *As reformas*, p. 61; Theodoro Jr., *A reforma*, p. 196.

[33] Mazzei, *A reforma 2*, p. 196, entende que a alienação antecipada é uma exceção ao art. 739-A, § 6.º, do CPC.

[34] Araken de Assis, *Manual*, p. 1.149-1.150; Fidélis dos Santos, *Manual*, p. 67.

[35] Para Greco, *Processo*, p. 623, o procedimento é sumário, mas aplica-se a ele subsidiariamente o procedimento ordinário.

na qual se produzirá a prova oral (depoimento pessoal e testemunhal), é natural que, sendo necessária a produção de prova de outra natureza que não a oral, em especial a prova pericial, o juiz determinará essa forma de produção de prova[36]. Por outro lado, embora não exista uma expressa previsão para a realização de uma audiência preliminar ou decisão saneadora escrita, conforme previsto no art. 331 do CPC, é natural que possa o juiz no caso concreto, percebendo as vantagens de sua realização, sanear pontualmente o processo, como faz no rito ordinário[37].

Conforme já analisado anteriormente, a petição inicial dos embargos à execução poderá ser liminarmente rejeitada nos termos do art. 739 do CPC, sendo que a rejeição total será impugnável por apelação e a rejeição parcial, por agravo de instrumento. Não sendo hipótese de rejeição da petição inicial, o exequente será ouvido no prazo de 15 dias, conforme previsão do art. 740 do CPC, com sua nova redação dada pela Lei 11.382/2006. Na redação antiga, o dispositivo legal determinava a intimação do embargado para se defender em dez dias. A mudança do prazo legal de resposta é natural, consequência da aplicação do princípio da *isonomia*, considerando-se que o prazo para a interposição dos embargos também mudou para 15 dias. O curioso foi o providencial "sumiço" da forma de integração/comunicação do embargado.

A doutrina sempre apontou para uma incongruência do disposto na revogada redação do art. 740 do CPC, que determinava a intimação do embargado, quando o ideal seria determinar sua **citação** para ser integrado aos embargos e uma intimação para, querendo, apresentar resposta em dez dias. A crítica quanto à redação do dispositivo tinha por base fundamental a natureza de ação dos embargos, de forma que o demandado deveria ser integrado à relação jurídica processual nascida nessa demanda, ainda que já fizesse parte do processo de execução. Em virtude da autonomia dos embargos, a citação do embargado se fazia necessária, e não sua mera intimação, conforme previsto pela norma legal[38].

O silêncio legal advindo da nova redação do dispositivo legal ora analisado pode até mesmo ter sido proposital, mas não se justifica. A antiga redação continha um grave equívoco ao prever a intimação do embargado, em nítido desprezo pela natureza de ação autônoma dos embargos à execução, como inclusive também ocorre no art. 316 do CPC, que trata da reconvenção. O que deveria o legislador ter feito era a correção do dispositivo legal, e não simplesmente deixar de prever a forma processual de integração/informação do embargado. Para isso, bastaria ter previsto que o embargado seria citado, para ser integrado ao processo de embargos e intimado para se defender se assim desejasse. Essa distinção, que não é feita em nenhum momento do Código de Processo Civil, nem mesmo na conceituação de citação (art. 213 do CPC), certamente não seria agora feita, mas

---

36 Dinamarco, *Instituições*, p. 699-700.

37 Barbosa Moreira, *O novo*, p. 296.

38 Greco, *Processo*, p. 622; Machado, *Código*, p. 1.276; Fadel, *Código*, p. 920. Amaral Santos, *Primeiras*, p. 422, elogiava a antiga redação, afirmando que a circunstância de os embargos estarem em apenso aos autos dos embargos dispensaria a citação, com o que não se pode concordar porque a forma de autuação não interfere na natureza jurídica de ação autônoma dos embargos à execução.

ao menos deveria o legislador ter previsto a citação do embargado. O silêncio da lei, entretanto, não afasta a melhor doutrina dessa conclusão[39].

No tocante à forma para a realização dessa citação, mais uma vez o intérprete terá que sanar uma omissão legal, servindo para tanto de opiniões doutrinárias e jurisprudenciais já conhecidas antes da Lei 11.382/2006. Antes da reforma, a opinião majoritária era de que bastava uma **intimação no Diário Oficial**, considerando-se que o embargado era o exequente, tendo, portanto, ao menos no processo de execução, representação por advogado[40]. A expressa indicação de que o embargado era "intimado" ajudava nessa conclusão, mas é preciso ressaltar que, mesmo a doutrina que entendia essa intimação como citação, concluía pela possibilidade de ser realizada na pessoa do advogado, por meio de publicação no Diário Oficial. Ainda que se possa alegar que tecnicamente a citação, ainda que feita na pessoa do advogado, deve ser sempre pessoal, a facilidade procedimental da publicação no Diário Oficial, aliada à segurança que tal forma de comunicação gera na praxe forense, desaconselha fortemente qualquer mudança no procedimento já consolidado nesta.

Na antiga redação do art. 740 do CPC, o embargado era intimado para impugnar os embargos no prazo legal, sendo pacífico o entendimento doutrinário que essa impugnação tinha natureza de contestação[41], ainda que outras reações pudessem, desde que cabíveis, ser também apresentadas. Mais uma vez, a atual redação preferiu a omissão, simplesmente prevendo que o exequente será ouvido em 15 dias. E mais uma vez caberá ao intérprete determinar a extensão dessa oitiva do embargado, tendo como primeira consequência o desaparecimento da antiga impugnação aos embargos, que sempre foi uma **contestação** e, atualmente, poderá assim ser chamada. A discussão a respeito de outras formas de reação que não a contestação – antiga impugnação – deverá continuar a existir, não sofrendo qualquer influência da Lei 11.382/2006.

49.2.6.2. *Revelia*

O tema da revelia nos embargos à execução é um dos mais interessantes, cercado de extrema polêmica doutrinária e jurisprudencial. Na realidade, a discussão deve ser conduzida partindo-se de um pressuposto básico: a revelia é um mero estado de fato, causado pela ausência jurídica de contestação, não se confundindo com seus efeitos, que, além da revelia em si, dependerão de outros requisitos para que possam ser gerados no caso concreto. Essa premissa é necessária para limitar a discussão a respeito da revelia apenas quanto à geração ou não de seus efeitos nos embargos, sendo inegável que ela existirá sempre que o embargado deixar de apresentar sua contestação no prazo legal[42].

---

39 Marinoni-Arenhart, *Execução*, p. 452; Mazzei, *Reforma 2*, p. 554.

40 Lucon, *Código*, p. 2.090; Greco, *Processo*, p. 622; Câmara, *Lições*, p. 413.

41 Araken de Assis, *Manual*, p. 1.155; Barbosa Moreira, *O novo*, p. 295; Theodoro Jr., *Processo*, p. 402.

42 Nesses exatos termos, Araken de Assis, *Manual*, p. 1.159.

Um dos efeitos da revelia é a desnecessidade de intimação do réu revel, efeito esse que não é gerado no caso concreto sempre que o demandado revel tiver advogado regularmente constituído nos autos. Ainda que na circunstância de o embargado citado nos embargos não se manifestar, não havendo nesse processo um advogado que o represente, mostra-se de extremo rigorismo formal deixar de intimar o advogado constituído no processo de execução pelo exequente. Não se desconhece a autonomia dos embargos, mas também não se despreza a ligação estreita dessa forma típica de defesa do executado com o processo de execução, de forma que o sacrifício do contraditório com a não intimação do embargado que deixa de contestar não se justifica, em nenhuma hipótese.

O segundo e mais importante efeito da revelia é a presunção relativa de veracidade dos fatos alegados pelo autor. A grande questão a respeito dos embargos à execução orbita em torno da ocorrência ou não desse efeito da revelia. Para parcela da doutrina, sendo os embargos um processo de conhecimento, a ausência de contestação pelo demandado caracteriza a revelia, de forma que o ônus da prova do demandante, ao menos em regra, deixa de existir. O tratamento dado ao demandado nos embargos seria exatamente o mesmo que se concede a qualquer demandado em qualquer processo de conhecimento. A nova redação do art. 740 do CPC corroboraria com essa conclusão, a fazer expressa remição ao art. 330 do CPC, que prevê em seu inciso II a hipótese de presunção de veracidade dos fatos em razão da revelia[43].

Por outro lado, forte corrente doutrinária entende que, ainda que o embargado não apresente sua contestação, até mesmo poderá ser considerado revel – para alguns nem mesmo isso –, mas o **efeito de presunção de veracidade dos fatos alegados não será gerado**. Entende-se, basicamente, que a existência do título executivo impede que o embargado seja comparado com demandados em outras demandas cognitivas, porque na execução o embargado já tem a seu favor a presunção legal advinda do título executivo, o que falta ao demandado em geral. A existência do título executivo de fato faz com que a questão dos efeitos da revelia seja pensada de forma particular ao processo de embargos à execução[44].

O *título executivo* apresenta uma *presunção legal* de que o direito exequendo existe – a certeza do título, como já visto, não significa certeza de que o direito exista –, enquanto a ausência de contestação do embargado geraria uma presunção de que os fatos alegados pelo embargante são verdadeiros, o que no mais das vezes gerará um ataque ao próprio título executivo. É natural compreender que as duas presunções são divergentes e não podem ambas prevalecer no caso concreto: ou vale a presunção legal do título e o embargante continua com o ônus de provar o que alegou, ou sua omissão derruba essa presunção legal, permitindo ao juiz decidir a favor do embargante mesmo sem a produção de prova nesse sentido.

---

[43] Nesse sentido Araken de Assis, *Manual*, p. 1.159-1.160; Lucon, *Embargos*, p. 297-298; Fadel, *Código*, p. 920.

[44] Dinamarco, *Instituições*, p. 699; Greco Filho, *Direito*, p. 110; Marinoni-Arenhart, *Execução*, p. 452; Machado, *Código*, p. 1.277-1.278; Talamini, *Embargos*, p. 99. É o entendimento majoritário na jurisprudência: STJ, 6.ª Turma, REsp 601.957/RJ, rel. Min. Hamilton Carvalhido, j. 23.08.2005; *DJU* 14.11.2005, p. 410; STJ, 2.ª Turma, REsp 671.515/RJ, rel. Min. João Otávio de Noronha, j. 03.10.2006, *DJ* 23.10.2006, p. 289.

Entendo que nesse verdadeiro duelo entre as duas presunções – do título e da omissão do embargado – deve prevalecer a presunção legal do título, de forma que o efeito da revelia de presunção de veracidade dos fatos nos embargos diante da revelia do embargado não deve ser gerado.

49.2.6.3. *Outras reações*

O art. 740 do CPC prevê que o exequente será "ouvido no prazo de 15 (quinze) dias", não havendo qualquer limitação expressa a respeito de qual a espécie de resposta a ser dada por ele diante dos embargos apresentados pelo executado. Houve singela, mas importante mudança na redação de tal dispositivo legal, considerando-se que na antiga redação o embargado era intimado para impugnar os embargos, o que poderia passar a falsa impressão de que a única postura possível a ser tomada seria defensiva contra a pretensão do embargante. Ao prever atualmente que o exequente será "ouvido", resta claro que, apesar de ser a contestação a resposta tradicional, não é possível genericamente e *a priori* a exclusão de outras formas de resposta.

Partindo-se da premissa de que os embargos à execução têm natureza de ação de conhecimento, a resposta do réu (no caso o exequente-embargado) não pode sofrer qualquer limitação, devendo-se a ele aplicar na integralidade o art. 297 do CPC, que prevê como espécies de resposta do réu a contestação, a reconvenção e as exceções rituais. Na realidade, esse dispositivo legal é meramente exemplificativo, havendo outras formas de reação do réu a sua citação que não estão previstas no dispositivo letal ora comentado. Um bom exemplo disso, totalmente cabível aos embargos à execução, é o *reconhecimento jurídico do pedido*[45], postura pela qual o réu concorda com a pretensão do autor, tanto em seu aspecto fático como jurídico. Outras formas de resposta do réu, entretanto, não são cabíveis nos embargos à execução, tais como a nomeação à autoria, denunciação da lide e chamamento ao processo. Na realidade, a única forma de intervenção de terceiros admitida nos embargos é a assistência[46].

Entre as repostas mais tradicionais, é natural que a mais frequente seja a **contestação**, forma defensiva de reposta por meio da qual o réu se insurge contra a pretensão do autor. É natural que o exequente queira defender sua pretensão executiva, que estará sendo atacada pelo executado por meio dos embargos à execução, de forma que a contestação será uma reação natural do embargado. Além dela, entretanto, parece que também as exceções rituais de impedimento e suspeição e a reconvenção poderão ser oferecidas pelo exequente-embargado. Note-se que a exceção de incompetência relativa não é resposta possível, porque o juízo onde tramita a execução foi escolhido pelo próprio exequente-embargado,

---

[45] Abelha Rodrigues, *Manual*, p. 535, indica o reconhecimento jurídico do pedido como forma possível de reação do embargado.

[46] Araken de Assis, *Manual*, p. 1.163-1.166; Dinamarco, *Instituições*, p. 698; Talamini, *Embargos*, p. 97-98.

e, não tendo havido impugnação do executado a essa escolha, ainda que o juízo fosse originariamente incompetente, terá ocorrido a prorrogação de competência, o que impede essa espécie de resposta[47].

O cabimento da **reconvenção** como forma de resposta do exequente-embargado é tema bastante controvertido, com exclusão da execução fiscal, na qual o art. 16, § 3.º, da Lei 6.830/1980 expressamente veda a admissibilidade da reconvenção. A maioria da doutrina, de forma acertada, parte da premissa de que os embargos à execução têm natureza de ação de conhecimento, de forma que, preenchidos os requisitos de cabimento da reconvenção, não haverá qualquer razão plausível para defender a sua inadmissibilidade. A conexão com a ação principal ou com os fundamentos de defesa é totalmente possível de verificar; os embargos têm um procedimento ordinário, com o qual a reconvenção se compatibiliza, de forma a não existir qualquer entrave sério ao cabimento dessa espécie de resposta[48].

Ainda que a *ação declaratória incidental* não seja sempre uma espécie de resposta do réu, até mesmo porque o autor também é legitimado ativo, não resta dúvida de que, quando oferecida pelo réu, será considerada uma espécie de resposta. Independentemente do sujeito ativo, a ação declaratória incidental é cabível nos embargos à execução, desde que preenchidos os requisitos previstos pelo art. 325 do CPC[49].

49.2.6.4. *Decisão dos embargos*

Tratando-se de uma ação de conhecimento, os embargos à execução serão decididos por meio de uma sentença, que tanto poderá ser terminativa (art. 267 do CPC) como definitiva (art. 269 do CPC). O recurso cabível é a apelação (art. 513 do CPC), que será recebida sem o efeito suspensivo (art. 520, V, do CPC), quando os embargos forem rejeitados liminarmente ou julgados improcedentes. Significa dizer que nesses casos o andamento da execução não será suspenso em virtude da propositura da apelação, o que atualmente significa dizer que se prosseguirá com a situação de não suspensão da execução, considerando-se a inexistência de efeito suspensivo dos embargos à execução. Em regra, a execução prosseguirá conforme começou, ou seja, definitivamente, somente sendo provisória a execução a partir da interposição da apelação se o embargado tiver recebido no caso concreto o efeito suspensivo quando da propositura de seus embargos (art. 587 do CPC).

---

47 Araken de Assis, *Manual*, p. 1.157, tem opinião diferente: "A exceção de incompetência restará inviabilizada sob o ângulo do embargado, pela falta de hipóteses de cabimento, e não porque inconcebível dentro do procedimento".

48 Defendem o cabimento da reconvenção: Araken de Assis, *Manual*, p. 1.157-1.158; Lucon, *Embargos*, p. 301-303; Abelha Rodrigues, *Manual*, p. 536. Contra: Dinamarco, *Instituições*, p. 698, e Fornaciari Júnior, *Da reconvenção*, p. 78.

49 Lucon, *Embargos*, p. 303-305; Araken de Assis, *Manual*, p. 1.161-1.162; Lopes, *Ação*, p. 151-152.

Sendo uma decisão de mérito, sempre que houver a rejeição do pedido do embargante, a sentença terá natureza declaratória negativa, já que declara a inexistência do direito alegado nos embargos à execução. Sendo acolhido o pedido do autor, existe polêmica doutrinária a respeito da natureza jurídica da decisão. A definição da natureza jurídica da sentença de procedência dos embargos exige uma análise prévia dos fundamentos de que poderá se valer o embargado, bem como do pedido feito por ele em sede de embargos à execução. Não parece correto definir *a priori* pela natureza *declaratória*[50] ou pela natureza *constitutiva*[51].

O embargante poderá alegar matérias referentes ao direito material que fundamenta a execução, tanto no tocante à sua inexistência total ou parcial (excesso de execução). São os chamados "**embargos de mérito**", porque seu objeto é o mérito do processo executivo. Nesse caso, o objetivo do embargante não se reduz à mera declaração de que o direito material total ou parcialmente não existe, porque na realidade o seu objetivo principal é se liberar da execução, colocando um fim ao processo executivo movido contra ele. Essa circunstância, entretanto, não retira dessa sentença, ao menos em regra, a natureza meramente declaratória, porque a extinção do processo de execução não traz consigo a criação, modificação ou extinção de uma relação jurídica de direito material[52].

Além da declaração de que o direito material não existe conforme exposto pelo exequente, essa sentença poderá ter também uma eficácia constitutiva negativa, sempre que já existir constrição judicial no processo executivo. Nesse caso, além da certeza jurídica, o embargante também obtém a desconstituição do ato judicial de constrição[53]. No caso, entretanto, de não existir constrição judicial, a sentença de procedência dos embargos nessa hipótese se limitará a afastar a dúvida a respeito da existência do direito material, sendo inegável sua natureza meramente declaratória. Situação excepcional, na qual também será possível verificar a natureza constitutiva negativa dessa sentença, é a hipótese de desconstituição da relação jurídica substancial existente entre as partes (p. ex., anulação de um título de crédito em decorrência de vício do consentimento)[54].

Além da alegação em sede de embargos que tenha como objeto o direito material exequendo, também poderá o executado **impugnar o direito à execução**, amparado na regularidade formal do título executivo e das condições da ação executiva, sem, entretanto, discutir o direito material. Nas palavras da melhor doutrina, o objetivo desses embargos é obter a extinção do processo de execução

---

50 Lucon, *Embargos*, p. 189-196.

51 Liebman.

52 Segundo Dinamarco, *Instituições*, p. 668, a eficácia de extinguir a relação jurídica executiva não se confunde com os efeitos substanciais derivados da procedência do pedido nos embargos de mérito, que consistem em, a depender do caso concreto, "declarar a inexistência do crédito, em declarar que ele tem menor valor que o afirmado pelo exequente, ou ainda em desconstituir a relação jurídica obrigacional existente entre as partes".

53 Talamini, *Embargos*, p. 106, fala em penhora potencial, mas parece que, não havendo efetiva penhora, não haverá nada a desconstituir.

54 Dinamarco, *Instituições*, p. 707; Araken de Assis, *Manual*, p. 1.169, afirmando que, em caso de inexistência de penhora, a natureza constitutiva ou declaratória dependerá do caso concreto.

sem que sua procedência importe negação da existência do direito exequendo[55]. Nesse caso, as matérias alegáveis em sede de embargos são todas de ordem pública, de forma que poderão ser alegadas por meio de mera petição no próprio processo de execução, em defesa chamada de objeção de pré-executividade.

Por fim, há os **embargos puramente processuais**, em que o embargante impugna a regularidade do processo executivo como um todo ou de determinados atos processuais. Nesse caso, o pedido será sempre de desconstituição do processo como um todo ou do ato procedimental atacado, naturalmente levando-se em conta os efeitos expansivos no procedimento dessa desconstituição. Para parcela da doutrina, essa espécie de embargos são os genuinamente processuais, tendo como objeto os pressupostos processuais de validade e desenvolvimento do processo[56].

Há corrente doutrinária que defende a natureza mandamental de toda sentença de procedência dos embargos à execução, independentemente da matéria alegada pelo embargante. Nesse entendimento a eficácia mandamental se manifestaria pela existência de um "contramandado", espécie de "contraordem", derivado do principal interesse do embargante que é a obtenção de um mandado contra o mandado executivo. Lembra essa parcela da doutrina que, mesmo tendo eficácia preponderantemente mandamental, não se pode negar a existência de outras eficácias, tais como a declaratória e a constitutiva, a depender do caso concreto[57].

49.2.6.5. *Matérias que podem ser objeto de embargos à execução*

O art. 745 do CPC prevê as matérias que podem ser alegadas em sede de embargos à execução na hipótese de execução fundada em título executivo extrajudicial, desde que não tenha como polo passivo a Fazenda Pública, porque nesse caso as matérias alegáveis em sede de embargos estão previstas no art. 741 do CPC, dispositivo muito próximo em termos de conteúdo do art. 475-L do CPC, que trata do objeto da impugnação do executado no procedimento do cumprimento de sentença. Delimitada a abrangência de aplicação do dispositivo legal, faz-se necessária a análise das matérias previstas em seus incisos, sendo interessante o registro da abrangência ditada pelo art. 745, V, que permite ao executado alegar "qualquer matéria que lhe seria lícito deduzir como defesa em processo de conhecimento".

49.2.6.5.1. Nulidade da execução, por não ser executivo o título apresentado

A primeira matéria alegável em sede de embargos à execução é a nulidade da execução, por não ser executivo o título apresentado (art. 745, I, do CPC). O título apresentado – entenda-se o documento que instruiu a petição inicial – pode

---

[55] Dinamarco, *Instituições*, p. 670. Conforme lições de Lucon, *Embargos*, p. 155-186, essa espécie de embargos terá sempre como objeto as condições da ação executiva.

[56] Lucon, *Embargos*, p. 150-154.

[57] Pontes de Miranda, *Comentários*, t. XI, p. 81-83; Baptista da Silva, *Código*, p. 158.

não estar previsto em lei como título executivo, o que acarretará a nulidade da execução em virtude da ausência de título executivo (princípios da taxatividade e do *nulla executio sine titulo*). Além disso, o documento pode estar previsto abstratamente em lei como título executivo, mas faltando à obrigação representada nesse título certeza, liquidez e exigibilidade (art. 586 do CPC); também haverá, neste caso, nulidade da execução. Na realidade, tanto a ausência quanto qualquer vício formal do título apresentado com a petição inicial poderão ser alegados pelo embargado.

Além dos vícios ligados ao título apresentado pelo exequente, será possível a alegação de outras nulidades da execução, bastando como exemplo as matérias previstas pelo art. 618, II e III, CPC, que preveem a nulidade da execução "se o devedor não for regularmente citado" ou se a execução for "instaurada antes de se verificar a condição ou de ocorrido o termo, nos casos do art. 572". Registre-se que esses são apenas alguns exemplos de nulidade da execução que não têm ligação direta com o título apresentado pelo exequente, sendo legítima a alegação de qualquer outro **vício formal da execução**[58].

Essas matérias referentes à nulidade da execução não dizem respeito ao direito material exequendo, de forma que o eventual acolhimento da defesa apresentada pelo embargante, ainda que gere a extinção do processo de execução, não impedirá que o exequente volte ao Poder Judiciário por meio de um processo de conhecimento. Tratando-se de matérias de ordem pública, ligadas à regularidade formal do procedimento, devem ser conhecidas de ofício pelo juiz, e, caso não o sejam, podem ser alegadas pela parte de qualquer forma, tanto por meio de embargos à execução como por meio de mera petição no processo de execução (*objeção de pré-executividade*)[59].

Uma última consideração deve ser feita. Na hipótese de inexistência do título executivo, o juiz, na análise da petição inicial, não deve extinguir o processo sem a resolução do mérito, amparando-se no princípio do *nulla executio sine titulo*. Em interpretação extensiva do previsto no art. 295, V, do CPC, que admite a adequação procedimental por meio da emenda da petição inicial, deverá o juiz determinar que o demandante transforme o processo executivo em processo de outra natureza, o qual não necessita da existência de um título executivo para se desenvolver, como uma ação cognitiva ou monitória. Dessa forma, preserva-se o processo, em nítido respeito ao princípio da *economia processual*.

49.2.6.5.2. Penhora incorreta ou avaliação errônea

No art. 745, II, do CPC, a segunda matéria alegável em sede de embargos à execução são os vícios da penhora e da avaliação. No tocante aos vícios da penhora, vislumbram-se três categorias: impenhorabilidade de bens, ofensa à ordem regulamentada pelo art. 655 do CPC e descompasso formal com os atos

---

[58] Scarpinella Bueno, *A nova*, v. 3, p. 293; Mazzei, *Reforma 2*, p. 577.

[59] Mazzei, *Reforma 2*, p. 578; Theodoro Jr., *A reforma*, p. 209.

procedimentais da penhora. Parece mais adequado entender que a primeira categoria – impenhorabilidade de bens – seja a única matéria de ordem pública que possa ser alegada independentemente de alegação da parte[60].

A incorreção na avaliação decorre de vício na estimativa feita pelo oficial de justiça ou, excepcionalmente, pelo avaliador, aplicando as causas previstas pelo art. 683, I e II, do CPC: ocorrência de erro na avaliação ou dolo do avaliador (também do oficial de justiça) e a verificação posterior à avaliação de que houve majoração ou diminuição substancial do valor do bem.

O aspecto mais interessante desse dispositivo legal é perceber que a matéria prevista nele nem sempre poderá ser alegada pelo embargante, porque não é mais requisito dos embargos a existência de garantia do juízo. Dessa forma, é plenamente possível que, transcorrido o prazo de 15 dias para a interposição dos embargos, não tenha ocorrido a penhora do bem, tampouco a avaliação, de forma que será materialmente impossível ao embargante fundamentar sua defesa no art. 745, II, do CPC. Não deverá o embargante, entretanto, deixar de embargar, porque, havendo outras matérias de defesa que já sejam materialmente possíveis de serem alegadas, a não interposição de embargos gerará *preclusão temporal*.

É evidente que, no que concerne à incorreção da penhora e da avaliação, não suportará o embargante nenhuma espécie de preclusão, sendo legítima a alegação de tais matérias no momento em que materialmente passe a ser possível tal alegação. Realizada a penhora e/ou a avaliação, o executado terá um prazo de 15 dias, contado a partir da juntada aos autos do mandado de penhora e avaliação – se a avaliação for feita por avaliador, da data de intimação das partes do laudo produzido – para alegar as matérias que não sejam de ordem pública – estas podem ser alegadas a qualquer momento – e que se tipifiquem no art. 745, II, do CPC. Que o executado tem o direito dessa **alegação superveniente**, em decorrência de fato superveniente, parece não haver muitas dúvidas. A questão a ser respondida é a forma de alegação de tais matérias.

Ainda estando em trâmite os embargos à execução, desde que não haja sacrifício injustificado ao embargado e ao andamento do próprio processo, parece ser possível um **aditamento dos embargos**, ainda que em flexibilização da regra da estabilização objetiva da demanda consagrada no art. 264 do CPC. Dessa forma, aproveitam-se os embargos já existentes para que a alegação superveniente possa ser realizada, desde que, naturalmente, se conte um prazo preclusivo de 15 dias a partir da ciência do embargante da penhora ou da avaliação[61]. O mesmo não ocorre na hipótese de embargos já decididos em primeiro grau, tendo sido a sentença recorrida por apelação. Nesse caso, como também na hipótese de decisão transitada em julgado ou ausência de embargos, parece ser o mais correto

[60] Para Theodoro Jr., *A reforma*, op. cit., p. 209, também a ofensa à ordem legal é matéria que pode ser conhecida de ofício, e por isso dispensa a propositura de embargos à execução.

[61] Em sentido contrário, entendendo que após a intimação do embargado a alegação não mais poderá ser feita nos próprios embargos, bastando mera petição no próprio processo de execução, Cunha, *As defesas*, p. 655.

permitir ao executado o ingresso de embargos somente com o fito de discutir a matéria prevista no art. 745, II, do CPC, admitindo-se também que a defesa seja feita por mera petição.

49.2.6.5.3. Excesso de execução ou cumulação indevida de execuções

No inciso III do art. 745 do CPC, encontram-se as alegações de excesso de execução e de cumulação indevida de execuções.

As hipóteses de excesso de execução vêm previstas no art. 743 do CPC, sendo equívoco frequente do leitor menos atento acreditar que o excesso de execução signifique somente a cobrança de valor superior ao da dívida ou bens em quantidade maior a que efetivamente devida. De fato, essa é a situação mais frequente, mas não a única forma que o diploma processual entende por "excesso de execução". Registre-se desde já que, apesar de o dispositivo estar sob o título "Dos embargos à execução contra a Fazenda Pública", continua a descrever as hipóteses de excesso de execução para qualquer espécie de execução e consequentemente para embargos que não sejam manejados contra a Fazenda Pública.

A alegação de que a quantia pretendida é superior à quantia efetivamente devida está prevista no art. 743, I, do CPC, sendo a única que pode ser considerada, nesse artigo, matéria de defesa que versa sobre o mérito da execução, já que nos outros incisos o acolhimento da defesa levará à extinção do processo por ausência de condição da ação[62]. Sendo acolhida a alegação de que o credor pretende receber valor maior que aquele consignado no título, os embargos serão julgados procedentes, adequando-se o valor da execução, que naturalmente seguirá seu trâmite para que o exequente receba nos limites do título exequendo[63].

Nos termos do art. 739-A, § 5.º, do CPC, sendo a matéria de defesa nos embargos o excesso de execução, caberá ao embargante indicar o valor que entende correto, acompanhado de memorial de cálculos, sob pena de extinção liminar dos embargos. Interessante notar que nesse caso a execução seguirá somente com relação à parcela incontroversa. O Superior Tribunal de Justiça já teve a oportunidade de decidir pela aplicabilidade da regra a todos os executados, inclusive à Fazenda Pública[64].

O art. 743, II, do CPC trata como excesso de execução a situação em que a execução recaia sobre coisa diversa daquela declarada no título. Por exemplo, o título indica a construção de um muro e o exequente ingressa com ação de execução pleiteando a construção de uma piscina[65].

---

[62] Greco Filho, *Direito*, v. 2, p. 114.

[63] Dinamarco, *Instituições*, p. 679.

[64] Informativo 421/STJ: 1.ª Turma, REsp 1.115.217-RS, rel. Min. Luiz Fux, j. 02.02.2010.

[65] Para Theodoro Jr., *A reforma*, p. 210, essa matéria depende de alegação do executado para ser conhecida pelo juiz. No entender de Lucon, *Embargos*, p. 178-180, todas as hipóteses de excesso de execução são matérias de ordem pública, podendo ser conhecidas de ofício pelo juiz.

A execução que se processa por modo diferente do que ficou estabelecido pelo título também é considerada execução viciada por excesso de execução (art. 743, III, do CPC). Assim, se o título aponta para a obrigação de pintar um quadro, o exequente não poderá ingressar com ação de execução por quantia certa, cobrando o valor desse quadro. Uma vez descumprida a obrigação em juízo, pode-se até converter a execução em quantia certa, quando o exequente cobrará as perdas e danos, mas isso somente será possível após o ingresso de execução da forma pela qual indicada no título.

A quarta hipótese de excesso de execução prevista pelo artigo legal ora analisado se verifica quando o exequente, sem ter cumprido a prestação que lhe correspondia, exige o adimplemento da obrigação do executado (art. 743, IV, do CPC). Nesse caso, permite-se ao executado a alegação de "exceção de contrato não cumprido", previsto no art. 476 do CC. Ao embargar uma execução que tem como objeto a entrega do acervo de uma biblioteca, o executado alega que não entregou os livros porque ainda não recebeu o pagamento.

No art. 743, IV, do CPC, encontra-se a última hipótese de excesso de execução, o que ocorrerá quando o exequente ingressar com o processo executivo sem que a condição a que estava sujeita a execução tenha se realizado. O exequente ingressa com execução por quantia certa e o executado opõe embargos afirmando que sua obrigação de pagar somente será exigível quando a gloriosa Portuguesa de Desportos for campeã mundial (o que, infelizmente, parece longe de ocorrer).

O Código de Processo Civil permite a **cumulação de execuções**, inclusive com mais de um título executivo, daí a preocupação do legislador em apontar como matéria oponível nos embargos do devedor a cumulação indevida. Será sempre indevida quando afrontar as disposições contidas no art. 573 do CPC. Reza o artigo de lei que a cumulação será permitida quando for o mesmo devedor de todas as execuções, quando o juiz for competente para todas elas e idêntica a forma do processo.

Ao mencionar "mesmo devedor", o artigo legal quer dizer "polo passivo", daí a inegável possibilidade de cumulação de execuções no caso de *litisconsórcio passivo*. Quanto à competência, as maiores dificuldades surgem na cumulação de execuções fundadas em títulos executivos judiciais, que deverão ter sido formados perante o mesmo juízo. No caso de sentença penal e arbitral cumulada com sentença condenatória, é possível que o mesmo Juízo seja competente, permitindo a cumulação. O mesmo ocorre entre títulos executivos judiciais e extrajudiciais, seguindo esses segundos as regras de competência dos primeiros. No caso de diferentes títulos, sendo todos extrajudiciais, aumentam as chances de o mesmo Juízo ser o competente para a execução de todos eles, o que permitiria a cumulação.

Além do mesmo executado e do juízo competente, é necessária a identidade quanto à forma do processo, ou seja, é impossível cumular execuções de diferentes naturezas. Se existem dois títulos, um expressando obrigação de fazer e outro de pagar quantia certa, é impossível a cumulação. Tal exigência decorre dos diferentes procedimentos para cada espécie de execução (tomando-se por base a natureza da obrigação do executado).

A doutrina majoritária entende que o acolhimento de tal defesa deve levar à **extinção integral** do processo de execução, sendo possível ao exequente mover posteriormente processos de execuções em separado[66]. Há, entretanto, doutrinadores que entendem que o acolhimento de tal defesa enseja ao exequente uma escolha de qual execução pretende continuar, prestigiando-se o princípio da economia processual[67].

Aponta a melhor doutrina que a cumulação indevida de execução é matéria de ordem pública, podendo ser alegada fora dos embargos, e até mesmo reconhecida de ofício pelo juiz[68].

49.2.6.5.4. Retenção por benfeitorias necessárias ou úteis, nos casos de entrega de coisa certa

A matéria prevista no art. 745, IV, do CPC é cabível exclusivamente na execução fundada em obrigação de entrega de coisa certa, até mesmo porque somente nessa espécie de execução será plausível a alegação de direito de retenção por benfeitorias. A matéria era outrora típica dos embargos de retenção, instituto processual revogado pela Lei 11.232/2005. O instituto, inclusive, tinha uma série de regras formais (revogado art. 744 do CPC) que não foram repetidas pelo atual dispositivo legal ora comentado, o que deve ser saudado dentro de uma natural e necessária tendência ao respeito às formalidades com desprezo do formalismo.

Segundo o art. 1.219 do CC, o possuidor de boa-fé tem direito à indenização das benfeitorias, sendo que das três espécies existentes – necessárias, úteis e voluptuárias – tem direito de retenção pelo valor das duas primeiras, sendo exatamente essa a matéria a ser alegada pelo executado por meio dos embargos à execução. Na petição inicial, o embargante deverá indicar quais são essas benfeitorias, bem como o valor que entende devido por elas, sendo até mesmo possível um pedido ilíquido, quando o valor depender de prova técnica de difícil elaboração.

O art. 745, § 1.º, do CPC contém uma regra que pode ser entendida como matéria alegável em contestação dos embargos pelo exequente. A execução tem como objeto uma obrigação de entregar coisa certa, mas, uma vez embargada com a alegação do executado de ter direito a reter o bem até que os gastos com as benfeitorias necessárias e úteis sejam ressarcidos, o exequente poderá pedir **compensação** desse valor com os frutos ou danos considerados devidos pelo executado. Como se nota, não era desejo inicial do exequente obter a condenação do executado ao pagamento de tais valores, porém, havendo o pedido de benfeitorias, o direito será alegado para fins de compensação.

---

[66] Araken de Assis, *Manual*, p. 1.091.

[67] Greco Filho, *Direito*, v. 3, p. 114.

[68] Araken de Assis, *Manual*, p. 299; Lucon, *Embargos*, p. 176-178.

O dispositivo legal determina que seja nomeado um **perito**, fixando-se prazo para que entregue o laudo, presumindo-se que o trabalho técnico abrangerá tanto as alegadas benfeitorias como também os alegados frutos e danos. O perito, entretanto, somente será necessário nas hipóteses em que se fizer indispensável a presença de alguém com conhecimento técnico específico, o que deve se limitar naturalmente a questões mais complexas. A presença do perito, portanto, não é indispensável, sendo possível que o juiz, mesmo sem tal auxílio, consiga determinar o valor[69].

Os embargos à execução, nesse caso, terão natureza meramente dilatória, considerando-se que, uma vez reconhecido o direito de retenção, bastará ao exequente pagar ao executado o valor determinado em sentença para que a execução prossiga, com a efetiva satisfação do exequente por meio da entrega da coisa. Tanto é assim que o art. 745, § 2.º, do CPC permite a imediata imissão na posse por parte do exequente a partir do momento em que o mesmo preste caução ou deposite o valor devido por benfeitorias.

49.3. IMPUGNAÇÃO

49.3.1. Natureza jurídica

Diferente do processo de execução, no qual o executado se defende por meio dos embargos de execução, a defesa típica do executado no cumprimento de sentença que condena o réu ao pagamento de quantia é a impugnação, prevista nos arts. 475-L e 475-M do CPC. Apesar de ser tranquila a doutrina quanto à constatação de haver diferentes espécies de defesa do executado no processo de execução e na fase executiva, existe muita polêmica a respeito da natureza jurídica dessa defesa.

Há doutrina que defende a natureza de *ação incidental* da impugnação, exatamente como ocorre com os embargos à execução. Nesse entendimento, a oposição oferecida pelo executado à impugnação consubstancia-se num pedido de tutela jurisdicional para que os rumos procedimentais sejam corrigidos ou para que a própria pretensão executiva seja extinta, pretensões próprias de ação judicial[70]. Ademais, a impugnação tem praticamente o mesmo conteúdo e os mesmos objetivos dos embargos à execução[71].

Outra corrente doutrinária defende que a natureza da impugnação dependerá das matérias que o executado alegar. Sendo a alegação defensiva voltada a vícios procedimentais – requisitos da execução e validade dos atos executivos –, tais como o excesso de penhora ou avaliação incorreta, a natureza será de *incidente*

[69] Theodoro Jr., *A reforma*, p. 212.

[70] Araken de Assis, *Manual*, n. 529, p. 1.177-1.178.

[71] Arruda Alvim, *Impugnação*, p. 47.

processual. Sendo a alegação defensiva voltada à obtenção de um bem jurídico, tais como existência de causa impeditiva, modificativa ou extintiva da obrigação, a natureza será de *ação incidental*[72].

A doutrina majoritária afirma que a natureza jurídica da impugnação é de **incidente processual de defesa** do executado[73]. Realmente parece ser esse o melhor entendimento, até porque, mesmo quando o executado pretende obter um bem da vida por meio da impugnação, deve-se prestigiar o sincretismo processual. Não teria sentido o legislador acabar com o processo autônomo de execução de sentença e manter a defesa do executado como ação incidental.

49.3.2. Matérias alegáveis em sede de impugnação

Não podendo o executado voltar a discutir o direito exequendo fixado em sentença, haverá na impugnação uma limitação da cognição horizontal, restringindo-se as matérias passíveis de alegação nessa espécie de defesa. O art. 475-L do CPC prevê o rol das matérias que podem ser alegadas em sede de impugnação, entendendo corretamente a doutrina majoritária que se trata de rol exaustivo, salvo as matérias de ordem pública, desde que não estejam já protegidas pela eficácia preclusiva da coisa julgada[74]. Impugnação com matéria alheia ao rol legal deve ser rejeitada liminarmente[75].

49.3.2.1. Falta ou nulidade da citação, se o processo correr à revelia

Conforme analisado no Capítulo 12, item 12.1, a revelia é um estado de fato, representado pela ausência jurídica de contestação. O art. 475-L, I, do CPC exige mais do que a simples revelia, porque mesmo revel o réu pode se integrar voluntariamente ao processo, e nesse caso, apesar da revelia, a questão a respeito da regularidade ou existência da citação já terá sido superada na fase de conhecimento. Tenha sido ou não tratada essa matéria na fase de conhecimento, sua discussão na fase executiva é impedida em razão da *eficácia preclusiva da coisa julgada* (art. 474 do CPC). Sendo a citação realizada por edital ou hora certa e não comparecendo o réu no processo, a ele será concedido um curador especial (art. 9.º, II, do CPC), o que não afasta a alegação de falta ou nulidade dessa citação ficta em sede de impugnação[76].

---

[72] Wambier-Wambier-Medina, *Sobre*, p. 396-403. Nery-Nery, *Código*, p. 734, afirmam que a impugnação tem natureza híbrida, sendo um misto de ação e de defesa.

[73] Theodoro Jr., *Processo*, n. 493, p. 578; Abelha Rodrigues, *Curso*, p. 528; Barbosa Moreira, *O novo*, p. 200; Marinoni-Arenhart, *Execução*, p. 288-290.

[74] Nery-Nery, *Código*, p. 738; Marinoni-Mitidiero, *Código*, p. 468-469; Theodoro Jr., *Processo*, n. 494, p. 578; Bondioli, *O novo*, p. 117.

[75] Araken de Assis, *Cumprimento*, n. 110, p. 315; Knijnik, *A nova*, p. 148.

[76] Barbosa Moreira, *O novo*, p. 200; Araken de Assis, *Manual*, n. 486.1, p. 1.088; Abelha Rodrigues, *Manual*, p. 558-559. Contra: Fux, *Impugnação*, p. 207.

A falta ou nulidade de citação gera um vício no plano da validade, como afirmado no Capítulo 2, item 2.3.3.3.2.3, tratando-se de uma espécie diferenciada de *nulidade absoluta*, visto que **não se convalida**. Essa característica do vício leva parcela doutrinária a entender que o vício é matéria de ordem pública, podendo ser alegada em sede de objeção de pré-executividade, o que parece ser relevante para aqueles que defendem a necessidade de penhora para a interposição de impugnação. Na realidade, é dispensável até mesmo a impugnação, podendo a parte se valer da ação autônoma de *querela nullitatis*[77]. Para alguns, além dessa ação e da impugnação, também é cabível dentro do prazo de dois anos do trânsito em julgado a *ação rescisória*[78].

Sendo acolhida a alegação prevista no dispositivo legal ora comentado, o processo será anulado desde o momento em que se configurou o vício, não sendo necessária, entretanto, a realização da citação do réu, porque, ao apresentar a impugnação, já ingressou voluntariamente no processo, e nos termos do art. 214, § 2.º, do CPC deverá ser simplesmente intimado na pessoa de seu advogado para responder à pretensão do autor na fase de conhecimento[79]. Nesse caso o pronunciamento que acolhe a impugnação é recorrível por apelação, considerando-se extinta a execução (art. 475-M, § 3.º, do CPC), apesar de não extinguir o processo, que será retomado desde o momento inicial do procedimento da fase de conhecimento.

49.3.2.2. *Inexigibilidade do título*

Conforme analisado no Capítulo 39, item 39.1, o art. 580 do CPC, em redação atualizada pela Lei 11.382/2006, prevê que a obrigação representada pelo título executivo deve ser certa, líquida e exigível. Diante dessa modificação, parcela doutrinária entende que não se justifica mais o art. 475-L, II, do CPC prever a inexigibilidade do título, quando na realidade a inexigibilidade diz respeito à obrigação representada no título[80].

Segundo a melhor doutrina entende-se por inexigibilidade da obrigação a **existência de algum impedimento à sua eficácia atual**[81]. Tratando-se de obrigação a termo, sujeita à condição ou dependente de contraprestação, a obrigação só passará a ser exigível quando determinado evento ocorrer, cabendo ao exequente produzir a devida prova para evitar a extinção do cumprimento de sentença por carência da ação (falta de interesse de agir)[82].

Ocorre, entretanto, que, interpretado o dispositivo legal ora comentado no sentido exposto (inexigibilidade da obrigação), ele se torna repetitivo, considerando-se

77 Marinoni-Arenhart, *Execução*, p. 293; Abelha Rodrigues, *Manual*, p. 559; Lucon, *Embargos*, n. 68, p. 170.

78 Araken de Assis, *Manual*, n. 486.2, p. 1.089; Didier-Braga-Oliveira, *Curso*, p. 529.

79 Fux, *Impugnação*, p. 207.

80 Fux, *Impugnação*, p. 207.

81 Dinamarco, *Instituições*, n. 1.767, p. 675; Greco, *O processo*, n. 13.2.3, p. 603.

82 Abelha Rodrigues, *Manual*, p. 561; Lucon, *Embargos*, n. 69. p. 171-172; Greco, *O processo*, n. 13.2.3, p. 603-604; Câmara, *Lições*, v. 2, p. 368.

que a falta de contraprestação e a condição pendente estão incluídas no conceito de excesso de execução, matéria prevista no art. 475-L, V, do CPC[83]. Na tentativa de justificar a existência do dispositivo legal, parcela doutrinária o interpreta como tratando da "inexequibilidade" do título, ou seja, a inexistência de eficácia executiva do título, em regra, por ausência de liquidez, certeza ou exigibilidade[84], tal como acontece na sentença pendente de julgamento de recurso com efeito suspensivo ou de reexame necessário ou sentença ilíquida que necessita passar antes do cumprimento de sentença pela fase de liquidação de sentença.

O art. 475-L, II, § 1.º, do CPC prevê como espécie de alegação de inexigibilidade do título a chamada "coisa julgada inconstitucional", tratada no Capítulo 17, item 17.10.2.

49.3.2.3. *Penhora incorreta ou avaliação errônea*

Os arts. 475-L, III, e 745, II, do CPC têm idêntica redação, sendo a matéria tratada no Capítulo 49, item 49.2.6.5.2.

49.3.2.4. *Ilegitimidade das partes*

O tema da legitimidade das partes já foi desenvolvido no Capítulo 36.

49.3.2.5. *Excesso de execução*

O art. 745, III, do CPC prevê como matéria alegável em sede de embargos o excesso de execução ou a cumulação indevida das execuções, enquanto o art. 475-L, V, do CPC prevê somente o excesso de execução. Como o primeiro dispositivo é mais amplo, englobando o segundo, e a matéria é enfrentada no Capítulo 49, item 49.2.6.5.3, não cabe seu enfrentamento nesse momento.

49.3.2.6. *Causa impeditiva, modificativa ou extintiva da obrigação, desde que superveniente à sentença*

O art. 475-L, VI, do CPC exige que as causas impeditivas, modificativas e extintivas da obrigação tenham ocorrido depois da sentença, em respeito à eficácia preclusiva da coisa julgada. Nas hipóteses de essas causas já existirem durante a fase de conhecimento, de duas uma: ou foram alegadas em contestação e afastadas pelo juiz ou nem chegaram a ser alegadas. Seja como for, como a *eficácia*

[83] Dinamarco, *Instituições*, n. 1.767, p. 675-676.

[84] Araken de Assis, *Manual*, n. 486.2, p. 1.09-1.091; Gusmão Carneiro, *Cumprimento*, n. 24.2, p. 71; Marinoni-Mitidiero, *Código*, p. 469; Didier-Braga-Oliveira, *Curso*, p. 530-531.

preclusiva da coisa julgada atinge o deduzido e o dedutível (art. 474 do CPC), não é possível a sua alegação em sede de impugnação[85].

Em razão desta circunstância, o dispositivo legal se equivocou em prever entre as matérias defensivas da impugnação os *fatos impeditivos* da obrigação, porque essa espécie de fato é sempre anterior ou simultânea à constituição da obrigação, que nesse caso só foi reconhecida na sentença[86]. O que se pode admitir é alguma causa impeditiva da execução singular, e não da obrigação, como a falência do devedor[87].

Constam expressamente do dispositivo legal como causas extintivas ou modificativas o pagamento, novação, compensação, transação e prescrição. O **rol é meramente exemplificativo**[88], como se nota dos termos "qualquer causa" e "como", ao identificar algumas espécies de causas alegáveis em sede de impugnação. É admissível, portanto, a alegação de outras causas extintivas ou modificativas, tais como a renúncia do crédito, remissão, compromisso, confusão etc.

49.3.3. Procedimento

Além do art. 475-J, § 1.º, do CPC, que prevê o prazo para a interposição da impugnação, apenas o art. 475-M do CPC tem previsão a respeito do procedimento dessa espécie de defesa do executado, o que exige constante aplicação do art. 475-R do CPC, com a aplicação subsidiária de várias regras dos embargos à execução.

Aduz o art. 475-M do CPC que a impugnação **não terá efeito suspensivo** – a exemplo dos embargos à execução –, podendo o juiz atribuir-lhe tal efeito desde que relevantes seus fundamentos e o prosseguimento da execução seja manifestamente suscetível de causar ao executado grave dano de difícil ou incerta reparação. Trata-se dos tradicionais requisitos para a concessão de qualquer espécie de tutela de urgência: considerável probabilidade de a parte ter razão em suas alegações e necessidade de concessão urgente de tutela sob pena de perecimento do direito. Ambos os requisitos devem ser preenchidos para a concessão do efeito suspensivo[89]. Apesar do silêncio da lei, a concessão do efeito suspensivo depende do pedido da parte, não sendo admitida a atuação oficiosa do juiz[90]. Também é exigida a garantia do juízo, o que para a parcela majoritária da doutrina não precisa estar previsto no art. 457-M, *caput*, do CPC, porque a impugnação depende da existência de penhora, como visto no Capítulo 44, item 44.7.

---

85 Nery-Nery, *Código*, p. 741; Lucon, *Embargos*, n. 48, p. 112; Knijnik, *A nova*, p. 157-158; Didier-Braga-Oliveira, *Curso*, p. 538.

86 Dinamarco, *Instituições*, n. 1.758, p. 661; Abelha Rodrigues, *Manual*, p. 567; Câmara, *Lições*, v. 2, p. 377.

87 Barbosa Moreira, *O novo*, p. 201.

88 Theodoro Jr., *Curso*, n. 494, p. 581; Marinoni-Arenhart, *Código*, p. 470; Araken de Assis, *Manual*, n. 486.8, p. 1.095.

89 Nery-Nery, *Código*, p. 746; Wambier-Wambier-Medina, *Sobre*, p. 412.

90 Araken de Assis, *Manual*, n. 542, p. 1.186; Abelha Rodrigues, *Manual*, p. 580; Didier-Braga-Oliveira, *Curso*, p. 540. Contra: Knijnik, *A nova*, p. 164.

A concessão ou a denegação do pedido de efeito suspensivo ocorre por meio de decisão interlocutória, recorrível por agravo de instrumento[91]. O exequente, que tem seu pedido negado, em vez de agravar da decisão, poderá oferecer e prestar **caução suficiente e idônea**, arbitrada pelo juiz e prestada nos próprios autos, para que o procedimento não seja suspenso (art. 475-M, § 1.º, do CPC). O exequente faz o pedido e oferece a caução, que, uma vez aceita, gera a revogação da decisão concessiva do efeito suspensivo[92]. A norma legal é interessante porque compatibiliza a vontade do exequente em continuar com a execução e a necessidade de assegurar ao executado que eventuais danos injustificadamente suportados serão ressarcidos pelo exequente. Ao prestar a caução, o exequente "banca" o prosseguimento do cumprimento da sentença.

A forma de autuação da impugnação está prevista no art. 475-M, § 2.º, do CPC: havendo efeito suspensivo, é autuada nos próprios autos; se não for concedido efeito suspensivo, será autuada em apenso, em autos apartados. O objetivo do legislador é evitar confusão nos mesmos autos entre os procedimentos do cumprimento de sentença e da impugnação, o que pode ocorrer quando ambos têm prosseguimento concomitante. Como esse perigo não existe quando há efeito suspensivo, havendo prosseguimento da impugnação, não há necessidade de autuação apartada. Naturalmente, a forma de autuação não gera qualquer consequência quanto à natureza da impugnação, que será sempre um incidente processual.

Não sendo necessária a elaboração de petição inicial[93], entendo inaplicável à impugnação o art. 739, II, do CPC, que determina o indeferimento liminar dos embargos à execução na hipótese de petição inepta[94]. É claro que, havendo vício sanável no requerimento inicial, será caso de intimar o impugnante para o saneamento do vício. Os dois outros incisos do dispositivo legal, entretanto, são totalmente aplicáveis à impugnação, de forma que o juiz poderá indeferi-la liminarmente quando intempestiva (inciso I) e quando manifestamente protelatória (inciso III), inclusive com a aplicação da multa prevista no art. 740, parágrafo único, do CPC, nos termos expostos no Capítulo 49, item 49.2.4.3. Também será caso de indeferimento inicial a arguição de matéria não prevista no art. 475-L do CPC.

Apesar da omissão legal, interposta a impugnação, o exequente-impugnado será intimado para se manifestar no prazo de 15 dias, em aplicação subsidiária do art. 740 do CPC, e em respeito ao princípio do contraditório[95]. O impugnado nesse prazo poderá contestar a impugnação. Também por aplicação subsidiária do art. 740 do CPC, todos os meios de prova serão admitidos na impugnação, considerando-se que a **limitação de cognição** é *horizontal* (matérias alegáveis)

---

91 Araken de Assis, *Manual*, n. 544, p. 1.188.

92 Gusmão Carneiro, *Cumprimento*, n. 27, p. 79.

93 Theodoro Jr., *Processo*, n. 497, p. 586.

94 Contra: Araken de Assis, *Manual*, n. 539, p. 1.184-1.186.

95 Gusmão Carneiro, *Cumprimento*, n. 29, p. 83; Marinoni-Arenhart, *Execução*, p. 305.

e não *vertical* (profundidade na análise dos fundamentos e alegações). Apesar disso, tratando-se de impugnação a título judicial, a instrução probatória costuma ser sumária.

A natureza da decisão da impugnação é tema que já foi enfrentado no Capítulo 16, item 16.1. Independentemente do entendimento que se adote a esse respeito (decisão interlocutória ou sentença), o art. 475-M, § 3.º, do CPC é claro ao prever o recurso cabível contra essa decisão. Na hipótese de a decisão não colocar fim ao cumprimento de sentença, o recurso cabível é o agravo de instrumento, sendo a apelação cabível na hipótese de a decisão importar em extinção. Note-se que o único critério válido para determinar o recurso cabível é o efeito da decisão impugnada em termos de extinção ou prosseguimento do cumprimento de sentença. Na decisão que rejeita o pedido do impugnante (improcedência da impugnação), o cumprimento de sentença sempre prossegue, parecendo não haver dúvida de que nesse caso sempre será cabível o agravo de instrumento[96]. O mesmo, entretanto, não se pode dizer de uma decisão que acolhe o pedido do impugnante (procedência da impugnação), que tanto pode colocar fim ao cumprimento de sentença – p. ex., no acolhimento da alegação de inexigibilidade do título – como permitir seu prosseguimento – p. ex., no excesso de execução[97]. Como se nota, o importante é o efeito e não o conteúdo da decisão judicial.

Há, entretanto, uma interessante situação na qual haverá, no mínimo, uma dúvida fundada a respeito do recurso cabível. Em regra, a extinção da execução gerará a extinção do processo, até porque o processo encontrar-se-á na fase de execução, que sendo extinta acarretará a extinção do processo. Na defesa prevista pelo art. 475-L, I, do CPC, entretanto, a execução será extinta, mas não o processo, porque acolhida a alegação do executado de que a citação na fase de conhecimento for nula ou inexistente, o processo será anulado a partir do vício, retomando daí seu andamento. Como se pode notar, a execução será extinta, até porque o título executivo também o será, mas o processo, mesmo com o retrocesso procedimental, continuará a existir.

Adotando-se a literalidade do art. 475-M, § 3.º, o recurso cabível será a apelação, mas considerando a lógica do sistema, o recurso cabível será o agravo de instrumento. Uma ótima hipótese de aplicação do princípio da fungibilidade recursal.

> A impugnação é tratada pelo art. 511 do PLNCPC, sendo em seus incisos previstas as matérias alegáveis, com o acréscimo ao rol atualmente existente no art. 475-L, do CPC, da cumulação indevida de execuções. São poucas as novidades.
>
> A mais importante consta do *caput* do dispositivo, e expressamente consagra o entendimento de que a apresentação da impugnação não depende da garantia do juízo, podendo ser apresentada independentemente da existência de penhora no caso concreto.

---

96 Araken de Assis, *Manual*, n. 550, p. 1.191; Gusmão Carneiro, *Cumprimento*, n. 29, p. 84.

97 Araken de Assis, *Manual*, n. 551, p. 1.191: Theodoro Jr., *Processo*, n. 500, p. 588.

Segundo o *caput*, independentemente dos efeitos do recebimento da impugnação, a autuação será realizada nos próprios autos, com aparente revogação do art. 475-M, § 2.º, do atual CPC. No § 4.º do art. 511 do PLNCPC encontra-se solução para o problema que causa atualmente perturbação ao operador do direito e divergências doutrinárias e jurisprudenciais. Nos termos do dispositivo, as questões relativas à validade e à adequação da penhora, da avaliação e dos atos executivos subsequentes podem ser arguidas pelo executado por simples petição, regra que também poderá ser seguida no processo de execução após a oposição dos embargos à execução.

Por fim, é mantida a possibilidade de alegação de inconstitucionalidade da norma que fundamenta a sentença, exatamente como atualmente previsto no art. 475-L, § 1.º, do CPC. A novidade fica por conta do § 6.º do art. 511, pelo qual, nesse caso, a decisão poderá conter modulação dos efeitos temporais da decisão em atenção à segurança jurídica. Prefiro não acreditar que o dispositivo legal pretende dar ao juízo da execução o poder de modular os efeitos da declaração de inconstitucionalidade, função privativa do Supremo Tribunal Federal. A interpretação mais razoável, portanto, é que o juízo da execução levará em conta a alegação tomando por base a modulação realizada pelo Supremo Tribunal Federal.

49.4. EXCEÇÃO E OBJEÇÃO DE PRÉ-EXECUTIVIDADE

49.4.1. Análise histórica

É relativamente tranquila a doutrina ao apontar um parecer elaborado por Pontes de Miranda em 1966, responsável, senão pelo surgimento, ao menos pela sistematização da chamada "exceção de pré-executividade"[98]. No notório "caso Mannesmann", o jurista defendeu a possibilidade de o executado alegar incidentalmente no processo de execução, por meio de mera petição, matérias de ordem pública que o juiz deveria conhecer de ofício. No caso específico que mereceu o parecer, foram propostas inúmeras execuções – inclusive de natureza concursal – com fundamento em falsos títulos executivos.

O fundamento do jurista era perfeito e até os dias atuais não pode ser seriamente contraditado. Apesar de o sistema jurídico da época prever como defesa típica do executado os embargos à execução, não teria sentido obrigar o executado a ingressar com uma ação incidental de embargos para alegar uma matéria que o juiz já deveria ter conhecido de ofício. Realmente não tem nenhum sentido lógico ou jurídico condicionar em termos extremamente formais a alegação de uma matéria que o juiz deve conhecer de ofício.

[98] Talamini, *A objeção*, p. 584-585, afirma que o primeiro a utilizar a expressão foi Galeno Lacerda.

A situação tornava-se à época ainda mais dramática considerando-se que a interposição de embargos à execução estava condicionada a garantia do juízo, de forma que o executado primeiro teria que sofrer uma constrição patrimonial, evidentemente prejudicial, para somente depois ingressar com os embargos para alegar uma matéria que na realidade o juiz já deveria ter conhecido de ofício. A omissão do juiz em reconhecer a matéria de ordem pública de ofício não poderia resultar no sacrifício do executado, obrigando-o a informar o juízo de sua atuação relapsa somente depois de sofrer uma constrição judicial e por meio de uma ação incidental.

49.4.2. Problemas de terminologia

Não resta dúvida do acerto da tese de Pontes de Miranda, mas o nome escolhido pelo jurista para designar a tese executiva atípica, realizada incidentalmente no próprio processo de execução e tendo como objeto matéria de ordem pública, não poderia ter sido pior.

O primeiro e mais significativo equívoco do nome "exceção de pré-executividade" é o desrespeito com uma tradicional distinção entre as matérias defensivas em exceções e objeções. Não parece haver divergência a respeito da divisão das matérias de defesa em duas espécies, tomando como critério a atividade do juiz em seu reconhecimento:

(a) as **exceções** são defesas que só podem ser conhecidas se alegadas expressamente pela parte interessada;

(b) as **objeções** são defesas que podem ser alegadas pelas partes, mas, caso isso não ocorra, devem ser conhecidas de ofício pelo juiz.

Essa distinção entre objeção e exceção demonstra claramente a impropriedade de nomear defesa que tem como objeto matéria de ordem pública de "exceção de pré-executividade"[99]. Interessante notar que até mesmo o legislador parece não ter o devido cuidado com a nítida distinção entre essas duas espécies de matérias defensivas, como se nota nas chamadas pela lei "exceções" de suspeição e impedimento do juiz, que tem como objeto matéria de ordem pública, sendo, inclusive, dever do juiz reconhecer de ofício sua parcialidade e remeter o processo a seu substituto legal, conforme analisado no Capítulo 11, item 11.6.3.

Por outro lado, autorizada doutrina não compreende a utilização do prefixo "pré", considerando que a característica de anterioridade derivada do termo não se explica na defesa incidental elaborada pelo devedor. Nessa crítica não é possível existir algo precedente à executividade, como um processo "pré-executivo" ou um título "pré-executivo", demonstrando-se claramente que o adjetivo "pré-executivo" não convive harmoniosamente nem com o substantivo "processo", nem com o substantivo "título". Tendo a defesa do executado a pretensão de demonstrar não ter o exequente direito ao processo executivo por não preencher os requisitos

[99] Barbosa Moreira, *Exceção*, p. 120-121; Nery-Nery, *Código*, p. 1.072.

indispensáveis a essa espécie de tutela, pretende-se negar a executividade, ou seja, demonstrar que apesar das aparências, não há processo executivo ou título executivo que justifique a continuidade da demanda.

Para essa doutrina, portanto, conjugando-se as duas críticas existentes ao nome originariamente dado ao instituto, o ideal seria chamar a defesa incidental na execução que tenha como objeto matéria de ordem pública de "objeção de não executividade"[100]. Outros, com a mesma crítica, preferem a expressão "objeção na execução"[101]. Em razão da consagração do nome na prática forense, há doutrina que se curva à tradição[102], postura que será adotada na presente exposição.

49.4.3. Distinção entre exceção de pré-executividade e objeção de pré-executividade

Como se pode notar das críticas feitas à nomenclatura original do instituto jurídico ora analisado, melhor seria chamado de objeção de não executividade, ou ao menos de objeção de pré-executividade, em homenagem à tradição. Parcela da doutrina inclusive o faz, corrigindo o equívoco da lição tradicional. O interessante, entretanto, é que a praxe forense desvirtuou a lição originária de Pontes de Miranda, alargando o objeto da defesa incidental atípica na execução para passar a admitir também matérias que não podem ser conhecidas de ofício pelo juiz. Paradoxalmente, o desvirtuamento do conteúdo se compatibilizou com o nome originário: matérias que dependem de alegação da parte passam a ser alegadas incidentalmente na execução por meio da exceção de pré-executividade.

O Superior Tribunal de Justiça é tranquilo na admissão da genuína exceção de pré-executividade, desde que o executado tenha **prova pré-constituída** de sua alegação e não haja **necessidade de instrução probatória** para o juiz decidir seu pedido de extinção da execução, ainda que matéria arguida pelo executado não possa ser reconhecida de ofício pelo juiz[103]. Nas matérias de ordem pública também é exigido não haver necessidade de prova.[104].

Registre-se que além desses requisitos o Superior Tribunal de Justiça condiciona o ingresso de exceção de pré-executividade ao momento anterior à penhora e aos embargos do devedor[105].

As alegações mais tradicionais na praxe forense são de prescrição e pagamento. No tocante à prescrição, o art. 219, § 5.º, do CPC permite seu conhecimento de

---

[100] Barbosa Moreira, *Exceção*, p. 119-120; Dinamarco, *Instituições*, n. 1.796, p. 715; Theodoro Jr., *Curso*, n. 337, p. 399.

[101] Lucon, *Objeção*, p. 571-572.

[102] Araken de Assis, *Manual*, n. 475, p. 1.070.

[103] STJ, 2.ª Turma, AgRg no Ag 1.051.891/SP, rel. Min. Castro Meira, j. 23.09.2008, *DJe* 23.10.2008; REsp 575.167/MG, 4.ª Turma, rel. Min. Barros Monteiro, j. 18.05.2004, *DJ* 30.08.2004, p. 303.

[104] *Informativo* 391/STJ, 1.ª Seção, REsp 1.110.925-SP, rel. Min. Teori Albino Zavascki, j. 22.04.2009; *Informativo* 388/STJ, 1.ª Seção, REsp 1.104.900-ES, rel. Min. Denise Arruda, j. 25.03.2009.

[105] *Informativo* 394/STJ, 4.ª T., rel. Min. Fernando Gonçalves, REsp 757.760-GO, j. 12.05.2009.

ofício pelo juiz, de forma que, mesmo não sendo matéria de ordem pública (como poderia, se a prescrição pode ser objeto de renúncia pelo credor?), passa, a partir dessa previsão legal, a ser alegada por meio de objeção de pré-executividade. O pagamento, entretanto, deve ser alegado pelo executado em sede de embargos à execução ou impugnação, e somente em situações excepcionais por meio da exceção de pré-executividade.

Conclusivamente, existem atualmente duas defesas atípicas e incidentais à execução:

(a) *objeção de pré-executividade* (ou não executividade), por meio da qual o executado alega matéria de ordem pública referente à inexistência de condições formais necessárias à continuidade da execução;

(b) *exceção de pré-executividade* (ou não executividade), por meio da qual o executado, em poder de prova pré-constituída, alega matéria que o juiz não pode conhecer de ofício, que segundo a previsão legal deveria ser alegada em sede de embargos à execução.

49.4.4. Julgamento da exceção e objeção de pré-executividade

Diante do ingresso da exceção ou da objeção de pré-executividade, cabe ao juiz intimar o exequente em cumprimento ao princípio do *contraditório*[106]. Mesmo quando a matéria é de ordem pública, podendo o juiz fundar sua decisão de ofício, o princípio do contraditório como meio de evitar surpresas no processo exige a intimação do exequente, abrindo-se um prazo de cinco dias para sua manifestação. Em casos de manifesta inadmissibilidade, pode o juiz indeferir de plano o pedido do executado sem a oitiva do exequente, já que nesse caso a intimação significaria consagrar o contraditório inútil, conforme analisado no Capítulo XX.

Na objeção de pré-executividade, que tem como objeto uma matéria de ordem pública, entendo que, ainda que excepcionalmente, admitir-se-á produção de prova incidentalmente na própria execução[107]. Não compreendo como a análise de uma matéria de ordem pública pode ser condicionada a formalidades, tal como o ingresso de uma ação incidental (embargos) ou mesmo uma defesa incidental típica (impugnação). O Superior Tribunal de Justiça, entretanto, parece ter entendimento diverso, condicionando o conhecimento de objeção de pré-executividade à desnecessidade de dilação probatória[108], inclusive estando o entendimento sumulado no tocante à execução fiscal[109].

Acolhido o pedido, a execução será extinta por sentença terminativa, recorrível por apelação, sendo o exequente condenado ao pagamento das verbas de sucum-

---

106 Araken de Assis, *Manual*, n. 478, p. 1.076; Greco, *O processo*, n. 13.2, p. 627; Lucon, *Objeção*, p. 581.

107 Talamini, *A objeção*, p. 579. Contra: Wambier-Wambier, Sobre a objeção, p. 410-411; Araken de Assis, *Manual*, n. 475, p. 1.072.

108 AgRg no REsp 978.854/MG, 2.ª Turma, rel. Min. Mauro Campbell, j. 28.10.2008, *DJe* 26.11.2008; REsp 818.453/MG, 1.ª Turma, rel. Min. Luiz Fux, j. 16.09.2008, *DJe* 02.10.2008.

109 Súmula 393: A exceção de pré-executividade é admissível na execução fiscal relativamente às matérias conhecíveis de ofício que não demandem dilação probatória.

bência, ainda que o acolhimento seja parcial[110]; rejeitado, por decisão interlocutória recorrível por agravo de instrumento, prossegue regularmente o procedimento executivo. Somente na hipótese de acolhimento da alegação de prescrição haverá uma sentença de mérito capaz de gerar coisa julgada material (art. 269, IV, do CPC).

Na exceção de pré-executividade, cabe ao juiz analisar o pedido do executado após a devida intimação do exequente para que se manifeste em respeito ao princípio do contraditório. Terá o juiz três possíveis posturas:

(a) defere o pedido e extingue a execução, o que fará por meio de sentença, recorrível por apelação;

(b) indefere o pedido e dá prosseguimento à execução, o que fará por meio de decisão interlocutória recorrível por agravo de instrumento;

(c) deixa de decidir o pedido com fundamento na necessidade de produção de prova, remetendo o debate do tema alegado aos embargos à execução, o que fará por meio de decisão interlocutória recorrível por agravo de instrumento.

Conforme já tive oportunidade de defender no Capítulo 49, item 49.4.3, tendo a exceção de pré-executividade como objeto matéria de mérito da execução, é natural que o acolhimento do pedido gere na execução (processo ou cumprimento de sentença) uma sentença de mérito que acolhe o pedido do executado (art. 269, I, do CPC). O receio em admitir a entrega de tutela jurisdicional ao executado na própria execução não se sustenta, sendo absolutamente impróprio afirmar que nesse caso há mera coisa julgada formal ou preclusão *pro iudicato*[111], esse, aliás, fenômeno processual absolutamente inaplicável ao caso. Apesar de excepcional, derivado de um desvio procedimental resultante da admissão de alegação de matéria típica de embargos por via incidental na própria execução, o acolhimento da exceção de pré-executividade é feito por sentença de mérito que em determinado momento produzirá a coisa julgada material[112].

A decisão de acolhimento da exceção de pré-executividade depende de cognição exauriente, o que significa dizer que o juiz só deve acolher a alegação do executado fundado num juízo de certeza[113]. Tendo dúvidas, deverá remeter às partes para a via própria, que serão os embargos ou a impugnação.

A decisão que indefere a exceção de pré-executividade também depende de cognição exauriente a ser realizada pelo juiz, porque, havendo necessidade da produção de prova, o juiz deverá deixar de decidir o pedido do executado. Essa decisão, apesar de interlocutória, é de mérito, apta a produzir coisa julgada material. Tratando-se de decisão interlocutória, o recurso cabível é o agravo de instrumento, sendo erro grosseiro a interposição de apelação, o que afasta a

---

[110] STJ, 2.ª Turma, AgRg no REsp 1.074.400/RS, rel. Min. Humberto Martins, j. 04.11.2008, *DJe* 21.11.2008; REsp 806.362/PR, 1.ª Turma, rel. Min. Luiz Fux, j. 16.09.2008, *DJe* 06.10.2008.

[111] Lucon, *Objeção*, p. 592.

[112] STJ, REsp 931.340/RS, 2.ª Turma, rel. Min. Eliana Calmon, j. 19.02.2009, *DJe* 25.03.2009; STJ, REsp. 666.637/RN, 4.ª Turma, rel. Min. Jorge Scartezzini, j. 09.05.2006, *DJ* 26.06.2005, p. 151.

[113] Contra: Talamini, *A objeção*, p. 584.

aplicação do princípio da fungibilidade[114]. Excepcionalmente haverá condenação em honorários nessa decisão interlocutória, quando a exceção for acolhida e a execução extinta[115], ainda que o acolhimento seja parcial, com a mera diminuição objetiva da execução[116]. A afirmação é importante porque o executado que teve rejeitado seu pedido em sede de exceção de pré-executividade não poderá renovar a matéria defensiva já rejeitada em sede de embargos à execução. Note-se que esse impedimento não pode ser fundamentado na preclusão, fenômeno endoprocessual que limita seus efeitos ao processo em que se verificou[117]. Entendo que esse impedimento é fruto de coisa julgada material gerada pela decisão interlocutória de mérito que rejeita a exceção de pré-executividade[118].

Havendo dúvida a respeito do pedido do executado que só possa ser dirimida com um aprofundamento da cognição por meio de produção de prova, o juiz não deve cair na tentação de instaurar uma fase instrutória incidental no processo/fase de execução, sob pena de completo e inadmissível desvirtuamento procedimental da execução. Não tendo condições de decidir em razão da duvidosa situação fática, cabe ao juiz remeter a discussão aos embargos à execução. Note-se que não se trata de declarar o *non liquet*, o que não é permitido ao juiz fazer, mas tão somente remeter à via própria o enfrentamento de determinada matéria.

Compreendo que esse capítulo traz inúmeras conclusões contrárias ao entendimento tradicional a respeito de alguns institutos jurídicos. Não é normal, nem esperado, **sentença de mérito na execução**, como também não é comum **decisão interlocutória de mérito**. Acredito que essas peculiaridades são uma consequência inevitável da excepcionalidade de admitir uma defesa incidental na execução não prevista em lei e que tenha como objeto a alegação de matérias que deveriam ser alegadas em sede de embargos à execução. A partir do momento em que a praxe forense começa a trabalhar com o atípico, os institutos tradicionais têm que ser adaptados a essa nova realidade.

49.4.5. Sobrevivência da exceção e da objeção de pré-executividade

No Capítulo 49, item 49.2.2, foi desenvolvida a nova regra constante do art. 736, *caput*, do CPC, que passou a dispensar a garantia do juízo para o ingresso de embargos à execução. A razão de ser da modificação do sistema é encontrada na Exposição de Motivos da Lei 11.382/2006: retirar do sistema as justificativas da chamada "exceção de pré-executividade". O objetivo do legislador foi claro, mas teria sido tal objetivo efetivamente alcançado?

---

[114] *Informativo* 313/STJ, 1.ª T., REsp 749.184-MG, rel. Min. Luiz Fux, j. 13.03.2007.

[115] *Informativo 446, STJ, 1.ª Seção*, REsp 1.185.036-PE, rel. Min. Herman Benjamin, j. 08.09.2010.

[116] *Informativo* 452/STJ, 1.ª Turma, REsp 948.412-PR, rel. Min. Luiz Fux, j. 21.10.2010.

[117] Araken de Assis, *Manual*, n. 481, p. 1.077, que por essa razão entende que o executado pode repetir a matéria nos embargos à execução.

[118] STJ, 1.ª Turma, AgRg no Ag 908.195/RS, rel. Min. Denise Arruda, j. 06.12.2007, *DJ* 17.12.2007, p. 137; EDcl no REsp 795.764/PR, 2.ª Turma, rel. Min. Castro Meira, j. 16.05.2006, *DJ* 26.05.2006, p. 248.

Conforme amplamente exposto no Capítulo 49, item 49.4.3, por objeção de pré-executividade entende-se a alegação incidental à execução por meio de mera petição, feita pelo executado, contendo como objeto matérias de ordem pública. Nesse caso, ainda que a interposição de embargos à execução não esteja condicionada à garantia do juízo, é absolutamente equivocado imaginar que não caiba mais a objeção de pré-executividade, porque, tendo como objeto matérias de ordem pública, não há exigência formal para sua alegação, bem como não se opera a preclusão relativamente a elas[119]. O executado continuará a poder ingressar com uma mera petição, antes, durante ou depois dos embargos, alegando matéria de ordem pública por meio da objeção[120].

Ainda mais útil será a utilização dessa defesa na tentativa de o executado evitar a realização da penhora, tentando convencer o juiz de que a execução não reúne as condições formais mínimas para prosseguir seu andamento. Nesse caso, inclusive, o executado fatalmente pedirá a concessão do efeito suspensivo à sua objeção, procurando demonstrar a relevância de sua fundamentação e o fundado perigo de dano que representaria a realização da constrição judicial. Note-se que, segundo o art. 652, § 1.º, do CPC, o oficial realizará a penhora três dias após a citação, de forma que o executado poderá ter interesse em evitar a prática de tal ato, o que tentará obter com a concessão de um efeito suspensivo em sua objeção de pré-executividade. E nem se fale que nesse caso deveria o executado embargar imediatamente a execução, porque a ausência de penhora impediria a obtenção do efeito suspensivo (art. 739-A, § 1.º, do CPC), ou seja, mesmo com os embargos não se impediria a realização da penhora[121].

A exceção de pré-executividade tem como objeto matéria que o juiz não pode conhecer de ofício, e que por isso deveria ser alegada em sede de embargos à execução. Ocorre, entretanto, que em virtude da antiga realidade de não se admitirem os embargos antes de realizada a penhora, a jurisprudência passou a entender cabível a chamada exceção de pré-executividade para a alegação de tais matérias de defesa sempre que haja prova pré-constituída das alegações feitas, de forma a ser possível seu acolhimento sem a necessidade de instrução probatória. Dessa forma, entendia-se tradicionalmente que não ocorreria o desvirtuamento procedimental da execução, ao mesmo tempo em que se protegeria o executado de uma penhora derivada de uma execução manifestamente improcedente.

Parece que o legislador, ao afastar a necessidade de constrição para o ingresso dos embargos à execução, imaginou que essa atípica forma de defesa incidental do executado não seria mais cabível, porque o executado passaria a alegar tais matérias de defesa nos próprios embargos à execução, que não mais exigem a garantia do juízo. Realmente não terá muito sentido falar em exceção de pré-

---

[119] STJ, 3.ª Turma, REsp 442.448/SP, rel. Min. Castro Filho, j. 25.03.2003, *DJ* 07.04.2003, p. 282.

[120] Theodoro Jr., *A reforma*, p. 178; Moreira Pinto, *A nova*, p. 403. Wambier-Wambier-Medina, *Breves*, p. 193-194, e Câmara, *Lições*, v. 2, p. 389-390, ainda que tratem a defesa como "exceção de pré-executividade". Para Gusmão Carneiro, *Cumprimento*, p. 217, a inovação extingue com a "objeção de não executividade".

[121] Araken de Assis, *Manual*, n. 474, p. 1.070.

-executividade quando o momento processual for de interposição de embargos à execução, porque aí o executado preferiria se valer de uma defesa atípica quando o ordenamento processual lhe oferece uma defesa típica, o que não seria muito lógico. O Superior Tribunal de Justiça, inclusive, já decidiu que tendo ocorrido a penhora, a exceção de pré-executividade perde o objeto[122].

O problema, entretanto, mantém-se para o executado que não quer esperar o momento de ingresso dos embargos à execução, mais precisamente para aquele executado que pretende ver a execução extinta antes mesmo de qualquer constrição judicial em seu patrimônio. Lembre-se novamente que o oficial de justiça retornará ao endereço do executado três dias depois de sua citação, para realizar a penhora (art. 652, § 1.º, do CPC), sendo que o prazo para a apresentação dos embargos será de 15 dias contados da juntada do mandado de citação aos autos (art. 738, *caput*, do CPC). Como se nota, aguardando o transcurso de seu prazo para embargar, o executado poderá já ter sofrido a constrição judicial.

Nesse caso específico não há como negar que o executado terá interesse em ingressar com uma exceção de pré-executividade, antes de realizada a penhora ou o depósito, com pedido de efeito suspensivo, para que até mesmo esse ato de constrição não se efetive até que seja julgado seu pedido de extinção da execução. Tudo dependerá do caso concreto, sendo conclusão extraída da praxe forense a possibilidade da concessão de tal efeito suspensivo, desde que o executado convença o juiz da razoabilidade de sua alegação e dos prejuízos irreparáveis ou de difícil reparação que ocorreriam com a continuação da execução[123].

E nem se fale que nessas condições deveria o executado ingressar imediatamente com os embargos à execução, porque, segundo o art. 739-A, § 1.º, do CPC, uma das condições para ser atribuído efeito suspensivo aos embargos é a existência de garantia do juízo, o que não terá ocorrido no caso concreto. Como na exceção de pré-executividade não existe nenhuma norma reguladora da concessão de efeito suspensivo, o juiz que o conceder não estará atuando contra a lei, o que ocorreria na concessão de tal efeito a embargos em execução sem a garantia do juízo.

É preciso registrar que a opção pela exceção de pré-executividade com pedido de efeito suspensivo em vez dos embargos à execução, justamente como forma de evitar a aplicação legal do art. 739-A, § 1.º, do CPC, somente se justifica para a corrente doutrinária que entende ser a garantia do juízo condição indispensável à concessão de efeito suspensivo aos embargos. A lembrança é relevante em decorrência da existência de doutrinadores que entendem ser possível – ainda que excepcionalmente – a concessão de efeito suspensivo aos embargos, mesmo sem a realização de penhora, desde que haja relevância da fundamentação e prove-

[122] *Informativo* 478/STJ: 3.ª Turma, REsp 1.061.759/RS, rel. Min. Nancy Andrighi, j. 21.06.2011.

[123] STJ, 1.ª Turma, REsp 1.002.031/PE, rel. Min. José Delgado, j. 20.05.2008, *DJe* 23.06.2008; Marinoni-Arenhart, *Execução*, p. 310; Dinamarco, *Instituições*, n. 1.796, p. 717, em casos extraordinariamente graves. Contra: Araken de Assis, *Manual*, n. 478, p. 1.076; Greco, *O processo*, n. 13.2, p. 627; Nery-Nery, *Código*, p. 1.072.

se que o perigo de grave dano decorre justamente da realização da constrição judicial[124].

O executado que ingressar com exceção de pré-executividade com pedido de efeito suspensivo para evitar a penhora corre certo risco de o juiz receber a chamada exceção de pré-executividade como embargos, afirmando que o nome que o executado dá a sua defesa é irrelevante. Como a apresentação dos embargos não está mais condicionada à garantia do juízo, o juiz pode entender que a defesa apresentada é na realidade embargos, embora o executado a chame de exceção de pré-executividade. Nesse caso, a situação do executado se complica de forma considerável, porque, sendo recebida a defesa como embargos à execução, estará preclusa a alegação de qualquer outra matéria de defesa – preclusão consumativa.

A situação do executado, entretanto, poderá piorar ainda mais, a depender do radicalismo com que o juiz enfrentar a situação. Poderá o magistrado entender que a peça apresentada, apesar do nome dado pelo executado, é genuinamente embargos à execução, mas que a petição apresentada não reúne as condições formais mínimas exigidas para uma petição inicial, forma adequada para dar início aos embargos à execução. Diante da inépcia da petição apresentada, indeferi liminarmente a petição. É evidente que essa solução é absolutamente radical e indesejada, até mesmo porque, não estando em termos a petição inicial dos embargos, o juiz deverá determinar sua emenda no prazo de dez dias[125]. De qualquer forma, a ideia de o juiz receber a exceção como embargos, à luz da preclusão temporal, leva a uma utilização bem mais rara da exceção de pré-executividade[126], o que já pode ser considerado um grande avanço.

No tocante ao cumprimento de sentença, a doutrina majoritária entende que a Lei 11.232/2005 não foi capaz de alterar a realidade das objeções e exceções de pré-executividade. No tocante à objeção, os comentários já feitos a respeito do processo de execução são totalmente aplicáveis ao cumprimento de sentença. Quanto à exceção, como a doutrina majoritária entende que a impugnação depende da garantia do juízo, a defesa atípica incidental continua a ser interessante ao executado que pretenda a extinção do cumprimento de sentença antes da constrição judicial[127]. Já tive a oportunidade de defender entendimento contrário ao majoritário no Capítulo 44, item 44.7, de que a impugnação não depende de penhora, mas nesse caso será condição para a concessão do efeito suspensivo a existência de penhora, de forma que os mesmos comentários feitos para o processo de execução se aplicam ao cumprimento de sentença.

---

[124] Wambier-Wambier-Medina, *Os embargos*, p. 639; Marinoni-Arenhart, *Manual*, p. 449.

[125] STJ, 1.ª Turma, REsp 1.032.474, rel. Min. José Delgado, j. 18.03.2008; REsp 962.629/RS, 2.ª Turma, rel. Min. Eliana Calmon, j. 04.03.2008; Mazzei, *Reforma 2*, p. 466.

[126] Wambier-Wambier-Medina, *Breves*, p. 189; Ferres, *Nova*, p. 211/212; Camiña Moreira, *Embargos*, p. 25.

[127] Araken de Assis, *Manual*, n. 474, p. 1.069.

LIVRO V

TUTELA DE URGÊNCIA

50

TUTELA ANTECIPADA E TUTELA CAUTELAR

50.1. INTRODUÇÃO

A doutrina majoritária divide a tutela de urgência em duas espécies: **tutela cautelar** e **tutela antecipada**. Na realidade, no âmbito da tutela de urgência também é necessário destacar a importância da **liminar**, termo equivocado que pode ser utilizado como espécie de tutela de urgência satisfativa ou para designar o momento de concessão de uma espécie de tutela de urgência.

Valendo-se da origem no latim (*liminaris*, de *limen*), o termo "liminar" pode ser utilizado para designar algo que se faça inicialmente, logo no início. O termo liminar, nesse sentido, significa limiar, soleira, entrada, sendo aplicado a atos praticados *inaudita altera parte*, ou seja, antes da citação do demandado. Aplicado às espécies de tutelas de urgência, a liminar, nesse sentido, significa a concessão de uma tutela antecipada ou de uma tutela cautelar antes da citação do demandado. A liminar assumiria, portanto, uma característica meramente topológica, levando-se em conta somente o momento de prolação da tutela de urgência, e não o seu conteúdo, função ou natureza[1].

---

[1] Furtado Fabrício, *Ensaios*, p. 195-196; Calmon de Passos, *Comentários*, 9. ed., n. 6.13, p. 73; Theodoro Jr., *Tutela*, p. 5-6.

Por outro lado, é preciso reconhecer que, no momento anterior à adoção da tutela antecipada pelo nosso sistema processual, as liminares eram consideradas uma espécie de tutela de urgência, sendo a única forma prevista em lei para a obtenção de uma tutela de urgência satisfativa. Nesses termos, sempre que prevista expressamente em um determinado procedimento, o termo "liminar" assume a condição de espécie de tutela de urgência satisfativa específica[2]. Seriam, assim, três as espécies de tutela de urgência:

(a) tutela cautelar, genérica para assegurar a utilidade do resultado final;
(b) tutela antecipada, genérica para satisfazer faticamente o direito;
(c) tutela liminar, específica para satisfazer faticamente o direito.

Em feliz expressão doutrinária, a tutela antecipada é a generalização das liminares[3]. Pretendendo a parte obter uma tutela de urgência satisfativa e havendo uma expressa previsão de liminar no procedimento adotado, o correto é requerer a concessão dessa liminar, inclusive demonstrando os requisitos específicos para a sua concessão; não havendo tal previsão, a parte valer-se-á da tutela antecipada, que em razão de sua generalidade e amplitude não fica condicionada a determinados procedimentos. Em resumo: caberá tutela antecipada quando não houver previsão de liminar. Um excelente exemplo é a ação possessória: sendo de posse nova, cabe o pedido de liminar, porque previsto em lei (arts. 924 e 928 do CPC), mas sendo de posse velha, não há previsão legal de liminar, restando ao autor o direito à obtenção da tutela antecipada, desde que preenchidos os requisitos[4]. Naturalmente, sendo ambas as tutelas de urgência de mesma natureza, a aplicação do princípio da fungibilidade se impõe.

Como afirmado, sempre que exista a expressa previsão de liminar num determinado procedimento, estar-se-á diante de uma espécie de tutela de urgência satisfativa. Tal circunstância é verificada inclusive no procedimento cautelar, que tem previsão de liminar no art. 804 do CPC. É evidente que, nesse caso, a satisfação fática gerada pela concessão da liminar não diz respeito ao direito material, alheio ao objeto da demanda, mas ao direito cautelar, que é imediatamente satisfeito – somente no aspecto fático – com a concessão da liminar[5]. Basta pensar numa ação cautelar de arresto com a concessão de liminar; o autor pretende uma constrição judicial para garantir a futura execução de pagar quantia, e com a concessão da liminar é exatamente isso que obtém, ao menos no plano fático.

O art. 804 do CPC é um dos mais interessantes, apesar de geralmente ser desprezado pelos operadores do direito. Seu interesse reside na utilização do termo "liminar" em seus dois sentidos possíveis. O dispositivo legal utiliza o termo como espécie de tutela de urgência satisfativa – do direito cautelar –, mas também no

---

2 Dinamarco, *Fundamentos*, p. 623; Guerra, *As liminares*, p. 190; Baptista da Silva, *A "antecipação"*, p. 130.

3 Dinamarco, *Fundamentos*, p. 623.

4 Nery-Nery, *Código*, 10. ed., p. 526. Pelo cabimento de tutela antecipada na ação de reintegração de posse: STJ, REsp 555.027/MG, rel. Min. Carlos Alberto Menezes de Direito, j. 27.04.2004, *DJ* 07.06.2004, p. 223.

5 Batista Lopes, *Tutela*, p. 209; Shimura, *Arresto*, n. 7.4, p. 268; Fux, *Curso*, p. 1.577.

sentido topológico, quando prevê como requisito para a sua concessão a circunstância de a ciência do requerido ser apta a gerar a ineficácia do resultado final do processo. Fica claro que, se o perigo é a ciência do requerido, que se dá por meio de sua citação, a liminar só encontra justificativa pela previsão legal antes da citação, ou em outros termos, *inaudita altera parte*.

Admitida a tese defendida, é até mesmo possível uma tutela antecipada num processo cautelar, desde que o requerente precise de uma tutela de urgência satisfativa depois da citação do requerido. Como não caberá mais liminar – sua justificativa legal não fará mais qualquer sentido – tecnicamente a única utilidade será a concessão de tutela antecipada. Reconheço, entretanto, que a doutrina majoritária entende possível a concessão de liminar a qualquer momento do procedimento cautelar[6], e que diante da fungibilidade entre essas duas espécies de tutela de urgência satisfativa o pedido de uma ou outra não trará consequências práticas relevantes.

50.2. COMPARAÇÃO ENTRE TUTELA CAUTELAR E TUTELA ANTECIPADA

Superada a questão dos diferentes sentidos do termo "liminar", cumpre comparar as duas espécies de tutela de urgência genéricas: tutela cautelar e tutela antecipada. Serão apontadas quatro diferenças e quatro identidades que ao final serão suficientes para sustentar a tese defendida: apesar de tutelas próximas, consideravelmente parecidas, são espécies diferentes de um mesmo gênero.

50.2.1. Diferenças

50.2.1.1. *Natureza jurídica*

É tradicional na doutrina a distinção da tutela cautelar e da tutela antecipada com fundamento na explicação de que a primeira assegura o resultado útil do processo, enquanto a segunda satisfaz faticamente o direito da parte (geralmente o autor, mas não exclusivamente)[7]. A lição de que a tutela cautelar garante e a tutela antecipada satisfaz seria suficiente para não confundir essas duas espécies de tutela de urgência. Ainda que não se pretenda confrontar essa distinção, é importante observar que a distinção entre garantia e satisfação não é tão simples como num primeiro momento pode parecer.

O maior problema é que em ambas as espécies de tutela de urgência encontram-se presentes tanto a garantia quanto a satisfação, sendo importante

---

6 Baptista da Silva, *Do processo*, 3. ed., p. 187; Lacerda, *Comentários*, n. 58, p. 245; Shimura, *Arresto*, n. 7.4, p. 269.

7 Theodoro Jr., *O processo*, p. 89; Dinamarco, *A reforma*, p. 140-141; Batista Lopes, *Tutela*, p. 40-41; Fidélis dos Santos, *Novíssimos*, p. 25; Araken de Assis, *Antecipação*, p. 15-19; Nery-Nery, *Código*, p. 524.

definir o que forma o objeto da tutela e o que é meramente sua consequência. A **tutela cautelar garante para satisfazer** e a **tutela antecipada satisfaz para garantir**[8]. O objeto da tutela cautelar é garantir o resultado final do processo, mas essa garantia na realidade prepara e permite a futura satisfação do direito. A tutela antecipada satisfaz faticamente o direito, e, ao fazê-lo, garante que o futuro resultado do processo seja útil à parte vencedora[9]. A presença de garantia e satisfação em ambas serve para explicar a frequente confusão em sua distinção, o que inclusive levou o legislador a prever expressamente a fungibilidade entre elas (art. 273, § 7.º, do CPC).

Numa ação de sequestro, a realização da constrição judicial e do depósito dos bens nas mãos de um depositário judicial garante que, definida a partilha entre os cônjuges, os bens estejam íntegros, evitando qualquer espécie de dilapidação patrimonial (art. 822, III, do CPC). Essa garantia, entretanto, não se justifica por si só, servindo tão somente para que ao final do processo o direito das partes seja plenamente satisfeito. Numa tutela antecipada de liberação imediata de medicamento, a satisfação fática gerada pela imediata entrega do medicamento ao autor serve para garantir que ao final da demanda a decisão de procedência seja útil. De que valeria a concessão do remédio somente em sede de tutela definitiva se o lapso temporal para tanto é suficiente para deteriorar de tal forma a saúde do autor a ponto de tornar a entrega do medicamento inútil?

Técnica interessante que pode auxiliar na tarefa de determinação do objeto e da consequência da tutela de urgência, e como consequência da sua natureza cautelar ou antecipada, é analisar se os **efeitos práticos** que a tutela gera se confundem – total ou parcialmente – com os efeitos que serão criados com o resultado final do processo. Havendo tal coincidência, a tutela de urgência será antecipada e, no caso contrário, será cautelar[10].

> A diferença ora analisada resta consagrada pelo art. 269 do PLNCPC, que em seu § 1.º prevê que são medidas satisfativas as que visam a antecipar ao autor, no todo ou em parte, os efeitos da tutela pretendida, enquanto o § 2.º prevê que são medidas cautelares as que visam a afastar riscos e assegurar o resultado útil do processo.

50.2.1.1.1. "Cautelares satisfativas"

Cumpre nesse momento uma breve menção às tradicionais "cautelares satisfativas", que em meu entendimento não se justificam mais dentro do sistema

[8] Pontes de Miranda, *Comentários*, v. 12, p. 14-15.

[9] Bedaque, *Tutela*, n. 10, p. 307. Contra: Oliveira, *Alcance*, p. 120: "No caso do art. 273, a prevenção do dano constitui a finalidade imediata pretendida alcançar com a antecipação, enquanto o efeito prático provisório opera apenas mediatamente". Também é esse o entendimento de Arieta, *provvedimenti*, p. 70.

[10] Scarpinella Bueno, *Tutela*, n. 2.5, p. 23-24. Em sentido próximo: Furtado Fabrício, *Ensaios*, p. 199.

processual atual. É preciso lembrar que a tutela antecipada é relativamente nova em nosso ordenamento, datando de 1994 sua adoção. Significa dizer que antes dessa data a tutela de urgência era dividida em duas espécies:

(a) tutela cautelar, ampla e genérica, com o objetivo de assegurar o resultado útil do processo;

(b) liminares, restritas a algumas espécies de procedimento (p. ex., ação civil pública, ação declaratória de constitucionalidade/inconstitucionalidade, mandado de segurança, ação possessória de posse nova, embargos de terceiro, ação popular etc.), com o objetivo de satisfazer faticamente o direito da parte.

Nesse panorama, a única espécie de tutela de urgência satisfativa prevista pelo ordenamento era muito restrita, limitada a poucos procedimentos. Nesse verdadeiro vácuo legislativo, a praxe forense passou a se valer da tutela cautelar, ampla e genérica – já que basta o preenchimento de seus requisitos para se ter direito à sua concessão – com o nítido objetivo de obter uma satisfação fática, e não uma mera garantia[11]. Naturalmente, os juízes passaram a conceder esse tipo de tutela atécnica, porque entre permitir o perecimento de um direito aparente em razão de vácuo legislativo ou distorcer a natureza jurídica da cautelar nitidamente se preferiu a adoção da segunda alternativa.

Com o advento da tutela antecipada, entretanto, o panorama foi significativamente alterado, considerando-se que, a partir de então, o ordenamento processual passou a contar com uma tutela de urgência satisfativa ampla e genérica – assim como era e sempre foi a tutela cautelar –, suprindo o vácuo legislativo que permitiu o surgimento e desenvolvimento da tutela "cautelar satisfativa"[12]. As distorções que eram aceitas em razão de vácuo legislativo não mais se justificam, sendo inadmissível a manutenção das chamadas "cautelares satisfativas".

É preciso observar, entretanto, que as "cautelares satisfativas" não desapareceram por completo por dois motivos fundamentais. Em alguns casos, em razão de uma tradição que não mais se sustenta, como na hipótese do processo cautelar de sustação de protesto[13]. Além disso, existem previsões no próprio ordenamento jurídico indicando a existência de cautelar nominada com natureza indiscutivelmente satisfativa, como se verifica na cautelar:

(a) de alimentos provisionais[14];

(b) de busca e apreensão de menores;

(c) fiscal, de que trata a Lei 8.397/1992;

---

[11] Watanabe, *Tutela*, p. 31-32; Calmon de Passos, Até quando abusarás, ó Catilina?, p. 78; Furtado Fabrício, *Ensaios*, p. 193, para quem falar em "cautelar satisfativa" é o mesmo que falar em "gelo quente"; Barbosa Moreira, *A antecipação*, p. 199.

[12] Nery Jr., *Atualidades*, p. 66; Arruda Alvim Wambier, *Da liberdade*, p. 539; STJ, 2.ª Turma, REsp 577.693/MG, rel. Min. Eliana Calmon, j. 15.09.2005, *DJ* 03.10.2005, p. 174.

[13] Dinamarco, *A nova*, n. 38, p. 84.

[14] Marinoni, *Antecipação*, n. 4.2, p. 146.

(d) demolição de prédio em ruína iminente, para resguardar a segurança pública (art. 888, VIII, do CPC)[15];

(e) prevista no art. 24 da Lei 11.340/2008 (Lei Maria da Penha);

(f) prevista no art. 6.º da Lei 11.804/2008 (Alimentos gravídicos).

50.2.1.2. *Requisitos para concessão*

Tratando-se de tutelas concedidas mediante cognição sumária, em *juízo de probabilidade*, o requisito referente à aparência do direito na tutela cautelar é diferente daquele previsto para a tutela antecipada. Um dos requisitos para a concessão da tutela antecipada é a prova inequívoca da verossimilhança da alegação, segundo previsão expressa do art. 273, *caput*, do CPC. Para a tutela cautelar, um dos requisitos para a sua concessão é o *fumus boni iuris*. Apesar de ambos se situarem no plano da probabilidade do direito, é inegável que entre eles existe uma diferença fundamental.

Segundo a melhor doutrina, o juiz parte, no início do processo, da mais completa ignorância e desconhecimento a respeito da demanda judicial que julgará, sendo construído o seu convencimento conforme aprofunda a sua cognição. Dessa forma, o juiz parte da ignorância e ao final chega à certeza, que o habilita a proferir a decisão definitiva. Compreende-se que entre a ignorância e a certeza existam diferentes graus de convencimento, que podem mais se aproximar da dúvida ou da certeza. Nessa verdadeira linha de convencimento pode-se afirmar que a prova inequívoca da verossimilhança da alegação está mais próxima da certeza do que o *fumus boni iuris*, ainda que em ambos os casos já exista um convencimento suficiente para o juiz considerar ao menos aparente o direito do autor[16]. Esse entendimento é recepcionado pelo Superior Tribunal de Justiça[17].

Ainda que exista corrente doutrinária que não aceita a tese de gradações do convencimento do juiz, em especial pela dificuldade prática de aferir esses diferentes graus de convicção, entendendo que o juízo de probabilidade na tutela cautelar e tutela antecipada é o mesmo[18], prefiro a corrente que vê distinção entre eles. As dificuldades práticas de objetivar a diferença não é o suficiente para concluir pela igualdade. Na tentativa de tornar mais objetiva a distinção, parcela doutrinária afirma que para a cautelar basta que o fato alegado pelo requerente pareça ser verdadeiro (verossimilhança da alegação), enquanto na tutela antecipada, além de o fato parecer verdade (verossimilhança da alegação), deve haver um

15 Barbosa Moreira, *Tutela*, p. 103.

16 Watanabe, *Tutela*, p. 33-34; Bedaque, *Tutela*, p. 333-334; Araken de Assis, *A antecipação*, p. 24; Zavascki, *Antecipação*, p. 77.

17 STJ, 2.ª Turma, AgRg na MC 12.968/PR, rel. Min. Castro Meira, j. 25.09.2007, *DJ* 05.10.2007, p. 245; REsp 532.570/RS, 2.ª Turma, rel. Min. João Otávio de Noronha, j. 21.10.2004, *DJ* 13.12.2004, p. 292.

18 Marinoni, *Antecipação*, n. 4.10.5, p. 172; Dinamarco, *A nova*, n. 33, p. 73; Câmara, *Lições*, v. 1, p. 441; Baptista da Silva, *Curso*, p. 136.

conjunto probatório que corrobore a alegação e seja suficiente para formar um convencimento mais robusto, mas ainda não definitivo, ao juiz[19].

Essa distinção desaparece no PLNCPC, que igualará o grau de probabilidade de o direito existir para a concessão de qualquer espécie de tutela de urgência, independentemente de sua natureza. Nesse sentido o art. 276, ao prever que a tutela de urgência será concedida quando forem demonstrados elementos que evidenciem a plausibilidade do direito, bem como a demonstração de risco de dano irreparável ou de difícil reparação.

50.2.1.3. *Atividade oficiosa do juiz*

Segundo a previsão do art. 273, *caput*, do CPC, "o juiz poderá, a requerimento da parte, antecipar, total ou parcialmente, os efeitos da tutela pretendida no pedido inicial, (...)". Da literalidade do dispositivo legal se conclui que a tutela antecipada depende de pedido expresso da parte interessada, sendo vedada a atuação de ofício pelo juiz[20]. A doutrina majoritária entende que, tratando-se a tutela antecipada de espécie de tutela que beneficia diretamente a parte, que poderá a partir de sua concessão aproveitar-se do bem da vida como se tivesse ganhado a demanda, cabe somente à parte pedir expressamente a proteção jurisdicional[21].

Diferente da tutela antecipada, o art. 797 do CPC consagra expressamente o **poder geral de cautela do juiz**, e um dos sentidos possíveis atribuídos a esse instituto processual é a concessão de medidas cautelares de ofício, ainda que em situações excepcionais. Com maior ou menor amplitude na atividade de ofício do juiz, a doutrina é unânime no reconhecimento de uma permissão legal de concessão de tutela cautelar independentemente de pedido da parte interessada[22].

Ainda que se concorde com a doutrina majoritária de que a tutela antecipada depende de pedido da parte interessada, é preciso lembrar que há uma parcela minoritária que defende a possibilidade de concessão de tutela antecipada em situações excepcionais. Para alguns, a gravidade do caso e a disparidade de armas entre as partes justificariam a concessão de ofício com amparo na regra da *razoabilidade*[23]; para outros, apesar de afirmarem que o poder do juiz é excepcional, bastaria a constatação de risco iminente de perecimento do direito e da existência de provas suficientes de verossimilhança, ou seja, bastaria o preenchimento dos requisitos necessários para a concessão de tutela antecipada[24]; há ainda aqueles

---

19 Bedaque, *Tutela*, p. 334; Oliveira, *Alcance*, p. 114.

20 Barbosa Moreira, *A antecipação*, p. 203; Nery-Nery, *Código*, p. 525; Gusmão Carneiro, *Da antecipação*, n. 41, p. 61; Zavascki, *Antecipação*, p. 115; Calmon de Passos, *Comentários*, n. 6.1.1, p. 32-34; Araken de Assis, *Doutrina*, p. 411.

21 Dinamarco, *A nova*, n. 42, p. 88-89.

22 Marinoni-Arenhart, *Processo*, p. 104-106; Nery-Nery, *Código*, p. 1.114; Lacerda, *Comentários*, n. 16, p. 80-82.

23 Marinoni-Mitidiero, *Código*, p. 270.

24 Bedaque, *Tutela*, n. 30, p. 372-373.

que entendem ser a atuação oficiosa justificada na justa e adequada decisão da causa[25].

Tenho certa simpatia pela possibilidade excepcional da concessão da tutela antecipada de ofício, ainda mais quando a omissão do juiz resultar no perecimento de direitos indisponíveis, nem sempre defendidos em juízo por seus titulares, como ocorre no processo coletivo. Reconheço que a antecipação de tutela, apesar de satisfazer faticamente o direito do autor, gera a efetividade do resultado final do processo como consequência dessa satisfação, o que seria suficiente para defender que a mesma "tutela ao processo" desenvolvida no poder geral de cautela pode ser aplicada na tutela antecipada. Ocorre, porém, que o legislador entendeu mais adequado preservar o princípio dispositivo ao exigir expressamente o pedido do autor, de forma que a concessão de ofício da tutela antecipada exige uma modificação legislativa.

50.2.1.4. Autonomia

Tradicionalmente entende-se que a concessão da tutela cautelar depende da instauração de um processo específico para esse determinado fim, chamado de processo cautelar. Firme na concepção da autonomia das ações, conclui-se que a medida cautelar deve ser resultado de uma atividade específica desenvolvida pelo juiz com o fim de assegurar o resultado útil do processo, de forma que é, ao menos em regra, necessária a formação de um processo específico para o desenvolvimento dessa atividade acautelatória[26].

Justamente em razão da autonomia da cautelar, há tradicional distinção do processo cautelar interposto antes e durante a ação principal; o processo cautelar preparatório ou *antecedente* – nomenclatura preferível porque nem sempre esse processo "prepara" coisa alguma – é aquele que precede a existência da ação principal, enquanto o processo cautelar *incidental* (ou incidente) é aquele ingressado durante o trâmite da ação principal.

Atualmente, existe uma interessante discussão doutrinária a respeito da interpretação do art. 273, § 7.º, do CPC e, ainda mais importante, de como o dispositivo legal afeta a autonomia cautelar. Qualquer que seja a interpretação, é certo que alguma flexibilização existe; afinal, o dispositivo permite que o juiz conceda uma medida cautelar incidentalmente no próprio processo principal, sem a necessidade da instauração de um processo cautelar incidental.

Há corrente doutrinária que compreendeu no dispositivo bem mais do que seria possível extrair de sua interpretação literal. Em virtude do novo dispositivo legal, passou essa parcela da doutrina a defender a possibilidade de o autor pedir, desde já, a tutela cautelar de forma incidental no próprio processo de conhecimento, de

---

[25] Fux, *Curso*, p. 63.

[26] Shimura, *Arresto*, p. 37; Marins, *Tutela*, p. 104-107; Theodoro Jr., *Processo*, p. 69-68; Lacerda, *Comentários*, p. 2-4; Fidélis dos Santos, *Manual*, v. 2, p. 305; Orione, *Processo*, p. 65-67.

modo a dispensar o processo autônomo cautelar incidental. Alguns doutrinadores que já defendiam tal possibilidade após o advento da tutela antecipada, ainda com maior razão, agora supostamente ancorados por norma legal, voltaram a defender a tese de extinção do processo autônomo cautelar incidental[27]. Outros que ainda não haviam se manifestado sobre o tema se encorajaram a defender a tese[28].

Parcela da doutrina, entretanto, não se mostrou tão expansiva na interpretação do dispositivo legal, não enxergando neste a legitimidade para a propositura concomitante de pedido cautelar e principal, tampouco a exclusão do processo autônomo cautelar do sistema processual. Para essa corrente doutrinária, a concessão da medida cautelar, em razão da aplicação do art. 273, § 7.º, do CPC, estaria condicionada a situações de dúvida fundada a respeito de qual espécie de tutela de urgência seria cabível, não se devendo tutelar o erro manifesto[29].

Já tive a oportunidade de adotar o entendimento mais restritivo, ainda que tenha à época reconhecido que *de lege ferenda* seria possível admitir o pedido incidental cautelar[30]. De qualquer forma, ainda que se entenda pela corrente mais ampliativa, são muito poucos os que defendem a extinção da autonomia do processo cautelar, ao menos no tocante ao processo cautelar antecedente. Não concordo que em cautelares antecedentes que tenham como pretensão a satisfação fática do direito possa se afirmar que a tutela antecipada tem caráter antecedente, como sustenta autorizada doutrina[31]. Nesse caso, a concessão da tutela satisfativa se faz como se de tutela cautelar se tratasse, o que, apesar do manifesto equívoco do juiz, no caso concreto, em embaralhar as diferentes espécies de tutela de urgência, é o que justifica a concessão em caráter antecedente.

Indiscutível, por outro lado, que a tutela antecipada não é autônoma, não existindo um processo autônomo de tutela antecipada. Diferente da tutela cautelar, a tutela antecipada sempre será requerida e concedida incidentalmente em processo já instaurado, em regra no processo/fase de conhecimento.

> Essa distinção acaba com o PLNCPC, que passa a prever o pedido antecedente autônomo de qualquer espécie de tutela de urgência, bem como o pedido meramente incidental deverá ser feito sem a necessidade de processo autônomo, nos termos do art. 286.
>
> Segundo o art. 279, a petição inicial da medida de urgência requerida em caráter antecedente indicará a lide, seu fundamento e a exposição sumária do direito ameaçado e do receio de lesão, o que deixa claro que o pedido autônomo poderá ter como objeto tanto a tutela cautelar como a antecipada. Uma vez concedida a tutela de urgência em sede liminar e havendo impugnação do réu,

27 Wambier-Wambier, *Breves*, p. 59-60.

28 Bedaque, *Código*, p. 808; Fux, *Curso*, p. 73; Vasconcelos, *A fungibilidade*, p. 72; Gonçalves, *Novo*, p. 305-306; Spadoni, *Fungibilidade*, p. 90-91.

29 Marinoni, *Antecipação*, n. 3.3.13, p. 131-132; Figueira Jr., *Comentários*, p. 120-121; Orione, *Processo*, p. 67-69.

30 Neves, *Ações*, n. 2.3.4, p. 69-76.

31 Dinamarco, *A nova*, n. 38, p. 83.

o art. 282, *caput*, do PLNCPC requer que o pedido principal seja apresentado no prazo de 30 dias ou em outro que o juiz fixar. Segundo o art. 282, § 1.º, o pedido principal será apresentado nos mesmos autos em que tiver sido veiculado o requerimento da medida de urgência, não dependendo do pagamento de novas custas processuais quanto ao objeto da medida requerida em caráter antecedente. Nos termos do § 3.º do mesmo artigo, a apresentação do pedido principal será desnecessária se o réu, citado, não impugnar a liminar. Finalmente, o § 4.º prevê que, na hipótese prevista no § 3.º, qualquer das partes poderá propor ação com o intuito de discutir o direito que tenha sido acautelado ou cujos efeitos tenham sido antecipados.

50.2.2. Identidades

50.2.2.1. *Provisoriedade*

Segundo a previsão do art. 273, § 4.º, do CPC, a tutela antecipada pode ser **revogada ou modificada a qualquer momento**, possibilidade esta também prevista para as medidas cautelares, conforme disposto no art. 807 do CPC. A identidade de objetos desses dois dispositivos já é suficiente para a compreensão de que tanto a tutela cautelar quanto a tutela antecipada são tutelas provisórias, que não existem para durar eternamente. Ainda que as condições de revogabilidade das diferentes espécies de tutela de urgência não sejam as mesmas[32], é indiscutível que ambas comungam da característica da provisoriedade[33].

Ser provisória significa que a tutela de urgência tem um tempo de duração predeterminado, não sendo projetada para durar para sempre. A duração da tutela de urgência depende da demora para a obtenção da tutela definitiva, porque, uma vez concedida ou denegada, a tutela de urgência deixará de existir. Registre-se que, apesar de serem provisórias, nenhuma das tutelas de urgência é temporária. Temporário também tem um tempo de duração predeterminado, não durando eternamente, mas, ao contrário da tutela provisória, não é substituída pela tutela definitiva; simplesmente deixa de existir, nada vindo tomar seu lugar.

As considerações a respeito da provisoriedade da tutela antecipada dizem respeito à tutela antecipada como espécie de tutela de urgência (art. 273, *caput* e I, do CPC) – objeto da presente análise – e da tutela antecipada como tutela sancionatória (art. 273, *caput* e II, do CPC). Essa afirmação é importante porque não se pretende enfrentar nesse momento a polêmica que cerca a tutela antecipada prevista pelo art. 273, § 6.º, do CPC, que para alguns doutrinadores é um

---

[32] Neves, *Preclusões*, 2004, n. 4.1.4, p. 198-214; n. 5.2.2, p. 287-299 e n. 5.3.2, p. 308-310.

[33] Barbosa Moreira, *A antecipação*, p. 199; Dinamarco, *A nova*, n. 34, p. 76; Bedaque, *Tutela*, n. 10, p. 306-308; Costa Machado, *Tutela*, n. 8.3.1, p. 578. Para Arruda Alvim, *Tutela*, p. 103, "a medida cautelar é, por definição, provisória; a tutela antecipatória é provisória, mas tende a ser definitiva".

verdadeiro julgamento antecipado parcial da lide, fundado em cognição exauriente e juízo de certeza, o que tornaria definitiva a tutela concedida por essa espécie de tutela antecipada. É natural que, adotado o entendimento de que a cognição é exauriente e o juízo formado é de certeza, não há como entender provisória a tutela concedida, até porque a possibilidade de revogação ou modificação da tutela está condicionada à existência de circunstâncias supervenientes durante o processo, que só poderão ocorrer se a cognição não for exauriente.

Segundo o art. 283, § 2.º, do PLNCPC, a decisão que concede a tutela não fará coisa julgada, mas a estabilidade dos respectivos efeitos só será afastada por decisão que a revogar, proferida em ação ajuizada por uma das partes, que poderá, nos termos do § 3.º, ser proposta por qualquer das partes.

50.2.2.2. *Cognição sumária – juízo de probabilidade*

Conforme já analisado, a tutela antecipada tem como um dos seus requisitos a prova inequívoca da verossimilhança da alegação e a tutela cautelar, o *fumus boni iuris*. Apesar de existir diferença entre esses dois requisitos, é inegável que para a concessão de qualquer espécie de tutela de urgência é dispensável a cognição exauriente, bastando, portanto, a cognição sumária. Ainda que existam diferentes graus de convencimento, mesmo para a concessão da tutela antecipada não se exige a realização de cognição exauriente, típica das tutelas definitivas. Essa cognição sumária permite ao juiz a concessão de uma tutela de urgência fundando-se meramente num juízo de probabilidade, ainda que na tutela antecipada se exija uma probabilidade mais intensa do direito de a parte existir.

É justamente em razão de não ser necessário o juízo de certeza decorrente de cognição exauriente que a doutrina se preocupa em explicar que a "prova inequívoca" prevista pelo art. 273, *caput*, do CPC não significa prova definitiva que demonstre sem qualquer possibilidade de erro a veracidade de uma alegação. Com diferentes interpretações a respeito do termo legal, a doutrina é praticamente unânime em afirmar que a "prova inequívoca" é uma prova séria que corrobora a alegação do autor, não sendo necessário que tenha a aptidão de produzir a certeza no espírito do juiz[34].

50.2.2.3. *Inexistência de satisfação jurídica*

Já foi amplamente demonstrado que a tutela antecipada satisfaz faticamente o direito da parte, ou seja, permite que a parte aproveite no plano dos fatos uma situação que só poderia ser obtida com a vitória judicial definitiva. O mesmo não

[34] Zavascki, *Antecipação*, p. 78; Arruda Alvim, *Tutela*, p. 111; Baptista da Silva, *A "antecipação"*, p. 137.

ocorre na tutela cautelar, que, apesar de criar uma nova situação jurídica, não proporciona à parte o aproveitamento do bem da vida pretendido como se tivesse vencido definitivamente a demanda judicial. A satisfação jurídica, entretanto, é estranha a ambas as espécies de tutela de urgência[35].

Por satisfação jurídica entende-se a **solução definitiva da crise jurídica**, ou, em outras palavras, a perpetuação da satisfação fática, de maneira que a parte possa usufruir eterna e tranquilamente de sua vitória judicial. No sistema processual brasileiro, por uma opção de política legislativa, somente os pronunciamentos de mérito fundados em cognição exauriente – e às vezes nem estes – têm a aptidão de produzir a coisa julgada material, fenômeno que torna imutável e indiscutível a decisão concessiva de tutela e que, por consequência, entrega a satisfação jurídica à parte vencedora. Como ambas as tutelas de urgência são concedidas por meio de cognição sumária, é natural a conclusão de que não geram satisfação jurídica.

Interessante notar que parcela da doutrina, crítica a respeito da proposta principal do presente artigo no sentido de constatar que a tutela antecipada e a tutela cautelar são diferentes tutelas de um mesmo gênero, afirmam que a inexistência da satisfação jurídica é suficiente para concluir pela natureza cautelar também da tutela antecipada[36]. Apesar de concordar com a inexistência da satisfação jurídica na tutela antecipada, não parece correto simplesmente ignorar que ela gera uma satisfação fática e a tutela cautelar, não; até porque, para a parte agraciada com a tutela antecipada, a satisfação fática é substancialmente mais benéfica que a situação de preservação gerada pela tutela cautelar.

50.2.2.4. *Requisitos para concessão*

Já se analisou a diferença entre o *fumus boni iuris* e a prova inequívoca da verossimilhança da alegação, sendo esses os requisitos referentes à probabilidade de o direito existir. O preenchimento desses requisitos no caso concreto, entretanto, não é suficiente para a concessão da tutela de urgência, exigindo-se, além deles, o *periculum in mora* na tutela cautelar e o fundado receio de dano irreparável ou de difícil reparação na tutela antecipada de urgência (art. 273, I, do CPC).

Apesar das diferenças nas nomenclaturas, *periculum in mora* e fundado receio de dano representam exatamente o mesmo fenômeno: o tempo necessário para a concessão da tutela definitiva funcionando como inimigo da efetividade dessa tutela. Em outras palavras, tanto na tutela cautelar quanto na tutela antecipada de urgência caberá à parte convencer o juiz de que, não sendo protegida imediatamente, de nada adiantará uma proteção futura, em razão do perecimento de seu direito[37].

---

[35] Oliveira, *Alcance*, p. 120.

[36] Bedaque, *Tutela*, n. 10, p. 307; Araken de Assis, *Doutrina*, p. 436-439.

[37] Dinamarco, *A nova*, n. 29, p. 65; Nery-Nery, *Código*, p. 529; Gusmão Carneiro, *Da antecipação*, n. 26, p. 32-33; Zavascki, *Antecipação*, p. 78; Costa Machado, *Tutela*, n. 3.1.2, p. 446-449. Contra, com entendimento isolado: Calmon de Passos, *Comentários*, n. 6.2, p. 43-44.

50.3. CONCLUSÕES DA COMPARAÇÃO

A comparação realizada entre tutela cautelar e tutela antecipada tem como principal objetivo demonstrar que se trata de tutelas próximas, similares, mas diferentes, cuidando-se efetivamente de duas espécies do mesmo gênero. Essa proximidade das duas espécies de tutela de urgência tem ao menos duas consequências práticas relevantes:

(a) a aplicação subsidiária das normas da teoria geral das cautelares à tutela antecipada;

(b) fungibilidade entre a tutela cautelar e a tutela antecipada.

50.3.1. Aplicação subsidiária da teoria geral cautelar à antecipação de tutela

A antecipação de tutela é integralmente regulamentada por apenas um artigo legal, qual seja o art. 273 do CPC; quando muito, também pelo art. 461, § 3.º, do CPC, que, entretanto, não traz nenhuma novidade digna de nota se comparado com o art. 273 do CPC. A tutela cautelar, por sua vez, é regulamentada por dezesseis artigos somente de teoria geral: os arts. 796 a 812 do CPC, com mais 76 artigos tutelando as cautelares nominadas (arts. 813 a 899 do CPC). A pouca regulamentação da tutela antecipada faz com que algumas vezes o art. 273 do CPC não seja capaz de tutelar na plenitude essa espécie de tutela de urgência, quando será indispensável, além de benéfico à tutela antecipada, a aplicação subsidiária de normas legais da tutela cautelar[38].

50.3.1.1. *Caução*

Na tutela cautelar há previsão expressa de caução para a concessão liminar no art. 804 do CPC, não existindo tal previsão no art. 273 do CPC. Apesar dessa omissão, não resta nenhuma dúvida quanto à aplicação do art. 804 do CPC também à tutela antecipada, sendo possível ao juiz – não obrigatório, naturalmente – condicionar a concessão da tutela antecipada ao oferecimento de caução, que funcionará como contracautela para garantir o ressarcimento dos eventuais danos a serem suportados pela parte contrária, na hipótese de revogação da tutela antecipada[39].

Por meio de outro raciocínio, o Superior Tribunal de Justiça já chegou à conclusão da possibilidade de prestação de caução na concessão de tutela antecipada. Nesse entendimento, a conclusão de cabimento da caução decorre da aplicação do art. 273, § 3.º, do CPC, que ao tratar da efetivação da tutela antecipada faz expressa remissão à execução provisória, que em regra exige a prestação de caução no momento de efetiva satisfação do direito[40].

---

[38] Barbosa Moreira, *A antecipação*, p. 201; Dinamarco, *A nova*, n. 48, p. 100-102.

[39] Dinamarco, *A nova*, n. 47, p. 100; Bedaque, *Tutela*, n. 35, p. 391; Costa Machado, *Tutela*, n. 10.5, p. 599-601.

[40] STJ, 3.ª Turma, REsp 952.646/SC, rel. Min. Nancy Andrighi, j. 04.11.2008 (Informativo 375 do STJ). No mesmo sentido, Zavascki, *Antecipação*, p. 91, apesar de também mencionar o art. 804 do CPC.

Apesar de concordar com o resultado desse entendimento, acredito existir nele um grave equívoco, porque a caução deve ser requisito para a concessão da tutela antecipada, e não de sua efetivação, que naturalmente ocorre em momento posterior. Dessa forma, a adoção do art. 273, § 3.º, do CPC admitiria a concessão da tutela antecipada, e até mesmo atos de execução, desde que não sejam aqueles previstos no art. 475-O, III, do CPC. Como se nota, condicionar a concessão da tutela antecipada à prestação de caução não decorre da aplicação do art. 273, § 3.º, do CPC, mas da aplicação subsidiária do art. 804 do CPC.

50.3.1.2. *Audiência de justificação*

Na hipótese de o juiz não estar plenamente convencido a respeito do pedido liminar de tutela cautelar e acreditar que possa obter esclarecimento para a prolação de uma decisão com maior segurança por meio da oitiva de testemunhas do requerente da tutela, poderá, antes de analisar o pedido, determinar a realização de uma audiência prévia de justificação. Essa possibilidade é expressamente prevista pelo art. 804 do CPC. Nada há nesse sentido no art. 273 do CPC, não obstante no art. 461, § 3.º, do CPC existir expressa previsão pela possibilidade de realização dessa audiência.

Não resta dúvida da possibilidade de aplicação do art. 804 do CPC quando prevê a designação da audiência prévia de justificação à tutela antecipada, nas mesmas condições verificadas para a concessão da liminar de tutela cautelar. Seria até mesmo um contrassenso obrigar o juiz a decidir o pedido de tutela antecipada liminar sem a devida segurança a respeito de seu entendimento, quando a oitiva de testemunhas do autor mostrar-se capaz de tornar a situação mais clara e compreensível ao juiz[41].

Entendo, inclusive, que a audiência de justificação na tutela antecipada, além de esclarecer fatos referentes à efetiva existência do fundado receio de dano irreparável e de difícil reparação, pode ser utilizada pelo autor para a produção da prova inequívoca da verossimilhança de sua alegação[42]. Não concordo que tal prova tenha obrigatoriamente de ser pré-constituída, tampouco que deva ser sempre de natureza documental, em desprezo, inclusive, da diferença existente entre prova documental e prova documentada. Tendo nosso sistema adotado o sistema da persuasão racional da valoração das provas, a vinculação do convencimento judicial a um determinado meio de prova, ainda mais em cognição sumária e mediante um juízo de probabilidade, não parece ser a solução mais adequada. Sendo possível formar um juízo de certeza fundado somente em prova testemunhal, como impedir a concessão de tutela antecipada fundada nesse meio de prova, ainda que com as especialidades decorrentes da audiência de justificação?

---

[41] Barbosa Moreira, *A antecipação*, p. 202-203. Contra: Araken de Assis, *Doutrina*, p. 419.

[42] Scarpinella Bueno, *Tutela*, n. 4.1, p. 33-34; Fux, *Curso*, p. 63. Contra: Costa Machado, *Tutela*, n. 1.3.7, p. 404.

50.3.1.3. *Responsabilidade objetiva*

Toda tutela provisória está fundamentada na teoria do risco-proveito: sua efetivação é altamente proveitosa à parte que a recebe, mas ela assume todos os riscos numa eventualidade de a tutela se mostrar no futuro indevida. No art. 811 do CPC, há expressa previsão de que o requerente beneficiado por uma tutela cautelar, que de alguma forma perca sua eficácia ou se mostre indevida, tem responsabilidade objetiva perante o requerido. O mesmo raciocínio deve ser aplicado à tutela antecipada, também regida pela **teoria do risco-proveito**, com aplicação subsidiária do art. 811 do CPC[43].

Na realidade, no tocante à responsabilidade objetiva nem seria preciso a aplicação subsidiária do art. 811 do CPC, considerando-se que o art. 273, § 3.º, do CPC, que trata da efetivação da tutela antecipada, ao fazer remissão às regras da execução provisória, torna aplicável o art. 475-O, II, do CPC, que já prevê expressamente a responsabilidade objetiva do exequente[44]. Seja como for, a responsabilidade objetiva do beneficiado pela tutela antecipada é indiscutível, qualquer que seja o dispositivo legal que fundamente tal conclusão[45].

50.3.1.4. *Competência*

Segundo expressa previsão do art. 800, parágrafo único, do CPC, interposto o recurso, a competência para a concessão de medida cautelar passa a ser do tribunal para o qual o recurso foi endereçado. Note-se que o dispositivo não dispõe a respeito da necessidade de recebimento ou da necessidade de os autos do processo já se encontrarem no tribunal. Apesar do sistemático desrespeito dos tribunais superiores a essa norma legal quanto à competência à cautelar inominada, que visa dar efeito suspensivo ao recurso especial e extraordinário, consagrado pelas Súmulas 634 e 635 do Supremo Tribunal Federal[46], continua a ser a regra geral a competência do tribunal após a interposição do recurso.

A ausência de regra específica a respeito do tema no concernente à tutela antecipada não impede a aplicação subsidiária do art. 800, parágrafo único, do CPC[47]. Há um problema prático enfrentado no dia a dia forense que dificulta a efetivação desse entendimento, verificado sempre que os autos do processo ainda não estejam no tribunal competente para conhecer do pedido de tutela antecipada. Por razões de incompreensão processual e preguiça em aceitar o novo, cartórios

---

43 Nery-Nery, *Código*, p. 530; Gusmão Carneiro, *Da antecipação*, n. 48, p. 79; Dinamarco, *A nova*, n. 46, p. 98; Scarpinella Bueno, *Tutela*, n. 12.6, p. 119-120. Contra: Baptista da Silva, *Curso*, p. 145.

44 STJ, 2.ª Turma, REsp 943.502/MA, rel. Min. Mauro Campbell Marques, j. 26.08.2008, *DJ* 24.09.2008.

45 Zavascki, *Antecipação*, p. 91-92, afirma que na tutela antecipada sancionatória a responsabilidade é subjetiva.

46 Informativo 528 do STF.

47 Gusmão Carneiro, *Da antecipação*, n. 58, p. 99; Zavascki, *Antecipação*, p. 133; Nery-Nery, *Código*, p. 528; Didier-Braga-Oliveira, *Curso*, p. 646-647.

distribuidores se recusam a receber petições com pedidos de antecipação de tutela quando os autos ainda não chegaram ao tribunal[48], o que invariavelmente obriga a parte a ingressar com uma ação cautelar incidental inominada, que por ter natureza de ação é facilmente recebida pelo cartório distribuidor. Passei por essa desagradável experiência no mês de janeiro de 2009 no Tribunal de Justiça de São Paulo, e isso em pleno fervor do *sincretismo processual*.

Faz interessante observação parcela da doutrina a respeito dessa competência; apesar de reconhecer a aplicação subsidiária do art. 800, parágrafo único, do CPC à tutela antecipada, afirma corretamente que, tendo o pedido de tutela antecipada o objetivo de retirar o efeito suspensivo da apelação já interposta, também o juízo de primeiro grau poderá analisar o pedido da parte[49]. Estando incluídos os efeitos do recurso no juízo de admissibilidade recursal, não haverá preclusão a impedir o juízo de primeiro grau de manifestar a respeito do tema, decidindo por meio de decisão interlocutória recorrível por agravo de instrumento.

50.3.1.5. *Efeitos da apelação*

Em regra, a apelação é recebida no duplo efeito – devolutivo e suspensivo –, podendo o texto legal retirar em algumas situações o efeito suspensivo do recurso, como ocorre no art. 520, IV, do CPC (apelação interposta contra a sentença que decidir o processo cautelar). É possível a aplicação subsidiária desse dispositivo legal à sentença que decide a tutela antecipada, de forma que a apelação interposta contra essa decisão não tenha efeito suspensivo, ao menos quanto ao capítulo que decidiu a tutela. A conclusão deve ser explicada.

Não concedida a liminar no processo cautelar e sendo julgado improcedente o pedido ou extinto o processo sem a resolução de mérito, nunca terá havido a concessão da tutela cautelar, sendo irrelevante nesse caso a apelação ter ou não efeito suspensivo. Essa situação assemelha-se ao processo de conhecimento no qual não houve antecipação de tutela em qualquer momento, sendo a apelação recebida no duplo efeito. Não concedida a liminar no processo cautelar e sendo julgado procedente o pedido, a tutela cautelar será concedida originariamente na sentença, em situação assemelhada à concessão originária de tutela antecipada na sentença. Concedida a liminar no processo cautelar, a sentença de procedência a confirmará e a sentença de improcedência e terminativa a revogará, em situação semelhante à concessão prévia à sentença de tutela antecipada, que será confirmada ou revogada pela sentença.

O que se pretende demonstrar é que decidir o processo cautelar significa conceder a tutela cautelar na própria sentença, confirmar ou revogar liminar anteriormente concedida. Com a aplicação subsidiária do art. 520, IV, do CPC à tutela

---

[48] Dinamarco, *A nova*, n. 43, p. 93, concorda com esse procedimento, entendendo ser aplicável o art. 800, parágrafo único, do CPC, somente quando os autos já estiverem no tribunal.

[49] Scarpinella Bueno, *Tutela*, n. 10.3, p. 90-91, e n. 11, p. 95.

antecipada, decidir tutela antecipada também significará a concessão originária na sentença, a confirmação ou revogação por essa decisão de tutela anteriormente deferida. Em todas essas situações, a apelação não terá efeito suspensivo, ao menos no capítulo que trata da antecipação da tutela, seja para concedê-la originariamente[50], confirmá-la ou revogá-la[51].

Na sentença que confirma a antecipação de tutela anteriormente concedida existe expressa previsão no art. 520, VII, do CPC de que a apelação não terá efeito suspensivo. Também pela aplicação extensiva desse dispositivo pode se chegar à conclusão de que a sentença que concede originariamente ou revoga a tutela antecipada, apesar da omissão legal, também será recorrível por apelação sem o efeito suspensivo. O que importa é perceber que o **capítulo da sentença que trata da tutela antecipada gera efeitos imediatos**, não suspensos pela previsão ou interposição de apelação[52].

50.3.2. Fungibilidade entre as espécies de tutela de urgência

Atendendo à forte opinião doutrinária, o legislador consagrou expressamente em lei a fungibilidade entre a tutela antecipada e a tutela cautelar no art. 273, § 7.º, do CPC. Entendo que a expressa previsão de fungibilidade é o reconhecimento por parte do legislador de que realmente a tutela antecipada e a tutela cautelar não são iguais, mas extremamente próximas, e que podem no mais das vezes ser tuteladas por meio de um tratamento unitário.

Entendo que o princípio da *fungibilidade* deva ser aplicado à luz do **princípio da adstrição** do juiz ao pedido da parte, de forma que não reconheço o art. 273, § 7.º, do CPC, como dispositivo que legitime o juiz a conceder tutela diversa daquela que foi pedida, servindo na realidade como permissivo ao juiz para adequar o pedido de urgência formulado à tutela indicada. Caso o autor requeira como tutela antecipada uma providência cautelar, desde que preenchidos os requisitos, o juiz deve adaptar o pedido à concessão de tutela cautelar e concedê-la; não poderá, por outro lado, acreditando que o autor não tem direito à tutela antecipada, conceder outra tutela, não pedida, de natureza cautelar, salvo nas excepcionais hipóteses de exercício do poder geral de cautela.

Parece mais adequado o entendimento de que a fungibilidade prevista pelo art. 273, § 7.º, do CPC não deve ser entendida por meio de uma interpretação literal. Aduz o dispositivo legal que, requerida a tutela antecipada, o juiz poderá conceder uma medida cautelar, mas também o caminho inverso deve ser admitido,

---

[50] Marinoni, *Antecipação*, n. 4.7.2, p. 161; Gusmão Carneiro, *Da antecipação*, n. 55, p. 97; Nery-Nery, *Código*, p. 869; Câmara, *Lições*, v. 1, p. 451; STJ, 4.ª Turma, REsp 1.001.046/SP, rel. Min. Fernando Gonçalves, j. 23.09.2008, *DJe* 06.10.2008 (Informativo 369 do STJ): REsp 267.540/SP, 3.ª Turma, rel. Min. Humberto Gomes de Barros, j. 21.11.2006, *DJ* 12.03.2007, p. 217 (Informativo 305 do STJ).

[51] Bedaque, *Tutela*, n. 34, p. 388-389; STJ, 3.ª Turma, REsp 768.363/SP, rel. Min. Humberto Gomes de Barros, j. 14.02.2008, *DJe* 05.03.2008 (Informativo 344 do STJ).

[52] Scarpinella Bueno, *Tutela*, n. 10.1.1, p. 76-77, e n. 10.1.4, p. 79-82.

qual seja quando a parte requerer uma medida cautelar e o juiz conceder uma tutela antecipada[53]. A argumentação de que a cautelar é menos porque proporciona somente uma garantia e a tutela antecipada é mais porque proporciona a satisfação fática é correta, mas afirmar ser a fungibilidade de mão única (pois quem pede mais pode receber menos, mas quem pede menos não pode receber mais) parece incorreto, justamente porque a parte não receberá nem mais nem menos do que pediu. Aplicando-se a adstrição ao pedido da parte, o juiz concederá exatamente o que foi pedido, adequando a pretensão à tutela de urgência cabível no caso concreto.

Tratando-se de cautelar incidental não há maiores complicações práticas. Caso a parte tenha ingressado com um processo cautelar incidental, o juiz determinará a baixa na distribuição, juntará a "petição inicial" como mera peça nos autos principais e deferirá a tutela antecipada, desde que preenchidos os requisitos[54]. Caso a parte faça o pedido de tutela cautelar por mera petição nos autos do processo principal, a solução é ainda mais fácil, bastando ao juiz adequar o pedido à tutela de urgência cabível, no caso a tutela antecipada. Na hipótese de processo cautelar preparatório, o juiz deve conceder a tutela antecipada e intimar a parte para que emende sua petição inicial no prazo de dez dias, transformando o processo cautelar no processo principal – em regra de conhecimento – sob pena de indeferimento da inicial e consequente revogação da tutela antecipada já concedida[55].

---

53 Dinamarco, *A nova*, n. 31, p. 70-71; Bedaque, *Código*, p. 808. Contra: Fux, *Curso*, p. 73.

54 Nery-Nery, *Código*, p. 531.

55 STJ, 2.ª Turma, REsp 889.886/RJ, rel. Min. Humberto Martins, j. 07.08.2007, *DJ* 17.08.2007, p. 413; REsp 653.381/RJ, 3.ª Turma, rel. Min. Nancy Andrighi, j. 21.02.2006, *DJ* 20.03.2006, p. 268; Scarpinella Bueno, *Tutela*, n. 13, p. 126-127.

51

TUTELA ANTECIPADA

51.1. INTRODUÇÃO

No capítulo anterior a tutela antecipada foi comparada com a tutela cautelar, tendo sido algumas de suas características já enfrentadas. No presente capítulo o objetivo é analisar as principais características desse instituto jurídico de forma individualizada e mais aprofundada.

51.2. ESPÉCIES DE TUTELA ANTECIPADA

Apesar de a tutela antecipada ser invariavelmente associada à tutela de urgência, a análise do art. 273 do CPC permite a conclusão de que na realidade existem três espécies distintas de tutela antecipada.

A primeira e mais comum é a tutela antecipada como espécie de **tutela de urgência**, que já foi parcialmente objeto de análise no capítulo anterior. Os requisitos para a sua concessão são a prova inequívoca da verossimilhança da alegação (art. 273, *caput*, do CPC) e o fundado receio de dano irreparável ou de difícil reparação (art. 273, I, do CPC). Trata-se de *tutela provisória* e concedida mediante *cognição sumária* (juízo de probabilidade).

A segunda espécie é a tutela antecipada **sancionatória**, que funciona como forma de apenar a parte que, na forma prevista em lei, viola os princípios da boa-fé e lealdade processual. Seus requisitos são a prova inequívoca da verossimilhança da alegação (art. 273, *caput*, do CPC) e o abuso do direito de defesa ou o manifesto propósito protelatório (art. 273, II, do CPC). Trata-se de tutela *provisória*, concedida mediante *cognição sumária* (juízo de probabilidade).

Não existe nenhuma vinculação da tutela antecipada fundada no abuso do direito de defesa e manifesto propósito protelatório do réu com a circunstância de o tempo funcionar como inimigo da efetividade da tutela jurisdicional. Ao dispensar o preenchimento do requisito do fundado receio de dano, o legislador desvinculou de forma absoluta e indiscutível essa espécie de tutela antecipada do âmbito da tutela de urgência[1].

A total desvinculação dessa espécie de tutela antecipada do âmbito da tutela de urgência exime o pretendente da demonstração de qualquer perigo sobre o direito que o tempo de duração do processo em tese pudesse gerar. Significa dizer que o direito não precisa correr qualquer risco de perecimento, sendo possível à parte aguardar tranquilamente o encerramento do processo para a obtenção efetiva de sua pretensão.

Parcela da doutrina, apesar de reconhecer a dispensa da comprovação do requisito do perigo gerado pela demora do processo, afirma corretamente que, mesmo nessa espécie de tutela antecipada, afasta-se o chamado “dano marginal”, gerado de forma natural por qualquer demora na solução da demanda[2]. É claro que ao autor é sempre melhor obter a satisfação fática o quanto antes, ainda que o seu direito não corra qualquer risco, mas essa é uma mera consequência prática da antecipação de tutela.

Segundo a melhor doutrina, essa espécie de tutela antecipada funciona como forma de sanção processual à parte – em especial ao réu – que abusa de seu direito de defesa ou pratica atos protelatórios fora do processo com efeitos processuais. Apesar de o abuso de direito de defesa não se confundir com os atos protelatórios, na prática o resultado é sempre o mesmo: a criação injustificada de obstáculos – processuais ou materiais – a impedir que o processo judicial chegue ao seu final, com a definitiva entrega do bem da vida ao autor. Justamente por não entender legítima a criação de tais obstáculos, o legislador regula a obtenção da satisfação fática do direito da parte (geralmente do autor) por meio da

---

1 Gusmão Carneiro, *Da antecipação*, n. 27, p. 35; Nery Jr., *Atualidades*, p. 68-69. Contra, pela natureza cautelar: Costa Machado, *Tutela*, p. 420-421.

2 Bedaque, *Tutela*, n. 18, p. 328; Dinamarco, *A nova*, p. 62-63.

tutela antecipada como forma de sancionar a parte contrária, invertendo o ônus do tempo no processo[3].

A terceira espécie de tutela antecipada é aquela que gera maior polêmica quanto à sua natureza. Para a sua concessão estão dispensados o requisito tradicional da prova inequívoca da verossimilhança, bem como o perigo de dano ou o ato desleal. Seu único requisito está previsto no art. 273, § 6.º, do CPC: um ou mais dos pedidos cumulados, ou parcela deles, mostrar-se incontroverso.

51.3. ANTECIPAÇÃO DE TUTELA DE PARCELA INCONTROVERSA DA PRETENSÃO (ART. 273, § 6.º, DO CPC)

O art. 273, § 6.º, do CPC prevê que a tutela antecipada poderá ser concedida quando um ou mais dos pedidos cumulados, ou parcela deles, mostrar-se incontroverso. Ainda que o dispositivo legal preveja o termo "poderá", não existe nesse caso discricionariedade judicial, não havendo genuinamente uma escolha fundada em juízo de oportunidade ou conveniência entre conceder ou negar a tutela antecipada, conforme melhor explicado no Capítulo 51, item 51.9. Trata-se inegavelmente da mais polêmica espécie de tutela antecipada.

A primeira e relevante questão diz respeito à natureza jurídica do fenômeno processual previsto no art. 273, § 6.º, do CPC. É realmente uma espécie diferenciada de *tutela antecipada* ou um *julgamento antecipado parcial da lide*?

Há parcela da doutrina que entende não se tratar de genuína tutela antecipada, mas sim de julgamento antecipado parcial da lide, sendo que, em vez de um parágrafo no art. 273 do CPC, o legislador deveria ter incluído um parágrafo no art. 330 do CPC. Para essa corrente doutrinária a cognição do juiz, ao decidir parcela da pretensão do autor, é exauriente, fundando-se a decisão num juízo de certeza. Tratando-se de resolução do mérito fundada em juízo de certeza, a decisão será apta a gerar coisa julgada material, não podendo ser revogada nem modificada pela decisão final da demanda, sendo inaplicável a espécie o art. 273, § 4.º, do CPC[4].

Existe outra corrente doutrinária que defende a natureza de tutela antecipada, afirmando-se que o art. 273, § 4.º, do CPC é totalmente aplicável à tutela antecipada de parcela incontroversa da pretensão do autor. Para essa corrente doutrinária, apesar de o juízo de verossimilhança ser ainda mais robusto que nas outras espécies de tutela antecipada, o juiz não decide com fundamento em cognição exauriente, sendo admissível que ao final da demanda reformule seu entendimento e revogue ou modifique a decisão concessiva de tutela antecipada[5].

---

3 Marinoni, *Antecipação*, n. 5.1, p. 273-276.

4 Marinoni, *Antecipação*, n. 5.4.6, p. 294-295; Carneiro da Cunha, *O § 6.º do art. 273*, p. 116; Scarpinella Bueno, *Tutela*, p. 47; Didier-Braga-Oliveira, *Curso*, p. 660-663; Mouta Araújo, *Tutela*, p. 212-227.

5 Gusmão Carneiro, *Da antecipação*, p. 66-67; Zavascki, *Antecipação*, p. 111-112; Bedaque, *Código*, p. 804.

Entendo que a opção do legislador em qualificar o julgamento de parcela da pretensão quando incontroversa é determinante para a solução do impasse doutrinário. Seria possível, ainda que discutível diante de nosso sistema recursal atual, a criação do fracionamento do julgamento de mérito por meio da admissibilidade de julgamento antecipado parcial da lide, com decisão fundada em cognição exauriente e apta a gerar a coisa julgada material. Por uma opção legislativa, o processo continuaria somente para decidir a parcela controversa da pretensão, e sua decisão não afetaria o que já teria sido resolvido definitivamente. Não foi isso, entretanto, que a Lei 10.444/2002 criou ao incluir o § 6.º ao art. 273 do CPC[6].

Se o legislador tratou do fenômeno como espécie de tutela antecipada, não resta dúvida da aplicação dos §§ 4.º e 5.º do art. 273 do CPC a essa espécie de tutela antecipada, significando que a tutela antecipada **poderá ser revogada ou modificada** a qualquer momento. Como analisado no Capítulo 51, item 51.12, somente novas circunstâncias justificam a alteração de decisão concessiva de tutela antecipada, o que se torna possível com o aprofundamento da cognição judicial. Surge então a seguinte questão: sendo o pedido incontroverso, a cognição do juiz não seria exauriente? E sendo exauriente, como seria possível um aprofundamento da cognição? E não sendo possível esse aprofundamento, como legitimar uma revogação ou modificação da tutela antecipada?

Ainda que se considere a cognição exauriente nessa espécie de tutela antecipada, o conhecimento superveniente de matérias de ordem pública, que podem inclusive ser levadas ao processo *ex officio* pelo juiz, são aptas a extinguir o processo sem resolução do mérito, acarretando a imediata revogação da tutela antecipada anteriormente concedida. Essa possibilidade de revogação demonstra que a decisão concessiva de tutela antecipada não era definitiva, não sendo apta a gerar coisa julgada material[7].

Insisto que essa conclusão decorre essencialmente da opção legislativa de tratar o fenômeno descrito no art. 273, § 6.º, do CPC como espécie de tutela antecipada. Se tivesse optado pela expressa previsão de julgamento antecipado parcial da lide, não tenho dúvida de que a extinção sem resolução do mérito do processo não afetaria a decisão concessiva da tutela antecipada já transitada em julgado, protegida pela coisa julgada material. Mas, insista-se, não foi essa a opção do legislador, quem sabe por que tenha percebido a incongruência de recorrer contra a decisão que resolve parcela do mérito definitivamente por agravo de instrumento, e de decisão que resolve posteriormente outra parcela do mérito por apelação[8].

Além da polêmica envolvendo a natureza jurídica do instituto ora analisado, a interpretação do art. 273, § 6.º, do CPC também suscita outras interessantes questões. Primeiro, é importante observar que o dispositivo legal é aplicável às hipóteses de *pedido único* ou de *cumulação de pedidos*; na primeira hipótese deve haver parcela incontroversa do pedido único e na segunda parcela, de um dos pedidos

6 Dinamarco, *A reforma*, n. 50, p. 96; Wambier-Wambier, *Breves*, p. 57-58; Bedaque, *Código*, p. 804.
7 Neves, *Preclusões*, p. 225-226.
8 Gusmão Carneiro, *Da antecipação*, n. 44, p. 66.

ou mesmo um pedido (ou alguns) entre os cumulados[9]. O essencial é que parcela da pretensão do autor seja controvertida para que o processo prossiga quanto a essa parcela, e outra seja incontroversa, para que seja objeto de antecipação. Mas o que significa o "pedido incontroverso" previsto no dispositivo legal?

Para parcela da doutrina, para que o pedido seja incontroverso, é necessário o reconhecimento jurídico do pedido[10] ou ao menos a ausência de impugnação quanto à parcela do pedido[11]. São situações distintas, com consequências também diferentes.

No **reconhecimento jurídico do pedido** a atividade do juiz é meramente homologatória, de forma que a cognição do juiz nesse caso será fictamente exauriente. Na realidade, o conhecimento do juiz a respeito das questões fáticas e jurídicas da demanda passa a ser irrelevante, porque, havendo a *autocomposição* por ato unilateral do réu, caberá ao juiz simplesmente homologar o reconhecimento jurídico do pedido. Entendo que nesse caso não haverá espaço no processo para o juiz se retratar da homologação como consequência do aprofundamento de sua cognição, que será irrelevante porque o juiz está vinculado à vontade do réu em se submeter à pretensão do autor. A decisão, entretanto, não é definitiva, porque, havendo superveniente sentença de extinção do processo sem a resolução do mérito, a decisão homologatória será extinta e a tutela antecipada, revogada.

Na hipótese de **ausência de impugnação**, a atividade do juiz é genuinamente decisória, mas a mera ausência de impugnação não leva necessariamente ao acolhimento do pedido do autor. A ausência de impugnação quando muito permite ao juiz presumir os fatos alegados pelo autor verdadeiros, mas a aplicação da regra do *iura novit curia* (o juiz conhece o direito) permite a rejeição do pedido mesmo nesses casos. Significa dizer que, entendendo que o autor não tem o direito que alega ter, naturalmente não haverá antecipação de tutela, mesmo que parcela do pedido do autor não tenha sido impugnada pelo réu[12].

Nessa hipótese, entendo que o juiz decidirá mediante cognição presumidamente exauriente, o que significa dizer que naquele momento do processo o juiz entende que tem o conhecimento de todos os dados e informações necessários para resolver parcela do mérito. Prosseguindo o processo, não resta dúvida de que o juiz não buscará outros elementos de convencimento relativos à parcela do mérito já resolvida, mas é possível imaginar uma situação na qual, mesmo não procurando tais elementos, eles cheguem ao seu conhecimento. Ainda que se limite à parcela do mérito controvertida, poderá o juiz tomar conhecimento de elementos que demonstrem seu equívoco na decisão concessiva de tutela antecipada, podendo se valer de tais elementos para revogar a tutela anteriormente concedida.

---

9 Dinamarco, *A reforma*, n. 49, p. 94; Marinoni, *Antecipação*, n. 5.4.5, p. 290; Carneiro da Cunha, *O § 6.º do art. 273*, p. 116.

10 Câmara, *Lições*, v. 1, p. 447.

11 Bedaque, *Código*, p. 804; Costa Machado, *Código*, p. 616; Figueira Jr., *Comentários*, p. 93; Mouta Araújo, *Tutela*, p. 215.

12 Zavascki, *Antecipação*, p. 108.

Sarah ingressa com ação de reintegração de posse cumulada com indenização por perdas e danos contra João, que em sua contestação não impugna o alegado esbulho possessório, limitando-se a impugnar a existência de perdas e danos. Tratando-se de posse velha (não é cabível liminar), Sarah requer a concessão de tutela antecipada para se reintegrar imediatamente na posse, diante da ausência de impugnação de João, o que é concedido pelo juiz. É natural que, durante a instrução probatória que se seguirá, esteja o juiz preocupado exclusivamente com a questão das perdas e danos, mas não se pode excluir a possibilidade de que as testemunhas tragam informações ao juízo que demonstrem não ter ocorrido qualquer esbulho por parte de João. Entendo que nesse caso, tratando-se de tutela antecipada, o instituto previsto no art. 273, § 6.º, do CPC, será possível a aplicação do art. 273, § 4.º, do CPC, com a consequente revogação da tutela antecipada.

Como se pode notar do exposto, na tutela antecipada tradicional – de urgência e sancionatória –, é mais comum o juiz perceber que errou e revogar a tutela antecipada, porque o aprofundamento da cognição judicial dar-se-á justamente sobre a matéria da antecipação. Na tutela antecipada do art. 273, § 6.º, do CPC, o aprofundamento da cognição dar-se-á sobre a parcela controvertida do pedido, ou seja, recairá sobre questões alheias ao objeto de antecipação, sendo que o conhecimento de elementos a respeito desse objeto dar-se-á somente de forma indireta e não buscada originariamente. É possível, portanto, afirmar que nessa espécie de tutela antecipada a chance de revogação é muito menor, porque o juiz não procura descobrir novos elementos para verificar se acertou ou errou na concessão da tutela antecipada, mas de qualquer forma poderá, ainda que acidentalmente, adquirir esse novo convencimento que o convença de seu equívoco[13].

Registre-se, finalmente, a existência de corrente doutrinária que defende o cabimento da tutela antecipada do art. 273, § 6.º, do CPC mesmo na hipótese de impugnação do réu. Para alguns, se a impugnação não for séria, com fundamento contrário a fato notório, em cujo favor milite presunção absoluta de veracidade ou existência, contra súmula dos tribunais superiores etc., caberá a antecipação de tutela[14]. Para outros, mesmo que for séria a impugnação, não sendo necessária a instrução probatória, será cabível a antecipação de tutela, ou seja, estando parcela da pretensão preparada para imediato julgamento, antecipa-se a tutela nos termos do art. 273, § 6.º, do CPC[15]. Naturalmente que nessas duas hipóteses só haverá antecipação se o juiz entender que o autor tem o direito material alegado.

O art. 283 do PLNCPC prevê que as medidas conservam a sua eficácia na pendência do processo em que esteja veiculado o pedido principal, mas podem, a qualquer tempo, ser revogadas ou modificadas, em decisão fundamentada, exceto quando um ou mais dos pedidos cumulados ou parcela deles mostrar-se incontroversa, caso em que a solução será definitiva.

[13] Bedaque, *Código*, p. 804.

[14] Zavascki, *Antecipação*, p. 110.

[15] Marinoni, *Antecipação*, n. 5.4.6, p. 295; Scarpinella Bueno, *Tutela*, p. 49; Carneiro da Cunha, *O § 6.º do art. 273*, p. 120; Didier-Braga-Oliveira, *Curso*, p. 664.

51.4. EFEITOS ANTECIPÁVEIS

Tradicionalmente, a tutela antecipada é associada às tutelas condenatória, executiva e mandamental, parecendo não haver divergência a respeito de seu cabimento quando o pedido do autor tiver tal natureza. Já no tocante às tutelas constitutiva e declaratória há alguma divergência doutrinária não a respeito do cabimento da tutela antecipada, o que inclusive encontra-se pacificado no Superior Tribunal de Justiça[16], mas ao objeto da antecipação. Entendo que a resposta correta passa necessariamente pela definição do objeto da antecipação por meio do instituto previsto no art. 273 do CPC.

Apesar de o termo "tutela antecipada" ter se popularizado, sendo comumente utilizado – inclusive nesse livro – como corretamente a doutrina majoritária afirma não é propriamente a tutela jurisdicional o objeto da antecipação[17]. A antecipação é dos **efeitos práticos** que seriam gerados com a concessão definitiva da tutela pretendida pelo autor e não da tutela jurisdicional em si. Portanto, não se antecipada a tutela constitutiva ou declaratória da mesma forma que não se antecipa a tutela condenatória, mas sim os efeitos que essas tutelas geram no plano dos fatos.

A *tutela condenatória* imputa ao réu o cumprimento de uma prestação, sendo que essa imputação não pode ser objeto de antecipação, porque depende da certeza de que o réu deva cumprir a prestação pretendida pelo autor[18]. Ocorre, entretanto, que o efeito prático principal da tutela condenatória é a satisfação do direito gerada pela aplicação dos meios materiais de execução. Esse efeito executivo pode ser objeto de antecipação de tutela[19], sendo essa a razão pela qual se admite "condenar" o réu a retirar o nome do autor do Serasa, pressionando-o com as *astreintes*, medida de execução indireta, bem como determinar a entrega de medicamentos por meio de busca e apreensão, medida de execução por sub-rogação.

Por meio da *tutela constitutiva* obtém-se a alteração da situação jurídica mediante a criação, extinção ou modificação de uma relação jurídica. É corrente na doutrina a afirmação de que o juiz não pode antecipar essa alteração da situação jurídica, que só pode ser concedida de forma definitiva, em razão de sua **irreversibilidade**[20]. Seria absurdo admitir, por exemplo, um divórcio provisório por meio de tutela antecipada, bastando para verificar a incompatibilidade de tal providência a eventual revogação da tutela antecipada pela tutela definitiva. E se as partes, divorciadas por meio de tutela antecipada já se casaram novamente? E se já tiveram filhos nesse novo casamento[21]?

No tocante à *tutela declaratória*, a própria concepção de **certeza jurídica** torna incompatível a existência de uma certeza provisória; se há certeza, há defini-

---

16 STJ, 5.ª Turma, REsp 473.072/MG, rel. Min. José Arnaldo da Fonseca, j. 17.06.2003, *DJ* 25.08.2003, p. 358.

17 Contra: Nery-Nery, *Código*, p. 525.

18 Ovídio Baptista, *A antecipação*, p. 132.

19 Zavascki, *Tutela*, p. 85; Marinoni, *Tutela*, n. 2.6.2, p. 43, entende que não há propriamente antecipação do efeito executivo, mas produção antecipada do efeito executivo.

20 Nery-Nery, *Código*, p. 526; Bedaque, *Tutela*, n. 27, p. 362.

21 Fadel, *Antecipação*, n. 11, p. 45; Nery-Nery, *Código*, p. 526.

tividade, e se há provisoriedade, é porque não há certeza. A sentença declaratória, ao declarar a existência, inexistência ou modo de ser de uma relação jurídica – e excepcionalmente de fato –, gera uma certeza jurídica a respeito dessa declaração, que naturalmente não pode ser objeto de antecipação. Mas é possível que a certeza jurídica decorrente da declaração definitiva gere efeitos práticos, sentidos no plano dos fatos, que poderão ser objeto de antecipação. Não se pode afirmar que uma lei é provisoriamente inconstitucional, mas o efeito prático da certeza dessa inconstitucionalidade, que é a vedação à sua aplicação, poderá ser obtido em sede de antecipação de tutela.

Não concordo com a afirmação doutrinária de que não se antecipam os efeitos principais da tutela, mas apenas seus efeitos secundários ou reflexos. Entendo que na tutela condenatória o efeito principal é o efeito executivo, que permitirá a prática de atos materiais de execução, sendo pacífico na doutrina que esse efeito executivo é objeto de antecipação. Na realidade, independentemente da espécie de tutela, é sempre o *efeito executivo* (entendido em seu sentido mais amplo) o objeto de antecipação[22].

A essa conclusão poder-se-ia objetar com a alegação de que as tutelas declaratórias e constitutivas independem de efeito executivo para gerar satisfação ao autor; a declaração gera imediata e automaticamente a certeza jurídica; a criação, modificação ou extinção da relação jurídica gera imediata e automaticamente a alteração da situação jurídica das partes. Quanto a isso não há dúvida, mas é preciso lembrar que essas espécies de tutela criam uma **eficácia negativa**, que impede a prática de atos contrários ao que foi declarado e/ou constituído[23]. E essa eficácia negativa se satisfaz por meio de execução, sendo justamente esse efeito executivo objeto de antecipação de tutela nas tutelas declaratória e constitutiva.

Não é correta a lição de que qualquer efeito executivo ou mandamental que se pretenda obter já deve ser requerido na petição inicial em cumulação com o pedido declaratório, com a alegação de que a sentença declaratória não obriga o réu a fazer ou a não fazer algo[24]. Numa ação declaratória de inexigibilidade de débito não será necessário o pedido de condenação do réu a retirar o nome do autor dos cadastros de devedores para que essa medida seja concedida em sede de tutela antecipada[25]. A concessão da tutela de urgência nesse caso não decorre de pedido principal do autor nesse sentido, mas como consequência do dever do réu não praticar atos que contrariem a declaração de que o autor não é devedor.

Ao ingressar com ação declaratória de inexigibilidade de débito, o autor requer em tutela antecipada a retirada de seu nome do Serasa. A certeza jurídica de inexistência de débito não pode ser antecipada, mas, uma vez declarado que o autor não é devedor, poderá exigir do réu a retirada de seu nome do cadastro dos

22 Bedaque, *Tutela*, n. 27, p. 361; Theodoro Jr., *O processo*, p. 86.

23 Zavascki, *Tutela*, p. 86-87; Bedaque, *Tutela*, n. 27, p. 363; Didier-Braga-Oliveira, *Curso*, p. 619; Pontes de Miranda, *Tratado*, I, p. 24, e II, p. 102; Theodoro Jr., *O processo*, p. 86-87.

24 Marinoni, *Antecipação*, n. 2.6.3.4, p. 54-55.

25 STJ, 4.ª Turma, REsp 772.028, rel. Min. Fernando Gonçalves, j. 12.12.2005, *DJ* 1.º.02.2006, p. 571.

devedores, porque a manutenção de seu nome nesse cadastro significaria conduta contrária ao direito declarado. Não há outra forma de impor essa conduta ao réu senão por atos materiais de execução, sendo exatamente o que ocorre no caso concreto. São esses efeitos executivos objeto de antecipação de tutela.

Numa ação revisional de aluguel não se pode afirmar que a tutela antecipada altere a situação jurídica locatícia entre as partes, mas, uma vez modificada a relação jurídica e fixado definitivamente um novo valor de aluguel, criam-se para as partes direitos e deveres que podem ser exigidos reciprocamente para que não se contrarie o direito constituído. O locatário deve pagar o novo valor e o locador deve aceitar o pagamento, com todas as consequências advindas dessas regras de comportamento. Quando o juiz antecipa a tutela numa revisional de aluguel, determinando provisoriamente um novo aluguel, não está, como entendem alguns doutrinadores[26], antecipando a constituição do novo aluguel, mas simplesmente os efeitos executivos que essa constituição, que só pode ser definitiva, gera no plano prático, impondo uma regra de comportamento às partes.

Parcela minoritária da doutrina defende a possibilidade de antecipação da própria declaração e da constituição da nova situação jurídica, sustentando que o problema não é o seu cabimento, mas a viabilidade e a utilidade destas tutelas em face das diversas situações concretas[27]. Essa corrente doutrinária afirma que não se pode admitir uma constituição provisória em ações de estado, mas é possível a constituição provisória de um aluguel ou de uma servidão de passagem. Na declaração, reconhecem que a antecipação, ainda que possível, não gera qualquer utilidade ao autor.

O entendimento não parece correto, porque a constituição provisória de um direito é inconcebível e contraditória. A certeza provisória que seria gerada pela antecipação da declaração ainda mais. Ainda que se admita que a tutela constitutiva não dependa de atos executivos para a sua satisfação, os efeitos práticos derivados dessa constituição, consubstanciados na necessidade de a parte contrária não adotar um comportamento contrário ao direito constituído em favor do autor são obtidos por meios executivos. E é justamente aqui que se justifica a antecipação de efeitos da tutela declaratória e constitutiva: não se antecipam a tutela nem o efeito principal dessa tutela, mas os efeitos práticos que ditam regras de comportamento às partes em respeito ao que foi declarado ou constituído.

51.5. PROCESSOS E PROCEDIMENTOS COMPATÍVEIS

O art. 273 do CPC está no Livro I do *codex* processual, que supostamente se refere ao processo de conhecimento, ainda que inúmeras regras desse Livro se apliquem à teoria geral do processo, não se limitando ao processo de conhecimento. A questão a ser enfrentada é se a tutela antecipada seria privativa do

[26] Câmara, *Lições*, v. 1, p. 439; Marinoni, *Tutela*, n. 2.6.3.4, p. 52.

[27] Marinoni, *Tutela*, n. 2.6.3.4, p. 50; Gusmão Carneiro, *Da antecipação*, n. 34, p. 50.

processo de conhecimento ou se poderia ser requerida em outros processos. Antes de enfrentar tal questão, entretanto, interessante verificar a abrangência do instituto no processo de conhecimento.

Não resta nenhuma dúvida acerca da aplicabilidade da tutela antecipada no procedimento *ordinário* e *sumário*, considerados como espécies de procedimentos comuns pelo Código de Processo Civil. Também aos procedimentos *especiais* – previstos no Código de Processo Civil e em leis extravagantes – se aplica a tutela antecipada, como se nota de decisões do Superior Tribunal de Justiça que admitem essa espécie de tutela de urgência satisfativa no despejo[28] e consignação em pagamento[29], entre outros. Mesmo na tutela *monitória* – a par do debate acadêmico a respeito de ser ação, processo ou procedimento – admite-se a tutela antecipada[30].

Na hipótese do **procedimento especial** que já tem a previsão expressa de **liminar**, que exercerá nesses casos a função da tutela de urgência satisfativa, deve-se analisar se há diferença entre os requisitos da liminar e da tutela antecipada à luz do pedido e da condição apresentada pela parte. Se o autor pedir a tutela antecipada porque sabe que não preencheu os requisitos para a concessão da liminar, como fica claro na hipótese de tutela antecipada sancionatória, o juiz deverá decidir normalmente o pedido[31]. Caso o autor apenas tenha se confundido, requerendo tutela antecipada em vez da liminar, o pedido não deverá ser rejeitado pelo juiz somente em razão desse equívoco, que melhor fará em admiti-lo como pedido de liminar, em aplicação do princípio da *fungibilidade*.

Da mesma forma, no procedimento *sumaríssimo* admite-se a tutela antecipada porque o instituto processual é totalmente compatível com os princípios dos Juizados Especiais, apesar da omissão da Lei 9.099/1995 (Juizados Especiais Estaduais), e da Lei 10.259/2001 (Juizados Especiais Federais)[32]. Na realidade, a omissão é irrelevante, mas o art. 4.º da Lei 10.259/2001, ao mencionar a possibilidade de o juiz deferir medidas cautelares no curso do processo poderia, além de ter se preocupado em proibir o processo cautelar autônomo, aproveitado a oportunidade para prever expressamente também a tutela antecipada.

Como já afirmado, a antecipação de tutela tem como objeto os efeitos executivos da tutela, o que cria em tese uma incompatibilidade da tutela antecipada com o processo/fase de execução, considerando-se que não é possível antecipar efeitos que a parte já tem. Acredito que a tutela antecipada fundada no perigo de lesão grave ou de difícil reparação não se justifica, porque, havendo tal perigo, o exequente não deverá pedir a satisfação imediata, mas a garantia de que sua satisfação ocorra no momento procedimental adequado, o que será feito por

---

28 STJ, 5.ª Turma, REsp 702.205/SP, rel. Min. Arnaldo Esteves Lima, j. 12.09.2006, *DJ* 09.10.2006, p. 346.

29 STJ, 4.ª Turma, REsp 754.619/SC, rel. Aldir Passarinho Junior, j. 10.04.2007, *DJ* 14.05.2007, p. 314.

30 Marinoni, *Tutela*, n. 4.5, p. 153.

31 Carlos Augusto de Assis, *A antecipação*, n. 4.8.1, p. 190-191.

32 Enunciado 26 do Fonaje: "São cabíveis a tutela acautelatória e a antecipatória nos Juizados Especiais Cíveis, em caráter excepcional".

meio de cautelar. Mas vislumbro hipótese bem singular de concessão da tutela antecipada sancionatória.

Com as alterações legislativas que sofreu o processo de execução, os atos de satisfação já não dependem de garantia do juízo, não mais se podendo justificar a tutela antecipada pelo ingresso de embargos à execução manifestamente protelatórios. Ocorre, entretanto, que só poderão ser adotados após a citação do executado, sendo possível imaginar hipótese de resistência injustificada à realização do ato citatório, em conduta tipificada como abusiva e desleal. Entendo que nesse caso será admissível a antecipação de tutela para já determinar os atos de satisfação do direito do exequente mesmo antes da citação do executado, com fundamento no art. 273, II, do CPC[33].

Registre-se que, havendo embargos à execução, ação incidental de conhecimento, é admissível o pedido de tutela antecipada tanto pelo embargante como pelo embargado, desde que preenchidos os requisitos legais. Basta imaginar a hipótese de o executado requerer a tutela antecipada para a retirada imediata de seu nome dos cadastros dos devedores em embargos à execução no qual se discute a existência da dívida exequenda[34].

A liminar da cautelar é satisfativa como qualquer outra, considerando-se que gera a satisfação do direito cautelar da parte; daí ser correto afirmar que a liminar cautelar é uma antecipação da tutela cautelar[35]. Entendo, entretanto, cabível a antecipação de tutela no processo cautelar, mas para tanto deve-se levar a sério o disposto no art. 804 do CPC, sob pena de se concluir equivocadamente que não existe interesse de agir na tutela antecipada em razão da previsão expressa de liminar no procedimento cautelar[36]. Segundo analisado no Capítulo 52, item 52.5, a liminar cautelar só se justifica antes da citação do requerido, de forma que, surgindo a necessidade de tutela de urgência satisfativa após esse momento procedimental, seja em razão de perigo de lesão ou de atos de má-fé do requerido, caberá a antecipação da tutela[37].

51.6. REQUISITOS POSITIVOS

Salvo a tutela antecipada prevista no art. 273, § 6.º, do CPC, a tutela antecipada sempre dependerá de prova inequívoca de verossimilhança da alegação, entendido como o requisito positivo comum da tutela antecipada. Além desse requisito, tratando-se de tutela antecipada de urgência, também deverá ser demonstrado o perigo de lesão grave de difícil ou incerta reparação e, sendo tutela antecipada

---

33 Gusmão Carneiro, *Da antecipação*, n. 6.3.4, p. 118.

34 STJ, 3.ª Turma, AgRg no Ag 226.176/RS, rel. Min. Nancy Andrighi, j. 19.12.2000, *DJ* 02.04.2001, p. 288. Concedendo a tutela de urgência, mas indevidamente chamando-a de cautelar: STJ, 4.ª Turma, REsp 431.294/SP, rel. Min. Aldir Passarinho Junior, j. 06.08.2002, *DJ* 16.09.2002, p. 198.

35 Calmon de Passos, *Da antecipação*, p. 190.

36 Nery-Nery, *Código*, p. 525.

37 Contra: Shimura, *Arresto*, p. 269.

sancionatória, o abuso do direito de defesa ou manifesto propósito protelatório, sendo esses os requisitos positivos alternativos.

51.6.1. Prova inequívoca da verossimilhança da alegação

O requisito da prova inequívoca da verossimilhança da alegação consta do art. 273, *caput*, do CPC, de forma que será exigido tanto para a tutela antecipada como espécie de tutela de urgência (art. 273, I, do CPC), como para a tutela antecipada sancionatória (art. 273, II, do CPC).

A interpretação literal do art. 273, *caput*, do CPC certamente levará o operador a uma conclusão no mínimo paradoxal, considerando-se que o termo inequívoco significa aquilo de que não se tem mais dúvida, que não admite mais discussão, o que é, naturalmente, incompatível com a ideia de verossimilhança, que cuida tão somente da aparência da verdade, o que, é evidente, nada tem de certo ou inequívoco, podendo vir a se demonstrar falsa a primeira impressão a respeito dos fatos. É nesse clima de aparente incompatibilidade entre os termos "inequívoca" e "verossimilhança" que deve ser interpretado o dispositivo legal ora comentado.

Não parece ser correto o entendimento de que a exigência de uma prova inequívoca demandaria a existência de uma prova no caso concreto, que já seria suficiente para o juiz decidir de forma definitiva a demanda judicial[38]. Esse entendimento, além de sacrificar a amplitude necessária para a aplicação da tutela antecipada – de urgência e sancionatória –, despreza por completo a segunda parte do requisito legal, que menciona expressamente a verossimilhança da alegação, ou seja, não exige do juiz um juízo de certeza a respeito dos fatos, mas tão somente de probabilidade.

É preciso lembrar que a verdade é algo meramente utópico e inalcançável, não sendo diferente no processo judicial, no qual a melhor doutrina aponta que a certeza adquirida pelo juiz no momento da prolação de sua decisão definitiva decorre de uma aparência da verdade gerada justamente pela prova produzida. Ainda que não seja possível falar em obtenção da verdade para o julgamento definitivo, a questão da verossimilhança estará sempre ligada à mera alegação de fato, enquanto a aparência da verdade exigida para o julgamento definitivo estará fundada na prova efetivamente produzida no caso concreto[39]. Dessa forma, estar-se-ia diante de duas espécies diferentes de aparência da verdade:

(i) verossimilhança, bastando para tanto a alegação de um mero fato que aparente ser verdadeira, e

(ii) verdade possível – ou quase verdade –, decorrendo a aparência da verdade justamente das provas produzidas no processo.

---

[38] No sentido do texto, Bedaque, *Tutela*, n. 20, p. 335; Zavascki, *Antecipação*, p. 152-153. Contra: Calmon de Passos, *Da antecipação*, p. 191-197.

[39] Cambi, *Direito*, p. 59; Neves, *Algumas*, p. 22-25.

Na hipótese do requisito ora analisado, é preciso observar que o legislador fica no meio-termo entre exigir do autor apenas a verossimilhança de sua alegação, ou desde já toda a prova necessária para preencher o requisito da quase verdade, exigida como forma de legitimação da decisão definitiva a ser proferida no processo. Parece haver duas exigências diversas no requisito legal ora analisado: em primeiro lugar, deverá existir uma **alegação de fato que aparentemente seja verdadeira**, tomando-se por base para essa análise as *máximas de experiência*, ou seja, aquilo que costuma ocorrer. Em segundo lugar, se exigirá uma **prova que corrobore a alegação** que já parece ser verdadeira, sem que com isso seja exigida do autor uma produção probatória exaustiva que aproxime o máximo possível o juiz da verdade, naquilo que parcela da doutrina convencionou chamar de verdade possível ou quase verdade.

Significa dizer que, além de a alegação parecer verdadeira, deverá existir uma prova forte suficiente para confirmar, ao menos na cognição sumária a ser realizada pelo juiz, que aquela alegação fática parece ser realmente verdadeira[40]. É evidente que aquilo que parece ser verdadeiro, mesmo que corroborado por uma prova, poderá se mostrar falso conforme a cognição do juiz se aprofundar no caso concreto. De qualquer forma, a existência de prova a corroborar a alegação de fato que por si só já parece ser verdadeira gera uma grande probabilidade de a alegação realmente ser verdadeira, o que já é suficiente para a concessão da tutela antecipada.

Há, entretanto, outros posicionamentos doutrinários a respeito da prova inequívoca. Para determinada corrente doutrinária, prova inequívoca é aquela à qual só é possível atribuir um sentido único, que só comporta um determinado entendimento[41]. Concordo com a crítica a esse entendimento de que mesmo a prova com duplo sentido pode ser apta a gerar o convencimento necessário à concessão da tutela antecipada[42], porque apesar de não ser o ideal, é inegável que esse tipo de prova pode justificar até mesmo uma decisão definitiva fundada em cognição exauriente. Para outros, é a prova suficiente para o surgimento do verossímil[43], com o que não se concorda por ser a verossimilhança a aparência de verdade gerada pela mera alegação de fato, e não de prova. Como já exposto, prefiro o entendimento de que a "prova inequívoca" seja prova séria o suficiente para corroborar a alegação verossímil feita pelo autor.

A prova inequívoca e a verossimilhança da alegação são dois requisitos cumulativos para a concessão da tutela antecipada, de forma que, mesmo que exista uma prova robusta a respeito de um fato, se aparentemente a alegação desse fato não mostrar-se verdadeira, será inviável a concessão da tutela antecipada. Apesar de ser circunstância difícil de ser imaginada no caso concreto, é possível que exista uma prova pré-constituída que contraria uma máxima de experiência.

---

40 Bedaque, *Tutela*, n. 20, p. 334; Dinamarco, *A reforma*, n. 106, p. 145; Theodoro Jr., *Curso*, p. 572-573; Zavascki, *Antecipação*, p. 77; Câmara, *Lições*, v. 1, p. 441.

41 Barbosa Moreira, *Antecipação*, p. 103-104; Didier-Braga-Oliveira, *Curso*, p. 625-628.

42 Marinoni, *Antecipação*, n. 4.10.5, p. 172-177.

43 Gusmão Carneiro, *Da antecipação*, n. 19, p. 24-25; Furtado Fabrício, *Antecipação*, p. 413; Fux, *Curso*, p. 63.

> João ingressa com demanda trabalhista afirmando que durante dois anos trabalhou 20 horas por dia, todos os dias da semana. Instrui sua petição inicial com cartão de ponto corroborando sua alegação, além de um certificado internacional concedido à empresa-ré que atesta ser ela exemplo internacional no controle de pessoal. Até se pode afirmar que as provas documentais juntadas aos autos por João são formalmente sérias e corroboram de forma clara a alegação de fato feita na petição inicial. Ocorre, entretanto, que a alegação de fato é inverossímil, não sendo comum um ser humano aguentar trabalhar 20 horas diárias durante todos os dias durante dois anos. Nesse caso, haverá prova inequívoca, mas não verossimilhança da alegação, e, como o art. 273, *caput*, do CPC exige a presença de ambos, não será concedida tutela antecipada em favor de João.

Por outro lado, a prova produzida como apta a garantir a tutela antecipada também poderá ser apta a garantir à parte a vitória definitiva na demanda, tudo a depender da necessidade de aprofundamento da cognição probatória desenvolvida pelo juiz. Significa dizer que determinadas provas são tão robustas acerca da alegação de fato que, ainda que existam outras provas produzidas, ela por si só já é suficiente para a decisão favorável definitiva. O que se pretende afirmar é que a prova inequívoca exigida para a concessão da tutela antecipada não deve ser robusta e completa a ponto de permitir, em qualquer hipótese, um julgamento definitivo favorável ao autor, mas é plenamente possível que, em determinadas situações concretas, seja exatamente isso o que ocorra, tamanha a carga de convencimento apresentada no caso concreto pelo beneficiado pela tutela antecipada. Basta imaginar uma confissão extrajudicial documentada, juntada à petição inicial, que já permitirá a tutela antecipada e, não tendo sido durante a instrução probatória produzida qualquer prova robusta em sentido contrário, aquela prova originariamente juntada já será suficiente para o julgamento favorável definitivo.

51.6.2. Receio de dano irreparável ou de difícil reparação

Conforme devidamente analisado no Capítulo 50, item 50.2.2.4, o perigo de dano irreparável ou de difícil reparação previsto no art. 273, I, do CPC, como requisito da tutela antecipada de urgência, é o tradicional *periculum in mora* exigido para a concessão da tutela cautelar. Aplica-se a esse requisito a máxima do tempo como inimigo, ou seja, o tempo necessário para a concessão da tutela definitiva coloca em manifesto perigo a efetividade do resultado final do processo. Para afastar esse perigo, até porque justiça tardia e ineficaz é sinônimo de injustiça, antecipa-se a tutela em favor da parte que demonstrar a boa probabilidade de seu direito existir.

Segundo autorizada doutrina, o risco de dano deve ser concreto, atual e grave[44], ou seja, deve ser iminente, provocar um sério prejuízo à parte e não decorrer de mero temor subjetivo, mas de dados concretamente demonstrados. Entende-se

---

[44] Zavascki, *Antecipação*, p. 79.

que os inconvenientes gerados pela demora processual, consequências naturais do procedimento desenvolvido em respeito ao *contraditório* e à *ampla defesa*, não sejam suficientes para a concessão da tutela antecipada[45].

O art. 273, I, do CPC qualifica o dano a que estaria exposta a parte como irreparável ou de difícil reparação. Haverá dano irreparável sempre que os efeitos do dano forem irreversíveis, como ocorre com a violação a direitos não patrimoniais, tais como o direito à integridade física. No tocante aos direitos patrimoniais, haverá dano irreparável sempre que for impossível a reparação na forma específica, ou seja, sempre que a demora na entrega da prestação jurisdicional criar uma situação jurídica que não poderá no futuro ser modificada, voltando-se ao *status quo ante*[46]. Haverá dano de difícil reparação sempre que a tutela reparatória for abstratamente eficaz, mas mostrar-se improvável no caso concreto, como se pode concluir da situação econômica da parte contrária[47].

51.6.3. Abuso do direito de defesa ou manifesto propósito protelatório do réu

Partindo-se do pressuposto de que a lei não contém palavras inúteis, é preciso distinguir as duas expressões contidas no art. 273, II, do CPC, que apesar de próximas designam fenômenos processuais distintos.

Para parcela doutrinária o manifesto propósito protelatório é mais amplo que o abuso do direito de defesa[48], mas aparentemente não se trata propriamente de diferença resultante da extensão das condutas. A forma mais adequada de interpretar o dispositivo legal é considerar que o abuso de direito de defesa representa atos protelatórios praticados no processo, enquanto no manifesto propósito protelatório do réu há um determinado comportamento – atos ou omissões – fora do processo, com ele relacionados[49].

51.6.3.1. *Abuso do direito de defesa*

Há pelo menos duas interpretações possíveis ao termo "defesa" utilizado no art. 273, II, do CPC. Numa interpretação ampliativa pode-se entender qualquer ato que busque a **defesa dos interesses da parte** e numa interpretação mais restritiva o termo "defesa" pode ser entendido exclusivamente como contestação[50].

Não parece legítimo o entendimento restritivo, evidenciando-se que o abuso do direito de defesa poderá se manifestar em outros atos processuais que não a

---

45 Theodoro Jr., *Curso*, p. 573; Gusmão Carneiro, *Da antecipação*, n. 25, p. 32.

46 Marinoni, *Antecipação*, n. 4.6.2, p. 157.

47 Scarpinella Bueno, *Tutela*, n. 4.3, p. 38.

48 Baptista da Silva, *A antecipação*, p. 139; Zavascki, *Antecipação*, p. 153; Costa Machado, *Tutela*, p. 422.

49 Zavascki, *Antecipação*, p. 153-154; Augusto de Assis, *A antecipação*, p. 176; Theodoro Jr., *Curso*, p. 572.

50 Nesse sentido as lições de Costa Machado, *Tutela*, p. 422-423.

contestação, o que inclusive poderá se notar em outras espécies de resposta do réu, como as exceções rituais, que, por gerarem a suspensão do procedimento principal, poderão ser utilizadas de forma abusiva. Mas nem só nesse momento inicial do processo será possível detectar o abuso do direito de defesa, até porque o direito de defesa não é algo que se exaure após a apresentação de resposta do réu. Como o direito de defesa existe durante todo o processo, é evidente que o abuso em seu exercício possa ocorrer durante todo o trâmite procedimental.

A maioria dos atos tipificados como de *litigância de má-fé* pelo art. 17 do CPC também poderão configurar o abuso do direito de defesa exigido pela tutela antecipada sancionatória. Nesses casos, inclusive, é ainda mais fácil a tipificação do ato praticado pela parte, considerando-se sua expressa previsão legal. Ocorre, entretanto, que seria empobrecer em demasia o alcance da norma legal a vinculação do instituto de forma absoluta aos atos de litigância de má-fé[51].

O que se pretende demonstrar é que existem atos que não são tipificados como de litigância de má-fé, mas ainda assim poderão se enquadrar no abuso do direito de defesa, como também o contrário será possível[52]. Apesar de não interessar uma análise casuística do instituto processual ora examinado, cumpre registrar ao menos a hipótese de tutela antecipada de parcela incontroversa da pretensão do autor, que antes do art. 273, § 6.º, do CPC já vinha sendo admitida pela doutrina com base no art. 273, II, do CPC. Ainda que não existisse qualquer litigância de má-fé em impugnar tão somente uma parcela da pretensão do autor, permitindo que outra parcela se tornasse incontroversa, a doutrina de forma majoritária entendia possível a antecipação da tutela mediante uma interpretação extensiva da ideia de sanção prevista na espécie de tutela antecipada ora analisada[53].

Costuma-se dizer que a mente criminosa ou de má-fé é muito criativa, de forma que seria impossível indicar todas as manobras realizáveis durante o procedimento em nítido abuso do direito de defesa da parte. Além de sempre existir uma manobra nova a se verificar no caso concreto, melhor nem descrever as já conhecidas para que algum patrono não se entusiasme com suas novas descobertas...

51.6.3.2. *Manifesto propósito protelatório do réu*

Seguindo a concepção adotada, com o objetivo de diferenciar o ato praticado em abuso do direito de defesa do ato praticado com manifesto propósito protelatório, é correto afirmar que nessa segunda hipótese os **atos são praticados fora do processo**, evidentemente gerando consequências processuais. A redação do dispositivo legal nesse tocante não foi feliz, porque o mero propósito não é suficiente para ensejar a antecipação de tutela, sendo necessário que o ato praticado efetivamente tenha protelado a entrega da prestação jurisdicional. Ainda

[51] Dinamarco, *A reforma*, p. 148; Scarpinella Bueno, *Tutela*, p. 40.

[52] Indicando essa diferença, Marinoni, *Antecipação*, p. 332; Augusto de Assis, *A antecipação*, p. 176.

[53] Neves, *Nova*, p. 94-102.

que o objetivo do réu tenha sido tornar mais moroso o trâmite processual, se não conseguiu no caso concreto atingir efetivamente tal objetivo, não haverá nenhum prejuízo ao andamento do processo. Poderá até mesmo ser punido por ato de *litigância de má-fé* (art. 17 do CPC), *atentatório à dignidade da jurisdição* (art. 14, V do CPC) ou *atentatório à dignidade da justiça* (art. 600 do CPC), mas não haverá razão para antecipar a tutela como forma de sancionar o réu[54].

Mais uma vez é grande o número de atos praticados fora do processo que tem como objetivo atrasar o andamento procedimental, e mais uma vez deixa-se de indicar uma relação de tais atos por duas razões já expostas: ser sempre meramente exemplificativa qualquer relação que se imagine a respeito de tais atos e deixar de trazer ao conhecimento de patronos e partes menos preocupadas com a boa-fé e a lealdade processual práticas escusas até então desconhecidas.

Nesse momento da análise dos atos praticados com manifesto propósito protelatório – melhor seria falar em atos com resultado protelatório – surge uma interessante questão. Esses atos, praticados fora do processo, poderiam ser praticados **antes do início da demanda judicial** ou somente poderão existir a partir do momento em que o processo está proposto? É interessante notar que o dispositivo legal já menciona o termo "réu", figura jurídica que evidentemente só passará a existir quando houver demanda judicial em trâmite. Isso, entretanto, não será suficiente para se chegar a qualquer conclusão, considerando-se a dispensabilidade do termo para a compreensão do fenômeno.

Ainda que possa ser de difícil comprovação no caso concreto a existência desses atos anteriormente à propositura da demanda judicial, a melhor doutrina que já se manifestou sobre o tema defende a possibilidade da concessão liminar também dessa espécie de tutela antecipada por atos praticados pelo réu antes mesmo da propositura da demanda[55].

Há inclusive na doutrina um interessante exemplo: existência de um contrato preliminar de compra e venda de imóvel com cláusula de prazo para entrega de bem, sendo outorgada a escritura e pago integralmente o valor e não havendo a entrega do imóvel, situação em que seria cabível o pedido de antecipação de tutela na ação de imissão de posse, ainda que seja possível ao autor aguardar o final do processo sem qualquer perigo de dano[56]. Como não se vislumbra qualquer possibilidade de resistência processual séria da parte, o ato de não sair do imóvel, mesmo antes da existência do processo, já é suficiente para configurar o manifesto propósito protelatório.

A interpretação extensiva, portanto, é a mais adequada tanto ao abuso do direito de defesa como ao manifesto propósito protelatório, admitindo-se que qualquer ato processual ou material, praticado antes ou durante o processo, seja apto a permitir, desde que presente no caso concreto a prova inequívoca da verossimilhança da alegação, a concessão da tutela antecipada nos termos do art. 273, II, do CPC.

---

54 Zavascki, *Antecipação*, p. 154; Bedaque, *Tutela*, p. 330.

55 Theodoro Jr., *Curso*, p. 567. Contra: Didier-Braga-Oliveira, *Curso*, p. 636.

56 Nery, *Atualidades*, p. 70.

51.7. REQUISITO NEGATIVO – IRREVERSIBILIDADE

Aduz o art. 273, § 2.º, do CPC que não se concederá a antecipação de tutela quando houver perigo de irreversibilidade do provimento antecipado. A norma tem nobre preocupação com o direito ao *contraditório* e a *ampla defesa*, servindo como salvaguarda do direito à segurança jurídica do réu[57], mas deve ser interpretada à luz da *efetividade da tutela jurisdicional*. Na realidade, a correta interpretação desse dispositivo legal é essencial para a tutela antecipada ser um efetivo instrumento no acesso à ordem jurídica justa ou mais uma previsão que em razão de suas limitações terá pouca aplicação prática e ainda menos relevância jurídica.

A interpretação literal do dispositivo legal deve ser evitada, até porque a doutrina majoritária entende que a irreversibilidade não diz respeito ao provimento que antecipa a tutela, e sim aos efeitos práticos gerados por ele[58]. O pronunciamento é sempre reversível, mediante a interposição do recurso cabível ou a prolação de outra decisão que virá substituí-lo. Daí a afirmação de que a **irreversibilidade não é a jurídica, sempre inexistente, mas a fática**, que é analisada pela capacidade de retorno ao *status quo ante* na eventualidade de revogação da tutela antecipada.

Tomando-se por base a irreversibilidade fática, deve-se analisar a situação fática anterior à concessão da tutela antecipada e aquela que será criada quando a tutela for efetivada. Sendo possível após sua revogação o retorno à situação fática anterior à sua concessão, a tutela antecipada será reversível, não sendo aplicado o impedimento do art. 273, § 2.º, do CPC. Caso contrário, haverá irreversibilidade, sendo, ao menos em tese, vedada pela lei a concessão da tutela antecipada.

Ocorre, entretanto, que, mesmo quando a tutela antecipada é faticamente irreversível, o juiz poderá excepcionalmente concedê-la, lembrando a doutrina que um direito indisponível do autor não pode ser sacrificado pela vedação legal. Nesse caso, valoram-se os interesses em jogo, e, sendo evidenciado o direito à tutela antecipada, é indevida a vedação legal à sua concessão. São, por exemplo, muitas as tutelas antecipadas em demandas em que se discute a saúde do autor, com a adoção de medidas faticamente irreversíveis, tais como a liberação de remédios, imediata internação e intervenção cirúrgica.

É óbvio que a mera indisponibilidade do direito não é suficiente para a concessão da tutela antecipada, devendo sempre o juiz analisar o efetivo preenchimento dos requisitos legais[59]. Não é porque a operação é necessária à sobrevivência do autor que o juiz concederá, por esse simples fato, a tutela antecipada em seu favor somente porque o Plano de Saúde ou Hospital sempre poderão cobrar o valor da operação posteriormente na hipótese de revogação da tutela antecipada.

---

[57] Bedaque, *Tutela*, n. 22, p. 339; Watanabe, *Tutela*, p. 34. Com crítica feroz, afirmando tratar-se de "impossibilidade jurídica odiosa criada pela lei": Fux, *Curso*, p. 64.

[58] STJ, 3.ª Turma, REsp 737.047/SC, rel. Min. Nancy Andrighi, j. 16.02.2006, *DJ* 13.03.2006, p. 321; Barbosa Moreira, *Antecipação*, p. 105; Baptista da Silva, *A antecipação*, p. 142; Batista Lopes, *Tutela*, n. 5.1, p. 70; Scarpinella Bueno, *Tutela*, n. 5, p. 56.

[59] Batista Lopes, *Tutela*, n. 5.1, p. 72; Scarpinella Bueno, *Tutela*, n. 5, p. 59-60.

E nem se fale que nesse caso a tutela antecipada seria admitida porque será possível ao réu converter seu eventual prejuízo em *perdas e danos*. Há doutrina que afirma existir a irreversibilidade de fato e de direito, sendo essa última sempre resolvida em perdas e danos e, por isso, não impeditiva da concessão de tutela antecipada[60]. Na realidade, esse entendimento faz do dispositivo legal letra morta, porque todos os prejuízos se convertem em perdas e danos; ainda que em algumas situações não seja o ideal a compensação pecuniária, ela é sempre possível[61].

Situação mais delicada para o juiz ocorre quando a não concessão de tutela antecipada pode gerar um sacrifício irreversível ao pretenso direito daquele que requer a tutela de urgência e sua concessão gera um sacrifício irreversível ao réu. Claro, tudo conversível em perdas e danos, mas ainda assim o direito de alguma das partes terá de ser sacrificado. Imagine-se um pedido de tutela antecipada feito na sexta-feira para proibir a veiculação de matéria jornalística em revista dominical já pronta para ser distribuída: concedida a tutela antecipada, estar-se-á sacrificando o interesse de informar da empresa; não concedida, estar-se-á sacrificando o direito à privacidade do autor.

É uma situação-limite, que podemos chamar de "irreversibilidade de mão dupla", ou como prefere a doutrina, "**recíproca irreversibilidade**"[62], na qual caberá ao juiz a ponderação do direito mais provável no momento de análise do pedido da tutela antecipada[63], aplicando-se o princípio da *razoabilidade*. Em lição de autorizado processualista, deve-se valorar comparativamente os riscos, balanceando os dois males para escolher o menor[64]. Típica hipótese é a tutela antecipada para atendimento médico quando o autor demonstra que sem ele sofrerá uma lesão irreparável[65]. Nesse caso, ainda com mais razão, será interessante na hipótese de concessão da tutela antecipada a determinação de caução ao autor, conforme analisado no Capítulo 50, item 50.3.1.1.

51.8. LEGITIMAÇÃO

Segundo o art. 273, *caput*, do CPC o juiz poderá antecipar os efeitos da tutela pretendida no pedido inicial, sugerindo a interpretação literal do dispositivo que somente o autor tem direito à tutela antecipada, já que somente ele faz "pedido inicial". A interpretação literal, entretanto, não é a mais adequada para o caso concreto, porque mesmo quem não é autor poderá requerer em seu benefício a concessão de tutela antecipada.

Não resta dúvida de que a partir do momento em que o **réu** assume uma posição ativa no processo passa a ter legitimidade para requerer a concessão da

60 Nery-Nery, *Código*, p. 529.

61 Gusmão Carneiro, *Da antecipação*, n. 50, p. 82; Bedaque, *Tutela*, n. 22, p. 346.

62 Gusmão Carneiro, *Da antecipação*, n. 53, p. 87.

63 Zavascki, Antecipação, n. 13, p. 100; Marinoni, *Tutela*, n. 4.12, p. 198.

64 Barbosa Moreira, *Antecipação*, p. 106.

65 *Informativo* 420/STJ: 3.ª Turma, REsp 801.600-CE, rel. Min. Sidnei Beneti, j. 15.12.2009.

tutela antecipada. Ao fazer uma *reconvenção* ou um *pedido contraposto*, o réu automaticamente passa a ser autor da pretensão veiculada por essas formas de resposta, qualificadas pela melhor doutrina como contra-ataques do réu[66]. Também é indubitável que o réu em *ação dúplice* pode requerer a concessão de tutela antecipada[67], porque nessa singular espécie de ação o pedido de improcedência do pedido do autor elaborado pelo réu na contestação já é suficiente para entregar-lhe o bem da vida em disputa, de forma que ele, ao contestar, passa automaticamente a assumir também uma posição ativa no processo. A ação é dúplice porque o autor e o réu, a partir do momento de contestação, passam a ter posições ativas e passivas na relação jurídica processual.

A questão remanesce, entretanto, na possibilidade de o réu, ao simplesmente **contestar** o pedido do autor buscando evitar que ele receba a tutela jurisdicional pretendida, elaborar pedido de antecipação de tutela. Como já afirmado no Capítulo 11, item 11.5, o réu faz um pedido de natureza declaratória negativa quando se defende, qual seja a declaração de que o direito material do autor não existe. Na hipótese de o réu pretender obter a antecipação dos efeitos executivos dessa futura declaração, nenhum óbice haverá ao pedido de antecipação de tutela na contestação[68].

> Edison e Felipe recebem em suas residências um comunicado do Banco Surreal apontando dívidas que ambos não reconhecem como suas e informando que o nome de ambos já foi inscrito no Serasa. Como nenhum deles jamais manteve qualquer relação jurídica com o Banco Surreal, ficam intrigados com a referida cobrança, mas reagem de forma diferente. Edison, mais diligente e preocupado com as consequências de uma eventual cobrança e da mancha em sua reputação em razão do indevido cadastramento, ingressa com ação declaratória de inexistência de débito afirmando não ter qualquer dívida com o Banco Surreal e requer em tutela antecipada a retirada imediata de seu nome do Serasa. Felipe, mais cabeça fresca, não toma nenhuma providência imediata, mas quando finalmente é citado em ação de cobrança promovida pelo Banco Surreal, se vê obrigado a contestar a demanda, alegando que não tem qualquer dívida com o autor e pedindo a improcedência do pedido, ou seja, a declaração de inexigibilidade do débito. Como se pode notar, o pedido que Felipe faz em contestação é idêntico ao que fez Edison em sua petição inicial. Se um tem legitimidade para pedir a tutela antecipada, necessariamente também terá o outro.

Mesmo ciente da absoluta excepcionalidade da situação, trago uma situação concreta tirada de minha experiência profissional na qual o réu requereu a antecipação de tutela da futura procedência do pedido do autor. Determinada instituição financeira, ao não localizar um veículo objeto de alienação fiduciária, ingressa com ação de cobrança contra o fiador, que em sua contestação limita-se a impugnar

---

[66] Scarpinella Bueno, *Tutela*, n. 4.5, p. 42-43; Gusmão Carneiro, *Da antecipação*, n. 42, p. 62; Theodoro Jr., *Curso*, n. 372-b, p. 419.

[67] Zavascki, *Tutela*, p. 115; Nery-Nery, *Código*, p. 525.

[68] Marinoni, *Tutela*, n. 4.3.1, p. 148; Bedaque, *Tutela*, n. 25, p. 354. Contra: Scarpinella Bueno, *Tutela*, n. 4.5, p. 43; Gusmão Carneiro, *Da antecipação*, n. 42, p. 62; Câmara, *Lições*, v. 1, p. 438.

o valor cobrado pelo banco. No momento de apresentar a contestação, descobre onde está o carro e requer ao juiz a concessão de tutela antecipada de sua futura condenação, com o objetivo de buscar, apreender e entregar-lhe o carro, porque, uma vez condenado e satisfazendo o direito do autor, se sub-rogaria no crédito e, consequentemente, também nas garantias, no caso o carro. É verdade que, em razão do perigo de o carro novamente desaparecer, seria cabível um pedido cautelar, mas entendo que a tutela antecipada nesse caso, apesar da excepcionalidade, deveria ser deferida, como de fato foi.

No tocante aos **terceiros intervenientes**, aplicam-se as mesmas considerações já feitas, até porque o opoente é autor o nomeado à autoria, o denunciado à lide e chamado ao processo são réus. Apenas na assistência simples há uma especialidade digna de nota; apesar de ter legitimidade para pedir a tutela antecipada em favor do assistido o assistente tem interesse condicionado à vontade daquele para tal pedido[69], de forma que, havendo manifestação de vontade expressa do assistido no sentido de não quer a tutela antecipada, apesar de legitimado faltará interesse jurídico ao assistente no pedido dessa espécie de tutela de urgência.

Questão interessante é a legitimidade do **Ministério Público** que funciona como fiscal da lei na demanda para requerer a concessão de tutela antecipada. Apesar de a corrente doutrinária majoritária defender o contrário, entendo pela impossibilidade porque, como já tive oportunidade de defender, a tutela antecipada depende de pedido da parte interessada, conforme previsão do art. 273, *caput*, do CPC. Sendo o Ministério Público fiscal da lei, fiscalizar a boa aplicação do art. 273 do CPC é deixar à parte interessada o pedido de concessão de tutela antecipada[70]. Naturalmente que isso não impede que o promotor simplesmente peticione afirmando que a parte tem direito à tutela antecipada[71], expondo suas razões, o que muito provavelmente levará o patrono da parte a requerer a sua concessão.

51.9. DISCRICIONARIEDADE E FUNDAMENTAÇÃO DA DECISÃO

Segundo o art. 273, *caput*, do CPC, o juiz poderá conceder a antecipação dos efeitos da tutela, em redação que pode levar o intérprete à conclusão de que exista alguma espécie de discricionariedade ao juiz na decisão de concessão ou não da tutela antecipada. Não é o momento adequado para enfrentar o tormentoso tema da existência ou não de discricionariedade judicial, que até entendo existir, ao menos nos poderes instrutórios do juiz, até porque, se o juiz tivesse o dever de produzir a prova, a ausência dessa atividade geraria alguma espécie de vício, o que efetivamente não ocorre. A exposição, entretanto, ficará limitada ao dispositivo legal mencionado.

69 Nery-Nery, *Código*, p. 524; Didier-Braga-Oliveira, *Curso*, p. 638.

70 Costa Machado, *Tutela*, 6.1.3.6, p. 515-516; Câmara, *Lições*, v. 1, p. 438. Contra: Scarpinella Bueno, *Tutela*, n. 4.5, p. 43; Nery-Nery, *Código*, p. 525; Gusmão Carneiro, *Da antecipação*, n. 41, p. 62; Bermudes, *A reforma*, p. 29.

71 Didier-Braga-Oliveira, *Curso*, p. 641, falam em sugerir a tutela antecipada.

Conforme corretamente entende a doutrina majoritária, não existe discricionariedade para o juiz conceder ou não a tutela antecipada, sendo o termo "poderá" entendido como "deverá". O que se afirma é que o juiz não pode simplesmente escolher entre conceder ou não a tutela antecipada imaginando que ambas as soluções serão consoantes o direito. Estando preenchidos no caso concreto os requisitos legais, o juiz é obrigado a conceder a tutela antecipada, também sendo obrigado a indeferi-la se acreditar que os requisitos não estão preenchidos[72]. Será até mesmo teratológica uma decisão na qual o juiz afirme a presença dos requisitos, mas, por acreditar que a melhor solução é a não concessão da tutela antecipada, deixa de concedê-la, ou que, mesmo ausentes os requisitos, resolve por concedê-la por entender essa solução a mais oportuna ou conveniente.

O juiz tem certa liberdade na apreciação do preenchimento dos requisitos para a concessão da tutela antecipada em razão da utilização pelo legislador de normas abertas, com conteúdo indeterminado ou vago: "grave lesão"; "difícil ou incerta reparação"; "verossimilhança da alegação"; "prova inequívoca"; "abuso do direito de defesa"; "manifesto propósito protelatório". Mas essa liberdade valorativa no preenchimento dos requisitos não se confunde com a liberdade em conceder ou não a tutela antecipada. A decisão está condicionada à atividade prévia do juiz, na qual a sua interpretação é indispensável, mas está vinculada ao resultado dessa atividade.

A exigência expressa da obrigatoriedade de fundamentação da decisão que concede a tutela antecipada, prevista no art. 273, § 1.º, do CPC, parece demonstrar que a discricionariedade não faz parte da atividade judicial quando decide sobre o pedido de tutela antecipada, tanto que deverá expor com clareza as razões que o levaram a deferir ou indeferir a tutela requerida pela parte. Ao exteriorizar suas razões do decidir, o juiz demonstra seu raciocínio e se vincula à sua fundamentação, devendo conceder a tutela antecipada se exteriorizar que entendeu preenchidos os requisitos e indeferi-la se mostrar que entendeu que os requisitos não foram preenchidos.

Ainda quanto ao art. 273, § 1.º, do CPC, o legislador certamente levou em consideração a importância da decisão que concede a tutela antecipada, especialmente quando essa decisão é de natureza interlocutória, que geralmente tem como objeto questões incidentais de menor relevância para a pretensão das partes. Na realidade, nem precisaria existir o art. 273, § 1.º, do CPC, bastando a aplicação do art. 93, IX, da CF, que exige a fundamentação em todas as decisões judiciais, mas pela norma se faz um apelo ao juízes para que cumpram a regra constitucional[73]. O reforço da exigência feito no dispositivo ora comentado só torna mais triste e incompreensível a insistência de muitos juízes em decidir pedidos de tutela antecipada de forma monossilábica ou de forma muito mais concisa do que o recomendável.

---

[72] Bedaque, *Tutela*, n. 24, p. 352; Zavascki, *Tutela*, p. 120; Scarpinella Bueno, *Tutela*, p. 64; Arruda Alvim, Tutela, p. 109-110; Didier-Braga-Oliveira, *Curso*, p. 649.

[73] Gusmão Carneiro, *Da antecipação*, n. 75, p. 138.

51.10. MOMENTO DA ANTECIPAÇÃO

A doutrina vem corretamente entendendo que a tutela antecipada pode ser concedida a qualquer momento do processo, o que significa no início, com a propositura da demanda, até o final, com o trânsito em julgado. Apesar dessa amplitude, existem alguns momentos que merecem uma análise específica em razão de suas singularidades.

51.10.1. *Inaudita altera parte*

A praxe forense vem demonstrando que a tutela antecipada pode ser concedida *inaudita altera parte*, o que significa dizer que é admissível a concessão dessa espécie de tutela de urgência antes mesmo da citação do réu[74]. A alegação de que a concessão da tutela antecipada nesse momento afronta o princípio do *contraditório* é corretamente rejeitada em razão da evidência de que nesse caso existe o respeito a esse princípio, sob forma do chamado **contraditório diferido**, analisado no Capítulo 2, item 2.4.2.5.

Apesar da possibilidade de concessão de tutela antecipada nesse momento inicial do procedimento, quando a relação jurídica processual ainda não se completou, é correta a lição doutrinária que ensina ser excepcional a concessão *inaudita altera parte*[75]. Somente se justifica conceder uma tutela de urgência de natureza satisfativa antes da oitiva do réu em situações de extrema urgência, nas quais a mera espera da citação e resposta do réu já seja suficiente para o perecimento do direito do autor. Também a hipótese de a ciência motivar o réu a adotar alguma conduta que venha a frustrar a eficácia de uma futura antecipação de tutela pode justificar no caso concreto sua concessão liminarmente. Resumidamente, só se justifica a tutela antecipada antes da citação se a convocação do réu prejudicar a eficácia da medida[76].

Significa dizer que, sempre que for possível aguardar a manifestação do réu após sua citação sem grandes repercussões negativas na esfera de interesse do autor, deve-se esperar esse momento para conceder a tutela antecipada. Ainda que o contraditório diferido seja apto a preservar o princípio constitucional consagrado no art. 5.º, LV, da CF, é evidente que o contraditório tradicional, com decisão somente após a concessão de oportunidade para a parte contrária se manifestar, é o ideal, limitando-se seu sacrifício a situações excepcionais.

Mesmo naquelas situações em que a demanda aparentemente perde o seu objeto em razão da satisfação irreversível gerada pela concessão da tutela antecipada, o contraditório diferido, apesar de ser incapaz de fazer a situação fática e jurídica retornar ao *status* anterior, serve para definir eventual responsabilidade

[74] Contra: Calmon de Passos, *Da antecipação*, p. 204-205; Bermudes, *A reforma*, p. 29.

[75] Marinoni, *Tutela*, n. 4.7.1, p. 159; Bedaque, *Tutela*, n. 29, p. 365.

[76] Bedaque, *Tutela*, n. 29, p. 366; Arruda Alvim, *Tutela*, p. 93.

civil por tutela antecipada concedida em razão de enganosa percepção de que o autor tivesse o direito material que alegava ter. O réu sempre terá interesse em continuar com o processo, porque, uma vez julgado improcedente o pedido do autor, fará jus a receber pelas perdas e danos suportadas em razão de efetivação de tutela antecipada posteriormente revogada.

> Fernanda ingressa com demanda judicial contra Aline alegando que tem o direito de vestir determinado vestido na festa de formatura de ambas, sendo que Aline indevidamente mantém com ela o tal vestido. Concedida a tutela antecipada um dia antes da festa, e sendo o vestido usado por Fernanda na festa de formatura, o que obrigará Aline a comparecer à mesma festa com um vestido alternativo, a satisfação de Fernanda será irreversível. Ainda assim, Aline terá interesse em continuar a demanda para demonstrar que Fernanda não tinha direito sobre o vestido, o que permitirá a Aline responsabilizar civilmente Fernanda por todos os danos que suportou por não ter comparecido à festa de formatura com o vestido de seus sonhos. O contraditório diferido, portanto, se não é capaz de retornar ao estado fático anterior, garantia o ressarcimento pecuniário de Aline.

Registre-se que muitas vezes o autor requer já na petição inicial a tutela antecipada, sendo tal conduta bastante frequente na praxe forense, podendo-se até afirmar que esse é o momento mais comum do autor requerer a concessão da tutela prevista no art. 273 do CPC. Caso o juiz entenda que a eventual concessão após a oitiva do réu não acarretará maiores sacrifícios ao autor, não deve expressamente indeferir o pedido de tutela antecipada, mas simplesmente decidir que resolverá o pedido somente após a manifestação do réu.

Parece indiscutível que esse pronunciamento do juiz é verdadeiramente uma decisão interlocutória que rejeita a pretensão do autor em obter a tutela antecipada, sendo recorrível por agravo de instrumento. Obviamente, a não concessão de tutela antecipada no momento em que o autor requer sua concessão gera uma sucumbência passível de ser revertida pelo recurso cabível, no caso o agravo de instrumento. Afirmar que se trata de mero despacho porque o juiz nada decidiu, somente postergando a decisão, é esquecer que justiça tardia é sinônimo de injustiça.

Infelizmente, o Superior Tribunal de Justiça tem julgados nos quais entende ser despacho o pronunciamento do juiz que determinou que sem alguns documentos que deveriam ser juntados aos autos não se poderia conceder a tutela antecipada[77]. Se essa não é uma decisão denegatória do pedido do autor, como explicar a possibilidade de o tribunal, num eventual reexame, entender que os documentos que instruíram a petição inicial são suficientes para o preenchimento dos requisitos previstos no art. 273 do CPC e conceder a tutela antecipada? Com o devido respeito que a corte merece, são julgamentos lamentáveis, que partindo de uma premissa absolutamente equivocada admitem passivamente o perecimento do direito do autor sem que ele possa se insurgir contra a decisão que lhe de-

[77] STJ, 1.ª Turma, REsp 417.479/RS, rel. Min. Garcia Vieira, j. 25.06.2002, *DJ* 26.08.2002, p. 178.

negou uma tutela antecipada, mesmo tendo preenchido todos os requisitos para a sua concessão.

51.10.2. Sentença

Num primeiro momento pode parecer incongruente o julgamento de procedência do pedido do autor e a concessão de tutela antecipada na mesma decisão. Pode-se imaginar que, sendo a procedência do pedido a concessão da tutela definitiva, fundada em cognição exauriente (juízo de certeza), não teria nenhuma utilidade a antecipação de tutela na sentença, tutela provisória que deve existir justamente enquanto não advir a tutela definitiva. Se o autor já obteve a tutela definitiva, como entender que ao mesmo tempo receba também a tutela antecipada?

A dúvida só tem alguma justificativa para aqueles que desconsideram que o instituto processual previsto no art. 273 do CPC não antecipa a tutela, mas seus **efeitos executivos**, ou seja, a tutela só pode ser concedida definitivamente, sendo objeto da antecipação somente os efeitos práticos dessa tutela. Dessa forma, sempre que o recurso contra a sentença de procedência tiver efeito suspensivo, o autor, apesar de ter obtido a tutela definitiva em sentença, não terá recebido os efeitos executivos de tal tutela, porque o recurso impedirá a geração de efeitos da sentença, obstando a satisfação imediata de seu direito. A utilidade da tutela antecipada nesse caso mostra-se evidente, entregando ao autor algo que ele não ganhou com a sentença de procedência: os efeitos práticos da tutela obtida[78]. Dessa forma, restou pacificado o entendimento do Superior Tribunal de Justiça pelo cabimento da antecipação de tutela na sentença[79].

Ocorre, entretanto, que nem todo recurso contra a sentença tem efeito suspensivo, de forma que, ausente esse efeito do recurso, como ocorre com o recurso inominado dos Juizados Especiais Estaduais, a sentença de procedência passa imediatamente a gerar efeitos, inclusive os executivos, sendo nesse caso absolutamente desnecessário antecipar a tutela na sentença. Como se diz na gíria popular, será "chover no molhado".

Há problemas a resolver a respeito do recurso cabível ao réu, que, além de perder a demanda, tem contra si concedida uma tutela antecipada na sentença. Esses problemas, entretanto, jamais poderão servir de desculpa ou impedimento para que o juiz não conceda a tutela antecipada na sentença, ou, como preferem alguns doutrinadores, monte uma pequena encenação, com a concessão por decisão interlocutória momentos antes da prolação da sentença, ainda que numa mesma folha de papel[80]. Funcionaria assim o engodo: estando o processo pronto para julgamento, o juiz chama os autos à conclusão e profere antes uma decisão interlocutória concedendo a tutela antecipada e depois uma sentença julgando pro-

---

78 Scarpinella Bueno, *Tutela*, n. 10.2, p. 84; Câmara, *Lições*, v. 1, p. 451.

79 STJ, 3.ª Turma, AgRg no Ag 940.317/SC, rel. Min. Nancy Andrighi, j. 19.12.2007, *DJ* 08.02.2008, p. 677.

80 Marinoni, *Tutela*, n. 4.7.2, p. 162.

cedente o pedido do autor. Quem sabe abre até duas conclusões para formalizar de forma indiscutível a existência de duas decisões diferentes e autônomas. O problema recursal estaria resolvido, mas à custa de uma encenação, uma simulação que não pode ser saudavelmente admitida[81].

Ainda pior a opinião doutrinária a defender que mesmo que o juiz tenha materialmente proferido somente uma decisão, que naturalmente será uma sentença com um capítulo de concessão da tutela antecipada, deve-se imaginar que existem duas decisões, uma de natureza interlocutória e outra de natureza sentencial. Afirma-se que formalmente há somente uma decisão, mas materialmente existem duas[82]. Nesse verdadeiro exercício de ficção jurídica o problema recursal estaria novamente resolvido, mas enxergar duas decisões onde só existe uma não parece ser a técnica mais apropriada para solução de problema de qualquer natureza.

Não resolve o problema recursal a adoção da elegante teoria dos capítulos da sentença, imaginando-se recorrível por agravo de instrumento o capítulo da sentença que concedeu a tutela antecipada e por apelação o capítulo que julgou procedente o pedido do autor. Como já analisado no Capítulo 21, item 21.3, o princípio da *singularidade* impede a divisão da decisão em capítulos para fins de recorribilidade, de forma que da sentença, independentemente de conter capítulos que resolvem questões incidentais, caberá a apelação[83]. O Superior Tribunal de Justiça pacificou o entendimento de que contra sentença que concede originariamente tutela antecipada cabe o recurso de **apelação**[84].

O único recurso cabível ao réu, portanto, será a apelação, mas nesse caso, como já demonstrado no Capítulo 24, item 24.2.2, o recurso não terá efeito suspensivo, de forma que mesmo impugnada a sentença o capítulo que antecipou os efeitos da sentença terá eficácia imediata. Como deve o réu proceder se pretender impedir a geração de tais efeitos? Entendo que a forma procedimental para atingir tal objetivo dependerá fundamentalmente da urgência do réu no caso concreto.

Sendo hipótese de urgência extrema, poderá o réu apelar e imediatamente ingressar com uma **petição autônoma** devidamente instruída perante o tribunal competente requerendo a concessão de efeito suspensivo à apelação no tocante ao capítulo da sentença que concedeu a tutela antecipada, com fundamento no art. 558 do CPC. Uma vez distribuída a petição, o órgão colegiado que a receber torna-se prevento para a apelação, que será a ele encaminhado quando finalmente os autos chegarem ao tribunal. É a melhor forma entre todas as possíveis, sem a

---

[81] Para Bedaque, *Tutela*, n. 29, p. 397, "a exigência não se coaduna com a eliminação de formalidades desnecessárias, nem constitui demonstração de boa técnica processual". Pela antecipação na própria sentença: Zavascki, *Tutela*, p. 82; Nery-Nery, *Código*, p. 528; Gusmão Carneiro, *Da antecipação*, p. 95; Arruda Alvim, *Tutela*, p. 90.

[82] Marinoni, *Tutela*, n. 4.7.2, p. 162.

[83] Nery-Nery, *Código*, p. 528.

[84] STJ, 3.ª Turma, AgRg no Ag 723.547/DF, rel. Min. Humberto Gomes de Barros, j. 29.11.2007, *DJ* 06.12.2007, p. 312; AgRg no Ag 517.887/SP, 6.ª Turma, rel. Min. Hélio Quaglia Barbosa, j. 27.10.2005, *DJ* 21.11.2005, p. 315. *Informativo* 305/STJ, 3.ª T., REsp 267.540-SP, rel. Humberto Gomes de Barros, j. 21.11.2006.

necessidade de interposição de recursos ou de outras ações judiciais: forma mais rápida, simples, barata e em sintonia com o sincretismo processual.

É impressionante e muito frustrante que no clima de sincretismo que vivemos atualmente alguns cartórios distribuidores continuem se negando a receber essa petição, apontando-a como aberração jurídica ou coisa do gênero. Recentemente tal fato deu-se no cartório distribuidor do Tribunal de Justiça de São Paulo. O que não percebem os aterrorizados em distribuir uma petição atípica e não uma petição inicial ou recurso, é que tal conduta, apegada a um obscurantismo medieval, só força a parte a ingressar com uma nova ação.

Já antevendo as dificuldades que enfrentará na distribuição da peça atípica com fundamento no art. 558 do CPC, é provável que o réu opte pelo ingresso de **cautelar inominada** com pedido de liminar perante o tribunal, que será o competente para essa ação em razão do disposto no art. 800, parágrafo único, do CPC[85]. Note-se que a fundamentação e o pedido serão exatamente iguais àqueles que o réu teria feito por meio de mera petição, mas certamente nesse caso não terá grandes dificuldades práticas junto ao cartório distribuidor para fazer chegar com certa rapidez o pedido a um relator.

Em tese também poder-se-ia imaginar nessa situação o ingresso de mandado de segurança, mas entre as três alternativas já apontadas certamente essa é a menos indicada. Até hoje há um trauma forense quanto à utilização do mandado de segurança para dar efeito suspensivo ao agravo de instrumento à época em que esse recurso era interposto no primeiro grau. Ainda que teoricamente seja cabível o mandado de segurança nessa situação, é recomendável à parte evitá-lo, valendo-se da ação cautelar inominada com pedido de liminar ou mesmo a petição atípica fundada no art. 558 do CPC, se resolver encarar o cartório distribuidor.

As incertezas quanto ao melhor e mais adequado instrumento para que o réu possa evitar a geração imediata da tutela antecipada concedida em sentença criam um estado de absoluta insegurança jurídica, não sendo possível que a escolha de uma das alternativas seja considerada um erro grosseiro. Essa afirmação tem o claro propósito de indicar que o princípio da *fungibilidade* deve ser aplicado ao caso presente.

Poder-se-ia objetar a tomada de providências junto ao tribunal antes de o juízo de primeiro grau se manifestar a respeito do recebimento da apelação, em especial quanto aos efeitos em que a receberá. Alguns desembargadores se recusam a analisar a cautelar inominada com essa equivocada fundamentação. Note-se que o art. 800, parágrafo único, do CPC é suficientemente claro ao prever a competência do tribunal para as medidas cautelares após a interposição do recurso, e não após o seu recebimento, como analisado no Capítulo 52, item 52.2.

Ainda que extremamente improvável, o juízo de primeiro grau até pode receber a apelação no duplo efeito quanto ao capítulo que antecipou a tutela, e nesse caso a providência acautelatória tomada pelo tribunal tornar-se-ia prejudicada. Mas

[85] Scarpinella Bueno, *Tutela*, n. 10.2.5, p. 89.

essa improvável circunstância não retira do tribunal a competência de analisar antes do recebimento da apelação o pedido do réu, lembrando-se que, mesmo que a apelação seja recebida no duplo efeito, o tempo necessário para que isso ocorra já pode ser suficiente para o perecimento do direito. É melhor proteger o direito do réu, ainda que no futuro a proteção não seja mais necessária, do que negá-la com a suposição de que ela virá, de forma eficaz, por uma decisão futura e eventual que provavelmente nem existirá.

Na hipótese de o réu ter uma urgência média, pode aguardar o recebimento da apelação. Como já afirmado, é improvável que o juiz sentenciante a receba no duplo efeito quanto ao capítulo da sentença que antecipou a tutela, e isso por uma razão evidente: o juiz que antecipa a tutela na sentença quer que a sua decisão gere efeitos imediatamente, não havendo muito sentido lógico antecipar a tutela e suspender os efeitos de sua decisão quando a apelação é interposta. De qualquer forma, se o réu se dispuser a aguardar esse momento procedimental, vale a pena pedir ao juiz de primeiro grau a concessão de efeito suspensivo, acreditando que as razões recursais possam convencê-lo do equívoco na concessão da antecipação de tutela.

Como o juízo de primeiro grau antecipa a tutela na sentença por meio de cognição exauriente (juízo de certeza), dificilmente receberá a apelação no duplo efeito. De qualquer forma, o réu terá obtido uma decisão interlocutória recorrível por **agravo de instrumento**, podendo levar a questão ao tribunal por meio desse recurso. Fundamentalmente as razões e o pedido desse agravo de instrumento serão os mesmos da ação cautelar ou mera petição que teriam sido interpostas antes da decisão de recebimento da apelação: relevância da fundamentação da apelação, perigo de grave dano irreparável ou de difícil reparação e pedido para que o capítulo da sentença que antecipou a tutela tenha seus efeitos suspensos até o julgamento da apelação.

Na remota hipótese de uma urgência mínima, o réu poderá aguardar a chegada dos autos ao tribunal após a interposição da apelação. Nesse caso, poderá realizar o pedido de concessão do efeito suspensivo, nos termos do art. 558 do CPC, quanto ao capítulo da sentença que antecipou a tutela em favor do autor como mero **tópico da apelação**, que será apreciado pelo relator ao qual o recurso for distribuído. Até se pode suspeitar que a disposição de aguardar esse momento procedimental já demonstre que o réu não tem nenhuma urgência, mas, apesar de ser comum a demora da remessa dos autos ao tribunal, ainda mais demorado é o julgamento da apelação, de forma que o réu pode não sofrer grave dano se esperar a manifestação do relator, mas o suportará se tiver que aguardar o julgamento de seu recurso.

51.10.3. Fase recursal

A competência do tribunal na concessão de tutela antecipada é indiscutível quando atua com competência originária, podendo antecipar os efeitos práticos de seu futuro acórdão de procedência do pedido do autor[86]. A Lei 11.280/2006, ao modificar a redação do art. 489 do CPC, passou a admitir expressamente a concessão de tutela antecipada na ação rescisória, sendo esse um exemplo da possibilidade de concessão dessa espécie de tutela de urgência pelo tribunal nas ações de competência originária.

Também na atividade recursal é possível que o tribunal antecipe a tutela, havendo inclusive expressa previsão legal quanto a essa possibilidade no agravo de instrumento (art. 527, III, do CPC). Com o agravo de instrumento, é simples imaginar o pedido de tutela antecipada sendo direcionado ao tribunal, considerando-se que o recurso é interposto diretamente no órgão que analisará o pedido de tutela de urgência. Mais uma vez o problema é a interposição do recurso no juízo *a quo*, como ocorre, por exemplo, na apelação.

O problema de ordem prática já indicado no item anterior voltará a ocorrer. Ainda que os autos do processo ainda não estejam no tribunal, entendo cabível a utilização de mera petição requerendo a tutela antecipada que, uma vez distribuída, criará prevenção do órgão colegiado para receber a apelação quando os autos do processo finalmente chegarem ao tribunal. Mais uma vez, entretanto, haverá a dificuldade em convencer o cartório distribuidor acerca da possibilidade e normalidade de distribuição de uma mera petição em processo cujos autos não estão no tribunal. Nesse caso, a injustificável recusa na aceitação da mera petição criará uma situação no mínimo singular: a parte que pretende receber a tutela antecipada ingressará com uma cautelar inominada com pedido de liminar para a obtenção de uma tutela antecipada[87]! Há doutrinadores que defendem o cabimento do mandado de segurança[88].

Existe corrente doutrinária que entende não ser possível requerer a tutela antecipada quando o processo estiver em fase de julgamento de recurso extraordinário e/ou especial, afirmando que nesses recursos não é possível aos tribunais superiores analisar os fatos, o que seria necessário na análise da prova inequívoca da verossimilhança da alegação, requisito para a concessão da tutela antecipada[89].

Discordo desse entendimento porque a vedação à revisão da matéria fática diz respeito ao julgamento dos recursos extraordinário e especial, e a antecipação da tutela naturalmente significa que tais recursos ainda estejam sendo julgados. Não existe nenhuma vedação à análise fática pelos tribunais superiores para evitar o perecimento de um direito ou sancionar uma parte que atua de má-fé, até porque o efeito devolutivo dos recursos limita a atuação do tribunal em seu julgamento, e não na adoção de medidas que façam tal julgamento ter a efetividade que dele se espera. Como ressaltado corretamente por corrente doutrinária que admite a tutela antecipação em sede de recurso extraordinário e especial, impedir sua concessão sacrificaria a efetividade da jurisdição[90].

---

86 Zavascki, *Tutela*, p. 130.

87 Sugestão de Scarpinella Bueno, *Tutela*, n. 10.2.3, p. 87.

88 Zavascki, *Tutela*, p. 135-137.

89 Batista Lopes, *Tutela*, n. 13.4, p. 108-109.

90 Zavascki, *Tutela*, p. 132-133.

O Superior Tribunal de Justiça já decidiu pelo fornecimento de medicamento (insulina) enquanto se aguardava o julgamento do recurso especial. Apesar de a parte interessada ter se valido de ação cautelar, é nítida a natureza de tutela antecipada da medida de urgência concedida pelo tribunal[91].

Registre-se posicionamento firmado do Superior Tribunal de Justiça de que não cabe em sede de recurso especial enfrentar o acerto ou equívoco das instâncias inferiores na concessão ou denegação da tutela antecipada. O fundamento é que essa revisão demandaria um reexame da matéria fática, única forma de aferir a presença ou não da prova inequívoca da verossimilhança, sendo tal análise obstada pela Súmula 7[92]. Não concordo com esse entendimento, porque nesse caso a revisão fática se dará de forma indireta, do mesmo modo que ocorre na revisão de valor de condenação em danos morais e honorários advocatícios, admitida pacificamente pelo Superior Tribunal de Justiça, conforme demonstrado no Capítulo 31, item 31.3.1. De qualquer forma, a vedação não diz respeito à concessão de tutela antecipada em grau recursal, mas à utilização do recurso especial para impugnar decisões de instâncias inferiores que tenham como objeto a tutela antecipada.

51.11. EFICÁCIA TEMPORAL DA TUTELA ANTECIPADA

A tutela antecipada concedida durante o trâmite procedimental em primeiro grau deverá ser confirmada ou rejeitada pela sentença, desde que não haja decisão anterior que a tenha revogado, nos termos do art. 273, § 4.º, do CPC. Na hipótese de concessão de tutela antecipada no tribunal, o mesmo fenômeno ocorre, devendo a tutela antecipada ser revogada ou confirmada no acórdão que decidirá a ação de competência originária do tribunal ou o recurso. Sendo a tutela antecipada mais frequente no primeiro grau de jurisdição, serão focados nesse momento procedimental alguns temas relevantes a respeito da eficácia temporal da tutela antecipada.

A sentença deverá confirmar ou rejeitar a tutela antecipada anteriormente concedida, e o ideal é que isso seja realizado de forma expressa pelo juiz, não deixando qualquer margem à dúvida. Não havendo tal manifestação expressa, saber o *status* da tutela antecipada dependerá do conteúdo da sentença:

(a) havendo procedência do pedido do autor, a tutela antecipada terá sido implicitamente confirmada;

(b) havendo improcedência do pedido do autor ou extinção sem resolução do mérito, a tutela antecipada terá sido implicitamente revogada.

---

[91] *Informativo* 384/STJ, 2.ª T., MC 14.015-RS, rel. Min. Eliana Calmon, j. 17.02.2009.

[92] STJ, 2.ª Turma, AgRg no REsp 1.039.013/SP, rel. Min. Humberto Martins, j. 18.12.2008, *DJe* 16.02.2009; REsp 764.200/MG, 1.ª Turma, rel. Min. Luiz Fux, j. 04.10.2007, *DJ* 29.10.2007, p. 181.

Interessante e peculiar situação ocorre no julgamento de **improcedência do pedido** do autor e na expressa **manutenção da tutela antecipada**[93]. Parece contraditório o juiz entender, por cognição exauriente e com juízo de certeza, que o autor não tem o direito material alegado, mas, ainda assim, manter a tutela antecipada que foi concedida por meio de cognição sumária e juízo de mera probabilidade. Mas a postura se justifica sempre que o juiz entender que sua sentença tem consideráveis chances de ser reformada em razão de posicionamento jurisprudencial contrário do tribunal que julgará o eventual recurso de apelação e que a revogação imediata causaria uma grave lesão de difícil e incerta reparação ao autor[94]. O que parece num primeiro momento contraditório na realidade é uma mostra de grandeza do juiz, que, mesmo não sendo obrigado a seguir entendimentos do tribunal, tem consciência de que fatalmente a última decisão no processo não será a sua, tendo a sensibilidade para não prejudicar o autor em razão de seu posicionamento pessoal a respeito do tema resolvido na demanda.

> Yolanda ingressa com ação judicial pleiteando a condenação do Poder Público para entrega de medicamento, obtendo tutela antecipada. O juiz, no momento de sentenciar, entende que o Poder Público não tem o dever de entregar medicamento como pretende a autora, julgando o pedido totalmente improcedente. Sabe, porém, que nos tribunais de segundo grau e no Superior Tribunal de Justiça o entendimento majoritário – para não dizer pacificado – é em sentido contrário, e que eventual revogação da tutela antecipada concedida irá impedir o acesso ao medicamento, o que poderá ser extremamente danoso à saúde de Yolanda. Nessa conjuntura, julga o pedido improcedente e mantém a tutela antecipada para que o Poder Público continue a fornecer o medicamento até o julgamento do futuro e eventual recurso de apelação a ser oferecido por Yolanda. Naturalmente que, não havendo apelação, a sentença transita em julgado com a rejeição do pedido de Yolanda, que naturalmente não terá mais direito a receber o medicamento.

Outra questão interessante diz respeito ao deferimento ou indeferimento do pedido de tutela antecipada por meio de decisão interlocutória agravada e superveniência da sentença. Entendo que, estando pendente de julgamento o agravo de instrumento, mesmo que em sede recursal, esse recurso perderá o objeto com o advento da sentença[95]. Mesmo que de forma inadvertida se tenha o julgamento do agravo de instrumento depois de já existir a sentença – basta imaginar que o tribunal não tomou conhecimento da prolação da sentença –, esta prevalece, porque o julgamento do agravo de instrumento é juridicamente inexistente.

Esse, entretanto, não é o entendimento da Corte Especial do Superior Tribunal de Justiça, que defende a manutenção do agravo de instrumento contra

---

93 Contra: Bedaque, *Tutela*, n. 34, p. 388.

94 No sentido do texto: Gusmão Carneiro, *Da antecipação*, n. 66, p. 127; Marinoni, Antecipação, n. 4.9, p. 167, entende que basta a manutenção do fundado receio de dano.

95 AgRg no REsp 753.333/RS, 2.ª Turma, rel. Min. Humberto Martins, j. 02.12.2008, *DJe* 18.12.2008; AgRg no REsp 875.155/RJ, 1.ª Turma, rel. Min. Luiz Fux, j. 04.11.2008, *DJe* 03.12.2008.

decisão concessiva de tutela antecipada mesmo com o advento da sentença de procedência que confirma a tutela antecipada já concedida[96]. A fundamentação da decisão, que tenta extrair da diferença entre antecipação de efeitos da tutela e concessão definitiva de tutela a justificativa para a manutenção do recurso não convence, sendo processualmente incompatível a manutenção do agravo de instrumento em trâmite.

Mais interessante é a questão de concessão da tutela antecipada por meio de julgamento de agravo de instrumento e consequente prolação de sentença de improcedência do pedido. Pergunta-se o que deve prevalecer: a decisão proferida pelo Tribunal em sede recursal mediante cognição sumária ou a decisão proferida pelo juízo de primeiro grau fundada em cognição exauriente? Deve prevalecer o critério da hierarquia, mantendo-se a tutela antecipada concedida pelo tribunal em sede recursal, ou o critério da cognição, prestigiando-se a sentença proferida pelo juízo de primeiro grau mediante cognição exauriente?

Há julgamento do Superior Tribunal de Justiça que defende o entendimento de que depende do caso concreto a opção pela hierarquia e a cognição. Na hipótese de a sentença ser proferida sem alteração do quadro existente quando da concessão da tutela antecipada pelo tribunal, ou seja, com a manutenção dos mesmos elementos de fato e de prova existentes naquele momento processual, deve prevalecer o critério da hierarquia. Por outro lado, se a sentença fundar-se em elementos que não existiam àquela época, deve prevalecer o critério da cognição, porque nesse caso o juízo de primeiro grau terá conhecimento mais amplo ao proferir a sentença daquele que teve o tribunal na análise da tutela antecipada[97]. Em julgamento posterior, entretanto, o tribunal entendeu que **prevalece o critério da cognição**, inclusive como forma de estímulo à atuação dos juízes de primeiro grau[98].

51.12. REVOGAÇÃO OU MODIFICAÇÃO

O art. 273, § 4.º, do CPC prevê a possibilidade de revogação ou modificação da tutela antecipada a qualquer momento, em decisão fundamentada. Na simples leitura de referido dispositivo legal nota-se que o legislador entendeu que, durante a constância do processo, a tutela antecipada pode ser revogada ou modificada pelo próprio juízo que a concedeu.

A possibilidade de revisão da decisão que antecipa a tutela coaduna-se com a própria característica de provisoriedade da medida, que existe apenas enquanto a decisão definitiva não a substituir. Proferida por meio de uma cognição não exauriente, com limite de duração predeterminado – enquanto a sentença não vier a tomar seu lugar –, é indiscutível o seu caráter provisório, como já demonstrado no Capítulo 50, item 50.2.2.1.

---

[96] STJ, Corte Especial, EREsp 765.105-TO, rel. Min. Hamilton Carvalhido, j. 17.03.2010, *DJe* 25.08.2010.

[97] STJ, REsp 742.512/DF, 2.ª Turma, rel. Min. Castro Meira, j. 11.10.2005, *DJ* 21.11.2005, p. 206.

[98] Rcl 1.444/MA, 1.ª Seção, rel. Min. Eliana Calmon, j. 23.11.2005, *DJ* 19.12.2005, p. 203.

É evidente que a tutela antecipada pode ser reformada ou modificada por decisão de recurso interposto contra a decisão que a concedeu, mas parece não ser essa a hipótese tratada pelo dispositivo legal ora analisado. Também não parece ser a hipótese de juízo de retratação pelo próprio juízo que concedeu a tutela antecipada, sempre que o recurso interposto o admitir, como ocorre no agravo de instrumento. A possibilidade de retratação por parte do juiz, quando informado da interposição do referido recurso, afasta a incidência de preclusão judicial que impede a prolação de nova decisão, contrária à anterior.

O problema toma forma mais complexa quando o agravo de instrumento não é interposto ou já foi julgado. Poderia, ainda assim, o juiz modificar o seu pronunciamento? Se positiva a resposta, seria possível tal modificação ocorrer *ex officio*, ou somente com o pedido da parte interessada? Haveria algum requisito para legitimar a modificação do entendimento anterior?

Considerando a tutela antecipada com evidente natureza cautelar, seria imperiosa a aplicação, de forma subsidiária e análoga, do disposto no art. 807 do CPC, que permite ao juiz, sem nenhuma manifestação das partes, revogar ou alterar medida cautelar deferida. Entende essa corrente doutrinária que, se ambas têm a mesma natureza jurídica, não há nenhum motivo para que sejam nesse tocante tratadas de maneira diferente[99]. A fundamentação seria a mesma que possibilita a revisão da decisão no caso das cautelares. Acima do interesse privado da parte estaria o interesse do próprio Poder Judiciário em decidir de forma correta, justa e eficaz[100]. Como já exposto no Capítulo 50, item 50.2.1, há diferenças entre a tutela cautelar e a tutela antecipada, não sendo admissível a aplicação por analogia das interpretações do art. 807 do CPC.

Quanto à possibilidade de revogação ou modificação *ex officio* da decisão que antecipa a tutela, a maioria da doutrina se posiciona contrariamente, de forma a entender imprescindível a **manifestação da parte interessada** para que possa ser revista a decisão pelo magistrado que a proferiu. Dessa forma, ainda que o § 4.º do art. 273 do CPC não tenha se referido expressamente a essa exigência, tomando-se em conta principalmente o princípio dispositivo e o interesse precípuo da parte em modificar a situação decorrente da antecipação, entende-se pela necessidade de manifestação do interessado[101].

Autorizada doutrina entende que a revogação ou a modificação da tutela antecipada fica condicionada a uma transformação da situação de fato, de tal maneira que os pressupostos autorizadores da concessão da medida simplesmente deixem de existir. Nesse caso, não se tratará de alteração de decisão, mas de prolação de uma nova, já que calcada em outra situação fática e/ou outro quadro probatório[102].

---

[99] Bedaque, *Tutela*, p. 300; Marcelo Guerra, *Estudos*, p. 109.

[100] Costa Machado, *Tutela*, p. 581; Moniz de Aragão, *Alterações*, p. 240.

[101] Dinamarco, *A reforma*, p. 149-150; Marinoni, *A antecipação*, n. 4.8, p. 164; Calmon de Passos, *Comentários*, n. 6.10, p. 69, p. 69. Contra: STJ, 3.ª Turma, REsp 193.298/MS, rel. Min. Waldemar Zveiter, rel. p/ acórdão Min. Ari Pargendler, j. 13.03.2001, *DJ* 01.10.2001, p. 205; Gusmão Carneiro, *Da antecipação*, n. 65, p. 126, p. 84.

[102] Arruda Alvim Wambier, *Da liberdade*, p. 543; Araken de Assis, *Antecipação*, p. 31; Batista Lopes, *Tutela*, p. 81.

Ampliando corretamente as situações nas quais o juiz estaria liberado para modificar o seu entendimento prévio, há opinião doutrinária de que não apenas a mudança da situação de fato permite ao juiz a modificação da decisão, mas também a superveniência de "**novas circunstâncias**". Essas "novas circunstâncias" resultariam da mudança dos fatos ou do surgimento de outra evidência sobre uma situação fática inalterada[103]. Há ainda uma terceira corrente doutrinária que defende o entendimento de que as novas circunstâncias podem ser tanto fáticas como jurídicas[104].

As duas primeiras correntes têm mais semelhanças do que propriamente divergências. Note-se que, em ambas, o objeto de conhecimento do juiz que pode sofrer modificação é restrito ao aspecto fático da demanda. A conclusão é vedar ao juiz simplesmente alterar o seu entendimento jurídico do caso em questão e modificar, assim, o seu julgamento. Fica reservada essa possibilidade para quando se verificar mudança fática ou, ainda, para situações em que, mesmo imutáveis os fatos, novos argumentos das partes interessadas demonstrem outra visão e entendimento daqueles fatos. Ao se permitir a simples modificação de opinião do juiz, estar-se-iam abrindo as portas para uma insegurança que não deve ser bem recebida pelos operadores do direito[105].

O direito reconhecido em sede de antecipação de tutela estaria sempre condicionado à vontade do juiz de manter sua decisão, a seu humor, a seu bel-prazer, o que não deve ser permitido. Situação ainda pior ocorreria nos casos em que os juízes são sucessivamente substituídos, e cada qual que passasse pelo Juízo modificasse a decisão do anterior e se criasse um clima de permanente e ameaçadora instabilidade e insegurança[106].

51.13. EFETIVAÇÃO

Segundo a previsão do art. 273, § 3.º, do CPC, a efetivação da tutela antecipada observará, no que couber e conforme sua natureza, as normas previstas nos arts. 588, 461, §§ 4.º e 5.º, e 461-A. Antes propriamente de analisar o conteúdo desse dispositivo legal, duas observações preliminares se fazem necessárias: o art. 588 foi revogado pela Lei 11.232/2005, tendo sido substituído pelo art. 475-O do CPC; o termo efetivação significa execução da tutela antecipada[107], que não dependerá de processo autônomo, desenvolvendo-se por mera fase procedimental[108].

Com as devidas adaptações, o dispositivo ora comentado faz expressa menção a três dispositivos legais:

---

[103] Marinoni, *Antecipação*, p. 164; Didier-Braga-Oliveira, *Curso*, p. 655; Figueira Jr., *Comentários*, p. 293; Calmon de Passos, *Comentários*, n. 6.10., p. 69; Moniz de Aragão, *Alterações*, p. 240.

[104] Gusmão Carneiro, *Da antecipação*, n. 65, p. 126.

[105] Figueira Jr., *Comentários*, p. 289; Ferreira, *Tutela*, p. 182.

[106] Scarpinella Bueno, *Tutela*, n. 8, p. 66.

[107] Marinoni, *Tutela*, n. 4.14.2, p. 210-211.

[108] Fux, *Curso*, p. 68; Gusmão Carneiro, *Da antecipação*, n. 47, p. 73.

(a) art. 475-O do CPC, que trata da execução provisória;

(b) art. 461, §§ 4.º e 5.º, do CPC, que descrevem de forma exemplificativa as medidas materiais executivas à disposição do juízo para a efetivação de decisões que tenham como objeto obrigação de fazer ou não fazer;

(c) art. 461-A do CPC, que prevê a aplicação das regras do art. 461, §§ 4.º e 5.º, do CPC à efetivação das decisões que têm como objeto obrigação de entregar coisa.

Mesmo que não houvesse a expressa menção ao art. 475-O do CPC, não restaria dúvida de que a execução da decisão que concede a tutela antecipada é provisória, porque a **decisão executada é provisória**, podendo ser revogada ou anulada com o advento da coisa julgada material. Mas a utilização do termo "no que couber" permite ao juiz do caso concreto deixar de aplicar as regras procedimentais da execução provisória que se mostrarem contraproducentes à efetivação da tutela antecipada.

Essa a razão pela qual entendo que, mesmo diante do momento procedimental em que seria exigida a caução, e ausentes as condições legais para a sua dispensa, poderá o juiz dispensá-la se entender que a exigência frustrará os objetivos da tutela antecipada. Note-se que a dispensa da caução numa execução provisória de decisão proferida com cognição exauriente está limitada às situações legais, mas na tutela antecipada a utilização da expressão "no que couber" dá ao juiz uma liberdade procedimental considerável, servindo o art. 475-O do CPC apenas como um parâmetro para sua atuação[109].

Como analisado no Capítulo 1, item 1.8.4, a execução de título executivo de fazer, não fazer e entregar coisa não segue um procedimento previsto em lei, tendo o juiz a liberdade de estabelecer no caso concreto o procedimento que mais lhe pareça adequado para a efetivação da tutela. O mesmo ocorre na efetivação da tutela antecipada, podendo o juiz se valer de todos os atos materiais de execução previstos no art. 461, §§ 4.º e 5.º, do CPC, adequando-os às exigências do caso concreto.

Parece mais complicada a hipótese de efetivação de tutela de pagar quantia certa deferida por meio de tutela antecipada. Tratando-se de tutela de urgência, é invariavelmente incompatível com a necessidade de imediata satisfação o procedimento estabelecido pelos arts. 475-J, 475-L, 475-M e 475-R do CPC. Nessa espécie de efetivação, portanto, mais do que nunca se aplicará o termo "no que couber", permitindo ao juiz a antecipação de atos processuais executivos, ainda que em descompasso com o procedimento legal, se tal postura for necessária para a efetiva satisfação do direito pela parte que obteve uma tutela antecipada[110].

A efetivação da execução de pagar quantia certa depende da anuência em pagar pelo demandado, o que raramente ocorre. Tendo sido intimado para cum-

---

[109] Gusmão Carneiro, *Da antecipação*, n. 47.2, p. 76; Batista Lopes, *Tutela*, n. 10, p. 87; Câmara, *Lições*, v. 1, p. 445; Fux, *Curso*, p. 71.

[110] Bedaque, *Tutela*, n. 33, p. 387; Scarpinella Bueno, *Tutela*, 12.2.2, p. 104-105; Costa Machado, *Código*, p. 612.

prir sua obrigação e quedando-se inerte, restará ao demandante tentar localizar o patrimônio do demandado e convertê-lo dentro das formas legais em satisfação de seu direito. Mas a burocracia que envolve a maioria desses atos executivos é incompatível com a urgência exigida para a efetivação da tutela antecipada, de forma que caberá ao juiz a tomada de providências que agilizem essa efetivação, tais como a penhora de dinheiro *on line*, alienação antecipada etc. Há doutrina, inclusive, que defende a aplicação de multa coercitiva, ainda que se trate de obrigação de pagar quantia certa[111], com o que se discorda, em razão da expressão "conforme sua natureza", que deixa claro serem as medidas previstas no art. 461, §§ 4.º e 5.º, do CPC somente aplicáveis às obrigações de fazer, não fazer e entregar coisa. Todo esse procedimento se realizará como mera fase procedimental, porque, mesmo diante da recusa do demandado em pagar, a ação autônoma de execução continua a ser dispensável.

51.14. TUTELA ANTECIPADA CONTRA A FAZENDA PÚBLICA

Atualmente está ultrapassado o entendimento de que exista uma vedação generalizada de antecipação de tutela contra a Fazenda Pública. Todos os argumentos foram derrubados por argumentos doutrinários superiores. Os três principais argumentos contrários à possibilidade de concessão de tutela antecipada contra a Fazenda Pública são:

(a) reexame necessário;

(b) necessidade de trânsito em julgado para expedição de precatório; e

(c) vedação ao cabimento de "cautelares satisfativas" decorrente da previsão do art. 1.º da Lei 8.952/1994.

O reexame necessário, segundo previsão do art. 475, *caput*, do CPC, só é exigido de algumas sentenças de mérito que causam determinada lesão à Fazenda Pública, e não de decisão interlocutória, que normalmente é a forma de decisão que concede a tutela antecipada[112]. O duplo grau obrigatório, inclusive, não impede a execução provisória da sentença, como está expressamente previsto no art. 14, § 3.º, da Lei 12.016/2009 (Lei do Mandado de Segurança), razão maior para a possibilidade de concessão de liminar, espécie de tutela antecipada.

A alegação de que somente com o trânsito em julgado é possível expedir o precatório (art. 100, *caput*, da CF) merece duas observações: nem sempre o pagamento de pagar quantia certa dependerá de precatório, mas mesmo nessas situações o texto constitucional exige o trânsito em julgado (art. 100, § 3.º, da CF). Nesse caso existe doutrina que defende a tese do "precatório provisório"[113], mas esse expediente não vem sendo admitido na praxe forense. É natural que a

[111] Bedaque, *Tutela*, n. 33, p. 387; Marinoni, *Tutela*, n. 4.14.5.2, p. 224-227.

[112] Carneiro da Cunha, *A Fazenda*, n. 11.2, p. 221.

[113] Câmara, *Lições*, v. 1, p. 453.

questão de exigência do trânsito em julgado para o pagamento por precatório ou mesmo de pagamento de dívidas de pequeno valor só tem relevância na obrigação de pagar quantia, sendo argumento inaplicável nas obrigações de fazer, não fazer e entregar coisa[114].

E mesmo nas obrigações de pagar quantia certa, ainda que excepcionalmente, o Superior Tribunal de Justiça[115] vem admitindo a tutela antecipada em caso de fornecimento de medicamento não entregue pelo Estado, inclusive com o bloqueio de verbas públicas, na esteira de entendimento consolidado no Supremo Tribunal Federal. Do mesmo tribunal há decisão dispensando o precatório para a satisfação de tutela antecipada para que o Poder Público custeie as despesas médicas e terapêuticas de menor acometida de encefalopatia grave e irreversível em decorrência de vacinação em posto de saúde de município brasileiro[116].

Por fim, a alegação de que a vedação à concessão de cautelares satisfativas contra a Fazenda Pública criaria uma vedação geral à concessão da tutela antecipada só pode ser creditada à incapacidade de compreender as diferenças entre tutela cautelar e tutela antecipada. Tais diferenças, inclusive com as devidas críticas à "cautelar satisfativa", são desenvolvidas no Capítulo 50, item 50.2.1.1.

A discussão a respeito do cabimento da tutela antecipada contra a Fazenda Pública, na realidade, perdeu muito de sua importância com as previsões legais que vedavam expressamente a tutela antecipada contra a Fazenda Pública, com destaque para a famigerada Lei 9.494/1997. Opinião corrente na doutrina é que só se proíbe pontualmente aquilo que é genericamente permitido[117]. Apesar de discutível constitucionalidade às restrições legais infraconstitucionais, o Supremo Tribunal Federal em julgamento de ação declaratória de constitucionalidade declarou ser constitucional o art. 1.º da Lei 9.494/1997[118], de forma que a discussão tornou-se inútil, considerando-se o direito do Supremo Tribunal Federal de errar por último.

O art. 1.º da Lei 9.494/1997 prevê a aplicação à tutela antecipada de uma série de restrições previstas para a concessão de medidas cautelares e liminares em mandado de segurança contra a Fazenda Pública. Assim, aplicava à tutela antecipada o art. 5.º da Lei 4.348/1964, sendo vedada a reclassificação ou equiparação de servidores públicos, ou a concessão de aumentos ou extensão de vantagens[119]; o art. 1.º e seu § 4.º da Lei 5.021/1966, que vedava a tutela antecipada para pagamento de vencimentos e vantagens pecuniárias; e arts. 1.º, 3.º e 4.º da Lei 8.437/1992. O art. 1.º da Lei 9.494/1997 prevê que não será cabível

[114] Talamini, *Tutela*, p. 45; Didier-Braga-Oliveira, *Curso*, p. 670.

[115] STJ, 2.ª Turma, AgRg no REsp 935.083/RS, rel. Min. Humberto Martins, j. 02.08.2007, *DJ* 15.08.2007, p. 268.

[116] STJ, 1.ª Turma, REsp 834.678/PR, rel. Min. Luiz Fux, j. 26.06.2007, *DJ* 23.08.2007, p. 216.

[117] Valle Pereira, *Manual*, n. 17.2.2, p. 488; Carneiro da Cunha, *A Fazenda*, n. 11.2, p. 221; Viana, *Efetividade*, p. 209.

[118] STF, Plenário, ADC 4/DF, rel. Min. Sydney Sanches, rel. p/ acórdão Min. Celso de Mello, j. 1.º.10.2008 (Informativo 522/STF).

[119] Súmula STF/729: "A decisão na ADC-4 não se aplica à antecipação de tutela em causa de natureza previdenciária".

contra a Fazenda Pública liminar em procedimento cautelar ou de conhecimento, quando providência semelhante não puder ser concedida em ações de mandado de segurança, em virtude de vedação legal. Atualmente, encontram-se revogadas as Leis 4.348/1964 e 5.021/1966.

Por fim, o art. 3.º da Lei 8.437/1992 prevê que não será cabível medida liminar que esgote, no todo ou em parte, o objeto da ação. A melhor doutrina vem interpretando que essa vedação já consta de forma ampla no regime da tutela antecipada, representada pelo § 2.º do art. 273 do CPC[120]. Ainda que se concorde com esse entendimento, também na tutela antecipada contra a Fazenda Pública não se pode imaginar que a irreversibilidade dessa tutela de urgência seja apta a proibir sua concessão, devendo-se aplicar a regra da proporcionalidade[121]. Parece ser esse o entendimento do Superior Tribunal de Justiça, que tem entendimento pacificado pela concessão de tutela antecipada contra a Fazenda Pública em demanda na qual se busca sua condenação a entregar medicamento[122].

O art. 2.º-B da Lei 9.494/1997 reforça e repete as vedações legais à concessão de tutela antecipada contra a Fazenda Pública ao prever que a sentença que tenha por objeto a liberação de recurso, inclusão em folha de pagamento, reclassificação, equiparação, concessão de aumento ou extensão de vantagens a servidores da União, dos Estados, do Distrito Federal e dos Municípios, inclusive de suas autarquias e fundações, somente poderá ser executada após seu trânsito em julgado. Significa dizer que nesses casos será inviável a tutela antecipada contra a Fazenda Pública.

Cumpre por fim ressaltar que a nova lei do Mandado de Segurança também prevê limitações à concessão de tutela antecipada contra a Fazenda Pública. O § 2.º do art. 7.º da Lei 12.016/2009 é um dos pontos mais baixos da nova legislação do mandado de segurança, carregando nítida inconstitucionalidade[123] e confirmando a percepção de parcela da doutrina de que realmente a Fazenda Pública em juízo funciona como uma superparte, que tudo pode e contra ela nada se pode, em nítida e indesejável ofensa ao princípio da isonomia[124].

O dispositivo legal proíbe expressamente a concessão de liminar em mandado de segurança que tenha por objeto a compensação de créditos tributários, a entrega de mercadorias e bens provenientes do exterior, a reclassificação ou equiparação de servidores públicos e a concessão de aumento ou a extensão de vantagens ou pagamento de qualquer natureza. Para blindar de forma definitiva o Poder Público, o § 5.º do art. 7.º da LMS veda que as matérias anteriormente descritas sejam objeto de tutela antecipada, o que significa dizer que, mesmo a parte optando pela tutela de seu direito pelas vias ordinárias, não fará jus à tutela de urgência satisfativa.

---

[120] Zavascki, *Antecipação*, p. 190.

[121] Carneiro da Cunha, *A Fazenda*, n. 11.4, p. 227.

[122] STJ, 1.ª Turma, REsp 771.616/RJ, rel. Min. Luiz Fux, j. 20.06.2006, *DJ* 1.º.08.2006, p. 379.

[123] Cerqueira, *Comentários*, p. 90; Scarpinella Bueno, *A nova lei*, p. 45-46.

[124] Dinamarco, *Instituições*, v. 1, p. 210-213.

Uma vez concedida a tutela antecipada contra a Fazenda Pública em desrespeito às vedações legais consideradas constitucionais pelo Supremo Tribunal Federal, será cabível o agravo de instrumento, além do pedido de suspensão dos efeitos da medida ao presidente do tribunal competente para o recurso sempre que dela resultar risco de dano grave à ordem, à saúde, à segurança e à economia públicas ou em caso de flagrante ilegitimidade do provimento urgente ou de manifesto interesse público (art. 4.º da Lei 8.437/1992)[125]. Registre-se que o Tribunal Pleno do Supremo Tribunal Federal já entendeu cabível o ingresso de reclamação constitucional nesse caso[126].

125 Carneiro da Cunha, *A Fazenda*, n. 11.5, p. 230; Câmara, *Lições*, v. 1, p. 454-455.

126 STF, Tribunal Pleno, Rcl 1.789/DF, rel. Min. Ellen Gracie, j. 24.12.2002, *DJ* 07.02.3003, p. 26.

52

TEORIA GERAL DA TUTELA CAUTELAR

Sumário: 52.1. Características: 52.1.1. Sumariedade; 52.1.2. Provisoriedade; 52.1.3. Instrumentalidade; 52.1.4. Revogabilidade – 52.2. Competência: 52.2.1. Críticas ao art. 800, *caput*, do CPC; 52.2.2. Ações cautelares probatórias; 52.2.3. Competência e prevenção do juízo; 52.2.4. Competência cautelar em grau recursal – 52.3. Mérito cautelar – 52.4. Procedimento: 52.4.1. Petição inicial; 52.4.2. Contraditório na demanda cautelar; 52.4.3. Revelia; 52.4.4. Instrução probatória; 52.4.5. Sentença – 52.5. Liminar – 52.6. Coisa julgada material – 52.7. Poder geral de cautela – 52.8. Prazo de eficácia da medida cautelar – 52.9. Cessação da eficácia da tutela cautelar: 52.9.1. Não propositura da ação principal em 30 dias (art. 808, I, do CPC); 52.9.2. Ausência de execução da tutela cautelar no prazo de 30 dias (art. 808, II); 52.9.3. Extinção do processo principal com ou sem resolução do mérito – 52.10. Responsabilidade objetiva: 52.10.1. Introdução; 52.10.2. Hipóteses legais de responsabilidade objetiva; 52.10.3. Liquidação e execução.

52.1. CARACTERÍSTICAS

52.1.1. Sumariedade

A sumariedade da tutela cautelar deve ser analisada sob dois diferentes aspectos[1]:

(a) sumariedade formal, representada pelo procedimento sumarizado aplicável ao processo cautelar;

[1] Baptista da Silva, *Do processo*, p. 76; Marinoni-Arenhart, *Processo*, p. 116-117.

(b) sumariedade material, representada pela suficiência da cognição sumária desenvolvida pelo juiz para a concessão da tutela cautelar.

O procedimento cautelar não se confunde com o procedimento comum previsto pelo Código de Processo Civil, sendo regulado fundamentalmente pelos arts. 801 e ss. do CPC. Trata-se de espécie diferenciada de procedimento sumário, que não se confunde com o procedimento sumário do processo/fase de conhecimento (arts. 275 e ss. do CPC). A sumariedade procedimental é indispensável porque o procedimento ordinário não se compatibiliza com a **urgência** típica da tutela cautelar[2].

A tutela cautelar é concedida mediante cognição sumária, diante da mera probabilidade de o direito material existir. Trata-se da exigência do *fumus boni iuris*, que para parcela significativa da doutrina significa que o juiz deve conceder tutela cautelar fundado em juízo de simples verossimilhança[3] ou de probabilidade[4], não se exigindo um juízo de certeza, típico da tutela definitiva. Trata-se de exigência decorrente da própria **urgência** presente na tutela cautelar, que não se compatibiliza com a cognição exauriente típica dos processos/fases de conhecimento, que naturalmente demandam um tempo para seu desenvolvimento incompatível com a realidade cautelar[5].

Segundo ensina a melhor doutrina, a cognição sumária pode ser consequência tanto de um *contraditório postergado*, hipótese na qual o juiz decidirá tendo conhecimento somente da versão apresentada pelo demandante, como de um *conhecimento superficial* diante do contraditório tradicional, hipótese na qual, mesmo recebendo informações de ambas as partes, o juiz decide por meio de atividade cognitiva superficial[6]. A tutela cautelar pode ser concedida mediante as duas técnicas de cognição sumária; em sede liminar, antes da oitiva do demandado ou em sentença, após o cumprimento do contraditório tradicional.

52.1.2. Provisoriedade

Segundo previsão do art. 807 do CPC, em sua parte final, as medidas cautelares podem ser, a qualquer tempo, revogadas ou modificadas, previsão suficiente para demonstrar a provisoriedade da tutela cautelar. Como analisado no Capítulo 50, item 50.2.2.1, a tutela cautelar pode sobreviver à sentença de procedência do processo principal, em especial quando a situação de perigo não desaparecer. Na realidade, a tutela cautelar sobrevive enquanto as condições para sua concessão não forem modificadas e a situação de perigo continuar a exigir sua existência.

---

2 Barbosa Moreira, *O novo*, p. 310; Baptista da Silva, *Do processo*, p. 76.

3 Marinoni-Arenhart, *Processo*, p. 28.

4 Barbosa Moreira, *O novo*, p. 309.

5 Greco, *A função*, p. 834-835.

6 Bedaque, *Tutela*, n. 6, p. 116.

Ser provisória significa que a tutela cautelar tem abstratamente um **tempo de duração predeterminado**, não sendo projetada para durar para sempre. A duração da tutela de urgência depende da demora para a obtenção da tutela definitiva, porque uma vez concedida ou denegada, a tutela de urgência deixará de existir. Registre-se que, apesar de ser provisória, a tutela cautelar não é temporária[7]. Temporário também tem um tempo de duração predeterminado, não durando eternamente, mas, ao contrário da tutela provisória, não é substituída pela tutela definitiva; simplesmente deixa de existir, nada vindo tomar seu lugar.

52.1.3. Instrumentalidade

Pelo princípio da instrumentalidade o processo cautelar terá sua função ligada a um outro processo, chamado de principal, cuja utilidade prática do resultado procurará resguardar. O processo cautelar, assim, é um instrumento processual para que o resultado de um outro processo seja útil e eficaz. Se o processo principal é o instrumento para a composição da lide ou para a satisfação do direito, o processo cautelar é o instrumento para que essa composição ou satisfação seja praticamente viável no mundo dos fatos[8]. Essa característica faz a tutela cautelar merecer a alcunha de "instrumento do instrumento" ou de "instrumento ao quadrado"[9].

Não se nega que a instrumentalidade seja característica de todo e qualquer processo, considerando-se que este serve de instrumento para a parte obter o bem da vida desejado, amparado no direito material. A ideia do processo como mero instrumento na busca do direito material está amplamente consagrada pela doutrina processual contemporânea. A característica especial de instrumentalidade no processo cautelar se deve justamente a que este não serve de instrumento para a obtenção do bem da vida, mas sim para tornar possível tal obtenção. Dessa forma, surge a nomenclatura "instrumento do instrumento" ou "instrumentalidade ao quadrado", que aponta para a característica peculiar do processo cautelar de servir de instrumento para o processo principal – que também é instrumento – no qual a parte obterá o bem da vida pretendido.

A instrumentalidade da tutela cautelar faz com que tal espécie de tutela sirva como instrumento apto a garantir que o resultado final do processo seja eficaz, significando que tal resultado tenha condições materiais para gerar os efeitos práticos normalmente esperados. O próprio nome do instituto – cautelar – expressa de maneira clara a ideia de que essa espécie de tutela presta-se a garantir, acautelar, assegurar alguma coisa, que é, como foi visto, justamente o resultado final do processo principal. A característica analisada da tutela cautelar refere-se, essencialmente, à função de proteger o resultado final do processo principal, seja esse de conhecimento, seja de execução. Nesse ponto de vista,

---

[7] Contra: Baptista da Silva, *Do processo*, p. 86; Câmara, *Lições*, v. 3, p. 23-25.

[8] Theodoro Jr., *Processo*, n. 44, p. 65-66; Fux, *Curso*, p. 1.553; Barbosa Moreira, *O novo*, p. 309.

[9] Fux, *Curso*, p. 1.553; Câmara, *Lições*, v. 3, p. 21. Contra: Marinoni-Arenhart, *Processo*, p. 35-36.

qualquer processo que não gere o conhecimento ou satisfação do direito material, mas somente prepare o caminho para tais realizações, poderá ser considerado como processo cautelar.

No tocante a essa característica, é importante notar que a **instrumentalidade é hipotética**, pois é impossível prever se uma tutela cautelar será, efetivamente, apta a garantir um resultado eficaz do processo final, inclusive por não ser possível saber, por ocasião do acautelamento, se o interessado é realmente o titular do direito material que se busca preservar[10]. A tutela cautelar é concedida pelo magistrado com fundamento em um juízo de mera probabilidade – *fumus boni iuris* –, sendo possível imaginar que na futura ação principal se mostre sem qualquer direito o sujeito protegido pela tutela cautelar. Quando o vencedor da tutela cautelar é derrotado no processo principal, fica claro que a instrumentalidade é meramente hipotética.

Essa qualidade de instrumentalidade hipotética manifesta-se também de outras formas, além da referida situação de derrota no processo principal do beneficiado pela tutela cautelar. No caso de o processo principal não vir a se instaurar em razão de o beneficiado pela tutela cautelar obter, voluntariamente, o reconhecimento ou a satisfação de seu direito, a tutela cautelar também não terá servido a emprestar eficácia ao resultado do processo principal, que simplesmente não existirá, por falta de necessidade. Assim, se for efetivado um arresto cautelar na hipótese de obrigação ainda não inadimplida e, no momento da efetiva satisfação do direito, o devedor cumprir sua obrigação, o resultado que poderia ser obtido pelo processo principal já terá sido alcançado sem a necessidade de sua instauração, o que retirará da tutela cautelar sua característica de instrumentalidade.

O que se pretende demonstrar é que nem sempre existirá o processo principal, sendo possível imaginar que, diante da concessão da tutela cautelar, o derrotado nesse processo simplesmente cumpra sua obrigação, de modo a satisfazer completamente o direito da parte que foi contemplado pela tutela de garantia. A conclusão é obtida mediante uma análise técnica, sem importar a frequência com que isso possa ocorrer na prática, embora, nas cautelares probatórias, tal situação ocorra até com maior frequência que nas demais. Parece ser inegável, entretanto, que, em todas as hipóteses de acautelamento, o direito pode ser satisfeito voluntariamente, o que demonstra, de maneira absolutamente clara, ser a instrumentalidade sempre hipotética.

52.1.4. Revogabilidade

A revogabilidade da medida cautelar vem expressa no art. 807 do CPC, que determina o caráter provisório da medida e não faz qualquer distinção quanto ao momento da concessão da proteção cautelar (liminar ou sentença). Ainda que o dispositivo legal não faça qualquer distinção com relação ao momento da con-

---

10 Bedaque, *Tutela*, n. 27, p. 182-185; Câmara, *Lições*, v. 3, p. 22; Dinamarco, *Intervenção*, p. 168.

cessão de tutela cautelar, cumpre analisar separadamente a concessão dessa tutela de urgência mediante liminar e sentença.

Com o objeto de criar os fundamentos das conclusões que serão obtidas no presente capítulo, cumpre imaginar algumas situações que poderão ocorrer ainda no processo cautelar após a concessão da liminar: a interposição de agravo de instrumento, prolação de sentença, a mudança da situação fática, a mudança do quadro probatório – originando uma modificação na conclusão do juiz – e a sua simples modificação de entendimento.

Serão dispensados comentários mais aprofundados acerca das duas primeiras hipóteses. O ingresso do recurso de agravo de instrumento proporciona ao juiz a possibilidade de retratação, visto que tal característica é ínsita a essa espécie de recurso, como visto no Capítulo 25. Também a sentença do processo cautelar absorve a medida liminar concedida, seja para convalidá-la em decisão definitiva dentro do processo cautelar, seja para revogá-la.

Não há qualquer dúvida de que, alterados os fatos que originaram a concessão da medida liminar em demanda cautelar, esta pode ser revogada. Dessa forma, se em decorrência de **mudança fática** o juiz perceber alguma modificação substancial num dos dois requisitos da tutela cautelar (*fumus boni iuris e periculum in mora*), a revogação da medida deferida é de rigor[11].

Alargando um pouco mais a possibilidade de revogação da medida liminar, encontram-se os doutrinadores que entendem que seria suficiente para permitir a revogação o simples advento aos autos de **novo material probatório**, desde que apto a fazer o juiz observar aspectos da questão que lhe passaram despercebidos quando concedeu a medida, embora as circunstâncias fáticas permaneçam inalteradas[12].

Há ainda a corrente doutrinária que entende ser possível ao juiz, ainda que mantidas as circunstâncias fáticas, e sem qualquer modificação do conjunto probatório, revogar tutela cautelar deferida por meio de liminar. Trata-se aqui de **simples mudança de opinião**, quando então o juiz, pensando melhor, percebe que se equivocou ao deferir a tutela cautelar em sede liminar. Considera-se que a liminar é concedida em situação de extrema urgência, quando nem sempre o magistrado tem condições de proferir a melhor solução ao caso concreto, além de ser a tutela cautelar uma providência eminentemente de interesse público, por ter como função a garantia de eficácia de outro processo[13].

Embora mantenha meu entendimento de que a liminar será sempre antecipatória e satisfativa, no caso especial da liminar em demanda cautelar essa satisfação é a garantia de efetividade do resultado final, vindo tal aspecto a compor seu objeto, não sendo apenas um efeito da medida, como acontece em todas as outras liminares. Decorre dessa circunstância especial a diferença de tratamento

---

11 Theodoro Jr., *Processo*, p. 165; Calmon de Passos, *Comentários*, p. 199; Batista Lopes, *Medidas*, p. 15.

12 Baptista da Silva, *Comentários*, p. 226; Pinto, *Medida*, p. 180.

13 Lima Guerra, *Estudos*, p. 51-52; Rizatto Lara, *Liminares*, p. 116; Galeno Lacerda, *Comentários*, p. 281.

entre elas, principalmente no que tange às circunstâncias de sua modificação por parte do juiz, sendo admissível que a simples modificação de seu entendimento legitime a revogação ou modificação da liminar cautelar.

Essa modificação pode ser realizada *ex officio*[14], visto que a preocupação em preservar a utilidade do provimento e, consequentemente, o próprio prestígio do Poder Judiciário não fica adstrita ao interesse das partes, como ocorre nas liminares previstas em outras espécies de procedimento. Nestas, o objeto é a satisfação fática do direito material do autor, e é indiscutivelmente o interesse privado da parte a originar e justificar a tutela, ainda que aí também interesse a boa prestação jurisdicional, mas num patamar secundário. Naquelas, a efetividade do processo principal é tema de interesse público, o que habilita o juiz ao exercício de atividade oficiosa.

Ademais, permitir a mudança de opinião do juiz e condicioná-la a requerimento da parte tornaria o entendimento totalmente ilógico, pois estar-se-ia a exigir do demandado que, de alguma maneira, pudesse penetrar na mente do juiz e descobrir que ele mudou de opinião, para então se habilitar a requerer a efetiva modificação nos autos do processo. Por certo tal exigência obstaria o juiz que modificou mentalmente sua decisão materializar essa modificação para que ela surtisse os efeitos necessários.

Quando a tutela cautelar é concedida mediante sentença, duas situações diversas podem se verificar, dado que a sentença cautelar, como qualquer outra, é impugnável por meio de apelação. Tanto pode contra a sentença ter sido interposto recurso de apelação como ela pode ter não sofrido qualquer impugnação após o lapso temporal determinado em lei.

A consequência mais importante da ausência de impugnação da sentença cautelar é a ocorrência de coisa julgada formal. Significa dizer que o processo cautelar terá chegado ao seu final; ainda que a tutela cautelar seja provisória, a sentença cautelar torna-se nesse processo imutável e indiscutível em razão de seu encerramento.

A única questão que permanece com algum interesse nesse tocante é o procedimento para que tal decisão seja modificada ou revogada. Parece correta a visão de parcela da doutrina que defende o entendimento de que o pedido de revogação ou modificação da sentença cautelar obrigatoriamente deverá observar os mesmos trâmites com que se processou e deferiu o pedido de que resultou a medida[15]. Tratar-se-á de uma nova ação, com base numa **nova situação de fato**[16].

No caso de concessão de tutela cautelar por meio de sentença entendo que a modificação ou revogação da tutela não pode ser realizada de ofício pelo juiz, dependendo de manifestação expressa da parte interessada. A vedação da revogação

---

[14] Rizatto Lara, *Liminares*, p. 117; Shimura, *Arresto*, p. 312; Moniz de Aragão, *Cautelares*, p. 62.

[15] Theodoro Jr., *Processo*, p. 166; Lima Guerra, *Estudos*, p. 61.

[16] Calmon de Passos, *Comentários*, p. 222. Contra: Galeno Lacerda, *Comentários*, p. 280; Rizatto Lara, *Liminares*, p. 118.

ou modificação *ex officio*, diante do entendimento adotado de exigência de uma ação autônoma, decorre diretamente do princípio da *inércia de jurisdição*[17].

Ainda que haja recurso contra a sentença, evitando-se a imediata verificação de coisa julgada material, ao aplicar-se a regra da autonomia da cautelar, será indispensável o ingresso de nova demanda de procedimento cautelar para pedir a revogação ou modificação da tutela cautelar já concedida em sentença. Por um lado o juízo de primeiro grau não pode modificar sua sentença no próprio processo cautelar em razão do esgotamento de sua atividade decisória, e por outro lado não poderá fazê-lo no processo principal em razão da autonomia do processo cautelar.

Entendo que a atual fase de *sincretismo processual* e a busca incessante de *economia processual* permitem uma conclusão em sentido diverso. Havendo pendência de recurso contra a sentença no processo cautelar e existindo processo principal, entendo possível que a revogação ou modificação, mediante pedido da parte interessada e cumprimento do *contraditório*[18], seja realizada incidentalmente no próprio processo principal, o que poderá inclusive tornar prejudicado o recurso interposto contra a sentença cautelar.

52.2. COMPETÊNCIA

52.2.1. Críticas ao art. 800, *caput*, do CPC

O art. 800 do CPC é o responsável pela determinação da regra de competência para o processo cautelar. Interessante notar que há uma inútil repetição de regras no *caput* do dispositivo legal ora comentado, fazendo crer existirem duas regras de competência para o processo cautelar, que dependerão para a sua aplicação de tratar-se de cautelar incidental ou preparatória (seria mais adequado "antecedentes"). A regra é sempre a mesma, qual seja, será competente para julgar a ação cautelar o **juízo competente para julgar a ação principal**, independentemente desta já existir ou estar por vir[19].

É claro que a atividade desenvolvida pelo requerente da ação cautelar será diferente nessas duas situações, o que, entretanto, não justifica o tratamento duplicado. Já havendo ação principal nenhum trabalho terá o requerente para fixar o órgão competente para o julgamento de sua cautelar, até mesmo porque esse já estará fixado, pela prévia distribuição da ação principal. Já no caso da cautelar antecedente, o requerente deverá fazer um exercício de abstração, fixando o juízo competente para julgar ação principal que ainda não existe. É interessante porque

---

[17] Todos os doutrinadores citados nas duas notas de rodapé anteriores, embora não concordem com a forma do procedimento, são unânimes em afirmar que a revogação ou modificação somente poderá ocorrer por requerimento da parte interessada. Contra: Bomfim Marins, *Comentários*, p. 153; Greco, *A função*, p. 837.

[18] Barbosa Moreira, *O novo*, p. 320-321.

[19] Orione Neto, *Processo*, 2004, p. 141; Bomfim Marins, *Tutela*, 2003, p. 240.

a prevenção nesses dois casos será determinada pela ação que vier em primeiro lugar, mas sempre no foro competente para conhecer a ação principal.

O legislador disciplinou a competência da ação cautelar levando em conta a ação principal, e não o direito acautelando, em total desprezo pelo direito ao acautelamento ou mesmo a plena eficácia da medida cautelar. Ao invés de prever regra de competência com os olhos voltados ao processo cautelar e seu objeto, o legislador preferiu fazê-lo com os olhos voltados ao processo principal, em que o direito material está ou virá a ser discutido. A técnica não deve ser elogiada, porque são tão ricas e diversas as situações que envolvem tal matéria que, por melhor que fosse a norma legal – e esse não é o caso – a determinação de uma regra inflexível de competência estaria fadada ao insucesso.

Uma das principais críticas é de que em determinadas situações, o respeito à regra contida no art. 800, *caput*, do CPC, poderia tornar absolutamente inútil ou ainda dificultar em demasia a efetivação da tutela cautelar. Fala-se em *princípio da eficiência da medida cautelar*, pelo qual seria mais interessante à própria efetividade buscada pelo sistema processual que a cautelar pudesse ser proposta em foro diverso do competente para conhecer do futuro e eventual processo principal sempre que isso se mostrasse mais propício para a fácil e rápida realização da tutela cautelar. Que ao menos se criasse nessas hipóteses uma espécie de regra de competência concorrente entre o juízo mais adequado ao caso concreto e o juízo competente para conhecer o processo principal[20].

Tratando-se especificamente das cautelares constritivas de coisas e pessoas, há parcela significativa da doutrina que defende a possibilidade de ingresso da ação cautelar no foro onde se encontrem essas coisas ou pessoas, pouco importando qual seria o juízo competente para conhecer o processo principal[21]. É significativo o exemplo dado por Alfredo de Araújo Lopes da Costa da venda de um rebanho entre pessoas de diferentes domicílios e que esteja apascentando em região distante. Se o autor da cautelar fosse obrigado a respeitar a regra do art. 800 do CPC, obtendo a medida liminar e a consequente expedição da carta precatória, correria o risco de encontrar seu gado transformado em bife[22].

A doutrina majoritária entende, entretanto, que tais exceções à regra de competência prevista pelo dispositivo, ora criticado, se aplicam exclusivamente para as hipóteses de *incompetência relativa*, não se podendo admitir, em qualquer hipótese, a distribuição de demanda cautelar em juízo absolutamente incompetente[23]. Já tive oportunidade de defender que, em situações excepcionais, nas quais exista um obstáculo material instransponível e alheio à vontade da parte que impeça o cumprimento da regra de competência absoluta, deve o juiz absolutamente incom-

---

[20] Munhoz da Cunha, *Comentários*, 2000, p. 608 e Baptista A. da Silva, *Do processo*, p. 143.

[21] Nesse sentido Pontes de Miranda, *Comentários*, tomo XII, p. 59; Theodoro Jr., *Processo*, p. 114-116; Galeno Lacerda, *Comentários*, vol. VIII, tomo I, p. 199-200, Bomfim Martins, *Tutela*, p. 242.

[22] *Medidas*, p. 32.

[23] Galeno Lacerda, *Comentários*, p. 200. Com o mesmo entendimento, Pizzol, *A competência*, p. 69.

petente tutelar o direito cautelar, com a solução imediata da solução de perigo, e somente posteriormente, reconhecendo sua própria incompetência[24].

52.2.2. Ações cautelares probatórias

Dentre as cautelares típicas previstas pelo Código de Processo Civil, é possível destacar um grupo pelo objetivo comum de produção de prova: produção antecipada de provas, exibição de coisa ou documento, justificação, notificação e interpelação, sendo os últimos três procedimentos de jurisdição voluntária.

Sendo o art. 800, *caput*, do CPC bastante criticado no tocante à teoria geral da cautelar, as críticas se intensificam no tocante às cautelares probatórias, em especial na produção antecipada de provas. No caso das cautelares probatórias, a regra prevista pelo dispositivo ora analisado se mostra com todo vigor possível inadequada, devendo ser afastada pelo operador por meio de raciocínio principio-lógico, com respeito ao *princípio da eficácia da medida cautelar*.

Afastando-se os casos de extrema urgência, a aplicação indiscriminada de tal regra funcionaria como obstáculo não a efetivação da medida em si (que poderia ser efetivada mesmo respeitando-se o dispositivo legal), mas a sua efetivação de forma mais rápida, simples e barata. Deve-se lembrar que essas cautelares probatórias têm como objeto tão somente a produção de uma prova, não se justificando o ingresso de uma demanda em comarca diferente daquela em que será produzida a prova. É absolutamente ilógico se exigir o ingresso de uma demanda diante de uma comarca na qual a única atividade será a expedição de uma carta precatória para outra comarca na qual se desenvolverá toda a atividade probatória, objeto exclusivo de tal demanda judicial.

A fixação da competência da cautelar de produção antecipada de provas no local onde deverá ser a mesma efetivamente produzida, independentemente da regra para o processo principal, facilita e otimiza sua produção, evitando-se assim a desnecessária utilização de cartas precatórias[25].

As mesmas razões que sustentam as críticas quanto às ações cautelares antecedentes são plenamente aplicáveis para as cautelares incidentais. A questão da urgência pode também levar à ineficácia de um processo cautelar incidental se a parte for obrigada a distribuir tal demanda perante o juiz que já é competente para o processo principal, em especial nas hipóteses em que os atos de constrição necessários a efetivação da tutela cautelar devam ser feitos em local diverso daquele em que tramita o processo principal. As dificuldades de expedição de uma carta precatória, por exemplo, com o necessário tempo exigido para tal ato processual, pode ser suficiente para gerar a ineficácia da medida concedida[26].

---

[24] Neves, *Competência*; Shimura, *Arresto*, 1997, p. 237.

[25] AgRg nos EDcl no AgRg no Ag 727.699/ES, 3.ª Turma, rel. Min. Nancy Andrighi, j. 07.12.2006.

[26] Pizzol, *A competência*, 2003, p. 515; Bomfim Marins, *Tutela*, p. 247.

52.2.3. Competência e prevenção do juízo

52.2.3.1. *Juízo competente e prevenção*

A doutrina é pacífica ao afirmar que a cautelar antecedente previne a competência do juízo para a ação principal, fixando num determinado juízo – entre vários que seriam em tese competentes – a competência para conhecer da ação principal que estará por vir[27]. Dessa forma, ao distribuir a petição inicial da demanda principal, o autor a remeterá automaticamente para o juízo que já conheceu do processo cautelar anteriormente existente. A análise inversa também é possível, podendo se afirmar que o processo principal previne o juízo para conhecer todas as futuras e eventuais cautelares incidentais. Poder-se-á falar, portanto, em prevenção recíproca, independentemente de qual demanda (principal ou cautelar) foi proposta antes.

Cria-se, na verdade, uma **competência funcional** que determina que o mesmo juízo seja competente para conhecer e julgar ambas as demandas. Imagina-se que assim estar-se-á garantindo uma prestação jurisdicional de melhor qualidade, considerando-se que um mesmo juízo decidiria tanto a demanda principal como todas as cautelares porventura existentes que se refiram à preservação da utilidade do resultado de tal processo. Distribuído o processo principal, o juízo que exerce sua função nesse processo será presumidamente o juízo mais bem preparado para julgar as demandas cautelares incidentais, enquanto, distribuído o processo cautelar, o juízo, ao exercer suas funções nesse processo, se tornará, ainda que presumidamente, o juízo mais bem preparado para julgar a demanda principal. Trata-se de espécie de competência funcional, seguindo as regras da *competência absoluta*.

52.2.3.2. *Juízo incompetente e prevenção*

Distribuída a demanda cautelar em foro incompetente, e não sendo oposta pelo réu a exceção declinatória de competência, seria possível afirmar que também a demanda principal deverá ter como competente o juízo em que tramita a ação cautelar? Para responder a tal questionamento, será necessário preliminarmente voltar ao conceito de prevenção, para somente após a fixação de tal conceito, fixar-lhe o devido contorno na hipótese ventilada.

Segundo a melhor doutrina, prevenção é um critério de **fixação da competência entre órgãos que são abstratamente competentes**. Parcela majoritária da doutrina entende que, nos casos de extrema urgência, em que é possível a quebra da regra exposta pelo art. 800 do CPC, com o consequente ingresso do processo cautelar perante juízo incompetente, à luz da regra legal, não seria pos-

[27] Theodoro Jr., *Processo*, 1999, p. 119; Orione Neto, *Processo*, p. 145. Em sentido crítico, Baptista da Silva, *Do processo*, p. 148.

sível falar em prevenção do juízo da cautelar. Nesse caso, restaria evidenciada a inexistência de prevenção, fenômeno estranho ao juízo incompetente. O processo cautelar tramitaria perante o foro no qual foi distribuído e o processo principal seguiria a regra de competência aplicável ao caso concreto, não havendo que se falar em prevenção.

Como se nota, no caso de aplicação do pensamento majoritário na doutrina nacional, de que somente em casos de extrema urgência seria quebrada a regra estabelecida pelo art. 800, *caput*, do CPC, não se deverá confundir essa situação com aquela em que a regra de competência é respeitada. Permitindo-se, excepcionalmente, que a cautelar seja distribuída em juízo incompetente à luz da regra legal, a questão da prevenção nem mesmo se coloca, pois seria um claro atentado ao instituto da prevenção tratá-lo como existente no tocante a um juízo incompetente[28].

E nem ao menos a alegação de que a ausência de exceção do processo cautelar tornaria o juízo competente, o que legitimaria a sua prevenção, parece abalar a doutrina majoritária. Afirma-se, nesse caso, que mesmo com a ausência da exceção declinatória de foro, exigir do autor a distribuição da ação principal perante o juízo que se tornou o competente para a ação cautelar seria inverter a ordem prevista pelo art. 108 do CPC, que determina que a **ação acessória** segue a competência da ação principal, e não o inverso. Diante de tal constatação, ainda que se possa argumentar da prorrogação de competência do juízo que conheceu a ação cautelar, essa prorrogação não atinge a competência para a ação principal.

52.2.3.3. *Prevenção do juízo e cautelares probatórias*

No tocante a prevenção do juízo dos processos cautelares probatórios para o processo principal, há uma nítida divergência tanto doutrinária quanto jurisprudencial. Existe uma corrente doutrinária que defende de forma peremptória a prevenção do juízo, aplicando-se à cautelar de produção antecipada de provas as mesmas regras aplicadas às cautelares em geral. A doutrina que defende esse posicionamento afirma que a cautelar estudada nesse capítulo, não sendo simples feito de jurisdição voluntária, fixa de antemão a competência para o processo principal[29]. O entendimento é simplesmente aplicar à produção antecipada de provas uma realidade incontestável da teoria geral do processo cautelar.

---

[28] Theodoro Jr. *Processo* cautelar, p. 120-121. Ainda Greco Filho, *Direito*, 2000, vol. 3, p. 162; Pizzol, *A competência*, p. 519-520. Em sentido contrário, Galeno Lacerda, *Comentários*, p. 200 e Bomfim Marins, *Tutela*, p. 245-246.

[29] Assim, Theodoro Jr., *Processo*, p. 297 e Pizzol, *A competência*, p. 522. Há julgados nesse sentido: STJ, RT 686/206; TJSP, RT 596/57; RJTJSP 135/355 e VI ENTA 5: "A cautelar de antecipação de provas previne a competência (art. 800 do CPC)". Consultar também Aliende e Marcato, *Competência*, 1990, p. 158-160, com julgamento do Tribunal de Justiça de São Paulo defendendo a prevenção. Registre-se que Baptista da Silva, *Do processo*, p. 146-148, entende que a prevenção não ocorre em nenhuma hipótese de cautelar, incluindo-se as cautelares probatórias.

Por outro lado, existe corrente doutrinária que não entende que exista prevenção nessa hipótese, parecendo ser esse também o entendimento do Superior Tribunal de Justiça[30]. Em sede jurisprudencial, registre-se, além de inúmeros julgados de nossos Tribunais, a Súmula 263 do extinto TFR: "A produção antecipada de provas, por si só, não previne a competência para a ação principal". A especialidade da cautelar de produção antecipada de provas impediria nesse caso a aplicação da regra estabelecida para todas as outras cautelares.

Entendo que a incidência ou não do fenômeno da prevenção dependerá fundamentalmente do foro que foi considerado competente para conhecer o processo cautelar e o foro competente para o processo principal. Se houver identidade de foros, é até possível – e aconselhável – falar em prevenção do juízo da cautelar para conhecer a principal, ou seja, se ambas as demandas, pelas regras de competência forem propostas perante a mesma Comarca ou Seção Judiciária, será possível se defender que a Vara que produziu a prova antecipadamente esteja preventa para conhecer e julgar o processo principal. Essa visão permitiria, se não houvesse mudança do juiz, respeitar o princípio da imediatidade, não havendo em nosso entender razão justificadora de se distribuir livremente, dentro da mesma competência territorial, o processo principal. Por outro lado, sendo os processos de competência territorial diversa, não se poderá falar em prevenção.

Há inclusive algumas decisões do Superior Tribunal de Justiça no sentido de que não existe prevenção nas cautelares de produção antecipada de provas, mas que em situações excepcionais, levadas em conta as particularidades do caso concreto, seria possível exigir-se que o juízo do processo principal seja o mesmo que já produziu a prova de forma antecipada. Especificamente, com relação à pendência da ação de produção de provas no momento de ingresso da ação principal[31].

52.2.4. Competência cautelar em grau recursal

O art. 800, parágrafo único, do CPC, em redação dada pela Lei 8.952/1994, estabelece: "Interposto o recurso, a medida cautelar será requerida diretamente ao Tribunal". A atual redação do dispositivo legal sana antiga controvérsia a respeito da competência da ação cautelar incidental nas hipóteses em que o processo principal já estivesse em grau recursal. O debate doutrinário se estabelecia porque, qualquer que fosse a solução, haveria de se sacrificar um valor processual. Admitindo-se o ingresso da cautelar diretamente no tribunal, estar-se-ia infringindo o duplo grau de jurisdição, enquanto que, permitindo o ingresso perante o primeiro grau, haveria uma diversidade entre o órgão julgador da cautelar e aquele que se encontra competente para o processo principal.

---

[30] Na doutrina Gusmão Carneiro, *Jurisdição*, p. 106; Galeno Lacerda, *Comentários*, p. 196. Na jurisprudência: STJ, AgRg na MC 10.565/RJ, 4.ª Turma, rel. Min. Fernando Gonçalves, j. 25.10.2005; STJ, REsp 487.630/SP, 2.ª Seção, rel. Min. Franciulli Netto, j. 21.08.2003.

[31] STJ, REsp 712.999/SP, 3.ª Turma, rel. Min. Carlos Alberto Menezes Direito, j. 12.04.2005.

O legislador tomou partido na discussão, determinando expressamente a competência do tribunal para conhecer das cautelares incidentais após ter sido interposto o recurso. A interpretação do dispositivo legal nos leva a conclusão de que, durante o tempo que mediar entre a publicação da sentença, e o ingresso da apelação, o órgão competente será o juiz de primeiro grau.

Essa regra, entretanto, tem duas exceções expressamente previstas em lei, que determinam a competência do juízo de primeiro grau, independentemente do processo principal já se encontrar em fase recursal, trata-se do pedido de **alimentos provisionais** (art. 853 do CPC) e o **atentado** (art. 880, parágrafo único, do CPC)[32].

Os tribunais superiores não cumprem o artigo legal na hipótese de cautelar inominada para se obter efeito suspensivo ao recurso extraordinário e/ou recurso especial, somente excepcionalmente afastando o entendimento consagrado nas Súmulas 634 e 635 do STF. O tema é desenvolvido no Capítulo 31, item 31.3.2.

52.3. MÉRITO CAUTELAR

Ainda que no âmbito da tutela cautelar mostre-se em determinadas circunstâncias ainda mais difícil a exata distinção entre as condições da ação e o mérito, mesmo a doutrina que defende a teoria eclética entende que o *fumus boni iuris* e o *periculum in mora* são os elementos que compõem o mérito cautelar[33]. Para os doutrinadores que entendem ser as chamadas condições da ação matéria de mérito, ainda com maior tranquilidade se indicam esses dois elementos como componentes do mérito cautelar[34].

Para parcela da doutrina, a indevida confusão feita pela doutrina a respeito das condições da ação e do mérito cautelar deve ser resolvida da seguinte forma: a análise abstrata da existência desses elementos, decorrentes da mera alegação do requerente, constitui o interesse de agir da demanda, enquanto no mérito será analisado concretamente se os elementos alegados pelo autor estão presentes[35].

O *fumus boni iuris*, ou fumaça do bom direito, é entendido pela doutrina majoritária como o convencimento parcial do juiz – fundado num juízo de mera probabilidade em razão da cognição sumária que faz para conceder a tutela cautelar – de que o **direito material que corre perigo provavelmente exista**[36]. É interessante notar que a doutrina majoritária permite que o juiz não tenha certeza a respeito da existência do direito material em perigo, mas exige do juiz uma análise superficial de sua provável existência.

---

32 Cfr. Bomfim Marins, *Tutela*, p. 250.

33 Theodoro Jr., *Processo*, n. 48-a, p. 73.

34 Baptista da Silva, *Do processo*, p. 181.

35 Fux, *Curso*, p. 1.574.

36 Shimura, *Arresto*, n. 1.10.2, p. 50; Barbosa Moreira, *O novo*, p. 309; Marinoni-Arenhart, *Processo*, p. 28-29; Nery-Nery, *Código*, p. 1.116.

Criticamente à doutrina majoritária e tradicional existem doutrinadores que não concordam com esse conceito de *fumus boni iuris*, afirmando que, se o direito material é desinteressante à tutela cautelar, não é correto exigir para o acolhimento do pedido cautelar a análise, ainda que sumária e superficial, da existência do direito material. Com uma proposta de autonomia absoluta entre a tutela cautelar e o direito material, essa corrente doutrinária defende que haverá *fumus boni iuris* no caso concreto sempre que o demandante comprovar que tem as condições da ação para a ação principal. Significa dizer que, demonstrando a legitimidade das partes do processo principal, o interesse de agir na tutela a ser buscada no processo principal e a possibilidade jurídica do pedido a ser elaborado no processo principal, o demandante comprovaria a existência de *fumus boni iuris*[37].

O *periculum in mora* representa a situação de urgência derivada do perigo que o tempo necessário para a concessão da tutela definitiva no caso concreto representa para a efetividade da proteção jurisdicional. Sempre que o demandante comprovar que, não sendo tutelado imediatamente seu direito material, correrá **sério e iminente risco** de perecer, haverá justificativa para a concessão da tutela cautelar sob o aspecto do *periculum in mora*[38].

Registre-se a existência de corrente doutrinária minoritária que entende só haver *periculum in mora* legitimador da tutela cautelar quando o perigo de lesão se referir à efetividade do processo principal. Quando o risco de dano se referir ao próprio direito material, não haverá o *periculum in mora* típico da cautelar. No primeiro caso haveria perigo de infrutuosidade e no segundo, perigo de morosidade[39]. Prefiro o entendimento tradicional porque o risco gerado ao direito material representa no aspecto processual a ineficácia do resultado do processo principal; a cautelar de arresto protege o direito de crédito do risco gerado pela dilapidação patrimonial e ao mesmo tempo garante que o resultado da futura execução de pagar quantia certa será eficaz.

Segundo ensina a melhor doutrina, o perigo de dano deve ser fundado em elementos objetivos, sendo indispensável ao demandante a demonstração de forma objetiva e clara do perigo de ineficácia da tutela definitiva no caso concreto[40]. Meros receios subjetivos ou crises de insegurança abstratas não são suficientes para a configuração do *periculum in mora*.

52.4. PROCEDIMENTO

52.4.1. Petição inicial

O processo cautelar, como qualquer outro, tem início por meio de uma petição inicial. Admitindo-se que a tutela cautelar seja concedida de forma incidental,

[37] Theodoro Jr., *Processo*, n. 50, p. 74-76; Costa Machado, *Código*, p. 1.349.
[38] Nery-Nery, *Código*, p. 1.116.
[39] Câmara, *Lições*, v. 3, p. 36-37.
[40] Marinoni-Arenhart, *Processo*, p. 28; Theodoro Jr., *Processo*, n. 52, p. 77-79.

basta uma mera petição, sem a necessidade das formalidades da petição inicial. O art. 801 do CPC prevê os requisitos formais que devem constar da petição inicial cautelar, o que não afasta a aplicação subsidiária do art. 282 do CPC, no tocante às exigências do pedido de citação do requerido, da indicação do valor da causa e da elaboração de pedido, exigência que para parcela da doutrina já consta expressamente no art. 801, *caput*, do CPC[41].

Entre as exigências expressamente previstas pelo art. 801 do CPC, o inciso I, que trata do endereçamento, o inciso II, que trata da qualificação e o inciso V, que cuida do pedido de provas, não diferem substancialmente das previsões contidas no art. 282 do CPC. As especialidades dizem respeito aos incisos III (lide e seus fundamentos), IV (exposição sumária do direito ameaçado e o receio de lesão) e o valor da causa.

Por "lide e seu fundamento", expressão utilizada no art. 801, III, do CPC, entende-se a **indicação do objeto da ação principal**, o que se exige em razão da instrumentalidade da ação cautelar. Cabe ao requerente, portanto, indicar do que tratará a futura ação principal, o que permitirá ao juiz analisar se a cautelar efetivamente cumpre sua missão de acautelamento. Naturalmente a exigência só é aplicável nas *cautelares antecedentes*, considerando-se que nas cautelares incidentais a ação principal já existe, sendo possível ao juiz a análise da efetiva instrumentalidade (art. 801, parágrafo único, do CPC).

No art. 801, IV do CPC estão previstos os elementos que devem compor a *causa de pedir* da tutela cautelar, mais precisamente as matérias que compõem o mérito do processo cautelar[42]. A "exposição sumária do direito ameaçado" é sinônimo de *fumus boni iuris*, enquanto o receio de lesão é o *periculum in mora*[43].

No tocante ao valor da causa, correta está a doutrina que entende não existir uma vinculação necessária entre o valor da causa na ação cautelar e na ação principal. O bem da vida que se pretende obter com a tutela cautelar é a garantia de eficácia do resultado final do processo, não se confundindo com eventual bem da vida que será objeto de pretensão na ação principal. Assim, o arresto não entrega qualquer bem ao requerente, apenas garante que aquele bem assegure a futura satisfação da obrigação de pagar quantia certa, que será discutida na ação principal. Não teria sentido exigir que o valor da causa nesse caso seja o mesmo nas duas ações, porque os bens da vida pretendidos são distintos[44]. A distinção de valor da causa no processo cautelar e principal é reconhecida, inclusive, pelo Superior Tribunal de Justiça[45].

---

41 Costa Machado, *Código*, p. 1.347.

42 Bomfim Martins, *Tutela*, p. 135-139, citando lições de Theodoro Jr., Baptista da Silva, Moniz de Aragão, Armelin, Galeno Lacerda e Sydney Sanches.

43 Nery-Nery, *Código*, p. 1.122; Costa Machado, *Código*, p. 1.349-1.350.

44 Baptista da Silva, *Do processo*, p. 172; Marinoni-Mitidiero, *Código*, p. 751; Orione, *Processo*, n. 13.3, p. 153; Contra: Theodoro Jr., *Processo*, n. 88, p. 127.

45 *Informativo* 460/STJ: 4.ª Turma, REsp 865.446/MT, rel. Min. Aldir Passarinho Junior, j. 14.12.2010; REsp 860.877/CE, 1.ª Turma, rel. Min. Luiz Fux, j. 15.04.2008, *DJ* 14.05.2005; REsp 976.440/RJ, 3.ª Turma, rel. Min.

Apesar da omissão legal, é pacífico na doutrina o entendimento de que cabe ao requerente elaborar expressamente o pedido de proteção jurisdicional em sua petição inicial. Ainda que se aplique à tutela cautelar a fungibilidade, permitindo-se que o juiz conceda tutela cautelar de diferente espécie daquela que foi requerida, a elaboração de um pedido certo e determinado é requisito formal inafastável da petição inicial do processo cautelar[46].

52.4.2. Contraditório na demanda cautelar

Não há qualquer especialidade na citação do requerido no processo cautelar, aplicando-se o art. 221 do CPC. Interessante notar que, tratando-se de cautelar incidental, a citação poderá ser realizada por meio eletrônico sempre que o requerido tenha fornecido seu endereço eletrônico no processo principal.

Segundo prevê o art. 802 do CPC, o requerido será citado para no prazo de cinco dias contestar o pedido, indicando as provas que pretende produzir. É nítida a exigência do *contraditório* decorrente do dispositivo legal ora comentado, sendo essa a regra geral no processo cautelar, o que não impede que previsões específicas excepcionalmente afastem o contraditório, como ocorre nas interpelações, protestos, notificações. Ao prazo de cinco dias aplicam-se as regras de prazo diferenciado, sendo contado em quádruplo quando o requerido for a Fazenda Pública, o Ministério Público (art. 188 do CPC) e em dobro quando existir litisconsórcio passivo com pluralidade de patronos (art. 191 do CPC)[47].

Além da contestação, também são cabíveis as exceções rituais – incompetência relativa, impedimento e suspeição do juiz – e a impugnação ao valor da causa. Nenhuma das intervenções de terceiro que podem ser utilizadas como resposta do réu – nomeação à autoria, denunciação da lide e chamamento ao processo – é cabível no processo cautelar. Também não cabe reconvenção nem ação declaratória incidental[48].

É importante registrar que o termo inicial desse prazo de resposta do requerido depende de sua intimação, de forma que o art. 802, parágrafo único, do CPC deve ser analisado com extremo cuidado. O dispositivo legal trata do tema nas duas circunstâncias possíveis:

(I) não havendo concessão de medida cautelar liminarmente, o prazo tem início da juntada aos autos do mandado de citação devidamente cumprido (na realidade junto da citação há uma intimação, como analisado no Capítulo 10, item 10.5.1);

Humberto Gomes de Barros, j. 24.03.2008, *DJ* 13.05.2008.

46 Theodoro Jr., *Processo*, n. 89, p. 130; Baptista da Silva, *Curso*, p. 112; Bomfim Martins, *Tutela*, p. 262.

47 Fux, *Curso*, p. 1.585.

48 Baptista da Silva, *Do processo*, p. 174; Theodoro Jr., *Processo*, n. 92, p. 132; Marinoni-Mitidiero, *Código*, p. 751. Pelo cabimento de reconvenção, Fux, *Curso*, p. 1.586.

(II) havendo concessão liminar, o dispositivo prevê que o termo inicial é o da execução da medida cautelar, mas a melhor interpretação aponta para a necessidade de o requerido ser intimado dessa execução da medida, tendo início a contagem do prazo a partir da juntada da prova de intimação desse ato[49].

52.4.3. Revelia

A ausência jurídica de contestação no processo cautelar gera a revelia do requerido, exatamente como ocorre no processo de conhecimento. O principal efeito da revelia vem expressamente previsto no art. 803, *caput,* do CPC: presunção de veracidade dos fatos alegados pelo autor. Ainda que o dispositivo seja incisivo – "presumir-se-ão aceitos pelo requerido, como verdadeiros, os fatos alegados pelo requerente" –, a presunção é relativa, aplicando-se à cautelar as causas de afastamento dessa presunção já analisadas no Capítulo 12, item 12.2.1. Essa presunção, como é natural, **limita-se ao processo cautelar**, de forma que, sendo impugnados os mesmos fatos no processo principal, é perfeitamente possível que o juiz considere as alegações de fato falsas[50].

Havendo revelia e sendo gerado o efeito da presunção da veracidade dos fatos, impõe-se a aplicação do art. 330, II, do CPC, verificando-se o julgamento antecipado da lide (melhor seria dizer julgamento antecipado do mérito).

52.4.4. Instrução probatória

Já foi afirmado que existe no processo cautelar uma sumariedade material, de forma a não exigir um juízo de certeza fundado em cognição exauriente. Essa realidade, entretanto, não retira do processo cautelar uma instrução probatória, ainda que não exauriente como aquela exigida para o julgamento no processo de conhecimento. O juiz na condução da instrução probatória na ação cautelar deve lembrar que, bastando um *juízo de probabilidade*, fundado em **cognição sumária**, a produção da prova não deve ser de tal intensidade que crie um juízo de certeza, estranho à tutela cautelar.

Dispõe o art. 803, parágrafo único, do CPC que haverá designação de audiência de instrução e julgamento se for necessária a produção de prova, entendendo-se tratar-se da exigência de produção de prova oral (depoimento pessoal e testemunhal). Apesar da omissão legal, não se descarta a realização de perícia, quando necessária for a produção dessa espécie de prova técnica[51].

Todos os meios de prova admitidos em direito podem ser produzidos no processo cautelar, sendo inegável cerceamento de defesa o indeferimento de produção

---

[49] Baptista da Silva, *Do processo*, p. 176; Marinoni-Mitidiero, *Código*, p. 752; Nery-Nery, *Código*, p. 1.123.

[50] Baptista da Silva, *Do processo*, p. 178; Marinoni-Mitidiero, *Código*, p. 753.

[51] Baptista da Silva, *Do processo*, p. 186; Marinoni-Mitidiero, *Código*, p. 753.

de prova seguido de julgamento de improcedência com o fundamento de que não restar demonstrado o *fumus boni iuris* e/ou o *periculum in mora*.

Ainda que a afirmação de que, tratando-se o processo cautelar e o processo principal de diferentes processos, e que porventura os fatos sejam diferentes nos dois processos[52], é inegável que prova produzida no processo cautelar pode ser utilizada no processo principal, sendo nítida a ocorrência dos requisitos para a utilização de *prova emprestada* nesse caso. Ademais, nas cautelares preparatórias tacitamente suspensas quando do ingresso da ação principal e nas cautelares incidentais, normalmente há uma só instrução probatória, que servirá ao juiz para o julgamento conjunto de ambas as demandas.

52.4.5. Sentença

Naturalmente o processo cautelar será encerrado por uma sentença, ainda quando a medida cautelar já tenha sido concedida em sede liminar[53]. Como já afirmado, entendo com a doutrina majoritária que existe mérito no processo cautelar, de forma que a sentença que acolhe ou rejeita o pedido do autor será uma sentença de mérito, nos termos do art. 269, I, do CPC. Também é possível a prolação de sentença de mérito que reconheça a prescrição e a decadência do direito, em atípica hipótese na qual, em aplicação do princípio da economia processual, o juiz da cautelar pratica atividade que seria do juízo da ação principal, tecnicamente o responsável pela decretação da prescrição ou decadência[54]. Não se descarta também a possibilidade de sentença terminativa, nos termos do art. 267 do CPC.

Sendo de mérito, a natureza da sentença cautelar é tema que não chegou a consenso na doutrina. Existem os que entendem tratar-se de sentença mandamental, contendo uma ordem judicial para que seja alguma coisa feita ou para que seja omitida alguma conduta[55]. Para outros, a sentença varia de natureza conforme a espécie de cautelar, podendo ser meramente declaratória, constitutiva ou condenatória[56]. Há ainda aqueles que preferem apontar para uma natureza singular dessa sentença, que não se confunde com nenhuma daquelas existentes para o processo de conhecimento[57].

Todos concordam que a satisfação da sentença **independe de processo autônomo de execução**, sendo desenvolvida a satisfação do direito reconhecido por meio de uma mera fase procedimental. Também há concordância quanto à inviabilidade de oposição de *embargos à execução* por parte do demandado no momento procedimental de satisfação do direito reconhecido na concessão da tutela cautelar.

52 Theodoro Jr., *Processo*, n. 93, p. 134.

53 Theodoro Jr., *Processo*, n. 119, p. 159.

54 Baptista da Silva, *Do processo*, p. 214; Theodoro Jr., *Processo*, n. 121, p. 161.

55 Baptista da Silva, *Do processo*, p. 182; Fux, *Curso*, p. 1.589; Bomfim Marins, *Tutela*, p. 287.

56 Theodoro Jr., *Processo*, n. 122, p. 161-162.

57 Câmara, *Lições*, v. 3, p. 71.

Entendo que a autonomia do processo cautelar exige julgamento distinto do processo principal, mesmo quando as duas demandas são julgadas simultaneamente[58]. Na prática, entretanto, com a alegação de *economia processual*, o julgamento da cautelar transforma-se num mero capítulo da sentença que julga a demanda principal. O entendimento encontra-se de tal forma pacificado que o Superior Tribunal de Justiça consolidou a tese de que, havendo somente uma sentença, o recurso de apelação – que também será um só – será recebido no duplo efeito no tocante ao capítulo que decidiu o processo principal e sem efeito suspensivo quanto ao capítulo que decidiu o processo cautelar[59].

E o que é ainda mais grave, verifica-se uma suspensão tácita do procedimento do processo cautelar, aguardando-se o desenvolvimento do processo principal para daí haver julgamento em conjunto. Apesar de parcela doutrinária entender que tal atitude só não deve ser admitida quando a medida cautelar ainda não tiver sido concedida[60], entendo que mesmo com a concessão da medida cautelar em sede liminar o processo cautelar deve ter procedimento e julgamento autônomo[61].

Não resta dúvida de que, sendo sentenciado o processo cautelar, o juiz deverá condenar o derrotado ao pagamento das verbas de sucumbência, sendo inegável a existência de litigiosidade no processo cautelar[62]. Excepcionalmente, quando não se instaurara essa litigiosidade, mesmo eventual, não haverá condenação dessa natureza, como ocorre no protesto, interpelação e notificação[63].

52.5. LIMINAR

Não resta nenhuma dúvida de que a tutela cautelar é uma tutela de urgência e, como tal, protege interesses na iminência de perecer. Ocorre, entretanto, que o processo cautelar, embora reconhecidamente tenha um procedimento sumarizado, demanda certo lapso temporal para o seu desenvolvimento, de forma que a prolação de sentença concessiva da tutela cautelar nunca será imediata, sempre dependendo de certo período de tempo no qual se desenvolverá o procedimento cautelar.

Apesar de toda a preocupação do legislador ao disciplinar um trâmite processual diferenciado no processo cautelar, visando justamente a entrega da prestação jurisdicional em tempo suficiente para proteger eficazmente o interesse do requerente, por vezes a proteção cautelar não pode esperar o regular trâmite

---

58 Baptista da Silva, *Do processo*, p. 179.

59 Informativo 373/STJ, REsp 663.570/SP, 4.ª Turma, rel. Min. Carlos Fernando Mathias (juiz convocado do TRF/1.ª Região), j. 21.20.2008; REsp 970.275, 3.ª Turma, rel. Min. Nancy Andrighi, j. 11.12.2007, *DJ* 19.12.2007; AgRg na MC 8.131/SP, 3.ª Turma, rel. Min. Carlos Alberto Menezes Direito, j. 25.05.2004, *DJ* 02.08.2004. *Informativo* 390/STJ, Corte Especial, EREsp 663.570-SP, rel. Nancy Andrighi, j. 15.04.2009.

60 Theodoro Jr., *Processo*, n. 94, p. 135.

61 Baptista da Silva, *Do processo*, p. 179.

62 AgRg no REsp 908.710/MG, 2.ª Turma, rel. Min. Humberto Martins, j. 16.09.2008; REsp 869.857/SP, 1.ª Turma, rel. Min. Luiz Fux, j. 11.03.2008.

63 Baptista da Silva, *Do processo*, p. 186.

processual, sob pena de perecimento do interesse que se procura proteger. Surge então a necessidade de concessão de liminar na cautelar, ou seja, tornar o que já era urgente ainda mais urgente. A liminar no processo cautelar representa o suprassumo da urgência[64].

O próprio legislador, atento às situações em que a demora na entrega da prestação jurisdicional cautelar pudesse frustrar os próprios objetivos dessa tutela, inseriu no Código de Processo Civil norma que prevê no art. 804 do CPC não só a liminar, mas também as circunstâncias autorizadoras de sua concessão. Registre-se desde já o desprezo sentido na praxe forense a respeito dos requisitos legais previstos no art. 804 do CPC, solenemente ignorado tanto pelas partes como pelo juízo[65]. O automatismo na concessão de liminares é ainda mais frequente quando, ao deixar de analisar o devido cabimento da medida, o juiz se satisfaz com a prestação de caução.

Ainda que desacreditado na praxe forense, não entendo a razão pelo desprezo demonstrado pelo requisito previsto pelo dispositivo legal ora comentando. Segundo o art. 804 do CPC, é cabível a **concessão da liminar sempre que o réu, sendo citado, puder tornar a medida cautelar ineficaz**. Deve-se observar, entretanto, que o prejuízo advindo da citação do réu não deve ficar restrito àquelas circunstâncias em que, tomando ciência da demanda, por meio de um ato positivo, frustra a eficácia da pretensão[66]. O prejuízo, a nosso ver, não necessita de ato positivo do réu para que se efetive; pode estar presente por meras circunstâncias de fato[67].

Há situações em que não é propriamente a citação do réu que torna a tutela cautelar ineficaz, mas a demora para que tal ato processual seja realizado[68]. Basta imaginar a cautelar inominada de sustação de protesto (ainda que pessoalmente entenda tratar-se de tutela antecipada); nesse caso, não é propriamente a atitude que o réu possa tomar ao ser citado que definirá a possibilidade de concessão de liminar, visto que a comunicação da demanda a ele nada modificará em termos de protesto de título. Parece evidente que a própria demora na concessão da liminar, tendo-se de aguardar a citação do réu, tornará a medida ineficaz, em razão do exíguo tempo concedido pelo Cartório de Protesto ao pretenso devedor para impedir judicialmente o protesto.

O Superior Tribunal de Justiça vem admitindo a concessão de tutela cautelar em sede liminar para a decretação de indisponibilidade (art. 7.º da Lei 8.429/1992) e de sequestro de bens, inclusive o bloqueio de ativos do agente público ou de terceiro beneficiado pelo ato de improbidade (art. 16 da Lei 8.439/1992), considerando tratar-se de medida assecuratória do resultado útil da tutela jurisdicional,

---

64 Betina Rizatto Lara, *Liminares*, p. 90.

65 Baptista da Silva, *Do processo*, p. 187.

66 Theodoro Jr., *Processo*, p. 139; Galeno Lacerda, *Comentários*, p. 242-243.

67 Barbosa Moreira, *O novo*, p. 307.

68 Marinoni-Arenhart, *Processo*, p. 130; Fux, *Curso*, p. 1.576; Lopes da Costa, *Medidas*, p. 28.

qual seja a reparação do dano ao erário ou a restituição de bens e valores havidos ilicitamente por ato de improbidade[69].

52.6. COISA JULGADA MATERIAL

Tradicionalmente entende-se **não existir coisa julgada material** no processo cautelar, havendo inclusive no antigo Código de Processo Civil de 1939 uma expressa previsão no art. 288 de que as medidas preventivas não faziam coisa julgada. Embora a previsão legal não tenha sido mantida no atual código, a doutrina majoritária permanece com o entendimento exposto pelo diploma legal revogado, sendo também esse o entendimento do Superior Tribunal de Justiça[70].

Para os doutrinadores que defendem a ideia de ausência de julgamento de mérito no processo cautelar, seria mesmo inconcebível a existência de coisa julgada material na sentença. Negar que existe mérito na cautelar, e por consequências que seja impossível o seu julgamento, não parece ser a visão mais adequada do fenômeno cautelar, como já devidamente analisado no Capítulo 52, item 52.3. Sempre que o juiz acolher ou rejeitar o pedido cautelar formulado pelo autor, profere sentença de mérito, nos termos do art. 269, I, do CPC[71].

Há parcela da doutrina que, apesar de reconhecer a existência de um direito substancial de cautela, e bem por isso a existência de uma lide cautelar e respectivo mérito, que será julgado sempre que o pedido do autor for acolhido ou rejeitado, entende que não existe coisa julgada material nessa sentença. O fundamento é de que não há declaratoriedade relevante na sentença para ser protegida pela coisa julgada material, considerando-se que o juiz apenas decide pela plausibilidade da relação jurídica e a existência de uma situação de fato de perigo[72].

O caráter provisório da medida cautelar é um importante argumento para aqueles que não admitem a coisa julgada material na sentença cautelar. Sabendo-se que a tutela cautelar existe enquanto perdurar a situação de perigo que a originou, situação essa que pode desaparecer tanto durante o processo como com o julgamento final do processo cautelar ou do processo principal, atribui-se à sentença cautelar um prazo de vida certo, o que seria incompatível com a definitividade da coisa julgada material[73].

Alguns breves esclarecimentos, entretanto, são suficientes para afastar do caráter provisório da sentença cautelar o fator impeditivo da formação de coisa julgada material nesse processo. É ponto pacífico na doutrina que a mudança dos fatos

---

[69] STJ, 1.ª Turma, REsp 880.427/MG, rel. Min. Luiz Fux, j. 04.11.2008, *DJe* 04.12.2008.

[70] STJ, REsp 724.710/RJ, 1.ª Turma, rel. Min. Luiz Fux, j. 20.11.2007, *DJ* 03.12.2007, p. 265; REsp 204.364/RJ, 2.ª Turma, rel. Min. Francisco Peçanha Martins, j. 16.09.2004, *DJ* 29.11.2004, p. 271.

[71] Fux, *Curso*, p. 1.588; Moniz de Aragão, *Cautelares*, p. 63-64; Barbosa Moreira, *Comentários*, p. 113; Watanabe, *Da cognição*, p. 138.

[72] Baptista da Silva, *Do processo*, p. 167-168; Barbosa Moreira, *Comentários*, p. 110/113; Marinoni-Arenhart, *Processo*, p. 187; Câmara, *Lições*, v. 2, p. 71. Contra: Araken de Assis, *Breve*, p. 93.

[73] Grinover, *La tutela*, p. 138-139; Câmara, *Lições*, v. 2, p. 72; Pontes de Miranda, *Tratado*, p. 404.

que originaram a concessão de uma medida cautelar seja motivo suficiente para o juiz revogá-la. Nascida para afastar uma situação de perigo, não haveria mais razão para manter referida medida, finda essa situação. Mas não será tal característica própria de todas as sentenças judiciais, e não só da sentença cautelar?

Doutrina tradicional já afirmava com extrema correção que de certo modo todas as sentenças contêm implicitamente a cláusula *rebus sic stantibus*[74]. Relembrando que a autoridade da coisa julgada somente se verifica quando todos os elementos da demanda são iguais (teoria da tríplice identidade), por certo que a mudança dos fatos (causa de pedir) afasta a ocorrência desse fenômeno processual. Tratar-se-ia, aqui, de nova ação, com diferentes elementos[75].

A existência de coisa julgada material na sentença cautelar viria confirmada pela regra consagrada no art. 808 do CPC, que impede a parte de repetir o pedido, salvo por novo fundamento, se por qualquer motivo cessar a medida cautelar. Entendo que esse dispositivo deva ser utilizado analogamente às situações de julgamento de improcedência do pedido, de forma a demonstrar a existência de algum fenômeno processual a impedir nova discussão de ação idêntica àquela decidida[76].

Registre-se a existência de doutrina que defende a existência de coisa julgada material, mas não da eficácia preclusiva da coisa julgada (art. 474 do CPC), de forma que, decidido no mérito no processo cautelar, a parte poderia renovar o pedido com fundamento em novos fatos[77]. Não concordo com esse entendimento porque, apesar de o legislador não se referir à qual espécie de fato permitiria um novo processo cautelar, conclui-se que se trate somente dos fatos jurídicos, sendo plenamente aplicável na tutela cautelar a eficácia preclusiva da coisa julgada.

Fato curioso é que alguns doutrinadores que negam a existência da coisa julgada material no processo cautelar concordam que a decisão cautelar, embora não faça coisa julgada material, produz alguns efeitos de imutabilidade da sentença muito próximos desse instituto processual, o que viria a justificar o parágrafo único do art. 808 do CPC[78].

Apesar de reconhecer tratar-se de opinião minoritária, entendo que existe coisa julgada material na sentença cautelar e que a rejeição notada de forma tão absoluta na doutrina majoritária deve-se a antigos preconceitos herdados de antigos equívocos acerca do instituto[79].

Registre-se por fim que, na hipótese do art. 810 do CPC, ou seja, na sentença que reconhece a prescrição ou decadência na própria cautelar e julga extinto o processo com esse fundamento, a sentença será de mérito, nos termos do art. 269,

---

74 Liebman, *Eficácia*, p. 25; Lopes da Costa, *Medidas*, p. 50; Shimura, *Arresto*, p. 353.

75 Galeno Lacerda, *Comentários*, p. 294-295.

76 Shimura, *Arresto*, p. 350; Moniz de Aragão, *Cautelares*, p. 64.

77 Fux, *Curso*, p. 1.588.

78 Galeno Lacerda, *Comentários*, p. 294-295; Sanches, *Poder cautelar*, p. 79; Lima Guerra, *Estudos*, p. 57; Dinamarco, *Instituições*, p. 309.

79 Araken de Assis, *Breve*, p. 96.

IV, do CPC e produzirá coisa julgada material, tornando-se imutável e indiscutível. Por uma questão de economia processual[80], admite-se que uma determinada matéria – prescrição ou decadência – que em tese deveria ser alegada e analisada no processo principal possa ser adiantada para o processo cautelar.

52.7. PODER GERAL DE CAUTELA

O poder geral de tutela deve ser analisado sob duas óticas: mirando o sistema jurídico e a atividade do juiz no caso concreto, sendo naturalmente mais ampla a primeira ótica.

A tutela cautelar é ampla, geral e irrestrita, significando que a parte que dela necessite deve apenas demonstrar o preenchimento do *fumus boni iuris* e o *periculum in mora* no caso concreto para recebê-la. Significa dizer que, pensando-se em poder jurisdicional, a tutela cautelar deve ser entendida como a proteção jurisdicional prestada pelo Estado para afastar o perigo de ineficácia do resultado final da pretensão definitiva da parte, funcionando como aspecto concreto da promessa constitucional de inafastabilidade da tutela jurisdicional (art. 5.º, XXXV, da CF)[81].

Poder geral de cautela, nesse sentido, significa o **generalizado poder estatal** de evitar no caso concreto que o tempo necessário para a concessão da tutela definitiva gere a ineficácia dessa tutela. Essa amplitude da proteção jurisdicional no âmbito cautelar impõe que nenhuma restrição seja admitida no tocante ao direito concreto da parte em obter essa espécie de tutela quando demonstra os requisitos necessários previstos em lei.

São tranquilas a doutrina e a jurisprudência na aceitação do entendimento de que as cautelares especificamente previstas pelo Código de Processo Civil, chamadas de "cautelares nominadas" ou "cautelares típicas", não são arroladas de forma exauriente, porque seria impossível ao legislador prever, por mais imaginativo que fosse, todas as hipóteses em que concretamente se faz necessária a concessão da tutela cautelar. Dessa forma, admitem-se as chamadas "cautelares inominadas" ou "cautelares atípicas", que são aquelas não previstas de forma específica no Código de Processo Civil, como decorrência do poder geral de cautela do juiz[82].

O próprio legislador expressamente reconhece a sua insuficiência, ao prever nos arts. 798 e 799 do CPC a possibilidade de o juiz conceder, além dos procedimentos cautelares específicos, "as medidas provisórias que julgar adequadas", podendo, "para evitar o dano, autorizar ou vedar a prática de determinados atos, ordenar a guarda judicial de pessoas e depósito de bens e impor a prestação da caução". E

---

80 Barbosa Moreira, *O novo*, p. 320; Fux, *Curso*, p. 1.550.

81 Marinoni-Arenhart, *Processo*, p. 99; Nery-Nery, *Código*, p. 1.115.

82 Baptista da Silva, *Do processo*, p. 109-112; Theodoro Jr., *Processo*, n. 70, p. 101; Shimura, *Arresto*, n. 1.10, p. 48; Câmara, *Lições*, v. 3, p. 43.

o Superior Tribunal de Justiça vem acertadamente entendendo pela **admissão da cautelar inominada em razão do poder geral de cautela** do juiz[83].

Na realidade, a admissão de cautelares atípicas demonstra a faceta do poder geral de cautela quando aplicado ao sistema jurídico. O juiz, em sua atividade jurisdicional, só poderá efetivamente acautelar a parte necessitada se estiver munido de poder jurisdicional para tanto, de forma que a admissão na prática das cautelares inominadas significa que o poder jurisdicional cautelar é amplo, genérico e irrestrito, não se admitindo que, diante do preenchimento do *fumus boni iuris* e do *periculum in mora* no caso concreto e ausente a situação específica em previsão legal, se deixe de prestar a tutela jurisdicional. O que se pretende demonstrar é que a amplitude da tutela cautelar naturalmente se concretiza no processo, mas essa concretização só é possível em razão do poder jurisdicional geral de cautela existente.

Deixando-se de lado a análise sob a ótica do sistema, derivada do entendimento de que o poder geral de cautela diz respeito à amplitude e generalidade do poder jurisdicional de cautela, é corrente na doutrina o entendimento de que poder geral de cautela signifique a possibilidade de o juiz, no caso concreto, **conceder uma medida cautelar de ofício**. Sob essa ótica de análise do tema, pensa-se na amplitude da tutela cautelar no caso concreto, na possibilidade, ainda que excepcional, de o juiz impedir seu sacrifício no caso concreto em virtude da ausência de pedido da parte que será protegida.

O art. 797 do CPC determina que o juiz pode conceder medidas cautelares sem a oitiva das partes – o que significa concessão de ofício – em casos excepcionais e expressamente previstos pela lei. A redação do dispositivo legal não foi feliz porque se os casos já são expressamente previstos em lei, o fato de serem ou não excepcionais é absolutamente irrelevante. Ainda que o princípio de que a lei não contém palavras inúteis seja mais um ideal do que uma realidade, nesse caso parece que a cumulatividade dos requisitos sugeridos pela lei – excepcionalidade e previsão expressa em lei – realmente não se justifica. Faltou algo à redação; seja uma vírgula depois de "expressamente" ou quem sabe um "ou", mas a conclusão mais acertada para a interpretação de tal dispositivo é de que o poder geral de cautela admite a concessão de medida cautelar em **situações excepcionais** ou quando expressamente previsto em lei.

O intérprete reconheceu a impossibilidade de o legislador prever todas as hipóteses concretas de admissibilidade da tutela cautelar, daí a aceitação pacífica das cautelares inominadas. Não merece o mesmo reconhecimento de incapacidade do legislador no tocante às hipóteses nas quais o juiz pode conceder a tutela cautelar de ofício? É de todo indesejável, sob a perspectiva da amplitude da tutela cautelar, limitar esse poder do juiz somente às hipóteses lembradas pelo legislador e consagradas em lei. Nessas, evidentemente, não há o que debater; mas também em outras, em que se justifique tal atividade oficiosa, ainda que não mencionadas

[83] STJ, 3.ª Turma, REsp 627.759/MG, rel. Min. Nancy Andrighi, j. 25.04.2006, *DJ* 08.05.2006, p. 198; REsp 753.788/AL, 5.ª Turma, rel. Min. Felix Fischer, j. 04.10.2005, *DJ* 14.11.2005, p. 400.

pelo legislador, também é correto concluir pela permissão da concessão de ofício de uma medida cautelar[84].

A questão a enfrentar diz respeito à excepcionalidade exigida pelo legislador para, afastando-se o princípio dispositivo, permitir a concessão de ofício pelo juiz de medida cautelar. Para parcela da doutrina a situação deve reunir alguns elementos:

(i) ser de extrema urgência, na qual não há tempo para ouvir as partes;
(ii) a situação de urgência não ser de conhecimento da parte interessada;
(iii) presença de *fumus boni iuris*; e
(iv) constatação *prima facie* do risco da efetividade da tutela do direito[85].

Uma última ressalva se mostra importante. O poder geral de cautela, entendido como a concessão de ofício de uma medida cautelar pelo juiz, afasta, ainda que excepcionalmente, o *princípio dispositivo*. O mesmo, entretanto, não se pode afirmar quanto ao princípio da *inércia da jurisdição*, ou da demanda, que determina ser inerte a jurisdição até que o interessado a provoque. A medida cautelar a ser concedida pelo juiz, portanto, exige a existência de um processo já instaurado, não sendo lícito ao juiz dar início de ofício a qualquer processo, de qualquer natureza, ainda que para conceder uma medida cautelar[86]. O art. 797 do CPC não tem tal amplitude.

52.8. PRAZO DE EFICÁCIA DA MEDIDA CAUTELAR

Quando a medida cautelar é obtida em sede de processo antecedente, prevê o art. 806 do CPC um prazo de 30 dias para o ingresso da ação principal, com o nítido objetivo de evitar que a medida cautelar, provisória por natureza, se eternize. Favorecida a parte com a proteção cautelar, cabe a discussão da efetiva existência do direito material, que se dará com a devida ação principal, sendo bastante razoável o prazo de 30 dias para a sua propositura.

A redação do dispositivo legal é suficientemente clara ao estabelecer que o termo inicial da contagem do prazo é a **efetivação da medida cautelar**, ou seja, é o efetivo cumprimento no plano dos fatos da decisão concessiva da tutela cautelar. Para fins de contagem do prazo do art. 806 do CPC, é irrelevante o momento da propositura do processo ou mesmo da concessão da tutela; o único momento que interessa é o da efetivação da medida cautelar. Registre-se que em respeito ao princípio do *contraditório* o prazo só terá início após a intimação da

---

84 Marinoni-Arenhart, *Processo*, p. 104-105; STJ, 1.ª Turma, AgRg no Ag 699.724/PR, rel. Min. José Delgado, j. 08.11.2005, *DJ* 05.12.2005, p. 233.

85 Marinoni-Arenhart, *Processo*, p. 106.

86 Câmara, *Lições*, v. 3, p. 49.

parte de que a medida cautelar foi devidamente cumprida[87]. Sendo parcialmente efetivada a decisão judicial, o prazo terá sua contagem iniciada, considerando-se que nesse caso já existe tutela cautelar a proteger a parte, ainda que parcial[88]. Já decidiu o Superior Tribunal de Justiça que, sendo diversos os réus, o prazo para a propositura da ação principal somente tem início para aqueles que sofreram constrição judicial em seus bens[89].

Por vezes, após o prazo de 30 dias não será admissível a propositura da ação principal em razão da ausência de interesse de agir. Basta imaginar um arresto de dívida que só se torne exigível após o vencimento do prazo de 30 dias, hipótese na qual não se poderá exigir do autor o ingresso de um processo de cobrança ou executivo antes do vencimento da dívida. Nesse caso, o prazo de 30 dias não se contará da efetivação da medida cautelar, mas do vencimento da dívida, ou seja, do momento a partir do qual a parte protegida pela cautelar passa a ter as condições da ação principal[90].

O objetivo de não eternizar a medida cautelar é providência que se impõe nas situações cautelares que geram à parte contrária uma constrição de bens ou restrição de direitos, não sendo justificável que o réu permaneça indefinitivamente nessa situação de desvantagem material[91]. Dessa forma, no caso de a medida cautelar não gerar prejuízo ao requerido em termos de constrição de bens ou de restrição de direitos, não se justifica a aplicação da regra legal, como ocorre nas **cautelares meramente conservativas** (protestos, interpelações e notificações) e nas **cautelares probatórias**[92]. Produzida a prova em produção antecipada, exibição ou justificação, a ação principal poderá ser proposta após o prazo de 30 dias e a prova continuará com a mesma eficácia que teria se a demanda tivesse sido proposta dentro de tal prazo.

Não é correta a flexibilização do prazo legal nas medidas provisionais do Direito de Família, tais como a separação de corpos e os alimentos provisionais, que perdem a eficácia quando concedidos em processo preparatório se o processo principal não for oferecido no prazo de 30 dias[93].

Há viva controvérsia a respeito da natureza jurídica desse prazo. Enquanto parcela da doutrina sustenta tratar-se de prazo decadencial[94], afirmando-o fatal e

---

87 Baptista da Silva, *Do processo*, p. 200.

88 Marinoni-Mitidiero, *Curso*, p. 756; Shimura, *Arresto*, n. 8.7.2.1, p. 396; *Informativo* 427/STJ: 1.ª Seção, REsp 1.115.370/SP, rel. Min. Benedito Gonçalves, j. 16.03.2010; STJ, 3.ª Turma, REsp 757.625/SC, rel. Min. Nancy Andrighi, j. 19.10.2006, *DJ* 13.11.2006. Contra: Baptista da Silva, *Do processo*, p. 200.

89 *Informativo* 424/STJ: 3.ª Turma, REsp 1.040.404-GO, rel. originário Min. Sidnei Beneti, rel. p/ acórdão Min. Nancy Andrighi, j. 23.02.2010.

90 Fux, *Curso*, p. 1.579.

91 Fux, *Curso*, p. 1.550.

92 Theodoro Jr., *Processo*, n. 108, p. 150; STJ, 1.ª Turma, REsp 641.665/DF, rel. Min. Luiz Fux, j. 08.03.2005.

93 Ovídio Baptista da Silva, *Do processo cautelar*, p. 199; Shimura, *Arresto cautelar*, n. 8.7.2, p. 393-395. Quanto aos alimentos provisionais: STJ, 3.ª Turma, REsp 436.763/SP, rel. Min. Humberto Gomes de Barros, j. 27.11.2007, *DJ* 06.12.2007.

94 Orione, *Processo*, n. 16.1, p. 188; Nery-Nery, *Código*, p. 1.123.

improrrogável[95], outra parcela critica tal entendimento, asseverando ser possível que o prazo legal seja suspenso ou interrompido[96]. Existe decisão do Superior Tribunal de Justiça no sentido de tratar-se de **prazo decadencial**[97].

Descumprido o prazo legal, a medida cautelar extinguiu-se *ipso iure*, ou seja, perdeu sua eficácia automaticamente[98]. O Superior Tribunal de Justiça entende que a não propositura da ação principal dentro do prazo legal acarreta a extinção do processo cautelar sem a resolução do mérito[99].

52.9. CESSAÇÃO DA EFICÁCIA DA TUTELA CAUTELAR

O art. 808 do CPC prevê em seus três incisos as causa de cessação de eficácia da tutela cautelar.

52.9.1. Não propositura da ação principal em 30 dias (art. 808, I, do CPC)

A primeira causa de cessação da eficácia da tutela cautelar é a não propositura da ação principal no prazo de 30 dias (art. 806 do CPC), hipótese aplicável somente às *cautelares antecedentes*[100]. As considerações feitas a respeito do art. 806 do CPC, que prevê o prazo de 30 dias para o ingresso da ação principal, são objeto de comentário no Capítulo 52, item 52.8, cumprindo somente consignar que a perda de eficácia decorre de pleno direito com escoamento do prazo legal (tendo a decisão que a reconhece efeito *ex tunc*), reconhecendo-se o decurso do prazo e a consequente perda da eficácia da tutela cautelar[101]. Concordo com a posição doutrinária que entende ser necessária a decisão, porque, somente por meio desta, obtêm-se os efeitos práticos da cessão[102].

Por outro lado, é importante ressaltar que a cessação de eficácia da tutela cautelar nesse caso não significa a extinção do processo cautelar, fenômenos processuais que não devem ser confundidos. A cessação atinge os efeitos da tutela cautelar já concedida, sendo plenamente possível que, prosseguindo a demanda cautelar, essa tutela venha a ser novamente concedida por meio de outra decisão. Concedida a medida cautelar em sede liminar, a cessação dos efeitos dessa medida só levará o processo cautelar à extinção na hipótese de este processo perder seu objeto em razão

---

95 Theodoro Jr., *Processo*, n. 107, p. 149.

96 Baptista da Silva, *Do processo*, p. 201.

97 REsp 225.357/RJ, 2.ª Turma, rel. Min. João Otávio de Noronha, j. 19.04.2005, *DJ* 15.08.2005.

98 Theodoro Jr., *Processo*, n. 107, p. 149; Baptista da Silva, *Do processo*, p. 202.

99 REsp 704.538/MG, 4.ª Turma, rel. Min. João Otávio de Noronha, j. 15.04.2008, *DJ* 05.05.2008; REsp 923.279/RJ, 1.ª Turma, rel. Min. Teori Albino Zavascki, j. 22.05.2007, *DJ* 11.06.2007.

100 Nery-Nery, *Código*, p. 1.128.

101 Marinoni-Arenhart, *Processo*, p. 163.

102 Galeno Lacerda, *Comentários*, n. 74, p. 292-293.

de tal cessação dos efeitos. O Superior Tribunal de Justiça, entretanto, entende ser hipótese de extinção do processo cautelar sem a resolução do mérito[103].

52.9.2. Ausência de execução da tutela cautelar no prazo de 30 dias (art. 808, II)

A ausência de execução da tutela cautelar impede que ela gere efeitos, de forma que a cessação nesse caso não será dos efeitos da tutela cautelar, ainda não gerados, mas da eficácia da decisão que concedeu a tutela cautelar. Essa perda de eficácia pode partir de duas premissas: uma perda superveniente de interesse do favorecido pela concessão da tutela cautelar, que pode ser entendida como espécie de renúncia tácita da parte[104], ou uma ausência de urgência para sua efetivação, demonstrada pelo desinteresse em executá-la.

É evidente que o atraso na efetivação da tutela cautelar deve ser imputado exclusivamente ao favorecido por sua concessão, não sendo correta a aplicação do art. 808, II, do CPC na hipótese de o atraso ser computado ao cartório judicial ou à parte contrária[105].

52.9.3. Extinção do processo principal com ou sem resolução do mérito

Tanto a extinção do processo principal sem a resolução do mérito como a improcedência do pedido (sentença com resolução do mérito – art. 269, I, do CPC) geram a derrota do autor, sendo consequência a perda de eficácia da tutela cautelar que o favorecia[106]. Ainda que exista corrente a defender que essa perda de eficácia só se justifica após o trânsito em julgado dessa sentença, afirmando que a possibilidade de reforma da decisão poderá demonstrar que o autor tinha tanto o direito material como o direito à cautela[107], parece mais correto entender que com a simples prolação da sentença, ainda que recorrida, o efeito da cessação da tutela cautelar já se opere. Afinal, essa sentença do processo principal será proferida mediante cognição exauriente do juiz, devendo gerar efeitos imediatos sobre as decisões fundadas em cognição sumária, como ocorre com a tutela cautelar.

Sendo procedente a sentença da ação principal, também prevê o dispositivo legal ora comentado a cessação do efeito da tutela cautelar, provavelmente considerando que nesse caso a tutela definitiva substituirá a tutela provisória, que terá exaurido sua função acautelatória. O importante é perceber que, dependendo

---

[103] REsp 704.538/MG, 4.ª Turma, rel. Min. João Otávio de Noronha, j. 15.04.2008, *DJ* 05.05.2008; REsp 923.279/RJ, 1.ª Turma, rel. Min. Teori Albino Zavascki, j. 22.05.2007, *DJ* 11.06.2007.

[104] Theodoro Jr., *Processo*, n. 116, p. 155.

[105] Baptista da Silva, *Do processo*, p. 208.

[106] STJ, 1.ª Turma, REsp 647.868, rel. Min. Luiz Fux, j. 05.05.2005.

[107] Marinoni-Arenhart, *Processo*, p. 167.

a sentença de procedência da prática de atos que gerem a satisfação do direito reconhecido – pouco importa se por meio de fase executiva ou do processo de execução –, a tutela cautelar não cumpriu totalmente sua missão, porque o direito material ainda poderá – e provavelmente estará – estar em risco. Levando-se em conta que a tutela cautelar garante a efetividade do resultado final, e que esse resultado somente se verificará com a satisfação do direito reconhecido em sentença, os efeitos da tutela cautelar se manterão até esse momento, ou até que outro instituto processual definitivo passe a fazer o papel de garantidor do resultado final até então desempenhado pelo arresto[108].

Marina ingressou com cautelar de arresto convencendo o juiz que Carlos estava na iminência de alienar seu único imóvel que poderia garantir o pagamento de sua dívida. Obtida a tutela cautelar, Marina ingressa com processo de conhecimento e obtém uma sentença de procedência, na qual o juiz reconhece Carlos como devedor e o condena ao pagamento de determinado valor. É natural imaginar que, sendo levantado o arresto após essa sentença de procedência em razão da cessação de seus efeitos, Carlos tenha o imóvel liberado para negociá-lo antes que Marina, no cumprimento da sentença, consiga penhorá-lo. Ao admitir a cessão de efeitos nesse momento, na realidade de nada terá valido a garantia obtida por Marina, sendo correto, portanto, manter os efeitos da liminar até o momento de penhora no cumprimento de sentença. Nesse caso, ainda que não se possa ainda falar em satisfação do direito, a cautelar terá cumprido seu papel plenamente, porque com a penhora a garantia prestada por ela já foi obtida por Marina.

52.10. RESPONSABILIDADE OBJETIVA

52.10.1. Introdução

De acordo com o art. 811 do CPC, o beneficiado pela concessão e efetivação da tutela cautelar poderá ser responsabilizado pelos danos suportados pela parte contrária caso se verifique no caso concreto uma das hipóteses previstas pelo dispositivo legal. Trata-se de aplicação da **teoria do risco-proveito**, considerando-se que, se de um lado a obtenção e a efetivação de uma tutela cautelar são altamente proveitosas para a parte, por outro lado, os riscos pela concessão dessa tutela provisória concedida mediante cognição sumária são exclusivamente daquele que dela se aproveitou.

Entendimento pacífico na doutrina aponta para a natureza objetiva dessa responsabilidade, de forma que o elemento culpa é totalmente estranho e irrelevante para a sua configuração[109]. Para que se considere o beneficiado pela concessão e efetivação da tutela cautelar responsável basta que a situação concreta seja

[108] Theodoro Jr., *Processo*, n. 117, p. 156; Baptista da Silva, *Do processo*, p. 210.

[109] Baptista da Silva, *Do processo*, p. 217; Theodoro Jr., *Processo*, n. 137, p. 175-176; Nery-Nery, *Código*, p. 1.130.

tipificada numa das hipóteses do art. 811 do CPC e que a parte contrária tenha efetivamente suportado um dano em razão dessa efetivação.

52.10.2. Hipóteses legais de responsabilidade objetiva

52.10.2.1. *Sentença no processo principal for desfavorável (art. 811, I, do CPC)*

Por sentença desfavorável devem-se compreender tanto a sentença terminativa como a sentença definitiva, porque em ambas o autor será derrotado na demanda[110]. Não há necessidade de trânsito em julgado dessa sentença[111], mas a liquidação e execução dos danos nesse caso serão provisórias (execução provisória), aplicando-se também nesse caso a teoria do risco-proveito, porque, sendo reformada a sentença recorrida, quem deverá responder pelos danos, de forma objetiva, será o exequente, ou seja, a parte que teria sido prejudicada com a efetivação da tutela cautelar.

52.10.2.2. *Obtenção da cautelar liminarmente e não promoção de citação do requerido em cinco dias (art. 811, II, do CPC)*

Existe controvérsia doutrinária a respeito da efetiva aplicabilidade do presente dispositivo legal. Parcela da doutrina o entende por inaplicável, porque a ausência de promoção de citação do requerido em cinco dias não é causa de cessação dos efeitos da tutela cautelar, sendo, portanto, plenamente possível que o requerente se sagre vitorioso tanto na ação cautelar como na principal, não tendo sentido lógico nem jurídico em responsabilizá-lo pelos danos suportados pela parte contrária[112]. Em sentido contrário, entende-se que a necessidade de citação no prazo de cinco dias decorre da excepcionalidade de concessão de tutela cautelar antes da oitiva do réu, com postergação do contraditório, o que criaria o direito de logo ser citado para a imediata tomada de providências a seu favor, em aplicação da regra da "menor restrição possível"[113].

Entendo superior o entendimento da primeira corrente, sendo de difícil compreensão a manutenção dos efeitos da tutela cautelar e a vitória do requerente nas ações cautelar e principal concomitantes com sua responsabilização pelos danos causados à parte contrária. Havendo o direito à cautela e direito material, não parece lógica a aplicação do art. 811 do CPC. No tocante à segunda corrente doutrinária, louva-se a preocupação com o requerido, mas no caso de atraso injustificado em sua citação, se for possível falar em responsabilidade civil por

[110] Theodoro Jr., *Processo*, n. 141, p. 178.

[111] Contra: Galeno Lacerda, *Comentários*, n. 81, p. 315; Munhoz da Cunha, *Comentários*, p. 767.

[112] Theodoro Jr., *Processo*, n. 142, p. 178.

[113] Marinoni-Arenhart, *Processo*, p. 192-193.

eventuais danos, melhor afastá-la da responsabilidade objetiva prevista no art. 811 do CPC, buscando-se as soluções na teoria geral da responsabilidade civil do direito material.

52.10.2.3. *Cessação da eficácia nos casos do art. 808 do CPC (art. 811, III, do CPC)*

O art. 808, I, do CPC prevê a perda de eficácia pela não interposição da ação principal em 30 dias da efetivação da tutela cautelar, tema já abordado. De acordo o art. 808, II, do CPC, a cessação dos efeitos da tutela cautelar ocorre quando em virtude da não execução em 30 dias, hipótese na qual o art. 811 do CPC torna-se inaplicável, pois, não sendo efetivada a tutela cautelar, não se poderá falar em dano ao requerido[114]. Aponta a doutrina a possibilidade de responsabilização somente no caso de ilegal efetivação da medida cautelar, mesmo após o transcurso do prazo de 30 dias e a perda jurídica de sua eficácia[115].

No art. 808, III, do CPC, há previsão de cessação dos efeitos da tutela cautelar quando declarado extinto o processo principal, com ou sem julgamento de mérito, sendo natural que só exista a responsabilidade quando o requerente – favorecido pela cautelar – seja derrotado na demanda principal (sentença terminativa ou de improcedência). Sua inutilidade é evidente, considerando que essa hipótese já está tutelada pelo art. 811, I, do CPC[116].

52.10.2.4. *Sentença de prescrição e decadência (art. 811, IV, do CPC)*

Uma hipótese na qual se admite que a sentença cautelar trate do mérito da ação principal, resolvendo-o definitivamente, a sentença cautelar que reconhece a prescrição e decadência impede a propositura da demanda principal, até porque produz coisa julgada material. Dessa forma, o requerente será irremediavelmente o derrotado, no plano do direito material, ainda que nem mesmo exista a demanda principal. Essa hipótese se assemelha à previsão do art. 811, I, do CPC, que trata da sentença desfavorável na ação principal. No inciso ora analisado, essa sentença é "antecipada" para o processo cautelar.

52.10.3. Liquidação e execução

Ocorrida uma das hipóteses do art. 811 do CPC no caso concreto, o requerido poderá cobrar do requerente da cautelar todos os danos suportados em razão da sua efetivação. Segundo o art. 811, parágrafo único, do CPC, a "indenização será liquidada nos autos do procedimento cautelar", o que

---

[114] Galeno Lacerda, *Comentários*, n. 81, p. 316-317; Theodoro Jr., *Processo*, n. 143, p. 178.

[115] Barbosa Moreira, *Responsabilidade*, p. 36-37; Marinoni-Mitidiero, *Código*, p. 764-765.

[116] Galeno Lacerda, *Comentários*, n. 81, p. 317.

somente consagra o sincretismo processual, dispensando-se o processo autônomo de liquidação.

O pedido de liquidação se fundará na ocorrência de uma das hipóteses legais de responsabilidade objetiva do favorecido pela tutela cautelar, mas é preciso considerar que a situação concreta terá sido tipificada no art. 811 do CPC, unilateralmente pelo requerido, agora liquidante. Ainda que as hipóteses previstas em lei sejam objetivamente aferíveis, afrontaria os princípios da *ampla defesa* e do *contraditório* o impedimento prévio do requerente, agora réu na liquidação, a alegação de inocorrência da hipótese legal apontada no pedido e, consequentemente, a inaplicabilidade do art. 811 do CPC.

Além da discussão a respeito da tipificação do caso concreto, que não deve demandar muito esforço do juiz, essa liquidação servirá, como todas as outras, para a fixação do *quantum debeatur*, sendo, por uma questão cronológica, antes definido se realmente houve o dano e depois o valor desse dano. Para tanto, haverá a necessidade de alegação e prova de fato novo, alheios ao processo cautelar no qual foi concedida a tutela e mesmo ao processo principal referente a ele. Será caso, portanto, de **liquidação por artigos**[117], sem qualquer especialidade procedimental digna de nota, seguindo-se as regras dessa espécie de liquidação.

Existe viva controvérsia a respeito da natureza da decisão que resolve a liquidação de sentença, determinando o *quantum debeatur*. Essa controvérsia, entretanto, é irrelevante para os fins da forma executiva dessa decisão, que seguirá o procedimento do cumprimento de sentença estabelecido nos arts. 475-J, 475-L, 475-M e 475-R do CPC[118]. Significa dizer que, sendo decisão interlocutória ou sentença, nenhuma das duas correntes se opõe a sua execução como título executivo judicial.

[117] Costa Machado, *Código*, p. 1.368. Contra, por liquidação de qualquer espécie: Galeno Lacerda, *Comentários*, n. 82, p. 319.

[118] Marinoni-Mitidiero, *Código*, p. 765.

53

ARRESTO

Sumário: 53.1. Conceito – 53.2. Pressupostos para a concessão do arresto – 53.3. Aspectos procedimentais.

53.1. CONCEITO

O arresto é uma espécie de ação cautelar que busca garantir a efetividade da futura **execução de pagar quantia certa**, consistindo na apreensão de bens indeterminados do patrimônio do devedor, de forma que, no momento adequado, possa ser realizada a penhora de tais bens (ou arrecadação na execução concursal). Diferente da previsão do art. 818 do CPC, o arresto não se resolve em penhora quando julgada procedente a ação, mas somente no momento adequado dentro do procedimento executivo ocorre a incidência da penhora sobre o bem que estava arrestado[1]. Como forma de evitar a dilapidação patrimonial, o arresto permite a apreensão e o depósito de bens do devedor para que a execução de pagar quantia certa resulte em efetiva satisfação do direito do exequente.

Note-se que o arresto cautelar ora analisado não se confunde com o arresto executivo previsto no art. 653 do CPC e devidamente analisado no Capítulo 47, item 47.1.3. Tratando-se de medida cautelar, o arresto previsto nos arts. 813 a 821 do CPC não se confunde com a penhora, ato executivo que visa a satisfação do direito, não sendo apropriada para esse tipo de arresto a utilização de termos

---

[1] Marinoni-Mitidiero, *Código*, p. 770, Greco Filho, *Direito*, v. 3, n. 35, p. 191; Fidélis dos Santos, *Manual*, n. 1.409, p. 339.

como "penhora antecipada"[2]. Ainda que num trâmite procedimental regular o bem arrestado cautelarmente seja em determinado momento penhorado, a distinção entre a natureza desses dois atos é necessária, até porque o arresto cautelar só existe quando presentes no caso concreto o *fumus boni iuris* e o *periculum in mora*, enquanto a penhora é ato natural do procedimento executivo.

Apesar da indiscutível diferença existente entre o arresto cautelar e a penhora, como a medida cautelar garante a futura realização do ato executivo, é natural que algumas regras procedimentais, em especial referentes aos bens que podem ser objeto do arresto, sigam as determinações relativas à penhora, conforme previsão do art. 821 do CPC. Dessa maneira, qualquer **bem penhorável** – móvel ou imóvel – do patrimônio do devedor pode ser objeto de arresto, sempre com a aplicação subsidiária do art. 659 do CPC, limitando-se o ato de constrição cautelar a bens cujo valor aproximado seja suficiente para a satisfação integral do direito de crédito (incluindo-se o principal, juros e verbas de sucumbência). Somente na excepcional hipótese de o arresto servir à garantia de uma execução concursal, a constrição judicial atingirá a totalidade do patrimônio do devedor[3].

Com a realização do arresto cautelar, o requerido perde o poder de livre disponibilidade material e jurídica sobre a coisa arrestada, o que se supõe ser suficiente para evitar a sua deterioração ou desvio. Mesmo quando o bem constrito judicialmente permanece em poder do requerido, há uma modificação na qualidade da posse, considerando-se que o requerido passa a ser o depositário de tal bem. Conforme analisado no Capítulo 68, item 68.5, o Supremo Tribunal Federal consolidou o entendimento de que não cabe a prisão do depositário infiel – judicial e convencional –, mas a eventual alienação do bem arrestado é parcialmente ineficaz (perante o credor)[4], tratando-se da mais grave espécie de fraude à execução, conforme analisado no Capítulo 38, item 38.6.3.

53.2. PRESSUPOSTOS PARA A CONCESSÃO DO ARRESTO

Como toda medida cautelar, também o arresto depende da existência no caso concreto do *fumus boni iuris* e do *periculum in mora*. Em regra, a probabilidade da existência do direito e o perigo de dano em razão do tempo necessário à concessão da tutela definitiva serão analisados casuisticamente pelo juiz no caso concreto, não havendo indicações legais a respeito de tais pressupostos. Por vezes, entretanto, o legislador se arrisca a indicar na lei como seriam configurados esses pressupostos no caso concreto, como ocorre no arresto cautelar.

---

2 Theodoro Jr., *Processo*, n. 151, p. 187; Abelha Rodrigues, *Manual*, p. 683; Orione, *Processo*, n. 22.3, p. 227. Contra, tratando o arresto cautelar como "pré-penhora": *Informativo* 421/STJ: 4.ª Turma, REsp 293.287-SP, rel. Min. Fernando Gonçalves, j. 04.02.2010.

3 Theodoro Jr., *Processo*, n. 168, p. 206; Abelha Rodrigues, *Manual*, p. 683.

4 Bomfim Marins, *Comentários*, p. 186.

Apesar da inegável importância dos arts. 813 e 814 do CPC, na determinação do *fumus boni iuris* e do *periculum in mora* na cautelar de arresto, está correta a doutrina ao afirmar que o **casuísmo legal sempre será deficitário**, não sendo legítima a negação de arresto cautelar se, mesmo em desconformidade com o texto legal, o juiz entender no caso concreto que os pressupostos genéricos para a concessão da tutela cautelar estão preenchidos[5]. Nem é necessária a qualificação de cautelar inominada, em vez de arresto, pois, nesse caso, como já entendeu o Superior Tribunal de Justiça[6], basta admitir a maior amplitude dessa espécie de cautelar nominada, até porque medida cautelar de constrição de bens para garantir futura execução de pagar quantia certa será sempre arresto, qualquer que seja o nome dado a essa medida cautelar[7].

De qualquer forma, os artigos mencionados têm sua relevância, prestando-se de norte ao juiz na análise da presença ou não do *fumus boni iuris* e do *periculum in mora* na cautelar de arresto.

Segundo o art. 814, I, do CPC, exige-se para a concessão do arresto a **prova literal de dívida líquida e certa**, com o que se demonstra a presença do *fumus boni iuris*. Não é necessário que o requerente do arresto já possua um título executivo judicial, bastando para o preenchimento do requisito legal a existência de uma prova documental que, diante de cognição sumária do juízo, seja suficiente para criar, num juízo de probabilidade, a crença judicial de que provavelmente o requerente é titular do direito material que fundamentará a futura execução por quantia certa. É importante registrar que, mesmo já tendo condições de ingressar com a execução, é cabível o arresto cautelar, considerando-se que a medida de urgência pode se mostrar no caso concreto mais eficaz que a prática de atos de satisfação por meio de uma execução[8]. Entendo, inclusive, que nesse caso o arresto possa ser requerido incidentalmente na própria petição/requerimento inicial da execução, nos termos do art. 615, III, do CPC.

A prova literal deve ser de dívida líquida e certa, o que limita o arresto às obrigações de pagar quantia certa. Existe polêmica doutrinária a respeito da necessidade de prova literal, entendida como prova documental para a concessão do arresto, sendo preferível o entendimento mais liberal que permite o convencimento sumário do juiz em decorrência de qualquer meio de prova, tal como a testemunhal e depoimento pessoal[9]. A liquidez e a certeza da obrigação são as mesmas exigidas para a obrigação representada em título executivo (art. 586 do CPC), afastando-se o requisito referente à exigibilidade da obrigação[10]. Para parcela doutrinária, sendo o crédito ilíquido, admite-se o arresto desde que o requerente

---

[5] Marinoni-Mitidiero, *Código*, p. 767-768; Bomfim Marins, *Comentários*, p. 195-196; Abelha Rodrigues, *Manual*, p. 685; Fux, *Curso*, p. 1.619.

[6] STJ, 3.ª Turma, REsp 714.675/MS, rel. Min. Humberto Gomes de Barros, j. 25.09.2006, *DJ* 09.10.2006; REsp 753.788/AL, 5.ª Turma, rel. Min. Felix Fischer, j. 04.10.2005, *DJ* 14.11.2005.

[7] Câmara, *Lições*, v. 3, p. 93-94.

[8] Pontes de Miranda, *Comentários*, v. 12, p. 125; Orione, *Processo*, n. 24.2, p. 243-245.

[9] Câmara, *Lições*, v. 3, p. 98.

[10] Marinoni-Mitidiero, *Código*, p. 768; Galeno Lacerda, *Comentários*, n. 18, p. 52.

instrua a petição inicial com laudo extrajudicial firmado por perito idôneo ou peça de forma liminar, em segredo de justiça, uma prévia liquidação pelo juiz[11]. Registre-se que o Superior Tribunal de Justiça, infelizmente, adota tese restritiva, entendendo ser indispensável a existência de **prova documental** de dívida líquida e certa para a concessão do arresto[12].

O art. 814, parágrafo único, do CPC admite expressamente o arresto com amparo em obrigação ilíquida ao equiparar à prova literal de dívida líquida e certa a sentença líquida ou ilíquida, pendente de recurso, condenando o devedor ao pagamento de dinheiro ou de prestação que em dinheiro possa se converter. O arresto cautelar é um dos *efeitos secundários da sentença*, de forma que será admitida a medida cautelar ainda que o recurso pendente de julgamento tenha sido recebido no efeito suspensivo.

O *periculum in mora* é descrito pelo art. 813 do CPC, sendo que o art. 814, II, do CPC prevê que, para a concessão do arresto, umas das circunstâncias indicadas no artigo precedente deve ser demonstrada por meio de prova documental ou de justificação prévia. Reforce-se o entendimento de que se trata de **rol meramente exemplificativo**[13] e de que o juiz não está adstrito ao texto legal, até porque todas as causas previstas no dispositivo estão condicionadas à prática de atos voluntários – culposos ou dolosos – do devedor, quando na realidade para o arresto não é indispensável a má-fé do devedor, bastando a existência de ameaça objetiva, que pode ser gerada por caso fortuito ou força maior[14]. Por outro lado, o juiz pode indeferir a tutela cautelar se entender que, mesmo comprovada uma das circunstâncias do art. 813 do CPC, não existe no caso concreto *periculum in mora*[15].

Segundo o art. 813 do CPC, quando o devedor não tiver domicílio certo, estará presente o *periculum in mora* sempre que o requerente conseguir demonstrar que ele intenta ausentar-se, alienar os bens que possui ou deixar de pagar a obrigação no prazo estipulado. Tendo domicílio certo, cabe ao requerente provar que se ausenta ou tenta se ausentar furtivamente ou, caindo em insolvência, aliena ou tenta alienar bens que possui, contraia ou tenta contrair dívidas extraordinárias, põe ou tenta pôr os seus bens em nome de terceiros, comete qualquer outro artifício fraudulento, a fim de frustrar a execução ou lesar credores. Na hipótese de devedor possuir bens de raiz, cabe ao requerente demonstrar que o devedor intenta aliená-los, hipotecá-los ou dá-los em anticrese, sem ficar com algum ou alguns, livres e desembargados, equivalentes às dívidas.

53.3. ASPECTOS PROCEDIMENTAIS

O arresto segue fundamentalmente o procedimento cautelar comum, já analisado no Capítulo 52, item 52.4, aplicando-se a ele as regras referentes à penhora

[11] Baptista da Silva, *Do processo*, p. 267.

[12] STJ, 4.ª Turma, REsp 293.376/MG, rel. Min. Fernando Gonçalves, j. 06.12.2007, *DJ* 17.12.2007, p. 173.

[13] STJ, 3.ª Turma, REsp 909.478/GO, rel. Min. Nancy Andrighi, j. 09.08.2007, *DJ* 27.08.2007, p. 249.

[14] Galeno Lacerda, *Comentários*, n. 14, p. 40; Câmara, *Lições*, v. 3, p. 93; Abelha Rodrigues, *Manual*, p. 686.

[15] Baptista da Silva, *Do processo*, p. 244; Câmara, *Lições*, v. 3, p. 93.

que não contrariem a previsão expressa dos arts. 813 a 821 do CPC. Algumas previsões específicas parecem inúteis, afirmando o que já seria possível se extrair da teoria geral das cautelares, como ocorre no art. 815 do CPC, que prevê ser a audiência de justificação realizada de plano e em segredo de justiça e o art. 817 do CPC, que, excluindo a hipótese de reconhecimento de prescrição e decadência, prevê que a sentença proferida no arresto não faz coisa julgada na ação principal[16].

Segundo o art. 816, *caput* e inciso I, do CPC, o juiz concederá o arresto independentemente de justificação prévia quando for requerido pela Fazenda Pública, nos casos previstos em lei. É norma legal de difícil compreensão, mas certamente limitada à concessão do arresto liminarmente, momento procedimental adequado para a realização da audiência de justificação. Não é admissível o entendimento de que o legislador permitiria ao juiz, mesmo diante da ausência do preenchimento dos requisitos dos arts. 813 e 814, II, do CPC (demonstração do *periculum in mora*), a concessão de arresto cautelar em favor da Fazenda Pública[17]. Parece mais correto o entendimento de que a dispensa da justificação prevista pela norma legal funciona somente como confirmação expressa – ao menos no caso da Fazenda Pública – do estrito cumprimento dos requisitos previstos pelos dois artigos mencionados[18].

Também há previsão de dispensa de audiência de justificação sempre que o autor da cautelar prestar caução, o que leva parcela doutrinária a entender que a caução, para fins de concessão de arresto liminar, substitui os pressupostos indicados pelos arts. 813 e 814 do CPC, que deverão ser comprovados no caso concreto somente para fins de concessão de sentença de procedência, após o devido desenvolvimento procedimental da cautelar[19]. Não concordo com esse entendimento, porque, mesmo em sede liminar, a plausibilidade do direito e o perigo de lesão devem ser devidamente valorados pelo juiz, não se podendo imaginar que pelo simples fato de o autor ter uma condição financeira estável, tendo condições de prestar a caução, seja agraciado com a liminar do arresto, ainda que o juiz não verifique, nem mesmo sumariamente, qualquer indicativo de presença do *periculum in mora,* no caso concreto[20]. Aplica-se o que já foi objeto de comentário no Capítulo 52, item 52.5, a respeito da liminar cautelar.

As causas de **suspensão da execução do arresto** estão previstas no art. 819 do CPC:

(I) com o pagamento ou depósito em juízo da importância da dívida, acrescido o valor final das custas processuais e dos honorários advocatícios;

(II) der fiador idôneo ou prestar caução para garantir a dívida, acrescido o valor final das custas processuais e dos honorários advocatícios.

---

16 Galeno Lacerda, *Comentários*, n. 21, p. 59, e n. 23, p. 61; Bomfim Marins, *Comentários*, p. 200-201.

17 Câmara, *Lições*, v. 3, p. 99.

18 Galeno Lacerda, *Comentários*, n. 22, p. 60.

19 Theodoro Jr., *Processo*, n. 158, p. 193; Baptista da Silva, *Do processo*, p. 272.

20 Câmara, *Lições*, v. 3, p. 100.

Na realidade, sendo realizado o pagamento da dívida, conforme expressamente previsto pelo art. 820, I, do CPC, o processo cautelar de arresto será extinto[21]. Na hipótese do oferecimento de outras espécies de garantia para o pagamento da dívida – depósito do valor, fiador, caução real –, caberá ao juiz a análise da idoneidade e suficiência de tais garantias, sendo também admissível a aplicação por analogia do art. 656, § 2.º, admitindo-se a prestação de fiança bancária ou seguro garantia judicial em valor não inferior ao do débito acrescido de 30%[22].

Apesar de o art. 820 do CPC prever que cessa o arresto pelo pagamento, novação ou transação, correto o entendimento de que os incisos do dispositivo legal contemplam algumas espécies de causas extintivas do crédito acautelado, de forma que a melhor interpretação é a que considera o rol legal meramente exemplificativo. Se por qualquer causa prevista no direito material o direito de crédito for extinto, não há mais o que garantir, sendo natural a extinção do arresto. Também cessa o arresto nos casos previstos no art. 808 do CPC e quando o bem arrestado passa a ser objeto de penhora[23].

No PLNCPC não existe mais previsão de cautelares nominadas.

21 Baptista da Silva, *Do processo*, p. 280; Oliveira, *Comentários*, n. 27, p. 67; Pontes de Miranda, *Comentários*, v. 12, p. 148.

22 Marinoni-Mitidiero, *Código*, p. 770.

23 Theodoro Jr., *Processo*, n. 197, p. 230-231; Oliveira, *Comentários*, n. 28, p. 69-70; Greco Filho, *Direito*, v. 3, n. 1.428, p. 353.

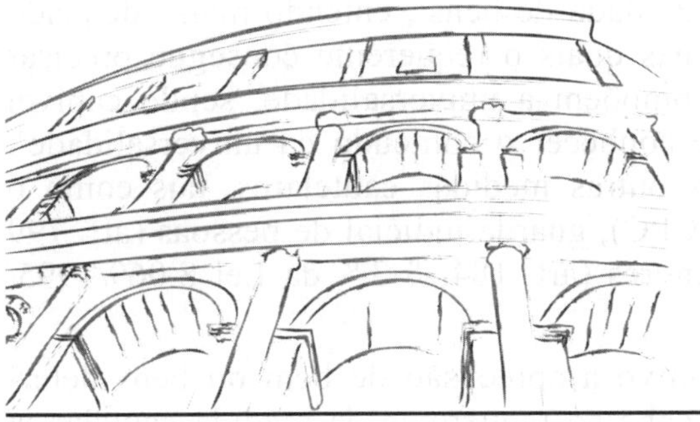

54

SEQUESTRO

Sumário: 54.1. Conceito – 54.2. Distinção entre arresto e sequestro – 54.3. Pressupostos para a concessão do sequestro.

54.1. CONCEITO

Sequestro é a medida cautelar que tem como objetivo assegurar a eficácia de futura **execução para entrega de coisa**, consistindo na busca e apreensão de determinado bem ou bens do patrimônio do requerido. Registre-se que a futura execução que tem o seu resultado garantido pelo sequestro não é necessariamente desenvolvida por meio de um processo autônomo, também se admitindo que se desenvolva por meio de mera fase procedimental (ação sincrética)[1]. Em regra, essa apreensão patrimonial cria uma situação material que evita a ocorrência de desvios, depreciação ou deterioração do bem, de forma que este seja entregue em bom estado de conservação a quem, finalmente, demonstrar ter o direito material a recebê-lo. Excepcionalmente, como ocorre no art. 822, II, do CPC, a proteção não é dirigida aos bens sequestrados, mas à integridade física das partes que litigam sobre a propriedade dos bens constritos judicialmente.

O direito brasileiro limita o objeto da cautelar de sequestro às coisas (móveis, imóveis e semoventes), e entendo que não se admite o sequestro sobre coisas que futuramente sejam aptas a gerar a satisfação de obrigação de pagar quantia certa, hipótese na qual a medida cautelar será o arresto. Dessa forma,

---

1 Bomfim Marins, *Comentários*, p. 207; Costa Machado, *Código*, p. 1.379; Fidélis dos Santos, *Manual*, v. 2, n. 1.431, p. 356.

não se sequestra crédito ou dinheiro, a não ser na excepcional hipótese de moedas raras que tenham se tornado infungíveis[2]. Enquanto parcela da doutrina entende cabível o sequestro de universalidade de bens[3], entendo mais adequado limitar o sequestro àquelas hipóteses nas quais o requerente consegue precisar em sua petição inicial os bens que compõem a universalidade, sendo cabível o *arrolamento de bens* quando não se conhecer o conteúdo da universalidade[4]. A apreensão de pessoas é tratada por outras medidas cautelares, tais como o depósito de incapazes (art. 888, V, do CPC), guarda judicial de pessoas (art. 799 do CPC) ou busca e apreensão de menores (art. 184, § 3.º, da Lei 8.069/1995, para o caso de ato infracional).

Como o sequestro tem como objetivo a apreensão de bem ou bens determinados do patrimônio do requerido, cabe ao requerente da medida cautelar já na petição inicial a indicação expressa e precisa sobre quais os bens deve recair a constrição judicial[5]. Excepcionalmente, o sequestro poderá ter como objeto a integralidade do patrimônio do requerido, mas ainda nessa situação caberá ao requerente apresentar justificativa na petição inicial no sentido de que a medida deve recair sobre a referida integralidade. Estão excluídos do sequestro os bens impenhoráveis, não tendo sentido a realização de constrição cautelar sobre bem que não poderá servir à satisfação do credor na futura execução[6].

54.2. DISTINÇÃO ENTRE ARRESTO E SEQUESTRO

São variados os motivos que levam a doutrina a diferenciar as cautelares de arresto e sequestro:

(a) o arresto garante a eficácia de futura execução de pagar quantia certa e o sequestro garante a eficácia de futura execução de entregar coisa[7];

(b) o arresto tem como objeto bens indeterminados do patrimônio do pretenso devedor e o sequestro tem como objeto bens determinados do patrimônio do requerido[8];

(c) no arresto não existe dúvida a respeito de quem é o dono da coisa constrita, enquanto no sequestro a coisa objeto de constrição foi, é ou será litigiosa[9], ou seja, existe uma incerteza subjetiva a respeito de quem é o dono;

(d) o bem arrestado em determinado momento executivo passa a ser objeto de penhora, ao passo o bem sequestrado passa a ser objeto de depósito[10].

---

2 Theodoro Jr., *Processo*, n. 206, p. 239.

3 Theodoro Jr., *Processo*, n. 206, p. 238; Bomfim Marins, *Comentários*, p. 210.

4 Oliveira, *Comentários*, n. 38, p. 121.

5 Baptista da Silva, *Do processo*, p. 297-298.

6 *Informativo* 470/STJ: 2.ª Turma, REsp 1.245.466/RJ, rel. Min. Mauro Campbell Marques, j. 26.04.2011.

7 Câmara, *Lições*, v. 3, p. 119.

8 Theodoro Jr., *Processo*, n. 198, p. 234; Fux, *Curso*, p. 1.622.

9 Pontes de Miranda, *Comentários*, v. 12, p. 118; Oliveira, *Comentários*, n. 35, p. 94; Greco Filho, *Direito*, n. 36, p. 191.

10 Abelha Rodrigues, *Manual*, p. 687.

Apesar das indiscutíveis diferenças entre essas duas espécies de medidas cautelares, nota-se que o legislador não considera a distinção entre as duas medidas, sendo frequente a utilização indevida do termo sequestro ao se referir na realidade a um arresto. Entre os equívocos legislativos encontra-se o art. 16 da Lei 8.429/1992 (Lei de Improbidade Administrativa), que incorretamente prevê o sequestro de bens do patrimônio do agente ou terceiro que tenha enriquecido ilicitamente ou causado dano ao patrimônio público. A correta percepção de que se trata de arresto afasta a necessidade do autor do pedido de constrição cautelar de identificar os bens na petição inicial[11]. O mesmo ocorria com as medidas assecuratórias previstas no Código Penal, no qual alguns dispositivos legais previam o sequestro quando o correto seria o arresto, tendo tal equívoco sido corrigido pela Lei 11.435/2006, que alterou a redação dos arts. 136 a 139, 141 e 143 do CPP[12]. Como já reconheceu o Superior Tribunal de Justiça, também é arresto o "sequestro" previsto no art. 100, § 6.º, da CF, e arts. 78, § 4.º, e 97, § 13, da ADCT, que preveem a constrição do valor do precatório nos casos de preterição da ordem de preferência, de omissão no orçamento e de não pagamento da dívida parcelada no vencimento[13].

As diferenças entre o arresto e o sequestro, entretanto, não impedem um **tratamento procedimental homogêneo** dessas duas espécies de cautelar. Conforme a previsão do art. 823 do CPC, aplica-se ao sequestro, no que couber, o estatuído acerca do arresto, naturalmente excluindo-se *a priori* os arts. 813 e 814 do CPC, de aplicação exclusiva ao arresto. Há interessante polêmica doutrinária a respeito da aplicabilidade do art. 819, II, do CPC: para alguns a substituição do sequestro por caução é admissível, como em qualquer outra medida cautelar[14], enquanto para outros, em razão da individualidade dos bens sujeitos ao sequestro, não há possibilidade de afastar a constrição em razão da prestação de caução[15]. Prefiro um terceiro entendimento, no sentido de ser necessário o exame do caso concreto, inadmitindo-se a substituição por caução somente quando existe infungibilidade dos bens sequestrados[16]. O Superior Tribunal de Justiça admite a substituição da cautela por caução, mesmo depois do julgamento de mérito da ação cautelar, desde que a cautela seja fungível e não haja prejuízo ao autor[17]. Além disso, entendo que a concordância do requerente também pode ser suficiente para a admissão da substituição por caução.

---

11 Oliveira, *Comentários*, n. 37, p. 112.

12 Theodoro Jr., *Processo*, n. 165, p. 202; Galeno Lacerda, *Comentários*, n. 39, p. 123.

13 STJ, 2.ª Turma, RMS 22.519/RO, rel. Min. Humberto Martins, j. 19.06.2008, *DJe* 04.08.2008.

14 Bomfim Marins, *Comentários*, p. 216-217; Theodoro Jr., *Processo*, n. 201, p. 235; Pontes de Miranda, *Comentários*, v. 12, p. 183.

15 Marinoni-Mitidiero, *Código*, p. 773; Baptista da Silva, *Do processo*, p. 319.

16 Oliveira, *Comentários*, n. 40, p. 133.

17 *Informativo* 379/STJ, REsp 1.052.565-RS, rel. Min. Sidnei Beneti, j. 02.12.2008.

54.3. PRESSUPOSTOS PARA A CONCESSÃO DO SEQUESTRO

Valendo-se da mesma criticada técnica aplicada no arresto cautelar, o legislador arrolou expressamente as causas para a concessão do sequestro cautelar no art. 822 do CPC, criando uma **injustificável limitação** ao âmbito de aplicação dessa medida cautelar. Diante do poder geral de cautela, não se pode admitir qualquer limitação à concessão da tutela cautelar com o objetivo de resolver uma crise jurídica de perigo, sendo nisso unânime a doutrina nacional, que somente diverge em como deve ser adotada a ampliação protetiva do sequestro cautelar além das causas previstas no art. 822 do CPC. Enquanto parcela da doutrina entende que o rol é meramente taxativo[18], outra parcela prefere, por razões de relativa segurança legislativa, fazer interpretação do dispositivo mais literal, trabalhando com um "sequestro atípico"[19], sempre que a medida cautelar se fizer necessária, e não estiverem presentes as causas previstas pelo art. 822 do CPC.

Seja qual for a opção adotada, é importante consignar o acerto da doutrina pátria em afirmar que o direito de constrição de bens determinados em sede cautelar como forma de garantir a eficácia da futura execução para entrega de coisa exige, como todas as cautelares, o *fumus boni iuris* e o *periculum in mora*, não se admitindo que esses requisitos sejam resultado de uma taxação por dispositivo legal. Ainda assim, é interessante analisar as causas previstas no art. 822 do CPC, que servirão como norte inicial ao juiz no julgamento das cautelares de sequestro.

O art. 822, I, do CPC prevê o sequestro de bens móveis, semoventes ou imóveis, quando lhes for disputada a propriedade ou posse, havendo fundado receio de rixas ou danificações. Não é necessário que já exista uma ação judicial na qual o bem é disputado, admitindo-se processo já pendente ou por ajuizar[20]. Em entendimento ampliativo do dispositivo legal, essa demanda judicial, na qual se controverte o bem, pode ter tanto natureza *real* como *pessoal* (discussão de relação obrigacional, tal como ocorre em ações de despejo e depósito)[21].

Na hipótese de sequestro em razão de rixa, afasta-se o conceito previsto pela legislação penal, significando o referido termo atritos e conflitos corporais entre as partes que possam fazê-las chegar à violência física, sendo que, nesse caso, não se busca garantir a integridade do bem, mas das partes que o disputam. Presume-se que, com o sequestro, as partes que disputam o bem percam o principal motivo para o enfrentamento corporal[22]. Não concordo com a doutrina que entende não poder o juiz nesse caso atuar de ofício[23], parecendo, ao contrário, ser

---

[18] Theodoro Jr., *Processo*, n. 208, p. 241; Marinoni-Mitidiero, *Curso*, p. 772; Câmara, *Lições*, v. 3, p. 111-112.

[19] Baptista da Silva, *Do processo*, p. 300.

[20] Abelha Rodrigues, *Manual*, p. 687.

[21] Theodoro Jr., *Processo*, n. 208, p. 241; Oliveira, *Comentários*, n. 37, p. 105; Câmara, *Lições*, v. 3, p. 112.

[22] STJ, 3.ª Turma, REsp 43.248/SP, rel. Min. Carlos Alberto Menezes Direito, j. 08.10.1996, *DJ* 02.12.1996, p. 47.670.

[23] Theodoro Jr., *Processo*, n. 208, p. 242. No sentido do texto, pela concessão: Baptista da Silva, *Do processo*, p. 304.

típica hipótese de atuação oficiosa do juiz em razão do poder geral de cautela, afinal, trata-se de preservar a integridade física das partes.

Havendo fundado receio de danificação do bem, o sequestro presta-se a garantir sua integridade até que possa ser definitivamente entregue ao seu efetivo dono. O termo danificação tem interpretação ampla (fala-se em danificação jurídica), abrangendo não só a deterioração física, como também qualquer desaparecimento ou desvio[24].

Aduz o art. 822, II, do CPC ser cabível o sequestro dos frutos e rendimentos (foros, aluguéis, colheitas, crias etc.) de imóvel (rural ou urbano; residencial, comercial ou industrial) reivindicando, se o réu, depois de condenação por sentença ainda sujeita a recurso, os dissipar. O recurso pendente de julgamento pode ou não ter efeito suspensivo; não tendo tal efeito, apesar de ser cabível a execução provisória, não se afasta o direito ao sequestro dos bens; tendo tal efeito, o sequestro ainda assim será admitido, o que o torna mais um *efeito secundário da sentença*. Entendo que, demonstrados os requisitos típicos das cautelares, mesmo antes da prolação da sentença, será possível ao autor a obtenção de um sequestro nos termos do art. 822, II, do CPC[25]. Também não há necessidade de a sentença ser proferida em ações reivindicatórias, admitindo-se também em ações que contenham pretensão a haver a posse de coisa certa, tais como possessórias, fundadas em locação, comodato, depósito[26].

O art. 822, III, do CPC prevê o sequestro dos bens do casal, nas ações de "desquite" (atualmente, divórcio) e de anulação de casamento, desde que se comprove minimamente que o cônjuge está dilapidando o patrimônio. Correta a interpretação do dispositivo que permite sua aplicação a todas as hipóteses de **dissolução da sociedade conjugal**, e não só as demandas expressamente previstas[27]. Como o clima entre os cônjuges durante ou na iminência de ruptura do laço conjugal invariavelmente leva a atitudes de atos desleais de esvaziamento patrimonial pelo cônjuge que detém a posse dos bens, é importante a previsão ora analisada. Registre-se, entretanto, que a mera existência ou iminência de existência de ação de ruptura do laço conjugal não é suficiente para o deferimento do sequestro, sendo indispensável a produção de prova, ainda que em cognição sumária, de que um dos cônjuges está dilapidando o patrimônio comum ou mesmo bem que integre o patrimônio de somente um dos cônjuges.

Por fim, o art. 822, IV, do CPC prevê o sequestro nos demais casos expressos em leis, devendo o operador atentar para a comum confusão legislativa na previsão de sequestro, quando na realidade a medida cautelar tem natureza de arresto. Também se deve atentar para o uso indevido do termo sequestro ao designar medida de cunho executivo, o que se mostra equivocado, considerando-se que o sequestro gera tão somente o acautelamento do direito. Esse equívoco

[24] Baptista da Silva, *Do processo*, p. 306; Fux, *Curso*, p. 1.623; Pontes de Miranda, *Comentários*, v. 12, p. 175.

[25] Baptista da Silva, *Do processo*, p. 312-313; Câmara, *Lições*, v. 3, p. 113. Contra: Costa Machado, *Código*, p. 1.381.

[26] Baptista da Silva, *Do processo*, p. 312; Oliveira, *Comentários*, n. 37, p. 108.

[27] Oliveira, *Comentários*, n. 37, p. 109.

legislativo pode ser percebido nos arts. 100, § 2.º, da CF e 731 do CPC, conforme já analisado no Capítulo 48, item 48.2.5.

No PLNCPC não existe mais previsão de cautelares nominadas.

55

CAUÇÃO

Sumário: 55.1. Conceito – 55.2. Classificação – 55.3. *Cautio pro expensis* (caução para pagamento de custas e honorários advocatícios) – 55.4. Aspectos procedimentais.

55.1. CONCEITO

Existem diferentes espécies de caução, e, para ter natureza cautelar, a caução deve se prestar a garantir a eficácia do resultado de um processo, função típica de qualquer medida cautelar. A dificuldade em distinguir a caução cautelar da não cautelar é que toda caução tem como objeto estabelecer uma garantia, apresentando característica de preventividade[1], devendo-se buscar a distinção entre as diferentes espécies no objeto de tal garantia. Dessa forma, sempre que a caução garantir um direito substancial, como ocorre na caução prestada como garantia do pagamento de uma dívida, não há natureza cautelar; e sempre que **garantir a efetividade de um processo**, adquire a natureza cautelar[2].

Essa constatação leva parcela significativa da doutrina a entender que o processo de caução, com o procedimento estabelecido pelos arts. 826 e seguintes do CPC, nunca terá como objeto uma caução cautelar, sempre se tratando de tutela satisfativa, a se desenvolver por meio de um processo principal e não meramente cautelar[3]. A caução cautelar estaria reservada a atos procedimentais praticados

---

1 Oliveira, *Comentários*, n. 44, p. 143. Fidélis dos Santos, *Manual*, n. 1.457, p. 372-373, incorre na confusão.

2 Câmara, *Lições*, v. 3, p. 123; Abelha Rodrigues, *Manual*, p. 689; Fux, *Curso*, p. 1.643-1.644.

3 Baptista da Silva, *Do processo*, p. 325. Contra, entendendo que as cautelares previstas nos arts. 799 e 805 do CPC exigem processo cautelar autônomo: Theodoro Jr., *Processo*, n. 221, p. 257.

em outros processos cautelares, tal como ocorre com a previsão do art. 804 do CPC, que exige a prestação de caução como contracautela para a concessão da liminar de arresto, do art. 805 do CPC, que admite de forma geral a substituição de qualquer medida cautelar pela caução, do art. 819, II, do CPC, que admite a suspensão da execução do arresto caso o requerido ofereça caução, ou processos não cautelares, como ocorre nos arts. 925 e 940 do CPC.

Segundo correto ensinamento doutrinário, nas cauções não cautelares sempre existirá uma vinculação do juiz a um determinado negócio jurídico, à eficácia de uma sentença ou a uma norma de direito material ou processual, dependendo sua concessão da existência, validade e eficácia do negócio jurídico, do cumprimento da sentença e da aplicação da regra jurídica conforme presente o suporte fático nela contido. Já nas cauções cautelares haverá a necessária apreciação pelo juiz da presença do *fumus boni iuris* e do *periculum in mora*, dependendo sua concessão da efetiva demonstração da presença desses requisitos no caso concreto[4].

55.2. CLASSIFICAÇÃO

Para parcela da doutrina, as cauções são classificadas em cauções legais, negociais e processuais, sendo que nestes há uma divisão interna entre ações cautelares e medidas incidentais necessárias, de imposição *ex officio*[5]. Entendo mais adequada outra classificação, que divide as cauções em três espécies[6]:

(a) legais, quando têm origem na lei;

(b) negociais, quando têm origem em negócio jurídico;

(c) judiciais, quando têm origem na eficácia de uma sentença proferida em processo de cognição exauriente.

As cauções legais têm sua origem na expressa previsão legal – tanto de direito processual como de direito material –, existindo divergência doutrinária a respeito da natureza jurídica das cauções legais.

No ordenamento processual podem ser mencionadas, a título exemplificativo, a caução prevista na execução provisória (art. 475-O, III, do CPC); na arrematação a prazo (art. 690 do CPC), na nunciação de obra nova (art. 940 do CPC), nos embargos de terceiro (art. 1.051 do CPC). Não parece correta a lição doutrinária que afirma que a caução legal nunca tem natureza cautelar[7], porque, tendo origem em norma de direito processual, tanto pode ter natureza cautelar, exigindo a presença do *fumus boni iuris* e *periculum in mora* para ser concedida, como ocorre com a caução exigida no art. 940 do CPC[8], como pode ser exigida para

4 Oliveira, *Comentários*, n. 44, p. 143.

5 Theodoro Jr., *Processo*, n. 212, p. 250.

6 Baptista da Silva, *Do processo*, p. 325.

7 Theodoro Jr., *Processo*, n. 213, p. 250.

8 Furtado Fabrício, *Comentários*, n. 394, p. 434-436; Oliveira, *Comentários*, n. 44, p. 147.

a prática de determinado ato processual, como ocorre com a caução prevista na execução provisória, conforme tratado no Capítulo 40, item 40.3. Cautelares ou não, as **cauções legais** decorrentes de previsão de norma processual são sempre *medida incidental*, não existindo nesse caso ação cautelar de caução.

Normas de direito material também podem prever expressamente a caução, como se verifica no art. 1.280 do CC, na caução de dano infecto e no art. 1.745, parágrafo único, do CC, na caução do tutor para a garantia do patrimônio do tutelado, na "caução muciana" prevista no art. 1.977 do CC. Entendo que, tratando-se de caução legal prevista em norma de direito material, é cabível o processo autônomo de caução, que, embora tenha previsão procedimental nos arts. 826 e seguintes do CPC, no capítulo referente às cautelares típicas será um processo de conhecimento, apto a entregar ao autor uma tutela definitiva de seu direito material.

A caução negocial é a garantia para que ocorra o fiel cumprimento de um contrato ou de qualquer outro negócio jurídico, sendo exemplos típicos a hipoteca, a fiança, o penhor e a anticrese. A caução judicial decorre da eficácia de alguma decisão ou sentença, como acontece na caução prevista pelo art. 475-Q, § 2.º, do CPC, que se prestará a substituir a constituição de capital que assegure o pagamento do valor mensal de pensão[9].

A classificação analisada tem como critério a origem da caução, mas existem outras formas de classificá-las, bastando para tanto a adoção de outros critérios, tal como ocorre na distinção entre caução cautelar e não cautelar, cujo critério é a garantia ou não do resultado eficaz de um processo. No art. 826 do CPC adota-se como critério de classificação a natureza do bem oferecido em caução, prevendo o dispositivo legal a possibilidade de a caução ser *real*, tal como ocorre na hipoteca, no penhor e na anticrese, ou *fidejussória*, de natureza pessoal, como é na fiança e no seguro-garantia.

A liberdade da parte em escolher a espécie de caução – real ou fidejussória – encontra limites no negócio jurídico celebrado e na própria lei. Na caução negocial a parte estará adstrita à espécie de caução convencionada no negócio jurídico, remanescendo a possibilidade de escolha somente na hipótese das cauções legais e judiciais. Por vezes, a lei poderá impor à parte uma espécie de caução, o que naturalmente afasta a sua possibilidade de escolha, como ocorre no art. 151, II, do CTN, que exige a caução em dinheiro (ou seja, o depósito do montante integral como condição para a suspensão da exigibilidade do crédito tributário)[10]. Salvo essas situações, entretanto, a escolha é livre e não pode o juiz no caso concreto criar uma ordem de preferência entre as diferentes espécies de caução, limitando-se a analisar a suficiência e a idoneidade da caução oferecida pelo caucionante[11]. Não é correta, assim, a posição do Superior

[9] Oliveira, *Comentários*, n. 45, p. 148-149; Câmara, *Lições*, v. 3, p. 126.

[10] STJ, 1.ª Turma, REsp 937.627/RS, rel. Min. Francisco Falcão, j. 05.06.2008, *DJe* 26.06.2008.

[11] Marinoni-Mitidiero, *Código*, p. 774; Fux, *Curso*, p. 1.644-1.645; Oliveira, *Comentários*, n. 48, p. 161; Pontes de Miranda, *Comentários*, v. 12, p. 189.

Tribunal de Justiça em afirmar que o **juiz pode exigir a caução em dinheiro ou fiança bancária**[12].

Não havendo uma expressa indicação legal quanto à espécie de caução, nos termos do art. 827 do CPC poderá o caucionante optar pelo depósito em dinheiro, papéis de crédito, títulos da União e dos Estados, pedras e metais preciosos, hipoteca, penhor e fiança. Apesar da omissão legal, também se admite a prestação da caução por meio da anticrese, espécie de caução real. Registre-se que a caução pode ser prestada tanto pelo interessado quanto por terceiro, já tendo sido analisada no Capítulo 36, item 36.4.4, a figura do fiador judicial.

55.3. *CAUTIO PRO EXPENSIS* (CAUÇÃO PARA PAGAMENTO DE CUSTAS E HONORÁRIOS ADVOCATÍCIOS)

Aduz o art. 835 do CPC que o autor da demanda judicial, nacional ou estrangeiro, que residir fora do Brasil ou dele se ausentar na pendência do processo, prestará caução suficiente ao pagamento das custas e honorários advocatícios da parte contrária, caso não tenha em território nacional bens imóveis que assegurem tal pagamento. O dispositivo legal é suficientemente claro ao determinar qual será o valor dessa caução, não sendo correto exigi-la no valor do bem da vida pretendido pelo autor. Por outro lado, como não há indicação da espécie de caução a ser prestada, aplica-se no caso o art. 827 do CPC, admitindo-se tanto a caução real como a fidejussória, bastando que seja idônea e suficiente[13]. Caberá ao autor a prestação da caução de forma incidental na demanda, não sendo necessária a propositura de processo autônomo cautelar.

A determinação da prestação de caução pode ser realizada de ofício pelo juiz, que determinará sua prestação sob pena de extinção do processo sem resolução do mérito[14]. O Superior Tribunal de Justiça já decidiu que, uma vez resolvida pela dispensa da caução, não poderá a parte que se conformou levantar posteriormente a questão em razão da preclusão temporal[15].

Tratando-se de defesa processual dilatória potencialmente peremptória, caso o juiz não determine a prestação da caução de ofício, caberá ao réu alegar a matéria em contestação, e, uma vez acolhida a matéria defensiva, caberá ao juiz conceder prazo ao autor para regularizar sua situação. Nem sempre a caução será prestada no momento inicial do procedimento, até porque o próprio dispositivo legal prevê a hipótese de ausência do autor na pendência da ação. O Superior Tribunal de Justiça, por outro lado, já decidiu que, mesmo prestada a caução tardiamente, não há nulidade se a falta não prejudicou a parte ou o processo[16].

Segundo o art. 836 do CPC, a **caução será dispensada** na execução fundada em título executivo extrajudicial e na reconvenção. Não concordo com a doutrina

---

[12] STJ, 3.ª Turma, REsp 536.758/SP, rel. Min. Carlos Alberto Menezes Direito, j. 05.02.2004, *DJ* 05.04.2004, p. 258.

[13] Theodoro Jr., *Processo*, n. 223, p. 260.

[14] Contra: Fidélis dos Santos, *Manual*, n. 1.468, p. 378.

[15] STJ, 4.ª Turma, REsp 848.424/RJ, rel. Min. Fernando Gonçalves, j. 07.08.2008, *DJe* 18.08.2008.

[16] STJ, 4.ª Turma, REsp 331.022/RJ, rel. Min. Ruy Rosado Aguiar, j. 07.03.2002, *DJ* 06.05.2002, p. 296.

que limita a exigência do dispositivo legal aos processos de conhecimento, sustentando tratar-se de imprecisão técnica a menção expressa à execução fundada em título extrajudicial, que deve ser interpretada como embargos à execução[17]. Parece correto afirmar que na execução as custas processuais correm sempre por conta do executado, o que já seria suficiente para determinar a dispensa, mas daí a concluir que o termo "execução" deve ser interpretado como "embargos à execução" vai grande distância. Prefiro o entendimento que, admitindo a natureza de processo de conhecimento dos embargos à execução e a ausência de isenção legal, exige a prestação da caução, nos termos do art. 835 do CPC[18]. Também na hipótese de assistência judiciária a prestação de caução deverá ser dispensada[19].

Estando o exequente de título extrajudicial isento da prestação da caução, parece correto estender essa dispensa às demandas judiciais que possam ser interpostas em vez, ou antes, da execução. Dessa forma, será dispensada a caução numa ação cautelar de arresto ou sequestro, sempre que o requerente já tiver em seu favor um título executivo extrajudicial. O Superior Tribunal de Justiça decidiu que, diante do inadimplemento na venda a prazo com reserva de domínio, o credor poderá requerer a apreensão e o depósito da coisa vendida (art. 1.071 do CPC) ou ajuizar execução fundada no título executivo extrajudicial (art. 1.070 do CPC), sendo em ambas as demandas dispensada a caução prevista no art. 835 do CPC[20].

55.4. ASPECTOS PROCEDIMENTAIS

A ação de caução pode ter no polo ativo tanto o sujeito que tem o direito de exigir a prestação da caução como aquele que tem o dever de prestá-la.

Segundo o art. 829 do CPC, sendo autor da demanda o sujeito que tem a obrigação de prestar a caução, deve ingressar com petição inicial indicando o valor a caucionar, o modo pelo qual a caução vai ser prestada, a estimativa dos bens (na hipótese de caução real), a prova da suficiência da caução ou da idoneidade do fiador e o pedido de citação da pessoa a favor de quem a caução deve ser prestada, que figurará no polo passivo da demanda. Tratando-se de caução real, caberá ao autor instruir a petição inicial com a prova do registro imobiliário, cabendo ao requerente casado exibir declaração de seu cônjuge, independentemente da natureza da caução. E o art. 830 do CPC prevê que o sujeito em cujo favor deve ser prestada a caução ingressará com demanda requerendo a citação do obrigado para que a preste, sob pena de incorrer na sanção prevista em lei ou no contrato. Tratando-se de obrigação de fazer, correta a doutrina a entender

---

17 Theodoro Jr., *Processo*, n. 224, p. 262.

18 Oliveira, *Comentários*, n. 58, p. 183.

19 Marinoni-Mitidiero, *Código*, p. 777; Oliveira, *Comentários*, n. 57, p. 177; Pontes de Miranda, *Comentários*, v. 12, p. 210.

20 STJ, 4.ª Turma, REsp 660.437/SP, rel. Min. Cesar Asfor Rocha, j. 04.11.2004, *DJ* 14.03.2005, p. 378; REsp 447.324/SP, 3.ª Turma, rel. Min. Ari Pargendler, j. 17.12.2002, *DJ* 16.06.2003, p. 337.

aplicável por analogia o art. 461 do CPC, admitindo-se a imposição de multa ao réu, ainda que não requerida expressamente[21]. Em ambos os casos, aplica-se o art. 282 do CPC no tocante aos requisitos formais da petição inicial.

Independentemente de quem proponha a ação de caução, o requerido será citado para que no prazo de cinco dias aceite a caução (art. 829 do CPC), a preste (art. 830 do CPC), ou apresente contestação. Apesar da omissão legal, parece admissível na resposta do requerido o ingresso das exceções rituais e da reconvenção, visto que o processo na realidade é de conhecimento, e não cautelar, como sugere a localização no CPC das normas atinentes ao tema. Também a omissão em oferecer qualquer resposta no prazo legal é reação possível ao requerido, hipótese em que o requerido será revel.

Segundo o art. 832 do CPC, haverá julgamento imediato (espécie de julgamento antecipado da lide):

(a) se o requerido não contestar;

(b) se a caução oferecida ou prestada for aceita (reconhecimento jurídico do pedido[22]);

(c) se a matéria for somente de direito ou, também sendo de fato, não houver prova a produzir.

Sendo contestada a demanda e sendo necessária a produção de prova oral, o art. 833 do CPC prevê a designação pelo juiz de audiência de instrução e julgamento.

Sendo julgado procedente o pedido por sentença recorrível por apelação sem efeito suspensivo (art. 520, IV, do CPC), o juiz determinará a caução e indicará o prazo em que deve ser prestada, nos termos do art. 834, *caput*, do CPC. Não sendo cumprida a decisão judicial no prazo determinado, o juiz declarará não prestada a caução na hipótese do art. 829 do CPC ou efetivada a sanção que cominou na sentença no caso do art. 830 do CPC. Parcela significativa da doutrina entende que, não havendo o cumprimento da sentença e sendo necessária a prolação de uma nova decisão, nos termos do art. 834, parágrafo único, do CPC, haverá nova sentença, recorrível por apelação[23].

No PLNCPC não existe mais previsão de cautelares nominadas.

---

[21] Oliveira, *Comentários*, n. 52, p. 167.

[22] Baptista da Silva, *Do processo*, p. 332.

[23] Baptista da Silva, *Do processo*, p. 337; Marinoni-Mitidiero, *Código*, p. 776; Theodoro Jr., *Processo*, n. 222, p. 258. Contra: Câmara, *Lições*, v. 3, p. 131.

56

BUSCA E APREENSÃO

Sumário: 56.1. Conceito – 56.2. Espécies – 56.3. Procedimento.

56.1. CONCEITO

O termo busca e apreensão significa a **procura** e a **apropriação judicial** de uma coisa ou de uma pessoa, sendo lição doutrinária tradicional a afirmação de que a busca e apreensão é um todo indivisível, resultante de dois elementos sucessivos: primeiro investiga-se com o objetivo de localizar a coisa ou pessoa e, ato contínuo, realiza-se a constrição judicial por meio do ato material de apreensão. Há doutrina, inclusive, que afirma haver uma fusão de dois atos, o de buscar e o de apreender[1].

Interessante notar que a apreensão depende do sucesso do ato de investigar que viabilizará o ato de constrição judicial, porque, sendo frustrada a procura da coisa ou pessoa, naturalmente não será possível a realização da apreensão. Pelo contrário, uma vez sendo positiva a investigação a respeito do paradeiro da coisa ou pessoa, a constrição será necessariamente realizada, como ato contínuo à sua localização. Excepcionalmente, em especial por resistência injustificada de parte ou de terceiro, é possível imaginar a busca e apreensão frustrada em razão da não realização do ato de apropriação judicial, apesar de encontrada a coisa ou pessoa como, por exemplo, se localizado um bem com o devedor que resiste às ordens do oficial de justiça e consegue se evadir do local.

---

[1] Pontes de Miranda, *Comentários*, v. 12, p. 217.

56.2. ESPÉCIES

São diversos os significados que a expressão busca e apreensão pode assumir no direito brasileiro, nem sempre tendo a natureza cautelar que interessa ao presente exame, até porque o procedimento previsto nos arts. 839 a 843 do CPC é limitado ao processo cautelar de busca e apreensão, devendo as outras espécies procurar amparo em legislação específica[2]. Apesar das diferentes espécies de busca e apreensão, somente terá natureza cautelar a medida que tem como objetivo **preservar a efetividade do resultado de um processo**, a exemplo do que ocorre com a caução.

Tratando-se de medida cautelar, sua concessão está condicionada à presença do *fumus boni iuris* e *periculum in mora,* de forma que a busca e apreensão que funciona como meio executivo não tem natureza cautelar, como ocorre na execução de entrega de coisa móvel (art. 625 do CPC). Trata-se de medida voltada à satisfação do direito do exequente, inclusive sem a necessidade de qualquer outra circunstância que não a manutenção do inadimplemento do executado após a sua citação e do prazo a ele concedido para cumprir sua obrigação[3].

Outra medida de busca e apreensão que tem natureza processual, mas não cautelar, e que se desenvolve incidentalmente no processo, é aquela voltada para a recuperação dos autos do processo mantidos por uma das partes ilegalmente, medida que, inclusive, pode ser determinada de ofício[4]. Note-se que a busca e apreensão funciona aqui muito mais como uma sanção processual à parte – não a única – do que medida cautelar, até porque é dispensável que a manutenção ilegal dos autos gere perigo de ineficácia do resultado final do processo, bastando o decurso do prazo concedido pelo juiz.

Também não será cautelar a busca e apreensão definitiva, que gera ou busca gerar a satisfação do direito material, como ocorre:

(a) na busca e apreensão de incapazes sempre que o autor pretende com a ação manter a guarda legítima (gerada por força de lei, acordo ou sentença) exercida em relação ao incapaz[5];

(b) na busca e apreensão de bens alienados fiduciariamente, prevista no art. 3.º do Decreto-lei 911/1969, certamente a ação de busca e apreensão mais frequente no dia a dia forense;

(c) no art. 102 da Lei 9.610/1998, que regula o direito do autor de requerer a apreensão dos exemplares reproduzidos de forma fraudulenta.

---

[2] Theodoro Jr., *Processo*, n. 227, p. 266; Câmara, *Lições*, v. 3, p. 135; Pontes de Miranda, *Comentários*, v. 12, p. 221. Contra: Baptista da Silva, *Do processo*, p. 350; Marinoni-Mitidiero, *Código*, p. 779.

[3] Pela natureza não cautelar: Oliveira, *Comentários*, n. 61, p. 189; Costa Machado, *Código*, p. 1.394; Pontes de Miranda, *Comentários*, v. 12, p. 223.

[4] Baptista da Silva, *Do processo*, p. 350. Contra, pela natureza cautelar: Theodoro Jr., *Processo*, n. 226, p. 266; Bomfim Marins, *Comentários*, p. 250.

[5] Greco Filho, *Direito*, n. 38, p. 195; Baptista da Silva, *Do processo*, p. 349; Oliveira, *Comentários*, n. 63, p. 195.

A busca e apreensão cautelar é dividida em três espécies:

(i) busca e apreensão incidental que tem como único objetivo realizar uma outra medida cautelar, como o arresto, o sequestro, o arrolamento e o depósito[6];

(ii) busca e apreensão para restabelecer um ato de constrição judicial já realizado por meio de outra medida cautelar, como ocorre com a tentativa de desvio malicioso do bem já arrestado[7];

(iii) a busca a apreensão de pessoas e coisas que se desenvolve por meio de processo autônomo, seguindo o procedimento dos arts. 839 a 843 do CPC.

56.3. PROCEDIMENTO

Segundo o art. 840 do CPC, a petição inicial da cautelar de busca e apreensão deverá conter as justificativas da medida e da ciência de estar a pessoa ou a coisa no lugar designado. Apesar da previsão legal específica a respeito dos requisitos formais da petição inicial, parece que a aplicação dos arts. 801 e 282 do CPC já seria suficiente para melhor descrever como esse ato processual deve ser praticado[8].

As razões da medida constituem a causa de pedir, mais precisamente o *fumus boni iuris*, previsto como requisito da petição inicial no art. 801, IV, do CPC ("exposição sumária do direito ameaçado"). Não basta a mera indicação do local em que possa ser localizada a coisa ou a pessoa, concluindo-se do texto legal que caberá ao requerente a apresentação de alguma prova ou indício de suas alegações[9], não parecendo ser saudável à tutela cautelar uma exigência que inviabilize o direito do requerente, em especial em sede liminar. Apesar da omissão legal, também caberá ao requerente a demonstração do *periculum in mora*, sendo dispensado somente para os doutrinadores que defendem a aplicação do procedimento ora analisado para processos satisfativos de busca e apreensão[10].

Como ocorre em todo processo cautelar, também na busca e apreensão será admissível a *audiência de justificação prévia*, mas somente na hipótese de dúvida do juiz a respeito do pedido de liminar que possa ser solucionada com a oitiva de testemunhas. Estando o juiz convencido do direito do requerente à liminar, é dispensável a realização da audiência, sendo imediatamente expedido o mandado de busca e apreensão. Aduz o art. 841 do CPC que a audiência de justificação, quando indispensável, será realizada em segredo de justiça, inconfundível com a previsão do art. 155 do CPC, porque no caso da justificação prévia o segredo atinge o requerido, que é parte no processo cautelar, enquanto no tradicional segredo de justiça a mitigação da publicidade atinge somente terceiros[11].

O dispositivo legal é interessante porque, apesar da inutilidade de seu *caput* – bastaria aplicar o art. 804 do CPC para concluir pela possibilidade de realização

---

6 Bomfim Marins, *Comentários*, p. 246. Contra, pela natureza não cautelar: Baptista da Silva, *Do processo*, p. 348.

7 Theodoro Jr., *Processo*, n. 226, p. 266.

8 Theodoro Jr., *Processo*, n. 231, p. 269; Pontes de Miranda, *Comentários*, v. 12, p. 224-225.

9 Marinoni-Mitidiero, *Curso*, p. 779. Contra, exigindo prova documental: Câmara, *Lições*, v. 3, p. 138.

10 Baptista Silva, *Do processo*, p. 356.

11 Oliveira, *Comentários*, n. 66, p. 201.

da audiência de justificação prévia –, seus incisos indicam os **requisitos formais do mandado** de busca e apreensão:

(I) indicação da casa ou do lugar em que se deve efetuar a diligência;
(II) descrição da pessoa ou da coisa procurada e o destino a lhe dar;
(III) assinatura do juiz que determinar a busca e apreensão.

Na hipótese de busca e apreensão de coisas que estejam espalhadas por diversos locais, como ocorre na apreensão de obra literária já distribuída pela editora, a exigência contida no art. 841, I, do CPC será afastada[12].

Os arts. 842 e 843 do CPC tratam das especialidades procedimentais no cumprimento do mandado de busca e apreensão. Determina o art. 842, *caput*, do CPC que o ato de constrição judicial será realizado por dois oficiais de justiça, cabendo a qualquer um deles ler o teor do mandado ao requerido, determinando a abertura das portas para que o ato seja praticado. Havendo resistência, os oficiais poderão arrombar portas externas e internas, bem como móveis onde presumidamente esteja a pessoa ou coisa procurada, não sendo necessária a expressa permissão a esses atos constar do mandado[13]. No mais das vezes, o oficial de justiça se vale do auxílio da força policial, que deverá ser determinada expressamente pelo juiz no caso concreto[14]. Acompanharão a diligência duas testemunhas e, na hipótese de direito autoral, dois peritos que deverão confirmar *in loco* a ocorrência da violação, o que não dispensa a presença das duas testemunhas.

Na hipótese de busca e apreensão de pessoas, em razão da natural comoção que geralmente acarreta, a melhor doutrina indica a sadia possibilidade de o juiz indicar assistente social ou médico, no caso de pessoa enferma, para acompanhar as diligências[15]. Até mesmo o juiz poderá participar do ato judicial, a exemplo do que faz na inspeção judicial, resolvendo questões respeitantes ao cumprimento do mandado[16].

Aduz o art. 843 do CPC que, finda a diligência, será lavrado pelos oficiais de justiça um *auto circunstanciado*, que deverá ser assinado pelas testemunhas. Apesar da omissão legal, na hipótese de busca e apreensão fundada em direito autoral (art. 842, § 3.º, do CPC), também os peritos deverão assinar o auto circunstanciado, não obstante também devam elaborar seus trabalhos técnicos em apartado[17].

No PLNCPC não existe mais previsão de cautelares nominadas.

[12] Câmara, *Lições*, v. 3, p. 138.
[13] Costa Machado, *Código*, p. 1.396.
[14] Marinoni-Mitidiero, *Curso*, p. 780; Oliveira, *Comentários*, n. 67, p. 204.
[15] Baptista Silva, *Do processo*, p. 360; Marinoni-Mitidiero, *Curso*, p. 780, p. 780.
[16] Oliveira, *Comentários*, n. 67, p. 203.
[17] Oliveira, *Comentários*, n. 69, p. 206.

57

EXIBIÇÃO DE COISA OU DOCUMENTO

57.1. CONCEITO DE EXIBIÇÃO

O conceito clássico de exibição, cunhado por Ulpiano, é produzir em público e dar ao homem a faculdade de ver e tocar – *exhibere est in publicum producere et videndi tangendique homminis facultatem praebere*. Como se percebe desse clássico conceito, adotado pacificamente pela doutrina nacional, exibir é, simplesmente, **colocar à vista**, a fim de permitir que o documento ou a coisa seja conhecida em sua forma e em seu conteúdo. Desse modo, ao ser determinada judicialmente a exibição da coisa ou do documento, de forma incidental ou autônoma, cautelar ou satisfativa, o sujeito que tem em seu poder o objeto da exibição terá direito de reavê-lo, dentro de prazo razoável a ser fixado pelo juiz no caso concreto.

É do conceito de exibição que se pode diferenciar, de forma indiscutível, a prova produzida por meio da exibição de coisa ou documento da prova documental. Em primeiro lugar, a exibição somente se justifica quando o sujeito processual que pretende fazer a prova não tem, em seu poder, o objeto da exibição, enquanto na prova documental ocorre exatamente o contrário: é imprescindível que o responsável pela produção tenha, em seu poder, o documento. Além disso, na exibição, a coisa ou o documento não permanecerá no processo até sua extinção, diferentemente do que ocorre na prova documental, que, uma vez produzida, será incorporada ao processo até seu término, e, por vezes, até depois disso, como ocorre, por exemplo, com os títulos de crédito que servem como título executivo extrajudicial. Quando for produzida a prova por meio da exibição, portanto, a permanência do objeto da prova no processo será apenas temporária.

57.2. AS DIFERENTES ESPÉCIES DE EXIBIÇÃO DE COISA OU DE DOCUMENTO

A doutrina nacional, ao enfrentar o tema da ação cautelar de exibição prevista nos arts. 844 e 845 do CPC, indica que tal exibição, na realidade, poderá não ter qualquer natureza cautelar, ainda que se desenvolva por meio de uma ação autônoma. Defende a existência de diferentes espécies de exibição em virtude das diferentes finalidades perseguidas por cada uma dessas ações, nas quais o autor buscaria a exibição da coisa ou do documento com propósitos distintos, o que, inclusive, modificará sua natureza jurídica.

57.2.1. Exibição como meio de prova durante a fase instrutória

A exibição de coisa ou de documento poderá ser requerida como meio de prova durante a instrução probatória do processo de conhecimento, hipótese em que não se antevê, para a doutrina majoritária, natureza cautelar, considerando a dispensa dos requisitos do *periculum in mora* e do *fumus boni iuris*. O direito da parte à exibição, nesse caso, baseia-se exclusivamente na natureza probatória de tal documento ou de tal coisa diante dos fatos narrados na demanda que a parte pretende ver provados com a exibição. Não se discute, nesse caso, nem quais são os requisitos típicos da cautelar, nem se a parte que requer a exibição tem qualquer direito material sobre a coisa ou o documento; basta para o juiz deferir o pedido a importância da exibição para a formação de seu convencimento no caso concreto[1].

A exibição como mero meio de prova a ser desenvolvido regularmente na fase instrutória do processo de conhecimento tem previsão expressa no Código de Processo Civil pátrio nos arts. 355 a 363, com regulamentação procedimental do pedido contra a parte contrária e contra terceiros, devidamente analisado no Capítulo 14, item 14.2.3.

Entendo que, excepcionalmente, um pedido incidental de exibição de coisa ou documento formulado durante o processo no qual a prova será valorada pelo juiz poderá assumir caráter cautelar, bastando para tanto a presença do *periculum*

[1] Oliveira, *Comentários*, cit., p. 206; Pontes de Miranda, *Comentários*, t. XII, p. 229; Câmara, *Lições*, v. 3, p. 163.

in mora. Nesse caso, basta o perigo de não ser possível produzir a prova no momento adequado – fase probatória – porque o *fumus boni iuris* estará sempre fundado no direito da parte à produção da prova, que se encontra garantido constitucionalmente, conforme analisado no Capítulo 14, item 14.1.5[2].

57.2.2. Exibição preparatória para conhecimento de dados a instruir a ação principal

Uma segunda espécie de exibição teria como finalidade apenas proporcionar à parte a apropriação de dados necessários ou importantes para a futura e eventual propositura de demanda judicial. Haveria, nesse caso, uma satisfação ao direito do autor, porque seu objetivo não seria preservar uma prova para utilização futura, mas simplesmente produzi-la para obter informações e dados mais precisos para a propositura de processo judicial. Por ser espécie de exibição satisfativa, estariam dispensados os requisitos clássicos da tutela cautelar, de modo que não se exigiria do autor a comprovação do *fumus boni iuris* ou do *periculum in mora*.

Nesse caso, há parcela da doutrina que defende a natureza não cautelar da ação exibitória e aponta que a pretensão de conhecer dados necessários da futura ação afastaria o processo da cautelaridade, sendo possível afirmar que, uma vez exibido o documento ou a coisa, a pretensão do autor de conhecer sua forma e seu conteúdo já estará completamente satisfeita; assim, é irrelevante, no caso concreto, a ocorrência de qualquer perigo de a prova não poder ser produzida, posteriormente, no momento adequado[3].

Outra parcela doutrinária, entretanto, afirma tratar-se de exibição cautelar[4], parecendo mais correto esse entendimento porque, se a cautelar se presta a garantir a eficácia do resultado do processo principal, é imprescindível que o acautelado se sagre vitorioso, o que nesse caso só será possível se tiver os dados e elementos necessários não só à propositura dessa ação, mas também a convencer o juiz de suas razões.

57.2.3. Exibição fundada em direito material sobre a coisa ou sobre o documento

Como terceira espécie de ação autônoma de exibição de coisa e documento encontra-se, segundo a doutrina nacional, aquela fundada em um direito material da parte a tal exibição, gerado pelo direito sobre a própria coisa ou sobre o documento, entendendo-se pela sua natureza satisfativa. Não servindo o conhecimento da forma e do conteúdo da coisa ou do documento nem para garantir a prova a

---

2 Bomfim Marins, *Comentários*, p. 265; Pontes de Miranda, *Comentários*, t. IX, p. 234; Greco Filho, *Direito*, p. 181.

3 Baptista da Silva, *Do processo*, p. 336-337; Oliveira, *Comentários*, p. 214-215.

4 Pontes de Miranda, *Comentários*, t. IX, p. 235; Theodoro Jr., *Processo*, p. 279; Câmara, *Lições*, v. 3, p. 164.

ser utilizada em outra demanda judicial, nem a fornecer subsídios necessários à propositura de processo judicial de maneira mais perfeita, o direito material que a parte tem sobre a coisa ou sobre o documento garantiria a obrigatoriedade de sua exibição, em **demanda de natureza satisfativa**[5].

Como exemplos são lembrados o art. 844, II, primeira parte ("documento próprio ou comum, em poder de cointeressado, sócio, condômino, credor ou devedor"), o art. 844, II, segunda parte ("em poder de terceiro que o tenha em sua guarda, como inventariante, testamenteiro, depositário ou administrador de bens alheios"), e o art. 844, III ("da escrituração comercial por inteiro, balanços e documentos de arquivo, nos casos expressos em lei"), todos do CPC.

Mais uma vez, estar-se-ia diante de uma exibição amplamente satisfativa, mas agora no plano do direito material à exibição da coisa ou documento, se for dispensado novamente o autor da comprovação de *fumus boni iuris* e do *periculum in mora*. Como modalidade dessa espécie de demanda de exibição satisfativa, encontra-se, na doutrina nacional, o exemplo clássico de exibição para tomada de conhecimento da coisa com vistas ao exercício de direito relativos à própria coisa[6].

57.2.4. Exibição cautelar de coisa ou de documento

Por fim, resta a quarta espécie de exibição, de natureza inegavelmente cautelar, sempre antecedente à ação principal. Nesse caso, será exigida a observância dos **requisitos tradicionais da tutela cautelar**, em especial o *periculum in mora* em sua conceituação clássica para as cautelares probatórias. O perigo de que o documento ou a coisa não possa ser exibido futuramente, no momento adequado para tanto – fase instrutória do processo de conhecimento –, será determinante para que a exibição tenha natureza cautelar e possa ser tratada à luz dos arts. 844 e 845 do CPC.

O *fumus boni iuris* da exibição cautelar não destoa substancialmente daquele exigido para a produção antecipada de prova e já analisado de forma exaustiva em capítulo precedente. A dificuldade na aferição de tal elemento, mais uma vez, mostra-se clara em virtude do objeto da cautelar exibitória, que tem como único objetivo produzir uma prova, que se perderia na hipótese de não ser interposta a demanda judicial, não se podendo exigir, para a sua configuração, nem mesmo de forma sumária e superficial, a existência do direito material que será objeto da futura e eventual ação principal.

Mais uma vez, nota-se a dificuldade da verificação de tal elemento no caso concreto, o que faz com que, na prática forense, haja significativa postura de encará-lo de forma bastante flexibilizada. Conforme já foi visto no tocante à produção antecipada de prova, por ser o objeto das cautelares probatórias composto pelo mero **direito à produção de uma prova** na hipótese de existir perigo fundado

---

5 Oliveira, *Comentários*, p. 217; Baptista da Silva, *Do processo*, p. 346.

6 Fidélis dos Santos, *Aspectos*, p. 72; Pontes de Miranda, *Comentários*, t. IX, p. 232; Theodoro Jr., *Processo*, p. 277-278.

de que a espera pelo momento adequado para tal produção torne-a impossível, será simplesmente analisado se o autor tem tal direito à prova, ainda assim por meio de cognição sumária, típica das demandas cautelares.

No tocante ao *periculum in mora*, o Código de Processo Civil foi mais feliz na cautelar exibitória do que na produção antecipada de provas, porque simplesmente se omitiu a respeito dos fatos que ensejariam o perigo de a prova não poder ser produzida em seu momento adequado, de modo a evitar quaisquer restrições ao cabimento da ação cautelar. Qualquer que seja a alegação fática do requerente da ação cautelar, a comprovar, sumariamente, o perigo de o documento não mais poder ser exibido em juízo no momento da fase de instrução do processo de conhecimento, estará preenchido o requisito do *periculum in mora*. Inclui-se tradicionalmente, nessas situações, o perigo de destruição, de ocultação, de modificação ou de deterioração completa ou parcial do documento ou da coisa a justificar a demanda cautelar exibitória.

57.3. PROCEDIMENTO DA AÇÃO AUTÔNOMA EXIBITÓRIA

Parece haver um consenso entre os doutrinadores nacionais de que, independentemente da natureza acautelatória ou satisfativa que a exibição autônoma de documento ou de coisa tenha, aplica-se à demanda judicial a **sumariedade formal**, típica das cautelares, significando que a ação autônoma de exibição de coisa ou documento seguirá sempre o procedimento cautelar, com algumas especialidades, como a dispensa de cumprimento do disposto no art. 806 do CPC, qualquer que seja sua natureza. Dessa forma, é possível analisar o procedimento de referida ação judicial em conjunto, sem as divisões já suscitadas nos tópicos anteriores.

O art. 845 do CPC prevê que "observar-se-á, quanto ao procedimento, no que couber, o disposto nos arts. 355 a 363, e 381 e 382", todos do CPC. Essa regra remissiva, entretanto, encontra algumas exceções no tocante à ação autônoma de exibição de coisa ou documento, que serão analisadas a seguir.

57.3.1. Legitimidade

A legitimidade para a ação autônoma exibitória apresenta uma peculiaridade própria das cautelares probatórias: a possibilidade de quebrar a regra de que o requerente e o requerido da ação cautelar serão autor e réu do processo principal, de modo a serem mantidos os polos processuais de atuação em ambos os processos. Na exibição, será sempre possível imaginar a situação em que o futuro e eventual réu de uma demanda judicial ingressa com a ação de exibição, cautelar ou satisfativa, simplesmente para tomar conhecimento do teor e do conteúdo do documento ou da coisa, a fim de melhor se preparar para defender-se no eventual e futuro processo principal[7].

---

[7] Oliveira, *Comentários*, p. 210; Pontes de Miranda, *Comentários*, p. 242-243.

No tocante à legitimação ativa, parece não surgirem questões muito complexas; basta, para tanto, que o demandante seja titular do direito, material ou processual, à exibição. Nas hipóteses em que houver uma ação principal na qual a prova produzida for novamente produzida, agora sob a forma documental, presume-se que o requerente da ação exibitória faça parte da mesma, em regra no polo ativo e, excepcionalmente, no polo passivo. Em virtude da característica especial da prova produzida por meio de exibição de coisa ou de documento, que poderá gerar, regularmente, seus efeitos perante sujeitos que não participaram do processo autônomo de exibição, não resta qualquer dúvida de que o sujeito que não será réu na futura e eventual demanda principal possa vir a ter legitimidade passiva a participar do processo exibitório. O que importará na fixação de sua legitimidade não é a relação que guarda com a futura e eventual ação principal, mas com a coisa ou com o documento que se pretende ver exibido em juízo. Se estiver **em poder do objeto da exibição**, será legitimado passivo a figurar na demanda que tenha como propósito a sua exibição em juízo[8].

57.3.2. Petição inicial e liminar

A primeira questão que deve ser abordada no tocante à petição inicial da cautelar de exibição diz respeito à necessidade ou não do cumprimento do disposto no art. 801, III, do CPC que, ao exigir do demandante a indicação da "lide e de seus fundamentos", obriga-o a indicar, na petição inicial cautelar, o objeto do futuro e eventual processo principal, de modo a permitir ao juiz a análise da necessária instrumentalidade típica das cautelares.

Para parcela da doutrina nacional, a necessidade de cumprimento da exigência legal dependerá da natureza da ação exibitória: se cautelar, deverá constar da petição inicial o objeto da futura e eventual demanda principal, exigência que é dispensada na hipótese de exibição de natureza satisfativa[9]. No tratamento da ação cautelar de produção antecipada de provas, já houve a oportunidade de defender a tese de que o **art. 801, III, do CPC é inaplicável às cautelares probatórias**, em lição que é plenamente aplicável à ação autônoma exibitória. As razões lá expostas se repetem para a espécie de ação autônoma probatória aqui tratada, passando a ser irrelevante a definição – para aqueles doutrinadores que o fazem – da natureza cautelar ou satisfativa da exibição[10].

Uma especialidade digna de nota no tocante à inicial do processo autônomo de exibição de coisa ou documento diz respeito ao cumprimento do exposto no art. 356 do CPC, em virtude do disposto no art. 845 do mesmo diploma legal, que determina a aplicação das normas referentes à exibição incidente, naquilo que couber. Dessa forma, a coisa ou documento deve ser individualizado, devendo-se

---

8 Amaral dos Santos, *Prova*, v. 4, p. 507; Oliveira, *Comentários*, p. 210; Fidélis dos Santos, *Manual*, v. 2, p. 381.

9 Oliveira, *Comentários*, p. 232.

10 Na jurisprudência, Negrão-Gouvêa, *Código*, p. 872 (art. 844: 4c).

indicar a finalidade da prova e a exposição das razões que levam a crer que o requerido detém o objeto da exibição.

Excepcionalmente, assim como ocorre com a cautelar de produção antecipada de provas, poderá ser concedida a **liminar** desde que estejam presentes os requisitos exigidos pelo art. 804 do CPC. Nessa hipótese, o juiz poderá determinar que, se necessário, se preste *caução* para garantir eventual prejuízo a ser suportado pelo demandado na hipótese de se mostrar, futuramente, indevida a exibição, também com amparo no mesmo dispositivo legal[11]. Registre-se que a hipótese de concessão de liminar somente se justifica diante de hipótese de extrema urgência, o que limita tal concessão às exibições denominadas pela doutrina nacional como cautelares. Conforme já visto, nesse caso seria possível a indicação de um advogado dativo para que a prova não fosse produzida somente com a participação do patrono do requerente.

57.3.3. Respostas do demandado

O art. 357 do CPC prevê a intimação da parte contrária, enquanto o art. 360 do mesmo diploma legal determina a citação do terceiro, levando em conta a situação processual de tais sujeitos em virtude do processo já existente. Na hipótese de exibição autônoma, naturalmente não haverá qualquer sentido em referir-se ao demandado como terceiro, porque, nessa ação judicial, ele será sempre a parte contrária. Por servir a **citação** para integrar o demandado ao processo, é natural a aplicação do art. 360 do CPC, com a modificação relativa ao prazo de resposta, para o qual deverá ser aplicada a regra do art. 802 do diploma processual civil, de modo a conceder ao demandado o prazo de cinco dias para a sua resposta.

Apesar de a redação do art. 802 do CPC apontar para o prazo de cinco dias para o requerido apresentar contestação, já foi devidamente asseverado o equívoco do legislador na utilização de uma espécie de resposta em vez de apontar o gênero. Mais uma vez, torna-se desnecessário desenvolver o entendimento de quais espécies de respostas seriam cabíveis ao demandado na exibição autônoma, sobre o que se aplica aquilo que já foi exposto quando se tratou das cautelares de antecipação de prova. Há, entretanto, algumas especialidades dignas de nota em virtude dos regramentos referentes à exibição incidental previstos pelo ordenamento processual.

A segunda parte do art. 357 do CPC prevê a hipótese de o demandado afirmar que não possuiu o documento ou a coisa, hipótese em que caberá ao demandante o ônus de provar o contrário, em aplicação pura e simples da regra do ônus da prova prevista pelo art. 333 do CPC. Apesar da omissão da lei, é natural supor a possibilidade de o demandado também alegar, em sua defesa, que o documento ou a coisa não existe, o que justificará materialmente a sua não exibição em

[11] Oliveira, *Comentários*, p. 232; Fidélis dos Santos, *Manual*, v. 2, p. 385; Bomfim Marins, *Comentários*, p. 242.

juízo. Além dessas duas matérias, também poderá o demandado levantar qualquer questão processual a respeito da regularidade formal do processo e das condições da ação, hipótese que, se forem admitidas, levarão à extinção do processo sem o julgamento do mérito por meio de sentença terminativa, naturalmente apelável (art. 513 do CPC). Além disso, poderá ainda impugnar o mérito da demanda, ou seja, o direito no qual se fundamenta a pretensão do requerente, ao apontar a inexistência do *fumus boni iuris* ou do *periculum in mora* nas demandas reconhecidamente cautelares e a inexistência de direito material a ver exibida a coisa ou o documento na hipótese das chamadas exibitórias satisfativas.

Além dessas matérias, poderá ainda o demandado alegar qualquer das hipóteses previstas pelo art. 363 do CPC, sobre recusa em exibir, a que se aplica o art. 358 somente em dois de seus incisos ("I – se o requerido tiver obrigação legal de exibir" e "III – se o documento, por seu conteúdo, for comum às partes"), sendo inaplicável o inciso II ("se o requerido aludiu ao documento ou à coisa, no processo, com o intuito de constituir prova"). A exclusão mostra-se óbvia porque não existirá ainda processo para que o requerido aluda à coisa ou ao documento para fazer prova.

O requerido poderá, além de contestar, ingressar com as exceções rituais (incompetência relativa, impedimento e suspeição do juiz); não cabe a reconvenção em razão da sumariedade procedimental.

57.3.4. Ausência de exibição

Na hipótese de ausência ou, ainda, de resposta rejeitada, parece ser acertada a aplicação do art. 362 do CPC, de modo a conceder um prazo de cinco dias para que o demandado apresente a coisa ou o documento em juízo. Caso não haja a exibição a qual o juiz já reconheceu ser devida pelo demandado, será absolutamente inaplicável o art. 359, *caput*, do CPC; assim, *não se admite que os fatos que se pretendiam provar sejam considerados como verdadeiros pelo juiz*. A impossibilidade de tal presunção liga-se intimamente à natureza da atividade do juiz na cautelar exibitória, que se exaure em controlar o direito do demandante e a regularidade formal do processo; desse modo, não haverá qualquer valoração a respeito dos fatos[12].

Diante de tal circunstância, a única medida possível a ser adotada para efetivar a ordem do juiz no tocante à exibição de coisa ou de documento é aquela tendente a, materialmente, fazer com que a exibição efetivamente ocorra. Segundo o art. 362 do CPC, o juiz deverá determinar a *busca e apreensão* da coisa ou documento, "requisitando, se necessário, força policial, tudo sem prejuízo da responsabilidade por crime de desobediência". Note-se que o legislador somente prevê medidas de execução forçada por sub-rogação, espécie de satisfação que despreza a vontade do "devedor", e a obtém até mesmo contra sua resistência ao cumprimento da ordem judicial.

---

[12] Na jurisprudência, Negrão-Gouvêa, *Código*, p. 872 (art. 845:1). *Informativo* 386, 2.ª Seção, REsp 1.094.846-MS, rel. Carlos Fernando Mathias, 11.03.2009.

Com o aprimoramento das formas de satisfação de direitos e a consequente adoção da *execução indireta*, fundamentada em pressionar psicologicamente o devedor a cumprir sua obrigação de fazer, não fazer e de entregar coisa certa (arts. 461 e 461-A do CPC), não existe qualquer razão para a sua não adoção na hipótese de recusa injustificada em exibir documentos ou coisas em juízo. Como se trata "o exibir" de obrigação de fazer, aplica-se, de forma indubitável, o disposto no art. 461, § 3.º, do CPC, de modo que deve o juiz aplicar a multa – *astreinte* – como forma de coerção psicológica para que a coisa ou o documento sejam exibidos em juízo. O Superior Tribunal de Justiça, entretanto, consolidou na Súmula 372 o entendimento de que não cabe multa cominatória na ação de exibição de documentos. Admitiu, entretanto, em pedido de exibição incidental em cumprimento de sentença[13].

57.3.5. Sentença

A sentença a ser proferida no processo autônomo de exibição de coisa ou de documento poderá ser de duas espécies: terminativa (art. 267 do CPC) e definitiva (art. 269 do CPC). O momento para a prolação dessas duas espécies de sentença poderá ser antes da exibição ou depois dela. Quando for proferida anteriormente à sentença, poderá ser terminativa, nas hipóteses previstas pelo art. 267 do CPC, e definitiva, na hipótese de o juiz entender que o direito alegado pelo demandante à exibição não se encontra presente no caso concreto.

No caso de ser admitida a demanda e determinada a exibição, parece já não mais se justificar uma sentença terminativa, mesmo porque, uma vez exibida a coisa ou o documento em juízo, o objeto da demanda já terá se exaurido, a prova já terá sido produzida, de modo que é absolutamente paradoxal a extinção terminativa nesse momento processual. Na hipótese de extinção do processo sem o julgamento de mérito após a produção da prova, pouco importará a referida decisão, porque, uma vez produzida a prova, não será possível voltar no tempo; assim, é também contraproducente desprezar *a priori* a prova produzida em razão de irregularidade formal do processo. Tais irregularidades devem ser levantadas antes da exibição, gerando a extinção do processo, porque, se for reconhecida após esse momento, será tarde demais.

Uma vez exibida a coisa ou o documento em juízo, absolutamente nada mais haverá a fazer; nesse caso, deve o juiz simplesmente declarar extinto o procedimento e pôr fim ao processo, sem nada decidir a respeito do valor probatório do documento ou da coisa exibida. Mais uma vez, conforme já foi amplamente explorado no capítulo referente à produção antecipada de prova, a sentença será meramente homologatória da prova, conforme entendimento uníssono da doutrina pátria. As mesmas ponderações feitas naquele processo devem ser repetidas para a cautelar exibitória autônoma.

---

[13] *Informativo* 469/STJ: 1.ª Seção, REsp 1.112.862/GO, rel. Min. Humberto Martins, j. 13.04.2011.

Tratando-se de ação autônoma, a sentença deve condenar o sucumbente ao pagamento das custas processuais e dos honorários advocatícios. Registre-se interessante decisão do Superior Tribunal de Justiça, na qual deixou de condenar o réu com a justificativa de que os dados exibidos eram resguardados por sigilo, só podendo ser exibidos em razão de decisão judicial[14]. A decisão é elogiável porque considerou que o réu condenado a exibir não se opôs à pretensão do autor, mas que só poderia fazer a pretendida exibição em juízo.

No PLNCPC não existe mais previsão de cautelares nominadas.

[14] *Informativo* 459/STJ: 3.ª Turma, REsp 1.068.904/RS, rel. Min. Massami Uyeda, j. 07.12.2010.

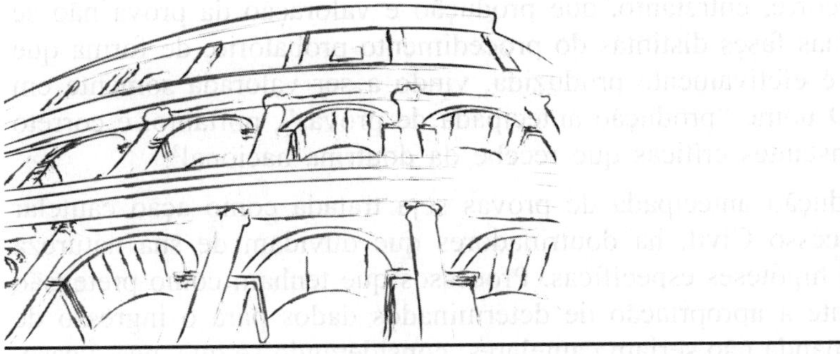

58

PRODUÇÃO ANTECIPADA DE PROVAS

Sumário: 58.1. Introdução – 58.2. Legitimidade: 58.2.1. Legitimidade ativa; 58.2.2. Legitimidade passiva – 58.3. Competência: 58.3.1. Inaplicabilidade da regra estabelecida pelo art. 800 do CPC; 58.3.2. Prevenção do juízo da produção antecipada de provas – 58.4. Aspectos procedimentais: 58.4.1. Petição inicial; 58.4.2. Mérito da produção antecipada de provas; 58.4.3. Liminar; 58.4.4. Respostas do requerido; 58.4.5. Preparação e realização da prova; 58.4.6. Sentença.

58.1. INTRODUÇÃO

O processo de produção antecipada de provas, previsto pelos arts. 846 a 848 do CPC, tem como objeto a produção de prova antes do momento adequado para tanto, qual seja a fase probatória do processo de conhecimento, em razão do perigo de demora para a realização de tal fase procedimental. É tradicional a crítica da doutrina pátria ao nome dado pelo legislador a esse processo cautelar, considerando-se que a prova não chega a ser produzida antecipadamente, somente assegurando-se que essa produção seja realizada futuramente no momento oportuno[1]. Tratar-se-ia, portanto, de *processo de asseguração de prova*, e não de *produção antecipada de prova*.

Não concordo com esse entendimento majoritário, fruto de indevida concepção a respeito das fases do procedimento probatório. Não resta dúvida de que a

[1] Theodoro Jr., *Processo*, p. 291; Oliveira, *Comentários*, p. 235; Baptista da Silva, *Do processo*, p. 358; Bomfim Marins, *Comentários*, p. 276-277.

valoração da prova não cabe ao juízo do processo cautelar, sendo realizada exclusivamente pelo juízo do processo principal que receberá emprestada a prova do processo cautelar. Ocorre, entretanto, que produção e valoração da prova não se confundem, sendo duas fases distintas do procedimento probatório, de forma que na cautelar a prova é efetivamente produzida, vindo a ser valorada somente em processo posterior. O nome "produção antecipada de provas", portanto, é correto e não merece as constantes críticas que recebe da doutrina nacional[2].

Embora a produção antecipada de provas seja tratada como ação cautelar pelo Código de Processo Civil, há doutrinadores que duvidam de sua natureza cautelar em algumas hipóteses específicas. Processos que tenham como pretensão do autor simplesmente a apropriação de determinados dados para o ingresso de futura e eventual demanda não seriam cautelares, considerando-se que, nesse caso, haveria a satisfação do direito do autor, não apenas a sua assecuração[3].

Para outra parcela doutrinária, que entendo mais correta, o obstáculo à futura produção eficaz da prova (impossibilidade ou dificuldade) deve ser entendido tanto no sentido material como no jurídico[4]. Na ação reivindicatória sobre terras rurais em que é exigida a descrição da área na petição inicial, sob pena de inépcia, poderia se exigir do autor o ingresso de uma produção antecipada de provas para obter os dados necessários à correta propositura da demanda. Nesse caso, não haveria perigo para a produção da prova, mas, sem a produção antecipada, a ação reivindicatória jamais poderia ser proposta. E sem ela, como visto, seria impossível falar tanto em resultado favorável como em eficácia de tal resultado. Estar-se-ia, nesse caso, diante de uma impossibilidade jurídica, e não material.

58.2. LEGITIMIDADE

58.2.1. Legitimidade ativa

O processo de produção antecipada de provas – assim como todo processo autônomo probatório – tem interessante aspecto no que diz respeito à sua legitimação ativa, sendo, nesse particular, absolutamente diferente das outras medidas cautelares antecedentes. Como regra, o autor da ação cautelar será também o autor da ação principal, à qual a primeira se refere em virtude da característica de instrumentalidade hipotética já analisada. Os polos ativos das duas demandas são formados, em regra, pelo mesmo sujeito, mas essa regra poderá ser excepcionada quando a cautelar tiver natureza probatória em geral, incluída a produção antecipada de provas.

---

[2] Neves, *Ações*, p. 134-141.

[3] Nesse sentido é a doutrina majoritária: Oliveira, *Comentários*, p. 235-237; Orione, *Processo*, p. 337; Marins, *Produção*, p. 159-161.

[4] Theodoro Jr., *Processo*, p. 294.

A prova obtida no processo cautelar ora analisado poderá ser útil também ao eventual réu do processo principal, que poderá utilizar tal prova na tentativa de convencer o juiz de suas razões defensivas, de modo a evitar a sua derrota no processo[5]. Esse aspecto, inclusive, é bastante curioso, a demonstrar, de forma indubitável, que as cautelares probatórias devem ser tratadas distintamente. A cautelar, nesse caso, estaria a serviço do resultado negativo do processo, que poderia não se verificar caso a prova não tivesse sido produzida antecipadamente. É a preservação do direito de exceção do réu, o que se afasta por completo da regra geral de garantia do direito do autor vencedor do processo principal.

Em determinadas situações, até mesmo o sujeito que não se mostre nem autor nem réu de eventual processo principal poderá ingressar com a cautelar de produção antecipada de provas, desde que demonstre seu interesse jurídico para tanto[6]. A permissão para que o terceiro seja considerado parte legítima na cautelar de produção antecipada de provas exige que entre ele e alguma das partes exista alguma espécie de relação jurídica de direito material, da qual resultaria um interesse jurídico do terceiro na produção da prova. Por não ser essa relação jurídica que será discutida no processo principal, deve-se exigir que o resultado deste gere, de alguma forma, um efeito jurídico na relação jurídica mantida entre o autor da cautelar – que não participará, ao menos como autor ou réu, do processo principal – e o réu – que deverá figurar como parte no eventual processo principal.

58.2.2. Legitimidade passiva

Não restam grandes dúvidas de que, no polo passivo do processo em análise, deve figurar um sujeito que participe de alguma relação jurídica com o requerente e que terá contra ele oposta, no processo principal, a prova produzida antecipadamente. Como garantia do princípio do *contraditório*, seria, em tese, inadmissível a utilização de uma prova contra um sujeito que não tenha participado de sua formação[7].

Interessante questão que se coloca na doutrina nacional diz respeito à possibilidade de propositura do processo cautelar probatório em situações em que o requerente desconhece o legitimado passivo para o processo principal e, como consequência óbvia, também o desconhece para o processo cautelar. Caso não seja possível ao autor a indicação do sujeito que deverá figurar no polo passivo, deixa de cumprir a exigência do art. 801, II, do CPC, por indicar **pessoa incerta**

[5] Oliveira, *Comentários*, p. 237; Baptista da Silva, *Do processo*, p. 360; Fidélis dos Santos, *Manual*, p. 388.

[6] Oliveira, *Comentários*, p. 238; Galeno Lacerda, *Comentários*, p. 221-222. Bom exemplo é encontrado em julgamento do STJ, 4.ª Turma, REsp 490.913/RS, rel. Min. Ruy Rosado Aguiar, *DJ* 25.08.2003, p. 321, em que o Banco do Brasil, mandatário da Conab, é dado como parte legítima para propor ação cautelar de produção de provas para comprovar a situação em que se encontravam os produtos depositados. Verificar ainda Negrão-Gouvêa, *Código*, p. 873 (art. 846: 1a).

[7] Barbosa Moreira, *A garantia*, p. 65-78.

a compor o polo passivo. O que resta saber é como se dará o procedimento em tais hipóteses; deve-se citar por edital, conforme determina o art. 231, I, do CPC, ou indicar imediatamente um advogado dativo ou curador ao réu incerto?

Segundo as lições de parcela doutrinária[8], seria caso de indicação imediata de *curador especial*, até mesmo porque essa seria a consequência natural nas hipóteses em que o réu é citado por edital e não se manifesta no prazo concedido. Não parece correto, entretanto, esse entendimento, porque, diante da ausência de previsão específica em nosso ordenamento, não há como deixar de aplicar o disposto no art. 231, I, do CPC, que serve como regra geral e exige, no caso de réu incerto, a citação por edital. Lembre-se que a citação por edital, ficta por natureza, objetiva dar ciência ao réu da existência do processo, e sua omissão – apesar de muito frequente na praxe forense – é a consequência não desejada por tal citação. Ao realizar uma citação ficta, o desejo do legislador é de que o réu tome conhecimento do processo e, efetivamente, manifeste-se, o que representaria o respeito integral e indiscutível ao princípio do contraditório. O silêncio do réu representa a frustração do principal objetivo de tal forma de citação.

No entanto, tem-se plena consciência de que a citação por edital – tradicionalmente complexa e demorada – pode mostrar-se absolutamente incompatível com a celeridade exigida para os processos cautelares e de que o atraso em sua efetivação pode causar a plena ineficácia da tutela. Em situações em que o juiz entender dessa forma no caso concreto e, por meio de uma cognição sumária, convencer-se, provisoriamente, de que o réu é de fato pessoa incerta, poderá imediatamente indicar um advogado dativo ou curador especial ao mesmo, com a consequente produção da prova. Nessas hipóteses, será imprescindível certa flexibilização do contraditório a ensejar a efetividade da tutela, valor que também deve ser o centro de atenção do processualista moderno.

58.3. COMPETÊNCIA

58.3.1. Inaplicabilidade da regra estabelecida pelo art. 800 do CPC

A regra de competência do processo cautelar, prevista no art. 800, *caput*, do CPC, é bastante simples: será competente o juízo do processo principal para conhecer e julgar o processo cautelar. A doutrina majoritária entende que não existe processo de produção antecipada de prova quando já pendente de julgamento o processo principal, mas, havendo a necessidade de produção de prova urgente em outro juízo – incompatível com a natural demora da expedição e cumprimento de carta precatória –, entendo possível o ingresso de processo cautelar de antecipação de prova no foro em que a prova deve ser produzida[9].

[8] Baptista da Silva, *Do processo*, p. 372.

[9] Neves, *Ações*, p. 163-165; Pizzol, *A competência*, p. 515; Bomfim Marins, *Tutela*, p. 247.

No que se refere às cautelares chamadas preparatórias, o juízo competente, segundo a previsão legal, é o do processo principal. Ao ingressar com a cautelar, o requerente deve vislumbrar qual o juízo será o competente para o julgamento do processo principal, a ser eventual e futuramente proposto, de forma a determinar a competência do processo cautelar. Questão bastante complexa no tocante ao processo cautelar de produção antecipada de provas é saber se é aplicável a regra geral prevista pelo art. 800, *caput*, do CPC, ou, no caso de resposta negativa, por quais razões.

Em respeito ao princípio da eficiência da medida cautelar, em determinadas situações não há sentido em exigir a propositura de um processo cautelar antecedente no juízo competente para conhecer do futuro e eventual processo principal quando isso puder frustrar em absoluto o objetivo cautelar em razão da "urgência urgentíssima" buscada pela medida. Ao tratar, especificamente, das cautelares constritivas de coisas e pessoas, há parcela significativa da doutrina que defende a possibilidade de ingresso da ação cautelar no foro do local onde se encontrem essas coisas ou pessoas, pouco importando qual seria o juízo competente para conhecer o processo principal[10].

No caso das cautelares probatórias, a regra prevista pelo art. 800, *caput*, do CPC mostra-se de todo inadequada e deve ser afastada em respeito ao princípio da eficácia da medida cautelar. Ao afastarem-se os casos de extrema urgência, a aplicação indiscriminada de tal regra funcionaria como obstáculo não à efetivação da medida em si – que poderia ser efetivada mesmo respeitando-se o dispositivo legal –, mas a sua **efetivação de forma mais rápida, simples e barata**. Como se nota, entretanto, não se pretende limitar às situações excepcionais de extrema urgência a não aplicação para as cautelares probatórias do art. 800 do CPC, pois parece mais adequado transformar em regra para essas cautelares probatórias a inaplicabilidade da regra de competência prevista no artigo legal ora analisado[11]. A respeitar o princípio da eficiência da medida cautelar, somado à circunstância de que a valoração da prova produzida não é realizada pelo juiz do processo cautelar, mas sim do processo principal, resta absolutamente ilógico exigir que o juízo competente para a cautelar de produção antecipada de provas seja o competente para a futura e eventual ação principal.

58.3.2. Prevenção do juízo da produção antecipada de provas

No tocante à prevenção do juízo do processo cautelar de produção antecipada de provas para o processo principal, há uma nítida divergência tanto doutrinária quanto jurisprudencial. Existe uma corrente doutrinária que defende, de forma peremptória, a prevenção do juízo, aplicando-se à cautelar de produção antecipada

---

[10] Pontes de Miranda, *Comentários*, t. XII, p. 59; Theodoro Jr., *Processo*, p. 114-116; Galeno Lacerda, *Comentários*, v. 8, t. I, p. 199-200, Bomfim Marins, *Tutela*, p. 242.

[11] Munhoz da Cunha, *Comentários*, p. 613; Lacerda, *Comentários*, p. 188-197, Contra: Marins, *Produção*, p. 139.

de provas as mesmas regras aplicadas às cautelares em geral[12]. O entendimento é simplesmente aplicar à produção antecipada de provas realidade incontestável da teoria geral do processo cautelar.

Mas existe corrente doutrinária que entende não existir prevenção nessa hipótese, entendimento que parece ser o majoritário da jurisprudência[13]. Em sede jurisprudencial, registre-se, além de inúmeros julgados de nossos Tribunais, a Súmula 263 do extinto TFR: "A produção antecipada de provas, por si só, não previne a competência para a ação principal". A especialidade da cautelar de produção antecipada de provas impediria, nesse caso, a aplicação da regra estabelecida para todas as outras cautelares.

Entendo que a incidência ou não do fenômeno da prevenção dependerá, fundamentalmente, do foro que foi considerado competente para conhecer o processo cautelar e o foro competente para o processo principal. Se houver identidade de foros, é até possível – e aconselhável – falar em prevenção do juízo da cautelar para conhecer a principal, ou seja, se ambas as demandas, pelas regras de competência, forem propostas perante a mesma Comarca ou Seção Judiciária, será possível defender que a Vara que produziu a prova antecipadamente esteja preventa para conhecer e julgar o processo principal. Essa visão permite, se não houver mudança do juiz, respeitar o princípio da imediatidade, não havendo razão justificadora de distribuir livremente, dentro da mesma competência territorial, o processo principal. Por outro lado, se os processos forem de competência territorial diversa, não se poderá falar em prevenção.

Há, inclusive, algumas decisões do Superior Tribunal de Justiça no sentido de que não existe prevenção nas cautelares de produção antecipada de provas, mas que, em situações excepcionais, levadas em conta as particularidades do caso concreto, seria possível exigir que o juízo do processo principal fosse o mesmo que já produziu a prova de forma antecipada[14].

58.4. ASPECTOS PROCEDIMENTAIS

58.4.1. Petição inicial

Os comentários a respeito dos arts. 801 e 282 do CPC, referentes à petição inicial do processo cautelar, aplicam-se quase totalmente à petição inicial da produção antecipada de provas.

---

[12] Theodoro Jr., *Processo*, p. 297; Pizzol, *A competência*, p. 522; *RT* 686/206; TJSP, *RT* 596/57; *RJTJSP* 135/355 e VI ENTA 5: "A cautelar de antecipação de provas previne a competência (art. 800 do CPC)".

[13] Gusmão Carneiro, *Jurisdição*, p. 106; Galeno Lacerda, *Comentários*, p. 196; STJ, 4.ª Turma, AgRg na MC 10.565/RJ, rel. Min. Fernando Gonçalves, j. 25.10.2005, *DJ* 14.11.2005, p. 324; REsp 51.618/MG, 4.ª Turma, rel. Min. Sálvio de Figueiredo Teixeira, *DJU* 21.11.1994; Negrão-Gouvêa, *Código*, p. 851 (art. 800:8).

[14] STJ, 3.ª Turma, REsp 712.999/SP, rel. Min. Carlos Alberto Menezes Direito, j. 12.04.2005, *DJ* 13.06.2005, p. 305; REsp 487.630/SP, 2.ª Turma, rel. Min. Franciulli Neto, j. 21.08.2003, *DJ* 28.06.2004, p. 245.

Já foi analisada a indevida ausência do pedido de citação do requerido do rol de requisitos formais previstos pelo art. 801 do CPC, devendo-se aplicar nesse caso, por analogia, a regra prevista no art. 282, VII, do CPC. Por acreditar que a cautelar de produção de provas desenvolve-se efetivamente por meio de um processo, é incorreto afirmar que não existe a citação do polo passivo, apesar da redação do art. 848, parágrafo único, do CPC indicar que os interessados serão intimados a comparecer à audiência em que prestará o depoimento.

No que tange à outra exigência prevista pelo art. 282 do CPC e aparentemente esquecida pelo art. 801 do mesmo diploma legal, também é inegável sua aplicação à cautelar de produção antecipada de provas. Trata-se da indicação do valor da causa, necessária em qualquer demanda, ainda que não seja possível determinar seu valor econômico, sendo exatamente esse o caso da produção antecipada de provas. Qual é o valor econômico da oitiva de uma testemunha, ou da realização de uma perícia? Caso não seja possível apontar um valor econômico à demanda, mas ainda assim sendo obrigatória a atribuição de valor à causa, deverá o requerente do processo cautelar indicar um **valor meramente estimativo**[15].

O inciso III do art. 801 do CPC exige a indicação da lide e de seu fundamento, o que, segundo entendimento uníssono da doutrina, refere-se ao processo principal a ser proposto futuramente. Essa exigência, entretanto, será dispensada na cautelar de produção de provas, entendendo a melhor doutrina não ser necessário ao autor do processo cautelar indicar qual processo principal proporá no futuro[16]. A dispensa fica ainda mais justificada quando a cautelar de produção antecipada de provas é proposta pelo sujeito que, em tese, será o réu no processo principal. Nessa hipótese, fica evidenciada a total impossibilidade de cumprimento do disposto no art. 801, III, do CPC, mesmo porque o processo principal não será proposto pelo autor da cautelar.

Por fim, não parece aplicável à cautelar de produção antecipada de provas o disposto no art. 801, V, que exige a indicação das provas a serem produzidas. A cautelar ora analisada tem justamente como objeto a produção de prova, de forma que não há qualquer sentido em exigir, na petição inicial, a indicação das provas que se pretendem produzir. Se a parte pretende produzir uma prova oral – testemunhal ou depoimento pessoal –, será justamente o pedido para produção de tal prova o pedido principal da ação cautelar, o que ocorre também no tocante à prova pericial. A exceção fica por conta da indicação das provas que poderão se fazer necessárias para a comprovação do *fumus boni iuris* e do *periculum in mora*.

58.4.2. Mérito da produção antecipada de provas

O art. 801, IV, do CPC determina que o autor da cautelar deva expor, sumariamente, o direito ameaçado e o receio de lesão. Trata-se, à evidência, dos

---

15 Oliveira, *Comentários*, p. 248.

16 Oliveira, *Comentários*, p. 234; Galeno Lacerda, *Comentários*, p. 222; Negrão-Gouvêa, *Código*, p. 852 (art. 801: 3c).

elementos que compõem o mérito da ação cautelar; isso significa dizer que o dispositivo legal ora indicado exige que, na petição inicial, estejam descritos o *periculum in mora* e o *fumus boni iuris*. No tocante à cautelar de produção de provas, o direito ameaçado será sempre o **direito a produzir a prova**, enquanto o receio de lesão é o lapso temporal necessário até que a prova seja produzida se o requerente for obrigado a aguardar o momento previsto em lei – fase probatória no processo de conhecimento.

Quanto ao *fumus boni iuris*, há peculiar aspecto referente à cautelar de produção antecipada de provas. Parcela significativa da doutrina entende que tal requisito não tem grande importância na determinação do cabimento dessa espécie de processo cautelar. Se tanto o futuro autor quanto o futuro réu podem ingressar com a cautelar de produção de provas, embora, em tese, talvez nem mesmo componham os polos principais do futuro processo principal, a tal "fumaça do bom direito", se não totalmente afastada, deveria sofrer um sensível abrandamento, de modo a centrar-se a adequação de tal cautelar na existência do *periculum in mora*[17].

Aparentemente, a dispensa de tal requisito deriva da extrema dificuldade prática em conceituá-lo de maneira a criar algum limite real para que a produção antecipada de provas seja efetivamente admitida. Ao descartar a relação desse requisito com o alegado direito material que será objeto do futuro e eventual processo principal, a única conclusão possível é a de que a presença do *fumus boni iuris* será determinada pela demonstração do autor de seu direito à produção da prova. Nesse sentido, sempre que exista um fato que possa ser objeto de prova, estará presente o *fumus boni iuris*.

Enquanto, no tocante ao *fumus boni iuris,* verifica-se uma tendência concernente à minoração de sua importância na doutrina – chegando, em alguns casos, à sua completa indiferença – o mesmo não se pode afirmar do *periculum in mora*, requisito que a maioria da doutrina e da jurisprudência exige para o cabimento da cautelar de produção antecipada de provas. Há, inclusive, previsão expressa na lei processual que corrobora a conclusão doutrinária e jurisprudencial. No art. 847 do CPC condiciona-se a produção antecipada da prova testemunhal a motivo de ausência, doença ou idade avançada do sujeito a ser ouvido, enquanto o art. 849 do CPC, que trata da prova pericial, exige que haja fundado receio de que a produção de tal prova venha a tornar-se impossível ou muito difícil.

É comum a crítica à limitação imposta pelo art. 847 do CPC no que tange aos motivos de urgência para que a prova testemunhal e o depoimento pessoal possam ser produzidos antecipadamente, entendendo a melhor doutrina tratar-se de **rol meramente exemplificativo**[18]. O mesmo problema não ocorre com a produção antecipada de prova pericial ou a inspeção judicial antecipada, em virtude da correta redação do art. 849 do CPC, que, em vez de determinar as situações

[17] Oliveira, *Comentários*, p. 234; Galeno Lacerda, *Comentários*, p. 220. Contra, a exigir o *fumus boni iuris:* Baptista da Silva, *Do processo*, p. 368; Fidélis dos Santos, *Manual*, p. 387.

[18] Oliveira, *Comentários*, p. 245-246; Baptista da Silva, *Do processo*, p. 366; Nery-Nery, *Código*, p. 1.104; Sahione Fadel, *Código*, p. 1.035.

de cabimento da medida, simplesmente indica critério genérico de temor de a prova não mais poder ser produzida.

58.4.3. Liminar

É interessante notar que, diferentemente de outras cautelares, a prática demonstra que a concessão de liminar na produção antecipada de prova é **bastante rara**, por exigir do autor a demonstração efetiva do preenchimento dos requisitos para a sua concessão. Em vez do automatismo que toma conta de nossos juízes relativamente às outras cautelares, a liminar na cautelar ora estudada, que gerará a formação da prova sem a participação da parte contrária, é vista com bastante reserva, somente sendo concedida em última hipótese pelos juízes, até mesmo para evitar futuros questionamentos a respeito da eficácia da prova produzida.

Nas produções antecipadas de prova, exige-se do requerente, portanto, a demonstração de situação de **excepcional urgência** que justifique a concessão da liminar, em respeito ao previsto no art. 804 do CPC. O prejuízo advindo da citação do requerido não deve ficar restrito apenas àquelas circunstâncias em que, ao tomar ciência da demanda, por meio de um ato positivo, frustre a eficácia da pretensão[19]. O prejuízo não necessita de ato positivo a ser praticado pelo requerido para que se efetive; pode estar presente por meras circunstâncias de fato[20]. Há situações em que não é propriamente a citação do requerido que tornaria a tutela cautelar ineficaz, mas a demora para que tal ato processual seja realizado[21]. Parece ser justamente esta a situação mais comum nas cautelares de produção antecipada de provas, sendo difícil imaginar uma hipótese em que o requerido, ao saber da propositura da demanda, possa, por meio de ato positivo, frustrar sua eficácia.

Uma vez produzida a prova mediante a concessão de liminar, mesmo que se realize posteriormente à citação do requerido, em regra a prova não será produzida novamente; nessa hipótese, está-se diante de prova produzida sem a participação de uma das partes, o que, indubitavelmente, terá reflexos em sua eficácia, ou ao menos no convencimento do juiz do processo principal. Entendo que quanto maior for o respeito ao contraditório maior será a eficácia da prova produzida autonomamente, de forma que a carga de convencimento de uma prova colhida sem a devida participação do requerido em sua formação não será a mesma daquela produzida após a citação do requerido.

58.4.4. Respostas do requerido

Não deve restar qualquer dúvida de que as **exceções rituais**, previstas nos arts. 307 e 314 do CPC – incompetência relativa, impedimento e suspeição –, são cabíveis

[19] Theodoro Jr., *Processo*, p. 139; Galeno Lacerda, *Comentários*, p. 242-243.

[20] Barbosa Moreira, *O novo*, p. 307; Rizatto Lara, *Liminares*, p. 91.

[21] Lopes da Costa, *Medidas*, p. 28.

no processo cautelar em geral e no processo cautelar de produção antecipada de provas em específico, por não haver nenhuma razão para defender o seu descabimento. A única observação digna de nota é relativa à suspensão imprópria prevista pelo art. 306 do CPC que o ingresso dessas exceções gera no processo principal, em especial em virtude da urgência do caso concreto em realizar a prova.

Cumpre notar que, segundo o art. 266 do CPC, mesmo durante a suspensão do processo se permite a prática de atos processuais urgentes, a fim de evitar dano irreparável. Em razão de tal dispositivo legal, se houver perigo de impossibilidade de produção da prova após a decisão sobre a exceção interposta, será possível a realização da prova durante a fase de suspensão imprópria do processo.

No tocante à **reconvenção**, a doutrina é praticamente uníssona em defender seu descabimento no processo cautelar[22]. Não parece, entretanto, que as razões expostas pela doutrina sejam suficientes para impedir, senão a reconvenção, pelo menos um pedido de natureza reconvencional inserido na própria contestação – pedido contraposto – de produção antecipada de provas. Imagine-se a hipótese do requerido, uma vez citado, pretender, por exemplo, ouvir uma outra pessoa como testemunha, ou ainda ampliar o objeto da perícia pleiteada pelo requerente. Nesse caso, estaria o requerido legitimado a pedir a produção de tal prova na própria cautelar proposta contra ele, em simples pedido realizado no próprio bojo da contestação, não sendo possível admitir que nenhuma das causas antes expostas possa funcionar como obstáculo a tal permissão.

As justificativas dadas para que não se admita a reconvenção na cautelar, ao menos na produção antecipada de provas, não podem superar o respeito aos princípios da economia processual e da instrumentalidade das formas. Apesar de evidente aumento do objeto do processo, não parece que a oitiva de mais uma testemunha, ou ainda a ampliação do objeto da perícia, seja tão prejudicial aos objetivos buscados pela cautelar de produção antecipada de provas, desde que isso não prejudique o resultado final do processo, o que dificilmente ocorrerá no caso concreto. Nesse sentido, há possibilidade de um pedido na própria contestação, com natureza reconvencional, compatível com a simplicidade procedimental da cautelar.

Quanto à **contestação**, há intenso debate doutrinário não só quanto ao seu cabimento, como também à extensão de seu objeto. Há uma primeira corrente doutrinária – minoritária – que defende que a citação realizada nessa espécie de processo não possibilita ao requerido a apresentação de contestação; serve tão somente para cientificá-lo da produção da prova, de modo a permitir sua participação no processo[23]. A citação serviria, exclusivamente, como forma de integrar o requerido ao processo, que, a partir de então, embora não possa apresentar a defesa clássica – contestação –, poderia participar intensamente da produção probatória, tanto em sua preparação como em sua realização.

[22] Fornaciari Jr., *Da reconvenção*, p. 74-75; Theodoro Jr., *Processo*, p. 92; Lopes da Costa, *Medidas*, p. 48; Galeno Lacerda, *Comentários*, p. 232; Barbosa Moreira, *O novo*, p. 308; Shimura, *Arresto*, p. 289.

[23] Sahione Fadel, *Código*, p. 1.036.

Ao tratar-se, efetivamente, de processo de jurisdição contenciosa, a possibilidade de contestação é garantia efetiva do contraditório, ainda mais ao considerar que referida ação tem seu mérito – *fumus boni iuris* e *periculum in mora* – e, nesse tocante, poderá o requerido buscar uma sentença de improcedência do pedido do requerente. Dessa forma, poderá imaginar uma contestação com defesa de mérito, impugnando a existência do *fumus boni iuris* – como na excepcional hipótese de fato evidentemente notório – ou ainda o *periculum in mora* – como no caso de não existir a urgência prevista em lei e imaginada como imprescindível pela doutrina e pela jurisprudência majoritária. Além, é claro, de defesa processual, referente às condições da ação e aos pressupostos processuais[24].

Ao admitir a contestação no processo cautelar de produção antecipada de prova, a última questão que se coloca sobre o tema é o prazo para a apresentação de tal defesa, imaginando que sejam aceitas as defesas de mérito, considerando-se que, nas matérias de ordem pública, não ocorrerá preclusão e a contagem do prazo se mostrará totalmente inútil. Ao admitir a defesa de mérito, cresce em interesse a questão do prazo para a sua apresentação em razão da ocorrência do fenômeno da preclusão temporal. Segundo previsão do art. 802 do CPC, o prazo de cinco dias conta-se da juntada aos autos do mandado de citação devidamente cumprido ou da execução da medida, quando for concedida liminarmente ou após justificação prévia. Aplicam-se ao caso os prazos diferenciados dos arts. 188 e 191 do CPC.

58.4.5. Preparação e realização da prova

Em regra, a preparação e a realização da prova tomarão lugar após o prazo para a apresentação da resposta, mas, como foi visto anteriormente, em situações excepcionais, poderá ser realizada *inaudita altera parte*, sem a participação do requerido.

O art. 848, parágrafo único, do CPC prevê que, no caso de inquirição de testemunha, todos os interessados deverão ser intimados a comparecer à audiência em que será prestado o depoimento. Conforme já foi visto anteriormente, o requerido será citado, a fim de integrar-se à relação jurídica processual, mas essa citação não exclui a necessidade de sua intimação para que, se quiser, compareça à audiência com seu patrono, de forma a participar efetivamente da formação da prova.

O trâmite do depoimento pessoal da parte – e não interrogatório como já devidamente explanado – segue as regras estabelecidas pela Seção II, Capítulo VI, Título VIII, do Livro I do Código de Processo Civil (arts. 342 a 347 do CPC), sendo excluída a aplicação do art. 345 do CPC – confissão – e modifica-

[24] A indicar a possibilidade de contestação, sem fazer nenhuma reserva quanto ao seu objeto, Pontes de Miranda, *Comentários*, v. 12, p. 63; Bomfim Marins, *Comentários*, p. 290. Baptista da Silva, *Do processo*, p. 370-371, amparado em lições de Carlo Calvosa, defende a improcedência da ação quando "ela se mostrar macroscopicamente inadmissível", em hipóteses nas quais ficará macroscopicamente evidente a inviabilidade da ação principal, situação em que faltará ao autor o *fumus boni iuris*.

da a disposição do art. 343, § 1.º, do mesmo diploma legal – a informação no mandado de intimação de que se presumirão confessados os fatos no caso de não comparecimento ou recusa a depor.

No tocante à prova testemunhal, as regras a serem seguidas são, basicamente, as mesmas previstas para esse meio de prova durante a fase instrutória (arts. 407 a 419 do CPC), com algumas adaptações necessárias.

O art. 407, *caput*, do CPC, primeira parte, não pode ser aplicado de forma integral à cautelar de produção antecipada de provas. Por serem do próprio mérito do processo as razões da oitiva antecipada da testemunha, é de convir que **na própria petição inicial já exista a indicação da testemunha** a ser ouvida. Dessa forma, não haverá prazo para arrolar a testemunha, ato este que já deve ser praticado na petição inicial, a exemplo do que ocorre no procedimento sumário (art. 278 do CPC). Já a segunda parte do dispositivo legal ora analisado deve ser respeitada, ao exigir do requerente a indicação do nome, da profissão, do endereço residencial e comercial da testemunha. No que concerne ao parágrafo único do artigo ora comentado, que limita o número de testemunhas a dez no total e a três por fato, apesar do silêncio da doutrina a respeito, parece totalmente aplicável à produção antecipada de provas, em especial se for analisada a motivação de tal limitação.

A **contradita** é instituto que tem como objeto o afastamento de testemunha impedida, suspeita ou incapaz de prestar o testemunho, sendo, portanto, exigida do juiz uma valoração a respeito da testemunha à luz do art. 405 do CPC. A questão é saber se o juiz da cautelar poderá fazer tal valoração, ou tal tarefa é privativa do juiz do processo principal. A solução não pode ser dada de forma genérica; devem-se considerar as hipóteses que poderiam gerar o afastamento do sujeito arrolado como testemunha[25]. Nas hipóteses em que a análise deve ser feita sob um ponto de vista exclusivamente objetivo, esta poderá ser feita pelo próprio juiz da cautelar; já em caso de uma análise subjetiva, nas hipóteses de impedimento, suspeição ou incapacidade, esta será privativa do juiz do processo principal.

Outro instituto que desperta polêmica quanto à sua aplicabilidade na produção antecipada de provas é a **acareação**, que é realizada em situações em que dois ou mais depoentes – testemunhas ou partes – entram em contradição em seus depoimentos. Parece ser absolutamente viável a realização de acareação na produção antecipada de prova, pois não se antevê, nessa atividade, qualquer interferência do juiz do processo cautelar na esfera de atuação privativa do juiz do processo principal[26]. A valoração da prova produzida em sede cautelar é ato privativo do juiz do processo principal, mas, para realizar uma acareação, o juiz da cautelar não necessita valorar a prova, simplesmente deve aferir uma incongruência entre depoimentos a respeito do mesmo fato. Ao convocar os depoentes para a acareação, o juiz da cautelar somente estará buscando uma prova mais coesa, clara e

[25] Oliveira, *Comentários*, p. 245, a contradita não deve ser admitida. Baptista da Silva, *Do processo cautelar*, p. 373, afirma que somente em casos extremos deve o juiz recusar-se a receber a prova testemunhal.

[26] Pontes de Miranda, *Comentários*, v. 12, p. 272. Contra: Oliveira, *Comentários*, p. 245.

completa, que poderá, inclusive, facilitar a atividade a ser desenvolvida pelo juiz do processo principal, a quem caberá sua valoração.

Relativamente à produção antecipada de prova pericial, o art. 850 do CPC determina, expressamente, que se sigam as regras determinadas nos arts. 420 a 429 do diploma referido, ou seja, as regras previstas para a produção da prova pericial durante a fase probatória do processo de conhecimento. O requerente poderá, já na inicial – a exemplo do que se verifica no procedimento sumário (art. 278 do CPC) –, indicar seus quesitos e seu assistente técnico, mas não será obrigado a tanto, visto que poderá optar por praticar tal ato somente após a oitiva do requerido e a efetiva designação da perícia pelo juiz. Nesse caso, seguirá as regras temporais do art. 421, § 1.º, I e II, do CPC, com os temperamentos que a doutrina e jurisprudência dão ao cumprimento do prazo de cinco dias para a apresentação de quesitos e de assistente técnico.

Interessante questão coloca-se a respeito da aplicação do art. 435 do CPC, que possibilita à parte requerer o comparecimento do perito à audiência de instrução e julgamento para prestar esclarecimentos. Existe divergência jurisprudencial a respeito do tema, com julgados que entendem não ser cabível a realização da audiência em sede cautelar probatória, reservando-se a prática de tal ato ao processo principal. Esse não é o melhor entendimento, pois não há nenhuma razão para considerarem-se incompatíveis os arts. 435 e 850 do CPC, por ser plenamente possível a realização da audiência já no processo cautelar, mesmo porque os defensores de que a audiência ocorra somente no processo principal desprezam o fato de que, por vezes, será absolutamente inócuo tal ato nesse momento, em virtude da impossibilidade da produção da prova tardiamente[27].

58.4.6. Sentença

Ao considerar a produção antecipada de prova um processo de jurisdição contenciosa – entendimento da doutrina amplamente majoritária –, não teria qualquer sentido defender a tese de que o processo seja extinto sem a necessidade da prolação de uma sentença. É indiscutível, portanto, que, por ser um processo de jurisdição contenciosa, é imprescindível que o juiz profira sentença após a prática de todos os atos processuais. Assim, apesar da duvidosa redação do art. 851 do CPC, omissa a respeito da necessidade de uma sentença, por determinar tão somente que os autos permaneçam em cartório, o entendimento majoritário é que o processo seja extinto nos moldes do art. 162, § 1.º, do diploma processual civil.

De forma praticamente uníssona, a doutrina defende que a sentença é **meramente homologatória**, não podendo o juiz se manifestar sobre a prova produzida

[27] Scarpinella Bueno, *Aspectos*, p. 322-327; Oliveira, *Comentários*, p. 253; STJ, 3.ª Turma, REsp 236.815/AM, rel. Min. Ari Pargendler, *DJ* 29.03.2004, p. 437.

ou sobre sua valoração[28]. É também corrente na jurisprudência o entendimento de que, por se tratar de sentença meramente homologatória, não está adstrita aos rigorismos formais do art. 458 do CPC, que exige da sentença de mérito – na verdade a exigência só é aplicável à genuína sentença de mérito (art. 269, I, CPC) – relatório, fundamentação e dispositivo[29].

Existe certa tendência jurisprudencial no sentido de não existir condenação nas verbas de sucumbência, em especial no pagamento de honorários advocatícios, na cautelar de produção antecipada de prova[30]. Parece impossível definir, de antemão, se deve ou não haver a condenação em honorários advocatícios; assim, deve-se aplicar ao caso concreto o princípio da causalidade, o que significa dizer que, caso haja resistência do requerido por meio de apresentação de contestação, haverá condenação nas verbas de sucumbência, mas, caso se integre o requerido ao processo e não se coloque contrário à produção da prova, não deverá haver condenação em honorários[31].

> A ação cautelar de produção antecipada de provas, a exemplo de todas as demais cautelares nominadas, não está prevista no PLNCPC. Mas a produção antecipada de provas está garantida pelos arts. 367 a 369.
>
> Segundo o art. 367, a produção antecipada da prova, que poderá consistir em interrogatório da parte, inquirição de testemunhas e exame pericial, será admitida nos casos em que: I – haja fundado receio de que venha a tornar-se impossível ou muito difícil a verificação de certos fatos na pendência da ação; II – a prova a ser produzida seja suscetível de viabilizar a tentativa de conciliação; III – o prévio conhecimento dos fatos possa justificar ou evitar o ajuizamento de ação. Como se pode notar das causas de cabimento do pedido antecipado de produção de provas, não é mais indispensável a natureza de cautelaridade, que fica restrita à primeira hipótese de cabimento.

[28] Assim, Oliveira, *Comentários*, p. 255; Baptista da Silva, *Do processo*, cit., p. 379; Theodoro Jr., *Processo*, cit., p. 298.

[29] Nesse sentido o entendimento uníssono do Superior Tribunal de Justiça: REsp 264.600/SP, 1.ª Turma, rel. Min. José Delgado, *DJ* 25.02.2002, p. 219; REsp 219.928/SP, 6.ª Turma, rel. Min. Fernando Gonçalves, *DJ* 02.05.2000, p. 191; REsp 23.659/RJ, 4.ª Turma, rel. Min. Barros Monteiro, *DJ* 30.08.1993, p. 17.297.

[30] STJ, 3.ª Turma, REsp 401.003/SP, rel. Min. Carlos Alberto Menezes Direito, *DJ* 26.08.2002, p. 215; STJ, 3.ª Turma, REsp 109.139/RS, rel. Min. Eduardo Ribeiro, *DJ* 28.08.2000, p. 71; STJ, 3.ª Turma, REsp 85.990/SP, rel. Min. Ari Pargendler, *DJ* 13.12.1999, p. 140; STJ, 5.ª Turma, REsp 49.630/RJ, rel. Min. Edson Vidigal, *DJ* 10.11.1997, p. 57.817. Em sentido contrário, também existem julgados: STJ, 4.ª Turma, REsp 88.654/PB, rel. Min. Aldir Passarinho Jr., *DJ* 29.10.2001, p. 208; REsp 67.581/SP, 4.ª Turma, rel. Min. Ruy Rosado Aguiar, *DJ* 18.12.2005, p. 44.581. A respeito da polêmica, consultar ainda Negrão-Gouvêa, *Código*, p. 875 (art. 851: 1a).

[31] Nesse sentido, Oliveira, *Comentários*, p. 256. Para Theodoro Jr., *Do processo*, p. 299: "Se a parte contrária não contesta a antecipação de prova, as despesas do processo são pagas pela parte que a promoveu, para serem somadas às custas do processo principal, que a final serão imputadas à responsabilidade do vencido, que, se não for o promovente, efetuará em favor deste o competente reembolso. Se, porém, houver contestação ao cabimento da medida, as custas do feito preparatório serão desde logo imputadas ao vencido requerente ou requerido – segundo a regra geral da sucumbência (art. 20, § 1.º)". Fux, *Curso*, p. 1.634: "No que pertine à verba honorária, a sucumbência apenas se verifica se o requerido lograr rejeitar a antecipação sob o argumento da inexistência do *periculum in mora*. Do contrário, produzida a prova, é na demanda principal que o vencido poderá ser condenado a pagar as despesas no processo também acautelatório".

Nos termos do art. 368, *caput*, cabe ao requerente justificar sumariamente a necessidade da antecipação e mencionar com precisão os fatos sobre os quais há de recair a prova. Caberá ao juiz determinar, de ofício ou a requerimento da parte, a citação de interessados na produção da prova ou no fato a ser provado, salvo se inexistente caráter contencioso (§ 1.º), restando consagrado no texto legal que o juiz não se pronunciará acerca da ocorrência ou da inocorrência do fato, bem como sobre as respectivas consequências jurídicas (§ 2.º). O pedido de produção antecipada de provas nunca permitiu tal valoração.

No § 3.º há previsão de que os interessados poderão requerer a produção de qualquer prova no mesmo procedimento, desde que relacionadas ao mesmo fato, salvo se a sua produção acarretar excessiva demora. O dispositivo não deixa de ser curioso, porque deixa aberta a possibilidade de se exigirem diferentes processos, cada qual para uma prova determinada, o que não parece ter muito sentido, ainda que a motivação expressa do legislador tenha sido atender ao princípio da economia processual.

Já o § 4.º prevê que no procedimento de produção antecipada de provas não se admitirá defesa ou recurso, salvo contra a decisão que indeferir, total ou parcialmente, a produção da prova pleiteada pelo requerente originário. O dispositivo é nitidamente inconstitucional, flagrantemente violador do princípio do contraditório. Como não admitir a defesa em processo jurisdicional? O mesmo fez o atual legislador na cautelar de justificação e a reação da doutrina foi uníssona. Mais uma vez a pretendida simplificação procedimental atropela princípios fundamentais do processo civil.

59

ALIMENTOS PROVISIONAIS

Sumário: 59.1. Conceito e natureza jurídica – 59.2. Alimentos provisionais e alimentos provisórios – 59.3. Procedimento.

59.1. CONCEITO E NATUREZA JURÍDICA

Tradicionalmente, afirma-se que os alimentos constituem os bens necessários à manutenção digna da pessoa natural. A doutrina ensina que existem três espécies de alimentos:

(a) alimentos naturais, ligados à necessária manutenção orgânica da pessoa (gêneros alimentícios);

(b) civis, referentes à manutenção social digna da pessoa (habitação, vestuário, remédios, instrução);

(c) processuais (*alimenta in litem*), necessários ao pagamento de custas e despesas processuais.

A distinção somente tem relevância para a parcela da doutrina que defende a possibilidade de repetição de indébito dos chamados *alimenta litis*[1].

Tratando-se de medida cautelar, os alimentos provisionais têm como função garantir a eficácia do resultado de outro processo, no qual se discute o direito material do qual decorre o direito de alimentos. Será ineficaz a decisão final que decidir pela existência do direito de alimentos, se durante o tempo necessário para essa definição o titular desse direito suportou privações em sua manutenção digna,

[1] Baptista da Silva, *Do processo*, p. 416. Contra: Oliveira, *Comentários*, n. 88, p. 280.

de forma que os alimentos provisionais garantem, ao entregar imediatamente os alimentos ao seu pretenso titular, que um futuro reconhecimento definitivo de seu direito seja eficaz.

Apesar da colocação dos alimentos provisionais no rol dos processos cautelares típicos, concordo com a parcela majoritária da doutrina que entende **não ser cautelar** a natureza dos alimentos provisionais[2]. É até possível manter a estrutura procedimental cautelar[3], até mesmo no tocante à necessidade de comprovação do *fumus boni iuris* e do *periculum in mora*, mas é inegável a natureza de satisfação fática do direito, com a antecipação dos efeitos práticos do futuro e definitivo reconhecimento do direito a alimentos e a consequente condenação a sua prestação. Há, inclusive, doutrina que entende tratar-se de verdadeira *tutela antecipada*, com aplicação do art. 273 do CPC[4], tema que, em razão da fungibilidade entre as tutelas de urgência consagrada no art. 273, § 7.º, do CPC, perdeu consideravelmente sua importância prática.

59.2. ALIMENTOS PROVISIONAIS E ALIMENTOS PROVISÓRIOS

Existe intenso debate na doutrina a respeito da distinção entre os alimentos provisionais e os alimentos provisórios, acentuada com a constatação de que em ambos os casos a medida que concede os alimentos tem **natureza satisfativa**, antecipando os efeitos práticos de uma futura decisão condenatória definitiva ao pagamento dos alimentos. Essa identidade de natureza jurídica – tutela de urgência satisfativa –, entretanto, não é suficiente para desprezar as diferenças entre os alimentos provisionais e os alimentos provisórios.

Não parece correta, portanto, a doutrina que entende serem substancialmente iguais os alimentos provisionais e provisórios, prestando-se sempre a manutenção do litigante necessitado durante o trâmite do processo no qual se discute seu direito de alimentos de forma principal e isolada (ação de alimentos) ou cumulada com outro pedido (p. ex., divórcio com pedido de alimentos)[5]. Também não parece acertada a doutrina que indica a diferença pela natureza jurídica distinta, afirmando que os alimentos provisionais têm natureza cautelar e os provisórios, natureza satisfativa[6], porque, conforme já afirmado, ambos geram a satisfação fática ao pretenso titular do direito de alimentos.

A indevida confusão entre as duas espécies de tutela de urgência alimentar tem origem na lei, havendo expressa menção a alimentos provisórios no art. 4.º da Lei 5.478/1968 e indicação pelo art. 852, II, do CPC de que os alimentos provisionais seriam cabíveis nas ações de alimentos, entendidas como as ações

[2] Baptista da Silva, *Do processo*, p. 420; Câmara, *Lições*, v. 3, p. 174-175; Tartuce-Simão, *Direito*, p. 425.
[3] Marinoni-Mitidiero, *Código*, p. 786.
[4] Oliveira, *Comentários*, n. 85, p. 264.
[5] Bomfim Marins, *Comentários*, p. 300.
[6] Mesquita, *Medidas*, p. 358-359.

que seguem o rito procedimental especial da Lei 5.478/1968. Apesar da confusão legal, é entendimento corrente que os alimentos concedidos antecipadamente na ação de alimentos são classicamente chamados de alimentos provisórios[7].

Concordamos com a parcela da doutrina que entende que a diferença entre alimentos provisionais e provisórios encontra-se no **procedimento** e nos **requisitos necessários à concessão dos alimentos**, principalmente nesse segundo motivo.

Os alimentos provisórios são exclusividade do procedimento especial estabelecido pela Lei 5.478/1968, mais precisamente em seu art. 4.º, que prevê a concessão de alimentos provisionais – leiam-se provisórios – quando o juiz despachar a petição inicial, o que somente não ocorrerá se o requerente expressamente indicar que deles não necessita. Para se ter o direito ao procedimento especial é indispensável a existência de **prova pré-constituída** da relação de parentesco ou da obrigação de alimentar (art. 2.º da Lei 5.478/1968), que uma vez instruindo a petição inicial demonstra com grande grau de probabilidade a existência do direito aos alimentos[8].

Como se pode notar, a única exigência para a concessão liminar dos alimentos provisórios é a apresentação com a petição inicial de prova pré-constituída da relação de parentesco ou da obrigação de alimentar, sendo que a proteção concedida ao autor será mantida até o trânsito em julgado (art. 13, § 3.º, da Lei 5.478/1968), somente sendo admitida sua modificação na hipótese de alteração da situação financeira das partes, que exige pedido a ser processado em apartado (art. 13, § 1.º, da Lei 5.478/1968).

Não tendo o pretenso titular do direito uma prova pré-constituída da relação de parentesco ou da obrigação de alimentar, caberá o ingresso de ação cognitiva com procedimento comum para o reconhecimento desse direito e a condenação do réu a pagar os alimentos. Nessa hipótese, sendo inaplicável a concessão liminar de alimentos provisórios, havendo a necessidade urgente da obtenção dos alimentos antes da decisão definitiva, passa a ser cabível o pedido de alimentos provisionais, que demandarão para sua concessão a presença no caso concreto de *fumus boni iuris* e do *periculum in mora*[9].

A necessidade de propositura de um processo cautelar incidental ou se basta um mero pedido incidental no processo principal por meio de mera petição refere-se à autonomia da tutela cautelar à luz do art. 273, § 7.º, do CPC, em tema já desenvolvido no Capítulo 50, item 50.3.2. Naturalmente, a cautelar de alimentos provisionais pode ser antecedente à ação cognitiva na qual se buscará a condenação do réu ao pagamento dos alimentos, sendo nesse caso indispensável a propositura de um processo cautelar.

Nem sempre o reconhecimento do direito aos alimentos e a condenação na obrigação ao seu pagamento constituem a única pretensão do autor, podendo

---

[7] Nery-Nery, *Código*, p. 1.138.

[8] Câmara, *Lições*, v. 3, p. 178; Oliveira, *Comentários*, n. 85, p. 263.

[9] Nery-Nery, *Código*, p. 1.139; Oliveira, *Comentários*, n. 85, p. 264. Contra, entendendo só ser necessário o *fumus boni iuris* representado por prova documental da obrigação alimentar: Costa Machado, *Código*, p. 1.408.

imaginar uma ação principal que tenha como objeto outras pretensões, além do pedido de condenação ao pagamento de alimentos. Assim, o direito de alimentos pode decorrer de um divórcio, anulação de casamento, destituição do pátrio poder, dissolução da união estável[10], investigação de paternidade[11], gravidez etc., sendo cabível nesses casos a cautelar de alimentos provisionais, tanto de forma preparatória como incidentalmente. A interpretação vem corroborada por interpretação extensiva do art. 852, I e III, do CPC.

Compartilho do entendimento doutrinário de que na revisão de alimentos é cabível a fixação de alimentos provisionais, admitindo-se que o juiz modifique o valor dos alimentos, ainda que fixados por sentença transitada em julgado, caso entenda presentes os requisitos do *fumus boni iuris* e do *periculum in mora*[12]. Não há no entendimento defendido qualquer ofensa à coisa julgada material, que como sabido tem tratamento diferenciado nas relações jurídicas de trato sucessivo, conforme amplamente demonstrado no Capítulo 17, item 17.9. Além disso, a concessão de alimentos provisionais não tem capacidade para desconstituir os alimentos em vigor, só modificáveis por meio da decisão definitiva da ação revisional de alimentos[13].

Registre-se, por fim, a peculiar previsão do art. 6.º da Lei 11.804/2008 (alimentos gravídicos), que prevê a fixação de tais alimentos desde que o juiz se convença da existência de indícios de paternidade, tudo levando a crer que seja essa demonstração o *fumus boni iuris* dessa singular espécie de ação cautelar de alimentos provisionais. A singularidade fica por conta do tempo de duração da medida, já que pela previsão legal os alimentos gravídicos perdurarão até o nascimento da criança, o que excepcionalmente torna a medida temporária (não será substituída pela tutela definitiva).

59.3. PROCEDIMENTO

Mesmo não tendo natureza cautelar, o procedimento relativo aos alimentos provisionais seguirá o mesmo da cautelar comum, previsto fundamentalmente nos arts. 800 a 804 do CPC, sendo poucas e sem grande relevância as normas específicas que tratam do procedimento dos alimentos provisionais.

O art. 854, *caput,* do CPC prevê que na petição inicial o requerente exporá suas necessidades e as possibilidades do alimentante, cumprindo a previsão do art. 1.695 do CC. Apesar de não terem natureza cautelar, os alimentos provisio-

---

10 STJ, 4.ª Turma, REsp 186.013/SP, rel. Min. Fernando Gonçalves, j. 17.02.2007, *DJ* 08.03.2004, p. 257.

11 Nery-Nery, *Código*, p. 1.139; Cahali, *Dos alimentos*, n. 10.1, p. 889; Bomfim Marins, *Comentários*, p. 301. Contra, entendendo pelo cabimento somente após a sentença de procedência: STJ, 3.ª Turma, REsp 200.595/SP, rel. Min. Antônio de Pádua Ribeiro, j. 08.05.2003, *DJ* 09.06.2003, p. 263; Theodoro Jr., *Processo*, n. 258, p. 304.

12 Oliveira, *Comentários*, n. 87, p. 273-274; STJ, 3.ª Turma, REsp 907.144/PR, rel. Min. Nancy Andrighi, j. 04.12.2007, *DJ* 19.12.2007, p. 1.225.

13 Baptista da Silva, *Do processo*, p. 424.

nais são provisórios, concedidos mediante cognição sumária, de forma que tanto o direito aos alimentos como as necessidades do requerente e as possibilidades do alimentante serão analisados num juízo de probabilidade, não se exigindo a certeza judicial quanto a essas questões. A mensalidade arbitrada pelo juiz antes da citação do requerido e prevista no art. 854, parágrafo único, do CPC nada mais é do que a **liminar** prevista no art. 804 do CPC[14].

Entendo que, ainda que não se trate de medida de natureza cautelar, a concessão de alimentos provisórios – em sede liminar ou por sentença – em ação antecedente, exige do requerente beneficiado com a tutela jurisdicional a propositura da ação principal no prazo de 30 dias, nos termos do art. 806 do CPC[15]. Assim entendo porque a medida é provisória e não pode se eternizar, devendo o beneficiado por ela dar início sem maiores delongas ao processo principal no qual se concluirá, mediante um juízo de certeza, se o direito aos alimentos efetivamente existe. Seria muito confortável para o alimentado e extremamente injusto com o alimentante não exigir a propositura da ação principal dentro do prazo legal previsto no art. 806 do CPC, eternizando uma situação fundada na mera probabilidade da existência do direito material alegado pelo requerente.

Acredito que a sentença de improcedência da ação principal, independentemente de a apelação ser recebida no seu efeito suspensivo, revoga imediatamente os alimentos provisionais concedidos[16], a não ser na excepcional hipótese de o juiz expressamente mantê-los em sua sentença. É o mesmo tratamento dispensado à sentença de improcedência em demanda na qual tenha sido anteriormente concedida tutela antecipada, conforme tratado no Capítulo 51, item 51.11.

O interessante quanto a essa situação é que o julgamento de improcedência, fundado em cognição exauriente e juízo de certeza, demonstra que o direito alimentar não existe, e que os alimentos provisionais foram concedidos pela falsa percepção da realidade obtida pelo juiz na análise sumária típica das medidas provisórias. Os alimentos, entretanto, são irrepetíveis, e já tendo sido satisfeito o direito com amparo na decisão concessiva dos alimentos provisionais, nada poderá ser cobrado de volta. Essa irrepetibilidade, inclusive, leva o Superior Tribunal de Justiça a entender que sendo o devedor provisório inadimplente, mesmo com a revogação decorrente da sentença de improcedência, o valor inadimplido já se incorporou ao patrimônio do beneficiado, de forma que sua execução continua possível[17].

> No PLNCPC não existe mais previsão de cautelares nominadas.

---

[14] Costa Machado, *Código*, p. 1.411.

[15] STJ, 3.ª Turma, REsp 436.763/SP, rel. Min. Humberto Gomes de Barros, j. 27.11.2007, *DJ* 06.12.2007, p. 312; Pontes de Miranda, *Comentários*, v. 12, p. 274-275; Cahali, *Dos alimentos*, n. 10.3, p. 905. Contra: Fux, *Curso*, p. 1.649.

[16] STJ, 3.ª Turma, REsp 746.760/SP, rel. Min. Humberto Gomes de Barros, j. 06.11.2007, *DJ* 14.11.2007, p. 403.

[17] STJ, 3.ª Turma, REsp 555.241/SP, rel. Min. Nancy Andrighi, j. 02.12.2004, *DJ* 1.º.02.2005.

60

ARROLAMENTO DE BENS

Sumário: 60.1. Visão geral.

60.1. VISÃO GERAL

Segundo prevê o art. 855 do CPC, procede-se ao arrolamento sempre que existir um **fundado receio de extravio ou dissipação de bens**. Pela própria definição contida no mencionado dispositivo legal, já se nota a duplicidade de medidas cautelares para o mesmo objetivo, considerando-se que o perigo de extravio ou dissipação de bens permite o ingresso de sequestro. Na realidade, conforme assevera a melhor doutrina, não há diferença de objetivos entre esses dois processos cautelares típicos, existindo distinção somente quanto ao procedimento a ser observado[1].

Ainda que a tradição do arrolamento de bens seja voltada ao direito hereditário, não existe tal limitação pelas regras processuais que disciplinam essa espécie de processo cautelar, sendo medida cabível para todo aquele que demonstrar interesse na conservação dos bens em poder de outrem[2]. O interesse do requerente deve se amparar no receio de extravio ou dilapidação dos bens, e não meramente na sua descrição como forma de preparação de futura divisão dos bens.

O art. 856 do CPC trata da legitimação ativa da ação de arrolamento. O interesse pode resultar de direito já constituído (p. ex., locador, depositário, condômino) ou de direito que será declarado na ação principal (p. ex., o cônjuge antes da ação de dissolução da sociedade conjugal). No tocante ao credor, o art.

[1] Theodoro Jr., *Processo*, n. 267, p. 314; Baptista da Silva, *Do processo*, p. 445.

[2] Marinoni-Mitidiero, *Código*, p. 789.

856, § 2.º, do CPC cria uma limitação ao estabelecer que somente se admite o arrolamento na arrecadação de herança. Para o credor que teme a dilapidação ou extravio de bens que poderiam vir a satisfazer seu crédito, o caminho correto é a interposição da cautelar de arresto.

O procedimento do arrolamento segue em termos gerais o procedimento comum cautelar, com poucas especialidades. A petição inicial segue os arts. 801 e 282 do CPC, devendo o requerente narrar o direito aos bens e os fatos em que funda o receio de extravio ou de dissipação, que, apesar da expressa previsão legal no art. 857 do CPC, parecem confundir-se com a exigência do art. 801, IV, do CPC (exposição sumária do direito ameaçado e perigo de lesão).

Não é correta a interpretação literal do art. 858 do CPC, que determina a possibilidade de concessão da medida de arrolamento liminarmente após a produção de provas em justificação prévia. Aplica-se ao arrolamento a regra prevista pelo art. 804 do CPC, de forma que, havendo prova documental instruindo a petição inicial suficiente a convencer o juiz de que o interesse do requerido corre sério risco, será possível a concessão da medida liminar; se necessária a produção de prova oral, designar-se-á audiência de justificação prévia[3], sendo possível a presença do requerido se o juiz entender que sua ciência da demanda não compromete a finalidade da medida (art. 858, parágrafo único, do CPC).

Deferida a medida cautelar de arrolamento – em sede liminar ou em sentença –, o juiz indicará um depositário, que será o responsável pela lavratura do auto com descrição minuciosa dos bens (art. 859 do CPC), sendo acompanhado de um oficial de justiça para o cumprimento da determinação judicial, devendo apor selos nas portas da casa ou dos imóveis em que estejam os bens, caso não seja possível realizar o arrolamento no mesmo dia (art. 860 do CPC). No arrolamento haverá sempre depósito dos bens, sendo preferível, quando possível, a designação do encargo de depositário ao próprio demandado, em especial nas demandas de família[4].

No PLNCPC não existe mais previsão de cautelares nominadas. No tocante ao arrolamento, entretanto, o art. 367, parágrafo único, prevê a aplicação das regras do pedido antecipado de produção de provas ao arrolamento de bens, quando tiver por finalidade apenas a realização de documentação e não a prática de atos de apreensão.

---

[3] Baptista da Silva, *Do processo*, p. 459-460; Marinoni-Mitidiero, *Código*, p. 790.

[4] Theodoro Jr., *Processo*, n. 271, p. 317; Baptista da Silva, *Do processo*, p. 461.

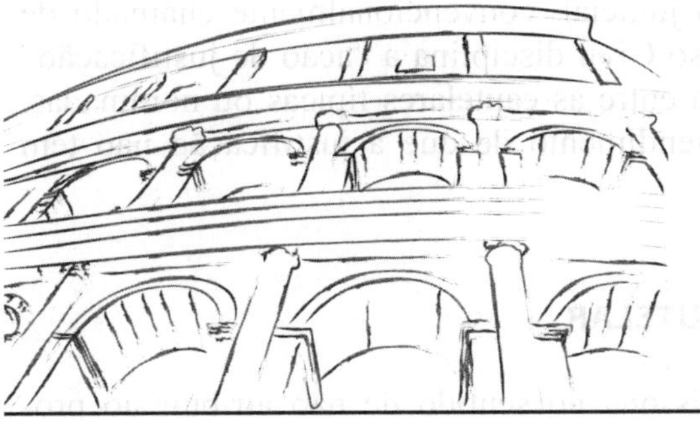

61

JUSTIFICAÇÃO

61.1. INTRODUÇÃO

É possível encontrar, no ordenamento processual, algumas palavras que têm significados diversos, conforme a sua utilização, como ocorre com os termos "embargos" e "memoriais". Tal situação também se verifica com o vocábulo "justificação", que tem, no campo do direito processual, dois significados diferentes:

a) ato de tornar plausível um fato; e
b) processo autônomo que tenha como objeto a colheita de prova testemunhal.

A primeira hipótese diz respeito à justificação que se desenvolve dentro de um processo já instaurado, com o objetivo de produzir prova oral de um fato alegado pelo autor ou pelo réu e, por tal razão, componente do objeto processual. A justificação, nesse sentido, desenvolve-se para a formação do convencimento do juiz a respeito da situação fática apta a embasar a concessão liminar de uma tutela de urgência, seja de natureza conservativa – audiência de justificação da cautelar (art. 804 do CPC) –, seja de natureza satisfativa – audiência de justificação no processo possessório (art. 928 do CPC) e processos que tenham como objeto a tutela inibitória (art. 461, § 3.º, do CPC).

Evidentemente, não será no sentido anteriormente apresentado que se desenvolverá a presente análise do termo "justificação", mas no sentido de instituto consubstanciado em um processo autônomo com o objetivo de produção de prova oral, que, conforme será visto com maior profundidade no devido tempo, poderá ou não ser utilizado em outro processo judicial, convencionalmente chamado de processo principal. O Código de Processo Civil disciplina a "ação de justificação" nos arts. 861 a 866, de modo a incluí-la entre as cautelares típicas ou nominadas, embora seja corrente na doutrina o entendimento de que a justificação não tem qualquer natureza cautelar.

61.2. NATUREZA JURÍDICA NÃO CAUTELAR

A doutrina nacional parece ser uníssona no sentido de não atribuir ao processo de justificação qualquer natureza cautelar, apesar da opção do legislador em prevê-lo como uma das cautelares nominadas ou típicas. Ao condicionar a natureza cautelar à existência do *periculum in mora* e do *fumus boni iuris*, afirma-se que o requerente do processo de justificação terá direito à produção da prova testemunhal ainda que nenhum desses dois requisitos esteja presente no caso concreto, o que afastaria da demanda qualquer característica de cautelaridade[1].

Em inevitável comparação com a prova testemunhal produzida em sede de produção antecipada de provas, afirma-se que a diferença substancial entre essas duas demandas é que, na primeira, é necessário que o requerente comprove existir perigo de que, se a prova não for produzida imediatamente, não poderá ser produzida posteriormente, o que não ocorre com a prova testemunhal a ser produzida por meio do processo de justificação[2]. A conclusão, portanto, é que, no primeiro caso, a prova testemunhal será produzida por meio de processo substancialmente cautelar, enquanto, no segundo, será produzida por **processo cautelar tão somente no seu aspecto formal**. Isso significa dizer que, no primeiro caso, a demanda tem natureza e procedimento cautelar, ao passo que, no segundo caso, apenas o procedimento será cautelar.

A proximidade entre as duas demandas, com a identidade de seus efeitos – produção de uma prova –, é suficiente para a aplicação do princípio da *fungibilidade*, no mais, aplicável ao processo cautelar – embora a justificação, tecnicamente, não se trate de cautelar. Ao ser requerida a prova testemunhal de forma autônoma por meio de produção antecipada de prova e ao entender o juiz não existirem, no caso concreto, os requisitos típicos das cautelares em geral, com especial ênfase ao *periculum in mora*, poderá receber a inicial como se fosse de justificação e fazer os devidos reparos procedimentais, mas sem deixar de produzir a prova pretendida. Como resultado da aplicação do princípio da fungibilidade, a prova será produzida, ainda que não exista qualquer perigo em sua produção posterior.

---

[1] Theodoro Jr., *Processo*, p. 322; Oliveira, *Comentários*, p. 311; Câmara, *Lições*, v. 3, p. 215; Prata, *Da justificação*, p. 18.

[2] Na jurisprudência, Negrão-Gouvêa, *Código*, p. 878 (art. 861:1 e 2).

Uma análise mais radical entre as duas demandas é até mesmo capaz de levar à conclusão da plena inutilidade do processo de produção antecipada de provas de natureza testemunhal, procedimento que é totalmente absorvido, por vontade do demandante, pelo processo de justificação. Realmente, não parece muito inteligente o ingresso de processo que exige a comprovação de um perigo de a prova não mais poder ser produzida, se for possível o ingresso de outro em que tal exigência não se verifica. Somente a pouca familiaridade do operador do direito com o processo de justificação explica sua tão rara utilização no caso concreto, em comparação com a produção antecipada de provas, processo de jurisdição contenciosa, no qual os requisitos a serem preenchidos pelo requerente são muito mais robustos que no processo de justificação[3].

61.3. JURISDIÇÃO VOLUNTÁRIA

A doutrina nacional que tratou do tema da jurisdição voluntária incluiu, entre os seus procedimentos, a justificação – além dos protestos, das notificações e das interpelações –, apesar da opção do legislador de incluí-la entre os processos cautelares típicos.

Na justificação avulsa ora analisada, não será possível falar em sentença de mérito, porque, diferentemente do processo de produção antecipada de provas, não há mérito cautelar a ser enfrentado pelo juiz, já que são dispensados os requisitos do *fumus boni iuris* e do *periculum in mora*. O juiz, nesse caso, não julgará qualquer pretensão de direito material do requerente, considerando que, nesse processo autônomo de produção de provas, não se discutirá o reflexo jurídico da prova produzida, quando muito se enfrentará a questão a respeito de sua utilidade, matéria ligada às condições de exercer validamente o direito de ação – interesse de agir. O pedido de produzir a prova não necessita estar ancorado em qualquer direito material; basta a mera vontade de o requerente fazer prova útil e possível de um fato ou de uma relação jurídica processual[4].

Em síntese conclusiva, a natureza de jurisdição voluntária do processo de justificação é derivada da ausência de cognição a respeito de qualquer direito material que venha a ser protegido pelo processo, pois simplesmente se produz a prova testemunhal, desde que ela seja útil e possível. Quando muito, poderia se afirmar que estaria sendo protegido o direito da parte à produção da prova, mas nem mesmo esse direito chega a ser analisado no caso concreto, por não serem determinantes os motivos que levam o requerente a pedir a produção probatória. Pouco importa se pretende utilizá-la para embasar pedido no âmbito administrativo, fundamentar pretensão processual, simplesmente tomar conhecimento do fato para afastar, ainda que não definitivamente, alguma crise de incerteza, preparar em melhores termos para a realização de uma transação etc. Nada disso importa

---

3 Lopes da Costa, *Direito*, v. 3, p. 256.

4 Greco, *Jurisdição*, p. 69; Oliveira, *Comentários*, p. 324; Theodoro Jr., *Processo*, p. 323.

ao juiz no processo de justificação; basta o controle que exercerá na produção probatória, o que é suficiente para colocá-la no âmbito da jurisdição voluntária.

61.4. ESPÉCIE DE PROVA PRODUZIDA

A redação do art. 861 do CPC é capaz de levar o intérprete mais desatento a alguma confusão a respeito da natureza da prova produzida nessa espécie de processo. Conjugando-se esse dispositivo com o art. 863 do mesmo diploma legal, o perigo de desacertos de interpretação cresce ainda mais. Para afastar conclusões equivocadas sobre o tema, é necessária a análise conjunta dos referidos dispositivos legais.

Parece não haver maiores dúvidas de que a prova a ser produzida na "justificação avulsa" é a **testemunhal**, a se desenvolver em audiência de instrução. Ocorre, entretanto, que o art. 863 do CPC, ao facultar ao requerente a juntada de *documentos*, não se mostra muito claro em quais circunstâncias tal providência seria adequada e tampouco qual sua utilidade prática, considerando-se ser pacífico na doutrina a inexistência de qualquer valoração pelo juiz da prova produzida. A única explicação plausível para a faculdade de juntada é de que tais documentos dizem respeito ao conteúdo da prova a ser produzida, qual seja os fatos que se pretendem ver provados derivados do documento juntado pelo requerente ao processo[5]. Trata-se, portanto, de mera faculdade do requerente como forma de esclarecer quais os fatos que pretende sejam objeto da justificação.

Ao superar a questão da juntada de documentos como forma exclusiva de fixar parâmetros para a produção da prova oral, resta evidente que a justificação jamais poderá ter como objeto exclusivamente os documentos. Nesse caso, ou o documento já está em poder do requerente, o que demonstraria a mais absoluta inutilidade de um procedimento em que o mesmo apresentasse tal documento em juízo sem que sobre ele pudesse ser feita qualquer valoração[6], ou o documento encontra-se com terceiro, hipótese em que o interessado deverá valer-se do processo autônomo de exibição de coisa ou documento independente de sua natureza cautelar.

Além disso, em virtude da redação bastante clara do art. 863 do CPC, representativa de tradição em nosso direito desde a Consolidação das Leis do Processo Civil de Ribas, passando pelos códigos estaduais e o de 1939, a doutrina majoritária não admite na justificação a produção de prova por qualquer outro meio que não seja o testemunhal[7]. Assim, no âmbito da justificação, estariam excluídas as provas periciais, o depoimento pessoal, bem como a inspeção judicial.

5 Oliveira, *Comentários*, p. 319; Baptista da Silva, *Do processo*, p. 446. Incorretamente, pela inutilidade de produção de prova documental, Theodoro Jr., *Processo*, p. 324.

6 Fidélis dos Santos, *Manual*, v. 3, p. 469, menciona a inocuidade de tal procedimento.

7 Oliveira, *Comentários*, p. 319; Baptista da Silva, *Do processo*, p. 446; Fadel, *Código*, p. 1.050. Greco, *Jurisdição*, p. 68-69, admite também a prova documental.

Cumpre ainda registrar que a prova testemunhal produzida no processo de justificação não se transforma em prova documental, de modo a perder a sua natureza oral, interpretação possível de ser extraída do art. 861 do CPC pelo leitor menos atento. A prova que nasce oral manterá essa natureza para todo o sempre, quer seja utilizada em procedimento administrativo, quer em processo judicial posterior. É natural, entretanto, que, uma vez colhida a prova oral, as perguntas, reperguntas e respostas sejam documentadas no termo de audiência. Existirá, assim, um documento que comprovará a existência daquela prova testemunhal, o que não é suficiente, entretanto, para modificar a natureza primária da prova produzida[8].

Trata-se da diferença entre prova documental e prova documentada; no primeiro caso, a prova tem natureza e forma de documento, enquanto no segundo, a prova tem uma natureza qualquer que não documental, mas será **representada pela forma documental**, o que, no mais das vezes, ocorre com toda e qualquer prova produzida judicialmente. Em razão da preferência de nosso ordenamento processual pela escrituração dos atos processuais, as provas de todas as naturezas – orais, periciais, inspeção judicial – serão documentadas em atas, laudos e termos, de forma a tornarem-se provas documentadas, mas jamais provas documentais[9].

61.5. INTERESSE NA PRODUÇÃO DA PROVA TESTEMUNHAL

A ausência na justificação da característica da instrumentalidade, própria das cautelares, leva à conclusão de que o requerente não precisa demonstrar, ainda que sumariamente, seu interesse em utilizar a prova produzida em uma futura e eventual demanda judicial ou em um procedimento administrativo, sendo tal circunstância, inclusive, indicada pelo art. 861 do CPC. Na verdade, o **simples desejo** do requerente em produzir uma prova oral e, por meio dela, conhecer uma situação fática que até então não se mostrava certa, de modo a revelar alguma utilidade em tal produção, é suficiente para disponibilizar ao interessado o processo de justificação.

Essa significativa *autonomia* do processo de justificação, entretanto, não poderá significar a admissibilidade pura e simples da justificação avulsa. Um entendimento ampliativo dessa espécie de demanda exigiria do Poder Judiciário uma atividade – ainda que não contenciosa – absolutamente inútil, o que não se poderá conceber a partir da concepção de que, independentemente de jurisdição voluntária ou contenciosa, o Poder Judiciário só deverá prestar tutela jurisdicional que tenha alguma espécie de utilidade.

É natural que se o requerente demonstrar que pretende valer-se da prova em outro processo judicial ou administrativo, o interesse de agir na produção da prova testemunhal será inegável. A questão cresce em importância nas hipóteses

---

8 Garrido de Paula, *Código*, p. 2.318.

9 Marinoni-Arenhart, *Manual*, p. 386-387.

em que o requerente não demonstra, ainda que eventualmente, interesse na utilização da prova produzida em processo judicial ou em procedimento administrativo, parecendo satisfazer-se completamente com o mero conhecimento do fato. A única barreira à justificação avulsa encontra-se na inutilidade da prova a ser produzida, como se demonstra nas oportunidades em que o requerente pretende a produção de prova testemunhal de fato ou relação jurídica que juridicamente não podem ser provadas dessa maneira, quer por exigir outro meio de prova, em regra o documental, quer por exigir um instrumento público como elemento constitutivo do ato jurídico que se pretende provar. Será também inútil a justificação no tocante a fatos que não dependem de prova, mais especificamente os fatos notórios e em cujo favor milite presunção de existência ou veracidade (art. 334 do CPC).

61.6. COMPETÊNCIA

No tocante à Justiça competente para o julgamento da justificação, há entendimento sumulado no Superior Tribunal de Justiça de que a Justiça Federal é competente para julgar pedidos destinados a instruir ações contra os sujeitos que devem litigar naquela justiça, salvo na hipótese do art. 15, II, da Lei 5.010/1966. Sempre que o requerente da justificação prévia indicar o processo principal no qual a prova testemunhal será utilizada, é fácil aplicar a lição exposta na súmula, mas, como visto, nem sempre isso ocorrerá, até mesmo porque o requerente não precisa pedir a justificação com o objetivo predeterminado de utilizá-la em processo judicial ou administrativo.

É evidente que será competente o Juízo Federal sempre que o autor incluir entre os "interessados" que deverão ser citados no processo qualquer dos entes federais previstos pelo art. 109, I, da CF. O problema surgirá quando esses entes não participarem do processo de justificação e não houver qualquer indicação de que participarão do processo principal no qual a prova testemunhal será utilizada.

Entendo que nesse caso, sendo distribuída a justificação para a Justiça Estadual, deverá o juiz normalmente produzir a prova testemunhal, que inclusive será válida se porventura vier a ser utilizada num processo perante a Justiça Federal. Mesmo que se possa alegar uma eventual **incompetência absoluta do juízo** que produziu a prova, o próprio ordenamento jurídico, no art. 113, § 2.º, do CPC, permite a conclusão de que os atos probatórios produzidos por juízo absolutamente incompetente não são nulos

Relativamente à fixação da competência do foro, as ponderações já feitas para a ação cautelar de produção de provas aplicam-se, em sua inteireza, à justificação avulsa; assim, deve ser determinada pelo local em que a prova será produzida, forma de aperfeiçoar a entrega da prestação jurisdicional. No caso da justificação, inclusive, há uma razão a mais para deixar de aplicar a regra exposta no art. 800 do CPC, considerando não existir, em tal processo, qualquer natureza cautelar, de modo que não está o direito à produção da prova testemunhal condicionado à propositura da chamada "ação principal"[10].

61.7. PROCEDIMENTO

61.7.1. Petição inicial

Já foi devidamente explorado o tema da não cautelaridade da justificação avulsa – pacífica na doutrina pátria –, apesar de sua colocação no rol das cautelares típicas ou nominadas. O afastamento da ação de justificação do âmbito das cautelares enseja também, conforme já foi visto, a não aplicação do procedimento cautelar, a começar pela petição inicial. Dessa maneira, parece não ser correto o entendimento de que a petição inicial da justificação avulsa deva ser elaborada nos moldes do art. 801 do CPC, dispositivo que trata da petição inicial das demandas genuinamente cautelares, o que não seria o caso da justificação. Melhor, portanto, será aplicar a regra genérica de petição inicial do art. 282 do diploma processual civil[11].

É evidente que, em razão das peculiaridades do objeto da justificação, a aplicação do art. 282 do CPC sofrerá alguns temperamentos, em especial no tocante à exigência da narrativa da causa de pedir (inc. III). Ainda que não se exija do requerente uma narrativa completa dos fundamentos de fato e do fundamento jurídico de sua pretensão, deverá elaborar uma petição circunstanciada, na qual indique sua intenção com a justificação pretendida, nos termos do art. 861 do diploma processual civil.

Existe algum dissenso doutrinário a respeito da exigência de o requerente, já na petição inicial, indicar o rol de testemunhas que pretende ouvir no processo de justificação; para parcela da doutrina, o correto seria a indicação imediata, nos moldes do procedimento sumário, até mesmo em virtude da **sumariedade formal** de tal procedimento[12]. Mas há doutrinadores que defendem a aplicação integral dos dispositivos atinentes à prova testemunhal previstos nos arts. 400 a 419 do CPC. Segundo esse entendimento, seria aplicável ao processo de justificação o art. 407 do diploma processual civil, a permitir que o requerente arrole as testemunhas no prazo a ser fixado pelo juiz e, na sua omissão, em dez dias antes da audiência de instrução[13]. Parece mais consentâneo, não só com a sumariedade formal que deve ditar o procedimento da justificação avulsa, mas também com o próprio objeto de referida demanda, que o requerente, já em

---

[10] Em sentido contrário ao texto, ao menos nas hipóteses em que já existe na petição inicial a indicação da "ação principal", Bomfim Marins, *Comentários*, p. 328; Baptista da Silva, *Do processo*, pp. 441-443; Theodoro Jr., *Processo*, p. 324.

[11] Oliveira, *Comentários*, p. 316. Contra: Baptista da Silva, *Do processo*, p. 440.

[12] Fadel, *Código*, p. 1.048; Câmara, *Lições*, p. 217; Theodoro Jr., *Processo*, p. 324.

[13] Oliveira, *Comentários*, p. 319.

sua petição inicial, arrole as testemunhas as quais pretende ouvir, informação que certamente já tem em seu poder, caso contrário não ingressaria com a ação de justificação.

Deverá também o autor, à luz do art. 283 do CPC, juntar à petição inicial os documentos indicados pelo art. 863 do CPC, o que, conforme foi visto anteriormente, só se justificará quando disserem respeito ao objeto da prova testemunhal que será colhida. Embora seja possível defender sua juntada a qualquer momento antes da realização da audiência, desde que seja observado o contraditório e não haja má-fé do requerente, parece ser mais adequado exigir a juntada de tais documentos já no momento de propositura da demanda judicial, em evidente acolhimento do princípio da concentração de atos, pilar da sumariedade formal que deve reger o procedimento da justificação avulsa[14].

61.7.2. Citação dos interessados

Dispõe o art. 862, *caput*, do CPC ser essencial a citação dos interessados. Caso o objeto da justificação seja a prova de uma relação jurídica, fica evidenciado que nela, além do requerente, haverá a participação de pelo menos mais um sujeito, de modo a restar claro que ao menos o sujeito ou os sujeitos que participem da relação jurídica a qual se pretende justificar sejam citados como interessados. Quanto à prova de fatos, afirma-se que deverão ser citados como interessados todos os sujeitos contra quem o requerente pretende opor sua prova, missão de identificação que resta sobejamente facilitada na hipótese em que o requerente, ao indicar na petição inicial sua intenção com a justificação, indica, concretamente, sua utilidade na instrução de um processo judicial ou administrativo por vir. Nesses casos, entende-se que os sujeitos que virão a participar do eventual processo deverão ser citados para participar como interessados no processo de justificação, não sendo razoável admitir a produção de prova sem a presença de tais sujeitos em razão do princípio do contraditório.

O problema intensifica-se na hipótese de o requerente não indicar qualquer processo judicial ou administrativo, ainda que eventual, no qual a prova produzida será utilizada na missão de convencer o juiz ou o administrador da veracidade de um fato ou de um conjunto de fatos. Não concordo com a doutrina que defende a possibilidade de o fato interessar exclusivamente ao requerente, hipótese na qual não haverá interessados a citar[15]. Ainda que não haja indicação de utilização da prova em processo futuro, a produção da prova nunca será apta somente a resolver dúvida exclusiva do requerente, sempre interessando ou afetando alguém. O que ocorrerá será impossibilidade de identificação dos interessados, hipótese de réu incerto, quando ocorrerá a citação dos interessados por edital, nos termos do art. 231, I do CPC.

---

[14] Bomfim Marins, *Comentários*, p. 329. Contra: Oliveira, *Comentários*, p. 319.

[15] Cf. Theodoro Jr., *Processo*, p. 325.

Por fim, resta ainda interpretar exatamente o que pretendeu a norma legal ao afirmar que a citação dos interessados pode ser afastada em casos expressos em lei. Nesse tocante, os elogios anteriormente tecidos ao legislador darão espaço à crítica, porque **não parece correta a dispensa de citação**, qualquer que seja o processo, ainda que de jurisdição voluntária. Como não parece correto o entendimento de que a justificação avulsa possa existir sem polo passivo – conforme exposto –, a dispensa da citação ficará reservada para tão somente uma situação, de incidência quase nula na praxe forense: dois interessados, com pretensões contrárias – em que um pretende provar que o fato ocorreu e o outro que o fato não ocorreu –, ingressam conjuntamente com petição inicial para ouvir testemunhas sobre o fato. Nessa circunstância, todos os interessados na produção da prova já estarão no polo ativo da demanda, o que dispensaria a citação. A raridade de tal situação, entretanto, faz com que a citação dos interessados seja a regra da justificação avulsa.

61.7.3. Participação do Ministério Público

O art. 862, parágrafo único, do CPC indica que, se o interessado não puder ser citado pessoalmente, intervirá no processo o Ministério Público. A norma legal gera ao menos uma dúvida fundada: caso não possa ser o interessado citado pessoalmente, estará dispensada sua citação, intervindo o Ministério Público no processo, ou ela será realizada de forma ficta – por hora certa ou edital –, sendo designado a ele *advogado dativo*, e ainda assim o Ministério Público ingressaria na demanda judicial?

Pelo que já foi exposto no tocante à necessidade de existir um polo passivo na justificação avulsa, ainda que seja composto por sujeito incerto, a citação deverá sempre ocorrer, mesmo de forma ficta, de modo que não tem nenhum sentido a existência de um demandado no processo que não seja citado tão somente porque não é possível sua citação pessoal[16]. Mesmo a interpretação do dispositivo ora comentado leva à tal conclusão, considerando que em nenhum momento aponta para a dispensa da citação quando não for possível realizá-la pessoalmente; apenas exige que o Ministério Público passe a atuar no processo como fiscal da lei, justamente em virtude de o demandado ser defendido por advogado dativo, que, em regra, desempenhará um trabalho de defesa de qualidade inferior ao que seria apresentado por um advogado contratado pela parte. A presença do Ministério Público, nesse caso, contribuirá com a seriedade da produção da prova e fortalecerá seus resultados.

---

[16] Fadel, *Código*, p. 1.049-1.050; Oliveira, *Comentários*, p. 318; Theodoro Jr., *Processo*, p. 325. Contra, Baptista da Silva, *Do processo*, p. 444, a entender que o Ministério Público, nesse caso, passa a atuar como curador especial do interessado.

61.7.4. Não admissão de defesa

Dispõe o art. 865 do CPC que, no processo de justificação, não se admite defesa, o que, entretanto, não deve ser encarado como afastamento absoluto do *contraditório*, mas tão somente como uma flexibilização desse conceito, de modo a limitar a reação do interessado a determinadas matérias[17]. A retirada absoluta do *contraditório* em tal processo, ainda que pertencente à jurisdição voluntária, significaria um afastamento injustificado à garantia constitucional do contraditório, o que não parece ter sido o objetivo do legislador ao prever, no dispositivo legal antes mencionado, a não admissão de defesa por parte do réu – "interessado", na linguagem do Código – no processo de justificação.

A ausência de previsão expressa não tem o condão de impedir, peremptoriamente, o réu de manifestar-se a respeito de questões que envolvam o direito à prova do autor e a regularidade formal do exercício deste, em especial as matérias de ordem pública[18], o que infringiria, de maneira clara e inaceitável, os princípios da ampla defesa e do contraditório. A defesa do réu deverá, portanto, limitar-se-á a apenas dois aspectos da demanda de justificação, o que enseja um contraditório no máximo mitigado, mas não representa, como seria interpretável pela redação do art. 865 do CPC, o afastamento pleno dessa garantia constitucional.

Para evitar a prática de atos incompatíveis com uma decisão terminativa, parece ser mais correto exigir do juiz o enfrentamento das questões defensivas expostas pelo réu, imediatamente após a sua apresentação, de modo a decidir, antes da produção da prova, a respeito da regularidade formal da demanda e da existência de legítimo interesse do autor em produzir uma prova que tenha alguma utilidade[19].

61.7.5. Irrecorribilidade

Mais uma vez, o art. 865 do CPC indica restrição peremptória ao exercício de um ônus processual derivado do princípio da ampla defesa e do contraditório, de modo a proibir a interposição de recursos às partes. Novamente, a interpretação literal do dispositivo legal não é a mais adequada, por haver, quando muito, uma limitação do direito recursal ligada ao **interesse recursal**, nada mais do que isso. Haverá certas situações em que o direito recursal das partes será inegável; basta, para tanto, que haja interesse recursal.

A proibição trazida pelo dispositivo legal parece estar embasada no fato de que, no processo de justificação, não haverá qualquer valoração a respeito da

---

[17] A defender a impossibilidade total de qualquer defesa, Pontes de Miranda, *Comentários*, p. 308; Fadel, *Código*, p. 1.052.

[18] Oliveira, *Comentários*, p. 322; Bomfim Marins, *Comentários*, p. 330.

[19] Greco, *Jurisdição*, p. 70.

prova produzida; não há, portanto, razões para as partes recorrerem da sentença que simplesmente declara encerrado o procedimento, pondo fim ao processo. Nesse tocante, a disposição legal é inócua no aspecto prático, porque, ainda que cabível a apelação, a ausência de interesse recursal seria suficiente para a sua inadmissão. Acredito, entretanto, que a sentença da justificação é recorrível por apelação sempre que extinguir o processo sem a produção da prova, como na hipótese de indeferimento da petição inicial ou no acolhimento de defesa processual apresentada pelo requerido (interessado).

Por outro lado, qualquer decisão interlocutória produzida durante o procedimento é recorrível por agravo de instrumento, não havendo qualquer sentido lógico ou jurídico na inadmissão desse recurso em tal circunstância. O indeferimento do pedido de citação de um sujeito indicado pelo requerente como interessado, as questões resolvidas a respeito da produção da prova testemunhal (indeferimento de perguntas, de contradita etc.), são exemplos de decisões interlocutórias recorríveis pelo recurso de agravo de instrumento, não sendo cabível o agravo retido em razão da provável irrecorribilidade da sentença que declarará extinto o processo após a produção da prova.

61.7.6. Sentença

O art. 866, parágrafo único, do CPC prevê que na sentença o juiz não se pronunciará sobre o mérito da prova, limitando-se a verificar se foram observadas as formalidades legais. A disposição legal transcrita descreve, com bastante clareza, o objeto dessa sentença, ao indicar não ser tarefa do juiz, no processo autônomo de justificação, qualquer valoração a respeito da prova oral produzida, que se limitará a verificar a regularidade formal de sua produção, nada mais do que isso. Além da expressa previsão legal de que não caberá ao juiz da demanda autônoma de justificação ingressar no mérito da prova produzida, a regra prevista no art. 4.º, II, do CPC, que admite a declaratória de fatos tão somente de autenticidade ou de falsidade documental, impede qualquer valoração da prova[20].

É praticamente uníssono na doutrina o entendimento de que o **juiz não deve apreciar a aptidão da prova** em demonstrar a veracidade do fato alegado pelo autor, a fim de evitar uma inaplicável – à luz da legislação atual – declaratória de fatos[21], não sendo correta a interpretação da doutrina minoritária que entende que o juiz possa declarar efetivamente como provado o fato[22].

> No PLNCPC não existe mais previsão de cautelares nominadas.

[20] Prata, *Da justificação*, p. 21.

[21] Oliveira, *Comentários*, p. 324-325; Bomfim Marins, *Comentários*, p. 331; Theodoro Jr., *Processo*, p. 326; Fadel, *Código*, p. 1.052-1.053; Fux, *Curso*, p. 1.636.

[22] Baptista da Silva, *Do processo*, p. 453.

62

PROTESTOS, NOTIFICAÇÕES E INTERPELAÇÕES

Sumário: 62.1. Conceito – 62.2. Natureza jurídica – 62.3. Procedimento.

62.1. CONCEITO

Os protestos, notificações e interpelações se prestam à **documentação de uma expressão de vontade**, podendo ser realizados *extrajudicial* ou *judicialmente*, quando seguirão o singelo procedimento previsto pelos arts. 868 a 873 do CPC. Ainda que os protestos, notificações e interpelações possam se dirigir à prevenção de responsabilidades e à conservação e ressalva de direitos, se bastam na manifestação de vontade, sendo importante instituto voltado a cumprir exigências de diversas normas legais, tais como o arts 202, II e III, 397, parágrafo único, 456 e 508, todos do CC; art. 57 da Lei 8.245/1991 etc.

Segundo o art. 867 do CPC, o *protesto* judicial se presta àquele que:

(a) desejar prevenir responsabilidade, como no caso tradicionalmente lembrado do engenheiro que dirige um protesto judicial ao construtor que não está seguindo seu projeto, como forma de prevenir futuras responsabilidades por danos gerados ao dono da obra;

(b) prover a conservação e ressalva de seus direitos, como ocorre na interrupção da prescrição no primeiro caso e contra a alienação de bens que leva à insolvência no segundo;

(c) ou manifestar qualquer intenção de modo formal.

Como se nota do conceito legal, o protesto é um ato judicial de comprovação ou documentação de alguma intenção do requerente da medida[1].

[1] Theodoro Jr., *Processo*, n. 280, p. 330.

O conceito de notificação e interpelação não consta da lei, não sendo unânime a doutrina a esse respeito. A *notificação* para alguns é a comunicação de um fato determinado[2]; para outros é a conclamação para o notificado fazer ou deixar de fazer algo[3]; para outros é a comunicação de algo que se leva ao conhecimento do notificado[4]. A *interpelação* para alguns é a comunicação que busca a produção de algum efeito jurídico a partir de uma ação ou omissão do interpelado[5]; para outros, a forma de fazer conhecer ao interpelado a exigência do cumprimento de uma obrigação[6]. A dificuldade na conceituação possibilita a aplicação do *princípio da fungibilidade*, permitindo-se ao juiz a adequação da medida àquele que entender cabível no caso concreto[7].

62.2. NATUREZA JURÍDICA

A doutrina é uníssona em apontar a impropriedade de previsão dos protestos, notificações e interpelações no rol dos processos cautelares típicos, considerando que tais processos **não têm natureza cautelar**. Os requisitos do *fumus boni iuris* e do *periculum in mora* não precisam estar presentes para a proteção jurisdicional pretendida pelo autor nesses processos, não existindo também as indispensáveis características da instrumentalidade ao quadrado e acessoriedade.

Nessa espécie de processo o órgão jurisdicional atua tão somente como um intermediário entre o requerente e o requerido, prestando-se a levar a manifestação da vontade do primeiro ao conhecimento do segundo. Essa atividade meramente administrativa leva a doutrina a tranquilamente apontar tais processos como pertencentes à **jurisdição voluntária**[8].

Apesar de os processos regulados pelos arts. 867 a 873 do CPC serem entendidos como processos de jurisdição voluntária, é preciso observar que nestes nem sempre estará presente uma importante característica da jurisdição voluntária: a *obrigatoriedade* de intervenção jurisdicional, analisada no Capítulo 1, item 1.7.1.1. Os objetivos perseguidos pelo autor com tais processos poderiam ser atingidos sem a indispensável intervenção do Poder Judiciário, considerando-se que a prova pretendida com tais medidas pode ser produzida sem a intervenção de um juiz de direito, como fica claro no protesto de título feito perante o Cartório de Notas, aliás muito mais frequente do que o protesto judicial. Entendo, portanto, serem o protesto, a notificação e a interpelação espécies atípicas de jurisdição voluntária.

---

2 Marinoni-Mitidiero, *Código*, p. 794.
3 Theodoro Jr., *Processo*, n. 281, p. 331; Câmara, *Lições*, v. 3, p. 201.
4 Baptista da Silva, *Do processo*, p. 490.
5 Marinoni-Mitidiero, *Código*, p. 794; Baptista da Silva, *Do processo*, p. 490.
6 Theodoro Jr., *Processo*, n. 282, p. 351; Oliveira, *Comentários*, n. 106, p. 331.
7 Oliveira, *Comentários*, n. 106, p. 331; Greco, *Jurisdição*, n. 4, p. 62.
8 Scarpinella Bueno, *Curso*, v. 4, p. 304; Tesheiner, *Jurisdição*, n. 5.6, p. 126.

62.3. PROCEDIMENTO

O procedimento previsto nos arts. 868 a 872 do CPC trata do protesto judicial, sendo excepcionalmente prevista a interpelação no art. 871 do CPC. O art. 873 do CPC, entretanto, resolve uma aparente omissão legislativa ao prever que se aplica à notificação e interpelação o procedimento previsto para o protesto judicial.

Mesmo pertencendo ao âmbito da jurisdição voluntária, entendo que o protesto, a notificação e a interpelação são processos, de forma que o procedimento se iniciará por meio de uma petição inicial, nos termos do arts. 282 e 283 do CPC. Não se aplica ao caso o art. 801 do CPC, por não se tratar de ação cautelar. Aduz o art. 868 do CPC que na petição inicial o requerente exporá os fatos e fundamentos do protesto, entendendo a melhor doutrina que a petição inicial deverá também conter o pedido de intimação do requerido, sendo vedado qualquer outro[9].

Ainda que corrente doutrinária aponte para as regras de competência previstas no Livro I do CPC[10], como o requerido não tem a oportunidade de se manifestar e a *incompetência relativa* não pode ser conhecida de ofício pelo juiz, salvo a excepcional hipótese prevista pelo art. 112, parágrafo único, do CPC, ainda que o requerente ingresse com o processo em foro ou seção judiciária incompetente, o pedido do requerente será deferido. O único controle possível ao juiz é o da *incompetência absoluta*, que deve ser realizado de ofício.

Não há qualquer sentido prático na concessão de tutela de urgência nessa espécie de processo, de forma que tanto a liminar do art. 804 do CPC como a tutela antecipada do art. 273 do CPC são incabíveis, por falta de interesse processual.

Segundo a previsão do art. 869 do CPC, o juiz poderá – melhor seria "deverá" – indeferir o pedido quando o requerente não demonstrar legítimo interesse na medida pleiteada e o protesto, dando causa a dúvidas e incertezas, possa impedir a formação de contrato ou a realização de negócio lícito. Essa decisão é uma sentença recorrível por apelação. A melhor doutrina aponta corretamente que as dúvidas e as incertezas que poderiam ser geradas pelo protesto são de ordem psicológica, porque juridicamente esse processo nunca impedirá a realização de qualquer negócio jurídico[11]; trata-se, portanto, da criação de um **estado subjetivo de incerteza** que possa motivar terceiros a não realizarem negócios jurídicos pela apreensão psicológica criada pelo protesto judicial.

Existe uma polêmica doutrinária a respeito dos requisitos para o indeferimento da petição inicial, sendo possível a indicação de três correntes doutrinárias:

(a) por interpretação literal do dispositivo os requisitos são cumulativos, sendo exigido que o autor não tenha interesse legítimo no protesto e este possa causar dúvidas e incertezas[12];

---

9 Marinoni-Mitidiero, *Código*, p. 795; Costa Machado, *Código*, p. 1.421; Tesheiner, *Jurisdição*, n. 5.6, p. 127.

10 Câmara, *Lições*, v. 3, p. 196.

11 Theodoro Jr., *Processo*, n. 283, p. 332; Câmara, *Lições*, v. 3, p. 196; Tesheiner, *Jurisdição*, n. 5.6, p. 128.

12 Theodoro Jr., *Processo*, n. 283, p. 331; Oliveira, *Comentários*, n. 108, p. 339.

(b) a dúvida ou incerteza só passa a ter relevância quando faltar interesse legítimo, o que significa dizer que o único requisito é a falta de interesse, porque, quando presente, a nocividade do protesto não permite por si só o protesto[13];

(c) são requisitos alternativos, devendo o juiz indeferir a petição inicial sempre que faltar interesse legítimo e/ou a nocividade[14].

Entendo mais adequado o terceiro posicionamento doutrinário descrito, sendo nitidamente inadequado o segundo, porquanto dispensa a nocividade como requisito para o indeferimento da petição inicial, contrariando o texto expresso de lei. Ainda que se possa admitir que o autor do processo assume todos os riscos de seu pedido, não há sentido em obrigar o juiz a corroborar com a prática que sem qualquer justificativa legítima possa prejudicar terceiros. O primeiro entendimento, apesar de mais aceitável que o segundo, desconsidera a potencialidade isolada dos requisitos previstos em lei para justificar o impedimento da realização do protesto.

Deferido o pedido de protesto, caberá ao juiz determinar a comunicação da vontade do requerente ao requerido, ato processual que seguirá as regras procedimentais da *citação*, ainda que exista polêmica doutrinária a respeito de sua natureza jurídica. O art. 870 do CPC, que trata da informação por meio de edital, prevê em seu *caput* e inciso III o termo "*intimação*", mas no inciso II vale-se do vocábulo "citando" para designar o requerido, tornando confusa a opção legislativa.

Para alguns doutrinadores não se trata de citação, pois o requerido não é chamado a se defender, condição indispensável desse ato de comunicação, nos termos do art. 213 do CPC[15]. Como analisado no Capítulo 10, item 10.5.1, a citação apenas integra o demandado à relação jurídica processual, informando-o da existência do processo; a reação possível é fruto de intimação que acompanha o ato citatório. Essa constatação leva parcela da doutrina a entender tratar-se de citação, ainda que o requerido não seja chamado a se defender[16].

Comungo do entendimento da doutrina majoritária[17] de ser tal ato processual uma **intimação**, criando uma interessante exceção na regra de ser tríplice a relação jurídica processual. Como o requerido não tem o direito de responder ao protesto, entendo que ele não é integrado na relação jurídica processual, que excepcionalmente terá natureza linear, envolvendo somente autor e juiz.

O art. 870 do CPC trata dos casos nos quais a informação – intimação – será realizada por meio de edital, devendo nesse caso seguir os procedimentos da citação por edital do processo de conhecimento[18], ainda que sejam distintas as hipóteses de cabimento. É cabível a intimação por edital em três hipóteses:

[13] Baptista da Silva, *Do processo*, p. 493; Costa Machado, *Código*, p. 1.421.

[14] Câmara, *Lições*, v. 3, p. 197.

[15] Greco, *Jurisdição*, n. 4.1, p. 65.

[16] Câmara, *Lições*, v. 3, p. 198.

[17] Marinoni-Mitidiero, *Código*, p. 795; Greco Filho, *Direito*, n. 44, p. 202; Bomfim Marins, *Comentários*, p. 343.

[18] Câmara, *Lições*, v. 3, p. 199.

(I) protesto realizado para conhecimento público em geral e nos casos previstos em lei, quando a publicidade é essencial para que a medida atinja seus fins;

(II) sendo o requerido desconhecido, incerto ou estiver em local ignorado ou de difícil acesso;

(III) a demora da intimação pessoal puder prejudicar os efeitos da interpelação ou do protesto.

Interessante situação tipificada no art. 870, I, do CPC é o **protesto contra a alienação de bens**, necessariamente de conhecimento público. Segundo o art. 870, parágrafo único, do CPC, nesse caso, o juiz poderá ouvir em três dias o requerido sempre que lhe parecer que o pedido do requerente é emulativo, ou seja, que represente uma tentativa de extorsão ou se pretenda por meio dele obter qualquer meio ilícito. O curioso nesse dispositivo legal é que após a oitiva do requerido – hipótese excepcional em que será formada a relação jurídica processual tríplice, sendo inegável a existência de citação do requerido – o juiz decidirá sobre a publicação dos editais. Para parcela da doutrina, como já foi realizado o protesto (o requerido já foi intimado), a decisão do juiz limita-se a determinar ou não a publicação de editais[19].

Na realidade, com a citação do réu para apresentar a defesa, o processo adota um procedimento sumário que deve ser encerrado por meio de uma sentença. É evidente que com a citação do requerido a função típica do protesto já terá sido exercida, considerando-se que a manifestação de vontade do requerente chegou ao conhecimento do requerido. Ocorre, entretanto, que no protesto contra alienação de bens a comunicação limitada à pessoa do requerido não gera qualquer efeito, porque, nesse caso, o conhecimento deve ser geral. Por essa razão, e pela natureza contenciosa que o processo adota nessa especial situação, entendo que o juiz deve indeferir a publicação por edital e julgar improcedente o pedido do autor, considerando-se que a sua pretensão de dar conhecimento geral do protesto foi rejeitada, inclusive devendo ser condenado ao pagamento das verbas de sucumbência[20].

Prevê o art. 871 do CPC a **impossibilidade de reação do requerido**, não se admitindo defesa nem contraprotesto nos autos. O dispositivo legal veda a reação do requerido no processo existente, mas deixa expressamente aberta a oportunidade de ele responder por meio de outro processo, afirmando tratar-se nesse caso de um contraprotesto. Na realidade, o termo é incorreto, tratando-se meramente de um novo processo, que pode ser de protesto, notificação, interpelação ou de qualquer outra natureza.

Com a realização da intimação do requerente, o procedimento será extinto, não havendo qualquer decisão do juiz após a realização desse ato[21]. Pode parecer estranho um processo sendo encerrado sem uma sentença[22], mas essa é apenas mais

[19] Theodoro Jr., *Processo*, n. 285, p. 334; Oliveira, *Comentários*, n. 109, p. 343.

[20] Scarpinella Bueno, *Curso*, p. 308.

[21] Theodoro Jr., *Processo*, n. 2.860, p. 336.

[22] Exige a sentença: Marinoni-Mitidiero, *Código*, p. 874.

uma particularidade do especial procedimento do processo de protesto, notificação e interpelação. Segundo o art. 872 do CPC, decorrido o prazo de 48 horas da intimação – na realidade, da juntada aos autos da prova da intimação –, os autos serão entregues ao requerente, independentemente de traslado.

Há polêmica doutrinária a respeito da possibilidade de averbação do protesto judicial contra alienação de bens junto à matrícula do imóvel. Para parcela doutrinária a averbação é admissível nos termos do art. 167, II, n. 12, da Lei 6.015/1973 (Lei de Registros Públicos)[23]. O Superior Tribunal de Justiça permite a **averbação**, com fundamento no poder geral de cautela e no interesse da mais ampla ciência a terceiros[24]. Para outra parcela a averbação é inadmissível, ainda que se reconheça que a enumeração de atos previstos no art. 167 da lei citada é meramente exemplificativa, admitindo sua interpretação extensiva. Essa segunda corrente entende que somente atos constitutivos, declaratórios, translativos e extintivos de direitos reais sobre imóveis podem ser objeto de averbação, o que não ocorre com o protesto judicial[25].

Apesar de não existir no PLNCPC previsão de cautelares nominadas, as notificações e interpelações judiciais estão previstas no Capítulo de procedimentos não contenciosos, mais precisamente nos arts. 692 a 695.

[23] Oliveira, *Comentários*, n. 111, p. 347; Greco, *Jurisdição*, n. 4.1, p. 65.

[24] STJ, 3.ª Turma, REsp 695.095/PR, rel. Min. Nancy Andrighi, j. 26.10.2006, *DJ* 20.11.2006, p. 302; EREsp 440.837/RS, Corte Especial, rel. Min. Eliana Calmon, rel. p/ acórdão Min. Barros Monteiro, j. 16.08.2006, *DJ* 28.05.2007, p. 260; Tesheiner, *Jurisdição*, n. 5.6, p. 130.

[25] Câmara, *Lições*, v. 3, p. 200-201; Marinoni-Mitidiero, *Código*, p. 797; Costa Machado, *Código*, p. 1.423.

63

HOMOLOGAÇÃO DE PENHOR LEGAL

63.1. INTRODUÇÃO

O penhor é instituto de direito material, tutelado pelos arts. 1.431 e ss. do CC, sendo o penhor legal regulamentado pelos arts. 1.467 a 1.472 do CC. Naturalmente, os limites do presente livro não permitem maiores digressões a respeito desse instituto de direito material, bastando em caráter introdutório uma breve definição do que é penhor legal.

Segundo o art. 1.431 do CC, o penhor é constituído pela transferência efetiva da posse que, em garantia do débito ao credor ou a quem o represente, faz o devedor, ou alguém por ele, de uma coisa móvel, suscetível de alienação. Já o art. 1.467 do CC prevê as hipóteses de penhor legal, afirmando serem credores pignoratícios, independentemente de convenção:

(I) os hospedeiros ou fornecedores de pousada, sobre bagagens, móveis, joias ou dinheiro que os consumidores ou fregueses tiverem consigo na hipótese de não pagamento das despesas;

(II) o dono do prédio rústico ou urbano, sobre os bens móveis do rendeiro ou inquilino que estiverem guarnecendo o mesmo prédio, na hipótese de não pagamento dos aluguéis – bem como os encargos acessórios[1] – ou rendas.

---

[1] Theodoro Jr., *Processo*, n. 287, p. 340; Câmara, *Lições*, v. 3, p. 208. Contra: Baptista da Silva, *Do processo*, p. 519-520.

Como consta expressamente dos arts. 1.431 e 1.467 do CC, somente bens móveis poderão ser objeto de penhor, desde que suscetíveis de alienação. Essa última exigência tem importante consequência processual, considerando-se que a alienação mencionada no dispositivo legal é tanto a convencional como a judicial, de forma que os **bens impenhoráveis**, apesar de serem alienáveis por vontade do proprietário, não podem ser alienados judicialmente, o que basta para impedir que o penhor legal recaia sobre eles. Bens impenhoráveis, portanto, não podem ser objeto de penhor legal[2].

63.2. NATUREZA JURÍDICA

Apesar de previsto entre os processos cautelares típicos, a doutrina majoritária entende que a homologação de penhor legal **não tem natureza jurídica cautelar**. Provavelmente, o legislador tenha se impressionado com a previsão do art. 1.470 do CC, que exige a existência de perigo de demora para que o penhor legal seja admitido, presumindo que este de alguma forma se confunda com o *periculum in mora*, o que justificaria a colocação do procedimento no rol dos processos cautelares[3]. Ou ainda tenha levado em conta que o penhor legal realizado pelo credor não gera a satisfação de seu direito, funcionando tão somente como garantia – de natureza real, desde que ocorra a homologação judicial – do pagamento da dívida.

É corrente o entendimento de que a homologação do penhor legal é processo de **jurisdição voluntária**[4], considerando que o autor desse processo busca apenas a constituição da garantia legal prevista pelo ordenamento material e a sentença de procedência concede a satisfação desse interesse[5]. No processo de homologação de penhor legal não interessa ao juiz a efetiva existência ou a extensão da dívida alegada pelo autor, bastando o preenchimento dos **requisitos formais do penhor legal**, o que inclusive impede que a sentença proferida no processo produza coisa julgada material[6].

Ainda que não tenha natureza cautelar, a mera colocação da homologação do penhor legal no rol das cautelares típicas permite a aplicação de regras do procedimento cautelar, desde que não conflitantes com a natureza do processo. Dessa forma, a doutrina acertadamente entende pela aplicação do art. 806 do CPC, exigindo-se do autor o ingresso de ação de cobrança – pela via cognitiva ou executiva – no prazo de 30 dias do trânsito em julgado da sentença homologatória. A justificativa é simples: não há sentido em forçar o pretenso devedor a suportar uma garantia real em seus bens indefinidamente, a bel-prazer do credor[7].

2 Marinoni-Mitidiero, *Curso*, p. 799; Theodoro Jr., *Processo*, n. 287, p. 340.

3 Bomfim Marins, *Comentários*, p. 350.

4 Marinoni-Mitidiero, *Código*, p. 798; Costa Machado, *Código*, p. 1.426.

5 Theodoro Jr., *Processo*, n. 288, p. 341.

6 Oliveira, *Comentários*, n. 113, p. 357.

7 Oliveira, *Comentários*, n. 113, p. 359.

63.3. PENHOR LEGAL E AUTOTUTELA

Conforme analisado no Capítulo 1, item 1.2.1, a *autotutela* é forma de solução de conflito realizada unilateralmente por uma das partes envolvidas no conflito de interesses pelo exercício da força, sendo de aceitação excepcional no sistema jurídico pátrio. Seria o penhor legal uma dessas exceções legais?

Apesar de dispositivos legais constantes do Código Civil e do Código de Processo Civil ora imporem para o penhor legal a anterior retirada de bens do patrimônio do devedor por ato do credor, ora indicarem que esse ato não é necessário, a melhor interpretação é aquela que leva em consideração três diferentes situações.

O penhor legal pode funcionar como forma de autotutela por parte dos sujeitos descritos no art. 1.467 do CC que, intitulando-se credores, poderão por mão própria reter bens móveis do pretenso devedor inadimplente (autotutela)[8], servindo o procedimento previsto nos arts. 874 a 876 do CPC para a regularização do penhor, nos termos do art. 1.471 do CC, entendendo a melhor doutrina que a homologação judicial é **condição de existência e eficácia** da proteção conferida pelo penhor legal. Para ser justificável essa tomada de bens pelas próprias mãos deve existir o perigo de demora previsto no art. 1.470 do CC, ou seja, deve ser manifesto o *periculum in mora.*

Tendo ocorrido a autotutela, o art. 1.471 do CC exige do tomador do penhor, em ato contínuo, o pedido de homologação judicial. O silêncio da lei quanto ao prazo para que esse pedido seja realizado faz com que não haja unanimidade doutrinária a respeito da interpretação do termo "ato contínuo". Para alguns caberá ao juiz no caso concreto a fixação de um prazo razoável[9], para outros cabe a aplicação por analogia do art. 806 do CPC, concedendo-se um **prazo de 30 dias** para o ingresso do processo de homologação do penhor legal[10], parecendo ser essa a melhor solução porque torna homogêneo o prazo para todos os processos, em nítido prestígio da segurança jurídica. Vencido o prazo, caberá ao devedor o ingresso de ação possessória, considerando-se que a partir de então a posse do credor passa a ser considerada injusta[11].

Ocorre, entretanto, que mesmo em situações em que exista o *periculum in mora* pode não ser possível ou recomendável ao credor a tomada de bens do devedor por ato de justiça de mão própria, lembrando corretamente a doutrina que a autodefesa admitida pelo art. 1.470 do CC não permite o uso exagerado da força ou ainda a criação de indesejável perturbação social[12]. Nesse caso, caberá ao pretenso credor o ingresso de processo cautelar para resguardar seu interes-

---

[8] Baptista da Silva, *Do processo*, p. 511. Contra: Scarpinella Bueno, *Curso*, v. 4, p. 310.

[9] Oliveira, *Comentários*, n. 113, p. 360; Greco, *Jurisdição*, n. 7.11, p. 134.

[10] Marinoni-Mitidiero, *Código*, p. 798.

[11] Oliveira, *Comentários*, n. 113, p. 360.

[12] Oliveira, *Comentários*, n. 113, p. 361.

se[13], sendo o pedido de homologação do penhor legal realizado após 30 dias da efetivação do ato de constrição judicial, nos termos do art. 806 do CPC.

Por fim, pode não existir o perigo de demora, hipótese na qual não caberá a tomada de bens por mãos próprias, competindo ao credor o pedido de homologação do penhor legal sem qualquer providência unilateral prévia[14]. Com a procedência do pedido, admitir-se-á por meio judicial o ato de tomada de penhor.

63.4. PROCEDIMENTO

Como todo processo, a homologação de penhor legal tem o seu início por meio da petição inicial apresentada pelo autor. Como não se trata propriamente de processo cautelar, entendo que a petição inicial deva ser elaborada nos termos dos arts. 282 e 283 do CPC, não sendo necessária a aplicação do art. 801 do CPC, em especial em seu inciso III, porque o autor não é obrigado a indicar o processo principal[15]. No tocante aos documentos indispensáveis à propositura da demanda, o art. 874, *caput*, do CPC prevê a necessidade de juntada de conta pormenorizada das despesas, tabela de preços e a relação dos objetos retidos.

A exigência de juntada de conta pormenorizada das despesas e tabelas de preços somente se aplica aos credores descritos no art. 1.467, I, do CC, de forma que o locador e/ou arrendador estão dispensados dessa exigência, devendo apenas juntar aos autos cópia do contrato de locação ou arrendamento[16]. Apesar de o art. 1.468 do CC exigir que a tabela de preços seja impressa, prévia e ostensivamente exposta na casa, sob pena de nulidade do penhor, a melhor doutrina entende que a publicidade dos preços é indispensável, mas a necessidade de a tabela ser impressa não, admitindo-se que a tabela seja manuscrita, algo comum em estabelecimentos mais simples[17]. O art. 874, *caput*, do CPC prevê, por fim, a indicação da relação dos objetos retidos, mas isso só será possível na hipótese de o credor ter tomado o penhor pelas próprias mãos; não tendo isso ocorrido, basta a relação dos bens sobre os quais se pretende realizar o penhor legal.

O art. 874, parágrafo único, do CPC prevê que, estando suficientemente provado o pedido, o juiz poderá homologar de plano o penhor legal. Apesar de existir corrente doutrinária que entende cabível a prolação de sentença *inaudita altera parte*, sendo posteriormente realizada a citação do réu apenas para pagar a dívida[18], não há como admitir essa circunstância em razão da nítida ofensa ao princípio do *contraditório* que seria gerado pela interpretação literal da norma

---

13 Theodoro Jr., *Processo*, n. 287, p. 340.

14 Baptista da Silva, *Do processo*, p. 513; Bomfim Marins, *Comentários*, p. 351.

15 Câmara, *Lições*, p. 212.

16 Theodoro Jr., *Processo*, n. 289, p. 341; Oliveira, *Comentários*, n. 114, p. 363; Baptista da Silva, *Do processo*, p. 516.

17 Câmara, *Lições*, p. 212.

18 Theodoro Jr., *Processo*, n. 289, p. 342.

ora analisada[19]. Note-se que na ausência de citação do réu antes da sentença nem mesmo haverá contraditório postergado, típico das medidas cautelares concedidas *inaudita altera parte*, mas simplesmente a abolição por completo desse princípio constitucional, o que evidentemente não se pode admitir. Ademais, como lembra a melhor doutrina, o art. 1.472 do CC permite ao réu evitar o penhor mediante o oferecimento de caução, o que evidentemente tornaria impossível a prolação de sentença homologatória sem a sua citação[20].

O réu será citado para pagar ou alegar defesa no prazo de 24 horas. Sendo realizado o pagamento, haverá reconhecimento jurídico do pedido, que deve ser homologado pelo juiz; tendo sido tomada a posse por ato unilateral do credor, os bens deverão ser devolvidos por este, que a partir do pagamento os manterá com posse injusta, podendo até se configurar a figura penal da apropriação indébita.

Na defesa do réu há uma **limitação das matérias** que podem ser alegadas, o que torna o procedimento da homologação de penhor legal um daqueles em que existe uma limitação à cognição horizontal do juízo. Pela previsão do art. 875 do CPC, o réu só poderá alegar em contestação:

(I) nulidade do processo, compreendidas aqui as questões formais do procedimento;

(II) extinção da obrigação, que poderá ter ocorrido por qualquer forma prevista na lei material (p. ex., pagamento, remição, novação), sendo também admissível a alegação de prescrição[21];

(III) não estar a dívida compreendida entre as previstas em lei ou não estarem os bens sujeitos a penhor legal.

Existe doutrina que entende ser o rol previsto pelo art. 875 do CPC meramente exemplificativo, sendo passíveis de alegação outras matérias referentes à legalidade do penhor, tais como a sua nulidade ou excesso[22]. Ainda que se acolha esse entendimento, a cognição continua sendo limitada horizontalmente, porque somente as matérias afeitas ao penhor legal serão admitidas, sendo excluídas outras como, por exemplo, a existência ou extensão da dívida. Naturalmente, são alegáveis as matérias de ordem pública, que o juiz pode conhecer de ofício, o que permite a defesa processual fundada em pressupostos processuais e/ou condições da ação.

Ainda que não exista previsão legal expressa, é admissível a realização de uma *fase probatória* sempre que o juiz entender necessária a produção de prova, inclusive com designação de audiência de instrução e julgamento quando for necessária a produção de prova oral. Não sendo hipótese de produção de prova, ou já tendo esta sido produzida, caberá ao juiz sentenciar a demanda, tendo maior interesse prático a sentença que acolhe ou rejeita o pedido do autor (art. 269, I,

---

19 Greco, *Jurisdição*, n. 7.11, p. 133; Oliveira, *Comentários*, n. 114, p. 365-366; Câmara, *Lições*, p. 213; Bomfim Marins, *Comentários*, p. 354.

20 Marinoni-Mitidiero, *Código*, p. 798.

21 Alvaro de Oliveira, *Comentários*, n. 115, p. 368; Bomfim Marins, *Comentários*, p. 355.

22 Marinoni-Mitidiero, *Curso*, p. 799.

do CPC), ainda que outras espécies sejam possíveis, tais como a sentença homologatória de reconhecimento jurídico do pedido na hipótese do pagamento da dívida e a sentença terminativa na hipótese de vício formal insanável.

Segundo o art. 876 do CPC, sendo acolhido o pedido do autor, em *sentença de natureza constitutiva*, os autos serão entregues ao requerente no prazo de 48 horas (contados após o trânsito em julgado[23]), independentemente de traslado, salvo se, dentro desse prazo, existir pedido de certidão; sendo rejeitado o pedido, em sentença de *natureza declaratória*, o objeto será entregue ao réu, ressalvado ao autor o direito de cobrar a conta por ação ordinária, sendo que a devolução do bem só terá algum sentido quando os bens já tiverem sido tomados pelo autor, o que nem sempre ocorre. É interessante a expressa menção à manutenção do direito do autor em cobrar sua dívida, ressaltando a norma legal que na homologação do penhor legal não se discute a existência ou extensão da dívida.

Existe certa divergência a respeito de ser a sentença de procedência desse processo, um título executivo, o que já admitiria o ingresso de cumprimento de sentença para o pagamento da quantia assegurada pelo penhor. Ainda que exista corrente doutrinária que defenda a possibilidade de execução dessa sentença[24], prefiro o entendimento de que essa **execução é inviável**, cabendo ao autor ingressar com um processo judicial de conhecimento para a cobrança de seu crédito[25].

Não tendo ocorrido qualquer decisão no processo a respeito da existência ou extensão da dívida, em razão da limitação à cognição horizontal criada pelo art. 875 do CPC, não há na sentença que julga procedente o pedido de homologação de penhor legal qualquer declaração a respeito da existência ou extensão da dívida, matéria alheia ao objeto do processo. Dessa forma, não tendo ocorrido o reconhecimento judicial da dívida, não pode valer a sentença de procedência desse processo como título executivo para cobrança de tal dívida, limitando-se a condição executiva dessa decisão ao capítulo acessório de condenação do réu ao pagamento das verbas de sucumbência.

Ressalte-se que, na hipótese de o autor não ter tomado o penhor em ato de autotutela, a sentença de procedência terá eficácia executiva visando a tomada dos bens da posse do réu. Nesse caso, existe doutrina, partidária da teoria quinária das sentenças, que entende tratar-se de eficácia mandamental da sentença[26], com ordem dirigida ao réu para que entregue a posse dos bens ao autor. Seja como for, o principal é entender que a sentença de procedência nesse caso gera efeitos práticos, tipicamente executivos, de satisfação do direito do autor, que serão desenvolvidos no próprio processo, agora em fase de cumprimento de sentença[27].

---

23 Theodoro Jr., *Processo*, n. 290, p. 343; Oliveira, *Comentários*, n. 116, p. 373.

24 Marinoni-Mitidiero, *Código*, p. 799; Greco Filho, *Direito*, n. 45, p. 202-203; Costa Machado, *Código*, p. 1.428.

25 Greco, *Jurisdição*, n. 7.11, p. 135; Baptista da Silva, *Do processo*, p. 523-525; Scarpinella Bueno, *Curso*, v. 4, p. 315-316; Theodoro Jr., *Processo*, n. 208, p. 343.

26 Baptista da Silva, *Do processo*, p. 522.

27 Scarpinella Bueno, *Curso*, v. 4, p. 315.

Apesar de não existir no PLNCPC previsão de cautelares nominadas, a homologação de penhor legal está prevista no Capítulo de procedimentos especiais contenciosos, mais precisamente nos arts. 681 a 684.

No art. 681, *caput*, há exigência de instrução da petição inicial com o contrato de locação ou a conta pormenorizada das despesas, como já apontava a melhor doutrina. Além disso, o prazo de defesa do réu não é mais de 24 horas, sendo designada uma audiência preliminar na qual deverá pagar ou contestar. O art. 682 do PLNCPC, que trata das matérias alegáveis na defesa, repete o art. 875 do atual CPC, acrescendo uma nova hipótese: alegação de haver sido ofertada caução idônea, rejeitada pelo credor. Nos termos do art. 683 do PLNCPC, após a audiência preliminar seguir-se-á pelo procedimento comum.

64

POSSE EM NOME DE NASCITURO

Sumário: 64.1. Introdução – 64.2. Natureza jurídica – 64.3. Legitimidade – 64.4. Procedimento.

64.1. INTRODUÇÃO

Para o direito brasileiro o marco inicial da personalidade da pessoa natural é o nascimento com vida, sendo correta a afirmação de que o nascituro não tem personalidade jurídica, ainda que o Direito proteja os seus interesses desde a concepção (art. 2.º do CC). Havendo interesses juridicamente tutelados pelo ordenamento, caberá ao futuro titular do pátrio poder (ou poder familiar) protegê-lo enquanto o nascituro não adquirir a personalidade civil.

O processo de posse em nome de nascituro só se justifica quando por alguma razão estiverem em jogo os seus interesses sucessórios[1], cabendo à mulher (genitora) requerer a prova de seu estado de gravidez (o que demonstrará a existência de um nascituro) e a sua investidura – ou, excepcionalmente, a nomeação de um curador pelo juiz – na posse dos direitos do nascituro. A finalidade da tutela jurisdicional é **permitir a habilitação do nascituro em inventário** no qual participará na condição de herdeiro ou legatário.

64.2. NATUREZA JURÍDICA

Para a doutrina majoritária a posse em nome de nascituro **não tem natureza cautelar**, sendo indevida a sua previsão pelo legislador no rol dos processos cautelares típicos. Concordo plenamente com esse entendimento, mas nem sempre com as premissas utilizadas para fundamentá-lo.

[1] Marinoni-Mitidiero, *Código*, p. 800.

Parcela da doutrina afirma que a posse em nome do nascituro não possui natureza cautelar porque, diferente da produção antecipada de prova, não se limita a assegurar a prova, efetivamente produzindo-a[2]. A comum e indevida confusão entre *asseguração* e *produção antecipada* de prova é demonstrada e devidamente criticada no Capítulo 58, item 58.1, mostrando-se de maneira manifesta no caso da posse em nome do nascituro. Afirma-se que, sendo interesse da mulher grávida a prova da gravidez para outros fins que não a investidura na posse dos direitos do nascituro, a parte deverá se valer de outra demanda, no caso a justificação avulsa[3]. Realizado o exame de DNA, seja nessa justificação avulsa, seja no processo de posse em nome de nascituro, seja uma cautelar de produção antecipada de prova, obviamente a prova terá sido produzida, o que demonstra claramente o equívoco em afirmar que a posse em nome de nascituro não tem natureza cautelar porque nesse processo se produz a prova e não meramente se assegura a sua produção.

Há ainda outro aspecto que demonstra de maneira ainda mais clara o equívoco do pensamento ora criticado. A pretensão da mulher grávida com o processo de posse em nome de nascituro não é a declaração de sua gravidez, que na realidade é realizada tão somente de forma incidental; a pretensão é a declaração de legitimidade da investidura na posse dos direitos do nascituro, o que obviamente só será determinado pelo juiz se demonstrada a existência de um nascituro, o que exigirá – como solução de questão prejudicial – a declaração da gravidez. A posse em nome de nascituro não é, como parece à parcela da doutrina[4], uma ação probatória autônoma, cujo objeto seja a declaração do fato de a autora estar grávida, mas demanda que declara a mãe titular da posse dos direitos do nascituro[5].

O processo em nome de nascituro não tem natureza cautelar por duas razões fundamentais:

(i) para o julgamento de procedência do pedido da autora não se exigirá o preenchimento de *fumus boni iuris* e *periculum in mora*[6];

(ii) não existe a acessoriedade típica das ações cautelares, sendo que a eficácia da medida obtida nessa demanda não acautela o resultado de um outro processo, esgotando-se em si mesma com o nascimento ou o falecimento do ente concebido[7].

É corrente na doutrina a afirmação de que o processo de posse em nome de nascituro é de **jurisdição voluntária**, tendo como objetivo apenas constituir uma situação jurídica, qual seja a habilitação do nascituro no inventário do *de cujus* no qual será herdeiro ou legatário[8].

---

2 Baptista da Silva, *Do processo*, p. 528; Câmara, *Lições*, p. 221.

3 Oliveira, *Comentários*, n. 118, p. 380; Baptista da Silva, *Do processo*, p. 528.

4 Baptista da Silva, *Do processo*, p. 528; Greco Filho, *Direito*, n. 46, p. 203.

5 Greco, *Jurisdição*, n. 6.3, p. 84.

6 Theodoro Jr., *Processo*, n. 293, p. 349; Costa Machado, *Código*, p. 1.429.

7 Oliveira, *Comentários*, n. 118, p. 380.

8 Oliveira, *Comentários*, n. 118, p. 380; Theodoro Jr., *Processo*, n. 293, p. 349; Costa Machado, *Código*, p. 1.429; Scarpinella Bueno, *Curso*, v. 4, p. 317. Contra: Câmara, *Lições*, p. 221.

64.3. LEGITIMIDADE

A mulher que carrega o nascituro em seu ventre é a legitimada padrão para a propositura do processo de posse em nome de nascituro, abrangendo tanto a viúva como a concubina[9]. Excepcionalmente, se o poder familiar (antigo pátrio poder) couber ao pai, como ocorre na hipótese de legado em favor de nascituro de pai vivo ou quando a mulher grávida pretender esconder seu estado gravídico, o pai também terá legitimidade ativa para a demanda. Também excepcional é a legitimação por curador especial, na hipótese de a mulher grávida estar interditada.

O Ministério Público não tem legitimidade ativa, porque o interesse a ser tutelado, apesar de ter como titular um nascituro é de natureza patrimonial, ainda que a doutrina majoritária entenda que, por se tratar de jurisdição voluntária, será admissível essa legitimação ativa, nos termos do art. 1.104 do CPC, quando a mulher for incapaz e não tiver curador[10]. Deverá, de qualquer forma, participar como fiscal da lei, como expressamente previsto no art. 877 do CPC, dispositivo até mesmo desnecessário diante da obrigatoriedade de intervenção do Ministério Público em toda demanda que tenha como objeto interesses de incapazes (art. 82, I, do CPC).

São legitimados passivos os herdeiros do autor da herança em que se localizam os direitos do nascituro, sendo tal regra deduzida do art. 877, § 2.º, do CPC, que dispensam os exames para atestar a gravidez se os herdeiros do falecido concordarem com a declaração da autora, o que só poderá ocorrer se esses herdeiros estiverem participando do processo como réus[11]. Se o direito do nascituro não for fundado em direito sucessório, sendo fruto de doação, o legitimado passivo será o doador[12].

64.4. PROCEDIMENTO

O processo tem o seu início por meio de petição inicial, cumpridas as exigências formais dos arts. 282 e 283 do CPC, no que couber, sendo inaplicável o art. 801 do CPC em razão da natureza não cautelar do processo de posse em nome de nascituro. A petição inicial deve ser instruída com a certidão de óbito da pessoa de quem o nascituro se diz sucessor (art. 877, § 1.º, do CPC), sendo essa exigência dispensada quando o direito do nascituro não decorrer de sucessão *causa mortis*, como ocorre no caso de doação[13].

Aduz o art. 877, *caput,* do CPC que a mulher grávida requererá ao juiz que, ouvido o Ministério Público, seja examinada por um médico de sua nomeação,

9 Baptista da Silva, *Do processo*, p. 530; Costa Machado, *Código*, p. 1.429.

10 Theodoro Jr., *Processo*, n. 294, p. 349; Oliveira, *Comentários*, n. 119, p. 381.

11 Marinoni-Mitidiero, *Código*, p. 800; Tesheiner, *Jurisdição*, n. 3.1, p. 58.

12 Theodoro Jr., *Processo*, n. 294, p. 349; Baptista da Silva, *Do processo*, p. 530.

13 Theodoro Jr., *Processo*, n. 295, p. 350.

sendo dispensado esse exame se os herdeiros do falecido concordarem com a declaração da autora de que está grávida. Apesar da omissão do dispositivo legal, não sendo a pretensão principal da mulher a declaração de sua gravidez, mas a investidura na posse dos direitos do nascituro, deve constar da petição inicial o pedido de investidura[14].

Ainda que não exista previsão específica de citação dos réus (herdeiros do falecido), o princípio do *contraditório* a exige no caso concreto, havendo polêmica doutrinária a respeito da amplitude da participação desses réus no processo. A corrente doutrinária majoritária acertadamente entende que os **réus são citados** nos termos dos arts. 802 e 803 do CPC, tendo cinco dias de prazo para contestar o pedido[15], mas existem alguns doutrinadores que defendem o não cabimento de contestação nessa espécie de processo, afirmando serem os réus citados tão somente para acompanhar a produção da prova pericial[16], que inclusive será dispensada se todos concordarem com a alegação da autora de que está grávida.

Sendo dispensado o exame ou sendo este realizado e restando demonstrada a gravidez, o juiz proferirá sentença de *natureza declaratória*, investindo a autora na posse dos direitos que assistam ao nascituro, nos termos do art. 878, *caput*, do CPC. O exame tem *procedimento simplificado*, não cabendo indicação de quesitos ou de assistente técnico[17], ainda que o contraditório deva ser respeitado com a oitiva das partes após a conclusão do exame. Se por qualquer razão o exame não puder se realizar (p. ex., desaparecimento da grávida ou a sua recusa em se submeter ao exame), o processo será extinto sem que os direitos do nascituro sejam prejudicados (art. 877, § 3.º, do CPC), não se aplicando as presunções previstas nos arts. 231 e 232 do CC. Sendo o exame inconclusivo, em razão de qualquer quadro clínico atípico, o juiz poderá determinar novo exame, inclusive aguardando um momento mais adequado para realizá-lo. Não constatada a gravidez, o juiz extinguirá o processo com rejeição do pedido da autora, em decisão que, apesar de ser de mérito, não faz coisa julgada material, sendo possível a questão da gravidez voltar a ser discutida em outra demanda judicial[18].

Apesar de não existir no PLNCPC previsão de cautelares nominadas, a posse em nome de nascituro está prevista no Capítulo de procedimentos especiais contenciosos, mais precisamente nos arts. 726 a 728.

---

14 Theodoro Jr., *Processo*, n. 295, p. 350.

15 Theodoro Jr., *Processo*, n. 295, p. 350; Greco, *Jurisdição*, n. 6.3, p. 85; Costa Machado, *Código*, p. 1.430; Oliveira, *Comentários*, n. 120, p. 382; Câmara, *Lições*, p. 223.

16 Marinoni-Mitidiero, *Código*, p. 800.

17 Scarpinella Bueno, *Curso*, v. 4, p. 318.

18 Oliveira, *Comentários*, n. 122, p. 384; Greco, *Jurisdição*, n. 6.3, p. 87; Baptista da Silva, *Do processo*, p. 534.

65

ATENTADO

Sumário: 65.1. Conceito e cabimento – 65.2. Natureza jurídica – 65.3. Procedimento.

65.1. CONCEITO E CABIMENTO

Comete atentado o sujeito que cria uma nova situação jurídica ou altera o *status quo* durante a pendência de uma demanda judicial, sem estar amparado no Direito e gerando com sua conduta um prejuízo[1]. Segundo entendimento do Superior Tribunal de Justiça, a expressão "processo principal" contida no art. 796 do CPC é abrangente e engloba tanto processos de jurisdição contenciosa como de jurisdição voluntária[2]. A ação de atentado, com procedimento previsto nos arts. 879 a 881 do CPC, tem como objetivo a **restituição da situação anterior à prática do ato ilegal**, de forma que se mantenha tal situação até a solução definitiva do processo. Justamente por visar o restabelecimento da situação anterior, é correto o entendimento de não ser cabível o atentado quando o ato ilegal criar uma situação praticamente irreversível[3]. A doutrina que, ainda assim, defende o cabimento da ação de atentado com fundamento na possibilidade de o autor pedir a condenação em perdas e danos[4] não convence, pois nesse caso será cabível um processo de conhecimento de cobrança.

Apesar de corrente doutrinária defender a possibilidade de uma conduta omissiva ensejar a ação de atentado, entendo que somente uma *conduta positiva* proporcionará as condições fático-jurídicas exigidas pelo texto legal. Exigindo-se

1 Nery-Nery, *Código*, p. 1.142; Abelha Rodrigues, *Manual*, p. 698.

2 *Informativo* 474/STJ: 3.ª Turma, REsp 942.658/DF, rel. Min. Paulo de Tarso Sanseverino, j. 02.06.2011.

3 Baptista da Silva, *Do processo*, p. 547.

4 Galeno Lacerda, *Comentários*, n. 124, p. 387; Abelha Rodrigues, *Manual*, p. 699; Câmara, *Lições*, v. 3, p. 228.

uma inovação da situação de fato, parece mais adequado entender que a inovação, como a própria acepção do vocabulário indica, represente uma atividade positiva da parte[5].

Segundo o art. 879 do CPC, comete atentado a parte que no curso do processo: I – viola penhora, arresto, sequestro ou imissão na posse; II – prossegue em obra embargada; III – pratica outra qualquer inovação ilegal de fato. A exigência contida no *caput* do dispositivo legal exige o trâmite de um processo (que pode ser de qualquer natureza), sendo que a doutrina amplamente majoritária afirma que, por serem a **litispendência** e a litigiosidade da coisa efeitos da citação válida (art. 219, *caput,* do CPC), somente após esse ato processual será admitida a ação de atentado[6]. Esse entendimento, entretanto, não parece ser o mais acertado.

Conforme analisado no Capítulo 10, item 10.5.2.1.1, a litispendência para o autor tem início no momento da propositura da demanda e para o réu, no momento da citação válida, parecendo mais adequado entender que já existe processo pendente a partir da propositura da demanda, sendo também a partir desse momento cabível o atentado. Basta imaginar um arresto de imóvel realizado *inaudita altera parte* num processo cautelar, devidamente averbado na matrícula do imóvel; havendo violação desse arresto pelo requerido no processo cautelar, mesmo não tendo sido citado, será cabível o atentado pelo requerente. O essencial é que o réu do processo principal tenha condições de ter ciência deste, ainda que não tenha sido citado[7].

Por outro lado, mesmo pendente o processo, nem sempre o ato descrito no art. 879, I, do CPC constituirá atentado. A doutrina corretamente afirma que a mera continuação de atos iniciados antes da pendência do processo, quando não há decisão judicial determinando a sua paralisação, não constitui hipótese de cabimento da cautelar de atentado. Basta imaginar a pendência de uma ação possessória sem concessão de medida liminar na qual o réu continue a praticar atos de moléstia que já praticava quando da propositura da demanda[8]. E isso pode ocorrer inclusive após a sua citação.

O art. 879, I, do CPC mistura atos de natureza executiva, como a penhora e a imissão na posse, com atos de natureza cautelar, como o sequestro, sendo que o arresto pode ter natureza cautelar ou executiva (art. 653 do CPC). Todos esses atos, entretanto, têm um ponto de contato que justifica a sua reunião em um mesmo inciso: são atos de constrição judicial, que naturalmente devem ser respeitados pelas partes.

O prosseguimento em obra embargada é previsto no art. 879, II, do CPC como ato suficiente para o cabimento da ação de atentado. Segundo previsão do art. 940 do CPC, admite-se ao demandado a continuação de atividades em obra

[5] Câmara, *Lições*, v. 3, p. 229.

[6] Theodoro Jr., *Processo*, n. 300, p. 357; Galeno Lacerda, *Comentários*, n. 124, p. 386; Baptista da Silva, *Do processo*, p. 539.

[7] Câmara, *Lições*, v. 3, p. 231-232.

[8] Baptista da Silva, *Do processo*, p. 541; Câmara, *Lições*, v. 3, p. 228.

embargada desde que preste **caução** suficiente e idônea e demonstre o **prejuízo** decorrente da paralisação, sendo que nesse caso não será admitida a cautelar de atentado, que exige a ilegalidade do ato.

A última hipótese de cabimento da ação de atentado consiste na prática pela parte de qualquer inovação ilegal no estado de fato, que pode ser facilmente compreendida como a prática de ato que altere a estrutura física ou orgânica do bem litigioso, por meio de seu desvio, ocultação, destruição ou inutilização[9]. Há decisão do Superior Tribunal de Justiça entendendo que a **alienação de bem penhorado não constitui atentado**, sendo tão somente ato ineficaz perante o credor[10].

65.2. NATUREZA JURÍDICA

Não é pacífico o entendimento a respeito da natureza jurídica da ação de atentado, não bastando a sua colocação no rol das cautelares típicas para concluir por essa natureza jurídica, até porque, como já analisado, várias são as ações previstas nesse rol que não tem natureza jurídica cautelar. Antes de propriamente determinar a natureza jurídica da ação de atentado, é importante perceber que essa ação nunca tem natureza preventiva, porque para o seu cabimento exige-se que o ato ilícito já tenha sido praticado, mas essa característica não é decisiva para a definição da natureza jurídica do atentado, porque existem ações de conhecimento preventivas e cautelares que não são preventivas[11].

Existe corrente doutrinária que defende não se tratar de tutela cautelar[12] porque a demanda é satisfativa, sendo bastante em si e não dependendo da propositura de posterior ação de qualquer espécie[13]. Na realidade, o processo principal não será proposto porque já existe, sendo condição para a ação de atentado a pendência de um processo, que será o processo principal, daí o correto entendimento de ser sempre uma ação incidental. Há doutrina que entende que a natureza é mista, sendo cautelar no tocante ao pedido de restituição ao *status quo* e de conhecimento no referente ao pedido de indenização pelos danos suportados[14].

Prefiro o entendimento que sustenta a **natureza cautelar**[15] porque, se alguma satisfação existe nesse processo, não é do direito material da parte, mas apenas do direito à cautela, retornando-se a um estado de fato anterior meramente porque assim será praticamente possível a satisfação de seu direito no processo principal[16]. Uma vez praticado um ato que viola uma penhora, o interesse da parte

---

9 Theodoro Jr., *Processo*, n. 302, p. 359.

10 STJ, 3.ª Turma, REsp 209.050/RJ, rel. Min. Castro Filho, j. 05.02.2002, *DJ* 1.º.04.2002, p. 181.

11 Câmara, *Lições*, v. 3, p. 230.

12 Barbosa Moreira, *O novo*, p. 310.

13 Marinoni-Mitidiero, *Código*, p. 801.

14 Galeno Lacerda, *Comentários*, n. 126, p. 390.

15 Scarpinella Bueno, *Curso*, v. 4, p. 319; Fidélis dos Santos, *Manual*, n. 1.525, p. 403; Costa Machado, *Código*, p. 1.431.

16 Theodoro Jr., *Processo*, n. 298, p. 356.

em restabelecê-la por meio da ação de atentado limita-se a manter uma situação fático-jurídica que criará as condições necessárias para que a execução seja eficaz. A função da ação de atentado, portanto, é garantir a eficácia do resultado de outro processo, por meio do retorno à situação fática anterior que já era capaz de proporcionar tal garantia.

Apenas registro que, no tocante à previsão contida no art. 881, parágrafo único, do CPC, não há como defender a natureza jurídica cautelar da pretensão ali contida, considerando-se que a condenação do réu ao **pagamento das perdas e danos** que o autor da ação sofreu em razão do atentado tem indiscutivelmente caráter satisfativo. A possibilidade de cumulação do pedido de restituição à situação anterior e de condenação do réu em perdas e danos é hipótese excepcional de admissão de cumulação de pedido cautelar e cognitivo na mesma demanda, circunstância que passará a ser admitida com maior frequência com a definitiva adoção da tese do sincretismo processual.

65.3. PROCEDIMENTO

A legitimidade ativa é de qualquer sujeito que esteja na relação jurídica processual, tanto autor e réu como terceiros intervenientes que tenham sido admitidos no processo[17]. Deve figurar no polo ativo o sujeito que alega ter sofrido ou estar na iminência de sofrer um prejuízo com o ato impugnado. No polo passivo deve constar o sujeito que pratica o ato impugnado, que pode ou não ser parte na relação jurídica processual no processo principal.

O procedimento tem início por meio de uma petição inicial nos termos dos arts. 801 e 282 do CPC, sendo sempre dispensada a exigência do art. 801, III, do CPC porque a ação de atentado, por exigir a pendência de um outro processo, será sempre incidental. Pela mesma razão não se aplica o art. 806 do CPC. A depender da pretensão do autor o pedido será simples ou composto: pretendendo somente a restituição ao estado anterior, limitará seu pedido a essa pretensão; pretendendo também a condenação do réu ao pagamento de perdas e danos, deverá também fazer um pedido de natureza condenatória, não se admitindo a condenação do réu sem o pedido expresso do autor[18].

Prevê o art. 880, *caput,* do CPC que a petição inicial será autuada em separado, com a formação de novos autos perante o juízo competente para o processo principal, ainda que os autos principais estejam no tribunal em razão de pendência de recurso (art. 880, parágrafo único, do CPC), sendo nesse caso hipótese que excepciona o art. 801, parágrafo único, do CPC, conforme analisado no Capítulo 52, item 52.2. Segundo correto entendimento do Superior Tribunal de Justiça,

[17] STJ, 3.ª Turma, REsp 206.935/ES, rel. Min. Antônio de Pádua Ribeiro, j. 20.04.2004, *DJ* 24.05.2004, p. 255.

[18] Marinoni-Mitidiero, *Código*, p. 803; Baptista da Silva, *Do processo*, p. 560.

tratando-se de competência absoluta pelo caráter funcional, não se prorroga e pode ser conhecida de ofício[19].

Segundo o art. 880, *caput,* do CPC, o procedimento seguirá o disposto nos arts. 802 e 803 do CPC, o que numa interpretação literal exclui a possibilidade de **concessão de liminar**, prevista no art. 804 do CPC[20]. Há doutrina que defende esse entendimento e afirma ser vedada a liminar porque o restabelecimento de estado de fato só pode ocorrer de forma definitiva[21]. A premissa está correta, porque não se pode provisoriamente restabelecer uma situação de fato, mas a conclusão é equivocada, sendo admissível a antecipação dos efeitos práticos desse restabelecimento, que será obtida por meio da liminar.

A melhor doutrina afirma corretamente que uma interpretação sistêmica, mais abrangente que a meramente literal, permite a conclusão do cabimento de liminar, porque, havendo os requisitos legais exigidos em lei, não haveria sentido lógico ou jurídico em permitir o perecimento do direito em razão da vedação de liminar[22]. Ademais, fechada a porta para liminar, o autor entra pela janela, ou seja, pela tutela antecipada.

Como se pode notar, o procedimento é o do processo cautelar, já devidamente analisado no Capítulo 52, item 52.4, salvo o cabimento de reconvenção[23], havendo somente interesse a análise da sentença em razão do disposto no art. 881 do CPC. Pela previsão desse dispositivo legal, julgado procedente o pedido do autor, será ordenado o restabelecimento da situação anterior, a suspensão da causa principal e a proibição de o réu falar nos autos até a purgação do atentado. Também haverá condenação ao pagamento de perdas e danos caso haja pedido nesse sentido. Entendo que no capítulo referente ao restabelecimento da situação anterior a sentença tem natureza mandamental, enquanto o capítulo referente à condenação do réu tem natureza condenatória, sendo satisfeito por meio de cumprimento de sentença[24].

Não merece interpretação literal o art. 881 do CPC no tocante à suspensão do processo principal, entendendo a melhor doutrina que a suspensão dependerá de análise a ser realizada no caso concreto, só se justificando quando demonstrado que a continuidade do processo possa acarretar algum dano ao autor da ação de atentado[25]. Já a proibição de falar no feito – exclusiva do processo principal[26] – parece ser inconstitucional, em nítida afronta ao princípio da ampla defesa e

[19] STJ, 6.ª Turma, MC 8.286/RJ, rel. Min. Paulo Galotti, j. 1.º.07.2004, *DJ* 05.08.2004.

[20] Theodoro Jr., *Processo*, n. 305, p. 361.

[21] Costa Machado, *Código*, p. 1.432; Fidélis dos Santos, *Manual*, n. 1.527, p. 403.

[22] Marinoni-Mitidiero, *Código*, pp. 802-803; Galeno Lacerda, *Comentários*, n. 130, p. 404; Câmara, *Lições*, v. 3, p. 237; Scarpinella Bueno, *Curso*, v. 4, p. 322.

[23] Scarpinella Bueno, *Curso*, v. 4, p. 322.

[24] Galeno Lacerda, *Comentários*, n. 132, p. 407; Baptista da Silva, *Do processo*, p. 560.

[25] Baptista da Silva, *Do processo*, p. 563.

[26] Theodoro Jr., *Processo*, n. 306, p. 363.

do contraditório[27], devendo o juiz se valer de outras medidas coercitivas para a efetivação de sua decisão.

No PLNCPC não existe mais previsão de cautelares nominadas.

[27] Contra: Galeno Lacerda, *Comentários*, n. 133, p. 411.

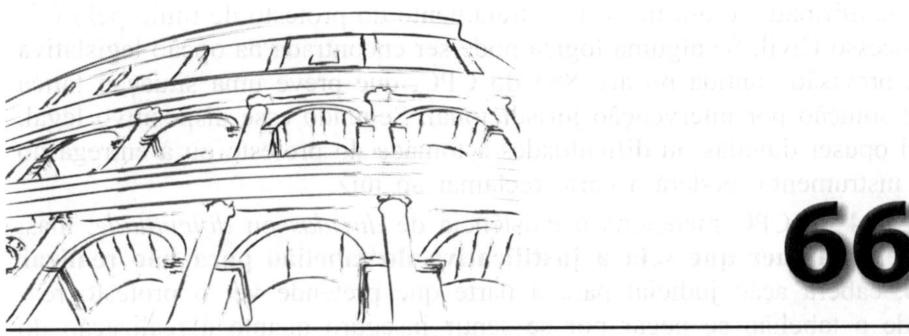

66

PROTESTO E APREENSÃO DE TÍTULOS

66.1. INTRODUÇÃO

Nos arts. 882 a 887 do CPC está previsto o procedimento do processo de protesto e apreensão de títulos. Registre-se, inicialmente, se tratar de dois processos distintos, sendo inclusive o protesto um ato praticado extrajudicialmente, não pertencendo rigorosamente ao campo do processo civil, enquanto a apreensão de títulos tem como objeto a apreensão e entrega desses títulos a quem de direito, com nítida natureza judicial, devendo desenvolver-se por meio de um processo.

Segundo o art. 1.º da Lei 9.492/1997, o protesto é o ato formal e solene pelo qual se provam a inadimplência e o descumprimento de obrigação originada em títulos ou em outros documentos, sendo realizado perante um tabelião de protesto, em procedimento estranho ao processo civil. Sendo assunto estranho ao processo civil, numa primeira análise não se compreende a existência de um processo de protesto de títulos diferente daquele já previsto nos arts. 867 a 873 do CPC, já tratado no Capítulo 62.

Realmente é inútil a previsão contida no art. 882 do CPC e incompreensível a manutenção do previsto no art. 883 do CPC no *Codex* processual. É inútil prever que o protesto de títulos e contas judicialmente verificadas dar-se-á nos casos e com as observâncias da lei (e de que outra forma seria realizado?). É no mínimo inapropriado prever no Código de Processo Civil providências que o tabelião de protesto deve adotar para a regularidade do protesto, como faz o art. 883 do CPC ao prever a necessidade de intimação do devedor.

66.2. PROTESTO DE TÍTULO

Como já afirmado, é um mistério o tratamento do protesto de título pelo Código de Processo Civil. Se alguma lógica pode ser encontrada na opção legislativa se trata da previsão contida no art. 884 do CPC, que prevê uma situação fática passível de solução por intervenção jurisdicional. Segundo esse dispositivo legal, se o oficial opuser dúvidas ou dificuldades à tomada do protesto ou à entrega do respectivo instrumento, poderá a parte reclamar ao juiz.

O art. 884 do CPC menciona a existência de *dúvidas* ou *dificuldade*, mas, na realidade, **qualquer que seja a justificativa do tabelião para não realizar o protesto**, caberá ação judicial para a parte que pretende ver o protesto realizado. Pode o tabelião se negar por se sentir inseguro quanto à realização do protesto (hipótese de dúvida), como também pode se negar por entender ilegítimo o protesto, quer seja por vício formal do título, como a ausência de elemento essencial, ou vício material, como o não vencimento da dívida representada pelo título. Poderá ainda se negar a realizar o protesto se o título for apresentado em local diverso da praça de pagamento. Correta a doutrina que entende cabível o processo na hipótese de demora excessiva ou de cobrança de emolumentos em valor superior ao permitido por lei[1].

Existe divergência doutrinária a respeito da *legitimidade ativa* para provocar o Poder Judiciário e resolver o impasse quanto à realização do protesto. Para parcela majoritária da doutrina, o próprio oficial do cartório de protestos poderá requerer a solução ao juízo[2], enquanto outra parcela afirma que somente o interessado no protesto tem tal legitimidade[3]. Prefiro o segundo entendimento, porque o tabelião não tem qualquer interesse em solucionar esse impasse, sendo de exclusivo interesse de quem apresentou o título a protesto a sua realização. Ainda que o tabelião esteja em dúvida e até mesmo curioso a respeito da regularidade do protesto, não cabe a ele a provocação do Poder Judiciário em razão da nítida falta de interesse de agir.

Apresentada a petição inicial, elaborada nos termos dos arts. 282 e 283 do CPC, e descartadas as exigências específicas do art. 801 do CPC, por não ter o processo natureza cautelar, o juiz **intimará o tabelião** de notas que se recusou a realizar o protesto para que se manifeste no prazo de cinco dias. Esse prazo não decorre de aplicação por analogia do art. 802 do CPC[4], inaplicável no caso em razão da natureza não cautelar do processo, mas do art. 185 do CPC. Note-se que o oficial não é citado, mas meramente intimado para prestar os devidos esclarecimentos, não se tornando réu na demanda[5], em excepcional hipótese de relação jurídica processual linear formada somente entre demandante e juiz. Tratando-se

1 Oliveira, *Comentários*, n. 137, p. 419.

2 Theodoro Jr., *Processo*, n. 312, p. 374; Oliveira, *Comentários*, n. 137, p. 419; Bomfim Marins, *Comentários*, p. 383; Costa Machado, *Código*, p. 1.437; Scarpinella Bueno, *Curso*, v. 4, p. 326.

3 Marinoni-Mitidiero, *Código*, p. 805; Câmara, *Lições*, v. 3, p. 244.

4 Nesse sentido Câmara, *Lições*, v. 3, p. 246.

5 Marinoni-Mitidiero, *Código*, p. 805.

de processo de *jurisdição voluntária*, o Ministério Público será ouvido no prazo de dez dias[6]. A sentença que acolhe o pedido do autor e que será transcrita no instrumento tem, para alguns doutrinadores, natureza mandamental[7]; para outros, natureza constitutiva[8].

66.3. APREENSÃO DE TÍTULOS

Como já afirmado anteriormente, sendo necessária a apreensão de títulos e sendo vedada nesse caso a autotutela, caberá à parte interessada em tal apreensão o ingresso do processo de apreensão de títulos, observando-se o procedimento previsto nos arts. 885 a 887 do CPC. Segundo o art. 885, *caput,* do CPC, cabe a apreensão de títulos de crédito não restituídos ou sonegados pelo emitente, sacado ou aceitante.

Segundo a melhor doutrina, **não se trata de processo de natureza cautelar**, considerando-se que a pretensão do autor é unicamente a apreensão dos títulos, com a satisfação de seu direito material de mantê-los em seu poder[9]. Justamente por não ter natureza cautelar, não se aplica a regra dos arts. 801, III, e 806 do CPC, não existindo necessidade de indicar na petição inicial a ação principal tampouco cumprir com o prazo de 30 dias para seu ingresso.

A petição inicial seguirá as regras formais dos arts. 282 e 283 do CPC e, apesar de não ter natureza cautelar, algumas regras do procedimento cautelar poderão ser aplicadas subsidiariamente, considerando a omissão dos artigos responsáveis por prever o procedimento desse processo. Dessa forma, cabe o pedido de liminar nos termos do art. 804 do CPC, bem como a citação do réu para a apresentação de defesa no prazo de cinco dias, nos termos do art. 802 do CPC[10].

Havendo sentença de improcedência (natureza declaratória negativa) ou terminativa, caberá o recurso de apelação ao autor no prazo de 15 dias. Havendo sentença de procedência, para os partidários da teoria trinária, haverá condenação do réu a entregar os títulos ao autor; para os partidários da teoria quinária, haverá sentença com eficácia mandamental e executiva[11]. Seja como for, as medidas executivas típicas para a satisfação da obrigação de entrega de coisa, previstas nos arts. 461 e 461-A do CPC, serão realizadas no próprio processo, em fase de satisfação do direito reconhecido na sentença, nos termos do art. 475-I do CPC[12].

Segundo o art. 885, *caput*, do CPC, o juiz poderá decretar a **prisão do réu** que recebeu o título de crédito para firmar aceite ou efetuar pagamento, desde que o autor comprove por documentos ou por justificação que não se confunde

6 Fidélis dos Santos, *Manual*, n. 1.580, p. 436; Marinoni-Mitidiero, *Código*, p. 805.

7 Baptista da Silva, *Do processo*, p. 570; Marinoni-Mitidiero, *Código*, p. 805.

8 Câmara, *Lições*, v. 3, p. 246.

9 Scarpinella Bueno, *Curso*, v. 4, p. 326.

10 Oliveira, *Comentários*, n. 138, p. 422; Greco Filho, *Direito*, n. 48, p. 207; Bomfim Marins, *Comentários*, p. 388.

11 Marinoni-Mitidiero, *Código*, p. 806; Baptista da Silva, *Do processo*, p. 573.

12 Scarpinella Bueno, *Curso*, v. 4, p. 327.

com a audiência de justificação prévia – que entregou o título e o réu se recusa a devolvê-lo. Aduz o art. 885, parágrafo único, do CPC que o juiz mandará processar de plano o pedido, ouvirá depoimentos se for necessário e, estando provada a alegação, ordenará a prisão, dando a entender que a prisão somente será determinada após o acolhimento do pedido do autor, portanto na sentença de procedência.

Há muito se discute sobre a constitucionalidade dessa prisão, levando-se em conta a vedação constitucional da prisão civil, salvo nos casos de inadimplemento voluntário e inescusável (art. 5.º, LXVII, da CF), lembrando-se que o Supremo Tribunal Federal entendeu incabível a prisão civil do depositário, conforme analisado no Capítulo 68, item 68.5. Há parcela doutrinária que entende cabível a multa, sem contrariedade alguma com o texto constitucional[13], enquanto a parcela doutrinária majoritária entende que a previsão do art. 885 do CPC é inconstitucional[14].

Não resta dúvida de que a prisão nesse caso será utilizada como forma de execução indireta, prestando-se a pressionar o requerido a entregar os títulos de crédito ao autor. Como amplamente analisado no Capítulo 42, item 42.4.1, há forte resistência jurisprudencial à utilização da prisão como forma de pressão psicológica, salvo no caso de inadimplemento voluntário e inescusável de alimentos, não sendo diferente da prisão decretada para convencer o réu a entregar títulos de crédito ao autor. Pelos fundamentos utilizados pelo Supremo Tribunal Federal nos julgamentos que entendeu inconstitucional a prisão do depositário infiel, analisados no Capítulo 68, item 68.5, dificilmente se entenderá constitucional a prisão prevista no art. 885 do CPC.

Para os que admitem a prisão do réu, nos termos do art. 886 do CPC, ela cessará:

(I) se o devedor restituir o título, pagar o seu valor e despesas ou depositá-lo em juízo;
(II) o requerente desistir, tanto da prisão civil, considerando que o exequente pode renunciar a meios executivos, como também da ação[15];
(III) não sendo iniciada a ação penal no prazo legal;
(IV) não sendo proferido julgamento dentro de 90 dias da execução do mandado, sendo esse dispositivo incompreensível se for aceito o entendimento já defendido de que a prisão só pode ser determinada no momento de prolação da sentença. Há doutrina que entende ser o prazo legal referente à prolação de sentença no processo penal[16].

No PLNCPC não existe mais previsão de cautelares nominadas.

[13] Marinoni-Mitidiero, *Código*, p. 806; Câmara, *Lições*, v. 3, p. 248-249; Bomfim Marins, *Comentários*, p. 387.

[14] Oliveira, *Comentários*, n. 139, p. 424; Greco Filho, *Direito*, n. 48, p. 207; Theodoro Jr., *Processo*, n. 313, 377; Baptista da Silva, *Do processo*, p. 574; Scarpinella Bueno, *Curso*, v. 4, p. 327.

[15] Oliveira, *Comentários*, n. 140, p. 426.

[16] Oliveira, *Comentários*, n. 140, p. 426; Câmara, *Lições*, v. 3, p. 249.

LIVRO VI

PROCEDIMENTOS ESPECIAIS DE JURISDIÇÃO CONTENCIOSA

67 CONSIGNAÇÃO EM PAGAMENTO

67.1. INTRODUÇÃO

A forma normal de extinção das obrigações é o pagamento, mas o ordenamento civil prevê outras formas atípicas, entre elas a consignação em pagamento, utilizada quando o pagamento não puder ser realizado em virtude da recusa do credor em recebê-lo ou em dar quitação ou, ainda, quando existir um obstáculo fático ou jurídico alheio à vontade do devedor que impossibilite o pagamento eficaz. Existindo um **direito do devedor de quitar sua obrigação**, evitando assim as consequências prejudiciais da mora, o ordenamento civil prevê a consignação em pagamento, que processualmente seguirá um procedimento especial regulado pelos arts. 890 a 900 do CPC. A consignação de alugueres e encargos de locação tem procedimento diferenciado, previsto no art. 67 da Lei 8.245/1991.

67.2. CONSIGNAÇÃO EXTRAJUDICIAL

O art. 890 do CPC permite ao devedor, desde que preenchidos determinados requisitos, a realização de consignação extrajudicial, sendo esta uma forma alternativa de solução do conflito[1] que dispensa a participação do Poder Judiciário. Trata-se de uma **opção do devedor**, que mesmo preenchendo todos os requisitos

[1] Dinamarco, *A reforma*, n. 175, p. 267; Nery-Nery, *Código*, p. 1.147.

ainda poderá optar pela demanda judicial, sendo obrigatória somente na hipótese de consignação de prestação oriunda de compromisso de compra e venda de lote urbano (art. 33 da Lei 6.766/1979)[2]. Apesar da omissão da Lei de Locações, não existe qualquer obstáculo para a aplicação do art. 890 do CPC à consignação de valores oriundos da relação locatícia[3].

São requisitos da consignação extrajudicial:

(a) a prestação deve ser pecuniária – consignação de dinheiro (art. 890, § 1.º, do CPC) –, até mesmo porque o devedor se valerá de instituição financeira;

(b) existência no local do pagamento (sede da comarca) de estabelecimento bancário oficial ou particular, preferindo-se o primeiro quando existirem ambos[4];

(c) conhecimento do endereço do credor, em razão da necessidade de tal informação para que se realize a notificação;

(d) credor conhecido, certo, capaz e solvente, o que afasta a consignação nos casos de (i) não se conhecer o credor (dúvida sobre a identidade física); (ii) dúvida a respeito de quem é o credor (dúvida sobre a condição jurídica); (iii) devedor incapaz, que não pode validamente receber ou dar quitação; (iv) credor insolvente ou falido, hipóteses nas quais o crédito deve ser destinado às respectivas massas; (v) existência de demanda judicial que tenha como objeto a prestação devida.

Preenchidos os requisitos legais e sendo a vontade do devedor, este realizará o depósito do valor junto ao estabelecimento bancário, sendo cientificado o credor pelo estabelecimento bancário por meio de carta com aviso de recebimento para que no prazo de dez dias se posicione com relação ao depósito realizado. Há divergência doutrinária a respeito do termo inicial desse prazo de dez dias, sendo a melhor doutrina a que entende contar-se o prazo do efetivo recebimento da notificação, e não do recebimento pelo banco do AR assinado pelo credor[5]. Não se trata, afinal, de prazo processual.

São quatro as possíveis reações do credor no decêndio:

(a) comparecer à agência bancária e levantar o valor, ato que extingue a obrigação;

(b) comparecer à agência bancária e levantar o valor fazendo ressalvas quanto à sua exatidão, quando poderá cobrar por vias próprias a diferença[6];

(c) silenciar, entendendo-se que nesse caso houve aceitação tácita, de forma que a obrigação será reconhecida como extinta, ficando o valor depositado à espera do levantamento do credor;

(d) recusar o depósito mesmo sem qualquer motivação, hipótese em que o depositante poderá levantar o dinheiro ou utilizar o depósito já feito para ingressar com a ação consignatória no prazo de 30 dias, instruindo a petição inicial com a prova do depósito e da recusa (art. 890, § 2.º, do CPC).

---

2 Marcato, *Procedimentos*, p. 90.

3 STJ, REsp 618.295/DF, 5.ª Turma, rel. Min. Felix Fischer, j. 06.06.2006; Marcato, *Código*, p. 2.349. Contra: Nery-Nery, *Código*, p. 1.147; Câmara, *Lições*, p. 276.

4 Marcato, *Procedimento*, p. 91; Furtado Fabrício, *Comentários*, n. 31, p. 55; Câmara, *Lições*, p. 274. Contra, limitando a consignação extrajudicial aos locais com banco oficial, Baptista da Silva, *Comentários*, p. 33.

5 Marcato, *Procedimento*, n. 20.2, p. 92. Contra, Furtado Fabrício, *Comentários*, n. 31, p. 55.

6 STJ, REsp 189.019/SP, 4.ª Turma, rel. Min. Barros Monteiro, j. 06.05.2004; *DJ* 02.08.2004.

O prazo de 30 dias para o ingresso da ação de consignação em pagamento serve tão somente para que o devedor não sofra os efeitos da mora, de maneira que, transcorrido esse prazo, a propositura da demanda continua possível, desde que o credor realize a consignação do valor principal acrescido dos juros e devidas correções, que contarão da data de vencimento da obrigação[7]. Segundo o art. 890, § 3.º, do CPC, após os 30 dias, o depósito extrajudicial perderá os seus efeitos, o que dá a entender que o autor deverá realizar um novo depósito.

67.3. COMPETÊNCIA

Segundo previsto no art. 891, caput, do CPC, a competência para a ação de consignação em pagamento é do **foro do lugar do pagamento**, excepcionando o foro comum estabelecido pelo art. 94 do CPC (foro do local do domicílio do réu), em simetria à regra estabelecida pelo art. 100, IV, "d", do CPC (foro do local do cumprimento da obrigação)[8]. Tratando-se de dívida de natureza quesível, o foro competente é o do domicilio do autor (devedor), e de dívida de natureza portável, o foro competente é o do local do domicílio do réu (credor), hipótese em que haverá coincidência com o foro comum previsto no Código de Processo Civil.

No art. 891, parágrafo único, do CPC, há previsão de que sendo a coisa devida corpo que deva ser entregue no lugar em que está, poderá o devedor requerer a consignação no foro em que ela se encontra. A intrigante norma é considerada inútil por parcela da doutrina, sendo uma simples repetição do estabelecido no *caput* do dispositivo legal[9], enquanto outra parcela, firme no princípio de que a lei não prevê palavras inúteis, entende tratar-se de regra a ser aplicada quando existir imprecisão quanto ao lugar do cumprimento da obrigação ou quando se estipular que o cumprimento deva ocorrer no local em que se ache a coisa ao tempo do vencimento da obrigação[10]. Há ainda uma terceira parcela doutrinária que entende aplicável a regra em razão da natureza da prestação ou quando ocorrer dificuldade de se cumprir a obrigação no local do domicílio do autor ou do réu (dívida portable e quérable), como na hipótese de um rebanho apascentado em local diverso do local de cumprimento da obrigação[11].

As regras previstas no art. 891 do CPC dizem respeito à **competência territorial, relativa** por natureza. Dessa forma, descumprida a regra, caberá ao réu alegar a incompetência por meio da exceção de incompetência, única postura possível a evitar a prorrogação de competência. É curioso que parcela da doutrina entenda que, apesar de relativa, o foro indicado pelo dispositivo legal se sobrepõe àquele

7 Contra, entendo que a mora conta-se do 31.º dia, Marcato, *Procedimento*, n. 20.2, p. 93.

8 Theodoro Jr, *Curso*, vol. III, n. 1.210, p. 26; Furtado Fabrício, *Comentários*, n. 52, p. 85.

9 Baptista da Silva, *Comentários*, p. 36-37.

10 Furtado Fabrício, *Procedimento*, n. 54, p. 87-88.

11 Theodoro Jr., *Curso*, vol. III, n. 1.211, p. 27.

indicado por eventual cláusula de eleição de foro[12]. Apesar da nítida especialidade da norma, não parece correta a conclusão, justamente porque na competência relativa a vontade das partes deve prevalecer sobre a previsão legal, não havendo razão plausível para o afastamento do foro indicado em cláusula de eleição de foro válida[13]. Parece ser esse também o entendimento do Superior Tribunal de Justiça, que somente desconsidera cláusula abusiva em contrato de adesão[14].

67.4. LEGITIMIDADE

O legitimado ativo natural da demanda consignatória é o **devedor** ou seus sucessores. Também são legitimados ativos **terceiros** estranhos à relação jurídica de direito material obrigacional, sendo que

(a) no caso de terceiro juridicamente interessado ocorrerá sub-rogação, de forma que esse terceiro, extinta a obrigação por consignação, assume os direitos e ações do credor satisfeito frente ao devedor;

(b) no caso de terceiro não interessado, não ocorre sub-rogação, sendo entendida a consignação como mera liberalidade deste em favor do devedor[15].

No polo passivo deverá constar o **credor**, e quando for desconhecido o réu será incerto, hipótese na qual haverá citação por edital. Havendo dúvida a respeito de quem seja o credor, caberá a formação de litisconsórcio passivo entre os pretensos credores, tratando-se de espécie de litisconsórcio necessário. Não parece correto o entendimento que defende a legitimidade passiva da administradora no caso de consignação de aluguéis, porque nesse caso haveria hipótese de legitimação extraordinária não prevista expressamente em lei e tampouco decorrente do sistema[16].

67.5. OBJETO DA DEMANDA CONSIGNATÓRIA

Conforme já exposto, a demanda consignatória tem como objetivo permitir a extinção de uma obrigação sempre que o devedor não consegue realizar o pagamento, seja por resistência do credor em recebê-lo, seja em razão de obstáculo alheio à sua vontade. O pedido do autor tem natureza meramente **declaratória**, apontando para a correção e suficiência do depósito realizado, sendo objeto de debate na demanda judicial justamente a correção de tal depósito. Em tese trata-se

---

12 Marcato, *Procedimento*, n. 23.1, p. 94; Theodoro Jr., *Curso*, vol. III, n. 1.210, p. 26.

13 Marinoni-Arenhart, *Código*, p. 817; Câmara, *Lições*, p. 279.

14 CC 31.408/MG, 2.ª Seção, rel. Min. Aldir Passarinho Junior, j. 26.09.2001.

15 Câmara, *Lições*, p. 283-284. Contra, defendendo a ilegitimidade ativa do terceiro desinteressado, Marcato, *Código*, p. 2.354; Furtado Fabrício, *Comentários*, n. 48, p. 79.

16 STJ, REsp 288.198/RJ, 4.ª Turma, rel. Min. Barros Monteiro, j. 22.06.2004; Theodoro Jr., *Curso*, vol. III, n. 1.209, p. 25. Contra: Furtado Fabrício, *Comentários*, n. 49, p. 81.

de demanda simples, na qual se discutirá se o depósito inicial foi apto a extinguir a obrigação do devedor-autor.

Parcela minoritária da doutrina afirma que a consignação em pagamento é uma execução forçada às avessas, de forma que algumas exigências formais presentes na demanda executiva também deverão ser feitas na consignatória. Afirma essa corrente doutrinária que a certeza e a liquidez da obrigação são imprescindíveis para o cabimento da ação consignatória, devendo tais requisitos ser analisados liminarmente pelo juiz, tomando por base as alegações do autor e o título jurídico invocado por ele para fundamentar sua pretensão jurisdicional. Na hipótese de esse título jurídico não veicular prima facie uma obrigação líquida e certa, não teria cabimento a ação de consignação em pagamento. Mesmo essa corrente doutrinária admite a discussão em torno da obrigação, mas exige que o título jurídico invocado no início da demanda seja capaz de indicar a liquidez e a certeza da obrigação[17].

Adotando-se essa corrente doutrinária, será inadmissível a propositura de ação de consignação em pagamento para o depósito de prestações oriundas de inadimplemento contratual ou da anulação de negócio jurídico, em especial quando o devedor entende dever menos do que o valor apontado em contrato. Ocorre, entretanto, que a praxe forense vem aceitando com tranquilidade a consignatória nessas situações, admitindo-se que a liquidez da obrigação seja determinada unilateralmente pelo próprio devedor, ainda que claramente contrária ao disciplinado contratualmente. É frequente a ação consignatória em que se realiza o depósito de valor muito inferior ao apontado em contrato, com a afirmação de que o contrato é nulo e que por isso não deve ser respeitado. Contratos que têm como objeto obrigações de trato sucessivo, muitas vezes com prestações periódicas de valor fixo, são ignorados pelos devedores ao ingressarem com demanda consignatória, que fazem cálculos unilateralmente, como se as alegações que fundamentam o apontado vício contratual já tivessem sido acolhidas, para determinação do valor efetivamente devido. Essa postura vem sendo incentivada por decisões judiciais, sendo pacífico o entendimento do Superior Tribunal de Justiça no sentido de permitir a **revisão incidental de cláusulas contratuais** no âmbito da demanda de consignação em pagamento[18].

É possível a consignação de dinheiro (obrigação de pagar quantia certa) e de coisa (obrigação de entregar coisa). Naturalmente, cabe ao devedor respeitar a natureza jurídica da obrigação, não sendo viável a consignação de dinheiro em quantia correspondente a uma obrigação de entregar coisa. Nesse caso, somente a consignação da coisa devida é apta a liberar o credor de sua obrigação[19].

---

17 Theodoro Jr., *Curso*, vol. III, n. 1.207, p. 20-22.

18 STJ, REsp 436.842/RS, 3.ª Turma, rel. Min. Nancy Andrighi, j. 08.03.2007, *DJ* 14.05.2007; STJ, AgRg no Ag 619.154, 4.ª Turma, rel. Min. Fernando Gonçalves, j. 03.02.2005, *DJ* 07.03.2005.

19 *Informativo* 465/STJ: 4.ª Turma, Esp 1.194.264/PR, rel. Min. Luis Felipe Salomão, j. 1.º.03.2011.

67.6. PROCEDIMENTO

A petição inicial da demanda consignatória é ato processual solene, como qualquer outra, devendo o autor preencher os requisitos formais dos arts. 282 e 283 do CPC. No caso de consignação extrajudicial frustrada pela recusa do credor em receber, dentre os tradicionais documentos indispensáveis à propositura da demanda (art. 283 do CPC), devem constar a prova do depósito e da recusa. A ausência de tais documentos não deve gerar a extinção do processo sem a resolução do mérito[20], mas a emenda da petição inicial (art. 284 do CPC), considerando-se a natureza sanável do vício.

Quando a consignação judicial for a primeira opção do devedor, não existirá qualquer especialidade na petição inicial, não sendo correto o entendimento de que o pedido expresso de depósito em cinco dias seja requisito formal indispensável[21], conquanto o depósito está previsto expressamente em lei e deve ser determinado independentemente de pedido expresso do autor nesse sentido. Dessa forma, apesar da previsão do art. 893, I, do CPC, trata-se a meu ver de exigência inútil.

Caberá ao juiz analisar a regularidade formal da petição inicial e sendo superada positivamente essa fase procedimental intimará o autor para que realize o **depósito no prazo de cinco dias**, dependendo a citação do réu da efetiva realização desse ato pelo autor. Ocorrendo a omissão, será caso de extinção do processo sem a resolução do mérito, havendo decisão do Superior Tribunal de Justiça que admite o depósito após os cinco dias previstos pelo art. 893, I, do CPC[22].

Realizada a citação do réu, ocorrerá concomitantemente a sua intimação para que levante o valor ou a coisa consignada ou, ainda, para que ofereça resposta (art. 893, III, do CPC). No prazo de 15 dias poderá

(a) responder, por meio de contestação, exceções rituais e reconvenção;
(b) tornar-se revel;
(c) requerer o levantamento da quantia depositada.

Caso o réu compareça em juízo, devidamente representado por advogado, e aceite a consignação, requerendo o levantamento do valor ou da coisa consignada, entende-se que **reconheceu juridicamente o pedido do autor**, devendo ser proferida sentença de mérito nos termos do art. 269, II, do CPC. Nesse caso, por reconhecer que a consignação extingue a obrigação, o réu concorda, ainda que implicitamente, que deu causa para a propositura da demanda, devendo responder pelas verbas de sucumbência. A sentença nesse caso terá como capítulo principal a declaração de extinção da obrigação e como capítulo acessório a condenação do réu ao pagamento das custas processuais e dos honorários advocatícios. Só não haverá extinção do processo no caso do réu pedir o levantamento da quantia

[20] Marcato, *Procedimento*, n. 25.2, p. 100.

[21] Theodoro Jr., *Curso*, vol. III, n. 1.217, p. 33.

[22] REsp 702.739/PB, 3.ª Turma, rel. Min. Nancy Andrighi, rel. p/ acórdão Min. Ari Pargendler, j. 19.09.2006.

consignada e, em contestação, impugnar o valor, apontando para a insuficiência da quantia ou da coisa depositada (art. 896, IV, do CPC).

Na hipótese de não contestar, ocorrerá revelia, devendo-se analisar em primeiro lugar a ocorrência ou não dos seus efeitos, em especial a **presunção de veracidade** dos fatos alegados pelo autor. Não há particularidade alguma desse fenômeno jurídico na consignação em pagamento, de forma que, presumidos os fatos verdadeiros, caberá ao juiz julgar antecipadamente o mérito (art. 330, II, do CPC), aplicando o melhor direito aos fatos, o que poderá inclusive levar à improcedência do pedido do autor, embora tal circunstância na demanda consignatória seja rara. O art. 897, caput, do CPC, portanto, deve ser interpretado de forma harmônica com o sistema processual[23]. Não ocorrendo o efeito descrito, o juiz determinará ao autor a especificação de provas, seguindo a demanda pelo procedimento ordinário.

Das defesas do réu, cabem as tradicionais previstas pelo art. 297 do CPC. A doutrina afirma corretamente que a **reconvenção** é cabível porque, apesar do procedimento ser previsto como especial, após o depósito realizado no início da demanda, antes da citação do réu (ou mesmo antes da demanda ser proposta, no caso de consignação extrajudicial frustrada), o rito a ser seguido é o ordinário[24]. As exceções rituais – incompetência relativa do juízo, suspeição e impedimento do juiz – não têm qualquer particularidade na demanda consignatória. No tocante a contestação, o art. 896 do CPC, limita as matérias de mérito que podem ser alegadas, o que naturalmente não ocorre com as defesas processuais previstas pelo art. 301 do CPC, de livre arguição pelo réu. Para parcela da doutrina a limitação é indevida, funcionando o rol do dispositivo legal de forma meramente exemplificativo[25], enquanto outra corrente doutrinária entende tratar-se de rol exaustivo, tratando-se a consignação em pagamento de demanda com **cognição limitada**[26].

O réu poderá alegar que não houve recusa ou mora em receber a quantia ou coisa devida (art. 896, I, do CPC), hipótese na qual caberá ao autor o ônus de provar que realmente tentou realizar o pagamento. Reconhecendo que houve a recusa, poderá o réu alegar a justeza de sua atitude (art. 896, II, do CPC), apontando a ausência de qualquer dos requisitos do pagamento, cabendo ao réu provar o fato que o levou a recusar o pagamento. O réu poderá ainda alegar que o depósito não se efetuou no prazo ou lugar do pagamento (art. 896, III, do CPC), sendo nesse caso cabível a alegação de imprestabilidade da prestação, o que ocorre na hipótese de prestação consubstanciada em coisa, mas nunca quando se tratar de quantia devida. A alegação de que o depósito não se efetuou no lugar do pagamento poderá ser feita como fundamento de defesa ou de exceção de incompetência relativa, sendo inclusive possível a dupla alegação:

---

23 Dinamarco, *A reforma*, n. 181, p. 272; Theodoro Jr., *Curso*, vol. III, n. 1.222, p. 37; STJ, REsp 769.468/RJ, 3.ª Turma, rel. Min. Nancy Andrighi, j. 29.11.2005.

24 Theodoro Jr., *Curso*, vol. III, n. 1.224, p. 38.

25 Marcato, *Procedimentos*, n. 27, p. 102; Nery-Nery, *Código*, p. 1.152.

26 Marinoni-Arenhart, *Código*, p. 820.

(a) matéria de mérito indireta, que acolhida leva à improcedência do pedido do autor;

(b) matéria de exceção de incompetência, que acolhida leva a remessa do processo ao juízo competente.

Por fim, o art. 896, IV, do CPC, permite a alegação de que o depósito não é integral, cabendo ao réu indicar precisamente o valor que entende devido, sob pena de indeferimento liminar da matéria defensiva[27]. A alegação de insuficiência do depósito abre a oportunidade no prazo de dez dias para o autor complementá-lo neste prazo (art. 899 do CPC).

A demanda consignatória passa a ter, após a citação do réu, o procedimento ordinário, de forma que nenhuma especialidade digna de nota existe após o momento procedimental inicial, seguindo-se ao momento de defesa do réu o saneamento do processo, instrução probatória e decisão por meio de sentença, recorrível por apelação a ser recebida no duplo efeito (art. 520, caput, do CPC). A sentença tem em regra natureza meramente declaratória; no acolhimento do pedido do autor haverá declaração e extinção da obrigação em razão da idoneidade e suficiência do depósito realizado; na rejeição do pedido haverá a declaração de que o depósito realizado não é apto a extinguir a obrigação. Excepcionalmente, a sentença terá também natureza **condenatória** quando o réu alegar a insuficiência do depósito e o autor não complementá-lo em dez dias, caso em que o juiz irá condená-lo a pagar a diferença apurada (art. 899, § 2.º, do CPC)[28]. É claro que em todas as hipóteses haverá um capítulo da sentença condenando o sucumbente ao pagamento das verbas sucumbenciais.

67.7. COMPLEMENTAÇÃO DO DEPÓSITO

Uma das defesas previstas no art. 896 do CPC é a alegação de insuficiência do depósito (inciso IV). É natural que essa alegação, se acolhida, seja suficiente para o julgamento de improcedência do pedido do autor, considerando-se que nesse caso haverá a constatação de que a recusa do réu foi legítima porque o autor pretendia quitar sua obrigação oferecendo menos do que o devido. Por uma questão de economia processual, o legislador permite que o autor complemente o depósito inicial, tornando-o adequado à alegação defensiva do réu, sempre que ainda for possível o cumprimento da obrigação.

Segundo a previsão do art. 896, parágrafo único, do CPC, não basta ao réu alegar a insuficiência do depósito, sendo imprescindível que aponte o valor ou as coisas que entende ser devidas. A indicação do valor ou das coisas na contestação desempenha duas funções:

(a) permitir ao autor analisar a conveniência de realizar o depósito complementar;

---

27 Dinamarco, *A reforma*, n. 180, p. 272; STJ, REsp 260.743/SP, 4.ª Turma, rel. Min. Aldir Passarinho Junior, j. 03.10.2006.

28 Câmara, *Lições*, p. 287; Marinoni-Arenhart, *Código*, p. 822; STJ, REsp 661.959/RJ, 2.ª Turma, rel. Min. João Otávio de Noronha, j. 20.04.2006.

(b) permitir a condenação do autor no valor da diferença na hipótese de não ser feito o complemento do depósito.

Como se nota, a possibilidade do autor ser condenado a pagar a diferença apurada entre o valor do depósito e do valor devido, sem a necessidade de qualquer pedido do réu nesse sentido, demonstra claramente a **natureza dúplice** da ação de consignação em pagamento[29].

A complementação só será admitida quando a prestação não tiver se tornado imprestável ao réu, o que poderá ocorrer na obrigação que tenha como objeto a entrega ou a restituição de coisa, mas nunca na obrigação de pagar, porque nesse caso o recebimento é sempre útil ao credor. No caso de a prestação ter se tornado inútil, caberá ao réu alertar o juiz no caso concreto que não tem mais interesse em receber a prestação, mesmo que completa, alegando expressamente o afastamento da regra prevista no art. 899 do CPC.

Alegada pelo réu a insuficiência do depósito inicial, e ainda sendo útil ao credor a prestação devida, o juiz intimará o autor para que realize no prazo de dez dias a sua complementação. Realizada a complementação e sendo a insuficiência do depósito a única alegação defensiva, a demanda será extinta com resolução de mérito, acolhendo-se o pedido do autor e liberando-o da obrigação. Ocorre, entretanto, que ao complementar o depósito inicial, o autor confessa que o réu tinha razão em não receber o pagamento conforme originariamente ofertado, de forma que, apesar do acolhimento de seu pedido, o autor será condenado ao pagamento das verbas de sucumbência. Havendo outros fundamentos da defesa, a demanda seguirá normalmente, sendo lícito ao autor o levantamento imediato do depósito realizado.

O levantamento também é autorizado na hipótese de não ocorrer a complementação, em razão da incontrovérsia quanto ao valor ou das coisas depositadas em juízo, havendo doutrina que aponta o art. 899, § 1.º, do CPC, como espécie de **tutela antecipada** em favor do autor, considerando-se que com relação ao objeto do levantamento se considerará a obrigação extinta, e também em favor do réu, que poderá se aproveitar faticamente do levantamento realizado[30].

67.8. CONSIGNAÇÃO DE PRESTAÇÕES PERIÓDICAS

Segundo o art. 892 do CPC, tratando-se de prestações periódicas (obrigações de trato sucessivo, com prestações deferidas no tempo), permite-se ao autor a consignação das prestações vincendas, conforme vençam no decorrer do trâmite procedimental, no prazo de cinco dias do vencimento da prestação. A previsão legal está fundada no princípio da economia processual, buscando evitar uma inadequada multiplicidade de demandas consignatórias (cada qual com uma pres-

---

29 STJ, REsp 886.823/DF, 3.ª Turma, rel. Min. Ari Pargendler, j. 17.05.2007; Dinamarco, *A reforma*, n. 182, p. 273; Marcato, *Procedimento*, n. 27.4, p. 104. Contra: Baptista da Silva, *Comentários*, p. 83.

30 Dinamarco, *A reforma*, n. 185, p. 275; Marcato, *Procedimento*, n. 28, p. 106.

tação depositada) que, pela conexão, seriam de qualquer maneira reunidas para julgamento conjunto. Afirma-se corretamente que a regra desse dispositivo legal é a mesma constante no art. 290 do CPC, admitindo-se a consignação incidental mesmo que não haja pedido expresso nesse sentido na petição inicial (pedido implícito)[31].

O procedimento é bastante simples. Já existindo uma conta corrente aberta na qual foi realizado o primeiro depósito, o autor sucessivamente realizará o depósito no prazo máximo de cinco dias do vencimento da prestação, sem a necessidade de se abrir prazo para a defesa do réu[32], embora seja interessante a intimação do mesmo para que tome ciência de que as prestações que vão vencendo na constância da demanda estão sendo consignadas judicialmente[33]. A não realização da consignação de prestação vincenda impede que o autor continue a se utilizar da demanda já interposta para a consignação de parcelas subsequentes[34], sendo indispensável nesse caso a propositura de uma nova demanda consignatória.

Existe intenso debate jurisprudencial e doutrinário a respeito do termo final da consignação incidental de prestações vincendas em demanda já existente. Por aplicação analógica do art. 67, III, da Lei 8.245/1991, parcela doutrinária entende que o termo final é a prolação da sentença, não se admitindo a realização de consignações incidentais após esse momento procedimental, mesmo que haja contra a sentença apelação pendente de julgamento[35], parecendo ser esse o entendimento mais técnico. O Superior Tribunal de Justiça, por outro lado, já teve a oportunidade de defender entendimento contrário, admitindo a consignação incidental de prestações periódicas **até o trânsito em julgado** da sentença, amparando-se no princípio da economia processual[36]. Há ainda uma terceira corrente doutrinária que defende a possibilidade de consignação incidental após a prolação da sentença dependendo do teor desse ato decisório diante do pedido elaborado pelo autor[37]:

(a) limitando-se às prestações já consignadas, não se admitirá a continuação das consignações incidentais após a prolação da sentença;

(b) constando da sentença expressamente a possibilidade de consignações supervenientes à sua prolação (eficácia condicional do julgado), os depósitos serão admitidos até o trânsito em julgado.

---

[31] Baptista da Silva, *Comentários*, p. 38; Furtado Fabrício, n. 67, p. 97.

[32] Marcato, *Procedimento*, n. 29, p. 107.

[33] Furtado Fabrício, n. 66, p. 96.

[34] Theodoro Jr., *Curso*, vol. III, n. 1.216, p. 32; Baptista da Silva, *Comentários*, p. 39.

[35] Marcato, *Procedimento*, n. 29, p. 108; Baptista da Silva, *Comentários*, p. 40; Furtado Fabrício, n. 70, p. 99-101.

[36] STJ, REsp 439.489/SP, 2.ª seção, rel. Min. Carlos Alberto Menezes Direito, rel. para acórdão, Min. Nancy Andrighi, j. 10.12.2003, *DJ* 19.04.2004.

[37] Theodoro Jr., *Curso*, vol. III, n. 1.215, p. 32.

67.9. AÇÃO DE CONSIGNAÇÃO FUNDADA NA DÚVIDA REFERENTE À TITULARIDADE DO CRÉDITO

Existem duas espécies de dúvida do devedor que impedem a identificação de seu credor:

(a) não saber a quem deve, hipótese na qual o polo passivo será formado por réu incerto, com citação por edital e, no caso de ausência de contestação, indicação de advogado dativo para apresentação de defesa;

(b) se surgir fundada dúvida a respeito de qual dos pretendentes ao recebimento é realmente o credor, uma vez que quem paga mal paga duas vezes. A mesma circunstância verifica-se quando existe demanda judicial que tem como objeto a prestação, sendo nesse caso presumida a dúvida quanto ao titular do crédito.

Sendo possível a identificação dos pretendentes ao recebimento da prestação, o devedor formará um **litisconsórcio passivo** entre todos os sujeitos que se dizem credores. Realizada a citação, algumas situações serão possíveis:

(a) nenhum dos réus comparece, verificando-se a revelia e o julgamento antecipado do mérito para o acolhimento do pedido do autor, sendo a quantia ou a coisa depositada e arrecadada como bem de ausente;

(b) somente uma das partes comparece, alegando ser o credor, devendo o juiz analisar os fundamentos da alegação e, convencendo-se, proferirá sentença de procedência do pedido do autor, determinando o levantamento do depósito em favor do réu que se manifestou; caso não se convença, a quantia ou coisa depositada será arrecadada como bem de ausente[38];

(c) todos os réus comparecem no processo, afirmando a titularidade do crédito, hipótese em que o juiz declarará extinta a obrigação, excluindo o autor do processo, que seguirá exclusivamente entre os réus, com a dupla condição de sujeitos ativos e passivos da relação jurídica processual. O valor dos encargos de sucumbência será retirado do depósito, considerando-se a procedência do pedido do autor[39];

(d) todos os réus comparecem ao processo e, além de afirmarem a titularidade do crédito, apresentam alguma outra matéria defensiva, hipótese em que a demanda prosseguirá com a estrutura subjetiva inicial (autor e réus). No caso de essa alegação ser a insuficiência do depósito e o autor realizar o complemento em dez dias, também será excluído do processo, remanescendo somente os réus originários, uns contra os outros, a fazer parte da relação jurídica processual.

67.10. CONSIGNATÓRIA DE ALUGUÉIS E OUTROS ENCARGOS LOCATÍCIOS

O art. 67 da Lei 8.245/1991 (Lei do Inquilinato) prevê a "ação de consignação de aluguel e acessórios da locação" regulamentando o seu procedimento. Trata-se de procedimento especial, com certas particularidades, mas mesmo não havendo na lei qualquer referência expressa nesse sentido, devem-se aplicar subsidiariamente a

[38] Theodoro Jr., *Curso*, vol. III, n. 1.230, p. 44; Marcato, *Procedimentos*, n. 26, p. 101.

[39] Furtado Fabrício, *Comentários*, n. 124, p. 155; Theodoro Jr., *Curso*, vol. III, n. 1.230, p. 44.

este as regras do procedimento da consignação em pagamento previsto no Código de Processo Civil (arts. 890 a 900). Destacam-se as principais características do procedimento especial ora analisado.

A competência da ação consignatória de aluguéis e encargos da locação é disciplinada pelo art. 58, II, da Lei 8.245/1991, que prevê o **lugar da situação da coisa** como o foro competente, desde que não exista cláusula de eleição de foro. Significa dizer que as partes poderão livremente acordar a respeito da comarca ou da seção judiciária competente para demanda e que, somente na ausência desse acordo expresso em cláusula escrita de eleição de foro, será competente o foro do local da coisa locada[40].

A petição inicial deve preencher os requisitos do art. 282 do CPC, contendo ainda a especificação dos alugueres e acessórios da locação com a indicação dos respectivos valores que o autor entender corretos (art. 67, I, da Lei 8.245/1991). O valor da causa será igual a 12 meses de aluguel, sendo irrelevantes as prestações consignadas no início da demanda judicial (art. 58, III, da Lei 8.245/1991). O **depósito** deve ser realizado no **prazo de 24 horas** do deferimento da petição inicial, sendo dispensado o depósito nesse prazo no caso de o devedor já ter anteriormente tentado a consignação extrajudicial (art. 67, II, da Lei 8.245/1991).

A citação do réu se fará nos termos do art. 58, IV, da Lei 8.245/1991, com as devidas adaptações da atual redação dos arts. 221 e 222 do CPC. Significa dizer que a citação por carta com aviso de recebimento passa a ser a regra, independentemente de expressa previsão contratual nesse sentido. A única particularidade interessante diz respeito à possibilidade de serem realizadas **citações por telex ou fax** quando o réu for pessoa jurídica ou firma individual e tal forma de citação estiver expressamente prevista em contrato.

Tendo sido citado o réu e não havendo a apresentação de contestação, ocorrerá revelia, e embora o art. 67, IV, da Lei 8.245/1991, determine o imediato julgamento de procedência do pedido do autor, são aplicáveis à Lei do Inquilinato as regras atinentes à revelia e aos seus efeitos já analisadas no Capítulo 12, item 12.2. Sendo hipótese de presunção de veracidade dos fatos alegados pelo autor e sendo admissível a qualificação jurídica dada a esses fatos, será caso de julgamento antecipado do mérito (art. 330, II, do CPC), com o acolhimento do pedido do autor. A única novidade digna de nota é a expressa previsão a respeito do valor da condenação em honorários advocatícios, que será de 20% do valor dos depósitos (art. 67, IV, da Lei 8.245/1991). O mesmo percentual vem expressamente previsto para a hipótese de o réu levantar o depósito, com reconhecimento jurídico implícito do pedido do autor.

Seguindo o exemplo do art. 896 do CPC, o art. 67, V, da Lei 8.245/1991, prevê **limitação com relação às matérias alegáveis em contestação**. O dispositivo legal indica que as matérias de direito não têm limitação, que se reserva

---

40 Câmara, *Lições*, p. 292.

para as matérias de fato. Ainda assim, parcela da doutrina critica o dispositivo legal, afirmando que não pode existir qualquer limitação nas matérias defensivas do réu nessa demanda consignatória[41]. Em razão de expressa previsão legal, é cabível a reconvenção como forma de resposta do réu, por meio da qual poderá pedir o despejo e a cobrança de valores que tenham sido objeto da consignatória ou da diferença do depósito inicial (art. 67, VI, da Lei 8.245/1991). Por questão de economia processual, o legislador entendeu por bem criar uma limitação ao objeto da **reconvenção**, sendo inadmissível que tenha outras prestações que não sejam objeto da consignatória[42].

Sempre que a alegação defensiva do réu for a insuficiência do depósito inicial, o autor será intimado para que, querendo, complemente o depósito. O **direito de complementação** também é previsto no art. 899 do CPC, mas no tocante à consignação de aluguéis e encargos da locação existem três particularidades dignas de nota (art. 67, VII, da Lei 8.245/1991):

(a) o prazo para complementação é de 5 dias;

(b) ao valor da complementação será acrescido 10% sobre o valor da diferença;

(c) a complementação acarreta o julgamento de procedência do pedido, mas o autor será condenado ao pagamento das verbas de sucumbência, sendo expressamente previsto que no tocante aos honorários advocatícios a condenação será de 20% sobre o valor dos depósitos.

Tratando-se de obrigação de trato sucessivo, o art. 67, III, da Lei 8.245/1991, prevê a possibilidade de **consignação incidental** das parcelas vincendas, com a expressa previsão de que o termo final é a prolação da sentença, sendo indiscutível que nessa espécie de obrigação será necessário o ingresso de nova demanda consignatória após a prolação da sentença. Diferente do que ocorre com a consignatória prevista pelo Código de Processo Civil, a consignação incidental de aluguéis e encargos da locação deve ocorrer no respectivo vencimento, e não no prazo de cinco dias após o vencimento, sendo nesse particular diferente do sistema da consignatória tradicional.

Há uma última particularidade na consignatória ora analisada, prevendo o art. 58, V, da Lei 8.245/1991, que todos os recursos interpostos contra sentenças proferidas em processos envolvendo locação ou as prestações pecuniárias dela oriundas não serão recebidos no efeito suspensivo. Naturalmente, o dispositivo legal aplica-se à apelação interposta contra sentença proferida em ação consignatória em pagamento, ainda que a declaração contida na sentença não possa ser objeto de satisfação provisória, limitada aos efeitos práticos dessa declaração. Na consignatória regida pelo Código de Processo Civil, diante da ausência de previsão legal específica, aplica-se a regra estabelecida pelo art. 520, *caput*, do CPC, sendo a apelação recebida no duplo efeito.

---

[41] Marcato, *Procedimentos*, n. 32.10, p. 115.

[42] Theodoro Jr., *Curso*, vol. III, n. 1.231-a, p. 47.

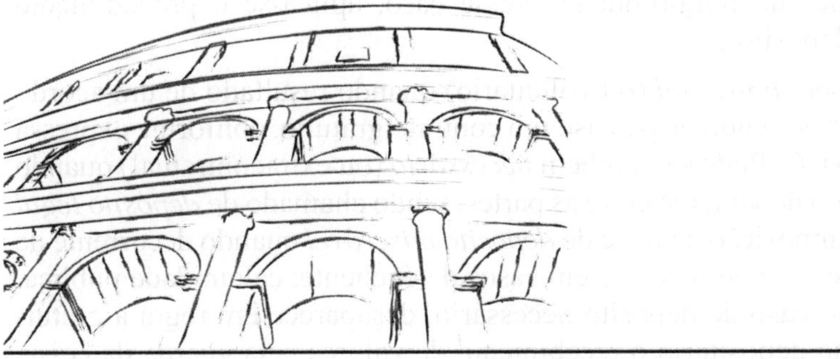

68

AÇÃO DE DEPÓSITO

Sumário: 68.1. Introdução – 68.2. Legitimidade e competência – 68.3. Procedimento – 68.4. Depositário judicial – 68.5. Prisão civil.

68.1. INTRODUÇÃO

O contrato de depósito é regulado pelos arts. 627 a 652 do CC, tendo como objeto o recebimento de coisa por uma pessoa, denominada de depositária, que deve guardá-la por um determinado tempo e restituí-la quando reclamado pela pessoa que deu a coisa em depósito, nomeada de depositante. Conforme expressamente previsto no art. 627 do CC, somente *coisa móvel* pode ser objeto do contrato de depósito, mas há forte tendência doutrinária que defende a possibilidade de depósito legal de *coisa imóvel*, considerando-se a existência de previsões legais nesse sentido (p. ex.: art. 17 do Decreto-lei 58/1937 e arts. 622, 799, 925, todos do CPC)[1].

Tratando-se de coisa infungível, haverá *depósito regular*, obrigando-se o depositário a devolver ao depositante especificamente a coisa dada em depósito, não restando dúvida da aplicabilidade do procedimento especial previsto nos arts. 902 a 906 do CPC. Sendo a coisa fungível, tratar-se-á de *depósito irregular*, o que em tese afasta a aplicação do procedimento especial ora analisado, sujeitando-se a relação jurídica à disciplina legal do mútuo. Esse é o entendimento do Superior Tribunal de Justiça, inclusive afastando a possibilidade de prisão civil[2], no mais afastada para qualquer espécie de depósito pela Súmula Vinculante 25. Afirma-se em tese porque é possível a existência de contrato de depósito de coisa fungível

---

1 Theodoro Jr., *Curso*, n. 1.236, p. 57; Marcato, *Procedimentos*, n. 34.1, p. 128.

2 STJ, REsp 959.693/PR, 4.ª Turma, rel. Min. Aldir Passarinho Junior, j. 22.04.2008; *DJ* 19.05.2008; AgRg no Ag 477.166/MS, 3.ª Turma, rel. Min. Humberto Gomes de Barros, j. 26.10.2006; *DJ* 11.12.2006.

no qual expressamente conste a impossibilidade de uso e consumo da coisa, determinando-se a devolução quando solicitado especificamente do bem dado em depósito, apesar de sua fungibilidade. Nesse caso, aplica-se o procedimento especial da ação de depósito[3].

O depósito pode ser *contratual* (ou voluntário) quando resultado de um acordo de vontade entre as partes, sendo nesse caso um contrato gratuito, conforme expressa previsão do art. 627 do CC. Pode ser também *necessário* (ou extracontratual) quando não resulte de um acordo de vontade entre as partes, sendo chamado de *depósito legal* quando decorrente de imposição de lei, e de *depósito miserável* quando decorrente de inesperada necessidade, tal como ocorre em casos de enchente, calamidade pública, naufrágio ou saque. No caso de depósito necessário, desaparece em regra a gratuidade, sendo legítimo ao depositário o recebimento de valores pela guarda da coisa, existindo doutrina que defende tal onerosidade também ao depósito contratual[4].

68.2. LEGITIMIDADE E COMPETÊNCIA

A legitimidade ativa é da **pessoa que confiou o bem à custódia** do depositário, não havendo necessidade de essa pessoa ser a dona da coisa, bastando que tenha sua posse no momento do depósito. Não há qualquer empecilho para que o depositante seja pessoa jurídica e até mesmo pessoa formal. São também legitimados os herdeiros e sucessores do depositante, que poderão tanto propor a ação de depósito como assumir o polo ativo (sucessão processual) na hipótese de falecimento do depositante.

No polo passivo constará o **depositário infiel**, ou seja, a pessoa que tendo o dever de custodiar o bem e devolvê-lo ao depositante quando solicitado a tanto não o faz. Também são legitimados os herdeiros e sucessores do depositário infiel, sendo equivocado o entendimento de que a ação de depósito tenha natureza personalíssima. Sendo obrigação patrimonial, é natural que ocorra a sucessão aos herdeiros e sucessores. O que a doutrina corretamente não admite é a possibilidade de prisão civil de herdeiros e sucessores quando o desvio do bem seja imputado ao *de cujus*[5]. Concordo com tal posicionamento, mas entendo que, sendo o desvio atribuível aos herdeiros e sucessores, a prisão civil será plenamente cabível. Por fim, também a pessoa jurídica pode ser legitimada passiva, admitindo-se a prisão civil de gerentes e diretores, que serão considerados responsáveis pela devolução do bem quando solicitado[6].

Registre-se que os posicionamentos favoráveis à prisão civil, entretanto, passaram a ser mero exercício acadêmico após a infeliz Súmula Vinculante 25, que proíbe a prisão civil do depositário infiel.

3 Theodoro Jr., *Curso*, n. 1.236, p. 57; Marcato, *Procedimentos*, n. 36, p. 130.

4 Marcato, *Procedimentos*, n. 34.1, p. 128.

5 Theodoro Jr., *Procedimentos*, n. 1.238, p. 61.

6 Marcato, *Procedimentos*, n. 37, p. 130; Nery e Nery, *Código*, p. 1.158; Fidélis dos Santos, *Dos procedimentos*, n. 51, p. 51-52.

Tratando-se de ação de natureza pessoal, aplica-se o art. 94 do CPC, sendo competente o foro do domicílio do réu, mesmo quando excepcionalmente o depósito tiver como objeto uma coisa imóvel. É possível no contrato de depósito a existência de cláusula de eleição de foro, o que naturalmente poderá modificar o estabelecido pelo art. 94 do CPC.

68.3. PROCEDIMENTO

A petição inicial da ação de depósito deverá preencher os requisitos formais previstos no arts. 282 e 283 do CPC. O art. 902 do CPC prevê dois requisitos específicos da petição inicial da ação de depósito, a saber:

(i) prova literal do depósito, que segundo ensina a melhor doutrina não precisa necessariamente ser o contrato de depósito, bastando que seja uma prova escrita que demonstra a relação jurídica material de depósito[7];

(ii) estimativa do valor do bem, caso tal valor não conste do contrato de depósito, exigência que se presta tanto para a fixação do valor da causa como para possibilitar ao réu a consignação do valor do bem em dinheiro.

Poderá também constar da petição inicial o pedido de prisão civil do réu pelo prazo máximo de 1 ano (art. 902, § 1.º, do CPC). Trata-se de medida de execução indireta, funcionando a prisão civil como meio de pressão psicológica – por meio de uma ameaça – para que a obrigação seja satisfeita voluntariamente (não espontaneamente). Sendo forma de efetivação da tutela jurisdicional, não há como defender o entendimento de que a prisão civil nesse caso está condicionada ao pedido expresso do autor, sendo vedada a atuação oficiosa do juiz[8]. Entendo que o juiz possa determinar a prisão civil de ofício[9], mas que, naturalmente, o autor poderá impedir essa decretação se expressamente se manifestar contra ela.

Mais uma vez é preciso registrar que as considerações referentes à prisão civil do depositário infiel só têm relevância para os que não adotarem o posicionamento do Supremo Tribunal Federal que proíbe a prisão civil do depositário infiel. O desrespeito, entretanto, tratando-se de entendimento consagrado em súmula vinculante, além de não ser recomendável, ensejará o cabimento no caso concreto de reclamação constitucional para o Supremo Tribunal Federal.

Apesar da omissão de previsão expressa nesse sentido nos arts. 901 a 906 do CPC, são admitidos tanto o pedido do autor como a aplicação de ofício pelo juiz de outra tradicional medida de execução indireta, as **astreintes** (art. 461, § 4.º, do CPC). O art. 905 do CPC prevê expressamente a busca e apreensão do bem, sem prejuízo do depósito ou da prisão civil do réu. Também é aplicável o art. 461,

---

7 Marinoni-Mitidiero, *Código*, p. 824; Fidelis do Santos, *Dos procedimentos*, n. 45, p. 47.

8 Nery-Nery, *Código*, p. 1.156; Câmara, *Lições*, p. 304.

9 Marcato, *Procedimentos*, n. 38.1, p. 131. Contra, Theodoro Jr., *Curso*, n. 1.242, p. 63, entende que o juiz pode determinar de ofício, mas que a expedição do mandado de prisão depende de pedido do autor.

§ 3.º, do CPC, de forma que o autor poderá pedir liminarmente a apreensão do bem depositado, ainda que a sua entrega definitiva fique condicionada à vitória definitiva na demanda, sempre que demonstrar a relevância da fundamentação e o justificado receio de ineficácia do resultado final da demanda.

Entendendo estar a petição inicial regular, o juiz determinará a citação do réu por uma das formas legais previstas (art. 222 do CPC), concedendo-lhe o prazo de 5 dias para adotar quatro possíveis reações. Apesar da omissão legal, é indiscutível a possibilidade de o réu deixar de reagir à sua citação, o que configurará revelia, nos termos do art. 319 do CPC. Segundo previsão do art. 902, I, do CPC, o réu poderá:

(a) entregar a coisa, em espécie peculiar de reconhecimento jurídico do pedido, devendo a demanda ser extinta com resolução de mérito (art. 269, II, do CPC) em razão da satisfação do direito do autor;

(b) depositar a coisa em juízo, o que permitirá ao réu contestar a demanda sem sofrer qualquer medida de execução direta (busca e apreensão) ou indireta (astreintes e prisão civil);

(c) consignar o equivalente em dinheiro, sendo admitida essa reação somente na hipótese de impossibilidade material de devolução da coisa depositada[10]. O autor pode não concordar em receber o equivalente em dinheiro sempre que ainda for possível a obtenção da coisa depositada, podendo requerer ao juiz a tomada de medidas executivas para a retomada do bem.

Poderá ainda o réu simplesmente contestar o pedido do autor (art. 902, II, do CPC), sendo lícita a alegação de qualquer matéria defensiva, o que torna as matérias expressamente previstas no art. 902, § 2.º, do CPC (nulidade ou falsidade do título e extinção das obrigações) meramente exemplificativas. Além da contestação, o réu também poderá apresentar as outras espécies de resposta, inclusive a reconvenção, considerando-se que a partir da resposta do réu o procedimento torna-se ordinário (art. 903 do CPC)[11] e exceções rituais.

Aduz o art. 903 do CPC que, no caso de o réu apresentar contestação, observar-se-á o **procedimento ordinário**, o que naturalmente não afastará uma especialidade procedimental da ação de depósito que é a possibilidade de decretação de prisão civil do depositário infiel[12], desde que afastado o já mencionado entendimento do Supremo Tribunal Federal de proibição da prisão civil nesse caso.

Julgado procedente o pedido, prevê o art. 904 do CPC que o juiz ordenará a expedição de mandado para a entrega da coisa ou seu equivalente em dinheiro no **prazo de 24 horas**, sendo naturalmente que esse prazo só terá sua contagem iniciada a partir do momento em que a sentença passar a gerar efeitos. Dessa forma, eventual recurso com efeito suspensivo impede a executividade imediata da sentença. Como a norma legal prevê a possibilidade da consignação do equi-

[10] Theodoro Jr., *Curso*, n. 1246, p. 66.

[11] Fidélis dos Santos, *Dos procedimentos*, n. 57, p. 56; Nery-Nery, *Código*, p. 1.156.

[12] Marinoni-Mitidiero, *Código*, p. 825; Nery-Nery, *Código*, p. 1.157.

valente em dinheiro, é indispensável que o juiz o determine em sua sentença; não havendo controvérsia, será o valor do contrato ou aquele indicado pelo autor; todavia, se houver, será o determinado pelo juiz.

Como se nota da própria redação do dispositivo legal ora comentado, a prisão civil, para os que a admitem, não deve ser determinada pelo juiz como primeira medida executiva, devendo-se aguardar o cumprimento da obrigação no prazo de 24 horas[13], e somente se descumprida poderá ser determinada a prisão civil. A busca e apreensão pode ser determinada pelo juiz, ainda que o réu tenha consignado o valor pelo equivalente ou esteja preso. Recuperado o bem depositado, o valor consignado será devolvido ao depositário e expedir-se-á mandado de soltura na hipótese de o depositário estar preso.

Não sendo obtido o bem e tampouco o seu equivalente em dinheiro, poderá o autor valer-se da sentença de procedência para executar por meio de cumprimento de sentença (arts. 475-J, 475-L, 475-M, 475-R do CPC) as perdas e danos suportados pela insatisfação de seu direito. Nesse caso, naturalmente, cessará a especialidade procedimental, tratando-se de execução por quantia certa, não se admitindo a prisão civil[14].

Todos os atos executivos voltados à satisfação do direito reconhecido pela sentença serão praticados no próprio processo em que se condenou o réu, por meio de uma mera fase procedimental de satisfação. A sentença, portanto, tem natureza *executiva "lato sensu"*, restando dispensado o processo autônomo de execução para a satisfação do direito nela reconhecida. O que poderia durante certo tempo ser entendido como algo excepcional, atualmente é a regra para todas as demandas que tenham como objeto uma obrigação de fazer (art. 461 do CPC), como é o caso da ação de depósito.

68.4. DEPOSITÁRIO JUDICIAL

O depositário judicial atua em demanda judicial como auxiliar eventual do juízo, prestando um **serviço público** de suma importância na manutenção de bens que sejam objeto de constrição judicial. Como se pode notar, o depósito judicial não decorre de um contrato celebrado entre as partes, mas de uma determinação judicial proveniente da necessidade de se manter em depósito bens que tenham sido objeto de constrição.

Durante muito tempo se discutiu se a retomada de bem em depósito judicial deveria seguir as regras procedimentais do depósito convencional, ou mais precisamente, se a pressão psicológica desenvolvida pela prisão civil poderia ser aplicada independentemente de uma ação de depósito. O Supremo Tribunal Federal sumulou entendimento no sentido de que a ação seria dispensada, podendo o juiz determinar a prisão civil incidentalmente no processo em que se verificou o

[13] Theodoro Jr., *Curso*, n. 1.248, p. 68; Marcato, *Procedimentos*, n. 40.1, p. 134.

[14] Marinoni-Mitidiero, *Código*, p. 826.

depósito (Súmula 619 do STF). O assunto finalmente se pacificou com a expressa previsão legal nesse sentido (art. 666, § 3.º, do CPC), mas se tornou superado em razão da Súmula Vinculante 25.

68.5. PRISÃO CIVIL

Existia intensa discussão doutrinária e jurisprudencial a respeito da possibilidade de prisão do depositário infiel diante do Pacto de São José da Costa Rica, que determina expressamente que a prisão civil é exclusividade do devedor de alimentos. Em julgados recentes o Supremo Tribunal Federal, em entendimento que vem sendo seguido pelo Superior Tribunal de Justiça[15], decidiu pela **impossibilidade da decretação de prisão civil do depositário infiel**. O entendimento veio a ser consagrado pela Súmula Vinculante 25.

Valendo-se da tese de que os pactos internacionais que tenham como objeto os direitos humanos têm lugar singular no ordenamento jurídico brasileiro, localizando-se abaixo da Constituição Federal, mas acima da legislação interna, a Corte Suprema entendeu que a única prisão civil admitida pelo ordenamento jurídico brasileiro é a do devedor de alimentos. O ***status* normativo supralegal** dos tratados internacionais de direitos humanos subscritos pelo Brasil torna inaplicável a legislação infraconstitucional que com ele conflite, de forma que, não havendo previsão constitucional do procedimento para a prisão civil do depositário infiel, esta é incabível[16].

Registre-se julgado do Superior Tribunal de Justiça que, mesmo após decisões do Supremo Tribunal Federal pela inadmissibilidade da prisão civil do depositário infiel, entendeu que, na hipótese de *depositário judicial*, a prisão civil é cabível, considerando-se que nesse caso o depositário exerce um múnus público, qual seja o de ser auxiliar eventual do juízo, o que justificaria a sua prisão civil[17]. Esse entendimento, entretanto, restou superado com a Súmula 419 do STJ, editada em respeito à Sumula Vinculante 25.

A ação de depósito deixa de ser procedimento especial no PLNCPC.

[15] STJ, HC 106.114/SP, 1.ª Turma, rel. Min. Francisco Falcão, rel. p/ acórdão Min. Luiz Fux, j. 21.08.2008. *Informativo* 384/STJ, 3.ª T., HC 122.251-DF, rel. Min. Nancy Andrighi, j. 17.02.2009.

[16] STF, HC 88.240/SP, 1.ª Turma, rel. Min. Ellen Gracie, 07.10.2008; HC 90.171-7/SP, 2.ª Turma, rel. Min. Gilmar Mendes, j. 17.08.2007. O Supremo Tribunal Federal, inclusive, revogou a Súmula 619: *Informativo* 531/STF, Plenário, HC 92.566-SP, rel. Min. Marco Aurélio, j. 03.12.2008. Em sentido contrário: *Informativo* 382/STJ, 1.ª T. RHC 19.406-MG, rel. Min. José Delgado, rel. p/ acórdão Min. Luiz Fux, j. 05.02.2009.

[17] STJ, HC 116.480/SP, 2.ª Turma, rel. Min. Eliana Calmon, j. 14.10.2008.

69

AÇÃO DE ANULAÇÃO E SUBSTITUIÇÃO DE TÍTULOS AO PORTADOR

69.1. INTRODUÇÃO

Nos arts. 907 a 913 do CPC estão previstas três diferentes demandas judiciais para a solução de diferentes pretensões, todas referentes à posse e à propriedade de títulos ao portador:

(a) ação de reivindicação, por meio da qual o autor, conhecendo o atual portador do título, pretende simplesmente retomá-lo;

(b) ação de substituição de título ao portador, quando o título for totalmente destruído, não sendo possível o pedido reivindicatório e nem útil o pedido de anulação (*anular o quê?*);

(c) ação de anulação e substituição de título ao portador, única demanda possível quando o autor desconhece o atual possuidor do título, ainda que seja cabível tal ação também quando há essa ciência. Nesse caso, o autor poderá optar entre a ação de reivindicação e a anulação e substituição[1].

Registre-se que o procedimento especial ora analisado não será aplicado para todas as espécies de título ao portador, porque sempre que existir lei específica a respeito da reivindicação, anulação e substituição do título ao portador, as regras procedimentais previstas no CPC não serão aplicáveis. No caso de extravio, perda

[1] Marcato, *Procedimentos*, n. 47.3, p. 143-144.

ou destruição de títulos da dívida pública federal ao portador, aplica-se o Decreto 83.974/1979, sendo expresso o art. 71 da Lei 4.728/1965 em afastar nessas circunstâncias a aplicação do procedimento especial ora analisado. Também não se aplica o procedimento especial aos títulos cambiários ou cambiariformes (Decreto 2.044/1908); *warrant* (art. 27 do Decreto 1.102/1903); conhecimento de frete ou de transporte ao portador (art. 9.º do Decreto 19.473/1930).

69.2. AÇÃO DE REIVINDICAÇÃO

Havendo a perda da posse sem a vontade do desapossado, caberá a ação de reivindicação, sendo irrelevante se o atual detentor do título o obteve com boa-fé[2]. Nessa espécie de demanda, o desapossado necessariamente deve conhecer a pessoa que está em poder do título no momento da propositura da ação, que deverá ser identificada no polo passivo[3]. A competência será do domicílio do réu, aplicando-se a regra geral do art. 94 do CPC. Tratando-se de competência relativa[4], admite-se a sua prorrogação pela ausência de exceção, cláusula de eleição de foro e conexão.

A doutrina entende de forma uníssona que nessa demanda não se aplica o procedimento especial previsto nos arts. 908 a 911 do CPC, havendo somente divergência quanto à aplicação do rito ordinário[5] ou a aplicação do **rito comum**, que será sumário ou ordinário, a depender do valor da causa[6]. Prefiro o segundo entendimento, que faz a correta distinção entre procedimento especial e comum e não entre procedimento especial e ordinário.

O único dispositivo contido no Capítulo que trata da "ação de anulação e substituição de títulos ao portador" aplicável à ação reivindicatória de título ao portador é o art. 913, que prevê o direito do adquirente do título em bolsa ou leilão público a receber como indenização do autor da demanda o valor que pagou. Realizado o pagamento, o dono do título se sub-roga nos direitos do adquirente evicto contra o alienante, sendo inclusive admissível a *denunciação da lide* do alienante já na petição inicial, sempre que o autor tenha conhecimento de que a alienação ocorreu na bolsa ou leilão público[7].

69.3. AÇÃO DE SUBSTITUIÇÃO DE TÍTULO AO PORTADOR

Na ação de substituição de título ao portador, o autor deverá demonstrar a **total ou parcial destruição do título**. No primeiro caso, seria materialmente impossível a reivindicação de algo que não existe mais e inútil o pedido de anu-

---

2 Theodoro Jr., *Curso*, n. 1.256, p. 79-80.

3 Marcato, *Procedimentos*, n. 47.1, p. 143.

4 Fidelis dos Santos, *Dos procedimentos*, n. 77, p. 69; Marinoni-Mitidiero, *Código*, p. 827.

5 Marinoni-Mitidiero, *Código*, p. 826; Marcato, *Procedimentos*, n. 47.1, p. 143; Nery-Nery, *Código*, p. 1.161.

6 Theodoro Jr., *Curso*, n. 1.255, p. 79; Câmara, *Lições*, p. 312.

7 Theodoro Jr., *Curso*, n. 1.256, p. 80; Marinoni-Mitidiero, *Código*, p. 830; Marcato, *Procedimentos*, n. 47.1, p. 143.

lação, considerando-se a desnecessidade de se retirar a eficácia de título que já não mais existe. No segundo caso, o autor ainda está em poder do título, mas este se encontra parcialmente destruído, quer seja em razão de supressão parcial do documento (p. ex.: queimado, rasgado) ou de dano em sua exteriorização gráfica (p. ex.: apagamento, borrão).

Tendo sido o título totalmente destruído, existe forte divergência doutrinária a respeito do procedimento que deve ser seguido; para parcela majoritária da doutrina a **perda total** do título equivale à hipótese de título furtado ou perdido, devendo-se aplicar o procedimento especial previsto nos arts. 908 a 911 do CPC[8], enquanto para outra parcela doutrinária o procedimento deve ser o comum – ordinário ou sumário[9]. Não há divergência a respeito de ser o domicílio do devedor o foro competente para essa espécie de demanda (art. 100, III, do CPC).

Na hipótese de **destruição parcial** do título, segue-se o procedimento previsto pelo art. 912 do CPC, resolvendo-se a demanda em pedido do atual detentor contra o devedor para que substitua o título parcialmente deteriorado. Caberá ao portador exibir com a petição inicial o que resta do título, que deve ser suficiente para a sua identificação, pedindo a citação do réu para que no prazo de 10 dias substitua ou conteste a ação. A única diferença desse procedimento para o procedimento ordinário é o prazo de defesa, prevendo o art. 912, parágrafo único, do CPC, que, não havendo contestação, o juiz proferirá desde logo a sentença; havendo contestação, o rito passará a ser o ordinário.

Registre-se que havendo a substituição do título no prazo de 10 dias, verificar-se-á o reconhecimento jurídico do pedido, de forma que a sentença a ser proferida será de mérito (art. 269, II, do CPC)[10], condenando-se o réu ao pagamento das verbas de sucumbência. Situação diversa ocorre na hipótese do réu apenas contestar para responsabilizar o autor pela destruição do título e por sua resistência em pagar eventuais despesas envolvidas na elaboração de um novo título. Pelo princípio da causalidade, ainda que a sentença seja de reconhecimento jurídico do pedido, entendo que o autor deva ser condenado ao pagamento das verbas de sucumbência.

69.4. AÇÃO DE ANULAÇÃO E SUBSTITUIÇÃO DE TÍTULO AO PORTADOR

Na ação de anulação e substituição de título ao portador o autor pretende substancialmente obter a anulação do título extraviado e obrigar o devedor na elaboração de um novo título. O pedido de anulação impede que o atual detentor do título possa valer-se do mesmo para obrigar o devedor a realizar o pagamento. Dessa forma,

8 Theodoro Jr., *Curso*, n. 1.266, p. 86; Marinoni-Mitidiero, *Código*, p. 827; Fidélis dos Santos, *Dos procedimentos*, n. 94, p. 76.

9 Marcato, *Procedimentos*, n. 48, p. 145; Câmara, *Lições*, p. 313.

10 Theodoro Jr., *Curso*, n. 1.266, p. 87; Marinoni-Mitidiero, *Código*, p. 829. Contra: Marcato, *Procedimentos*, n. 48, p. 145.

também se protege o devedor, que ficará desobrigado a pagar o detentor do título anulado judicialmente, reservando-se ao pagamento do credor quando lhe for apresentado o novo título. Esse pedido tem natureza **constitutiva negativa**, devendo ser acompanhado do pedido **condenatório** de fazer um novo título.

Nessa ação haverá a formação de um litisconsórcio passivo necessário, considerando-se que figurarão no polo passivo tanto o detentor, conhecido ou não, como todos os demais interessados jurídicos na demanda. Sendo conhecido o atual detentor, sua citação será pessoal e a dos demais interessados será por edital; sendo desconhecido, haverá somente citação por edital. Tanto o detentor como os interessados, por serem réus no processo, deverão se defender no processo por meio de contestação, conforme expressa previsão do art. 908, I, do CPC.

Interessante notar que o devedor (**emitente do título**) não é réu na demanda[11], devendo tão somente ser intimado para que deposite em juízo o capital, bem como juros ou dividendos vencidos ou vincendos (art. 908, II, do CPC). O imediato depósito do valor afasta a possibilidade de cobrança de juros moratórios[12]. Essa providência tem natureza preventiva, porque, com a ciência do devedor sobre a existência da demanda, eventual pagamento ao portador atual do título poderá ser negado. Realizado o pagamento do título antes dessa intimação, o prejuízo será do autor, considerando-se que o devedor pagou a quem deveria pagar em razão do princípio da circulabilidade do título, que só será afastada com a intimação. Caso seja intimado e informe que já realizou o pagamento, a demanda será extinta sem a resolução do mérito em razão da perda superveniente do objeto. Também a Bolsa de Valores será intimada para evitar a negociação dos títulos, e a exemplo do devedor, não se torna réu no processo.

A petição inicial seguirá os requisitos formais dos arts. 282 e 283 do CPC, além daqueles previstos no art. 908, *caput*, do CPC: quantidade, espécie, valor nominal do título e atributos que o individualizem, a época e o lugar em que o adquiriu, as circunstâncias em que o perdeu e quando recebeu os últimos juros e dividendos. O valor da causa é o valor nominal do título e o pedido de citação dos réus deve indicar a forma adequada para tal ato processual (edital e correio ou oficial quando o atual detentor for conhecido).

Aduz o art. 909 do CPC que a citação dos réus e a intimação do devedor e da Bolsa de Valores só será admitida se o alegado na petição inicial estiver devidamente justificado. Significa dizer que, para se evitar a extinção prematura da demanda sem a resolução do mérito, caberá ao juiz uma análise fundada em cognição sumária, da qual deve resultar a **plausibilidade de alegação do autor**. Entendo ser possível a determinação pelo juiz de audiência de justificação ou mesmo de intimação para emenda da inicial com a juntada de novos documentos ou esclarecimentos para que se atinja a exigência do art. 909 do CPC, antes do indeferimento da petição inicial[13].

---

[11] Marinoni-Mitidiero, *Código*, p. 827; Theodoro Jr., *Curso*, n. 1.258, p. 81.

[12] Marinoni-Mitidiero, *Código*, p. 828.

[13] Marinoni-Mitidiero, *Código*, p. 828; Marcato, *Procedimento*, n. 47.3, p. 144; Câmara, *Lições*, p. 316.

Realizadas as citações e intimações previstas no art. 908 do CPC, o prazo de resposta dos réus será de 15 dias, e sendo recebida a contestação (ou contestações), o rito passa a ser ordinário (art. 910, parágrafo único). Há uma interessante condição para a apresentação de contestação no art. 910, *caput*, do CPC, que exige a apresentação do título reclamado instruindo a contestação. A melhor doutrina já percebeu que a exigência não pode ser plena, porque em determinadas hipóteses será impossível ao réu tal juntada, bastando imaginar a hipótese em que ele não está em poder do título. Dessa forma, só será exigido o título se ficar demonstrado no processo que o réu que apresentou contestação tem condições de exibi-lo em juízo, o que significa dizer, quando a defesa versar exclusivamente sobre a **disputa da posse legítima do título**[14].

A sentença de procedência terá ao menos dois capítulos, referentes aos dois pedidos cumulados na petição inicial. Num primeiro momento haverá a declaração de caducidade do título (art. 911 do CPC), o que equivale a dizer que a sentença declara a insubsistência do título ao portador. Num segundo momento, ainda que o devedor não tenha sido parte no processo, o juiz ordenará que elabore um novo título, criando-se uma nova situação jurídica, o que leva a doutrina a entender pela natureza constitutiva dessa sentença[15]. Ainda que seja considerado um terceiro, o devedor está obrigado a cumprir a ordem judicial de elaboração, sob pena de multa por ato atentatório à dignidade da jurisdição (art. 14, V, parágrafo único, do CPC). Jamais, entretanto, o devedor será condenado a pagar as verbas de sucumbência, considerando-se a sua qualidade de terceiro; não sendo parte do processo, é ilegal e irrazoável qualquer condenação nesse sentido.

Havendo resistência do devedor a elaborar o novo título, será incabível a ação de execução de obrigação de fazer, considerando-se não ser ele parte na demanda judicial. Também não parece correto o ingresso de ação de conhecimento com o objetivo de condenar o devedor a fazer a nova cártula, considerando-se que o pedido elaborado na demanda de rito especial já continha essa pretensão. Parece ser mais correta a propositura de uma ação de conhecimento com o objetivo de cobrar o valor da cártula do devedor[16].

Apesar de reconhecer a divergência doutrinária, entendo que nem sempre a sentença de procedência seguirá a previsão do art. 911 do CPC. Só terá lógica a anulação e determinação de elaboração de um novo título caso o anterior não esteja juntado aos autos do processo. Uma vez tendo sido juntado aos autos pelo atual detentor, bastará ao juiz **devolvê-lo ao autor**, sendo desnecessário e formalismo inútil a sua anulação e elaboração de um novo título. Nesse caso, naturalmente, não haverá sentença constitutiva, mas sim de cunho condenatório, já que o réu que apresentou o título será condenado a entregá-lo ao autor[17].

---

[14] Theodoro Jr., *Curso*, n. 1.262, p. 84; Fidélis dos Santos, *Dos procedimentos*, n. 84, p. 72; Câmara, *Lições*, p. 317.

[15] Câmara, *Lições*, p. 318.

[16] Câmara, *Lições*, p. 319.

[17] Theodoro Jr., *Curso*, n. 1.264, p. 85. Fidélis dos Santos, *Dos procedimentos*, n. 91, p. 74, concorda com a ideia, mas entende ser sentença declaratória.

Por outro lado, ainda que o título não esteja juntado aos autos do processo e por essa razão a anulação for indispensável, nem sempre haverá a imputação do devedor para a criação de um novo título. Tendo sido intimado da demanda e realizado o depósito de todo o valor devido, bastará ao juiz determinar o **levantamento do valor** do título em favor do autor, sendo dispensada, nesse caso, a elaboração de um novo título[18].

A ação de anulação e substituição de título ao portador deixa de ser procedimento especial específico no PLNCPC.

[18] Theodoro Jr., *Curso*, n. 1.265, p. 86; Marcato, *Procedimentos*, n. 47.3, p. 145.

70

AÇÃO DE PRESTAÇÃO DE CONTAS

70.1. INTRODUÇÃO

Sempre que a administração de bens, valores ou interesses de determinado sujeito seja confiada a outrem, haverá a necessidade de prestação de contas, ou seja, da relação pormenorizada das receitas e despesas no desenvolvimento da administração. É natural que nem sempre haja a necessidade de intervenção jurisdicional para que as contas sejam prestadas, mas sempre que existir um conflito entre os sujeitos que participam da relação jurídica de direito material, a demanda adequada para a solução do conflito por meio do **acertamento econômico** definitivo entre eles é a ação de prestação de contas.

Interessante notar que a prestação de contas não tem como objetivo final tão somente o acertamento das receitas e despesas na administração de bens, valores ou interesses, considerando-se que a discussão das contas será realizada de forma incidental somente como meio para se definir a responsabilidade de pagar do devedor. Essa circunstância leva a melhor doutrina a entender pela **natureza condenatória** dessa ação, considerando que o seu resultado será a condenação do devedor ao pagamento do saldo apurado[1]. A natureza da ação é realmente condenatória, até

[1] Theodoro Jr. *Curso*, n. 1.269, p. 93.

mesmo porque os dois pedidos necessariamente cumulados na petição inicial da ação de exigir prestação de contas têm essa natureza:

(a) condenação à prestação das contas (obrigação de fazer);

(b) condenação ao pagamento do saldo residual (obrigação de pagar).

Na ação de dar contas existe somente o pedido condenatório a pagar.

As hipóteses de cabimento da ação de prestação de contas lembradas pela doutrina são meramente exemplificativas, bastando que exista uma **relação jurídica complexa que gere operações de crédito e débito** para ser cabível a ação ora analisada[2]. Essa amplitude, entretanto, não deve ser entendida no sentido de se permitir discussões a respeito de cláusulas contratuais de sentido controverso, afastando-se do âmbito da ação de prestação de contas pretensões como a de rescisão ou resolução contratual ou de anulação de ato jurídico. Tanto é assim que o Superior Tribunal de Justiça não admite a cumulação de pedidos de prestação de contas e de revisão de cláusula contratual[3].

70.2. LEGITIMIDADE

Qualquer um dos sujeitos que participe da relação de administração dos bens, valores ou interesses tem legitimidade para propor a ação de prestação de contas. A própria **natureza dúplice** da demanda no tocante à obrigação de pagar o saldo devedor apurado faz com que seja autor aquele que primeiro buscar o Poder Judiciário diante do conflito de interesses. Caso o sujeito que tenha realizado a administração tome a iniciativa, ingressa com ação de dar contas e caso o sujeito que tenha tido seus bens, valores ou interesses administrados ingresse com a ação judicial, haverá ação de exigir contas.

Dessa forma, a ação poderá ser proposta pelo sujeito responsável pela administração, hipótese na qual se terá a **ação de dar contas** (art. 914, I, do CPC). É evidente que nesse caso não tem sentido falar em exigência judicial na prestação de contas, até porque o autor, responsável por tal prestação, as apresentará no momento de propositura da ação, ficando superada a questão do dever de prestar contas. Para que se comprove o interesse de agir nesse caso, deverá demonstrar o autor que houve recusa no recebimento das contas ou divergência quanto ao valor apurado. Nesse caso, o sujeito que teve em seu favor a administração terá legitimidade passiva.

Por outro lado, também terá legitimidade ativa aquele que tem seus bens, valores ou interesses administrados, hipótese na qual a **ação será de exigir contas** (art. 914, II, do CPC). Nesse caso, antes de discutir a legitimidade das

---

2 Súmula 259/STJ: A ação de prestação de contas pode ser proposta pelo titular de conta-corrente bancária.

3 AgRg no REsp 739.700/RS, 4.ª Turma, rel. Min. Fernando Gonçalves, j. 02.10.2007; *DJ* 22.10.2007; Ag 909.228, 3.ª Turma, rel. Min. Nancy Andrighi, j. 27.08.2007, *DJ* 14.09.2007.

contas apresentadas, deverá comprovar o dever do réu em prestá-las. O autor da demanda de exigir as contas deverá demonstrar que houve recusa na prestação extrajudicial das contas, sob pena de extinção do processo sem resolução do mérito por carência de ação (ausência de interesse de agir). Quando a própria lei exige a prestação de contas em juízo, como ocorre, por exemplo, com o inventariante, tutor e curador, naturalmente o interesse de agir é presumido.

Os sócios que não têm a administração da sociedade têm legitimidade ativa para propor ação de prestação de contas contra o sócio gerente[4], mas, uma vez tendo ocorrida a aprovação das contas pelo órgão interno apontado pelo estatuto ou contrato social – assembleia-geral ou outro órgão assemelhado –, não se admitirá a demanda judicial[5]. Exatamente o mesmo raciocínio aplica-se na relação entre cooperado e cooperativa, ainda que o Superior Tribunal de Justiça verifique que seja caso de ilegitimidade ativa, e não de falta de interesse[6], e ao condômino em condomínio de propriedade vertical.

Segundo já decidiu o Superior Tribunal de Justiça, o mandato é contrato personalíssimo por excelência, e sendo o dever de prestar contas uma das obrigações do mandatário perante o mandante, também ele tem natureza personalíssima, sendo parte legítima para figurar no polo passivo da demanda somente a pessoa a quem incumbia tal encargo por lei ou contrato[7].

70.3. NATUREZA DÚPLICE

A natureza dúplice da prestação de contas no tocante à **pretensão condenatória** a pagar o saldo devedor apurado pelas contas prestadas é inegável, sendo reconhecida pela unanimidade da doutrina. Significa dizer que o bem da vida objeto da demanda – dinheiro resultante do saldo devedor – irá obrigatoriamente ficar com uma das partes. Uma vez apurada a existência de saldo devedor em favor do autor da ação, será o réu condenado a pagar; mas verificado que o credor é réu, o autor da demanda será condenado a pagar ao réu o saldo devedor.

Justamente em razão de sua natureza dúplice não cabe ao réu fazer qualquer pedido no sentido de condenar o autor ao pagamento do saldo devedor, sendo essa condenação consequência natural a ser gerada na hipótese de reconhecimento de crédito em favor do réu. O réu, portanto, somente se defende, e o juiz em sua sentença apenas enfrenta o pedido do autor: acolhido, condena o réu ao pagamento; rejeitado, condena o próprio autor. Não há interesse no oferecimento de *recon-*

---

4 STJ, REsp 474.596/SP, 4.ª Turma, rel. Min. Barros Monteiro, j. 28.09.2004; *DJ* 13.12.2004; STJ, REsp 332.754/PR, 3.ª Turma, rel. Min. Nancy Andrighi, j. 13.11.2001; *DJ* 18.02.2002.

5 Theodoro Jr., *Curso*, n. 1.273, p. 98.

6 REsp 400.645/DF, 4.ª Turma, rel. Min. Barros Monteiro, j. 15.02.2005, *DJ* 28.03.2005; REsp 306.645/DF, 3.ª Turma, rel. Min. Carlos Alberto Menezes de Direito, j. 04.12.2001, *DJ* 18.02.2002.

7 *Informativo* 427/STJ: 3.ª Turma, REsp 1.055.819/SP, rel. Min. Massami Uyeda, j. 16.03.2010.

venção ou de elaboração de *pedido contraposto*, porque a simples defesa do réu, uma vez acolhida, já é suficiente para lhe entregar o bem da vida em disputa.

A questão da natureza dúplice é tão pacifica que parcela da doutrina afirma que, mesmo na omissão do juiz na sentença em condenar expressamente o autor ao pagamento do saldo devedor, o mero reconhecimento do saldo devedor em favor do réu já constitui em seu favor título executivo apto a ensejar a cobrança do valor pela via executiva[8]. Em meu entendimento, o raciocínio acima só estará correto se for reconhecido que a sentença meramente declaratória é título executivo judicial, porque, em caso contrário, a omissão do juiz deve ser sanada por meio de embargos de declaração, sob pena de a sentença não se prestar a instrumentalizar sua execução por meio da fase do cumprimento de sentença.

70.4. COMPETÊNCIA

Aplica-se às ações de prestação de contas – dar e exigir – o art. 100, V, "b", do CPC, que determina ser o foro competente o do lugar do ato ou fato para a ação em que for réu o administrador ou gestor de negócios alheios[9]. Tratando-se de *competência relativa*, é admissível a sua prorrogação por conexão, ausência de exceção de incompetência e cláusula de eleição de foro. A exceção a essa regra, com aplicação do art. 108 do CPC, vem prevista no art. 919 do CPC, que determina a *competência absoluta* (funcional) do juízo que tiver nomeado o administrador – inventariante, tutor, curador ou depositário – para julgar as ações de prestação de contas propostas contra ele. Conforme o dispositivo legal, haverá autuação em apenso aos autos do processo principal. Registre-se que a competência absoluta nesse caso verifica-se mesmo que o processo principal – no qual foi nomeado o administrador – já tiver se encerrado[10].

Quanto à competência da Justiça, de natureza absoluta, registre-se o entendimento do Superior Tribunal de Justiça de que, sendo a causa de pedir e o pedido os fatores determinantes para se aferir a competência em razão da matéria, a ação de prestação de contas proposta por cliente contra seu ex-advogado referente ao levantamento de dinheiro em demanda na qual foi por ele patrocinado é de competência da Justiça Estadual[11].

70.5. AÇÃO DE EXIGIR CONTAS

A ação de exigir contas é proposta pelo sujeito que tem seus bens, valores ou interesses administrados por outrem justamente contra o responsável por essa administração. Segundo prevê o art. 915, *caput*, do CPC, o autor ingressa com

---

8 Marcato, *Procedimentos*, n. 51, p. 151.

9 Marcato, *Procedimentos*, n. 55, p. 152.

10 Marcato, *Procedimentos*, n. 58, p. 158.

11 CC 75.617/SP, 2.ª Seção, rel. Min. Fernando Gonçalves, j. 26.09.2007, *DJ* 11.10.2007.

a petição inicial requerendo a citação do réu para responder no prazo de 5 dias, sendo aplicáveis ao caso concreto as regras de prazos diferenciados previstas pelos arts. 188 e 191 do CPC.

Na petição inicial, que seguirá as exigências dos arts. 282 e 283 do CPC, o autor deverá cumular dois pedidos: a condenação do réu a prestar as contas e a condenação do réu ao pagamento do saldo devedor a ser apurado. Como ainda não se sabe o valor desse saldo, é admissível a formulação de pedido genérico, nos termos do art. 286, III, do CPC. A grande especialidade procedimental da ação de exigir contas é a existência de **duas fases procedimentais sucessivas**, sendo a primeira para se discutir o dever de prestação das contas e a segunda para a discussão do valor do saldo devedor. Cada fase será decidida por uma sentença, o que torna essa demanda de conhecimento singular, pois o mérito será necessariamente decidido em dois momentos distintos. São **duas as sentenças**, mas a petição inicial é uma só, daí a necessidade de se fazer a cumulação de pedidos já referida (*cumulação sucessiva*).

No prazo de resposta de 5 dias poderá o réu adotar uma séria de reações:

a) Apresentar as contas e não contestar - a mera apresentação das contas pelo réu nos termos do art. 917 do CPC (forma mercantil - com especificação de receitas e despesas - instruída com os documentos justificativos) é um verdadeiro reconhecimento jurídico do pedido condenatório à prestação das contas (primeira fase)[12]. Prestadas as contas voluntariamente pelo réu após a sua citação, o autor será intimado para se manifestar sobre elas no prazo de 5 dias, sendo certo que nesse caso já se terá passado para a segunda fase do processo. Estará, portanto, superada a primeira fase procedimental sem a necessidade de prolação de sentença[13]. Segundo o art. 915, § 1.º, do CPC, sendo necessário o juiz designará audiência de instrução e em caso contrário proferirá sentença; na realidade, sendo necessária qualquer espécie de prova, mesmo que não produzida em audiência, como ocorre com a perícia, caberá ao juiz determinar a sua produção antes de sentenciar a demanda. De qualquer forma, é inegável que essa sentença mencionada no art. 915, § 1.º, do CPC, diz respeito ao eventual saldo devedor (segunda fase).

b) Apresentar as contas e contestar - apesar de não ser essa espécie de reação prevista expressamente no art. 915, *caput*, do CPC, não existe dúvida de que, havendo divergência não quanto ao dever de prestar contas, mas com relação ao seu conteúdo, é lícito ao réu apresentar as contas nos termos do art. 917 do CPC (forma mercantil - com especificação de receitas e despesas - instruída com os documentos justificativos), com o que reconhece juridicamente seu dever em prestá-la, e apresentar contestação para impugnar eventual divergência referente ao conteúdo das contas[14].

c) Contestar e não apresentar as contas - caso não concorde com o alegado dever de prestar as contas suscitado pelo autor, caberá ao réu apresentar contestação alegando a inexistência desse dever e pedir a rejeição do pedido (art. 269, I, do CPC). Poderá também alegar todas as matérias defensivas processuais em preliminar de contestação, juntamente com a alegação de que não tem dever de prestar as contas ou isoladamente.

---

[12] Marinoni-Mitidiero, *Código*, p. 832; Marcato, *Procedimentos*, n. 55.1, p. 153.

[13] Theodoro Jr., *Curso*, n. 1.279, p. 103.

[14] Marcato, *Procedimentos*, n. 55.1.2, p. 153; Marinoni-Mitidiero, *Código*, p. 832; Theodoro Jr., *Curso*, n. 1.279, p. 103.

d) Não contestar e nem apresentar as contas – nesse caso o réu será revel, cabendo julgamento antecipado do mérito (art. 330, II, do CPC) na hipótese de o juiz presumir como verdadeiros os fatos referentes ao dever de prestar contas apresentados pelo autor. Tratando-se de presunção relativa, mesmo ocorrendo a revelia é possível ao juiz determinar ao autor a especificação de provas tendentes a demonstrar a veracidade das alegações de fato constitutivas de seu direito.

Após o momento procedimental de reação do réu, o procedimento sofrerá variação conforme a espécie de reação adotada no caso concreto. Proferida a sentença, extinguindo o processo sem a resolução do mérito ou rejeitando o pedido do autor, caberá recurso de apelação, e sendo definitiva a decisão, naturalmente não haverá segunda fase procedimental. Na hipótese de acolhimento do pedido do autor, o juiz condenará o réu a prestar as contas no **prazo de 48 horas**, sob pena de não lhe ser lícito impugnar as que o autor apresentar (art. 915, § 2.º, do CPC). Dessa sentença cabe apelação, que será recebida no duplo efeito, de forma que o prazo de 48 horas só passará a ser contado a partir do julgamento desse recurso. Não entendo que se deva aguardar o trânsito em julgado da sentença[15], porque enquanto pendente de julgamento recurso sem efeito suspensivo, a decisão já gera efeitos, ainda que em execução provisória. O Superior Tribunal de Justiça já teve a oportunidade de afirmar que o réu será intimado por seu advogado da sentença, não havendo necessidade de intimação pessoal para o oferecimento das contas[16].

Com a sentença condenatória que resolve a primeira fase, dá-se início à segunda fase do procedimento, no qual se tem como objeto a determinação de eventual saldo a ser aferido nas contas apresentadas e julgadas. O desenvolvimento do procedimento dessa segunda fase procedimental dependerá da postura a ser adotada pelo réu condenado.

Caso o réu apresente as contas no prazo legal de 48 horas, terá o autor o prazo de 5 dias para se manifestar sobre elas. Havendo necessidade de produção de prova, o juiz as determinará e depois sentenciará; não havendo a necessidade de prova, o juiz julgará as contas de imediato (art. 915, § 3.º, do CPC). Não as apresentando no prazo legal, caberá ao autor fazê-lo no prazo de 10 dias, havendo previsão de sanção processual ao réu que não cumpriu sua obrigação de prestar as contas no prazo de 48 horas: **não poderá impugnar as contas apresentadas pelo autor**. Ainda que exista previsão expressa dessa sanção processual, o próprio art. 915, § 3.º, do CPC, prevê que as contas nesse caso serão julgadas segundo o prudente arbítrio do juiz, de forma que a sanção processual não impede que o juiz determine de ofício a produção de prova pericial contábil referente às contas apresentadas pelo autor[17].

---

15 Nesse sentido: Marcato, *Procedimentos*, n. 55.2, p. 155. Para Theodoro Jr., *Curso*, n. 1.282, p. 105-106, o prazo tem início com a baixa dos autos ao primeiro grau depois do trânsito em julgado.

16 *Informativo* 414/STJ: 3.ª Turma, REsp 913.411-SP, Rel. Min. Nancy Andrighi, j. 03.11.2009.

17 Theodoro Jr., *Curso*, n. 1.283, p. 106. STJ, AgRg no Ag 718.903/RS, 3.ª Turma, rel. Min. Humberto Gomes de Barros, j. 25.09.2007, *DJ* 15.10.2007.

Entende a doutrina que a condenação em verbas de sucumbência nessa segunda fase depende da conduta das partes, considerando-se que se não existir resistência do réu em apresentar as contas e tampouco divergência quanto ao seu conteúdo, não devem ser fixados novos honorários advocatícios, independentemente de quem for apontado como credor[18]. Interessante notar que, apesar de existirem duas sentenças, havendo a dupla vitória do autor, há antigo posicionamento do Superior Tribunal de Justiça que defende a impossibilidade da condenação nos honorários advocatícios das suas sentenças superar 20% sobre o valor da causa ou da condenação[19].

70.6. AÇÃO DE DAR CONTAS

O administrador de bens, valores ou interesses alheios pode propor ação judicial de dar contas, devendo apresentá-las já no momento da propositura da demanda. Poderá fazê-lo no próprio corpo da petição inicial ou em demonstrativo que a instrua, sempre de forma mercantil e acompanhada da documentação pertinente (art. 917 do CPC). Como o autor **já ingressa com a demanda apresentando as contas**, não haverá nessa ação duas fases procedimentais, porque ao apresentar as contas, o autor afasta qualquer necessidade de discussão a respeito de seu dever em prestá-las.

O réu será citado para responder a demanda no prazo de cinco dias, podendo adotar as seguintes posturas:

a) Aceitar expressamente as contas – trata-se de reconhecimento jurídico do pedido, que deverá ser homologado pelo juiz no prazo de 10 dias por sentença de mérito (art. 269, II, do CPC), com a condenação do réu ao pagamento das verbas de sucumbência.
b) Oferecer contestação – poderá o réu alegar a inexistência de relação jurídica da qual se extrai do autor a obrigação de prestação de contas, além das matérias preliminares previstas pelo art. 301 do CPC. Com a contestação, o procedimento seguirá o rito ordinário.
c) Impugnar as contas – o art. 916, § 2.º, do CPC prevê a impugnação como forma de reação diversa da contestação, mas para parcela da doutrina trata-se tão somente de uma matéria de defesa que deve ser apresentada em contestação[20].
d) Inércia do réu – a postura inerte do réu, que deixa de contestar ou de aceitar as contas, gera revelia, admitindo-se o julgamento antecipado da lide no caso de o juiz presumir verdadeiros os fatos constitutivos do direito do autor (art. 330, II, do CPC). Ressalte-se que se tratando de presunção relativa, é admissível ao juiz determinar ao autor a especificação de provas caso não presuma os fatos verdadeiros[21].

[18] Theodoro Jr., *Curso*, n. 1.284, p. 107.

[19] Nery-Nery, *Código*, p. 1.163.

[20] Marinoni-Mitidiero, *Comentários*, p. 834.

[21] Marinoni-Mitidiero, *Comentários*, p. 834; Marcato, *Procedimentos*, n. 57.2, p. 157; Theodoro Jr., *Curso*, n. 1.286, p. 111-112.

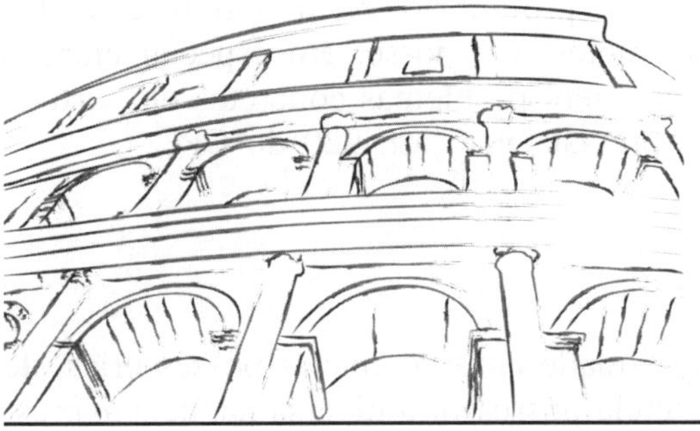

71

AÇÕES POSSESSÓRIAS

Sumário: 71.1. Proteção possessória – 71.2. Fungibilidade – 71.3. Ação dúplice? – 71.4. Competência – 71.5. Legitimação – 71.6. Exceção de domínio – 71.7. Cumulação de pedidos – 71.8. Procedimento: 71.8.1. Reintegração e manutenção de posse; 71.8.2. Interdito proibitório.

71.1. PROTEÇÃO POSSESSÓRIA

A tutela da posse desenvolve-se por meio de três diferentes espécies de ações, chamadas de **interditos possessórios**: reintegração de posse, manutenção de posse e interdito proibitório. Quando a demanda versar sobre o domínio da coisa, terá natureza petitória, não se aplicando a ela as regras previstas no procedimento especial das ações possessórias. Como bem asseverado pela melhor doutrina, a característica da ação possessória é a tutela de um possuidor contra um fato que ofenda a sua posse, de forma que são excluídas do âmbito das ações possessórias as demandas em que se alegue a existência de relação jurídica que dê ao autor direito à posse, tais como a imissão de posse e a ação de nunciação de obra nova[1]. Os embargos de terceiro tutelam a posse, mas, nesse caso, a ofensa deriva de ato judicial, o que é suficiente para a distinção entre essa ação e as ações possessórias.

A ação possessória adequada ao caso concreto depende da **espécie de agressão** cometida pelo sujeito que deve figurar no polo passivo da demanda. Ocorrendo o esbulho, entendido como a perda da posse, caberá a ação de reintegração de

[1] Baptista da Silva, *Comentários*, p. 203.

posse; ocorrendo a turbação, entendida como a perda parcial da posse (limitações em seu pleno exercício), caberá a manutenção de posse; ocorrendo a ameaça de efetiva ofensa à posse, caberá o interdito proibitório. Nem sempre é fácil a distinção entre as diferentes espécies de moléstia à posse, em especial entre o esbulho e a turbação, o que, entretanto, não gera problemas concretos em virtude da fungibilidade das tutelas possessórias prevista pelo art. 920 do CPC.

71.2. FUNGIBILIDADE

O art. 920 do CPC consagra a fungibilidade entre as tutelas possessórias, de forma que é licito ao juiz conceder uma tutela possessória diversa daquela expressamente pedida pelo autor. Já se analisou que o juiz está adstrito ao pedido do autor – *princípio da congruência* (art. 460 do CPC) – e em razão disso qualquer concessão do que não tenha sido pedido gera a nulidade da sentença (*extra/ultra petita*). Ocorre, entretanto, que esse princípio tem exceções, sendo a fungibilidade uma delas, conforme amplamente analisado no Capítulo 16, item 16.4.2.

Existem ao menos três razões para que a fungibilidade consagrada pelo dispositivo legal ora analisado seja elogiada pela doutrina, que já teve oportunidade de abordar o tema.

Em primeiro lugar, é importante destacar que a função das ações possessórias é sempre a mesma: a proteção da posse, somente variando a ação conforme a espécie de moléstia sofrida. Como se nota com facilidade, o relevante é a **proteção possessória**, ficando em segundo plano a circunstância do pedido do autor de amoldar ou não à efetiva situação de crise da situação de direito material possessória. Tendo o autor provocado o Poder Judiciário para tutelar a sua posse, a inadequação quanto à espécie de demanda possessória, e consequentemente quanto ao pedido específico de proteção jurisdicional, não pode servir de empecilho para a efetiva concessão de tutela protetiva da posse.

A doutrina também lembra que a situação possessória pode facilmente ser modificada na constância da demanda, de forma que no momento do julgamento se tenha uma espécie de agressão ao direito possessório diferente daquela existente no momento da sua propositura[2]. Não é difícil se compreender a tênue linha que separa a ameaça, o esbulho e a turbação, e como essas situações fático-jurídicas de violação ou ameaça da posse podem variar durante a demanda judicial.

Por fim, é inegável a dificuldade que se encontra em determinadas hipóteses para se definir com exatidão qual espécie de moléstia está caracterizada no caso concreto. Aquilo que pode parecer um esbulho a um determinando operador, pode parecer nitidamente uma turbação aos olhos de outro, e mesmo a ameaça pode ser confundida com as duas espécies de agressões possessórias[3]. Seria no mínimo injusto e nitidamente incongruente com a preocupação do legislador em tutelar a

---

2 Marcato, *Procedimentos*, n. 64, p. 166; Marinoni-Mitidiero, *Código*, p. 837.

3 Theodoro Jr., *Curso*, n. 1.296, p. 131.

posse rejeitar-se a proteção jurisdicional pela incorreta percepção da espécie de violação ao direito possessório.

Entendo que, sendo exigência de qualquer petição inicial, o autor deve expressamente formular o pedido de proteção possessória, mas, em razão da fungibilidade prevista em lei, não parece que seja obrigado a especificar a espécie de tutela possessória, em especial quando existir forte dúvida a respeito. Basta a correta narrativa dos fatos e dos fundamentos jurídicos e o pedido de proteção possessória, que será deferido na conformidade do entendimento do juiz no caso concreto. De qualquer forma, o pedido de proteção possessória, ainda que amplo, é indispensável.

71.3. AÇÃO DÚPLICE?

É tradicional a lição doutrinária que aponta serem dúplices as ações cujo procedimento admite ao réu fazer pedido contra o autor na própria contestação[4]. Em razão do art. 922 do CPC, que expressamente prevê a admissibilidade do pedido de proteção possessória do réu na própria contestação, existe ampla corrente doutrinária a defender a sua natureza dúplice[5]. Tal conclusão, entretanto, não é correta, porque a premissa que fundamenta o raciocínio parece ser equivocada.

Para se compreender a natureza das ações dúplices é necessário analisar a relação jurídica de direito material donde surgiu o conflito de interesses a ser resolvido no processo. Em tal análise, invariavelmente se definem os polos da demanda a serem preenchidos pelos sujeitos de tal relação, pressupondo-se os pedidos que poderão ser formulados. Assim, verificada a lide, sabe-se exatamente qual o sujeito que ingressaria com eventual demanda pleiteando determinado pedido e quem seria o réu.

Conforme ensina a melhor doutrina, sempre que inexistir essa predeterminação das legitimações, de forma que qualquer dos sujeitos envolvidos na relação jurídica material conflituosa possa ser o autor da demanda judicial, a ação será dúplice[6]. A conclusão é que **na ação dúplice não existe qualquer necessidade de o réu formular expressamente pedido** contra o autor, já que pela própria natureza do direito material debatido, a improcedência do pedido levará o réu à obtenção do bem da vida discutido. Com esse entendimento, penso não ser a contestação das ações dúplices formada por duas "partes" distintas, em que de forma separada o réu se defende (contestação genuína) e em outro momento ataca (pedido com caráter reconvencional). Nas ações dúplices, a defesa propriamente dita é que, se acolhida, entregará automaticamente o bem da vida ao réu, sem a necessidade de pedido expresso e sem a preocupação com eventual afronta ao princípio da

---

[4] Dinamarco, *Instituições*, p. 503; Gusmão Carneiro, *Do rito*, p. 60; Delgado Miranda, *Procedimento*, p. 176.

[5] Nery-Nery, Código, p. 1.172; Marcato, *Procedimentos*, p. 168; Watanabe, *Ação*, p. 138-143.

[6] Furtado Fabrício, *Comentários*, p. 414; Araken de Assis, *Procedimento*, p. 93.

inércia da jurisdição. Conclui-se que na ação dúplice, tal pedido, mais do que desnecessário, será incabível[7].

Reafirme-se que o entendimento de parcela da doutrina no sentido de que a possibilidade aberta ao réu de se tornar também autor sem necessidade de reconvenção seria suficiente para tornar a ação dúplice não parece ser a mais correta. Insisto que nas ações dúplices a posição de ataque do réu não advém de permissão processual para que seja feito pedido na própria contestação, e sim da própria natureza do direito material discutido.

Dessa forma, ainda que rotineiramente se atribua aos interditos possessórios a natureza dúplice, não parece que a natureza jurídica da relação de direito material possessória leve inexoravelmente a tal conclusão. A previsão do art. 922 do CPC, ao permitir que o réu faça pedido contra o autor na própria contestação, não está criando ações dúplices – e nem poderia uma regra processual fazê-lo – e sim criando especialidades procedimentais para a elaboração de pedido de caráter reconvencional (**pedido contraposto**). Entender essa opção do legislador como uma tentativa de criação de ações dúplices é distorcer a própria natureza jurídica da relação de direito material debatida no processo, o que, a toda evidência, é manifestamente inviável[8].

Interessante notar que o Superior Tribunal de Justiça, em peculiar julgamento[9], reconhece a natureza dúplice da ação possessória ao mesmo tempo em que confirma não haver qualquer proteção legal à posse do réu em decorrência de eventual julgamento de improcedência. No julgado afirma-se expressamente que a proteção possessória ao réu depende de seu pedido expresso em contestação e acolhimento expresso pelo juízo, o que naturalmente afasta a natureza dúplice da ação, paradoxalmente reconhecida pela decisão.

Note-se, por fim, que existe parcela da doutrina que, apesar de perceber as distinções entre ações dúplices e a possibilidade de o réu fazer pedido na própria contestação, afirma que as primeiras seriam *ações dúplices materiais* (advindas da natureza da relação de direito material), enquanto as segundas seriam *ações dúplices processuais* (advindas da permissão processual de contra-ataque do réu na própria contestação)[10].

71.4. COMPETÊNCIA

Em regra, é da Justiça Comum Estadual a competência para o julgamento das ações possessórias, mas nada impede que, excepcionalmente, outra Justiça seja competente, como a Justiça do Trabalho, na hipótese de reintegração de posse de

---

7 Furtado Fabrício, *Comentários*, p. 416.

8 Baptista da Silva, *Comentários*, p. 215; Furtado Fabrício, *Comentários*, p. 416.

9 STJ, 3.ª Turma, RMS 20.626/PR, rel. Min. Paulo Furtado, j. 15.10.2009, *DJe* 29.10.2009.

10 Câmara, *Lições*, p. 354.

imóvel concedido em comodato em razão de contrato de trabalho rescindido[11], ou a Justiça Federal, quando participar do processo um dos entes federais previstos no art. 109, I, da CF.

No tocante à competência territorial para as ações possessórias, a norma aplicável dependerá de ser o bem móvel ou imóvel. Tratando-se de bem móvel, aplica-se o art. 94 do CPC, sendo competente o **foro do domicílio do réu**. Nesse caso, a regra é de competência relativa, admitindo-se a sua prorrogação no caso concreto. Tratando-se de bem imóvel, aplica-se o art. 95 do CPC, sendo competente o **foro do local imóvel**. Nesse caso, a regra é de competência absoluta, não se admitindo que a demanda tenha andamento em outro foro, salvo na hipótese de recuperação judicial em trâmite, que exercerá a *vis actrativa*[12].

Estando o imóvel situado em mais de um foro, qualquer um deles será competente para conhecer a demanda. Segundo o art. 107 do CPC, determinar-se-á nesse caso o foro competente por prevenção, o que significa dizer que, havendo mais de uma demanda possessória sobre o mesmo imóvel em foros diferentes, aplica-se o art. 219, *caput*, do CPC, determinando-se a prevenção do juízo que primeiro realizou a citação válida.

71.5. LEGITIMAÇÃO

O **possuidor** é parte legítima à propositura das ações possessórias, sendo que na hipótese de posse direta (locação, usufruto, comodato etc.), a defesa da posse pode ser realizada em juízo tanto pelo possuidor direto como pelo indireto, que podem inclusive litigar em conjunto em *litisconsórcio facultativo*. No caso de bens públicos de uso comum, a melhor doutrina aponta para a legitimidade do Poder Público e dos particulares que habitualmente se valem de ditos bens, em mais uma espécie de *litisconsórcio facultativo*[13].

Segundo o art. 1.197 do CC, na hipótese de posse direta (locação, comodato, usufruto etc.), a legitimidade ativa é tanto do possuidor direito como do indireto[14]. O simples detentor da coisa, que a ocupa por mera permissão ou tolerância do possuidor, não tem legitimidade para propor ação possessória, o mesmo ocorrendo com o sujeito que conserva a posse da coisa sob ordens ou instruções do possuidor.

No polo passivo é parte legítima o sujeito **responsável pelo ato de moléstia à posse**. Na hipótese de posse direta, é possível que o legitimado passivo também seja possuidor, como ocorre na ação possessória promovida pelo locatário contra o locador, sempre que esse esbulha, turba ou ameaça a posse direta daquele. Na

[11] STJ, 2.ª Seção, CC 57.524/PR, rel. Carlos Alberto Menezes Direito, j. 27.09.2006, *DJ* 23.10.2006, p. 249.

[12] STJ, 2.ª Seção, CC 106.768/RJ, rel. Min. Luis Felipe Salomão, j. 23.09.2009, *DJe* 02.10.2009.

[13] Theodoro Jr., *Curso*, n. 1.298, p. 132.

[14] Nery-Nery, *Código*, p. 1.170.

hipótese de atos praticados por preposto de terceiro, e sendo a ação movida contra esse preposto, caberá a nomeação à autoria (art. 62 do CPC)[15].

Quando o ato de moléstia à posse é perpetrado por uma multidão de pessoas, como ocorre com os movimentos ditos sociais de sem-terras, a natural dificuldade – por vezes impossibilidade – de se individualizar todos os agressores à posse faz com que a demanda seja proposta contra *réus incertos*.

No tocante aos cônjuges, apesar do art. 95 do CPC reconhecer a natureza de direito real do direito possessório, o art. 10, § 2.º, do CPC, tem tratamento expresso a respeito do litisconsórcio entre eles nas ações possessórias. Segundo esse dispositivo legal, o litisconsórcio só será necessário nas hipóteses de *composse* ou de *ato praticado por ambos*[16].

71.6. EXCEÇÃO DE DOMÍNIO

Segundo o art. 923 do CPC, na pendência de ação possessória, é vedado ao autor e ao réu dessa demanda o ingresso de ação petitória, na qual se discute a propriedade do bem cuja posse já se discute na ação possessória. Não existe qualquer inconstitucionalidade na norma legal ora citada, entendendo a melhor doutrina que ela não retira da parte o direito de ação, servindo a ação possessória como uma condição suspensiva do exercício desse direito[17].

Sendo a posse um direito autônomo, distinto da propriedade, podendo ser inclusive oposto contra o próprio proprietário, a vedação legal imposta pelo art. 923 do CPC busca **proteger o possuidor contra o proprietário** que esbulha, turba ou ameaça molestar sua posse. No mesmo sentido é a previsão do art. 1.210, § 2.º, do CC, que prevê não obstar à reintegração ou manutenção a alegação em sede de defesa do direito de propriedade. Significa dizer que o réu, em ação possessória, não poderá alegar em sua defesa a propriedade sobre o bem, porque se assim não fosse, todo proprietário poderia tomar para si a posse, ainda que de forma ilegítima, alegando em ação judicial ser o proprietário e por isso fazer jus à principal consequência jurídica desse direito, que é a posse.

O dispositivo legal é salutar, sendo indispensável à criação de um sistema no qual realmente o direito à posse seja defendido como direito autônomo. Basta imaginar a hipótese do locador que, sabendo que o locatário saiu para viajar no final de semana, retoma de forma ilegal a posse do imóvel. Caso o locatário ingresse com ação possessória contra o locador, é natural que, sendo permitida a discussão da propriedade, a posse seja conferida ao locador. A vedação legal de discussão da propriedade nas ações possessórias é a única forma de proteger o legítimo possuidor molestado, inclusive contra o proprietário.

---

15 Marcato, *Procedimentos*, p. 171; Theodoro Jr., *Curso*, n. 1.299, p. 132.

16 STJ, REsp 76.721/PR, 4.ª Turma, rel. Min. Sálvio de Figueiredo Teixeira, j. 19.02.1998.

17 Nery-Nery, *Código*, p. 1.173.

Ressalte-se, entretanto, que nas ações em que as partes **disputam a posse com base na alegação de propriedade**, ou seja, quando ambas as partes se valem do argumento de que são proprietárias para daí terem direito à posse, será não só permitida, mas como necessária, a discussão a respeito do direito de propriedade. Deve-se ter cuidado na análise de tais ações, porque a jurisprudência do Superior Tribunal de Justiça[18] aponta para a sua natureza de *ação possessória*, abrindo-se uma exceção à proibição da "exceção de domínio" como matéria defensiva[19]. A melhor doutrina, entretanto, aponta para a natureza real de tais ações (*ação petitória*), nas quais a disputa da posse se dá com base no domínio, sendo por essa razão cabível decidir em dar a posse à parte que demonstrar ser o proprietário[20].

71.7. CUMULAÇÃO DE PEDIDOS

Como já foi anteriormente analisado no Capítulo 3, item 3.3.3.4, a cumulação de pedidos depende do preenchimento dos requisitos previstos no art. 292, § 1.º, do CPC. Interessa em especial às ações possessórias o requisito previsto no art. 292, § 1.º, III, do CPC, que proíbe a cumulação de pedidos com diferentes procedimentos. É verdade que o art. 292, § 2.º, do CPC, permite ao autor nessa situação a cumulação de pedidos de diferentes procedimentos desde que seja adotado o procedimento ordinário, mas essa regra é inaplicável para os procedimentos especiais, de aplicação obrigatória, não se permitindo ao autor preferir o rito ordinário ao rito especial.

Ainda que se possa discutir a real especialidade do procedimento das ações possessórias de posse nova, a mera previsão dele dentre os especiais previstos pelo CPC torna relevante a previsão do art. 921 do CPC, que permite ao autor que cumule com o pedido de proteção possessória os pedidos de:

(a) condenação em perdas e danos;
(b) cominação de pena para o caso de nova turbação ou esbulho;
(c) desfazimento de construção ou plantação feita em detrimento da posse do autor.

Interessante notar que da previsão do art. 921 do CPC, o pedido de cominação de pena para o caso de nova turbação ou esbulho não é propriamente um pedido principal do autor, tratando-se tão somente de uma medida de **execução indireta (multa)** aplicável para o caso de descumprimento de uma obrigação de não fazer (não molestar novamente a posse)[21]. A observação é importante porque, diferente dos outros pedidos previstos no art. 921 do CPC, a multa pode ser aplicada inclusive de ofício pelo juiz, sempre que entender ser a medida adequada à efetividade de sua decisão.

[18] REsp 755.861/SE, 4.ª Turma, rel. Min. Jorge Scartezzini, j. 16.08.2005.

[19] É nesse sentido a Súmula 487 do STF: "Será deferida a posse a quem, evidentemente, tiver o domínio, se com base neste for ela disputada".

[20] Nery-Nery, *Código*, p. 1.174; Câmara, *Lições*, p. 350; Theodoro Jr., *Curso*, n. 1.305, p. 140-141.

[21] Câmara, *Lições*, p. 343-344.

O pedido de condenação por perdas e danos deve estar amparado em fundamentação suficiente que demonstre as razões pelas quais o autor entende devidas tais verbas. A indenização não é consequência natural do acolhimento do pedido de proteção possessória, de forma que se exige do autor a narração da causa de pedir própria do pedido de indenização. No tocante ao pedido de desfazimento de construção ou plantação, há casos nos quais a reintegração ou manutenção envolvem necessariamente o desfazimento, e nesse caso o pedido é inútil[22]. O pedido somente se justifica nas situações de plantações e construções realizadas não como forma do esbulho ou turbação, mas como atividade empreendida pelo possuidor de má-fé durante o esbulho ou turbação.

71.8. PROCEDIMENTO

71.8.1. Reintegração e manutenção de posse

A reintegração de posse e a manutenção de posse têm o mesmo procedimento previsto pelos arts. 926 a 931 do CPC, ainda que se reconheça a diferença de espécies de agressão à posse que fundamentam cada uma dessas ações. Não são todas as ações possessórias, entretanto, que seguem esse procedimento, somente quando a agressão tenha se dado em mais de ano e dia (posse velha), ou seja, quando a demanda for proposta após ano e dia da ocorrência da ofensa à posse. Ainda que nesse caso o art. 924 do CPC preveja que o procedimento será o ordinário, ensina a melhor doutrina de que o procedimento será o comum, dependendo do caso concreto a aplicação do rito sumário ou ordinário[23].

O procedimento especial possessório dos arts. 926 a 931, portanto, limita-se às ações possessórias de **posse nova** de bem imóveis, ou seja, demandas que tenham como objeto uma alegada ofensa à posse de bem imóvel que tenha decorrido dentro de ano e dia da propositura do processo. Como se notará com a descrição do dito procedimento especial, a grande especialidade é a previsão de medida liminar, até porque após esse momento inicial o procedimento passará a ser o ordinário (art. 931 do CPC). Já foi mais peculiar e especial essa previsão de liminar, que atualmente perdeu muito em importância com o advento da tutela antecipada de forma genérica, conforme atualmente encontra-se previsto no art. 273 do CPC. A tutela de urgência de natureza satisfativa pode ser obtida em qualquer ação possessória:

(a) no procedimento especial por meio da liminar prevista pelo art. 928 do CPC, ainda que exista tese de que nesse caso a liminar não é concedida em razão da urgência, mas da mera evidência de existência do direito, considerando-se a dispensa do *periculum in mora*;

---

22 Furtado Fabrício, *Comentários*, n. 340, p. 411.

23 Nery-Nery, *Código*, p. 1.176; Câmara, *Lições*, p. 342-343. Contra Furtado Fabrício, *Comentários*, n. 366, p. 442.

(b) no procedimento comum (móvel e imóvel de posse velha) por meio da tutela antecipada prevista no art. 273 do CPC[24].

Aduz o art. 927 do CPC, que incumbe ao autor provar:

(I) sua posse;

(II) a turbação ou esbulho praticado pelo réu;

(III) a data do ato de agressão à posse;

(IV) continuação da posse turbada ou perda da posse esbulhada.

Para parcela da doutrina, trata-se de requisitos formais específicos da petição inicial das ações possessórias[25], mas não parece ser esse o melhor entendimento. Os requisitos em seu conjunto se prestam a fundamentar a pretensão possessória do autor e quando documentalmente comprovados – ainda que mediante uma cognição sumária – se prestam à concessão da **liminar** prevista no art. 928, *caput*, do CPC.

Conforme já foi afirmado, a grande especialidade do procedimento especial possessório é a previsão de liminar no art. 928, *caput*, do CPC. Segundo esse dispositivo legal, estando a petição inicial devidamente instruída, o juiz deferirá *inaudita altera partes* a medida liminar, consubstanciada na expedição de mandado de manutenção ou reintegração de posse, conforme o caso. Existe certa divergência doutrinária a respeito da possibilidade de o juiz conceder a medida liminar de ofício[26] ou somente mediante pedido expresso do autor[27]. O melhor entendimento é aquele que exige o pedido expresso do autor, priorizando o princípio dispositivo, até mesmo porque, tendo natureza de tutela de urgência satisfativa[28], deve-se aplicar por analogia o raciocínio já desenvolvido no Capítulo 50, item 50.2.1.3, quanto à impossibilidade de concessão oficiosa da tutela antecipada.

A liminar será concedida sempre que dois requisitos forem preenchidos no caso concreto, sendo dispensada no caso concreto a demonstração de *periculum in mora*:

(i) demonstração de que o ato de agressão à posse deu-se há menos de ano e dia, e

(ii) instrução da petição inicial que, em cognição sumária do juiz, permita a formação de convencimento de que há probabilidade do autor ter direito à tutela jurisdicional.

O art. 928, *caput*, do CPC, ao exigir a devida instrução da petição inicial para a concessão da liminar, aponta para a necessidade de juntada de **prova documental**[29]

---

24 Nery-Nery, *Código*, p. 1.177; STJ, REsp 201.219/ES, 4.ª Turma, rel. Min. Sálvio de Figueiredo Teixeira, j. 25.06.2002.

25 Marcato, *Procedimentos*, n. 72, p. 172.

26 Nery-Nery, *Código*, p. 1.178.

27 Marcato, *Procedimentos*, n. 73, p. 172; Baptista da Silva, *Comentários*, p. 270.

28 Dinamarco, *Fundamentos*, p. 1.342; Marinoni-Mitidiero, *Código*, p. 846; Fidelis dos Santos, *Dos procedimentos*, p. 126.

29 A doutrina majoritária entende que a prova deve ser documental: Theodoro Jr., *Curso*, n. 1.301, p. 134; Marinoni-Mitidiero, p. 846; Marcato, n. 73, p. 173.

ou documentada[30] (como provas orais emprestadas) apta a formar o juízo de probabilidade exigido para a concessão das tutelas de urgência. A doutrina rejeita declarações de terceiros descrevendo a situação possessória como documento apto a ensejar a concessão da liminar, considerando que tal conduta representa um desvio inadmissível das garantias que cercam a produção de prova oral em juízo[31].

Ainda segundo o art. 928, *caput*, do CPC, não estando a petição inicial devidamente instruída (nos termos já expostos), o juiz poderá designar **audiência de justificação prévia**, com a devida "citação" do réu a comparecer a tal audiência. A designação dessa audiência independe de pedido expresso do autor[32], havendo inclusive decisão do Superior Tribunal de Justiça, que interpretando literalmente o dispositivo legal, entende ser dever do juiz a designação na hipótese de não conceder a liminar pleiteada[33].

Registre-se que a citação do réu nesse momento somente o integra à relação jurídica processual, ocorrendo concomitantemente a sua intimação para que compareça à audiência de justificação prévia. Significa dizer que o réu não é intimado para se defender, não sendo a audiência o momento adequado para contestar. A doutrina majoritária entende que o réu pode se fazer representar por advogado na audiência, com plena participação na colheita da prova testemunhal a ser produzida pelo autor (reperguntas e contradita). Não poderá o réu, entretanto, produzir prova testemunhal, com a oitiva de testemunhas levadas por ele à audiência[34].

Realizada a audiência de justificação prévia, o juiz poderá ou não conceder a liminar requerida pelo autor. Havendo a concessão da liminar, o réu será intimado na própria audiência, ainda que não se encontre presente e nem se faça presente por advogado devidamente constituído (art. 242, § 1.º, do CPC)[35]. Como previsto no art. 930 do CPC, independentemente da concessão da liminar, o réu será intimado em audiência para se defender no prazo legal, desde que a decisão sobre a liminar seja proferida na audiência. Pode o juiz chamar os autos a conclusão e proferir decisão em cartório, hipótese na qual o réu será devidamente intimado[36]. Segundo o Superior Tribunal de Justiça, a ausência de intimação na audiência é causa de nulidade, não se considerando iniciado o prazo de resposta do réu[37].

Registre-se, por fim, a previsão protetiva à **Fazenda Pública** prevista pelo art. 928, parágrafo único, do CPC, que determina a impossibilidade de concessão da liminar antes da oitiva das pessoas jurídicas de direito público. Doutrina majoritária elogia a proteção à Fazenda Pública, nesse caso, partindo-se da presunção

---

30 Furtado Fabrício, n. 384, p. 459.

31 Theodoro Jr., *Curso*, n. 1.301, p. 134; Furtado Fabrício, n. 384, p. 459.

32 STJ, 3.ª Turma, AgRg no Ag 1.113.817/SP, rel. Min. Massami Uyeda, j. 02.06.2009, *DJe* 12.06.2009.

33 STJ, 4.ª Turma, REsp 900.534/RS, rel. Min. João Otávio de Noronha, j. 11.12.2009, *DJe* 14.12.2009.

34 Marcato, *Procedimentos*, n. 74, p. 173-174; Marinoni-Mitidiero, *Código*, p. 847; Baptista da Silva, *Comentários*, p. 272.

35 Marcato, *Procedimentos*, n. 76, p. 175.

36 *Informativo* 457/STJ, 4.ª Turma, REsp 890.598-RJ, Min. Luis Felipe Salomão, j. 23.11.2010.

37 *Informativo* 457/STJ: 4.ª Turma, REsp 890.598/RJ, Min. Luis Felipe Salomão, j. 23.11.2010.

de que os entes públicos atuam dentro da legalidade[38]. Apesar da possibilidade das pessoas jurídicas de direito público participarem de audiência de justificação em processos nos quais figurem como réu, o cumprimento do art. 928, parágrafo único, do CPC, dispensa a realização de audiência, devendo o réu ser intimado para que, no prazo a ser fixado pelo juiz[39], se manifeste por escrito a respeito do pedido de liminar do autor.

Realizada a citação, o réu terá um prazo de 15 dias para se defender, sendo cabível qualquer modalidade de resposta, até mesmo porque, segundo o art. 931 do CPC, a partir desse momento procedimental observar-se-á o procedimento ordinário. Até mesmo a reconvenção é admitida, considerando que o art. 922 do CPC permite ao réu em sua própria contestação tão somente os pedidos de proteção possessória e de indenização pelos prejuízos sofridos (**pedido contraposto**). Dessa forma, tendo o réu outros pedidos que não esses, deverá se valer da **reconvenção**[40].

71.8.2. Interdito proibitório

A ação de interdito proibitório tem nítida **natureza inibitória**, voltando-se para evitar que a ameaça de agressão à posse se concretize[41]. Enquanto nosso direito não tinha previsão de tutela inibitória genérica, a ação de interdito proibitório sempre teve lugar de destaque no que se convencionou chamar de tutela inibitória específica. Atualmente, diante da amplitude do art. 461 do CPC, o interdito possessório não mais pode ser considerado uma ação excepcional dentro do sistema processual. De qualquer forma, o que se busca com tal demanda judicial é evitar a prática do ato ilícito consubstanciado no esbulho ou na turbação possessória.

Não existem grandes especialidades procedimentais no interdito proibitório, considerando que nessa espécie de demanda aplicam-se subsidiariamente os regramentos procedimentais das ações de reintegração e manutenção de posse (art. 933 do CPC). É natural que exista pedido de proteção liminar no interdito proibitório, considerando que a sua própria razão de ser é a existência de um **perigo iminente de moléstia à posse**. Caberá ao juiz concedê-lo – com ou sem justificação prévia, conforme o caso – desde que o autor consiga comprovar sumariamente a efetiva e real ameaça de que sua posse corre risco de ser esbulhada ou turbada[42]. A previsão de multa do art. 932 do CPC é mera repetição específica do previsto genericamente no art. 461, § 4.º, do CPC, tratando-se de medida de execução indireta (astreintes).

---

[38] Baptista da Silva, *Comentários*, p. 277-278; Marcato, *Procedimentos*, n. 75, p. 174.

[39] Furtado Fabrício, n. 390, p. 464; Marcato, Marinoni-Arenhart, *Código*, p. 847.

[40] Furtado Fabrício, n. 396, p. 472; Nery-Nery, Código, p. 1.172; STJ, REsp 119.775/SP, 3.ª Turma, rel. Min. Carlos Alberto Menezes Direito, j. 12.05.1998.

[41] Nery-Nery, *Código*, p. 1.180; Marinoni-Arenhart, *Código*, p. 849.

[42] Theodoro Jr., *Curso*, n. 1.311, p. 148; Marcato, *Procedimento*, n. 77, p. 176.

72

AÇÃO DE NUNCIAÇÃO DE OBRA NOVA

72.1. INTRODUÇÃO

A pretensão buscada pela ação de nunciação de obra nova, com procedimento previsto nos arts. 934 a 940 do CPC, é tutelada desde a época do Direito Romano, tendo sido mantida nas Ordenações Portuguesas, nas legislações pátrias e finalmente no atual Código de Processo Civil. A ação de nunciação de obra nova é ação de conhecimento pela qual se busca **evitar o abuso do direito de construir**, proporcionando ao autor a tutela de relações jurídicas de vizinhança, condomínio ou administrativas.

Conforme ensina a melhor doutrina, trata-se de *tutela inibitória*[1], por meio da qual o autor pretende evitar que uma obra seja iniciada ou continue a ser executada, o que preventivamente protegerá os seus interesses. No Capítulo 1, item 1.8.2, foi amplamente desenvolvido o tema da tutela inibitória, sendo que as principais conclusões são aplicáveis à ação de nunciação de obra nova, de forma que basta ao autor provar a existência de um ato contrário ao Direito (ato ilícito), independentemente de culpa do réu ou de dano – real ou provável – suportado pelo autor[2].

---

1 Marinoni-Mitidiero, *Código*, p. 849-850.

2 Pela necessidade de dano: Theodoro Jr., *Curso*, n. 1.317, p. 159.

Apesar da natureza inibitória da tutela buscada pela ação de nunciação de obra nova, não existe qualquer empecilho legal para que o autor cumule ao pedido inibitório um pedido de indenização por perdas e danos já suportados, o que é bastante comum quando a obra já se iniciou e gerou consequências danosas ao autor[3]. Como visto no Capítulo 1, item 1.8.2, as tutelas inibitória e reparatória têm diferentes elementos, mas são cumuláveis num mesmo processo. A vedação à cumulação entre pedido de procedimento especial (nunciação de obra nova) e pedido de procedimento comum (indenização em perdas e danos) é superada pela expressa previsão do art. 936, III, do CPC.

72.2. CABIMENTO

O cabimento desse procedimento especial pressupõe a existência de uma "**obra nova**" que será denunciada ao juízo pelo interessado. Segundo a melhor doutrina, o termo "obra" deve ser interpretado de forma ampla, incluindo edificação, demolição, terraplanagem, sondagem, escavação, compactação do solo, aterro, desterro, colocação de cano, fornos, extração de minérios, de cascalho, de areia; plantação, construção subterrânea, fosso, aqueduto, ponte, viaduto, canal, muro, cerca, perfuração, estaqueamento e assemelhados[4].

Para ser juridicamente considerada nova, a obra deve alterar o estado de coisa anteriormente existente, sendo cabível a ação ora analisada desde o momento em que existirem fatos que exteriorizem a realização de uma obra até o seu encerramento. Como se nota, é cabível a ação de nunciação de obra nova antes mesmo de esta ter sido efetivamente iniciada, cabendo ao autor demonstrar que a mesma está na iminência de começar (p. ex., transporte para o local de material de construção, preparação de canteiros, existência de veículos próprios da construção civil no local, como tratores e escavadeiras[5]).

Entende a melhor doutrina que meras conclusões estéticas, tais como a pintura[6] ou colocação de objetos com mero propósito decorativo, não impedem a conclusão de que a obra já tenha sido concluída[7]. Registre-se, entretanto, interessante entendimento pelo cabimento da ação de nunciação de obra nova mesmo nessas circunstâncias, desde que justamente da execução de um detalhe final decorra a infração, como na hipótese de realização de acabamento com um produto proibido[8].

Caso a parte ingresse com a ação de nunciação de obra nova antes do início da obra não haverá interesse de agir em razão da falta de necessidade da inter-

---

3 Marinoni-Mitidiero, *Código*, p. 851; Furtado Fabrício, *Comentários*, n. 407, p. 483.
4 Câmara, *Lições*, vol. III, p. 362.
5 Marcato, *Procedimentos*, n. 81, p. 182; Furtado Fabrício, *Comentários*, n. 413, p. 491.
6 STJ, REsp 311.507/AL, 4.ª Turma, rel. Min. Ruy Rosado Aguiar, j. 11.09.2001, *DJ* 05.11.2001, p. 218.
7 Theodoro Jr., *Curso*, n. 1.318, p. 161; Câmara, *Lições*, vol. III, p. 363.
8 Furtado Fabrício, *Comentários*, n. 413, p. 492.

venção jurisdicional, devendo ser o processo extinto sem a resolução de mérito (art. 267, IV, do CPC). Por outro lado, caso a parte ingresse com a ação depois de já encerrada a obra, não haverá interesse de agir em razão da falta de adequação, o que em tese leva o processo à extinção por sentença terminativa, mas tratando-se apenas de uma inadequação procedimental, admitir-se-á a emenda da petição inicial, como analisado no Capítulo 3, item 3.2.3.

Registre-se que o estado fático que permite o ingresso da ação de nunciação de obra nova é aquele existente no momento de ingresso da demanda, sendo entendimento do Superior Tribunal de Justiça que, sendo concluída a obra durante o trâmite procedimental, não só continua sendo cabível a ação ora analisada, como continua sendo possível a prolação de sentença de procedência[9]. O mesmo Tribunal entende que nesse caso, tendo sido a obra concluída durante o trâmite da ação de nunciação de obra nova, naturalmente não será mais possível paralisá-la, sendo admissível a sua **conversão em ação demolitória**, de forma que a sentença de procedência determine a demolição da obra já concluída[10].

72.3. LEGITIMIDADE

A legitimação ativa vem prevista no art. 934 do CPC. São legitimados ativos o proprietário ou possuidor de imóvel vizinho, o condômino e o Município.

Segundo o art. 934, I, do CPC cabe ao **proprietário ou possuidor de imóvel vizinho** ao da obra ingressar com a ação de nunciação de obra nova desde que a mesma prejudique o prédio, suas servidões ou fins a que é destinado. A doutrina corretamente afirma que *imóvel vizinho* não significa necessariamente imóvel contíguo, bastando que seja próximo o suficiente a obra nova para suportar os seus efeitos[11]. O litisconsórcio a ser formado entre o proprietário e o possuidor é facultativo, dependendo a sua formação da vontade das partes, e unitário, sendo obrigatoriamente dada a mesma solução para ambos. O litisconsórcio entre vizinhos é facultativo, dependendo a sua formação da vontade das partes; e simples, sendo possíveis diferentes soluções aos litisconsortes, considerando-se que a obra nova pode não prejudicar a todos os vizinhos que ingressaram com a demanda.

Na legitimação prevista no art. 934, II do CPC, o **condômino** pode ingressar com ação de nunciação de obra nova para impedir que o coproprietário execute alguma obra com prejuízo ou alteração da coisa comum. Além do condômino também o condomínio tem legitimidade para ingressar com a ação, tanto em razão de ato de condômino como por ato de vizinho. Sendo a obra irregular realizada pelo condomínio em prejuízo dos condôminos, todos terão legitimidade ativa; havendo litisconsórcio, será facultativo e simples.

---

[9] STJ, REsp 161.398/MG, 4.ª Turma, rel. Min. Barros Monteiro, j. 05.04.2005; *DJ* 30.05.2005, p. 378.

[10] STJ, REsp 851.013/RS, 4.ª Turma, rel. Min. Hélio Quaglia Barbosa, j. 05.12.2006, *DJ* 05.02.2007, p. 257; Theodoro Jr., *Curso*, n. 1.317, p. 160.

[11] Furtado Fabrício, *Comentários*, n. 414, p. 492-494.

Para parcela da doutrina, a legitimidade do **Município** para impedir por meio da ação de nunciação da obra nova o particular de construir em contravenção da lei, do regulamento ou de postura, abrange a ofensa a normas municipais, estaduais e federais[12]. Outra corrente doutrinária entende que somente na hipótese de violação à norma municipal o Município terá legitimidade, devendo o dispositivo ser interpretado de forma a atribuir-se ao **Estado** legitimidade quando a norma violada for estadual e à **União** quando a norma for federal[13]. O segundo entendimento é superior, porque a violação de norma estadual e federal cria relação jurídica entre o dono da obra e o Estado e a União, e não sendo o Município titular de qualquer relação jurídica, não tem legitimidade para a demanda[14].

O art. 45 da Lei 6.766/1979, ao permitir ao loteador, mesmo que já tenha vendido todos os lotes, o ingresso de demanda judicial destinada a impedir construção em desacordo com as restrições legais ou contratuais, concede a esse sujeito legitimidade ativa para a ação de nunciação de obra nova.

No polo passivo a legitimidade é ampla, abrangendo qualquer sujeito que seja considerado dono da obra. Admite-se no polo passivo a pessoa jurídica, jurídica e formal, e no caso da pessoa jurídica, tanto as de direito privado como as de direito público[15]. Não têm legitimidade o possuidor nem o construtor[16].

72.4. PROCEDIMENTO

A petição inicial segue fundamentalmente os requisitos formais previstos no art. 282 do CPC, com algumas especialidades no tocante ao pedido. A competência da ação de nunciação de obra nova é do foro do local da coisa (art. 95 do CPC), sendo espécie atípica de **competência territorial absoluta**, conforme analisado no Capítulo 4, item 4.5.1.2. O valor da causa é meramente estimativo quando o pedido é somente de natureza inibitória, passando a ser determinado pelo valor do dano quando houver pedido condenatório ao pagamento das perdas e danos, sempre que for possível ao autor calcular o valor de seu dano (art. 286, II, do CPC).

Segundo o art. 936, I, do CPC, o autor deverá requerer na petição inicial a suspensão da obra, bem como a reconstituição, modificação ou demolição do que estiver feito em seu detrimento. O Superior Tribunal de Justiça já decidiu ser implícito o pedido de modificação parcial da obra, quando isso for suficiente para adaptá-la às exigências legais[17].

---

12 Marcato, *Procedimentos*, n. 82.3, p. 183; Costa Machado, *Código*, p. 1.511-1.512.

13 Furtado Fabrício, *Comentários*, n. 420, p. 501; Theodoro Jr., *Curso*, n. 1.320, p. 163; Câmara, *Lições*, vol. III, p. 364.

14 Barbosa Moreira, *Legitimidade*, p. 163.

15 Barbosa Moreira, *Legitimidade*, p. 160.

16 Marcato, *Procedimentos*, n. 82.4, p. 183; Theodoro Jr., *Curso*, n. 1.321, p. 165.

17 STJ, Resp 524.963/MG, 4.ª Turma, rel. Min. Cesar Asfor Rocha, j. 02.09.2003, *DJ* 03.11.2003, p. 323.

Pode ainda o autor pleitear a cominação de pena para o caso do descumprimento do preceito (art. 936, II, do CPC), sendo o dispositivo atualmente inútil por duas razões:

(a) em toda obrigação de fazer/não fazer é admissível o pedido de astreintes para pressionar psicologicamente o devedor a cumprir sua obrigação;

(b) ainda que o autor não faça o pedido, o juiz poderá de ofício aplicar a multa sempre que entendê-la útil à efetivação de sua decisão.

Também é cabível o pedido de indenização por perdas e danos (art. 936, III, do CPC) e, no caso de demolição, colheita, corte de madeiras, extração de minérios e obras semelhantes, de apreensão e depósitos dos materiais e produtos já retirados (art. 936, parágrafo único, do CPC).

O art. 937 do CPC prevê o cabimento de tutela de urgência de natureza satisfativa a ser concedida liminarmente ou após a audiência de justificação prévia. Tal **medida liminar** – como, aliás, todas as demais, conforme demonstrado no Capítulo 50, item 50.1 – tem natureza satisfativa, e na ausência de requisitos específicos para a sua concessão deve o juiz aplicar por analogia o art. 273 do CPC, exigindo do autor a prova inequívoca da verossimilhança da alegação e a prova de fundado receio de dano irreparável ou de difícil reparação.

Sendo realizado e deferido o pedido liminar de embargo da obra, o juiz determinará ao oficial de justiça que lavre o auto circunstanciado, descrevendo o estado em que se encontra a obra, intimando em ato contínuo o **construtor e os operários** – naturalmente quando existirem – para que não continuam a obra sob pena de responsabilização penal pelo crime de desobediência. Entendo que, além do crime de desobediência, esses terceiros também são suscetíveis de serem multados em até 20% do valor da causa por ato atentatório à dignidade da jurisdição (art. 14, parágrafo único, do CPC) caso descumpram a determinação judicial.

A obra poderá continuar, mesmo tendo sido concedida a liminar, na situação prevista pelo art. 940 do CPC. É facultado ao réu, a qualquer momento e em qualquer grau de jurisdição, requerer o prosseguimento da obra comprovando que a paralisação lhe gerará um sério prejuízo, devendo nesse caso apresentar **caução suficiente e idônea**, que será prestada no órgão de origem, ainda que o processo esteja no tribunal (art. 940, § 1.º, do CPC). Aduz o art. 940, § 2.º, do CPC, entretanto, que sendo o embargo concedido em razão de obra realizada contra determinação de regulamentos administrativos, não será admitida a paralisação.

Não concordo com a corrente doutrinária majoritária que entende que o pedido liminar seja obrigatório e tampouco que, uma vez indeferido o processo, deva ser extinto sem a resolução do mérito[18]. Tudo dependerá do ritmo das obras

---

[18] Marcato, *Procedimentos*, n. 85, p. 186; Furtado Fabrício, *Comentários*, n. 439, p. 519; Theodoro Jr., *Curso*, n. 1.325, p. 167. No sentido do texto: Costa Machado, p. 1.516.

e do tempo de duração do processo, não sendo possível abstratamente e *a priori* se afirmar que sem tutela de urgência estará prejudicado o pedido do autor.

Sendo assim, após a efetivação da medida liminar ou sem a sua concessão, o réu será citado para responder a ação em 5 dias. Apesar de o art. 938 do CPC prever tal prazo para a contestação do réu, não cabe a exceção de incompetência – no caso a competência é absoluta – ou reconvenção, em razão da sumariedade do procedimento[19]. Segundo o art. 939 do CPC o procedimento a partir desse momento seguirá o art. 803 do CPC, o que demonstra claramente o objetivo de **sumarizar o procedimento**.

72.5. EMBARGO EXTRAJUDICIAL

Segundo o art. 935, *caput*, do CPC os prejudicados pela obra nova também poderão realizar o embargo extrajudicial da obra, desde que o caso seja urgente. Pela previsão legal o prejudicado **notificará verbalmente**, perante duas testemunhas, o proprietário ou, em sua falta (mera ausência no local, não inexistência[20]), o construtor, para não continuar a obra, devendo num prazo de 3 dias peticionar em juízo pedindo a ratificação do ato, sob pena de o embargo extrajudicial ter seu efeito cessado (art. 935, parágrafo único, do CPC). O pedido de ratificação deve ser realizado na própria petição inicial, e uma vez deferido terá eficácia *ex tunc*, ou seja, retroage ao momento da notificação extrajudicial[21].

Apesar de não estar previsto em lei, pode o prejudicado, em vez das duas testemunhas indicadas pelo texto legal, preferir comprovar o embargo extrajudicial por meio de *ata notarial*, bastando para tanto se fazer acompanhar por oficial de cartório de notas no momento da notificação verbal. Como esse oficial é dotado de fé pública, tudo o que certificar na ata notarial ter ocorrido em sua presença será presumido como verdadeiro, sendo ônus do réu demonstrar não serem verídicas as informações constantes de tal ata. Ainda que se trate de presunção relativa, certamente terá uma carga probatória maior do que a prova testemunhal.

A ação de nunciação de obra nova deixa de ser procedimento especial no PLNCPC.

[19] Contra: Furtado Fabrício, *Comentários*, n. 443, p. 523.

[20] Furtado Fabrício, *Comentários*, n. 426, p. 507.

[21] Theodoro Jr., *Curso*, n. 1.323, p. 165.

73

AÇÃO DE USUCAPIÃO

73.1. DEFINIÇÃO DE USUCAPIÃO

A usucapião é forma originária de aquisição de propriedade pela posse continuada, durante certo lapso temporal, observado o preenchimento de certos requisitos previstos em lei, que variam conforme a espécie de usucapião. Afirma-se que se trata de forma originária de aquisição porque não existe nenhum vínculo entre o antigo e o atual proprietário do bem usucapido. O instituto trata tanto da aquisição de bens móveis quanto imóveis, embora seja inegável estar predominantemente ligado à aquisição da propriedade imobiliária. Não podem ser objeto de usucapião bens que não podem ser objeto de posse, como os incorpóreos e os fora do comércio, que são inalienáveis e insuscetíveis de apropriação, tais como os bens públicos (de uso comum, de uso especial e dominiais) e as terras devolutas.

A análise que se pretende realizar é a do procedimento previsto pelo Código de Processo Civil em seus arts. 941 a 945, sob o título "Da ação de usucapião de terras particulares", aplicável à ação de usucapião de bens imóveis. Dessa forma, não se analisará o procedimento da usucapião de bens móveis, que seguirá o procedimento comum (sumário ou ordinário, dependendo do valor da causa). E há ainda mais um corte necessário para fixar com precisão o objeto do presente capítulo. Existem diversas espécies de usucapião como forma de aquisição de bens imóveis: ordinária, extraordinária, *especial urbana*, *especial rural* e *especial coletiva*. Cada qual tem suas características próprias, bem como o seu procedimento. O procedimento especial previsto pelo Código de Processo Civil e objeto de análise se aplica tão somente à **usucapião ordinária e extraordinária**, sendo as outras espécies de usucapião regidas por leis extravagantes (rito sumário)[1].

73.2. REQUISITOS GERAIS E ESPECÍFICOS DA USUCAPIÃO

Apesar de cada espécie de usucapião ter suas características e requisitos próprios, em matéria mais afeta ao direito civil que ao processo, é possível identificar três requisitos básicos e essenciais para toda e qualquer espécie de usucapião: a posse *ad usucapionem*, o tempo e a coisa hábil. Cabe uma sumária análise desses três requisitos.

A posse *ad usucapionem* deve ter os qualificativos da continuidade, incontestabilidade e do *animus domini*[2]. O requisito da continuidade é preenchido quando a posse é completada sem interrupções nos atos que a evidenciam. O requisito da incontestabilidade é representado pela posse mansa e pacífica, ou seja, aquela que não sofreu contestação ou moléstia por parte do verdadeiro dono ou de outros interessados com algum direito real sobre a coisa. É importante observar que não é qualquer pessoa capaz de interromper essa posse mansa e pacífica, já que a mera distribuição da ação possessória não tem o condão, por si só, de interromper a continuidade. Tudo dependerá do polo ativo de tal ação, devendo ser composto por aquele que tem o domínio da coisa ou outro direito real[3].

O outro requisito da posse *ad usucapionem* é o *animus domini* que se exterioriza pelo comportamento do possuidor que se considera realmente o proprietário da coisa. Não confundir *animus domini* com boa-fé, visto que na boa-fé demanda-se que o possuidor não saiba de direito de terceiro sobre a coisa, enquanto no *animus domini* essa ciência pode até existir, o que não o impede de agir como se a coisa fosse sua. Esse requisito impede, por exemplo, que o locatário que esteja na posse direta mansa e pacífica do bem locado por vários anos venha a Juízo pretender usucapir o imóvel. Por nunca ter atuado como dono, lhe faltará o requisito essencial para a aquisição da propriedade por usucapião, independentemente do tempo em que permanecer na posse do bem. O mesmo ocorre com aqueles que residem por mero favor em pequenos cômodos ou mesmo construções adjacentes à construção principal.

O tempo é o segundo requisito genérico da usucapião, sendo diferente em cada espécie. Nota-se que, conforme as exigências aumentam, o prazo diminui.

---

1 STJ, 3.ª Turma, REsp 363.942/PR, rel. Min. Castro Filho, j. 04.03.2004; Marcato, *Procedimentos*, n. 91.1, p. 192; Câmara, *Lições*, p. 382-383. Contra, entendendo ser o procedimento especial aplicável a todas as espécies de usucapião: Marinoni-Arenhart, *Código*, p. 855.

2 Theodoro Jr., *Curso*, n. 1.331, p. 173; Baptista da Silva, *Comentários*, p. 357-358.

3 Theodoro Jr., *Curso*, n. 1331, p. 173.

Para bens imóveis o prazo é de 15 anos na usucapião extraordinária (art. 1.238 do CC), de dez anos na ordinária (art. 1.242 do CC) e de cinco anos na usucapião especial ou *pro labore* (Lei 6.969/1981 e art. 1.239 do CC). Esse prazo pode diminuir para dez anos (extraordinária) e cinco anos (ordinária) se: a) o possuidor houver estabelecido no imóvel a sua moradia habitual, ou nele realizado obras ou serviços de caráter produtivo, no caso da usucapião extraordinária; b) o imóvel houver sido adquirido onerosamente, com base no registro constante do respectivo cartório, cancelada posteriormente, desde que os possuidores nele tiverem estabelecido sua moradia, ou realizado investimento de interesse social e econômico, no caso de usucapião ordinária.

O último requisito tido como essencial para a usucapião é a coisa hábil, significando dizer que a coisa objeto de usucapião deve ser suscetível de ser objeto de aquisição. Excluem-se os bens públicos (de uso comum, de uso especial e os dominiais), as coisas fora de comércio e as terras devolutas (devolvidas ao Poder Público e que se encontram desocupadas ou ocupadas por particulares).

Além desses requisitos genéricos da usucapião, há ainda os específicos:

(i) usucapião ordinária – prazo de cinco anos, justo título (ato formalmente adequado a transferir o domínio, mas que deixa de produzir tal efeito em razão de ser produzido por quem não é proprietário do bem ou padecer de vício ou defeito que impeça a transferência), boa-fé (crença do possuidor de que a coisa realmente lhe pertença, visto que adquirida regularmente do verdadeiro proprietário. Ignorância quanto ao vício da transferência do domínio);

(ii) usucapião extraordinária – exigem-se tão somente os requisitos gerais já estudados, a posse mansa e pacífica, o ânimo de dono e o prazo previsto em lei;

(iii) usucapião especial rural (Lei 6.969/1981) – imóvel rural, não ser o usucapiente proprietário de imóvel, área não superior a 50 hectares, ter se tornado produtiva e lá ter o usucapiente fixado residência e, ainda, posse ininterrupta e sem oposição pelo prazo de cinco anos;

(iv) usucapião especial urbana (art. 183 da CF) – imóvel urbano, fixação de moradia do usucapiente ou de sua família, área não superior a 250 metros quadrados, não ser proprietário de outro imóvel rural ou urbano e, ainda posse ininterrupta e sem oposição pelo prazo de cinco anos.

73.3. LEGITIMAÇÃO

No polo ativo deve figurar o possuidor que preencheu os requisitos legais para usucapir o bem, excluindo-se de tal legitimação o mero detentor. Não é preciso que o autor esteja atualmente na posse do imóvel, bastando para tanto que alegue ter possuído de forma continuada e com ânimo de dono durante o lapso temporal exigido por lei[4]. Sendo a sentença da ação de usucapião **meramente declaratória**, o reconhecimento de que o autor adquiriu a propriedade por usucapião confirma o preenchimento dos requisitos legais, sendo irrelevante a atual posse do autor.

4 Marinoni-Mitidiero, *Código*, p. 855; Theodoro Jr., *Curso*, n. 1.335, p. 184.

A Súmula 263 do STF, ao prever a citação pessoal do possuidor, demonstra de forma clara que a posse atual não é exigência para a ação de usucapião.

Para parcela da doutrina, tratando-se de usucapião na constância do casamento, será caso de *litisconsórcio necessário*, nos termos do art. 10 do CPC[5]. Entendo que no polo ativo não seja necessário o litisconsórcio entre os cônjuges, considerando-se que somente um deles pode demandar, desde que autorizado pelo outro, sendo que essa autorização poderá ser suprimida pelo Poder Judiciário em caso de recusa injustificada (art. 11 do CPC)[6]. No caso de composse, ou seja, posse exercida por mais de uma pessoa, todos os possuidores devem compor o polo ativo, em litisconsórcio necessário. Na sucessão *causa mortis*, quando vários forem os herdeiros, todos eles devem se unir para o ingresso da ação de usucapião; havendo inventariante legítimo, o espólio terá legitimidade para propor a demanda representado por ele.

Há expressa previsão de formação de litisconsórcio no polo passivo da ação de usucapião, daí decorrendo a sua natureza de **litisconsórcio necessário**, apontando a lei para a existência de réus certos e incertos. São *réus certos* a pessoa em cujo nome o imóvel estiver transcrito e todos os confinantes, sendo indispensável a presença de seus cônjuges (art. 10 do CPC). Pode ocorrer de não existir matrícula do imóvel junto ao Cartório de Registro de Imóveis, sendo nesse caso réu aquele que possuir algum título de propriedade, ainda que não registrado. No caso de não existir tal pessoa ou dela não se ter ciência, a citação dar-se-á por edital, visto que o réu, apesar de certo, será no caso concreto pessoa desconhecida (art. 231, I, do CPC). O atual possuidor, naturalmente desde que não seja autor, também é réu certo.

Réus incertos são todos aqueles que porventura tenham algum interesse na solução da demanda. Serão citados por edital, por meio de convocação geral todos a quem possa interessar a decisão da ação de usucapião. Tal citação é indispensável em razão do efeito *erga omnes* que a sentença da ação de usucapião terá em razão de declarar um direito real. A doutrina afirma que esses terceiros eventualmente interessados somente se tornam parte no processo a partir do momento em que apresentem contestação, vindo a integrar a relação jurídica processual[7].

Além dos réus certos e incertos, as Fazendas Públicas Federal, Estadual e Municipal deverão ser intimadas para que manifestem se têm interesse na causa, sendo o seu silêncio interpretado como negativa desse interesse. Não são réus, portanto não são citados, mas, em razão da possibilidade de haver algum interesse desses entes públicos, a lei determina a sua comunicação a respeito da existência da ação[8]. Parece correta a conclusão de que a ausência dessa intimação gera **nulidade relativa**, devendo o ente público alegar o vício e provar o prejuízo que sofreu em razão de não ter sido comunicado sobre a existência da demanda para obter a anulação do processo desde o momento em que deveria ter sido comunicada, ou seja, no início da demanda.

---

[5] Theodoro Jr., *Curso*, n. 1.335, p. 185.

[6] STJ, 3.ª Turma, REsp 60.592/SP, rel. Min. Ari Pargendler, j. 29.06.1999; Câmara, *Lições*, p. 374-375.

[7] Theodoro Jr., *Curso*, n. 1.336, p. 187; Marcato, *Procedimentos*, n. 91.3, p. 193.

[8] Baptista da Silva, *Comentários*, p. 388.

73.4. COMPETÊNCIA

A competência para julgar a ação de usucapião é do foro da situação do bem usucapiendo (art. 95 do CPC). No caso de o imóvel se localizar em mais de um foro, será distribuída em qualquer uma delas, seguindo-se a regra da prevenção (art. 107 do CPC). Quando ocorrer intervenção da União na ação de usucapião, a competência será transferida para a Justiça Federal, única competente para decidir a respeito da admissão ou não da União na demanda. Na hipótese em que entender existir interesse que justifique a participação, o processo permanece no âmbito da Justiça Federal; entendendo não ser admissível a intervenção da União, remete o processo de volta à Justiça Estadual, para a mesma vara na qual tramitava o processo anteriormente[9]. Registre-se que na hipótese de confrontação com terras da marinha a competência será da Justiça Federal[10].

No Capítulo 4, item 4.5.1.7 foi analisada a **competência por delegação** prevista no art. 109, §§ 3.º e 4.º, da CF. Nas hipóteses de usucapião ordinária ou extraordinária é inaplicável a regra constitucional, de forma que, não havendo vara da Justiça Federal no local do imóvel usucapiendo, caberá ao autor propor a demanda na sede da Seção Judiciária correspondente. Já nas hipóteses de usucapião constitucional (urbana ou rural), aplica-se a competência por delegação em razão de sua nítida função social, de forma que será admissível o trâmite em primeiro grau perante a vara da Justiça Estadual se não houver no local do imóvel vara federal[11].

73.5. PETIÇÃO INICIAL

Além dos requisitos genéricos previstos para toda petição inicial (art. 282 do CPC), na ação de usucapião o autor deverá individualizar o imóvel e indicar qual o direito real que pretende ver declarado. A petição inicial deverá ser instruída com

(a) a planta do imóvel, não servindo para o preenchimento desse requisito o mero croqui ou esboço[12];

(b) certidão positiva ou negativa do Registro de Imóveis, para a identificação do anterior proprietário do bem; e

(c) certidões negativas da existência de ação possessória que tenha o bem usucapiendo como objeto, em razão da vedação expressa no art. 923 do CPC (essa exigência somente se verificará no Estado em que a ação foi distribuída, sob pena de onerar em demasia o autor da ação).

---

9 STJ, 2.ª Seção, CC 27.558/SP, rel. Min. Castro Filho, j. 12.02.2003.

10 STJ, 2.ª Seção, CC 20.768/SC, rel. Min. Ari Pargendler, j. 25.08.1999.

11 Súmula 11 do STJ; Pizzol, *Competência*, p. 538-539.

12 Theodoro Jr., *Curso*, n. 1340, p. 191; Marcato, *Procedimentos*, n. 93.2, p. 194.

É comum também exigir a matrícula do imóvel para a identificação do sujeito que tem o registro em seu nome e dos confrontantes ou, ainda, a certidão negativa de registro, quando o imóvel não tiver sido transcrito. Provado, entretanto, que esse requisito não foi preenchido, pois nem o Cartório de Imóveis conseguiu identificar a pessoa que teria sido o antigo proprietário, a demanda deverá prosseguir normalmente, sendo esse réu considerado incerto[13].

73.6. CITAÇÕES E INTIMAÇÕES

Já foi afirmado que na ação de usucapião haverá a formação de um litisconsórcio passivo necessário, existindo os *réus certos* (antigo proprietário, confrontantes e eventualmente o atual possuidor) e os *réus incertos* (qualquer interessado na solução da demanda). Existem importantes diferenças entre a citação dos réus certos e dos réus incertos. No tocante aos réus certos, a citação deve ser feita pessoalmente, por correio ou oficial de justiça, sendo cabível nesse caso a citação por hora certa, desde que presentes os requisitos. Excepcionalmente, nas hipóteses do art. 231 do CPC, a citação será realizada por edital. Ocorrendo por hora certa ou por edital, a citação será ficta, e, tratando-se de réu certo, a ausência de resposta acarreta a indicação de um advogado dativo, que contestará por negativa geral.

No caso dos réus incertos, a citação será sempre realizada por edital, não havendo a indicação de advogado dativo no caso de nenhum interessado aparecer nos autos. Aqui a consequência de não existir tal indicação decorre da própria lógica dessa espécie de citação, que convoca ao processo os eventuais interessados, que podem nem mesmo existir.

A Fazenda Pública Municipal, Estadual e Federal são meros interessados, e não sujeitos passivos na ação de usucapião, daí ser impossível falar em sua citação. Tais interessados serão tão somente intimados sobre a existência da ação, e, caso exista real interesse, poderão dela participar.

Segundo o art. 944 do CPC, o Ministério Público funcionará como fiscal da lei, também devendo ser intimado da existência da ação. Como fiscalizador da boa aplicação da lei, não cabe ao Ministério Público recusar o chamado do juiz, sendo obrigatória a sua participação. No caso de ausência de intimação do Ministério Público, ocorrerá nulidade absoluta, visto que a sua presença é imprescindível (arts. 84 e 246 do CPC). O Superior Tribunal de Justiça vem aceitando que esse vício seja sanado com a participação do Ministério Público em segunda instância, por meio de parecer de Procurador de Justiça afirmando que, apesar de não ter participado o *Parquet* desde o início, referenda todos os atos até aquele momento praticados, sanando assim o vício gerado pelo não comparecimento[14].

---

[13] Theodoro Jr., *Curso*, n. 1.340, p. 192.

[14] STJ, 1.ª Turma, REsp 586.956/PR, rel. Min. Teori Albino Zavascki, j. 1.º.02.2006; REsp 167.811/SP, 2.ª Turma, rel. Min. Franciulli Netto, j. 07.03.2002.

73.7. SENTENÇA E TRANSCRIÇÃO NO REGISTRO DE IMÓVEIS

A natureza jurídica da sentença de procedência da ação de usucapião é **meramente declaratória**, dado que a propriedade não é constituída pela sentença, e sim pelo preenchimento dos requisitos legais verificados na ação e reconhecidos na decisão. O juiz simplesmente declara que o autor já era o proprietário desde o momento em que, exercendo sobre coisa hábil a ser usucapida posse *ad usucapionem*, foi ultrapassado o tempo necessário previsto em lei. Essa é a razão pela qual se torna perfeitamente possível ao autor ver julgada procedente sua ação de usucapião, embora não estivesse exercendo a posse sobre o bem à época da prolação da sentença (e nem mesmo do ingresso da ação). A natureza meramente declaratória também justifica a possibilidade de alegar usucapião como matéria de defesa em ação petitória.

Por se tratar de reconhecimento de direito real, a sentença tem efeito *erga omnes*. O efeito natural e lógico da sentença na ação de usucapião é a sua transcrição no Registro de Imóveis, por meio de mandado, pouco importando ter o juiz expressamente determinado tal transcrição na sentença. Embora o art. 945 do CPC condicione a transcrição à satisfação das obrigações fiscais, a melhor doutrina entende inexistir qualquer obrigação fiscal a ser cumprida no caso da aquisição dominial por usucapião, por tratar-se a usucapião de forma aquisitiva originária[15].

73.8. USUCAPIÃO COMO MATÉRIA DE DEFESA

Considerando-se que a sentença na ação de usucapião somente declara um direito já existente, é possível ao réu alegar a usucapião como matéria de defesa em ações petitórias, ainda que não exista sentença ou mesmo ação de usucapião. É chamada de "exceção de usucapião", invariavelmente utilizada em ações em que o antigo proprietário é autor. Caso o juiz de tal ação acolha essa alegação defensiva do réu – ser proprietário em razão da usucapião –, julgará a ação improcedente, uma vez que, se o réu é o proprietário, certamente não é o autor.

A "exceção de usucapião" faz surgir uma *questão prejudicial* à solução do mérito, mas não é possível nesse caso específico o ingresso de ação declaratória incidental ou ainda da reconvenção, sendo que a solução de tal questão prejudicial gerará única e exclusivamente seus efeitos na ação em que foi decidida, em razão das especialidades procedimentais (em especial quanto à formação do polo passivo e aos interessados) da ação de usucapião, ausentes na ação petitória em que foi alegada a "exceção de usucapião".

O acolhimento da "exceção de usucapião", portanto, gera sentença de improcedência, mas o reconhecimento de que a propriedade do bem é do réu **causa efeitos somente nessa ação**, visto que este não é capaz de alargar o objeto da

[15] Furtado Fabrício, *Comentários*, n. 496, p. 588; Baptista da Silva, *Comentários*, p. 394.

ação principal que fixará os limites objetivos da coisa julgada. A sentença que acolher tal alegação e julgar a ação improcedente não é hábil a declarar a propriedade do réu, não se prestando como meio apto a permitir transcrição perante o Registro de Imóveis[16]. A exceção fica por conta do art. 7.º da Lei 6.969/1981, que trata da usucapião especial, que criou uma *ação dúplice* que permite a inscrição do Registro de Imóveis até mesmo quando a usucapião é alegada como matéria de defesa[17].

A ação de usucapião deixa de ser procedimento especial no PLNCPC.

[16] STJ, 4.ª Turma, REsp 725.222/MT, rel. Min. Fernando Gonçalves, j. 28.06.2005.

[17] STJ, 3.ª Turma, REsp 233.607/SP, rel. Min. Carlos Alberto Menezes de Direito, j. 18.05.2000.

74 DIVISÃO E DEMARCAÇÃO DE TERRAS

74.1. INTRODUÇÃO

Nos arts. 946 a 981 do CPC, está previsto o procedimento da ação de divisão e da demarcação de terras particulares, registrando-se que as questões referentes à divisão e demarcação de terras públicas seguem o procedimento da ação discriminatória, regulada pela Lei 6.383/1976.

Segundo o art. 946 do CPC, cabe a ação de demarcação ao proprietário para obrigar o confinante a estremar os respectivos prédios, fixando-se novos limites entre eles ou aviventando-se os já apagados, ao passo que cabe a ação de divisão ao condômino para obrigar os demais consortes a partilhar o bem comum. Em ambos os casos tem-se um processo de conhecimento com procedimento especial que veicula pretensão de **direito real**[1], e sendo o direito de dividir e demarcar potestativo, o que afasta a aplicação de prazos prescricionais para as demandas ora analisadas, e não havendo em lei prazo decadencial, a qualquer momento poderá a parte interessada ingressar com a ação de divisão e demarcação de terras.

---

[1] Marinoni-Mitidiero, *Código*, p. 859; Theodoro Jr., *Curso*, n. 1.359, p. 208; Nery-Nery, *Código*, p. 1.189.

A ação de divisão e demarcação de terras tem **natureza dúplice**, porque, independentemente de pedido do réu nesse sentido, o resultado do processo lhe será favorável se suas alegações defensivas, contidas na contestação, forem acolhidas pelo juiz[2].

Não se confunde a ação demarcatória com a *ação reivindicatória* porque nesta existe a exata extensão daquilo que se reivindica, sendo que naquela essa certeza só é obtida por meio da sentença. Também não se confunde com a *ação possessória*, porque na ação demarcatória se discute propriedade, e não posse, sendo entendimento tranquilo do Superior Tribunal de Justiça que, mesmo havendo decisão a respeito da posse do imóvel, não existe qualquer empecilho para a ação demarcatória[3], bem como a reintegração de posse pode ser realizada mesmo enquanto se aguarda a delimitação da área[4].

O art. 947 do CPC admite que o autor cumule num mesmo processo os pedidos de demarcação e de divisão. Por questão de lógica, a demarcação deve ser julgada antes, participando desse momento processual tanto os confinantes como os condôminos, e, uma vez determinada a extensão da coisa, a divisão será decidida em momento processual do qual participarão somente os condôminos. Trata-se, na realidade, de cumulação de procedimentos em caráter sucessivo num mesmo processo, e não propriamente uma cumulação de pedidos[5].

Ainda que os confinantes sejam excluídos do processo após a demarcação, momento a partir do qual serão considerados terceiros, o art. 948 do CPC prevê que fica ressalvado o seu direito de vindicar os terrenos de que se julguem despojados em virtude da invasão das linhas limítrofes constitutivas do perímetro ou, ainda, a reclamarem uma indenização pecuniária correspondente ao seu valor. Nesse caso, caberá à parte escolher entre a *tutela específica* de proteção à sua propriedade ou a tutela pelo equivalente em dinheiro, sendo admissível a cumulação das duas pretensões de forma subsidiária, não sendo possível a concessão de tutela específica em demanda em que seja concedida a tutela pelo equivalente em dinheiro.

Segundo o art. 949, *caput*, do CPC, se a ação for proposta antes do trânsito em julgado da sentença homologatória da divisão, serão citados todos os condôminos e após esse momento todos os quinhoeiros dos terrenos vindicados. Na ação oferecida após o trânsito em julgado da sentença da divisão, o art. 949, parágrafo único, do CPC prevê que a sentença de procedência valerá como título executivo judicial em favor dos quinhoeiros para haverem dos outros condôminos, que forem parte na divisão, ou de seus sucessores por título universal, na proporção do que lhes tocar, a composição pecuniária do desfalque sofrido. A melhor doutrina ressalta que só haverá aplicação desse dispositivo legal tendo ocorrido a denunciação da lide dos demais condôminos, não sendo

2 Marcato, *Procedimentos*, n. 98, p. 203; Pinheiro Carneiro, *Comentários*, n. 1, p. 3.

3 STJ, 4.ª Turma, REsp 402.513/SP, rel. Min. Aldir Passarinho Junior, j. 07.12.2006, *DJ* 19.03.2007, p. 353.

4 STJ, 4.ª Turma, RMS 10.231/BA, rel. Min. Jorge Scartezzini, j. 22.02.2005, *DJ* 28.03.2005, p. 256.

5 Pinheiro Carneiro, *Comentários*, n. 9, p. 35.

admissível a formação de título executivo judicial contra alguém que não participe do processo[6].

74.2. PROCEDIMENTO DA AÇÃO DE DEMARCAÇÃO

O procedimento da ação de demarcação de terras particulares está previsto nos arts. 950 a 966 do CPC.

Segundo o art. 952 do CPC, qualquer condômino é parte legítima para ingressar com ação de demarcação do imóvel comum, sendo indispensável que todos os condôminos participem do processo em **litisconsórcio necessário e unitário**[7]. A polêmica a respeito do litisconsórcio ativo necessário é abordada no Capítulo 5, item 5.6, sendo mais relevante que todos participem da relação jurídica processual, considerando-se a natureza da relação jurídica material (natureza incindível) que será objeto da decisão judicial. A competência é absoluta do foro do local do imóvel, nos termos do art. 95 do CPC.

Como todo processo, a demarcação tem o seu início por meio de uma petição inicial, nos termos dos arts. 282 e 283 do CPC. Segundo o art. 950 do CPC, são documentos indispensáveis à propositura da demanda os **títulos de propriedade**, cabendo ao autor narrar em sua causa de pedir a situação e a denominação do imóvel, descrevendo os limites por construir, aviventar ou renovar, nomeando todos os confinantes da linha demarcanda. Apesar de a pretensão principal da ação de demarcação ser a declaração do traçado da linha demarcanda, o art. 951 do CPC admite a cumulação desse pedido com pedidos de reintegração de posse quando demonstrar a turbação e/ou esbulho e o pedido de indenização pelos danos causados pela usurpação.

Valendo-se de técnica de duvidosa constitucionalidade, o art. 953 do CPC prevê que os réus que forem residentes na comarca na qual tramita o processo serão citados pessoalmente, ao passo que os réus residentes nas demais comarcas serão citados por edital. É a mesma técnica utilizada no procedimento do inventário e já devidamente criticada no Capítulo 75, item 75.9, mas que pelo entendimento do Supremo Tribunal Federal não dificulta injustificadamente o direito de ampla defesa dos réus não residentes na comarca na qual tramita o processo.

O prazo comum de contestação é de **20 dias**, não incidindo no caso o art. 191 do CPC (art. 954 do CPC)[8], não sendo cabível a exceção de incompetência em razão da natureza absoluta da competência de foro nesse caso. No tocante à reconvenção, é preciso tomar cuidado semelhante àquele tomado nas ações possessórias e devidamente analisado no Capítulo 71, item 71.3; para o pedido demarcatório não cabe reconvenção em razão da nítida e indiscutível natureza

---

6 Marinoni-Mitidiero, *Código*, p. 862.

7 Fidélis dos Santos, *Procedimentos*, n. 236, p. 196.

8 Marcato, *Procedimentos*, n. 105, p. 210; Costa Machado, *Código*, p. 1.533; Pinheiro Carneiro, *Comentários*, n. 24, p. 64.

dúplice dessa ação, mas a reconvenção é admissível caso o réu pretenda fazer os pedidos previstos no art. 951 do CPC, quais sejam o de proteção possessória e de indenização por perdas e danos[9].

Aduz o art. 955 do CPC que, sendo apresentada a contestação, observar-se-á o procedimento ordinário e, sendo o réu revel, aplicar-se-á o art. 330, II do CPC, com o julgamento antecipado da lide. Em qualquer das hipóteses, antes da prolação da sentença o juiz nomeará dois arbitradores e um agrimensor para levantarem o traçado da linha demarcanda, que deverão apresentar um **laudo pericial** nos termos do art. 957 do CPC. Tratando-se de verdadeira perícia, aplicam-se as regras da prova pericial, com cinco dias de prazo comum para a indicação de quesitos e assistentes técnicos e prazo comum de dez dias para a manifestação das partes sobre o laudo.

Após essa fase probatória pericial, o juiz sentenciará a demanda, sendo que na sentença de procedência determinará o traçado da linha demarcanda, nos termos do art. 958 do CPC, além de condenar o réu ao pagamento dos honorários advocatícios e custas processuais, o que também fará na hipótese de sentença de improcedência. A sentença é recorrível por apelação, e, sendo de procedência, assim que transite em julgado tem início a segunda fase do processo, por meio da qual será efetivado concretamente o direito reconhecido em sentença, prevendo os arts. 959 a 966 do CPC a forma dos atos a serem praticados pelo agrimensor, arbitradores e juiz no caso concreto.

74.3. PROCEDIMENTO DA AÇÃO DE DIVISÃO

O procedimento da ação de divisão de terras particulares está previsto nos arts. 967 a 981 do CPC, com aplicação subsidiária dos arts. 952 a 955 do CPC, nos termos do art. 981 do CPC.

Como todo processo, o de divisão tem início pela apresentação de uma petição inicial, nos termos dos arts. 282 e 283 do CPC, sendo competente absoluto o foro do local do imóvel, nos termos do art. 95 do CPC. O art. 967, *caput,* do CPC prevê como documento indispensável à instrução da petição inicial os títulos de propriedade do autor, exigindo em seus incisos que a petição inicial contenha em sua causa de pedir:

(I) indicação da origem da comunhão e a denominação, situação, limites e características do imóvel;

(II) nome, estado civil, a profissão e a residência de todos os condôminos, especificando-se os estabelecidos no imóvel com benfeitorias e culturas; trata-se de repetição incompleta do art. 282, II, do CPC, que deve ser aplicado subsidiariamente, exigindo-se do autor a indicação do estado civil dos réus, porque, tratando-se de

---

[9] Marinoni-Mitidiero, *Código*, p. 865; Pinheiro Carneiro, *Procedimentos*, n. 24, p. 66. Contra, pelo não cabimento da reconvenção: Marcato, *Procedimentos*, n. 105, p. 209; Costa Machado, *Código*, p. 1.533.

ação de direito real, o réu casado será demandado em litisconsórcio necessário com seu cônjuge[10];

(III) as benfeitorias comuns.

Segundo o art. 968 do CPC, as citações serão realizadas na forma criticável do art. 953 do CPC, prosseguindo o procedimento nos termos dos arts. 954 e 955 do CPC. Com o trânsito em julgado da sentença de procedência, tem-se início a segunda fase do processo, de natureza executiva, com procedimento previsto nos arts. 969 a 980 do CPC.

O procedimento dessa segunda fase procedimental tem início com a medição do imóvel pelos **arbitradores e agrimensor**, sendo que, concluído o trabalho de campo, o agrimensor levantará a planta do imóvel e organizará o memorial descritivo das operações, respeitando os requisitos formais previstos pelo art. 975 do CPC. Em seguida, os arbitradores e agrimensor proporão em laudo fundamentado a forma de divisão, sendo ouvidas as partes nos termos do art. 979 do CPC. Segundo o art. 980, *caput,* do CPC, terminados os trabalhos o agrimensor organizará o memorial descritivo, sendo em seguida lavrado o auto de divisão, seguido de uma folha de pagamento para cada condomínio. Assinado o auto pelo juiz, agrimensor e arbitradores, será proferida a sentença homologatória da divisão.

A ação de divisão e demarcação de terras está prevista nos arts. 554 a 584 do PLNCPC. A par de algumas modificações de pouca relevância prática, cumpre ressaltar o art. 556 ao prever que demarcação e a divisão poderão ser realizadas por escritura pública, desde que maiores, capazes e concordes todos os interessados.

---

[10] Marinoni-Mitidiero, *Código*, p. 869.

75

AÇÃO DE INVENTÁRIO E PARTILHA

75.1. INTRODUÇÃO

Segundo previsão do art. 1.784 do CC, com a morte da pessoa natural, seus bens transmitem-se aos sucessores legítimos e testamentários, por meio do fenômeno jurídico conhecido por "saisine". Constituindo-se o patrimônio do *de cujus* uma universalidade jurídica de bens, será necessária a definição do que exatamente o compõe, além da individualização do que cabe a cada um dos sucessores na hipótese de existir mais de um sujeito nessa condição.

Essas duas tarefas são desenvolvidas pelo inventário e partilha, sendo que no *inventário* se busca identificar o patrimônio, com a indicação dos bens (móveis e imóveis), créditos, débitos e quaisquer outros direitos de natureza patrimonial que compõem o acervo hereditário, enquanto na *partilha* se divide o acervo entre os sucessores, com o estabelecimento e a consequente adjudicação do quinhão hereditário a cada um deles.

Alterando a tradição do direito pátrio, a Lei 11.441/2007 passou a permitir a realização de **inventário e partilha extrajudicialmente**, desde que todos os sucessores sejam capazes, não exista testamento e que todos estejam de acordo com a divisão dos bens (art. 982 do CPC). A Resolução 35/2007 do Conselho

Nacional de Justiça (arts. 11 a 32) disciplina essa forma de inventário e partilha extrajudicial. Registre-se que o procedimento de inventário e partilha realizado pela via administrativa – escritura pública – não é obrigatório, de maneira que, mesmo presentes todos os requisitos, será cabível a ação judicial se essa for a vontade dos sucessores[1], sendo essa a conclusão consagrada no art. 2.º da Resolução do Conselho Nacional de Justiça.

Sendo o inventário judicial, seguirá a forma ordinária ou será realizado por arrolamento, que poderá ser sumário (art. 1.031 do CPC) ou comum (art. 1.036 do CPC).

Em regra, com o falecimento e a consequente "saisine", será indispensável a realização de inventário e partilha, judicial ou extrajudicial, a depender do caso concreto. O art. 1.037 do CPC e a Lei 6.858/1980 excepcionam essa regra, determinando a dispensa de inventário para a percepção das vantagens econômicas deixadas pelo *de cujus* no FGTS e PIS-Pasep, além do levantamento pelos dependentes de restituição de imposto de renda, tributos, saldos bancários, cadernetas de poupança e fundos de investimento de valor não superior a 500 ORTN. Nesses casos bastará o pedido de alvará judicial.

75.2. INVENTÁRIO NEGATIVO

Situação curiosa ocorre quando o *de cujus* não deixa patrimônio, hipótese na qual naturalmente nada haverá a inventariar e muito menos a partilhar. Seria possível supor que, diante dessa situação patrimonial do *de cujus*, o inventário e partilha se tornasse desnecessário. Ocorre, entretanto, que a ausência de inventário e partilha, mesmo nessas situações, gera algumas consequências jurídicas que podem ser evitadas com a realização do chamado "inventário negativo", consagrado pela doutrina e jurisprudência, apesar da omissão legal a seu respeito e de alguma resistência doutrinária, que afirma tratar-se o instituto de aberração jurídica[2].

Segundo o art. 1.523, I, do CC, não pode casar o viúvo ou viúva que tiver filho do cônjuge falecido enquanto não fizer o inventário dos bens do casal e der partilha aos herdeiros, prevendo o art. 1.641, I, do CC que, mesmo havendo casamento em tal situação, a consequência será o regime obrigatório de separação de bens. Além disso, interessa aos herdeiros o "inventário negativo" sempre que o *de cujus* não deixar bens, mas deixar dívidas, visto que os herdeiros só responderão por tais dívidas nos limites da herança[3].

O inventário pode ser realizado de forma extrajudicial, desde que atendidos os requisitos legais[4]; sendo judicial, o procedimento é extremamente simples. O

---

1 Theodoro Jr., *Curso*, n. 1.383-a, p. 241; Marinoni-Mitidiero, *Código*, p. 876; Cassetari, *Separação*, p. 33-37; Nery-Nery, *Código*, p. 1.196; Tartuce-Simão, *Direito*, v. 6, p. 418-419. Contra, Câmara, *Lições*, p. 418.

2 Pinheiro Carneiro, *Comentários*, n. 4, p. 13.

3 Marcato, *Procedimentos*, n. 118, p. 222; Câmara, *Lições*, p. 402.

4 Nery-Nery, *Código*, p. 1.197.

requerente que assume a condição de inventariante (dispensado o compromisso) pleiteia junto ao juízo competente para a ação de inventário e a partilha a tomada por termo de suas declarações, provando o óbito. Serão intimados os demais interessados, o Ministério Público e a Fazenda Pública. Havendo divergência, o juiz a resolverá; não havendo, o juiz extinguirá o processo com a declaração, por sentença, da inexistência de bens a partilhar. Existe divergência doutrinária a respeito da natureza contenciosa[5] ou voluntária[6] do processo de inventário negativo, parecendo mais correta a primeira solução, considerando-se que o conflito de interesses suficiente para configurar atividade jurisdicional é meramente eventual, sendo admissível, apesar de improvável, que exista real conflito entre eles no inventário negativo.

75.3. COMPETÊNCIA E UNIVERSALIDADE DO FORO SUCESSÓRIO

A Justiça brasileira é a única competente para julgar as ações de inventário e partilha de bens situados em território nacional (art. 89, II, do CPC), significando dizer que as sentenças estrangeiras que tenham como objeto tais bens não serão homologadas pelo Superior Tribunal de Justiça. Internamente a competência do foro é determinada pelo art. 96 do CPC, analisado no Capítulo 4, item 4.5.1.3.

75.4. QUESTÕES DE ALTA INDAGAÇÃO

É natural que no processo de inventário e partilha surjam questões referentes à definição do acervo hereditário e de sua divisão entre os herdeiros, bem como a exata definição de quem são esses herdeiros, cabendo ao juiz decidi-las para que o resultado desse processo seja atingido. Ocorre, porém, que nem todas as questões podem ser resolvidas no processo de inventário e partilha, obrigando-se os interessados a ingressar com um **novo processo** para a solução de algumas espécies de questões. São as chamadas "questões de alta indagação", e as questões de fato que dependem de provas que não sejam documentais, responsáveis pela **limitação cognitiva** do juiz nessa espécie de processo.

Aduz o art. 984 do CPC que não caberá ao juízo do inventário e partilha a decisão sobre questões de alta indagação, omitindo-se na conceituação do fenômeno. É pacífico o entendimento de que a complexidade da questão jurídica não é considerada para a configuração desse tipo de questão, devendo o juiz enfrentá-la e decidi-la por mais complexa que seja[7]. Parece correta a doutrina que entende que a "alta indagação" diz respeito à necessidade de um processo autônomo para a sua solução, como ocorre na alegação de vício em testamento,

---

5 Câmara, *Lições*, p. 403.

6 Theodoro Jr., *Curso*, n. 1.384, p. 243; Fidélis dos Santos, *Dos procedimentos*, n. 293, p. 256.

7 STJ, 3.ª Turma, AgRg no Ag 855.543/RS, rel. Min. Humberto Gomes de Barros, j. 21.06.2007, *DJ* 01.08.2007, p. 240; Fidélis dos Santos, *Dos procedimentos*, n. 295, p. 259; Pinheiro Carneiro, *Comentários*, n. 10, p. 26.

que só poderá ser reconhecido em processo constitutivo negativo que invalide o testamento.

Por outro lado, o procedimento do inventário e partilha é documental, de forma que a necessidade de qualquer outro meio de prova exige que a questão seja resolvida em outro processo, por exemplo, a alegação de exclusão de herdeiro indigno (art. 1.815 do CC), que muito provavelmente exigirá a produção de prova oral, em especial a testemunhal. A matéria em si é irrelevante, havendo posicionamento do Superior Tribunal de Justiça pela admissão de o juiz determinar os meios ordinários para apuração de haveres[8].

A doutrina é pacífica no entendimento de que o pronunciamento judicial pelo qual o juiz do inventário se nega a decidir a questão, remetendo as partes às vias ordinárias, é uma decisão interlocutória, recorrível por agravo de instrumento[9].

Segundo o art. 598 do PLNCPC, o juiz decidirá todas as questões de direito desde que os fatos relevantes estejam provados por documento, só remetendo para os meios ordinários as questões que dependerem de outras provas. Como se pode notar, diferente do art. 984 do atual CPC, que menciona questões de alta indagação, o PLNCPC preferiu ser objetivo a respeito de quais as circunstâncias que demandam meios ordinários para sua solução, seguindo lição doutrinária a respeito do tema.

75.5. ADMINISTRADOR PROVISÓRIO

Sempre existirá certo período de tempo entre o falecimento, que representa a abertura da sucessão, e a prestação de compromisso do inventariante, sendo certo que durante esse lapso temporal a herança, que é transmitida imediatamente aos herdeiros com o falecimento (art. 1.784 do CC), deverá ser administrada por alguém. Segundo o art. 985 do CPC, surge nessa situação a figura do "administrador provisório", responsável pela administração da herança até que o espólio passe a ser representado pelo inventariante.

Administrador provisório é o sujeito que **já se encontra na administração** dos bens por ocasião da abertura da sucessão, de forma que a sua designação independe de decisão judicial[10]. Na realidade, ele mantém a posse sobre os bens que compõem o acervo sucessório, passando a ter o encargo de administrar a herança e representar o espólio ativa e passivamente, dentro e fora do juízo.

Aduz o art. 986 do CPC que o administrador provisório é obrigado a levar ao acervo os frutos que recebeu durante o período de administração, respondendo

---

8 *Informativo* 450/STJ, 3.ª Turma, REsp 289.151-SP, rel. Min. Vasco Della Giustina (Desembargador convocado do TJ-RS), j. 07.10.2010.

9 Marinoni-Mitidiero, *Código*, p. 878; Theodoro Jr., *Curso*, n. 1.387, p. 245; Pinheiro Carneiro, *Comentários*, n. 14, p. 35.

10 Theodoro Jr., *Curso*, n. 1.388, p. 246; Marcato, *Procedimentos*, n. 126.2, p. 228; Pinheiro Carneiro, *Comentários*, n. 15, p. 37.

pelo dano que, por culpa ou dolo, der causa aos herdeiros (o que será apurado em processo próprio). Além dessas exigências previstas em lei, caberá ao administrador provisório a prestação de contas de sua administração, que pode ser feita no próprio processo de inventário e partilha[11]. Terá direito ao reembolso de todas as despesas necessárias e úteis à boa manutenção do acervo hereditário.

Sendo caso de herança jacente, não existirá a figura do administrador provisório, aplicando-se o art. 1.143 do CPC, que prevê a indicação de um curador que terá o encargo de guardar, conservar e administrar a herança até a sua entrega aos sucessores legalmente habilitados ou até a declaração de vacância da herança[12].

75.6. INVENTARIANTE

Nos processos de inventário e partilha faz-se necessária a figura de um auxiliar especial do juízo, que administre o acervo hereditário e represente o espólio, em juízo e fora dele, até que se verifique a partilha. Trata-se do inventariante, que exerce no processo um *múnus público*, a exigir a prestação de um compromisso de que desempenhará bem o seu papel (art. 990, parágrafo único, do CPC).

A inventariança legítima recai sobre um dos sujeitos previstos em lei, sendo que nesse caso existe uma ordem de preferência a ser seguida pelo juiz (art. 990 do CPC). A doutrina afirma que essa ordem, em regra, deve ser respeitada pelo juiz, admitindo-se a sua inversão somente em casos excepcionais, quando o juiz tiver fundadas razões para tanto, sendo esse entendimento adotado pelo Superior Tribunal de Justiça[13].

A inventariança depende de **capacidade civil**, de forma que o incapaz, ainda que seja o escolhido seguindo-se a ordem legal, não terá capacidade para ser o inventariante no caso concreto. Nesse caso, há entendimento tranquilo no sentido de que o representante legal do incapaz não pode assumir o compromisso no lugar do representado[14], tornando-se inventariante o próximo na ordem legal.

A *inventariança dativa* recai sobre qualquer sujeito estranho ao acervo que o juiz entenda idôneo para desenvolver o encargo de inventariante. A primeira hipótese de inventariante dativo verifica-se quando não existe nenhum dos sujeitos indicados no art. 990 do CPC. Também caberá a inventariança dativa na hipótese de, existindo um ou alguns dos sujeitos indicados pelo art. 990 do CPC, tenha sido esse sujeito removido da inventariança (art. 995 do CPC) ou não puder, por justa causa, assumir o encargo.

---

[11] Marinoni-Mitidiero, *Código*, p. 879.

[12] STJ, 3.ª Turma, AgRg no Ag 475.911/SP, rel. Min. Ari Pargendler, j. 16.10.2003, *DJ* 19.12.2003, p. 454.

[13] STJ, 3.ª Turma, REsp 1.055.633/SP, rel. Min. Nancy Andrighi, j. 21.10.2008 (Informativo 373 do STJ); Nery-Nery, *Código*, p. 1.202.

[14] STJ, 3.ª Turma, REsp 658.831/RS, rel. Min. Nancy Andrighi, j. 15.12.2005; Theodoro Jr., *Curso*, n. 1.389, p. 247; Pinheiro Carneiro, *Comentários*, n. 23.2, p. 53-54. Contra: Fidélis dos Santos, *Dos procedimentos*, n. 300, p. 270.

A grande diferença entre as duas espécies de inventariança é que na dativa o encargo limita-se à administração do acervo hereditário, não tendo o inventariante legitimidade para representar o espólio. Nesse caso, qualquer demanda em que o espólio seja parte será exigida a presença em litisconsórcio necessário de todos os herdeiros (art. 12, § 1.º, do CPC) como partes principais, e não meros representantes legais do espólio[15].

O art. 991 do CPC prevê uma longa lista de encargos do inventariante, referentes tanto à sua atuação processual como à sua conduta fora do processo. Registre-se que, no tocante aos poderes processuais do inventariante na representação processual do espólio, não se admitem **atos de disposição de direito**, que demanda expressa manifestação do titular do direito (no caso todos os herdeiros). Não pode o inventariante, portanto, renunciar, reconhecer juridicamente pedido ou transigir sem o consentimento de todos os herdeiros[16].

Também dependerá do consentimento dos herdeiros para alienar bens, pagar dívidas e fazer as despesas necessárias com a conservação e o melhoramento dos bens do espólio (art. 992 do CPC). Nesse caso, entretanto, é lícito ao juiz, mesmo havendo resistência dos herdeiros, autorizar a realização do ato. Não encontrando justificativa plausível na resistência dos herdeiros, a autorização judicial permitirá a alienação judicial, que realizada sem a prévia oitiva dos herdeiros e da autorização judicial será considerada nula. Tratando-se de inventariança dativa, a ausência de anuência dos herdeiros torna o ato de alienação anulável, mesmo que autorizado judicialmente[17].

As causas de remoção do inventariante estão previstas no art. 995 do CPC, mas a doutrina entende que esse rol é meramente exemplificativo, sendo legítimo ao juiz determinar a remoção mesmo por outra causa que não prevista em lei, desde que entenda ser a conduta do inventariante desleal, ímproba ou viciada de qualquer forma[18].

Tratando-se de determinação de caráter punitivo, a remoção do inventariante deve ser precedida de um procedimento incidental sob o crivo do *contraditório*. A remoção pode ser requerida por qualquer interessado ou determinada de ofício pelo juiz[19], mas mesmo na aprovação de ofício será precedida de *contraditório*[20]. Nos autos em apenso o inventariante será intimado para manifestação no prazo de cinco dias, dando-lhe oportunidade de provar suas alegações (art. 996 do CPC). A decisão que remove o inventariante só poderá ser proferida após o contraditório, tendo natureza de decisão interlocutória, recorrível por agravo de instrumento[21],

---

15 Pinheiro Carneiro, *Comentários*, n. 27, p. 67.

16 Theodoro Jr., *Curso*, n. 1.390, p. 248.

17 STJ, 4.ª Turma, REsp 982.584/PE, rel. Min. Luis Felipe Salomão, j. 25.11.2008, *DJe* 23.03.2009.

18 Theodoro Jr., *Curso*, n. 1.391, p. 250; Câmara, *Lições*, v. 3, p. 408. *Informativo* 388/STJ, 4.ª T., Resp. 988.527 – RS, Aldir Passarinho Jr., j. 24.03.2009.

19 Marcato, *Procedimentos*, n. 129.4, p. 231; Theodoro Jr., *Curso*, n. 1.391, p. 250.

20 STJ, 3.ª Turma, REsp 539.898/MA, rel. Min. Carlos Alberto Menezes Direito, j. 29.03.2005, DJ 06.06.2005, p. 318.

21 Nery-Nery, *Código*, p. 1.206.

ainda que exista entendimento do Superior Tribunal de Justiça pela aplicação da *fungibilidade* na hipótese de interposição de apelação[22].

75.7. ARROLAMENTO SUMÁRIO

Na Seção IX, do Capítulo IX, do Livro IV, do CPC, o legislador prevê o arrolamento como um procedimento alternativo ao do inventário ordinário. Na realidade, o legislador prevê dois procedimentos mais simples, rápidos e descomplicados que o do inventário ordinário, imaginando que com menos formalismo se permita a solução da demanda com maior agilidade.

O art. 1.031, *caput,* do CPC prevê o cabimento do arrolamento sumário quando todos os herdeiros forem capazes e existir acordo entre eles quanto à partilha. No mesmo artigo, em seu § 1.º, há previsão do mesmo procedimento para a hipótese de existir somente um herdeiro, caso em que os bens que compõem a herança serão a ele adjudicados. Diante da ausência de conflitos de interesses em razão da convergência de vontades dos herdeiros ou, ainda mais evidente, no caso de herdeiro único, a melhor doutrina aponta para a natureza de **jurisdição voluntária** do arrolamento sumário[23].

No prazo de 60 dias, caberá aos herdeiros na petição inicial:

(a) requerer ao juiz a nomeação do inventariante que já vem indicado na própria petição inicial, não havendo necessidade de aplicação da ordem legal do art. 990 do CPC;

(b) declarar os títulos dos herdeiros e os bens do espólio, nos termos do art. 993 do CPC;

(c) atribuir o valor dos bens para fins de partilha (art. 1.032 do CPC).

Havendo dívidas, caberá a indicação na petição inicial dos bens reservados ao seu pagamento. Segundo o art. 1.035, parágrafo único, do CPC, o valor desses bens reservados será o indicado na petição inicial, mas, como o credor será "notificado" – na realidade é intimado – para apresentar impugnação, havendo controvérsia caberá ao juiz decidir o valor correto.

No arrolamento sumário não se admite a apreciação de questões relativas ao lançamento, pagamento ou quitação de taxas judiciárias e de tributos incidentes sobre a transmissão da propriedade dos bens do espólio (art. 1.034, *caput,* do CPC). A discussão a respeito dessas matérias se desenvolve em outro processo, administrativo ou judicial, que suspende o arrolamento sumário enquanto não for decidido[24]. A doutrina majoritária entende que a Fazenda Pública não é intimada para falar sobre as declarações contidas na petição inicial[25].

---

[22] STJ, 4.ª Turma, REsp 714.035/RS, rel. Min. Jorge Scartezzini, j. 16.06.2005, *DJ* 1.º.07.2005, p. 558.

[23] Greco, *Jurisdição*, n. 7.10, p. 128; Marcato, *Procedimentos*, n. 147.1, p. 253; Pinheiro Carneiro, *Comentários*, n. 103, p. 224.

[24] STJ, 1.ª Turma, REsp 650.325/PR, rel. Min. Francisco Falcão, j. 05.10.2004.

[25] Theodoro Jr., *Curso*, n. 1.418, p. 284; Amorim-Oliveira, *Inventários*, p. 299. Contra, Marcato, *Procedimentos*, n. 147.6, p. 254.

Existe entendimento de que eventual desacordo quanto aos valores dos bens e por consequência aos impostos recolhidos não impede a homologação de partilha ou de adjudicação (herdeiro único), mas o registro da partilha junto ao Cartório de Imóveis dependerá do comprovante do recolhimento do imposto devido (art. 143 da Lei dos Registros Públicos)[26]. Outros entendem que a sentença é permitida, mas a expedição do formal de partilha está condicionada à comprovação do recolhimento do imposto de transmissão e da taxa judiciária, ouvindo-se a Fazenda Pública[27].

Para o Superior Tribunal de Justiça, apesar da vedação legal, a *homologação da partilha* depende da apresentação de **certidões ou informações negativas de dívida ativa** perante a Fazenda Pública[28]. É do mesmo tribunal o entendimento de que, juntados aos autos o comprovante de pagamento dos tributos exigidos por lei, não cabem no arrolamento sumário discussões a respeito da correção do pagamento, remetidas tais questões à esfera administrativa[29].

75.8. ARROLAMENTO COMUM

Mesmo havendo divergência entre os herdeiros, o inventário poderá seguir a forma de arrolamento, mas nesse caso o processo será de jurisdição contenciosa e a simplicidade constante do arrolamento sumário não estará presente em sua inteireza. O procedimento do arrolamento comum está previsto no art. 1.036 do CPC, sendo cabível somente quando os bens que compõem o espólio não tiverem valor superior a 2.000 ORTN, ainda que exista herdeiro incapaz, situação em que será intimado o Ministério Público para participar do processo.

Instaurado o processo e designado o inventariante (respeitando-se a ordem do art. 990 do CPC), que será dispensado de prestar compromisso, admite-se a apresentação das declarações já com a atribuição do **valor dos bens** do espólio e o **plano de partilha** (art. 1.036, *caput,* do CPC). Os herdeiros serão citados e, havendo concordância com os termos sugeridos pelo inventariante, o *formal de partilha* será imediatamente expedido, com aplicação do art. 1.034 do CPC.

Havendo impugnação por qualquer uma das partes ou pelo Ministério Público quando atua como fiscal da lei, o juiz nomeará um avaliador que terá um prazo de dez dias para oferecer laudo a respeito do valor dos bens que compõem o espólio (art. 1.036, § 1.º, do CPC). Após a apresentação do laudo, o juiz designará uma audiência, na qual decidirá todas as questões atinentes à demanda, determinando a partilha e dando solução aos pedidos de pagamento da dívida do espólio. Existe parcela doutrinária que aponta a desnecessidade de realização dessa audiência, sendo legítima a intimação das partes para manifestação por

26 Theodoro Jr., *Curso*, n. 1.418, p. 283.

27 Greco, *Jurisdição*, n. 7.10, p. 130.

28 STJ, 2.ª Turma, REsp 434.483/SP, rel. Min. João Otávio de Noronha, j. 03.08.2006, *DJ* 18.08.2006, p. 362.

29 STJ, 2.ª Turma, REsp 927.530/SP, rel. Min. Castro Meira, j. 12.06.2007, *DJ* 28.06.2007, p. 897.

escrito, decidindo o juiz depois dessa oitiva das partes, com o que já se estaria garantido o *contraditório*[30].

75.9. PROCEDIMENTO DO INVENTÁRIO

Segundo o art. 983 do CPC, o processo de inventário e partilha deve ser aberto dentro de 60 dias a contar da abertura da sucessão, ultimando-se nos 12 meses subsequentes, podendo o juiz prorrogar tais prazos, de ofício ou a requerimento da parte. O prazo de encerramento do inventário é dirigido ao órgão jurisdicional, sendo, portanto, *prazo impróprio*, de forma que o seu não cumprimento não gerará consequências processuais[31]. Não existe sanção prevista no dispositivo legal para o descumprimento do prazo de abertura do inventário, cabendo a cada Estado-membro da federação a previsão da multa[32].

Os arts. 987 e 988 do CPC regulamentam a legitimidade ativa para a propositura da ação de inventário. Apesar de ser em regra proposto pelo administrador provisório, trata-se de espécie de **legitimidade concorrente**[33], de forma que qualquer dos sujeitos indicados pela lei pode indistintamente dar início ao processo. Apesar de a legitimidade do Ministério Público estar condicionada à presença de herdeiros incapazes (art. 988, VIII, do CPC), existe corrente doutrinária que defende tal legitimidade em outras situações, desde que haja interesse público[34].

Ultrapassado o prazo de 60 dias do óbito sem o ingresso do inventário, poderá o juiz determinar o início a sua abertura (art. 989 do CPC), em exceção à regra da *inércia da jurisdição*. Essa atuação oficiosa, apesar de permitida, é de extrema raridade, sendo mais comum o início do processo por petição inicial de um dos legitimados.

A petição inicial segue as exigências do art. 282 do CPC, entendendo-se como peça indispensável à propositura da demanda a **certidão de óbito** (art. 987, parágrafo único, do CPC) ou a declaração judicial que a substitua. Estando regular a petição inicial, o juiz nomeará o inventariante, que deverá prestar compromisso de bem e fielmente cumprir a inventariança por termo a ser lavrado nos autos. Da data em que prestar o compromisso, o inventariante tem prazo de 20 dias para apresentar as primeiras declarações, nos termos do art. 993 do CPC. Trata-se de *prazo dilatório*, podendo ser prorrogado por requerimento do inventariante[35].

O art. 993, parágrafo único, do CPC prevê a indicação de perito contador para levantar o balanço ou apurar haveres quando o autor da herança era comerciante

---

30 Theodoro Jr., *Curso*, n. 1.419, p. 284.

31 Nery-Nery, *Código*, p. 1.198.

32 Súmula 542 do STF: "Não é inconstitucional a multa instituída pelo Estado-membro como sanção pelo retardamento do início ou ultimação do inventário".

33 Nery-Nery, *Código*, p. 1.201; Marcato, *Procedimentos*, n. 130.2, p. 232.

34 Nery-Nery, *Código*, p. 1.201. Para Pinheiro Carneiro, *Comentários*, n. 20, p. 46-47, sempre existirá interesse público em razão da arrecadação de impostos devidos.

35 Marinoni-Mitidiero, *Código*, p. 883.

em firma individual ou sócio de sociedade não anônima[36], sendo correto o entendimento de que a perícia só ocorra após a formação da relação jurídica processual, dando possibilidade de participação na prova pericial a todas as partes[37].

Após as primeiras declarações serão citados o cônjuge ou companheiro[38], os herdeiros, os legatários e, havendo o finado deixado testamento, o testamenteiro (art. 999 do CPC), que formarão um *litisconsórcio necessário*. Os citados receberão cópia das primeiras declarações.

Segundo o art. 999, § 1.º, do CPC, a citação das pessoas domiciliadas na comarca na qual tramita a ação, ou que aí forem encontradas, será realizada pessoalmente por oficial de justiça, aplicando-se o art. 230 do CPC para comarcas contíguas e de fácil acesso ou da mesma região metropolitana. Ainda segundo o dispositivo legal, as pessoas domiciliadas em outra comarca ou no estrangeiro serão citadas por edital, em regra criticável em razão do alto custo dessa forma de citação e da extrema insegurança que gera (será mesmo que alguém lê editais para saber se é réu numa ação de inventário?)[39]. Não obstante as fundadas críticas, o Supremo Tribunal Federal continua a considerar o dispositivo constitucional[40], ainda que exista decisão do Superior Tribunal de Justiça que determine a citação por carta rogatória de legatários com endereço conhecido no exterior[41].

A Fazenda Pública e o Ministério Público, havendo herdeiro incapaz ou ausente, deverão ser intimados na pessoa de seu representante legal, e não citados como prevê o art. 999, § 1.º, do CPC, bem como receberão cópias das primeiras declarações.

Realizadas as citações e as intimações, abrir-se-á um prazo comum de dez dias para as partes se manifestarem sobre as primeiras declarações, aduzindo o art. 1.000 do CPC ser cabível à parte:

(a) a alegação de erros ou omissões;

(b) reclamação contra a nomeação do inventariante; e

(c) contestação da qualidade de quem foi incluído no título de herdeiro.

Para o caso de acolhimento de cada uma dessas matérias, o art. 1.000, parágrafo único, do CPC prevê uma consequência:

(i) determinação de retificação das declarações;

(ii) nomeação de outro inventariante, respeitando-se a ordem legal[42];

---

[36] Súmula 265 do STF: "Na apuração de haveres, não prevalece o balanço não aprovado pelo sócio falecido, excluído ou que se retirou".

[37] Theodoro Jr., *Curso*, n. 1.395, p. 255.

[38] Marcato, *Procedimentos*, n. 132.1, p. 235; Theodoro Jr., *Curso*, n. 1.396, p. 255.

[39] Marcato, *Procedimentos*, p. 132.3, p. 235.

[40] RE 552.598/RN, Plenário, rel. Min. Menezes de Direito, j. 08.10.2008 (Informativo 523/STF).

[41] *Informativo* 425/STJ, 3.ª Turma, REsp 730.129/SP, rel. Min. Paulo Furtado, j. 02.03.2010.

[42] STJ, 4.ª Turma, REsp 283.994/SP, rel. Min. César Asfor Rocha, j. 06.03.2001.

(iii) resolução de controvérsia a respeito da qualidade de herdeiro, remetendo as partes às vias ordinárias se a matéria for de alta indagação, com o sobrestamento do inventário. A decisão tem natureza interlocutória, sendo recorrível por agravo de instrumento.

Segundo o art. 1.002 do CPC, no prazo de 20 dias após o decurso do prazo do art. 1.000 do CPC, caberá à Fazenda Pública informar ao juízo o valor dos bens de raiz descritos nas primeiras declarações, o que fará tomando como base os dados que constam de seu cadastro imobiliário.

Superada essa primeira fase procedimental, com a solução de qualquer oposição porventura oferecida, o juiz nomeará um perito para avaliar os bens do espólio, dando-se preferência ao avaliador judicial nas comarcas em que existir (art. 1.003 do CPC). A perícia será dispensada na hipótese de serem todos os herdeiros maiores e capazes e:

(a) a Fazenda Pública concordar expressamente com os valores indicados nas primeiras declarações (art. 1.007 do CPC);

(b) os sucessores concordarem com os valores indicados pela Fazenda Pública; sendo a divergência parcial, a perícia terá como objeto somente a parcela controvertida (art. 1.008 do CPC).

Realizada a avaliação, as partes serão intimadas para manifestação no prazo comum de dez dias, resolvendo o juiz eventuais impugnações nos termos do art. 1.009, §§ 1.º e 2.º, do CPC. Poderá o juiz, inclusive, determinar uma nova avaliação quando demonstrada a existência de erro ou dolo do perito, ou quando os bens apresentarem defeitos que lhes diminuam o valor (art. 1.010 do CPC). Aceito o laudo ou resolvidas as impugnações, caberá ao inventariante prestar as últimas declarações, que poderão aditar, complementar ou emendar as primeiras declarações. Nas últimas declarações restará configurada definitivamente a herança a ser partilhada entre os herdeiros. As partes serão intimadas para manifestação em dez dias (art. 1.009 do CPC), cabendo ao juiz a solução de plano de eventuais controvérsias.

Após a oitiva das partes a respeito das últimas declarações, proceder-se-á ao cálculo do imposto de transmissão *causa mortis* com base no valor dos bens na data da avaliação[43]. Realizado o cálculo, abrir-se-á um prazo de cinco dias sucessivo para as partes e depois para a Fazenda Pública; sendo acolhida alguma impugnação, os autos serão devolvidos ao contador para ratificações, declarando o juiz por decisão interlocutória, recorrível por agravo de instrumento, o valor do imposto[44].

75.10. COLAÇÃO

Regulamentada pelo direito material (arts. 2.002 a 2.012 do CC), a colação é instituto jurídico destinado a igualar as legítimas, obrigando os descendentes e dona-

[43] Súmula 113 do STF.

[44] Theodoro Jr., *Curso*, n. 1.401, p. 260; Marinoni-Mitidiero, *Código*, p. 891; Pinheiro Carneiro, *Comentários*, n. 63, p. 142.

tários a trazer ao inventário os bens recebidos em doação. Como entre os herdeiros necessários não deve existir diversidade de quinhões, cumpre-se aditar no patrimônio do *de cujus*, no momento de seu falecimento, os bens objeto de doação em vida aos seus descendentes (art. 2.002 do CC). Até mesmo o herdeiro renunciante que foi excluído deverá trazer à colação os bens recebidos por doação (art. 1.015 do CPC).

No prazo de dez dias após a citação (art. 1.000 do CPC), caberá ao donatário proceder à colação, que poderá ser realizada de duas formas:

(a) restituição dos bens ao acervo hereditário (colação *in natura*);
(b) soma do valor do bem quando este já não estiver em poder do donatário ou este não quiser dele se desfazer (colação por imputação do valor)[45].

Quanto ao valor dos bens, existe divergência entre o art. 2.004 do CC e o art. 1.014, parágrafo único, do CPC; enquanto o primeiro estabelece que o valor será o determinado no ato de liberalidade e dele não constando valor, deverá ser calculado tomando-se por base o tempo da liberalidade, o segundo prevê que o cálculo será feito tomando-se por base o tempo de abertura da sucessão. Parece mais aceitável a previsão processual, considerando-se a natural desvalorização do bem quando o cálculo é realizado à época da liberalidade[46].

Segundo o art. 1.016 do CPC, caso o herdeiro não realize espontaneamente a colação, o juiz ouvirá as partes no prazo de cinco dias e decidirá no próprio inventário, salvo na hipótese de matérias de alta indagação, que gerarão a remessa das partes às vias ordinárias, ficando o herdeiro obstado a receber seu quinhão hereditário sem a prestação de caução correspondente ao valor dos bens sobre que versar a conferência (art. 1.016, § 2.º, do CPC). Sendo decidido no próprio inventário e declarada improcedente a oposição por decisão interlocutória, recorrível por agravo de instrumento, o juiz determinará um prazo improrrogável de cinco dias para que o herdeiro realize a conferência. Resistindo à determinação judicial, caberá a decretação do sequestro dos bens se o herdeiro ainda os possuir ou, caso contrário, o juiz ordenará que o valor seja imputado ao quinhão do donatário (art. 1.016, § 1.º, do CPC).

75.11. SONEGAÇÃO

Ocorre sonegação quando um herdeiro maliciosamente oculta um bem do inventário ou da colação, ato que naturalmente gera um prejuízo aos demais herdeiros. Como lembra a melhor doutrina, para a configuração da pena de sonegados impõe-se a presença de dois elementos:

(a) um objetivo, representado pela ocultação de bens;
(b) e outro subjetivo, representado pela intenção de prejudicar do ocultador[47].

45 Theodoro Jr., *Curso*, n. 1.402, p. 261.
46 STJ, 3.ª Turma, REsp 595.742/SC, rel. Min. Nancy Andrighi, j. 06.11.2003, *DJ* 1.º.12.2003, p. 356.
47 Tartuce-Simão, *Direito*, v. 6, p. 442-443.

Há certo debate doutrinário a respeito do ônus da prova desses elementos, ao menos no tocante ao elemento subjetivo. A doutrina majoritária corretamente entende que não existe nenhum motivo para a inversão do ônus da prova nesse caso, com a criação de uma presunção relativa derivada da ocultação de bens, cabendo à parte que alega ter ocorrido fraude e má-fé[48].

A sanção ao sonegador é a perda do direito sucessório sobre o objeto sonegado ou, se o bem não estiver mais em seu poder, terá que pagar ao espólio o valor acrescido de perdas e danos. Tratando-se do inventariante, além dessa sanção, será removido da inventariança, que só poderá ocorrer após a apresentação das últimas declarações, porque até esse momento a lei permite a indicação do bem (art. 1.011 do CPC).

Para parcela da doutrina, a pena de sonegação não pode ser aplicada incidentalmente no processo de inventário, exigindo sentença a ser proferida em processo autônomo, para o qual tem legitimidade qualquer dos herdeiros[49]. Outra parcela entende que a sonegação do inventariante pode ser declarada incidentalmente, mas a praticada por herdeiro exige ação autônoma[50]. Outra parcela entende que, não sendo necessária maior dilação probatória, a sonegação pode ser reconhecida incidentalmente[51]. Finalmente, uma quarta corrente doutrinária afirma que a alegação de sonegação de bens pode ser realizada no próprio processo de inventário e partilha, e, sendo o bem apresentado, devem ser aditadas as declarações, sendo indispensável a ação autônoma somente quando persistir a recusa em apresentar o bem[52].

75.12. PAGAMENTO DAS DÍVIDAS

As dívidas não desaparecem com a morte, sendo transferidas aos herdeiros do devedor, que responderão por elas nos limites da herança. Verificada a partilha, o credor deverá ingressar com uma demanda contra os herdeiros, nos limites de seus quinhões. Invariavelmente é mais interessante ao credor receber do espólio, sem se voltar individualmente contra cada qual dos herdeiros, o que, entretanto, só poderá ocorrer antes da partilha.

Aduz o art. 1.017 do CPC que os credores poderão antes da partilha peticionar no processo de inventário, comprovando por prova literal a dívida (prova documental), sendo tal petição autuada em apenso. Admitem-se dívidas vencidas ou ainda não vencidas, hipótese na qual o pagamento só será realizado após o vencimento, reservando-se para tanto a separação de bens suficientes para a satisfação do direito do credor (art. 1.019 do CPC).

[48] Tartuce-Simão, *Direito*, v. 6, p. 443. Contra: Amorim-Oliveira, *Inventários*, p. 216.

[49] Theodoro Jr., *Curso*, n. 1.404, p. 262.

[50] Nery-Nery, *Código*, p. 1.205.

[51] Pinheiro Carneiro, *Comentários*, n. 39, p. 89-90.

[52] Amorim-Oliveira, *Inventários*, p. 215.

Havendo a concordância das partes com o pedido de pagamento, o juiz habilitará o credor, determinando a separação de dinheiro para o pagamento ou, em sua falta, de bens suficientes para a satisfação do direito do credor, que serão alienados em praça ou leilão (art. 1.017, § 3.º, do CPC). Apesar da omissão da lei, a alienação do bem segue as regras da expropriação já analisadas no Capítulo 47, item 47.5, de forma que se aplica também nesse caso a alienação por iniciativa particular, nos termos do art. 685-C do CPC[53]. A adjudicação dependerá de pedido do credor e concordância dos credores (art. 1.017, § 4.º, do CPC).

Não havendo a concordância de todas as partes, o credor será remetido às vias ordinárias, reservando-se em poder do inventariante bens suficientes para o pagamento do credor desde que a dívida conste de documento que comprove suficientemente a obrigação e a impugnação não esteja fundada na quitação (art. 1.018, parágrafo único, do CPC). Nos termos do art. 1.039 do CPC, o credor tem o prazo de 30 dias para ingressar com a ação autônoma, sob pena de liberação dos bens.

75.13. HERDEIRO PRETERIDO

Aquele que acredita ser herdeiro e que não consta das primeiras declarações naturalmente não será citado, mas poderá até a partilha requerer o seu ingresso no processo de inventário. Havendo elementos suficientes, o juiz decidirá; havendo necessidade de instrução probatória, a discussão será remetida às vias ordinárias, cabendo ao terceiro o ingresso da ação de petição de herança no prazo de 30 dias como forma de manter a reserva de seu quinhão. Entendo que em ambos os casos trata-se de decisão interlocutória, recorrível por agravo de instrumento[54]. Para parcela da doutrina a reserva de quinhão não é obrigatória; tendo natureza cautelar, só será realizada quando houver verossimilhança no pedido e perigo de lesão grave no caso de não ser reservado o quinhão[55].

Essa reserva de quinhão também ocorrerá na hipótese de herdeiro excluído das primeiras declarações que pretenda discutir sua qualidade de herdeiro em ação própria, bem como o credor não admitido no processo (art. 1.018 do CPC). Em todos esses casos a ação autônoma deve ser proposta no prazo de 30 dias da intimação do pretendido herdeiro ou credor caso se pretenda a manutenção da reserva do quinhão (art. 1.039 do CPC). O prazo, naturalmente, diz respeito somente à manutenção de tal reserva, sendo permitido o ingresso da ação após os 30 dias.

Caso o sujeito só tenha conhecimento da demanda após a partilha, poderá ingressar com ação ordinária contra os herdeiros aquinhoados e pedir a anulação da partilha nos termos dos arts. 1.029 e 1.030 do CPC[56].

---

53 Marinoni-Mitidiero, *Curso*, p. 894.

54 Nery-Nery, *Código*, p. 1.207.

55 Marinoni-Mitidiero, *Código*, p. 1.000.

56 Marcato, *Procedimentos*, n. 133.6, p. 237.

75.14. PARTILHA

Como afirmado anteriormente, o processo de inventário e partilha é composto de duas fases procedimentais sucessivas. Após o encerramento da fase procedimental correspondente ao inventário, em regra passa-se à fase que corresponde à partilha, com procedimento regulado nos arts. 1.022 a 1.030 do CPC. Excepcionalmente não haverá a fase de partilha, considerando-se a possibilidade de existir um único titular ao recebimento da herança, hipótese na qual os bens lhe serão imediatamente adjudicados ao final do inventário[57].

Existem três espécies de partilha: *amigável*, *judicial* e *em vida*. Sempre que existir acordo entre todos os sucessores, a partilha será amigável, podendo ser realizada administrativamente, nos termos do art. 982 do CPC, ou por acordo extrajudicial levado à homologação judicial, sendo que, se já houver processo em trâmite, caberá ao juiz homologá-la por sentença. A partilha em vida não pode prejudicar a legítima dos herdeiros necessários, salvo essa vedação legal, sendo admissível à pessoa viva a repartição de seus bens entre os descentes, por ato entre vivos (doação) ou de última vontade (testamento). A partilha judicial resolve-se por sentença quando existe divergência entre os sucessores, cabendo analisar o seu procedimento.

Segundo previsão do art. 1.022 do CPC, encerrada a fase de inventário, o juiz intimará as partes para que formulem **pedido de quinhão** no prazo comum de dez dias. Transcorrido esse prazo, com ou sem a manifestação das partes, proferirá no prazo de dez dias – *prazo impróprio* – o despacho de deliberação da partilha, resolvendo os pedidos da partes e designando os bens que devem constituir o quinhão de cada herdeiro e legatário, levando sempre em contra as três tradicionais regras que regulam a partilha: igualdade, comodidade e prevenção de litígios[58].

Caberá ao juiz nesse momento procedimental decidir sobre a necessidade de alienação de bens para pagamento de dívidas do espólio ou para a partilha do preço na hipótese de bens insuscetíveis de divisão cômoda e não comportáveis no quinhão do sucessor ou do cônjuge sobrevivente. Nesse caso, admite-se que um dos interessados adjudique o bem, repondo aos demais em dinheiro o valor que exceder sua cota, havendo licitação quando existir mais de um interessado na adjudicação[59].

Existe polêmica doutrina a respeito da natureza jurídica desse pronunciamento. Para parcela doutrinária o dispositivo legal acertou ao apontar o termo "despacho", considerando o ato de mero impulso oficial, sem conteúdo decisório, que somente estará presente na homologação da divisão dos bens[60]. Parece mais correto, entretanto, entender o pronunciamento como uma **decisão interlocutória**, recorrível por agravo de instrumento[61], considerando-se que, se não é a decisão

[57] Fidélis dos Santos, *Dos procedimentos*, n. 293, p. 257; Theodoro Jr., *Curso*, n. 1.405, p. 265.

[58] Amorim-Oliveira, *Inventários*, p. 279; Pinheiro Carneiro, *Comentários*, n. 84, p. 183.

[59] Theodoro Jr., *Curso*, n. 1.406, p. 267.

[60] Theodoro Jr., *Curso*, n. 1.406, p. 265; Fidélis dos Santos, *Dos procedimentos*, n. 352, p. 326.

[61] Marinoni-Mitidiero, *Código*, p. 896; Pinheiro Carneiro, *Comentários*, n. 85, p. 187.

definitiva a respeito da partilha, desenvolve importante função de determinação inicial dos termos da futura partilha, que poderá afetar todo o desenvolvimento subsequente, sendo possível que gere prejuízo às partes, que poderão recorrer para inverter sua sucumbência.

Os autos serão encaminhados ao partidor do juízo para organizar o esboço da partilha de acordo com a decisão, observando nos pagamentos a seguinte ordem:

(I) dívidas atendidas;
(II) meação do cônjuge;
(III) meação disponível;
(IV) quinhões hereditários, a começar pelo coerdeiro mais velho (art. 1.023 do CPC).

Aduz o art. 1.024 do CPC que as partes serão intimadas para se manifestarem sobre o esboço de partilha no prazo comum de cinco dias e, apesar da omissão legal, nesse momento também devem ser ouvidos a Fazenda Pública e o Ministério Público, quando este funcionar no processo[62]. Não havendo reclamações, a partilha será lançada nos autos; havendo reclamações, o juiz as decidirá e lançará a partilha nos autos, sendo em ambos os casos o pronunciamento do juiz uma decisão interlocutória, recorrível por agravo de instrumento[63]. Da partilha constarão um auto de orçamento e uma folha de pagamento para cada parte, nos termos do art. 1.025 do CPC.

Conforme previsão do art. 1.026 do CPC, sendo provada a inexistência de débitos tributários (juntada aos autos de certidão ou informação negativa da dívida para com a Fazenda Pública), em especial a prova de pagamento de imposto de transmissão a título de morte, o juiz julgará a partilha. Apesar de a sentença homologar a partilha lançada nos autos, não se trata de sentença meramente homologatória, porque a partilha foi resultado de processo contencioso, tendo sido objeto de decisão do juiz, e não de acordo de vontade entre as partes[64].

Não resta dúvida de que a partir do momento da morte do *de cujus* os herdeiros e sucessores já passam a ser donos dos bens referentes aos seus quinhões hereditários. Essa constatação poderia dar a falsa impressão de que a sentença tem natureza meramente declaratória, limitando-se a afastar a incerteza jurídica quanto à definição de quais bens são de cada um dos sucessores. A sentença, entretanto, vai além da mera declaração, tendo natureza constitutiva, criando uma nova situação jurídica dos bens pertencentes à herança, fazendo cessar a indivisão patrimonial decorrente da morte do *de cujus*[65].

---

[62] Marcato, *Procedimentos*, n. 139.6, p. 248.

[63] Marinoni-Mitidiero, *Código*, p. 897.

[64] Amorim-Oliveira, *Inventários*, p. 283.

[65] Greco, *Jurisdição*, n. 7.10, p. 130; Fidélis dos Santos, *Dos procedimentos*, n. 356, p. 329; Marcato, *Procedimentos*, n. 140, p. 249.

A sentença é recorrível por apelação[66] e após o trânsito em julgado os herdeiros receberão os bens e o formal de partilha, nos termos do art. 1.027 do CPC. O *formal de partilha* é título suficiente para a transcrição no Registro Imobiliário, valendo também como título executivo judicial entre os herdeiros, sucessores e inventariante (art. 475-N, VII, do CPC) para exigir o cumprimento de obrigações de pagar e entregar coisa.

Mesmo depois de transitada em julgado a sentença da partilha, o art. 1.028 do CPC admite a sua **emenda** para corrigir erro de fato na descrição dos bens, desde que com isso concordem todos os herdeiros. No mesmo dispositivo legal existe previsão expressa da possibilidade de o juiz corrigir, de ofício ou a requerimento das partes, as inexatidões materiais da sentença. A emenda da sentença de partilha já transitada em julgado não pode gerar alteração substancial de seu conteúdo, em respeito ao trânsito em julgado[67].

Seguindo as previsões dos arts. 1.029 e 1.030 do CPC, a doutrina entende que a ação cabível para a **desconstituição da sentença de partilha** já transitada em julgado depende da espécie de partilha:

(a) tendo sido partilha amigável, a sentença meramente homologatória do acordo de vontade das partes será desconstituída por meio de ação anulatória, nos termos do art. 1.029 do CPC;

(b) tendo sido a partilha judicial, a sentença que homologou a partilha será desconstituída após o trânsito em julgado por meio de ação rescisória, nos termos do art. 1.030 do CPC.

O prazo para o ingresso da ação anulatória é de um ano, mas não tem natureza prescricional, como previsto no art. 1.029, parágrafo único, do CPC. Sendo o direito de anular a sentença um direito potestativo, é indiscutível a **natureza decadencial** desse prazo[68]. Todos os sujeitos que participaram do processo de inventário e partilha têm legitimidade para a ação anulatória, devendo formar um *litisconsórcio passivo necessário* entre todos os demais sujeitos que participaram de tal processo e foram contemplados pela partilha[69], sendo o cônjuge sobrevivente parte ilegítima para esse processo porque a meação não integra a herança propriamente dita[70].

A **ação de petição de herança** acarreta a nulidade da partilha realizada, com a consequente desconstituição da sentença, mesmo que transitada em julgado. O herdeiro que não tenha participado do processo de inventário e partilha não está sujeito à coisa julgada, tendo prazo prescricional de 20 anos para ingressar com

---

66 Pinheiro Carneiro, *Comentários*, n. 90, p. 198.

67 STJ, 4.ª Turma, REsp 109.188/SP, rel. Min. Barros Monteiro, j. 21.03.2002, *DJ* 26.08.2002, p. 221.

68 Marinoni-Mitidiero, *Código*, p. 899; Pinheiro Carneiro, *Comentários*, n. 95, p. 208; Tartuce-Simão, *Direito*, v. 6, p. 469.

69 Marcato, *Procedimentos*, n. 144.4, p. 252.

70 STJ, 3.ª Turma, REsp 331.781/MG, rel. Min. Castro Filho, j. 16.12.2003, *DJ* 19.04.2004, p. 187.

ação de petição de herança[71], que uma vez julgada procedente gerará uma retificação da partilha já realizada. Segundo a melhor doutrina, adquirentes de boa-fé serão preservados na hipótese de adquirirem bens de herdeiros que posteriormente sejam declarados de propriedade do autor vitorioso da ação de petição de herança[72].

Na hipótese de sobrepartilha, não haverá anulação da partilha já realizada, mas uma nova partilha, a ser realizada no mesmo processo da anterior[73]. Segundo o art. 1.040 do CPC, ficam sujeitos à sobrepartilha:

(I) os bens sonegados;

(II) os bens desconhecidos ao tempo da partilha;

(III) os bens litigiosos ou de liquidação difícil ou morosa.

Mesmo tendo sido a partilha concretizada judicialmente, é cabível a realização de sobrepartilha extrajudicialmente, desde que sejam respeitados os requisitos legais, nos termos do art. 982 do CPC[74]. Havendo acordo entre todos os herdeiros a respeito da sobrepartilha, caberá ao juiz simplesmente homologar o acordo de vontades[75].

Há novidades no tocante à partilha no PLNCPC, em especial no art. 634, que traça regras objetivas para tal ato processual: I – a maior igualdade possível, seja quanto ao valor, seja quanto à natureza e à qualidade dos bens; II – a prevenção de litígios futuros; III – a maior comodidade dos coerdeiros, do cônjuge ou do companheiro, se for o caso.

O art. 635 prevê que os bens insuscetíveis de divisão cômoda que não couberem na parte do cônjuge ou companheiro supérstite ou no quinhão de um só herdeiro serão licitados entre os interessados ou vendidos judicialmente, partilhando-se o valor apurado, a não ser que haja acordo para serem adjudicados a todos. E o art. 636 prevê que se um dos interessados for nascituro, o quinhão que lhe caberá será reservado em poder do inventariante até o seu nascimento.

---

[71] STJ, 3.ª Turma, REsp 693.230/MG, rel. Min. Nancy Andrighi, j. 11.04.2006, *DJ* 02.05.2006, p. 307; REsp 260.079/SP, 4.ª Turma, rel. Min. Fernando Gonçalves, j. 17.05.2005, *DJ* 20.06.2005.

[72] Theodoro Jr., *Curso*, n. 1.416-a, p. 279.

[73] Amorim-Oliveira, *Inventários*, p. 290-291.

[74] Nery-Nery, *Código*, p. 1.197.

[75] Pinheiro Carneiro, *Comentários*, n. 93, p. 205.

76

EMBARGOS DE TERCEIRO

76.1. CONCEITO

Os embargos de terceiro são ação de conhecimento de rito especial sumário, de que dispõe o terceiro ou a parte a ele equiparada, sempre que sofra uma constrição de um bem do qual tenha posse (como senhor ou possuidor) em razão de decisão judicial proferida num processo do qual não participe. O objetivo da ação de embargos de terceiro é **desconstituir a constrição judicial** com a consequente liberação do bem. Também pode ser utilizada preventivamente, com o propósito de **evitar a realização da constrição**[1].

A responsabilidade patrimonial, como regra geral, recai sobre as partes que participam da relação jurídica processual, sendo apenas de forma excepcional permitido ao juiz que determine a constrição patrimonial daquele que não participou do processo (art. 592 do CPC). Sempre que a regra geral for desrespeitada e não se verificar um dos casos de exceção, ou seja, não ser parte tampouco ter qualquer responsabilidade pelo cumprimento da obrigação, o terceiro poderá ingressar com a ação de embargos de terceiro com o exclusivo objetivo de afastar a constrição judicial já existente ou evitar que iminente constrição se realize.

Por constrição judicial entende-se o ato judicial por meio do qual o terceiro sofre alguma espécie de restrição de algum bem de seu patrimônio. Tradicionais

[1] *Informativo* 425/STJ: 1.ª Turma, REsp 1.019.314-RS, rel. Min. Luiz Fux, j. 02.03.2010.

exemplos de constrição judicial constam do rol exemplificativo do art. 1.046, *caput*, do CPC: penhora, arresto, sequestro, busca e apreensão, imissão na posse etc. Tais atos de apreensão judicial, apesar de seu nítido caráter executivo, podem ocorrer em qualquer espécie de processo, não sendo exclusivos da execução[2]. O que importa é a constrição judicial, chamada também por parte da doutrina de "esbulho judicial", ato que pode ocorrer a qualquer momento e em qualquer espécie de processo.

São inconfundíveis os embargos de terceiro e as ações possessórias: enquanto nos embargos de terceiro o ato de esbulho advém de uma ordem judicial, cumprida pelo oficial de justiça, nas ações possessórias a agressão à posse é praticada sem nenhum respaldo jurisdicional, por particulares ou entes estatais (o Estado também pode ser esbulhador), sem nenhuma ordem judicial que a justifique[3].

Também são inconfundíveis os embargos de terceiro e a oposição, considerando-se que na oposição o terceiro ingressa em demanda já formada entre autor e réu buscando obter para si o direito ou a coisa discutida, excluindo assim a pretensão de ambas as partes do processo principal. A característica marcante dessa espécie de intervenção de terceiro é a necessidade que o opoente tem de discutir o direito material objeto da ação principal, já que somente assim convencerá o juiz de suas razões. Na oposição, a opoente tem um necessário interesse na solução da demanda principal, visto que busca demonstrar que nenhum dos sujeitos (autor e réu) merece receber a tutela jurisdicional invocada. Já nos embargos de terceiro o embargante não tem nenhum interesse na solução final da ação principal, visto que para ele pouco importa quem é o titular do direito material debatido em tal ação. A vitória do autor ou do réu é simplesmente indiferente para o embargante, que não objetiva com os embargos de terceiro discutir o direito material que é objeto da ação principal, mas exclusivamente retirar a constrição judicial ilegal. O objetivo único e exclusivo do embargante não é provar ao juiz que nem autor nem réu são titulares do direito discutido na ação principal, até mesmo porque tal direito simplesmente não lhe diz respeito e, portanto, não lhe interessa, e sim fazer cessar a constrição judicial que surgiu por ordem emanada do processo principal[4].

76.2. HIPÓTESES ESPECIAIS DE EMBARGOS DE TERCEIRO

O art. 1.047 do CPC prevê duas hipóteses especiais de embargos de terceiro:

> I – para a defesa da posse, quando nas ações de divisão ou de demarcação, for o imóvel sujeito a atos materiais, preparatórios ou definitivos, da partilha ou da fixação de rumos; e
>
> II – para o credor com garantia real obstar a alienação judicial do objeto da hipoteca, penhor ou anticrese.

---

2 Theodoro Jr., *Curso*, n. 1.431, p. 303; Nery-Nery, *Código*, p. 1.219; Cintra Pereira, *Embargos*, n. 4.2, p. 25.

3 Araken de Assis, *Manual*, n. 552, p. 1.194.

4 Dinamarco, *Intervenção*, p. 58-60; Bedaque, *Código*, p. 165.

A primeira situação descreve a hipótese do sujeito que não participa do processo de divisão e demarcação, mas toma ciência de que a fixação dos rumos do imóvel objeto dessa demanda passa a molestar (ou ameaça molestar) sua posse em razão de um ato judicial. Não se exige o efetivo ato gerador do esbulho, bastando para permitir o ingresso da ação a **simples ameaça** de que a posse do terceiro poderá ser molestada em razão das providências adotadas pelo cumprimento da decisão judicial, havendo até mesmo doutrina que entende ser a mera existência da demanda divisória ou demarcatória suficiente para o cabimento dos embargos de terceiro[5]. Importa consignar que tais atos materiais de preparo da demarcação ou divisão não são propriamente atos de constrição judicial, mas sem dúvida molestam a posse do terceiro, o que justifica essa excepcional hipótese de embargos de terceiro[6].

Na segunda hipótese prevista pelo dispositivo legal ora comentado, os embargos de terceiro são o instrumento adequado ao credor com garantia real para evitar que um bem objeto de hipoteca, penhor ou anticrese seja alienado judicialmente. Apesar de o bem gravado por **garantia real** ser penhorável, existem algumas condições específicas que visam proteger o credor hipotecário ou pignoratício, em razão de sua preferência sobre o credor quirografário. Segundo a previsão legal contida no art. 615, II, do CPC, o credor com garantia real deve ser intimado da penhora que incide sobre o bem objeto da hipoteca, penhor ou anticrese. Uma vez intimado da penhora, o credor – terceiro em relação à execução – pode evitar a expropriação do bem dado em "garantia real" por meio da interposição dos embargos de terceiro.

Nesse caso específico de embargos de terceiro há uma limitação das matérias a serem alegadas pelo embargado em sua defesa (art. 1.054 do CPC), sendo que a melhor doutrina e jurisprudência entendem que a única forma de o credor hipotecário ou pignoratício impedir a execução alheia sobre sua garantia real é comprovar que existem outros bens que possam responder pela obrigação quirografária[7]. Observe-se que o termo "insolvência", utilizado no dispositivo legal, não se condiciona exclusivamente à sentença de falência ou de insolvência civil, bastando para tanto a comprovação de não existirem outros bens para satisfazer o direito do credor[8].

A conclusão é que, sendo demonstrado em sede de embargos de terceiro que existem outros bens do devedor livres, desembaraçados e suficientes para a satisfação do credor, a constrição judicial será realizada sobre eles, e não sobre a garantia real do terceiro. Nesse caso os embargos de terceiro serão julgados procedentes, com a liberação da constrição judicial. Não localizados outros bens, entretanto, os embargos de terceiro serão julgados improcedentes e o bem objeto da constrição judicial será normalmente levado à hasta pública, preservando o

5 Theodoro Jr., *Curso*, n. 1.434, p. 305.

6 Pinheiro Carneiro, *Comentários*, p. 164.

7 Marinoni-Mitidiero, *Código*, p. 911; Theodoro Jr., *Curso*, n. 1.435, p. 306; Cintra Pereira, *Embargos*, n. 5.1.2, p. 42; STJ, 3.ª Turma, REsp 578.960/SC, rel. Min. Nancy Andrighi, j. 07.10.2004.

8 Theodoro Jr., *Curso*, n. 1.435, p. 307; Câmara, *Lições*, p. 425.

credor hipotecário ou pignoratício a sua preferência, o que será pleiteado junto ao juízo no qual tramita a execução.

76.3. LEGITIMAÇÃO

a) Legitimidade ativa – a condição de "terceiro"

Aduz o art. 1.046 do CPC que a legitimidade ativa dos embargos de terceiro é do terceiro – entendido como o sujeito que não faz parte da relação jurídica processual tampouco tem responsabilidade patrimonial – que sofra esbulho (perda total da posse) ou turbação (perda parcial da posse) na posse de seus bens em razão de ato de apreensão judicial. Como previsto no art. 1.046, § 1.º, do CPC, independentemente da natureza do direito sobre a coisa, a legitimidade ativa depende da posse do bem, ou seja, o **proprietário não possuidor** não tem legitimidade ativa nos embargos de terceiro[9]. Registre-se, entretanto, a existência de corrente doutrinária que defende a possibilidade de proprietário não possuidor ingressar com embargos de terceiro[10].

Atente-se que, ao apontar como legitimado para ingressar com os embargos de terceiro o sujeito que não faz parte da relação jurídica processual, entende-se que esse "terceiro" é o sujeito que não pode sofrer os efeitos do processo do qual surgiu a ordem de constrição patrimonial, porque o objeto desse processo não diz respeito ao direito material do qual seja titular. O assistente simples, por exemplo, participa do processo e ainda assim tem legitimidade para ingressar com os embargos de terceiro[11], bem como o substituto processual, que litiga em nome próprio direito alheio[12]. Nesses casos, apesar de participarem do processo, a eficácia do julgado não pode atingi-los, visto que os mesmos não estão em juízo defendendo direito próprio, o que lhes dá legitimidade para a propositura dos embargos de terceiro.

Há ainda a previsão do art. 1.046, § 2.º, do CPC que **equipara ao terceiro a parte** que, figurando no processo, defende bens que, pelo título de sua aquisição ou pela qualidade que os possuir, não podem ser atingidos pela apreensão judicial. É o caso, por exemplo, do locatário, que, executado, vê penhorado bem que lhe fora dado em locação, ou do devedor fiduciante que teve constrito judicialmente o bem alienado fiduciariamente[13]. São casos especiais de sujeitos que, apesar de serem partes no processo, ainda assim têm legitimidade para ingressar com os embargos de terceiro.

---

9 Araken de Assis, *Manual*, n. 552, p. 1.194; Dinamarco, *Instituições*, n. 1.809, p. 743; Câmara, *Lições*, p. 424; Marinoni-Arenhart, *Código*, p. 908; Fidélis dos Santos, *Manual*, n. 1.769, p. 135.

10 Nery-Nery, *Código*, p. 1.219; Fischmann, *Comentários*, p. 219-223.

11 Pinheiro Carneiro, *Comentários*, n. 63, p. 151; Nery-Nery, *Código*, p. 1.219, ao menos no tocante ao assistente simples.

12 Pinheiro Carneiro, *Comentários*, p. 151.

13 Araken de Assis, *Manual*, n. 555.1.2, p. 1.200; Cintra Pereira, *Dos embargos*, n. 4.3.2.2, p. 31; Costa Machado, *Código*, p. 1.644.

Por outro lado, existem aqueles sujeitos que, mesmo não tendo participado do processo, não são considerados legitimados para ingressar com os embargos de terceiro. De fato são terceiros, uma vez que não participam do processo, mas lhes falta legitimidade para o ingresso dos embargos. Tal situação se verifica nos casos expressamente previstos em lei de responsabilidade patrimonial de terceiros (art. 592 do CPC), assunto devidamente tratado no Capítulo 38, item 38.5. A mera circunstância de serem terceiros no sentido processual (não serem partes do processo) não os legitima aos embargos de terceiro porque seus patrimônios respondem pela obrigação discutida na demanda.

O art. 1.046, § 3.º, do CPC prevê a legitimidade ativa do cônjuge quando defende a posse de bens dotais, próprios, reservados ou de sua meação. Conforme já amplamente analisado no Capítulo 38, item 38.5.4, o Superior Tribunal de Justiça vem entendendo cabível o ingresso de embargos de terceiro e os embargos à execução pelo **cônjuge não devedor**. Sendo penhorado o imóvel, o cônjuge será necessariamente intimado (art. 655, § 2.º, do CPC), podendo ingressar tanto com a defesa típica de terceiro na defesa de sua meação, como com defesa típica de devedor.

Nesse caso, será discutido nos embargos de terceiro se a dívida contraída pelo cônjuge devedor beneficiou o casal ou a família. Convencido o juiz de que houve tal benefício, julgará improcedentes os embargos em razão da responsabilidade patrimonial secundária do cônjuge não devedor; caso contrário, julgará procedentes os embargos e preservará a meação do cônjuge não devedor. O Superior Tribunal de Justiça entende que nesse caso o ônus da prova é do credor, salvo na hipótese de aval concedido pelo cônjuge devedor, hipótese na qual caberá ao cônjuge não devedor demonstrar que a dívida não reverteu em benefício do casal ou da família[14].

Registre-se que, em razão do disposto no art. 655-B do CPC, os embargos de terceiro nesse caso têm uma importante singularidade: não retiram a constrição judicial sobre o bem, que será normalmente alienado judicialmente; o que se obtém pelos embargos de terceiro é somente metade do produto da alienação do bem[15].

Questão recorrente em nossos tribunais é a da legitimidade do **promissário comprador de imóvel** para ingressar com os embargos de terceiro, desde que devidamente imitido na posse. Atualmente prevalece em sede jurisprudencial entendimento sumulado pelo Superior Tribunal de Justiça de que "é admissível a oposição de embargos de terceiro fundados em alegação de posse advinda do compromisso de compra e venda de imóvel, ainda que desprovido do registro" (Súmula 84 do STJ)[16]. Parcela da doutrina afirma que a aplicabilidade do entendimento sumulado limita-se ao ato de constrição fundado em direito pessoal, considerando-se que, na hipótese de execução hipotecária, a posse meramente

[14] STJ, 3.ª Turma, AgRg no Ag 702.569/RS, rel. Min. Vasco Della Giustina, j. 25.08.2009, *DJe* 09.09.2009.

[15] Neves, *Reforma*, p. 300-304.

[16] Informativo 412/STJ: 3.ª Turma, REsp 908.137-RS, Rel. Min. Nancy Andrighi, j. em 20.10.2009.

contratual não é suficiente para afastar a constrição judicial[17]. Parece, entretanto, que essa é matéria de mérito dos embargos e não deve ser tratada à luz das condições da ação.

Segundo o art. 660, § 2.º, do PLNCPC, considera-se terceiro, para ajuizamento dos embargos: I – o cônjuge ou companheiro quando defende a posse de bens próprios ou de sua meação, salvo no caso do art. 799, parágrafo único; II – o adquirente de bens que foram constritos em razão da decretação de fraude à execução; III – quem sofre constrição judicial de seus bens por força de desconsideração da personalidade jurídica e que não é parte no processo em que realizado o ato constritivo; IV – o credor com garantia real para obstar expropriação judicial do objeto de direito real de garantia, caso não tenha sido intimado, nos termos legais dos atos expropriatórios respectivos.

b) Legitimação passiva

A regra fundamental para a determinação da legitimação passiva é aquela que indica o **polo ativo da demanda donde surgiu a apreensão judicial**, levando-se em consideração que a ordem do juiz para a constrição judicial ocorre ou deriva de uma satisfação do direito do autor/exequente (conhecimento e execução) ou de garantia dessa satisfação do requerente (cautelar)[18]. Justifica-se o entendimento porque a decisão judicial de constrição só é proferida em razão da provocação inicial do demandante, que originariamente será sempre responsabilizado pelo ato de constrição que atinja bem de terceiro.

É preciso observar, entretanto, que em determinadas situações a apreensão judicial é resultado direto da indicação de bem feita pelo sujeito que compõe o polo passivo da demanda. Basta pensar numa execução na qual o executado oferece bem de terceiro à penhora, não podendo ser o exequente responsabilizado sozinho pela constrição advinda de tal pedido. Nesse caso, a legitimidade será tanto do executado (responsável pela individualização do bem) como do exequente (responsável pelo pedido de constrição), formando-se no polo passivo dos embargos de terceiro um litisconsórcio necessário[19]. Como o exequente não foi responsável pela indicação do bem, o executado responderá pelas verbas de sucumbência nos embargos de terceiro[20].

Não entendo correto o entendimento de que serão em qualquer situação legitimados passivos nos embargos de terceiro as partes do processo principal[21], porque o demandado nesse processo pode não ter nenhuma responsabilidade pelo ato de

[17] Theodoro Jr., *Curso*, n. 1.436, p. 312.

[18] STJ, 3.ª Turma, REsp 282.674/SP, rel. Min. Nancy Andrighi, j. 03.04.2001; Dinamarco, *Instituições*, n. 1.810, p. 745; Fischmann, *Comentários*, p. 244.

[19] Marcato, *Procedimentos*, n. 158, p. 273; Câmara, *Lições*, p. 427.

[20] Súmula 303 do STJ.

[21] Nery-Nery, *Código*, p. 1.225; Pinheiro Carneiro, *Comentários*, n. 72, p. 178-179.

constrição judicial, não sendo correto obrigá-lo a suportar os ônus – inclusive os de sucumbência – de ser réu nos embargos de terceiro[22]. Quando muito, caso interesse a esse sujeito a manutenção da constrição judicial, poderá ingressar nos embargos como assistente do demandante da ação principal, sendo o único sujeito que deve compor originariamente o polo passivo dos embargos de terceiro.

76.4. COMPETÊNCIA

A competência para os embargos de terceiro vem prevista pelo art. 1.049 do CPC, indicando que "os embargos serão distribuídos por dependência e correrão em autos distintos perante o mesmo juiz que ordenou a apreensão". Há uma falha manifesta na redação do dispositivo legal; onde está escrito "juiz" deve-se entender "juízo" que ordenou a constrição, tudo em respeito ao princípio da desvinculação pessoal do magistrado que ordenou a constrição do bem contra a qual se insurge o terceiro por meio dos embargos de terceiro.

Tendo os embargos de terceiro a função de desconstituir uma apreensão gerada por ordem judicial, não seria adequado que outro órgão jurisdicional de mesma instância pudesse se sobrepor àquele juízo que ordenou a apreensão. Sendo todos os juízos pertencentes ao primeiro grau de jurisdição, o melhor é atribuir ao próprio juízo responsável pela constrição a função de desconstituir seu ato. Ademais, certamente estará mais familiarizado com a matéria o juízo da ação principal, decorrendo daí a natureza de **competência absoluta** (*funcional*) da regra prevista no art. 1.049 do CPC.

Estando em trâmite a demanda perante o segundo grau de jurisdição ou mesmo órgão de superposição, os embargos de terceiro deverão ser interpostos no primeiro grau[23]. Primeiro porque não caberia a criação de uma ação de competência originária do tribunal sem previsão legal; segundo porque os atos materiais de constrição judicial são realizados pelo juízo de primeiro grau em cumprimento de carta de ordem.

Tramitando a ação principal perante a Justiça Estadual e sendo interpostos os embargos de terceiro por qualquer dos entes federais previstos no art. 109, I, da CF, a competência para o julgamento dos embargos de terceiro passa a ser da Justiça Federal. O Superior Tribunal de Justiça tem entendido que a competência da ação principal continua a ser da Justiça Estadual, devendo tal demanda executiva ser suspensa até o julgamento dos embargos de terceiro como forma de evitar decisões contraditórias[24].

Interessante questão surge na apreensão judicial realizada em cumprimento de **carta precatória**. Qual seria o juízo competente para conhecer dos embargos de terceiro: o juízo deprecante ou o juízo deprecado? No caso de carta precatória é

[22] Dinamarco, *Instituições*, n. 1.810, p. 746.

[23] Araken de Assis, *Manual*, n. 554, p. 1.197-1.198.

[24] STJ, 2.ª Seção, CC 93.969/MG, rel. Min. Sidnei Benetti, j. 28.05.2008. Contra: Dinamarco, *Instituições*, n. 1.811, p. 746.

imprescindível analisar o responsável pela individualização do bem objeto da constrição judicial, visto que será esse o juízo competente para conhecer dos embargos de terceiro[25]. Assim, sendo expedida a carta precatória para a constrição de determinado bem, servindo o juízo deprecado apenas para efetivar tal apreensão, não deve restar dúvida de que a competência para os embargos de terceiro será do juízo deprecante, responsável pela indicação do bem a ser constrito. Já no caso de uma constrição, em que o juízo deprecante apenas expede carta precatória para que sejam constritos tantos bens quantos necessários para a garantia do juízo (p. ex., penhora), a escolha de quais bens servirão de objeto da constrição patrimonial deve ser feita pelo juízo deprecado, sendo esse competente para conhecer dos embargos de terceiro.

Nos termos do art. 662 do PLNCPC, os embargos serão distribuídos por dependência e correrão em autos distintos perante o mesmo juízo que ordenou a apreensão, sendo previsto no parágrafo único que, nos casos de ato de constrição realizado por carta, os embargos serão oferecidos no juízo deprecado, salvo se o bem constrito tiver sido determinado pelo juízo deprecante ou se a carta já tiver sido devolvida.

76.5. PRAZO PARA INGRESSO DOS EMBARGOS DE TERCEIRO

Já foi afirmado que qualquer espécie de processo pode gerar uma apreensão judicial que motive o ingresso dos embargos de terceiro, sendo que o art. 1.048 do CPC fixa um prazo final para a sua interposição, de natureza decadencial[26].

Segundo o texto de lei, se a apreensão ocorrer no curso do processo de conhecimento (ou fase procedimental), o terceiro pode opor embargos enquanto não ocorrer o **trânsito em julgado** da sentença, aplicando-se a mesma regra à fase de conhecimento nas ações sincréticas. Cumpre consignar que o terceiro não está vinculado à coisa julgada de demanda da qual não participou (art. 472 do CPC), de forma que poderá depois do trânsito em julgado reivindicar o bem constrito pelas vias ordinárias, havendo restrição tão somente à utilização dos embargos de terceiro. O prazo é meramente preclusivo, não afetando o direito material do terceiro[27].

Se a apreensão se verificar no trâmite do processo de execução, a oportunidade para o ingresso da demanda se exaure no prazo de cinco dias após a arrematação ou adjudicação (a remição foi extinta pela Lei 11.382/2006), mas nunca após a assinatura da respectiva carta. Havendo alienação por iniciativa particular, o prazo

[25] STJ, 1.ª Seção, CC 53.034/GO, rel. Min. Teori Albino Zavascki, j. 14.06.2006; STJ, 3.ª Turma, REsp 1.033.333/RS, rel. Massami Uyeda, j. 19.08.2008; Dinamarco, *Instituições*, n. 1.811, p. 746; Marinoni-Mitidiero, *Código*, p. 914; Theodoro Jr., *Curso*, n. 1.439, p. 314. *Informativo* 364/STJ, 3.ª T., REsp 1.033.333-RS, rel. Massami Uyeda, 19.08.2008.

[26] Araken de Assis, *Manual*, n. 557, p. 1.205.

[27] Theodoro Jr., *Curso*, n. 1.438, p. 313; Marinoni-Mitidiero, *Código*, p. 913; Pinheiro Carneiro, *Comentários*, n. 69, p. 169.

também será de até cinco dias após a alienação judicial do bem. Não interessa a forma de expropriação, sendo sempre o prazo dos embargos de terceiro de **até cinco dias dessa expropriação.**

Ainda que não tratada especificamente pelo artigo acima mencionado, a apreensão judicial realizada em execução de obrigação de dar coisa certa também pode ser atacada por meio dos embargos, havendo divergência quanto ao prazo. Enquanto parcela da doutrina entende que o prazo é de cinco dias após o ato final de satisfação do credor nesse processo, ou seja, a entrega definitiva do bem[28], outra parcela considera que a contagem do prazo tem início na data da efetiva turbação da posse[29].

Também não tratou o artigo legal das ações cautelares, que por serem meramente instrumentais – preparatórias ou incidentais – exigem a existência de uma ação principal, aplicando-se o prazo do trânsito em julgado desta também às apreensões decorrentes de processo cautelar[30]. Sendo a ação principal uma execução, aplica-se o prazo de cinco dias previsto no art. 1.048 do CPC[31].

Nas *ações sincréticas*, o trânsito em julgado da sentença não encerra o processo, que continuará em sua segunda fase, qual seja a de satisfação do direito reconhecido. Nesse caso, parece que a data fatal para o ingresso dos embargos de terceiro deva ser de cinco dias após o cumprimento do mandado gerado pela sentença, quando então efetivamente terá sido satisfeito o direito do vencedor. Essa regra somente se aplicará se não tiver ocorrido anteriormente satisfação fática por meio de tutela de urgência (liminar ou antecipação de tutela), uma vez que nesse caso o prazo fatal será o trânsito em julgado da sentença[32]. O importante é determinar em qual fase do processo foi praticado o ato de constrição judicial:

(a) na fase de conhecimento, o prazo é aquele previsto para o processo de conhecimento;
(b) na fase de execução, o prazo é aquele previsto para o processo de execução.

76.6. PROCEDIMENTO

A petição inicial, a ser distribuída para o mesmo juízo no qual tramita a ação principal, deve seguir as regras gerais do art. 282 do CPC, além de trazer prova sumária da posse do embargante, que pode ser produzida em audiência preliminar (art. 1.050, § 1.º, do CPC) e da sua qualidade de terceiro, com a indicação do rol de testemunhas e instruída com a prova documental que o embargante pretenda produzir (art. 1.050, *caput*, do CPC). O Superior Tribunal de Justiça é severo na aplicação do dispositivo, entendendo haver preclusão da prova testemunhal caso

---

[28] Theodoro Jr., *Curso*, n. 1.438, p. 313; Dinamarco, *Instituições*, n. 1.812, p. 749.
[29] Marinoni-Mitidiero, *Código*, p. 912; STJ, 3.ª Turma, REsp 237.581/SP, rel. Humberto Gomes de Barros, j. 19.05.2005.
[30] Fischmann, *Comentários*, p. 253.
[31] AgRg na Pet 1.059/CE, 3.ª Turma, rel. Min. Waldemar Zveiter, j. 08.02.2000.
[32] Theodoro Jr. *Curso*, n. 1.438, p. 313.

a petição inicial seja omissa no arrolamento de testemunhas[33]. No caso de o autor ser mero possuidor direto, poderá na petição inicial indicar o domínio alheio (art. 1.050, § 2.º, do CPC). Os embargos de terceiro são autuados de forma autônoma, não sendo nem mesmo apensados aos autos da ação principal.

Recebida a petição inicial e estando suficientemente provada a posse do embargante, o juiz deferirá os embargos e ordenará liminarmente (tutela de urgência satisfativa) a expedição de mandado de manutenção ou restituição do bem objeto da apreensão judicial em favor do embargante, que só receberá os bens depois de prestar **caução suficiente e idônea**, incidentalmente nos próprios autos, para a garantia de ressarcimento de eventuais danos do embargado na hipótese de os embargos serem julgados improcedentes. Observe que o oferecimento de caução não depende do juiz no caso concreto, sendo norma cogente que se aplica a qualquer situação[34]. No caso de o embargante não prestar a caução, que pode ser *real* ou *fidejussória*, o bem objeto dos embargos ficará sequestrado até o julgamento final da ação, figurando alguém (pode ser inclusive o embargante) como depositário fiel do bem[35].

A suspensão do processo principal terá a sua amplitude determinada pelo objeto dos embargos. Será uma suspensão total se os embargos versarem sobre todos os bens objeto da ação principal e somente parcial, se o objeto dos embargos versar apenas sobre alguns dos bens (art. 1.052 do CPC). Registre-se que o Superior Tribunal de Justiça entende que a mera interposição dos embargos de terceiro causa a **suspensão da ação principal**, não havendo requisitos no caso concreto a serem preenchidos[36].

A citação do embargado deverá ser feita na pessoa de seu advogado. Embora o entendimento do Superior Tribunal de Justiça seja pela necessidade de citação na pessoa do embargado[37], estando este devidamente representado na ação principal, não se entende por que a citação não possa ser regularmente feita na pessoa de seu patrono. Em respeito ao princípio da *economia processual*, essa é a melhor solução, amoldando-se a outros casos expressamente previstos pelo Código como a oposição, a reconvenção e a ação declaratória incidental[38]. Em boa hora esse entendimento foi consagrado pela Lei 12.125/2009, previsão expressa da citação na pessoa do advogado no art. 1.050, § 3.º, do CPC, ao dispor que a citação pessoal depende do embargado não ter advogado constituído na ação principal, o que permite a conclusão da citação na pessoa do advogado quando existir um constituído na ação principal.

---

33 STJ, 2.ª Turma, REsp 362.504/RS, rel. Min. João Otávio de Noronha, j. 04.04.2006.

34 Fidélis dos Santos, *Manual*, n. 1.776, p. 139; Contra: Araken de Assis, *Manual*, n. 560.1.2, p. 1.212; Costa Machado, *Código*, p. 1.652; Pinheiro Carneiro, *Comentários*, n. 74, p. 182-183.

35 Marinoni-Mitidiero, *Código*, p. 916; Marcato, *Procedimentos*, n. 162, p. 275; STJ, 3.ª Turma, REsp 754.895/MG, rel. Min. Nancy Andrighi, j. 25.09.2006.

36 STJ, 3.ª Turma, REsp 979.441/RJ, rel. Min. Ari Pargendler, j. 03.06.2008. Na doutrina: Nery-Nery, *Código*, p. 1.227. Contra: Pinheiro Carneiro, *Comentários*, n. 75, p. 186.

37 REsp 782.889/SP, 4.ª Turma, rel. Min. Fernando Gonçalves, j. 12.12.2005; REsp 604.028/SP, 3.ª Turma, rel. Min. Carlos Alberto Menezes Direito, j. 07.06.2005. Na doutrina: Dinamarco, *Instituições*, n. 1.816, p. 753; Pinheiro Carneiro, *Comentários*, n. 76, p. 188-189; Araken de Assis, *Manual*, n. 560.3, p. 1.213.

38 Theodoro Jr., *Curso*, n. 1.440, p. 315; Costa Machado, *Código*, p. 1.652; Câmara, *Lições*, p. 428.

O prazo para a resposta do réu é de dez dias, podendo apresentar contestação e as exceções de impedimento e suspeição, não cabendo a reconvenção em razão das diferenças procedimentais[39]. Segundo entendimento do Superior Tribunal de Justiça, havendo audiência de justificação, aplica-se aos embargos de terceiro a regra do art. 930, parágrafo único, do CPC, de forma que o termo inicial da resposta do réu passa a ser a audiência[40].

O embargado poderá alegar toda a matéria de defesa possível, sendo os embargos um processo de *cognição plena*, à exceção dos embargos ajuizados por credor com garantia real, visto que nesses casos as defesas do embargado estão limitadas pelo art. 1.054 do CPC e pela alegação de fraude à execução, que demanda o ajuizamento de ação pauliana[41]. Após a apresentação da contestação, o procedimento seguirá o **procedimento sumário do processo cautelar** (art. 803 do CPC), embora não seja essa a natureza jurídica dos embargos de terceiro[42].

Há certo dissenso entre os doutrinadores quanto à natureza jurídica da sentença dos embargos de terceiro. Para alguns a sentença é declaratória, para outros é constitutiva e existem até aqueles que a entendem como condenatória. Há ainda aqueles que defendem a natureza mandamental ou executiva *lato sensu*. Tudo, na verdade, dependerá da classificação das sentenças, matéria das mais polêmicas travada entre os doutrinadores e já enfrentada no Capítulo 16, item 16.2.1. Para aqueles que defendem a classificação tradicional ternária (ou trinária) das sentenças, a maioria entende ser a sentença de natureza constitutiva negativa, uma vez que desfaz a apreensão judicial[43]. Já para aqueles que defendem uma classificação quinária das sentenças, tal sentença tem natureza mandamental[44].

Apesar das desavenças doutrinárias, sobre um ponto os estudiosos são uníssonos: não existe necessidade para a satisfação do direito do vencedor de um processo autônomo de execução, o que caracteriza os embargos de terceiro como uma **ação sincrética**. Se a liminar já tiver sido efetivada, a sentença de procedência apenas a torna definitiva, gerando a estabilidade e a imutabilidade da situação fática obtida liminarmente. Caso contrário, o juiz, a requerimento do autor, passa imediatamente a praticar os atos materiais tendentes a entregar o bem a ele, sem nenhuma necessidade de ingresso de ação de execução de dar coisa certa.

A mudança procedimental mais substancial do PLNCPC é o prazo de resposta do réu, que passa a ser de 15 dias, nos termos do art. 665.

---

39 Marinoni-Mitidiero, *Código*, p. 917; Marcato, *Procedimentos*, n. 162, p. 275; Araken de Assis, *Manual*, n. 560.6.2, p. 1.218.

40 STJ, 3.ª Turma, AgRg no Ag 826.509/MT, rel. Min. Sidnei Beneti, j. 26.08.2008, *DJe* 11.09.2008.

41 Súmula 195 do STJ: "Em embargos de terceiro não se anula ato jurídico, por fraude contra credores".

42 Theodoro Jr., *Curso*, n. 1.440, p. 315; Câmara, *Lições*, p. 429.

43 Dinamarco, *Fraude*, p. 442.

44 Araken de Assis, *Manual*, n. 561, p. 1.222.

77

AÇÃO DE HABILITAÇÃO

Sumário: 77.1. Introdução – 77.2. Procedimento.

77.1. INTRODUÇÃO

O processo de habilitação, com procedimento previsto nos arts. 1.055 a 1.062 do CPC, tem como objetivo **regularizar a sucessão processual quando ocorre a morte de qualquer das partes**. Apesar da omissão legal, é compreensível que o processo de habilitação seja limitado às partes na demanda, e não às partes no processo, de forma que, ocorrendo o falecimento do assistente[1] ou do membro do Ministério Público que atue no processo, não será cabível o processo de habilitação.

Como se pode notar dessa simples conceituação, a sucessão processual decorrente de ato *inter vivos* não demanda um processo de habilitação, mas o procedimento previsto no art. 42 do CPC, já devidamente analisado no Capítulo 3, item 3.2.4. Mantendo-se o alienante ou cedente no processo em que se verificou a alienação de coisa litigiosa, e vindo este a falecer, o art. 1.061 do CPC admite a *habilitação incidental*, sem a necessidade de processo autônomo de habilitação do adquirente ou cessionário, bastando para tanto juntar aos autos o respectivo título, provando sua identidade. Segundo o correto entendimento do Superior Tribunal de Justiça, nesse caso não existe a necessidade de concordância da parte contrária, sendo inaplicável o art. 42, § 1.º, do CPC[2].

---

1 Theodoro Jr., *Curso*, n. 1.443, p. 321.

2 AgRg no REsp 911.134/RS, 1.ª Turma, rel. Min. Francisco Falcão, j. 03.05.2007, *DJ* 24.05.2007, p. 335.

Nem toda morte da parte, entretanto, admite a sucessão processual, hipótese na qual o processo de habilitação será inadmissível. Tendo o processo como objeto um direito material intransmissível, com a morte de uma das partes o processo deve ser extinto sem a resolução do mérito (art. 267, IX, do CPC).

E nem toda sucessão processual demandará o processo de habilitação, que poderá ser realizada incidentalmente, independentemente de processo autônomo, nos casos previstos no art. 1.060 e no art. 1.061 do CPC:

> (I) pelo cônjuge – e também o companheiro – e herdeiros necessários, desde que provem por documento o óbito do falecido e a sua qualidade;
>
> (II) diante da existência em outra causa de sentença transitada em julgado atribuindo ao habilitando a qualidade de sucessor ou herdeiro;
>
> (III) pelo herdeiro incluído sem oposição no inventário;
>
> (IV) estando declarada a ausência ou determinada a arrecadação da herança jacente;
>
> (V) quando oferecidos os artigos de habilitação, a parte reconhecer a procedência dos pedidos e não houver impugnação de terceiros.

Segundo a melhor doutrina, trata-se de processo de conhecimento de *natureza contenciosa*, considerando-se que a pretensão dos autores dessa demanda de alterar a relação jurídica processual é potencialmente conflituosa. A sentença tem **natureza constitutiva** porque cria uma nova situação jurídica decorrente da alteração da relação jurídica processual[3].

77.2. PROCEDIMENTO

Aduz o art. 1.056 do CPC que a habilitação pode ser requerida pela parte, em relação aos sucessores do falecido; e pelos sucessores do falecido, em relação à parte. Significa dizer que quaisquer dos sujeitos descritos no dispositivo legal podem ser tanto autores como réus da demanda. Conforme corretamente defendido pela melhor doutrina, o juiz não poderá instaurar de ofício o processo de habilitação[4] e diante da inércia dos legitimados deverá extinguir sem resolução de mérito o processo que exige a sucessão processual.

A competência para o julgamento do processo de habilitação é do juízo do processo em que ocorrerá a sucessão processual, tratando-se de competência absoluta, de **natureza funcional**, com aplicação do art. 109 do CPC[5]. Segundo o art. 1.059 do CPC, achando-se o processo no tribunal, a habilitação processar-se-á perante o relator e será conforme dispõe o regimento interno, sendo que o tema é

---

3 Câmara, *Lições*, v. 3, p. 432; Marcato, *Procedimentos*, n. 166, p. 283. Contra, pela natureza declaratória: Fidélis dos Santos, *Procedimentos*, n. 432, p. 412.

4 Pinheiro Carneiro, *Comentários*, n. 85, p. 208; Marcato, *Procedimentos*, n. 165, p. 282; Câmara, *Lições*, v. 3, p. 433.

5 Theodoro Jr., *Curso*, p. 1.444, p. 321; Fidélis dos Santos, *Procedimentos*, n. 415, p. 405.

tratado pelos arts. 288 a 296 do Regimento Interno do Supremo Tribunal Federal e pelos arts. 283 a 287 do Regimento Interno do Superior Tribunal de Justiça.

Como todo processo, a habilitação tem seu início por meio de uma petição inicial, nos termos dos arts. 282 e 283 do CPC. Conforme previsão do art. 1.057 do CPC, recebida a petição inicial, que naturalmente poderá ser indeferida, o juiz ordenará a citação dos réus para contestar a ação no prazo de cinco dias, sendo limitada a matéria de defesa do réu às questões processuais e à ausência de qualidade de sucessor do autor[6]. A citação só será pessoal se não houver advogado constituído no processo principal. Não são cabíveis a exceção de incompetência relativa – se existir alguma incompetência, será absoluta – nem a reconvenção, diante da evidente natureza dúplice da ação. A partir desse momento, o procedimento passará a ser aquele previsto nos arts. 802 e 803 do CPC, o que demonstra de maneira manifesta o objetivo do legislador em sumarizar o procedimento. Durante o trâmite da ação de habilitação o processo principal ficará com o seu procedimento suspenso, nos termos do art. 265, I, do CPC.

[6] Marinoni-Mitidiero, *Código*, p. 919; Pinheiro Carneiro, *Comentários*, n. 88, p. 216; Fidélis dos Santos, *Procedimentos*, n. 418, p. 406.

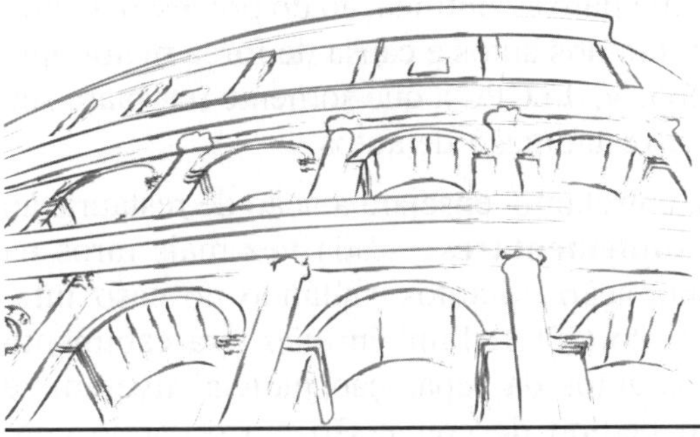

78

AÇÃO DE RESTAURAÇÃO DE AUTOS

Sumário: 78.1. Introdução – 78.2. Legitimidade – 78.3. Competência – 78.4. Procedimento.

78.1. INTRODUÇÃO

Apesar da comum e socialmente aceitável confusão que se faz entre processo e autos, a distinção é nítida: *processo* é um procedimento animado por uma relação jurídica em contraditório, enquanto *autos* é o conjunto de escritos que exteriorizam os atos processuais, documentando a existência do processo. A ação com procedimento regulado pelos arts. 1.063 a 1.069 tem como objetivo a restauração dos autos que por algum motivo tenham desaparecido.

São variados os motivos de desaparecimento dos autos: desde fenômenos naturais que deteriorem os autos, tais como incêndios e alagamentos, traças e cupins, até atos humanos, como a perda desmotivada dos autos em arquivos desorganizados, o desvio e/ou destruição dolosa etc. O desaparecimento dos autos resultante de atos de pessoas imbuídas de **má-fé** deve ser severamente punido, em todas as esferas possíveis:

(a) processualmente devem ser condenadas nas penas de litigância de má-fé (sanção processual aplicável às partes e aos seus patronos);

(b) civilmente serão responsabilizadas pelos danos causados;

(c) penalmente responderão pelo crime de supressão de documento público (art. 305 do CP);

(d) administrativamente serão sancionadas nesse âmbito (como ocorre com serventuários da justiça e/ou advogados).

É claro que sem os autos não há como o processo prosseguir, de forma que a sua restauração tem como objetivo imediato a reconstrução dos escritos que exteriorizam os atos processuais e como objetivo mediato a continuação do processo. Como entende a melhor doutrina, o desaparecimento dos autos é causa de força maior apta a implicar a *suspensão do processo* (art. 265, V, do CPC), que somente retomará seu regular andamento ao final do processo de restauração de autos.

Nem todo desaparecimento de autos, entretanto, ensejará a ação de restauração de autos ora analisada. Existindo **autos suplementares** – cada vez mais raros na praxe forense –, não é necessária a restauração de autos, faltando no caso interesse de agir (art. 1.063, parágrafo único, do CPC). Também não terá cabimento a ação de restauração de autos quando os autos da separação judicial tiverem se extraviado, sendo nesse caso instruído o pedido de conversão em divórcio com a certidão da sentença ou de sua averbação no assento de casamento (art. 47 da Lei 6.515/1977). Tornando-se o divórcio a única forma de dissolução do casamento (art. 226, § 6.º, CF), essa situação tende a deixar de existir. Também será dispensada a ação diante da **informatização** do processo judicial (existência de back-up e inexistência de autos físicos).

78.2. LEGITIMIDADE

Aduz o art. 1.063 do CPC que qualquer das partes poderá ingressar com ação de restauração de autos, naturalmente se referindo às partes do processo que era representado documentalmente pelos autos desaparecidos. As *partes na demanda* certamente têm legitimidade ativa para a ação de restauração de autos, havendo certa divergência a respeito das partes no processo que não são partes na demanda, notadamente o assistente e o Ministério Público que funciona como fiscal da lei.

Entendo preferível a interpretação ampla, que admite a legitimidade de autor, réu, todos os terceiros intervenientes e do Ministério Público como fiscal da lei[1], considerando-se que, se participam do processo, o fazem em razão de algum interesse jurídico que os habilita a tal participação, o que é suficiente para pretenderem a restauração dos autos e a continuidade do processo. Excepcionalmente, até mesmo um terceiro terá legitimidade ativa, qual seja o terceiro juridicamente interessado.

Para parcela majoritária da doutrina, o juiz não terá legitimidade para a instauração do processo, respeitando-se o princípio da inércia da jurisdição, analisado no Capítulo 1, item 1.4.3[2]. Não parece, entretanto, ser esse o melhor entendimento[3]. Constatado o desaparecimento dos autos e não sendo proposta por qualquer dos interessados a sua restauração, não haverá alternativa ao juiz que não dar início de ofício a restauração dos autos, porque sem estes nem mesmo uma sentença terminativa poderá ser proferida, por ausência de suporte material

[1] Nery-Nery, *Código*, p. 1.232; Pinheiro Carneiro, *Comentários*, n. 96, p. 231.

[2] Theodoro Jr., *Curso*, n. 1.452, p. 329; Fidélis dos Santos, *Procedimentos*, n. 436, p. 416; Câmara, *Lições*, v. 3, p. 438.

[3] Pinheiro Carneiro, *Comentários*, n. 96, p. 232.

para tanto. Deve-se recordar que a entrega da prestação jurisdicional depois da provocação do interessado não é de interesse somente das partes, mas também do Estado-juiz, podendo-se entender que o impulso oficial que legitima a instauração de ofício do processo de restauração de autos está amparado não no interesse imediato de criação de novos autos, mas no interesse mediato de dar continuidade ao processo.

No polo passivo são legitimados todos os sujeitos que participam do processo como parte e que não estejam no polo ativo da ação de restauração de autos. Trata-se de *litisconsórcio passivo necessário*, considerando que a formação de novos autos e a consequente continuidade do processo obrigatoriamente atingirão a todos os seus sujeitos.

78.3. COMPETÊNCIA

A ação de restauração de autos deve ser proposta no mesmo juízo em que tramita o processo cujos autos desapareceram. Apesar da omissão legal, tratando-se de processo incidental é aplicável o art. 108 do CPC, sendo essa competência absoluta, de **natureza funcional**, sendo que, se o processo estiver em trâmite, será competente o órgão jurisdicional pelo qual esse tramitava no momento de desaparecimento dos autos[4].

Prevê o art. 1.068 do CPC que, ocorrendo o desaparecimento dos autos no tribunal, a ação será distribuída, sempre que possível, ao relator do processo. Como se nota do dispositivo legal nesse caso, estando o processo em grau recursal, a competência não será do juízo de primeiro grau, que ficará limitado a cumprir carta de ordem expedida pelo tribunal para praticar atos materiais que auxiliem na restauração, tais como a repetição de oitiva de testemunha, depoimento pessoal ou prova pericial.

78.4. PROCEDIMENTO

Salvo na excepcional hipótese de o procedimento ser instaurado de ofício pelo juiz, o autor da ação de restauração de autos deverá apresentar a petição inicial nos termos dos arts. 282 e 283 do CPC. Segundo o art. 1.064 do CPC, o autor deverá instruir sua petição inicial com:

(I) certidões de atos constantes do protocolo de audiências do cartório onde haja corrido o processo;

(II) cópia dos requerimentos que dirigiu ao juiz;

(III) quaisquer outros documentos que facilitem a restauração, o que pode significar praticamente a juntada de cópias "capa-a-capa" quando o advogado da parte mantém em seus arquivos cópias ao menos dos atos processuais principais.

---

4 Pinheiro Carneiro, *Comentários*, n. 95, p. 227.

Estando em ordem a petição inicial, o juiz determinará a citação do réu, que terá um prazo de cinco dias para contestar o pedido, cabendo a ele exibir as cópias, contrafés e mais as reproduções dos atos e documentos que estiverem em seu poder. Não cabem exceção de incompetência – a competência é absoluta – nem reconvenção – a ação tem natureza dúplice –, sendo cabível o ingresso de exceções de suspeição e impedimento, apesar da raridade com que isso ocorre. Na contestação a matéria alegável se limita a questões processuais e aquelas atinentes à necessidade e adequação da restauração, sendo vedada a alegação de matérias que só interessam ao processo principal[5].

Segundo o art. 1.065, §§ 1º. e 2.º, do CPC, se a parte concordar com a restauração, lavrar-se-á o respectivo **auto** que, assinado pelas partes e homologado pelo juiz, suprirá os autos desaparecidos (o dispositivo legal prevê equivocadamente o "processo desaparecido"); havendo contestação ou se a concordância for parcial, segue o procedimento do art. 803 do CPC, o que demonstra claramente o objetivo do legislador em sumarizar o procedimento.

O art. 1.066 do CPC prevê determinados aspectos procedimentais da restauração dos autos quando o desaparecimento dos autos ocorrer após a produção de prova no processo principal.

Segundo o art. 1.066, § 1.º, do CPC, serão reinquiridas as mesmas testemunhas, salvo se estas tiverem falecido ou estiverem impossibilitadas de depor, quando será admitida a sua substituição. Registre-se correta opinião doutrinária que defende a dispensa dessa reinquirição sempre que existir **cópia da ata de audiência de instrução** juntada aos autos do processo de restauração de autos[6]. O art. 1.066, § 2.º, do CPC é mais racional nesse sentido, prevendo que a realização de nova perícia, desde que isso seja possível, a ser realizada de preferência pelo mesmo perito, depende de não existir certidão ou cópia do laudo. Há, inclusive, decisão do Superior Tribunal de Justiça no sentido de não aplicar o dispositivo legal na hipótese de existir cópia de sentença em ação de prestação de contas que reproduziu a essencialidade da prova técnica[7].

Prevê o art. 1.066, § 3.º, do CPC que, não havendo certidão de documentos, estes serão reconstituídos por meio de cópias, e, no caso de inexistência destas, a prova anteriormente produzida por documentos será feita pelos outros meios de prova, sempre que isso se mostrar possível no caso concreto. Segundo o art. 1.066, § 4.º, do CPC, os serventuários e auxiliares da justiça são obrigados a depor como testemunhas a respeito de atos que tenham praticado ou assistido, naturalmente tratando-se das pessoas que participaram de alguma forma do processo principal. O art. 1.066, § 5.º, do CPC prevê que, se o juiz houver proferido sentença da qual possua cópia, esta será juntada aos autos e terá a mesma autoridade da original.

---

5 STJ, 1.ª Turma, REsp 676.265/PB, rel. Min. Luiz Fux, j. 17.11.2005, *DJ* 28.11.2005, p. 203; Theodoro Jr., *Curso*, n. 1.451, p. 328.

6 Pinheiro Carneiro, *Comentários*, n. 99, p. 241; Costa Machado, *Código*, p. 1.664.

7 STJ, 4.ª Turma, REsp 302.527/RJ, rel. Min. Aldir Passarinho Junior, j. 12.12.2006, *DJ* 12.02.2007, p. 262.

O processo de restauração de autos deve ser extinto por meio de sentença, e no caso de aparecimento superveniente dos autos originais a extinção deverá ocorrer por meio de sentença terminativa fundada na perda superveniente do interesse de agir, cabendo o processo principal prosseguir nos autos originais, sendo os autos da restauração apensados, nos termos do art. 1.067, § 1.º, do CPC. A sentença de procedência, que em razão da singeleza procedimental não precisa seguir o formalismo do art. 458 do CPC[8], tem **natureza constitutiva**[9], criando uma nova situação jurídica decorrente da criação de novos autos e substituição por esses dos autos originais desaparecidos.

Segundo o art. 1.069 do CPC, quem houver dado causa ao desaparecimento dos autos responderá pelas custas da restauração e honorários do advogado, sem prejuízo da responsabilidade civil ou penal em que incorrer. No tocante às verbas de sucumbência, deve-se aplicar a teoria da causalidade, devendo ser responsabilizada pelo pagamento a parte responsável pelo desaparecimento dos autos. Restando inconclusiva tal responsabilidade, cada parte arcará com suas custas processuais, não havendo condenação em honorários advocatícios[10].

---

8 STJ, 2.ª Turma, REsp 322.140/SC, rel. Min. Castro Meira, j. 08.11.2005, *DJ* 20.02.2006, p. 258.

9 Fidélis dos Santos, *Procedimentos*, n. 445, p. 420; Câmara, *Lições*, v. 3, p. 441. Contra, pela natureza declaratória: Marcato, *Procedimentos*, n. 171, p. 289; Pinheiro Carneiro, *Comentários*, n. 100, p. 244.

10 STJ, 2.ª Turma, EDcl no REsp 10.883/SP, rel. Min. Franciulli Netto, j. 19.10.2004, *DJ* 04.04.2005, p. 233.

79

VENDAS A CRÉDITO COM RESERVA DE DOMÍNIO

Sumário: 79.1. Introdução – 79.2. Procedimento da execução do preço – 79.3. Procedimento para recuperação da coisa vendida.

79.1. INTRODUÇÃO

O contrato de compra e venda com reserva de domínio é regulado pelos arts. 521 a 528 do CC. Trata-se de contrato de compra e venda em prestações quando a propriedade do bem continua a ser do vendedor até o pagamento integral do preço, investindo-se o comprador na posse da coisa vendida desde a celebração do contrato. Não se confunde com o contrato de alienação fiduciária, embora ambas sejam formas contratuais de financiamento para a aquisição de bens, porque na alienação fiduciária a propriedade é transferida ao comprador, o que não ocorre na venda a crédito com reserva de domínio[1].

Segundo previsão expressa do art. 521 do CC, a reserva de domínio só é cabível nos contratos de compra e venda de *bens móveis*, sendo esse entendimento reforçado pela previsão do art. 1.070, § 1.º, do CPC, que faz referência à alienação forçada da coisa vendida em leilão, que é forma processual de alienação judicial de bem móvel[2].

---

[1] Nery-Nery, *Código*, p. 1.235; Marinoni-Mitidiero, *Código*, p. 924.

[2] Câmara, *Lições*, v. 3, p. 445.

Verificando-se a mora do comprador no contrato de compra e venda com reserva de domínio, o vendedor estará tutelado de duas formas distintas pelo ordenamento jurídico:

(a) poderá exigir o pagamento do restante do preço (tutela do direito de crédito);
(b) poderá exigir a restituição da coisa vendida (tutela do direito à coisa).

Em termos processuais, o vendedor tem à sua disposição duas formas distintas para alcançar a tutela de direito material, dependendo da espécie que pretenda ver concretamente prestada: preferindo **receber o preço**, caberá o procedimento do art. 1.070 do CPC; preferindo **retomar a posse** do bem alienado, caberá o procedimento do art. 1.071 do CPC. Como lembra a melhor doutrina, são *ações concorrentes*, importando a escolha de uma delas na exclusão da outra[3].

79.2. PROCEDIMENTO DA EXECUÇÃO DO PREÇO

Na hipótese de o vendedor preferir receber o pagamento dos valores não quitados e estando as prestações representadas por um título executivo, ingressará com processo de execução de pagar quantia certa, seguindo-se fundamentalmente o procedimento comum dessa espécie de execução, analisado no Capítulo 47. A única especialidade digna de nota diz respeito ao art. 1.070, §§ 1.º e 2.º, do CPC: o primeiro prevendo que, efetuada a penhora da coisa vendida, é lícito a qualquer das partes, no curso do processo, requerer-lhe a alienação judicial em leilão; o segundo prevendo que o produto do leilão será depositado, sub-rogando-se nele a penhora. O exequente não é obrigado a penhorar o bem objeto da alienação, e, caso não o faça, o procedimento da execução não terá nenhuma especialidade.

Registre-se a exigência do art. 1.070, *caput,* do CPC de existência de um título executivo extrajudicial, porque sem ele não será admitida a ação executiva, cabendo ao vendedor que objetivar receber os valores faltantes ingressar com processo monitório[4] ou de conhecimento, que seguirá o procedimento comum – ordinário ou sumário, dependendo do caso concreto.

79.3. PROCEDIMENTO PARA RECUPERAÇÃO DA COISA VENDIDA

Na hipótese de o vendedor preferir retomar a coisa vendida, caberá um processo de conhecimento com o procedimento previsto no art. 1.071 do CPC.

Como todo processo, também o ora analisado tem início por meio de petição inicial, nos termos dos arts. 282 e 283 do CPC. No tocante aos documentos indispensáveis à propositura da demanda, é preciso atentar para as exigências previstas no art. 1.071, *caput*, do CPC, referente ao protesto do título, e no art.

[3] Theodoro Jr., *Curso*, n. 1.458, p. 334; Pinheiro Carneiro, *Procedimentos*, n. 105, p. 255.
[4] Pinheiro Carneiro, *Comentários*, n. 105, p. 256.

525 do CC, referente ao protesto ou interpelação judicial, devendo o documento comprobatório deste ato instruir a petição inicial. Existe viva polêmica a respeito da forma procedimental do **protesto**, sendo correto o entendimento de que **não precisa ser judicial**, podendo ser realizado extrajudicialmente por meio do cartório de protesto[5], ainda que existam decisões em sentido contrário[6], sendo pacífico o entendimento de que, realizado o protesto, não se exige a intimação pessoal do comprador[7].

Segundo o art. 1.071, *caput*, do CPC, o autor poderá requerer liminarmente a apreensão e o depósito da coisa. Apesar de existir doutrina que entende tratar-se de espécie de antecipação de tutela[8], prefiro o entendimento pela **natureza cautelar**[9], considerando-se que nesse momento a coisa vendida ainda não é devolvida ao vendedor, sendo apenas objeto de depósito judicial[10].

Deferido o pedido, o juiz nomeará um perito, que procederá à vistoria da coisa e ao arbitramento de seu valor, descrevendo-lhe o estado e individuando-a com todos os característicos (art. 1.071, § 1.º, do CPC). Feito o depósito ou sem ele (o autor não é obrigado a fazer o pedido liminar e o mesmo pode ser indeferido), o réu será citado para contestar a ação no prazo de cinco dias e, tendo pago mais de 40% do preço, poderá nesse prazo requerer ao juiz a concessão de 30 dias para reaver a coisa mediante o pagamento das prestações vencidas, juros, honorários advocatícios e custas processuais.

Nos termos do art. 1.071, § 3.º, do CPC, não havendo reação do réu ou deixando de pagar o restante do valor no prazo de 30 dias concedido pelo juiz, o autor, apresentando os títulos vencidos e vincendos, requererá a reintegração imediata na posse da coisa depositada, devendo nesse caso depositar em juízo o eventual saldo existente a favor do réu (valor pago descontados o valor da dívida e as verbas de sucumbência). Nos termos do art. 1.071, § 4.º, do CPC, se a ação for contestada, seguirá o procedimento ordinário.

Para os defensores da teoria trinária das sentenças, a sentença de procedência condena o réu à entrega da coisa[11], sendo **executada no próprio processo** por meio de cumprimento de sentença, nos termos dos arts. 475-I e 461-A do CPC. Para os defensores da teoria quinária das sentenças, a sentença é executiva *lato sensu*, sendo executada no próprio processo por meio de cumprimento de sentença, nos termos dos arts. 475-I e 461-A do CPC[12]. Ou seja, é apenas uma questão de classificação da sentença, sendo tranquilo o entendimento da forma de sua satisfação.

---

5 STJ, 3.ª Turma, REsp 685.906/SP, rel. Min. Nancy Andrighi, j. 04.08.2005, *DJ* 22.08.2005, p. 272.

6 STJ, 4.ª Turma, REsp 785.125/SP, rel. Min. Aldir Passarinho Junior, j. 1.º.03.2007, *DJ* 23.04.2007, p. 274.

7 STJ, 4.ª Turma, REsp 556.637/RS, rel. Min. Hélio Quaglia Barbosa, j. 27.11.2007, *DJ* 10.12.2007, p. 369.

8 Marinoni-Mitidiero, *Código*, p. 925; Pinheiro Carneiro, *Comentários*, n. 106, p. 259.

9 Marcato, *Procedimentos*, n. 177, p. 295; Câmara, *Lições*, v. 3, p. 447.

10 Theodoro Jr., *Curso*, n. 1.460, p. 335.

11 Câmara, *Lições*, v. 3, p. 447.

12 Marinoni-Mitidiero, *Código*, p. 926.

Executiva *lato sensu* ou condenatória em obrigação de entregar coisa, a sentença terá indiscutivelmente natureza condenatória em obrigação de pagar na hipótese de existir saldo em favor do réu, que apesar de perder a posse da coisa alienada tem o direito de receber a diferença entre o valor da coisa e o valor da dívida, acrescida de honorários advocatícios e custas processuais.

O procedimento de vendas a crédito com reserva de domínio deixa de ser especial no PLNCPC.

80

AÇÃO MONITÓRIA

Sumário: 80.1. Conceito – 80.2. Natureza jurídica – 80.3. Admissibilidade – 80.4. Fazenda Pública e ação monitória – 80.5. Incapaz e ação monitória – 80.6. Ingresso da monitória – 80.7. Expedição do mandado monitório e citação do réu – 80.8. Posturas do réu – 80.9. A natureza jurídica do pronunciamento judicial de deferimento do mandado monitório – 80.10. O pronunciamento concessivo do mandado monitório como despacho de mero expediente – 80.11. O pronunciamento que defere o mandado monitório considerado como sentença – ocorrência da coisa julgada material – 80.12. O pronunciamento concessivo do mandado monitório como decisão interlocutória – 80.13. O mérito no processo monitório e seu julgamento – 80.14. Natureza jurídica dos embargos ao mandado monitório – 80.15. Procedimento dos embargos ao mandado monitório – 80.16. Fase de cumprimento de sentença.

80.1. CONCEITO

Costuma a doutrina afirmar que a característica principal do procedimento monitório é a oportunidade concedida ao credor de, munido de uma prova literal representativa de seu crédito, abreviar o *iter* processual para a obtenção de um título executivo. Assim, aquele que possui uma prova documental de um crédito, desprovida de eficácia executiva, pode ingressar com a demanda monitória e, se verificada a ausência de manifestação defensiva por parte do réu – embargos ao mandado monitório –, obterá seu título executivo em menor lapso temporal do que o exigido pelo processo/fase procedimental de conhecimento.

Trata-se, portanto, de uma espécie de *tutela diferenciada*, que por meio da adoção de técnica de **cognição sumária** (para a concessão do mandado monitório) e do **contraditório diferido** (permitindo a prolação de decisão antes da oitiva do réu), busca facilitar em termos procedimentais a obtenção de um título executivo quando o credor tiver prova suficiente para convencer o juiz, em cognição não exauriente, da provável existência de seu direito.

Dessa forma:

(a) havendo título executivo, será adequado o processo de execução;

(b) não havendo título, mas existindo uma prova literal e suficiente para convencer o juiz da probabilidade do direito, será adequado o processo sincrético, cabendo ao autor a escolha da primeira fase desse processo: fase de conhecimento ou monitória[1];

(c) não havendo título nem prova literal, ao credor será exigido o ingresso do processo sincrético com início na fase de conhecimento.

Interessante questão diz respeito à **facultatividade** que se abre ao credor no uso da tutela monitória. Existindo documento com eficácia executiva, aponta a tradicional doutrina não caber qualquer escolha ao credor, sendo obrigatório o ingresso de processo de execução. Caso o demandante ingresse com processo sincrético com início na fase de conhecimento, será carecedor da ação por falta de interesse de agir (não há necessidade). Registre-se nesse tocante interessante apontamento feito por parcela da doutrina defendendo o ingresso do processo sincrético com início na fase de conhecimento, ainda que o autor tenha a seu favor um título executivo extrajudicial (obrigações de fazer, não fazer e entregar coisa). A tese é fundada no entendimento de que os arts. 461 e 461-A, ambos do CPC, oferecem ao demandante um repertório de medidas mais amplo do que aquele previsto no processo de execução[2], sendo mais eficaz ao demandante ingressar com processo sincrético e no início da fase de conhecimento obter uma tutela de urgência, com satisfação imediata pelos meios de execução indireta e por sub-rogação previstos no art. 461, §§ 4.º e 5.º, do CPC.

80.2. NATUREZA JURÍDICA

Há um grande debate doutrinário a respeito da natureza jurídica da tutela monitória, bastando para fundamentar tal conclusão a constatação empírica da diversidade de títulos dados pelos autores aos livros que tratam do tema: *Ação monitória*[3]; *O processo monitório brasileiro*[4], *Do procedimento monitório*[5]. O Código de Processo Civil incluiu a "ação monitória" no capítulo referente aos procedimentos especiais, mas essa opção não impediu o amplo debate doutrinário, sem que se tenha atingido uma pacificação a respeito do tema.

Parcela minoritária da doutrina defende que a ação monitória tem natureza de processo executivo, tratando-se de um misto de ação executiva e de ação de conhecimento, com predominância da força executiva, o que seria suficiente para tratá-la como uma demanda executiva de título extrajudicial[6]. Haverá tão somente uma diferença no ato citatório, sendo distintas as ordens dirigidas ao demandado:

---

1 Dinamarco, *A reforma*, p. 233; Theodoro Júnior, *O procedimento*, p. 78-79; Andrighi, *Da ação*, p. 14-17.

2 Shimura, *A nova*, p. 419.

3 Fidélis dos Santos, 2000.

4 Marcato, 1998.

5 Macedo, 1999.

6 Greco Filho, *Comentários*, p. 49-50.

(a) no processo executivo tradicional, pagamento em três dias ou entrega de coisa em dez dias;

(b) no processo monitório, pagamento ou entrega de coisa em 15 dias.

O debate maior se dá entre os que defendem a opção legislativa, entendendo que a tutela monitória foi criada no ordenamento brasileiro como um procedimento especial do processo de conhecimento, e aqueles que, não entendendo possível a sua compreensão nas três espécies de processos conhecidos (cautelar, conhecimento, execução), preferem acreditar que a tutela monitória fez surgir uma nova espécie de processo.

A parcela doutrinária que defende a natureza de novo processo[7], fundamenta-se nos seguintes argumentos[8]:

(a) de que não há oportunidade de defesa ao demandado, que será obrigado a ingressar com outra ação (embargos ao mandado monitório) para se defender;

(b) o contraditório é eventual e diferido;

(c) o procedimento é composto de duas fases: a primeira de cognição e a segunda de satisfação.

Esses argumentos são rebatidos corretamente pela doutrina majoritária, que acertadamente afirma que tais características estão presentes em outros procedimentos especiais do processo de conhecimento, não sendo suficientes para o surgimento de um novo processo.

Há ainda um argumento a fundamentar o entendimento de que a tutela monitória criou uma nova forma de processo: na monitória a decisão do juiz é proferida mediante cognição sumária, fundando-se o magistrado em um juízo de probabilidade. Diante dessa constatação, na monitória não existiria sentença de mérito, sendo a expedição do mandado monitório uma mera decisão interlocutória de "caráter puramente delibativo". O essencial é a distinção com a sentença de mérito existente no processo/fase de conhecimento, fundada em cognição exauriente. Na monitória o mérito não é julgado, inexistindo para essa corrente doutrinária uma sentença de mérito, o que seria suficiente para afastá-la da natureza de demanda de conhecimento[9].

O debate, como se nota, é meramente acadêmico, sem nenhuma repercussão prática digna de nota, considerando-se a opinião uníssona de que o Capítulo XV (Livro IV, Título I) prevê em seus três artigos um procedimento diferenciado, sendo irrelevante para fins práticos determinar se tais particularidades procedimentais são suficientes ou não para a criação de uma nova espécie de processo. Na única questão que poderia levantar algum questionamento mais sério, a doutrina é unânime em apontar a facultatividade da tutela monitória. Mesmo para a corrente doutrinária que defende a natureza de procedimento especial, abre-se uma

---

7 Theodoro Jr., *Curso*, v. 3, n. 1.475, p. 360.

8 Marcato, *O processo*, p. 8.

9 Dinamarco, *Instituições*, v. 3, n. 1.279, p. 739-741.

exceção ao princípio de que os procedimentos especiais são de aplicação cogente, em fenômeno também verificado no procedimento sumaríssimo no âmbito dos Juizados Especiais Estaduais.

80.3. ADMISSIBILIDADE

Segundo disposição do art. 1.102-A do CPC, a admissibilidade da demanda monitória está condicionada à existência de uma prova escrita sem eficácia de título executivo e limitada às obrigações de pagamento em soma de dinheiro, entrega de coisa fungível ou de determinado bem móvel. O dispositivo não aponta expressamente, mas aos requisitos nele previstos soma-se a vontade do demandante, que mesmo diante das condições previstas pelo dispositivo legal poderá optar pela demanda de conhecimento.

Conforme se nota das exigências formais contidas no dispositivo legal ora comentado, o direito brasileiro, fortemente influenciado pelo direito italiano, adotou o **procedimento monitório documental**, ao exigir do autor a apresentação de uma prova literal capaz de demonstrar a verossimilhança de sua alegação de existência do direito de crédito que alega ter contra o réu. Preferiu não adotar o procedimento monitório puro, por meio do qual basta a alegação da parte de que o direito de crédito existe, dispensando-se qualquer produção probatória pelo autor no momento de propositura da demanda. A já tradicional e triste "malandragem brasileira", também conhecida como "Lei de Gerson" (embora aqui com injustificada injustiça ao nosso "canhotinha de ouro"), faz crer que a opção do legislador brasileiro foi realmente a mais adequada.

Não é correto o entendimento de que a prova escrita mencionada no art. 1.102-A do CPC é um "título monitório", ou qualquer outra expressão do gênero que busque assemelhar essa prova escrita ao título executivo[10]. Ao empregar a expressão "prova escrita", deixou bem claro o legislador que caberão ao juiz a análise e a valoração dessa prova, para somente depois expedir o mandado monitório, o que evidentemente não ocorre no processo/fase de execução e com o título executivo. No procedimento monitório caberá ao juiz a análise da prova juntada pelo autor, verificando-se inclusive, ainda que de forma sumária, a existência do direito alegado na petição inicial e corroborado com a prova que a instrui. No processo de execução, a simples presença do título executivo dispensa qualquer espécie de pesquisa do juiz a respeito da efetiva existência do direito exequendo. Essa abstração presente no título executivo não existe na prova literal que legitima a tutela monitória.

A prova escrita exigida pelo dispositivo legal ora comentado limita a abrangência da prova documental que poderá instruir a petição inicial, considerando-se que existem documentos que não são escritos, tais como as gravações, filmagens, fotografias etc. Esses documentos não são aptos a satisfazer a exigência legal,

---

[10] Bermudes, *Ação*, p. 141, afirma ser a prova literal um título *paraexecutivo*.

ainda que se mostrem capazes de convencer sumariamente o juiz acerca da probabilidade de o direito de crédito alegado efetivamente existir[11].

Entendo que a prova documental é na realidade uma **prova documentada**, sendo exigida uma forma documental para que a prova possa permitir a concessão da tutela monitória. Significa dizer que qualquer espécie de prova, desde que esteja documentada, pode servir para a instrução da petição inicial, como ocorre com a prova testemunhal ou pericial produzida em outro processo e que pode servir como *prova emprestada* na demanda monitória[12]. Afinal, dentro de um sistema de livre valoração motivada da prova pelo juiz (persuasão racional), não é admissível defender que a prova documental tem uma carga de convencimento maior do que a de outros meios de prova. A exigência de prova documental, ao que parece, diz respeito à forma da prova, sendo inadmissível a produção de outros meios de prova no procedimento monitório, e não com a carga de convencimento da prova. Dessa forma, a prova documentada já é suficiente para instruir a petição inicial da demanda monitória.

Além da exigência de uma prova documentada por escrito, não se admite que a prova tenha sido produzida unilateralmente pelo autor, exigindo-se alguma participação do réu na sua formação[13]. Também se exige que a prova literal indique o *quantum debeatur* nas obrigações de pagar quantia, permitindo-se que dois ou mais documentos apontem com exclusividade o *an debeatur* e o *quantum debeatur*. Na realidade, a pluralidade de documentos é sempre permitida, admitindo-se que o convencimento do juiz de que provavelmente o direito alegado existe seja resultado da análise de um conjunto de provas literais levadas aos autos pelo autor[14].

Não é possível definir *a priori* qual é a prova literal exigida pelo art. 1.102-A do CPC, justamente porque, preenchidos os requisitos formais já apontados, tudo dependerá do caso concreto, mais especificamente da carga de convencimento que a prova apresentar. Qualquer descrição do que vem sendo entendido como prova literal apta a instruir a petição inicial monitória é casuística, meramente exemplificativa. Interessante notar, entretanto, que a utilidade maior da ação monitória verifica-se em documentos que são "ex-títulos executivos", como na hipótese do cheque prescrito[15], ou quando os documentos são "quase títulos executivos", documentos que não preenchem todos os requisitos formais para serem considerados título executivo, como o contrato sem a assinatura de duas testemunhas, a duplicata sem o aceite ou, ainda, o contrato de abertura de crédito em conta-corrente acompanhado do demonstrativo de débito[16].

---

[11] Nery-Nery, *Código*, p. 1.242; Talamini, *Tutela*, p. 68; Fidélis dos Santos, *Ação*, 19, p. 46-47.

[12] Talamini, *Tutela*, p. 85-86; Fischmann, *Comentários*, p. 394.

[13] Dinamarco, *Instituições*, v. 3, n. 1.283, p. 746-747; Nery-Nery, *Código*, p. 1.242; Fidélis dos Santos, *Ação*, n. 19, p. 46-47. Contra: Fischmann, *Comentários*, p. 393-394.

[14] Dinamarco, *Instituições*, v. 3, n. 1.283, p. 747; Marcato, *O processo*, n. 13.2.2, p. 64.

[15] Súmula 299 do STJ.

[16] Súmula 247 do STJ.

Conforme expressa previsão legal, as obrigações de fazer, não fazer e entrega de coisa imóvel não podem ser objeto de demanda monitória, pois esta é limitada às obrigações de pagar e entregar coisas móveis, pouco importando se a pretensão se funda em direito das obrigações ou em direito real.

80.4. FAZENDA PÚBLICA E AÇÃO MONITÓRIA

A Fazenda Pública é legitimada para o ingresso de ação monitória, ainda que em algumas hipóteses seja discutível o interesse por esta demanda considerando-se a possibilidade de a Fazenda Pública criar seus próprios títulos executivos (certidão da dívida ativa). Parece claro que, sempre que seja admitida à Fazenda Pública a criação do título executivo, a demanda monitória mostrar-se-á inútil, mas deve-se observar que nem todo crédito em favor da Fazenda Pública dará ensejo à inscrição em dívida ativa, limitando-se tal circunstância aos créditos pecuniários de natureza fiscal. Dessa forma, haverá interesse da Fazenda Pública no oferecimento da monitória para a entrega de coisa móvel e os créditos pecuniários não fiscais[17].

A presença da Fazenda Pública no polo passivo da demanda é um tema muito controvertido, ao menos em sede doutrinária, considerando-se a pacificação do entendimento do Superior Tribunal de Justiça a respeito do **cabimento da ação monitória contra a Fazenda Pública**[18].

Os doutrinadores que defendem o não cabimento da ação monitória contra a Fazenda Pública argumentam fundamentalmente que:

(a) as especialidades da execução contra a Fazenda Pública (art. 730 do CPC) impedem a adoção da ação monitória[19];

(b) a impossibilidade de a Fazenda Pública cumprir a ordem de pagamento em razão da indisponibilidade do direito que defende em juízo[20];

(c) a necessidade de reexame necessário, que não seria observado com a ausência de embargos ao mandado monitório e a consequente constituição imediata de título executivo[21];

(d) não sendo gerado o efeito da revelia da presunção de veracidade dos fatos alegados pelo autor em caso de omissão defensiva da Fazenda Pública, com maior razão não se pode concordar que a revelia no procedimento monitório gere automaticamente a formação de título executivo judicial contra ela.

A corrente doutrinária que defende o cabimento da ação monitória contra a Fazenda Pública rejeita os quatro principais argumentos adotados pela corrente proibitiva:

---

17 Talamini, *Tutela*, p. 183; Carneiro Cunha, *A Fazenda*, n. 13.3, p. 354-355.

18 Súmula 339 do STJ.

19 Theodoro Jr., *Curso*, v. 3, n. 1.480, p. 366.

20 Marcato, *O processo*, n. 13.2.3, p. 68-69.

21 Theodoro Jr., *Curso*, v. 3, n. 1.480, p. 366; Talamini, *Tutela*, p. 181-182.

(a) após a formação do título, no momento executivo, observar-se-ão as regras do art. 730 do CPC;

(b) a Fazenda Pública pode realizar o pagamento sem ofender o sistema de pagamento por precatórios, porque não estará cumprindo sentença judicial, devendo considerar o pagamento como voluntário, em situação similar ao pagamento por um serviço prestado ou por recebimento de mercadorias[22];

(c) o reexame necessário é exigido na hipótese de sentença judicial (art. 475 do CPC), não sendo aplicável ao sistema procedimental da ação monitória;

(d) não há que falar em efeitos da revelia no procedimento monitório.

80.5. INCAPAZ E AÇÃO MONITÓRIA

O incapaz, desde que devidamente representado processualmente, pode ingressar com uma ação monitória, existindo polêmica a respeito da possibilidade de figurar como réu nessa espécie de demanda. Parcela minoritária da doutrina defende o cabimento, considerando que, sendo o incapaz devidamente representado em juízo, esse representante processual poderá optar por pagar, embargar ou se omitir, suportando o representado as consequências dessa escolha[23]. Não parece ser o melhor entendimento a respeito do tema.

Segundo o art. 320, II, do CPC, na hipótese de a demanda versar sobre direitos indisponíveis, ainda que o réu seja revel, não será gerado o principal efeito da revelia, qual seja a presunção de veracidade dos fatos alegados pelo autor. Ainda que o silêncio do réu na demanda monitória não se confunda com a revelia, parcela da doutrina entende que a formação de pleno direito do mandado monitório em título executivo não deve ser admitida contra o incapaz, na realidade consequência ainda mais prejudicial que a presunção de veracidade dos fatos alegados pelo autor[24]. Ademais, a necessária intervenção do Ministério Público desvirtuaria o procedimento monitório[25], porque, ainda que não tenha legitimidade extraordinária para ingressar com os embargos, poderá se manifestar na própria demanda monitória, o que não se compatibiliza com o procedimento monitório.

Importante registrar que a extinção em razão da presença no polo passivo de quem não possa participar passivamente de uma demanda monitória (como o incapaz e para parcela doutrinária a Fazenda Pública) não diz respeito à questão da legitimidade de parte. Ainda que o autor seja carecedor da ação, não se pode afirmar que a parte demandada seja ilegítima, porque em tese é exatamente contra aquele sujeito que o demandante deve litigar, considerando-se ser ele o devedor ou ao menos o responsável pelo cumprimento da obrigação. A carência da ação nesse caso diz respeito à ausência de interesse de agir, em razão da **inadequação da demanda monitória**[26].

---

22 Dinamarco, *Instituições*, v. 3, n. 1281, p. 745; Macedo, *Do procedimento*, p. 169; Fischmann, *Comentários*, p. 386.

23 Dinamarco, *A reforma*, n. 168-E, p. 233.

24 Fidélis dos Santos, *Ação*, 56, p. 110.

25 Marcato, *O processo*, n. 13.2, p. 70; Câmara, *Lições*, v. 3, p. 460.

26 Dinamarco, *Instituições*, v. 3, n. 1281, p. 745-746; Marcato, *O processo*, n. 13.2.3 e 12.2.4, p. 65-70.

80.6. INGRESSO DA MONITÓRIA

Independentemente da natureza jurídica que se atribua à demanda monitória – processo de conhecimento com procedimento especial ou espécie autônoma de processo –, é exigida do demandante a elaboração de uma petição inicial, nos termos dos arts. 282 e 283 do CPC. No tocante à causa de pedir, diferente do que ocorre na ação de execução, não basta ao autor da monitória fazer uma simples remissão à prova literal que instrui a petição inicial, sendo exigido que descreva os fatos referentes ao surgimento da dívida[27]. Segundo o Superior Tribunal de Justiça, tratando-se de cheque prescrito, não haverá necessidade de descrição da causa *debendi*[28]. O juiz poderá indeferir a petição inicial, nos termos do art. 295 do CPC, bem como determinar a sua emenda no prazo de dez dias, nos termos do art. 284 do CPC.

O art. 1.102-B do CPC prevê que, estando a petição inicial devidamente instruída, caberá ao juiz o deferimento de plano de expedição do mandado monitório. A interpretação literal do dispositivo, entretanto, pode levar à falsa impressão de que a atitude adotada pelo juiz no processo monitório é semelhante àquela adotada no momento do pronunciamento inicial em uma ação de execução, o que, conforme já analisado, não se mostra correto.

É inegável que o juiz, ao receber os autos conclusos pela primeira vez, independentemente da espécie de processo, deve aferir a regularidade formal da petição inicial, averiguando se estão presentes as condições da ação e os pressupostos processuais. Tratando-se de matérias de ordem pública, que devem ser enfrentadas pelo juiz a qualquer tempo, por certo também nesse momento inicial podem ser objeto de apreciação. No processo de conhecimento, de execução e cautelar, essa deve ser a atitude a ser tomada pelo juiz, que, após uma primeira análise da petição inicial e das ponderações lá contidas, deverá determinar a citação do réu/executado/requerido. A atitude adotada pelo juiz em seu primeiro contato com a inicial no procedimento monitório tem uma indiscutível peculiaridade, suficiente para tornar a análise inicial do juiz mais completa da que costuma fazer em outros processos e procedimentos.

No procedimento monitório há cognição desenvolvida pelo juiz, consubstanciada no convencimento de que há **verossimilhança nas alegações do autor**. Somente após tal cognição deverá o juiz proferir o pronunciamento inicial positivo, com a expedição do mandado monitório. No processo executivo, por outro lado, o título executivo por si só já basta, desde que formalmente em ordem, para exigir do juiz uma atuação positiva, mandando citar o executado, sem nenhuma cognição desenvolvida a respeito da efetiva ou aparente existência do direito exequendo[29].

---

27 Cruz e Tucci, *Ação*, p. 78; Salvador, *Da ação*, p. 21; Fischmann, *Comentários*, p. 397-398.

28 *Informativo* 483/STJ: 4.ª Turma, REsp 926.312/SP, rel. Min. Luís Felipe Salomão, j. 20.09.2011.

29 Talamini, *Tutela*, p. 63-64.

No procedimento monitório, além de verificar a regularidade formal da inicial e as matérias de ordem pública, deverá o juiz analisar a prova trazida aos autos pelo autor, visto que ela constitui condição de existência da própria tutela monitória. Assim, a análise do conjunto probatório trazido pelo autor, a que alude o art. 1.102-A do CPC, é também matéria de cognição do juiz. É indubitável que o juiz, ao receber a petição inicial monitória, e antes de expedir o mandado monitório, irá realizar um verdadeiro juízo de admissibilidade desse processo, analisando o conjunto probatório e os argumentos lançados pelo autor em sua inicial[30].

Em termos de cognição, num plano horizontal (*extensão*), relacionado com a amplitude dessa atividade do juiz, a cognição tem por limite os elementos objetivos do processo, consideradas aqui as questões processuais, as condições da ação e o mérito. Nesse plano, a depender de sua intensidade, a cognição pode ser *plena* ou *limitada*. Já num plano vertical, relacionada à *profundidade* com que se verifica, a cognição pode ser *exauriente* (completa) ou *sumária* (incompleta)[31]. Na concessão do mandado monitório verifica-se uma cognição sumária acerca do direito material alegado, mas exauriente no tocante ao direito à tutela monitória, consubstanciada na adequação da prova trazida na inicial à pretensão monitória de obter a satisfação da obrigação e subsidiariamente a formação de título executivo.

Tal cognição sumária quanto ao direito material afirmado pelo autor exige do juiz uma análise de suas alegações e do conjunto probatório já formado na petição inicial. É incompleta, sem dúvida, pois nesse momento o juiz somente tem conhecimento dos fatos constitutivos do alegado direito do autor, narrados de forma unilateral. Não há, ainda, condições de saber se existem fatos impeditivos, modificativos ou extintivos desse direito, conhecimento que apenas poderá ter quando houver eventual apresentação dos embargos, bem como se os fatos alegados são verdadeiros. De qualquer maneira, é indubitável que o deferimento do mandado monitório é precedido de cognição judicial diferenciada na empreendida análise da petição inicial em outros processos e procedimentos[32].

80.7. EXPEDIÇÃO DO MANDADO MONITÓRIO E CITAÇÃO DO RÉU

Ainda que não exista expressa previsão legal, expedido o mandado monitório o réu será citado para integrar o processo e tomar conhecimento da existência c teor da demanda contra ele proposta, bem como intimado para a interposição de embargos ao mandado monitório no prazo de 15 dias. Não se tratando de processo executivo, todas as formas de citação são admitidas (art. 221 do CPC), inclusive a citação por correio. Controvertida é a questão a respeito da admissibilidade da citação ficta (oficial por hora certa e edital) na demanda monitória.

---

30 Dinamarco, *A reforma*, p. 237; Talamini, *Tutela*, p. 70-74; Cruz e Tucci, *Ação*, p. 44.

31 Watanabe, *Da cognição*, p. 111-113.

32 Fischmann, *Comentários*, p. 391.

Há corrente doutrinária minoritária que defende a impossibilidade de citação ficta na demanda monitória, argumentando que a presunção gerada pela omissão do réu em se defender por meio dos embargos exige a certeza de que tenha sido citado, tornando indiscutível o fato de saber que está sendo demandado[33]. Para a corrente majoritária, a citação poderá ser ficta, não havendo nenhum impedimento expresso em lei[34] ou incompatibilidade com o procedimento monitório, destacando que, caso não seja dentro do prazo interposto embargos ao mandado monitório, caberá ao juiz a indicação de um curador especial ao réu, que deverá realizar a sua defesa[35]. Na jurisprudência, o Superior Tribunal de Justiça pacificou o entendimento, admitindo tanto a citação por hora certa[36] como a citação por edital[37].

80.8. POSTURAS DO RÉU

Realizada a citação, o réu poderá adotar no prazo de 15 dias uma dentre três possíveis posturas:

(a) pagar ou entregar a coisa;
(b) não reagir;
(c) ingressar com embargos ao mandado monitório.

Segundo a previsão do art. 1.102-C, § 1.º, do CPC, sendo cumprido o mandado no prazo legal, o réu ficará isento do pagamento de custas processuais e honorários advocatícios. Trata-se de medida de *execução indireta*, que exerce uma **pressão psicológica** para que o réu cumpra a sua obrigação de pagar a quantia cobrada ou entregar a coisa demandada. O legislador oferece uma melhora na situação do réu na esperança de que essa oferta seja suficiente a motivá-lo para cumprir a obrigação imediatamente após a sua citação. A oferta legal tem como fundamento os princípios da *economia*, *celeridade* e *efetividade* da tutela jurisdicional, ainda que seja curiosa a isenção no tocante aos honorários advocatícios, porque nesse caso o credor desse valor é o advogado, e não o autor da demanda monitória.

Não parece correto confundir a revelia com a omissão defensiva do réu no procedimento monitório, até mesmo porque a revelia é fenômeno processual voltado à ausência jurídica de contestação, não sendo essa a natureza da defesa típica do procedimento monitório. Os embargos ao mandado monitório têm natureza de ação e não de contestação, sendo a diferença de natureza jurídica dessas duas espécies de reação do demandado suficiente para não confundir os efeitos da ausência de uma e de outra. O efeito principal da revelia é a presunção de veracidade dos fatos alegados pelo autor, enquanto o efeito da não interposição de embargos no procedimento monitório é a formação de título executivo judicial. O revel ainda pode se sagrar vitorioso na demanda de conhecimento, bastando que o juiz en-

33 Câmara, *Lições*, v. 3, p. 468-469; Fidélis dos Santos, *Ação*, 59, p. 114-118.
34 Dinamarco, *Instituições*, v. 3, n. 1.288, p. 754-755; Marcato, *O processo*, n. 18, p. 82.
35 Talamini, *Tutela*, n. 5.3, p. 137-139; Fischmann, *Comentários*, p. 406-407.
36 STJ, 3.ª Turma, REsp 211.146/SP, rel. Min. Waldemar Zveiter, j. 08.06.2000, *DJ* 1.º.08.2000.
37 Súmula 282 do STJ.

tenda não existir o direito material alegado pelo autor, o que evitará a formação de título executivo contra ele. No procedimento monitório a omissão defensiva obrigatoriamente faz surgir um título executivo contra o réu, não havendo nenhuma possibilidade de o réu omisso se sagrar vitorioso nessa demanda judicial[38].

A omissão do réu em apresentar tempestivamente os embargos ao mandado monitório faz com que este se **converta de pleno direito em título executivo judicial**, segundo previsão do art. 1.102-C, *caput*, do CPC. A previsão legal determina que, independentemente de qualquer manifestação judicial que declare a formação do título executivo judicial, transcorrido o prazo de defesa do réu sem a interposição dos embargos ao mandado monitório, estará formado o título executivo judicial[39]. É triste notar na prática forense a prolação de decisão judicial após a inércia do réu, em adoção de procedimento frontalmente contrário ao estabelecido em lei.

A terceira opção é a interposição dos embargos ao mandado monitório no prazo de 15 dias, previsto no art. 1.102-B do CPC. Tratando-se da Fazenda Pública em juízo, não é possível entender que o prazo seja computado em quádruplo para embargar, ainda que se amplie o significado do termo "contestação" utilizado no art. 188 do CPC, entendendo-o como "resposta". O prazo será contado em quádruplo para as respostas do réu que se desenvolvem na mesma ação em que é demandado, não sendo essa a hipótese dos embargos ao mandado monitório, que têm natureza jurídica de ação. O prazo para a Fazenda Pública embargar, portanto, é de 15 dias (simples)[40], o mesmo ocorrendo na improvável presença do Ministério Público no polo passivo. Pelo mesmo raciocínio, inaplicável a contagem do prazo em dobro previsto pelo art. 191 do CPC na hipótese de litisconsortes passivos com diferentes patronos.

80.9. A NATUREZA JURÍDICA DO PRONUNCIAMENTO JUDICIAL DE DEFERIMENTO DO MANDADO MONITÓRIO

Um dos temas mais polêmicos referentes ao procedimento monitório diz respeito à natureza jurídica do pronunciamento do juiz que defere o mandado monitório. Antes de comentar as diversas correntes doutrinárias que defendem a natureza de despacho, decisão interlocutória ou sentença, cumpre consignar que a natureza desse pronunciamento não depende da atitude a ser tomada pelo réu no caso concreto. Não se pode concordar, portanto, com uma suposta natureza híbrida desse pronunciamento judicial. Os que defendem essa tese acreditam que a atitude do réu é que define a natureza jurídica do pronunciamento[41]:

---

38 Marcato, *O processo*, n. 20, p. 84-86.

39 Theodoro Jr., *Curso*, v. 3, n. 1.482, p. 371; Cruz e Tucci, *Ação*, n. 13, p. 93; Nery-Nery, *Código*, p. 1.248; Câmara, *Lições*, v. 3, p. 469. Contra: Bermudes, *Ação*, p. 144.

40 Talamini, *Tutela*, p. 368-369; Fischmann, *Comentários*, p. 419. Contra: Nery-Nery, *Código*, p. 1.248.

41 Cruz e Tucci, *Ação*, p. 83.

(a) se houver embargos ao mandado monitório, a natureza jurídica do provimento é de decisão interlocutória e,
(b) ocorrendo omissão do devedor em se defender por meio dos embargos, o pronunciamento terá natureza de sentença.

Tal entendimento deixa uma pergunta sem resposta: no lapso temporal entre a expedição da ordem e a eventual manifestação defensiva do réu sob a forma de embargos ao mandado monitório, qual é a natureza desse pronunciamento? Fica sobrestada a definição da sua natureza até que o prazo transcorra? Quando um pronunciamento judicial é emitido, já em seu nascedouro contém uma natureza jurídica. Não se pode admitir que um mesmo ato tenha duas naturezas jurídicas condicionadas a eventual manifestação da parte contrária. Assim, definida a sua natureza jurídica, não se conceberá sua modificação no curso do trâmite processual. Se o pronunciamento "nasce" com a natureza de decisão interlocutória, assim permanecerá até o término da demanda; o mesmo ocorrendo com a sentença e com o despacho[42].

80.10. O PRONUNCIAMENTO CONCESSIVO DO MANDADO MONITÓRIO COMO DESPACHO DE MERO EXPEDIENTE

A compreensão de que o pronunciamento concessivo do mandado monitório é um despacho de mero expediente é sem dúvida compartilhada por poucos processualistas que se detiveram sobre o assunto. Tomando-se o rol do art. 162 do CPC, que classifica os atos do juiz (melhor seria ter usado *pronunciamentos*) em despachos, decisões interlocutórias e sentenças, é pacífico na doutrina que a diferenciação entre despacho e decisão interlocutória reside na carga decisória do pronunciamento, existente neste e ausente naquele.

Considerando-se o pronunciamento inicial positivo do juiz no procedimento monitório como um despacho, retira-se qualquer carga decisória de tal manifestação judicial. Tratar-se-á de um simples ato de ordenamento processual, cujo escopo é tão somente completar a relação jurídica processual, informando-o da existência de demanda judicial e permitindo o ingresso dos embargos ao mandado monitório. Essa minoritária corrente doutrinária chega a comparar esse pronunciamento inicial do juiz no processo monitório com aquele emitido no processo de conhecimento e de execução[43], o que já se demonstrou não ser o entendimento mais adequado.

Conforme já demonstrado, no procedimento monitório o juiz é obrigado a analisar a regularidade formal da petição inicial, as matérias de ordem pública e sumariamente a probabilidade de o direito material alegado existir. É nitidamente um pronunciamento com caráter decisório, o que é suficiente para afastar deste a natureza jurídica de despacho.

[42] Talamini, *Ação*, p. 85.
[43] Fidélis dos Santos, *Ação*, p. 98-99; Fornaciari Jr., *A reforma*, p. 212.

80.11. O PRONUNCIAMENTO QUE DEFERE O MANDADO MONITÓRIO CONSIDERADO COMO SENTENÇA - OCORRÊNCIA DA COISA JULGADA MATERIAL

É tradicional a doutrina que entende ter o mandado monitório a natureza de uma sentença, comparando-se o procedimento monitório com o processo contumacial. A falta de interposição de embargos por parte do réu da ação monitória se assemelharia à falta de apresentação de contestação na ação de conhecimento. Em ambas teria havido a oportunidade de contraditório, aberta ao réu com o seu chamamento ao processo (ordem para pagar ou entregar coisa no primeiro caso e para responder à inicial no segundo), não se tendo efetivado justamente em virtude de sua omissão. Assim, uma vez definida a natureza do procedimento monitório relacionando-o com o processo de conhecimento em que se verifica a contumácia do réu, chegou-se consequentemente à conclusão de que o mandado monitório tinha a mesma natureza jurídica do pronunciamento que decidia o processo de conhecimento contumacial[44]. Nesse entendimento, se a sentença proferida num processo em que se tenha verificado a contumácia do réu transita em julgado, produzindo coisa julgada material, o mesmo efeito deve ser, por analogia, atribuído ao mandado monitório.

O entendimento não é correto, porque no processo de conhecimento a contumácia é eventual e pode até ser considerada como fenômeno anormal, enquanto no processo monitório a omissão do réu é institucional e necessariamente pressuposta. Além disso, mesmo quando não há a manifestação defensiva do réu no processo de conhecimento, ainda assim se verifica um contraditório real e não apenas virtual como aquele estabelecido no processo monitório. Tal entendimento fundamenta-se na possibilidade de o juiz, mesmo quando verificada a revelia no processo de conhecimento, determinar a produção de provas *ex officio* ou ainda determinar que o autor especifique provas para formar o seu convencimento (art. 324 do CPC), sempre que se mostrar legítima a exceção ao efeito legal (Capítulo 12, item 12.2.3). Essa possibilidade não existe no processo monitório em virtude da constituição, de pleno direito, do mandado monitório em título executivo.

Além disso, em virtude da aplicação do princípio do *iura novit curia*, mesmo em caso de revelia, somente os fatos serão presumidos verdadeiros (presunção relativa), e nunca o direito. Assim, ainda que o réu, no processo de conhecimento, não conteste a pretensão do autor, o juiz, que deve saber o direito, se não estiver convencido de sua existência, deverá rejeitar o pedido (art. 269, I, do CPC)[45]. Esse julgamento de improcedência não tem lugar no procedimento monitório após a expedição do mandado monitório, considerando-se mais uma vez a sua conversão de pleno direito em título executivo.

---

44 Bermudes, *Ação*, p. 275.

45 Esse é o entendimento da absoluta maioria dos operadores do direito. Por todos, Dinamarco, *Fundamentos*, p. 950.

Dessa maneira, existe a possibilidade de o réu revel no processo de conhecimento sair vencedor da demanda, fato impossível de ocorrer no procedimento monitório, em que a sorte do réu estará previamente lançada e seu futuro conhecido. Embargando o mandado, discutirá a obrigação pretendida pelo autor, não embargando, o mandado monitório será de pleno direito convertido em título executivo. Nos embargos existe a possibilidade de sair vencedor em sua defesa e, consequentemente, impedir a formação do título executivo. No caso de omissão, entretanto, em virtude do disposto no art. 1.102-A do CPC, necessariamente sairá derrotado e o título será formado.

Outra diferença entre os dois processos está no fato de que no processo de conhecimento, mesmo não atendendo à citação, pode o réu ainda nele ingressar e participar ativamente na formação do convencimento do juiz, recebendo o processo no estado em que ele se encontra. Poderá o revel interferir, se não com o juiz de primeira instância, quando julga antecipadamente a lide (art. 333, II, do CPC), ao menos com o Tribunal, em sede de apelação. No procedimento monitório tal ocorrência, em razão de sua própria especialidade procedimental, é inviável[46].

Por fim, no processo de conhecimento, mesmo com a revelia do réu, não há impedimento de que o juiz reconheça uma matéria de ordem pública antes da prolação da sentença, extinguindo o processo sem a resolução do mérito. Já no procedimento monitório essa possibilidade simplesmente inexiste, uma vez que, deferido o mandado monitório e transcorrido o lapso temporal de prazo para a defesa do réu sem nenhuma manifestação, o mandado monitório se converterá de pleno direito em título executivo, sem a necessidade de um novo pronunciamento judicial.

A doutrina nacional que defende a existência da coisa julgada material, ainda que se reconheçam a cognição sumária e a prolação de decisão *inaudita altera parte*, afirma que o pronunciamento é similar à sentença condenatória obtida no processo de cognição plena no processo de conhecimento. Defende-se que a decisão que expede o mandado monitório tem natureza idêntica a da sentença condenatória proferida em processo de conhecimento em que ocorre a revelia do réu, com a verificação da coisa julgada material[47].

Os doutrinadores que não aceitam a atribuição dos efeitos da coisa julgada ao mandado monitório não admitem que a cognição sumária feita pelo juiz seja suficiente para atribuir ao pronunciamento o caráter de certeza que os pronunciamentos aptos a adquirirem a coisa julgada material necessitam possuir.

---

[46] Talamini, *Tutela*, p. 90.

[47] Marcato, *O processo*, p. 81; Lisboa, *O mandado*, p. 52; Bermudes, *Ação*, p. 275.

80.12. O PRONUNCIAMENTO CONCESSIVO DO MANDADO MONITÓRIO COMO DECISÃO INTERLOCUTÓRIA

Parte significativa da doutrina considera o pronunciamento concessivo do mandado monitório como uma decisão interlocutória[48]. Para esses doutrinadores o pronunciamento não produz coisa julgada material. A razão que justifica a atribuição da natureza jurídica de decisão interlocutória ao pronunciamento em exame se dá em virtude da amplitude da cognição feita pelo juiz em sua manifestação inicial e pela ausência de efetivo contraditório. Para os que defendem tal entendimento, não sendo viável atribuir ao mandado monitório o caráter de certeza própria de uma sentença definitiva e considerando-se o evidente caráter decisório do pronunciamento, somente restaria a ele a natureza jurídica de uma decisão interlocutória. Excluída a possibilidade de o pronunciamento ser um despacho ou uma sentença, e reconhecendo ser tal ato do juiz um pronunciamento que necessita ser tipificado numa das hipóteses do art. 162 do CPC, por eliminação tal pronunciamento é tido como uma decisão interlocutória.

Antes da Lei 11.232/2005, a sentença era conceituada como "ato pelo qual o juiz põe termo ao processo, decidindo ou não o mérito da causa". Diante desse conceito, doutrinadores entendiam que o pronunciamento não poderia ser ao mesmo tempo inicial e colocar termo ao processo. Considerando-se que somente após essa decisão preliminar é que será possível o complemento da relação jurídica processual, não haveria como falar em pronunciamento que encerra o processo; pelo contrário, é justamente aquele que dá vida a ele[49]. O argumento não deve ser descartado em virtude do novo conceito de sentença, porque, conforme analisado no Capítulo 16, item 16.1, a maioria da doutrina entende que a decisão de mérito, para ser sentença, deve colocar fim à fase procedimental de conhecimento, de forma que, feita essa adequação, é possível a manutenção do argumento.

Uma vez admitida a natureza jurídica do pronunciamento concessivo do mandado monitório como a de uma decisão interlocutória, por certo ele nunca estaria revestido da coisa julgada material, fenômeno imputável tão somente às sentenças que julgam o mérito da demanda. A impossibilidade de modificação da decisão inicial proferida pelo juiz no mesmo processo se daria somente em virtude de preclusão, e não de coisa julgada[50].

Após o término da suspensão da eficácia do mandado inicial e sua consequente conversão de pleno direito em título executivo, todas as matérias, sem exceção, não poderão mais ser apreciadas pelo juiz[51]. Ao considerar esse pronunciamento uma decisão interlocutória, a única explicação para a impossibilidade de o juiz reformar sua decisão primígena quanto às matérias de ordem pública seria a ocorrência de preclusão temporal, dado que durante a fase de suspensão

---

[48] Theodoro Jr., *Curso*, v. 3, p. 370; Talamini, *Tutela*, p. 115; Greco Filho, *Comentários*, p. 53.

[49] Talamini, *Ação*, p. 85-86; Dinamarco, *Reforma*, p. 238.

[50] Cruz e Tucci, *Ação*, p. 52.

[51] Marcato, *O processo*, p. 85-86.

da eficácia do mandado poderia ele analisá-las, mas, vencido esse prazo, não mais poderá discuti-las[52].

80.13. O MÉRITO NO PROCESSO MONITÓRIO E SEU JULGAMENTO

Conforme ensina a melhor doutrina, o mérito da demanda deve ser conceituado como a pretensão à tutela jurídica buscada pelo autor em juízo[53]. Respondendo à questão sobre o que o autor pretende com o processo judicial, estar-se-á determinando seu mérito. Quando o autor ingressa com uma ação de conhecimento, pretende, em primeiro plano, o reconhecimento do direito por ele afirmado, para assim poder, posteriormente, satisfazer o seu direito, seja por meio do cumprimento "voluntário" da obrigação pelo devedor, seja por meio da própria força gerada pela sentença (declaratória e constitutiva) ou, ainda, mediante execução forçada, quando além do reconhecimento do direito o autor requer a condenação do réu ao cumprimento de uma prestação.

Entendo que o mérito do processo monitório não se confunde com o mérito do processo de conhecimento tradicional[54]. Na realidade, o mérito monitório é mais próximo do mérito do processo executivo[55], registrando-se, entretanto, que as manifestas diferenças procedimentais entre os dois processos não permitem nenhuma confusão entre eles.

O art. 1.102-A do CPC prevê que "a ação monitória compete a quem pretender, com base em prova escrita sem eficácia de título executivo, pagamento de soma em dinheiro, entrega de coisa fungível ou de determinado bem móvel". A leitura do texto legal leva à conclusão de que o autor, ao ingressar com a demanda monitória, não está buscando o reconhecimento de seu direito, mas tão somente o pagamento de soma em dinheiro ou entrega de coisa. A pretensão do autor no processo monitório é, portanto, a satisfação de seu direito, e não o seu reconhecimento[56]. Mesmo quando o autor não obtém o que pretende, que indubitavelmente é a satisfação de seu direito, no caso de o réu não cumprir sua obrigação no prazo legal, o que se vê é a conversão do mandado inicial em título executivo, e não a existência de decisão que reconhece o direito alegado na inicial pelo autor.

Grande parte da doutrina admite que o objetivo perseguido no processo monitório não é o reconhecimento do direito alegado pelo autor. Não fazendo parte do objeto desse processo, portanto, não cabe discussão acerca do mérito da relação obrigacional deduzida em juízo[57]. Quando parcela da doutrina afirma que na monitória não há julgamento de mérito, parece querer dizer que não existe na decisão concessiva do

---

52 Talamini, *Tutela*, p. 97, assevera tratar-se no caso de preclusão por fase do processo.

53 Dinamarco, *Fundamentos*, p. 254-255; Araken de Assis, *Doutrina*, p. 426.

54 Shimura, *Sobre*, p. 59.

55 Greco Filho, *Comentários*, p. 49-50.

56 Theodoro Jr., *A ação*, p. 446.

57 Dinamarco, *A reforma*, p. 229; Theodoro Jr., *A ação*, p. 446.

mandado monitório nenhuma declaração do juiz asseverando que o direito alegado efetivamente existe. Ao examinar a petição inicial da monitória, o juiz conta tão somente com os argumentos e provas trazidos aos autos pelo autor. Deve, a partir desses elementos, primeiramente verificar a presença dos pressupostos processuais e das condições da ação e, posteriormente, por meio da, já tantas vezes aduzida, cognição sumária, verificar se deve deferir uma ordem de pagamento fundamentada somente num juízo de probabilidade da existência do direito do autor.

Em minha concepção o pronunciamento proferido por meio de cognição sumária não tem condições de produzir coisa julgada material, fenômeno privativo dos pronunciamentos gerados mediante cognição exauriente[58]. Assim, relativamente à existência do direito afirmado pelo autor, a cognição é sumária, e a decisão proferida não pode adquirir coisa julgada material. O mesmo não ocorre, entretanto, com a cognição que o juiz faz a respeito do direito à tutela monitória pretendida pelo autor. Aqui, necessário mais uma vez atentar para o verdadeiro conteúdo da pretensão do autor na demanda monitória. Pretende-se o cumprimento da obrigação, dentro dos limites traçados por nosso ordenamento jurídico. Se não verificada a satisfação, e não embargado o mandado, o autor obterá um título executivo judicial, no teor da lei. Entende-se que subsidiariamente[59] o autor pretende a constituição de título executivo judicial. Como se nota, não há lugar no pedido do autor do procedimento monitório para o reconhecimento de seu direito.

Ao expedir o mandado monitório, o juiz deverá estar convencido, pela argumentação do autor e pelos documentos juntados com a peça inicial, de que este deve ser contemplado com a tutela monitória, que nada mais é, em primeiro plano, a satisfação do direito e, em segundo, a formação de título executivo judicial. Essa análise dos elementos que levam o autor a ser merecedor da tutela monitória é realizada mediante cognição exauriente, porque não haverá outro momento processual para a manifestação do juiz no tocante ao objeto dessa decisão, que são justamente os pressupostos de concessão da tutela monitória. Importa ressaltar que essa sentença proferida pelo juiz será sempre, em qualquer circunstância, o único pronunciamento proferido pela autoridade judicial no procedimento monitório. Considerando os embargos ao mandado monitório como ação autônoma incidental, a exemplo dos embargos à execução, e mediante a expressa menção da lei, a conversão do mandado monitório de pleno direito em título executivo, esse pronunciamento, mesmo na hipótese de manifestação do réu por meio dos embargos, será sempre o único proferido pelo juiz no processo monitório[60].

Sintetizando o entendimento ora defendido: o fenômeno da coisa julgada material está presente no processo monitório. Não está relacionado ao direito afirmado pelo autor, mas ao mérito do próprio processo monitório, consistente

[58] Watanabe, *Da cognição*, p. 142; Marinoni, *Tutela*, p.119; Bedaque, *Tutela*, p. 240-241.

[59] Greco Filho, *Direito*, v. 2, p. 104.

[60] Cruz e Tucci, *Ação*, p. 86.

na pretensão do autor de ver satisfeito seu crédito ou, subsidiariamente, obter título executivo judicial.

A principal consequência prática do entendimento exposto é a possibilidade aberta ao réu, em caso de não terem sido oferecidos embargos, e mesmo depois de convertido o mandado monitório em título executivo, de ingressar com ação autônoma para discutir o direito material alegado pelo autor da monitória[61]. Em virtude de a coisa julgada material operada nesse processo se relacionar exclusivamente à tutela monitória, é tão somente essa que não mais poderá ser discutida pelas partes. Fica, entretanto, aberta a discussão acerca do direito material alegado pelo autor na monitória que, em virtude da ausência de defesa do réu, não chegou a ser precisamente objeto de decisão por parte do Poder Judiciário.

A situação, nesse aspecto, se assemelha à da execução de título executivo extrajudicial em que se verifica a ausência dos embargos do devedor. Em ambas não houve qualquer apreciação judicial acerca do crédito executado ou que fundamenta o direito material, o que permite que ele possa ser objeto de discussão posterior. As situações não são idênticas, porque a formação do título executivo no processo monitório se dá de maneira diferente da formação de um título executivo extrajudicial. No primeiro caso, tem-se uma apreciação por parte do Poder Judiciário, que, embora não reconheça o direito alegado pelo autor, emite uma ordem de pagamento ou de entrega fundada em um juízo de verossimilhança. Significa dizer que, no caso do mandado monitório, há uma presunção do juiz de que o direito afirmado de fato existe, enquanto no título executivo extrajudicial essa presunção é legal.

No processo monitório, as provas juntadas à inicial, a cognição sumária do juiz acerca do direito alegado (exauriente quanto ao direito à tutela monitória por parte do autor) e a omissão do réu criam as condições necessárias para o surgimento de um título executivo. Esse título encontra-se numa posição intermediária em relação ao título judicial proveniente de cognição exauriente e ao título extrajudicial. O título executivo formado no processo monitório é baseado em presunção, já que formado por meio de probabilidade da existência do direito material. Tal presunção, entretanto, é mais forte do que aquela exigida para o título executivo extrajudicial, em que não é o juiz que presume a existência do direito, mas a própria lei. É inegável que esse título tenha menor força que o título executivo judicial obtido por meio de cognição exauriente, cujo fundamento não é a presunção, mas a certeza.

É possível graduar suas diferenças, levando-se em consideração o grau de convencimento necessário para o surgimento de cada um desses títulos. A presunção legal, que mais longe se encontra da certeza, autoriza a formação do título extrajudicial. A presunção do juiz sobre a existência do crédito, por certo mais próxima da certeza, origina o título executivo formado no procedimento monitório, e finalmente a própria certeza, obtida com decisão definitiva por meio de

61 Cruz e Tucci, *Ação*, p. 96-97.

cognição exauriente, cria o título executivo judicial típico, previsto no art. 475-N, I, do CPC.

Dessa maneira, fica-se no meio do caminho entre a presunção legal do título executivo extrajudicial e a certeza do título executivo judicial proveniente de processo com cognição exauriente. Mas como tratar um título executivo que não seria nem judicial nem extrajudicial? Parece que a solução a tal impasse encontra-se prevista no próprio texto legal ao chamar o título executivo, obtido por meio da tutela monitória, de judicial. Não que com isso o legislador tenha procurado equipará-lo àquele título formado no processo de cognição exauriente. Pretendeu, sim, dar a esse título uma força maior do que aquela prevista para o título executivo extrajudicial.

A cognição sumária do direito material alegado pelo autor no processo monitório, por certo, dota o crédito representado pelo título que se formará de uma probabilidade muito maior do que aquela verificada no título executivo extrajudicial. Assim sendo, embora se entenda que o réu possa, em ação autônoma, discutir o direito material alegado pelo autor do processo monitório na ausência de embargos ao mandado monitório, somente poderá impugnar a execução dentro dos limites do art. 475-L do CPC. O tema voltará a ser tratado no item referente aos embargos ao mandado monitório.

80.14. NATUREZA JURÍDICA DOS EMBARGOS AO MANDADO MONITÓRIO

Há sério debate na doutrina nacional a respeito da natureza jurídica dos embargos ao mandado monitório, previstos no art. 1.102-B do CPC, sendo evidente que o simples nome atribuído pelo legislador a essa espécie de defesa do réu e a expressa previsão de que os embargos serão autuados nos próprios autos (art. 1.102-C, § 3.º, do CPC) em nada contribuem para a solução do impasse. Parece ser correto o entendimento da doutrina majoritária de que os embargos ao mandado monitório têm natureza de ação, e não de contestação[62].

Existem dois sistemas procedimentais pelos quais pode ser oferecida a tutela monitória ao jurisdicionado. Num primeiro sistema o juiz profere no início do procedimento um mandado de cumprimento da obrigação, sendo que, apresentada a defesa pelo réu, o procedimento monitório se transforma em procedimento ordinário e o mandado inicial perde a sua eficácia. Ao final, o juiz profere uma sentença condenando ou não o réu, o mesmo ocorrendo quando este não apresenta sua defesa. Num segundo sistema o juiz profere uma decisão inicial, determinando o cumprimento da obrigação, e a defesa do réu suspende a eficácia desse mandado inicial. Sendo rejeitada a defesa, não haverá a prolação de nova decisão no procedimento monitório, constituindo-se o título executivo judicial de pleno direito. O mesmo fenômeno ocorrerá se o réu não apresentar a defesa.

---

[62] Dinamarco, *Instituições*, v. 3, n. 1.291, p. 756-757; Marcato, *O processo*, n. 23, p. 93-95; Cruz e Tucci, *Ação*, n. 12, p. 90; Theodoro Jr., *Curso*, v. 3, n. 1483, p. 372. Contra: Câmara, *Lições*, v. 3, p. 475-478.

A mera leitura do art. 1.102-C do CPC demonstra que o direito brasileiro adotou o segundo sistema, ainda que alguns juízes pareçam não ter lido com atenção tal dispositivo legal, tal a quantidade na praxe forense de decisões indevidamente proferidas no procedimento monitório após o julgamento dos embargos ou na ausência destes. O próprio Superior Tribunal de Justiça parece não ter compreendido com clareza a opção do legislador brasileiro, posicionando-se flagrantemente contra a clara letra de lei para afirmar que, apresentados os embargos, o procedimento monitório se converte em procedimento ordinário[63]. Mas nada disso afasta a grave falha de tal entendimento, que ao tratar os embargos como contestação passa a entender que o título executivo não é o mandado monitório, mas a sentença a ser proferida após o regular procedimento da demanda.

Não é uma discussão meramente acadêmica, gerando alguns interessantes reflexos práticos o incorreto entendimento de que os embargos ao mandado monitório têm natureza de contestação:

(a) a Fazenda Pública e o Ministério Público teriam o prazo em quádruplo para se defender, e os litisconsortes com patronos diferentes teriam o prazo em dobro (art. 191 do CPC);

(b) pelo princípio da eventualidade todas as matérias de defesa do réu teriam que ser alegadas nesse primeiro momento de defesa, "sob pena" de preclusão, sendo que a sentença de mérito a ser proferida impedirá a discussão de outras defesas em outra demanda em razão da eficácia preclusiva da coisa julgada (art. 474 do CPC);

(c) todas as matérias alegadas na defesa são devolvidas ao tribunal numa eventual apelação pela profundidade do efeito devolutivo, ainda que a apelação não tenha todas elas como objeto de pretensão recursal[64].

Afastado o entendimento de que os embargos possuem natureza jurídica de contestação, mostra-se de singular infelicidade a Súmula 292 do STJ, ao admitir a reconvenção a ser proposta pelo réu da demanda monitória. É natural que para os defensores da tese ora criticada o réu da ação monitória, ao embargar e transformar o procedimento em ordinário, poderá se valer da reconvenção, bem como de outras formas de resposta, tais como denunciação da lide e chamamento ao processo[65]. Por outro lado, parcela da doutrina que defende a natureza de ação dos embargos aponta para a impossibilidade de reconvenção, considerando-se que o réu da demanda monitória é o autor dos embargos, e autor não pode ingressar com reconvenção[66].

Prefiro o entendimento de que a reconvenção realmente é inviável, mas ao autor dos embargos ao mandado monitório é plenamente admissível o ingresso de uma nova demanda autônoma, conexa com a demanda monitória, pela qual postule contra o autor da mesma forma que faria numa reconvenção. A conexão entre as duas demandas gera a aplicação do art. 105 do CPC, de modo que as

---

63 STJ, 4.ª Turma, REsp 401.575/RJ, rel. Min. Sálvio de Figueiredo Teixeira, j. 06.08.2002, *DJ* 02.09.2002. Súmula 292/STJ.

64 Talamini, *Tutela*, n. 7.2, p. 151-153.

65 Câmara, *Lições*, v. 3, p. 478.

66 Marcato, *O processo*, n. 23, p. 96.

três ações (monitória, embargos e contra-ataque) serão reunidas perante o juízo prevento (juízo da monitória e dos embargos) para julgamento conjunto[67]. De reconvenção realmente não se trata, mas na prática pouca diferença existirá.

80.15. PROCEDIMENTO DOS EMBARGOS AO MANDADO MONITÓRIO

Tratando-se de ação incidental, os embargos ao mandado monitório exigem o oferecimento de uma **petição inicial**, nos termos dos arts. 282 e 283 do CPC, seguindo-se o procedimento ordinário. Conforme expressa previsão do art. 1.102-C, § 2.º, do CPC, os embargos independem de prévia segurança do juízo, tendo essa característica se prestado durante muito tempo para diferenciá-lo dos embargos à execução, o que atualmente não mais ocorre em razão da previsão do art. 736 do CPC, que passou a permitir o ingresso de embargos à execução mesmo sem a garantia do juízo. Em razão da regra prevista no mesmo dispositivo legal, os embargos ao mandado monitório serão autuados **nos próprios autos** da demanda monitória.

A interposição dos embargos ao mandado monitório suspende a eficácia do mandado inicial (art. 1.102-C, *caput*, do CPC), e, havendo a interposição de embargos parciais, a parcela do mandado não impugnada converte-se de pleno direito em título executivo, o que já permite o ingresso da execução definitiva por meio do cumprimento de sentença dessa parte incontroversa da pretensão do autor[68]. Havendo mais de um réu e somente um deles tendo apresentado os embargos, sendo o litisconsórcio unitário, a suspensão do mandado atinge todos os réus, inclusive os que não embargaram; tratando-se de litisconsórcio simples, tudo dependerá da matéria alegada em embargos, verificando-se a suspensão do mandado monitório somente se a defesa apresentada aproveitar a todos os litisconsortes, inclusive aos que não embargaram[69].

O juiz poderá determinar a emenda da petição inicial na hipótese de vício sanável (art. 284 do CPC) ou ainda indeferi-la de plano havendo vícios insanáveis, em decisão recorrível por apelação. Sendo regular a petição inicial, o juiz determinará a intimação do réu na pessoa de seu advogado – da mesma forma que ocorre nos embargos à execução – que poderá adotar as reações típicas do demandado. Interessante questão é colocada diante da omissão do embargado em responder: haverá revelia nesse caso? Serão presumidos verdadeiros os fatos alegados pelo embargante em sua petição inicial?

Entendo que a ausência jurídica de resposta gera a revelia do embargado, mas não o seu principal efeito, qual seja a presunção de veracidade dos fatos alegados pelo embargante. Ainda que se considere omisso o réu dos embargos ao mandado monitório, sua omissão não é absoluta como ocorre no processo de conhecimento,

---

67 Talamini, *Tutela*, n. 7.5.8, p. 160-162; Fidélis do Santos, *Ação*, n. 93, p. 173.

68 Marcato, *O processo*, n. 25.2, p. 101-102; Cruz e Tucci, *Ação*, n. 12, p. 91.

69 Marcato, *O processo*, n. 25.3, p. 102; Talamini, *Tutela*, n. 7.5.4, p. 158-159.

considerando-se ter sido ele o responsável pelo ingresso do processo monitório. Ademais, já existe uma presunção em favor do embargado, porque a seu favor já foi proferida uma decisão que considerou existente o direito alegado e bem por isso determinou o pagamento ou entrega da coisa. Essa presunção de que existe o direito, inclusive fonte motivadora da existência dos próprios embargos, precisa ser afastada no caso concreto pelo embargante, o que só ocorrerá com a produção de prova, sendo insuficiente a mera omissão defensiva do embargado[70].

Os embargos ao mandado monitório são decididos por sentença recorrível por apelação, havendo debate doutrinário a respeito dos efeitos do recebimento desse recurso. Parcela doutrinária admite a aplicação por analogia do art. 520, V, do CPC, regra prevista para os embargos à execução, para que a apelação contra a sentença dos embargos ao mandado monitório seja recebida sem o efeito suspensivo, entendimento que se fundamenta na celeridade procedimental que motivou o tratamento diferenciado da tutela monitória[71]. É possível que esse entendimento realmente seja o melhor em termos de intenção, mas não parece ser possível a interpretação extensiva de norma restritiva de direito, merecendo elogios a corrente doutrinária que defende o recebimento da **apelação no duplo efeito**[72], pelo menos até modificação legislativa.

Os embargos poderão ser extintos sem a resolução do mérito (art. 267 do CPC). Tratando-se de resolução de mérito, a sentença terá sempre natureza declaratória:

(a) rejeição do pedido do embargante: declaração da existência do direito alegado pelo autor da ação monitória, ou seja, a existência da obrigação do embargado; nessa hipótese o mandado monitório se converte de pleno direito em título executivo judicial;

(b) acolhimento do pedido do embargante quando seu fundamento é a inexistência do direito do embargado: declaração de que o direito alegado pelo autor da monitória não existe; nessa hipótese o mandado monitório será desconstituído, não se convertendo em título executivo, produzindo a sentença coisa julgada material;

(c) acolhimento do pedido do embargante quando seu fundamento for irregularidade formal: declaração de que a tutela monitória é incabível ou foi exercida com imperfeição formal, sendo o mandado monitório desconstituído.

Na hipótese de sentença de parcial procedência dos embargos, é imprescindível a liquidez da decisão, porque será justamente pelo valor líquido indicado como devido que será realizada a execução[73].

---

[70] Fidélis dos Santos, *Ação*, n. 90, p. 170-171; Contra: Greco Filho, *Comentários*, p. 57.

[71] Dinamarco, *Instituições*, v. 3, n. 1.296, p. 763-764; Marcato, *O processo*, n. 28, p. 108-109; Bermudes, *Ação*, p. 146.

[72] Cruz e Tucci, *Ação*, p. 92; Talamini, *Tutela*, n. 7.6.4, p. 165; Fidélis dos Santos, *Ação*, n. 102, p. 179-180.

[73] Dinamarco, *Instituições*, v. 3, n. 1295, p. 762-763.

80.16. FASE DE CUMPRIMENTO DE SENTENÇA

Uma vez constituído o título executivo judicial, a fase monitória terá se encerrado, sendo iniciada a fase de cumprimento de sentença, que permitirá ao autor o pedido da aplicação das medidas executivas para a satisfação de seu direito. Tratando-se de entrega de coisa, o procedimento é o estabelecido no art. 461-A do CPC, já devidamente tratado no Capítulo 43. Tratando-se de pagar quantia certa, o procedimento é o estabelecido nos arts. 475, J, L, M, R do CPC, tratados no Capítulo 44.

A única questão que traz interesse peculiar a esse cumprimento de sentença diz respeito à defesa do executado. Nas execuções de sentenças condenatórias de entregar coisa certa, não existe no art. 461-A do CPC a previsão expressa de embargos à execução, impugnação, ou qualquer outra forma típica de defesa, o que evidentemente não retira do executado o direito de exercer o contraditório por meio de mera petição. O mesmo deve ocorrer na execução do título executivo formado no procedimento monitório. Na execução de sentença condenatória de pagar quantia certa, salvo as exceções analisadas no Capítulo 34, item 34.2, a depender da espécie do título executivo, a defesa típica será realizada por embargos (título executivo extrajudicial) ou impugnação (título executivo judicial).

Inicialmente, não deve ser admitida a tese de que não cabe defesa ao executado em execução de título formado no procedimento monitório. Não é correto o entendimento de que o momento adequado para a apresentação da defesa é o de embargos ao mandado monitório, e, sendo omisso o réu no sentido de se defender nesse momento, será impedido de alegar qualquer defesa na fase executiva em razão da preclusão[74]. Primeiro, porque a preclusão é um fenômeno endoprocessual, e sendo os embargos ao mandado monitório uma ação incidental não se pode afirmar que a sua não interposição gerou preclusão em outra ação. Por outro lado, a existência de possibilidade de defesa nas duas fases da ação sincrética é a regra, não havendo nenhuma razão plausível para o tratamento diferenciado no caso da monitória.

O cabimento de defesa na fase executiva é inegável, havendo dissenso na doutrina a respeito dos eventuais limites dessa defesa. Cumpre registrar antes de tudo que, havendo a interposição de embargos ao mandado monitório de mérito, a doutrina é pacífica em afirmar que o executado estará limitado em sua impugnação às matérias do art. 475-L do CPC, até mesmo porque a matéria referente à existência do direito material já estará nesse caso protegida pela coisa julgada material da sentença dos embargos ao mandado monitório.

Não havendo a apresentação desses embargos, entretanto, parcela minoritária da doutrina entende que a defesa do executado deve ser ampla, abrangendo todas as matérias defensivas possíveis, inclusive aquelas referentes à existência

[74] Dinamarco, *Instituições*, v. 3, n. 1.298, p. 765; Bedaque, *Tutela*, p. 237-238.

do direito material que fundamenta o título executivo. Fundamenta-se tal corrente doutrinária na inexistência de discussão e decisão judicial a respeito do direito material, considerando-se que o mandado monitório, concedido mediante cognição sumária (juízo de probabilidade), é a única decisão judicial proferida no processo[75]. O entendimento claramente contraria a expressa previsão legal (art. 1.102, *caput*, do CPC), que indica a natureza judicial desse título.

A doutrina majoritária entende que a omissão do réu em embargar ao mandado monitório não permite que este exponha matérias defensivas que deveria ter apresentado naquele momento procedimental. O entendimento é de que o contraditório foi oferecido ao réu, que devidamente citado teve o prazo de quinze dias para se defender por meio dos embargos ao mandado monitório, o que poderia evitar a formação do título executivo judicial. Não o fazendo, assume os riscos de sua omissão, devendo a execução seguir o procedimento de execução de título judicial, o que limitará a matéria de defesa alegável em sede de impugnação àquelas previstas no art. 475-L do CPC[76].

Não há previsão de ação monitória no PLNCPC.

[75] Nery-Nery, *Código*, p. 1249; Cruz e Tucci, *Ação*, n. 14, p. 94-98.

[76] Marcato, *O processo*, p. 112-115; Greco Filho, *Comentários*, p. 55; Fornaciari Jr., *A reforma*, p. 212-214.

REFERÊNCIAS BIBLIOGRÁFICAS

ALMEIDA, Gregório Assagra de. *Direito processual coletivo brasileiro*. São Paulo: Saraiva, 2003.

ALVIM, Thereza. Da assistência litisconsorcial no Código Brasileiro. *RePro,* São Paulo, n. 11-12, p. 47, 1978.

———. *O direito processual de estar em juízo*. São Paulo: RT, 1996.

AMARAL SANTOS, Moacyr. *Primeiras linhas de direito processual civil.* 21. ed. São Paulo: Saraiva, 2000. v. 2.

———. ———. 23. ed. São Paulo: Saraiva, 2004. v. 1.

———. ———. 25. ed. São Paulo: Saraiva, 2007. v. 1.

———. *Prova judiciária no cível e comercial*. 4. ed. São Paulo: Max Limonad, 1970. v. 1.

AMORIM, Sebastião; OLIVEIRA, Euclides de. *Inventários e partilhas* 16. ed. São Paulo: Leud, 2003.

ANDRIGHI, Fátima Nancy. Da ação monitória: opção do autor. *RePro*, São Paulo, n. 83, p. 14-17, 1996.

ARAÚJO FILHO, Luiz Paulo da Silva. *Comentários ao Código de Defesa do Consumidor*. São Paulo: Saraiva, 2002.

ARAÚJO, José Henrique Mouta. *Coisa julgada progressiva e resolução parcial do mérito*. Curitiba: Juruá, 2007.

ARENHART, Sérgio Cruz. A nova postura do relator no julgamento dos recursos, *RePro,* São Paulo, n. 103, p. 57, 2002.

———. *Perfis da tutela inibitória coletiva.* São Paulo: RT, 2003.

ARMELIN, Donaldo. Apontamentos sobre as alterações ao Código de Processo Civil e à Lei 8.038/90, impostas pela Lei 9.756/98. In: NERY JR., Nelson; WAMBIER, Teresa Arruda Alvim (Coord.). *Aspectos polêmicos e atuais dos recursos cíveis de acordo com a Lei 9.756/98.* São Paulo: RT, 1999.

———. Competência internacional. *RePro,* São Paulo, n. 2, p. 154-157, 1976.

———. Tutela jurisdicional diferenciada. *RePro,* São Paulo, n. 65, p. 45, jan.-mar. 1992.

ARRUDA ALVIM. Anotações sobre a teoria geral dos recursos. In: NERY JR., Nelson; WAMBIER, Teresa Arruda Alvim (Coord.). *Aspectos polêmicos e atuais dos recursos cíveis de acordo com a Lei 9.756/98.* São Paulo: RT, 1999.

———. A *perpetuatio iurisdictionis* no Código de Processo Civil. *RePro,* São Paulo, n. 4, p. 18, 1976.

———. Competência internacional. *RePro,* São Paulo, n. 7-8, p. 24, 1977.

———. A natureza jurídica da impugnação prevista na Lei 11.232/2005. *Aspectos polêmicos da nova execução 3.* Coord. Teresa Arruda Alvim Wambier. São Paulo: RT, 2006.

———. *Manual de direito processual civil.* 8. ed. São Paulo: RT, 2003. v. 1.

———. ———. 9. ed. São Paulo: RT, 2005. v. 2.

———. Notas sobre algumas das mutações verificadas com a Lei 10.352/2001. In: NERY JR., Nelson; WAMBIER, Teresa Arruda Alvim (Coord.). *Aspectos polêmicos e atuais dos recursos e outros meios de impugnação às decisões judiciais.* São Paulo: RT, 2002. v. 6.

ARRUDA ALVIM, Eduardo. O perfil da sentença e suas repercussões na Lei 11.232/05. In: NOGUEIRA, Gustavo Santana (Coord.). *A nova reforma processual.* Rio de Janeiro: Lumen Juris, 2006.

ARRUDA ALVIM, José Manoel. Tutela antecipatória (algumas noções – contrates e coincidências em relação às medidas cautelares satisfativas). In: TEIXEIRA, Sálvio de Figueiredo (Coord.). *Reforma do Código de Processo Civil.* São Paulo: Saraiva, 1996.

ASSIS, Araken de. Antecipação de tutela. In: Teresa Arruda Alvim Wambier. (Org.). *Aspectos polêmicos da antecipação de tutela.* São Paulo: RT, 1997.

———. Breve contribuição ao estudo da coisa julgada nas ações de alimentos. *Doutrina e prática do processo civil contemporâneo.* São Paulo: RT, 2001.

———. *Comentários ao Código de Processo Civil.* São Paulo: RT, 2000. v. 9.

———. *Concurso especial de credores no CPC.* São Paulo: RT, 2003.

———. *Cumprimento de sentença.* Rio de Janeiro: Forense, 2006.

———. *Cumulação de ações*. 4. ed. São Paulo: RT, 2002. v. 1.

———. Do litisconsórcio no Código de Processo Civil. *Revista Autônoma de Processo*, Curitiba: Juruá, v. 1, p. 310, 2007.

———. *Doutrina e prática do processo civil contemporâneo*. São Paulo: RT, 2001.

———. Eficácia da coisa julgada inconstitucional. In: Fredie Didier Jr. (Org.). *Relativização da coisa julgada*: enfoque crítico. 2. ed. Salvador: Jus Podivm, 2006.

———. Garantia de acesso à Justiça: benefício da gratuidade. In: CRUZ E TUCCI, José Rogério (Coord.). *Garantias constitucionais do processo civil*. São Paulo: RT, 1999.

———. Introdução aos sucedâneos recursais. *Aspectos polêmicos e atuais dos recursos cíveis*. NERY JR., Nelson e WAMBIER, Teresa Arruda Alvim. São Paulo: RT, 2002. v. 6.

———. *Manual dos recursos*. 2. ed. São Paulo, RT, n. 110.2, 2008.

———. *Procedimento sumário*. São Paulo: Malheiros, 1996.

———. Substituição processual. *Revista Dialética de Direito Processual*, São Paulo, v. 9, p. 9-23, 2003.

ASSIS, Carlos Augusto de. *A antecipação da tutela*. São Paulo: Malheiros, 2001. n. 4.8.1.

AVOLIO, Luiz Francisco Torquato. *Provas ilícitas*. 3. ed. São Paulo: RT, 2003.

AZEVEDO, Luiz Carlos de. *Da penhora*. São Paulo: UNIFIEO/Resenha Tributária, 1994.

BARBI, Celso Agrícola. *Comentários ao Código de Processo Civil*. 11. ed. Rio de Janeiro: Forense, 2002. v. 1.

BARBOSA MOREIRA José Carlos. A antecipação da tutela jurisdicional na reforma do Código de Processo Civil. *RePro,* São Paulo, n. 81, p. 199, 1996.

———. A Constituição e as provas ilicitamente obtidas. *Temas de direito processual*. 6.ª série. São Paulo: Saraiva, 1996.

———. A garantia do contraditório na atividade de instrução. *Temas de direito processual*. 3.ª série. São Paulo: Saraiva, 1984.

———. Algumas inovações da Lei 9.756/98 em matéria de recursos cíveis. In: NERY JR., Nelson; WAMBIER, Teresa Arruda Alvim (Coord.). *Aspectos polêmicos e atuais dos recursos e outros meios de impugnação às decisões judiciais*. São Paulo: RT, 1998.

———. A Emenda Constitucional n.º 45 e o processo. *Temas de direito processual*. 9.ª série. São Paulo: Saraiva, 2007.

———. A nova definição de sentença (Lei 11.232). *Temas de direito processual civil*. 9.ª série. São Paulo: Saraiva, 2007.

———. Aspectos do usufruto de imóvel ou de empresa no processo de execução. *Temas de direito processual civil*. 8.ª série. São Paulo: Saraiva, 2004.

———. As presunções e a prova. *Temas de direito processual*. 1.ª série. São Paulo: Saraiva, 1988.

———. *Comentários ao Código de Processo Civil*. 11. ed. Rio de Janeiro: Forense, 2003. v. 5.

———. Considerações sobre a chamada 'relativização' da coisa julgada material. In: DIDIER JR., Fredie (Org.). *Relativização da coisa julgada*: enfoque crítico. 2. ed. Salvador: Jus Podivm, 2006.

———. *Direito aplicado II* – pareceres. Rio de Janeiro: Forense, 2000.

———. A eficácia preclusiva da coisa julgada material no sistema do processo civil brasileiro. *Temas de direito processual (primeira série)*. São Paulo: Saraiva, 1988.

———. Exceção de pré-executividade: uma denominação infeliz. *Temas de direito processual*. 7.ª série. São Paulo: Saraiva, 2001.

———. Legitimação para agir. Indeferimento de petição inicial. *Temas de direito processual*. 1.ª série. São Paulo: Saraiva, 1988.

———. Lei 9.756: uma inconstitucionalidade flagrante e uma decisão infeliz. *Temas de direito processual civil*. 7.ª série. São Paulo: Saraiva, 2001.

———. Notas sobre o problema da efetividade do processo. *Temas de direito processual civil*. 3.ª série. São Paulo: Saraiva, 1984.

———. *O novo processo civil brasileiro*. 22. ed. Rio de Janeiro: Forense, 2004.

———. Os limites objetivos da coisa julgada no sistema do novo Código de Processo Civil. *Temas de direito processual*. São Paulo: Saraiva, 1977.

———. Pode o juiz declarar de ofício a incompetência relativa?. *Temas de direito processual civil*. 5.ª série. São Paulo: Saraiva, 1994.

———. Processo civil e processo penal: mão e contramão? *Temas de direito processual civil*. 7.ª série. São Paulo: Saraiva, 2001.

———. Questões velhas e novas em matéria de classificação das sentenças. *Temas de direito processual civil*. 8.ª série. São Paulo: Saraiva, 2004.

———. Regras de experiência e conceitos juridicamente indeterminados. *Temas de direito processual civil*. 2.ª série. São Paulo: Saraiva, 1988.

———. Relações entre processos instaurados, sobre a mesma lide civil, no Brasil e em país estrangeiro. *Temas de direito processual civil*. 5.ª série. São Paulo: Saraiva, 1994.

———. Responsabilidade do requerente de medida cautelar. *Temas de direito processual civil*. 3.ª série. São Paulo, 1984.

———. Restrições ilegítimas ao conhecimento dos recursos. *Temas de direito processual civil*. 9.ª série. São Paulo: Saraiva, 2007.

———. Sobre pressupostos processuais. *Temas de direito processual civil*. 4.ª série. São Paulo: Saraiva, 1989.

———. Tutela de urgência e efetividade do direito. *Temas de direito processual civil*. 8.ª série. São Paulo: Saraiva, 2004.

BARIONI, Rodrigo. *Efeito devolutivo da apelação civil*. São Paulo: RT, 2007.

———. A desnecessidade de penhora para o oferecimento de impugnação. In: Gilberto Gomes Bruschi; Sérgio Shimura. (Org.). *Execução civil e cumprimento da sentença*. São Paulo: Método, 2007.

BARROS, Marco Antônio de. *A busca da verdade no processo penal*. São Paulo: RT, 2002.

BARROSO, Luís Roberto. *O controle de constitucionalidade no direito brasileiro*. 3. ed. São Paulo: Saraiva, 2008.

BEDAQUE, José Roberto dos Santos. Algumas considerações sobre o cumprimento da sentença condenatória. *Revista do Advogado*, AASP, ano XXVI, n. 85, p. 71-72, maio 2006.

———. Apelação: questões sobre admissibilidade e efeitos, *Aspectos polêmicos*. NERY JR., Nelson e WAMBIER, Teresa Arruda Alvim (Coords.). São Paulo: RT, 2003. v. 7.

———. *Código de Processo Civil interpretado*. In: MARCATO, Antonio Carlos (Coord.). São Paulo: Atlas, 2004.

———. Competência: aspectos teóricos e práticos. *Revista do Advogado*, AASP, v. 25, n. 84, p. 97-98, dez. 2005.

———. *Direito e processo*. 2. ed. São Paulo: Malheiros, 2001.

———. *Efetividade do processo e técnica processual*. São Paulo: Malheiros, 2006.

———. *Poderes instrutórios do juiz*. 3. ed. São Paulo: RT, 2001.

———. *Tutela cautelar e tutela antecipada*: tutelas de urgência (tentativa de sistematização). 2. ed. São Paulo: Malheiros, 2001.

BERMUDES, Sérgio. Ação monitória: primeiras impressões sobre a Lei n. 9.079, de 14.7.1995. *Estudos de direito processual em memória de Luiz Machado Guimarães*. In: BARBOSA MOREIRA, José Carlos (Coord.). Rio de Janeiro: Forense, 1997.

———. *A reforma do Código de Processo Civil*. 2. ed. São Paulo: Saraiva, 1996.

———. Efeito infringente dos embargos de declaração. *Direito processual civil:* estudos e pareceres. 3.ª série. São Paulo: Saraiva, 2002.

———. *Introdução ao processo civil*. 3. ed. Rio de Janeiro: Forense, 2002.

BONDIOLI, Luiz Guilherme Aidar. *Embargos de declaração*. São Paulo: Saraiva, 2005.

———. *O novo CPC*: a terceira etapa da reforma. São Paulo: Saraiva, 2006.

BONÍCIO, José Magalhães. *Sentença e efeitos dos recursos*. São Paulo: RCS, 2002.

BORBA FRANCO, Fernão. *Execução em face da Fazenda Pública*. São Paulo: Juarez de Oliveira, 2002.

BOTELHO DE MESQUITA, José Ignácio. *A coisa julgada*. Rio de Janeiro: Forense, 2004.

———. Conteúdo da causa de pedir. *Consultas e pareceres*. *Revista dos Tribunais*, São Paulo: RT, n. 564, out. 1982.

———. Da competência internacional e dos princípios que a informam. *RePro*, São Paulo, n. 50, p. 58-63, 1988.

———. Medidas cautelares no direito de família. *Revista do Advogado (AASP)*, ano II, n. 6.

BUENO, Cassio Scarpinella. *Amicus curiae no processo civil brasileiro:* um terceiro enigmático. São Paulo: Saraiva, 2006.

———. *A nova etapa da reforma do Código de Processo Civil*. São Paulo: Saraiva, 2006. v. 2.

———. ———. São Paulo: Saraiva, 2007. v. 3.

———. *A nova etapa da reforma do Código de Processo Civil*. 2. ed. São Paulo: Saraiva, 2006. v. 1 e 3.

———. Aspectos polêmicos da produção antecipada de provas. *Revista de Processo*, p. 322-327, n. 91.

———. Chamamento ao processo. *Aspectos polêmicos e atuais sobre os terceiros no processo civil e assuntos afins*. In: DIDIER JR., Fredie e WAMBIER, Teresa Arruda Alvim (Coord.). São Paulo: RT, 2004.

———. *Código de Processo Civil anotado*. In: MARCATO, Antonio Carlos (Coord.). São Paulo: Atlas, 2006.

———. *Curso sistematizado de direito processual civil*. São Paulo: Saraiva, 2007. v. 1.

———. *Execução provisória e antecipação de tutela*, São Paulo: Saraiva, 1999.

———. *Partes e terceiros no processo civil brasileiro*. São Paulo: Saraiva, 2003.

———. *Tutela antecipada*. São Paulo: Saraiva, 2004.

———. Variações sobre a multa do *caput* do art. 475-J do CPC. *Aspectos polêmicos da nova execução*. In: WAMBIER, Teresa Arruda Alvim (Coord.). São Paulo: RT, 2006.

BUZAID, Alfredo. Da liquidação por artigos em ação de ressarcimento de perdas e danos. *RePro*, São Paulo, n. 43, p. 10, jun.-set. 1986.

CAHALI, Yussef Said. *Divórcio e separação*. 7. ed. São Paulo: RT, 2001.

———. *Dos alimentos*. 5. ed. São Paulo: RT, 2006.

———. *Fraude contra credores*. 3. ed. São Paulo: RT, 2003.

CALMON DE PASSOS, José Joaquim. Até quando abusarás, ó Catilina? (cautelares e liminares – catástrofe nacional). *Revista do Advogado*, São Paulo: AASP n. 40, p. 78, 1993.

———. *Comentários ao Código de Processo Civil*. 8. ed. Rio de Janeiro: Forense, 2000. v. 3.

———. ———. 9. ed. Rio de Janeiro: Forense, 2005. v. 3.

———. *Esboço de uma teoria das nulidades aplicada às nulidades processuais*. Rio de Janeiro: Forense, 2002.

CÂMARA, Alexandre Freitas. *Ação rescisória*. Rio de Janeiro: Lumen Juris, 2007.

———. *A nova execução de sentença*. Rio de Janeiro: Lumen Juris, 2006.

———. Conciliação e mediação no processo civil brasileiro – Estado da questão. *Revista Dialética de Direito Processual*, São Paulo: Dialética, n. 22, p. 10, 2005.

———. *Juizados Especiais Cíveis Estaduais e Federais*: uma abordagem crítica. Rio de Janeiro: Lumen Juris, 2004.

———. *Lições de direito processual civil*. 7. ed. Rio de Janeiro: Lumen Juris, 2003. v. 2.

———. ———. 9. ed. Rio de Janeiro: Lumen Juris, 2003. v. 3.

———. ———. 17. ed. Rio de Janeiro, Lumen Juris, 2008. v. 1.

———. Redução do valor da *astreinte* e efetividade do processo. *Direito civil e processo. Estudos em homenagem ao Professor Arruda Alvim*. In: ARAKEN DE ASSIS, ARRUDA ALVIM, Eduardo Pellegrini, NERY JR., Nelson, MAZZEI, Rodrigo Reis, WAMBIER, Teresa Arruda Alvim e ARRUDA ALVIM, Thereza Celina Diniz de (Coords.). São Paulo: RT, 2007.

———. Relativização da coisa julgada material. In: DIDIER JR., Fredie (Org.). *Enfoque crítico*. 2. ed. Salvador: Jus Podivm, 2006.

CAMBI, Eduardo. *A prova civil:* admissibilidade e relevância. São Paulo: RT, 2006.

———. *Direito constitucional à prova no processo civil*. São Paulo: RT, 2001.

———. *Tutela do patrimônio mínimo necessário à manutenção da dignidade do devedor e da sua família*. In: SHIMURA, Sérgio; WAMBIER, Teresa Arruda Alvim. (Org.). *Processo de execução*. São Paulo: RT, 2001. v. 2.

CAMIÑA MOREIRA, Alberto. *Nova reforma processual civil comentada*. 2. ed. São Paulo: Método, 2003.

———. *Defesa sem embargos do executado*. São Paulo: Saraiva, 1988.

———. *Embargos à execução, garantia do juízo e suspensão da execução*. Embargos à execução, garantia do juízo e suspensão da execução. In: SHIMURA, Sergio (Org.). *Execução no processo civil*. São Paulo: Editora Método, 2004.

———. Ato atentatório à dignidade da justiça. Não nomeação de bens à penhora. In: SHIMURA, Sergio; WAMBIER, Teresa Arruda Alvim. (Org.). *Processo de execução*. São Paulo: RT, 2001.

CARMONA, Carlos Alberto. *Arbitragem e processo*. 2. ed. São Paulo: Atlas, 2004.

———. *Código de Processo Civil interpretado*. In: MARCATO, Antonio Carlos. São Paulo: Atlas, 2004.

———. Em torno da petição inicial. *RePro,* São Paulo, n. 119, p. 30.

———. Em torno do processo de execução. *Revista Forense*, Forense, v. 101, 2005.

———. O processo de liquidação de sentença. *RePro,* São Paulo, n. 60, p. 44, out.-dez. 1990.

CARNEIRO, Athos Gusmão. Anotações sobre o procedimento sumário na reforma do Código de Processo Civil. In: TEIXEIRA, Sálvio de Figueiredo (Coord.). *Reforma do Código de Processo Civil*. São Paulo: Saraiva, 1996.

———. *Audiência de instrução e julgamento e audiências preliminares*. 13. ed. Rio de Janeiro: Forense, 2007.

———. Do "cumprimento da sentença", conforme a Lei 11.232/2005. Parcial retorno ao medievalismo? Por que não? *Aspectos polêmicos da nova execução, 3:* de títulos judiciais – Lei 11.232/2005. São Paulo: RT, 2006.

———. *Intervenção de terceiros*. 13. ed. São Paulo: Saraiva, 2001.

———. *Jurisdição e competência*. 10. ed. São Paulo: Saraiva, 2000.

———. *Da antecipação de tutela*. 6. ed. Rio de Janeiro: Forense, 2006.

———. *Cumprimento da sentença civil*. Rio de Janeiro: Forense, 2006.

———. *Recurso especial, agravos e agravo interno*. Rio de Janeiro: Forense, 2001.

———. *Do rito sumário na reforma do CPC*. São Paulo: Saraiva, 1996.

———. Poderes do relator e agravo interno – Arts. 557, 544 e 545 do CPC. *Revista de processo*, v. 100, 2000.

———. Requisitos específicos de admissibilidade do recurso especial. *Aspectos polêmicos e atuais dos recursos cíveis de acordo com a Lei 9756/98*. São Paulo: RT, 1999.

CARVALHO, Fabiano. *Poderes do relator nos recursos*. São Paulo: Saraiva, 2008.

CARVALHO, José Orlando Rocha de. *Teoria dos pressupostos e dos requisitos processuais*. Rio de Janeiro: Lumen Juris, 2005.

CARVALHO, Milton Paulo de. A prática do procedimento sumário segundo a sua nova disciplina. In: TEIXEIRA, Sálvio de Figueiredo (Coord.). *Reforma do Código de Processo Civil*. São Paulo: Saraiva, 1996.

———. *Do pedido no processo civil*. Porto Alegre: Fabris, 1992.

CASSETARI, Christiano. *Separação, divórcio e inventário por escritura pública*. 2. ed. São Paulo: Método, 2008.

CASTRO, Amílcar de. *Comentários ao Código de Processo Civil*. São Paulo: RT, 1974. vol. VIII.

CHAVES de Farias, Cristiano. Um alento ao futuro: novo tratamento da coisa julgada nas ações relativas à filiação. In: DIDIER JR., Fredie (Org.). *Relativização da coisa julgada*: Enfoque crítico. 2. ed. Salvador: Jus Podivm, 2006.

CHIMENTI, Ricardo Cunha. *Teoria e prática dos Juizados Especiais Cíveis*. 2. ed. São Paulo: Saraiva, 1999.

CHIOVENDA, Giuseppe. *Instituições de direito processual civil.* 2. ed. São Paulo: Saraiva, 1969. v. 2.

CINTRA, Antonio Carlos de Araújo. *Comentários ao Código de Processo Civil.* Rio de Janeiro: Forense, 2001. v. 4.

———; GRINOVER, Ada Pellegrini; DINAMARCO, Cândido Rangel. *Teoria geral do processo.* 24. ed. São Paulo: Malheiros, 2008.

COSTA MACHADO, Antônio Cláudio da. *A intervenção do Ministério Público no processo civil brasileiro.* 2. ed. São Paulo: Saraiva, 1998.

———. *Código de Processo Civil interpretado.* 5. ed. São Paulo: Manole, 2006.

———. *Código de Processo Civil interpretado e anotado.* São Paulo: Manole, 2006.

———. *Tutela antecipada.* 3. ed. São Paulo: Juarez de Oliveira, 1999.

CORREIA, André de Luizi. Em defesa da penhora *on-line*. *RePro*, São Paulo: RT, n. 125, p. 105-106, jul. 2005.

COSTA, Susana Henriques da. *Condições da ação.* São Paulo: Quartier Latin, 2005.

CRUZ E TUCCI, José Rogério. *A* causa petendi *no processo civil.* 2. ed. São Paulo: RT, 2001.

———. *Ação monitória.* 2. ed. São Paulo: RT, 1997.

———. *A motivação da sentença no processo civil.* São Paulo: Saraiva, 1987.

———. *Limites subjetivos da eficácia da sentença e da coisa julgada civil.* São Paulo: RT, 2006.

———. *Lineamentos da nova reforma do CPC:* Lei 10.352, de 26.12.2001, Lei 10.358, de 27.12.2001, Lei 10.444, de 07.05.2002. 2. ed. São Paulo: RT, 2002.

———. Reflexões sobre a cumulação subsidiária de pedidos. In: TUCCI, José Rogério Cruz e; BEDAQUE, José Roberto dos Santos (Org.). *Causa de pedir e pedido no processo civil:* questões polêmicas. São Paulo: RT, 2002.

———. *Tempo e processo.* São Paulo: RT, 1997.

———; AZEVEDO, Luiz Carlos de. *Lições de história do processo civil romano.* São Paulo: RT, 2001.

CUNHA JUNIOR, Dirley da. *Controle concentrado de constitucionalidade.* 3. ed. Salvador: Jus Podivm, 2008.

CUNHA, Leonardo José Carneiro da. *A Fazenda Pública em juízo.* 5. ed. São Paulo: Dialética, 2007.

———. As defesas do executado. In: SANTOS, Ernane Fidélis dos; WAMBIER, Luiz Rodrigues; NERY JR., Nelson; WAMBIER, Teresa Arruda Alvim (Coord.). *Execução civil*: estudos em homenagem ao Professor Humberto Theodoro Jr. São Paulo: RT, 2007.

———. O 6.º do art. 273 do CPC: tutela antecipada parcial ou julgamento antecipado parcial da lide?. Gênesis. *Revista de Direito Processual Civil*, Curitiba, v. 32, p. 291-311, 2004.

DALL'AGNOL JR., Antônio. *Comentários ao Código de Processo Civil*. São Paulo: RT, vol. 2.

———. *Invalidades processuais*. Porto Alegre: LeJur, 1989.

DIAS, Jean Carlos. A introdução da sentença-tipo no sistema processual brasileiro – Lei 11.277. *Revista Dialética de direito processual*, São Paulo: Dialética, n. 37, 2006.

DIAS, Ronaldo Bretâs C. *Fraude no processo civil*. 3. ed. Belo Horizonte: Del Rey, 2001.

DIDIER JR., Fredie. A sentença meramente declaratória como título executivo – aspecto importante da reforma processual civil brasileira de 2005. In: CIANCI, Mirna; QUARTIERI, Rita (Coord.). *Temas atuais da execução civil*. São Paulo: Saraiva, 2007. 245-250.

———. Aspectos processuais do usucapião especial rural e urbano. *Procedimentos especiais cíveis*. São Paulo: Saraiva, 2003.

———. *A terceira etapa da reforma processual civil*. São Paulo: Malheiros, 2006.

———. *Curso de direito processual civil*. 7. ed. Salvador: JusPodivm, 2007. v. 1.

———. Lei Federal n. 11.382/2006. Possível utilidade ao estranho § 6.º do art. 739-A, CPC. Restrição objetiva ao efeito suspensivo dos embargos à execução. Disponível em: <http://www.frediedidier.com.br/main/noticias/detalhe.jsp?CId=115>. Acesso em: 17 abr. 2007.

———. *Pressupostos processuais e condições da ação:* o juízo de admissibilidade do processo, São Paulo: Saraiva, 2005.

———. *Recurso de terceiro: juízo de admissibilidade*. 2. ed. São Paulo: RT, 2005.

———. *Regras processuais no novo Código Civil*. 2. ed. São Paulo: Saraiva, 2004.

———; BRAGA, Paula Sarno; OLIVEIRA, Rafael. *Curso de direito processual civil*. Salvador, Jus Podivm, 2007. v. 2.

———; CUNHA, Leonardo José Carneiro da. *Curso de direito processual civil*. Salvador: JusPodivm, 2006. v. 3.

———; BRAGA, Paula Sarno; OLIVEIRA, Rafael e CUNHA, Leonardo José Carneiro da. *Curso de direito processual civil*. Salvador: Jus Podivm, 2009. v. 5.

DINAMARCO, Cândido Rangel. Ação rescisória contra decisão interlocutória. *A nova era do processo civil*. 2. ed. São Paulo: Malheiros, 2007.

———. *A reforma da reforma*. 2. ed. São Paulo: Malheiros, 2002.

———. *A reforma do Código de Processo Civil*. 4. ed. São Paulo: Malheiros, 1998.

———. *A nova era do processo civil*. 2. ed. São Paulo: Malheiros, 2007.

———. *Sentença*. São Paulo: Malheiros, 2002.

———. Declaração *ex officio* da incompetência relativa? *Fundamentos do processo civil moderno*. 3. ed. São Paulo: Malheiros, 2000. v. 1.

———. *Execução civil*. 8. ed. São Paulo: Malheiros, 2002.

———. Fraude contra credores alegadas nos embargos de terceiro. *Revista de Processo*, n. 23, 1981.

———. *Fundamentos do processo civil moderno*. 3. ed. São Paulo: Malheiros, 2000. t. I.

———. *Instituições de direito processual civil*. São Paulo: Malheiros, 2001. v. 1.

———. ———. São Paulo: Malheiros, 2003. v. 3.

———. ———. São Paulo: Malheiros, 2004. v. 4.

———. *Intervenção de terceiros*. 3. ed. São Paulo: Malheiros, 2002

———. *Litisconsórcio*. 7. ed. São Paulo: Malheiros, 2002.

———. *Manual dos Juizados Cíveis*. 2. ed. São Paulo: Malheiros, 2001.

———. Ministério Público e jurisdição voluntária. *Fundamentos do processo civil moderno*. 3. ed. São Paulo: Malheiros, 2000. v. 1.

———. O efeito devolutivo da apelação e de outros recursos. *A nova era do processo civil*. 2. ed. São Paulo: Malheiros, 2007.

———. O relator, a jurisprudência e os recursos. *Aspectos polêmicos e atuais dos recursos cíveis de acordo com a Lei 9.756/98*. São Paulo: RT, 1999.

———. O relator, a jurisprudência e os recursos. *Fundamentos do processo civil moderno*. 3. ed. São Paulo: Malheiros, 2000. v. 2.

———. Os efeitos dos recursos. *A nova era do processo civil*. 2. ed. São Paulo: Malheiros, 2007.

———. Procedimentos especiais de jurisdição voluntária. *Fundamentos do processo civil moderno*. 3. ed. São Paulo: Malheiros, 2000. t. I.

———. Relativizar a coisa julgada material. *Revista de Processo*, n. 109, 2003.

———. Tempestividade dos recursos. *Revista Dialética de Direito Processual*, n. 16, jul. 2004.

FABRÍCIO, Adroaldo Furtado. *Ensaios de direito processual*. Rio de Janeiro: Forense, 2003.

———. Réu revel não citado, *querella nullitatis* e ação rescisória. *Revista de Processo*, São Paulo: RT, n. 48, out-dez. 1987.

FADEL, Sérgio Sahione. *Código de Processo Civil comentado*. 7. ed. Rio de Janeiro: Forense, 2003.

FARIA, Luiz Alberto Gurgel de. *Código Tributário Nacional comentado*. Coordenação de Vladimir Passos de Freitas. 3. ed. São Paulo: RT, 2005.

FARIAS, Cristiano Chaves de; ROSENVALD, Nelson. *Direito Civil – Parte Geral*. 4. ed. Rio de Janeiro: Lumen Juris, 2006.

FERREIRA FILHO, Manoel Caetano. *Comentários ao Código de Processo Civil.* São Paulo: RT, 2001. vol. 7.

FERREIRA, William Santos. *Aspectos polêmicos e práticos da nova reforma processual civil.* Rio de Janeiro: Forense, 2002.

———. *Tutela antecipada no âmbito recursal.* São Paulo: RT, 2000.

FIGUEIRA JR., Joel Dias. *Arbitragem, jurisdição e execução.* 2. ed. São Paulo: RT, 1999.

———. *Comentários ao Código de Processo Civil.* São Paulo: RT, 2001. v. 4, t. II.

———. *Comentários à novíssima reforma do CPC* – Lei 10.444, de 7 de maio de 2002. Rio de Janeiro: Forense, 2002.

———. *Manual dos Juizados Especiais Cíveis Estaduais e Federais.* São Paulo: RT, 2006.

———. *O novo procedimento sumário.* São Paulo: RT, 1996.

FIGUEIREDO, Lúcia Valle. *Mandado de segurança.* 5. ed. São Paulo: Malheiros, 2004.

FISCHMANN, Gerson. *Comentários ao Código de Processo Civil.* São Paulo: RT, 2001. vol. 14.

FLACH, Daisson. *A nova execução.* Coordenação de Carlos Alberto Alvaro de Oliveira. Rio de Janeiro: Forense, 2006.

FORNACIARI JÚNIOR, Clito. *A reforma processual civil* (artigo por artigo). São Paulo: Saraiva, 1996.

———. *Da reconvenção no direito processual civil brasileiro.* 2. ed. São Paulo: Saraiva, 1983.

FREIRE, Rodrigo da Cunha Lima. *Condições da ação:* enfoque sobre o interesse de agir. 3. ed. São Paulo: RT, 2005.

———. *Reforma do CPC.* São Paulo: Saraiva, 2006.

———; GUEDES, Jefferson Carús. Juizados Especiais Cíveis Federais. *Procedimentos especiais cíveis*: legislação extravagante. São Paulo: Saraiva, 2003.

FUX, Luiz. *A reforma do processo civil.* Niterói: Impetus, 2006.

———. *Curso de direito processual civil.* 2. ed. Rio de Janeiro: Forense, 2004.

———. Impugnação ao cumprimento de sentença. *Execução civil:* Estudos em homenagem ao professor Humberto Theodoro Júnior. In: SANTOS. Ernane Fidélis dos et al. (Coord.). São Paulo: RT, 2007.

GAJARDONI, Fernando da Fonseca. *Técnicas de aceleração do processo.* São Paulo: Lemos e Cruz, 2003.

GARCIA, André Almeida. *Prova civil.* São Paulo: Saraiva, 2009.

GARCIA, Gustavo Filipe Barbosa. *Terceira fase da Reforma do Código de Processo Civil*. Leis 11.276/2006, 11.277/2006 e 11.280/2006. São Paulo: Método, 2006.

GARRIDO DE PAULA, Paulo Afonso. *Código de Processo Civil anotado*. Coord. Antonio Carlos Marcato. São Paulo: Atlas, 2005.

GÓES, Gisele Santos Fernandes. A relativização da coisa julgada: exame crítico (exposição de um ponto de vista contrário). *Revista de Processo*, v. 135, p. 45, 2006.

———. *Princípio da proporcionalidade no processo civil*. São Paulo: Saraiva, 2004.

———. *Teoria geral das provas*. Salvador: JusPodivm, 2005.

GONÇALVES, Aroldo Plínio. *Nulidades no processo*. Rio de Janeiro: Aide, 1993.

———. *Técnica processual e teoria do processo*. Rio de Janeiro: Aide, 1992.

GONÇALVES, Marcus Vinícius Rios. *Novo curso de direito processual civil*. São Paulo: Saraiva, 2004. v. 1.

GOUVÊA, Lúcio Grassi de. Cognição processual civil: atividade dialética e cooperação intersubjetiva na busca da verdade real. *Leituras complementares de processo civil*. 6. ed. Salvador: JusPodivm, 2008.

GRECO FILHO, Vicente. *A intervenção de terceiros no processo civil*. São Paulo: Saraiva, 1973.

———. *Comentários ao procedimento sumário, ao agravo e à ação monitória*. São Paulo: Saraiva, 1996.

———. *Da intervenção de terceiros*. 3. ed. São Paulo: Saraiva, 1991.

———. *Direito processual civil brasileiro*. 15. ed. São Paulo: Saraiva, v. 2.

———. ———. 20. ed. São Paulo: Saraiva, 2007. v. 1.

GRECO, Leonardo. *Direito civil e processo*. São Paulo: RT, 2007.

———. ———. São Paulo, RT, 2007.

———. A prova no processo civil: do Código de 1973 ao novo Código Civil. *Linhas mestras do processo civil*. São Paulo: Atlas, 2004.

———. *A teoria da ação no processo civil*. São Paulo: Dialética, 2003.

———. Eficácia da declaração *erga omnes* de constitucionalidade ou inconstitucionalidade em relação à coisa julgada. In: DIDIER JR., Fredie (Org.). *Relativização da coisa julgada:* Enfoque crítico. 2. ed. Salvador: Jus Podivm, 2006.

———. *Jurisdição voluntária moderna*. São Paulo: Dialética, 2003.

———. *O processo de execução*. Rio de Janeiro: Renovar, 1999. v. 1 e 2.

———. Primeiros comentários sobre a reforma da execução oriunda da Lei n.° 11.232/05. *Revista do Advogado*, AASP, ano XXVI, n. 85, p. 99, maio 2006.

GRINOVER, Ada Pellegrini. *Código Brasileiro de Defesa do Consumidor*. 6. ed. Rio de Janeiro: Forense Universitária, 1999.

———. Cumprimento da sentença. In: CIANCI, Mirna; QUARTIERI, Rita (Coords.). *Temas atuais da execução civil: estudos em homenagem ao professor Donaldo Armelin.* São Paulo: Saraiva, 2007.

———. Ética, abuso do processo e resistência às ordens judiciárias: o *contempt of court. RePro* 99, ano 25, jul.-set. 2000.

———. Projeto de lei sobre a mediação e outros meios de pacificação. *O processo – estudos e pareceres.* São Paulo: DPJ, 2005.

———. *O processo em evolução.* São Paulo: Forense Universitária, 1996.

———. Tutela jurisdicional dos interesses difusos no direito coletivo. *O processo – estudos e pareceres.* 2. ed. São Paulo: DPJ, 1998.

GUERRA, Marcelo Lima. As liminares na reforma do CPC. In: WAMBIER, Tereza Arruda Alvim. *Liminares* (Coord.). São Paulo: RT, 1995.

———. *Direitos fundamentais e a proteção do credor na execução civil.* São Paulo: RT, 2003.

———. *Estudos sobre o processo cautelar.* 2. ed. São Paulo: Malheiros, 1997.

———. *Execução indireta.* São Paulo: Saraiva, 1998.

———. Inovações na execução direta das obrigações de fazer e não fazer. In: Teresa Arruda Alvim Wambier. (Org.). *Processo de execução e assuntos afins.* São Paulo: RT, 1998.

HOFFMAN, Paulo. *Nova execução de título extrajudicial.* São Paulo: Método, 2007.

JORGE, Flávio Cheim. *A nova reforma processual.* 2. ed. em coautoria com Fredie Didier Jr., e Flávio Cheim Jorge. São Paulo: Saraiva, 2002.

———. *Apelação cível.* São Paulo: RT, 1999

———. *A terceira etapa da reforma processual civil.* São Paulo: Saraiva, 2006.

———. *Teoria geral dos recursos cíveis.* 3. ed. São Paulo: RT, 2007.

KNIJNIK, Danilo. *Nova execução – Comentários a Lei 11.232, de 22 de dezembro de 2005.* In: OLIVEIRA, Carlos Alberto Alvaro de (Coord.). Rio de Janeiro: Forense, 2006.

KOMATSU, Roque. *Da invalidade no processo civil.* São Paulo: RT, 1991.

LACERDA, Galeno. *Comentários ao Código de Processo Civil.* 10. ed. Rio de Janeiro: Forense, 2007. v. 8, t. I.

———. *Despacho saneador.* 3.ed. Porto Alegre: Fabris, 1990.

———. *Teoria geral do processo.* Rio de Janeiro: Forense, 2007.

LARA, Betina Rizatto. *Liminares no processo civil.* 2. ed. São Paulo: RT, 1994.

LASPRO, Oreste Nestor. *Duplo grau de jurisdição no direito processual civil.* São Paulo: RT, 1995.

LEAL, Rosemiro Pereira. *Teoria geral do processo*. 7. ed. Rio de Janeiro: Forense, 2008.

LEITE, Carlos Henrique Bezerra. *Curso de direito processual do trabalho*. 3. ed. São Paulo: LTR, 2005.

LEONEL, Ricardo de Barros. *Manual do processo coletivo*. São Paulo: RT, 2002.

LIEBMAN, Enrico Tullio. *Eficácia e autoridade da sentença*. 4. ed. Rio de Janeiro: Forense, 2006.

———. *Manuale di diritto processuale civile*. 5. ed. Milão: Giuffrè, 1992. v. 1.

———. *Processo de execução*. 2. ed. São Paulo: Saraiva, 1963.

LISBOA, Celso Anicet. O mandado monitório objetivamente complexo como chave de alguns problemas da ação monitória. *RePro*, São Paulo, n. 83, p. 52, 1996.

LOPES DA COSTA. *Direito processual civil brasileiro*. 2. ed. Rio de Janeiro: Forense, 1959.

———. *Medidas preventivas*. 2 ed. Belo Horizonte: Sugestões Literárias, 1958.

LOPES, João Batista. *Ação declaratória*. 5. ed. São Paulo: RT, 2002.

———. *A prova no processo civil brasileiro*. São Paulo, 2000.

———. *Curso de direito processual civil*. São Paulo: Atlas, 2005. v. 1.

———. *Medidas cautelares inominadas*. São Paulo: RT, 1986. v. 605.

———. Tutela antecipada e o art. 273 do CPC. *Aspectos polêmicos da antecipação de tutela*. São Paulo: RT, 1997.

———. *Tutela antecipada no processo civil brasileiro*. São Paulo: Saraiva, 2001.

LUCON, Paulo Henrique dos Santos. *Código de Processo Civil interpretado*. In: Marcato (Coord.). São Paulo: Atlas, 2004.

———. Coisa julgada, efeitos da sentença, 'coisa julgada inconstitucional' e embargos à execução do art. 741, par. ún. In: DIDIER JR., Fredie (Org.). *Relativização da coisa julgada:* Enfoque crítico. 2. ed. Salvador: Jus Podivm, 2006.

———. *Eficácia das decisões e execução provisória*. São Paulo: Saraiva, 2000.

———. *Embargos à execução*. 2. ed. São Paulo: Saraiva, 2001.

———. Garantia do tratamento paritário das partes. In: CRUZ E TUCCI, José Rogério (Org.). *Garantias constitucionais do processo civil*. São Paulo: RT, 1999.

———. Objeção na execução (objeção e exceção de pré-executividade). *Revista dos Tribunais*, São Paulo: RT, 2001. v. 2.

MACEDO, Elaine Harzheim. *Do procedimento monitório* São Paulo: RT, 1999.

MAGRI, Berenice Soubhie Nogueira. *Ação anulatória*. 2. ed. São Paulo: RT, 2004.

MALACHINI, Edson Ribas. *Comentários ao Código de Processo Civil*. São Paulo: RT, 2001. v. 10.

MANCUSO, Rodolfo de Camargo. *Ação civil pública*. 8. ed. São Paulo: RT, 2002.

———. *Ação popular*. 4. ed. São Paulo: RT, 2001.

———. *Recurso extraordinário e recurso especial*. 6. ed. São Paulo: RT, 2000.

MARCATO, Antonio Carlos. Breves considerações sobre jurisdição e competência. *RePro*, São Paulo, n. 66, p. 26, 1992.

———. *Código de Processo Civil interpretado*. São Paulo: Atlas, 2004.

———. *O processo monitório brasileiro* São Paulo: Malheiros, 1998.

———. O reconhecimento *ex officio* do caráter abusivo da cláusula de eleição de foro. *Leituras complementares para concursos*. 2. ed. Salvador: JusPodivm, 2004.

———. Prorrogação da competência.. *Revista de Processo*, São Paulo, v. 17, n. 65, p. 7-18, 1992.

———. *Procedimentos especiais*. 28. ed. São Paulo: Atlas, 2007.

MARINONI, Luiz Guilherme. *Antecipação de tutela*. 10. ed. São Paulo: RT, 2008.

———. *Novas linhas do processo civil*. 4. ed. São Paulo: Malheiros, 2000.

———. Sobre o assistente litisconsorcial. *RePro*, São Paulo, v. 58, p. 255, 1990.

———. *Técnica processual e tutela dos direitos*. São Paulo: RT, 2004.

———. *Curso de direito processual civil*. Teoria geral do processo. São Paulo: RT, 2006. vol. 1.

———. *Tutela antecipatória, julgamento antecipado e execução imediata da sentença*. 4. ed. São Paulo: RT, 2000.

———. *Tutela inibitória:* individual e coletiva. 4. ed. São Paulo: RT, 2006.

———; ARENHART, Sérgio Cruz. *Comentários ao Código de Processo Civil*. São Paulo: RT, 2000. v. 5, t. I.

———; ———. *Curso de processo civil*. 7. ed. São Paulo: RT, 2008, vol. 2 – Processo de conhecimento.

———; ———. *Curso de processo civil*. 2. ed. São Paulo: RT, 2008. vol. 3 – Execução.

———; ———. *Curso de processo civil*. São Paulo: RT, 2008. vol. 4 – Processo cautelar.

———; ———. *Curso de processo civil*. São Paulo: RT, 2009. vol. 5 – Procedimentos especiais.

———; MITIDIERO, Daniel Francisco. *Código de Processo Civil comentado*. São Paulo: RT, 2008.

———; ———. *Repercussão geral no recurso extraordinário*. São Paulo: RT, 2007.

MARINS, Graciela Iurk. *Produção antecipada de prova.* São Paulo: RT, 2004.

MARINS, Victor A. A. Bomfim. *Tutela cautelar.* 2. ed. Curitiba: Juruá, 2003.

———. *Comentários ao Código de Processo Civil.* São Paulo: RT, 2001. vol. 12.

MARQUES, José Frederico. *Instituições de direito processual civil.* Campinas: Millennium, 2000. v. 2.

MARTINS, Ives Gandra da Silva *Processo administrativo tributário.* XXIII Simpósio Nacional de Direito Tributário do Centro de Extensão Universitária. Coord. Ives Gandra da Silva Martins. São Paulo: RT, 2002.

MAURÍCIO, Ubiratan de Couto. *Assistência simples no direito processual civil.* São Paulo: RT, 1983.

MAZZEI, Rodrigo. *Reforma do CPC.* São Paulo: RT, 2007.

MAZZILLI, Hugo Nigro. *A defesa dos interesses difusos em juízo.* 15. ed. São Paulo: Saraiva, 2002.

———. *Regime jurídico do Ministério Público.* São Paulo: Saraiva, 1995.

MEDINA, José Miguel Garcia. A execução da liminar que antecipa efeitos da tutela sob o prisma da teoria geral da tutela jurisdicional executiva – O princípio da execução sem título permitido. In: SHIMURA, Sérgio; ARRUDA ALVIM, Tereza (Org.). *Processo de execução e assuntos afins.* São Paulo: RT, 2001. v. 2.

———. Litisconsórcio ativo necessário. *RePro,* São Paulo, n. 88, p. 291, 1987.

———. *Processo civil moderno* – Execução. São Paulo: RT, 2008. vol. 3.

———. *O prequestionamento nos recursos extraordinário e especiais.* 4. ed. São Paulo: RT, 2005.

———; WAMBIER, Luiz Rodrigues; WAMBIER, Teresa Arruda Alvim. Apontamentos sobre as alterações oriundas da Lei n. 11.232/2005. In: GIANCI, Mirna; QUARTIERI, Rita. (Org.). *Temas atuais da execução civil:* estudos em homenagem ao Professor Donaldo Armelin. São Paulo: Saraiva, 2007.

———; ———; ———. *Breves comentários à nova sistemática processual civil* 2. São Paulo: RT, 2006.

MENDES, Aluísio Gonçalves de Castro. *Ações coletivas no direito comparado e nacional.* São Paulo: RT, 2002.

———. *Competência cível da Justiça Federal.* São Paulo: Saraiva, 1998.

MENDONÇA LIMA, Alcides de. *Comentários ao Código de Processo Civil.* Rio de Janeiro: Forense, 1974. vol. IV, tomo I.

MIRANDA, Gilson Delgado. *Código de Processo Civil interpretado.* In: MARCATO, Antonio Carlos (Coord.). São Paulo: Atlas, 2004.

———. *Procedimento sumário.* São Paulo: RT, 2000.

———; PIZZOL, Patrícia Miranda. Agravo retido. In: MAZZEI, Rodrigo Reis (Coord.). *Dos recursos*: temas obrigatórios e atuais. Vitória: Instituto Capixaba de Estudos, 2002. v. 2, p. 161.

MIRRA, Álvaro Luiz Valey. Ação civil pública em defesa do meio ambiente: a questão da competência jurisdicional. *Ação civil pública*. 2. ed. São Paulo: RT, 2002.

MITIDIERO, Daniel Francisco. *Elementos para uma teoria contemporânea do processo civil brasileiro*. Porto Alegre: Livraria do Advogado, 2005.

———. O problema das invalidades dos atos processuais no direito processual civil brasileiro contemporâneo. *Gênesis Revista de Direito Processual Civil*, Curitiba, v. 35, p. 46-69, 2005.

MONIZ DE ARAGÃO, Egas Dirceu. *Comentários ao Código de Processo Civil*. 9. ed. Rio de Janeiro: Forense, 2000. v. 2.

———. Do agravo regimental. *Revista de Direito Processual Civil*, v. 2, 1982.

———. *Sentença e coisa julgada*. Rio de Janeiro: Aide, 1992.

MORAES E BARROS, Hamilton de. *Comentários ao Código de Processo Civil*. Rio de Janeiro: Forense, 1977. vol. IV.

MOREIRA PINTO, Junior Alexandre. A nova disciplina dos embargos: subsistência da figura da exceção de pré-executividade?. In: COSTA, Susana Henriques da (Org.). *Execução extrajudicial* – Modificações da Lei 11382/2006. São Paulo: Quartier Latin, 2007.

———. *Conteúdo e efeitos das decisões judiciais*. São Paulo: Atlas, 2008.

MOUTA ARAÚJO, José Henrique. Tutela antecipada do pedido incontroverso: estamos preparados para a nova sistemática processual? *Revista de Processo*, v. 116, p. 207-230, 2004.

MUNHOZ DA CUNHA, Alcides Alberto. *Comentários ao Código de Processo Civil*. São Paulo: RT, 2001. vol. 11.

NASCIMENTO, Amauri Mascaro. *Curso de direito processual do trabalho*. 21. ed. São Paulo: Saraiva, 2002.

NAVARRO, Hélio Rubens Pereira. Adjudicação compulsória. *RePro*, São Paulo, n. 40, p. 43, 1985.

NEDER Marcus Vinicius e MARTÍNEZ LOPES, Maria Teresa. *Processo administrativo fiscal federal comentado*. Editora Dialética, 2002.

NEGRÃO, Theotonio; GOUVÊA, José Roberto F. *Código de Processo Civil e legislação processual em vigor*. 37. ed. São Paulo: Saraiva, 2005.

NERY JR., Nelson. A forma retida dos recursos especial e extraordinário – apontamentos sobre a Lei 9.756/98. In: ———; WAMBIER, Teresa Arruda Alvim (Coord.).

Aspectos polêmicos e atuais dos recursos cíveis de acordo com a Lei 9.756/98. São Paulo: RT, 1999.

———. A polêmica sobre a relativização (desconsideração) da coisa julgada e o Estado Democrático de Direito. In: DIDIER JR., Fredie (Org.). *Relativização da coisa julgada:* Enfoque crítico. 2. ed. Salvador: Jus Podivm, 2006.

———. *Atualidades sobre o processo civil*. 2. ed. São Paulo: RT, 1996.

———. Intervenção do Ministério Público nos procedimentos especiais de jurisdição voluntária. *RePro*, São Paulo, n. 46, p. 11, abr.-jun. 1987.

———. Os princípios gerais do Código Brasileiro de Defesa do Consumidor. *Revista de Direito do Consumidor*, São Paulo, v. 3, p. 44-77, 1992.

———. *Princípios do processo civil na Constituição Federal*. 8. ed. São Paulo: RT, 2004.

———. *Princípios fundamentais*: teoria geral dos recursos. 5. ed. São Paulo: RT, 2000.

———. *Teoria geral dos recursos*. 6. ed. São Paulo: RT, 2004.

———; NERY, Rosa Maria de Andrade. *Código de Processo Civil comentado*. 10. ed. São Paulo: RT, 2008.

NEVES, Celso. *Comentários ao Código de Processo Civil*. 7. ed. Rio de Janeiro: Forense, 2000. v. 7.

———. *Estrutura fundamental do processo civil*. Rio de Janeiro: Forense, 1997.

NEVES, Daniel Amorim Assumpção. *Ações probatórias autônomas*. São Paulo: Saraiva, 2008.

———. Algumas considerações sobre as limitações procedimentais à busca da verdade no processo civil brasileiro. *Revista Dialética de Direito Processual*, v. 30, p. 20-37, 2005.

———. A nova redação do art. 555 do Código de Processo Civil e o incidente de uniformização de jurisprudência. In: RIBEIRO COSTA, Hélio Rubens Batista; RIBEIRO, José Horácio Halfeld Rezende; DINAMARCO, Pedro da Silva (Org.). *A nova etapa da reforma do Código de Processo Civil*. São Paulo: Saraiva, 2002. v. 1.

———. *Competência no processo civil*. São Paulo: Método, 2005.

———. Contraditório e matérias de ordem pública. In: CALDEIRA, Adriano; FREIRE, Rodrigo da Cunha Lima (Org.). *Terceira etapa da reforma do Código de Processo Civil*: estudos em homenagem ao Ministro José Augusto Delgado. Salvador: JusPodivm, 2007.

———. Injustificados vetos presidenciais à Lei 11.382/06. In: COSTA, Susana Henriques da (Org.). *Execução extrajudicial*. São Paulo: Quartier Latin, 2007. v. 1.

———. Interesse recursal eventual e o recurso adesivo condicionado ao julgamento do recurso principal. *Revista Dialética de Direito Processual*, n. 32, p. 42-43, nov. 1995.

———. *Nova reforma processual civil comentada*. 2. ed. São Paulo: Método, 2003.

———. *Preclusões para o juiz*: preclusão judicial e preclusão *pro iudicato* no processo civil. São Paulo: Método, 2004.

———. Princípio da comunhão das provas. *Revista Dialética de Direito Processual*, n. 31, p. 19-33, 2005.

———. Recurso contra a sentença de improcedência liminar (art. 285-A do CPC) e o juízo de retratação, *Revista Dialética de Direito Processual Civil*, n. 54, set. 2007.

———. MAZZEI, Rodrigo; RAMOS, Glauco Gumerato; FREIRE, Rodrigo da Cunha Lima. *Reforma do CPC 2* – Leis 11.382/2006 e 11. 341/2006. São Paulo: RT, 2007. v. 1, 654 p.

———. *Reforma do CPC*. São Paulo: RT, 2006.

NOGUEIRA, Antônio de Pádua Soubhie. *Execução provisória da sentença*. São Paulo: RT, 2005.

NOGUEIRA, Gustavo Santana. A improcedência manifesta do pedido. *A nova reforma processual*. Rio de Janeiro: Forense, 2007.

———. *Curso básico de processo civil*. 2. ed. Rio de Janeiro: Lumen Juris, 2004.

———. *Processo civil*: teoria geral do processo. 2. ed. Rio de Janeiro: Lumen Juris, 2006.

NOLASCO, Rita Dias. Responsabilidade patrimonial. In: NEVES, Daniel Amorim Assumpção; SHIMURA, Sérgio (Coord.). *Execução no processo civil*: novidades & tendências. São Paulo: Método, 2005.

NOTARIANO JUNIOR, Antonio de Pádua. O duplo grau e o § 3.º do art. 515 do CPC, introduzido pela Lei 10.352/2001. *RePro*, São Paulo, v. 114, p. 200, mar.-abr. 2004.

OLIVEIRA, Carlos Alberto Alvaro de. Alcance e natureza da tutela antecipatória. In: BARBOSA MOREIRA, José Carlos (Coord.). *Estudos de direito processual em memória de Luiz Machado Guimarães*. Rio de Janeiro: Forense, 1999.

——— (Coord.). *A nova execução*. Rio de Janeiro: Forense, 2006.

———. *Comentários ao Código de Processo Civil*. 5. ed. Rio de Janeiro: Forense, v. 3, t. II.

———; LACERDA, Galeno. *Comentários ao Código de Processo Civil*. 5. ed. Rio de Janeiro: Forense, 2001.

———. *Do formalismo no processo civil*. São Paulo: Saraiva, 1997.

———. *Notas sobre o conceito e a função normativa da nulidade*. Saneamento do processo, 1989.

———. Princípio do contraditório. In: CRUZ E TUCCI, José Rogério (Coord.). *Garantias constitucionais do processo civil*. São Paulo: RT, 1999.

OLIVEIRA, Gleydson Kleber Lopes de. *Recurso especial*. São Paulo: RT, 2002.

OLIVEIRA NETO, Olavo de. *A defesa do executado e dos terceiros na execução forçada*. São Paulo: RT, 2000.

———. Novas perspectivas da execução civil – cumprimento da sentença. In: NEVES, Daniel Amorim Assumpção; SHIMURA, Sérgio (Coord.). *Execução no processo civil*: novidades & tendências. São Paulo: Método, 2004.

ORIONE NETO, Luiz. *Processo cautelar.* São Paulo: Saraiva, 2004.

———. *Recursos cíveis.* São Paulo: Saraiva, 2002.

PAIXÃO JÚNIOR, Manuel Galdino da. *Teoria geral do processo*. Belo Horizonte: Del Rey, 2002.

PEREIRA, Guilherme Bollorini. *Juizados Especiais Federais Cíveis*. Rio de Janeiro: Lumen Juris, 2004.

PEREIRA, Hélio do Valle. *Manual da Fazenda*. 3. ed. Rio de Janeiro: Renovar, 2008. n. 17.2.2.

PEREIRA, José Horácio Cintra Gonçalves. *Agravo no direito brasileiro*. São Paulo: Juarez de Oliveira, 1999.

———. *Embargos de terceiro*. São Paulo: Atlas, 2002.

PERRINI, Raquel Fernandez. *Competências da Justiça Federal Comum*. São Paulo: Saraiva, 2001.

PINHEIRO CARNEIRO, Paulo Cezar. *Comentários ao Código de Processo Civil*. 3. ed. Rio de Janeiro: Forense, 2006. vol. IX, t. I, Inventário e Partilha.

PINHO, Humberto Dalla Bernardina de. *Teoria geral do processo civil contemporâneo*. Rio de Janeiro: Lumen Juris, 2007.

PINTO, Nelson Luiz. *Manual dos recursos cíveis*. 3. ed. São Paulo: Malheiros, 2002.

———. Medidas cautelares – Poder cautelar geral do juiz. *Revista de Processo*, v. 59, p. 179-186, 1981.

PIZZOL, Patrícia Miranda. *A competência no processo civil*. São Paulo: RT, 2003.

PONTES DE MIRANDA, Francisco. *Comentários ao Código de Processo Civil*. Rio de Janeiro: Forense, 1974. t. III.

———. ———. Rio de Janeiro: Forense, 1976. t. IX.

———. *Tratado da ação rescisória*. Campinas: Bookseller, 1998.

PORTO, Sérgio Gilberto. *Comentários ao Código de Processo Civil*. São Paulo: RT, 2000. vol. 8.

PRATA, Edson. Da justificação. *Revista dos Tribunais*, ano 79, p. 18, 1990.

QUEIROZ, Ari Ferreira. Proteção constitucional da pequena propriedade rural. *Jus Navigandi*, Teresina, ano 4, n. 45, set. 2000. Disponível em: <http://jus2.uol.com.br/doutrina/texto.asp?id=1676>. Acesso em: 26 dez. 2006.

RADAMÉS DE SÁ, Djanira Maria. *Duplo grau de jurisdição:* conteúdo e alcance constitucional. São Paulo: Saraiva, 1999.

RAMOS, Glauco Gumerato; NEVES, Daniel Assumpção; FREIRE, Rodrigo da Cunha; MAZZEI. *Reforma do CPC* .São Paulo: RT.

REALE, Miguel. *Verdade e conjectura.* São Paulo: Nova Fronteira, 1983.

RIBEIRO, Leonardo Ferres da Silva. *Execução provisória.* São Paulo: Método, 2006.

———. *Nova execução de título extrajudicial.* Autores: NETO, Fernando Sacco; RIBEIRO, Leonardo Ferres da Silva; CERQUEIRA, Luís Otávio Sequeira de; HOFFMAN, Paulo; MELLO, Rogério Licastro Torres de; PALHARINI JUNIOR, Sidney. São Paulo: Método, 2007.

RIZZI, Sérgio. *Ação rescisória.* São Paulo: RT, 1979.

ROCHA, José de Albuquerque. *Nomeação à autoria.* São Paulo: Saraiva, 1983.

RODRIGUES, Marcelo Abelha. A natureza jurídica da correição parcial. In: DIDIER JR., Fredie (Coord.). *Leituras complementares para concursos.* 6. ed. rev. e atual. 2008. v. 1, p. 140.

———. *Elementos de direito processual civil.* 2. ed. São Paulo: RT, 2003. v. 2.

———. *Manual de execução civil.* Rio de Janeiro: Forense Universitária, 2006.

RODRIGUES, Silvio. *Direito civil.* 24. ed. São Paulo: Saraiva, 2001. v. 7.

SALVADOR, Antônio Raphael Silva. *Da ação monitória e da tutela jurisdicional antecipada.* São Paulo: Malheiros, 1995.

SANCHES, Sydney. *Poder cautelar geral do juiz no processo civil brasileiro.* São Paulo: RT, 1978.

SANTOS, Ernane Fidélis dos. *Ação monitória.* Belo Horizonte: Del Rey, 2000.

———. Aspectos da exibição preparatória de coisa e documento. *RePro* 52, 1974.

———. *As reformas de 2005 do Código de Processo Civil.* São Paulo: Saraiva, 2006.

———. *As reformas de 2006 do Código de Processo Civil*: execução dos títulos extrajudiciais. São Paulo: Saraiva, 2007.

———. ———. *Dos procedimentos especiais do Código de Processo Civil.* 3. ed. Rio de Janeiro: Forense, 1999. v. VI.

———. *Manual de direito processual civil.* 9. ed. São Paulo: Saraiva, 2003. v. 2.

———. ———. 10. ed. São Paulo: Saraiva, 2003. v. 1.

———. *Novíssimos perfis do processo civil brasileiro.* Belo Horizonte: Del Rey, 1999.

SANTOS, Luiz Felipe Brasil. Novos aspectos da obrigação alimentar. In: DELGADO, Mário Luiz; ALVES, Jones Figueirêdo (Coord.). *Questões controvertidas no Código Civil.* São Paulo: Método, 2004. v. 2.

SENISE LISBOA. *Manual de direito civil*. 5. ed. São Paulo: RT, 2009. v. 1.

SHIMURA, Sérgio Seiji. A execução da sentença na reforma de 2005. In: WAMBIER, Teresa Arruda Alvim (Coord.). *Aspectos polêmicos da nova execução 3*. São Paulo: RT, 2006.

———. *Arresto cautelar*. 2. ed. São Paulo: RT, 1997.

———. O cumprimento efetivo da sentença e a concretização dos direitos fundamentais. In: FERRAZ, Anna Candida da Cunha (Org.). *Revista Unifieo*. Osasco: Editora Unifieo, 2005.

———. Efetivação das tutelas de urgência. *Processo de execução*. In: SHIMURA, Sérgio e WAMBIER, Teresa Arruda Alvim (Coord.). São Paulo: RT, 2001.

———. Sobre a ação monitória. *RePro* 88/58, 1997.

———. *Título executivo*. 2. ed. São Paulo: Método, 2005.

SILVA, Ovídio Baptista da. A "antecipação" da tutela na recente reforma processual. In: TEIXEIRA (org.). *Reforma do Código de Processo Civil*. São Paulo: Saraiva, 1996.

———. *Curso de processo civil*. 4. ed. São Paulo: RT, 2000. v. 2.

———. *Comentários ao Código de Processo Civil*. São Paulo: RT, 2000. v. 1.

———. *Curso de processo civil*. 5. ed. São Paulo: RT, 2000. v. 1.

———. *Do processo cautelar*. 2. ed. Rio de Janeiro, Forense, 1999.

———. ———. 3. ed. Rio de Janeiro: Forense, 2001.

———; GOMES, Fábio. *Teoria geral do processo*. 3. ed. São Paulo: RT, 2002.

SOUZA, Bernardo Pimentel. *Introdução aos recursos cíveis e à ação rescisória*. 5. ed. São Paulo: Saraiva, 2008.

SOUZA, Ricardo Oliveira Pessoa de. *A adjudicação na execução por quantia certa*. Curitiba: Juruá, 2006.

SPADONI, Joaquim Felipe. *Ação inibitória* – A ação preventiva prevista no art. 461 do CPC. São Paulo: RT, 2002.

———. Fungibilidade das tutelas de urgência. *RePro*, São Paulo, n. 110, p. 90-91, 2003.

TALAMINI, Eduardo. A objeção na execução (exceção de pré-executividade) e a reforma do Código de Processo Civil. *Revista de Processo*, v. 153, p. 11-32, 2007.

———. *Coisa julgada e sua revisão*. São Paulo: RT, 2005.

———. Decisões individualmente proferidas por integrantes dos tribunais: legitimidade e controle (agravo interno). In: NERY JUNIOR, Nelson; WAMBIER, Teresa Arruda Alvim (Org.). *Aspectos polêmicos e atuais dos recursos cíveis*. São Paulo: RT, 2002. v. 5, p. 179-191.

———. Embargos do executado. *RePro,* São Paulo, n. 90, p. 99, 1999.

———. Notas sobre a teoria das nulidades no processo civil. *Revista Dialética de Direito Processual*, São Paulo, v. 29, p. 38-56, 2005.

———. Prova emprestada no processo civil e penal. *Revista de Processo*, São Paulo, v. 91, p. 92-114, 1998.

———. Sentença que reconhece obrigação como título executivo (CPC, art. 475, N, I – acrescido pela Lei 11.232/2006). In: NOGUEIRA, Gustavo Santana (Coord.). *A nova reforma processual*. Rio de Janeiro: Lumen Juris, 2007.

———. Tutela de urgência e a Fazenda Pública. *Revista de Processo*, v. 152, p. 36-59, 2007.

———. *Tutela monitória*. São Paulo: RT, 1998.

———. *Tutela relativa aos deveres de fazer e não fazer*. 2. ed. São Paulo: RT, 2003.

TARTUCE, Flávio e SIMÃO, José Fernando. *Direito civil*. 3. ed. São Paulo: Método, 2008.

TEIXEIRA, Guilherme Freire de Barros. *A penhora de salários e a efetividade do processo de execução*. In: SHIMURA, Sérgio; NEVES, Daniel A. Assumpção (Org.). *Execução no processo civil*. São Paulo: Método, 2005.

———. *O princípio da eventualidade no processo civil*. São Paulo: RT, 2005.

TEIXEIRA, Patrícia Trunfo. *Lei dos Juizados Especiais Federais interpretada*. Rio de Janeiro: Forense, 2003.

TEIXEIRA, Sálvio de Figueiredo. *Código de Processo Civil anotado*. 7. ed. São Paulo: Saraiva, 2003.

TESHEINER, José Maria Rosa. *Eficácia da sentença e coisa julgada no processo civil*. São Paulo: RT, 2001.

———. *Jurisdição voluntária*. Rio de Janeiro: Aide, 1992.

———; BAGGIO, Lucas Pereira. *Nulidades no processo civil brasileiro*. Rio de Janeiro: Forense, 2008.

THEODORO JR., Humberto. A ação monitória e a reforma do Código de Processo Civil. *Reforma do Código de Processo Civil*. In: TEIXEIRA, Sálvio Figueiredo (Coord.). São Paulo: RT, 1996.

———. *A reforma da execução do título extrajudicial*. Rio de Janeiro: Forense, 2007.

———. *As novas reformas do Código de Processo Civil*. 2. ed. Rio de Janeiro: Forense, 2007.

———. *Curso de direito processual civil*. 47. ed. Rio de Janeiro: Forense, 2007. v. 1, 2, 3.

———. *Fraude contra credores* – a natureza da sentença da ação pauliana. 2. ed. Belo Horizonte: Del Rey, 2001.

———. *Lei de execução fiscal*. 10. ed. São Paulo: Saraiva, 2007. n. 66.

———. O NCC e as regras heterotópicas de natureza processual. In: DIDIER JR., Fredie; MAZZEI, Rodrigo (Coord.). *Reflexos do Novo Código Civil no direito processual*. Salvador: JusPodivm, 2006.

———. O procedimento monitório e a conveniência de sua introdução no processo civil brasileiro. *Revista Forense*, v. 271, p. 78-79, 1980.

———. *O processo civil brasileiro no limiar do novo século*. Rio de Janeiro: Forense, 1999.

———. *Processo de execução e cumprimento de sentença*. 25. ed. São Paulo: Leud, 2008.

———. Tutela específica das obrigações de fazer e não fazer. *Revista de Processo*, São Paulo: RT, n. 105, p. 9-33, jan.-mar.2002.

———. *Tutela jurisdicional de urgência*. Rio de Janeiro: América Jurídica, 2001.

———; FARIA, Juliana Cordeiro de. O tormentoso problema da inconstitucionalidade da sentença passada em julgado. In: DIDIER JR., Fredie (Org.). *Relativização da coisa julgada:* Enfoque crítico. 2. ed. Salvador: Jus Podivm, 2006.

TOSTA, Jorge. *Do reexame necessário*. São Paulo: RT, 2004.

VASCONCELOS, Rita de Cássia Corrêa de. A fungibilidade na tutela de urgência (uma reflexão sobre o art. 273, § 7.º, do CPC). *RePro*, São Paulo, n. 112, p. 72, 2003.

———. *A impenhorabilidade do bem de família e as novas entidades familiares*. São Paulo: RT, 2002.

VENOSA, Sílvio. *Direito civil*. 8. ed. São Paulo: Atlas, 2008. v. 4.

———. ———. 4. ed. São Paulo: Atlas, 2004. v. 7.

VIANA, Juvêncio Vasconcelos. *Execução contra a Fazenda Pública*. São Paulo: Dialética, 1998.

———. *Efetividade do processo em face da Fazenda Pública*. São Paulo: Dialética, 2003.

VICENZI, Brunela Vieira de. Competência funcional – distorções. *RePro*, São Paulo, n. 105, p. 280-281, 2002.

VIGLIAR, José Marcelo. *Ação civil pública*. 5. ed. São Paulo: Atlas, 2001.

WAMBIER, Luiz Rodrigues. A crise da execução e alguns fatores que contribuem para a sua intensificação: propostas para minimizá-la. *Revista de Processo* 109, 2003.

———. *Sentença civil:* liquidação e cumprimento. 3. ed. São Paulo: RT, 2006.

———; ALMEIDA, Flávio Renato Correia de; TALAMINI, Eduardo. *Curso avançado de processo civil*. 6. ed. São Paulo: RT, 2004. v. 1.

———. WAMBIER, Teresa Arruda Alvim. *Breves comentários à 2.ª fase da reforma do Código de Processo Civil*. 2. ed. São Paulo: RT, 2002.

———; WAMBIER, Teresa Arruda Alvim; MEDINA, José Miguel Garcia.

WAMBIER, Luiz Rodrigues; WAMBIER, Teresa Arruda Alvim; MEDINA, José Miguel Garcia. *Breves comentários à nova sistemática processual civil 3*. São Paulo: RT, 2007.

WAMBIER, Teresa Arruda Alvim. Litispendência em ações coletivas. In: MAZZEI, Rodrigo; NOLASCO, Rita Dias. (Org.). *Processo civil coletivo*. São Paulo: Quartier Latin do Brasil, 2005.

———. *Nulidades do processo e da sentença*. 6. ed. São Paulo: RT, 2007.

———. *Os agravos no CPC brasileiro*. 4. ed. São Paulo: RT, 2006.

WAMBIER, Tereza Celina de Arruda Alvim. Da liberdade do juiz na concessão de liminares. *Aspectos polêmicos da antecipação de tutela*. São Paulo: RT, 1997.

WATANABE, Kazuo. Ações dúplices. *Revista de Processo*, 1983. v. 31.

———. *Da cognição no processo civil*. 2. ed. São Paulo: Central de Publicações Jurídicas; Centro Brasileiro de Estudos e Pesquisas Judiciais, 1999.

———. Tutela antecipatória e tutela específica das obrigações de fazer e não fazer. In: TEIXEIRA, Sálvio de Figueiredo (Coord.). *Reforma do Código de Processo Civil*. São Paulo: Saraiva, 1996.

YARSHELL, Flávio Luiz. *Ação rescisória*: juízo rescindente e rescisório. São Paulo: Malheiros, 2005.

———. Tutela jurisdicional meramente declaratória. *RePro,* São Paulo, n. 76, p. 46, 1994.

———; BONÍCIO, José Magalhães. *Execução civil:* novos perfis. São Paulo: RCS, 2006.

ZAVASCKI, Teori Albino. *Antecipação da tutela*. 4. ed. São Paulo: Saraiva, 2005.

———. Antecipação de tutela e colisão de direitos fundamentais. *Reforma do Código de Processo Civil*. São Paulo: Saraiva, 1996.

———. Inexigibilidade de sentenças inconstitucionais. In: DIDIER JR., Fredie (Org.). *Relativização da coisa julgada:* Enfoque crítico. 2. ed. Salvador: Jus Podivm, 2006.

———. *Processo de execução:* parte geral. 3. ed. São Paulo: RT, 2004.

EDITORA
MÉTODO
www.editorametodo.com.br
metodo@grupogen.com.br

2012